Conheça o
Saraiva Conecta

Uma plataforma que apoia o leitor em sua jornada de estudos e de atualização.

Estude *online* com conteúdos complementares ao livro e que ampliam a sua compreensão dos temas abordados nesta obra.

Tudo isso com a **qualidade Saraiva Educação** que você já conhece!

Veja como acessar

No seu computador
Acesse o *link*
https://somos.in/CLTSCF56

No seu celular ou tablet
Abra a câmera do seu celular ou aplicativo específico e aponte para o *QR Code* disponível no livro.

CB059187

Faça seu cadastro

1. Clique em **"Novo por aqui? Criar conta"**.

2. Preencha as informações – insira um *e-mail* que você costuma usar, ok?

3. Crie sua senha e clique no botão **"CRIAR CONTA"**.

Pronto! Agora é só aproveitar o conteúdo desta obra!*

Qualquer dúvida, entre em contato pelo *e-mail* sac.sets@saraivaeducacao.com.br

Confira nesta edição
Serviço Atualize seu Código para você:

https://somos.in/CLTSCF56

** Sempre que quiser, acesse todos os conteúdos exclusivos pelo link ou pelo QR Code indicados. O seu acesso tem validade de 12 meses.*

CLT saraiva
E CONSTITUIÇÃO FEDERAL

56.ª edição
2023

Decreto-lei n. 5.452, de 1.º-5-1943, acompanhado do Código de Processo Civil e de dispositivos do Código Civil, Legislação Complementar, Súmulas, Orientações Jurisprudenciais, Precedentes Normativos e Índices.

saraiva jur

saraiva EDUCAÇÃO | **saraiva** jur

Av. Paulista, 901, Edifício CYK, 4º andar
Bela Vista – São Paulo – SP – CEP 01310-100

SAC | sac.sets@saraivaeducacao.com.br

Diretoria executiva	Flávia Alves Bravin
Diretoria editorial	Ana Paula Santos Matos
Gerência de produção e projetos	Fernando Penteado
Novos projetos	Aline Darcy Flôr de Souza
	Dalila Costa de Oliveira
Edição	Livia Céspedes (coord.)
	Eduarda do Prado Ribeiro
	Fabiana Dias da Rocha
	Fabio Ricardo de Abreu
	José Roberto Borba Ferreira Júnior
	Maria Cecília Coutinho Martins
Design e produção	Daniele Debora de Souza (coord.)
	Laudemir Marinho dos Santos
	Camilla Felix Cianelli Chaves
	Claudirene de Moura Santos Silva
	Deborah Mattos
	Lais Soriano
	Tiago Dela Rosa
Planejamento e projetos	Cintia Aparecida dos Santos
	Daniela Maria Chaves Carvalho
	Emily Larissa Ferreira da Silva
	Kelli Priscila Pinto
Diagramação	NSM Soluções Gráficas
Revisão	Amélia Kassis Ward
Capa	Lais Soriano
Produção gráfica	Marli Rampim
	Sergio Luiz Pereira Lopes
Impressão e acabamento	BMF Gráfica e Editora

DADOS INTERNACIONAIS DE CATALOGAÇÃO NA PUBLICAÇÃO (CIP)
VAGNER RODOLFO DA SILVA – CRB-8/9410

C648 Saraiva Educação
 CLT Saraiva e Constituição Federal – Tradicional / obra coletiva com a colaboração de Livia Céspedes e Fabiana Dias da Rocha. – 56. ed. – São Paulo: SaraivaJur, 2023.
 1.040 p.
 ISBN: 978-65-5362-658-4 (Impresso)
 1. Direito. 2. Vade Mecum. 3. Direito trabalhista. 4. CLT. 5. Direito constitucional. 6. Constituição Federal. I. Saraiva Educação. II. Céspedes, Livia. III. Rocha, Fabiana Dias da. IV. Título.

2022-3415

CDD 340
CDU 34

Índices para catálogo sistemático:

1. Direito do Trabalho 340
2. Direito do Trabalho 34

Data de fechamento da edição: 17-1-2023

Dúvidas? Acesse www.saraivaeducacao.com.br

Nenhuma parte desta publicação poderá ser reproduzida por qualquer meio ou forma sem a prévia autorização da Saraiva Educação. A violação dos direitos autorais é crime estabelecido na Lei n. 9.610/98 e punido pelo art. 184 do Código Penal.

| CÓD. OBRA | 12336 | CL | 608266 | CAE | 818381 |

CLT saraiva

E CONSTITUIÇÃO FEDERAL

56.ª edição
2023

Obra coletiva com a colaboração de
Livia Céspedes e Fabiana Dias da Rocha
(Editorial de Legislação do selo Saraiva Jur)

Indicador Geral

Nota dos Organizadores	IX
Abreviaturas	XVII
Índice Cronológico da Legislação	XIX

CONSTITUIÇÃO DA REPÚBLICA FEDERATIVA DO BRASIL

Índice Sistemático da Constituição Federal	3
Constituição da República Federativa do Brasil	7
Ato das Disposições Constitucionais Transitórias – dispositivos	79
Emendas Constitucionais	91
Índice Alfabético-Remissivo da Constituição Federal e do ADCT	109
Exposição de Motivos da CLT	123
Índice Sistemático da CLT	129
CLT (Decreto-lei n. 5.452, de 1.º-5-1943)	135
Índice Sistemático do CPC	265
CPC (Lei n. 13.105, de 16-3-2015)	271
Índice Alfabético-Remissivo do CPC	365
CC – dispositivos (Lei n. 10.406, de 10-1-2002)	383

LEGISLAÇÃO COMPLEMENTAR

Legislação Complementar	415
Regimento Interno do TST	705

SÚMULAS

Súmulas do Supremo Tribunal Federal	851
Índice Alfabético-Remissivo das Súmulas do STF	855
Súmulas Vinculantes	857
Índice Alfabético-Remissivo das Súmulas Vinculantes	859
Súmulas do Superior Tribunal de Justiça	861
Índice Alfabético-Remissivo das Súmulas do STJ	865
Súmulas do Tribunal Superior do Trabalho	867
Índice Alfabético-Remissivo das Súmulas do TST	893
Súmulas dos Juizados Especiais Federais	895
Índice Alfabético-Remissivo das Súmulas dos JEFs	899

ORIENTAÇÕES JURISPRUDENCIAIS E PRECEDENTES NORMATIVOS

Orientações Jurisprudenciais do Tribunal Pleno do TST	901
Índice Alfabético-Remissivo das Orientações Jurisprudenciais do Tribunal Pleno do TST	903
Orientações Jurisprudenciais da SDI-1 do TST	905
Índice Alfabético-Remissivo das Orientações Jurisprudenciais da SDI-1 do TST	921
Orientações Jurisprudenciais Transitórias da SDI-1 do TST	923
Índice Alfabético-Remissivo das Orientações Jurisprudenciais Transitórias da SDI-1 do TST	929
Orientações Jurisprudenciais da SDI-2 do TST	931

VIII — Indicador Geral

Índice Alfabético-Remissivo das Orientações Jurisprudenciais da SDI-2 do TST .. 937
Orientações Jurisprudenciais da SDC do TST .. 939
Índice Alfabético-Remissivo das Orientações Jurisprudenciais da SDC do TST .. 941
Precedentes Normativos em Dissídios Coletivos do TST .. 943
Índice Alfabético-Remissivo dos Precedentes Normativos em Dissídios Coletivos do TST .. 947

ÍNDICE ALFABÉTICO-REMISSIVO GERAL .. **949**

Nota dos Organizadores

ATUALIZE SEU CÓDIGO

Este serviço permite a atualização de sua obra através do *site* http://www.saraivaconecta.com.br, de maneira rápida e prática.

Acesso exclusivo, mediante *link* ou *QR Code* (*vide* instruções neste volume).

As atualizações serão disponibilizadas *online* e para *download* semanalmente, até 31 de outubro de 2023.

O serviço fica disponível no *site* entre os meses de fevereiro e dezembro do ano corrente.

CLT (REFORMA TRABALHISTA)

O Decreto-lei n. 5.452, de 1.º-5-1943, Consolidação das Leis do Trabalho, publicado em 9-8-1943, sofreu uma profunda alteração (Reforma Trabalhista) pela **Lei n. 13.467, de 13-7-2017**, publicada em 14-7-2017, em vigor 120 dias após sua publicação, ou seja, em 11-11-2017.

A Editora Saraiva, ciente da repercussão que uma mudança desse molde traz e com o objetivo de proporcionar a melhor experiência de conhecimento e estudo, preparou a edição desta obra totalmente atualizada com a Lei n. 13.467, de 13-7-2017 (alterações nos diplomas modificados, notas, índices sistemático e remissivo).

CONSTITUIÇÃO FEDERAL E EMENDAS CONSTITUCIONAIS

É parte integrante desta obra o texto completo da Constituição Federal, atualizado até a Emenda Constitucional n. 128, de 22-12-2022. Apresentamos na íntegra o texto das Emendas Constitucionais que dispõem sobre matéria trabalhista. As alterações das demais Emendas Constitucionais já foram processadas no texto da Constituição Federal.

DEPÓSITOS RECURSAIS

O Ato n. 430, de 12-7-2022, do TST, estabelece os valores alusivos aos limites de depósito recursal de que trata o art. 899 da CLT, a partir de 1.º-8-2022, reajustados pela variação acumulada do INPC/IBGE, no período de julho de 2021 a junho de 2022, a saber:

- R$ 12.296,38 (doze mil, duzentos e noventa e seis reais e trinta e oito centavos), no caso de interposição de Recurso Ordinário;
- R$ 24.592,76 (vinte e quatro mil, quinhentos e noventa e dois reais setenta e seis centavos), no caso de interposição de Recurso de Revista e Embargos;
- R$ 24.592,76 (vinte e quatro mil, quinhentos e noventa e dois reais e setenta e seis centavos), no caso de interposição de Recurso em Ação Rescisória.

DESTAQUES

→ dispositivos incluídos e/ou alterados em 2022 e 2023.

→ dispositivos da CLT que tiveram a sua eficácia prejudicada por norma superveniente. Todos os artigos marcados com este símbolo possuem notas remissivas para a norma posterior que os prejudica. Alguns artigos tiveram apenas parte de seu texto prejudicado. Para determinados dispositivos, apesar de mencionarem as extintas Juntas de Conciliação e Julgamento, não foi dado destaque, porque seu texto, com as devidas adaptações de nomenclatura, continua vigente.

EXPOSIÇÃO DE MOTIVOS

Consta neste volume a Exposição de Motivos da CLT.

Em virtude de eventual proibição do uso de exposição de motivos em concursos, inserimos nesta edição um recuo na parte destinada a ela, para a utilização de grampeador sem prejuízo do conteúdo da obra.

FERIADOS

1.º DE JANEIRO (Lei n. 662, de 6-4-1949).

21 DE ABRIL (Lei n. 662, de 6-4-1949).

1.º DE MAIO (Decreto n. 4.859, de 26-9-1924, Lei n. 662, de 6-4-1949, e Lei n. 7.466, de 23-4-1986).

7 DE SETEMBRO (Lei n. 662, de 6-4-1949).

12 DE OUTUBRO (Lei n. 6.802, de 30-6-1980).

Nota dos Organizadores

2 DE NOVEMBRO (Lei n. 662, de 6-4-1949).
15 DE NOVEMBRO (Lei n. 662, de 6-4-1949).
25 DE DEZEMBRO (Lei n. 662, de 6-4-1949).

OUTRAS DATAS
Data magna do Estado (Lei n. 9.093, de 12-9-1995).
Dia do Professor (Decreto n. 52.682, de 14-10-1963).
Eleições (Lei n. 4.737, de 15-7-1965, art. 380).
Sexta-feira da Paixão (Lei n. 9.093, de 12-9-1995).
Tradição local (Decreto-lei n. 6.459, de 2-5-1944, e Lei n. 9.093, de 12-9-1995).

MINISTÉRIOS
Mantivemos a redação original no texto da CLT e da Legislação Complementar, com a denominação dos Ministérios vigente à época da norma. A Medida Provisória n. 1.154, de 1.º-1-2023, estabelece a organização básica dos órgãos da Presidência da República e dos Ministérios e dispõe em seu art. 17 sobre a denominação atual dos Ministérios.

MULTAS
Os valores das multas contidas nos dispositivos da Consolidação das Leis do Trabalho passaram por inúmeras alterações ao longo dos anos. Dessa forma, preferimos manter seu texto original e elaborar um histórico para que o consulente possa conferir os valores com exatidão.

Histórico:

a) A Lei n. 6.205, de 29 de abril de 1975, proibiu a utilização do salário mínimo como medida de valor. Surgiu então, o coeficiente de atualização monetária nos termos do art. 2.º da citada Lei, que poderia ter como base fator de reajustamento salarial disposto na Lei n. 6.147, de 29 de novembro de 1974, ou a variação das Obrigações do Tesouro Nacional – OTN.

b) O Decreto n. 75.704, de 8 de maio de 1975, alterado pelo Decreto n. 77.511, de 29 de abril de 1976, fixou coeficiente de atualização monetária previsto no art. 2.º da Lei n. 6.205, de 29 de abril de 1975.

c) A Lei n. 6.986, de 13 de abril de 1982, em seu art. 7.º, elevou em dez vezes o valor das multas por infração aos preceitos da Consolidação das Leis do Trabalho.

d) A Lei n. 7.784, de 28 de junho de 1989, estabelece, em seu art. 2.º, que todas as penalidades previstas em Obrigações do Tesouro Nacional – OTN fossem convertidas em Bônus do Tesouro Nacional – BTN.

e) A Lei n. 7.855, de 24 de outubro de 1989, em seu art. 2.º, triplicou o valor das multas administrativas decorrentes da violação das normas trabalhistas previstas na Consolidação das Leis do Trabalho e determinou que fossem expressas em BTN.

f) A Lei n. 8.177, de 1.º de março de 1991, em seu art. 3.º, extinguiu o BTN e determinou sua conversão para Cruzeiros.

g) A Lei n. 8.383, de 30 de dezembro de 1991, instituiu a Unidade Fiscal de Referência – UFIR como medida de valor e parâmetro de atualização monetária de tributos e de valores expressos em Cruzeiros na legislação tributária federal, bem como os relativos a multas e penalidades de qualquer natureza.

h) A Portaria n. 290, de 11 de abril de 1997, estabeleceu valores em UFIR para as multas administrativas previstas na legislação trabalhista.

i) A Lei n. 9.872, de 23 de novembro de 1999, em seu art. 9.º, concedeu anistia das multas já aplicadas, por infração à legislação trabalhista, de valor consolidado igual ou inferior a R$ 1.000,00 (mil reais).

j) A Lei n. 10.522, de 19 de julho de 2002, em seu art. 29, § 3.º, extinguiu a UFIR, estabelecendo a reconversão dos créditos para o Real, para os fins de débitos de qualquer natureza com a Fazenda Nacional.

NORMAS ALTERADORAS
Normas alteradoras são aquelas que não possuem texto próprio, mas apenas alteram outros diplomas, ou **cujo texto não é relevante para a obra**. Para facilitar a consulta, já processamos as alterações no texto da norma alterada.

NOTAS
As notas foram selecionadas de acordo com seu grau de importância, e estão separadas em fundamentais (grafadas com ••) e acessórias (grafadas com •).

PODER JUDICIÁRIO
– Os *Tribunais de Apelação*, a partir da promulgação da Constituição Federal de 1946, passaram a denominar-se *Tribunais de Justiça*.

– O *Tribunal Federal de Recursos* foi extinto pela Constituição Federal de 1988, nos termos do art. 27 do ADCT.

– Com o advento da Emenda Constitucional n. 24, de 9 de dezembro de 1999, que modificou os arts. 111, 112, 113, 115 e 116 e revogou o art. 117 da Constituição Federal, deixaram de existir as **Juntas de Conciliação e Julgamento**, abolindo-se, assim, a figura do **Juiz Classista** na Justiça do Trabalho.

Em seu lugar estabeleceu-se a jurisdição singular de juiz togado, que a exercerá nas **Varas do Trabalho**. Nas comarcas onde não forem instituídas, será exercida pelos juízes que a lei determinar.

– A Emenda Constitucional n. 45, de 8 de dezembro de 2004, altera o art. 112, estabelecendo que a lei criará varas da Justiça do Trabalho, podendo, nas comarcas não abrangidas por sua jurisdição, atribuí-la aos juízes de direito, com recursos para o respectivo Tribunal Regional do Trabalho. Os *Tribunais de Alçada* foram extintos pela mesma Emenda Constitucional, passando os seus membros a integrar os Tribunais de Justiça dos respectivos Estados.

SALÁRIO MÍNIMO

O salário mínimo é um direito social do trabalhador, urbano ou rural, que deve ser capaz de atender suas necessidades básicas e de sua família com moradia, alimentação, educação, saúde, lazer, vestuário, higiene, transporte e previdência social (art. 7.º, IV, da CF).

Foi estabelecido no Brasil, em 1936, por meio da Lei n. 185, de 14-1-1936, e pelo Decreto-lei n. 399, de 30-4-1938 (regulamento), que instituem e regulamentam, respectivamente, as Comissões de Salário Mínimo.

O Decreto-lei n. 2.162, de 1.º-5-1940, foi a primeira norma a estabelecer um valor fixo para o salário mínimo, determinado por regiões, 22 no total (20 Estados e 2 territórios – Acre e Distrito Federal), as quais ainda eram divididas em sub-regiões, num total de 50.

De acordo com a tabela anexa ao mencionado Decreto-lei, havia no Brasil 14 valores distintos para o salário mínimo em 1940, os quais deveriam vigorar por três anos.

Nessa fase o objetivo do salário mínimo era atender somente às necessidades básicas do próprio trabalhador.

Em julho de 1943 ocorreu o primeiro reajuste do salário mínimo no país. Outro aconteceu em dezembro do mesmo ano. Esses dois aumentos possibilitaram um crescimento do valor de compra do salário mínimo, e aproximaram os 14 valores distintos, uma vez que os maiores valores tiveram os menores ajustes.

O cálculo passou a considerar também a família do trabalhador na Constituição Federal de 1946 (art. 157, I).

Após esses aumentos o salário mínimo no Brasil passou 8 anos sem ter qualquer tipo de reajuste, período no qual sofreu uma queda real considerável.

Somente em 1951 o então Presidente Getúlio Vargas assinou um Decreto-lei reajustando novamente esses valores.

Nessa época o salário mínimo passou a ser regularmente atualizado, o que possibilitou novamente aumento do poder de compra. Também nesse período os valores entre as diversas regiões foram afastando-se.

A partir de 1962, com o aumento novamente da inflação, o salário mínimo voltou a perder força.

Em 1964, após o golpe dos militares, a política de reajuste foi alterada. A ideia era manter o salário médio, sendo que eventuais reajustes somente aconteceriam se houvesse aumento da produtividade do País e com base na inflação prevista para o período, o que ocasionou forte queda do valor real do salário mínimo no Brasil.

Em 1968 passou a ser realizado o cálculo da diferença entre a inflação prevista e a inflação real no período, mas nada foi feito em relação aos valores perdidos entre 1965 e 1968.

Nesse período a diferença entre os salários por regiões também diminuiu. Essa política durou até 1974.

Em 1979 os ajustes passaram a ser semestrais. Entre os anos de 1982 e 1990 a inflação no Brasil foi crescendo progressivamente, o que fez com que o salário mínimo perdesse valor.

A unificação do salário mínimo no Brasil ocorreu em 1984 e foi consolidada na Constituição Federal de 1988.

Após a implementação do Plano Real, em 1994, e a consequente estabilização da inflação, o salário mínimo voltou a crescer no Brasil.

A partir de 2007 passou a ser corrigido anualmente, com base na inflação do ano anterior.

Atualmente o salário mínimo no Brasil é de R$ 1.302,00 (mil trezentos e dois reais), por força da Medida Provisória n. 1.143, de 12-12-2022.

Veja sua evolução histórica no Brasil (*):

Diploma	DOU	Vigência	Moeda Vigente	Valor
Decreto-lei n. 2.162, de 1.º-5-1940	4-5-1940	8-7-1940	Mil Reis	240$000
Decreto-lei n. 5.670, de 15-7-1943	17-7-1943	17-7-1943	Cruzeiro (Cr$)	300,00
Decreto-lei n. 5.977, de 10-11-1943	22-11-1943	1.º-12-1943	Cruzeiro (Cr$)	380,00
Decreto n. 30.342, de 24-12-1951	26-12-1951	1.º-1-1952	Cruzeiro (Cr$)	1.200,00
Decreto n. 35.450, de 1.º-5-1954	4-5-1954	4-7-1954	Cruzeiro (Cr$)	2.400,00
Decreto n. 39.604-A, de 14-7-1956	16-7-1956	1.º-8-1956	Cruzeiro (Cr$)	3.800,00
Decreto n. 45.106-A, de 24-12-1958	27-12-1958	1.º-1-1959	Cruzeiro (Cr$)	6.000,00
Decreto n. 49.119-A, de 15-10-1960	18-10-1960	18-10-1960	Cruzeiro (Cr$)	9.600,00
Decreto n. 51.336, de 13-10-1961	13-10-1961	16-10-1961	Cruzeiro (Cr$)	13.440,00
Decreto n. 51.613, de 3-12-1962	4-12-1962	1.º-1-1963	Cruzeiro (Cr$)	21.000,00
Decreto n. 53.578, de 21-2-1964	21-2-1964	24-2-1964	Cruzeiro (Cr$)	42.000,00
Decreto n. 55.803, de 26-2-1965	26-2-1965	1.º-3-1965	Cruzeiro (Cr$)	66.000,00
Decreto n. 57.900, de 2-3-1966	3-3-1966	1.º-3-1966	Cruzeiro (Cr$)	84.000,00
Decreto n. 60.231, de 16-2-1967	17-2-1967	1.º-3-1967	Cruzeiro Novo (NCr$)	105,00
Decreto n. 62.461, de 25-3-1968	26-3-1968	26-3-1968	Cruzeiro Novo (NCr$)	129,60

(*) Dados do Ministério do Trabalho (www.mte.gov.br).

Nota dos Organizadores

Diploma	DOU	Vigência	Moeda Vigente	Valor
Decreto n. 64.442, de 1.º-5-1969	2-5-1969	1.º-5-1969	Cruzeiro Novo (NCr$)	156,00
Decreto n. 66.523, de 30-4-1970	30-4-1970	1.º-5-1970	Cruzeiro Novo (NCr$)	187,20
Decreto n. 68.576, de 1.º-5-1971	3-5-1971	1.º-5-1971	Cruzeiro (Cr$)	225,60
Decreto n. 70.465, de 24-4-1972	28-4-1972	1.º-5-1972	Cruzeiro (Cr$)	268,80
Decreto n. 72.148, de 30-4-1973	30-4-1973	1.º-5-1973	Cruzeiro (Cr$)	312,00
Decreto n. 73.995, de 29-4-1974	30-4-1974	1.º-5-1974	Cruzeiro (Cr$)	376,80
Decreto n. 75.045, de 5-12-1974	8-12-1974	1.º-12-1974	Cruzeiro (Cr$)	415,20
Decreto n. 75.679, de 29-4-1975	30-4-1975	1.º-5-1975	Cruzeiro (Cr$)	532,80
Decreto n. 77.510, de 29-4-1976	29-4-1976	1.º-5-1976	Cruzeiro (Cr$)	768,00
Decreto n. 79.610, de 28-4-1977	29-4-1977	1.º-5-1977	Cruzeiro (Cr$)	1.106,40
Decreto n. 81.615, de 28-4-1978	29-4-1978	1.º-5-1978	Cruzeiro (Cr$)	1.560,00
Decreto n. 83.375, de 30-4-1979	30-4-1979	1.º-5-1979	Cruzeiro (Cr$)	2.268,00
Decreto n. 84.135, de 31-10-1979	31-10-1979	1.º-11-1979	Cruzeiro (Cr$)	2.932,80
Decreto n. 84.674, de 30-4-1980	2-5-1980	1.º-5-1980	Cruzeiro (Cr$)	4.149,60
Decreto n. 85.310, de 31-10-1980	31-10-1980	1.º-11-1980	Cruzeiro (Cr$)	5.788,80
Decreto n. 85.950, de 29-4-1981	30-4-1981	1.º-5-1981	Cruzeiro (Cr$)	8.464,80
Decreto n. 86.514, de 29-10-1981	30-10-1981	1.º-11-1981	Cruzeiro (Cr$)	11.928,00
Decreto n. 87.139, de 29-4-1982	30-4-1982	1.º-5-1982	Cruzeiro (Cr$)	16.608,00
Decreto n. 87.743, de 29-10-1982	1.º-11-1982	1.º-11-1982	Cruzeiro (Cr$)	23.568,00
Decreto n. 88.267, de 30-4-1983	2-5-1983	1.º-5-1983	Cruzeiro (Cr$)	34.776,00
Decreto n. 88.930, de 31-10-1983	1.º-11-1983	1.º-11-1983	Cruzeiro (Cr$)	57.120,00
Decreto n. 89.589, de 26-4-1984	27-4-1984	1.º-5-1984	Cruzeiro (Cr$)	97.176,00
Decreto n. 90.381, de 29-10-1984	30-10-1984	1.º-11-1984	Cruzeiro (Cr$)	166.560,00
Decreto n. 91.213, de 30-4-1985	2-5-1985	1.º-5-1985	Cruzeiro (Cr$)	333.120,00
Decreto n. 91.861, de 1.º-11-1985	1.º-11-1985	1.º-11-1985	Cruzeiro (Cr$)	600.000,00
Decreto-lei n. 2.284, de 10-3-1986	11-3-1986	1.º-3-1986	Cruzado (Cz$)	804,00
Port. n. 3.019, de 3-2-1987	5-2-1987	1.º-1-1987	Cruzado (Cz$)	964,80
Decreto n. 94.062, de 27-2-1987	4-3-1987	1.º-3-1987	Cruzado (Cz$)	1.368,00
Port. Interm. n. 3.149, de 18-5-1987	19-5-1987	1.º-5-1987	Cruzado (Cz$)	1.641,60
Port. Interm. n. 3.175, de 12-6-1987	17-6-1987	1.º-6-1987	Cruzado (Cz$)	1.969,92
Decreto-lei n. 2.351, de 7-8-1987	10-8-1987	10-8-1987	Cruzado (Cz$)	1.970,00
Decreto n. 94.815, de 1.º-9-1987	2-9-1987	1.º-9-1987	Cruzado (Cz$)	2.400,00
Decreto n. 94.989, de 30-9-1987	1.º-10-1987	1.º-10-1987	Cruzado (Cz$)	2.640,00
Decreto n. 95.092, de 29-10-1987	30-10-1987	1.º-11-1987	Cruzado (Cz$)	3.000,00
Decreto n. 95.307, de 30-11-1987	1.º-12-1987	1.º-12-1987	Cruzado (Cz$)	3.600,00
Decreto n. 95.579, de 29-12-1987	30-12-1987	1.º-1-1988	Cruzado (Cz$)	4.500,00
Decreto n. 95.686, de 29-1-1988	1.º-2-1988	1.º-2-1988	Cruzado (Cz$)	5.280,00
Decreto n. 95.758, de 29-2-1988	1.º-3-1988	1.º-3-1988	Cruzado (Cz$)	6.240,00
Decreto n. 95.884, de 29-3-1988	30-3-1988	1.º-4-1988	Cruzado (Cz$)	7.260,00
Decreto n. 95.987, de 28-4-1988	29-4-1988	1.º-5-1988	Cruzado (Cz$)	8.712,00
Decreto n. 96.107, de 31-5-1988	1.º-6-1988	1.º-6-1988	Cruzado (Cz$)	10.368,00
Decreto n. 96.235, de 29-6-1988	1.º-7-1988	1.º-7-1988	Cruzado (Cz$)	12.444,00
Decreto n. 96.442, de 29-7-1988	30-7-1988	1.º-8-1988	Cruzado (Cz$)	15.552,00
Decreto n. 96.625, de 31-8-1988	1.º-9-1988	1.º-9-1988	Cruzado (Cz$)	18.960,00
Decreto n. 96.857, de 29-9-1988	30-9-1988	1.º-10-1988	Cruzado (Cz$)	23.700,00
Decreto n. 97.024, de 31-10-1988	1.º-11-1988	1.º-11-1988	Cruzado (Cz$)	30.800,00

Nota dos Organizadores

Diploma	DOU	Vigência	Moeda Vigente	Valor
Decreto n. 97.151, de 30-11-1988	1.º-12-1988	1.º-12-1988	Cruzado (Cz$)	40.425,00
Decreto n. 97.335, de 22-12-1988	23-12-1988	1.º-1-1989	Cruzado (Cz$)	54.374,00
Decreto n. 97.453, de 15-1-1989	19-1-1989	1.º-2-1989	Cruzado Novo (NCz$)	63,90
Decreto n. 97.696, de 27-4-1989	28-4-1989	1.º-5-1989	Cruzado Novo (NCz$)	81,40
Lei n. 7.789, de 3-7-1989	4-7-1989	1.º-6-1989	Cruzado Novo (NCz$)	120,00
Decreto n. 97.915, de 6-7-1989	7-7-1989	1.º-7-1989	Cruzado Novo (NCz$)	149,80
Decreto n. 98.003, de 31-7-1989	1.º-8-1989	1.º-8-1989	Cruzado Novo (NCz$)	192,88
Decreto n. 98.108, de 31-8-1989	1.º-9-1989	1.º-9-1989	Cruzado Novo (NCz$)	249,48
Decreto n. 98.211, de 29-9-1989	2-10-1989	1.º-10-1989	Cruzado Novo (NCz$)	381,73
Decreto n. 98.346, de 30-10-1989	31-10-1989	1.º-11-1989	Cruzado Novo (NCz$)	557,33
Decreto n. 98.456, de 1.º-12-1989	4-12-1989	1.º-12-1989	Cruzado Novo (NCz$)	788,18
Decreto n. 98.783, de 28-12-1989	29-12-1989	1.º-1-1990	Cruzado Novo (NCz$)	1.283,95
Decreto n. 98.900, de 31-1-1990	1.º-2-1990	1.º-2-1990	Cruzado Novo (NCz$)	2.004,37
Decreto n. 98.985, de 28-2-1990	1.º-3-1990	1.º-3-1990	Cruzado Novo (NCz$)	3.674,06
Port. Interm. n. 3.143, de 23-4-1990	24-4-1990	1.º-4-1990	Cruzeiro (Cr$)	3.674,06
Port. Interm. n. 3.352, de 22-5-1990	23-5-1990	1.º-5-1990	Cruzeiro (Cr$)	3.674,06
Port. Interm. n. 3.387, de 1.º-6-1990	4-6-1990	1.º-6-1990	Cruzeiro (Cr$)	3.857,76
Port. Interm. n. 3.501, de 13-7-1990	16-7-1990	1.º-7-1990	Cruzeiro (Cr$)	4.904,76
Port. Interm. n. 3.557, de 13-8-1990	14-8-1990	1.º-8-1990	Cruzeiro (Cr$)	5.203,46
Port. Interm. n. 3.588, de 31-8-1990	31-8-1990	1.º-9-1990	Cruzeiro (Cr$)	6.056,31
Port. Interm. n. 3.628, de 28-9-1990	1.º-10-1990	1.º-10-1990	Cruzeiro (Cr$)	6.425,14
Port. Interm. n. 3.719, de 31-10-1990	1.º-11-1990	1.º-11-1990	Cruzeiro (Cr$)	8.329,55
Port. Interm. n. 3.787, de 30-11-1990	3-12-1990	1.º-12-1990	Cruzeiro (Cr$)	8.836,82
Port. Interm. n. 3.828, de 28-12-1990	31-12-1990	1.º-1-1991	Cruzeiro (Cr$)	12.325,60
MP n. 295, de 31-1-1991	1.º-2-1991	1.º-2-1991	Cruzeiro (Cr$)	15.895,46
Lei n. 8.178, de 1.º-3-1991	4-3-1991	1.º-3-1991	Cruzeiro (Cr$)	17.000,00
Lei n. 8.222, de 5-9-1991	6-9-1991	1.º-9-1991	Cruzeiro (Cr$)	42.000,00
Port. n. 42, de 20-1-1992	21-1-1992	1.º-1-1992	Cruzeiro (Cr$)	96.037,33
Lei n. 8.419, de 7-5-1992	8-5-1992	1.º-5-1992	Cruzeiro (Cr$)	230.000,00
Port. n. 601, de 28-8-1992	31-8-1992	1.º-9-1992	Cruzeiro (Cr$)	522.186,94
Lei n. 8.542, de 23-12-1992	24-12-1992	1.º-1-1993	Cruzeiro (Cr$)	1.250.700,00
Port. Interm. n. 4, de 1.º-3-1993	2-3-1993	1.º-3-1993	Cruzeiro (Cr$)	1.709.400,00
Port. Interm. n. 7, de 3-5-1993	4-5-1993	1.º-5-1993	Cruzeiro (Cr$)	3.303.300,00
Port. Interm. n. 11, de 1.º-7-1993	2-7-1993	1.º-7-1993	Cruzeiro (Cr$)	4.639.800,00
Port. Interm. n. 12, de 2-8-1993	3-8-1993	1.º-8-1993	Cruzeiro Real (CR$)	5.534,00
Port. Interm. n. 14, de 1.º-9-1993	2-9-1993	1.º-9-1993	Cruzeiro Real (CR$)	9.606,00
Port. Interm. n. 15, de 1.º-10-1993	4-10-1993	1.º-10-1993	Cruzeiro Real (CR$)	12.024,00
Port. Interm. n. 17, de 29-10-1993	3-11-1993	1.º-11-1993	Cruzeiro Real (CR$)	15.021,00
Port. Interm. n. 19, de 1.º-12-1993	2-12-1993	1.º-12-1993	Cruzeiro Real (CR$)	18.760,00
Port. Interm. n. 20, de 30-12-1993	31-12-1993	1.º-1-1994	Cruzeiro Real (CR$)	32.882,00
Port. Interm. n. 2, de 1.º-2-1994	2-2-1994	1.º-2-1994	Cruzeiro Real (CR$)	42.829,00
Port. Interm. n. 4, de 2-3-1994	2-3-1994	1.º-3-1994	URV	64,79
MP n. 542, de 30-6-1994	30-6-1994 (ed. extra)	1.º-7-1994	Real (R$)	64,79
MP n. 598, de 31-8-1994	1.º-9-1994	1.º-9-1994	Real (R$)	70,00
MP n. 637, de 29-9-1994	30-9-1994	30-9-1994	Real (R$)	70,00
MP n. 679, de 27-10-1994	28-10-1994	28-10-1994	Real (R$)	70,00

Diploma	DOU	Vigência	Moeda Vigente	Valor
Lei n. 9.032, de 28-4-1995	29-4-1995	1.º-5-1995	Real (R$)	100,00
MP n. 1.415, de 29-4-1996	29-4-1996	1.º-5-1996	Real (R$)	112,00
MP n. 1.572-6, de 29-4-1997	30-4-1997	1.º-5-1997	Real (R$)	120,00
MP n. 1.656-7, de 29-4-1998	30-4-1998	1.º-5-1998	Real (R$)	130,00
MP n. 1.824-1, de 30-4-1999	1.º-5-1999	1.º-5-1999	Real (R$)	136,00
MP n. 2.019-1, de 23-3-2000	24-3-2000	3-4-2000	Real (R$)	151,00
MP n. 2.142, de 29-3-2001	30-3-2001	1.º-4-2001	Real (R$)	180,00
MP n. 35, de 27-3-2002	28-3-2002	1.º-4-2002	Real (R$)	200,00
MP n. 116, de 2-4-2003	3-4-2003	1.º-4-2003	Real (R$)	240,00
MP n. 182, de 29-4-2004	30-4-2004	1.º-5-2004	Real (R$)	260,00
MP n. 248, de 20-4-2005	22-4-2005	1.º-5-2005	Real (R$)	300,00
MP n. 288, de 30-3-2006	31-3-2006	1.º-4-2006	Real (R$)	350,00
MP n. 362, de 29-3-2007	30-3-2007	1.º-4-2007	Real (R$)	380,00
MP n. 421, de 29-2-2008	29-2-2008	1.º-3-2008	Real (R$)	415,00
MP n. 456, de 30-1-2009	30-1-2009	1.º-2-2009	Real (R$)	465,00
MP n. 474, de 23-12-2009	24-12-2009	1.º-1-2010	Real (R$)	510,00
MP n. 516, de 30-12-2010	31-1-2010	1.º-1-2011	Real (R$)	540,00
Lei n. 12.382, de 25-2-2011	28-2-2011	1.º-3-2011	Real (R$)	545,00
Decreto n. 7.655, de 23-12-2011	26-12-2011	1.º-1-2012	Real (R$)	622,00
Decreto n. 7.872, de 26-12-2012	26-12-2012 (ed. extra)	1.º-1-2013	Real (R$)	678,00
Decreto n. 8.166, de 23-12-2013	24-12-2013	1.º-1-2014	Real (R$)	724,00
Decreto n. 8.381, de 29-12-2014	30-12-2014	1.º-1-2015	Real (R$)	788,00
Decreto n. 8.618, de 29-12-2015	30-12-2015	1.º-1-2016	Real (R$)	880,00
Decreto n. 8.948, de 29-12-2016	30-12-2016	1.º-1-2017	Real (R$)	937,00
Decreto n. 9.255, de 29-12-2017	29-12-2017 (ed. extra)	1.º-1-2018	Real (R$)	954,00
Decreto n. 9.661, de 1.º-1-2019	1.º-1-2019 (ed. especial)	1.º-1-2019	Real (R$)	998,00
Lei n. 14.013, de 10-6-2020	12-6-2020	1.º-2-2020	Real (R$)	1.045,00
Lei n. 14.158, de 2-6-2021	4-6-2021	4-6-2021	Real (R$)	1.100,00
MP n. 1.091, de 30-12-2021	31-12-2021	1.º-1-2022	Real (R$)	1.212,00
Lei n. 14.358, de 1.º-6-2022	2-6-2022	1.º-1-2022	Real (R$)	1.212,00
MP n. 1.143, de 12-12-2022	12-12-2022 (ed. extra)	1.º-1-2023	Real (R$)	1.302,00

SIGLAS

– OTN (Obrigações do Tesouro Nacional)

A Lei n. 7.730, de 31 de janeiro de 1989, extinguiu a OTN Fiscal e a OTN de que trata o art. 6.º do Decreto-lei n. 2.284, de 10 de março de 1986.

A Lei n. 7.784, de 28 de junho de 1989, diz em seu art. 2.º que "todas as penalidades previstas na legislação em vigor em quantidades de Obrigações do Tesouro Nacional – OTN serão convertidas para Bônus do Tesouro Nacional – BTN, à razão de 1 para 6,92".

Com a Lei n. 8.177, de 1.º de março de 1991, ficaram extintos, a partir de 1.º de fevereiro de 1991, o BTN (Bônus do Tesouro Nacional), de que trata o art. 5.º da Lei n. 7.777, de 19 de junho de 1989, e o MVR (Maior Valor de Referência). A mesma Lei n. 8.177/91 criou a TR (Taxa Referencial) e a TRD (Taxa Referencial Diária), que são divulgadas pelo Banco Central do Brasil. A Lei n. 8.660, de 28 de maio de 1993, estabeleceu novos critérios para a fixação da Taxa Referencial – TR e extinguiu a Taxa Referencial Diária – TRD.

A Lei n. 9.365, de 16 de dezembro de 1996, institui a Taxa de Juros de Longo Prazo – TJLP.

SÚMULAS

Constam neste volume todas as Súmulas do TST, assim como todas as Orientações Jurisprudenciais e todos os Precedentes Normativos do TST.

Em relação às Súmulas do STF, do STJ e dos Juizados Especiais Federais, foram selecionadas apenas as que tratam de matéria trabalhista. Sendo assim, a inexistência de súmulas nesta obra não significa que elas tenham sido revogadas ou estejam prejudicadas.

Nota dos Organizadores

Foram disponibilizadas todas as Súmulas Vinculantes, tendo em vista seu interesse constitucional.

TEXTOS PARCIAIS

Alguns diplomas deixam de constar integralmente. Nosso propósito foi o de criar espaço para normas mais utilizadas no dia a dia dos profissionais e acadêmicos. A obra mais ampla atenderá aqueles que, ao longo de tantos anos, vêm prestigiando nossos Códigos.

VALORES

São originais todos os valores citados na legislação constante deste Código.

Como muitos valores não comportavam transformação, em face das inúmeras modificações impostas à nossa moeda, entendemos que esta seria a melhor das medidas. Para conhecimento de nossos consulentes, este o histórico de nossa moeda:

a) O Decreto-lei n. 4.791, de 5 de outubro de 1942, instituiu o CRUZEIRO como unidade monetária brasileira, denominada CENTAVO a sua centésima parte. O cruzeiro passava a corresponder a mil-réis.

b) A Lei n. 4.511, de 1.º de dezembro de 1964, manteve o CRUZEIRO, mas determinou a extinção do CENTAVO.

c) O Decreto-lei n. 1, de 13 de novembro de 1965, instituiu o CRUZEIRO NOVO, correspondendo o cruzeiro até então vigente a um milésimo do cruzeiro novo, restabelecido o centavo. Sua vigência foi fixada para a partir de 13 de fevereiro de 1967, conforme Resolução n. 47, de 8 de fevereiro de 1967, do Banco Central da República do Brasil.

d) A Resolução n. 144, de 31 de março de 1970, do Banco Central do Brasil, determinou que a unidade do sistema monetário brasileiro passasse a denominar-se CRUZEIRO.

e) A Lei n. 7.214, de 15 de agosto de 1984, extinguiu o CENTAVO.

f) O Decreto-lei n. 2.284, de 10 de março de 1986, criou o CRUZADO, em substituição ao CRUZEIRO, correspondendo o cruzeiro a um milésimo do cruzado.

g) A Lei n. 7.730, de 31 de janeiro de 1989, instituiu o CRUZADO NOVO em substituição ao CRUZADO e manteve o CENTAVO. O cruzado novo correspondeu a um mil cruzados.

h) Por determinação da Lei n. 8.024, de 12 de abril de 1990, a moeda nacional passou a denominar-se CRUZEIRO, sem outra modificação, mantido o centavo e correspondendo o cruzeiro a um cruzado novo.

i) A Lei n. 8.697, de 27 de agosto de 1993, alterou a moeda nacional, estabelecendo a denominação CRUZEIRO REAL para a unidade do sistema monetário brasileiro. A unidade equivalia a um mil cruzeiros e sua centésima parte denominava-se CENTAVO.

j) A Lei n. 8.880, de 27 de maio de 1994, dispondo sobre o Programa de Estabilização Econômica e o Sistema Monetário Nacional, instituiu a UNIDADE REAL DE VALOR – URV.

k) A unidade do Sistema Monetário Nacional, por determinação da Lei n. 9.069, de 29 de junho de 1995 (art. 1.º), passou a ser o REAL. As importâncias em dinheiro serão grafadas precedidas do símbolo R$ (art. 1.º, § 1.º). A centésima parte do REAL, denominada "centavo", será escrita sob a forma decimal, precedida da vírgula que segue a unidade (art. 1.º, § 2.º).

Organizadores

Abreviaturas

ADC(s) – Ação(ões) Declaratória(s) de Constitucionalidade
ADCT – Ato das Disposições Constitucionais Transitórias
ADI(s) – Ação(ões) Direta(s) de Inconstitucionalidade
ADPF – Arguição de Descumprimento de Preceito Fundamental
AGU – Advocacia-Geral da União
APPA – Administração dos Portos de Paranaguá e Antonina
BTN – Bônus do Tesouro Nacional
CADE – Conselho Administrativo de Defesa Econômica
CBA – Código Brasileiro de Aeronáutica (Lei n. 7.565, de 19-12-1986)
CC – Código Civil (Lei n. 10.406, de 10-1-2002)
c/c – combinado com
CCFGTS – Conselho Curador do Fundo de Garantia do Tempo de Serviço
CCom – Código Comercial (Lei n. 556, de 25-6-1850)
CDC – Código de Proteção e Defesa do Consumidor (Lei n. 8.078, de 11-9-1990)
CE – Código Eleitoral (Lei n. 4.737, de 15-7-1965)
CETRAN – Conselhos Estaduais de Trânsito
CF – Constituição Federal
CGSIM – Comitê para Gestão da Rede Nacional para a Simplificação do Registro e da Legalização de Empresas e Negócios
CGSN – Comitê Gestor do Simples Nacional
CJF – Conselho da Justiça Federal
CLT – Consolidação das Leis do Trabalho (Decreto-lei n. 5.452, de 1.º-5-1943)
CNAP – Cadastro Nacional de Aprendizagem Profissional
CNDT – Certidão Negativa de Débitos Trabalhistas
CNDU – Conselho Nacional de Desenvolvimento Urbano
CNJ – Conselho Nacional de Justiça
CNMP – Conselho Nacional do Ministério Público
CNPCP – Conselho Nacional de Política Criminal e Penitenciária
COAF – Conselho de Controle de Atividades Financeiras
CONAMA – Conselho Nacional do Meio Ambiente
CONANDA – Conselho Nacional dos Direitos da Criança e do Adolescente
CONASP – Conselho Nacional de Segurança Pública
CONTRADIFE – Conselho de Trânsito do Distrito Federal
CONTRAN – Conselho Nacional de Trânsito
CP – Código Penal (Decreto-lei n. 2.848, de 7-12-1940)
CPC – Código de Processo Civil (Lei n. 13.105, de 16-3-2015)
CPP – Código de Processo Penal (Decreto-lei n. 3.689, de 3-10-1941)
CRPS – Conselho de Recursos da Previdência Social
CTB – Código de Trânsito Brasileiro (Lei n. 9.503, de 23-9-1997)
CTN – Código Tributário Nacional (Lei n. 5.172, de 25-10-1966)
CTPS – Carteira de Trabalho e Previdência Social
CVM – Comissão de Valores Mobiliários
DJE – Diário da Justiça Eletrônico
DJU – Diário da Justiça da União
DNRC – Departamento Nacional de Registro do Comércio
DOU – Diário Oficial da União
DPU – Defensoria Pública da União
EAOAB – Estatuto da Advocacia e da Ordem dos Advogados do Brasil (Lei n. 8.906, de 4-7-1994)
EC – Emenda Constitucional
ECA – Estatuto da Criança e do Adolescente (Lei n. 8.069, de 13-7-1990)
EIRELI – Empresa Individual de Responsabilidade Limitada
FCDF – Fundo Constitucional do Distrito Federal
FGTS – Fundo de Garantia do Tempo de Serviço
INSS – Instituto Nacional do Seguro Social
JARI – Juntas Administrativas de Recursos de Infrações
JEFs – Juizados Especiais Federais
LCP – Lei das Contravenções Penais (Decreto-lei n. 3.688, de 3-10-1941)
LDA – Lei de Direitos Autorais (Lei n. 9.610, de 19-2-1998)
LEF – Lei de Execução Fiscal (Lei n. 6.830, de 22-9-1980)
LEP – Lei de Execução Penal (Lei n. 7.210, de 11-7-1984)
LINDB – Lei de Introdução às Normas do Direito Brasileiro (Decreto-lei n. 4.657, de 4-9-1942)
LOM – Lei Orgânica da Magistratura (Lei Complementar n. 35, de 14-3-1979)
LPI – Lei de Propriedade Industrial (Lei n. 9.279, de 14-5-1996)
LRP – Lei de Registros Públicos (Lei n. 6.015, de 31-12-1973)
LSA – Lei de Sociedades Anônimas (Lei n. 6.404, de 15-12-1976)
MTE – Ministério do Trabalho e Emprego
MVR – Maior Valor de Referência
OIT – Organização Internacional do Trabalho
OJ(s) – Orientação(ões) Jurisprudencial(ais)
OTN – Obrigações do Tesouro Nacional
PGFN – Procuradoria-Geral da Fazenda Nacional
PIA – Plano Individual de Atendimento
PNATRE – Programa Nacional para os Trabalhadores Rurais Empregados
PNC – Plano Nacional de Cultura
PRONAC – Programa Nacional de Apoio à Cultura

Abreviaturas

PRONAICA – Programa Nacional de Atenção Integral à Criança e ao Adolescente
PRONASCI – Programa Nacional de Segurança Pública com Cidadania
RENACH – Registro Nacional de Carteiras de Habilitação
RENAVAM – Registro Nacional de Veículos Automotores
s. – seguinte(s)
SDI-1 – Subseção 1 da Seção Especializada em Dissídios Individuais
SDI-2 – Subseção 2 da Seção Especializada em Dissídios Individuais
SDC – Seção Especializada em Dissídios Coletivos
SENAR – Serviço Nacional de Aprendizes Rural
SINAMOB – Sistema Nacional de Mobilização
SINASE – Sistema Nacional de Atendimento Socioeducativo
SINE – Sistema Nacional de Emprego
SINESP – Sistema Nacional de Informações de Segurança Pública, Prisionais e sobre Drogas
SNDC – Sistema Nacional de Defesa do Consumidor
SNIIC – Sistema Nacional de Informação e Indicadores Culturais
SRFB – Secretaria da Receita Federal do Brasil
STF – Supremo Tribunal Federal
STJ – Superior Tribunal de Justiça
STM – Superior Tribunal Militar
SUDAM – Superintendência de Desenvolvimento da Amazônia
SUDECO – Superintendência de Desenvolvimento do Centro-Oeste
SUDENE – Superintendência de Desenvolvimento do Nordeste
SUFRAMA – Superintendência da Zona Franca de Manaus
TCU – Tribunal de Contas da União
TFR – Tribunal Federal de Recursos
TJLP – Taxa de Juros de Longo Prazo
TR – Taxa Referencial
TRD – Taxa Referencial Diária
TRF – Tribunal Regional Federal
TSE – Tribunal Superior Eleitoral
TST – Tribunal Superior do Trabalho
UFIR – Unidade Fiscal de Referência
URV – Unidade Real de Valor

Índice Cronológico da Legislação

ATO
- 342 – de 27-7-2010 (Informatização do processo judicial) ... 667

ATO CONJUNTO
- 10 – de 28-6-2010 (Informatização do processo judicial) ... 664

ATO DECLARATÓRIO
- 4 – de 21-2-2002 (Precedentes administrativos – SIT) ... 609

CONSOLIDAÇÃO
- Provimentos da Corregedoria-Geral da Justiça do Trabalho – de 19-12-2019 777

CONVENÇÕES OIT
- 87 – (Relativa à liberdade sindical e à proteção do direito de sindicalização) 421
- 98 – (Relativa à aplicação dos princípios do direito de organização e de negociação coletiva) (Decreto n. 10.088, de 5-11-2019) ... 768
- 132 – (Relativa a férias anuais remuneradas) (Decreto n. 10.088, de 5-11-2019) 770
- 182 – (Relativa à proibição das piores formas de trabalho infantil) (Decreto n. 10.088, de 5-11-2019) 772

DECRETO LEGISLATIVO
- 6 – de 20-3-2020 (Estado de calamidade pública – Covid-19) .. 803

DECRETOS
- 85.845 – de 26-3-1981 (FGTS) ... 486
- 87.043 – de 22-3-1982 (Salário-educação) .. 487
- 99.684 – de 8-11-1990 (FGTS) ... 521
- 3.048 – de 6-5-1999 (Previdência Social) .. 582
- 3.298 – de 20-12-1999 (Deficientes físicos) ... 597
- 3.914 – de 11-9-2001 (FGTS) ... 608
- 4.840 – de 17-9-2003 (Empréstimo consignado) ... 622
- 6.003 – de 28-12-2006 (Salário-educação) .. 641
- 6.949 – de 25-8-2009 (Convenção Internacional sobre os Direitos das Pessoas com Deficiência) 652
- 7.943 – de 5-3-2013 (Trabalhadores rurais empregados) .. 673
- 8.084 – de 26-8-2013 (Vale-cultura – regulamento) ... 678
- 8.433 – de 16-4-2015 (Motorista – regulamento) ... 683
- 9.499 – de 10-9-2018 (Trabalho temporário no Mercosul) ... 753
- 9.579 – de 22-11-2018 (Aprendiz) .. 755
- 9.978 – de 20-8-2019 (PIS-PASEP) ... 763
- 10.088 – de 5-11-2019 (Convenções da OIT) ... 768
- 10.178 – de 18-12-2019 (Liberdade econômica – regulamentação do risco das atividades econômicas) 775
- 10.229 – de 5-2-2020 (Liberdade econômica – regulamentação do direito de exploração de atividade econômica em desacordo com a norma técnica desatualizada) 795
- 10.854 – de 10-11-2021 (Marco Regulatório Trabalhista Infralegal) ... 820

DECRETOS-LEIS
- 2.848 – de 7-12-1940 (Crimes) ... 415
- 5.452 – de 1.º-5-1943 (CLT) .. 135
- 368 – de 19-12-1968 (Débitos salariais) .. 427
- 691 – de 18-7-1969 (Técnicos estrangeiros) .. 427
- 779 – de 21-8-1969 (Processo do trabalho) ... 428

1.422 – de 23-10-1975 (Salário-educação)	437

EMENDAS CONSTITUCIONAIS

19 – de 4-6-1998 (Administração Pública)	91
20 – de 15-12-1998 (Reforma da Previdência Social)	92
24 – de 9-12-1999 (Representação classista na Justiça do Trabalho)	93
41 – de 19-12-2003 (Reforma da Previdência Social)	94
45 – de 8-12-2004 (Reforma do Judiciário)	95
47 – de 5-7-2005 (Reforma da Previdência Social)	96
62 – de 9-12-2009 (Precatórios)	96
70 – de 29-3-2012 (Reforma da Previdência Social)	97
79 – de 27-5-2014 (Servidores dos ex-Territórios do Amapá, Rondônia e Roraima)	97
103 – de 12-11-2019 (Reforma da Previdência Social)	98
113 – de 8-12-2021 (Precatórios)	105
114 – de 16-12-2021 (Precatórios)	105
126 – de 21-12-2022 ("PEC" da Transição)	106
127 – de 22-12-2022 (Piso salarial da enfermagem)	107

INSTRUÇÕES NORMATIVAS

3 – de 5-3-1993 (Processo do trabalho – depósito recursal)	557
16 – de 26-8-1999 (Agravo de instrumento)	597
17 – de 6-4-2000 (Recurso de revista)	601
19 – de 27-4-2000 (Tribunal Superior do Trabalho – OJs)	602
23 – de 5-8-2003 (Recurso de revista)	621
24 – de 2-10-2003 (Processo do trabalho)	625
27 – de 16-2-2005 (Processo do trabalho)	634
30 – de 13-9-2007 (Informatização do processo judicial)	643
37 – de 2-3-2015 (Jurisprudência nos TRT's)	682
38 – de 10-11-2015 (Recursos repetitivos)	700
39 – de 15-3-2016 (Normas do CPC de 2015 aplicáveis e inaplicáveis ao Processo do Trabalho)	702
40 – de 15-3-2016 (Agravo de Instrumento em caso de admissibilidade parcial de recurso de revista)	704
41 – de 21-6-2018 (Aplicação das normas processuais previstas na CLT – reforma trabalhista)	740

LEIS

605 – de 5-1-1949 (Repouso semanal)	419
1.060 – de 5-2-1950 (Assistência judiciária)	421
3.207 – de 18-7-1957 (Vendedores, viajantes ou pracistas)	423
4.090 – de 13-7-1962 (Gratificação de Natal)	424
4.266 – de 3-10-1963 (Salário-família)	424
4.725 – de 13-7-1965 (Dissídios coletivos)	425
4.749 – de 12-8-1965 (Gratificação de Natal)	425
4.923 – de 23-12-1965 (Jornada de trabalho)	426
5.584 – de 26-6-1970 (Processo do trabalho)	428
5.811 – de 11-10-1972 (Trabalho em atividade petrolífera)	431
5.889 – de 8-6-1973 (Trabalho rural)	432
6.019 – de 3-1-1974 (Trabalho temporário)	434
6.321 – de 14-4-1976 (Alimentação do trabalhador)	438
6.830 – de 22-9-1980 (Processo do trabalho – execução fiscal)	482
6.858 – de 24-11-1980 (FGTS)	485
6.868 – de 3-12-1980 (Atestado de Bons Antecedentes)	486
7.064 – de 6-12-1982 (Serviços no exterior)	489
7.102 – de 20-6-1983 (Vigilantes)	490
7.347 – de 24-7-1985 (Ação Civil Pública)	491
7.418 – de 16-12-1985 (Vale-transporte)	494
7.644 – de 18-12-1987 (Mãe social)	494
7.701 – de 21-12-1988 (Processo do Trabalho)	496
7.713 – de 22-12-1988 (Imposto de renda)	497
7.716 – de 5-1-1989 (Crimes)	498
7.783 – de 28-6-1989 (Greve)	499
7.853 – de 24-10-1989 (Deficientes físicos)	500

Índice Cronológico da Legislação

7.855	– de 24-10-1989 (Multa)	503
7.998	– de 11-1-1990 (Seguro-desemprego)	504
8.036	– de 11-5-1990 (FGTS)	508
8.069	– de 13-7-1990 (Criança e adolescente)	520
8.177	– de 1.º-3-1991 (Débitos trabalhistas)	529
8.212	– de 24-7-1991 (Seguridade Social)	529
8.213	– de 24-7-1991 (Previdência Social)	539
8.541	– de 23-12-1992 (Imposto de renda)	557
8.542	– de 23-12-1992 (Salário)	557
8.716	– de 11-10-1993 (Salário mínimo)	565
8.844	– de 20-1-1994 (FGTS)	565
8.906	– de 4-7-1994 (Estatuto da Advocacia)	565
8.984	– de 7-2-1995 (Processo do trabalho)	569
9.029	– de 13-4-1995 (Admissão ao trabalho)	569
9.279	– de 14-5-1996 (Propriedade industrial)	569
9.424	– de 24-12-1996 (Salário-educação)	570
9.601	– de 21-1-1998 (Contrato por prazo determinado)	571
9.608	– de 18-2-1998 (Serviço voluntário)	572
9.615	– de 24-3-1998 (Atleta profissional)	572
9.766	– de 18-12-1998 (Salário-educação)	581
9.962	– de 22-2-2000 (Empregado público)	601
10.101	– de 19-12-2000 (Participação nos lucros)	602
10.192	– de 14-2-2001 (Salário)	604
10.406	– de 10-1-2002 (Código Civil – dispositivos)	383
10.555	– de 13-11-2002 (FGTS)	620
10.741	– de 1.º-10-2003 (Estatuto da Pessoa Idosa)	624
10.820	– de 17-12-2003 (Empréstimo consignado)	625
10.833	– de 29-12-2003 (Imposto de renda)	628
11.101	– de 9-2-2005 (Falência)	628
11.419	– de 19-12-2006 (Informatização do processo judicial)	639
11.648	– de 31-3-2008 (Centrais sindicais)	646
11.770	– de 9-9-2008 (Licença-maternidade)	647
11.788	– de 25-9-2008 (Estágio)	648
12.016	– de 7-8-2009 (Mandado de segurança)	650
12.023	– de 27-8-2009 (Trabalho avulso)	663
12.288	– de 20-7-2010 (Igualdade racial)	664
12.382	– de 25-2-2011 (Salário mínimo)	668
12.506	– de 11-10-2011 (Aviso prévio)	669
12.690	– de 19-7-2012 (Cooperativas de trabalho)	669
12.761	– de 27-12-2012 (Vale-cultura)	671
12.815	– de 5-6-2013 (Trabalho portuário)	673
12.852	– de 5-8-2013 (Estatuto da Juventude)	678
13.103	– de 2-3-2015 (Motorista Profissional)	680
13.105	– de 16-3-2015 (Código de Processo Civil)	271
13.140	– de 26-6-2015 (Mediação e autocomposição)	688
13.146	– de 6-7-2015 (Estatuto da Pessoa com Deficiência)	692
13.155	– de 4-8-2015 (Lei de Responsabilidade Fiscal do Esporte – LRFE)	695
13.271	– de 15-4-2016 (Revista íntima)	704
13.300	– de 23-6-2016 (Mandado de Injunção Individual e Coletivo)	704
13.667	– de 17-5-2018 (Sistema Nacional de Emprego – SINE)	738
13.709	– de 14-8-2018 (Proteção de dados pessoais)	741
13.874	– de 20-9-2019 (Liberdade econômica)	764
13.979	– de 6-2-2020 (Medidas para enfrentamento da emergência de saúde pública de importância internacional decorrente do coronavírus)	796
14.010	– de 10-6-2020 (Regime Jurídico Emergencial e Transitório das Relações Jurídicas de Direito Privado – RJET – Covid-19)	803
14.020	– de 6-7-2020 (Programa Emergencial de Manutenção do Emprego e da Renda – Covid-19)	805
14.043	– de 19-8-2020 (Programa Emergencial de Suporte a Empregos – Covid-19)	810
14.057	– de 11-9-2020 (Pagamento de precatórios, acordo terminativo de litígio contra a Fazenda Pública – Covid-19)	812

14.128 – de 26-3-2021 (Compensação financeira a ser paga pela União aos profissionais e trabalhadores de saúde, durante o período de emergência de saúde pública decorrente da disseminação do novo coronavírus – SARS-CoV-2)....... 813
14.151 – de 12-5-2021 (Medidas trabalhistas para gestantes – Covid 19)... 814
14.193 – de 6-8-2021 (Institui a Sociedade Anônima do Futebol) ... 815
14.297 – de 5-1-2022 (Proteção ao entregador de empresa de aplicativo).. 835
14.370 – de 15-6-2022 (Programa Nacional de Prestação de Serviço Civil Voluntário) ... 836
14.437 – de 15-8-2022 (Medidas Trabalhistas)... 839
14.442 – de 2-9-2022 (Auxílio-alimentação).. 846
14.457 – de 21-9-2022 (Programa Emprega + Mulheres) ... 846

LEIS COMPLEMENTARES

7 – de 7-9-1970 (PIS).. 429
8 – de 3-12-1970 (PASEP) ... 430
26 – de 11-9-1975 (PIS-PASEP) .. 436
75 – de 20-5-1993 (Ministério Público do Trabalho) .. 559
103 – de 14-7-2000 (Piso salarial) .. 502
110 – de 29-6-2001 (FGTS) ... 605
123 – de 14-12-2006 (Microempresa).. 634
150 – de 1.º-6-2015 (Empregado doméstico) .. 684

MEDIDA PROVISÓRIA

2.165-36 – de 23-8-2001 (Empregado público) ... 607

NORMAS REGULAMENTADORAS

4 – Serviços Especializados em Segurança e Medicina do Trabalho... 440
5 – Comissão Interna de Prevenção de Acidentes e de Assédio – CIPA.. 453
6 – EPI – atualizada pela Portaria n. 25, de 15-10-2001 .. 457
6 – EPI – atualizada pela Portaria n. 2.175, de 28-7-2022, em vigor em 180 dias após sua publicação (*DOU* de 5-8-2022) ... *Saraiva Conecta*
7 – Programa de Controle Médico de Saúde Ocupacional – PCMSO.. 461
9 – Avaliação e Controle das Exposições Ocupacionais a Agentes Físicos, Químicos e Biológicos...................... 475
15 – Atividades e Operações Insalubres ... 480
16 – Atividades e Operações Perigosas... 481
28 – Fiscalização e Penalidades... 481

PORTARIAS

3.214 – de 8-6-1978 (Normas Regulamentadoras)... 439
6.734 – de 9-3-2020 (Aprova a nova redação da Norma Regulamentadora n. 9)... 802
422 – de 7-10-2021 (Aprova a nova redação da Norma Regulamentadora n. 5).. 819
426 – de 7-10-2021 (Aprova o Anexo I – Vibração e o Anexo III – Calor, da Norma Regulamentadora n. 9) 820
567 – de 10-3-2022 (PCMSO – Alterações na Norma Regulamentadora n. 7).. 839
2.318 – de 3-8-2022 (Segurança e Medicina do Trabalho – altera a Norma Regulamentadora n. 4) 839

REGIMENTO INTERNO DO TST ... 705

RESOLUÇÃO ADMINISTRATIVA

940 – de 30-6-2003 (Processo do trabalho).. 621

CLT saraiva

CONSTITUIÇÃO FEDERAL

Índice Sistemático da Constituição Federal

PREÂMBULO ... 7

TÍTULO I
DOS PRINCÍPIOS FUNDAMENTAIS
Arts. 1.º a 4.º ... 7

TÍTULO II
DOS DIREITOS E GARANTIAS FUNDAMENTAIS
Arts. 5.º a 17 .. 7
 CAPÍTULO I – Dos direitos e deveres individuais e coletivos (art. 5.º) ... 7
 CAPÍTULO II – Dos direitos sociais (arts. 6.º a 11) .. 11
 CAPÍTULO III – Da nacionalidade (arts. 12 e 13) ... 13
 CAPÍTULO IV – Dos direitos políticos (arts. 14 a 16) .. 13
 CAPÍTULO V – Dos partidos políticos (art. 17) ... 14

TÍTULO III
DA ORGANIZAÇÃO DO ESTADO
Arts. 18 a 43 .. 14
 CAPÍTULO I – Da organização político-administrativa (arts. 18 e 19) ... 14
 CAPÍTULO II – Da União (arts. 20 a 24) ... 15
 CAPÍTULO III – Dos Estados federados (arts. 25 a 28) ... 18
 CAPÍTULO IV – Dos Municípios (arts. 29 a 31) .. 18
 CAPÍTULO V – Do Distrito Federal e dos Territórios (arts. 32 e 33) ... 20
 Seção I – Do Distrito Federal (art. 32) .. 20
 Seção II – Dos Territórios (art. 33) .. 21
 CAPÍTULO VI – Da intervenção (arts. 34 a 36) .. 21
 CAPÍTULO VII – Da administração pública (arts. 37 a 43) .. 21
 Seção I – Disposições Gerais (arts. 37 e 38) .. 21
 Seção II – Dos Servidores Públicos (arts. 39 a 41) ... 24
 Seção III – Dos Militares dos Estados, do Distrito Federal e dos Territórios (art. 42) 26
 Seção IV – Das Regiões (art. 43) .. 26

TÍTULO IV
DA ORGANIZAÇÃO DOS PODERES
Arts. 44 a 135 .. 27
 CAPÍTULO I – Do Poder Legislativo (arts. 44 a 75) ... 27
 Seção I – Do Congresso Nacional (arts. 44 a 47) ... 27
 Seção II – Das Atribuições do Congresso Nacional (arts. 48 a 50) .. 27
 Seção III – Da Câmara dos Deputados (art. 51) ... 28
 Seção IV – Do Senado Federal (art. 52) ... 28
 Seção V – Dos Deputados e dos Senadores (arts. 53 a 56) ... 28
 Seção VI – Das Reuniões (art. 57) ... 29
 Seção VII – Das Comissões (art. 58) ... 30
 Seção VIII – Do Processo Legislativo (arts. 59 a 69) ... 30
 Subseção I – Disposição geral (art. 59) .. 30
 Subseção II – Da emenda à Constituição (art. 60) .. 30
 Subseção III – Das leis (arts. 61 a 69) ... 30

Seção IX – Da Fiscalização Contábil, Financeira e Orçamentária (arts. 70 a 75) .. 32
CAPÍTULO II – Do Poder Executivo (arts. 76 a 91) ... 33
 Seção I – Do Presidente e do Vice-Presidente da República (arts. 76 a 83) .. 33
 Seção II – Das Atribuições do Presidente da República (art. 84) ... 34
 Seção III – Da Responsabilidade do Presidente da República (arts. 85 e 86) .. 34
 Seção IV – Dos Ministros de Estado (arts. 87 e 88) ... 34
 Seção V – Do Conselho da República e do Conselho de Defesa Nacional (arts. 89 a 91) 35
 Subseção I – Do Conselho da República (arts. 89 e 90) ... 35
 Subseção II – Do Conselho de Defesa Nacional (art. 91) .. 35
CAPÍTULO III – Do Poder Judiciário (arts. 92 a 126) ... 35
 Seção I – Disposições Gerais (arts. 92 a 100) ... 35
 Seção II – Do Supremo Tribunal Federal (arts. 101 a 103-B) ... 39
 Seção III – Do Superior Tribunal de Justiça (arts. 104 e 105) .. 41
 Seção IV – Dos Tribunais Regionais Federais e dos Juízes Federais (arts. 106 a 110) 42
 Seção V – Do Tribunal Superior do Trabalho, dos Tribunais Regionais do Trabalho e dos Juízes do Trabalho (arts. 111 a 117) 43
 Seção VI – Dos Tribunais e Juízes Eleitorais (arts. 118 a 121) .. 44
 Seção VII – Dos Tribunais e Juízes Militares (arts. 122 a 124) .. 44
 Seção VIII – Dos Tribunais e Juízes dos Estados (arts. 125 e 126) ... 45
CAPÍTULO IV – Das funções essenciais à Justiça (arts. 127 a 135) ... 45
 Seção I – Do Ministério Público (arts. 127 a 130-A) ... 45
 Seção II – Da Advocacia Pública (arts. 131 e 132) .. 47
 Seção III – Da Advocacia (art. 133) .. 47
 Seção IV – Da Defensoria Pública (arts. 134 e 135) .. 47

TÍTULO V
DA DEFESA DO ESTADO E DAS INSTITUIÇÕES DEMOCRÁTICAS
Arts. 136 a 144 .. 47
CAPÍTULO I – Do estado de defesa e do estado de sítio (arts. 136 a 141) ... 47
 Seção I – Do Estado de Defesa (art. 136) .. 47
 Seção II – Do Estado de Sítio (arts. 137 a 139) ... 48
 Seção III – Disposições Gerais (arts. 140 e 141) ... 48
CAPÍTULO II – Das Forças Armadas (arts. 142 e 143) ... 48
CAPÍTULO III – Da Segurança Pública (art. 144) .. 49

TÍTULO VI
DA TRIBUTAÇÃO E DO ORÇAMENTO
Arts. 145 a 169 .. 49
CAPÍTULO I – Do sistema tributário nacional (arts. 145 a 162) ... 49
 Seção I – Dos Princípios Gerais (arts. 145 a 149-A) .. 49
 Seção II – Das Limitações do Poder de Tributar (arts. 150 a 152) ... 51
 Seção III – Dos Impostos da União (arts. 153 e 154) ... 51
 Seção IV – Dos Impostos dos Estados e do Distrito Federal (art. 155) .. 52
 Seção V – Dos Impostos dos Municípios (art. 156) .. 54
 Seção VI – Da Repartição das Receitas Tributárias (arts. 157 a 162) ... 54
CAPÍTULO II – Das finanças públicas (arts. 163 a 169) .. 55
 Seção I – Normas Gerais (arts. 163 e 164-A) ... 55
 Seção II – Dos Orçamentos (arts. 165 a 169) .. 56

TÍTULO VII
DA ORDEM ECONÔMICA E FINANCEIRA
Arts. 170 a 192 .. 61
CAPÍTULO I – Dos princípios gerais da atividade econômica (arts. 170 a 181) .. 61
CAPÍTULO II – Da política urbana (arts. 182 e 183) .. 63
CAPÍTULO III – Da política agrícola e fundiária e da reforma agrária (arts. 184 a 191) 63
CAPÍTULO IV – Do sistema financeiro nacional (art. 192) ... 64

TÍTULO VIII
DA ORDEM SOCIAL

Arts. 193 a 232 .. **64**

 CAPÍTULO I – Disposição geral (art. 193) ... 64
 CAPÍTULO II – Da seguridade social (arts. 194 a 204) 64
 Seção I – Disposições Gerais (arts. 194 e 195) ... 64
 Seção II – Da Saúde (arts. 196 a 200) .. 65
 Seção III – Da Previdência Social (arts. 201 e 202) 67
 Seção IV – Da Assistência Social (arts. 203 e 204) 68
 CAPÍTULO III – Da educação, da cultura e do desporto (arts. 205 a 217) 68
 Seção I – Da Educação (arts. 205 a 214) .. 68
 Seção II – Da Cultura (arts. 215 a 216-A) .. 71
 Seção III – Do Desporto (art. 217) .. 72
 CAPÍTULO IV – Da ciência, tecnologia e inovação (arts. 218 a 219-B) 73
 CAPÍTULO V – Da comunicação social (arts. 220 a 224) 73
 CAPÍTULO VI – Do meio ambiente (art. 225) .. 74
 CAPÍTULO VII – Da família, da criança, do adolescente, do jovem e do idoso (arts. 226 a 230) ... 75
 CAPÍTULO VIII – Dos índios (arts. 231 e 232) ... 76

TÍTULO IX
DAS DISPOSIÇÕES CONSTITUCIONAIS GERAIS

Arts. 233 a 250 .. **76**

ATO DAS DISPOSIÇÕES CONSTITUCIONAIS TRANSITÓRIAS

Arts. 1.º a 122 ... **79**

Constituição da República Federativa do Brasil (*)

Preâmbulo

Nós, representantes do povo brasileiro, reunidos em Assembleia Nacional Constituinte para instituir um Estado Democrático, destinado a assegurar o exercício dos direitos sociais e individuais, a liberdade, a segurança, o bem-estar, o desenvolvimento, a igualdade e a justiça como valores supremos de uma sociedade fraterna, pluralista e sem preconceitos, fundada na harmonia social e comprometida, na ordem interna e internacional, com a solução pacífica das controvérsias, promulgamos, sob a proteção de Deus, a seguinte CONSTITUIÇÃO DA REPÚBLICA FEDERATIVA DO BRASIL.

Título I
DOS PRINCÍPIOS FUNDAMENTAIS

Art. 1.º A República Federativa do Brasil, formada pela união indissolúvel dos Estados e Municípios e do Distrito Federal, constitui-se em Estado Democrático de Direito e tem como fundamentos:

- Vide arts. 18, *caput*, e 60, § 4.º, I e II, da CF.

I – a soberania;

- Vide arts. 20, VI, 21, I e II, 49, II, 84, VII, VIII e XIX, da CF.

II – a cidadania;

- A Lei n. 9.265, de 12-2-1996, estabelece a gratuidade dos atos necessários ao exercício da cidadania.

III – a dignidade da pessoa humana;

- Vide art. 5.º da CF.
- A Lei n. 11.340, de 7-8-2006, cria mecanismos para coibir a violência doméstica e familiar contra a mulher.

IV – os valores sociais do trabalho e da livre-iniciativa;

- Vide arts. 6.º e 11 da CF.

V – o pluralismo político.

- Vide art. 17 da CF.
- A Lei n. 9.096, de 19-9-1995, dispõe sobre os partidos políticos.

Parágrafo único. Todo o poder emana do povo, que o exerce por meio de representantes eleitos ou diretamente, nos termos desta Constituição.

- Vide arts. 14 e 60, § 4.º, III, da CF.
- A Lei n. 9.709, de 18-11-1998, estabelece em seu art. 1.º que a soberania popular é exercida por sufrágio universal e pelo voto direto e secreto, com igual valor para todos.

Art. 2.º São Poderes da União, independentes e harmônicos entre si, o Legislativo, o Executivo e o Judiciário.

- Vide art. 60, § 4.º, III, da CF.

Art. 3.º Constituem objetivos fundamentais da República Federativa do Brasil:

I – construir uma sociedade livre, justa e solidária;

II – garantir o desenvolvimento nacional;

III – erradicar a pobreza e a marginalização e reduzir as desigualdades sociais e regionais;

- Vide art. 23, X, da CF.
- Vide arts. 79 a 82 do ADCT.
- Fundo de Combate e Erradicação da Pobreza: Lei Complementar n. 111, de 6-7-2001.
- O Decreto n. 7.492, de 2-6-2011, institui o Plano Brasil sem Miséria, com a finalidade de superar a situação de extrema pobreza da população em todo o território nacional.

IV – promover o bem de todos, sem preconceitos de origem, raça, sexo, cor, idade e quaisquer outras formas de discriminação.

- Crimes resultantes de preconceito de raça ou de cor: Lei n. 7.716, de 5-1-1989, e Lei n. 9.459, de 13-5-1997.
- O Decreto n. 6.872, de 4-6-2009, aprova o Plano Nacional de Promoção da Igualdade Racial – PLANAPIR, e institui o seu Comitê de Articulação e Monitoramento.
- Estatuto da Igualdade Racial: *vide* Lei n. 12.288, de 20-7-2010.
- O Decreto n. 9.883, de 27-6-2019, dispõe sobre o Conselho Nacional de Combate à Discriminação.

Art. 4.º A República Federativa do Brasil rege-se nas suas relações internacionais pelos seguintes princípios:

- Vide arts. 21, I e 84, VII e VIII, da CF.

I – independência nacional;

- Vide arts. 78 e 91, § 1.º, IV, da CF.

II – prevalência dos direitos humanos;

- O Decreto n. 678, de 6-11-1992, promulgou a Convenção Americana sobre Direitos Humanos – Pacto de São José da Costa Rica.

III – autodeterminação dos povos;

IV – não intervenção;

V – igualdade entre os Estados;

VI – defesa da paz;

VII – solução pacífica dos conflitos;

VIII – repúdio ao terrorismo e ao racismo;

- Vide art. 5.º, XLII e XLIII, da CF.
- A Lei n. 7.716, de 5-1-1989, define os crimes resultantes de raça ou de cor.
- O Decreto n. 5.639, de 26-12-2005, promulga a Convenção Interamericana contra o Terrorismo.
- Estatuto da Igualdade Racial: *vide* Lei n. 12.288, de 20-7-2010.
- •• O Decreto Legislativo n. 1, de 18-2-2021, aprova o texto da Convenção Interamericana contra o Racismo, a Discriminação Racial e Formas Correlatas de Intolerância.
- •• O Decreto n. 10.932, de 10-1-2022, promulga a Convenção Interamericana contra o Racismo, a Discriminação Racial e Formas Correlatas de Intolerância.

IX – cooperação entre os povos para o progresso da humanidade;

X – concessão de asilo político.

- O Decreto n. 55.929, de 14-4-1965, promulgou a Convenção sobre Asilo Territorial.
- A Lei n. 9.474, de 22-7-1997, estabelece o Estatuto dos Refugiados.

Parágrafo único. A República Federativa do Brasil buscará a integração econômica, política, social e cultural dos povos da América Latina, visando à formação de uma comunidade latino-americana de nações.

- O Decreto n. 350, de 21-11-1991, promulgou o Tratado de Assunção, que estabeleceu o Mercado Comum entre Brasil, Paraguai, Argentina e Uruguai – MERCOSUL.

Título II
DOS DIREITOS E GARANTIAS FUNDAMENTAIS
Capítulo I
DOS DIREITOS E DEVERES INDIVIDUAIS E COLETIVOS

Art. 5.º Todos são iguais perante a lei, sem distinção de qualquer natureza, garantindo-se aos brasileiros e aos estrangeiros residentes no País a inviolabilidade do direito à vida, à liberdade, à igualdade, à segurança e à propriedade, nos termos seguintes:

- Vide Súmula 683 do STF.
- Vide art. 60, § 4.º, IV, da CF.
- Estrangeiro: Lei n. 13.445, de 24-5-2017 (Lei de Migração).

I – homens e mulheres são iguais em direitos e obrigações, nos termos desta Constituição;

(*) Publicada no *DOU* n. 191-A, de 5-10-1988.

- *Vide* arts. 143, § 2.º, e 226, § 5.º, da CF.
- *Vide* arts. 372 e s. da CLT, que dispõem sobre a duração, condições do trabalho e a discriminação contra a mulher.
- A Lei n. 9.029, de 13-4-1995, proíbe a exigência de atestados de gravidez e esterilização, e outras práticas discriminatórias, para efeitos admissionais ou de permanência da relação jurídica de trabalho.
- Convenção sobre a eliminação de todas as formas de discriminação contra a mulher: Decreto n. 4.377, de 13-9-2002.

II – ninguém será obrigado a fazer ou deixar de fazer alguma coisa senão em virtude de lei;
- *Vide* Súmula Vinculante 44.
- *Vide* Súmula 686 do STF.
- *Vide* Súmula 128 do TST.
- *Vide* OJ 97 da SDI-2.

III – ninguém será submetido a tortura nem a tratamento desumano ou degradante;
- Convenção contra a tortura e outros tratamentos ou penas cruéis, desumanos ou degradantes: Decreto n. 40, de 15-2-1991.
- A Lei n. 9.455, de 7-4-1997, define os crimes de tortura.

IV – é livre a manifestação do pensamento, sendo vedado o anonimato;
- *Vide* arts. 220 e s. da CF.

V – é assegurado o direito de resposta, proporcional ao agravo, além da indenização por dano material, moral ou à imagem;
- •• A Lei n. 13.188, de 11-11-2015, dispõe sobre o direito de resposta ou retificação do ofendido em matéria divulgada, publicada ou transmitida por veículo de comunicação social.

VI – é inviolável a liberdade de consciência e de crença, sendo assegurado o livre exercício dos cultos religiosos e garantida, na forma da lei, a proteção aos locais de culto e a suas liturgias;
- Crimes contra o sentimento religioso e contra o respeito aos mortos: arts. 208 a 212 do CP.

VII – é assegurada, nos termos da lei, a prestação de assistência religiosa nas entidades civis e militares de internação coletiva;
- A Lei n. 6.923, de 29-6-1981, dispõe sobre o serviço de Assistência Religiosa nas Forças Armadas.
- A Lei n. 9.982, de 14-7-2000, dispõe sobre a prestação de assistência religiosa nas entidades hospitalares públicas e privadas, bem como nos estabelecimentos prisionais civis e militares.

VIII – ninguém será privado de direitos por motivo de crença religiosa ou de convicção filosófica ou política, salvo se as invocar para eximir-se de obrigação legal a todos imposta e recusar-se a cumprir prestação alternativa, fixada em lei;
- *Vide* art. 143 da CF.
- •• A Lei n. 13.709, de 14-8-2018, dispõe sobre o tratamento de dados pessoais sensíveis, inclusive nos meios digitais, por pessoa natural ou jurídica de direito público e privado.

IX – é livre a expressão da atividade intelectual, artística, científica e de comunicação, independentemente de censura ou licença;
- LDA: Lei n. 5.988, de 14-12-1973, e Lei n. 9.610, de 19-2-1998.
- Lei de Proteção de Cultivares: Lei n. 9.456, de 25-4-1997, e Decreto n. 2.366, de 5-11-1997.
- Lei de Proteção da Propriedade Intelectual de Programa de Computador e sua comercialização no País: Lei n. 9.609, de 19-2-1998, e Decreto n. 2.556, de 20-4-1998.

X – são invioláveis a intimidade, a vida privada, a honra e a imagem das pessoas, assegurado o direito a indenização pelo dano material ou moral decorrente de sua violação;
- •• A Lei n. 13.188, de 11-11-2015, dispõe sobre o direito de resposta ou retificação do ofendido em matéria divulgada por meio de comunicação social.
- •• A Lei n. 13.709, de 14-8-2018, dispõe sobre o tratamento de dados pessoais, inclusive nos meios digitais, por pessoa natural ou jurídica de direito público e privado.
- *Vide* art. 114, VI, da CF.

XI – a casa é asilo inviolável do indivíduo, ninguém nela podendo penetrar sem consentimento do morador, salvo em caso de flagrante delito ou desastre, ou para prestar socorro, ou, durante o dia, por determinação judicial;
- Violação de domicílio no CP: art. 150, §§ 1.º a 5.º.
- Do tempo e do lugar dos atos processuais no CPC: arts. 212 a 216.

XII – é inviolável o sigilo da correspondência e das comunicações telegráficas, de dados e das comunicações telefônicas, salvo, no último caso, por ordem judicial, nas hipóteses e na forma que a lei estabelecer para fins de investigação criminal ou instrução processual penal;
- *Vide* arts. 136, § 1.º, *b* e *c*, e 139, III, da CF.
- A Lei n. 9.296, de 24-7-1996, regulamenta este inciso no tocante às comunicações telefônicas (Lei da Escuta Telefônica).
- Violação de correspondência no CP: arts. 151 e 152.
- Serviços postais: Lei n. 6.538, de 22-6-1978.

XIII – é livre o exercício de qualquer trabalho, ofício ou profissão, atendidas as qualificações profissionais que a lei estabelecer;
- *Vide* art. 170 da CF.

XIV – é assegurado a todos o acesso à informação e resguardado o sigilo da fonte, quando necessário ao exercício profissional;
- O art. 154 do CP dispõe sobre violação do segredo profissional.

XV – é livre a locomoção no território nacional em tempo de paz, podendo qualquer pessoa, nos termos da lei, nele entrar, permanecer ou dele sair com seus bens;

XVI – todos podem reunir-se pacificamente, sem armas, em locais abertos ao público, independentemente de autorização, desde que não frustrem outra reunião anteriormente convocada para o mesmo local, sendo apenas exigido prévio aviso à autoridade competente;

XVII – é plena a liberdade de associação para fins lícitos, vedada a de caráter paramilitar;

XVIII – a criação de associações e, na forma da lei, a de cooperativas independem de autorização, sendo vedada a interferência estatal em seu funcionamento;
- A Lei n. 5.764, de 16-12-1971, dispõe sobre o regime jurídico das cooperativas.
- A Lei n. 9.867, de 10-11-1999, dispõe sobre a criação e o funcionamento de Cooperativas Sociais, visando à integração social dos cidadãos.

XIX – as associações só poderão ser compulsoriamente dissolvidas ou ter suas atividades suspensas por decisão judicial, exigindo-se, no primeiro caso, o trânsito em julgado;

XX – ninguém poderá ser compelido a associar-se ou a permanecer associado;

XXI – as entidades associativas, quando expressamente autorizadas, têm legitimidade para representar seus filiados judicial ou extrajudicialmente;
- A Lei n. 7.347, de 24-7-1985, disciplina a ação civil pública.
- *Vide* Súmula 686 do STF.

XXII – é garantido o direito de propriedade;
- Propriedade no CC (Lei n. 10.406, de 10-1-2002): arts. 1.228 a 1.368.

XXIII – a propriedade atenderá a sua função social;
- *Vide* arts. 156, § 1.º, 170, III, 182, § 2.º, e 186 da CF.
- A Lei n. 4.504, de 30-11-1964, estabelece o Estatuto da Terra.

XXIV – a lei estabelecerá o procedimento para desapropriação por necessidade ou utilidade pública, ou por interesse social, mediante justa e prévia indenização em dinheiro, ressalvados os casos previstos nesta Constituição;
- Desapropriação: Decreto-lei n. 3.365, de 21-6-1941, Lei n. 4.132, de 10-9-1962, Lei n. 6.602, de 7-12-1978, Decreto-lei n. 1.075, de 22-1-1970, Lei n. 8.629, de 25-2-1993, Lei Complementar n. 76, de 6-7-1993, Lei n. 9.785, de 29-1-1999, e Lei n. 10.406, de 10-1-2002, art. 1.228, § 3.º.
- *Vide* Súmula 629 do STF.

XXV – no caso de iminente perigo público, a autoridade competente poderá usar de propriedade particular, assegurada ao proprietário indenização ulterior, se houver dano;

XXVI – a pequena propriedade rural, assim definida em lei, desde que trabalhada pela família, não será objeto de penhora para pagamento de débitos decorrentes de sua atividade produtiva, dispondo a lei sobre os meios de financiar o seu desenvolvimento;
- Estatuto da Terra: Lei n. 4.504, de 30-11-1964.
- O art. 4.º da Lei n. 8.629, de 25-2-1993, dispõe sobre a pequena propriedade rural.

XXVII – aos autores pertence o direito exclusivo de utilização, publicação ou reprodução de suas obras, transmissível aos herdeiros pelo tempo que a lei fixar;
- LDA: Lei n. 5.988, de 14-12-1973, e Lei n. 9.610, de 19-2-1998.
- Lei de Proteção de Cultivares: Lei n. 9.456, de 25-4-1997, e Decreto n. 2.366, de 5-11-1997.
- Lei de Proteção da Propriedade Intelectual do Programa de Computador e sua comercialização no país: Lei n. 9.609, de 19-2-1998, e Decreto n. 2.556, de 20-4-1998.

XXVIII – são assegurados, nos termos da lei:

a) a proteção às participações individuais em obras coletivas e à reprodução da imagem e voz humanas, inclusive nas atividades desportivas;

b) o direito de fiscalização do aproveitamento econômico das obras que criarem ou de que participarem aos criadores, aos intérpretes e às respectivas representações sindicais e associativas;

XXIX – a lei assegurará aos autores de inventos industriais privilégio temporário para sua utilização, bem como proteção às criações industriais, à propriedade das marcas, aos nomes de empresas e a outros signos distintivos, tendo em vista o interesse social e o desenvolvimento tecnológico e econômico do País;
- Propriedade Industrial: Lei n. 9.279, de 14-5-1996, e Decreto n. 2.553, de 16-4-1998.

XXX – é garantido o direito de herança;
- CC: direito das sucessões: arts. 1.784 e s.; aceitação e renúncia da herança: arts. 1.804 e s.; e herança jacente: arts. 1.819 e s.
- Direitos dos companheiros a alimentos e à sucessão: Lei n. 8.971, de 29-12-1994, e CC, art. 1.790.

XXXI – a sucessão de bens de estrangeiros situados no País será regulada pela lei brasileira em benefício do cônjuge ou dos filhos brasileiros, sempre que não lhes seja mais favorável a lei pessoal do *de cujus*;
- LINDB (Decreto-lei n. 4.657, de 4-9-1942): art. 10, §§ 1.º e 2.º.

XXXII – o Estado promoverá, na forma da lei, a defesa do consumidor;
- Prevenção e repressão às infrações contra a ordem econômica: Lei n. 12.529, de 30-11-2011.
- A Lei n. 8.078, de 11-9-1990, dispõe sobre a proteção do consumidor (CDC), e o Decreto n. 2.181, de 20-3-1997, dispõe sobre a organização do SNDC, e estabelece normas gerais de aplicação das sanções administrativas previstas na Lei n. 8.078, de 1990.
- As Portarias n. 4, de 13-3-1998, n. 3, de 19-3-1999, n. 3, de 15-3-2001, e n. 5, de 27-8-2002, da Secretaria de Direito Econômico, divulgam as cláusulas contratuais consideradas abusivas.

XXXIII – todos têm direito a receber dos órgãos públicos informações de seu interesse particular, ou de interesse coletivo ou geral, que serão prestadas no prazo da lei, sob pena de responsabilidade, ressalvadas aquelas cujo sigilo seja imprescindível à segurança da sociedade e do Estado;
- A Lei n. 12.527, de 18-11-2011, regula o acesso a informações previsto neste inciso.
- *Vide* incisos LXXII e LXXVII deste artigo.

XXXIV – são a todos assegurados, independentemente do pagamento de taxas:
a) o direito de petição aos Poderes Públicos em defesa de direitos ou contra ilegalidade ou abuso de poder;
- *Vide* Súmula Vinculante 21.

b) a obtenção de certidões em repartições públicas, para defesa de direitos e esclarecimento de situações de interesse pessoal;
- A Lei n. 9.051, de 18-5-1995, dispõe sobre a expedição de certidões para a defesa de direitos e esclarecimentos de situações.

XXXV – a lei não excluirá da apreciação do Poder Judiciário lesão ou ameaça a direito;

XXXVI – a lei não prejudicará o direito adquirido, o ato jurídico perfeito e a coisa julgada;
- *Vide* Súmulas 654, 678 e 684 do STF.
- LINDB (Decreto-lei n. 4.657, de 4-9-1942): art. 6.º.
- *Vide* OJs 4, 34 e 157 da SDI-2.

XXXVII – não haverá juízo ou tribunal de exceção;

XXXVIII – é reconhecida a instituição do júri, com a organização que lhe der a lei, assegurados:
- Do processo dos crimes da competência do júri: arts. 406 e s. do CPP.
- A Lei n. 11.697, de 13-6-2008, dispõe sobre a Organização Judiciária do Distrito Federal e dos Territórios. Sobre o Tribunal do Júri: arts. 18 a 24.

a) a plenitude de defesa;
b) o sigilo das votações;
c) a soberania dos veredictos;
d) a competência para o julgamento dos crimes dolosos contra a vida;
- *Vide* Súmula Vinculante 45.

XXXIX – não há crime sem lei anterior que o defina, nem pena sem prévia cominação legal;
- CP: art. 1.º.

XL – a lei penal não retroagirá, salvo para beneficiar o réu;
- CP: art. 2.º, parágrafo único.

XLI – a lei punirá qualquer discriminação atentatória dos direitos e liberdades fundamentais;
- Crimes resultantes de preconceito de raça ou de cor: Lei n. 7.716, de 5-1-1989, e Lei n. 9.459, de 13-5-1997.
- A Lei n. 8.081, de 21-9-1990, estabelece os crimes e as penas aplicáveis aos atos discriminatórios ou de preconceito de raça, cor, religião, etnia ou procedência nacional, praticados pelos meios de comunicação ou por publicação de qualquer natureza.

XLII – a prática do racismo constitui crime inafiançável e imprescritível, sujeito à pena de reclusão, nos termos da lei;
- Estatuto da Igualdade Racial: Lei n. 12.288, de 20-7-2010.
- O Decreto Legislativo n. 1, de 18-2-2021, aprova o texto da Convenção Interamericana contra o Racismo, a Discriminação Racial e Formas Correlatas de Intolerância.
- O Decreto n. 10.932, de 10-1-2022, promulga a Convenção Interamericana contra o Racismo, a Discriminação Racial e Formas Correlatas de Intolerância.

XLIII – a lei considerará crimes inafiançáveis e insuscetíveis de graça ou anistia a prática da tortura, o tráfico ilícito de entorpecentes e drogas afins, o terrorismo e os definidos como crimes hediondos, por eles respondendo os mandantes, os executores e os que, podendo evitá-los, se omitirem;
- Inciso XLIII regulamentado pela Lei n. 13.260, de 16-3-2016.
- A Lei n. 8.072, de 25-7-1990, dispõe sobre os crimes hediondos, nos termos deste inciso.
- A Lei n. 9.455, de 7-4-1997, define os crimes de tortura.
- O Decreto n. 5.639, de 26-12-2005, promulga a Convenção Interamericana contra o Terrorismo.
- Drogas: Lei n. 11.343, de 23-8-2006.
- O Decreto Legislativo n. 1, de 18-2-2021, aprova o texto da Convenção Interamericana contra o Racismo, a Discriminação Racial e Formas Correlatas de Intolerância.

XLIV – constitui crime inafiançável e imprescritível a ação de grupos armados, civis ou militares, contra a ordem constitucional e o Estado Democrático;
- Organização criminosa: Lei n. 12.850, de 2-8-2013.
- O Decreto n. 5.015, de 12-3-2004, promulga a Convenção das Nações Unidas contra o Crime Organizado Transnacional.

XLV – nenhuma pena passará da pessoa do condenado, podendo a obrigação de reparar o dano e a decretação do perdimento de bens ser, nos termos da lei, estendidas aos sucessores e contra eles executadas, até o limite do valor do patrimônio transferido;
- Das penas no CP: arts. 32 e s.
- CC: arts. 932 e 935.

XLVI – a lei regulará a individualização da pena e adotará, entre outras, as seguintes:
- Das penas no CP: arts. 32 e s.

a) privação ou restrição da liberdade;
- CP: arts. 33 e s.

b) perda de bens;
- CP: art. 43, II.

c) multa;
- CP: art. 49.

d) prestação social alternativa;
- CP: arts. 44 e 46.

e) suspensão ou interdição de direitos;
- CP: art. 47.

XLVII – não haverá penas:
- Das penas no CP: arts. 32 e s.

a) de morte, salvo em caso de guerra declarada, nos termos do art. 84, XIX;
- O CP Militar (Decreto-lei n. 1.001, de 21-10-1969) dispõe sobre pena de morte nos arts. 55 a 57.

b) de caráter perpétuo;
c) de trabalhos forçados;
d) de banimento;
e) cruéis;

XLVIII – a pena será cumprida em estabelecimentos distintos, de acordo com a natureza do delito, a idade e o sexo do apenado;
- Das penas no CP: arts. 32 e s.
- Dos estabelecimentos penais: Lei n. 7.210, de 11-7-1984, arts. 82 a 104. A Lei n. 10.792, de 1.º-12-2003, altera a LEP, instituindo o regime disciplinar diferenciado e facultando à União, aos Estados, ao Distrito Federal e aos Territórios, a construção de Penitenciárias destinadas aos presos sujeitos a este regime.

XLIX – é assegurado aos presos o respeito à integridade física e moral;
- CP: art. 38.
- Transporte de presos: Lei n. 8.653, de 10-5-1993.
- LEP: Lei n. 7.210, de 11-7-1984, art. 40.
- *Vide* Súmula Vinculante 11.

L – às presidiárias serão asseguradas condições para que possam permanecer com seus filhos durante o período de amamentação;

- Da penitenciária de mulheres: Lei n. 7.210, de 11-7-1984, art. 89.
- A Lei n. 11.942, de 28-5-2009, altera a LEP (Lei n. 7.210, de 11-7-1984), para assegurar às mães presas e aos recém-nascidos condições mínimas de assistência.

LI – nenhum brasileiro será extraditado, salvo o naturalizado, em caso de crime comum, praticado antes da naturalização, ou de comprovado envolvimento em tráfico ilícito de entorpecentes e drogas afins, na forma da lei;
- *Vide* art. 12, II, da CF.

LII – não será concedida extradição de estrangeiro por crime político ou de opinião;
- Extradição: arts. 81 a 99 da Lei n. 13.445, de 24-5-2017.
- O Decreto n. 98.961, de 15-2-1990, dispõe sobre a expulsão do estrangeiro condenado por tráfico de entorpecente e drogas afins.

LIII – ninguém será processado nem sentenciado senão pela autoridade competente;

LIV – ninguém será privado da liberdade ou de seus bens sem o devido processo legal;
- *Vide* OJ 97 da SDI-2.

LV – aos litigantes, em processo judicial ou administrativo, e aos acusados em geral são assegurados o contraditório e ampla defesa, com os meios e recursos a ela inerentes;
- *Vide* Súmula Vinculante 21.
- *Vide* Súmula 128 do TST.
- *Vide* OJ 97 da SDI-2.

LVI – são inadmissíveis, no processo, as provas obtidas por meios ilícitos;
- Das provas no CPP: arts. 155 e s. Das provas no CPC: arts. 369 e s.

LVII – ninguém será considerado culpado até o trânsito em julgado de sentença penal condenatória;

LVIII – o civilmente identificado não será submetido a identificação criminal, salvo nas hipóteses previstas em lei;
- •• Inciso LVIII regulamentado pela Lei n. 12.037, de 1.º-10-2009.

LIX – será admitida ação privada nos crimes de ação pública, se esta não for intentada no prazo legal;
- Da ação penal privada subsidiária da pública: art. 100, § 3.º, do CP, e art. 29 do CPP.

LX – a lei só poderá restringir a publicidade dos atos processuais quando a defesa da intimidade ou o interesse social o exigirem;
- Do sigilo no inquérito policial: CPP, art. 20.
- Segredo de justiça: CPC, art. 189.
- Sistema de transmissão de dados para a prática de atos processuais: Lei n. 9.800, de 26-5-1999.

LXI – ninguém será preso senão em flagrante delito ou por ordem escrita e fundamentada de autoridade judiciária competente, salvo nos casos de transgressão militar ou crime propriamente militar, definidos em lei;
- *Vide* inciso LVII deste artigo.
- O Decreto-lei n. 1.001, de 21-10-1969, estabelece o CP Militar.

LXII – a prisão de qualquer pessoa e o local onde se encontre serão comunicados imediatamente ao juiz competente e à família do preso ou à pessoa por ele indicada;

LXIII – o preso será informado de seus direitos, entre os quais o de permanecer calado, sendo-lhe assegurada a assistência da família e de advogado;
- *Vide* art. 136, § 3.º, IV, da CF.
- *Vide* Súmula Vinculante 14.

LXIV – o preso tem direito à identificação dos responsáveis por sua prisão ou por seu interrogatório policial;

LXV – a prisão ilegal será imediatamente relaxada pela autoridade judiciária;

LXVI – ninguém será levado à prisão ou nela mantido, quando a lei admitir a liberdade provisória, com ou sem fiança;

LXVII – não haverá prisão civil por dívida, salvo a do responsável pelo inadimplemento voluntário e inescusável de obrigação alimentícia e a do depositário infiel;
- •• O Decreto n. 592, de 6-7-1992 (Pacto Internacional sobre Direitos Civis e Políticos), dispõe em seu art. 11 que "ninguém poderá ser preso apenas por não poder cumprir com uma obrigação contratual".
- •• O Decreto n. 678, de 6-11-1992 (Pacto de São José da Costa Rica), dispõe em seu art. 7.º, item 7, que "ninguém deve ser detido por dívida, exceto no caso de inadimplemento de obrigação alimentar".
- Pensão alimentícia: art. 19 da Lei n. 5.478, de 25-7-1968.
- •• *Vide* Súmula Vinculante 25.
- Alienação fiduciária: Decreto-lei n. 911, de 1.º-10-1969, e Lei n. 9.514, de 20-11-1997.

LXVIII – conceder-se-á *habeas corpus* sempre que alguém sofrer ou se achar ameaçado de sofrer violência ou coação em sua liberdade de locomoção, por ilegalidade ou abuso de poder;
- *Vide* art. 142, § 2.º, da CF.
- *Habeas corpus* e seu processo: arts. 647 e s. do CPP.

LXIX – conceder-se-á mandado de segurança para proteger direito líquido e certo, não amparado por *habeas corpus* ou *habeas data*, quando o responsável pela ilegalidade ou abuso de poder for autoridade pública ou agente de pessoa jurídica no exercício de atribuições do Poder Público;
- Mandado de segurança: Lei n. 12.016, de 7-8-2009.

LXX – o mandado de segurança coletivo pode ser impetrado por:
- Mandado de segurança coletivo: Lei n. 12.016, de 7-8-2009.
- *Vide* Súmula 630 do STF.

a) partido político com representação no Congresso Nacional;

b) organização sindical, entidade de classe ou associação legalmente constituída e em funcionamento há pelo menos um ano, em defesa dos interesses de seus membros ou associados;
- *Vide* Súmula 629 do STF.

LXXI – conceder-se-á mandado de injunção sempre que a falta de norma regulamentadora torne inviável o exercício dos direitos e liberdades constitucionais e das prerrogativas inerentes à nacionalidade, à soberania e à cidadania;
- •• *Vide* Lei n. 13.300, de 23-6-2016, que disciplina o processo e o julgamento dos mandados de injunção individual e coletivo.

LXXII – conceder-se-á *habeas data*:
- *Habeas data*: Lei n. 9.507, de 12-11-1997.

a) para assegurar o conhecimento de informações relativas à pessoa do impetrante, constantes de registros ou bancos de dados de entidades governamentais ou de caráter público;

b) para a retificação de dados, quando não se prefira fazê-lo por processo sigiloso, judicial ou administrativo;

LXXIII – qualquer cidadão é parte legítima para propor ação popular que vise a anular ato lesivo ao patrimônio público ou de entidade de que o Estado participe, à moralidade administrativa, ao meio ambiente e ao patrimônio histórico e cultural, ficando o autor, salvo comprovada má-fé, isento de custas judiciais e do ônus da sucumbência;
- Lei de Ação Popular: Lei n. 4.717, de 29-6-1965.

LXXIV – o Estado prestará assistência jurídica integral e gratuita aos que comprovarem insuficiência de recursos;
- Assistência judiciária: Lei n. 1.060, de 5-2-1950.
- Defensoria Pública: Lei Complementar n. 80, de 12-1-1994.

LXXV – o Estado indenizará o condenado por erro judiciário, assim como o que ficar preso além do tempo fixado na sentença;

LXXVI – são gratuitos para os reconhecidamente pobres, na forma da lei:
- Lei n. 6.015, de 31-12-1973, art. 30 e parágrafos.
- Gratuidade dos atos necessários ao exercício da cidadania: Lei n. 9.265, de 12-2-1996, e Lei n. 9.534, de 10-12-1997.

a) o registro civil de nascimento;
- Do nascimento na LRP (Lei n. 6.015, de 31-12-1973): arts. 46 e 50 a 66.

b) a certidão de óbito;
- Do óbito na LRP (Lei n. 6.015, de 31-12-1973): arts. 77 a 88.

LXXVII – são gratuitas as ações de *habeas corpus* e *habeas data*, e, na forma da lei, os atos necessários ao exercício da cidadania;
- •• Inciso LXXVII regulamentado pela Lei n. 9.265, de 12-2-1996.

LXXVIII – a todos, no âmbito judicial e administrativo, são assegurados a razoável duração do processo e os meios que garantam a celeridade de sua tramitação;
- •• Inciso LXXVIII acrescentado pela Emenda Constitucional n. 45, de 8-12-2004.

LXXIX – é assegurado, nos termos da lei, o direito à proteção dos dados pessoais, inclusive nos meios digitais.
•• Inciso LXXIX acrescentado pela Emenda Constitucional n. 115, de 10-2-2022.

§ 1.º As normas definidoras dos direitos e garantias fundamentais têm aplicação imediata.

§ 2.º Os direitos e garantias expressos nesta Constituição não excluem outros decorrentes do regime e dos princípios por ela adotados, ou dos tratados internacionais em que a República Federativa do Brasil seja parte.

§ 3.º Os tratados e convenções internacionais sobre direitos humanos que forem aprovados, em cada Casa do Congresso Nacional, em dois turnos, por três quintos dos votos dos respectivos membros, serão equivalentes às emendas constitucionais.
•• § 3.º acrescentado pela Emenda Constitucional n. 45, de 8-12-2004.

§ 4.º O Brasil se submete à jurisdição de Tribunal Penal Internacional a cuja criação tenha manifestado adesão.
•• § 4.º acrescentado pela Emenda Constitucional n. 45, de 8-12-2004.
• O Decreto n. 4.388, de 25-9-2002, dispõe sobre o Tribunal Penal Internacional.

Capítulo II
DOS DIREITOS SOCIAIS

Art. 6.º São direitos sociais a educação, a saúde, a alimentação, o trabalho, a moradia, o transporte, o lazer, a segurança, a previdência social, a proteção à maternidade e à infância, a assistência aos desamparados, na forma desta Constituição.
•• Artigo com redação determinada pela Emenda Constitucional n. 90, de 15-9-2015.
• A Lei n. 10.216, de 6-4-2001, dispõe sobre a proteção e os direitos das pessoas portadoras de transtornos mentais e redireciona o modelo assistencial em saúde mental.

Parágrafo único. Todo brasileiro em situação de vulnerabilidade social terá direito a uma renda básica familiar, garantida pelo poder público em programa permanente de transferência de renda, cujas normas e requisitos de acesso serão determinados em lei, observada a legislação fiscal e orçamentária.
•• Parágrafo único acrescentado pela Emenda Constitucional n. 114, de 16-12-2021.

Art. 7.º São direitos dos trabalhadores urbanos e rurais, além de outros que visem à melhoria de sua condição social:
• A Lei n. 9.799, de 26-5-1999, insere na CLT regras de acesso da mulher ao mercado de trabalho.

I – relação de emprego protegida contra despedida arbitrária ou sem justa causa, nos termos de lei complementar, que preverá indenização compensatória, dentre outros direitos;

II – seguro-desemprego, em caso de desemprego involuntário;
• Dispõem ainda sobre a matéria: Lei n. 8.019, de 11-4-1990, e Lei Complementar n. 150, de 1.º-6-2015.

III – fundo de garantia do tempo de serviço;
• FGTS: Lei n. 8.036, de 11-5-1990 (disposições), regulamentada pelo Decreto n. 99.684, de 8-11-1990, e Lei n. 8.844, de 20-1-1994 (fiscalização, apuração e cobrança judicial das contribuições e multas), e Lei Complementar n. 150, de 1.º-6-2015.

IV – salário mínimo, fixado em lei, nacionalmente unificado, capaz de atender a suas necessidades vitais básicas e às de sua família com moradia, alimentação, educação, saúde, lazer, vestuário, higiene, transporte e previdência social, com reajustes periódicos que lhe preservem o poder aquisitivo, sendo vedada sua vinculação para qualquer fim;
• A Medida Provisória n. 1.143, de 12-12-2022, estabelece que, a partir de 1.º-1-2023, o salário mínimo será de R$ 1.302,00 (mil trezentos e dois reais).
• A Lei n. 6.205, de 29-4-1975, estabelece a descaracterização do salário mínimo como fator de correção monetária.
• Vide Súmulas Vinculantes 4, 15 e 16.
• Vide Súmula 201 do STJ.
• Vide OJ 71 da SDI-2.

V – piso salarial proporcional à extensão e à complexidade do trabalho;
• A Lei Complementar n. 103, de 14-7-2000, autoriza os Estados e o Distrito Federal a instituir o piso salarial a que se refere este inciso.

VI – irredutibilidade do salário, salvo o disposto em convenção ou acordo coletivo;
• Vide Súmula 391 do TST.
• Vide OJs 325 e 396 da SDI-1.

VII – garantia de salário, nunca inferior ao mínimo, para os que percebem remuneração variável;

VIII – décimo terceiro salário com base na remuneração integral ou no valor da aposentadoria;
• Décimo terceiro salário: Lei n. 4.090, de 13-7-1962; Lei n. 4.749, de 12-8-1965; e Decreto n. 10.854, de 10-11-2021.

IX – remuneração do trabalho noturno superior à do diurno;
• Trabalho noturno na CLT: art. 73 e §§ 1.º a 5.º.
• Vide OJ 127 da SDI-1.

X – proteção do salário na forma da lei, constituindo crime sua retenção dolosa;

XI – participação nos lucros, ou resultados, desvinculada da remuneração, e, excepcionalmente, participação na gestão da empresa, conforme definido em lei;
•• Regulamento: Lei n. 10.101, de 19-12-2000.
• A Lei n. 12.353, de 28-12-2010, dispõe sobre a participação dos empregados nos conselhos de administração das empresas públicas e sociedades de economia mista, e demais empresas em que a União detenha a maioria do capital social com direito a voto.
• Vide OJ 390 da SDI-1.

XII – salário-família pago em razão do dependente do trabalhador de baixa renda nos termos da lei;
•• Inciso XII com redação determinada pela Emenda Constitucional n. 20, de 15-12-1998.
• Salário-família: Lei n. 4.266, de 3-10-1963, Decreto n. 53.153, de 10-12-1963, Lei n. 8.213, de 24-7-1991, e Decreto n. 3.048, de 6-5-1999.

XIII – duração do trabalho normal não superior a oito horas diárias e quarenta e quatro semanais, facultada a compensação de horários e a redução da jornada, mediante acordo ou convenção coletiva de trabalho;
• Duração do trabalho na CLT: arts. 57 e s. e 224 e s.
• Jornada de trabalho na CLT: arts. 58 e s.
• Vide OJs 323 e 393 da SDI-1.

XIV – jornada de seis horas para o trabalho realizado em turnos ininterruptos de revezamento, salvo negociação coletiva;
• Vide Súmula 675 do STF.
• Vide Súmula 360 do TST.
• Vide OJs 274 e 395 da SDI-1.
• A Portaria n. 412, de 20-9-2007, do MTE, considera ilícita a alteração da jornada e do horário de trabalho dos empregados que trabalhem em regime de turnos ininterruptos de revezamento, salvo mediante convenção ou acordo coletivo de trabalho, sob pena de aplicação da multa estabelecida no art. 510 da CLT.

XV – repouso semanal remunerado, preferencialmente aos domingos;
• Décimo terceiro salário: Lei n. 4.090, de 13-7-1962; Lei n. 4.749, de 12-8-1965; e arts. 76 a 82 do Decreto n. 10.854, de 10-11-2021.
• Repouso semanal: Lei n. 605, de 5-1-1949; arts. 151 a 162 do Decreto n. 10.854, de 10-11-2021; e art. 67 da CLT.
• Vide OJ 410 da SDI-1.

XVI – remuneração do serviço extraordinário superior, no mínimo, em cinquenta por cento à do normal;
• Remuneração do serviço extraordinário na CLT: arts. 61, 142 e 227.
• A Lei n. 10.244, de 27-6-2001, revogando o art. 376 da CLT, passa a permitir a realização de horas extras por mulheres.
• Vide OJs 206 e 415 da SDI-1.

XVII – gozo de férias anuais remuneradas com, pelo menos, um terço a mais do que o salário normal;
• Férias na CLT: arts. 129 e s.
• Vide Súmula 386 do STJ.
• Vide Súmula 328 do TST.

XVIII – licença à gestante, sem prejuízo do emprego e do salário, com a duração de cento e vinte dias;
•• A Lei n. 11.770, de 9-9-2008, regulamentada pelo Decreto n. 10.854, de 10-11-2021 (arts. 137 a 142), institui o Programa Empresa Cidadã, que faculta a prorrogação por 60 dias da licença-maternidade, prevista neste inciso.
• Vide art. 10, II, b, do ADCT.
• Salário-maternidade: arts. 71 a 73 da Lei n. 8.213, de 24-7-1991, regulamentado pelo Decreto n. 3.048, de 6-5-1999, arts. 93 a 103.
• Vide OJ 44 da SDI-1.

XIX – licença-paternidade, nos termos fixados em lei;
•• Vide art. 10, § 1.º, do ADCT.

•• *Vide* Lei n. 11.770, de 9-9-2008 (Programa Empresa Cidadã), alterada pela Lei n. 13.257, de 8-3-2016, que faculta a prorrogação por 15 dias da licença-paternidade, mediante concessão de incentivo fiscal.

XX – proteção do mercado de trabalho da mulher, mediante incentivos específicos, nos termos da lei;
- Proteção ao trabalho da mulher na CLT: arts. 372 e s.
- Convenção sobre a eliminação de todas as formas de discriminação contra a mulher: Decreto n. 4.377, de 13-9-2002.
- *Vide* art. 39 do Estatuto da Igualdade Racial (Lei n. 12.288, de 20-7-2010).

XXI – aviso prévio proporcional ao tempo de serviço, sendo no mínimo de trinta dias, nos termos da lei;
•• *Vide* Lei n. 12.506, de 11-10-2011, que dispõe sobre aviso prévio.
- Aviso prévio na CLT: arts. 487 e s.

XXII – redução dos riscos inerentes ao trabalho, por meio de normas de saúde, higiene e segurança;
- Segurança e medicina do trabalho: arts. 154 e s. da CLT.
- *Vide* Súmula 437 do TST.

XXIII – adicional de remuneração para as atividades penosas, insalubres ou perigosas, na forma da lei;
- Atividades insalubres e perigosas na CLT: arts. 189 e s.
- *Vide* Súmula Vinculante 4.

XXIV – aposentadoria;
- A Lei n. 8.213, de 24-7-1991, nos arts. 42 e s., trata de aposentadoria.

XXV – assistência gratuita aos filhos e dependentes desde o nascimento até 5 (cinco) anos de idade em creches e pré-escolas;
•• Inciso XXV com redação determinada pela Emenda Constitucional n. 53, de 19-12-2006.

XXVI – reconhecimento das convenções e acordos coletivos de trabalho;
- Convenções coletivas de trabalho na CLT: arts. 611 e s.
- *Vide* OJ 346 da SDI-1 e OJ 34 da SDC.

XXVII – proteção em face da automação, na forma da lei;

XXVIII – seguro contra acidentes de trabalho, a cargo do empregador, sem excluir a indenização a que este está obrigado, quando incorrer em dolo ou culpa;
- Acidente do trabalho: Lei n. 6.338, de 7-6-1976; Lei n. 8.212, de 24-7-1991; Lei n. 8.213, de 24-7-1991; e Decreto n. 3.048, de 6-5-1999.

XXIX – ação, quanto aos créditos resultantes das relações de trabalho, com prazo prescricional de cinco anos para os trabalhadores urbanos e rurais, até o limite de dois anos após a extinção do contrato de trabalho;
•• Inciso XXIX com redação determinada pela Emenda Constitucional n. 28, de 25-5-2000.
- *Vide* Súmula 409 do TST.
- *Vide* OJs 399 e 417 da SDI-1.

***a*) e *b*)** (*Revogadas pela Emenda Constitucional n. 28, de 25-5-2000.*)

XXX – proibição de diferença de salários, de exercício de funções e de critério de admissão por motivo de sexo, idade, cor ou estado civil;
- *Vide* Súmula 683 do STF.
- *Vide* OJs 25 e 26 da SDC.
- *Vide* arts. 3.º e 4.º da Lei n. 7.716, de 5-1-1989 (crimes de preconceito de raça ou de cor).
- Convenção sobre a eliminação de todas as formas de discriminação contra a mulher: Decreto n. 4.377, de 13-9-2002.
- *Vide* arts. 38 a 42 do Estatuto da Igualdade Racial (Lei n. 12.288, de 20-7-2010).

XXXI – proibição de qualquer discriminação no tocante a salário e critérios de admissão do trabalhador portador de deficiência;
- O Decreto n. 3.298, de 20-12-1999, consolida as normas de proteção à pessoa portadora de deficiência.

XXXII – proibição de distinção entre trabalho manual, técnico e intelectual ou entre os profissionais respectivos;
- *Vide* Súmula 84 do TST.

XXXIII – proibição de trabalho noturno, perigoso ou insalubre a menores de 18 (dezoito) e de qualquer trabalho a menores de 16 (dezesseis) anos, salvo na condição de aprendiz, a partir de 14 (quatorze) anos;
•• Inciso XXXIII com redação determinada pela Emenda Constitucional n. 20, de 15-12-1998.
- Proteção ao trabalho do menor na CLT: arts. 402 e s.
- Do direito à profissionalização e à proteção do trabalho: arts. 60 a 69 da Lei n. 8.069, de 13-7-1990 (ECA).

XXXIV – igualdade de direitos entre o trabalhador com vínculo empregatício permanente e o trabalhador avulso.

Parágrafo único. São assegurados à categoria dos trabalhadores domésticos os direitos previstos nos incisos IV, VI, VII, VIII, X, XIII, XV, XVI, XVII, XVIII, XIX, XXI, XXII, XXIV, XXVI, XXX, XXXI e XXXIII e, atendidas as condições estabelecidas em lei e observada a simplificação do cumprimento das obrigações tributárias, principais e acessórias, decorrentes da relação de trabalho e suas peculiaridades, os previstos nos incisos I, II, III, IX, XII, XXV e XXVIII, bem como a sua integração à previdência social.
•• Parágrafo único com redação determinada pela Emenda Constitucional n. 72, de 2-4-2013.
- Empregado doméstico: Lei n. 7.195, de 12-6-1984, e Lei Complementar n. 150, de 1.º-6-2015.
- Salário-maternidade: arts. 93 a 103 do Decreto n. 3.048, de 6-5-1999.

Art. 8.º É livre a associação profissional ou sindical, observado o seguinte:
- Organização sindical na CLT: arts. 511 e s.
- *Vide* Súmula 4 do STJ.
- *Vide* Convenção n. 98 da OIT, sobre o direito de sindicalização.

I – a lei não poderá exigir autorização do Estado para a fundação de sindicato, ressalvado o registro no órgão competente, vedadas ao Poder Público a interferência e a intervenção na organização sindical;
- *Vide* Súmula 677 do STF.

II – é vedada a criação de mais de uma organização sindical, em qualquer grau, representativa de categoria profissional ou econômica, na mesma base territorial, que será definida pelos trabalhadores ou empregadores interessados, não podendo ser inferior à área de um Município;
- *Vide* Súmula 677 do STF.

III – ao sindicato cabe a defesa dos direitos e interesses coletivos ou individuais da categoria, inclusive em questões judiciais ou administrativas;
- A Lei n. 8.073, de 30-7-1990, dispõe que as entidades sindicais poderão atuar como substitutos processuais dos integrantes da categoria.

IV – a assembleia geral fixará a contribuição que, em se tratando de categoria profissional, será descontada em folha, para custeio do sistema confederativo da representação sindical respectiva, independentemente da contribuição prevista em lei;
•• *Vide* Súmula 666 do STF.
- *Vide* Súmula Vinculante 40.

V – ninguém será obrigado a filiar-se ou a manter-se filiado a sindicato;
- Atentado contra a liberdade de associação: art. 199 do CP.
- O Precedente Normativo n. 119, de 13-8-1998, do TST, dispõe sobre contribuições sindicais.
- *Vide* OJ 20 da SDC.

VI – é obrigatória a participação dos sindicatos nas negociações coletivas de trabalho;

VII – o aposentado filiado tem direito a votar e ser votado nas organizações sindicais;

VIII – é vedada a dispensa do empregado sindicalizado a partir do registro da candidatura a cargo de direção ou representação sindical e, se eleito, ainda que suplente, até um ano após o final do mandato, salvo se cometer falta grave nos termos da lei.
- *Vide* OJs 365 e 369 da SDI-1.

Parágrafo único. As disposições deste artigo aplicam-se à organização de sindicatos rurais e de colônias de pescadores, atendidas as condições que a lei estabelecer.
•• Parágrafo único regulamentado pela Lei n. 11.699, de 13-6-2008.

Art. 9.º É assegurado o direito de greve, competindo aos trabalhadores decidir sobre a oportunidade de exercê-lo e sobre os interesses que devam por meio dele defender.
- Greve: Lei n. 7.783, de 28-6-1989.
- *Vide* arts. 37, VII, 114, II, e 142, § 3.º, IV, da CF.

§ 1.º A lei definirá os serviços ou atividades essenciais e disporá sobre o atendimento das necessidades inadiáveis da comunidade.

§ 2.º Os abusos cometidos sujeitam os responsáveis às penas da lei.

Art. 10. É assegurada a participação dos trabalhadores e empregadores nos colegiados dos órgãos públicos em que seus interesses

profissionais ou previdenciários sejam objeto de discussão e deliberação.

Art. 11. Nas empresas de mais de duzentos empregados, é assegurada a eleição de um representante destes com a finalidade exclusiva de promover-lhes o entendimento direto com os empregadores.

Capítulo III
DA NACIONALIDADE

• O Decreto n. 4.246, de 22-5-2002, promulga a Convenção sobre o Estatuto dos Apátridas.

Art. 12. São brasileiros:

I – natos:

a) os nascidos na República Federativa do Brasil, ainda que de pais estrangeiros, desde que estes não estejam a serviço de seu país;

b) os nascidos no estrangeiro, de pai brasileiro ou mãe brasileira, desde que qualquer deles esteja a serviço da República Federativa do Brasil;

c) os nascidos no estrangeiro de pai brasileiro ou de mãe brasileira, desde que sejam registrados em repartição brasileira competente ou venham a residir na República Federativa do Brasil e optem, em qualquer tempo, depois de atingida a maioridade, pela nacionalidade brasileira;

•• Alínea c com redação determinada pela Emenda Constitucional n. 54, de 20-9-2007.

II – naturalizados:

• Naturalização: Lei n. 13.445, de 24-5-2017 (Lei de Migração).

a) os que, na forma da lei, adquiram a nacionalidade brasileira, exigidas aos originários de países de língua portuguesa apenas residência por um ano ininterrupto e idoneidade moral;

b) os estrangeiros de qualquer nacionalidade residentes na República Federativa do Brasil há mais de quinze anos ininterruptos e sem condenação penal, desde que requeiram a nacionalidade brasileira.

•• Alínea b com redação determinada pela Emenda Constitucional de Revisão n. 3, de 7-6-1994.

§ 1.º Aos portugueses com residência permanente no País, se houver reciprocidade em favor de brasileiros, serão atribuídos os direitos inerentes ao brasileiro, salvo os casos previstos nesta Constituição.

•• § 1.º com redação determinada pela Emenda Constitucional de Revisão n. 3, de 7-6-1994.

§ 2.º A lei não poderá estabelecer distinção entre brasileiros natos e naturalizados, salvo nos casos previstos nesta Constituição.

§ 3.º São privativos de brasileiro nato os cargos:

I – de Presidente e Vice-Presidente da República;

II – de Presidente da Câmara dos Deputados;

III – de Presidente do Senado Federal;

IV – de Ministro do Supremo Tribunal Federal;

V – da carreira diplomática;

VI – de oficial das Forças Armadas;

• A Lei Complementar n. 97, de 9-6-1999, dispõe sobre as normas gerais para a organização, o preparo e o emprego das Forças Armadas.

VII – de Ministro de Estado da Defesa.

•• Inciso VII acrescentado pela Emenda Constitucional n. 23, de 2-9-1999.

§ 4.º Será declarada a perda da nacionalidade do brasileiro que:

•• O Decreto n. 3.453, de 9-5-2000, delega competência ao Ministro de Estado da Justiça para declarar a perda e a reaquisição da nacionalidade brasileira, na forma deste artigo.

I – tiver cancelada sua naturalização, por sentença judicial, em virtude de atividade nociva ao interesse nacional;

II – adquirir outra nacionalidade, salvo nos casos:

•• Inciso II, *caput*, acrescentado pela Emenda Constitucional de Revisão n. 3, de 7-6-1994.

a) de reconhecimento de nacionalidade originária pela lei estrangeira;

•• Alínea a acrescentada pela Emenda Constitucional de Revisão n. 3, de 7-6-1994.

b) de imposição de naturalização, pela norma estrangeira, ao brasileiro residente em Estado estrangeiro, como condição para permanência em seu território ou para o exercício de direitos civis.

•• Alínea b acrescentada pela Emenda Constitucional de Revisão n. 3, de 7-6-1994.

Art. 13. A língua portuguesa é o idioma oficial da República Federativa do Brasil.

• O Decreto n. 6.583, de 29-9-2008, promulga o Acordo Ortográfico da Língua Portuguesa.

§ 1.º São símbolos da República Federativa do Brasil a bandeira, o hino, as armas e o selo nacionais.

• Apresentação e forma dos símbolos nacionais: Lei n. 5.700, de 1.º-9-1971.

§ 2.º Os Estados, o Distrito Federal e os Municípios poderão ter símbolos próprios.

Capítulo IV
DOS DIREITOS POLÍTICOS

Art. 14. A soberania popular será exercida pelo sufrágio universal e pelo voto direto e secreto, com valor igual para todos, e, nos termos da lei, mediante:

I – plebiscito;

•• Regulamento: Lei n. 9.709, de 18-11-1998.

II – referendo;

•• Regulamento: Lei n. 9.709, de 18-11-1998.

III – iniciativa popular.

•• Regulamento: Lei n. 9.709, de 18-11-1998.

§ 1.º O alistamento eleitoral e o voto são:

• Alistamento no CE (Lei n. 4.737, de 15-7-1965): arts. 42 e s.

I – obrigatórios para os maiores de dezoito anos;

II – facultativos para:

a) os analfabetos;

b) os maiores de setenta anos;

c) os maiores de dezesseis e menores de dezoito anos.

§ 2.º Não podem alistar-se como eleitores os estrangeiros e, durante o período do serviço militar obrigatório, os conscritos.

§ 3.º São condições de elegibilidade, na forma da lei:

I – a nacionalidade brasileira;

II – o pleno exercício dos direitos políticos;

III – o alistamento eleitoral;

IV – o domicílio eleitoral na circunscrição;

V – a filiação partidária;

•• Regulamento: Lei n. 9.096, de 19-9-1995.

VI – a idade mínima de:

a) trinta e cinco anos para Presidente e Vice-Presidente da República e Senador;

b) trinta anos para Governador e Vice-Governador de Estado e do Distrito Federal;

c) vinte e um anos para Deputado Federal, Deputado Estadual ou Distrital, Prefeito, Vice-Prefeito e juiz de paz;

• Responsabilidade dos Prefeitos: Decreto-lei n. 201, de 27-2-1967.

d) dezoito anos para Vereador.

• Responsabilidade dos Vereadores: Decreto-lei n. 201, de 27-2-1967.

§ 4.º São inelegíveis os inalistáveis e os analfabetos.

§ 5.º O Presidente da República, os Governadores de Estado e do Distrito Federal, os Prefeitos e quem os houver sucedido ou substituído no curso dos mandatos poderão ser reeleitos para um único período subsequente.

•• § 5.º com redação determinada pela Emenda Constitucional n. 16, de 4-6-1997.

§ 6.º Para concorrerem a outros cargos, o Presidente da República, os Governadores de Estado e do Distrito Federal e os Prefeitos devem renunciar aos respectivos mandatos até seis meses antes do pleito.

§ 7.º São inelegíveis, no território de jurisdição do titular, o cônjuge e os parentes consanguíneos ou afins, até o segundo grau ou por adoção, do Presidente da República, de Governador de Estado ou Território, do Distrito Federal, de Prefeito ou de quem os haja substituído dentro dos seis meses anteriores ao pleito, salvo se já titular de mandato eletivo e candidato à reeleição.

§ 8.º O militar alistável é elegível, atendidas as seguintes condições:

I – se contar menos de dez anos de serviço, deverá afastar-se da atividade;

II – se contar mais de dez anos de serviço, será agregado pela autoridade superior e, se eleito, passará automaticamente, no ato da diplomação, para a inatividade.

• Vide art. 42.

§ 9.º Lei complementar estabelecerá outros casos de inelegibilidade e os prazos de sua cessação, a fim de proteger a probidade administrativa, a moralidade para o exercício do mandato, considerada a vida pregressa do candidato, e a normalidade e legitimidade das eleições contra a influência do poder econômico ou o abuso do exercício de função, cargo ou emprego na administração direta ou indireta.
•• § 9.º com redação determinada pela Emenda Constitucional de Revisão n. 4, de 7-6-1994.
• Casos de inelegibilidade: Lei Complementar n. 64, de 18-5-1990.

§ 10. O mandato eletivo poderá ser impugnado ante a Justiça Eleitoral no prazo de quinze dias contados da diplomação, instruída a ação com provas de abuso do poder econômico, corrupção ou fraude.

§ 11. A ação de impugnação de mandato tramitará em segredo de justiça, respondendo o autor, na forma da lei, se temerária ou de manifesta má-fé.

§ 12. Serão realizadas concomitantemente às eleições municipais as consultas populares sobre questões locais aprovadas pelas Câmaras Municipais e encaminhadas à Justiça Eleitoral até 90 (noventa) dias antes da data das eleições, observados os limites operacionais relativos ao número de quesitos.
•• § 12 acrescentado pela Emenda Constitucional n. 111, de 28-9-2021.

§ 13. As manifestações favoráveis e contrárias às questões submetidas às consultas populares nos termos do § 12 ocorrerão durante as campanhas eleitorais, sem a utilização de propaganda gratuita no rádio e na televisão.
•• § 13 acrescentado pela Emenda Constitucional n. 111, de 28-9-2021.

Art. 15. É vedada a cassação de direitos políticos, cuja perda ou suspensão só se dará nos casos de:
• Lei Orgânica dos Partidos Políticos: Lei n. 9.096, de 19-9-1995.

I – cancelamento da naturalização por sentença transitada em julgado;
II – incapacidade civil absoluta;
III – condenação criminal transitada em julgado, enquanto durarem seus efeitos;
IV – recusa de cumprir obrigação a todos imposta ou prestação alternativa, nos termos do art. 5.º, VIII;
V – improbidade administrativa, nos termos do art. 37, § 4.º.

Art. 16. A lei que alterar o processo eleitoral entrará em vigor na data de sua publicação, não se aplicando à eleição que ocorra até 1 (um) ano da data de sua vigência.
•• Artigo com redação determinada pela Emenda Constitucional n. 4, de 14-9-1993.

Capítulo V
DOS PARTIDOS POLÍTICOS

Art. 17. É livre a criação, fusão, incorporação e extinção de partidos políticos, resguardados a soberania nacional, o regime democrático, o pluripartidarismo, os direitos fundamentais da pessoa humana e observados os seguintes preceitos:
•• A Lei n. 9.096, de 19-9-1995, regulamenta este artigo.

I – caráter nacional;
II – proibição de recebimento de recursos financeiros de entidade ou governo estrangeiros ou de subordinação a estes;
III – prestação de contas à Justiça Eleitoral;
IV – funcionamento parlamentar de acordo com a lei.

§ 1.º É assegurada aos partidos políticos autonomia para definir sua estrutura interna e estabelecer regras sobre escolha, formação e duração de seus órgãos permanentes e provisórios e sobre sua organização e funcionamento e para adotar os critérios de escolha e o regime de suas coligações nas eleições majoritárias, vedada a sua celebração nas eleições proporcionais, sem obrigatoriedade de vinculação entre as candidaturas em âmbito nacional, estadual, distrital ou municipal, devendo seus estatutos estabelecer normas de disciplina e fidelidade partidária.
•• § 1.º com redação determinada pela Emenda Constitucional n. 97, de 4-10-2017.
•• Vide Emenda Constitucional n. 97, de 5-10-2017.

§ 2.º Os partidos políticos, após adquirirem personalidade jurídica, na forma da lei civil, registrarão seus estatutos no Tribunal Superior Eleitoral.

§ 3.º Somente terão direito a recursos do fundo partidário e acesso gratuito ao rádio e à televisão, na forma da lei, os partidos políticos que alternativamente:
•• § 3.º com redação determinada pela Emenda Constitucional n. 97, de 4-10-2017.
•• Vide Emenda Constitucional n. 97, de 5-10-2017.

I – obtiverem, nas eleições para a Câmara dos Deputados, no mínimo, 3% (três por cento) dos votos válidos, distribuídos em pelo menos um terço das unidades da Federação, com um mínimo de 2% (dois por cento) dos votos válidos em cada uma delas; ou
•• Inciso I acrescentado pela Emenda Constitucional n. 97, de 4-10-2017.

II – tiverem elegido pelo menos quinze Deputados Federais distribuídos em pelo menos um terço das unidades da Federação.
•• Inciso II acrescentado pela Emenda Constitucional n. 97, de 4-10-2017.

§ 4.º É vedada a utilização pelos partidos políticos de organização paramilitar.

§ 5.º Ao eleito por partido que não preencher os requisitos previstos no § 3.º deste artigo é assegurado o mandato e facultada a filiação, sem perda do mandato, a outro partido que os tenha atingido, não sendo essa filiação considerada para fins de distribuição dos recursos do fundo partidário e de acesso gratuito ao tempo de rádio e de televisão.
•• § 5.º acrescentado pela Emenda Constitucional n. 97, de 4-10-2017.
•• Vide Emenda Constitucional n. 97, de 5-10-2017.

§ 6.º Os Deputados Federais, os Deputados Estaduais, os Deputados Distritais e os Vereadores que se desligarem do partido pelo qual tenham sido eleitos perderão o mandato, salvo nos casos de anuência do partido ou de outras hipóteses de justa causa estabelecidas em lei, não computada, em qualquer caso, a migração de partido para fins de distribuição de recursos do fundo partidário ou de outros fundos públicos e de acesso gratuito ao rádio e à televisão.
•• § 6.º acrescentado pela Emenda Constitucional n. 111, de 28-9-2021.

§ 7.º Os partidos políticos devem aplicar no mínimo 5% (cinco por cento) dos recursos do fundo partidário na criação e na manutenção de programas de promoção e difusão da participação política das mulheres, de acordo com os interesses intrapartidários.
•• § 7.º acrescentado pela Emenda Constitucional n. 117, de 5-4-2022.
•• Vide arts. 3.º e 4.º da Emenda Constitucional n. 117, de 5-4-2022.

§ 8.º O montante do Fundo Especial de Financiamento de Campanha e da parcela do fundo partidário destinada a campanhas eleitorais, bem como o tempo de propaganda gratuita no rádio e na televisão a ser distribuído pelos partidos às respectivas candidatas, deverão ser de no mínimo 30% (trinta por cento), proporcional ao número de candidatas, e a distribuição deverá ser realizada conforme critérios definidos pelos respectivos órgãos de direção e pelas normas estatutárias, considerados a autonomia e o interesse partidário.
•• § 8.º acrescentado pela Emenda Constitucional n. 117, de 5-4-2022.

Título III
DA ORGANIZAÇÃO DO ESTADO

Capítulo I
DA ORGANIZAÇÃO POLÍTICO-ADMINISTRATIVA

Art. 18. A organização político-administrativa da República Federativa do Brasil compreende a União, os Estados, o Distrito Federal e os Municípios, todos autônomos, nos termos desta Constituição.

§ 1.º Brasília é a Capital Federal.

§ 2.º Os Territórios Federais integram a União, e sua criação, transformação em Estado ou reintegração ao Estado de origem serão reguladas em lei complementar.

§ 3.º Os Estados podem incorporar-se entre si, subdividir-se ou desmembrar-se para se anexarem a outros, ou formarem novos Estados ou Territórios Federais, mediante aprovação da população diretamente interessada, através de plebiscito, e do Congresso Nacional, por lei complementar.

§ 4.º A criação, a incorporação, a fusão e o desmembramento de Municípios far-se-ão por lei estadual, dentro do período determinado

por lei complementar federal, e dependerão de consulta prévia, mediante plebiscito, às populações dos Municípios envolvidos, após divulgação dos Estudos de Viabilidade Municipal, apresentados e publicados na forma da lei.
- •• § 4.º com redação determinada pela Emenda Constitucional n. 15, de 12-9-1996.
- A Lei n. 10.521, de 18-7-2002, assegura a instalação de Municípios criados por Lei Estadual.

Art. 19. É vedado à União, aos Estados, ao Distrito Federal e aos Municípios:

I – estabelecer cultos religiosos ou igrejas, subvencioná-los, embaraçar-lhes o funcionamento ou manter com eles ou seus representantes relações de dependência ou aliança, ressalvada, na forma da lei, a colaboração de interesse público;

II – recusar fé aos documentos públicos;

III – criar distinções entre brasileiros ou preferências entre si.

Capítulo II
DA UNIÃO

Art. 20. São bens da União:
- Bens imóveis da União: Decreto-lei n. 9.760, de 5-9-1946, e Lei n. 9.636, de 15-5-1998.
- Bens públicos: Lei n. 10.406, de 10-1-2002 (CC), art. 99.

I – os que atualmente lhe pertencem e os que lhe vierem a ser atribuídos;

II – as terras devolutas indispensáveis à defesa das fronteiras, das fortificações e construções militares, das vias federais de comunicação e à preservação ambiental, definidas em lei;
- A Lei n. 6.383, de 7-12-1976, dispõe sobre o processo discriminatório de terras devolutas da União.
- A Lei n. 6.938, de 31-8-1981, dispõe sobre a Política Nacional do Meio Ambiente, seus fins e mecanismos de formulação e aplicação.

III – os lagos, rios e quaisquer correntes de água em terrenos de seu domínio, ou que banhem mais de um Estado, sirvam de limites com outros países, ou se estendam a território estrangeiro ou dele provenham, bem como os terrenos marginais e as praias fluviais;
- Política Marítima Nacional (PMN): Decreto n. 1.265, de 11-10-1994.

IV – as ilhas fluviais e lacustres nas zonas limítrofes com outros países; as praias marítimas; as ilhas oceânicas e as costeiras, excluídas, destas, as que contenham a sede de Municípios, exceto aquelas áreas afetadas ao serviço público e a unidade ambiental federal, e as referidas no art. 26, II;
- •• Inciso IV com redação determinada pela Emenda Constitucional n. 46, de 5-5-2005.
- Política Marítima Nacional (PMN): Decreto n. 1.265, de 11-10-1994.

V – os recursos naturais da plataforma continental e da zona econômica exclusiva;
- A Lei n. 8.617, de 4-1-1993, dispõe sobre o mar territorial, a zona contígua, a zona econômica exclusiva e a plataforma continental brasileira.
- Política Marítima Nacional (PMN): Decreto n. 1.265, de 11-10-1994.

VI – o mar territorial;

VII – os terrenos de marinha e seus acrescidos;

VIII – os potenciais de energia hidráulica;

IX – os recursos minerais, inclusive os do subsolo;

X – as cavidades naturais subterrâneas e os sítios arqueológicos e pré-históricos;

XI – as terras tradicionalmente ocupadas pelos índios.

§ 1.º É assegurada, nos termos da lei, à União, aos Estados, ao Distrito Federal e aos Municípios a participação no resultado da exploração de petróleo ou gás natural, de recursos hídricos para fins de geração de energia elétrica e de outros recursos minerais no respectivo território, plataforma continental, mar territorial ou zona econômica exclusiva, ou compensação financeira por essa exploração.
- •• § 1.º com redação determinada pela Emenda Constitucional n. 102, de 26-9-2019, produzindo efeitos a partir da execução orçamentária do exercício financeiro subsequente (DOU de 27-9-2019).
- Vide art. 107, § 6.º, I, do ADCT.
- A Lei n. 7.990, de 28-12-1989, institui, para os Estados, Distrito Federal e Municípios, compensação financeira pelo resultado da exploração de petróleo ou gás natural, de recursos hídricos para fins de geração de energia elétrica, de recursos minerais em seus respectivos territórios, plataforma continental, mar territorial ou zona econômica exclusiva.
- A Lei n. 8.001, de 13-3-1990, define os percentuais da distribuição da compensação financeira de que trata a Lei n. 7.990, de 28-12-1989.

- A Lei n. 9.427, de 26-12-1996, institui a Agência Nacional de Energia Elétrica – ANEEL, e disciplina o regime de concessões de serviços públicos de energia elétrica.
- A Lei n. 9.478, de 6-8-1997, dispõe sobre a Política Energética Nacional, as atividades relativas ao monopólio do petróleo, institui o Conselho Nacional de Política Energética e a Agência Nacional do Petróleo.
- A Lei n. 9.984, de 17-7-2000, dispõe sobre a Agência Nacional de Águas – ANA.
- Vide art. 198, § 2.º, I, da CF.

§ 2.º A faixa de até cento e cinquenta quilômetros de largura, ao longo das fronteiras terrestres, designada como faixa de fronteira, é considerada fundamental para defesa do território nacional, e sua ocupação e utilização serão reguladas em lei.

Art. 21. Compete à União:

I – manter relações com Estados estrangeiros e participar de organizações internacionais;

II – declarar a guerra e celebrar a paz;

III – assegurar a defesa nacional;
- O Decreto n. 6.703, de 18-12-2008, aprova a Estratégia Nacional de Defesa.

IV – permitir, nos casos previstos em lei complementar, que forças estrangeiras transitem pelo território nacional ou nele permaneçam temporariamente;
- •• Regulamento: Lei Complementar n. 90, de 1.º-10-1997.

V – decretar o estado de sítio, o estado de defesa e a intervenção federal;

VI – autorizar e fiscalizar a produção e o comércio de material bélico;

VII – emitir moeda;

VIII – administrar as reservas cambiais do País e fiscalizar as operações de natureza financeira, especialmente as de crédito, câmbio e capitalização, bem como as de seguros e de previdência privada;
- A Lei n. 4.595, de 31-12-1964, dispõe sobre a política e as instituições monetárias, bancárias e creditícias e cria o Conselho Monetário Nacional.
- A Lei n. 4.728, de 14-7-1965, disciplina o mercado de capitais e estabelece medidas para o seu desenvolvimento.
- O Decreto-lei n. 73, de 21-11-1966, regulamentado pelo Decreto n. 60.459, de 13-3-1967, dispõe sobre o sistema nacional de seguros privados e regula as operações de seguros e resseguros.
- A Lei Complementar n. 108, de 29-5-2001, dispõe sobre a relação entre a União, os Estados, o Distrito Federal e os Municípios, suas autarquias, fundações, sociedades de economia mista e outras entidades públicas e suas respectivas entidades fechadas de previdência complementar, e dá outras providências.
- A Lei Complementar n. 109, de 29-5-2001, dispõe sobre o regime de previdência complementar e dá outras providências.

IX – elaborar e executar planos nacionais e regionais de ordenação do território e de desenvolvimento econômico e social;

X – manter o serviço postal e o correio aéreo nacional;
- Serviço postal: Lei n. 6.538, de 22-6-1978.

XI – explorar, diretamente ou mediante autorização, concessão ou permissão, os serviços de telecomunicações, nos termos da lei, que disporá sobre a organização dos serviços, a criação de um órgão regulador e outros aspectos institucionais;
- •• Inciso XI com redação determinada pela Emenda Constitucional n. 8, de 15-8-1995.
- Vide art. 2.º da Emenda Constitucional n. 8, de 15-8-1995.
- Sobre concessão para exploração de serviços públicos de telecomunicações, trata a Lei n. 9.472, de 16-7-1997.
- Concessões e permissões de serviços públicos: Lei n. 8.987, de 13-2-1995.
- Serviços de Telecomunicações, organização e órgão regulador: Lei n. 9.295, de 19-7-1996.
- O Decreto n. 3.896, de 23-8-2001, dispõe sobre a regência dos serviços de telecomunicações, e dá outras providências.

XII – explorar, diretamente ou mediante autorização, concessão ou permissão:

a) os serviços de radiodifusão sonora e de sons e imagens;
- •• Alínea a com redação determinada pela Emenda Constitucional n. 8, de 15-8-1995.
- Código Brasileiro de Telecomunicações: Lei n. 4.117, de 27-8-1962, e Lei n. 9.472, de 16-7-1997.
- A Lei n. 9.612, de 19-2-1998, institui o Serviço de Radiodifusão Comunitária, e o Decreto n. 2.615, de 3-6-1998, aprova seu regulamento.

b) os serviços e instalações de energia elétrica e o aproveitamento energético dos cursos de água, em articulação com os Estados onde se situam os potenciais hidroenergéticos;
- A Lei n. 9.427, de 26-12-1996, institui a Agência Nacional de Energia Elétrica – ANEEL, e disciplina o regime de concessões de serviços públicos de energia elétrica.
- A Lei n. 9.648, de 27-5-1998, regulamentada pelo Decreto n. 2.655, de 2-7-1998, autoriza o Poder Executivo a promover a reestruturação da Centrais Elétricas Brasileiras – ELETROBRAS e de suas subsidiárias.

c) a navegação aérea, aeroespacial e a infraestrutura aeroportuária;
- CBA: Lei n. 7.565, de 19-12-1986.
- A Lei n. 12.379, de 6-1-2011, dispõe sobre o Sistema Nacional de Viação – SNV, que é composto pelo Subsistema Aeroviário Federal.

d) os serviços de transporte ferroviário e aquaviário entre portos brasileiros e fronteiras nacionais, ou que transponham os limites de Estado ou Território;
- A Lei n. 9.432, de 8-1-1997, dispõe sobre a ordenação do transporte aquaviário.
- A Lei n. 12.379, de 6-1-2011, dispõe sobre o Sistema Nacional de Viação – SNV, que é composto pelos Subsistemas Ferroviário e Aquaviários Federais.

e) os serviços de transporte rodoviário interestadual e internacional de passageiros;
- A Lei n. 12.379, de 6-1-2011, dispõe sobre o Sistema Nacional de Viação – SNV, que é composto pelo Subsistema Rodoviário Federal.

f) os portos marítimos, fluviais e lacustres;
- Política Marítima Nacional (PMN): Decreto n. 1.265, de 11-10-1994.

XIII – organizar e manter o Poder Judiciário, o Ministério Público do Distrito Federal e dos Territórios e a Defensoria Pública dos Territórios;
- •• Inciso XIII com redação determinada pela Emenda Constitucional n. 69, de 29-3-2012.

XIV – organizar e manter a polícia civil, a polícia penal, a polícia militar e o corpo de bombeiros militar do Distrito Federal, bem como prestar assistência financeira ao Distrito Federal para a execução de serviços públicos, por meio de fundo próprio;
- •• Inciso XIV com redação determinada pela Emenda Constitucional n. 104, de 4-12-2019.
- •• *Vide* art. 107, § 6.º, I, do ADCT.
- •• A Lei n. 10.633, de 27-12-2002, institui o FCDF, para atender o disposto neste inciso.
- •• *Vide* arts. 5.º e 10, §§ 2.º, I, e 6.º, da Emenda Constitucional n. 103, de 12-11-2019.
- •• *Vide* art. 25 da Emenda Constitucional n. 19, de 4-6-1998.
- •• *Vide* Súmula Vinculante 39.

XV – organizar e manter os serviços oficiais de estatística, geografia, geologia e cartografia de âmbito nacional;

XVI – exercer a classificação, para efeito indicativo, de diversões públicas e de programas de rádio e televisão;
- •• A Portaria n. 502, de 23-11-2021, do Ministério da Justiça e Segurança Pública, regulamenta o processo de classificação indicativa.

XVII – conceder anistia;

XVIII – planejar e promover a defesa permanente contra as calamidades públicas, especialmente as secas e as inundações;
- A Lei n. 12.787, de 11-1-2013, dispõe sobre a Política Nacional de Irrigação.

XIX – instituir sistema nacional de gerenciamento de recursos hídricos e definir critérios de outorga de direitos de seu uso;
- •• Regulamento: Lei n. 9.433, de 8-1-1997.

XX – instituir diretrizes para o desenvolvimento urbano, inclusive habitação, saneamento básico e transportes urbanos;
- A Lei n. 11.445, de 5-1-2007, estabelece diretrizes nacionais para o saneamento básico.

XXI – estabelecer princípios e diretrizes para o sistema nacional de viação;
- A Lei n. 12.379, de 6-1-2011, dispõe sobre o Sistema Nacional de Viação – SNV.

XXII – executar os serviços de polícia marítima, aeroportuária e de fronteiras;
- •• Inciso XXII com redação determinada pela Emenda Constitucional n. 19, de 4-6-1998.

XXIII – explorar os serviços e instalações nucleares de qualquer natureza e exercer monopólio estatal sobre a pesquisa, a lavra, o enriquecimento e reprocessamento, a industrialização e o comércio de minérios nucleares e seus derivados, atendidos os seguintes princípios e condições:
- O Decreto-lei n. 1.982, de 28-12-1982, dispõe sobre o exercício das atividades nucleares incluídas no monopólio da União e o controle do desenvolvimento de pesquisas no campo da energia nuclear.
- O Decreto n. 911, de 3-9-1993, promulga a Convenção de Viena sobre responsabilidade civil por danos nucleares, de 21-5-1963.
- A Lei n. 10.308, de 20-11-2001, estabelece normas para o destino final dos rejeitos radioativos produzidos em território nacional, incluídos a seleção de locais, a construção, o licenciamento, a operação, a fiscalização, os custos, a indenização, a responsabilidade civil e as garantias referentes aos depósitos radioativos.

a) toda atividade nuclear em território nacional somente será admitida para fins pacíficos e mediante aprovação do Congresso Nacional;

b) sob regime de permissão, são autorizadas a comercialização e a utilização de radioisótopos para pesquisa e uso agrícolas e industriais;
- •• Alínea *b* com redação determinada pela Emenda Constitucional n. 118, de 26-4-2022.

c) sob regime de permissão, são autorizadas a produção, a comercialização e a utilização de radioisótopos para pesquisa e uso médicos;
- •• Alínea *c* com redação determinada pela Emenda Constitucional n. 118, de 26-4-2022.

d) a responsabilidade civil por danos nucleares independe da existência de culpa;
- •• Primitiva alínea *c* renumerada pela Emenda Constitucional n. 49, de 8-2-2006.
- Responsabilidade civil por danos nucleares e responsabilidade criminal por atos relacionados com atividades nucleares: Lei n. 6.453, de 17-10-1977.

XXIV – organizar, manter e executar a inspeção do trabalho;

XXV – estabelecer as áreas e as condições para o exercício da atividade de garimpagem, em forma associativa;
- A Lei n. 7.805, de 18-7-1989, regulamentada pelo Decreto n. 98.812, de 9-1-1990, disciplina o regime de permissão de lavra garimpeira.

XXVI – organizar e fiscalizar a proteção e o tratamento de dados pessoais, nos termos da lei.
- •• Inciso XXVI acrescentado pela Emenda Constitucional n. 115, de 10-2-2022.

Art. 22. Compete privativamente à União legislar sobre:

I – direito civil, comercial, penal, processual, eleitoral, agrário, marítimo, aeronáutico, espacial e do trabalho;
- *Vide* Súmula Vinculante 46.
- CC: Lei n. 10.406, de 10-1-2002, CCom: Lei n. 556, de 25-6-1850, e Lei n. 10.406, de 10-1-2002 (Direito de Empresa), CP: Decreto-lei n. 2.848, de 7-12-1940, CPC: Lei n. 13.105, de 16-3-2015, CPP: Decreto-lei n. 3.689, de 3-10-1941, CE: Lei n. 4.737, de 15-7-1965, CBA: Lei n. 7.565, de 19-12-1986, e CLT: Decreto-lei n. 5.452, de 1.º-5-1943.

II – desapropriação;
- Desapropriação: Decreto-lei n. 3.365, de 21-6-1941, Lei n. 4.132, de 10-9-1962, Lei n. 6.602, de 7-12-1978, Decreto-lei n. 1.075, de 22-1-1970, Lei Complementar n. 76, de 6-7-1993, Lei n. 9.785, de 29-1-1999, e Lei n. 10.406, de 10-1-2002, art. 1.228, § 3.º.

III – requisições civis e militares, em caso de iminente perigo e em tempo de guerra;

IV – águas, energia, informática, telecomunicações e radiodifusão;
- Código Brasileiro de Telecomunicações: Lei n. 4.117, de 27-8-1962.
- Organização dos Serviços de Telecomunicações: Lei n. 9.472, de 16-7-1997.

V – serviço postal;
- Serviço Postal: Lei n. 6.538, de 22-6-1978.

VI – sistema monetário e de medidas, títulos e garantias dos metais;
- Real: Lei n. 9.069, de 29-6-1995, e Lei n. 10.192, de 14-2-2001.

VII – política de crédito, câmbio, seguros e transferência de valores;
- *Vide* Súmula Vinculante 32.

VIII – comércio exterior e interestadual;

IX – diretrizes da política nacional de transportes;
- Conselho Nacional de Integração de Políticas de Transportes: Lei n. 10.233, de 5-6-2001, e Decretos ns. 4.122 e 4.130, de 13-2-2002.

X – regime dos portos, navegação lacustre, fluvial, marítima, aérea e aeroespacial;
- A Lei n. 12.815, de 5-6-2003, dispõe sobre a exploração direta e indireta pela União de portos e instalações portuárias e sobre as atividades desempenhadas pelos operadores portuários.
- Política Marítima Nacional (PMN): Decreto n. 1.265, de 11-10-1994.

XI – trânsito e transporte;
- Código de Trânsito Brasileiro: Lei n. 9.503, de 23-9-1997.

XII – jazidas, minas, outros recursos minerais e metalurgia;
- Código de Mineração: Decreto-lei n. 227, de 28-2-1967.

XIII – nacionalidade, cidadania e naturalização;
- *Vide* art. 12 da CF.
- Situação jurídica do estrangeiro no Brasil: Lei n. 13.445, de 24-5-2017 (Lei de Migração).

XIV – populações indígenas;
- Estatuto do Índio: Lei n. 6.001, de 19-12-1973.

XV – emigração e imigração, entrada, extradição e expulsão de estrangeiros;
- Lei de Migração: Lei n. 13.445, de 24-5-2017.
- O Decreto n. 9.873, de 27-6-2019, dispõe sobre o Conselho Nacional de Imigração.
- Estatuto dos Refugiados de 1951 (implementação): Lei n. 9.474, de 22-7-1997.

XVI – organização do sistema nacional de emprego e condições para o exercício de profissões;
- •• A Lei n. 13.667, de 17-5-2018, dispõe sobre o Sistema Nacional de Emprego (SINE).

XVII – organização judiciária, do Ministério Público do Distrito Federal e dos Territórios e da Defensoria Pública dos Territórios, bem como organização administrativa destes;

- •• Inciso XVII com redação determinada pela Emenda Constitucional n. 69, de 29-3-2012.
- • Organização, atribuições e Estatuto do Ministério Público da União: Lei Complementar n. 75, de 20-5-1993.
- • Organização da DPU, do Distrito Federal e dos Territórios, com normas gerais para os Estados: Lei Complementar n. 80, de 12-1-1994.

XVIII – sistema estatístico, sistema cartográfico e de geologia nacionais;

XIX – sistemas de poupança, captação e garantia da poupança popular;

- • Regras para a remuneração das cadernetas de poupança: Lei n. 8.177, de 1.º-3-1991, Lei n. 9.069, de 29-6-1995, e Lei n. 10.192, de 14-2-2001.

XX – sistemas de consórcios e sorteios;

- •• Sistema de consórcio: Lei n. 11.795, de 8-10-2008.
- • Vide Súmula Vinculante 2.

XXI – normas gerais de organização, efetivos, material bélico, garantias, convocação, mobilização, inatividades e pensões das polícias militares e dos corpos de bombeiros militares;

- •• Inciso XXI com redação determinada pela Emenda Constitucional n. 103, de 12-11-2019.

XXII – competência da polícia federal e das polícias rodoviária e ferroviária federais;

- • Policial Rodoviário Federal: Lei n. 9.654, de 2-6-1998.

XXIII – seguridade social;

- • Lei Orgânica da Seguridade Social: Lei n. 8.212, de 24-7-1991, regulamentada pelo Decreto n. 3.048, de 6-5-1999.

XXIV – diretrizes e bases da educação nacional;

- • Lei de Diretrizes e Bases da Educação Nacional: Lei n. 9.394, de 20-12-1996.

XXV – registros públicos;

- • LRP: Lei n. 6.015, de 31-12-1973.

XXVI – atividades nucleares de qualquer natureza;

XXVII – normas gerais de licitação e contratação, em todas as modalidades, para as administrações públicas diretas, autárquicas e fundacionais da União, Estados, Distrito Federal e Municípios, obedecido o disposto no art. 37, XXI, e para as empresas públicas e sociedades de economia mista, nos termos do art. 173, § 1.º, III;

- •• Inciso XXVII com redação determinada pela Emenda Constitucional n. 19, de 4-6-1998.
- • Estatuto Jurídico das Licitações e Contratos: Lei n. 8.666, de 21-6-1993.
- • A Lei n. 10.520, de 17-7-2002, institui modalidade de licitação denominada pregão, para aquisição de bens e serviços comuns. Regulamento: Decreto n. 3.555, de 8-8-2000.

XXVIII – defesa territorial, defesa aeroespacial, defesa marítima, defesa civil e mobilização nacional;

- • Sistema Nacional de Defesa Civil – SINDEC: Decreto n. 7.257, de 4-8-2010.

XXIX – propaganda comercial;

- • Código de Proteção ao Consumidor: Lei n. 8.078, de 11-9-1990.

XXX – proteção e tratamento de dados pessoais.

- •• Inciso XXX acrescentado pela Emenda Constitucional n. 115, de 10-2-2022.

Parágrafo único. Lei complementar poderá autorizar os Estados a legislar sobre questões específicas das matérias relacionadas neste artigo.

Art. 23. É competência comum da União, dos Estados, do Distrito Federal e dos Municípios:

I – zelar pela guarda da Constituição, das leis e das instituições democráticas e conservar o patrimônio público;

II – cuidar da saúde e assistência pública, da proteção e garantia das pessoas portadoras de deficiência;

- • A Lei n. 13.146, de 6-7-2015, institui o Estatuto da Pessoa com Deficiência.
- • Da proteção à pessoa portadora de deficiência: Lei n. 7.853, de 24-10-1989, regulamentada pelo Decreto n. 3.298, de 20-12-1999.

III – proteger os documentos, as obras e outros bens de valor histórico, artístico e cultural, os monumentos, as paisagens naturais notáveis e os sítios arqueológicos;

- • Vide nota ao parágrafo único deste artigo.
- • O Decreto-lei n. 25, de 30-11-1937, organiza a proteção do patrimônio histórico e artístico nacional.

IV – impedir a evasão, a destruição e a descaracterização de obras de arte e de outros bens de valor histórico, artístico ou cultural;

V – proporcionar os meios de acesso à cultura, à educação, à ciência, à tecnologia, à pesquisa e à inovação;

- •• Inciso V com redação determinada pela Emenda Constitucional n. 85, de 26-2-2015.
- • Vide art. 212 da CF.

VI – proteger o meio ambiente e combater a poluição em qualquer de suas formas;

- •• Vide nota ao parágrafo único deste artigo.
- • Política nacional do meio ambiente, seus fins e mecanismos de formulação e aplicação: Lei n. 6.938, de 31-8-1981.
- • Sanções penais e administrativas derivadas de condutas e atividades lesivas ao meio ambiente: Lei n. 9.605, de 12-2-1998. O Decreto n. 6.514, de 22-7-2008, dispõe sobre as infrações e sanções administrativas ao meio ambiente e estabelece o processo administrativo federal para apuração destas infrações.

VII – preservar as florestas, a fauna e a flora;

- •• Vide nota ao parágrafo único deste artigo.
- • Código de Caça: Lei n. 5.197, de 3-1-1967.
- • Código de Pesca: Decreto-lei n. 221, de 28-2-1967.
- • Código Florestal brasileiro: Lei n. 12.651, de 25-5-2012.

VIII – fomentar a produção agropecuária e organizar o abastecimento alimentar;

IX – promover programas de construção de moradias e a melhoria das condições habitacionais e de saneamento básico;

- • A Lei n. 11.445, de 5-1-2007, estabelece diretrizes nacionais para o Saneamento Básico.

X – combater as causas da pobreza e os fatores de marginalização, promovendo a integração social dos setores desfavorecidos;

- • A Lei Complementar n. 111, de 6-7-2001, dispõe sobre o Fundo de Combate e Erradicação da Pobreza, na forma prevista nos arts. 79, 80 e 81 do ADCT.

XI – registrar, acompanhar e fiscalizar as concessões de direitos de pesquisa e exploração de recursos hídricos e minerais em seus territórios;

- • A Lei n. 9.433, de 8-1-1997, institui a Política Nacional de Recursos Hídricos, e cria o Sistema Nacional de Gerenciamento de Recursos Hídricos.

XII – estabelecer e implantar política de educação para a segurança do trânsito.

- • A Lei n. 9.503, de 23-9-1997, institui o Código de Trânsito Brasileiro.

Parágrafo único. Leis complementares fixarão normas para a cooperação entre a União e os Estados, o Distrito Federal e os Municípios, tendo em vista o equilíbrio do desenvolvimento e do bem-estar em âmbito nacional.

- •• Parágrafo único com redação determinada pela Emenda Constitucional n. 53, de 19-12-2006.
- •• A Lei Complementar n. 140, de 8-12-2011, fixa normas, nos termos deste parágrafo único e dos incisos III, VI e VII do caput deste artigo, para a cooperação entre a União, os Estados, o Distrito Federal e os Municípios nas ações administrativas decorrentes do exercício da competência comum relativas à proteção das paisagens naturais notáveis, à proteção do meio ambiente, ao combate à poluição em qualquer de suas formas e à preservação das florestas, da fauna e da flora.

Art. 24. Compete à União, aos Estados e ao Distrito Federal legislar concorrentemente sobre:

I – direito tributário, financeiro, penitenciário, econômico e urbanístico;

- • CTN: Lei n. 5.172, de 25-10-1966. Normas gerais de Direito Financeiro: Lei n. 4.320, de 17-3-1964. LEP: Lei n. 7.210, de 11-7-1984. LEF: Lei n. 6.830, de 22-9-1980.

II – orçamento;

III – juntas comerciais;

- • Registro do Comércio e Juntas Comerciais: Lei n. 8.934, de 18-11-1994, e Decreto n. 1.800, de 30-1-1996.

IV – custas dos serviços forenses;

- • A Lei n. 9.289, de 4-7-1996, dispõe sobre custas devidas na Justiça Federal.
- • Vide Súmula 178 do STJ.

V – produção e consumo;

VI – florestas, caça, pesca, fauna, conservação da natureza, defesa do solo e dos recursos naturais, proteção do meio ambiente e controle da poluição;

- • Código de Caça: Lei n. 5.197, de 3-1-1967. Código de Pesca: Decreto-lei n. 221, de 28-2-1967. Código Florestal brasileiro: Lei n. 12.651, de 25-5-2012.
- • Lei de Crimes Ambientais: Lei n. 9.605, de 12-2-1998.
- • O Decreto n. 6.514, de 22-7-2008, dispõe sobre as infrações e sanções administrativas ao meio ambiente, e estabelece processo administrativo para apuração destas infrações.

- A Lei n. 11.959, de 29-6-2009, dispõe sobre a Política Nacional de Desenvolvimento Sustentável da Aquicultura e da Pesca, e regula as atividades pesqueiras.

VII – proteção ao patrimônio histórico, cultural, artístico, turístico e paisagístico;

VIII – responsabilidade por dano ao meio ambiente, ao consumidor, a bens e direitos de valor artístico, estético, histórico, turístico e paisagístico;
- Lei de Crimes Ambientais: Lei n. 9.605, de 12-2-1998.
- Ação civil pública de responsabilidade por danos causados ao meio ambiente, ao consumidor, a bens e direitos de valor artístico, estético, histórico, turístico e paisagístico: Lei n. 7.347, de 24-7-1985, e Decreto n. 1.306, de 9-11-1994.
- Ministério Público: Lei n. 8.625, de 12-2-1993, e Lei Complementar n. 75, de 20-5-1993.
- SNDC: Decreto n. 2.181, de 20-3-1997.

IX – educação, cultura, ensino, desporto, ciência, tecnologia, pesquisa, desenvolvimento e inovação;
•• Inciso IX com redação determinada pela Emenda Constitucional n. 85, de 26-2-2015.
- Normas gerais sobre desportos: Lei n. 9.615, de 24-3-1998.
- Diretrizes e Bases da Educação Nacional (*Lei Darcy Ribeiro*): Lei n. 9.394, de 20-12-1996.

X – criação, funcionamento e processo do juizado de pequenas causas;
- Juizados Especiais Cíveis e Criminais no âmbito da Justiça Estadual: Lei n. 9.099, de 26-9-1995.
- Juizados Especiais Cíveis e Criminais no âmbito da Justiça Federal: Lei n. 10.259, de 12-7-2001.
- Juizados de Violência Doméstica e Familiar contra a Mulher: Lei n. 11.340, de 7-8-2006.

XI – procedimentos em matéria processual;

XII – previdência social, proteção e defesa da saúde;
- Proteção e defesa da saúde: Leis n. 8.080, de 19-9-1990, e n. 8.142, de 28-12-1990.
- Planos de Benefícios da Previdência Social: Lei n. 8.213, de 24-7-1991, regulamentada pelo Decreto n. 3.048, de 6-5-1999.

XIII – assistência jurídica e defensoria pública;
- Assistência judiciária: Lei n. 1.060, de 5-2-1950.
- Defensoria Pública: Lei Complementar n. 80, de 12-1-1994.

XIV – proteção e integração social das pessoas portadoras de deficiência;
•• A Lei n. 13.146, de 6-7-2015, instituiu o Estatuto da Pessoa com Deficiência.
- A Lei n. 7.853, de 24-10-1989, regulamentada pelo Decreto n. 3.298, de 20-12-1999, dispõe sobre o apoio às pessoas portadoras de deficiência.

XV – proteção à infância e à juventude;
- ECA: Lei n. 8.069, de 13-7-1990.
- A Lei n. 13.257, de 8-3-2016, dispõe sobre as políticas públicas para a primeira infância.

XVI – organização, garantias, direitos e deveres das polícias civis.

§ 1.º No âmbito da legislação concorrente, a competência da União limitar-se-á a estabelecer normas gerais.
•• A Lei n. 13.874, de 20-9-2019, instituiu a Declaração de Direitos de Liberdade Econômica e estabelece garantias de livre mercado e análise de impacto regulatório.

§ 2.º A competência da União para legislar sobre normas gerais não exclui a competência suplementar dos Estados.

§ 3.º Inexistindo lei federal sobre normas gerais, os Estados exercerão a competência legislativa plena, para atender a suas peculiaridades.

§ 4.º A superveniência de lei federal sobre normas gerais suspende a eficácia da lei estadual, no que lhe for contrário.
•• A Lei n. 13.874, de 20-9-2019, instituiu a Declaração de Direitos de Liberdade Econômica e estabelece garantias de livre mercado e análise de impacto regulatório.

Capítulo III
DOS ESTADOS FEDERADOS

Art. 25. Os Estados organizam-se e regem-se pelas Constituições e leis que adotarem, observados os princípios desta Constituição.
- Vide Súmula 681 do STF.

§ 1.º São reservadas aos Estados as competências que não lhes sejam vedadas por esta Constituição.

§ 2.º Cabe aos Estados explorar diretamente, ou mediante concessão, os serviços locais de gás canalizado, na forma da lei, vedada a edição de medida provisória para a sua regulamentação.
•• § 2.º com redação determinada pela Emenda Constitucional n. 5, de 15-8-1995.

§ 3.º Os Estados poderão, mediante lei complementar, instituir regiões metropolitanas, aglomerações urbanas e microrregiões, constituídas por agrupamentos de Municípios limítrofes, para integrar a organização, o planejamento e a execução de funções públicas de interesse comum.

Art. 26. Incluem-se entre os bens dos Estados:

I – as águas superficiais ou subterrâneas, fluentes, emergentes e em depósito, ressalvadas, neste caso, na forma da lei, as decorrentes de obras da União;

II – as áreas, nas ilhas oceânicas e costeiras, que estiverem no seu domínio, excluídas aquelas sob domínio da União, Municípios ou terceiros;

III – as ilhas fluviais e lacustres não pertencentes à União;

IV – as terras devolutas não compreendidas entre as da União.

Art. 27. O número de Deputados à Assembleia Legislativa corresponderá ao triplo da representação do Estado na Câmara dos Deputados e, atingido o número de trinta e seis, será acrescido de tantos quantos forem os Deputados Federais acima de doze.

§ 1.º Será de quatro anos o mandato dos Deputados Estaduais, aplicando-se-lhes as regras desta Constituição sobre sistema eleitoral, inviolabilidade, imunidades, remuneração, perda de mandato, licença, impedimentos e incorporação às Forças Armadas.

§ 2.º O subsídio dos Deputados Estaduais será fixado por lei de iniciativa da Assembleia Legislativa, na razão de, no máximo, 75% (setenta e cinco por cento) daquele estabelecido, em espécie, para os Deputados Federais, observado o que dispõem os arts. 39, § 4.º, 57, § 7.º, 150, II, 153, III, e 153, § 2.º, I.
•• § 2.º com redação determinada pela Emenda Constitucional n. 19, de 4-6-1998.

§ 3.º Compete às Assembleias Legislativas dispor sobre seu regimento interno, polícia e serviços administrativos de sua secretaria, e prover os respectivos cargos.

§ 4.º A lei disporá sobre a iniciativa popular no processo legislativo estadual.

Art. 28. A eleição do Governador e do Vice-Governador de Estado, para mandato de 4 (quatro) anos, realizar-se-á no primeiro domingo de outubro, em primeiro turno, e no último domingo de outubro, em segundo turno, se houver, do ano anterior ao do término do mandato de seus antecessores, e a posse ocorrerá em 6 de janeiro do ano subsequente, observado, quanto ao mais, o disposto no art. 77 desta Constituição.
•• *Caput* com redação determinada pela Emenda Constitucional n. 111, de 28-9-2021.
•• A alteração efetuada neste *caput* relativa às datas de posse de Governadores e Vice-Governadores será aplicada somente a partir das eleições de 2026 (art. 5.º da Emenda Constitucional n. 111, de 28-9-2021).

§ 1.º Perderá o mandato o Governador que assumir outro cargo ou função na administração pública direta ou indireta, ressalvada a posse em virtude de concurso público e observado o disposto no art. 38, I, IV e V.
•• Anterior parágrafo único transformado em § 1.º pela Emenda Constitucional n. 19, de 4-6-1998.

§ 2.º Os subsídios do Governador, do Vice-Governador e dos Secretários de Estado serão fixados por lei de iniciativa da Assembleia Legislativa, observado o que dispõem os arts. 37, XI, 39, § 4.º, 150, II, 153, III, e 153, § 2.º, I.
•• § 2.º acrescentado pela Emenda Constitucional n. 19, de 4-6-1998.

Capítulo IV
DOS MUNICÍPIOS

Art. 29. O Município reger-se-á por lei orgânica, votada em dois turnos, com o interstício mínimo de dez dias, e aprovada por dois terços dos membros da Câmara Municipal, que a promulgará, atendidos os princípios estabelecidos nesta Constituição, na Constituição do respectivo Estado e os seguintes preceitos:

I – eleição do Prefeito, do Vice-Prefeito e dos Vereadores, para mandato de quatro anos, mediante pleito direto e simultâneo realizado em todo o País;
- Normas para as eleições: Lei n. 9.504, de 30-9-1997.

II – eleição do Prefeito e do Vice-Prefeito realizada no primeiro domingo de outubro do ano anterior ao término do mandato dos que devam suceder, aplicadas as regras do art. 77 no caso de Municípios com mais de duzentos mil eleitores;
•• Inciso II com redação determinada pela Emenda Constitucional n. 16, de 4-6-1997.

III – posse do Prefeito e do Vice-Prefeito no dia 1.º de janeiro do ano subsequente ao da eleição;

IV – para a composição das Câmaras Municipais, será observado o limite máximo de:
•• Inciso IV, *caput*, com redação determinada pela Emenda Constitucional n. 58, de 23-9-2009.
•• O STF, na ADI n. 4.307, de 11-4-2013 (*DOU* de 29-10-2013), declarou a inconstitucionalidade do inciso I do art. 3.º da Emenda Constitucional n. 58, de 23-9-2009, que determinava que as alterações feitas neste art. 29 produziriam efeitos a partir do processo eleitoral de 2008.

a) 9 (nove) Vereadores, nos Municípios de até 15.000 (quinze mil) habitantes;
•• Alínea *a* com redação determinada pela Emenda Constitucional n. 58, de 23-9-2009.

b) 11 (onze) Vereadores, nos Municípios de mais de 15.000 (quinze mil) habitantes e de até 30.000 (trinta mil) habitantes;
•• Alínea *b* com redação determinada pela Emenda Constitucional n. 58, de 23-9-2009.

c) 13 (treze) Vereadores, nos Municípios com mais de 30.000 (trinta mil) habitantes e de até 50.000 (cinquenta mil) habitantes;
•• Alínea *c* com redação determinada pela Emenda Constitucional n. 58, de 23-9-2009.

d) 15 (quinze) Vereadores, nos Municípios de mais de 50.000 (cinquenta mil) habitantes e de até 80.000 (oitenta mil) habitantes;
•• Alínea *d* acrescentada pela Emenda Constitucional n. 58, de 23-9-2009.

e) 17 (dezessete) Vereadores, nos Municípios de mais de 80.000 (oitenta mil) habitantes e de até 120.000 (cento e vinte mil) habitantes;
•• Alínea *e* acrescentada pela Emenda Constitucional n. 58, de 23-9-2009.

f) 19 (dezenove) Vereadores, nos Municípios de mais de 120.000 (cento e vinte mil) habitantes e de até 160.000 (cento e sessenta mil) habitantes;
•• Alínea *f* acrescentada pela Emenda Constitucional n. 58, de 23-9-2009.

g) 21 (vinte e um) Vereadores, nos Municípios de mais de 160.000 (cento e sessenta mil) habitantes e de até 300.000 (trezentos mil) habitantes;
•• Alínea *g* acrescentada pela Emenda Constitucional n. 58, de 23-9-2009.

h) 23 (vinte e três) Vereadores, nos Municípios de mais de 300.000 (trezentos mil) habitantes e de até 450.000 (quatrocentos e cinquenta mil) habitantes;
•• Alínea *h* acrescentada pela Emenda Constitucional n. 58, de 23-9-2009.

i) 25 (vinte e cinco) Vereadores, nos Municípios de mais de 450.000 (quatrocentos e cinquenta mil) habitantes e de até 600.000 (seiscentos mil) habitantes;
•• Alínea *i* acrescentada pela Emenda Constitucional n. 58, de 23-9-2009.

j) 27 (vinte e sete) Vereadores, nos Municípios de mais de 600.000 (seiscentos mil) habitantes e de até 750.000 (setecentos e cinquenta mil) habitantes;
•• Alínea *j* acrescentada pela Emenda Constitucional n. 58, de 23-9-2009.

k) 29 (vinte e nove) Vereadores, nos Municípios de mais de 750.000 (setecentos e cinquenta mil) habitantes e de até 900.000 (novecentos mil) habitantes;
•• Alínea *k* acrescentada pela Emenda Constitucional n. 58, de 23-9-2009.

l) 31 (trinta e um) Vereadores, nos Municípios de mais de 900.000 (novecentos mil) habitantes e de até 1.050.000 (um milhão e cinquenta mil) habitantes;
•• Alínea *l* acrescentada pela Emenda Constitucional n. 58, de 23-9-2009.

m) 33 (trinta e três) Vereadores, nos Municípios de mais de 1.050.000 (um milhão e cinquenta mil) habitantes e de até 1.200.000 (um milhão e duzentos mil) habitantes;
•• Alínea *m* acrescentada pela Emenda Constitucional n. 58, de 23-9-2009.

n) 35 (trinta e cinco) Vereadores, nos Municípios de mais de 1.200.000 (um milhão e duzentos mil) habitantes e de até 1.350.000 (um milhão e trezentos e cinquenta mil) habitantes;
•• Alínea *n* acrescentada pela Emenda Constitucional n. 58, de 23-9-2009.

o) 37 (trinta e sete) Vereadores, nos Municípios de 1.350.000 (um milhão e trezentos e cinquenta mil) habitantes e de até 1.500.000 (um milhão e quinhentos mil) habitantes;
•• Alínea *o* acrescentada pela Emenda Constitucional n. 58, de 23-9-2009.

p) 39 (trinta e nove) Vereadores, nos Municípios de mais de 1.500.000 (um milhão e quinhentos mil) habitantes e de até 1.800.000 (um milhão e oitocentos mil) habitantes;
•• Alínea *p* acrescentada pela Emenda Constitucional n. 58, de 23-9-2009.

q) 41 (quarenta e um) Vereadores, nos Municípios de mais de 1.800.000 (um milhão e oitocentos mil) habitantes e de até 2.400.000 (dois milhões e quatrocentos mil) habitantes;
•• Alínea *q* acrescentada pela Emenda Constitucional n. 58, de 23-9-2009.

r) 43 (quarenta e três) Vereadores, nos Municípios de mais de 2.400.000 (dois milhões e quatrocentos mil) habitantes e de até 3.000.000 (três milhões) de habitantes;
•• Alínea *r* acrescentada pela Emenda Constitucional n. 58, de 23-9-2009.

s) 45 (quarenta e cinco) Vereadores, nos Municípios de mais de 3.000.000 (três milhões) de habitantes e de até 4.000.000 (quatro milhões) de habitantes;
•• Alínea *s* acrescentada pela Emenda Constitucional n. 58, de 23-9-2009.

t) 47 (quarenta e sete) Vereadores, nos Municípios de mais de 4.000.000 (quatro milhões) de habitantes e de até 5.000.000 (cinco milhões) de habitantes;
•• Alínea *t* acrescentada pela Emenda Constitucional n. 58, de 23-9-2009.

u) 49 (quarenta e nove) Vereadores, nos Municípios de mais de 5.000.000 (cinco milhões) de habitantes e de até 6.000.000 (seis milhões) de habitantes;
•• Alínea *u* acrescentada pela Emenda Constitucional n. 58, de 23-9-2009.

v) 51 (cinquenta e um) Vereadores, nos Municípios de mais de 6.000.000 (seis milhões) de habitantes e de até 7.000.000 (sete milhões) de habitantes;
•• Alínea *v* acrescentada pela Emenda Constitucional n. 58, de 23-9-2009.

w) 53 (cinquenta e três) Vereadores, nos Municípios de mais de 7.000.000 (sete milhões) de habitantes e de até 8.000.000 (oito milhões) de habitantes; e
•• Alínea *w* acrescentada pela Emenda Constitucional n. 58, de 23-9-2009.

x) 55 (cinquenta e cinco) Vereadores, nos Municípios de mais de 8.000.000 (oito milhões) de habitantes;
•• Alínea *x* acrescentada pela Emenda Constitucional n. 58, de 23-9-2009.

V – subsídios do Prefeito, do Vice-Prefeito e dos Secretários Municipais fixados por lei de iniciativa da Câmara Municipal, observado o que dispõem os arts. 37, XI, 39, § 4.º, 150, II, 153, III, e 153, § 2.º, I;
•• Inciso V com redação determinada pela Emenda Constitucional n. 19, de 4-6-1998.

VI – o subsídio dos Vereadores será fixado pelas respectivas Câmaras Municipais em cada legislatura para a subsequente, observado o que dispõe esta Constituição, observados os critérios estabelecidos na respectiva Lei Orgânica e os seguintes limites máximos:
•• Inciso VI, *caput*, com redação determinada pela Emenda Constitucional n. 25, de 14-2-2000.

a) em Municípios de até 10.000 (dez mil) habitantes, o subsídio máximo dos Vereadores corresponderá a 20% (vinte por cento) do subsídio dos Deputados Estaduais;
•• Alínea *a* acrescentada pela Emenda Constitucional n. 25, de 14-2-2000.

b) em Municípios de 10.001 (dez mil e um) a 50.000 (cinquenta mil) habitantes, o subsídio máximo dos Vereadores corresponderá a 30% (trinta por cento) do subsídio dos Deputados Estaduais;
•• Alínea *b* acrescentada pela Emenda Constitucional n. 25, de 14-2-2000.

c) em Municípios de 50.001 (cinquenta mil e um) a 100.000 (cem mil) habitantes, o subsídio máximo dos Vereadores corresponderá a 40% (quarenta por cento) do subsídio dos Deputados Estaduais;
•• Alínea *c* acrescentada pela Emenda Constitucional n. 25, de 14-2-2000.

d) em Municípios de 100.001 (cem mil e um) a 300.000 (trezentos mil) habitantes, o subsídio máximo dos Vereadores corresponderá a 50% (cinquenta por cento) do subsídio dos Deputados Estaduais;
•• Alínea *d* acrescentada pela Emenda Constitucional n. 25, de 14-2-2000.

e) em Municípios de 300.001 (trezentos mil e um) a 500.000 (quinhentos mil) habitantes, o subsídio máximo dos Vereadores corresponderá a 60% (sessenta por cento) do subsídio dos Deputados Estaduais;
•• Alínea *e* acrescentada pela Emenda Constitucional n. 25, de 14-2-2000.

f) em Municípios de mais de 500.000 (quinhentos mil) habitantes, o subsídio máximo dos Vereadores corresponderá a 75% (setenta e cinco por cento) do subsídio dos Deputados Estaduais;
•• Alínea *f* acrescentada pela Emenda Constitucional n. 25, de 14-2-2000.

VII – o total da despesa com a remuneração dos Vereadores não poderá ultrapassar o montante de 5% (cinco por cento) da receita do município;
•• Inciso VII acrescentado pela Emenda Constitucional n. 1, de 31-3-1992.

VIII – inviolabilidade dos Vereadores por suas opiniões, palavras e votos no exercício do mandato e na circunscrição do Município;
•• Inciso renumerado pela Emenda Constitucional n. 1, de 31-3-1992.

IX – proibições e incompatibilidades, no exercício da vereança, similares, no que couber, ao disposto nesta Constituição para os membros do Congresso Nacional e, na Constituição do respectivo Estado, para os membros da Assembleia Legislativa;
•• Inciso renumerado pela Emenda Constitucional n. 1, de 31-3-1992.

X – julgamento do Prefeito perante o Tribunal de Justiça;
•• Inciso renumerado pela Emenda Constitucional n. 1, de 31-3-1992.
• Responsabilidade de prefeitos e vereadores: Decreto-lei n. 201, de 27-2-1967.

XI – organização das funções legislativas e fiscalizadoras da Câmara Municipal;
•• Inciso renumerado pela Emenda Constitucional n. 1, de 31-3-1992.

XII – cooperação das associações representativas no planejamento municipal;
•• Inciso renumerado pela Emenda Constitucional n. 1, de 31-3-1992.

XIII – iniciativa popular de projetos de lei de interesse específico do Município, da cidade ou de bairros, através de manifestação de, pelo menos, cinco por cento do eleitorado;
•• Inciso renumerado pela Emenda Constitucional n. 1, de 31-3-1992.

XIV – perda do mandato do Prefeito, nos termos do art. 28, parágrafo único.
•• Inciso renumerado pela Emenda Constitucional n. 1, de 31-3-1992.
• De acordo com a Emenda Constitucional n. 19, de 4-6-1998, a referência é ao art. 28, § 1.º.

Art. 29-A. O total da despesa do Poder Legislativo Municipal, incluídos os subsídios dos Vereadores e excluídos os gastos com inativos, não poderá ultrapassar os seguintes percentuais, relativos ao somatório da receita tributária e das transferências previstas no § 5.º do art. 153 e nos arts. 158 e 159, efetivamente realizado no exercício anterior:
•• *Caput* acrescentado pela Emenda Constitucional n. 25, de 14-2-2000.
•• A Emenda Constitucional n. 109, de 15-3-2021, altera a redação deste *caput*, a partir do início da primeira legislatura municipal após a data de sua publicação (*DOU* de 16-3-2021): "Art. 29-A. O total da despesa do Poder Legislativo Municipal, incluídos os subsídios dos Vereadores e os demais gastos com pessoal inativo e pensionistas, não poderá ultrapassar os seguintes percentuais, relativos ao somatório da receita tributária e das transferências previstas no § 5.º do art. 153 e nos arts. 158 e 159 desta Constituição, efetivamente realizado no exercício anterior:".

I – 7% (sete por cento) para Municípios com população de até 100.000 (cem mil) habitantes;
•• Inciso I com redação determinada pela Emenda Constitucional n. 58, de 23-9-2009.
•• Sobre produção de efeitos deste inciso, *vide* nota ao inciso IV do art. 29 desta CF.

II – 6% (seis por cento) para Municípios com população entre 100.000 (cem mil) e 300.000 (trezentos mil) habitantes;
•• Inciso II com redação determinada pela Emenda Constitucional n. 58, de 23-9-2009.
•• Sobre produção de efeitos deste inciso, *vide* nota ao inciso IV do art. 29 desta CF.

III – 5% (cinco por cento) para Municípios com população entre 300.001 (trezentos mil e um) e 500.000 (quinhentos mil) habitantes;
•• Inciso III com redação determinada pela Emenda Constitucional n. 58, de 23-9-2009.
•• Sobre produção de efeitos deste inciso, *vide* nota ao inciso IV do art. 29 desta CF.

IV – 4,5% (quatro inteiros e cinco décimos por cento) para Municípios com população entre 500.001 (quinhentos mil e um) e 3.000.000 (três milhões) de habitantes;
•• Inciso IV com redação determinada pela Emenda Constitucional n. 58, de 23-9-2009.
•• Sobre produção de efeitos deste inciso, *vide* nota ao inciso IV do art. 29 desta CF.

V – 4% (quatro por cento) para Municípios com população entre 3.000.001 (três milhões e um) e 8.000.000 (oito milhões) de habitantes;
•• Inciso V acrescentado pela Emenda Constitucional n. 58, de 23-9-2009.
•• Sobre produção de efeitos deste inciso, *vide* nota ao inciso IV do art. 29 desta CF.

VI – 3,5% (três inteiros e cinco décimos por cento) para Municípios com população acima de 8.000.001 (oito milhões e um) habitantes.
•• Inciso VI acrescentado pela Emenda Constitucional n. 58, de 23-9-2009.
•• Sobre produção de efeitos deste inciso, *vide* nota ao inciso IV do art. 29 desta CF.

§ 1.º A Câmara Municipal não gastará mais de 70% (setenta por cento) de sua receita com folha de pagamento, incluído o gasto com o subsídio de seus Vereadores.
•• § 1.º acrescentado pela Emenda Constitucional n. 25, de 14-2-2000.

§ 2.º Constitui crime de responsabilidade do Prefeito Municipal:
•• § 2.º, *caput*, acrescentado pela Emenda Constitucional n. 25, de 14-2-2000.

I – efetuar repasse que supere os limites definidos neste artigo;
•• Inciso I acrescentado pela Emenda Constitucional n. 25, de 14-2-2000.

II – não enviar o repasse até o dia 20 (vinte) de cada mês; ou
•• Inciso II acrescentado pela Emenda Constitucional n. 25, de 14-2-2000.

III – enviá-lo a menor em relação à proporção fixada na Lei Orçamentária.
•• Inciso III acrescentado pela Emenda Constitucional n. 25, de 14-2-2000.
• A Lei Complementar n. 101, de 4-5-2000, dispõe sobre a responsabilidade fiscal. A Lei n. 10.028, de 19-10-2000, estabelece os crimes contra as finanças públicas.

§ 3.º Constitui crime de responsabilidade do Presidente da Câmara Municipal o desrespeito ao § 1.º deste artigo.
•• § 3.º acrescentado pela Emenda Constitucional n. 25, de 14-2-2000.

Art. 30. Compete aos Municípios:

I – legislar sobre assuntos de interesse local;
• *Vide* Súmulas Vinculantes 38 e 42.

II – suplementar a legislação federal e a estadual no que couber;

III – instituir e arrecadar os tributos de sua competência, bem como aplicar suas rendas, sem prejuízo da obrigatoriedade de prestar contas e publicar balancetes nos prazos fixados em lei;

IV – criar, organizar e suprimir distritos, observada a legislação estadual;

V – organizar e prestar, diretamente ou sob regime de concessão ou permissão, os serviços públicos de interesse local, incluído o de transporte coletivo, que tem caráter essencial;
• *Vide* art. 175 da CF.

VI – manter, com a cooperação técnica e financeira da União e do Estado, programas de educação infantil e de ensino fundamental;
•• Inciso VI com redação determinada pela Emenda Constitucional n. 53, de 19-12-2006.

VII – prestar, com a cooperação técnica e financeira da União e do Estado, serviços de atendimento à saúde da população;

VIII – promover, no que couber, adequado ordenamento territorial, mediante planejamento e controle do uso, do parcelamento e da ocupação do solo urbano;

IX – promover a proteção do patrimônio histórico-cultural local, observada a legislação e a ação fiscalizadora federal e estadual.

Art. 31. A fiscalização do Município será exercida pelo Poder Legislativo Municipal, mediante controle externo, e pelos sistemas de controle interno do Poder Executivo Municipal, na forma da lei.

§ 1.º O controle externo da Câmara Municipal será exercido com o auxílio dos Tribunais de Contas dos Estados ou do Município ou dos Conselhos ou Tribunais de Contas dos Municípios, onde houver.

§ 2.º O parecer prévio, emitido pelo órgão competente sobre as contas que o Prefeito deve anualmente prestar, só deixará de prevalecer por decisão de dois terços dos membros da Câmara Municipal.

§ 3.º As contas dos Municípios ficarão, durante 60 (sessenta) dias, anualmente, à disposição de qualquer contribuinte, para exame e apreciação, o qual poderá questionar-lhes a legitimidade, nos termos da lei.

§ 4.º É vedada a criação de Tribunais, Conselhos ou órgãos de Contas Municipais.

Capítulo V
DO DISTRITO FEDERAL E DOS TERRITÓRIOS

SEÇÃO I
Do Distrito Federal

Art. 32. O Distrito Federal, vedada sua divisão em Municípios, reger-se-á por lei orgânica, votada em dois turnos com interstício mínimo de dez dias, e aprovada por dois terços da Câmara Legislativa, que a promulgará, atendidos os princípios estabelecidos nesta Constituição.

§ 1.º Ao Distrito Federal são atribuídas as competências legislativas reservadas aos Estados e Municípios.

§ 2.º A eleição do Governador e do Vice-Governador, observadas as regras do art. 77, e dos Deputados Distritais coincidirá com a dos Governadores e Deputados Estaduais, para mandato de igual duração.

§ 3.º Aos Deputados Distritais e à Câmara Legislativa aplica-se o disposto no art. 27.

§ 4.º Lei federal disporá sobre a utilização, pelo Governo do Distrito Federal, da polícia civil, da polícia penal, da polícia militar e do corpo de bombeiros militar.

•• § 4.º com redação determinada pela Emenda Constitucional n. 104, de 4-12-2019.

SEÇÃO II
Dos Territórios

Art. 33. A lei disporá sobre a organização administrativa e judiciária dos Territórios.

§ 1.º Os Territórios poderão ser divididos em Municípios, aos quais se aplicará, no que couber, o disposto no Capítulo IV deste Título.

§ 2.º As contas do Governo do Território serão submetidas ao Congresso Nacional, com parecer prévio do Tribunal de Contas da União.

§ 3.º Nos Territórios Federais com mais de cem mil habitantes, além do Governador nomeado na forma desta Constituição, haverá órgãos judiciários de primeira e segunda instância, membros do Ministério Público e defensores públicos federais; a lei disporá sobre as eleições para a Câmara Territorial e sua competência deliberativa.

Capítulo VI
DA INTERVENÇÃO

Art. 34. A União não intervirá nos Estados nem no Distrito Federal, exceto para:

I – manter a integridade nacional;

II – repelir invasão estrangeira ou de uma unidade da Federação em outra;

III – pôr termo a grave comprometimento da ordem pública;

IV – garantir o livre exercício de qualquer dos Poderes nas unidades da Federação;

V – reorganizar as finanças da unidade da Federação que:

a) suspender o pagamento da dívida fundada por mais de dois anos consecutivos, salvo motivo de força maior;

b) deixar de entregar aos Municípios receitas tributárias fixadas nesta Constituição, dentro dos prazos estabelecidos em lei;

VI – prover a execução de lei federal, ordem ou decisão judicial;

VII – assegurar a observância dos seguintes princípios constitucionais:

a) forma republicana, sistema representativo e regime democrático;

b) direitos da pessoa humana;

c) autonomia municipal;

d) prestação de contas da administração pública, direta e indireta;

e) aplicação do mínimo exigido da receita resultante de impostos estaduais, compreendida a proveniente de transferências, na manutenção e desenvolvimento do ensino e nas ações e serviços públicos de saúde.

•• Alínea e com redação determinada pela Emenda Constitucional n. 29, de 13-9-2000.
• Vide art. 212 da CF.

Art. 35. O Estado não intervirá em seus Municípios, nem a União nos Municípios localizados em Território Federal, exceto quando:

I – deixar de ser paga, sem motivo de força maior, por dois anos consecutivos, a dívida fundada;

II – não forem prestadas contas devidas, na forma da lei;

III – não tiver sido aplicado o mínimo exigido da receita municipal na manutenção e desenvolvimento do ensino e nas ações e serviços públicos de saúde;

•• Inciso III com redação determinada pela Emenda Constitucional n. 29, de 13-9-2000.
• Vide art. 212 da CF.

IV – o Tribunal de Justiça der provimento a representação para assegurar a observância de princípios indicados na Constituição Estadual, ou para prover a execução de lei, de ordem ou de decisão judicial.

Art. 36. A decretação da intervenção dependerá:

I – no caso do art. 34, IV, de solicitação do Poder Legislativo ou do Poder Executivo coacto ou impedido, ou de requisição do Supremo Tribunal Federal, se a coação for exercida contra o Poder Judiciário;

II – no caso de desobediência a ordem ou decisão judiciária, de requisição do Supremo Tribunal Federal, do Superior Tribunal de Justiça ou do Tribunal Superior Eleitoral;

III – de provimento, pelo Supremo Tribunal Federal, de representação do Procurador-Geral da República, na hipótese do art. 34, VII, e no caso de recusa à execução de lei federal;

•• Inciso III com redação determinada pela Emenda Constitucional n. 45, de 8-12-2004.
•• Inciso III regulamentado pela Lei n. 12.562, de 23-12-2011.

IV – (*Revogado pela Emenda Constitucional n. 45, de 8-12-2004.*)

§ 1.º O decreto de intervenção, que especificará a amplitude, o prazo e as condições de execução e que, se couber, nomeará o interventor, será submetido à apreciação do Congresso Nacional ou da Assembleia Legislativa do Estado, no prazo de vinte e quatro horas.

§ 2.º Se não estiver funcionando o Congresso Nacional ou a Assembleia Legislativa, far-se-á convocação extraordinária, no mesmo prazo de vinte e quatro horas.

§ 3.º Nos casos do art. 34, VI e VII, ou do art. 35, IV, dispensada a apreciação pelo Congresso Nacional ou pela Assembleia Legislativa, o decreto limitar-se-á a suspender a execução do ato impugnado, se essa medida bastar ao restabelecimento da normalidade.

§ 4.º Cessados os motivos da intervenção, as autoridades afastadas de seus cargos a estes voltarão, salvo impedimento legal.

Capítulo VII
DA ADMINISTRAÇÃO PÚBLICA

• Regime jurídico dos servidores públicos civis da União, das Autarquias e das Fundações Públicas Federais: Lei n. 8.112, de 11-12-1990.
• A Lei n. 9.784, de 29-1-1999, regula o processo administrativo no âmbito da Administração Pública Federal.

SEÇÃO I
Disposições Gerais

Art. 37. A administração pública direta e indireta de qualquer dos Poderes da União, dos Estados, do Distrito Federal e dos Municípios obedecerá aos princípios de legalidade, impessoalidade, moralidade, publicidade e eficiência e, também, ao seguinte:

•• *Caput* com redação determinada pela Emenda Constitucional n. 19, de 4-6-1998.
• Vide Súmula Vinculante 13.
• Vide OJ 135 da SDI-2.

I – os cargos, empregos e funções públicas são acessíveis aos brasileiros que preencham os requisitos estabelecidos em lei, assim como aos estrangeiros, na forma da lei;

•• Inciso I com redação determinada pela Emenda Constitucional n. 19, de 4-6-1998.
• Vide Súmula Vinculante 44.
• Vide Súmula 686 do STF.
• A Lei n. 8.730, de 10-11-1993, estabelece a obrigatoriedade da declaração de bens e rendas para o exercício de cargos, empregos e funções nos Poderes Executivo, Legislativo e Judiciário.

II – a investidura em cargo ou emprego público depende de aprovação prévia em concurso público de provas ou de provas e títulos, de acordo com a natureza e a complexidade do cargo ou emprego, na forma prevista em lei, ressalvadas as nomeações para cargo em comissão declarado em lei de livre nomeação e exoneração;

•• Inciso II com redação determinada pela Emenda Constitucional n. 19, de 4-6-1998.
• Vide Súmula Vinculante 43.
• Vide Súmula 685 do STF.
• Vide Súmulas 331, 363 e 430 do TST.

- Vide OJs 335 e 366 da SDI-1 e OJ 10 da SDI-2.

III – o prazo de validade do concurso público será de até dois anos, prorrogável uma vez, por igual período;

- Disposição igual na Lei n. 8.112, de 11-12-1990, art. 12.

IV – durante o prazo improrrogável previsto no edital de convocação, aquele aprovado em concurso público de provas ou de provas e títulos será convocado com prioridade sobre novos concursados para assumir cargo ou emprego, na carreira;

V – as funções de confiança, exercidas exclusivamente por servidores ocupantes de cargo efetivo, e os cargos em comissão, a serem preenchidos por servidores de carreira nos casos, condições e percentuais mínimos previstos em lei, destinam-se apenas às atribuições de direção, chefia e assessoramento;

- Inciso V com redação determinada pela Emenda Constitucional n. 19, de 4-6-1998.
- O Decreto n. 10.571, de 9-12-2020, dispõe sobre a apresentação e a análise das declarações de bens e de situações que possam gerar conflito de interesses por agentes públicos civis da administração pública federal.

VI – é garantido ao servidor público civil o direito à livre associação sindical;

VII – o direito de greve será exercido nos termos e nos limites definidos em lei específica;

- Inciso VII com redação determinada pela Emenda Constitucional n. 19, de 4-6-1998.
- Vide Lei n. 7.783, de 28-6-1989, que dispõe sobre o exercício do direito de greve.
- Paralisações dos serviços públicos federais: Decreto n. 1.480, de 3-5-1995.

VIII – a lei reservará percentual dos cargos e empregos públicos para as pessoas portadoras de deficiência e definirá os critérios de sua admissão;

- A Lei n. 13.146, de 6-7-2015, institui o Estatuto da Pessoa com Deficiência.
- Vide Súmula 377 do STJ.

IX – a lei estabelecerá os casos de contratação por tempo determinado para atender a necessidade temporária de excepcional interesse público;

- A Lei n. 8.745, de 9-12-1993, dispõe sobre a contratação por tempo determinado para atender a necessidade temporária de excepcional interesse público.

X – a remuneração dos servidores públicos e o subsídio de que trata o § 4.º do art. 39 somente poderão ser fixados ou alterados por lei específica, observada a iniciativa privativa em cada caso, assegurada revisão geral anual, sempre na mesma data e sem distinção de índices;

- Inciso X com redação determinada pela Emenda Constitucional n. 19, de 4-6-1998.
- A Lei n. 10.331, de 18-12-2001, regulamenta este inciso.
- Vide Súmula Vinculante 37.

XI – a remuneração e o subsídio dos ocupantes de cargos, funções e empregos públicos da administração direta, autárquica e fundacional, dos membros de qualquer dos Poderes da União, dos Estados, do Distrito Federal e dos Municípios, dos detentores de mandato eletivo e dos demais agentes políticos e os proventos, pensões ou outra espécie remuneratória, percebidos cumulativamente ou não, incluídas as vantagens pessoais ou de qualquer outra natureza, não poderão exceder o subsídio mensal, em espécie, dos Ministros do Supremo Tribunal Federal, aplicando-se como limite, nos Municípios, o subsídio do Prefeito, e nos Estados e no Distrito Federal, o subsídio mensal do Governador no âmbito do Poder Executivo, o subsídio dos Deputados Estaduais e Distritais no âmbito do Poder Legislativo e o subsídio dos Desembargadores do Tribunal de Justiça, limitado a noventa inteiros e vinte e cinco centésimos por cento do subsídio mensal, em espécie, dos Ministros do Supremo Tribunal Federal, no âmbito do Poder Judiciário, aplicável este limite aos membros do Ministério Público, aos Procuradores e aos Defensores Públicos;

- Inciso XI com redação determinada pela Emenda Constitucional n. 41, de 19-12-2003.
- Inciso XI regulamentado pela Lei n. 8.448, de 21-7-1992.
- O STF, nas ADIs 3.854 e 4.014, nas sessões virtuais de 27-11-2020 a 4-12-2020 (DOU de 8-1-2021), julgou procedente o pedido da ação para afastar "a submissão dos membros da magistratura estadual da regra do subteto remuneratório", de que trata este inciso.
- A Lei n. 13.753, de 26-11-2018, dispõe sobre o subsídio do Procurador-Geral da República.
- Vide art. 8.º da Emenda Constitucional n. 41, de 19-12-2003, que dispõe sobre a fixação do valor do subsídio de que trata este inciso.
- Vide §§ 11 e 12 deste artigo e art. 4.º da Emenda Constitucional n. 47, de 5-7-2005.
- Vide OJ 339 da SDI-1.

XII – os vencimentos dos cargos do Poder Legislativo e do Poder Judiciário não poderão ser superiores aos pagos pelo Poder Executivo;

- A Lei n. 8.852, de 4-2-1994, dispõe sobre a aplicação deste inciso.

XIII – é vedada a vinculação ou equiparação de quaisquer espécies remuneratórias para o efeito de remuneração de pessoal do serviço público;

- Inciso XIII com redação determinada pela Emenda Constitucional n. 19, de 4-6-1998.
- Vide OJs 297 e 353 da SDI-1 e OJ 26 da SDI-2.
- Vide Súmula Vinculante 42.

XIV – os acréscimos pecuniários percebidos por servidor público não serão computados nem acumulados para fim de concessão de acréscimos ulteriores;

- Inciso XIV com redação determinada pela Emenda Constitucional n. 19, de 4-6-1998.

XV – o subsídio e os vencimentos dos ocupantes de cargos e empregos públicos são irredutíveis, ressalvado o disposto nos incisos XI e XIV deste artigo e nos arts. 39, § 4.º, 150, II, 153, III, e 153, § 2.º, I;

- Inciso XV com redação determinada pela Emenda Constitucional n. 19, de 4-6-1998.

XVI – é vedada a acumulação remunerada de cargos públicos, exceto, quando houver compatibilidade de horários, observado em qualquer caso o disposto no inciso XI:

- Inciso XVI, caput, com redação determinada pela Emenda Constitucional n. 19, de 4-6-1998.

a) a de dois cargos de professor;

- Alínea a com redação determinada pela Emenda Constitucional n. 19, de 4-6-1998.

b) a de um cargo de professor com outro, técnico ou científico;

- Alínea b com redação determinada pela Emenda Constitucional n. 19, de 4-6-1998.

c) a de dois cargos ou empregos privativos de profissionais de saúde, com profissões regulamentadas;

- Alínea c com redação determinada pela Emenda Constitucional n. 34, de 13-12-2001.

XVII – a proibição de acumular estende-se a empregos e funções e abrange autarquias, fundações, empresas públicas, sociedades de economia mista, suas subsidiárias, e sociedades controladas, direta ou indiretamente, pelo poder público;

- Inciso XVII com redação determinada pela Emenda Constitucional n. 19, de 4-6-1998.

XVIII – a administração fazendária e seus servidores fiscais terão, dentro de suas áreas de competência e jurisdição, precedência sobre os demais setores administrativos, na forma da lei;

XIX – somente por lei específica poderá ser criada autarquia e autorizada a instituição de empresa pública, de sociedade de economia mista e de fundação, cabendo à lei complementar, neste último caso, definir as áreas de sua atuação;

- Inciso XIX com redação determinada pela Emenda Constitucional n. 19, de 4-6-1998.

XX – depende de autorização legislativa, em cada caso, a criação de subsidiárias das entidades mencionadas no inciso anterior, assim como a participação de qualquer delas em empresa privada;

XXI – ressalvados os casos especificados na legislação, as obras, serviços, compras e alienações serão contratados mediante processo de licitação pública que assegure igualdade de condições a todos os concorrentes, com cláusulas que estabeleçam obrigações de pagamento, mantidas as condições efetivas da proposta, nos termos da lei, o qual somente permitirá as exigências de qualificação técnica e econômica indispensáveis à garantia do cumprimento das obrigações;

- Regulamento: Lei n. 8.666, de 21-6-1993.
- A Lei n. 10.520, de 17-7-2002, institui modalidade de licitação denominada pregão, para aquisição de bens e serviços comuns, e dá outras providências. Regulamento: Decreto n. 3.555, de 8-8-2000.

XXII – as administrações tributárias da União, dos Estados, do Distrito Federal e dos Municípios, atividades essenciais ao funcionamento do Estado, exercidas por servidores de carreiras específicas, terão recursos prioritários para a realização de suas atividades e atuarão de forma integrada, inclusive com o compartilhamento de cadastros e de informações fiscais, na forma da lei ou convênio.

- Inciso XXII acrescentado pela Emenda Constitucional n. 42, de 19-12-2003.

§ 1.º A publicidade dos atos, programas, obras, serviços e campanhas dos órgãos públicos deverá ter caráter educativo, informativo ou de

orientação social, dela não podendo constar nomes, símbolos ou imagens que caracterizem promoção pessoal de autoridades ou servidores públicos.
- Vide art. 224 da CF.
- Publicidade na Administração Pública Federal: Decreto n. 6.555, de 8-9-2008.

§ 2.º A não observância do disposto nos incisos II e III implicará a nulidade do ato e a punição da autoridade responsável, nos termos da lei.
- Vide Súmula 363 do TST.
- Vide OJ 335 da SDI-1 e OJ 10 da SDI-2.

§ 3.º A lei disciplinará as formas de participação do usuário na administração pública direta e indireta, regulando especialmente:
- •• § 3.º, *caput*, com redação determinada pela Emenda Constitucional n. 19, de 4-6-1998.

I – as reclamações relativas à prestação dos serviços públicos em geral, asseguradas a manutenção de serviço de atendimento ao usuário e a avaliação periódica, externa e interna, da qualidade dos serviços;
- •• Inciso I acrescentado pela Emenda Constitucional n. 19, de 4-6-1998.

II – o acesso dos usuários a registros administrativos e a informações sobre atos de governo, observado o disposto no art. 5.º, X e XXXIII;
- •• Inciso II acrescentado pela Emenda Constitucional n. 19, de 4-6-1998.
- •• A Lei n. 12.527, de 18-11-2011, regula o acesso a informações previsto neste inciso.

III – a disciplina da representação contra o exercício negligente ou abusivo de cargo, emprego ou função na administração pública.
- •• Inciso III acrescentado pela Emenda Constitucional n. 19, de 4-6-1998.

§ 4.º Os atos de improbidade administrativa importarão a suspensão dos direitos políticos, a perda da função pública, a indisponibilidade dos bens e o ressarcimento ao erário, na forma e gradação previstas em lei, sem prejuízo da ação penal cabível.
- Os arts. 312 e s. do CP dispõem sobre os crimes praticados por funcionário público contra a administração em geral.
- A Lei n. 8.026, de 12-4-1990, dispõe sobre a aplicação da pena de demissão a funcionário público.
- A Lei n. 8.027, de 12-4-1990, dispõe sobre normas de conduta dos servidores públicos civis da União, autarquias e fundações públicas.
- Improbidade administrativa: Lei n. 8.429, de 2-6-1992.
- O Decreto n. 4.410, de 7-10-2002, promulga a Convenção Interamericana contra a Corrupção.

§ 5.º A lei estabelecerá os prazos de prescrição para ilícitos praticados por qualquer agente, servidor ou não, que causem prejuízos ao erário, ressalvadas as respectivas ações de ressarcimento.

§ 6.º As pessoas jurídicas de direito público e as de direito privado prestadoras de serviços públicos responderão pelos danos que seus agentes, nessa qualidade, causarem a terceiros, assegurado o direito de regresso contra o responsável nos casos de dolo ou culpa.

§ 7.º A lei disporá sobre os requisitos e as restrições ao ocupante de cargo ou emprego da administração direta e indireta que possibilite o acesso a informações privilegiadas.
- •• § 7.º acrescentado pela Emenda Constitucional n. 19, de 4-6-1998.

§ 8.º A autonomia gerencial, orçamentária e financeira dos órgãos e entidades da administração direta e indireta poderá ser ampliada mediante contrato, a ser firmado entre seus administradores e o poder público, que tenha por objeto a fixação de metas de desempenho para o órgão ou entidade, cabendo à lei dispor sobre:
- •• § 8.º, *caput*, acrescentado pela Emenda Constitucional n. 19, de 4-6-1998.
- •• A Lei n. 13.934, de 11-12-2019, em vigor após 180 dias da sua publicação (*DOU* 12-12-2019), regulamenta o contrato referido neste § 8.º, denominado "contrato de desempenho", no âmbito da administração pública federal direta de qualquer dos Poderes da União e das autarquias e fundações públicas federais.

I – o prazo de duração do contrato;
- •• Inciso I acrescentado pela Emenda Constitucional n. 19, de 4-6-1998.

II – os controles e critérios de avaliação de desempenho, direitos, obrigações e responsabilidade dos dirigentes;
- •• Inciso II acrescentado pela Emenda Constitucional n. 19, de 4-6-1998.

III – a remuneração do pessoal.
- •• Inciso III acrescentado pela Emenda Constitucional n. 19, de 4-6-1998.

§ 9.º O disposto no inciso XI aplica-se às empresas públicas e às sociedades de economia mista, e suas subsidiárias, que receberem recursos da União, dos Estados, do Distrito Federal ou dos Municípios para pagamento de despesas de pessoal ou de custeio em geral.
- •• § 9.º acrescentado pela Emenda Constitucional n. 19, de 4-6-1998.

§ 10. É vedada a percepção simultânea de proventos de aposentadoria decorrentes do art. 40 ou dos arts. 42 e 142 com a remuneração de cargo, emprego ou função pública, ressalvados os cargos acumuláveis na forma desta Constituição, os cargos eletivos e os cargos em comissão declarados em lei de livre nomeação e exoneração.
- •• § 10 acrescentado pela Emenda Constitucional n. 20, de 15-12-1998.
- Vide art. 11 da Emenda Constitucional n. 20, de 15-12-1998.

§ 11. Não serão computadas, para efeito dos limites remuneratórios de que trata o inciso XI do *caput* deste artigo, as parcelas de caráter indenizatório previstas em lei.
- •• § 11 acrescentado pela Emenda Constitucional n. 47, de 5-7-2005, em vigor na data de sua publicação, com efeitos retroativos à data de vigência da Emenda Constitucional n. 41, de 19-12-2003 (*DOU* de 31-12-2003).

§ 12. Para os fins do disposto no inciso XI do *caput* deste artigo, fica facultado aos Estados e ao Distrito Federal fixar, em seu âmbito, mediante emenda às respectivas Constituições e Lei Orgânica, como limite único, o subsídio mensal dos Desembargadores do respectivo Tribunal de Justiça, limitado a noventa inteiros e vinte e cinco centésimos por cento do subsídio mensal dos Ministros do Supremo Tribunal Federal, não se aplicando o disposto neste parágrafo aos subsídios dos Deputados Estaduais e Distritais e dos Vereadores.
- •• § 12 acrescentado pela Emenda Constitucional n. 47, de 5-7-2005, em vigor na data de sua publicação, com efeitos retroativos à data de vigência da Emenda Constitucional n. 41, de 19-12-2003 (*DOU* de 31-12-2003).
- •• O STF, nas ADIs 3.854 e 4.014, nas sessões virtuais de 27-11-2020 a 4-12-2020 (*DOU* de 8-1-2021), julgou procedente o pedido da ação para afastar "a submissão dos membros da magistratura estadual da regra do subteto remuneratório", de que trata este § 12.

§ 13. O servidor público titular de cargo efetivo poderá ser readaptado para exercício de cargo cujas atribuições e responsabilidades sejam compatíveis com a limitação que tenha sofrido em sua capacidade física ou mental, enquanto permanecer nesta condição, desde que possua a habilitação e o nível de escolaridade exigidos para o cargo de destino, mantida a remuneração do cargo de origem.
- •• § 13 acrescentado pela Emenda Constitucional n. 103, de 12-11-2019.

§ 14. A aposentadoria concedida com a utilização de tempo de contribuição decorrente de cargo, emprego ou função pública, inclusive do Regime Geral de Previdência Social, acarretará o rompimento do vínculo que gerou o referido tempo de contribuição.
- •• § 14 acrescentado pela Emenda Constitucional n. 103, de 12-11-2019.
- Vide art. 6.º da Emenda Constitucional n. 103, de 12-11-2019.

§ 15. É vedada a complementação de aposentadorias de servidores públicos e de pensões por morte a seus dependentes que não seja decorrente do disposto nos §§ 14 a 16 do art. 40 ou que não seja prevista em lei que extinga regime próprio de previdência social.
- •• § 15 acrescentado pela Emenda Constitucional n. 103, de 12-11-2019.
- Vide art. 7.º da Emenda Constitucional n. 103, de 12-11-2019.

§ 16. Os órgãos e entidades da administração pública, individual ou conjuntamente, devem realizar avaliação das políticas públicas, inclusive com divulgação do objeto a ser avaliado e dos resultados alcançados, na forma da lei.
- •• § 16 acrescentado pela Emenda Constitucional n. 109, de 15-3-2021.

Art. 38. Ao servidor público da administração direta, autárquica e fundacional, no exercício de mandato eletivo, aplicam-se as seguintes disposições:
- •• *Caput* com redação determinada pela Emenda Constitucional n. 19, de 4-6-1998.

I – tratando-se de mandato eletivo federal, estadual ou distrital, ficará afastado de seu cargo, emprego ou função;

II – investido no mandato de Prefeito, será afastado do cargo, emprego ou função, sendo-lhe facultado optar pela sua remuneração;

III – investido no mandato de Vereador, havendo compatibilidade de horários, perceberá as vantagens de seu cargo, emprego ou função, sem prejuízo da remuneração do cargo eletivo, e, não havendo compatibilidade, será aplicada a norma do inciso anterior;

IV – em qualquer caso que exija o afastamento para o exercício de mandato eletivo, seu tempo de serviço será contado para todos os efeitos legais, exceto para promoção por merecimento;

V – na hipótese de ser segurado de regime próprio de previdência social, permanecerá filiado a esse regime, no ente federativo de origem.

•• Inciso V com redação determinada pela Emenda Constitucional n. 103, de 12-11-2019.

SEÇÃO II
Dos Servidores Públicos

•• Seção II com denominação determinada pela Emenda Constitucional n. 18, de 5-2-1998.
• Regime jurídico dos servidores públicos civis da União, das Autarquias e das Fundações Públicas Federais: Lei n. 8.112, de 11-12-1990.
• A Lei n. 8.026, de 12-4-1990, dispõe sobre a aplicação de pena de demissão a funcionário público.
• A Lei n. 8.027, de 12-4-1990, dispõe sobre normas de conduta dos servidores públicos civis da União, das Autarquias e das Fundações Públicas.

Art. 39. A União, os Estados, o Distrito Federal e os Municípios instituirão conselho de política de administração e remuneração de pessoal, integrado por servidores designados pelos respectivos Poderes.

•• *Caput* com redação determinada pela Emenda Constitucional n. 19, de 4-6-1998.
•• O STF, em liminar parcialmente concedida em 2-8-2007, na ADI n. 2.135-4 (*DOU* de 14-8-2007), suspende a eficácia do *caput* deste artigo. Com a decisão volta a vigorar a redação anterior: "A União, os Estados, o Distrito Federal e os Municípios instituirão, no âmbito de sua competência, regime jurídico único e planos de carreira para os servidores da administração pública direta, das autarquias e das fundações públicas".
• *Vide* Súmula Vinculante 4.
• *Vide* Súmula 97 do STJ.

§ 1.º A fixação dos padrões de vencimento e dos demais componentes do sistema remuneratório observará:

•• § 1.º, *caput*, com redação determinada pela Emenda Constitucional n. 19, de 4-6-1998.
•• § 1.º regulamentado pela Lei n. 8.448, de 21-7-1992.
• A Lei n. 8.852, de 4-2-1994, dispõe sobre a aplicação deste parágrafo.
• *Vide* OJ 26 da SDI-2.

I – a natureza, o grau de responsabilidade e a complexidade dos cargos componentes de cada carreira;

•• Inciso I acrescentado pela Emenda Constitucional n. 19, de 4-6-1998.

II – os requisitos para a investidura;

•• Inciso II acrescentado pela Emenda Constitucional n. 19, de 4-6-1998.

III – as peculiaridades dos cargos.

•• Inciso III acrescentado pela Emenda Constitucional n. 19, de 4-6-1998.

§ 2.º A União, os Estados e o Distrito Federal manterão escolas de governo para a formação e o aperfeiçoamento dos servidores públicos, constituindo-se a participação nos cursos um dos requisitos para a promoção na carreira, facultada, para isso, a celebração de convênios ou contratos entre os entes federados.

•• § 2.º com redação determinada pela Emenda Constitucional n. 19, de 4-6-1998.

§ 3.º Aplica-se aos servidores ocupantes de cargo público o disposto no art. 7.º, IV, VII, VIII, IX, XII, XIII, XV, XVI, XVII, XVIII, XIX, XX, XXII e XXX, podendo a lei estabelecer requisitos diferenciados de admissão quando a natureza do cargo o exigir.

•• § 3.º acrescentado pela Emenda Constitucional n. 19, de 4-6-1998.
• *Vide* Súmula Vinculante 16.
• *Vide* Súmula 683 do STF.

§ 4.º O membro de Poder, o detentor de mandato eletivo, os Ministros de Estado e os Secretários Estaduais e Municipais serão remunerados exclusivamente por subsídio fixado em parcela única, vedado o acréscimo de qualquer gratificação, adicional, abono, prêmio, verba de representação ou outra espécie remuneratória, obedecido, em qualquer caso, o disposto no art. 37, X e XI.

•• § 4.º acrescentado pela Emenda Constitucional n. 19, de 4-6-1998.

§ 5.º Lei da União, dos Estados, do Distrito Federal e dos Municípios poderá estabelecer a relação entre a maior e a menor remuneração dos servidores públicos, obedecido, em qualquer caso, o disposto no art. 37, XI.

•• § 5.º acrescentado pela Emenda Constitucional n. 19, de 4-6-1998.

§ 6.º Os Poderes Executivo, Legislativo e Judiciário publicarão anualmente os valores do subsídio e da remuneração dos cargos e empregos públicos.

•• § 6.º acrescentado pela Emenda Constitucional n. 19, de 4-6-1998.

§ 7.º Lei da União, dos Estados, do Distrito Federal e dos Municípios disciplinará a aplicação de recursos orçamentários provenientes da economia com despesas correntes em cada órgão, autarquia e fundação, para aplicação no desenvolvimento de programas de qualidade e produtividade, treinamento e desenvolvimento, modernização, reaparelhamento e racionalização do serviço público, inclusive sob a forma de adicional ou prêmio de produtividade.

•• § 7.º acrescentado pela Emenda Constitucional n. 19, de 4-6-1998.

§ 8.º A remuneração dos servidores públicos organizados em carreira poderá ser fixada nos termos do § 4.º.

•• § 8.º acrescentado pela Emenda Constitucional n. 19, de 4-6-1998.

§ 9.º É vedada a incorporação de vantagens de caráter temporário ou vinculadas ao exercício de função de confiança ou de cargo em comissão à remuneração do cargo efetivo.

•• § 9.º acrescentado pela Emenda Constitucional n. 103, de 12-11-2019.
•• *Vide* art. 13 da Emenda Constitucional n. 103, de 12-11-2019.

Art. 40. O regime próprio de previdência social dos servidores titulares de cargos efetivos terá caráter contributivo e solidário, mediante contribuição do respectivo ente federativo, de servidores ativos, de aposentados e de pensionistas, observados critérios que preservem o equilíbrio financeiro e atuarial.

•• *Caput* com redação determinada pela Emenda Constitucional n. 103, de 12-11-2019.
•• *Vide* arts. 4.º, 10, 20 e 21 da Emenda Constitucional n. 103, de 12-11-2019.
• *Vide* art. 3.º da Emenda Constitucional n. 47, de 5-7-2005.

§ 1.º O servidor abrangido por regime próprio de previdência social será aposentado:

•• § 1.º, *caput*, com redação determinada pela Emenda Constitucional n. 103, de 12-11-2019.

I – por incapacidade permanente para o trabalho, no cargo em que estiver investido, quando insuscetível de readaptação, hipótese em que será obrigatória a realização de avaliações periódicas para verificação da continuidade das condições que ensejaram a concessão da aposentadoria, na forma de lei do respectivo ente federativo;

•• Inciso I com redação determinada pela Emenda Constitucional n. 103, de 12-11-2019.
• *Vide* art. 6.º-A da Emenda Constitucional n. 41, de 19-12-2003.

II – compulsoriamente, com proventos proporcionais ao tempo de contribuição, aos 70 (setenta) anos de idade, ou aos 75 (setenta e cinco) anos de idade, na forma de lei complementar;

•• Inciso II com redação determinada pela Emenda Constitucional n. 88, de 7-5-2015.
•• *Vide* art. 100 do ADCT.
•• A Lei Complementar n. 152, de 3-12-2015, dispõe sobre a aposentadoria compulsória por idade, com proventos proporcionais nos termos deste inciso.

III – no âmbito da União, aos 62 (sessenta e dois) anos de idade, se mulher, e aos 65 (sessenta e cinco) anos de idade, se homem, e, no âmbito dos Estados, do Distrito Federal e dos Municípios, na idade mínima estabelecida mediante emenda às respectivas Constituições e Leis Orgânicas, observados o tempo de contribuição e os demais requisitos estabelecidos em lei complementar do respectivo ente federativo.

•• Inciso III com redação determinada pela Emenda Constitucional n. 103, de 12-11-2019.
•• Havia aqui alíneas *a* e *b*, que diziam:
"*a)* sessenta anos de idade e trinta e cinco de contribuição, se homem, e cinquenta e cinco anos de idade e trinta de contribuição, se mulher;
•• Alínea *a* acrescentada pela Emenda Constitucional n. 20, de 15-12-1998.
b) sessenta e cinco anos de idade, se homem, e sessenta anos de idade, se mulher, com proventos proporcionais ao tempo de contribuição.
•• Alínea *b* acrescentada pela Emenda Constitucional n. 20, de 15-12-1998".
•• *Vide* art. 3.º, § 3.º, da Emenda Constitucional n. 103, de 12-11-2019.
• *Vide* art. 2.º da Emenda Constitucional n. 41, de 19-12-2003.

§ 2.º Os proventos de aposentadoria não poderão ser inferiores ao valor mínimo a que se refere o § 2.º do art. 201 ou superiores ao limite máximo estabelecido para o Regime Geral de Previdência Social, observado o disposto nos §§ 14 a 16.

•• § 2.º com redação determinada pela Emenda Constitucional n. 103, de 12-11-2019.

§ 3.º As regras para cálculo de proventos de aposentadoria serão disciplinadas em lei do respectivo ente federativo.
•• § 3.º com redação determinada pela Emenda Constitucional n. 103, de 12-11-2019.
•• A Lei n. 10.887, de 18-6-2004, dispõe sobre o cálculo dos proventos de aposentadoria dos servidores titulares de cargo efetivo de qualquer dos poderes, previsto neste parágrafo.

§ 4.º É vedada a adoção de requisitos ou critérios diferenciados para concessão de benefícios em regime próprio de previdência social, ressalvado o disposto nos §§ 4.º-A, 4.º-B, 4.º-C e 5.º.
•• § 4.º com redação determinada pela Emenda Constitucional n. 103, de 12-11-2019.
• Vide Súmula Vinculante 55.
• Vide Súmula 680 do STF.

§ 4.º-A. Poderão ser estabelecidos por lei complementar do respectivo ente federativo idade e tempo de contribuição diferenciados para aposentadoria de servidores com deficiência, previamente submetidos a avaliação biopsicossocial realizada por equipe multiprofissional e interdisciplinar.
•• § 4.º-A acrescentado pela Emenda Constitucional n. 103, de 12-11-2019.
•• Vide arts. 4.º, §§ 9.º e 10, 22 da Emenda Constitucional n. 103, de 12-11-2019.

§ 4.º-B. Poderão ser estabelecidos por lei complementar do respectivo ente federativo idade e tempo de contribuição diferenciados para aposentadoria de ocupantes do cargo de agente penitenciário, de agente socioeducativo ou de policial dos órgãos de que tratam o inciso IV do *caput* do art. 51, o inciso XIII do *caput* do art. 52 e os incisos I a IV do *caput* do art. 144.
•• § 4.º-B acrescentado pela Emenda Constitucional n. 103, de 12-11-2019.
•• Vide arts. 4.º, §§ 9.º e 10, 10, §§ 2.º e 3.º, e 22 da Emenda Constitucional n. 103, de 12-11-2019.

§ 4.º-C. Poderão ser estabelecidos por lei complementar do respectivo ente federativo idade e tempo de contribuição diferenciados para aposentadoria de servidores cujas atividades sejam exercidas com efetiva exposição a agentes químicos, físicos e biológicos prejudiciais à saúde, ou associação desses agentes, vedada a caracterização por categoria profissional ou ocupação.
•• § 4.º-C acrescentado pela Emenda Constitucional n. 103, de 12-11-2019.
•• Vide art. 4.º, §§ 9.º e 10, da Emenda Constitucional n. 103, de 12-11-2019.

§ 5.º Os ocupantes do cargo de professor terão idade mínima reduzida em 5 (cinco) anos em relação às idades decorrentes da aplicação do disposto no inciso III do § 1.º, desde que comprovem tempo de efetivo exercício das funções de magistério na educação infantil e no ensino fundamental e médio fixado em lei complementar do respectivo ente federativo.
•• § 5.º com redação determinada pela Emenda Constitucional n. 103, de 12-11-2019.
•• Vide art. 10, § 2.º, III, e 15, § 3.º, da Emenda Constitucional n. 103, de 12-11-2019.
•• Vide art. 2.º, § 1.º, e art. 6.º, *caput*, da Emenda Constitucional n. 41, de 19-12-2003.
• Vide Súmula 726 do STF.

§ 6.º Ressalvadas as aposentadorias decorrentes dos cargos acumuláveis na forma desta Constituição, é vedada a percepção de mais de uma aposentadoria à conta de regime próprio de previdência social, aplicando-se outras vedações, regras e condições para a acumulação de benefícios previdenciários estabelecidas no Regime Geral de Previdência Social.
•• § 6.º com redação determinada pela Emenda Constitucional n. 103, de 12-11-2019.

§ 7.º Observado o disposto no § 2.º do art. 201, quando se tratar da única fonte de renda formal auferida pelo dependente, o benefício de pensão por morte será concedido nos termos de lei do respectivo ente federativo, a qual tratará de forma diferenciada a hipótese de morte dos servidores de que trata o § 4.º-B decorrente de agressão sofrida no exercício ou em razão da função.
•• § 7.º com redação determinada pela Emenda Constitucional n. 103, de 12-11-2019.
•• Vide arts. 23 e 24 da Emenda Constitucional n. 103, de 12-11-2019.

§ 8.º É assegurado o reajustamento dos benefícios para preservar-lhes, em caráter permanente, o valor real, conforme critérios estabelecidos em lei.
•• § 8.º com redação determinada pela Emenda Constitucional n. 41, de 19-12-2003.

§ 9.º O tempo de contribuição federal, estadual, distrital ou municipal será contado para fins de aposentadoria, observado o disposto nos §§ 9.º e 9.º-A do art. 201, e o tempo de serviço correspondente será contado para fins de disponibilidade.
•• § 9.º com redação determinada pela Emenda Constitucional n. 103, de 12-11-2019.

§ 10. A lei não poderá estabelecer qualquer forma de contagem de tempo de contribuição fictício.
•• § 10 acrescentado pela Emenda Constitucional n. 20, de 15-12-1998.
• Vide art. 4.º da Emenda Constitucional n. 20, de 15-12-1998.

§ 11. Aplica-se o limite fixado no art. 37, XI, à soma total dos proventos de inatividade, inclusive quando decorrentes da acumulação de cargos ou empregos públicos, bem como de outras atividades sujeitas a contribuição para o regime geral de previdência social, e ao montante resultante da adição de proventos de inatividade com remuneração de cargo acumulável na forma desta Constituição, cargo em comissão declarado em lei de livre nomeação e exoneração, e de cargo eletivo.
•• § 11 acrescentado pela Emenda Constitucional n. 20, de 15-12-1998.

§ 12. Além do disposto neste artigo, serão observados, em regime próprio de previdência social, no que couber, os requisitos e critérios fixados para o Regime Geral de Previdência Social.
•• § 12 com redação determinada pela Emenda Constitucional n. 103, de 12-11-2019.

§ 13. Aplica-se ao agente público ocupante, exclusivamente, de cargo em comissão declarado em lei de livre nomeação e exoneração, de outro cargo temporário, inclusive mandato eletivo, ou de emprego público, o Regime Geral de Previdência Social.
•• § 13 com redação determinada pela Emenda Constitucional n. 103, de 12-11-2019.

§ 14. A União, os Estados, o Distrito Federal e os Municípios instituirão, por lei de iniciativa do respectivo Poder Executivo, regime de previdência complementar para servidores públicos ocupantes de cargo efetivo, observado o limite máximo dos benefícios do Regime Geral de Previdência Social para o valor das aposentadorias e das pensões em regime próprio de previdência social, ressalvado o disposto no § 16.
•• § 14 com redação determinada pela Emenda Constitucional n. 103, de 12-11-2019.
•• Vide art. 9.º, § 6.º, da Emenda Constitucional n. 103, de 12-11-2019.
•• A Lei n. 12.618, de 30-4-2012, instituiu o regime de previdência complementar para os servidores públicos federais titulares de cargo efetivo a que se refere este parágrafo.
• Previdência Complementar: Leis Complementares ns. 108, de 29-5-2001, e 109, de 29-5-2001.

§ 15. O regime de previdência complementar de que trata o § 14 oferecerá plano de benefícios somente na modalidade contribuição definida, observará o disposto no art. 202 e será efetivado por intermédio de entidade fechada de previdência complementar ou de entidade aberta de previdência complementar.
•• § 15 com redação determinada pela Emenda Constitucional n. 103, de 12-11-2019.
•• Vide art. 9.º, § 6.º, da Emenda Constitucional n. 103, de 12-11-2019.
•• A Lei n. 12.618, de 30-4-2012, instituiu o regime de previdência complementar para os servidores públicos federais titulares de cargo efetivo a que se refere este parágrafo.

§ 16. Somente mediante sua prévia e expressa opção, o disposto nos §§ 14 e 15 poderá ser aplicado ao servidor que tiver ingressado no serviço público até a data da publicação do ato de instituição do correspondente regime de previdência complementar.
•• § 16 acrescentado pela Emenda Constitucional n. 20, de 15-12-1998.
•• A Lei n. 12.618, de 30-4-2012, instituiu o regime de previdência complementar para os servidores públicos federais titulares de cargo efetivo a que se refere este parágrafo.
• Vide art. 4.º, § 6.º, da Emenda Constitucional n. 103, de 12-11-2019.

§ 17. Todos os valores de remuneração considerados para o cálculo do benefício previsto no § 3.º serão devidamente atualizados, na forma da lei.
•• § 17 acrescentado pela Emenda Constitucional n. 41, de 19-12-2003.
• Vide art. 2.º da Emenda Constitucional n. 41, de 19-12-2003.

§ 18. Incidirá contribuição sobre os proventos de aposentadorias e pensões concedidas pelo regime de que trata este artigo que superem o limite máximo estabelecido para os benefícios do regime geral de previdência social de que trata o art. 201, com percentual igual ao estabelecido para os servidores titulares de cargos efetivos.
•• § 18 acrescentado pela Emenda Constitucional n. 41, de 19-12-2003.

§ 19. Observados critérios a serem estabelecidos em lei do respectivo ente federativo, o servidor titular de cargo efetivo que tenha completado as exigências para a aposentadoria voluntária e que opte por permanecer em atividade poderá fazer jus a um abono de permanência equivalente, no máximo, ao valor da sua contribuição previdenciária, até completar a idade para aposentadoria compulsória.
- •• § 19 com redação determinada pela Emenda Constitucional n. 103, de 12-11-2019.
- •• Vide arts. 9.º, § 6.º, e 10, § 5.º, da Emenda Constitucional n. 103, de 12-11-2019.

§ 20. É vedada a existência de mais de um regime próprio de previdência social e de mais de um órgão ou entidade gestora desse regime em cada ente federativo, abrangidos todos os poderes, órgãos e entidades autárquicas e fundacionais, que serão responsáveis pelo seu financiamento, observados os critérios, os parâmetros e a natureza jurídica definidos na lei complementar de que trata o § 22.
- •• § 20 com redação determinada pela Emenda Constitucional n. 103, de 12-11-2019.
- •• Vide arts. 3.º, § 3.º, e 8.º, da Emenda Constitucional n. 103, de 12-11-2019.

§ 21. *(Revogado pela Emenda Constitucional n. 103, de 12-11-2019.)*
- Sobre o prazo de vigência desta revogação, *vide* art. 36, II, da Emenda Constitucional n. 103, de 12-11-2019.
- O texto revogado dizia:
 "§ 21. A contribuição prevista no § 18 deste artigo incidirá apenas sobre as parcelas de proventos de aposentadoria e de pensão que superem o dobro do limite máximo estabelecido para os benefícios do regime geral de previdência social de que trata o art. 201 desta Constituição, quando o beneficiário, na forma da lei, for portador de doença incapacitante.
 - •• § 21 acrescentado pela Emenda Constitucional n. 47, de 5-7-2005, em vigor na data de sua publicação, com efeitos retroativos à data de vigência da Emenda Constitucional n. 41, de 19-12-2003 (*DOU* de 31-12-2003)".

§ 22. Vedada a instituição de novos regimes próprios de previdência social, lei complementar federal estabelecerá, para os que já existam, normas gerais de organização, de funcionamento e de responsabilidade em sua gestão, dispondo, entre outros aspectos, sobre:
- •• § 22, *caput*, acrescentado pela Emenda Constitucional n. 103, de 12-11-2019.
- •• Vide art. 9.º da Emenda Constitucional n. 103, de 12-11-2019.

I – requisitos para sua extinção e consequente migração para o Regime Geral de Previdência Social;
- •• Inciso I acrescentado pela Emenda Constitucional n. 103, de 12-11-2019.

II – modelo de arrecadação, de aplicação e de utilização dos recursos;
- •• Inciso II acrescentado pela Emenda Constitucional n. 103, de 12-11-2019.

III – fiscalização pela União e controle externo e social;
- •• Inciso III acrescentado pela Emenda Constitucional n. 103, de 12-11-2019.

IV – definição de equilíbrio financeiro e atuarial;
- •• Inciso IV acrescentado pela Emenda Constitucional n. 103, de 12-11-2019.

V – condições para instituição do fundo com finalidade previdenciária de que trata o art. 249 e para vinculação a ele dos recursos provenientes de contribuições e dos bens, direitos e ativos de qualquer natureza;
- •• Inciso V acrescentado pela Emenda Constitucional n. 103, de 12-11-2019.

VI – mecanismos de equacionamento do déficit atuarial;
- •• Inciso VI acrescentado pela Emenda Constitucional n. 103, de 12-11-2019.

VII – estruturação do órgão ou entidade gestora do regime, observados os princípios relacionados com governança, controle interno e transparência;
- •• Inciso VII acrescentado pela Emenda Constitucional n. 103, de 12-11-2019.

VIII – condições e hipóteses para responsabilização daqueles que desempenhem atribuições relacionadas, direta ou indiretamente, com a gestão do regime;
- •• Inciso VIII acrescentado pela Emenda Constitucional n. 103, de 12-11-2019.

IX – condições para adesão a consórcio público;
- •• Inciso IX acrescentado pela Emenda Constitucional n. 103, de 12-11-2019.

X – parâmetros para apuração da base de cálculo e definição de alíquota de contribuições ordinárias e extraordinárias.
- •• Inciso X acrescentado pela Emenda Constitucional n. 103, de 12-11-2019.

Art. 41. São estáveis após 3 (três) anos de efetivo exercício os servidores nomeados para cargo de provimento efetivo em virtude de concurso público.
- •• *Caput* com redação determinada pela Emenda Constitucional n. 19, de 4-6-1998.
- • Vide Súmula 390 do TST.

§ 1.º O servidor público estável só perderá o cargo:
- •• § 1.º, *caput*, com redação determinada pela Emenda Constitucional n. 19, de 4-6-1998.

I – em virtude de sentença judicial transitada em julgado;
- •• Inciso I acrescentado pela Emenda Constitucional n. 19, de 4-6-1998.

II – mediante processo administrativo em que lhe seja assegurada ampla defesa;
- •• Inciso II acrescentado pela Emenda Constitucional n. 19, de 4-6-1998.

III – mediante procedimento de avaliação periódica de desempenho, na forma de lei complementar, assegurada ampla defesa.
- •• Inciso III acrescentado pela Emenda Constitucional n. 19, de 4-6-1998.
- •• Vide arts. 198, § 6.º, e 247.

§ 2.º Invalidada por sentença judicial a demissão do servidor estável, será ele reintegrado, e o eventual ocupante da vaga, se estável, reconduzido ao cargo de origem, sem direito a indenização, aproveitado em outro cargo ou posto em disponibilidade com remuneração proporcional ao tempo de serviço.
- •• § 2.º com redação determinada pela Emenda Constitucional n. 19, de 4-6-1998.

§ 3.º Extinto o cargo ou declarada sua desnecessidade, o servidor estável ficará em disponibilidade, com remuneração proporcional ao tempo de serviço, até seu adequado aproveitamento em outro cargo.
- •• § 3.º com redação determinada pela Emenda Constitucional n. 19, de 4-6-1998.

§ 4.º Como condição para a aquisição da estabilidade, é obrigatória a avaliação especial de desempenho por comissão instituída para essa finalidade.
- •• § 4.º acrescentado pela Emenda Constitucional n. 19, de 4-6-1998.
- • Vide art. 28 da Emenda Constitucional n. 19, de 4-6-1998.

SEÇÃO III
Dos Militares dos Estados, do Distrito Federal e dos Territórios
- •• Seção III com denominação determinada pela Emenda Constitucional n. 18, de 5-2-1998.

Art. 42. Os membros das Polícias Militares e Corpos de Bombeiros Militares, instituições organizadas com base na hierarquia e disciplina, são militares dos Estados, do Distrito Federal e dos Territórios.
- •• *Caput* com redação determinada pela Emenda Constitucional n. 18, de 5-2-1998.
- •• Vide arts. 12, 24 e 26 da Emenda Constitucional n. 103, de 12-11-2019.
- • Vide art. 89 do ADCT.

§ 1.º Aplicam-se aos militares dos Estados, do Distrito Federal e dos Territórios, além do que vier a ser fixado em lei, as disposições do art. 14, § 8.º; do art. 40, § 9.º; e do art. 142, §§ 2.º e 3.º, cabendo a lei estadual específica dispor sobre as matérias do art. 142, § 3.º, X, sendo as patentes dos oficiais conferidas pelos respectivos governadores.
- •• § 1.º com redação determinada pela Emenda Constitucional n. 20, de 15-12-1998.
- • Vide Súmula Vinculante 4.

§ 2.º Aos pensionistas dos militares dos Estados, do Distrito Federal e dos Territórios aplica-se o que for fixado em lei específica do respectivo ente estatal.
- •• § 2.º com redação determinada pela Emenda Constitucional n. 41, de 19-12-2003.

§ 3.º Aplica-se aos militares dos Estados, do Distrito Federal e dos Territórios o disposto no art. 37, inciso XVI, com prevalência da atividade militar.
- •• § 3.º acrescentado pela Emenda Constitucional n. 101, de 3-7-2019.

SEÇÃO IV
Das Regiões

Art. 43. Para efeitos administrativos, a União poderá articular sua ação em um mesmo complexo geoeconômico e social, visando a seu desenvolvimento e à redução das desigualdades regionais.

§ 1.º Lei complementar disporá sobre:

I – as condições para integração de regiões em desenvolvimento;

II – a composição dos organismos regionais que executarão, na forma da lei, os planos regionais, integrantes dos planos nacionais de desenvolvimento econômico e social, aprovados juntamente com estes.

- Agência de Desenvolvimento da Amazônia – ADA: Medida Provisória n. 2.157-5, de 24-8-2001, regulamentada pelo Decreto n. 4.254, de 31-5-2002.
- Agência de Desenvolvimento do Nordeste – ADENE: Medida Provisória n. 2.156-5, de 24-8-2001.
- A Lei Complementar n. 129, de 8-1-2009, institui, na forma deste artigo, a Superintendência do Desenvolvimento do Centro-Oeste – SUDECO e estabelece sua missão institucional, natureza jurídica, objetivos, área de atuação e instrumentos de ação.
- A Lei Complementar n. 134, de 14-1-2010, dispõe sobre a composição do Conselho de Administração da SUFRAMA.

§ 2.º Os incentivos regionais compreenderão, além de outros, na forma da lei:

I – igualdade de tarifas, fretes, seguros e outros itens de custos e preços de responsabilidade do Poder Público;

II – juros favorecidos para financiamento de atividades prioritárias;

III – isenções, reduções ou diferimento temporário de tributos federais devidos por pessoas físicas ou jurídicas;

IV – prioridade para o aproveitamento econômico e social dos rios e das massas de água represadas ou represáveis nas regiões de baixa renda, sujeitas a secas periódicas.

§ 3.º Nas áreas a que se refere o § 2.º, IV, a União incentivará a recuperação de terras áridas e cooperará com os pequenos e médios proprietários rurais para o estabelecimento, em suas glebas, de fontes de água e de pequena irrigação.

Título IV
DA ORGANIZAÇÃO DOS PODERES

Capítulo I
DO PODER LEGISLATIVO

SEÇÃO I
Do Congresso Nacional

Art. 44. O Poder Legislativo é exercido pelo Congresso Nacional, que se compõe da Câmara dos Deputados e do Senado Federal.

Parágrafo único. Cada legislatura terá a duração de quatro anos.

Art. 45. A Câmara dos Deputados compõe-se de representantes do povo, eleitos, pelo sistema proporcional, em cada Estado, em cada Território e no Distrito Federal.

§ 1.º O número total de deputados, bem como a representação por Estado e pelo Distrito Federal, será estabelecido por lei complementar, proporcionalmente à população, procedendo-se aos ajustes necessários, no ano anterior às eleições, para que nenhuma daquelas unidades da Federação tenha menos de oito ou mais de setenta Deputados.
- A Lei Complementar n. 78, de 30-12-1993, fixa o número de deputados.

§ 2.º Cada Território elegerá quatro Deputados.

Art. 46. O Senado Federal compõe-se de representantes dos Estados e do Distrito Federal, eleitos segundo o princípio majoritário.

§ 1.º Cada Estado e o Distrito Federal elegerão três Senadores, com mandato de oito anos.

§ 2.º A representação de cada Estado e do Distrito Federal será renovada de quatro em quatro anos, alternadamente, por um e dois terços.

§ 3.º Cada Senador será eleito com dois suplentes.

Art. 47. Salvo disposição constitucional em contrário, as deliberações de cada Casa e de suas Comissões serão tomadas por maioria dos votos, presente a maioria absoluta de seus membros.

SEÇÃO II
Das Atribuições do Congresso Nacional

Art. 48. Cabe ao Congresso Nacional, com a sanção do Presidente da República, não exigida esta para o especificado nos arts. 49, 51 e 52, dispor sobre todas as matérias de competência da União, especialmente sobre:

I – sistema tributário, arrecadação e distribuição de rendas;

II – plano plurianual, diretrizes orçamentárias, orçamento anual, operações de crédito, dívida pública e emissões de curso forçado;

III – fixação e modificação do efetivo das Forças Armadas;

IV – planos e programas nacionais, regionais e setoriais de desenvolvimento;

V – limites do território nacional, espaço aéreo e marítimo e bens do domínio da União;

VI – incorporação, subdivisão ou desmembramento de áreas de Territórios ou Estados, ouvidas as respectivas Assembleias Legislativas;

VII – transferência temporária da sede do Governo Federal;

VIII – concessão de anistia;

IX – organização administrativa, judiciária, do Ministério Público e da Defensoria Pública da União e dos Territórios e organização judiciária e do Ministério Público do Distrito Federal;
- • Inciso IX com redação determinada pela Emenda Constitucional n. 69, de 29-3-2012.

X – criação, transformação e extinção de cargos, empregos e funções públicas, observado o que estabelece o art. 84, VI, *b*;
- • Inciso X com redação determinada pela Emenda Constitucional n. 32, de 11-9-2001.

XI – criação e extinção de Ministérios e órgãos da administração pública;
- • Inciso XI com redação determinada pela Emenda Constitucional n. 32, de 11-9-2001.

XII – telecomunicações e radiodifusão;
- Código Brasileiro de Telecomunicações: Lei n. 4.117, de 27-8-1962.
- Organização dos Serviços de Telecomunicações: Lei n. 9.472, de 16-7-1997.
- Serviço de Radiodifusão Comunitária: Lei n. 9.612, de 19-2-1998.

XIII – matéria financeira, cambial e monetária, instituições financeiras e suas operações;

XIV – moeda, seus limites de emissão, e montante da dívida mobiliária federal;

XV – fixação do subsídio dos Ministros do Supremo Tribunal Federal, observado o que dispõem os arts. 39, § 4.º; 150, II; 153, III; e 153, § 2.º, I.
- • Inciso XV com redação determinada pela Emenda Constitucional n. 41, de 19-12-2003.
- Remuneração da Magistratura da União: Lei n. 10.474, de 27-6-2002.
- A Lei n. 13.752, de 26-11-2018, dispõe sobre a atualização dos valores do subsídio de Ministro do STF.

Art. 49. É da competência exclusiva do Congresso Nacional:

I – resolver definitivamente sobre tratados, acordos ou atos internacionais que acarretem encargos ou compromissos gravosos ao patrimônio nacional;

II – autorizar o Presidente da República a declarar guerra, a celebrar a paz, a permitir que forças estrangeiras transitem pelo território nacional ou nele permaneçam temporariamente, ressalvados os casos previstos em lei complementar;

III – autorizar o Presidente e o Vice-Presidente da República a se ausentarem do País, quando a ausência exceder a quinze dias;

IV – aprovar o estado de defesa e a intervenção federal, autorizar o estado de sítio, ou suspender qualquer uma dessas medidas;

V – sustar os atos normativos do Poder Executivo que exorbitem do poder regulamentar ou dos limites de delegação legislativa;

VI – mudar temporariamente sua sede;

VII – fixar idêntico subsídio para os Deputados Federais e os Senadores, observado o que dispõem os arts. 37, XI, 39, § 4.º, 150, II, 153, III, e 153, § 2.º, I;
- • Inciso VII com redação determinada pela Emenda Constitucional n. 19, de 4-6-1998.

VIII – fixar os subsídios do Presidente e do Vice-Presidente da República e dos Ministros de Estado, observado o que dispõem os arts. 37, XI, 39, § 4.º, 150, II, 153, III, e 153, § 2.º, I;
- • Inciso VIII com redação determinada pela Emenda Constitucional n. 19, de 4-6-1998.

IX – julgar anualmente as contas prestadas pelo Presidente da República e apreciar os relatórios sobre a execução dos planos de governo;

X – fiscalizar e controlar, diretamente, ou por qualquer de suas Casas, os atos do Poder Executivo, incluídos os da administração indireta;

XI – zelar pela preservação de sua competência legislativa em face da atribuição normativa dos outros Poderes;

XII – apreciar os atos de concessão e renovação de concessão de emissoras de rádio e televisão;

XIII – escolher dois terços dos membros do Tribunal de Contas da União;
- O Decreto Legislativo n. 6, de 22-4-1993, regulamenta a escolha de Ministros do TCU pelo Congresso Nacional.

XIV – aprovar iniciativas do Poder Executivo referentes a atividades nucleares;

XV – autorizar referendo e convocar plebiscito;

XVI – autorizar, em terras indígenas, a exploração e o aproveitamento de recursos hídricos e a pesquisa e lavra de riquezas minerais;

XVII – aprovar, previamente, a alienação ou concessão de terras públicas com área superior a dois mil e quinhentos hectares;

XVIII – decretar o estado de calamidade pública de âmbito nacional previsto nos arts. 167-B, 167-C, 167-D, 167-E, 167-F e 167-G desta Constituição.
•• Inciso XVIII acrescentado pela Emenda Constitucional n. 109, de 15-3-2021.

Art. 50. A Câmara dos Deputados e o Senado Federal, ou qualquer de suas Comissões, poderão convocar Ministro de Estado ou quaisquer titulares de órgãos diretamente subordinados à Presidência da República para prestarem, pessoalmente, informações sobre assunto previamente determinado, importando em crime de responsabilidade a ausência sem justificação adequada.
•• *Caput* com redação determinada pela Emenda Constitucional de Revisão n. 2, de 7-6-1994.

§ 1.º Os Ministros de Estado poderão comparecer ao Senado Federal, à Câmara dos Deputados, ou a qualquer de suas Comissões, por sua iniciativa e mediante entendimentos com a Mesa respectiva, para expor assunto de relevância de seu Ministério.

§ 2.º As Mesas da Câmara dos Deputados e do Senado Federal poderão encaminhar pedidos escritos de informação a Ministros de Estado ou a qualquer das pessoas referidas no *caput* deste artigo, importando em crime de responsabilidade a recusa, ou o não atendimento, no prazo de trinta dias, bem como a prestação de informações falsas.
•• § 2.º com redação determinada pela Emenda Constitucional de Revisão n. 2, de 7-6-1994.
- A Portaria n. 44, de 6-3-2013, do Ministério dos Transportes, dispõe sobre o procedimento para atendimento dos pedidos de informação oriundos das Mesas da Câmara dos Deputados e do Senado Federal, previsto neste § 2.º.

SEÇÃO III
Da Câmara dos Deputados

Art. 51. Compete privativamente à Câmara dos Deputados:

I – autorizar, por dois terços de seus membros, a instauração de processo contra o Presidente e o Vice-Presidente da República e os Ministros de Estado;

II – proceder à tomada de contas do Presidente da República, quando não apresentadas ao Congresso Nacional dentro de sessenta dias após a abertura da sessão legislativa;

III – elaborar seu regimento interno;

IV – dispor sobre sua organização, funcionamento, polícia, criação, transformação ou extinção dos cargos, empregos e funções de seus serviços, e a iniciativa de lei para fixação da respectiva remuneração, observados os parâmetros estabelecidos na lei de diretrizes orçamentárias;
•• Inciso IV com redação determinada pela Emenda Constitucional n. 19, de 4-6-1998.
•• *Vide* art. 107, § 2.º, do ADCT.
•• *Vide* arts. 5.º e 10, § 2.º, I, da Emenda Constitucional n. 103, de 12-11-2019.

V – eleger membros do Conselho da República, nos termos do art. 89, VII.

SEÇÃO IV
Do Senado Federal

Art. 52. Compete privativamente ao Senado Federal:

I – processar e julgar o Presidente e o Vice-Presidente da República nos crimes de responsabilidade, bem como os Ministros de Estado e os Comandantes da Marinha, do Exército e da Aeronáutica nos crimes da mesma natureza conexos com aqueles;
•• Inciso I com redação determinada pela Emenda Constitucional n. 23, de 2-9-1999.
- A Lei n. 1.079, de 10-4-1950, define os crimes de responsabilidade e regula o respectivo processo de julgamento.

II – processar e julgar os Ministros do Supremo Tribunal Federal, os membros do Conselho Nacional de Justiça e do Conselho Nacional do Ministério Público, o Procurador-Geral da República e o Advogado-Geral da União nos crimes de responsabilidade;
•• Inciso II com redação determinada pela Emenda Constitucional n. 45, de 8-12-2004.

III – aprovar previamente, por voto secreto, após arguição pública, a escolha de:

a) magistrados, nos casos estabelecidos nesta Constituição;

b) Ministros do Tribunal de Contas da União indicados pelo Presidente da República;

c) Governador de Território;

d) presidente e diretores do banco central;

e) Procurador-Geral da República;

f) titulares de outros cargos que a lei determinar;

IV – aprovar previamente, por voto secreto, após arguição em sessão secreta, a escolha dos chefes de missão diplomática de caráter permanente;

V – autorizar operações externas de natureza financeira, de interesse da União, dos Estados, do Distrito Federal, dos Territórios e dos Municípios;
•• A Resolução do Senado Federal n. 48, de 21-12-2007, dispõe sobre as operações externas de natureza financeira, de que trata este artigo.

VI – fixar, por proposta do Presidente da República, limites globais para o montante da dívida consolidada da União, dos Estados, do Distrito Federal e dos Municípios;

VII – dispor sobre limites globais e condições para as operações de crédito externo e interno da União, dos Estados, do Distrito Federal e dos Municípios, de suas autarquias e demais entidades controladas pelo Poder Público federal;

VIII – dispor sobre limites e condições para a concessão de garantia da União em operações de crédito externo e interno;

IX – estabelecer limites globais e condições para o montante da dívida mobiliária dos Estados, do Distrito Federal e dos Municípios;

X – suspender a execução, no todo ou em parte, de lei declarada inconstitucional por decisão definitiva do Supremo Tribunal Federal;

XI – aprovar, por maioria absoluta e por voto secreto, a exoneração, de ofício, do Procurador-Geral da República antes do término de seu mandato;

XII – elaborar seu regimento interno;

XIII – dispor sobre sua organização, funcionamento, polícia, criação, transformação ou extinção dos cargos, empregos e funções de seus serviços, e a iniciativa de lei para fixação da respectiva remuneração, observados os parâmetros estabelecidos na lei de diretrizes orçamentárias;
•• Inciso XIII com redação determinada pela Emenda Constitucional n. 19, de 4-6-1998.
•• *Vide* art. 107, § 2.º, do ADCT.
•• *Vide* arts. 5.º e 10, § 2.º, I, da Emenda Constitucional n. 103, de 12-11-2019.

XIV – eleger membros do Conselho da República, nos termos do art. 89, VII;

XV – avaliar periodicamente a funcionalidade do Sistema Tributário Nacional, em sua estrutura e seus componentes, e o desempenho das administrações tributárias da União, dos Estados e do Distrito Federal e dos Municípios.
•• Inciso XV acrescentado pela Emenda Constitucional n. 42, de 19-12-2003.

Parágrafo único. Nos casos previstos nos incisos I e II, funcionará como Presidente o do Supremo Tribunal Federal, limitando-se a condenação, que somente será proferida por dois terços dos votos do Senado Federal, à perda do cargo, com inabilitação, por oito anos, para o exercício de função pública, sem prejuízo das demais sanções judiciais cabíveis.

SEÇÃO V
Dos Deputados e dos Senadores

- Eleição: Lei n. 9.504, de 30-9-1997.

Art. 53. Os Deputados e Senadores são invioláveis, civil e penalmente, por quaisquer de suas opiniões, palavras e votos.
•• *Caput* com redação determinada pela Emenda Constitucional n. 35, de 20-12-2001.

§ 1.º Os Deputados e Senadores, desde a expedição do diploma, serão submetidos a julgamento perante o Supremo Tribunal Federal.
•• § 1.º com redação determinada pela Emenda Constitucional n. 35, de 20-12-2001.

§ 2.º Desde a expedição do diploma, os membros do Congresso Nacional não poderão ser presos, salvo em flagrante de crime inafiançável.

Nesse caso, os autos serão remetidos dentro de vinte e quatro horas à Casa respectiva, para que, pelo voto da maioria de seus membros, resolva sobre a prisão.

•• § 2.º com redação determinada pela Emenda Constitucional n. 35, de 20-12-2001.

§ 3.º Recebida a denúncia contra o Senador ou Deputado, por crime ocorrido após a diplomação, o Supremo Tribunal Federal dará ciência à Casa respectiva, que, por iniciativa de partido político nela representado e pelo voto da maioria de seus membros, poderá, até a decisão final, sustar o andamento da ação.

•• § 3.º com redação determinada pela Emenda Constitucional n. 35, de 20-12-2001.

§ 4.º O pedido de sustação será apreciado pela Casa respectiva no prazo improrrogável de quarenta e cinco dias do seu recebimento pela Mesa Diretora.

•• § 4.º com redação determinada pela Emenda Constitucional n. 35, de 20-12-2001.

§ 5.º A sustação do processo suspende a prescrição, enquanto durar o mandato.

•• § 5.º com redação determinada pela Emenda Constitucional n. 35, de 20-12-2001.

§ 6.º Os Deputados e Senadores não serão obrigados a testemunhar sobre informações recebidas ou prestadas em razão do exercício do mandato, nem sobre as pessoas que lhes confiaram ou deles receberam informações.

•• § 6.º com redação determinada pela Emenda Constitucional n. 35, de 20-12-2001.

§ 7.º A incorporação às Forças Armadas de Deputados e Senadores, embora militares e ainda que em tempo de guerra, dependerá de prévia licença da Casa respectiva.

•• § 7.º com redação determinada pela Emenda Constitucional n. 35, de 20-12-2001.

§ 8.º As imunidades de Deputados ou Senadores subsistirão durante o estado de sítio, só podendo ser suspensas mediante o voto de dois terços dos membros da Casa respectiva, nos casos de atos praticados fora do recinto do Congresso Nacional, que sejam incompatíveis com a execução da medida.

•• § 8.º acrescentado pela Emenda Constitucional n. 35, de 20-12-2001.

Art. 54. Os Deputados e Senadores não poderão:

I – desde a expedição do diploma:

a) firmar ou manter contrato com pessoa jurídica de direito público, autarquia, empresa pública, sociedade de economia mista ou empresa concessionária de serviço público, salvo quando o contrato obedecer a cláusulas uniformes;

b) aceitar ou exercer cargo, função ou emprego remunerado, inclusive os de que sejam demissíveis *ad nutum*, nas entidades constantes da alínea anterior;

II – desde a posse:

a) ser proprietários, controladores ou diretores de empresa que goze de favor decorrente de contrato com pessoa jurídica de direito público, ou nela exercer função remunerada;

b) ocupar cargo ou função de que sejam demissíveis *ad nutum*, nas entidades referidas no inciso I, *a*;

c) patrocinar causa em que seja interessada qualquer das entidades a que se refere o inciso I, *a*;

d) ser titulares de mais de um cargo ou mandato público eletivo.

Art. 55. Perderá o mandato o Deputado ou Senador:

I – que infringir qualquer das proibições estabelecidas no artigo anterior;

II – cujo procedimento for declarado incompatível com o decoro parlamentar;

III – que deixar de comparecer, em cada sessão legislativa, à terça parte das sessões ordinárias da Casa a que pertencer, salvo licença ou missão por esta autorizada;

IV – que perder ou tiver suspensos os direitos políticos;

V – quando o decretar a Justiça Eleitoral, nos casos previstos nesta Constituição;

VI – que sofrer condenação criminal em sentença transitada em julgado.

§ 1.º É incompatível com o decoro parlamentar, além dos casos definidos no regimento interno, o abuso das prerrogativas asseguradas a membro do Congresso Nacional ou a percepção de vantagens indevidas.

§ 2.º Nos casos dos incisos I, II e VI, a perda do mandato será decidida pela Câmara dos Deputados ou pelo Senado Federal, por maioria absoluta, mediante provocação da respectiva Mesa ou de partido político representado no Congresso Nacional, assegurada ampla defesa.

•• § 2.º com redação determinada pela Emenda Constitucional n. 76, de 28-11-2013.

§ 3.º Nos casos previstos nos incisos III a V, a perda será declarada pela Mesa da Casa respectiva, de ofício ou mediante provocação de qualquer de seus membros, ou de partido político representado no Congresso Nacional, assegurada ampla defesa.

§ 4.º A renúncia de parlamentar submetido a processo que vise ou possa levar à perda do mandato, nos termos deste artigo, terá seus efeitos suspensos até as deliberações finais de que tratam os §§ 2.º e 3.º.

•• § 4.º acrescentado pela Emenda Constitucional de Revisão n. 6, de 7-6-1994.

Art. 56. Não perderá o mandato o Deputado ou Senador:

I – investido no cargo de Ministro de Estado, Governador de Território, Secretário de Estado, do Distrito Federal, de Território, de Prefeitura de Capital ou chefe de missão diplomática temporária;

II – licenciado pela respectiva Casa por motivo de doença, ou para tratar, sem remuneração, de interesse particular, desde que, neste caso, o afastamento não ultrapasse cento e vinte dias por sessão legislativa.

§ 1.º O suplente será convocado nos casos de vaga, de investidura em funções previstas neste artigo ou de licença superior a cento e vinte dias.

§ 2.º Ocorrendo vaga e não havendo suplente, far-se-á eleição para preenchê-la se faltarem mais de quinze meses para o término do mandato.

§ 3.º Na hipótese do inciso I, o Deputado ou Senador poderá optar pela remuneração do mandato.

SEÇÃO VI
Das Reuniões

Art. 57. O Congresso Nacional reunir-se-á, anualmente, na Capital Federal, de 2 de fevereiro a 17 de julho e de 1.º de agosto a 22 de dezembro.

•• *Caput* com redação determinada pela Emenda Constitucional n. 50, de 14-2-2006.

§ 1.º As reuniões marcadas para essas datas serão transferidas para o primeiro dia útil subsequente, quando recaírem em sábados, domingos ou feriados.

§ 2.º A sessão legislativa não será interrompida sem a aprovação do projeto de lei de diretrizes orçamentárias.

§ 3.º Além de outros casos previstos nesta Constituição, a Câmara dos Deputados e o Senado Federal reunir-se-ão em sessão conjunta para:

I – inaugurar a sessão legislativa;

II – elaborar o regimento comum e regular a criação de serviços comuns às duas Casas;

III – receber o compromisso do Presidente e do Vice-Presidente da República;

IV – conhecer do veto e sobre ele deliberar.

§ 4.º Cada uma das Casas reunir-se-á em sessões preparatórias, a partir de 1.º de fevereiro, no primeiro ano da legislatura, para a posse de seus membros e eleição das respectivas Mesas, para mandato de 2 (dois) anos, vedada a recondução para o mesmo cargo na eleição imediatamente subsequente.

•• § 4.º com redação determinada pela Emenda Constitucional n. 50, de 14-2-2006.

§ 5.º A Mesa do Congresso Nacional será presidida pelo Presidente do Senado Federal, e os demais cargos serão exercidos, alternadamente, pelos ocupantes de cargos equivalentes na Câmara dos Deputados e no Senado Federal.

§ 6.º A convocação extraordinária do Congresso Nacional far-se-á:

I – pelo Presidente do Senado Federal, em caso de decretação de estado de defesa ou de intervenção federal, de pedido de autorização para a decretação de estado de sítio e para o compromisso e a posse do Presidente e do Vice-Presidente da República;

II – pelo Presidente da República, pelos Presidentes da Câmara dos Deputados e do Senado Federal ou a requerimento da maioria dos membros de ambas as Casas, em caso de urgência ou interesse público relevante, em todas as hipóteses deste inciso com a aprovação da maioria absoluta de cada uma das Casas do Congresso Nacional.

•• Inciso II com redação determinada pela Emenda Constitucional n. 50, de 14-2-2006.

§ 7.º Na sessão legislativa extraordinária, o Congresso Nacional somente deliberará sobre a matéria para a qual foi convocado, ressalvada a hipótese do § 8.º deste artigo, vedado o pagamento de parcela indenizatória, em razão da convocação.

•• § 7.º com redação determinada pela Emenda Constitucional n. 50, de 14-2-2006.

§ 8.º Havendo medidas provisórias em vigor na data de convocação extraordinária do Congresso Nacional, serão elas automaticamente incluídas na pauta da convocação.

•• § 8.º acrescentado pela Emenda Constitucional n. 32, de 11-9-2001.

SEÇÃO VII
Das Comissões

Art. 58. O Congresso Nacional e suas Casas terão comissões permanentes e temporárias, constituídas na forma e com as atribuições previstas no respectivo regimento ou no ato de que resultar sua criação.

§ 1.º Na constituição das Mesas e de cada Comissão, é assegurada, tanto quanto possível, a representação proporcional dos partidos ou dos blocos parlamentares que participam da respectiva Casa.

§ 2.º Às comissões, em razão da matéria de sua competência, cabe:

I – discutir e votar projeto de lei que dispensar, na forma do regimento, a competência do Plenário, salvo se houver recurso de um décimo dos membros da Casa;

II – realizar audiências públicas com entidades da sociedade civil;

III – convocar Ministros de Estado para prestar informações sobre assuntos inerentes a suas atribuições;

IV – receber petições, reclamações, representações ou queixas de qualquer pessoa contra atos ou omissões das autoridades ou entidades públicas;

V – solicitar depoimento de qualquer autoridade ou cidadão;

VI – apreciar programas de obras, planos nacionais, regionais e setoriais de desenvolvimento e sobre eles emitir parecer.

§ 3.º As comissões parlamentares de inquérito, que terão poderes de investigação próprios das autoridades judiciais, além de outros previstos nos regimentos das respectivas Casas, serão criadas pela Câmara dos Deputados e pelo Senado Federal, em conjunto ou separadamente, mediante requerimento de um terço de seus membros, para a apuração de fato determinado e por prazo certo, sendo suas conclusões, se for o caso, encaminhadas ao Ministério Público, para que promova a responsabilidade civil ou criminal dos infratores.

• A Lei n. 1.579, de 18-3-1952, dispõe sobre as Comissões Parlamentares de Inquérito.
• A Lei n. 10.001, de 4-9-2000, dispõe sobre a prioridade nos procedimentos a serem adotados pelo Ministério Público e por outros órgãos a respeito das conclusões das Comissões Parlamentares de Inquérito.

§ 4.º Durante o recesso, haverá uma Comissão representativa do Congresso Nacional, eleita por suas Casas na última sessão ordinária do período legislativo, com atribuições definidas no regimento comum, cuja composição reproduzirá, quanto possível, a proporcionalidade da representação partidária.

SEÇÃO VIII
Do Processo Legislativo

SUBSEÇÃO I
Disposição geral

Art. 59. O processo legislativo compreende a elaboração de:

•• Vide art. 114 do ADCT.

I – emendas à Constituição;

II – leis complementares;

III – leis ordinárias;

IV – leis delegadas;

V – medidas provisórias;

• Vide art. 73 do ADCT.

VI – decretos legislativos;

VII – resoluções.

Parágrafo único. Lei complementar disporá sobre a elaboração, redação, alteração e consolidação das leis.

• A Lei Complementar n. 95, de 26-2-1998, regulamentada pelo Decreto n. 4.176, de 28-3-2002, dispõe sobre a elaboração, a redação, a alteração e a consolidação das leis, conforme determina este parágrafo único, e estabelece normas para a consolidação dos atos normativos.

SUBSEÇÃO II
Da emenda à Constituição

Art. 60. A Constituição poderá ser emendada mediante proposta:

I – de um terço, no mínimo, dos membros da Câmara dos Deputados ou do Senado Federal;

II – do Presidente da República;

III – de mais da metade das Assembleias Legislativas das unidades da Federação, manifestando-se, cada uma delas, pela maioria relativa de seus membros.

§ 1.º A Constituição não poderá ser emendada na vigência de intervenção federal, de estado de defesa ou de estado de sítio.

§ 2.º A proposta será discutida e votada em cada Casa do Congresso Nacional, em dois turnos, considerando-se aprovada se obtiver, em ambos, três quintos dos votos dos respectivos membros.

§ 3.º A emenda à Constituição será promulgada pelas Mesas da Câmara dos Deputados e do Senado Federal, com o respectivo número de ordem.

§ 4.º Não será objeto de deliberação a proposta de emenda tendente a abolir:

I – a forma federativa de Estado;

II – o voto direto, secreto, universal e periódico;

III – a separação dos Poderes;

IV – os direitos e garantias individuais.

§ 5.º A matéria constante de proposta de emenda rejeitada ou havida por prejudicada não pode ser objeto de nova proposta na mesma sessão legislativa.

SUBSEÇÃO III
Das leis

Art. 61. A iniciativa das leis complementares e ordinárias cabe a qualquer membro ou Comissão da Câmara dos Deputados, do Senado Federal ou do Congresso Nacional, ao Presidente da República, ao Supremo Tribunal Federal, aos Tribunais Superiores, ao Procurador-Geral da República e aos cidadãos, na forma e nos casos previstos nesta Constituição.

§ 1.º São de iniciativa privativa do Presidente da República as leis que:

I – fixem ou modifiquem os efetivos das Forças Armadas;

II – disponham sobre:

a) criação de cargos, funções ou empregos públicos na administração direta e autárquica ou aumento de sua remuneração;

• Vide Súmulas 679 e 681 do STF.

b) organização administrativa e judiciária, matéria tributária e orçamentária, serviços públicos e pessoal da administração dos Territórios;

c) servidores públicos da União e Territórios, seu regime jurídico, provimento de cargos, estabilidade e aposentadoria;

•• Alínea c com redação determinada pela Emenda Constitucional n. 18, de 5-2-1998.

d) organização do Ministério Público e da Defensoria Pública da União, bem como normas gerais para a organização do Ministério Público e da Defensoria Pública dos Estados, do Distrito Federal e dos Territórios;

e) criação e extinção de Ministérios e órgãos da administração pública, observado o disposto no art. 84, VI;

•• Alínea e com redação determinada pela Emenda Constitucional n. 32, de 11-9-2001.

f) militares das Forças Armadas, seu regime jurídico, provimento de cargos, promoções, estabilidade, remuneração, reforma e transferência para a reserva.

•• Alínea f acrescentada pela Emenda Constitucional n. 18, de 5-2-1998.

§ 2.º A iniciativa popular pode ser exercida pela apresentação à Câmara dos Deputados de projeto de lei subscrito por, no mínimo, um por cento do eleitorado nacional, distribuído pelo menos por cinco Estados, com não menos de três décimos por cento dos eleitores de cada um deles.

Art. 62. Em caso de relevância e urgência, o Presidente da República poderá adotar medidas provisórias, com força de lei, devendo submetê-las de imediato ao Congresso Nacional.

•• *Caput* com redação determinada pela Emenda Constitucional n. 32, de 11-9-2001.
• Vide art. 2.º da Emenda Constitucional n. 32, de 11-9-2001.

§ 1.º É vedada a edição de medidas provisórias sobre matéria:

•• § 1.º, *caput*, acrescentado pela Emenda Constitucional n. 32, de 11-9-2001.

I – relativa a:

•• Inciso I, *caput*, acrescentado pela Emenda Constitucional n. 32, de 11-9-2001.

a) nacionalidade, cidadania, direitos políticos, partidos políticos e direito eleitoral;

•• Alínea a acrescentada pela Emenda Constitucional n. 32, de 11-9-2001.

b) direito penal, processual penal e processual civil;

•• Alínea b acrescentada pela Emenda Constitucional n. 32, de 11-9-2001.

c) organização do Poder Judiciário e do Ministério Público, a carreira e a garantia de seus membros;

•• Alínea c acrescentada pela Emenda Constitucional n. 32, de 11-9-2001.

d) planos plurianuais, diretrizes orçamentárias, orçamento e créditos adicionais e suplementares, ressalvado o previsto no art. 167, § 3.º;

•• Alínea d acrescentada pela Emenda Constitucional n. 32, de 11-9-2001.

II – que vise a detenção ou sequestro de bens, de poupança popular ou qualquer outro ativo financeiro;

•• Inciso II acrescentado pela Emenda Constitucional n. 32, de 11-9-2001.

III – reservada a lei complementar;

•• Inciso III acrescentado pela Emenda Constitucional n. 32, de 11-9-2001.

IV – já disciplinada em projeto de lei aprovado pelo Congresso Nacional e pendente de sanção ou veto do Presidente da República.

•• Inciso IV acrescentado pela Emenda Constitucional n. 32, de 11-9-2001.

§ 2.º Medida provisória que implique instituição ou majoração de impostos, exceto os previstos nos arts. 153, I, II, IV, V, e 154, II, só produzirá efeitos no exercício financeiro seguinte se houver sido convertida em lei até o último dia daquele em que foi editada.

•• § 2.º acrescentado pela Emenda Constitucional n. 32, de 11-9-2001.

§ 3.º As medidas provisórias, ressalvado o disposto nos §§ 11 e 12 perderão eficácia, desde a edição, se não forem convertidas em lei no prazo de sessenta dias, prorrogável, nos termos do § 7.º, uma vez por igual período, devendo o Congresso Nacional disciplinar, por decreto legislativo, as relações jurídicas delas decorrentes.

•• § 3.º acrescentado pela Emenda Constitucional n. 32, de 11-9-2001.
• Vide Súmula Vinculante 55.

§ 4.º O prazo a que se refere o § 3.º contar-se-á da publicação da medida provisória, suspendendo-se durante os períodos de recesso do Congresso Nacional.

•• § 4.º acrescentado pela Emenda Constitucional n. 32, de 11-9-2001.

§ 5.º A deliberação de cada uma das Casas do Congresso Nacional sobre o mérito das medidas provisórias dependerá de juízo prévio sobre o atendimento de seus pressupostos constitucionais.

•• § 5.º acrescentado pela Emenda Constitucional n. 32, de 11-9-2001.

§ 6.º Se a medida provisória não for apreciada em até quarenta e cinco dias contados de sua publicação, entrará em regime de urgência, subsequentemente, em cada uma das Casas do Congresso Nacional, ficando sobrestadas, até que se ultime a votação, todas as demais deliberações legislativas da Casa em que estiver tramitando.

•• § 6.º acrescentado pela Emenda Constitucional n. 32, de 11-9-2001.

§ 7.º Prorrogar-se-á uma única vez por igual período a vigência de medida provisória que, no prazo de sessenta dias, contado de sua publicação, não tiver a sua votação encerrada nas duas Casas do Congresso Nacional.

•• § 7.º acrescentado pela Emenda Constitucional n. 32, de 11-9-2001.

§ 8.º As medidas provisórias terão sua votação iniciada na Câmara dos Deputados.

•• § 8.º acrescentado pela Emenda Constitucional n. 32, de 11-9-2001.

§ 9.º Caberá à comissão mista de Deputados e Senadores examinar as medidas provisórias e sobre elas emitir parecer, antes de serem apreciadas, em sessão separada, pelo plenário de cada uma das Casas do Congresso Nacional.

•• § 9.º acrescentado pela Emenda Constitucional n. 32, de 11-9-2001.
•• O STF, por maioria, confirmou a medida cautelar referendada pelo Plenário e julgou parcialmente procedentes as Arguições de Descumprimento de Preceito Fundamental 661 e 663, "para conferir interpretação conforme aos atos impugnados, delimitando que, durante a emergência em Saúde Pública de importância nacional e o estado de calamidade pública decorrente da COVID-19, as medidas provisórias sejam instruídas perante o Plenário da Câmara dos Deputados e do Senado Federal, ficando, excepcionalmente, autorizada a emissão de parecer, em substituição à Comissão Mista, por parlamentar de cada uma das Casas designado na forma regimental; bem como, em deliberação nos Plenários da Câmara dos Deputados e do Senado Federal, operando por sessão remota, as emendas e requerimentos de destaque possam ser apresentados à Mesa, na forma e prazo definidos para funcionamento do Sistema de Deliberação Remota (SDR) em cada Casa, sem prejuízo da possibilidade de as Casas Legislativas regulamentarem a complementação desse procedimento legislativo regimental", nas sessões virtuais de 27-8-2021 a 3-9-2021 (*DOU* de 14-9-2021).
•• O Ato Conjunto n. 1, de 31-3-2020, dispõe sobre o regime de tramitação, no Congresso Nacional, na Câmara dos Deputados e no Senado Federal, de medidas provisórias durante a pandemia de Covid-19.

§ 10. É vedada a reedição, na mesma sessão legislativa, de medida provisória que tenha sido rejeitada ou que tenha perdido sua eficácia por decurso de prazo.

•• § 10 acrescentado pela Emenda Constitucional n. 32, de 11-9-2001.

§ 11. Não editado o decreto legislativo a que se refere o § 3.º até sessenta dias após a rejeição ou perda de eficácia de medida provisória, as relações jurídicas constituídas e decorrentes de atos praticados durante sua vigência conservar-se-ão por ela regidas.

•• § 11 acrescentado pela Emenda Constitucional n. 32, de 11-9-2001.
•• O STF julgou procedente a ADPF n. 216, na sessão de 14-3-2018 (*DOU* de 14-4-2020), para "afastar a aplicação do § 11 do art. 62 da Constituição da República aos pedidos de licença para exploração de CLIA não examinados pela Receita Federal durante a vigência da Medida Provisória n. 320/2006".

§ 12. Aprovado projeto de lei de conversão alterando o texto original da medida provisória, esta manter-se-á integralmente em vigor até que seja sancionado ou vetado o projeto.

•• § 12 acrescentado pela Emenda Constitucional n. 32, de 11-9-2001.

Art. 63. Não será admitido aumento da despesa prevista:

I – nos projetos de iniciativa exclusiva do Presidente da República, ressalvado o disposto no art. 166, §§ 3.º e 4.º;

II – nos projetos sobre organização dos serviços administrativos da Câmara dos Deputados, do Senado Federal, dos Tribunais Federais e do Ministério Público.

Art. 64. A discussão e votação dos projetos de lei de iniciativa do Presidente da República, do Supremo Tribunal Federal e dos Tribunais Superiores terão início na Câmara dos Deputados.

§ 1.º O Presidente da República poderá solicitar urgência para apreciação de projetos de sua iniciativa.

§ 2.º Se, no caso do § 1.º, a Câmara dos Deputados e o Senado Federal não se manifestarem sobre a proposição, cada qual sucessivamente, em até quarenta e cinco dias, sobrestar-se-ão todas as demais deliberações legislativas da respectiva Casa, com exceção das que tenham prazo constitucional determinado, até que se ultime a votação.

•• § 2.º com redação determinada pela Emenda Constitucional n. 32, de 11-9-2001.

§ 3.º A apreciação das emendas do Senado Federal pela Câmara dos Deputados far-se-á no prazo de dez dias, observado quanto ao mais o disposto no parágrafo anterior.

§ 4.º Os prazos do § 2.º não correm nos períodos de recesso do Congresso Nacional, nem se aplicam aos projetos de código.

Art. 65. O projeto de lei aprovado por uma Casa será revisto pela outra, em um só turno de discussão e votação, e enviado à sanção ou promulgação, se a Casa revisora o aprovar, ou arquivado, se o rejeitar.

Parágrafo único. Sendo o projeto emendado, voltará à Casa iniciadora.

Art. 66. A Casa na qual tenha sido concluída a votação enviará o projeto de lei ao Presidente da República, que, aquiescendo, o sancionará.

§ 1.º Se o Presidente da República considerar o projeto, no todo ou em parte, inconstitucional ou contrário ao interesse público, vetá-lo-á total ou parcialmente, no prazo de quinze dias úteis, contados da data do recebimento, e comunicará, dentro de quarenta e oito horas, ao Presidente do Senado Federal os motivos do veto.

§ 2.º O veto parcial somente abrangerá texto integral de artigo, de parágrafo, de inciso ou de alínea.

§ 3.º Decorrido o prazo de quinze dias, o silêncio do Presidente da República importará sanção.

§ 4.º O veto será apreciado em sessão conjunta, dentro de trinta dias a contar de seu recebimento, só podendo ser rejeitado pelo voto da maioria absoluta dos Deputados e Senadores.

•• § 4.º com redação determinada pela Emenda Constitucional n. 76, de 28-11-2013.

§ 5.º Se o veto não for mantido, será o projeto enviado, para promulgação, ao Presidente da República.

§ 6.º Esgotado sem deliberação o prazo estabelecido no § 4.º, o veto será colocado na ordem do dia da sessão imediata, sobrestadas as demais proposições, até sua votação final.

•• § 6.º com redação determinada pela Emenda Constitucional n. 32, de 11-9-2001.

§ 7.º Se a lei não for promulgada dentro de quarenta e oito horas pelo Presidente da República, nos casos dos §§ 3.º e 5.º, o Presidente do Senado a promulgará, e, se este não o fizer em igual prazo, caberá ao Vice-Presidente do Senado fazê-lo.

Art. 67. A matéria constante de projeto de lei rejeitado somente poderá constituir objeto de novo projeto, na mesma sessão legislativa, mediante proposta da maioria absoluta dos membros de qualquer das Casas do Congresso Nacional.

Art. 68. As leis delegadas serão elaboradas pelo Presidente da República, que deverá solicitar a delegação ao Congresso Nacional.

§ 1.º Não serão objeto de delegação os atos de competência exclusiva do Congresso Nacional, os de competência privativa da Câmara dos Deputados ou do Senado Federal, a matéria reservada à lei complementar, nem a legislação sobre:

I – organização do Poder Judiciário e do Ministério Público, a carreira e a garantia de seus membros;

II – nacionalidade, cidadania, direitos individuais, políticos e eleitorais;

III – planos plurianuais, diretrizes orçamentárias e orçamentos.

§ 2.º A delegação ao Presidente da República terá a forma de resolução do Congresso Nacional, que especificará seu conteúdo e os termos de seu exercício.

§ 3.º Se a resolução determinar a apreciação do projeto pelo Congresso Nacional, este a fará em votação única, vedada qualquer emenda.

Art. 69. As leis complementares serão aprovadas por maioria absoluta.

SEÇÃO IX
Da Fiscalização Contábil, Financeira e Orçamentária

• O Decreto n. 3.590, de 6-9-2000, estabelece o Sistema de Administração Financeira Federal.
• O Decreto n. 3.591, de 6-9-2000, dispõe sobre o Sistema de Controle Interno do Poder Executivo Federal.
• O Decreto n. 6.976, de 7-10-2009, disciplina o Sistema de Contabilidade Federal.

Art. 70. A fiscalização contábil, financeira, orçamentária, operacional e patrimonial da União e das entidades da administração direta e indireta, quanto à legalidade, legitimidade, economicidade, aplicação das subvenções e renúncia de receitas, será exercida pelo Congresso Nacional, mediante controle externo, e pelo sistema de controle interno de cada Poder.

Parágrafo único. Prestará contas qualquer pessoa física ou jurídica, pública ou privada, que utilize, arrecade, guarde, gerencie ou administre dinheiros, bens e valores públicos ou pelos quais a União responda, ou que, em nome desta, assuma obrigações de natureza pecuniária.

•• Parágrafo único com redação determinada pela Emenda Constitucional n. 19, de 4-6-1998.

Art. 71. O controle externo, a cargo do Congresso Nacional, será exercido com o auxílio do Tribunal de Contas da União, ao qual compete:

• A Lei n. 8.443, de 16-7-1992, dispõe sobre a Lei Orgânica do TCU.

I – apreciar as contas prestadas anualmente pelo Presidente da República, mediante parecer prévio que deverá ser elaborado em sessenta dias a contar de seu recebimento;

II – julgar as contas dos administradores e demais responsáveis por dinheiros, bens e valores públicos da administração direta e indireta, incluídas as fundações e sociedades instituídas e mantidas pelo Poder Público federal, e as contas daqueles que derem causa a perda, extravio ou outra irregularidade de que resulte prejuízo ao erário público;

III – apreciar, para fins de registro, a legalidade dos atos de admissão de pessoal, a qualquer título, na administração direta e indireta, incluídas as fundações instituídas e mantidas pelo Poder Público, excetuadas as nomeações para cargo de provimento em comissão, bem como a das concessões de aposentadorias, reformas e pensões, ressalvadas as melhorias posteriores que não alterem o fundamento legal do ato concessório;

• Vide Súmula Vinculante 3.
• A Instrução Normativa n. 78, de 21-3-2018, do TCU, dispõe sobre o envio, o processamento e a tramitação de informações alusivas a atos de admissão de pessoal e de concessão de aposentadoria, reforma e pensão, para fins de registro, no âmbito do Tribunal de Contas da União, nos termos do art. 71, inciso III, da Constituição Federal.

IV – realizar, por iniciativa própria, da Câmara dos Deputados, do Senado Federal, de Comissão técnica ou de inquérito, inspeções e auditorias de natureza contábil, financeira, orçamentária, operacional e patrimonial, nas unidades administrativas dos Poderes Legislativo, Executivo e Judiciário, e demais entidades referidas no inciso II;

V – fiscalizar as contas nacionais das empresas supranacionais de cujo capital social a União participe, de forma direta ou indireta, nos termos do tratado constitutivo;

VI – fiscalizar a aplicação de quaisquer recursos repassados pela União mediante convênio, acordo, ajuste ou outros instrumentos congêneres, a Estado, ao Distrito Federal ou a Município;

VII – prestar as informações solicitadas pelo Congresso Nacional, por qualquer de suas Casas, ou por qualquer das respectivas Comissões, sobre a fiscalização contábil, financeira, orçamentária, operacional e patrimonial e sobre resultados de auditorias e inspeções realizadas;

VIII – aplicar aos responsáveis, em caso de ilegalidade de despesa ou irregularidade de contas, as sanções previstas em lei, que estabelecerá, entre outras cominações, multa proporcional ao dano causado ao erário;

IX – assinar prazo para que o órgão ou entidade adote as providências necessárias ao exato cumprimento da lei, se verificada ilegalidade;

X – sustar, se não atendido, a execução do ato impugnado, comunicando a decisão à Câmara dos Deputados e ao Senado Federal;

XI – representar ao Poder competente sobre irregularidades ou abusos apurados.

§ 1.º No caso de contrato, o ato de sustação será adotado diretamente pelo Congresso Nacional, que solicitará, de imediato, ao Poder Executivo as medidas cabíveis.

§ 2.º Se o Congresso Nacional ou o Poder Executivo, no prazo de noventa dias, não efetivar as medidas previstas no parágrafo anterior, o Tribunal decidirá a respeito.

§ 3.º As decisões do Tribunal de que resulte imputação de débito ou multa terão eficácia de título executivo.

§ 4.º O Tribunal encaminhará ao Congresso Nacional, trimestral e anualmente, relatório de suas atividades.

Art. 72. A Comissão mista permanente a que se refere o art. 166, § 1.º, diante de indícios de despesas não autorizadas, ainda que sob a forma de investimentos não programados ou de subsídios não aprovados, poderá solicitar à autoridade governamental responsável que, no prazo de cinco dias, preste os esclarecimentos necessários.
• Vide art. 16, § 2.º, do ADCT.

§ 1.º Não prestados os esclarecimentos, ou considerados estes insuficientes, a Comissão solicitará ao Tribunal pronunciamento conclusivo sobre a matéria, no prazo de trinta dias.

§ 2.º Entendendo o Tribunal irregular a despesa, a Comissão, se julgar que o gasto possa causar dano irreparável ou grave lesão à economia pública, proporá ao Congresso Nacional sua sustação.

Art. 73. O Tribunal de Contas da União, integrado por nove Ministros, tem sede no Distrito Federal, quadro próprio de pessoal e jurisdição em todo o território nacional, exercendo, no que couber, as atribuições previstas no art. 96.
• A Lei n. 8.443, de 16-7-1992, dispõe sobre a Lei Orgânica do TCU.

§ 1.º Os Ministros do Tribunal de Contas da União serão nomeados dentre brasileiros que satisfaçam os seguintes requisitos:

I – mais de trinta e cinco e menos de setenta anos de idade;
•• Inciso I com redação determinada pela Emenda Constitucional n. 122, de 17-5-2022.

II – idoneidade moral e reputação ilibada;

III – notórios conhecimentos jurídicos, contábeis, econômicos e financeiros ou de administração pública;

IV – mais de dez anos de exercício de função ou de efetiva atividade profissional que exija os conhecimentos mencionados no inciso anterior.
• Escolha de Ministros do TCU: Decreto Legislativo n. 6, de 22-4-1993.

§ 2.º Os Ministros do Tribunal de Contas da União serão escolhidos:

I – um terço pelo Presidente da República, com aprovação do Senado Federal, sendo dois alternadamente dentre auditores e membros do Ministério Público junto ao Tribunal, indicados em lista tríplice pelo Tribunal, segundo os critérios de antiguidade e merecimento;

II – dois terços pelo Congresso Nacional.

§ 3.º Os Ministros do Tribunal de Contas da União terão as mesmas garantias, prerrogativas, impedimentos, vencimentos e vantagens dos Ministros do Superior Tribunal de Justiça, aplicando-se-lhes, quanto à aposentadoria e pensão, as normas constantes do art. 40.
•• § 3.º com redação determinada pela Emenda Constitucional n. 20, de 15-12-1998.

§ 4.º O auditor, quando em substituição a Ministro, terá as mesmas garantias e impedimentos do titular e, quando no exercício das demais atribuições da judicatura, as de juiz de Tribunal Regional Federal.

Art. 74. Os Poderes Legislativo, Executivo e Judiciário manterão, de forma integrada, sistema de controle interno com a finalidade de:

I - avaliar o cumprimento das metas previstas no plano plurianual, a execução dos programas de governo e dos orçamentos da União;

II - comprovar a legalidade e avaliar os resultados, quanto à eficácia e eficiência, da gestão orçamentária, financeira e patrimonial nos órgãos e entidades da administração federal, bem como da aplicação de recursos públicos por entidades de direito privado;

III - exercer o controle das operações de crédito, avais e garantias, bem como dos direitos e haveres da União;

IV - apoiar o controle externo no exercício de sua missão institucional.

§ 1.º Os responsáveis pelo controle interno, ao tomarem conhecimento de qualquer irregularidade ou ilegalidade, dela darão ciência ao Tribunal de Contas da União, sob pena de responsabilidade solidária.

§ 2.º Qualquer cidadão, partido político, associação ou sindicato é parte legítima para, na forma da lei, denunciar irregularidades ou ilegalidades perante o Tribunal de Contas da União.

Art. 75. As normas estabelecidas nesta seção aplicam-se, no que couber, à organização, composição e fiscalização dos Tribunais de Contas dos Estados e do Distrito Federal, bem como dos Tribunais e Conselhos de Contas dos Municípios.
• Vide art. 31, § 4.º, da CF.

Parágrafo único. As Constituições estaduais disporão sobre os Tribunais de Contas respectivos, que serão integrados por sete Conselheiros.

Capítulo II
DO PODER EXECUTIVO

SEÇÃO I
Do Presidente e do Vice-Presidente da República

Art. 76. O Poder Executivo é exercido pelo Presidente da República, auxiliado pelos Ministros de Estado.

Art. 77. A eleição do Presidente e do Vice-Presidente da República realizar-se-á, simultaneamente, no primeiro domingo de outubro, em primeiro turno, e no último domingo de outubro, em segundo turno, se houver, do ano anterior ao do término do mandato presidencial vigente.
•• Caput com redação determinada pela Emenda Constitucional n. 16, de 4-6-1997.
• Normas para as eleições: Lei n. 9.504, de 30-9-1997.

§ 1.º A eleição do Presidente da República importará a do Vice-Presidente com ele registrado.

§ 2.º Será considerado eleito Presidente o candidato que, registrado por partido político, obtiver a maioria absoluta de votos, não computados os em branco e os nulos.

§ 3.º Se nenhum candidato alcançar maioria absoluta na primeira votação, far-se-á nova eleição em até vinte dias após a proclamação do resultado, concorrendo os dois candidatos mais votados e considerando-se eleito aquele que obtiver a maioria dos votos válidos.

§ 4.º Se, antes de realizado o segundo turno, ocorrer morte, desistência ou impedimento legal de candidato, convocar-se-á, dentre os remanescentes, o de maior votação.

§ 5.º Se, na hipótese dos parágrafos anteriores, remanescer, em segundo lugar, mais de um candidato com a mesma votação, qualificar-se-á o mais idoso.

Art. 78. O Presidente e o Vice-Presidente da República tomarão posse em sessão do Congresso Nacional, prestando o compromisso de manter, defender e cumprir a Constituição, observar as leis, promover o bem geral do povo brasileiro, sustentar a união, a integridade e a independência do Brasil.

Parágrafo único. Se, decorridos dez dias da data fixada para a posse, o Presidente ou o Vice-Presidente, salvo motivo de força maior, não tiver assumido o cargo, este será declarado vago.

Art. 79. Substituirá o Presidente, no caso de impedimento, e suceder-lhe-á, no de vaga, o Vice-Presidente.

Parágrafo único. O Vice-Presidente da República, além de outras atribuições que lhe forem conferidas por lei complementar, auxiliará o Presidente, sempre que por ele convocado para missões especiais.

Art. 80. Em caso de impedimento do Presidente e do Vice-Presidente, ou vacância dos respectivos cargos, serão sucessivamente chamados ao exercício da Presidência o Presidente da Câmara dos Deputados, o do Senado Federal e o do Supremo Tribunal Federal.

Art. 81. Vagando os cargos de Presidente e Vice-Presidente da República, far-se-á eleição noventa dias depois de aberta a última vaga.

§ 1.º Ocorrendo a vacância nos últimos dois anos do período presidencial, a eleição para ambos os cargos será feita trinta dias depois da última vaga, pelo Congresso Nacional, na forma da lei.

§ 2.º Em qualquer dos casos, os eleitos deverão completar o período de seus antecessores.

Art. 82. O mandato do Presidente da República é de 4 (quatro) anos e terá início em 5 de janeiro do ano seguinte ao de sua eleição.
•• Artigo com redação determinada pela Emenda Constitucional n. 111, de 28-9-2021.
•• A alteração efetuada neste caput relativa às datas de posse do Presidente e do Vice-Presidente da República será aplicada somente a partir das eleições de 2026 (art. 5.º da Emenda Constitucional n. 111, de 28-9-2021).

Art. 83. O Presidente e o Vice-Presidente da República não poderão, sem licença do Congresso Nacional, ausentar-se do País por período superior a quinze dias, sob pena de perda do cargo.

SEÇÃO II
Das Atribuições do Presidente da República

Art. 84. Compete privativamente ao Presidente da República:

I – nomear e exonerar os Ministros de Estado;

II – exercer, com o auxílio dos Ministros de Estado, a direção superior da administração federal;

III – iniciar o processo legislativo, na forma e nos casos previstos nesta Constituição;

IV – sancionar, promulgar e fazer publicar as leis, bem como expedir decretos e regulamentos para sua fiel execução;

V – vetar projetos de lei, total ou parcialmente;

VI – dispor, mediante decreto, sobre:

•• Inciso VI, *caput*, com redação determinada pela Emenda Constitucional n. 32, de 11-9-2001.
• *Vide* art. 61, § 1.º, II, *e*, da CF.

a) organização e funcionamento da administração federal, quando não implicar aumento de despesa nem criação ou extinção de órgãos públicos;

•• Alínea *a* acrescentada pela Emenda Constitucional n. 32, de 11-9-2001.

b) extinção de funções ou cargos públicos, quando vagos;

•• Alínea *b* acrescentada pela Emenda Constitucional n. 32, de 11-9-2001.
• *Vide* art. 48, X, da CF.

VII – manter relações com Estados estrangeiros e acreditar seus representantes diplomáticos;

VIII – celebrar tratados, convenções e atos internacionais, sujeitos a referendo do Congresso Nacional;

IX – decretar o estado de defesa e o estado de sítio;

X – decretar e executar a intervenção federal;

XI – remeter mensagem e plano de governo ao Congresso Nacional por ocasião da abertura da sessão legislativa, expondo a situação do País e solicitando as providências que julgar necessárias;

XII – conceder indulto e comutar penas, com audiência, se necessário, dos órgãos instituídos em lei;

XIII – exercer o comando supremo das Forças Armadas, nomear os Comandantes da Marinha, do Exército e da Aeronáutica, promover seus oficiais-generais e nomeá-los para os cargos que lhes são privativos;

•• Inciso XIII com redação determinada pela Emenda Constitucional n. 23, de 2-9-1999.
• A Lei Complementar n. 97, de 9-6-1999, dispõe sobre as normas gerais para a organização, o preparo e o emprego das Forças Armadas.

XIV – nomear, após aprovação pelo Senado Federal, os Ministros do Supremo Tribunal Federal e dos Tribunais Superiores, os Governadores de Territórios, o Procurador-Geral da República, o presidente e os diretores do banco central e outros servidores, quando determinado em lei;

XV – nomear, observado o disposto no art. 73, os Ministros do Tribunal de Contas da União;

XVI – nomear os magistrados, nos casos previstos nesta Constituição, e o Advogado-Geral da União;

XVII – nomear membros do Conselho da República, nos termos do art. 89, VII;

XVIII – convocar e presidir o Conselho da República e o Conselho de Defesa Nacional;

XIX – declarar guerra, no caso de agressão estrangeira, autorizado pelo Congresso Nacional ou referendado por ele, quando ocorrida no intervalo das sessões legislativas, e, nas mesmas condições, decretar, total ou parcialmente, a mobilização nacional;

XX – celebrar a paz, autorizado ou com o referendo do Congresso Nacional;

XXI – conferir condecorações e distinções honoríficas;

XXII – permitir, nos casos previstos em lei complementar, que forças estrangeiras transitem pelo território nacional ou nele permaneçam temporariamente.

•• Regulamento: Lei Complementar n. 90, de 1.º-10-1997.

XXIII – enviar ao Congresso Nacional o plano plurianual, o projeto de lei de diretrizes orçamentárias e as propostas de orçamento previstos nesta Constituição;

XXIV – prestar, anualmente, ao Congresso Nacional, dentro de sessenta dias após a abertura da sessão legislativa, as contas referentes ao exercício anterior;

XXV – prover e extinguir os cargos públicos federais, na forma da lei;

XXVI – editar medidas provisórias com força de lei, nos termos do art. 62;

XXVII – exercer outras atribuições previstas nesta Constituição;

XXVIII – propor ao Congresso Nacional a decretação do estado de calamidade pública de âmbito nacional previsto nos arts. 167-B, 167-C, 167-D, 167-E, 167-F e 167-G desta Constituição.

•• Inciso XXVIII acrescentado pela Emenda Constitucional n. 109, de 15-3-2021.

Parágrafo único. O Presidente da República poderá delegar as atribuições mencionadas nos incisos VI, XII e XXV, primeira parte, aos Ministros de Estado, ao Procurador-Geral da República ou ao Advogado-Geral da União, que observarão os limites traçados nas respectivas delegações.

SEÇÃO III
Da Responsabilidade do Presidente da República

Art. 85. São crimes de responsabilidade os atos do Presidente da República que atentem contra a Constituição Federal e, especialmente, contra:

• A Lei n. 1.079, de 10-4-1950, define os crimes de responsabilidade e regula o respectivo processo de julgamento.
• A Lei n. 8.429, de 2-6-1992, dispõe sobre as sanções aplicáveis aos agentes públicos nos casos de enriquecimento ilícito no exercício de mandato, cargo, emprego ou função na administração pública direta, indireta ou fundacional e dá outras providências.

I – a existência da União;

II – o livre exercício do Poder Legislativo, do Poder Judiciário, do Ministério Público e dos Poderes constitucionais das unidades da Federação;

III – o exercício dos direitos políticos, individuais e sociais;

IV – a segurança interna do País;

• A Lei Complementar n. 90, de 1.º-10-1997, determina os casos em que forças estrangeiras possam transitar pelo território nacional ou nele permanecer temporariamente.

V – a probidade na administração;

VI – a lei orçamentária;

VII – o cumprimento das leis e das decisões judiciais.

Parágrafo único. Esses crimes serão definidos em lei especial, que estabelecerá as normas de processo e julgamento.

• *Vide* Súmula Vinculante 46.

Art. 86. Admitida a acusação contra o Presidente da República, por dois terços da Câmara dos Deputados, será ele submetido a julgamento perante o Supremo Tribunal Federal, nas infrações penais comuns, ou perante o Senado Federal, nos crimes de responsabilidade.

§ 1.º O Presidente ficará suspenso de suas funções:

I – nas infrações penais comuns, se recebida a denúncia ou queixa-crime pelo Supremo Tribunal Federal;

II – nos crimes de responsabilidade, após a instauração do processo pelo Senado Federal.

§ 2.º Se, decorrido o prazo de cento e oitenta dias, o julgamento não estiver concluído, cessará o afastamento do Presidente, sem prejuízo do regular prosseguimento do processo.

§ 3.º Enquanto não sobrevier sentença condenatória, nas infrações comuns, o Presidente da República não estará sujeito a prisão.

§ 4.º O Presidente da República, na vigência de seu mandato, não pode ser responsabilizado por atos estranhos ao exercício de suas funções.

SEÇÃO IV
Dos Ministros de Estado

Art. 87. Os Ministros de Estado serão escolhidos dentre brasileiros maiores de vinte e um anos e no exercício dos direitos políticos.

Parágrafo único. Compete ao Ministro de Estado, além de outras atribuições estabelecidas nesta Constituição e na lei:

I – exercer a orientação, coordenação e supervisão dos órgãos e entidades da administração federal na área de sua competência e referendar os atos e decretos assinados pelo Presidente da República;

II – expedir instruções para a execução das leis, decretos e regulamentos;

III – apresentar ao Presidente da República relatório anual de sua gestão no Ministério;

IV – praticar os atos pertinentes às atribuições que lhe forem outorgadas ou delegadas pelo Presidente da República.

Art. 88. A lei disporá sobre a criação e extinção de Ministérios e órgãos da administração pública.

•• Artigo com redação determinada pela Emenda Constitucional n. 32, de 11-9-2001.

SEÇÃO V
Do Conselho da República e do Conselho de Defesa Nacional

SUBSEÇÃO I
Do Conselho da República

• A Lei n. 8.041, de 5-6-1990, dispõe sobre a organização e o funcionamento do Conselho da República.

Art. 89. O Conselho da República é órgão superior de consulta do Presidente da República, e dele participam:

I – o Vice-Presidente da República;

II – o Presidente da Câmara dos Deputados;

III – o Presidente do Senado Federal;

IV – os líderes da maioria e da minoria na Câmara dos Deputados;

V – os líderes da maioria e da minoria no Senado Federal;

• Vide arts. 51, V, 52, XIV e 84, XIV, da CF.

VI – o Ministro da Justiça;

VII – seis cidadãos brasileiros natos, com mais de trinta e cinco anos de idade, sendo dois nomeados pelo Presidente da República, dois eleitos pelo Senado Federal e dois eleitos pela Câmara dos Deputados, todos com mandato de três anos, vedada a recondução.

Art. 90. Compete ao Conselho da República pronunciar-se sobre:

I – intervenção federal, estado de defesa e estado de sítio;

II – as questões relevantes para a estabilidade das instituições democráticas.

§ 1.º O Presidente da República poderá convocar Ministro de Estado para participar da reunião do Conselho, quando constar da pauta questão relacionada com o respectivo Ministério.

§ 2.º A lei regulará a organização e o funcionamento do Conselho da República.

SUBSEÇÃO II
Do Conselho de Defesa Nacional

• Organização e funcionamento do Conselho de Defesa Nacional: Lei n. 8.183, de 11-4-1991.
• Regulamento do Conselho de Defesa Nacional: Decreto n. 893, de 12-8-1993.

Art. 91. O Conselho de Defesa Nacional é órgão de consulta do Presidente da República nos assuntos relacionados com a soberania nacional e a defesa do Estado democrático, e dele participam como membros natos:

I – o Vice-Presidente da República;

II – o Presidente da Câmara dos Deputados;

III – o Presidente do Senado Federal;

IV – o Ministro da Justiça;

V – o Ministro de Estado da Defesa;

•• Inciso V com redação determinada pela Emenda Constitucional n. 23, de 2-9-1999.

VI – o Ministro das Relações Exteriores;

VII – o Ministro do Planejamento;

VIII – os Comandantes da Marinha, do Exército e da Aeronáutica.

•• Inciso VIII acrescentado pela Emenda Constitucional n. 23, de 2-9-1999.

§ 1.º Compete ao Conselho de Defesa Nacional:

I – opinar nas hipóteses de declaração de guerra e de celebração da paz, nos termos desta Constituição;

II – opinar sobre a decretação do estado de defesa, do estado de sítio e da intervenção federal;

III – propor os critérios e condições de utilização de áreas indispensáveis à segurança do território nacional e opinar sobre seu efetivo uso, especialmente na faixa de fronteira e nas relacionadas com a preservação e a exploração dos recursos naturais de qualquer tipo;

IV – estudar, propor e acompanhar o desenvolvimento de iniciativas necessárias a garantir a independência nacional e a defesa do Estado democrático.

§ 2.º A lei regulará a organização e o funcionamento do Conselho de Defesa Nacional.

Capítulo III
DO PODER JUDICIÁRIO

SEÇÃO I
Disposições Gerais

Art. 92. São órgãos do Poder Judiciário:

I – o Supremo Tribunal Federal;

I-A – o Conselho Nacional de Justiça;

•• Inciso I-A acrescentado pela Emenda Constitucional n. 45, de 8-12-2004.
• Vide art. 5.º da Emenda Constitucional n. 45, de 8-12-2004.

II – o Superior Tribunal de Justiça;

II-A – o Tribunal Superior do Trabalho;

•• Inciso II-A acrescentado pela Emenda Constitucional n. 92, de 12-7-2016.

III – os Tribunais Regionais Federais e Juízes Federais;

IV – os Tribunais e Juízes do Trabalho;

V – os Tribunais e Juízes Eleitorais;

VI – os Tribunais e Juízes Militares;

VII – os Tribunais e Juízes dos Estados e do Distrito Federal e Territórios.

§ 1.º O Supremo Tribunal Federal, o Conselho Nacional de Justiça e os Tribunais Superiores têm sede na Capital Federal.

•• § 1.º acrescentado pela Emenda Constitucional n. 45, de 8-12-2004.

§ 2.º O Supremo Tribunal Federal e os Tribunais Superiores têm jurisdição em todo o território nacional.

•• § 2.º acrescentado pela Emenda Constitucional n. 45, de 8-12-2004.

Art. 93. Lei complementar, de iniciativa do Supremo Tribunal Federal, disporá sobre o Estatuto da Magistratura, observados os seguintes princípios:

• A Lei Complementar n. 35, de 14-3-1979, promulgada sob a vigência da ordem constitucional anterior, disporá sobre a Magistratura Nacional até o advento da norma prevista no caput deste artigo.

I – ingresso na carreira, cujo cargo inicial será o de juiz substituto, mediante concurso público de provas e títulos, com a participação da Ordem dos Advogados do Brasil em todas as fases, exigindo-se do bacharel em direito, no mínimo, três anos de atividade jurídica e obedecendo-se, nas nomeações, à ordem de classificação;

•• Inciso I com redação determinada pela Emenda Constitucional n. 45, de 8-12-2004.

II – promoção de entrância para entrância, alternadamente, por antiguidade e merecimento, atendidas as seguintes normas:

a) é obrigatória a promoção do juiz que figure por três vezes consecutivas ou cinco alternadas em lista de merecimento;

b) a promoção por merecimento pressupõe dois anos de exercício na respectiva entrância e integrar o juiz a primeira quinta parte da lista de antiguidade desta, salvo se não houver com tais requisitos quem aceite o lugar vago;

c) aferição do merecimento conforme o desempenho e pelos critérios objetivos de produtividade e presteza no exercício da jurisdição e pela

frequência e aproveitamento em cursos oficiais ou reconhecidos de aperfeiçoamento;

•• Alínea c com redação determinada pela Emenda Constitucional n. 45, de 8-12-2004.

d) na apuração de antiguidade, o tribunal somente poderá recusar o juiz mais antigo pelo voto fundamentado de dois terços de seus membros, conforme procedimento próprio, e assegurada ampla defesa, repetindo-se a votação até fixar-se a indicação;

•• Alínea d com redação determinada pela Emenda Constitucional n. 45, de 8-12-2004.

e) não será promovido o juiz que, injustificadamente, retiver autos em seu poder além do prazo legal, não podendo devolvê-los ao cartório sem o devido despacho ou decisão;

•• Alínea e acrescentada pela Emenda Constitucional n. 45, de 8-12-2004.

III – o acesso aos tribunais de segundo grau far-se-á por antiguidade e merecimento, alternadamente, apurados na última ou única entrância;

•• Inciso III com redação determinada pela Emenda Constitucional n. 45, de 8-12-2004.

IV – previsão de cursos oficiais de preparação, aperfeiçoamento e promoção de magistrados, constituindo etapa obrigatória do processo de vitaliciamento a participação em curso oficial ou reconhecido por escola nacional de formação e aperfeiçoamento de magistrados;

•• Inciso IV com redação determinada pela Emenda Constitucional n. 45, de 8-12-2004.

V – o subsídio dos Ministros dos Tribunais Superiores corresponderá a 95% (noventa e cinco por cento) do subsídio mensal fixado para os Ministros do Supremo Tribunal Federal e os subsídios dos demais magistrados serão fixados em lei e escalonados, em nível federal e estadual, conforme as respectivas categorias da estrutura judiciária nacional, não podendo a diferença entre uma e outra ser superior a 10% (dez por cento) ou inferior a 5% (cinco por cento), nem exceder a 95% (noventa e cinco por cento) do subsídio mensal dos Ministros dos Tribunais Superiores, obedecido, em qualquer caso, o disposto nos arts. 37, XI, e 39, § 4.º;

•• Inciso V com redação determinada pela Emenda Constitucional n. 19, de 4-6-1998.
• A Lei n. 9.655, de 2-6-1998, altera o percentual de diferença entre a remuneração dos cargos de Ministros do STJ e dos Juízes da Justiça Federal de Primeiro e Segundo Graus.

VI – a aposentadoria dos magistrados e a pensão de seus dependentes observarão o disposto no art. 40;

•• Inciso VI com redação determinada pela Emenda Constitucional n. 20, de 15-12-1998.

VII – o juiz titular residirá na respectiva comarca, salvo autorização do tribunal;

•• Inciso VII com redação determinada pela Emenda Constitucional n. 45, de 8-12-2004.

VIII – o ato de remoção ou de disponibilidade do magistrado, por interesse público, fundar-se-á em decisão por voto da maioria absoluta do respectivo tribunal ou do Conselho Nacional de Justiça, assegurada ampla defesa;

•• Inciso VIII com redação determinada pela Emenda Constitucional n. 103, de 12-11-2019.

VIII-A – a remoção a pedido ou a permuta de magistrados de comarca de igual entrância atenderá, no que couber, ao disposto nas alíneas a, b, c e e do inciso II;

•• Inciso VIII-A acrescentado pela Emenda Constitucional n. 45, de 8-12-2004.

IX – todos os julgamentos dos órgãos do Poder Judiciário serão públicos, e fundamentadas todas as decisões, sob pena de nulidade, podendo a lei limitar a presença, em determinados atos, às próprias partes e a seus advogados, ou somente a estes, em casos nos quais a preservação do direito à intimidade do interessado no sigilo não prejudique o interesse público à informação;

•• Inciso IX com redação determinada pela Emenda Constitucional n. 45, de 8-12-2004.
• Vide Súmula 459 do TST.

X – as decisões administrativas dos tribunais serão motivadas e em sessão pública, sendo as disciplinares tomadas pelo voto da maioria absoluta de seus membros;

•• Inciso X com redação determinada pela Emenda Constitucional n. 45, de 8-12-2004.

XI – nos tribunais com número superior a vinte e cinco julgadores, poderá ser constituído órgão especial, com o mínimo de onze e o máximo de vinte e cinco membros, para o exercício das atribuições administrativas e jurisdicionais delegadas da competência do tribunal pleno, provendo-se metade das vagas por antiguidade e a outra metade por eleição pelo tribunal pleno;

•• Inciso XI com redação determinada pela Emenda Constitucional n. 45, de 8-12-2004.

XII – a atividade jurisdicional será ininterrupta, sendo vedado férias coletivas nos juízos e tribunais de segundo grau, funcionando, nos dias em que não houver expediente forense normal, juízes em plantão permanente;

•• Inciso XII acrescentado pela Emenda Constitucional n. 45, de 8-12-2004.

XIII – o número de juízes na unidade jurisdicional será proporcional à efetiva demanda judicial e à respectiva população;

•• Inciso XIII acrescentado pela Emenda Constitucional n. 45, de 8-12-2004.

XIV – os servidores receberão delegação para a prática de atos de administração e atos de mero expediente sem caráter decisório;

•• Inciso XIV acrescentado pela Emenda Constitucional n. 45, de 8-12-2004.

XV – a distribuição de processos será imediata, em todos os graus de jurisdição.

•• Inciso XV acrescentado pela Emenda Constitucional n. 45, de 8-12-2004.

Art. 94. Um quinto dos lugares dos Tribunais Regionais Federais, dos Tribunais dos Estados, e do Distrito Federal e Territórios será composto de membros, do Ministério Público, com mais de dez anos de carreira, e de advogados de notório saber jurídico e de reputação ilibada, com mais de dez anos de efetiva atividade profissional, indicados em lista sêxtupla pelos órgãos de representação das respectivas classes.

Parágrafo único. Recebidas as indicações, o tribunal formará lista tríplice, enviando-a ao Poder Executivo, que, nos vinte dias subsequentes, escolherá um de seus integrantes para nomeação.

Art. 95. Os juízes gozam das seguintes garantias:

I – vitaliciedade, que, no primeiro grau, só será adquirida após dois anos de exercício, dependendo a perda do cargo, nesse período, de deliberação do tribunal a que o juiz estiver vinculado, e, nos demais casos, de sentença judicial transitada em julgado;

II – inamovibilidade, salvo por motivo de interesse público, na forma do art. 93, VIII;

III – irredutibilidade de subsídio, ressalvado o disposto nos arts. 37, X e XI, 39, § 4.º, 150, II, 153, III, e 153, § 2.º, I.

•• Inciso III com redação determinada pela Emenda Constitucional n. 19, de 4-6-1998.

Parágrafo único. Aos juízes é vedado:

I – exercer, ainda que em disponibilidade, outro cargo ou função, salvo uma de magistério;

II – receber, a qualquer título ou pretexto, custas ou participação em processo;

III – dedicar-se à atividade político-partidária;

IV – receber, a qualquer título ou pretexto, auxílios ou contribuições de pessoas físicas, entidades públicas ou privadas, ressalvadas as exceções previstas em lei;

•• Inciso IV acrescentado pela Emenda Constitucional n. 45, de 8-12-2004.

V – exercer a advocacia no juízo ou tribunal do qual se afastou, antes de decorridos três anos do afastamento do cargo por aposentadoria ou exoneração.

•• Inciso V acrescentado pela Emenda Constitucional n. 45, de 8-12-2004.

Art. 96. Compete privativamente:

I – aos tribunais:

a) eleger seus órgãos diretivos e elaborar seus regimentos internos, com observância das normas de processo e das garantias processuais das partes, dispondo sobre a competência e o funcionamento dos respectivos órgãos jurisdicionais e administrativos;

b) organizar suas secretarias e serviços auxiliares e os dos juízos que lhes forem vinculados, velando pelo exercício da atividade correicional respectiva;

c) prover, na forma prevista nesta Constituição, os cargos de juiz de carreira da respectiva jurisdição;

d) propor a criação de novas varas judiciárias;

e) prover, por concurso público de provas, ou de provas e títulos, obedecido o disposto no art. 169, parágrafo único, os cargos necessários à administração da Justiça, exceto os de confiança assim definidos em lei;

•• De acordo com alteração processada pela Emenda Constitucional n. 19, de 4-6-1998, a referência passa a ser ao art. 169, § 1.º.

f) conceder licença, férias e outros afastamentos a seus membros e aos juízes e servidores que lhes forem imediatamente vinculados;

II – ao Supremo Tribunal Federal, aos Tribunais Superiores e aos Tribunais de Justiça propor ao Poder Legislativo respectivo, observado o disposto no art. 169:

a) a alteração do número de membros dos tribunais inferiores;

b) a criação e a extinção de cargos e a remuneração dos seus serviços auxiliares e dos juízos que lhes forem vinculados, bem como a fixação do subsídio de seus membros e dos juízes, inclusive dos tribunais inferiores, onde houver;

•• Alínea *b* com redação determinada pela Emenda Constitucional n. 41, de 19-12-2003.
• Reestruturação das carreiras dos servidores do Poder Judiciário da União: Lei n. 10.475, de 27-6-2002.

c) a criação ou extinção dos tribunais inferiores;

d) a alteração da organização e da divisão judiciárias;

III – aos Tribunais de Justiça julgar os juízes estaduais e do Distrito Federal e Territórios, bem como os membros do Ministério Público, nos crimes comuns e de responsabilidade, ressalvada a competência da Justiça Eleitoral.

Art. 97. Somente pelo voto da maioria absoluta de seus membros ou dos membros do respectivo órgão especial poderão os tribunais declarar a inconstitucionalidade de lei ou ato normativo do Poder Público.

• *Vide* Súmula Vinculante 10.

Art. 98. A União, no Distrito Federal e nos Territórios, e os Estados criarão:

I – juizados especiais, providos por juízes togados, ou togados e leigos, competentes para a conciliação, o julgamento e a execução de causas cíveis de menor complexidade e infrações penais de menor potencial ofensivo, mediante os procedimentos oral e sumariíssimo, permitidos, nas hipóteses previstas em lei, a transação e o julgamento de recursos por turmas de juízes de primeiro grau;

• Juizados Especiais Cíveis e Criminais: Lei n. 9.099, de 26-9-1995.
• Juizados de Violência Doméstica e Familiar contra a Mulher: Lei n. 11.340, de 7-8-2006.

II – justiça de paz, remunerada, composta de cidadãos eleitos pelo voto direto, universal e secreto, com mandato de quatro anos e competência para, na forma da lei, celebrar casamentos, verificar, de ofício ou em face de impugnação apresentada, o processo de habilitação e exercer atribuições conciliatórias, sem caráter jurisdicional, além de outras previstas na legislação.

§ 1.º Lei federal disporá sobre a criação de juizados especiais no âmbito da Justiça Federal.

•• Anterior parágrafo único transformado em § 1.º pela Emenda Constitucional n. 45, de 8-12-2004.
• A Lei n. 10.259, de 12-7-2001, dispõe sobre a instituição dos Juizados Especiais Cíveis e Criminais no âmbito da Justiça Federal.

§ 2.º As custas e emolumentos serão destinados exclusivamente ao custeio dos serviços afetos às atividades específicas da Justiça.

•• § 2.º acrescentado pela Emenda Constitucional n. 45, de 8-12-2004.

Art. 99. Ao Poder Judiciário é assegurada autonomia administrativa e financeira.

§ 1.º Os tribunais elaborarão suas propostas orçamentárias dentro dos limites estipulados conjuntamente com os demais Poderes na lei de diretrizes orçamentárias.

•• *Vide* art. 107, § 2.º, do ADCT.

§ 2.º O encaminhamento da proposta, ouvidos os outros tribunais interessados, compete:

I – no âmbito da União, aos Presidentes do Supremo Tribunal Federal e dos Tribunais Superiores, com a aprovação dos respectivos tribunais;

II – no âmbito dos Estados e no do Distrito Federal e Territórios, aos Presidentes dos Tribunais de Justiça, com a aprovação dos respectivos tribunais.

§ 3.º Se os órgãos referidos no § 2.º não encaminharem as respectivas propostas orçamentárias dentro do prazo estabelecido na lei de diretrizes orçamentárias, o Poder Executivo considerará, para fins de consolidação da proposta orçamentária anual, os valores aprovados na lei orçamentária vigente, ajustados de acordo com os limites estipulados na forma do § 1.º deste artigo.

•• § 3.º acrescentado pela Emenda Constitucional n. 45, de 8-12-2004.

§ 4.º Se as propostas orçamentárias de que trata este artigo forem encaminhadas em desacordo com os limites estipulados na forma do § 1.º, o Poder Executivo procederá aos ajustes necessários para fins de consolidação da proposta orçamentária anual.

•• § 4.º acrescentado pela Emenda Constitucional n. 45, de 8-12-2004.

§ 5.º Durante a execução orçamentária do exercício, não poderá haver a realização de despesas ou a assunção de obrigações que extrapolem os limites estabelecidos na lei de diretrizes orçamentárias, exceto se previamente autorizadas, mediante a abertura de créditos suplementares ou especiais.

•• § 5.º acrescentado pela Emenda Constitucional n. 45, de 8-12-2004.

Art. 100. Os pagamentos devidos pelas Fazendas Públicas Federal, Estaduais, Distrital e Municipais, em virtude de sentença judiciária, far-se-ão exclusivamente na ordem cronológica de apresentação dos precatórios e à conta dos créditos respectivos, proibida a designação de casos ou de pessoas nas dotações orçamentárias e nos créditos adicionais abertos para este fim.

•• *Caput* com redação determinada pela Emenda Constitucional n. 62, de 9-12-2009.
•• *Vide* art. 4.º da Emenda Constitucional n. 62, de 9-12-2009.
• *Vide* OJ 343 da SDI-1.
• A Resolução n. 303, de 18-12-2019, do CNJ, dispõe sobre a gestão de precatórios no âmbito do Poder Judiciário.

§ 1.º Os débitos de natureza alimentícia compreendem aqueles decorrentes de salários, vencimentos, proventos, pensões e suas complementações, benefícios previdenciários e indenizações por morte ou por invalidez, fundadas em responsabilidade civil, em virtude de sentença judicial transitada em julgado, e serão pagos com preferência sobre todos os demais débitos, exceto sobre aqueles referidos no § 2.º deste artigo.

•• § 1.º com redação determinada pela Emenda Constitucional n. 62, de 9-12-2009.
•• *Vide* Súmula Vinculante 47.

§ 2.º Os débitos de natureza alimentícia cujos titulares, originários ou por sucessão hereditária, tenham 60 (sessenta) anos de idade, ou sejam portadores de doença grave, ou pessoas com deficiência, assim definidos na forma da lei, serão pagos com preferência sobre todos os demais débitos, até o valor equivalente ao triplo fixado em lei para os fins do disposto no § 3.º deste artigo, admitido o fracionamento para essa finalidade, sendo que o restante será pago na ordem cronológica de apresentação do precatório.

•• § 2.º com redação determinada pela Emenda Constitucional n. 94, de 15-12-2016.
•• *Vide* art. 97, § 17, do ADCT.
• *Vide* OJ 3 do Tribunal Pleno.

§ 3.º O disposto no *caput* deste artigo relativamente à expedição de precatórios não se aplica aos pagamentos de obrigações definidas em leis como de pequeno valor que as Fazendas referidas devam fazer em virtude de sentença judicial transitada em julgado.

•• § 3.º com redação determinada pela Emenda Constitucional n. 62, de 9-12-2009.
• *Vide* OJs 1 e 9 do Tribunal Pleno.

§ 4.º Para os fins do disposto no § 3.º, poderão ser fixados, por leis próprias, valores distintos às entidades de direito público, segundo as diferentes capacidades econômicas, sendo o mínimo igual ao valor do maior benefício do regime geral de previdência social.

•• § 4.º com redação determinada pela Emenda Constitucional n. 62, de 9-12-2009.
•• *Vide* art. 97, § 12, do ADCT.

§ 5.º É obrigatória a inclusão no orçamento das entidades de direito público de verba necessária ao pagamento de seus débitos oriundos de sentenças transitadas em julgado constantes de precatórios judiciários apresentados até 2 de abril, fazendo-se o pagamento até o final do exercício seguinte, quando terão seus valores atualizados monetariamente.

•• § 5.º com redação determinada pela Emenda Constitucional n. 114, de 16-12-2021, em vigor a partir de 2022.

§ 6.º As dotações orçamentárias e os créditos abertos serão consignados diretamente ao Poder Judiciário, cabendo ao Presidente do Tribunal que proferir a decisão exequenda determinar o pagamento integral e autorizar, a requerimento do credor e exclusivamente para os casos de preterimento de seu direito de precedência ou de não alocação orçamentária do valor necessário à satisfação do seu débito, o sequestro da quantia respectiva.

•• § 6.º com redação determinada pela Emenda Constitucional n. 62, de 9-12-2009.

§ 7.º O Presidente do Tribunal competente que, por ato comissivo ou omissivo, retardar ou tentar frustrar a liquidação regular de precatórios incorrerá em crime de responsabilidade e responderá, também, perante o Conselho Nacional de Justiça.

•• § 7.º acrescentado pela Emenda Constitucional n. 62, de 9-12-2009.

§ 8.º É vedada a expedição de precatórios complementares ou suplementares de valor pago, bem como o fracionamento, repartição ou quebra do valor da execução para fins de enquadramento de parcela do total ao que dispõe o § 3.º deste artigo.

•• § 8.º acrescentado pela Emenda Constitucional n. 62, de 9-12-2009.

§ 9.º Sem que haja interrupção no pagamento do precatório e mediante comunicação da Fazenda Pública ao Tribunal, o valor correspondente aos eventuais débitos inscritos em dívida ativa contra o credor do requisitório e seus substituídos deverá ser depositado à conta do juízo responsável pela ação de cobrança, que decidirá pelo seu destino definitivo.

•• § 9.º com redação determinada pela Emenda Constitucional n. 113, de 8-12-2021.
•• A compensação de débitos perante a Fazenda Pública Federal, com créditos provenientes de precatórios, na forma prevista neste parágrafo, observará o disposto na Lei n. 12.431, de 24-6-2011.

§ 10. Antes da expedição dos precatórios, o Tribunal solicitará à Fazenda Pública devedora, para resposta em até 30 (trinta) dias, sob pena de perda do direito de abatimento, informação sobre os débitos que preencham as condições estabelecidas no § 9.º, para os fins nele previstos.

•• § 10 acrescentado pela Emenda Constitucional n. 62, de 9-12-2009.
•• O STF, no julgamento da ADI n. 4.425, de 14-3-2013 (DJE de 19-12-2013), julgou procedente a ação para declarar a inconstitucionalidade deste parágrafo.
•• A compensação de débitos perante a Fazenda Pública Federal, com créditos provenientes de precatórios, na forma prevista neste parágrafo, observará o disposto na Lei n. 12.431, de 24-6-2011.

§ 11. É facultada ao credor, conforme estabelecido em lei do ente federativo devedor, com autoaplicabilidade para a União, a oferta de créditos líquidos e certos que originalmente lhe são próprios ou adquiridos de terceiros reconhecidos pelo ente federativo ou por decisão judicial transitada em julgado para:

•• § 11, *caput*, com redação determinada pela Emenda Constitucional n. 113, de 8-12-2021.
•• O Decreto n. 11.249, de 9-11-2022, dispõe sobre o procedimento de oferta de créditos líquidos e certos decorrentes de decisão judicial transitada em julgado, de que trata este § 11.

I – quitação de débitos parcelados ou débitos inscritos em dívida ativa do ente federativo devedor, inclusive em transação resolutiva de litígio, e, subsidiariamente, débitos com a administração autárquica e fundacional do mesmo ente;

•• Inciso I acrescentado pela Emenda Constitucional n. 113, de 8-12-2021.

II – compra de imóveis públicos de propriedade do mesmo ente disponibilizados para venda;

•• Inciso II acrescentado pela Emenda Constitucional n. 113, de 8-12-2021.

III – pagamento de outorga de delegações de serviços públicos e demais espécies de concessão negocial promovidas pelo mesmo ente;

•• Inciso III acrescentado pela Emenda Constitucional n. 113, de 8-12-2021.

IV – aquisição, inclusive minoritária, de participação societária, disponibilizada para venda, do respectivo ente federativo; ou

•• Inciso IV acrescentado pela Emenda Constitucional n. 113, de 8-12-2021.

V – compra de direitos, disponibilizados para cessão, do respectivo ente federativo, inclusive, no caso da União, da antecipação de valores a serem recebidos a título do excedente em óleo em contratos de partilha de petróleo.

•• Inciso V acrescentado pela Emenda Constitucional n. 113, de 8-12-2021.

§ 12. A partir da promulgação desta Emenda Constitucional, a atualização de valores de requisitórios, após sua expedição, até o efetivo pagamento, independentemente de sua natureza, será feita pelo índice oficial de remuneração básica da caderneta de poupança, e, para fins de compensação da mora, incidirão juros simples no mesmo percentual de juros incidentes sobre a caderneta de poupança, ficando excluída a incidência de juros compensatórios.

•• § 12 acrescentado pela Emenda Constitucional n. 62, de 9-12-2009.
•• O STF, no julgamento da ADI n. 4.425, de 14-3-2013 (DJE de 19-12-2013), julgou procedente a ação para declarar a inconstitucionalidade das expressões "índice oficial de remuneração básica da caderneta de poupança" e "independentemente de sua natureza", contidas na redação deste parágrafo.
• A Orientação Normativa n. 2, de 18-12-2009, do CJF, estabelece regra de transição para os procedimentos administrativos atinentes ao cumprimento nesse parágrafo.

§ 13. O credor poderá ceder, total ou parcialmente, seus créditos em precatórios a terceiros, independentemente da concordância do devedor, não se aplicando ao cessionário o disposto nos §§ 2.º e 3.º.

•• § 13 acrescentado pela Emenda Constitucional n. 62, de 9-12-2009.

§ 14. A cessão de precatórios, observado o disposto no § 9.º deste artigo, somente produzirá efeitos após comunicação, por meio de petição protocolizada, ao Tribunal de origem e ao ente federativo devedor.

•• § 14 com redação determinada pela Emenda Constitucional n. 113, de 8-12-2021.

§ 15. Sem prejuízo do disposto neste artigo, lei complementar a esta Constituição Federal poderá estabelecer regime especial para pagamento de crédito de precatórios de Estados, Distrito Federal e Municípios, dispondo sobre vinculações à receita corrente líquida e forma e prazo de liquidação.

•• § 15 acrescentado pela Emenda Constitucional n. 62, de 9-12-2009.
•• O STF, no julgamento da ADI n. 4.425, de 14-3-2013 (DJE de 19-12-2013), julgou procedente a ação para declarar a inconstitucionalidade deste parágrafo.
• Vide art. 97 do ADCT.
• Vide arts. 97 e 101 a 105 do ADCT.

§ 16. A seu critério exclusivo e na forma de lei, a União poderá assumir débitos, oriundos de precatórios, de Estados, Distrito Federal e Municípios, refinanciando-os diretamente.

•• § 16 acrescentado pela Emenda Constitucional n. 62, de 9-12-2009.

§ 17. A União, os Estados, o Distrito Federal e os Municípios aferirão mensalmente, em base anual, o comprometimento de suas respectivas receitas correntes líquidas com o pagamento de precatórios e obrigações de pequeno valor.

•• § 17 acrescentado pela Emenda Constitucional n. 94, de 15-12-2016.

§ 18. Entende-se como receita corrente líquida, para os fins de que trata o § 17, o somatório das receitas tributárias, patrimoniais, industriais, agropecuárias, de contribuições e de serviços, de transferências correntes e outras receitas correntes, incluindo as oriundas do § 1.º do art. 20 da Constituição Federal, verificado no período compreendido pelo segundo mês imediatamente anterior ao de referência e os 11 (onze) meses precedentes, excluídas as duplicidades, e deduzidas:

•• § 18, *caput* e incisos, acrescentados pela Emenda Constitucional n. 94, de 15-12-2016.

I – na União, as parcelas entregues aos Estados, ao Distrito Federal e aos Municípios por determinação constitucional;

II – nos Estados, as parcelas entregues aos Municípios por determinação constitucional;

III – na União, nos Estados, no Distrito Federal e nos Municípios, a contribuição dos servidores para custeio de seu sistema de previdência e assistência social e as receitas provenientes da compensação financeira referida no § 9.º do art. 201 da Constituição Federal.

§ 19. Caso o montante total de débitos decorrentes de condenações judiciais em precatórios e obrigações de pequeno valor, em período de 12 (doze) meses, ultrapasse a média do comprometimento percentual da receita corrente líquida nos 5 (cinco) anos imediatamente anteriores, a parcela que exceder esse percentual poderá ser financiada, excetuada dos limites de endividamento de que tratam os incisos VI e VII do art. 52 da Constituição Federal e de quaisquer outros limites de endividamento previstos, não se aplicando a esse financiamento a vedação de vinculação de receita prevista no inciso IV do art. 167 da Constituição Federal.

•• § 19 acrescentado pela Emenda Constitucional n. 94, de 15-12-2016.

§ 20. Caso haja precatório com valor superior a 15% (quinze por cento) do montante dos precatórios apresentados nos termos do § 5.º deste artigo, 15% (quinze por cento) do valor deste precatório serão pagos até o final do exercício seguinte e o restante em parcelas iguais nos cinco exercícios subsequentes, acrescidas de juros de mora e correção monetária, ou mediante acordos diretos, perante Juízos Auxiliares de Conciliação de Precatórios, com redução máxima de 40% (quarenta por

cento) do valor do crédito atualizado, desde que em relação ao crédito não penda recurso ou defesa judicial e que sejam observados os requisitos definidos na regulamentação editada pelo ente federado.
•• § 20 acrescentado pela Emenda Constitucional n. 94, de 15-12-2016.

§ 21. Ficam a União e os demais entes federativos, nos montantes que lhes são próprios, desde que aceito por ambas as partes, autorizados a utilizar valores objeto de sentenças transitadas em julgado devidos a pessoa jurídica de direito público para amortizar dívidas, vencidas ou vincendas:
•• § 21, *caput*, acrescentado pela Emenda Constitucional n. 113, de 8-12-2021.

I – nos contratos de refinanciamento cujos créditos sejam detidos pelo ente federativo que figure como devedor na sentença de que trata o *caput* deste artigo;
•• Inciso I acrescentado pela Emenda Constitucional n. 113, de 8-12-2021.

II – nos contratos em que houve prestação de garantia a outro ente federativo;
•• Inciso II acrescentado pela Emenda Constitucional n. 113, de 8-12-2021.

III – nos parcelamentos de tributos ou de contribuições sociais; e
•• Inciso III acrescentado pela Emenda Constitucional n. 113, de 8-12-2021.

IV – nas obrigações decorrentes do descumprimento de prestação de contas ou de desvio de recursos.
•• Inciso IV acrescentado pela Emenda Constitucional n. 113, de 8-12-2021.

§ 22. A amortização de que trata o § 21 deste artigo:
•• § 22, *caput*, acrescentado pela Emenda Constitucional n. 113, de 8-12-2021.

I – nas obrigações vencidas, será imputada primeiramente às parcelas mais antigas;
•• Inciso I acrescentado pela Emenda Constitucional n. 113, de 8-12-2021.

II – nas obrigações vincendas, reduzirá uniformemente o valor de cada parcela devida, mantida a duração original do respectivo contrato ou parcelamento.
•• Inciso II acrescentado pela Emenda Constitucional n. 113, de 8-12-2021.

SEÇÃO II
Do Supremo Tribunal Federal

Art. 101. O Supremo Tribunal Federal compõe-se de onze Ministros, escolhidos dentre cidadãos com mais de trinta e cinco e menos de setenta anos de idade, de notável saber jurídico e reputação ilibada.
•• *Caput* com redação determinada pela Emenda Constitucional n. 122, de 17-5-2022.

Parágrafo único. Os Ministros do Supremo Tribunal Federal serão nomeados pelo Presidente da República, depois de aprovada a escolha pela maioria absoluta do Senado Federal.

Art. 102. Compete ao Supremo Tribunal Federal, precipuamente, a guarda da Constituição, cabendo-lhe:

I – processar e julgar, originariamente:

a) a ação direta de inconstitucionalidade de lei ou ato normativo federal ou estadual e a ação declaratória de constitucionalidade de lei ou ato normativo federal;
•• Alínea *a* com redação determinada pela Emenda Constitucional n. 3, de 17-3-1993.
• O Decreto n. 2.346, de 10-10-1997, consolida as normas de procedimentos a serem observadas pela administração pública federal em razão de decisões judiciais.
• A Lei n. 9.868, de 10-11-1999, dispõe sobre o processo e julgamento na ADI e ADC perante o STF.

b) nas infrações penais comuns, o Presidente da República, o Vice-Presidente, os membros do Congresso Nacional, seus próprios Ministros e o Procurador-Geral da República;

c) nas infrações penais comuns e nos crimes de responsabilidade, os Ministros de Estado e os Comandantes da Marinha, do Exército e da Aeronáutica, ressalvado o disposto no art. 52, I, os membros dos Tribunais Superiores, os do Tribunal de Contas da União e os chefes de missão diplomática de caráter permanente;
•• Alínea *c* com redação determinada pela Emenda Constitucional n. 23, de 2-9-1999.
• A Lei n. 1.079, de 10-4-1950, define os crimes de responsabilidade e regula o respectivo processo de julgamento.

d) o *habeas corpus*, sendo paciente qualquer das pessoas referidas nas alíneas anteriores; o mandado de segurança e o *habeas data* contra atos do Presidente da República, das Mesas da Câmara dos Deputados e do Senado Federal, do Tribunal de Contas da União, do Procurador-Geral da República e do próprio Supremo Tribunal Federal;

e) o litígio entre Estado estrangeiro ou organismo internacional e a União, o Estado, o Distrito Federal ou o Território;

f) as causas e os conflitos entre a União e os Estados, a União e o Distrito Federal, ou entre uns e outros, inclusive as respectivas entidades da administração indireta;

g) a extradição solicitada por Estado estrangeiro;

h) (*Revogada pela Emenda Constitucional n. 45, de 8-12-2004.*)

i) o *habeas corpus*, quando o coator for Tribunal Superior ou quando o coator ou o paciente for autoridade ou funcionário cujos atos estejam sujeitos diretamente à jurisdição do Supremo Tribunal Federal, ou se trate de crime sujeito à mesma jurisdição em uma única instância;
•• Alínea *i* com redação determinada pela Emenda Constitucional n. 22, de 18-3-1999.

j) a revisão criminal e a ação rescisória de seus julgados;
• Da revisão criminal: arts. 621 e s. do CPP.
• Da ação rescisória: arts. 966 e s. do CPC.

l) a reclamação para a preservação de sua competência e garantia da autoridade de suas decisões;

m) a execução de sentença nas causas de sua competência originária, facultada a delegação de atribuições para a prática de atos processuais;

n) a ação em que todos os membros da magistratura sejam direta ou indiretamente interessados, e aquela em que mais da metade dos membros do tribunal de origem estejam impedidos ou sejam direta ou indiretamente interessados;

o) os conflitos de competência entre o Superior Tribunal de Justiça e quaisquer tribunais, entre Tribunais Superiores, ou entre estes e qualquer outro tribunal;
• Vide arts. 105, I, *d*, 108, I, *e*, e 114, V.

p) o pedido de medida cautelar das ações diretas de inconstitucionalidade;

q) o mandado de injunção, quando a elaboração da norma regulamentadora for atribuição do Presidente da República, do Congresso Nacional, da Câmara dos Deputados, do Senado Federal, das Mesas de uma dessas Casas Legislativas, do Tribunal de Contas da União, de um dos Tribunais Superiores, ou do próprio Supremo Tribunal Federal;

r) as ações contra o Conselho Nacional de Justiça e contra o Conselho Nacional do Ministério Público;
•• Alínea *r* acrescentada pela Emenda Constitucional n. 45, de 8-12-2004.

II – julgar, em recurso ordinário:

a) o *habeas corpus*, o mandado de segurança, o *habeas data* e o mandado de injunção decididos em única instância pelos Tribunais Superiores, se denegatória a decisão;

b) o crime político;

III – julgar, mediante recurso extraordinário, as causas decididas em única ou última instância, quando a decisão recorrida:

a) contrariar dispositivo desta Constituição;

b) declarar a inconstitucionalidade de tratado ou lei federal;

c) julgar válida lei ou ato de governo local contestado em face desta Constituição;

d) julgar válida lei local contestada em face de lei federal.
•• Alínea *d* acrescentada pela Emenda Constitucional n. 45, de 8-12-2004.

§ 1.º A arguição de descumprimento de preceito fundamental, decorrente desta Constituição, será apreciada pelo Supremo Tribunal Federal, na forma da lei.
•• § 1.º com redação determinada pela Emenda Constitucional n. 3, de 17-3-1993.
•• A Lei n. 9.882, de 3-12-1999, dispõe sobre o processo e julgamento da arguição de descumprimento de preceito fundamental, de que trata este parágrafo.

§ 2.º As decisões definitivas de mérito, proferidas pelo Supremo Tribunal Federal, nas ações diretas de inconstitucionalidade e nas ações declaratórias de constitucionalidade produzirão eficácia contra todos e efeito vinculante, relativamente aos demais órgãos do Poder Judiciário e à administração pública direta e indireta, nas esferas federal, estadual e municipal.

•• § 2.º com redação determinada pela Emenda Constitucional n. 45, de 8-12-2004.

§ 3.º No recurso extraordinário o recorrente deverá demonstrar a repercussão geral das questões constitucionais discutidas no caso, nos termos da lei, a fim de que o Tribunal examine a admissão do recurso, somente podendo recusá-lo pela manifestação de dois terços de seus membros.

•• § 3.º acrescentado pela Emenda Constitucional n. 45, de 8-12-2004.
•• § 3.º regulamentado pela Lei n. 11.418, de 19-12-2006.

Art. 103. Podem propor a ação direta de inconstitucionalidade e a ação declaratória de constitucionalidade:

•• Caput com redação determinada pela Emenda Constitucional n. 45, de 8-12-2004.

I – o Presidente da República;
II – a Mesa do Senado Federal;
III – a Mesa da Câmara dos Deputados;

• Vide Súmula 640 do STF.

IV – a Mesa de Assembleia Legislativa ou da Câmara Legislativa do Distrito Federal;

•• Inciso IV com redação determinada pela Emenda Constitucional n. 45, de 8-12-2004.

V – o Governador de Estado ou do Distrito Federal;

•• Inciso V com redação determinada pela Emenda Constitucional n. 45, de 8-12-2004.

VI – o Procurador-Geral da República;
VII – o Conselho Federal da Ordem dos Advogados do Brasil;
VIII – partido político com representação no Congresso Nacional;
IX – confederação sindical ou entidade de classe de âmbito nacional.

§ 1.º O Procurador-Geral da República deverá ser previamente ouvido nas ações de inconstitucionalidade e em todos os processos de competência do Supremo Tribunal Federal.

§ 2.º Declarada a inconstitucionalidade por omissão de medida para tornar efetiva norma constitucional, será dada ciência ao Poder competente para a adoção das providências necessárias e, em se tratando de órgão administrativo, para fazê-lo em trinta dias.

§ 3.º Quando o Supremo Tribunal Federal apreciar a inconstitucionalidade, em tese, de norma legal ou ato normativo, citará, previamente, o Advogado-Geral da União, que defenderá o ato ou texto impugnado.

§ 4.º (*Revogado pela Emenda Constitucional n. 45, de 8-12-2004.*)

Art. 103-A. O Supremo Tribunal Federal poderá, de ofício ou por provocação, mediante decisão de dois terços dos seus membros, após reiteradas decisões sobre matéria constitucional, aprovar súmula que, a partir de sua publicação na imprensa oficial, terá efeito vinculante em relação aos demais órgãos do Poder Judiciário e à administração pública direta e indireta, nas esferas federal, estadual e municipal, bem como proceder à sua revisão ou cancelamento, na forma estabelecida em lei.

•• Caput acrescentado pela Emenda Constitucional n. 45, de 8-12-2004.
•• Artigo regulamentado pela Lei n. 11.417, de 19-12-2006.

§ 1.º A súmula terá por objetivo a validade, a interpretação e a eficácia de normas determinadas, acerca das quais haja controvérsia atual entre órgãos judiciários ou entre esses e a administração pública que acarrete grave insegurança jurídica e relevante multiplicação de processos sobre questão idêntica.

•• § 1.º acrescentado pela Emenda Constitucional n. 45, de 8-12-2004.

§ 2.º Sem prejuízo do que vier a ser estabelecido em lei, a aprovação, revisão ou cancelamento de súmula poderá ser provocada por aqueles que podem propor a ação direta de inconstitucionalidade.

•• § 2.º acrescentado pela Emenda Constitucional n. 45, de 8-12-2004.

§ 3.º Do ato administrativo ou decisão judicial que contrariar a súmula aplicável ou que indevidamente a aplicar, caberá reclamação ao Supremo Tribunal Federal que, julgando-a procedente, anulará o ato administrativo ou cassará a decisão judicial reclamada, e determinará que outra seja proferida com ou sem a aplicação da súmula, conforme o caso.

•• § 3.º acrescentado pela Emenda Constitucional n. 45, de 8-12-2004.

Art. 103-B. O Conselho Nacional de Justiça compõe-se de 15 (quinze) membros com mandato de 2 (dois) anos, admitida 1 (uma) recondução, sendo:

•• Caput com redação determinada pela Emenda Constitucional n. 61, de 11-11-2009.
• A Resolução n. 67, de 3-3-2009, aprova o Regimento Interno do CNJ.

I – O Presidente do Supremo Tribunal Federal;

•• Inciso I com redação determinada pela Emenda Constitucional n. 61, de 11-11-2009.

II – um Ministro do Superior Tribunal de Justiça, indicado pelo respectivo tribunal;

•• Inciso II acrescentado pela Emenda Constitucional n. 45, de 8-12-2004.

III – um Ministro do Tribunal Superior do Trabalho, indicado pelo respectivo tribunal;

•• Inciso III acrescentado pela Emenda Constitucional n. 45, de 8-12-2004.

IV – um desembargador de Tribunal de Justiça, indicado pelo Supremo Tribunal Federal;

•• Inciso IV acrescentado pela Emenda Constitucional n. 45, de 8-12-2004.

V – um juiz estadual, indicado pelo Supremo Tribunal Federal;

•• Inciso V acrescentado pela Emenda Constitucional n. 45, de 8-12-2004.

VI – um juiz de Tribunal Regional Federal, indicado pelo Superior Tribunal de Justiça;

•• Inciso VI acrescentado pela Emenda Constitucional n. 45, de 8-12-2004.

VII – um juiz federal, indicado pelo Superior Tribunal de Justiça;

•• Inciso VII acrescentado pela Emenda Constitucional n. 45, de 8-12-2004.

VIII – um juiz de Tribunal Regional do Trabalho, indicado pelo Tribunal Superior do Trabalho;

•• Inciso VIII acrescentado pela Emenda Constitucional n. 45, de 8-12-2004.

IX – um juiz do trabalho, indicado pelo Tribunal Superior do Trabalho;

•• Inciso IX acrescentado pela Emenda Constitucional n. 45, de 8-12-2004.

X – um membro do Ministério Público da União, indicado pelo Procurador-Geral da República;

•• Inciso X acrescentado pela Emenda Constitucional n. 45, de 8-12-2004.

XI – um membro do Ministério Público estadual, escolhido pelo Procurador-Geral da República dentre os nomes indicados pelo órgão competente de cada instituição estadual;

•• Inciso XI acrescentado pela Emenda Constitucional n. 45, de 8-12-2004.

XII – dois advogados, indicados pelo Conselho Federal da Ordem dos Advogados do Brasil;

•• Inciso XII acrescentado pela Emenda Constitucional n. 45, de 8-12-2004.

XIII – dois cidadãos, de notável saber jurídico e reputação ilibada, indicados um pela Câmara dos Deputados e outro pelo Senado Federal.

•• Inciso XIII acrescentado pela Emenda Constitucional n. 45, de 8-12-2004.

§ 1.º O Conselho será presidido pelo Presidente do Supremo Tribunal Federal e, nas suas ausências e impedimentos, pelo Vice-Presidente do Supremo Tribunal Federal.

•• § 1.º com redação determinada pela Emenda Constitucional n. 61, de 11-11-2009.

§ 2.º Os demais membros do Conselho serão nomeados pelo Presidente da República, depois de aprovada a escolha pela maioria absoluta do Senado Federal.

•• § 2.º com redação determinada pela Emenda Constitucional n. 61, de 11-11-2009.

§ 3.º Não efetuadas, no prazo legal, as indicações previstas neste artigo, caberá a escolha ao Supremo Tribunal Federal.

•• § 3.º acrescentado pela Emenda Constitucional n. 45, de 8-12-2004.

§ 4.º Compete ao Conselho o controle da atuação administrativa e financeira do Poder Judiciário e do cumprimento dos deveres funcionais dos juízes, cabendo-lhe, além de outras atribuições que lhe forem conferidas pelo Estatuto da Magistratura:

•• § 4.º, caput, acrescentado pela Emenda Constitucional n. 45, de 8-12-2004.

I – zelar pela autonomia do Poder Judiciário e pelo cumprimento do Estatuto da Magistratura, podendo expedir atos regulamentares, no âmbito de sua competência, ou recomendar providências;

•• Inciso I acrescentado pela Emenda Constitucional n. 45, de 8-12-2004.

II – zelar pela observância do art. 37 e apreciar, de ofício ou mediante provocação, a legalidade dos atos administrativos praticados por membros ou órgãos do Poder Judiciário, podendo desconstituí-los, revê-los ou fixar

prazo para que se adotem as providências necessárias ao exato cumprimento da lei, sem prejuízo da competência do Tribunal de Contas da União;
•• Inciso II acrescentado pela Emenda Constitucional n. 45, de 8-12-2004.

III – receber e conhecer das reclamações contra membros ou órgãos do Poder Judiciário, inclusive contra seus serviços auxiliares, serventias e órgãos prestadores de serviços notariais e de registro que atuem por delegação do poder público ou oficializados, sem prejuízo da competência disciplinar e correicional dos tribunais, podendo avocar processos disciplinares em curso, determinar a remoção ou a disponibilidade e aplicar outras sanções administrativas, assegurada ampla defesa;
•• Inciso III com redação determinada pela Emenda Constitucional n. 103, de 12-11-2019.

IV – representar ao Ministério Público, no caso de crime contra a administração pública ou de abuso de autoridade;
•• Inciso IV acrescentado pela Emenda Constitucional n. 45, de 8-12-2004.

V – rever, de ofício ou mediante provocação, os processos disciplinares de juízes e membros de tribunais julgados há menos de um ano;
•• Inciso V acrescentado pela Emenda Constitucional n. 45, de 8-12-2004.

VI – elaborar semestralmente relatório estatístico sobre processos e sentenças prolatadas, por unidade da Federação, nos diferentes órgãos do Poder Judiciário;
•• Inciso VI acrescentado pela Emenda Constitucional n. 45, de 8-12-2004.

VII – elaborar relatório anual, propondo as providências que julgar necessárias, sobre a situação do Poder Judiciário no País e as atividades do Conselho, o qual deve integrar mensagem do Presidente do Supremo Tribunal Federal a ser remetida ao Congresso Nacional, por ocasião da abertura da sessão legislativa.
•• Inciso VII acrescentado pela Emenda Constitucional n. 45, de 8-12-2004.

§ 5.º O Ministro do Superior Tribunal de Justiça exercerá a função de Ministro-Corregedor e ficará excluído da distribuição de processos no Tribunal, competindo-lhe, além das atribuições que lhe forem conferidas pelo Estatuto da Magistratura, as seguintes:
•• § 5.º, *caput*, acrescentado pela Emenda Constitucional n. 45, de 8-12-2004.

I – receber as reclamações e denúncias, de qualquer interessado, relativas aos magistrados e aos serviços judiciários;
•• Inciso I acrescentado pela Emenda Constitucional n. 45, de 8-12-2004.

II – exercer funções executivas do Conselho, de inspeção e de correição geral;
•• Inciso II acrescentado pela Emenda Constitucional n. 45, de 8-12-2004.

III – requisitar e designar magistrados, delegando-lhes atribuições, e requisitar servidores de juízos ou tribunais, inclusive nos Estados, Distrito Federal e Territórios.
•• Inciso III acrescentado pela Emenda Constitucional n. 45, de 8-12-2004.

§ 6.º Junto ao Conselho oficiarão o Procurador-Geral da República e o Presidente do Conselho Federal da Ordem dos Advogados do Brasil.
•• § 6.º acrescentado pela Emenda Constitucional n. 45, de 8-12-2004.

§ 7.º A União, inclusive no Distrito Federal e nos Territórios, criará ouvidorias de justiça, competentes para receber reclamações e denúncias de qualquer interessado contra membros ou órgãos do Poder Judiciário, ou contra seus serviços auxiliares, representando diretamente ao Conselho Nacional de Justiça.
•• § 7.º acrescentado pela Emenda Constitucional n. 45, de 8-12-2004.

SEÇÃO III
Do Superior Tribunal de Justiça

• A Lei n. 8.038, de 28-5-1990, institui normas procedimentais, para processos que especifica, perante o STJ e o STF.

Art. 104. O Superior Tribunal de Justiça compõe-se de, no mínimo, trinta e três Ministros.

Parágrafo único. Os Ministros do Superior Tribunal de Justiça serão nomeados pelo Presidente da República, dentre brasileiros com mais de trinta e cinco e menos de setenta anos de idade, de notável saber jurídico e reputação ilibada, depois de aprovada a escolha pela maioria absoluta do Senado Federal, sendo:
•• Parágrafo único, *caput*, com redação determinada pela Emenda Constitucional n. 122, de 17-5-2022.

I – um terço dentre juízes dos Tribunais Regionais Federais e um terço dentre desembargadores dos Tribunais de Justiça, indicados em lista tríplice elaborada pelo próprio Tribunal;

II – um terço, em partes iguais, dentre advogados e membros do Ministério Público Federal, Estadual, do Distrito Federal e Territórios, alternadamente, indicados na forma do art. 94.

Art. 105. Compete ao Superior Tribunal de Justiça:

I – processar e julgar, originariamente:

a) nos crimes comuns, os Governadores dos Estados e do Distrito Federal, e, nestes e nos de responsabilidade, os desembargadores dos Tribunais de Justiça dos Estados e do Distrito Federal, os membros dos Tribunais de Contas dos Estados e do Distrito Federal, os dos Tribunais Regionais Federais, dos Tribunais Regionais Eleitorais e do Trabalho, os membros dos Conselhos ou Tribunais de Contas dos Municípios e os do Ministério Público da União que oficiem perante tribunais;

b) os mandados de segurança e os *habeas data* contra ato de Ministro de Estado, dos Comandantes da Marinha, do Exército e da Aeronáutica ou do próprio Tribunal;
•• Alínea *b* com redação determinada pela Emenda Constitucional n. 23, de 2-9-1999.

c) os *habeas corpus*, quando o coator ou paciente for qualquer das pessoas mencionadas na alínea *a*, ou quando o coator for tribunal sujeito à sua jurisdição, Ministro de Estado ou Comandante da Marinha, do Exército ou da Aeronáutica, ressalvada a competência da Justiça Eleitoral;
•• Alínea *c* com redação determinada pela Emenda Constitucional n. 23, de 2-9-1999.

d) os conflitos de competência entre quaisquer tribunais, ressalvado o disposto no art. 102, I, *o*, bem como entre tribunal e juízes a ele não vinculados e entre juízes vinculados a tribunais diversos;

e) as revisões criminais e as ações rescisórias de seus julgados;
• Da revisão criminal: arts. 621 e s. do CPP.
• Da ação rescisória: arts. 966 e s. do CPC.

f) a reclamação para a preservação de sua competência e garantia da autoridade de suas decisões;

g) os conflitos de atribuições entre autoridades administrativas e judiciárias da União, ou entre autoridades judiciárias de um Estado e administrativas de outro ou do Distrito Federal, ou entre as deste e da União;

h) o mandado de injunção, quando a elaboração da norma regulamentadora for atribuição de órgão, entidade ou autoridade federal, da administração direta ou indireta, excetuados os casos de competência do Supremo Tribunal Federal e dos órgãos da Justiça Militar, da Justiça Eleitoral, da Justiça do Trabalho e da Justiça Federal;

i) a homologação de sentenças estrangeiras e a concessão de *exequatur* às cartas rogatórias;
•• Alínea *i* acrescentada pela Emenda Constitucional n. 45, de 8-12-2004.

II – julgar, em recurso ordinário:

a) os *habeas corpus* decididos em única ou última instância pelos Tribunais Regionais Federais ou pelos tribunais dos Estados, do Distrito Federal e Territórios, quando a decisão for denegatória;

b) os mandados de segurança decididos em única instância pelos Tribunais Regionais Federais ou pelos tribunais dos Estados, do Distrito Federal e Territórios, quando denegatória a decisão;

c) as causas em que forem partes Estado estrangeiro ou organismo internacional, de um lado, e, do outro, Município ou pessoa residente ou domiciliada no País;

III – julgar, em recurso especial, as causas decididas, em única ou última instância, pelos Tribunais Regionais Federais ou pelos tribunais dos Estados, do Distrito Federal e Territórios, quando a decisão recorrida:

a) contrariar tratado ou lei federal, ou negar-lhes vigência;
• Vide Súmula 518 do STJ.

b) julgar válido ato de governo local contestado em face de lei federal;
•• Alínea *b* com redação determinada pela Emenda Constitucional n. 45, de 8-12-2004.

c) der a lei federal interpretação divergente da que lhe haja atribuído outro tribunal.

§ 1.º Funcionarão junto ao Superior Tribunal de Justiça:

•• Parágrafo único, *caput*, renumerado pela Emenda Constitucional n. 125, de 14-7-2022.

I – a Escola Nacional de Formação e Aperfeiçoamento de Magistrados, cabendo-lhe, dentre outras funções, regulamentar os cursos oficiais para o ingresso e promoção na carreira;
•• Inciso I acrescentado pela Emenda Constitucional n. 45, de 8-12-2004.

II – o Conselho da Justiça Federal, cabendo-lhe exercer, na forma da lei, a supervisão administrativa e orçamentária da Justiça Federal de primeiro e segundo graus, como órgão central do sistema e com poderes correicionais, cujas decisões terão caráter vinculante.
•• Inciso II acrescentado pela Emenda Constitucional n. 45, de 8-12-2004.

§ 2.º No recurso especial, o recorrente deve demonstrar a relevância das questões de direito federal infraconstitucional discutidas no caso, nos termos da lei, a fim de que a admissão do recurso seja examinada pelo Tribunal, o qual somente pode dele não conhecer com base nesse motivo pela manifestação de 2/3 (dois terços) dos membros do órgão competente para o julgamento.
•• § 2.º acrescentado pela Emenda Constitucional n. 125, de 14-7-2022.
•• *Vide* art. 2.º da Emenda Constitucional n. 125, de 14-7-2022.

§ 3.º Haverá a relevância de que trata o § 2.º deste artigo nos seguintes casos:
•• § 3.º, *caput*, acrescentado pela Emenda Constitucional n. 125, de 14-7-2022.

I – ações penais;
•• Inciso I acrescentado pela Emenda Constitucional n. 125, de 14-7-2022.

II – ações de improbidade administrativa;
•• Inciso II acrescentado pela Emenda Constitucional n. 125, de 14-7-2022.

III – ações cujo valor da causa ultrapasse 500 (quinhentos) salários mínimos;
•• Inciso III acrescentado pela Emenda Constitucional n. 125, de 14-7-2022.

IV – ações que possam gerar inelegibilidade;
•• Inciso IV acrescentado pela Emenda Constitucional n. 125, de 14-7-2022.

V – hipóteses em que o acórdão recorrido contrariar jurisprudência dominante do Superior Tribunal de Justiça;
•• Inciso V acrescentado pela Emenda Constitucional n. 125, de 14-7-2022.

VI – outras hipóteses previstas em lei.
•• Inciso VI acrescentado pela Emenda Constitucional n. 125, de 14-7-2022.

SEÇÃO IV
Dos Tribunais Regionais Federais e dos Juízes Federais

Art. 106. São órgãos da Justiça Federal:

I – os Tribunais Regionais Federais;

II – os Juízes Federais.

Art. 107. Os Tribunais Regionais Federais compõem-se de, no mínimo, sete juízes, recrutados, quando possível, na respectiva região e nomeados pelo Presidente da República dentre brasileiros com mais de trinta e menos de setenta anos de idade, sendo:
•• *Caput* com redação determinada pela Emenda Constitucional n. 122, de 17-5-2022.

I – um quinto dentre advogados com mais de dez anos de efetiva atividade profissional e membros do Ministério Público Federal com mais de dez anos de carreira;

II – os demais, mediante promoção de juízes federais com mais de cinco anos de exercício, por antiguidade e merecimento, alternadamente.

§ 1.º A lei disciplinará a remoção ou a permuta de juízes dos Tribunais Regionais Federais e determinará sua jurisdição e sede.
•• Primitivo parágrafo único transformado em § 1.º pela Emenda Constitucional n. 45, de 8-12-2004.

§ 2.º Os Tribunais Regionais Federais instalarão a justiça itinerante, com a realização de audiências e demais funções da atividade jurisdicional, nos limites territoriais da respectiva jurisdição, servindo-se de equipamentos públicos e comunitários.
•• § 2.º acrescentado pela Emenda Constitucional n. 45, de 8-12-2004.

§ 3.º Os Tribunais Regionais Federais poderão funcionar descentralizadamente, constituindo Câmaras regionais, a fim de assegurar o pleno acesso do jurisdicionado à justiça em todas as fases do processo.
•• § 3.º acrescentado pela Emenda Constitucional n. 45, de 8-12-2004.

Art. 108. Compete aos Tribunais Regionais Federais:

I – processar e julgar, originariamente:

a) os juízes federais da área de sua jurisdição, incluídos os da Justiça Militar e da Justiça do Trabalho, nos crimes comuns e de responsabilidade, e os membros do Ministério Público da União, ressalvada a competência da Justiça Eleitoral;

b) as revisões criminais e as ações rescisórias de julgados seus ou dos juízes federais da região;
• Da revisão criminal: arts. 621 e s. do CPP.
• Da ação rescisória: arts. 966 e s. do CPC.

c) os mandados de segurança e os *habeas data* contra ato do próprio Tribunal ou de juiz federal;

d) os *habeas corpus*, quando a autoridade coatora for juiz federal;

e) os conflitos de competência entre juízes federais vinculados ao Tribunal;

II – julgar, em grau de recurso, as causas decididas pelos juízes federais e pelos juízes estaduais no exercício da competência federal da área de sua jurisdição.
• *Vide* Súmula 55 do STJ.

Art. 109. Aos juízes federais compete processar e julgar:

I – as causas em que a União, entidade autárquica ou empresa pública federal forem interessadas na condição de autoras, rés, assistentes ou oponentes, exceto as de falência, as de acidentes de trabalho e as sujeitas à Justiça Eleitoral e à Justiça do Trabalho;
• *Vide* Súmulas Vinculantes 22 e 27.
• *Vide* Súmulas 235 e 501 do STF, e Súmulas 15, 32 e 82 do STJ.

II – as causas entre Estado estrangeiro ou organismo internacional e Município ou pessoa domiciliada ou residente no País;

III – as causas fundadas em tratado ou contrato da União com Estado estrangeiro ou organismo internacional;

IV – os crimes políticos e as infrações penais praticadas em detrimento de bens, serviços ou interesse da União ou de suas entidades autárquicas ou empresas públicas, excluídas as contravenções e ressalvada a competência da Justiça Militar e da Justiça Eleitoral;
• *Vide* Súmulas 62 e 165 do STJ.

V – os crimes previstos em tratado ou convenção internacional, quando, iniciada a execução no País, o resultado tenha ou devesse ter ocorrido no estrangeiro, ou reciprocamente;

V-A – as causas relativas a direitos humanos a que se refere o § 5.º deste artigo;
•• Inciso V-A acrescentado pela Emenda Constitucional n. 45, de 8-12-2004.

VI – os crimes contra a organização do trabalho e, nos casos determinados por lei, contra o sistema financeiro e a ordem econômico-financeira;
• Dos crimes contra a organização do trabalho: arts. 197 a 207 do CP.
• Dos crimes contra o sistema financeiro: Lei n. 7.492, de 16-6-1986.
• Dos crimes contra a ordem econômica: Leis n. 8.137, de 27-12-1990, e n. 8.176, de 8-2-1991.

VII – os *habeas corpus*, em matéria criminal de sua competência ou quando o constrangimento provier de autoridade cujos atos não estejam diretamente sujeitos a outra jurisdição;

VIII – os mandados de segurança e os *habeas data* contra ato de autoridade federal, excetuados os casos de competência dos tribunais federais;
• Mandado de Segurança: Lei n. 12.016, de 7-8-2009.
• *Habeas data*: Lei n. 9.507, de 12-11-1997.

IX – os crimes cometidos a bordo de navios ou aeronaves, ressalvada a competência da Justiça Militar;

X – os crimes de ingresso ou permanência irregular de estrangeiro, a execução de carta rogatória, após o *exequatur*, e de sentença estrangeira, após a homologação, as causas referentes à nacionalidade, inclusive a respectiva opção, e à naturalização;

XI – a disputa sobre direitos indígenas.

§ 1.º As causas em que a União for autora serão aforadas na seção judiciária onde tiver domicílio a outra parte.

§ 2.º As causas intentadas contra a União poderão ser aforadas na seção judiciária em que for domiciliado o autor, naquela onde houver

ocorrido o ato ou fato que deu origem à demanda ou onde esteja situada a coisa, ou ainda, no Distrito Federal.

§ 3.º Lei poderá autorizar que as causas de competência da Justiça Federal em que forem parte instituição de previdência social e segurado possam ser processadas e julgadas na justiça estadual quando a comarca do domicílio do segurado não for sede de vara federal.
- •• § 3.º com redação determinada pela Emenda Constitucional n. 103, de 12-11-2019.
- • Vide Súmula 32 do STJ.

§ 4.º Na hipótese do parágrafo anterior, o recurso cabível será sempre para o Tribunal Regional Federal na área de jurisdição do juiz de primeiro grau.
- • Vide Súmula 32 do STJ.

§ 5.º Nas hipóteses de grave violação de direitos humanos, o Procurador-Geral da República, com a finalidade de assegurar o cumprimento de obrigações decorrentes de tratados internacionais de direitos humanos dos quais o Brasil seja parte, poderá suscitar, perante o Superior Tribunal de Justiça, em qualquer fase do inquérito ou processo, incidente de deslocamento de competência para a Justiça Federal.
- •• § 5.º acrescentado pela Emenda Constitucional n. 45, de 8-12-2004.

Art. 110. Cada Estado, bem como o Distrito Federal, constituirá uma seção judiciária que terá por sede a respectiva Capital, e varas localizadas segundo o estabelecido em lei.

Parágrafo único. Nos Territórios Federais, a jurisdição e as atribuições cometidas aos juízes federais caberão aos juízes da justiça local, na forma da lei.

SEÇÃO V
Do Tribunal Superior do Trabalho, dos Tribunais Regionais do Trabalho e dos Juízes do Trabalho

- •• Seção V com denominação determinada pela Emenda Constitucional n. 92, de 12-7-2016.

Art. 111. São órgãos da Justiça do Trabalho:

I – o Tribunal Superior do Trabalho;

II – os Tribunais Regionais do Trabalho;

III – Juízes do Trabalho.
- •• Inciso III com redação determinada pela Emenda Constitucional n. 24, de 9-12-1999.

§ 1.º (Revogado pela Emenda Constitucional n. 45, de 8-12-2004.)
§ 2.º (Revogado pela Emenda Constitucional n. 45, de 8-12-2004.)
§ 3.º (Revogado pela Emenda Constitucional n. 45, de 8-12-2004.)

Art. 111-A. O Tribunal Superior do Trabalho compõe-se de vinte e sete Ministros, escolhidos dentre brasileiros com mais de trinta e cinco e menos de setenta anos de idade, de notável saber jurídico e reputação ilibada, nomeados pelo Presidente da República após aprovação pela maioria absoluta do Senado Federal, sendo:
- •• Caput com redação determinada pela Emenda Constitucional n. 122, de 17-5-2022.

I – um quinto dentre advogados com mais de dez anos de efetiva atividade profissional e membros do Ministério Público do Trabalho com mais de dez anos de efetivo exercício, observado o disposto no art. 94;
- •• Inciso I acrescentado pela Emenda Constitucional n. 45, de 8-12-2004.

II – os demais dentre juízes dos Tribunais Regionais do Trabalho, oriundos da magistratura da carreira, indicados pelo próprio Tribunal Superior.
- •• Inciso II acrescentado pela Emenda Constitucional n. 45, de 8-12-2004.

§ 1.º A lei disporá sobre a competência do Tribunal Superior do Trabalho.
- •• § 1.º acrescentado pela Emenda Constitucional n. 45, de 8-12-2004.

§ 2.º Funcionarão junto ao Tribunal Superior do Trabalho:
- •• § 2.º, caput, acrescentado pela Emenda Constitucional n. 45, de 8-12-2004.

I – a Escola Nacional de Formação e Aperfeiçoamento de Magistrados do Trabalho, cabendo-lhe, dentre outras funções, regulamentar os cursos oficiais para o ingresso e promoção na carreira;
- •• Inciso I acrescentado pela Emenda Constitucional n. 45, de 8-12-2004.

II – o Conselho Superior da Justiça do Trabalho, cabendo-lhe exercer, na forma da lei, a supervisão administrativa, orçamentária, financeira e patrimonial da Justiça do Trabalho de primeiro e segundo graus, como órgão central do sistema, cujas decisões terão efeito vinculante.
- •• Inciso II acrescentado pela Emenda Constitucional n. 45, de 8-12-2004.
- • Vide art. 6.º da Emenda Constitucional n. 45, de 8-12-2004.
- • A Resolução n. 20, de 23-5-2006, dispõe sobre a estrutura do Conselho Superior da Justiça do Trabalho.
- • A Resolução Administrativa n. 1.909, de 20-6-2017, do TST, aprova o Regimento Interno do Conselho Superior da Justiça do Trabalho.

§ 3.º Compete ao Tribunal Superior do Trabalho processar e julgar, originariamente, a reclamação para a preservação de sua competência e garantia da autoridade de suas decisões.
- •• § 3.º acrescentado pela Emenda Constitucional n. 92, de 12-7-2016.

Art. 112. A lei criará varas da Justiça do Trabalho, podendo, nas comarcas não abrangidas por sua jurisdição, atribuí-la aos juízes de direito, com recurso para o respectivo Tribunal Regional do Trabalho.
- •• Artigo com redação determinada pela Emenda Constitucional n. 45, de 8-12-2004.

Art. 113. A lei disporá sobre a constituição, investidura, jurisdição, competência, garantias e condições de exercício dos órgãos da Justiça do Trabalho.
- •• Artigo com redação determinada pela Emenda Constitucional n. 24, de 9-12-1999.

Art. 114. Compete à Justiça do Trabalho processar e julgar:
- •• Caput com redação determinada pela Emenda Constitucional n. 45, de 8-12-2004.
- • Vide Súmulas 349 e 736 do STF.
- • Vide Súmulas 97, 137 e 222 do STJ.
- • Vide Súmula 392 do TST.
- • Vide OJs 143 e 416 da SDI-1.

I – as ações oriundas da relação de trabalho, abrangidos os entes de direito público externo e da administração pública direta e indireta da União, dos Estados, do Distrito Federal e dos Municípios;
- •• Inciso I acrescentado pela Emenda Constitucional n. 45, de 8-12-2004.
- •• O STF, nas ADI n. 3.395 e 3.529, "julgou parcialmente procedente o pedido formulado, confirmando a decisão liminar concedida e fixando, com aplicação de interpretação conforme à Constituição, sem redução de texto, que o disposto no inciso I do art. 114 da Constituição Federal não abrange causas ajuizadas para discussão de relação jurídico-estatutária entre o Poder Público dos Entes da Federação e seus Servidores", nas sessões virtuais de 3-4-2020 a 14-4-2020 (DOU de 23-4-2020 e 1.º-9-2020).
- •• O STF julgou procedente a ADI n. 3.684, nas sessões virtuais de 1.º-5-2020 a 8-5-2020 (DOU de 22-5-2020), e conferiu interpretação conforme à Constituição a este inciso, "para afastar qualquer interpretação que entenda competir à Justiça do Trabalho processar e julgar ações penais".

II – as ações que envolvam exercício do direito de greve;
- •• Inciso II acrescentado pela Emenda Constitucional n. 45, de 8-12-2004.
- • A Lei n. 7.783, de 28-6-1989, dispõe sobre exercício do direito de greve.
- • Vide Súmula Vinculante 23.

III – as ações sobre representação sindical, entre sindicatos, entre sindicatos e trabalhadores, e entre sindicatos e empregadores;
- •• Inciso III acrescentado pela Emenda Constitucional n. 45, de 8-12-2004.

IV – os mandados de segurança, habeas corpus e habeas data, quando o ato questionado envolver matéria sujeita à sua jurisdição;
- •• Inciso IV acrescentado pela Emenda Constitucional n. 45, de 8-12-2004.
- •• O STF julgou procedente a ADI n. 3.684, nas sessões virtuais de 1.º-5-2020 a 8-5-2020 (DOU de 22-5-2020), e conferiu interpretação conforme à Constituição a este inciso, "para afastar qualquer interpretação que entenda competir à Justiça do Trabalho processar e julgar ações penais".

V – os conflitos de competência entre órgãos com jurisdição trabalhista, ressalvado o disposto no art. 102, I, o;
- •• Inciso V acrescentado pela Emenda Constitucional n. 45, de 8-12-2004.

VI – as ações de indenização por dano moral ou patrimonial, decorrentes da relação de trabalho;
- •• Inciso VI acrescentado pela Emenda Constitucional n. 45, de 8-12-2004.
- • Vide art. 5.º, X.
- • Vide Súmula Vinculante 22.

VII – as ações relativas às penalidades administrativas impostas aos empregadores pelos órgãos de fiscalização das relações de trabalho;
- •• Inciso VII acrescentado pela Emenda Constitucional n. 45, de 8-12-2004.

VIII – a execução, de ofício, das contribuições sociais previstas no art. 195, I, a, e II, e seus acréscimos legais, decorrentes das sentenças que proferir;
- •• Inciso VIII acrescentado pela Emenda Constitucional n. 45, de 8-12-2004.
- • Vide Súmula Vinculante 53.
- • Vide Súmula 368 do TST.
- • Vide OJ 414 da SBDI-1.

IX – outras controvérsias decorrentes da relação de trabalho, na forma da lei.
•• Inciso IX acrescentado pela Emenda Constitucional n. 45, de 8-12-2004.
•• O STF julgou procedente a ADI n. 3.684, nas sessões virtuais de 1.º-5-2020 a 8-5-2020 (*DOU* de 22-5-2020), e conferiu interpretação conforme à Constituição a este inciso, "para afastar qualquer interpretação que entenda competir à Justiça do Trabalho processar e julgar ações penais".

§ 1.º Frustrada a negociação coletiva, as partes poderão eleger árbitros.

§ 2.º Recusando-se qualquer das partes à negociação coletiva ou à arbitragem, é facultado às mesmas, de comum acordo, ajuizar dissídio coletivo de natureza econômica, podendo a Justiça do Trabalho decidir o conflito, respeitadas as disposições mínimas legais de proteção ao trabalho, bem como as convencionadas anteriormente.
•• § 2.º com redação determinada pela Emenda Constitucional n. 45, de 8-12-2004.

§ 3.º Em caso de greve em atividade essencial, com possibilidade de lesão do interesse público, o Ministério Público do Trabalho poderá ajuizar dissídio coletivo, competindo à Justiça do Trabalho decidir o conflito.
•• § 3.º com redação determinada pela Emenda Constitucional n. 45, de 8-12-2004.

Art. 115. Os Tribunais Regionais do Trabalho compõem-se de, no mínimo, sete juízes, recrutados, quando possível, na respectiva região e nomeados pelo Presidente da República dentre brasileiros com mais de trinta e menos de setenta anos de idade, sendo:
•• *Caput* com redação determinada pela Emenda Constitucional n. 122, de 17-5-2022.

I – um quinto dentre advogados com mais de dez anos de efetiva atividade profissional e membros do Ministério Público do Trabalho com mais de dez anos de efetivo exercício, observado o disposto no art. 94;
•• Inciso I acrescentado pela Emenda Constitucional n. 45, de 8-12-2004.

II – os demais, mediante promoção de juízes do trabalho por antiguidade e merecimento, alternadamente.
•• Inciso II acrescentado pela Emenda Constitucional n. 45, de 8-12-2004.

§ 1.º Os Tribunais Regionais do Trabalho instalarão a justiça itinerante, com a realização de audiências e demais funções de atividade jurisdicional, nos limites territoriais da respectiva jurisdição, servindo-se de equipamentos públicos e comunitários.
•• § 1.º acrescentado pela Emenda Constitucional n. 45, de 8-12-2004.

§ 2.º Os Tribunais Regionais do Trabalho poderão funcionar descentralizadamente, constituindo Câmaras regionais, a fim de assegurar o pleno acesso do jurisdicionado à justiça em todas as fases do processo.
•• § 2.º acrescentado pela Emenda Constitucional n. 45, de 8-12-2004.

Art. 116. Nas Varas do Trabalho, a jurisdição será exercida por um juiz singular.
•• *Caput* com redação determinada pela Emenda Constitucional n. 24, de 9-12-1999.

Parágrafo único. (*Revogado pela Emenda Constitucional n. 24, de 9-12-1999.*)

Art. 117. (*Revogado pela Emenda Constitucional n. 24, de 9-12-1999.*)

SEÇÃO VI
Dos Tribunais e Juízes Eleitorais

Art. 118. São órgãos da Justiça Eleitoral:
I – o Tribunal Superior Eleitoral;
II – os Tribunais Regionais Eleitorais;
III – os Juízes Eleitorais;
IV – as Juntas Eleitorais.

Art. 119. O Tribunal Superior Eleitoral compor-se-á, no mínimo, de sete membros, escolhidos:
I – mediante eleição, pelo voto secreto:
a) três juízes dentre os Ministros do Supremo Tribunal Federal;
b) dois juízes dentre os Ministros do Superior Tribunal de Justiça;
II – por nomeação do Presidente da República, dois juízes dentre seis advogados de notável saber jurídico e idoneidade moral, indicados pelo Supremo Tribunal Federal.

Parágrafo único. O Tribunal Superior Eleitoral elegerá seu Presidente e o Vice-Presidente dentre os Ministros do Supremo Tribunal Federal, e o Corregedor Eleitoral dentre os Ministros do Superior Tribunal de Justiça.

Art. 120. Haverá um Tribunal Regional Eleitoral na Capital de cada Estado e no Distrito Federal.

§ 1.º Os Tribunais Regionais Eleitorais compor-se-ão:
I – mediante eleição, pelo voto secreto:
a) de dois juízes dentre os desembargadores do Tribunal de Justiça;
b) de dois juízes, dentre juízes de direito, escolhidos pelo Tribunal de Justiça;
II – de um juiz do Tribunal Regional Federal com sede na Capital do Estado ou no Distrito Federal, ou, não havendo, de juiz federal, escolhido, em qualquer caso, pelo Tribunal Regional Federal respectivo;
III – por nomeação, pelo Presidente da República, de dois juízes dentre seis advogados de notável saber jurídico e idoneidade moral, indicados pelo Tribunal de Justiça.

§ 2.º O Tribunal Regional Eleitoral elegerá seu Presidente e o Vice-Presidente dentre os desembargadores.

Art. 121. Lei complementar disporá sobre a organização e competência dos tribunais, dos juízes de direito e das juntas eleitorais.

§ 1.º Os membros dos tribunais, os juízes de direito e os integrantes das juntas eleitorais, no exercício de suas funções, e no que lhes for aplicável, gozarão de plenas garantias e serão inamovíveis.

§ 2.º Os juízes dos tribunais eleitorais, salvo motivo justificado, servirão por dois anos, no mínimo, e nunca por mais de dois biênios consecutivos, sendo os substitutos escolhidos na mesma ocasião e pelo mesmo processo, em número igual para cada categoria.

§ 3.º São irrecorríveis as decisões do Tribunal Superior Eleitoral, salvo as que contrariarem esta Constituição e as denegatórias de *habeas corpus* ou mandado de segurança.

§ 4.º Das decisões dos Tribunais Regionais Eleitorais somente caberá recurso quando:
I – forem proferidas contra disposição expressa desta Constituição ou de lei;
II – ocorrer divergência na interpretação de lei entre dois ou mais tribunais eleitorais;
III – versarem sobre inelegibilidade ou expedição de diplomas nas eleições federais ou estaduais;
IV – anularem diplomas ou decretarem a perda de mandatos eletivos federais ou estaduais;
V – denegarem *habeas corpus*, mandado de segurança, *habeas data* ou mandado de injunção.

SEÇÃO VII
Dos Tribunais e Juízes Militares

Art. 122. São órgãos da Justiça Militar:
I – o Superior Tribunal Militar;
II – os Tribunais e Juízes Militares instituídos por lei.

Art. 123. O Superior Tribunal Militar compor-se-á de quinze Ministros vitalícios, nomeados pelo Presidente da República, depois de aprovada a indicação pelo Senado Federal, sendo três dentre oficiais-generais da Marinha, quatro dentre oficiais-generais do Exército, três dentre oficiais-generais da Aeronáutica, todos da ativa e do posto mais elevado da carreira, e cinco dentre civis.

Parágrafo único. Os Ministros civis serão escolhidos pelo Presidente da República dentre brasileiros com mais de trinta e cinco e menos de setenta anos de idade, sendo:
•• Parágrafo único, *caput*, com redação determinada pela Emenda Constitucional n. 122, de 17-5-2022.

I – três dentre advogados de notório saber jurídico e conduta ilibada, com mais de dez anos de efetiva atividade profissional;
II – dois, por escolha paritária, dentre juízes auditores e membros do Ministério Público da Justiça Militar.

Art. 124. À Justiça Militar compete processar e julgar os crimes militares definidos em lei.

Parágrafo único. A lei disporá sobre a organização, o funcionamento e a competência, da Justiça Militar.

SEÇÃO VIII
Dos Tribunais e Juízes dos Estados

Art. 125. Os Estados organizarão sua Justiça, observados os princípios estabelecidos nesta Constituição.

§ 1.º A competência dos tribunais será definida na Constituição do Estado, sendo a lei de organização judiciária de iniciativa do Tribunal de Justiça.
•• *Vide* art. 70 do ADCT.
• *Vide* Súmula Vinculante 45.

§ 2.º Cabe aos Estados a instituição de representação de inconstitucionalidade de leis ou atos normativos estaduais ou municipais em face da Constituição Estadual, vedada a atribuição da legitimação para agir a um único órgão.

§ 3.º A lei estadual poderá criar, mediante proposta do Tribunal de Justiça, a Justiça Militar estadual, constituída, em primeiro grau, pelos juízes de direito e pelos Conselhos de Justiça e, em segundo grau, pelo próprio Tribunal de Justiça, ou por Tribunal de Justiça Militar nos Estados em que o efetivo militar seja superior a vinte mil integrantes.
•• § 3.º com redação determinada pela Emenda Constitucional n. 45, de 8-12-2004.

§ 4.º Compete à Justiça Militar estadual processar e julgar os militares dos Estados, nos crimes militares definidos em lei e as ações judiciais contra atos disciplinares militares, ressalvada a competência do júri quando a vítima for civil, cabendo ao tribunal competente decidir sobre a perda do posto e da patente dos oficiais e da graduação das praças.
•• § 4.º com redação determinada pela Emenda Constitucional n. 45, de 8-12-2004.

§ 5.º Compete aos juízes de direito do juízo militar processar e julgar, singularmente, os crimes militares cometidos contra civis e as ações judiciais contra atos disciplinares militares, cabendo ao Conselho de Justiça, sob a presidência de juiz de direito, processar e julgar os demais crimes militares.
•• § 5.º acrescentado pela Emenda Constitucional n. 45, de 8-12-2004.

§ 6.º O Tribunal de Justiça poderá funcionar descentralizadamente, constituindo Câmaras regionais, a fim de assegurar o pleno acesso do jurisdicionado à justiça em todas as fases do processo.
•• § 6.º acrescentado pela Emenda Constitucional n. 45, de 8-12-2004.

§ 7.º O Tribunal de Justiça instalará a justiça itinerante, com a realização de audiências e demais funções da atividade jurisdicional, nos limites territoriais da respectiva jurisdição, servindo-se de equipamentos públicos e comunitários.
•• § 7.º acrescentado pela Emenda Constitucional n. 45, de 8-12-2004.

Art. 126. Para dirimir conflitos fundiários, o Tribunal de Justiça proporá a criação de varas especializadas, com competência exclusiva para questões agrárias.
•• *Caput* com redação determinada pela Emenda Constitucional n. 45, de 8-12-2004.

Parágrafo único. Sempre que necessário à eficiente prestação jurisdicional, o juiz far-se-á presente no local do litígio.

Capítulo IV
DAS FUNÇÕES ESSENCIAIS À JUSTIÇA

SEÇÃO I
Do Ministério Público

• Lei Orgânica Nacional do Ministério Público: Lei n. 8.625, de 12-2-1993.
• Organização, atribuições e Estatuto do Ministério Público da União: Lei Complementar n. 75, de 20-5-1993.

Art. 127. O Ministério Público é instituição permanente, essencial à função jurisdicional do Estado, incumbindo-lhe a defesa da ordem jurídica, do regime democrático e dos interesses sociais e individuais indisponíveis.

§ 1.º São princípios institucionais do Ministério Público a unidade, a indivisibilidade e a independência funcional.

§ 2.º Ao Ministério Público é assegurada autonomia funcional e administrativa, podendo, observado o disposto no art. 169, propor ao Poder Legislativo a criação e extinção de seus cargos e serviços auxiliares, provendo-os por concurso público de provas ou de provas e títulos, a política remuneratória e os planos de carreira; a lei disporá sobre sua organização e funcionamento.
•• § 2.º com redação determinada pela Emenda Constitucional n. 19, de 4-6-1998.

§ 3.º O Ministério Público elaborará sua proposta orçamentária dentro dos limites estabelecidos na lei de diretrizes orçamentárias.
•• *Vide* art. 107, § 2.º, do ADCT.

§ 4.º Se o Ministério Público não encaminhar a respectiva proposta orçamentária dentro do prazo estabelecido na lei de diretrizes orçamentárias, o Poder Executivo considerará, para fins de consolidação da proposta orçamentária anual, os valores aprovados na lei orçamentária vigente, ajustados de acordo com os limites estipulados na forma do § 3.º.
•• § 4.º acrescentado pela Emenda Constitucional n. 45, de 8-12-2004.

§ 5.º Se a proposta orçamentária de que trata este artigo for encaminhada em desacordo com os limites estipulados na forma do § 3.º, o Poder Executivo procederá aos ajustes necessários para fins de consolidação da proposta orçamentária anual.
•• § 5.º acrescentado pela Emenda Constitucional n. 45, de 8-12-2004.

§ 6.º Durante a execução orçamentária do exercício, não poderá haver a realização de despesas ou a assunção de obrigações que extrapolem os limites estabelecidos na lei de diretrizes orçamentárias, exceto se previamente autorizadas, mediante a abertura de créditos suplementares ou especiais.
•• § 6.º acrescentado pela Emenda Constitucional n. 45, de 8-12-2004.

Art. 128. O Ministério Público abrange:

I – o Ministério Público da União, que compreende:
a) o Ministério Público Federal;
b) o Ministério Público do Trabalho;
c) o Ministério Público Militar;
d) o Ministério Público do Distrito Federal e Territórios;

II – os Ministérios Públicos dos Estados.

§ 1.º O Ministério Público da União tem por chefe o Procurador-Geral da República, nomeado pelo Presidente da República dentre integrantes da carreira, maiores de trinta e cinco anos, após a aprovação de seu nome pela maioria absoluta dos membros do Senado Federal, para mandato de dois anos, permitida a recondução.

§ 2.º A destituição do Procurador-Geral da República, por iniciativa do Presidente da República, deverá ser precedida de autorização da maioria absoluta do Senado Federal.

§ 3.º Os Ministérios Públicos dos Estados e o do Distrito Federal e Territórios formarão lista tríplice dentre integrantes da carreira, na forma da lei respectiva, para escolha de seu Procurador-Geral, que será nomeado pelo Chefe do Poder Executivo, para mandato de dois anos, permitida uma recondução.

§ 4.º Os Procuradores-Gerais nos Estados e no Distrito Federal e Territórios poderão ser destituídos por deliberação da maioria absoluta do Poder Legislativo, na forma da lei complementar respectiva.

§ 5.º Leis complementares da União e dos Estados, cuja iniciativa é facultada aos respectivos Procuradores-Gerais, estabelecerão a organização, as atribuições e o estatuto de cada Ministério Público, observadas, relativamente a seus membros:

I – as seguintes garantias:

a) vitaliciedade, após dois anos de exercício, não podendo perder o cargo senão por sentença judicial transitada em julgado;

b) inamovibilidade, salvo por motivo de interesse público, mediante decisão do órgão colegiado competente do Ministério Público, pelo voto da maioria absoluta de seus membros, assegurada ampla defesa;
•• Alínea *b* com redação determinada pela Emenda Constitucional n. 45, de 8-12-2004.

c) irredutibilidade de subsídio, fixado na forma do art. 39, § 4.º, e ressalvado o disposto nos arts. 37, X e XI, 150, II, 153, III, 153, § 2.º, I;
•• Alínea *c* com redação determinada pela Emenda Constitucional n. 19, de 4-6-1998.

II – as seguintes vedações:

a) receber, a qualquer título e sob qualquer pretexto, honorários, percentagens ou custas processuais;

b) exercer a advocacia;

c) participar de sociedade comercial, na forma da lei;

d) exercer, ainda que em disponibilidade, qualquer outra função pública, salvo uma de magistério;

e) exercer atividade político-partidária;

•• Alínea e com redação determinada pela Emenda Constitucional n. 45, de 8-12-2004.

f) receber, a qualquer título ou pretexto, auxílios ou contribuições de pessoas físicas, entidades públicas ou privadas, ressalvadas as exceções previstas em lei.

•• Alínea f acrescentada pela Emenda Constitucional n. 45, de 8-12-2004.

§ 6.º Aplica-se aos membros do Ministério Público o disposto no art. 95, parágrafo único, V.

•• § 6.º acrescentado pela Emenda Constitucional n. 45, de 8-12-2004.

Art. 129. São funções institucionais do Ministério Público:

I – promover, privativamente, a ação penal pública, na forma da lei;

II – zelar pelo efetivo respeito dos Poderes Públicos e dos serviços de relevância pública aos direitos assegurados nesta Constituição, promovendo as medidas necessárias a sua garantia;

III – promover o inquérito civil e a ação civil pública, para a proteção do patrimônio público e social, do meio ambiente e de outros interesses difusos e coletivos;

- A Lei n. 7.347, de 24-7-1985, disciplina a ação civil pública de responsabilidade por danos causados ao meio ambiente, ao consumidor, a bens e direitos de valor artístico, estético, histórico, turístico e paisagístico.

IV – promover a ação de inconstitucionalidade ou representação para fins de intervenção da União e dos Estados, nos casos previstos nesta Constituição;

V – defender judicialmente os direitos e interesses das populações indígenas;

VI – expedir notificações nos procedimentos administrativos de sua competência, requisitando informações e documentos para instruí-los, na forma da lei complementar respectiva;

VII – exercer o controle externo da atividade policial, na forma da lei complementar mencionada no artigo anterior;

VIII – requisitar diligências investigatórias e a instauração de inquérito policial, indicados os fundamentos jurídicos de suas manifestações processuais;

IX – exercer outras funções que lhe forem conferidas, desde que compatíveis com sua finalidade, sendo-lhe vedada a representação judicial e a consultoria jurídica de entidades públicas.

§ 1.º A legitimação do Ministério Público para as ações civis previstas neste artigo não impede a de terceiros, nas mesmas hipóteses, segundo o disposto nesta Constituição e na lei.

§ 2.º As funções do Ministério Público só podem ser exercidas por integrantes da carreira, que deverão residir na comarca da respectiva lotação, salvo autorização do chefe da instituição.

•• § 2.º com redação determinada pela Emenda Constitucional n. 45, de 8-12-2004.

§ 3.º O ingresso na carreira do Ministério Público far-se-á mediante concurso público de provas e títulos, assegurada a participação da Ordem dos Advogados do Brasil em sua realização, exigindo-se do bacharel em direito, no mínimo, três anos de atividade jurídica e observando-se, nas nomeações, a ordem de classificação.

•• § 3.º com redação determinada pela Emenda Constitucional n. 45, de 8-12-2004.
•• A Resolução n. 40, de 26-5-2009, do CNMP, regulamenta o conceito de atividade jurídica citado neste parágrafo.

§ 4.º Aplica-se ao Ministério Público, no que couber, o disposto no art. 93.

•• § 4.º com redação determinada pela Emenda Constitucional n. 45, de 8-12-2004.

§ 5.º A distribuição de processos no Ministério Público será imediata.

•• § 5.º acrescentado pela Emenda Constitucional n. 45, de 8-12-2004.

Art. 130. Aos membros do Ministério Público junto aos Tribunais de Contas aplicam-se as disposições desta seção pertinentes a direitos, vedações e forma de investidura.

Art. 130-A. O Conselho Nacional do Ministério Público compõe-se de quatorze membros nomeados pelo Presidente da República, depois de aprovada a escolha pela maioria absoluta do Senado Federal, para um mandado de dois anos, admitida uma recondução, sendo:

•• Caput acrescentado pela Emenda Constitucional n. 45, de 8-12-2004.

I – o Procurador-Geral da República, que o preside;

•• Inciso I acrescentado pela Emenda Constitucional n. 45, de 8-12-2004.

II – quatro membros do Ministério Público da União, assegurada a representação de cada uma de suas carreiras;

•• Inciso II acrescentado pela Emenda Constitucional n. 45, de 8-12-2004.

III – três membros do Ministério Público dos Estados;

•• Inciso III acrescentado pela Emenda Constitucional n. 45, de 8-12-2004.

IV – dois juízes, indicados um pelo Supremo Tribunal Federal e outro pelo Superior Tribunal de Justiça;

•• Inciso IV acrescentado pela Emenda Constitucional n. 45, de 8-12-2004.

V – dois advogados, indicados pelo Conselho Federal da Ordem dos Advogados do Brasil;

•• Inciso V acrescentado pela Emenda Constitucional n. 45, de 8-12-2004.

VI – dois cidadãos de notável saber jurídico e reputação ilibada, indicados um pela Câmara dos Deputados e outro pelo Senado Federal.

•• Inciso VI acrescentado pela Emenda Constitucional n. 45, de 8-12-2004.

§ 1.º Os membros do Conselho oriundos do Ministério Público serão indicados pelos respectivos Ministérios Públicos, na forma da lei.

•• § 1.º acrescentado pela Emenda Constitucional n. 45, de 8-12-2004.
•• § 1.º regulamentado pela Lei n. 11.372, de 28-11-2006.

§ 2.º Compete ao Conselho Nacional do Ministério Público o controle da atuação administrativa e financeira do Ministério Público e do cumprimento dos deveres funcionais de seus membros, cabendo-lhe:

•• § 2.º, *caput*, acrescentado pela Emenda Constitucional n. 45, de 8-12-2004.

I – zelar pela autonomia funcional e administrativa do Ministério Público, podendo expedir atos regulamentares, no âmbito de sua competência, ou recomendar providências;

•• Inciso I acrescentado pela Emenda Constitucional n. 45, de 8-12-2004.

II – zelar pela observância do art. 37 e apreciar, de ofício ou mediante provocação, a legalidade dos atos administrativos praticados por membros ou órgãos do Ministério Público da União e dos Estados, podendo desconstituí-los, revê-los ou fixar prazo para que se adotem as providências necessárias ao exato cumprimento da lei, sem prejuízo da competência dos Tribunais de Contas;

•• Inciso II acrescentado pela Emenda Constitucional n. 45, de 8-12-2004.

III – receber e conhecer das reclamações contra membros ou órgãos do Ministério Público da União ou dos Estados, inclusive contra seus serviços auxiliares, sem prejuízo da competência disciplinar e correicional da instituição, podendo avocar processos disciplinares em curso, determinar a remoção ou a disponibilidade e aplicar outras sanções administrativas, assegurada ampla defesa;

•• Inciso III com redação determinada pela Emenda Constitucional n. 103, de 12-11-2019.

IV – rever, de ofício ou mediante provocação, os processos disciplinares de membros do Ministério Público da União ou dos Estados julgados há menos de um ano;

•• Inciso IV acrescentado pela Emenda Constitucional n. 45, de 8-12-2004.

V – elaborar relatório anual, propondo as providências que julgar necessárias sobre a situação do Ministério Público no País e as atividades do Conselho, o qual deve integrar a mensagem prevista no art. 84, XI.

•• Inciso V acrescentado pela Emenda Constitucional n. 45, de 8-12-2004.

§ 3.º O Conselho escolherá, em votação secreta, um Corregedor nacional, dentre os membros do Ministério Público que o integram, vedada a recondução, competindo-lhe, além das atribuições que lhe forem conferidas pela lei, as seguintes:

•• § 3.º, *caput*, acrescentado pela Emenda Constitucional n. 45, de 8-12-2004.

I – receber reclamações e denúncias, de qualquer interessado, relativas aos membros do Ministério Público e dos seus serviços auxiliares;

•• Inciso I acrescentado pela Emenda Constitucional n. 45, de 8-12-2004.

II – exercer funções executivas do Conselho, de inspeção e correição geral;

•• Inciso II acrescentado pela Emenda Constitucional n. 45, de 8-12-2004.

III – requisitar e designar membros do Ministério Público, delegando-lhes atribuições, e requisitar servidores de órgãos do Ministério Público.

•• Inciso III acrescentado pela Emenda Constitucional n. 45, de 8-12-2004.

§ 4.º O Presidente do Conselho Federal da Ordem dos Advogados do Brasil oficiará junto ao Conselho.

•• § 4.º acrescentado pela Emenda Constitucional n. 45, de 8-12-2004.

§ 5.º Leis da União e dos Estados criarão ouvidorias do Ministério Público, competentes para receber reclamações e denúncias de qualquer interessado contra membros ou órgãos do Ministério Público, inclusive contra seus serviços auxiliares, representando diretamente ao Conselho Nacional do Ministério Público.

•• § 5.º acrescentado pela Emenda Constitucional n. 45, de 8-12-2004.

SEÇÃO II
Da Advocacia Pública

•• Seção II com denominação determinada pela Emenda Constitucional n. 19, de 4-6-1998.
• Lei Orgânica da AGU: Lei Complementar n. 73, de 10-2-1993.
• Exercício das atribuições institucionais da AGU, em caráter emergencial e provisório: Lei n. 9.028, de 12-4-1995.

Art. 131. A Advocacia-Geral da União é a instituição que, diretamente ou através de órgão vinculado, representa a União, judicial e extrajudicialmente, cabendo-lhe, nos termos da lei complementar que dispuser sobre sua organização e funcionamento, as atividades de consultoria e assessoramento jurídico do Poder Executivo.

• A Portaria n. 42, de 25-10-2018, disciplina os procedimentos relativos à representação extrajudicial da União.

§ 1.º A Advocacia-Geral da União tem por chefe o Advogado-Geral da União, de livre nomeação pelo Presidente da República dentre cidadãos maiores de trinta e cinco anos, de notável saber jurídico e reputação ilibada.

§ 2.º O ingresso nas classes iniciais das carreiras da instituição de que trata este artigo far-se-á mediante concurso público de provas e títulos.

§ 3.º Na execução da dívida ativa de natureza tributária, a representação da União cabe à Procuradoria-Geral da Fazenda Nacional, observado o disposto em lei.

Art. 132. Os Procuradores dos Estados e do Distrito Federal, organizados em carreira, na qual o ingresso dependerá de concurso público de provas e títulos, com a participação da Ordem dos Advogados do Brasil em todas as suas fases, exercerão a representação judicial e a consultoria jurídica das respectivas unidades federadas.

•• *Caput* com redação determinada pela Emenda Constitucional n. 19, de 4-6-1998.

Parágrafo único. Aos procuradores referidos neste artigo é assegurada estabilidade após 3 (três) anos de efetivo exercício, mediante avaliação de desempenho perante os órgãos próprios, após relatório circunstanciado das corregedorias.

•• Parágrafo único acrescentado pela Emenda Constitucional n. 19, de 4-6-1998.

SEÇÃO III
Da Advocacia

•• Seção III com redação determinada pela Emenda Constitucional n. 80, de 4-6-2014.

Art. 133. O advogado é indispensável à administração da justiça, sendo inviolável por seus atos e manifestações no exercício da profissão, nos limites da lei.

•• A Lei n. 8.906, de 4-7-1994, estabelece o Estatuto da OAB.
• *Vide* Súmula 329 do TST.

SEÇÃO IV
Da Defensoria Pública

•• Seção IV acrescentada pela Emenda Constitucional n. 80, de 4-6-2014.

Art. 134. A Defensoria Pública é instituição permanente, essencial à função jurisdicional do Estado, incumbindo-lhe, como expressão e instrumento do regime democrático, fundamentalmente, a orientação jurídica, a promoção dos direitos humanos e a defesa, em todos os graus, judicial e extrajudicial, dos direitos individuais e coletivos, de forma integral e gratuita, aos necessitados, na forma do inciso LXXIV do art. 5.º desta Constituição Federal.

•• *Caput* com redação determinada pela Emenda Constitucional n. 80, de 4-6-2014.
• Defensoria Pública: Lei Complementar n. 80, de 12-1-1994.

§ 1.º Lei Complementar organizará a Defensoria Pública da União e do Distrito Federal e dos Territórios e prescreverá normas gerais para sua organização nos Estados, em cargos de carreira, providos, na classe inicial, mediante concurso público de provas e títulos, assegurada a seus integrantes a garantia da inamovibilidade e vedado o exercício da advocacia fora das atribuições institucionais.

•• Primitivo parágrafo único transformado em § 1.º pela Emenda Constitucional n. 45, de 8-12-2004.

§ 2.º Às Defensorias Públicas Estaduais são asseguradas autonomia funcional e administrativa e a iniciativa de sua proposta orçamentária dentro dos limites estabelecidos na lei de diretrizes orçamentárias e subordinação ao disposto no art. 99, § 2.º.

•• § 2.º acrescentado pela Emenda Constitucional n. 45, de 8-12-2004.

§ 3.º Aplica-se o disposto no § 2.º às Defensorias Públicas da União e do Distrito Federal.

•• § 3.º acrescentado pela Emenda Constitucional n. 74, de 6-8-2013.
• *Vide* art. 107, § 2.º, do ADCT.

§ 4.º São princípios institucionais da Defensoria Pública a unidade, a indivisibilidade e a independência funcional, aplicando-se também, no que couber, o disposto no art. 93 e no inciso II do art. 96 desta Constituição Federal.

•• § 4.º acrescentado pela Emenda Constitucional n. 80, de 4-6-2014.

Art. 135. Os servidores integrantes das carreiras disciplinadas nas Seções II e III deste Capítulo serão remunerados na forma do art. 39, § 4.º.

•• Artigo com redação determinada pela Emenda Constitucional n. 19, de 4-6-1998.

Título V
DA DEFESA DO ESTADO E DAS INSTITUIÇÕES DEMOCRÁTICAS

Capítulo I
DO ESTADO DE DEFESA E DO ESTADO DE SÍTIO

SEÇÃO I
Do Estado de Defesa

Art. 136. O Presidente da República pode, ouvidos o Conselho da República e o Conselho de Defesa Nacional, decretar estado de Defesa para preservar ou prontamente restabelecer, em locais restritos e determinados, a ordem pública ou a paz social ameaçadas por grave e iminente instabilidade institucional ou atingidas por calamidades de grandes proporções na natureza.

§ 1.º O decreto que instituir o estado de defesa determinará o tempo de sua duração, especificará as áreas a serem abrangidas e indicará, nos termos e limites da lei, as medidas coercitivas a vigorarem, dentre as seguintes:

I – restrições aos direitos de:

a) reunião, ainda que exercida no seio das associações;

b) sigilo de correspondência;

c) sigilo de comunicação telegráfica e telefônica;

II – ocupação e uso temporário de bens e serviços públicos, na hipótese de calamidade pública, respondendo a União pelos danos e custos decorrentes.

§ 2.º O tempo de duração do estado de defesa não será superior a trinta dias, podendo ser prorrogado uma vez, por igual período, se persistirem as razões que justificaram a sua decretação.

§ 3.º Na vigência do estado de defesa:

I – a prisão por crime contra o Estado, determinada pelo executor da medida, será por este comunicada imediatamente ao juiz competente, que a relaxará, se não for legal, facultado ao preso requerer exame de corpo de delito à autoridade policial;

II – a comunicação será acompanhada de declaração, pela autoridade, do estado físico e mental do detido no momento de sua autuação;

III – a prisão ou detenção de qualquer pessoa não poderá ser superior a dez dias, salvo quando autorizada pelo Poder Judiciário;

IV – é vedada a incomunicabilidade do preso.

§ 4.º Decretado o estado de defesa ou sua prorrogação, o Presidente da República, dentro de vinte e quatro horas, submeterá o ato com a respectiva justificação ao Congresso Nacional, que decidirá por maioria absoluta.

§ 5.º Se o Congresso Nacional estiver em recesso, será convocado, extraordinariamente, no prazo de cinco dias.

§ 6.º O Congresso Nacional apreciará o decreto dentro de dez dias contados de seu recebimento, devendo continuar funcionando enquanto vigorar o estado de defesa.

§ 7.º Rejeitado o decreto, cessa imediatamente o estado de defesa.

SEÇÃO II
Do Estado de Sítio

Art. 137. O Presidente da República pode, ouvidos o Conselho da República e o Conselho de Defesa Nacional, solicitar ao Congresso Nacional autorização para decretar o estado de sítio nos casos de:

I – comoção grave de repercussão nacional ou ocorrência de fatos que comprovem a ineficácia de medida tomada durante o estado de defesa;

II – declaração de estado de guerra ou resposta a agressão armada estrangeira.

Parágrafo único. O Presidente da República, ao solicitar autorização para decretar o estado de sítio ou sua prorrogação, relatará os motivos determinantes do pedido, devendo o Congresso Nacional decidir por maioria absoluta.

Art. 138. O decreto do estado de sítio indicará sua duração, as normas necessárias a sua execução e as garantias constitucionais que ficarão suspensas, e, depois de publicado, o Presidente da República designará o executor das medidas específicas e as áreas abrangidas.

§ 1.º O estado de sítio, no caso do art. 137, I, não poderá ser decretado por mais de trinta dias, nem prorrogado, de cada vez, por prazo superior; no do inciso II, poderá ser decretado por todo o tempo que perdurar a guerra ou a agressão armada estrangeira.

§ 2.º Solicitada autorização para decretar o estado de sítio durante o recesso parlamentar, o Presidente do Senado Federal, de imediato, convocará extraordinariamente o Congresso Nacional para se reunir dentro de cinco dias, a fim de apreciar o ato.

§ 3.º O Congresso Nacional permanecerá em funcionamento até o término das medidas coercitivas.

Art. 139. Na vigência do estado de sítio decretado com fundamento no art. 137, I, só poderão ser tomadas contra as pessoas as seguintes medidas:

I – obrigação de permanência em localidade determinada;

II – detenção em edifício não destinado a acusados ou condenados por crimes comuns;

III – restrições relativas à inviolabilidade da correspondência, ao sigilo das comunicações, à prestação de informações e à liberdade de imprensa, radiodifusão e televisão, na forma da lei;

IV – suspensão da liberdade de reunião;

V – busca e apreensão em domicílio;

VI – intervenção nas empresas de serviços públicos;

VII – requisição de bens.

Parágrafo único. Não se inclui nas restrições do inciso III a difusão de pronunciamentos de parlamentares efetuados em suas Casas Legislativas, desde que liberada pela respectiva Mesa.

SEÇÃO III
Disposições Gerais

Art. 140. A Mesa do Congresso Nacional, ouvidos os líderes partidários, designará Comissão composta de cinco de seus membros para acompanhar e fiscalizar a execução das medidas referentes ao estado de defesa e ao estado de sítio.

Art. 141. Cessado o estado de defesa ou o estado de sítio, cessarão também seus efeitos, sem prejuízo da responsabilidade pelos ilícitos cometidos por seus executores ou agentes.

Parágrafo único. Logo que cesse o estado de defesa ou o estado de sítio, as medidas aplicadas em sua vigência serão relatadas pelo Presidente da República, em mensagem ao Congresso Nacional, com especificação e justificação das providências adotadas, com relação nominal dos atingidos, e indicação das restrições aplicadas.

Capítulo II
DAS FORÇAS ARMADAS

Art. 142. As Forças Armadas, constituídas pela Marinha, pelo Exército e pela Aeronáutica, são instituições nacionais permanentes e regulares, organizadas com base na hierarquia e na disciplina, sob a autoridade suprema do Presidente da República, e destinam-se à defesa da Pátria, à garantia dos poderes constitucionais e, por iniciativa de qualquer destes, da lei e da ordem.

•• *Vide* arts. 12, 24 e 26 da Emenda Constitucional n. 103, de 12-11-2019.

§ 1.º Lei complementar estabelecerá as normas gerais a serem adotadas na organização, no preparo e no emprego das Forças Armadas.

• Organização, preparo e emprego das Forças Armadas: Lei Complementar n. 97, de 9-6-1999.

§ 2.º Não caberá *habeas corpus* em relação a punições disciplinares militares.

§ 3.º Os membros das Forças Armadas são denominados militares, aplicando-se-lhes, além das que vierem a ser fixadas em lei, as seguintes disposições:

•• § 3.º, *caput*, acrescentado pela Emenda Constitucional n. 18, de 5-2-1998.

• *Vide* art. 42, § 2.º, da CF.

I – as patentes, com prerrogativas, direitos e deveres a elas inerentes, são conferidas pelo Presidente da República e asseguradas em plenitude aos oficiais da ativa, da reserva ou reformados, sendo-lhes privativos os títulos e postos militares e, juntamente com os demais membros, o uso dos uniformes das Forças Armadas;

•• Inciso I acrescentado pela Emenda Constitucional n. 18, de 5-2-1998.

II – o militar em atividade que tomar posse em cargo ou emprego público civil permanente, ressalvada a hipótese prevista no art. 37, inciso XVI, alínea *c*, será transferido para a reserva, nos termos da lei;

•• Inciso II com redação determinada pela Emenda Constitucional n. 77, de 11-2-2014.

III – o militar da ativa que, de acordo com a lei, tomar posse em cargo, emprego ou função pública civil temporária, não eletiva, ainda que da administração indireta, ressalvada a hipótese prevista no art. 37, inciso XVI, alínea *c*, ficará agregado ao respectivo quadro e somente poderá, enquanto permanecer nessa situação, ser promovido por antiguidade, contando-se-lhe o tempo de serviço apenas para aquela promoção e transferência para a reserva, sendo depois de dois anos de afastamento, contínuos ou não, transferido para a reserva, nos termos da lei;

•• Inciso III com redação determinada pela Emenda Constitucional n. 77, de 11-2-2014.

IV – ao militar são proibidas a sindicalização e a greve;

•• Inciso IV acrescentado pela Emenda Constitucional n. 18, de 5-2-1998.

V – o militar, enquanto em serviço ativo, não pode estar filiado a partidos políticos;

•• Inciso V acrescentado pela Emenda Constitucional n. 18, de 5-2-1998.

VI – o oficial só perderá o posto e a patente se for julgado indigno do oficialato ou com ele incompatível, por decisão de tribunal militar de caráter permanente, em tempo de paz, ou de tribunal especial, em tempo de guerra;

•• Inciso VI acrescentado pela Emenda Constitucional n. 18, de 5-2-1998.

VII – o oficial condenado na justiça comum ou militar a pena privativa de liberdade superior a 2 (dois) anos, por sentença transitada em julgado, será submetido ao julgamento previsto no inciso anterior;

•• Inciso VII acrescentado pela Emenda Constitucional n. 18, de 5-2-1998.

VIII – aplica-se aos militares o disposto no art. 7.º, incisos VIII, XII, XVII, XVIII, XIX e XXV, e no art. 37, incisos XI, XIII, XIV e XV, bem como, na forma da lei e com prevalência da atividade militar, no art. 37, inciso XVI, alínea *c*;
•• Inciso VIII com redação determinada pela Emenda Constitucional n. 77, de 11-2-2014.
• *Vide* Súmula Vinculante 6 do STF.

IX – (*Revogado pela Emenda Constitucional n. 41, de 19-12-2003.*)

X – a lei disporá sobre o ingresso nas Forças Armadas, os limites de idade, a estabilidade e outras condições de transferência do militar para a inatividade, os direitos, os deveres, a remuneração, as prerrogativas e outras situações especiais dos militares, consideradas as peculiaridades de suas atividades, inclusive aquelas cumpridas por força de compromissos internacionais e de guerra.
•• Inciso X acrescentado pela Emenda Constitucional n. 18, de 5-2-1998.
• *Vide* art. 40, § 20.
• *Vide* Súmula Vinculante 4.

Art. 143. O serviço militar é obrigatório nos termos da lei.
• Lei do Serviço Militar: Lei n. 4.375, de 17-8-1964, regulamentada pelo Decreto n. 57.654, de 20-1-1966.

§ 1.º Às Forças Armadas compete, na forma da lei, atribuir serviço alternativo aos que, em tempo de paz, após alistados, alegarem imperativo de consciência, entendendo-se como tal o decorrente de crença religiosa e de convicção filosófica ou política, para se eximirem de atividades de caráter essencialmente militar.
•• Regulamento: Lei n. 8.239, de 4-10-1991.

§ 2.º As mulheres e os eclesiásticos ficam isentos do serviço militar obrigatório em tempo de paz, sujeitos, porém, a outros encargos que a lei lhes atribuir.
•• Regulamento: Lei n. 8.239, de 4-10-1991.

Capítulo III
DA SEGURANÇA PÚBLICA
•• A Lei n. 11.530, de 24-10-2007, institui o PRONASCI.

Art. 144. A segurança pública, dever do Estado, direito e responsabilidade de todos, é exercida para a preservação da ordem pública e da incolumidade das pessoas e do patrimônio, através dos seguintes órgãos:

I – polícia federal;
•• *Vide* arts. 5.º e 10, § 2.º, I, da Emenda Constitucional n. 103, de 12-11-2019.

II – polícia rodoviária federal;
•• *Vide* arts. 5.º e 10, § 2.º, I, da Emenda Constitucional n. 103, de 12-11-2019.
• Competência da Polícia Rodoviária Federal: Decreto n. 1.655, de 3-10-1995.

III – polícia ferroviária federal;
•• *Vide* arts. 5.º e 10, § 2.º, I, da Emenda Constitucional n. 103, de 12-11-2019.

IV – polícias civis;
• Conselho Nacional de Segurança Pública – CONASP: Decreto n. 9.489, de 30-8-2018.

V – polícias militares e corpos de bombeiros militares;

VI – polícias penais federal, estaduais e distrital.
•• Inciso VI acrescentado pela Emenda Constitucional n. 104, de 4-12-2019.

§ 1.º A polícia federal, instituída por lei como órgão permanente, organizado e mantido pela União e estruturado em carreira, destina-se a:
•• § 1.º, *caput*, com redação determinada pela Emenda Constitucional n. 19, de 4-6-1998.

I – apurar infrações penais contra a ordem política e social ou em detrimento de bens, serviços e interesses da União ou de suas entidades autárquicas e empresas públicas, assim como outras infrações cuja prática tenha repercussão interestadual ou internacional e exija repressão uniforme, segundo se dispuser em lei;
• A Lei n. 8.137, de 27-12-1990, define crimes contra a ordem tributária, econômica e contra as relações de consumo (contra formação de cartel dispõe o art. 4.º, I e II).
• A Lei n. 10.446, de 8-5-2002, dispõe sobre infrações penais de repercussão interestadual ou internacional que exigem repressão uniforme, para os fins do disposto neste inciso.

II – prevenir e reprimir o tráfico ilícito de entorpecentes e drogas afins, o contrabando e o descaminho, sem prejuízo da ação fazendária e de outros órgãos públicos nas respectivas áreas de competência;
• Contrabando e Descaminho: Decreto n. 2.730, de 10-8-1998.

III – exercer as funções de polícia marítima, aeroportuária e de fronteiras;
•• Inciso III com redação determinada pela Emenda Constitucional n. 19, de 4-6-1998.

IV – exercer, com exclusividade, as funções de polícia judiciária da União.

§ 2.º A polícia rodoviária federal, órgão permanente, organizado e mantido pela União e estruturado em carreira, destina-se, na forma da lei, ao patrulhamento ostensivo das rodovias federais.
•• § 2.º com redação determinada pela Emenda Constitucional n. 19, de 4-6-1998.
• Policial Rodoviário Federal: Lei n. 9.654, de 2-6-1998.

§ 3.º A polícia ferroviária federal, órgão permanente, organizado e mantido pela União e estruturado em carreira, destina-se, na forma da lei, ao patrulhamento ostensivo das ferrovias federais.
•• § 3.º com redação determinada pela Emenda Constitucional n. 19, de 4-6-1998.

§ 4.º Às polícias civis, dirigidas por delegados de polícia de carreira, incumbem, ressalvada a competência da União, as funções de polícia judiciária e a apuração de infrações penais, exceto as militares.

§ 5.º Às polícias militares cabem a polícia ostensiva e a preservação da ordem pública; aos corpos de bombeiros militares, além das atribuições definidas em lei, incumbe a execução de atividades de defesa civil.

§ 5.º-A. Às polícias penais, vinculadas ao órgão administrador do sistema penal da unidade federativa a que pertencem, cabe a segurança dos estabelecimentos penais.
•• § 5.º-A acrescentado pela Emenda Constitucional n. 104, de 4-12-2019.

§ 6.º As polícias militares e os corpos de bombeiros militares, forças auxiliares e reserva do Exército subordinam-se, juntamente com as polícias civis e as polícias penais estaduais e distrital, aos Governadores dos Estados, do Distrito Federal e dos Territórios.
•• § 6.º com redação determinada pela Emenda Constitucional n. 104, de 4-12-2019.

§ 7.º A lei disciplinará a organização e o funcionamento dos órgãos responsáveis pela segurança pública, de maneira a garantir a eficiência de suas atividades.
• Conselho Nacional de Segurança Pública – CONASP: Decreto n. 9.489, de 30-8-2018.

§ 8.º Os Municípios poderão constituir guardas municipais destinadas à proteção de seus bens, serviços e instalações, conforme dispuser a lei.

§ 9.º A remuneração dos servidores policiais integrantes dos órgãos relacionados neste artigo será fixada na forma do § 4.º do art. 39.
•• § 9.º acrescentado pela Emenda Constitucional n. 19, de 4-6-1998.

§ 10. A segurança viária, exercida para a preservação da ordem pública e da incolumidade das pessoas e do seu patrimônio nas vias públicas:
•• § 10, *caput*, acrescentado pela Emenda Constitucional n. 82, de 16-7-2014.

I – compreende a educação, engenharia e fiscalização de trânsito, além de outras atividades previstas em lei, que assegurem ao cidadão o direito à mobilidade urbana eficiente; e
•• Inciso I acrescentado pela Emenda Constitucional n. 82, de 16-7-2014.

II – compete, no âmbito dos Estados, do Distrito Federal e dos Municípios, aos respectivos órgãos ou entidades executivos e seus agentes de trânsito, estruturados em Carreira, na forma da lei.
•• Inciso II acrescentado pela Emenda Constitucional n. 82, de 16-7-2014.

Título VI
DA TRIBUTAÇÃO E DO ORÇAMENTO
• CTN: Lei n. 5.172, de 25-10-1966.

Capítulo I
DO SISTEMA TRIBUTÁRIO NACIONAL
• Crimes contra a ordem tributária, econômica e contra as relações de consumo: Lei n. 8.137, de 27-12-1990.
• Crimes contra a ordem econômica: Lei n. 8.176, de 8-2-1991.
• O Decreto n. 2.730, de 10-8-1998, dispõe sobre o encaminhamento ao Ministério Público da representação fiscal para os crimes contra a ordem tributária.

SEÇÃO I
Dos Princípios Gerais

Art. 145. A União, os Estados, o Distrito Federal e os Municípios poderão instituir os seguintes tributos:

I – impostos;

II – taxas, em razão do exercício do poder de polícia ou pela utilização, efetiva ou potencial, de serviços públicos específicos e divisíveis, prestados ao contribuinte ou postos a sua disposição;
- *Vide* Súmula Vinculante 41.

III – contribuição de melhoria, decorrente de obras públicas.
- O Decreto-lei n. 195, de 24-2-1967, dispõe sobre a cobrança da contribuição de melhoria.

§ 1.º Sempre que possível, os impostos terão caráter pessoal e serão graduados segundo a capacidade econômica do contribuinte, facultado à administração tributária, especialmente para conferir efetividade a esses objetivos, identificar, respeitados os direitos individuais e nos termos da lei, o patrimônio, os rendimentos e as atividades econômicas do contribuinte.

§ 2.º As taxas não poderão ter base de cálculo própria de impostos.

Art. 146. Cabe à lei complementar:

I – dispor sobre conflitos de competência, em matéria tributária, entre a União, os Estados, o Distrito Federal e os Municípios;

II – regular as limitações constitucionais ao poder de tributar;
- A Lei Complementar n. 187, de 16-12-2021, regula as condições para limitação ao poder de tributar da União em relação às entidades beneficentes no tocante às contribuições para a seguridade social.

III – estabelecer normas gerais em matéria de legislação tributária, especialmente sobre:

a) definição de tributos e de suas espécies, bem como, em relação aos impostos discriminados nesta Constituição, a dos respectivos fatos geradores, bases de cálculo e contribuintes;

b) obrigação, lançamento, crédito, prescrição e decadência tributários;

c) adequado tratamento tributário ao ato cooperativo praticado pelas sociedades cooperativas;

d) definição de tratamento diferenciado e favorecido para as microempresas e para as empresas de pequeno porte, inclusive regimes especiais ou simplificados no caso do imposto previsto no art. 155, II, das contribuições previstas no art. 195, I e §§ 12 e 13, e da contribuição a que se refere o art. 239.
- Alínea *d* acrescentada pela Emenda Constitucional n. 42, de 19-12-2003.
- A Lei Complementar n. 123, de 14-12-2006, institui o Regime Especial Unificado de Arrecadação de Tributos e Contribuições devidos pelas Microempresas e Empresas de Pequeno Porte – Simples Nacional.
- *Vide* art. 94 do ADCT.

Parágrafo único. A lei complementar de que trata o inciso III, *d*, também poderá instituir um regime único de arrecadação dos impostos e contribuições da União, dos Estados, do Distrito Federal e dos Municípios, observado que:
- Parágrafo único, *caput*, acrescentado pela Emenda Constitucional n. 42, de 19-12-2003.

I – será opcional para o contribuinte;
- Inciso I acrescentado pela Emenda Constitucional n. 42, de 19-12-2003.

II – poderão ser estabelecidas condições de enquadramento diferenciadas por Estado;
- Inciso II acrescentado pela Emenda Constitucional n. 42, de 19-12-2003.

III – o recolhimento será unificado e centralizado e a distribuição da parcela de recursos pertencentes aos respectivos entes federados será imediata, vedada qualquer retenção ou condicionamento;
- Inciso III acrescentado pela Emenda Constitucional n. 42, de 19-12-2003.
- *Vide* art. 107, § 6.º, I, do ADCT.

IV – a arrecadação, a fiscalização e a cobrança poderão ser compartilhadas pelos entes federados, adotado cadastro nacional único de contribuintes.
- Inciso IV acrescentado pela Emenda Constitucional n. 42, de 19-12-2003.

Art. 146-A. Lei complementar poderá estabelecer critérios especiais de tributação, com o objetivo de prevenir desequilíbrios da concorrência, sem prejuízo da competência de a União, por lei, estabelecer normas de igual objetivo.
- Artigo acrescentado pela Emenda Constitucional n. 42, de 19-12-2003.

Art. 147. Competem à União, em Território Federal, os impostos estaduais e, se o Território não for dividido em Municípios, cumulativamente, os impostos municipais; ao Distrito Federal cabem os impostos municipais.

Art. 148. A União, mediante lei complementar, poderá instituir empréstimos compulsórios:

I – para atender a despesas extraordinárias, decorrentes de calamidade pública, de guerra externa ou sua iminência;

II – no caso de investimento público de caráter urgente e de relevante interesse nacional, observado o disposto no art. 150, III, *b*.

Parágrafo único. A aplicação dos recursos provenientes de empréstimo compulsório será vinculada à despesa que fundamentou sua instituição.

Art. 149. Compete exclusivamente à União instituir contribuições sociais, de intervenção no domínio econômico e de interesse das categorias profissionais ou econômicas, como instrumento de sua atuação nas respectivas áreas, observado o disposto nos arts. 146, III, e 150, I e III, e sem prejuízo do previsto no art. 195, § 6.º, relativamente às contribuições a que alude o dispositivo.
- A Lei n. 10.336, de 19-12-2001, institui a Contribuição de Intervenção no Domínio Econômico incidente sobre a importação e a comercialização de petróleo e seus derivados, gás natural e seus derivados e álcool etílico combustível (Cide) a que se refere este artigo.

§ 1.º A União, os Estados, o Distrito Federal e os Municípios instituirão, por meio de lei, contribuições para custeio de regime próprio de previdência social, cobradas dos servidores ativos, dos aposentados e dos pensionistas, que poderão ter alíquotas progressivas de acordo com o valor da base de contribuição ou dos proventos de aposentadoria e de pensões.
- § 1.º com redação determinada pela Emenda Constitucional n. 103, de 12-11-2019.
- Sobre o prazo de vigência deste § 1.º, *vide* art. 36, II, da Emenda Constitucional n. 103, de 12-11-2019.
- O texto anterior dizia:
"§ 1.º Os Estados, o Distrito Federal e os Municípios instituirão contribuição, cobrada de seus servidores, para o custeio, em benefício destes, do regime previdenciário de que trata o art. 40, cuja alíquota não será inferior à da contribuição dos servidores titulares de cargos efetivos da União.
- § 1.º com redação determinada pela Emenda Constitucional n. 41, de 19-12-2003".

§ 1.º-A. Quando houver déficit atuarial, a contribuição ordinária dos aposentados e pensionistas poderá incidir sobre o valor dos proventos de aposentadoria e de pensões que supere o salário mínimo.
- § 1.º-A acrescentado pela Emenda Constitucional n. 103, de 12-11-2019.
- Sobre o prazo de vigência deste § 1.º-A, *vide* art. 36, II, da Emenda Constitucional n. 103, de 12-11-2019.

§ 1.º-B. Demonstrada a insuficiência da medida prevista no § 1.º-A para equacionar o déficit atuarial, é facultada a instituição de contribuição extraordinária, no âmbito da União, dos servidores públicos ativos, dos aposentados e dos pensionistas.
- § 1.º-B acrescentado pela Emenda Constitucional n. 103, de 12-11-2019.
- Sobre o prazo de vigência deste § 1.º-B, *vide* art. 36, II, da Emenda Constitucional n. 103, de 12-11-2019.

§ 1.º-C. A contribuição extraordinária de que trata o § 1.º-B deverá ser instituída simultaneamente com outras medidas para equacionamento do déficit e vigorará por período determinado, contado da data de sua instituição.
- § 1.º-C acrescentado pela Emenda Constitucional n. 103, de 12-11-2019.
- Sobre o prazo de vigência deste § 1.º-C, *vide* art. 36, II, da Emenda Constitucional n. 103, de 12-11-2019.

§ 2.º As contribuições sociais e de intervenção no domínio econômico de que trata o *caput* deste artigo:
- § 2.º, *caput*, acrescentado pela Emenda Constitucional n. 33, de 11-12-2001.

I – não incidirão sobre as receitas decorrentes de exportação;
- Inciso I acrescentado pela Emenda Constitucional n. 33, de 11-12-2001.

II – incidirão também sobre a importação de produtos estrangeiros ou serviços;
- Inciso II com redação determinada pela Emenda Constitucional n. 42, de 19-12-2003.

III – poderão ter alíquotas:
•• Inciso III, *caput*, acrescentado pela Emenda Constitucional n. 33, de 11-12-2001.

a) *ad valorem*, tendo por base o faturamento, a receita bruta ou o valor da operação e, no caso de importação, o valor aduaneiro;
•• Alínea *a* acrescentada pela Emenda Constitucional n. 33, de 11-12-2001.

b) específica, tendo por base a unidade de medida adotada.
•• Alínea *b* acrescentada pela Emenda Constitucional n. 33, de 11-12-2001.

§ 3.º A pessoa natural destinatária das operações de importação poderá ser equiparada a pessoa jurídica, na forma da lei.
•• § 3.º acrescentado pela Emenda Constitucional n. 33, de 11-12-2001.

§ 4.º A lei definirá as hipóteses em que as contribuições incidirão uma única vez.
•• § 4.º acrescentado pela Emenda Constitucional n. 33, de 11-12-2001.

Art. 149-A. Os Municípios e o Distrito Federal poderão instituir contribuição, na forma das respectivas leis, para o custeio do serviço de iluminação pública, observado o disposto no art. 150, I e III.
•• *Caput* acrescentado pela Emenda Constitucional n. 39, de 19-12-2002.

Parágrafo único. É facultada a cobrança da contribuição a que se refere o *caput*, na fatura de consumo de energia elétrica.
•• Parágrafo único acrescentado pela Emenda Constitucional n. 39, de 19-12-2002.

SEÇÃO II
Das Limitações do Poder de Tributar

Art. 150. Sem prejuízo de outras garantias asseguradas ao contribuinte, é vedado à União, aos Estados, ao Distrito Federal e aos Municípios:

I – exigir ou aumentar tributo sem lei que o estabeleça;

II – instituir tratamento desigual entre contribuintes que se encontrem em situação equivalente, proibida qualquer distinção em razão de ocupação profissional ou função por eles exercida, independentemente da denominação jurídica dos rendimentos, títulos ou direitos;

III – cobrar tributos:

a) em relação a fatos geradores ocorridos antes do início da vigência da lei que os houver instituído ou aumentado;

b) no mesmo exercício financeiro em que haja sido publicada a lei que os instituiu ou aumentou;

c) antes de decorridos noventa dias da data em que haja sido publicada a lei que os instituiu ou aumentou, observado o disposto na alínea *b*;
•• Alínea *c* acrescentada pela Emenda Constitucional n. 42, de 19-12-2003.

IV – utilizar tributo com efeito de confisco;

V – estabelecer limitações ao tráfego de pessoas ou bens, por meio de tributos interestaduais ou intermunicipais, ressalvada a cobrança de pedágio pela utilização de vias conservadas pelo Poder Público;

VI – instituir impostos sobre:

a) patrimônio, renda ou serviços, uns dos outros;

b) templos de qualquer culto;
•• *Vide* art. 156, § 1.º-A, da CF.

c) patrimônio, renda ou serviços dos partidos políticos, inclusive suas fundações, das entidades sindicais dos trabalhadores, das instituições de educação e de assistência social, sem fins lucrativos, atendidos os requisitos da lei;

d) livros, jornais, periódicos e o papel destinado a sua impressão;
•• *Vide* Súmula Vinculante 57.

e) fonogramas e videofonogramas musicais produzidos no Brasil contendo obras musicais ou literomusicais de autores brasileiros e/ou obras em geral interpretadas por artistas brasileiros bem como os suportes materiais ou arquivos digitais que o contenham, salvo na etapa da replicação industrial de mídias ópticas de leitura a *laser*.
•• Alínea *e* acrescentada pela Emenda Constitucional n. 75, de 15-10-2013.

§ 1.º A vedação do inciso III, *b*, não se aplica aos tributos previstos nos arts. 148, I, 153, I, II, IV e V; e 154, II; e a vedação do inciso III, *c*, não se aplica aos tributos previstos nos arts. 148, I, 153, I, II, III e V; e 154, II, nem à fixação da base de cálculo dos impostos previstos nos arts. 155, III, e 156, I.
•• § 1.º com redação determinada pela Emenda Constitucional n. 42, de 19-12-2003.

§ 2.º A vedação do inciso VI, *a*, é extensiva às autarquias e às fundações instituídas e mantidas pelo Poder Público, no que se refere ao patrimônio, à renda e aos serviços, vinculados a suas finalidades essenciais ou às delas decorrentes.

§ 3.º As vedações do inciso VI, *a*, e do parágrafo anterior não se aplicam ao patrimônio, à renda e aos serviços, relacionados com exploração de atividades econômicas regidas pelas normas aplicáveis a empreendimentos privados, ou em que haja contraprestação ou pagamento de preços ou tarifas pelo usuário, nem exonera o promitente comprador da obrigação de pagar imposto relativamente ao bem imóvel.

§ 4.º As vedações expressas no inciso VI, alíneas *b* e *c*, compreendem somente o patrimônio, a renda e os serviços, relacionados com as finalidades essenciais das entidades nelas mencionadas.

§ 5.º A lei determinará medidas para que os consumidores sejam esclarecidos acerca dos impostos que incidam sobre mercadorias e serviços.

§ 6.º Qualquer subsídio ou isenção, redução de base de cálculo, concessão de crédito presumido, anistia ou remissão, relativos a impostos, taxas ou contribuições, só poderá ser concedido mediante lei específica, federal, estadual ou municipal, que regule exclusivamente as matérias acima enumeradas ou o correspondente tributo ou contribuição, sem prejuízo do disposto no art. 155, § 2.º, XII, *g*.
•• § 6.º com redação determinada pela Emenda Constitucional n. 3, de 17-3-1993.

§ 7.º A lei poderá atribuir a sujeito passivo de obrigação tributária a condição de responsável pelo pagamento de imposto ou contribuição, cujo fato gerador deva ocorrer posteriormente, assegurada a imediata e preferencial restituição da quantia paga, caso não se realize o fato gerador presumido.
•• § 7.º acrescentado pela Emenda Constitucional n. 3, de 17-3-1993.

Art. 151. É vedado à União:

I – instituir tributo que não seja uniforme em todo o território nacional ou que implique distinção ou preferência em relação a Estado, ao Distrito Federal ou a Município, em detrimento de outro, admitida a concessão de incentivos fiscais destinados a promover o equilíbrio do desenvolvimento socioeconômico entre as diferentes regiões do País;

II – tributar a renda das obrigações da dívida pública dos Estados, do Distrito Federal e dos Municípios, bem como a remuneração e os proventos dos respectivos agentes públicos, em níveis superiores aos que fixar para suas obrigações e para seus agentes;

III – instituir isenções de tributos da competência dos Estados, do Distrito Federal ou dos Municípios.

Art. 152. É vedado aos Estados, ao Distrito Federal e aos Municípios estabelecer diferença tributária entre bens e serviços, de qualquer natureza, em razão de sua procedência ou destino.

SEÇÃO III
Dos Impostos da União

Art. 153. Compete à União instituir impostos sobre:

I – importação de produtos estrangeiros;
• *Vide* art. 62, § 2.º, da CF.
• Sobre o imposto de importação cuidam as Leis n. 7.810, de 30-8-1989, n. 8.032, de 12-4-1990, e n. 9.449, de 14-3-1997.

II – exportação, para o exterior, de produtos nacionais ou nacionalizados;
• *Vide* art. 62, § 2.º, da CF.

III – renda e proventos de qualquer natureza;
• O Decreto n. 9.580, de 22-11-2018, regulamenta a tributação, fiscalização, arrecadação e administração do Imposto sobre a Renda.
• *Vide* Súmula 125 do STJ.

IV – produtos industrializados;
• *Vide* art. 62, § 2.º, da CF.

V – operações de crédito, câmbio e seguro, ou relativas a títulos ou valores mobiliários;
- Vide Súmula Vinculante 32.
- Vide art. 62, § 2.º, da CF.
- O Decreto n. 6.306, de 14-12-2007, regulamenta o Imposto sobre Operações de Crédito, Câmbio e Seguro, ou relativas a Títulos ou Valores Mobiliários – IOF.

VI – propriedade territorial rural;
- Vide § 4.º deste artigo.
- A Lei n. 9.393, de 19-12-1996, dispõe sobre o Imposto sobre a Propriedade Territorial Rural – ITR, e sobre o pagamento da Dívida representada por Títulos da Dívida Agrária.
- O Decreto n. 4.382, de 19-9-2002, regulamenta a tributação, fiscalização, arrecadação e administração do Imposto sobre a Propriedade Territorial Rural – ITR.

VII – grandes fortunas, nos termos de lei complementar.

§ 1.º É facultado ao Poder Executivo, atendidas as condições e os limites estabelecidos em lei, alterar as alíquotas dos impostos enumerados nos incisos I, II, IV e V.

§ 2.º O imposto previsto no inciso III:

I – será informado pelos critérios da generalidade, da universalidade e da progressividade, na forma da lei;

II – (*Revogado pela Emenda Constitucional n. 20, de 15-12-1998.*)

§ 3.º O imposto previsto no inciso IV:

I – será seletivo, em função da essencialidade do produto;

II – será não cumulativo, compensando-se o que for devido em cada operação com o montante cobrado nas anteriores;
- Vide Súmula Vinculante 58.

III – não incidirá sobre produtos industrializados destinados ao exterior;

IV – terá reduzido seu impacto sobre a aquisição de bens de capital pelo contribuinte do imposto, na forma da lei.
- Inciso IV acrescentado pela Emenda Constitucional n. 42, de 19-12-2003.

§ 4.º O imposto previsto no inciso VI do *caput*:
- § 4.º, *caput*, com redação determinada pela Emenda Constitucional n. 42, de 19-12-2003.

I – será progressivo e terá suas alíquotas fixadas de forma a desestimular a manutenção de propriedades improdutivas;
- Inciso I acrescentado pela Emenda Constitucional n. 42, de 19-12-2003.

II – não incidirá sobre pequenas glebas rurais, definidas em lei, quando as explore o proprietário que não possua outro imóvel;
- Inciso II acrescentado pela Emenda Constitucional n. 42, de 19-12-2003.

III – será fiscalizado e cobrado pelos Municípios que assim optarem, na forma da lei, desde que não implique redução do imposto ou qualquer outra forma de renúncia fiscal.
- Inciso III acrescentado pela Emenda Constitucional n. 42, de 19-12-2003.

§ 5.º O ouro, quando definido em lei como ativo financeiro ou instrumento cambial, sujeita-se exclusivamente à incidência do imposto de que trata o inciso V do *caput* deste artigo, devido na operação de origem; a alíquota mínima será de um por cento, assegurada a transferência do montante da arrecadação nos seguintes termos:
- Vide art. 107, § 6.º, I, do ADCT.

I – trinta por cento para o Estado, o Distrito Federal ou o Território, conforme a origem;

II – setenta por cento para o Município de origem.
- A Lei n. 7.766, de 11-5-1989, dispõe sobre o ouro, ativo financeiro e sobre seu tratamento tributário.
- Vide arts. 72, § 3.º, 74, § 2.º, 75 e 76, § 1.º, do ADCT.

Art. 154. A União poderá instituir:

I – mediante lei complementar, impostos não previstos no artigo anterior, desde que sejam não cumulativos e não tenham fato gerador ou base de cálculo próprios dos discriminados nesta Constituição;
- Vide arts. 74, § 2.º, e 75 do ADCT.

II – na iminência ou no caso de guerra externa, impostos extraordinários, compreendidos ou não em sua competência tributária, os quais serão suprimidos, gradativamente, cessadas as causas de sua criação.
- Vide art. 62, § 2.º, da CF.

SEÇÃO IV
Dos Impostos dos Estados e do Distrito Federal

Art. 155. Compete aos Estados e ao Distrito Federal instituir impostos sobre:
- *Caput* com redação determinada pela Emenda Constitucional n. 3, de 17-3-1993.

I – transmissão *causa mortis* e doação, de quaisquer bens ou direitos;
- Inciso I com redação determinada pela Emenda Constitucional n. 3, de 17-3-1993.
- Vide § 1.º deste artigo.
- Vide art. 60, II, do ADCT.

II – operações relativas à circulação de mercadorias e sobre prestações de serviços de transporte interestadual e intermunicipal e de comunicação, ainda que as operações e as prestações se iniciem no exterior;
- Inciso II com redação determinada pela Emenda Constitucional n. 3, de 17-3-1993.
- Vide § 2.º deste artigo.
- Vide art. 60, II, do ADCT.
- A Lei Complementar n. 114, de 16-12-2002, altera a legislação do imposto dos Estados e do Distrito Federal sobre operações relativas à circulação de mercadorias e sobre prestações de serviços de transporte interestadual e intermunicipal e de comunicação.

III – propriedade de veículos automotores.
- Inciso III com redação determinada pela Emenda Constitucional n. 3, de 17-3-1993.
- Vide § 6.º deste artigo.
- Vide art. 60, II, do ADCT.

§ 1.º O imposto previsto no inciso I:
- § 1.º, *caput*, com redação determinada pela Emenda Constitucional n. 3, de 17-3-1993.

I – relativamente a bens imóveis e respectivos direitos, compete ao Estado da situação do bem, ou ao Distrito Federal;

II – relativamente a bens móveis, títulos e créditos, compete ao Estado onde se processar o inventário ou arrolamento, ou tiver domicílio o doador, ou ao Distrito Federal;

III – terá a competência para sua instituição regulada por lei complementar:
- O STF, na ADI por Omissão n. 67, nas sessões virtuais de 27-5-2022 a 3-6-2022 (*DOU* de 9-7-2022), por unanimidade, julgou procedente o pedido, declarando a omissão inconstitucional na edição da lei complementar a que se refere este inciso III, estabelecendo o prazo de 12 (doze) meses, a contar da data da publicação da ata de julgamento do mérito, para que o Congresso Nacional adote as medidas legislativas necessárias para suprir a omissão.

a) se o doador tiver domicílio ou residência no exterior;

b) se o *de cujus* possuía bens, era residente ou domiciliado ou teve o seu inventário processado no exterior;

IV – terá suas alíquotas máximas fixadas pelo Senado Federal;

V – não incidirá sobre as doações destinadas, no âmbito do Poder Executivo da União, a projetos socioambientais ou destinados a mitigar os efeitos das mudanças climáticas e às instituições federais de ensino.
- Inciso V acrescentado pela Emenda Constitucional n. 126, de 21-12-2022.

§ 2.º O imposto previsto no inciso II atenderá ao seguinte:
- § 2.º, *caput*, com redação determinada pela Emenda Constitucional n. 3, de 17-3-1993.
- O Decreto-lei n. 406, de 31-12-1968, estabelece normas gerais de Direito Financeiro, aplicáveis aos Impostos sobre Operações Relativas à Circulação de Mercadorias e sobre Serviços de Qualquer Natureza.

I – será não cumulativo, compensando-se o que for devido em cada operação relativa à circulação de mercadorias ou prestação de serviços com o montante cobrado nas anteriores pelo mesmo ou outro Estado ou pelo Distrito Federal;

II – a isenção ou não incidência, salvo determinação em contrário da legislação:
- A Lei Complementar n. 24, de 7-1-1975, dispõe sobre os Convênios para a concessão de isenções do Imposto sobre Operações Relativas à Circulação de Mercadorias.
- A Lei Complementar n. 87 (Lei Kandir), de 13-9-1996, dispõe sobre o Imposto dos Estados e do Distrito Federal, sobre Operações Relativas à Circulação de Mercadorias e sobre Prestações de Serviços de Transporte Interestadual e Intermunicipal e de Comunicação.

a) não implicará crédito para compensação com o montante devido nas operações ou prestações seguintes;

b) acarretará a anulação do crédito relativo às operações anteriores;

III – poderá ser seletivo, em função da essencialidade das mercadorias e dos serviços;

IV - resolução do Senado Federal, de iniciativa do Presidente da República ou de um terço dos Senadores, aprovada pela maioria absoluta de seus membros, estabelecerá as alíquotas aplicáveis às operações e prestações, interestaduais e de exportação;

V - é facultado ao Senado Federal:

a) estabelecer alíquotas mínimas nas operações internas, mediante resolução de iniciativa de um terço e aprovada pela maioria absoluta de seus membros;

b) fixar alíquotas máximas nas mesmas operações para resolver conflito específico que envolva interesse de Estados, mediante resolução de iniciativa da maioria absoluta e aprovada por dois terços de seus membros;

VI - salvo deliberação em contrário dos Estados e do Distrito Federal, nos termos do disposto no inciso XII, *g*, as alíquotas internas, nas operações relativas à circulação de mercadorias e nas prestações de serviços, não poderão ser inferiores às previstas para as operações interestaduais;

VII - nas operações e prestações que destinem bens e serviços a consumidor final, contribuinte ou não do imposto, localizado em outro Estado, adotar-se-á a alíquota interestadual e caberá ao Estado de localização do destinatário o imposto correspondente à diferença entre a alíquota interna do Estado destinatário e a alíquota interestadual;

•• Inciso VII, *caput*, com redação determinada pela Emenda Constitucional n. 87, de 16-4-2015, em vigor na data de sua publicação, produzindo efeitos no ano subsequente e após 90 (noventa) dias desta.

a) (*Revogada pela Emenda Constitucional n. 87, de 16-4-2015, em vigor na data de sua publicação, produzindo efeitos no ano subsequente e após 90 (noventa) dias desta.*)

b) (*Revogada pela Emenda Constitucional n. 87, de 16-4-2015, em vigor na data de sua publicação, produzindo efeitos no ano subsequente e após 90 (noventa) dias desta.*)

VIII - a responsabilidade pelo recolhimento do imposto correspondente à diferença entre a alíquota interna e a interestadual de que trata o inciso VII será atribuída:

•• Inciso VIII, *caput*, com redação determinada pela Emenda Constitucional n. 87, de 16-4-2015, em vigor na data de sua publicação, produzindo efeitos no ano subsequente e após 90 (noventa) dias desta.

a) ao destinatário, quando este for contribuinte do imposto;

•• Alínea *a* acrescentada pela Emenda Constitucional n. 87, de 16-4-2015, em vigor na data de sua publicação, produzindo efeitos no ano subsequente e após 90 (noventa) dias desta.

b) ao remetente, quando o destinatário não for contribuinte do imposto;

•• Alínea *b* acrescentada pela Emenda Constitucional n. 87, de 16-4-2015, em vigor na data de sua publicação, produzindo efeitos no ano subsequente e após 90 (noventa) dias desta.

IX - incidirá também:

a) sobre a entrada de bem ou mercadoria importados do exterior por pessoa física ou jurídica, ainda que não seja contribuinte habitual do imposto, qualquer que seja a sua finalidade, assim como sobre o serviço prestado no exterior, cabendo o imposto ao Estado onde estiver situado o domicílio ou o estabelecimento do destinatário da mercadoria, bem ou serviço;

•• Alínea *a* com redação determinada pela Emenda Constitucional n. 33, de 11-12-2001.
• *Vide* Súmula Vinculante 48.

b) sobre o valor total da operação, quando mercadorias forem fornecidas com serviços não compreendidos na competência tributária dos Municípios;

X - não incidirá:

a) sobre operações que destinem mercadorias para o exterior, nem sobre serviços prestados a destinatários no exterior, assegurada a manutenção e o aproveitamento do montante do imposto cobrado nas operações e prestações anteriores;

•• Alínea *a* com redação determinada pela Emenda Constitucional n. 42, de 19-12-2003.

b) sobre operações que destinem a outros Estados petróleo, inclusive lubrificantes, combustíveis líquidos e gasosos dele derivados, e energia elétrica;

c) sobre o ouro, nas hipóteses definidas no art. 153, § 5.º;

d) nas prestações de serviço de comunicação nas modalidades de radiodifusão sonora e de sons e imagens de recepção livre e gratuita;

•• Alínea *d* acrescentada pela Emenda Constitucional n. 42, de 19-12-2003.

XI - não compreenderá, em sua base de cálculo, o montante do imposto sobre produtos industrializados, quando a operação, realizada entre contribuintes e relativa a produto destinado à industrialização ou à comercialização, configure fato gerador dos dois impostos;

XII - cabe à lei complementar:

• *Vide* art. 4.º da Emenda Constitucional n. 42, de 19-12-2003.

a) definir seus contribuintes;

b) dispor sobre substituição tributária;

c) disciplinar o regime de compensação do imposto;

d) fixar, para efeito de sua cobrança e definição do estabelecimento responsável, o local das operações relativas à circulação de mercadorias e das prestações de serviços;

e) excluir da incidência do imposto, nas exportações para o exterior, serviços e outros produtos além dos mencionados no inciso X, *a*;

f) prever casos de manutenção de crédito, relativamente à remessa para outro Estado e exportação para o exterior, de serviços e de mercadorias;

g) regular a forma como, mediante deliberação dos Estados e do Distrito Federal, isenções, incentivos e benefícios fiscais serão concedidos e revogados;

h) definir os combustíveis e lubrificantes sobre os quais o imposto incidirá uma única vez, qualquer que seja a sua finalidade, hipótese em que não se aplicará o disposto no inciso X, *b*;

•• Alínea *h* acrescentada pela Emenda Constitucional n. 33, de 11-12-2001.
• *Vide* § 4.º deste artigo.
•• O art. 2.º da Lei Complementar n. 192, de 11-3-2022, dispõe: "Art. 2.º Os combustíveis sobre os quais incidirá uma única vez o ICMS, qualquer que seja sua finalidade, são os seguintes: I - gasolina e etanol anidro combustível; II - diesel e biodiesel; e III - gás liquefeito de petróleo, inclusive o derivado do gás natural".

i) fixar a base de cálculo, de modo que o montante do imposto a integre, também na importação do exterior de bem, mercadoria ou serviço.

•• Alínea *i* acrescentada pela Emenda Constitucional n. 33, de 11-12-2001.

§ 3.º À exceção dos impostos de que tratam o inciso II do *caput* deste artigo e o art. 153, I e II, nenhum outro imposto poderá incidir sobre operações relativas a energia elétrica, serviços de telecomunicações, derivados de petróleo, combustíveis e minerais do País.

•• § 3.º com redação determinada pela Emenda Constitucional n. 33, de 11-12-2001.

§ 4.º Na hipótese do inciso XII, *h*, observar-se-á o seguinte:

•• § 4.º, *caput*, acrescentado pela Emenda Constitucional n. 33, de 11-12-2001.

I - nas operações com os lubrificantes e combustíveis derivados de petróleo, o imposto caberá ao Estado onde ocorrer o consumo;

•• Inciso I acrescentado pela Emenda Constitucional n. 33, de 11-12-2001.

II - nas operações interestaduais, entre contribuintes, com gás natural e seus derivados, e lubrificantes e combustíveis não incluídos no inciso I deste parágrafo, o imposto será repartido entre os Estados de origem e de destino, mantendo-se a mesma proporcionalidade que ocorre nas operações com as demais mercadorias;

•• Inciso II acrescentado pela Emenda Constitucional n. 33, de 11-12-2001.

III - nas operações interestaduais com gás natural e seus derivados, e lubrificantes e combustíveis não incluídos no inciso I deste parágrafo, destinadas a não contribuinte, o imposto caberá ao Estado de origem;

•• Inciso III acrescentado pela Emenda Constitucional n. 33, de 11-12-2001.

IV - as alíquotas do imposto serão definidas mediante deliberação dos Estados e Distrito Federal, nos termos do § 2.º, XII, *g*, observando-se o seguinte:

•• Inciso IV, *caput*, acrescentado pela Emenda Constitucional n. 33, de 11-12-2001.

a) serão uniformes em todo o território nacional, podendo ser diferenciadas por produto;

•• Alínea *a* acrescentada pela Emenda Constitucional n. 33, de 11-12-2001.

b) poderão ser específicas, por unidade de medida adotada, ou *ad valorem*, incidindo sobre o valor da operação ou sobre o preço que o produto ou seu similar alcançaria em uma venda em condições de livre concorrência;

•• Alínea *b* acrescentada pela Emenda Constitucional n. 33, de 11-12-2001.

c) poderão ser reduzidas e restabelecidas, não se lhes aplicando o disposto no art. 150, III, *b*.

•• Alínea *c* acrescentada pela Emenda Constitucional n. 33, de 11-12-2001.

§ 5.º As regras necessárias à aplicação do disposto no § 4.º, inclusive as relativas à apuração e à destinação do imposto, serão estabelecidas mediante deliberação dos Estados e do Distrito Federal, nos termos do § 2.º, XII, *g*.

•• § 5.º acrescentado pela Emenda Constitucional n. 33, de 11-12-2001.

§ 6.º O imposto previsto no inciso III:
- •• § 6.º, *caput*, acrescentado pela Emenda Constitucional n. 42, de 19-12-2003.

I – terá alíquotas mínimas fixadas pelo Senado Federal;
- •• Inciso I acrescentado pela Emenda Constitucional n. 42, de 19-12-2003.

II – poderá ter alíquotas diferenciadas em função do tipo e utilização.
- •• Inciso II acrescentado pela Emenda Constitucional n. 42, de 19-12-2003.

SEÇÃO V
Dos Impostos dos Municípios

Art. 156. Compete aos Municípios instituir impostos sobre:

I – propriedade predial e territorial urbana;

II – transmissão *inter vivos*, a qualquer título, por ato oneroso, de bens imóveis, por natureza ou acessão física, e de direitos reais sobre imóveis, exceto os de garantia, bem como cessão de direitos a sua aquisição;

III – serviços de qualquer natureza, não compreendidos no art. 155, II, definidos em lei complementar;
- •• Inciso III com redação determinada pela Emenda Constitucional n. 3, de 17-3-1993.
- • A Lei Complementar n. 116, de 31-7-2003, dispõe sobre o Imposto Sobre Serviços de Qualquer Natureza, de competência dos Municípios e do Distrito Federal.

IV – (*Revogado pela Emenda Constitucional n. 3, de 17-3-1993.*)

§ 1.º Sem prejuízo da progressividade no tempo a que se refere o art. 182, § 4.º, II, o imposto previsto no inciso I poderá:
- •• § 1.º, *caput*, com redação determinada pela Emenda Constitucional n. 29, de 13-9-2000.

I – ser progressivo em razão do valor do imóvel; e
- •• Inciso I acrescentado pela Emenda Constitucional n. 29, de 13-9-2000.

II – ter alíquotas diferentes de acordo com a localização e o uso do imóvel.
- •• Inciso II acrescentado pela Emenda Constitucional n. 29, de 13-9-2000.

§ 1.º-A. O imposto previsto no inciso I do *caput* deste artigo não incide sobre templos de qualquer culto, ainda que as entidades abrangidas pela imunidade de que trata a alínea *b* do inciso VI do *caput* do art. 150 desta Constituição sejam apenas locatárias do bem imóvel.
- •• § 1.º-A acrescentado pela Emenda Constitucional n. 116, de 17-2-2022.

§ 2.º O imposto previsto no inciso II:

I – não incide sobre a transmissão de bens ou direitos incorporados ao patrimônio de pessoa jurídica em realização de capital, nem sobre a transmissão de bens ou direitos decorrentes de fusão, incorporação, cisão ou extinção de pessoa jurídica, salvo se, nesses casos, a atividade preponderante do adquirente for a compra e venda desses bens ou direitos, locação de bens imóveis ou arrendamento mercantil;

II – compete ao Município da situação do bem.

§ 3.º Em relação ao imposto previsto no inciso III do *caput* deste artigo, cabe à lei complementar:
- •• § 3.º, *caput*, com redação determinada pela Emenda Constitucional n. 37, de 12-6-2002.

I – fixar as suas alíquotas máximas e mínimas;
- •• Inciso I com redação determinada pela Emenda Constitucional n. 37, de 12-6-2002.
- • Vide art. 88 do ADCT.

II – excluir da sua incidência exportações de serviços para o exterior;
- •• Inciso II com redação determinada pela Emenda Constitucional n. 3, de 17-3-1993.

III – regular a forma e as condições como isenções, incentivos e benefícios fiscais serão concedidos e revogados.
- •• Inciso III acrescentado pela Emenda Constitucional n. 37, de 12-6-2002.
- • Vide art. 88 do ADCT.

§ 4.º (*Revogado pela Emenda Constitucional n. 3, de 17-3-1993.*)

SEÇÃO VI
Da Repartição das Receitas Tributárias

Art. 157. Pertencem aos Estados e ao Distrito Federal:
- •• Vide art. 107, § 6.º, I, do ADCT.

I – o produto da arrecadação do imposto da União sobre renda e proventos de qualquer natureza, incidente na fonte, sobre rendimentos pagos, a qualquer título, por eles, suas autarquias e pelas fundações que instituírem e mantiverem;
- • Regulamento do imposto sobre a renda e proventos de qualquer natureza: Decreto n. 3.000, de 26-3-1999.
- • Vide art. 76, § 1.º, do ADCT.

II – vinte por cento do produto da arrecadação do imposto que a União instituir no exercício da competência que lhe é atribuída pelo art. 154, I.
- • Vide art. 60, II, do ADCT.

Art. 158. Pertencem aos Municípios:
- • A Lei Complementar n. 63, de 11-1-1990, dispõe sobre critérios e prazos de crédito das parcelas do produto da arrecadação de impostos de competência dos Estados e de transferências por estes recebidas, pertencentes aos Municípios.

I – o produto da arrecadação do imposto da União sobre renda e proventos de qualquer natureza, incidente na fonte, sobre rendimentos pagos, a qualquer título, por eles, suas autarquias e pelas fundações que instituírem e mantiverem;
- •• Vide art. 107, § 6.º, I, do ADCT.
- • Vide art. 76, § 1.º, do ADCT.

II – cinquenta por cento do produto da arrecadação do imposto da União sobre a propriedade territorial rural, relativamente aos imóveis neles situados, cabendo a totalidade na hipótese da opção a que se refere o art. 153, § 4.º, III;
- •• Inciso II com redação determinada pela Emenda Constitucional n. 42, de 19-12-2003.
- •• Vide art. 107, § 6.º, I, do ADCT.
- • Vide arts. 60, II, 72, § 4.º, e 76, § 1.º, do ADCT.

III – cinquenta por cento do produto da arrecadação do imposto do Estado sobre a propriedade de veículos automotores licenciados em seus territórios;
- • Vide art. 60, II, do ADCT.

IV – vinte e cinco por cento do produto da arrecadação do imposto do Estado sobre operações relativas à circulação de mercadorias e sobre prestações de serviços de transporte interestadual e intermunicipal e de comunicação.
- • Vide arts. 60, II, e 82, § 1.º, do ADCT.

Parágrafo único. As parcelas de receita pertencentes aos Municípios, mencionadas no inciso IV, serão creditadas conforme os seguintes critérios:

I – 65% (sessenta e cinco por cento), no mínimo, na proporção do valor adicionado nas operações relativas à circulação de mercadorias e nas prestações de serviços, realizadas em seus territórios;
- •• Inciso I com redação determinada pela Emenda Constitucional n. 108, de 26-8-2020, produzindo efeitos a partir de 1.º-1-2021.

II – até 35% (trinta e cinco por cento), de acordo com o que dispuser lei estadual, observada, obrigatoriamente, a distribuição de, no mínimo, 10 (dez) pontos percentuais com base em indicadores de melhoria nos resultados de aprendizagem e de aumento da equidade, considerado o nível socioeconômico dos educandos.
- •• Inciso II com redação determinada pela Emenda Constitucional n. 108, de 26-8-2020, produzindo efeitos a partir de 1.º-1-2021.

Art. 159. A União entregará:
- •• Vide art. 107, § 6.º, I, do ADCT.
- • Normas para cálculo, entrega e controle de liberações dos recursos dos Fundos de Participação: Lei Complementar n. 62, de 28-12-1989.
- • Vide arts. 72, §§ 2.º e 4.º, e 80, § 1.º, do ADCT.

I – do produto da arrecadação dos impostos sobre renda e proventos de qualquer natureza e sobre produtos industrializados, 50% (cinquenta por cento), da seguinte forma:
- •• Inciso I com redação determinada pela Emenda Constitucional n. 112, de 27-10-2021, produzindo efeitos financeiros a partir de 1.º de janeiro do exercício subsequente (*DOU* de 28-10-2021).

a) vinte e um inteiros e cinco décimos por cento ao Fundo de Participação dos Estados e do Distrito Federal;
- • Vide art. 76, § 1.º, do ADCT.

b) vinte e dois inteiros e cinco décimos por cento ao Fundo de Participação dos Municípios;
- • Vide art. 76, § 1.º, do ADCT.
- • A Lei Complementar n. 91, de 22-12-1997, dispõe sobre a fixação dos coeficientes do Fundo de Participação dos Municípios.

c) três por cento, para aplicação em programas de financiamento ao setor produtivo das Regiões Norte, Nordeste e Centro-Oeste, através de suas instituições financeiras de caráter regional, de acordo com os planos regionais de desenvolvimento, ficando assegurada ao semiárido do Nordeste a metade dos recursos destinados à Região, na forma que a lei estabelecer;

•• Alínea *c* regulamentada pela Lei n. 7.827, de 27-9-1989.

d) um por cento ao Fundo de Participação dos Municípios, que será entregue no primeiro decêndio do mês de dezembro de cada ano;

•• Alínea *d* acrescentada pela Emenda Constitucional n. 55, de 20-9-2007. Esta alteração somente se aplica sobre a arrecadação dos impostos sobre renda e proventos de qualquer natureza e sobre produtos industrializados realizada a partir de 1.º-9-2007.

e) 1% (um por cento) ao Fundo de Participação dos Municípios, que será entregue no primeiro decêndio do mês de julho de cada ano;

•• Alínea *e* acrescentada pela Emenda Constitucional n. 84, de 2-12-2014.
•• O art. 2.º da Emenda Constitucional n. 84, de 2-12-2014, dispõe:
"Art. 2.º Para os fins do disposto na alínea *e* do inciso I do *caput* do art. 159 da Constituição Federal, a União entregará ao Fundo de Participação dos Municípios o percentual de 0,5% (cinco décimos por cento) do produto da arrecadação dos impostos soΩbre renda e proventos de qualquer natureza e sobre produtos industrializados no primeiro exercício em que esta Emenda Constitucional gerar efeitos financeiros, acrescentando-se 0,5% (cinco décimos por cento) a cada exercício, até que se alcance o percentual de 1% (um por cento)".

f) 1% (um por cento) ao Fundo de Participação dos Municípios, que será entregue no primeiro decêndio do mês de setembro de cada ano;

•• Alínea *f* acrescentada pela Emenda Constitucional n. 112, de 27-10-2021, produzindo efeitos financeiros a partir de 1.º de janeiro do exercício subsequente (*DOU* de 28-10-2021).
•• O art. 2.º da Emenda Constitucional n. 112, de 27-10-2021, dispõe:
"Art. 2.º Para os fins do disposto na alínea *f* do inciso I do *caput* do art. 159 da Constituição Federal, a União entregará ao Fundo de Participação dos Municípios, do produto da arrecadação dos impostos sobre renda e proventos de qualquer natureza e sobre produtos industrializados, 0,25% (vinte e cinco centésimos por cento), 0,5% (cinco décimos por cento) e 1% (um por cento), respectivamente, em cada um dos 2 (dois) primeiros exercícios, no terceiro exercício e a partir do quarto exercício em que esta Emenda Constitucional gerar efeitos financeiros".

II – do produto da arrecadação do imposto sobre produtos industrializados, dez por cento aos Estados e ao Distrito Federal, proporcionalmente ao valor das respectivas exportações de produtos industrializados;

• Vide art. 76, § 1.º, do ADCT.
• A Lei n. 8.016, de 8-4-1990, dispõe sobre a entrega das quotas de participação dos Estados e do Distrito Federal na arrecadação do Imposto sobre Produtos Industrializados a que se refere este inciso.

III – do produto da arrecadação da contribuição de intervenção no domínio econômico prevista no art. 177, § 4.º, 29% (vinte e nove por cento) para os Estados e o Distrito Federal, distribuídos na forma da lei, observada a destinação a que se refere o inciso II, *c*, do referido parágrafo.

•• Inciso III com redação determinada pela Emenda Constitucional n. 44, de 30-6-2004.
•• Vide art. 93 do ADCT, que dispõe sobre a vigência deste inciso.

§ 1.º Para efeito de cálculo da entrega a ser efetuada de acordo com o previsto no inciso I, excluir-se-á a parcela da arrecadação do imposto de renda e proventos de qualquer natureza pertencente aos Estados, ao Distrito Federal e aos Municípios, nos termos do disposto nos arts. 157, I, e 158, I.

§ 2.º A nenhuma unidade federada poderá ser destinada parcela superior a vinte por cento do montante a que se refere o inciso II, devendo o eventual excedente ser distribuído entre os demais participantes, mantido, em relação a esses, o critério de partilha nele estabelecido.

• Normas para participação dos Estados e do Distrito Federal no produto da arrecadação do IPI, relativamente às exportações: Lei Complementar n. 61, de 26-12-1989.

§ 3.º Os Estados entregarão aos respectivos Municípios vinte e cinco por cento dos recursos que receberem nos termos do inciso II, observados os critérios estabelecidos no art. 158, parágrafo único, I e II.

• A Lei Complementar n. 63, de 11-1-1990, dispõe sobre critérios e prazos de crédito das parcelas do produto da arrecadação de impostos de competência dos Estados e de transferências por estes recebidas, pertencentes aos Municípios.

§ 4.º Do montante de recursos de que trata o inciso III que cabe a cada Estado, vinte e cinco por cento serão destinados aos seus Municípios, na forma da lei a que se refere o mencionado inciso.

•• § 4.º acrescentado pela Emenda Constitucional n. 42, de 19-12-2003.
•• Vide art. 93 do ADCT, que dispõe sobre a vigência deste parágrafo.

Art. 160. É vedada a retenção ou qualquer restrição à entrega e ao emprego dos recursos atribuídos, nesta seção, aos Estados, ao Distrito Federal e aos Municípios, neles compreendidos adicionais e acréscimos relativos a impostos.

• Vide art. 3.º da Emenda Constitucional n. 17, de 22-11-1997.

§ 1.º A vedação prevista neste artigo não impede a União e os Estados de condicionarem a entrega de recursos:

•• Parágrafo único, *caput*, renumerado pela Emenda Constitucional n. 113, de 8-12-2021.

I – ao pagamento de seus créditos, inclusive de suas autarquias;

•• Inciso I acrescentado pela Emenda Constitucional n. 29, de 13-9-2000.

II – ao cumprimento do disposto no art. 198, § 2.º, II e III.

•• Inciso II acrescentado pela Emenda Constitucional n. 29, de 13-9-2000.

§ 2.º Os contratos, os acordos, os ajustes, os convênios, os parcelamentos ou as renegociações de débitos de qualquer espécie, inclusive tributários, firmados pela União com os entes federativos conterão cláusulas para autorizar a dedução dos valores devidos dos montantes a serem repassados relacionados às respectivas cotas nos Fundos de Participação ou aos precatórios federais.

•• § 2.º acrescentado pela Emenda Constitucional n. 113, de 8-12-2021.

Art. 161. Cabe à lei complementar:

I – definir valor adicionado para fins do disposto no art. 158, parágrafo único, I;

II – estabelecer normas sobre a entrega dos recursos de que trata o art. 159, especialmente sobre os critérios de rateio dos fundos previstos em seu inciso I, objetivando promover o equilíbrio socioeconômico entre Estados e entre Municípios;

III – dispor sobre o acompanhamento, pelos beneficiários, do cálculo das quotas e da liberação das participações previstas nos arts. 157, 158 e 159.

Parágrafo único. O Tribunal de Contas da União efetuará o cálculo das quotas referentes aos fundos de participação a que alude o inciso II.

Art. 162. A União, os Estados, o Distrito Federal e os Municípios divulgarão, até o último dia do mês subsequente ao da arrecadação, os montantes de cada um dos tributos arrecadados, os recursos recebidos, os valores de origem tributária entregues e a entregar e a expressão numérica dos critérios de rateio.

Parágrafo único. Os dados divulgados pela União serão discriminados por Estado e por Município; os dos Estados, por Município.

Capítulo II
DAS FINANÇAS PÚBLICAS

SEÇÃO I
Normas Gerais

Art. 163. Lei complementar disporá sobre:

• Vide art. 30 da Emenda Constitucional n. 19, de 4-6-1998.

I – finanças públicas;

• A Lei Complementar n. 101, de 4-5-2000, estabelece normas de finanças públicas voltadas para a responsabilidade na gestão fiscal e dá outras providências.

II – dívida pública externa e interna, incluída a das autarquias, fundações e demais entidades controladas pelo Poder Público;

III – concessão de garantias pelas entidades públicas;

IV – emissão e resgate de títulos da dívida pública;

V – fiscalização financeira da administração pública direta e indireta;

•• Inciso V com redação determinada pela Emenda Constitucional n. 40, de 29-5-2003.

VI – operações de câmbio realizadas por órgãos e entidades da União, dos Estados, do Distrito Federal e dos Municípios;

VII – compatibilização das funções das instituições oficiais de crédito da União, resguardadas as características e condições operacionais plenas das voltadas ao desenvolvimento regional;

• Vide art. 30 da Emenda Constitucional n. 19, de 4-6-1998.

VIII – sustentabilidade da dívida, especificando:

•• Inciso VIII, *caput*, acrescentado pela Emenda Constitucional n. 109, de 15-3-2021.

a) indicadores de sua apuração;

•• Alínea *a* acrescentada pela Emenda Constitucional n. 109, de 15-3-2021.

b) níveis de compatibilidade dos resultados fiscais com a trajetória da dívida;

•• Alínea *b* acrescentada pela Emenda Constitucional n. 109, de 15-3-2021.

c) trajetória de convergência do montante da dívida com os limites definidos em legislação;

•• Alínea *c* acrescentada pela Emenda Constitucional n. 109, de 15-3-2021.

d) medidas de ajuste, suspensões e vedações;

•• Alínea *d* acrescentada pela Emenda Constitucional n. 109, de 15-3-2021.

e) planejamento de alienação de ativos com vistas à redução do montante da dívida.

•• Alínea *e* acrescentada pela Emenda Constitucional n. 109, de 15-3-2021.

Parágrafo único. A lei complementar de que trata o inciso VIII do *caput* deste artigo pode autorizar a aplicação das vedações previstas no art. 167-A desta Constituição.

•• Parágrafo único acrescentado pela Emenda Constitucional n. 109, de 15-3-2021.

Art. 163-A. A União, os Estados, o Distrito Federal e os Municípios disponibilizarão suas informações e dados contábeis, orçamentários e fiscais, conforme periodicidade, formato e sistema estabelecidos pelo órgão central de contabilidade da União, de forma a garantir a rastreabilidade, a comparabilidade e a publicidade dos dados coletados, os quais deverão ser divulgados em meio eletrônico de amplo acesso público.

•• Artigo acrescentado pela Emenda Constitucional n. 108, de 26-8-2020, produzindo efeitos a partir de 1.º-1-2021.

Art. 164. A competência da União para emitir moeda será exercida exclusivamente pelo banco central.

§ 1.º É vedado ao banco central conceder, direta ou indiretamente, empréstimos ao Tesouro Nacional e a qualquer órgão ou entidade que não seja instituição financeira.

§ 2.º O banco central poderá comprar e vender títulos de emissão do Tesouro Nacional, com o objetivo de regular a oferta de moeda ou a taxa de juros.

§ 3.º As disponibilidades de caixa da União serão depositadas no Banco Central; as dos Estados, do Distrito Federal, dos Municípios e dos órgãos ou entidades do Poder Público e das empresas por ele controladas, em instituições financeiras oficiais, ressalvados os casos previstos em lei.

Art. 164-A. A União, os Estados, o Distrito Federal e os Municípios devem conduzir suas políticas fiscais de forma a manter a dívida pública em níveis sustentáveis, na forma da lei complementar referida no inciso VIII do *caput* do art. 163 desta Constituição.

•• *Caput* acrescentado pela Emenda Constitucional n. 109, de 15-3-2021.

Parágrafo único. A elaboração e a execução de planos e orçamentos devem refletir a compatibilidade dos indicadores fiscais com a sustentabilidade da dívida.

•• Parágrafo único acrescentado pela Emenda Constitucional n. 109, de 15-3-2021.

SEÇÃO II
Dos Orçamentos

Art. 165. Leis de iniciativa do Poder Executivo estabelecerão:

I – o plano plurianual;

II – as diretrizes orçamentárias;

III – os orçamentos anuais.

§ 1.º A lei que instituir o plano plurianual estabelecerá, de forma regionalizada, as diretrizes, objetivos e metas da administração pública federal para as despesas de capital e outras delas decorrentes e para as relativas aos programas de duração continuada.

• A Lei n. 12.593, de 18-1-2012, institui o Plano Plurianual da União para o período de 2012 a 2015.

§ 2.º A lei de diretrizes orçamentárias compreenderá as metas e prioridades da administração pública federal, estabelecerá as diretrizes de política fiscal e respectivas metas, em consonância com trajetória sustentável da dívida pública, orientará a elaboração da lei orçamentária anual, disporá sobre as alterações na legislação tributária e estabelecerá a política de aplicação das agências financeiras oficiais de fomento.

•• § 2.º com redação determinada pela Emenda Constitucional n. 109, de 15-3-2021.

§ 3.º O Poder Executivo publicará, até trinta dias após o encerramento de cada bimestre, relatório resumido da execução orçamentária.

§ 4.º Os planos e programas nacionais, regionais e setoriais previstos nesta Constituição serão elaborados em consonância com o plano plurianual e apreciados pelo Congresso Nacional.

• Programa Nacional de Desestatização: Lei n. 9.491, de 9-9-1997.

§ 5.º A lei orçamentária anual compreenderá:

•• A Lei n. 13.587, de 2-1-2018, estima a receita e fixa a despesa da União para o exercício financeiro de 2018.

I – o orçamento fiscal referente aos Poderes da União, seus fundos, órgãos e entidades da administração direta e indireta, inclusive fundações instituídas e mantidas pelo Poder Público;

II – o orçamento de investimento das empresas em que a União, direta ou indiretamente, detenha a maioria do capital social com direito a voto;

III – o orçamento da seguridade social, abrangendo todas as entidades e órgãos a ela vinculados, da administração direta ou indireta, bem como os fundos e fundações instituídos e mantidos pelo Poder Público.

§ 6.º O projeto de lei orçamentária será acompanhado de demonstrativo regionalizado do efeito, sobre as receitas e despesas, decorrente de isenções, anistias, remissões, subsídios e benefícios de natureza financeira, tributária e creditícia.

§ 7.º Os orçamentos previstos no § 5.º, I e II, deste artigo, compatibilizados com o plano plurianual, terão entre suas funções a de reduzir desigualdades inter-regionais, segundo critério populacional.

• *Vide* art. 35 do ADCT.

§ 8.º A lei orçamentária anual não conterá dispositivo estranho à previsão da receita e à fixação da despesa, não se incluindo na proibição a autorização para abertura de créditos suplementares e contratação de operações de crédito, ainda que por antecipação de receita, nos termos da lei.

§ 9.º Cabe à lei complementar:

I – dispor sobre o exercício financeiro, a vigência, os prazos, a elaboração e a organização do plano plurianual, da lei de diretrizes orçamentárias e da lei orçamentária anual;

II – estabelecer normas de gestão financeira e patrimonial da administração direta e indireta, bem como condições para a instituição e funcionamento de fundos;

• *Vide* arts. 71, § 1.º, e 81, § 3.º, do ADCT.

III – dispor sobre critérios para a execução equitativa, além de procedimentos que serão adotados quando houver impedimentos legais e técnicos, cumprimento de restos a pagar e limitação das programações de caráter obrigatório, para a realização do disposto nos §§ 11 e 12 do art. 166.

•• Inciso III com redação determinada pela Emenda Constitucional n. 100, de 26-6-2019, produzindo efeitos a partir da execução orçamentária do exercício financeiro subsequente (*DOU* de 27-6-2019).

§ 10. A administração tem o dever de executar as programações orçamentárias, adotando os meios e as medidas necessários, com o propósito de garantir a efetiva entrega de bens e serviços à sociedade.

•• § 10 acrescentado pela Emenda Constitucional n. 100, de 26-6-2019, produzindo efeitos a partir da execução orçamentária do exercício financeiro subsequente (*DOU* de 27-6-2019).

§ 11. O disposto no § 10 deste artigo, nos termos da lei de diretrizes orçamentárias:

•• § 11, *caput*, acrescentado pela Emenda Constitucional n. 102, de 26-9-2019, produzindo efeitos a partir da execução orçamentária do exercício financeiro subsequente (*DOU* de 27-9-2019).

I – subordina-se ao cumprimento de dispositivos constitucionais e legais que estabeleçam metas fiscais ou limites de despesas e não impede o cancelamento necessário à abertura de créditos adicionais;

•• Inciso I acrescentado pela Emenda Constitucional n. 102, de 26-9-2019, produzindo efeitos a partir da execução orçamentária do exercício financeiro subsequente (*DOU* de 27-9-2019).

II – não se aplica nos casos de impedimentos de ordem técnica devidamente justificados;

•• Inciso II acrescentado pela Emenda Constitucional n. 102, de 26-9-2019, produzindo efeitos a partir da execução orçamentária do exercício financeiro subsequente (*DOU* de 27-9-2019).

III – aplica-se exclusivamente às despesas primárias discricionárias.

•• Inciso III acrescentado pela Emenda Constitucional n. 102, de 26-9-2019, produzindo efeitos a partir da execução orçamentária do exercício financeiro subsequente (*DOU* de 27-9-2019).

§ 12. Integrará a lei de diretrizes orçamentárias, para o exercício a que se refere e, pelo menos, para os 2 (dois) exercícios subsequentes,

anexo com previsão de agregados fiscais e a proporção dos recursos para investimentos que serão alocados na lei orçamentária anual para a continuidade daqueles em andamento.

•• § 12 acrescentado pela Emenda Constitucional n. 102, de 26-9-2019, produzindo efeitos a partir da execução orçamentária do exercício financeiro subsequente (*DOU* de 27-9-2019).

§ 13. O disposto no inciso III do § 9.º e nos §§ 10, 11 e 12 deste artigo aplica-se exclusivamente aos orçamentos fiscal e da seguridade social da União.

•• § 13 acrescentado pela Emenda Constitucional n. 102, de 26-9-2019, produzindo efeitos a partir da execução orçamentária do exercício financeiro subsequente (*DOU* de 27-9-2019).

§ 14. A lei orçamentária anual poderá conter previsões de despesas para exercícios seguintes, com a especificação dos investimentos plurianuais e daqueles em andamento.

•• § 14 acrescentado pela Emenda Constitucional n. 102, de 26-9-2019, produzindo efeitos a partir da execução orçamentária do exercício financeiro subsequente (*DOU* de 27-9-2019).

§ 15. A União organizará e manterá registro centralizado de projetos de investimento contendo, por Estado ou Distrito Federal, pelo menos, análises de viabilidade, estimativas de custos e informações sobre a execução física e financeira.

•• § 15 acrescentado pela Emenda Constitucional n. 102, de 26-9-2019, produzindo efeitos a partir da execução orçamentária do exercício financeiro subsequente (*DOU* de 27-9-2019).

§ 16. As leis de que trata este artigo devem observar, no que couber, os resultados do monitoramento e da avaliação das políticas públicas previstos no § 16 do art. 37 desta Constituição.

•• § 16 acrescentado pela Emenda Constitucional n. 109, de 15-3-2021.

Art. 166. Os projetos de lei relativos ao plano plurianual, às diretrizes orçamentárias, ao orçamento anual e aos créditos adicionais serão apreciados pelas duas Casas do Congresso Nacional, na forma do regimento comum.

§ 1.º Caberá a uma Comissão mista permanente de Senadores e Deputados:

I – examinar e emitir parecer sobre os projetos referidos neste artigo e sobre as contas apresentadas anualmente pelo Presidente da República;

II – examinar e emitir parecer sobre os planos e programas nacionais, regionais e setoriais previstos nesta Constituição e exercer o acompanhamento e a fiscalização orçamentária, sem prejuízo da atuação das demais comissões do Congresso Nacional e de suas Casas, criadas de acordo com o art. 58.

§ 2.º As emendas serão apresentadas na Comissão mista, que sobre elas emitirá parecer, e apreciadas, na forma regimental, pelo Plenário das duas Casas do Congresso Nacional.

§ 3.º As emendas ao projeto de lei do orçamento anual ou aos projetos que o modifiquem somente podem ser aprovadas caso:

I – sejam compatíveis com o plano plurianual e com a lei de diretrizes orçamentárias;

II – indiquem os recursos necessários, admitidos apenas os provenientes de anulação de despesa, excluídas as que incidam sobre:

a) dotações para pessoal e seus encargos;

b) serviço da dívida;

c) transferências tributárias constitucionais para Estados, Municípios e Distrito Federal; ou

III – sejam relacionadas:

a) com a correção de erros ou omissões; ou

b) com os dispositivos do texto do projeto de lei.

§ 4.º As emendas ao projeto de lei de diretrizes orçamentárias não poderão ser aprovadas quando incompatíveis com o plano plurianual.

§ 5.º O Presidente da República poderá enviar mensagem ao Congresso Nacional para propor modificação nos projetos a que se refere este artigo enquanto não iniciada a votação, na Comissão mista, da parte cuja alteração é proposta.

§ 6.º Os projetos de lei do plano plurianual, das diretrizes orçamentárias e do orçamento anual serão enviados pelo Presidente da República ao Congresso Nacional, nos termos da lei complementar a que se refere o art. 165, § 9.º.

§ 7.º Aplicam-se aos projetos mencionados neste artigo, no que não contrariar o disposto nesta seção, as demais normas relativas ao processo legislativo.

§ 8.º Os recursos que, em decorrência de veto, emenda ou rejeição do projeto de lei orçamentária anual, ficarem sem despesas correspondentes poderão ser utilizados, conforme o caso, mediante créditos especiais ou suplementares, com prévia e específica autorização legislativa.

§ 9.º As emendas individuais ao projeto de lei orçamentária serão aprovadas no limite de 2% (dois por cento) da receita corrente líquida do exercício anterior ao do encaminhamento do projeto, observado que a metade desse percentual será destinada a ações e serviços públicos de saúde.

•• § 9.º com redação determinada pela Emenda Constitucional n. 126, de 21-12-2022.

§ 9.º-A. Do limite a que se refere o § 9.º deste artigo, 1,55% (um inteiro e cinquenta e cinco centésimos por cento) caberá às emendas de Deputados e 0,45% (quarenta e cinco centésimos por cento) às de Senadores.

•• § 9.º-A acrescentado pela Emenda Constitucional n. 126, de 21-12-2022.

§ 10. A execução do montante destinado a ações e serviços públicos de saúde previsto no § 9.º, inclusive custeio, será computada para fins do cumprimento do inciso I do § 2.º do art. 198, vedada a destinação para pagamento de pessoal ou encargos sociais.

•• § 10 acrescentado pela Emenda Constitucional n. 86, de 17-3-2015.

§ 11. É obrigatória a execução orçamentária e financeira das programações oriundas de emendas individuais, em montante correspondente ao limite a que se refere o § 9.º deste artigo, conforme os critérios para a execução equitativa da programação definidos na lei complementar prevista no § 9.º do art. 165 desta Constituição, observado o disposto no § 9.º-A deste artigo.

•• § 11 com redação determinada pela Emenda Constitucional n. 126, de 21-12-2022.

§ 12. A garantia de execução de que trata o § 11 deste artigo aplica-se também às programações incluídas por todas as emendas de iniciativa de bancada de parlamentares de Estado ou do Distrito Federal, no montante de até 1% (um por cento) da receita corrente líquida realizada no exercício anterior.

•• § 12 com redação determinada pela Emenda Constitucional n. 100, de 26-6-2019, produzindo efeitos a partir da execução orçamentária do exercício financeiro subsequente (*DOU* de 27-6-2019).

•• Sobre o montante de que trata este § 12: *vide* arts. 2.º e 3.º da Emenda Constitucional n. 100, de 26-6-2019.

§ 13. As programações orçamentárias previstas nos §§ 11 e 12 deste artigo não serão de execução obrigatória nos casos dos impedimentos de ordem técnica.

•• § 13 com redação determinada pela Emenda Constitucional n. 100, de 26-6-2019, produzindo efeitos a partir da execução orçamentária do exercício financeiro subsequente (*DOU* de 27-6-2019).

§ 14. Para fins de cumprimento do disposto nos §§ 11 e 12 deste artigo, os órgãos de execução deverão observar, nos termos da lei de diretrizes orçamentárias, cronograma para análise e verificação de eventuais impedimentos das programações e demais procedimentos necessários à viabilização da execução dos respectivos montantes.

•• § 14, *caput*, com redação determinada pela Emenda Constitucional n. 100, de 26-6-2019, produzindo efeitos a partir da execução orçamentária do exercício financeiro subsequente (*DOU* de 27-6-2019).

I a IV – *(Revogados pela Emenda Constitucional n. 100, de 26-6-2019, produzindo efeitos a partir da execução orçamentária do exercício financeiro subsequente – DOU de 27-6-2019.)*

§ 15. *(Revogado pela Emenda Constitucional n. 100, de 26-6-2019, produzindo efeitos a partir da execução orçamentária do exercício financeiro subsequente – DOU de 27-6-2019.)*

§ 16. Quando a transferência obrigatória da União para a execução da programação prevista nos §§ 11 e 12 deste artigo for destinada a Estados, ao Distrito Federal e a Municípios, independerá da adimplência do ente federativo destinatário e não integrará a base de cálculo da receita corrente líquida para fins de aplicação dos limites de despesa de pessoal de que trata o *caput* do art. 169.

•• § 16 com redação determinada pela Emenda Constitucional n. 100, de 26-6-2019, produzindo efeitos a partir da execução orçamentária do exercício financeiro subsequente (*DOU* de 27-6-2019).

§ 17. Os restos a pagar provenientes das programações orçamentárias previstas nos §§ 11 e 12 deste artigo poderão ser considerados para fins de cumprimento da execução financeira até o limite de 1% (um por cento) da receita corrente líquida do exercício anterior ao do encaminhamento do projeto de lei orçamentária, para as programações das emendas individuais, e até o limite de 0,5% (cinco décimos por cento), para as programações das emendas de iniciativa de bancada de parlamentares de Estado ou do Distrito Federal.
- • § 17 com redação determinada pela Emenda Constitucional n. 126, de 21-12-2022.

§ 18. Se for verificado que a reestimativa da receita e da despesa poderá resultar no não cumprimento da meta de resultado fiscal estabelecida na lei de diretrizes orçamentárias, os montantes previstos nos §§ 11 e 12 deste artigo poderão ser reduzidos em até a mesma proporção da limitação incidente sobre o conjunto das demais despesas discricionárias.
- • § 18 com redação determinada pela Emenda Constitucional n. 100, de 26-6-2019, produzindo efeitos a partir da execução orçamentária do exercício financeiro subsequente (DOU de 27-6-2019).

§ 19. Considera-se equitativa a execução das programações de caráter obrigatório que observe critérios objetivos e imparciais e que atenda de forma igualitária e impessoal às emendas apresentadas, independentemente da autoria, observado o disposto no § 9.º-A deste artigo.
- • § 19 com redação determinada pela Emenda Constitucional n. 126, de 21-12-2022.

§ 20. As programações de que trata o § 12 deste artigo, quando versarem sobre o início de investimentos com duração de mais de 1 (um) exercício financeiro ou cuja execução já tenha sido iniciada, deverão ser objeto de emenda pela mesma bancada estadual, a cada exercício, até a conclusão da obra ou do empreendimento.
- • § 20 acrescentado pela Emenda Constitucional n. 100, de 26-6-2019, produzindo efeitos a partir da execução orçamentária do exercício financeiro subsequente (DOU de 27-6-2019).

Art. 166-A.
As emendas individuais impositivas apresentadas ao projeto de lei orçamentária anual poderão alocar recursos a Estados, ao Distrito Federal e a Municípios por meio de:
- • Caput acrescentado pela Emenda Constitucional n. 105, de 12-12-2019.
- • A Emenda Constitucional n. 105, de 12-12-2019, (DOU de 13-12-2019), dispõe em seu art. 2.º: "Art. 2.º No primeiro semestre do exercício financeiro subsequente ao da publicação desta Emenda Constitucional, fica assegurada a transferência financeira em montante mínimo equivalente a 60% (sessenta por cento) dos recursos de que trata o inciso I do caput do art. 166-A da Constituição Federal".

I – transferência especial; ou
- • Inciso I acrescentado pela Emenda Constitucional n. 105, de 12-12-2019.
- • Vide nota ao caput deste artigo.

II – transferência com finalidade definida.
- • Inciso II acrescentado pela Emenda Constitucional n. 105, de 12-12-2019.

§ 1.º Os recursos transferidos na forma do caput deste artigo não integrarão a receita do Estado, do Distrito Federal e dos Municípios para fins de repartição e para o cálculo dos limites da despesa com pessoal ativo e inativo, nos termos do § 16 do art. 166, e de endividamento do ente federado, vedada, em qualquer caso, a aplicação dos recursos a que se refere o caput deste artigo no pagamento de:
- • § 1.º, caput, acrescentado pela Emenda Constitucional n. 105, de 12-12-2019.

I – despesas com pessoal e encargos sociais relativas a ativos e inativos, e com pensionistas; e
- • Inciso I acrescentado pela Emenda Constitucional n. 105, de 12-12-2019.

II – encargos referentes ao serviço da dívida.
- • Inciso II acrescentado pela Emenda Constitucional n. 105, de 12-12-2019.

§ 2.º Na transferência especial a que se refere o inciso I do caput deste artigo, os recursos:
- • § 2.º, caput, acrescentado pela Emenda Constitucional n. 105, de 12-12-2019.

I – serão repassados diretamente ao ente federado beneficiado, independentemente de celebração de convênio ou de instrumento congênere;
- • Inciso I acrescentado pela Emenda Constitucional n. 105, de 12-12-2019.

II – pertencerão ao ente federado no ato da efetiva transferência financeira; e
- • Inciso II acrescentado pela Emenda Constitucional n. 105, de 12-12-2019.

III – serão aplicadas em programações finalísticas das áreas de competência do Poder Executivo do ente federado beneficiado, observado o disposto no § 5.º deste artigo.
- • Inciso III acrescentado pela Emenda Constitucional n. 105, de 12-12-2019.

§ 3.º O ente federado beneficiado da transferência especial a que se refere o inciso I do caput deste artigo poderá firmar contratos de cooperação técnica para fins de subsidiar o acompanhamento da execução orçamentária na aplicação dos recursos.
- • § 3.º acrescentado pela Emenda Constitucional n. 105, de 12-12-2019.

§ 4.º Na transferência com finalidade definida a que se refere o inciso II do caput deste artigo, os recursos serão:
- • § 4.º, caput, acrescentado pela Emenda Constitucional n. 105, de 12-12-2019.

I – vinculados à programação estabelecida na emenda parlamentar; e
- • Inciso I acrescentado pela Emenda Constitucional n. 105, de 12-12-2019.

II – aplicados nas áreas de competência constitucional da União.
- • Inciso II acrescentado pela Emenda Constitucional n. 105, de 12-12-2019.

§ 5.º Pelo menos 70% (setenta por cento) das transferências especiais de que trata o inciso I do caput deste artigo deverão ser aplicadas em despesas de capital, observada a restrição a que se refere o inciso II do § 1.º deste artigo.
- • § 5.º acrescentado pela Emenda Constitucional n. 105, de 12-12-2019.

Art. 167.
São vedados:

I – o início de programas ou projetos não incluídos na lei orçamentária anual;

II – a realização de despesas ou a assunção de obrigações diretas que excedam os créditos orçamentários ou adicionais;

III – a realização de operações de créditos que excedam o montante das despesas de capital, ressalvadas as autorizadas mediante créditos suplementares ou especiais com finalidade precisa, aprovados pelo Poder Legislativo por maioria absoluta;
- • Vide art. 37 do ADCT.

IV – a vinculação de receita de impostos a órgão, fundo ou despesa, ressalvadas a repartição do produto da arrecadação dos impostos a que se referem os arts. 158 e 159, a destinação de recursos para as ações e serviços públicos de saúde, para manutenção e desenvolvimento do ensino e para realização de atividades da administração tributária, como determinado, respectivamente, pelos arts. 198, § 2.º, 212 e 37, XXII, e a prestação de garantias às operações de crédito por antecipação de receita, previstas no art. 165, § 8.º, bem como o disposto no § 4.º deste artigo;
- • Inciso IV com redação determinada pela Emenda Constitucional n. 42, de 19-12-2003.
- • Vide art. 80, § 1.º, do ADCT.

V – a abertura de crédito suplementar ou especial sem prévia autorização legislativa e sem indicação dos recursos correspondentes;

VI – a transposição, o remanejamento ou a transferência de recursos de uma categoria de programação para outra ou de um órgão para outro, sem prévia autorização legislativa;

VII – a concessão ou utilização de créditos ilimitados;

VIII – a utilização, sem autorização legislativa específica, de recursos dos orçamentos fiscal e da seguridade social para suprir necessidade ou cobrir déficit de empresas, fundações e fundos, inclusive dos mencionados no art. 165, § 5.º;

IX – a instituição de fundos de qualquer natureza, sem prévia autorização legislativa;

X – a transferência voluntária de recursos e a concessão de empréstimos, inclusive por antecipação de receita, pelos Governos Federal e Estaduais e suas instituições financeiras, para pagamento de despesas com pessoal ativo, inativo e pensionista, dos Estados, do Distrito Federal e dos Municípios;
- • Inciso X acrescentado pela Emenda Constitucional n. 19, de 4-6-1998.

XI – a utilização dos recursos provenientes das contribuições sociais de que trata o art. 195, I, a, e II, para a realização de despesas distintas do pagamento de benefícios do regime geral de previdência social de que trata o art. 201;
- • Inciso XI acrescentado pela Emenda Constitucional n. 20, de 15-12-1998.

XII – na forma estabelecida na lei complementar de que trata o § 22 do art. 40, a utilização de recursos de regime próprio de previdência social, incluídos os valores integrantes dos fundos previstos no art. 249, para a realização de despesas distintas do pagamento dos benefícios previden-

ciários do respectivo fundo vinculado àquele regime e das despesas necessárias à sua organização e ao seu funcionamento;
•• Inciso XII acrescentado pela Emenda Constitucional n. 103, de 12-11-2019.

XIII – a transferência voluntária de recursos, a concessão de avais, as garantias e as subvenções pela União e a concessão de empréstimos e de financiamentos por instituições financeiras federais aos Estados, ao Distrito Federal e aos Municípios na hipótese de descumprimento das regras gerais de organização e de funcionamento de regime próprio de previdência social;
•• Inciso XIII acrescentado pela Emenda Constitucional n. 103, de 12-11-2019.

XIV – a criação de fundo público, quando seus objetivos puderem ser alcançados mediante a vinculação de receitas orçamentárias específicas ou mediante a execução direta por programação orçamentária e financeira de órgão ou entidade da administração pública.
•• Inciso XIV acrescentado pela Emenda Constitucional n. 109, de 15-3-2021.

§ 1.º Nenhum investimento cuja execução ultrapasse um exercício financeiro poderá ser iniciado sem prévia inclusão no plano plurianual, ou sem lei que autorize a inclusão, sob pena de crime de responsabilidade.

§ 2.º Os créditos especiais e extraordinários terão vigência no exercício financeiro em que forem autorizados, salvo se o ato de autorização for promulgado nos últimos quatro meses daquele exercício, caso em que, reabertos nos limites de seus saldos, serão incorporados ao orçamento do exercício financeiro subsequente.

§ 3.º A abertura de crédito extraordinário somente será admitida para atender a despesas imprevisíveis e urgentes, como as decorrentes de guerra, comoção interna ou calamidade pública, observado o disposto no art. 62.
•• Vide art. 107, § 6.º, II, do ADCT.

§ 4.º É permitida a vinculação das receitas a que se referem os arts. 155, 156, 157, 158 e as alíneas a, b, d e e do inciso I e o inciso II do caput do art. 159 desta Constituição para pagamento de débitos com a União e para prestar-lhe garantia ou contragarantia.
•• § 4.º com redação determinada pela Emenda Constitucional n. 109, de 15-3-2021.

§ 5.º A transposição, o remanejamento ou a transferência de recursos de uma categoria de programação para outra poderão ser admitidos, no âmbito das atividades de ciência, tecnologia e inovação, com o objetivo de viabilizar os resultados de projetos restritos a essas funções, mediante ato do Poder Executivo, sem necessidade da prévia autorização legislativa prevista no inciso VI deste artigo.
•• § 5.º acrescentado pela Emenda Constitucional n. 85, de 26-2-2015.

§ 6.º Para fins da apuração ao término do exercício financeiro do cumprimento do limite de que trata o inciso III do caput deste artigo, as receitas das operações de crédito efetuadas no contexto da gestão da dívida pública mobiliária federal somente serão consideradas no exercício financeiro em que for realizada a respectiva despesa.
•• § 6.º acrescentado pela Emenda Constitucional n. 109, de 15-3-2021.

§ 7.º A lei não imporá nem transferirá qualquer encargo financeiro decorrente da prestação de serviço público, inclusive despesas de pessoal e seus encargos, para a União, os Estados, o Distrito Federal ou os Municípios, sem a previsão de fonte orçamentária e financeira necessária à realização da despesa ou sem a previsão da correspondente transferência de recursos financeiros necessários ao seu custeio, ressalvadas as obrigações assumidas espontaneamente pelos entes federados e aquelas decorrentes da fixação do salário mínimo, na forma do inciso IV do caput do art. 7.º desta Constituição.
•• § 7.º acrescentado pela Emenda Constitucional n. 128, de 22-12-2022.

Art. 167-A. Apurado que, no período de 12 (doze) meses, a relação entre despesas correntes e receitas correntes supera 95% (noventa e cinco por cento), no âmbito dos Estados, do Distrito Federal e dos Municípios, é facultado aos Poderes Executivo, Legislativo e Judiciário, ao Ministério Público, ao Tribunal de Contas e à Defensoria Pública do ente, enquanto permanecer a situação, aplicar o mecanismo de ajuste fiscal de vedação da:
•• Caput acrescentado pela Emenda Constitucional n. 109, de 15-3-2021.

I – concessão, a qualquer título, de vantagem, aumento, reajuste ou adequação de remuneração de membros de Poder ou de órgão, de servidores e empregados públicos e de militares, exceto dos derivados de sentença judicial transitada em julgado ou de determinação legal anterior ao início da aplicação das medidas de que trata este artigo;
•• Inciso I acrescentado pela Emenda Constitucional n. 109, de 15-3-2021.

II – criação de cargo, emprego ou função que implique aumento de despesa;
•• Inciso II acrescentado pela Emenda Constitucional n. 109, de 15-3-2021.

III – alteração de estrutura de carreira que implique aumento de despesa;
•• Inciso III acrescentado pela Emenda Constitucional n. 109, de 15-3-2021.

IV – admissão ou contratação de pessoal, a qualquer título, ressalvadas:
•• Inciso IV, caput, acrescentado pela Emenda Constitucional n. 109, de 15-3-2021.

a) as reposições de cargos de chefia e de direção que não acarretem aumento de despesa;
•• Alínea a acrescentada pela Emenda Constitucional n. 109, de 15-3-2021.

b) as reposições decorrentes de vacâncias de cargos efetivos ou vitalícios;
•• Alínea b acrescentada pela Emenda Constitucional n. 109, de 15-3-2021.

c) as contratações temporárias de que trata o inciso IX do caput do art. 37 desta Constituição; e
•• Alínea c acrescentada pela Emenda Constitucional n. 109, de 15-3-2021.

d) as reposições de temporários para prestação de serviço militar e de alunos de órgãos de formação de militares;
•• Alínea d acrescentada pela Emenda Constitucional n. 109, de 15-3-2021.

V – realização de concurso público, exceto para as reposições de vacâncias previstas no inciso IV deste caput;
•• Inciso V acrescentado pela Emenda Constitucional n. 109, de 15-3-2021.

VI – criação ou majoração de auxílios, vantagens, bônus, abonos, verbas de representação ou benefícios de qualquer natureza, inclusive os de cunho indenizatório, em favor de membros de Poder, do Ministério Público ou da Defensoria Pública e de servidores e empregados públicos e de militares, ou ainda de seus dependentes, exceto quando derivados de sentença judicial transitada em julgado ou de determinação legal anterior ao início da aplicação das medidas de que trata este artigo;
•• Inciso VI acrescentado pela Emenda Constitucional n. 109, de 15-3-2021.

VII – criação de despesa obrigatória;
•• Inciso VII acrescentado pela Emenda Constitucional n. 109, de 15-3-2021.

VIII – adoção de medida que implique reajuste de despesa obrigatória acima da variação da inflação, observada a preservação do poder aquisitivo referida no inciso IV do caput do art. 7.º desta Constituição;
•• Inciso VIII acrescentado pela Emenda Constitucional n. 109, de 15-3-2021.

IX – criação ou expansão de programas e linhas de financiamento, bem como remissão, renegociação ou refinanciamento de dívidas que impliquem ampliação das despesas com subsídios e subvenções;
•• Inciso IX acrescentado pela Emenda Constitucional n. 109, de 15-3-2021.

X – concessão ou ampliação de incentivo ou benefício de natureza tributária.
•• Inciso X acrescentado pela Emenda Constitucional n. 109, de 15-3-2021.

§ 1.º Apurado que a despesa corrente supera 85% (oitenta e cinco por cento) da receita corrente, sem exceder o percentual mencionado no caput deste artigo, as medidas nele indicadas podem ser, no todo ou em parte, implementadas por atos do Chefe do Poder Executivo com vigência imediata, facultado aos demais Poderes e órgãos autônomos implementá-las em seus respectivos âmbitos.
•• § 1.º acrescentado pela Emenda Constitucional n. 109, de 15-3-2021.

§ 2.º O ato de que trata o § 1.º deste artigo deve ser submetido, em regime de urgência, à apreciação do Poder Legislativo.
•• § 2.º acrescentado pela Emenda Constitucional n. 109, de 15-3-2021.

§ 3.º O ato perde a eficácia, reconhecida a validade dos atos praticados na sua vigência, quando:
•• § 3.º, caput, acrescentado pela Emenda Constitucional n. 109, de 15-3-2021.

I – rejeitado pelo Poder Legislativo;
•• Inciso I acrescentado pela Emenda Constitucional n. 109, de 15-3-2021.

II – transcorrido o prazo de 180 (cento e oitenta) dias sem que se ultime a sua apreciação; ou
•• Inciso II acrescentado pela Emenda Constitucional n. 109, de 15-3-2021.

III – apurado que não mais se verifica a hipótese prevista no § 1.º deste artigo, mesmo após a sua aprovação pelo Poder Legislativo.
•• Inciso III acrescentado pela Emenda Constitucional n. 109, de 15-3-2021.

§ 4.º A apuração referida neste artigo deve ser realizada bimestralmente.
•• § 4.º acrescentado pela Emenda Constitucional n. 109, de 15-3-2021.

§ 5.º As disposições de que trata este artigo:
•• § 5.º, caput, acrescentado pela Emenda Constitucional n. 109, de 15-3-2021.

I – não constituem obrigação de pagamento futuro pelo ente da Federação ou direitos de outrem sobre o erário;
•• Inciso I acrescentado pela Emenda Constitucional n. 109, de 15-3-2021.

II – não revogam, dispensam ou suspendem o cumprimento de dispositivos constitucionais e legais que disponham sobre metas fiscais ou limites máximos de despesas.
•• Inciso II acrescentado pela Emenda Constitucional n. 109, de 15-3-2021.

§ 6.º Ocorrendo a hipótese de que trata o caput deste artigo, até que todas as medidas nele previstas tenham sido adotadas por todos os Poderes e órgãos nele mencionados, de acordo com declaração do respectivo Tribunal de Contas, é vedada:
•• § 6.º, caput, acrescentado pela Emenda Constitucional n. 109, de 15-3-2021.

I – a concessão, por qualquer outro ente da Federação, de garantias ao ente envolvido;
•• Inciso I acrescentado pela Emenda Constitucional n. 109, de 15-3-2021.

II – a tomada de operação de crédito por parte do ente envolvido com outro ente da Federação, diretamente ou por intermédio de seus fundos, autarquias, fundações ou empresas estatais dependentes, ainda que sob a forma de novação, refinanciamento ou postergação de dívida contraída anteriormente, ressalvados os financiamentos destinados a projetos específicos celebrados na forma de operações típicas das agências financeiras oficiais de fomento.
•• Inciso II acrescentado pela Emenda Constitucional n. 109, de 15-3-2021.

Art. 167-B. Durante a vigência de estado de calamidade pública de âmbito nacional, decretado pelo Congresso Nacional por iniciativa privativa do Presidente da República, a União deve adotar regime extraordinário fiscal, financeiro e de contratações para atender às necessidades dele decorrentes, somente naquilo em que a urgência for incompatível com o regime regular, nos termos definidos nos arts. 167-C, 167-D, 167-E, 167-F e 167-G desta Constituição.
•• Artigo acrescentado pela Emenda Constitucional n. 109, de 15-3-2021.

Art. 167-C. Com o propósito exclusivo de enfrentamento da calamidade pública e de seus efeitos sociais e econômicos, no seu período de duração, o Poder Executivo federal pode adotar processos simplificados de contratação de pessoal, em caráter temporário e emergencial, e de obras, serviços e compras que assegurem, quando possível, competição e igualdade de condições a todos os concorrentes, dispensada a observância do § 1.º do art. 169 na contratação de que trata o inciso IX do caput do art. 37 desta Constituição, limitada a dispensa às situações de que trata o referido inciso, sem prejuízo do controle dos órgãos competentes.
•• Artigo acrescentado pela Emenda Constitucional n. 109, de 15-3-2021.

Art. 167-D. As proposições legislativas e os atos do Poder Executivo com propósito exclusivo de enfrentar a calamidade e suas consequências sociais e econômicas, com vigência e efeitos restritos à sua duração, desde que não impliquem despesa obrigatória de caráter continuado, ficam dispensados da observância das limitações legais quanto à criação, à expansão ou ao aperfeiçoamento de ação governamental que acarrete aumento de despesa e à concessão ou à ampliação de incentivo ou benefício de natureza tributária da qual decorra renúncia de receita.
•• Caput acrescentado pela Emenda Constitucional n. 109, de 15-3-2021.

Parágrafo único. Durante a vigência da calamidade pública de âmbito nacional de que trata o art. 167-B, não se aplica o disposto no § 3.º do art. 195 desta Constituição.
•• Parágrafo único acrescentado pela Emenda Constitucional n. 109, de 15-3-2021.

Art. 167-E. Fica dispensada, durante a integralidade do exercício financeiro em que vigore a calamidade pública de âmbito nacional, a observância do inciso III do caput do art. 167 desta Constituição.
•• Artigo acrescentado pela Emenda Constitucional n. 109, de 15-3-2021.

Art. 167-F. Durante a vigência da calamidade pública de âmbito nacional de que trata o art. 167-B desta Constituição:
•• Caput acrescentado pela Emenda Constitucional n. 109, de 15-3-2021.

I – são dispensados, durante a integralidade do exercício financeiro em que vigore a calamidade pública, os limites, as condições e demais restrições aplicáveis à União para a contratação de operações de crédito, bem como sua verificação;
•• Inciso I acrescentado pela Emenda Constitucional n. 109, de 15-3-2021.

II – o superávit financeiro apurado em 31 de dezembro do ano imediatamente anterior ao reconhecimento pode ser destinado à cobertura de despesas oriundas das medidas de combate à calamidade pública de âmbito nacional e ao pagamento da dívida pública.
•• Inciso II acrescentado pela Emenda Constitucional n. 109, de 15-3-2021.

§ 1.º Lei complementar pode definir outras suspensões, dispensas e afastamentos aplicáveis durante a vigência do estado de calamidade pública de âmbito nacional.
•• § 1.º acrescentado pela Emenda Constitucional n. 109, de 15-3-2021.

§ 2.º O disposto no inciso II do caput deste artigo não se aplica às fontes de recursos:
•• § 2.º, caput, acrescentado pela Emenda Constitucional n. 109, de 15-3-2021.

I – decorrentes de repartição de receitas a Estados, ao Distrito Federal e a Municípios;
•• Inciso I acrescentado pela Emenda Constitucional n. 109, de 15-3-2021.

II – decorrentes das vinculações estabelecidas pelos arts. 195, 198, 201, 212, 212-A e 239 desta Constituição;
•• Inciso II acrescentado pela Emenda Constitucional n. 109, de 15-3-2021.

III – destinadas ao registro de receitas oriundas da arrecadação de doações ou de empréstimos compulsórios, de transferências recebidas para o atendimento de finalidades determinadas ou das receitas de capital produto de operações de financiamento celebradas com finalidades contratualmente determinadas.
•• Inciso III acrescentado pela Emenda Constitucional n. 109, de 15-3-2021.

Art. 167-G. Na hipótese de que trata o art. 167-B, aplicam-se à União, até o término da calamidade pública, as vedações previstas no art. 167-A desta Constituição.
•• Caput acrescentado pela Emenda Constitucional n. 109, de 15-3-2021.

§ 1.º Na hipótese de medidas de combate à calamidade pública cuja vigência e efeitos não ultrapassem a sua duração, não se aplicam as vedações referidas nos incisos II, IV, VII, IX e X do caput do art. 167-A desta Constituição.
•• § 1.º acrescentado pela Emenda Constitucional n. 109, de 15-3-2021.

§ 2.º Na hipótese de que trata o art. 167-B, não se aplica a alínea c do inciso I do caput do art. 159 desta Constituição, devendo a transferência a que se refere aquele dispositivo ser efetuada nos mesmos montantes transferidos no exercício anterior à decretação da calamidade.
•• § 2.º acrescentado pela Emenda Constitucional n. 109, de 15-3-2021.

§ 3.º É facultada aos Estados, ao Distrito Federal e aos Municípios a aplicação das vedações referidas no caput, nos termos deste artigo, e, até que as tenham adotado na integralidade, estarão submetidos às restrições do § 6.º do art. 167-A desta Constituição, enquanto perdurarem seus efeitos para a União.
•• § 3.º acrescentado pela Emenda Constitucional n. 109, de 15-3-2021.

Art. 168. Os recursos correspondentes às dotações orçamentárias, compreendidos os créditos suplementares e especiais, destinados aos órgãos dos Poderes Legislativo e Judiciário, do Ministério Público e da Defensoria Pública, ser-lhes-ão entregues até o dia 20 de cada mês, em duodécimos, na forma da lei complementar a que se refere o art. 165, § 9.º.
•• Artigo com redação determinada pela Emenda Constitucional n. 45, de 8-12-2004.

§ 1.º É vedada a transferência a fundos de recursos financeiros oriundos dos repasses duodecimais.
•• § 1.º acrescentado pela Emenda Constitucional n. 109, de 15-3-2021.

§ 2.º O saldo financeiro decorrente dos recursos entregues na forma do *caput* deste artigo deve ser restituído ao caixa único do Tesouro do ente federativo, ou terá seu valor deduzido das primeiras parcelas duodecimais do exercício seguinte.
- •• § 2.º acrescentado pela Emenda Constitucional n. 109, de 15-3-2021.

Art. 169. A despesa com pessoal ativo e inativo e pensionistas da União, dos Estados, do Distrito Federal e dos Municípios não pode exceder os limites estabelecidos em lei complementar.
- •• *Caput* com redação determinada pela Emenda Constitucional n. 109, de 15-3-2021.
- • Limites das despesas com o funcionalismo público: Lei Complementar n. 101, de 4-5-2000 (Lei de Responsabilidade Fiscal).

§ 1.º A concessão de qualquer vantagem ou aumento de remuneração, a criação de cargos, empregos e funções ou alteração de estrutura de carreiras, bem como a admissão ou contratação de pessoal, a qualquer título, pelos órgãos e entidades da administração direta ou indireta, inclusive fundações instituídas e mantidas pelo Poder Público, só poderão ser feitas:
- •• § 1.º, *caput*, com redação determinada pela Emenda Constitucional n. 19, de 4-6-1998.

I – se houver prévia dotação orçamentária suficiente para atender às projeções de despesa de pessoal e aos acréscimos dela decorrentes;
- •• Inciso I com redação determinada pela Emenda Constitucional n. 19, de 4-6-1998.

II – se houver autorização específica na lei de diretrizes orçamentárias, ressalvadas as empresas públicas e as sociedades de economia mista.
- •• Inciso II com redação determinada pela Emenda Constitucional n. 19, de 4-6-1998.

§ 2.º Decorrido o prazo estabelecido na lei complementar referida neste artigo para a adaptação aos parâmetros ali previstos, serão imediatamente suspensos todos os repasses de verbas federais ou estaduais aos Estados, ao Distrito Federal e aos Municípios que não observarem os referidos limites.
- •• § 2.º acrescentado pela Emenda Constitucional n. 19, de 4-6-1998.

§ 3.º Para o cumprimento dos limites estabelecidos com base neste artigo, durante o prazo fixado na lei complementar referida no *caput*, a União, os Estados, o Distrito Federal e os Municípios adotarão as seguintes providências:
- •• § 3.º, *caput*, acrescentado pela Emenda Constitucional n. 19, de 4-6-1998.

I – redução em pelo menos 20% (vinte por cento) das despesas com cargos em comissão e funções de confiança;
- •• Inciso I acrescentado pela Emenda Constitucional n. 19, de 4-6-1998.

II – exoneração dos servidores não estáveis.
- •• Inciso II acrescentado pela Emenda Constitucional n. 19, de 4-6-1998.
- • Vide art. 33 da Emenda Constitucional n. 19, de 4-6-1998.

§ 4.º Se as medidas adotadas com base no parágrafo anterior não forem suficientes para assegurar o cumprimento da determinação da lei complementar referida neste artigo, o servidor estável poderá perder o cargo, desde que ato normativo motivado de cada um dos Poderes especifique a atividade funcional, o órgão ou unidade administrativa objeto da redução de pessoal.
- •• § 4.º acrescentado pela Emenda Constitucional n. 19, de 4-6-1998.
- • Vide art. 198, § 6.º.

§ 5.º O servidor que perder o cargo na forma do parágrafo anterior fará jus a indenização correspondente a um mês de remuneração por ano de serviço.
- •• § 5.º acrescentado pela Emenda Constitucional n. 19, de 4-6-1998.

§ 6.º O cargo objeto da redução prevista nos parágrafos anteriores será considerado extinto, vedada a criação de cargo, emprego ou função com atribuições iguais ou assemelhadas pelo prazo de 4 (quatro) anos.
- •• § 6.º acrescentado pela Emenda Constitucional n. 19, de 4-6-1998.

§ 7.º Lei federal disporá sobre as normas gerais a serem obedecidas na efetivação do disposto no § 4.º.
- •• § 7.º acrescentado pela Emenda Constitucional n. 19, de 4-6-1998.
- • Vide art. 247.
- • A Lei n. 9.801, de 14-6-1999, dispõe sobre as normas gerais para perda de cargo público por excesso de despesa.

Título VII
DA ORDEM ECONÔMICA E FINANCEIRA

- Crimes contra a ordem tributária, econômica e contra as relações de consumo: Lei n. 8.137, de 27-12-1990.
- Crimes contra a ordem econômica: Lei n. 8.176, de 8-2-1991.
- CADE: Lei n. 12.529, de 30-11-2011.

Capítulo I
DOS PRINCÍPIOS GERAIS DA ATIVIDADE ECONÔMICA

Art. 170. A ordem econômica, fundada na valorização do trabalho humano e na livre-iniciativa, tem por fim assegurar a todos existência digna, conforme os ditames da justiça social, observados os seguintes princípios:
- •• A Lei n. 13.874, de 20-9-2019, institui a Declaração de Direitos de Liberdade Econômica e estabelece garantias de livre mercado e análise de impacto regulatório.

I – soberania nacional;

II – propriedade privada;

III – função social da propriedade;
- • Prevenção e repressão às infrações contra a ordem econômica: Lei n. 12.529, de 30-11-2011.

IV – livre concorrência;

V – defesa do consumidor;
- • CDC: Lei n. 8.078, de 11-9-1990.
- • SNDC: Decreto n. 2.181, de 20-3-1997.
- • Prevenção e repressão às infrações contra a ordem econômica: Lei n. 12.529, de 30-11-2011.

VI – defesa do meio ambiente, inclusive mediante tratamento diferenciado conforme o impacto ambiental dos produtos e serviços e de seus processos de elaboração e prestação;
- •• Inciso VI com redação determinada pela Emenda Constitucional n. 42, de 19-12-2003.
- • Lei de Crimes Ambientais: Lei n. 9.605, de 12-2-1998.

VII – redução das desigualdades regionais e sociais;

VIII – busca do pleno emprego;

IX – tratamento favorecido para as empresas de pequeno porte constituídas sob as leis brasileiras e que tenham sua sede e administração no País.
- •• Inciso IX com redação determinada pela Emenda Constitucional n. 6, de 15-8-1995.
- • A Lei Complementar n. 123, de 14-12-2006, institui em seu art. 12 o Regime Especial Unificado de Arrecadação de Tributos e Contribuições devidos pelas Microempresas e Empresas de Pequeno Porte – Simples Nacional.

Parágrafo único. É assegurado a todos o livre exercício de qualquer atividade econômica, independentemente de autorização de órgãos públicos, salvo nos casos previstos em lei.
- • Vide Súmula Vinculante 49.

Art. 171. (*Revogado pela Emenda Constitucional n. 6, de 15-8-1995.*)

Art. 172. A lei disciplinará, com base no interesse nacional, os investimentos de capital estrangeiro, incentivará os reinvestimentos e regulará a remessa de lucros.

Art. 173. Ressalvados os casos previstos nesta Constituição, a exploração direta de atividade econômica pelo Estado só será permitida quando necessária aos imperativos da segurança nacional ou a relevante interesse coletivo, conforme definidos em lei.

§ 1.º A lei estabelecerá o estatuto jurídico da empresa pública, da sociedade de economia mista e de suas subsidiárias que explorem atividade econômica de produção ou comercialização de bens ou de prestação de serviços, dispondo sobre:
- •• § 1.º, *caput*, com redação determinada pela Emenda Constitucional n. 19, de 4-6-1998.
- • Vide OJ 87 da SDI-1.

I – sua função social e formas de fiscalização pelo Estado e pela sociedade;
- •• Inciso I acrescentado pela Emenda Constitucional n. 19, de 4-6-1998.

II – a sujeição ao regime jurídico próprio das empresas privadas, inclusive quanto aos direitos e obrigações civis, comerciais, trabalhistas e tributários;
- •• Inciso II acrescentado pela Emenda Constitucional n. 19, de 4-6-1998.

- Vide OJ 353 da SDI-1.

III – licitação e contratação de obras, serviços, compras e alienações, observados os princípios da administração pública;
- Inciso III acrescentado pela Emenda Constitucional n. 19, de 4-6-1998.

IV – a constituição e o funcionamento dos conselhos de administração e fiscal, com a participação de acionistas minoritários;
- Inciso IV acrescentado pela Emenda Constitucional n. 19, de 4-6-1998.

V – os mandatos, a avaliação de desempenho e a responsabilidade dos administradores.
- Inciso V acrescentado pela Emenda Constitucional n. 19, de 4-6-1998.

§ 2.º As empresas públicas e as sociedades de economia mista não poderão gozar de privilégios fiscais não extensivos às do setor privado.

§ 3.º A lei regulamentará as relações da empresa pública com o Estado e a sociedade.

§ 4.º A lei reprimirá o abuso do poder econômico que vise à dominação dos mercados, à eliminação da concorrência e ao aumento arbitrário dos lucros.
- Vide Súmula Vinculante 49.
- Lei Antitruste e de infrações à ordem econômica: Lei n. 12.529, de 30-11-2011.

§ 5.º A lei, sem prejuízo da responsabilidade individual dos dirigentes da pessoa jurídica, estabelecerá a responsabilidade desta, sujeitando-a às punições compatíveis com sua natureza, nos atos praticados contra a ordem econômica e financeira e contra a economia popular.
- A Lei n. 13.874, de 20-9-2019, instituiu a Declaração de Direitos de Liberdade Econômica e estabelece garantias de livre mercado e análise de impacto regulatório.

Art. 174. Como agente normativo e regulador da atividade econômica, o Estado exercerá, na forma da lei, as funções de fiscalização, incentivo e planejamento, sendo este determinante para o setor público e indicativo para o setor privado.

§ 1.º A lei estabelecerá as diretrizes e bases do planejamento do desenvolvimento nacional equilibrado, o qual incorporará e compatibilizará os planos nacionais e regionais de desenvolvimento.

§ 2.º A lei apoiará e estimulará o cooperativismo e outras formas de associativismo.

§ 3.º O Estado favorecerá a organização da atividade garimpeira em cooperativas, levando em conta a proteção do meio ambiente e a promoção econômico-social dos garimpeiros.
- A Lei n. 11.685, de 2-6-2008, institui o Estatuto do Garimpeiro.

§ 4.º As cooperativas a que se refere o parágrafo anterior terão prioridade na autorização ou concessão para pesquisa e lavra dos recursos e jazidas de minerais garimpáveis, nas áreas onde estejam atuando, e naquelas fixadas de acordo com o art. 21, XXV, na forma da lei.

Art. 175. Incumbe ao Poder Público, na forma da lei, diretamente ou sob regime de concessão ou permissão, sempre através de licitação, a prestação de serviços públicos.
- Regime de concessão e permissão da prestação de serviços públicos previsto neste artigo: Lei n. 8.987, de 13-2-1995.

Parágrafo único. A lei disporá sobre:

I – o regime das empresas concessionárias e permissionárias de serviços públicos, o caráter especial de seu contrato e de sua prorrogação, bem como as condições de caducidade, fiscalização e rescisão da concessão ou permissão;

II – os direitos dos usuários;

III – política tarifária;

IV – a obrigação de manter serviço adequado.

Art. 176. As jazidas, em lavra ou não, e demais recursos minerais e os potenciais de energia hidráulica constituem propriedade distinta da do solo, para efeito de exploração ou aproveitamento, e pertencem à União, garantida ao concessionário a propriedade do produto da lavra.

§ 1.º A pesquisa e a lavra de recursos minerais e o aproveitamento dos potenciais a que se refere o caput deste artigo somente poderão ser efetuados mediante autorização ou concessão da União, no interesse nacional, por brasileiros ou empresa constituída sob as leis brasileiras e que tenha sua sede e administração no País, na forma da lei, que estabelecerá as condições específicas quando essas atividades se desenvolverem em faixa de fronteira ou terras indígenas.
- § 1.º com redação determinada pela Emenda Constitucional n. 6, de 15-8-1995.

§ 2.º É assegurada participação ao proprietário do solo nos resultados da lavra, na forma e no valor que dispuser a lei.
- Regulamento: Lei n. 8.901, de 30-6-1994.

§ 3.º A autorização de pesquisa será sempre por prazo determinado, e as autorizações e concessões previstas neste artigo não poderão ser cedidas ou transferidas, total ou parcialmente, sem prévia anuência do poder concedente.

§ 4.º Não dependerá de autorização ou concessão o aproveitamento do potencial de energia renovável de capacidade reduzida.

Art. 177. Constituem monopólio da União:
- A Lei n. 14.134, de 8-4-2021, regulamentada pelo Decreto n. 10.712, de 2-6-2021, dispõe sobre as atividades relativas ao transporte natural de gás natural de que trata este artigo.

I – a pesquisa e a lavra das jazidas de petróleo e gás natural e outros hidrocarbonetos fluidos;
- A Lei n. 11.909, de 4-3-2009, dispõe sobre as atividades relativas ao transporte de gás natural, de que trata este artigo.

II – a refinação do petróleo nacional ou estrangeiro;
- A Lei n. 9.478, de 6-8-1997, dispõe sobre a Política Energética Nacional, e as atividades relativas ao monopólio do petróleo, e institui o Conselho Nacional de Política Energética e a Agência Nacional do Petróleo.

III – a importação e exportação dos produtos e derivados básicos resultantes das atividades previstas nos incisos anteriores;
- A Lei n. 11.909, de 4-3-2009, institui normas para a exploração das atividades econômicas de transporte de gás natural por meio de condutos e da importação e exportação de gás natural, de que tratam os incisos III e IV do caput deste artigo, bem como para a exploração das atividades de tratamento, processamento, estocagem, liquefação, regaseificação e comercialização de gás natural.

IV – o transporte marítimo do petróleo bruto de origem nacional ou de derivados básicos de petróleo produzidos no País, bem assim o transporte, por meio de conduto, de petróleo bruto, seus derivados e gás natural de qualquer origem;
- Vide nota ao inciso anterior.

V – a pesquisa, a lavra, o enriquecimento, o reprocessamento, a industrialização e o comércio de minérios e minerais nucleares e seus derivados, com exceção dos radioisótopos cuja produção, comercialização e utilização poderão ser autorizadas sob regime de permissão, conforme as alíneas b e c do inciso XXIII do caput do art. 21 desta Constituição Federal.
- Inciso V com redação determinada pela Emenda Constitucional n. 49, de 8-2-2006.

§ 1.º A União poderá contratar com empresas estatais ou privadas a realização das atividades previstas nos incisos I a IV deste artigo, observadas as condições estabelecidas em lei.
- § 1.º com redação determinada pela Emenda Constitucional n. 9, de 9-11-1995.

§ 2.º A lei a que se refere o § 1.º disporá sobre:
- § 2.º, caput, acrescentado pela Emenda Constitucional n. 9, de 9-11-1995.
- A Lei n. 9.478, de 6-8-1997, dispõe sobre a política energética nacional, as atividades relativas ao monopólio do petróleo, institui o Conselho Nacional de Política Energética e a Agência Nacional do Petróleo.

I – a garantia do fornecimento dos derivados de petróleo em todo o território nacional;
- Inciso I acrescentado pela Emenda Constitucional n. 9, de 9-11-1995.

II – as condições de contratação;
- Inciso II acrescentado pela Emenda Constitucional n. 9, de 9-11-1995.

III – a estrutura e atribuições do órgão regulador do monopólio da União.
- Inciso III acrescentado pela Emenda Constitucional n. 9, de 9-11-1995.

§ 3.º A lei disporá sobre o transporte e a utilização de materiais radioativos no território nacional.
- Primitivo § 2.º renumerado por determinação da Emenda Constitucional n. 9, de 9-11-1995.

§ 4.º A lei que instituir contribuição de intervenção no domínio econômico relativa às atividades de importação ou comercialização de petróleo e seus derivados, gás natural e seus derivados e álcool combustível deverá atender aos seguintes requisitos:

- § 4.º, *caput*, acrescentado pela Emenda Constitucional n. 33, de 11-12-2001.
- A Lei n. 11.909, de 4-3-2009, institui Contribuição de Intervenção no Domínio Econômico incidente sobre a importação e a comercialização de petróleo e seus derivados, gás natural e seus derivados, e álcool etílico combustível (Cide), a que se refere este parágrafo.

I – a alíquota da contribuição poderá ser:
- Inciso I, *caput*, acrescentado pela Emenda Constitucional n. 33, de 11-12-2001.

a) diferenciada por produto ou uso;
- Alínea *a* acrescentada pela Emenda Constitucional n. 33, de 11-12-2001.

b) reduzida e restabelecida por ato do Poder Executivo, não se lhe aplicando o disposto no art. 150, III, *b*;
- Alínea *b* acrescentada pela Emenda Constitucional n. 33, de 11-12-2001.

II – os recursos arrecadados serão destinados:
- Inciso II, *caput*, acrescentado pela Emenda Constitucional n. 33, de 11-12-2001.
- A ADI n. 2.925-8, de 19-12-2003 (*DOU* de 4-4-2005), dá interpretação conforme a Constituição a este inciso, "no sentido de que a abertura de crédito suplementar deve ser destinada às três finalidades enumeradas" nas alíneas a seguir.

a) ao pagamento de subsídios a preços ou transporte de álcool combustível, gás natural e seus derivados e derivados de petróleo;
- Alínea *a* acrescentada pela Emenda Constitucional n. 33, de 11-12-2001.

b) ao financiamento de projetos ambientais relacionados com a indústria do petróleo e do gás;
- Alínea *b* acrescentada pela Emenda Constitucional n. 33, de 11-12-2001.

c) ao financiamento de programas de infraestrutura de transportes.
- Alínea *c* acrescentada pela Emenda Constitucional n. 33, de 11-12-2001.
- Vide art. 159, III.

Art. 178. A lei disporá sobre a ordenação dos transportes aéreo, aquático e terrestre, devendo, quanto à ordenação do transporte internacional, observar os acordos firmados pela União, atendido o princípio da reciprocidade.
- *Caput* com redação determinada pela Emenda Constitucional n. 7, de 15-8-1995.
- A Lei n. 9.611, de 19-2-1998, dispõe sobre o transporte multimodal de cargas.
- A Lei n. 10.233, de 5-6-2001, dispõe sobre a reestruturação dos transportes aquaviário e terrestre, cria o Conselho Nacional de Integração de Políticas de Transportes Terrestres, a Agência Nacional de Transportes Aquaviários e o Departamento Nacional de Infraestrutura de Transportes, e dá outras providências.
- O Decreto n. 5.910, de 27-9-2006, promulga a Convenção para a Unificação de Certas Regras Relativas ao Transporte Aéreo Internacional, celebrada em Montreal, em 28-5-1999.

Parágrafo único. Na ordenação do transporte aquático, a lei estabelecerá as condições em que o transporte de mercadorias na cabotagem e a navegação interior poderão ser feitos por embarcações estrangeiras.
- Parágrafo único com redação determinada pela Emenda Constitucional n. 7, de 15-8-1995.

Art. 179. A União, os Estados, o Distrito Federal e os Municípios dispensarão às microempresas e às empresas de pequeno porte, assim definidas em lei, tratamento jurídico diferenciado, visando a incentivá-las pela simplificação de suas obrigações administrativas, tributárias, previdenciárias e creditícias, ou pela eliminação ou redução destas por meio de lei.
- A Lei Complementar n. 123, de 14-12-2006, institui em seu art. 12 o Regime Especial Unificado de Arrecadação de Tributos e Contribuições devidos pelas Microempresas e Empresas de Pequeno Porte – Simples Nacional.

Art. 180. A União, os Estados, o Distrito Federal e os Municípios promoverão e incentivarão o turismo como fator de desenvolvimento social e econômico.
- A Lei n. 11.771, de 17-9-2008, dispõe sobre a Política Nacional de Turismo, define as atribuições do Governo Federal no planejamento, desenvolvimento e estímulo ao setor turístico.

Art. 181. O atendimento de requisição de documento ou informação de natureza comercial, feita por autoridade administrativa ou judiciária estrangeira, a pessoa física ou jurídica residente ou domiciliada no País dependerá de autorização do Poder competente.

Capítulo II
DA POLÍTICA URBANA

Art. 182. A política de desenvolvimento urbano, executada pelo Poder Público municipal, conforme diretrizes gerais fixadas em lei, tem por objetivo ordenar o pleno desenvolvimento das funções sociais da cidade e garantir o bem-estar de seus habitantes.
- Regulamento: Lei n. 10.257, de 10-7-2001 (Estatuto da Cidade).

§ 1.º O plano diretor, aprovado pela Câmara Municipal, obrigatório para cidades com mais de vinte mil habitantes, é o instrumento básico da política de desenvolvimento e de expansão urbana.

§ 2.º A propriedade urbana cumpre sua função social quando atende às exigências fundamentais de ordenação da cidade expressas no plano diretor.

§ 3.º As desapropriações de imóveis urbanos serão feitas com prévia e justa indenização em dinheiro.

§ 4.º É facultado ao Poder Público municipal, mediante lei específica para área incluída no plano diretor, exigir, nos termos da lei federal, do proprietário do solo urbano não edificado, subutilizado ou não utilizado, que promova seu adequado aproveitamento, sob pena, sucessivamente, de:

I – parcelamento ou edificação compulsórios;

II – imposto sobre a propriedade predial e territorial urbana progressivo no tempo;

III – desapropriação com pagamento mediante títulos da dívida pública de emissão previamente aprovada pelo Senado Federal, com prazo de resgate de até dez anos, em parcelas anuais, iguais e sucessivas, assegurados o valor real da indenização e os juros legais.

Art. 183. Aquele que possuir como sua área urbana de até duzentos e cinquenta metros quadrados, por cinco anos, ininterruptamente e sem oposição, utilizando-a para sua moradia ou de sua família, adquirir-lhe-á o domínio, desde que não seja proprietário de outro imóvel urbano ou rural.
- Regulamento: Lei n. 10.257, de 10-7-2001 (Estatuto da Cidade).

§ 1.º O título de domínio e a concessão de uso serão conferidos ao homem ou à mulher, ou a ambos, independentemente do estado civil.
- A Medida Provisória n. 2.220, de 4-9-2001, dispõe sobre a concessão de uso especial, de que trata este parágrafo.

§ 2.º Esse direito não será reconhecido ao mesmo possuidor mais de uma vez.

§ 3.º Os imóveis públicos não serão adquiridos por usucapião.

Capítulo III
DA POLÍTICA AGRÍCOLA E FUNDIÁRIA E DA REFORMA AGRÁRIA

- Estatuto da Terra: Lei n. 4.504, de 30-11-1964.
- Princípios da política agrícola: Lei n. 8.174, de 30-1-1991.
- A Lei n. 8.629, de 25-2-1993, dispõe sobre a regulamentação dos dispositivos constitucionais relativos à reforma agrária prevista neste Capítulo.

Art. 184. Compete à União desapropriar por interesse social, para fins de reforma agrária, o imóvel rural que não esteja cumprindo sua função social, mediante prévia e justa indenização em títulos da dívida agrária, com cláusula de preservação do valor real, resgatáveis no prazo de até vinte anos, a partir do segundo ano de sua emissão, e cuja utilização será definida em lei.

§ 1.º As benfeitorias úteis e necessárias serão indenizadas em dinheiro.

§ 2.º O decreto que declarar o imóvel como de interesse social, para fins de reforma agrária, autoriza a União a propor a ação de desapropriação.

§ 3.º Cabe à lei complementar estabelecer procedimento contraditório especial, de rito sumário, para o processo judicial de desapropriação.

§ 4.º O orçamento fixará anualmente o volume total de títulos da dívida agrária, assim como o montante de recursos para atender ao programa de reforma agrária no exercício.

§ 5.º São isentas de impostos federais, estaduais e municipais as operações de transferência de imóveis desapropriados para fins de reforma agrária.

Art. 185. São insuscetíveis de desapropriação para fins de reforma agrária:

I – a pequena e média propriedade rural, assim definida em lei, desde que seu proprietário não possua outra;

II – a propriedade produtiva.

Parágrafo único. A lei garantirá tratamento especial à propriedade produtiva e fixará normas para o cumprimento dos requisitos relativos a sua função social.

Art. 186. A função social é cumprida quando a propriedade rural atende, simultaneamente, segundo critérios e graus de exigência estabelecidos em lei, aos seguintes requisitos:

I – aproveitamento racional e adequado;

II – utilização adequada dos recursos naturais disponíveis e preservação do meio ambiente;

III – observância das disposições que regulam as relações de trabalho;

IV – exploração que favoreça o bem-estar dos proprietários e dos trabalhadores.

Art. 187. A política agrícola será planejada e executada na forma da lei, com a participação efetiva do setor de produção, envolvendo produtores e trabalhadores rurais, bem como dos setores de comercialização, de armazenamento e de transportes, levando em conta, especialmente:

• A Lei n. 8.171, de 17-1-1991, dispõe sobre a Política Agrícola.

I – os instrumentos creditícios e fiscais;

II – os preços compatíveis com os custos de produção e a garantia de comercialização;

III – o incentivo à pesquisa e à tecnologia;

IV – a assistência técnica e extensão rural;

V – o seguro agrícola;

VI – o cooperativismo;

VII – a eletrificação rural e irrigação;

VIII – a habitação para o trabalhador rural.

§ 1.º Incluem-se no planejamento agrícola as atividades agroindustriais, agropecuárias, pesqueiras e florestais.

§ 2.º Serão compatibilizadas as ações de política agrícola e de reforma agrária.

Art. 188. A destinação de terras públicas e devolutas será compatibilizada com a política agrícola e com o plano nacional de reforma agrária.

§ 1.º A alienação ou a concessão, a qualquer título, de terras públicas com área superior a dois mil e quinhentos hectares a pessoa física ou jurídica, ainda que por interposta pessoa, dependerá de prévia aprovação do Congresso Nacional.

§ 2.º Excetuam-se do disposto no parágrafo anterior as alienações ou as concessões de terras públicas para fins de reforma agrária.

Art. 189. Os beneficiários da distribuição de imóveis rurais pela reforma agrária receberão títulos de domínio ou de concessão de uso, inegociáveis pelo prazo de dez anos.

Parágrafo único. O título de domínio e a concessão de uso serão conferidos ao homem ou à mulher, ou a ambos, independentemente do estado civil, nos termos e condições previstos em lei.

Art. 190. A lei regulará e limitará a aquisição ou o arrendamento de propriedade rural por pessoa física ou jurídica estrangeira e estabelecerá os casos que dependerão de autorização do Congresso Nacional.

Art. 191. Aquele que, não sendo proprietário de imóvel rural ou urbano, possua como seu, por cinco anos ininterruptos, sem oposição, área de terra, em zona rural, não superior a cinquenta hectares, tornando-a produtiva por seu trabalho ou de sua família, tendo nela sua moradia, adquirir-lhe-á a propriedade.

Parágrafo único. Os imóveis públicos não serão adquiridos por usucapião.

Capítulo IV
DO SISTEMA FINANCEIRO NACIONAL

• Dos crimes contra o sistema financeiro: Lei n. 7.492, de 16-6-1986.

• A Lei n. 9.613, de 3-3-1998, dispõe sobre os crimes de lavagem ou ocultação de bens, direitos e valores, a prevenção da utilização do sistema financeiro para os ilícitos previstos nesta Lei e cria o COAF, cujo Estatuto foi aprovado pelo Decreto n. 2.799, de 8-10-1998.

Art. 192. O sistema financeiro nacional, estruturado de forma a promover o desenvolvimento equilibrado do País e a servir aos interesses da coletividade, em todas as partes que o compõem, abrangendo as cooperativas de crédito, será regulado por leis complementares que disporão, inclusive, sobre a participação do capital estrangeiro nas instituições que o integram.

•• *Caput* com redação determinada pela Emenda Constitucional n. 40, de 29-5-2003.

I a III – (*Revogados pela Emenda Constitucional n. 40, de 29-5-2003.*)

a)* e *b) (*Revogadas pela Emenda Constitucional n. 40, de 29-5-2003.*)

IV a VIII – (*Revogados pela Emenda Constitucional n. 40, de 29-5-2003.*)

§§ 1.º a 3.º (*Revogados pela Emenda Constitucional n. 40, de 29-5-2003.*)

Título VIII
DA ORDEM SOCIAL

Capítulo I
DISPOSIÇÃO GERAL

Art. 193. A ordem social tem como base o primado do trabalho, e como objetivo o bem-estar e a justiça sociais.

Parágrafo único. O Estado exercerá a função de planejamento das políticas sociais, assegurada, na forma da lei, a participação da sociedade nos processos de formulação, de monitoramento, de controle e de avaliação dessas políticas.

•• Parágrafo único acrescentado pela Emenda Constitucional n. 108, de 26-8-2020, produzindo efeitos a partir de 1.º-1-2021.

Capítulo II
DA SEGURIDADE SOCIAL

• Organização da seguridade social, Plano de Custeio: Lei n. 8.212, de 24-7-1991, regulamentada pelo Decreto n. 3.048, de 6-5-1999.

SEÇÃO I
Disposições Gerais

Art. 194. A seguridade social compreende um conjunto integrado de ações de iniciativa dos Poderes Públicos e da sociedade, destinadas a assegurar os direitos relativos à saúde, à previdência e à assistência social.

Parágrafo único. Compete ao Poder Público, nos termos da lei, organizar a seguridade social, com base nos seguintes objetivos:

I – universalidade da cobertura e do atendimento;

II – uniformidade e equivalência dos benefícios e serviços às populações urbanas e rurais;

III – seletividade e distributividade na prestação dos benefícios e serviços;

IV – irredutibilidade do valor dos benefícios;

V – equidade na forma de participação no custeio;

VI – diversidade da base de financiamento, identificando-se, em rubricas contábeis específicas para cada área, as receitas e as despesas vinculadas a ações de saúde, previdência e assistência social, preservado o caráter contributivo da previdência social;

•• Inciso VI com redação determinada pela Emenda Constitucional n. 103, de 12-11-2019.

VII – caráter democrático e descentralizado da administração, mediante gestão quadripartite, com participação dos trabalhadores, dos empregadores, dos aposentados e do Governo nos órgãos colegiados.

•• Inciso VII com redação determinada pela Emenda Constitucional n. 20, de 15-12-1998.

Art. 195. A seguridade social será financiada por toda a sociedade, de forma direta e indireta, nos termos da lei, mediante recursos prove-

nientes dos orçamentos da União, dos Estados, do Distrito Federal e dos Municípios, e das seguintes contribuições sociais:
- Vide art. 240 da CF.
- Vide Súmula 688 do STF.

I – do empregador, da empresa e da entidade a ela equiparada na forma da lei, incidentes sobre:
•• Inciso I, *caput*, com redação determinada pela Emenda Constitucional n. 20, de 15-12-1998.
•• A Lei Complementar n. 187, de 16-12-2021, regula os procedimentos referentes à imunidade de contribuições à seguridade social de que trata este inciso.

a) a folha de salários e demais rendimentos do trabalho pagos ou creditados, a qualquer título, à pessoa física que lhe preste serviço, mesmo sem vínculo empregatício;
•• Alínea *a* acrescentada pela Emenda Constitucional n. 20, de 15-12-1998.
• Vide art. 114, VIII.
• Vide OJ 368 e 414 da SDI-1.

b) a receita ou o faturamento;
•• Alínea *b* acrescentada pela Emenda Constitucional n. 20, de 15-12-1998.

c) o lucro;
•• Alínea *c* acrescentada pela Emenda Constitucional n. 20, de 15-12-1998.

II – do trabalhador e dos demais segurados da previdência social, podendo ser adotadas alíquotas progressivas de acordo com o valor do salário de contribuição, não incidindo contribuição sobre aposentadoria e pensão concedidas pelo Regime Geral de Previdência Social;
•• Inciso II com redação determinada pela Emenda Constitucional n. 103, de 12-11-2019.

III – sobre a receita de concursos de prognósticos;
•• A Lei Complementar n. 187, de 16-12-2021, regula os procedimentos referentes à imunidade de contribuições à seguridade social de que trata este inciso.

IV – do importador de bens ou serviços do exterior, ou de quem a lei a ele equiparar.
•• Inciso IV acrescentado pela Emenda Constitucional n. 42, de 19-12-2003.
•• A Lei Complementar n. 187, de 16-12-2021, regula os procedimentos referentes à imunidade de contribuições à seguridade social de que trata este inciso.

§ 1.º As receitas dos Estados, do Distrito Federal e dos Municípios destinadas à seguridade social constarão dos respectivos orçamentos, não integrando o orçamento da União.

§ 2.º A proposta de orçamento da seguridade social será elaborada de forma integrada pelos órgãos responsáveis pela saúde, previdência social e assistência social, tendo em vista as metas e prioridades estabelecidas na lei de diretrizes orçamentárias, assegurada a cada área a gestão de seus recursos.

§ 3.º A pessoa jurídica em débito com o sistema da seguridade social, como estabelecido em lei, não poderá contratar com o Poder Público nem dele receber benefícios ou incentivos fiscais ou creditícios.

§ 4.º A lei poderá instituir outras fontes destinadas a garantir a manutenção ou expansão da seguridade social, obedecido o disposto no art. 154, I.
• A Lei n. 9.876, de 26-11-1999, dispõe sobre a contribuição previdenciária do contribuinte individual e o cálculo do benefício.

§ 5.º Nenhum benefício ou serviço da seguridade social poderá ser criado, majorado ou estendido sem a correspondente fonte de custeio total.

§ 6.º As contribuições sociais de que trata este artigo só poderão ser exigidas após decorridos noventa dias da data da publicação da lei que as houver instituído ou modificado, não se lhes aplicando o disposto no art. 150, III, *b*.
•• Vide Súmula Vinculante 50.
• Vide arts. 74, § 4.º, e 75, § 1.º, do ADCT.

§ 7.º São isentas de contribuição para a seguridade social as entidades beneficentes de assistência social que atendam às exigências estabelecidas em lei.
•• A Lei Complementar n. 187, de 16-12-2021, regula as condições para limitação ao poder de tributar da União em relação às entidades beneficentes no tocante às contribuições para a seguridade social.

§ 8.º O produtor, o parceiro, o meeiro e o arrendatário rurais e o pescador artesanal, bem como os respectivos cônjuges, que exerçam suas atividades em regime de economia familiar, sem empregados permanentes, contribuirão para a seguridade social mediante a aplicação de uma alíquota sobre o resultado da comercialização da produção e farão jus aos benefícios nos termos da lei.
•• § 8.º com redação determinada pela Emenda Constitucional n. 20, de 15-12-1998.
•• Vide art. 25, § 1.º, da Emenda Constitucional n. 103, de 12-11-2019.
• Vide Súmula 272 do STJ.

§ 9.º As contribuições sociais previstas no inciso I do *caput* deste artigo poderão ter alíquotas diferenciadas em razão da atividade econômica, da utilização intensiva de mão de obra, do porte da empresa ou da condição estrutural do mercado de trabalho, sendo também autorizada a adoção de bases de cálculo diferenciadas apenas no caso das alíneas *b* e *c* do inciso I do *caput*.
•• § 9.º com redação determinada pela Emenda Constitucional n. 103, de 12-11-2019.
•• Vide art. 30 da Emenda Constitucional n. 103, de 12-11-2019.

§ 10. A lei definirá os critérios de transferência de recursos para o sistema único de saúde e ações de assistência social da União para os Estados, o Distrito Federal e os Municípios, e dos Estados para os Municípios, observada a respectiva contrapartida de recursos.
•• § 10 acrescentado pela Emenda Constitucional n. 20, de 15-12-1998.

§ 11. São vedados a moratória e o parcelamento em prazo superior a 60 (sessenta) meses e, na forma de lei complementar, a remissão e a anistia das contribuições sociais de que tratam a alínea *a* do inciso I e o inciso II do *caput*.
•• § 11 com redação determinada pela Emenda Constitucional n. 103, de 12-11-2019.
•• Vide arts. 9.º, § 9.º e 31 da Emenda Constitucional n. 103, de 12-11-2019.

§ 12. A lei definirá os setores de atividade econômica para os quais as contribuições incidentes na forma dos incisos I, *b*; e IV do *caput*, serão não cumulativas.
•• § 12 acrescentado pela Emenda Constitucional n. 42, de 19-12-2003.

§ 13 *(Revogado pela Emenda Constitucional n. 103, de 12-11-2019.)*

§ 14. O segurado somente terá reconhecida como tempo de contribuição ao Regime Geral de Previdência Social a competência cuja contribuição seja igual ou superior à contribuição mínima mensal exigida para sua categoria, assegurado o agrupamento de contribuições.
•• § 14 acrescentado pela Emenda Constitucional n. 103, de 12-11-2019.
•• Vide art. 29 da Emenda Constitucional n. 103, de 12-11-2019.

SEÇÃO II
Da Saúde

• Promoção gratuita da saúde por meio de organizações da sociedade civil de interesse público: Lei n. 9.790, de 23-3-1999.
• A Portaria n. 1.820, de 13-8-2009, do Ministério da Saúde, dispõe sobre os direitos e deveres dos usuários da saúde.

Art. 196. A saúde é direito de todos e dever do Estado, garantido mediante políticas sociais e econômicas que visem à redução do risco de doença e de outros agravos e ao acesso universal igualitário às ações e serviços para sua promoção, proteção e recuperação.

Art. 197. São de relevância pública as ações e serviços de saúde, cabendo ao Poder Público dispor, nos termos da lei, sobre sua regulamentação, fiscalização e controle, devendo sua execução ser feita diretamente ou através de terceiros e, também, por pessoa física ou jurídica de direito privado.

Art. 198. As ações e serviços públicos de saúde integram uma rede regionalizada e hierarquizada e constituem um sistema único, organizado de acordo com as seguintes diretrizes:

I – descentralização, com direção única em cada esfera de governo;

II – atendimento integral, com prioridade para as atividades preventivas, sem prejuízo dos serviços assistenciais;

III – participação da comunidade.

§ 1.º O sistema único de saúde será financiado, nos termos do art. 195, com recursos do orçamento da seguridade social, da União, dos Estados, do Distrito Federal e dos Municípios, além de outras fontes.
•• Primitivo parágrafo único renumerado pela Emenda Constitucional n. 29, de 13-9-2000.

§ 2.º A União, os Estados, o Distrito Federal e os Municípios aplicarão, anualmente, em ações e serviços públicos de saúde recursos mínimos derivados da aplicação de percentuais calculados sobre:

•• § 2.º, *caput*, acrescentado pela Emenda Constitucional n. 29, de 13-9-2000.

I – no caso da União, a receita corrente líquida do respectivo exercício financeiro, não podendo ser inferior a 15% (quinze por cento);
•• Inciso I com redação determinada pela Emenda Constitucional n. 86, de 17-3-2015.
•• *Vide* art. 110, I, do ADCT.
•• O art. 3.º da Emenda Constitucional n. 86, de 17-3-2015, dispõe:
Art. 3.º As despesas com ações e serviços públicos de saúde custeados com a parcela da União oriunda da participação no resultado ou da compensação financeira pela exploração de petróleo e gás natural, de que trata o § 1.º do art. 20 da Constituição Federal, serão computadas para fins de cumprimento do disposto no inciso I do § 2.º do art. 198 da Constituição Federal.

II – no caso dos Estados e do Distrito Federal, o produto da arrecadação dos impostos a que se refere o art. 155 e dos recursos de que tratam os arts. 157 e 159, I, *a*, e inciso II, deduzidas as parcelas que forem transferidas aos respectivos Municípios;
•• Inciso II acrescentado pela Emenda Constitucional n. 29, de 13-9-2000.

III – no caso dos Municípios e do Distrito Federal, o produto da arrecadação dos impostos a que se refere o art. 156 e dos recursos de que tratam os arts. 158 e 159, I, *b* e § 3.º;
•• Inciso III acrescentado pela Emenda Constitucional n. 29, de 13-9-2000.

§ 3.º Lei complementar, que será reavaliada pelo menos a cada cinco anos, estabelecerá:
•• § 3.º, *caput*, acrescentado pela Emenda Constitucional n. 29, de 13-9-2000.
•• § 3.º regulamentado pela Lei Complementar n. 141, de 13-1-2012.

I – os percentuais de que tratam os incisos II e III do § 2.º;
•• Inciso I com redação determinada pela Emenda Constitucional n. 86, de 17-3-2015.

II – os critérios de rateio dos recursos da União vinculados à saúde destinados aos Estados, ao Distrito Federal e aos Municípios, e dos Estados destinados a seus respectivos Municípios, objetivando a progressiva redução das disparidades regionais;
•• Inciso II acrescentado pela Emenda Constitucional n. 29, de 13-9-2000.

III – as normas de fiscalização, avaliação e controle das despesas com saúde nas esferas federal, estadual, distrital e municipal;
•• Inciso III acrescentado pela Emenda Constitucional n. 29, de 13-9-2000.

IV – (*Revogado pela Emenda Constitucional n. 86, de 17-3-2015.*)

§ 4.º Os gestores locais do sistema único de saúde poderão admitir agentes comunitários de saúde e agentes de combate às endemias por meio de processo seletivo público, de acordo com a natureza e complexidade de suas atribuições e requisitos específicos para sua atuação.
•• § 4.º acrescentado pela Emenda Constitucional n. 51, de 14-2-2006.
•• *Vide* art. 2.º, parágrafo único, da Emenda Constitucional n. 51, de 14-2-2006.

§ 5.º Lei federal disporá sobre o regime jurídico, o piso salarial profissional nacional, as diretrizes para os Planos de Carreira e a regulamentação das atividades de agente comunitário de saúde e agente de combate às endemias, competindo à União, nos termos da lei, prestar assistência financeira complementar aos Estados, ao Distrito Federal e aos Municípios, para o cumprimento do referido piso salarial.
•• § 5.º com redação determinada pela Emenda Constitucional n. 63, de 4-2-2010.
•• § 5.º regulamentado pela Lei n. 11.350, de 5-10-2006.

§ 6.º Além das hipóteses previstas no § 1.º do art. 41 e no § 4.º do art. 169 da Constituição Federal, o servidor que exerça funções equivalentes às de agente comunitário de saúde ou de agente de combate às endemias poderá perder o cargo em caso de descumprimento dos requisitos específicos, fixados em lei, para o seu exercício.
•• § 6.º acrescentado pela Emenda Constitucional n. 51, de 14-2-2006.

§ 7.º O vencimento dos agentes comunitários de saúde e dos agentes de combate às endemias fica sob responsabilidade da União, e cabe aos Estados, ao Distrito Federal e aos Municípios estabelecer, além de outros consectários e vantagens, incentivos, auxílios, gratificações e indenizações, a fim de valorizar o trabalho desses profissionais.
•• § 7.º acrescentado pela Emenda Constitucional n. 120, de 5-5-2022.

§ 8.º Os recursos destinados ao pagamento do vencimento dos agentes comunitários de saúde e dos agentes de combate às endemias serão consignados no orçamento geral da União com dotação própria e exclusiva.
•• § 8.º acrescentado pela Emenda Constitucional n. 120, de 5-5-2022.

§ 9.º O vencimento dos agentes comunitários de saúde e dos agentes de combate às endemias não será inferior a 2 (dois) salários mínimos, repassados pela União aos Municípios, aos Estados e ao Distrito Federal.
•• § 9.º acrescentado pela Emenda Constitucional n. 120, de 5-5-2022.

§ 10. Os agentes comunitários de saúde e os agentes de combate às endemias terão também, em razão dos riscos inerentes às funções desempenhadas, aposentadoria especial e, somado aos seus vencimentos, adicional de insalubridade.
•• § 10 acrescentado pela Emenda Constitucional n. 120, de 5-5-2022.

§ 11. Os recursos financeiros repassados pela União aos Estados, ao Distrito Federal e aos Municípios para pagamento do vencimento ou de qualquer outra vantagem dos agentes comunitários de saúde e dos agentes de combate às endemias não serão objeto de inclusão no cálculo para fins do limite de despesa com pessoal.
•• § 11 acrescentado pela Emenda Constitucional n. 120, de 5-5-2022.

§ 12. Lei federal instituirá pisos salariais profissionais nacionais para o enfermeiro, o técnico de enfermagem, o auxiliar de enfermagem e a parteira, a serem observados por pessoas jurídicas de direito público e de direito privado.
•• § 12 acrescentado pela Emenda Constitucional n. 124, de 14-7-2022.

§ 13. A União, os Estados, o Distrito Federal e os Municípios, até o final do exercício financeiro em que for publicada a lei de que trata o § 12 deste artigo, adequarão a remuneração dos cargos ou dos respectivos planos de carreiras, quando houver, de modo a atender aos pisos estabelecidos para cada categoria profissional.
•• § 13 acrescentado pela Emenda Constitucional n. 124, de 14-7-2022.

§ 14. Compete à União, nos termos da lei, prestar assistência financeira complementar aos Estados, ao Distrito Federal e aos Municípios e às entidades filantrópicas, bem como aos prestadores de serviços contratualizados que atendam, no mínimo, 60% (sessenta por cento) de seus pacientes pelo sistema único de saúde, para o cumprimento dos pisos salariais de que trata o § 12 deste artigo.
•• § 14 acrescentado pela Emenda Constitucional n. 127, de 22-12-2022.

§ 15. Os recursos federais destinados aos pagamentos da assistência financeira complementar aos Estados, ao Distrito Federal e aos Municípios e às entidades filantrópicas, bem como aos prestadores de serviços contratualizados que atendam, no mínimo, 60% (sessenta por cento) de seus pacientes pelo sistema único de saúde, para o cumprimento dos pisos salariais de que trata o § 12 deste artigo serão consignados no orçamento geral da União com dotação própria e exclusiva.
•• § 15 acrescentado pela Emenda Constitucional n. 127, de 22-12-2022.
•• *Vide* art. 4.º da Emenda Constitucional n. 127, de 22-12-2022.

Art. 199. A assistência à saúde é livre à iniciativa privada.
• Planos e seguros privados de assistência à saúde: Lei n. 9.656, de 3-6-1998.

§ 1.º As instituições privadas poderão participar de forma complementar do sistema único de saúde, segundo diretrizes deste, mediante contrato de direito público ou convênio, tendo preferência as entidades filantrópicas e as sem fins lucrativos.

§ 2.º É vedada a destinação de recursos públicos para auxílios ou subvenções às instituições privadas com fins lucrativos.

§ 3.º É vedada a participação direta ou indireta de empresas ou capitais estrangeiros na assistência à saúde no País, salvo nos casos previstos em lei.

§ 4.º A lei disporá sobre as condições e os requisitos que facilitem a remoção de órgãos, tecidos e substâncias humanas para fins de transplante, pesquisa e tratamento, bem como a coleta, processamento e transfusão de sangue e seus derivados, sendo vedado todo tipo de comercialização.
•• Regulamento: Lei n. 10.205, de 21-3-2001.
• Lei n. 9.434, de 4-2-1997, e Decreto n. 2.268, de 30-6-1997: Remoção de órgãos, tecidos e partes do corpo humano para transplante e tratamento.

Art. 200. Ao sistema único de saúde compete, além de outras atribuições, nos termos da lei:
• Sistema Único de Saúde – SUS: Leis n. 8.080, de 19-9-1990, e n. 8.142, de 28-12-1990.

I – controlar e fiscalizar procedimentos, produtos e substâncias de interesse para a saúde e participar da produção de medicamentos, equipamentos, imunobiológicos, hemoderivados e outros insumos;
* As Leis n. 9.677, de 2-7-1998, e n. 9.695, de 20-8-1998, incluíram na classificação dos delitos considerados hediondos determinados crimes contra a saúde pública.

II – executar as ações de vigilância sanitária e epidemiológica, bem como as de saúde do trabalhador;

III – ordenar a formação de recursos humanos na área de saúde;

IV – participar da formulação da política e da execução das ações de saneamento básico;

V – incrementar, em sua área de atuação, o desenvolvimento científico e tecnológico e a inovação;
•• Inciso V com redação determinada pela Emenda Constitucional n. 85, de 26-2-2015.

VI – fiscalizar e inspecionar alimentos, compreendido o controle de seu teor nutricional, bem como bebidas e águas para consumo humano;

VII – participar do controle e fiscalização da produção, transporte, guarda e utilização de substâncias e produtos psicoativos, tóxicos e radioativos;

VIII – colaborar na proteção do meio ambiente, nele compreendido o do trabalho.

SEÇÃO III
Da Previdência Social
* Planos de benefícios da previdência social: Lei n. 8.213, de 24-7-1991, regulamentada pelo Decreto n. 3.048, de 6-5-1999.

Art. 201. A previdência social será organizada sob a forma do Regime Geral de Previdência Social, de caráter contributivo e de filiação obrigatória, observados critérios que preservem o equilíbrio financeiro e atuarial, e atenderá, na forma da lei, a:
•• *Caput* com redação determinada pela Emenda Constitucional n. 103, de 12-11-2019.
•• Vide arts. 15, 16, 17, 19, 20, 21, 23 e 24 da Emenda Constitucional n. 103, de 12-11-2019.
•• A Instrução Normativa n. 128, de 28-3-2022, do INSS, disciplina as regras, procedimentos e rotinas necessárias à efetiva aplicação das normas de direito previdenciário.
• Vide art. 14 da Emenda Constitucional n. 20, de 15-12-1998.
• Vide art. 4.º, parágrafo único, da Emenda Constitucional n. 41, de 19-12-2003.

I – cobertura dos eventos de incapacidade temporária ou permanente para o trabalho e idade avançada;
•• Inciso I com redação determinada pela Emenda Constitucional n. 103, de 12-11-2019.

II – proteção à maternidade, especialmente à gestante;
•• Inciso II com redação determinada pela Emenda Constitucional n. 20, de 15-12-1998.

III – proteção ao trabalhador em situação de desemprego involuntário;
•• Inciso III com redação determinada pela Emenda Constitucional n. 20, de 15-12-1998.
•• A Lei n. 7.998, de 11-1-1990, regulamenta o Programa do Seguro-Desemprego, o Abono Salarial, e institui o Fundo de Amparo ao Trabalhador.

IV – salário-família e auxílio-reclusão para os dependentes dos segurados de baixa renda;
•• Inciso IV com redação determinada pela Emenda Constitucional n. 20, de 15-12-1998.
•• Vide art. 27 da Emenda Constitucional n. 103, de 12-11-2019.

V – pensão por morte do segurado, homem ou mulher, ao cônjuge ou companheiro e dependentes, observado o disposto no § 2.º.
•• Inciso V com redação determinada pela Emenda Constitucional n. 20, de 15-12-1998.

§ 1.º É vedada a adoção de requisitos ou critérios diferenciados para concessão de benefícios, ressalvada, nos termos de lei complementar, a possibilidade de previsão de idade e tempo de contribuição distintos da regra geral para concessão de aposentadoria exclusivamente em favor dos segurados:
•• § 1.º, *caput*, com redação determinada pela Emenda Constitucional n. 103, de 12-11-2019.
•• § 1.º regulamentado pela Lei Complementar n. 142, de 8-5-2013, em vigor 6 meses após a publicação (*DOU* de 9-5-2013), no tocante à aposentadoria da pessoa com deficiência segurada do Regime Geral de Previdência Social – RGPS.
• Vide arts. 19, § 1.º, e 22 da Emenda Constitucional n. 103, de 12-11-2019.

I – com deficiência, previamente submetidos a avaliação biopsicossocial realizada por equipe multiprofissional e interdisciplinar;
•• Inciso I acrescentado pela Emenda Constitucional n. 103, de 12-11-2019.
• Vide art. 22 da Emenda Constitucional n. 103, de 12-11-2019.

II – cujas atividades sejam exercidas com efetiva exposição a agentes químicos, físicos e biológicos prejudiciais à saúde, ou associação desses agentes, vedada a caracterização por categoria profissional ou ocupação.
•• Inciso II acrescentado pela Emenda Constitucional n. 103, de 12-11-2019.

§ 2.º Nenhum benefício que substitua o salário de contribuição ou o rendimento do trabalho do segurado terá valor mensal inferior ao salário mínimo.
•• § 2.º com redação determinada pela Emenda Constitucional n. 20, de 15-12-1998.

§ 3.º Todos os salários de contribuição considerados para o cálculo de benefício serão devidamente atualizados, na forma da lei.
•• § 3.º com redação determinada pela Emenda Constitucional n. 20, de 15-12-1998.

§ 4.º É assegurado o reajustamento dos benefícios para preservar-lhes, em caráter permanente, o valor real, conforme critérios definidos em lei.
•• § 4.º com redação determinada pela Emenda Constitucional n. 20, de 15-12-1998.
• Vide Súmula 688 do STF.

§ 5.º É vedada a filiação ao regime geral de previdência social, na qualidade de segurado facultativo, de pessoa participante de regime próprio de previdência.
•• § 5.º com redação determinada pela Emenda Constitucional n. 20, de 15-12-1998.

§ 6.º A gratificação natalina dos aposentados e pensionistas terá por base o valor dos proventos do mês de dezembro de cada ano.
•• § 6.º com redação determinada pela Emenda Constitucional n. 20, de 15-12-1998.
• Sobre gratificação de Natal (13.º salário): Lei n. 4.090, de 13-7-1962, Lei n. 4.749, de 12-8-1965, e arts. 76 a 82 do Decreto n. 10.854, de 10-11-2021.

§ 7.º É assegurada aposentadoria no regime geral de previdência social, nos termos da lei, obedecidas as seguintes condições:
•• § 7.º, *caput*, com redação determinada pela Emenda Constitucional n. 20, de 15-12-1998.

I – 65 (sessenta e cinco) anos de idade, se homem, e 62 (sessenta e dois) anos de idade, se mulher, observado tempo mínimo de contribuição;
•• Inciso I com redação determinada pela Emenda Constitucional n. 103, de 12-11-2019.
•• Vide arts. 18 e 19 da Emenda Constitucional n. 103, de 12-11-2019.

II – 60 (sessenta) anos de idade, se homem, e 55 (cinquenta e cinco) anos de idade, se mulher, para os trabalhadores rurais e para os que exerçam suas atividades em regime de economia familiar, nestes incluídos o produtor rural, o garimpeiro e o pescador artesanal.
•• Inciso II com redação determinada pela Emenda Constitucional n. 103, de 12-11-2019.
• A Lei n. 11.685, de 2-6-2008, institui o Estatuto do Garimpeiro.

§ 8.º O requisito de idade a que se refere o inciso I do § 7.º será reduzido em 5 (cinco) anos, para o professor que comprove tempo de efetivo exercício das funções de magistério na educação infantil e no ensino fundamental e médio fixado em lei complementar.
•• § 8.º com redação determinada pela Emenda Constitucional n. 103, de 12-11-2019.
•• Vide art. 19, § 1.º, da Emenda Constitucional n. 103, de 12-11-2019.

§ 9.º Para fins de aposentadoria, será assegurada a contagem recíproca do tempo de contribuição entre o Regime Geral de Previdência Social e os regimes próprios de previdência social, e destes entre si, observada a compensação financeira, de acordo com os critérios estabelecidos em lei.
•• § 9.º com redação determinada pela Emenda Constitucional n. 103, de 12-11-2019.
• A Lei n. 9.796, de 5-5-1999, dispõe sobre a compensação financeira entre o Regime Geral de Previdência Social e os Regimes de Previdência dos Servidores da União, dos Estados, do Distrito Federal e dos Municípios nos casos de contagem recíproca de tempo de contribuição para efeito de aposentadoria.

§ 9.º-A. O tempo de serviço militar exercido nas atividades de que tratam os arts. 42, 142 e 143 e o tempo de contribuição ao Regime Geral de Previdência Social ou a regime próprio de previdência social terão contagem recíproca para fins de inativação militar ou aposentadoria, e a compensação financeira será devida entre as receitas de contribuição referentes aos militares e as receitas de contribuição aos demais regimes.
•• § 9.º-A acrescentado pela Emenda Constitucional n. 103, de 12-11-2019.

§ 10. Lei complementar poderá disciplinar a cobertura de benefícios não programados, inclusive os decorrentes de acidente do trabalho, a ser atendida concorrentemente pelo Regime Geral de Previdência Social e pelo setor privado.
•• § 10 com redação determinada pela Emenda Constitucional n. 103, de 12-11-2019.

§ 11. Os ganhos habituais do empregado, a qualquer título, serão incorporados ao salário para efeito de contribuição previdenciária e consequente repercussão em benefícios, nos casos e na forma da lei.
•• § 11 acrescentado pela Emenda Constitucional n. 20, de 15-12-1998.

§ 12. Lei instituirá sistema especial de inclusão previdenciária, com alíquotas diferenciadas, para atender aos trabalhadores de baixa renda, inclusive os que se encontram em situação de informalidade, e àqueles sem renda própria que se dediquem exclusivamente ao trabalho doméstico no âmbito de sua residência, desde que pertencentes a famílias de baixa renda.
•• § 12 com redação determinada pela Emenda Constitucional n. 103, de 12-11-2019.

§ 13. A aposentadoria concedida ao segurado de que trata o § 12 terá valor de 1 (um) salário mínimo.
•• § 13 com redação determinada pela Emenda Constitucional n. 103, de 12-11-2019.

§ 14. É vedada a contagem de tempo de contribuição fictício para efeito de concessão dos benefícios previdenciários e de contagem recíproca.
•• § 14 acrescentado pela Emenda Constitucional n. 103, de 12-11-2019.
•• Vide art. 25 da Emenda Constitucional n. 103, de 12-11-2019.

§ 15. Lei complementar estabelecerá vedações, regras e condições para a acumulação de benefícios previdenciários.
•• § 15 acrescentado pela Emenda Constitucional n. 103, de 12-11-2019.

§ 16. Os empregados dos consórcios públicos, das empresas públicas, das sociedades de economia mista e das suas subsidiárias serão aposentados compulsoriamente, observado o cumprimento do tempo mínimo de contribuição, ao atingir a idade máxima de que trata o inciso II do § 1.º do art. 40, na forma estabelecida em lei.
•• § 16 acrescentado pela Emenda Constitucional n. 103, de 12-11-2019.

Art. 202. O regime de previdência privada, de caráter complementar e organizado de forma autônoma em relação ao regime geral de previdência social, será facultativo, baseado na constituição de reservas que garantam o benefício contratado, e regulado por lei complementar.
•• Caput com redação determinada pela Emenda Constitucional n. 20, de 15-12-1998.
• Vide art. 7.º da Emenda Constitucional n. 20, de 15-12-1998.
• Regime de Previdência Complementar: Lei Complementar n. 109, de 29-5-2001.
• Vide Súmula 149 do STJ.

§ 1.º A lei complementar de que trata este artigo assegurará ao participante de planos de benefícios de entidades de previdência privada o pleno acesso às informações relativas à gestão de seus respectivos planos.
•• § 1.º com redação determinada pela Emenda Constitucional n. 20, de 15-12-1998.

§ 2.º As contribuições do empregador, os benefícios e as condições contratuais previstas nos estatutos, regulamentos e planos de benefícios das entidades de previdência privada não integram o contrato de trabalho dos participantes, assim como, à exceção dos benefícios concedidos, não integram a remuneração dos participantes, nos termos da lei.
•• § 2.º com redação determinada pela Emenda Constitucional n. 20, de 15-12-1998.

§ 3.º É vedado o aporte de recursos a entidade de previdência privada pela União, Estados, Distrito Federal e Municípios, suas autarquias, fundações, empresas públicas, sociedades de economia mista e outras entidades públicas, salvo na qualidade de patrocinador, situação na qual, em hipótese alguma, sua contribuição normal poderá exceder a do segurado.
•• § 3.º acrescentado pela Emenda Constitucional n. 20, de 15-12-1998.
•• Regulamento: Lei Complementar n. 108, de 29-5-2001.
• Vide art. 5.º da Emenda Constitucional n. 20, de 15-12-1998.

§ 4.º Lei complementar disciplinará a relação entre a União, Estados, Distrito Federal ou Municípios, inclusive suas autarquias, fundações, sociedades de economia mista e empresas controladas direta ou indiretamente, enquanto patrocinadores de planos de benefícios previdenciários, e as entidades de previdência complementar.
•• § 4.º com redação determinada pela Emenda Constitucional n. 103, de 12-11-2019.
•• Regulamento: Lei Complementar n. 108, de 29-5-2001.
•• Vide art. 33 da Emenda Constitucional n. 103, de 12-11-2019.
•• Vide art. 40, § 14, da CF.

§ 5.º A lei complementar de que trata o § 4.º aplicar-se-á, no que couber, às empresas privadas permissionárias ou concessionárias de prestação de serviços públicos, quando patrocinadoras de planos de benefícios em entidades de previdência complementar.
•• § 5.º com redação determinada pela Emenda Constitucional n. 103, de 12-11-2019.
•• Regulamento: Lei Complementar n. 108, de 29-5-2001.

•• Vide art. 33 da Emenda Constitucional n. 103, de 12-11-2019.

§ 6.º Lei complementar estabelecerá os requisitos para a designação dos membros das diretorias das entidades fechadas de previdência complementar instituídas pelos patrocinadores de que trata o § 4.º e disciplinará a inserção dos participantes nos colegiados e instâncias de decisão em que seus interesses sejam objeto de discussão e deliberação.
•• § 6.º com redação determinada pela Emenda Constitucional n. 103, de 12-11-2019.
•• Regulamento: Lei Complementar n. 108, de 29-5-2001.

SEÇÃO IV
Da Assistência Social

•• A Lei n. 8.742, de 7-12-1993, dispõe sobre a organização da Assistência Social.

Art. 203. A assistência social será prestada a quem dela necessitar, independentemente de contribuição à seguridade social, e tem por objetivos:

I – a proteção à família, à maternidade, à infância, à adolescência e à velhice;

II – o amparo às crianças e adolescentes carentes;

III – a promoção da integração ao mercado de trabalho;

IV – a habilitação e reabilitação das pessoas portadoras de deficiência e a promoção de sua integração à vida comunitária;
•• A Lei n. 13.146, de 6-7-2015, institui o Estatuto da Pessoa com Deficiência.

V – a garantia de um salário mínimo de benefício mensal à pessoa portadora de deficiência e ao idoso que comprovem não possuir meios de prover à própria manutenção ou de tê-la provida por sua família, conforme dispuser a lei;
• Estatuto da Pessoa Idosa: Lei n. 10.741, de 1.º-10-2003.

VI – a redução da vulnerabilidade socioeconômica de famílias em situação de pobreza ou extrema pobreza.
•• Inciso VI acrescentado pela Emenda Constitucional n. 114, de 16-12-2021.

Art. 204. As ações governamentais na área da assistência social serão realizadas com recursos do orçamento da seguridade social, previstos no art. 195, além de outras fontes, e organizadas com base nas seguintes diretrizes:

I – descentralização político-administrativa, cabendo a coordenação e as normas gerais à esfera federal e a coordenação e a execução dos respectivos programas às esferas estadual e municipal, bem como a entidades beneficentes e de assistência social;

II – participação da população, por meio de organizações representativas, na formulação das políticas e no controle das ações em todos os níveis.

Parágrafo único. É facultado aos Estados e ao Distrito Federal vincular a programa de apoio à inclusão e promoção social até cinco décimos por cento de sua receita tributária líquida, vedada a aplicação desses recursos no pagamento de:
•• Parágrafo único, caput, acrescentado pela Emenda Constitucional n. 42, de 19-12-2003.

I – despesas com pessoal e encargos sociais;
•• Inciso I acrescentado pela Emenda Constitucional n. 42, de 19-12-2003.

II – serviço da dívida;
•• Inciso II acrescentado pela Emenda Constitucional n. 42, de 19-12-2003.

III – qualquer outra despesa corrente não vinculada diretamente aos investimentos ou ações apoiados.
•• Inciso III acrescentado pela Emenda Constitucional n. 42, de 19-12-2003.

Capítulo III
DA EDUCAÇÃO, DA CULTURA E DO DESPORTO

SEÇÃO I
Da Educação

•• Lei de Diretrizes e Bases da Educação Nacional: Lei n. 9.394, de 20-12-1996.
• Salário-educação: Lei n. 9.766, de 18-12-1998.
• Promoção gratuita da educação através de organizações da sociedade civil de interesse público: Lei n. 9.790, de 23-3-1999.
• A Lei n. 11.274, de 6-2-2006, fixa a idade de 6 (seis) anos para o início do ensino fundamental obrigatório e altera para 9 (nove) anos seu período de duração.
• Lei do Estágio: Lei n. 11.788, de 25-9-2008.

Art. 205. A educação, direito de todos e dever do Estado e da família, será promovida e incentivada com a colaboração da sociedade,

visando ao pleno desenvolvimento da pessoa, seu preparo para o exercício da cidadania e sua qualificação para o trabalho.

Art. 206. O ensino será ministrado com base nos seguintes princípios:

I – igualdade de condições para o acesso e permanência na escola;

II – liberdade de aprender, ensinar, pesquisar e divulgar o pensamento, a arte e o saber;

III – pluralismo de ideias e de concepções pedagógicas, e coexistência de instituições públicas e privadas de ensino;

IV – gratuidade do ensino público em estabelecimentos oficiais;

V – valorização dos profissionais da educação escolar, garantidos, na forma da lei, planos de carreira, com ingresso exclusivamente por concurso público de provas e títulos, aos das redes públicas;

- • Inciso V com redação determinada pela Emenda Constitucional n. 53, de 19-12-2006.
- • Vide OJ 65 da SDI-1 e OJ 38 da SDI-2.

VI – gestão democrática do ensino público, na forma da lei;

VII – garantia de padrão de qualidade;

VIII – piso salarial profissional nacional para os profissionais da educação escolar pública, nos termos de lei federal;

- • Inciso VIII acrescentado pela Emenda Constitucional n. 53, de 19-12-2006.

IX – garantia do direito à educação e à aprendizagem ao longo da vida.

- • Inciso IX acrescentado pela Emenda Constitucional n. 108, de 26-8-2020, produzindo efeitos a partir de 1.º-1-2021.

Parágrafo único. A lei disporá sobre as categorias de trabalhadores considerados profissionais da educação básica e sobre a fixação de prazo para a elaboração ou adequação de seus planos de carreira, no âmbito da União, dos Estados, do Distrito Federal e dos Municípios.

- • Parágrafo único acrescentado pela Emenda Constitucional n. 53, de 19-12-2006.

Art. 207. As universidades gozam de autonomia didático-científica, administrativa e de gestão financeira e patrimonial, e obedecerão ao princípio de indissociabilidade entre ensino, pesquisa e extensão.

- • O Decreto n. 9.235, de 15-12-2017, dispõe sobre a organização do ensino superior, a avaliação de cursos e instituições, e dá outras providências.
- • O Decreto n. 7.233, de 19-7-2010, dispõe sobre procedimentos orçamentários e financeiros relacionados à autonomia universitária, e dá outras providências.

§ 1.º É facultado às universidades admitir professores, técnicos e cientistas estrangeiros, na forma da lei.

- • § 1.º acrescentado pela Emenda Constitucional n. 11, de 30-4-1996.

§ 2.º O disposto neste artigo aplica-se às instituições de pesquisa científica e tecnológica.

- • § 2.º acrescentado pela Emenda Constitucional n. 11, de 30-4-1996.

Art. 208. O dever do Estado com a educação será efetivado mediante a garantia de:

I – educação básica obrigatória e gratuita dos 4 (quatro) aos 17 (dezessete) anos de idade, assegurada inclusive sua oferta gratuita para todos os que a ela não tiveram acesso na idade própria;

- • Inciso I com redação determinada pela Emenda Constitucional n. 59, de 11-11-2009.
- • O art. 6.º da Emenda Constitucional n. 59, de 11-11-2009, estabelece que o disposto neste inciso I "deverá ser implementado progressivamente, até 2016, nos termos do Plano Nacional de Educação, com apoio técnico e financeiro da União".

II – progressiva universalização do ensino médio gratuito;

- • Inciso II com redação determinada pela Emenda Constitucional n. 14, de 12-9-1996.

III – atendimento educacional especializado aos portadores de deficiência, preferencialmente na rede regular de ensino;

- • A Lei n. 13.146, de 6-7-2015, institui o Estatuto da Pessoa com Deficiência.
- • A Lei n. 7.853, de 24-10-1989, regulamentada pelo Decreto n. 3.298, de 20-12-1999, consolida as normas de proteção à pessoa portadora de deficiência.

IV – educação infantil, em creche e pré-escola, às crianças até 5 (cinco) anos de idade;

- • Inciso IV com redação determinada pela Emenda Constitucional n. 53, de 19-12-2006.

V – acesso aos níveis mais elevados do ensino, da pesquisa e da criação artística, segundo a capacidade de cada um;

VI – oferta de ensino noturno regular, adequado às condições do educando;

VII – atendimento ao educando, em todas as etapas da educação básica, por meio de programas suplementares de material didático-escolar, transporte, alimentação e assistência à saúde.

- • Inciso VII com redação determinada pela Emenda Constitucional n. 59, de 11-11-2009.

- • A Lei n. 11.947, de 16-6-2009, dispõe sobre o atendimento da alimentação escolar e do Programa Dinheiro Direto na Escola aos alunos da educação básica.

§ 1.º O acesso ao ensino obrigatório e gratuito é direito público subjetivo.

§ 2.º O não oferecimento do ensino obrigatório pelo Poder Público, ou sua oferta irregular, importa responsabilidade da autoridade competente.

§ 3.º Compete ao Poder Público recensear os educandos no ensino fundamental, fazer-lhes a chamada e zelar, junto aos pais ou responsáveis, pela frequência à escola.

Art. 209. O ensino é livre à iniciativa privada, atendidas as seguintes condições:

I – cumprimento das normas gerais da educação nacional;

II – autorização e avaliação de qualidade pelo Poder Público.

Art. 210. Serão fixados conteúdos mínimos para o ensino fundamental, de maneira a assegurar formação básica comum e respeito aos valores culturais e artísticos, nacionais e regionais.

§ 1.º O ensino religioso, de matrícula facultativa, constituirá disciplina dos horários normais das escolas públicas de ensino fundamental.

§ 2.º O ensino fundamental regular será ministrado em língua portuguesa, assegurada às comunidades indígenas também a utilização de suas línguas maternas e processos próprios de aprendizagem.

Art. 211. A União, os Estados, o Distrito Federal e os Municípios organizarão em regime de colaboração seus sistemas de ensino.

- • Vide art. 60 e §§ do ADCT.

§ 1.º A União organizará o sistema federal de ensino e o dos Territórios, financiará as instituições de ensino públicas federais e exercerá, em matéria educacional, função redistributiva e supletiva, de forma a garantir equalização de oportunidades educacionais e padrão mínimo de qualidade do ensino mediante assistência técnica e financeira aos Estados, ao Distrito Federal e aos Municípios.

- • § 1.º com redação determinada pela Emenda Constitucional n. 14, de 12-9-1996.

§ 2.º Os Municípios atuarão prioritariamente no ensino fundamental e na educação infantil.

- • § 2.º com redação determinada pela Emenda Constitucional n. 14, de 12-9-1996.

§ 3.º Os Estados e o Distrito Federal atuarão prioritariamente no ensino fundamental e médio.

- • § 3.º acrescentado pela Emenda Constitucional n. 14, de 12-9-1996.

§ 4.º Na organização de seus sistemas de ensino, a União, os Estados, o Distrito Federal e os Municípios definirão formas de colaboração, de forma a assegurar a universalização, a qualidade e a equidade do ensino obrigatório.

- • § 4.º com redação determinada pela Emenda Constitucional n. 108, de 26-8-2020, produzindo efeitos a partir de 1.º-1-2021.

§ 5.º A educação básica pública atenderá prioritariamente ao ensino regular.

- • § 5.º acrescentado pela Emenda Constitucional n. 53, de 19-12-2006.

§ 6.º A União, os Estados, o Distrito Federal e os Municípios exercerão ação redistributiva em relação a suas escolas.

- • § 6.º acrescentado pela Emenda Constitucional n. 108, de 26-8-2020, produzindo efeitos a partir de 1.º-1-2021.

§ 7.º O padrão mínimo de qualidade de que trata o § 1.º deste artigo considerará as condições adequadas de oferta e terá como referência o Custo Aluno Qualidade (CAQ), pactuados em regime de colaboração na forma disposta em lei complementar, conforme o parágrafo único do art. 23 desta Constituição.

- • § 7.º acrescentado pela Emenda Constitucional n. 108, de 26-8-2020, produzindo efeitos a partir de 1.º-1-2021.

Art. 212. A União aplicará, anualmente, nunca menos de dezoito, e os Estados, o Distrito Federal e os Municípios vinte e cinco por cento, no mínimo, da receita resultante de impostos, compreendida a proveniente de transferências, na manutenção e desenvolvimento do ensino.

- • Vide art. 110, I, do ADCT.
- • A Instrução Normativa n. 60, de 4-11-2009, do TCU, dispõe sobre os procedimentos para a fiscalização do cumprimento do disposto neste artigo.
- • Vide arts. 60 e 72, §§ 2.º e 3.º, do ADCT.

§ 1.º A parcela da arrecadação de impostos transferida pela União aos Estados, ao Distrito Federal e aos Municípios, ou pelos Estados aos

respectivos Municípios, não é considerada, para efeito do cálculo previsto neste artigo, receita do governo que a transferir.

§ 2.º Para efeito do cumprimento do disposto no *caput* deste artigo, serão considerados os sistemas de ensino federal, estadual e municipal e os recursos aplicados na forma do art. 213.

§ 3.º A distribuição dos recursos públicos assegurará prioridade ao atendimento das necessidades do ensino obrigatório, no que se refere a universalização, garantia de padrão de qualidade e equidade, nos termos do plano nacional de educação.

•• § 3.º com redação determinada pela Emenda Constitucional n. 59, de 11-11-2009.

§ 4.º Os programas suplementares de alimentação e assistência à saúde previstos no art. 208, VII, serão financiados com recursos provenientes de contribuições sociais e outros recursos orçamentários.

§ 5.º A educação básica pública terá como fonte adicional de financiamento a contribuição social do salário-educação, recolhida pelas empresas na forma da lei.

•• § 5.º com redação determinada pela Emenda Constitucional n. 53, de 19-12-2006.
• § 5.º regulamentado pelo Decreto n. 6.003, de 28-12-2006.
• A Lei n. 9.766, de 18-12-1998, regulamenta o salário-educação.
• Vide art. 76, § 2.º, do ADCT.

§ 6.º As cotas estaduais e municipais da arrecadação da contribuição social do salário-educação serão distribuídas proporcionalmente ao número de alunos matriculados na educação básica nas respectivas redes públicas de ensino.

•• § 6.º acrescentado pela Emenda Constitucional n. 53, de 19-12-2006.
•• Vide art. 107, § 6.º, I, do ADCT.

§ 7.º É vedado o uso dos recursos referidos no *caput* e nos §§ 5.º e 6.º deste artigo para pagamento de aposentadorias e de pensões.

•• § 7.º acrescentado pela Emenda Constitucional n. 108, de 26-8-2020, produzindo efeitos a partir de 1.º-1-2021.

§ 8.º Na hipótese de extinção ou de substituição de impostos, serão redefinidos os percentuais referidos no *caput* deste artigo e no inciso II do *caput* do art. 212-A, de modo que resultem recursos vinculados à manutenção e ao desenvolvimento do ensino, bem como os recursos subvinculados aos fundos de que trata o art. 212-A desta Constituição, em aplicações equivalentes às anteriormente praticadas.

•• § 8.º acrescentado pela Emenda Constitucional n. 108, de 26-8-2020, produzindo efeitos a partir de 1.º-1-2021.

§ 9.º A lei disporá sobre normas de fiscalização, de avaliação e de controle das despesas com educação nas esferas estadual, distrital e municipal.

•• § 9.º acrescentado pela Emenda Constitucional n. 108, de 26-8-2020, produzindo efeitos a partir de 1.º-1-2021.

Art. 212-A. Os Estados, o Distrito Federal e os Municípios destinarão parte dos recursos a que se refere o *caput* do art. 212 desta Constituição à manutenção e ao desenvolvimento do ensino na educação básica e à remuneração condigna de seus profissionais, respeitadas as seguintes disposições:

•• *Caput* acrescentado pela Emenda Constitucional n. 108, de 26-8-2020, produzindo efeitos a partir de 1.º-1-2021.
•• A Lei n. 14.113, de 25-12-2020, regulamenta o Fundo de Manutenção e Desenvolvimento da Educação Básica e de Valorização dos Profissionais da Educação de que trata este artigo.

I – a distribuição dos recursos e de responsabilidades entre o Distrito Federal, os Estados e seus Municípios é assegurada mediante a instituição, no âmbito de cada Estado e do Distrito Federal, de um Fundo de Manutenção e Desenvolvimento da Educação Básica e de Valorização dos Profissionais da Educação (Fundeb), de natureza contábil;

•• Inciso I acrescentado pela Emenda Constitucional n. 108, de 26-8-2020, produzindo efeitos a partir de 1.º-1-2021.

II – os fundos referidos no inciso I do *caput* deste artigo serão constituídos por 20% (vinte por cento) dos recursos a que se referem os incisos I, II e III do *caput* do art. 155, o inciso II do *caput* do art. 157, os incisos II, III e IV do *caput* do art. 158 e as alíneas *a* e *b* do inciso I e o inciso II do *caput* do art. 159 desta Constituição;

•• Inciso II acrescentado pela Emenda Constitucional n. 108, de 26-8-2020, produzindo efeitos a partir de 1.º-1-2021.

III – os recursos referidos no inciso II do *caput* deste artigo serão distribuídos entre cada Estado e seus Municípios, proporcionalmente ao número de alunos das diversas etapas e modalidades da educação básica presencial matriculados nas respectivas redes, nos âmbitos de atuação prioritária, conforme estabelecido nos §§ 2.º e 3.º do art. 211 desta Constituição, observadas as ponderações referidas na alínea *a* do inciso X do *caput* e no § 2.º deste artigo;

•• Inciso III acrescentado pela Emenda Constitucional n. 108, de 26-8-2020, produzindo efeitos a partir de 1.º-1-2021.

IV – a União complementará os recursos dos fundos a que se refere o inciso II do *caput* deste artigo;

•• Inciso IV acrescentado pela Emenda Constitucional n. 108, de 26-8-2020, produzindo efeitos a partir de 1.º-1-2021.

V – a complementação da União será equivalente a, no mínimo, 23% (vinte e três por cento) do total de recursos a que se refere o inciso II do *caput* deste artigo, distribuída da seguinte forma:

•• Inciso V, *caput*, acrescentado pela Emenda Constitucional n. 108, de 26-8-2020, produzindo efeitos a partir de 1.º-1-2021.

a) 10 (dez) pontos percentuais no âmbito de cada Estado e do Distrito Federal, sempre que o valor anual por aluno (VAAF), nos termos do inciso III do *caput* deste artigo, não alcançar o mínimo definido nacionalmente;

•• Alínea *a* acrescentada pela Emenda Constitucional n. 108, de 26-8-2020, produzindo efeitos a partir de 1.º-1-2021.

b) no mínimo, 10,5 (dez inteiros e cinco décimos) pontos percentuais em cada rede pública de ensino municipal, estadual ou distrital, sempre que o valor anual total por aluno (VAAT), referido no inciso VI do *caput* deste artigo, não alcançar o mínimo definido nacionalmente;

•• Alínea *b* acrescentada pela Emenda Constitucional n. 108, de 26-8-2020, produzindo efeitos a partir de 1.º-1-2021.

c) 2,5 (dois inteiros e cinco décimos) pontos percentuais nas redes públicas que, cumpridas condicionalidades de melhoria de gestão previstas em lei, alcançarem evolução de indicadores a serem definidos, de atendimento e melhoria da aprendizagem com redução das desigualdades, nos termos do sistema nacional de avaliação da educação básica;

•• Alínea *c* acrescentada pela Emenda Constitucional n. 108, de 26-8-2020, produzindo efeitos a partir de 1.º-1-2021.

VI – o VAAT será calculado, na forma da lei de que trata o inciso X do *caput* deste artigo, com base nos recursos a que se refere o inciso II do *caput* deste artigo, acrescidos de outras receitas e de transferências vinculadas à educação, observado o disposto no § 1.º e consideradas as matrículas nos termos do inciso III do *caput* deste artigo;

•• Inciso VI acrescentado pela Emenda Constitucional n. 108, de 26-8-2020, produzindo efeitos a partir de 1.º-1-2021.

VII – os recursos de que tratam os incisos II e IV do *caput* deste artigo serão aplicados pelos Estados e pelos Municípios exclusivamente nos respectivos âmbitos de atuação prioritária, conforme estabelecido nos §§ 2.º e 3.º do art. 211 desta Constituição;

•• Inciso VII acrescentado pela Emenda Constitucional n. 108, de 26-8-2020, produzindo efeitos a partir de 1.º-1-2021.

VIII – a vinculação de recursos à manutenção e ao desenvolvimento do ensino estabelecida no art. 212 desta Constituição suportará, no máximo, 30% (trinta por cento) da complementação da União, considerados para os fins deste inciso os valores previstos no inciso V do *caput* deste artigo;

•• Inciso VIII acrescentado pela Emenda Constitucional n. 108, de 26-8-2020, produzindo efeitos a partir de 1.º-1-2021.

IX – o disposto no *caput* do art. 160 desta Constituição aplica-se aos recursos referidos nos incisos II e IV do *caput* deste artigo, e seu descumprimento pela autoridade competente importará em crime de responsabilidade;

•• Inciso IX acrescentado pela Emenda Constitucional n. 108, de 26-8-2020, produzindo efeitos a partir de 1.º-1-2021.

X – a lei disporá, observadas as garantias estabelecidas nos incisos I, II, III e IV do *caput* e no § 1.º do art. 208 as metas pertinentes do plano nacional de educação, nos termos previstos no art. 214 desta Constituição, sobre:

•• Inciso X, *caput*, acrescentado pela Emenda Constitucional n. 108, de 26-8-2020, produzindo efeitos a partir de 1.º-1-2021.

a) a organização dos fundos referidos no inciso I do *caput* deste artigo e a distribuição proporcional de seus recursos, as diferenças e as ponderações quanto ao valor anual por aluno entre etapas, modalidades, duração da

jornada e tipos de estabelecimento de ensino, observados as respectivas especificidades e os insumos necessários para a garantia de sua qualidade;
- Alínea *a* acrescentada pela Emenda Constitucional n. 108, de 26-8-2020, produzindo efeitos a partir de 1.º-1-2021.

b) a forma de cálculo do VAAF decorrente do inciso III do *caput* deste artigo e do VAAT referido no inciso VI do *caput* deste artigo;
- Alínea *b* acrescentada pela Emenda Constitucional n. 108, de 26-8-2020, produzindo efeitos a partir de 1.º-1-2021.

c) a forma de cálculo para distribuição prevista na alínea *c* do inciso V do *caput* deste artigo;
- Alínea *c* acrescentada pela Emenda Constitucional n. 108, de 26-8-2020, produzindo efeitos a partir de 1.º-1-2021.

d) a transparência, o monitoramento, a fiscalização e o controle interno, externo e social dos fundos referidos no inciso I do *caput* deste artigo, assegurada a criação, a autonomia, a manutenção e a consolidação de conselhos de acompanhamento e controle social, admitida sua integração aos conselhos de educação;
- Alínea *d* acrescentada pela Emenda Constitucional n. 108, de 26-8-2020, produzindo efeitos a partir de 1.º-1-2021.

e) o conteúdo e a periodicidade da avaliação, por parte do órgão responsável, dos efeitos redistributivos, da melhoria dos indicadores educacionais e da ampliação do atendimento;
- Alínea *e* acrescentada pela Emenda Constitucional n. 108, de 26-8-2020, produzindo efeitos a partir de 1.º-1-2021.

XI – proporção não inferior a 70% (setenta por cento) de cada fundo referido no inciso I do *caput* deste artigo, excluídos os recursos de que trata a alínea *c* do inciso V do *caput* deste artigo, será destinada ao pagamento dos profissionais da educação básica em efetivo exercício, observado, em relação aos recursos previstos na alínea *b* do inciso V do *caput* deste artigo, o percentual mínimo de 15% (quinze por cento) para despesas de capital;
- Inciso XI acrescentado pela Emenda Constitucional n. 108, de 26-8-2020, produzindo efeitos a partir de 1.º-1-2021.

XII – lei específica disporá sobre o piso salarial profissional nacional para os profissionais do magistério da educação básica pública;
- Inciso XII acrescentado pela Emenda Constitucional n. 108, de 26-8-2020, produzindo efeitos a partir de 1.º-1-2021.

XIII – a utilização dos recursos a que se refere o § 5.º do art. 212 desta Constituição para a complementação da União ao Fundeb, referida no inciso V do *caput* deste artigo, é vedada.
- Inciso XIII acrescentado pela Emenda Constitucional n. 108, de 26-8-2020, produzindo efeitos a partir de 1.º-1-2021.

§ 1.º O cálculo do VAAT, referido no inciso VI do *caput* deste artigo, deverá considerar, além dos recursos previstos no inciso II do *caput* deste artigo, pelo menos, as seguintes disponibilidades:
- § 1.º, *caput*, acrescentado pela Emenda Constitucional n. 108, de 26-8-2020, produzindo efeitos a partir de 1.º-1-2021.

I – receitas de Estados, do Distrito Federal e de Municípios vinculadas à manutenção e ao desenvolvimento do ensino não integrantes dos fundos referidos no inciso I do *caput* deste artigo;
- Inciso I acrescentado pela Emenda Constitucional n. 108, de 26-8-2020, produzindo efeitos a partir de 1.º-1-2021.

II – cotas estaduais e municipais da arrecadação do salário-educação de que trata o § 6.º do art. 212 desta Constituição;
- Inciso II acrescentado pela Emenda Constitucional n. 108, de 26-8-2020, produzindo efeitos a partir de 1.º-1-2021.

III – complementação da União transferida a Estados, ao Distrito Federal e a Municípios nos termos da alínea *a* do inciso V do *caput* deste artigo.
- Inciso III acrescentado pela Emenda Constitucional n. 108, de 26-8-2020, produzindo efeitos a partir de 1.º-1-2021.

§ 2.º Além das ponderações previstas na alínea *a* do inciso X do *caput* deste artigo, a lei definirá outras relativas ao nível socioeconômico dos educandos e aos indicadores de disponibilidade de recursos vinculados à educação e de potencial de arrecadação tributária de cada ente federado, bem como seus prazos de implementação.
- § 2.º acrescentado pela Emenda Constitucional n. 108, de 26-8-2020, produzindo efeitos a partir de 1.º-1-2021.

§ 3.º Será destinada à educação infantil a proporção de 50% (cinquenta por cento) dos recursos globais a que se refere a alínea *b* do inciso V do *caput* deste artigo, nos termos da lei.
- § 3.º acrescentado pela Emenda Constitucional n. 108, de 26-8-2020, produzindo efeitos a partir de 1.º-1-2021.

Art. 213. Os recursos públicos serão destinados às escolas públicas, podendo ser dirigidos a escolas comunitárias, confessionais ou filantrópicas, definidas em lei, que:
- Vide art. 61 do ADCT.

I – comprovem finalidade não lucrativa e apliquem seus excedentes financeiros em educação;

II – assegurem a destinação de seu patrimônio a outra escola comunitária, filantrópica ou confessional, ou ao Poder Público, no caso de encerramento de suas atividades.

§ 1.º Os recursos de que trata este artigo poderão ser destinados a bolsas de estudo para o ensino fundamental e médio, na forma da lei, para os que demonstrarem insuficiência de recursos, quando houver falta de vagas e cursos regulares da rede pública na localidade da residência do educando, ficando o Poder Público obrigado a investir prioritariamente na expansão de sua rede na localidade.

§ 2.º As atividades de pesquisa, de extensão e de estímulo e fomento à inovação realizadas por universidades e/ou por instituições de educação profissional e tecnológica poderão receber apoio financeiro do Poder Público.
- § 2.º com redação determinada pela Emenda Constitucional n. 85, de 26-2-2015.

Art. 214. A lei estabelecerá o plano nacional de educação, de duração decenal, com o objetivo de articular o sistema nacional de educação em regime de colaboração e definir diretrizes, objetivos, metas e estratégias de implementação para assegurar a manutenção e desenvolvimento do ensino em seus diversos níveis, etapas e modalidades por meio de ações integradas dos poderes públicos das diferentes esferas federativas que conduzam a:
- *Caput* com redação determinada pela Emenda Constitucional n. 59, de 11-11-2009.

I – erradicação do analfabetismo;

II – universalização do atendimento escolar;

III – melhoria da qualidade do ensino;

IV – formação para o trabalho;

V – promoção humanística, científica e tecnológica do País;

VI – estabelecimento de meta de aplicação de recursos públicos em educação como proporção do produto interno bruto.
- Inciso VI acrescentado pela Emenda Constitucional n. 59, de 11-11-2009.

SEÇÃO II
Da Cultura

- A Lei n. 8.313, de 23-12-1991, regulamentada pelo Decreto n. 5.761, de 27-4-2006, institui o PRONAC.
- A Lei n. 8.685, de 20-7-1993, cria mecanismo de fomento à atividade audiovisual.

Art. 215. O Estado garantirá a todos o pleno exercício dos direitos culturais e acesso às fontes da cultura nacional, e apoiará e incentivará a valorização e a difusão das manifestações culturais.

§ 1.º O Estado protegerá as manifestações das culturas populares, indígenas e afro-brasileiras, e das de outros grupos participantes do processo civilizatório nacional.

§ 2.º A lei disporá sobre a fixação de datas comemorativas de alta significação para os diferentes segmentos étnicos nacionais.

§ 3.º A lei estabelecerá o Plano Nacional de Cultura, de duração plurianual, visando ao desenvolvimento cultural do País e à integração das ações do poder público que conduzem à:
- A Lei n. 12.343, de 2-12-2010, institui o PNC, cria o Sistema Nacional de Informações e Indicadores Culturais – SNIIC e dá outras providências.

I – defesa e valorização do patrimônio cultural brasileiro;

II – produção, promoção e difusão de bens culturais;

III – formação de pessoal qualificado para a gestão da cultura em suas múltiplas dimensões;

IV – democratização do acesso aos bens de cultura;

V – valorização da diversidade étnica e regional.

•• § 3.º acrescentado pela Emenda Constitucional n. 48, de 10-8-2005.

Art. 216. Constituem patrimônio cultural brasileiro os bens de natureza material e imaterial, tomados individualmente ou em conjunto, portadores de referência à identidade, à ação, à memória dos diferentes grupos formadores da sociedade brasileira, nos quais se incluem:

I – as formas de expressão;

II – os modos de criar, fazer e viver;

III – as criações científicas, artísticas e tecnológicas;

IV – as obras, objetos, documentos, edificações e demais espaços destinados às manifestações artístico-culturais;

V – os conjuntos urbanos e sítios de valor histórico, paisagístico, artístico, arqueológico, paleontológico, ecológico e científico.

• A Lei n. 3.924, de 26-7-1961, dispõe sobre os monumentos arqueológicos e pré-históricos.

§ 1.º O Poder Público, com a colaboração da comunidade, promoverá e protegerá o patrimônio cultural brasileiro, por meio de inventários, registros, vigilância, tombamento e desapropriação, e de outras formas de acautelamento e preservação.

• A Lei n. 8.394, de 30-12-1991, regulamentada pelo Decreto n. 4.344, de 26-8-2002, dispõe sobre a preservação, organização e proteção dos acervos documentais privados dos presidentes da República.

§ 2.º Cabem à administração pública, na forma da lei, a gestão da documentação governamental e as providências para franquear sua consulta a quantos dela necessitem.

•• A Lei n. 12.527, de 18-11-2011, regula o acesso a informações previsto neste parágrafo.

§ 3.º A lei estabelecerá incentivos para a produção e o conhecimento de bens e valores culturais.

• As Leis n. 7.505, de 2-7-1986 (Lei Sarney), e n. 8.313, de 23-12-1991 (Lei Rouanet), dispõem sobre benefícios fiscais concedidos a operações de caráter cultural ou artístico.

§ 4.º Os danos e ameaças ao patrimônio cultural serão punidos, na forma da lei.

§ 5.º Ficam tombados todos os documentos e os sítios detentores de reminiscências históricas dos antigos quilombos.

§ 6.º É facultado aos Estados e ao Distrito Federal vincular a fundo estadual de fomento à cultura até cinco décimos por cento de sua receita tributária líquida, para o financiamento de programas e projetos culturais, vedada a aplicação desses recursos no pagamento de:

•• § 6.º, caput, acrescentado pela Emenda Constitucional n. 42, de 19-12-2003.

I – despesas com pessoal e encargos sociais;

•• Inciso I acrescentado pela Emenda Constitucional n. 42, de 19-12-2003.

II – serviço da dívida;

•• Inciso II acrescentado pela Emenda Constitucional n. 42, de 19-12-2003.

III – qualquer outra despesa corrente não vinculada diretamente aos investimentos ou ações apoiados.

•• Inciso III acrescentado pela Emenda Constitucional n. 42, de 19-12-2003.

Art. 216-A. O Sistema Nacional de Cultura, organizado em regime de colaboração, de forma descentralizada e participativa, institui um processo de gestão e promoção conjunta de políticas públicas de cultura, democráticas e permanentes, pactuadas entre os entes da Federação e a sociedade, tendo por objetivo promover o desenvolvimento humano, social e econômico com pleno exercício dos direitos culturais.

•• Caput acrescentado pela Emenda Constitucional n. 71, de 29-11-2012.

§ 1.º O Sistema Nacional de Cultura fundamenta-se na política nacional de cultura e nas suas diretrizes, estabelecidas no Plano Nacional de Cultura, e rege-se pelos seguintes princípios:

•• § 1.º, caput, acrescentado pela Emenda Constitucional n. 71, de 29-11-2012.

I – diversidade das expressões culturais;

•• Inciso I acrescentado pela Emenda Constitucional n. 71, de 29-11-2012.

II – universalização do acesso aos bens e serviços culturais;

•• Inciso II acrescentado pela Emenda Constitucional n. 71, de 29-11-2012.

III – fomento à produção, difusão e circulação de conhecimento e bens culturais;

•• Inciso III acrescentado pela Emenda Constitucional n. 71, de 29-11-2012.

IV – cooperação entre os entes federados, os agentes públicos e privados atuantes na área cultural;

•• Inciso IV acrescentado pela Emenda Constitucional n. 71, de 29-11-2012.

V – integração e interação na execução das políticas, programas, projetos e ações desenvolvidas;

•• Inciso V acrescentado pela Emenda Constitucional n. 71, de 29-11-2012.

VI – complementaridade nos papéis dos agentes culturais;

•• Inciso VI acrescentado pela Emenda Constitucional n. 71, de 29-11-2012.

VII – transversalidade das políticas culturais;

•• Inciso VII acrescentado pela Emenda Constitucional n. 71, de 29-11-2012.

VIII – autonomia dos entes federados e das instituições da sociedade civil;

•• Inciso VIII acrescentado pela Emenda Constitucional n. 71, de 29-11-2012.

IX – transparência e compartilhamento das informações;

•• Inciso IX acrescentado pela Emenda Constitucional n. 71, de 29-11-2012.

X – democratização dos processos decisórios com participação e controle social;

•• Inciso X acrescentado pela Emenda Constitucional n. 71, de 29-11-2012.

XI – descentralização articulada e pactuada da gestão, dos recursos e das ações;

•• Inciso XI acrescentado pela Emenda Constitucional n. 71, de 29-11-2012.

XII – ampliação progressiva dos recursos contidos nos orçamentos públicos para a cultura.

•• Inciso XII acrescentado pela Emenda Constitucional n. 71, de 29-11-2012.

§ 2.º Constitui a estrutura do Sistema Nacional de Cultura, nas respectivas esferas da Federação:

•• § 2.º, caput, acrescentado pela Emenda Constitucional n. 71, de 29-11-2012.

I – órgãos gestores da cultura;

•• Inciso I acrescentado pela Emenda Constitucional n. 71, de 29-11-2012.

II – conselhos de política cultural;

•• Inciso II acrescentado pela Emenda Constitucional n. 71, de 29-11-2012.

III – conferências de cultura;

•• Inciso III acrescentado pela Emenda Constitucional n. 71, de 29-11-2012.

IV – comissões intergestores;

•• Inciso IV acrescentado pela Emenda Constitucional n. 71, de 29-11-2012.

V – planos de cultura;

•• Inciso V acrescentado pela Emenda Constitucional n. 71, de 29-11-2012.

VI – sistemas de financiamento à cultura;

•• Inciso VI acrescentado pela Emenda Constitucional n. 71, de 29-11-2012.

VII – sistemas de informações e indicadores culturais;

•• Inciso VII acrescentado pela Emenda Constitucional n. 71, de 29-11-2012.

VIII – programas de formação na área da cultura; e

•• Inciso VIII acrescentado pela Emenda Constitucional n. 71, de 29-11-2012.

IX – sistemas setoriais de cultura.

•• Inciso IX acrescentado pela Emenda Constitucional n. 71, de 29-11-2012.

§ 3.º Lei federal disporá sobre a regulamentação do Sistema Nacional de Cultura, bem como de sua articulação com os demais sistemas nacionais ou políticas setoriais de governo.

•• § 3.º acrescentado pela Emenda Constitucional n. 71, de 29-11-2012.

§ 4.º Os Estados, o Distrito Federal e os Municípios organizarão seus respectivos sistemas de cultura em leis próprias.

•• § 4.º acrescentado pela Emenda Constitucional n. 71, de 29-11-2012.

SEÇÃO III
Do Desporto

• A Lei n. 9.615, de 24-3-1998, regulamentada pelo Decreto n. 7.984, de 8-4-2013, institui normas gerais sobre desporto.

Art. 217. É dever do Estado fomentar práticas desportivas formais e não formais, como direito de cada um, observados:

I – a autonomia das entidades desportivas dirigentes e associações, quanto a sua organização e funcionamento;

II – a destinação de recursos públicos para a promoção prioritária do desporto educacional e, em casos específicos, para a do desporto de alto rendimento;

III – o tratamento diferenciado para o desporto profissional e o não profissional;

IV – a proteção e o incentivo às manifestações desportivas de criação nacional.

§ 1.º O Poder Judiciário só admitirá ações relativas à disciplina e às competições desportivas após esgotarem-se as instâncias da justiça desportiva, reguladas em lei.

§ 2.º A justiça desportiva terá o prazo máximo de sessenta dias, contados da instauração do processo, para proferir decisão final.

§ 3.º O Poder Público incentivará o lazer, como forma de promoção social.

Capítulo IV
DA CIÊNCIA, TECNOLOGIA E INOVAÇÃO

•• Capítulo IV com denominação determinada pela Emenda Constitucional n. 85, de 26-2-2015.
• Conselho Nacional de Ciência e Tecnologia: Lei n. 9.257, de 9-1-1996.

Art. 218. O Estado promoverá e incentivará o desenvolvimento científico, a pesquisa, a capacitação científica e tecnológica e a inovação.

•• *Caput* com redação determinada pela Emenda Constitucional n. 85, de 26-2-2015.
 • A Lei n. 10.973, de 2-12-2004, estabelece medidas de incentivo à inovação e à pesquisa científica e tecnológica no ambiente produtivo, com vistas à capacitação e ao alcance da autonomia tecnológica e ao desenvolvimento industrial do país, nos termos deste artigo e do art. 219. Regulamento: Decreto n. 9.283, de 7-2-2018.
 •• A Lei Complementar n. 182, de 1.º-6-2021, institui o marco legal das *startups* e do empreendedorismo inovador.

§ 1.º A pesquisa científica básica e tecnológica receberá tratamento prioritário do Estado, tendo em vista o bem público e o progresso da ciência, tecnologia e inovação.

•• § 1.º com redação determinada pela Emenda Constitucional n. 85, de 26-2-2015.

§ 2.º A pesquisa tecnológica voltar-se-á preponderantemente para a solução dos problemas brasileiros e para o desenvolvimento do sistema produtivo nacional e regional.

§ 3.º O Estado apoiará a formação de recursos humanos nas áreas de ciência, pesquisa, tecnologia e inovação, inclusive por meio do apoio às atividades de extensão tecnológica, e concederá aos que delas se ocupem meios e condições especiais de trabalho.

•• § 3.º com redação determinada pela Emenda Constitucional n. 85, de 26-2-2015.

§ 4.º A lei apoiará e estimulará as empresas que invistam em pesquisa, criação de tecnologia adequada ao País, formação e aperfeiçoamento de seus recursos humanos e que pratiquem sistemas de remuneração que assegurem ao empregado, desvinculada do salário, participação nos ganhos econômicos resultantes da produtividade de seu trabalho.

§ 5.º É facultado aos Estados e ao Distrito Federal vincular parcela de sua receita orçamentária a entidades públicas de fomento ao ensino e à pesquisa científica e tecnológica.

§ 6.º O Estado, na execução das atividades previstas no *caput*, estimulará a articulação entre entes, tanto públicos quanto privados, nas diversas esferas de governo.

•• § 6.º acrescentado pela Emenda Constitucional n. 85, de 26-2-2015.

§ 7.º O Estado promoverá e incentivará a atuação no exterior das instituições públicas de ciência, tecnologia e inovação, com vistas à execução das atividades previstas no *caput*.

•• § 7.º acrescentado pela Emenda Constitucional n. 85, de 26-2-2015.

Art. 219. O mercado interno integra o patrimônio nacional e será incentivado de modo a viabilizar o desenvolvimento cultural e socioeconômico, o bem-estar da população e a autonomia tecnológica do País, nos termos de lei federal.

Parágrafo único. O Estado estimulará a formação e o fortalecimento da inovação nas empresas, bem como nos demais entes, públicos ou privados, a constituição e a manutenção de parques e polos tecnológicos e de demais ambientes promotores da inovação, a atuação dos inventores independentes e a criação, absorção, difusão e transferência de tecnologia.

•• Parágrafo único acrescentado pela Emenda Constitucional n. 85, de 26-2-2015.

Art. 219-A. A União, os Estados, o Distrito Federal e os Municípios poderão firmar instrumentos de cooperação com órgãos e entidades públicos e com entidades privadas, inclusive para o compartilhamento de recursos humanos especializados e capacidade instalada, para a execução de projetos de pesquisa, de desenvolvimento científico e tecnológico e de inovação, mediante contrapartida financeira ou não financeira assumida pelo ente beneficiário, na forma da lei.

•• Artigo acrescentado pela Emenda Constitucional n. 85, de 26-2-2015.

Art. 219-B. O Sistema Nacional de Ciência, Tecnologia e Inovação será organizado em regime de colaboração entre entes, tanto públicos quanto privados, com vistas a promover o desenvolvimento científico e tecnológico e a inovação.

•• *Caput* acrescentado pela Emenda Constitucional n. 85, de 26-2-2015.

§ 1.º Lei federal disporá sobre as normas gerais do Sistema Nacional de Ciência, Tecnologia e Inovação.

•• § 1.º acrescentado pela Emenda Constitucional n. 85, de 26-2-2015.

§ 2.º Os Estados, o Distrito Federal e os Municípios legislarão concorrentemente sobre suas peculiaridades.

•• § 2.º acrescentado pela Emenda Constitucional n. 85, de 26-2-2015.

Capítulo V
DA COMUNICAÇÃO SOCIAL

Art. 220. A manifestação do pensamento, a criação, a expressão e a informação, sob qualquer forma, processo ou veículo não sofrerão qualquer restrição, observado o disposto nesta Constituição.

• Código Brasileiro de Telecomunicações: Lei n. 4.117, de 27-8-1962.
• Organização dos Serviços de Telecomunicações: Lei n. 9.472, de 16-7-1997.

§ 1.º Nenhuma lei conterá dispositivo que possa constituir embaraço à plena liberdade de informação jornalística em qualquer veículo de comunicação social, observado o disposto no art. 5.º, IV, V, X, XIII e XIV.

§ 2.º É vedada toda e qualquer censura de natureza política, ideológica e artística.

§ 3.º Compete à lei federal:

I – regular as diversões e espetáculos públicos, cabendo ao Poder Público informar sobre a natureza deles, as faixas etárias a que não se recomendem, locais e horários em que sua apresentação se mostre inadequada;

•• A Portaria n. 502, de 23-11-2021, do Ministério da Justiça, regulamenta o processo de classificação indicativa.

II – estabelecer os meios legais que garantam à pessoa e à família a possibilidade de se defenderem de programas ou programações de rádio e televisão que contrariem o disposto no art. 221, bem como da propaganda de produtos, práticas e serviços que possam ser nocivos à saúde e ao meio ambiente.

§ 4.º A propaganda comercial de tabaco, bebidas alcoólicas, agrotóxicos, medicamentos e terapias estará sujeita a restrições legais, nos termos do inciso II do parágrafo anterior, e conterá, sempre que necessário, advertência sobre os malefícios decorrentes de seu uso.

• A Lei n. 9.294, de 15-7-1996, regulamentada pelo Decreto n. 2.018, de 1.º-10-1996, dispõe sobre as restrições ao uso e à propaganda de produtos fumígenos, bebidas alcoólicas, medicamentos, terapias e defensivos agrícolas aqui referidos.
• A Lei n. 11.705, de 19-6-2008 (Lei Seca), altera a Lei n. 9.503, de 23-9-1997 (CTB), com a finalidade de estabelecer alcoolemia zero e impor penalidades mais severas para condutor que dirigir sob a influência de álcool, e a Lei n. 9.294, de 15-7-1996, para obrigar os estabelecimentos comerciais em que se vendem ou oferecem bebidas alcoólicas a estampar no recinto, aviso de que constitui crime dirigir sob a influência de álcool.

§ 5.º Os meios de comunicação social não podem, direta ou indiretamente, ser objeto de monopólio ou oligopólio.

§ 6.º A publicação de veículo impresso de comunicação independe de licença de autoridade.

Art. 221. A produção e a programação das emissoras de rádio e televisão atenderão aos seguintes princípios:

I – preferência a finalidades educativas, artísticas, culturais e informativas;

II – promoção da cultura nacional e regional e estímulo à produção independente que objetive sua divulgação;

III – regionalização da produção cultural, artística e jornalística, conforme percentuais estabelecidos em lei;

IV – respeito aos valores éticos e sociais da pessoa e da família.

Art. 222. A propriedade de empresa jornalística e de radiodifusão sonora e de sons e imagens é privativa de brasileiros natos ou naturalizados há mais de 10 (dez) anos, ou de pessoas jurídicas constituídas sob as leis brasileiras e que tenham sede no País.

•• *Caput* com redação determinada pela Emenda Constitucional n. 36, de 28-5-2002.

§ 1.º Em qualquer caso, pelo menos 70% (setenta por cento) do capital total e do capital votante das empresas jornalísticas e de radiodifusão sonora e de sons e imagens deverá pertencer, direta ou indiretamente, a brasileiros natos ou naturalizados há mais de 10 (dez) anos, que exercerão obrigatoriamente a gestão das atividades e estabelecerão o conteúdo da programação.

•• § 1.º com redação determinada pela Emenda Constitucional n. 36, de 28-5-2002.

§ 2.º A responsabilidade editorial e as atividades de seleção e direção da programação veiculada são privativas de brasileiros natos ou naturalizados há mais de 10 (dez) anos, em qualquer meio de comunicação social.

•• § 2.º com redação determinada pela Emenda Constitucional n. 36, de 28-5-2002.

§ 3.º Os meios de comunicação social eletrônica, independentemente da tecnologia utilizada para a prestação do serviço, deverão observar os princípios enunciados no art. 221, na forma de lei específica, que também garantirá a prioridade de profissionais brasileiros na execução de produções nacionais.

•• § 3.º acrescentado pela Emenda Constitucional n. 36, de 28-5-2002.

§ 4.º Lei disciplinará a participação de capital estrangeiro nas empresas de que trata o § 1.º.

•• § 4.º acrescentado pela Emenda Constitucional n. 36, de 28-5-2002.
• A Lei n. 10.610, de 20-12-2002, disciplina a participação de capital estrangeiro nas empresas jornalísticas e de radiodifusão sonora e de sons e imagens de que trata este parágrafo.

§ 5.º As alterações de controle societário das empresas de que trata o § 1.º serão comunicadas ao Congresso Nacional.

•• § 5.º acrescentado pela Emenda Constitucional n. 36, de 28-5-2002.

Art. 223. Compete ao Poder Executivo outorgar e renovar concessão, permissão e autorização para o serviço de radiodifusão sonora e de sons e imagens, observado o princípio da complementaridade dos sistemas privado, público e estatal.

§ 1.º O Congresso Nacional apreciará o ato no prazo do art. 64, §§ 2.º e 4.º, a contar do recebimento da mensagem.

§ 2.º A não renovação da concessão ou permissão dependerá de aprovação de, no mínimo, dois quintos do Congresso Nacional, em votação nominal.

§ 3.º O ato de outorga ou renovação somente produzirá efeitos legais após deliberação do Congresso Nacional, na forma dos parágrafos anteriores.

§ 4.º O cancelamento da concessão ou permissão, antes de vencido o prazo, depende de decisão judicial.

§ 5.º O prazo da concessão ou permissão será de dez anos para as emissoras de rádio e de quinze para as de televisão.

Art. 224. Para os efeitos do disposto neste capítulo, o Congresso Nacional instituirá, como órgão auxiliar, o Conselho de Comunicação Social, na forma da lei.

•• A Lei n. 8.389, de 30-12-1991, institui o Conselho aqui referido.

Capítulo VI
DO MEIO AMBIENTE

• Lei de Crimes Ambientais: Lei n. 9.605, de 12-2-1998.

Art. 225. Todos têm direito ao meio ambiente ecologicamente equilibrado, bem de uso comum do povo e essencial à sadia qualidade de vida, impondo-se ao Poder Público e à coletividade o dever de defendê-lo e preservá-lo para as presentes e futuras gerações.

§ 1.º Para assegurar a efetividade desse direito, incumbe ao Poder Público:

•• Regulamento: Lei n. 9.985, de 18-7-2000.

I – preservar e restaurar os processos ecológicos essenciais e prover o manejo ecológico das espécies e ecossistemas;

II – preservar a diversidade e a integridade do patrimônio genético do País e fiscalizar as entidades dedicadas à pesquisa e manipulação de material genético;

•• Regulamento: Lei n. 9.985, de 18-7-2000, Lei n. 11.105, de 24-3-2005, e Lei n. 13.123, de 20-5-2015.
• O Decreto n. 5.705, de 16-2-2006, promulga o Protocolo de Cartagena sobre Biossegurança da Convenção sobre Diversidade Biológica.

III – definir, em todas as unidades da Federação, espaços territoriais e seus componentes a serem especialmente protegidos, sendo a alteração e a supressão permitidas somente através de lei, vedada qualquer utilização que comprometa a integridade dos atributos que justifiquem sua proteção;

IV – exigir, na forma da lei, para instalação de obra ou atividade potencialmente causadora de significativa degradação do meio ambiente, estudo prévio de impacto ambiental, a que se dará publicidade;

•• Regulamento: Lei n. 11.105, de 24-3-2005.

V – controlar a produção, a comercialização e o emprego de técnicas, métodos e substâncias que comportem risco para a vida, a qualidade de vida e o meio ambiente;

•• Regulamento: Lei n. 11.105, de 24-3-2005.

VI – promover a educação ambiental em todos os níveis de ensino e a conscientização pública para a preservação do meio ambiente;

• Lei de Educação Ambiental e instituição da Política Nacional de Educação Ambiental: Lei n. 9.795, de 27-4-1999, regulamentada pelo Decreto n. 4.281, de 25-6-2002.

VII – proteger a fauna e a flora, vedadas, na forma da lei, as práticas que coloquem em risco sua função ecológica, provoquem a extinção de espécies ou submetam os animais a crueldade;

•• Regulamento: Lei n. 11.794, de 8-10-2008.
• Código de Caça: Lei n. 5.197, de 3-1-1967.
• Código de Pesca: Decreto-lei n. 221, de 28-2-1967.
• Crimes Ambientais: Lei n. 9.605, de 12-2-1998.
• Código Florestal brasileiro: Lei n. 12.651, de 25-5-2012.

VIII – manter regime fiscal favorecido para os biocombustíveis destinados ao consumo final, na forma de lei complementar, a fim de assegurar-lhes tributação inferior à incidente sobre os combustíveis fósseis, capaz de garantir diferencial competitivo em relação a estes, especialmente em relação às contribuições de que tratam a alínea *b* do inciso I e o inciso IV do *caput* do art. 195 e o art. 239 e ao imposto a que se refere o inciso II do *caput* do art. 155 desta Constituição.

•• Inciso VIII acrescentado pela Emenda Constitucional n. 123, de 14-7-2022.
•• *Vide* art. 4.º da Emenda Constitucional n. 123, de 14-7-2022.

§ 2.º Aquele que explorar recursos minerais fica obrigado a recuperar o meio ambiente degradado, de acordo com solução técnica exigida pelo órgão público competente, na forma da lei.

• Código de Mineração: Decreto-lei n. 227, de 28-2-1967.

§ 3.º As condutas e atividades consideradas lesivas ao meio ambiente sujeitarão os infratores, pessoas físicas ou jurídicas, a sanções penais e administrativas, independentemente da obrigação de reparar os danos causados.

• Crimes Ambientais, responsabilidade das pessoas físicas e jurídicas: Lei n. 9.605, de 12-2-1998, art. 3.º e parágrafo único.

§ 4.º A Floresta Amazônica brasileira, a Mata Atlântica, a Serra do Mar, o Pantanal Mato-Grossense e a Zona Costeira são patrimônio nacional, e sua utilização far-se-á, na forma da lei, dentro de condições que assegurem a preservação do meio ambiente, inclusive quanto ao uso dos recursos naturais.

•• Regulamento: Lei n. 13.123, de 20-5-2015.

§ 5.º São indisponíveis as terras devolutas ou arrecadadas pelos Estados, por ações discriminatórias, necessárias à proteção dos ecossistemas naturais.

• Terras devolutas: Decreto-lei n. 9.760, de 5-9-1946.

§ 6.º As usinas que operem com reator nuclear deverão ter sua localização definida em lei federal, sem o que não poderão ser instaladas.

§ 7.º Para fins do disposto na parte final do inciso VII do § 1.º deste artigo, não se consideram cruéis as práticas desportivas que utilizem animais, desde que sejam manifestações culturais, conforme o § 1.º do art. 215 desta Constituição Federal, registradas como bem de natureza imaterial integrante do patrimônio cultural brasileiro, devendo ser regulamentadas por lei específica que assegure o bem-estar dos animais envolvidos.

•• § 7.º acrescentado pela Emenda Constitucional n. 96, de 6-6-2017.

CAPÍTULO VII
DA FAMÍLIA, DA CRIANÇA, DO ADOLESCENTE, DO JOVEM E DO IDOSO

•• Capítulo VII com denominação determinada pela Emenda Constitucional n. 65, de 13-7-2010.
• ECA: Lei n. 8.069, de 13-7-1990.
• Política Nacional do Idoso: Lei n. 8.842, de 4-1-1994. O Decreto n. 9.921, de 18-7-2019, consolida atos normativos que dispõem sobre a temática da pessoa idosa.
• Estatuto da Pessoa Idosa: Lei n. 10.741, de 1.º-10-2003.

Art. 226. A família, base da sociedade, tem especial proteção do Estado.

§ 1.º O casamento é civil e gratuita a celebração.

• Sobre o casamento: arts. 67 e s. da Lei n. 6.015, de 31-12-1973, e arts. 1.511 e s. do CC de 2002.

§ 2.º O casamento religioso tem efeito civil, nos termos da lei.

• Dos efeitos civis do casamento religioso: Lei n. 1.110, de 23-5-1950, e arts. 71 a 75 da Lei n. 6.015, de 31-12-1973.

§ 3.º Para efeito da proteção do Estado, é reconhecida a união estável entre o homem e a mulher como entidade familiar, devendo a lei facilitar sua conversão em casamento.

•• § 3.º regulamentado pela Lei n. 9.278, de 10-5-1996.
•• O STF, em 5-5-2011, declarou procedente a ADI n. 4.277 (DOU de 1.º-12-2014), e a ADPF n. 132 (DOU de 3-11-2014), com eficácia erga omnes e efeito vinculante, conferindo interpretação conforme a CF ao art. 1.723 do CC, a fim de declarar a aplicabilidade do regime da união estável às uniões entre pessoas do mesmo sexo.
•• A Resolução n. 175, de 14-5-2013, do CNJ, dispõe sobre a habilitação, celebração de casamento civil, ou de conversão de união estável em casamento, entre pessoas de mesmo sexo.

§ 4.º Entende-se, também, como entidade familiar a comunidade formada por qualquer dos pais e seus descendentes.

§ 5.º Os direitos e deveres referentes à sociedade conjugal são exercidos igualmente pelo homem e pela mulher.

• Direitos e deveres dos cônjuges: arts. 1.565 e s. do CC.

§ 6.º O casamento civil pode ser dissolvido pelo divórcio.

•• § 6.º com redação determinada pela Emenda Constitucional n. 66, de 13-7-2010.

§ 7.º Fundado nos princípios da dignidade da pessoa humana e da paternidade responsável, o planejamento familiar é livre decisão do casal, competindo ao Estado propiciar recursos educacionais e científicos para o exercício desse direito, vedada qualquer forma coercitiva por parte de instituições oficiais ou privadas.

• Planejamento familiar: Lei n. 9.263, de 12-1-1996.

§ 8.º O Estado assegurará a assistência à família na pessoa de cada um dos que a integram, criando mecanismos para coibir a violência no âmbito de suas relações.

• Violência doméstica e familiar contra a mulher: Lei n. 11.340, de 7-8-2006.

Art. 227. É dever da família, da sociedade e do Estado assegurar à criança, ao adolescente e ao jovem, com absoluta prioridade, o direito à vida, à saúde, à alimentação, à educação, ao lazer, à profissionalização, à cultura, à dignidade, ao respeito, à liberdade e à convivência familiar e comunitária, além de colocá-los a salvo de toda forma de negligência, discriminação, exploração, violência, crueldade e opressão.

•• Caput com redação determinada pela Emenda Constitucional n. 65, de 13-7-2010.
• A Lei n. 13.257, de 8-3-2016, dispõe sobre as políticas públicas para a primeira infância.
• A Resolução n. 215, de 22-11-2018, do CONANDA, dispõe sobre parâmetros e ações para proteção dos direitos de crianças e adolescentes no contexto de obras e empreendimentos.

§ 1.º O Estado promoverá programas de assistência integral à saúde da criança, do adolescente e do jovem, admitida a participação de entidades não governamentais, mediante políticas específicas e obedecendo aos seguintes preceitos:

•• § 1.º, caput, com redação determinada pela Emenda Constitucional n. 65, de 13-7-2010.
• A Lei n. 8.642, de 31-3-1993, regulamentada pelo Decreto n. 1.056, de 11-2-1994, dispõe sobre a instituição do PRONAICA.

I – aplicação de percentual dos recursos públicos destinados à saúde na assistência materno-infantil;

II – criação de programas de prevenção e atendimento especializado para as pessoas portadoras de deficiência física, sensorial ou mental, bem como de integração social do adolescente e do jovem portador de deficiência, mediante o treinamento para o trabalho e a convivência, e a facilitação do acesso aos bens e serviços coletivos, com a eliminação de obstáculos arquitetônicos e de todas as formas de discriminação.

•• Inciso II com redação determinada pela Emenda Constitucional n. 65, de 13-7-2010.
•• A Lei n. 13.146, de 6-7-2015, instituí o Estatuto da Pessoa com Deficiência.
• Direito à vida e à saúde no ECA: Lei n. 8.069, de 13-7-1990, arts. 7.º a 14.
• A Lei n. 7.853, de 24-10-1989, regulamentada pelo Decreto n. 3.298, de 20-12-1999, consolida as normas de proteção à pessoa portadora de deficiência.

§ 2.º A lei disporá sobre normas de construção dos logradouros e dos edifícios de uso público e de fabricação de veículos de transporte coletivo, a fim de garantir acesso adequado às pessoas portadoras de deficiência.

§ 3.º O direito a proteção especial abrangerá os seguintes aspectos:

I – idade mínima de quatorze anos para admissão ao trabalho, observado o disposto no art. 7.º, XXXIII;

•• O art. 7.º, XXXIII, foi alterado pela Emenda Constitucional n. 20, de 15-12-1998, e agora fixa em dezesseis anos a idade mínima para admissão ao trabalho.

II – garantia de direitos previdenciários e trabalhistas;

III – garantia de acesso do trabalhador adolescente e jovem à escola;

•• Inciso III com redação determinada pela Emenda Constitucional n. 65, de 13-7-2010.

IV – garantia de pleno e formal conhecimento da atribuição de ato infracional, igualdade na relação processual e defesa técnica por profissional habilitado, segundo dispuser a legislação tutelar específica;

V – obediência aos princípios de brevidade, excepcionalidade e respeito à condição peculiar de pessoa em desenvolvimento, quando da aplicação de qualquer medida privativa da liberdade;

VI – estímulo do Poder Público, através de assistência jurídica, incentivos fiscais e subsídios, nos termos da lei, ao acolhimento, sob a forma de guarda, de criança ou adolescente órfão ou abandonado;

• ECA (Lei n. 8.069, de 13-7-1990): arts. 33 a 35 tratam da guarda.

VII – programas de prevenção e atendimento especializado à criança, ao adolescente e ao jovem dependente de entorpecentes e drogas afins.

•• Inciso VII com redação determinada pela Emenda Constitucional n. 65, de 13-7-2010.

§ 4.º A lei punirá severamente o abuso, a violência e a exploração sexual da criança e do adolescente.

• Crimes praticados contra as crianças: arts. 225 e s. da Lei n. 8.069, de 13-7-1990.
• Crimes sexuais contra vulnerável: arts. 217-A a 218-B do CP.
• O Decreto n. 7.958, de 13-3-2013, estabelece diretrizes para o atendimento às vítimas de violência sexual pelos profissionais de segurança pública e da rede de atendimento do Sistema Único de Saúde.

§ 5.º A adoção será assistida pelo Poder Público, na forma da lei, que estabelecerá casos e condições de sua efetivação por parte de estrangeiros.

•• Lei Nacional da Adoção: Lei n. 12.010, de 3-8-2009.
• Adoção: Lei n. 8.069, de 13-7-1990, arts. 39 a 52, e CC de 2002, arts. 1.618 e 1.619.
• Convenção relativa à proteção das crianças e à cooperação em matéria de adoção internacional, concluída em Haia, em 29-5-1993: Decreto n. 3.087, de 21-6-1999.

§ 6.º Os filhos, havidos ou não da relação do casamento, ou por adoção, terão os mesmos direitos e qualificações, proibidas quaisquer designações discriminatórias relativas à filiação.

• Vide art. 41 e §§ 1.º e 2.º, da Lei n. 8.069, de 13-7-1990.
• Lei n. 8.560, de 29-12-1992: investigação de paternidade dos filhos havidos fora do casamento.
• Lei n. 10.317, de 6-12-2001: gratuidade do exame de DNA nos casos que especifica.
• A Lei n. 11.804, de 5-11-2008, disciplina o direito a alimentos gravídicos e a forma como ele será exercido.

§ 7.º No atendimento dos direitos da criança e do adolescente levar-se-á em consideração o disposto no art. 204.

§ 8.º A lei estabelecerá:

•• § 8.º, *caput*, acrescentado pela Emenda Constitucional n. 65, de 13-7-2010.

I – o estatuto da juventude, destinado a regular os direitos dos jovens;

•• Inciso I acrescentado pela Emenda Constitucional n. 65, de 13-7-2010.
•• *Vide* Lei n. 12.852, de 5-8-2013 (Estatuto da Juventude).

II – o plano nacional de juventude, de duração decenal, visando à articulação das várias esferas do poder público para a execução de políticas públicas.

•• Inciso II acrescentado pela Emenda Constitucional n. 65, de 13-7-2010.

Art. 228. São penalmente inimputáveis os menores de dezoito anos, sujeitos às normas da legislação especial.

• Disposição idêntica no art. 27 do CP e no art. 104 do ECA.
• Os arts. 101 e 112 da Lei n. 8.069, de 13-7-1990, dispõem sobre as medidas de proteção e medidas socioeducativas aplicáveis à criança e ao adolescente infratores, respectivamente.

Art. 229. Os pais têm o dever de assistir, criar e educar os filhos menores, e os filhos maiores têm o dever de ajudar e amparar os pais na velhice, carência ou enfermidade.

• Dever de sustento, guarda e educação dos filhos menores: art. 22 da Lei n. 8.069, de 13-7-1990.

Art. 230. A família, a sociedade e o Estado têm o dever de amparar as pessoas idosas, assegurando sua participação na comunidade, defendendo sua dignidade e bem-estar e garantindo-lhes o direito à vida.

• Política Nacional do Idoso: Lei n. 8.842, de 4-1-1994. O Decreto n. 9.921, de 18-7-2019, consolida atos normativos que dispõem sobre a temática da pessoa idosa.

§ 1.º Os programas de amparo aos idosos serão executados preferencialmente em seus lares.

§ 2.º Aos maiores de sessenta e cinco anos é garantida a gratuidade dos transportes coletivos urbanos.

Capítulo VIII
DOS ÍNDIOS

Art. 231. São reconhecidos aos índios sua organização social, costumes, línguas, crenças e tradições, e os direitos originários sobre as terras que tradicionalmente ocupam, competindo à União demarcá-las, proteger e fazer respeitar todos os seus bens.

• Estatuto do Índio: Lei n. 6.001, de 19-12-1973.
• O Decreto n. 6.861, de 27-5-2009, dispõe sobre a Educação Escolar Indígena.

§ 1.º São terras tradicionalmente ocupadas pelos índios as por eles habitadas em caráter permanente, as utilizadas para suas atividades produtivas, as imprescindíveis à preservação dos recursos ambientais necessários a seu bem-estar e as necessárias a sua reprodução física e cultural, segundo seus usos, costumes e tradições.

§ 2.º As terras tradicionalmente ocupadas pelos índios destinam-se a sua posse permanente, cabendo-lhes o usufruto exclusivo das riquezas do solo, dos rios e dos lagos nelas existentes.

§ 3.º O aproveitamento dos recursos hídricos, incluídos os potenciais energéticos, a pesquisa e a lavra das riquezas minerais em terras indígenas só podem ser efetivados com autorização do Congresso Nacional, ouvidas as comunidades afetadas, ficando-lhes assegurada participação nos resultados da lavra, na forma da lei.

§ 4.º As terras de que trata este artigo são inalienáveis e indisponíveis, e os direitos sobre elas, imprescritíveis.

§ 5.º É vedada a remoção dos grupos indígenas de suas terras, salvo, *ad referendum* do Congresso Nacional, em caso de catástrofe ou epidemia que ponha em risco sua população, ou no interesse da soberania do País, após deliberação do Congresso Nacional, garantido, em qualquer hipótese, o retorno imediato logo que cesse o risco.

§ 6.º São nulos e extintos, não produzindo efeitos jurídicos, os atos que tenham por objeto a ocupação, o domínio e a posse das terras a que se refere este artigo, ou a exploração das riquezas naturais do solo, dos rios e dos lagos nelas existentes, ressalvado relevante interesse público da União, segundo o que dispuser lei complementar, não gerando a nulidade e a extinção direito a indenização ou ações contra a União, salvo, na forma da lei, quanto às benfeitorias derivadas da ocupação de boa-fé.

§ 7.º Não se aplica às terras indígenas o disposto no art. 174, §§ 3.º e 4.º.

Art. 232. Os índios, suas comunidades e organizações são partes legítimas para ingressar em juízo em defesa de seus direitos e interesses, intervindo o Ministério Público em todos os atos do processo.

Título IX
DAS DISPOSIÇÕES CONSTITUCIONAIS GERAIS

Art. 233. (*Revogado pela Emenda Constitucional n. 28, de 25-5-2000.*)

Art. 234. É vedado à União, direta ou indiretamente, assumir, em decorrência da criação de Estado, encargos referentes a despesas com pessoal inativo e com encargos e amortizações da dívida interna ou externa da administração pública, inclusive da indireta.

• *Vide* art. 13, § 6.º, do ADCT.

Art. 235. Nos dez primeiros anos da criação de Estado, serão observadas as seguintes normas básicas:

I – a Assembleia Legislativa será composta de dezessete Deputados se a população do Estado for inferior a seiscentos mil habitantes, e de vinte e quatro, se igual ou superior a esse número, até um milhão e quinhentos mil;

II – o Governo terá no máximo dez Secretarias;

III – o Tribunal de Contas terá três membros, nomeados, pelo Governador eleito, dentre brasileiros de comprovada idoneidade e notório saber;

IV – o Tribunal de Justiça terá sete Desembargadores;

V – os primeiros Desembargadores serão nomeados pelo Governador eleito, escolhidos da seguinte forma:

a) cinco dentre os magistrados com mais de trinta e cinco anos de idade, em exercício na área do novo Estado ou do Estado originário;

b) dois dentre promotores, nas mesmas condições, e advogados de comprovada idoneidade e saber jurídico, com dez anos, no mínimo, de exercício profissional, obedecido o procedimento fixado na Constituição;

VI – no caso de Estado proveniente de Território Federal, os cinco primeiros Desembargadores poderão ser escolhidos dentre juízes de direito de qualquer parte do País;

VII – em cada Comarca, o primeiro Juiz de Direito, o primeiro Promotor de Justiça e o primeiro Defensor Público serão nomeados pelo Governador eleito após concurso público de provas e títulos;

VIII – até a promulgação da Constituição Estadual, responderão pela Procuradoria-Geral, pela Advocacia-Geral e pela Defensoria-Geral do Estado advogados de notório saber, com trinta e cinco anos de idade, no mínimo, nomeados pelo Governador eleito e demissíveis *ad nutum*;

IX – se o novo Estado for resultado de transformação de Território Federal, a transferência de encargos financeiros da União para pagamento dos servidores optantes que pertenciam à Administração Federal ocorrerá da seguinte forma:

a) no sexto ano de instalação, o Estado assumirá vinte por cento dos encargos financeiros para fazer face ao pagamento dos servidores públicos, ficando ainda o restante sob a responsabilidade da União;

b) no sétimo ano, os encargos do Estado serão acrescidos de trinta por cento e, no oitavo, dos restantes cinquenta por cento;

X – as nomeações que se seguirem às primeiras, para os cargos mencionados neste artigo, serão disciplinadas na Constituição Estadual;

XI – as despesas orçamentárias com pessoal não poderão ultrapassar cinquenta por cento da receita do Estado.

Art. 236. Os serviços notariais e de registro são exercidos em caráter privado, por delegação do Poder Público.

•• Regulamento: Lei n. 8.935, de 18-11-1994.

•• A Lei n. 11.802, de 4-11-2008, dispõe sobre a obrigatoriedade da afixação dos quadros contendo os valores atualizados das custas e emolumentos.
• Vide art. 32 do ADCT.

§ 1.º Lei regulará as atividades, disciplinará a responsabilidade civil e criminal dos notários, dos oficiais de registro e de seus prepostos, e definirá a fiscalização de seus atos pelo Poder Judiciário.

§ 2.º Lei federal estabelecerá normas gerais para fixação de emolumentos relativos aos atos praticados pelos serviços notariais e de registro.
•• Regulamento: Lei n. 10.169, de 29-12-2000.

§ 3.º O ingresso na atividade notarial e de registro depende de concurso público de provas e títulos, não se permitindo que qualquer serventia fique vaga, sem abertura de concurso de provimento ou de remoção, por mais de seis meses.

Art. 237. A fiscalização e o controle sobre o comércio exterior, essenciais à defesa dos interesses fazendários nacionais, serão exercidos pelo Ministério da Fazenda.

Art. 238. A lei ordenará a venda e revenda de combustíveis de petróleo, álcool carburante e outros combustíveis derivados de matérias-primas renováveis, respeitados os princípios desta Constituição.
• A Lei n. 9.478, de 6-8-1997, dispõe sobre a Política Energética Nacional, as atividades relativas ao monopólio do petróleo, institui o Conselho Nacional de Política Energética e a Agência Nacional do Petróleo.
• A Lei n. 9.847, de 26-10-1999, disciplina a fiscalização das atividades relativas ao abastecimento nacional de combustíveis, de que trata a Lei n. 9.478, de 6-8-1997, e estabelece sanções administrativas.

Art. 239. A arrecadação decorrente das contribuições para o Programa de Integração Social, criado pela Lei Complementar n. 7, de 7 de setembro de 1970, e para o Programa de Formação do Patrimônio do Servidor Público, criado pela Lei Complementar n. 8, de 3 de dezembro de 1970, passa, a partir da promulgação desta Constituição, a financiar, nos termos que a lei dispuser, o programa do seguro-desemprego, outras ações da previdência social e o abono de que trata o § 3.º deste artigo.
•• Caput com redação determinada pela Emenda Constitucional n. 103, de 12-11-2019.
•• A Lei n. 7.998, de 11-1-1990, regulamenta o programa do seguro-desemprego, o abono salarial e institui o Fundo de Amparo ao Trabalhador – FAT.
• A Lei n. 9.715, de 25-11-1998, dispõe sobre as contribuições para os Programas de Integração Social e de Formação do Patrimônio do Servidor Público – PIS/PASEP.
• Vide art. 72, §§ 2.º e 3.º, do ADCT.

§ 1.º Dos recursos mencionados no *caput*, no mínimo 28% (vinte e oito por cento) serão destinados para o financiamento de programas de desenvolvimento econômico, por meio do Banco Nacional de Desenvolvimento Econômico e Social, com critérios de remuneração que preservem o seu valor.
•• § 1.º com redação determinada pela Emenda Constitucional n. 103, de 12-11-2019.

§ 2.º Os patrimônios acumulados do Programa de Integração Social e do Programa de Formação do Patrimônio do Servidor Público são preservados, mantendo-se os critérios de saque nas situações previstas nas leis específicas, com exceção da retirada por motivo de casamento, ficando vedada a distribuição da arrecadação de que trata o *caput* deste artigo, para depósito nas contas individuais dos participantes.

§ 3.º Aos empregados que percebam de empregadores que contribuem para o Programa de Integração Social ou para o Programa de Formação do Patrimônio do Servidor Público até dois salários mínimos de remuneração mensal, é assegurado o pagamento de um salário mínimo anual, computado neste valor o rendimento das contas individuais, no caso daqueles que já participavam dos referidos programas, até a data da promulgação desta Constituição.

§ 4.º O financiamento do seguro-desemprego receberá uma contribuição adicional da empresa cujo índice de rotatividade da força de trabalho superar o índice médio da rotatividade do setor, na forma estabelecida por lei.

§ 5.º Os programas de desenvolvimento econômico financiados na forma do § 1.º e seus resultados serão anualmente avaliados e divulgados em meio de comunicação social eletrônico e apresentados em reunião da comissão mista permanente de que trata o § 1.º do art. 166.
•• § 5.º acrescentado pela Emenda Constitucional n. 103, de 12-11-2019.

Art. 240. Ficam ressalvadas do disposto no art. 195 as atuais contribuições compulsórias dos empregadores sobre a folha de salários, destinadas às entidades privadas de serviço social e de formação profissional vinculadas ao sistema sindical.
• Vide Súmula 499 do STJ.

Art. 241. A União, os Estados, o Distrito Federal e os Municípios disciplinarão por meio de lei os consórcios públicos e os convênios de cooperação entre os entes federados, autorizando a gestão associada de serviços públicos, bem como a transferência total ou parcial de encargos, serviços, pessoal e bens essenciais à continuidade dos serviços transferidos.
•• Artigo com redação determinada pela Emenda Constitucional n. 19, de 4-6-1998.
•• Artigo regulamentado pela Lei n. 11.107, de 6-4-2005.

Art. 242. O princípio do art. 206, IV, não se aplica às instituições educacionais oficiais criadas por lei estadual ou municipal e existentes na data da promulgação desta Constituição, que não sejam total ou preponderantemente mantidas com recursos públicos.

§ 1.º O ensino da História do Brasil levará em conta as contribuições das diferentes culturas e etnias para a formação do povo brasileiro.

§ 2.º O Colégio Pedro II, localizado na cidade do Rio de Janeiro, será mantido na órbita federal.

Art. 243. As propriedades rurais e urbanas de qualquer região do País onde forem localizadas culturas ilegais de plantas psicotrópicas ou a exploração de trabalho escravo na forma da lei serão expropriadas e destinadas à reforma agrária e a programas de habitação popular, sem qualquer indenização ao proprietário e sem prejuízo de outras sanções previstas em lei, observado, no que couber, o disposto no art. 5.º.
•• Caput com redação determinada pela Emenda Constitucional n. 81, de 5-6-2014.
• A Lei n. 8.257, de 26-11-1991, dispõe sobre a expropriação das glebas nas quais se localizem culturas ilegais de plantas psicotrópicas.

Parágrafo único. Todo e qualquer bem de valor econômico apreendido em decorrência do tráfico ilícito de entorpecentes e drogas afins e da exploração de trabalho escravo será confiscado e reverterá a fundo especial com destinação específica, na forma da lei.
•• Parágrafo único com redação determinada pela Emenda Constitucional n. 81, de 5-6-2014.

Art. 244. A lei disporá sobre a adaptação dos logradouros, dos edifícios de uso público e dos veículos de transporte coletivo atualmente existentes a fim de garantir acesso adequado às pessoas portadoras de deficiência, conforme o disposto no art. 227, § 2.º.

Art. 245. A lei disporá sobre hipóteses e condições em que o Poder Público dará assistência aos herdeiros e dependentes carentes de pessoas vitimadas por crime doloso, sem prejuízo da responsabilidade civil do autor do ilícito.

Art. 246. É vedada a adoção de medida provisória na regulamentação de artigo da Constituição cuja redação tenha sido alterada por meio de emenda promulgada entre 1.º de janeiro de 1995 até a promulgação desta emenda, inclusive.
•• Artigo com redação determinada pela Emenda Constitucional n. 32, de 11-9-2001.

Art. 247. As leis previstas no inciso III do § 1.º do art. 41 e no § 7.º do art. 169 estabelecerão critérios e garantias especiais para a perda do cargo pelo servidor público estável que, em decorrência das atribuições de seu cargo efetivo, desenvolva atividades exclusivas de Estado.
•• Caput acrescentado pela Emenda Constitucional n. 19, de 4-6-1998.

Parágrafo único. Na hipótese de insuficiência de desempenho, a perda do cargo somente ocorrerá mediante processo administrativo em que lhe sejam assegurados o contraditório e a ampla defesa.
•• Parágrafo único acrescentado pela Emenda Constitucional n. 19, de 4-6-1998.

Art. 248. Os benefícios pagos, a qualquer título, pelo órgão responsável pelo regime geral de previdência social, ainda que à conta do Tesouro Nacional, e os não sujeitos ao limite máximo de valor fixado para os benefícios concedidos por esse regime observarão os limites fixados no art. 37, XI.

•• Artigo acrescentado pela Emenda Constitucional n. 20, de 15-12-1998.

Art. 249. Com o objetivo de assegurar recursos para o pagamento de proventos de aposentadoria e pensões concedidas aos respectivos servidores e seus dependentes, em adição aos recursos dos respectivos tesouros, a União, os Estados, o Distrito Federal e os Municípios poderão constituir fundos integrados pelos recursos provenientes de contribuições e por bens, direitos e ativos de qualquer natureza, mediante lei que disporá sobre a natureza e administração desses fundos.

•• Artigo acrescentado pela Emenda Constitucional n. 20, de 15-12-1998.

Art. 250. Com o objetivo de assegurar recursos para o pagamento dos benefícios concedidos pelo regime geral de previdência social, em adição aos recursos de sua arrecadação, a União poderá constituir fundo integrado por bens, direitos e ativos de qualquer natureza, mediante lei que disporá sobre a natureza e administração desse fundo.

•• Artigo acrescentado pela Emenda Constitucional n. 20, de 15-12-1998.

Ato das Disposições Constitucionais Transitórias

Art. 8.º É concedida anistia aos que, no período de 18 de setembro de 1946 até a data da promulgação da Constituição, foram atingidos, em decorrência de motivação exclusivamente política, por atos de exceção, institucionais ou complementares, aos que foram abrangidos pelo Decreto Legislativo n. 18, de 15 de dezembro de 1961, e aos atingidos pelo Decreto-lei n. 864, de 12 de setembro de 1969, asseguradas as promoções, na inatividade, ao cargo, emprego, posto ou graduação a que teriam direito se estivessem em serviço ativo, obedecidos os prazos de permanência em atividade previstos nas leis e regulamentos vigentes, respeitadas as características e peculiaridades das carreiras dos servidores públicos civis e militares e observados os respectivos regimes jurídicos.
- • Regulamento: Lei n. 10.559, de 13-11-2002.
- • O Enunciado n. 5 da Comissão de Anistia dispõe: "A anistia prevista no art. 8.º do ADCT, regulamentado pela Lei n. 10.559/2002, não alcança os militares expulsos ou licenciados com base em legislação disciplinar ordinária ou Penal Militar".

§ 1.º O disposto neste artigo somente gerará efeitos financeiros a partir da promulgação da Constituição, vedada a remuneração de qualquer espécie em caráter retroativo.

§ 2.º Ficam assegurados os benefícios estabelecidos neste artigo aos trabalhadores do setor privado, dirigentes e representantes sindicais que, por motivos exclusivamente políticos, tenham sido punidos, demitidos ou compelidos ao afastamento das atividades remuneradas que exerciam, bem como aos que foram impedidos de exercer atividades profissionais em virtude de pressões ostensivas ou expedientes oficiais sigilosos.

§ 3.º Aos cidadãos que foram impedidos de exercer, na vida civil, atividade profissional específica, em decorrência das Portarias Reservadas do Ministério da Aeronáutica n. S-50-GM5, de 19 de junho de 1964, e n. S-285-GM5 será concedida reparação de natureza econômica, na forma que dispuser lei de iniciativa do Congresso Nacional e a entrar em vigor no prazo de doze meses a contar da promulgação da Constituição.

§ 4.º Aos que, por força de atos institucionais, tenham exercido gratuitamente mandato eletivo de vereador serão computados, para efeito de aposentadoria no serviço público e previdência social, os respectivos períodos.

§ 5.º A anistia concedida nos termos deste artigo aplica-se aos servidores públicos civis e aos empregados em todos os níveis de governo ou em suas fundações, empresas públicas ou empresas mistas sob controle estatal, exceto nos Ministérios militares, que tenham sido punidos ou demitidos por atividades profissionais interrompidas em virtude de decisão de seus trabalhadores, bem como em decorrência do Decreto-lei n. 1.632, de 4 de agosto de 1978, ou por motivos exclusivamente políticos, assegurada a readmissão dos que foram atingidos a partir de 1979, observado o disposto no § 1.º.
- • A Lei n. 7.783, de 28-6-1989, revoga o Decreto-lei n. 1.632, de 4-8-1978.

Art. 10. Até que seja promulgada a lei complementar a que se refere o art. 7.º, I, da Constituição:

I – fica limitada a proteção nele referida ao aumento, para quatro vezes, da porcentagem prevista no art. 6.º, *caput* e § 1.º, da Lei n. 5.107, de 13 de setembro de 1966;
- • Citada Lei foi revogada pela Lei n. 7.839, de 12-10-1989, e pela atual Lei de FGTS: Lei n. 8.036, de 11-5-1990.

II – fica vedada a dispensa arbitrária ou sem justa causa:

a) do empregado eleito para cargo de direção de comissões internas de prevenção de acidentes, desde o registro de sua candidatura até um ano após o final de seu mandato;
- • Vide Súmula 676 do STF.
- • Vide Súmula 339 do TST.
- • Vide OJ 6 da SDI-2.

b) da empregada gestante, desde a confirmação da gravidez até cinco meses após o parto.
- • Vide art. 391-A da CLT.
- • • A Lei Complementar n. 146, de 25-6-2014, assegura o direito prescrito nesta alínea, nos casos em que ocorrer o falecimento da genitora, a quem detiver a guarda do seu filho.

§ 1.º Até que a lei venha a disciplinar o disposto no art. 7.º, XIX, da Constituição, o prazo da licença-paternidade a que se refere o inciso é de cinco dias.
- • Vide Lei n. 11.770, de 9-9-2008 (Programa Empresa Cidadã), alterada pela Lei n. 13.257, de 8-3-2016, que prorroga por 15 (quinze) dias a duração da licença prevista neste § 1.º, mediante concessão de incentivo fiscal.

§ 2.º Até ulterior disposição legal, a cobrança das contribuições para o custeio das atividades dos sindicatos rurais será feita juntamente com a do imposto territorial rural, pelo mesmo órgão arrecadador.

§ 3.º Na primeira comprovação do cumprimento das obrigações trabalhistas pelo empregador rural, na forma do art. 233, após a promulgação da Constituição, será certificada perante a Justiça do Trabalho a regularidade do contrato e das atualizações das obrigações trabalhistas de todo o período.
- • • O art. 233 foi revogado pela Emenda Constitucional n. 28, de 25-5-2000.

Art. 17. Os vencimentos, a remuneração, as vantagens e os adicionais, bem como os proventos de aposentadoria que estejam sendo percebidos em desacordo com a Constituição serão imediatamente reduzidos aos limites dela decorrentes, não se admitindo, neste caso, invocação de direito adquirido ou percepção de excesso a qualquer título.

§ 1.º É assegurado o exercício cumulativo de dois cargos ou empregos privativos de médico que estejam sendo exercidos por médico militar na administração pública direta ou indireta.

§ 2.º É assegurado o exercício cumulativo de dois cargos ou empregos privativos de profissionais de saúde que estejam sendo exercidos na administração pública direta ou indireta.
- • Vide art. 9.º da Emenda Constitucional n. 41, de 19-12-2003.

Art. 19. Os servidores públicos civis da União, dos Estados, do Distrito Federal e dos Municípios, da administração direta, autárquica e das fundações públicas, em exercício na data da promulgação da Constituição, há pelo menos cinco anos continuados, e que não tenham sido admitidos na forma regulada no art. 37, da Constituição, são considerados estáveis no serviço público.
- • Vide OJ 364 da SDI-1.

§ 1.º O tempo de serviço dos servidores referidos neste artigo será contado como título quando se submeterem a concurso para fins de efetivação, na forma da lei.

§ 2.º O disposto neste artigo não se aplica aos ocupantes de cargos, funções e empregos de confiança ou em comissão, nem aos que a lei

declare de livre exoneração, cujo tempo de serviço não será computado para os fins do *caput* deste artigo, exceto se se tratar de servidor.

§ 3.º O disposto neste artigo não se aplica aos professores de nível superior, nos termos da lei.

Art. 21. Os juízes togados de investidura limitada no tempo, admitidos mediante concurso público de provas e títulos e que estejam em exercício na data da promulgação da Constituição, adquirem estabilidade, observado o estágio probatório, e passam a compor quadro em extinção, mantidas as competências, prerrogativas e restrições da legislação a que se achavam submetidos, salvo as inerentes à transitoriedade da investidura.

Parágrafo único. A aposentadoria dos juízes de que trata este artigo regular-se-á pelas normas fixadas para os demais juízes estaduais.

Art. 22. É assegurado aos defensores públicos investidos na função até a data de instalação da Assembleia Nacional Constituinte o direito de opção pela carreira, com a observância das garantias e vedações previstas no art. 134, parágrafo único, da Constituição.

•• *Vide* atualmente art. 134, § 1.º, da CF.

Art. 32. O disposto no art. 236 não se aplica aos serviços notariais e de registro que já tenham sido oficializados pelo Poder Público, respeitando-se o direito de seus servidores.

Art. 58. Os benefícios de prestação continuada, mantidos pela previdência social na data da promulgação da Constituição, terão seus valores revistos, a fim de que seja restabelecido o poder aquisitivo, expresso em número de salários mínimos, que tinham na data de sua concessão, obedecendo-se a esse critério de atualização até a implantação do plano de custeio e benefícios referidos no artigo seguinte.

Parágrafo único. As prestações mensais dos benefícios atualizadas de acordo com este artigo serão devidas e pagas a partir do sétimo mês a contar da promulgação da Constituição.

Art. 76. São desvinculados de órgão, fundo ou despesa, até 31 de dezembro de 2024, 30% (trinta por cento) da arrecadação da União relativa às contribuições sociais, sem prejuízo do pagamento das despesas do Regime Geral de Previdência Social, às contribuições de intervenção no domínio econômico e às taxas, já instituídas ou que vierem a ser criadas até a referida data.

•• *Caput* com redação determinada pela Emenda Constitucional n. 126, de 21-12-2022.

§ 1.º (*Revogado pela Emenda Constitucional n. 93, de 8-9-2016.*)

§ 2.º Excetua-se da desvinculação de que trata o *caput* a arrecadação da contribuição social do salário-educação a que se refere o § 5.º do art. 212 da Constituição Federal.

•• § 2.º com redação determinada pela Emenda Constitucional n. 68, de 21-12-2011.

§ 3.º (*Revogado pela Emenda Constitucional n. 93, de 8-9-2016.*)

§ 4.º A desvinculação de que trata o *caput* não se aplica às receitas das contribuições sociais destinadas ao custeio da seguridade social.

•• § 4.º acrescentado pela Emenda Constitucional n. 103, de 12-11-2019.

Art. 76-A. São desvinculados de órgão, fundo ou despesa, até 31 de dezembro de 2023, 30% (trinta por cento) das receitas dos Estados e do Distrito Federal relativas a impostos, taxas e multas, já instituídos ou que vierem a ser criados até a referida data, seus adicionais e respectivos acréscimos legais, e outras receitas correntes.

•• *Caput* acrescentado pela Emenda Constitucional n. 93, de 8-9-2016.

Parágrafo único. Excetuam-se da desvinculação de que trata o *caput*:

•• Parágrafo único, *caput*, acrescentado pela Emenda Constitucional n. 93, de 8-9-2016.

I – recursos destinados ao financiamento das ações e serviços públicos de saúde e à manutenção e desenvolvimento do ensino de que tratam, respectivamente, os incisos II e III do § 2.º do art. 198 e o art. 212 da Constituição Federal;

•• Inciso I acrescentado pela Emenda Constitucional n. 93, de 8-9-2016.

II – receitas que pertencem aos Municípios decorrentes de transferências previstas na Constituição Federal;

•• Inciso II acrescentado pela Emenda Constitucional n. 93, de 8-9-2016.

III – receitas de contribuições previdenciárias e de assistência à saúde dos servidores;

•• Inciso III acrescentado pela Emenda Constitucional n. 93, de 8-9-2016.

IV – demais transferências obrigatórias e voluntárias entre entes da Federação com destinação especificada em lei;

•• Inciso IV acrescentado pela Emenda Constitucional n. 93, de 8-9-2016.

V – fundos instituídos pelo Poder Judiciário, pelos Tribunais de Contas, pelo Ministério Público, pelas Defensorias Públicas e pelas Procuradorias-Gerais dos Estados e do Distrito Federal.

•• Inciso V acrescentado pela Emenda Constitucional n. 93, de 8-9-2016.

Art. 76-B. São desvinculados de órgão, fundo ou despesa, até 31 de dezembro de 2023, 30% (trinta por cento) das receitas dos Municípios relativas a impostos, taxas e multas, já instituídos ou que vierem a ser criados até a referida data, seus adicionais e respectivos acréscimos legais, e outras receitas correntes.

•• *Caput* acrescentado pela Emenda Constitucional n. 93, de 8-9-2016.

Parágrafo único. Excetuam-se da desvinculação de que trata o *caput*:

•• Parágrafo único, *caput*, acrescentado pela Emenda Constitucional n. 93, de 8-9-2016.

I – recursos destinados ao financiamento das ações e serviços públicos de saúde e à manutenção e desenvolvimento do ensino de que tratam, respectivamente, os incisos II e III do § 2.º do art. 198 e o art. 212 da Constituição Federal;

•• Inciso I acrescentado pela Emenda Constitucional n. 93, de 8-9-2016.

II – receitas de contribuições previdenciárias e de assistência à saúde dos servidores;

•• Inciso II acrescentado pela Emenda Constitucional n. 93, de 8-9-2016.

III – transferências obrigatórias e voluntárias entre entes da Federação com destinação especificada em lei;

•• Inciso III acrescentado pela Emenda Constitucional n. 93, de 8-9-2016.

IV – fundos instituídos pelo Tribunal de Contas do Município.

•• Inciso IV acrescentado pela Emenda Constitucional n. 93, de 8-9-2016.

Art. 78. Ressalvados os créditos definidos em lei como de pequeno valor, os de natureza alimentícia, os de que trata o art. 33 deste Ato das Disposições Constitucionais Transitórias e suas complementações e os que já tiverem os seus respectivos recursos liberados ou depositados em juízo, os precatórios pendentes na data de promulgação desta Emenda e os que decorram de ações iniciais ajuizadas até 31 de dezembro de 1999 serão liquidados pelo seu valor real, em moeda corrente, acrescido de juros legais, em prestações anuais, iguais e sucessivas, no prazo máximo de dez anos, permitida a cessão dos créditos.

•• *Caput* acrescentado pela Emenda Constitucional n. 30, de 13-9-2000.
•• O STF, nas ADIs n. 2.356 e 2.362 (*DOU* de 7-12-2010), deferiu medida cautelar, em 25-11-2010, para suspender a eficácia do art. 2.º da Emenda Constitucional n. 30, de 13-9-2000, que introduziu este art. 78.
•• *Vide* art. 97, § 15, do ADCT.
• *Vide* art. 86 do ADCT.

§ 1.º É permitida a decomposição de parcelas, a critério do credor.

•• § 1.º acrescentado pela Emenda Constitucional n. 30, de 13-9-2000.

§ 2.º As prestações anuais a que se refere o *caput* deste artigo terão, se não liquidadas até o final do exercício a que se referem, poder liberatório do pagamento de tributos da entidade devedora.

•• § 2.º acrescentado pela Emenda Constitucional n. 30, de 13-9-2000.
•• *Vide* art. 6.º da Emenda Constitucional n. 62, de 9-12-2009.

§ 3.º O prazo referido no *caput* deste artigo fica reduzido para dois anos, nos casos de precatórios judiciais originários de desapropriação de imóvel residencial do credor, desde que comprovadamente único à época da imissão na posse.

•• § 3.º acrescentado pela Emenda Constitucional n. 30, de 13-9-2000.

§ 4.º O Presidente do Tribunal competente deverá, vencido o prazo ou em caso de omissão no orçamento, ou preterição ao direito de precedência, a requerimento do credor, requisitar ou determinar o sequestro de recursos financeiros da entidade executada, suficientes à satisfação da prestação.
•• § 4.º acrescentado pela Emenda Constitucional n. 30, de 13-9-2000.

Art. 86. Serão pagos conforme disposto no art. 100 da Constituição Federal, não se lhes aplicando a regra de parcelamento estabelecida no *caput* do art. 78 deste Ato das Disposições Constitucionais Transitórias, os débitos da Fazenda Federal, Estadual, Distrital ou Municipal oriundos de sentenças transitadas em julgado, que preencham, cumulativamente, as seguintes condições:
•• *Caput* acrescentado pela Emenda Constitucional n. 37, de 12-6-2002.

I – ter sido objeto de emissão de precatórios judiciários;
•• Inciso I acrescentado pela Emenda Constitucional n. 37, de 12-6-2002.

II – ter sido definidos como de pequeno valor pela lei de que trata o § 3.º do art. 100 da Constituição Federal ou pelo art. 87 deste Ato das Disposições Constitucionais Transitórias;
•• Inciso II acrescentado pela Emenda Constitucional n. 37, de 12-6-2002.

III – estar, total ou parcialmente, pendentes de pagamento na data da publicação desta Emenda Constitucional.
•• Inciso III acrescentado pela Emenda Constitucional n. 37, de 12-6-2002.

§ 1.º Os débitos a que se refere o *caput* deste artigo, ou os respectivos saldos, serão pagos na ordem cronológica de apresentação dos respectivos precatórios, com precedência sobre os de maior valor.
•• § 1.º acrescentado pela Emenda Constitucional n. 37, de 12-6-2002.

§ 2.º Os débitos a que se refere o *caput* deste artigo, se ainda não tiverem sido objeto de pagamento parcial, nos termos do art. 78 deste Ato das Disposições Constitucionais Transitórias, poderão ser pagos em duas parcelas anuais, se assim dispuser a lei.
•• § 2.º acrescentado pela Emenda Constitucional n. 37, de 12-6-2002.

§ 3.º Observada a ordem cronológica de sua apresentação, os débitos de natureza alimentícia previstos neste artigo terão precedência para pagamento sobre todos os demais.
•• § 3.º acrescentado pela Emenda Constitucional n. 37, de 12-6-2002.

Art. 87. Para efeito do que dispõem o § 3.º do art. 100 da Constituição Federal e o art. 78 deste Ato das Disposições Constitucionais Transitórias serão considerados de pequeno valor, até que se dê a publicação oficial das respectivas leis definidoras pelos entes da Federação, observado o disposto no § 4.º do art. 100 da Constituição Federal, os débitos ou obrigações consignados em precatório judiciário, que tenham valor igual ou inferior a:
•• *Caput* acrescentado pela Emenda Constitucional n. 37, de 12-6-2002.

I – 40 (quarenta) salários mínimos, perante a Fazenda dos Estados e do Distrito Federal;
•• Inciso I acrescentado pela Emenda Constitucional n. 37, de 12-6-2002.

II – 30 (trinta) salários mínimos, perante a Fazenda dos Municípios.
•• Inciso II acrescentado pela Emenda Constitucional n. 37, de 12-6-2002.

Parágrafo único. Se o valor da execução ultrapassar o estabelecido neste artigo, o pagamento far-se-á, sempre, por meio de precatório, sendo facultada à parte exequente a renúncia ao crédito do valor excedente, para que possa optar pelo pagamento do saldo sem o precatório, da forma prevista no § 3.º do art. 100.
•• Parágrafo único acrescentado pela Emenda Constitucional n. 37, de 12-6-2002.

Art. 97. Até que seja editada a lei complementar de que trata o § 15 do art. 100 da Constituição Federal, os Estados, o Distrito Federal e os Municípios que, na data de publicação desta Emenda Constitucional, estejam em mora na quitação de precatórios vencidos, relativos às suas administrações direta e indireta, inclusive os emitidos durante o período de vigência do regime especial instituído por este artigo, farão esses pagamentos de acordo com as normas a seguir estabelecidas, sendo inaplicável o disposto no art. 100 desta Constituição Federal, exceto em seus §§ 2.º, 3.º, 9.º, 10, 11, 12, 13 e 14, e sem prejuízo dos acordos de juízos conciliatórios já formalizados na data de promulgação desta Emenda Constitucional.
•• *Caput* acrescentado pela Emenda Constitucional n. 62, de 9-12-2009.
•• O STF, no julgamento da ADI n. 4.425, de 14-3-2013 (*DJE* de 19-12-2013), julgou procedente a ação para declarar a inconstitucionalidade deste artigo.
•• *Vide* art. 3.º da Emenda Constitucional n. 62, de 9-12-2009.
• A Resolução n. 303, de 18-12-2019, do CNJ, dispõe sobre a gestão de precatórios no âmbito do Poder Judiciário.

§ 1.º Os Estados, o Distrito Federal e os Municípios sujeitos ao regime especial de que trata este artigo optarão, por meio de ato do Poder Executivo:
•• § 1.º, *caput*, acrescentado pela Emenda Constitucional n. 62, de 9-12-2009.

I – pelo depósito em conta especial do valor referido pelo § 2.º deste artigo; ou
•• Inciso I acrescentado pela Emenda Constitucional n. 62, de 9-12-2009.
•• *Vide* art. 4.º, I, da Emenda Constitucional n. 62, de 9-12-2009.

II – pela adoção do regime especial pelo prazo de até 15 (quinze) anos, caso em que o percentual a ser depositado na conta especial a que se refere o § 2.º deste artigo corresponderá, anualmente, ao saldo total dos precatórios devidos, acrescido do índice oficial de remuneração básica da caderneta de poupança e de juros simples no mesmo percentual de juros incidentes sobre a caderneta de poupança para fins de compensação da mora, excluída a incidência de juros compensatórios, diminuído das amortizações e dividido pelo número de anos restantes no regime especial de pagamento.
•• Inciso II acrescentado pela Emenda Constitucional n. 62, de 9-12-2009.
•• *Vide* art. 4.º, II, da Emenda Constitucional n. 62, de 9-12-2009.

§ 2.º Para saldar os precatórios, vencidos e a vencer, pelo regime especial, os Estados, o Distrito Federal e os Municípios devedores depositarão mensalmente, em conta especial criada para tal fim, 1/12 (um doze avos) do valor calculado percentualmente sobre as respectivas receitas correntes líquidas, apuradas no segundo mês anterior ao mês de pagamento, sendo que esse percentual, calculado no momento de opção pelo regime e mantido fixo até o final do prazo a que se refere o § 14 deste artigo, será:
•• § 2.º, *caput*, acrescentado pela Emenda Constitucional n. 62, de 9-12-2009.

I – para os Estados e para o Distrito Federal:

a) de, no mínimo, 1,5% (um inteiro e cinco décimos por cento), para os Estados das regiões Norte, Nordeste e Centro-Oeste, além do Distrito Federal, ou cujo estoque de precatórios pendentes das suas administrações direta e indireta corresponder a até 35% (trinta e cinco por cento) do total da receita corrente líquida;

b) de, no mínimo, 2% (dois por cento), para os Estados das regiões Sul e Sudeste, cujo estoque de precatórios pendentes das suas administrações direta e indireta corresponder a mais de 35% (trinta e cinco por cento) da receita corrente líquida;
•• Inciso I acrescentado pela Emenda Constitucional n. 62, de 9-12-2009.

II – para Municípios:

a) de, no mínimo, 1% (um por cento), para Municípios das regiões Norte, Nordeste e Centro-Oeste, ou cujo estoque de precatórios pendentes das suas administrações direta e indireta corresponder a até 35% (trinta e cinco por cento) da receita corrente líquida;

b) de, no mínimo, 1,5% (um inteiro e cinco décimos por cento), para Municípios das regiões Sul e Sudeste, cujo estoque de precatórios pendentes das suas administrações direta e indireta corresponder a mais de 35% (trinta e cinco por cento) da receita corrente líquida.
•• Inciso II acrescentado pela Emenda Constitucional n. 62, de 9-12-2009.

§ 3.º Entende-se como receita corrente líquida, para os fins de que trata este artigo, o somatório das receitas tributárias, patrimoniais, industriais, agropecuárias, de contribuições e de serviços, transferências correntes e outras receitas correntes, incluindo as oriundas do § 1.º do art. 20 da Constituição Federal, verificado no período compreendido

pelo mês de referência e os 11 (onze) meses anteriores, excluídas as duplicidades, e deduzidas:

•• § 3.º, *caput*, acrescentado pela Emenda Constitucional n. 62, de 9-12-2009.

I – nos Estados, as parcelas entregues aos Municípios por determinação constitucional;

•• Inciso I acrescentado pela Emenda Constitucional n. 62, de 9-12-2009.

II – nos Estados, no Distrito Federal e nos Municípios, a contribuição dos servidores para custeio do seu sistema de previdência e assistência social e as receitas provenientes da compensação financeira referida no § 9.º do art. 201 da Constituição Federal.

•• Inciso II acrescentado pela Emenda Constitucional n. 62, de 9-12-2009.

§ 4.º As contas especiais de que tratam os §§ 1.º e 2.º serão administradas pelo Tribunal de Justiça local, para pagamento de precatórios expedidos pelos tribunais.

•• § 4.º acrescentado pela Emenda Constitucional n. 62, de 9-12-2009.

§ 5.º Os recursos depositados nas contas especiais de que tratam os §§ 1.º e 2.º deste artigo não poderão retornar para Estados, Distrito Federal e Municípios devedores.

•• § 5.º acrescentado pela Emenda Constitucional n. 62, de 9-12-2009.

§ 6.º Pelo menos 50% (cinquenta por cento) dos recursos de que tratam os §§ 1.º e 2.º deste artigo serão utilizados para pagamento de precatórios em ordem cronológica de apresentação, respeitadas as preferências definidas no § 1.º, para os requisitórios do mesmo ano e no § 2.º do art. 100, para requisitórios de todos os anos.

•• § 6.º acrescentado pela Emenda Constitucional n. 62, de 9-12-2009.

§ 7.º Nos casos em que não se possa estabelecer a precedência cronológica entre 2 (dois) precatórios, pagar-se-á primeiramente o precatório de menor valor.

•• § 7.º acrescentado pela Emenda Constitucional n. 62, de 9-12-2009.

§ 8.º A aplicação dos recursos restantes dependerá de opção a ser exercida por Estados, Distrito Federal e Municípios devedores, por ato do Poder Executivo, obedecendo à seguinte forma, que poderá ser aplicada isoladamente ou simultaneamente:

•• § 8.º, *caput*, acrescentado pela Emenda Constitucional n. 62, de 9-12-2009.

I – destinados ao pagamento dos precatórios por meio do leilão;

•• Inciso I acrescentado pela Emenda Constitucional n. 62, de 9-12-2009.

II – destinados a pagamento a vista de precatórios não quitados na forma do § 6.º e do inciso I, em ordem única e crescente de valor por precatório;

•• Inciso II acrescentado pela Emenda Constitucional n. 62, de 9-12-2009.

III – destinados a pagamento por acordo direto com os credores, na forma estabelecida por lei própria da entidade devedora, que poderá prever criação e forma de funcionamento de câmara de conciliação.

•• Inciso III acrescentado pela Emenda Constitucional n. 62, de 9-12-2009.

§ 9.º Os leilões de que trata o inciso I do § 8.º deste artigo:

•• § 9.º, *caput*, acrescentado pela Emenda Constitucional n. 62, de 9-12-2009.

I – serão realizados por meio de sistema eletrônico administrado por entidade autorizada pela Comissão de Valores Mobiliários ou pelo Banco Central do Brasil;

•• Inciso I acrescentado pela Emenda Constitucional n. 62, de 9-12-2009.

II – admitirão a habilitação de precatórios, ou parcela de cada precatório indicada pelo seu detentor, em relação aos quais não esteja pendente, no âmbito do Poder Judiciário, recurso ou impugnação de qualquer natureza, permitida por iniciativa do Poder Executivo a compensação com débitos líquidos e certos, inscritos ou não em dívida ativa e constituídos contra devedor originário pela Fazenda Pública devedora até a data da expedição do precatório, ressalvados aqueles cuja exigibilidade esteja suspensa nos termos da legislação, ou que já tenham sido objeto de abatimento nos termos do § 9.º do art. 100 da Constituição Federal;

•• Inciso II acrescentado pela Emenda Constitucional n. 62, de 9-12-2009.

III – ocorrerão por meio de oferta pública a todos os credores habilitados pelo respectivo ente federativo devedor;

•• Inciso III acrescentado pela Emenda Constitucional n. 62, de 9-12-2009.

IV – considerarão automaticamente habilitado o credor que satisfaça o que consta no inciso II;

•• Inciso IV acrescentado pela Emenda Constitucional n. 62, de 9-12-2009.

V – serão realizados tantas vezes quanto necessário em função do valor disponível;

•• Inciso V acrescentado pela Emenda Constitucional n. 62, de 9-12-2009.

VI – a competição por parcela do valor total ocorrerá a critério do credor, com deságio sobre o valor desta;

•• Inciso VI acrescentado pela Emenda Constitucional n. 62, de 9-12-2009.

VII – ocorrerão na modalidade deságio, associado ao maior volume ofertado cumulado ou não com o maior percentual de deságio, pelo maior percentual de deságio, podendo ser fixado valor máximo por credor, ou por outro critério a ser definido em edital;

•• Inciso VII acrescentado pela Emenda Constitucional n. 62, de 9-12-2009.

VIII – o mecanismo de formação de preço constará nos editais publicados para cada leilão;

•• Inciso VIII acrescentado pela Emenda Constitucional n. 62, de 9-12-2009.

IX – a quitação parcial dos precatórios será homologada pelo respectivo Tribunal que o expediu.

•• Inciso IX acrescentado pela Emenda Constitucional n. 62, de 9-12-2009.

§ 10. No caso de não liberação tempestiva dos recursos de que tratam o inciso II do § 1.º e os §§ 2.º e 6.º deste artigo:

•• § 10, *caput*, acrescentado pela Emenda Constitucional n. 62, de 9-12-2009.

I – haverá o sequestro de quantia nas contas de Estados, Distrito Federal e Municípios devedores, por ordem do Presidente do Tribunal referido no § 4.º, até o limite do valor não liberado;

•• Inciso I acrescentado pela Emenda Constitucional n. 62, de 9-12-2009.

II – constituir-se-á, alternativamente, por ordem do Presidente do Tribunal requerido, em favor dos credores de precatórios, contra Estados, Distrito Federal e Municípios devedores, direito líquido e certo, autoaplicável e independentemente de regulamentação, à compensação automática com débitos líquidos lançados por esta contra aqueles, e, havendo saldo em favor do credor, o valor terá automaticamente poder liberatório do pagamento de tributos de Estados, Distrito Federal e Municípios devedores, até onde se compensarem;

•• Inciso II acrescentado pela Emenda Constitucional n. 62, de 9-12-2009.

III – o chefe do Poder Executivo responderá na forma da legislação de responsabilidade fiscal e de improbidade administrativa;

•• Inciso III acrescentado pela Emenda Constitucional n. 62, de 9-12-2009.

IV – enquanto perdurar a omissão, a entidade devedora:

a) não poderá contrair empréstimo externo ou interno;

b) ficará impedida de receber transferências voluntárias;

•• Inciso IV acrescentado pela Emenda Constitucional n. 62, de 9-12-2009.

V – a União reterá os repasses relativos ao Fundo de Participação dos Estados e do Distrito Federal e ao Fundo de Participação dos Municípios, e os depositará nas contas especiais referidas no § 1.º, devendo sua utilização obedecer ao que prescreve o § 5.º, ambos deste artigo.

•• Inciso V acrescentado pela Emenda Constitucional n. 62, de 9-12-2009.

§ 11. No caso de precatórios relativos a diversos credores, em litisconsórcio, admite-se o desmembramento do valor, realizado pelo Tribunal de origem do precatório, por credor, e, por este, a habilitação do valor total a que tem direito, não se aplicando, neste caso, a regra do § 3.º do art. 100 da Constituição Federal.

•• § 11 acrescentado pela Emenda Constitucional n. 62, de 9-12-2009.

§ 12. Se a lei a que se refere o § 4.º do art. 100 não estiver publicada em até 180 (cento e oitenta) dias, contados da data de publicação desta Emenda Constitucional, será considerado, para os fins referidos, em relação a Estados, Distrito Federal e Municípios devedores, omissos na regulamentação, o valor de:

•• § 12, *caput*, acrescentado pela Emenda Constitucional n. 62, de 9-12-2009.

I – 40 (quarenta) salários mínimos para Estados e para o Distrito Federal;

•• Inciso I acrescentado pela Emenda Constitucional n. 62, de 9-12-2009.

II – 30 (trinta) salários mínimos para Municípios.

•• Inciso II acrescentado pela Emenda Constitucional n. 62, de 9-12-2009.

§ 13. Enquanto Estados, Distrito Federal e Municípios devedores estiverem realizando pagamentos de precatórios pelo regime especial, não poderão sofrer sequestro de valores, exceto no caso de não liberação tempestiva dos recursos de que tratam o inciso II do § 1.º e o § 2.º deste artigo.
•• § 13 acrescentado pela Emenda Constitucional n. 62, de 9-12-2009.

§ 14. O regime especial de pagamento de precatório previsto no inciso I do § 1.º vigorará enquanto o valor dos precatórios devidos for superior ao valor dos recursos vinculados, nos termos do § 2.º, ambos deste artigo, ou pelo prazo fixo de até 15 (quinze) anos, no caso da opção prevista no inciso II do § 1.º.
•• § 14 acrescentado pela Emenda Constitucional n. 62, de 9-12-2009.

§ 15. Os precatórios parcelados na forma do art. 33 ou do art. 78 deste Ato das Disposições Constitucionais Transitórias e ainda pendentes de pagamento ingressarão no regime especial com o valor atualizado das parcelas não pagas relativas a cada precatório, bem como o saldo dos acordos judiciais e extrajudiciais.
•• § 15 acrescentado pela Emenda Constitucional n. 62, de 9-12-2009.

§ 16. A partir da promulgação desta Emenda Constitucional, a atualização de valores de requisitórios, até o efetivo pagamento, independentemente de sua natureza, será feita pelo índice oficial de remuneração básica da caderneta de poupança, e, para fins de compensação da mora, incidirão juros simples no mesmo percentual de juros incidentes sobre a caderneta de poupança, ficando excluída a incidência de juros compensatórios.
•• § 16 acrescentado pela Emenda Constitucional n. 62, de 9-12-2009.

§ 17. O valor que exceder o limite previsto no § 2.º do art. 100 da Constituição Federal será pago, durante a vigência do regime especial, na forma prevista nos §§ 6.º e 7.º ou nos incisos I, II e III do § 8.º deste artigo, devendo os valores dispendidos para o atendimento do disposto no § 2.º do art. 100 da Constituição Federal serem computados para efeito do § 6.º deste artigo.
•• § 17 acrescentado pela Emenda Constitucional n. 62, de 9-12-2009.

§ 18. Durante a vigência do regime especial a que se refere este artigo, gozarão também da preferência a que se refere o § 6.º os titulares originais de precatórios que tenham completado 60 (sessenta) anos de idade até a data da promulgação desta Emenda Constitucional.
•• § 18 acrescentado pela Emenda Constitucional n. 62, de 9-12-2009.

Art. 98. O número de defensores públicos na unidade jurisdicional será proporcional à efetiva demanda pelo serviço da Defensoria Pública e à respectiva população.
•• *Caput* acrescentado pela Emenda Constitucional n. 80, de 4-6-2014.

§ 1.º No prazo de 8 (oito) anos, a União, os Estados e o Distrito Federal deverão contar com defensores públicos em todas as unidades jurisdicionais, observado o disposto no *caput* deste artigo.
•• § 1.º acrescentado pela Emenda Constitucional n. 80, de 4-6-2014.

§ 2.º Durante o decurso do prazo previsto no § 1.º deste artigo, a lotação dos defensores públicos ocorrerá, prioritariamente, atendendo as regiões com maiores índices de exclusão social e adensamento populacional.
•• § 2.º acrescentado pela Emenda Constitucional n. 80, de 4-6-2014.

Art. 99. Para efeito do disposto no inciso VII do § 2.º do art. 155, no caso de operações e prestações que destinem bens e serviços a consumidor final não contribuinte localizado em outro Estado, o imposto correspondente à diferença entre a alíquota interna e a interestadual será partilhado entre os Estados de origem e de destino, na seguinte proporção:
•• *Caput* acrescentado pela Emenda Constitucional n. 87, de 16-4-2015, em vigor na data de sua publicação, produzindo efeitos no ano subsequente e após 90 (noventa) dias desta.

I – para o ano de 2015: 20% (vinte por cento) para o Estado de destino e 80% (oitenta por cento) para o Estado de origem;
•• Inciso I acrescentado pela Emenda Constitucional n. 87, de 16-4-2015, em vigor na data de sua publicação, produzindo efeitos no ano subsequente e após 90 (noventa) dias desta.

II – para o ano de 2016: 40% (quarenta por cento) para o Estado de destino e 60% (sessenta por cento) para o Estado de origem;
•• Inciso II acrescentado pela Emenda Constitucional n. 87, de 16-4-2015, em vigor na data de sua publicação, produzindo efeitos no ano subsequente e após 90 (noventa) dias desta.

III – para o ano de 2017: 60% (sessenta por cento) para o Estado de destino e 40% (quarenta por cento) para o Estado de origem;
•• Inciso III acrescentado pela Emenda Constitucional n. 87, de 16-4-2015, em vigor na data de sua publicação, produzindo efeitos no ano subsequente e após 90 (noventa) dias desta.

IV – para o ano de 2018: 80% (oitenta por cento) para o Estado de destino e 20% (vinte por cento) para o Estado de origem;
•• Inciso IV acrescentado pela Emenda Constitucional n. 87, de 16-4-2015, em vigor na data de sua publicação, produzindo efeitos no ano subsequente e após 90 (noventa) dias desta.

V – a partir do ano de 2019: 100% (cem por cento) para o Estado de destino.
•• Inciso V acrescentado pela Emenda Constitucional n. 87, de 16-4-2015, em vigor na data de sua publicação, produzindo efeitos no ano subsequente e após 90 (noventa) dias desta.

Art. 100. Até que entre em vigor a lei complementar de que trata o inciso II do § 1.º do art. 40 da Constituição Federal, os Ministros do Supremo Tribunal Federal, dos Tribunais Superiores e do Tribunal de Contas da União aposentar-se-ão, compulsoriamente, aos 75 (setenta e cinco) anos de idade, nas condições do art. 52 da Constituição Federal.
•• Artigo acrescentado pela Emenda Constitucional n. 88, de 7-5-2015.
•• O STF, no julgamento da ADI n. 5.316, em 21-5-2015 (*DOU* de 9-6-2015), deferiu medida cautelar para suspender a aplicação da expressão "nas condições do art. 52 da Constituição Federal", constante deste artigo.

Art. 101. Os Estados, o Distrito Federal e os Municípios que, em 25 de março de 2015, se encontravam em mora no pagamento de seus precatórios quitarão, até 31 de dezembro de 2029, seus débitos vencidos e os que vencerão dentro desse período, atualizados pelo Índice Nacional de Preços ao Consumidor Amplo Especial (IPCA-E), ou por outro índice que venha a substituí-lo, depositando mensalmente em conta especial do Tribunal de Justiça local, sob única e exclusiva administração deste, 1/12 (um doze avos) do valor calculado percentualmente sobre suas receitas correntes líquidas apuradas no segundo mês anterior ao mês de pagamento, em percentual suficiente para a quitação de seus débitos e, ainda que variável, nunca inferior, em cada exercício, ao percentual praticado na data da entrada em vigor do regime especial a que se refere este artigo, em conformidade com plano de pagamento a ser anualmente apresentado ao Tribunal de Justiça local.
•• *Caput* com redação determinada pela Emenda Constitucional n. 109, de 15-3-2021.

§ 1.º Entende-se como receita corrente líquida, para os fins de que trata este artigo, o somatório das receitas tributárias, patrimoniais, industriais, agropecuárias, de contribuições e de serviços, de transferências correntes e outras receitas correntes, incluindo as oriundas do § 1.º do art. 20 da Constituição Federal, verificado no período compreendido pelo segundo mês imediatamente anterior ao de referência e os 11 (onze) meses precedentes, excluídas as duplicidades, e deduzidas:
•• § 1.º, *caput* e incisos, acrescentado pela Emenda Constitucional n. 94, de 15-12-2016.

I – nos Estados, as parcelas entregues aos Municípios por determinação constitucional;

II – nos Estados, no Distrito Federal e nos Municípios, a contribuição dos servidores para custeio de seu sistema de previdência e assistência social e as receitas provenientes da compensação financeira referida no § 9.º do art. 201 da Constituição Federal.

§ 2.º O débito de precatórios será pago com recursos orçamentários próprios provenientes das fontes de receita corrente líquida referidas no § 1.º deste artigo e, adicionalmente, poderão ser utilizados recursos dos seguintes instrumentos:
•• § 2.º, *caput*, com redação determinada pela Emenda Constitucional n. 99, de 14-12-2017.

I – até 75% (setenta e cinco por cento) dos depósitos judiciais e dos depósitos administrativos em dinheiro referentes a processos judiciais ou administrativos, tributários ou não tributários, nos quais sejam parte os Estados, o Distrito Federal ou os Municípios, e as respectivas autarquias, fundações e empresas estatais dependentes, mediante a instituição de fundo garantidor em montante equivalente a 1/3 (um terço) dos recursos

levantados, constituído pela parcela restante dos depósitos judiciais e remunerado pela taxa referencial do Sistema Especial de Liquidação e de Custódia (Selic) para títulos federais, nunca inferior aos índices e critérios aplicados aos depósitos levantados;

•• Inciso I com redação determinada pela Emenda Constitucional n. 99, de 14-12-2017.

II – até 30% (trinta por cento) dos demais depósitos judiciais da localidade sob jurisdição do respectivo Tribunal de Justiça, mediante a instituição de fundo garantidor em montante equivalente aos recursos levantados, constituído pela parcela restante dos depósitos judiciais e remunerado pela taxa referencial do Sistema Especial de Liquidação e de Custódia (Selic) para títulos federais, nunca inferior aos índices e critérios aplicados aos depósitos levantados, destinando-se:

•• Inciso II, caput, com redação determinada pela Emenda Constitucional n. 99, de 14-12-2017.

a) no caso do Distrito Federal, 100% (cem por cento) desses recursos ao próprio Distrito Federal;

b) no caso dos Estados, 50% (cinquenta por cento) desses recursos ao próprio Estado e 50% (cinquenta por cento) aos respectivos Municípios, conforme a circunscrição judiciária onde estão depositados os recursos, e, se houver mais de um Município na mesma circunscrição judiciária, os recursos serão rateados entre os Municípios concorrentes, proporcionalmente às respectivas populações, utilizado como referência o último levantamento censitário ou a mais recente estimativa populacional da Fundação Instituto Brasileiro de Geografia e Estatística (IBGE);

•• Alínea b com redação determinada pela Emenda Constitucional n. 99, de 14-12-2017.

III – empréstimos, excetuados para esse fim os limites de endividamento de que tratam os incisos VI e VII do caput do art. 52 da Constituição Federal e quaisquer outros limites de endividamento previstos em lei, não se aplicando a esses empréstimos a vedação de vinculação de receita prevista no inciso IV do caput do art. 167 da Constituição Federal;

•• Inciso III com redação determinada pela Emenda Constitucional n. 99, de 14-12-2017.

IV – a totalidade dos depósitos em precatórios e requisições diretas de pagamento de obrigações de pequeno valor efetuados até 31 de dezembro de 2009 e ainda não levantados, com o 4 cancelamento dos respectivos requisitórios e a baixa das obrigações, assegurada a revalidação dos requisitórios pelos juízos dos processos perante os Tribunais, a requerimento dos credores e após a oitiva da entidade devedora, mantidas a posição de ordem cronológica original e a remuneração de todo o período.

•• Inciso IV acrescentado pela Emenda Constitucional n. 99, de 14-12-2017.

§ 3.º Os recursos adicionais previstos nos incisos I, II e IV do § 2.º deste artigo serão transferidos diretamente pela instituição financeira depositária para a conta especial referida no caput deste artigo, sob única e exclusiva administração do Tribunal de Justiça local, e essa transferência deverá ser realizada em até sessenta dias contados a partir da entrada em vigor deste parágrafo, sob pena de responsabilização pessoal do dirigente da instituição financeira por improbidade.

•• § 3.º acrescentado pela Emenda Constitucional n. 99, de 14-12-2017.

§ 4.º *(Revogado pela Emenda Constitucional n. 109, de 15-3-2021.)*

§ 5.º Os empréstimos de que trata o inciso III do § 2.º deste artigo poderão ser destinados, por meio de ato do Poder Executivo, exclusivamente ao pagamento de precatórios por acordo direto com os credores, na forma do disposto no inciso III do § 8.º do art. 97 deste Ato das Disposições Constitucionais Transitórias.

•• § 5.º acrescentado pela Emenda Constitucional n. 113, de 8-12-2021.

Art. 102. Enquanto viger o regime especial previsto nesta Emenda Constitucional, pelo menos 50% (cinquenta por cento) dos recursos que, nos termos do art. 101 deste Ato das Disposições Constitucionais Transitórias, forem destinados ao pagamento dos precatórios em mora serão utilizados no pagamento segundo a ordem cronológica de apresentação, respeitadas as preferências dos créditos alimentares, e, nessas, as relativas à idade, ao estado de saúde e à deficiência, nos termos do § 2.º do art. 100 da Constituição Federal, sobre todos os demais créditos de todos os anos.

•• Caput acrescentado pela Emenda Constitucional n. 94, de 15-12-2016.

§ 1.º A aplicação dos recursos remanescentes, por opção a ser exercida por Estados, Distrito Federal e Municípios, por ato do respectivo Poder Executivo, observada a ordem de preferência dos credores, poderá ser destinada ao pagamento mediante acordos diretos, perante Juízos Auxiliares de Conciliação de Precatórios, com redução máxima de 40% (quarenta por cento) do valor do crédito atualizado, desde que em relação ao crédito não penda recurso ou defesa judicial e que sejam observados os requisitos definidos na regulamentação editada pelo ente federado.

•• Parágrafo único renumerado pela Emenda Constitucional n. 99, de 14-12-2017.

§ 2.º Na vigência do regime especial previsto no art. 101 deste Ato das Disposições Constitucionais Transitórias, as preferências relativas à idade, ao estado de saúde e à deficiência serão atendidas até o valor equivalente ao quíntuplo fixado em lei para os fins do disposto no § 3.º do art. 100 da Constituição Federal, admitido o fracionamento para essa finalidade, e o restante será pago em ordem cronológica de apresentação do precatório.

•• § 2.º acrescentado pela Emenda Constitucional n. 99, de 14-12-2017.

Art. 103. Enquanto os Estados, o Distrito Federal e os Municípios estiverem efetuando o pagamento da parcela mensal devida como previsto no caput do art. 101 deste Ato das Disposições Constitucionais Transitórias, nem eles, nem as respectivas autarquias, fundações e empresas estatais dependentes poderão sofrer sequestro de valores, exceto no caso de não liberação tempestiva dos recursos.

•• Caput acrescentado pela Emenda Constitucional n. 94, de 15-12-2016.

Parágrafo único. Na vigência do regime especial previsto no art. 101 deste Ato das Disposições Constitucionais Transitórias, ficam vedadas desapropriações pelos Estados, pelo Distrito Federal e pelos Municípios, cujos estoques de precatórios ainda pendentes de pagamento, incluídos os precatórios a pagar de suas entidades da administração indireta, sejam superiores a 70% (setenta por cento) das respectivas receitas correntes líquidas, excetuadas as desapropriações para fins de necessidade pública nas áreas de saúde, educação, segurança pública, transporte público, saneamento básico e habitação de interesse social.

•• Parágrafo único acrescentado pela Emenda Constitucional n. 99, de 14-12-2017.

Art. 104. Se os recursos referidos no art. 101 deste Ato das Disposições Constitucionais Transitórias para o pagamento de precatórios não forem tempestivamente liberados, no todo ou em parte:

•• Caput e incisos acrescentados pela Emenda Constitucional n. 94, de 15-12-2016.

I – o Presidente do Tribunal de Justiça local determinará o sequestro, até o limite do valor não liberado, das contas do ente federado inadimplente;

II – o chefe do Poder Executivo do ente federado inadimplente responderá, na forma da legislação de responsabilidade fiscal e de improbidade administrativa;

III – a União reterá os recursos referentes aos repasses ao Fundo de Participação dos Estados e do Distrito Federal e ao Fundo de Participação dos Municípios e os depositará na conta especial referida no art. 101 deste Ato das Disposições Constitucionais Transitórias, para utilização como nele previsto;

IV – os Estados reterão os repasses previstos no parágrafo único do art. 158 da Constituição Federal e os depositarão na conta especial referida no art. 101 deste Ato das Disposições Constitucionais Transitórias, para utilização como nele previsto.

Parágrafo único. Enquanto perdurar a omissão, o ente federado não poderá contrair empréstimo externo ou interno, exceto para os fins previstos no § 2.º do art. 101 deste Ato das Disposições Constitucionais Transitórias, e ficará impedido de receber transferências voluntárias.

•• Parágrafo único acrescentado pela Emenda Constitucional n. 94, de 15-12-2016.

Art. 105. Enquanto viger o regime de pagamento de precatórios previsto no art. 101 deste Ato das Disposições Constitucionais Transitórias, é facultada aos credores de precatórios, próprios ou de terceiros, a compensação com débitos de natureza tributária ou de outra natureza que até 25 de março de 2015 tenham sido inscritos na dívida ativa dos Estados, do Distrito Federal ou dos Municípios, observados os requisitos definidos em lei própria do ente federado.

•• Caput acrescentado pela Emenda Constitucional n. 94, de 15-12-2016.

§ 1.º Não se aplica às compensações referidas no caput deste artigo qualquer tipo de vinculação, como as transferências a outros entes e as destinadas à educação, à saúde e a outras finalidades.

•• Parágrafo único renumerado pela Emenda Constitucional n. 99, de 14-12-2017.

§ 2.º Os Estados, o Distrito Federal e os Municípios regulamentarão nas respectivas leis o disposto no *caput* deste artigo em até cento e vinte dias a partir de 1.º de janeiro de 2018.

•• § 2.º acrescentado pela Emenda Constitucional n. 99, de 14-12-2017.

§ 3.º Decorrido o prazo estabelecido no § 2.º deste artigo sem a regulamentação nele prevista, ficam os credores de precatórios autorizados a exercer a faculdade a que se refere o *caput* deste artigo.

•• § 3.º acrescentado pela Emenda Constitucional n. 99, de 14-12-2017.

Art. 106. Fica instituído o Novo Regime Fiscal no âmbito dos Orçamentos Fiscal e da Seguridade Social da União, que vigorará por vinte exercícios financeiros, nos termos dos arts. 107 a 114 deste Ato das Disposições Constitucionais Transitórias.

•• Artigo acrescentado pela Emenda Constitucional n. 95, de 15-12-2016.
•• A Emenda Constitucional n. 126, de 21-12-2022, estabelece a revogação desse artigo, condicionada à promulgação de lei complementar que institui regime fiscal sustentável para garantir a estabilidade macroeconômica do país e criar as condições adequadas ao crescimento socioeconômico.

Art. 107. Ficam estabelecidos, para cada exercício, limites individualizados para as despesas primárias:

•• *Caput* e incisos acrescentados pela Emenda Constitucional n. 95, de 15-12-2016.
•• A Emenda Constitucional n. 126, de 21-12-2022, estabelece a revogação desse artigo, condicionada à promulgação de lei complementar que institui regime fiscal sustentável para garantir a estabilidade macroeconômica do país e criar as condições adequadas ao crescimento socioeconômico.

I – do Poder Executivo;

II – do Supremo Tribunal Federal, do Superior Tribunal de Justiça, do Conselho Nacional de Justiça, da Justiça do Trabalho, da Justiça Federal, da Justiça Militar da União, da Justiça Eleitoral e da Justiça do Distrito Federal e Territórios, no âmbito do Poder Judiciário;

III – do Senado Federal, da Câmara dos Deputados e do Tribunal de Contas da União, no âmbito do Poder Legislativo;

IV – do Ministério Público da União e do Conselho Nacional do Ministério Público; e

V – da Defensoria Pública da União.

§ 1.º Cada um dos limites a que se refere o *caput* deste artigo equivalerá:

•• § 1.º, *caput* e incisos, acrescentado pela Emenda Constitucional n. 95, de 15-12-2016.

I – para o exercício de 2017, à despesa primária paga no exercício de 2016, incluídos os restos a pagar pagos e demais operações que afetam o resultado primário, corrigida em 7,2% (sete inteiros e dois décimos por cento); e

II – para os exercícios posteriores, ao valor do limite referente ao exercício imediatamente anterior, corrigido pela variação do Índice Nacional de Preços ao Consumidor Amplo (IPCA), publicado pela Fundação Instituto Brasileiro de Geografia e Estatística, ou de outro índice que vier a substituí-lo, apurado no exercício anterior a que se refere a lei orçamentária.

•• Inciso II com redação determinada pela Emenda Constitucional n. 113, de 8-12-2021.
•• Vide art. 103, *caput*, do ADCT.
•• Vide art. 4.º da Emenda Constitucional n. 113, de 8-12-2021.

§ 2.º Os limites estabelecidos na forma do inciso IV do *caput* do art. 51, do inciso XIII do *caput* do art. 52, do § 1.º do art. 99, do § 3.º do art. 127 e do § 3.º do art. 134 da Constituição Federal não poderão ser superiores aos estabelecidos nos termos deste artigo.

•• § 2.º acrescentado pela Emenda Constitucional n. 95, de 15-12-2016.

§ 3.º A mensagem que encaminhar o projeto de lei orçamentária demonstrará os valores máximos de programação compatíveis com os limites individualizados calculados na forma do § 1.º deste artigo, observados os §§ 7.º a 9.º deste artigo.

•• § 3.º acrescentado pela Emenda Constitucional n. 95, de 15-12-2016.

§ 4.º As despesas primárias autorizadas na lei orçamentária anual sujeitas aos limites de que trata este artigo não poderão exceder os valores máximos demonstrados nos termos do § 3.º deste artigo.

•• § 4.º acrescentado pela Emenda Constitucional n. 95, de 15-12-2016.

§ 5.º É vedada a abertura de crédito suplementar ou especial que amplie o montante total autorizado de despesa primária sujeita aos limites de que trata este artigo.

•• § 5.º acrescentado pela Emenda Constitucional n. 95, de 15-12-2016.

§ 6.º Não se incluem na base de cálculo e nos limites estabelecidos neste artigo:

•• § 6.º, *caput* e incisos, acrescentado pela Emenda Constitucional n. 95, de 15-12-2016.

I – transferências constitucionais estabelecidas no § 1.º do art. 20, no inciso III do parágrafo único do art. 146, no § 5.º do art. 153, no art. 157, nos incisos I e II do *caput* do art. 158, no art. 159 e no § 6.º do art. 212, as despesas referentes ao inciso XIV do *caput* do art. 21 e as complementações de que tratam os incisos IV e V do *caput* do art. 212-A, todos da Constituição Federal;

•• Inciso I com redação determinada pela Emenda Constitucional n. 108, de 26-8-2020, produzindo efeitos a partir de 1.º-1-2021.

II – créditos extraordinários a que se refere o § 3.º do art. 167 da Constituição Federal;

III – despesas não recorrentes da Justiça Eleitoral com a realização de eleições;

IV – despesas com aumento de capital de empresas estatais não dependentes;

V – transferências a Estados, Distrito Federal e Municípios de parte dos valores arrecadados com os leilões dos volumes excedentes ao limite a que se refere o § 2.º do art. 1.º da Lei n. 12.276, de 30 de junho de 2010, e a despesa decorrente da revisão do contrato de cessão onerosa de que trata a mesma Lei;

•• Inciso V acrescentado pela Emenda Constitucional n. 102, de 26-9-2019.

VI – despesas correntes ou transferências aos fundos de saúde dos Estados, do Distrito Federal e dos Municípios, destinadas ao pagamento de despesas com pessoal para cumprimento dos pisos nacionais salariais para o enfermeiro, o técnico de enfermagem, o auxiliar de enfermagem e a parteira, de acordo com os §§ 12, 13, 14 e 15 do art. 198 da Constituição Federal.

•• Inciso VI acrescentado pela Emenda Constitucional n. 127, de 22-12-2022.

§ 6.º-A. Não se incluem no limite estabelecido no inciso I do *caput* deste artigo, a partir do exercício financeiro de 2023:

•• § 6.º-A, *caput*, acrescentado pela Emenda Constitucional n. 126, de 21-12-2022.

I – despesas com projetos socioambientais ou relativos às mudanças climáticas custeadas com recursos de doações, bem como despesas com projetos custeados com recursos decorrentes de acordos judiciais ou extrajudiciais firmados em função de desastres ambientais;

•• Inciso I acrescentado pela Emenda Constitucional n. 126, de 21-12-2022.

II – despesas das instituições federais de ensino e das Instituições Científicas, Tecnológicas e de Inovação (ICTs) custeadas com receitas próprias, de doações ou de convênios, contratos ou outras fontes, celebrados com os demais entes da Federação ou entidades privadas;

•• Inciso II acrescentado pela Emenda Constitucional n. 126, de 21-12-2022.

III – despesas custeadas com recursos oriundos de transferências dos demais entes da Federação para a União destinados à execução direta de obras e serviços de engenharia.

•• Inciso III acrescentado pela Emenda Constitucional n. 126, de 21-12-2022.

§ 6.º-B. Não se incluem no limite estabelecido no inciso I do *caput* deste artigo as despesas com investimentos em montante que corresponda ao excesso de arrecadação de receitas correntes do exercício anterior ao que se refere a lei orçamentária, limitadas a 6,5% (seis inteiros e cinco décimos por cento) do excesso de arrecadação de receitas correntes do exercício de 2021.

•• § 6.º-B acrescentado pela Emenda Constitucional n. 126, de 21-12-2022.

§ 6.º-C. As despesas previstas no § 6.º-B deste artigo não serão consideradas para fins de verificação do cumprimento da meta de resultado primário estabelecida no *caput* do art. 2.º da Lei n. 14.436, de 9 de agosto de 2022.

•• § 6.º-C acrescentado pela Emenda Constitucional n. 126, de 21-12-2022.

§ 7.º Nos três primeiros exercícios financeiros da vigência do Novo Regime Fiscal, o Poder Executivo poderá compensar com redução equivalente na sua despesa primária, consoante os valores estabeleci-

dos no projeto de lei orçamentária encaminhado pelo Poder Executivo no respectivo exercício, o excesso de despesas primárias em relação aos limites de que tratam os incisos II a V do *caput* deste artigo.

•• § 7.º acrescentado pela Emenda Constitucional n. 95, de 15-12-2016.

§ 8.º A compensação de que trata o § 7.º deste artigo não excederá a 0,25% (vinte e cinco centésimos por cento) do limite do Poder Executivo.

•• § 8.º acrescentado pela Emenda Constitucional n. 95, de 15-12-2016.

§ 9.º Respeitado o somatório em cada um dos incisos de II a IV do *caput* deste artigo, a lei de diretrizes orçamentárias poderá dispor sobre a compensação entre os limites individualizados dos órgãos elencados em cada inciso.

•• § 9.º acrescentado pela Emenda Constitucional n. 95, de 15-12-2016.

§ 10. Para fins de verificação do cumprimento dos limites de que trata este artigo, serão consideradas as despesas primárias pagas, incluídos os restos a pagar pagos e demais operações que afetam o resultado primário no exercício.

•• § 10 acrescentado pela Emenda Constitucional n. 95, de 15-12-2016.

§ 11. O pagamento de restos a pagar inscritos até 31 de dezembro de 2015 poderá ser excluído da verificação do cumprimento dos limites de que trata este artigo, até o excesso de resultado primário dos Orçamentos Fiscal e da Seguridade Social do exercício em relação à meta fixada na lei de diretrizes orçamentárias.

•• § 11 acrescentado pela Emenda Constitucional n. 95, de 15-12-2016.

§ 12. Para fins da elaboração do projeto de lei orçamentária anual, o Poder Executivo considerará o valor realizado até junho do índice previsto no inciso II do § 1.º deste artigo, relativo ao ano de encaminhamento do projeto, e o valor estimado até dezembro desse mesmo ano.

•• § 12 acrescentado pela Emenda Constitucional n. 113, de 8-12-2021.

§ 13. A estimativa do índice a que se refere o § 12 deste artigo, juntamente com os demais parâmetros macroeconômicos, serão elaborados mensalmente pelo Poder Executivo e enviados à comissão mista de que trata o § 1.º do art. 166 da Constituição Federal.

•• § 13 acrescentado pela Emenda Constitucional n. 113, de 8-12-2021.

§ 14. O resultado da diferença aferida entre as projeções referidas nos §§ 12 e 13 deste artigo e a efetiva apuração do índice previsto no inciso II do § 1.º deste artigo será calculado pelo Poder Executivo, para fins de definição da base de cálculo dos respectivos limites do exercício seguinte, a qual será comunicada aos demais Poderes por ocasião da elaboração do projeto de lei orçamentária.

•• § 14 acrescentado pela Emenda Constitucional n. 113, de 8-12-2021.

Art. 107-A. Até o fim de 2026, fica estabelecido, para cada exercício financeiro, limite para alocação na proposta orçamentária das despesas com pagamentos em virtude de sentença judiciária de que trata o art. 100 da Constituição Federal, equivalente ao valor da despesa paga no exercício de 2016, incluídos os restos a pagar pagos, corrigido, para o exercício de 2017, em 7,2% (sete inteiros e dois décimos por cento) e, para os exercícios posteriores, pela variação do Índice Nacional de Preços ao Consumidor Amplo (IPCA), publicado pela Fundação Instituto Brasileiro de Geografia e Estatística, ou de outro índice que vier a substituí-lo, apurado no exercício anterior a que se refere a lei orçamentária, devendo o espaço fiscal decorrente da diferença entre o valor dos precatórios expedidos e o respectivo limite ser destinado ao programa previsto no parágrafo único do art. 6.º e à seguridade social, nos termos do art. 194, ambos da Constituição Federal, a ser calculado da seguinte forma:

•• *Caput* com redação determinada pela Emenda Constitucional n. 126, de 21-12-2022.

I – no exercício de 2022, o espaço fiscal decorrente da diferença entre o valor dos precatórios expedidos e o limite estabelecido no *caput* deste artigo deverá ser destinado ao programa previsto no parágrafo único do art. 6.º e à seguridade social, nos termos do art. 194, ambos da Constituição Federal;

•• Inciso I acrescentado pela Emenda Constitucional n. 114, de 16-12-2021.

II – no exercício de 2023, pela diferença entre o total de precatórios expedidos entre 2 de julho de 2021 e 2 de abril de 2022 e o limite de que trata o *caput* deste artigo válido para o exercício de 2023; e

•• Inciso II acrescentado pela Emenda Constitucional n. 114, de 16-12-2021.

III – nos exercícios de 2024 a 2026, pela diferença entre o total de precatórios expedidos entre 3 de abril de dois anos anteriores e 2 de abril do ano anterior ao exercício e o limite de que trata o *caput* deste artigo válido para o mesmo exercício.

•• Inciso III acrescentado pela Emenda Constitucional n. 114, de 16-12-2021.

§ 1.º O limite para o pagamento de precatórios corresponderá, em cada exercício, ao limite previsto no *caput* deste artigo, reduzido da projeção para a despesa com o pagamento de requisições de pequeno valor para o mesmo exercício, que terão prioridade no pagamento.

•• § 1.º acrescentado pela Emenda Constitucional n. 114, de 16-12-2021.

§ 2.º Os precatórios que não forem pagos em razão do previsto neste artigo terão prioridade para pagamento em exercícios seguintes, observada a ordem cronológica e o disposto no § 8.º deste artigo.

•• § 2.º acrescentado pela Emenda Constitucional n. 114, de 16-12-2021.

§ 3.º É facultado ao credor de precatório que não tenha sido pago em razão do disposto neste artigo, além das hipóteses previstas no § 11 do art. 100 da Constituição Federal e sem prejuízo dos procedimentos previstos nos §§ 9.º e 21 do referido artigo, optar pelo recebimento, mediante acordos diretos perante Juízos Auxiliares de Conciliação de Pagamento de Condenações Judiciais contra a Fazenda Pública Federal, em parcela única, até o final do exercício seguinte, com renúncia de 40% (quarenta por cento) do valor desse crédito.

•• § 3.º acrescentado pela Emenda Constitucional n. 114, de 16-12-2021.

§ 4.º O Conselho Nacional de Justiça regulamentará a atuação dos Presidentes dos Tribunais competentes para o cumprimento deste artigo.

•• § 4.º acrescentado pela Emenda Constitucional n. 114, de 16-12-2021.

§ 5.º Não se incluem no limite estabelecido neste artigo as despesas para fins de cumprimento do disposto nos §§ 11, 20 e 21 do art. 100 da Constituição Federal e no § 3.º deste artigo, bem como a atualização monetária dos precatórios inscritos no exercício.

•• § 5.º acrescentado pela Emenda Constitucional n. 114, de 16-12-2021.

§ 6.º Não se incluem nos limites estabelecidos no art. 107 deste Ato das Disposições Constitucionais Transitórias o previsto nos §§ 11, 20 e 21 do art. 100 da Constituição Federal e no § 3.º deste artigo.

•• § 6.º acrescentado pela Emenda Constitucional n. 114, de 16-12-2021.

§ 7.º Na situação prevista no § 3.º deste artigo, para os precatórios não incluídos na proposta orçamentária de 2022, os valores necessários à sua quitação serão providenciados pela abertura de créditos adicionais durante o exercício de 2022.

•• § 7.º acrescentado pela Emenda Constitucional n. 114, de 16-12-2021.

§ 8.º Os pagamentos em virtude de sentença judiciária de que trata o art. 100 da Constituição Federal serão realizados na seguinte ordem:

•• § 8.º, *caput*, acrescentado pela Emenda Constitucional n. 114, de 16-12-2021.

I – obrigações definidas em lei como de pequeno valor, previstas no § 3.º do art. 100 da Constituição Federal;

•• Inciso I acrescentado pela Emenda Constitucional n. 114, de 16-12-2021.

II – precatórios de natureza alimentícia cujos titulares, originários ou por sucessão hereditária, tenham no mínimo 60 (sessenta) anos de idade, ou sejam portadores de doença grave ou pessoas com deficiência, assim definidos na forma da lei, até o valor equivalente ao triplo do montante fixado em lei como obrigação de pequeno valor;

•• Inciso II acrescentado pela Emenda Constitucional n. 114, de 16-12-2021.

III – demais precatórios de natureza alimentícia até o valor equivalente ao triplo do montante fixado em lei como obrigação de pequeno valor;

•• Inciso III acrescentado pela Emenda Constitucional n. 114, de 16-12-2021.

IV – demais precatórios de natureza alimentícia além do valor previsto no inciso III deste parágrafo;

•• Inciso IV acrescentado pela Emenda Constitucional n. 114, de 16-12-2021.

V – demais precatórios.

•• Inciso V acrescentado pela Emenda Constitucional n. 114, de 16-12-2021.

Art. 108. (*Revogado pela Emenda Constitucional n. 113, de 8-12-2021.*)

Art. 109. Se verificado, na aprovação da lei orçamentária, que, no âmbito das despesas sujeitas aos limites do art. 107 deste Ato das Dis-

posições Constitucionais Transitórias, a proporção da despesa obrigatória primária em relação à despesa primária total foi superior a 95% (noventa e cinco por cento), aplicam-se ao respectivo Poder ou órgão, até o final do exercício a que se refere a lei orçamentária, sem prejuízo de outras medidas, as seguintes vedações:
- *Caput* com redação determinada pela Emenda Constitucional n. 109, de 15-3-2021.
- A Emenda Constitucional n. 126, de 21-12-2022, estabelece a revogação desse artigo, condicionada à promulgação de lei complementar que institui regime fiscal sustentável para garantir a estabilidade macroeconômica do país e criar as condições adequadas ao crescimento socioeconômico.

I – concessão, a qualquer título, de vantagem, aumento, reajuste ou adequação de remuneração de membros de Poder ou de órgão, de servidores e empregados públicos e de militares, exceto dos derivados de sentença judicial transitada em julgado ou de determinação legal anterior ao início da aplicação das medidas de que trata este artigo;
- Inciso I com redação determinada pela Emenda Constitucional n. 109, de 15-3-2021.

II – criação de cargo, emprego ou função que implique aumento de despesa;

III – alteração de estrutura de carreira que implique aumento de despesa;

IV – admissão ou contratação de pessoal, a qualquer título, ressalvadas:
- Inciso IV, *caput*, com redação determinada pela Emenda Constitucional n. 109, de 15-3-2021.

a) as reposições de cargos de chefia e de direção que não acarretem aumento de despesa;
- Alínea *a* acrescentada pela Emenda Constitucional n. 109, de 15-3-2021.

b) as reposições decorrentes de vacâncias de cargos efetivos ou vitalícios;
- Alínea *b* acrescentada pela Emenda Constitucional n. 109, de 15-3-2021.

c) as contratações temporárias de que trata o inciso IX do *caput* do art. 37 da Constituição Federal; e
- Alínea *c* acrescentada pela Emenda Constitucional n. 109, de 15-3-2021.

d) as reposições de temporários para prestação de serviço militar e de alunos de órgãos de formação de militares;
- Alínea *d* acrescentada pela Emenda Constitucional n. 109, de 15-3-2021.

V – realização de concurso público, exceto para as reposições de vacâncias previstas no inciso IV;

VI – criação ou majoração de auxílios, vantagens, bônus, abonos, verbas de representação ou benefícios de qualquer natureza, inclusive os de cunho indenizatório, em favor de membros de Poder, do Ministério Público ou da Defensoria Pública, de servidores e empregados públicos e de militares, ou ainda de seus dependentes, exceto quando derivados de sentença judicial transitada em julgado ou de determinação legal anterior ao início da aplicação das medidas de que trata este artigo;
- Inciso VI com redação determinada pela Emenda Constitucional n. 109, de 15-3-2021.

VII – criação de despesa obrigatória;

VIII – adoção de medida que implique reajuste de despesa obrigatória acima da variação da inflação, observada a preservação do poder aquisitivo referida no inciso IV do *caput* do art. 7.º da Constituição Federal; e

IX – aumento do valor de benefícios de cunho indenizatório destinados a qualquer membro de Poder, servidor ou empregado da administração pública e a seus dependentes, exceto quando derivado de sentença judicial transitada em julgado ou de determinação legal anterior ao início da aplicação das medidas de que trata este artigo.
- Inciso IX acrescentado pela Emenda Constitucional n. 109, de 15-3-2021.

§ 1.º As vedações previstas nos incisos I, III e VI do *caput* deste artigo, quando acionadas as vedações para qualquer dos órgãos elencados nos incisos II, III e IV do *caput* do art. 107 deste Ato das Disposições Constitucionais Transitórias, aplicam-se ao conjunto dos órgãos referidos em cada inciso.
- § 1.º com redação determinada pela Emenda Constitucional n. 109, de 15-3-2021.

§ 2.º Caso as vedações de que trata o *caput* deste artigo sejam acionadas para o Poder Executivo, ficam vedadas:
- § 2.º, *caput*, com redação determinada pela Emenda Constitucional n. 109, de 15-3-2021.

I – a criação ou expansão de programas e linhas de financiamento, bem como a remissão, renegociação ou refinanciamento de dívidas que impliquem ampliação das despesas com subsídios e subvenções; e

II – a concessão ou a ampliação de incentivo ou benefício de natureza tributária.

§ 3.º Caso as vedações de que trata o *caput* deste artigo sejam acionadas, fica vedada a concessão da revisão geral prevista no inciso X do *caput* do art. 37 da Constituição Federal.
- § 3.º com redação determinada pela Emenda Constitucional n. 109, de 15-3-2021.

§ 4.º As disposições deste artigo:
- § 4.º *caput*, com redação determinada pela Emenda Constitucional n. 109, de 15-3-2021.

I – não constituem obrigação de pagamento futuro pela União ou direitos de outrem sobre o erário;
- Inciso I acrescentado pela Emenda Constitucional n. 109, de 15-3-2021.

II – não revogam, dispensam ou suspendem o cumprimento de dispositivos constitucionais e legais que disponham sobre metas fiscais ou limites máximos de despesas; e
- Inciso II acrescentado pela Emenda Constitucional n. 109, de 15-3-2021.

III – aplicam-se também a proposições legislativas.
- Inciso III acrescentado pela Emenda Constitucional n. 109, de 15-3-2021.

§ 5.º O disposto nos incisos II, IV, VII e VIII do *caput* e no § 2.º deste artigo não se aplica a medidas de combate a calamidade pública nacional cuja vigência e efeitos não ultrapassem a sua duração.
- § 5.º acrescentado pela Emenda Constitucional n. 109, de 15-3-2021.

Art. 110. Na vigência do Novo Regime Fiscal, as aplicações mínimas em ações e serviços públicos de saúde e em manutenção e desenvolvimento do ensino equivalerão:
- *Caput* e incisos acrescentados pela Emenda Constitucional n. 95, de 15-12-2016.
- A Emenda Constitucional n. 126, de 21-12-2022, estabelece a revogação desse artigo, condicionada à promulgação de lei complementar que institui regime fiscal sustentável para garantir a estabilidade macroeconômica do país e criar as condições adequadas ao crescimento socioeconômico.

I – no exercício de 2017, às aplicações mínimas calculadas nos termos do inciso I do § 2.º do art. 198 e do *caput* do art. 212, da Constituição Federal; e

II – nos exercícios posteriores, aos valores calculados para as aplicações mínimas do exercício imediatamente anterior, corrigidos na forma estabelecida pelo inciso II do § 1.º do art. 107 deste Ato das Disposições Constitucionais Transitórias.

Art. 111. A partir do exercício financeiro de 2018, até o exercício financeiro de 2022, a aprovação e a execução previstas nos §§ 9.º e 11 do art. 166 da Constituição Federal corresponderão ao montante de execução obrigatória para o exercício de 2017, corrigido na forma estabelecida no inciso II do § 1.º do art. 107 deste Ato das Disposições Constitucionais Transitórias.
- Artigo com redação determinada pela Emenda Constitucional n. 126, de 21-12-2022.
- A Emenda Constitucional n. 126, de 21-12-2022, estabelece a revogação desse artigo, condicionada à promulgação de lei complementar que institui regime fiscal sustentável para garantir a estabilidade macroeconômica do país e criar as condições adequadas ao crescimento socioeconômico.

Art. 111-A. A partir do exercício financeiro de 2024, até o último exercício de vigência do Novo Regime Fiscal, a aprovação e a execução previstas nos §§ 9.º e 11 do art. 166 da Constituição Federal corresponderão ao montante de execução obrigatória para o exercício de 2023, corrigido na forma estabelecida no inciso II do § 1.º do art. 107 deste Ato das Disposições Constitucionais Transitórias.
- Artigo acrescentado pela Emenda Constitucional n. 126, de 21-12-2022.
- A Emenda Constitucional n. 126, de 21-12-2022, estabelece a revogação desse artigo, condicionada à promulgação de lei complementar que institui regime fiscal sustentável para garantir a estabilidade macroeconômica do país e criar as condições adequadas ao crescimento socioeconômico.

Art. 112. As disposições introduzidas pelo Novo Regime Fiscal:
- *Caput* e incisos acrescentados pela Emenda Constitucional n. 95, de 15-12-2016.
- A Emenda Constitucional n. 126, de 21-12-2022, estabelece a revogação desse artigo, condicionada à promulgação de lei complementar que institui regime fiscal sustentável para garantir a estabilidade macroeconômica do país e criar as condições adequadas ao crescimento socioeconômico.

I – não constituirão obrigação de pagamento futuro pela União ou direitos de outrem sobre o erário; e

II – não revogam, dispensam ou suspendem o cumprimento de dispositivos constitucionais e legais que disponham sobre metas fiscais ou limites máximos de despesas.

Art. 113. A proposição legislativa que crie ou altere despesa obrigatória ou renúncia de receita deverá ser acompanhada da estimativa do seu impacto orçamentário e financeiro.

•• Artigo acrescentado pela Emenda Constitucional n. 95, de 15-12-2016.

Art. 114. A tramitação de proposição elencada no *caput* do art. 59 da Constituição Federal, ressalvada a referida no seu inciso V, quando acarretar aumento de despesa ou renúncia de receita, será suspensa por até vinte dias, a requerimento de um quinto dos membros da Casa, nos termos regimentais, para análise de sua compatibilidade com o Novo Regime Fiscal.

•• Artigo acrescentado pela Emenda Constitucional n. 95, de 15-12-2016.

•• A Emenda Constitucional n. 126, de 21-12-2022, estabelece a revogação desse artigo, condicionada a promulgação de lei complementar que institui regime fiscal sustentável para garantir a estabilidade macroeconômica do país e criar as condições adequadas ao crescimento socioeconômico.

Art. 115. Fica excepcionalmente autorizado o parcelamento das contribuições previdenciárias e dos demais débitos dos Municípios, incluídas suas autarquias e fundações, com os respectivos regimes próprios de previdência social, com vencimento até 31 de outubro de 2021, inclusive os parcelados anteriormente, no prazo máximo de 240 (duzentos e quarenta) prestações mensais, mediante autorização em lei municipal específica, desde que comprovem ter alterado a legislação do regime próprio de previdência social para atendimento das seguintes condições, cumulativamente:

•• *Caput* acrescentado pela Emenda Constitucional n. 113, de 8-12-2021.

I – adoção de regras de elegibilidade, de cálculo e de reajustamento dos benefícios que contemplem, nos termos previstos nos incisos I e III do § 1.º e nos §§ 3.º a 5.º, 7.º e 8.º do art. 40 da Constituição Federal, regras assemelhadas às aplicáveis aos servidores públicos do regime próprio de previdência social da União e que contribuam efetivamente para o atingimento e a manutenção do equilíbrio financeiro e atuarial;

•• Inciso I acrescentado pela Emenda Constitucional n. 113, de 8-12-2021.

II – adequação do rol de benefícios ao disposto nos §§ 2.º e 3.º do art. 9.º da Emenda Constitucional n. 103, de 12 de novembro de 2019;

•• Inciso II acrescentado pela Emenda Constitucional n. 113, de 8-12-2021.

III – adequação da alíquota de contribuição devida pelos servidores, nos termos do § 4.º do art. 9.º da Emenda Constitucional n. 103, de 12 de novembro de 2019; e

•• Inciso III acrescentado pela Emenda Constitucional n. 113, de 8-12-2021.

IV – instituição do regime de previdência complementar e adequação do órgão ou entidade gestora do regime próprio de previdência social, nos termos do § 6.º do art. 9.º da Emenda Constitucional n. 103, de 12 de novembro de 2019.

•• Inciso IV acrescentado pela Emenda Constitucional n. 113, de 8-12-2021.

Parágrafo único. Ato do Ministério do Trabalho e Previdência, no âmbito de suas competências, definirá os critérios para o parcelamento previsto neste artigo, inclusive quanto ao cumprimento do disposto nos incisos I, II, III e IV do *caput* deste artigo, bem como disponibilizará as informações aos Municípios sobre o montante das dívidas, as formas de parcelamento, os juros e os encargos incidentes, de modo a possibilitar o acompanhamento da evolução desses débitos.

•• Parágrafo único acrescentado pela Emenda Constitucional n. 113, de 8-12-2021.

Art. 116. Fica excepcionalmente autorizado o parcelamento dos débitos decorrentes de contribuições previdenciárias dos Municípios, incluídas suas autarquias e fundações, com o Regime Geral de Previdência Social, com vencimento até 31 de outubro de 2021, ainda que em fase de execução fiscal ajuizada, inclusive os decorrentes do descumprimento de obrigações acessórias e os parcelados anteriormente, no prazo máximo de 240 (duzentos e quarenta) prestações mensais.

•• *Caput* acrescentado pela Emenda Constitucional n. 113, de 8-12-2021.

• A Portaria n. 1.308, de 15-2-2022, da PGFN, dispõe sobre o parcelamento de que trata este artigo, para os débitos inscritos em dívida ativa da União e administrados pela Procuradoria-Geral da Fazenda Nacional.

§ 1.º Os Municípios que possuam regime próprio de previdência social deverão comprovar, para fins de formalização do parcelamento com o Regime Geral de Previdência Social, de que trata este artigo, terem atendido as condições estabelecidas nos incisos I, II, III e IV do *caput* do art. 115 deste Ato das Disposições Constitucionais Transitórias.

•• § 1.º acrescentado pela Emenda Constitucional n. 113, de 8-12-2021.

§ 2.º Os débitos parcelados terão redução de 40% (quarenta por cento) das multas de mora, de ofício e isoladas, de 80% (oitenta por cento) dos juros de mora, de 40% (quarenta por cento) dos encargos legais e de 25% (vinte e cinco por cento) dos honorários advocatícios.

•• § 2.º acrescentado pela Emenda Constitucional n. 113, de 8-12-2021.

§ 3.º O valor de cada parcela será acrescido de juros equivalentes à taxa referencial do Sistema Especial de Liquidação e de Custódia (Selic), acumulada mensalmente, calculados a partir do mês subsequente ao da consolidação até o mês anterior ao do pagamento.

•• § 3.º acrescentado pela Emenda Constitucional n. 113, de 8-12-2021.

§ 4.º Não constituem débitos dos Municípios aqueles considerados prescritos ou atingidos pela decadência.

•• § 4.º acrescentado pela Emenda Constitucional n. 113, de 8-12-2021.

§ 5.º A Secretaria Especial da Receita Federal do Brasil e a Procuradoria-Geral da Fazenda Nacional, no âmbito de suas competências, deverão fixar os critérios para o parcelamento previsto neste artigo, bem como disponibilizar as informações aos Municípios sobre o montante das dívidas, as formas de parcelamento, os juros e os encargos incidentes, de modo a possibilitar o acompanhamento da evolução desses débitos.

•• § 5.º acrescentado pela Emenda Constitucional n. 113, de 8-12-2021.

Art. 117. A formalização dos parcelamentos de que tratam os arts. 115 e 116 deste Ato das Disposições Constitucionais Transitórias deverá ocorrer até 30 de junho de 2022 e ficará condicionada à autorização de vinculação do Fundo de Participação dos Municípios para fins de pagamento das prestações acordadas nos termos de parcelamento, observada a seguinte ordem de preferência:

•• *Caput* acrescentado pela Emenda Constitucional n. 113, de 8-12-2021.

I – a prestação de garantia ou de contragarantia à União ou os pagamentos de débitos em favor da União, na forma do § 4.º do art. 167 da Constituição Federal;

•• Inciso I acrescentado pela Emenda Constitucional n. 113, de 8-12-2021.

II – as contribuições parceladas devidas ao Regime Geral de Previdência Social;

•• Inciso II acrescentado pela Emenda Constitucional n. 113, de 8-12-2021.

III – as contribuições parceladas devidas ao respectivo regime próprio de previdência social.

•• Inciso III acrescentado pela Emenda Constitucional n. 113, de 8-12-2021.

Art. 118. Os limites, as condições, as normas de acesso e os demais requisitos para o atendimento do disposto no parágrafo único do art. 6.º e no inciso VI do *caput* do art. 203 da Constituição Federal serão determinados, na forma da lei e respectivo regulamento, até 31 de dezembro de 2022, dispensada, exclusivamente no exercício de 2022, a observância das limitações legais quanto à criação, à expansão ou ao aperfeiçoamento de ação governamental que acarrete aumento de despesa no referido exercício.

•• Artigo acrescentado pela Emenda Constitucional n. 114, de 16-12-2021.

Art. 119. Em decorrência do estado de calamidade pública provocado pela pandemia da Covid-19, os Estados, o Distrito Federal, os Municípios e os agentes públicos desses entes federados não poderão ser responsabilizados administrativa, civil ou criminalmente pelo descumprimento, exclusivamente nos exercícios financeiros de 2020 e 2021, do disposto no *caput* do art. 212 da Constituição Federal.

•• *Caput* acrescentado pela Emenda Constitucional n. 119, de 27-4-2022.

•• *Vide* art. 2.º da Emenda Constitucional n. 119, de 27-4-2022.

Parágrafo único. Para efeitos do disposto no *caput* deste artigo, o ente deverá complementar na aplicação da manutenção e desenvolvimento do ensino, até o exercício financeiro de 2023, a diferença a menor entre o

valor aplicado, conforme informação registrada no sistema integrado de planejamento e orçamento, e o valor mínimo exigível constitucionalmente para os exercícios de 2020 e 2021.
•• Parágrafo único acrescentado pela Emenda Constitucional n. 119, de 27-4-2022.

Art. 120. Fica reconhecido, no ano de 2022, o estado de emergência decorrente da elevação extraordinária e imprevisível dos preços do petróleo, combustíveis e seus derivados e dos impactos sociais dela decorrentes.
•• *Caput* acrescentado pela Emenda Constitucional n. 123, de 14-7-2022.
•• *Vide* art. 5.º da Emenda Constitucional n. 123, de 14-7-2022.

Parágrafo único. Para enfretamento ou mitigação dos impactos decorrentes do estado de emergência reconhecido, as medidas implementadas, até os limites de despesas previstos em uma única e exclusiva norma constitucional observarão o seguinte:
•• Parágrafo único, *caput*, acrescentado pela Emenda Constitucional n. 123, de 14-7-2022.
•• Parágrafo único conforme publicação oficial. Entendemos, todavia, que a palavra correta é "enfrentamento".

I – quanto às despesas:
•• Inciso I, *caput*, acrescentado pela Emenda Constitucional n. 123, de 14-7-2022.

a) serão atendidas por meio de crédito extraordinário;
•• Alínea *a* acrescentada pela Emenda Constitucional n. 123, de 14-7-2022.

b) não serão consideradas para fins de apuração da meta de resultado primário estabelecida no *caput* do art. 2.º da Lei n. 14.194, de 20 de agosto de 2021, e do limite estabelecido para as despesas primárias, conforme disposto no inciso I do *caput* do art. 107 do Ato das Disposições Constitucionais Transitórias; e
•• Alínea *b* acrescentada pela Emenda Constitucional n. 123, de 14-7-2022.

c) ficarão ressalvadas do disposto no inciso III do *caput* do art. 167 da Constituição Federal;
•• Alínea *c* acrescentada pela Emenda Constitucional n. 123, de 14-7-2022.

II – a abertura do crédito extraordinário para seu atendimento dar-se-á independentemente da observância dos requisitos exigidos no § 3.º do art. 167 da Constituição Federal; e
•• Inciso II acrescentado pela Emenda Constitucional n. 123, de 14-7-2022.

III – a dispensa das limitações legais, inclusive quanto à necessidade de compensação:
•• Inciso III, *caput*, acrescentado pela Emenda Constitucional n. 123, de 14-7-2022.

a) à criação, à expansão ou ao aperfeiçoamento de ação governamental que acarrete aumento de despesa; e
•• Alínea *a* acrescentada pela Emenda Constitucional n. 123, de 14-7-2022.

b) à renúncia de receita que possa ocorrer.
•• Alínea *b* acrescentada pela Emenda Constitucional n. 123, de 14-7-2022.

Art. 121. As contas referentes aos patrimônios acumulados de que trata o § 2.º do art. 239 da Constituição Federal cujos recursos não tenham sido reclamados por prazo superior a 20 (vinte) anos serão encerradas após o prazo de 60 (sessenta) dias da publicação de aviso no *Diário Oficial da União*, ressalvada reivindicação por eventual interessado legítimo dentro do referido prazo.
•• *Caput* acrescentado pela Emenda Constitucional n. 126, de 21-12-2022.

Parágrafo único. Os valores referidos no *caput* deste artigo serão tidos por abandonados, nos termos do inciso III do *caput* do art. 1.275 da Lei n. 10.406, de 10 de janeiro de 2002 (Código Civil), e serão apropriados pelo Tesouro Nacional como receita primária para realização de despesas de investimento de que trata o § 6.º-B do art. 107, que não serão computadas nos limites previstos no art. 107, ambos deste Ato das Disposições Constitucionais Transitórias, podendo o interessado reclamar ressarcimento à União no prazo de até 5 (cinco) anos do encerramento das contas.
•• Parágrafo único acrescentado pela Emenda Constitucional n. 126, de 21-12-2022.

Art. 122. As transferências financeiras realizadas pelo Fundo Nacional de Saúde e pelo Fundo Nacional de Assistência Social diretamente aos fundos de saúde e assistência social estaduais, municipais e distritais, para enfrentamento da pandemia da Covid-19, poderão ser executadas pelos entes federativos até 31 de dezembro de 2023.
•• Artigo acrescentado pela Emenda Constitucional n. 126, de 21-12-2022.

Brasília, 5 de outubro de 1988.

Ulysses Guimarães

Emendas Constitucionais

•• Reproduzimos aqui apenas as Emendas Constitucionais cujos dispositivos são relacionados à matéria trabalhista.

EMENDA CONSTITUCIONAL N. 19, DE 4 DE JUNHO DE 1998 (*)

Modifica o regime e dispõe sobre princípios e normas da Administração Pública, servidores e agentes políticos, controle de despesas e finanças públicas e custeio de atividades a cargo do Distrito Federal, e dá outras providências.

As Mesas da Câmara dos Deputados e do Senado Federal, nos termos do § 3.º do art. 60 da Constituição Federal, promulgam esta Emenda ao texto constitucional:

Art. 1.º Os incisos XIV e XXII do art. 21 e XXVII do art. 22 da Constituição Federal passam a vigorar com a seguinte redação:

•• Alterações já processadas no diploma modificado.

Art. 2.º O § 2.º do art. 27 e os incisos V e VI do art. 29 da Constituição Federal passam a vigorar com a seguinte redação, inserindo-se § 2.º no art. 28 e renumerando-se para § 1.º o atual parágrafo único:

•• Alteração no art. 29, VI, prejudicada pela Emenda Constitucional n. 25, de 14-2-2000.

Art. 3.º O *caput*, os incisos I, II, V, VII, X, XI, XIII, XIV, XV, XVI, XVII e XIX e o § 3.º do art. 37 da Constituição Federal passam a vigorar com a seguinte redação, acrescendo-se ao artigo os §§ 7.º a 9.º:

•• Alterações nos arts. 37, XI e XVI, c, prejudicadas pelas Emendas Constitucionais n. 41, de 19-12-2003 e 34, de 13-12-2001, respectivamente.

Art. 4.º O *caput* do art. 38 da Constituição Federal passa a vigorar com a seguinte redação:

•• Alteração já processada no diploma modificado.

Art. 5.º O art. 39 da Constituição Federal passa a vigorar com a seguinte redação:

•• Alteração já processada no diploma modificado.

Art. 6.º O art. 41 da Constituição Federal passa a vigorar com a seguinte redação:

•• Alteração já processada no diploma modificado.

Art. 7.º O art. 48 da Constituição Federal passa a vigorar acrescido do seguinte inciso XV:

•• Alteração no art. 48, XV, prejudicada pela Emenda Constitucional n. 25, de 14-2-2000.

Art. 8.º Os incisos VII e VIII do art. 49 da Constituição Federal passam a vigorar com a seguinte redação:

•• Alterações já processadas no diploma modificado.

Art. 9.º O inciso IV do art. 51 da Constituição Federal passa a vigorar com a seguinte redação:

•• Alteração já processada no diploma modificado.

Art. 10. O inciso XIII do art. 52 da Constituição Federal passa a vigorar com a seguinte redação:

•• Alteração já processada no diploma modificado.

Art. 11. O § 7.º do art. 57 da Constituição Federal passa a vigorar com a seguinte redação:

•• Alteração prejudicada pela Emenda Constitucional n. 32, de 11-9-2001, que deu nova redação ao § 7.º do art. 57 da CF.

Art. 12. O parágrafo único do art. 70 da Constituição Federal passa a vigorar com a seguinte redação:

•• Alteração já processada no diploma modificado.

Art. 13. O inciso V do art. 93, o inciso III do art. 95 e a alínea *b* do inciso II do art. 96 da Constituição Federal passam a vigorar com a seguinte redação:

•• Alteração no art. 96, II, b, prejudicada pela Emenda Constitucional n. 41, de 19-12-2003.

Art. 14. O § 2.º do art. 127 da Constituição Federal passa a vigorar com a seguinte redação:

•• Alteração já processada no diploma modificado.

Art. 15. A alínea *c* do inciso I do § 5.º do art. 128 da Constituição Federal passa a vigorar com a seguinte redação:

•• Alteração já processada no diploma modificado.

Art. 16. A Seção II do Capítulo IV do Título IV da Constituição Federal passa a denominar-se "DA ADVOCACIA PÚBLICA".

Art. 17. O art. 132 da Constituição Federal passa a vigorar com a seguinte redação:

•• Alteração já processada no diploma modificado.

Art. 18. O art. 135 da Constituição Federal passa a vigorar com a seguinte redação:

•• Alteração já processada no diploma modificado.

Art. 19. O § 1.º e seu inciso III e os §§ 2.º e 3.º do art. 144 da Constituição Federal passam a vigorar com a seguinte redação, inserindo-se no artigo § 9.º:

•• Alterações já processadas no diploma modificado.

Art. 20. O *caput* do art. 167 da Constituição Federal passa a vigorar acrescido de inciso X, com a seguinte redação:

•• Alteração já processada no diploma modificado.

Art. 21. O art. 169 da Constituição Federal passa a vigorar com a seguinte redação:

•• Alteração já processada no diploma modificado.

Art. 22. O § 1.º do art. 173 da Constituição Federal passa a vigorar com a seguinte redação:

•• Alteração já processada no diploma modificado.

Art. 23. O inciso V do art. 206 da Constituição Federal passa a vigorar com a seguinte redação:

•• Alteração prejudicada pela Emenda Constitucional n. 53, de 19-12-2006, que deu nova redação ao inciso V do art. 206 da CF.

Art. 24. O art. 241 da Constituição Federal passa a vigorar com a seguinte redação:

•• Alteração já processada no diploma modificado.

Art. 25. Até a instituição do fundo a que se refere o inciso XIV do art. 21 da Constituição Federal, compete à União manter os atuais compromissos financeiros com a prestação de serviços públicos do Distrito Federal.

Art. 26. No prazo de 2 (dois) anos da promulgação desta Emenda, as entidades da administração indireta terão seus estatutos revistos quanto à respectiva natureza jurídica, tendo em conta a finalidade e as competências efetivamente executadas.

(*) Publicada no *DOU* de 5-6-1998.

Art. 27. O Congresso Nacional, dentro de 120 (cento e vinte) dias da promulgação desta Emenda, elaborará lei de defesa do usuário de serviços públicos.

Art. 28. É assegurado o prazo de 2 (dois) anos de efetivo exercício para aquisição da estabilidade aos atuais servidores em estágio probatório, sem prejuízo da avaliação a que se refere o § 4.º do art. 41 da Constituição Federal.

Art. 29. Os subsídios, vencimentos, remuneração, proventos da aposentadoria e pensões e quaisquer outras espécies remuneratórias adequar-se-ão, a partir da promulgação desta Emenda, aos limites decorrentes da Constituição Federal, não se admitindo a percepção de excesso a qualquer título.

Art. 30. O projeto de lei complementar a que se refere o art. 163 da Constituição Federal será apresentado pelo Poder Executivo ao Congresso Nacional no prazo máximo de 180 (cento e oitenta) dias da promulgação desta Emenda.

Art. 31. A pessoa que revestiu a condição de servidor público federal da administração direta, autárquica ou fundacional, de servidor municipal ou de integrante da carreira de policial, civil ou militar, dos ex-Territórios Federais do Amapá e de Roraima e que, comprovadamente, encontrava-se no exercício de suas funções, prestando serviço à administração pública dos ex-Territórios ou de prefeituras neles localizadas, na data em que foram transformados em Estado, ou a condição de servidor ou de policial, civil ou militar, admitido pelos Estados do Amapá e de Roraima, entre a data de sua transformação em Estado e outubro de 1993, bem como a pessoa que comprove ter mantido, nesse período, relação ou vínculo funcional, de caráter efetivo ou não, ou relação ou vínculo empregatício, estatutário ou de trabalho com a administração pública dos ex-Territórios, dos Estados ou das prefeituras neles localizadas ou com empresa pública ou sociedade de economia mista que haja sido constituída pelo ex-Território ou pela União para atuar no âmbito do ex-Território Federal, inclusive as extintas, poderão integrar, mediante opção, quadro em extinção da administração pública federal.

•• *Caput* com redação determinada pela Emenda Constitucional n. 98, de 6-12-2017.
•• A Lei n. 13.681, de 18-6-2018, dispõe sobre as tabelas de salários, vencimentos, soldos e demais vantagens aplicáveis aos servidores civis, aos militares e aos empregados dos ex-Territórios Federais, integrantes do quadro em extinção de que trata este artigo.

§ 1.º O enquadramento referido no *caput* deste artigo, para os servidores, para os policiais, civis ou militares, e para as pessoas que tenham revestido essa condição, entre a transformação e a instalação dos Estados em outubro de 1993, dar-se-á no cargo em que foram originariamente admitidos ou em cargo equivalente.

•• § 1.º com redação determinada pela Emenda Constitucional n. 98, de 6-12-2017.

§ 2.º Os integrantes da carreira policial militar a que se refere o *caput* continuarão prestando serviços aos respectivos Estados, na condição de cedidos, submetidos às disposições estatutárias a que estão sujeitas as corporações das respectivas Polícias Militares, observados as atribuições de função compatíveis com seu grau hierárquico e o direito às devidas promoções.

•• § 2.º com redação determinada pela Emenda Constitucional n. 79, de 27-5-2014.

§ 3.º As pessoas a que se referem este artigo prestarão serviços aos respectivos Estados ou a seus Municípios, na condição de servidores cedidos, sem ônus para o cessionário, até seu aproveitamento em órgão ou entidade da administração federal direta, autárquica ou fundacional, podendo os Estados, por conta e delegação da União, adotar os procedimentos necessários à cessão de servidores a seus Municípios.

•• § 3.º com redação determinada pela Emenda Constitucional n. 98, de 6-12-2017.

§ 4.º Para fins do disposto no *caput* deste artigo, são meios probatórios de relação ou vínculo funcional, empregatício, estatutário ou de trabalho, independentemente da existência de vínculo atual, além dos admitidos em lei:

•• § 4.º, *caput*, acrescentado pela Emenda Constitucional n. 98, de 6-12-2017.

I – o contrato, o convênio, o ajuste ou o ato administrativo por meio do qual a pessoa tenha revestido a condição de profissional, empregado, servidor público, prestador de serviço ou trabalhador e tenha atuado ou desenvolvido atividade laboral diretamente com o ex-Território, o Estado ou a prefeitura neles localizada, inclusive mediante a interveniência de cooperativa;

•• Inciso I acrescentado pela Emenda Constitucional n. 98, de 6-12-2017.

II – a retribuição, a remuneração ou o pagamento documentado ou formalizado, à época, mediante depósito em conta-corrente bancária ou emissão de ordem de pagamento, de recibo, de nota de empenho ou de ordem bancária em que se identifique a administração pública do ex-Território, do Estado ou de prefeitura neles localizada como fonte pagadora ou origem direta dos recursos, assim como aquele realizado à conta de recursos oriundos de fundo de participação ou de fundo especial, inclusive em proveito do pessoal integrante das tabelas especiais.

•• Inciso II acrescentado pela Emenda Constitucional n. 98, de 6-12-2017.

§ 5.º Além dos meios probatórios de que trata o § 4.º deste artigo, sem prejuízo daqueles admitidos em lei, o enquadramento referido no *caput* deste artigo dependerá de a pessoa ter mantido relação ou vínculo funcional, empregatício, estatutário ou de trabalho com o ex-Território ou o Estado que o tenha sucedido por, pelo menos, noventa dias.

•• § 5.º acrescentado pela Emenda Constitucional n. 98, de 6-12-2017.

§ 6.º As pessoas a que se referem este artigo, para efeito de exercício em órgão ou entidade da administração pública estadual ou municipal dos Estados do Amapá e de Roraima, farão jus à percepção de todas as gratificações e dos demais valores que componham a estrutura remuneratória dos cargos em que tenham sido enquadradas, vedando-se reduzi-los ou suprimi-los por motivo de cessão ao Estado ou a seu Município.

•• § 6.º acrescentado pela Emenda Constitucional n. 98, de 6-12-2017.

Art. 32. A Constituição Federal passa a vigorar acrescida do seguinte artigo:

•• Alteração já processada no diploma modificado.

Art. 33. Consideram-se servidores não estáveis, para os fins do art. 169, § 3.º, II, da Constituição Federal aqueles admitidos na administração direta, autárquica e fundacional sem concurso público de provas ou de provas e títulos após o dia 5 de outubro de 1983.

Art. 34. Esta Emenda Constitucional entra em vigor na data de sua promulgação.

Brasília, 4 de junho de 1998.

Mesa da Câmara dos Deputados

Deputado MICHEL TEMER

Presidente

Mesa do Senado Federal

Senador ANTONIO CARLOS MAGALHÃES

Presidente

EMENDA CONSTITUCIONAL N. 20, DE 15 DE DEZEMBRO DE 1998 (*)

Modifica o sistema de previdência social, estabelece normas de transição e dá outras providências.

As Mesas da Câmara dos Deputados e do Senado Federal, nos termos do § 3.º do art. 60 da Constituição Federal, promulgam a seguinte Emenda ao texto constitucional:

Art. 1.º A Constituição Federal passa a vigorar com as seguintes alterações:

•• Parte das alterações foram prejudicadas por Emendas Constitucionais posteriores: arts. 40, *caput* e §§ 1.º, 3.º, 7.º, 8.º e 15, 42, § 2.º, 142, § 3.º, IX, prejudicados pela Emenda Constitucional n. 41, de 19-12-2003; arts. 40, § 4.º, 195, § 9.º e 201, § 1.º, prejudicados pela Emenda Constitucional n. 47, de 5-7-2005; art. 100, § 3.º, prejudicado pela Emenda Constitucional n. 30, de 13-9-2000; art. 114, § 3.º, prejudicado pela Emenda Constitucional n.

(*) Publicada no *DOU* de 16-12-1998.

45, de 8-12-2004; art. 40, § 1.º, II, pela Emenda Constitucional n. 88, de 7-5-2015; art. 100, § 3.º, pela Emenda Constitucional n. 62, de 9-12-2009; arts. 40, § 1.º, III e §§ 2.º, 5.º, 6.º , 9.º, 12, 13 e 14, 195, II, § 11, 201, I, § 1.º, § 7.º, I e II, §§ 8.º, 9.º e 10, 202, §§ 4.º, 5.º e 6.º, prejudicados pela Emenda Constitucional n. 103, de 12-11-2019.

Art. 2.º A Constituição Federal, nas Disposições Constitucionais Gerais, é acrescida dos seguintes artigos:

•• Alterações já processadas no diploma modificado.

Art. 3.º É assegurada a concessão de aposentadoria e pensão, a qualquer tempo, aos servidores públicos e aos segurados do regime geral de previdência social, bem como aos seus dependentes, que, até a data da publicação desta Emenda, tenham cumprido os requisitos para a obtenção destes benefícios, com base nos critérios da legislação então vigente.

§ 1.º O servidor de que trata este artigo, que tenha completado as exigências para aposentadoria integral e que opte por permanecer em atividade fará jus à isenção da contribuição previdenciária até completar as exigências para aposentadoria contidas no art. 40, § 1.º, III, *a*, da Constituição Federal.

§ 2.º Os proventos da aposentadoria a ser concedida aos servidores públicos referidos no *caput*, em termos integrais ou proporcionais ao tempo de serviço já exercido até a data de publicação desta Emenda, bem como as pensões de seus dependentes, serão calculados de acordo com a legislação em vigor à época em que foram atendidas as prescrições nela estabelecidas para a concessão destes benefícios ou nas condições da legislação vigente.

§ 3.º São mantidos todos os direitos e garantias assegurados nas disposições constitucionais vigentes à data de publicação desta Emenda aos servidores e militares, inativos e pensionistas, aos anistiados e aos ex-combatentes, assim como àqueles que já cumpriram, até aquela data, os requisitos para usufruírem tais direitos, observado o disposto no art. 37, XI, da Constituição Federal.

Art. 4.º Observado o disposto no art. 40, § 10, da Constituição Federal, o tempo de serviço considerado pela legislação vigente para efeito de aposentadoria, cumprido até que a lei discipline a matéria, será contado como tempo de contribuição.

•• *Vide* art. 2.º da Emenda Constitucional n. 41, de 19-12-2003.

Art. 5.º O disposto no art. 202, § 3.º, da Constituição Federal, quanto à exigência de paridade entre a contribuição da patrocinadora e a contribuição do segurado, terá vigência no prazo de 2 (dois) anos a partir da publicação desta Emenda, ou, caso ocorra antes, na data de publicação da lei complementar a que se refere o § 4.º do mesmo artigo.

Art. 6.º As entidades fechadas de previdência privada patrocinadas por entidades públicas, inclusive empresas públicas e sociedades de economia mista, deverão rever, no prazo de 2 (dois) anos, a contar da publicação desta Emenda, seus planos de benefícios e serviços, de modo a ajustá-los atuarialmente a seus ativos, sob pena de intervenção, sendo seus dirigentes e os de suas respectivas patrocinadoras responsáveis civil e criminalmente pelo descumprimento do disposto neste artigo.

Art. 7.º Os projetos das leis complementares previstos no art. 202 da Constituição Federal deverão ser apresentados ao Congresso Nacional no prazo máximo de 90 (noventa) dias após a publicação desta Emenda.

Art. 8.º (*Revogado pela Emenda Constitucional n. 41, de 19-12-2003.*)

Art. 9.º (*Revogado pela Emenda Constitucional n. 103, de 12-11-2019.*)

Art. 10. (*Revogado pela Emenda Constitucional n. 41, de 19-12-2003.*)

Art. 11. A vedação prevista no art. 37, § 10, da Constituição Federal, não se aplica aos membros de poder e aos inativos, servidores e militares, que, até a publicação desta Emenda, tenham ingressado novamente no serviço público por concurso público de provas ou de provas e títulos, e pelas demais formas previstas na Constituição Federal, sendo-lhes proibida a percepção de mais de uma aposentadoria pelo regime de previdência a que se refere o art. 40 da Constituição Federal, aplicando-se-lhes, em qualquer hipótese, o limite de que trata o § 11 deste mesmo artigo.

Art. 12. Até que produzam efeitos as leis que irão dispor sobre as contribuições de que trata o art. 195 da Constituição Federal, são exigíveis as estabelecidas em lei, destinadas ao custeio da seguridade social e dos diversos regimes previdenciários.

Art. 13. (*Revogado pela Emenda Constitucional n. 103, de 12-11-2019.*)

Art. 14. O limite máximo para o valor dos benefícios do regime geral de previdência social de que trata o art. 201 da Constituição Federal é fixado em R$ 1.200,00 (um mil e duzentos reais), devendo, a partir da data da publicação desta Emenda, ser reajustado de forma a preservar, em caráter permanente, seu valor real, atualizado pelos mesmos índices aplicados aos benefícios do regime geral de previdência social.

•• A ADI n. 1.946-5, de 3-4-2003 (*DOU* de 5-6-2003), deu a este artigo, sem redução de texto, interpretação conforme a CF, para excluir sua aplicação ao salário da licença à gestante a que se refere o art. 7.º, XVIII, da CF.

•• Os benefícios previdenciários são reajustados anualmente por meio de ato administrativo do Ministro de Estado da Previdência Social.

Art. 15. (*Revogado pela Emenda Constitucional n. 103, de 12-11-2019.*)

Art. 16. Esta Emenda Constitucional entra em vigor na data de sua publicação.

Art. 17. Revoga-se o inciso II do § 2.º do art. 153 da Constituição Federal.

Brasília, 15 de dezembro de 1998.

Mesa da Câmara dos Deputados

Deputado Michel Temer

Presidente

Mesa do Senado Federal

Senador Antonio Carlos Magalhães

Presidente

EMENDA CONSTITUCIONAL N. 24, DE 9 DE DEZEMBRO DE 1999 (*)

Altera dispositivos da Constituição Federal pertinentes à representação classista na Justiça do Trabalho.

As Mesas da Câmara dos Deputados e do Senado Federal, nos termos do § 3.º do art. 60 da Constituição Federal, promulgam a seguinte Emenda ao texto constitucional:

Art. 1.º Os arts. 111, 112, 113, 115 e 116 da Constituição Federal passam a vigorar com a seguinte redação:

•• Parte das alterações foram prejudicadas por Emendas Constitucionais posteriores: arts. 111, § 1.º e 2.º, 112 e 115, prejudicados pela Emenda Constitucional n. 45, de 8-12-2004.

Art. 2.º É assegurado o cumprimento dos mandatos dos atuais ministros classistas temporários do Tribunal Superior do Trabalho e dos atuais juízes classistas temporários dos Tribunais Regionais do Trabalho e das Juntas de Conciliação e Julgamento.

Art. 3.º Esta Emenda Constitucional entra em vigor na data de sua publicação.

Art. 4.º Revoga-se o art. 117 da Constituição Federal.

Brasília, em 9 de dezembro de 1999.

Mesa da Câmara dos Deputados

Deputado MICHEL TEMER

Presidente

Mesa do Senado Federal

Senador ANTONIO CARLOS MAGALHÃES

Presidente

(*) Publicada no *DOU* de 10-12-1999.

EMENDA CONSTITUCIONAL N. 41, DE 19 DE DEZEMBRO DE 2003 (*)

Modifica os arts. 37, 40, 42, 48, 96, 149 e 201 da Constituição Federal, revoga o inciso IX do § 3.º do art. 142 da Constituição Federal e dispositivos da Emenda Constitucional n. 20, de 15 de dezembro de 1998, e dá outras providências.

As Mesas da Câmara dos Deputados e do Senado Federal, nos termos do § 3.º do art. 60 da Constituição Federal, promulgam a seguinte Emenda ao texto constitucional:

Art. 1.º A Constituição Federal passa a vigorar com as seguintes alterações:

•• Alteração no art. 201, § 12, prejudicada pela Emenda Constitucional n. 47, de 5-7-2005.
•• Alteração prejudicada pela Emenda Constitucional n. 103, de 12-11-2019, que deu nova redação ao arts. 40, *caput*, § 1.º, *caput*, inciso I e §§ 3.º, 7.º, 15, 19 e 20, 149, § 1.º da CF.

Art. 2.º *(Revogado pela Emenda Constitucional n. 103, de 12-11-2019.)*

•• Sobre o prazo de vigência desta revogação, *vide* art. 36, II, da Emenda Constitucional n. 103, de 12-11-2019.
•• O texto revogado dizia:

"Art. 2.º Observado o disposto no art. 4.º da Emenda Constitucional n. 20, de 15 de dezembro de 1998, é assegurado o direito de opção pela aposentadoria voluntária com proventos calculados de acordo com o art. 40, §§ 3.º e 17, da Constituição Federal, àquele que tenha ingressado regularmente em cargo efetivo na Administração Pública direta, autárquica e fundacional, até a data de publicação daquela Emenda, quando o servidor, cumulativamente:

I – tiver cinquenta e três anos de idade, se homem, e quarenta e oito anos de idade, se mulher;

II – tiver cinco anos de efetivo exercício no cargo em que se der a aposentadoria;

III – contar tempo de contribuição igual, no mínimo, à soma de:

a) trinta e cinco anos, se homem, e trinta anos, se mulher; e

b) um período adicional de contribuição equivalente a vinte por cento do tempo que, na data de publicação daquela Emenda, faltaria para atingir o limite de tempo constante da alínea a deste inciso.

§ 1.º O servidor de que trata este artigo que cumprir as exigências para aposentadoria na forma do *caput* terá os seus proventos de inatividade reduzidos para cada ano antecipado em relação aos limites de idade estabelecidos pelo art. 40, § 1.º, III, a, e § 5.º da Constituição Federal, na seguinte proporção:

I – três inteiros e cinco décimos por cento, para aquele que completar as exigências para aposentadoria na forma do *caput* até 31 de dezembro de 2005;

II – cinco por cento, para aquele que completar as exigências para aposentadoria na forma do *caput* a partir de 1.º de janeiro de 2006.

§ 2.º Aplica-se ao magistrado e ao membro do Ministério Público e de Tribunal de Contas o disposto neste artigo.

§ 3.º Na aplicação do disposto no § 2.º deste artigo, o magistrado ou o membro do Ministério Público ou de Tribunal de Contas, se homem, terá o tempo de serviço exercido até a data de publicação da Emenda Constitucional n. 20, de 15 de dezembro de 1998, contado com acréscimo de dezessete por cento, observado o disposto no § 1.º deste artigo.

§ 4.º O professor, servidor da União, dos Estados, do Distrito Federal e dos Municípios, incluídas suas autarquias e fundações, que, até a data de publicação da Emenda Constitucional n. 20, de 15 de dezembro de 1998, tenha ingressado, regularmente, em cargo efetivo de magistério e que opte por aposentar-se na forma do disposto no *caput*, terá o tempo de serviço exercido até a publicação daquela Emenda contado com o acréscimo de dezessete por cento, se homem, e de vinte por cento, se mulher, desde que se aposente, exclusivamente, com tempo de efetivo exercício nas funções de magistério, observado o disposto no § 1.º.

§ 5.º O servidor de que trata este artigo, que tenha completado as exigências para aposentadoria voluntária estabelecidas no *caput*, e que opte por permanecer em atividade, fará jus a um abono de permanência equivalente ao valor da sua contribuição previdenciária até completar as exigências para aposentadoria compulsória contidas no art. 40, § 1.º, II, da Constituição Federal.

§ 6.º Às aposentadorias concedidas de acordo com este artigo aplica-se o disposto no art. 40, § 8.º, da Constituição Federal".

•• *Vide* art. 3.º, § 3.º, da Emenda Constitucional n. 103, de 12-11-2019.

Art. 3.º É assegurada a concessão, a qualquer tempo, de aposentadoria aos servidores públicos, bem como pensão aos seus dependentes, que, até a data de publicação desta Emenda, tenham cumprido todos os requisitos para obtenção desses benefícios, com base nos critérios da legislação então vigente.

§ 1.º O servidor de que trata este artigo que opte por permanecer em atividade tendo completado as exigências para aposentadoria voluntária e que conte com, no mínimo, vinte e cinco anos de contribuição, se mulher, ou trinta anos de contribuição, se homem, fará jus a um abono de permanência equivalente ao valor da sua contribuição previdenciária até completar as exigências para aposentadoria compulsória contidas no art. 40, § 1.º, II, da Constituição Federal.

•• *Vide* art. 3.º, § 3.º, da Emenda Constitucional n. 103, de 12-11-2019.

§ 2.º Os proventos da aposentadoria a ser concedida aos servidores públicos referidos no *caput*, em termos integrais ou proporcionais ao tempo de contribuição já exercido até a data de publicação desta Emenda, bem como as pensões de seus dependentes, serão calculados de acordo com a legislação em vigor à época em que foram atendidos os requisitos nela estabelecidos para a concessão desses benefícios ou nas condições da legislação vigente.

Art. 4.º Os servidores inativos e os pensionistas da União, dos Estados, do Distrito Federal e dos Municípios, incluídas suas autarquias e fundações, em gozo de benefícios na data de publicação desta Emenda, bem como os alcançados pelo disposto no seu art. 3.º, contribuirão para o custeio do regime de que trata o art. 40 da Constituição Federal com percentual igual ao estabelecido para os servidores titulares de cargos efetivos.

Parágrafo único. A contribuição previdenciária a que se refere o *caput* incidirá apenas sobre a parcela dos proventos e das pensões que supere:

I – cinquenta por cento do limite máximo estabelecido para os benefícios do regime geral de previdência social de que trata o art. 201 da Constituição Federal, para os servidores inativos e os pensionistas dos Estados, do Distrito Federal e dos Municípios;

•• O STF, nas ADIs n. 3.105-8, de 18-10-2006 (*DOU* de 9-3-2007), e 3.128-7, de 26-5-2004 (*DOU* de 19-9-2006), julgou inconstitucional a expressão "cinquenta por cento do" contida neste inciso, aplicando-se, então, à hipótese deste artigo o § 18 do art. 40 da Constituição, introduzido por esta Emenda Constitucional.

II – sessenta por cento do limite máximo estabelecido para os benefícios do regime geral de previdência social de que trata o art. 201 da Constituição Federal, para os servidores inativos e os pensionistas da União.

•• O STF, nas ADIs n. 3.105-8, de 18-10-2006 (*DOU* de 9-3-2007), e 3.128-7, de 26-5-2004 (*DOU* de 19-9-2006), julgou inconstitucional a expressão "sessenta por cento do" contida neste inciso, aplicando-se, então, à hipótese deste artigo o § 18 do art. 40 da Constituição, introduzido por esta Emenda Constitucional.

Art. 5.º O limite máximo para o valor dos benefícios do regime geral de previdência social de que trata o art. 201 da Constituição Federal é fixado em R$ 2.400,00 (dois mil e quatrocentos reais), devendo, a partir da data de publicação desta Emenda, ser reajustado de forma a preservar, em caráter permanente, seu valor real, atualizado pelos mesmos índices aplicados aos benefícios do regime geral de previdência social.

•• Os benefícios previdenciários são reajustados anualmente por meio de ato administrativo do Ministro de Estado da Previdência Social.

Art. 6.º *(Revogado pela Emenda Constitucional n. 103, de 12-11-2019.)*

•• Sobre o prazo de vigência desta revogação, *vide* art. 36, II, da Emenda Constitucional n. 103, de 12-11-2019.
•• O texto revogado dizia:

"Art. 6.º Ressalvado o direito de opção à aposentadoria pelas normas estabelecidas pelo art. 40 da Constituição Federal ou pelas regras estabelecidas pelo art. 2.º desta Emenda, o servidor da União, dos Estados, do Distrito Federal e dos Municípios, incluídas suas autarquias e fundações, que tenha ingressado no serviço público até a data de publicação desta Emenda poderá aposentar-se com proventos integrais, que corresponderão à totalidade da remuneração do servidor no cargo efetivo em que se der a aposentadoria, na forma da lei, quando, observadas as reduções de idade e tempo de contribuição contidas no § 5.º do art. 40 da Constituição Federal, vier a preencher, cumulativamente, as seguintes condições:

I – sessenta anos de idade, se homem, e cinquenta e cinco anos de idade, se mulher;

II – trinta e cinco anos de contribuição, se homem, e trinta anos de contribuição, se mulher;

III – vinte anos de efetivo exercício no serviço público; e

IV – dez anos de carreira e cinco anos de efetivo exercício no cargo em que se der a aposentadoria".

•• *Vide* art. 3.º, § 3.º, da Emenda Constitucional n. 103, de 12-11-2019.

(*) Publicada no *DOU* de 31-12-2000. A Lei n. 10.887, de 18-6-2004, dispõe sobre a aplicação de disposições desta EC.

Art. 6.º-A. *(Revogado pela Emenda Constitucional n. 103, de 12-11-2019.)*
•• Sobre o prazo de vigência desta revogação, *vide* art. 36, II, da Emenda Constitucional n. 103, de 12-11-2019.
•• O texto revogado dizia:
"Art. 6.º-A. O servidor da União, dos Estados, do Distrito Federal e dos Municípios, incluídas suas autarquias e fundações, que tenha ingressado no serviço público até a data de publicação desta Emenda Constitucional e que tenha se aposentado ou venha a se aposentar por invalidez permanente, com fundamento no inciso I do § 1.º do art. 40 da Constituição Federal, tem direito a proventos de aposentadoria calculados com base na remuneração do cargo efetivo em que se der a aposentadoria, na forma da lei, não sendo aplicáveis as disposições constantes dos §§ 3.º, 8.º e 17 do art. 40 da Constituição Federal.
•• *Caput* acrescentado pela Emenda Constitucional n. 70, de 29-3-2012.
Parágrafo único. Aplica-se ao valor dos proventos de aposentadorias concedidas com base no *caput* o disposto no art. 7.º desta Emenda Constitucional, observando-se igual critério de revisão às pensões derivadas dos proventos desses servidores.
•• Parágrafo único acrescentado pela Emenda Constitucional n. 70, de 29-3-2012".

Art. 7.º Observado o disposto no art. 37, XI, da Constituição Federal, os proventos de aposentadoria dos servidores públicos titulares de cargo efetivo e as pensões dos seus dependentes pagos pela União, Estados, Distrito Federal e Municípios, incluídas suas autarquias e fundações, em fruição na data de publicação desta Emenda, bem como os proventos de aposentadoria dos servidores e as pensões dos dependentes abrangidos pelo art. 3.º desta Emenda, serão revistos na mesma proporção e na mesma data, sempre que se modificar a remuneração dos servidores em atividade, sendo também estendidos aos aposentados e pensionistas quaisquer benefícios ou vantagens posteriormente concedidos aos servidores em atividade, inclusive quando decorrentes da transformação ou reclassificação do cargo ou função em que se deu a aposentadoria ou que serviu de referência para a concessão da pensão, na forma da lei.
•• *Vide* arts. 2.º e 3.º, parágrafo único, da Emenda Constitucional n. 47, de 5-7-2005.

Art. 8.º Até que seja fixado o valor do subsídio de que trata o art. 37, XI, da Constituição Federal, será considerado, para os fins do limite fixado naquele inciso, o valor da maior remuneração atribuída por lei na data de publicação desta Emenda a Ministro do Supremo Tribunal Federal, a título de vencimento, de representação mensal e da parcela recebida em razão de tempo de serviço, aplicando-se como limite, nos Municípios, o subsídio do Prefeito, e nos Estados e no Distrito Federal, o subsídio mensal do Governador no âmbito do Poder Executivo, o subsídio dos Deputados Estaduais e Distritais no âmbito do Poder Legislativo e o subsídio dos Desembargadores do Tribunal de Justiça, limitado a noventa inteiros e vinte e cinco centésimos por cento da maior remuneração mensal de Ministro do Supremo Tribunal Federal a que se refere este artigo, no âmbito do Poder Judiciário, aplicável este limite aos membros do Ministério Público, aos Procuradores e aos Defensores Públicos.

Art. 9.º Aplica-se o disposto no art. 17 do Ato das Disposições Constitucionais Transitórias aos vencimentos, remunerações e subsídios dos ocupantes de cargos, funções e empregos públicos da administração direta, autárquica e fundacional, dos membros de qualquer dos Poderes da União, dos Estados, do Distrito Federal e dos Municípios, dos detentores de mandato eletivo e dos demais agentes políticos e os proventos, pensões ou outra espécie remuneratória percebidos cumulativamente ou não, incluídas as vantagens pessoais ou de qualquer outra natureza.

Art. 10. Revogam-se o inciso IX do § 3.º do art. 142 da Constituição Federal, bem como os arts. 8.º e 10 da Emenda Constitucional n. 20, de 15 de dezembro de 1998.

Art. 11. Esta Emenda Constitucional entra em vigor na data de sua publicação.

Brasília, em 19 de dezembro de 2003.

Mesa da Câmara dos Deputados
Deputado JOÃO PAULO CUNHA
Presidente
Mesa do Senado Federal
Senador JOSÉ SARNEY
Presidente

EMENDA CONSTITUCIONAL N. 45, DE 8 DE DEZEMBRO DE 2004 (*)

Altera dispositivos dos arts. 5.º, 36, 52, 92, 93, 95, 98, 99, 102, 103, 104, 105, 107, 109, 111, 112, 114, 115, 125, 126, 127, 128, 129, 134 e 168 da Constituição Federal, e acrescenta os arts. 103-A, 103-B, 111-A e 130-A, e dá outras providências.

•• *Vide* Emendas Constitucionais n. 61, de 11-11-2009, n. 103, de 12-11-2019 e n. 122, de 17-5-2022.

As Mesas da Câmara dos Deputados e do Senado Federal, nos termos do § 3.º do art. 60 da Constituição Federal, promulgam a seguinte Emenda ao texto constitucional:

Art. 1.º Os arts. 5.º, 36, 52, 92, 93, 95, 98, 99, 102, 103, 104, 105, 107, 109, 111, 112, 114, 115, 125, 126, 127, 128, 129, 134 e 168 da Constituição Federal passam a vigorar com a seguinte redação:
•• Alterações já processadas no diploma modificado.
•• Alteração prejudicada pela Emenda Constitucional n. 103, de 12-11-2019, que deu nova redação aos arts. 93, VIII, 103-B, § 4.º, III, 130-A, § 2.º, III da CF.

Art. 2.º A Constituição Federal passa a vigorar acrescida dos seguintes arts. 103-A, 103-B, 111-A e 130-A:
•• Alteração parcialmente prejudicada pela Emenda Constitucional n. 61, de 11-11-2009, que deu nova redação ao art. 103-B da CF.

Art. 3.º A lei criará o Fundo de Garantia das Execuções Trabalhistas, integrado pelas multas decorrentes de condenações trabalhistas e administrativas oriundas da fiscalização do trabalho, além de outras receitas.

Art. 4.º Ficam extintos os tribunais de Alçada, onde houver, passando os seus membros a integrar os Tribunais de Justiça dos respectivos Estados, respeitadas a antiguidade e classe de origem.

Parágrafo único. No prazo de cento e oitenta dias, contado da promulgação desta Emenda, os Tribunais de Justiça, por ato administrativo, promoverão a integração dos membros dos tribunais extintos em seus quadros, fixando-lhes a competência e remetendo, em igual prazo, ao Poder Legislativo, proposta de alteração da organização e da divisão judiciária correspondentes, assegurados os direitos dos inativos e pensionistas e o aproveitamento dos servidores no Poder Judiciário estadual.

Art. 5.º O Conselho Nacional de Justiça e o Conselho Nacional do Ministério Público serão instalados no prazo de cento e oitenta dias a contar da promulgação desta Emenda, devendo a indicação ou escolha de seus membros ser efetuada até trinta dias antes do termo final.

§ 1.º Não efetuadas as indicações e escolha dos nomes para os Conselhos Nacional de Justiça e do Ministério Público dentro do prazo fixado no *caput* deste artigo, caberá, respectivamente, ao Supremo Tribunal Federal e ao Ministério Público da União realizá-las.

§ 2.º Até que entre em vigor o Estatuto da Magistratura, o Conselho Nacional de Justiça, mediante resolução, disciplinará seu funcionamento e definirá as atribuições do Ministro-Corregedor.
• A Resolução n. 67, de 3-3-2009, aprova o Regimento Interno do CNJ.

Art. 6.º O Conselho Superior da Justiça do Trabalho será instalado no prazo de cento e oitenta dias, cabendo ao Tribunal Superior do Trabalho regulamentar seu funcionamento por resolução, enquanto não promulgada a lei a que se refere o art. 111-A, § 2.º, II.
• A Resolução Administrativa n. 1.407, de 7-6-2010, do TST, aprova o Regimento Interno do Conselho Superior da Justiça do Trabalho.

Art. 7.º O Congresso Nacional instalará, imediatamente após a promulgação desta Emenda Constitucional, comissão especial mista, destinada a elaborar, em cento e oitenta dias, os projetos de lei necessários à regulamentação da matéria nela tratada, bem como promover alterações na legislação federal objetivando tornar mais amplo o acesso à Justiça e mais célere a prestação jurisdicional.

(*) Publicada no *DOU* de 31-12-2004.

Art. 8.º As atuais súmulas do Supremo Tribunal Federal somente produzirão efeito vinculante após sua confirmação por dois terços de seus integrantes e publicação na imprensa oficial.

Art. 9.º São revogados o inciso IV do art. 36; a alínea h do inciso I do art. 102; o § 4.º do art. 103; e os §§ 1.º a 3.º do art. 111.

Art. 10. Esta Emenda Constitucional entra em vigor na data de sua publicação.

Brasília, em 8 de dezembro de 2004.

Mesa da Câmara dos Deputados
Deputado JOÃO PAULO CUNHA
Presidente
Mesa do Senado Federal
Senador JOSÉ SARNEY
Presidente

EMENDA CONSTITUCIONAL N. 47, DE 5 DE JULHO DE 2005 (*)

Altera os arts. 37, 40, 195 e 201 da Constituição Federal, para dispor sobre a previdência social, e dá outras providências.

As Mesas da Câmara dos Deputados e do Senado Federal, nos termos do § 3.º do art. 60 da Constituição Federal, promulgam a seguinte Emenda ao texto constitucional:

Art. 1.º Os arts. 37, 40, 195 e 201 da Constituição Federal passam a vigorar com a seguinte redação:

•• Alterações já processadas no diploma modificado.

•• Alteração prejudicada pela Emenda Constitucional n. 103, de 12-11-2019, que deu nova redação aos arts. 40, §§ 4.º e 21, 195, § 9.º, 201,§§ 12 e 13 da CF.

Art. 2.º Aplica-se aos proventos de aposentadorias dos servidores públicos que se aposentarem na forma do *caput* do art. 6.º da Emenda Constitucional n. 41, de 2003, o disposto no art. 7.º da mesma Emenda.

Art. 3.º *(Revogado pela Emenda Constitucional n. 103, de 12-11-2019.)*

•• Sobre o prazo de vigência desta revogação, *vide* art. 36, II, da Emenda Constitucional n. 103, de 12-11-2019.

•• *Vide* art. 3.º, § 3.º, da Emenda Constitucional n. 103, de 12-11-2019.

•• O texto revogado dizia:

"Art. 3.º Ressalvado o direito de opção à aposentadoria pelas normas estabelecidas pelo art. 40 da Constituição Federal ou pelas regras estabelecidas pelos arts. 2.º e 6.º da Emenda Constitucional n. 41, de 2003, o servidor da União, dos Estados, do Distrito Federal e dos Municípios, incluídas suas autarquias e fundações, que tenha ingressado no serviço público até 16 de dezembro de 1998 poderá aposentar-se com proventos integrais, desde que preencha, cumulativamente, as seguintes condições:

I – trinta e cinco anos de contribuição, se homem, e trinta anos de contribuição, se mulher;

II – vinte e cinco anos de efetivo exercício no serviço público, quinze anos de carreira e cinco anos no cargo em que se der a aposentadoria;

III – idade mínima resultante da redução, relativamente aos limites do art. 40, § 1.º, inciso III, alínea a, da Constituição Federal, de um ano de idade para cada ano de contribuição que exceder a condição prevista no inciso I do *caput* deste artigo.

Parágrafo único. Aplica-se ao valor dos proventos de aposentadorias concedidas com base neste artigo o disposto no art. 7.º da Emenda Constitucional n. 41, de 2003, observando-se igual critério de revisão às pensões derivadas dos proventos de servidores falecidos que tenham se aposentado em conformidade com este artigo".

Art. 4.º Enquanto não editada a lei a que se refere o § 11 do art. 37 da Constituição Federal, não será computada, para efeito dos limites remuneratórios de que trata o inciso XI do *caput* do mesmo artigo, qualquer parcela de caráter indenizatório, assim definida pela legislação em vigor na data de publicação da Emenda Constitucional n. 41, de 2003.

Art. 5.º Revoga-se o parágrafo único do art. 6.º da Emenda Constitucional n. 41, de 19 de dezembro de 2003.

Art. 6.º Esta Emenda Constitucional entra em vigor na data de sua publicação, com efeitos retroativos à data de vigência da Emenda Constitucional n. 41, de 2003.

Brasília, em 5 de julho de 2005.

Mesa da Câmara dos Deputados
Deputado SEVERINO CAVALCANTI
Presidente
Mesa do Senado Federal
Senador RENAN CALHEIROS
Presidente

EMENDA CONSTITUCIONAL N. 62, DE 9 DE DEZEMBRO DE 2009 (**)

Altera o art. 100 da Constituição Federal e acrescenta o art. 97 ao Ato das Disposições Constitucionais Transitórias, instituindo regime especial de pagamento de precatórios pelos Estados, Distrito Federal e Municípios.

As Mesas da Câmara dos Deputados e do Senado Federal, nos termos do § 3.º do art. 60 da Constituição Federal, promulgam a seguinte Emenda ao texto constitucional:

Art. 1.º O art. 100 da Constituição Federal passa a vigorar com a seguinte redação:

•• Alteração já processada no diploma modificado.

•• Alteração parcialmente prejudicada pela Emenda Constitucional n. 94, de 15-12-2016, que deu nova redação ao art. 100, § 2.º, da CF.

Art. 2.º O Ato das Disposições Constitucionais Transitórias passa a vigorar acrescido do seguinte art. 97:

•• Alteração já processada no diploma modificado.

Art. 3.º A implantação do regime de pagamento criado pelo art. 97 do Ato das Disposições Constitucionais Transitórias deverá ocorrer no prazo de até 90 (noventa) dias, contados da data da publicação desta Emenda Constitucional.

Art. 4.º A entidade federativa voltará a observar somente o disposto no art. 100 da Constituição Federal:

I – no caso de opção pelo sistema previsto no inciso I do § 1.º do art. 97 do Ato das Disposições Constitucionais Transitórias, quando o valor dos precatórios devidos for inferior ao dos recursos destinados ao seu pagamento;

II – no caso de opção pelo sistema previsto no inciso II do § 1.º do art. 97 do Ato das Disposições Constitucionais Transitórias, ao final do prazo.

Art. 5.º Ficam convalidadas todas as cessões de precatórios efetuadas antes da promulgação desta Emenda Constitucional, independentemente da concordância da entidade devedora.

Art. 6.º Ficam também convalidadas todas as compensações de precatórios com tributos vencidos até 31 de outubro de 2009 da entidade devedora, efetuadas na forma do disposto no § 2.º do art. 78 do ADCT, realizadas antes da promulgação desta Emenda Constitucional.

Art. 7.º Esta Emenda Constitucional entra em vigor na data de sua publicação.

Brasília, em 9 de dezembro de 2009.

Mesa da Câmara dos Deputados
Deputado MICHEL TEMER
Presidente
Mesa do Senado Federal
Senador MARCONI PERILLO
1.º Vice-Presidente, no exercício da Presidência

(*) Publicada no *DOU* de 6-7-2005. As alterações determinadas por esta EC já foram processadas no texto da Constituição.

(**) Publicada no *DOU* de 10-12-2009.

EMENDA CONSTITUCIONAL N. 70, DE 29 DE MARÇO DE 2012 (*)

Acrescenta art. 6.º-A à Emenda Constitucional n. 41, de 2003, para estabelecer critérios para o cálculo e a correção dos proventos da aposentadoria por invalidez dos servidores públicos que ingressaram no serviço público até a data da publicação daquela Emenda Constitucional.

As Mesas da Câmara dos Deputados e do Senado Federal, nos termos do § 3.º do art. 60 da Constituição Federal, promulgam a seguinte Emenda ao texto constitucional:

Art. 1.º A Emenda Constitucional n. 41, de 19 de dezembro de 2003, passa a vigorar acrescida do seguinte art. 6.º-A:

•• Alteração já processada no diploma modificado.

Art. 2.º A União, os Estados, o Distrito Federal e os Municípios, assim como as respectivas autarquias e fundações, procederão, no prazo de 180 (cento e oitenta) dias da entrada em vigor desta Emenda Constitucional, à revisão das aposentadorias, e das pensões delas decorrentes, concedidas a partir de 1.º de janeiro de 2004, com base na redação dada ao § 1.º do art. 40 da Constituição Federal pela Emenda Constitucional n. 20, de 15 de dezembro de 1998, com efeitos financeiros a partir da data de promulgação desta Emenda Constitucional.

•• A Orientação Normativa n. 1, de 30-5-2012, da Secretaria de Políticas de Previdência Social, estabelece orientações para o cálculo e as revisões dos benefícios de aposentadoria por invalidez e das pensões deles decorrentes concedidas pelos regimes próprios de previdência social para fins de cumprimento desta Emenda.

Art. 3.º Esta Emenda Constitucional entra em vigor na data de sua publicação.

Brasília, 29 de março de 2012.

Mesa da Câmara dos Deputados

Deputado MARCO MAIA

Presidente

Mesa do Senado Federal

Senador JOSÉ SARNEY

Presidente

EMENDA CONSTITUCIONAL N. 79, DE 27 DE MAIO DE 2014 (**)

Altera o art. 31 da Emenda Constitucional n. 19, de 4 de junho de 1998, para prever a inclusão, em quadro em extinção da Administração Federal, de servidores e policiais militares admitidos pelos Estados do Amapá e de Roraima, na fase de instalação dessas unidades federadas, e dá outras providências.

As Mesas da Câmara dos Deputados e do Senado Federal, nos termos do § 3.º do art. 60 da Constituição Federal, promulgam a seguinte Emenda ao texto constitucional:

Art. 1.º O art. 31 da Emenda Constitucional n. 19, de 4 de junho de 1998, passa a vigorar com a seguinte redação:

•• Alteração prejudicada pela Emenda Constitucional n. 98, de 6-12-2017, que deu nova redação ao art. 31 da Emenda Constitucional n. 19, de 4-6-1998.

Art. 2.º Para fins do enquadramento disposto no *caput* do art. 31 da Emenda Constitucional n. 19, de 4 de junho de 1998, e no *caput* do art. 89 do Ato das Disposições Constitucionais Transitórias, é reconhecido o vínculo funcional, com a União, dos servidores regularmente admitidos nos quadros dos Municípios integrantes dos ex-Territórios do Amapá, de Roraima e de Rondônia em efetivo exercício na data de transformação desses ex-Territórios em Estados.

Art. 3.º Os servidores dos ex-Territórios do Amapá, de Roraima e de Rondônia incorporados a quadro em extinção da União serão enquadrados em cargos de atribuições equivalentes ou assemelhadas, integrantes de planos de cargos e carreiras da União, no nível de progressão alcançado, assegurados os direitos, vantagens e padrões remuneratórios a eles inerentes.

Art. 4.º Cabe à União, no prazo máximo de 180 (cento e oitenta) dias, contado a partir da data de publicação desta Emenda Constitucional, regulamentar o enquadramento de servidores estabelecido no art. 31 da Emenda Constitucional n. 19, de 4 de junho de 1998, e no art. 89 do Ato das Disposições Constitucionais Transitórias.

Parágrafo único. No caso de a União não regulamentar o enquadramento previsto no *caput*, o optante tem direito ao pagamento retroativo das diferenças remuneratórias desde a data do encerramento do prazo para a regulamentação referida neste artigo.

Art. 5.º A opção para incorporação em quadro em extinção da União, conforme disposto no art. 31 da Emenda Constitucional n. 19, de 4 de junho de 1998, e no art. 89 do Ato das Disposições Constitucionais Transitórias, deverá ser formalizada pelos servidores e policiais militares interessados perante a administração, no prazo máximo de 180 (cento e oitenta) dias, contado a partir da regulamentação prevista no art. 4.º.

Art. 6.º Os servidores admitidos regularmente que comprovadamente se encontravam no exercício de funções policiais nas Secretarias de Segurança Pública dos ex-Territórios do Amapá, de Roraima e de Rondônia na data em que foram transformados em Estados serão enquadrados no quadro da Polícia Civil dos ex-Territórios, no prazo de 180 (cento e oitenta) dias, assegurados os direitos, vantagens e padrões remuneratórios a eles inerentes.

•• Vide art. 6.º da Emenda Constitucional n. 98, de 6-12-2017.

Art. 7.º Aos servidores admitidos regularmente pela União nas Carreiras do Grupo Tributação, Arrecadação e Fiscalização de que trata a Lei n. 6.550, de 5 de julho de 1978, cedidos aos Estados do Amapá, de Roraima e de Rondônia são assegurados os mesmos direitos remuneratórios auferidos pelos integrantes das Carreiras correspondentes do Grupo Tributação, Arrecadação e Fiscalização da União de que trata a Lei n. 5.645, de 10 de dezembro de 1970.

•• Vide art. 5.º da Emenda Constitucional n. 98, de 6-12-2017.

Art. 8.º Os proventos das aposentadorias, pensões, reformas e reservas remuneradas, originados no período de outubro de 1988 a outubro de 1993, passam a ser mantidos pela União a partir da data de publicação desta Emenda Constitucional, vedado o pagamento, a qualquer título, de valores referentes a períodos anteriores a sua publicação.

Art. 9.º É vedado o pagamento, a qualquer título, em virtude das alterações promovidas por esta Emenda Constitucional, de remunerações, proventos, pensões ou indenizações referentes a períodos anteriores à data do enquadramento, salvo o disposto no parágrafo único do art. 4.º.

Art. 10. Esta Emenda Constitucional entra em vigor na data de sua publicação.

Brasília, 27 de maio de 2014.

Mesa da Câmara dos Deputados

Deputado HENRIQUE EDUARDO ALVES

Presidente

Mesa do Senado Federal

Senador RENAN CALHEIROS

Presidente

(*) Publicada no *DOU* de 30-3-2012.

(**) Publicada no *DOU* de 28-5-2014. A Lei n. 13.681, de 18-6-2018, disciplina o disposto nesta Emenda Constitucional.

EMENDA CONSTITUCIONAL N. 103
DE 12 DE NOVEMBRO DE 2019 (*)

Altera o sistema de previdência social e estabelece regras de transição e disposições transitórias.

As Mesas da Câmara dos Deputados e do Senado Federal, nos termos do § 3.º do art. 60 da Constituição Federal, promulgam a seguinte Emenda ao texto constitucional:

Art. 1.º A Constituição Federal passa a vigorar com as seguintes alterações:

•• Alterações já processadas no diploma modificado.

Art. 2.º O art. 76 do Ato das Disposições Constitucionais Transitórias passa a vigorar com a seguinte redação:

•• Alteração já processada no diploma modificado.

Art. 3.º A concessão de aposentadoria ao servidor público federal vinculado a regime próprio de previdência social e ao segurado do Regime Geral de Previdência Social e de pensão por morte aos respectivos dependentes será assegurada, a qualquer tempo, desde que tenham sido cumpridos os requisitos para obtenção desses benefícios até a data de entrada em vigor desta Emenda Constitucional, observados os critérios da legislação vigente na data em que foram atendidos os requisitos para a concessão da aposentadoria ou da pensão por morte.

§ 1.º Os proventos de aposentadoria devidos ao servidor público a que se refere o *caput* e as pensões por morte devidas aos seus dependentes serão calculados e reajustados de acordo com a legislação em vigor à época em que foram atendidos os requisitos nela estabelecidos para a concessão desses benefícios.

§ 2.º Os proventos de aposentadoria devidos ao segurado a que se refere o *caput* e as pensões por morte devidas aos seus dependentes serão apurados de acordo com a legislação em vigor à época em que foram atendidos os requisitos nela estabelecidos para a concessão desses benefícios.

§ 3.º Até que entre em vigor lei federal de que trata o § 19 do art. 40 da Constituição Federal, o servidor de que trata o *caput* que tenha cumprido os requisitos para aposentadoria voluntária com base no disposto na alínea *a* do inciso III do § 1.º do art. 40 da Constituição Federal, na redação vigente até a data de entrada em vigor desta Emenda Constitucional, no art. 2.º, no § 1.º do art. 3.º ou no art. 6.º da Emenda Constitucional n. 41, de 19 de dezembro de 2003, ou no art. 3.º da Emenda Constitucional n. 47, de 5 de julho de 2005, que optar por permanecer em atividade fará jus a um abono de permanência equivalente ao valor da sua contribuição previdenciária, até completar a idade para aposentadoria compulsória.

Art. 4.º O servidor público federal que tenha ingressado no serviço público em cargo efetivo até a data de entrada em vigor desta Emenda Constitucional poderá aposentar-se voluntariamente quando preencher, cumulativamente, os seguintes requisitos:

I – 56 (cinquenta e seis) anos de idade, se mulher, e 61 (sessenta e um) anos de idade, se homem, observado o disposto no § 1.º;

II – 30 (trinta anos) de contribuição, se mulher, e 35 (trinta e cinco) anos de contribuição, se homem;

III – 20 (vinte) anos de efetivo exercício no serviço público;

IV – 5 (cinco) anos no cargo efetivo em que se der a aposentadoria; e

V – somatório da idade e do tempo de contribuição, incluídas as frações, equivalente a 86 (oitenta e seis) pontos, se mulher, e 96 (noventa e seis) pontos, se homem, observado o disposto nos §§ 2.º e 3.º.

§ 1.º A partir de 1.º de janeiro de 2022, a idade mínima a que se refere o inciso I do *caput* será de 57 (cinquenta e sete) anos de idade, se mulher, e 62 (sessenta e dois) anos de idade, se homem.

§ 2.º A partir de 1.º de janeiro de 2020, a pontuação a que se refere o inciso V do *caput* será acrescida a cada ano de 1 (um) ponto, até atingir o limite de 100 (cem) pontos, se mulher, e de 105 (cento e cinco) pontos, se homem.

§ 3.º A idade e o tempo de contribuição serão apurados em dias para o cálculo do somatório de pontos a que se referem o inciso V do *caput* e o § 2.º.

§ 4.º Para o titular do cargo de professor que comprovar exclusivamente tempo de efetivo exercício das funções de magistério na educação infantil e no ensino fundamental e médio, os requisitos de idade e de tempo de contribuição de que tratam os incisos I e II do *caput* serão:

I – 51 (cinquenta e um) anos de idade, se mulher, e 56 (cinquenta e seis) anos de idade, se homem;

II – 25 (vinte e cinco) anos de contribuição, se mulher, e 30 (trinta) anos de contribuição, se homem; e

III – 52 (cinquenta e dois) anos de idade, se mulher, e 57 (cinquenta e sete) anos de idade, se homem, a partir de 1.º de janeiro de 2022.

§ 5.º O somatório da idade e do tempo de contribuição de que trata o inciso V do *caput* para as pessoas a que se refere o § 4.º, incluídas as frações, será de 81 (oitenta e um) pontos, se mulher, e 91 (noventa e um) pontos, se homem, aos quais serão acrescidos, a partir de 1.º de janeiro de 2020, 1 (um) ponto a cada ano, até atingir o limite de 92 (noventa e dois) pontos, se mulher, e de 100 (cem) pontos, se homem.

§ 6.º Os proventos das aposentadorias concedidas nos termos do disposto neste artigo corresponderão:

I – à totalidade da remuneração do servidor público no cargo efetivo em que se der a aposentadoria, observado o disposto no § 8.º, para o servidor público que tenha ingressado no serviço público em cargo efetivo até 31 de dezembro de 2003 e que não tenha feito a opção de que trata o § 16 do art. 40 da Constituição Federal, desde que tenha, no mínimo, 62 (sessenta e dois) anos de idade, se mulher, e 65 (sessenta e cinco) anos de idade, se homem, ou, para os titulares do cargo de professor de que trata o § 4.º, 57 (cinquenta e sete) anos de idade, se mulher, e 60 (sessenta) anos de idade, se homem;

II – ao valor apurado na forma da lei, para o servidor público não contemplado no inciso I.

§ 7.º Os proventos das aposentadorias concedidas nos termos do disposto neste artigo não serão inferiores ao valor a que se refere o § 2.º do art. 201 da Constituição Federal e serão reajustados:

I – de acordo com o disposto no art. 7.º da Emenda Constitucional n. 41, de 19 de dezembro de 2003, se cumpridos os requisitos previstos no inciso I do § 6.º; ou

II – nos termos estabelecidos para o Regime Geral de Previdência Social, na hipótese prevista no inciso II do § 6.º.

§ 8.º Considera-se remuneração do servidor público no cargo efetivo, para fins de cálculo dos proventos de aposentadoria com fundamento no disposto no inciso I do § 6.º ou no inciso I do § 2.º do art. 20, o valor constituído pelo subsídio, pelo vencimento e pelas vantagens pecuniárias permanentes do cargo, estabelecidos em lei, acrescidos dos adicionais de caráter individual e das vantagens pessoais permanentes, observados os seguintes critérios:

I – se o cargo estiver sujeito a variações na carga horária, o valor das rubricas que refletem essa variação integrará o cálculo do valor da remuneração do servidor público no cargo efetivo em que se deu a aposentadoria, considerando-se a média aritmética simples dessa carga horária proporcional ao número de anos completos de recebimento e contribuição, contínuos ou intercalados, em relação ao tempo total exigido para a aposentadoria;

II – se as vantagens pecuniárias permanentes forem variáveis por estarem vinculadas a indicadores de desempenho, produtividade ou situação simi-

(*) Publicada no *DOU* de 13-11-2019. A Instrução Normativa n. 128, de 28-3-2022, do INSS, dispõe sobre as alterações promovidas por esta Emenda Constitucional, disciplina as regras, procedimentos e rotinas necessárias à efetiva aplicação das normas de direito previdenciário.

lar, o valor dessas vantagens integrará o cálculo da remuneração do servidor público no cargo efetivo mediante a aplicação, sobre o valor atual de referência das vantagens pecuniárias permanentes variáveis, da média aritmética simples do indicador, proporcional ao número de anos completos de recebimento e de respectiva contribuição, contínuos ou intercalados, em relação ao tempo total exigido para a aposentadoria ou, se inferior, ao tempo total de percepção da vantagem.

§ 9.º Aplicam-se às aposentadorias dos servidores dos Estados, do Distrito Federal e dos Municípios as normas constitucionais e infraconstitucionais anteriores à data de entrada em vigor desta Emenda Constitucional, enquanto não promovidas alterações na legislação interna relacionada ao respectivo regime próprio de previdência social.

§ 10. Estende-se o disposto no § 9.º às normas sobre aposentadoria de servidores públicos incompatíveis com a redação atribuída por esta Emenda Constitucional aos §§ 4.º, 4.º-A, 4.º-B e 4.º-C do art. 40 da Constituição Federal.

Art. 5.º O policial civil do órgão a que se refere o inciso XIV do *caput* do art. 21 da Constituição Federal, o policial dos órgãos a que se referem o inciso IV do *caput* do art. 51, o inciso XIII do *caput* do art. 52 e os incisos I a III do *caput* do art. 144 da Constituição Federal e o ocupante de cargo de agente federal penitenciário ou socioeducativo que tenham ingressado na respectiva carreira até a data de entrada em vigor desta Emenda Constitucional poderão aposentar-se, na forma da Lei Complementar n. 51, de 20 de dezembro de 1985, observada a idade mínima de 55 (cinquenta e cinco) anos para ambos os sexos ou o disposto no § 3.º.

•• A Lei Complementar n. 51, de 20-12-1985, dispõe sobre a aposentadoria do servidor público policial, nos termos do § 4.º do art. 40 da Constituição Federal.

§ 1.º Serão considerados tempo de exercício em cargo de natureza estritamente policial, para os fins do inciso II do art. 1.º da Lei Complementar n. 51, de 20 de dezembro de 1985, o tempo de atividade militar nas Forças Armadas, nas polícias militares e nos corpos de bombeiros militares e o tempo de atividade como agente penitenciário ou socioeducativo.

§ 2.º Aplicam-se às aposentadorias dos servidores dos Estados de que trata o § 4.º-B do art. 40 da Constituição Federal as normas constitucionais e infraconstitucionais anteriores à data de entrada em vigor desta Emenda Constitucional, enquanto não promovidas alterações na legislação interna relacionada ao respectivo regime próprio de previdência social.

§ 3.º Os servidores de que trata o *caput* poderão aposentar-se aos 52 (cinquenta e dois) anos de idade, se mulher, e aos 53 (cinquenta e três) anos de idade, se homem, desde que cumprido período adicional de contribuição correspondente ao tempo que, na data de entrada em vigor desta Emenda Constitucional, faltaria para atingir o tempo de contribuição previsto na Lei Complementar n. 51, de 20 de dezembro de 1985.

Art. 6.º O disposto no § 14 do art. 37 da Constituição Federal não se aplica a aposentadorias concedidas pelo Regime Geral de Previdência Social até a data de entrada em vigor desta Emenda Constitucional.

Art. 7.º O disposto no § 15 do art. 37 da Constituição Federal não se aplica a complementações de aposentadorias e pensões concedidas até a data de entrada em vigor desta Emenda Constitucional.

Art. 8.º Até que entre em vigor lei federal de que trata o § 19 do art. 40 da Constituição Federal, o servidor público federal que cumprir as exigências para a concessão da aposentadoria voluntária nos termos do disposto nos arts. 4.º, 5.º, 20, 21 e 22 e que optar por permanecer em atividade fará jus a um abono de permanência equivalente ao valor da sua contribuição previdenciária, até completar a idade para aposentadoria compulsória.

Art. 9.º Até que entre em vigor lei complementar que discipline o § 22 do art. 40 da Constituição Federal, aplicam-se aos regimes próprios de previdência social o disposto na Lei n. 9.717, de 27 de novembro de 1998, e o disposto neste artigo.

§ 1.º O equilíbrio financeiro e atuarial do regime próprio de previdência social deverá ser comprovado por meio de garantia de equivalência, a valor presente, entre o fluxo das receitas estimadas e das despesas projetadas, apuradas atuarialmente, que, juntamente com os bens, direitos e ativos vinculados, comparados às obrigações assumidas, evidenciem a solvência e a liquidez do plano de benefícios.

§ 2.º O rol de benefícios dos regimes próprios de previdência social fica limitado às aposentadorias e à pensão por morte.

§ 3.º Os afastamentos por incapacidade temporária para o trabalho e o salário-maternidade serão pagos diretamente pelo ente federativo e não correrão à conta do regime próprio de previdência social ao qual o servidor se vincula.

§ 4.º Os Estados, o Distrito Federal e os Municípios não poderão estabelecer alíquota inferior à da contribuição dos servidores da União, exceto se demonstrado que o respectivo regime próprio de previdência social não possui déficit atuarial a ser equacionado, hipótese em que a alíquota não poderá ser inferior às alíquotas aplicáveis ao Regime Geral de Previdência Social.

§ 5.º Para fins do disposto no § 4.º, não será considerada como ausência de déficit a implementação de segregação da massa de segurados ou a previsão em lei de plano de equacionamento de déficit.

§ 6.º A instituição do regime de previdência complementar na forma dos §§ 14 a 16 do art. 40 da Constituição Federal e a adequação do órgão ou entidade gestora do regime próprio de previdência social ao § 20 do art. 40 da Constituição Federal deverão ocorrer no prazo máximo de 2 (dois) anos da data de entrada em vigor desta Emenda Constitucional.

§ 7.º Os recursos de regime próprio de previdência social poderão ser aplicados na concessão de empréstimos a seus segurados, na modalidade de consignados, observada regulamentação específica estabelecida pelo Conselho Monetário Nacional.

§ 8.º Por meio de lei, poderá ser instituída contribuição extraordinária pelo prazo máximo de 20 (vinte) anos, nos termos dos §§ 1.º-B e 1.º-C do art. 149 da Constituição Federal.

§ 9.º O parcelamento ou a moratória de débitos dos entes federativos com seus regimes próprios de previdência social fica limitado ao prazo a que se refere o § 11 do art. 195 da Constituição.

Art. 10. Até que entre em vigor lei federal que discipline os benefícios do regime próprio de previdência social dos servidores da União, aplica-se o disposto neste artigo.

§ 1.º Os servidores públicos federais serão aposentados:

I – voluntariamente, observados, cumulativamente, os seguintes requisitos:

a) 62 (sessenta e dois) anos de idade, se mulher, e 65 (sessenta e cinco) anos de idade, se homem; e

b) 25 (vinte e cinco) anos de contribuição, desde que cumprido o tempo mínimo de 10 (dez) anos de efetivo exercício no serviço público e de 5 (cinco) anos no cargo efetivo em que for concedida a aposentadoria;

II – por incapacidade permanente para o trabalho, no cargo em que estiverem investidos, quando insuscetíveis de readaptação, hipótese em que será obrigatória a realização de avaliações periódicas para verificação da continuidade das condições que ensejaram a concessão da aposentadoria; ou

III – compulsoriamente, na forma do disposto no inciso II do § 1.º do art. 40 da Constituição Federal.

§ 2.º Os servidores públicos federais com direito a idade mínima ou tempo de contribuição distintos da regra geral para concessão de aposentadoria na forma dos §§ 4.º-B, 4.º-C e 5.º do art. 40 da Constituição Federal poderão aposentar-se, observados os seguintes requisitos:

I – o policial civil do órgão a que se refere o inciso XIV do *caput* do art. 21 da Constituição Federal, o policial dos órgãos a que se referem o inciso IV do *caput* do art. 51, o inciso XIII do *caput* do art. 52 e os incisos I a III do *caput* do art. 144 da Constituição Federal e o ocupante de cargo de agen-

te federal penitenciário ou socioeducativo, aos 55 (cinquenta e cinco) anos de idade, com 30 (trinta) anos de contribuição e 25 (vinte e cinco) anos de efetivo exercício em cargo dessas carreiras, para ambos os sexos;

II – o servidor público federal cujas atividades sejam exercidas com efetiva exposição a agentes químicos, físicos e biológicos prejudiciais à saúde, ou associação desses agentes, vedada a caracterização por categoria profissional ou ocupação, aos 60 (sessenta) anos de idade, com 25 (vinte e cinco) anos de efetiva exposição e contribuição, 10 (dez) anos de efetivo exercício de serviço público e 5 (cinco) anos no cargo efetivo em que for concedida a aposentadoria;

III – o titular do cargo federal de professor, aos 60 (sessenta) anos de idade, se homem, aos 57 (cinquenta e sete) anos, se mulher, com 25 (vinte e cinco) anos de contribuição exclusivamente em efetivo exercício das funções de magistério na educação infantil e no ensino fundamental e médio, 10 (dez) anos de efetivo exercício de serviço público e 5 (cinco) anos no cargo efetivo em que for concedida a aposentadoria, para ambos os sexos.

§ 3.º A aposentadoria a que se refere o § 4.º-C do art. 40 da Constituição Federal observará adicionalmente as condições e os requisitos estabelecidos para o Regime Geral de Previdência Social, naquilo em que não conflitarem com as regras específicas aplicáveis ao regime próprio de previdência social da União, vedada a conversão de tempo especial em comum.

§ 4.º Os proventos das aposentadorias concedidas nos termos do disposto neste artigo serão apurados na forma da lei.

§ 5.º Até que entre em vigor lei federal de que trata o § 19 do art. 40 da Constituição Federal, o servidor federal que cumprir as exigências para a concessão da aposentadoria voluntária nos termos do disposto neste artigo e que optar por permanecer em atividade fará jus a um abono de permanência equivalente ao valor da sua contribuição previdenciária, até completar a idade para aposentadoria compulsória.

§ 6.º A pensão por morte devida aos dependentes do policial civil do órgão a que se refere o inciso XIV do *caput* do art. 21 da Constituição Federal, do policial dos órgãos a que se referem o inciso IV do *caput* do art. 51, o inciso XIII do *caput* do art. 52 e os incisos I a III do *caput* do art. 144 da Constituição Federal e dos ocupantes dos cargos de agente federal penitenciário ou socioeducativo decorrente de agressão sofrida no exercício ou em razão da função será vitalícia para o cônjuge ou companheiro e equivalente à remuneração do cargo.

§ 7.º Aplicam-se às aposentadorias dos servidores dos Estados, do Distrito Federal e dos Municípios as normas constitucionais e infraconstitucionais anteriores à data de entrada em vigor desta Emenda Constitucional, enquanto não promovidas alterações na legislação interna relacionada ao respectivo regime próprio de previdência social.

Art. 11. Até que entre em vigor lei que altere a alíquota da contribuição previdenciária de que tratam os arts. 4.º, 5.º e 6.º da Lei n. 10.887, de 18 de junho de 2004, esta será de 14% (quatorze por cento).

•• Sobre o prazo de vigência deste artigo, *vide* art. 36, I, desta Emenda Constitucional.

• A Lei n. 10.887, de 18-6-2004, dispõe sobre o cálculo dos proventos de aposentadoria dos servidores titulares de cargo efetivo de qualquer dos Poderes da União, dos Estados, do Distrito Federal e dos Municípios, incluídas suas autarquias e fundações.

§ 1.º A alíquota prevista no *caput* será reduzida ou majorada, considerado o valor da base de contribuição ou do benefício recebido, de acordo com os seguintes parâmetros:

•• A Portaria Interministerial n. 26, de 10-1-2023, dos Ministérios da Previdência Social e da Fazenda, dispõe, em seu art. 10, sobre o reajuste dos valores previstos nos incisos II a VIII desse § 1.º: "Art. 10. Os valores previstos nos incisos II a VIII do § 1.º do art. 11 da Emenda Constitucional n. 103, de 12 de novembro de 2019, ficam reajustados a partir de 1.º de janeiro de 2023 em 5,93% (cinco inteiros e noventa e três décimos por cento), índice aplicado aos benefícios do RGPS, nos termos do § 3.º do mesmo artigo. § 1.º Em razão do reajuste previsto no *caput*, a alíquota de 14% (quatorze por cento) estabelecida no *caput* do art. 11 da Emenda Constitucional n. 103, de 2019, será reduzida ou majorada, considerado o valor da base de contribuição ou do benefício recebido, de acordo com os parâmetros previstos no Anexo III desta Portaria. § 2.º A alíquota, reduzida ou majorada nos termos do disposto no § 1.º, será aplicada de forma progressiva sobre a base de contribuição do servidor ativo de quaisquer dos Poderes da União, incluídas suas entidades autárquicas e suas fundações, incidindo cada alíquota sobre a faixa de valores compreendida nos respectivos limites. § 3.º A alíquota de contribuição de que trata o *caput* do art. 11 da Emenda Constitucional n. 103, de 2019, com a redução ou a majoração decorrentes do disposto nos incisos I a VIII do § 1.º do mesmo artigo, será devida pelos aposentados e pensionistas de quaisquer dos Poderes da União, incluídas suas entidades autárquicas e suas fundações, e incidirá sobre o valor da parcela dos proventos de aposentadoria e de pensões que supere o limite máximo estabelecido para os benefícios do RGPS, hipótese em que será considerada a totalidade do valor do benefício para fins de definição das alíquotas aplicáveis".

I – até 1 (um) salário mínimo, redução de seis inteiros e cinco décimos pontos percentuais;

II – acima de 1 (um) salário mínimo até R$ 2.000,00 (dois mil reais), redução de cinco pontos percentuais;

III – de R$ 2.000,01 (dois mil reais e um centavo) até R$ 3.000,00 (três mil reais), redução de dois pontos percentuais;

IV – de R$ 3.000,01 (três mil reais e um centavo) até R$ 5.839,45 (cinco mil oitocentos e trinta e nove reais e quarenta e cinco centavos), sem redução ou acréscimo;

V – de R$ 5.839,46 (cinco mil oitocentos e trinta e nove reais e quarenta e seis centavos) até R$ 10.000,00 (dez mil reais), acréscimo de meio ponto percentual;

VI – de R$ 10.000,01 (dez mil reais e um centavo) até R$ 20.000,00 (vinte mil reais), acréscimo de dois inteiros e cinco décimos pontos percentuais;

VII – de R$ 20.000,01 (vinte mil reais e um centavo) até R$ 39.000,00 (trinta e nove mil reais), acréscimo de cinco pontos percentuais; e

VIII – acima de R$ 39.000,00 (trinta e nove mil reais), acréscimo de oito pontos percentuais.

§ 2.º A alíquota, reduzida ou majorada nos termos do disposto no § 1.º, será aplicada de forma progressiva sobre a base de contribuição do servidor ativo, incidindo cada alíquota sobre a faixa de valores compreendida nos respectivos limites.

§ 3.º Os valores previstos no § 1.º serão reajustados, a partir da data de entrada em vigor desta Emenda Constitucional, na mesma data e com o mesmo índice em que se der o reajuste dos benefícios do Regime Geral de Previdência Social, ressalvados aqueles vinculados ao salário mínimo, aos quais se aplica a legislação específica.

§ 4.º A alíquota de contribuição de que trata o *caput*, com a redução ou a majoração decorrentes do disposto no § 1.º, será devida pelos aposentados e pensionistas de quaisquer dos Poderes da União, incluídas suas entidades autárquicas e suas fundações, e incidirá sobre o valor da parcela dos proventos de aposentadoria e de pensões que supere o limite máximo estabelecido para os benefícios do Regime Geral de Previdência Social, hipótese em que será considerada a totalidade do valor do benefício para fins de definição das alíquotas aplicáveis.

Art. 12. A União instituirá sistema integrado de dados relativos às remunerações, proventos e pensões dos segurados dos regimes de previdência de que tratam os arts. 40, 201 e 202 da Constituição Federal, aos benefícios dos programas de assistência social de que trata o art. 203 da Constituição Federal e às remunerações, proventos de inatividade e pensão por morte decorrentes das atividades militares de que tratam os arts. 42 e 142 da Constituição Federal, em interação com outras bases de dados, ferramentas e plataformas, para o fortalecimento de sua gestão, governança e transparência e o cumprimento das disposições estabelecidas nos incisos XI e XVI do art. 37 da Constituição Federal.

§ 1.º A União, os Estados, o Distrito Federal e os Municípios e os órgãos e entidades gestoras dos regimes, dos sistemas e dos programas a que se refere o *caput* disponibilizarão as informações necessárias para a estruturação do sistema integrado de dados e terão acesso ao compartilhamento das referidas informações, na forma da legislação.

§ 2.º É vedada a transmissão das informações de que trata este artigo a qualquer pessoa física ou jurídica para a prática de atividade não relacionada à fiscalização dos regimes, dos sistemas e dos programas a que se refere o *caput*.

Art. 13. Não se aplica o disposto no § 9.º do art. 39 da Constituição Federal a parcelas remuneratórias decorrentes de incorporação de vantagens de caráter temporário ou vinculadas ao exercício de função de confiança ou de cargo em comissão efetivada até a data de entrada em vigor desta Emenda Constitucional.

Art. 14. Vedadas a adesão de novos segurados e a instituição de novos regimes dessa natureza, os atuais segurados de regime de previdência aplicável a titulares de mandato eletivo da União, dos Estados, do Distrito Federal e dos Municípios poderão, por meio de opção expressa formalizada no prazo de 180 (cento e oitenta) dias, contado da data de entrada em vigor desta Emenda Constitucional, retirar-se dos regimes previdenciários aos quais se encontrem vinculados.

§ 1.º Os segurados, atuais e anteriores, do regime de previdência de que trata a Lei n. 9.506, de 30 de outubro de 1997, que fizerem a opção de permanecer nesse regime previdenciário deverão cumprir período adicional correspondente a 30% (trinta por cento) do tempo de contribuição que faltaria para aquisição do direito à aposentadoria na data de entrada em vigor desta Emenda Constitucional e somente poderão aposentar-se a partir dos 62 (sessenta e dois) anos de idade, se mulher, e 65 (sessenta e cinco) anos de idade, se homem.

• A Lei n. 9.506, de 30-10-1997, extinguiu o Instituto de Previdência dos Congressistas – IPC.

§ 2.º Se for exercida a opção prevista no *caput*, será assegurada a contagem do tempo de contribuição vertido para o regime de previdência ao qual o segurado se encontrava vinculado, nos termos do disposto no § 9.º do art. 201 da Constituição Federal.

§ 3.º A concessão de aposentadoria aos titulares de mandato eletivo e de pensão por morte aos dependentes de titular de mandato eletivo falecido será assegurada, a qualquer tempo, desde que cumpridos os requisitos para obtenção desses benefícios até a data de entrada em vigor desta Emenda Constitucional, observados os critérios da legislação vigente na data em que foram atendidos os requisitos para a concessão da aposentadoria ou da pensão por morte.

§ 4.º Observado o disposto nos §§ 9.º e 9.º-A do art. 201 da Constituição Federal, o tempo de contribuição a regime próprio de previdência social e ao Regime Geral de Previdência Social, assim como o tempo de contribuição decorrente das atividades militares de que tratam os arts. 42 e 142 da Constituição Federal, que tenha sido considerado para a concessão de benefício pelos regimes a que se refere o *caput* não poderá ser utilizado para obtenção de benefício naqueles regimes.

§ 5.º Lei específica do Estado, do Distrito Federal ou do Município deverá disciplinar a regra de transição a ser aplicada aos segurados que, na forma do *caput*, fizerem a opção de permanecer no regime previdenciário de que trata este artigo.

Art. 15. Ao segurado filiado ao Regime Geral de Previdência Social até a data de entrada em vigor desta Emenda Constitucional, fica assegurado o direito à aposentadoria quando forem preenchidos, cumulativamente, os seguintes requisitos:

•• A Instrução Normativa n. 128, de 28-3-2022, do INSS, dispõe sobre aposentadoria por tempo de contribuição.

I – 30 (trinta) anos de contribuição, se mulher, e 35 (trinta e cinco) anos de contribuição, se homem; e

II – somatório da idade e do tempo de contribuição, incluídas as frações, equivalente a 86 (oitenta e seis) pontos, se mulher, e 96 (noventa e seis) pontos, se homem, observado o disposto nos §§ 1.º e 2.º.

§ 1.º A partir de 1.º de janeiro de 2020, a pontuação a que se refere o inciso II do *caput* será acrescida a cada ano de 1 (um) ponto, até atingir o limite de 100 (cem) pontos, se mulher, e de 105 (cento e cinco) pontos, se homem.

§ 2.º A idade e o tempo de contribuição serão apurados em dias para o cálculo do somatório de pontos a que se referem o inciso II do *caput* e o § 1.º.

§ 3.º Para o professor que comprovar exclusivamente 25 (vinte e cinco) anos de contribuição, se mulher, e 30 (trinta) anos de contribuição, se homem, em efetivo exercício das funções de magistério na educação infantil e no ensino fundamental e médio, o somatório da idade e do tempo de contribuição, incluídas as frações, será equivalente a 81 (oitenta e um) pontos, se mulher, e 91 (noventa e um) pontos, se homem, aos quais serão acrescidos, a partir de 1.º de janeiro de 2020, 1 (um) ponto a cada ano para o homem e para a mulher, até atingir o limite de 92 (noventa e dois) pontos, se mulher, e 100 (cem) pontos, se homem.

§ 4.º O valor da aposentadoria concedida nos termos do disposto neste artigo será apurado na forma da lei.

Art. 16. Ao segurado filiado ao Regime Geral de Previdência Social até a data de entrada em vigor desta Emenda Constitucional fica assegurado o direito à aposentadoria quando preencher, cumulativamente, os seguintes requisitos:

•• A Instrução Normativa n. 128, de 28-3-2022, do INSS, dispõe sobre aposentadoria por tempo de contribuição.

I – 30 (trinta) anos de contribuição, se mulher, e 35 (trinta e cinco) anos de contribuição, se homem; e

II – idade de 56 (cinquenta e seis) anos, se mulher, e 61 (sessenta e um) anos, se homem.

§ 1.º A partir de 1.º de janeiro de 2020, a idade a que se refere o inciso II do *caput* será acrescida de 6 (seis) meses a cada ano, até atingir 62 (sessenta e dois) anos de idade, se mulher, e 65 (sessenta e cinco) anos de idade, se homem.

§ 2.º Para o professor que comprovar exclusivamente tempo de efetivo exercício das funções de magistério na educação infantil e no ensino fundamental e médio, o tempo de contribuição e a idade de que tratam os incisos I e II do *caput* deste artigo serão reduzidos em 5 (cinco) anos, sendo, a partir de 1.º de janeiro de 2020, acrescidos 6 (seis) meses, a cada ano, às idades previstas no inciso II do *caput*, até atingirem 57 (cinquenta e sete) anos, se mulher, e 60 (sessenta) anos, se homem.

§ 3.º O valor da aposentadoria concedida nos termos do disposto neste artigo será apurado na forma da lei.

Art. 17. Ao segurado filiado ao Regime Geral de Previdência Social até a data de entrada em vigor desta Emenda Constitucional e que na referida data contar com mais de 28 (vinte e oito) anos de contribuição, se mulher, e 33 (trinta e três) anos de contribuição, se homem, fica assegurado o direito à aposentadoria quando preencher, cumulativamente, os seguintes requisitos:

•• A Instrução Normativa n. 128, de 28-3-2022, do INSS, dispõe sobre aposentadoria por tempo de contribuição.

I – 30 (trinta) anos de contribuição, se mulher, e 35 (trinta e cinco) anos de contribuição, se homem; e

II – cumprimento de período adicional correspondente a 50% (cinquenta por cento) do tempo que, na data de entrada em vigor desta Emenda Constitucional, faltaria para atingir 30 (trinta) anos de contribuição, se mulher, e 35 (trinta e cinco) anos de contribuição, se homem.

Parágrafo único. O benefício concedido nos termos deste artigo terá seu valor apurado de acordo com a média aritmética simples dos salários de contribuição e das remunerações calculada na forma da lei, multiplicada pelo fator previdenciário, calculado na forma do disposto nos §§ 7.º a 9.º do art. 29 da Lei n. 8.213, de 24 de julho de 1991.

Art. 18. O segurado de que trata o inciso I do § 7.º do art. 201 da Constituição Federal filiado ao Regime Geral de Previdência Social até a data de entrada em vigor desta Emenda Constitucional poderá aposentar-se quando preencher, cumulativamente, os seguintes requisitos:

•• A Instrução Normativa n. 128, de 28-3-2022, do INSS, dispõe sobre aposentadoria por tempo de contribuição.

I – 60 (sessenta) anos de idade, se mulher, e 65 (sessenta e cinco) anos de idade, se homem; e

II – 15 (quinze) anos de contribuição, para ambos os sexos.

§ 1.º A partir de 1.º de janeiro de 2020, a idade de 60 (sessenta) anos da mulher, prevista no inciso I do *caput*, será acrescida em 6 (seis) meses a cada ano, até atingir 62 (sessenta e dois) anos de idade.

§ 2.º O valor da aposentadoria de que trata este artigo será apurado na forma da lei.

Art. 19. Até que lei disponha sobre o tempo de contribuição a que se refere o inciso I do § 7.º do art. 201 da Constituição Federal, o segurado filiado ao Regime Geral de Previdência Social após a data de entrada em vigor desta Emenda Constitucional será aposentado aos 62 (sessenta e dois) anos de idade, se mulher, 65 (sessenta e cinco) anos de idade, se homem, com 15 (quinze) anos de tempo de contribuição, se mulher, e 20 (vinte) anos de tempo de contribuição, se homem.

•• A Instrução Normativa n. 128, de 28-3-2022, do INSS, dispõe sobre aposentadoria por tempo de contribuição.

§ 1.º Até que lei complementar disponha sobre a redução de idade mínima ou tempo de contribuição prevista nos §§ 1.º e 8.º do art. 201 da Constituição Federal, será concedida aposentadoria:

I – aos segurados que comprovem o exercício de atividades com efetiva exposição a agentes químicos, físicos e biológicos prejudiciais à saúde, ou associação desses agentes, vedada a caracterização por categoria profissional ou ocupação, durante, no mínimo, 15 (quinze), 20 (vinte) ou 25 (vinte e cinco) anos, nos termos do disposto nos arts. 57 e 58 da Lei n. 8.213, de 24 de julho de 1991, quando cumpridos:

• Aposentadoria Especial: arts. 57 e 58 da Lei n. 8.213, de 24-7-1991.

a) 55 (cinquenta e cinco) anos de idade, quando se tratar de atividade especial de 15 (quinze) anos de contribuição;

b) 58 (cinquenta e oito) anos de idade, quando se tratar de atividade especial de 20 (vinte) anos de contribuição; ou

c) 60 (sessenta) anos de idade, quando se tratar de atividade especial de 25 (vinte e cinco) anos de contribuição;

II – ao professor que comprove 25 (vinte e cinco) anos de contribuição exclusivamente em efetivo exercício das funções de magistério na educação infantil e no ensino fundamental e médio e tenha 57 (cinquenta e sete) anos de idade, se mulher, e 60 (sessenta) anos de idade, se homem.

§ 2.º O valor das aposentadorias de que trata este artigo será apurado na forma da lei.

Art. 20. O segurado ou o servidor público federal que se tenha filiado ao Regime Geral de Previdência Social ou ingressado no serviço público em cargo efetivo até a data de entrada em vigor desta Emenda Constitucional poderá aposentar-se voluntariamente quando preencher, cumulativamente, os seguintes requisitos:

•• A Instrução Normativa n. 128, de 28-3-2022, do INSS, dispõe sobre aposentadoria por tempo de contribuição.

I – 57 (cinquenta e sete) anos de idade, se mulher, e 60 (sessenta) anos de idade, se homem;

II – 30 (trinta) anos de contribuição, se mulher, e 35 (trinta e cinco) anos de contribuição, se homem;

III – para os servidores públicos, 20 (vinte) anos de efetivo exercício no serviço público e 5 (cinco) anos no cargo efetivo em que se der a aposentadoria;

IV – período adicional de contribuição correspondente ao tempo que, na data de entrada em vigor desta Emenda Constitucional, faltaria para atingir o tempo mínimo de contribuição referido no inciso II.

§ 1.º Para o professor que comprovar exclusivamente tempo de efetivo exercício das funções de magistério na educação infantil e no ensino fundamental e médio serão reduzidos, para ambos os sexos, os requisitos de idade e de tempo de contribuição em 5 (cinco) anos.

§ 2.º O valor das aposentadorias concedidas nos termos do disposto neste artigo corresponderá:

I – em relação ao servidor público que tenha ingressado no serviço público em cargo efetivo até 31 de dezembro de 2003 e que não tenha feito a opção de que trata o § 16 do art. 40 da Constituição Federal, à totalidade da remuneração no cargo efetivo em que se der a aposentadoria, observado o disposto no § 8.º do art. 4.º; e

II – em relação aos demais servidores públicos e aos segurados do Regime Geral de Previdência Social, ao valor apurado na forma da lei.

•• A Instrução Normativa n. 128, de 28-3-2022, do INSS, dispõe sobre aposentadoria por tempo de contribuição.

§ 3.º O valor das aposentadorias concedidas nos termos do disposto neste artigo não será inferior ao valor a que se refere o § 2.º do art. 201 da Constituição Federal e será reajustado:

I – de acordo com o disposto no art. 7.º da Emenda Constitucional n. 41, de 19 de dezembro de 2003, se cumpridos os requisitos previstos no inciso I do § 2.º;

II – nos termos estabelecidos para o Regime Geral de Previdência Social, na hipótese prevista no inciso II do § 2.º.

§ 4.º Aplicam-se às aposentadorias dos servidores dos Estados, do Distrito Federal e dos Municípios as normas constitucionais e infraconstitucionais anteriores à data de entrada em vigor desta Emenda Constitucional, enquanto não promovidas alterações na legislação interna relacionada ao respectivo regime próprio de previdência social.

Art. 21. O segurado ou o servidor público federal que se tenha filiado ao Regime Geral de Previdência Social ou ingressado no serviço público em cargo efetivo até a data de entrada em vigor desta Emenda Constitucional cujas atividades tenham sido exercidas com efetiva exposição a agentes químicos, físicos e biológicos prejudiciais à saúde, ou associação desses agentes, vedada a caracterização por categoria profissional ou ocupação, desde que cumpridos, no caso do servidor, o tempo mínimo de 20 (vinte) anos de efetivo exercício no serviço público e de 5 (cinco) anos no cargo efetivo em que for concedida a aposentadoria, na forma dos arts. 57 e 58 da Lei n. 8.213, de 24 de julho de 1991, poderão aposentar-se quando o total da soma resultante da sua idade e do tempo de contribuição e o tempo de efetiva exposição forem, respectivamente, de:

•• A Instrução Normativa n. 128, de 28-3-2022, do INSS, dispõe sobre regra de transição da aposentadoria especial.

• Aposentadoria Especial: arts. 57 e 58 da Lei n. 8.213, de 24-7-1991.

I – 66 (sessenta e seis) pontos e 15 (quinze) anos de efetiva exposição;

II – 76 (setenta e seis) pontos e 20 (vinte) anos de efetiva exposição; e

III – 86 (oitenta e seis) pontos e 25 (vinte e cinco) anos de efetiva exposição.

§ 1.º A idade e o tempo de contribuição serão apurados em dias para o cálculo do somatório de pontos a que se refere o *caput*.

§ 2.º O valor da aposentadoria de que trata este artigo será apurado na forma da lei.

§ 3.º Aplicam-se às aposentadorias dos servidores dos Estados, do Distrito Federal e dos Municípios cujas atividades sejam exercidas com efetiva exposição a agentes químicos, físicos e biológicos prejudiciais à saúde, ou associação desses agentes, vedada a caracterização por categoria profissional ou ocupação, na forma do § 4.º-C do art. 40 da Constituição Federal, as normas constitucionais e infraconstitucionais anteriores à data de entrada em vigor desta Emenda Constitucional, enquanto não promovidas alterações na legislação interna relacionada ao respectivo regime próprio de previdência social.

Art. 22. Até que lei discipline o § 4.º-A do art. 40 e o inciso I do § 1.º do art. 201 da Constituição Federal, a aposentadoria da pessoa com deficiência segurada do Regime Geral de Previdência Social ou do servidor público federal com deficiência vinculado a regime próprio de previdência social, desde que cumpridos, no caso do servidor, o tempo mínimo de 10 (dez) anos de efetivo exercício no serviço público e de 5 (cinco) anos no cargo efetivo em que for concedida a aposentadoria, será concedida na forma da Lei Complementar n. 142, de 8 de maio de 2013, inclusive quanto aos critérios de cálculo dos benefícios.

Parágrafo único. Aplicam-se às aposentadorias dos servidores com deficiência dos Estados, do Distrito Federal e dos Municípios as normas constitucionais e infraconstitucionais anteriores à data de entrada em vigor desta Emenda Constitucional, enquanto não promovidas alterações na legislação interna relacionada ao respectivo regime próprio de previdência social.

Art. 23. A pensão por morte concedida a dependente de segurado do Regime Geral de Previdência Social ou de servidor público federal será equivalente a uma cota familiar de 50% (cinquenta por cento) do

valor da aposentadoria recebida pelo segurado ou servidor ou daquela a que teria direito se fosse aposentado por incapacidade permanente na data do óbito, acrescida de cotas de 10 (dez) pontos percentuais por dependente, até o máximo de 100% (cem por cento).

•• A Instrução Normativa n. 128, de 28-3-2022, do INSS, dispõe sobre pensão por morte.

§ 1.º As cotas por dependente cessarão com a perda dessa qualidade e não serão reversíveis aos demais dependentes, preservado o valor de 100% (cem por cento) da pensão por morte quando o número de dependentes remanescente for igual ou superior a 5 (cinco).

§ 2.º Na hipótese de existir dependente inválido ou com deficiência intelectual, mental ou grave, o valor da pensão por morte de que trata o *caput* será equivalente a:

I – 100% (cem por cento) da aposentadoria recebida pelo segurado ou servidor ou daquela a que teria direito se fosse aposentado por incapacidade permanente na data do óbito, até o limite máximo de benefícios do Regime Geral de Previdência Social; e

II – uma cota familiar de 50% (cinquenta por cento) acrescida de cotas de 10 (dez) pontos percentuais por dependente, até o máximo de 100% (cem) por cento, para o valor que supere o limite máximo de benefícios do Regime Geral de Previdência Social.

§ 3.º Quando não houver mais dependente inválido ou com deficiência intelectual, mental ou grave, o valor da pensão será recalculado na forma do disposto no *caput* e no § 1.º.

§ 4.º O tempo de duração da pensão por morte e das cotas individuais por dependente até a perda dessa qualidade, o rol de dependentes e sua qualificação e as condições necessárias para enquadramento serão aqueles estabelecidos na Lei n. 8.213, de 24 de julho de 1991.

§ 5.º Para o dependente inválido ou com deficiência intelectual, mental ou grave, sua condição pode ser reconhecida previamente ao óbito do segurado, por meio de avaliação biopsicossocial realizada por equipe multiprofissional e interdisciplinar, observada revisão periódica na forma da legislação.

§ 6.º Equiparam-se a filho, para fins de recebimento da pensão por morte, exclusivamente o enteado e o menor tutelado, desde que comprovada a dependência econômica.

§ 7.º As regras sobre pensão previstas neste artigo e na legislação vigente na data de entrada em vigor desta Emenda Constitucional poderão ser alteradas na forma da lei para o Regime Geral de Previdência Social e para o regime próprio de previdência social da União.

§ 8.º Aplicam-se às pensões concedidas aos dependentes de servidores dos Estados, do Distrito Federal e dos Municípios as normas constitucionais e infraconstitucionais anteriores à data de entrada em vigor desta Emenda Constitucional, enquanto não promovidas alterações na legislação interna relacionada ao respectivo regime próprio de previdência social.

Art. 24. É vedada a acumulação de mais de uma pensão por morte deixada por cônjuge ou companheiro, no âmbito do mesmo regime de previdência social, ressalvadas as pensões do mesmo instituidor decorrentes do exercício de cargos acumuláveis na forma do art. 37 da Constituição Federal.

•• A Instrução Normativa n. 128, de 28-3-2022, do INSS, dispõe sobre acumulação do valor da pensão por morte com outros benefícios.

§ 1.º Será admitida, nos termos do § 2.º, a acumulação de:

I – pensão por morte deixada por cônjuge ou companheiro de um regime de previdência social com pensão por morte concedida por outro regime de previdência social ou com pensões decorrentes das atividades militares de que tratam os arts. 42 e 142 da Constituição Federal;

II – pensão por morte deixada por cônjuge ou companheiro de um regime de previdência social com aposentadoria concedida no âmbito do Regime Geral de Previdência Social ou de regime próprio de previdência social ou com proventos de inatividade decorrentes das atividades militares de que tratam os arts. 42 e 142 da Constituição Federal; ou

III – pensões decorrentes das atividades militares de que tratam os arts. 42 e 142 da Constituição Federal com aposentadoria concedida no âmbito do Regime Geral de Previdência Social ou de regime próprio de previdência social.

§ 2.º Nas hipóteses das acumulações previstas no § 1.º, é assegurada a percepção do valor integral do benefício mais vantajoso e de uma parte de cada um dos demais benefícios, apurada cumulativamente de acordo com as seguintes faixas:

I – 60% (sessenta por cento) do valor que exceder 1 (um) salário mínimo, até o limite de 2 (dois) salários mínimos;

II – 40% (quarenta por cento) do valor que exceder 2 (dois) salários mínimos, até o limite de 3 (três) salários mínimos;

III – 20% (vinte por cento) do valor que exceder 3 (três) salários mínimos, até o limite de 4 (quatro) salários mínimos; e

IV – 10% (dez por cento) do valor que exceder 4 (quatro) salários mínimos.

§ 3.º A aplicação do disposto no § 2.º poderá ser revista a qualquer tempo, a pedido do interessado, em razão de alteração de algum dos benefícios.

§ 4.º As restrições previstas neste artigo não serão aplicadas se o direito aos benefícios houver sido adquirido antes da data de entrada em vigor desta Emenda Constitucional.

§ 5.º As regras sobre acumulação previstas neste artigo e na legislação vigente na data de entrada em vigor desta Emenda Constitucional poderão ser alteradas na forma do § 6.º do art. 40 e do § 15 do art. 201 da Constituição Federal.

Art. 25. Será assegurada a contagem de tempo de contribuição fictício no Regime Geral de Previdência Social decorrente de hipóteses descritas na legislação vigente até a data de entrada em vigor desta Emenda Constitucional para fins de concessão de aposentadoria, observando-se, a partir da sua entrada em vigor, o disposto no § 14 do art. 201 da Constituição Federal.

§ 1.º Para fins de comprovação de atividade rural exercida até a data de entrada em vigor desta Emenda Constitucional, o prazo de que tratam os §§ 1.º e 2.º do art. 38-B da Lei n. 8.213, de 24 de julho de 1991, será prorrogado até a data em que o Cadastro Nacional de Informações Sociais (CNIS) atingir a cobertura mínima de 50% (cinquenta por cento) dos trabalhadores de que trata o § 8.º do art. 195 da Constituição Federal, apurada conforme quantitativo da Pesquisa Nacional por Amostra de Domicílios Contínua (Pnad).

§ 2.º Será reconhecida a conversão de tempo especial em comum, na forma prevista na Lei n. 8.213, de 24 de julho de 1991, ao segurado do Regime Geral de Previdência Social que comprovar tempo de efetivo exercício de atividade sujeita a condições especiais que efetivamente prejudiquem a saúde, cumprido até a data de entrada em vigor desta Emenda Constitucional, vedada a conversão para o tempo cumprido após esta data.

§ 3.º Considera-se nula a aposentadoria que tenha sido concedida ou que venha a ser concedida por regime próprio de previdência social com contagem recíproca do Regime Geral de Previdência Social mediante o cômputo de tempo de serviço sem o recolhimento da respectiva contribuição ou da correspondente indenização pelo segurado obrigatório responsável, à época do exercício da atividade, pelo recolhimento de suas próprias contribuições previdenciárias.

Art. 26. Até que lei discipline o cálculo dos benefícios do regime próprio de previdência social da União e do Regime Geral de Previdência Social, será utilizada a média aritmética simples dos salários de contribuição e das remunerações adotados como base para contribuições a regime próprio de previdência social e ao Regime Geral de Previdência Social, ou como base para contribuições decorrentes das atividades militares de que tratam os arts. 42 e 142 da Constituição Federal, atualizados monetariamente, correspondentes a 100% (cem por cento) do período contributivo desde a competência julho de 1994 ou desde o início da contribuição, se posterior àquela competência.

•• A Instrução Normativa n. 128, de 28-3-2022, do INSS, dispõe sobre cálculo do valor do benefício.

§ 1.º A média a que se refere o *caput* será limitada ao valor máximo do salário de contribuição do Regime Geral de Previdência Social para os segurados desse regime e para o servidor que ingressou no serviço público em cargo efetivo após a implantação do regime de previdência complementar ou que tenha exercido a opção correspondente, nos termos do disposto nos §§ 14 a 16 do art. 40 da Constituição Federal.

§ 2.º O valor do benefício de aposentadoria corresponderá a 60% (sessenta por cento) da média aritmética definida na forma prevista no *caput* e no § 1.º, com acréscimo de 2 (dois) pontos percentuais para cada ano de contribuição que exceder o tempo de 20 (vinte) anos de contribuição nos casos:

I – do inciso II do § 6.º do art. 4.º, do § 4.º do art. 15, do § 3.º do art. 16 e do § 2.º do art. 18;

II – do § 4.º do art. 10, ressalvado o disposto no inciso II do § 3.º e no § 4.º deste artigo;

III – de aposentadoria por incapacidade permanente aos segurados do Regime Geral de Previdência Social, ressalvado o disposto no inciso II do § 3.º deste artigo; e

IV – do § 2.º do art. 19 e do § 2.º do art. 21, ressalvado o disposto no § 5.º deste artigo.

§ 3.º O valor do benefício de aposentadoria corresponderá a 100% (cem por cento) da média aritmética definida na forma prevista no *caput* e no § 1.º:

I – no caso do inciso II do § 2.º do art. 20;

II – no caso de aposentadoria por incapacidade permanente, quando decorrer de acidente de trabalho, de doença profissional e de doença do trabalho.

§ 4.º O valor do benefício da aposentadoria de que trata o inciso III do § 1.º do art. 10 corresponderá ao resultado do tempo de contribuição dividido por 20 (vinte) anos, limitado a um inteiro, multiplicado pelo valor apurado na forma do *caput* do § 2.º deste artigo, ressalvado o caso de cumprimento de critérios de acesso para aposentadoria voluntária que resulte em situação mais favorável.

§ 5.º O acréscimo a que se refere o *caput* do § 2.º será aplicado para cada ano que exceder 15 (quinze) anos de tempo de contribuição para os segurados de que tratam a alínea *a* do inciso I do § 1.º do art. 19 e o inciso I do art. 21 e para as mulheres filiadas ao Regime Geral de Previdência Social.

§ 6.º Poderão ser excluídas da média as contribuições que resultem em redução do valor do benefício, desde que mantido o tempo mínimo de contribuição exigido, vedada a utilização do tempo excluído para qualquer finalidade, inclusive para o acréscimo a que se referem os §§ 2.º e 5.º, para a averbação em outro regime previdenciário ou para a obtenção dos proventos de inatividade das atividades de que tratam os arts. 42 e 142 da Constituição Federal.

§ 7.º Os benefícios calculados nos termos do disposto neste artigo serão reajustados nos termos estabelecidos para o Regime Geral de Previdência Social.

Art. 27. Até que lei discipline o acesso ao salário-família e ao auxílio-reclusão de que trata o inciso IV do art. 201 da Constituição Federal, esses benefícios serão concedidos apenas àqueles que tenham renda bruta mensal igual ou inferior a R$ 1.364,43 (mil trezentos e sessenta e quatro reais e quarenta e três centavos), que serão corrigidos pelos mesmos índices aplicados aos benefícios do Regime Geral de Previdência Social.

§ 1.º Até que lei discipline o valor do auxílio-reclusão, de que trata o inciso IV do art. 201 da Constituição Federal, seu cálculo será realizado na forma daquele aplicável à pensão por morte, não podendo exceder o valor de 1 (um) salário mínimo.

•• A Instrução Normativa n. 128, de 28-3-2022, do INSS, dispõe sobre auxílio-reclusão.

§ 2.º Até que lei discipline o valor do salário-família, de que trata o inciso IV do art. 201 da Constituição Federal, seu valor será de R$ 46,54 (quarenta e seis reais e cinquenta e quatro centavos).

Art. 28. Até que lei altere as alíquotas da contribuição de que trata a Lei n. 8.212, de 24 de julho de 1991, devidas pelo segurado empregado, inclusive o doméstico, e pelo trabalhador avulso, estas serão de:

•• Sobre o prazo de vigência deste artigo, *vide* art. 36, I, desta Emenda Constitucional.

I – até 1 (um) salário mínimo, 7,5% (sete inteiros e cinco décimos por cento);

II – acima de 1 (um) salário mínimo até R$ 2.000,00 (dois mil reais), 9% (nove por cento);

III – de R$ 2.000,01 (dois mil reais e um centavo) até R$ 3.000,00 (três mil reais), 12% (doze por cento); e

IV – de R$ 3.000,01 (três mil reais e um centavo) até o limite do salário de contribuição, 14% (quatorze por cento).

§ 1.º As alíquotas previstas no *caput* serão aplicadas de forma progressiva sobre o salário de contribuição do segurado, incidindo cada alíquota sobre a faixa de valores compreendida nos respectivos limites.

§ 2.º Os valores previstos no *caput* serão reajustados, a partir da data de entrada em vigor desta Emenda Constitucional, na mesma data e com o mesmo índice em que se der o reajuste dos benefícios do Regime Geral de Previdência Social, ressalvados aqueles vinculados ao salário mínimo, aos quais se aplica a legislação específica.

Art. 29. Até que entre em vigor lei que disponha sobre o § 14 do art. 195 da Constituição Federal, o segurado que, no somatório de remunerações auferidas no período de 1 (um) mês, receber remuneração inferior ao limite mínimo mensal do salário de contribuição poderá:

I – complementar a sua contribuição, de forma a alcançar o limite mínimo exigido;

II – utilizar o valor da contribuição que exceder o limite mínimo de contribuição de uma competência em outra; ou

III – agrupar contribuições inferiores ao limite mínimo de diferentes competências, para aproveitamento em contribuições mínimas mensais.

Parágrafo único. Os ajustes de complementação ou agrupamento de contribuições previstos nos incisos I, II e III do *caput* somente poderão ser feitos ao longo do mesmo ano civil.

Art. 30. A vedação de diferenciação ou substituição de base de cálculo decorrente do disposto no § 9.º do art. 195 da Constituição Federal não se aplica a contribuições que substituam a contribuição de que trata a alínea *a* do inciso I do *caput* do art. 195 da Constituição Federal instituídas antes da data de entrada em vigor desta Emenda Constitucional.

Art. 31. O disposto no § 11 do art. 195 da Constituição Federal não se aplica aos parcelamentos previstos na legislação vigente até a data de entrada em vigor desta Emenda Constitucional, sendo vedadas a reabertura ou a prorrogação de prazo para adesão.

Art. 32. Até que entre em vigor lei que disponha sobre a alíquota da contribuição de que trata a Lei n. 7.689, de 15 de dezembro de 1988, esta será de 20% (vinte por cento) no caso das pessoas jurídicas referidas no inciso I do § 1.º do art. 1.º da Lei Complementar n. 105, de 10 de janeiro de 2001.

•• Sobre o prazo de vigência deste artigo, *vide* art. 36, I, desta Emenda Constitucional.

Art. 33. Até que seja disciplinada a relação entre a União, os Estados, o Distrito Federal e os Municípios e entidades abertas de previdência complementar na forma do disposto nos §§ 4.º e 5.º do art. 202 da Constituição Federal, somente entidades fechadas de previdência complementar estão autorizadas a administrar planos de benefícios patrocinados pela União, Estados, Distrito Federal ou Municípios, inclusive suas autarquias, fundações, sociedades de economia mista e empresas controladas direta ou indiretamente.

Art. 34. Na hipótese de extinção por lei de regime previdenciário e migração dos respectivos segurados para o Regime Geral de Previdência Social, serão observados, até que lei federal disponha sobre a matéria, os seguintes requisitos pelo ente federativo:

I – assunção integral da responsabilidade pelo pagamento dos benefícios concedidos durante a vigência do regime extinto, bem como daqueles cujos requisitos já tenham sido implementados antes da sua extinção;

II – previsão de mecanismo de ressarcimento ou de complementação de benefícios aos que tenham contribuído acima do limite máximo do Regime Geral de Previdência Social;

III – vinculação das reservas existentes no momento da extinção, exclusivamente:

a) ao pagamento dos benefícios concedidos e a conceder, ao ressarcimento de contribuições ou à complementação de benefícios, na forma dos incisos I e II; e

b) à compensação financeira com o Regime Geral de Previdência Social.

Parágrafo único. A existência de superávit atuarial não constitui óbice à extinção de regime próprio de previdência social e à consequente migração para o Regime Geral de Previdência Social.

Art. 35. Revogam-se:

I – os seguintes dispositivos da Constituição Federal:

a) o § 21 do art. 40;

b) o § 13 do art. 195;

II – os arts. 9.º, 13 e 15 da Emenda Constitucional n. 20, de 15 de dezembro de 1998;

III – os arts. 2.º, 6.º e 6.º-A da Emenda Constitucional n. 41, de 19 de dezembro de 2003;

IV – o art. 3.º da Emenda Constitucional n. 47, de 5 de julho de 2005.

Art. 36. Esta Emenda Constitucional entra em vigor:

I – no primeiro dia do quarto mês subsequente ao da data de publicação desta Emenda Constitucional, quanto ao disposto nos arts. 11, 28 e 32;

II – para os regimes próprios de previdência social dos Estados, do Distrito Federal e dos Municípios, quanto à alteração promovida pelo art. 1.º desta Emenda Constitucional no art. 149 da Constituição Federal e às revogações previstas na alínea *a* do inciso I e nos incisos III e IV do art. 35, na data de publicação de lei de iniciativa privativa do respectivo Poder Executivo que as referende integralmente;

III – nos demais casos, na data de sua publicação.

Parágrafo único. A lei de que trata o inciso II do *caput* não produzirá efeitos anteriores à data de sua publicação.

Brasília, em 12 de novembro de 2019.

Mesa da Câmara dos Deputados
Deputado RODRIGO MAIA
Presidente
Mesa do Senado Federal
Senador DAVI ALCOLUMBRE
Presidente

EMENDA CONSTITUCIONAL N. 113, DE 8 DE DEZEMBRO DE 2021 (*)

Altera a Constituição Federal e o Ato das Disposições Constitucionais Transitórias para estabelecer o novo regime de pagamentos de precatórios, modificar normas relativas ao Novo Regime Fiscal e autorizar o parcelamento de débitos previdenciários dos Municípios; e dá outras providências.

As Mesas da Câmara dos Deputados e do Senado Federal, nos termos do § 3.º do art. 60 da Constituição Federal, promulgam a seguinte Emenda ao texto constitucional:

Art. 1.º Os arts. 100 e 160 da Constituição Federal passam a vigorar com as seguintes alterações:

•• Alterações já processadas no diploma modificado.

Art. 2.º O Ato das Disposições Constitucionais Transitórias passa a vigorar com as seguintes alterações:

•• Alterações já processadas no diploma modificado.

Art. 3.º Nas discussões e nas condenações que envolvam a Fazenda Pública, independentemente de sua natureza e para fins de atualização monetária, de remuneração do capital e de compensação da mora, inclusive do precatório, haverá a incidência, uma única vez, até o efetivo pagamento, do índice da taxa referencial do Sistema Especial de Liquidação e de Custódia (Selic), acumulado mensalmente.

Art. 4.º Os limites resultantes da aplicação do disposto no inciso II do § 1.º do art. 107 do Ato das Disposições Constitucionais Transitórias serão aplicáveis a partir do exercício de 2021, observado o disposto neste artigo.

§ 1.º No exercício de 2021, o eventual aumento dos limites de que trata o *caput* deste artigo fica restrito ao montante de até R$ 15.000.000.000,00 (quinze bilhões de reais), a ser destinado exclusivamente ao atendimento de despesas de vacinação contra a covid-19 ou relacionadas a ações emergenciais e temporárias de caráter socioeconômico.

§ 2.º As operações de crédito realizadas para custear o aumento de limite referido no § 1.º deste artigo ficam ressalvadas do estabelecido no inciso III do *caput* do art. 167 da Constituição Federal.

§ 3.º As despesas de que trata o § 1.º deste artigo deverão ser atendidas por meio de créditos extraordinários e ter como fonte de recurso o produto de operações de crédito.

§ 4.º A abertura dos créditos extraordinários referidos no § 3.º deste artigo dar-se-á independentemente da observância dos requisitos exigidos no § 3.º do art. 167 da Constituição Federal.

§ 5.º O aumento do limite previsto no § 1.º deste artigo será destinado, ainda, ao atendimento de despesas de programa de transferência de renda.

•• § 5.º acrescentado pela Emenda Constitucional n. 114, de 16-12-2021.

§ 6.º O aumento do limite decorrente da aplicação do disposto no inciso II do § 1.º do art. 107 do Ato das Disposições Constitucionais Transitórias deverá, no exercício de 2022, ser destinado somente ao atendimento das despesas de ampliação de programas sociais de combate à pobreza e à extrema pobreza, nos termos do parágrafo único do art. 6.º e do inciso VI do *caput* do art. 203 da Constituição Federal, à saúde, à previdência e à assistência social.

•• § 6.º acrescentado pela Emenda Constitucional n. 114, de 16-12-2021.

Art. 5.º As alterações relativas ao regime de pagamento dos precatórios aplicam-se a todos os requisitórios já expedidos, inclusive no orçamento fiscal e da seguridade social do exercício de 2022.

Art. 6.º Revoga-se o art. 108 do Ato das Disposições Constitucionais Transitórias.

Art. 7.º Esta Emenda Constitucional entra em vigor na data de sua publicação.

Brasília, em 8 de dezembro de 2021.

Mesa da Câmara dos Deputados
Deputado ARTHUR LIRA
Presidente
Mesa do Senado Federal
Senador RODRIGO PACHECO
Presidente

EMENDA CONSTITUCIONAL N. 114, DE 16 DE DEZEMBRO DE 2021 (**)

(*) Publicada no *Diário Oficial da União*, de 9-12-2021.

(**) Publicada no *Diário Oficial da União*, de 17-12-2021.

Emenda Constitucional n. 126, de 21-12-2022

Altera a Constituição Federal e o Ato das Disposições Constitucionais Transitórias para estabelecer o novo regime de pagamentos de precatórios, modificar normas relativas ao Novo Regime Fiscal e autorizar o parcelamento de débitos previdenciários dos Municípios; e dá outras providências.

As Mesas da Câmara dos Deputados e do Senado Federal, nos termos do § 3.º do art. 60 da Constituição Federal, promulgam a seguinte Emenda ao texto constitucional:

Art. 1.º Os arts. 6.º, 100 e 203 da Constituição Federal passam a vigorar com as seguintes alterações:
•• Alterações já processadas no diploma modificado.

Art. 2.º O Ato das Disposições Constitucionais Transitórias passa a vigorar acrescido dos seguintes arts. 107-A e 118:
•• Alterações já processadas no diploma modificado.

Art. 3.º O art. 4.º da Emenda Constitucional n. 113, de 8 de dezembro de 2021, passa a vigorar acrescido dos seguintes §§ 5.º e 6.º:
•• Alterações já processadas no diploma modificado.

Art. 4.º Os precatórios decorrentes de demandas relativas à complementação da União aos Estados e aos Municípios por conta do Fundo de Manutenção e Desenvolvimento do Ensino Fundamental e de Valorização do Magistério (Fundef) serão pagos em 3 (três) parcelas anuais e sucessivas, da seguinte forma:

I – 40% (quarenta por cento) no primeiro ano;
II – 30% (trinta por cento) no segundo ano;
III – 30% (trinta por cento) no terceiro ano.

Parágrafo único. Não se incluem nos limites estabelecidos nos arts. 107 e 107-A do Ato das Disposições Constitucionais Transitórias, a partir de 2022, as despesas para os fins de que trata este artigo.

Art. 5.º As receitas que os Estados e Municípios receberem a título de pagamentos da União por força de ações judiciais que tenham por objeto a complementação de parcela desta no Fundo de Manutenção e Desenvolvimento do Ensino Fundamental e de Valorização do Magistério (Fundef) deverão ser aplicadas na manutenção e desenvolvimento do ensino fundamental público e na valorização de seu magistério, conforme destinação originária do Fundo.

Parágrafo único. Da aplicação de que trata o *caput* deste artigo, no mínimo 60% (sessenta por cento) deverão ser repassados aos profissionais do magistério, inclusive aposentados e pensionistas, na forma de abono, vedada a incorporação na remuneração, na aposentadoria ou na pensão.

Art. 6.º No prazo de 1 (um) ano a contar da promulgação desta Emenda Constitucional, o Congresso Nacional promoverá, por meio de comissão mista, exame analítico dos atos, dos fatos e das políticas públicas com maior potencial gerador de precatórios e sentenças judiciais contrárias à Fazenda Pública da União.

§ 1.º A comissão atuará em cooperação com o Conselho Nacional de Justiça e com o auxílio do Tribunal de Contas da União e poderá requisitar informações e documentos de órgãos e entidades da administração pública direta e indireta de qualquer dos Poderes da União, dos Estados, do Distrito Federal e dos Municípios, buscando identificar medidas legislativas a serem adotadas com vistas a trazer maior segurança jurídica no âmbito federal.

§ 2.º O exame de que trata o *caput* deste artigo analisará os mecanismos de aferição de risco fiscal e de prognóstico de efetivo pagamento de valores decorrentes de decisão judicial, segregando esses pagamentos por tipo de risco e priorizando os temas que possuam maior impacto financeiro.

§ 3.º Apurados os resultados, o Congresso Nacional encaminhará suas conclusões aos presidentes do Supremo Tribunal Federal e do Superior Tribunal de Justiça, para a adoção de medidas de sua competência.

Art. 7.º Os entes da Federação que tiverem descumprido a medida prevista no art. 4.º da Lei Complementar n. 156, de 28 de dezembro de 2016, e que optarem por não firmar termo aditivo na forma prevista no art. 4.º-A da referida Lei Complementar poderão restituir à União os valores diferidos por força do prazo adicional proporcionalmente à quantidade de prestações remanescentes dos respectivos contratos, aplicados os encargos contratuais de adimplência e desde que adotem, durante o prazo de restituição dos valores para a União, as medidas previstas no art. 167-A da Constituição Federal.

Art. 8.º Esta Emenda Constitucional entra em vigor:
I – a partir de 2022, para a alteração no § 5.º do art. 100 da Constituição Federal, constante do art. 1.º desta Emenda Constitucional;
II – na data de sua publicação, para os demais dispositivos.

Brasília, em 16 de dezembro de 2021.

Mesa da Câmara dos Deputados
Deputado ARTHUR LIRA
Presidente
Mesa do Senado Federal
Senador RODRIGO PACHECO
Presidente

EMENDA CONSTITUCIONAL N. 126, DE 21 DE DEZEMBRO DE 2022 (*)

Altera a Constituição Federal, para dispor sobre as emendas individuais ao projeto de lei orçamentária, e o Ato das Disposições Constitucionais Transitórias para excluir despesas dos limites previstos no art. 107; define regras para a transição da Presidência da República aplicáveis à Lei Orçamentária de 2023; e dá outras providências.

As Mesas da Câmara dos Deputados e do Senado Federal, nos termos do § 3.º do art. 60 da Constituição Federal, promulgam a seguinte Emenda ao texto constitucional:

Art. 1.º A Constituição Federal passa a vigorar com as seguintes alterações:
•• Alteração já processada no diploma modificado.

Art. 2.º O Ato das Disposições Constitucionais Transitórias passa a vigorar com as seguintes alterações:
•• Alteração já processada no diploma modificado.

Art. 3.º O limite estabelecido no inciso I do *caput* do art. 107 do Ato das Disposições Constitucionais Transitórias fica acrescido em R$ 145.000.000.000,00 (cento e quarenta e cinco bilhões de reais) para o exercício financeiro de 2023.

Parágrafo único. As despesas decorrentes do aumento de limite previsto no *caput* deste artigo não serão consideradas para fins de verificação do cumprimento da meta de resultado primário estabelecida no *caput* do art. 2.º da Lei n. 14.436, de 9 de agosto de 2022, e ficam ressalvadas, no exercício financeiro de 2023, do disposto no inciso III do *caput* do art. 167 da Constituição Federal.

Art. 4.º Os atos editados em 2023 relativos ao programa de que trata o art. 2.º da Lei n. 14.284, de 29 de dezembro de 2021, ou ao programa que vier a substituí-lo, e ao programa auxílio Gás dos Brasileiros, de que trata a Lei n. 14.237, de 19 de novembro de 2021, ficam dispensados da observância das limitações legais quanto à criação, à expansão ou ao aperfeiçoamento de ação governamental, inclusive quanto à necessidade de compensação.

Parágrafo único. O disposto no *caput* deste artigo não se aplica a atos cujos efeitos financeiros tenham início a partir do exercício de 2024.

(*) Publicada no *Diário Oficial da União*, de 22-12-2022.

Art. 5.º Para o exercício financeiro de 2023, a ampliação de dotações orçamentárias sujeitas ao limite previsto no inciso I do *caput* do art. 107 do Ato das Disposições Constitucionais Transitórias prevista nesta Emenda Constitucional poderá ser destinada ao atendimento de solicitações das comissões permanentes do Congresso Nacional ou de suas Casas.

§ 1.º Fica o relator-geral do Projeto de Lei Orçamentária de 2023 autorizado a apresentar emendas para a ampliação de dotações orçamentárias referida no *caput* deste artigo.

§ 2.º As emendas referidas no § 1.º deste artigo:

I – não se sujeitam aos limites aplicáveis às emendas ao projeto de lei orçamentária;

II – devem ser classificadas de acordo com as alíneas *a* ou *b* do inciso II do § 4.º do art. 7.º da Lei n. 14.436, de 9 de agosto de 2022.

§ 3.º O disposto no *caput* deste artigo não impede os cancelamentos necessários à abertura de créditos adicionais.

§ 4.º As ações diretamente destinadas a políticas públicas para mulheres deverão constar entre as diretrizes sobre como a margem aberta será empregada.

Art. 6.º O Presidente da República deverá encaminhar ao Congresso Nacional, até 31 de agosto de 2023, projeto de lei complementar com o objetivo de instituir regime fiscal sustentável para garantir a estabilidade macroeconômica do País e criar as condições adequadas ao crescimento socioeconômico, inclusive quanto à regra estabelecida no inciso III do *caput* do art. 167 da Constituição Federal.

Art. 7.º O disposto nesta Emenda Constitucional não altera a base de cálculo estabelecida no § 1.º do art. 107 do Ato das Disposições Constitucionais Transitórias.

Art. 8.º Fica o relator-geral do Projeto de Lei Orçamentária de 2023 autorizado a apresentar emendas para ações direcionadas à execução de políticas públicas até o valor de R$ 9.850.000.000,00 (nove bilhões oitocentos e cinquenta milhões de reais), classificadas de acordo com a alínea *b* do inciso II do § 4.º do art. 7.º da Lei n. 14.436, de 9 de agosto de 2022.

Art. 9.º Ficam revogados os arts. 106, 107, 109, 110, 111, 111-A, 112 e 114 do Ato das Disposições Constitucionais Transitórias após a sanção da lei complementar prevista no art. 6.º desta Emenda Constitucional.

Art. 10. Esta Emenda Constitucional entra em vigor na data de sua publicação.

Brasília, em 21 de dezembro de 2022.

Mesa da Câmara dos Deputados
Deputado ARTHUR LIRA
Presidente

Mesa do Senado Federal
Senador RODRIGO PACHECO
Presidente

EMENDA CONSTITUCIONAL N. 127, DE 22 DE DEZEMBRO DE 2022 (*)

Altera a Constituição Federal e o Ato das Disposições Constitucionais Transitórias para estabelecer que compete à União prestar assistência financeira complementar aos Estados, ao Distrito Federal e aos Municípios e às entidades filantrópicas, para o cumprimento dos pisos salariais profissionais nacionais para o enfermeiro, o técnico de enfermagem, o auxiliar de enfermagem e a parteira; altera a Emenda Constitucional n. 109, de 15 de março de 2021, para estabelecer o superávit financeiro dos fundos públicos do Poder Executivo como fonte de recursos para o cumprimento dos pisos salariais profissionais nacionais para o enfermeiro, o técnico de enfermagem, o auxiliar de enfermagem e a parteira; e dá outras providências.

As Mesas da Câmara dos Deputados e do Senado Federal, nos termos do § 3.º do art. 60 da Constituição Federal, promulgam a seguinte Emenda ao texto constitucional:

Art. 1.º O art. 198 da Constituição Federal passa a vigorar acrescido dos seguintes §§ 14 e 15:

•• Alteração já processada no diploma modificado.

Art. 2.º O Ato das Disposições Constitucionais Transitórias passa a vigorar com as seguintes alterações:

•• Alteração já processada no diploma modificado.

Art. 3.º O art. 5.º da Emenda Constitucional n. 109, de 15 de março de 2021, passa a vigorar com as seguintes alterações:

•• Alteração já processada no diploma modificado.

Art. 4.º Poderão ser utilizados como fonte para pagamento da assistência financeira complementar de que trata o § 15 do art. 198 da Constituição Federal os recursos vinculados ao Fundo Social (FS) de que trata o art. 49 da Lei n. 12.351, de 22 de dezembro de 2010, ou de lei que venha a substituí-la, sem prejuízo à parcela que estiver destinada à área de educação.

Parágrafo único. Os recursos previstos no *caput* deste artigo serão acrescidos ao montante aplicado nas ações e serviços públicos de saúde, nos termos da Lei Complementar n. 141, de 13 de janeiro de 2012, ou de lei complementar que venha a substituí-la, e não serão computados para fins dos recursos mínimos de que trata o § 2.º do art. 198 da Constituição Federal.

Art. 5.º Esta Emenda Constitucional entra em vigor na data de sua publicação.

Brasília, em 22 de dezembro de 2022.

Mesa da Câmara dos Deputados
Deputado ARTHUR LIRA
Presidente

Mesa do Senado Federal
Senador RODRIGO PACHECO
Presidente

(*) Publicada no *Diário Oficial da União*, de 23-12-2022.

Índice Alfabético-Remissivo da Constituição Federal e do ADCT

ABUSO DO PODER ECONÔMICO
- repressão: art. 173, § 4.º

AÇÃO CIVIL PÚBLICA
- promoção pelo Ministério Público: art. 129, III

AÇÃO DECLARATÓRIA DE CONSTITUCIONALIDADE
- competência para propor: art. 103
- de lei ou ato normativo federal; decisões definitivas de mérito proferidas pelo Supremo Tribunal Federal; eficácia: art. 102, § 2.º
- de lei ou ato normativo federal; processo e julgamento: art. 102, I, a

AÇÃO DE *HABEAS CORPUS*
- gratuidade: art. 5.º, LXXVII

AÇÃO DE *HABEAS DATA*
- gratuidade: art. 5.º, LXXVII

AÇÃO DE INCONSTITUCIONALIDADE
- apreciação pelo Supremo Tribunal Federal: art. 103, § 3.º
- declaração: art. 103, § 2.º
- proposição: art. 103

AÇÃO DIRETA DE INCONSTITUCIONALIDADE
- de lei ou ato normativo federal ou estadual; processo e julgamento: art. 102, I, a

AÇÃO PENAL
- para os casos de improbidade administrativa: art. 37, § 4.º

AÇÃO PENAL PÚBLICA
- promoção pelo Ministério Público: art. 129, I

AÇÃO POPULAR
- proposição: art. 5.º, LXXIII

AÇÃO PRIVADA
- nos crimes de ação pública; caso: art. 5.º, LIX

AÇÃO PÚBLICA
- crimes de; admissão de ação privada: art. 5.º, LIX

AÇÃO RESCISÓRIA
- processo e julgamento: art. 102, I, j

AÇÃO TRABALHISTA
- art. 7.º, XXIX

ACIDENTES DO TRABALHO
- seguro: art. 7.º, XXVIII

AÇÕES RESCISÓRIAS
- competência; processo e julgamento: art. 108, I, b
- processo e julgamento pelo Superior Tribunal de Justiça: art. 105, I, e

ACORDOS COLETIVOS DE TRABALHO
- reconhecimento: art. 7.º, XXVI

ADICIONAL
- atividade penosa, insalubre e perigosa: art. 7.º, XXIII

ADMINISTRAÇÃO PÚBLICA
- arts. 37 a 43

ADOÇÃO
- art. 227, § 5.º

ADOLESCENTE
- arts. 226 a 230

ADVOCACIA E DEFENSORIA PÚBLICA
- arts. 133 a 135

ADVOCACIA PÚBLICA
- arts. 131 e 132

ADVOGADO-GERAL DA UNIÃO
- nomeação: art. 84, XVI
- processo e julgamento: art. 52, II

ADVOGADOS
- assistência ao preso: art. 5.º, LXIII
- atos e manifestações; inviolabilidade: art. 133
- na composição dos Tribunais Regionais Federais: art. 107, I

AGENTE COMUNITÁRIO DE SAÚDE
- política remuneratória: art. 198, §§ 7.º a 11

ÁGUAS
- Estados: art. 26, I
- para consumo: art. 200, VI
- União: art. 22, IV

ÁLCOOL CARBURANTE
- venda e revenda: art. 238

ALIMENTAÇÃO
- direito social: art. 6.º

ALIMENTOS
- créditos; pagamento: art. 100
- inspeção: art. 200, VI
- prisão civil por dívida: art. 5.º, LXVII

ALISTAMENTO ELEITORAL
- art. 14, § 1.º

AMAMENTAÇÃO
- dos filhos, pelas presidiárias: art. 5.º, L

AMEAÇA DE DIREITO
- apreciação: art. 5.º, XXXV

AMPLA DEFESA
- art. 5.º, LV

ANALFABETOS
- alistamento e voto: art. 14, § 1.º, II, a
- inelegibilidade: art. 14, § 4.º

ANISTIA
- concessão de: art. 48, VIII
- disposições: art. 8.º do ADCT

ANONIMATO
- vedado o: art. 5.º, IV

APOSENTADORIA
- art. 7.º, XXIV
- compulsória: art. 40, § 1.º, II, e art. 100 do ADCT
- do professor e da professora: art. 201, § 8.º
- do servidor público: arts. 37, §§ 14 e 15, e 40
- dos magistrados: art. 93, VI
- por idade: art. 201, §§ 7.º e 8.º

APRENDIZ
- trabalho noturno: art. 7.º, XXXIII

ARGUIÇÃO DE DESCUMPRIMENTO DE PRECEITO FUNDAMENTAL
- apreciação pelo Supremo Tribunal Federal: art. 102, § 1.º

ASILO POLÍTICO
- art. 4.º, X

ASSEMBLEIAS LEGISLATIVAS
- competência: art. 27, § 3.º
- composição: art. 235, I

ASSISTÊNCIA FAMILIAR
- ao preso: art. 5.º, LXIII

ASSISTÊNCIA GRATUITA
- a filhos e dependentes: art. 7.º, XXV
- dever do Estado: art. 5.º, LXXIV

ASSISTÊNCIA JURÍDICA
- garantia do Estado: art. 5.º, LXXIV

ASSISTÊNCIA RELIGIOSA
- prestação: art. 5.º, VII

ASSISTÊNCIA SOCIAL
- ações governamentais; recursos: art. 204
- a todos: art. 203
- instituição pelos Estados, Distrito Federal e Municípios: art. 149, §§ 1.º a 1.º-C

ASSOCIAÇÃO
- criação: art. 5.º, XVIII
- direito de denúncia: art. 74, § 2.º
- dissolução: art. 5.º, XIX
- liberdade de: art. 5.º, XVII

- obrigação: art. 5.º, XX
- representação de filiados: art. 5.º, XXI

ASSOCIAÇÃO PROFISSIONAL
- liberdade de: art. 8.º

ASSOCIAÇÃO SINDICAL
- liberdade de: art. 8.º

ATIVIDADE ARTÍSTICA
- liberdade: art. 5.º, IX

ATIVIDADE CIENTÍFICA
- liberdade: art. 5.º, IX

ATIVIDADE DE COMUNICAÇÃO
- liberdade: art. 5.º, IX

ATIVIDADE ECONÔMICA
- princípios gerais: arts. 170 a 181

ATIVIDADE GARIMPEIRA
- organização: art. 174, § 3.º

ATIVIDADE INTELECTUAL
- liberdade: art. 5.º, IX

ATIVIDADE NUCLEAR
- competência do Congresso Nacional: art. 49, XIV
- em território nacional: art. 21, XXIII
- monopólio da União: art. 177, V

ATO JURÍDICO PERFEITO
- proteção: art. 5.º, XXXVI

ATO NORMATIVO ESTADUAL
- ação direta de inconstitucionalidade; processo e julgamento: art. 102, I, a

ATO NORMATIVO FEDERAL
- ação declaratória de constitucionalidade; processo e julgamento: art. 102, I, a
- ação direta de inconstitucionalidade; processo e julgamento: art. 102, I, a

ATOS INTERNACIONAIS
- celebração; Presidente da República: art. 84, VIII
- competência do Congresso Nacional: art. 49, I

ATOS PROCESSUAIS
- publicidade: art. 5.º, LX

AUMENTO DE DESPESA
- inadmissibilidade: art. 63

AUTARQUIA
- criação: art. 37, XIX

AUTORES
- direitos sobre suas obras: art. 5.º, XXVII

AVISO PRÉVIO
- art. 7.º, XXI

BANCO CENTRAL
- compra e venda de títulos: art. 164, § 2.º
- concessão de empréstimos ao Tesouro Nacional: art. 164, § 1.º
- emissão de moeda: art. 164
- escolha do presidente: art. 52, III, d
- escolha dos diretores: art. 52, III, d
- nomeação de diretores: art. 84, XIV

BANDEIRA NACIONAL
- símbolo: art. 13, § 1.º

BANIMENTO
- art. 5.º, XLVII, d

BENS
- confiscáveis; hipóteses: art. 243, parágrafo único
- de estrangeiros no Brasil; sucessão: art. 5.º, XXXI
- indisponíveis; hipóteses: art. 37, § 4.º
- perda dos: art. 5.º, XLVI, b
- perdimento: art. 5.º, XLV
- privação: art. 5.º, LIV

BENS DA UNIÃO
- art. 20

BENS DOS ESTADOS
- art. 26

BIOCOMBUSTÍVEIS
- regime fiscal: art. 225, § 1.º, VIII

BRASILEIRO
- extradição: art. 5.º, LI
- nato: art. 12, I
- naturalizado: art. 12, II
- perda da nacionalidade: art. 12, § 4.º

BRASILEIROS NATOS
- cargos privativos: art. 12, § 3.º

BRASILEIROS NATOS E NATURALIZADOS
- distinção: art. 12, § 2.º

BRASÍLIA
- capital: art. 18, § 1.º

CALAMIDADE PÚBLICA
- gastos com educação por parte dos Estados, Municípios, DF e agentes públicos; descumprimento; isenção de responsabilidade durante a pandemia de Covid-19: art. 119, ADCT

CÂMARA DOS DEPUTADOS
- competência privativa: art. 51
- composição: art. 45
- convocação de ministros: art. 50, § 2.º
- deliberações: art. 47
- presidente da; cargo privativo de brasileiro nato: art. 12, § 3.º, II
- proposta pela mesa de ação declaratória de constitucionalidade: art. 103, III
- reunião conjunta com o Senado Federal: art. 57, § 3.º

CÂMARA LEGISLATIVA
- art. 32, § 3.º

CÂMARA MUNICIPAL
- competência; fixação de subsídios: art. 29, V
- competência legislativa: art. 30
- composição: art. 29, IV
- despesas; limites: art. 29-A
- fiscalização do Município: art. 31
- Lei Orgânica; aprovação: art. 29, caput
- vereadores; número: art. 29, IV

CÂMBIO
- operações de: art. 153, V
- política de: art. 22, VIII
- regulamentação: art. 163, VI

CAPITAL ESTRANGEIRO
- em empresa jornalística: art. 222, § 4.º
- investimentos de: art. 153, V

CAPITAL FEDERAL
- Brasília: art. 18, § 1.º

CARGOS PRIVATIVOS
- de brasileiros natos: art. 12, § 3.º

CARGOS PÚBLICOS
- acesso através de concurso: art. 37, II
- acumulação de: art. 37, XVI e XVII
- contratação por tempo determinado: art. 37, IX
- criação e remuneração; iniciativa legislativa: art. 61, § 1.º, II, a
- deficiente; reserva de: art. 37, VIII
- em comissão: art. 37, V
- estabilidade: art. 41
- funções de confiança: art. 37, V
- perda: art. 247
- provimento e extinção: art. 84, XXV
- remuneração; subsídios: art. 37, X e XI

CARREIRA DIPLOMÁTICA
- privativa do brasileiro nato: art. 12, § 3.º, V

CARTAS ROGATÓRIAS
- concessão; processo e julgamento: art. 105, I, i

CASA
- inviolabilidade: art. 5.º, XI

CASAMENTO
- celebração: art. 226, § 1.º
- civil; dissolução: art. 226, § 6.º
- reconhecimento da união estável: art. 226, § 3.º
- religioso: art. 226, § 2.º

CASSAÇÃO DE DIREITOS POLÍTICOS
- vedada: art. 15

CENSURA
- art. 5.º, IX
- impedimento à: art. 220, § 2.º

CERTIDÕES
- de repartição pública; obtenção: art. 5.º, XXXIV, b

CIDADANIA
- art. 1.º, II
- atos necessários ao exercício da; gratuidade: art. 5.º, LXXVI

CIÊNCIA, TECNOLOGIA E INOVAÇÃO
- arts. 218 a 219-B

COISA JULGADA
- proteção: art. 5.º, XXXVI

COLÉGIO PEDRO II
- manutenção: art. 242, § 2.º

Índice Alfabético-Remissivo da CF e do ADCT

COMBUSTÍVEIS
- de petróleo, álcool carburante e outros combustíveis; venda e revenda: art. 238

COMÉRCIO EXTERIOR
- fiscalização e controle: art. 237

COMISSÃO INTERNA DE PREVENÇÃO DE ACIDENTES
- empregado eleito para cargo de direção; vedada dispensa arbitrária ou sem justa causa: art. 10, II, a

COMISSÕES
- do Poder Legislativo: art. 58
- parlamentares de inquérito – CPI: art. 58, § 3.º

COMPENSAÇÃO DE HORÁRIOS
- art. 7.º, XIII

COMPETÊNCIA
- Vide verbetes por assunto
- da União e dos Estados: art. 24, §§ 1.º a 4.º

COMPETIÇÕES DESPORTIVAS
- recursos: art. 217, § 1.º

COMUNICAÇÃO
- arts. 220 a 224

COMUNICAÇÕES DE DADOS
- sigilo: art. 5.º, XII

COMUNICAÇÕES TELEFÔNICAS
- sigilo: art. 5.º, XII

COMUNICAÇÕES TELEGRÁFICAS
- sigilo: art. 5.º, XII

COMUNIDADE LATINO-AMERICANA DE NAÇÕES
- formação: art. 4.º, parágrafo único

CONCESSÃO
- de serviços de radiodifusão sonora e de sons e imagens: art. 223

CONCURSO PÚBLICO
- para acesso à administração pública: art. 37, II
- prazo de validade: art. 37, III

CONFLITOS DE ATRIBUIÇÕES
- processo e julgamento pelo Superior Tribunal de Justiça: art. 105, I, g

CONFLITOS DE COMPETÊNCIA
- processo e julgamento: art. 102, I, o
- processo e julgamento; competência dos Tribunais Regionais Federais: art. 108, I, e
- processo e julgamento pelo Superior Tribunal de Justiça: art. 105, I, d

CONFLITOS FUNDIÁRIOS
- art. 126

CONGRESSO NACIONAL
- arts. 44 a 47
- atribuições do: arts. 48 a 50
- competência exclusiva: art. 49
- convocação de plebiscito: art. 49, XV
- convocação extraordinária: art. 57, §§ 6.º e 7.º
- estado de defesa e estado de sítio; acompanhamento e fiscalização: art. 140
- matérias sobre as quais poderá dispor: art. 48
- presidência da mesa: art. 57, § 5.º
- reuniões: art. 57

CONSELHO DA REPÚBLICA
- arts. 89 e 90

CONSELHO DE COMUNICAÇÃO SOCIAL
- instituição: art. 224

CONSELHO DE DEFESA NACIONAL
- art. 91

CONSELHO DA JUSTIÇA FEDERAL
- onde funcionará: art. 105, § 1.º, II

CONSELHO NACIONAL DE JUSTIÇA
- art. 103-B

CONSELHO NACIONAL DO MINISTÉRIO PÚBLICO
- art. 130-A

CONSELHOS
- de contas dos Municípios: art. 75
- ou órgãos de Contas Municipais; criação: art. 31, § 4.º

CONSÓRCIOS
- públicos: art. 241

CONSTITUIÇÃO
- emenda: art. 60
- emenda; quando não será objeto de deliberação: art. 60, § 4.º
- emenda rejeitada; reapresentação: art. 60, § 5.º
- promulgação da emenda: art. 60, § 3.º
- proposta de emenda; discussão: art. 60, § 2.º
- quando não poderá ser emendada: art. 60, § 1.º

CONSTITUIÇÃO ESTADUAL
- ainda não promulgada; responsabilidades: art. 235, VIII
- número de conselheiros no Tribunal de Contas: art. 75, parágrafo único

CONSUMIDOR
- defesa do: art. 5.º, XXXII

CONTRABANDO
- prevenir e reprimir o: art. 144, § 1.º, II

CONTRADITÓRIO
- art. 5.º, LV

CONTRIBUIÇÃO DE MELHORIA
- instituição: art. 145, III

CONTRIBUIÇÕES
- para custeio do serviço de iluminação pública: art. 149-A

CONTRIBUIÇÕES PREVIDENCIÁRIAS
- e demais débitos dos Municípios; parcelamento: arts. 115 a 117 do ADCT

CONTRIBUIÇÕES SOCIAIS
- instituição: art. 149

CONVENÇÕES COLETIVAS DE TRABALHO
- reconhecimento: art. 7.º, XXVI

CONVENÇÕES INTERNACIONAIS
- celebração; Presidente da República: art. 84, VIII
- competência do Congresso Nacional: art. 49, I

CONVÊNIOS
- de cooperação: art. 241

COOPERATIVAS
- criação: art. 5.º, XVIII
- pesquisa e lavra: art. 174, § 4.º

CORPOS DE BOMBEIROS MILITARES
- inatividade e pensões; legislação sobre: art. 22, XXI

CORRESPONDÊNCIA
- sigilo: art. 5.º, XII

CRECHES
- assistência gratuita aos filhos e dependentes: art. 7.º, XXV

CRENÇA
- liberdade: art. 5.º, VI

CRENÇA RELIGIOSA
- direito de: art. 5.º, VIII

CRIAÇÃO DE ESTADOS
- normas básicas a ser observadas: art. 235
- o que é vedado à União: art. 234

CRIAÇÕES INDUSTRIAIS
- proteção: art. 5.º, XXIX

CRIANÇA
- arts. 226 a 230

CRIME
- inexistência de: art. 5.º, XXXIX
- retenção dolosa do salário: art. 7.º, X

CRIME DE RESPONSABILIDADE
- competência; Senado Federal; processo e julgamento: art. 52, I
- competência; Supremo Tribunal Federal; processo e julgamento: art. 102, I, c
- de Prefeitos; espécies: art. 29-A, § 2.º
- de Presidentes das Câmaras Municipais; espécies: art. 29-A, § 3.º
- do Presidente da República: art. 85
- Ministros de Estado; caso: art. 50, § 2.º
- processo e julgamento: art. 85, parágrafo único

CRIME INAFIANÇÁVEL
- Deputados e Senadores: art. 53, § 2.º

CRIME MILITAR
- prisão: art. 5.º, LXI

CRIMES DOLOSOS CONTRA A VIDA
- competência: art. 5.º, XXXVIII, d

CRIMES HEDIONDOS
- prática de: art. 5.º, XLIII

CRIMES POLÍTICOS
- em recurso ordinário; processo e julgamento: art. 102, II, b
- por estrangeiro: art. 5.º, LII
- processo e julgamento: art. 109, IV

CULTOS RELIGIOSOS
- livre exercício: art. 5.º, VI

CULTURA
- arts. 215 e 216

CUSTAS JUDICIAIS
– ação popular: art. 5.º, LXXIII

DADOS PESSOAIS
– direito de proteção dos; direito fundamental: art. 5.º, LXXIX

DANO À IMAGEM
– indenização: art. 5.º, V

DANO MATERIAL
– indenização: art. 5.º, V

DANO MORAL
– indenização: art. 5.º, V

DANOS
– reparação: art. 5.º, XLV
– responsabilidade: art. 37, § 6.º

DECORO
– parlamentar: art. 55, § 1.º

DEFENSORES PÚBLICOS
– direito de opção: art. 22 do ADCT
– lotação: art. 98 do ADCT

DEFENSORIA PÚBLICA
– arts. 133 a 135

DEFESA DO ESTADO E DAS INSTITUIÇÕES DEMOCRÁTICAS
– arts. 136 a 144

DEFICIENTES FÍSICOS
– adaptação de logradouros, edifícios e veículos para transporte coletivo: art. 244
– cargos e empregos públicos: art. 37, VIII
– garantia de um salário mínimo: art. 203, V
– logradouros públicos e edifícios: art. 227, § 2.º

DEPOSITÁRIO INFIEL
– prisão civil do: art. 5.º, LXVII

DEPUTADOS
– arts. 53 a 56

DEPUTADOS DISTRITAIS
– art. 32, § 3.º

DEPUTADOS E SENADORES
– arts. 53 a 56

DEPUTADOS ESTADUAIS
– art. 27

DEPUTADOS FEDERAIS
– quem pode eleger-se: art. 14, § 3.º, VI, c

DESAPROPRIAÇÃO
– de glebas com culturas ilegais: art. 243
– indenização de benfeitorias: art. 184, § 1.º
– isenção de impostos: art. 184, § 5.º
– não sujeição: art. 185
– pelo Município: art. 182, § 4.º, III
– por interesse social: art. 184
– procedimento: art. 5.º, XXIV
– processo judicial: art. 184, § 3.º

DESENVOLVIMENTO
– científico e tecnológico: arts. 218 a 219-B

DESPESA
– aumento de: art. 63
– limites; Câmara dos Vereadores: art. 29-A

DESPESA COM PESSOAL
– limite: art. 169, caput e § 1.º

DESPORTO
– art. 217

DESVINCULAÇÃO DAS RECEITAS DA UNIÃO – DRU
– disposições: arts. 76 a 76-B do ADCT

DEVERES INDIVIDUAIS E COLETIVOS
– art. 5.º

DIPLOMATA
– cargo privativo de brasileiro nato: art. 12, § 3.º, V

DIREITO DE GREVE
– art. 9.º
– exercício: art. 37, VII

DIREITO DE PETIÇÃO
– art. 5.º, XXXIV, a

DIREITO DE PROPRIEDADE
– garantia do: art. 5.º, XXII

DIREITO DE RESPOSTA
– art. 5.º, V

DIREITO(S)
– adquirido; proteção: art. 5.º, XXXVI
– informação aos presos de seus: art. 5.º, LXIII
– lesão ou ameaça de: art. 5.º, XXXV
– suspensão ou interdição: art. 5.º, XLVI, e

DIREITOS E GARANTIAS FUNDAMENTAIS
– arts. 5.º a 17
– direitos e deveres individuais e coletivos: art. 5.º
– direitos políticos: arts. 14 a 16
– direitos sociais: arts. 6.º a 11
– nacionalidade: arts. 12 e 13
– partidos políticos: art. 17

DIREITOS HUMANOS
– art. 4.º, II

DIREITOS POLÍTICOS
– arts. 14 a 16

DIREITOS SOCIAIS
– arts. 6.º a 11
– disposições transitórias: art. 10 do ADCT

DISCRIMINAÇÃO
– art. 3.º, IV
– punição pela lei: art. 5.º, XLI

DISPOSIÇÕES CONSTITUCIONAIS GERAIS
– arts. 234 a 250

DISPOSIÇÕES CONSTITUCIONAIS TRANSITÓRIAS
– arts. 1.º a 95

DISSÍDIOS COLETIVOS
– conciliação e julgamento: art. 114

DISSÍDIOS INDIVIDUAIS
– conciliação e julgamento: art. 114

DISTRITO FEDERAL
– art. 32
– até a promulgação da lei complementar; despesa com pessoal; excesso do limite previsto: art. 38, § 1.º
– instituição de contribuições: art. 149, §§ 1.º a 1.º-C

DÍVIDA MOBILIÁRIA
– dos Estados, do Distrito Federal e dos Municípios; limitação pelo Senado Federal: art. 52, IX

DÍVIDA PÚBLICA EXTERNA E INTERNA
– disposição sobre: art. 163, II

DÍVIDAS
– fixação pelo Senado Federal: art. 52, VI

DIVÓRCIO DIRETO
– art. 226, § 6.º

DOAÇÃO
– imposto sobre: art. 155, I

DOCUMENTOS PÚBLICOS
– fé: art. 19, II

DOMÉSTICO
– direitos do trabalhador: art. 7.º, parágrafo único

DOMICÍLIO
– eleitoral: art. 14, § 3.º, IV
– inviolabilidade: art. 5.º, XI

DOTAÇÕES ORÇAMENTÁRIAS
– entrega dos recursos; prazo: art. 168

DROGAS
– confisco de bens decorrentes de: art. 243, parágrafo único
– extradição: art. 5.º, LI
– tráfico ilícito: art. 5.º, XLIII

DURAÇÃO DO TRABALHO
– art. 7.º, XIII

EDUCAÇÃO
– arts. 205 a 214
– gastos durante a pandemia; descumprimento pelos Estados, DF, Municípios e agentes públicos em 2020 e 2021; impossibilidade de responsabilização: art. 119, ADCT

EDUCAÇÃO AMBIENTAL
– promoção: art. 225, § 1.º, VI

ELEGIBILIDADE
– art. 14, § 3.º

ELEIÇÃO
– de Governador e Vice-Governador; realização: art. 28
– de Presidente e Vice-Presidente da República: art. 77, §§ 1.º a 5.º
– fidelidade partidária: art. 17, § 6.º
– municipal; consultas populares: art. 14, §§ 12 e 13
– quem é elegível: art. 14, § 3.º
– voto direto e secreto: art. 14

EMENDAS À CONSTITUIÇÃO
– art. 60

EMPRESA JORNALÍSTICA
– art. 222

EMPRESAS CONCESSIONÁRIAS E PERMISSIONÁRIAS
– disposições sobre: art. 175, parágrafo único

EMPRESAS DE PEQUENO PORTE
- tratamento jurídico diferenciado: art. 179

EMPRESAS DE RADIODIFUSÃO
- art. 222

EMPRESAS ESTATAIS
- exploração: art. 21, XI
- orçamento de investimento: art. 165, § 5.º, II

EMPRESAS PÚBLICAS
- criação: art. 37, XIX
- privilégios fiscais: art. 173, § 2.º
- regime jurídico: art. 173, § 1.º
- relação com o Estado: art. 173, § 3.º

EMPRÉSTIMOS COMPULSÓRIOS
- instituição: art. 148

ENERGIA HIDRÁULICA
- propriedade: art. 176

ENSINO
- investimento da União no: art. 212, *caput*, §§ 1.º a 5.º
- liberdade à iniciativa privada: art. 209
- princípios: art. 206

ENSINO FUNDAMENTAL
- atuação dos Municípios: art. 212, § 2.º
- conteúdo: art. 210

ENSINO OBRIGATÓRIO
- acesso: art. 208, §§ 1.º e 2.º

ENSINO RELIGIOSO
- facultativo: art. 210, § 1.º

ENSINO SUPERIOR
- o que será observado: art. 207

ENTORPECENTES
- confisco de bens decorrentes de: art. 243, parágrafo único
- extradição: art. 5.º, LI
- tráfico ilícito: art. 5.º, XLIII

ERRO JUDICIÁRIO
- indenização pelo Estado: art. 5.º, LXXV

ESCOLA NACIONAL DE FORMAÇÃO E APERFEIÇOAMENTO DE MAGISTRADOS
- funções: art. 105, § 1.º, I

ESCOLA NACIONAL DE FORMAÇÃO E APERFEIÇOAMENTO DE MAGISTRADOS DO TRABALHO
- funções: art. 111-A, § 2.º, I

ESTABILIDADE
- inaplicabilidade: art. 19, § 2.º, do ADCT
- juízes togados de investidura limitada: art. 21 do ADCT
- para servidores em exercício, há pelo menos cinco anos contínuos, e que não tenham sido admitidos na forma regulada pelo art. 37: art. 19 do ADCT
- professores de nível superior: art. 19, § 3.º, do ADCT

ESTADO DE DEFESA
- art. 136
- cessação; efeitos: art. 141
- decretação: arts. 84, IX, e 136, §§ 1.º a 7.º
- decretação; decisão sobre o ato de: art. 136, §§ 4.º a 7.º
- duração: art. 136, §§ 1.º e 2.º
- fiscalização da execução: art. 140
- ocorrências na vigência: art. 136, § 3.º
- rejeição do decreto: art. 136, § 7.º

ESTADO DE EMERGÊNCIA
- elevação dos preços do petróleo e seus impactos sociais: art. 120, ADCT

ESTADO DE SÍTIO
- arts. 137 a 139
- cessação; efeitos: art. 141, parágrafo único
- decretação: art. 84, IX
- fiscalização de execução: art. 140

ESTADOS
- bens dos: art. 26
- criação: art. 235
- dever de educação: art. 208
- fixação da dívida: art. 52, VI
- função de fiscalização, incentivo e planejamento; atividade econômica: art. 174
- imposto que pertence aos: art. 157
- impostos dos: art. 155
- incorporação com outros Estados: art. 18, § 3.º
- instituição de contribuições: art. 149, §§ 1.º a 1.º-C
- instituição de impostos: art. 155
- intervenção federal: art. 34
- intervenção nos Municípios: art. 35
- Municípios e Distrito Federal; união indissolúvel: art. 1.º
- organização de suas Constituições: art. 25
- proventos de aposentadoria e pensões; constituição de fundos: art. 249
- representação; renovação: art. 46, § 2.º
- símbolos: art. 13, § 2.º
- Tribunais de Justiça: art. 125

ESTADOS FEDERADOS
- arts. 25 a 28

ESTATUTO DA JUVENTUDE
- estabelecimento do: art. 227, § 8.º, I

ESTATUTO DA MAGISTRATURA
- disposições sobre o: art. 93

ESTRANGEIROS
- alistamento eleitoral: art. 14, § 2.º
- crime político; extradição: art. 5.º, LII
- inviolabilidade de seus direitos: art. 5.º, *caput*
- naturalizados: art. 12, II, *b*
- sucessão de bens: art. 5.º, XXXI

EXTRADIÇÃO
- de brasileiro: art. 5.º, LI
- de estrangeiro por crime político: art. 5.º, LII
- processo e julgamento: art. 102, I, *g*

FAMÍLIA
- arts. 226 a 230

FAUNA
- proteção: art. 225, § 1.º, VII

FAZENDA ESTADUAL
- pagamento: art. 100

FAZENDA FEDERAL
- pagamento: art. 100

FAZENDA MUNICIPAL
- pagamento: art. 100

FÉRIAS REMUNERADAS
- art. 7.º, XVII

FIANÇA
- liberdade provisória: art. 5.º, LXVI

FILHOS
- direitos e qualificações: art. 227, § 6.º

FINANÇAS PÚBLICAS
- arts. 163 a 169
- normas gerais: arts. 163 e 164-A
- orçamentos: arts. 165 a 169
- transparência; disponibilização de informações e dados contábeis: art. 163-A

FISCALIZAÇÃO
- contábil, financeira e orçamentária: arts. 70 a 75

FLAGRANTE DELITO
- prisão mediante: art. 5.º, LXI
- violabilidade da casa: art. 5.º, XI

FORÇAS ARMADAS
- arts. 142 e 143
- comando supremo: art. 84, XIII
- incorporação de Deputados e Senadores: art. 53, § 6.º
- oficial das; cargo privativo de brasileiro nato: art. 12, § 3.º, VI

FRONTEIRA
- faixa de: arts. 20, § 2.º e 176, § 1.º

FUNÇÃO PÚBLICA
- perda: art. 37, § 4.º

FUNÇÃO SOCIAL
- da propriedade: arts. 184 e s.

FUNÇÕES ESSENCIAIS À JUSTIÇA
- arts. 127 a 135

FUNDAÇÃO PÚBLICA
- criação: art. 37, XIX

FUNDEB
- distribuição de recursos; revisão: art. 60-A do ADCT
- Fundo de Manutenção e Desenvolvimento da Educação Básica e de Valorização dos Profissionais da Educação: art. 212-A

FUNDO DE GARANTIA
- por tempo de serviço: art. 7.º, III

GÁS NATURAL
- monopólio da União: art. 177, I

GASTOS PÚBLICOS
- teto limite; novo regime fiscal: arts. 106 a 114 do ADCT

GESTANTE
- empregada; vedada dispensa arbitrária ou sem justa causa: art. 10, II, *b*, do ADCT
- licença: art. 7.º, XVIII

GOVERNADORES
- eleição, mandato e posse: arts. 28 e 32, § 2.º
- inelegibilidade: art. 14, § 7.º
- perda de mandato: art. 28, § 1.º
- quem pode eleger-se: art. 14, § 3.º, VI, *b*
- reeleição: art. 14, § 5.º

GOVERNADORES DE TERRITÓRIOS
- escolha pelo Senado Federal: art. 52, III, *c*
- nomeação: art. 84, XIV

GRATIFICAÇÃO NATALINA
- art. 7.º, VIII
- dos aposentados e pensionistas: art. 201, § 6.º

GREVE
- abusos: art. 9.º, § 2.º
- direito de: arts. 9.º e 37, VII
- proibição para o militar: art. 142, § 3.º, IV

GUARDAS MUNICIPAIS
- constituição: art. 144, § 8.º

GUERRA
- declaração: arts. 21, II, e 84, XIX
- requisições civis e militares: art. 22, III

HABEAS CORPUS
- concessão: art. 5.º, LXVIII
- em recurso ordinário; processo e julgamento: art. 102, II, *a*
- gratuidade das ações: art. 5.º, LXXVII
- julgamento pelo Superior Tribunal de Justiça: art. 105, II, *a*
- processo e julgamento: art. 102, I, *d* e *i*
- processo e julgamento; competência dos Tribunais Regionais Federais: art. 108, I, *d*
- processo e julgamento pelo Superior Tribunal de Justiça: art. 105, I, *c*
- punições disciplinares militares: art. 142, § 2.º

HABEAS DATA
- concessão: art. 5.º, LXXII
- em recurso ordinário; processo e julgamento: art. 102, II, *a*
- gratuidade da ação de: art. 5.º, LXXVII
- processo e julgamento: art. 102, I, *d*
- processo e julgamento; competência dos Tribunais Regionais Federais: art. 108, I, *c*
- processo e julgamento pelo Superior Tribunal de Justiça: art. 105, I, *b*

HERANÇA
- garantia do direito de: art. 5.º, XXX

HINO NACIONAL
- símbolo: art. 13, § 1.º

HONRA
- inviolabilidade: art. 5.º, X

HORA EXTRA
- remuneração: art. 7.º, XVI

HORÁRIO DE TRABALHO
- art. 7.º, XIII

ICMS
- partilha entre Estados de origem e destino: art. 99 do ADCT

IDENTIFICAÇÃO CRIMINAL
- submissão: art. 5.º, LVIII

IDOSO
- arts. 226 a 230

IGUALDADE
- entre Estados: art. 4.º, V
- perante a lei: art. 5.º, *caput*

IMAGEM DAS PESSOAS
- inviolabilidade: art. 5.º, X

IMAGEM HUMANA
- reprodução: art. 5.º, XXVIII, *a*

IMPOSTOS
- anistia ou remissão: art. 150, § 6.º
- caráter: art. 145, § 1.º
- instituição: art. 145, I
- instituição mediante lei complementar: art. 154, I
- instituição pela União: art. 153
- pertencente a arrecadação ao Distrito Federal: art. 157
- pertencente a arrecadação aos Estados: art. 157
- pertencente a arrecadação aos Municípios: art. 158

IMPOSTOS DA UNIÃO
- arts. 153 e 154

IMPOSTOS DOS ESTADOS E DO DISTRITO FEDERAL
- art. 155

IMPOSTOS DOS MUNICÍPIOS
- art. 156

IMPOSTOS ESTADUAIS
- art. 155
- em Território Federal; competência: art. 147

IMPOSTOS EXTRAORDINÁRIOS
- instituição: art. 154, II

IMPROBIDADE ADMINISTRATIVA
- art. 37, § 4.º
- efeito: art. 15, V

IMUNIDADES
- de Deputados e Senadores: art. 53, § 8.º
- tributárias: art. 150, VI

INCENTIVO
- regional: art. 43, § 2.º

INCONSTITUCIONALIDADE
- de lei; declaração: art. 97
- de lei; julgamento: art. 102, I, *a*
- de lei; suspensão da declaração: art. 52, X

INDENIZAÇÃO
- por dano material ou moral: art. 5.º, X

INDENIZAÇÃO POR DANO MATERIAL, MORAL OU À IMAGEM
- art. 5.º, V

ÍNDIOS
- arts. 231 e 232

INDIVIDUALIZAÇÃO DA PENA
- art. 5.º, XLVI

INDULTO
- concessão: art. 84, XII

INELEGIBILIDADE
- casos de: art. 14, §§ 4.º, 6.º e 7.º

INFORMAÇÃO
- direito de todos: art. 5.º, XIV

INOVAÇÃO
- arts. 218 a 219-B

INQUÉRITO POLICIAL
- instauração: art. 129, VIII

INSTITUIÇÕES FINANCEIRAS
- Congresso Nacional: art. 48, XV
- emissão de moedas: art. 164, § 3.º

INTEGRIDADE FÍSICA E MORAL
- do preso; respeitabilidade: art. 5.º, XLIX

INTERDIÇÃO DE DIREITOS
- art. 5.º, XLVI, *e*

INTERROGATÓRIO POLICIAL
- art. 5.º, LXIV

INTERVENÇÃO
- arts. 34 a 36

INTERVENÇÃO FEDERAL
- decretação: art. 84, X

INVESTIGAÇÃO CRIMINAL
- art. 5.º, XII

INVIOLABILIDADE
- de correspondência: art. 139, § 3.º
- dos direitos fundamentais: art. 5.º
- dos Vereadores: art. 29, VIII

IRREDUTIBILIDADE DE SALÁRIO
- art. 7.º, VI

JAZIDAS
- legislação sobre: art. 22, XII
- propriedade: art. 176

JAZIDAS DE GÁS NATURAL
- monopólio da União: art. 177, I

JAZIDAS DE MINERAIS
- prioridade das cooperativas: art. 174, § 4.º

JAZIDAS DE PETRÓLEO
- monopólio da União: art. 177, I

JORNADA DE TRABALHO
- em turnos: art. 7.º, XIV
- redução: art. 7.º, XIII

JOVEM
- arts. 226 a 230

JUIZADOS ESPECIAIS
- criação: art. 98, I

JUÍZES
- art. 21 do ADCT

JUÍZES DA JUSTIÇA MILITAR
- processo e julgamento dos: art. 108, I, *a*

Índice Alfabético-Remissivo da CF e do ADCT

JUÍZES DOS ESTADOS
- arts. 125 e 126

JUÍZES DO TRABALHO
- arts. 111 a 116
- processo e julgamento dos: art. 108, I, *a*

JUÍZES ELEITORAIS
- arts. 118 a 121

JUÍZES FEDERAIS
- arts. 106 a 110
- competência para processar e julgar: art. 109
- na composição dos Tribunais Regionais Federais: art. 107, II
- processo e julgamento dos: art. 108, I, *a*

JUÍZES MILITARES
- arts. 122 a 124

JUÍZO DE EXCEÇÃO
- art. 5.º, XXXVII

JÚRI
- reconhecimento da instituição do: art. 5.º, XXXVIII

JUSTIÇA DE PAZ
- criação: art. 98, II

JUSTIÇA DESPORTIVA
- recursos: art. 217, §§ 1.º e 2.º

JUSTIÇA DO TRABALHO
- competência: art. 114

JUSTIÇA ELEITORAL
- composição: art. 119
- órgãos: art. 118

JUSTIÇA FEDERAL
- competência: arts. 108 e 109
- órgãos: art. 106, I e II

JUSTIÇA MILITAR
- competência: art. 124
- organização, funcionamento e competência: art. 124, parágrafo único
- órgãos: art. 122

JUSTIÇA MILITAR ESTADUAL
- criação: art. 125, § 3.º

LAZER
- direitos dos trabalhadores: art. 7.º, IV
- direitos sociais: art. 217, § 3.º
- para a criança, o adolescente e o jovem: art. 227

LEI DE DIRETRIZES ORÇAMENTÁRIAS
- instituição: art. 165, II e § 2.º

LEI ESTADUAL
- ação direta de inconstitucionalidade; processo e julgamento: art. 102, I, *a*

LEI FEDERAL
- ação declaratória de constitucionalidade; processo e julgamento: art. 102, I, *a*
- ação direta de inconstitucionalidade; processo e julgamento: art. 102, I, *a*

LEI PENAL
- retroatividade: art. 5.º, XL

LEIS
- arts. 61 a 69
- declaração de inconstitucionalidade: art. 97
- iniciativa: art. 61
- julgamento de inconstitucionalidade: art. 102, I, *a*

LEIS COMPLEMENTARES
- aprovação: art. 69

LEIS DELEGADAS
- elaboração: art. 68

LESÃO OU AMEAÇA A DIREITO
- apreciação: art. 5.º, XXXV

LIBERDADE
- privação da: art. 5.º, LIV
- privação ou restrição: art. 5.º, XLVI, *a*

LIBERDADE DE ASSOCIAÇÃO
- art. 5.º, XVII

LIBERDADE PROVISÓRIA
- admissão: art. 5.º, LXVI

LICENÇA À GESTANTE
- art. 7.º, XVIII

LICENÇA-PATERNIDADE
- art. 7.º, XIX
- prazo até que a lei discipline: art. 10, § 1.º, do ADCT

LICITAÇÃO
- exigência: art. 37, XXI e §§ 1.º e 2.º

LIMITAÇÃO DO PODER DE TRIBUTAR
- arts. 150 a 152

LÍNGUA OFICIAL
- art. 13

LOCOMOÇÃO
- liberdade de: art. 5.º, XV

MAGISTRADOS
- acesso a tribunais: art. 93, III
- aposentadoria: art. 93, VI
- escolha pelo Senado Federal: art. 52, III, *a*
- estatuto: art. 93, *caput*
- garantias: art. 95
- ingresso na carreira: art. 93, I
- nomeação: art. 84, XVI
- preparação e aperfeiçoamento: art. 93, IV
- promoção: art. 93, II
- remoção; disponibilidade: art. 93, VIII
- residência: art. 93, VII
- subsídios: art. 93, V

MAGISTRATURA
- disposições do estatuto: art. 93

MANDADO DE INJUNÇÃO
- concessão: art. 5.º, LXXI
- em recurso ordinário; processo e julgamento: art. 102, II, *a*
- processo e julgamento: art. 102, I, *q*
- processo e julgamento pelo Superior Tribunal de Justiça: art. 105, I, *h*

MANDADO DE SEGURANÇA
- concessão: art. 5.º, LXIX
- em recurso ordinário; processo e julgamento: art. 102, II, *a*
- julgamento pelo Superior Tribunal de Justiça: art. 105, II, *b*
- processo e julgamento; competência dos Tribunais Regionais Federais: art. 108, I, *c*
- processo e julgamento pelo Superior Tribunal de Justiça: art. 105, I, *b*

MANDADO DE SEGURANÇA COLETIVO
- impetração: art. 5.º, LXX

MANDATO
- dos Deputados e Senadores; perda: art. 55
- dos Deputados e Senadores; perda: art. 55 e §§ 1.º a 4.º

MANDATO ELETIVO
- impugnação: art. 14, § 10
- tramitação da ação de impugnação: art. 14, § 11

MATERNIDADE
- assistência social: art. 203, I
- direito social: art. 6.º
- na previdência social: art. 201, II

MEDIDAS PROVISÓRIAS
- adoção: arts. 62 e 246
- edição de: art. 84, XXVI

MEIO AMBIENTE
- art. 225
- ação popular: art. 5.º, LXXIII
- proteção: art. 200, VIII

MEIOS DE COMUNICAÇÃO SOCIAL
- monopólio ou oligopólio: art. 220, § 5.º

MICROEMPRESAS
- tratamento jurídico diferenciado: art. 179

MILITAR(ES)
- dos Estados, do Distrito Federal e dos Territórios: art. 42

MINÉRIOS NUCLEARES
- produção, comercialização e utilização de radioisótopos para pesquisa e uso médicos: art. 21, XXIII, *b* e *c*

MINISTÉRIO PÚBLICO
- arts. 127 a 130
- Federal; na composição dos Tribunais Regionais Federais: art. 107, I
- União; processo e julgamento dos membros do: art. 108, I, *a*

MINISTÉRIO(S)
- criação, estruturação e atribuições: art. 88
- da Defesa; cargo privativo de brasileiro nato: art. 12, § 3.º, VII
- da Defesa; comando supremo; competência privativa do Presidente da República: art. 84, XIII
- da Defesa; do Conselho; integrantes: art. 91, I a VIII
- da Defesa; do Superior Tribunal de Justiça; processo e julgamento; competência: art. 105
- da Defesa; do Supremo Tribunal Federal;

- infrações penais comuns e crimes de responsabilidade; competência: art. 102, I, c
- da Defesa; processo e julgamento; competência privativa do Senado Federal: art. 52, I

MINISTROS
- convocação pela Câmara dos Deputados e pelo Senado Federal: art. 50

MINISTROS DE ESTADO
- arts. 87 e 88
- infrações penais comuns; julgamento: art. 102, I, c
- nomeação e exoneração: art. 84, I
- processo contra: art. 51, I
- processo e julgamento: art. 52, I

MINISTROS DO SUPREMO TRIBUNAL FEDERAL
- cargo privativo de brasileiro nato: art. 12, § 3.º, IV
- nomeação: art. 84, XIV
- processo e julgamento: art. 52, II

MINISTROS DO TRIBUNAL DE CONTAS
- da União; escolha pelo Senado Federal: art. 52, III, b
- nomeação: art. 84, XIV

MOEDA
- emissão: art. 164
- emissão; limites: art. 48, XIV

MONOPÓLIO DA UNIÃO
- art. 177

MORALIDADE ADMINISTRATIVA
- ação popular: art. 5.º, LXXIII

MULHERES
- serviço militar: art. 143, § 2.º

MUNICÍPIOS
- arts. 29 a 31
- até a promulgação da lei complementar; despesa com pessoal; excesso do limite previsto: art. 38, § 1.º
- constituição de Guarda Municipal: art. 144, § 8.º
- criação, incorporação, fusão e desmembramento: art. 18, § 4.º
- de territórios; intervenção: art. 35
- dívida mobiliária; limitação pelo Senado Federal: art. 52, IX
- Estados e Distrito Federal; união indissolúvel: art. 1.º
- fixação da dívida: art. 52, VI
- imposto dos: art. 156
- imposto que pertence aos: art. 158
- instituição de contribuição: art. 149, §§ 1.º a 1.º-C
- instituição de impostos; competência: art. 156
- proventos de aposentadoria e pensões; constituição de fundos: art. 249
- símbolos: art. 13, § 2.º

NACIONALIDADE
- arts. 12 e 13
- legislação sobre: art. 22, XIII

NASCIMENTO
- gratuidade do registro civil: art. 5.º, LXXVI, a

NATURALIZAÇÃO
- cancelamento; efeito: art. 12, § 4.º, I
- legislação sobre: art. 22, XIII

ÓBITO
- gratuidade da certidão: art. 5.º, LXXVI, b

ORÇAMENTOS
- arts. 165 a 169
- ajuste fiscal; vedações: art. 167-A
- estado de calamidade pública; contratação de pessoal: art. 167-C
- estado de calamidade pública; disposições: arts. 167-B a 167-G
- estado de calamidade pública; regime extraordinário fiscal, financeiro e de contratações: art. 167-B
- inclusão de verbas; pagamento de precatórios de sentenças transitadas em julgado: art. 100, § 5.º

ORDEM ECONÔMICA E FINANCEIRA
- arts. 170 a 192
- política agrícola e fundiária e reforma agrária: arts. 184 a 191
- política urbana: arts. 182 e 183
- princípios gerais da atividade econômica: arts. 170 a 181

ORDEM JUDICIAL
- violabilidade das comunicações telefônicas: art. 5.º, XII

ORDEM SOCIAL
- arts. 193 a 232

ORGANIZAÇÃO DO ESTADO
- arts. 18 a 43
- administração pública: arts. 37 a 43
- Distrito Federal e territórios: arts. 32 e 33
- Estados federados: arts. 25 a 28
- intervenção: arts. 34 a 36
- Municípios: arts. 29 a 31
- União: arts. 20 a 24

ORGANIZAÇÃO DOS PODERES
- arts. 44 a 135
- funções essenciais à justiça: arts. 127 a 135
- Poder Executivo: arts. 76 a 91
- Poder Judiciário: arts. 92 a 126
- Poder Legislativo: arts. 44 a 75

ORGANIZAÇÃO POLÍTICO-ADMINISTRATIVA
- arts. 18 e 19

ORGANIZAÇÃO SINDICAL
- art. 8.º

PARCELAMENTO
- das contribuições previdenciárias e demais débitos dos Municípios: arts. 115 a 117 do ADCT

PARTIDOS POLÍTICOS
- art. 17
- candidaturas femininas: art. 17, §§ 7.º e 8.º

PATRIMÔNIO CULTURAL BRASILEIRO
- art. 216

PENA DE MORTE
- art. 5.º, XLVII, a

PENA PERPÉTUA
- art. 5.º, XLVII, b

PENAS
- comutação: art. 84, XII
- cumprimento: art. 5.º, XLVIII
- exigência de cominação: art. 5.º, XXXIX
- individualização: art. 5.º, XLVI
- não passará da pessoa do condenado: art. 5.º, XLV

PENAS CRUÉIS
- art. 5.º, XLVII, e

PERDIMENTO DE BENS
- art. 5.º, XLV

PETRÓLEO
- exploração e participação: art. 20, § 1.º
- refinação; monopólio da União: art. 177, II
- venda e revenda: art. 238

PISO SALARIAL
- art. 7.º, V
- enfermeiro, técnico de enfermagem, auxiliar de enfermagem e parteira: art. 198, §§ 12 a 15

PLANEJAMENTO FAMILIAR
- art. 226, § 7.º

PLANO NACIONAL DE CULTURA
- art. 215, § 3.º

PLANO NACIONAL DE EDUCAÇÃO
- art. 214

PLANO PLURIANUAL
- disposições sobre o: art. 165, § 9.º
- instituição: art. 165, I e § 1.º
- projetos de lei relativos a: art. 166
- remessa ao Congresso Nacional: art. 84, XXIII

PLANTAS PSICOTRÓPICAS
- expropriação de glebas com cultura de: art. 243

PLEBISCITO
- art. 14, I
- convocação pelo Congresso Nacional: art. 49, XV
- para criação, incorporação, fusão e desmembramento de municípios: art. 18, § 4.º
- para incorporação de Estados: art. 18, § 3.º

PODER DE TRIBUTAR
- limitação: arts. 150 a 152

PODER EXECUTIVO
- arts. 76 a 91
- atribuições do Presidente da República: art. 84
- Conselho da República: arts. 89 e 90
- Conselho da República e Conselho de Defesa Nacional: arts. 89 a 91
- Ministros de Estado: arts. 87 e 88
- Presidente e Vice-Presidente da República: arts. 76 a 83
- responsabilidade do Presidente da República: arts. 85 e 86

PODER JUDICIÁRIO
- arts. 92 a 126

Índice Alfabético-Remissivo da CF e do ADCT

- organização e manutenção; competência: art. 21, XIII
- Superior Tribunal de Justiça: arts. 104 e 105
- Supremo Tribunal Federal: arts. 101 a 103
- tribunais e juízes do trabalho: arts. 111 a 116
- tribunais e juízes dos estados: arts. 125 e 126
- tribunais e juízes eleitorais: arts. 118 a 121
- tribunais e juízes militares: arts. 122 a 124
- tribunais regionais federais e juízes federais: arts. 106 a 110

PODER LEGISLATIVO
- arts. 44 a 75
- câmara dos deputados: art. 51
- congresso nacional: arts. 44 a 47
- deputados e senadores: arts. 53 a 56
- fiscalização contábil, financeira e orçamentária: arts. 70 a 75
- processo legislativo: arts. 59 a 69
- Senado Federal: art. 52

POLÍCIA FEDERAL
- destinação: art. 144, § 1.º

POLÍCIA FERROVIÁRIA
- federal; destinação: art. 144, § 3.º

POLÍCIA MILITAR
- convocação e mobilização; inatividade e pensões; legislação sobre: art. 22, XXI
- dos Estados, do Distrito Federal e dos Territórios: art. 42
- incumbência: art. 144, §§ 5.º e 6.º

POLÍCIA RODOVIÁRIA
- federal; destinação: art. 144, § 2.º

POLÍCIAS CIVIS
- incumbência: art. 144, § 4.º

POLÍTICA AGRÍCOLA
- planejamento e execução: art. 187

POLÍTICA AGRÍCOLA E FUNDIÁRIA E REFORMA AGRÁRIA
- arts. 184 a 191

POLÍTICA DE DESENVOLVIMENTO URBANO
- art. 182

POLÍTICA URBANA
- arts. 182 e 183

PORTUGUÊS
- língua oficial: art. 13

PORTUGUESES
- naturalizados: art. 12, § 1.º

PRECATÓRIOS
- débitos de pequeno valor; o que são considerados: art. 87 do ADCT
- disposições: art. 100
- orçamento; inclusão de verbas; pagamento de precatórios de sentenças transitadas em julgado; art. 100, § 5.º
- pendentes; forma de pagamento: arts. 78 e 86 do ADCT
- proposta orçamentária; despesas com pagamentos; diferença entre os valores expedidos e o limite estabelecido; destinação; art. 107-A do ADCT
- regime especial de pagamento: arts. 97 e 101 a 105 do ADCT

PRECONCEITOS
- art. 3.º, IV

PREFEITO
- crime de responsabilidade; espécies: art. 29-A, § 2.º
- eleição: art. 29, I
- inelegibilidade: art. 14, § 7.º
- julgamento: art. 29, X
- perda do mandato: art. 29, XIV
- posse: art. 29, III
- prazo do mandato: art. 29, I
- quem pode eleger-se: art. 14, § 3.º, VI, c
- reeleição: art. 14, § 5.º
- subsídios: art. 29, V

PRESCRIÇÃO
- do direito de ação: art. 7.º, XXIX

PRESIDENTE DA CÂMARA DOS DEPUTADOS
- cargo privativo de brasileiro nato: art. 12, § 3.º, II

PRESIDENTE DA REPÚBLICA
- afastamento; cessação: art. 86, § 2.º
- atos estranhos ao exercício de suas funções: art. 86, § 4.º
- atribuições: art. 84
- ausência do País: art. 83
- cargo privativo de brasileiro nato: art. 12, § 3.º, I
- contas do; exame: art. 166, § 1.º, I
- crimes de responsabilidade: art. 85
- delegação de atribuições: art. 84, parágrafo único
- eleição: art. 77
- e Vice-Presidente: arts. 76 a 83
- exercício do Poder Executivo: art. 76
- impedimento: art. 80
- inelegibilidade: art. 14, § 7.º
- infrações penais comuns; julgamento: art. 102, I, b
- julgamento: art. 86
- mandato: art. 82
- morte do candidato: art. 77, § 4.º
- posse: arts. 78 e 82
- prisão: art. 86, § 3.º
- processo contra: art. 51, I
- processo e julgamento: art. 52, I
- proposta de ação declaratória de constitucionalidade: art. 103, I
- quem pode eleger-se: art. 14, § 3.º, VI, a
- reeleição: art. 14, § 5.º
- responsabilidade: arts. 85 e 86
- substituição: art. 79
- suspensão das funções: art. 86, § 1.º
- vacância do cargo: art. 81

PRESIDENTE DO BANCO CENTRAL
- escolha: art. 52, III, d

PRESIDENTE DO SENADO FEDERAL
- cargo privativo de brasileiro nato: art. 12, § 3.º, III

PRESIDIÁRIAS
- permanência com os filhos: art. 5.º, L

PRESO
- assistência familiar e advogado: art. 5.º, LXIII
- identificação dos responsáveis por sua prisão e interrogatório: art. 5.º, LXIV
- informação de seus direitos: art. 5.º, LXIII
- respeito ao: art. 5.º, XLIX
- tempo superior à condenação; indenização: art. 5.º, LXXV

PREVIDÊNCIA COMPLEMENTAR
- art. 202

PREVIDÊNCIA PRIVADA
- competência para administração e fiscalização: art. 21, VIII

PREVIDÊNCIA SOCIAL
- art. 58 do ADCT
- a quem atenderão os planos de: art. 201
- aposentadoria; por idade: art. 201, §§ 7.º e 8.º
- benefícios; limites: art. 248
- benefícios não programados; cobertura: art. 201, § 10
- competência para legislar sobre: art. 24, XII
- contagem recíproca: art. 201, §§ 9.º e 9.º-A
- correção dos salários de contribuição: art. 201, §§ 3.º e 4.º
- ganhos do empregado incorporados ao salário: art. 201, § 11
- gratificação natalina dos aposentados e pensionistas: art. 201, § 6.º
- instituição pelos Estados, Distrito Federal e Municípios: art. 149, §§ 1.º a 1.º-C
- professor: art. 201, § 8.º
- reajustamento de benefícios: art. 201, § 4.º
- recursos; fundos: arts. 249 e 250
- risco de acidente do trabalho; cobertura: art. 201, § 10
- servidor público: art. 38, V
- sistema especial de inclusão previdenciária para trabalhadores de baixa renda e sem renda própria: art. 201, §§ 12 e 13
- tempo de contribuição fictício; vedação: art. 201, § 14

PRINCÍPIO DO CONTRADITÓRIO
- art. 5.º, LV

PRINCÍPIOS FUNDAMENTAIS
- arts. 1.º a 4.º

PRISÃO
- comunicação da: art. 5.º, LXII
- de Deputados e Senadores: art. 53, § 2.º
- exigências para sua realização: art. 5.º, LXI

PRISÃO CIVIL POR DÍVIDA
- caso de: art. 5.º, LXVII

PRISÃO ILEGAL
- relaxamento: art. 5.º, LXV

PRISÃO PERPÉTUA
- art. 5.º, XLVII, b

PRIVAÇÃO DA LIBERDADE
– art. 5.º, LIV e XLVI, a

PRIVAÇÃO DOS BENS
– art. 5.º, LIV

PROCESSO E SENTENÇA
– por autoridade competente: art. 5.º, LIII

PROCESSO LEGISLATIVO
– arts. 59 a 69

PROCESSO LEGISLATIVO ESTADUAL
– iniciativa popular do processo: art. 27, § 4.º

PROCURADORES DO DISTRITO FEDERAL
– art. 132

PROCURADORES DOS ESTADOS
– art. 132

PROCURADOR-GERAL DA REPÚBLICA
– escolha: art. 52, III, e
– exoneração: art. 52, XI
– processo e julgamento: art. 52, II
– proposta de ação declaratória de constitucionalidade: art. 103, VI

PROCURADORIA-GERAL DA FAZENDA NACIONAL
– representação da União: art. 131, § 3.º

PROGRAMA DE FORMAÇÃO DO PATRIMÔNIO DO SERVIDOR PÚBLICO (PASEP)
– contribuições; destinação: art. 239

PROGRAMA DE INTEGRAÇÃO SOCIAL (PIS)
– contribuições; destinação: art. 239

PROJETOS DE LEI
– apreciação do veto: art. 66, §§ 4.º e 6.º
– aprovado; encaminhamento à sanção: art. 66
– aprovado; revisão: art. 65
– discussão e votação: art. 64
– emendas do Senado; apreciação: art. 64, § 3.º
– inconstitucionalidade: art. 66, § 1.º
– leis delegadas; elaboração: art. 68
– pedido de emergência: art. 64, §§ 1.º e 2.º
– prazo para sanção: art. 66, § 3.º
– rejeição; consequência: art. 67
– veto; manutenção: art. 66, § 7.º
– veto parcial: art. 66, § 2.º

PROJETOS DE LEIS MUNICIPAIS
– iniciativa popular: art. 29, XIII

PROPRIEDADE
– direito garantido: art. 5.º, XXII
– função social: art. 5.º, XXIII
– particular; caso de utilização por autoridade: art. 5.º, XXV
– pequena e rural; impenhorabilidade: art. 5.º, XXVI

PROPRIEDADE RURAL
– aquisição; limitação: art. 190
– desapropriação: arts. 184 e 185
– função social; cumprimento: art. 186
– impenhorabilidade: art. 5.º, XXVI
– imposto sobre: art. 153, VI

PROPRIEDADE URBANA
– função social: art. 182, § 2.º

PROTEÇÃO DE DADOS PESSOAIS
– direito fundamental: art. 5.º, LXXIX

PROVAS ILÍCITAS
– inadmissibilidade: art. 5.º, LVI

PUBLICIDADE DOS ATOS PROCESSUAIS
– art. 5.º, LX

QUINTO CONSTITUCIONAL
– art. 94

RACISMO
– prática; crime inafiançável e imprescritível: art. 5.º, XLII
– repúdio ao: art. 4.º, VIII

RADIOISÓTOPOS
– produção, comercialização e utilização para pesquisa e uso médicos: art. 21, XXIII, b e c

RECEITAS TRIBUTÁRIAS
– repartição: arts. 157 a 162

RECLAMAÇÃO
– processo e julgamento pelo Supremo Tribunal Federal: art. 102, I, l

RECURSO ESPECIAL
– art. 105, III
– relevância das questões de direito federal infraconstitucional: art. 105, §§ 2.º e 3.º

RECURSO EXTRAORDINÁRIO
– art. 102, III

RECURSO ORDINÁRIO
– arts. 102, II, e 105, II

REFERENDO
– art. 14, II

REFORMA AGRÁRIA
– desapropriação para fins de: art. 184
– o que não será desapropriado para fins de: art. 185

REGIME FISCAL
– no âmbito dos orçamentos fiscal e da seguridade social da União: arts. 106 a 114 do ADCT

REGIÕES
– da administração pública: art. 43

REGISTRO CIVIL DE NASCIMENTO
– gratuidade: art. 5.º, LXXVI, a

RELAÇÕES INTERNACIONAIS
– regimento: art. 4.º
– representantes diplomáticos: art. 84, VII

REMUNERAÇÃO
– de servidores públicos; revisão: art. 37, X e XI
– percebida em desacordo com a CF; redução: art. 17 do ADCT

RENDA BÁSICA FAMILIAR
– brasileiros em situação de vulnerabilidade social; art. 6.º, parágrafo único
– criação, expansão ou aperfeiçoamento de ação governamental; dispensa de limitação; art. 118 do ADCT

REPARAÇÃO DE DANO
– art. 5.º, XLV

REPARTIÇÃO DAS RECEITAS TRIBUTÁRIAS
– arts. 157 a 162

REPOUSO SEMANAL REMUNERADO
– art. 7.º, XV

REPÚBLICA FEDERATIVA DO BRASIL
– formação: art. 1.º
– objetivos fundamentais: art. 3.º
– relações internacionais; princípios: art. 4.º

RESPONSABILIDADE ADMINISTRATIVA
– dos Estados, Municípios, DF e agentes públicos em gastos com educação durante a pandemia de Covid-19: art. 119, ADCT

RESPONSABILIDADE CIVIL
– dos Estados, Municípios, DF e agentes públicos em gastos com educação durante a pandemia de Covid-19: art. 119

RESPONSABILIDADE CRIMINAL
– dos Estados, Municípios, DF e agentes públicos em gastos com educação durante a pandemia de Covid-19: art. 119

REUNIÕES
– do Poder Legislativo: art. 57

REVISÕES CRIMINAIS
– competência; processo e julgamento pelos Tribunais Regionais Federais: art. 108, I, b
– processo e julgamento: art. 102, I, j
– processo e julgamento pelo Superior Tribunal de Justiça: art. 105, I, e

SALÁRIO DE CONTRIBUIÇÃO
– da previdência social; correção: art. 201, § 3.º

SALÁRIO-EDUCAÇÃO
– aplicação no ensino: art. 212, §§ 5.º e 6.º

SALÁRIO-FAMÍLIA
– art. 7.º, XII

SALÁRIO MÍNIMO
– art. 7.º, IV

SALÁRIO(S)
– diferença; proibição: art. 7.º, XXX
– garantia de: art. 7.º, VII
– irredutibilidade de: art. 7.º, VI
– retenção: art. 7.º, X

SALÁRIO VARIÁVEL
– garantia do salário mínimo: art. 7.º, VII

SANGUE
– transfusão; comércio: art. 199, § 4.º

SAÚDE
– ações e serviços de; relevância pública: art. 197
– ações e serviços públicos: art. 198
– assistência à: art. 199
– direito de todos: art. 196
– piso salarial da enfermagem: art. 198, §§ 12 a 15

SEGURANÇA NO TRABALHO
– art. 7.º, XXII

SEGURANÇA PÚBLICA
– órgãos: art. 144

SEGURANÇA VIÁRIA
- art. 144, § 10

SEGURIDADE SOCIAL
- arts. 194 a 204
- financiamento da: art. 195
- legislação sobre: art. 22, XXIII
- orçamento: art. 165, § 5.º, III

SEGURO
- contra acidentes do trabalho: art. 7.º, XXVIII

SEGURO-DESEMPREGO
- arts. 7.º, II, e 239, *caput* e § 4.º

SENADO FEDERAL
- competência privativa: art. 52
- composição: art. 46
- convocação de ministros: art. 50, § 2.º
- deliberações: art. 47
- Presidente; cargo privativo de brasileiro nato: art. 12, § 3.º, III
- proposta pela mesa de ação declaratória de constitucionalidade: art. 103, II
- reunião conjunta com a Câmara dos Deputados: art. 57, § 3.º

SENADORES
- arts. 53 a 56
- pelo Distrito Federal: art. 46, § 1.º
- por Estado: art. 46, § 1.º
- quem pode eleger-se: art. 14, § 3.º, VI, *a*
- suplentes: art. 46, § 3.º

SENTENÇA PENAL CONDENATÓRIA
- situação do culpado: art. 5.º, LVII

SENTENÇAS ESTRANGEIRAS
- homologação, processo e julgamento: art. 105, I, *i*

SEPARAÇÃO DOS PODERES
- vedação: art. 60, § 4.º, III

SEPARAÇÃO JUDICIAL
- por mais de um ano; dissolução do casamento; divórcio: art. 226, § 6.º

SERVIÇO MILITAR
- eclesiástico: art. 143, § 2.º
- mulheres: art. 143, § 2.º
- obrigatoriedade: art. 143
- obrigatório; estrangeiros: art. 14, § 2.º

SERVIÇOS NOTARIAIS
- art. 236
- e de registro; oficializados; inaplicabilidade do art. 236: art. 32 do ADCT

SERVIÇOS PÚBLICOS
- prestação: art. 175
- reclamação: art. 37, § 3.º, I

SERVIDORES CIVIS DA UNIÃO
- art. 19 do ADCT

SERVIDORES DO DISTRITO FEDERAL
- art. 19 do ADCT

SERVIDORES ESTADUAIS
- art. 19 do ADCT

SERVIDORES MUNICIPAIS
- art. 19 do ADCT

SERVIDORES PÚBLICOS
- arts. 39 a 41
- titular de cargo efetivo; readaptação para exercício de cargo; limitação da capacidade física ou mental: art. 37, § 13

SESSÃO LEGISLATIVA
- anual: art. 57

SIGILO DA CORRESPONDÊNCIA
- inviolabilidade: art. 5.º, XII

SIGILO DAS VOTAÇÕES
- no tribunal do júri: art. 5.º, XXXVIII, *b*

SÍMBOLOS ESTADUAIS
- art. 13, § 2.º

SÍMBOLOS NACIONAIS
- art. 13, § 1.º

SINDICATO
- art. 8.º

SISTEMA FINANCEIRO NACIONAL
- art. 192

SISTEMA TRIBUTÁRIO NACIONAL
- arts. 145 a 162
- impostos da União: arts. 153 e 154
- impostos dos Estados e do Distrito Federal: art. 155
- impostos dos Municípios: art. 156
- limitação do poder de tributar: arts. 150 a 152
- repartição das receitas tributárias: arts. 157 a 162

SISTEMA ÚNICO DE SAÚDE
- agente comunitário; política remuneratória: art. 198, §§ 7.º a 11
- competência do: art. 200
- financiamento: art. 198, § 1.º

SOBERANIA
- art. 1.º, I
- nacional; ordem econômica: art. 170, I

SOBERANIA POPULAR
- exercício: art. 14

SOCIEDADE DE ECONOMIA MISTA
- criação: art. 37, XIX
- estatuto jurídico: art. 173, § 1.º
- privilégios fiscais: art. 173, § 2.º

SOLO
- conservação do: art. 24, VI
- indígena: art. 231, § 2.º
- jazidas: art. 176
- urbano: arts. 30, VIII e 182

SÚMULA VINCULANTE
- art. 103-A

SUPERIOR TRIBUNAL DE JUSTIÇA
- arts. 104 e 105
- nomeação de Ministros: arts. 84, XIV, e 104, parágrafo único

SUPERIOR TRIBUNAL MILITAR
- art. 123

SUPREMO TRIBUNAL FEDERAL
- arts. 101 a 103
- jurisdição: art. 92, parágrafo único
- Ministro do; cargo privativo de brasileiro nato: art. 12, § 3.º, IV
- nomeação de Ministros: arts. 84, XIV, e 101, parágrafo único
- processo e julgamento de seus Ministros: art. 52, II

TAXAS
- base de cálculo: art. 145, § 2.º
- instituição: art. 145, II

TECNOLOGIA
- arts. 218 a 219-B

TELECOMUNICAÇÕES
- competência da União: art. 22, IV
- concessões: art. 66
- Congresso Nacional; regulamentação: art. 48, XII

TELEVISÃO
- defesa da pessoa e da família quanto aos programas de: art. 220, § 3.º, II
- princípios que atenderão a produção e programação: art. 221

TERRAS DEVOLUTAS
- destinação: art. 188
- indisponibilidade: art. 225, § 5.º

TERRITÓRIOS
- art. 33
- defensoria pública dos; legislação sobre: art. 22, XVII
- escolha do Governador: art. 52, III, *c*
- federais; criação, transformação e reintegração: art. 18, § 2.º
- federais; jurisdição e atribuições cometidas aos juízes federais: art. 110, parágrafo único
- nomeação de Governadores dos: art. 84, XIV
- número de deputados que elegerá: art. 45, § 2.º
- símbolos: art. 13, § 2.º

TERRORISMO
- prática do: art. 5.º, XLIII
- repúdio ao: art. 4.º, VIII

TESOURO NACIONAL
- disposições: art. 164

TÍTULOS DA DÍVIDA AGRÁRIA
- disposições: art. 184

TÍTULOS DA DÍVIDA PÚBLICA
- emissão e resgate: art. 163, IV

TOMBAMENTO
- art. 216, § 5.º

TORTURA
- art. 5.º, III
- prática: art. 5.º, XLIII

TÓXICOS
- controle e fiscalização: art. 200, VII

TRABALHO ESCRAVO
- art. 243

TRABALHADOR DOMÉSTICO
- direitos: art. 7.º, parágrafo único

TRABALHADORES
- participação nos colegiados dos órgãos públicos: art. 10
- urbanos e rurais; direitos: art. 7.º

TRABALHADOR RURAL
- prescrição do direito de ação: art. 7.º, XXIX

TRABALHO FORÇADO
- arts. 5.º, XLVII, c, e 243

TRABALHO NOTURNO
- proibição: art. 7.º, XXXIII
- remuneração: art. 7.º, IX

TRÁFICO ILÍCITO
- prática: art. 5.º, XLIII

TRANSPORTE AÉREO
- disposições sobre o: art. 178, caput

TRANSPORTE AQUÁTICO
- disposições sobre o: art. 178

TRANSPORTE GRATUITO
- a maiores de 65 anos: art. 230, § 2.º

TRANSPORTE INTERNACIONAL
- ordenação: art. 178, caput

TRANSPORTE MARÍTIMO DE PETRÓLEO BRUTO
- monopólio da União: art. 177, IV

TRANSPORTE TERRESTRE
- disposições sobre o: art. 178, caput

TRATADOS INTERNACIONAIS
- celebração; Presidente da República: art. 84, VIII
- competência do Congresso Nacional: art. 49, I
- e os direitos e garantias expressos na Constituição: art. 5.º, § 2.º

TRATAMENTO DEGRADANTE
- art. 5.º, III

TRATAMENTO DESUMANO
- art. 5.º, III

TRIBUNAIS
- competência privativa: art. 96
- conflitos de competência: arts. 102, I, e 105, I, d

TRIBUNAIS E JUÍZES DO TRABALHO
- arts. 111 a 116

TRIBUNAIS E JUÍZES DOS ESTADOS
- arts. 125 e 126

TRIBUNAIS E JUÍZES ELEITORAIS
- arts. 118 a 121

TRIBUNAIS E JUÍZES MILITARES
- arts. 122 a 124

TRIBUNAIS REGIONAIS FEDERAIS
- competência: art. 108
- composição: arts. 94 e 107
- juízes federais: arts. 106 a 110
- remoção ou permuta de juízes: art. 107, § 1.º

TRIBUNAIS SUPERIORES
- competência privativa: art. 96, II

- membros, infrações penais comuns, julgamento: art. 102, I, c
- nomeação: art. 84, XIV
- sede e jurisdição: art. 92, parágrafo único

TRIBUNAL DE CONTAS
- composição: art. 235, III
- da União; auditor; substituição de ministro: art. 73, § 4.º
- da União; cálculo de quotas referentes aos fundos de participação: art. 161, parágrafo único
- da União; composição e sede: art. 73
- da União; escolha de dois terços dos membros: art. 49, XIII
- da União; membros; infrações penais comuns; julgamento: art. 102, I, c
- da União; ministros; direitos: art. 73, § 3.º
- da União; ministros; escolha: art. 73, § 2.º
- da União; ministros; nomeação: art. 73, § 1.º
- da União; nomeação de ministros: art. 84, XV
- dos Estados, Distrito Federal e Municípios; normas aplicáveis ao: art. 75
- estadual; número de conselheiros: art. 75, parágrafo único

TRIBUNAL DE EXCEÇÃO
- art. 5.º, XXXVII

TRIBUNAL DE JUSTIÇA
- competência privativa: art. 96, II
- composição: art. 235, IV
- conflitos fundiários: art. 126
- nomeação dos Desembargadores: art. 235, V
- quinto constitucional: art. 94

TRIBUNAL PENAL INTERNACIONAL
- jurisdição no Brasil: art. 5.º, § 4.º

TRIBUNAL REGIONAL DO TRABALHO
- câmaras regionais: art. 115, § 2.º
- composição: art. 115, I e II
- justiça itinerante: art. 115, § 1.º

TRIBUNAL REGIONAL ELEITORAL
- arts. 120 e 121

TRIBUNAL SUPERIOR DO TRABALHO
- advogados e membros do Ministério Público: art. 111-A, I
- competência: art. 111-A, § 1.º
- composição: art. 111-A, caput

TRIBUNAL SUPERIOR ELEITORAL
- art. 119

TRIBUTAÇÃO E ORÇAMENTO
- arts. 145 a 169
- finanças públicas: arts. 163 a 169
- sistema tributário nacional: arts. 145 a 162

TRIBUTOS
- competência tributária: art. 145
- limitações ao poder de tributar: art. 150

UNIÃO
- arts. 20 a 24
- até a promulgação da lei complementar; despesa com pessoal; excesso do limite previsto: art. 38, § 1.º

- bens da: art. 20
- competência da: art. 21
- competência privativa: art. 22
- impostos da: arts. 153 e 154

UNIÃO ESTÁVEL
- art. 226

USUCAPIÃO
- área urbana: art. 183
- de imóvel rural ou urbano: art. 191
- imóveis públicos: arts. 183, § 3.º, e 191, parágrafo único

VENCIMENTOS
- percebidos em desacordo com a CF; redução: art. 17 do ADCT

VEREADORES
- eleição: art. 29, I
- idade mínima para ser: art. 14, § 3.º, VI, d
- número: art. 29, IV
- por atos institucionais: art. 8.º, § 4.º, do ADCT
- posse: art. 29, III
- prazo de mandato: art. 29, I
- presidente da Câmara; crime de responsabilidade; espécies: art. 29-A, § 3.º
- servidor público: art. 38, III
- subsídio; limites: art. 29, VI

VETO
- conhecimento e deliberação pelo Senado Federal: art. 57, § 3.º, IV
- pelo Presidente da República: art. 84, V

VICE-GOVERNADOR
- eleição: arts. 28 e 32, § 2.º
- quem pode eleger-se: art. 14, § 3.º, VI, b
- subsídios: art. 28, § 2.º

VICE-PREFEITO
- eleição: art. 29, I e II
- posse: art. 29, III
- prazo de mandato: art. 29, I
- quem pode eleger-se: art. 14, § 3.º, VI, c
- subsídio: art. 29, V

VICE-PRESIDENTE DA REPÚBLICA
- ausência do País: art. 83
- cargo privativo de brasileiro nato: art. 12, § 3.º, I
- eleição: art. 77, caput, e § 1.º
- impedimento do: art. 80
- infrações penais comuns; julgamento: art. 102, I, b
- posse: art. 78
- processo contra: art. 51, I
- processo e julgamento: art. 52, I
- quem pode eleger-se: art. 14, § 3.º, VI, a
- substituição do Presidente: art. 79
- vacância do cargo: art. 81

VOTO
- direto e secreto: art. 14
- facultativo: art. 14, § 1.º, II
- obrigatoriedade: art. 14, § 1.º, I

CLT saraiva

EXPOSIÇÃO DE MOTIVOS DA CLT

Exposição de Motivos da CLT

Sr. Presidente da República:

Tenho grande honra de apresentar a Vossa Excelência o projeto definitivo de Consolidação das Leis de Proteção ao Trabalho, relevante cometimento jurídico e social, cuja redação última foi procedida, havendo sido escrupulosamente apreciadas as sugestões e emendas propostas ao anteprojeto, após uma verdadeira autocrítica, que a própria Comissão efetuou, do texto original divulgado pelo *Diário Oficial* de 5 de janeiro do corrente ano.

2. A Comissão cotejou e julgou cerca de dois mil reparos, observações ou comentários feitos à Consolidação.

3. Peço vênia a Vossa Excelência, preliminarmente, para ressaltar o esforço, a cultura, a inteligência com que, no desempenho da difícil incumbência, se houveram os signatários do Relatório incluso no aprofundado exame da matéria.

4. Durante quase um ano, em longas reuniões diárias entregaram-se à tarefa complexa e ilustre, com uma dedicação e um espírito público que bem demonstram o patriotismo que os inspirou. Desejo, por isso, antes de mais nada, e perante V. Exa., patentear o meu reconhecimento e a minha admiração por esses notáveis colaboradores da obra ministerial.

5. É da mais alta significação social e merece uma referência especial o interesse suscitado pela divulgação do anteprojeto.

6. Juristas e magistrados, entidades públicas, empresas privadas e associações culturais concorreram com a judiciosa reflexão de sua experiência para sugerir um ou outro retoque.

7. Revelando, não só a repercussão alcançada pelo monumento legal projetado, mas, principalmente, uma vigorosa consciência sindical – prova plena de um regime social já radicado – manifestaram-se as classes de empregadores e de empregados, através das respectivas instituições representativas. Esta foi, na realidade, a contribuição mais palpitante, trazida à Comissão, quer pelo teor original da discussão das teses, quer pela eficiência patente do sistema paritário de equilíbrio social, evidenciando-se, do contraste de interesses, sob a luz de um pensamento público de bem comum, a fórmula de composição harmônica das forças do capital e do trabalho.

8. A Consolidação corresponde a um estágio no desenvolvimento do progresso jurídico.

9. Entre a compilação ou coleção de leis e um código – que são, respectivamente, os momentos extremos de um processo de corporificação do direito – existe a consolidação, que é a fase própria da concatenação dos textos e da coordenação dos princípios, quando já se denuncia primeiro o pensamento do sistema depois de haverem sido reguladas, de modo amplo, relações sociais em determinado plano da vida política.

10. Projetada a ação do Estado em várias direções, para atender ao tratamento de situações especiais e constantes de uma mesma órbita jurídica, impõe-se, desde o instante em que se surpreende a unidade interna desses problemas, perscrutar a sua inteligência ordenadora, que será então a *ratio legis* do sistema normativo necessário.

11. Esse o significado da Consolidação, que não é uma coleção de leis, mas a sua coordenação sistematizada.

Não é apenas um engenho de arquitetura legislativa, mas uma recapitulação de valores coerentes, que resultaram de uma grande expansão legislativa, anterior, em um dado ramo de direito.

12. É o diploma do idealismo excepcional do Brasil orientado pela clarividência genial de V. Exa., reajustando o imenso e fundamental processo de sua dinâmica econômica, nas suas relações com o trabalho, aos padrões mais altos de dignidade e de humanidade da justiça social. É incontestavelmente a síntese das instituições políticas estabelecidas por V. Exa. desde o início de seu governo.

13. Empenhou-se, por isso, a Comissão, na articulação dos textos legais vigentes, na exata dedução dos princípios, na concordância essencial das regras, na unidade interna do sistema. As lacunas preenchidas propuseram-se a tornar explícitas verdades inerentes às leis anteriores. Algumas inovações aparentes não passam de necessárias consequências da Constituição. As omissões intencionalmente ocorridas restringiram-se a excluir do conjunto as leis tipicamente transitórias e que, para atender a situações de emergência decorrentes do estado de guerra, ficaram à margem dos postulados do nosso direito social.

14. O que importa salientar é ter havido a preocupação dominante de subordinação às leis preexistentes e não como se procedesse à organização de um código, para o qual se permite modernamente a originalidade inicial e onde é mesmo espontânea e essencial a livre criação do direito, sem qualquer dependência do regime vigente.

15. A Consolidação representa, portanto, em sua substância normativa e em seu título, neste ano de 1943, não um ponto de partida, nem uma adesão recente a uma doutrina, mas a maturidade de uma ordem social há mais de um decênio instituída, que já se consagrou pelos benefícios distribuídos, como também pelo julgamento da opinião pública consciente, e sob cujo espírito de equidade confraternizaram as classes na vida econômica, instaurando nesse ambiente, antes instável e incerto, os mesmos sentimentos de humanismo cristão que encheram de generosidade e de nobreza os anais da nossa vida pública e social.

16. No relatório elaborado pela Comissão respectiva, que corresponde a um prefácio admirável da obra monumental, e no qual se filia a presente exposição de motivos, encontrará Vossa Excelência minucioso e brilhante estudo das doutrinas, dos sistemas, das leis, dos regulamentos e das emendas sugeridas comprovando que a Consolidação representa um documento resultante da instituição do gênio com que Vossa Excelência vem preparando o Brasil para uma missão universal.

17. A estrutura da Consolidação e a ordenada distribuição das matérias que lhe compõem o texto evidenciam claramente não só um plano lógico como também um pensamento doutrinário.

18. A sucessiva disposição das matérias, nos Títulos e Capítulos, corresponde a uma racional precedência.

19. Assim, sem fazer injúria ao bom senso geral, exemplificarei, entretanto: o contrato individual do trabalho pressupõe a regulamentação legal de tutela do empregado, não lhe podendo ser adversa; a organização sindical pressupõe igualmente a condição de emprego ou o exercício de

profissão e a constituição da empresa; o contrato coletivo de trabalho seria, por sua vez, inviável sem a prévia formação sindical das classes.

20. Essa uma distribuição em que os institutos jurídico-políticos são alinhados, não ao saber de classificações subjetivas ou sob a sugestão irrefletida de padrões quaisquer, mas sim, e verdadeiramente, de acordo com dados racionais derivados do próprio valor e da função social que lhes é essencial.

21. Para melhor compreensão, dividiu a Comissão o Título II do anteprojeto em dois Títulos, visando a tornar ainda mais intuitivo o esquema da Consolidação: ocupando-se essas duas divisões, respectivamente, "Das Normas Gerais de Tutela do Trabalho" e "Das Normas Especiais de Tutela do Trabalho", que constituem exatamente os princípios institucionais e básicos da proteção do trabalho.

22. Mais uma vez nota-se nessa concepção um ânimo de ordem que resultou de uma meditação exclusiva sobre os institutos concatenados.

23. O pormenorizado exame, nesta exposição, de todos os temas ali discutidos, importaria reproduzir, quase na íntegra, o referido relatório, com prejuízo talvez de sua harmonia e da lógica irretorquível com que se apresenta.

24. Peço licença, entretanto, para assinalar alguns aspectos principais do trabalho da Comissão.

25. No concernente à identificação profissional, há quem incorra em absoluto equívoco, ignorando o sentido exato dessa instituição jurídica.

26. Houve quem lhe apontasse apenas a utilidade de mero instrumento de contrato do trabalho, quando, na verdade, é este, embora de grande alcance, apenas um aspecto da carteira profissional, cujo caráter fundamental é o de documento de qualificação profissional, constituindo mesmo a primeira manifestação de tutela do Estado ao trabalhador, antes formalmente "desqualificado" sob o ponto de vista profissional e a seguir, com a emissão daquele título, habilitado à ocupação de um emprego ou ao exercício de uma profissão. Não há como subordinar essa criação típica do Direito Social ao papel acessório de prova do contrato de trabalho, quando, como se vê, a sua emissão antecede livremente o ajuste do emprego e agora, pela Consolidação, passará até a constituir uma condição obrigatória para o trabalho.

27. Foi, aliás, considerando a importância da carteira profissional como elemento primacial para manutenção do cadastro profissional dos trabalhadores, como título de qualificação profissional, como documento indispensável à colocação e à inscrição sindical e, finalmente, por servir de instrumento prático do contrato individual do trabalho, que a Comissão encontrou razões bastantes para reputar uma instituição fundamental de proteção do trabalhador e não admitir fosse relegada à inoperância da franquia liberal, tornando-a, então, obrigatória.

28. Em relação aos contratos de trabalho, cumpre esclarecer que a precedência das "normas" de tutela sobre os "contratos" acentuou que a ordem institucional ou estatutária prevalece sobre a concepção contratualista.

29. A análise do conteúdo da nossa legislação social provava exuberantemente a primazia do caráter institucional sobre o efeito do contrato, restrito este à objetivação do ajuste, à determinação do salário e à estipulação da natureza dos serviços e isso mesmo dentro de *standards* e sob condições preestabelecidas na lei.

30. Ressaltar essa expressão peculiar constituiria certamente uma conformação com a realidade e com a filosofia do novo Direito justificando-se assim a ênfase inicial atribuída à enumeração das normas de proteção ao trabalho, para somente em seguida ser referido o contrato individual.

31. Nem há como contestar semelhante método, desde que o Direito Social é, por definição, um complexo de normas e de instituições votadas à proteção do trabalho dependente na atividade privada.

32. Entre as inúmeras sugestões trazidas, uma houve que suscitou singular estranheza, dada a sua procedência de uma entidade representativa de empregados.

33. Objetava contra a exclusão da permissão contida no inciso final do parágrafo único do art. 4.º da Lei n. 264, de 5 de outubro de 1936, e reclamava a sua incorporação à Consolidação.

34. Esse texto propositadamente omitido colidia rigorosamente com um dispositivo legal posterior – art. 12 do Decreto-lei n. 2.308, de 13 de junho de 1942 – em que se anunciava uma regra irrecusável de proteção ao trabalhador.

35. Como se tolerar, efetivamente, que possa um empregado realizar os encargos de sua função, por mais rudimentar que esta seja, durante oito horas sucessivas, sem um intervalo para repouso ou alimentação?

36. Talvez uma incompreensão tivesse surgido na consideração desse preceito legal vigente: há, na realidade, determinadas funções de supervisão e de controle, tais como as exercidas por encarregados de estações ou usinas elétricas, cujo trabalho é intermitente, não exigindo uma atenção constante e um esforço continuado, sendo benéfica, então, para esses empregados, a exclusão da hora de repouso pela redução que se dá no tempo de permanência no serviço, facilitada, por outro lado, a organização das tabelas de rodízio dos ocupantes desses cargos pelas empresas.

37. Essa hipótese, constituindo tipicamente, o caso do trabalho descontínuo, segundo a conhecida definição de Barassi, não se enquadra, entretanto, na determinação do citado art. 12 do Decreto-lei n. 2.308, que apenas abrange o "trabalho contínuo", conforme foi incluído à Consolidação no Capítulo "Da Duração do Trabalho", parecendo, portanto, resolvida a dúvida.

38. O trabalho dos menores, entre catorze e dezoito anos, ou tem como finalidade a preparação dos mesmos para um ofício, uma profissão, ou, então, constitui uma exploração e um aniquilamento da juventude.

39. Esse pensamento fez com que o Decreto-lei n. 3.616, de 13 de setembro de 1941, salvo nos casos excepcionais de força maior ou de interesse público, proibisse para os menores a prorrogação da duração normal de trabalho. Tal a fonte do dispositivo idêntico que se encontra na Consolidação, sem incorrer em inovação.

40. Atentando, também, nos deveres impostos aos empregadores de menores, ver-se-á que são eles obrigados a permitir a esses seus empregados a frequência às aulas, quer às de instrução primária, conforme sempre foi estabelecido, como também às de formação profissional a cargo do Serviço Nacional de Aprendizagem dos Industriários, de acordo com o estatuído pelo Decreto-lei n. 4.481, de 16 de julho de 1942.

41. Acreditamos que não se levantará mais qualquer argumento contra a razoabilíssima disposição legal de proibição da prorrogação do horário normal do trabalho dos menores, justificada não só por óbvias considerações biológicas de preservação da saúde dos adolescentes, como também por motivos educacionais irrefutáveis.

42. A clara e total definição que do contrato individual do trabalho foi dada pelo anteprojeto da Consolidação, provocou algumas divergências de mero gosto polêmico.

43. A emenda então apresentada não pôde ser aceita. Revelava, primeiramente, incompreensão do espírito institucional tantas vezes salientado nesses empreendimentos. Repetia ainda um conceito prévio e básico já formulado, qual seja, o de empregado.

44. O que os objetantes não alcançaram foi o deliberado propósito de se reconhecer a correspondência e equivalência entre a "relação de emprego" e o "contrato individual do trabalho", para os efeitos da legislação social, correspondência essa que a escola contratualista italiana nega, exigindo a expressa pactuação.

45. Na concepção do projeto, admitido, como fundamento de contrato, o acordo tácito, é lógico que a "relação de emprego" constitui o ato jurídico suficiente para provocar a objetivação das medidas tutelares que se contêm no direito do trabalho em vigor.

46. O conceito firmado na Consolidação é tanto mais justo e relevante quanto é o que se evidencia em face de contratos formalmente nulos ou substancialmente contrários à ordem pública dos preceitos da legislação de proteção ao trabalho.

Exposição de Motivos da CLT

47. Embora seja plenamente positivo o texto da Consolidação, diante de dúvidas, propostas, urge repetir que o projeto não feriu nenhum direito, garantindo até simples expectativas de direito, uma vez que todos os empregados bancários admitidos até a data da vigência do decreto-lei que aprovar a Consolidação terão assegurada a estabilidade em dois anos, nos termos do art. 15 do mesmo Decreto n. 24.615, de 9 de julho de 1934.

48. O que não poderia ser admitido, em uma Consolidação que se propõe a sistematizar os princípios do nosso Direito Social, era a persistência de um singular privilégio para uma categoria de trabalhadores, quando o prestígio das instituições públicas exige exatamente uma igualdade de tratamento para situações sociais idênticas.

49. Fosse uma medida de proteção especial correlata de peculiares condições de trabalho, e não teria havido a menor dúvida em se manter tal regime, conforme aliás procedeu a Comissão, conservando do estatuto profissional dos bancários todos os preceitos que lhes fossem favoráveis e suprimindo os que não se equiparassem às disposições gerais de proteção à duração de trabalho, tais como os que legitimavam a prorrogação a horas suplementares independentemente de pagamento extraordinário.

50. Houve, portanto, estrita justiça.

51. Conforme ficou esclarecido, inicialmente, a redação final que tenho a subida honra de apresentar a Vossa Excelência foi precedida de um meticuloso exame de todas as sugestões apresentadas, não constituindo menor contribuição a que cada um dos membros da Comissão procurou fazer, corrigindo e completando o anteprojeto.

52. Na revisão realizada, a Comissão assumiu uma posição censora de sua própria obra, promovendo consequentemente o aprimoramento do respectivo teor.

53. Na introdução, aperfeiçoou a redação dos artigos; inseriu a definição de empregador, que integra o conceito definitivo da relação de emprego, acompanhando-a da noção legal de empregadora única dada pela Lei n. 435, de 17 de maio de 1937; removeu, outrossim, para o Capítulo pertinente, a declaração da igualdade de salário por trabalho do mesmo valor sem distinção de sexo. Foi, por outro lado, suprimida a afirmação concernente à proibição da renúncia de direitos, que entendeu a Comissão ser elementar do princípio de ordem pública, mediante o qual são nulos os atos praticados no intuito de excluir a eficácia da legislação social.

54. O Título das normas institucionais foi reconstituído em dois outros, para mais fácil apresentação dos preceitos nele contidos.

55. O Capítulo sobre a identificação profissional e os registros de empregados foi melhorando na nomenclatura, na redação e na disposição das Seções.

56. Sofreu alteração o texto que reproduziu o parágrafo único do art. 18 do Decreto n. 22.035, de 29 de outubro de 1932, eliminando-se agora da carteira profissional a averbação de notas desabonadoras, as quais, somente, quando resultarem de sentença transitada em julgado, serão inscritas no prontuário do portador da carteira.

57. Ligeiros retoques foram dados ao Capítulo sobre a duração geral do trabalho.

58. Considerou-se de justiça equiparar o regime de trabalho dos operadores das empresas de serviços telefônicos aos das que exploram serviços de telegrafia, radiotelegrafia e radiotelefonia, cujas condições de fadiga são idênticas.

59. A duração do trabalho nos serviços ferroviários foi reexaminada de acordo com sugestões do Sindicato dos Empregados Ferroviários do Rio de Janeiro, e das empresas responsáveis por esses serviços, principalmente a Companhia Paulista de Estradas de Ferro, cuja cooperação inteligente favoreceu a racionalização imprimida ao projeto, com a supressão, pela qual se batia a Comissão, do confuso e prejudicial sistema de ciclos de 96 horas em 14 dias, com duração máxima diária de 16 horas, do citado Decreto n. 279, de graves consequências para a saúde dos ferroviários.

60. As disposições destinadas à regulamentação das condições de trabalho nos serviços de estiva mereceram igual reexame, atendidas, em harmonia, as sugestões da Comissão de Marinha Mercante, do Sindicato dos Estivadores do Rio de Janeiro e do Sindicato dos Trabalhadores em Estiva de Minérios desta Capital.

61. Houve também a preocupação de atender tanto quanto possível à equiparação, pleiteada pelo Sindicato dos Operários nos Serviços Portuários de Santos, entre os serviços de estiva e os de capatazias, que realmente funcionam em necessária coordenação.

62. Uma lacuna estava a exigir, há longa data, fosse coberta na nossa legislação. Recomendado, reiteradas vezes, pelo Presidente da República, diante da insuficiência da lei geral, não se ultimara, entretanto, até o presente, o projetado Decreto-lei especial amparando as condições de trabalho em minas de subsolo. Coligindo os dados apurados pelo Departamento Nacional do Trabalho, depois de sucessivas e conclusivas investigações locais, foi constituída uma Seção prevendo as reduções do horário nos trabalhos em minas subterrâneas, trabalhos esses árduos e particularmente ruinosos para a vida dos respectivos operários.

63. Na Seção em que se regula o exercício da profissão de químico, foi adotada a indicação da Federação das Indústrias do Estado de São Paulo, no sentido de ficarem declinados os tipos de indústrias em que se torna obrigatória a admissão de um químico. De acordo com a sugestão e segundo o critério do Instituto Nacional de Tecnologia deste Ministério, ficou resolvida essa questão e homologada a orientação prática deste Ministério.

64. O Capítulo da Nacionalização do Trabalho recebeu pequenas emendas de redação, tendo sido suprimido o dispositivo do anteprojeto relativo aos cargos de chefia. Reconsiderando a matéria, verificou a Comissão que o problema, que suscitava a emenda aditiva ao anteprojeto, encontrava solução no próprio texto legal quando este disciplina que os ocupantes de funções técnicas somente ficarão à margem da proporcionalidade na falta de trabalhadores nacionais especializados. Sem gerar confusões que não haviam sido, aliás, pretendidas pelo preceito ora suprimido, o qual não continha qualquer restrição à desejada colaboração de iniciativas e de capitais estrangeiros, restará sempre no dispositivo acima referido o remédio para o governo proporcionar garantias às elites de técnicos nacionais.

65. O regime de Higiene e Segurança do Trabalho, pela revisão efetuada, adquiriu maior eficácia, por força da explícita declaração que constitui formalidade longamente seguida, da exigência de prévia verificação e aprovação das instalações dos estabelecimentos industriais para o respectivo funcionamento.

66. Estabeleceu-se, igualmente, a obrigatoriedade do uso, pelos empregados, dos equipamentos de defesa pessoal fornecidos pelos empregadores e aprovados pelas autoridades de Higiene do Trabalho.

67. Quanto aos Capítulos da proteção ao trabalho das mulheres e dos menores, as correções limitaram-se a erros de impressão, tendo sido, por outro lado, restabelecido o preceito inscrito no parágrafo único do art. 16 do antigo Decreto n. 22.042, de 3 de novembro de 1932, que, pela referência feita no § 3.º do art. 16 do Decreto-lei n. 3.616, de 13 de setembro de 1941, é intuitivo concluir fora omitido, involuntariamente, neste último diploma legal.

68. Os deveres impostos aos empregadores para o efeito da habilitação profissional dos respectivos empregados menores e consubstanciados no Decreto-lei n. 4.481, de 16 de julho de 1942, corporificando normas de tutela dessa classe de empregados, cujo trabalho tem de ser orientado pelo alto escopo da educação técnica, passaram a integrar a Seção correspondente do Capítulo versando esse regime especial.

69. É oportuno salientar que a legislação social, universalmente, vem atribuindo um remarcado desvelo pelas condições de trabalho dos menores.

70. Em consonância com as convenções internacionais e as recomendações de congressos, e mesmo a estas se antecipando, o Brasil, pela

pessoal inspiração de Vossa Excelência, vem realizando, através deste Ministério, uma salutar ação pública de preservação da juventude que trabalha.

71. O prosseguimento dessa política especializada é um imperativo e pareceu à Comissão dever ser assim ponderado na revisão, a que se procede, do Código de Menores, pois os seus preceitos atinentes ao trabalho foram totalmente melhorados e anexados à nossa legislação trabalhista, cujo Decreto-lei n. 3.616, consolidado agora, consagra a melhor solução de articulação e distinção entre a competência dos magistrados de menores e a das autoridades de trabalho, conferindo àqueles a plenitude das funções morais, jurisdicionais e supletivas do pátrio poder, que lhes são eminentemente reservados, e atribuindo às autoridades deste Ministério a efetivação do regime de proteção ao trabalho.

72. O Título em que se compendiam as regras constitutivas do contrato individual de trabalho careceu apenas de pequenas especificações do pensamento já expresso, acrescentando-se-lhes, entretanto, as normas pertinentes aos contratos de artistas teatrais e congêneres, oriundas da celebrada Lei Getúlio Vargas, cuja atualização vinha sendo ultimamente promovida por uma Comissão Interministerial, da qual provieram os artigos de lei aditados ao presente projeto.

73. Estatuiu a Consolidação que aos trabalhadores rurais se aplicam as regras básicas do contrato individual do trabalho, inclusive o aviso prévio, não lhes atingindo, porém, o regime de garantias em caso de rescisão, a que não tenham dado motivo, nem o instituto da estabilidade. A essa conclusão chegou a Comissão, em voto preponderante, sob a alegação de serem imprescindíveis maiores esclarecimentos das exatas condições das classes rurais, inibidas, no momento, por falta de lei, da representação sindical dos respectivos interesses.

74. Em seu relatório, manifesta a Comissão, consequentemente e em princípio, a sua restrição quanto ao projeto do Código Rural, publicado no *Diário Oficial* de 16 de janeiro último, na parte referente ao Contrato de Trabalho, objeto preciso desta Consolidação e não de um Código em que, com exclusividade, deveriam ser tratados os problemas relativos à produção na agricultura e em atividades conexas.

75. A revisão dos artigos compreendidos no Título da Organização Sindical ofereceu oportunidade para pequenas adaptações, sem afetar o sistema.

76. Procedeu-se à consolidação do Decreto-lei n. 5.242, de 11 de fevereiro de 1943, que dispôs sobre a exigência da sindicalização para o exercício da função de representação social em órgão oficial bem como para o gozo de favores ou isenções tributárias.

77. Suprimiu-se a emenda constante do anteprojeto tendente à instituição do regime de tomada de contas dos sindicatos. A eficiência do sistema de controle contábil do patrimônio das entidades sindicais e o regime de recolhimento do imposto sindical, posteriormente criados pela Portaria Ministerial n. 884, de 5 de dezembro de 1942, veio indicar ser prescindível esse processo de tomada de contas, que poderia determinar a burocratização desses órgãos de classe, por todos os títulos evitável, a fim de se conservar a espontaneidade e originalidade do regime sindical.

78. A Federação das Indústrias do Estado de São Paulo propôs e foram aceitos os aumentos, de um para sete, do número máximo de membros da diretoria das entidades de grau superior, e de Cr$ 20,00 para Cr$ 30,00, a importância mínima correspondente ao imposto sindical de empregadores.

79. A Comissão de Enquadramento Sindical, dado o crescente desenvolvimento de sua atividade, teve a respectiva composição ampliada, incluindo um representante do Ministério da Agricultura na previsão da próxima sindicalização das classes rurais.

80. Ligeiros reparos foram feitos ao Capítulo do Imposto Sindical, na base do regime estabelecido pelo Decreto-lei n. 4.298, de 14 de maio de 1942, introduzindo-se apenas um artigo destinado a facultar a ação executiva, com os privilégios da Fazenda Pública, excluído o foro próprio, para a cobrança do imposto sindical, quando houver débito certificado pela autoridade competente deste Ministério.

81. Finalmente, quanto à Justiça do Trabalho, deliberou-se a exclusão de toda a parte consistente em regimento dos órgãos e serviços, bem como dos assuntos referentes à administração dos seguros sociais.

82. O julgamento dos agravos foi elevado ao seu verdadeiro nível, que é o da instância superior, necessário à adequada conceituação desses recursos e à jurídica apreciação da respectiva substância. Apurou-se, outrossim, a definição do prejulgado, estabelecendo-se a forma do seu processamento e os efeitos que gera.

83. Tais, em rápida resenha, as principais modificações operadas no anteprojeto publicado. De todas essas alterações deflui um único pensamento – o de ajustar, mais e mais, a obra constituída às diretrizes da Política Social do Governo, fixadas de maneira tão ampla e coerente no magnífico quadro das disposições legais que acabam de ser recapituladas.

84. Ao pedir a atenção de Vossa Excelência para essa notável obra de construção jurídica, afirmo, com profunda convicção e de um modo geral, que, nesta hora dramática que o mundo sofre, a Consolidação constitui um marco venerável na história de nossa civilização, demonstra a vocação brasileira pelo direito e, na escureza que envolve a humanidade, representa a expressão de uma luz que não se apagou.

Apresento a Vossa Excelência os protestos do meu mais profundo respeito.

Rio de Janeiro, 19 de abril de 1943.

ALEXANDRE MARCONDES FILHO

CLT saraiva

CONSOLIDAÇÃO DAS LEIS DO TRABALHO

Índice Sistemático da CLT

DECRETO-LEI N. 5.452, DE 1.º DE MAIO DE 1943

TÍTULO I
INTRODUÇÃO

Arts. 1.º a 12 .. **135**

TÍTULO II
DAS NORMAS GERAIS DE TUTELA DO TRABALHO

Arts. 13 a 223 ... **139**

- CAPÍTULO I – Da identificação profissional (13 a 56) .. 139
 - Seção I – Da Carteira de Trabalho e Previdência Social (13) ... 139
 - Seção II – Da Emissão da Carteira de Trabalho e Previdência Social (14 a 24) 139
 - Seção III – Da Entrega das Carteiras de Trabalho e Previdência Social (25 a 28) 139
 - Seção IV – Das Anotações (29 a 35) .. 139
 - Seção V – Das Reclamações por Falta ou Recusa de Anotação (36 a 39) .. 140
 - Seção VI – Do Valor das Anotações (40) ... 140
 - Seção VII – Dos Livros de Registro de Empregados (41 a 48) .. 141
 - Seção VIII – Das Penalidades (49 a 56) ... 141
- CAPÍTULO II – Da duração do trabalho (57 a 75) .. 141
 - Seção I – Disposição Preliminar (57) .. 141
 - Seção II – Da Jornada de Trabalho (58 a 65) ... 141
 - Seção III – Dos Períodos de Descanso (66 a 72) ... 145
 - Seção IV – Do Trabalho Noturno (73) ... 146
 - Seção V – Do Quadro de Horário (74) .. 146
 - Seção VI – Das Penalidades (75) .. 147
- CAPÍTULO II-A – Do teletrabalho (75-A a 75-E) ... 147
- CAPÍTULO III – Do salário mínimo (76 a 128) .. 147
 - Seção I – Do Conceito (76 a 83) .. 148
 - Seção II – Das Regiões, Zonas e Subzonas (84 a 86) ... 148
 - Seção III – Da Constituição das Comissões (87 a 100) ... 148
 - Seção IV – Das Atribuições das Comissões de Salário Mínimo (101 a 111) 148
 - Seção V – Da Fixação do Salário Mínimo (112 a 116) ... 148
 - Seção VI – Disposições Gerais (117 a 128) .. 149
- CAPÍTULO IV – Das férias anuais (129 a 153) ... 149
 - Seção I – Do Direito a Férias e da sua Duração (129 a 133) ... 149
 - Seção II – Da Concessão e da Época das Férias (134 a 138) ... 150
 - Seção III – Das Férias Coletivas (139 a 141) .. 151
 - Seção IV – Da Remuneração e do Abono de Férias (142 a 145) .. 151
 - Seção V – Dos Efeitos da Cessação do Contrato de Trabalho (146 a 148) 152
 - Seção VI – Do Início da Prescrição (149) .. 152
 - Seção VII – Disposições Especiais (150 a 152) .. 152
 - Seção VIII – Das Penalidades (153) .. 153
- CAPÍTULO V – Da segurança e da medicina do trabalho (154 a 223) .. 153
 - Seção I – Disposições Gerais (154 a 159) .. 153
 - Seção II – Da Inspeção Prévia e do Embargo ou Interdição (160 e 161) .. 153
 - Seção III – Dos Órgãos de Segurança e de Medicina do Trabalho nas Empresas (162 a 165) 154
 - Seção IV – Do Equipamento de Proteção Individual (166 e 167) .. 155

Seção V – Das Medidas Preventivas de Medicina do Trabalho (168 e 169) .. 155
Seção VI – Das Edificações (170 a 174) .. 155
Seção VII – Da Iluminação (175) ... 155
Seção VIII – Do Conforto Térmico (176 a 178) ... 156
Seção IX – Das Instalações Elétricas (179 a 181) .. 156
Seção X – Da Movimentação, Armazenagem e Manuseio de Materiais (182 e 183) .. 156
Seção XI – Das Máquinas e Equipamentos (184 a 186) ... 156
Seção XII – Das Caldeiras, Fornos e Recipientes sob Pressão (187 e 188) .. 156
Seção XIII – Das Atividades Insalubres ou Perigosas (189 a 197) .. 157
Seção XIV – Da Prevenção da Fadiga (198 e 199) .. 158
Seção XV – Das Outras Medidas Especiais de Proteção (200) .. 158
Seção XVI – Das Penalidades (201 a 223) ... 159

TÍTULO II-A
DO DANO EXTRAPATRIMONIAL
Arts. 223-A a 223-G .. **159**

TÍTULO III
DAS NORMAS ESPECIAIS DE TUTELA DO TRABALHO
Arts. 224 a 441 .. **160**
CAPÍTULO I – Das disposições especiais sobre duração e condições de trabalho (224 a 351) 160
Seção I – Dos Bancários (224 a 226) ... 160
Seção II – Dos Empregados nos Serviços de Telefonia, de Telegrafia Submarina e Subfluvial, de Radiotelegrafia e Radiotelefonia (227 a 231) .. 161
Seção III – Dos Músicos Profissionais (232 e 233) ... 161
Seção IV – Dos Operadores Cinematográficos (234 e 235) ... 161
Seção IV-A – Do Serviço do Motorista Profissional Empregado (235-A a 235-H) .. 161
Seção V – Do Serviço Ferroviário (236 a 247) ... 163
Seção VI – Das Equipagens das Embarcações da Marinha Mercante Nacional, de Navegação Fluvial e Lacustre, do Tráfego nos Portos e da Pesca (248 a 252) ... 165
Seção VII – Dos Serviços Frigoríficos (253) ... 165
Seção VIII – Dos Serviços de Estiva (254 a 284) ... 166
Seção IX – Dos Serviços de Capatazias nos Portos (285 a 292) .. 166
Seção X – Do Trabalho em Minas de Subsolo (293 a 301) .. 166
Seção XI – Dos Jornalistas Profissionais (302 a 316) ... 166
Seção XII – Dos Professores (317 a 324) ... 167
Seção XIII – Dos Químicos (325 a 350) .. 168
Seção XIV – Das Penalidades (351) ... 171
CAPÍTULO II – Da nacionalização do trabalho (352 a 371) .. 171
Seção I – Da Proporcionalidade de Empregados Brasileiros (352 a 358) ... 171
Seção II – Das Relações Anuais de Empregados (359 a 362) ... 171
Seção III – Das Penalidades (363 e 364) ... 172
Seção IV – Disposições Gerais (365 a 367) ... 172
Seção V – Das Disposições Especiais sobre a Nacionalização da Marinha Mercante (368 a 371) 172
CAPÍTULO III – Da proteção do trabalho da mulher (372 a 401-B) .. 173
Seção I – Da Duração, Condições do Trabalho e da Discriminação contra a Mulher (372 a 378) 173
Seção II – Do Trabalho Noturno (379 a 381) ... 173
Seção III – Dos Períodos de Descanso (382 a 386) .. 173
Seção IV – Dos Métodos e Locais de Trabalho (387 a 390-E) ... 173
Seção V – Da Proteção à Maternidade (391 a 400) ... 174
Seção VI – Das Penalidades (401 a 401-B) .. 176
CAPÍTULO IV – Da proteção do trabalho do menor (402 a 441) ... 176
Seção I – Disposições Gerais (402 a 410) ... 176
Seção II – Da Duração do Trabalho (411 a 414) .. 177
Seção III – Da Admissão em Emprego e da Carteira de Trabalho e Previdência Social (415 a 423) 177
Seção IV – Dos Deveres dos Responsáveis Legais de Menores e dos Empregadores. Da Aprendizagem (424 a 433) 178
Seção V – Das Penalidades (434 a 438) ... 180
Seção VI – Disposições Finais (439 a 441) .. 180

TÍTULO IV
DO CONTRATO INDIVIDUAL DO TRABALHO
Arts. 442 a 510 ... **180**

CAPÍTULO I – Disposições gerais (442 a 456-A) .. 180
CAPÍTULO II – Da remuneração (457 a 467) ... 183
CAPÍTULO III – Da alteração (468 a 470) .. 186
CAPÍTULO IV – Da suspensão e da interrupção (471 a 476-A) ... 187
CAPÍTULO V – Da rescisão (477 a 486) .. 188
CAPÍTULO VI – Do aviso prévio (487 a 491) ... 191
CAPÍTULO VII – Da estabilidade (492 a 500) .. 192
CAPÍTULO VIII – Da força maior (501 a 504) ... 192
CAPÍTULO IX – Disposições especiais (505 a 510) .. 193

TÍTULO IV-A
DA REPRESENTAÇÃO DOS EMPREGADOS
Arts. 510-A a 510-D ... **193**

TÍTULO V
DA ORGANIZAÇÃO SINDICAL
Arts. 511 a 610 ... **194**

CAPÍTULO I – Da instituição sindical (511 a 569) ... 194
 Seção I – Da Associação em Sindicato (511 a 514) ... 194
 Seção II – Do Reconhecimento e Investidura Sindical (515 a 521) 195
 Seção III – Da Administração do Sindicato (522 a 528) ... 196
 Seção IV – Das Eleições Sindicais (529 a 532) ... 197
 Seção V – Das Associações Sindicais de Grau Superior (533 a 539) 198
 Seção VI – Dos Direitos dos Exercentes de Atividades ou Profissões e dos Sindicalizados (540 a 547) 198
 Seção VII – Da Gestão Financeira do Sindicato e sua Fiscalização (548 a 552) 200
 Seção VIII – Das Penalidades (553 a 557) .. 201
 Seção IX – Disposições Gerais (558 a 569) ... 202
CAPÍTULO II – Do enquadramento sindical (570 a 577) .. 202
CAPÍTULO III – Da contribuição sindical (578 a 610) ... 203
 Seção I – Da Fixação e do Recolhimento da Contribuição Sindical (578 a 591) 204
 Seção II – Da Aplicação da Contribuição Sindical (592 a 594) .. 206
 Seção III – Da Comissão da Contribuição Sindical (595 a 597) 206
 Seção IV – Das Penalidades (598 a 600) ... 206
 Seção V – Disposições Gerais (601 a 610) ... 207

TÍTULO VI
DAS CONVENÇÕES COLETIVAS DE TRABALHO
Arts. 611 a 625 ... **207**

TÍTULO VI-A
DAS COMISSÕES DE CONCILIAÇÃO PRÉVIA
Arts. 625-A a 625-H ... **211**

TÍTULO VII
DO PROCESSO DE MULTAS ADMINISTRATIVAS
Arts. 626 a 642 ... **212**

CAPÍTULO I – Da fiscalização, da autuação e da imposição de multas (626 a 634) 212
CAPÍTULO II – Dos recursos (635 a 638) .. 214
CAPÍTULO III – Do depósito, da inscrição e da cobrança (639 a 642) 214

TÍTULO VII-A
DA PROVA DE INEXISTÊNCIA DE DÉBITOS TRABALHISTAS
Art. 642-A ... **215**

TÍTULO VIII
DA JUSTIÇA DO TRABALHO

Arts. 643 a 735 .. **215**

- CAPÍTULO I – Introdução (643 a 646) .. 215
- CAPÍTULO II – Das Juntas de Conciliação e Julgamento (647 a 667) 216
 - Seção I – Da Composição e Funcionamento (647 a 649) 216
 - Seção II – Da Jurisdição e Competência das Juntas (650 a 653) 216
 - Seção III – Dos Presidentes das Juntas (654 a 659) .. 217
 - Seção IV – Dos Vogais das Juntas (660 a 667) .. 218
- CAPÍTULO III – Dos Juízos de direito (668 e 669) ... 219
- CAPÍTULO IV – Dos Tribunais Regionais do Trabalho (670 a 689) 219
 - Seção I – Da Composição e do Funcionamento (670 a 673) 220
 - Seção II – Da Jurisdição e Competência (674 a 680) .. 221
 - Seção III – Dos Presidentes dos Tribunais Regionais (681 a 683) 222
 - Seção IV – Dos Juízes Representantes Classistas dos Tribunais Regionais (684 a 689) 223
- CAPÍTULO V – Do Tribunal Superior do Trabalho (690 a 709) 223
 - Seção I – Disposições Preliminares (690 a 692) .. 223
 - Seção II – Da Composição e Funcionamento do Tribunal Superior do Trabalho (693 a 701) 224
 - Seção III – Da Competência do Tribunal Pleno (702) .. 225
 - Seção IV – Da Competência da Câmara de Justiça do Trabalho (703 a 705) 225
 - Seção V – Da Competência da Câmara de Previdência Social (706) 226
 - Seção VI – Das Atribuições do Presidente do Tribunal Superior do Trabalho (707) ... 226
 - Seção VII – Das Atribuições do Vice-Presidente (708) .. 226
 - Seção VIII – Das Atribuições do Corregedor (709) ... 226
- CAPÍTULO VI – Dos serviços auxiliares da Justiça do Trabalho (710 a 721) 227
 - Seção I – Da Secretaria das Juntas de Conciliação e Julgamento (710 a 712) 227
 - Seção II – Dos Distribuidores (713 a 715) ... 227
 - Seção III – Do Cartório dos Juízos de Direito (716 e 717) 227
 - Seção IV – Das Secretarias dos Tribunais Regionais (718 a 720) 227
 - Seção V – Dos Oficiais de Justiça e Oficiais de Justiça Avaliadores (721) 228
- CAPÍTULO VII – Das penalidades (722 a 733) ... 228
 - Seção I – Do "Lock-out" e da Greve (722 a 725) .. 228
 - Seção II – Das Penalidades contra os Membros da Justiça do Trabalho (726 a 728) 228
 - Seção III – De Outras Penalidades (729 a 733) .. 229
- CAPÍTULO VIII – Disposições gerais (734 e 735) .. 229

TÍTULO IX
DO MINISTÉRIO PÚBLICO DO TRABALHO

Arts. 736 a 762 .. **229**

- CAPÍTULO I – Disposições gerais (736 a 739) .. 229
- CAPÍTULO II – Da Procuradoria da Justiça do Trabalho (740 a 754) 230
 - Seção I – Da Organização (740 a 745) ... 230
 - Seção II – Da Competência da Procuradoria-Geral (746) 230
 - Seção III – Da Competência das Procuradorias Regionais (747) 230
 - Seção IV – Das Atribuições do Procurador-Geral (748) ... 230
 - Seção V – Das Atribuições dos Procuradores (749) .. 231
 - Seção VI – Das Atribuições dos Procuradores Regionais (750 e 751) 231
 - Seção VII – Da Secretaria (752 a 754) .. 231
- CAPÍTULO III – Da Procuradoria de Previdência Social (755 a 762) 231
 - Seção I – Da Organização (755 e 756) ... 231
 - Seção II – Da Competência da Procuradoria (757) .. 231
 - Seção III – Das Atribuições do Procurador-Geral (758) ... 232
 - Seção IV – Das Atribuições dos Procuradores (759) ... 232
 - Seção V – Da Secretaria (760 a 762) .. 232

TÍTULO X
DO PROCESSO JUDICIÁRIO DO TRABALHO

Arts. 763 a 910 .. **232**

CAPÍTULO I – Disposições preliminares (763 a 769) ... 232
CAPÍTULO II – Do processo em geral (770 a 836) .. 233
 Seção I – Dos Atos, Termos e Prazos Processuais (770 a 782) ... 233
 Seção II – Da Distribuição (783 a 788) .. 234
 Seção III – Das Custas e Emolumentos (789 a 790-B) ... 235
 Seção IV – Das Partes e dos Procuradores (791 a 793) ... 236
 Seção IV-A – Da Responsabilidade por Dano Processual (793-A a 793-D) ... 238
 Seção V – Das Nulidades (794 a 798) ... 239
 Seção VI – Das Exceções (799 a 802) ... 239
 Seção VII – Dos Conflitos de Jurisdição (803 a 812) ... 240
 Seção VIII – Das Audiências (813 a 817) ... 241
 Seção IX – Das Provas (818 a 830) ... 241
 Seção X – Da Decisão e sua Eficácia (831 a 836) .. 242
CAPÍTULO III – Dos dissídios individuais (837 a 855) ... 243
 Seção I – Da Forma de Reclamação e da Notificação (837 a 842) ... 244
 Seção II – Da Audiência de Julgamento (843 a 852) ... 245
 Seção II-A – Do Procedimento Sumaríssimo (852-A a 852-I) .. 247
 Seção III – Do Inquérito para Apuração de Falta Grave (853 a 855) ... 248
 Seção IV – Do Incidente de Desconsideração da Personalidade Jurídica (855-A) ... 248
CAPÍTULO III-A – Do processo de Jurisdição voluntária para homologação de acordo extrajudicial (855-B a 855-E) 248
CAPÍTULO IV – Dos dissídios coletivos (856 a 875) .. 248
 Seção I – Da Instauração da Instância (856 a 859) ... 249
 Seção II – Da Conciliação e do Julgamento (860 a 867) .. 249
 Seção III – Da Extensão das Decisões (868 a 871) ... 249
 Seção IV – Do Cumprimento das Decisões (872) ... 250
 Seção V – Da Revisão (873 a 875) .. 250
CAPÍTULO V – Da execução (876 a 892) ... 250
 Seção I – Das Disposições Preliminares (876 a 879) ... 250
 Seção II – Do Mandado e da Penhora (880 a 883-A) .. 251
 Seção III – Dos Embargos à Execução e da sua Impugnação (884) ... 252
 Seção IV – Do Julgamento e dos Trâmites Finais da Execução (885 a 889-A) .. 253
 Seção V – Da Execução por Prestações Sucessivas (890 a 892) ... 254
CAPÍTULO VI – Dos recursos (893 a 902) .. 254
CAPÍTULO VII – Da aplicação das penalidades (903 a 908) ... 261
CAPÍTULO VIII – Disposições finais (909 e 910) ... 262

TÍTULO XI
DISPOSIÇÕES FINAIS E TRANSITÓRIAS

Arts. 911 a 922 .. **262**

Consolidação das Leis do Trabalho

DECRETO-LEI N. 5.452, DE 1.º DE MAIO DE 1943 (*)

Aprova a Consolidação das Leis do Trabalho.

O Presidente da República, usando da atribuição que lhe confere o art. 180 da Constituição, decreta:

•• O art. 180 citado é da CF de 1937. A vigente Constituição, de 1988, diz competir à União, privativamente, legislar sobre direito processual e do trabalho.

Art. 1.º Fica aprovada a Consolidação das Leis do Trabalho, que a este Decreto-lei acompanha, com as alterações por ela introduzidas na legislação vigente.

Parágrafo único. Continuam em vigor as disposições legais transitórias ou de emergência, bem como as que não tenham aplicação em todo o território nacional.

Art. 2.º O presente Decreto-lei entrará em vigor em 10 de novembro de 1943.

Rio de Janeiro, 1.º de maio de 1943; 122.º da Independência e 55.º da República.

GETÚLIO VARGAS

Título I
INTRODUÇÃO

Art. 1.º Esta Consolidação estatui as normas que regulam as relações individuais e coletivas de trabalho, nela previstas.

Art. 114, I, da CF: Compete à Justiça do Trabalho processar e julgar: I – as ações oriundas da relação de trabalho, abrangidos os entes de direito público externo e da administração pública direta e indireta da União, dos Estados, do Distrito Federal e dos Municípios.

Art. 2.º Considera-se empregador a empresa, individual ou coletiva, que, assumindo os riscos da atividade econômica, admite, assalaria e dirige a prestação pessoal de serviço.

Art. 10 da CLT: Qualquer alteração na estrutura jurídica da empresa não afetará os direitos adquiridos por seus empregados.

Art. 448 da CLT: A mudança na propriedade ou na estrutura jurídica da empresa não afetará os contratos de trabalho dos respectivos empregados.

Lei n. 5.889/73, art. 3.º: Considera-se empregador rural, para os efeitos desta Lei, a pessoa física ou jurídica, proprietária ou não, que explore atividade agroeconômica, em caráter permanente ou temporário, diretamente ou através de prepostos e com auxílio de empregados. § 1.º Inclui-se na atividade econômica referida no *caput* deste artigo, além da exploração industrial em estabelecimento agrário não compreendido na Consolidação das Leis do Trabalho – CLT, aprovada pelo Decreto-lei n. 5.452, de 1.º de maio de 1943, a exploração do turismo rural ancilar à exploração agroeconômica. § 2.º Sempre que uma ou mais empresas, embora tendo cada uma delas personalidade jurídica própria, estiverem sob direção, controle ou administração de outra, ou ainda quando, mesmo guardando cada uma sua autonomia, integrem grupo econômico ou financeiro rural, serão responsáveis solidariamente nas obrigações decorrentes da relação de emprego.

•• *Vide* Lei Complementar n. 150, de 1.º-6-2015 (empregado doméstico).
• *Vide* arts. 50 a 54 da Lei Complementar n. 123, de 14-12-2006.

§ 1.º Equiparam-se ao empregador, para os efeitos exclusivos da relação de emprego, os profissionais liberais, as instituições de beneficência, as associações recreativas ou outras instituições sem fins lucrativos, que admitirem trabalhadores como empregados.

Lei n. 5.889/73, art. 4.º: Equipara-se ao empregador rural a pessoa física ou jurídica que, habitualmente, em caráter profissional, e por conta de terceiros, execute serviços de natureza agrária mediante utilização do trabalho de outrem.

§ 2.º Sempre que uma ou mais empresas, tendo, embora, cada uma delas, personalidade jurídica própria, estiverem sob a direção, controle ou administração de outra, ou ainda quando, mesmo guardando cada uma sua autonomia, integrem grupo econômico, serão responsáveis solidariamente pelas obrigações decorrentes da relação de emprego.

•• § 2.º com redação determinada pela Lei n. 13.467, de 13-7-2017.

Lei n. 5.889/73, art. 3.º, § 2.º: Sempre que uma ou mais empresas, embora tendo cada uma delas personalidade jurídica própria, estiverem sob direção, controle ou administração de outra, ou ainda quando, mesmo guardando cada uma sua autonomia, integrem grupo econômico ou financeiro rural, serão responsáveis solidariamente nas obrigações decorrentes da relação de emprego.

Súmula 129/TST: Contrato de trabalho. Grupo econômico. A prestação de serviços a mais de uma empresa do mesmo grupo econômico, durante a mesma jornada de trabalho, não caracteriza a coexistência de mais de um contrato de trabalho, salvo ajuste em contrário.

Precedente Administrativo n. 59: Registro. Contrato de trabalho. Grupo econômico. O trabalho prestado pelo empregado a várias empresas do mesmo grupo econômico configura apenas um contrato de trabalho, sendo desnecessário o registro do empregado em cada uma das empresas. Autuação improcedente.

• *Vide* Súmulas 93 e 239 do TST.
• *Vide* art. 31 da Instrução Normativa n. 144, de 18-5-2018.

§ 3.º Não caracteriza grupo econômico a mera identidade de sócios, sendo necessárias, para a configuração do grupo, a demonstração do interesse integrado, a efetiva comunhão de interesses e a atuação conjunta das empresas dele integrantes.

•• § 3.º acrescentado pela Lei n. 13.467, de 13-7-2017.
• *Vide* art. 31, da Instrução Normativa n. 144, de 18-5-2018.

Art. 3.º Considera-se empregado toda pessoa física que prestar serviços de natureza não eventual a empregador, sob a dependência deste e mediante salário.

Lei Complementar n. 150/15, art. 1.º, *caput***:** Ao empregado doméstico, assim considerado aquele que presta serviços de forma contínua, subordinada, onerosa e pessoal e de finalidade não lucrativa à pessoa ou à família, no âmbito residencial destas, por mais de 2 (dois) dias por semana, aplica-se o disposto nesta Lei.

Lei n. 5.889/73, art. 2.º: Empregado rural é toda pessoa física que, em propriedade rural ou prédio rústico, presta serviços de natureza não eventual a empregador rural, sob a dependência deste e mediante salário.

Súmula 386/TST: Policial militar. Reconhecimento de vínculo empregatício com empresa privada. Preenchidos os requisitos do art. 3.º da CLT, é legítimo o reconhecimento de relação de emprego entre policial militar e empresa privada, independentemente do eventual cabimento de penalidade disciplinar prevista no Estatuto do Policial Militar.

(*) Publicado no *DOU*, de 9-8-1943. *Vide* Instrução Normativa n. 41, de 21-6-2018, do TST, que dispõe sobre a aplicação das normas processuais da CLT alteradas pela Lei n. 13.467, de 13-7-2017.

•• Sobre vale-transporte: *vide* art. 106, I, do Decreto n. 10.854, de 10-11-2021.

• Profissões – Legislação específica:

Advogado: Lei n. 8.906, de 4-7-1994

Aeronauta: Lei n. 13.475, de 28-8-2017

Aeroviário: Decreto n. 1.232, de 22-6-1962

Árbitro de futebol: Lei n. 12.867, de 10-10-2013

Arqueólogo: Lei n. 13.653, de 18-4-2018

Arquivista e técnico de arquivo: Lei n. 6.546, de 4-7-1978, e Decreto n. 82.590, de 6-11-1978

Artesão: Lei n. 13.180, de 22-10-2015

Artista e técnico de espetáculo público: Lei n. 6.533, de 24-5-1978, e Decreto n. 82.385, de 5-10-1978

Assistente social: Lei n. 8.662, de 7-6-1993

Atuário: Decreto-lei n. 806, de 4-9-1969, e Decreto n. 66.408, de 3-4-1970

Barbeiro: Lei n. 12.592, de 18-1-2012

Bibliotecário e técnico em biblioteconomia: Lei n. 9.674, de 25-6-1998, e Lei n. 13.601, de 9-1-2018

Biólogo e biomédico: Lei n. 6.684, de 3-9-1979, e Decretos n. 88.438 e 88.439, de 28-6-1983

Bombeiro civil: Lei n. 11.901, de 12-1-2009

Cabeleireiro: Lei n. 12.592, de 18-1-2012

Comerciante ambulante: Lei n. 6.586, de 6-11-1978

Comerciário: Lei n. 12.790, de 14-3-2013

Contador e guarda-livros: Decreto-lei n. 9.295, de 27-5-1946, e Lei n. 3.384, de 28-4-1958

Corretor de moda: Lei n. 13.695, de 12-7-2018

Corretor de imóveis: Lei n. 6.530, de 12-5-1978, e Decreto n. 81.871, de 29-6-1978

Corretor de seguros: Lei n. 4.594, de 29-12-1964, e Decreto n. 56.903, de 24-9-1965

Corretor de valores: Lei n. 2.146, de 29-12-1953

Dentista: Lei n. 5.081, de 24-8-1966

Depilador: Lei n. 12.592, de 18-1-2012

Detetive particular: Lei n. 13.432, de 11-4-2017

Economista: Lei n. 1.411, de 13-8-1951, e Decreto n. 31.794, de 17-11-1952

Economista doméstico: Lei n. 7.387, de 21-10-1985, e Decreto n. 92.524, de 7-4-1986

Educação Física: Lei n. 9.696, de 1.º-9-1998

Empregado doméstico: Lei Complementar n. 150, de 1.º-6-2015

Empregado rural: Lei n. 5.889, de 8-6-1973, e arts. 99 a 101 do Decreto n. 10.854, de 10-11-2021

Enfermagem: Lei n. 7.498, de 25-6-1986, e Decreto n. 94.406, de 8-6-1987

Engenheiro, arquiteto e engenheiro agrônomo: Lei n. 5.194, de 24-12-1966

Engenheiro, arquiteto em segurança do trabalho: Lei n. 7.410, de 27-11-1985, e Decreto. 92.530, de 9-4-1986

Estatístico: Lei n. 4.739, de 15-7-1965, e Decreto n. 62.497, de 1.º-4-1968

Esteticista e cosmetólogo: Lei n. 13.643, de 3-4-2018

Farmacêutico: Lei n. 3.820, de 11-11-1960, e Decreto n. 85.878, de 7-4-1981

Físico: Lei n. 13.691, de 10-7-2018

Fisioterapeuta e terapeuta ocupacional: Decreto-lei n. 938, de 13-10-1969, e Lei n. 8.856, de 1.º-3-1994

Fonoaudiólogo: Lei n. 6.965, de 9-12-1981, e Decreto n. 87.218, de 31-5-1982

Geógrafo: Lei n. 6.664, de 26-6-1979, e Decreto n. 85.138, de 15-9-1980

Geólogo: Lei n. 4.076, de 23-6-1962

Guardador e lavador autônomo de veículos automotores: Lei n. 6.242, de 23-9-1975, e Decreto n. 79.797, de 8-6-1977

Guia de turismo: Lei n. 8.623, de 28-1-1993, e Decreto n. 946, de 1.º-10-1993

Historiador: Lei n. 14.038, de 17-8-2020

Instrutor de Trânsito: Lei n. 12.302, de 2-8-2010

Jornalista: Decreto-lei n. 972, de 17-10-1969, e Decreto n. 83.284, de 13-3-1979

Leiloeiro: Decreto n. 21.981, de 19-10-1932

Leiloeiro rural: Lei n. 4.021, de 20-12-1961

Mãe Social: Lei n. 7.644, de 18-12-1987

Manicure: Lei n. 12.592, de 18-1-2012

Massagista: Lei n. 3.968, de 5-10-1961

Médico-residente: Lei n. 6.932, de 7-7-1981, e Decreto n. 80.281, de 5-9-1977

Médico-veterinário: Lei n. 5.517, de 23-10-1968, e Decreto n. 64.704, de 17-6-1969

Meteorologista: Lei n. 6.835, de 14-10-1980

Motorista: Lei n. 13.103, de 2-3-2015

Museólogo: Lei n. 7.287, de 18-12-1984, e Decreto n. 91.775, de 15-10-1985

Músico: Lei n. 3.857, de 22-12-1960

Nutricionista: Lei n. 8.234, de 17-9-1991

Orientador educacional: Lei n. 5.564, de 21-12-1968, e Decreto n. 72.846, de 26-9-1973

Pedicure: Lei n. 12.592, de 18-1-2012

Pessoal da CEF: Lei n. 6.718, de 12-11-1979

Propagandista e vendedor de produtos farmacêuticos: Lei n. 6.224, de 14-7-1975

Psicólogo: Lei n. 4.119, de 27-8-1962, e Decreto n. 53.464, de 21-1-1964

Psicomotricista: Lei n. 13.794, de 3-1-2019

Publicitário e agenciador de propaganda: Lei n. 4.680, de 18-6-1965, e Decreto n. 57.690, de 1.º-2-1966

Químico: Lei n. 2.800, de 18-6-1956

Radialista: Lei n. 6.615, de 16-12-1978, e Decreto n. 84.134, de 30-10-1979

Redator, noticiarista, repórter, repórter de setor, radiorrepórter, arquivista-pesquisador, revisor, ilustrador, repórter-fotográfico, repórter-cinematográfico: Decreto-lei n. 972, de 17-10-1969

Relações públicas: Lei n. 5.377, de 11-12-1967, e Decreto n. 63.283, de 26-9-1968

Repentista: Lei n. 12.198, de 14-1-2010

Secretário: Lei n. 7.377, de 30-9-1985

Servidor público: Lei n. 8.112, de 11-12-1990

Sociólogo: Lei n. 6.888, de 10-12-1980, e Decreto n. 89.531, de 5-4-1984

Sommelier: Lei n. 12.467, de 26-8-2011

Taxista: Lei n. 12.468, de 26-8-2011

Técnico agrícola e técnico industrial: Lei n. 5.524, de 5-11-1968, e Decreto n. 90.922, de 6-2-1985

Técnico de segurança do trabalho: Lei n. 7.410, de 27-11-1985, e Decreto n. 92.530, de 9-4-1986

Técnico em administração: Lei n. 4.769, de 9-9-1965, e Decreto n. 61.934, de 22-12-1967

Técnico em prótese dentária: Lei n. 6.710, de 5-11-1979, e Decreto n. 87.689, de 11-10-1982

Técnico em radiologia: Lei n. 7.394, de 29-10-1985, e Decreto n. 92.790, de 17-6-1986

Temporário: Lei n. 6.019, de 3-1-1974, e Decreto n. 10.854, de 10-11-2021

Temporário no âmbito do Mercosul: Decreto n. 9.499, de 10-9-2018

Trabalhador avulso: Lei n. 12.023, de 27-8-2009

Trabalhador doméstico: Lei Complementar n. 150, de 1.º-6-2015

Trabalhador portuário: Lei n. 12.815, de 5-6-2013

Tradutor e intérprete da Língua Brasileira de Sinais: Lei n. 12.319, de 1.º-9-2010

Tradutor público e intérprete: Decreto n. 13.609, de 21-10-1943

Treinador profissional de futebol: Lei n. 8.650, de 22-4-1993

Turismólogo: Lei n. 12.591, de 18-1-2012

Vaqueiro: Lei n. 12.870, de 15-10-2013

Vendedores, viajantes e pracistas: Lei n. 3.207, de 18-7-1957

Vigilante bancário: Lei n. 7.102, de 20-6-1983, e Decreto n. 89.056, de 24-11-1983

Zootecnista: Lei n. 5.550, de 4-12-1968.

Parágrafo único. Não haverá distinções relativas à espécie de emprego e à condição de trabalhador, nem entre o trabalho intelectual, técnico e manual.

Art. 7.º, XXXII, da CF: São direitos dos trabalhadores urbanos e rurais, além de outros que visem à melhoria de sua condição social: (...) XXXII – proibição de distinção entre trabalho manual, técnico e intelectual ou entre os profissionais respectivos.

Art. 4.º Considera-se como de serviço efetivo o período em que o empregado esteja à disposição do empregador, aguardando ou executando ordens, salvo disposição especial expressamente consignada.

§ 1.º Computar-se-ão, na contagem de tempo de serviço, para efeito de indenização e estabilidade, os períodos em que o empregado estiver afastado do trabalho prestando serviço militar e por motivo de acidente do trabalho.

•• Parágrafo único renumerado pela Lei n. 13.467, de 13-7-2017.

Súmula 46/TST: Acidente de trabalho. As faltas ou ausências decorrentes de acidente do trabalho não são consideradas para os efeitos de duração de férias e cálculo da gratificação natalina.

§ 2.º Por não se considerar tempo à disposição do empregador, não será computado como período extraordinário o que exceder a jornada normal, ainda que ultrapasse o limite de cinco minutos previsto no § 1.º do art. 58 desta Consolidação, quando o empregado, por escolha própria, buscar proteção pessoal, em caso de insegurança nas vias públicas ou más

condições climáticas, bem como adentrar ou permanecer nas dependências da empresa para exercer atividades particulares, entre outras:
•• § 2.º, *caput*, acrescentado pela Lei n. 13.467, de 13-7-2017.

Art. 58, § 1.º, da CLT: Não serão descontadas nem computadas como jornada extraordinária as variações de horário no registro de ponto não excedentes de cinco minutos, observado o limite máximo de dez minutos diários.

I – práticas religiosas;
•• Inciso I acrescentado pela Lei n. 13.467, de 13-7-2017.

II – descanso;
•• Inciso II acrescentado pela Lei n. 13.467, de 13-7-2017.

III – lazer;
•• Inciso III acrescentado pela Lei n. 13.467, de 13-7-2017.

IV – estudo;
•• Inciso IV acrescentado pela Lei n. 13.467, de 13-7-2017.

V – alimentação;
•• Inciso V acrescentado pela Lei n. 13.467, de 13-7-2017.

VI – atividades de relacionamento social;
•• Inciso VI acrescentado pela Lei n. 13.467, de 13-7-2017.

VII – higiene pessoal;
•• Inciso VII acrescentado pela Lei n. 13.467, de 13-7-2017.

VIII – troca de roupa ou uniforme, quando não houver obrigatoriedade de realizar a troca na empresa.
•• Inciso VIII acrescentado pela Lei n. 13.467, de 13-7-2017.

Súmula 463/STF: Para efeito de indenização e estabilidade, conta-se o tempo em que o empregado esteve afastado, em serviço militar obrigatório, mesmo anteriormente à Lei n. 4.072, de 1.º de junho de 1962.

Súmula 269/TST: Diretor eleito. Cômputo do período como tempo de serviço. O empregado eleito para ocupar cargo de diretor tem o respectivo contrato de trabalho suspenso, não se computando o tempo de serviço desse período, salvo se permanecer a subordinação jurídica inerente à relação de emprego.

Súmula 429/TST: Tempo à disposição do empregador. Art. 4.º da CLT. Período de deslocamento entre a portaria e o local de trabalho. Considera-se à disposição do empregador, na forma do art. 4.º da CLT, o tempo necessário ao deslocamento do trabalhador entre a portaria da empresa e o local de trabalho, desde que supere o limite de 10 (dez) minutos diários.
• Vide art. 10, parágrafo único, da Lei Complementar n. 7, de 7-9-1970.

Art. 5.º A todo trabalho de igual valor corresponderá salário igual, sem distinção de sexo.

Art. 7.º, XXX e XXXI, da CF: São direitos dos trabalhadores urbanos e rurais, além de outros que visem à melhoria de sua condição social: (...) XXX – proibição de diferença de salários, de exercício de funções e de critério de admissão por motivo de sexo, idade, cor ou estado civil; XXXI – proibição de qualquer discriminação no tocante a salário e critérios de admissão do trabalhador portador de deficiência.

Art. 461, *caput*, da CLT: Sendo idêntica a função, a todo trabalho de igual valor, prestado ao mesmo empregador, no mesmo estabelecimento empresarial, corresponderá igual salário, sem distinção de sexo, etnia, nacionalidade ou idade.

Art. 6.º Não se distingue entre o trabalho realizado no estabelecimento do empregador, o executado no domicílio do empregado e o realizado a distância, desde que estejam caracterizados os pressupostos da relação de emprego.
•• *Caput* com redação determinada pela Lei n. 12.551, de 15-12-2011.

Parágrafo único. Os meios telemáticos e informatizados de comando, controle e supervisão se equiparam, para fins de subordinação jurídica, aos meios pessoais e diretos de comando, controle e supervisão do trabalho alheio.
•• Parágrafo único acrescentado pela Lei n. 12.551, de 15-12-2011.

Art. 7.º Os preceitos constantes da presente Consolidação, salvo quando for, em cada caso, expressamente determinado em contrário, não se aplicam:

a) aos empregados domésticos, assim considerados, de um modo geral, os que prestam serviços de natureza não econômica à pessoa ou à família, no âmbito residencial destas;

Art. 7.º, parágrafo único, da CF: São assegurados à categoria dos trabalhadores domésticos os direitos previstos nos incisos IV, VI, VII, VIII, X, XIII, XV, XVI, XVII, XVIII, XIX, XXI, XXII, XXIV, XXVI, XXX, XXXI e XXXIII e, atendidas as condições estabelecidas em lei e observada a simplificação do cumprimento das obrigações tributárias, principais e acessórias, decorrentes da relação de trabalho e suas peculiaridades, os previstos nos incisos I, II, III, IX, XII, XXV e XXVIII, bem como a sua integração à previdência social.

Lei n. 2.757/56, arts. 1.º a 3.º: Excluídos do disposto nesta alínea os empregados porteiros, zeladores, faxineiros e serventes de prédios de apartamentos residenciais, desde que a serviço da administração do edifício e não de cada condômino em particular. Art. 2.º São considerados representantes dos empregadores nas reclamações ou dissídios movimentados na Justiça do Trabalho os síndicos eleitos entre os condôminos. Art. 3.º Os condôminos responderão, proporcionalmente, pelas obrigações previstas nas leis trabalhistas, inclusive as judiciais e extrajudiciais.

• Empregados domésticos: Lei Complementar n. 150, de 1.º-6-2015.

b) aos trabalhadores rurais, assim considerados aqueles que, exercendo funções diretamente ligadas à agricultura e à pecuária, não sejam empregados em atividades que, pelos métodos de execução dos respectivos trabalhos ou pela finalidade de suas operações, se classifiquem como industriais ou comerciais;

Lei n. 5.889/73, art. 2.º: Empregado rural é toda pessoa física que, em propriedade rural ou prédio rústico, presta serviços de natureza não eventual a empregador rural, sob a dependência deste e mediante salário.

Súmula 196/STF: Ainda que exerça atividade rural, o empregado de empresa industrial ou comercial é classificado de acordo com a categoria do empregador.

c) aos funcionários públicos da União, dos Estados e dos Municípios e aos respectivos extranumerários em serviço nas próprias repartições;
•• Alínea *c* com redação determinada pelo Decreto n. 8.079, de 11-10-1945.

d) aos servidores de autarquias paraestatais, desde que sujeitos a regime próprio de proteção ao trabalho que lhes assegure situação análoga à dos funcionários públicos;
•• Alínea *d* com redação determinada pelo Decreto-lei n. 8.079, de 11-10-1945.
• Vide Súmula 58 do TST.

e) (*Suprimida pelo Decreto-lei n. 8.079, de 11-10-1945.*)
• O texto anterior dizia: "aos empregados das empresas de propriedade da União Federal, quando por esta ou pelos Estados administradas, salvo em se tratando daquelas cuja propriedade ou administração resultem de circunstâncias transitórias".

f) às atividades de direção e assessoramento nos órgãos, institutos e fundações dos partidos, assim definidas em normas internas de organização partidária.
•• Alínea *f* acrescentada pela Lei n. 13.877, de 27-9-2019.

Parágrafo único. (*Revogado pelo Decreto-lei n. 8.249, de 20-11-1945.*)

Art. 8.º As autoridades administrativas e a Justiça do Trabalho, na falta de disposições legais ou contratuais, decidirão, conforme o caso, pela jurisprudência, por analogia, por equidade e outros princípios e normas gerais de direito, principalmente do direito do trabalho, e, ainda, de acordo com os usos e costumes, o direito comparado, mas sempre de maneira que nenhum interesse de classe ou particular prevaleça sobre o interesse público.

Art. 5.º, XXXVI, da CF: A lei não prejudicará o direito adquirido, o ato jurídico perfeito e a coisa julgada.

Art. 140 do CPC: O juiz não se exime de decidir sob alegação de lacuna ou obscuridade do ordenamento jurídico. Parágrafo único. O juiz só decidirá por equidade nos casos previstos em lei.

Súmula 212/TST: Despedimento. Ônus da prova. O ônus de provar o término do contrato de trabalho, quando negados a prestação de serviço e o despedimento, é do empregador, pois o princípio da continuidade da relação de emprego constitui presunção favorável ao empregado.

• O Decreto n. 2.518, de 12-3-1998, promulga a Convenção n. 144, da OIT, para promover a aplicação das normas internacionais do trabalho.

§ 1.º O direito comum será fonte subsidiária do direito do trabalho.
•• Anterior parágrafo único com redação determinada pela Lei n. 13.467, de 13-7-2017.

§ 2.º Súmulas e outros enunciados de jurisprudência editados pelo Tribunal Superior do Trabalho e pelos Tribunais Regionais do Trabalho não poderão restringir direitos legalmente previstos nem criar obrigações que não estejam previstas em lei.
•• § 2.º acrescentado pela Lei n. 13.467, de 13-7-2017.

§ 3.º No exame de convenção coletiva ou acordo coletivo de trabalho, a Justiça do Trabalho analisará exclusivamente a conformidade dos

elementos essenciais do negócio jurídico, respeitado o disposto no art. 104 da Lei n. 10.406, de 10 de janeiro de 2002 (Código Civil), e balizará sua atuação pelo princípio da intervenção mínima na autonomia da vontade coletiva.

•• § 3.º acrescentado pela Lei n. 13.467, de 13-7-2017.

Art. 9.º Serão nulos de pleno direito os atos praticados com o objetivo de desvirtuar, impedir ou fraudar a aplicação dos preceitos contidos na presente Consolidação.

Súmula 77/TST: Punição. Nula é a punição de empregado se não precedida de inquérito ou sindicância internos a que se obrigou a empresa por norma regulamentar.

Súmula 91/TST: Salário complessivo. Nula é a cláusula contratual que fixa determinada importância ou percentagem para atender englobadamente vários direitos legais ou contratuais do trabalhador.

Súmula 230/TST: Aviso prévio. Substituição pelo pagamento das horas reduzidas da jornada de trabalho. É ilegal substituir o período que se reduz da jornada de trabalho, no aviso prévio, pelo pagamento das horas correspondentes.

Súmula 363/TST: Contrato nulo. Efeitos. A contratação de servidor público, após a CF/1988, sem prévia aprovação em concurso público, encontra óbice no respectivo art. 37, II e § 2.º, somente lhe conferindo direito ao pagamento da contraprestação pactuada, em relação ao número de horas trabalhadas, respeitado o valor da hora do salário mínimo, e dos valores referentes aos depósitos do FGTS.

OJ 199 da SDI-1: Jogo do bicho. Contrato de trabalho. Nulidade. Objeto ilícito. Arts. 82 e 145 do Código Civil. É nulo o contrato de trabalho celebrado para o desempenho de atividade inerente à prática do jogo do bicho, ante a ilicitude de seu objeto, o que subtrai o requisito de validade para a formação do ato jurídico.

• Crimes contra a organização do trabalho: arts. 197 a 207 do CP.

Art. 10. Qualquer alteração na estrutura jurídica da empresa não afetará os direitos adquiridos por seus empregados.

OJ 408 da SDI-1: Juros de Mora. Empresa em Liquidação Extrajudicial. Sucessão Trabalhista. É devida a incidência de juros de mora em relação aos débitos trabalhistas de empresa em liquidação extrajudicial sucedida nos moldes dos arts. 10 e 448 da CLT. O sucessor responde pela obrigação do sucedido, não se beneficiando de qualquer privilégio a este destinado.

•• *Vide* art. 29, da Instrução Normativa n. 144, de 18-5-2018.

Art. 10-A. O sócio retirante responde subsidiariamente pelas obrigações trabalhistas da sociedade relativas ao período em que figurou como sócio, somente em ações ajuizadas até dois anos depois de averbada a modificação do contrato, observada a seguinte ordem de preferência:

•• *Caput* acrescentado pela Lei n. 13.467, de 13-7-2017.

I – a empresa devedora;

•• Inciso I acrescentado pela Lei n. 13.467, de 13-7-2017.

II – os sócios atuais; e

•• Inciso II acrescentado pela Lei n. 13.467, de 13-7-2017.

III – os sócios retirantes.

•• Inciso III acrescentado pela Lei n. 13.467, de 13-7-2017.

Parágrafo único. O sócio retirante responderá solidariamente com os demais quando ficar comprovada fraude na alteração societária decorrente da modificação do contrato.

•• Parágrafo único acrescentado pela Lei n. 13.467, de 13-7-2017.

Art. 11. A pretensão quanto a créditos resultantes das relações de trabalho prescreve em cinco anos para os trabalhadores urbanos e rurais, até o limite de dois anos após a extinção do contrato de trabalho.

•• *Caput* com redação determinada pela Lei n. 13.467, de 13-7-2017.

Art. 7.º, XXIX, da CF: São direitos dos trabalhadores urbanos e rurais, além de outros que visem à melhoria de sua condição social: (...) XXIX – ação, quanto aos créditos resultantes das relações de trabalho, com prazo prescricional de cinco anos para os trabalhadores urbanos e rurais, até o limite de dois anos após a extinção do contrato de trabalho.

Art. 149 da CLT: prescrição do direito de reclamar a concessão das férias ou o pagamento da respectiva remuneração é contada do término do prazo mencionado no art. 134 ou, se for o caso, da cessação do contrato de trabalho.

Art. 440 da CLT: Contra os menores de 18 (dezoito) anos não corre nenhum prazo de prescrição.

Lei n. 5.889/73, art. 10: A prescrição dos direitos assegurados por esta Lei aos trabalhadores rurais só ocorrerá após 2 (dois) anos de cessação do contrato de trabalho.

Súmula 230/STF: A prescrição da ação de acidente do trabalho conta-se do exame pericial que comprovar a enfermidade ou verificar a natureza da incapacidade.

Súmula 327/STF: O direito trabalhista admite a prescrição intercorrente.

Súmula 349/STF: A prescrição atinge somente as prestações de mais de 2 (dois) anos, reclamadas com fundamento em decisão normativa da Justiça do Trabalho, ou em convenção coletiva de trabalho, quando não estiver em causa a própria validade de tais atos.

Súmula 403/STF: É de decadência o prazo de 30 (trinta) dias para instauração do inquérito judicial, a contar da suspensão, por falta grave, de empregado estável.

Súmula 114/TST: Prescrição intercorrente. É inaplicável na Justiça do Trabalho a prescrição intercorrente.

Súmula 153/TST: Prescrição. Não se conhece de prescrição não arguida na instância ordinária. Ex-prejulgado n. 27.

Súmula 156/TST: Prescrição. Prazo. Da extinção do último contrato começa a fluir o prazo prescricional do direito de ação em que se objetiva a soma de períodos descontínuos de trabalho. Ex-prejulgado n. 31.

Súmula 206/TST: FGTS. Incidência sobre parcelas prescritas. A prescrição da pretensão relativa às parcelas remuneratórias alcança o respectivo recolhimento da contribuição para o FGTS.

Súmula 268/TST: Prescrição. Interrupção. Ação trabalhista arquivada. A ação trabalhista, ainda que arquivada, interrompe a prescrição somente em relação aos pedidos idênticos.

Súmula 275/TST: Prescrição. Desvio de função e reenquadramento. I – Na ação que objetive corrigir desvio funcional, a prescrição só alcança as diferenças salariais vencidas no período de 5 (cinco) anos que precedeu o ajuizamento. II – Em se tratando de pedido de reenquadramento, a prescrição é total, contada da data do enquadramento do empregado.

Súmula 294/TST: Prescrição. Alteração contratual. Trabalhador urbano. Tratando-se de ação que envolva pedido de prestações sucessivas decorrente de alteração do pactuado, a prescrição é total, exceto quando o direito à parcela esteja também assegurado por preceito de lei.

Súmula 308/TST: Prescrição quinquenal. I. Respeitado o biênio subsequente à cessação contratual, a prescrição da ação trabalhista concerne às pretensões imediatamente anteriores a cinco anos, contados da data do ajuizamento da reclamação e, não, às anteriores ao quinquênio da data da extinção do contrato. II. A norma constitucional que ampliou o prazo de prescrição da ação trabalhista para 5 (cinco) anos é de aplicação imediata e não atinge pretensões já alcançadas pela prescrição bienal quando da promulgação da CF/1988.

Súmula 350/TST: Prescrição. Termo inicial. Ação de cumprimento. Sentença normativa. O prazo de prescrição com relação à ação de cumprimento de decisão normativa flui apenas da data de seu trânsito em julgado.

Súmula 362/TST: FGTS. Prescrição. I – Para os casos em que a ciência da lesão ocorreu a partir de 13-11-2014, é quinquenal a prescrição do direito de reclamar contra o não recolhimento de contribuição para o FGTS, observado o prazo de dois anos após o término do contrato; II – Para os casos em que o prazo prescricional já estava em curso em 13-11-2014, aplica-se o prazo prescricional que se consumar primeiro: trinta anos, contados do termo inicial, ou cinco anos, a partir de 13-11-2014 (STFARE-709212/DF).

Súmula 409/TST: Ação rescisória. Prazo prescricional. Total ou parcial. Violação do art. 7.º, XXIX, da CF/88. Matéria infraconstitucional. Não procede ação rescisória calcada em violação do art. 7.º, XXIX, da CF/88 quando a questão envolve discussão sobre a espécie de prazo prescricional aplicável aos créditos trabalhistas, se total ou parcial, porque a matéria tem índole infraconstitucional, construída, na Justiça do Trabalho, no plano jurisprudencial.

• *Vide* Súmulas 6, 326, 327, 373 e 382 do TST.

I e II – (*Revogados pela Lei n. 13.467, de 13-7-2017.*)

§ 1.º O disposto neste artigo não se aplica às ações que tenham por objeto anotações para fins de prova junto à Previdência Social.

•• § 1.º acrescentado pela Lei n. 9.658, de 5-6-1998.

§ 2.º Tratando-se de pretensão que envolva pedido de prestações sucessivas decorrente de alteração ou descumprimento do pactuado, a prescrição é total, exceto quando o direito à parcela esteja também assegurado por preceito de lei.

•• § 2.º com redação determinada pela Lei n. 13.467, de 13-7-2017.

§ 3.º A interrupção da prescrição somente ocorrerá pelo ajuizamento de reclamação trabalhista, mesmo que em juízo incompetente, ainda que venha a ser extinta sem resolução do mérito, produzindo efeitos apenas em relação aos pedidos idênticos.

•• § 3.º com redação determinada pela Lei n. 13.467, de 13-7-2017.

Art. 11-A. Ocorre a prescrição intercorrente no processo do trabalho no prazo de dois anos.

•• *Caput* acrescentado pela Lei n. 13.467, de 13-7-2017.

> **Súmula 114/TST: Prescrição intercorrente.** É inaplicável na Justiça do Trabalho a prescrição intercorrente.
>
> **Súmula 327/STF:** O direito trabalhista admite a prescrição intercorrente.

§ 1.º A fluência do prazo prescricional intercorrente inicia-se quando o exequente deixa de cumprir determinação judicial no curso da execução.

•• § 1.º acrescentado pela Lei n. 13.467, de 13-7-2017.

> **Instrução Normativa n. 41/18, art. 2.º:** O fluxo da prescrição intercorrente conta-se a partir do descumprimento da determinação judicial a que alude o § 1.º do art. 11-A da CLT, desde que feita após 11 de novembro de 2017 (Lei n. 13.467/2017).

§ 2.º A declaração da prescrição intercorrente pode ser requerida ou declarada de ofício em qualquer grau de jurisdição.

•• § 2.º acrescentado pela Lei n. 13.467, de 13-7-2017.

Art. 12. Os preceitos concernentes ao regime de seguro social são objeto de lei especial.

Título II
DAS NORMAS GERAIS DE TUTELA DO TRABALHO

Capítulo I
DA IDENTIFICAÇÃO PROFISSIONAL

Decreto-lei n. 229/67, art. 29: Aplicam-se ao trabalhador rural as disposições do Capítulo I do Título II da CLT, com as alterações determinadas neste Decreto-lei.

SEÇÃO I
Da Carteira de Trabalho e Previdência Social

•• O Decreto-lei n. 926, de 10-10-1969, determinou a substituição da denominação "Carteira Profissional", original no texto desta Consolidação, para "CTPS".

•• A Portaria n. 1.065, de 23-9-2019, da Secretaria Especial de Previdência e Trabalho, disciplina a emissão da Carteira de Trabalho e Previdência Social em meio eletrônico – Carteira de Trabalho Digital.

•• A Portaria n. 671, de 8-11-2021, regulamenta disposições relativas à legislação trabalhista, à inspeção do trabalho, às políticas públicas e às relações de trabalho.

Art. 13. A Carteira de Trabalho e Previdência Social é obrigatória para o exercício de qualquer emprego, inclusive de natureza rural, ainda que em caráter temporário, e para o exercício por conta própria de atividade profissional remunerada.

•• *Caput* com redação determinada pelo Decreto-lei n. 926, de 10-10-1969.

> **Art. 55 da CLT:** Incorrerá na multa de valor igual a 1 (um) salário mínimo regional a empresa que infringir o art. 13 e seus parágrafos.
>
> **Súmula 225/STF:** Não é absoluto o valor probatório das anotações da Carteira Profissional.
>
> **Súmula 12/TST: Carteira profissional.** As anotações apostas pelo empregador na carteira profissional do empregado não geram presunção *juris et de jure*, mas apenas *juris tantum*.

• *Vide* Lei n. 6.019, de 3-1-1974, regulamentada pelo Decreto n. 10.854, de 10-11-2021 (arts. 41 a 75).

• *Vide* Decreto n. 9.499, de 10-9-2018 (Trabalho temporário no âmbito do Mercosul).

§ 1.º O disposto neste artigo aplica-se, igualmente, a quem:

I – proprietário rural ou não, trabalhe individualmente ou em regime de economia familiar, assim entendido o trabalho dos membros da mesma família, indispensável à própria subsistência, e exercido em condições de mútua dependência e colaboração;

II – em regime de economia familiar e sem empregado, explore área não excedente do módulo rural ou de outro limite que venha a ser fixado, para cada região, pelo Ministério do Trabalho.

•• § 1.º com redação determinada pelo Decreto-lei n. 926, de 10-10-1969.

• Módulo rural (conceito): art. 4.º, II e III, da Lei n. 4.504, de 30-11-1964.

§ 2.º A Carteira de Trabalho e Previdência Social (CTPS) obedecerá aos modelos que o Ministério da Economia adotar.

•• § 2.º com redação determinada pela Lei n. 13.874, de 20-9-2019.

• A Portaria n. 210, de 29-4-2008, do MTE, estabelece modelo de confecção da CTPS.

§§ 3.º e 4.º (*Revogados pela Lei n. 13.874, de 20-9-2019.*)

SEÇÃO II
Da Emissão da Carteira de Trabalho e Previdência Social

•• Seção II com denominação determinada pelo Decreto-lei n. 926, de 10-10-1969.

Art. 14. A CTPS será emitida pelo Ministério da Economia preferencialmente em meio eletrônico.

•• *Caput* com redação determinada pela Lei n. 13.874, de 20-9-2019.

• A Portaria n. 4, de 26-1-2015, da Secretaria de Políticas Públicas de Emprego, dispõe sobre os procedimentos para emissão de Carteira de Trabalho e Previdência Social (CTPS) para estrangeiros.

Parágrafo único. Excepcionalmente, a CTPS poderá ser emitida em meio físico, desde que:

•• Parágrafo único, *caput*, com redação determinada pela Lei n. 13.874, de 20-9-2019.

I – nas unidades descentralizadas do Ministério da Economia que forem habilitadas para a emissão;

•• Inciso I acrescentado pela Lei n. 13.874, de 20-9-2019.

II – mediante convênio, por órgãos federais, estaduais e municipais da administração direta ou indireta;

•• Inciso II acrescentado pela Lei n. 13.874, de 20-9-2019.

III – mediante convênio com serviços notariais e de registro, sem custos para a administração, garantidas as condições de segurança das informações.

•• Inciso III acrescentado pela Lei n. 13.874, de 20-9-2019.

Art. 15. Os procedimentos para emissão da CTPS ao interessado serão estabelecidos pelo Ministério da Economia em regulamento próprio, privilegiada a emissão em formato eletrônico.

•• Artigo com redação determinada pela Lei n. 13.874, de 20-9-2019.

Art. 16. A CTPS terá como identificação única do empregado o número de inscrição no Cadastro de Pessoas Físicas (CPF).

•• *Caput* com redação determinada pela Lei n. 13.874, de 20-9-2019.

I a IV – (*Revogados pela Lei n. 13.874, de 20-9-2019.*)

Parágrafo único. (*Revogado pela Lei n. 13.874, de 20-9-2019.*)

Art. 17. (*Revogado pela Lei n. 13.874, de 20-9-2019.*)

Arts. 18 e 19. (*Revogados pela Lei n. 7.855, de 24-10-1989.*)

Arts. 20 e 21. (*Revogados pela Lei n. 13.874, de 20-9-2019.*)

Arts. 22 a 24. (*Revogados pelo Decreto-lei n. 926, de 10-10-1969.*)

SEÇÃO III
Da Entrega das Carteiras de Trabalho e Previdência Social

Arts. 25 e 26. (*Revogados pela Lei n. 13.874, de 20-9-2019.*)

Arts. 27 e 28. (*Revogados pela Lei n. 7.855, de 24-10-1989.*)

SEÇÃO IV
Das Anotações

• Outras anotações na CLT: concessão das férias (art. 135, § 1.º); interrupção da prestação de serviços (art. 133, § 1.º); férias coletivas (art. 141, § 3.º); alteração do estado civil (art. 20); carimbo para anotação de férias coletivas (art. 141 e § 1.º).

Art. 29. O empregador terá o prazo de 5 (cinco) dias úteis para anotar na CTPS, em relação aos trabalhadores que admitir, a data de admissão, a remuneração e as condições especiais, se houver, facultada a adoção de sistema manual, mecânico ou eletrônico, conforme instruções a serem expedidas pelo Ministério da Economia.

•• *Caput* com redação determinada pela Lei n. 13.874, de 20-9-2019.

> **Art. 53 da CLT:** A empresa que receber Carteira de Trabalho e Previdência Social para anotar e a retiver por mais de 48 (quarenta e oito) horas ficará sujeita à multa de valor igual à metade do salário mínimo regional.
>
> **Lei Complementar n. 150/15, art. 9.º (empregado doméstico):** A Carteira de Trabalho e Previdência Social será obrigatoriamente apresentada, contra recibo, pelo empregado ao

empregador que o admitir, o qual terá o prazo de 48 (quarenta e oito) horas para nela anotar, especificamente, a data de admissão, a remuneração e, quando for o caso, os contratos previstos nos incisos I e II do art. 4.º

Súmula 225/STF: Não é absoluto o valor probatório das anotações da Carteira Profissional.

Súmula 12/TST: Carteira profissional. As anotações apostas pelo empregador na carteira profissional do empregado não geram presunção *juris et de jure*, mas apenas *juris tantum*.

• Contrato por obra certa: art. 1.º da Lei n. 2.959, de 17-11-1956.

§ 1.º As anotações concernentes à remuneração devem especificar o salário, qualquer que seja sua forma de pagamento, seja ele em dinheiro ou em utilidades, bem como a estimativa da gorjeta.

• § 1.º com redação determinada pelo Decreto-lei n. 229, de 28-2-1967.

Art. 457, §§ 1.º a 3.º, da CLT: Compreendem-se na remuneração do empregado, para todos os efeitos legais, além do salário devido e pago diretamente pelo empregador, como contraprestação do serviço, as gorjetas que receber. § 1.º Integram o salário a importância fixa estipulada, as gratificações legais e as comissões pagas pelo empregador. § 2.º As importâncias, ainda que habituais, pagas a título de ajuda de custo, auxílio-alimentação, vedado seu pagamento em dinheiro, diárias para viagem, prêmios e abonos não integram a remuneração do empregado, não se incorporam ao contrato de trabalho e não constituem base de incidência de qualquer encargo trabalhista e previdenciário. § 3.º Considera-se gorjeta não só a importância espontaneamente dada pelo cliente ao empregado, como também aquela que for cobrada pela empresa ao cliente, como adicional nas contas, a qualquer título, e destinada à distribuição aos empregados.

§ 2.º As anotações na Carteira de Trabalho e Previdência Social serão feitas:
a) na data-base;
b) a qualquer tempo, por solicitação do trabalhador;
c) no caso de rescisão contratual; ou
d) necessidade de comprovação perante a Previdência Social.

• § 2.º com redação determinada pela Lei n. 7.855, de 24-10-1989.

§ 3.º A falta de cumprimento pelo empregador do disposto neste artigo acarretará a lavratura do auto de infração, pelo Fiscal do Trabalho, que deverá, de ofício, comunicar a falta de anotação ao órgão competente, para o fim de instaurar o processo de anotação.

• § 3.º com redação determinada pela Lei n. 7.855, de 24-10-1989.

Súmula 12/TST: Carteira profissional. As anotações apostas pelo empregador na carteira profissional do empregado não geram presunção *juris et de jure*, mas apenas *juris tantum*.

§ 4.º É vedado ao empregador efetuar anotações desabonadoras à conduta do empregado em sua Carteira de Trabalho e Previdência Social.

• § 4.º acrescentado pela Lei n. 10.270, de 29-8-2001.

§ 5.º O descumprimento do disposto no § 4.º deste artigo submeterá o empregador ao pagamento de multa prevista no art. 52 deste Capítulo.

• § 5.º acrescentado pela Lei n. 10.270, de 29-8-2001.

§ 6.º A comunicação pelo trabalhador do número de inscrição no CPF ao empregador equivale à apresentação da CTPS em meio digital, dispensado o empregador da emissão de recibo.

• § 6.º acrescentado pela Lei n. 13.874, de 20-9-2019.

§ 7.º Os registros eletrônicos gerados pelo empregador nos sistemas informatizados da CTPS em meio digital equivalem às anotações a que se refere esta Lei.

• § 7.º acrescentado pela Lei n. 13.874, de 20-9-2019.

§ 8.º O trabalhador deverá ter acesso às informações da sua CTPS no prazo de até 48 (quarenta e oito) horas a partir de sua anotação.

• § 8.º acrescentado pela Lei n. 13.874, de 20-9-2019.

Art. 29-A. O empregador que infringir o disposto no *caput* e no § 1.º do art. 29 desta Consolidação ficará sujeito a multa no valor de R$ 3.000,00 (três mil reais) por empregado prejudicado, acrescido de igual valor em cada reincidência.

• *Caput* acrescentado pela Lei n. 14.438, de 24-8-2022.

§ 1.º No caso de microempresa ou de empresa de pequeno porte, o valor final da multa aplicada será de R$ 800,00 (oitocentos reais) por empregado prejudicado.

• § 1.º acrescentado pela Lei n. 14.438, de 24-8-2022.

§ 2.º A infração de que trata o *caput* deste artigo constitui exceção ao critério da dupla visita.

• § 2.º acrescentado pela Lei n. 14.438, de 24-8-2022.

Art. 29-B. Na hipótese de não serem realizadas as anotações a que se refere o § 2.º do art. 29 desta Consolidação, o empregador ficará sujeito a multa no valor de R$ 600,00 (seiscentos reais) por empregado prejudicado.

• Artigo acrescentado pela Lei n. 14.438, de 24-8-2022.

Arts. 30 a 34. (*Revogados pela Lei n. 13.874, de 20-9-2019.*)

Art. 35. (*Revogado pela Lei n. 6.533, de 24-5-1978.*)

SEÇÃO V
Das Reclamações por Falta ou Recusa de Anotação

Art. 36. Recusando-se a empresa a fazer as anotações a que se refere o art. 29 ou a devolver a Carteira de Trabalho e Previdência Social recebida, poderá o empregado comparecer, pessoalmente ou por intermédio de seu sindicato, perante a Delegacia Regional ou órgão autorizado, para apresentar reclamação.

• Artigo com redação determinada pelo Decreto-lei n. 229, de 28-2-1967.

Art. 37. No caso do art. 36, lavrado o termo de reclamação, determinar-se-á a realização de diligência para instrução do feito, observado, se for o caso, o disposto no § 2.º do art. 29, notificando-se posteriormente o reclamado por carta registrada, caso persista a recusa, para que, em dia e hora previamente designados, venha prestar esclarecimentos ou efetuar as devidas anotações na Carteira de Trabalho e Previdência Social ou sua entrega.

• *Caput* com redação determinada pelo Decreto-lei n. 229, de 28-2-1967.

Parágrafo único. Não comparecendo o reclamado, lavrar-se-á termo de ausência, sendo considerado revel e confesso sobre os termos da reclamação feita, devendo as anotações ser efetuadas por despacho da autoridade que tenha processado a reclamação.

• Parágrafo único com redação determinada pelo Decreto-lei n. 229, de 28-2-1967.

Art. 38. Comparecendo o empregador e recusando-se a fazer as anotações reclamadas, será lavrado um termo de comparecimento, que deverá conter, entre outras indicações, o lugar, o dia e hora de sua lavratura, o nome e a residência do empregador, assegurando-se-lhe o prazo de 48 (quarenta e oito) horas, a contar do termo, para apresentar defesa.

Parágrafo único. Findo o prazo para a defesa, subirá o processo à autoridade administrativa de primeira instância, para se ordenarem diligências, que completem a inscrição do feito, ou para julgamento, se o caso estiver suficientemente esclarecido.

• Texto de acordo com a publicação oficial. Entendemos que o correto seria "instrução" do feito.

Art. 39. Verificando-se que as alegações feitas pelo reclamado versam sobre a não existência de relação de emprego, ou sendo impossível verificar essa condição pelos meios administrativos, será o processo encaminhado à Justiça do Trabalho, ficando, nesse caso, sobrestado o julgamento do auto de infração que houver sido lavrado.

• *Caput* com redação determinada pelo Decreto-lei n. 229, de 28-2-1967.

§ 1.º Se não houver acordo, a Junta de Conciliação e Julgamento, em sua sentença, ordenará que a Secretaria efetue as devidas anotações, uma vez transitada em julgado, e faça a comunicação à autoridade competente para o fim de aplicar a multa cabível.

• § 1.º com redação determinada pelo Decreto-lei n. 229, de 28-2-1967.
• Extinção das Juntas de Conciliação e Julgamento: Emenda Constitucional n. 24, de 9-12-1999.

§ 2.º Igual procedimento observar-se-á no caso de processo trabalhista de qualquer natureza, quando for verificada a falta de anotações na Carteira de Trabalho e Previdência Social, devendo o juiz, nesta hipótese, mandar proceder, desde logo, àquelas sobre as quais não houver controvérsia.

• § 2.º com redação determinada pelo Decreto-lei n. 229, de 28-2-1967.

SEÇÃO VI
Do Valor das Anotações

Art. 40. A CTPS regularmente emitida e anotada servirá de prova:

• *Caput* com redação determinada pela Lei n. 13.874, de 20-9-2019.

Súmula 225/STF: Não é absoluto o valor probatório das anotações da Carteira Profissional.

Súmula 12/TST: Carteira profissional. As anotações apostas pelo empregador na carteira profissional do empregado não geram presunção *juris et de jure*, mas apenas *juris tantum*.

I – nos casos de dissídio na Justiça do Trabalho entre a empresa e o empregado por motivo de salário, férias, ou tempo de serviço;
•• Inciso I com redação determinada pelo Decreto-lei n. 229, de 28-2-1967.

II – (*Revogado pela Lei n. 13.874, de 20-9-2019.*)

III – para cálculo de indenização por acidente do trabalho ou moléstia profissional.
•• Inciso III com redação determinada pelo Decreto-lei n. 229, de 28-2-1967.

SEÇÃO VII
Dos Livros de Registro de Empregados

Art. 41. Em todas as atividades será obrigatório para o empregador o registro dos respectivos trabalhadores, podendo ser adotados livros, fichas ou sistema eletrônico, conforme instruções a serem expedidas pelo Ministério do Trabalho.
•• *Caput* com redação determinada pela Lei n. 7.855, de 24-10-1989.
•• *Vide* art. 47 da CLT.
•• A Portaria n. 671, de 8-11-2021, do Ministério do Trabalho e da Previdência, regulamenta disposições relativas à legislação trabalhista, à inspeção do trabalho, às políticas públicas e às relações de trabalho.
• A Instrução Normativa n. 107, de 22-5-2014, do MTE, dispõe sobre procedimentos da Inspeção do Trabalho na fiscalização do registro de empregados, com vistas à redução da informalidade.

Parágrafo único. Além da qualificação civil ou profissional de cada trabalhador, deverão ser anotados todos os dados relativos à sua admissão no emprego, duração e efetividade do trabalho, a férias, acidentes e demais circunstâncias que interessem à proteção do trabalhador.
•• Parágrafo único com redação determinada pela Lei n. 7.855, de 24-10-1989.
•• *Vide* art. 47 da CLT.

Art. 42. (*Revogado pela Lei n. 10.243, de 19-6-2001.*)

Arts. 43 e 44. (*Revogados pela Lei n. 7.855, de 24-10-1989.*)

Arts. 45 e 46. (*Revogados pelo Decreto-lei n. 229, de 28-2-1967.*)

Art. 47. O empregador que mantiver empregado não registrado nos termos do art. 41 desta Consolidação ficará sujeito a multa no valor de R$ 3.000,00 (três mil reais) por empregado não registrado, acrescido de igual valor em cada reincidência.
•• *Caput* com redação determinada pela Lei n. 13.467, de 13-7-2017.

§ 1.º Especificamente quanto à infração a que se refere o *caput* deste artigo, o valor final da multa aplicada será de R$ 800,00 (oitocentos reais) por empregado não registrado, quando se tratar de microempresa ou empresa de pequeno porte.
•• Anterior parágrafo único com redação determinada pela Lei n. 13.467, de 13-7-2017.

§ 2.º A infração de que trata o *caput* deste artigo constitui exceção ao critério da dupla visita.
•• § 2.º acrescentado pela Lei n. 13.467, de 13-7-2017.

Art. 47-A. Na hipótese de não serem informados os dados a que se refere o parágrafo único do art. 41 desta Consolidação, o empregador ficará sujeito à multa de R$ 600,00 (seiscentos reais) por empregado prejudicado.
•• Artigo acrescentado pela Lei n. 13.467, de 13-7-2017.

Art. 48. As multas previstas nesta Seção serão aplicadas pelas Delegacias Regionais do Trabalho.
•• O Decreto-lei n. 229, de 28-2-1967, determinou a substituição do "Departamento Nacional do Trabalho" por "Delegacia Regional do Trabalho".

SEÇÃO VIII
Das Penalidades

Art. 49. Para os efeitos da emissão, substituição ou anotação de Carteiras de Trabalho e Previdência Social, considerar-se-á crime de falsidade, com as penalidades previstas no art. 299 do Código Penal:

I – fazer, no todo ou em parte, qualquer documento falso ou alterar o verdadeiro;

II – afirmar falsamente a sua própria identidade, filiação, lugar de nascimento, residência, profissão ou estado civil e beneficiários, ou atestar os de outra pessoa;

III – servir-se de documentos, por qualquer forma falsificados;

IV – falsificar, fabricando ou alterando, ou vender, usar ou possuir Carteiras de Trabalho e Previdência Social assim alteradas;

V – anotar dolosamente em Carteira de Trabalho e Previdência Social ou registro de empregado, ou confessar ou declarar, em juízo ou fora dele, data de admissão em emprego diversa da verdadeira.
•• *Caput* e incisos com redação determinada pelo Decreto-lei n. 229, de 28-2-1967.
• O art. 299 do CP prevê as seguintes penalidades: "Reclusão, de 1 (um) a 5 (cinco) anos, e multa, se o documento é público, e reclusão, de 1 (um) a 3 (três) anos, se o documento é particular". "Se o agente é funcionário público, e comete o crime prevalecendo-se do cargo, ou se a falsificação ou alteração é de assentamento de registro civil, aumenta-se a pena de sexta parte".

Art. 50. Comprovando-se falsidade, quer nas declarações para emissão de Carteira de Trabalho e Previdência Social, quer nas respectivas anotações, o fato será levado ao conhecimento da autoridade que houver emitido a carteira, para fins de direito.

Art. 51. Incorrerá em multa de valor igual a 3 (três) vezes o salário mínimo regional aquele que, comerciante ou não, vender ou expuser à venda qualquer tipo de carteira igual ou semelhante ao tipo oficialmente adotado.
•• Artigo com redação determinada pelo Decreto-lei n. 229, de 28-2-1967.
•• *Vide* Nota dos Organizadores sobre o valor das multas previstas na CLT.

Art. 52. O extravio ou inutilização da Carteira de Trabalho e Previdência Social por culpa da empresa sujeitará esta à multa de valor igual à metade do salário mínimo regional.
•• Artigo com redação determinada pelo Decreto-lei n. 926, de 10-10-1969.
•• *Vide* Nota dos Organizadores sobre o valor das multas previstas na CLT.

Art. 29, §§ 4.º e 5.º, da CLT: É vedado ao empregador efetuar anotações desabonadoras à conduta do empregado em sua Carteira de Trabalho e Previdência Social. § 5.º O descumprimento do disposto no § 4.º deste artigo submeterá o empregador ao pagamento de multa prevista no art. 52 deste Capítulo.

Arts. 53 e 54. (*Revogados pela Lei n. 13.874, de 20-9-2019.*)

Art. 55. Incorrerá na multa de valor igual a 1 (um) salário mínimo regional a empresa que infringir o art. 13 e seus parágrafos.
•• Artigo com redação determinada pelo Decreto-lei n. 229, de 28-2-1967.
•• *Vide* Nota dos Organizadores sobre o valor das multas previstas na CLT.

Art. 56. (*Revogado pela Lei n. 13.874, de 20-9-2019.*)

Capítulo II
DA DURAÇÃO DO TRABALHO

•• *Vide*, sobre horas extras, as Súmulas 45, 113, 115, 199, 226 e 253 do TST.

SEÇÃO I
Disposição Preliminar

Art. 57. Os preceitos deste Capítulo aplicam-se a todas as atividades, salvo as expressamente excluídas, constituindo exceções as disposições especiais, concernentes estritamente a peculiaridades profissionais, constantes do Capítulo I do Título III.

SEÇÃO II
Da Jornada de Trabalho

Lei n. 4.923/65, art. 2.º: empresa que, em face de conjuntura econômica, devidamente comprovada, se encontrar em condições que recomendem, transitoriamente, a redução da jornada normal ou do número de dias do trabalho, poderá fazê-lo, mediante prévio acordo com a entidade sindical representativa dos seus empregados, homologado pela Delegacia Regional do Trabalho, por prazo certo, não excedente de 3 (três) meses, prorrogável, nas mesmas condições, se ainda indispensável, e sempre de modo que a redução do salário mensal resultante não seja superior a 25% (vinte e cinco por cento) do salário contratual, respeitado o salário mínimo regional e reduzidas proporcionalmente a remu-

neração e as gratificações de gerentes e diretores. § 1.º Para o fim de deliberar sobre o acordo, a entidade sindical profissional convocará assembleia geral dos empregados diretamente interessados, sindicalizados ou não, que decidirão por maioria de votos, obedecidas as normas estatutárias. § 2.º Não havendo acordo, poderá a empresa submeter o caso à Justiça do Trabalho, por intermédio da Junta de Conciliação e Julgamento ou, em sua falta, do Juiz de Direito, com jurisdição na localidade. Da decisão de primeira instância caberá recurso ordinário, no prazo de 10 (dez) dias, para o Tribunal Regional do Trabalho da correspondente Região, sem efeito suspensivo. § 3.º A redução de que trata o artigo não é considerada alteração unilateral do contrato individual de trabalho para os efeitos do disposto no art. 468 da CLT.

Art. 58. A duração normal do trabalho, para os empregados em qualquer atividade privada, não excederá de 8 (oito) horas diárias, desde que não seja fixado expressamente outro limite.

Art. 7.º, XIII e XIV, da CF: São direitos dos trabalhadores urbanos e rurais, além de outros que visem à melhoria de sua condição social: (...) XIII - XIII – duração do trabalho normal não superior a oito horas diárias e quarenta e quatro semanais, facultada a compensação de horários e a redução da jornada, mediante acordo ou convenção coletiva de trabalho; XIV – jornada de seis horas para o trabalho realizado em turnos ininterruptos de revezamento, salvo negociação coletiva.

Art. 65 da CLT: No caso do empregado diarista, o salário-hora normal será obtido dividindo-se o salário diário correspondente à duração do trabalho, estabelecida no art. 58, pelo número de horas de efetivo trabalho.

Súmula 429/TST: Tempo à disposição do empregador. Art. 4.º da CLT. Período de deslocamento entre a portaria e o local de trabalho. Considera-se à disposição do empregador, na forma do art. 4.º da CLT, o tempo necessário ao deslocamento do trabalhador entre a portaria da empresa e o local de trabalho, desde que supere o limite de 10 (dez) minutos diários.

Súmula 431/TST: Salário-hora. Empregado sujeito ao regime geral de trabalho (art. 58, *caput*, da CLT). 40 horas semanais. Cálculo. Aplicação do divisor 200. Para os empregados a que alude o art. 58, *caput*, da CLT, quando sujeitos a 40 horas semanais de trabalho, aplica-se o divisor 200 (duzentos) para o cálculo do valor do salário-hora.

§ 1.º Não serão descontadas nem computadas como jornada extraordinária as variações de horário no registro de ponto não excedentes de cinco minutos, observado o limite máximo de dez minutos diários.

•• § 1.º acrescentado pela Lei n. 10.243, de 19-6-2001.

Súmula 366/TST: Cartão de ponto. Registro. Horas extras. Minutos que antecedem e sucedem a jornada de trabalho. Não serão descontadas nem computadas como jornada extraordinária as variações de horário do registro de ponto não excedentes de cinco minutos, observado o limite máximo de dez minutos diários. Se ultrapassado esse limite, será considerada como extra a totalidade do tempo que exceder a jornada normal, pois configurado tempo à disposição do empregador, não importando as atividades desenvolvidas pelo empregado ao longo do tempo residual (troca de uniforme, lanche, higiene pessoal, etc.).

Súmula 449/TST: Minutos que antecedem e sucedem a jornada de trabalho. Lei n. 10.243, de 19-6-2001. Norma coletiva. Flexibilização. Impossibilidade. A partir da vigência da Lei n. 10.243, de 19-6-2001, que acrescentou o § 1.º ao art. 58 da CLT, não mais prevalece cláusula prevista em convenção ou acordo coletivo que elastece o limite de 5 minutos que antecedem e sucedem a jornada de trabalho para fins de apuração das horas extras.

§ 2.º O tempo despendido pelo empregado desde a sua residência até a efetiva ocupação do posto de trabalho e para o seu retorno, caminhando ou por qualquer meio de transporte, inclusive o fornecido pelo empregador, não será computado na jornada de trabalho, por não ser tempo à disposição do empregador.

•• § 2.º com redação determinada pela Lei n. 13.467, de 13-7-2017.

Súmula 90/TST: Horas *in itinere*. Tempo de serviço. I – O tempo despendido pelo empregado, em condução fornecida pelo empregador, até o local de trabalho de difícil acesso, ou não servido por transporte público regular, e para o seu retorno é computável na jornada de trabalho. II – A incompatibilidade entre os horários de início e término da jornada do empregado e os do transporte público regular é circunstância que também gera o direito às horas *in itinere*. III – A mera insuficiência de transporte público não enseja o pagamento de horas *in itinere*. IV – Se houver transporte público regular em parte do trajeto percorrido em condução da empresa, as horas *in itinere* remuneradas limitam-se ao trecho não alcançado pelo transporte público. V – Considerando que as horas *in itinere* são computáveis na jornada de trabalho, o tempo que extrapola a jornada legal é considerado como extraordinário e sobre ele deve incidir o adicional respectivo.

Súmula 320/TST: Horas *in itinere*. Obrigatoriedade de cômputo na jornada de trabalho. O fato de o empregador cobrar, parcialmente ou não, importância pelo transporte fornecido, para local de difícil acesso ou não servido por transporte regular, não afasta o direito à percepção das horas *in itinere*.

OJ Transitória 36 da SDI-1: Hora *in itinere*. Tempo gasto entre a portaria da empresa e o local do serviço. Devida. Açominas. Configura-se como hora *in itinere* o tempo gasto pelo obreiro para alcançar seu local de trabalho a partir da portaria da Açominas.

§ 3.º (*Revogado pela Lei n. 13.467, de 13-7-2017.*)

Art. 58-A. Considera-se trabalho em regime de tempo parcial aquele cuja duração não exceda a trinta horas semanais, sem a possibilidade de horas suplementares semanais, ou, ainda, aquele cuja duração não exceda a vinte e seis horas semanais, com a possibilidade de acréscimo de até seis horas suplementares semanais.

•• *Caput* com redação determinada pela Lei n. 13.467, de 13-7-2017.

§ 1.º O salário a ser pago aos empregados sob o regime de tempo parcial será proporcional à sua jornada, em relação aos empregados que cumprem, nas mesmas funções, tempo integral.

•• § 1.º acrescentado pela Medida Provisória n. 2.164-41, de 24-8-2001.

§ 2.º Para os atuais empregados, a adoção do regime de tempo parcial será feita mediante opção manifestada perante a empresa, na forma prevista em instrumento decorrente de negociação coletiva.

•• § 2.º acrescentado pela Medida Provisória n. 2.164-41, de 24-8-2001.

Art. 7.º, XIII, da CF: São direitos dos trabalhadores urbanos e rurais, além de outros que visem à melhoria de sua condição social: (...) XIII – duração do trabalho normal não superior a oito horas diárias e quarenta e quatro semanais, facultada a compensação de horários e a redução da jornada, mediante acordo ou convenção coletiva de trabalho.

Art. 58 da CLT: No caso do empregado diarista, o salário-hora normal será obtido dividindo-se o salário diário correspondente à duração do trabalho, estabelecida no art. 58, pelo número de horas de efetivo trabalho.

OJ 358 da SDI-1: Salário mínimo e piso salarial proporcional à jornada reduzida. Empregado. Servidor público. I – Havendo contratação para cumprimento de jornada reduzida, inferior à previsão constitucional de oito horas diárias ou quarenta e quatro semanais, é lícito o pagamento do piso salarial ou do salário mínimo proporcional ao tempo trabalhado. II – Na Administração Pública direta, autárquica e fundacional não é válida remuneração de empregado público inferior ao salário mínimo, ainda que cumpra jornada de trabalho reduzida.

• *Vide* Súmulas 90, 291 e 360 do TST.
• Cabineiros de elevador (6 horas de trabalho diário): Lei n. 3.270, de 30-9-1957. Proibido o aumento das horas.
• A jornada de trabalho do técnico em radiologia é de 24 (vinte e quatro) horas semanais: Lei n. 7.394, de 29-10-1985, art. 14.

§ 3.º As horas suplementares à duração do trabalho semanal normal serão pagas com o acréscimo de 50% (cinquenta por cento) sobre o salário-hora normal.

•• § 3.º acrescentado pela Lei n. 13.467, de 13-7-2017.

§ 4.º Na hipótese de o contrato de trabalho em regime de tempo parcial ser estabelecido em número inferior a vinte e seis horas semanais, as horas suplementares a este quantitativo serão consideradas horas extras para fins do pagamento estipulado no § 3.º, estando também limitadas a seis horas suplementares semanais.

•• § 4.º acrescentado pela Lei n. 13.467, de 13-7-2017.

§ 5.º As horas suplementares da jornada de trabalho normal poderão ser compensadas diretamente até a semana imediatamente posterior à da sua execução, devendo ser feita a sua quitação na folha de pagamento do mês subsequente, caso não sejam compensadas.

•• § 5.º acrescentado pela Lei n. 13.467, de 13-7-2017.

§ 6.º É facultado ao empregado contratado sob regime de tempo parcial converter um terço do período de férias a que tiver direito em abono pecuniário.

•• § 6.º acrescentado pela Lei n. 13.467, de 13-7-2017.

§ 7.º As férias do regime de tempo parcial são regidas pelo disposto no art. 130 desta Consolidação.

•• § 7.º acrescentado pela Lei n. 13.467, de 13-7-2017.

Art. 59. A duração diária do trabalho poderá ser acrescida de horas extras, em número não excedente de duas, por acordo individual, convenção coletiva ou acordo coletivo de trabalho.

•• *Caput* com redação determinada pela Lei n. 13.467, de 13-7-2017.

Súmula 45/TST: Serviço suplementar. A remuneração do serviço suplementar, habitualmente prestado, integra o cálculo da gratificação natalina prevista na Lei n. 4.090, de 13 de julho de 1962.

Súmula 63/TST: Fundo de garantia. A contribuição para o Fundo de Garantia do Tempo de Serviço incide sobre a remuneração mensal devida ao empregado, inclusive horas extras e adicionais eventuais.

Súmula 110/TST: Jornada de trabalho. Intervalo. No regime de revezamento, as horas trabalhadas em seguida ao repouso semanal de 24 horas, com prejuízo do intervalo mínimo de 11 horas consecutivas para descanso entre jornadas, devem ser remuneradas como extraordinárias, inclusive com o respectivo adicional.

Súmula 115/TST: Horas extras. Gratificações semestrais. O valor das horas extras habituais integra a remuneração do trabalhador para o cálculo das gratificações semestrais.

Súmula 118/TST: Jornada de trabalho. Horas extras. Os intervalos concedidos pelo empregador na jornada de trabalho, não previstos em lei, representam tempo à disposição da empresa, remunerados como serviço extraordinário, se acrescidos ao final da jornada.

Súmula 132/TST: Adicional de periculosidade. Integração. I – O adicional de periculosidade, pago em caráter permanente, integra o cálculo de indenização e de horas extras. II – Durante as horas de sobreaviso, o empregado não se encontra em condições de risco, razão pela qual é incabível a integração do adicional de periculosidade sobre as mencionadas horas.

Súmula 172/TST: Repouso remunerado. Horas extras. Cálculo. Computam-se no cálculo do repouso remunerado as horas extras habitualmente prestadas. Ex-prejulgado n. 52.

Súmula 253/TST: Gratificação semestral. Repercussões. A gratificação semestral não repercute no cálculo das horas extras, das férias e do aviso prévio, ainda que indenizados. Repercute, contudo, pelo seu duodécimo na indenização por antiguidade e na gratificação natalina.

Súmula 264/TST: Hora suplementar. Cálculo. A remuneração do serviço suplementar é composta do valor da hora normal, integrado por parcelas de natureza salarial e acrescido do adicional previsto em lei, contrato, acordo, convenção coletiva ou sentença normativa.

Súmula 291/TST: Horas extras. Habitualidade. Supressão. Indenização. A supressão total ou parcial, pelo empregador, de serviço suplementar prestado com habitualidade, durante pelo menos 1 (um) ano, assegura ao empregado o direito à indenização correspondente ao valor de 1 (um) mês das horas suprimidas, total ou parcialmente, para cada ano ou fração igual ou superior a seis meses de prestação de serviço acima da jornada normal. O cálculo observará a média das horas suplementares nos últimos 12 (doze) meses anteriores à mudança, multiplicada pelo valor da hora extra do dia da supressão.

Súmula 340/TST: Comissionista. Horas extras. O empregado, sujeito a controle de horário, remunerado à base de comissões, tem direito ao adicional de, no mínimo, 50% (cinquenta por cento) pelo trabalho em horas extras, calculado sobre o valor-hora das comissões recebidas no mês, considerando-se como divisor o número de horas efetivamente trabalhadas.

Súmula 347/TST: Horas extras habituais. Apuração. Média física. O cálculo do valor das horas extras habituais, para efeito de reflexos em verbas trabalhistas, observará o número de horas efetivamente prestadas e a ele aplica-se o valor do salário-hora da época do pagamento daquelas verbas.

Súmula 354/TST: Gorjetas. Natureza jurídica. Repercussões. As gorjetas, cobradas pelo empregador na nota de serviço ou oferecidas espontaneamente pelos clientes, integram a remuneração do empregado, não servindo de base de cálculo para as parcelas de aviso prévio, adicional noturno, horas extras e repouso semanal remunerado.

Súmula 376/TST: Horas extras. Limitação. Art. 59 da CLT. Reflexos. I – A limitação legal da jornada suplementar a duas horas diárias não exime o empregador de pagar todas as horas trabalhadas. II – O valor das horas extras habitualmente prestadas integra o cálculo dos haveres trabalhistas, independentemente da limitação prevista no *caput* do art. 59 da CLT.

Súmula 444/TST: Jornada de trabalho. Norma coletiva. Lei. Escala de 12 por 36. Validade. É válida, em caráter excepcional, a jornada de doze horas de trabalho por trinta e seis de descanso, prevista em lei ou ajustada exclusivamente mediante acordo coletivo de trabalho ou convenção coletiva de trabalho, assegurada a remuneração em dobro dos feriados trabalhados. O empregado não tem direito ao pagamento de adicional referente ao labor prestado na décima primeira e décima segunda horas.

OJ 235 da SDI-1: Horas extras. Salário por produção. O empregado que recebe salário por produção e trabalha em sobrejornada tem direito à percepção apenas do adicional de horas extras, exceto no caso do empregado cortador de cana, a quem é devido o pagamento das horas extras e do adicional respectivo.

OJ 415 da SDI-1: Horas extras. Reconhecimento em juízo. Critério de dedução/abatimento dos valores comprovadamente pagos no curso do contrato de trabalho. A dedução das horas extras comprovadamente pagas daquelas reconhecidas em juízo não pode ser limitada ao mês de apuração, devendo ser integral e aferida pelo total das horas extraordinárias quitadas durante o período imprescrito do contrato de trabalho.

§ 1.º A remuneração da hora extra será, pelo menos, 50% (cinquenta por cento) superior à da hora normal.

•• § 1.º com redação determinada pela Lei n. 13.467, de 13-7-2017.

Art. 7.º, XVI, da CF: São direitos dos trabalhadores urbanos e rurais, além de outros que visem à melhoria de sua condição social: (...) XVI - remuneração do serviço extraordinário superior, no mínimo, em cinquenta por cento a do normal.

§ 2.º Poderá ser dispensado o acréscimo de salário se, por força de acordo ou convenção coletiva de trabalho, o excesso de horas em um dia for compensado pela correspondente diminuição em outro dia, de maneira que não exceda, no período máximo de 1 (um) ano, à soma das jornadas semanais de trabalho previstas, nem seja ultrapassado o limite máximo de 10 (dez) horas diárias.

•• § 2.º com redação determinada pela Medida Provisória n. 2.164-41, de 24-8-2001.

Súmula 85/TST: Compensação de jornada. I – A compensação de jornada de trabalho deve ser ajustada por acordo individual escrito, acordo coletivo ou convenção coletiva. II – O acordo individual para compensação de horas é válido, salvo se houver norma coletiva em sentido contrário. III – O mero não atendimento das exigências legais para a compensação de jornada, inclusive quando encetada mediante acordo tácito, não implica a repetição do pagamento das horas excedentes à jornada normal diária, se não dilatada a jornada máxima semanal, sendo devido apenas o respectivo adicional. IV – A prestação de horas extras habituais descaracteriza o acordo de compensação de jornada. Nesta hipótese, as horas que ultrapassarem a jornada semanal normal deverão ser pagas como horas extraordinárias e, quanto àquelas destinadas à compensação, deverá ser pago a mais apenas o adicional por trabalho extraordinário. V – As disposições contidas nesta súmula não se aplicam ao regime compensatório na modalidade "banco de horas", que somente pode ser instituído por negociação coletiva. VI – Não é válido acordo de compensação de jornada em atividade insalubre, ainda que estipulado em norma coletiva, sem a necessária inspeção prévia e permissão da autoridade competente, na forma do art. 60 da CLT.

§ 3.º Na hipótese de rescisão do contrato de trabalho sem que tenha havido a compensação integral da jornada extraordinária, na forma dos §§ 2.º e 5.º deste artigo, o trabalhador terá direito ao pagamento das horas extras não compensadas, calculadas sobre o valor da remuneração na data da rescisão.

•• § 3.º com redação determinada pela Lei n. 13.467, de 13-7-2017.

§ 4.º (*Revogado pela Lei n. 13.467, de 13-7-2017.*)

§ 5.º O banco de horas de que trata o § 2.º deste artigo poderá ser pactuado por acordo individual escrito, desde que a compensação ocorra no período máximo de seis meses.

•• § 5.º acrescentado pela Lei n. 13.467, de 13-7-2017.

§ 6.º É lícito o regime de compensação de jornada estabelecido por acordo individual, tácito ou escrito, para a compensação no mesmo mês.

•• § 6.º acrescentado pela Lei n. 13.467, de 13-7-2017.

Art. 59-A. Em exceção ao disposto no art. 59 desta Consolidação, é facultado às partes, mediante acordo individual escrito, convenção coletiva ou acordo coletivo de trabalho, estabelecer horário de trabalho de doze horas seguidas por trinta e seis horas ininterruptas de descanso, observados ou indenizados os intervalos para repouso e alimentação.

•• *Caput* acrescentado pela Lei n. 13.467, de 13-7-2017.

Súmula 444/TST: Jornada de trabalho. Norma coletiva. Lei. Escala de 12 por 36. Validade. É válida, em caráter excepcional, a jornada de doze horas de trabalho por trinta e seis de descanso, prevista em lei ou ajustada exclusivamente mediante acordo coletivo de trabalho ou convenção coletiva de trabalho, assegurada a remuneração em dobro dos feriados trabalhados. O empregado não tem direito ao pagamento de adicional referente ao labor prestado na décima primeira e décima segunda horas.

Parágrafo único. A remuneração mensal pactuada pelo horário previsto no *caput* deste artigo abrange os pagamentos devidos pelo descanso semanal remunerado e pelo descanso em feriados, e serão considerados compensados os feriados e as prorrogações de trabalho noturno, quando houver, de que tratam o art. 70 e o § 5.º do art. 73 desta Consolidação.

•• Parágrafo único acrescentado pela Lei n. 13.467, de 13-7-2017.

Art. 59-B. O não atendimento das exigências legais para compensação de jornada, inclusive quando estabelecida mediante acordo tácito, não implica a repetição do pagamento das horas excedentes à jornada normal diária se não ultrapassada a duração máxima semanal, sendo devido apenas o respectivo adicional.

•• *Caput* acrescentado pela Lei n. 13.467, de 13-7-2017.

Parágrafo único. A prestação de horas extras habituais não descaracteriza o acordo de compensação de jornada e o banco de horas.

•• Parágrafo único acrescentado pela Lei n. 13.467, de 13-7-2017.

Art. 60. Nas atividades insalubres, assim consideradas as constantes dos quadros mencionados no Capítulo "Da Segurança e da Medicina do Trabalho", ou que neles venham a ser incluídas por ato do Ministro do Trabalho e Previdência Social, quaisquer prorrogações só poderão ser acordadas mediante licença prévia das autoridades competentes em matéria de higiene do trabalho, as quais, para esse efeito, procederão aos necessários exames locais e à verificação dos métodos e processos de trabalho, quer diretamente, quer por intermédio de autoridades sanitárias federais, estaduais e municipais, com quem entrarão em entendimento para tal fim.

•• Sobre Ministérios, *vide* Nota dos Organizadores.

Art. 7.º, XXXIII, da CF: São direitos dos trabalhadores urbanos e rurais, além de outros que visem à melhoria de sua condição social: (...) XXXIII - proibição de trabalho noturno, perigoso ou insalubre a menores de 18 (dezoito) e de qualquer trabalho a menores de 16 (dezesseis) anos, salvo na condição de aprendiz, a partir de 14 (quatorze) anos.

Enunciado n. 49 da 1.ª Jornada de Direito do Trabalho: Atividade insalubre. Prorrogação de jornada. Negociação coletiva. Invalidade. O art. 60 da CLT não foi derrogado pelo art. 7.º, XIII, da Constituição da República, pelo que é inválida cláusula de Convenção ou Acordo Coletivo que não observe as condições nele estabelecidas.

•• A Portaria n. 671, de 8-11-2021, do Ministério do Trabalho e da Previdência, regulamenta disposições relativas à legislação trabalhista, à inspeção do trabalho, às políticas públicas e às relações de trabalho.

Parágrafo único. Excetuam-se da exigência de licença prévia as jornadas de doze horas de trabalho por trinta e seis horas ininterruptas de descanso.

•• Parágrafo único acrescentado pela Lei n. 13.467, de 13-7-2017.

Art. 61. Ocorrendo necessidade imperiosa, poderá a duração do trabalho exceder do limite legal ou convencionado, seja para fazer face a motivo de força maior, seja para atender à realização ou conclusão de serviços inadiáveis ou cuja inexecução possa acarretar prejuízo manifesto.

Arts. 501 a 504 da CLT: Entende-se como força maior todo acontecimento inevitável, em relação à vontade do empregador, e para a realização do qual este não concorreu, direta ou indiretamente. § 1.º A imprevidência do empregador exclui a razão de força maior. § 2.º À ocorrência do motivo de força maior que não afetar substancialmente, nem for suscetível de afetar, em tais condições, a situação econômica e financeira da empresa, não se aplicam as restrições desta Lei referentes ao disposto neste Capítulo. Art. 502. Ocorrendo motivo de força maior que determine a extinção da empresa, ou de um dos estabelecimentos em que trabalhe o empregado, é assegurada a este, quando despedido, uma indenização na forma seguinte: I – sendo estável, nos termos dos arts. 477 e 478; II – não tendo direito a estabilidade, metade da que seria devida em caso de rescisão sem justa causa; III – havendo contrato por prazo determinado, aquela a que se refere o art. 479 desta Lei, reduzida igualmente à metade. Art. 503. É lícita, em caso de força maior ou prejuízos devidamente comprovados, a redução geral dos salários dos empregados da empresa, proporcionalmente aos salários de cada um, não podendo, entretanto, ser superior a 25% (vinte e cinco por cento), respeitado, em qualquer caso, o salário mínimo da região. Parágrafo único. Cessados os efeitos decorrentes do motivo de força maior, é garantido o restabelecimento dos salários reduzidos. Art. 504. Comprovada a falsa alegação do motivo de força maior, é garantida a reintegração aos empregados estáveis, e aos não estáveis o complemento da indenização já percebida, assegurado a ambos o pagamento da remuneração atrasada.

Súmula 291/TST: Horas extras. Habitualidade. Supressão. Indenização. A supressão total ou parcial, pelo empregador, de serviço suplementar prestado com habitualidade, durante pelo menos 1 (um) ano, assegura ao empregado o direito à indenização correspondente ao valor de 1 (um) mês das horas suprimidas, total ou parcialmente, para cada ano ou fração igual ou superior a seis meses de prestação de serviço acima da jornada normal. O cálculo observará a média das horas suplementares nos últimos 12 (doze) meses anteriores à mudança, multiplicada pelo valor da hora extra do dia da supressão.

Lei n. 4.923/65, art. 4.º: É igualmente vedado às empresas mencionadas no art. 3.º, nas condições e prazo nele contidos, trabalhar em regime de horas extraordinárias, ressalvadas estritamente as hipóteses previstas no art. 61, e seus §§ 1.º e 2.º, da CLT.

§ 1.º O excesso, nos casos deste artigo, pode ser exigido independentemente de convenção coletiva ou acordo coletivo de trabalho.

•• § 1.º com redação determinada pela Lei n. 13.467, de 13-7-2017.

§ 2.º Nos casos de excesso de horário por motivo de força maior, a remuneração da hora excedente não será inferior à da hora normal. Nos demais casos de excesso previstos neste artigo, a remuneração será, pelo menos, 25% (vinte e cinco por cento) superior à da hora normal, e o trabalho não poderá exceder de 12 (doze) horas, desde que a lei não fixe expressamente outro limite.

Art. 7.º, XVI, da CF: São direitos dos trabalhadores urbanos e rurais, além de outros que visem à melhoria de sua condição social: (...) XVI - remuneração do serviço extraordinário superior, no mínimo, em cinquenta por cento à do normal.

§ 3.º Sempre que ocorrer interrupção do trabalho, resultante de causas acidentais, ou de força maior, que determinem a impossibilidade de sua realização, a duração do trabalho poderá ser prorrogada pelo tempo necessário até o máximo de 2 (duas) horas, durante o número de dias indispensáveis à recuperação do tempo perdido, desde que não exceda de 10 (dez) horas diárias, em período não superior a 45 (quarenta e cinco) dias por ano, sujeita essa recuperação à prévia autorização da autoridade competente.

Art. 62. Não são abrangidos pelo regime previsto neste Capítulo:

•• *Caput* com redação determinada pela Lei n. 8.966, de 27-12-1994.

Enunciado n. 17 da 1.ª Jornada de Direito do Trabalho: Limitação da jornada. Repouso semanal remunerado. Direito constitucionalmente assegurado a todos os trabalhadores. Inconstitucionalidade do art. 62 da CLT. A proteção jurídica ao limite da jornada de trabalho, consagrada nos incisos XIII e XV do art. 7.º da Constituição da República, confere, respectivamente, a todos os trabalhadores, indistintamente, os direitos ao repouso semanal remunerado e à limitação da jornada de trabalho, tendo-se por inconstitucional o art. 62 da CLT.

•• *Vide* art. 52, § 1.º, do Decreto n. 9.579, de 22-11-2018 (contrato de aprendizagem).

I – os empregados que exercem atividade externa incompatível com a fixação de horário de trabalho, devendo tal condição ser anotada na Carteira de Trabalho e Previdência Social e no registro de empregados;

•• Inciso I com redação determinada pela Lei n. 8.966, de 27-12-1994.

• *Vide* art. 7.º, VII, da CF.

II – os gerentes, assim considerados os exercentes de cargos de gestão, aos quais se equiparam, para efeito do disposto neste artigo, os diretores e chefes de departamento ou filial;

•• Inciso II com redação determinada pela Lei n. 8.966, de 27-12-1994.

Súmula 287/TST: Jornada de trabalho. Gerente bancário. A jornada de trabalho do empregado de banco gerente de agência é regida pelo art. 224, § 2.º, da CLT. Quanto ao gerente-geral de agência bancária, presume-se o exercício de encargo de gestão, aplicando-se-lhe o art. 62 da CLT.

III – os empregados em regime de teletrabalho que prestam serviço por produção ou tarefa.

•• Inciso III com redação determinada pela Lei n. 14.442, de 2-9-2022.

•• *Vide* arts. 75-A a 75-F da CLT.

Parágrafo único. O regime previsto neste Capítulo será aplicável aos empregados mencionados no inciso II deste artigo, quando o salário do cargo de confiança, compreendendo a gratificação de função, se houver, for inferior ao valor do respectivo salário efetivo acrescido de 40% (quarenta por cento).

•• Parágrafo único com redação determinada pela Lei n. 8.966, de 27-12-1994.

Art. 63. Não haverá distinção entre empregados e interessados, e a participação em lucros e comissões, salvo em lucros de caráter social, não exclui o participante do regime deste Capítulo.

Art. 64. O salário-hora normal, no caso de empregado mensalista, será obtido dividindo-se o salário mensal correspondente à duração do trabalho, a que se refere o art. 58, por 30 (trinta) vezes o número de horas dessa duração.

Lei n. 605/49, art. 7.º, § 2.º: Consideram-se já remunerados os dias de repouso semanal do empregado mensalista ou quinzenalista, cujo cálculo de salário mensal ou quinzenal, ou cujos descontos por faltas sejam efetuados na base do número de dias do mês ou de 30 (trinta) e 15 (quinze) diárias, respectivamente.

Súmula 264/TST: Hora suplementar. Cálculo. A remuneração do serviço suplementar é composta do valor da hora normal, integrado por parcelas de natureza salarial e acrescido do adicional previsto em lei, contrato, acordo, convenção coletiva ou sentença normativa.

Parágrafo único. Sendo o número de dias inferior a 30 (trinta), adotar-se-á para o cálculo, em lugar desse número, o de dias de trabalho por mês.

Art. 65. No caso do empregado diarista, o salário-hora normal será obtido dividindo-se o salário diário correspondente à duração do trabalho, estabelecida no art. 58, pelo número de horas de efetivo trabalho.

SEÇÃO III
Dos Períodos de Descanso

Art. 66. Entre 2 (duas) jornadas de trabalho haverá um período mínimo de 11 (onze) horas consecutivas para descanso.

> **Súmula 110/TST: Jornada de trabalho. Intervalo.** No regime de revezamento, as horas trabalhadas em seguida ao repouso semanal de 24 horas, com prejuízo do intervalo mínimo de 11 horas consecutivas para descanso entre jornadas, devem ser remuneradas como extraordinárias, inclusive com o respectivo adicional.
>
> **OJ 355 da SDI-1: Intervalo interjornadas. Inobservância. Horas extras. Período pago como sobrejornada. Art. 66 da CLT. Aplicação analógica do § 4.º do art. 71 da CLT.** O desrespeito ao intervalo mínimo interjornadas previsto no art. 66 da CLT acarreta, por analogia, os mesmos efeitos previstos no § 4.º do art. 71 da CLT e na Súmula n. 110 do TST, devendo-se pagar a integralidade das horas que foram subtraídas do intervalo, acrescidas do respectivo adicional.

Art. 67. Será assegurado a todo empregado um descanso semanal de 24 (vinte e quatro) horas consecutivas, o qual, salvo motivo de conveniência pública ou necessidade imperiosa do serviço, deverá coincidir com o domingo, no todo ou em parte.

> **Art. 7.º, XV, da CF:** São direitos dos trabalhadores urbanos e rurais, além de outros que visem à melhoria de sua condição social: (...) XV – repouso semanal remunerado, preferencialmente aos domingos.
>
> **Súmula 461/STF:** É duplo, e não triplo, o pagamento do salário nos dias destinados a descanso.
>
> **Súmula 27/TST: Comissionista.** É devida a remuneração do repouso semanal e dos dias feriados ao empregado comissionista, ainda que pracista.
>
> **Súmula 146/TST: Trabalho em domingos e feriados, não compensado.** O trabalho prestado em domingos e feriados, não compensado, deve ser pago em dobro, sem prejuízo da remuneração relativa ao repouso semanal.
>
> **Súmula 172/TST: Repouso remunerado. Horas extras. Cálculo.** Computam-se no cálculo do repouso remunerado as horas extras habitualmente prestadas. Ex-prejulgado n. 52.
>
> **Súmula 225/TST: Repouso semanal. Cálculo. Gratificações por tempo de serviço e produtividade.** As gratificações por tempo de serviço e produtividade, pagas mensalmente, não repercutem no cálculo do repouso semanal remunerado.
>
> **Súmula 354/TST: Gorjetas. Natureza jurídica. Repercussões.** As gorjetas, cobradas pelo empregador na nota de serviço ou oferecidas espontaneamente pelos clientes, integram a remuneração do empregado, não servindo de base de cálculo para as parcelas de aviso prévio, adicional noturno, horas extras e repouso semanal remunerado.
>
> **Súmula 360/TST: Turnos ininterruptos de revezamento. Intervalos intrajornada e semanal.** A interrupção do trabalho destinada a repouso e alimentação, dentro de cada turno, ou o intervalo para repouso semanal, não descaracteriza o turno de revezamento com jornada de 6 (seis) horas previsto no art. 7.º, XIV, da CF/1988.
>
> • *Vide* Lei n. 605, de 5-1-1949.

Parágrafo único. Nos serviços que exijam trabalho aos domingos, com exceção quanto aos elencos teatrais, será estabelecida escala de revezamento, mensalmente organizada e constando de quadro sujeito à fiscalização.

Art. 68. O trabalho em domingo, seja total ou parcial, na forma do art. 67, será sempre subordinado à permissão prévia da autoridade competente em matéria de trabalho.

Parágrafo único. A permissão será concedida a título permanente nas atividades que, por sua natureza ou pela conveniência pública, devem ser exercidas aos domingos, cabendo ao Ministro do Trabalho e Previdência Social expedir instruções em que sejam especificadas tais atividades. Nos demais casos, ela será dada sob forma transitória, com discriminação do período autorizado, o qual, de cada vez, não excederá de 60 (sessenta) dias.

•• Sobre Ministérios, *vide* Nota dos Organizadores.

•• A Portaria n. 671, de 8-11-2021, do Ministério do Trabalho e da Previdência, regulamenta disposições relativas à legislação trabalhista, à inspeção do trabalho, às políticas públicas e às relações de trabalho.

> **Súmula 27/TST: Comissionista.** É devida a remuneração do repouso semanal e dos dias feriados ao empregado comissionista, ainda que pracista.
>
> **Súmula 146/TST: Trabalho em domingos e feriados, não compensado.** O trabalho prestado em domingos e feriados, não compensado, deve ser pago em dobro, sem prejuízo da remuneração relativa ao repouso semanal.
>
> **Súmula 172/TST: Repouso remunerado. Horas extras. Cálculo.** Computam-se no cálculo do repouso remunerado as horas extras habitualmente prestadas. Ex-prejulgado n. 52.

•• A Portaria n. 604, de 18-6-2019, da Secretaria Especial de Previdência e Trabalho, dispõe sobre a autorização permanente para trabalho aos domingos e feriados civis e religiosos a que se refere este parágrafo único.

Art. 69. Na regulamentação do funcionamento de atividades sujeitas ao regime deste Capítulo, os municípios atenderão aos preceitos nele estabelecidos, e as regras que venham a fixar não poderão contrariar tais preceitos nem as instruções que, para seu cumprimento, forem expedidas pelas autoridades competentes em matéria de trabalho.

Art. 70. Salvo o disposto nos arts. 68 e 69, é vedado o trabalho em dias feriados nacionais e feriados religiosos, nos termos da legislação própria.

•• Artigo com redação determinada pelo Decreto-lei n. 229, de 28-2-1967.

•• *Vide* Nota dos Organizadores sobre os feriados nacionais.

> **Lei n. 662/49, arts. 1.º e 3.º:** São feriados nacionais os dias 1.º de janeiro, 21 de abril, 1.º de maio, 7 de setembro, 2 de novembro, 15 de novembro e 25 de dezembro. Art. 3.º Os chamados "pontos facultativos" que os Estados, Distrito Federal ou Municípios decretarem não suspenderão as horas normais de ensino nem prejudicarão os atos da vida forense, dos tabeliães e dos cartórios de registro.
>
> **Lei n. 1.408/51, art. 5.º:** Não haverá expediente no Foro e nos ofícios de Justiça, no "Dia da Justiça", nos feriados nacionais, na terça-feira de Carnaval, na Sexta-feira Santa, e nos dias que a Lei estadual designar.
>
> **Lei n. 6.802/80, art. 1.º:** É declarado feriado nacional o dia 12 de outubro, para culto público e oficial a Nossa Senhora Aparecida, Padroeira do Brasil.
>
> • *Vide* arts. 227, § 2.º, 229, § 2.º, 249, § 1.º, 385, parágrafo único, e 770, parágrafo único, da CLT.

Art. 71. Em qualquer trabalho contínuo, cuja duração exceda de 6 (seis) horas, é obrigatória a concessão de um intervalo para repouso ou alimentação, o qual será, no mínimo, de 1 (uma) hora e, salvo acordo escrito ou contrato coletivo em contrário, não poderá exceder de 2 (duas) horas.

> **Súmula 437/TST: Intervalo intrajornada para repouso e alimentação. Aplicação do art. 71 da CLT.** I – Após a edição da Lei n. 8.923/94, a não concessão ou a concessão parcial do intervalo intrajornada mínimo, para repouso e alimentação, a empregados urbanos e rurais, implica o pagamento total do período correspondente, e não apenas daquele suprimido, com acréscimo de, no mínimo, 50% sobre o valor da remuneração da hora normal de trabalho (art. 71 da CLT), sem prejuízo do cômputo da efetiva jornada de labor para efeito de remuneração. II – É inválida cláusula de acordo ou convenção coletiva de trabalho contemplando a supressão ou redução do intervalo intrajornada porque este constitui medida de higiene, saúde e segurança do trabalho, garantido por norma de ordem pública (art. 71 da CLT e art. 7.º, XXII, da CF/1988), infenso à negociação coletiva. III – Possui natureza salarial a parcela prevista no art. 71, § 4.º, da CLT, com redação introduzida pela Lei n. 8.923, de 27 de julho de 1994, quando não concedido ou reduzido pelo empregador o intervalo mínimo intrajornada para repouso e alimentação, repercutindo, assim, no cálculo de outras parcelas salariais. IV – Ultrapassada habitualmente a jornada de seis horas de trabalho, é devido o gozo do intervalo intrajornada mínimo de uma hora, obrigando o empregador a remunerar o período para descanso e alimentação não usufruído como extra, acrescido do respectivo adicional, na forma prevista no art. 71, *caput* e § 4.º, da CLT.

§ 1.º Não excedendo de 6 (seis) horas o trabalho, será, entretanto, obrigatório um intervalo de 15 (quinze) minutos quando a duração ultrapassar 4 (quatro) horas.

§ 2.º Os intervalos de descanso não serão computados na duração do trabalho.

§ 3.º O limite mínimo de 1 (uma) hora para repouso ou refeição poderá ser reduzido por ato do Ministro do Trabalho e Previdência Social quando, ouvida a Secretaria de Segurança e Higiene do Trabalho, se verificar que o estabelecimento atende integralmente às exigências concernentes à organização dos refeitórios e quando os respectivos empregados não estiverem sob regime de trabalho prorrogado a horas suplementares.

•• Sobre Ministérios, *vide* Nota dos Organizadores.

> **Art. 383 da CLT:** Durante a jornada de trabalho, será concedido à empregada um período para refeição e repouso não inferior a 1 (uma) hora nem superior a 2 (duas) horas salvo a hipótese prevista no art. 71, § 3.º.
>
> **Lei n. 5.889/73, arts. 5.º e 6.º:** Em qualquer trabalho contínuo de duração superior a 6 (seis) horas, será obrigatória a concessão de um intervalo para repouso ou alimentação, observados os usos e costumes da região, não se computando este intervalo na duração do trabalho. Entre 2 (duas) jornadas de trabalho haverá um período mínimo de 11 (onze)

horas consecutivas para descanso. Art. 6.º Nos serviços caracteristicamente intermitentes, não serão computados, como de efetivo exercício, os intervalos entre uma e outra parte da execução da tarefa diária, desde que tal hipótese seja expressamente ressalvada na Carteira de Trabalho e Previdência Social.

§ 4.º A não concessão ou a concessão parcial do intervalo intrajornada mínimo, para repouso e alimentação, a empregados urbanos e rurais, implica o pagamento, de natureza indenizatória, apenas do período suprimido, com acréscimo de 50% (cinquenta por cento) sobre o valor da remuneração da hora normal de trabalho.

•• § 4.º com redação determinada pela Lei n. 13.467, de 13-7-2017.

OJ 355 da SDI-1: Intervalo interjornadas. Inobservância. Horas extras. Período pago como sobrejornada. Art. 66 da CLT. Aplicação analógica do § 4.º do art. 71 da CLT. O desrespeito ao intervalo mínimo interjornadas previsto no art. 66 da CLT acarreta, por analogia, os mesmos efeitos previstos no § 4.º do art. 71 da CLT e na Súmula n. 110 do TST, devendo-se pagar a integralidade das horas que foram subtraídas do intervalo, acrescidas do respectivo adicional.

§ 5.º O intervalo expresso no *caput* poderá ser reduzido e/ou fracionado, e aquele estabelecido no § 1.º poderá ser fracionado, quando compreendidos entre o término da primeira hora trabalhada e o início da última hora trabalhada, desde que previsto em convenção ou acordo coletivo de trabalho, ante a natureza do serviço e em virtude das condições especiais de trabalho a que são submetidos estritamente os motoristas, cobradores, fiscalização de campo e afins nos serviços de operação de veículos rodoviários, empregados no setor de transporte coletivo de passageiros, mantida a remuneração e concedidos intervalos para descanso menores ao final de cada viagem.

•• § 5.º com redação determinada pela Lei n. 13.103, de 2-3-2015.

Art. 72. Nos serviços permanentes de mecanografia (datilografia, escrituração ou cálculo), a cada período de 90 (noventa) minutos de trabalho consecutivo corresponderá um repouso de 10 (dez) minutos não deduzidos da duração normal de trabalho.

SEÇÃO IV
Do Trabalho Noturno

Súmula 213/STF: É devido o adicional de serviço noturno, ainda que sujeito o empregado a regime de revezamento.

Súmula 214/STF: A duração legal da hora de serviço noturno (cinquenta e dois minutos e trinta segundos) constitui vantagem suplementar, que não dispensa o salário adicional.

Súmula 402/STF: Vigia noturno tem direito a salário adicional.

Súmula 140/TST: Vigia. É assegurado ao vigia sujeito ao trabalho noturno o direito ao respectivo adicional. Ex-prejulgado n. 12.

Súmula 265/TST: Adicional noturno. Alteração de turno de trabalho. Possibilidade de supressão. A transferência para o período diurno de trabalho implica a perda do direito ao adicional noturno.

OJ 388 da SDI-1: Jornada 12x36. Jornada mista que compreenda a totalidade do período noturno. Adicional noturno. Devido. O empregado submetido à jornada de 12 horas de trabalho por 36 de descanso, que compreende a totalidade do período noturno, tem direito ao adicional noturno, relativo às horas trabalhadas após as 5 horas da manhã.

• O Decreto n. 5.005, de 8-3-2004, aprova o texto da Convenção n. 171, da OIT, relativa ao trabalho noturno.

• Trabalho rural: Lei n. 5.889, de 8-6-1973, art. 7.º, parágrafo único.

Art. 73. Salvo nos casos de revezamento semanal ou quinzenal, o trabalho noturno terá remuneração superior à do diurno e, para esse efeito, sua remuneração terá um acréscimo de 20% (vinte por cento), pelo menos, sobre a hora diurna.

•• *Caput* com redação determinada pelo Decreto-lei n. 9.666, de 28-8-1946.

Art. 7.º, IX e XVI, da CF: São direitos dos trabalhadores urbanos e rurais, além de outros que visem à melhoria de sua condição social: (...) IX - remuneração do trabalho noturno superior à do diurno; (...) XVI - remuneração do serviço extraordinário superior, no mínimo, em cinquenta por cento à do normal.

• Estabelecimentos bancários: Decreto-lei n. 546, de 18-4-1969.

§ 1.º A hora do trabalho noturno será computada como de 52 (cinquenta e dois) minutos e 30 (trinta) segundos.

•• § 1.º com redação determinada pelo Decreto-lei n. 9.666, de 28-8-1946.

OJ 395 da SDI-1: Turno ininterrupto de revezamento. Hora noturna reduzida. Incidência. O trabalho em regime de turnos ininterruptos de revezamento não retira o direito à hora noturna reduzida, não havendo incompatibilidade entre as disposições contidas nos arts. 73, § 1.º, da CLT e 7.º, XIV, da Constituição Federal.

§ 2.º Considera-se noturno, para os efeitos deste artigo, o trabalho executado entre as 22 (vinte e duas) horas de um dia e as 5 (cinco) horas do dia seguinte.

•• § 2.º com redação determinada pelo Decreto-lei n. 9.666, de 28-8-1946.

Lei n. 5.889/73, art. 7.º, *caput***:** Para os efeitos desta Lei, considera-se trabalho noturno o executado entre as 21 (vinte e uma) horas de um dia e as 5 (cinco) horas do dia seguinte, na lavoura, e entre as 20 (vinte) horas de um dia e as 4 (quatro) horas do dia seguinte, na atividade pecuária.

Súmula 112/TST: Trabalho noturno. Petróleo. O trabalho noturno dos empregados nas atividades de exploração, perfuração, produção e refinação do petróleo, industrialização do xisto, indústria petroquímica e transporte de petróleo e seus derivados, por meio de dutos, é regulado pela Lei n. 5.811, de 11 de outubro de 1972, não se lhe aplicando a hora reduzida de 52 minutos e 30 segundos prevista no art. 73, § 2.º, da CLT.

§ 3.º O acréscimo a que se refere o presente artigo, em se tratando de empresas que não mantêm, pela natureza de suas atividades, trabalho noturno habitual, será feito tendo em vista os quantitativos pagos por trabalhos diurnos de natureza semelhante. Em relação às empresas cujo trabalho noturno decorra da natureza de suas atividades, o aumento será calculado sobre o salário mínimo geral vigente na região, não sendo devido quando exceder desse limite, já acrescido da percentagem.

•• § 3.º com redação determinada pelo Decreto-lei n. 9.666, de 28-8-1946.

Súmula 313/STF: Provada a identidade entre o trabalho diurno e o noturno, é devido o adicional, quanto a este, sem a limitação do art. 73, § 3.º, da Consolidação das Leis do Trabalho, independentemente da natureza da atividade do empregador.

§ 4.º Nos horários mistos, assim entendidos os que abrangem períodos diurnos e noturnos, aplica-se às horas de trabalho noturno o disposto neste artigo e seus parágrafos.

•• § 4.º com redação determinada pelo Decreto-lei n. 9.666, de 28-8-1946.

§ 5.º Às prorrogações do trabalho noturno aplica-se o disposto neste Capítulo.

•• § 5.º com redação determinada pelo Decreto-lei n. 9.666, de 28-8-1946.

Súmula 60/TST: Adicional noturno. Integração no salário e prorrogação em horário diurno. I - O adicional noturno, pago com habitualidade, integra o salário do empregado para todos os efeitos. II - Cumprida integralmente a jornada no período noturno e prorrogada esta, devido é também o adicional quanto às horas prorrogadas. Exegese do art. 73, § 5.º, da CLT.

SEÇÃO V
Do Quadro de Horário

Art. 74. O horário de trabalho será anotado em registro de empregados.

•• *Caput* com redação determinada pela Lei n. 13.874, de 20-9-2019.

•• Sobre registro eletrônico de controle de jornada: *vide* arts. 31 e 32 do Decreto n. 10.854, de 10-11-2021.

•• A Portaria n. 671, de 8-11-2021, do Ministério do Trabalho e da Previdência, regulamenta disposições relativas à legislação trabalhista, à inspeção do trabalho, às políticas públicas e às relações de trabalho.

Lei Complementar n. 123/06, art. 51, I: As microempresas e as empresas de pequeno porte são dispensadas: I – da afixação de Quadro de Trabalho em suas dependências.

§ 1.º (*Revogado pela Lei n. 13.874, de 20-9-2019.*)

§ 2.º Para os estabelecimentos com mais de 20 (vinte) trabalhadores será obrigatória a anotação da hora de entrada e de saída, em registro manual, mecânico ou eletrônico, conforme instruções expedidas pela Secretaria Especial de Previdência e Trabalho do Ministério da Economia, permitida a pré-assinalação do período de repouso.

•• § 2.º com redação determinada pela Lei n. 13.874, de 20-9-2019.

§ 3.º Se o trabalho for executado fora do estabelecimento, o horário dos empregados constará do registro manual, mecânico ou eletrônico em seu poder, sem prejuízo do que dispõe o *caput* deste artigo.

•• § 3.º com redação determinada pela Lei n. 13.874, de 20-9-2019.

§ 4.º Fica permitida a utilização de registro de ponto por exceção à jornada regular de trabalho, mediante acordo individual escrito, convenção coletiva ou acordo coletivo de trabalho.
•• § 4.º acrescentado pela Lei n. 13.874, de 20-9-2019.

SEÇÃO VI
Das Penalidades

Art. 75. Os infratores dos dispositivos do presente Capítulo incorrerão na multa de cinquenta a cinco mil cruzeiros, segundo a natureza da infração, sua extensão e a intenção de quem a praticou, aplicada em dobro no caso de reincidência, e oposição à fiscalização ou desacato à autoridade.
• *Vide* Nota dos Organizadores sobre o valor das multas previstas na CLT.

Parágrafo único. São competentes para impor penalidades as Delegacias Regionais do Trabalho.
• O Decreto-lei n. 229, de 28-2-1967, determinou a substituição do "Departamento Nacional do Trabalho" por "Delegacia Regional do Trabalho".

CAPÍTULO II-A
DO TELETRABALHO

•• Capítulo II-A acrescentado pela Lei n. 13.467, de 13-7-2017.

Art. 75-A. A prestação de serviços pelo empregado em regime de teletrabalho observará o disposto neste Capítulo.
•• Artigo acrescentado pela Lei n. 13.467, de 13-7-2017.

Art. 75-B. Considera-se teletrabalho ou trabalho remoto a prestação de serviços fora das dependências do empregador, de maneira preponderante ou não, com a utilização de tecnologias de informação e de comunicação, que, por sua natureza, não configure trabalho externo.
•• *Caput* com redação determinada pela Lei n. 14.442, de 2-9-2022.
•• *Vide* art. 3.º da Lei n. 14.437, de 15-8-2022.

> **Súmula 428/TST:** Sobreaviso. Aplicação analógica do art. 244, § 2.º da CLT. I – O uso de instrumentos telemáticos ou informatizados fornecidos pela empresa ao empregado, por si só, não caracteriza o regime de sobreaviso. II – Considera-se em sobreaviso o empregado que, à distância e submetido a controle patronal por instrumentos telemáticos ou informatizados, permanecer em regime de plantão ou equivalente, aguardando a qualquer momento o chamado para o serviço durante o período de descanso.

§ 1.º O comparecimento, ainda que de modo habitual, às dependências do empregador para a realização de atividades específicas que exijam a presença do empregado no estabelecimento não descaracteriza o regime de teletrabalho ou trabalho remoto.
•• Parágrafo único renumerado pela Lei n. 14.442, de 2-9-2022.

§ 2.º O empregado submetido ao regime de teletrabalho ou trabalho remoto poderá prestar serviços por jornada ou por produção ou tarefa.
•• § 2.º acrescentado pela Lei n. 14.442, de 2-9-2022.

§ 3.º Na hipótese da prestação de serviços em regime de teletrabalho ou trabalho remoto por produção ou tarefa, não se aplicará o disposto no Capítulo II do Título II desta Consolidação.
•• § 3.º acrescentado pela Lei n. 14.442, de 2-9-2022.

§ 4.º O regime de teletrabalho ou trabalho remoto não se confunde nem se equipara à ocupação de operador de *telemarketing* ou de teleatendimento.
•• § 4.º acrescentado pela Lei n. 14.442, de 2-9-2022.

§ 5.º O tempo de uso de equipamentos tecnológicos e de infraestrutura necessária, bem como de softwares, de ferramentas digitais ou de aplicações de internet utilizados para o teletrabalho, fora da jornada de trabalho normal do empregado não constitui tempo à disposição ou regime de prontidão ou de sobreaviso, exceto se houver previsão em acordo individual ou em acordo ou convenção coletiva de trabalho.
•• § 5.º acrescentado pela Lei n. 14.442, de 2-9-2022.

§ 6.º Fica permitida a adoção do regime de teletrabalho ou trabalho remoto para estagiários e aprendizes.
•• § 6.º acrescentado pela Lei n. 14.442, de 2-9-2022.

§ 7.º Aos empregados em regime de teletrabalho aplicam-se as disposições previstas na legislação local e nas convenções e nos acordos coletivos de trabalho relativas à base territorial do estabelecimento de lotação do empregado.
•• § 7.º acrescentado pela Lei n. 14.442, de 2-9-2022.

§ 8.º Ao contrato de trabalho do empregado admitido no Brasil que optar pela realização de teletrabalho fora do território nacional aplica-se a legislação brasileira, excetuadas as disposições constantes da Lei n. 7.064, de 6 de dezembro de 1982, salvo disposição em contrário estipulada entre as partes.
•• § 8.º acrescentado pela Lei n. 14.442, de 2-9-2022.

§ 9.º Acordo individual poderá dispor sobre os horários e os meios de comunicação entre empregado e empregador, desde que assegurados os repousos legais.
•• § 9.º acrescentado pela Lei n. 14.442, de 2-9-2022.

Art. 75-C. A prestação de serviços na modalidade de teletrabalho deverá constar expressamente do instrumento de contrato individual de trabalho.
•• *Caput* com redação determinada pela Lei n. 14.442, de 2-9-2022.

§ 1.º Poderá ser realizada a alteração entre regime presencial e de teletrabalho desde que haja mútuo acordo entre as partes, registrado em aditivo contratual.
•• § 1.º acrescentado pela Lei n. 13.467, de 13-7-2017.

§ 2.º Poderá ser realizada a alteração do regime de teletrabalho para o presencial por determinação do empregador, garantido prazo de transição mínimo de quinze dias, com correspondente registro em aditivo contratual.
•• § 2.º acrescentado pela Lei n. 13.467, de 13-7-2017.

§ 3.º O empregador não será responsável pelas despesas resultantes do retorno ao trabalho presencial, na hipótese de o empregado optar pela realização do teletrabalho ou trabalho remoto fora da localidade prevista no contrato, salvo disposição em contrário estipulada entre as partes.
•• § 3.º acrescentado pela Lei n. 14.442, de 2-9-2022.

Art. 75-D. As disposições relativas à responsabilidade pela aquisição, manutenção ou fornecimento dos equipamentos tecnológicos e da infraestrutura necessária e adequada à prestação do trabalho remoto, bem como ao reembolso de despesas arcadas pelo empregado, serão previstas em contrato escrito.
•• *Caput* acrescentado pela Lei n. 13.467, de 13-7-2017.

Parágrafo único. As utilidades mencionadas no *caput* deste artigo não integram a remuneração do empregado.
•• Parágrafo único acrescentado pela Lei n. 13.467, de 13-7-2017.

Art. 75-E. O empregador deverá instruir os empregados, de maneira expressa e ostensiva, quanto às precauções a tomar a fim de evitar doenças e acidentes de trabalho.
•• *Caput* acrescentado pela Lei n. 13.467, de 13-7-2017.

Parágrafo único. O empregado deverá assinar termo de responsabilidade comprometendo-se a seguir as instruções fornecidas pelo empregador.
•• Parágrafo único acrescentado pela Lei n. 13.467, de 13-7-2017.

Art. 75-F. Os empregadores deverão dar prioridade aos empregados com deficiência e aos empregados com filhos ou criança sob guarda judicial até 4 (quatro) anos de idade na alocação em vagas para atividades que possam ser efetuadas por meio do teletrabalho ou trabalho remoto.
•• Artigo acrescentado pela Lei n. 14.442, de 2-9-2022.

Capítulo III
DO SALÁRIO MÍNIMO

•• *Vide* Nota dos Organizadores.
•• A Medida Provisória n. 1.143, de 12-12-2022, estabelece que, a partir de 1.º-1-2023, o salário mínimo será de R$ 1.302,00 (mil trezentos e dois reais).

> **Súmula 201/STJ:** Os honorários advocatícios não podem ser fixados em salários mínimos.

• *Vide* art. 7.º, X, da CF.

SEÇÃO I
Do Conceito

Art. 76. Salário mínimo é a contraprestação mínima devida e paga diretamente pelo empregador a todo trabalhador, inclusive ao trabalhador rural, sem distinção de sexo, por dia normal de serviço, e capaz de satisfazer, em determinada época e região do País, as suas necessidades normais de alimentação, habitação, vestuário, higiene e transporte.

> **Art. 7.º, IV, da CF:** São direitos dos trabalhadores urbanos e rurais, além de outros que visem à melhoria de sua condição social: (...) IV - salário mínimo, fixado em lei, nacionalmente unificado, capaz de atender a suas necessidades vitais básicas e às de sua família com moradia, alimentação, educação, saúde, lazer, vestuário, higiene, transporte e previdência social, com reajustes periódicos que lhe preservem o poder aquisitivo, sendo vedada sua vinculação para qualquer fim.
>
> **Lei n. 8.542/92, art. 6.º:** Salário mínimo é a contraprestação mínima devida e paga diretamente pelo empregador a todo trabalhador, por jornada normal de trabalho, capaz de satisfazer, em qualquer região do País, às suas necessidades vitais básicas e às de sua família com moradia, alimentação, educação, saúde, lazer, vestuário, higiene, transporte e previdência social. § 1.º O salário mínimo diário corresponderá a 1/30 (um trinta avos) do salário mínimo mensal, e o salário mínimo horário a 1/220 (um duzentos e vinte avos) do salário mínimo. § 2.º Para os trabalhadores que tenham por disposição legal a jornada máxima diária de trabalho inferior a 8 (oito) horas, o salário mínimo será igual ao definido no parágrafo anterior multiplicado por 8 (oito) e dividido pelo máximo legal.
>
> **Súmula 203/STF:** Não está sujeita à vacância de 60 (sessenta) dias a vigência de novos níveis de salário mínimo.

Art. 77. (*Revogado pela Lei n. 4.589, de 11-12-1964.*)

Art. 78. Quando o salário for ajustado por empreitada, ou convencionado por tarefa ou peça, será garantida ao trabalhador uma remuneração diária nunca inferior à do salário mínimo por dia normal da região, zona ou subzona.

- •• De acordo com o art. 7.º, IV, da CF, o salário mínimo é nacionalmente unificado.
- • Vide Súmula 199 do STF.

Parágrafo único. Quando o salário mínimo mensal do empregado à comissão ou que tenha direito à percentagem for integrado por parte fixa e parte variável, ser-lhe-á sempre garantido o salário mínimo, vedado qualquer desconto em mês subsequente a título de compensação.

- •• Parágrafo único acrescentado pelo Decreto-lei n. 229, de 28-2-1967.

> **Art. 7.º, VII, da CF:** São direitos dos trabalhadores urbanos e rurais, além de outros que visem à melhoria de sua condição social: (...) VII - garantia de salário, nunca inferior ao mínimo, para os que percebem remuneração variável.

Art. 79. Quando se tratar da fixação do salário mínimo dos trabalhadores ocupados em serviços insalubres, poderão as Comissões de Salário Mínimo aumentá-lo até de metade do salário mínimo normal da região, zona ou subzona.

- •• Prejudicado este artigo pela Lei n. 4.589, de 11-12-1964, art. 23.

> **Súmula 307/STF:** É devido o adicional de serviço insalubre, calculado à base do salário mínimo da região, ainda que a remuneração contratual seja superior ao salário mínimo acrescido da taxa de insalubridade.

Art. 80. (*Revogado pela Lei n. 10.097, de 19-12-2000.*)

Art. 81. O salário mínimo será determinado pela fórmula $Sm = a + b + c + d + e$, em que a, b, c, d e e representam, respectivamente, o valor das despesas diárias com alimentação, habitação, vestuário, higiene e transporte necessários à vida de um trabalhador adulto.

> **Art. 7.º, IV, da CF:** São direitos dos trabalhadores urbanos e rurais, além de outros que visem à melhoria de sua condição social: (...) IV - salário mínimo, fixado em lei, nacionalmente unificado, capaz de atender a suas necessidades vitais básicas e às de sua família com moradia, alimentação, educação, saúde, lazer, vestuário, higiene, transporte e previdência social, com reajustes periódicos que lhe preservem o poder aquisitivo, sendo vedada sua vinculação para qualquer fim.

§ 1.º A parcela correspondente à alimentação terá um valor mínimo igual aos valores da lista de provisões, constantes dos quadros devidamente aprovados e necessários à alimentação diária do trabalhador adulto.

- • Alimentação e imposto de renda: Lei n. 6.321, de 14-4-1976, e arts. 166 a 182 do Decreto n. 10.854, de 10-11-2021.

§ 2.º Poderão ser substituídos pelos equivalentes de cada grupo, também mencionados nos quadros a que alude o parágrafo anterior, os alimentos, quando as condições da região, zona ou subzona o aconselharem, respeitados os valores nutritivos determinados nos mesmos quadros.

- •• De acordo com o art. 7.º, IV, da CF, o salário mínimo é nacionalmente unificado.

§ 3.º O Ministério do Trabalho e Previdência Social fará, periodicamente, a revisão dos quadros a que se refere o § 1.º deste artigo.

- •• Sobre Ministérios, vide Nota dos Organizadores.

Art. 82. Quando o empregador fornecer, *in natura*, uma ou mais das parcelas do salário mínimo, o salário em dinheiro será determinado pela fórmula $Sd = Sm - P$, em que Sd representa o salário em dinheiro, Sm o salário mínimo e P a soma dos valores daquelas parcelas na região.

> **Art. 458, *caput*, da CLT:** Além do pagamento em dinheiro, compreende-se no salário, para todos os efeitos legais, a alimentação, habitação, vestuário ou outras prestações in natura que a empresa, por força do contrato ou do costume, fornecer habitualmente ao empregado. Em caso algum será permitido o pagamento com bebidas alcoólicas ou drogas nocivas.
>
> **Lei n. 3.030/56, arts. 1.º e 2.º:** Para os efeitos do art. 82 do Decreto-lei n. 5.452, de 1.º-5-1943 (CLT), os descontos por fornecimento de alimentação, quando preparada pelo próprio empregador, não poderão exceder a 25% (vinte e cinco por cento) do salário mínimo. Art. 2.º A disposição do art. 1.º será aplicada aos trabalhadores em geral, desde que as refeições sejam preparadas e fornecidas no próprio estabelecimento empregador.

- • Vide Súmulas 241, 258 e 367 do TST.

Parágrafo único. O salário mínimo pago em dinheiro não será inferior a 30% (trinta por cento) do salário mínimo fixado para a região.

Art. 83. É devido o salário mínimo ao trabalhador em domicílio, considerado este como o executado na habitação do empregado ou em oficina de família, por conta de empregador que o remunere.

SEÇÃO II
Das Regiões, Zonas e Subzonas

Art. 84. (*Revogado pela Lei n. 13.467, de 13-7-2017.*)

Art. 85. (*Revogado pela Lei n. 4.589, de 11-12-1964.*)

Art. 86. (*Revogado pela Lei n. 13.467, de 13-7-2017.*)

SEÇÃO III
Da Constituição das Comissões

Arts. 87 a 100. (*Revogados pela Lei n. 4.589, de 11-12-1964.*)

SEÇÃO IV
Das Atribuições das Comissões de Salário Mínimo

Arts. 101 a 111. (*Revogados pela Lei n. 4.589, de 11-12-1964.*)

SEÇÃO V
Da Fixação do Salário Mínimo

Arts. 112 a 115. (*Revogados pela Lei n. 4.589, de 11-12-1964.*)

Art. 116. O decreto fixando o salário mínimo, decorridos 60 (sessenta) dias de sua publicação no *Diário Oficial*, obrigará a todos que utilizem o trabalho de outrem mediante remuneração.

- •• Entendemos prejudicado o disposto neste artigo pelo art. 7.º, IV, da CF.

> **Art. 7.º, IV, da CF:** São direitos dos trabalhadores urbanos e rurais, além de outros que visem à melhoria de sua condição social: (...) IV - salário mínimo, fixado em lei, nacionalmente unificado, capaz de atender a suas necessidades vitais básica e às de sua família com moradia, alimentação, educação, saúde, lazer, vestuário, higiene, transporte e previdência social, com reajustes periódicos que lhe preservem o poder aquisitivo, sendo vedada sua vinculação para qualquer fim.

- •• O art. 23 da Lei n. 4.589, de 11-12-1964, estabelece que são revogados os artigos da CLT referentes às Comissões de Salários Mínimos.
- • Vide Súmula 203 do STF.

§ 1.º O salário mínimo, uma vez fixado, vigorará pelo prazo de 3 (três) anos, podendo ser modificado ou confirmado por novo período de 3 (três) anos, e assim seguidamente, por decisão da respectiva Comissão de Salário Mínimo, aprovada pelo Ministro do Trabalho e Previdência Social.

§ 2.º Excepcionalmente, poderá o salário mínimo ser modificado, antes de decorridos 3 (três) anos de sua vigência, sempre que a respectiva Comissão de Salário Mínimo, pelo voto de 3/4 (três quartos) de seus componentes, reconhecer que fatores de ordem econômica tenham alterado de maneira profunda a situação econômica e financeira da região, zona ou subzona interessada.

•• De acordo com o art. 7.º, IV, da CF, o salário mínimo é nacionalmente unificado.

•• O art. 23 da Lei n. 4.589, de 11-12-1964, estabelece que são revogados os artigos da CLT referentes às Comissões de Salários Mínimos.

SEÇÃO VI
Disposições Gerais

Art. 117. Será nulo de pleno direito, sujeitando o empregador às sanções do art. 121, qualquer contrato ou convenção que estipule remuneração inferior ao salário mínimo estabelecido na região, zona ou subzona em que tiver de ser cumprido.

•• De acordo com o art. 7.º, IV, da CF, o salário mínimo é nacionalmente unificado.

Art. 118. O trabalhador a quem for pago salário inferior ao mínimo terá direito, não obstante qualquer contrato ou convenção em contrário, a reclamar do empregador o complemento de seu salário mínimo estabelecido na região, zona ou subzona em que tiver de ser cumprido.

Lei Complementar n. 103/00, art. 1.º: Os Estados e o Distrito Federal ficam autorizados a instituir, mediante lei de iniciativa do Poder Executivo, o piso salarial de que trata o inciso V do art. 7.º da Constituição Federal para os empregados que não tenham piso salarial definido em lei federal, convenção ou acordo coletivo de trabalho. § 1.º A autorização de que trata este artigo não poderá ser exercida: I – no segundo semestre do ano em que se verificar eleição para os cargos de Governador dos Estados e do Distrito Federal e de Deputados Estaduais e Distritais; II – em relação à remuneração de servidores públicos municipais. § 2.º O piso salarial a que se refere o *caput* poderá ser estendido aos empregados domésticos.

•• De acordo com o art. 7.º, IV, da CF, o salário mínimo é nacionalmente unificado.

• Vide arts. 9.º, 78 e 444 da CLT.

Art. 119. Prescreve em 2 (dois) anos a ação para reaver a diferença, contados, para cada pagamento, da data em que o mesmo tenha sido efetuado.

Art. 7.º, XXIX, da CF: São direitos dos trabalhadores urbanos e rurais, além de outros que visem à melhoria de sua condição social: (...) XXIX – ação, quanto aos créditos resultantes das relações de trabalho, com prazo prescricional de cinco anos para os trabalhadores urbanos e rurais, até o limite de dois anos após a extinção do contrato de trabalho.

Art. 11, *caput*, da CLT: A pretensão quanto a créditos resultantes das relações de trabalho prescreve em cinco anos para os trabalhadores urbanos e rurais, até o limite de dois anos após a extinção do contrato de trabalho.

Art. 440 da CLT: Contra os menores de 18 (dezoito) anos não corre nenhum prazo de prescrição.

Art. 120. Aquele que infringir qualquer dispositivo concernente ao salário mínimo será passível de multa de cinquenta a dois mil cruzeiros, elevada ao dobro na reincidência.

• Vide Nota dos Organizadores sobre o valor das multas previstas na CLT.

Art. 121. (*Revogado pelo Decreto-lei n. 229, de 28-2-1967.*)

Arts. 122 e 123. (*Revogados pela Lei n. 4.589, de 11-12-1964.*)

Art. 124. A aplicação dos preceitos deste Capítulo não poderá, em caso algum, ser causa determinante da redução do salário.

Art. 125. (*Revogado pela Lei n. 4.589, de 11-12-1964.*)

Art. 126. O Ministro do Trabalho e Previdência Social expedirá as instruções necessárias à fiscalização do salário mínimo, podendo cometer essa fiscalização a qualquer dos órgãos componentes do respectivo Ministério, e, bem assim, aos fiscais do Instituto Nacional de Previdência Social (INPS), na forma da legislação em vigor.

•• O Decreto-lei n. 229, de 28-2-1967, estabelece em seu art. 35 que as referências feitas na CLT a Institutos de Seguro Social ou Previdência Social e Institutos de Aposentadoria e Pensões deveriam ser entendidas como concernentes ao Instituto Nacional da Previdência Social (INPS). Denominação atual: INSS.

Arts. 127 e 128. (*Revogados pelo Decreto-lei n. 229, de 28-2-1967.*)

Capítulo IV
DAS FÉRIAS ANUAIS

•• Capítulo IV com denominação determinada pelo Decreto-lei n. 1.535, de 13-4-1977.

SEÇÃO I
Do Direito a Férias e da sua Duração

•• Seção I com denominação determinada pelo Decreto-lei n. 1.535, de 13-4-1977.

Art. 129. Todo empregado terá direito anualmente ao gozo de um período de férias, sem prejuízo da remuneração.

•• Artigo com redação determinada pelo Decreto-lei n. 1.535, de 13-4-1977.

Art. 7.º, XVII, da CF: São direitos dos trabalhadores urbanos e rurais, além de outros que visem à melhoria de sua condição social: (...) XVII – gozo de férias anuais remuneradas com, pelo menos, um terço a mais do que o salário normal.

Lei Complementar n. 150/15, art. 17, *caput*: O empregado doméstico terá direito a férias anuais remuneradas de 30 (trinta) dias, salvo o disposto no § 3.º do art. 3.º, com acréscimo de, pelo menos, um terço do salário normal, após cada período de 12 (doze) meses de trabalho prestado à mesma pessoa ou família.

Súmula 198/STF: As ausências motivadas por acidente do trabalho não são descontáveis do período aquisitivo das férias.

Súmula 199/STF: O salário das férias do empregado horista corresponde à média do período aquisitivo, não podendo ser inferior ao mínimo.

Súmula 125/STJ: O pagamento de férias não gozadas por necessidade do serviço não está sujeito à incidência do Imposto de Renda.

Súmula 7/TST: Férias. A indenização pelo não deferimento das férias no tempo oportuno será calculada com base na remuneração devida ao empregado na época da reclamação ou, se for o caso, na da extinção do contrato.

Súmula 14/TST: Culpa recíproca. Reconhecida a culpa recíproca na rescisão do contrato de trabalho (art. 484 da CLT), o empregado tem direito a 50% (cinquenta por cento) do valor do aviso prévio, do décimo terceiro salário e das férias proporcionais.

Súmula 81/TST: Férias. Os dias de férias gozados após o período legal de concessão deverão ser remunerados em dobro.

Súmula 89/TST: Falta ao serviço. Se as faltas já são justificadas pela lei, consideram-se como ausências legais e não serão descontadas para o cálculo do período de férias.

Súmula 149/TST: Tarefeiro. Férias. A remuneração das férias do tarefeiro deve ser calculada com base na média da produção do período aquisitivo, aplicando-se-lhe a tarifa da data da concessão. Ex-prejulgado n. 22.

Súmula 171/TST: Férias proporcionais. Contrato de trabalho. Extinção. Salvo na hipótese de dispensa do empregado por justa causa, a extinção do contrato de trabalho sujeita o empregador ao pagamento da remuneração das férias proporcionais, ainda que incompleto o período aquisitivo de 12 (doze) meses (art. 147 da CLT). Ex-prejulgado n. 51.

Súmula 253/TST: Gratificação semestral. Repercussões. A gratificação semestral não repercute no cálculo das horas extras, das férias e do aviso prévio, ainda que indenizados. Repercute, contudo, pelo seu duodécimo na indenização por antiguidade e na gratificação natalina.

Súmula 261/TST: Férias proporcionais. Pedido de demissão. Contrato vigente há menos de um ano. O empregado que se demite antes de completar 12 (doze) meses de serviço tem direito a férias proporcionais.

Súmula 328/TST: Férias. Terço constitucional. O pagamento das férias, integrais ou proporcionais, gozadas ou não, na vigência da CF/1988, sujeita-se ao acréscimo do terço previsto no respectivo art. 7.º, XVII.

• Trabalhador avulso: Lei n. 5.085, de 27-8-1966, e Decreto n. 80.271, de 1.º-9-1977.
• Temporário: Lei n. 6.019, de 3-1-1974, art. 12, *c*, e Decreto n. 10.854, de 10-11-2021, art. 60, II.
• Temporário no âmbito do Mercosul: Decreto n. 9.499, de 10-9-2018.
• Férias anuais remuneradas (Convenção n. 132 da OIT): Decreto n. 3.197, de 5-10-1999.

Art. 130. Após cada período de 12 (doze) meses de vigência do contrato de trabalho, o empregado terá direito a férias, na seguinte proporção:

I – 30 (trinta) dias corridos, quando não houver faltado ao serviço mais de 5 (cinco) vezes;

II – 24 (vinte e quatro) dias corridos, quando houver tido de 6 (seis) a 14 (quatorze) faltas;

III – 18 (dezoito) dias corridos, quando houver tido de 15 (quinze) a 23 (vinte e três) faltas;

IV – 12 (doze) dias corridos, quando houver tido de 24 (vinte e quatro) a 32 (trinta e duas) faltas.
•• *Caput* e incisos com redação determinada pelo Decreto-lei n. 1.535, de 13-4-1977.

Lei Complementar n. 150/15, art. 3.º, § 3.º: Na modalidade do regime de tempo parcial, após cada período de 12 (doze) meses de vigência do contrato de trabalho, o empregado terá direito a férias, na seguinte proporção: I – 18 (dezoito) dias, para a duração do trabalho semanal superior a 22 (vinte e duas) horas, até 25 (vinte e cinco) horas; II – 16 (dezesseis) dias, para a duração do trabalho semanal superior a 20 (vinte) horas, até 22 (vinte e duas) horas; III – 14 (quatorze) dias, para a duração do trabalho semanal superior a 15 (quinze) horas, até 20 (vinte) horas; IV – 12 (doze) dias, para a duração do trabalho semanal superior a 10 (dez) horas, até 15 (quinze) horas; V – 10 (dez) dias, para a duração do trabalho semanal superior a 5 (cinco) horas, até 10 (dez) horas; VI – 8 (oito) dias, para a duração do trabalho semanal igual ou inferior a 5 (cinco) horas.

Lei n. 4.749/65, art. 2.º, § 2.º (gratificação de Natal): O adiantamento será pago ao ensejo das férias do empregado sempre que este o requerer no mês de janeiro do correspondente ano.

• Vide art. 7.º, XVII, da CF.

§ 1.º É vedado descontar, do período de férias, as faltas do empregado ao serviço.
•• § 1.º com redação determinada pelo Decreto-lei n. 1.535, de 13-4-1977.

Súmula 46/TST: Acidente de trabalho. As faltas ou ausências decorrentes de acidente do trabalho não são consideradas para os efeitos de duração de férias e cálculo da gratificação natalina.

§ 2.º O período das férias será computado, para todos os efeitos, como tempo de serviço.
•• § 2.º com redação determinada pelo Decreto-lei n. 1.535, de 13-4-1977.

Art. 130-A. (*Revogado pela Lei n. 13.467, de 13-7-2017.*)

Art. 131. Não será considerada falta ao serviço, para os efeitos do artigo anterior, a ausência do empregado:
•• *Caput* com redação determinada pelo Decreto-lei n. 1.535, de 13-4-1977.

I – nos casos referidos no art. 473;
•• Inciso I com redação determinada pelo Decreto-lei n. 1.535, de 13-4-1977.

II – durante o licenciamento compulsório da empregada por motivo de maternidade ou aborto, observados os requisitos para percepção do salário-maternidade custeado pela Previdência Social;
•• Inciso II com redação determinada pela Lei n. 8.921, de 25-7-1994.

III – por motivo de acidente do trabalho ou enfermidade atestada pelo Instituto Nacional do Seguro Social – INSS, excetuada a hipótese do inciso IV do art. 133;
•• Inciso III com redação determinada pela Lei n. 8.726, de 5-11-1993.

Súmula 198/STF: As ausências motivadas por acidente do trabalho não são descontáveis do período aquisitivo das férias.

Súmula 46/TST: Acidente de trabalho. As faltas ou ausências decorrentes de acidente do trabalho não são consideradas para os efeitos de duração de férias e cálculo da gratificação natalina.

IV – justificada pela empresa, entendendo-se como tal a que não tiver determinado o desconto do correspondente salário;
•• Inciso IV com redação determinada pelo Decreto-lei n. 1.535, de 13-4-1977.

V – durante a suspensão preventiva para responder a inquérito administrativo ou de prisão preventiva, quando for impronunciado ou absolvido; e
•• Inciso V com redação determinada pelo Decreto-lei n. 1.535, de 13-4-1977.

VI – nos dias em que não tenha havido serviço, salvo na hipótese do inciso III do art. 133.
•• Inciso VI com redação determinada pelo Decreto-lei n. 1.535, de 13-4-1977.

Súmula 89/TST: Falta ao serviço. Se as faltas já são justificadas pela lei, consideram-se como ausências legais e não serão descontadas para o cálculo do período de férias.

Art. 132. O tempo de trabalho anterior à apresentação do empregado para serviço militar obrigatório será computado no período aquisitivo, desde que ele compareça ao estabelecimento dentro de 90 (noventa) dias da data em que se verificar a respectiva baixa.
•• Artigo com redação determinada pelo Decreto-lei n. 1.535, de 13-4-1977.

Art. 472, § 1.º, da CLT: Para que o empregado tenha direito a voltar a exercer o cargo do qual se afastou em virtude de exigências do serviço militar ou de encargo público, é indispensável que notifique o empregador dessa intenção, por telegrama ou carta registrada, dentro do prazo máximo de 30 (trinta) dias, contados da data em que se verificar a respectiva baixa ou a terminação do encargo a que estava obrigado.

Art. 133. Não terá direito a férias o empregado que, no curso do período aquisitivo:

I – deixar o emprego e não for readmitido dentro de 60 (sessenta) dias subsequentes à sua saída;

II – permanecer em gozo de licença, com percepção de salários, por mais de 30 (trinta) dias;

III – deixar de trabalhar, com percepção do salário, por mais de 30 (trinta) dias, em virtude de paralisação parcial ou total dos serviços da empresa; e

IV – tiver percebido da Previdência Social prestações de acidente de trabalho ou de auxílio-doença por mais de 6 (seis) meses, embora descontínuos.
•• *Caput* e incisos com redação determinada pelo Decreto-lei n. 1.535, de 13-4-1977.
• A CF, em seu art. 7.º, XIX, diz ser direito do trabalhador a licença-paternidade.
• Vide art. 131, III, da CLT.

§ 1.º A interrupção da prestação de serviços deverá ser anotada na Carteira de Trabalho e Previdência Social.
•• § 1.º com redação determinada pelo Decreto-lei n. 1.535, de 13-4-1977.

§ 2.º Iniciar-se-á o decurso de novo período aquisitivo quando o empregado, após o implemento de qualquer das condições previstas neste artigo, retornar ao serviço.
•• § 2.º com redação determinada pelo Decreto-lei n. 1.535, de 13-4-1977.

§ 3.º Para os fins previstos no inciso III deste artigo a empresa comunicará ao órgão local do Ministério do Trabalho, com antecedência mínima de 15 (quinze) dias, as datas de início e fim da paralisação total ou parcial dos serviços da empresa, e, em igual prazo, comunicará, nos mesmos termos, ao sindicato representativo da categoria profissional, bem como afixará aviso nos respectivos locais de trabalho.
•• § 3.º acrescentado pela Lei n. 9.016, de 30-3-1995.

§ 4.º (*Vetado.*)
•• § 4.º acrescentado pela Lei n. 9.016, de 30-3-1995.

SEÇÃO II
Da Concessão e da Época das Férias
•• Seção II com denominação determinada pelo Decreto-lei n. 1.535, de 13-4-1977.

Art. 134. As férias serão concedidas por ato do empregador, em um só período, nos 12 (doze) meses subsequentes à data em que o empregado tiver adquirido o direito.
•• *Caput* com redação determinada pelo Decreto-lei n. 1.535, de 13-4-1977.

Súmula 198/STF: As ausências motivadas por acidente do trabalho não são descontáveis do período aquisitivo das férias.

§ 1.º Desde que haja concordância do empregado, as férias poderão ser usufruídas em até três períodos, sendo que um deles não poderá ser inferior a quatorze dias corridos e os demais não poderão ser inferiores a cinco dias corridos, cada um.
•• § 1.º com redação determinada pela Lei n. 13.467, de 13-7-2017.

§ 2.º (*Revogado pela Lei n. 13.467, de 13-7-2017.*)

§ 3.º É vedado o início das férias no período de dois dias que antecede feriado ou dia de repouso semanal remunerado.
•• § 3.º acrescentado pela Lei n. 13.467, de 13-7-2017.

Art. 135. A concessão das férias será participada, por escrito, ao empregado, com antecedência de, no mínimo, 30 (trinta) dias. Dessa participação o interessado dará recibo.
•• *Caput* com redação determinada pela Lei n. 7.414, de 9-12-1985.

§ 1.º O empregado não poderá entrar no gozo das férias sem que apresente ao empregador sua Carteira de Trabalho e Previdência Social, para que nela seja anotada a respectiva concessão.
•• § 1.º com redação determinada pelo Decreto-lei n. 1.535, de 13-4-1977.

§ 2.º A concessão das férias será, igualmente, anotada no livro ou nas fichas de registro dos empregados.
•• § 2.º com redação determinada pelo Decreto-lei n. 1.535, de 13-4-1977.

Lei Complementar n. 123/06, art. 51, II: As microempresas e as empresas de pequeno porte são dispensadas: (...) II – da anotação das férias dos empregados nos respectivos livros ou fichas de registro.

§ 3.º Nos casos em que o empregado possua a CTPS em meio digital, a anotação será feita nos sistemas a que se refere o § 7.º do art. 29 desta Consolidação, na forma do regulamento, dispensadas as anotações de que tratam os §§ 1.º e 2.º deste artigo.
•• § 3.º acrescentado pela Lei n. 13.874, de 20-9-2019.

Art. 136. A época da concessão das férias será a que melhor consulte os interesses do empregador.
•• *Caput* com redação determinada pelo Decreto-lei n. 1.535, de 13-4-1977.

§ 1.º Os membros de uma família, que trabalharem no mesmo estabelecimento ou empresa, terão direito a gozar férias no mesmo período, se assim o desejarem e se disto não resultar prejuízo para o serviço.
•• § 1.º com redação determinada pelo Decreto-lei n. 1.535, de 13-4-1977.

§ 2.º O empregado estudante, menor de 18 (dezoito) anos, terá direito a fazer coincidir suas férias com as férias escolares.
•• § 2.º com redação determinada pelo Decreto-lei n. 1.535, de 13-4-1977.
• A Instrução Normativa n. 146, de 25-7-2018, da SIT, dispõe em seu art. 19 sobre as férias do aprendiz menor de 18 (dezoito) anos.

Art. 137. Sempre que as férias forem concedidas após o prazo de que trata o art. 134, o empregador pagará em dobro a respectiva remuneração.
•• *Caput* com redação determinada pelo Decreto-lei n. 1.535, de 13-4-1977.

Súmula 7/TST: Férias. A indenização pelo não deferimento das férias no tempo oportuno será calculada com base na remuneração devida ao empregado na época da reclamação ou, se for o caso, na da extinção do contrato.

Súmula 450/TST: Férias. Gozo na época própria. Pagamento fora do prazo. Dobra devida. Arts. 137 e 145 da CLT. É devido o pagamento em dobro da remuneração de férias, incluído o terço constitucional, com base no art. 137 da CLT, quando, ainda que gozadas na época própria, o empregador tenha descumprido o prazo previsto no art. 145 do mesmo diploma legal.

•• O STF, por maioria, julgou procedente a ADPF n. 501, para: (a) declarar a inconstitucionalidade da Súmula 450 do TST; e (b) invalidar decisões judiciais não transitadas em julgado que, amparadas no texto sumular, tenham aplicado a sanção de pagamento em dobro com base no art. 137 da CLT, nas sessões virtuais de 1.º-7-2022 a 5-8-2022 (*DOU* de 15-8-2022).

§ 1.º Vencido o mencionado prazo sem que o empregador tenha concedido as férias, o empregado poderá ajuizar reclamação pedindo a fixação, por sentença, da época de gozo das mesmas.
•• § 1.º com redação determinada pelo Decreto-lei n. 1.535, de 13-4-1977.

§ 2.º A sentença cominará pena diária de 5% (cinco por cento) do salário mínimo da região, devida ao empregado até que seja cumprida.
•• § 2.º com redação determinada pelo Decreto-lei n. 1.535, de 13-4-1977.

§ 3.º Cópia da decisão judicial transitada em julgado será remetida ao órgão local do Ministério do Trabalho, para fins de aplicação da multa de caráter administrativo.
•• § 3.º com redação determinada pelo Decreto-lei n. 1.535, de 13-4-1977.

Art. 138. Durante as férias, o empregado não poderá prestar serviços a outro empregador, salvo se estiver obrigado a fazê-lo em virtude de contrato de trabalho regularmente mantido com aquele.
•• Artigo com redação determinada pelo Decreto-lei n. 1.535, de 13-4-1977.

SEÇÃO III
Das Férias Coletivas

•• Seção III com denominação determinada pelo Decreto-lei n. 1.535, de 13-4-1977.

Art. 139. Poderão ser concedidas férias coletivas a todos os empregados de uma empresa ou de determinados estabelecimentos ou setores da empresa.
•• *Caput* com redação determinada pelo Decreto-lei n. 1.535, de 13-4-1977.

§ 1.º As férias poderão ser gozadas em 2 (dois) períodos anuais desde que nenhum deles seja inferior a 10 (dez) dias corridos.
•• § 1.º com redação determinada pelo Decreto-lei n. 1.535, de 13-4-1977.

§ 2.º Para os fins previstos neste artigo, o empregador comunicará ao órgão local do Ministério do Trabalho, com a antecedência mínima de 15 (quinze) dias, as datas de início e fim das férias, precisando quais os estabelecimentos ou setores abrangidos pela medida.
•• § 2.º com redação determinada pelo Decreto-lei n. 1.535, de 13-4-1977.

Lei Complementar n. 123/06, art. 51, V: As microempresas e as empresas de pequeno porte são dispensadas: (...) V – de comunicar ao Ministério do Trabalho e Emprego a concessão de férias coletivas.

§ 3.º Em igual prazo, o empregador enviará cópia da aludida comunicação aos sindicatos representativos da respectiva categoria profissional, e providenciará a afixação de aviso nos locais de trabalho.
•• § 3.º com redação determinada pelo Decreto-lei n. 1.535, de 13-4-1977.

Art. 140. Os empregados contratados há menos de 12 (doze) meses gozarão, na oportunidade, férias proporcionais, iniciando-se, então, novo período aquisitivo.
•• Artigo com redação determinada pelo Decreto-lei n. 1.535, de 13-4-1977.

Súmula 199/STF: O salário das férias do empregado horista corresponde à média do período aquisitivo, não podendo ser inferior ao mínimo.

Art. 141. (*Revogado pela Lei n. 13.874, de 20-9-2019.*)

SEÇÃO IV
Da Remuneração e do Abono de Férias

•• Seção IV com denominação determinada pelo Decreto-lei n. 1.535, de 13-4-1977.

Art. 142. O empregado perceberá, durante as férias, a remuneração que lhe for devida na data da sua concessão.
•• *Caput* com redação determinada pelo Decreto-lei n. 1.535, de 13-4-1977.

Art. 7.º, XVII, da CF: São direitos dos trabalhadores urbanos e rurais, além de outros que visem à melhoria de sua condição social: (...) XVII – gozo de férias anuais remuneradas com, pelo menos, um terço a mais do que o salário normal.

Súmula 253/TST: Gratificação semestral. Repercussões. A gratificação semestral não repercute no cálculo das horas extras, das férias e do aviso prévio, ainda que indenizados. Repercute, contudo, pelo seu duodécimo na indenização por antiguidade e na gratificação natalina.

Súmula 328/TST: Férias. Terço constitucional. O pagamento das férias, integrais ou proporcionais, gozadas ou não, na vigência da CF/1988, sujeita-se ao acréscimo do terço previsto no respectivo art. 7.º, XVII.

• *Vide* Súmula 200 do STF.

§ 1.º Quando o salário for pago por hora com jornadas variáveis, apurar-se-á a média do período aquisitivo, aplicando-se o valor do salário na data da concessão das férias.
•• § 1.º com redação determinada pelo Decreto-lei n. 1.535, de 13-4-1977.

Súmula 199/STF: O salário das férias do empregado horista corresponde à média do período aquisitivo, não podendo ser inferior ao mínimo.

§ 2.º Quando o salário for pago por tarefa tomar-se-á por base a média da produção no período aquisitivo do direito a férias, aplicando-se o valor da remuneração da tarefa na data da concessão das férias.
•• § 2.º com redação determinada pelo Decreto-lei n. 1.535, de 13-4-1977.

§ 3.º Quando o salário for pago por percentagem, comissão ou viagem, apurar-se-á a média percebida pelo empregado nos 12 (doze) meses que precederem à concessão das férias.
•• § 3.º com redação determinada pelo Decreto-lei n. 1.535, de 13-4-1977.

§ 4.º A parte do salário paga em utilidades será computada de acordo com a anotação na Carteira de Trabalho e Previdência Social.
•• § 4.º com redação determinada pelo Decreto-lei n. 1.535, de 13-4-1977.

§ 5.º Os adicionais por trabalho extraordinário, noturno, insalubre ou perigoso serão computados no salário que servirá de base ao cálculo da remuneração das férias.
•• § 5.º com redação determinada pelo Decreto-lei n. 1.535, de 13-4-1977.

Art. 7.º, XVI, da CF: São direitos dos trabalhadores urbanos e rurais, além de outros que visem à melhoria de sua condição social: (...) XVI - remuneração do serviço extraordinário superior, no mínimo, em cinquenta por cento à do normal.

§ 6.º Se, no momento das férias, o empregado não estiver percebendo o mesmo adicional do período aquisitivo, ou quando o valor deste não tiver sido uniforme, será computada a média duodecimal recebida naquele período, após a atualização das importâncias pagas, mediante incidência dos percentuais dos reajustamentos salariais supervenientes.
•• § 6.º com redação determinada pelo Decreto-lei n. 1.535, de 13-4-1977.

Art. 143. É facultado ao empregado converter 1/3 (um terço) do período de férias a que tiver direito em abono pecuniário, no valor da remuneração que lhe seria devida nos dias correspondentes.

•• *Caput* com redação determinada pelo Decreto-lei n. 1.535, de 13-4-1977.

• A Instrução Normativa n. 936, de 5-5-2009, da SRFB, dispõe sobre o tratamento tributário relativo a valores pagos a título de abono pecuniário de férias.

§ 1.º O abono de férias deverá ser requerido até 15 (quinze) dias antes do término do período aquisitivo.

•• § 1.º com redação determinada pelo Decreto-lei n. 1.535, de 13-4-1977.

§ 2.º Tratando-se de férias coletivas, a conversão a que se refere este artigo deverá ser objeto de acordo coletivo entre o empregador e o sindicato representativo da respectiva categoria profissional, independendo de requerimento individual a concessão do abono.

•• § 2.º com redação determinada pelo Decreto-lei n. 1.535, de 13-4-1977.

§ 3.º (*Revogado pela Lei n. 13.467, de 13-7-2017.*)

Art. 144. O abono de férias de que trata o artigo anterior, bem como o concedido em virtude de cláusula do contrato de trabalho, do regulamento da empresa, de convenção ou acordo coletivo, desde que não excedente de 20 (vinte) dias do salário, não integrarão a remuneração do empregado para os efeitos da legislação do trabalho.

•• Artigo com redação determinada pela Lei n. 9.528, de 10-12-1997.

Lei n. 11.101/05, art. 151: Os créditos trabalhistas de natureza estritamente salarial vencidos nos 3 (três) meses anteriores à decretação da falência, até o limite de 5 (cinco) salários mínimos por trabalhador, serão pagos tão logo haja disponibilidade em caixa.

Art. 145. O pagamento da remuneração das férias e, se for o caso, o do abono referido no art. 143 serão efetuados até 2 (dois) dias antes do início do respectivo período.

•• *Caput* com redação determinada pelo Decreto-lei n. 1.535, de 13-4-1977.

Súmula 450/TST: Férias. Gozo na época própria. Pagamento fora do prazo. Dobra devida. Arts. 137 e 145 da CLT. É devido o pagamento em dobro da remuneração de férias, incluído o terço constitucional, com base no art. 137 da CLT, quando, ainda que gozadas na época própria, o empregador tenha descumprido o prazo previsto no art. 145 do mesmo diploma legal.

Parágrafo único. O empregado dará quitação do pagamento, com indicação do início e do termo das férias.

•• Parágrafo único com redação determinada pelo Decreto-lei n. 1.535, de 13-4-1977.

SEÇÃO V
Dos Efeitos da Cessação do Contrato de Trabalho

•• Seção V com denominação determinada pelo Decreto-lei n. 1.535, de 13-4-1977.

Art. 146. Na cessação do contrato de trabalho, qualquer que seja a sua causa, será devida ao empregado a remuneração simples ou em dobro, conforme o caso, correspondente ao período de férias cujo direito tenha adquirido.

•• *Caput* com redação determinada pelo Decreto-lei n. 1.535, de 13-4-1977.

Art. 7.º, XVII, da CF: São direitos dos trabalhadores urbanos e rurais, além de outros que visem à melhoria de sua condição social: (...) XVII – gozo de férias anuais remuneradas com, pelo menos, um terço a mais do que o salário normal.

Parágrafo único. Na cessação do contrato de trabalho, após 12 (doze) meses de serviço, o empregado, desde que não haja sido demitido por justa causa, terá direito à remuneração relativa ao período incompleto de férias, de acordo com o art. 130, na proporção de 1/12 (um doze avos) por mês de serviço ou fração superior a 14 (quatorze) dias.

•• Parágrafo único com redação determinada pelo Decreto-lei n. 1.535, de 13-4-1977.

Súmula 171/TST: Férias proporcionais. Contrato de trabalho. Extinção. Salvo na hipótese de dispensa do empregado por justa causa, a extinção do contrato de trabalho sujeita o empregador ao pagamento da remuneração das férias proporcionais, ainda que incompleto o período aquisitivo de 12 (doze) meses (art. 147 da CLT). Ex-prejulgado n. 51.

Art. 147. O empregado que for despedido sem justa causa, ou cujo contrato de trabalho se extinguir em prazo predeterminado, antes de completar 12 (doze) meses de serviço, terá direito à remuneração relativa ao período incompleto de férias, de conformidade com o disposto no artigo anterior.

•• Artigo com redação determinada pelo Decreto-lei n. 1.535, de 13-4-1977.

Art. 7.º, XVII, da CF: São direitos dos trabalhadores urbanos e rurais, além de outros que visem à melhoria de sua condição social: (...) XVII – gozo de férias anuais remuneradas com, pelo menos, um terço a mais do que o salário normal.

Súmula 171/TST: Férias proporcionais. Contrato de trabalho. Extinção. Salvo na hipótese de dispensa do empregado por justa causa, a extinção do contrato de trabalho sujeita o empregador ao pagamento da remuneração das férias proporcionais, ainda que incompleto o período aquisitivo de 12 (doze) meses (art. 147 da CLT). Ex-prejulgado n. 51.

Súmula 261/TST: Férias proporcionais. Pedido de demissão. Contrato vigente há menos de um ano. O empregado que se demite antes de completar 12 (doze) meses de serviço tem direito a férias proporcionais.

Art. 148. A remuneração das férias, ainda quando devida após a cessação do contrato de trabalho, terá natureza salarial, para os efeitos do art. 449.

•• Artigo com redação determinada pelo Decreto-lei n. 1.535, de 13-4-1977.

Lei n. 11.101/05, art. 151: Os créditos trabalhistas de natureza estritamente salarial vencidos nos 3 (três) meses anteriores à decretação da falência, até o limite de 5 (cinco) salários mínimos por trabalhador, serão pagos tão logo haja disponibilidade em caixa.

SEÇÃO VI
Do Início da Prescrição

•• Seção VI com denominação determinada pelo Decreto-lei n. 1.535, de 13-4-1977.

Art. 149. A prescrição do direito de reclamar a concessão das férias ou o pagamento da respectiva remuneração é contada do término do prazo mencionado no art. 134 ou, se for o caso, da cessação do contrato de trabalho.

•• Artigo com redação determinada pelo Decreto-lei n. 1.535, de 13-4-1977.

Art. 7.º, XXIX, da CF: São direitos dos trabalhadores urbanos e rurais, além de outros que visem à melhoria de sua condição social: (...) XXIX – ação, quanto aos créditos resultantes das relações de trabalho, com prazo prescricional de cinco anos para os trabalhadores urbanos e rurais, até o limite de dois anos após a extinção do contrato de trabalho.

Art. 11, *caput*, da CLT: A pretensão quanto a créditos resultantes das relações de trabalho prescreve em cinco anos para os trabalhadores urbanos e rurais, até o limite de dois anos após a extinção do contrato de trabalho.

Art. 440 da CLT: Contra os menores de 18 (dezoito) anos não corre nenhum prazo de prescrição.

SEÇÃO VII
Disposições Especiais

•• Seção VII acrescentada pelo Decreto-lei n. 1.535, de 13-4-1977.

Art. 150. O tripulante que, por determinação do armador, for transferido para o serviço de outro, terá computado, para o efeito de gozo de férias, o tempo de serviço prestado ao primeiro, ficando obrigado a concedê-las o armador em cujo serviço ele se encontra na época de gozá-las.

•• *Caput* com redação determinada pelo Decreto-lei n. 1.535, de 13-4-1977.

§ 1.º As férias poderão ser concedidas, a pedido dos interessados e com aquiescência do armador, parceladamente, nos portos de escala de grande estadia do navio, aos tripulantes ali residentes.

•• § 1.º com redação determinada pelo Decreto-lei n. 1.535, de 13-4-1977.

§ 2.º Será considerada grande estadia a permanência no porto por prazo excedente de 6 (seis) dias.

•• § 2.º com redação determinada pelo Decreto-lei n. 1.535, de 13-4-1977.

§ 3.º Os embarcadiços, para gozarem férias nas condições deste artigo, deverão pedi-las, por escrito, ao armador, antes do início da viagem, no porto de registro ou armação.

•• § 3.º com redação determinada pelo Decreto-lei n. 1.535, de 13-4-1977.

§ 4.º O tripulante, ao terminar as férias, apresentar-se-á ao armador, que deverá designá-lo para qualquer de suas embarcações ou o adir a algum dos seus serviços terrestres, respeitadas a condição pessoal e a remuneração.

•• § 4.º com redação determinada pelo Decreto-lei n. 1.535, de 13-4-1977.

§ 5.º Em caso de necessidade, determinada pelo interesse público, e comprovada pela autoridade competente, poderá o armador ordenar a suspensão das férias já iniciadas ou a iniciar-se, ressalvado ao tripulante o direito ao respectivo gozo posteriormente.

•• § 5.º com redação determinada pelo Decreto-lei n. 1.535, de 13-4-1977.

§ 6.º O Delegado do Trabalho Marítimo poderá autorizar a acumulação de 2 (dois) períodos de férias do marítimo, mediante requerimento justificado:

I – do sindicato, quando se tratar de sindicalizado; e

II – da empresa, quando o empregado não for sindicalizado.

•• § 6.º com redação determinada pelo Decreto-lei n. 1.535, de 13-4-1977.

Art. 151. Enquanto não se criar um tipo especial de caderneta profissional para os marítimos, as férias serão anotadas pela Capitania do Porto na caderneta-matrícula do tripulante, na página das observações.

•• Artigo com redação determinada pelo Decreto-lei n. 1.535, de 13-4-1977.

Art. 152. A remuneração do tripulante, no gozo de férias, será acrescida da importância correspondente à etapa que estiver vencendo.

•• Artigo com redação determinada pelo Decreto-lei n. 1.535, de 13-4-1977.

SEÇÃO VIII
Das Penalidades

•• Seção VIII acrescentada pelo Decreto-lei n. 1.535, de 13-4-1977.

Art. 153. As infrações ao disposto neste Capítulo serão punidas com multas de valor igual a 160 BTN por empregado em situação irregular.

•• *Caput* com redação determinada pela Lei n. 7.855, de 24-10-1989.

• Vide Nota dos Organizadores sobre o valor das multas previstas na CLT.

Parágrafo único. Em caso de reincidência, embaraço ou resistência à fiscalização, emprego de artifício ou simulação com o objetivo de fraudar a lei, a multa será aplicada em dobro.

•• Parágrafo único com redação determinada pela Lei n. 7.855, de 24-10-1989.

Capítulo V
DA SEGURANÇA E DA MEDICINA DO TRABALHO

•• Capítulo V com redação determinada pela Lei n. 6.514, de 22-12-1977.

Art. 7.º, XXII, XXIII e XXVIII, da CF: São direitos dos trabalhadores urbanos e rurais, além de outros que visem à melhoria de sua condição social: (...) XXII – redução dos riscos inerentes ao trabalho, por meio de normas de saúde, higiene e segurança; XXIII – adicional de remuneração para as atividades penosas, insalubres ou perigosas, na forma da lei; (...) XXVIII – seguro contra acidentes de trabalho, a cargo do empregador, sem excluir a indenização a que este está obrigado, quando incorrer em dolo ou culpa.

Lei n. 6.514/77, arts. 3.º, § 1.º, e 4.º: As disposições contidas nesta Lei aplicam-se, no que couber, aos trabalhadores avulsos, às entidades ou empresas que lhes tomem o serviço e aos sindicatos representativos das respectivas categorias profissionais. § 1.º Ao Delegado de Trabalho Marítimo ou ao Delegado Regional do Trabalho, conforme o caso, caberá promover a fiscalização do cumprimento das normas de segurança e medicina do trabalho em relação ao trabalhador avulso, adotando as medidas necessárias, inclusive as previstas na Seção II do Capítulo V do Título II da CLT, com a redação que lhe é conferida pela presente Lei. Art. 4.º O Ministro do Trabalho relacionará os artigos do Capítulo V do Título II da CLT, cuja aplicação será fiscalizada exclusivamente por engenheiros de segurança e médicos do trabalho.

Lei Complementar n. 123/06, art. 50: As microempresas e as empresas de pequeno porte serão estimuladas pelo poder público e pelos Serviços Sociais Autônomos a formar consórcios para acesso a serviços especializados em segurança e medicina do trabalho.

•• Segurança e medicina do trabalho: a Portaria n. 3.214, de 8-6-1978, aprova as Normas Regulamentadoras a que se refere este capítulo. Exercício da profissão de Técnico de Segurança do Trabalho: Lei n. 7.410, de 27-11-1985, regulamentada pelo Decreto n. 92.530, de 9-4-1986. Atividades de Técnicos de Segurança: arts. 129 e 130 da Portaria n. 671, de 8-11-2021. Norma Técnica sobre Lesões por Esforços Repetitivos – LER ou Distúrbios Osteomusculares Relacionados ao Trabalho – DORT: Instrução Normativa n. 98, de 5-12-2003.

•• Vide art. 16 do Decreto n. 10.854, de 10-11-2021.

• A Resolução n. 2.323, de 6-10-2022, do Conselho Federal de Medicina, dispõe de normas específicas para médicos que atendem o trabalhador.

SEÇÃO I
Disposições Gerais

Art. 154. A observância, em todos os locais de trabalho, do disposto neste Capítulo, não desobriga as empresas do cumprimento de outras disposições que, com relação à matéria, sejam incluídas em códigos de obras ou regulamentos sanitários dos Estados ou Municípios em que se situem os respectivos estabelecimentos, bem como daquelas oriundas de convenções coletivas de trabalho.

•• Artigo com redação determinada pela Lei n. 6.514, de 22-12-1977.

Súmula 460/STF: Para efeito do adicional de insalubridade, a perícia judicial, em reclamação trabalhista, não dispensa o enquadramento da atividade entre as insalubres, que é ato da competência do Ministro do Trabalho e Previdência Social.

Súmula 47/TST: Insalubridade. O trabalho executado em condições insalubres, em caráter intermitente, não afasta, só por essa circunstância, o direito à percepção do respectivo adicional.

• Vide Súmulas 39 e 155 do TST.

Art. 155. Incumbe ao órgão de âmbito nacional competente em matéria de segurança e medicina do trabalho:

I – estabelecer, nos limites de sua competência, normas sobre a aplicação dos preceitos deste Capítulo, especialmente os referidos no art. 200;

II – coordenar, orientar, controlar e supervisionar a fiscalização e as demais atividades relacionadas com a segurança e a medicina do trabalho em todo o território nacional, inclusive a Campanha Nacional de Prevenção de Acidentes do Trabalho;

III – conhecer, em última instância, dos recursos, voluntários ou de ofício, das decisões proferidas pelos Delegados Regionais do Trabalho, em matéria de segurança e medicina do trabalho.

•• Inciso III com redação determinada pela Lei n. 6.514, de 22-12-1977.

Art. 156. Compete especialmente às Delegacias Regionais do Trabalho, nos limites de sua jurisdição:

•• *Caput* com redação determinada pela Lei n. 6.514, de 22-12-1977.

I – promover a fiscalização do cumprimento das normas de segurança e medicina do trabalho;

II – adotar as medidas que se tornem exigíveis, em virtude das disposições deste Capítulo, determinando as obras e reparos que, em qualquer local de trabalho, se façam necessárias;

III – impor as penalidades cabíveis por descumprimento das normas constantes deste Capítulo, nos termos do art. 201.

•• *Caput* e incisos com redação determinada pela Lei n. 6.514, de 22-12-1977.

Art. 157. Cabe às empresas:

I – cumprir e fazer cumprir as normas de segurança e medicina do trabalho;

II – instruir os empregados, através de ordens de serviço, quanto às precauções a tomar no sentido de evitar acidentes do trabalho ou doenças ocupacionais;

III – adotar as medidas que lhe sejam determinadas pelo órgão regional competente;

IV – facilitar o exercício da fiscalização pela autoridade competente.

•• *Caput* e incisos com redação determinada pela Lei n. 6.514, de 22-12-1977.

Art. 158. Cabe aos empregados:

I – observar as normas de segurança e medicina do trabalho, inclusive as instruções de que trata o item II do artigo anterior;

II – colaborar com a empresa na aplicação dos dispositivos deste Capítulo.

•• *Caput* e incisos com redação determinada pela Lei n. 6.514, de 22-12-1977.

Parágrafo único. Constitui ato faltoso do empregado a recusa injustificada:

a) à observância das instruções expedidas pelo empregador na forma do item II do artigo anterior;

b) ao uso dos equipamentos de proteção individual fornecidos pela empresa.

•• Parágrafo único com redação determinada pela Lei n. 6.514, de 22-12-1977.

Súmula 289/TST: Insalubridade. Adicional. Fornecimento do aparelho de proteção. Efeito. O simples fornecimento do aparelho de proteção pelo empregador não o exime do pagamento do adicional de insalubridade. Cabe-lhe tomar as medidas que conduzam à diminuição ou eliminação da nocividade, entre as quais as relativas ao uso efetivo do equipamento pelo empregado.

Art. 159. Mediante convênio autorizado pelo Ministério do Trabalho, poderão ser delegadas a outros órgãos federais, estaduais ou municipais atribuições de fiscalização ou orientação às empresas quanto ao cumprimento das disposições constantes deste Capítulo.

•• Artigo com redação determinada pela Lei n. 6.514, de 22-12-1977.

SEÇÃO II
Da Inspeção Prévia e do Embargo ou Interdição

•• Seção II com redação determinada pela Lei n. 6.514, de 22-12-1977.

• A Norma Regulamentadora n. 2 dispõe sobre inspeção prévia, e a Norma Regulamentadora n. 3 dispõe sobre embargo e interdição.

Art. 160. Nenhum estabelecimento poderá iniciar suas atividades sem prévia inspeção e aprovação das respectivas instalações pela autoridade regional competente em matéria de segurança e medicina do trabalho.
•• *Caput* com redação determinada pela Lei n. 6.514, de 22-12-1977.
• *Vide* art. 21, XXIV, da CF.

§ 1.º Nova inspeção deverá ser feita quando ocorrer modificação substancial nas instalações, inclusive equipamentos, que a empresa fica obrigada a comunicar, prontamente, à Delegacia Regional do Trabalho.
•• § 1.º com redação determinada pela Lei n. 6.514, de 22-12-1977.

§ 2.º É facultado às empresas solicitar prévia aprovação, pela Delegacia Regional do Trabalho, dos projetos de construção e respectivas instalações.
•• § 2.º com redação determinada pela Lei n. 6.514, de 22-12-1977.

Art. 21, XXIV, da CF: Compete à União: (...) XXIV - organizar, manter e executar a inspeção do trabalho.

Art. 161. O Delegado Regional do Trabalho, à vista do laudo técnico do serviço competente que demonstre grave e iminente risco para o trabalhador, poderá interditar estabelecimento, setor de serviço, máquina ou equipamento, ou embargar obra, indicando na decisão, tomada com a brevidade que a ocorrência exigir, as providências que deverão ser adotadas para prevenção de infortúnios de trabalho.
•• *Caput* com redação determinada pela Lei n. 6.514, de 22-12-1977.
• A Portaria n. 1.719, de 5-11-2014, do MTE, disciplina os procedimentos relativos aos embargos e interdições previstos neste artigo.
• A Instrução Normativa n. 142, de 23-3-2018, da Secretaria de Inspeção do Trabalho, disciplina procedimentos de fiscalização relativos aos embargos e interdições para a atuação da auditoria-fiscal do trabalho.

Enunciado n. 60 da 1.ª Jornada de Direito do Trabalho: Interdição de estabelecimento e afins. Ação direta na Justiça do Trabalho. Repartição dinâmica do ônus da prova. I - A interdição de estabelecimento, setor de serviço, máquina ou equipamento, assim como o embargo de obra (artigo 161 da CLT), podem ser requeridos na Justiça do Trabalho (artigo 114, I e VII, da CRFB), em sede principal ou cautelar, pelo Ministério Público do Trabalho, pelo sindicato profissional (artigo 8.º, III, da CRFB) ou por qualquer legitimado específico para a tutela judicial coletiva em matéria labor-ambiental (artigos 1.º, I, 5.º, e 21 da Lei 7.347/85), independentemente da instância administrativa. II – Em tais hipóteses, a medida poderá ser deferida [a] inaudita altera parte, em havendo laudo técnico preliminar ou prova prévia igualmente convincente; [b] após audiência de justificação prévia (artigo 12, *caput*, da Lei 7.347/85), caso não haja laudo técnico preliminar, mas seja verossímil a alegação, invertendo-se o ônus da prova, à luz da teoria da repartição dinâmica, para incumbir à empresa a demonstração das boas condições de segurança e do controle de riscos.

§ 1.º As autoridades federais, estaduais e municipais darão imediato apoio às medidas determinadas pelo Delegado Regional do Trabalho.
•• § 1.º com redação determinada pela Lei n. 6.514, de 22-12-1977.

§ 2.º A interdição ou embargo poderão ser requeridos pelo serviço competente da Delegacia Regional do Trabalho e, ainda, por agente da inspeção do trabalho ou por entidade sindical.
•• § 2.º com redação determinada pela Lei n. 6.514, de 22-12-1977.

§ 3.º Da decisão do Delegado Regional do Trabalho poderão os interessados recorrer, no prazo de 10 (dez) dias, para o órgão de âmbito nacional competente em matéria de segurança e medicina do trabalho, ao qual será facultado dar efeito suspensivo ao recurso.
•• § 3.º com redação determinada pela Lei n. 6.514, de 22-12-1977.

§ 4.º Responderá por desobediência, além das medidas penais cabíveis, quem, após determinada a interdição ou embargo, ordenar ou permitir o funcionamento do estabelecimento ou de um dos seus setores, a utilização de máquina ou equipamento, ou o prosseguimento de obra, se, em consequência, resultarem danos a terceiros.
•• § 4.º com redação determinada pela Lei n. 6.514, de 22-12-1977.

§ 5.º O Delegado Regional do Trabalho, independente de recurso, e após laudo técnico do serviço competente, poderá levantar a interdição.
•• § 5.º com redação determinada pela Lei n. 6.514, de 22-12-1977.

§ 6.º Durante a paralisação dos serviços, em decorrência da interdição ou embargo, os empregados receberão os salários como se estivessem em efetivo exercício.
•• § 6.º com redação determinada pela Lei n. 6.514, de 22-12-1977.

SEÇÃO III
Dos Órgãos de Segurança e de Medicina do Trabalho nas Empresas

•• Seção III com redação determinada pela Lei n. 6.514, de 22-12-1977.

Art. 162. As empresas, de acordo com normas a serem expedidas pelo Ministério do Trabalho, estarão obrigadas a manter serviços especializados em segurança e em medicina do trabalho.
•• *Caput* com redação determinada pela Lei n. 6.514, de 22-12-1977.
• A Norma Regulamentadora n. 4 dispõe sobre Serviços Especializados em Segurança e Medicina do Trabalho.

Parágrafo único. As normas a que se refere este artigo estabelecerão:
a) classificação das empresas segundo o número mínimo de empregados e a natureza do risco de suas atividades;
b) o número mínimo de profissionais especializados exigido de cada empresa, segundo o grupo em que se classifique, na forma da alínea anterior;
c) a qualificação exigida para os profissionais em questão e o seu regime de trabalho;
d) as demais características e atribuições dos serviços especializados em segurança e em medicina do trabalho, nas empresas.
•• Parágrafo único com redação determinada pela Lei n. 6.514, de 22-12-1977.
• Inspeção do trabalho: Decreto n. 4.552, de 27-12-2002.

Art. 163. Será obrigatória a constituição de Comissão Interna de Prevenção de Acidentes e de Assédio (Cipa), em conformidade com instruções expedidas pelo Ministério do Trabalho e Previdência, nos estabelecimentos ou nos locais de obra nelas especificadas.
•• *Caput* acrescentado pela Lei n. 14.457, de 21-9-2022.
• A Norma Regulamentadora n. 5 dispõe sobre CIPAs.

Parágrafo único. O Ministério do Trabalho regulamentará as atribuições, a composição e o funcionamento das CIPAs.
•• Parágrafo único com redação determinada pela Lei n. 6.514, de 22-12-1977.

Art. 164. Cada CIPA será composta de representantes da empresa e dos empregados, de acordo com os critérios que vierem a ser adotados na regulamentação de que trata o parágrafo único do artigo anterior.
•• *Caput* com redação determinada pela Lei n. 6.514, de 22-12-1977.

§ 1.º Os representantes dos empregadores, titulares e suplentes, serão por eles designados.
•• § 1.º com redação determinada pela Lei n. 6.514, de 22-12-1977.

§ 2.º Os representantes dos empregados, titulares e suplentes, serão eleitos em escrutínio secreto, do qual participem, independentemente de filiação sindical, exclusivamente os empregados interessados.
•• § 2.º com redação determinada pela Lei n. 6.514, de 22-12-1977.

§ 3.º O mandato dos membros eleitos da CIPA terá a duração de 1 (um) ano, permitida uma reeleição.
•• § 3.º com redação determinada pela Lei n. 6.514, de 22-12-1977.

§ 4.º O disposto no parágrafo anterior não se aplicará ao membro suplente que, durante o seu mandato, tenha participado de menos da metade do número de reuniões da CIPA.
•• § 4.º com redação determinada pela Lei n. 6.514, de 22-12-1977.

§ 5.º O empregador designará, anualmente, dentre os seus representantes, o Presidente da CIPA, e os empregados elegerão, dentre eles, o Vice-Presidente.
•• § 5.º com redação determinada pela Lei n. 6.514, de 22-12-1977.

Art. 165. Os titulares da representação dos empregados nas CIPAs não poderão sofrer despedida arbitrária, entendendo-se como tal a que não se fundar em motivo disciplinar, técnico, econômico ou financeiro.
•• *Caput* com redação determinada pela Lei n. 6.514, de 22-12-1977.

Art. 10, II, *a*, do ADCT: Até que seja promulgada a lei complementar a que se refere o art. 7.º, I, da Constituição: (...) II - fica vedada a dispensa arbitrária ou sem justa causa: *a)* do empregado eleito para cargo de direção de comissões internas de prevenção de acidentes, desde o registro de sua candidatura até um ano após o final de seu mandato.

Parágrafo único. Ocorrendo a despedida, caberá ao empregador, em caso de reclamação à Justiça do Trabalho, comprovar a existência de qualquer dos motivos mencionados neste artigo, sob pena de ser condenado a reintegrar o empregado.

•• Parágrafo único com redação determinada pela Lei n. 6.514, de 22-12-1977.

SEÇÃO IV
Do Equipamento de Proteção Individual

•• Seção IV com redação determinada pela Lei n. 6.514, de 22-12-1977.
• A Norma Regulamentadora n. 6 dispõe sobre Equipamento de Proteção Individual.

Art. 166. A empresa é obrigada a fornecer aos empregados, gratuitamente, equipamento de proteção individual adequado ao risco e em perfeito estado de conservação e funcionamento, sempre que as medidas de ordem geral não ofereçam completa proteção contra os riscos de acidentes e danos à saúde dos empregados.

•• Artigo com redação determinada pela Lei n. 6.514, de 22-12-1977.

Art. 167. O equipamento de proteção só poderá ser posto à venda ou utilizado com a indicação do Certificado de Aprovação do Ministério do Trabalho.

•• Artigo com redação determinada pela Lei n. 6.514, de 22-12-1977.
•• Vide art. 30 do Decreto n. 10.854, de 10-11-2021.
• A Portaria n. 32, de 8-1-2009, do MTE, disciplina a avaliação de conformidade dos equipamentos de proteção individual.
• A Portaria n. 125, de 12-11-2009, da Secretaria de Inspeção do Trabalho, define processo administrativo para suspensão e cancelamento de Certificado de Aprovação de Equipamento de Proteção Individual.
• A Portaria n. 451, de 20-11-2014, da Secretaria de Inspeção do Trabalho, estabelece procedimentos para o cadastro de empresas e para emissão ou renovação do Certificado de Aprovação de Equipamento de Proteção Individual.

SEÇÃO V
Das Medidas Preventivas de Medicina do Trabalho

•• Seção V com redação determinada pela Lei n. 6.514, de 22-12-1977.
• A Norma Regulamentadora n. 7 dispõe sobre o Programa de Controle Médico de Saúde Ocupacional.

Art. 168. Será obrigatório exame médico, por conta do empregador, nas condições estabelecidas neste artigo e nas instruções complementares a serem expedidas pelo Ministério do Trabalho:

I – na admissão;

II – na demissão;

III – periodicamente.

•• Caput e incisos com redação determinada pela Lei n. 7.855, de 24-10-1989.

§ 1.º O Ministério do Trabalho baixará instruções relativas aos casos em que serão exigíveis exames:

a) por ocasião da demissão;

b) complementares.

•• § 1.º com redação determinada pela Lei n. 7.855, de 24-10-1989.

§ 2.º Outros exames complementares poderão ser exigidos, a critério médico, para apuração da capacidade ou aptidão física e mental do empregado para a função que deva exercer.

•• § 2.º com redação determinada pela Lei n. 7.855, de 24-10-1989.

§ 3.º O Ministério do Trabalho estabelecerá, de acordo com o risco da atividade e o tempo de exposição, a periodicidade dos exames médicos.

•• § 3.º com redação determinada pela Lei n. 7.855, de 24-10-1989.

§ 4.º O empregador manterá, no estabelecimento, o material necessário à prestação de primeiros socorros médicos, de acordo com o risco da atividade.

•• § 4.º com redação determinada pela Lei n. 7.855, de 24-10-1989.

§ 5.º O resultado dos exames médicos, inclusive o exame complementar, será comunicado ao trabalhador, observados os preceitos da ética médica.

•• § 5.º com redação determinada pela Lei n. 7.855, de 24-10-1989.

§ 6.º Serão exigidos exames toxicológicos, previamente à admissão e por ocasião do desligamento, quando se tratar de motorista profissional, assegurados o direito à contraprova em caso de resultado positivo e a confidencialidade dos resultados dos respectivos exames.

•• § 6.º acrescentado pela Lei n. 13.103, de 2-3-2015.
• A Portaria n. 672, de 8-11-2021, do Ministério do Trabalho e da Previdência, disciplina os procedimentos, programas e condições de segurança e saúde no trabalho e dá outras providências.

§ 7.º Para os fins do disposto no § 6.º, será obrigatório exame toxicológico com janela de detecção mínima de 90 (noventa) dias, específico para substâncias psicoativas que causem dependência ou, comprovadamente, comprometam a capacidade de direção, podendo ser utilizado para essa finalidade o exame toxicológico previsto na Lei n. 9.503, de 23 de setembro de 1997 – Código de Trânsito Brasileiro, desde que realizado nos últimos 60 (sessenta) dias.

•• § 7.º acrescentado pela Lei n. 13.103, de 2-3-2015.
• A Portaria n. 672, de 8-11-2021, do Ministério do Trabalho e da Previdência, disciplina os procedimentos, programas e condições de segurança e saúde no trabalho e dá outras providências.

Lei n. 13.103/15, art. 13: exame toxicológico com janela de detecção mínima de 90 (noventa) dias de que tratam o art. 148-A da Lei n. 9.503, de 23 de setembro de 1997 – Código de Trânsito Brasileiro, os §§ 6.º e 7.º do art. 168 e o inciso VII do art. 235-B da Consolidação das Leis do Trabalho – CLT, aprovada pelo Decreto-lei n. 5.452, de 1.º de maio de 1943, será exigido: I – em 90 (noventa) dias da publicação desta Lei, para a renovação e habilitação das categorias, C, D e E; II – em 1 (um) ano a partir da entrada em vigor desta Lei, para a admissão e a demissão de motorista profissional; III – em 3 (três) anos e 6 (seis) meses a partir da entrada em vigor desta Lei, para o disposto no § 2.º do art. 148-A da Lei n. 9.503, de 23 de setembro de 1997; IV – em 2 (dois) anos e 6 (seis) meses a partir da entrada em vigor desta Lei, para o disposto no § 3.º do art. 148-A da Lei n. 9.503, de 23 de setembro de 1997. Parágrafo único. Caberá ao Contran estabelecer adequações necessárias ao cronograma de realização dos exames.

Art. 169. Será obrigatória a notificação das doenças profissionais e das produzidas em virtude de condições especiais de trabalho, comprovadas ou objeto de suspeita, de conformidade com as instruções expedidas pelo Ministério do Trabalho.

•• Artigo com redação determinada pela Lei n. 6.514, de 22-12-1977.
• A Portaria n. 1.339, de 18-11-1999, do Ministério da Saúde, institui a Lista de Doenças relacionadas ao Trabalho.

SEÇÃO VI
Das Edificações

•• Seção VI com redação determinada pela Lei n. 6.514, de 22-12-1977.
• A Norma Regulamentadora n. 8 dispõe sobre edificações.

Art. 170. As edificações deverão obedecer aos requisitos técnicos que garantam perfeita segurança aos que nelas trabalhem.

•• Artigo com redação determinada pela Lei n. 6.514, de 22-12-1977.

Art. 171. Os locais de trabalho deverão ter, no mínimo, 3 (três) metros de pé-direito, assim considerada a altura livre do piso ao teto.

•• Caput com redação determinada pela Lei n. 6.514, de 22-12-1977.

Parágrafo único. Poderá ser reduzido esse mínimo desde que atendidas as condições de iluminação e conforto térmico compatíveis com a natureza do trabalho, sujeitando-se tal redução ao controle do órgão competente em matéria de segurança e medicina do trabalho.

•• Parágrafo único com redação determinada pela Lei n. 6.514, de 22-12-1977.

Art. 172. Os pisos dos locais de trabalho não deverão apresentar saliências nem depressões que prejudiquem a circulação de pessoas ou a movimentação de materiais.

•• Artigo com redação determinada pela Lei n. 6.514, de 22-12-1977.

Art. 173. As aberturas nos pisos e paredes serão protegidas de forma que impeçam a queda de pessoas ou de objetos.

•• Artigo com redação determinada pela Lei n. 6.514, de 22-12-1977.

Art. 174. As paredes, escadas, rampas de acesso, passarelas, pisos, corredores, coberturas e passagens dos locais de trabalho deverão obedecer às condições de segurança e de higiene do trabalho estabelecidas pelo Ministério do Trabalho e manter-se em perfeito estado de conservação e limpeza.

•• Artigo com redação determinada pela Lei n. 6.514, de 22-12-1977.

SEÇÃO VII
Da Iluminação

•• Seção VII com redação determinada pela Lei n. 6.514, de 22-12-1977.

Art. 175. Em todos os locais de trabalho deverá haver iluminação adequada, natural ou artificial, apropriada à natureza da atividade.
•• Caput com redação determinada pela Lei n. 6.514, de 22-12-1977.

§ 1.º A iluminação deverá ser uniformemente distribuída, geral e difusa, a fim de evitar ofuscamento, reflexos incômodos, sombras e contrastes excessivos.
•• § 1.º com redação determinada pela Lei n. 6.514, de 22-12-1977.

§ 2.º O Ministério do Trabalho estabelecerá os níveis mínimos de iluminamento a serem observados.
•• § 2.º com redação determinada pela Lei n. 6.514, de 22-12-1977.

SEÇÃO VIII
Do Conforto Térmico

•• Seção VIII com redação determinada pela Lei n. 6.514, de 22-12-1977.

Art. 176. Os locais de trabalho deverão ter ventilação natural, compatível com o serviço realizado.
•• Caput com redação determinada pela Lei n. 6.514, de 22-12-1977.

Parágrafo único. A ventilação artificial será obrigatória sempre que a natural não preencha as condições de conforto térmico.
•• Parágrafo único com redação determinada pela Lei n. 6.514, de 22-12-1977.

Art. 177. Se as condições de ambiente se tornarem desconfortáveis, em virtude de instalações geradoras de frio ou de calor, será obrigatório o uso de vestimenta adequada para o trabalho em tais condições ou de capelas, anteparos, paredes duplas, isolamento térmico e recursos similares, de forma que os empregados fiquem protegidos contra as radiações térmicas.
•• Artigo com redação determinada pela Lei n. 6.514, de 22-12-1977.

Art. 178. As condições de conforto térmico dos locais de trabalho devem ser mantidas dentro dos limites fixados pelo Ministério do Trabalho.
•• Artigo com redação determinada pela Lei n. 6.514, de 22-12-1977.

SEÇÃO IX
Das Instalações Elétricas

•• Seção IX com redação determinada pela Lei n. 6.514, de 22-12-1977.
• A Norma Regulamentadora n. 10 dispõe sobre segurança em instalações e serviços de eletricidade.

Art. 179. O Ministério do Trabalho disporá sobre as condições de segurança e as medidas especiais a serem observadas relativamente a instalações elétricas, em qualquer das fases de produção, transmissão, distribuição ou consumo de energia.
•• Artigo com redação determinada pela Lei n. 6.514, de 22-12-1977.

Art. 180. Somente profissional qualificado poderá instalar, operar, inspecionar ou reparar instalações elétricas.
•• Artigo com redação determinada pela Lei n. 6.514, de 22-12-1977.

Art. 181. Os que trabalharem em serviços de eletricidade ou instalações elétricas devem estar familiarizados com os métodos de socorro a acidentados por choque elétrico.
•• Artigo com redação determinada pela Lei n. 6.514, de 22-12-1977.

SEÇÃO X
Da Movimentação, Armazenagem e Manuseio de Materiais

•• Seção X com redação determinada pela Lei n. 6.514, de 22-12-1977.
• A Norma Regulamentadora n. 11 dispõe sobre transporte, movimentação, armazenagem e manuseio de materiais.

Art. 182. O Ministério do Trabalho estabelecerá normas sobre:

I – as precauções de segurança na movimentação de materiais nos locais de trabalho, os equipamentos a serem obrigatoriamente utilizados e as condições especiais a que estão sujeitas a operação e a manutenção desses equipamentos, inclusive exigências de pessoal habilitado;

II – as exigências similares relativas ao manuseio e à armazenagem de materiais, inclusive quanto às condições de segurança e higiene relativas aos recipientes e locais de armazenagem e os equipamentos de proteção individual;

III – a obrigatoriedade de indicação de carga máxima permitida nos equipamentos de transporte, dos avisos de proibição de fumar e de advertência quanto à natureza perigosa ou nociva à saúde das substâncias em movimentação ou em depósito, bem como das recomendações de primeiros socorros e de atendimento médico e símbolo de perigo, segundo padronização internacional, nos rótulos dos materiais ou substâncias armazenados ou transportados.
•• Caput e incisos com redação determinada pela Lei n. 6.514, de 22-12-1977.

Parágrafo único. As disposições relativas ao transporte de materiais aplicam-se, também, no que couber, ao transporte de pessoas nos locais de trabalho.
•• Parágrafo único com redação determinada pela Lei n. 6.514, de 22-12-1977.

Art. 183. As pessoas que trabalharem na movimentação de materiais deverão estar familiarizadas com os métodos racionais de levantamento de cargas.
•• Artigo com redação determinada pela Lei n. 6.514, de 22-12-1977.

SEÇÃO XI
Das Máquinas e Equipamentos

•• Seção XI com redação determinada pela Lei n. 6.514, de 22-12-1977.
• A Norma Regulamentadora n. 12 dispõe sobre máquinas e equipamentos.

Art. 184. As máquinas e os equipamentos deverão ser dotados de dispositivos de partida e parada e outros que se fizerem necessários para a prevenção de acidentes do trabalho, especialmente quanto ao risco de acionamento acidental.
•• Caput com redação determinada pela Lei n. 6.514, de 22-12-1977.

Parágrafo único. É proibida a fabricação, a importação, a venda, a locação e o uso de máquinas e equipamentos que não atendam ao disposto neste artigo.
•• Parágrafo único com redação determinada pela Lei n. 6.514, de 22-12-1977.

Art. 185. Os reparos, limpeza e ajustes somente poderão ser executados com as máquinas paradas, salvo se o movimento for indispensável à realização do ajuste.
•• Artigo com redação determinada pela Lei n. 6.514, de 22-12-1977.

Art. 186. O Ministério do Trabalho estabelecerá normas adicionais sobre proteção e medidas de segurança na operação de máquinas e equipamentos, especialmente quanto à proteção das partes móveis, distância entre estas, vias de acesso às máquinas e equipamentos de grandes dimensões, emprego de ferramentas, sua adequação e medidas de proteção exigidas quando motorizadas ou elétricas.
•• Artigo com redação determinada pela Lei n. 6.514, de 22-12-1977.

SEÇÃO XII
Das Caldeiras, Fornos e Recipientes sob Pressão

•• Seção XII com redação determinada pela Lei n. 6.514, de 22-12-1977.
• A Norma Regulamentadora n. 13 dispõe sobre caldeiras e vasos de pressão, e a Norma Regulamentadora n. 14 dispõe sobre fornos.

Art. 187. As caldeiras, equipamentos e recipientes em geral que operam sob pressão deverão dispor de válvulas e outros dispositivos de segurança, que evitem seja ultrapassada a pressão interna de trabalho compatível com a sua resistência.
•• Caput com redação determinada pela Lei n. 6.514, de 22-12-1977.

Súmula 194/STF: É competente o Ministro do Trabalho para a especificação das atividades insalubres.

Parágrafo único. O Ministério do Trabalho expedirá normas complementares quanto à segurança das caldeiras, fornos e recipientes sob pressão, especialmente quanto ao revestimento interno, à localização, à ventilação dos locais e outros meios de eliminação de gases ou vapores prejudiciais à saúde, e demais instalações ou equipamentos necessários à execução segura das tarefas de cada empregado.
•• Parágrafo único com redação determinada pela Lei n. 6.514, de 22-12-1977.

Art. 188. As caldeiras serão periodicamente submetidas a inspeções de segurança, por engenheiro ou empresa especializada, inscritos no Ministério do Trabalho, de conformidade com as instruções que, para esse fim, forem expedidas.

•• *Caput* com redação determinada pela Lei n. 6.514, de 22-12-1977.

§ 1.º Toda caldeira será acompanhada de "Prontuário", com documentação original do fabricante, abrangendo, no mínimo: especificação técnica, desenhos, detalhes, provas e testes realizados durante a fabricação e a montagem, características funcionais e a pressão máxima de trabalho permitida (PMTP), esta última indicada, em local visível, na própria caldeira.

•• § 1.º com redação determinada pela Lei n. 6.514, de 22-12-1977.

§ 2.º O proprietário da caldeira deverá organizar, manter atualizado e apresentar, quando exigido pela autoridade competente, o Registro de Segurança, no qual serão anotadas, sistematicamente, as indicações das provas efetuadas, inspeções, reparos e quaisquer outras ocorrências.

•• § 2.º com redação determinada pela Lei n. 6.514, de 22-12-1977.

§ 3.º Os projetos de instalação de caldeiras, fornos e recipientes sob pressão deverão ser submetidos à aprovação prévia do órgão regional competente em matéria de segurança do trabalho.

•• § 3.º com redação determinada pela Lei n. 6.514, de 22-12-1977.

SEÇÃO XIII
Das Atividades Insalubres ou Perigosas

•• Seção XIII com redação determinada pela Lei n. 6.514, de 22-12-1977.

Art. 7.º, XXII e XXIII, da CF: São direitos dos trabalhadores urbanos e rurais, além de outros que visem à melhoria de sua condição social: (...) XXII – redução dos riscos inerentes ao trabalho, por meio de normas de saúde, higiene e segurança; XXIII – adicional de remuneração para as atividades penosas, insalubres ou perigosas, na forma da lei.

Periculosidade:

Súmula 212/STF: Tem direito ao adicional de serviço perigoso o empregado de posto de revenda de combustível líquido.

Súmula 39/TST: Periculosidade. Os empregados que operam em bomba de gasolina têm direito ao adicional de periculosidade (Lei n. 2.573, de 15-8-1955).

Súmula 70/TST: Adicional de periculosidade. O adicional de periculosidade não incide sobre os triênios pagos pela PETROBRAS.

Súmula 132/TST: Adicional de periculosidade. Integração. I – O adicional de periculosidade, pago em caráter permanente, integra o cálculo de indenização e de horas extras. II – Durante as horas de sobreaviso, o empregado não se encontra em condições de risco, razão pela qual é incabível a integração do adicional de periculosidade sobre as mencionadas horas.

Súmula 191/TST: Adicional. Periculosidade. Incidência. O adicional de periculosidade incide apenas sobre o salário básico e não sobre este acrescido de outros adicionais. Em relação aos eletricitários, o cálculo do adicional de periculosidade deverá ser efetuado sobre a totalidade das parcelas de natureza salarial.

Súmula 361/TST: Adicional de periculosidade. Eletricitários. Exposição intermitente. O trabalho exercido em condições perigosas, embora de forma intermitente, dá direito ao empregado a receber o adicional de periculosidade de forma integral, porque a Lei n. 7.369, de 20 de setembro de 1985, não estabeleceu nenhuma proporcionalidade em relação ao seu pagamento.

Súmula 364/TST: Adicional de periculosidade. Exposição eventual, permanente e intermitente. I – Tem direito ao adicional de periculosidade o empregado exposto permanentemente ou que, de forma intermitente, sujeita-se a condições de risco. Indevido, apenas, quando o contato dá-se de forma eventual, assim considerado o fortuito, ou o que, sendo habitual, dá-se por tempo extremamente reduzido. II – Não é válida a cláusula de acordo ou convenção coletiva de trabalho fixando o adicional de periculosidade em percentual inferior ao estabelecido em lei e proporcional ao tempo de exposição ao risco, pois tal parcela constitui medida de higiene, saúde e segurança do trabalho, garantida por norma de ordem pública (arts. 7.º, XXII e XXIII, da CF e 193, §1.º, da CLT).

Insalubridade:

Súmula 307/STF: É devido o adicional de serviço insalubre, calculado à base do salário mínimo da região, ainda que a remuneração contratual seja superior ao salário mínimo acrescido da taxa de insalubridade.

Súmula 460/STF: Para efeito do adicional de insalubridade, a perícia judicial, em reclamação trabalhista, não dispensa o enquadramento da atividade entre as insalubres, que é ato da competência do Ministro do Trabalho e Previdência Social.

Súmula 47/TST: Insalubridade. O trabalho executado em condições insalubres, em caráter intermitente, não afasta, só por essa circunstância, o direito à percepção do respectivo adicional.

Súmula 80/TST: Insalubridade. A eliminação da insalubridade mediante fornecimento de aparelhos protetores aprovados pelo órgão competente do Poder Executivo exclui a percepção do respectivo adicional.

Súmula 139/TST: Adicional de insalubridade. Enquanto percebido, o adicional de insalubridade integra a remuneração para todos os efeitos legais.

Súmula 228/TST: Adicional de insalubridade. Base de cálculo. Súmula cuja eficácia está suspensa por decisão liminar do Supremo Tribunal Federal. A partir de 9 de maio de 2008, data da publicação da Súmula Vinculante n. 4 do Supremo Tribunal Federal, o adicional de insalubridade será calculado sobre o salário básico, salvo critério mais vantajoso fixado em instrumento coletivo.

Súmula 248/TST: Adicional de insalubridade. Direito adquirido. A reclassificação ou a descaracterização da insalubridade, por ato da autoridade competente, repercute na satisfação do respectivo adicional, sem ofensa a direito adquirido ou ao princípio da irredutibilidade salarial.

Súmula 289/TST: Insalubridade. Adicional. Fornecimento do aparelho de proteção. Efeito. O simples fornecimento do aparelho de proteção pelo empregador não o exime do pagamento do adicional de insalubridade. Cabe-lhe tomar as medidas que conduzam à diminuição ou eliminação da nocividade, entre as quais as relativas ao uso efetivo do equipamento pelo empregado.

Súmula 293/TST: Adicional de insalubridade. Causa de pedir. Agente nocivo diverso do apontado na inicial. A verificação mediante perícia de prestação de serviços em condições nocivas, considerado agente insalubre diverso do apontado na inicial, não prejudica o pedido de adicional de insalubridade.

• O Decreto n. 2.657, de 3-7-1998, promulga a Convenção n. 170 da OIT, relativa à segurança na utilização de produtos químicos no trabalho.

• O Decreto n. 4.085, de 15-1-2002, promulga a Convenção n. 174 da OIT (em vigor para o Brasil em 2-8-2002), relativa à Prevenção de Acidentes Industriais Maiores.

• A Norma Regulamentadora n. 15 dispõe sobre atividades e operações insalubres, e a Norma Regulamentadora n. 16 dispõe sobre atividades e operações perigosas.

• A Portaria n. 671, de 8-11-2021, do Ministério do Trabalho e da Previdência, regulamenta disposições relativas à legislação trabalhista, à inspeção do trabalho, às políticas públicas e às relações de trabalho.

Art. 189. Serão consideradas atividades ou operações insalubres aquelas que, por sua natureza, condições ou métodos de trabalho, exponham os empregados a agentes nocivos à saúde, acima dos limites de tolerância fixados em razão da natureza e da intensidade do agente e do tempo de exposição aos seus efeitos.

•• Artigo com redação determinada pela Lei n. 6.514, de 22-12-1977.

Art. 7.º, XXIII, da CF: São direitos dos trabalhadores urbanos e rurais, além de outros que visem à melhoria de sua condição social: (...) XXIII – adicional de remuneração para as atividades penosas, insalubres ou perigosas, na forma da lei.

Art. 190. O Ministério do Trabalho aprovará o quadro das atividades e operações insalubres e adotará normas sobre os critérios de caracterização da insalubridade, os limites de tolerância aos agentes agressivos, meios de proteção e o tempo máximo de exposição do empregado a esses agentes.

•• *Caput* com redação determinada pela Lei n. 6.514, de 22-12-1977.

Parágrafo único. As normas referidas neste artigo incluirão medidas de proteção do organismo do trabalhador nas operações que produzem aerodispersoides tóxicos, irritantes, alergênicos ou incômodos.

•• Parágrafo único com redação determinada pela Lei n. 6.514, de 22-12-1977.

Art. 191. A eliminação ou a neutralização da insalubridade ocorrerá:

I – com a adoção de medidas que conservem o ambiente de trabalho dentro dos limites de tolerância;

II – com a utilização de equipamentos de proteção individual ao trabalhador, que diminuam a intensidade do agente agressivo a limites de tolerância.

•• *Caput* e incisos com redação determinada pela Lei n. 6.514, de 22-12-1977.

Parágrafo único. Caberá às Delegacias Regionais do Trabalho, comprovada a insalubridade, notificar as empresas, estipulando prazos para sua eliminação ou neutralização, na forma deste artigo.

•• Parágrafo único com redação determinada pela Lei n. 6.514, de 22-12-1977.

Enunciado n. 50 da 1.ª Jornada de Direito do Trabalho: Insalubridade. Expedição de ofício à DRT. Constatada a insalubridade em ação trabalhista, o juiz deve oficiar à Dele-

gacia Regional do Trabalho para que a autoridade administrativa faça cumprir o disposto no art. 191, parágrafo único, da CLT.

Art. 192. O exercício de trabalho em condições insalubres, acima dos limites de tolerância estabelecidos pelo Ministério do Trabalho, assegura a percepção de adicional respectivamente de 40% (quarenta por cento), 20% (vinte por cento) e 10% (dez por cento) do salário mínimo da região, segundo se classifiquem nos graus máximo, médio e mínimo.
•• Artigo com redação determinada pela Lei n. 6.514, de 22-12-1977.

Art. 7.º, IV e XXIII, da CF: São direitos dos trabalhadores urbanos e rurais, além de outros que visem à melhoria de sua condição social: (...) IV – salário mínimo, fixado em lei, nacionalmente unificado, capaz de atender a suas necessidades vitais básicas e às de sua família com moradia, alimentação, educação, saúde, lazer, vestuário, higiene, transporte e previdência social, com reajustes periódicos que lhe preservem o poder aquisitivo, sendo vedada sua vinculação para qualquer fim; (...) XXIII – adicional de remuneração para as atividades penosas, insalubres ou perigosas, na forma da lei.

Súmula Vinculante 4: Salvo nos casos previstos na Constituição, o salário mínimo não pode ser usado como indexador de base de cálculo de vantagem de servidor público ou de empregado, nem ser substituído por decisão judicial.

Art. 193. São consideradas atividades ou operações perigosas, na forma da regulamentação aprovada pelo Ministério do Trabalho e Emprego, aquelas que, por sua natureza ou métodos de trabalho, impliquem risco acentuado em virtude de exposição permanente do trabalhador a:
•• *Caput* com redação determinada pela Lei n. 12.740, de 8-12-2012.

I – inflamáveis, explosivos ou energia elétrica;
•• Inciso I acrescentado pela Lei n. 12.740, de 8-12-2012.

II – roubos ou outras espécies de violência física nas atividades profissionais de segurança pessoal ou patrimonial.
•• Inciso II acrescentado pela Lei n. 12.740, de 8-12-2012.

§ 1.º O trabalho em condições de periculosidade assegura ao empregado um adicional de 30% (trinta por cento) sobre o salário sem os acréscimos resultantes de gratificações, prêmios ou participações nos lucros da empresa.
•• § 1.º com redação determinada pela Lei n. 6.514, de 22-12-1977.

Art. 7.º, XXIII, da CF: São direitos dos trabalhadores urbanos e rurais, além de outros que visem à melhoria de sua condição social: (...) XXIII – adicional de remuneração para as atividades penosas, insalubres ou perigosas, na forma da lei.

§ 2.º O empregado poderá optar pelo adicional de insalubridade que porventura lhe seja devido.
•• § 2.º com redação determinada pela Lei n. 6.514, de 22-12-1977.

§ 3.º Serão descontados ou compensados do adicional outros da mesma natureza eventualmente já concedidos ao vigilante por meio de acordo coletivo.
•• § 3.º acrescentado pela Lei n. 12.740, de 8-12-2012.

§ 4.º São também consideradas perigosas as atividades de trabalhador em motocicleta.
•• § 4.º acrescentado pela Lei n. 12.997, de 18-6-2014.

Norma Regulamentadora n. 16, item 2 do anexo 5: Não são consideradas perigosas, para efeito deste anexo: *a)* a utilização de motocicleta ou motoneta exclusivamente no percurso da residência para o local de trabalho ou deste para aquela; *b)* as atividades em veículos que não necessitem de emplacamento ou que não exijam carteira nacional de habilitação para conduzi-los; *c)* as atividades em motocicleta ou motoneta em locais privados; *d)* as atividades com uso de motocicleta ou motoneta de forma eventual, assim considerado o fortuito, ou o que, sendo habitual, dá-se por tempo extremamente reduzido.

Art. 194. O direito do empregado ao adicional de insalubridade ou de periculosidade cessará com a eliminação do risco à sua saúde ou integridade física, nos termos desta Seção e das normas expedidas pelo Ministério do Trabalho.
•• Artigo com redação determinada pela Lei n. 6.514, de 22-12-1977.

Art. 195. A caracterização e a classificação da insalubridade e da periculosidade, segundo as normas do Ministério do Trabalho, far-se-ão através de perícia a cargo de Médico do Trabalho ou Engenheiro do Trabalho, registrados no Ministério do Trabalho.
•• *Caput* com redação determinada pela Lei n. 6.514, de 22-12-1977.

OJ 173 da SDI-1: Adicional de insalubridade. Atividade a céu aberto. Exposição ao sol e ao calor. I – Ausente previsão legal, indevido o adicional de insalubridade ao trabalhador em atividade a céu aberto, por sujeição à radiação solar (art. 195 da CLT e Anexo 7 da NR 15 da Portaria n. 3.214/78 do MTE). II – Tem direito ao adicional de insalubridade o trabalhador que exerce atividade exposto ao calor acima dos limites de tolerância, inclusive em ambiente externo com carga solar, nas condições previstas no Anexo 3 da NR 15 da Portaria n. 3.214/78 do MTE.

§ 1.º É facultado às empresas e aos sindicatos das categorias profissionais interessadas requererem ao Ministério do Trabalho a realização de perícia em estabelecimento ou setor deste, com o objetivo de caracterizar e classificar ou delimitar as atividades insalubres ou perigosas.
•• § 1.º com redação determinada pela Lei n. 6.514, de 22-12-1977.

§ 2.º Arguida em juízo insalubridade ou periculosidade, seja por empregado, seja por sindicato em favor de grupo de associados, o juiz designará perito habilitado na forma deste artigo, e, onde não houver, requisitará perícia ao órgão competente do Ministério do Trabalho.
•• § 2.º com redação determinada pela Lei n. 6.514, de 22-12-1977.

§ 3.º O disposto nos parágrafos anteriores não prejudica a ação fiscalizadora do Ministério do Trabalho, nem a realização *ex officio* da perícia.
•• § 3.º com redação determinada pela Lei n. 6.514, de 22-12-1977.

Art. 196. Os efeitos pecuniários decorrentes do trabalho em condições de insalubridade ou periculosidade serão devidos a contar da data da inclusão da respectiva atividade nos quadros aprovados pelo Ministério do Trabalho, respeitadas as normas do art. 11.
•• Artigo com redação determinada pela Lei n. 6.514, de 22-12-1977.

Art. 197. Os materiais e substâncias empregados, manipulados ou transportados nos locais de trabalho, quando perigosos ou nocivos à saúde, devem conter, no rótulo, sua composição, recomendações de socorro imediato e o símbolo de perigo correspondente, segundo a padronização internacional.
•• *Caput* com redação determinada pela Lei n. 6.514, de 22-12-1977.

Parágrafo único. Os estabelecimentos que mantenham as atividades previstas neste artigo afixarão, nos setores de trabalho atingidos, avisos ou cartazes, com advertência quanto aos materiais e substâncias perigosos ou nocivos à saúde.
•• Parágrafo único com redação determinada pela Lei n. 6.514, de 22-12-1977.

SEÇÃO XIV
Da Prevenção da Fadiga

•• Seção XIV com redação determinada pela Lei n. 6.514, de 22-12-1977.
• A Norma Regulamentadora n. 17 dispõe sobre ergonomia.

Art. 198. É de 60 (sessenta) quilogramas o peso máximo que um empregado pode remover individualmente, ressalvadas as disposições especiais relativas ao trabalho do menor e da mulher.
•• *Caput* com redação determinada pela Lei n. 6.514, de 22-12-1977.

Parágrafo único. Não está compreendida na proibição deste artigo a remoção de material feita por impulsão ou tração de vagonetes sobre trilhos, carros de mão ou quaisquer outros aparelhos mecânicos, podendo o Ministério do Trabalho, em tais casos, fixar limites diversos, que evitem sejam exigidos do empregado serviços superiores às suas forças.
•• Parágrafo único com redação determinada pela Lei n. 6.514, de 22-12-1977.

Art. 199. Será obrigatória a colocação de assentos que assegurem postura correta ao trabalhador, capazes de evitar posições incômodas ou forçadas, sempre que a execução da tarefa exija que trabalhe sentado.
•• *Caput* com redação determinada pela Lei n. 6.514, de 22-12-1977.

Parágrafo único. Quando o trabalho deva ser executado de pé, os empregados terão à sua disposição assentos para serem utilizados nas pausas que o serviço permitir.
•• Parágrafo único com redação determinada pela Lei n. 6.514, de 22-12-1977.

SEÇÃO XV
Das Outras Medidas Especiais de Proteção

•• Seção XV com redação determinada pela Lei n. 6.514, de 22-12-1977.

Art. 200. Cabe ao Ministério do Trabalho estabelecer disposições complementares às normas de que trata este Capítulo, tendo em vista

as peculiaridades de cada atividade ou setor de trabalho, especialmente sobre:

•• *Vide* arts. 24 a 29 do Decreto n. 10.854, de 10-11-2021.

I – medidas de prevenção de acidentes e os equipamentos de proteção individual em obras de construção, demolição ou reparos;

II – depósitos, armazenagem e manuseio de combustíveis, inflamáveis e explosivos, bem como trânsito e permanência nas áreas respectivas;

III – trabalho em escavações, túneis, galerias, minas e pedreiras, sobretudo quanto à prevenção de explosões, incêndios, desmoronamentos e soterramentos, eliminação de poeiras, gases etc., e facilidades de rápida saída dos empregados;

• A Portaria n. 202, de 22-12-2006, do MTE, aprova a Norma Regulamentadora n. 33 (NR-33), que trata da segurança e saúde dos trabalhadores em espaços confinados.

IV – proteção contra incêndio em geral e as medidas preventivas adequadas, com exigências ao especial revestimento de portas e paredes, construção de paredes contra fogo, diques e outros anteparos, assim como garantia geral de fácil circulação, corredores de acesso e saídas amplas e protegidas, com suficiente sinalização;

V – proteção contra insolação, calor, frio, umidade e ventos, sobretudo no trabalho a céu aberto, com provisão, quanto a este, de água potável, alojamento e profilaxia de endemias;

VI – proteção do trabalhador exposto a substâncias químicas nocivas, radiações ionizantes e não ionizantes, ruídos, vibrações e trepidações ou pressões anormais ao ambiente de trabalho, com especificação das medidas cabíveis para eliminação ou atenuação desses efeitos, limites máximos quanto ao tempo de exposição, à intensidade da ação ou de seus efeitos sobre o organismo do trabalhador, exames médicos obrigatórios, limites de idade, controle permanente dos locais de trabalho e das demais exigências que se façam necessárias;

VII – higiene nos locais de trabalho, com discriminação das exigências, instalações sanitárias, com separação de sexos, chuveiros, lavatórios, vestiários e armários individuais, refeitórios ou condições de conforto por ocasião das refeições, fornecimento de água potável, condições de limpeza dos locais de trabalho e modo de sua execução, tratamento de resíduos industriais;

VIII – emprego das cores nos locais de trabalho, inclusive nas sinalizações de perigo.

•• *Caput* e incisos com redação determinada pela Lei n. 6.514, de 22-12-1977.

Parágrafo único. Tratando-se de radiações ionizantes e explosivos, as normas a que se refere este artigo serão expedidas de acordo com as resoluções a respeito adotadas pelo órgão técnico.

•• Parágrafo único com redação determinada pela Lei n. 6.514, de 22-12-1977.

• A Portaria n. 453, de 1.º-6-1998, da Secretaria de Vigilância Sanitária, aprova o regulamento técnico que estabelece as diretrizes básicas de proteção radiológica em radiodiagnóstico médico e odontológico e dispõe sobre o uso dos raios-x diagnósticos em todo território nacional.

SEÇÃO XVI
Das Penalidades

•• Seção XVI com redação determinada pela Lei n. 6.514, de 22-12-1977.

• A Norma Regulamentadora n. 28 dispõe sobre fiscalização e penalidades.

Art. 201. As infrações ao disposto neste Capítulo relativas à medicina do trabalho serão punidas com multa de 3 (três) a 30 (trinta) vezes o valor de referência previsto no art. 2.º, parágrafo único, da Lei n. 6.205, de 29 de abril de 1975, e as concernentes à segurança do trabalho com multa de 5 (cinco) a 50 (cinquenta) vezes o mesmo valor.

•• *Caput* com redação determinada pela Lei n. 6.514, de 22-12-1977.

• *Vide* Nota dos Organizadores sobre o valor das multas previstas na CLT.

Parágrafo único. Em caso de reincidência, embaraço ou resistência à fiscalização, emprego de artifício ou simulação com o objetivo de fraudar a lei, a multa será aplicada em seu valor máximo.

•• Parágrafo único com redação determinada pela Lei n. 6.514, de 22-12-1977.

Arts. 202 a 223. (*Revogados pela Lei n. 6.514, de 22-12-1977.*)

TÍTULO II-A
DO DANO EXTRAPATRIMONIAL

•• Título II-A acrescentado pela Lei n. 13.467, de 13-7-2017.

Art. 223-A. Aplicam-se à reparação de danos de natureza extrapatrimonial decorrentes da relação de trabalho apenas os dispositivos deste Título.

•• Artigo acrescentado pela Lei n. 13.467, de 13-7-2017.

Art. 223-B. Causa dano de natureza extrapatrimonial a ação ou omissão que ofenda a esfera moral ou existencial da pessoa física ou jurídica, as quais são as titulares exclusivas do direito à reparação.

•• Artigo acrescentado pela Lei n. 13.467, de 13-7-2017.

Art. 223-C. A honra, a imagem, a intimidade, a liberdade de ação, a autoestima, a sexualidade, a saúde, o lazer e a integridade física são os bens juridicamente tutelados inerentes à pessoa física.

•• Artigo acrescentado pela Lei n. 13.467, de 13-7-2017.

Art. 223-D. A imagem, a marca, o nome, o segredo empresarial e o sigilo da correspondência são bens juridicamente tutelados inerentes à pessoa jurídica.

•• Artigo acrescentado pela Lei n. 13.467, de 13-7-2017.

Art. 223-E. São responsáveis pelo dano extrapatrimonial todos os que tenham colaborado para a ofensa ao bem jurídico tutelado, na proporção da ação ou da omissão.

•• Artigo acrescentado pela Lei n. 13.467, de 13-7-2017.

Art. 223-F. A reparação por danos extrapatrimoniais pode ser pedida cumulativamente com a indenização por danos materiais decorrentes do mesmo ato lesivo.

•• *Caput* acrescentado pela Lei n. 13.467, de 13-7-2017.

§ 1.º Se houver cumulação de pedidos, o juízo, ao proferir a decisão, discriminará os valores das indenizações a título de danos patrimoniais e das reparações por danos de natureza extrapatrimonial.

•• § 1.º acrescentado pela Lei n. 13.467, de 13-7-2017.

§ 2.º A composição das perdas e danos, assim compreendidos os lucros cessantes e os danos emergentes, não interfere na avaliação dos danos extrapatrimoniais.

•• § 2.º acrescentado pela Lei n. 13.467, de 13-7-2017.

Art. 223-G. Ao apreciar o pedido, o juízo considerará:

•• *Caput* acrescentado pela Lei n. 13.467, de 13-7-2017.

I – a natureza do bem jurídico tutelado;

•• Inciso I acrescentado pela Lei n. 13.467, de 13-7-2017.

II – a intensidade do sofrimento ou da humilhação;

•• Inciso II acrescentado pela Lei n. 13.467, de 13-7-2017.

III – a possibilidade de superação física ou psicológica;

•• Inciso III acrescentado pela Lei n. 13.467, de 13-7-2017.

IV – os reflexos pessoais e sociais da ação ou da omissão;

•• Inciso IV acrescentado pela Lei n. 13.467, de 13-7-2017.

V – a extensão e a duração dos efeitos da ofensa;

•• Inciso V acrescentado pela Lei n. 13.467, de 13-7-2017.

VI – as condições em que ocorreu a ofensa ou o prejuízo moral;

•• Inciso VI acrescentado pela Lei n. 13.467, de 13-7-2017.

VII – o grau de dolo ou culpa;

•• Inciso VII acrescentado pela Lei n. 13.467, de 13-7-2017.

VIII – a ocorrência de retratação espontânea;

•• Inciso VIII acrescentado pela Lei n. 13.467, de 13-7-2017.

IX – o esforço efetivo para minimizar a ofensa;

•• Inciso IX acrescentado pela Lei n. 13.467, de 13-7-2017.

X – o perdão, tácito ou expresso;

•• Inciso X acrescentado pela Lei n. 13.467, de 13-7-2017.

XI – a situação social e econômica das partes envolvidas;

•• Inciso XI acrescentado pela Lei n. 13.467, de 13-7-2017.

XII – o grau de publicidade da ofensa.

•• Inciso XII acrescentado pela Lei n. 13.467, de 13-7-2017.

§ 1.º Se julgar procedente o pedido, o juízo fixará a indenização a ser paga, a cada um dos ofendidos, em um dos seguintes parâmetros, vedada a acumulação:

•• § 1.º, *caput*, acrescentado pela Lei n. 13.467, de 13-7-2017.

I – ofensa de natureza leve, até três vezes o último salário contratual do ofendido;

•• Inciso I acrescentado pela Lei n. 13.467, de 13-7-2017.

II – ofensa de natureza média, até cinco vezes o último salário contratual do ofendido;

•• Inciso II acrescentado pela Lei n. 13.467, de 13-7-2017.

III – ofensa de natureza grave, até vinte vezes o último salário contratual do ofendido;

•• Inciso III acrescentado pela Lei n. 13.467, de 13-7-2017.

IV – ofensa de natureza gravíssima, até cinquenta vezes o último salário contratual do ofendido.

•• Inciso IV acrescentado pela Lei n. 13.467, de 13-7-2017.

§ 2.º Se o ofendido for pessoa jurídica, a indenização será fixada com observância dos mesmos parâmetros estabelecidos no § 1.º deste artigo, mas em relação ao salário contratual do ofensor.

•• § 2.º acrescentado pela Lei n. 13.467, de 13-7-2017.

§ 3.º Na reincidência entre partes idênticas, o juízo poderá elevar ao dobro o valor da indenização.

•• § 3.º acrescentado pela Lei n. 13.467, de 13-7-2017.

Título III
DAS NORMAS ESPECIAIS DE TUTELA DO TRABALHO

Capítulo I
DAS DISPOSIÇÕES ESPECIAIS SOBRE DURAÇÃO E CONDIÇÕES DE TRABALHO

SEÇÃO I
Dos Bancários

Súmula 102/TST: Bancário. Cargo de confiança. I – A configuração, ou não, do exercício da função de confiança a que se refere o art. 224, § 2.º, da CLT, dependente da prova das reais atribuições do empregado, é insuscetível de exame mediante recurso de revista ou de embargos. II – O bancário que exerce a função a que se refere o § 2.º do art. 224 da CLT e recebe gratificação não inferior a um terço de seu salário já tem remuneradas as duas horas extraordinárias excedentes de seis. III – Ao bancário exercente de cargo de confiança previsto no art. 224, § 2.º, da CLT são devidas as 7.ª e 8.ª horas, como extras, no período em que se verificar o pagamento a menor da gratificação de 1/3. IV – O bancário sujeito à regra do art. 224, § 2.º, da CLT cumpre jornada de trabalho de 8 (oito) horas, sendo extraordinárias as trabalhadas além da oitava. V – O advogado empregado de banco, pelo simples exercício da advocacia, não exerce cargo de confiança, não se enquadrando, portanto, na hipótese do § 2.º do art. 224 da CLT. VI – O caixa bancário, ainda que caixa executivo, não exerce cargo de confiança. Se perceber gratificação igual ou superior a um terço do salário do posto efetivo, essa remunera apenas a maior responsabilidade do cargo e não as duas horas extraordinárias além da sexta. VII – O bancário exercente de função de confiança, que percebe a gratificação não inferior ao terço legal, ainda que norma coletiva contemple percentual superior, não tem direito às sétima e oitava horas como extras, mas tão somente às diferenças de gratificação de função, se postuladas.

Súmula 124/TST: Bancário. Salário-hora. Divisor. I – O divisor aplicável para o cálculo das horas extras do bancário, se houver ajuste individual expresso ou coletivo no sentido de considerar o sábado como dia de descanso remunerado, será: **a)** 150, para os empregados submetidos à jornada de seis horas, prevista no *caput* do art. 224 da CLT; **b)** 200, para os empregados submetidos à jornada de oito horas, nos termos do § 2.º do art. 224 da CLT. II – Nas demais hipóteses, aplicar-se-á o divisor: **a)** 180, para os empregados submetidos à jornada de seis horas prevista no *caput* do art. 224 da CLT; **b)** 220, para os empregados submetidos à jornada de oito horas, nos termos do § 2.º do art. 224 da CLT.

Súmula 247/TST: Quebra de caixa. Natureza jurídica. A parcela paga aos bancários sob a denominação "quebra de caixa" possui natureza salarial, integrando o salário do prestador de serviços, para todos os efeitos legais.

Súmula 257/TST: Vigilante. O vigilante, contratado diretamente por banco ou por intermédio de empresas especializadas, não é bancário.

OJ Transitória 77 da SDI-1: BNDES. Arts. 224 a 226 da CLT. Aplicável a seus empregados. Até o advento da Lei n. 10.556, de 13 de novembro de 2002, era aplicável aos empregados do BNDES a jornada de trabalho dos bancários prevista nos arts. 224 a 226 da CLT.

Art. 224. A duração normal do trabalho dos empregados em bancos, casas bancárias e Caixa Econômica Federal será de 6 (seis) horas contínuas nos dias úteis, com exceção dos sábados, perfazendo um total de 30 (trinta) horas de trabalho por semana.

•• *Caput* com redação determinada pela Lei n. 7.430, de 17-12-1985.

Súmula 55/TST: Financeiras. As empresas de crédito, financiamento ou investimento, também denominadas financeiras, equiparam-se aos estabelecimentos bancários para os efeitos do art. 224 da CLT.

Súmula 93/TST: Bancário. Integra a remuneração do bancário a vantagem pecuniária por ele auferida na colocação ou na venda de papéis ou valores mobiliários de empresas pertencentes ao mesmo grupo econômico, se exercida essa atividade no horário e no local de trabalho e com o consentimento, tácito ou expresso, do banco empregador.

Súmula 113/TST: Bancário. Sábado. Dia útil. O sábado do bancário é dia útil não trabalhado, não dia de repouso remunerado. Não cabe a repercussão do pagamento de horas extras habituais em sua remuneração.

Súmula 119/TST: Jornada de trabalho. Os empregados de empresas distribuidoras e corretoras de títulos e valores mobiliários não têm direito à jornada especial dos bancários.

Súmula 124/TST: Bancário. Salário-hora. Divisor. I – O divisor aplicável para o cálculo das horas extras do bancário, se houver ajuste individual expresso ou coletivo no sentido de considerar o sábado como dia de descanso remunerado, será: **a)** 150, para os empregados submetidos à jornada de seis horas, prevista no *caput* do art. 224 da CLT; **b)** 200, para os empregados submetidos à jornada de oito horas, nos termos do § 2.º do art. 224 da CLT. II – Nas demais hipóteses, aplicar-se-á o divisor: **a)** 180, para os empregados submetidos à jornada de seis horas prevista no *caput* do art. 224 da CLT; **b)** 220, para os empregados submetidos à jornada de oito horas, nos termos do § 2.º do art. 224 da CLT.

Súmula 287/TST: Jornada de trabalho. Gerente bancário. A jornada de trabalho do empregado de banco gerente de agência é regida pelo art. 224, § 2.º, da CLT. Quanto ao gerente-geral de agência bancária, presume-se o exercício de encargo de gestão, aplicando-se-lhe o art. 62 da CLT.

OJ 379 da SDI-1: Empregado de cooperativa de crédito. Bancário. Equiparação. Impossibilidade. Os empregados de cooperativas de crédito não se equiparam a bancário, para efeito de aplicação do art. 224 da CLT, em razão da inexistência de expressa previsão legal, considerando, ainda, as diferenças estruturais e operacionais entre as instituições financeiras e as cooperativas de crédito. Inteligência das Leis n. 4.595, de 31-12-1964, e 5.764, de 16-12-1971.

§ 1.º A duração normal do trabalho estabelecida neste artigo ficará compreendida entre 7 (sete) e 22 (vinte e duas) horas, assegurando-se ao empregado, no horário diário, um intervalo de 15 (quinze) minutos para alimentação.

•• § 1.º com redação determinada pelo Decreto-lei n. 229, de 28-2-1967.

§ 2.º As disposições deste artigo não se aplicam aos que exercem funções de direção, gerência, fiscalização, chefia e equivalentes, ou que desempenhem outros cargos de confiança, desde que o valor da gratificação não seja inferior a 1/3 (um terço) do salário do cargo efetivo.

•• § 2.º com redação determinada pelo Decreto-lei n. 754, de 11-8-1969.

Súmula 109/TST: Gratificação de função. O bancário não enquadrado no § 2.º do art. 224 da CLT, que receba gratificação de função, não pode ter o salário relativo a horas extraordinárias compensado com o valor daquela vantagem.

Súmula 240/TST: Bancário. Gratificação de função e adicional por tempo de serviço. O adicional por tempo de serviço integra o cálculo da gratificação prevista no art. 224, § 2.º, da CLT.

• A Lei n. 5.662, de 21-6-1971, determina que este artigo não se aplica aos empregados do BNDES e aos de suas subsidiárias.

Art. 225. A duração normal de trabalho dos bancários poderá ser excepcionalmente prorrogada até 8 (oito) horas diárias, não excedendo de 40 (quarenta) horas semanais, observados os preceitos gerais sobre a duração do trabalho.

•• Artigo com redação determinada pela Lei n. 6.637, de 8-5-1979.

Súmula 199/TST: Bancário. Pré-contratação de horas extras. I – A contratação do serviço suplementar, quando da admissão do trabalhador bancário, é nula. Os valores assim ajustados apenas remuneram a jornada normal, sendo devidas as horas extras com o adicional de, no mínimo, 50% (cinquenta por cento), as quais não configuram pré-contratação, se pactuadas após a admissão do bancário. II – Em se tratando de horas extras pré-contratadas, opera-se a prescrição total se a ação não for ajuizada no prazo de cinco anos, a partir da data em que foram suprimidas.

Art. 226. O regime especial de 6 (seis) horas de trabalho também se aplica aos empregados de portaria e de limpeza, tais como porteiros, telefonistas de mesa, contínuos e serventes, empregados em bancos e casas bancárias.

•• Caput com redação determinada pela Lei n. 3.488, de 12-12-1958.

> **Súmula 257/TST: Vigilante.** O vigilante, contratado diretamente por banco ou por intermédio de empresas especializadas, não é bancário.

Parágrafo único. A direção de cada banco organizará a escala de serviço do estabelecimento de maneira a haver empregados do quadro da portaria em função, meia hora antes e até meia hora após o encerramento dos trabalhos, respeitado o limite de 6 (seis) horas diárias.

•• Parágrafo único com redação determinada pela Lei n. 3.488, de 12-12-1958.

SEÇÃO II
Dos Empregados nos Serviços de Telefonia, de Telegrafia Submarina e Subfluvial, de Radiotelegrafia e Radiotelefonia

Art. 227. Nas empresas que explorem o serviço de telefonia, telegrafia submarina ou subfluvial, de radiotelegrafia ou de radiotelefonia, fica estabelecida para os respectivos operadores a duração máxima de 6 (seis) horas contínuas de trabalho por dia ou 36 (trinta e seis) horas semanais.

•• Caput com redação determinada pelo Decreto-lei n. 6.353, de 20-3-1944.

> **Súmula 178/TST: Telefonista. Art. 227, e parágrafos, da CLT. Aplicabilidade.** É aplicável à telefonista de mesa de empresa que não explora o serviço de telefonia o disposto no art. 227, e seus parágrafos, da CLT. Ex-prejulgado n. 59.

§ 1.º Quando, em caso de indeclinável necessidade, forem os operadores obrigados a permanecer em serviço além do período normal fixado neste artigo, a empresa pagar-lhes-á extraordinariamente o tempo excedente com acréscimo de 50% (cinquenta por cento) sobre o seu salário-hora normal.

§ 2.º O trabalho aos domingos, feriados e dias santos de guarda será considerado extraordinário e obedecerá, quanto à sua execução e remuneração, ao que dispuserem empregadores e empregados em acordo, ou os respectivos sindicatos em contrato coletivo de trabalho.

•• § 2.º com redação determinada pelo Decreto-lei n. 6.353, de 20-3-1944.

Art. 228. Os operadores não poderão trabalhar, de modo ininterrupto na transmissão manual, bem como na recepção visual, auditiva, com escrita manual ou datilográfica, quando a velocidade for superior a 25 (vinte e cinco) palavras por minuto.

Art. 229. Para os empregados sujeitos a horários variáveis, fica estabelecida a duração máxima de 7 (sete) horas diárias de trabalho e 17 (dezessete) horas de folga, deduzindo-se desse tempo 20 (vinte) minutos para descanso, de cada um dos empregados, sempre que se verificar um esforço contínuo de mais de 3 (três) horas.

§ 1.º São considerados empregados sujeitos a horários variáveis, além dos operadores, cujas funções exijam classificação distinta, os que pertençam a seções de técnica, telefones, revisão, expedição, entrega e balcão.

•• § 1.º com redação determinada pelo Decreto-lei n. 6.353, de 20-3-1944.

§ 2.º Quanto à execução e remuneração aos domingos, feriados e dias santos de guarda e às prorrogações de expediente, o trabalho dos empregados a que se refere o parágrafo anterior será regido pelo que se contém no § 1.º do art. 227 desta Seção.

•• § 2.º com redação determinada pelo Decreto-lei n. 6.353, de 20-3-1944.

Art. 230. A direção das empresas deverá organizar as turmas de empregados, para a execução dos seus serviços, de maneira que prevaleça, sempre, o revezamento entre os que exercem a mesma função, quer em escalas diurnas, quer em noturnas.

§ 1.º Aos empregados que exerçam a mesma função será permitido, entre si, a troca de turmas, desde que isso não importe em prejuízo dos serviços, cujo chefe ou encarregado resolverá sobre a oportunidade ou possibilidade dessa medida, dentro das prescrições desta Seção.

§ 2.º As empresas não poderão organizar horários que obriguem os empregados a fazer a refeição do almoço antes das 10 (dez) e depois das 13 (treze) horas e a de jantar antes das 16 (dezesseis) e depois das 19:30 (dezenove e trinta) horas.

Art. 231. As disposições desta Seção não abrangem o trabalho dos operadores de radiotelegrafia embarcados em navios ou aeronaves.

SEÇÃO III
Dos Músicos Profissionais

Arts. 232 e 233. (*Revogados pela Lei n. 3.857, de 22-12-1960.*)

• A Lei n. 3.857, de 22-12-1960, cria a Ordem dos Músicos do Brasil e dispõe sobre a regulamentação do exercício da profissão de músico e dá outras providências.

SEÇÃO IV
Dos Operadores Cinematográficos

Art. 234. A duração normal do trabalho dos operadores cinematográficos e seus ajudantes não excederá de 6 (seis) horas diárias, assim distribuídas:

•• Caput com redação determinada pelo Decreto-lei n. 6.353, de 20-3-1944.

a) 5 (cinco) horas consecutivas de trabalho em cabina, durante o funcionamento cinematográfico;

•• Alínea a com redação determinada pelo Decreto-lei n. 6.353, de 20-3-1944.

b) 1 (um) período suplementar, até o máximo de 1 (uma) hora para limpeza, lubrificação dos aparelhos de projeção, ou revisão de filmes.

•• Alínea b com redação determinada pelo Decreto-lei n. 6.353, de 20-3-1944.

Parágrafo único. Mediante remuneração adicional de 25% (vinte e cinco por cento) sobre o salário da hora normal e observado um intervalo de 2 (duas) horas para folga, entre o período a que se refere a alínea b deste artigo e o trabalho em cabina de que trata a alínea a, poderá o trabalho dos operadores cinematográficos e seus ajudantes ter a duração prorrogada por 2 (duas) horas diárias, para exibições extraordinárias.

> **Art. 7.º, XVI, da CF:** São direitos dos trabalhadores urbanos e rurais, além de outros que visem à melhoria de sua condição social: (...) XVI – remuneração do serviço extraordinário superior, no mínimo, em cinquenta por cento à do normal.

Art. 235. Nos estabelecimentos cujo funcionamento normal seja noturno, será facultado aos operadores cinematográficos e seus ajudantes, mediante acordo ou contrato coletivo de trabalho e com um acréscimo de 25% (vinte e cinco por cento) sobre o salário da hora normal, executar o trabalho em sessões diurnas extraordinárias e, cumulativamente, nas noturnas, desde que isso se verifique até 3 (três) vezes por semana e entre as sessões diurnas e as noturnas haja o intervalo de 1 (uma) hora, no mínimo, de descanso.

> **Art. 7.º, XVI, da CF:** São direitos dos trabalhadores urbanos e rurais, além de outros que visem à melhoria de sua condição social: (...) XVI – remuneração do serviço extraordinário superior, no mínimo, em cinquenta por cento à do normal.

§ 1.º A duração de trabalho cumulativo a que alude o presente artigo não poderá exceder de 10 (dez) horas.

§ 2.º Em seguida a cada período de trabalho haverá um intervalo de repouso no mínimo de 12 (doze) horas.

SEÇÃO IV-A
Do Serviço do Motorista Profissional Empregado

•• Seção IV-A com redação determinada pela Lei n. 13.103, de 2-3-2015.
•• Vide Lei n. 13.103, de 2-3-2015.

Art. 235-A. Os preceitos especiais desta Seção aplicam-se ao motorista profissional empregado:

•• Caput com redação determinada pela Lei n. 13.103, de 2-3-2015.

I – de transporte rodoviário coletivo de passageiros;

•• Inciso I acrescentado pela Lei n. 13.103, de 2-3-2015.

II – de transporte rodoviário de cargas.

•• Inciso II acrescentado pela Lei n. 13.103, de 2-3-2015.

Lei n. 13.103/15, art. 9.º, caput: As condições de segurança, sanitárias e de conforto nos locais de espera, de repouso e de descanso dos motoristas profissionais de transporte rodoviário de passageiros e rodoviário de cargas terão que obedecer ao disposto em normas regulamentadoras pelo ente competente.

Art. 235-B. São deveres do motorista profissional empregado:

I – estar atento às condições de segurança do veículo;
•• Inciso I acrescentado pela Lei n. 12.619, de 30-4-2012.

II – conduzir o veículo com perícia, prudência, zelo e com observância aos princípios de direção defensiva;
•• Inciso II acrescentado pela Lei n. 12.619, de 30-4-2012.

III – respeitar a legislação de trânsito e, em especial, as normas relativas ao tempo de direção e de descanso controlado e registrado na forma do previsto no art. 67-E da Lei n. 9.503, de 23 de setembro de 1997 – Código de Trânsito Brasileiro;
•• Inciso III com redação determinada pela Lei n. 13.103, de 2-3-2015.

IV – zelar pela carga transportada e pelo veículo;
•• Inciso IV acrescentado pela Lei n. 12.619, de 30-4-2012.

V – colocar-se à disposição dos órgãos públicos de fiscalização na via pública;
•• Inciso V acrescentado pela Lei n. 12.619, de 30-4-2012.

VI – (*Vetado*);
•• Inciso VI acrescentado pela Lei n. 12.619, de 30-4-2012.

VII – submeter-se a exames toxicológicos com janela de detecção mínima de 90 (noventa) dias e a programa de controle de uso de droga e de bebida alcoólica, instituído pelo empregador, com sua ampla ciência, pelo menos uma vez a cada 2 (dois) anos e 6 (seis) meses, podendo ser utilizado para esse fim o exame obrigatório previsto na Lei n. 9.503, de 23 de setembro de 1997 – Código de Trânsito Brasileiro, desde que realizado nos últimos 60 (sessenta) dias.
•• Inciso VII com redação determinada pela Lei n. 13.103, de 2-3-2015.

Lei n. 13.103/15, art. 13: exame toxicológico com janela de detecção mínima de 90 (noventa) dias de que tratam o art. 148-A da Lei n. 9.503, de 23 de setembro de 1997 – Código de Trânsito Brasileiro, os §§ 6.º e 7.º do art. 168 e o inciso VII do art. 235-B da Consolidação das Leis do Trabalho – CLT, aprovada pelo Decreto-lei n. 5.452, de 1.º de maio de 1943, será exigido: I – em 90 (noventa) dias da publicação desta Lei, para a renovação e habilitação das categorias, C, D e E; II – em 1 (um) ano a partir da entrada em vigor desta Lei, para a admissão e a demissão de motorista profissional; III – em 3 (três) anos e 6 (seis) meses a partir da entrada em vigor desta Lei, para o disposto no § 2.º do art. 148-A da Lei n. 9.503, de 23 de setembro de 1997; IV – em 2 (dois) anos e 6 (seis) meses a partir da entrada em vigor desta Lei, para o disposto no § 3.º do art. 148-A da Lei n. 9.503, de 23 de setembro de 1997. Parágrafo único. Caberá ao Contran estabelecer adequações necessárias ao cronograma de realização dos exames.

Parágrafo único. A recusa do empregado em submeter-se ao teste ou ao programa de controle de uso de droga e de bebida alcoólica previstos no inciso VII será considerada infração disciplinar, passível de penalização nos termos da lei.
•• Parágrafo único com redação determinada pela Lei n. 13.103, de 2-3-2015.

Art. 235-C. A jornada diária de trabalho do motorista profissional será de 8 (oito) horas, admitindo-se a sua prorrogação por até 2 (duas) horas extraordinárias ou, mediante previsão em convenção ou acordo coletivo, por até 4 (quatro) horas extraordinárias.
•• *Caput* com redação determinada pela Lei n. 13.103, de 2-3-2015.

§ 1.º Será considerado como trabalho efetivo o tempo em que o motorista empregado estiver à disposição do empregador, excluídos os intervalos para refeição, repouso e descanso e o tempo de espera.
•• § 1.º com redação determinada pela Lei n. 13.103, de 2-3-2015.

§ 2.º Será assegurado ao motorista profissional empregado intervalo mínimo de 1 (uma) hora para refeição, podendo esse período coincidir com o tempo de parada obrigatória na condução do veículo estabelecido pela Lei n. 9.503, de 23 de setembro de 1997 – Código de Trânsito Brasileiro, exceto quando se tratar do motorista profissional enquadrado no § 5.º do art. 71 desta Consolidação.
•• § 2.º com redação determinada pela Lei n. 13.103, de 2-3-2015.

Lei n. 13.103/15, art. 12: O disposto nos §§ 2.º e 3.º do art. 235-C do Capítulo I do Título III da Consolidação das Leis do Trabalho – CLT, aprovada pelo Decreto-lei n. 5.452, de 1.º de maio de 1943, e no *caput* e nos §§ 1.º e 3.º do art. 67-C do Capítulo III-A da Lei n. 9.503, de 23 de setembro de 1997 – Código de Trânsito Brasileiro, produzirá efeitos: I – a partir da data da publicação dos atos de que trata o art. 11, para os trechos das vias deles constantes; II – a partir da data da publicação das relações subsequentes, para as vias por elas acrescidas. Parágrafo único. Durante os primeiros 180 (cento e oitenta) dias de sujeição do trecho ao disposto na Consolidação das Leis do Trabalho – CLT, aprovada pelo Decreto-lei n. 5.452, de 1.º de maio de 1943, e na Lei n. 9.503, de 23 de setembro de 1997 – Código de Trânsito Brasileiro, com as alterações constantes desta Lei, a fiscalização do seu cumprimento será meramente informativa e educativa.

§ 3.º Dentro do período de 24 (vinte e quatro) horas, são asseguradas 11 (onze) horas de descanso, sendo facultados o seu fracionamento e a coincidência com os períodos de parada obrigatória na condução do veículo estabelecida pela Lei n. 9.503, de 23 de setembro de 1997 – Código de Trânsito Brasileiro, garantidos o mínimo de 8 (oito) horas ininterruptas no primeiro período e o gozo do remanescente dentro das 16 (dezesseis) horas seguintes ao fim do primeiro período.
•• § 3.º com redação determinada pela Lei n. 13.103, de 2-3-2015.
•• Sobre a produção de efeitos deste § 3.º, *vide* nota ao § 2.º deste artigo.

§ 4.º Nas viagens de longa distância, assim consideradas aquelas em que o motorista profissional empregado permanece fora da base da empresa, matriz ou filial e de sua residência por mais de 24 (vinte e quatro) horas, o repouso diário pode ser feito no veículo ou em alojamento do empregador, do contratante do transporte, do embarcador ou do destinatário ou em outro local que ofereça condições adequadas.
•• § 4.º com redação determinada pela Lei n. 13.103, de 2-3-2015.

§ 5.º As horas consideradas extraordinárias serão pagas com o acréscimo estabelecido na Constituição Federal ou compensadas na forma do § 2.º do art. 59 desta Consolidação.
•• § 5.º com redação determinada pela Lei n. 13.103, de 2-3-2015.

§ 6.º À hora de trabalho noturno aplica-se o disposto no art. 73 desta Consolidação.
•• § 6.º com redação determinada pela Lei n. 13.103, de 2-3-2015.

§ 7.º (*Vetado*.)
•• § 7.º acrescentado pela Lei n. 12.619, de 30-4-2012.

§ 8.º São considerados tempo de espera as horas em que o motorista profissional empregado ficar aguardando carga ou descarga do veículo nas dependências do embarcador ou do destinatário e o período gasto com a fiscalização da mercadoria transportada em barreiras fiscais ou alfandegárias, não sendo computados como jornada de trabalho e nem como horas extraordinárias.
•• § 8.º com redação determinada pela Lei n. 13.103, de 2-3-2015.

§ 9.º As horas relativas ao tempo de espera serão indenizadas na proporção de 30% (trinta por cento) do salário-hora normal.
•• § 9.º com redação determinada pela Lei n. 13.103, de 2-3-2015.
•• *Vide* art. 10, XL, da Instrução Normativa n. 144, de 18-5-2018.

§ 10. Em nenhuma hipótese, o tempo de espera do motorista empregado prejudicará o direito ao recebimento da remuneração correspondente ao salário-base diário.
•• § 10 acrescentado pela Lei n. 13.103, de 2-3-2015.

§ 11. Quando a espera de que trata o § 8.º for superior a 2 (duas) horas ininterruptas e for exigida a permanência do motorista empregado junto ao veículo, caso o local ofereça condições adequadas, o tempo será considerado como de repouso para os fins do intervalo de que tratam os §§ 2.º e 3.º, sem prejuízo do disposto no § 9.º.
•• § 11 acrescentado pela Lei n. 13.103, de 2-3-2015.

§ 12. Durante o tempo de espera, o motorista poderá realizar movimentações necessárias do veículo, as quais não serão consideradas como parte da jornada de trabalho, ficando garantido, porém, o gozo do descanso de 8 (oito) horas ininterruptas aludido no § 3.º.
•• § 12 acrescentado pela Lei n. 13.103, de 2-3-2015.

§ 13. Salvo previsão contratual, a jornada de trabalho do motorista empregado não tem horário fixo de início, de final ou de intervalos.
•• § 13 acrescentado pela Lei n. 13.103, de 2-3-2015.

§ 14. O empregado é responsável pela guarda, preservação e exatidão das informações contidas nas anotações em diário de bordo, papeleta

ou ficha de trabalho externo, ou no registrador instantâneo inalterável de velocidade e tempo, ou nos rastreadores ou sistemas e meios eletrônicos, instalados nos veículos, normatizados pelo Contran, até que o veículo seja entregue à empresa.

•• § 14 acrescentado pela Lei n. 13.103, de 2-3-2015.

§ 15. Os dados referidos no § 14 poderão ser enviados a distância, a critério do empregador, facultando-se a anexação do documento original posteriormente.

•• § 15 acrescentado pela Lei n. 13.103, de 2-3-2015.

§ 16. Aplicam-se as disposições deste artigo ao ajudante empregado nas operações em que acompanhe o motorista.

•• § 16 acrescentado pela Lei n. 13.103, de 2-3-2015.

§ 17. O disposto no *caput* deste artigo aplica-se também aos operadores de automotores destinados a puxar ou a arrastar maquinaria de qualquer natureza ou a executar trabalhos de construção ou pavimentação e aos operadores de tratores, colheitadeiras, autopropelidos e demais aparelhos automotores destinados a puxar ou a arrastar maquinaria agrícola ou a executar trabalhos agrícolas.

•• § 17 acrescentado pela Lei n. 13.154, de 30-7-2015.

Art. 235-D. Nas viagens de longa distância com duração superior a 7 (sete) dias, o repouso semanal será de 24 (vinte e quatro) horas por semana ou fração trabalhada, sem prejuízo do intervalo de repouso diário de 11 (onze) horas, totalizando 35 (trinta e cinco) horas, usufruído no retorno do motorista à base (matriz ou filial) ou ao seu domicílio, salvo se a empresa oferecer condições adequadas para o efetivo gozo do referido repouso.

•• *Caput* com redação determinada pela Lei n. 13.103, de 2-3-2015.

I a III – (*Revogados pela Lei n. 13.103, de 2-3-2015.*)

§ 1.º É permitido o fracionamento do repouso semanal em 2 (dois) períodos, sendo um destes de, no mínimo, 30 (trinta) horas ininterruptas, a serem cumpridos na mesma semana e em continuidade a um período de repouso diário, que deverão ser usufruídos no retorno da viagem.

•• § 1.º acrescentado pela Lei n. 13.103, de 2-3-2015.

§ 2.º A cumulatividade de descansos semanais em viagens de longa distância de que trata o *caput* fica limitada ao número de 3 (três) descansos consecutivos.

•• § 2.º acrescentado pela Lei n. 13.103, de 2-3-2015.

§ 3.º O motorista empregado, em viagem de longa distância, que ficar com o veículo parado após o cumprimento da jornada normal ou das horas extraordinárias fica dispensado do serviço, exceto se for expressamente autorizada a sua permanência junto ao veículo pelo empregador, hipótese em que o tempo será considerado de espera.

•• § 3.º acrescentado pela Lei n. 13.103, de 2-3-2015.

§ 4.º Não será considerado como jornada de trabalho, nem ensejará o pagamento de qualquer remuneração, o período em que o motorista empregado ou o ajudante ficarem espontaneamente no veículo usufruindo dos intervalos de repouso.

•• § 4.º acrescentado pela Lei n. 13.103, de 2-3-2015.

§ 5.º Nos casos em que o empregador adotar 2 (dois) motoristas trabalhando no mesmo veículo, o tempo de repouso poderá ser feito com o veículo em movimento, assegurado o repouso mínimo de 6 (seis) horas consecutivas fora do veículo em alojamento externo ou, se na cabine leito, com o veículo estacionado, a cada 72 (setenta e duas) horas.

•• § 5.º acrescentado pela Lei n. 13.103, de 2-3-2015.

§ 6.º Em situações excepcionais de inobservância justificada do limite de jornada de que trata o art. 235-C, devidamente registradas, e desde que não se comprometa a segurança rodoviária, a duração da jornada de trabalho do motorista profissional empregado poderá ser elevada pelo tempo necessário até o veículo chegar a um local seguro ou ao seu destino.

•• § 6.º acrescentado pela Lei n. 13.103, de 2-3-2015.

§ 7.º Nos casos em que o motorista tenha que acompanhar o veículo transportado por qualquer meio onde ele siga embarcado e em que o veículo disponha de cabine leito ou a embarcação disponha de alojamento para gozo do intervalo de repouso diário previsto no § 3.º do art. 235-C, esse tempo será considerado como tempo de descanso.

•• § 7.º acrescentado pela Lei n. 13.103, de 2-3-2015.

§ 8.º Para o transporte de cargas vivas, perecíveis e especiais em longa distância ou em território estrangeiro poderão ser aplicadas regras conforme a especificidade da operação de transporte realizada, cujas condições de trabalho serão fixadas em convenção ou acordo coletivo de modo a assegurar as adequadas condições de viagem e entrega ao destino final.

•• § 8.º acrescentado pela Lei n. 13.103, de 2-3-2015.

Art. 235-E. Para o transporte de passageiros, serão observados os seguintes dispositivos:

•• *Caput* com redação determinada pela Lei n. 13.103, de 2-3-2015.

I – é facultado o fracionamento do intervalo de condução do veículo previsto na Lei n. 9.503, de 23 de setembro de 1997 – Código de Trânsito Brasileiro, em períodos de no mínimo 5 (cinco) minutos;

•• Inciso I acrescentado pela Lei n. 13.103, de 2-3-2015.

II – será assegurado ao motorista intervalo mínimo de 1 (uma) hora para refeição, podendo ser fracionado em 2 (dois) períodos e coincidir com o tempo de parada obrigatória na condução do veículo estabelecido pela Lei n. 9.503, de 23 de setembro de 1997 – Código de Trânsito Brasileiro, exceto quando se tratar do motorista profissional enquadrado no § 5.º do art. 71 desta Consolidação;

•• Inciso II acrescentado pela Lei n. 13.103, de 2-3-2015.

III – nos casos em que o empregador adotar 2 (dois) motoristas no curso da mesma viagem, o descanso poderá ser feito com o veículo em movimento, respeitando-se os horários de jornada de trabalho, assegurado, após 72 (setenta e duas) horas, o repouso em alojamento externo ou, se em poltrona correspondente ao serviço de leito, com o veículo estacionado.

•• Inciso III acrescentado pela Lei n. 13.103, de 2-3-2015.

§ 1.º (*Revogado pela Lei n. 13.103, de 2-3-2015.*)

§ 2.º (*Vetado.*)

•• § 2.º acrescentado pela Lei n. 12.619, de 30-4-2012.

§§ 3.º a 7.º (*Revogados pela Lei n. 13.103, de 2-3-2015.*)

•• Vide art. 9.º, XXIV, da Instrução Normativa n. 144, de 18-5-2018.

§ 8.º (*Vetado.*)

•• § 8.º acrescentado pela Lei n. 12.619, de 30-4-2012.

§§ 9.º a 12. (*Revogados pela Lei n. 13.103, de 2-3-2015.*)

Art. 235-F. Convenção e acordo coletivo poderão prever jornada especial de 12 (doze) horas de trabalho por 36 (trinta e seis) horas de descanso para o trabalho do motorista profissional empregado em regime de compensação.

•• Artigo com redação determinada pela Lei n. 13.103, de 2-3-2015.

Art. 235-G. É permitida a remuneração do motorista em função da distância percorrida, do tempo de viagem ou da natureza e quantidade de produtos transportados, inclusive mediante oferta de comissão ou qualquer outro tipo de vantagem, desde que essa remuneração ou comissionamento não comprometa a segurança da rodovia e da coletividade ou possibilite a violação das normas previstas nesta Lei.

•• Artigo com redação determinada pela Lei n. 13.103, de 2-3-2015.

Art. 235-H. (*Revogado pela Lei n. 13.103, de 2-3-2015.*)

SEÇÃO V
Do Serviço Ferroviário

Art. 236. No serviço ferroviário – considerado este o de transporte em estradas de ferro abertas ao tráfego público, compreendendo a administração, construção, conservação e remoção das vias férreas e seus edifícios, obras de arte, material rodante, instalações complementares e acessórias, bem como o serviço do tráfego, de telegrafia, tele-

fonia e funcionamento de todas as instalações ferroviárias – aplicam-se os preceitos especiais constantes desta Seção

Art. 237. O pessoal a que se refere o artigo antecedente fica dividido nas seguintes categorias:

a) funcionários de alta administração, chefes e ajudantes de departamentos e seções, engenheiros residentes, chefes de depósitos, inspetores e demais empregados que exercem funções administrativas ou fiscalizadoras;

b) pessoal que trabalhe em lugares ou trechos determinados e cujas tarefas requeiram atenção constante; pessoal de escritório, turmas de conservação e construção da via permanente, oficinas e estações principais, inclusive os respectivos telegrafistas; pessoal de tração, lastro e revistadores;

c) das equipagens de trens em geral;

d) pessoal cujo serviço é de natureza intermitente ou de pouca intensidade, embora com permanência prolongada nos locais de trabalho; vigias e pessoal das estações do interior, inclusive os respectivos telegrafistas.

Art. 238. Será computado como de trabalho efetivo todo o tempo em que o empregado estiver à disposição da Estrada.

•• *Caput* com redação primitiva restaurada pelo art. 36 do Decreto-lei n. 5, de 4-4-1966.

§ 1.º Nos serviços efetuados pelo pessoal da categoria *c*, não será considerado como de trabalho efetivo o tempo gasto em viagens do local ou para o local de terminação e início dos mesmos serviços.

•• § 1.º com redação primitiva restaurada pelo art. 36 do Decreto-lei n. 5, de 4-4-1966.

§ 2.º Ao pessoal removido ou comissionado fora da sede será contado como de trabalho normal e efetivo o tempo gasto em viagens, sem direito à percepção de horas extraordinárias.

•• § 2.º com redação primitiva restaurada pelo art. 36 do Decreto-lei n. 5, de 4-4-1966.

§ 3.º No caso das turmas de conservação da via permanente, o tempo efetivo do trabalho será contado desde a hora da saída da casa da turma até a hora em que cessar o serviço em qualquer ponto compreendido dentro dos limites da respectiva turma. Quando o empregado trabalhar fora dos limites da sua turma, ser-lhe-á também computado como de trabalho efetivo o tempo gasto no percurso da volta a esses limites.

•• § 3.º com redação primitiva restaurada pelo art. 36 do Decreto-lei n. 5, de 4-4-1966.

§ 4.º Para o pessoal da equipagem de trens, só será considerado esse trabalho efetivo, depois de chegado ao destino, o tempo em que o ferroviário estiver ocupado ou retido à disposição da Estrada. Quando, entre dois períodos de trabalho, não mediar intervalo superior a 1 (uma) hora, será esse intervalo computado como de trabalho efetivo.

•• § 4.º com redação primitiva restaurada pelo art. 36 do Decreto-lei n. 5, de 4-4-1966.

§ 5.º O tempo concedido para refeição não se computa como de trabalho efetivo, senão para o pessoal da categoria *c*, quando as refeições forem tomadas em viagem ou nas estações durante as paradas. Esse tempo não será inferior a 1 (uma) hora, exceto para o pessoal da referida categoria em serviço de trens.

•• § 5.º com redação primitiva restaurada pelo art. 36 do Decreto-lei n. 5, de 4-4-1966.

§ 6.º No trabalho das turmas encarregadas da conservação de obras de arte, linhas telegráficas ou telefônicas e edifícios, não será contado como de trabalho efetivo o tempo de viagem para o local do serviço, sempre que não exceder de 1 (uma) hora, seja para ida ou para volta, e a Estrada fornecer os meios de locomoção, computando-se sempre o tempo excedente a esse limite.

•• § 6.º com redação primitiva restaurada pelo art. 36 do Decreto-lei n. 5, de 4-4-1966.

Art. 239. Para o pessoal da categoria *c*, a prorrogação do trabalho independe de acordo ou contrato coletivo, não podendo, entretanto, exceder de 12 (doze) horas, pelo que as empresas organizarão, sempre que possível, os serviços de equipagens de trens com destacamentos nos trechos das linhas de modo a ser observada a duração normal de 8 (oito) horas de trabalho.

§ 1.º Para o pessoal sujeito ao regime do presente artigo, depois de cada jornada de trabalho haverá um repouso de 10 (dez) horas contínuas, no mínimo, observando-se, outrossim, o descanso semanal.

§ 2.º Para o pessoal da equipagem de trens, a que se refere o presente artigo, quando a empresa não fornecer alimentação, em viagem, e hospedagem, no destino, concederá uma ajuda de custo para atender a tais despesas.

§ 3.º As escalas do pessoal abrangido pelo presente artigo serão organizadas de modo que não caiba a qualquer empregado, quinzenalmente, um total de horas de serviço noturno superior às de serviço diurno.

§ 4.º Os períodos de trabalho do pessoal a que alude o presente artigo serão registrados em cadernetas especiais, que ficarão sempre em poder do empregado, de acordo com o modelo aprovado pelo Ministro do Trabalho e Previdência Social.

•• Sobre Ministérios, *vide* Nota dos Organizadores.

• A Portaria n. 556, de 16-4-2003, do MTE, faculta a adoção de sistema eletrônico para o controle de jornada do pessoal pertencente à categoria "C", a que se refere este artigo.

Art. 240. Nos casos de urgência ou de acidente, capazes de afetar a segurança ou regularidade do serviço, poderá a duração do trabalho ser excepcionalmente elevada a qualquer número de horas, incumbindo à Estrada zelar pela incolumidade dos seus empregados e pela possibilidade de revezamento de turmas, assegurando ao pessoal um repouso correspondente e comunicando a ocorrência ao Ministério do Trabalho e Previdência Social, dentro de 10 (dez) dias da sua verificação.

•• Sobre Ministérios, *vide* Nota dos Organizadores.

• *Vide* notas ao art. 239, § 4.º, da CLT.

Parágrafo único. Nos casos previstos neste artigo, a recusa, sem causa justificada, por parte de qualquer empregado, à execução de serviço extraordinário será considerada falta grave.

Art. 241. As horas excedentes das do horário normal de 8 (oito) horas serão pagas como serviço extraordinário na seguinte base: as 2 (duas) primeiras com o acréscimo de 25% (vinte e cinco por cento) sobre o salário-hora normal, as 2 (duas) subsequentes com um adicional de 50% (cinquenta por cento) e as restantes com um adicional de 75% (setenta e cinco por cento).

Art. 7.º, XVI, da CF: São direitos dos trabalhadores urbanos e rurais, além de outros que visem à melhoria de sua condição social: (...) XVI - remuneração do serviço extraordinário superior, no mínimo, em cinquenta por cento à do normal.

Parágrafo único. Para o pessoal da categoria *c*, a primeira hora será majorada de 25% (vinte e cinco por cento), a segunda hora será paga com o acréscimo de 50% (cinquenta por cento) e as 2 (duas) subsequentes com o de 60% (sessenta por cento), salvo caso de negligência comprovada.

•• *Vide* nota ao *caput* deste artigo.

Art. 242. As frações de meia hora superiores a 10 (dez) minutos serão computadas como meia hora.

Art. 243. Para os empregados de estações do interior, cujo serviço for de natureza intermitente ou de pouca intensidade, não se aplicam os preceitos gerais sobre duração do trabalho, sendo-lhes, entretanto, assegurado o repouso contínuo de 10 (dez) horas, no mínimo, entre 2 (dois) períodos de trabalho e descanso semanal.

Súmula 61/TST: Ferroviário. Aos ferroviários que trabalham em estação do interior, assim classificada por autoridade competente, não são devidas horas extras (art. 243 da CLT).

Súmula 67/TST: Gratificação. Ferroviário. Chefe de trem, regido pelo estatuto dos ferroviários (Decreto n. 35.530, de 19-9-1959), não tem direito à gratificação prevista no respectivo art. 110.

Art. 244. As estradas de ferro poderão ter empregados extranumerários, de sobreaviso e de prontidão, para executarem serviços imprevistos ou para substituições de outros empregados que faltem à escala organizada.

•• *Caput* revogado pela Lei n. 3.970, de 13-10-1961, e restaurado pelo art. 36 do Decreto-lei n. 5, de 4-4-1966.

Súmula 61/TST: Ferroviário. Aos ferroviários que trabalham em estação do interior, assim classificada por autoridade competente, não são devidas horas extras (art. 243 da CLT).

§ 1.º Considera-se "extranumerário" o empregado não efetivo, candidato à efetivação, que se apresentar normalmente ao serviço, embora

só trabalhe quando for necessário. O extranumerário só receberá os dias de trabalho efetivo.

•• § 1.º revogado pela Lei n. 3.970, de 13-10-1961, e restaurado pelo art. 36 do Decreto-lei n. 5, de 4-4-1966.

§ 2.º Considera-se de "sobreaviso" o empregado efetivo, que permanecer em sua própria casa, aguardando a qualquer momento o chamado para o serviço. Cada escala de "sobreaviso" será, no máximo, de 24 (vinte e quatro) horas. As horas de "sobreaviso", para todos os efeitos, serão contadas à razão de 1/3 (um terço) do salário normal.

•• § 2.º com redação determinada pelo Decreto-lei n. 6.353, de 20-3-1944, que foi revogado pela Lei n. 3.970, de 13-10-1961, e restaurada pelo art. 36 do Decreto-lei n. 5, de 4-4-1966.

Súmula 132/TST: Adicional de periculosidade. Integração. I – O adicional de periculosidade, pago em caráter permanente, integra o cálculo de indenização e de horas extras. II – Durante as horas de sobreaviso, o empregado não se encontra em condições de risco, razão pela qual é incabível a integração do adicional de periculosidade sobre as mencionadas horas.

Súmula 229/TST: Sobreaviso. Eletricitários. Por aplicação analógica do art. 244, § 2.º, da CLT, as horas de sobreaviso dos eletricitários são remuneradas à base de 1/3 sobre a totalidade das parcelas de natureza salarial.

Súmula 428/TST: Sobreaviso. Aplicação analógica do art. 244, § 2.º, da CLT. I – O uso de instrumentos telemáticos ou informatizados fornecidos pela empresa ao empregado, por si só, não caracteriza o regime de sobreaviso. II – Considera-se em sobreaviso o empregado que, à distância e submetido a controle patronal por instrumentos telemáticos ou informatizados, permanecer em regime de plantão ou equivalente, aguardando a qualquer momento o chamado para o serviço durante o período de descanso.

§ 3.º Considera-se de "prontidão" o empregado que ficar nas dependências da Estrada, aguardando ordens. A escala de prontidão será, no máximo, de 12 (doze) horas. As horas de prontidão serão, para todos os efeitos, contadas à razão de 2/3 (dois terços) do salário-hora normal.

•• § 3.º com redação primitiva restaurada pelo art. 36 do Decreto-lei n. 5, de 4-4-1966.

§ 4.º Quando, no estabelecimento ou dependência em que se achar o empregado, houver facilidade de alimentação, as 12 (doze) horas de prontidão, a que se refere o parágrafo anterior, poderão ser contínuas. Quando não existir essa facilidade, depois de 6 (seis) horas de prontidão, haverá sempre um intervalo de 1 (uma) hora para cada refeição, que não será, nesse caso, computada como de serviço.

•• § 4.º com redação primitiva restaurada pelo art. 36 do Decreto-lei n. 5, de 4-4-1966.

Art. 245. O horário normal de trabalho dos cabineiros nas estações de tráfego intenso não excederá de 8 (oito) horas e deverá ser dividido em 2 (dois) turnos com intervalo não inferior a 1 (uma) hora de repouso, não podendo nenhum turno ter duração superior a 5 (cinco) horas, com um período de descanso entre 2 (duas) jornadas de trabalho de 14 (quatorze) horas consecutivas.

Art. 246. O horário de trabalho dos operadores telegrafistas nas estações de tráfego intenso não excederá de 6 (seis) horas diárias.

Art. 247. As estações principais, estações de tráfego intenso e estações do interior serão classificadas para cada empresa pelo Departamento Nacional de Estradas de Ferro.

SEÇÃO VI
Das Equipagens das Embarcações da Marinha Mercante Nacional, de Navegação Fluvial e Lacustre, do Tráfego nos Portos e da Pesca

Art. 248. Entre as horas zero e 24 (vinte e quatro) de cada dia civil, o tripulante poderá ser conservado em seu posto durante 8 (oito) horas, quer de modo contínuo, quer de modo intermitente.

§ 1.º A exigência do serviço contínuo ou intermitente ficará a critério do comandante e, neste último caso, nunca por período menor que 1 (uma) hora.

§ 2.º Os serviços de quarto nas máquinas, passadiço, vigilância e outros que, consoante parecer médico, possam prejudicar a saúde do tripulante serão executados por períodos não maiores e com intervalos não menores de 4 (quatro) horas.

Art. 249. Todo o tempo de serviço efetivo, excedente de 8 (oito) horas, ocupado na forma do artigo anterior, será considerado de trabalho extraordinário, sujeito à compensação a que se refere o art. 250, exceto se se tratar de trabalho executado:

Art. 7.º, XVI, da CF: São direitos dos trabalhadores urbanos e rurais, além de outros que visem à melhoria de sua condição social: (...) XVI - remuneração do serviço extraordinário superior, no mínimo, em cinquenta por cento à do normal.

a) em virtude de responsabilidade pessoal do tripulante e no desempenho de funções de direção, sendo consideradas como tais todas aquelas que a bordo se achem constituídas em um único indivíduo com responsabilidade exclusiva e pessoal;

b) na iminência de perigo, para salvaguarda ou defesa da embarcação, dos passageiros, ou da carga, a juízo exclusivo do comandante ou do responsável pela segurança a bordo;

c) por motivo de manobras ou fainas gerais que reclamem a presença, em seus postos, de todo o pessoal de bordo;

d) na navegação lacustre e fluvial, quando se destina ao abastecimento do navio ou embarcação de combustível e rancho, ou por efeito das contingências da natureza da navegação, na transposição de passos ou pontos difíceis, inclusive operações de alívio ou transbordo de carga, para obtenção de calado menor para essa transposição.

§ 1.º O trabalho executado aos domingos e feriados será considerado extraordinário, salvo se se destinar:

a) ao serviço de quartos e vigilância, movimentação das máquinas e aparelhos de bordo, limpeza e higiene da embarcação, preparo de alimentação da equipagem e dos passageiros, serviço pessoal destes e, bem assim, aos socorros de urgência ao navio ou ao pessoal;

b) ao fim da navegação ou das manobras para a entrada ou saída de portos, atracação, desatracação, embarque ou desembarque de carga e passageiros.

§ 2.º Não excederá de 30 (trinta) horas semanais o serviço extraordinário prestado para o tráfego nos portos.

Art. 250. As horas de trabalho extraordinário serão compensadas, segundo a conveniência do serviço, por descanso em período equivalente no dia seguinte ou no subsequente dentro das do trabalho normal, ou no fim da viagem, ou pelo pagamento do salário correspondente.

Parágrafo único. As horas extraordinárias de trabalho são indivisíveis, computando-se a fração de hora como hora inteira.

Art. 251. Em cada embarcação haverá um livro em que serão anotadas as horas extraordinárias de trabalho de cada tripulante, e outro, do qual constarão, devidamente circunstanciadas, as transgressões dos mesmos tripulantes.

Parágrafo único. Os livros de que trata este artigo obedecerão a modelos organizados pelo Ministério do Trabalho e Previdência Social, serão escriturados em dia pelo comandante da embarcação e ficam sujeitos às formalidades instituídas para os livros de registro de empregados em geral.

•• Sobre Ministérios, vide Nota dos Organizadores.
• Vide nota ao art. 239, § 4.º, da CLT.

Art. 252. Qualquer tripulante que se julgue prejudicado por ordem emanada de superior hierárquico poderá interpor recurso, em termos, perante a Delegacia do Trabalho Marítimo, por intermédio do respectivo comandante, o qual deverá encaminhá-lo com a respectiva informação dentro de 5 (cinco) dias, contados de sua chegada ao porto.

Súmula 96/TST: Marítimo. A permanência do tripulante a bordo do navio, no período de repouso, além da jornada, não importa presunção de que esteja à disposição do empregador ou em regime de prorrogação de horário, circunstâncias que devem resultar provadas, dada a natureza do serviço.

SEÇÃO VII
Dos Serviços Frigoríficos

Art. 253. Para os empregados que trabalham no interior das câmaras frigoríficas e para os que movimentam mercadorias do ambiente quen-

te ou normal para o frio e vice-versa, depois de 1 (uma) hora e 40 (quarenta) minutos de trabalho contínuo, será assegurado um período de 20 (vinte) minutos de repouso, computado esse intervalo como de trabalho efetivo.

Parágrafo único. Considera-se artificialmente frio, para os fins do presente artigo, o que for inferior, nas primeira, segunda e terceira zonas climáticas do mapa oficial do Ministério do Trabalho e Previdência Social, a 15.º (quinze graus), na quarta zona a 12.º (doze graus), e nas quinta, sexta e sétima zonas a 10.º (dez graus).

•• Sobre Ministérios, *vide* Nota dos Organizadores.

Portaria n. 21/94, do MTE, arts. 1.º e 2.º: O mapa oficial do Ministério do Trabalho, a que se refere o art. 253 da CLT, a ser considerado, é o mapa "Brasil Climas" - da Fundação Instituto Brasileiro de Geografia e Estatística – IBGE da SEPLAN, publicado no ano de 1978 e que define as zonas climáticas brasileiras de acordo com a temperatura média anual, a média anual de meses secos e o tipo de vegetação natural. Art. 2.º Para atender ao disposto no parágrafo único do art. 253 da CLT, define-se como primeira, segunda e terceira zonas climáticas do mapa oficial do MTb, a zona climática quente, a quarta zona, como a zona climática subquente, e a quinta, sexta e sétima zonas, como a zona climática mesotérmica (branda ou mediana) do mapa referido no art. 1.º desta Portaria.

Súmula 438/TST: Intervalo para recuperação térmica do empregado. Ambiente artificialmente frio. Horas extras. Art. 253 da CLT. Aplicação analógica. O empregado submetido a trabalho contínuo em ambiente artificialmente frio, nos termos do parágrafo único do art. 253 da CLT, ainda que não labore em câmara frigorífica, tem direito ao intervalo intrajornada previsto no *caput* do art. 253 da CLT.

• *Vide* nota ao art. 239, § 4.º, da CLT.

SEÇÃO VIII
Dos Serviços de Estiva

Arts. 254 a 284. (*Revogados pela Lei n. 8.630, de 25-2-1993.*)

SEÇÃO IX
Dos Serviços de Capatazias nos Portos

Arts. 285 a 292. (*Revogados pela Lei n. 8.630, de 25-2-1993.*)

SEÇÃO X
Do Trabalho em Minas de Subsolo

Art. 293. A duração normal do trabalho efetivo para os empregados em minas no subsolo não excederá de 6 (seis) horas diárias ou de 36 (trinta e seis) semanais.

Art. 294. O tempo despendido pelo empregado da boca da mina ao local do trabalho e vice-versa será computado para o efeito de pagamento do salário.

Art. 295. A duração normal do trabalho efetivo no subsolo poderá ser elevada até 8 (oito) horas diárias ou 48 (quarenta e oito) semanais, mediante acordo escrito entre empregado e empregador ou contrato coletivo de trabalho, sujeita essa prorrogação à prévia licença da autoridade competente em matéria de higiene do trabalho.

Art. 7.º, XIII, da CF: São direitos dos trabalhadores urbanos e rurais, além de outros que visem à melhoria de sua condição social: (...) XIII – duração do trabalho normal não superior a oito horas diárias e quarenta e quatro semanais, facultada a compensação de horários e a redução da jornada, mediante acordo ou convenção coletiva de trabalho.

Parágrafo único. A duração normal do trabalho efetivo no subsolo poderá ser inferior a 6 (seis) horas diárias, por determinação da autoridade de que trata este artigo, tendo em vista condições locais de insalubridade e os métodos e processos do trabalho adotado.

Art. 296. A remuneração da hora prorrogada será no mínimo 25% superior à da hora normal e deverá constar do acordo ou contrato coletivo de trabalho.

Art. 7.º, XVI, da CF: São direitos dos trabalhadores urbanos e rurais, além de outros que visem à melhoria de sua condição social: (...) XVI – remuneração do serviço extraordinário superior, no mínimo, em cinquenta por cento à do normal.

Art. 297. Ao empregado no subsolo será fornecida, pelas empresas exploradoras de minas, alimentação adequada à natureza do trabalho, de acordo com as instruções estabelecidas pelo Serviço de Alimentação da Previdência Social e aprovadas pelo Ministério do Trabalho e Previdência Social.

•• Serviço de Alimentação da Previdência Social: atualmente Departamento de Segurança e Saúde no Trabalho (Secretaria de Inspeção do Trabalho).
•• Sobre Ministérios, *vide* Nota dos Organizadores.
• *Vide* nota ao art. 239, § 4.º, da CLT.

Art. 298. Em cada período de 3 (três) horas consecutivas de trabalho, será obrigatória uma pausa de 15 (quinze) minutos para repouso, a qual será computada na duração normal de trabalho efetivo.

Art. 299. Quando nos trabalhos de subsolo ocorrerem acontecimentos que possam comprometer a vida ou saúde do empregado, deverá a empresa comunicar o fato imediatamente à autoridade Regional do Trabalho, do Ministério do Trabalho e Previdência Social.

•• Sobre Ministérios, *vide* Nota dos Organizadores.
• *Vide* nota ao art. 239, § 4.º, da CLT.

Art. 300. Sempre que, por motivo de saúde, for necessária a transferência do empregado, a juízo da autoridade competente em matéria de segurança e medicina do trabalho, dos serviços no subsolo para os de superfície, é a empresa obrigada a realizar essa transferência, assegurando ao transferido a remuneração atribuída ao trabalhador de superfície em serviço equivalente, respeitada a capacidade profissional do interessado.

•• *Caput* com redação determinada pela Lei n. 2.924, de 21-10-1956.

Parágrafo único. No caso de recusa do empregado em atender a essa transferência, será ouvida a autoridade competente em matéria de segurança e medicina do trabalho, que decidirá a respeito.

•• Parágrafo único com redação determinada pela Lei n. 2.924, de 21-10-1956.

Art. 301. O trabalho no subsolo somente será permitido a homens, com idade compreendida entre 21 (vinte e um) e 50 (cinquenta) anos, assegurada a transferência para a superfície nos termos previstos no artigo anterior.

Art. 7.º, XXX, da CF: São direitos dos trabalhadores urbanos e rurais, além de outros que visem à melhoria de sua condição social: (...) XXX – proibição de diferença de salários, de exercício de funções e de critério de admissão por motivo de sexo, idade, cor ou estado civil.

Art. 922 da CLT: O disposto no art. 301 regerá somente as relações de emprego iniciadas depois da vigência desta Consolidação.

SEÇÃO XI
Dos Jornalistas Profissionais

• Sobre o exercício da profissão de jornalista: Decreto-lei n. 972, de 17-10-1969, regulamentado pelo Decreto n. 83.284, de 13-3-1979.

Art. 302. Os dispositivos da presente Seção se aplicam aos que nas empresas jornalísticas prestem serviços como jornalistas, revisores, fotógrafos, ou na ilustração, com as exceções nela previstas.

§ 1.º Entende-se como jornalista o trabalhador intelectual cuja função se estende desde a busca de informações até a redação de notícias e artigos e a organização, orientação e direção desse trabalho.

§ 2.º Consideram-se empresas jornalísticas, para os fins desta Seção, aquelas que têm a seu cargo a edição de jornais, revistas, boletins e periódicos, ou a distribuição de noticiário, e, ainda, a radiodifusão em suas seções destinadas à transmissão de notícias e comentários.

Art. 5.º, IX e XIV, da CF: Todos são iguais perante a lei, sem distinção de qualquer natureza, garantindo-se aos brasileiros e aos estrangeiros residentes no País a inviolabilidade do direito à vida, à liberdade, à igualdade, à segurança e à propriedade, nos termos seguintes: (...) IX – é livre a expressão da atividade intelectual, artística, científica e de comunicação, independentemente de censura ou licença; (...) XIV - é assegurado a todos o acesso à informação e resguardado o sigilo da fonte, quando necessário ao exercício profissional.

Decreto-lei n. 972/69, art. 3.º, *caput*: Considera-se empresa jornalística, para os efeitos deste Decreto-lei, aquela que tenha como atividade a edição de jornal ou revista, ou a distribuição de noticiário, com funcionamento efetivo, idoneidade financeira e registro legal.

Art. 303. A duração normal do trabalho dos empregados compreendidos nesta Seção não deverá exceder de 5 (cinco) horas, tanto de dia como à noite.

Decreto-lei n. 972/69, art. 9.º: O salário de jornalista não poderá ser ajustado nos contratos individuais de trabalho, para a jornada normal de 5 (cinco) horas, em base inferior à do salário estipulado, para a respectiva função, em acordo ou convenção coletiva de trabalho, ou sentença normativa da Justiça do Trabalho. Parágrafo único. Em negociação ou dissídio coletivos poderão os sindicatos de jornalistas reclamar o estabelecimento de critérios de remuneração adicional pela divulgação de trabalho produzido por jornalista, em mais de um veículo de comunicação coletiva.

OJ 407 da SDI-1: Jornalista. Empresa não Jornalística. Jornada de Trabalho Reduzida. Arts. 302 e 303 da CLT. O jornalista que exerce funções típicas de sua profissão, independentemente do ramo de atividade do empregador, tem direito à jornada reduzida prevista no art. 303 da CLT.

Art. 304. Poderá a duração normal do trabalho ser elevada a 7 (sete) horas, mediante acordo escrito, em que se estipule aumento de ordenado, correspondente ao excesso do tempo de trabalho, e em que se fixe um intervalo destinado a repouso ou a refeição.

Parágrafo único. Para atender a motivos de força maior, poderá o empregado prestar serviços por mais tempo do que aquele permitido nesta Seção. Em tais casos, porém, o excesso deve ser comunicado à Divisão de Fiscalização do Departamento Nacional do Trabalho ou às Delegacias Regionais, do Ministério do Trabalho e Previdência Social, dentro de 5 (cinco) dias, com a indicação expressa dos seus motivos.

•• Sobre Ministérios, *vide* Nota dos Organizadores.
• *Vide* nota ao art. 239, § 4.º, da CLT.

Art. 305. As horas de serviço extraordinário, quer as prestadas em virtude de acordo, quer as que derivam das causas previstas no parágrafo único do artigo anterior, não poderão ser remuneradas com quantia inferior à que resulta do quociente da divisão da importância do salário mensal por 150 (cento e cinquenta) para os mensalistas, e do salário diário por 5 (cinco) para os diaristas, acrescido de, pelo menos, 25% (vinte e cinco por cento).

Art. 7.º, XVI, da CF: São direitos dos trabalhadores urbanos e rurais, além de outros que visem à melhoria de sua condição social: (...) XVI - remuneração do serviço extraordinário superior, no mínimo, em cinquenta por cento à do normal.

Art. 306. Os dispositivos dos arts. 303, 304 e 305 não se aplicam àqueles que exercem as funções de redator-chefe, secretário, subsecretário, chefe e subchefe de revisão, chefe de oficina, de ilustração e chefe de portaria.

Parágrafo único. Não se aplicam, do mesmo modo, os artigos acima referidos aos que se ocuparem unicamente em serviços externos.

Art. 307. A cada 6 (seis) dias de trabalho efetivo corresponderá 1 (um) dia de descanso obrigatório, que coincidirá com o domingo, salvo acordo escrito em contrário, no qual será expressamente estipulado o dia em que se deve verificar o descanso.

Art. 7.º, XV, da CF: São direitos dos trabalhadores urbanos e rurais, além de outros que visem à melhoria de sua condição social: (...) XV - repouso semanal remunerado, preferencialmente aos domingos.

Art. 308. Em seguida a cada período diário de trabalho haverá um intervalo mínimo de 10 (dez) horas, destinado ao repouso.

Art. 309. Será computado como de trabalho efetivo o tempo em que o empregado estiver à disposição do empregador.

Art. 4.º, *caput*, da CLT: Considera-se como de serviço efetivo o período em que o empregado esteja à disposição do empregador, aguardando ou executando ordens, salvo disposição especial expressamente consignada.

Art. 310. (*Revogado pelo Decreto-lei n. 972, de 17-10-1969.*)

Art. 311. Para o registro de que trata o artigo anterior, deve o requerente exibir os seguintes documentos:
a) prova de nacionalidade brasileira;
b) folha corrida;
c) (*Suprimida pelo Decreto-lei n. 8.305, de 6-12-1945.*)
d) carteira de trabalho e previdência social.

§ 1.º Aos profissionais devidamente registrados será feita a necessária declaração na carteira de trabalho e previdência social.

§ 2.º Aos novos empregados será concedido o prazo de 60 dias para a apresentação da carteira de trabalho e previdência social, fazendo-se o registro condicionado a essa apresentação e expedindo-se um certificado provisório para aquele período.

Art. 312. O registro dos diretores-proprietários de jornais será feito, no Distrito Federal e nos Estados, e independentemente da exigência constante do art. 311, letra *d*, da presente seção.

§ 1.º A prova de profissão, apresentada pelo diretor-proprietário juntamente com os demais documentos exigidos, consistirá em uma certidão, fornecida nos Estados e Território do Acre, pelas Juntas Comerciais ou Cartórios, e, no Distrito Federal, pela seção competente do Departamento Nacional de Indústria e Comércio, do Ministério do Trabalho, Indústria e Comércio.

§ 2.º Aos diretores-proprietários regularmente inscritos será fornecido um certificado do qual deverão constar o livro e a folha em que houver sido feito o registro.

Art. 313. Aqueles que, sem caráter profissional, exercerem atividades jornalísticas, visando fins culturais, científicos ou religiosos, poderão promover sua inscrição como jornalistas, na forma desta seção.

§ 1.º As repartições competentes do Ministério do Trabalho, Indústria e Comércio manterão, para os fins do artigo anterior, um registro especial, anexo ao dos jornalistas profissionais, nele inscrevendo os que satisfaçam os requisitos das alíneas *a*, *b* e *c* do art. 311 e apresentem prova do exercício de atividade jornalística não profissional, o que poderá ser feito por meio de atestado de associação cultural, científica ou religiosa idônea.

§ 2.º O pedido de registro será submetido a despacho do ministro que, em cada caso, apreciará o valor da prova oferecida.

§ 3.º O registro de que trata o presente artigo tem caráter puramente declaratório e não implica no reconhecimento de direitos que decorrem do exercício remunerado e profissional do jornalismo.

Art. 314. (*Revogado pelo Decreto-lei n. 972, de 17-10-1969.*)

Art. 315. O Governo Federal, de acordo com os governos estaduais, promoverá a criação de escolas de preparação ao jornalismo, destinadas à formação dos profissionais da imprensa.

Art. 316. A empresa jornalística que deixar de pagar pontualmente, e na forma acordada, os salários devidos a seus empregados, terá suspenso o seu funcionamento, até que se efetue o pagamento devido.

•• Entendemos prejudicado o disposto neste artigo pelo Decreto-lei n. 368, de 19-12-1968, que dispõe sobre efeitos de débitos salariais.

Parágrafo único. Para os efeitos do cumprimento deste artigo deverão os prejudicados reclamar contra a falta de pagamento perante a autoridade competente e, proferida a condenação, desde que a empresa não a cumpra, ou, em caso de recurso, não deposite o valor da indenização, a autoridade que proferir a condenação oficiará à autoridade competente, para a suspensão da circulação do jornal.

Em igual pena de suspensão incorrerá a empresa que deixar de recolher as contribuições devidas às instituições de previdência social.

SEÇÃO XII
Dos Professores

Art. 201, §§ 7.º e 8.º, da CF: É assegurada aposentadoria no regime geral de previdência social, nos termos da lei, obedecidas as seguintes condições: I - 35 (trinta e cinco) anos de contribuição, se homem, e 30 (trinta) anos de contribuição, se mulher; II - 65 (sessenta e cinco) anos de idade, se homem, e 60 (sessenta) anos de idade, se mulher, reduzido em 5 (cinco) anos o limite para os trabalhadores rurais de ambos os sexos e para os que exerçam suas atividades em regime de economia familiar, nestes incluídos o produtor rural, o garimpeiro e o pescador artesanal. § 8.º Os requisitos a que se refere o inciso I do parágrafo anterior serão reduzidos em 5 (cinco) anos, para o professor que comprove exclusivamente tempo de efetivo exercício das funções de magistério na educação infantil e no ensino fundamental e médio.

Art. 317. O exercício remunerado do magistério, em estabelecimentos particulares de ensino, exigirá apenas habilitação legal e registro no Ministério da Educação.

•• Artigo com redação determinada pela Lei n. 7.855, de 24-10-1989.
•• Sobre Ministérios, *vide* Nota dos Organizadores.

Art. 318. O professor poderá lecionar em um mesmo estabelecimento por mais de um turno, desde que não ultrapasse a jornada de trabalho semanal estabelecida legalmente, assegurado e não computado o intervalo para refeição.

•• Artigo com redação determinada pela Lei n. 13.415, de 16-2-2017.

> **OJ 393 da SDI-1: Professor. Jornada de trabalho especial. Art. 318 da CLT. Salário mínimo. Proporcionalidade.** A contraprestação mensal devida ao professor, que trabalha no limite máximo da jornada prevista no art. 318 da CLT, é de um salário mínimo integral, não se cogitando do pagamento proporcional em relação à jornada prevista no art. 7.º, XIII, da Constituição Federal.

Art. 319. Aos professores é vedado, aos domingos, a regência de aulas e o trabalho em exames.

Art. 320. A remuneração dos professores será fixada pelo número de aulas semanais, na conformidade dos horários.

> **Súmula 351/TST: Professor. Repouso semanal remunerado. Art. 7.º, § 2.º, da Lei n. 605, de 5 de janeiro de 1949, e art. 320 da CLT.** O professor que recebe salário mensal à base de hora-aula tem direito ao acréscimo de 1/6 a título de repouso semanal remunerado, considerando-se para esse fim o mês de quatro semanas e meia.

§ 1.º O pagamento far-se-á mensalmente, considerando-se para este efeito cada mês constituído de quatro semanas e meia.

§ 2.º Vencido cada mês, será descontada, na remuneração dos professores, a importância correspondente ao número de aulas a que tiverem faltado.

§ 3.º Não serão descontadas, no decurso de 9 (nove) dias, as faltas verificadas por motivo de gala ou de luto em consequência de falecimento do cônjuge, do pai ou mãe, ou de filho.

Art. 321. Sempre que o estabelecimento de ensino tiver necessidade de aumentar o número de aulas marcado nos horários, remunerará o professor, findo cada mês, com uma importância correspondente ao número de aulas excedentes.

Art. 322. No período de exames e no de férias escolares, é assegurado aos professores o pagamento, na mesma periodicidade contratual, da remuneração por eles percebida, na conformidade dos horários, durante o período de aulas.

•• *Caput* com redação determinada pela Lei n. 9.013, de 30-3-1995.

> **Súmula 10/TST: Professor. Dispensa sem justa causa. Término do ano letivo ou no curso de férias escolares. Aviso prévio.** O direito aos salários do período de férias escolares assegurado aos professores (art. 322, *caput* e § 3.º, da CLT) não exclui o direito ao aviso prévio, na hipótese de dispensa sem justa causa ao término do ano letivo ou no curso das férias escolares.

§ 1.º Não se exigirá dos professores, no período de exames, a prestação de mais de 8 (oito) horas de trabalho diário, salvo mediante o pagamento complementar de cada hora excedente pelo preço correspondente ao de uma aula.

§ 2.º No período de férias, não se poderá exigir dos professores outro serviço senão o relacionado com a realização de exames.

§ 3.º Na hipótese de dispensa sem justa causa, ao término do ano letivo ou no curso das férias escolares, é assegurado ao professor o pagamento a que se refere o *caput* deste artigo.

•• § 3.º acrescentado pela Lei n. 9.013, de 30-3-1995.

Art. 323. Não será permitido o funcionamento do estabelecimento particular de ensino que não remunere condignamente os seus professores, ou não lhes pague pontualmente a remuneração de cada mês.

Parágrafo único. Compete ao Ministério da Educação e Saúde fixar os critérios para a determinação da condigna remuneração devida aos professores bem como assegurar a execução do preceito estabelecido no presente artigo.

•• Sobre Ministérios, *vide* Nota dos Organizadores.

Art. 324. (*Revogado pela Lei n. 7.855, de 24-10-1989.*)

SEÇÃO XIII
Dos Químicos

•• Corrigida nos termos da Lei n. 2.800, de 18-6-1956. O Decreto n. 85.877, de 7-4-1981, estabelece normas para execução desta Lei.

• O Decreto n. 2.657, de 3-7-1998, promulga a Convenção n. 170 da OIT, relativa à segurança na utilização de produtos químicos no trabalho.

Art. 325. É livre o exercício da profissão de químico em todo o território da República, observadas as condições de capacidade técnica e outras exigências previstas na presente Seção:

a) aos possuidores de diploma de químico, químico industrial, químico industrial agrícola ou engenheiro químico, concedido, no Brasil, por escola oficial ou oficialmente reconhecida;

b) aos diplomados em química por instituto estrangeiro de ensino superior, que tenham, de acordo com a lei e a partir de 14 de julho de 1934, revalidado os seus diplomas;

c) aos que, ao tempo da publicação do Decreto n. 24.693, de 12 de julho de 1934, se achavam no exercício efetivo de função pública ou particular, para a qual seja exigida a qualidade de químico, e que tenham requerido o respectivo registro até a extinção do prazo fixado pelo Decreto-lei n. 2.298, de 10 de junho de 1940.

§ 1.º Aos profissionais incluídos na alínea *c* deste artigo, se dará, para os efeitos da presente Seção, a denominação de "licenciados".

§ 2.º O livre exercício da profissão de que trata o presente artigo só é permitido a estrangeiros, quando compreendidos:

a) nas alíneas *a* e *b*, independentemente de revalidação do diploma, se exerciam, legitimamente, na República, a profissão de químico em a data da promulgação da Constituição de 1934;

b) na alínea *b*, se a seu favor militar a existência de reciprocidade internacional, admitida em lei, para o reconhecimento dos respectivos diplomas;

c) na alínea *c*, satisfeitas as condições nela estabelecidas.

§ 3.º O livre exercício da profissão a brasileiros naturalizados está subordinado à prévia prestação do serviço militar, no Brasil.

•• Publicado como § 1.º.

§ 4.º Só aos brasileiros natos é permitida a revalidação dos diplomas de químicos, expedidos por institutos estrangeiros de ensino superior.

•• Publicado como § 2.º.

> **Art. 12, § 2.º, da CF:** A lei não poderá estabelecer distinção entre brasileiros natos e naturalizados, salvo nos casos previstos nesta Constituição.

> **Lei n. 6.192/74, arts. 1.º e 2.º:** Art. 1.º É vedada qualquer distinção entre brasileiros natos e naturalizados. Art. 2.º A condição de brasileiro nato, exigida em leis ou decretos, para qualquer fim, fica modificada para a de brasileiro.

Art. 326. Todo aquele que exercer ou pretender exercer as funções de químico é obrigado ao uso da Carteira de Trabalho e Previdência Social, devendo os profissionais que se encontrarem nas condições das alíneas *a* e *b* do art. 325, registrar os seus diplomas de acordo com a legislação vigente.

•• A CTPS foi instituída pelo Decreto-lei n. 926, de 10-10-1969, em substituição à Carteira Profissional, descrita no texto original da CLT.

§ 1.º A requisição de Carteiras de Trabalho e Previdência Social para uso dos químicos, além do disposto no capítulo "Da Identificação Profissional", somente será processada mediante apresentação dos seguintes documentos que provem:

a) ser o requerente brasileiro, nato ou naturalizado, ou estrangeiro;

•• *Vide* art. 12, § 2.º, da CF.

b) estar, se for brasileiro, de posse dos direitos civis e políticos;

c) ter diploma de químico, químico industrial, químico industrial agrícola ou engenheiro químico, expedido por escola superior oficial ou oficializada;

d) ter, se diplomado no estrangeiro, o respectivo diploma revalidado nos termos da lei;

e) haver, o que for brasileiro naturalizado, prestado serviço militar no Brasil;

f) achar-se o estrangeiro, ao ser promulgada a Constituição de 1934, exercendo legitimamente, na República, a profissão de químico, ou concorrer a seu favor a existência de reciprocidade internacional, admitida em lei, para o reconhecimento dos diplomas dessa especialidade.

•• § 1.º com redação determinada pelo Decreto-lei n. 926, de 10-10-1969.

§ 2.º A requisição de que trata o parágrafo anterior deve ser acompanhada:

a) do diploma devidamente autenticado no caso da alínea *b* do artigo precedente, e com as firmas reconhecidas no país de origem e na Secretaria de Estado das Relações Exteriores, ou da respectiva certidão, bem como do título de revalidação, ou certidão respectiva, de acordo com a legislação em vigor;

b) do certificado ou atestado comprobatório de se achar o requerente na hipótese da alínea *c* do referido artigo, ao tempo da publicação do Decreto n. 24.693, de 12 de julho de 1934, no exercício efetivo de função pública, ou particular, para a qual seja exigida a qualidade de químico, devendo esses documentos ser autenticados pelo Delegado Regional do Trabalho, quando se referirem a requerentes moradores nas capitais dos Estados, ou coletor federal, no caso de residirem os interessados nos municípios do interior;

c) de 3 (três) exemplares de fotografia exigida pelo art. 329 e de 1 (uma) folha com as declarações que devem ser lançadas na Carteira de Trabalho e Previdência Social de conformidade com o disposto nas alíneas do mesmo artigo e seu parágrafo único.

§ 3.º Reconhecida a validade dos documentos apresentados, o Serviço de Identificação Profissional do Departamento Nacional do Trabalho, no Distrito Federal, ou os órgãos regionais do Ministério do Trabalho, Indústria e Comércio, nos Estados e no Território do Acre, registrarão, em livros próprios, os documentos a que se refere a alínea *c* do § 1.º e, juntamente com a Carteira de Trabalho e Previdência Social emitida, os devolverão ao interessado.

•• Entendemos prejudicado o disposto neste § 3.º pela Lei n. 2.800, de 18-6-1956, que cria os Conselhos Federal e Regionais de Química.

Art. 327. Além dos emolumentos fixados no Capítulo "Da Identificação Profissional", o registro do diploma fica sujeito à taxa de Cr$ 30,00 (trinta cruzeiros).

•• Entendemos prejudicado o disposto neste artigo pela Lei n. 2.800, de 18-6-1956, que cria os Conselhos Federal e Regionais de Química.

Art. 328. Só poderão ser admitidos a registro os diplomas, certificados de diplomas, cartas e outros títulos, bem como atestados e certificados que estiverem na devida forma e cujas firmas hajam sido regularmente reconhecidas por tabelião público e, sendo estrangeiros, pela Secretaria do Estado de Relações Exteriores, acompanhados estes últimos da respectiva tradução, feita por intérprete comercial brasileiro.

Parágrafo único. O Departamento Nacional do Trabalho e as Delegacias Regionais do Ministério do Trabalho e Previdência Social, nos Estados, publicarão, periodicamente, a lista dos químicos registrados na forma desta Seção.

•• Entendemos prejudicado o disposto neste parágrafo único pela Lei n. 2.800, de 18-6-1956, que cria os Conselhos Federal e Regionais de Química.

Art. 329. A cada inscrito, e como documento comprobatório do registro, será fornecida pelas Delegacias Regionais do Trabalho, no Distrito Federal, ou pelas Delegacias Regionais, nos Estados e no Território do Acre, uma Carteira de Trabalho e Previdência Social numerada, que, além da fotografia, medindo 3 (três) por 4 (quatro) centímetros, tirada de frente, com a cabeça descoberta, e das impressões do polegar, conterá as declarações seguintes:

•• A Lei n. 2.800, de 18-6-1956, cria os Conselhos Federal e Regionais de Química, e estabelece, em seu art. 15, que todas as atribuições estabelecidas na CLT, referentes ao registro, à fiscalização e à imposição de penalidades, quanto ao exercício da profissão de químico, passam a ser de competência dos Conselhos Regionais de Química.

•• A Lei n. 4.070, de 15-6-1962, eleva o território do Acre à categoria de Estado.

a) o nome por extenso;

b) a nacionalidade e, se estrangeiro, a circunstância de ser ou não naturalizado;

c) a data e lugar do nascimento;

d) a denominação da escola em que houver feito o curso;

e) a data da expedição do diploma e o número do registro no Ministério do Trabalho, Indústria e Comércio;

•• A Lei n. 2.800, de 18-6-1956, cria os Conselhos Federal e Regionais de Química, e estabelece, em seu art. 15, que todas as atribuições estabelecidas na CLT, referentes ao registro, à fiscalização e à imposição de penalidades, quanto ao exercício da profissão de químico, passam a ser de competência dos Conselhos Regionais de Química.

•• Sobre Ministérios, *vide* Nota dos Organizadores.

f) a data da revalidação do diploma, se de instituto estrangeiro;

g) a especificação, inclusive data, de outro título ou títulos de habilitação;

h) a assinatura do inscrito.

Parágrafo único. A carteira destinada aos profissionais a que se refere o § 1.º do art. 325 deverá, em vez das declarações indicadas nas alíneas *d*, *e* e *f* deste artigo, e além do título – licenciado – posto em destaque, conter a menção do título de nomeação ou admissão e respectiva data, se funcionário público, ou do atestado relativo ao exercício, na qualidade de químico, de um cargo em empresa particular, com designação desta e da data inicial do exercício.

Art. 330. A Carteira de Trabalho e Previdência Social, expedida nos termos desta Seção, é obrigatória para o exercício da profissão, substitui em todos os casos o diploma ou título e servirá de carteira de identidade.

•• Artigo com redação determinada pelo Decreto-lei n. 5.922, de 25-10-1943.

Art. 331. Nenhuma autoridade poderá receber impostos relativos ao exercício profissional de químico, senão à vista da prova de que o interessado se acha registrado de acordo com a presente Seção, e essa prova será também exigida para a realização de concursos periciais e todos os outros atos oficiais que exijam capacidade técnica de químico.

Art. 332. Quem, mediante anúncio, placas, cartões comerciais ou outros meios capazes de ser identificados, se propuser ao exercício da química, em qualquer dos seus ramos, sem que esteja devidamente registrado, fica sujeito às penalidades aplicáveis ao exercício ilegal da profissão.

Art. 333. Os profissionais a que se referem os dispositivos anteriores só poderão exercer legalmente as funções de químicos depois de satisfazerem as obrigações constantes do art. 330 desta Seção.

Art. 334. O exercício da profissão de químico compreende:

a) a fabricação de produtos e subprodutos químicos em seus diversos graus de pureza;

b) a análise química, a elaboração de pareceres, atestados e projetos de especialidade e sua execução, perícia civil ou judiciária sobre essa matéria, a direção e a responsabilidade de laboratórios ou departamentos químicos, de indústria e empresas comerciais;

c) o magistério nas cadeiras de química dos cursos superiores especializados em química;

d) a engenharia química.

§ 1.º Aos químicos, químicos industriais e químicos industriais agrícolas que estejam nas condições estabelecidas no art. 325, alíneas *a* e *b*, compete o exercício das atividades definidas nos itens *a*, *b* e *c* deste artigo, sendo privativa dos engenheiros químicos a do item *d*.

§ 2.º Aos que estiverem nas condições do art. 325, alíneas *a* e *b*, compete, como aos diplomados em medicina ou farmácia, as atividades definidas no art. 2.º, alíneas *d*, *e* e *f* do Decreto n. 20.377, de 8 de setembro de 1931, cabendo aos agrônomos e engenheiros agrônomos as que se acham especificadas no art. 6.º, alínea *h*, do Decreto n. 23.196, de 12 de outubro de 1933.

Art. 335. É obrigatória a admissão de químicos nos seguintes tipos de indústria:

a) de fabricação de produtos químicos;

b) que mantenham laboratório de controle químico;

c) de fabricação de produtos industriais que são obtidos por meio de reações químicas dirigidas, tais como: cimento, açúcar e álcool, vidro, curtume, massas plásticas artificiais, explosivos, derivados de carvão ou de petróleo, refinação de óleos vegetais ou minerais, sabão, celulose e derivados.

Art. 336. No preenchimento de cargos públicos, para os quais se faz mister a qualidade de químico, ressalvadas as especializações referidas no § 2.º do art. 334, a partir da data da publicação do Decreto n. 24.693, de 12 de julho de 1934, requer-se, como condição essencial,

que os candidatos previamente hajam satisfeito as exigências do art. 333 desta Seção.

Art. 337. Fazem fé pública os certificados de análises químicas, pareceres, atestados, laudos de perícias e projetos relativos a essa especialidade, assinados por profissionais que satisfaçam as condições estabelecidas nas alíneas *a* e *b* do art. 325.

•• A Resolução Normativa n. 195, de 14-4-2004, do Conselho Federal de Química, regulamenta este artigo.

Art. 338. É facultado aos químicos que satisfizerem as condições constantes do art. 325, alíneas *a* e *b*, o ensino da especialidade a que se dedicarem, nas escolas superiores, oficiais ou oficializadas.

Parágrafo único. Na hipótese de concurso para o provimento de cargo ou emprego público, os químicos a que este artigo se refere terão preferência, em igualdade de condições.

Art. 339. O nome do químico responsável pela fabricação dos produtos de uma fábrica, usina ou laboratório deverá figurar nos respectivos rótulos, faturas e anúncios, compreendida entre estes últimos a legenda impressa em cartas e sobrecartas.

Art. 340. Somente os químicos habilitados, nos termos do art. 325, alíneas *a* e *b*, poderão ser nomeados *ex officio* para os exames periciais de fábricas, laboratórios e usinas e de produtos aí fabricados.

Parágrafo único. Não se acham compreendidos no artigo anterior os produtos farmacêuticos e os laboratórios de produtos farmacêuticos.

Art. 341. Cabe aos químicos habilitados, conforme estabelece o art. 325, alíneas *a* e *b*, a execução de todos os serviços que, não especificados no presente regulamento, exijam por sua natureza o conhecimento de química.

•• A Resolução Normativa n. 195, de 14-4-2004, do Conselho Federal de Química, regulamenta este artigo.

Resolução Normativa n. 123/90, arts. 1.º a 4.º: É atribuição exclusiva dos profissionais da Química a execução de todas as atividades científicas e técnicas que, por sua natureza, exijam o conhecimento de Química e de Engenharia Química e que não estejam explicitadas em Lei como atividades afins ou privativas de outras profissões. Art. 2.º Estão naturalmente abrangidas no art. 341 da CLT como atividades afins às dos químicos, aquelas que, por sua natureza, exijam o conhecimento de Química e que estejam explicitadas em Lei como atividades não privativas de outras profissões. Art. 3.º As entidades públicas e particulares a que se refere o art. 5.º do Decreto n. 85.877, de 7-4-1981, que tenham serviços com atividades de químicos, devem comprovar perante o CRQ da jurisdição que tais atividades estão sob a responsabilidade de profissional habilitado e registrado. Art. 4.º Está obrigada a registro no CRQ da jurisdição, a empresa que, em sua atividade básica, tiver pelo menos 1 (um) tipo de atividade privativa de Profissional da Química.

Art. 342. A fiscalização do exercício da profissão de químico incumbe às Delegacias Regionais do Trabalho no Distrito Federal e às autoridades regionais do Ministério do Trabalho, Indústria e Comércio, nos Estados e Território do Acre.

•• Entendemos prejudicado o disposto neste artigo pela Lei n. 2.800, de 18-6-1956, que cria os Conselhos Federal e Regionais de Química.

•• A Lei n. 4.070, de 15-6-1962, eleva o território do Acre à categoria de Estado.

Lei n. 2.800/56, art. 1.º: A fiscalização do exercício da profissão de químico, regulada no Decreto-lei n. 5.452, de 1.º-5-1943 – CLT, Título III, Capítulo I, Seção XIII – será exercida pelo Conselho Federal de Química e pelos Conselhos Regionais de Química, criados por esta lei.

• *Vide* arts. 13 e 15 da mesma Lei n. 2.800/56 na nota do art. 329, parágrafo único, da CLT.

Art. 343. São atribuições dos órgãos de fiscalização:

a) examinar os documentos exigidos para o registro profissional de que trata o art. 326 e seus §§ 1.º e 2.º e o art. 327, proceder à respectiva inscrição e indeferir o pedido dos interessados que não satisfizerem as exigências desta Seção;

b) registrar as comunicações e contratos, a que aludem o art. 350 e seus parágrafos, e dar as respectivas baixas;

c) verificar o exato cumprimento das disposições desta Seção, realizando as investigações que forem necessárias, bem como o exame dos arquivos, livros de escrituração, folhas de pagamento, contratos e outros documentos de uso de firmas ou empresas industriais ou comerciais, em cujos serviços tome parte 1 (um) ou mais profissionais que desempenhem função para a qual se deva exigir a qualidade de químico.

Art. 344. Aos sindicatos de químicos devidamente reconhecidos é facultado auxiliar a fiscalização, no tocante à observância da alínea *c* do artigo anterior.

Art. 345. Verificando-se, pelo Ministério do Trabalho e Previdência Social, serem falsos os diplomas ou outros títulos dessa natureza, atestados, certificados e quaisquer documentos exibidos para os fins de que trata esta Seção, incorrerão os seus autores e cúmplices nas penalidades estabelecidas em lei.

•• A Lei n. 2.800, de 18-6-1956, cria os Conselhos Federal e Regionais de Química, e estabelece, em seu art. 15, que todas as atribuições estabelecidas na CLT, referentes ao registro, à fiscalização e à imposição de penalidades, quanto ao exercício da profissão de químico, passam a ser de competência dos Conselhos Regionais de Química.

Parágrafo único. A falsificação de diploma ou outros quaisquer títulos, uma vez verificada, será imediatamente comunicada ao Serviço de Identificação Profissional, das Delegacias Regionais do Trabalho, remetendo-se-lhe os documentos falsificados, para instauração do processo que no caso couber.

•• *Vide* nota ao *caput* deste artigo.

Art. 346. Será suspenso do exercício de suas funções, independentemente de outras penas em que possa incorrer, o químico, inclusive o licenciado, que incidir em alguma das seguintes faltas:

•• A Resolução Normativa n. 241, de 15-12-2011, do Conselho Federal de Química, regulamenta este artigo.

a) revelar improbidade profissional, dar falso testemunho, quebrar o sigilo profissional e promover falsificações, referentes à prática de atos de que trata esta Seção;

b) concorrer com seus conhecimentos científicos para a prática de crime ou atentado contra a pátria, a ordem social ou a saúde pública;

c) deixar, no prazo marcado nesta Seção, de requerer a revalidação e registro do diploma estrangeiro, ou o seu registro profissional no Ministério do Trabalho, Indústria e Comércio.

•• *Vide* nota ao art. 345, *caput*.

Parágrafo único. O tempo de suspensão a que alude este artigo variará entre 1 (um) mês e 1 (um) ano, a critério do Departamento Nacional do Trabalho, após processo regular, ressalvada a ação da justiça pública.

•• *Vide* nota ao art. 345, *caput*.

Art. 347. Aqueles que exercerem a profissão de químico sem ter preenchido as condições do art. 325 e suas alíneas, nem promovido o seu registro, nos termos do art. 326, incorrerão na multa de 200 cruzeiros a 5.000 cruzeiros, que será elevada ao dobro, no caso de reincidência.

• *Vide* Nota dos Organizadores sobre o valor das multas previstas na CLT.

Art. 348. Aos licenciados a que alude o § 1.º do art. 325 poderão, por ato da Delegacia Regional do Trabalho, sujeito à aprovação do Ministro, ser cassadas as garantias asseguradas por esta Seção, desde que interrompam, por motivo de falta prevista no art. 346, a função pública ou particular em que se encontravam por ocasião da publicação do Decreto n. 24.693, de 12 de julho de 1934.

•• *Vide* nota ao art. 345, *caput*.

Art. 349. O número de químicos estrangeiros a serviço de particulares, empresas ou companhias não poderá exceder de 1/3 (um terço) ao dos profissionais brasileiros compreendidos nos respectivos quadros.

Art. 350. O químico que assumir a direção técnica ou cargo de químico de qualquer usina, fábrica, ou laboratório industrial ou de análise deverá, dentro de 24 (vinte e quatro) horas e por escrito, comunicar essa ocorrência ao órgão fiscalizador, contraindo, desde essa data, a responsabilidade da parte técnica referente à sua profissão, assim como a responsabilidade técnica dos produtos manufaturados.

§ 1.º Firmando-se contrato entre o químico e o proprietário da usina, fábrica ou laboratório, será esse documento apresentado, dentro do prazo de 30 (trinta) dias, para registro, ao órgão fiscalizador.

§ 2.º Comunicação idêntica à de que trata a primeira parte deste artigo fará o químico, quando deixar a direção técnica ou o cargo de quí-

mico, em cujo exercício se encontrava, a fim de ressalvar a sua responsabilidade e fazer-se o cancelamento do contrato. Em caso de falência do estabelecimento, a comunicação será feita pela firma proprietária.

SEÇÃO XIV
Das Penalidades

Art. 351. Os infratores dos dispositivos do presente Capítulo incorrerão na multa de cinquenta a cinco mil cruzeiros, segundo a natureza da infração, sua extensão e a intenção de quem a praticou, aplicada em dobro no caso de reincidência, oposição à fiscalização ou desacato à autoridade.

• Vide Nota dos Organizadores sobre o valor das multas previstas na CLT.

Parágrafo único. São competentes para impor penalidades as autoridades de primeira instância incumbidas da fiscalização dos preceitos constantes do presente Capítulo.

Capítulo II
DA NACIONALIZAÇÃO DO TRABALHO

SEÇÃO I
Da Proporcionalidade de Empregados Brasileiros

Art. 5.º, caput, da CF: Todos são iguais perante a lei, sem distinção de qualquer natureza, garantindo-se aos brasileiros e aos estrangeiros residentes no País a inviolabilidade do direito à vida, à liberdade, à igualdade, à segurança e à propriedade, nos termos seguintes: (...).

Art. 12, § 2.º, da CF: A lei não poderá estabelecer distinção entre brasileiros natos e naturalizados, salvo nos casos previstos nesta Constituição.

Art. 352. As empresas, individuais ou coletivas, que explorem serviços públicos dados em concessão, ou que exerçam atividades industriais ou comerciais, são obrigadas a manter, no quadro do seu pessoal, quando composto de 3 (três) ou mais empregados, uma proporção de brasileiros não inferior à estabelecida no presente Capítulo.

§ 1.º Sob a denominação geral de atividades industriais e comerciais compreendem-se, além de outras que venham a ser determinadas em portaria do Ministro do Trabalho e Previdência Social, as exercidas:

•• Sobre Ministérios, vide Nota dos Organizadores.

a) nos estabelecimentos industriais em geral;

b) nos serviços de comunicações, de transportes terrestres, marítimos, fluviais, lacustres e aéreos;

c) nas garagens, oficinas de reparos e postos de abastecimento de automóveis e nas cocheiras;

d) na indústria da pesca;

e) nos estabelecimentos comerciais em geral;

f) nos escritórios comerciais em geral;

g) nos estabelecimentos bancários, ou de economia coletiva, nas empresas de seguros e nas de capitalização;

h) nos estabelecimentos jornalísticos, de publicidade e de radiodifusão;

i) nos estabelecimentos de ensino remunerado, excluídos os que neles trabalhem por força de voto religioso;

j) nas drogarias e farmácias;

k) nos salões de barbeiro ou cabeleireiro e de beleza;

l) nos estabelecimentos de diversões públicas, excluídos os elencos teatrais, e nos clubes esportivos;

m) nos hotéis, restaurantes, bares e estabelecimentos congêneres;

n) nos estabelecimentos hospitalares e fisioterápicos cujos serviços sejam remunerados, excluídos os que neles trabalhem por força de voto religioso;

o) nas empresas de mineração;

p) nas autarquias, empresas públicas, sociedades de economia mista e demais órgãos da Administração Pública, direta ou indireta, por empregados sujeitos ao regime da CLT.

•• Alínea *p* acrescentada pela Portaria n. 3.151, de 19-3-1969.

§ 2.º Não se acham sujeitas às obrigações da proporcionalidade as indústrias rurais, as que, em zona agrícola, se destinem ao beneficiamento ou transformação de produtos da região e as atividades industriais de natureza extrativa, salvo a mineração.

Art. 353. Equiparam-se aos brasileiros, para os fins deste Capítulo, ressalvado o exercício de profissões reservadas aos brasileiros natos ou aos brasileiros em geral, os estrangeiros que, residindo no País há mais de 10 (dez) anos, tenham cônjuge ou filho brasileiro, e os portugueses.

•• Artigo com redação determinada pela Lei n. 6.651, de 23-5-1979.

Art. 12, § 3.º, da CF: São privativos de brasileiro nato os cargos: I – de Presidente e Vice-Presidente da República; II – de Presidente da Câmara dos Deputados; III – de Presidente do Senado Federal; IV – de Ministro do Supremo Tribunal Federal; V – da carreira diplomática; VI – de oficial das Forças Armadas; VII – de Ministro de Estado da Defesa.

•• Nos termos da Lei n. 6.192, de 19-12-1974, a condição de brasileiro nato exigida em leis e decretos foi modificada para a de brasileiro.

• Acesso a trabalho para o migrante: art. 3.º, XI, da Lei n. 13.445, de 24-5-2017.

Art. 354. A proporcionalidade será de 2/3 (dois terços) de empregados brasileiros, podendo, entretanto, ser fixada proporcionalidade inferior, em atenção às circunstâncias especiais de cada atividade, mediante ato do Poder Executivo, e depois de devidamente apurada pelo Departamento Nacional do Trabalho e pelo Serviço de Estatística da Previdência e Trabalho a insuficiência do número de brasileiros na atividade de que se tratar.

•• O Serviço de Estatísticas da Previdência e Trabalho foi extinto pelo Decreto n. 69.014, de 4-8-1971.

Parágrafo único. A proporcionalidade é obrigatória não só em relação à totalidade do quadro de empregados, com as exceções dessa Lei, como ainda em relação à correspondente folha de salários.

Art. 355. Consideram-se como estabelecimentos autônomos, para os efeitos da proporcionalidade a ser observada, as sucursais, filiais e agências em que trabalhem 3 (três) ou mais empregados.

Art. 356. Sempre que uma empresa ou indivíduo explore atividades sujeitas a proporcionalidades diferentes, observar-se-á, em relação a cada uma delas, a que lhe corresponder.

Art. 357. Não se compreendem na proporcionalidade os empregados que exerçam funções técnicas especializadas, desde que, a juízo do Ministério do Trabalho e Previdência Social, haja falta de trabalhadores nacionais.

•• Sobre Ministérios, vide Nota dos Organizadores.

Art. 358. Nenhuma empresa, ainda que não sujeita à proporcionalidade, poderá pagar a brasileiro que exerça função análoga, a juízo do Ministério do Trabalho e Previdência Social, à que é exercida por estrangeiro a seu serviço, salário inferior ao deste, excetuando-se os casos seguintes:

•• Sobre Ministérios, vide Nota dos Organizadores.

a) quando, nos estabelecimentos que não tenham quadros de empregados organizados em carreira, o brasileiro contar menos de 2 (dois) anos de serviço, e o estrangeiro mais de 2 (dois) anos;

b) quando, mediante aprovação do Ministério do Trabalho e Previdência Social, houver quadro organizado em carreira em que seja garantido o acesso por antiguidade;

c) quando o brasileiro for aprendiz, ajudante ou servente, e não o for o estrangeiro;

d) quando a remuneração resultar de maior produção, para os que trabalham à comissão ou por tarefa.

Parágrafo único. Nos casos de falta ou cessação de serviço, a dispensa do empregado estrangeiro deve preceder à de brasileiro que exerça função análoga.

SEÇÃO II
Das Relações Anuais de Empregados

Art. 359. Nenhuma empresa poderá admitir a seu serviço empregado estrangeiro sem que este exiba a carteira de identidade de estrangeiro devidamente anotada.

• A Resolução Normativa n. 1, de 1-12-2017, do Conselho Nacional de Imigração, disciplina os procedimentos para a autorização de trabalho a estrangeiros.

Parágrafo único. A empresa é obrigada a assentar no registro de empregados os dados referentes à nacionalidade de qualquer empregado estrangeiro e o número da respectiva carteira de identidade.

Art. 360. Toda empresa compreendida na enumeração do art. 352, § 1.º, deste Capítulo, qualquer que seja o número de seus empregados, deve apresentar anualmente às repartições competentes do Ministério do Trabalho e Previdência Social, de 2 de maio a 30 de junho, uma relação, em três vias, de todos os seus empregados, segundo o modelo que for expedido.

§ 1.º As relações terão, na primeira via, o selo de três cruzeiros pela folha inicial e dois cruzeiros por folha excedente, além do selo do Fundo de Educação, e nelas será assinalada, em tinta vermelha, a modificação havida com referência à última relação apresentada. Se se tratar de nova empresa, a relação, encimada pelos dizeres – Primeira Relação – deverá ser feita dentro de 30 (trinta) dias de seu registro no Departamento Nacional da Indústria e Comércio ou repartições competentes.

•• Abolição do selo: Lei n. 3.519, de 30-12-1958.

§ 2.º A entrega das relações far-se-á diretamente às repartições competentes do Ministério do Trabalho e Previdência Social ou, onde não as houver, às Coletorias Federais, que as remeterão desde logo àquelas repartições. A entrega operar-se-á contra recibo especial, cuja exibição é obrigatória, em caso de fiscalização, enquanto não for devolvida ao empregador a via autenticada da declaração.

•• As Coletorias Federais foram extintas pelo Decreto n. 63.659, de 20-11-1968. Atualmente dispõe sobre a matéria a Secretaria da Receita Federal do Brasil.

§ 3.º Quando não houver empregado far-se-á declaração negativa.

Art. 361. Apurando-se, das relações apresentadas, qualquer infração, será concedido ao infrator o prazo de 10 (dez) dias para defesa, seguindo-se o despacho pela autoridade competente.

• Vide notas no caput do artigo anterior.

Art. 362. As repartições às quais competir a fiscalização do disposto no presente Capítulo manterão fichário especial de empresas, do qual constem as anotações referentes ao respectivo cumprimento, e fornecerão aos interessados as certidões de quitação que se tornarem necessárias, no prazo de trinta dias, contados da data do pedido.

•• Caput com redação determinada pelo Decreto-lei n. 229, de 28-2-1967.

§ 1.º As certidões de quitação farão prova até 30 de setembro do ano seguinte àquele a que se referiram e estarão sujeitas à taxa correspondente a 1/10 (um décimo) do salário mínimo regional. Sem elas nenhum fornecimento ou contrato poderá ser feito com o Governo da União, dos Estados ou Municípios, ou com as instituições paraestatais a eles subordinadas, nem será renovada autorização à empresa estrangeira para funcionar no País.

•• § 1.º com redação determinada pelo Decreto-lei n. 229, de 28-2-1967.
• Vide art. 7.º, § 1.º, I, da Lei n. 14.043, de 19-8-2020.
• A Lei n. 8.522, de 11-12-1992, extingue a taxa pelo fornecimento de certidões de quitação, criada por este artigo.

§ 2.º A primeira via da relação, depois de considerada pela repartição fiscalizadora, será remetida, anualmente, ao Departamento Nacional de Mão de Obra (DNMO), como subsídio ao estudo das condições de mercado de trabalho, de um modo geral, e, em particular, no que se refere à mão de obra qualificada.

•• § 2.º com redação determinada pelo Decreto-lei n. 229, de 28-2-1967.
• Vide notas ao caput do art. 360.

§ 3.º A segunda via da relação será remetida pela repartição competente ao Serviço de Estatística da Previdência e Trabalho e a terceira via devolvida à empresa, devidamente autenticada.

•• § 3.º com redação determinada pelo Decreto-lei n. 229, de 28-2-1967.
• Vide notas ao caput do art. 360.

SEÇÃO III
Das Penalidades

Art. 363. O processo das infrações do presente Capítulo obedecerá ao disposto no título "Do Processo de Multas Administrativas", no que lhe for aplicável, com observância dos modelos de auto a serem expedidos.

Art. 364. As infrações do presente capítulo serão punidas com a multa de cem a dez mil cruzeiros.

•• Vide Nota dos Organizadores, sobre o valor das multas previstas na CLT.

Parágrafo único. Em se tratando de empresa concessionária de serviço público, ou de sociedade estrangeira autorizada a funcionar no País, se a infratora, depois de multada, não atender afinal ao cumprimento do texto infringido poderá ser-lhe cassada a concessão ou autorização.

SEÇÃO IV
Disposições Gerais

Art. 365. O presente Capítulo não derroga as restrições vigentes quanto às exigências de nacionalidade brasileira para o exercício de determinadas profissões nem as que vigoram para as faixas de fronteiras, na conformidade da respectiva legislação.

Art. 366. Enquanto não for expedida a carteira a que se refere o art. 359 deste Capítulo, valerá, a título precário, como documento hábil, uma certidão, passada pelo serviço competente do Registro de Estrangeiros, provando que o empregado requereu sua permanência no País.

Art. 367. A redução a que se refere o art. 354, enquanto o Serviço de Estatística da Previdência e Trabalho não dispuser dos dados estatísticos necessários à fixação da proporcionalidade conveniente para cada atividade, poderá ser feita por ato do Ministro do Trabalho e Previdência Social mediante representação fundamentada da associação sindical.

•• Sobre Ministérios, vide Nota dos Organizadores.

Parágrafo único. O Serviço de Estatística da Previdência e Trabalho deverá promover, e manter em dia, estudos necessários aos fins do presente Capítulo.

SEÇÃO V
Das Disposições Especiais sobre a Nacionalização da Marinha Mercante

Art. 368. O comando de navio mercante nacional só poderá ser exercido por brasileiro nato.

Art. 12, § 2.º, da CF: A lei não poderá estabelecer distinção entre brasileiros natos e naturalizados, salvo nos casos previstos nesta Constituição.
Lei n. 6.192/74, art. 2.º: A condição de brasileiro nato exigida em Leis e Decretos para qualquer fim fica modificada para a de brasileiro.

Art. 369. A tripulação de navio ou embarcação nacional será constituída, pelo menos, de 2/3 (dois terços) de brasileiros natos.

•• Caput com redação determinada pela Lei n. 5.683, de 21-7-1971.

Lei n. 6.192/74, art. 2.º: A condição de brasileiro nato exigida em Leis e Decretos para qualquer fim fica modificada para a de brasileiro.

Parágrafo único. O disposto neste artigo não se aplica aos navios nacionais de pesca, sujeitos a legislação específica.

•• Parágrafo único com redação determinada pela Lei n. 5.683, de 21-7-1971.

Art. 370. As empresas de navegação organizarão as relações dos tripulantes das respectivas embarcações, enviando-as no prazo a que se refere a Seção II deste Capítulo à Delegacia do Trabalho Marítimo onde as mesmas tiverem sede.

Parágrafo único. As relações a que alude o presente artigo obedecerão, na discriminação hierárquica e funcional do pessoal embarcadiço, ao quadro aprovado pelo regulamento das Capitanias dos Portos.

Art. 371. A presente Seção é também aplicável aos serviços de navegação fluvial e lacustre e à praticagem nas barras, portos, rios, lagos e canais.

Capítulo III
DA PROTEÇÃO DO TRABALHO DA MULHER

Art. 7.º, XVIII, XX e XXX, da CF: São direitos dos trabalhadores urbanos e rurais, além de outros que visem à melhoria de sua condição social: (...) XVIII - licença à gestante, sem prejuízo do emprego e do salário, com a duração de cento e vinte dias; (...) XX - proteção do mercado de trabalho da mulher, mediante incentivos específicos, nos termos da lei; (...) XXX - proibição de diferença de salários, de exercício de funções e de critério de admissão por motivo de sexo, idade, cor ou estado civil.

Art. 10, II, b, do ADCT: Até que seja promulgada a lei complementar a que se refere o art. 7.º, I, da Constituição: (...) II - fica vedada a dispensa arbitrária ou sem justa causa: (...) b) da empregada gestante, desde a confirmação da gravidez até cinco meses após o parto.

•• O Decreto n. 11.309, de 26-12-2022, instituiu o Programa Nacional Qualifica Mulher, com a finalidade de fomentar ações de qualificação profissional, de trabalho e de empreendedorismo, para promover geração de emprego e renda para mulheres em situação de vulnerabilidade social, com vistas à sua projeção econômica, por meio da formação de redes de parcerias com os Poderes Públicos federal, estadual, distrital e municipal e com os órgãos, as entidades e as instituições, públicos e privados.

SEÇÃO I
Da Duração, Condições do Trabalho e da Discriminação contra a Mulher

•• Seção I com denominação determinada pela Lei n. 9.799, de 26-5-1999.

Art. 372. Os preceitos que regulam o trabalho masculino são aplicáveis ao trabalho feminino, naquilo em que não colidirem com a proteção especial instituída por este Capítulo.

Art. 5.º, I, da CF: Todos são iguais perante a lei, sem distinção de qualquer natureza, garantindo-se aos brasileiros e aos estrangeiros residentes no País a inviolabilidade do direito à vida, à liberdade, à igualdade, à segurança e à propriedade, nos termos seguintes: I - homens e mulheres são iguais em direitos e obrigações, nos termos desta Constituição.

Parágrafo único. (*Revogado pela Lei n. 13.467, de 13-7-2017.*)

Art. 373. A duração normal de trabalho da mulher será de 8 (oito) horas diárias, exceto nos casos para os quais for fixada duração inferior.

Art. 7.º, XIII, da CF: São direitos dos trabalhadores urbanos e rurais, além de outros que visem à melhoria de sua condição social: (...) XIII - duração do trabalho normal não superior a oito horas diárias e quarenta e quatro semanais, facultada a compensação de horários e a redução da jornada, mediante acordo ou convenção coletiva de trabalho.

Art. 373-A. Ressalvadas as disposições legais destinadas a corrigir as distorções que afetam o acesso da mulher ao mercado de trabalho e certas especificidades estabelecidas nos acordos trabalhistas, é vedado:

•• Caput acrescentado pela Lei n. 9.799, de 26-5-1999.

•• A Portaria n. 671, de 8-11-2021, do Ministério do Trabalho e da Previdência, regulamenta disposições relativas à legislação trabalhista, à inspeção do trabalho, às políticas públicas e às relações de trabalho.

I - publicar ou fazer publicar anúncio de emprego no qual haja referência ao sexo, à idade, à cor ou situação familiar, salvo quando a natureza da atividade a ser exercida, pública e notoriamente, assim o exigir;

•• Inciso I acrescentado pela Lei n. 9.799, de 26-5-1999.

II - recusar emprego, promoção ou motivar a dispensa do trabalho em razão de sexo, idade, cor, situação familiar ou estado de gravidez, salvo quando a natureza da atividade seja notória e publicamente incompatível;

•• Inciso II acrescentado pela Lei n. 9.799, de 26-5-1999.

III - considerar o sexo, a idade, a cor ou situação familiar como variável determinante para fins de remuneração, formação profissional e oportunidades de ascensão profissional;

•• Inciso III acrescentado pela Lei n. 9.799, de 26-5-1999.

IV - exigir atestado ou exame, de qualquer natureza, para comprovação de esterilidade ou gravidez, na admissão ou permanência no emprego;

•• Inciso IV acrescentado pela Lei n. 9.799, de 26-5-1999.

V - impedir o acesso ou adotar critérios subjetivos para deferimento de inscrição ou aprovação em concursos, em empresas privadas, em razão de sexo, idade, cor, situação familiar ou estado de gravidez;

•• Inciso V acrescentado pela Lei n. 9.799, de 26-5-1999.

VI - proceder o empregador ou preposto a revistas íntimas nas empregadas ou funcionárias.

•• Inciso VI acrescentado pela Lei n. 9.799, de 26-5-1999.

Enunciado 15 da 1.ª Jornada de Direito do Trabalho: Revista de empregado. I – Revista. Ilicitude. Toda e qualquer revista, íntima ou não, promovida pelo empregador ou seus prepostos em seus empregados e/ou em seus pertences, é ilegal, por ofensa aos direitos fundamentais da dignidade e intimidade do trabalhador. II – Revista íntima. Vedação a ambos os sexos. A norma do art. 373-A, VI, da CLT, que veda revistas íntimas nas empregadas, também se aplica aos homens em face da igualdade entre os sexos inscrita no art. 5.º, I, da Constituição da República.

• Vide Lei n. 13.271, de 15-4-2016, que dispõe sobre a proibição de revista íntima de funcionárias nos locais de trabalho.

Parágrafo único. O disposto neste artigo não obsta a adoção de medidas temporárias que visem ao estabelecimento das políticas de igualdade entre homens e mulheres, em particular as que se destinam a corrigir as distorções que afetam a formação profissional, o acesso ao emprego e as condições gerais de trabalho da mulher.

•• Parágrafo único acrescentado pela Lei n. 9.799, de 26-5-1999.

Arts. 374 e 375. (*Revogados pela Lei n. 7.855, de 24-10-1989.*)

Art. 376. (*Revogado pela Lei n. 10.244, de 27-6-2001.*)

Art. 377. A adoção de medidas de proteção ao trabalho das mulheres é considerada de ordem pública, não justificando, em hipótese alguma, a redução de salário.

Art. 7.º, VI, da CF: São direitos dos trabalhadores urbanos e rurais, além de outros que visem à melhoria de sua condição social: (...) VI - irredutibilidade do salário, salvo o disposto em convenção ou acordo coletivo.

Art. 378. (*Revogado pela Lei n. 7.855, de 24-10-1989.*)

SEÇÃO II
Do Trabalho Noturno

Art. 7.º, IX, da CF: São direitos dos trabalhadores urbanos e rurais, além de outros que visem à melhoria de sua condição social: (...) IX - remuneração do trabalho noturno superior à do diurno.

• O art. 7.º do Decreto n. 5.005, de 8-3-2004, que aprova o texto da Convenção n. 171, da OIT, dispõe sobre medidas que visam assegurar uma alternativa ao trabalho noturno para mulheres grávidas, antes e após o parto.

Arts. 379 e 380. (*Revogados pela Lei n. 7.855, de 24-10-1989.*)

Art. 381. O trabalho noturno das mulheres terá salário superior ao diurno.

Súmula 265/TST: Adicional noturno. Alteração de turno de trabalho. Possibilidade de supressão. A transferência para o período diurno de trabalho implica a perda do direito ao adicional noturno.

§ 1.º Para os fins desse artigo, os salários serão acrescidos duma percentagem adicional de 20% (vinte por cento) no mínimo.

§ 2.º Cada hora do período noturno de trabalho das mulheres terá 52 (cinquenta e dois) minutos e 30 (trinta) segundos.

SEÇÃO III
Dos Períodos de Descanso

Art. 382. Entre 2 (duas) jornadas de trabalho, haverá um intervalo de 11 (onze) horas consecutivas, no mínimo, destinado ao repouso.

Art. 383. Durante a jornada de trabalho, será concedido à empregada um período para refeição e repouso não inferior a 1 (uma) hora nem superior a 2 (duas) horas salvo a hipótese prevista no art. 71, § 3.º.

Art. 384. (*Revogado pela Lei n. 13.467, de 13-7-2017.*)

Art. 385. O descanso semanal será de 24 (vinte e quatro) horas consecutivas e coincidirá no todo ou em parte com o domingo, salvo motivo de conveniência pública ou necessidade imperiosa de serviço, a juízo da autoridade competente, na forma das disposições gerais, caso em que recairá em outro dia.

Parágrafo único. Observar-se-ão, igualmente, os preceitos da legislação geral sobre a proibição de trabalho nos feriados civis e religiosos.

Art. 386. Havendo trabalho aos domingos, será organizada uma escala de revezamento quinzenal, que favoreça o repouso dominical.

SEÇÃO IV
Dos Métodos e Locais de Trabalho

Art. 387. (*Revogado pela Lei n. 7.855, de 24-10-1989.*)

Art. 388. Em virtude de exame e parecer da autoridade competente, o Ministro do Trabalho e Previdência Social poderá estabelecer derrogações totais ou parciais às proibições a que alude o artigo anterior, quando tiver desaparecido, nos serviços considerados perigosos ou insalubres, todo e qualquer caráter perigoso ou prejudicial mediante a aplicação de novos métodos de trabalho ou pelo emprego de medidas de ordem preventiva.

•• Prejudicado com a revogação do artigo anterior.
•• Ministérios: vide Nota dos Organizadores.

Art. 7.º, XX e XXX, da CF: São direitos dos trabalhadores urbanos e rurais, além de outros que visem à melhoria de sua condição social: (...) XX – proteção do mercado de trabalho da mulher, mediante incentivos específicos, nos termos da lei; (...) XXX – proibição de diferença de salários, de exercício de funções e de critério de admissão por motivo de sexo, idade, cor ou estado civil.

Art. 389. Toda empresa é obrigada:

I – a prover os estabelecimentos de medidas concernentes à higienização dos métodos e locais de trabalho, tais como ventilação e iluminação e outros que se fizerem necessários à segurança e ao conforto das mulheres, a critério da autoridade competente;

II – a instalar bebedouros, lavatórios, aparelhos sanitários; dispor de cadeiras ou bancos, em número suficiente, que permitam às mulheres trabalhar sem grande esgotamento físico;

III – a instalar vestiários com armários individuais privativos das mulheres, exceto os estabelecimentos comerciais, escritórios, bancos e atividades afins, em que não seja exigida a troca de roupa e outros, a critério da autoridade competente em matéria de segurança e higiene do trabalho, admitindo-se como suficientes as gavetas ou escaninhos, onde possam as empregadas guardar seus pertences;

IV – a fornecer, gratuitamente, a juízo da autoridade competente, os recursos de proteção individual, tais como óculos, máscaras, luvas e roupas especiais, para a defesa dos olhos, do aparelho respiratório e da pele, de acordo com a natureza do trabalho.

•• Caput e incisos com redação determinada pelo Decreto-lei n. 229, de 28-2-1967.

§ 1.º Os estabelecimentos em que trabalharem pelo menos 30 (trinta) mulheres com mais de 16 (dezesseis) anos de idade terão local apropriado onde seja permitido às empregadas guardar sob vigilância e assistência os seus filhos no período da amamentação.

•• § 1.º com redação determinada pelo Decreto-lei n. 229, de 28-2-1967.

Art. 7.º, XXV, da CF: São direitos dos trabalhadores urbanos e rurais, além de outros que visem à melhoria de sua condição social: (...) XXV – assistência gratuita aos filhos e dependentes desde o nascimento até 5 (cinco) anos de idade em creches e pré-escolas.

Portaria n. 671/21, arts. 121 e 122: Art. 121. Ficam as empresas e empregadores autorizados a adotar o sistema de reembolso-creche, em substituição à exigência contida no § 1.º do art. 389 do Decreto-lei n. 5.452, de 1943 – CLT, desde que obedeçam às seguintes exigências: I – o reembolso-creche deverá cobrir, integralmente, as despesas efetuadas com o pagamento da creche de livre escolha da empregada-mãe, ou outra modalidade de prestação de serviços desta natureza, pelo menos até os seis meses de idade da criança, nas condições, prazos e valor estipulados em acordo ou convenção coletiva, sem prejuízo do cumprimento dos demais preceitos de prestação à maternidade; II – o benefício deverá ser concedido a toda empregada-mãe, independentemente do número de mulheres do estabelecimento, e sem prejuízo do cumprimento dos demais preceitos de proteção à maternidade; III – as empresas e empregadores deverão dar ciência às empregadas da existência do sistema e dos procedimentos necessários para a utilização do benefício, com a afixação de avisos em locais visíveis e de fácil acesso para os empregados, ou por meio de comunicação escrita ou por meio eletrônico; e IV – o reembolso-creche deverá ser efetuado até o terceiro dia útil da entrega do comprovante das despesas efetuadas, pela empregada-mãe, com a mensalidade da creche. Art. 122. A implantação do sistema de reembolso-creche dependerá de prévia estipulação em acordo ou convenção coletiva.

Súmula 310/STJ: O auxílio-creche não integra o salário de contribuição.

§ 2.º A exigência do § 1.º poderá ser suprida por meio de creches distritais mantidas, diretamente ou mediante convênios, com outras entidades públicas ou privadas, pelas próprias empresas, em regime comunitário, ou a cargo do SESI, do SESC, da LBA ou de entidades sindicais.

•• § 2.º com redação determinada pelo Decreto-lei n. 229, de 28-2-1967.

Art. 390. Ao empregador é vedado empregar a mulher em serviço que demande o emprego de força muscular superior a 20 (vinte) quilos para o trabalho contínuo, ou 25 (vinte e cinco) quilos para o trabalho ocasional.

Parágrafo único. Não está compreendida na determinação deste artigo a remoção de material feita por impulsão ou tração de vagonetes sobre trilhos, de carros de mão ou quaisquer aparelhos mecânicos.

Art. 405, § 5.º, da CLT: Aplica-se ao menor o disposto no art. 390 e seu parágrafo único.

Art. 390-A. (Vetado.)
•• Artigo acrescentado pela Lei n. 9.799, de 26-5-1999.

Art. 390-B. As vagas dos cursos de formação de mão de obra, ministrados por instituições governamentais, pelos próprios empregadores ou por qualquer órgão de ensino profissionalizante, serão oferecidas aos empregados de ambos os sexos.
•• Artigo acrescentado pela Lei n. 9.799, de 26-5-1999.

Art. 390-C. As empresas com mais de 100 (cem) empregados, de ambos os sexos, deverão manter programas especiais de incentivos e aperfeiçoamento profissional da mão de obra.
•• Artigo acrescentado pela Lei n. 9.799, de 26-5-1999.

Art. 390-D. (Vetado.)
•• Artigo acrescentado pela Lei n. 9.799, de 26-5-1999.

Art. 390-E. A pessoa jurídica poderá associar-se a entidade de formação profissional, sociedades civis, sociedades cooperativas, órgãos e entidades públicas ou entidades sindicais, bem como firmar convênios para o desenvolvimento de ações conjuntas, visando à execução de projetos relativos ao incentivo ao trabalho da mulher.
•• Artigo acrescentado pela Lei n. 9.799, de 26-5-1999.

SEÇÃO V
Da Proteção à Maternidade

Art. 7.º, XVIII, XXV e XXX, da CF: São direitos dos trabalhadores urbanos e rurais, além de outros que visem à melhoria de sua condição social: (...) XVIII – licença à gestante, sem prejuízo do emprego e do salário, com a duração de cento e vinte dias; (...) XXV – assistência gratuita aos filhos e dependentes desde o nascimento até 5 (cinco) anos de idade em creches e pré-escolas; (...) XXX – proibição de diferença de salários, de exercício de funções e de critério de admissão por motivo de sexo, idade, cor ou estado civil.

Art. 10, II, b, do ADCT: Até que seja promulgada a lei complementar a que se refere o art. 7.º, I, da Constituição: (...) II – fica vedada a dispensa arbitrária ou sem justa causa: (...) b) da empregada gestante, desde a confirmação da gravidez até cinco meses após o parto.

•• Vide art. 7.º-A da Lei n. 8.906, de 4-7-1994 (Estatuto da OAB).

Art. 391. Não constitui justo motivo para a rescisão do contrato de trabalho da mulher, o fato de haver contraído matrimônio ou de encontrar-se em estado de gravidez.

Art. 7.º, XXX, da CF: São direitos dos trabalhadores urbanos e rurais, além de outros que visem à melhoria de sua condição social: (...) XXX – proibição de diferença de salários, de exercício de funções e de critério de admissão por motivo de sexo, idade, cor ou estado civil.

Parágrafo único. Não serão permitidos em regulamentos de qualquer natureza, contratos coletivos ou individuais de trabalho, restrições ao direito da mulher ao seu emprego, por motivo de casamento ou de gravidez.

Art. 391-A. A confirmação do estado de gravidez advindo no curso do contrato de trabalho, ainda que durante o prazo do aviso prévio trabalhado ou indenizado, garante à empregada gestante a estabilidade provisória prevista na alínea b do inciso II do art. 10 do Ato das Disposições Constitucionais Transitórias.

•• Caput acrescentado pela Lei n. 12.812, de 16-5-2013.

Art. 10, II, b, do ADCT: Até que seja promulgada a lei complementar a que se refere o art. 7.º, I, da Constituição: (...) II – fica vedada a dispensa arbitrária ou sem justa causa: (...) b) da empregada gestante, desde a confirmação da gravidez até cinco meses após o parto.

Parágrafo único. O disposto no caput deste artigo aplica-se ao empregado adotante ao qual tenha sido concedida guarda provisória para fins de adoção.

•• Parágrafo único acrescentado pela Lei n. 13.509, de 22-11-2017.

Art. 392. A empregada gestante tem direito à licença-maternidade de 120 (cento e vinte) dias, sem prejuízo do emprego e do salário.

•• Caput com redação determinada pela Lei n. 10.421, de 15-4-2002.

Súmula 244/TST: Gestante. Estabilidade provisória. I – O desconhecimento do estado gravídico pelo empregador não afasta o direito ao pagamento da indenização decorrente

da estabilidade (art. 10, II, **b** do ADCT). II – A garantia de emprego à gestante só autoriza a reintegração se esta se der durante o período de estabilidade. Do contrário, a garantia restringe-se aos salários e demais direitos correspondentes ao período de estabilidade. III – A empregada gestante tem direito à estabilidade provisória prevista no art. 10, inciso II, alínea **b**, do Ato das Disposições Constitucionais Transitórias, mesmo na hipótese de admissão mediante contrato por tempo determinado.

•• *Vide* Lei n. 11.770, de 9-9-2008, que faculta a prorrogação da licença-maternidade, mediante concessão de incentivo fiscal. Regulamentada pelo Decreto n. 10.854, de 10-11-2021 (arts. 137 a 142).

§ 1.º A empregada deve, mediante atestado médico, notificar o seu empregador da data do início do afastamento do emprego, que poderá ocorrer entre o 28.º (vigésimo oitavo) dia antes do parto e ocorrência deste.

•• § 1.º com redação determinada pela Lei n. 10.421, de 15-4-2002.
•• O STF, na ADI n. 6.327, em sessão virtual de 14-10-2022 a 21-10-2022 (*DOU* de 26-10-2022), por unanimidade, conheceu da ação direta de inconstitucionalidade como arguição de descumprimento de preceito fundamental e, ratificando a medida cautelar, conferiu interpretação conforme à Constituição a este § 1.º para "assim assentar a necessidade de prorrogar o benefício, bem como considerar como termo inicial da licença-maternidade e do respectivo salário-maternidade a alta hospitalar do recém-nascido e/ou de sua mãe, o que ocorrer por último, prorrogando-se em todo o período o benefício, quando o período de internação exceder as duas semanas previstas no art. 392, § 2.º, da CLT, e no art. 93, § 3.º, do Decreto n. 3.048/99".

§ 2.º Os períodos de repouso, antes e depois do parto, poderão ser aumentados de 2 (duas) semanas cada um, mediante atestado médico.

•• § 2.º com redação determinada pela Lei n. 10.421, de 15-4-2002.

§ 3.º Em caso de parto antecipado, a mulher terá direito aos 120 (cento e vinte) dias previstos neste artigo.

•• § 3.º com redação determinada pela Lei n. 10.421, de 15-4-2002.

§ 4.º É garantido à empregada, durante a gravidez, sem prejuízo do salário e demais direitos:

•• § 4.º com redação determinada pela Lei n. 9.799, de 26-5-1999.

I – transferência de função, quando as condições de saúde o exigirem, assegurada a retomada da função anteriormente exercida, logo após o retorno ao trabalho;

•• Inciso I acrescentado pela Lei n. 9.799, de 26-5-1999.

II – dispensa do horário de trabalho pelo tempo necessário para a realização de, no mínimo, 6 (seis) consultas médicas e demais exames complementares.

•• Inciso II acrescentado pela Lei n. 9.799, de 26-5-1999.
•• A Lei n. 10.421, de 15-4-2002, propôs nova redação para este § 4.º, porém teve seu texto vetado.

§ 5.º (*Vetado.*)

•• § 5.º acrescentado pela Lei n. 10.421, de 15-4-2002.

Art. 392-A. À empregada que adotar ou obtiver guarda judicial para fins de adoção de criança ou adolescente será concedida licença-maternidade nos termos do art. 392 desta Lei.

•• *Caput* com redação determinada pela Lei n. 13.509, de 22-11-2017.
•• O ECA considera criança a pessoa de até doze anos de idade incompletos (art. 2.º da Lei n. 8.069, de 13-7-1990).

§§ 1.º a 3.º (*Revogados pela Lei n. 12.010, de 3-8-2009.*)

§ 4.º A licença-maternidade só será concedida mediante apresentação do termo judicial de guarda à adotante ou guardiã.

•• § 4.º acrescentado pela Lei n. 10.421, de 15-4-2002.

§ 5.º A adoção ou guarda judicial conjunta ensejará a concessão de licença-maternidade a apenas um dos adotantes ou guardiães empregado ou empregada.

•• § 5.º acrescentado pela Lei n. 12.873, de 24-10-2013.

Art. 392-B. Em caso de morte da genitora, é assegurado ao cônjuge ou companheiro empregado o gozo de licença por todo o período da licença-maternidade ou pelo tempo restante a que teria direito a mãe, exceto no caso de falecimento do filho ou de seu abandono.

•• Artigo acrescentado pela Lei n. 12.873, de 24-10-2013.

Art. 392-C. Aplica-se, no que couber, o disposto nos arts. 392-A e 392-B ao empregado que adotar ou obtiver guarda judicial para fins de adoção.

•• Artigo acrescentado pela Lei n. 12.873, de 24-10-2013.

Art. 393. Durante o período a que se refere o art. 392, a mulher terá direito ao salário integral e, quando variável, calculado de acordo com a média dos 6 (seis) últimos meses de trabalho, bem como aos direitos e vantagens adquiridos, sendo-lhe ainda facultado reverter à função que anteriormente ocupava.

•• Artigo com redação determinada pelo Decreto-lei n. 229, de 28-2-1967.

> **Lei n. 8.213/91, art. 72, § 1.º: 1.º** Cabe à empresa pagar o salário-maternidade devido à respectiva empregada gestante, efetivando-se a compensação, observado o disposto no art. 248 da Constituição Federal, quando do recolhimento das contribuições incidentes sobre a folha de salários e demais rendimentos pagos ou creditados, a qualquer título, à pessoa física ou jurídica que lhe preste serviço.

Art. 394. Mediante atestado médico, à mulher grávida é facultado romper o compromisso resultante de qualquer contrato de trabalho, desde que este seja prejudicial à gestação.

Art. 394-A. Sem prejuízo de sua remuneração, nesta incluído o valor do adicional de insalubridade, a empregada deverá ser afastada de:

•• *Caput* com redação determinada pela Lei n. 13.467, de 13-7-2017.

I – atividades consideradas insalubres em grau máximo, enquanto durar a gestação;

•• Inciso I acrescentado pela Lei n. 13.467, de 13-7-2017.

II – atividades consideradas insalubres em grau médio ou mínimo, quando apresentar atestado de saúde, emitido por médico de confiança da mulher, que recomende o afastamento durante a gestação;

•• Inciso II acrescentado pela Lei n. 13.467, de 13-7-2017.
•• O STF, na ADI n. 5.938, de 29-4-2019 (*DOU* de 4-6-2019), declarou a inconstitucionalidade da expressão "quando apresentar atestado de saúde, emitido por médico de confiança da mulher, que recomende o afastamento", contida neste inciso II.

III – atividades consideradas insalubres em qualquer grau, quando apresentar atestado de saúde, emitido por médico de confiança da mulher, que recomende o afastamento durante a lactação.

•• Inciso III acrescentado pela Lei n. 13.467, de 13-7-2017.
•• O STF, na ADI n. 5.938, de 29-4-2019 (*DOU* de 4-6-2019), declarou a inconstitucionalidade da expressão "quando apresentar atestado de saúde, emitido por médico de confiança da mulher, que recomende o afastamento", contida neste inciso III.

§ 1.º (*Vetado.*)

•• Parágrafo único renumerado pela Lei n. 13.467, de 13-7-2017.

§ 2.º Cabe à empresa pagar o adicional de insalubridade à gestante ou à lactante, efetivando-se a compensação, observado o disposto no art. 248 da Constituição Federal, por ocasião do recolhimento das contribuições incidentes sobre a folha de salários e demais rendimentos pagos ou creditados, a qualquer título, à pessoa física que lhe preste serviço.

•• § 2.º acrescentado pela Lei n. 13.467, de 13-7-2017.

§ 3.º Quando não for possível que a gestante ou a lactante afastada nos termos do *caput* deste artigo exerça suas atividades em local salubre na empresa, a hipótese será considerada como gravidez de risco e ensejará a percepção de salário-maternidade, nos termos da Lei n. 8.213, de 24 de julho de 1991, durante todo o período de afastamento.

•• § 3.º acrescentado pela Lei n. 13.467, de 13-7-2017.

Art. 395. Em caso de aborto não criminoso, comprovado por atestado médico oficial, a mulher terá um repouso remunerado de 2 (duas) semanas, ficando-lhe assegurado o direito de retornar à função que ocupava antes de seu afastamento.

Art. 396. Para amamentar seu filho, inclusive se advindo de adoção, até que este complete 6 (seis) meses de idade, a mulher terá direito, durante a jornada de trabalho, a 2 (dois) descansos especiais de meia hora cada um.

•• *Caput* com redação determinada pela Lei n. 13.509, de 22-11-2017.

§ 1.º Quando o exigir a saúde do filho, o período de 6 (seis) meses poderá ser dilatado, a critério da autoridade competente.

•• Parágrafo único renumerado pela Lei n. 13.467, de 13-7-2017.

§ 2.º Os horários dos descansos previstos no *caput* deste artigo deverão ser definidos em acordo individual entre a mulher e o empregador.

•• § 2.º acrescentado pela Lei n. 13.467, de 13-7-2017.

Art. 397. O SESI, o SESC, a LBA e outras entidades públicas destinadas à assistência à infância manterão ou subvencionarão, de acordo

com suas possibilidades financeiras, escolas maternais e jardins de infância, distribuídos nas zonas de maior densidade de trabalhadores, destinados especialmente aos filhos das mulheres empregadas.

•• Artigo com redação determinada pelo Decreto-lei n. 229, de 28-2-1967.

Art. 398. (*Revogado pelo Decreto-lei n. 229, de 28-2-1967.*)

Art. 399. O Ministro do Trabalho e Previdência Social conferirá diploma de benemerência aos empregadores que se distinguirem pela organização e manutenção de creches e de instituições de proteção aos menores em idade pré-escolar, desde que tais serviços se recomendem por sua generosidade e pela eficiência das respectivas instalações.

•• Sobre Ministérios, *vide* Nota dos Organizadores.

Art. 400. Os locais destinados à guarda dos filhos das operárias durante o período da amamentação deverão possuir, no mínimo, um berçário, uma saleta de amamentação, uma cozinha dietética e uma instalação sanitária.

Art. 7.º, XXV, da CF: São direitos dos trabalhadores urbanos e rurais, além de outros que visem à melhoria de sua condição social: (...) XXV - assistência gratuita aos filhos e dependentes desde o nascimento até 5 (cinco) anos de idade em creches e pré-escolas.

SEÇÃO VI
Das Penalidades

Art. 401. Pela infração de qualquer dispositivo deste Capítulo, será imposta ao empregador a multa de cem a mil cruzeiros, aplicada, nesta Capital, pela autoridade competente de 1.ª instância das Delegacias Regionais do Trabalho, e, nos Estados e Território do Acre, pelas autoridades competentes do Ministério do Trabalho e Previdência Social ou por aquelas que exerçam funções delegadas.

•• *Vide* Nota dos Organizadores, sobre o valor das multas previstas na CLT.
•• Denominação atual: MTE. Sobre o tema, *vide* Nota dos Organizadores.

§ 1.º A penalidade será sempre aplicada no grau máximo:

a) se ficar apurado o emprego de artifício ou simulação para fraudar a aplicação dos dispositivos deste Capítulo;

b) nos casos de reincidência.

§ 2.º O processo na verificação das infrações, bem como na aplicação e cobrança das multas, será o previsto no título "Do Processo de Multas Administrativas", observadas as disposições deste artigo.

Art. 401-A. (*Vetado.*)

•• A Lei n. 9.799, de 26-5-1999, acrescentou este artigo, porém teve seu texto vetado.

Art. 401-B. (*Vetado.*)

•• A Lei n. 9.799, de 26-5-1999, acrescentou este artigo, porém teve seu texto vetado.

Capítulo IV
DA PROTEÇÃO DO TRABALHO DO MENOR

Art. 7.º, XXXIII, da CF: São direitos dos trabalhadores urbanos e rurais, além de outros que visem à melhoria de sua condição social: (...) XXXIII - proibição de trabalho noturno, perigoso ou insalubre a menores de 18 (dezoito) e de qualquer trabalho a menores de 16 (dezesseis) anos, salvo na condição de aprendiz, a partir de 14 (quatorze) anos.

Art. 227, § 3.º, I e III, da CF: O direito a proteção especial abrangerá os seguintes aspectos: I - idade mínima de quatorze anos para admissão ao trabalho, observado o disposto no art. 7.º, XXXIII; (...) III - garantia de acesso do trabalhador adolescente à escola.

Lei n. 12.852/13 (Estatuto da Juventude), arts. 14 a 16: O jovem tem direito à profissionalização, ao trabalho e à renda, exercido em condições de liberdade, equidade e segurança, adequadamente remunerado e com proteção social. Art. 15. A ação do poder público na efetivação do direito do jovem à profissionalização, ao trabalho e à renda contempla a adoção das seguintes medidas: I - promoção de formas coletivas de organização para o trabalho, de redes de economia solidária e da livre associação; II - oferta de condições especiais de jornada de trabalho por meio de: a) compatibilização entre os horários de trabalho e de estudo; b) oferta dos níveis, formas e modalidades de ensino em horários que permitam a compatibilização da frequência escolar com o trabalho regular; III - criação de linha de crédito especial destinada aos jovens empreendedores; IV - atuação estatal preventiva e repressiva quanto à exploração e precarização do trabalho juvenil; V - adoção de políticas públicas voltadas para a promoção do estágio, aprendizagem e trabalho para a juventude; VI - apoio ao jovem trabalhador rural na organização da produção da agricultura familiar e dos empreendimentos familiares rurais, por meio das seguintes ações: a) estímulo à produção e à diversificação de produtos; b) fomento à produção sustentável baseada na agroecologia, nas agroindústrias familiares, na integração entre lavoura, pecuária e floresta e no extrativismo sustentável; c) investimento em pesquisa de tecnologias apropriadas à agricultura familiar e aos empreendimentos familiares rurais; d) estímulo à comercialização direta da produção da agricultura familiar, aos empreendimentos familiares rurais e à formação de cooperativas; e) garantia de projetos de infraestrutura básica de acesso e escoamento de produção, priorizando a melhoria das estradas e do transporte; f) promoção de programas que favoreçam o acesso ao crédito, à terra e à assistência técnica rural; VII - apoio ao jovem trabalhador com deficiência, por meio das seguintes ações: a) estímulo à formação e à qualificação profissional em ambiente inclusivo; b) oferta de condições especiais de jornada de trabalho; c) estímulo à inserção no mercado de trabalho por meio da condição de aprendiz. Art. 16. O direito à profissionalização e à proteção no trabalho dos adolescentes com idade entre 15 (quinze) e 18 (dezoito) anos de idade será regido pelo disposto na Lei n. 8.069, de 13 de julho de 1990 - Estatuto da Criança e do Adolescente, e em leis específicas, não se aplicando o previsto nesta Seção.

•• A Lei n. 11.692, de 10-6-2008, dispõe sobre o Programa Nacional de Inclusão de Jovens – Projovem.
• *Vide* Decreto n. 9.579, de 22-11-2018, que regulamenta a contratação de jovens aprendizes.
• *Vide* art. 149, § 2.º, do Decreto-lei n. 2.848, de 7-12-1940, sobre trabalho escravo.
• *Vide* arts. 60 e s. do ECA: Lei n. 8.069, de 13-7-1990.
• O Decreto n. 10.088, de 5-11-2019, promulga a Convenção n. 182 e a Recomendação n. 190 da OIT, sobre a proibição das piores formas de trabalho infantil e a ação imediata para sua eliminação, concluídas em Genebra, em 17-6-1999. O Decreto n. 6.481, de 12-6-2008, aprova a Lista das Piores Formas de Trabalho Infantil.
• O Decreto n. 4.134, de 15-2-2002, promulga a Convenção n. 138 e a Recomendação n. 146 da OIT sobre Idade Mínima de Admissão ao Emprego.

SEÇÃO I
Disposições Gerais

Art. 402. Considera-se menor para os efeitos desta Consolidação o trabalhador de 14 (quatorze) até 18 (dezoito) anos.

•• *Caput* com redação determinada pela Lei n. 10.097, de 19-12-2000.

Art. 7.º, XXXIII, da CF: São direitos dos trabalhadores urbanos e rurais, além de outros que visem à melhoria de sua condição social: (...) XXXIII - proibição de trabalho noturno, perigoso ou insalubre a menores de 18 (dezoito) e de qualquer trabalho a menores de 16 (dezesseis) anos, salvo na condição de aprendiz, a partir de 14 (quatorze) anos.

Parágrafo único. O trabalho do menor reger-se-á pelas disposições do presente Capítulo, exceto no serviço em oficinas em que trabalhem exclusivamente pessoas da família do menor e esteja este sob a direção do pai, mãe ou tutor, observado, entretanto, o disposto nos arts. 404, 405 e na Seção II.

•• Parágrafo único com redação determinada pelo Decreto-lei n. 229, de 28-2-1967.

Art. 403. É proibido qualquer trabalho a menores de 16 (dezesseis) anos de idade, salvo na condição de aprendiz, a partir dos 14 (quatorze) anos.

•• *Caput* com redação determinada pela Lei n. 10.097, de 19-12-2000.

Art. 7.º, XXXIII, da CF: São direitos dos trabalhadores urbanos e rurais, além de outros que visem à melhoria de sua condição social: (...) XXXIII - proibição de trabalho noturno, perigoso ou insalubre a menores de 18 (dezoito) e de qualquer trabalho a menores de 16 (dezesseis) anos, salvo na condição de aprendiz, a partir de 14 (quatorze) anos.

•• A Resolução n. 69, de 18-5-2011, do CNMP, dispõe sobre a atuação dos membros do Ministério Público como órgão interveniente nos processos judiciais em que se requer a autorização para trabalho de crianças e adolescentes menores de 16 anos.

Parágrafo único. O trabalho do menor não poderá ser realizado em locais prejudiciais à sua formação, ao seu desenvolvimento físico, psíquico, moral e social e em horários e locais que não permitam a frequência à escola.

•• Parágrafo único com redação determinada pela Lei n. 10.097, de 19-12-2000.

Art. 7.º, XXXIII, da CF: São direitos dos trabalhadores urbanos e rurais, além de outros que visem à melhoria de sua condição social: (...) XXXIII - proibição de trabalho noturno, perigoso ou insalubre a menores de 18 (dezoito) e de qualquer trabalho a menores de 16 (dezesseis) anos, salvo na condição de aprendiz, a partir de 14 (quatorze) anos.

a) e *b)* (*Revogadas pela Lei n. 10.097, de 19-12-2000.*)

Art. 404. Ao menor de 18 (dezoito) anos é vedado o trabalho noturno, considerado este o que for executado no período compreendido entre as 22 (vinte e duas) e as 5 (cinco) horas.

Art. 7.º, XXXIII, da CF: São direitos dos trabalhadores urbanos e rurais, além de outros que visem à melhoria de sua condição social: (...) XXXIII - proibição de trabalho noturno,

perigoso ou insalubre a menores de 18 (dezoito) e de qualquer trabalho a menores de 16 (dezesseis) anos, salvo na condição de aprendiz, a partir de 14 (quatorze) anos.

Art. 405. Ao menor não será permitido o trabalho:

•• *Caput* com redação determinada pelo Decreto-lei n. 229, de 28-2-1967.

I – nos locais e serviços perigosos ou insalubres, constantes de quadro para esse fim aprovado pela Secretaria de Segurança e Medicina do Trabalho;

•• Inciso I com redação determinada pelo Decreto-lei n. 229, de 28-2-1967.

> **Art. 7.º, XXXIII, da CF:** São direitos dos trabalhadores urbanos e rurais, além de outros que visem à melhoria de sua condição social: (...) XXXIII – proibição de trabalho noturno, perigoso ou insalubre a menores de 18 (dezoito) e de qualquer trabalho a menores de 16 (dezesseis) anos, salvo na condição de aprendiz, a partir de 14 (quatorze) anos.
>
> • Vide Decreto n. 6.481, de 12-6-2008, que publicou a Lista das Piores Formas do Trabalho Infantil.

II – em locais ou serviços prejudiciais à sua moralidade.

•• Inciso II com redação determinada pelo Decreto-lei n. 229, de 28-2-1967.

§ 1.º (*Revogado pela Lei n. 10.097, de 19-12-2000.*)

§ 2.º O trabalho exercido nas ruas, praças e outros logradouros dependerá de prévia autorização do Juiz da Infância e da Juventude, ao qual cabe verificar se a ocupação é indispensável à sua própria subsistência ou à de seus pais, avós ou irmãos e se dessa ocupação não poderá advir prejuízo à sua formação moral.

•• § 2.º com redação determinada pelo Decreto-lei n. 229, de 28-2-1967.

§ 3.º Considera-se prejudicial à moralidade do menor o trabalho:

a) prestado de qualquer modo em teatros de revista, cinemas, boates, cassinos, cabarés, *dancings* e estabelecimentos análogos;

> **Art. 406 da CLT:** O Juiz da Infância e da Juventude poderá autorizar ao menor o trabalho a que se referem as letras *a* e *b* do § 3.º do art. 405: I – desde que a representação tenha fim educativo ou a peça de que participe não possa ser prejudicial à sua formação moral; II – desde que se certifique ser a ocupação do menor indispensável à própria subsistência ou à de seus pais, avós ou irmãos e não advir nenhum prejuízo à sua formação moral.

b) em empresas circenses, em funções de acrobata, saltimbanco, ginasta e outras semelhantes;

• Vide nota na alínea anterior.

c) de produção, composição, entrega ou venda de escritos, impressos, cartazes, desenhos, gravuras, pinturas, emblemas, imagens e quaisquer outros objetos que possam, a juízo da autoridade competente, prejudicar sua formação moral;

d) consistente na venda, a varejo, de bebidas alcoólicas.

•• § 3.º com redação determinada pelo Decreto-lei n. 229, de 28-2-1967.

§ 4.º Nas localidades em que existirem, oficialmente reconhecidas, instituições destinadas ao amparo dos menores jornaleiros, só aos que se encontrem sob o patrocínio dessas entidades será outorgada a autorização do trabalho a que alude o § 2.º.

•• § 4.º com redação determinada pelo Decreto-lei n. 229, de 28-2-1967.

§ 5.º Aplica-se ao menor o disposto no art. 390 e seu parágrafo único.

•• § 5.º com redação determinada pelo Decreto-lei n. 229, de 28-2-1967.

Art. 406. O Juiz da Infância e da Juventude poderá autorizar ao menor o trabalho a que se referem as letras *a* e *b* do § 3.º do art. 405:

I – desde que a representação tenha fim educativo ou a peça de que participe não possa ser prejudicial à sua formação moral;

II – desde que se certifique ser a ocupação do menor indispensável à própria subsistência ou à de seus pais, avós ou irmãos e não advir nenhum prejuízo à sua formação moral.

•• *Caput* e incisos com redação determinada pelo Decreto-lei n. 229, de 28-2-1967.

Art. 407. Verificado pela autoridade competente que o trabalho executado pelo menor é prejudicial à sua saúde, ao seu desenvolvimento físico ou à sua moralidade, poderá ela obrigá-lo a abandonar o serviço, devendo a respectiva empresa, quando for o caso, proporcionar ao menor todas as facilidades para mudar de funções.

•• *Caput* com redação determinada pelo Decreto-lei n. 229, de 28-2-1967.

Parágrafo único. Quando a empresa não tomar as medidas possíveis e recomendadas pela autoridade competente para que o menor mude de função, configurar-se-á a rescisão do contrato de trabalho, na forma do art. 483.

•• Parágrafo único com redação determinada pelo Decreto-lei n. 229, de 28-2-1967.

Art. 408. Ao responsável legal do menor é facultado pleitear a extinção do contrato de trabalho, desde que o serviço possa acarretar para ele prejuízos de ordem física ou moral.

•• Artigo com redação determinada pelo Decreto-lei n. 229, de 28-2-1967.

Art. 409. Para maior segurança do trabalho e garantia da saúde dos menores, a autoridade fiscalizadora poderá proibir-lhes o gozo dos períodos de repouso nos locais de trabalho.

Art. 410. O Ministro do Trabalho e Previdência Social poderá derrogar qualquer proibição decorrente do quadro a que se refere o inciso I do art. 405 quando se certificar haver desaparecido, parcial ou totalmente, o caráter perigoso ou insalubre, que determinou a proibição.

•• Vide Nota dos Organizadores sobre Ministérios.

> **Art. 194 da CLT:** direito do empregado ao adicional de insalubridade ou de periculosidade cessará com a eliminação do risco à sua saúde ou integridade física, nos termos desta Seção e das normas expedidas pelo Ministério do Trabalho.

SEÇÃO II
Da Duração do Trabalho

> **Art. 7.º, XIII, XIV e XVI, da CF:** São direitos dos trabalhadores urbanos e rurais, além de outros que visem à melhoria de sua condição social: (...) XIII – duração do trabalho normal não superior a oito horas diárias e quarenta e quatro semanais, facultada a compensação de horários e a redução da jornada, mediante acordo ou convenção coletiva de trabalho; XIV – jornada de seis horas para o trabalho realizado em turnos ininterruptos de revezamento, salvo negociação coletiva; (...) XVI – remuneração do serviço extraordinário superior, no mínimo, em cinquenta por cento à do normal.

Art. 411. A duração do trabalho do menor regular-se-á pelas disposições legais relativas à duração do trabalho em geral, com as restrições estabelecidas neste Capítulo.

Art. 412. Após cada período de trabalho efetivo, quer contínuo, quer dividido em 2 (dois) turnos, haverá um intervalo de repouso, não inferior a 11 (onze) horas.

Art. 413. É vedado prorrogar a duração normal diária do trabalho do menor, salvo:

I – até mais 2 (duas) horas, independentemente de acréscimo salarial, mediante convenção ou acordo coletivo nos termos do Título VI desta Consolidação, desde que o excesso de horas em um dia seja compensado pela diminuição em outro, de modo a ser observado o limite máximo de 48 (quarenta e oito) horas semanais ou outro inferior legalmente fixado;

> **Art. 7.º, XIII, da CF:** São direitos dos trabalhadores urbanos e rurais, além de outros que visem à melhoria de sua condição social: (...) XIII – duração do trabalho normal não superior a oito horas diárias e quarenta e quatro semanais, facultada a compensação de horários e a redução da jornada, mediante acordo ou convenção coletiva de trabalho.

II – excepcionalmente, por motivo de força maior, até o máximo de 12 (doze) horas, com acréscimo salarial de pelo menos 25% (vinte e cinco por cento) sobre a hora normal e desde que o trabalho do menor seja imprescindível ao funcionamento do estabelecimento.

•• *Caput* e incisos com redação determinada pelo Decreto-lei n. 229, de 28-2-1967.

> **Art. 7.º, XVI, da CF:** São direitos dos trabalhadores urbanos e rurais, além de outros que visem à melhoria de sua condição social: (...) XVI – remuneração do serviço extraordinário superior, no mínimo, em cinquenta por cento à do normal.

Parágrafo único. Aplica-se à prorrogação do trabalho do menor o disposto no art. 375, no parágrafo único do art. 376, no art. 378 e no art. 384 desta Consolidação.

•• Parágrafo único com redação determinada pelo Decreto-lei n. 229, de 28-2-1967.

• Os citados arts. 375, 376 e 378 desta Consolidação foram revogados.

Art. 414. Quando o menor de 18 (dezoito) anos for empregado em mais de um estabelecimento, as horas de trabalho em cada um serão totalizadas.

SEÇÃO III
Da Admissão em Emprego e da Carteira de Trabalho e Previdência Social

•• A CTPS foi instituída pelo Decreto-lei n. 926, de 10-10-1969, em substituição à Carteira do menor, descrita no texto original da CLT.

Art. 415. Haverá a Carteira de Trabalho e Previdência Social para todos os menores de 18 anos, sem distinção do sexo, empregados em empresas ou estabelecimentos de fins econômicos e daqueles que lhes forem equiparados.
Parágrafo único. (*Revogado pela Lei n. 13.874, de 20-9-2019.*)

Art. 416. Os menores de 18 anos só poderão ser admitidos, como empregados, nas empresas ou estabelecimentos de fins econômicos e naqueles que lhes forem equiparados, quando possuidores da carteira a que se refere o artigo anterior, salvo a hipótese do art. 422.

Art. 417. (*Revogado pela Lei n. 13.874, de 20-9-2019.*)
Art. 418. (*Revogado pela Lei n. 7.855, de 24-10-1989.*)
Arts. 419 a 422. (*Revogados pela Lei n. 13.874, de 20-9-2019.*)

Art. 423. O empregador não poderá fazer outras anotações na carteira de trabalho e previdência social além das referentes ao salário, data da admissão, férias e saída.

SEÇÃO IV
Dos Deveres dos Responsáveis Legais de Menores e dos Empregadores. Da Aprendizagem

•• O Decreto n. 9.579, de 22-11-2018, regulamenta a contratação de aprendizes.

Art. 424. É dever dos responsáveis legais de menores, pais, mães, ou tutores, afastá-los de empregos que diminuam consideravelmente o seu tempo de estudo, reduzam o tempo de repouso necessário à sua saúde e constituição física, ou prejudiquem a sua educação moral.

Lei n. 5.889/73, art. 16: Toda propriedade rural, que mantenha a seu serviço ou trabalhando em seus limites mais de 50 (cinquenta) famílias de trabalhadores de qualquer natureza, é obrigada a possuir e conservar em funcionamento escola primária, inteiramente gratuita, para os filhos destes, com tantas classes quantos sejam os grupos de 40 (quarenta) crianças em idade escolar. Parágrafo único. A matrícula da população em idade escolar será obrigatória, sem qualquer outra exigência, além da certidão de nascimento, para cuja obtenção o empregador proporcionará todas as facilidades aos responsáveis pelas crianças.

• *Vide* Lei n. 8.069, de 13-7-1990 (ECA).

Art. 425. Os empregadores de menores de 18 (dezoito) anos são obrigados a velar pela observância, nos seus estabelecimentos ou empresas, dos bons costumes e da decência pública, bem como das regras de higiene e segurança do trabalho.

•• Denominação atual: Segurança e Medicina do Trabalho.

Art. 426. É dever do empregador, na hipótese do art. 407, proporcionar ao menor todas as facilidades para mudar de serviço.

Art. 427. O empregador, cuja empresa ou estabelecimento ocupar menores, será obrigado a conceder-lhes o tempo que for necessário para a frequência às aulas.

Art. 227, caput e § 3.º, da CF: É dever da família, da sociedade e do Estado assegurar à criança, ao adolescente e ao jovem, com absoluta prioridade, o direito à vida, à saúde, à alimentação, à educação, ao lazer, à profissionalização, à cultura, à dignidade, ao respeito, à liberdade e à convivência familiar e comunitária, além de colocá-los a salvo de toda forma de negligência, discriminação, exploração, violência, crueldade e opressão. (...) § 3.º O direito a proteção especial abrangerá os seguintes aspectos: I – idade mínima de quatorze anos para admissão ao trabalho, observado o disposto no art. 7.º, XXXIII; II – garantia de direitos previdenciários e trabalhistas; III – garantia de acesso do trabalhador adolescente e jovem à escola; IV – garantia de pleno e formal conhecimento da atribuição de ato infracional, igualdade na relação processual e defesa técnica por profissional habilitado, segundo dispuser a legislação tutelar específica; V – obediência aos princípios de brevidade, excepcionalidade e respeito à condição peculiar de pessoa em desenvolvimento, quando da aplicação de qualquer medida privativa da liberdade; VI – estímulo do Poder Público, através de assistência jurídica, incentivos fiscais e subsídios, nos termos da lei, ao acolhimento, sob a forma de guarda, de criança ou adolescente órfão ou abandonado; VII – programas de prevenção e atendimento especializado à criança, ao adolescente e ao jovem dependente de entorpecentes e drogas afins.

Lei n. 5.889/73, art. 16: Toda propriedade rural, que mantenha a seu serviço ou trabalhando em seus limites mais de 50 (cinquenta) famílias de trabalhadores de qualquer natureza, é obrigada a possuir e conservar em funcionamento escola primária, inteiramente gratuita, para os filhos destes, com tantas classes quantos sejam os grupos de 40 (quarenta) crianças em idade escolar. Parágrafo único. A matrícula da população em idade escolar será obrigatória, sem qualquer outra exigência, além da certidão de nascimento, para cuja obtenção o empregador proporcionará todas as facilidades aos responsáveis pelas crianças.

Parágrafo único. Os estabelecimentos situados em lugar onde a escola estiver a maior distância que 2 (dois) quilômetros, e que ocuparem, permanentemente, mais de 30 (trinta) menores analfabetos, de 14 (quatorze) a 18 (dezoito) anos, serão obrigados a manter local apropriado em que lhes seja ministrada a instrução primária.

Art. 428. Contrato de aprendizagem é o contrato de trabalho especial, ajustado por escrito e por prazo determinado, em que o empregador se compromete a assegurar ao maior de 14 (quatorze) e menor de 24 (vinte e quatro) anos inscrito em programa de aprendizagem formação técnico-profissional metódica, compatível com o seu desenvolvimento físico, moral e psicológico, e o aprendiz, a executar com zelo e diligência as tarefas necessárias a essa formação.

•• *Caput* com redação determinada pela Lei n. 11.180, de 23-9-2005.

Enunciado 18 da 1.ª Jornada de Direito do Trabalho: Princípio da proteção integral. Trabalho do adolescente. Ilegalidade da concessão de autorização judicial. A Constituição Federal veda qualquer trabalho anterior à idade de dezesseis anos, salvo na condição de aprendiz, a partir dos quatorze anos (art. 7.º, XXXIII, da CF, arts. 428 a 433 da CLT). Princípio da proteção integral que se impõe com prioridade absoluta (art. 227, *caput*), proibindo a emissão de autorização judicial para o trabalho antes dos dezesseis anos.

• O Decreto n. 9.579, de 22-11-2018, regulamenta a contratação de aprendizes.
• *Vide* art. 6.º, § 1.º, I, da Instrução Normativa n. 144, de 18-5-2018.
• A Portaria n. 4.089, de 22-6-2021, do Ministério da Economia, autoriza, de forma excepcional, a execução das atividades teóricas e práticas dos programas de aprendizagem profissional, conforme disposto neste artigo, na modalidade a distância, até 31-12-2021.
• A Instrução Normativa n. 146, de 25-7-2018, da SIT, dispõe sobre a fiscalização das condições de trabalho no âmbito do programa de aprendizagem.

§ 1.º A validade do contrato de aprendizagem pressupõe anotação na Carteira de Trabalho e Previdência Social, matrícula e frequência do aprendiz na escola, caso não haja concluído o ensino médio, e inscrição em programa de aprendizagem desenvolvido sob orientação de entidade qualificada em formação técnico-profissional metódica.

•• § 1.º com redação determinada pela Lei n. 11.788, de 25-9-2008.

§ 2.º Ao aprendiz, salvo condição mais favorável, será garantido o salário mínimo hora.

•• § 2.º com redação determinada pela Lei n. 13.420, de 13-3-2017.

§ 3.º O contrato de aprendizagem não poderá ser estipulado por mais de 2 (dois) anos, exceto quando se tratar de aprendiz portador de deficiência.

•• § 3.º com redação determinada pela Lei n. 11.788, de 25-9-2008.

§ 4.º A formação técnico-profissional a que se refere o *caput* deste artigo caracteriza-se por atividades teóricas e práticas, metodicamente organizadas em tarefas de complexidade progressiva desenvolvidas no ambiente de trabalho.

•• § 4.º acrescentado pela Lei n. 10.097, de 19-12-2000.

§ 5.º A idade máxima prevista no *caput* deste artigo não se aplica a aprendizes portadores de deficiência.

•• § 5.º acrescentado pela Lei n. 11.180, de 23-9-2005.

§ 6.º Para os fins do contrato de aprendizagem, a comprovação da escolaridade de aprendiz com deficiência deve considerar, sobretudo, as habilidades e competências relacionadas com a profissionalização.

•• § 6.º com redação determinada pela Lei n. 13.146, de 6-7-2015.

§ 7.º Nas localidades onde não houver oferta de ensino médio para o cumprimento do disposto no § 1.º deste artigo, a contratação do aprendiz poderá ocorrer sem a frequência à escola, desde que ele já tenha concluído o ensino fundamental.

•• § 7.º acrescentado pela Lei n. 11.788, de 25-9-2008.

§ 8.º Para o aprendiz com deficiência com 18 (dezoito) anos ou mais, a validade do contrato de aprendizagem pressupõe anotação na CTPS e matrícula e frequência em programa de aprendizagem desenvolvido sob orientação de entidade qualificada em formação técnico-profissional metódica.

•• § 8.º acrescentado pela Lei n. 13.146, de 6-7-2015.

Art. 429. Os estabelecimentos de qualquer natureza são obrigados a empregar e matricular nos cursos dos Serviços Nacionais de Aprendizagem número de aprendizes equivalente a 5% (cinco por cento), no mínimo, e 15% (quinze por cento), no máximo, dos trabalhadores existentes em cada estabelecimento, cujas funções demandem formação profissional.

•• *Caput com redação determinada pela Lei n. 10.097, de 19-12-2000.*

Lei Complementar n. 123/06, art. 51, III: As microempresas e as empresas de pequeno porte são dispensadas: (...) III – de empregar e matricular seus aprendizes nos cursos dos Serviços Nacionais de Aprendizagem.

• A Portaria n. 1.288, de 1.º-10-2015, do Ministério do Trabalho e Emprego, dispõe sobre a contratação de aprendizes no âmbito das empresas cujas atividades demandem mão de obra com habilitação técnica específica que impossibilita a aprendizagem e/ou as que exerçam atividades insalubres e perigosas.

• A Instrução Normativa n. 146, de 25-7-2018, da SIT, dispõe sobre a fiscalização das condições de trabalho no âmbito do programa de aprendizagem.

a) e b) (Revogadas *pela Lei n. 10.097, de 19-12-2000.*)

§ 1.º-A. O limite fixado neste artigo não se aplica quando o empregador for entidade sem fins lucrativos, que tenha por objetivo a educação profissional.

•• § 1.º-A acrescentado pela Lei n. 10.097, de 19-12-2000.

§ 1.º-B Os estabelecimentos a que se refere o *caput* poderão destinar o equivalente a até 10% (dez por cento) de sua cota de aprendizes à formação técnico-profissional metódica em áreas relacionadas a práticas de atividades desportivas, à prestação de serviços relacionados à infraestrutura, incluindo as atividades de construção, ampliação, recuperação e manutenção de instalações esportivas e à organização e promoção de eventos esportivos;

•• § 1.º-B acrescentado pela Lei n. 13.420, de 13-3-2017.

§ 1.º As frações de unidade, no cálculo da percentagem de que trata o *caput*, darão lugar à admissão de um aprendiz.

•• § 1.º acrescentado pela Lei n. 10.097, de 19-12-2000.

§ 2.º Os estabelecimentos de que trata o *caput* ofertarão vagas de aprendizes a adolescentes usuários do Sistema Nacional de Atendimento Socioeducativo (Sinase) nas condições a serem dispostas em instrumentos de cooperação celebrados entre os estabelecimentos e os gestores dos Sistemas de Atendimento Socioeducativo locais.

•• § 2.º acrescentado pela Lei n. 12.594, de 18-1-2012.

§ 3.º Os estabelecimentos de que trata o *caput* poderão ofertar vagas de aprendizes a adolescentes usuários do Sistema Nacional de Políticas Públicas sobre Drogas – SISNAD nas condições a serem dispostas em instrumentos de cooperação celebrados entre os estabelecimentos e os gestores locais responsáveis pela prevenção do uso indevido, atenção e reinserção social de usuários e dependentes de drogas.

•• § 3.º acrescentado pela Lei n. 13.840, de 5-6-2019.

Art. 430. Na hipótese de os Serviços Nacionais de Aprendizagem não oferecerem cursos ou vagas suficientes para atender à demanda dos estabelecimentos, esta poderá ser suprida por outras entidades qualificadas em formação técnico-profissional metódica, a saber:

•• *Caput com redação determinada pela Lei n. 10.097, de 19-12-2000.*

I – Escolas Técnicas de Educação;

•• Inciso I com redação determinada pela Lei n. 10.097, de 19-12-2000.

II – entidades sem fins lucrativos, que tenham por objetivo a assistência ao adolescente e à educação profissional, registradas no Conselho Municipal dos Direitos da Criança e do Adolescente;

•• Inciso II com redação determinada pela Lei n. 10.097, de 19-12-2000.

• A Resolução n. 74, de 13-9-2001, do CONANDA, dispõe sobre o registro e fiscalização das instituições sem fins lucrativos que tenham por objetivo a assistência ao adolescente e à educação profissional.

• A Portaria n. 702, de 18-12-2001, do MTE, estabelece normas para avaliação da competência das entidades sem fins lucrativos que tenham por objetivo a assistência ao adolescente e à educação profissional, e que se proponham a desenvolver programas de aprendizagem nos termos deste artigo.

• A Portaria n. 723, de 23-4-2012, cria o CNAP, destinado ao cadastramento das entidades qualificadas em formação técnico-profissional metódica de que trata este inciso.

III – entidades de prática desportiva das diversas modalidades filiadas ao Sistema Nacional do Desporto e aos Sistemas de Desporto dos Estados, do Distrito Federal e dos Municípios.

•• Inciso III acrescentado pela Lei n. 13.420, de 13-3-2017.

§ 1.º As entidades mencionadas neste artigo deverão contar com estrutura adequada ao desenvolvimento dos programas de aprendizagem, de forma a manter a qualidade do processo de ensino, bem como acompanhar e avaliar os resultados.

•• § 1.º acrescentado pela Lei n. 10.097, de 19-12-2000.

§ 2.º Aos aprendizes que concluírem os cursos de aprendizagem, com aproveitamento, será concedido certificado de qualificação profissional.

•• § 2.º acrescentado pela Lei n. 10.097, de 19-12-2000.

§ 3.º O Ministério do Trabalho fixará normas para avaliação da competência das entidades mencionadas nos incisos II e III deste artigo.

•• § 3.º com redação determinada pela Lei n. 13.420, de 13-3-2017.

§ 4.º As entidades mencionadas nos incisos II e III deste artigo deverão cadastrar seus cursos, turmas e aprendizes matriculados no Ministério do Trabalho.

•• § 4.º acrescentado pela Lei n. 13.420, de 13-3-2017.

§ 5.º As entidades mencionadas neste artigo poderão firmar parcerias entre si para o desenvolvimento dos programas de aprendizagem, conforme regulamento.

•• § 5.º acrescentado pela Lei n. 13.420, de 13-3-2017.

Art. 431. A contratação do aprendiz poderá ser efetivada pela empresa onde se realizará a aprendizagem ou pelas entidades mencionadas nos incisos II e III do art. 430, caso em que não gera vínculo de emprego com a empresa tomadora dos serviços.

•• *Caput com redação determinada pela Lei n. 13.420, de 13-3-2017.*

Art. 7.º, XXXIII, da CF: São direitos dos trabalhadores urbanos e rurais, além de outros que visem à melhoria de sua condição social: (...) XXXIII – proibição de trabalho noturno, perigoso ou insalubre a menores de 18 (dezoito) e de qualquer trabalho a menores de 16 (dezesseis) anos, salvo na condição de aprendiz, a partir de 14 (quatorze) anos.

• Vide notas ao artigo anterior.

a) a c) (*Revogadas pela Lei n. 10.097, de 19-12-2000.*)

Parágrafo único. Aos candidatos rejeitados pela seleção profissional deverá ser dada, tanto quanto possível, orientação profissional para ingresso em atividade mais adequada às qualidades e aptidões que tiverem demonstrado.

•• A Lei n. 10.097, de 19-12-2000, propôs nova redação para este parágrafo único, porém teve seu texto vetado.

Art. 432. A duração do trabalho do aprendiz não excederá de 6 (seis) horas diárias, sendo vedadas a prorrogação e a compensação de jornada.

•• *Caput com redação determinada pela Lei n. 10.097, de 19-12-2000.*

§ 1.º O limite previsto neste artigo poderá ser de até 8 (oito) horas diárias para os aprendizes que já tiverem completado o ensino fundamental, se nelas forem computadas as horas destinadas à aprendizagem teórica.

•• § 1.º com redação determinada pela Lei n. 10.097, de 19-12-2000.

§ 2.º (*Revogado pela Lei n. 10.097, de 19-12-2000.*)

Art. 433. O contrato de aprendizagem extinguir-se-á no seu termo ou quando o aprendiz completar 24 (vinte e quatro) anos, ressalvada a hipótese prevista no § 5.º do art. 428 desta Consolidação, ou ainda antecipadamente nas seguintes hipóteses:

•• *Caput com redação determinada pela Lei n. 11.180, de 23-9-2005.*

a) e b) (*Revogadas pela Lei n. 10.097, de 19-12-2000.*)

I – desempenho insuficiente ou inadaptação do aprendiz, salvo para o aprendiz com deficiência quando desprovido de recursos de acessibilidade, de tecnologias assistivas e de apoio necessário ao desempenho de suas atividades;

•• Inciso I com redação determinada pela Lei n. 13.146, de 6-7-2015.

II – falta disciplinar grave;

•• Inciso II acrescentado pela Lei n. 10.097, de 19-12-2000.

III – ausência injustificada à escola que implique perda do ano letivo; ou
•• Inciso III acrescentado pela Lei n. 10.097, de 19-12-2000.
IV – a pedido do aprendiz.
•• Inciso IV acrescentado pela Lei n. 10.097, de 19-12-2000.
Parágrafo único. (*Revogado pela Lei n. 3.519, de 30-12-1958.*)
§ 2.º Não se aplica o disposto nos arts. 479 e 480 desta Consolidação às hipóteses de extinção do contrato mencionadas neste artigo.
• § 2.º acrescentado pela Lei n. 10.097, de 19-12-2000.
•• Mantivemos § 2.º conforme publicação oficial.

SEÇÃO V
Das Penalidades

Art. 7.º, X, da CF: São direitos dos trabalhadores urbanos e rurais, além de outros que visem à melhoria de sua condição social: (...) X – proteção do salário na forma da lei, constituindo crime sua retenção dolosa.

Art. 434. Os infratores das disposições deste Capítulo ficam sujeitos à multa de valor igual a 1 (um) salário mínimo regional, aplicada tantas vezes quantos forem os menores empregados em desacordo com a lei, não podendo, todavia, a soma das multas exceder a 5 (cinco) vezes o salário mínimo, salvo no caso de reincidência, em que esse total poderá ser elevado ao dobro.
•• Artigo com redação determinada pelo Decreto-lei n. 229, de 28-2-1967.
• Vide Nota dos Organizadores sobre o valor das multas previstas na CLT.

Art. 435. Fica sujeita à multa de valor igual a 1 (um) salário mínimo regional e ao pagamento da emissão de nova via a empresa que fizer na Carteira do menor anotação não prevista em lei.
•• Artigo com redação determinada pelo Decreto-lei n. 229, de 28-2-1967.
• Vide Nota dos Organizadores sobre o valor das multas previstas na CLT.

Arts. 436 e 437. (*Revogados pela Lei n. 10.097, de 19-12-2000.*)

Art. 438. São competentes para impor as penalidades previstas neste Capítulo:
• O Decreto-lei n. 229, de 28-2-1967, estabelece em seu art. 35, IV, que as referências feitas na CLT ao Departamento Nacional do Trabalho, como autoridade julgadora de infração em primeira instância, entendem-se como concernentes às Delegacias Regionais do Trabalho.
a) no Distrito Federal, a autoridade de 1.ª instância da Delegacia Regional do Trabalho;
•• Vide nota ao *caput* deste artigo.
b) nos Estados e Territórios do Acre, os delegados regionais do Ministério do Trabalho e Previdência Social ou os funcionários por eles designados para tal fim.
•• Vide nota ao *caput* deste artigo.
• A Lei n. 4.070, de 15-6-1962, eleva o território do Acre à categoria de Estado.

Parágrafo único. O processo, na verificação das infrações, bem como na aplicação e cobrança das multas, será o previsto no título "Do Processo de Multas administrativas", observadas as disposições deste artigo.

SEÇÃO VI
Disposições Finais

Art. 439. É lícito ao menor firmar recibo pelo pagamento dos salários. Tratando-se, porém, de rescisão do contrato de trabalho, é vedado ao menor de 18 (dezoito) anos dar, sem assistência dos seus responsáveis legais, quitação ao empregador pelo recebimento da indenização que lhe for devida.

Art. 440. Contra os menores de 18 (dezoito) anos não corre nenhum prazo de prescrição.

Art. 11, *caput*, da CLT: A pretensão quanto a créditos resultantes das relações de trabalho prescreve em cinco anos para os trabalhadores urbanos e rurais, até o limite de dois anos após a extinção do contrato de trabalho.

Lei n. 5.889/73, art. 10: A prescrição dos direitos assegurados por esta Lei aos trabalhadores rurais só ocorrerá após 2 (dois) anos de cessação do contrato de trabalho. Parágrafo único. Contra o menor de 18 (dezoito) anos não corre qualquer prescrição.

Art. 441. O quadro a que se refere o item I do art. 405 será revisto bienalmente.
•• Artigo com redação determinada pelo Decreto-lei n. 229, de 28-2-1967.

Título IV
DO CONTRATO INDIVIDUAL DO TRABALHO

Capítulo I
DISPOSIÇÕES GERAIS

Art. 442. Contrato individual de trabalho é o acordo tácito ou expresso, correspondente à relação de emprego.

Súmula 58/TST: Pessoal de obras. Ao empregado admitido como pessoal de obras, em caráter permanente e não amparado pelo regime estatutário, aplica-se a legislação trabalhista.

Súmula 363/TST: Contrato nulo. Efeitos. A contratação de servidor público, após a CF/1988, sem prévia aprovação em concurso público, encontra óbice no respectivo art. 37, II e § 2.º, somente lhe conferindo direito ao pagamento da contraprestação pactuada, em relação ao número de horas trabalhadas, respeitado o valor da hora do salário mínimo, e dos valores referentes aos depósitos do FGTS.

OJ 199 da SDI-1: Jogo do bicho. Contrato de trabalho. Nulidade. Objeto ilícito. Arts. 82 e 145 do Código Civil. É nulo o contrato de trabalho celebrado para o desempenho de atividade inerente à prática do jogo do bicho, ante a ilicitude de seu objeto, o que subtrai o requisito de validade para a formação do ato jurídico.

• Vide arts. 12 e 14 da Lei n. 5.889, de 8-6-1973.

Parágrafo único. Qualquer que seja o ramo de atividade da sociedade cooperativa, não existe vínculo empregatício entre ela e seus associados, nem entre estes e os tomadores de serviços daquela.
•• Parágrafo único acrescentado pela Lei n. 8.949, de 9-12-1994.
• Fiscalização do trabalho na empresa tomadora de serviço de sociedade cooperativa: Portaria n. 925, de 28-9-1995.

Art. 442-A. Para fins de contratação, o empregador não exigirá do candidato a emprego comprovação de experiência prévia por tempo superior a 6 (seis) meses no mesmo tipo de atividade.
•• Artigo acrescentado pela Lei n. 11.644, de 10-3-2008.
•• A Portaria n. 671, de 8-11-2021, do Ministério do Trabalho e da Previdência, regulamenta disposições relativas à legislação trabalhista, à inspeção do trabalho, às políticas públicas e às relações de trabalho.

Art. 442-B. A contratação do autônomo, cumpridas por este todas as formalidades legais, com ou sem exclusividade, de forma contínua ou não, afasta a qualidade de empregado prevista no art. 3.º desta Consolidação.
•• Artigo acrescentado pela Lei n. 13.467, de 13-7-2017.
•• A Portaria n. 671, de 8-11-2021, do Ministério do Trabalho e da Previdência, regulamenta disposições relativas à legislação trabalhista, à inspeção do trabalho, às políticas públicas e às relações de trabalho.

Art. 443. O contrato individual de trabalho poderá ser acordado tácita ou expressamente, verbalmente ou por escrito, por prazo determinado ou indeterminado, ou para prestação de trabalho intermitente.
•• *Caput* com redação determinada pela Lei n. 13.467, de 13-7-2017.

Art. 619 da CLT: Nenhuma disposição de contrato individual de trabalho que contrarie normas de Convenção ou Acordo Coletivo de Trabalho poderá prevalecer na execução do mesmo, sendo considerada nula de pleno direito.

Súmula 195/STF: Contrato de trabalho para obra certa, ou de prazo determinado, transforma-se em contrato de prazo indeterminado, quando prorrogado por mais de 4 (quatro) anos.

Súmula 129/TST: Contrato de trabalho. Grupo econômico. A prestação de serviços a mais de uma empresa do mesmo grupo econômico, durante a mesma jornada de trabalho, não caracteriza a coexistência de mais de um contrato de trabalho, salvo ajuste em contrário.

Súmula 188/TST: Contrato de trabalho. Experiência. Prorrogação. O contrato de experiência pode ser prorrogado, respeitado o limite máximo de 90 (noventa) dias.

OJ da SDI-1: Ministério Público do Trabalho. Nulidade do contrato de trabalho não suscitada pelo ente público no momento da defesa. Arguição em parecer. Possibilidade. O Ministério Público do Trabalho pode arguir, em parecer, na primeira vez que tenha de se manifestar no processo, a nulidade do contrato de trabalho em favor de ente público, ainda que a parte não a tenha suscitado, a qual será apreciada, sendo vedada, no entanto, qualquer dilação probatória.

• *Vide* Lei n. 9.601, de 21-1-1998, e Decreto n. 10.854, de 10-11-2021, sobre contrato de trabalho por prazo determinado.

§ 1.º Considera-se como de prazo determinado o contrato de trabalho cuja vigência dependa de termo prefixado ou da execução de serviços especificados ou ainda da realização de certo acontecimento suscetível de previsão aproximada.

•• Antigo parágrafo único, passado a § 1.º pelo Decreto-lei n. 229, de 28-2-1967.

•• A Lei n. 2.959, de 17-11-1956, dispõe sobre contrato individual de trabalho por obra certa.

§ 2.º O contrato por prazo determinado só será válido em se tratando:

a) de serviço cuja natureza ou transitoriedade justifique a predeterminação do prazo;

b) de atividades empresariais de caráter transitório;

c) de contrato de experiência.

•• § 2.º acrescentado pelo Decreto-lei n. 229, de 28-2-1967.

Art. 37, IX, da CF: A administração pública direta e indireta de qualquer dos Poderes da União, dos Estados, do Distrito Federal e dos Municípios obedecerá aos princípios de legalidade, impessoalidade, moralidade, publicidade e eficiência e, também, ao seguinte: (...) IX – a lei estabelecerá os casos de contratação por tempo determinado para atender a necessidade temporária de excepcional interesse público.

§ 3.º Considera-se como intermitente o contrato de trabalho no qual a prestação de serviços, com subordinação, não é contínua, ocorrendo com alternância de períodos de prestação de serviços e de inatividade, determinados em horas, dias ou meses, independentemente do tipo de atividade do empregado e do empregador, exceto para os aeronautas, regidos por legislação própria.

•• § 3.º acrescentado pela Lei n. 13.467, de 13-7-2017.

•• *Vide* art. 452-A da CLT.

Art. 444. As relações contratuais de trabalho podem ser objeto de livre estipulação das partes interessadas em tudo quanto não contravenha às disposições de proteção ao trabalho, aos contratos coletivos que lhes sejam aplicáveis e às decisões das autoridades competentes.

Art. 9.º da CLT: Serão nulos de pleno direito os atos praticados com o objetivo de desvirtuar, impedir ou fraudar a aplicação dos preceitos contidos na presente Consolidação.

Súmula 91/TST: Salário complessivo. Nula é a cláusula contratual que fixa determinada importância ou percentagem para atender englobadamente vários direitos legais ou contratuais do trabalhador.

Parágrafo único. A livre estipulação a que se refere o *caput* deste artigo aplica-se às hipóteses previstas no art. 611-A desta Consolidação, com a mesma eficácia legal e preponderância sobre os instrumentos coletivos, no caso de empregado portador de diploma de nível superior e que perceba salário mensal igual ou superior a duas vezes o limite máximo dos benefícios do Regime Geral de Previdência Social.

•• Parágrafo único acrescentado pela Lei n. 13.467, de 13-7-2017.

Art. 445. O contrato de trabalho por prazo determinado não poderá ser estipulado por mais de 2 (dois) anos, observada a regra do art. 451.

•• *Caput* com redação determinada pelo Decreto-lei n. 229, de 28-2-1967.

Art. 451 da CLT: O contrato de trabalho por prazo determinado que, tácita ou expressamente, for prorrogado mais de uma vez passará a vigorar sem determinação de prazo. especial de trabalho desportivo do atleta profissional o disposto nos arts. 445 e 451 da Consolidação das Leis do Trabalho – CLT, aprovada pelo Decreto-lei n. 5.452, de 1.º de maio de 1943.

Lei Complementar n. 150/15, art. 4.º: É facultada a contratação, por prazo determinado, do empregado doméstico: I – mediante contrato de experiência; II – para atender necessidades familiares de natureza transitória e para substituição temporária de empregado doméstico com contrato de trabalho interrompido ou suspenso. Parágrafo único. No caso do inciso II deste artigo, a duração do contrato de trabalho é limitada ao término do evento que motivou a contratação, obedecido o limite máximo de 2 (dois) anos.

Súmula 195/STF: Contrato de trabalho para obra certa, ou de prazo determinado, transforma-se em contrato de prazo indeterminado, quando prorrogado por mais de 4 (quatro) anos.

Parágrafo único. O contrato de experiência não poderá exceder de 90 (noventa) dias.

•• Parágrafo único com redação determinada pelo Decreto-lei n. 229, de 28-2-1967.

Lei n. 6.019/74, art. 10, § 4.º: Não se aplica ao trabalhador temporário, contratado pela tomadora de serviços, o contrato de experiência previsto no parágrafo único do art. 445 da Consolidação das Leis do Trabalho (CLT), aprovada pelo Decreto-lei n. 5.452, de 1.º de maio de 1943.

Súmula 163/TST: Aviso prévio. Contrato de experiência. Cabe aviso prévio nas rescisões antecipadas dos contratos de experiência, na forma do art. 481 da CLT. Ex- -prejulgado n. 42.

Súmula 188/TST: Contrato de trabalho. Experiência. Prorrogação. O contrato de experiência pode ser prorrogado, respeitado o limite máximo de 90 (noventa) dias.

• *Vide* art. 5.º da Lei Complementar n. 150, de 1.º-6-2015.

•• *Vide* art. 10, § 4.º, da Lei n. 6.019, de 3-1-1974, e art. 64 do Decreto n. 10.854, de 10-11-2021.

Art. 446. (*Revogado pela Lei n. 7.855, de 24-10-1989.*)

Art. 447. Na falta de acordo ou prova sobre condição essencial ao contrato verbal, esta se presume existente, como se a tivessem estatuído os interessados na conformidade dos preceitos jurídicos adequados à sua legitimidade.

Súmula 12/TST: Carteira profissional. As anotações apostas pelo empregador na carteira profissional do empregado não geram presunção *juris et de jure*, mas apenas *juris tantum*.

Art. 448. A mudança na propriedade ou na estrutura jurídica da empresa não afetará os contratos de trabalho dos respectivos empregados.

OJ 408 da SDI-1: Juros de Mora. Empresa em Liquidação Extrajudicial. Sucessão Trabalhista. É devida a incidência de juros de mora em relação aos débitos trabalhistas de empresa em liquidação extrajudicial sucedida nos moldes dos arts. 10 e 448 da CLT. O sucessor responde pela obrigação do sucedido, não se beneficiando de qualquer privilégio a este destinado.

• *Vide* art. 29 da Instrução Normativa n. 144, de 18-5-2018.

Art. 448-A. Caracterizada a sucessão empresarial ou de empregadores prevista nos arts. 10 e 448 desta Consolidação, as obrigações trabalhistas, inclusive as contraídas à época em que os empregados trabalhavam para a empresa sucedida, são de responsabilidade do sucessor.

• *Caput* acrescentado pela Lei n. 13.467, de 13-7-2017.

Art. 10 da CLT: Qualquer alteração na estrutura jurídica da empresa não afetará os direitos adquiridos por seus empregados.

• *Vide* art 9.º, XXII, da Instrução Normativa n. 144, de 18-5-2018.

Parágrafo único. A empresa sucedida responderá solidariamente com a sucessora quando ficar comprovada fraude na transferência.

•• Parágrafo único acrescentado pela Lei n. 13.467, de 13-7-2017.

Art. 449. Os direitos oriundos da existência do contrato de trabalho subsistirão em caso de falência, concordata ou dissolução da empresa.

Art. 148 da CLT: A remuneração das férias, ainda quando devida após a cessação do contrato de trabalho, terá natureza salarial, para os efeitos do art. 449.

Súmula 219/STJ: Os créditos decorrentes de serviços prestados à massa falida, inclusive a remuneração do síndico, gozam dos privilégios próprios dos trabalhistas.

§ 1.º Na falência, constituirão créditos privilegiados a totalidade dos salários devidos ao empregado e a totalidade das indenizações a que tiver direito.

•• § 1.º com redação determinada pela Lei n. 6.449, de 14-10-1977.

Art. 768 da CLT: Terá preferência em todas as fases processuais o dissídio cuja decisão tiver de ser executada perante o Juízo da falência.

• *Vide* Lei de Falências e Recuperação de Empresas: Lei n. 11.101, de 9-2-2005.

§ 2.º Havendo concordata na falência, será facultado aos contratantes tornar sem efeito a rescisão do contrato de trabalho e consequente indenização, desde que o empregador pague, no mínimo, a metade dos salários que seriam devidos ao empregado durante o interregno.

Art. 162, § 2.º, do CTN: O crédito pago por cheque somente se considera extinto com o resgate deste pelo sacado.

Art. 186 do CTN: O crédito tributário prefere a qualquer outro, seja qual for sua natureza ou o tempo de sua constituição, ressalvados os créditos decorrentes da legislação do trabalho ou do acidente de trabalho. Parágrafo único. Na falência: I – o crédito tributário não prefere aos créditos extraconcursais ou às importâncias passíveis de restituição, nos termos da lei falimentar, nem aos créditos com garantia real, no limite do valor do bem gravado; II – a lei poderá estabelecer limites e condições para a preferência dos créditos decorrentes da legislação do trabalho; e III – a multa tributária prefere apenas aos créditos subordinados.

Súmula 227/STF: A concordata do empregador não impede a execução de crédito nem a reclamação de empregado na Justiça do Trabalho.

Súmula 173/TST: Salário. Empresa. Cessação de atividades. Extinto, automaticamente, o vínculo empregatício com a cessação das atividades da empresa, os salários só são devidos até à data da extinção. Ex-prejulgado n. 53.

- *Vide* arts. 83, 84 e 151 da Lei n. 11.101, de 9-2-2005 (Lei de Falências e Recuperação de Empresas).

Art. 450. Ao empregado chamado a ocupar, em comissão, interinamente, ou em substituição eventual ou temporária, cargo diverso do que exercer na empresa, serão garantidas a contagem do tempo naquele serviço, bem como volta ao cargo anterior.

Súmula 204/STF: Tem direito o trabalhador substituto, ou de reserva, ao salário mínimo no dia em que fica à disposição do empregador sem ser aproveitado na função específica; se aproveitado, recebe o salário contratual.

Súmula 159/TST: Substituição de caráter não eventual e vacância do cargo. I – Enquanto perdurar a substituição que não tenha caráter meramente eventual, inclusive nas férias, o empregado substituto fará jus ao salário contratual do substituído. II – Vago o cargo em definitivo, o empregado que passa a ocupá-lo não tem direito a salário igual ao do antecessor.

Art. 451. O contrato de trabalho por prazo determinado que, tácita ou expressamente, for prorrogado mais de uma vez passará a vigorar sem determinação de prazo.

Art. 445 da CLT: O contrato de trabalho por prazo determinado não poderá ser estipulado por mais de 2 (dois) anos, observada a regra do art. 451. Parágrafo único. O contrato de experiência não poderá exceder de 90 (noventa) dias.

Súmula 188/TST: Contrato de trabalho. Experiência. Prorrogação. O contrato de experiência pode ser prorrogado, respeitado o limite máximo de 90 (noventa) dias.

- *Vide* Lei n. 9.601, de 21-1-1998, e Decreto n. 10.854, de 10-11-2021, sobre contrato de trabalho por prazo determinado.
- *Vide* Decreto-lei n. 691, de 18-7-1969 (técnico estrangeiro).

Art. 452. Considera-se por prazo indeterminado todo contrato que suceder, dentro de 6 (seis) meses, a outro contrato por prazo determinado, salvo se a expiração deste dependeu da execução de serviços especializados ou da realização de certos acontecimentos.

Súmula 195/STF: Contrato de trabalho para obra certa, ou de prazo determinado, transforma-se em contrato de prazo indeterminado, quando prorrogado por mais de 4 (quatro) anos.

- *Vide* Decreto-lei n. 691, de 18-7-1969 (técnico estrangeiro).

Art. 452-A. O contrato de trabalho intermitente deve ser celebrado por escrito e deve conter especificamente o valor da hora de trabalho, que não pode ser inferior ao valor horário do salário mínimo ou àquele devido aos demais empregados do estabelecimento que exerçam a mesma função em contrato intermitente ou não.

•• *Caput* acrescentado pela Lei n. 13.467, de 13-7-2017.
•• *Vide* art. 443, § 3.º, da CLT.

§ 1.º O empregador convocará, por qualquer meio de comunicação eficaz, para a prestação de serviços, informando qual será a jornada, com, pelo menos, três dias corridos de antecedência.

•• § 1.º acrescentado pela Lei n. 13.467, de 13-7-2017.

§ 2.º Recebida a convocação, o empregado terá o prazo de um dia útil para responder ao chamado, presumindo-se, no silêncio, a recusa.

•• § 2.º acrescentado pela Lei n. 13.467, de 13-7-2017.

§ 3.º A recusa da oferta não descaracteriza a subordinação para fins do contrato de trabalho intermitente.

•• § 3.º acrescentado pela Lei n. 13.467, de 13-7-2017.

§ 4.º Aceita a oferta para o comparecimento ao trabalho, a parte que descumprir, sem justo motivo, pagará à outra parte, no prazo de trinta dias, multa de 50% (cinquenta por cento) da remuneração que seria devida, permitida a compensação em igual prazo.

•• § 4.º acrescentado pela Lei n. 13.467, de 13-7-2017.

§ 5.º O período de inatividade não será considerado tempo à disposição do empregador, podendo o trabalhador prestar serviços a outros contratantes.

•• § 5.º acrescentado pela Lei n. 13.467, de 13-7-2017.

§ 6.º Ao final de cada período de prestação de serviço, o empregado receberá o pagamento imediato das seguintes parcelas:

•• § 6.º, *caput*, acrescentado pela Lei n. 13.467, de 13-7-2017.
•• *Vide* art 9.º, VI, da Instrução Normativa n. 144, de 18-5-2018.

I – remuneração;

•• Inciso I acrescentado pela Lei n. 13.467, de 13-7-2017.

II – férias proporcionais com acréscimo de um terço;

•• Inciso II acrescentado pela Lei n. 13.467, de 13-7-2017.

Art. 7.º, XVII, da CF: São direitos dos trabalhadores urbanos e rurais, além de outros que visem à melhoria de sua condição social: (...) XVII – gozo de férias anuais remuneradas com, pelo menos, um terço a mais do que o salário normal.

III – décimo terceiro salário proporcional;

•• Inciso III acrescentado pela Lei n. 13.467, de 13-7-2017.

Art. 7.º, VIII, da CF: São direitos dos trabalhadores urbanos e rurais, além de outros que visem à melhoria de sua condição social: (...) VIII – décimo terceiro salário com base na remuneração integral ou no valor da aposentadoria.

IV – repouso semanal remunerado; e

•• Inciso IV acrescentado pela Lei n. 13.467, de 13-7-2017.

Art. 7.º, XV, da CF: São direitos dos trabalhadores urbanos e rurais, além de outros que visem à melhoria de sua condição social: (...) XV – repouso semanal remunerado, preferencialmente aos domingos.

- *Vide* Lei n. 605, de 5-1-1949 (repouso semanal remunerado).

V – adicionais legais.

•• Inciso V acrescentado pela Lei n. 13.467, de 13-7-2017.

§ 7.º O recibo de pagamento deverá conter a discriminação dos valores pagos relativos a cada uma das parcelas referidas no § 6.º deste artigo.

•• § 7.º acrescentado pela Lei n. 13.467, de 13-7-2017.

§ 8.º O empregador efetuará o recolhimento da contribuição previdenciária e o depósito do Fundo de Garantia do Tempo de Serviço, na forma da lei, com base nos valores pagos no período mensal e fornecerá ao empregado comprovante do cumprimento dessas obrigações.

•• § 8.º acrescentado pela Lei n. 13.467, de 13-7-2017.

§ 9.º A cada doze meses, o empregado adquire direito a usufruir, nos doze meses subsequentes, um mês de férias, período no qual não poderá ser convocado para prestar serviços pelo mesmo empregador.

•• § 9.º acrescentado pela Lei n. 13.467, de 13-7-2017.

Art. 453. No tempo de serviço do empregado, quando readmitido, serão computados os períodos, ainda que não contínuos, em que tiver trabalhado anteriormente na empresa, salvo se houver sido despedido por falta grave, recebido indenização legal ou se aposentado espontaneamente.

•• *Caput* com redação determinada pela Lei n. 6.204, de 29-4-1975.

Súmula 215/STF: Conta-se a favor do empregado readmitido o tempo de serviço anterior, salvo se houver sido despedido por falta grave ou tiver recebido a indenização legal.

Súmula 138/TST: Readmissão. Em caso de readmissão, conta-se a favor do empregado o período de serviço anterior, encerrado com a saída espontânea. Ex-prejulgado n. 9.

Súmula 156/TST: Prescrição. Prazo. Da extinção do último contrato começa a fluir o prazo prescricional do direito de ação em que se objetiva a soma de períodos descontínuos de trabalho. Ex-prejulgado n. 31.

- *Vide* Decreto-lei n. 691, de 18-7-1969 (técnico estrangeiro).

§ 1.º Na aposentadoria espontânea de empregados das empresas públicas e sociedades de economia mista é permitida sua readmissão desde que atendidos aos requisitos constantes do art. 37, XVI, da Constituição, e condicionada à prestação de concurso público.

•• § 1.º acrescentado pela Lei n. 9.528, de 10-12-1997.
•• O STF, na ADI n. 1.770-4, de 11-10-2006 (*DOU* de 20-10-2006), declarou a inconstitucionalidade deste § 1.º.

§ 2.º O ato de concessão de benefício de aposentadoria a empregado que não tiver completado 35 (trinta e cinco) anos de serviço, se homem, ou 30 (trinta), se mulher, importa em extinção do vínculo empregatício.

•• § 2.º acrescentado pela Lei n. 9.528, de 10-12-1997.
•• O STF, na ADI n. 1.721-3, de 11-10-2006 (*DOU* de 17-8-2007), declarou a inconstitucionalidade deste § 2.º.

Art. 454. Na vigência do contrato de trabalho, as invenções do empregado, quando decorrentes de sua contribuição pessoal e da instalação ou equipamento fornecidos pelo empregador, serão de propriedade comum, em partes iguais, salvo se o contrato de trabalho tiver por objeto, implícita ou explicitamente, pesquisa científica.

•• *Vide* arts. 88 a 93 da Lei n. 9.279, de 14-5-1996.

Parágrafo único. Ao empregador caberá a exploração do invento, ficando obrigado a promovê-la no prazo de um ano da data da concessão da patente, sob pena de reverter em favor do empregado da plena propriedade desse invento.

Art. 455. Nos contratos de subempreitada responderá o subempreiteiro pelas obrigações derivadas do contrato de trabalho que celebrar, cabendo, todavia, aos empregados, o direito de reclamação contra o empreiteiro principal pelo inadimplemento daquelas obrigações por parte do primeiro.

Parágrafo único. Ao empreiteiro principal fica ressalvada, nos termos da lei civil, ação regressiva contra o subempreiteiro e a retenção de importâncias a este devidas, para a garantia das obrigações previstas neste artigo.

•• Vale-transporte; direito dos empregados do subempreiteiro em relação a este e ao empreiteiro principal: Decreto n. 10.854, de 10-11-2021, art. 106, II.

Art. 456. A prova do contrato individual do trabalho será feita pelas anotações constantes da Carteira de Trabalho e Previdência Social ou por instrumento escrito e suprida por todos os meios permitidos em direito.

•• A CTPS foi instituída pelo Decreto-lei n. 926, de 10-10-1969, em substituição à Carteira Profissional, descrita no texto original da CLT.

Parágrafo único. À falta de prova ou inexistindo cláusula expressa a tal respeito, entender-se-á que o empregado se obrigou a todo e qualquer serviço compatível com a sua condição pessoal.

> **Súmula 12/TST: Carteira profissional.** As anotações apostas pelo empregador na carteira profissional do empregado não geram presunção *juris et de jure*, mas apenas *juris tantum*.
> • *Vide* arts. 212 e 227, parágrafo único, do CC.

Art. 456-A. Cabe ao empregador definir o padrão de vestimenta no meio ambiente laboral, sendo lícita a inclusão no uniforme de logomarcas da própria empresa ou de empresas parceiras e de outros itens de identificação relacionados à atividade desempenhada.

•• *Caput* acrescentado pela Lei n. 13.467, de 13-7-2017.

Parágrafo único. A higienização do uniforme é de responsabilidade do trabalhador, salvo nas hipóteses em que forem necessários procedimentos ou produtos diferentes dos utilizados para a higienização das vestimentas de uso comum.

•• Parágrafo único acrescentado pela Lei n. 13.467, de 13-7-2017.

Capítulo II
DA REMUNERAÇÃO

Art. 457. Compreendem-se na remuneração do empregado, para todos os efeitos legais, além do salário devido e pago diretamente pelo empregador, como contraprestação do serviço, as gorjetas que receber.

•• *Caput* com redação determinada pela Lei n. 1.999, de 1.º-10-1953.

> **Art. 7.º, VII, da CF:** São direitos dos trabalhadores urbanos e rurais, além de outros que visem à melhoria de sua condição social: (...) VII - garantia de salário, nunca inferior ao mínimo, para os que percebem remuneração variável.
>
> **Súmula 204/STF:** Tem direito o trabalhador substituto, ou de reserva, ao salário mínimo no dia em que fica à disposição do empregador sem ser aproveitado na função específica; se aproveitado, recebe o salário contratual.
>
> **Súmula 101/TST: Diárias de viagem. Salário.** Integram o salário, pelo seu valor total e para efeitos indenizatórios, as diárias de viagem que excedam a 50% (cinquenta por cento) do salário do empregado, enquanto perdurarem as viagens.
>
> **Súmula 115/TST: Horas extras. Gratificações semestrais.** O valor das horas extras habituais integra a remuneração do trabalhador para o cálculo das gratificações semestrais.
>
> **Súmula 203/TST: Gratificação por tempo de serviço. Natureza salarial.** A gratificação por tempo de serviço integra o salário para todos os efeitos legais.
>
> **Súmula 318/TST: Diárias. Base de cálculo para sua integração no salário.** Tratando-se de empregado mensalista, a integração das diárias no salário deve ser feita tomando-se por base o salário mensal por ele percebido e não o valor do dia de salário, somente sendo devida a referida integração quando o valor das diárias, no mês, for superior à metade do salário mensal.
>
> **Súmula 354/TST: Gorjetas. Natureza jurídica. Repercussões.** As gorjetas, cobradas pelo empregador na nota de serviço ou oferecidas espontaneamente pelos clientes, integram a remuneração do empregado, não servindo de base de cálculo para as parcelas de aviso prévio, adicional noturno, horas extras e repouso semanal remunerado.

§ 1.º Integram o salário a importância fixa estipulada, as gratificações legais e as comissões pagas pelo empregador.

•• § 1.º com redação determinada pela Lei n. 13.467, de 13-7-2017.

> **Súmula 207/STF:** As gratificações habituais, inclusive a de Natal, consideram-se tacitamente convencionadas, integrando o salário.
>
> **Súmula 209/STF:** O salário-produção, como outras modalidades de salário-prêmio, é devido, desde que verificada a condição a que estiver subordinado e não pode ser suprimido, unilateralmente, pelo empregador, quando pago com habitualidade.
>
> **Súmula 139/TST: Adicional de insalubridade.** Enquanto percebido, o adicional de insalubridade integra a remuneração para todos os efeitos legais.
>
> **Súmula 152/TST: Gratificação. Ajuste tácito.** O fato de constar do recibo de pagamento de gratificação o caráter de liberalidade não basta, por si só, para excluir a existência de ajuste tácito. Ex-prejulgado n. 25.
>
> **Súmula 203/TST: Gratificação por tempo de serviço. Natureza salarial.** A gratificação por tempo de serviço integra o salário para todos os efeitos legais.
>
> **OJ 181 da SDI-1: Comissões. Correção monetária. Cálculo.** O valor das comissões deve ser corrigido monetariamente para em seguida obter-se a média para efeito de cálculo de férias, 13.º salário e verbas rescisórias.

§ 2.º As importâncias, ainda que habituais, pagas a título de ajuda de custo, auxílio-alimentação, vedado seu pagamento em dinheiro, diárias para viagem, prêmios e abonos não integram a remuneração do empregado, não se incorporam ao contrato de trabalho e não constituem base de incidência de qualquer encargo trabalhista e previdenciário.

•• § 2.º com redação determinada pela Lei n. 13.467, de 13-7-2017.

> **Súmula 101/TST: Diárias de viagem. Salário.** Integram o salário, pelo seu valor total e para efeitos indenizatórios, as diárias de viagem que excedam a 50% (cinquenta por cento) do salário do empregado, enquanto perdurarem as viagens.
>
> **Súmula 318/TST: Diárias. Base de cálculo para sua integração no salário.** Tratando-se de empregado mensalista, a integração das diárias no salário deve ser feita tomando-se por base o salário mensal por ele percebido e não o valor do dia de salário, somente sendo devida a referida integração quando o valor das diárias, no mês, for superior à metade do salário mensal.

• A Lei n. 14.442, de 2-9-2022, dispõe em seu art. 4.º: "Art. 4.º A execução inadequada, o desvio ou o desvirtuamento das finalidades do auxílio-alimentação de que trata o § 2.º do art. 457 da Consolidação das Leis do Trabalho, aprovada pelo Decreto-lei n. 5.452, de 1.º de maio de 1943, pelos empregadores ou pelas empresas emissoras de instrumentos de pagamento de auxílio-alimentação, sem prejuízo da aplicação de outras penalidades cabíveis pelos órgãos competentes, acarretara a aplicação de multa no valor de R$ 5.000,00 (cinco mil reais) a R$ 50.000,00 (cinquenta mil reais), a qual será aplicada em dobro em caso de reincidência ou de embaraço à fiscalização. § 1.º Os critérios de cálculo e os parâmetros de gradação da multa prevista no *caput* deste artigo serão estabelecidos em ato do Ministro de Estado do Trabalho e Previdência. § 2.º O estabelecimento que comercializa produtos não relacionados à alimentação do empregado e a empresa que o credenciou sujeitam-se à aplicação da multa prevista no *caput* deste artigo."

§ 3.º Considera-se gorjeta não só a importância espontaneamente dada pelo cliente ao empregado, como também o valor cobrado pela empresa, como serviço ou adicional, a qualquer título, e destinado à distribuição aos empregados.

•• § 3.º com redação determinada pela Lei n. 13.419, de 13-3-2017.

> **Súmula 354/TST: Gorjetas. Natureza jurídica. Repercussões.** As gorjetas, cobradas pelo empregador na nota de serviço ou oferecidas espontaneamente pelos clientes, integram a remuneração do empregado, não servindo de base de cálculo para as parcelas de aviso prévio, adicional noturno, horas extras e repouso semanal remunerado.

§ 4.º Consideram-se prêmios as liberalidades concedidas pelo empregador em forma de bens, serviços ou valor em dinheiro a empregado ou a grupo de empregados, em razão de desempenho superior ao ordinariamente esperado no exercício de suas atividades.

•• § 4.º com redação determinada pela Lei n. 13.467, de 13-7-2017.

• Havia aqui os §§ 5.º a 11, não previstos pela Lei n. 13.467, de 13-7-2017, ao alterar este artigo. O texto anterior dizia:
"§ 5.º Inexistindo previsão em convenção ou acordo coletivo de trabalho, os critérios de rateio e distribuição da gorjeta e os percentuais de retenção previstos nos §§ 6.º e 7.º deste artigo serão definidos em assembleia geral dos trabalhadores, na forma do art. 612 desta Consolidação.

•• § 5.º acrescentado pela Lei n. 13.419, de 13-3-2017.

§ 6.º As empresas que cobrarem a gorjeta de que trata o § 3.º deverão:

•• § 6.º, *caput*, acrescentado pela Lei n. 13.419, de 13-3-2017.

I – para as empresas inscritas em regime de tributação federal diferenciado, lançá-la na respectiva nota de consumo, facultada a retenção de até 20% (vinte por cento) da arrecadação correspondente, mediante previsão em convenção ou acordo coletivo de trabalho, para custear os encargos sociais, previdenciários e trabalhistas derivados da sua integração à remuneração dos empregados, devendo o valor remanescente ser revertido integralmente em favor do trabalhador;

•• Inciso I acrescentado pela Lei n. 13.419, de 13-3-2017.

II – para as empresas não inscritas em regime de tributação federal diferenciado, lançá-la na respectiva nota de consumo, facultada a retenção de até 33% (trinta e três por cento) da arrecadação correspondente, mediante previsão em convenção ou acordo coletivo de trabalho, para custear os encargos sociais, previdenciários e trabalhistas derivados da sua integração à remuneração dos empregados, devendo o valor remanescente ser revertido integralmente em favor do trabalhador;

•• Inciso II acrescentado pela Lei n. 13.419, de 13-3-2017.

III – anotar na Carteira de Trabalho e Previdência Social e no contracheque de seus empregados o salário contratual fixo e o percentual percebido a título de gorjeta.

•• Inciso III acrescentado pela Lei n. 13.419, de 13-3-2017.

§ 7.º A gorjeta, quando entregue pelo consumidor diretamente ao empregado, terá seus critérios definidos em convenção ou acordo coletivo de trabalho, facultada a retenção nos parâmetros do § 6.º deste artigo.

•• § 7.º acrescentado pela Lei n. 13.419, de 13-3-2017.

§ 8.º As empresas deverão anotar na Carteira de Trabalho e Previdência Social de seus empregados o salário fixo e a média dos valores das gorjetas referente aos últimos doze meses.

•• § 8.º acrescentado pela Lei n. 13.419, de 13-3-2017.

§ 9.º Cessada pela empresa a cobrança da gorjeta de que trata o § 3.º deste artigo, desde que cobrada por mais de doze meses, essa se incorporará ao salário do empregado, tendo como base a média dos últimos doze meses, salvo o estabelecido em convenção ou acordo coletivo de trabalho.

•• § 9.º acrescentado pela Lei n. 13.419, de 13-3-2017.

§ 10. Para empresas com mais de sessenta empregados, será constituída comissão de empregados, mediante previsão em convenção ou acordo coletivo de trabalho, para acompanhamento e fiscalização da regularidade da cobrança e distribuição da gorjeta de que trata o § 3.º deste artigo, cujos representantes serão eleitos em assembleia geral convocada para esse fim pelo sindicato laboral e gozarão de garantia de emprego vinculada ao desempenho das funções para que foram eleitos, e, para as demais empresas, será constituída comissão intersindical para o referido fim.

•• § 10 acrescentado pela Lei n. 13.419, de 13-3-2017.

§ 11. Comprovado o descumprimento do disposto nos §§ 4.º, 6.º, 7.º e 9.º deste artigo, o empregador pagará ao trabalhador prejudicado, a título de multa, o valor correspondente a 1/30 (um trinta avos) da média da gorjeta por dia de atraso, limitada ao piso da categoria, assegurados em qualquer hipótese o contraditório e a ampla defesa, observadas as seguintes regras:

•• § 11, *caput*, acrescentado pela Lei n. 13.419, de 13-3-2017.

I – a limitação prevista neste parágrafo será triplicada caso o empregador seja reincidente;

•• Inciso I acrescentado pela Lei n. 13.419, de 13-3-2017.

II – considera-se reincidente o empregador que, durante o período de doze meses, descumpre o disposto nos §§ 4.º, 6.º, 7.º e 9.º deste artigo por mais de sessenta dias.

•• Inciso II acrescentado pela Lei n. 13.419, de 13-3-2017."

Art. 458. Além do pagamento em dinheiro, compreende-se no salário, para todos os efeitos legais, a alimentação, habitação, vestuário ou outras prestações *in natura* que a empresa, por força do contrato ou do costume, fornecer habitualmente ao empregado. Em caso algum será permitido o pagamento com bebidas alcoólicas ou drogas nocivas.

•• *Caput* com redação determinada pelo Decreto-lei n. 229, de 28-2-1967.

Art. 7.º, X, da CF: São direitos dos trabalhadores urbanos e rurais, além de outros que visem à melhoria de sua condição social: (...) X – proteção do salário na forma da lei, constituindo crime sua retenção dolosa.

Art. 81 da CLT: O salário mínimo será determinado pela fórmula $Sm = a + b + c + d + e$, em que a, b, c, d e e representam, respectivamente, o valor das despesas diárias com alimentação, habitação, vestuário, higiene e transporte necessários à vida de um trabalhador adulto. § 1.º A parcela correspondente à alimentação terá um valor mínimo igual aos valores da lista de provisões, constantes dos quadros devidamente aprovados e necessários à alimentação diária do trabalhador adulto. § 2.º Poderão ser substituídos pelos equivalentes de cada grupo, também mencionados nos quadros a que alude o parágrafo anterior, os alimentos, quando as condições da região, zona ou subzona o aconselharem, respeitados os valores nutritivos determinados nos mesmos quadros. § 3.º O Ministério do Trabalho e Previdência Social fará, periodicamente, a revisão dos quadros a que se refere o § 1.º deste artigo.

Súmula 241/TST: Salário-utilidade. Alimentação. O vale para refeição, fornecido por força do contrato de trabalho, tem caráter salarial, integrando a remuneração do empregado, para todos os efeitos legais.

Súmula 258/TST: Salário-utilidade. Percentuais. Os percentuais fixados em lei relativos ao salário in natura apenas se referem às hipóteses em que o empregado percebe salário mínimo, apurando-se, nas demais, o real valor da utilidade.

Súmula 367/TST: Utilidades *in natura*. Habitação. Energia elétrica. Veículo. Cigarro. Não integração ao salário. I – A habitação, a energia elétrica e veículo fornecidos pelo empregador ao empregado, quando indispensáveis para a realização do trabalho, não têm natureza salarial, ainda que, no caso de veículo, seja ele utilizado pelo empregado também em atividades particulares. II – O cigarro não se considera salário utilidade em face de sua nocividade à saúde.

OJ 413 da SDI-1: Auxílio-alimentação. Alteração da natureza jurídica. Norma coletiva ou adesão ao PAT. A pactuação em norma coletiva conferindo caráter indenizatório à verba "auxílio-alimentação" ou a adesão posterior do empregador ao Programa de Alimentação do Trabalhador – PAT – não altera a natureza salarial da parcela, instituída anteriormente, para aqueles empregados que, habitualmente, já percebiam o benefício, a teor das Súmulas n. 51, I, e 241 do TST.

- Sobre Imposto de Renda e o Programa de Alimentação do Trabalhador: Lei n. 6.321, de 14-4-1976, e seu regulamento, aprovado pelo Decreto n. 10.854, de 10-11-2021 (arts. 166 a 182).
- Execução do Programa de Alimentação do Trabalhador: Portaria Interministerial n. 5, de 30-11-1999.

§ 1.º Os valores atribuídos às prestações *in natura* deverão ser justos e razoáveis, não podendo exceder, em cada caso, os dos percentuais das parcelas componentes do salário mínimo (arts. 81 e 82).

•• § 1.º com redação determinada pelo Decreto-lei n. 229, de 28-2-1967.

§ 2.º Para os efeitos previstos neste artigo, não serão consideradas como salário as seguintes utilidades concedidas pelo empregador:

•• § 2.º, *caput*, com redação determinada pela Lei n. 10.243, de 19-6-2001.

I – vestuários, equipamentos e outros acessórios fornecidos aos empregados e utilizados no local de trabalho, para a prestação do serviço;

•• Inciso I acrescentado pela Lei n. 10.243, de 19-6-2001.

II – educação, em estabelecimento de ensino próprio ou de terceiros, compreendendo os valores relativos a matrícula, mensalidade, anuidade, livros e material didático;

•• Inciso II acrescentado pela Lei n. 10.243, de 19-6-2001.

III – transporte destinado ao deslocamento para o trabalho e retorno, em percurso servido ou não por transporte público;

•• Inciso III acrescentado pela Lei n. 10.243, de 19-6-2001.

IV – assistência médica, hospitalar e odontológica, prestada diretamente ou mediante seguro-saúde;

•• Inciso IV acrescentado pela Lei n. 10.243, de 19-6-2001.

V – seguros de vida e de acidentes pessoais;

•• Inciso V acrescentado pela Lei n. 10.243, de 19-6-2001.

VI – previdência privada;

•• Inciso VI acrescentado pela Lei n. 10.243, de 19-6-2001.

VII – (*Vetado*.);

•• Inciso VII acrescentado pela Lei n. 10.243, de 19-6-2001.

VIII – o valor correspondente ao vale-cultura.

•• Inciso VIII acrescentado pela Lei n. 12.761, de 27-12-2012.
- *Vide* Lei n. 12.761, de 27-12-2012, que instituiu o Programa de Cultura do Trabalhador.

§ 3.º A habitação e a alimentação fornecidas como salário-utilidade deverão atender aos fins a que se destinam e não poderão exceder, respectivamente, a 25% (vinte e cinco por cento) e 20% (vinte por cento) do salário-contratual.

•• § 3.º acrescentado pela Lei n. 8.860, de 24-3-1994.

§ 4.º Tratando-se de habitação coletiva, o valor do salário-utilidade a ela correspondente será obtido mediante a divisão do justo valor da habitação pelo número de coocupantes, vedada, em qualquer hipótese, a utilização da mesma unidade residencial por mais de uma família.

•• § 4.º acrescentado pela Lei n. 8.860, de 24-3-1994.

§ 5.º O valor relativo à assistência prestada por serviço médico ou odontológico, próprio ou não, inclusive o reembolso de despesas com medicamentos, óculos, aparelhos ortopédicos, próteses, órteses, despesas médico-hospitalares e outras similares, mesmo quando conce-

dido em diferentes modalidades de planos e coberturas, não integram o salário do empregado para qualquer efeito nem o salário de contribuição, para efeitos do previsto na alínea q do § 9.º do art. 28 da Lei n. 8.212, de 24 de julho de 1991.

•• § 5.º acrescentado pela Lei n. 13.467, de 13-7-2017.

Art. 459. O pagamento do salário, qualquer que seja a modalidade do trabalho, não deve ser estipulado por período superior a 1 (um) mês, salvo no que concerne a comissões, percentagens e gratificações.

Art. 7.º, VII, da CF: São direitos dos trabalhadores urbanos e rurais, além de outros que visem à melhoria de sua condição social: (...) VII - garantia de salário, nunca inferior ao mínimo, para os que percebem remuneração variável.

• Vide Instrução Normativa n. 144, de 18-5-2018.

§ 1.º Quando o pagamento houver sido estipulado por mês, deverá ser efetuado, o mais tardar, até o quinto dia útil do mês subsequente ao vencido.

•• Este § 1.º está conforme determinou a Lei n. 7.855, de 24-10-1989. O art. 459 só possuía parágrafo único. Este tratava da mesma matéria.

OJ 159 da SDI-1: Data de pagamento. Salários. Alteração. Diante da inexistência de previsão expressa em contrato ou em instrumento normativo, a alteração de data de pagamento pelo empregador não viola o art. 468, desde que observado o parágrafo único, do art. 459, ambos da CLT.

Art. 460. Na falta de estipulação do salário ou não havendo prova sobre a importância ajustada, o empregado terá direito a perceber salário igual ao daquele que, na mesma empresa, fizer serviço equivalente, ou do que for habitualmente pago para serviço semelhante.

Art. 461. Sendo idêntica a função, a todo trabalho de igual valor, prestado ao mesmo empregador, no mesmo estabelecimento empresarial, corresponderá igual salário, sem distinção de sexo, etnia, nacionalidade ou idade.

•• Caput com redação determinada pela Lei n. 13.467, de 13-7-2017.

Art. 7.º, XXX e XXXI, da CF: São direitos dos trabalhadores urbanos e rurais, além de outros que visem à melhoria de sua condição social: (...) XXX – proibição de diferença de salários, de exercício de funções e de critério de admissão por motivo de sexo, idade, cor ou estado civil; XXXI – proibição de qualquer discriminação no tocante a salário e critérios de admissão do trabalhador portador de deficiência.

Decreto-lei n. 855/69, arts. 1.º e 2.º: Os empregados de empresas concessionárias de serviços público federais, estaduais ou municipais, que, por força de encampação ou transferência dêsses serviços tenham, a qualquer tempo, sido absorvidas por empresa pública ou sociedade de economia mista, constituirão quadro especial, a ser extinto à medida que se vagarem os cargos ou funções. Art. 2.º Os empregados de que trata o art. 1.º não servirão de paradigma para aplicação do disposto no artigo 461 e seus parágrafos da Consolidação das Leis do Trabalho (Decreto-lei n. 5.452, de 1.º de maio de 1943).

Súmula 6/TST: Equiparação salarial. Art. 461 da CLT. I – Para os fins previstos no § 2.º do art. 461 da CLT, só é válido o quadro de pessoal organizado em carreira quando homologado pelo Ministério do Trabalho, excluindo-se, apenas, dessa exigência o quadro de carreira das entidades de direito público da administração direta, autárquica e fundacional aprovado por ato administrativo da autoridade competente. II – Para efeito de equiparação de salários em caso de trabalho igual, conta-se o tempo de serviço na função e não no emprego. III – A equiparação salarial só é possível se o empregado e o paradigma exercerem a mesma função, desempenhando as mesmas tarefas, não importando se os cargos têm, ou não, a mesma denominação. IV – É desnecessário que, ao tempo da reclamação sobre equiparação salarial, reclamante e paradigma estejam a serviço do estabelecimento, desde que o pedido se relacione com situação pretérita. V – A cessão de empregados não exclui a equiparação salarial, embora exercida a função em órgão governamental estranho à cedente, se esta responde pelos salários do paradigma e do reclamante. VI – Presentes os pressupostos do art. 461 da CLT, é irrelevante a circunstância de que o desnível salarial tenha origem em decisão judicial que beneficiou o paradigma, exceto: a) se decorrente de vantagem pessoal ou de tese jurídica superada pela jurisprudência de Corte Superior; b) na hipótese de equiparação salarial em cadeia, suscitada em defesa, se o empregador produzir prova do alegado fato modificativo, impeditivo ou extintivo do direito à equiparação salarial em relação ao paradigma remoto, considerada irrelevante, para esse efeito, a existência de diferença de tempo de serviço na função superior a dois anos entre o reclamante e todos os demais paradigmas componentes da cadeia equiparatória, à exceção do paradigma imediato. VII – Desde que atendidos os requisitos do art. 461 da CLT, é possível a equiparação salarial de trabalho intelectual, que pode ser avaliado por sua perfeição técnica, cuja aferição terá critérios objetivos. VIII – É do empregador o ônus da prova do fato impeditivo, modificativo ou extintivo da equiparação salarial. IX – Na ação de equiparação salarial, a prescrição é parcial e só alcança as diferenças salariais vencidas no período de 5 (cinco) anos que precedeu o ajuizamento. X – O conceito de "mesma localidade" de que trata o art. 461 da CLT refere-se, em princípio, ao mesmo município, ou a municípios distintos que, comprovadamente, pertençam à mesma região metropolitana.

Súmula 127/TST: Quadro de carreira. Quadro de pessoal organizado em carreira, aprovado pelo órgão competente, excluída a hipótese de equiparação salarial, não obsta reclamação fundada em preterição, enquadramento ou reclassificação.

Súmula 455/TST: Equiparação salarial. Sociedade de economia mista. Art. 37, XIII, da CF/1988. Possibilidade. À sociedade de economia mista não se aplica a vedação à equiparação prevista no art. 37, XIII, da CF/1988, pois, ao admitir empregados sob o regime da CLT, equipara-se a empregador privado, conforme disposto no art. 173, § 1.º, II, da CF/1988.

OJ 297 da SDI-1: Equiparação salarial. Servidor público da administração direta, autárquica e fundacional. Art. 37, XIII, da CF/1988. O art. 37, XIII, da CF/1988 veda a equiparação de qualquer natureza para o efeito de remuneração do pessoal do serviço público, sendo juridicamente impossível a aplicação da norma infraconstitucional prevista no art. 461 da CLT quando se pleiteia equiparação salarial entre servidores públicos, independentemente de terem sido contratados pela CLT.

OJ 383 da SDI-1: Terceirização. Empregados da empresa prestadora de serviços e da tomadora. Isonomia. Art. 12, a, da Lei n. 6.019, de 3 de janeiro de 1974. A contratação irregular de trabalhador, mediante empresa interposta, não gera vínculo de emprego com ente da Administração Pública, não afastando, contudo, pelo princípio da isonomia, o direito dos empregados terceirizados às mesmas verbas trabalhistas legais e normativas asseguradas àqueles contratados pelo tomador dos serviços, desde que presente a igualdade de funções. Aplicação analógica do art. 12, a, da Lei n. 6.019, de 3 de janeiro de 1974.

• Vide Súmula 159 do TST.

• Vide OJs 296 da SDI-1.

§ 1.º Trabalho de igual valor, para os fins deste Capítulo, será o que for feito com igual produtividade e com a mesma perfeição técnica, entre pessoas cuja diferença de tempo de serviço para o mesmo empregador não seja superior a quatro anos e a diferença de tempo na função não seja superior a dois anos.

•• § 1.º com redação determinada pela Lei n. 13.467, de 13-7-2017.

Súmula 202/STF: Na equiparação de salário, em caso de trabalho igual, toma-se em conta o tempo de serviço na função, e não no emprego.

§ 2.º Os dispositivos deste artigo não prevalecerão quando o empregador tiver pessoal organizado em quadro de carreira ou adotar, por meio de norma interna da empresa ou de negociação coletiva, plano de cargos e salários, dispensada qualquer forma de homologação ou registro em órgão público.

•• § 2.º com redação determinada pela Lei n. 13.467, de 13-7-2017.

Súmula 19/TST: Quadro de carreira. A Justiça do Trabalho é competente para apreciar reclamação de empregado que tenha por objeto direito fundado em quadro de carreira.

OJ 418 da SDI-1: Equiparação salarial. Plano de cargos e salários. Aprovação por instrumento coletivo. Ausência de alternância de critérios de promoção por antiguidade e merecimento. Não constitui óbice à equiparação salarial a existência de plano de cargos e salários que, referendado por norma coletiva, prevê critério de promoção apenas por merecimento ou antiguidade, não atendendo, portanto, o requisito de alternância dos critérios, previsto no art. 461, § 2.º, da CLT.

§ 3.º No caso do § 2.º deste artigo, as promoções poderão ser feitas por merecimento e por antiguidade, ou por apenas um destes critérios, dentro de cada categoria profissional.

•• § 3.º com redação determinada pela Lei n. 13.467, de 13-7-2017.

§ 4.º O trabalhador readaptado em nova função por motivo de deficiência física ou mental atestada pelo órgão competente da Previdência Social não servirá de paradigma para fins de equiparação salarial.

•• § 4.º acrescentado pela Lei n. 5.798, de 31-8-1972.

Art. 7.º, XXXI, da CF: São direitos dos trabalhadores urbanos e rurais, além de outros que visem à melhoria de sua condição social: (...) XXXI – proibição de qualquer discriminação no tocante a salário e critérios de admissão do trabalhador portador de deficiência.

§ 5.º A equiparação salarial só será possível entre empregados contemporâneos no cargo ou na função, ficando vedada a indicação de paradigmas remotos, ainda que o paradigma contemporâneo tenha obtido a vantagem em ação judicial própria.

•• § 5.º acrescentado pela Lei n. 13.467, de 13-7-2017.

§ 6.º No caso de comprovada discriminação por motivo de sexo ou etnia, o juízo determinará, além do pagamento das diferenças salariais devidas, multa, em favor do empregado discriminado, no valor de 50% (cinquenta por cento) do limite máximo dos benefícios do Regime Geral de Previdência Social.

•• § 6.º acrescentado pela Lei n. 13.467, de 13-7-2017.

Art. 462. Ao empregador é vedado efetuar qualquer desconto nos salários do empregado, salvo quando este resultar de adiantamentos, de dispositivos de lei ou de contrato coletivo.

> **Art. 7.º, X, da CF:** São direitos dos trabalhadores urbanos e rurais, além de outros que visem à melhoria de sua condição social: (...) X – proteção do salário na forma da lei, constituindo crime sua retenção dolosa.
>
> **Súmula 342/TST: Descontos salariais. Art. 462 da CLT.** Descontos salariais efetuados pelo empregador, com a autorização prévia e por escrito do empregado, para ser integrado em planos de assistência odontológica, médico-hospitalar, de seguro, de previdência privada, ou de entidade cooperativa, cultural ou recreativo-associativa de seus trabalhadores, em seu benefício e de seus dependentes, não afrontam o disposto no art. 462 da CLT, salvo se ficar demonstrada a existência de coação ou de outro defeito que vicie o ato jurídico.
>
> • *Vide* Lei n. 10.820, de 17-12-2003.

§ 1.º Em caso de dano causado pelo empregado, o desconto será lícito, desde que esta possibilidade tenha sido acordada ou na ocorrência de dolo do empregado.

•• Antigo parágrafo único, passado a § 1.º pelo Decreto-lei n. 229, de 28-2-1967.

§ 2.º É vedado à empresa que mantiver armazém para venda de mercadorias aos empregados ou serviços destinados a proporcionar-lhes prestações *in natura* exercer qualquer coação ou induzimento no sentido de que os empregados se utilizem do armazém ou dos serviços.

•• § 2.º acrescentado pelo Decreto-lei n. 229, de 28-2-1967.

> **Lei n. 5.889/73, art. 9.º, *caput*, a a c:** Salvo as hipóteses de autorização legal ou decisão judiciária, só poderão ser descontadas do empregado rural as seguintes parcelas, calculadas sobre o salário mínimo: *a)* até o limite de 20% (vinte por cento) pela ocupação da morada; *b)* até 25% (vinte e cinco por cento) pelo fornecimento de alimentação sadia e farta, atendidos os preços vigentes na região; *c)* adiantamentos em dinheiro.

§ 3.º Sempre que não for possível o acesso dos empregados a armazéns ou serviços não mantidos pela empresa, é lícito à autoridade competente determinar a adoção de medidas adequadas, visando a que as mercadorias sejam vendidas e os serviços prestados a preços razoáveis, sem intuito de lucro e sempre em benefício dos empregados.

•• § 3.º acrescentado pelo Decreto-lei n. 229, de 28-2-1967.

§ 4.º Observado o disposto neste Capítulo, é vedado às empresas limitar, por qualquer forma, a liberdade dos empregados de dispor do seu salário.

•• § 4.º acrescentado pelo Decreto-lei n. 229, de 28-2-1967.

Art. 463. A prestação, em espécie, do salário será paga em moeda corrente do País.

Parágrafo único. O pagamento do salário realizado com inobservância deste artigo considera-se como não feito.

Art. 464. O pagamento do salário deverá ser efetuado contrarrecibo, assinado pelo empregado; em se tratando de analfabeto, mediante sua impressão digital, ou, não sendo esta possível, a seu rogo.

Parágrafo único. Terá força de recibo o comprovante de depósito em conta bancária, aberta para esse fim em nome de cada empregado, com o consentimento deste, em estabelecimento de crédito próximo ao local de trabalho.

•• Parágrafo único acrescentado pela Lei n. 9.528, de 10-12-1997.

Art. 465. O pagamento dos salários será efetuado em dia útil e no local do trabalho, dentro do horário do serviço ou imediatamente após o encerramento deste, salvo quando efetuado por depósito em conta bancária, observado o disposto no artigo anterior.

•• Artigo com redação determinada pela Lei n. 9.528, de 10-12-1997.

Art. 466. O pagamento de comissões e percentagens só é exigível depois de ultimada a transação a que se referem.

§ 1.º Nas transações realizadas por prestações sucessivas, é exigível o pagamento das percentagens e comissões que lhes disserem respeito proporcionalmente à respectiva liquidação.

> **Lei n. 3.207/1957, art. 5.º:** Nas transações em que a empresa se obrigar por prestações sucessivas, o pagamento das comissões e percentagens será exigível de acordo com a ordem de recebimento das mesmas.

§ 2.º A cessação das relações de trabalho não prejudica a percepção das comissões e percentagens devidas na forma estabelecida por este artigo.

Art. 467. Em caso de rescisão de contrato de trabalho, havendo controvérsia sobre o montante das verbas rescisórias, o empregador é obrigado a pagar ao trabalhador, à data do comparecimento à Justiça do Trabalho, a parte incontroversa dessas verbas, sob pena de pagá-las acrescidas de 50% (cinquenta por cento).

•• *Caput* com redação determinada pela Lei n. 10.272, de 5-9-2001.

> **Súmula 69/TST: Rescisão do contrato.** A partir da Lei n. 10.272, de 5 de setembro de 2001, havendo rescisão do contrato de trabalho e sendo revel e confesso quanto à matéria de fato, deve ser o empregador condenado ao pagamento das verbas rescisórias, não quitadas na primeira audiência, com acréscimo de 50% (cinquenta por cento).
>
> **Súmula 173/TST: Salário. Empresa. Cessação de atividades.** Extinto, automaticamente, o vínculo empregatício com a cessação das atividades da empresa, os salários só são devidos até a data da extinção. Ex-prejulgado n. 53.
>
> **Súmula 388/TST: Massa falida. Arts. 467 e 477 da CLT. Inaplicabilidade.** A Massa Falida não se sujeita à penalidade do art. 467 e nem à multa do § 8.º do art. 477, ambos da CLT.

Parágrafo único. O disposto no *caput* não se aplica à União, aos Estados, ao Distrito Federal, aos Municípios e às suas autarquias e fundações públicas.

•• Parágrafo único acrescentado pela Medida Provisória n. 2.180-35, de 24-8-2001.

•• A Lei n. 10.272, de 5-9-2001, ao alterar o *caput* deste artigo, nada dispôs sobre a vigência de seu parágrafo único.

Capítulo III
DA ALTERAÇÃO

Art. 468. Nos contratos individuais de trabalho só é lícita a alteração das respectivas condições por mútuo consentimento, e ainda assim desde que não resultem, direta ou indiretamente, prejuízos ao empregado, sob pena de nulidade da cláusula infringente desta garantia.

> **Art. 7.º, VI, da CF:** São direitos dos trabalhadores urbanos e rurais, além de outros que visem à melhoria de sua condição social: (...) VI - irredutibilidade do salário, salvo o disposto em convenção ou acordo coletivo.
>
> **Súmula 51/TST: Norma regulamentar. Vantagens e opção pelo novo regulamento. Art. 468 da CLT.** I – As cláusulas regulamentares, que revoguem ou alterem vantagens deferidas anteriormente, só atingirão os trabalhadores admitidos após a revogação ou alteração do regulamento. II – Havendo a coexistência de dois regulamentos da empresa, a opção do empregado por um deles tem efeito jurídico de renúncia às regras do sistema do outro.
>
> • *Vide* arts. 7.º, XXVII, 37, XV, da CF e 17 do ADCT.
>
> • *Vide* Súmulas 265 e 288 do TST.

§ 1.º Não se considera alteração unilateral a determinação do empregador para que o respectivo empregado reverta ao cargo efetivo, anteriormente ocupado, deixando o exercício de função de confiança.

•• Parágrafo único renumerado pela Lei n. 13.467, de 13-7-2017.

§ 2.º A alteração de que trata o § 1.º deste artigo, com ou sem justo motivo, não assegura ao empregado o direito à manutenção do pagamento da gratificação correspondente, que não será incorporada, independentemente do tempo de exercício da respectiva função.

•• § 2.º acrescentado pela Lei n. 13.467, de 13-7-2017.

Art. 469. Ao empregador é vedado transferir o empregado, sem a sua anuência, para localidade diversa da que resultar do contrato, não se considerando transferência a que não acarretar necessariamente a mudança do seu domicílio.

> **Súmula 29/TST: Transferência.** Empregado transferido, por ato unilateral do empregador, para local mais distante de sua residência, tem direito a suplemento salarial correspondente ao acréscimo da despesa de transporte.
>
> **Súmula 43/TST: Transferência.** Presume-se abusiva a transferência de que trata o § 1.º do art. 469 da CLT, sem comprovação da necessidade do serviço.

§ 1.º Não estão compreendidos na proibição deste artigo os empregados que exerçam cargos de confiança e aqueles cujos contratos tenham como condição, implícita ou explícita, a transferência, quando esta decorra de real necessidade de serviço.

•• § 1.º com redação determinada pela Lei n. 6.203, de 17-4-1975.

§ 2.º É lícita a transferência quando ocorrer extinção do estabelecimento em que trabalhar o empregado.
 • Vide Súmula 221 do STF.

§ 3.º Em caso de necessidade de serviço o empregador poderá transferir o empregado para localidade diversa da que resultar do contrato, não obstante as restrições do artigo anterior, mas, nesse caso, ficará obrigado a um pagamento suplementar, nunca inferior a 25% (vinte e cinco por cento) dos salários que o empregado percebia naquela localidade, enquanto durar essa situação.
 •• § 3.º com redação determinada pela Lei n. 6.203, de 17-4-1975.

Art. 470. As despesas resultantes da transferência correrão por conta do empregador.
 •• Artigo com redação determinada pela Lei n. 6.203, de 17-4-1975.
 Instrução Normativa n. 144/18, art. 10, XIII: Não integram a remuneração, para fins do disposto no art. 6.º: (...) XIII – ajuda de custo, em parcela única, recebida exclusivamente em decorrência de mudança de localidade de trabalho do empregado, na forma do art. 470 da CLT.

Capítulo IV
DA SUSPENSÃO E DA INTERRUPÇÃO

Lei n. 11.340/06, art. 9.º, § 2.º, II: § 2.º O juiz assegurará à mulher em situação de violência doméstica e familiar, para preservar sua integridade física e psicológica: (...) II – manutenção do vínculo trabalhista, quando necessário o afastamento do local de trabalho, por até seis meses.

Art. 471. Ao empregado afastado do emprego, são asseguradas, por ocasião de sua volta, todas as vantagens que, em sua ausência, tenham sido atribuídas à categoria a que pertence na empresa.

Art. 472. O afastamento do empregado em virtude das exigências do serviço militar, ou de outro encargo público, não constituirá motivo para alteração ou rescisão do contrato de trabalho por parte do empregador.

Lei n. 4.375/64 (Lei do Serviço Militar), art. 60, caput e § 1.º: Os funcionários públicos federais, estaduais ou municipais, bem como os empregados, operários ou trabalhadores, qualquer que seja a natureza da entidade em que exerçam as suas atividades, quando incorporados ou matriculados em Órgão de Formação de Reserva, por motivo de convocação para prestação do Serviço Militar inicial estabelecido pelo art. 16, desde que para isso forçados a abandonar o cargo ou emprego, terão assegurado o retorno ao cargo ou emprego respectivo, dentro dos 30 (trinta) dias que se seguirem ao licenciamento, ou término de curso, salvo se declararem, por ocasião da incorporação ou matrícula, não pretender a ele voltar. § 1.º Esses convocados, durante o tempo em que estiverem incorporados em Órgãos Militares da Ativa ou matriculados nos de Formação de Reserva, nenhum vencimento, salário ou remuneração perceberão da organização a que pertencem.

§ 1.º Para que o empregado tenha direito a voltar a exercer o cargo do qual se afastou em virtude de exigências do serviço militar ou de encargo público, é indispensável que notifique o empregador dessa intenção, por telegrama ou carta registrada, dentro do prazo máximo de 30 (trinta) dias, contados da data em que se verificar a respectiva baixa ou a terminação do encargo a que estava obrigado.

§ 2.º Nos contratos por prazo determinado, o tempo de afastamento, se assim acordarem as partes interessadas, não será computado na contagem do prazo para a respectiva terminação.

§ 3.º Ocorrendo motivo relevante de interesse para a segurança nacional, poderá a autoridade competente solicitar o afastamento do empregado do serviço ou do local de trabalho, sem que se configure a suspensão do contrato de trabalho.
 •• § 3.º acrescentado pelo Decreto-lei n. 3, de 27-1-1966.

§ 4.º O afastamento a que se refere o parágrafo anterior será solicitado pela autoridade competente diretamente ao empregador, em representação fundamentada com audiência da Procuradoria Regional do Trabalho, que providenciará desde logo a instauração do competente inquérito administrativo.
 •• § 4.º acrescentado pelo Decreto-lei n. 3, de 27-1-1966.

§ 5.º Durante os primeiros 90 (noventa) dias desse afastamento, o empregado continuará percebendo sua remuneração.
 •• § 5.º acrescentado pelo Decreto-lei n. 3, de 27-1-1966.

Art. 473. O empregado poderá deixar de comparecer ao serviço sem prejuízo do salário:

Art. 392, § 4.º, II, da CLT: É garantido à empregada, durante a gravidez, sem prejuízo do salário e demais direitos: (...) II – dispensa do horário de trabalho pelo tempo necessário para a realização de, no mínimo, 6 (seis) consultas médicas e demais exames complementares.

Lei n. 8.213/91, art. 60, §§ 3.º e 4.º: § 3.º Durante os primeiros 15 (quinze) dias consecutivos ao do afastamento da atividade por motivo de doença, incumbirá à empresa pagar ao segurado empregado o seu salário integral. § 4.º A empresa que dispuser de serviço médico, próprio ou em convênio, terá a seu cargo o exame médico e o abono das faltas correspondentes ao período referido no § 3.º, somente devendo encaminhar o segurado à perícia médica da Previdência Social quando a incapacidade ultrapassar 15 (quinze) dias.

Súmula 15/TST: Atestado médico. A justificação da ausência do empregado motivada por doença, para a percepção do salário-enfermidade e da remuneração do repouso semanal, deve observar a ordem preferencial dos atestados médicos estabelecida em lei.

I – até 2 (dois) dias consecutivos, em caso de falecimento do cônjuge, ascendente, descendente, irmão ou pessoa que, declarada em sua Carteira de Trabalho e Previdência Social, viva sob sua dependência econômica;

Art. 320, § 3.º, da CLT (professores): Não serão descontadas, no decurso de 9 (nove) dias, as faltas verificadas por motivo de gala ou de luto em consequência de falecimento do cônjuge, do pai ou mãe, ou de filho.

II – até 3 (três) dias consecutivos, em virtude de casamento;
 •• Vide nota ao inciso anterior.

III – por 5 (cinco) dias consecutivos, em caso de nascimento de filho, de adoção ou de guarda compartilhada;
 •• Inciso III com redação determinada pela Lei n. 14.457, de 21-9-2022.
 • Nos termos do art. 10, § 1.º, do ADCT, a licença-paternidade passou para 5 (cinco) dias, facultada a prorrogação por mais 15 (quinze) dias, mediante concessão de incentivo fiscal, pela Lei n. 11.770, de 9-9-2008 (Programa Empresa Cidadã), alterada pela Lei n. 13.257, de 8-3-2016.

Lei n. 11.770/08, art. 1.º, II: É instituído o Programa Empresa Cidadã, destinado a prorrogar: (...) II – por 15 (quinze) dias a duração da licença-paternidade, nos termos desta Lei, além dos 5 (cinco) dias estabelecidos no § 1.º do art. 10 do Ato das Disposições Constitucionais Transitórias.

IV – por 1 (um) dia, em cada 12 (doze) meses de trabalho, em caso de doação voluntária de sangue devidamente comprovada;

V – até 2 (dois) dias consecutivos ou não, para o fim de se alistar eleitor, nos termos da lei respectiva;
 •• Caput e incisos I a V com redação determinada pelo Decreto-lei n. 229, de 28-2-1967.

VI – no período de tempo em que tiver de cumprir as exigências do Serviço Militar referidas na letra c do art. 65 da Lei n. 4.375, de 17 de agosto de 1964 (Lei do Serviço Militar);
 •• Inciso VI acrescentado pelo Decreto-lei n. 757, de 12-8-1969.
 • Citado art. 65 dispõe em sua alínea c sobre o dever do reservista de se apresentar, anualmente, no local e data que forem fixados, para fins de exercício de apresentação das reservas ou cerimônia cívica do "Dia do Reservista".
 • Empregado intimado a testemunhar; direitos assegurados quanto ao salário (Lei n. 1.060, de 5-2-1950).
 • Vide art. 2.º da Lei n. 4.090, de 13-7-1962, sobre gratificação de Natal.

VII – nos dias em que estiver comprovadamente realizando provas de exame vestibular para ingresso em estabelecimento de ensino superior;
 •• Inciso VII acrescentado pela Lei n. 9.471, de 14-7-1997.

VIII – pelo tempo que se fizer necessário, quando tiver que comparecer a juízo;
 •• Inciso VIII acrescentado pela Lei n. 9.853, de 27-10-1999.

Art. 822 da CLT: As testemunhas não poderão sofrer qualquer desconto pelas faltas ao serviço, ocasionadas pelo seu comparecimento para depor, quando devidamente arroladas ou convocadas.

Súmula 155/TST: Ausência ao serviço. As horas em que o empregado falta ao serviço para comparecimento necessário, como parte, à Justiça do Trabalho não serão descontadas de seus salários. Ex-prejulgado n. 30.

IX – pelo tempo que se fizer necessário, quando, na qualidade de representante de entidade sindical, estiver participando de reunião oficial de organismo internacional do qual o Brasil seja membro;
 •• Inciso IX acrescentado pela Lei n. 11.304, de 11-5-2006.

X – pelo tempo necessário para acompanhar sua esposa ou companheira em até 6 (seis) consultas médicas, ou em exames complementares, durante o período de gravidez;
 •• Inciso X com redação determinada pela Lei n. 14.457, de 21-9-2022.

XI – por 1 (um) dia por ano para acompanhar filho de até 6 (seis) anos em consulta médica;

•• Inciso XI acrescentado pela Lei n. 13.257, de 8-3-2016.

XII – até 3 (três) dias, em cada 12 (doze) meses de trabalho, em caso de realização de exames preventivos de câncer devidamente comprovada.

•• Inciso XII acrescentado pela Lei n. 13.767, de 18-12-2018.

Parágrafo único. O prazo a que se refere o inciso III do *caput* deste artigo será contado a partir da data de nascimento do filho.

•• Parágrafo único acrescentado pela Lei n. 14.457, de 21-9-2022.

Art. 474. A suspensão do empregado por mais de 30 (trinta) dias consecutivos importa na rescisão injusta do contrato de trabalho.

Art. 475. O empregado que for aposentado por invalidez terá suspenso o seu contrato de trabalho durante prazo fixado pelas leis de previdência social para a efetivação do benefício.

§ 1.º Recuperando o empregado a capacidade de trabalho e sendo a aposentadoria cancelada, ser-lhe-á assegurado o direito à função que ocupava ao tempo da aposentadoria, facultado, porém, ao empregador, o direito de indenizá-lo por rescisão do contrato de trabalho, nos termos dos arts. 477 e 478, salvo na hipótese de ser ele portador de estabilidade, quando a indenização deverá ser paga na forma do art. 497.

•• § 1.º com redação determinada pela Lei n. 4.824, de 5-11-1965.

Súmula 217/STF: Tem direito de retornar ao emprego ou ser indenizado em caso de recusa do empregador o aposentado que recupera a capacidade de trabalho dentro de 5 (cinco) anos, a contar da aposentadoria, que se torna definitiva após esse prazo.

Súmula 219/STF: Para a indenização devida ao empregado que tinha direito a ser readmitido, e não o foi, levam-se em conta as vantagens advindas à sua categoria no período do afastamento.

Súmula 220/STF: A indenização devida a empregado estável, que não é readmitido, ao cessar sua aposentadoria, deve ser paga em dobro.

• Vide Súmulas 72, 97 e 160 do TST.

§ 2.º Se o empregador houver admitido substituto para o aposentado, poderá rescindir, com este, o respectivo contrato de trabalho sem indenização, desde que tenha havido ciência inequívoca da interinidade ao ser celebrado o contrato.

Art. 476. Em caso de seguro-doença ou auxílio-enfermidade, o empregado é considerado em licença não remunerada, durante o prazo desse benefício.

Art. 7.º, I, da CF: São direitos dos trabalhadores urbanos e rurais, além de outros que visem à melhoria de sua condição social: I – relação de emprego protegida contra despedida arbitrária ou sem justa causa, nos termos de lei complementar, que preverá indenização compensatória, dentre outros direitos.

Art. 476-A. O contrato de trabalho poderá ser suspenso, por um período de 2 (dois) a 5 (cinco) meses, para participação do empregado em curso ou programa de qualificação profissional oferecido pelo empregador, com duração equivalente à suspensão contratual, mediante previsão em convenção ou acordo coletivo de trabalho e aquiescência formal do empregado, observado o disposto no art. 471 desta Consolidação.

•• *Caput* acrescentado pela Medida Provisória n. 2.164-41, de 24-8-2001.

•• Ao empregado com contrato de trabalho suspenso nos termos deste artigo é mantida a qualidade de segurado, independentemente de contribuições até 12 (doze) meses após a cessação das contribuições (art. 11 da Medida Provisória n. 2.164-41, de 24-8-2001).

§ 1.º Após a autorização concedida por intermédio de convenção ou acordo coletivo, o empregador deverá notificar o respectivo sindicato, com antecedência mínima de 15 (quinze) dias da suspensão contratual.

•• § 1.º acrescentado pela Medida Provisória n. 2.164-41, de 24-8-2001.

§ 2.º O contrato de trabalho não poderá ser suspenso em conformidade com o disposto no *caput* deste artigo mais de uma vez no período de 16 (dezesseis) meses.

•• § 2.º acrescentado pela Medida Provisória n. 2.164-41, de 24-8-2001.

§ 3.º O empregador poderá conceder ao empregado ajuda compensatória mensal, sem natureza salarial, durante o período de suspensão contratual nos termos do *caput* deste artigo, com valor a ser definido em convenção ou acordo coletivo.

•• § 3.º acrescentado pela Medida Provisória n. 2.164-41, de 24-8-2001.

§ 4.º Durante o período de suspensão contratual para participação em curso ou programa de qualificação profissional, o empregado fará jus aos benefícios voluntariamente concedidos pelo empregador.

•• § 4.º acrescentado pela Medida Provisória n. 2.164-41, de 24-8-2001.

§ 5.º Se ocorrer a dispensa do empregado no transcurso do período de suspensão contratual ou nos 3 (três) meses subsequentes ao seu retorno ao trabalho, o empregador pagará ao empregado, além das parcelas indenizatórias previstas na legislação em vigor, multa a ser estabelecida em convenção ou acordo coletivo, sendo de, no mínimo, 100% (cem por cento) sobre o valor da última remuneração mensal anterior à suspensão do contrato.

•• § 5.º acrescentado pela Medida Provisória n. 2.164-41, de 24-8-2001.

§ 6.º Se durante a suspensão do contrato não for ministrado o curso ou programa de qualificação profissional, ou o empregado permanecer trabalhando para o empregador, ficará descaracterizada a suspensão, sujeitando o empregador ao pagamento imediato dos salários e dos encargos sociais referentes ao período, às penalidades cabíveis previstas na legislação em vigor, bem como às sanções previstas em convenção ou acordo coletivo.

•• § 6.º acrescentado pela Medida Provisória n. 2.164-41, de 24-8-2001.

§ 7.º O prazo limite fixado no *caput* poderá ser prorrogado mediante convenção ou acordo coletivo de trabalho e aquiescência formal do empregado, desde que o empregador arque com o ônus correspondente ao valor da bolsa de qualificação profissional, no respectivo período.

•• § 7.º acrescentado pela Medida Provisória n. 2.164-41, de 24-8-2001.

Capítulo V
DA RESCISÃO

Art. 7.º, I, da CF: São direitos dos trabalhadores urbanos e rurais, além de outros que visem à melhoria de sua condição social: (...) I – relação de emprego protegida contra despedida arbitrária ou sem justa causa, nos termos de lei complementar, que preverá indenização compensatória, dentre outros direitos.

Art. 10, II, do ADCT: Até que seja promulgada a lei complementar a que se refere o art. 7.º, I, da Constituição: (...) II – fica vedada a dispensa arbitrária ou sem justa causa: a) do empregado eleito para cargo de direção de comissões internas de prevenção de acidentes, desde o registro de sua candidatura até um ano após o final de seu mandato; b) da empregada gestante, desde a confirmação da gravidez até cinco meses após o parto.

Art. 477. Na extinção do contrato de trabalho, o empregador deverá proceder à anotação na Carteira de Trabalho e Previdência Social, comunicar a dispensa aos órgãos competentes e realizar o pagamento das verbas rescisórias no prazo e na forma estabelecidos neste artigo.

•• *Caput* com redação determinada pela Lei n. 13.467, de 13-7-2017.

Art. 7.º, I, da CF: São direitos dos trabalhadores urbanos e rurais, além de outros que visem à melhoria de sua condição social: I – relação de emprego protegida contra despedida arbitrária ou sem justa causa, nos termos de lei complementar, que preverá indenização compensatória, dentre outros direitos.

Art. 485 da CLT: Quando cessar a atividade da empresa, por morte do empregador, os empregados terão direito, conforme o caso, à indenização a que se referem os arts. 477 e 497.

Lei n. 8.036/90, art. 18, *caput* e § 1.º: Ocorrendo rescisão do contrato de trabalho, por parte do empregador, ficará este obrigado a depositar na conta vinculada do trabalhador no FGTS os valores relativos aos depósitos referentes ao mês da rescisão e ao imediatamente anterior, que ainda não houver sido recolhido, sem prejuízo das cominações legais. § 1.º Na hipótese de despedida pelo empregador sem justa causa, depositará este, na conta vinculada do trabalhador no FGTS, importância igual a 40% (quarenta por cento) do montante de todos os depósitos realizados na conta vinculada durante a vigência do contrato de trabalho, atualizados monetariamente e acrescidos dos respectivos juros.

Súmula 459/STF: No cálculo da indenização por despedida injusta incluem-se os adicionais, ou gratificações que, pela habitualidade, se tenham incorporado ao salário.

Súmula 462/STF: No cálculo da indenização por despedida injusta, inclui-se, quando devido, o repouso semanal remunerado.

Súmula 314/TST: Indenização adicional. Verbas rescisórias. Salário corrigido. Se ocorrer a rescisão contratual no período de 30 (trinta) dias que antecede à data-base, observado o Enunciado n. 182 do TST, o pagamento das verbas rescisórias com o salário já

corrigido não afasta o direito à indenização adicional prevista nas Leis n. 6.708, de 30 de outubro de 1979 e 7.238, de 28 de outubro de 1984.

Súmula 330/TST: Quitação. Validade. A quitação passada pelo empregado, com assistência de entidade sindical de sua categoria, ao empregador, com observância dos requisitos exigidos nos parágrafos do art. 477 da CLT, tem eficácia liberatória em relação às parcelas expressamente consignadas no recibo, salvo se oposta ressalva expressa e especificada ao valor dado à parcela ou parcelas impugnadas. I – A quitação não abrange parcelas não consignadas no recibo de quitação e, consequentemente, seus reflexos em outras parcelas, ainda que essas constem desse recibo. II – Quanto a direitos que deveriam ter sido satisfeitos durante a vigência do contrato de trabalho, a quitação é válida em relação ao período expressamente consignado no recibo de quitação.

• *Vide* Decreto-lei n. 779, de 21-8-1969.

§ 1.º (*Revogado pela Lei n. 13.467, de 13-7-2017.*)

§ 2.º O instrumento de rescisão ou recibo de quitação, qualquer que seja a causa ou forma de dissolução do contrato, deve ter especificada a natureza de cada parcela paga ao empregado e discriminado o seu valor, sendo válida a quitação, apenas, relativamente às mesmas parcelas.

•• § 2.º com redação determinada pela Lei n. 5.584, de 26-6-1970.
• *Vide* Decreto-lei n. 779, de 21-8-1969.

§ 3.º (*Revogado pela Lei n. 13.467, de 13-7-2017.*)

§ 4.º O pagamento a que fizer jus o empregado será efetuado:

•• § 4.º, *caput*, com redação determinada pela Lei n. 13.467, de 13-7-2017.

I – em dinheiro, depósito bancário ou cheque visado, conforme acordem as partes; ou

•• Inciso I acrescentado pela Lei n. 13.467, de 13-7-2017.

II – em dinheiro ou depósito bancário quando o empregado for analfabeto.

•• Inciso II acrescentado pela Lei n. 13.467, de 13-7-2017.

§ 5.º Qualquer compensação no pagamento de que trata o parágrafo anterior não poderá exceder o equivalente a 1 (um) mês de remuneração do empregado.

•• § 5.º com redação determinada pela Lei n. 5.584, de 26-6-1970.

Súmula 18/TST: Compensação. A compensação, na Justiça do Trabalho, está restrita a dívidas de natureza trabalhista.

§ 6.º A entrega ao empregado de documentos que comprovem a comunicação da extinção contratual aos órgãos competentes bem como o pagamento dos valores constantes do instrumento de rescisão ou recibo de quitação deverão ser efetuados até dez dias contados a partir do término do contrato.

•• § 6.º com redação determinada pela Lei n. 13.467, de 13-7-2017.

Lei n. 8.036/90, art. 23, § 1.º, I: Constituem infrações para efeito desta Lei: I – não depositar mensalmente o percentual referente ao FGTS, bem como os valores previstos no art. 18 desta Lei, nos prazos de que trata o § 6.º do art. 477 da Consolidação das Leis do Trabalho – CLT.

a) e b) (*Revogadas pela Lei n. 13.467, de 13-7-2017.*)

§ 7.º (*Revogado pela Lei n. 13.467, de 13-7-2017.*)

§ 8.º A inobservância do disposto no § 6.º deste artigo sujeitará o infrator à multa de 160 BTN, por trabalhador, bem assim ao pagamento da multa a favor do empregado, em valor equivalente ao seu salário, devidamente corrigido pelo índice de variação do BTN, salvo quando, comprovadamente, o trabalhador der causa à mora.

•• § 8.º acrescentado pela Lei n. 7.855, de 24-10-1989.
•• *Vide* Nota dos Organizadores sobre o valor das multas previstas na CLT.

Súmula 388/TST: Massa falida. Arts. 467 e 477 da CLT. Inaplicabilidade. A Massa Falida não se sujeita à penalidade do art. 467 e nem à multa do § 8.º do art. 477, ambos da CLT.

§ 9.º (*Vetado.*)

•• § 9.º acrescentado pela Lei n. 7.855, de 24-10-1989.

§ 10. A anotação da extinção do contrato na Carteira de Trabalho e Previdência Social é documento hábil para requerer o benefício do seguro-desemprego e a movimentação da conta vinculada no Fundo de Garantia do Tempo de Serviço, nas hipóteses legais, desde que a comunicação prevista no *caput* deste artigo tenha sido realizada.

•• § 10 acrescentado pela Lei n. 13.467, de 13-7-2017.

Art. 477-A. As dispensas imotivadas individuais, plúrimas ou coletivas equiparam-se para todos os fins, não havendo necessidade de autorização prévia de entidade sindical ou de celebração de convenção coletiva ou acordo coletivo de trabalho para sua efetivação.

•• Artigo acrescentado pela Lei n. 13.467, de 13-7-2017.

Art. 477-B. Plano de Demissão Voluntária ou Incentivada, para dispensa individual, plúrima ou coletiva, previsto em convenção coletiva ou acordo coletivo de trabalho, enseja quitação plena e irrevogável dos direitos decorrentes da relação empregatícia, salvo disposição em contrário estipulada entre as partes.

•• Artigo acrescentado pela Lei n. 13.467, de 13-7-2017.

Art. 478. A indenização devida pela rescisão de contrato por prazo indeterminado será de 1 (um) mês de remuneração por ano de serviço efetivo, ou por ano e fração igual ou superior a 6 (seis) meses.

Art. 7.º, I, da CF: São direitos dos trabalhadores urbanos e rurais, além de outros que visem à melhoria de sua condição social: I – relação de emprego protegida contra despedida arbitrária ou sem justa causa, nos termos de lei complementar, que preverá indenização compensatória, dentre outros direitos.

Art. 10. I, do ADCT: Até que seja promulgada a lei complementar a que se refere o art. 7.º, I, da Constituição: I – fica limitada a proteção nele referida ao aumento, para quatro vezes, da porcentagem prevista no art. 6.º, *caput* e § 1.º, da Lei n. 5.107, de 13 de setembro de 1966.

•• *Vide* Lei n. 8.036, de 11-5-1990 (FGTS).
• *Vide* Súmula 138 do TST.

§ 1.º O primeiro ano de duração do contrato por prazo indeterminado é considerado como período de experiência, e, antes que se complete, nenhuma indenização será devida.

Súmula 188/TST: Contrato de trabalho. Experiência. Prorrogação. O contrato de experiência pode ser prorrogado, respeitado o limite máximo de 90 (noventa) dias.

§ 2.º Se o salário for pago por dia, o cálculo da indenização terá por base 30 (trinta) dias.

•• Número de dias corrigido para aplicação da Lei n. 605, de 5-1-1949.

§ 3.º Se pago por hora, a indenização apurar-se-á na base de 200 (duzentas) horas por mês.

•• De acordo com o art. 7.º, XIII, da CF, o cálculo deve ser feito com base em 220 (duzentas e vinte) horas por mês.

Art. 7.º, XIII, da CF: São direitos dos trabalhadores urbanos e rurais, além de outros que visem à melhoria de sua condição social: (...) XIII – duração do trabalho normal não superior a oito horas diárias e quarenta e quatro semanais, facultada a compensação de horários e a redução da jornada, mediante acordo ou convenção coletiva de trabalho.

§ 4.º Para os empregados que trabalhem à comissão ou que tenham direito a percentagens, a indenização será calculada pela média das comissões ou percentagens percebidas nos últimos 12 (doze) meses de serviço.

•• § 4.º com redação determinada pelo Decreto-lei n. 229, de 28-2-1967.

§ 5.º Para os empregados que trabalhem por tarefa ou serviço feito, a indenização será calculada na base média do tempo costumeiramente gasto pelo interessado para realização de seu serviço, calculando-se o valor do que seria feito durante 30 (trinta) dias.

Art. 479. Nos contratos que tenham termo estipulado, o empregador que, sem justa causa, despedir o empregado será obrigado a pagar-lhe, a título de indenização, e por metade, a remuneração a que teria direito até o termo do contrato.

Súmula 125/TST: Contrato de trabalho. Art. 479 da CLT. O art. 479 da CLT aplica-se ao trabalhador optante pelo FGTS admitido mediante contrato por prazo determinado, nos termos do art. 30, § 3.º, do Decreto n. 59.820, de 20 de dezembro de 1966.

• *Vide* art. 73 do Decreto n. 9.579, de 22-11-2018.
• *Vide* art. 64 do Decreto n. 10.854, de 10-11-2021.
• *Vide* Decreto-lei n. 691, de 18-7-1969 (técnico estrangeiro).
• *Vide* art. 14 e parágrafo único da Lei n. 5.889, de 8-6-1973.
• *Vide* art. 28, § 10, da Lei n. 9.615, de 24-3-1998.
• *Vide* Instrução Normativa n. 144, de 18-5-2018.

Parágrafo único. Para a execução do que dispõe o presente artigo, o cálculo da parte variável ou incerta dos salários será feito de acordo com o prescrito para o cálculo da indenização referente à rescisão dos contratos por prazo indeterminado.

Art. 480. Havendo termo estipulado, o empregado não se poderá desligar do contrato, sem justa causa, sob pena de ser obrigado a indenizar o empregador dos prejuízos que desse fato lhe resultarem.

•• *Vide* art. 73 do Decreto n. 9.579, de 22-11-2018.
•• *Vide* Decreto-lei n. 691, de 18-7-1969 (técnico estrangeiro).

§ 1.º A indenização, porém, não poderá exceder àquela a que teria direito o empregado em idênticas condições.

•• Antigo parágrafo único, passado a § 1.º pelo Decreto-lei n. 6.353, de 20-3-1944.
•• **Súmula 77/TST: Punição.** Nula é a punição de empregado se não precedida de inquérito ou sindicância internos a que se obrigou a empresa por norma regulamentar.
•• *Vide* Decreto-lei n. 691, de 18-7-1969 (técnico estrangeiro).

§ 2.º (*Revogado pela Lei n. 6.533, de 24-5-1978.*)

Art. 481. Aos contratos por prazo determinado, que contiverem cláusula assecuratória do direito recíproco de rescisão antes de expirado o termo ajustado, aplicam-se, caso seja exercido tal direito por qualquer das partes, os princípios que regem a rescisão dos contratos por prazo indeterminado.

•• **Súmula 163/TST: Aviso prévio. Contrato de experiência.** Cabe aviso prévio nas rescisões antecipadas dos contratos de experiência, na forma do art. 481 da CLT. Ex-prejulgado n. 42.
•• *Vide* Decreto-lei n. 691, de 18-7-1969 (técnico estrangeiro).

Art. 482. Constituem justa causa para rescisão do contrato de trabalho pelo empregador:

•• **Art. 158, parágrafo único, da CLT:** Constitui ato faltoso do empregado a recusa injustificada: a) à observância das instruções expedidas pelo empregador na forma do item II do artigo anterior; b) ao uso dos equipamentos de proteção individual fornecidos pela empresa.
•• **Súmula 316/STF:** A simples adesão à greve não constitui falta grave.
•• *Vide* art. 27 da Lei Complementar n. 150, de 1.º-6-2015 (justa causa do empregado doméstico).

a) ato de improbidade;

b) incontinência de conduta ou mau procedimento;

c) negociação habitual por conta própria ou alheia sem permissão do empregador, e quando constituir ato de concorrência à empresa para a qual trabalha o empregado, ou for prejudicial ao serviço;

d) condenação criminal do empregado, passada em julgado, caso não tenha havido suspensão da execução da pena;

e) desídia no desempenho das respectivas funções;

f) embriaguez habitual ou em serviço;

g) violação de segredo da empresa;

h) ato de indisciplina ou de insubordinação;

i) abandono de emprego;

•• **Súmula 32/TST: Abandono de emprego.** Presume-se o abandono de emprego se o trabalhador não retornar ao serviço no prazo de 30 (trinta) dias após a cessação do benefício previdenciário nem justificar o motivo de não o fazer.
•• **Súmula 62/TST: Abandono de emprego.** O prazo de decadência do direito do empregador de ajuizar inquérito em face do empregado que incorre em abandono de emprego é contado a partir do momento em que o empregado pretendeu seu retorno ao serviço.

j) ato lesivo da honra ou da boa fama praticado no serviço contra qualquer pessoa, ou ofensas físicas, nas mesmas condições, salvo em caso de legítima defesa, própria ou de outrem;

k) ato lesivo da honra e boa fama ou ofensas físicas praticadas contra o empregador e superiores hierárquicos, salvo em caso de legítima defesa, própria ou de outrem;

l) prática constante de jogos de azar;

m) perda da habilitação ou dos requisitos estabelecidos em lei para o exercício da profissão, em decorrência de conduta dolosa do empregado.

•• Alínea *m* acrescentada pela Lei n. 13.467, de 13-7-2017.

Parágrafo único. Constitui igualmente justa causa para dispensa de empregado a prática, devidamente comprovada em inquérito administrativo, de atos atentatórios contra a segurança nacional.

•• Parágrafo único acrescentado pelo Decreto-lei n. 3, de 27-1-1966.

Art. 483. O empregado poderá considerar rescindido o contrato e pleitear a devida indenização quando:

•• **Súmula 13/TST: Mora.** O só pagamento dos salários atrasados em audiência não ilide a mora capaz de determinar a rescisão do contrato de trabalho.

a) forem exigidos serviços superiores às suas forças, defesos por lei, contrários aos bons costumes, ou alheios ao contrato;

b) for tratado pelo empregador ou por seus superiores hierárquicos com rigor excessivo;

c) correr perigo manifesto de mal considerável;

d) não cumprir o empregador as obrigações do contrato;

e) praticar o empregador ou seus prepostos, contra ele ou pessoas de sua família, ato lesivo da honra e boa fama;

•• *Vide* Lei n. 10.224, de 15-5-2001 (assédio sexual).

f) o empregador ou seus prepostos ofenderem-no fisicamente, salvo em caso de legítima defesa, própria ou de outrem;

g) o empregador reduzir o seu trabalho, sendo este por peça ou tarefa, de forma a afetar sensivelmente a importância dos salários.

•• **Art. 407, parágrafo único, da CLT:** Quando a empresa não tomar as medidas possíveis e recomendadas pela autoridade competente para que o menor mude de função, configurar-se-á a rescisão do contrato de trabalho, na forma do art. 483.

§ 1.º O empregado poderá suspender a prestação dos serviços ou rescindir o contrato, quando tiver de desempenhar obrigações legais, incompatíveis com a continuação do serviço.

§ 2.º No caso de morte do empregador constituído em empresa individual, é facultado ao empregado rescindir o contrato de trabalho.

§ 3.º Nas hipóteses das letras *d* e *g*, poderá o empregado pleitear a rescisão de seu contrato de trabalho e o pagamento das respectivas indenizações, permanecendo ou não no serviço até final decisão do processo.

•• § 3.º acrescentado pela Lei n. 4.825, de 5-11-1965.
•• **Súmula 13/TST: Mora.** O só pagamento dos salários atrasados em audiência não ilide a mora capaz de determinar a rescisão do contrato de trabalho.

Art. 484. Havendo culpa recíproca no ato que determinou a rescisão do contrato de trabalho, o tribunal de trabalho reduzirá a indenização à que seria devida em caso de culpa exclusiva do empregador, por metade.

•• **Súmula 14/TST: Culpa recíproca.** Reconhecida a culpa recíproca na rescisão do contrato de trabalho (art. 484 da CLT), o empregado tem direito a 50% (cinquenta por cento) do valor do aviso prévio, do décimo terceiro salário e das férias proporcionais.

Art. 484-A. O contrato de trabalho poderá ser extinto por acordo entre empregado e empregador, caso em que serão devidas as seguintes verbas trabalhistas:

•• *Caput* acrescentado pela Lei n. 13.467, de 13-7-2017.

I – por metade:

•• Inciso I, *caput*, acrescentado pela Lei n. 13.467, de 13-7-2017.

a) o aviso prévio, se indenizado; e

•• Alínea *a* acrescentada pela Lei n. 13.467, de 13-7-2017.
•• *Vide* arts. 487 a 491 da CLT.
•• *Vide* Lei n. 12.506, de 11-10-2011 (aviso prévio).

b) a indenização sobre o saldo do Fundo de Garantia do Tempo de Serviço, prevista no § 1.º do art. 18 da Lei n. 8.036, de 11 de maio de 1990;

•• Alínea *b* acrescentada pela Lei n. 13.467, de 13-7-2017.

II – na integralidade, as demais verbas trabalhistas.

•• Inciso II acrescentado pela Lei n. 13.467, de 13-7-2017.

§ 1.º A extinção do contrato prevista no *caput* deste artigo permite a movimentação da conta vinculada do trabalhador no Fundo de Garantia do Tempo de Serviço na forma do inciso I-A do art. 20 da Lei n. 8.036, de 11 de maio de 1990, limitada até 80% (oitenta por cento) do valor dos depósitos.

•• § 1.º acrescentado pela Lei n. 13.467, de 13-7-2017.

§ 2.º A extinção do contrato por acordo prevista no *caput* deste artigo não autoriza o ingresso no Programa de Seguro-Desemprego.

•• § 2.º acrescentado pela Lei n. 13.467, de 13-7-2017.
•• *Vide* Lei n. 7.998, de 11-1-1990 (seguro-desemprego).

Art. 485. Quando cessar a atividade da empresa, por morte do empregador, os empregados terão direito, conforme o caso, à indenização a que se referem os arts. 477 e 497.

•• **Súmula 44/TST: Aviso prévio.** A cessação da atividade da empresa, com o pagamento da indenização, simples ou em dobro, não exclui, por si só, o direito do empregado ao aviso prévio.

Art. 486. No caso de paralisação temporária ou definitiva do trabalho, motivada por ato de autoridade municipal, estadual ou federal, ou pela promulgação de lei ou resolução que impossibilite a continuação da atividade, prevalecerá o pagamento da indenização, que ficará a cargo do governo responsável.

•• *Caput* com redação determinada pela Lei n. 1.530, de 26-12-1951.

§ 1.º Sempre que o empregador invocar em sua defesa o preceito do presente artigo, o tribunal do trabalho competente notificará a pessoa de direito público apontada como responsável pela paralisação do trabalho, para que, no prazo de 30 (trinta) dias, alegue o que entender devido, passando a figurar no processo como chamada à autoria.

•• § 1.º com redação determinada pelo Decreto-lei n. 6.110, de 16-12-1943.

§ 2.º Sempre que a parte interessada, firmada em documento hábil, invocar defesa baseada na disposição deste artigo e indicar qual o juiz competente, será ouvida a parte contrária, para, dentro de 3 (três) dias, falar sobre essa alegação.

•• § 2.º com redação determinada pela Lei n. 1.530, de 26-12-1951.

§ 3.º Verificada qual a autoridade responsável, a Junta de Conciliação ou Juiz dar-se-á por incompetente, remetendo os autos ao Juiz Privativo da Fazenda, perante o qual correrá o feito nos termos previstos no processo comum.

•• § 3.º com redação determinada pela Lei n. 1.530, de 26-12-1951.

•• Extinção das Juntas de Conciliação e Julgamento: Emenda Constitucional n. 24, de 9-12-1999.

Capítulo VI
DO AVISO PRÉVIO

Art. 7.º, XXI, da CF: São direitos dos trabalhadores urbanos e rurais, além de outros que visem à melhoria de sua condição social: (...) XXI – aviso prévio proporcional ao tempo de serviço, sendo no mínimo de trinta dias, nos termos da lei.

•• *Vide* Lei n. 12.506, de 11-10-2011, que dispõe sobre aviso prévio.

Art. 487. Não havendo prazo estipulado, a parte que, sem justo motivo, quiser rescindir o contrato deverá avisar a outra da sua resolução com a antecedência mínima de:

I – 8 (oito) dias, se o pagamento for efetuado por semana ou tempo inferior;

•• Inciso I com redação determinada pela Lei n. 1.530, de 26-12-1951.

•• Prejudicado este inciso pelo art. 7.º, XXI, da CF.

Art. 7.º, XXI, da CF: São direitos dos trabalhadores urbanos e rurais, além de outros que visem à melhoria de sua condição social: (...) XXI – aviso prévio proporcional ao tempo de serviço, sendo no mínimo de trinta dias, nos termos da lei.

II – 30 (trinta) dias aos que perceberem por quinzena ou mês, ou que tenham mais de 12 (doze) meses de serviço na empresa.

•• Inciso II com redação determinada pela Lei n. 1.530, de 26-12-1951.

Art. 7.º, XXI, da CF: São direitos dos trabalhadores urbanos e rurais, além de outros que visem à melhoria de sua condição social: (...) XXI – aviso prévio proporcional ao tempo de serviço, sendo no mínimo de trinta dias, nos termos da lei.

Súmula 14/TST: Culpa recíproca. Reconhecida a culpa recíproca na rescisão do contrato de trabalho (art. 484 da CLT), o empregado tem direito a 50% (cinquenta por cento) do valor do aviso prévio, do décimo terceiro salário e das férias proporcionais.

Súmula 44/TST: Aviso prévio. A cessação da atividade da empresa, com o pagamento da indenização, simples ou em dobro, não exclui, por si só, o direito do empregado ao aviso prévio.

Súmula 73/TST: Despedida. Justa causa. A ocorrência de justa causa, salvo a de abandono de emprego, no decurso do prazo do aviso prévio dado pelo empregador, retira do empregado qualquer direito às verbas rescisórias de natureza indenizatória.

Súmula 230/TST: Aviso prévio. Substituição pelo pagamento das horas reduzidas da jornada de trabalho. É ilegal substituir o período que se reduz da jornada de trabalho, no aviso prévio, pelo pagamento das horas correspondentes.

Súmula 276/TST: Aviso prévio. Renúncia pelo empregado. O direito ao aviso prévio é irrenunciável pelo empregado. O pedido de dispensa de cumprimento não exime o empregador de pagar o respectivo valor, salvo comprovação de haver o prestador dos serviços obtido novo emprego.

Súmula 348/TST: Aviso prévio. Concessão na fluência da garantia de emprego. Invalidade. É inválida a concessão do aviso prévio na fluência da garantia de emprego, ante a incompatibilidade dos dois institutos.

Súmula 371/TST: Aviso prévio indenizado. Efeitos. Superveniência de auxílio-doença no curso deste. A projeção do contrato de trabalho para o futuro, pela concessão do aviso prévio indenizado, tem efeitos limitados às vantagens econômicas obtidas no período de pré-aviso, ou seja, salários, reflexos e verbas rescisórias. No caso de concessão de auxílio-doença no curso do aviso prévio, todavia, só se concretizam os efeitos da dispensa depois de expirado o benefício previdenciário.

Súmula 441/TST: Aviso prévio. Proporcionalidade. O direito ao aviso prévio proporcional ao tempo de serviço somente é assegurado nas rescisões de contrato de trabalho ocorridas a partir da publicação da Lei n. 12.506, em 13 de outubro de 2011.

§ 1.º A falta do aviso prévio por parte do empregador dá ao empregado o direito aos salários correspondentes ao prazo do aviso, garantida sempre a integração desse período no seu tempo de serviço.

Súmula 305/TST: 305. Fundo de Garantia do Tempo de Serviço. Incidência sobre o aviso prévio. O pagamento relativo ao período de aviso prévio, trabalhado ou não, está sujeito à contribuição para o FGTS.

OJ 367 da SDI-1: Aviso prévio de 60 dias. Elasticimento por norma coletiva. Projeção. Reflexos nas parcelas trabalhistas. O prazo de aviso prévio de 60 dias, concedido por meio de norma coletiva que silencia sobre alcance de seus efeitos jurídicos, computa-se integralmente como tempo de serviço, nos termos do § 1.º do art. 487 da CLT, repercutindo nas verbas rescisórias.

§ 2.º A falta de aviso prévio por parte do empregado dá ao empregador o direito de descontar os salários correspondentes ao prazo respectivo.

§ 3.º Em se tratando de salário pago na base de tarefa, o cálculo, para os efeitos dos parágrafos anteriores, será feito de acordo com a média dos últimos 12 (doze) meses de serviço.

§ 4.º É devido o aviso prévio na despedida indireta.

•• § 4.º acrescentado pela Lei n. 7.108, de 5-7-1983.

§ 5.º O valor das horas extraordinárias habituais integra o aviso prévio indenizado.

•• § 5.º acrescentado pela Lei n. 10.218, de 11-4-2001.

§ 6.º O reajustamento salarial coletivo, determinado no curso do aviso prévio, beneficia o empregado pré-avisado da despedida, mesmo que tenha recebido antecipadamente os salários correspondentes ao período do aviso, que integra seu tempo de serviço para todos os efeitos legais.

•• § 6.º acrescentado pela Lei n. 10.218, de 11-4-2001.

Art. 488. O horário normal de trabalho do empregado, durante o prazo do aviso, e se a rescisão tiver sido promovida pelo empregador, será reduzido de 2 (duas) horas diárias, sem prejuízo do salário integral.

Parágrafo único. É facultado ao empregado trabalhar sem a redução das 2 (duas) horas diárias previstas neste artigo, caso em que poderá faltar ao serviço, sem prejuízo do salário integral, por 1 (um) dia, na hipótese do inciso I, e por 7 (sete) dias corridos, na hipótese do inciso II do art. 487 desta Consolidação.

•• Parágrafo único acrescentado pela Lei n. 7.093, de 25-4-1983.

Lei n. 5.889/73, art. 15: Durante o prazo do aviso prévio, se a rescisão tiver sido promovida pelo empregador, o empregado rural terá direito a 1 (um) dia por semana, sem prejuízo do salário integral, para procurar outro trabalho.

Art. 489. Dado o aviso prévio, a rescisão torna-se efetiva depois de expirado o respectivo prazo, mas, se a parte notificante reconsiderar o ato, antes de seu termo, à outra parte é facultado aceitar ou não a reconsideração.

Parágrafo único. Caso seja aceita a reconsideração ou continuando a prestação depois de expirado o prazo, o contrato continuará a vigorar, como se o aviso não tivesse sido dado.

Art. 490. O empregador que, durante o prazo do aviso prévio dado ao empregado, praticar ato que justifique a rescisão imediata do contrato, sujeita-se ao pagamento da remuneração correspondente ao prazo do referido aviso, sem prejuízo da indenização que for devida.

Art. 491. O empregado que, durante o prazo do aviso prévio, cometer qualquer das faltas consideradas pela lei como justas para a rescisão, perde o direito ao restante do respectivo prazo.

Capítulo VII
DA ESTABILIDADE

Art. 492. O empregado que contar mais de 10 (dez) anos de serviço na mesma empresa não poderá ser despedido senão por motivo de falta grave ou circunstância de força maior, devidamente comprovadas.

•• Entendemos prejudicado o disposto neste artigo pelo art. 7.º, I e III, da CF.

Art. 7.º, I e III, da CF: São direitos dos trabalhadores urbanos e rurais, além de outros que visem à melhoria de sua condição social: (...) I – relação de emprego protegida contra despedida arbitrária ou sem justa causa, nos termos de lei complementar, que preverá indenização compensatória, dentre outros direitos; (...) III – fundo de garantia do tempo de serviço.

• Vide Lei n. 8.036, de 11-5-1990 (FGTS).
• Vide Súmula 195 do STF.

Parágrafo único. Considera-se como de serviço todo o tempo em que o empregado esteja à disposição do empregador.

Art. 493. Constitui falta grave a prática de qualquer dos fatos a que se refere o art. 482, quando por sua repetição ou natureza representem séria violação dos deveres e obrigações do empregado.

Art. 494. O empregado acusado de falta grave poderá ser suspenso de suas funções, mas a sua despedida só se tornará efetiva após o inquérito em que se verifique a procedência da acusação.

Parágrafo único. A suspensão, no caso deste artigo, perdurará até a decisão final do processo.

Súmula 197/STF: O empregado com representação sindical só pode ser despedido mediante inquérito em que se apure falta grave.

Súmula 403/STF: É de decadência o prazo de 30 (trinta) dias para instauração do inquérito judicial, a contar da suspensão, por falta grave, de empregado estável.

Súmula 379/TST: Dirigente sindical. Despedida. Falta grave. Inquérito judicial. Necessidade. O dirigente sindical somente poderá ser dispensado por falta grave mediante a apuração em inquérito judicial, inteligência dos arts. 494 e 543, § 3.º, da CLT.

OJ 137 da SDI-1: Mandado de segurança. Dirigente sindical. Art. 494 da CLT. Aplicável. Constitui direito líquido e certo do empregador a suspensão do empregado, ainda que detentor de estabilidade sindical, até a decisão final do inquérito em que se apure a falta grave a ele imputada, na forma do art. 494, *caput* e parágrafo único, da CLT.

Art. 495. Reconhecida a inexistência de falta grave praticada pelo empregado, fica o empregador obrigado a readmiti-lo no serviço e a pagar-lhe os salários a que teria direito no período da suspensão.

Art. 496. Quando a reintegração do empregado estável for desaconselhável, dado o grau de incompatibilidade resultante do dissídio, especialmente quando for o empregador pessoa física, o tribunal do trabalho poderá converter aquela obrigação em indenização devida nos termos do artigo seguinte.

Decreto n. 3.048/99, art. 214, § 12: O valor pago à empregada gestante, inclusive à doméstica, em função do disposto na alínea *b* do inciso II do art. 10 do ADCT da CF, integra o salário de contribuição, excluídos os casos de conversão em indenização previstos nos arts. 496 e 497 da CLT.

Súmula 28/TST: Indenização. No caso de se converter a reintegração em indenização dobrada, o direito aos salários é assegurado até a data da primeira decisão que determinou essa conversão.

Súmula 396/TST: Estabilidade provisória. Pedido de reintegração. Concessão do salário relativo ao período de estabilidade já exaurido. Inexistência de julgamento extra petita. I – Exaurido o período de estabilidade, são devidos ao empregado apenas os salários do período compreendido entre a data da despedida e o final do período de estabilidade, não lhe sendo assegurada a reintegração no emprego. II – Não há nulidade por julgamento extra petita da decisão que deferir salário quando o pedido for de reintegração, dados os termos do art. 496 da CLT.

Art. 497. Extinguindo-se a empresa, sem a ocorrência de motivos de força maior, ao empregado estável despedido é garantida a indenização por rescisão do contrato por prazo indeterminado, paga em dobro.

Art. 485 da CLT: Quando cessar a atividade da empresa, por morte do empregador, os empregados terão direito, conforme o caso, à indenização a que se referem os arts. 477 e 497.

Súmula 44/TST: Aviso prévio. A cessação da atividade da empresa, com o pagamento da indenização, simples ou em dobro, não exclui, por si só, o direito do empregado ao aviso prévio.

• Vide notas ao artigo anterior.

Art. 498. Em caso de fechamento do estabelecimento, filial ou agência, ou supressão necessária de atividade, sem ocorrência de motivo de força maior, é assegurado aos empregados estáveis, que ali exerçam suas funções, direito à indenização, na forma do artigo anterior.

Súmula 221/STF: A transferência de estabelecimento, ou a sua extinção parcial, por motivo que não seja de força maior, não justifica a transferência de empregado estável.

Art. 499. Não haverá estabilidade no exercício dos cargos de diretoria, gerência ou outros de confiança imediata do empregador, ressalvado o cômputo do tempo de serviço para todos os efeitos legais.

§ 1.º Ao empregado garantido pela estabilidade que deixar de exercer cargo de confiança, é assegurada, salvo no caso de falta grave, a reversão ao cargo efetivo que haja anteriormente ocupado.

§ 2.º Ao empregado despedido sem justa causa, que só tenha exercido cargo de confiança e que contar mais de 10 (dez) anos de serviço na mesma empresa, é garantida a indenização proporcional ao tempo de serviço nos termos dos arts. 477 e 478.

§ 3.º A despedida que se verificar com o fim de obstar ao empregado a aquisição de estabilidade sujeitará o empregador a pagamento em dobro da indenização prescrita nos arts. 477 e 478.

Art. 500. O pedido de demissão do empregado estável só será válido quando feito com a assistência do respectivo Sindicato e, se não o houver, perante autoridade local competente do Ministério do Trabalho e Previdência Social ou da Justiça do Trabalho.

•• Artigo com redação determinada pela Lei n. 5.584, de 26-6-1970.
•• Vide Nota dos Organizadores, Ministérios.

Lei n. 4.725/65, art. 11: A assistência aos trabalhadores prevista no art. 500 da CLT, aprovada pelo Decreto-lei n. 5.452, de 1.º-5-1943, e na Lei n. 4.066, de 28-5-1962, será gratuita, vedada aos órgãos e autoridades a quem for solicitada a cobrança de qualquer importância para o atendimento de custas, taxas, emolumentos, remuneração ou a qualquer título.

• Citada Lei n. 4.066/62 foi revogada expressamente pela Lei n. 5.562, de 12-12-1968.

Capítulo VIII
DA FORÇA MAIOR

Art. 501. Entende-se como força maior todo acontecimento inevitável, em relação à vontade do empregador, e para a realização do qual este não concorreu, direta ou indiretamente.

§ 1.º A imprevidência do empregador exclui a razão de força maior.

§ 2.º À ocorrência do motivo de força maior que não afetar substancialmente, nem for suscetível de afetar, em tais condições, a situação econômica e financeira da empresa, não se aplicam as restrições desta Lei referentes ao disposto neste Capítulo.

Art. 502. Ocorrendo motivo de força maior que determine a extinção da empresa, ou de um dos estabelecimentos em que trabalhe o empregado, é assegurada a este, quando despedido, uma indenização na forma seguinte:

I – sendo estável, nos termos dos arts. 477 e 478;

II – não tendo direito à estabilidade, metade da que seria devida em caso de rescisão sem justa causa;

III – havendo contrato por prazo determinado, aquela a que se refere o art. 479 desta Lei, reduzida igualmente à metade.

Art. 503. É lícita, em caso de força maior ou prejuízos devidamente comprovados, a redução geral dos salários dos empregados da empresa, proporcionalmente aos salários de cada um, não podendo, entretanto, ser superior a 25% (vinte e cinco por cento), respeitado, em qualquer caso, o salário mínimo da região.

Art. 7.º, VI e X, da CF: São direitos dos trabalhadores urbanos e rurais, além de outros que visem à melhoria de sua condição social: (...) VI – irredutibilidade do salário, salvo o disposto em convenção ou acordo coletivo; (...) X – proteção do salário na forma da lei, constituindo crime sua retenção dolosa.

Parágrafo único. Cessados os efeitos decorrentes do motivo de força maior, é garantido o restabelecimento dos salários reduzidos.

Art. 504. Comprovada a falsa alegação do motivo de força maior, é garantida a reintegração aos empregados estáveis, e aos não estáveis o complemento da indenização já percebida, assegurado a ambos o pagamento da remuneração atrasada.

Capítulo IX
DISPOSIÇÕES ESPECIAIS

Art. 505. São aplicáveis aos trabalhadores rurais os dispositivos constantes dos Capítulos I, II e VI do presente Título.

OJ 417 da SDI-1: Prescrição. Rurícola. Emenda Constitucional n. 28, de 26-5-2000. Contrato de trabalho em curso. Não há prescrição total ou parcial da pretensão do trabalhador rural que reclama direitos relativos a contrato de trabalho que se encontrava em curso à época da promulgação da Emenda Constitucional n. 28, de 26-5-2000, desde que ajuizada a demanda no prazo de cinco anos de sua publicação, observada a prescrição bienal.

• As relações de trabalho rural são reguladas pela Lei n. 5.889, de 8-6-1973, regulamentada pelo Decreto n. 10.854, de 10-11-2021 (arts. 83 a 105).

Art. 506. No contrato de trabalho agrícola é lícito o acordo que estabelecer a remuneração *in natura*, contanto que seja de produtos obtidos pela exploração do negócio e não exceda de 1/3 (um terço) do salário total do empregado.

•• Entendemos prejudicado pela Lei n. 5.889, de 8-6-1973.

Art. 507. As disposições do Capítulo VII do presente Título não serão aplicáveis aos empregados em consultórios ou escritórios de profissionais liberais.

Parágrafo único. (*Revogado pela Lei n. 6.533, de 24-5-1978.*)

Art. 507-A. Nos contratos individuais de trabalho cuja remuneração seja superior a duas vezes o limite máximo estabelecido para os benefícios do Regime Geral de Previdência Social, poderá ser pactuada cláusula compromissória de arbitragem, desde que por iniciativa do empregado ou mediante a sua concordância expressa, nos termos previstos na Lei n. 9.307, de 23 de setembro de 1996.

•• Artigo acrescentado pela Lei n. 13.467, de 13-7-2017.

Art. 507-B. É facultado a empregados e empregadores, na vigência ou não do contrato de emprego, firmar o termo de quitação anual de obrigações trabalhistas, perante o sindicato dos empregados da categoria.

•• *Caput* acrescentado pela Lei n. 13.467, de 13-7-2017.
•• Vide art. 16, da Instrução Normativa n. 144, de 18-5-2018.

Parágrafo único. O termo discriminará as obrigações de dar e fazer cumpridas mensalmente e dele constará a quitação anual dada pelo empregado, com eficácia liberatória das parcelas nele especificadas.

•• Parágrafo único acrescentado pela Lei n. 13.467, de 13-7-2017.

Art. 508. (*Revogado pela Lei n. 12.347, de 10-12-2010.*)

Art. 509. (*Revogado pela Lei n. 6.533, de 24-5-1978.*)

Art. 510. Pela infração das proibições constantes deste Título, será imposta à empresa a multa de valor igual a 1 (um) salário mínimo regional elevada ao dobro, no caso de reincidência, sem prejuízo das demais cominações legais.

•• Artigo com redação determinada pela Lei n. 5.562, de 12-12-1968.
• Vide Nota dos Organizadores sobre o valor das multas previstas na CLT.

Título IV-A
DA REPRESENTAÇÃO DOS EMPREGADOS

•• Título IV-A acrescentado pela Lei n. 13.467, de 13-7-2017.

Art. 510-A. Nas empresas com mais de duzentos empregados, é assegurada a eleição de uma comissão para representá-los, com a finalidade de promover-lhes o entendimento direto com os empregadores.

•• *Caput* acrescentado pela Lei n. 13.467, de 13-7-2017.

§ 1.º A comissão será composta:

•• § 1.º, *caput*, acrescentado pela Lei n. 13.467, de 13-7-2017.

I – nas empresas com mais de duzentos e até três mil empregados, por três membros;

•• Inciso I acrescentado pela Lei n. 13.467, de 13-7-2017.

II – nas empresas com mais de três mil e até cinco mil empregados, por cinco membros;

•• Inciso II acrescentado pela Lei n. 13.467, de 13-7-2017.

III – nas empresas com mais de cinco mil empregados, por sete membros.

•• Inciso III acrescentado pela Lei n. 13.467, de 13-7-2017.

§ 2.º No caso de a empresa possuir empregados em vários Estados da Federação e no Distrito Federal, será assegurada a eleição de uma comissão de representantes dos empregados por Estado ou no Distrito Federal, na mesma forma estabelecida no § 1.º deste artigo.

•• § 2.º acrescentado pela Lei n. 13.467, de 13-7-2017.

Art. 510-B. A comissão de representantes dos empregados terá as seguintes atribuições:

•• *Caput* acrescentado pela Lei n. 13.467, de 13-7-2017.

I – representar os empregados perante a administração da empresa;

•• Inciso I acrescentado pela Lei n. 13.467, de 13-7-2017.

II – aprimorar o relacionamento entre a empresa e seus empregados com base nos princípios da boa-fé e do respeito mútuo;

•• Inciso II acrescentado pela Lei n. 13.467, de 13-7-2017.

III – promover o diálogo e o entendimento no ambiente de trabalho com o fim de prevenir conflitos;

•• Inciso III acrescentado pela Lei n. 13.467, de 13-7-2017.

IV – buscar soluções para os conflitos decorrentes da relação de trabalho, de forma rápida e eficaz, visando à efetiva aplicação das normas legais e contratuais;

•• Inciso IV acrescentado pela Lei n. 13.467, de 13-7-2017.

V – assegurar tratamento justo e imparcial aos empregados, impedindo qualquer forma de discriminação por motivo de sexo, idade, religião, opinião política ou atuação sindical;

•• Inciso V acrescentado pela Lei n. 13.467, de 13-7-2017.

VI – encaminhar reivindicações específicas dos empregados de seu âmbito de representação;

•• Inciso VI acrescentado pela Lei n. 13.467, de 13-7-2017.

VII – acompanhar o cumprimento das leis trabalhistas, previdenciárias e das convenções coletivas e acordos coletivos de trabalho.

•• Inciso VII acrescentado pela Lei n. 13.467, de 13-7-2017.

§ 1.º As decisões da comissão de representantes dos empregados serão sempre colegiadas, observada a maioria simples.

•• § 1.º acrescentado pela Lei n. 13.467, de 13-7-2017.

§ 2.º A comissão organizará sua atuação de forma independente.

•• § 2.º acrescentado pela Lei n. 13.467, de 13-7-2017.

Art. 510-C. A eleição será convocada, com antecedência mínima de trinta dias, contados do término do mandato anterior, por meio de edital que deverá ser fixado na empresa, com ampla publicidade, para inscrição de candidatura.

•• *Caput* acrescentado pela Lei n. 13.467, de 13-7-2017.

§ 1.º Será formada comissão eleitoral, integrada por cinco empregados, não candidatos, para a organização e o acompanhamento do processo eleitoral, vedada a interferência da empresa e do sindicato da categoria.

•• § 1.º acrescentado pela Lei n. 13.467, de 13-7-2017.

§ 2.º Os empregados da empresa poderão candidatar-se, exceto aqueles com contrato de trabalho por prazo determinado, com contrato suspenso ou que estejam em período de aviso prévio, ainda que indenizado.

•• § 2.º acrescentado pela Lei n. 13.467, de 13-7-2017.

§ 3.º Serão eleitos membros da comissão de representantes dos empregados os candidatos mais votados, em votação secreta, vedado o voto por representação.

•• § 3.º acrescentado pela Lei n. 13.467, de 13-7-2017.

§ 4.º A comissão tomará posse no primeiro dia útil seguinte à eleição ou ao término do mandato anterior.

•• § 4.º acrescentado pela Lei n. 13.467, de 13-7-2017.

§ 5.º Se não houver candidatos suficientes, a comissão de representantes dos empregados poderá ser formada com número de membros inferior ao previsto no art. 510-A desta Consolidação.

•• § 5.º acrescentado pela Lei n. 13.467, de 13-7-2017.

§ 6.º Se não houver registro de candidatura, será lavrada ata e convocada nova eleição no prazo de um ano.

•• § 6.º acrescentado pela Lei n. 13.467, de 13-7-2017.

Art. 510-D. O mandato dos membros da comissão de representantes dos empregados será de um ano.

•• *Caput* acrescentado pela Lei n. 13.467, de 13-7-2017.

§ 1.º O membro que houver exercido a função de representante dos empregados na comissão não poderá ser candidato nos dois períodos subsequentes.

•• § 1.º acrescentado pela Lei n. 13.467, de 13-7-2017.

§ 2.º O mandato de membro de comissão de representantes dos empregados não implica suspensão ou interrupção do contrato de trabalho, devendo o empregado permanecer no exercício de suas funções.

•• § 2.º acrescentado pela Lei n. 13.467, de 13-7-2017.

§ 3.º Desde o registro da candidatura até um ano após o fim do mandato, o membro da comissão de representantes dos empregados não poderá sofrer despedida arbitrária, entendendo-se como tal a que não se fundar em motivo disciplinar, técnico, econômico ou financeiro.

•• § 3.º acrescentado pela Lei n. 13.467, de 13-7-2017.

§ 4.º Os documentos referentes ao processo eleitoral devem ser emitidos em duas vias, as quais permanecerão sob a guarda dos empregados e da empresa pelo prazo de cinco anos, à disposição para consulta de qualquer trabalhador interessado, do Ministério Público do Trabalho e do Ministério do Trabalho.

•• § 4.º acrescentado pela Lei n. 13.467, de 13-7-2017.

Título V
DA ORGANIZAÇÃO SINDICAL

•• Entendemos parcialmente prejudicado o disposto neste Título V (arts. 511 a 610) pelo art. 8.º da CF.

Art. 8.º da CF: É livre a associação profissional ou sindical, observado o seguinte: I - a lei não poderá exigir autorização do Estado para a fundação de sindicato, ressalvado o registro no órgão competente, vedadas ao Poder Público a interferência e a intervenção na organização sindical; II – é vedada a criação de mais de uma organização sindical, em qualquer grau, representativa de categoria profissional ou econômica, na mesma base territorial, que será definida pelos trabalhadores ou empregadores interessados, não podendo ser inferior à área de um Município; III – ao sindicato cabe a defesa dos direitos e interesses coletivos ou individuais da categoria, inclusive em questões judiciais ou administrativas; IV - a assembleia geral fixará a contribuição que, em se tratando de categoria profissional, será descontada em folha, para custeio do sistema confederativo da representação sindical respectiva, independentemente da contribuição prevista em lei; V – ninguém será obrigado a filiar-se ou a manter-se filiado a sindicato; VI – é obrigatória a participação dos sindicatos nas negociações coletivas de trabalho; VII – o aposentado filiado tem direito a votar e ser votado nas organizações sindicais; VIII – é vedada a dispensa do empregado sindicalizado a partir do registro da candidatura a cargo de direção ou representação sindical e, se eleito, ainda que suplente, até um ano após o final do mandato, salvo se cometer falta grave nos termos da lei. Parágrafo único. As disposições deste artigo aplicam-se à organização de sindicatos rurais e de colônias de pescadores, atendidas as condições que a lei estabelecer.

Capítulo I
DA INSTITUIÇÃO SINDICAL

SEÇÃO I
Da Associação em Sindicato

Art. 114, III, da CF: Compete à Justiça do Trabalho processor e julgar: (...) III – as ações sobre representação sindical, entre sindicatos, entre sindicatos e trabalhadores, e entre sindicatos e empregadores.

Lei n. 8.073/90, art. 3.º: As entidades sindicais poderão atuar como substitutos processuais dos integrantes da categoria.

Súmula 4/STJ: Compete à Justiça Estadual julgar causa decorrente do processo eleitoral sindical.

Art. 511. É lícita a associação para fins de estudo, defesa e coordenação dos seus interesses econômicos ou profissionais de todos os que, como empregadores, empregados, agentes ou trabalhadores autônomos, ou profissionais liberais, exerçam, respectivamente, a mesma atividade ou profissão ou atividades ou profissões similares ou conexas.

Enunciado n. 29 da 1.ª Jornada de Direito do Trabalho: Pedido de registro sindical. Cooperativa. Impossibilidade diante do princípio da unicidade sindical. Não configura categoria para fins de organização sindical, nos termos do art. 511 da CLT e art. 4.º da Portaria MTE n. 343/2000. Não é possível a formação de entidade sindical constituída por cooperativas, uma vez que afronta o princípio da unicidade sindical, bem como a organização sindical por categorias.

•• A Portaria n. 671, de 8-11-2021, do Ministério do Trabalho e da Previdência, regulamenta disposições relativas à legislação trabalhista, à inspeção do trabalho, às políticas públicas e às relações de trabalho.

§ 1.º A solidariedade de interesses econômicos dos que empreendem atividades idênticas, similares ou conexas constitui o vínculo social básico que se denomina categoria econômica.

§ 2.º A similitude de condições de vida oriunda da profissão ou trabalho em comum, em situação de emprego na mesma atividade econômica ou em atividades econômicas similares ou conexas, compõe a expressão social elementar compreendida como categoria profissional.

§ 3.º Categoria profissional diferenciada é a que se forma dos empregados que exerçam profissões ou funções diferenciadas por força de estatuto profissional especial ou em consequência de condições de vida singulares.

§ 4.º Os limites de identidade, similaridade ou conexidade fixam as dimensões dentro das quais a categoria econômica ou profissional é homogênea e a associação é natural.

Art. 512. Somente as associações profissionais constituídas para os fins e na forma do artigo anterior e registradas de acordo com o art. 558 poderão ser reconhecidas como Sindicatos e investidas nas prerrogativas definidas nesta Lei.

•• Entendemos prejudicado o disposto neste artigo pelo art. 8.º da CF. *Vide* nota neste Título V.

Art. 513. São prerrogativas dos Sindicatos:

a) representar, perante as autoridades administrativas e judiciárias, os interesses gerais da respectiva categoria ou profissão liberal ou os interesses individuais dos associados relativos à atividade ou profissão exercida;

Art. 5.º, LXX, b, da CF: Todos são iguais perante a lei, sem distinção de qualquer natureza, garantindo-se aos brasileiros e aos estrangeiros residentes no País a inviolabilidade do direito à vida, à liberdade, à igualdade, à segurança e à propriedade, nos termos seguintes: (...) LXX – o mandado de segurança coletivo pode ser impetrado por: (...) b) organização sindical, entidade de classe ou associação legalmente constituída e em funcionamento há pelo menos um ano, em defesa dos interesses de seus membros ou associados; (...).

Art. 8.º, III, da CF: É livre a associação profissional ou sindical, observado o seguinte: (...) III – ao sindicato cabe a defesa dos direitos e interesses coletivos ou individuais da categoria, inclusive em questões judiciais ou administrativas; (...).

Art. 103, IX, da CF: Podem propor a ação direta de inconstitucionalidade e a ação declaratória de constitucionalidade: (...) IX – confederação sindical ou entidade de classe de âmbito nacional.

b) celebrar convenções coletivas de trabalho;

•• Alínea *b* com redação determinada pelo Decreto-lei n. 229, de 28-2-1967.

Art. 7.º, XXVI, da CF: São direitos dos trabalhadores urbanos e rurais, além de outros que visem à melhoria de sua condição social: (...) XXVI – reconhecimento das convenções e acordos coletivos de trabalho.

Art. 8.º, VI, da CF: É livre a associação profissional ou sindical, observado o seguinte: (...) VI – é obrigatória a participação dos sindicatos nas negociações coletivas de trabalho.

c) eleger ou designar os representantes da respectiva categoria ou profissão liberal;

d) colaborar com o Estado, como órgãos técnicos e consultivos, no estudo e solução dos problemas que se relacionam com a respectiva categoria ou profissão liberal;

e) impor contribuições a todos aqueles que participam das categorias econômicas ou profissionais ou das profissões liberais representadas.

Parágrafo único. Os Sindicatos de empregados terão, outrossim, a prerrogativa de fundar e manter agências de colocação.
• *Vide* art. 150 da CF.

Art. 514. São deveres dos Sindicatos:

a) colaborar com os poderes públicos no desenvolvimento da solidariedade social;

b) manter serviços de assistência judiciária para os associados;

c) promover a conciliação nos dissídios de trabalho;

d) sempre que possível, e de acordo com as suas possibilidades, manter no seu Quadro de Pessoal, em convênio com entidades assistenciais ou por conta própria, um assistente social com as atribuições específicas de promover a cooperação operacional na empresa e a integração profissional na Classe.
•• Alínea *d* acrescentada pela Lei n. 6.200, de 16-4-1975.

Parágrafo único. Os Sindicatos de empregados terão, outrossim, o dever de:

a) promover a fundação de cooperativas de consumo e de crédito;

b) fundar e manter escolas de alfabetização e pré-vocacionais.

SEÇÃO II
Do Reconhecimento e Investidura Sindical

Art. 515. As associações profissionais deverão satisfazer os seguintes requisitos para serem reconhecidas como Sindicatos:
•• Entendemos prejudicado o disposto neste artigo pelo art. 8.º da CF. *Vide* nota neste Título V.

a) reunião de 1/3 (um terço), no mínimo, de empresas legalmente constituídas, sob a forma individual ou de sociedade, se se tratar de associação de empregadores; ou de 1/3 (um terço) dos que integrem a mesma categoria ou exerçam a mesma profissão liberal, se se tratar de associação de empregados ou de trabalhadores ou agentes autônomos ou de profissão liberal;

b) duração de 3 (três) anos para o mandato da diretoria;
•• Alínea *b* com redação determinada pelo Decreto-lei n. 771, de 19-8-1969.

c) exercício do cargo de Presidente e dos demais cargos de administração e representação por brasileiros.
•• Nos termos da Lei n. 6.192, de 19-12-1974.

Parágrafo único. O Ministro do Trabalho e Previdência Social poderá, excepcionalmente, reconhecer como Sindicato a associação cujo número de associados seja inferior ao terço a que se refere a alínea *a*.
•• *Vide* Nota dos Organizadores sobre Ministérios.

Art. 516. Não será reconhecido mais de um Sindicato representativo da mesma categoria econômica ou profissional, ou profissão liberal, em uma dada base territorial.
•• Entendemos prejudicado o disposto neste artigo pelo art. 8.º da CF. *Vide* nota neste Título V.

Art. 8.º, II, da CF: É livre a associação profissional ou sindical, observado o seguinte: (...) II - é vedada a criação de mais de uma organização sindical, em qualquer grau, representativa de categoria profissional ou econômica, na mesma base territorial, que será definida pelos trabalhadores ou empregadores interessados, não podendo ser inferior à área de um Município.

Art. 517. Os Sindicatos poderão ser distritais, municipais, intermunicipais, estaduais e interestaduais. Excepcionalmente, e atendendo às peculiaridades de determinadas categorias ou profissões, o Ministro do Trabalho e Previdência Social poderá autorizar o reconhecimento de Sindicatos nacionais.
•• Entendemos prejudicado o disposto neste artigo pelo art. 8.º da CF. *Vide* nota neste Título V.
•• *Vide* Nota dos Organizadores sobre Ministérios.

§ 1.º O Ministro do Trabalho e Previdência Social outorgará e delimitará a base territorial do Sindicato.

§ 2.º Dentro da base territorial que lhe for determinada é facultado ao Sindicato instituir delegacias ou seções para melhor proteção dos associados e da categoria econômica ou profissional ou profissão liberal representada.

Art. 518. O pedido de reconhecimento será dirigido ao Ministro do Trabalho e Previdência Social instruído com exemplar ou cópia autenticada dos estatutos da associação.
•• Entendemos prejudicado o disposto neste artigo pelo art. 8.º da CF. *Vide* nota neste Título V.
•• *Vide* Nota dos Organizadores sobre Ministérios.

Art. 8.º, I, da CF: É livre a associação profissional ou sindical, observado o seguinte: (...) I – a lei não poderá exigir autorização do Estado para a fundação de sindicato, ressalvado o registro no órgão competente, vedadas ao Poder Público a interferência e a intervenção na organização sindical.

§ 1.º Os estatutos deverão conter:

a) a denominação e a sede da associação;

b) a categoria econômica ou profissional ou a profissão liberal cuja representação é requerida;

c) a afirmação de que a associação agirá como órgão de colaboração com os poderes públicos e as demais associações no sentido da solidariedade social e da subordinação dos interesses econômicos ou profissionais ao interesse nacional;

d) as atribuições, o processo eleitoral e das votações, os casos de perda de mandato e de substituição dos administradores;

e) o modo de constituição e administração do patrimônio social e o destino que lhe será dado no caso de dissolução;

f) as condições em que se dissolverá a associação.

§ 2.º O processo de reconhecimento será regulado em instruções baixadas pelo Ministro do Trabalho e Previdência Social.

Art. 519. A investidura sindical será conferida sempre à associação profissional mais representativa, a juízo do Ministro do Trabalho e Previdência Social, constituindo elementos para essa apreciação, entre outros:
•• Entendemos prejudicado o disposto neste artigo pelo art. 8.º da CF. *Vide* nota neste Título V.
•• *Vide* Nota dos Organizadores sobre Ministérios.

a) o número de associados;

b) os serviços sociais fundados e mantidos;

c) o valor do patrimônio.

Art. 520. Reconhecida como sindicato a associação profissional, ser-lhe-á expedida carta de reconhecimento, assinada pelo Ministro do Trabalho e Previdência Social, na qual será especificada a representação econômica ou profissional, conferida e mencionada a base territorial outorgada.
•• Entendemos prejudicado o disposto neste artigo pelo art. 8.º da CF. *Vide* nota neste Título V.
•• *Vide* Nota dos Organizadores sobre Ministérios.

Parágrafo único. O reconhecimento investe a associação nas prerrogativas do art. 513 e a obriga aos deveres do art. 514, cujo inadimplemento a sujeitará às sanções desta Lei.

Art. 521. São condições para o funcionamento do Sindicato:
•• Entendemos prejudicado o disposto neste artigo pelo art. 8.º da CF. *Vide* nota neste Título V.

a) proibição de qualquer propaganda de doutrinas incompatíveis com as instituições e os interesses da Nação, bem como de candidaturas a cargos eletivos estranhos ao Sindicato;
•• Alínea *a* com redação determinada pelo Decreto-lei n. 9.502, de 23-7-1946.

b) proibição de exercício de cargo eletivo cumulativamente com o de emprego remunerado pelo Sindicato ou por entidade sindical de grau superior;

c) gratuidade do exercício dos cargos eletivos;

d) proibição de quaisquer atividades não compreendidas nas finalidades mencionadas no art. 511, inclusive as de caráter político-partidário;
•• Alínea *d* acrescentada pelo Decreto-lei n. 9.502, de 23-7-1946.

e) proibição de cessão gratuita ou remunerada da respectiva sede a entidade de índole político-partidária.
•• Alínea *e* acrescentada pelo Decreto-lei n. 9.502, de 23-7-1946.

Parágrafo único. Quando, para o exercício de mandato, tiver o associado de sindicato de empregados, de trabalhadores autônomos ou de

profissionais liberais de se afastar do seu trabalho, poderá ser-lhe arbitrada pela Assembleia Geral uma gratificação nunca excedente da importância de sua remuneração na profissão respectiva.

SEÇÃO III
Da Administração do Sindicato

Art. 522. A administração do Sindicato será exercida por uma diretoria constituída no máximo de 7 (sete) e, no mínimo de 3 (três) membros e de um Conselho Fiscal composto de 3 (três) membros, eleitos esses órgãos pela Assembleia Geral.

> **Súmula 369/TST: Dirigente sindical. Estabilidade provisória.** I – É assegurada a estabilidade provisória ao empregado dirigente sindical, ainda que a comunicação do registro da candidatura ou da eleição e da posse seja realizada fora do prazo previsto no art. 543, § 5.º, da CLT, desde que a ciência ao empregador, por qualquer meio, ocorra na vigência do contrato de trabalho. II – O art. 522 da CLT foi recepcionado pela Constituição Federal de 1988. Fica limitada, assim, a estabilidade a que alude o art. 543, § 3.º, da CLT a sete dirigentes sindicais e igual número de suplentes. III – O empregado de categoria diferenciada eleito dirigente sindical só goza de estabilidade se exercer na empresa atividade pertinente à categoria profissional do sindicato para o qual foi eleito dirigente. IV – Havendo extinção da atividade empresarial no âmbito da base territorial do sindicato, não há razão para subsistir a estabilidade. V – O registro da candidatura do empregado a cargo de dirigente sindical durante o período de aviso prévio, ainda que indenizado, não lhe assegura a estabilidade, visto que inaplicável a regra do § 3.º do art. 543 da Consolidação das Leis do Trabalho.

§ 1.º A diretoria elegerá, dentre os seus membros, o Presidente do Sindicato.

§ 2.º A competência do Conselho Fiscal é limitada à fiscalização da gestão financeira do Sindicato.

§ 3.º Constituirão atribuição exclusiva da Diretoria do Sindicato e dos Delegados Sindicais, a que se refere o art. 523, a representação e a defesa dos interesses da entidade perante os poderes públicos e as empresas, salvo mandatário com poderes outorgados por procuração da Diretoria, ou associado investido em representação prevista em lei.

•• § 3.º com redação determinada pelo Decreto-lei n. 9.502, de 23-7-1946.

Art. 523. Os Delegados Sindicais destinados à direção das delegacias ou seções instituídas na forma estabelecida no § 2.º do art. 517 serão designados pela diretoria dentre os associados radicados no território da correspondente delegacia.

•• Entendemos prejudicado o disposto neste artigo pelo art. 8.º da CF. *Vide* nota neste Título V.

Art. 524. Serão sempre tomadas por escrutínio secreto, na forma estatutária, as deliberações da Assembleia Geral concernentes aos seguintes assuntos:

•• *Caput* com redação determinada pela Lei n. 2.693, de 23-12-1955.
•• Entendemos prejudicado o disposto neste artigo pelo art. 8.º da CF. *Vide* nota neste Título V.

a) eleição de associado para representação da respectiva categoria prevista em lei;

b) tomada e aprovação de contas da diretoria;

c) aplicação do patrimônio;

d) julgamento dos atos da Diretoria, relativos a penalidades impostas a associados;

•• Alíneas *a* a *d* com redação determinada pelo Decreto-lei n. 9.502, de 23-7-1946.

e) pronunciamento sobre relações ou dissídio de trabalho. Neste caso, as deliberações da Assembleia Geral só serão consideradas válidas quando ela tiver sido especialmente convocada para esse fim, de acordo com as disposições dos estatutos da entidade sindical. O *quorum* para validade da Assembleia será de metade mais um dos associados quites; não obtido esse *quorum* em primeira convocação, reunir-se-á a Assembleia em segunda convocação com os presentes, considerando-se aprovadas as deliberações que obtiverem 2/3 (dois terços) dos votos.

•• Alínea *e* com redação determinada pela Lei n. 2.693, de 23-12-1955.

> **Art. 859 da CLT:** A representação dos sindicatos para instauração da instância fica subordinada à aprovação de assembleia, da qual participem os associados interessados

na solução do dissídio coletivo, em primeira convocação, por maioria de 2/3 (dois terços) dos mesmos, ou, em segunda convocação, por 2/3 (dois terços) dos presentes.

§ 1.º A eleição para cargos de diretoria e conselho fiscal será realizada por escrutínio secreto, durante 6 (seis) horas contínuas, pelo menos, na sede do Sindicato, na de suas delegacias e seções e nos principais locais de trabalho, onde funcionarão as mesas coletoras designadas pelos Delegados Regionais do Trabalho.

•• § 1.º acrescentado pelo Decreto-lei n. 9.502, de 23-7-1946.

§ 2.º Concomitantemente ao término do prazo estipulado para a votação, instalar-se-á, em Assembleia Eleitoral pública e permanente, na sede do Sindicato, a mesa apuradora, para a qual serão enviadas, imediatamente, pelos presidentes das mesas coletoras, as urnas receptoras e as atas respectivas. Será facultada designação de mesa apuradora supletiva sempre que as peculiaridades ou conveniências do pleito a exigirem.

•• § 2.º acrescentado pelo Decreto-lei n. 9.502, de 23-7-1946. Nos termos da Lei n. 4.923, de 23-12-1965.

§ 3.º A mesa apuradora será presidida por membro do Ministério Público do Trabalho ou pessoa de notória idoneidade, designada pelo Procurador-Geral da Justiça do Trabalho ou Procuradores Regionais.

•• § 3.º acrescentado pelo Decreto-lei n. 9.502, de 23-7-1946.

§ 4.º O pleito só será válido na hipótese de participarem da votação mais de 2/3 (dois terços) dos associados com capacidade para votar. Não obtido esse coeficiente, será realizada nova eleição dentro de 15 (quinze) dias, a qual terá validade se nela tomarem parte mais de 50% (cinquenta por cento) dos referidos associados. Na hipótese de não ter sido alcançado, na segunda votação, o coeficiente exigido, será realizado o terceiro e último pleito, cuja validade dependerá do voto de mais de 40% (quarenta por cento) dos aludidos associados, proclamando o Presidente da mesa apuradora em qualquer dessas hipóteses os eleitos, os quais serão empossados automaticamente na data do término do mandato expirante, não tendo efeito suspensivo os protestos ou recursos oferecidos na conformidade da lei.

•• § 4.º acrescentado pelo Decreto-lei n. 9.502, de 23-7-1946.

§ 5.º Não sendo atingido o coeficiente legal para eleição, o Ministério do Trabalho e Previdência Social declarará a vacância da administração, a partir do término do mandato dos membros em exercício, e designará administrador para o Sindicato, realizando-se novas eleições dentro de 6 (seis) meses.

•• § 5.º acrescentado pelo Decreto-lei n. 9.502, de 23-7-1946.
•• *Vide* Nota dos Organizadores sobre Ministérios.

Art. 525. É vedada a pessoas físicas ou jurídicas, estranhas ao Sindicato, qualquer interferência na sua administração ou nos seus serviços.

•• *Caput* com redação determinada pelo Decreto-lei n. 9.502, de 23-7-1946.
•• Entendemos prejudicado o disposto neste artigo pelo art. 8.º da CF. *Vide* nota neste Título V.

Parágrafo único. Estão excluídos dessa proibição:

a) os Delegados do Ministério do Trabalho especialmente designados pelo Ministro ou por quem o represente;

b) os que, como empregados, exerçam cargos no Sindicato mediante autorização da Assembleia Geral.

Art. 526. Os empregados do Sindicato serão nomeados pela diretoria respectiva *ad referendum*, da Assembleia Geral, não podendo recair tal nomeação nos que estiverem nas condições previstas nos itens II, IV, V, VI, VII e VIII do art. 530 e, na hipótese de o nomeador haver sido dirigente sindical, também nas do item I do mesmo artigo.

•• Artigo com redação determinada pelo Decreto-lei n. 925, de 10-10-1969.
•• Entendemos prejudicado o disposto neste artigo pelo art. 8.º da CF. *Vide* nota neste Título V.

Parágrafo único. (*Revogado pela Lei n. 11.295, de 9-5-2006.*)

§ 2.º Aplicam-se ao empregado de entidade sindical os preceitos das leis de proteção do trabalho e de previdência social, inclusive o direito de associação em sindicato.

•• § 2.º acrescentado pela Lei n. 11.295, de 9-5-2006.
•• Numeração dos parágrafos conforme publicação oficial.

Art. 527. Na sede de cada Sindicato haverá um livro de registro, autenticado pelo funcionário competente do Ministério do Trabalho e Previdência Social, e do qual deverão constar:
•• Entendemos prejudicado o disposto neste artigo pelo art. 8.º da CF. *Vide* nota neste Título V.
•• *Vide* Nota dos Organizadores sobre Ministérios.

a) tratando-se de Sindicato de empregadores, a firma, individual ou coletiva, ou a denominação das empresas e sua sede, o nome, idade, estado civil, nacionalidade e residência dos respectivos sócios, ou, em se tratando de sociedade por ações, dos diretores, bem como a indicação desses dados quanto ao sócio ou diretor que representar a empresa no Sindicato;

b) tratando-se de Sindicato de empregados, ou de agentes ou trabalhadores autônomos ou de profissionais liberais, além do nome, idade, estado civil, nacionalidade, profissão ou função e residência de cada associado, o estabelecimento ou lugar onde exerce a sua profissão ou função, o número e a série da respectiva carteira profissional e o número da inscrição na instituição de previdência a que pertencer.

Art. 528. Ocorrendo dissídio ou circunstâncias que perturbem o funcionamento de entidade sindical ou motivos relevantes de segurança nacional, o Ministro do Trabalho e Previdência Social poderá nela intervir, por intermédio de Delegado ou de Junta Interventora, com atribuições para administrá-la e executar ou propor as medidas necessárias para normalizar-lhe o funcionamento.
•• Artigo com redação determinada pelo Decreto-lei n. 3, de 27-1-1966.
•• Entendemos prejudicado o disposto neste artigo pelo art. 8.º da CF. *Vide* nota neste Título V.
•• *Vide* Nota dos Organizadores sobre Ministérios.

SEÇÃO IV
Das Eleições Sindicais

Art. 529. São condições para o exercício do direito do voto como para a investidura em cargo de administração ou representação econômica ou profissional:
•• Entendemos prejudicado o disposto neste artigo pelo art. 8.º da CF. *Vide* nota neste Título V.

Art. 8.º, VII, da CF: É livre a associação profissional ou sindical, observado o seguinte: (...) VII – o aposentado filiado tem direito a votar e ser votado nas organizações sindicais.

a) ter o associado mais de 6 (seis) meses de inscrição no Quadro Social e mais de 2 (dois) anos de exercício da atividade ou da profissão;
•• Alínea *a* com redação determinada pelo Decreto-lei n. 8.080, de 11-10-1945.

Art. 5.º, XX, da CF: Todos são iguais perante a lei, sem distinção de qualquer natureza, garantindo-se aos brasileiros e aos estrangeiros residentes no País a inviolabilidade do direito à vida, à liberdade, à igualdade, à segurança e à propriedade, nos termos seguintes: (...) XX – ninguém poderá ser compelido a associar-se ou a permanecer associado.

b) ser maior de 18 (dezoito) anos;
c) estar no gozo dos direitos sindicais.

Parágrafo único. É obrigatório aos associados o voto nas eleições sindicais.
•• Parágrafo único acrescentado pelo Decreto-lei n. 229, de 28-2-1967.

Art. 530. Não podem ser eleitos para cargos administrativos ou de representação econômica ou profissional, nem permanecer no exercício desses cargos:
•• Caput com redação determinada pelo Decreto-lei n. 229, de 28-2-1967.
•• Entendemos prejudicado o disposto neste artigo pelo art. 8.º da CF.

I – os que não tiverem definitivamente aprovadas as suas contas de exercício em cargos de administração;
•• Inciso I com redação determinada pelo Decreto-lei n. 229, de 28-2-1967.

II – os que houverem lesado o patrimônio de qualquer entidade sindical;
•• Inciso II com redação determinada pelo Decreto-lei n. 229, de 28-2-1967.

III – os que não estiverem, desde 2 (dois) anos antes, pelo menos, no exercício efetivo da atividade ou da profissão dentro da base territorial do Sindicato, ou no desempenho de representação econômica ou profissional;
•• Inciso III com redação determinada pelo Decreto-lei n. 229, de 28-2-1967.

IV – os que tiverem sido condenados por crime doloso enquanto persistirem os efeitos da pena;
•• Inciso IV com redação determinada pelo Decreto-lei n. 229, de 28-2-1967.

V – os que não estiverem no gozo de seus direitos políticos;
•• Inciso V com redação determinada pelo Decreto-lei n. 229, de 28-2-1967.

VI – (*Revogado pela Lei n. 8.865, de 29-3-1994.*)

VII – má conduta, devidamente comprovada;
•• Inciso VII acrescentado pelo Decreto-lei n. 507, de 18-3-1969.

VIII – (*Revogado pela Lei n. 8.865, de 29-3-1994.*)

Art. 531. Nas eleições para cargos de Diretoria e do Conselho Fiscal serão considerados eleitos os candidatos que obtiverem maioria absoluta de votos em relação ao total dos associados eleitores.
•• Entendemos prejudicado o disposto neste artigo pelo art. 8.º da CF. *Vide* nota neste Título V.

§ 1.º Não concorrendo à primeira convocação maioria absoluta de eleitores, ou não obtendo nenhum dos candidatos essa maioria, proceder-se-á a nova convocação para dia posterior, sendo então considerados eleitos os candidatos que obtiverem maioria dos eleitores presentes.

§ 2.º Havendo somente uma chapa registrada para as eleições, poderá a Assembleia, em última convocação, ser realizada 2 (duas) horas após a primeira convocação, desde que do edital respectivo conste essa advertência.

§ 3.º Concorrendo mais de uma chapa, poderá o Ministro do Trabalho e Previdência Social designar o Presidente da sessão eleitoral, desde que o requeiram os associados que encabeçarem as respectivas chapas.
•• § 3.º com redação determinada pelo Decreto-lei n. 8.080, de 11-10-1945.
•• *Vide* Nota dos Organizadores sobre Ministérios.

§ 4.º O Ministro do Trabalho e Previdência Social expedirá instruções regulando o processo das eleições.
•• *Vide* Nota dos Organizadores sobre Ministérios.

Art. 532. As eleições para a renovação da Diretoria e do Conselho Fiscal deverão ser procedidas dentro do prazo máximo de 60 (sessenta) dias e mínimo de 30 (trinta) dias, antes do término do mandato dos dirigentes em exercício.
•• *Caput* com redação determinada pelo Decreto-lei n. 8.080, de 11-10-1945.
•• Entendemos prejudicado o disposto neste artigo pelo art. 8.º da CF. *Vide* nota neste Título V.

§ 1.º Não havendo protesto na ata da Assembleia Eleitoral ou recurso interposto por algum dos candidatos, dentro de 15 (quinze) dias, a contar da data das eleições, a posse da Diretoria eleita independerá da aprovação das eleições pelo Ministério do Trabalho e Previdência Social.
•• § 1.º com redação determinada pelo Decreto-lei n. 8.080, de 11-10-1945.
•• *Vide* Nota dos Organizadores sobre Ministérios.

§ 2.º Competirá à Diretoria em exercício, dentro de 30 (trinta) dias da realização das eleições e não tendo havido recurso, dar publicidade ao resultado do pleito, fazendo comunicação ao órgão local do Ministério do Trabalho e Previdência Social da relação dos eleitos, com os dados pessoais de cada um e a designação da função que vai exercer.
•• § 2.º com redação determinada pelo Decreto-lei n. 8.080, de 11-10-1945.
•• *Vide* Nota dos Organizadores sobre Ministérios.

§ 3.º Havendo protesto na ata da Assembleia Eleitoral ou recurso interposto dentro de 15 (quinze) dias da realização das eleições, competirá à Diretoria em exercício encaminhar, devidamente instruído, o processo eleitoral ao órgão local do Ministério do Trabalho e Previdência Social, que o encaminhará para decisão do Ministro de Estado. Nesta hipótese, permanecerão na administração, até despacho final do processo, a Diretoria e o Conselho Fiscal que se encontrarem em exercício.
•• § 3.º com redação determinada pelo Decreto-lei n. 8.080, de 11-10-1945.
•• *Vide* Nota dos Organizadores sobre Ministérios.

§ 4.º Não se verificando as hipóteses previstas no parágrafo anterior, a posse da nova Diretoria deverá se verificar dentro de 30 (trinta) dias subsequentes ao término do mandato da anterior.
•• § 4.º com redação determinada pelo Decreto-lei n. 8.080, de 11-10-1945.

§ 5.º Ao assumir o cargo, o eleito prestará, por escrito e solenemente, o compromisso de respeitar, no exercício do mandato, a Constituição, as leis vigentes e os estatutos da entidade.

•• § 5.º acrescentado pelo Decreto-lei n. 229, de 29-2-1967.

SEÇÃO V
Das Associações Sindicais de Grau Superior

Art. 533. Constituem associações sindicais de grau superior as federações e confederações organizadas nos termos desta Lei.

•• Entendemos prejudicado o disposto neste artigo pelo art. 8.º da CF. *Vide* nota neste Título V.

Art. 534. É facultado aos Sindicatos, quando em número não inferior a 5 (cinco), desde que representem a maioria absoluta de um grupo de atividades ou profissões idênticas, similares ou conexas, organizarem-se em federação.

•• *Caput* com redação determinada pela Lei n. 3.265, de 22-9-1957.
•• Entendemos prejudicado o disposto neste artigo pelo art. 8.º da CF. *Vide* nota neste Título V.

Enunciado n. 32 da 1.ª Jornada de Direito do Trabalho: Entidades sindicais de grau superior. Requisitos para sua constituição. Arts. 534 e 535 da CLT. Manutenção desses requisitos para a permanência do registro junto ao art. 39. Meio ambiente de trabalho. Saúde mental. Dever do empregador. É dever do empregador e do tomador dos serviços zelar por um ambiente de trabalho saudável também do ponto de vista da saúde mental, coibindo práticas tendentes ou aptas a gerar danos de natureza moral ou emocional aos seus trabalhadores, passíveis de indenização.

§ 1.º Se já existir federação no grupo de atividades ou profissões em que deva ser constituída a nova entidade, a criação desta não poderá reduzir a menos de 5 (cinco) o número de Sindicatos que àquela devam continuar filiados.

•• § 1.º acrescentado pela Lei n. 3.265, de 22-9-1957.

§ 2.º As federações serão constituídas por Estados, podendo o Ministro do Trabalho e Previdência Social autorizar a constituição de Federações interestaduais ou nacionais.

•• Primitivo § 1.º, passado a § 2.º pela Lei n. 3.265, de 22-9-1957.
•• *Vide* Nota dos Organizadores sobre Ministérios.

§ 3.º É permitido a qualquer federação, para o fim de lhes coordenar os interesses, agrupar os Sindicatos de determinado município ou região a ela filiados, mas a União não terá direito de representação das atividades ou profissões agrupadas.

•• Primitivo § 2.º, passado a § 3.º pela Lei n. 3.265, de 22-9-1957.

Art. 535. As Confederações organizar-se-ão com o mínimo de 3 (três) federações e terão sede na Capital da República.

•• Entendemos prejudicado o disposto neste artigo pelo art. 8.º da CF. *Vide* nota neste Título V.

Enunciado n. 32 da 1.ª Jornada de Direito do Trabalho: Entidades sindicais de grau superior. Requisitos para sua constituição. Arts. 534 e 535 da CLT. Manutenção desses requisitos para a permanência do registro junto ao art. 39. Meio ambiente de trabalho. Saúde mental. Dever do empregador. É dever do empregador e do tomador dos serviços zelar por um ambiente de trabalho saudável também do ponto de vista da saúde mental, coibindo práticas tendentes ou aptas a gerar danos de natureza moral ou emocional aos seus trabalhadores, passíveis de indenização.

§ 1.º As confederações formadas por federações de Sindicatos de empregadores denominar-se-ão: Confederação Nacional da Indústria, Confederação Nacional do Comércio, Confederação Nacional de Transportes Marítimos, Fluviais e Aéreos, Confederação Nacional de Transportes Terrestres, Confederação Nacional de Comunicações e Publicidade, Confederação Nacional das Empresas de Crédito e Confederação Nacional de Educação e Cultura.

§ 2.º As confederações formadas por federações de Sindicatos de empregados terão a denominação de: Confederação Nacional dos Trabalhadores na Indústria, Confederação Nacional dos Trabalhadores no Comércio, Confederação Nacional dos Trabalhadores em Transportes Marítimos, Fluviais e Aéreos, Confederação Nacional dos Trabalhadores em Transportes Terrestres, Confederação Nacional dos Trabalhadores em Comunicações e Publicidade, Confederação Nacional dos Trabalhadores nas Empresas de Crédito e Confederação Nacional dos Trabalhadores em Estabelecimentos de Educação e Cultura.

§ 3.º Denominar-se-á Confederação Nacional das Profissões Liberais a reunião das respectivas federações.

§ 4.º As associações sindicais de grau superior da Agricultura e Pecuária serão organizadas na conformidade do que dispuser a lei que regular a sindicalização dessas atividades ou profissões.

Art. 536. (*Revogado pelo Decreto-lei n. 229, de 28-2-1967.*)

Art. 537. O pedido de reconhecimento de uma federação será dirigido ao Ministro do Trabalho e Previdência Social acompanhado de um exemplar dos respectivos estatutos e das cópias autenticadas das atas da Assembleia de cada Sindicato ou federação que autorizar a filiação.

•• Entendemos prejudicado o disposto neste artigo pelo art. 8.º da CF. *Vide* nota neste Título V.
•• *Vide* Nota dos Organizadores sobre Ministérios.

§ 1.º A organização das federações e confederações obedecerá às exigências contidas nas alíneas *b* e *c* do art. 515.

§ 2.º A carta de reconhecimento das federações será expedida pelo Ministro do Trabalho e Previdência Social, na qual será especificada a coordenação econômica ou profissional conferida e mencionada a base territorial outorgada.

•• *Vide* Nota dos Organizadores sobre Ministérios.

§ 3.º O reconhecimento das confederações será feito por decreto do Presidente da República.

Art. 538. A administração das federações e confederações será exercida pelos seguintes órgãos:

•• *Caput* e alíneas com redação determinada pela Lei n. 2.693, de 23-12-1955.
•• Entendemos prejudicado o disposto neste artigo pelo art. 8.º da CF. *Vide* nota neste Título V.

a) Diretoria;
b) Conselho de Representantes;
c) Conselho Fiscal.

§ 1.º A Diretoria será constituída no mínimo de 3 (três) membros e de 3 (três) membros se comporá o Conselho Fiscal, os quais serão eleitos pelo Conselho de Representantes com mandato por 3 (três) anos.

•• § 1.º com redação determinada pelo Decreto-lei n. 771, de 19-8-1969.

§ 2.º Só poderão ser eleitos os integrantes dos grupos das federações ou dos planos das confederações, respectivamente.

§ 3.º O Presidente da federação ou confederação será escolhido dentre os seus membros, pela Diretoria.

§ 4.º O Conselho de Representantes será formado pelas delegações dos Sindicatos ou das Federações filiadas, constituída cada delegação de 2 (dois) membros, com mandato por 3 (três) anos, cabendo 1 (um) voto a cada delegação.

•• § 4.º com redação determinada pelo Decreto-lei n. 771, de 19-8-1969.

§ 5.º A competência do Conselho Fiscal é limitada à fiscalização da gestão financeira.

•• § 5.º acrescentado pela Lei n. 2.693, de 23-12-1955.

Art. 539. Para a constituição e administração das Federações serão observadas, no que for aplicável, as disposições das Seções II e III do presente Capítulo.

•• Entendemos prejudicado o disposto neste artigo pelo art. 8.º da CF. *Vide* nota neste Título V.

SEÇÃO VI
Dos Direitos dos Exercentes de Atividades ou Profissões e dos Sindicalizados

Art. 540. A toda empresa ou indivíduo que exerçam respectivamente atividade ou profissão, desde que satisfaçam as exigências desta Lei, assiste o direito de ser admitido no Sindicato da respectiva categoria, salvo o caso de falta de idoneidade, devidamente comprovada, com recurso para o Ministério do Trabalho e Previdência Social.

CLT – Arts. 540 a 544 — Organização Sindical

•• *Vide* Nota dos Organizadores sobre Ministérios.

§ 1.º Perderá os direitos de associado o sindicalizado que, por qualquer motivo, deixar o exercício de atividade ou de profissão.

§ 2.º Os associados de Sindicatos de empregados, de agentes ou trabalhadores autônomos e de profissões liberais que forem aposentados, estiverem em desemprego ou falta de trabalho ou tiverem sido convocados para prestação de serviço militar não perderão os respectivos direitos sindicais e ficarão isentos de qualquer contribuição, não podendo, entretanto, exercer cargo de administração sindical ou de representação econômica ou profissional.

Art. 541. Os que exercerem determinada atividade ou profissão onde não haja Sindicato da respectiva categoria, ou de atividade ou profissão similar ou conexa, poderão filiar-se a Sindicato de profissão idêntica, similar ou conexa, existente na localidade mais próxima.

Parágrafo único. O disposto neste artigo se aplica aos Sindicatos em relação às respectivas federações, na conformidade do Quadro de Atividades e Profissões a que se refere o art. 577.

Art. 542. De todo ato lesivo de direitos ou contrário a esta Lei, emanado da Diretoria, do Conselho ou da Assembleia Geral da entidade sindical, poderá qualquer exercente de atividade ou profissão recorrer, dentro de 30 (trinta) dias, para a autoridade competente do Ministério do Trabalho e Previdência Social.

•• *Vide* Nota dos Organizadores sobre Ministérios.

Art. 8.º, I, da CF: É livre a associação profissional ou sindical, observado o seguinte: I – a lei não poderá exigir autorização do Estado para a fundação de sindicato, ressalvado o registro no órgão competente, vedadas ao Poder Público a interferência e a intervenção na organização sindical.

Art. 543. O empregado eleito para cargo de administração sindical ou representação profissional, inclusive junto a órgão de deliberação coletiva, não poderá ser impedido do exercício de suas funções, nem transferido para lugar ou mister que lhe dificulte ou torne impossível o desempenho das suas atribuições sindicais.

•• *Caput* com redação determinada pelo Decreto-lei n. 229, de 28-2-1967.

Art. 11 da CF: Nas empresas de mais de duzentos empregados, é assegurada a eleição de um representante destes com a finalidade exclusiva de promover-lhes o entendimento direto com os empregadores.

Súmula 197/STF: O empregado com representação sindical só pode ser despedido mediante inquérito em que se apure falta grave.

• Nos termos do art. 55 da Lei n. 5.764, de 16-12-1971, os empregados de empresas que sejam eleitos diretores de sociedades cooperativas pelos mesmos criadas gozarão das garantias asseguradas por este artigo aos dirigentes sindicais.

§ 1.º O empregado perderá o mandato se a transferência for por ele solicitada ou voluntariamente aceita.

•• § 1.º com redação determinada pelo Decreto-lei n. 229, de 28-2-1967.

§ 2.º Considera-se de licença não remunerada, salvo assentimento da empresa ou cláusula contratual, o tempo em que o empregado se ausentar do trabalho no desempenho das funções a que se refere este artigo.

•• § 2.º com redação determinada pelo Decreto-lei n. 229, de 28-2-1967.

§ 3.º Fica vedada a dispensa do empregado sindicalizado ou associado, a partir do momento do registro de sua candidatura a cargo de direção ou representação de entidade sindical ou de associação profissional, até 1 (um) ano após o final do seu mandato, caso seja eleito, inclusive como suplente, salvo se cometer falta grave devidamente apurada nos termos desta Consolidação.

•• § 3.º com redação determinada pela Lei n. 7.543, de 2-10-1986.

Art. 8.º, VIII, da CF: É livre a associação profissional ou sindical, observado o seguinte: (...) VIII – é vedada a dispensa do empregado sindicalizado a partir do registro da candidatura a cargo de direção ou representação sindical e, se eleito, ainda que suplente, até um ano após o final do mandato, salvo se cometer falta grave nos termos da lei.

Súmula 369/TST: Dirigente sindical. Estabilidade provisória. I – É assegurada a estabilidade provisória ao empregado dirigente sindical, ainda que a comunicação do registro da candidatura ou da eleição e da posse seja realizada fora do prazo previsto no art. 543, § 5.º, da CLT, desde que a ciência ao empregador, por qualquer meio, ocorra na vigência do contrato de trabalho. II – O art. 522 da CLT foi recepcionado pela Constituição Federal de 1988. Fica limitada, assim, a estabilidade a que alude o art. 543, § 3.º, da CLT a sete dirigentes sindicais e igual número de suplentes. III – O empregado de categoria diferenciada eleito dirigente sindical só goza de estabilidade se exercer na empresa atividade pertinente à categoria profissional do sindicato para o qual foi eleito dirigente. IV – Havendo extinção da atividade empresarial no âmbito da base territorial do sindicato, não há razão para subsistir a estabilidade. V – O registro da candidatura do empregado a cargo de dirigente sindical durante o período de aviso prévio, ainda que indenizado, não lhe assegura a estabilidade, visto que inaplicável a regra do § 3.º do art. 543 da Consolidação das Leis do Trabalho.

OJ 365 da SDI-1: Estabilidade provisória. Membro de Conselho Fiscal de sindicato. Inexistência. Membro de Conselho Fiscal de sindicato não tem direito à estabilidade prevista nos arts. 543, § 3.º, da CLT e 8.º, VIII, da CF/1988, porquanto não representa ou atua na defesa de direitos da categoria respectiva, tendo sua competência limitada à fiscalização da gestão financeira do sindicato (art. 522, § 2.º, da CLT).

§ 4.º Considera-se cargo de direção ou de representação sindical aquele cujo exercício ou indicação decorre de eleição prevista em lei.

•• § 4.º com redação determinada pela Lei n. 7.223, de 2-10-1984.

§ 5.º Para os fins deste artigo, a entidade sindical comunicará por escrito à empresa, dentro de 24 (vinte e quatro) horas, o dia e a hora do registro da candidatura do seu empregado e, em igual prazo, sua eleição e posse, fornecendo, outrossim, a este, comprovante no mesmo sentido. O Ministério do Trabalho e Previdência Social fará no mesmo prazo a comunicação no caso da designação referida no final do § 4.º.

•• § 5.º com redação determinada pelo Decreto-lei n. 229, de 28-2-1967.

•• *Vide* Nota dos Organizadores sobre Ministérios.

Súmula 369/TST: Dirigente sindical. Estabilidade provisória. I – É assegurada a estabilidade provisória ao empregado dirigente sindical, ainda que a comunicação do registro da candidatura ou da eleição e da posse seja realizada fora do prazo previsto no art. 543, § 5.º, da CLT, desde que a ciência ao empregador, por qualquer meio, ocorra na vigência do contrato de trabalho. II – O art. 522 da CLT foi recepcionado pela Constituição Federal de 1988. Fica limitada, assim, a estabilidade a que alude o art. 543, § 3.º, da CLT a sete dirigentes sindicais e igual número de suplentes. III – O empregado de categoria diferenciada eleito dirigente sindical só goza de estabilidade se exercer na empresa atividade pertinente à categoria profissional do sindicato para o qual foi eleito dirigente. IV – Havendo extinção da atividade empresarial no âmbito da base territorial do sindicato, não há razão para subsistir a estabilidade. V – O registro da candidatura do empregado a cargo de dirigente sindical durante o período de aviso prévio, ainda que indenizado, não lhe assegura a estabilidade, visto que inaplicável a regra do § 3.º do art. 543 da Consolidação das Leis do Trabalho.

§ 6.º A empresa que, por qualquer modo, procurar impedir que o empregado se associe a Sindicato, organize associação profissional ou sindical ou exerça os direitos inerentes à condição de sindicalizado fica sujeita à penalidade prevista na letra *a* do art. 553, sem prejuízo da reparação a que tiver direito o empregado.

•• § 6.º com redação determinada pelo Decreto-lei n. 229, de 28-2-1967.

Art. 544. É livre a associação profissional ou sindical, mas ao empregado sindicalizado é assegurada, em igualdade de condições, preferência:

•• Entendemos prejudicado o disposto neste artigo pelo art. 8.º da CF. *Vide* nota neste Título V.

Art. 5.º, XX, da CF: Todos são iguais perante a lei, sem distinção de qualquer natureza, garantindo-se aos brasileiros e aos estrangeiros residentes no País a inviolabilidade do direito à vida, à liberdade, à igualdade, à segurança e à propriedade, nos termos seguintes: (...) XX – ninguém poderá ser compelido a associar-se ou a permanecer associado.

Art. 8.º, V, da CF: É livre a associação profissional ou sindical, observado o seguinte: (...) V – ninguém será obrigado a filiar-se ou a manter-se filiado a sindicato.

I – para a admissão nos trabalhos de empresa que explore serviços públicos ou mantenha contrato com os poderes públicos;

II – para ingresso em funções públicas ou assemelhadas, em caso de cessação coletiva de trabalho, por motivo de fechamento de estabelecimento;

III – nas concorrências para aquisição de casa própria, pelo Plano Nacional de Habitação ou por intermédio de quaisquer instituições públicas;

IV – nos loteamentos urbanos ou rurais, promovidos pela União, por seus órgãos de administração direta ou indireta ou sociedades de economia mista;

V – na locação ou compra de imóveis, de propriedade de pessoa de direito público ou sociedade de economia mista, quando sob ação de despejo em tramitação judicial;

VI – na concessão de empréstimos simples concedidos pelas agências financeiras do Governo ou a ele vinculadas;

VII – na aquisição de automóveis, outros veículos e instrumentos relativos ao exercício da profissão, quando financiados pelas autarquias, sociedades de economia mista ou agências financeiras do Governo;

VIII – (Revogado pela Lei n. 8.630, de 25-2-1993.)

IX – na concessão de bolsas de estudo para si ou para seus filhos, obedecida a legislação que regule a matéria.

•• *Caput* e incisos com redação determinada pelo Decreto-lei n. 229, de 28-2-1967.

Art. 545. Os empregadores ficam obrigados a descontar da folha de pagamento dos seus empregados, desde que por eles devidamente autorizados, as contribuições devidas ao sindicato, quando por este notificados.

•• *Caput* com redação determinada pela Lei n. 13.467, de 13-7-2017.

Art. 8.º, IV, da CF: É livre a associação profissional ou sindical, observado o seguinte: (...) IV – a assembleia geral fixará a contribuição que, em se tratando de categoria profissional, será descontada em folha, para custeio do sistema confederativo da representação sindical respectiva, independentemente da contribuição prevista em lei.

Precedente Normativo 119/TST: Contribuições sindicais – inobservância de preceitos Constitucionais. A Constituição da República, em seus arts. 5.º, XX e 8.º, V, assegura o direito de livre associação e sindicalização. É ofensiva a essa modalidade de liberdade cláusula constante de acordo, convenção coletiva ou sentença normativa estabelecendo contribuição em favor de entidade sindical a título de taxa para custeio do sistema confederativo, assistencial, revigoramento ou fortalecimento sindical e outras da mesma espécie, obrigando trabalhadores não sindicalizados. Sendo nulas as estipulações que inobservem tal restrição, tornam-se passíveis de devolução os valores irregularmente descontados.

Parágrafo único. O recolhimento à entidade sindical beneficiária do importe descontado deverá ser feito até o décimo dia subsequente ao do desconto, sob pena de juros de mora no valor de 10% (dez por cento) sobre o montante retido, sem prejuízo da multa prevista no art. 553 e das cominações penais relativas à apropriação indébita.

•• Parágrafo único acrescentado pelo Decreto-lei n. 925, de 10-10-1969.

Art. 546. Às empresas sindicalizadas é assegurada preferência, em igualdade de condições, nas concorrências para exploração de serviços públicos, bem como nas concorrências para fornecimento às repartições federais, estaduais e municipais e às entidades paraestatais.

Art. 547. É exigida a qualidade de sindicalizado para o exercício de qualquer função representativa de categoria econômica ou profissional, em órgão oficial de deliberação coletiva, bem como para o gozo de favores ou isenções tributárias, salvo em se tratando de atividades não econômicas.

Art. 5.º, XX, da CF: Todos são iguais perante a lei, sem distinção de qualquer natureza, garantindo-se aos brasileiros e aos estrangeiros residentes no País a inviolabilidade do direito à vida, à liberdade, à igualdade, à segurança e à propriedade, nos termos seguintes: (...) XX – ninguém poderá ser compelido a associar-se ou a permanecer associado.

Art. 8.º, V, da CF: É livre a associação profissional ou sindical, observado o seguinte: (...) V – ninguém será obrigado a filiar-se ou a manter-se filiado a sindicato.

Parágrafo único. Antes da posse ou exercício das funções a que alude o artigo anterior ou de concessão dos favores, será indispensável comprovar a sindicalização, ou oferecer prova, mediante certidão negativa da autoridade regional do Ministério do Trabalho e Previdência Social, de que não existe Sindicato no local onde o interessado exerce a respectiva atividade ou profissão.

•• Nos termos da Lei n. 4.923, de 23-12-1965.
•• *Vide* Nota dos Organizadores sobre Ministérios.

SEÇÃO VII
Da Gestão Financeira do Sindicato e sua Fiscalização

Art. 548. Constituem o patrimônio das associações sindicais:

a) as contribuições devidas aos Sindicatos pelos que participem das categorias econômicas ou profissionais ou das profissões liberais representadas pelas referidas entidades, sob a denominação de contribuição sindical, pagas e arrecadadas na forma do Capítulo III deste Título;

•• O Decreto-lei n. 229, de 28-2-1967, estabelece em seu art. 35, V, que as referências feitas na CLT ao Imposto Sindical, entendem-se como Contribuição Sindical.

b) as contribuições dos associados, na forma estabelecida nos estatutos ou pelas Assembleias Gerais;

c) os bens e valores adquiridos e as rendas produzidas pelos mesmos;

d) as doações e legados;

e) as multas e outras rendas eventuais.

Art. 549. A receita dos Sindicatos, Federações e Confederações só poderá ter aplicação na forma prevista nos respectivos orçamentos anuais, obedecidas as disposições estabelecidas na lei e nos seus estatutos.

•• *Caput* com redação determinada pela Lei n. 6.386, de 9-12-1976.

§ 1.º Para alienação, locação ou aquisição de bens imóveis, ficam as entidades sindicais obrigadas a realizar avaliação prévia pela Caixa Econômica Federal ou pelo Banco Nacional da Habitação ou, ainda, por qualquer outra organização legalmente habilitada a tal fim.

•• § 1.º com redação determinada pela Lei n. 6.386, de 9-12-1976.

§ 2.º Os bens imóveis das entidades sindicais não serão alienados sem a prévia autorização das respectivas Assembleias Gerais, reunidas com a presença da maioria absoluta dos associados com direito a voto ou dos Conselhos de Representantes com a maioria absoluta dos seus membros.

•• § 2.º com redação determinada pela Lei n. 6.386, de 9-12-1976.

§ 3.º Caso não seja obtido o *quorum* estabelecido no parágrafo anterior, a matéria poderá ser decidida em nova Assembleia Geral, reunida com qualquer número de associados com direito a voto, após o transcurso de 10 (dez) dias da primeira convocação.

•• § 3.º com redação determinada pela Lei n. 6.386, de 9-12-1976.

§ 4.º Nas hipóteses previstas nos §§ 2.º e 3.º a decisão somente terá validade se adotada pelo mínimo de 2/3 (dois terços) dos presentes, em escrutínio secreto.

•• § 4.º com redação determinada pela Lei n. 6.386, de 9-12-1976.

§ 5.º Da deliberação da Assembleia Geral, concernente à alienação de bens imóveis, caberá recurso voluntário, dentro do prazo de 15 (quinze) dias, ao Ministro do Trabalho, com efeito suspensivo.

•• § 5.º com redação determinada pela Lei n. 6.386, de 9-12-1976.

§ 6.º A venda do imóvel será efetuada pela Diretoria da entidade, após a decisão da Assembleia Geral ou do Conselho de Representantes, mediante concorrência pública, com edital publicado no *Diário Oficial da União* e na imprensa diária, com antecedência mínima de 30 (trinta) dias da data de sua realização.

•• § 6.º com redação determinada pela Lei n. 6.386, de 9-12-1976.

§ 7.º Os recursos destinados ao pagamento total ou parcelado dos bens imóveis adquiridos serão consignados, obrigatoriamente, nos orçamentos anuais das entidades sindicais.

•• § 7.º com redação determinada pela Lei n. 6.386, de 9-12-1976.

Art. 550. Os orçamentos das entidades sindicais serão aprovados, em escrutínio secreto, pelas respectivas Assembleias Gerais ou Conselho de Representantes, até 30 (trinta) dias antes do início do exercício financeiro a que se referem, e conterão a discriminação da receita e da despesa, na forma das instruções e modelos expedidos pelo Ministério do Trabalho.

•• *Caput* com redação determinada pela Lei n. 6.386, de 9-12-1976.
•• *Vide* Nota dos Organizadores sobre Ministérios.

§ 1.º Os orçamentos, após a aprovação prevista no presente artigo, serão publicados, em resumo, no prazo de 30 (trinta) dias, contados da data da realização da respectiva Assembleia Geral ou da reunião do Conselho de Representantes, que os aprovou, observada a seguinte sistemática:

a) no *Diário Oficial da União* – Seção I – Parte II, os orçamentos das Confederações, Federações e Sindicatos de base interestadual ou nacional;

b) no órgão de Imprensa Oficial do Estado ou Território ou jornal de grande circulação local, os orçamentos das Federações estaduais e Sindicatos distritais municipais, intermunicipais e estaduais.

•• § 1.º, *caput* e alíneas, com redação determinada pela Lei n. 6.386, de 9-12-1976.

- Sobre publicação de atos oficiais no *DOU*: Decreto n. 4.520, de 16-12-2002.

§ 2.º As dotações orçamentárias que se apresentarem insuficientes para o atendimento das despesas, ou não incluídas nos orçamentos correntes, poderão ser ajustadas ao fluxo dos gastos, mediante a abertura de créditos adicionais solicitados pela Diretoria da entidade às respectivas Assembleias Gerais ou Conselhos de Representantes, cujos atos concessórios serão publicados até o último dia do exercício correspondente, obedecida a mesma sistemática prevista no parágrafo anterior.

•• § 2.º com redação determinada pela Lei n. 6.386, de 9-12-1976.

§ 3.º Os créditos adicionais classificam-se em:

a) suplementares, os destinados a reforçar dotações alocadas no orçamento; e

b) especiais, os destinados a incluir dotações no orçamento, a fim de fazer face às despesas para as quais não se tenha consignado crédito específico.

•• § 3.º, *caput* e alíneas, com redação determinada pela Lei n. 6.386, de 9-12-1976.

§ 4.º A abertura dos créditos adicionais depende da existência de receita para sua compensação, considerando-se, para esse efeito, desde que não comprometidos:

a) o *superavit* financeiro apurado em balanço do exercício anterior;

b) o excesso de arrecadação, assim entendido o saldo positivo da diferença entre a renda prevista e a realizada, tendo-se em conta, ainda, a tendência do exercício; e

c) a resultante da anulação parcial ou total de dotações alocadas no orçamento ou de créditos adicionais abertos no exercício.

•• § 4.º com redação determinada pela Lei n. 6.386, de 9-12-1976.

§ 5.º Para efeito orçamentário e contábil sindical, o exercício financeiro coincidirá com o ano civil, a ele pertencendo todas as receitas arrecadadas e as despesas compromissadas.

•• § 5.º com redação determinada pela Lei n. 6.386, de 9-12-1976.

Art. 551. Todas as operações de ordem financeira e patrimonial serão evidenciadas pelos registros contábeis das entidades sindicais, executadas sob a responsabilidade de contabilista legalmente habilitado, em conformidade com o plano de contas e as instruções baixadas pelo Ministério do Trabalho.

•• *Caput* com redação determinada pela Lei n. 6.386, de 9-12-1976.
•• Sobre Ministérios, *vide* Nota dos Organizadores.

§ 1.º A escrituração contábil a que se refere este artigo será baseada em documentos de receita e despesa, que ficarão arquivados nos serviços de contabilidade, à disposição dos órgãos responsáveis pelo acompanhamento administrativo e da fiscalização financeira da própria entidade, ou do controle que poderá ser exercido pelos órgãos da União, em face da legislação específica.

•• § 1.º com redação determinada pela Lei n. 6.386, de 9-12-1976.

§ 2.º Os documentos comprobatórios dos atos de receita e despesa, a que se refere o parágrafo anterior, poderão ser incinerados, após decorridos 5 (cinco) anos da data de quitação das contas pelo órgão competente.

•• § 2.º com redação determinada pela Lei n. 6.386, de 9-12-1976.

§ 3.º É obrigatório o uso do livro Diário, encadernado, com folhas seguida e tipograficamente numeradas, para a escrituração, pelo método das partidas dobradas, diretamente ou por reprodução, dos atos ou operações que modifiquem ou venham a modificar a situação patrimonial da entidade, o qual conterá, respectivamente, na primeira e na última páginas, os termos de abertura e de encerramento.

•• § 3.º com redação determinada pela Lei n. 6.386, de 9-12-1976.

§ 4.º A entidade sindical que se utilizar de sistema mecânico ou eletrônico para sua escrituração contábil poderá substituir o Diário e os livros facultativos ou auxiliares por fichas ou formulários contínuos, cujos lançamentos deverão satisfazer a todos os requisitos e normas de escrituração exigidos com relação aos livros mercantis, inclusive no que respeita a termos de abertura e de encerramento e numeração sequencial e tipográfica.

•• § 4.º com redação determinada pela Lei n. 6.386, de 9-12-1976.

§ 5.º Na escrituração por processos de fichas ou formulários contínuos, a entidade adotará livro próprio para inscrição do balanço patrimonial e da demonstração do resultado do exercício, o qual conterá os mesmos requisitos exigidos para os livros de escrituração.

•• § 5.º com redação determinada pela Lei n. 6.386, de 9-12-1976.

§ 6.º Os livros e fichas ou formulários contínuos serão obrigatoriamente submetidos a registro e autenticação das Delegacias Regionais do Trabalho localizadas na base territorial da entidade.

•• § 6.º com redação determinada pela Lei n. 6.386, de 9-12-1976.

§ 7.º As entidades sindicais manterão registro específico dos bens de qualquer natureza, de sua propriedade, em livros ou fichas próprias, que atenderão às mesmas formalidades exigidas para o livro Diário, inclusive no que se refere ao registro e autenticação da Delegacia Regional do Trabalho local.

•• § 7.º com redação determinada pela Lei n. 6.386, de 9-12-1976.

§ 8.º As contas dos administradores das entidades sindicais serão aprovadas, em escrutínio secreto, pelas respectivas Assembleias Gerais ou Conselhos de Representantes, com prévio parecer do Conselho Fiscal, cabendo ao Ministro do Trabalho estabelecer prazos e procedimentos para a sua elaboração e destinação.

•• § 8.º com redação determinada pela Lei n. 6.386, de 9-12-1976.

Art. 552. Os atos que importem em malversação ou dilapidação do patrimônio das associações ou entidades sindicais ficam equiparados ao crime de peculato julgado e punido na conformidade da legislação penal.

•• Artigo com redação determinada pelo Decreto-lei n. 925, de 10-10-1969.

SEÇÃO VIII
Das Penalidades

Art. 553. As infrações ao disposto neste Capítulo serão punidas, segundo o seu caráter e a sua gravidade, com as seguintes penalidades:

•• Entendemos prejudicado o disposto neste artigo pelo art. 8.º da CF.

a) multa de Cr$ 100 (cem cruzeiros) e 5.000 (cinco mil cruzeiros), dobrada na reincidência;

- *Vide* Nota dos Organizadores sobre o valor das multas previstas na CLT.

 Lei n. 5.584/70, art. 19: Os diretores de Sindicatos que, sem comprovado motivo de ordem financeira, deixarem de dar cumprimento às disposições desta Lei ficarão sujeitos à penalidade prevista no art. 553, *a*, da Consolidação das Leis do Trabalho.

b) suspensão de diretores por prazo não superior a 30 (trinta) dias;

c) destituição de diretores ou de membros de conselho;

d) fechamento de Sindicato, Federação ou Confederação por prazo nunca superior a 6 (seis) meses;

e) cassação da carta de reconhecimento;

f) multa de 1/30 (um trinta avos) do salário mínimo regional, aplicável ao associado que deixar de cumprir sem causa justificada, o disposto no parágrafo único do art. 529.

- Alínea *f* acrescentada pelo Decreto-lei n. 229, de 28-2-1967.
- *Vide* Nota dos Organizadores sobre o valor das multas previstas na CLT.

§ 1.º A imposição de penalidades aos administradores não exclui a aplicação das que este artigo prevê para a associação.

•• Primitivo parágrafo único, passado a § 1.º pelo Decreto-lei n. 925, de 10-10-1969.

§ 2.º Poderá o Ministro do Trabalho e Previdência Social determinar o afastamento preventivo de cargo ou representação sindicais de seus exercentes, com fundamento em elementos constantes de denúncia formalizada que constituam indício veemente ou início de prova bastante do fato e da autoria denunciados.

•• § 2.º acrescentado pelo Decreto-lei n. 925, de 10-10-1969.
•• Sobre Ministérios, *vide* Nota dos Organizadores.

Art. 554. Destituída a administração, na hipótese da alínea *c* do artigo anterior, o Ministro do Trabalho e Previdência Social nomeará um Delegado para dirigir a associação e proceder, dentro do prazo de 90 (noventa) dias, em Assembleia Geral por ele convocada e presidida, à eleição dos novos diretores e membros do Conselho Fiscal.

•• Entendemos prejudicado o disposto neste artigo pelo art. 8.º da CF. *Vide* nota neste Título V.

•• Sobre Ministérios, *vide* Nota dos Organizadores.

Art. 555. A pena de cassação da carta de reconhecimento será imposta à entidade sindical:

•• Entendemos prejudicado o disposto neste artigo pelo art. 8.º da CF. *Vide* nota neste Título V.

Art. 5.º, XIX, da CF: Todos são iguais perante a lei, sem distinção de qualquer natureza, garantindo-se aos brasileiros e aos estrangeiros residentes no País a inviolabilidade do direito à vida, à liberdade, à igualdade, à segurança e à propriedade, nos termos seguintes: (...) XIX – as associações só poderão ser compulsoriamente dissolvidas ou ter suas atividades suspensas por decisão judicial, exigindo-se, no primeiro caso, o trânsito em julgado.

a) que deixar de satisfazer as condições de constituição e funcionamento estabelecidas nesta Lei;

b) que se recusar ao cumprimento de ato do Presidente da República, no uso da faculdade conferida pelo art. 536;

•• O Decreto-lei n. 229, de 28-2-1967, revogou o citado art. 536.

c) que criar obstáculos à execução da política econômica adotada pelo Governo.

•• Alínea *c* com redação determinada pelo Decreto-lei n. 8.080, de 11-10-1945.

Art. 556. A cassação da carta de reconhecimento da entidade sindical não importará o cancelamento de seu registro, nem, consequentemente, a sua dissolução, que se processará de acordo com as disposições da lei que regulam a dissolução das associações civis.

•• Entendemos prejudicado o disposto neste artigo pelo art. 8.º da CF. *Vide* nota neste Título V.

Parágrafo único. No caso de dissolução, por se achar a associação incursa nas leis que definem crimes contra a personalidade internacional, a estrutura e a segurança do Estado e a ordem política e social, os seus bens, pagas as dívidas decorrentes das suas responsabilidades, serão incorporados ao patrimônio da União e aplicados em obras de assistência social.

Art. 557. As penalidades de que trata o art. 553 serão impostas:

•• Entendemos prejudicado o disposto neste artigo pelo art. 8.º da CF.

a) as das alíneas *a* e *b*, pelo Delegado Regional do Trabalho, com recurso para o Ministro de Estado;

•• O Decreto-lei n. 229, de 28-2-1967, estabelece em seu art. 35, IV, que as referências feitas na CLT ao Departamento Nacional do Trabalho, como autoridade julgadora de infração em 1.ª instância, entendem-se como concernentes às Delegacias Regionais do Trabalho.

b) as demais, pelo Ministro de Estado.

§ 1.º Quando se tratar de associações de grau superior, as penalidades serão impostas pelo Ministro de Estado, salvo se a pena for de cassação da carta de reconhecimento de confederação, caso em que a pena será imposta pelo Presidente da República.

§ 2.º Nenhuma pena será imposta sem que seja assegurada defesa ao acusado.

SEÇÃO IX
Disposições Gerais

Art. 558. São obrigadas ao registro todas as associações profissionais constituídas por atividades ou profissões idênticas, similares ou conexas, de acordo com o art. 511 e na conformidade do Quadro de Atividades e Profissões a que alude o Capítulo II deste Título. As associações profissionais registradas nos termos deste artigo poderão representar, perante as autoridades administrativas e judiciárias, os interesses individuais dos associados relativos à sua atividade ou profissão, sendo-lhes também extensivas as prerrogativas contidas na alínea *d* e no parágrafo único do art. 513.

•• Entendemos prejudicado o disposto neste artigo pelo art. 8.º da CF. *Vide* nota neste Título V.

§ 1.º O registro a que se refere o presente artigo competirá às Delegacias Regionais do Ministério do Trabalho e Previdência Social ou às repartições autorizadas em virtude da lei.

•• § 1.º com redação determinada pelo Decreto-lei n. 925, de 10-10-1969.

•• Sobre Ministérios, *vide* Nota dos Organizadores.

§ 2.º O registro das associações far-se-á mediante requerimento, acompanhado da cópia autêntica dos estatutos e da declaração do número de associados, do patrimônio e dos serviços sociais organizados.

§ 3.º As alterações dos estatutos das associações profissionais não entrarão em vigor sem aprovação da autoridade que houver concedido o respectivo registro.

Art. 559. O Presidente da República, excepcionalmente e mediante proposta do Ministro do Trabalho e Previdência Social, fundada em razões de utilidade pública, poderá conceder, por decreto, às associações civis constituídas para a defesa e coordenação de interesses econômicos e profissionais e não obrigadas ao registro previsto no artigo anterior, a prerrogativa da alínea *d* do art. 513 deste Capítulo.

•• Entendemos prejudicado o disposto neste artigo pelo art. 8.º da CF. *Vide* nota neste Título V.

•• *Vide* Nota dos Organizadores sobre Ministérios.

Art. 560. Não se reputará transmissão de bens, para efeitos fiscais, a incorporação do patrimônio de uma associação profissional ao da entidade sindical, ou das entidades aludidas entre si.

Art. 561. A denominação "sindicato" é privativa das associações profissionais de primeiro grau, reconhecidas na forma desta Lei.

Art. 562. As expressões "federação" e "confederação", seguidas da designação de uma atividade econômica ou profissional, constituem denominações privativas das entidades sindicais de grau superior.

Art. 563. (*Revogado pelo Decreto-lei n. 925, de 10-10-1969.*)

Art. 564. Às entidades sindicais, sendo-lhes peculiar e essencial a atribuição representativa e coordenadora das correspondentes categorias ou profissões, é vedado, direta ou indiretamente, o exercício de atividade econômica.

•• Entendemos prejudicado o disposto neste artigo pelo art. 8.º da CF. *Vide* nota neste Título V.

Art. 565. As entidades sindicais reconhecidas nos termos desta Lei não poderão filiar-se a organizações internacionais, nem com elas manter relações, sem prévia licença concedida por decreto do Presidente da República.

•• Artigo com redação determinada pela Lei n. 2.802, de 18-6-1956.

•• Entendemos prejudicado o disposto neste artigo pelo art. 8.º da CF. *Vide* nota neste Título V.

Art. 566. Não podem sindicalizar-se os servidores do Estado e os das instituições paraestatais.

•• Entendemos prejudicado o disposto neste artigo pelo art. 8.º da CF. *Vide* nota neste Título V.

Parágrafo único. Excluem-se da proibição constante deste artigo os empregados das sociedades de economia mista, da Caixa Econômica Federal e das fundações criadas ou mantidas pelo Poder Público da União, dos Estados e Municípios.

•• Parágrafo único com redação determinada pela Lei n. 7.449, de 20-12-1985.

Arts. 567 a 569. (*Revogados pelo Decreto-lei n. 229, de 28-2-1967.*)

Capítulo II
DO ENQUADRAMENTO SINDICAL

•• *Vide* art. 8.º da CF, que dispõe sobre associação sindical.

Art. 570. Os Sindicatos constituir-se-ão, normalmente, por categorias econômicas ou profissionais, específicas, na conformidade da discriminação do quadro de atividades e profissões a que se refere o art. 577 ou segundo as subdivisões que, sob proposta da Comissão do Enquadramento Sindical, de que trata o art. 576, forem criadas pelo Ministro do Trabalho e Previdência Social.

•• Entendemos prejudicado o disposto neste artigo pelo art. 8.º da CF. *Vide* nota neste Título V.

•• *Vide* Nota dos Organizadores sobre Ministérios.

Súmula 499/STJ: As empresas prestadoras de serviços estão sujeitas às contribuições ao Sesc e Senac, salvo se integradas noutro serviço social.

OJ 9 da SDC: Enquadramento sindical. Incompetência material da justiça do trabalho. O dissídio coletivo não é meio próprio para o sindicato vir a obter o reconhecimento de que a categoria que representa é diferenciada, pois esta matéria – enquadramento sindical – envolve a interpretação de norma genérica, notadamente do art. 577 da CLT.

Art. 571. Qualquer das atividades ou profissões concentradas na forma do parágrafo único do artigo anterior poderá dissociar-se do Sindicato principal, formando um Sindicato específico, desde que o novo Sindicato, a juízo da Comissão do Enquadramento Sindical, ofereça possibilidade de vida associativa regular e de ação sindical eficiente.

•• Entendemos prejudicado o disposto neste artigo pelo art. 8.º da CF. *Vide* nota neste Título V.

Art. 572. Os Sindicatos que se constituírem por categorias similares ou conexas, nos termos do parágrafo único do art. 570, adotarão denominação em que fiquem, tanto como possível, explicitamente mencionadas as atividades ou profissões concentradas, de conformidade com o Quadro de Atividades e Profissões, ou se se tratar de subdivisões, de acordo com o que determinar a Comissão do Enquadramento Sindical.

•• Entendemos prejudicado o disposto neste artigo pelo art. 8.º da CF. *Vide* nota neste Título V.

Enunciado n. 30 da 1.ª Jornada de Direito do Trabalho: Entidade sindical. Denominação. Resultado de sua real representatividade. Art. 572 da Consolidação das Leis do Trabalho. Explicitação da categoria e base territorial. Da inteligência do artigo 572 da CLT decorre a exigência de que as entidades sindicais, em sua denominação, explicitem a categoria e a base territorial que realmente representam, para assegurar o direito difuso de informação.

Parágrafo único. Ocorrendo a hipótese do artigo anterior, o Sindicato principal terá a denominação alterada, eliminando-se-lhe a designação relativa à atividade ou profissão dissociada.

Art. 573. O agrupamento dos Sindicatos em Federações obedecerá às mesmas regras que as estabelecidas neste Capítulo para o agrupamento das atividades e profissões em Sindicatos.

•• Entendemos prejudicado o disposto neste artigo pelo art. 8.º da CF. *Vide* nota neste Título V.

Parágrafo único. As Federações de Sindicatos de profissões liberais poderão ser organizadas independentemente do grupo básico da Confederação, sempre que as respectivas profissões se acharem submetidas, por disposições de lei, a um único regulamento.

•• Primitivo § 1.º, passado a parágrafo único, com a revogação do § 2.º pelo Decreto-lei n. 229, de 28-2-1967.

Art. 574. Dentro da mesma base territorial, as empresas industriais do tipo artesanal poderão constituir entidades sindicais, de primeiro e segundo graus, distintas das associações sindicais das empresas congêneres, de tipo diferente.

•• Entendemos prejudicado o disposto neste artigo pelo art. 8.º da CF. *Vide* nota neste Título V.

Parágrafo único. Compete à Comissão do Enquadramento Sindical definir, de modo genérico, com a aprovação do Ministro do Trabalho e Previdência Social, a dimensão e os demais característicos das empresas industriais de tipo artesanal.

•• *Vide* Nota dos Organizadores sobre Ministérios.

Art. 575. O Quadro de Atividades e Profissões será revisto de dois em dois anos, por proposta da Comissão do Enquadramento Sindical, para o fim de ajustá-lo às condições da estrutura econômica e profissional do País.

•• Entendemos prejudicado o disposto neste artigo pelo art. 8.º da CF. *Vide* nota neste Título V.

§ 1.º Antes de proceder à revisão do Quadro, a Comissão deverá solicitar sugestões às entidades sindicais e às associações profissionais.

§ 2.º A proposta de revisão será submetida à aprovação do Ministro do Trabalho e Previdência Social.

•• *Vide* Nota dos Organizadores sobre Ministérios.

Art. 576. A Comissão do Enquadramento Sindical será constituída pelo Diretor-Geral do Departamento Nacional do Trabalho, que a presidirá, e pelos seguintes membros:

•• Entendemos prejudicado o disposto neste artigo pelo art. 8.º da CF. *Vide* nota neste Título V.

I – 2 (dois) representantes do Departamento Nacional do Trabalho;

II – 1 (um) representante da Secretaria de Emprego e Salário;

III – 1 (um) representante do Instituto Nacional de Tecnologia, do Ministério da Indústria e do Comércio;

IV – 1 (um) representante do Instituto Nacional de Colonização e Reforma Agrária, do Ministério da Agricultura;

V – 1 (um) representante do Ministério dos Transportes;

VI – 2 (dois) representantes das categorias econômicas; e

VII – 2 (dois) representantes das categorias profissionais.

•• *Caput* e incisos com redação determinada pela Lei n. 5.819, de 6-11-1972.

§ 1.º Os membros da CES serão designados pelo Ministro do Trabalho e Previdência Social, mediante:

•• *Vide* Nota dos Organizadores sobre Ministérios.

a) indicação dos titulares das Pastas, quanto aos representantes dos outros Ministérios;

b) indicação do respectivo Diretor-Geral, quanto ao do DNMO;

c) eleição pelas respectivas Confederações, em conjunto, quanto aos representantes das categorias econômicas e profissionais, de acordo com as instruções que forem expedidas pelo Ministro do Trabalho e Previdência Social.

•• § 1.º com redação determinada pelo Decreto-lei n. 229, de 28-2-1967.

•• *Vide* Nota dos Organizadores sobre Ministérios.

§ 2.º Cada membro terá um suplente designado juntamente com o titular.

•• § 2.º com redação determinada pelo Decreto-lei n. 229, de 28-2-1967.

§ 3.º Será de 3 (três) anos o mandato dos representantes das categorias econômica e profissional.

•• § 3.º com redação determinada pelo Decreto-lei n. 925, de 10-10-1969.

§ 4.º Os integrantes da Comissão perceberão a gratificação de presença que for estabelecida por decreto executivo.

•• § 4.º com redação determinada pelo Decreto-lei n. 229, de 28-2-1967.

§ 5.º Em suas faltas ou impedimentos o Diretor-Geral do DNT será substituído na presidência pelo Diretor substituto do Departamento ou pelo representante desse na Comissão, nesta ordem.

•• § 5.º com redação determinada pelo Decreto-lei n. 506, de 18-3-1969.

§ 6.º Além das atribuições fixadas no presente Capítulo e concernentes ao enquadramento sindical, individual ou coletivo, e à classificação das atividades e profissões, competirá também à CES resolver, com recurso para o Ministro do Trabalho e Previdência Social, todas as dúvidas e controvérsias concernentes à organização sindical.

•• § 6.º com redação determinada pelo Decreto-lei n. 229, de 28-2-1967.

•• *Vide* Nota dos Organizadores sobre Ministérios.

Art. 577. O Quadro de Atividades e Profissões em vigor fixará o plano básico do enquadramento sindical.

•• Entendemos prejudicado o disposto neste artigo pelo art. 8.º da CF. *Vide* nota neste Título V.

Súmula 499/STJ: As empresas prestadoras de serviços estão sujeitas às contribuições ao Sesc e Senac, salvo se integradas noutro serviço social.

Capítulo III
DA CONTRIBUIÇÃO SINDICAL

•• O "Imposto Sindical" previsto neste Capítulo passa a ser denominado "Contribuição Sindical", por força do Decreto-lei n. 27, de 14-11-1966. O Decreto-lei n. 229, de 28-2-1967, ratifica essa denominação.

•• *Vide* art. 3.º da Lei n. 11.648, de 31-3-2008, que estabelece que esse Capítulo irá vigorar até que lei venha a disciplinar a contribuição negocial, vinculada ao exercício efetivo da negociação coletiva e à aprovação em assembleia geral da categoria.

Precedente Normativo 119/TST: Contribuições sindicais – inobservância de preceitos constitucionais. A Constituição da República, em seus arts. 5.º, XX e 8.º, V, assegura o direito de livre associação e sindicalização. É ofensiva a essa modalidade de liberdade cláusula constante de acordo, convenção coletiva ou sentença normativa estabelecendo contribuição em favor de entidade sindical a título de taxa para custeio do sistema confederativo, assistencial, revigoramento ou fortalecimento sindical e outras da mesma espécie, obrigando trabalhadores não sindicalizados. Sendo nulas as esti-

pulações que inobservem tal restrição, tornam-se passíveis de devolução os valores irregularmente descontados.

SEÇÃO I
Da Fixação e do Recolhimento da Contribuição Sindical

Art. 578. As contribuições devidas aos sindicatos pelos participantes das categorias econômicas ou profissionais ou das profissões liberais representadas pelas referidas entidades serão, sob a denominação de contribuição sindical, pagas, recolhidas e aplicadas na forma estabelecida neste Capítulo, desde que prévia e expressamente autorizadas.

•• Artigo com redação determinada pela Lei n. 13.467, de 13-7-2017.

> **Súmula 222/STJ:** Compete à Justiça Comum processar e julgar as ações relativas à contribuição sindical prevista no art. 578 da CLT.
>
> **Súmula 396/STJ:** Confederação Nacional da Agricultura tem legitimidade ativa para a cobrança da contribuição sindical rural.

Art. 579. O desconto da contribuição sindical está condicionado à autorização prévia e expressa dos que participarem de uma determinada categoria econômica ou profissional, ou de uma profissão liberal, em favor do sindicato representativo da mesma categoria ou profissão ou, inexistindo este, na conformidade do disposto no art. 591 desta Consolidação.

•• Artigo com redação determinada pela Lei n. 13.467, de 13-7-2017.

> **Súmula Vinculante 40:** A contribuição confederativa de que trata o art. 8.º, IV, da Constituição Federal, só é exigível dos filiados ao sindicato respectivo.
>
> **Súmula 666/STF:** A contribuição confederativa de que trata o art. 8.º, IV, da Constituição, só é exigível dos filiados ao sindicato respectivo.
>
> **OJ 17 da SDC: Contribuições para entidades sindicais. Inconstitucionalidade de sua extensão a não associados.** As cláusulas coletivas que estabeleçam contribuição em favor de entidade sindical, a qualquer título, obrigando trabalhadores não sindicalizados, são ofensivas ao direito de livre associação e sindicalização, constitucionalmente assegurado, e, portanto, nulas, sendo passíveis de devolução, por via própria, os respectivos valores eventualmente descontados.

Art. 580. A contribuição sindical será recolhida, de uma só vez, anualmente, e consistirá:

•• *Caput* com redação determinada pela Lei n. 6.386, de 9-12-1976.

I – na importância correspondente à remuneração de 1 (um) dia de trabalho, para os empregados, qualquer que seja a forma da referida remuneração;

•• Inciso I com redação determinada pela Lei n. 6.386, de 9-12-1976.

II – para os agentes ou trabalhadores autônomos e para os profissionais liberais, numa importância correspondente a 30% (trinta por cento) do maior valor de referência fixado pelo Poder Executivo, vigente à época em que é devida a contribuição sindical, arredondada para Cr$ 1,00 (um cruzeiro) a fração porventura existente;

•• Inciso II com redação determinada pela Lei n. 7.047, de 1.º-12-1982.

III – para os empregadores, numa importância proporcional ao capital social da firma ou empresa, registrado nas respectivas Juntas Comerciais ou órgãos equivalentes, mediante a aplicação de alíquotas, conforme a seguinte Tabela progressiva:

Classes de Capital	Alíquota %
1 – Até 150 vezes o maior valor de referência	0,8
2 – Acima de 150, até 1.500 vezes o maior valor de referência	0,2
3 – Acima de 1.500, até 150.000 vezes o maior valor de referência	0,1
4 – Acima de 150.000, até 800.000 vezes o maior valor de referência	0,02

•• Inciso III com redação determinada pela Lei n. 7.047, de 1.º-12-1982.

§ 1.º A contribuição sindical prevista na Tabela constante do item III deste artigo corresponderá à soma da aplicação das alíquotas sobre a porção do capital distribuído em cada classe, observados os respectivos limites.

•• § 1.º com redação determinada pela Lei n. 6.386, de 9-12-1976.

§ 2.º Para efeito do cálculo de que trata a Tabela progressiva inserta no item III deste artigo, considerar-se-á o valor de referência fixado pelo Poder Executivo, vigente à data de competência da contribuição, arredondando-se para Cr$ 1,00 (um cruzeiro) a fração porventura existente.

•• § 2.º com redação determinada pela Lei n. 6.386, de 9-12-1976.

§ 3.º É fixada em 60% (sessenta por cento) do maior valor de referência, a que alude o parágrafo anterior, a contribuição mínima devida pelos empregadores, independentemente do capital social da firma ou empresa, ficando, do mesmo modo, estabelecido o capital equivalente a 800.000 (oitocentas mil) vezes o maior valor de referência, para efeito do cálculo da contribuição máxima, respeitada a Tabela progressiva constante do item III.

•• § 3.º com redação determinada pela Lei n. 7.047, de 1.º-12-1982.

§ 4.º Os agentes ou trabalhadores autônomos e os profissionais liberais, organizados em firma ou empresa, com capital social registrado, recolherão a contribuição sindical de acordo com a Tabela progressiva a que se refere o item III.

•• § 4.º com redação determinada pela Lei n. 6.386, de 9-12-1976.

§ 5.º As entidades ou instituições que não estejam obrigadas ao registro de capital social considerarão como capital, para efeito do cálculo de que trata a Tabela progressiva constante do item III deste artigo, o valor resultante da aplicação do percentual de 40% (quarenta por cento) sobre o movimento econômico registrado no exercício imediatamente anterior, do que darão conhecimento à respectiva entidade sindical ou à Delegacia Regional do Trabalho, observados os limites estabelecidos no § 3.º deste artigo.

•• § 5.º com redação determinada pela Lei n. 6.386, de 9-12-1976.

§ 6.º Excluem-se da regra do § 5.º as entidades ou instituições que comprovarem, através de requerimento dirigido ao Ministério do Trabalho, que não exercem atividade econômica com fins lucrativos.

•• § 6.º com redação determinada pela Lei n. 6.386, de 9-12-1976.

• A Portaria n. 1.012, de 4-8-2003, do MTE, estabelece procedimentos para a comprovação da condição de entidade ou instituição sem fins lucrativos para fins de isenção da contribuição sindical patronal.

Art. 581. Para os fins do item III do artigo anterior, as empresas atribuirão parte do respectivo capital às suas sucursais, filiais ou agências, desde que localizadas fora da base territorial da entidade sindical representativa da atividade econômica do estabelecimento principal, na proporção das correspondentes operações econômicas, fazendo a devida comunicação às Delegacias Regionais do Trabalho, conforme a localidade da sede da empresa, sucursais, filiais ou agências.

•• *Caput* com redação determinada pela Lei n. 6.386, de 9-12-1976.

§ 1.º Quando a empresa realizar diversas atividades econômicas, sem que nenhuma delas seja preponderante, cada uma dessas atividades será incorporada à respectiva categoria econômica, sendo a contribuição sindical devida à entidade sindical representativa da mesma categoria, procedendo-se, em relação às correspondentes sucursais, agências ou filiais, na forma do presente artigo.

•• § 1.º com redação determinada pela Lei n. 6.386, de 9-12-1976.

§ 2.º Entende-se por atividade preponderante a que caracterizar a unidade de produto, operação ou objetivo final, para cuja obtenção todas as demais atividades convirjam, exclusivamente, em regime de conexão funcional.

•• § 2.º com redação determinada pela Lei n. 6.386, de 9-12-1976.

Art. 582. Os empregadores são obrigados a descontar da folha de pagamento de seus empregados relativa ao mês de março de cada ano a contribuição sindical dos empregados que autorizaram prévia e expressamente o seu recolhimento aos respectivos sindicatos.

•• *Caput* com redação determinada pela Lei n. 13.467, de 13-7-2017.

§ 1.º Considera-se 1 (um) dia de trabalho para efeito de determinação da importância a que alude o item I do art. 580 o equivalente:

a) a 1 (uma) jornada normal de trabalho, se o pagamento ao empregado for feito por unidade de tempo;

b) a 1/30 (um trinta avos) da quantia percebida no mês anterior, se a remuneração for paga por tarefa, empreitada ou comissão.

•• § 1.º com redação determinada pela Lei n. 6.386, de 9-12-1976.

§ 2.º Quando o salário for pago em utilidades, ou nos casos em que o empregado receba, habitualmente, gorjetas, a contribuição sindical corresponderá a 1/30 (um trinta avos) da importância que tiver servido de base, no mês de janeiro, para a contribuição do empregado à Previdência Social.
•• § 2.º com redação determinada pela Lei n. 6.386, de 9-12-1976.

Art. 583. O recolhimento da contribuição sindical referente aos empregados e trabalhadores avulsos será efetuado no mês de abril de cada ano, e o relativo aos agentes ou trabalhadores autônomos e profissionais liberais realizar-se-á no mês de fevereiro, observada a exigência de autorização prévia e expressa prevista no art. 579 desta Consolidação.
•• Caput com redação determinada pela Lei n. 13.467, de 13-7-2017.

Portaria n. 3.109/79, do MTE, artigo único: Será prorrogado para o primeiro dia útil subsequente o vencimento dos prazos fixados na CLT para o recolhimento da Contribuição Sindical, quando, no seu término, por qualquer motivo, não funcionarem os estabelecimentos bancários integrantes da rede arrecadadora, ressalvado o caso previsto no item 2 desta Portaria. Na hipótese do término do prazo de recolhimento da Contribuição Sindical recair no dia 31 de dezembro e, nesta data, não houver expediente bancário, o vencimento será antecipado para o último dia útil imediatamente anterior àquele.

§ 1.º O recolhimento obedecerá ao sistema de guias, de acordo com as instruções expedidas pelo Ministro do Trabalho.
•• § 1.º com redação determinada pela Lei n. 6.386, de 9-12-1976.
• A Portaria n. 172, de 6-4-2005, do MTE, aprova o modelo da Guia de Recolhimento de Contribuição Sindical – GRCS.

§ 2.º O comprovante de depósito da contribuição sindical será remetido ao respectivo Sindicato; na falta deste, à correspondente entidade sindical de grau superior, e, se for o caso, ao Ministério do Trabalho.
•• § 2.º com redação determinada pela Lei n. 6.386, de 9-12-1976.

Art. 584. Servirá de base para o pagamento da contribuição sindical, pelos agentes ou trabalhadores autônomos e profissionais liberais, a lista de contribuintes organizada pelos respectivos Sindicatos e, na falta destes, pelas federações ou confederações coordenadoras da categoria.
•• Artigo com redação determinada pela Lei n. 6.386, de 9-12-1976.

Art. 585. Os profissionais liberais poderão optar pelo pagamento da contribuição sindical unicamente à entidade sindical representativa da respectiva profissão, desde que a exerça, efetivamente, na firma ou empresa e como tal sejam nelas registrados.
•• Caput com redação determinada pela Lei n. 6.386, de 9-12-1976.

Parágrafo único. Na hipótese referida neste artigo, à vista da manifestação do contribuinte e da exibição da prova de quitação da contribuição, dada por Sindicato de profissionais liberais, o empregador deixará de efetuar, no salário do contribuinte, o desconto a que se refere o art. 582.
•• Parágrafo único com redação determinada pela Lei n. 6.386, de 9-12-1976.

Art. 586. A contribuição sindical será recolhida, nos meses fixados no presente Capítulo, à Caixa Econômica Federal, ao Banco do Brasil S/A, ou aos estabelecimentos bancários nacionais integrantes do Sistema de Arrecadação dos Tributos Federais, os quais, de acordo com instruções expedidas pelo Conselho Monetário Nacional, repassarão à Caixa Econômica Federal as importâncias arrecadadas.
•• Caput com redação determinada pela Lei n. 6.386, de 9-12-1976.

§ 1.º Integrarão a rede arrecadadora as Caixas Econômicas Estaduais, nas localidades onde inexistam os estabelecimentos previstos no *caput* deste artigo.
•• § 1.º com redação determinada pela Lei n. 6.386, de 9-12-1976.

§ 2.º Tratando-se de empregador, agentes ou trabalhadores autônomos ou profissionais liberais, o recolhimento será efetuado pelos próprios, diretamente ao estabelecimento arrecadador.
•• § 2.º com redação determinada pela Lei n. 6.386, de 9-12-1976.

§ 3.º A contribuição sindical devida pelos empregados e trabalhadores avulsos será recolhida pelo empregador e pelo Sindicato, respectivamente.
•• § 3.º com redação determinada pela Lei n. 6.386, de 9-12-1976.

Art. 587. Os empregadores que optarem pelo recolhimento da contribuição sindical deverão fazê-lo no mês de janeiro de cada ano, ou, para os que venham a se estabelecer após o referido mês, na ocasião em que requererem às repartições o registro ou a licença para o exercício da respectiva atividade.
•• Artigo com redação determinada pela Lei n. 13.467, de 13-7-2017.

Art. 588. A Caixa Econômica Federal manterá conta corrente intitulada "Depósitos da Arrecadação da Contribuição Sindical", em nome de cada uma das entidades sindicais beneficiadas, cabendo ao Ministério do Trabalho cientificá-la das ocorrências pertinentes à vida administrativa dessas entidades.
•• Caput com redação determinada pela Lei n. 6.386, de 9-12-1976.

§ 1.º Os saques na conta corrente referida no *caput* deste artigo far-se-ão mediante ordem bancária ou cheque com as assinaturas conjuntas do Presidente e do Tesoureiro da entidade sindical.
•• § 1.º com redação determinada pela Lei n. 6.386, de 9-12-1976.

§ 2.º A Caixa Econômica Federal remeterá, mensalmente, a cada entidade sindical, um extrato da respectiva conta corrente, e, quando solicitado, aos órgãos do Ministério do Trabalho.
•• § 2.º com redação determinada pela Lei n. 6.386, de 9-12-1976.

Art. 589. Da importância da arrecadação da contribuição sindical serão feitos os seguintes créditos pela Caixa Econômica Federal, na forma das instruções que forem expedidas pelo Ministro do Trabalho:
I – para os empregadores:
•• Inciso I, *caput*, com redação determinada pela Lei n. 11.648, de 31-3-2008.

a) 5% (cinco por cento) para a confederação correspondente;
•• Alínea *a* acrescentada pela Lei n. 11.648, de 31-3-2008.

b) 15% (quinze por cento) para a federação;
•• Alínea *b* acrescentada pela Lei n. 11.648, de 31-3-2008.

c) 60% (sessenta por cento) para o sindicato respectivo; e
•• Alínea *c* acrescentada pela Lei n. 11.648, de 31-3-2008.

d) 20% (vinte por cento) para a 'Conta Especial Emprego e Salário';
•• Alínea *d* acrescentada pela Lei n. 11.648, de 31-3-2008.

II – para os trabalhadores:
•• Inciso II, *caput*, com redação determinada pela Lei n. 11.648, de 31-3-2008.

a) 5% (cinco por cento) para a confederação correspondente;
•• Alínea *a* acrescentada pela Lei n. 11.648, de 31-3-2008.

b) 10% (dez por cento) para a central sindical;
•• Alínea *b* acrescentada pela Lei n. 11.648, de 31-3-2008.

c) 15% (quinze por cento) para a federação;
•• Alínea *c* acrescentada pela Lei n. 11.648, de 31-3-2008.

d) 60% (sessenta por cento) para o sindicato respectivo; e
•• Alínea *d* acrescentada pela Lei n. 11.648, de 31-3-2008.

e) 10% (dez por cento) para a 'Conta Especial Emprego e Salário';
•• Alínea *e* acrescentada pela Lei n. 11.648, de 31-3-2008.

III e IV – (*Revogados pela Lei n. 11.648, de 31-3-2008.*)

§ 1.º O sindicato de trabalhadores indicará ao Ministério do Trabalho e Emprego a central sindical a que estiver filiado como beneficiária da respectiva contribuição sindical, para fins de destinação dos créditos previstos neste artigo.
•• § 1.º acrescentado pela Lei n. 11.648, de 31-3-2008.

§ 2.º A central sindical a que se refere a alínea *b* do inciso II do *caput* deste artigo deverá atender aos requisitos de representatividade previstos na legislação específica sobre a matéria.
•• § 2.º acrescentado pela Lei n. 11.648, de 31-3-2008.
• A Lei n. 9.322, de 5-12-1996, dispõe sobre a alocação, em depósitos especiais, remunerados, de recursos das disponibilidades financeiras do Fundo de Amparo ao Trabalhador – FAT.

Art. 590. Inexistindo confederação, o percentual previsto no art. 589 desta Consolidação caberá à federação representativa do grupo.
•• Caput com redação determinada pela Lei n. 11.648, de 31-3-2008.

§§ 1.º e 2.º (*Revogados pela Lei n. 11.648, de 31-3-2008.*)

§ 3.º Não havendo sindicato, nem entidade sindical de grau superior ou central sindical, a contribuição sindical será creditada, integralmente, à 'Conta Especial Emprego e Salário'.

•• § 3.º com redação determinada pela Lei n. 11.648, de 31-3-2008.

§ 4.º Não havendo indicação de central sindical, na forma do § 1.º do art. 589 desta Consolidação, os percentuais que lhe caberiam serão destinados à 'Conta Especial Emprego e Salário'.

•• § 4.º acrescentado pela Lei n. 11.648, de 31-3-2008.

Art. 591. Inexistindo sindicato, os percentuais previstos na alínea c do inciso I e na alínea d do inciso II do *caput* do art. 589 desta Consolidação serão creditados à federação correspondente à mesma categoria econômica ou profissional.

•• *Caput* com redação determinada pela Lei n. 11.648, de 31-3-2008.

Parágrafo único. Na hipótese do *caput* deste artigo, os percentuais previstos nas alíneas a e b do inciso I e nas alíneas a e c do inciso II do *caput* do art. 589 desta Consolidação caberão à confederação.

•• Parágrafo único com redação determinada pela Lei n. 11.648, de 31-3-2008.

SEÇÃO II
Da Aplicação da Contribuição Sindical

•• O "Imposto Sindical" previsto nesta Seção passa a ser denominado "Contribuição Sindical", por força do Decreto-lei n. 27, de 14-11-1966. O Decreto-lei n. 229, de 28-2-1967, ratifica esta denominação.

Art. 592. A contribuição sindical, além das despesas vinculadas à sua arrecadação, recolhimento e controle, será aplicada pelos Sindicatos, na conformidade dos respectivos estatutos, visando aos seguintes objetivos:

•• *Caput* e incisos com redação determinada pela Lei n. 6.386, de 9-12-1976.

I – Sindicatos de Empregadores e de Agentes Autônomos:

a) assistência técnica e jurídica;

> **Súmula 82/TST: Assistência.** A intervenção assistencial, simples ou adesiva, só é admissível se demonstrado o interesse jurídico e não o meramente econômico.

b) assistência médica, dentária, hospitalar e farmacêutica;
c) realização de estudos econômicos e financeiros;
d) agências de colocação;
e) cooperativas;
f) bibliotecas;
g) creches;
h) congressos e conferências;
i) medidas de divulgação comercial e industrial no País, e no estrangeiro, bem como em outras tendentes a incentivar e aperfeiçoar a produção nacional;
j) feiras e exposições;
l) prevenção de acidentes do trabalho;
m) finalidades desportivas.

II – Sindicatos de Empregados:

a) assistência jurídica;
b) assistência médica, dentária, hospitalar e farmacêutica;
c) assistência à maternidade;
d) agências de colocação;
e) cooperativas;
f) bibliotecas;
g) creches;
h) congressos e conferências;
i) auxílio-funeral;
j) colônias de férias e centros de recreação;
l) prevenção de acidentes do trabalho;
m) finalidades desportivas e sociais;
n) educação e formação profissional;
o) bolsas de estudo;

III – Sindicatos de Profissionais Liberais:

a) assistência jurídica;
b) assistência médica, dentária, hospitalar e farmacêutica;
c) assistência à maternidade;
d) bolsas de estudo;
e) cooperativas;
f) bibliotecas;
g) creches;
h) congressos e conferências;
i) auxílio-funeral;
j) colônias de férias e centros de recreação;
l) estudos técnicos e científicos;
m) finalidades desportivas e sociais;
n) educação e formação profissional;
o) prêmios por trabalhos técnicos e científicos;

IV – Sindicatos de Trabalhadores Autônomos:

a) assistência técnica e jurídica;
b) assistência médica, dentária, hospitalar e farmacêutica;
c) assistência à maternidade;
d) bolsas de estudo;
e) cooperativas;
f) bibliotecas;
g) creches;
h) congressos e conferências;
i) auxílio-funeral;
j) colônias de férias e centros de recreação;
l) educação e formação profissional;
m) finalidades desportivas e sociais.

§ 1.º A aplicação prevista neste artigo ficará a critério de cada entidade, que, para tal fim, obedecerá, sempre, às peculiaridades do respectivo grupo ou categoria, facultado ao Ministro do Trabalho permitir a inclusão de novos programas, desde que assegurados os serviços assistenciais fundamentais da entidade.

•• § 1.º com redação determinada pela Lei n. 6.386, de 9-12-1976.

§ 2.º Os Sindicatos poderão destacar, em seus orçamentos anuais, até 20% (vinte por cento) dos recursos da contribuição sindical para o custeio das suas atividades administrativas, independentemente de autorização ministerial.

•• § 2.º com redação determinada pela Lei n. 6.386, de 9-12-1976.

§ 3.º O uso da contribuição sindical prevista no § 2.º não poderá exceder do valor total das mensalidades sociais consignadas nos orçamentos dos Sindicatos, salvo autorização expressa do Ministro do Trabalho.

•• § 3.º com redação determinada pela Lei n. 6.386, de 9-12-1976.

Art. 593. As percentagens atribuídas às entidades sindicais de grau superior e às centrais sindicais serão aplicadas de conformidade com o que dispuserem os respectivos conselhos de representantes ou estatutos.

•• *Caput* com redação determinada pela Lei n. 11.648, de 31-3-2008.

Parágrafo único. Os recursos destinados às centrais sindicais deverão ser utilizados no custeio das atividades de representação geral dos trabalhadores decorrentes de suas atribuições legais.

•• Parágrafo único acrescentado pela Lei n. 11.648, de 31-3-2008.

Art. 594. (*Revogado pela Lei n. 4.589, de 11-12-1964.*)

SEÇÃO III
Da Comissão da Contribuição Sindical

•• O "Imposto Sindical" previsto nesta Seção passa a ser denominado "Contribuição Sindical", por força do Decreto-lei n. 27, de 14-11-1966. O Decreto-lei n. 229, de 28-2-1967, ratifica esta denominação.

Arts. 595 a 597. (*Revogados pela Lei n. 4.589, de 11-12-1964.*)

SEÇÃO IV
Das Penalidades

Art. 598. Sem prejuízo da ação criminal e das penalidades previstas no art. 553, serão aplicadas multas de Cr$ 10,00 (dez cruzeiros)

a Cr$ 10.000,00 (dez mil cruzeiros) pelas infrações deste Capítulo impostas no Distrito Federal pela autoridade competente de 1.ª instância da Delegacia Regional do Trabalho e nos Estados e no Território do Acre pelas autoridades regionais do Ministério do Trabalho, Indústria e Comércio.

•• Vide Nota dos Organizadores sobre o valor das multas previstas na CLT.

•• O Decreto-lei n. 229, de 28-2-1967, estabelece em seu art. 35, IV, que as referências feitas na CLT ao Departamento Nacional do Trabalho, como autoridade julgadora de infração em primeira instância, entendem-se como concernentes às Delegacias Regionais do Trabalho.

•• A Lei n. 4.070, de 15-6-1962, eleva o território do Acre à categoria de Estado.

Parágrafo único. A gradação da multa atenderá à natureza da infração e às condições sociais e econômicas do infrator.

Art. 599. Para os profissionais liberais, a penalidade consistirá na suspensão do exercício profissional, até a necessária quitação, e será aplicada pelos órgãos públicos ou autárquicos disciplinadores das respectivas profissões mediante comunicação das autoridades fiscalizadoras.

Art. 600. O recolhimento da contribuição sindical efetuado fora do prazo referido neste Capítulo, quando espontâneo, será acrescido da multa de 10% (dez por cento), nos 30 (trinta) primeiros dias, com o adicional de 2% (dois por cento) por mês subsequente de atraso, além de juros de mora de 1% (um por cento) ao mês e correção monetária, ficando, nesse caso, o infrator, isento de outra penalidade.

•• Caput com redação determinada pela Lei n. 6.181, de 11-12-1974.

Súmula 432/TST: Contribuição sindical rural. Ação de cobrança. Penalidade por atraso no recolhimento. Inaplicabilidade do art. 600 da CLT. Incidência do art. 2.º da Lei n. 8.022/1990. O recolhimento a destempo da contribuição sindical rural não acarreta a aplicação da multa progressiva prevista no art. 600 da CLT, em decorrência da sua revogação tácita pela Lei n. 8.022, de 12 de abril de 1990.

§ 1.º O montante das cominações previstas neste artigo reverterá sucessivamente:

a) ao Sindicato respectivo;

b) à Federação respectiva, na ausência de Sindicato;

c) à Confederação respectiva, inexistindo Federação.

•• § 1.º com redação determinada pela Lei n. 6.181, de 11-12-1974.

§ 2.º Na falta de Sindicato ou entidade de grau superior, o montante a que alude o parágrafo precedente reverterá à conta "Emprego e Salário".

•• § 2.º com redação determinada pela Lei n. 6.181, de 11-12-1974.

Lei n. 6.181/74, arts. 2.º e 3.º: Se o contribuinte for trabalhador rural como tal definido no art. 1.º, I, b, do Decreto-lei n. 1.166, de 15-4-1971, o recolhimento fora do prazo de contribuição sindical será acrescido de multa de 10% (dez por cento) ao ano. Art. 3.º O contribuinte que satisfizer a obrigação em atraso até 90 (noventa) dias após a vigência desta Lei ficará isento das cominações previstas no caput do art. 600 da CLT, na redação determinada pelo art. 1.º desta Lei, salvo a multa de 10% (dez por cento).

Lei n. 5.670/71, art. 1.º: O cálculo da correção monetária não recairá, em qualquer caso, sobre período anterior à data em que tenha entrado em vigor a lei que a instituiu.

SEÇÃO V
Disposições Gerais

•• O "Imposto Sindical" previsto nesta Seção passa a ser denominado "Contribuição Sindical", por força do Decreto-lei n. 27, de 14-11-1966. O Decreto-lei n. 229, de 28-2-1967, ratifica esta denominação.

Art. 601. (Revogado pela Lei n. 13.467, de 13-7-2017.)

Art. 602. Os empregados que não estiverem trabalhando no mês destinado ao desconto da contribuição sindical e que venham a autorizar prévia e expressamente o recolhimento serão descontados no primeiro mês subsequente ao do reinício do trabalho.

•• Caput com redação determinada pela Lei n. 13.467, de 13-7-2017.

Parágrafo único. De igual forma se procederá com os empregados que forem admitidos depois daquela data e que não tenham trabalhado anteriormente nem apresentado a respectiva quitação.

Art. 603. Os empregadores são obrigados a prestar aos encarregados da fiscalização os esclarecimentos necessários ao desempenho de sua missão e a exibir-lhes, quando exigidos, na parte relativa ao pagamento de empregados, os seus livros, folhas de pagamento e outros documentos comprobatórios desses pagamentos, sob pena da multa cabível.

Art. 604. (Revogado pela Lei n. 13.467, de 13-7-2017.)

Art. 605. As entidades sindicais são obrigadas a promover a publicação de editais concernentes ao recolhimento da contribuição sindical, durante 3 (três) dias, nos jornais de maior circulação local e até 10 (dez) dias da data fixada para depósito bancário.

Art. 606. Às entidades sindicais cabe, em caso de falta de pagamento da contribuição sindical, promover a respectiva cobrança judicial, mediante ação executiva, valendo como título de dívida a certidão expedida pelas autoridades regionais do Ministério do Trabalho e Previdência Social.

•• Caput com redação determinada pelo Decreto-lei n. 925, de 10-10-1969.

•• Vide Nota dos Organizadores sobre Ministérios.

§ 1.º O Ministério do Trabalho e Previdência Social baixará as instruções regulando a expedição das certidões a que se refere o presente artigo, das quais deverá constar a individualização do contribuinte, a indicação do débito e a designação da entidade a favor da qual é recolhida a importância da contribuição sindical, de acordo com o respectivo enquadramento sindical.

§ 2.º Para os fins da cobrança judicial da contribuição sindical, são extensivos às entidades sindicais, com exceção do foro especial, os privilégios da Fazenda Pública, para cobrança da dívida ativa.

Art. 607. São considerados como documento essencial ao comparecimento às concorrências públicas ou administrativas e para o fornecimento às repartições paraestatais ou autárquicas a prova da quitação da respectiva contribuição sindical e a de recolhimento da contribuição sindical, descontada dos respectivos empregados.

Art. 608. As repartições federais, estaduais ou municipais não concederão registro ou licenças para funcionamento ou renovação de atividades aos estabelecimentos de empregadores e aos escritórios ou congêneres dos agentes ou trabalhadores autônomos e profissionais liberais, nem concederão alvarás de licença ou localização, sem que sejam exibidas as provas de quitação da contribuição sindical, na forma do artigo anterior.

Parágrafo único. A não observância do disposto neste artigo acarretará, de pleno direito, a nulidade dos atos nele referidos, bem como dos mencionados no art. 607.

•• Parágrafo único acrescentado pela Lei n. 6.386, de 9-12-1976.

Art. 609. O recolhimento da contribuição sindical e todos os lançamentos e movimentos nas contas respectivas são isentos de selos e taxas federais, estaduais ou municipais.

Art. 610. As dúvidas no cumprimento deste Capítulo serão resolvidas pelo Diretor-Geral do Departamento Nacional do Trabalho, que expedirá as instruções que se tornarem necessárias à sua execução.

•• Artigo com redação determinada pela Lei n. 4.589, de 11-12-1964.

Título VI
DAS CONVENÇÕES COLETIVAS DE TRABALHO

•• Título VI com redação determinada pelo Decreto-lei n. 229, de 28-2-1967.

•• Vide art. 17, II e III, da Lei n. 14.020, de 6-7-2020.

Art. 7.º, XXVI, da CF: São direitos dos trabalhadores urbanos e rurais, além de outros que visem à melhoria de sua condição social: (...) XXVI – reconhecimento das convenções e acordos coletivos de trabalho.

• Vide Lei n. 8.984, de 7-2-1995.

Art. 611. Convenção Coletiva de Trabalho é o acordo de caráter normativo, pelo qual dois ou mais Sindicatos representativos de categorias econômicas e profissionais estipulam condições de trabalho aplicáveis, no âmbito das respectivas representações, às relações individuais do trabalho.

•• Caput com redação determinada pelo Decreto-lei n. 229, de 28-2-1967.

Art. 8.º, VI, da CF: É livre a associação profissional ou sindical, observado o seguinte: (...) VI – é obrigatória a participação dos sindicatos nas negociações coletivas de trabalho.

Súmula 277/TST: Convenção coletiva de trabalho ou acordo coletivo de trabalho. Eficácia. Ultratividade. As cláusulas normativas dos acordos coletivos ou convenções co-

letivas integram os contratos individuais de trabalho e somente poderão ser modificadas ou suprimidas mediante negociação coletiva de trabalho.

Súmula 286/TST: Sindicato. Substituição processual. Convenção e acordo coletivos. A legitimidade do sindicato para propor ação de cumprimento estende-se também à observância de acordo ou de convenção coletivos.

§ 1.º É facultado aos Sindicatos representativos de categorias profissionais celebrar Acordos Coletivos com uma ou mais empresas da correspondente categoria econômica, que estipulem condições de trabalho, aplicáveis no âmbito da empresa ou das empresas acordantes às respectivas relações de trabalho.

•• § 1.º com redação determinada pelo Decreto-lei n. 229, de 28-2-1967.

§ 2.º As Federações e, na falta destas, as Confederações representativas de categorias econômicas ou profissionais poderão celebrar convenções coletivas de trabalho para reger as relações das categorias a elas vinculadas, inorganizadas em Sindicatos, no âmbito de suas representações.

•• § 2.º com redação determinada pelo Decreto-lei n. 229, de 28-2-1967.

Art. 611-A. A convenção coletiva e o acordo coletivo de trabalho têm prevalência sobre a lei quando, entre outros, dispuserem sobre:

•• *Caput* acrescentado pela Lei n. 13.467, de 13-7-2017.

I – pacto quanto à jornada de trabalho, observados os limites constitucionais;

•• Inciso I acrescentado pela Lei n. 13.467, de 13-7-2017.

Art. 7.º, XIII, da CF: São direitos dos trabalhadores urbanos e rurais, além de outros que visem à melhoria de sua condição social: (...) XIII – duração do trabalho normal não superior a oito horas diárias e quarenta e quatro semanais, facultada a compensação de horários e a redução da jornada, mediante acordo ou convenção coletiva de trabalho.

Súmula 85/TST: Compensação de jornada. I – A compensação de jornada de trabalho deve ser ajustada por acordo individual escrito, acordo coletivo ou convenção coletiva. II – O acordo individual para compensação de horas é válido, salvo se houver norma coletiva em sentido contrário. III – O mero não atendimento das exigências legais para a compensação de jornada, inclusive quando encetada mediante acordo tácito, não implica a repetição do pagamento das horas excedentes à jornada normal diária, se não dilatada a jornada máxima semanal, sendo devido apenas o respectivo adicional. IV – A prestação de horas extras habituais descaracteriza o acordo de compensação de jornada. Nesta hipótese, as horas que ultrapassarem a jornada semanal normal deverão ser pagas como horas extraordinárias e, quanto àquelas destinadas à compensação, deverá ser pago a mais apenas o adicional por trabalho extraordinário. V – As disposições contidas nesta súmula não se aplicam ao regime compensatório na modalidade "banco de horas", que somente pode ser instituído por negociação coletiva. VI – Não é válido acordo de compensação de jornada em atividade insalubre, ainda que estipulado em norma coletiva, sem a necessária inspeção prévia e permissão da autoridade competente, na forma do art. 60 da CLT.

II – banco de horas anual;

•• Inciso II acrescentado pela Lei n. 13.467, de 13-7-2017.

III – intervalo intrajornada, respeitado o limite mínimo de trinta minutos para jornadas superiores a seis horas;

•• Inciso III acrescentado pela Lei n. 13.467, de 13-7-2017.

IV – adesão ao Programa Seguro-Emprego (PSE), de que trata a Lei n. 13.189, de 19 de novembro de 2015;

•• Inciso IV acrescentado pela Lei n. 13.467, de 13-7-2017.

•• O Programa Seguro-Emprego, instituído pela Lei n. 13.189, de 19-11-2015, foi extinto em 31-12-2018.

V – plano de cargos, salários e funções compatíveis com a condição pessoal do empregado, bem como identificação dos cargos que se enquadram como funções de confiança;

•• Inciso V acrescentado pela Lei n. 13.467, de 13-7-2017.

VI – regulamento empresarial;

•• Inciso VI acrescentado pela Lei n. 13.467, de 13-7-2017.

VII – representante dos trabalhadores no local de trabalho;

•• Inciso VII acrescentado pela Lei n. 13.467, de 13-7-2017.

VIII – teletrabalho, regime de sobreaviso, e trabalho intermitente;

•• Inciso VIII acrescentado pela Lei n. 13.467, de 13-7-2017.

IX – remuneração por produtividade, incluídas as gorjetas percebidas pelo empregado, e remuneração por desempenho individual;

•• Inciso IX acrescentado pela Lei n. 13.467, de 13-7-2017.

X – modalidade de registro de jornada de trabalho;

•• Inciso X acrescentado pela Lei n. 13.467, de 13-7-2017.

XI – troca do dia de feriado;

•• Inciso XI acrescentado pela Lei n. 13.467, de 13-7-2017.

XII – enquadramento do grau de insalubridade;

•• Inciso XII acrescentado pela Lei n. 13.467, de 13-7-2017.

XIII – prorrogação de jornada em ambientes insalubres, sem licença prévia das autoridades competentes do Ministério do Trabalho;

•• Inciso XIII acrescentado pela Lei n. 13.467, de 13-7-2017.

XIV – prêmios de incentivo em bens ou serviços, eventualmente concedidos em programas de incentivo;

•• Inciso XIV acrescentado pela Lei n. 13.467, de 13-7-2017.

XV – participação nos lucros ou resultados da empresa.

•• Inciso XV acrescentado pela Lei n. 13.467, de 13-7-2017.

Art. 7.º, XI, da CF: São direitos dos trabalhadores urbanos e rurais, além de outros que visem à melhoria de sua condição social: (...) XI – participação nos lucros, ou resultados, desvinculada da remuneração, e, excepcionalmente, participação na gestão da empresa, conforme definido em lei.

§ 1.º No exame da convenção coletiva ou do acordo coletivo de trabalho, a Justiça do Trabalho observará o disposto no § 3.º do art. 8.º desta Consolidação.

•• § 1.º acrescentado pela Lei n. 13.467, de 13-7-2017.

Art. 8.º, § 3.º, da CLT: No exame de convenção coletiva ou acordo coletivo de trabalho, a Justiça do Trabalho analisará exclusivamente a conformidade dos elementos essenciais do negócio jurídico, respeitado o disposto no art. 104 da Lei n. 10.406, de 10 de janeiro de 2002 (Código Civil), e balizará sua atuação pelo princípio da intervenção mínima na autonomia da vontade coletiva.

Art. 104 do CC: A validade do negócio jurídico requer: I – agente capaz; II – objeto lícito, possível, determinado ou determinável; III – forma prescrita ou não defesa em lei.

§ 2.º A inexistência de expressa indicação de contrapartidas recíprocas em convenção coletiva ou acordo coletivo de trabalho não ensejará sua nulidade por não caracterizar um vício do negócio jurídico.

•• § 2.º acrescentado pela Lei n. 13.467, de 13-7-2017.

§ 3.º Se for pactuada cláusula que reduza o salário ou a jornada, a convenção coletiva ou o acordo coletivo de trabalho deverão prever a proteção dos empregados contra dispensa imotivada durante o prazo de vigência do instrumento coletivo.

•• § 3.º acrescentado pela Lei n. 13.467, de 13-7-2017.

§ 4.º Na hipótese de procedência de ação anulatória de cláusula de convenção coletiva ou de acordo coletivo de trabalho, quando houver a cláusula compensatória, esta deverá ser igualmente anulada, sem repetição do indébito.

•• § 4.º acrescentado pela Lei n. 13.467, de 13-7-2017.

§ 5.º Os sindicatos subscritores de convenção coletiva ou de acordo coletivo de trabalho deverão participar, como litisconsortes necessários, em ação individual ou coletiva, que tenha como objeto a anulação de cláusulas desses instrumentos.

•• § 5.º acrescentado pela Lei n. 13.467, de 13-7-2017.

Art. 47 do CPC: Há litisconsórcio necessário, quando, por disposição de lei ou pela natureza da relação jurídica, o juiz tiver de decidir a lide de modo uniforme para todas as partes; caso em que a eficácia da sentença dependerá da citação de todos os litisconsortes no processo. Parágrafo único. O juiz ordenará ao autor que promova a citação de todos os litisconsortes necessários, dentro do prazo que assinar, sob pena de declarar extinto o processo.

Instrução Normativa n. 41/18, art. 3.º: A obrigação de formar o litisconsórcio necessário a que se refere o art. 611-A, § 5.º, da CLT dar-se-á nos processos iniciados a partir de 11 de novembro de 2017 (Lei n. 13.467/2017).

Art. 611-B. Constituem objeto ilícito de convenção coletiva ou de acordo coletivo de trabalho, exclusivamente, a supressão ou a redução dos seguintes direitos:

•• *Caput* acrescentado pela Lei n. 13.467, de 13-7-2017.

•• *Vide* art. 17 da Instrução Normativa n. 144, de 18-5-2018.

I – normas de identificação profissional, inclusive as anotações na Carteira de Trabalho e Previdência Social;

•• Inciso I acrescentado pela Lei n. 13.467, de 13-7-2017.

II – seguro-desemprego, em caso de desemprego involuntário;

•• Inciso II acrescentado pela Lei n. 13.467, de 13-7-2017.
•• Vide art. 7.º, II, da CF.

III – valor dos depósitos mensais e da indenização rescisória do Fundo de Garantia do Tempo de Serviço (FGTS);

•• Inciso III acrescentado pela Lei n. 13.467, de 13-7-2017.
• Vide Lei n. 8.036, de 11-5-1990.

IV – salário mínimo;

•• Inciso IV acrescentado pela Lei n. 13.467, de 13-7-2017.

Art. 7.º, IV, da CF: São direitos dos trabalhadores urbanos e rurais, além de outros que visem à melhoria de sua condição social: (...) IV – salário mínimo, fixado em lei, nacionalmente unificado, capaz de atender a suas necessidades vitais básicas e às de sua família com moradia, alimentação, educação, saúde, lazer, vestuário, higiene, transporte e previdência social, com reajustes periódicos que lhe preservem o poder aquisitivo, sendo vedada sua vinculação para qualquer fim.

V – valor nominal do décimo terceiro salário;

•• Inciso V acrescentado pela Lei n. 13.467, de 13-7-2017.
•• Vide art. 7.º, VIII, da CF.

VI – remuneração do trabalho noturno superior à do diurno;

•• Inciso VI acrescentado pela Lei n. 13.467, de 13-7-2017.
•• Vide art. 7.º, IX, da CF.
•• Vide art. 73 da CLT.

VII – proteção do salário na forma da lei, constituindo crime sua retenção dolosa;

•• Inciso VII acrescentado pela Lei n. 13.467, de 13-7-2017.
•• Vide art. 7.º, X, da CF.

VIII – salário-família;

•• Inciso VIII acrescentado pela Lei n. 13.467, de 13-7-2017.
•• Vide art. 7.º, XII, da CF.

IX – repouso semanal remunerado;

•• Inciso IX acrescentado pela Lei n. 13.467, de 13-7-2017.
•• Vide art. 7.º, XV, da CF.

X – remuneração do serviço extraordinário superior, no mínimo, em 50% (cinquenta por cento) à do normal;

•• Inciso X acrescentado pela Lei n. 13.467, de 13-7-2017.
•• Vide art. 7.º, XVI, da CF.

XI – número de dias de férias devidas ao empregado;

•• Inciso XI acrescentado pela Lei n. 13.467, de 13-7-2017.

XII – gozo de férias anuais remuneradas com, pelo menos, um terço a mais do que o salário normal;

•• Inciso XII acrescentado pela Lei n. 13.467, de 13-7-2017.
•• Vide art. 7.º, XVII, da CF.

XIII – licença-maternidade com a duração mínima de cento e vinte dias;

•• Inciso XIII acrescentado pela Lei n. 13.467, de 13-7-2017.
•• Vide art. 7.º, XVIII, da CF.

XIV – licença-paternidade nos termos fixados em lei;

•• Inciso XIV acrescentado pela Lei n. 13.467, de 13-7-2017.
•• Vide art. 7.º, XIX, da CF.

XV – proteção do mercado de trabalho da mulher, mediante incentivos específicos, nos termos da lei;

•• Inciso XV acrescentado pela Lei n. 13.467, de 13-7-2017.
•• Vide art. 7.º, XX, da CF.

XVI – aviso prévio proporcional ao tempo de serviço, sendo no mínimo de trinta dias, nos termos da lei;

•• Inciso XVI acrescentado pela Lei n. 13.467, de 13-7-2017.
•• Vide art. 7.º, XXI, da CF.

XVII – normas de saúde, higiene e segurança do trabalho previstas em lei ou em normas regulamentadoras do Ministério do Trabalho;

•• Inciso XVII acrescentado pela Lei n. 13.467, de 13-7-2017.
•• Vide art. 7.º, XXII, da CF.

XVIII – adicional de remuneração para as atividades penosas, insalubres ou perigosas;

•• Inciso XVIII acrescentado pela Lei n. 13.467, de 13-7-2017.
•• Vide art. 7.º, XXIII, da CF.

XIX – aposentadoria;

•• Inciso XIX acrescentado pela Lei n. 13.467, de 13-7-2017.
•• Vide art. 7.º, XXIV, da CF.

XX – seguro contra acidentes de trabalho, a cargo do empregador;

•• Inciso XX acrescentado pela Lei n. 13.467, de 13-7-2017.

Art. 7.º, XXVIII, da CF: São direitos dos trabalhadores urbanos e rurais, além de outros que visem à melhoria de sua condição social: (...) XXVIII – seguro contra acidentes de trabalho, a cargo do empregador, sem excluir a indenização a que este está obrigado, quando incorrer em dolo ou culpa.

XXI – ação, quanto aos créditos resultantes das relações de trabalho, com prazo prescricional de cinco anos para os trabalhadores urbanos e rurais, até o limite de dois anos após a extinção do contrato de trabalho;

•• Inciso XXI acrescentado pela Lei n. 13.467, de 13-7-2017.
•• Vide art. 7.º, XXIX, da CF.

XXII – proibição de qualquer discriminação no tocante a salário e critérios de admissão do trabalhador com deficiência;

•• Inciso XXII acrescentado pela Lei n. 13.467, de 13-7-2017.
•• Vide art. 7.º, XXXI, da CF.

XXIII – proibição de trabalho noturno, perigoso ou insalubre a menores de dezoito anos e de qualquer trabalho a menores de dezesseis anos, salvo na condição de aprendiz, a partir de quatorze anos;

•• Inciso XXIII acrescentado pela Lei n. 13.467, de 13-7-2017.
•• Vide art. 7.º, XXXIII, da CF.

XXIV – medidas de proteção legal de crianças e adolescentes;

•• Inciso XXIV acrescentado pela Lei n. 13.467, de 13-7-2017.

XXV – igualdade de direitos entre o trabalhador com vínculo empregatício permanente e o trabalhador avulso;

•• Inciso XXV acrescentado pela Lei n. 13.467, de 13-7-2017.
•• Vide art. 7.º, XXXIV, da CF.

XXVI – liberdade de associação profissional ou sindical do trabalhador, inclusive o direito de não sofrer, sem sua expressa e prévia anuência, qualquer cobrança ou desconto salarial estabelecidos em convenção coletiva ou acordo coletivo de trabalho;

•• Inciso XXVI acrescentado pela Lei n. 13.467, de 13-7-2017.

XXVII – direito de greve, competindo aos trabalhadores decidir sobre a oportunidade de exercê-lo e sobre os interesses que devam por meio dele defender;

•• Inciso XXVII acrescentado pela Lei n. 13.467, de 13-7-2017.
•• Vide art. 9.º da CF.

XXVIII – definição legal sobre os serviços ou atividades essenciais e disposições legais sobre o atendimento das necessidades inadiáveis da comunidade em caso de greve;

•• Inciso XXVIII acrescentado pela Lei n. 13.467, de 13-7-2017.

XXIX – tributos e outros créditos de terceiros;

•• Inciso XXIX acrescentado pela Lei n. 13.467, de 13-7-2017.

XXX – as disposições previstas nos arts. 373-A, 390, 392, 392-A, 394, 394-A, 395, 396 e 400 desta Consolidação.

•• Inciso XXX acrescentado pela Lei n. 13.467, de 13-7-2017.
• Citados dispositivos tratam da proteção do trabalho da mulher.

Parágrafo único. Regras sobre duração do trabalho e intervalos não são consideradas como normas de saúde, higiene e segurança do trabalho para os fins do disposto neste artigo.

•• Parágrafo único acrescentado pela Lei n. 13.467, de 13-7-2017.

Art. 612. Os Sindicatos só poderão celebrar Convenções ou Acordos Coletivos de Trabalho, por deliberação de Assembleia Geral especialmente convocada para esse fim, consoante o disposto nos respectivos Estatutos, dependendo a validade da mesma do comparecimento e votação, em primeira convocação, de 2/3 (dois terços) dos associados da entidade, se se tratar de Convenção, e dos interessados, no caso de Acordo e, em segunda, de 1/3 (um terço) dos membros.

•• *Caput* com redação determinada pelo Decreto-lei n. 229, de 28-2-1967.

Parágrafo único. O *quorum* de comparecimento e votação será de 1/8 (um oitavo) dos associados em segunda convocação, nas entidades sindicais que tenham mais de 5.000 (cinco mil) associados.

•• Parágrafo único com redação determinada pelo Decreto-lei n. 229, de 28-2-1967.

Art. 613. As Convenções e os Acordos deverão conter obrigatoriamente:

I – designação dos Sindicatos convenentes ou dos Sindicatos e empresas acordantes;

II – prazo de vigência;

III – categorias ou classes de trabalhadores abrangidas pelos respectivos dispositivos;

IV – condições ajustadas para reger as relações individuais de trabalho durante sua vigência;

V – normas para a conciliação das divergências surgidas entre os convenentes por motivos da aplicação de seus dispositivos;

VI – disposições sobre o processo de sua prorrogação e de revisão total ou parcial de seus dispositivos;

VII – direitos e deveres dos empregados e empresas;

VIII – penalidades para os Sindicatos convenentes, os empregados e as empresas em caso de violação de seus dispositivos.

•• *Caput* e incisos com redação determinada pelo Decreto-lei n. 229, de 28-2-1967.

Parágrafo único. As Convenções e os Acordos serão celebrados por escrito, sem emendas nem rasuras, em tantas vias quantos forem os Sindicatos convenentes ou as empresas acordantes, além de uma destinada a registro.

•• Parágrafo único com redação determinada pelo Decreto-lei n. 229, de 28-2-1967.

Art. 614. Os Sindicatos convenentes ou as empresas acordantes promoverão, conjunta ou separadamente, dentro de 8 (oito) dias da assinatura da Convenção ou Acordo, o depósito de uma via do mesmo, para fins de registro e arquivo, no Departamento Nacional do Trabalho, em se tratando de instrumento de caráter nacional ou interestadual, ou nos órgãos regionais do Ministério do Trabalho e Previdência Social nos demais casos.

•• *Caput* com redação determinada pelo Decreto-lei n. 229, de 28-2-1967.
•• Sobre Ministérios, *vide* Nota dos Organizadores.
• A Instrução Normativa n. 16, de 15-10-2013, da SRT, dispõe sobre o depósito, registro e arquivo de convenções e acordos coletivos de trabalho nos órgãos do MTE e sobre a solicitação de mediação coletiva de conflitos trabalhistas.

§ 1.º As Convenções e os Acordos entrarão em vigor 3 (três) dias após a data da entrega dos mesmos no órgão referido neste artigo.

•• § 1.º com redação determinada pelo Decreto-lei n. 229, de 28-2-1967.

§ 2.º Cópias autênticas das Convenções e dos Acordos deverão ser afixadas de modo visível, pelos Sindicatos convenentes, nas respectivas sedes e nos estabelecimentos das empresas compreendidas no seu campo de aplicação, dentro de 5 (cinco) dias da data do depósito previsto neste artigo.

•• § 2.º com redação determinada pelo Decreto-lei n. 229, de 28-2-1967.

§ 3.º Não será permitido estipular duração de convenção coletiva ou acordo coletivo de trabalho superior a dois anos, sendo vedada a ultratividade.

•• § 3.º com redação determinada pela Lei n. 13.467, de 13-7-2017.

Súmula 277/TST: Convenção coletiva de trabalho ou acordo coletivo de trabalho. Eficácia. Ultratividade. As cláusulas normativas dos acordos coletivos ou convenções coletivas integram os contratos individuais de trabalho e somente poderão ser modificadas ou suprimidas mediante negociação coletiva de trabalho.

Art. 615. O processo de prorrogação, revisão, denúncia ou revogação total ou parcial de Convenção ou Acordo ficará subordinado, em qualquer caso, à aprovação de Assembleia Geral dos Sindicatos convenentes ou partes acordantes, com observância do disposto no art. 612.

•• *Caput* com redação determinada pelo Decreto-lei n. 229, de 28-2-1967.

§ 1.º O instrumento de prorrogação, revisão, denúncia ou revogação de Convenção ou Acordo será depositado, para fins de registro e arquivamento, na repartição em que o mesmo originariamente foi depositado, observado o disposto no art. 614.

•• § 1.º com redação determinada pelo Decreto-lei n. 229, de 28-2-1967.

§ 2.º As modificações introduzidas em Convenção ou Acordo, por força de revisão ou de revogação parcial de suas cláusulas, passarão a vigorar 3 (três) dias após a realização do depósito previsto no § 1.º.

•• § 2.º com redação determinada pelo Decreto-lei n. 229, de 28-2-1967.

Art. 616. Os Sindicatos representativos de categorias econômicas ou profissionais e as empresas, inclusive as que não tenham representação sindical, quando provocados, não podem recusar-se à negociação coletiva.

•• *Caput* com redação determinada pelo Decreto-lei n. 229, de 28-2-1967.

Art. 8.º, VI, da CF: É livre a associação profissional ou sindical, observado o seguinte: (...)
VI – é obrigatória a participação dos sindicatos nas negociações coletivas de trabalho.

§ 1.º Verificando-se recusa à negociação coletiva, cabe aos Sindicatos ou empresas interessadas dar ciência do fato, conforme o caso, ao Departamento Nacional do Trabalho ou aos órgãos regionais do Ministério do Trabalho e Previdência Social para convocação compulsória dos Sindicatos ou empresas recalcitrantes.

•• § 1.º com redação determinada pelo Decreto-lei n. 229, de 28-2-1967.
•• Sobre Ministérios, *vide* Nota dos Organizadores.

§ 2.º No caso de persistir a recusa à negociação coletiva, pelo desatendimento às convocações feitas pelo Departamento Nacional do Trabalho ou órgãos regionais do Ministério do Trabalho e Previdência Social ou se malograr a negociação entabulada é facultada aos Sindicatos ou empresas interessadas a instauração de dissídio coletivo.

•• § 2.º com redação determinada pelo Decreto-lei n. 229, de 28-2-1967.

OJ 5 da SDC: Dissídio coletivo. Pessoa jurídica de direito público. Possibilidade jurídica. Cláusula de natureza social. Em face de pessoa jurídica de direito público que mantenha empregados, cabe dissídio coletivo exclusivamente para apreciação de cláusulas de natureza social. Inteligência da Convenção n. 151 da Organização Internacional do Trabalho, ratificada pelo Decreto Legislativo n. 206/2010.

§ 3.º Havendo convenção, acordo ou sentença normativa em vigor, o dissídio coletivo deverá ser instaurado dentro dos 60 (sessenta) dias anteriores ao respectivo termo final, para que o novo instrumento possa ter vigência no dia imediato a esse termo.

•• § 3.º com redação determinada pelo Decreto-lei n. 424, de 21-1-1969.

Precedente Normativo 120/TST: Sentença normativa. Duração. Possibilidade e limites. A sentença normativa vigora, desde seu termo inicial até que sentença normativa, convenção coletiva de trabalho ou acordo coletivo de trabalho superveniente produza sua revogação, expressa ou tácita, respeitado, porém, o prazo máximo legal de quatro anos de vigência.

§ 4.º Nenhum processo de dissídio coletivo de natureza econômica será admitido sem antes se esgotarem as medidas relativas à formalização da Convenção ou Acordo correspondente.

•• § 4.º com redação determinada pelo Decreto-lei n. 229, de 28-2-1967.

Art. 617. Os empregados de uma ou mais empresas que decidirem celebrar Acordo Coletivo de Trabalho com as respectivas empresas darão ciência de sua resolução, por escrito, ao Sindicato representativo da categoria profissional, que terá o prazo de 8 (oito) dias para assumir a direção dos entendimentos entre os interessados, devendo igual procedimento ser observado pelas empresas interessadas com relação ao Sindicato da respectiva categoria econômica.

•• *Caput* com redação determinada pelo Decreto-lei n. 229, de 28-2-1967.

§ 1.º Expirado o prazo de 8 (oito) dias sem que o Sindicato tenha-se desincumbido do encargo recebido, poderão os interessados dar conhecimento do fato à Federação a que estiver vinculado o Sindicato e, em falta dessa, à correspondente Confederação, para que, no mesmo prazo, assuma a direção dos entendimentos. Esgotado esse prazo, poderão os interessados prosseguir diretamente na negociação coletiva até final.

•• § 1.º com redação determinada pelo Decreto-lei n. 229, de 28-2-1967.

Art. 8.º, VI, da CF: É livre a associação profissional ou sindical, observado o seguinte: (...)
VI – é obrigatória a participação dos sindicatos nas negociações coletivas de trabalho.

§ 2.º Para o fim de deliberar sobre o Acordo, a entidade sindical convocará Assembleia Geral dos diretamente interessados, sindicalizados ou não, nos termos do art. 612.
•• § 2.º com redação determinada pelo Decreto-lei n. 229, de 28-2-1967.

Art. 618. As empresas e instituições que não estiverem incluídas no enquadramento sindical a que se refere o art. 577 desta Consolidação poderão celebrar Acordos Coletivos de Trabalho com os Sindicatos representativos dos respectivos empregados, nos termos deste Título.
•• Artigo com redação determinada pelo Decreto-lei n. 229, de 28-2-1967.

Art. 619. Nenhuma disposição de contrato individual de trabalho que contrarie normas de Convenção ou Acordo Coletivo de Trabalho poderá prevalecer na execução do mesmo, sendo considerada nula de pleno direito.
•• Artigo com redação determinada pelo Decreto-lei n. 229, de 28-2-1967.

Art. 620. As condições estabelecidas em acordo coletivo de trabalho sempre prevalecerão sobre as estipuladas em convenção coletiva de trabalho.
•• Artigo com redação determinada pela Lei n. 13.467, de 13-7-2017.

Art. 621. As Convenções e os Acordos poderão incluir, entre suas cláusulas, disposição sobre a constituição e funcionamento de comissões mistas de consulta e colaboração, no plano da empresa e participação nos lucros. Estas disposições mencionarão a forma de constituição, o modo de funcionamento e as atribuições das comissões, assim como o plano de participação, quando for o caso.
•• Artigo com redação determinada pelo Decreto-lei n. 229, de 28-2-1967.

> **Art. 7.º, XI, da CF:** São direitos dos trabalhadores urbanos e rurais, além de outros que visem à melhoria de sua condição social: (...) XI – participação nos lucros, ou resultados, desvinculada da remuneração, e, excepcionalmente, participação na gestão da empresa, conforme definido em lei.
>
> **Art. 11 da CF:** Nas empresas de mais de duzentos empregados, é assegurada a eleição de um representante destes com a finalidade exclusiva de promover-lhes o entendimento direto com os empregadores.

Art. 622. Os empregados e as empresas que celebrarem contratos individuais de trabalho, estabelecendo condições contrárias ao que tiver sido ajustado em Convenção ou Acordo que lhes for aplicável, serão passíveis da multa neles fixada.
•• Caput com redação determinada pelo Decreto-lei n. 229, de 28-2-1967.

Parágrafo único. A multa a ser imposta ao empregado não poderá exceder da metade daquela que, nas mesmas condições, seja estipulada para a empresa.
•• Parágrafo único com redação determinada pelo Decreto-lei n. 229, de 28-2-1967.

> **Súmula 384/TST: Multa convencional. Cobrança.** I – O descumprimento de qualquer cláusula constante de instrumentos normativos diversos não submete o empregado a ajuizar várias ações, pleiteando em cada uma o pagamento da multa referente ao descumprimento de obrigações previstas nas cláusulas respectivas. II – É aplicável multa prevista em instrumento normativo (sentença normativa, convenção ou acordo coletivo) em caso de descumprimento de obrigação prevista em lei, mesmo que a norma coletiva seja mera repetição de texto legal.

Art. 623. Será nula de pleno direito disposição de Convenção ou Acordo que, direta ou indiretamente, contrarie proibição ou norma disciplinadora da política econômico-financeira do Governo ou concernente à política salarial vigente, não produzindo quaisquer efeitos perante autoridades e repartições públicas, inclusive para fins de revisão de preços e tarifas de mercadorias e serviços.
•• Caput com redação determinada pelo Decreto-lei n. 229, de 28-2-1967.

Parágrafo único. Na hipótese deste artigo, a nulidade será declarada, de ofício ou mediante representação, pelo Ministro do Trabalho e Previdência Social ou pela Justiça do Trabalho, em processo submetido ao seu julgamento.
•• Parágrafo único com redação determinada pelo Decreto-lei n. 229, de 28-2-1967.

Art. 624. A vigência de cláusula de aumento ou reajuste salarial, que implique elevação de tarifas ou de preços sujeitos à fixação por autoridade pública ou repartição governamental, dependerá de prévia audiência dessa autoridade ou repartição e sua expressa declaração no tocante à possibilidade de elevação da tarifa ou do preço e quanto ao valor dessa elevação.
•• Artigo com redação determinada pelo Decreto-lei n. 229, de 28-2-1967.

Art. 625. As controvérsias resultantes da aplicação de Convenção ou de Acordo celebrado nos termos deste Título serão dirimidas pela Justiça do Trabalho.
•• Artigo com redação determinada pelo Decreto-lei n. 229, de 28-2-1967.
• Vide Lei n. 8.984, de 7-2-1995.

Título VI-A
DAS COMISSÕES DE CONCILIAÇÃO PRÉVIA

•• Título VI-A acrescentado pela Lei n. 9.958, de 12-1-2000.
• A Portaria n. 264, de 5-6-2002, do MTE, fixa normas para o acompanhamento e levantamento de dados relacionados ao funcionamento das Comissões de Conciliação Prévia.

Art. 625-A. As empresas e os sindicatos podem instituir Comissões de Conciliação Prévia, de composição paritária, com representantes dos empregados e dos empregadores, com a atribuição de tentar conciliar os conflitos individuais do trabalho.
•• Caput acrescentado pela Lei n. 9.958, de 12-1-2000.

Parágrafo único. As Comissões referidas no caput deste artigo poderão ser constituídas por grupos de empresas ou ter caráter intersindical.
•• Parágrafo único acrescentado pela Lei n. 9.958, de 12-1-2000.

Art. 625-B. A Comissão instituída no âmbito da empresa será composta de, no mínimo, 2 (dois) e, no máximo, 10 (dez) membros, e observará as seguintes normas:

I – a metade de seus membros será indicada pelo empregador e a outra metade eleita pelos empregados, em escrutínio secreto, fiscalizado pelo sindicato da categoria profissional;

II – haverá na Comissão tantos suplentes quantos forem os representantes titulares;

III – o mandato dos seus membros, titulares e suplentes, é de um ano, permitida uma recondução.
•• Caput e incisos acrescentados pela Lei n. 9.958, de 12-1-2000.

§ 1.º É vedada a dispensa dos representantes dos empregados membros da Comissão de Conciliação Prévia, titulares e suplentes, até 1 (um) ano após o final do mandato, salvo se cometerem falta grave, nos termos da lei.
•• § 1.º acrescentado pela Lei n. 9.958, de 12-1-2000.

§ 2.º O representante dos empregados desenvolverá seu trabalho normal na empresa, afastando-se de suas atividades apenas quando convocado para atuar como conciliador, sendo computado como tempo de trabalho efetivo o despendido nessa atividade.
•• § 2.º acrescentado pela Lei n. 9.958, de 12-1-2000.

Art. 625-C. A Comissão instituída no âmbito do sindicato terá sua constituição e normas de funcionamento definidas em convenção ou acordo coletivo.
•• Artigo acrescentado pela Lei n. 9.958, de 12-1-2000.

Art. 625-D. Qualquer demanda de natureza trabalhista será submetida à Comissão de Conciliação Prévia se, na localidade da prestação de serviços, houver sido instituída a Comissão no âmbito da empresa ou do sindicato da categoria.
•• Caput acrescentado pela Lei n. 9.958, de 12-1-2000.
•• O O STF, nas ADI 2.139, 2.160 e 2.237, de 1.º-8-2018 (DOU de 7-8-2018), julgou parcialmente procedentes os pedidos para dar interpretação conforme a CF a este artigo, "assentando que a Comissão de Conciliação Prévia constitui meio legítimo, mas não obrigatório, de solução de conflitos, permanecendo o acesso à Justiça resguardado para todos os que venham a ajuizar demanda diretamente ao órgão judiciário competente, e para manter hígido o inciso II do art. 852-B da CLT, no sentido de se considerar legítima a citação nos termos estabelecidos na norma".

§ 1.º A demanda será formulada por escrito ou reduzida a termo por qualquer dos membros da Comissão, sendo entregue cópia datada e assinada pelo membro aos interessados.

•• § 1.º acrescentado pela Lei n. 9.958, de 12-1-2000.

§ 2.º Não prosperando a conciliação, será fornecida ao empregado e ao empregador declaração da tentativa conciliatória frustrada com a descrição de seu objeto, firmada pelos membros da Comissão, que deverá ser juntada à eventual reclamação trabalhista.
•• § 2.º acrescentado pela Lei n. 9.958, de 12-1-2000.

§ 3.º Em caso de motivo relevante que impossibilite a observância do procedimento previsto no *caput* deste artigo, será a circunstância declarada na petição inicial da ação intentada perante a Justiça do Trabalho.
•• § 3.º acrescentado pela Lei n. 9.958, de 12-1-2000.

§ 4.º Caso exista, na mesma localidade e para a mesma categoria, Comissão de empresa e Comissão sindical, o interessado optará por uma delas para submeter a sua demanda, sendo competente aquela que primeiro conhecer do pedido.
•• § 4.º acrescentado pela Lei n. 9.958, de 12-1-2000.

Art. 625-E. Aceita a conciliação, será lavrado termo assinado pelo empregado, pelo empregador ou seu preposto e pelos membros da Comissão, fornecendo-se cópia às partes.
•• Caput acrescentado pela Lei n. 9.958, de 12-1-2000.

Parágrafo único. O termo de conciliação é título executivo extrajudicial e terá eficácia liberatória geral, exceto quanto às parcelas expressamente ressalvadas.
•• Parágrafo único acrescentado pela Lei n. 9.958, de 12-1-2000.

Art. 625-F. As Comissões de Conciliação Prévia têm prazo de 10 (dez) dias para a realização da sessão de tentativa de conciliação a partir da provocação do interessado.
•• Caput acrescentado pela Lei n. 9.958, de 12-1-2000.

Parágrafo único. Esgotado o prazo sem a realização da sessão, será fornecida, no último dia do prazo, a declaração a que se refere o § 2.º do art. 625-D.
•• Parágrafo único acrescentado pela Lei n. 9.958, de 12-1-2000.

Art. 625-G. O prazo prescricional será suspenso a partir da provocação da Comissão de Conciliação Prévia, recomeçando a fluir, pelo que lhe resta, a partir da tentativa frustrada de conciliação ou do esgotamento do prazo previsto no art. 625-F.
•• Artigo acrescentado pela Lei n. 9.958, de 12-1-2000.

Art. 625-H. Aplicam-se aos Núcleos Intersindicais de Conciliação Trabalhista em funcionamento ou que vierem a ser criados, no que couber, as disposições previstas neste Título, desde que observados os princípios da paridade e da negociação coletiva na sua constituição.
•• Artigo acrescentado pela Lei n. 9.958, de 12-1-2000.

Título VII
DO PROCESSO DE MULTAS ADMINISTRATIVAS

Capítulo I
DA FISCALIZAÇÃO, DA AUTUAÇÃO E DA IMPOSIÇÃO DE MULTAS

Art. 114, VII, da CF: Compete à Justiça do Trabalho processar e julgar: (...) VII - as ações relativas às penalidades administrativas impostas aos empregadores pelos órgãos de fiscalização das relações de trabalho.
• Vide art. 21, XXIV, da CF.
• Vide art. 3.º da Emenda Constitucional n. 45, de 8-12-2004.
• A Portaria n. 2.020, de 23-12-2014, do MTE, aprova regras para a imposição de multas administrativas, previstas na legislação trabalhista, por infrações às normas de proteção ao trabalho doméstico.

Art. 626. Incumbe às autoridades competentes do Ministério do Trabalho e Previdência Social, ou àquelas que exerçam funções delegadas, a fiscalização do fiel cumprimento das normas de proteção ao trabalho.
•• Sobre Ministérios, vide Nota dos Organizadores.

Parágrafo único. Os fiscais dos Institutos Nacional de Previdência Social e das entidades paraestatais em geral dependentes do Ministério do Trabalho e Previdência Social serão competentes para a fiscalização a que se refere o presente artigo, na forma das instruções que forem expedidas pelo Ministro do Trabalho e Previdência Social.

•• O Decreto-lei n. 229, de 28-2-1967, estabelece em seu art. 35 que as referências feitas na CLT a Institutos de Seguro Social entendem-se como ao Instituto Nacional de Previdência Social (INPS). Denominação atual: INSS.

Art. 627. A fim de promover a instrução dos responsáveis no cumprimento das leis de proteção do trabalho, a fiscalização deverá observar o critério de dupla visita nos seguintes casos:

Lei n. 7.855/89, art. 6.º, § 3.º: Será observado o critério de dupla visita nas empresas com até dez empregados, salvo quando for constatada infração por falta de registro de empregado, a notação da sua Carteira de Trabalho e Previdência Social e na ocorrência de fraude, resistência ou embaraço à fiscalização.

Lei Complementar n. 123/06, art. 55, § 1.º: A fiscalização, no que se refere aos aspectos trabalhista, metrológico, sanitário, ambiental, de segurança, de relações de consumo e de uso e ocupação do solo das microempresas e das empresas de pequeno porte, deverá ser prioritariamente orientadora quando a atividade ou situação, por sua natureza, comportar grau de risco compatível com esse procedimento. § 1.º Será observado o critério de dupla visita para lavratura de autos de infração, salvo quando for constatada infração por falta de registro de empregado ou anotação da Carteira de Trabalho e Previdência Social - CTPS, ou, ainda, na ocorrência de reincidência, fraude, resistência ou embaraço à fiscalização.

Instrução Normativa n. 144/18, art. 3.º, § 5.º: O Auditor-Fiscal do Trabalho deve observar o critério da dupla visita para a lavratura de autos de infração, na forma do art. 627 da Consolidação das Leis do Trabalho - CLT, aprovada pelo Decreto-lei n. 5.452, de 1.º de maio de 1943, do art. 6.º, § 3.º, da Lei n. 7.855, de 24 de outubro de 1989, e do art. 55, § 1.º, da Lei Complementar n. 123, de 14 de dezembro de 2006, não se aplicando este critério para a emissão das notificações de débito.

a) quando ocorrer promulgação ou expedição de novas leis, regulamentos ou instruções ministeriais, sendo que, com relação exclusivamente a esses atos, será feita apenas a instrução dos responsáveis;

b) em se realizando a primeira inspeção dos estabelecimentos ou dos locais de trabalho, recentemente inaugurados ou empreendidos.

Art. 627-A. Poderá ser instaurado procedimento especial para a ação fiscal, objetivando a orientação sobre o cumprimento das leis de proteção ao trabalho, bem como a prevenção e o saneamento de infrações à legislação mediante Termo de Compromisso, na forma a ser disciplinada no Regulamento da Inspeção do Trabalho.
•• Artigo acrescentado pela Medida Provisória n. 2.164-41, de 24-8-2001.
• O Decreto n. 4.552, de 27-12-2002, aprova o Regulamento da Inspeção do Trabalho.

Art. 628. Salvo o disposto nos arts. 627 e 627-A, a toda verificação em que o Auditor-Fiscal do Trabalho concluir pela existência de violação de preceito legal deve corresponder, sob pena de responsabilidade administrativa, a lavratura de auto de infração.
•• Caput com redação determinada pela Medida Provisória n. 2.164-41, de 24-8-2001.

§ 1.º Ficam as empresas obrigadas a possuir o livro intitulado "Inspeção do Trabalho", cujo modelo será aprovado por portaria ministerial.
•• § 1.º com redação determinada pelo Decreto-lei n. 229, de 28-2-1967.
•• Vide arts. 11 a 15 do Decreto n. 10.854, de 10-11-2021.
•• Sobre livro de inspeção do trabalho eletrônico: arts. 140 a 143 da Portaria n. 671, de 8-11-2021.
• Vide art. 51, IV, da Lei Complementar n. 123, de 14-12- 2006, que dispensa as Microempresas e Empresas de Pequeno Porte da posse do livro intitulado "Inspeção do Trabalho".

§ 2.º Nesse livro, registrará o agente da inspeção sua visita ao estabelecimento, declarando a data e a hora do início e término da mesma, bem como o resultado da inspeção, nele consignando, se for o caso, todas as irregularidades verificadas e as exigências feitas, com os respectivos prazos para seu atendimento, e, ainda, de modo legível, os elementos de sua identificação funcional.
•• § 2.º com redação determinada pelo Decreto-lei n. 229, de 28-2-1967.

§ 3.º Comprovada a má-fé do agente da inspeção, quanto à omissão ou lançamento de qualquer elemento no livro, responderá ele por falta grave no cumprimento do dever, ficando passível, desde logo, da pena de suspensão até 30 (trinta) dias, instaurando-se, obrigatoriamente, em caso de reincidência, inquérito administrativo.
•• § 3.º com redação determinada pelo Decreto-lei n. 229, de 28-2-1967.

§ 4.º A lavratura de autos contra empresas fictícias e de endereços inexistentes, assim como a apresentação de falsos relatórios, constitui falta grave, punível na forma do § 3.º.
•• § 4.º com redação determinada pelo Decreto-lei n. 229, de 28-2-1967.

Art. 628-A. Fica instituído o Domicílio Eletrônico Trabalhista, regulamentado pelo Ministério do Trabalho e Previdência, destinado a:
•• *Caput* acrescentado pela Lei n. 14.261, de 16-12-2021.

I – cientificar o empregador de quaisquer atos administrativos, ações fiscais, intimações e avisos em geral; e
•• Inciso I acrescentado pela Lei n. 14.261, de 16-12-2021.

II – receber, por parte do empregador, documentação eletrônica exigida no curso das ações fiscais ou apresentação de defesa e recurso no âmbito de processos administrativos.
•• Inciso II acrescentado pela Lei n. 14.261, de 16-12-2021.

§ 1.º As comunicações eletrônicas realizadas pelo Domicílio Eletrônico Trabalhista dispensam a sua publicação no *Diário Oficial da União* e o envio por via postal e são consideradas pessoais para todos os efeitos legais.
•• § 1.º acrescentado pela Lei n. 14.261, de 16-12-2021.

§ 2.º A ciência por meio do sistema de comunicação eletrônica, com utilização de certificação digital ou de código de acesso, possuirá os requisitos de validade.
•• § 2.º acrescentado pela Lei n. 14.261, de 16-12-2021.

Art. 629. O auto de infração será lavrado em duplicata, nos termos dos modelos e instruções expedidos, sendo uma via entregue ao infrator, contra recibo, ou ao mesmo enviada, dentro de 10 (dez) dias da lavratura, sob pena de responsabilidade, em registro postal, com franquia e recibo de volta.
•• *Caput* com redação determinada pelo Decreto-lei n. 229, de 28-2-1967.

Precedente Administrativo 74: Processual. Auto de infração e notificação de débito de FGTS e Contribuição Social. Requisitos de admissibilidade. Caráter material de recurso. Revisão do Precedente Administrativo n. 32. I – O recurso administrativo interposto em processo iniciado por auto de infração não deve ter seu mérito analisado quando careça de quaisquer requisitos de admissibilidade. O mesmo se aplica à defesa. II – Aplica-se o disposto no item I ao processo iniciado por notificação de débito, exceto se houver recolhimentos de FGTS ou Contribuição Social anteriores à data de emissão ou apuração do débito, e que não tenham sido considerados, dada a necessidade de haver certeza e liquidez quanto ao débito apurado. A exceção alcança também as hipóteses em que se comprova parcelamento anterior, desde que assim previsto nas instruções normativas vigentes ao tempo da emissão da notificação, conforme Precedente Administrativo n. 1. III – Não será recebida como recurso a manifestação do interessado que seja desprovida de argumentos que materialmente possam ser caracterizados como recursais. Assim, caso a peça recursal não apresente razões legais ou de mérito demonstrando precisamente os fundamentos de inconformismo do recorrente em relação à decisão recorrida, não terá seu mérito analisado. IV – O juízo de admissibilidade formal e material dos recursos interpostos em instância administrativa é feito pela autoridade regional. Caso seja negado seguimento ao recurso pela autoridade regional pela ocorrência das hipóteses acima, ao processo devem ser dados os encaminhamentos de praxe da regional, sendo desnecessária a remessa à instância superior. Referência normativa: artigos 629, § 3.º e 636 da CLT, artigos 56 e 60 da Lei 9.784/1999, artigos 14, 24, 33 e 34 da Portaria 148/1996, artigo 9.º do anexo VI da Portaria 483/2004 e art. 23, *caput*, da Lei n. 8.036/90, no art. 1.º da Lei n. 8.844/94 e no art. 3.º da Lei Complementar n. 110/2001.

§ 1.º O auto não terá o seu valor probante condicionado à assinatura do infrator ou de testemunhas, e será lavrado no local da inspeção, salvo havendo motivo justificado que será declarado no próprio auto, quando então deverá ser lavrado no prazo de 24 (vinte e quatro) horas, sob pena de responsabilidade.
•• § 1.º com redação determinada pelo Decreto-lei n. 229, de 28-2-1967.

Precedente Administrativo n. 102: Auto de infração. Local de lavratura. O conceito de local de inspeção abrange aquele onde os Auditores Fiscais do Trabalho executam atos de inspeção verificam os atributos trabalhistas por meio da análise de documentos ou sistemas informatizados, conforme procedimento de fiscalização previsto em normas expedidas pela autoridade nacional competente em matéria de inspeção do trabalho. Referência normativa: art. 629, § 1.º, da CLT. Arts. 20, 24, 25 e 30 do Decreto n. 4.552, de 27 de dezembro de 2002. Art. 7.º da Portaria n. 148, de 25 de janeiro de 1996. Art. 43 da Instrução Normativa n. 99, de 23 de agosto de 2012.

• *Vide* Instrução Normativa n. 144, de 18-5-2018, que revogou a Instrução Normativa n. 99, de 23-8-2012.

§ 2.º Lavrado o auto de infração, não poderá ele ser inutilizado, nem sustado o curso do respectivo processo, devendo o agente da inspeção apresentá-lo à autoridade competente, mesmo se incidir em erro.
•• § 2.º com redação determinada pelo Decreto-lei n. 229, de 28-2-1967.

§ 3.º O infrator terá, para apresentar defesa, o prazo de 10 (dez) dias contados do recebimento do auto.
•• § 3.º com redação determinada pelo Decreto-lei n. 229, de 28-2-1967.

§ 4.º O auto de infração será registrado com a indicação sumária de seus elementos característicos, em livro próprio que deverá existir em cada órgão fiscalizador, de modo a assegurar o controle do seu processamento.
•• § 4.º com redação determinada pelo Decreto-lei n. 229, de 28-2-1967.

Art. 630. Nenhum agente da inspeção poderá exercer as atribuições do seu cargo sem exibir a carteira de identidade fiscal, devidamente autenticada, fornecida pela autoridade competente.
•• *Caput* com redação determinada pelo Decreto-lei n. 229, de 28-2-1967.

§ 1.º É proibida a outorga de identidade fiscal a quem não esteja autorizado, em razão do cargo ou função, a exercer ou praticar, no âmbito da legislação trabalhista, atos de fiscalização.
•• § 1.º com redação determinada pelo Decreto-lei n. 229, de 28-2-1967.

§ 2.º A credencial a que se refere este artigo deverá ser devolvida para inutilização, sob as penas da lei, em casos de provimento em outro cargo público, exoneração ou demissão, bem como nos de licenciamento por prazo superior a 60 (sessenta) dias e de suspensão do exercício do cargo.
•• § 2.º com redação determinada pelo Decreto-lei n. 229, de 28-2-1967.

§ 3.º O agente da inspeção terá livre acesso a todas as dependências dos estabelecimentos sujeitos ao regime da legislação trabalhista, sendo as empresas, por seus dirigentes, ou prepostos, obrigadas a prestar-lhe os esclarecimentos necessários ao desempenho de suas atribuições legais e a exibir-lhe, quando exigidos, quaisquer documentos que digam respeito ao fiel cumprimento das normas de proteção ao trabalho.
•• § 3.º com redação determinada pelo Decreto-lei n. 229, de 28-2-1967.

§ 4.º Os documentos sujeitos à inspeção deverão permanecer, sob as penas da lei, nos locais de trabalho, somente se admitindo, por exceção, a critério da autoridade competente, sejam os mesmos apresentados em dia e hora previamente fixados pelo agente da inspeção.
•• § 4.º com redação determinada pelo Decreto-lei n. 229, de 28-2-1967.

Instrução Normativa n. 144/18, art. 4.º: O Auditor-Fiscal do Trabalho pode examinar livros contábeis, fiscais e outros documentos de suporte à escrituração das empresas, assim como apreender documentos, arquivos digitais, materiais, livros e assemelhados, para a verificação da existência de fraudes e irregularidades, mediante termo lavrado de acordo com a Instrução Normativa n. 89, de 2 de março de 2011. Parágrafo único. Caso constate indícios de fraude, o Auditor-Fiscal do Trabalho, sem prejuízo da ação fiscal, deve informá-los à chefia imediata, por meio de relatório.

§ 5.º No território do exercício de sua função, o agente da inspeção gozará de passe livre nas empresas de transportes, públicas ou privadas, mediante a apresentação da carteira de identidade fiscal.
•• § 5.º com redação determinada pelo Decreto-lei n. 229, de 28-2-1967.
•• A Lei n. 12.587, de 3-1-2012, propôs no art. 27 a revogação deste parágrafo, todavia esse dispositivo sofreu veto presidencial.

§ 6.º A inobservância do disposto nos §§ 3.º, 4.º e 5.º configurará resistência ou embaraço à fiscalização e justificará a lavratura do respectivo auto de infração, cominada a multa de valor igual a meio (1/2) salário mínimo regional até 5 (cinco) vezes esse salário, levando-se em conta, além das circunstâncias atenuantes ou agravantes, a situação econômico-financeira do infrator e os meios a seu alcance para cumprir a lei.
•• § 6.º com redação determinada pelo Decreto-lei n. 229, de 28-2-1967.
•• *Vide* Nota dos Organizadores, sobre o valor das multas previstas na CLT.

§ 7.º Para o efeito do disposto no § 5.º, a autoridade competente divulgará, em janeiro e julho de cada ano, a relação dos agentes da inspeção titulares da carteira de identidade fiscal.
•• § 7.º com redação determinada pelo Decreto-lei n. 229, de 28-2-1967.

§ 8.º As autoridades policiais, quando solicitadas, deverão prestar aos agentes da inspeção a assistência de que necessitarem para o fiel cumprimento de suas atribuições legais.
•• § 8.º com redação determinada pelo Decreto-lei n. 229, de 28-2-1967.

Art. 631. Qualquer funcionário público federal, estadual ou municipal, ou representante legal de associação sindical, poderá comunicar à autoridade competente do Ministério do Trabalho e Previdência Social as infrações que verificar.
•• *Vide* Nota dos Organizadores sobre Ministérios.

Parágrafo único. De posse dessa comunicação, a autoridade competente procederá desde logo às necessárias diligências, lavrando os autos de que haja mister.

Art. 632. Poderá o autuado requerer a audiência de testemunhas e as diligências que lhe parecerem necessárias à elucidação do processo, cabendo, porém, à autoridade, julgar da necessidade de tais provas.

> **Enunciado n. 59 da 1.ª Jornada de Direito do Trabalho: Direito administrativo sancionador (fiscalização do trabalho). Contraditório e ampla defesa. Interpretação conforme do artigo 632 da CLT.** Aplicam-se ao Direito Administrativo sancionador brasileiro, em matéria laboral, os princípios do contraditório e da ampla defesa (artigo 5.º, LV, da CRFB), com projeção concreta no art. 632 da CLT. Nesse caso, a prerrogativa administrativa de "julgar da necessidade das provas" deve ser motivada, desafiando a aplicação da teoria dos motivos determinantes, sob pena de nulidade do ato.

Art. 633. (*Revogado pela Lei n. 13.874, de 20-9-2019.*)

Art. 634. Na falta de disposição especial, a imposição das multas incumbe às autoridades regionais competentes em matéria de trabalho, na forma estabelecida por este Título.

•• *Vide* art. 20 do Decreto n. 10.854, de 10-11-2021.

§ 1.º A aplicação da multa não eximirá o infrator da responsabilidade em que incorrer por infração das leis penais.

•• Parágrafo único renumerado pela Lei n. 13.467, de 13-7-2017.

§ 2.º Os valores das multas administrativas expressos em moeda corrente serão reajustados anualmente pela Taxa Referencial (TR), divulgada pelo Banco Central do Brasil, ou pelo índice que vier a substituí-lo.

•• § 2.º acrescentado pela Lei n. 13.467, de 13-7-2017.

Capítulo II
DOS RECURSOS

Art. 635. De toda decisão que impuser multa por infração das leis e disposições reguladoras do trabalho, e não havendo forma especial de processo, caberá recurso para o Diretor-Geral do Departamento ou Serviço do Ministério do Trabalho e Previdência Social que for competente na matéria.

•• *Caput* com redação determinada pelo Decreto-lei n. 229, de 28-2-1967.
•• *Vide* Nota dos Organizadores sobre Ministérios.

Parágrafo único. As decisões serão sempre fundamentadas.

•• Parágrafo único com redação determinada pelo Decreto-lei n. 229, de 28-2-1967.

Art. 636. Os recursos devem ser interpostos no prazo de 10 (dez) dias, contados do recebimento da notificação, perante a autoridade que houver imposto a multa, a qual, depois de os informar, encaminhá-los-á à autoridade de instância superior.

•• *Caput* com redação determinada pelo Decreto-lei n. 229, de 28-2-1967.

§ 1.º O recurso só terá seguimento se o interessado o instruir com a prova do depósito da multa.

•• § 1.º com redação determinada pelo Decreto-lei n. 229, de 28-2-1967.
•• O STF, no julgamento da ADPF n. 156, de 18-8-2011, declarou a não recepção deste § 1.º pela CF.

> **Art. 5.º, XXXIV, *a*, e LV, da CF:** Todos são iguais perante a lei, sem distinção de qualquer natureza, garantindo-se aos brasileiros e aos estrangeiros residentes no País a inviolabilidade do direito à vida, à liberdade, à igualdade, à segurança e à propriedade, nos termos seguintes: (...) XXXIV – são a todos assegurados, independentemente do pagamento de taxas: *a*) o direito de petição aos Poderes Públicos em defesa de direitos ou contra ilegalidade ou abuso de poder; (...) LV – aos litigantes, em processo judicial ou administrativo, e aos acusados em geral são assegurados o contraditório e ampla defesa, com os meios e recursos a ela inerentes.

> **Súmula Vinculante 21:** É inconstitucional a exigência de depósito ou arrolamento prévios de dinheiro ou bens para admissibilidade de recurso administrativo.

> **Súmula 424/TST: Recurso administrativo. Pressuposto de admissibilidade. Depósito prévio da multa administrativa. Não recepção pela Constituição Federal do § 1.º do art. 636 da CLT.** O § 1.º do art. 636 da CLT, que estabelece a exigência de prova do depósito prévio do valor da multa cominada em razão de autuação administrativa como pressuposto de admissibilidade de recurso administrativo, não foi recepcionado pela Constituição Federal de 1988, ante a sua incompatibilidade com o inciso LV do art. 5.º.

•• *Vide* nota ao art. 629, *caput*, da CLT.

§ 2.º A notificação somente será realizada por meio de edital, publicada no órgão oficial, quando o infrator estiver em lugar incerto e não sabido.

•• § 2.º com redação determinada pelo Decreto-lei n. 229, de 28-2-1967.

§ 3.º A notificação de que trata este artigo fixará igualmente o prazo de 10 (dez) dias para que o infrator recolha o valor da multa, sob pena de cobrança executiva.

•• § 3.º com redação determinada pelo Decreto-lei n. 229, de 28-2-1967.

> **Lei n. 7.855/89, art. 6.º:** O valor das multas não recolhidas no prazo previsto no § 3.º do art. 636 da CLT será atualizado monetariamente pelo BTN Fiscal, acrescido de juros de mora de um por cento ao mês calendário, na forma da legislação aplicada aos tributos federais, até a data do seu efetivo pagamento. § 1.º Não será considerado reincidente o empregador que não for novamente autuado por infração ao mesmo dispositivo, decorridos dois anos da imposição da penalidade. § 2.º A fiscalização, a autuação e o processo de imposição das multas reger-se-ão pelo Título VII da CLT. § 3.º Será observado o critério de dupla visita nas empresas com até dez empregados, salvo quando for constatada infração por falta de registro de empregado, a notação da sua Carteira de Trabalho e Previdência Social e na ocorrência de fraude, resistência ou embaraço à fiscalização. § 4.º Na empresa que for autuada, após obedecido o disposto no parágrafo anterior, não será mais observado o critério da dupla visita em relação ao dispositivo infringido.

§ 4.º As guias de depósito ou recolhimento serão emitidas em 3 (três) vias e o recolhimento da multa deverá proceder-se dentro de 5 (cinco) dias às repartições federais competentes, que escriturarão a receita a crédito do Ministério do Trabalho e Previdência Social.

•• § 4.º com redação determinada pelo Decreto-lei n. 229, de 28-2-1967.

§ 5.º A segunda via da guia de recolhimento será devolvida pelo infrator à repartição que a emitiu, até o sexto dia depois de sua expedição, para a averbação no processo.

•• § 5.º com redação determinada pelo Decreto-lei n. 229, de 28-2-1967.

§ 6.º A multa será reduzida de 50% (cinquenta por cento) se o infrator, renunciando ao recurso, a recolher ao Tesouro Nacional dentro do prazo de 10 (dez) dias contados do recebimento da notificação ou da publicação do edital.

•• § 6.º com redação determinada pelo Decreto-lei n. 229, de 28-2-1967.

§ 7.º Para a expedição da guia, no caso do § 6.º, deverá o infrator juntar a notificação com a prova da data do seu recebimento, ou a folha do órgão oficial que publicou o edital.

•• § 7.º com redação determinada pelo Decreto-lei n. 229, de 28-2-1967.

Art. 637. De todas as decisões que proferirem em processos de infração das leis de proteção ao trabalho e que impliquem arquivamento destes, observado o disposto no parágrafo único do art. 635, deverão as autoridades prolatoras recorrer de ofício para a autoridade competente de instância superior.

•• Artigo com redação determinada pelo Decreto-lei n. 229, de 28-2-1967.

Art. 638. Ao Ministro do Trabalho e Previdência Social é facultado avocar ao seu exame e decisão, dentro de 90 (noventa) dias do despacho final do assunto, ou no curso do processo, as questões referentes à fiscalização dos preceitos estabelecidos nesta Consolidação.

•• *Vide* Nota dos Organizadores sobre Ministérios.

Capítulo III
DO DEPÓSITO, DA INSCRIÇÃO E DA COBRANÇA

Art. 639. Não sendo provido o recurso, o depósito se converterá em pagamento.

Art. 640. É facultado às Delegacias Regionais do Trabalho, na conformidade de instruções expedidas pelo Ministro de Estado, promover a cobrança amigável das multas antes do encaminhamento dos processos à cobrança executiva.

•• Artigo com redação determinada pelo Decreto-lei n. 229, de 28-2-1967.

Art. 641. Não comparecendo o infrator, ou não depositando a importância da multa ou penalidade, far-se-á competente inscrição em livro especial, existente nas repartições das quais se tiver originado a multa ou penalidade, ou de onde tenha provindo a reclamação que a determinou, sendo extraída cópia autêntica dessa inscrição e enviada às autoridades competentes para a respectiva cobrança judicial, valendo tal instrumento como título de dívida líquida e certa.

Art. 642. A cobrança judicial das multas impostas pelas autoridades administrativas do trabalho obedecerá ao disposto na legislação aplicável à cobrança da dívida ativa da União, sendo promovida, no Distrito Federal e nas capitais dos Estados em que funcionarem Tribunais Regionais do Trabalho, pela Procuradoria da Justiça do Trabalho, e nas demais localidades, pelo Ministério Público Estadual e do Território do Acre, nos termos do Decreto-lei n. 960, de 17 de dezembro de 1938.

•• Vide art. 114, VII, da CF.
•• A Lei n. 4.070, de 15-6-1962, eleva o Território do Acre à Categoria de Estado.
• LEF: Lei n. 6.830, de 22-9-1980.

Parágrafo único. (*Revogado pelo Decreto-lei n. 9.509, de 24-7-1946.*)

Título VII-A
DA PROVA DE INEXISTÊNCIA DE DÉBITOS TRABALHISTAS

•• Título VII-A acrescentado pela Lei n. 12.440, de 7-7-2011.

Art. 642-A. É instituída a Certidão Negativa de Débitos Trabalhistas (CNDT), expedida gratuita e eletronicamente, para comprovar a inexistência de débitos inadimplidos perante a Justiça do Trabalho.

•• *Caput* acrescentado pela Lei n. 12.440, de 7-7-2011.
•• O Ato n. 1, de 21-1-2022, do CGJT, regulamenta a expedição da Certidão Negativa de Débitos Trabalhistas – CNDT e dá outras providências.

§ 1.º O interessado não obterá a certidão quando em seu nome constar:
•• § 1.º, *caput*, acrescentado pela Lei n. 12.440, de 7-7-2011.

I – o inadimplemento de obrigações estabelecidas em sentença condenatória transitada em julgado proferida pela Justiça do Trabalho ou em acordos judiciais trabalhistas, inclusive no concernente aos recolhimentos previdenciários, a honorários, a custas, a emolumentos ou a recolhimentos determinados em lei; ou

•• Inciso I acrescentado pela Lei n. 12.440, de 7-7-2011.

II – o inadimplemento de obrigações decorrentes de execução de acordos firmados perante o Ministério Público do Trabalho ou Comissão de Conciliação Prévia.

•• Inciso II acrescentado pela Lei n. 12.440, de 7-7-2011.

§ 2.º Verificada a existência de débitos garantidos por penhora suficiente ou com exigibilidade suspensa, será expedida Certidão Positiva de Débitos Trabalhistas em nome do interessado com os mesmos efeitos da CNDT.

•• § 2.º acrescentado pela Lei n. 12.440, de 7-7-2011.

§ 3.º A CNDT certificará a empresa em relação a todos os seus estabelecimentos, agências e filiais.

•• § 3.º acrescentado pela Lei n. 12.440, de 7-7-2011.

§ 4.º O prazo de validade da CNDT é de 180 (cento e oitenta) dias, contado da data de sua emissão.

•• § 4.º acrescentado pela Lei n. 12.440, de 7-7-2011.

Título VIII
DA JUSTIÇA DO TRABALHO

•• *Vide* arts. 111 a 116 da CF, sobre os Tribunais e Juízes do Trabalho.
•• *Vide* Emenda Constitucional n. 45, de 8-12-2004.
•• *Vide* Lei n. 5.584, de 26-6-1970.
• Técnicos estrangeiros; controvérsias; competência da Justiça do Trabalho: Decreto-lei n. 691, de 18-7-1969.

Capítulo I
INTRODUÇÃO

Art. 643. Os dissídios, oriundos das relações entre empregados e empregadores, bem como de trabalhadores avulsos e seus tomadores de serviços, em atividades reguladas na legislação social, serão dirimidos pela Justiça do Trabalho, de acordo com o presente Título e na forma estabelecida pelo processo judiciário do trabalho.

•• *Caput* com redação determinada pela Lei n. 7.494, de 17-6-1986.

Art. 109, I, da CF: Aos juízes federais compete processar e julgar: I – as causas em que a União, entidade autárquica ou empresa pública federal forem interessadas na condição de autoras, rés, assistentes ou oponentes, exceto as de falência, as de acidentes de trabalho e as sujeitas à Justiça Eleitoral e à Justiça do Trabalho.

Art. 114 da CF: Compete à Justiça do Trabalho processar e julgar: I – as ações oriundas da relação de trabalho, abrangidos os entes de direito público externo e da administração pública direta e indireta da União, dos Estados, do Distrito Federal e dos Municípios; II – as ações que envolvam exercício do direito de greve; III – as ações sobre representação sindical, entre sindicatos, entre sindicatos e trabalhadores, e entre sindicatos e empregadores; IV – os mandados de segurança, *habeas corpus* e *habeas data*, quando o ato questionado envolver matéria sujeita à sua jurisdição; V – os conflitos de competência entre órgãos com jurisdição trabalhista, ressalvado o disposto no art. 102, I, *o*; VI – as ações de indenização por dano moral ou patrimonial, decorrentes da relação de trabalho; VII – as ações relativas às penalidades administrativas impostas aos empregadores pelos órgãos de fiscalização das relações de trabalho; VIII – a execução, de ofício, das contribuições sociais previstas no art. 195, I, a, e II, e seus acréscimos decorrentes das sentenças que proferir; IX – outras controvérsias decorrentes da relação de trabalho, na forma da lei. § 1.º Frustrada a negociação coletiva, as partes poderão eleger árbitros. § 2.º Recusando-se qualquer das partes à negociação coletiva ou à arbitragem, é facultado às mesmas, de comum acordo, ajuizar dissídio coletivo de natureza econômica, podendo a Justiça do Trabalho decidir o conflito, respeitadas as disposições mínimas legais de proteção ao trabalho, bem como as convencionadas anteriormente. § 3.º Em caso de greve em atividade essencial, com possibilidade de lesão do interesse público, o Ministério Público do Trabalho poderá ajuizar dissídio coletivo, competindo à Justiça do Trabalho decidir o conflito.

Súmula 235/STF: É competente para a ação de acidente do trabalho a Justiça Cível comum, inclusive em segunda instância, ainda que seja parte autarquia seguradora.

Súmula 501/STF: Compete à Justiça Ordinária Estadual o processo e o julgamento, em ambas as instâncias, das causas de acidente do trabalho ainda que promovidas contra a União, suas Autarquias, Empresas Públicas ou Sociedades de Economia Mista.

Súmula 736/STF: Compete à Justiça do Trabalho julgar as ações que tenham como causa de pedir o descumprimento de normas trabalhistas relativas à segurança, higiene e saúde dos trabalhadores.

Súmula Vinculante 22: A Justiça do Trabalho é competente para processar e julgar as ações de indenização por danos morais e patrimoniais decorrentes de acidente de trabalho propostas por empregado contra empregador, inclusive aquelas que ainda não possuíam sentença de mérito em primeiro grau quando da promulgação da Emenda Constitucional n. 45/04.

Súmula 189/TST: Greve. Competência da Justiça do Trabalho. Abusividade. A Justiça do Trabalho é competente para declarar a abusividade, ou não, da greve.

Enunciado 8 da 1.ª Jornada de Direito do Trabalho: Competência da Justiça do Trabalho. Sucessão na falência ou recuperação judicial. Compete à Justiça do Trabalho – e não à Justiça Comum Estadual – dirimir controvérsia acerca da existência de sucessão entre o falido ou o recuperando e a entidade que adquira total ou parcialmente suas unidades de produção.

§ 1.º As questões concernentes à Previdência Social serão decididas pelos órgãos e autoridades previstos no Capítulo V deste Título e na legislação sobre seguro social.

• As Leis n. 8.212 e 8.213, de 24-7-1991, dispõem sobre Previdência Social.

§ 2.º As questões referentes a acidentes do trabalho continuam sujeitas à justiça ordinária, na forma do Decreto n. 24.637, de 10 de julho de 1934, e legislação subsequente.

Art. 109, I e § 3.º, da CF: Aos juízes federais compete processar e julgar: I – as causas em que a União, entidade autárquica ou empresa pública federal forem interessadas na condição de autoras, rés, assistentes ou oponentes, exceto as de falência, as de acidentes de trabalho e as sujeitas à Justiça Eleitoral e à Justiça do Trabalho; (...) § 3.º Serão processadas e julgadas na justiça estadual, no foro do domicílio dos segurados ou beneficiários, as causas em que forem parte instituição de previdência social e segurado, sempre que a comarca não seja sede de vara do juízo federal, e, se verificada essa condição, a lei poderá permitir que outras causas sejam também processadas e julgadas pela justiça estadual.

Súmula 235/STF: É competente para a ação de acidente do trabalho a Justiça Cível comum, inclusive em segunda instância, ainda que seja parte autarquia seguradora.

Súmula 501/STF: Compete à Justiça Ordinária Estadual o processo e o julgamento, em ambas as instâncias, das causas de acidente do trabalho ainda que promovidas contra a União, suas Autarquias, Empresas Públicas ou Sociedades de Economia Mista.

Súmula 15/STJ: Compete à Justiça Estadual processar e julgar os litígios decorrentes de acidente do trabalho.

•• *Vide* Lei n. 8.213, de 24-7-1991, regulamentada pelo Decreto n. 3.048, de 6-5-1999 (benefícios).

§ 3.º A Justiça do Trabalho é competente, ainda, para processar e julgar as ações entre trabalhadores portuários e os operadores portuários ou o Órgão Gestor de Mão de Obra – OGMO decorrentes da relação de trabalho.

•• § 3.º acrescentado pela Medida Provisória n. 2.164-41, de 24-8-2001.

Art. 644. São órgãos da Justiça do Trabalho:

Art. 111 da CF: São órgãos da Justiça do Trabalho: I – o Tribunal Superior do Trabalho; II – os Tribunais Regionais do Trabalho; III – Juízes do Trabalho.

a) o Tribunal Superior do Trabalho;

Art. 111-A da CF: O Tribunal Superior do Trabalho compor-se-á de vinte e sete Ministros, escolhidos dentre brasileiros com mais de trinta e cinco anos e menos de sessenta e

cinco anos, de notável saber jurídico e reputação ilibada, nomeados pelo Presidente da República após aprovação pela maioria absoluta do Senado Federal, sendo: I – um quinto dentre advogados com mais de dez anos de efetiva atividade profissional e membros do Ministério Público do Trabalho com mais de dez anos de efetivo exercício, observado o disposto no art. 94; II – os demais dentre juízes dos Tribunais Regionais do Trabalho, oriundos da magistratura da carreira, indicados pelo próprio Tribunal Superior. § 1.º A lei disporá sobre a competência do Tribunal Superior do Trabalho. § 2.º Funcionarão junto ao Tribunal Superior do Trabalho: I – a Escola Nacional de Formação e Aperfeiçoamento de Magistrados do Trabalho, cabendo-lhe, dentre outras funções, regulamentar os cursos oficiais para o ingresso e promoção na carreira; II – o Conselho Superior da Justiça do Trabalho, cabendo-lhe exercer, na forma da lei, a supervisão administrativa, orçamentária, financeira e patrimonial da Justiça do Trabalho de primeiro e segundo graus, como órgão central do sistema, cujas decisões terão efeito vinculante. § 3.º Compete ao Tribunal Superior do Trabalho processar e julgar, originariamente, a reclamação para a preservação de sua competência e garantia da autoridade de suas decisões.

b) os Tribunais Regionais do Trabalho;

c) as Juntas de Conciliação e Julgamento ou os Juízos de Direito.

•• Artigo com redação determinada pelo Decreto-lei n. 9.797, de 9-9-1946.

•• Extinção das Juntas de Conciliação e Julgamento: Emenda Constitucional n. 24, de 9-12-1999.

Art. 645. O serviço da Justiça do Trabalho é relevante e obrigatório, ninguém dele podendo eximir-se, salvo motivo justificado.

Art. 646. Os órgãos da Justiça do Trabalho funcionarão perfeitamente coordenados, em regime de mútua colaboração, sob a orientação do Presidente do Tribunal Superior do Trabalho.

•• O Decreto-lei n. 9.797, de 9-9-1946, determinou a substituição de "Conselho Nacional" por "Tribunal Superior".

Capítulo II
DAS JUNTAS DE CONCILIAÇÃO E JULGAMENTO

•• A Emenda Constitucional n. 24, de 9-12-1999, extinguiu as Juntas de Conciliação e Julgamento e a figura do juiz classista. Em seu lugar, estabeleceu a jurisdição singular do juiz togado, que a exercerá nas Varas do Trabalho.

SEÇÃO I
Da Composição e Funcionamento

Art. 647. Cada Junta de Conciliação e Julgamento terá a seguinte composição:

•• A CF, de 5-10-1988, estabelecia que as Juntas de Conciliação e Julgamento seriam compostas por um juiz do trabalho e dois juízes classistas temporários. A Emenda Constitucional n. 24, de 9-12-1999, extinguiu as Juntas de Conciliação e Julgamento e a representação classista na Justiça do Trabalho. Em seu lugar, estabeleceu a jurisdição singular do juiz togado, que a exercerá nas Varas do Trabalho.

a) 1 (um) juiz do trabalho, que será seu Presidente;

b) 2 (dois) vogais, sendo um representante dos empregadores e outro dos empregados.

•• Caput e alíneas com redação determinada pelo Decreto-lei n. 9.797, de 9-9-1946.

Art. 116 da CF: Nas Varas do Trabalho, a jurisdição será exercida por um juiz singular.

Parágrafo único. Haverá um suplente para cada Juiz classista.

•• Parágrafo único com redação determinada pelo Decreto-lei n. 9.797, de 9-9-1946.

Art. 648. São incompatíveis entre si, para os trabalhos da mesma Junta, os parentes consanguíneos e afins até o terceiro grau civil.

•• A CF, de 5-10-1988, estabelecia que as Juntas de Conciliação e Julgamento seriam compostas por um juiz do trabalho e dois juízes classistas temporários. A Emenda Constitucional n. 24, de 9-12-1999, extinguiu as Juntas de Conciliação e Julgamento e a representação classista na Justiça do Trabalho. Em seu lugar, estabeleceu a jurisdição singular do juiz togado, que a exercerá nas Varas do Trabalho.

Parágrafo único. A incompatibilidade resolve-se a favor do primeiro vogal designado ou empossado, ou por sorteio, se a designação ou posse for da mesma data.

Art. 649. As Juntas poderão conciliar, instruir ou julgar com qualquer número, sendo, porém, indispensável a presença do Presidente, cujo voto prevalecerá em caso de empate.

•• Caput com redação determinada pelo Decreto-lei n. 8.737, de 19-1-1946.

•• Extinção das Juntas de Conciliação e Julgamento: Emenda Constitucional n. 24, de 9-12-1999.

§ 1.º No julgamento de embargos deverão estar presentes todos os membros da Junta.

•• § 1.º com redação determinada pelo Decreto-lei n. 8.737, de 19-1-1946.

§ 2.º Na execução e na liquidação das decisões funciona apenas o Presidente.

•• § 2.º com redação determinada pelo Decreto-lei n. 8.737, de 19-1-1946.

SEÇÃO II
Da Jurisdição e Competência das Juntas

•• A Emenda Constitucional n. 24, de 9-12-1999, extinguiu as Juntas de Conciliação e Julgamento e a figura do juiz classista. Em seu lugar, estabeleceu a jurisdição singular do juiz togado, que a exercerá nas Varas do Trabalho.

Art. 650. A jurisdição de cada Junta de Conciliação e Julgamento abrange todo o território da Comarca em que tem sede, só podendo ser estendida ou restringida por lei federal.

•• Caput com redação determinada pela Lei n. 5.442, de 24-5-1968.

•• Extinção das Juntas de Conciliação e Julgamento: Emenda Constitucional n. 24, de 9-12-1999.

Art. 112 da CF: A lei criará varas da Justiça do Trabalho podendo, nas comarcas não abrangidas por sua jurisdição, atribuí-la aos juízes de direito com recurso para o respectivo Tribunal Regional do Trabalho.

Parágrafo único. As leis locais de Organização Judiciária não influirão sobre a competência de Juntas de Conciliação e Julgamento já criadas, até que lei federal assim determine.

•• Parágrafo único com redação determinada pela Lei n. 5.442, de 24-5-1968.

Art. 651. A competência das Juntas de Conciliação e Julgamento é determinada pela localidade onde o empregado, reclamante ou reclamado, prestar serviços ao empregador, ainda que tenha sido contratado noutro local ou no estrangeiro.

•• Extinção das Juntas de Conciliação e Julgamento: Emenda Constitucional n. 24, de 9-12-1999.

Art. 62 do CPC: A competência determinada em razão da matéria, da pessoa ou da função é inderrogável por convenção das partes.

§ 1.º Quando for parte no dissídio agente ou viajante comercial, a competência será da Junta da localidade em que a empresa tenha agência ou filial e a esta o empregado esteja subordinado e, na falta, será competente a Junta da localização em que o empregado tenha domicílio ou a localidade mais próxima.

•• § 1.º com redação determinada pela Lei n. 9.851, de 27-10-1999.

§ 2.º A competência das Juntas de Conciliação e Julgamento, estabelecida neste artigo, estende-se aos dissídios ocorridos em agência ou filial no estrangeiro, desde que o empregado seja brasileiro e não haja convenção internacional dispondo em contrário.

§ 3.º Em se tratando de empregador que promova realização de atividades fora do lugar do contrato de trabalho, é assegurado ao empregado apresentar reclamação no foro da celebração do contrato ou no da prestação dos respectivos serviços.

Súmula 383/TST: Recurso. Mandato. Irregularidade de representação. CPC de 2015, arts. 104 e 76, § 2.º. I – É inadmissível recurso firmado por advogado sem procuração juntada aos autos até o momento da sua interposição, salvo mandato tácito. Em caráter excepcional (art. 104 do CPC de 2015), admite-se que o advogado, independentemente de intimação, exiba a procuração no prazo de 5 (cinco) dias após a interposição do recurso, prorrogável por igual período mediante despacho do juiz. Caso não a exiba, considera-se ineficaz o ato praticado e não se conhece do recurso. II – Verificada a irregularidade de representação da parte em fase recursal, em procuração ou substabelecimento já constante dos autos, o relator ou o órgão competente para julgamento do recurso designará prazo de 5 (cinco) dias para que seja sanado o vício. Descumprida a determinação, o relator não conhecerá do recurso, se a providência couber ao recorrente, ou determinará o desentranhamento das contrarrazões, se a providência couber ao recorrido (art. 76, § 2.º, do CPC de 2015).

OJ 149 da SDI-2: Conflito de competência. Incompetência territorial. Hipótese do art. 651, § 3.º, da CLT. Impossibilidade de declaração de ofício de incompetência relativa. Não cabe declaração de ofício de incompetência territorial no caso do uso, pelo trabalhador, da faculdade prevista no art. 651, § 3.º, da CLT. Nessa hipótese, resolve-se o conflito pelo reconhecimento da competência do juízo do local onde a ação foi proposta.

Enunciado n. 7 da 1.ª Jornada de Direito do Trabalho: Acesso à justiça. CLT, art. 651, § 3.º. Interpretação conforme a Constituição. Art. 5.º, XXXV, da Constituição da República. Em se tratando de empregador que arregimente empregado domiciliado em outro município ou outro Estado da federação, poderá o trabalhador optar por ingressar com a reclamatória na Vara do Trabalho de seu domicílio, na do local da contratação ou na do local da prestação dos serviços.

Art. 652. Compete às Varas do Trabalho:

•• Caput com redação determinada pela Lei n. 13.467, de 13-7-2017.

Súmula 300/TST: Competência da Justiça do Trabalho. Cadastramento no PIS. Compete à Justiça do Trabalho processar e julgar ações ajuizadas por empregados em face de empregadores relativas ao cadastramento no Programa de Integração Social (PIS).

Súmula 368/TST: 368. Descontos previdenciários e fiscais. Competência. Responsabilidade pelo pagamento. Forma de cálculo. I – A Justiça do Trabalho é competente para determinar o recolhimento das contribuições fiscais. A competência da Justiça do Trabalho, quanto à execução das contribuições previdenciárias, limita-se às sentenças condenatórias em pecúnia que proferir e aos valores, objeto de acordo homologado, que integrem o salário de contribuição. II – É do empregador a responsabilidade pelo recolhimento das contribuições previdenciárias e fiscais, resultante de crédito do empregado oriundo de condenação judicial, devendo ser calculadas, em relação à incidência dos descontos fiscais, mês a mês, nos termos do art. 12-A da Lei n. 7.713, de 22-12-1988, com a redação dada pela Lei n. 12.350/2010. III – Em se tratando de descontos previdenciários, o critério de apuração encontra-se disciplinado no art. 276, § 4.º, do Decreto n. 3.048/1999 que regulamentou a Lei n. 8.212/1991 e determina que a contribuição do empregado, no caso de ações trabalhistas, seja calculado do mês a mês, aplicando-se as alíquotas previstas no art. 198, observado o limite máximo do salário de contribuição.

Súmula 389/TST: Seguro-desemprego. Competência da Justiça do Trabalho. Direito à indenização por não liberação de guias. I – Inscreve-se na competência material da Justiça do Trabalho a lide entre empregado e empregador tendo por objeto indenização pelo não fornecimento das guias do seguro-desemprego. II – O não fornecimento pelo empregador da guia necessária para o recebimento do seguro-desemprego dá origem ao direito à indenização.

Súmula 392/TST: Dano moral e material. Relação de trabalho. Competência da Justiça do Trabalho. Nos termos do art. 114, inc. VI, da Constituição da República, a Justiça do Trabalho é competente para processar e julgar ações de indenização por dano moral e material, decorrentes da relação de trabalho, inclusive as oriundas de acidente de trabalho e doenças a ele equiparadas, ainda que propostas pelos dependentes ou sucessores do trabalhador falecido.

OJ 26 da SDI-1: Competência da Justiça do Trabalho. Complementação de pensão requerida por viúva de ex-empregado. Inserida em 1.º de fevereiro de 1995 (inserido dispositivo) A Justiça do Trabalho é competente para apreciar pedido de complementação de pensão postulada por viúva de ex-empregado, por se tratar de pedido que deriva do contrato de trabalho.

OJ 138 da SDI-1: Competência residual. Regime jurídico único. Limitação da execução. Compete à Justiça do Trabalho julgar pedidos de direitos e vantagens previstos na legislação trabalhista referente a período anterior à Lei n. 8.112/90, mesmo que a ação tenha sido ajuizada após a edição da referida lei. A superveniência de regime estatutário em substituição ao celetista, mesmo após a sentença, limita a execução ao período celetista.

a) conciliar e julgar:

I – os dissídios em que se pretenda o reconhecimento da estabilidade de empregado;

II – os dissídios concernentes a remuneração, férias e indenizações por motivo de rescisão do contrato individual de trabalho;

III – os dissídios resultantes de contratos de empreitadas em que o empreiteiro seja operário ou artífice;

IV – os demais dissídios concernentes ao contrato individual de trabalho;

V – as ações entre trabalhadores portuários e os operadores portuários ou o Órgão Gestor de Mão de Obra – OGMO decorrentes da relação de trabalho;

•• Inciso V acrescentado pela Medida Provisória n. 2.164-41, de 24-8-2001.

b) processar e julgar os inquéritos para apuração de falta grave;

c) julgar os embargos opostos às suas próprias decisões;

d) impor multas e demais penalidades relativas aos atos de sua competência;

•• Alínea *d* com redação determinada pelo Decreto-lei n. 6.353, de 20-3-1944.

e) (*Suprimida pelo Decreto-lei n. 6.353, de 20-3-1944.*)

f) decidir quanto à homologação de acordo extrajudicial em matéria de competência da Justiça do Trabalho.

•• Alínea *f* acrescentada pela Lei n. 13.467, de 13-7-2017.

Parágrafo único. Terão preferência para julgamento os dissídios sobre pagamento de salário e aqueles que derivarem da falência do empregador, podendo o Presidente da Junta, a pedido do interessado, constituir processo em separado, sempre que a reclamação também versar sobre outros assuntos.

Art. 653. Compete, ainda, às Juntas de Conciliação e Julgamento:

•• Extinção das Juntas de Conciliação e Julgamento: Emenda Constitucional n. 24, de 9-12-1999.

a) requisitar às autoridades competentes a realização das diligências necessárias ao esclarecimento dos feitos sob sua apreciação, representando contra aquelas que não atenderem a tais requisições;

b) realizar as diligências e praticar os atos processuais ordenados pelos Tribunais Regionais do Trabalho ou pelo Tribunal Superior do Trabalho;

•• Alínea *b* com redação determinada pelo Decreto-lei n. 6.353, de 20-3-1944.
•• O Decreto-lei n. 9.797, de 9-9-1946, determinou a substituição de "Conselhos Regionais" por "Tribunais Regionais" e "Conselho Nacional" por "Tribunal Superior".

c) julgar as suspeições arguidas contra os seus membros;

d) julgar as exceções de incompetência que lhes forem opostas;

e) expedir precatórias e cumprir as que lhes forem deprecadas;

f) exercer, em geral, no interesse da Justiça do Trabalho, quaisquer outras atribuições que decorram da sua jurisdição.

SEÇÃO III
Dos Presidentes das Juntas

•• A Emenda Constitucional n. 24, de 9-12-1999, extinguiu as Juntas de Conciliação e Julgamento e a figura do juiz classista. Em seu lugar, estabeleceu a jurisdição singular do juiz togado, que a exercerá nas Varas do Trabalho.

Art. 654. O ingresso na magistratura do trabalho far-se-á para o cargo de Juiz do Trabalho Substituto. As nomeações subsequentes por promoção, alternadamente, por antiguidade e merecimento.

•• *Caput* com redação determinada pelo Decreto-lei n. 229, de 28-2-1967.

Lei Complementar n. 35/79, art. 92: O ingresso na Magistratura do Trabalho dar-se-á no cargo de Juiz do Trabalho Substituto.

§ 1.º Nas 7.ª e 8.ª Regiões da Justiça do Trabalho, nas localidades fora das respectivas sedes, haverá suplentes de juiz do trabalho presidente de Junta, sem direito a acesso, nomeados pelo Presidente da República, dentre brasileiros, bacharéis em direito, de reconhecida idoneidade moral, especializados em direito do trabalho, pelo período de 2 (dois) anos, podendo ser reconduzidos.

•• § 1.º com redação determinada pelo Decreto-lei n. 229, de 28-2-1967.
•• Entendemos prejudicado o disposto neste parágrafo pela Lei n. 7.221, de 2-10-1984, que dispõe sobre os cargos de suplente de juiz do trabalho.
•• Extinção das Juntas de Conciliação e Julgamento: Emenda Constitucional n. 24, de 9-12-1999.

§ 2.º Os suplentes de juiz do trabalho receberão, quando em exercício, vencimentos iguais aos dos juízes que substituírem.

•• § 2.º com redação determinada pelo Decreto-lei n. 229, de 28-2-1967.
•• Entendemos prejudicado o disposto neste parágrafo pela Lei n. 7.221, de 2-10-1984, que dispõe sobre os cargos de suplente de juiz do trabalho.

§ 3.º Os Juízes Substitutos serão nomeados após aprovação em concurso público de provas e títulos realizado perante o Tribunal Regional do Trabalho da Região, válido por 2 (dois) anos e prorrogável, a critério do mesmo órgão, por igual período, uma só vez, e organizado de acordo com as instruções expedidas pelo Tribunal Superior do Trabalho.

•• § 3.º com redação determinada pela Lei n. 6.087, de 16-7-1974.

Art. 37, III, da CF: A administração pública direta e indireta de qualquer dos Poderes da União, dos Estados, do Distrito Federal e dos Municípios obedecerá aos princípios de legalidade, impessoalidade, moralidade, publicidade e eficiência e, também, ao seguinte: (...) III – o prazo de validade do concurso público será de até dois anos, prorrogável uma vez, por igual período.

Súmula 478/STF: O provimento em cargo de juízes substitutos do Trabalho deve ser feito, independentemente da lista tríplice, na ordem de classificação dos candidatos.

§ 4.º Os candidatos inscritos só serão admitidos ao concurso após apreciação prévia, pelo Tribunal Regional do Trabalho da respectiva Região, dos seguintes requisitos:

a) idade maior de 25 (vinte e cinco) anos e menor de 45 (quarenta e cinco) anos;

b) idoneidade para o exercício das funções.

•• § 4.º com redação determinada pelo Decreto-lei n. 229, de 28-2-1967.

§ 5.º O preenchimento dos cargos de Presidente de Junta, vagos ou criados por lei, será feito dentro de cada Região:

•• § 5.º, *caput*, com redação determinada pelo Decreto-lei n. 229, de 28-2-1967.

a) pela remoção de outro Presidente, prevalecendo a antiguidade no cargo, caso haja mais de um pedido, desde que a remoção tenha sido requerida, dentro de 15 (quinze) dias, contados da abertura da vaga, ao Presidente do Tribunal Regional, a quem caberá expedir o respectivo ato;

•• Alínea a com redação determinada pela Lei n. 6.090, de 16-7-1974.
•• A Resolução n. 26, de 11-10-2006, do Conselho Superior da Justiça do Trabalho, afirma em seu art. 1.º que está em pleno vigor esta alínea, para efeito de remoção de Juiz Titular da Vara do Trabalho.

b) pela promoção do substituto, cuja aceitação será facultativa, obedecido o critério alternado de antiguidade e merecimento.

•• Alínea b com redação determinada pelo Decreto-lei n. 229, de 28-2-1967.

§ 6.º Os Juízes do Trabalho, Presidentes de Junta, Juízes Substitutos e suplentes de Juiz tomarão posse perante o Presidente do Tribunal da respectiva Região. Nos Estados que não forem sede de Tribunal Regional do Trabalho, a posse dar-se-á perante o Presidente do Tribunal de Justiça, que remeterá o termo ao Presidente do Tribunal Regional da jurisdição do empossado. Nos Territórios, a posse dar-se-á perante o Presidente do Tribunal Regional do Trabalho da respectiva Região.

•• § 6.º com redação determinada pelo Decreto-lei n. 229, de 28-2-1967.
•• Extinção das Juntas de Conciliação e Julgamento: Emenda Constitucional n. 24, de 9-12-1999.

Art. 655. (Revogado pelo Decreto-lei n. 229, de 28-2-1967.)

Art. 656. O Juiz do Trabalho Substituto, sempre que não estiver substituindo o Juiz-Presidente de Junta, poderá ser designado para atuar nas Juntas de Conciliação e Julgamento.

•• Caput com redação determinada pela Lei n. 8.432, de 11-6-1992.
•• Extinção das Juntas de Conciliação e Julgamento: Emenda Constitucional n. 24, de 9-12-1999.

§ 1.º Para o fim mencionado no caput deste artigo, o território da Região poderá ser dividido em zonas, compreendendo a jurisdição de uma ou mais Juntas, a juízo do Tribunal Regional do Trabalho respectivo.

•• § 1.º acrescentado pela Lei n. 8.432, de 11-6-1992.

§ 2.º A designação referida no caput deste artigo será de atribuição do Juiz-Presidente do Tribunal Regional do Trabalho ou, não havendo disposição regimental específica, de quem este indicar.

•• § 2.º acrescentado pela Lei n. 8.432, de 11-6-1992.

§ 3.º Os Juízes do Trabalho Substitutos, quando designados ou estiverem substituindo os Juízes Presidentes de Juntas, perceberão os vencimentos destes.

•• § 3.º acrescentado pela Lei n. 8.432, de 11-6-1992.

§ 4.º O Juiz-Presidente do Tribunal Regional do Trabalho ou, não havendo disposição regimental específica, que este indicar, fará a lotação e a movimentação dos Juízes Substitutos entre as diferentes zonas da Região na hipótese de terem sido criadas na forma do § 1.º deste artigo.

•• § 4.º acrescentado pela Lei n. 8.432, de 11-6-1992.

Art. 657. Os Presidentes de Juntas e os Presidentes Substitutos perceberão a remuneração ou os vencimentos fixados em lei.

•• Artigo com redação determinada pelo Decreto-lei n. 8.737, de 19-1-1946.
•• Extinção das Juntas de Conciliação e Julgamento: Emenda Constitucional n. 24, de 9-12-1999.

Art. 658. São deveres precípuos dos Presidentes das Juntas, além dos que decorram do exercício de sua função:

•• Extinção das Juntas de Conciliação e Julgamento: Emenda Constitucional n. 24, de 9-12-1999.

a) manter perfeita conduta pública e privada;

b) abster-se de atender a solicitações ou recomendações relativamente aos feitos que hajam sido ou tenham de ser submetidos à sua apreciação;

c) residir dentro dos limites de sua jurisdição, não podendo ausentar-se sem licença do Presidente do Tribunal Regional;

•• O Decreto-lei n. 9.797, de 9-9-1946, determinou a substituição de "Conselho Regional" por "Tribunal Regional".

d) despachar e praticar todos os atos decorrentes de suas funções, dentro dos prazos estabelecidos, sujeitando-se ao desconto correspondente a 1 (um) dia de vencimento para cada dia de retardamento.

•• Artigo com redação determinada pelo Decreto-lei n. 8.737, de 19-1-1946.

Art. 659. Competem privativamente aos Presidentes das Juntas, além das que lhes forem conferidas neste Título e das decorrentes de seu cargo, as seguintes atribuições:

•• Extinção das Juntas de Conciliação e Julgamento: Emenda Constitucional n. 24, de 9-12-1999.

I – presidir às audiências das Juntas;

II – executar as suas próprias decisões, as proferidas pela Junta e aquelas cuja execução lhes for deprecada;

III – dar posse aos vogais nomeados para a Junta, ao chefe de Secretaria e aos demais funcionários da Secretaria;

•• A CF, de 5-10-1988, estabelecia que as Juntas de Conciliação e Julgamento seriam compostas por um juiz do trabalho e dois juízes classistas temporários. A Emenda Constitucional n. 24, de 9-12-1999, extinguiu as Juntas de Conciliação e Julgamento e a representação classista na Justiça do Trabalho. Em seu lugar, estabeleceu a jurisdição singular do juiz togado, que a exercerá nas Varas do Trabalho.
• O art. 5.º da Resolução n. 147, de 7-3-2012, do CNJ, determina que a posse do diretor de secretaria da Vara do Trabalho se dará perante o juiz titular desta.

IV – convocar os suplentes dos vogais, no impedimento destes;

•• Vide nota ao inciso anterior.

V – representar ao Presidente do Tribunal Regional da respectiva jurisdição, no caso de falta de qualquer vogal a 3 (três) reuniões consecutivas, sem motivo justificado, para os fins do art. 727;

•• O Decreto-lei n. 9.797, de 9-9-1946, determinou a substituição de "Conselho Regional" por "Tribunal Regional".
•• Vide nota ao inciso III deste artigo.

VI – despachar os recursos interpostos pelas partes, fundamentando a decisão recorrida antes da remessa ao Tribunal Regional, ou submetendo-os à decisão da Junta, no caso do art. 894;

•• O Decreto-lei n. 9.797, de 9-9-1946, determinou a substituição de "Conselho Regional" por "Tribunal Regional".
• Vide Instrução Normativa n. 16, de 26-8-1999, do TST.

VII – assinar as folhas de pagamento dos membros e funcionários da Junta;

VIII – apresentar ao Presidente do Tribunal Regional, até 15 de fevereiro de cada ano, o relatório dos trabalhos do ano anterior;

•• O Decreto-lei n. 9.797, de 9-9-1946, determinou a substituição de "Conselho Regional" por "Tribunal Regional".

IX – conceder medida liminar, até decisão final do processo em reclamações trabalhistas que visem a tornar sem efeito transferência disciplinada pelos parágrafos do art. 469 desta Consolidação;

•• Inciso IX acrescentado pela Lei n. 6.203, de 17-4-1975.

X – conceder medida liminar, até decisão final do processo, em reclamações trabalhistas que visem reintegrar no emprego dirigente sindical afastado, suspenso ou dispensado pelo empregador.

•• Inciso X acrescentado pela Lei n. 9.270, de 17-4-1996.

SEÇÃO IV
Dos Vogais das Juntas

•• A CF, de 5-10-1988, estabelecia que as Juntas de Conciliação e Julgamento seriam compostas por um juiz do trabalho e dois juízes classistas temporários. A Emenda Constitucional n. 24, de 9-12-1999, extinguiu as Juntas de Conciliação e Julgamento e a representação classista na Justiça do Trabalho. Em seu lugar, estabeleceu a jurisdição singular do juiz togado, que a exercerá nas Varas do Trabalho.

Emenda Constitucional n. 24/99: É assegurado o cumprimento dos mandatos dos atuais ministros classistas temporários do Tribunal Superior do Trabalho e dos atuais juízes classistas temporários dos Tribunais Regionais do Trabalho e das Juntas de Conciliação e Julgamento.

Art. 660. Os vogais das Juntas são designados pelo Presidente do Tribunal Regional da respectiva jurisdição.

•• O Decreto-lei n. 9.797, de 9-9-1946, determinou a substituição de "Conselho Regional" por "Tribunal Regional".
•• A CF, de 5-10-1988, estabelecia que as Juntas de Conciliação e Julgamento seriam compostas por um juiz do trabalho e dois juízes classistas temporários. A Emenda Constitucional n. 24, de 9-12-1999, extinguiu as Juntas de Conciliação e Julgamento e a representação classista na Justiça do Trabalho. Em seu lugar, estabeleceu a jurisdição singular do juiz togado, que a exercerá nas Varas do Trabalho.

Art. 661. Para o exercício da função de vogal da Junta ou suplente deste são exigidos os seguintes requisitos:

•• Vide notas ao artigo anterior.

a) ser brasileiro;
•• Alínea *a* com redação determinada pelo Decreto-lei n. 229, de 28-2-1967.

b) ter reconhecida idoneidade moral;

c) ser maior de 25 (vinte e cinco) anos e ter menos de 70 (setenta) anos;
•• Alínea *c* com redação determinada pelo Decreto-lei n. 229, de 28-2-1967.

d) estar no gozo dos direitos civis e políticos;

e) estar quite com o serviço militar;

f) contar mais de 2 (dois) anos de efetivo exercício na profissão e ser sindicalizado.

Parágrafo único. A prova da qualidade profissional a que se refere a al. *f* deste artigo é feita mediante declaração do respectivo Sindicato.

Art. 662. A escolha dos vogais das Juntas e seus suplentes far-se-á dentre os nomes constantes das listas que, para esse efeito, forem encaminhadas pelas associações sindicais de primeiro grau ao Presidente do Tribunal Regional.

•• O Decreto-lei n. 9.797, de 9-9-1946, determinou a substituição de "Conselho Regional" por "Tribunal Regional".
•• Vide notas ao art. 660 da CLT.

§ 1.º Para esse fim, cada Sindicato de empregadores e de empregados, com base territorial extensiva à área de jurisdição da Junta, no todo ou em parte, procederá, na ocasião determinada pelo Presidente do Tribunal Regional, à escolha de 3 (três) nomes que comporão a lista, aplicando-se à eleição o disposto no art. 524 e seus §§ 1.º a 3.º.

•• § 1.º com redação determinada pela Lei n. 5.657, de 4-6-1971.

§ 2.º Recebidas as listas pelo Presidente do Tribunal Regional, designará este, dentro de 5 (cinco) dias, os nomes dos vogais e dos respectivos suplentes, expedindo para cada um deles um título, mediante a apresentação do qual será empossado.

•• O Decreto-lei n. 9.797, de 9-9-1946, determinou a substituição de "Conselho Regional" por "Tribunal Regional".
•• Vide notas ao art. 660 da CLT.

§ 3.º Dentro de 15 (quinze) dias, contados da data da posse, pode ser contestada a investidura do vogal ou do suplente, por qualquer interessado, sem efeito suspensivo, por meio de representação escrita, dirigida ao Presidente do Tribunal Regional.

•• O Decreto-lei n. 9.797, de 9-9-1946, determinou a substituição de "Conselho Regional" por "Tribunal Regional".
•• Vide notas ao art. 660 da CLT.

§ 4.º Recebida a contestação, o Presidente do Tribunal designará imediatamente relator, o qual, se houver necessidade de ouvir testemunhas ou de proceder a quaisquer diligências, providenciará para que tudo se realize com a maior brevidade, submetendo, por fim, a contestação ao parecer do Tribunal, na primeira sessão.

•• § 4.º com redação determinada pela Lei n. 2.244, de 23-6-1954.

§ 5.º Se o Tribunal julgar procedente a contestação, o Presidente providenciará a designação de novo vogal ou suplente.

•• § 5.º com redação determinada pelo Decreto-lei n. 229, de 28-2-1967.
•• Vide notas ao art. 660 da CLT.

§ 6.º Em falta de indicação pelos Sindicatos, de nomes para representantes das respectivas categorias profissionais e econômicas nas Juntas de Conciliação e Julgamento, ou nas localidades onde não existirem Sindicatos, serão esses representantes livremente designados pelo Presidente do Tribunal Regional do Trabalho, observados os requisitos exigidos para o exercício da função.

•• § 6.º acrescentado pelo Decreto-lei n. 229, de 28-2-1967.

Art. 663. A investidura dos vogais das Juntas e seus suplentes é de 3 (três) anos, podendo, entretanto, ser dispensada, a pedido, aquele que tiver servido, sem interrupção, durante metade desse período.

•• *Caput* com redação determinada pela Lei n. 2.244, de 23-6-1954.
•• Vide notas ao art. 660 da CLT.

§ 1.º Na hipótese da dispensa do vogal a que alude este artigo, assim como nos casos de impedimento, morte ou renúncia, sua substituição far-se-á pelo suplente, mediante convocação do Presidente da Junta.

•• § 1.º com redação determinada pela Lei n. 2.244, de 23-6-1954.

§ 2.º Na falta do suplente, por impedimento, morte ou renúncia serão designados novo vogal e o respectivo suplente, dentre os nomes constantes das listas a que se refere o art. 662, servindo os designados até o fim do período.

Art. 664. Os vogais das Juntas e seus suplentes tomam posse perante o Presidente da Junta em que têm de funcionar.

•• Vide notas ao art. 660 da CLT.

Art. 665. Enquanto durar sua investidura, gozam os vogais das Juntas e seus suplentes das prerrogativas asseguradas aos jurados.

•• Vide notas ao art. 660 da CLT.

Art. 666. Por audiência a que comparecerem, até o máximo de 20 (vinte) por mês, os vogais das Juntas e seus suplentes perceberão a gratificação fixada em lei.

•• Artigo com redação determinada pela Lei n. 4.439, de 27-10-1964.
•• Vide notas ao art. 660 da CLT.

Art. 667. São prerrogativas dos vogais das Juntas, além das referidas no art. 665:

•• Vide notas ao art. 660 da CLT.

a) tomar parte nas reuniões do Tribunal a que pertençam;

b) aconselhar às partes a conciliação;

c) votar no julgamento dos feitos e nas matérias de ordem interna do Tribunal, submetidas às suas deliberações;

d) pedir vista dos processos pelo prazo de 24 (vinte e quatro) horas;

e) formular, por intermédio do Presidente, aos litigantes, testemunhas e peritos, as perguntas que quiserem fazer, para esclarecimento do caso.

Capítulo III
DOS JUÍZOS DE DIREITO

Art. 668. Nas localidades não compreendidas na jurisdição das Juntas de Conciliação e Julgamento, os Juízos de Direito são os órgãos de administração da Justiça do Trabalho, com a jurisdição que lhes for determinada pela lei de organização judiciária local.

•• Extinção das Juntas de Conciliação e Julgamento: Emenda Constitucional n. 24, de 9-12-1999.

Art. 112 da CF: A lei criará varas da Justiça do Trabalho, podendo, nas comarcas não abrangidas por sua jurisdição, atribuí-la aos juízes de direito, com recurso para o respectivo Tribunal Regional do Trabalho.

Súmula 180/STJ: Na lide trabalhista, compete ao Tribunal Regional do Trabalho dirimir conflito de competência verificado, na respectiva região, entre Juiz Estadual e Junta de Conciliação e Julgamento.

Art. 669. A competência dos Juízos de Direito, quando investidos na administração da Justiça do Trabalho, é a mesma das Juntas de Conciliação e Julgamento, na forma da Seção II do Capítulo II.

•• Extinção das Juntas de Conciliação e Julgamento: Emenda Constitucional n. 24, de 9-12-1999.

§ 1.º Nas localidades onde houver mais de um Juízo de Direito a competência é determinada, entre os Juízes do Cível, por distribuição ou pela divisão judiciária local, na conformidade da lei de organização respectiva.

§ 2.º Quando o critério de competência da lei de organização judiciária for diverso do previsto no parágrafo anterior, será competente o Juiz do Cível mais antigo.

Capítulo IV
DOS TRIBUNAIS REGIONAIS DO TRABALHO

•• O Decreto-lei n. 9.797, de 9-9-1946, determinou a substituição de "Conselhos Regionais" por "Tribunais Regionais".

Art. 112 da CF: A lei criará varas da Justiça do Trabalho, podendo, nas comarcas não abrangidas por sua jurisdição, atribuí-la aos juízes de direito, com recurso para o respectivo Tribunal Regional do Trabalho.

Art. 115 da CF: Os Tribunais Regionais do Trabalho compõem-se de, no mínimo, sete juízes, recrutados, quando possível, na respectiva região, e nomeados pelo Presidente da

República dentre brasileiros com mais de trinta e menos de sessenta e cinco anos, sendo: I – um quinto dentre advogados com mais de dez anos de efetiva atividade profissional e membros do Ministério Público do Trabalho com mais de dez anos de efetivo exercício, observado o disposto no art. 94; II – os demais, mediante promoção de juízes do trabalho por antiguidade e merecimento, alternadamente. § 1.º Os Tribunais Regionais do Trabalho instalarão a justiça itinerante, com a realização de audiências e demais funções de atividade jurisdicional, nos limites territoriais da respectiva jurisdição, servindo-se de equipamentos públicos e comunitários. § 2.º Os Tribunais Regionais do Trabalho poderão funcionar descentralizadamente, constituindo Câmaras regionais, a fim de assegurar o pleno acesso do jurisdicionado à justiça em todas as fases do processo.

SEÇÃO I
Da Composição e do Funcionamento

Art. 670. O Tribunal Regional do Trabalho da 1.ª Região compor-se-á de 54 (cinquenta e quatro) Juízes, sendo 36 (trinta e seis) togados, vitalícios, e 18 (dezoito) classistas, temporários; o Tribunal Regional da 2.ª Região compor-se-á de 94 (noventa e quatro) Juízes; o Tribunal Regional da 3.ª Região compor-se-á de 49 (quarenta e nove) Juízes; o Tribunal Regional da 4.ª Região compor-se-á de 36 (trinta e seis) Juízes, sendo 24 (vinte e quatro) togados, vitalícios, e 12 (doze) classistas, temporários; o Tribunal Regional da 5.ª Região compor-se-á de 29 (vinte e nove) Juízes, sendo 19 (dezenove) togados, vitalícios, e 10 (dez) classistas, temporários; o Tribunal Regional da 6.ª Região compor-se-á de 19 (dezenove) Juízes; o Tribunal Regional da 7.ª Região compor-se-á de 14 (quatorze) Juízes; o Tribunal Regional da 8.ª Região compor-se-á de 23 (vinte e três) Juízes, sendo 15 (quinze) togados, vitalícios, e 8 (oito) classistas, temporários; o Tribunal Regional da 9.ª Região compor-se-á de 31 (trinta e um) Juízes; o Tribunal Regional da 10.ª Região compor-se-á de 17 (dezessete) Juízes, sendo 11 (onze) togados, vitalícios, e 6 (seis) classistas, temporários; o Tribunal Regional da 11.ª Região compor-se-á de 14 (quatorze) Juízes; o Tribunal Regional da 12.ª Região compor-se-á de 18 (dezoito) Juízes, sendo 12 (doze) togados, vitalícios, e 6 (seis) classistas, temporários; o Tribunal Regional da 13.ª Região compor-se-á de 8 (oito) Juízes, sendo 6 (seis) togados, vitalícios, e 2 (dois) classistas, temporários; o Tribunal Regional da 14.ª Região compor-se-á de 8 (oito) Juízes, sendo 6 (seis) togados, de investidura vitalícia, e 2 (dois) classistas, de investidura temporária; o Tribunal Regional da 15.ª Região compor-se-á de 55 (cinquenta e cinco) Juízes; o Tribunal Regional da 16.ª Região compor-se-á de 8 (oito) Juízes, sendo 6 (seis) togados, de investidura vitalícia, e 2 (dois) classistas, de investidura temporária; o Tribunal Regional da 17.ª Região compor-se-á de 12 (doze) Juízes; o Tribunal Regional da 18.ª Região compor-se-á de 14 (quatorze) Juízes; o Tribunal Regional da 19.ª Região compor-se-á de 8 (oito) Juízes, sendo 6 (seis) togados, de investidura vitalícia, e 2 (dois) classistas, de investidura temporária; o Tribunal Regional da 20.ª Região compor-se-á de 8 (oito) Juízes, sendo 6 (seis) togados, de investidura vitalícia, e 2 (dois) classistas, de investidura temporária; o Tribunal Regional da 21.ª Região compor-se-á de 10 (dez) Juízes; o Tribunal Regional da 22.ª Região compor-se-á de 8 (oito) Juízes, sendo 6 (seis) togados, de investidura vitalícia, e 2 (dois) classistas, de investidura temporária; o Tribunal Regional da 23.ª Região compor-se-á de 8 (oito) Juízes, sendo 6 (seis) togados, de investidura vitalícia, e 2 (dois) classistas, de investidura temporária; e o Tribunal Regional da 24.ª Região compor-se-á de 8 (oito) Juízes, sendo 6 (seis) togados, de investidura vitalícia, e 2 (dois) classistas, de investidura temporária, todos nomeados pelo Presidente da República.

•• Extinção das Juntas de Conciliação e Julgamento e da representação classista na Justiça do Trabalho: Emenda Constitucional n. 24, de 9-12-1999.

•• O texto do art. 670 da CLT foi por nós atualizado. A seguir, o histórico da criação e da modificação da composição dos Tribunais Regionais do Trabalho:

1.ª Região – Mudança da composição: Leis n. 6.904, de 30-4-1981, 7.119, de 30-8-1983, 7.617, de 8-9-1987, e 8.531, de 15-12-1992.

2.ª Região – Mudança da composição: Leis n. 6.635, de 2-5-1979, 6.904, de 30-4-1981, 7.119, de 30-8-1983, 8.480, de 7-11-1992, e 12.098, de 24-11-2009.

3.ª Região – Mudança da composição: Leis n. 7.119, de 30-8-1983, 7.421, de 17-12-1985, 8.497, de 26-11-1992, e 12.616, de 30-4-2012.

4.ª Região – Mudança da composição: Leis n. 6.904, de 30-4-1981, 7.119, de 30-8-1983, 7.911, de 7-12-1989, e 8.491, de 20-11-1992.

5.ª Região – Mudança da composição: Leis n. 6.904, de 30-4-1981, 7.325, de 18-6-1985, 8.190, de 7-6-1991, e 8.493, de 20-11-1992.

6.ª Região – Mudança da composição: Leis n. 7.119, de 30-8-1983, 7.325, de 18-6-1985, 8.471, de 7-10-1992, e 12.476, de 2-9-2011.

7.ª Região – Criação: Decreto-lei n. 1.237, de 2-5-1939. Mudança da composição: Lei n. 11.999, de 29-7-2009.

8.ª Região – Mudança da composição: Leis n. 7.325, de 18-6-1985, 8.217, de 27-8-1991, e 8.947, de 8-12-1994.

9.ª Região – Criação: Lei n. 6.241, de 22-9-1975. Mudança da composição: Leis n. 7.325, de 18-6-1985, 7.907, de 6-12-1989, 8.492, de 20-11-1992, e 12.482, de 2-9-2011 e 12.617, de 30-4-2012.

10.ª Região – Criação: Lei n. 6.927, de 7-7-1981. Mudança da composição: Leis n. 7.325, de 18-6-1985, e 8.474, de 20-10-1992.

11.ª Região – Criação: Lei n. 6.915, de 1.º-6-1981. Mudança da composição: Lei n. 11.987, de 27-7-2009.

12.ª Região – Criação: Lei n. 6.928, de 7-7-1981. Mudança da composição: Leis n. 7.842, de 18-10-1989, e 8.621, de 8-1-1993.

13.ª Região – Criação: Lei n. 7.324, de 18-6-1985.

14.ª Região – Criação: Lei n. 7.523, de 17-7-1986.

15.ª Região – Criação: Lei n. 7.520, de 15-7-1986. Mudança da composição: Lei n. 8.473, de 19-10-1992, e 12.001, de 29-7-2009.

16.ª Região – Criação: Lei n. 7.671, de 21-9-1988.

17.ª Região – Criação: Lei n. 7.872, de 8-11-1989. Mudança da composição: Lei n. 11.986, de 27-7-2009.

18.ª Região – Criação: Lei n. 7.873, de 9-11-1989. Mudança da composição: Lei n. 11.964, de 3-7-2009, e 12.478, de 2-9-2011.

19.ª Região – Criação: Lei n. 8.219, de 29-8-1991.

20.ª Região – Criação: Lei n. 8.233, de 10-9-1991. Mudança da composição: Lei n. 9.845, de 20-10-1999.

21.ª Região – Criação: Lei n. 8.215, de 25-7-1991. Mudança da composição: Lei n. 12.482, de 2-9-2011.

22.ª Região – Criação: Lei n. 8.221, de 5-9-1991.

23.ª Região – Criação: Lei n. 8.430, de 8-6-1992.

24.ª Região – Criação: Lei n. 8.431, de 9-6-1992.

§ 1.º Haverá um suplente para cada juiz representante classista.

•• § 1.º com redação determinada pelo Decreto-lei n. 9.797, de 9-9-1946.

•• A Lei n. 5.442, de 24-5-1968, propôs nova redação para este parágrafo, porém teve seu texto vetado.

§ 2.º Nos Tribunais Regionais constituídos de 6 (seis) ou mais Juízes togados, e menos de 11 (onze), 1 (um) deles será escolhido dentre advogados, 1 (um) dentre membros do Ministério Público da União junto à Justiça do Trabalho e os demais dentre Juízes do Trabalho, Presidentes de Junta da respectiva Região, na forma prevista no parágrafo anterior.

•• § 2.º com redação determinada pela Lei n. 5.442, de 24-5-1968.

§ 3.º Nos Tribunais do Trabalho das demais Regiões, terão assento três juízes alheios aos interesses profissionais.

•• § 3.º com redação determinada pelo Decreto-lei n. 9.797, de 9-9-1946.

•• A Lei n. 5.442, de 24-5-1968, propôs nova redação para este parágrafo, porém teve seu texto vetado.

§ 4.º Os Juízes classistas referidos neste artigo representarão, paritariamente, empregadores e empregados.

•• § 4.º com redação determinada pela Lei n. 5.442, de 24-5-1968.

§ 5.º Haverá 1 (um) suplente para cada Juiz classista.

•• § 5.º com redação determinada pela Lei n. 5.442, de 24-5-1968.

§ 6.º Os Tribunais Regionais, no respectivo regimento interno, disporão sobre a substituição de seus Juízes, observados, na convocação de Juízes inferiores, os critérios de livre escolha e antiguidade, alternadamente.

•• § 6.º com redação determinada pela Lei n. 5.442, de 24-5-1968.

•• Entendemos prejudicado o disposto neste parágrafo.

Lei Complementar n. 35/79, arts. 93, *caput*, e 118, *caput*: Aplica-se à Justiça do Trabalho, inclusive quanto à convocação de Juiz de Tribunal Regional do Trabalho para substituir Ministro do TST, o disposto no art. 118 desta lei. (...) Art. 118. Em caso de vaga ou afastamento, por prazo superior a 30 (trinta) dias, de membro dos Tribunais Superiores, dos Tribunais Regionais, dos Tribunais de Justiça e dos Tribunais de Alçada (vetado) poderão ser convocados Juízes, em substituição (vetado), escolhidos (vetado) por decisão da maioria absoluta do Tribunal respectivo, ou, se houver, de seu Órgão Especial.

§ 7.º Dentre os seus Juízes togados, os Tribunais Regionais elegerão os respectivos Presidente e Vice-Presidente, assim como os Presidentes de Turmas, onde as houver.
•• § 7.º com redação determinada pela Lei n. 5.442, de 24-5-1968.

§ 8.º Os Tribunais Regionais da 1.ª e 2.ª Regiões dividir-se-ão em Turmas, facultada essa divisão aos constituídos de, pelo menos, 12 (doze) Juízes. Cada Turma se comporá de 3 (três) Juízes togados e 2 (dois) classistas, um representante dos empregados e outro dos empregadores.
•• § 8.º com redação determinada pela Lei n. 5.442, de 24-5-1968.

Art. 671. Para os trabalhos dos Tribunais Regionais existe a mesma incompatibilidade prevista no art. 648, sendo idêntica a forma de sua resolução.
•• O Decreto-lei n. 9.797, de 9-9-1946, determinou a substituição de "Conselhos Regionais" por "Tribunais Regionais".

Art. 672. Os Tribunais Regionais, em sua composição plena, deliberarão com a presença, além do Presidente, da metade e mais um do número de seus Juízes, dos quais, no mínimo, 1 (um) representante dos empregados e outro dos empregadores.
•• *Caput* com redação determinada pela Lei n. 5.442, de 24-5-1968.
•• O Decreto-lei n. 9.797, de 9-9-1946, determinou a substituição de "Conselhos Regionais" por "Tribunais Regionais".

§ 1.º As Turmas somente poderão deliberar presentes, pelo menos, 3 (três) dos seus Juízes, entre eles os 2 (dois) classistas. Para a integração desse *quorum*, poderá o Presidente de uma Turma convocar Juízes de outra, da classe a que pertencer o ausente ou impedido.
•• § 1.º com redação determinada pela Lei n. 5.442, de 24-5-1968.

§ 2.º Nos Tribunais Regionais, as decisões tomar-se-ão pelo voto da maioria dos Juízes presentes, ressalvada, no Tribunal Pleno, a hipótese de declaração de inconstitucionalidade de lei ou ato do poder público (art. 116 da Constituição).
•• § 2.º com redação determinada pela Lei n. 5.442, de 24-5-1968.

Art. 97 da CF: Somente pelo voto da maioria absoluta de seus membros ou dos membros do respectivo órgão especial poderão os tribunais declarar a inconstitucionalidade de lei ou ato normativo do Poder Público.

§ 3.º O Presidente do Tribunal Regional, excetuada a hipótese de declaração de inconstitucionalidade de lei ou ato do poder público, somente terá voto de desempate. Nas sessões administrativas, o Presidente votará como os demais Juízes, cabendo-lhe, ainda, o voto de qualidade.
•• § 3.º com redação determinada pela Lei n. 5.442, de 24-5-1968.

§ 4.º No julgamento de recursos contra decisão ou despacho do Presidente, do Vice-Presidente ou do Relator, ocorrendo empate, prevalecerá a decisão ou despacho recorrido.
•• § 4.º com redação determinada pela Lei n. 5.442, de 24-5-1968.

Art. 673. A ordem das sessões dos Tribunais Regionais será estabelecida no respectivo Regimento Interno.
•• O Decreto-lei n. 9.797, de 9-9-1946, determinou a substituição de "Conselhos Regionais" por "Tribunais Regionais".

SEÇÃO II
Da Jurisdição e Competência

Art. 674. Para efeito da jurisdição dos Tribunais Regionais, o território nacional é dividido nas 24 (vinte e quatro) Regiões seguintes:

Art. 115, § 2.º, da CF: Os Tribunais Regionais do Trabalho poderão funcionar descentralizadamente, constituindo Câmaras regionais, a fim de assegurar o pleno acesso do jurisdicionado à justiça em todas as fases do processo.
• Vide art. 670 da CLT.

1.ª Região – Estado do Rio de Janeiro;
2.ª Região – Estado de São Paulo;
• A Lei n. 7.520, de 15-7-1986, diz em seu art. 1.º, § 1.º, que a 2.ª Região da Justiça do Trabalho passa a abranger apenas o Município da Capital do Estado de São Paulo, e os municípios de Arujá, Barueri, Biritiba-Mirim, Caieiras, Cajamar, Carapicuíba, Cotia, Cubatão, Diadema, Embu, Embu-Guaçu, Ferraz de Vasconcelos, Francisco Morato, Franco da Rocha, Guararema, Guarujá, Guarulhos, Itapecerica da Serra, Itapevi, Itaquaquecetuba, Jandira, Juquitiba, Mairiporã, Mauá, Moji das Cruzes, Osasco, Pirapora do Bom Jesus, Poá, Praia Grande, Ribeirão Pires, Rio Grande da Serra, Salesópolis, Santa Isabel, Santana do Parnaíba, Santo André, Santos, São Bernardo do Campo, São Caetano do Sul, São Vicente, Suzano e Taboão da Serra.

3.ª Região – Estado de Minas Gerais;
4.ª Região – Estado do Rio Grande do Sul;
5.ª Região – Estado da Bahia;
6.ª Região – Estado de Pernambuco;
7.ª Região – Estado do Ceará;
8.ª Região – Estados do Pará e do Amapá;
9.ª Região – Estado do Paraná;
•• Criada pela Lei n. 6.241, de 22-9-1975.
10.ª Região – Distrito Federal e Tocantins;
•• Criada pela Lei n. 6.927, de 7-7-1981.
11.ª Região – Estados do Amazonas e de Roraima;
•• Criada pela Lei n. 6.915, de 1.º-6-1981.
12.ª Região – Estado de Santa Catarina;
•• Criada pela Lei n. 6.928, de 7-7-1981.
13.ª Região – Estado da Paraíba;
•• Criada pela Lei n. 7.324, de 18-6-1985.
14.ª Região – Estados de Rondônia e Acre;
•• Criada pela Lei n. 7.523, de 17-7-1986.
15.ª Região – Estado de São Paulo (área não abrangida pela jurisdição estabelecida na 2.ª Região);
•• Criada pela Lei n. 7.520, de 15-7-1986.
16.ª Região – Estado do Maranhão;
•• Criada pela Lei n. 7.671, de 21-9-1988.
17.ª Região – Estado do Espírito Santo;
•• Criada pela Lei n. 7.872, de 8-11-1989.
18.ª Região – Estado de Goiás;
•• Criada pela Lei n. 7.873, de 9-11-1989.
19.ª Região – Estado de Alagoas;
•• Criada pela Lei n. 8.219, de 29-8-1991.
20.ª Região – Estado de Sergipe;
•• Criada pela Lei n. 8.233, de 10-9-1991.
21.ª Região – Estado do Rio Grande do Norte;
•• Criada pela Lei n. 8.215, de 25-7-1991.
22.ª Região – Estado do Piauí;
•• Criada pela Lei n. 8.221, de 5-9-1991.
23.ª Região – Estado do Mato Grosso;
•• Criada pela Lei n. 8.430, de 8-6-1992.
24.ª Região – Estado do Mato Grosso do Sul.
•• Criada pela Lei n. 8.431, de 9-6-1992.

Parágrafo único. Os Tribunais têm sede nas cidades: Rio de Janeiro (1.ª Região), São Paulo (2.ª Região), Belo Horizonte (3.ª Região), Porto Alegre (4.ª Região), Salvador (5.ª Região), Recife (6.ª Região), Fortaleza (7.ª Região), Belém (8.ª Região), Curitiba (9.ª Região), Brasília (10.ª Região), Manaus (11.ª Região), Florianópolis (12.ª Região), João Pessoa (13.ª Região), Porto Velho (14.ª Região), Campinas (15.ª Região), São Luís (16.ª Região), Vitória (17.ª Região), Goiânia (18.ª Região), Maceió (19.ª Região), Aracaju (20.ª Região), Natal (21.ª Região), Teresina (22.ª Região), Cuiabá (23.ª Região) e Campo Grande (24.ª Região).
•• Parágrafo único com redação determinada pela Lei n. 5.839, de 5-12-1972, e adaptado às criações posteriores.
•• Leis que estabeleceram as sedes das Regiões, na ordem numérica destas: 1.ª a 8.ª (Lei n. 5.839, de 5-12-1972), 9.ª (Lei n. 6.241, de 22-9-1975), 10.ª (Lei n. 6.927, de 7-7-1981), 11.ª (Lei n. 6.915, de 1.º-6-1981), 12.ª (Lei n. 6.928, de 7-7-1981), 13.ª (Lei n. 7.324, de 18-6-1985), 14.ª (Lei n. 7.523, de 17-7-1986), 15.ª (Lei n. 7.520, de 15-7-1986), 16.ª (Lei n. 7.671, de 21-9-1988), 17.ª (Lei n. 7.872, de 8-11-1989), 18.ª (Lei n. 7.873, de 9-11-1989), 19.ª (Lei n. 8.219, de 29-8-1991), 20.ª (Lei n. 8.233, de 10-9-1991), 21.ª (Lei n. 8.215, de 25-7-1991), 22.ª (Lei n. 8.221, de 5-9-1991), 23.ª (Lei n. 8.430, de 8-6-1992) e 24.ª (Lei n. 8.431, de 9-6-1992).

Art. 675. (*Revogado pela Lei n. 5.442, de 24-5-1968.*)

Art. 676. O número de regiões, a jurisdição e a categoria dos Tribunais Regionais, estabelecidos nos artigos anteriores, somente podem ser alterados pelo Presidente da República.
•• Artigo com redação determinada pelo Decreto-lei n. 9.797, de 9-9-1946.
•• Entendemos prejudicado o disposto neste artigo pelos arts. 96, II, e 113 da CF.

Art. 96, II, da CF: Compete privativamente: (...) II – ao Supremo Tribunal Federal, aos Tribunais Superiores e aos Tribunais de Justiça propor ao Poder Legislativo respectivo, observado o disposto no art. 169: *a)* a alteração do número de membros dos tribunais inferiores; *b)* a criação e a extinção de cargos e a remuneração dos seus serviços auxiliares e dos juízos que lhes forem vinculados, bem como a fixação do subsídio de seus membros e dos juízes, inclusive dos tribunais inferiores, onde houver; *c)* a criação ou extinção dos tribunais inferiores; *d)* a alteração da organização e da divisão judiciárias.

Art. 113 da CF: A lei disporá sobre a constituição, investidura, jurisdição, competência, garantias e condições de exercício dos órgãos da Justiça do Trabalho.

Art. 677. A competência dos Tribunais Regionais determina-se pela forma indicada no art. 651 e seus parágrafos e, nos casos de dissídio coletivo, pelo local onde este ocorrer.
•• O Decreto-lei n. 9.797, de 9-9-1946, determinou a substituição de "Conselhos Regionais" por "Tribunais Regionais".

Art. 678. Aos Tribunais Regionais, quando divididos em Turmas, compete:
•• O Decreto-lei n. 9.797, de 9-9-1946, determinou a substituição de "Conselhos Regionais" por "Tribunais Regionais".

I – ao Tribunal Pleno, especialmente:
a) processar, conciliar e julgar originariamente os dissídios coletivos;
b) processar e julgar originariamente:
1) as revisões de sentenças normativas;
2) a extensão das decisões proferidas em dissídios coletivos;
3) os mandados de segurança;
4) as impugnações à investidura de Juízes classistas e seus suplentes nas Juntas de Conciliação e Julgamento;
•• Extinção das Juntas de Conciliação e Julgamento e da representação classista na Justiça do Trabalho: Emenda Constitucional n. 24, de 9-12-1999.

c) processar e julgar em última instância:
1) os recursos das multas impostas pelas Turmas;
2) as ações rescisórias das decisões das Juntas de Conciliação e Julgamento, dos Juízes de Direito investidos na jurisdição trabalhista, das Turmas e de seus próprios acórdãos;
3) os conflitos de jurisdição entre as suas Turmas, os Juízes de Direito investidos na jurisdição trabalhista, as Juntas de Conciliação e Julgamento, ou entre aqueles e estas;
d) julgar em única ou última instância:
1) os processos e os recursos de natureza administrativa atinentes aos seus serviços auxiliares e respectivos servidores;
2) as reclamações contra atos administrativos de seu Presidente ou de qualquer de seus membros, assim como dos Juízes de primeira instância e de seus funcionários;

II – às Turmas:
a) julgar os recursos ordinários previstos no art. 895, *a*;
•• Com a alteração procedida pela Lei n. 11.925, de 17-4-2009, o art. 895 da CLT passa a ter incisos e não alíneas.

Art. 895, I, da CLT: Cabe recurso ordinário para a instância superior: I – das decisões definitivas ou terminativas das Varas e Juízos, no prazo de 8 (oito) dias; e (...).

b) julgar os agravos de petição e de instrumento, estes de decisões denegatórias de recursos de sua alçada;
c) impor multas e demais penalidades relativas a atos de sua competência jurisdicional, e julgar os recursos interpostos das decisões das Juntas e dos Juízes de Direito que as impuserem.
•• *Caput* e alíneas com redação determinada pela Lei n. 5.442, de 24-5-1968.

Parágrafo único. Das decisões das Turmas não caberá recurso para o Tribunal Pleno, exceto no caso do inciso I da alínea *c* do item 1, deste artigo.
•• Parágrafo único com redação determinada pela Lei n. 5.442, de 24-5-1968.

Art. 679. Aos Tribunais Regionais não divididos em Turmas, compete o julgamento das matérias a que se refere o artigo anterior, exceto a de que trata o inciso I da alínea *c* do item 1, como os conflitos de jurisdição entre Turmas.
•• Artigo com redação determinada pela Lei n. 5.442, de 24-5-1968.

Art. 680. Compete, ainda, aos Tribunais Regionais, ou suas Turmas:
a) determinar às Juntas e aos Juízes de Direito a realização dos atos processuais e diligências necessárias ao julgamento dos feitos sob sua apreciação;
•• Extinção das Juntas de Conciliação e Julgamento: Emenda Constitucional n. 24, de 9-12-1999.

b) fiscalizar o cumprimento de suas próprias decisões;
c) declarar a nulidade dos atos praticados com infração de suas decisões;
d) julgar as suspeições arguidas contra seus membros;
e) julgar as exceções de incompetência que lhes forem opostas;
f) requisitar às autoridades competentes as diligências necessárias ao esclarecimento dos feitos sob apreciação, representando contra aquelas que não atenderem a tais requisições;
g) exercer, em geral, no interesse da Justiça do Trabalho, as demais atribuições que decorram de sua jurisdição.
•• Artigo com redação determinada pela Lei n. 5.442, de 24-5-1968.

SEÇÃO III
Dos Presidentes dos Tribunais Regionais
•• O Decreto-lei n. 9.797, de 9-9-1946, determinou a substituição de "Conselhos Regionais" por "Tribunais Regionais".

Art. 681. Os Presidentes e Vice-Presidentes dos Tribunais Regionais do Trabalho tomarão posse perante os respectivos Tribunais.
•• *Caput* com redação determinada pela Lei n. 6.320, de 5-4-1976.

Parágrafo único. (*Revogado pela Lei n. 6.320, de 5-4-1976.*)

Art. 682. Competem privativamente aos Presidentes dos Tribunais Regionais, além das que forem conferidas neste e no título e das decorrentes do seu cargo, as seguintes atribuições:
•• O Decreto-lei n. 9.797, de 9-9-1946, determinou a substituição de "Conselhos Regionais" por "Tribunais Regionais".

I – (*Revogado pela Lei n. 5.442, de 24-5-1968.*)
II – designar os vogais das Juntas e seus suplentes;
•• A CF, de 5-10-1988, estabelecia que as Juntas de Conciliação e Julgamento seriam compostas por um juiz do trabalho e dois juízes classistas temporários. A Emenda Constitucional n. 24, de 9-12-1999, extinguiu as Juntas de Conciliação e Julgamento e a representação classista na Justiça do Trabalho. Em seu lugar, estabeleceu a jurisdição singular do juiz togado, que a exercerá nas Varas do Trabalho.

III – dar posse aos Presidentes de Juntas e Presidentes Substitutos, aos vogais e suplentes e funcionários do próprio Tribunal e conceder férias e licenças aos mesmos e aos vogais e suplentes das Juntas;
•• *Vide* nota ao inciso anterior.

IV – presidir às sessões do Tribunal;
V – presidir às audiências de conciliação nos dissídios coletivos;
VI – executar suas próprias decisões e as proferidas pelo Tribunal;
VII – convocar suplentes dos vogais, nos impedimentos destes;
VIII – representar ao Presidente do Tribunal Superior do Trabalho contra os Presidentes e os vogais nos casos previstos no art. 727 e seu parágrafo único;
•• O Decreto-lei n. 9.797, de 9-9-1946, determinou a substituição de "Conselho Nacional" por "Tribunal Superior".
•• *Vide* nota ao inciso II deste artigo.

IX – despachar os recursos interpostos pelas partes;
• *Vide* Instrução Normativa n. 16, de 26-8-1999, do TST.

X – requisitar às autoridades competentes, nos casos de dissídio coletivo, a força necessária, sempre que houver ameaça de perturbação da ordem;
XI – exercer correição, pelo menos uma vez por ano, sobre as Juntas, ou parcialmente sempre que se fizer necessário, e solicitá-la, quando julgar conveniente, ao Presidente do Tribunal de Apelação, relativamente aos Juízes de Direito investidos na administração da Justiça do Trabalho;

CLT – Arts. 682 a 690 — **Justiça do Trabalho**

•• "Tribunais de Apelação", a partir da promulgação da CF de 1946, passaram a denominar-se "Tribunais de Justiça". *Vide* Nota dos Organizadores.

XII – distribuir os feitos, designando os Juízes que os devem relatar;

XIII – designar, dentre os funcionários do Tribunal e das Juntas existentes em uma mesma localidade, o que deve exercer a função de distribuidor;

XIV – assinar as folhas de pagamento dos Juízes e servidores do Tribunal.

•• *Caput* e incisos com redação determinada pelo Decreto-lei n. 8.737, de 19-1-1946.

§ 1.º Na falta ou impedimento do Presidente da Junta e do substituto da mesma localidade, é facultado ao Presidente do Tribunal Regional designar substituto de outra localidade, observada a ordem de antiguidade entre os substitutos desimpedidos.

•• § 1.º com redação determinada pelo Decreto-lei n. 8.737, de 19-1-1946.
•• O Decreto-lei n. 9.797, de 9-9-1946, determinou a substituição de "Conselho Regional" por "Tribunal Regional".

§ 2.º Na falta ou impedimento do vogal da Junta e do respectivo suplente, é facultado ao Presidente do Tribunal Regional designar suplente de outra Junta, respeitada a categoria profissional ou econômica do representante e a ordem de antiguidade dos suplentes desimpedidos.

•• § 2.º com redação determinada pelo Decreto-lei n. 8.737, de 19-1-1946.
•• O Decreto-lei n. 9.797, de 9-9-1946, determinou a substituição de "Conselho Regional" por "Tribunal Regional".
•• Extinção das Juntas de Conciliação e Julgamento e da representação classista na Justiça do Trabalho: Emenda Constitucional n. 24, de 9-12-1999.

§ 3.º Na falta ou impedimento de qualquer Juiz representante classista e seu respectivo suplente, é facultado ao Presidente do Tribunal Regional designar um dos Juízes classistas de Junta de Conciliação e Julgamento para funcionar nas sessões do Tribunal, respeitada a categoria profissional ou econômica do representante.

•• § 3.º acrescentado pela Lei n. 3.440, de 27-8-1958.

Art. 683. Na falta ou impedimento dos Presidentes dos Tribunais Regionais, e como auxiliares destes, sempre que necessário, funcionarão seus substitutos.

•• *Caput* com redação determinada pelo Decreto-lei n. 8.737, de 19-1-1946.
•• O Decreto-lei n. 9.797, de 9-9-1946, determinou a substituição de "Conselhos Regionais" por "Tribunais Regionais".

§ 1.º Nos casos de férias, por 30 (trinta) dias, licença, morte ou renúncia, a convocação competirá diretamente ao Presidente do Tribunal Superior do Trabalho.

•• § 1.º com redação determinada pelo Decreto-lei n. 8.737, de 19-1-1946.
•• O Decreto-lei n. 9.797, de 9-9-1946, determinou a substituição de "Conselho Nacional" por "Tribunal Superior".

§ 2.º Nos demais casos, mediante convocação do próprio Presidente do Tribunal ou comunicação do secretário deste, o Presidente Substituto assumirá imediatamente o exercício, ciente o Presidente do Tribunal Superior do Trabalho.

•• § 2.º com redação determinada pelo Decreto-lei n. 8.737, de 19-1-1946.
•• O Decreto-lei n. 9.797, de 9-9-1946, determinou a substituição de "Conselho Nacional" por "Tribunal Superior".

SEÇÃO IV
Dos Juízes Representantes Classistas dos Tribunais Regionais

•• O Decreto-lei n. 9.797, de 9-9-1946, determinou a substituição de "Conselhos Regionais" por "Tribunais Regionais".
•• Extinção da representação classista na Justiça do Trabalho: Emenda Constitucional n. 24, de 9-12-1999.

Art. 684. Os Juízes representantes classistas dos Tribunais Regionais são designados pelo Presidente da República.

•• O Decreto-lei n. 9.797, de 9-9-1946, determinou a substituição de "Conselhos Regionais" por "Tribunais Regionais".
•• Extinção da representação classista na Justiça do Trabalho: Emenda Constitucional n. 24, de 9-12-1999.

Parágrafo único. Aos Juízes representantes classistas dos empregados e dos empregadores, nos Tribunais Regionais, aplicam-se as disposições do art. 661.

•• Primitivo § 1.º, passado a parágrafo único com a revogação do § 2.º pela Lei n. 5.442, de 24-5-1968.
•• O Decreto-lei n. 9.797, de 9-9-1946, determinou a substituição de "Conselhos Regionais" por "Tribunais Regionais".

Art. 685. A escolha dos Juízes e suplentes dos Tribunais Regionais, representantes dos empregadores e empregados, é feita dentre os nomes constantes das listas para esse fim encaminhadas ao Presidente do Tribunal Superior do Trabalho pelas associações sindicais de grau superior com sede nas respectivas Regiões.

•• O Decreto-lei n. 9.797, de 9-9-1946, determinou a substituição de "Conselhos Regionais" por "Tribunais Regionais" e "Conselho Nacional" por "Tribunal Superior".

§ 1.º Para o efeito deste artigo, o Conselho de Representantes de cada associação sindical de grau superior, na ocasião determinada pelo Presidente do Tribunal Superior do Trabalho, organizará, por maioria de votos, uma lista de 3 (três) nomes.

§ 2.º O Presidente do Tribunal Superior do Trabalho submeterá os nomes constantes das listas ao Presidente da República, por intermédio do Ministro da Justiça e Negócios Interiores.

•• § 2.º com redação determinada pela Lei n. 2.244, de 23-6-1954.
•• *Vide* Nota dos Organizadores sobre Ministérios. Denominação atual: Ministério da Justiça.

Art. 686. (*Suprimido pelo Decreto-lei n. 9.797, de 9-9-1946.*)

Art. 687. Os Juízes representantes classistas dos Tribunais Regionais tomam posse perante o respectivo Presidente.

•• O Decreto-lei n. 9.797, de 9-9-1946, determinou a substituição de "Conselhos Regionais" por "Tribunais Regionais".

Art. 688. Aos Juízes representantes classistas dos Tribunais Regionais aplicam-se as disposições do art. 663, sendo a nova escolha feita dentre os nomes constantes das listas a que se refere o art. 685, ou na forma indicada no art. 686 e, bem assim, as dos arts. 665 e 667.

•• O Decreto-lei n. 9.797, de 9-9-1946, determinou a substituição de "Conselhos Regionais" por "Tribunais Regionais".
•• Extinção da representação classista na Justiça do Trabalho: Emenda Constitucional n. 24, de 9-12-1999.
•• Prejudicada a referência feita ao art. 686 revogado pelo Decreto-lei n. 9.797, de 9-9-1946.

Art. 689. Por sessão a que comparecerem, até o máximo de 15 (quinze) por mês, perceberão os Juízes representantes classistas e suplentes dos Tribunais Regionais a gratificação fixada em lei.

•• *Caput* com redação determinada pelo Decreto-lei n. 8.737, de 19-1-1946.
•• O Decreto-lei n. 9.797, de 9-9-1946, determinou a substituição de "Conselhos Regionais" por "Tribunais Regionais".
•• Extinção da representação classista na Justiça do Trabalho: Emenda Constitucional n. 24, de 9-12-1999.

Parágrafo único. Os Juízes representantes classistas que retiverem processos além dos prazos estabelecidos no Regimento Interno dos Tribunais Regionais sofrerão automaticamente, na gratificação mensal a que teriam direito, desconto equivalente a 1/30 (um trinta avos) por processo retido.

•• Parágrafo único com redação determinada pelo Decreto-lei n. 8.737, de 19-1-1946.

Capítulo V
DO TRIBUNAL SUPERIOR DO TRABALHO

•• O Decreto-lei n. 9.797, de 9-9-1946, determinou a substituição de "Conselho Nacional" por "Tribunal Superior".

Súmula 190/TST: Poder normativo do TST. Condições de trabalho. Inconstitucionalidade. Decisões contrárias ao STF. Ao julgar ou homologar ação coletiva ou acordo nela havido, o Tribunal Superior do Trabalho exerce o poder normativo constitucional, não podendo criar ou homologar condições de trabalho que o Supremo Tribunal Federal julgue iterativamente inconstitucionais.

•• *Vide* arts. 111 e 111-A da CF.

SEÇÃO I
Disposições Preliminares

Art. 690. O Tribunal Superior do Trabalho, com sede na Capital da República e jurisdição em todo o território nacional, é a instância superior da Justiça do Trabalho.

•• *Caput* com redação determinada pela Lei n. 2.244, de 23-6-1954.

Parágrafo único. O Tribunal funciona na plenitude de sua composição ou dividido em Turmas, com observância da paridade de representação de empregados e empregadores.

•• Parágrafo único com redação determinada pela Lei n. 2.244, de 23-6-1954.

Art. 691. (*Suprimido pelo Decreto-lei n. 8.737, de 19-1-1946.*)

Art. 692. (*Suprimido pelo Decreto-lei n. 8.737, de 19-1-1946.*)

SEÇÃO II
Da Composição e Funcionamento do Tribunal Superior do Trabalho

•• O Decreto-lei n. 9.797, de 9-9-1946, determinou a substituição de "Conselho Nacional" por "Tribunal Superior".

Art. 693. O Tribunal Superior do Trabalho compõe-se de dezessete juízes com a denominação de Ministros, sendo:

•• Entendemos prejudicado o disposto neste artigo pelo art. 111-A da CF.

Art. 111-A da CF: O Tribunal Superior do Trabalho compor-se-á de vinte e sete Ministros, escolhidos dentre brasileiros com mais de trinta e cinco anos e menos de sessenta e cinco anos, de notável saber jurídico e reputação ilibada, nomeados pelo Presidente da República após aprovação pela maioria absoluta do Senado Federal, sendo: I – um quinto dentre advogados com mais de dez anos de efetiva atividade profissional e membros do Ministério Público do Trabalho com mais de dez anos de efetivo exercício, observado o disposto no art. 94; II – os demais dentre juízes dos Tribunais Regionais do Trabalho, oriundos da magistratura da carreira, indicados pelo próprio Tribunal Superior. § 1.º A lei disporá sobre a competência do Tribunal Superior do Trabalho. § 2.º Funcionarão junto ao Tribunal Superior do Trabalho: I – a Escola Nacional de Formação e Aperfeiçoamento de Magistrados do Trabalho, cabendo-lhe, dentre outras funções, regulamentar os cursos oficiais para o ingresso e promoção na carreira; II – o Conselho Superior da Justiça do Trabalho, cabendo-lhe exercer, na forma da lei, a supervisão administrativa, orçamentária, financeira e patrimonial da Justiça do Trabalho de primeiro e segundo graus, como órgão central do sistema, cujas decisões terão efeito vinculante. § 3.º Compete ao Tribunal Superior do Trabalho processar e julgar, originariamente, a reclamação para a preservação de sua competência e garantia da autoridade de suas decisões.

a) onze togados e vitalícios, nomeados pelo Presidente da República, depois de aprovada a escolha pelo Senado Federal, dentre brasileiros natos, maiores de trinta e cinco anos, de notável saber jurídico e reputação ilibada;

b) seis classistas, com mandato de três anos, em representação paritária dos empregadores e dos empregados, nomeados pelo Presidente da República de conformidade com o disposto nos §§ 2.º e 3.º deste artigo.

•• *Caput* e alíneas com redação determinada pela Lei n. 5.442, de 24-5-1968.

§ 1.º Dentre os juízes togados do Tribunal Superior do Trabalho, alheios aos interesses profissionais, serão eleitos o Presidente, o Vice-Presidente e o Corregedor, além dos presidentes das turmas na forma estabelecida em seu regimento interno.

•• § 1.º com redação determinada pela Lei n. 2.244, de 23-6-1954.

§ 2.º Para nomeação trienal dos juízes classistas, o Presidente do Tribunal Superior do Trabalho publicará edital, com antecedência mínima de 15 (quinze) dias, convocando as associações sindicais de grau superior, para que cada uma, mediante maioria de votos do respectivo Conselho de Representantes, organize uma lista de 3 (três) nomes, que será encaminhada, por intermédio daquele Tribunal, ao Ministro da Justiça e Negócios Interiores dentro do prazo que for fixado no edital.

•• § 2.º com redação determinada pela Lei n. 2.244, de 23-6-1954.
•• *Vide* Nota dos Organizadores sobre Ministérios.

§ 3.º Na lista de que trata o parágrafo anterior figurarão somente brasileiros natos, de reconhecida idoneidade, maiores de 25 anos, quites com o serviço militar, que estejam no gozo de seus direitos civis e políticos e contem mais de dois anos de efetivo exercício da profissão ou se encontrem no desempenho de representação profissional prevista em lei.

•• § 3.º com redação determinado pelo Decreto-lei n. 9.797, de 9-9-1946.

§ 4.º (*Vetado.*)

•• § 4.º acrescentado pela Lei n. 2.244, de 23-6-1954.

Art. 694. Os juízes togados escolher-se-ão: sete, dentre magistrados da Justiça do Trabalho, dois, dentre advogados no efetivo exercício da profissão, e dois, dentre membros do Ministério Público da União junto à Justiça do Trabalho.

•• Artigo com redação determinada pela Lei n. 5.442, de 24-5-1968.
•• Entendemos prejudicado o disposto neste artigo pelo art. 111-A da CF. *Vide* nota ao *caput* do art. 693.

Art. 695. (*Suprimido pelo Decreto-lei n. 9.797, de 9-9-1946.*)

Art. 696. Importará em renúncia o não comparecimento do membro do Tribunal, sem motivo justificado, a mais de 3 (três) sessões ordinárias consecutivas.

•• *Caput* com redação determinada pelo Decreto-lei n. 8.737, de 19-1-1946.
•• Entendemos prejudicado o disposto neste artigo pela Lei Complementar n. 35, de 14-3-1979.

Art. 95, I, da CF: Os juízes gozam das seguintes garantias: I – vitaliciedade, que, no primeiro grau, só será adquirida após dois anos de exercício, dependendo a perda do cargo, nesse período, de deliberação do tribunal a que o juiz estiver vinculado, e, nos demais casos, de sentença judicial transitada em julgado.

§ 1.º Ocorrendo a hipótese prevista neste artigo, o Presidente do Tribunal comunicará, imediatamente, o fato ao Ministro da Justiça e Negócios Interiores, a fim de que seja feita a substituição do juiz renunciante, sem prejuízo das sanções cabíveis.

•• § 1.º com redação determinada pela Lei n. 2.244, de 23-6-1954.
•• *Vide* Nota dos Organizadores sobre Ministérios.

§ 2.º Para os efeitos do parágrafo anterior, a designação do substituto será feita dentre os nomes constantes das listas de que trata o § 2.º do art. 693.

•• § 2.º com redação determinada pela Lei n. 2.244, de 23-6-1954.

Art. 697. Em caso de licença superior a 30 (trinta) dias, ou de vacância, enquanto não for preenchido o cargo, os Ministros do Tribunal poderão ser substituídos mediante convocação de Juízes, de igual categoria, de qualquer dos Tribunais Regionais do Trabalho, na forma que dispuser o Regimento do Tribunal Superior do Trabalho.

•• Artigo com redação determinada pela Lei n. 6.289, de 11-12-1975.

Lei Complementar n. 35/79, art. 118, § 1.º: Em caso de vaga ou afastamento, por prazo superior a 30 (trinta) dias, de membro dos Tribunais Superiores, dos Tribunais Regionais, dos Tribunais de Justiça e dos Tribunais de Alçada (vetado), poderão ser convocados Juízes, em substituição (vetado) escolhidos (vetado) por decisão da maioria absoluta do Tribunal respectivo, ou, se houver, de seu Órgão Especial. § 1.º A convocação far-se-á mediante sorteio público dentre: I – os juízes federais, para o TFR; II – o corregedor e juízes-auditores para a substituição de Ministro togado do Superior Tribunal Militar; III – os juízes da Comarca da Capital para os Tribunais de Justiça dos Estados onde não houver Tribunal de Alçada e, onde houver, dentre os membros deste para os Tribunais de Justiça e dentre os juízes da Comarca da sede do Tribunal de Alçada para o mesmo; IV – os juízes de direito do Distrito Federal, para o Tribunal de Justiça do Distrito Federal e dos Territórios; V – os juízes presidentes de Junta de Conciliação e Julgamento da sede da Região para os Tribunais Regionais do Trabalho.

Art. 698. (*Suprimido pelo Decreto-lei n. 8.737, de 19-1-1946.*)

Art. 699. O Tribunal Superior do Trabalho não poderá deliberar, na plenitude de sua composição, senão com a presença de, pelo menos, nove de seus juízes, além do Presidente.

•• *Caput* com redação determinada pela Lei n. 2.244, de 23-6-1954.
•• Entendemos prejudicado o disposto neste artigo pela Lei n. 7.701, de 21-12-1988, que dispõe sobre a especialização de Turmas dos Tribunais do Trabalho em processos coletivos.

Parágrafo único. As turmas do Tribunal, compostas de 5 (cinco) juízes, só poderão deliberar com a presença de pelo menos, três de seus membros, além do respectivo presidente, cabendo também a este funcionar como relator ou revisor nos feitos que lhe forem distribuídos conforme estabelecer o regimento interno.

•• Parágrafo único acrescentado pela Lei n. 2.244, de 23-6-1954.

Art. 700. O Tribunal reunir-se-á em dias previamente fixados pelo Presidente, o qual poderá, sempre que for necessário, convocar sessões extraordinárias.

•• Artigo com redação determinada pelo Decreto-lei n. 8.737, de 19-1-1946.
• *Vide* art. 96, I, *a*, da CF.

Art. 701. As sessões do Tribunal serão públicas e começarão às 14 (quatorze) horas, terminando às 17 (dezessete) horas, mas poderão ser prorrogadas pelo Presidente em caso de manifesta necessidade.
•• *Caput* com redação determinada pelo Decreto-lei n. 8.737, de 19-1-1946.
• Vide art. 96, I, *a*, da CF.

§ 1.º As sessões extraordinárias do Tribunal só se realizarão quando forem comunicadas aos seus membros com 24 (vinte e quatro) horas, no mínimo, de antecedência.
•• § 1.º com redação determinada pelo Decreto-lei n. 8.737, de 19-1-1946.

§ 2.º Nas sessões do Tribunal, os debates poderão tornar-se secretos, desde que, por motivo de interesse público, assim resolver a maioria de seus membros.
•• § 2.º com redação determinada pelo Decreto-lei n. 8.737, de 19-1-1946.

SEÇÃO III
Da Competência do Tribunal Pleno

•• Entendemos prejudicado o disposto nesta Seção pelo art. 4.º da Lei n. 7.701, de 21-12-1988, e pelo art. 68 do Regimento Interno do TST.

Lei n. 7.701/88, art. 4.º: É da competência do Tribunal Pleno do Tribunal Superior do Trabalho: *a*) a declaração de inconstitucionalidade ou não de lei ou de ato normativo do Poder Público; *b*) aprovar os enunciados da Súmula da jurisprudência predominante em dissídios individuais; *c*) julgar os incidentes de uniformização da jurisprudência em dissídios individuais; *d*) aprovar os precedentes da jurisprudência predominante em dissídios coletivos; *e*) aprovar as tabelas de custas e emolumentos, nos termos da lei; e *f*) elaborar o Regimento Interno do Tribunal e exercer as atribuições administrativas previstas em lei ou na Constituição Federal.

RITST, art. 68: Compete ao Tribunal Pleno: I – eleger, por escrutínio secreto, o Presidente e o Vice-Presidente do Tribunal Superior do Trabalho, o Corregedor-Geral da Justiça do Trabalho, os sete Ministros para integrar o Órgão Especial, o Diretor, o Vice-Diretor e os membros do Conselho Consultivo da Escola Nacional de Formação e Aperfeiçoamento de Magistrados do Trabalho – ENAMAT, os Ministros membros do Conselho Superior da Justiça do Trabalho – CSJT e respectivos suplentes e os membros do Conselho Nacional de Justiça; II – dar posse aos membros eleitos para os cargos de direção do Tribunal Superior do Trabalho, aos Ministros nomeados para o Tribunal, aos membros da direção e do Conselho Consultivo da Escola Nacional de Formação e Aperfeiçoamento de Magistrados do Trabalho – ENAMAT; III – escolher os integrantes das listas para preenchimento das vagas de Ministro do Tribunal; IV – deliberar sobre prorrogação do prazo para a posse no cargo de Ministro do Tribunal Superior do Trabalho e o início do exercício; V – determinar a disponibilidade ou a aposentadoria de Ministro do Tribunal; VI – opinar sobre propostas de alterações da legislação trabalhista, inclusive processual, quando entender que deve manifestar-se oficialmente; VII – aprovar, modificar ou revogar, em caráter de urgência e com preferência na pauta, Súmula da Jurisprudência predominante em Dissídios Individuais e os Precedentes Normativos da Seção Especializada em Dissídios Coletivos; VIII – julgar os Incidentes de Uniformização de Jurisprudência; IX – decidir sobre a declaração de inconstitucionalidade de lei ou ato normativo do Poder Público, quando aprovada a arguição pelas Seções Especializadas ou Turmas; X – aprovar e emendar o Regimento Interno do Tribunal Superior do Trabalho; XI – aprovar o cancelamento e a revisão de orientação jurisprudencial.

Art. 702. Ao Tribunal Pleno compete:
•• *Caput* com redação determinada pela Lei n. 2.244, de 23-6-1954.

I – em única instância:
•• Inciso I, *caput*, acrescentado pela Lei n. 2.244, de 23-6-1954.

a) decidir sobre matéria constitucional, quando arguido, para invalidar lei ou ato do poder público;
•• Alínea *a* acrescentada pela Lei n. 2.244, de 23-6-1954.

b) conciliar e julgar os dissídios coletivos que excedam a jurisdição dos Tribunais Regionais do Trabalho, bem como estender ou rever suas próprias decisões normativas, nos casos previstos em lei;
•• Alínea *b* acrescentada pela Lei n. 2.244, de 23-6-1954.

c) homologar os acordos celebrados em dissídios de que trata a alínea anterior;
•• Alínea *c* acrescentada pela Lei n. 2.244, de 23-6-1954.

d) julgar os agravos dos despachos do presidente, nos casos previstos em lei;
•• Alínea *d* acrescentada pela Lei n. 2.244, de 23-6-1954.

e) julgar as suspeições arguidas contra o presidente e demais juízes do Tribunal, nos feitos pendentes de sua decisão;
•• Alínea *e* acrescentada pela Lei n. 2.244, de 23-6-1954.

f) estabelecer ou alterar súmulas e outros enunciados de jurisprudência uniforme, pelo voto de pelo menos dois terços de seus membros, caso a mesma matéria já tenha sido decidida de forma idêntica por unanimidade em, no mínimo, dois terços das turmas em pelo menos dez sessões diferentes em cada uma delas, podendo, ainda, por maioria de dois terços de seus membros, restringir os efeitos daquela declaração ou decidir que ela só tenha eficácia a partir de sua publicação no *Diário Oficial*;
•• Alínea *f* com redação determinada pela Lei n. 13.467, de 13-7-2017.

g) aprovar tabelas de custas e emolumentos, nos termos da lei;
•• Alínea *g* acrescentada pela Lei n. 2.244, de 23-6-1954.

Art. 24, IV, da CF: Compete à União, aos Estados e ao Distrito Federal legislar concorrentemente sobre: (...) IV – custas dos serviços forenses.

Art. 145, II, da CF: A União, os Estados, o Distrito Federal e os Municípios poderão instituir os seguintes tributos: (...) II – taxas, em razão do exercício do poder de polícia ou pela utilização, efetiva ou potencial, de serviços públicos específicos e divisíveis, prestados ao contribuinte ou postos a sua disposição.

h) elaborar o Regimento Interno do Tribunal e exercer as atribuições administrativas previstas em lei, ou decorrentes da Constituição Federal;
•• Alínea *h* acrescentada pela Lei n. 2.244, de 23-6-1954.

II – em última instância:
•• Inciso II, *caput*, acrescentado pela Lei n. 2.244, de 23-6-1954.

a) julgar os recursos ordinários das decisões proferidas pelos Tribunais Regionais, em processos de sua competência originária;
•• Alínea *a* acrescentada pela Lei n. 2.244, de 23-6-1954.

b) julgar os embargos opostos às decisões de que tratam as alíneas *b* e *c* do inciso I deste artigo;
•• Alínea *b* acrescentada pela Lei n. 2.244, de 23-6-1954.

c) julgar embargos das decisões das Turmas, quando estas divirjam entre si ou de decisão proferida pelo próprio Tribunal Pleno, ou que forem contrárias à letra da lei federal;
•• Alínea *c* com redação determinada pelo Decreto-lei n. 229, de 28-2-1967.

d) julgar os agravos de despachos denegatórios dos presidentes de turmas, em matéria de embargos, na forma estabelecida no regimento interno;
•• Alínea *d* acrescentada pela Lei n. 2.244, de 23-6-1954.

e) julgar os embargos de declaração opostos aos seus acórdãos.
•• Alínea *e* acrescentada pela Lei n. 2.244, de 23-6-1954.

§ 1.º Quando adotada pela maioria de dois terços dos juízes do Tribunal Pleno, a decisão proferida nos embargos de que trata o inciso II, alínea *c*, deste artigo, terá força de prejulgado, nos termos dos §§ 2.º e 3.º do art. 902.
•• § 1.º acrescentado pela Lei n. 2.244, de 23-6-1954.
•• O art. 902 da CLT foi revogado pela Lei n. 7.033, de 5-10-1982.

Súmula 401/STF: Não se conhece do recurso de revista, nem dos embargos de divergência, do processo trabalhista, quando houver jurisprudência firme do Tribunal Superior do Trabalho no mesmo sentido da decisão impugnada, salvo se houver colisão com a jurisprudência do Supremo Tribunal Federal.

§ 2.º É da competência de cada uma das turmas do Tribunal:
•• § 2.º, *caput*, acrescentado pela Lei n. 2.244, de 23-6-1954.

a) julgar, em única instância, os conflitos de jurisdição entre Tribunais Regionais do Trabalho e os que se suscitarem entre juízes de direito ou juntas de conciliação e julgamento de regiões diferentes;
•• Alínea *a* acrescentada pela Lei n. 2.244, de 23-6-1954.
•• O Decreto-lei n. 9.797, de 9-9-1946, determinou a substituição de "Conselhos Regionais" por "Tribunais Regionais".
•• Extinção das Juntas de Conciliação e Julgamento: Emenda Constitucional n. 24, de 9-12-1999.

b) julgar, em última instância, os recursos de revista interpostos de decisões dos Tribunais Regionais e das Juntas de Conciliação e Julgamento ou juízes de direito, nos casos previstos em lei;
•• Alínea *b* acrescentada pela Lei n. 2.244, de 23-6-1954.

c) julgar os agravos de instrumento dos despachos que denegarem a interposição de recursos ordinários ou de revista;
•• Alínea *c* acrescentada pela Lei n. 2.244, de 23-6-1954.

d) julgar os embargos de declaração opostos aos seus acórdãos;
•• Alínea *d* acrescentada pela Lei n. 2.244, de 23-6-1954.

e) julgar as habilitações incidentes e arguições de falsidade, suspeição e outras, nos casos pendentes de sua decisão.
•• Alínea *e* acrescentada pela Lei n. 2.244, de 23-6-1954.

§ 3.º As sessões de julgamento sobre estabelecimento ou alteração de súmulas e outros enunciados de jurisprudência deverão ser públicas, divulgadas com, no mínimo, trinta dias de antecedência, e deverão possibilitar a sustentação oral pelo Procurador-Geral do Trabalho, pelo Conselho Federal da Ordem dos Advogados do Brasil, pelo Advogado-Geral da União e por confederações sindicais ou entidades de classe de âmbito nacional.
•• § 3.º acrescentado pela Lei n. 13.467, de 13-7-2017.

§ 4.º O estabelecimento ou a alteração de súmulas e outros enunciados de jurisprudência pelos Tribunais Regionais do Trabalho deverão observar o disposto na alínea *f* do inciso I e no § 3.º deste artigo, com rol equivalente de legitimados para sustentação oral, observada a abrangência de sua circunscrição judiciária.
•• § 4.º acrescentado pela Lei n. 13.467, de 13-7-2017.

SEÇÃO IV
Da Competência da Câmara de Justiça do Trabalho

Arts. 703 a 705. (*Suprimidos pelo Decreto-lei n. 8.737, de 19-1-1946.*)

SEÇÃO V
Da Competência da Câmara de Previdência Social

Art. 706. (*Suprimido pelo Decreto-lei n. 8.737, de 19-1-1946.*)

SEÇÃO VI
Das Atribuições do Presidente do Tribunal Superior do Trabalho

•• O Decreto-lei n. 9.797, de 9-9-1946, determinou a substituição de "Conselho Nacional" por "Tribunal Superior".
•• Extinção das Juntas de Conciliação e Julgamento: Emenda Constitucional n. 24, de 9-12-1999.

Art. 707. Compete ao Presidente do Tribunal:
•• *Caput* com redação determinada pelo Decreto-lei n. 8.737, de 19-1-1946.

Art. 96, I, *a*, da CF: Compete privativamente: I – aos tribunais: *a)* eleger seus órgãos diretivos e elaborar seus regimentos internos, com observância das normas de processo e das garantias processuais das partes, dispondo sobre a competência e o funcionamento dos respectivos órgãos jurisdicionais e administrativos.

a) presidir às sessões do Tribunal, fixando os dias para a realização das sessões ordinárias e convocando as extraordinárias;
•• Alínea *a* com redação determinada pelo Decreto-lei n. 8.737, de 19-1-1946.

b) superintender todos os serviços do Tribunal;
•• Alínea *b* com redação determinada pelo Decreto-lei n. 8.737, de 19-1-1946.

c) expedir instruções e adotar as providências necessárias para o bom funcionamento do Tribunal e dos demais órgãos da Justiça do Trabalho;
•• Alínea *c* com redação determinada pelo Decreto-lei n. 8.737, de 19-1-1946.

d) fazer cumprir as decisões originárias do Tribunal, determinando aos Tribunais Regionais e aos demais órgãos da Justiça do Trabalho a realização dos atos processuais e das diligências necessárias;
•• Alínea *d* com redação determinada pelo Decreto-lei n. 8.737, de 19-1-1946.

e) submeter ao Tribunal os processos em que tenha de deliberar e designar, na forma do Regimento Interno, os respectivos relatores;
•• Alínea *e* com redação determinada pelo Decreto-lei n. 8.737, de 19-1-1946.

f) despachar os recursos interpostos pelas partes e os demais papéis em que deva deliberar;
•• Alínea *f* com redação determinada pelo Decreto-lei n. 8.737, de 19-1-1946.

g) determinar as alterações que se fizerem necessárias na lotação do pessoal da Justiça do Trabalho, fazendo remoções *ex officio* de servidores entre os Tribunais Regionais, Juntas de Conciliação e Julgamento e outros órgãos, bem como conceder as requeridas que julgar convenientes ao serviço, respeitada a lotação de cada órgão;
•• Alínea *g* com redação determinada pelo Decreto-lei n. 8.737, de 19-1-1946.
•• O Decreto-lei n. 9.797, de 9-9-1946, determinou a substituição de "Conselhos Regionais" por "Tribunais Regionais".

h) conceder licenças e férias aos servidores do Tribunal, bem como impor-lhes as penas disciplinares que excederem da alçada das demais autoridades;
•• Alínea *h* com redação determinada pelo Decreto-lei n. 8.737, de 19-1-1946.

i) dar posse e conceder licença aos membros do Tribunal, bem como conceder licenças e férias aos Presidentes dos Tribunais Regionais;
•• Alínea *i* com redação determinada pelo Decreto-lei n. 8.737, de 19-1-1946.
•• O Decreto-lei n. 9.797, de 9-9-1946, determinou a substituição de "Conselhos Regionais" por "Tribunais Regionais".

j) apresentar ao Ministro do Trabalho e Previdência Social, até 31 de março de cada ano, o relatório das atividades do tribunal e dos demais órgãos da Justiça do Trabalho.
•• Alínea *j* com redação determinada pelo Decreto-lei n. 8.737, de 19-1-1946.

Parágrafo único. O Presidente terá 1 (um) secretário por ele designado dentre os funcionários lotados no Tribunal, e será auxiliado por servidores designados nas mesmas condições.
•• Parágrafo único com redação determinada pelo Decreto-lei n. 8.737, de 19-1-1946.

SEÇÃO VII
Das Atribuições do Vice-Presidente

Art. 708. Compete ao Vice-Presidente do Tribunal:
•• *Caput* com redação determinada pela Lei n. 2.244, de 23-6-1954.

Art. 96, I, *a*, da CF: Compete privativamente: I – aos tribunais: *a)* eleger seus órgãos diretivos e elaborar seus regimentos internos, com observância das normas de processo e das garantias processuais das partes, dispondo sobre a competência e o funcionamento dos respectivos órgãos jurisdicionais e administrativos.

a) substituir o Presidente e o Corregedor em suas faltas e impedimentos;
•• Alínea *a* com redação determinada pela Lei n. 2.244, de 23-6-1954.

b) (*Suprimida pela Lei n. 2.244, de 23-6-1954.*)

Parágrafo único. Na ausência do Presidente e do Vice-Presidente, será o Tribunal presidido pelo Juiz togado mais antigo, ou pelo mais idoso quando igual a antiguidade.
•• Parágrafo único com redação determinada pela Lei n. 2.244, de 23-6-1954.

SEÇÃO VIII
Das Atribuições do Corregedor

•• Seção VIII com redação determinada pelo Decreto-lei n. 229, de 28-2-1967.

Art. 709. Compete ao Corregedor, eleito dentre os Ministros togados do Tribunal Superior do Trabalho:
•• *Caput* com redação determinada pelo Decreto-lei n. 229, de 28-2-1967.

Art. 96, I, *a*, da CF: Compete privativamente: I – aos tribunais: *a)* eleger seus órgãos diretivos e elaborar seus regimentos internos, com observância das normas de processo e das garantias processuais das partes, dispondo sobre a competência e o funcionamento dos respectivos órgãos jurisdicionais e administrativos.
• Regimento Interno da Corregedoria-Geral da Justiça do Trabalho: Resolução Administrativa n. 1.128, de 6-4-2006.

I – exercer funções de inspeção e correição permanente com relação aos Tribunais Regionais e seus Presidentes;
•• Inciso I com redação determinada pelo Decreto-lei n. 229, de 28-2-1967.

II – decidir reclamações contra os atos atentatórios da boa ordem processual praticados pelos Tribunais Regionais e seus Presidentes, quando inexistir recurso específico;
•• Inciso II com redação determinada pelo Decreto-lei n. 229, de 28-2-1967.

III – (*Revogado pela Lei n. 5.442, de 24-5-1968.*)

§ 1.º Das decisões proferidas pelo Corregedor, nos casos do artigo, caberá o agravo regimental, para o Tribunal Pleno.
•• § 1.º com redação determinada pelo Decreto-lei n. 229, de 28-2-1967.

§ 2.º O Corregedor não integrará as Turmas do Tribunal, mas participará, com voto, das sessões do Tribunal Pleno, quando não se encontrar em correição ou em férias, embora não relate nem revise processos,

cabendo-lhe, outrossim, votar em incidente de inconstitucionalidade, nos processos administrativos e nos feitos em que estiver vinculado por visto anterior à sua posse na Corregedoria.

•• § 2.º com redação determinada pela Lei n. 7.121, de 8-9-1983.

Capítulo VI
DOS SERVIÇOS AUXILIARES DA JUSTIÇA DO TRABALHO

SEÇÃO I
Da Secretaria das Juntas de Conciliação e Julgamento

•• A Emenda Constitucional n. 24, de 9-12-1999, extinguiu as Juntas de Conciliação e Julgamento e a figura do juiz classista. Em seu lugar, estabeleceu a jurisdição singular do juiz togado, que a exercerá nas Varas do Trabalho.

Art. 710. Cada Junta terá 1 (uma) secretaria, sob a direção de funcionário que o Presidente designar, para exercer a função de chefe de secretaria, e que receberá, além dos vencimentos correspondentes ao seu padrão, a gratificação de função fixada em lei.

•• Artigo com redação determinada pelo Decreto-lei n. 8.737, de 19-1-1946.
•• Extinção das Juntas de Conciliação e Julgamento: Emenda Constitucional n. 24, de 9-12-1999.
• A Resolução n. 147, de 7-3-2012, do CNJ, determina aos Tribunais Regionais do Trabalho que a indicação do diretor de secretaria das Varas do Trabalho, na forma deste artigo, compete, de forma discricionária, ao juiz titular, preferencialmente entre bacharéis em Direito, salvo impossibilidade de atender ao requisito.

Art. 711. Compete à secretaria das Juntas:

•• Extinção das Juntas de Conciliação e Julgamento: Emenda Constitucional n. 24, de 9-12-1999.

a) o recebimento, a autuação, o andamento, a guarda e a conservação dos processos e outros papéis que lhe forem encaminhados;

b) a manutenção do protocolo de entrada e saída dos processos e demais papéis;

c) o registro das decisões;

d) a informação, às partes interessadas e seus procuradores, do andamento dos respectivos processos, cuja consulta lhes facilitará;

e) a abertura de vista dos processos às partes, na própria secretaria;

f) a contagem das custas devidas pelas partes, nos respectivos processos;

g) o fornecimento de certidões sobre o que constar dos livros ou do arquivamento da secretaria;

h) a realização das penhoras e demais diligências processuais;

i) o desempenho dos demais trabalhos que lhe forem cometidos pelo Presidente da Junta, para melhor execução dos serviços que lhe estão afetos.

Art. 712. Compete especialmente aos chefes de secretaria das Juntas de Conciliação e Julgamento:

•• *Caput* e alíneas com redação determinada pelo Decreto-lei n. 8.737, de 19-1-1946.
•• Extinção das Juntas de Conciliação e Julgamento: Emenda Constitucional n. 24, de 9-12-1999.

a) superintender os trabalhos da secretaria, velando pela boa ordem do serviço;

b) cumprir e fazer cumprir as ordens emanadas do Presidente e das autoridades superiores;

c) submeter a despacho e assinatura do Presidente o expediente e os papéis que devam ser por ele despachados e assinados;

d) abrir a correspondência oficial dirigida à Junta e ao seu Presidente, a cuja deliberação será submetida;

e) tomar por termo as reclamações verbais nos casos de dissídios individuais;

f) promover o rápido andamento dos processos, especialmente na fase de execução, e a pronta realização dos atos e diligências deprecadas pelas autoridades superiores;

g) secretariar as audiências da Junta, lavrando as respectivas atas;

h) subscrever as certidões e os termos processuais;

i) dar aos litigantes ciência das reclamações e demais atos processuais de que devam ter conhecimento, assinando as respectivas notificações;

j) executar os demais trabalhos que lhe forem atribuídos pelo Presidente da Junta.

Parágrafo único. Os serventuários que, sem motivo justificado, não realizarem os atos, dentro dos prazos fixados, serão descontados em seus vencimentos, em tantos dias quantos os do excesso.

•• Parágrafo único com redação determinada pelo Decreto-lei n. 8.737, de 19-1-1946.

SEÇÃO II
Dos Distribuidores

Art. 713. Nas localidades em que existir mais de uma Junta de Conciliação e Julgamento haverá um distribuidor.

•• Extinção das Juntas de Conciliação e Julgamento: Emenda Constitucional n. 24, de 9-12-1999.

Art. 714. Compete ao distribuidor:

a) a distribuição, pela ordem rigorosa de entrada, e sucessivamente a cada Junta, dos feitos que, para esse fim, lhe forem apresentados pelos interessados;

•• Extinção das Juntas de Conciliação e Julgamento: Emenda Constitucional n. 24, de 9-12-1999.

b) o fornecimento, aos interessados, do recibo correspondente a cada feito distribuído;

c) a manutenção de 2 (dois) fichários dos feitos distribuídos, sendo um organizado pelos nomes dos reclamantes e o outro dos reclamados, ambos por ordem alfabética;

d) o fornecimento a qualquer pessoa que o solicite, verbalmente ou por certidão, de informações sobre os feitos distribuídos;

e) a baixa na distribuição dos feitos, quando isto lhe for determinado pelos Presidentes das Juntas, formando, com as fichas correspondentes, fichários à parte, cujos dados poderão ser consultados pelos interessados, mas não serão mencionados em certidões.

Art. 715. Os distribuidores são designados pelo Presidente do Tribunal Regional, dentre os funcionários das Juntas e do Tribunal Regional, existentes na mesma localidade, e ao mesmo Presidente diretamente subordinados.

•• O Decreto-lei n. 9.797, de 9-9-1946, determinou a substituição de "Conselho Regional" por "Tribunal Regional".
•• Extinção das Juntas de Conciliação e Julgamento: Emenda Constitucional n. 24, de 9-12-1999.

SEÇÃO III
Do Cartório dos Juízos de Direito

Art. 716. Os cartórios dos Juízos de Direito, investidos na administração da Justiça do Trabalho, têm, para esse fim, as mesmas atribuições e obrigações conferidas na Seção I às secretarias das Juntas de Conciliação e Julgamento.

•• Extinção das Juntas de Conciliação e Julgamento: Emenda Constitucional n. 24, de 9-12-1999.
 Art. 710 da CLT: Cada Junta terá 1 (uma) secretaria, sob a direção de funcionário que o Presidente designar, para exercer a função de chefe de secretaria, e que receberá, além dos vencimentos correspondentes ao seu padrão, a gratificação de função fixada em lei.

Parágrafo único. Nos Juízos em que houver mais de um cartório, far-se-á entre eles a distribuição alternada e sucessiva das reclamações.

Art. 717. Aos escrivães dos Juízos de Direito, investidos na administração da Justiça do Trabalho, competem especialmente as atribuições e obrigações dos chefes de secretaria das Juntas; e aos demais funcionários dos cartórios, as que couberem nas respectivas funções, dentre as que competem às secretarias das Juntas, enumeradas no art. 711.

•• Extinção das Juntas de Conciliação e Julgamento: Emenda Constitucional n. 24, de 9-12-1999.

SEÇÃO IV
Das Secretarias dos Tribunais Regionais

•• O Decreto-lei n. 9.797, de 9-9-1946, determinou a substituição de "Conselhos Regionais" por "Tribunais Regionais".

Art. 718. Cada Tribunal Regional tem 1 (uma) secretaria, sob a direção do funcionário designado para exercer a função de secretário, com a gratificação de função fixada em lei.

•• Artigo com redação determinada pelo Decreto-lei n. 8.737, de 19-1-1946.
•• O Decreto-lei n. 9.797, de 9-9-1946, determinou a substituição de "Conselho Regional" por "Tribunal Regional".

Art. 719. Competem à secretaria dos Tribunais, além das atribuições estabelecidas no art. 711, para a secretaria das Juntas, mais as seguintes:

•• Extinção das Juntas de Conciliação e Julgamento: Emenda Constitucional n. 24, de 9-12-1999.

a) a conclusão dos processos ao Presidente e sua remessa, depois de despachados, aos respectivos relatores;

b) a organização e a manutenção de um fichário de jurisprudência do Tribunal, para consulta dos interessados.

Parágrafo único. No regimento interno dos Tribunais Regionais serão estabelecidas as demais atribuições, o funcionamento e a ordem dos trabalhos de suas secretarias.

•• O Decreto-lei n. 9.797, de 9-9-1946, determinou a substituição de "Conselhos Regionais" por "Tribunais Regionais".

Art. 720. Competem aos secretários dos Tribunais Regionais as mesmas atribuições conferidas no art. 712 aos chefes de secretaria das Juntas, além das que lhes forem fixadas no regimento interno dos Tribunais.

•• Corrigido nos termos da Lei n. 409, de 25-9-1948.
•• O Decreto-lei n. 9.797, de 9-9-1946, determinou a substituição de "Conselhos Regionais" por "Tribunais Regionais".
•• Extinção das Juntas de Conciliação e Julgamento: Emenda Constitucional n. 24, de 9-12-1999.

SEÇÃO V
Dos Oficiais de Justiça e Oficiais de Justiça Avaliadores

•• Seção V com redação determinada pela Lei n. 5.442, de 24-5-1968.

Art. 721. Incumbe aos Oficiais de Justiça e Oficiais de Justiça Avaliadores da Justiça do Trabalho a realização dos atos decorrentes da execução dos julgados das Juntas de Conciliação e Julgamento e dos Tribunais Regionais do Trabalho, que lhes forem cometidos pelos respectivos Presidentes.

•• *Caput* com redação determinada pela Lei n. 5.442, de 24-5-1968.
•• Extinção das Juntas de Conciliação e Julgamento: Emenda Constitucional n. 24, de 9-12-1999.

§ 1.º Para efeito de distribuição dos referidos atos, cada Oficial de Justiça ou Oficial de Justiça Avaliador funcionará perante uma Junta de Conciliação e Julgamento, salvo quando da existência, nos Tribunais Regionais do Trabalho, de órgão específico, destinado à distribuição de mandados judiciais.

•• § 1.º com redação determinada pela Lei n. 5.442, de 24-5-1968.

§ 2.º Nas localidades onde houver mais de uma Junta, respeitado o disposto no parágrafo anterior, a atribuição para o cumprimento do ato deprecado ao Oficial de Justiça ou Oficial de Justiça Avaliador será transferida a outro Oficial, sempre que, após o decurso de 9 (nove) dias, sem razões que o justifiquem, não tiver sido cumprido o ato, sujeitando-se o serventuário às penalidades da lei.

•• § 2.º com redação determinada pela Lei n. 5.442, de 24-5-1968.

§ 3.º No caso de avaliação, terá o Oficial de Justiça Avaliador, para cumprimento do ato, o prazo previsto no art. 888.

•• § 3.º com redação determinada pela Lei n. 5.442, de 24-5-1968.

§ 4.º É facultado aos Presidentes dos Tribunais Regionais do Trabalho cometer a qualquer Oficial de Justiça ou Oficial de Justiça Avaliador a realização dos atos de execução das decisões desses Tribunais.

•• § 4.º com redação determinada pela Lei n. 5.442, de 24-5-1968.

§ 5.º Na falta ou impedimento do Oficial de Justiça ou Oficial de Justiça Avaliador, o Presidente da Junta poderá atribuir a realização do ato a qualquer serventuário.

•• § 5.º com redação determinada pela Lei n. 5.442, de 24-5-1968.

Capítulo VII
DAS PENALIDADES

SEÇÃO I
Do "Lock-out" e da Greve

Art. 9.º da CF: É assegurado o direito de greve, competindo aos trabalhadores decidir sobre a oportunidade de exercê-lo e sobre os interesses que devam por meio dele defender. § 1.º A lei definirá os serviços ou atividades essenciais e disporá sobre o atendimento das necessidades inadiáveis da comunidade. § 2.º Os abusos cometidos sujeitam os responsáveis às penas da lei.

Art. 114, II, da CF: Compete à Justiça do Trabalho processar e julgar: (...) II – as ações que envolvam exercício do direito de greve.

Súmula 316/STF: A simples adesão à greve não constitui falta grave.

Art. 722. Os empregadores que, individual ou coletivamente, suspenderem os trabalhos dos seus estabelecimentos, sem prévia autorização do Tribunal competente, ou que violarem, ou se recusarem a cumprir decisão proferida em dissídio coletivo, incorrerão nas seguintes penalidades:

a) multa de cinco mil cruzeiros a cinquenta mil cruzeiros;

• *Vide* Nota dos Organizadores sobre o valor das multas previstas na CLT.

b) perda do cargo de representação profissional em cujo desempenho estiverem;

c) suspensão, pelo prazo de 2 (dois) a 5 (cinco) anos, do direito de serem eleitos para cargos de representação profissional.

§ 1.º Se o empregador for pessoa jurídica, as penas previstas nas als. *b* e *c* incidirão sobre os administradores responsáveis.

§ 2.º Se o empregador for concessionário de serviço público, as penas serão aplicadas em dobro. Nesse caso, se o concessionário for pessoa jurídica o Presidente do Tribunal que houver proferido a decisão poderá, sem prejuízo do cumprimento desta e da aplicação das penalidades cabíveis, ordenar o afastamento dos administradores responsáveis, sob pena de ser cassada a concessão.

§ 3.º Sem prejuízo das sanções cominadas neste artigo, os empregadores ficarão obrigados a pagar os salários devidos aos seus empregados, durante o tempo de suspensão do trabalho.

Arts. 723 a 725. (*Revogados pela Lei n. 9.842, de 7-10-1999.*)

SEÇÃO II
Das Penalidades contra os Membros da Justiça do Trabalho

Art. 726. Aquele que recusar o exercício da função de Juiz classista de Junta de Conciliação e Julgamento ou de Juiz representante classista de Tribunal Regional, sem motivo justificado, incorrerá nas seguintes penas:

•• O Decreto-lei n. 9.797, de 9-9-1946, determinou a substituição de "Conselho Regional" por "Tribunal Regional".
•• Extinção das Juntas de Conciliação e Julgamento e da representação classista na Justiça do Trabalho: Emenda Constitucional n. 24, de 9-12-1999.

a) sendo representante de empregadores, multa de Cr$ 100,00 (cem cruzeiros) a Cr$ 1.000,00 (mil cruzeiros) e suspensão do direito de representação profissional por dois a cinco anos;

• *Vide* Nota dos Organizadores sobre o valor das multas previstas na CLT.

b) sendo representante de empregados, multa de Cr$ 100,00 (cem cruzeiros) e suspensão do direito de representação profissional por dois a cinco anos.

• *Vide* Nota dos Organizadores sobre o valor das multas previstas na CLT.

Art. 727. Os Juízes classistas das Juntas de Conciliação e Julgamento, ou Juízes representantes classistas dos Tribunais Regionais, que faltarem a 3 (três) reuniões ou sessões consecutivas, sem motivo justificado, perderão o cargo, além de incorrerem nas penas do artigo anterior.

•• O Decreto-lei n. 9.797, de 9-9-1946, determinou a substituição de "Conselhos Regionais" por "Tribunais Regionais".
•• Extinção das Juntas de Conciliação e Julgamento e da representação classista na Justiça do Trabalho: Emenda Constitucional n. 24, de 9-12-1999.

Parágrafo único. Se a falta for de presidente, incorrerá ele na pena de perda do cargo, além da perda dos vencimentos correspondentes aos dias em que tiver faltado às audiências ou sessões consecutivas.

Art. 728. Aos presidentes, membros, juízes, Juízes classistas, e funcionários auxiliares da Justiça do Trabalho, aplica-se o disposto no Título XI do Código Penal.

•• Extinção da representação classista na Justiça do Trabalho: Emenda Constitucional n. 24, de 9-12-1999.

- Referido Título do CP trata dos Crimes contra a Administração Pública: arts. 312 a 359-H.

SEÇÃO III
De Outras Penalidades

Art. 729. O empregador que deixar de cumprir decisão passada em julgado sobre readmissão ou reintegração de empregado, além do pagamento dos salários deste, incorrerá na multa de Cr$ 10,00 (dez cruzeiros) a Cr$ 50,00 (cinquenta cruzeiros), por dia, até que seja cumprida a decisão.

§ 1.º O empregador que impedir ou tentar impedir que empregado seu sirva como vogal em Tribunal de Trabalho, ou que perante este preste depoimento, incorrerá na multa de Cr$ 500,00 (quinhentos cruzeiros) a Cr$ 5.000,00 (cinco mil cruzeiros).

•• Extinção da representação classista na Justiça do Trabalho: Emenda Constitucional n. 24, de 9-12-1999.
• Vide Nota dos Organizadores sobre o valor das multas previstas na CLT.
• Vide arts. 660 a 667 da CLT.

§ 2.º Na mesma pena do parágrafo anterior incorrerá o empregador que dispensar seu empregado pelo fato de haver servido como vogal ou prestado depoimento como testemunha, sem prejuízo da indenização que a lei estabeleça.

Art. 730. Aqueles que se recusarem a depor como testemunhas, sem motivo justificado, incorrerão na multa de Cr$ 50,00 (cinquenta cruzeiros) a Cr$ 500,00 (quinhentos cruzeiros).

• Vide Nota dos Organizadores sobre o valor das multas previstas na CLT.

Art. 731. Aquele que, tendo apresentado ao distribuidor reclamação verbal, não se apresentar, no prazo estabelecido no parágrafo único do art. 786, à Junta ou Juízo para fazê-lo tomar por termo, incorrerá na pena de perda, pelo prazo de 6 (seis) meses, do direito de reclamar perante a Justiça do Trabalho.

•• Extinção das Juntas de Conciliação e Julgamento: Emenda Constitucional n. 24, de 9-12-1999.

Art. 786 da CLT: A reclamação verbal será distribuída antes de sua redução a termo. Parágrafo único. Distribuída a reclamação verbal, o reclamante deverá, salvo motivo de força maior, apresentar-se no prazo de 5 (cinco) dias, ao cartório ou à secretaria, para reduzi-la a termo, sob a pena estabelecida no art. 731.

Art. 732. Na mesma pena do artigo anterior incorrerá o reclamante que, por 2 (duas) vezes seguidas, der causa ao arquivamento de que trata o art. 844.

Art. 486, § 3.º, do CPC: Se o autor der causa, por 3 (três) vezes, a sentença fundada em abandono da causa, não poderá propor nova ação contra o réu com o mesmo objeto, ficando-lhe ressalvada, entretanto, a possibilidade de alegar em defesa o seu direito.

Súmula 268/TST: Prescrição. Interrupção. Ação trabalhista arquivada. A ação trabalhista, ainda que arquivada, interrompe a prescrição somente em relação aos pedidos idênticos.

Art. 733. As infrações de disposições deste Título, para as quais não haja penalidades cominadas, serão punidas com a multa de Cr$ 50,00 (cinquenta cruzeiros) a Cr$ 5.000,00 (cinco mil cruzeiros), elevada ao dobro na reincidência.

• Vide Nota dos Organizadores sobre o valor das multas previstas na CLT.

Capítulo VIII
DISPOSIÇÕES GERAIS

Art. 734. O ministro do Trabalho e Previdência Social poderá rever, ex officio, dentro do prazo de 30 dias, contados de sua publicação no órgão oficial, ou mediante representação apresentada dentro de igual prazo:

a) as decisões da Câmara de Previdência Social, quando proferidas pelo voto de desempate, ou que violarem disposições expressas de direito ou modificarem jurisprudência até então observada;

b) as decisões do presidente do Tribunal Superior do Trabalho em matéria de previdência social.

•• Alínea b com redação determinada pelo Decreto-lei n. 9.797, de 9-9-1946.
•• Entendemos prejudicado o disposto neste artigo pelo Decreto-lei n. 72, de 21-11-1966.

Parágrafo único. O ministro do Trabalho e Previdência Social, poderá avocar ao seu conhecimento os assuntos de natureza administrativa referentes às instituições de previdência social, sempre que houver interesse público.

Art. 735. As repartições públicas e as associações sindicais são obrigadas a fornecer aos Juízes e Tribunais do Trabalho e à Procuradoria da Justiça do Trabalho as informações e os dados necessários à instrução e ao julgamento dos feitos submetidos à sua apreciação.

Parágrafo único. A recusa de informações ou dados a que se refere este artigo, por parte de funcionários públicos, importa na aplicação das penalidades previstas pelo Estatuto dos Funcionários Públicos por desobediência.

Título IX
DO MINISTÉRIO PÚBLICO DO TRABALHO

Súmula 99/STJ: O Ministério Público tem legitimidade para recorrer no processo em que oficiou como fiscal da lei, ainda que não haja recurso da parte.

Súmula 226/STJ: O Ministério Público tem legitimidade para recorrer na ação de acidente do trabalho, ainda que o segurado esteja assistido por advogado.

Súmula 407/TST: Ação rescisória. Ministério Público. Legitimidade ad causam prevista no art. 967, III, a, b e c do CPC de 2015. Art. 487, III, a e b, do CPC de 1973. Hipóteses meramente exemplificativas A legitimidade ad causam do Ministério Público para propor ação rescisória, ainda que não tenha sido parte no processo que deu origem à decisão rescindenda, não está limitada às alíneas a, b e c do inciso III do art. 967 do CPC de 2015 (art. 487, III, a e b, do CPC de 1973), uma vez que traduzem hipóteses meramente exemplificativas.

OJ 130 da SDI-1: Prescrição. Ministério Público. Arguição. Custos legis. Ilegitimidade. Ao exarar o parecer na remessa de ofício, na qualidade de custos legis, o Ministério Público não tem legitimidade para arguir a prescrição em favor de entidade de direito público, em matéria de direito patrimonial.

OJ 237 da SDI-1: Ministério Público do Trabalho. Legitimidade para recorrer. Sociedade de economia mista. Empresa pública. I – O Ministério Público do Trabalho não tem legitimidade para recorrer na defesa de interesse patrimonial privado, ainda que de empresas públicas e sociedades de economia mista. II – Há legitimidade do Ministério Público do Trabalho para recorrer de decisão que declara a existência de vínculo empregatício com sociedade de economia mista ou empresa pública, após a Constituição Federal de 1988, sem a prévia aprovação em concurso público, pois é matéria de ordem pública.

OJ 350 da SDI-1: Ministério Público do Trabalho. Nulidade do contrato de trabalho não suscitada pelo ente público no momento da defesa. Arguição em parecer. Possibilidade. O Ministério Público do Trabalho pode arguir, em parecer, na primeira vez que tenha de se manifestar no processo, a nulidade do contrato de trabalho em favor de ente público, ainda que a parte não a tenha suscitado, a qual será apreciada, sendo vedada, no entanto, qualquer dilação probatória.

OJ Transitória 20 da SDI-1: Agravo de instrumento. Ministério Público. Pressupostos extrínsecos. Para aferição da tempestividade do AI interposto pelo Ministério Público, desnecessário o traslado da certidão de publicação do despacho agravado, bastando a juntada da cópia da intimação pessoal na qual conste a respectiva data de recebimento (Lei Complementar n. 75/93, art. 84, IV).

•• Vide arts. 127 a 130-A da CF.
• A Lei Complementar n. 75, de 20-5-1993, que dispõe sobre a organização, as atribuições e o Estatuto do Ministério Público da União, trata do Ministério Público do Trabalho nos arts. 83 a 115.

Capítulo I
DISPOSIÇÕES GERAIS

Art. 736. O Ministério Público do Trabalho é constituído por agentes diretos do Poder Executivo, tendo por função zelar pela exata observância da Constituição Federal, das leis e demais atos emanados dos poderes públicos, na esfera de suas atribuições.

•• Entendemos prejudicado o disposto neste artigo pelos arts. 83 e s. da Lei Complementar n. 75, de 20-5-1993.

Parágrafo único. Para o exercício de suas funções, o Ministério Público do Trabalho reger-se-á pelo que estatui esta Consolidação e, na falta de disposição expressa, pelas normas que regem o Ministério Público Federal.

Art. 737. O Ministério Público do Trabalho compõe-se da Procuradoria da Justiça do Trabalho e da Procuradoria da Previdência Social, aquela funcionando como órgão de coordenação entre a Justiça do Trabalho e o Ministério do Trabalho, ambas diretamente subordinadas ao Ministro de Estado.

•• Artigo com redação determinada pelo Decreto-lei n. 8.737, de 19-1-1946.

•• Entendemos prejudicado o disposto neste artigo pelo art. 127 da CF.

Art. 127, § 1.º, da CF: São princípios institucionais do Ministério Público a unidade, a indivisibilidade e a independência funcional.

Lei Complementar n. 75/93, art. 85: São órgãos do Ministério Público do Trabalho: I – o Procurador-Geral do Trabalho; II – o Colégio de Procuradores do Trabalho; III – o Conselho Superior do Ministério Público do Trabalho; IV – a Câmara de Coordenação e Revisão do Ministério Público do Trabalho; V – a Corregedoria do Ministério Público do Trabalho; VI – os Subprocuradores-Gerais do Trabalho; VII – os Procuradores Regionais do Trabalho; VIII – os Procuradores do Trabalho.

Art. 738. Os procuradores, além dos vencimentos fixados na tabela constante do Decreto-lei n. 2.874, de 16 de dezembro de 1940, continuarão a perceber a percentagem de 8%, por motivo de cobrança da dívida ativa da União ou de multas impostas pelas autoridades administrativas e judiciárias do trabalho e da previdência social.

•• Entendemos prejudicado o disposto neste artigo pelo art. 196 da Emenda Constitucional n. 1, de 17-10-1969. Sobre vencimentos dos procuradores do trabalho tratam os arts. 224 a 230 da Lei Complementar n. 75, de 20-5-1993.

Parágrafo único. Essa percentagem será calculada sobre as somas efetivamente arrecadadas e rateada de acordo com as instruções expedidas pelos respectivos procuradores-gerais.

•• O Decreto-lei n. 6.053, de 30-11-1943, alterou a redação deste artigo. Porém, o Decreto-lei n. 8.024, de 1.º-10-1945, tornou sem efeito a alteração.

Art. 739. Não estão sujeitos a ponto os procuradores-gerais e os procuradores.

•• Entendemos prejudicado o disposto neste artigo pela Lei Complementar n. 75, de 20-5-1993.

Capítulo II
DA PROCURADORIA DA JUSTIÇA DO TRABALHO

SEÇÃO I
Da Organização

Art. 740. A Procuradoria da Justiça do Trabalho compreende:

a) 1 (uma) Procuradoria-Geral, que funcionará junto ao Tribunal Superior do Trabalho;

b) 24 (vinte e quatro) Procuradorias Regionais, que funcionarão junto aos Tribunais Regionais do Trabalho.

•• Nos termos da Lei n. 8.470, de 5-10-1992.

Art. 741. As Procuradorias Regionais são subordinadas diretamente ao procurador-geral.

Art. 742. A Procuradoria-Geral é constituída de 1 (um) procurador-geral e de procuradores.

Parágrafo único. As Procuradorias Regionais compõem-se de 1 (um) procurador regional, auxiliado, quando necessário, por procuradores adjuntos.

Art. 743. Haverá, nas Procuradorias Regionais, substitutos de procurador adjunto ou, quando não houver este cargo, de procurador regional, designados previamente por decreto do Presidente da República, sem ônus para os cofres públicos.

Lei n. 6.788/80, art. 7.º: Os atuais Substitutos de Procurador do Trabalho Adjunto passam a denominar-se Substitutos de Procurador do Trabalho de 2.ª Categoria, constituindo um Quadro Suplementar. Essas funções serão extintas à medida que se vagarem, vedadas novas nomeações a partir da vigência desta Lei. Parágrafo único. Aos integrantes do Quadro Suplementar é vedado: I – o ingresso nos cargos iniciais de carreira, salvo mediante concurso público de provas e de títulos, caso em que não ficarão sujeitos ao limite legal de idade; II – o exercício de outra função pública, assegurados, no que couber, os direitos e vantagens previstos na legislação em vigor.

§ 1.º O substituto tomará posse perante o respectivo procurador regional, que será a autoridade competente para convocá-lo.

§ 2.º O procurador regional será substituído em suas faltas e impedimentos pelo procurador adjunto, quando houver, e, havendo mais de um, pelo que for por ele designado.

§ 3.º O procurador adjunto será substituído, em suas faltas e impedimentos, pelo respectivo procurador substituto.

§ 4.º Será dispensado, automaticamente, o substituto que não atender à convocação, salvo motivo de doença, devidamente comprovada.

§ 5.º Nenhum direito ou vantagem terá o substituto além do vencimento do cargo do substituído e somente durante o seu impedimento legal.

Art. 744. A nomeação do procurador-geral deverá recair em bacharel em ciências jurídicas e sociais, que tenha exercido, por 5 (cinco) ou mais anos, cargo de magistratura ou de Ministério Público, ou a advocacia.

Art. 745. Para a nomeação dos demais procuradores, atender-se-á aos mesmos requisitos estabelecidos no artigo anterior, reduzido a 2 (dois) anos, no mínimo, o tempo de exercício.

SEÇÃO II
Da Competência da Procuradoria-Geral

Art. 746. Compete à Procuradoria-Geral da Justiça do Trabalho:

•• Artigo com redação determinada pelo Decreto-lei n. 8.737, de 19-1-1946.

Lei n. 5.585/70, art. 5.º: Para exarar parecer, terá o órgão do Ministério Público da União, junto à Justiça do Trabalho, o prazo de 8 (oito) dias, contados da data em que lhe for distribuído o processo.

a) oficiar, por escrito, em todos os processos e questões de trabalho de competência do Tribunal Superior do Trabalho;

b) funcionar nas sessões do mesmo Tribunal, opinando verbalmente sobre a matéria em debate e solicitando as requisições e diligências que julgar convenientes, sendo-lhe assegurado o direito de vista do processo em julgamento sempre que for suscitada questão nova, não examinada no parecer exarado;

c) requerer prorrogação das sessões do Tribunal, quando essa medida for necessária para que se ultime o julgamento;

d) exarar, por intermédio do procurador-geral, o seu "ciente" nos acórdãos do Tribunal;

e) proceder às diligências e inquéritos solicitados pelo Tribunal;

f) recorrer das decisões do Tribunal, nos casos previstos em lei;

g) promover, perante o Juízo competente, a cobrança executiva das multas impostas pelas autoridades administrativas e judiciárias do trabalho;

h) representar às autoridades competentes contra os que não cumprirem as decisões do Tribunal;

i) prestar às autoridades do Ministério do Trabalho e Previdência Social as informações que lhe forem solicitadas sobre os dissídios submetidos à apreciação do Tribunal e encaminhar aos órgãos competentes cópia autenticada das decisões que por eles devam ser atendidas ou cumpridas;

•• Sobre Ministérios, vide Nota dos Organizadores.

j) requisitar, de quaisquer autoridades, inquéritos, exames periciais, diligências, certidões e esclarecimentos que se tornem necessários no desempenho de suas atribuições;

l) defender a jurisdição dos órgãos da Justiça do Trabalho;

m) suscitar conflitos de jurisdição.

SEÇÃO III
Da Competência das Procuradorias Regionais

Art. 747. Compete às Procuradorias Regionais exercer, dentro da jurisdição do Tribunal Regional respectivo, as atribuições indicadas na Seção anterior.

•• O Decreto-lei n. 9.797, de 9-9-1946, determinou a substituição de "Conselho Regional" por "Tribunal Regional".

SEÇÃO IV
Das Atribuições do Procurador-Geral

Art. 748. Como chefe da Procuradoria-Geral da Justiça do Trabalho, incumbe ao procurador-geral:

•• Artigo com redação determinada pelo Decreto-lei n. 8.737, de 19-1-1946.

a) dirigir os serviços da Procuradoria-Geral, orientar e fiscalizar as Procuradorias Regionais, expedindo as necessárias instruções;

b) funcionar nas sessões do Tribunal Superior do Trabalho, pessoalmente ou por intermédio do procurador que designar;

c) exarar o seu "ciente" nos acórdãos do Tribunal;

d) designar o procurador que o substitua nas faltas e impedimentos e o chefe da secretaria da Procuradoria;

- Substituição nas faltas e impedimentos eventuais pelo Subprocurador-Geral (art. 9.º, parágrafo único, da Lei n. 6.788, de 28-5-1980).

e) apresentar, até o dia 31 de março, ao Ministro do Trabalho e Previdência Social, relatório dos trabalhos da Procuradoria-Geral no ano anterior, com as observações e sugestões que julgar convenientes;

•• Sobre Ministérios, *vide* Nota dos Organizadores.

f) conceder férias aos procuradores e demais funcionários que sirvam na Procuradoria e impor-lhes penas disciplinares, observada, quanto aos procuradores, a legislação em vigor para o Ministério Público Federal;

g) funcionar em Juízo, em primeira instância, ou designar os procuradores que o devam fazer;

h) admitir e dispensar o pessoal extranumerário da secretaria e prorrogar o expediente remunerado dos funcionários e extranumerários.

•• Artigo com redação determinada pelo Decreto-lei n. 8.737, de 19-1-1946.

SEÇÃO V
Das Atribuições dos Procuradores

Art. 749. Incumbe aos procuradores com exercício na Procuradoria-Geral:

a) funcionar, por designação do procurador-geral, nas sessões do Tribunal Superior do Trabalho;

•• O Decreto-lei n. 9.797, de 9-9-1946, determinou a substituição de "Conselho Nacional" por "Tribunal Superior".

b) desempenhar os demais encargos que lhes forem atribuídos pelo procurador-geral.

•• *Caput* com redação determinada pelo Decreto-lei n. 8.737, de 19-1-1946.

Parágrafo único. Aos procuradores é facultado, nos processos em que oficiarem, requerer ao procurador-geral as diligências e investigações necessárias.

•• Parágrafo único com redação determinada pelo Decreto-lei n. 8.737, de 19-1-1946.

SEÇÃO VI
Das Atribuições dos Procuradores Regionais

Art. 750. Incumbe aos procuradores regionais:

a) dirigir os serviços da respectiva Procuradoria;

b) funcionar nas sessões do Tribunal Regional, pessoalmente ou por intermédio do procurador adjunto que designar;

•• O Decreto-lei n. 9.797, de 9-9-1946, determinou a substituição de "Conselho Regional" por "Tribunal Regional".

c) apresentar, semestralmente, ao procurador-geral, um relatório das atividades da respectiva Procuradoria, bem como dados e informações sobre a administração da Justiça do Trabalho na respectiva região;

d) requerer e acompanhar perante as autoridades administrativas ou judiciárias as diligências necessárias à execução das medidas e providências ordenadas pelo procurador-geral;

e) prestar ao procurador-geral as informações necessárias sobre os feitos em andamento e consultá-lo nos casos de dúvidas;

f) funcionar em juízo, na sede do respectivo Tribunal Regional;

•• O Decreto-lei n. 9.797, de 9-9-1946, determinou a substituição de "Conselho Regional" por "Tribunal Regional".

g) exarar o seu "ciente" nos acórdãos do Tribunal;

h) designar o procurador que o substitua nas faltas e impedimentos e o secretário da Procuradoria.

Art. 751. Incumbe aos procuradores adjuntos das Procuradorias Regionais:

•• Artigo com redação determinada pelo Decreto-lei n. 8.737, de 19-1-1946.

a) funcionar por designação do procurador regional, nas sessões do Tribunal Regional;

•• O Decreto-lei n. 9.797, de 9-9-1946, determinou a substituição de "Conselho Regional" por "Tribunal Regional".

b) desempenhar os demais encargos que lhes forem atribuídos pelo procurador regional.

SEÇÃO VII
Da Secretaria

Art. 752. A secretaria da Procuradoria-Geral funcionará sob a direção de um chefe designado pelo procurador-geral e terá o pessoal designado pelo Ministro do Trabalho e Previdência Social.

•• Artigo com redação determinada pelo Decreto-lei n. 8.737, de 19-1-1946.
•• Sobre Ministérios, *vide* Nota dos Organizadores.

Art. 753. Compete à secretaria:

a) receber, registrar e encaminhar os processos ou papéis entrados;

b) classificar e arquivar os pareceres e outros papéis;

c) prestar informações sobre os processos ou papéis sujeitos à apreciação da Procuradoria;

d) executar o expediente da Procuradoria;

e) providenciar sobre o suprimento do material necessário;

f) desempenhar os demais trabalhos que lhes forem cometidos pelo procurador-geral, para melhor execução dos serviços a seu cargo.

Art. 754. Nas Procuradorias Regionais, os trabalhos a que se refere o artigo anterior serão executados pelos funcionários para esse fim designados.

Capítulo III
DA PROCURADORIA DE PREVIDÊNCIA SOCIAL

•• Entendemos prejudicado o disposto neste Capítulo pelo Decreto-lei n. 72, de 21-11-1966.

SEÇÃO I
Da Organização

Art. 755. A Procuradoria de Previdência Social compõe-se de um procurador-geral e de procuradores.

•• Entendemos prejudicado o disposto neste artigo pelo Decreto-lei n. 72, de 21-11-1966.

Art. 756. Para a nomeação do procurador-geral e dos demais procuradores atender-se-á ao disposto nos arts. 744 e 745.

•• Entendemos prejudicado o disposto neste artigo pelo Decreto-lei n. 72, de 21-11-1966, e pela Lei Complementar n. 75, de 20-5-1993, pois atualmente a Procuradoria da Previdência Social não integra o Ministério Público do Trabalho, e sim o Poder Executivo.

SEÇÃO II
Da Competência da Procuradoria

Art. 757. Compete à Procuradoria da Previdência Social:

•• *Caput* e incisos com redação determinada pelo Decreto-lei n. 8.737, de 19-1-1946.
•• Entendemos prejudicado o disposto neste artigo pelo Decreto-lei n. 72, de 21-11-1966.

a) oficiar, por escrito, nos processos que tenham de ser sujeitos à decisão do Conselho Superior de Previdência Social;

- O Decreto-lei n. 72, de 21-11-1966, transformou o Conselho Superior da Previdência Social no Conselho de Recursos da Previdência Social. O Decreto n. 7.078, de 26-1-2010, dispõe sobre a competência do CRPS.

b) oficiar, por escrito, nos pedidos de revisão das decisões do mesmo Conselho;

c) funcionar nas sessões do mesmo Conselho, opinando verbalmente sobre a matéria em debate e solicitando as requisições e diligências que julgar convenientes, sendo-lhe assegurado o direito de vista do processo em julgamento, sempre que for suscitada questão nova, não examinada no parecer exarado;

d) opinar, quando solicitada, nos processos sujeitos à deliberação do Ministro de Estado, do Conselho Técnico do Departamento Nacional de Pre-

vidência Social ou do Diretor do mesmo Departamento, em que houver matéria jurídica a examinar;

e) funcionar, em primeira instância, nas ações propostas contra a União, no Distrito Federal, para anulação de atos e decisões do Conselho Superior de Previdência Social ou do Departamento Nacional de Previdência Social, bem como do Ministro do Trabalho e Previdência Social em matéria de previdência social;

•• Sobre Ministérios, *vide* Nota dos Organizadores.

f) fornecer ao Ministério Público as informações por este solicitadas em virtude de ações propostas nos Estados e Territórios para execução ou anulação de atos e decisões dos órgãos ou da autoridade a que se refere a alínea anterior;

g) promover em juízo, no Distrito Federal, qualquer procedimento necessário ao cumprimento das decisões do Conselho Superior de Previdência Social e do Departamento Nacional de Previdência Social, bem como do Ministro do Trabalho e Previdência Social em matéria de previdência social;

•• Sobre Ministérios, *vide* Nota dos Organizadores.

h) recorrer das decisões dos órgãos e autoridades competentes em matéria de previdência social e requerer revisão das decisões do Conselho Superior de Previdência Social, que lhe pareçam contrárias à lei.

SEÇÃO III
Das Atribuições do Procurador-Geral

Art. 758. Como chefe da Procuradoria da Previdência Social, incumbe ao Procurador-Geral:

•• Artigo com redação determinada pelo Decreto-lei n. 8.737, de 19-1-1946.
•• Entendemos prejudicado o disposto neste artigo pelo Decreto-lei n. 72, de 21-11-1966.

a) dirigir os serviços da Procuradoria, expedindo as necessárias instruções;

b) funcionar nas sessões do Conselho Superior de Previdência Social, pessoalmente ou por intermédio do procurador que designar;

c) designar o procurador que o substitua nas faltas e impedimentos e o chefe da Secretaria da Procuradoria;

d) conceder férias aos procuradores e demais funcionários lotados na Procuradoria e impor-lhes penas disciplinares, observada, quanto aos procuradores, a legislação em vigor para o Ministério Público Federal;

e) funcionar em juízo, em primeira instância, ou designar os procuradores que devam fazê-lo;

f) admitir e dispensar o pessoal extranumerário da Secretaria e prorrogar o expediente renumerado dos funcionários e extranumerários;

g) apresentar, até 31 de março de cada ano, ao Ministro do Trabalho e Previdência Social o relatório dos trabalhos da Procuradoria no ano anterior, com as observações e sugestões que julgar convenientes.

•• Sobre Ministérios, *vide* Nota dos Organizadores.

SEÇÃO IV
Das Atribuições dos Procuradores

Art. 759. Aos procuradores e demais funcionários incumbe desempenhar os encargos que lhes forem cometidos pelo procurador-geral.

•• Entendemos prejudicado o disposto neste artigo pelo Decreto-lei n. 72, de 21-11-1966.

Parágrafo único. Aos procuradores é facultado, nos processos em que oficiarem, requerer ao procurador-geral as diligências e investigações necessárias.

SEÇÃO V
Da Secretaria

Art. 760. A Procuradoria da Previdência Social terá uma Secretaria dirigida por um chefe designado pelo Procurador-Geral.

•• Artigo com redação determinada pelo Decreto-lei n. 8.737, de 19-1-1946.
•• Entendemos prejudicado o disposto neste artigo pelo Decreto-lei n. 72, de 21-11-1966.

Art. 761. A Secretaria terá o pessoal designado pelo Ministro do Trabalho e Previdência Social.

•• Artigo com redação determinada pelo Decreto-lei n. 8.737, de 19-1-1946.

•• Entendemos prejudicado o disposto neste artigo pelo Decreto-lei n. 72, de 21-11-1966.
•• Sobre Ministérios, *vide* Nota dos Organizadores.

Art. 762. À Secretaria da Procuradoria de Previdência Social compete executar serviços idênticos aos referidos no art. 753.

Título X
DO PROCESSO JUDICIÁRIO DO TRABALHO

• *Vide* Lei n. 5.584, de 26-6-1970.

Capítulo I
DISPOSIÇÕES PRELIMINARES

Art. 763. O processo da Justiça do Trabalho, no que concerne aos dissídios individuais e coletivos e à aplicação de penalidades, reger-se-á, em todo o território nacional, pelas normas estabelecidas neste Título.

Lei n. 5.584/70, art. 1.º: Nos processos perante a Justiça do Trabalho, observar-se-ão os princípios estabelecidos nesta Lei.

Art. 764. Os dissídios individuais ou coletivos submetidos à apreciação da Justiça do Trabalho serão sempre sujeitos à conciliação.

•• *Vide* Lei n. 13.140, de 26-6-2015, sobre mediação e autocomposição.

§ 1.º Para os efeitos deste artigo, os juízes e Tribunais do Trabalho empregarão sempre os seus bons ofícios e persuasão no sentido de uma solução conciliatória dos conflitos.

§ 2.º Não havendo acordo, o juízo conciliatório converter-se-á obrigatoriamente em arbitral, proferindo decisão na forma prescrita neste Título.

§ 3.º É lícito às partes celebrar acordo que ponha termo ao processo, ainda mesmo depois de encerrado o juízo conciliatório.

Art. 831, parágrafo único, da CLT: A decisão será proferida depois de rejeitada pelas partes a proposta de conciliação. Parágrafo único. No caso de conciliação, o termo que for lavrado valerá como decisão irrecorrível, salvo para a Previdência Social quanto às contribuições que lhe forem devidas.

Art. 3.º do CPC: Não se excluirá da apreciação jurisdicional ameaça ou lesão a direito. § 1.º É permitida a arbitragem, na forma da lei. § 2.º O Estado promoverá, sempre que possível, a solução consensual dos conflitos. § 3.º A conciliação, a mediação e outros métodos de solução consensual de conflitos deverão ser estimulados por juízes, advogados, defensores públicos e membros do Ministério Público, inclusive no curso do processo judicial.

Súmula 259/TST: Termo de conciliação. Ação rescisória. Só por ação rescisória é impugnável o termo de conciliação previsto no parágrafo único do art. 831 da CLT.

Art. 765. Os Juízos e Tribunais do Trabalho terão ampla liberdade na direção do processo e velarão pelo andamento rápido das causas, podendo determinar qualquer diligência necessária ao esclarecimento delas.

Art. 2.º do CPC: O processo começa por iniciativa da parte e se desenvolve por impulso oficial, salvo as exceções previstas em lei.

Art. 370 do CPC: Caberá ao juiz, de ofício ou a requerimento da parte, determinar as provas necessárias ao julgamento do mérito. Parágrafo único. O juiz indeferirá, em decisão fundamentada, as diligências inúteis ou meramente protelatórias.

Lei n. 5.584/70, art. 4.º: Nos dissídios de alçada exclusiva das Juntas e naqueles em que os empregados ou empregadores reclamarem pessoalmente, o processo poderá ser impulsionado de ofício pelo Juiz.

Art. 766. Nos dissídios sobre estipulação de salários, serão estabelecidas condições que, assegurando justos salários aos trabalhadores, permitam também justa retribuição às empresas interessadas.

Art. 623 da CLT: Será nula de pleno direito disposição de Convenção ou Acordo que, direta ou indiretamente, contrarie proibição ou norma disciplinadora da política econômico-financeira do Governo ou concernente à política salarial vigente, não produzindo quaisquer efeitos perante autoridades e repartições públicas, inclusive para fins de revisão de preços e tarifas de mercadorias e serviços. Parágrafo único. Na hipótese deste artigo, a nulidade será declarada, de ofício ou mediante representação, pelo Ministro do Trabalho e Previdência Social ou pela Justiça do Trabalho, em processo submetido ao seu julgamento.

Art. 852-E da CLT: Aberta a sessão, o juiz esclarecerá as partes presentes sobre as vantagens da conciliação e usará os meios adequados de persuasão para a solução conciliatória do litígio, em qualquer fase da audiência.

Art. 8.º do CPC: Ao aplicar o ordenamento jurídico, o juiz atenderá aos fins sociais e às exigências do bem comum, resguardando e promovendo a dignidade da pessoa humana e observando a proporcionalidade, a razoabilidade, a legalidade, a publicidade e a eficiência.

Art. 140 do CPC: O juiz não se exime de decidir sob a alegação de lacuna ou obscuridade do ordenamento jurídico. Parágrafo único. O juiz só decidirá por equidade nos casos previstos em lei.

Súmula 375/TST: Reajustes salariais previstos em norma coletiva. Prevalência da legislação de política salarial. Os reajustes salariais previstos em norma coletiva de trabalho não prevalecem frente à legislação superveniente de política salarial.

Art. 767. A compensação, ou retenção, só poderá ser arguida como matéria de defesa.

•• Artigo com redação nos termos do Decreto-lei n. 6.353, de 20-3-1944.

Súmula 18/TST: Compensação. A compensação, na Justiça do Trabalho, está restrita a dívidas de natureza trabalhista.

Súmula 48/TST: Compensação. A compensação só poderá ser arguida com a contestação.

Art. 768. Terá preferência em todas as fases processuais o dissídio cuja decisão tiver de ser executada perante o Juízo da falência.

Art. 449, § 1.º, da CLT: Na falência, constituirão créditos privilegiados a totalidade dos salários devidos ao empregado e a totalidade das indenizações a que tiver direito.

Art. 769. Nos casos omissos, o direito processual comum será fonte subsidiária do direito processual do trabalho, exceto naquilo em que for incompatível com as normas deste Título.

Art. 1.º do CPC: O processo civil será ordenado, disciplinado e interpretado conforme os valores e as normas fundamentais estabelecidos na Constituição da República Federativa do Brasil, observando-se as disposições deste Código.

Art. 8.º do CPC: Ao aplicar o ordenamento jurídico, o juiz atenderá aos fins sociais e às exigências do bem comum, resguardando e promovendo a dignidade da pessoa humana e observando a proporcionalidade, a razoabilidade, a legalidade, a publicidade e a eficiência.

Art. 15 do CPC: Na ausência de normas que regulem processos eleitorais, trabalhistas ou administrativos, as disposições deste Código lhes serão aplicadas supletiva e subsidiariamente.

Art. 140 do CPC: O juiz não se exime de decidir sob a alegação de lacuna ou obscuridade do ordenamento jurídico. Parágrafo único. O juiz só decidirá por equidade nos casos previstos em lei.

Súmula 10/STJ: Instalada a Junta de Conciliação e Julgamento, cessa a competência do juiz de direito em matéria trabalhista, inclusive para a execução das sentenças por ele proferidas.

Súmula 262/TST: Prazo judicial. Notificação ou intimação em sábado. Recesso forense. I – Intimada ou notificada a parte no sábado, o início do prazo se dará no primeiro dia útil imediato e a contagem, no subsequente. II – O recesso forense e as férias coletivas dos Ministros do Tribunal Superior do Trabalho suspendem os prazos recursais.

Súmula 293/TST: Adicional de insalubridade. Causa de pedir. Agente nocivo diverso do apontado na inicial. A verificação mediante perícia de prestação de serviços em condições nocivas, considerado agente insalubre diverso do apontado na inicial, não prejudica o pedido de adicional de insalubridade.

Súmula 297/TST: Prequestionamento. Oportunidade. Configuração. 1. Diz-se prequestionada a matéria ou questão quando na decisão impugnada haja sido adotada, explicitamente, tese a respeito. 2. Incumbe à parte interessada, desde que a matéria haja sido invocada no recurso principal, opor embargos declaratórios objetivando o pronunciamento sobre o tema, sob pena de preclusão. 3. Considera-se prequestionada a questão jurídica invocada no recurso principal sobre a qual se omite o Tribunal de pronunciar tese, não obstante opostos embargos de declaração.

Súmula 299/TST: Ação rescisória. Decisão rescindenda. Trânsito em julgado. Comprovação. Efeitos. I – É indispensável ao processamento da ação rescisória a prova do trânsito em julgado da decisão rescindenda. II – Verificando o relator que a parte interessada não juntou à inicial o documento comprobatório, abrirá prazo de 10 (dez) dias para que o faça, sob pena de indeferimento. III – A comprovação do trânsito em julgado da decisão rescindenda é pressuposto processual indispensável ao tempo do ajuizamento da ação rescisória. Eventual trânsito em julgado posterior ao ajuizamento da ação rescisória não reabilita a ação proposta, na medida em que o ordenamento jurídico não contempla a ação rescisória preventiva. IV – O pretenso vício de intimação, posterior à decisão que se pretende rescindir, se efetivamente ocorrido, não permite a formação da coisa julgada material. Assim, a ação rescisória deve ser julgada extinta, sem julgamento do mérito, por carência de ação, por inexistir decisão transitada em julgado a ser rescindida.

OJ 392 da SDI-1: Prescrição. Interrupção. Ajuizamento de protesto judicial. Marco inicial. O protesto judicial é medida aplicável no processo do trabalho, por força do art. 769 da CLT e do art. 15 do CPC de 2015. O ajuizamento da ação, por si só, interrompe o prazo prescricional, em razão da inaplicabilidade do § 2.º do art. 240 do CPC de 2015 (§ 2.º do art. 219 do CPC de 1973), incompatível com o disposto no art. 841 da CLT.

Enunciado n. 66 da 1.ª Jornada de Direito do Trabalho: Aplicação subsidiária de normas do processo comum ao processo trabalhista. Omissões ontológica e axiológica. Admissibilidade. Diante do atual estágio de desenvolvimento do processo comum e da necessidade de se conferir aplicabilidade à garantia constitucional da duração razoável do processo, os artigos 769 e 889 da CLT comportam interpretação conforme a Constituição Federal, permitindo a aplicação de normas processuais mais adequadas à efetivação do direito. Aplicação dos princípios da instrumentalidade, efetividade e não retrocesso social.

Capítulo II
DO PROCESSO EM GERAL

• *Vide* Instrução Normativa n. 27, de 16-2-2005.

SEÇÃO I
Dos Atos, Termos e Prazos Processuais

• Dos atos e prazos processuais no CPC: arts. 188 e s. e 218 e s.

Art. 770. Os atos processuais serão públicos salvo quando o contrário determinar o interesse social, e realizar-se-ão nos dias úteis das 6 (seis) às 20 (vinte) horas.

Art. 5.º, LX, da CF: Todos são iguais perante a lei, sem distinção de qualquer natureza, garantindo-se aos brasileiros e aos estrangeiros residentes no País a inviolabilidade do direito à vida, à liberdade, à igualdade, à segurança e à propriedade, nos termos seguintes: (...) LX – lei só poderá restringir a publicidade dos atos processuais quando a defesa da intimidade ou o interesse social o exigirem; (...).

Art. 93, IX, da CF: Lei complementar, de iniciativa do Supremo Tribunal Federal, disporá sobre o Estatuto da Magistratura, observados os seguintes princípios: (...) IX – todos os julgamentos dos órgãos do Poder Judiciário serão públicos, e fundamentadas todas as decisões, sob pena de nulidade, podendo a lei limitar a presença, em determinados atos, às próprias partes e a seus advogados, ou somente a estes, em casos nos quais a preservação do direito à intimidade do interessado no sigilo não prejudique o interesse público à informação.

Art. 11 do CPC: Todos os julgamentos dos órgãos do Poder Judiciário serão públicos, e fundamentadas todas as decisões, sob pena de nulidade. Parágrafo único. Nos casos de segredo de justiça, pode ser autorizada a presença somente das partes, de seus advogados, de defensores públicos ou do Ministério Público.

Art. 212 do CPC: Os atos processuais serão realizados em dias úteis, das 6 (seis) às 20 (vinte) horas. § 1.º Serão concluídos após as 20 (vinte) horas os atos iniciados antes, quando o adiamento prejudicar a diligência ou causar grave dano. § 2.º Independentemente de autorização judicial, as citações, intimações e penhoras poderão realizar-se no período de férias forenses, onde as houver, e nos feriados ou dias úteis fora do horário estabelecido neste artigo, observado o disposto no art. 5.º, inciso XI, da Constituição Federal. § 3.º Quando o ato tiver de ser praticado por meio de petição em autos não eletrônicos, essa deverá ser protocolada no horário de funcionamento do fórum ou tribunal, conforme o disposto na lei de organização judiciária local.

Parágrafo único. A penhora poderá realizar-se em domingo ou dia feriado, mediante autorização expressa do juiz ou presidente.

Art. 771. Os atos e termos processuais poderão ser escritos a tinta, datilografados ou a carimbo.

Art. 188 do CPC: Os atos e os termos processuais independem de forma determinada, salvo quando a lei expressamente a exigir, considerando-se válidos os que, realizados de outro modo, lhe preencham a finalidade essencial.

• *Vide* Lei n. 11.419, de 19-12-2006.

Art. 772. Os atos e termos processuais, que devam ser assinados pelas partes interessadas, quando estas, por motivo justificado, não possam fazê-lo, serão firmados a rogo, na presença de 2 (duas) testemunhas, sempre que não houver procurador legalmente constituído.

Art. 773. Os termos relativos ao movimento dos processos constarão de simples notas, datadas e rubricadas pelos secretários ou escrivães.

•• Artigo com redação nos termos da Lei n. 409, de 25-9-1948.
•• A Lei n. 6.563, de 19-9-1978, altera a denominação para "Diretores da Secretaria".

Art. 774. Salvo disposição em contrário, os prazos previstos neste Título contam-se, conforme o caso, a partir da data em que for feita pessoalmente, ou recebida a notificação, daquela em que for publicado o edital no jornal oficial ou no que publicar o expediente da Justiça do Trabalho, ou, ainda, daquela em que for afixado o edital na sede da Junta, Juízo ou Tribunal.

• *Caput* com redação determinada pela Lei n. 2.244, de 23-6-1954.
• Extinção das Juntas de Conciliação e Julgamento: Emenda Constitucional n. 24, de 9-12-1999.

Súmula 310/STF: Quando a intimação tiver lugar na sexta-feira, ou a publicação com efeito de intimação for feita nesse dia, o prazo judicial terá início na segunda-feira imediata, salvo se não houver expediente, caso em que começará no primeiro dia útil que se seguir.

Súmula 16/TST: Notificação. Presume-se recebida a notificação 48 (quarenta e oito) horas depois de sua postagem. O seu não recebimento ou a entrega após o decurso desse prazo constituem ônus de prova do destinatário.

Súmula 427/TST: Intimação. Pluralidade de advogados. Publicação em nome de advogado diverso daquele expressamente indicado. Nulidade. Havendo pedido expresso de que as intimações e publicações sejam realizadas exclusivamente em nome de determinado advogado, a comunicação em nome de outro profissional constituído nos autos é nula, salvo se constatada a inexistência de prejuízo.

Parágrafo único. Tratando-se de notificação postal, no caso de não ser encontrado o destinatário ou no de recusa de recebimento, o Correio ficará obrigado, sob pena de responsabilidade do servidor, a devolvê-la, no prazo de 48 (quarenta e oito) horas, ao Tribunal de origem.

•• *Parágrafo único com redação determinada pelo Decreto-lei n. 8.737, de 19-1-1946.*

Súmula 16/TST: Notificação. Presume-se recebida a notificação 48 (quarenta e oito) horas depois de sua postagem. O seu não recebimento ou a entrega após o decurso desse prazo constituem ônus de prova do destinatário.

Art. 775. Os prazos estabelecidos neste Título serão contados em dias úteis, com exclusão do dia do começo e inclusão do dia do vencimento.

•• *Caput com redação determinada pela Lei n. 13.467, de 13-7-2017.*

Art. 219 do CPC: Na contagem de prazo em dias, estabelecido por lei ou pelo juiz, computar-se-ão somente os dias úteis. Parágrafo único. O disposto neste artigo aplica-se somente aos prazos processuais.

Lei n. 11.419/06, art. 3.º: Consideram-se realizados os atos processuais por meio eletrônico no dia e hora do seu envio ao sistema do Poder Judiciário, do que deverá ser fornecido protocolo eletrônico. Parágrafo único. Quando a petição eletrônica for enviada para atender prazo processual, serão consideradas tempestivas as transmitidas até as 24 (vinte e quatro) horas do seu último dia.

Súmula 1/TST: Prazo judicial. Quando a intimação tiver lugar na sexta-feira, ou a publicação com efeito de intimação for feita nesse dia, o prazo judicial será contado da segunda-feira imediata, inclusive, salvo se não houver expediente, caso em que fluirá no dia útil que se seguir.

Súmula 262/TST: Prazo judicial. Notificação ou intimação em sábado. Recesso forense. I – Intimada ou notificada a parte no sábado, o início do prazo se dará no primeiro dia útil imediato e a contagem, no subsequente. II – O recesso forense e as férias coletivas dos Ministros do Tribunal Superior do Trabalho suspendem os prazos recursais.

Súmula 385/TST: Feriado local. Ausência de expediente forense. Prazo recursal. Prorrogação. Comprovação. Necessidade. Ato administrativo do Juízo *a quo*. I – Incumbe à parte o ônus de provar, quando da interposição do recurso, a existência de feriado local que autorize a prorrogação do prazo recursal. II – Na hipótese de feriado forense, incumbirá à autoridade que proferir a decisão de admissibilidade certificar o expediente nos autos. III – Na hipótese do inciso II, admite-se a reconsideração da análise da tempestividade do recurso, mediante prova documental superveniente, em Agravo Regimental, Agravo de Instrumento ou Embargos de Declaração.

Súmula 387/TST: Recurso. Fac-símile. Lei n. 9.800/1999. I – A Lei n. 9.800, de 26-5-1999, é aplicável somente a recursos interpostos após o início de sua vigência. II – A contagem do quinquídio para apresentação dos originais de recurso interposto por intermédio de fac-símile começa a fluir do dia subsequente ao término do prazo recursal, nos termos do art. 2.º da Lei n. 9.800, de 26-5-1999, e não do dia seguinte à interposição do recurso, se esta se deu antes do termo final do prazo. III – Não se tratando a juntada dos originais de ato que dependa de notificação, pois a parte, ao interpor o recurso, já tem ciência de seu ônus processual, não se aplica a regra do art. 224 do CPC de 2015 (art. 184 do CPC de 1973) quanto ao *dies a quo*, podendo coincidir com sábado, domingo ou feriado. IV – A autorização para utilização do fac-símile, constante do art. 1.º da Lei n. 9.800, de 26-5-1999, somente alcança as hipóteses em que o documento é dirigido diretamente ao órgão jurisdicional, não se aplicando à transmissão ocorrida entre particulares.

§ 1.º Os prazos podem ser prorrogados, pelo tempo estritamente necessário, nas seguintes hipóteses:

•• *Anterior parágrafo único com redação determinada pela Lei n. 13.467, de 13-7-2017.*

I – quando o juízo entender necessário;

•• *Inciso I acrescentado pela Lei n. 13.467, de 13-7-2017.*

II – em virtude de força maior, devidamente comprovada.

•• *Inciso II acrescentado pela Lei n. 13.467, de 13-7-2017.*

§ 2.º Ao juízo incumbe dilatar os prazos processuais e alterar a ordem de produção dos meios de prova, adequando-os às necessidades do conflito de modo a conferir maior efetividade à tutela do direito.

•• *§ 2.º acrescentado pela Lei n. 13.467, de 13-7-2017.*

Art. 775-A. Suspende-se o curso do prazo processual nos dias compreendidos entre 20 de dezembro e 20 de janeiro, inclusive.

•• *Caput acrescentado pela Lei n. 13.545, de 19-12-2017.*

§ 1.º Ressalvadas as férias individuais e os feriados instituídos por lei, os juízes, os membros do Ministério Público, da Defensoria Pública e da Advocacia Pública e os auxiliares da Justiça exercerão suas atribuições durante o período previsto no *caput* deste artigo.

•• *§ 1.º acrescentado pela Lei n. 13.545, de 19-12-2017.*

§ 2.º Durante a suspensão do prazo, não se realizarão audiências nem sessões de julgamento.

•• *§ 2.º acrescentado pela Lei n. 13.545, de 19-12-2017.*

Art. 776. O vencimento dos prazos será certificado nos processos pelos escrivães ou chefes de secretaria.

•• *Artigo com redação nos termos da Lei n. 409, de 25-9-1948.*

Art. 777. Os requerimentos e documentos apresentados, os atos e termos processuais, as petições ou razões de recursos e quaisquer outros papéis referentes aos feitos formarão os autos dos processos, os quais ficarão sob a responsabilidade dos escrivães ou chefes de secretaria.

•• *Artigo com redação nos termos da Lei n. 409, de 25-9-1948.*
• *A Lei n. 9.800, de 26-5-1999, permite às partes a utilização de sistema de transmissão de dados para a prática de atos processuais.*

Art. 778. Os autos dos processos da Justiça do Trabalho não poderão sair dos cartórios ou secretarias, salvo se solicitados por advogado regularmente constituído por qualquer das partes, ou quando tiverem de ser remetidos aos órgãos competentes, em caso de recurso ou requisição.

•• *Artigo com redação determinada pela Lei n. 6.598, de 1.º-12-1978.*

Art. 779. As partes, ou seus procuradores, poderão consultar, com ampla liberdade, os processos nos cartórios ou secretarias.

Art. 780. Os documentos juntos aos autos poderão ser desentranhados somente depois de findo o processo, ficando traslado.

Art. 781. As partes poderão requerer certidões dos processos em curso ou arquivados, as quais serão lavradas pelos escrivães ou chefes de secretaria.

•• *Caput com redação nos termos da Lei n. 409, de 25-9-1948.*

Parágrafo único. As certidões dos processos que correrem em segredo de justiça dependerão de despacho do juiz ou presidente.

Art. 782. São isentos de selo as reclamações, representações, requerimentos, atos e processos relativos à Justiça do Trabalho.

SEÇÃO II
Da Distribuição

Art. 783. A distribuição das reclamações será feita entre as Juntas de Conciliação e Julgamento, ou os Juízes de Direito do Cível, nos casos previstos no art. 669, § 1.º, pela ordem rigorosa de sua apresentação ao distribuidor, quando o houver.

•• *Extinção das Juntas de Conciliação e Julgamento: Emenda Constitucional n. 24, de 9-12-1999.*

Art. 784. As reclamações serão registradas em livro próprio, rubricado em todas as folhas pela autoridade a que estiver subordinado o distribuidor.

Art. 785. O distribuidor fornecerá ao interessado um recibo do qual constarão, essencialmente, o nome do reclamante e do reclamado, a data da distribuição, o objeto da reclamação e a Junta ou o Juízo a que coube a distribuição.

•• *Extinção das Juntas de Conciliação e Julgamento: Emenda Constitucional n. 24, de 9-12-1999.*

Art. 786. A reclamação verbal será distribuída antes de sua redução a termo.

Parágrafo único. Distribuída a reclamação verbal, o reclamante deverá, salvo motivo de força maior, apresentar-se no prazo de 5 (cinco) dias, ao cartório ou à secretaria, para reduzi-la a termo, sob a pena estabelecida no art. 731.

Art. 485, V, do CPC: O juiz não resolverá o mérito quando: (...) V – reconhecer a existência de perempção, de litispendência ou de coisa julgada.

Art. 486, *caput* e § 2.º, do CPC: O pronunciamento judicial que não resolve o mérito não obsta a que a parte proponha de novo a ação. (...) § 2.º A petição inicial, todavia, não será despachada sem a prova do pagamento ou do depósito das custas e dos honorários de advogado.

Art. 787. A reclamação escrita deverá ser formulada em 2 (duas) vias e desde logo acompanhada dos documentos em que se fundar.

Art. 788. Feita a distribuição, a reclamação será remetida pelo distribuidor à Junta ou Juízo competente, acompanhada do bilhete de distribuição.

•• Extinção das Juntas de Conciliação e Julgamento: Emenda Constitucional n. 24, de 9-12-1999.

SEÇÃO III
Das Custas e Emolumentos

•• Seção III com denominação determinada pela Lei n. 10.537, de 27-8-2002.
• Despesas no CPC: arts. 82 e s.
• A Instrução Normativa n. 9, de 19-12-1996, do TST, uniformiza procedimentos para o arbitramento das custas processuais.
• A Instrução Normativa n. 20, de 24-9-2002, do TST, dispõe sobre os procedimentos para o recolhimento de custas e emolumentos devidos à União no âmbito da Justiça do Trabalho.
• A Instrução Normativa n. 33, de 15-5-2008, do TST, estabelece, na Justiça do Trabalho, modelo único de guia de depósito judicial para pagamentos, garantia de execução, encargos processuais e levantamento de valores, excetuados os depósitos recursais.
• *Vide* art. 96 da Consolidação dos Provimentos da Corregedoria-Geral da Justiça do Trabalho.

Art. 789. Nos dissídios individuais e nos dissídios coletivos do trabalho, nas ações e procedimentos de competência da Justiça do Trabalho, bem como nas demandas propostas perante a Justiça Estadual, no exercício da jurisdição trabalhista, as custas relativas ao processo de conhecimento incidirão à base de 2% (dois por cento), observado o mínimo de R$ 10,64 (dez reais e sessenta e quatro centavos) e o máximo de quatro vezes o limite máximo dos benefícios do Regime Geral de Previdência Social, e serão calculadas:

•• *Caput* com redação determinada pela Lei n. 13.467, de 13-7-2017.

Instrução Normativa n. 41/18, art. 4.º: O art. 789, *caput*, da CLT aplica-se nas decisões que fixem custas, proferidas a partir da entrada em vigor da Lei n. 13.467/2017.

Súmula 25/TST: Custas processuais. Inversão do ônus da sucumbência. I – A parte vencedora na primeira instância, se vencida na segunda, está obrigada, independentemente de intimação, a pagar as custas fixadas na sentença originária, das quais ficara isenta a parte então vencida. II – No caso de inversão do ônus da sucumbência em segundo grau, sem acréscimo ou atualização do valor das custas e se estas já foram devidamente recolhidas, descabe um novo pagamento pela parte vencida, ao recorrer. Deverá ao final, se sucumbente, reembolsar a quantia. III – Não caracteriza deserção a hipótese em que, acrescido o valor da condenação, não houve fixação ou cálculo do valor devido a título de custas e tampouco intimação da parte para o preparo do recurso, devendo ser as custas pagas ao final. IV – O reembolso das custas à parte vencedora faz-se necessário mesmo na hipótese em que a parte vencida for pessoa isenta do seu pagamento, nos termos do art. 790-A, parágrafo único, da CLT.

Súmula 36/TST: Custas. Nas ações plúrimas, as custas incidem sobre o respectivo valor global.

Súmula 53/TST: Custas. O prazo para pagamento das custas, no caso de recurso, é contado da intimação do cálculo.

Súmula 86/TST: Deserção. Massa falida. Empresa em liquidação extrajudicial. Não ocorre deserção de recurso da massa falida por falta de pagamento de custas ou de depósito do valor da condenação. Esse privilégio, todavia, não se aplica à empresa em liquidação extrajudicial.

Súmula 170/TST: Sociedade de economia mista. Custas. Os privilégios e isenções no foro da Justiça do Trabalho não abrangem as sociedades de economia mista, ainda que gozassem desses benefícios anteriormente ao Decreto-lei n. 779, de 21-8-1969. Ex-prejulgado n. 50.

OJ 33 da SDI-1: Deserção. Custas. Carimbo do banco. Validade. O carimbo do banco recebedor na guia de comprovação do recolhimento das custas supre a ausência de autenticação mecânica.

OJ 140 da SDI-1: Depósito recursal e custas processuais. Recolhimento insuficiente. Deserção (nova redação em decorrência do CPC de 2015)
Em caso de recolhimento insuficiente das custas processuais ou do depósito recursal, somente haverá deserção do recurso se, concedido o prazo de 5 (cinco) dias previsto no § 2.º do art. 1.007 do CPC de 2015, o recorrente não complementar e comprovar o valor devido.

OJ 158 da SDI-1: Custas. Comprovação de recolhimento. DARF eletrônico. Validade. O denominado DARF Eletrônico é válido para comprovar o recolhimento de custas por entidades da administração pública federal, emitido conforme a IN-SRF n. 162, de 4 de novembro de 1988.

OJ 148 da SDI-2: Custas. Mandado de segurança. Recurso ordinário. Exigência do pagamento. É responsabilidade da parte, para interpor recurso ordinário em mandado de segurança, a comprovação do recolhimento das custas processuais no prazo recursal, sob pena de deserção.

OJ 27 da SDC: Custas. Ausência de intimação. Deserção. Caracterização. A deserção se impõe mesmo não tendo havido intimação, pois incumbe à parte, na defesa do próprio interesse, obter os cálculos necessários para efetivar o preparo.

I – quando houver acordo ou condenação, sobre o respectivo valor;
•• Inciso I com redação determinada pela Lei n. 10.537, de 27-8-2002.

II – quando houver extinção do processo, sem julgamento do mérito, ou julgado totalmente improcedente o pedido, sobre o valor da causa;
•• Inciso II com redação determinada pela Lei n. 10.537, de 27-8-2002.

III – no caso de procedência do pedido formulado em ação declaratória e em ação constitutiva, sobre o valor da causa;
•• Inciso III com redação determinada pela Lei n. 10.537, de 27-8-2002.

IV – quando o valor for indeterminado, sobre o que o juiz fixar.
•• Inciso IV com redação determinada pela Lei n. 10.537, de 27-8-2002.

§ 1.º As custas serão pagas pelo vencido, após o trânsito em julgado da decisão. No caso de recurso, as custas serão pagas e comprovado o recolhimento dentro do prazo recursal.
•• § 1.º com redação determinada pela Lei n. 10.537, de 27-8-2002.

§ 2.º Não sendo líquida a condenação, o juízo arbitrar-lhe-á o valor e fixará o montante das custas processuais.
•• § 2.º com redação determinada pela Lei n. 10.537, de 27-8-2002.

§ 3.º Sempre que houver acordo, se de outra forma não for convencionado, o pagamento das custas caberá em partes iguais aos litigantes.
•• § 3.º com redação determinada pela Lei n. 10.537, de 27-8-2002.

§ 4.º Nos dissídios coletivos, as partes vencidas responderão solidariamente pelo pagamento das custas, calculadas sobre o valor arbitrado na decisão, ou pelo Presidente do Tribunal.
•• § 4.º com redação determinada pela Lei n. 10.537, de 27-8-2002.

Art. 789-A. No processo de execução são devidas custas, sempre de responsabilidade do executado e pagas ao final, de conformidade com a seguinte tabela:
•• *Caput* acrescentado pela Lei n. 10.537, de 27-8-2002.

I – autos de arrematação, de adjudicação e de remição: 5% (cinco por cento) sobre o respectivo valor, até o máximo de R$ 1.915,38 (um mil, novecentos e quinze reais e trinta e oito centavos);
•• Inciso I acrescentado pela Lei n. 10.537, de 27-8-2002.

II – atos dos oficiais de justiça, por diligência certificada:
•• Inciso II, *caput*, acrescentado pela Lei n. 10.537, de 27-8-2002.

a) em zona urbana: R$ 11,06 (onze reais e seis centavos);
•• Alínea *a* acrescentada pela Lei n. 10.537, de 27-8-2002.

b) em zona rural: R$ 22,13 (vinte e dois reais e treze centavos);
•• Alínea *b* acrescentada pela Lei n. 10.537, de 27-8-2002.

III – agravo de instrumento: R$ 44,26 (quarenta e quatro reais e vinte e seis centavos);
•• Inciso III acrescentado pela Lei n. 10.537, de 27-8-2002.

IV – agravo de petição: R$ 44,26 (quarenta e quatro reais e vinte e seis centavos);
•• Inciso IV acrescentado pela Lei n. 10.537, de 27-8-2002.

V – embargos à execução, embargos de terceiro e embargos à arrematação: R$ 44,26 (quarenta e quatro reais e vinte e seis centavos);
•• Inciso V acrescentado pela Lei n. 10.537, de 27-8-2002.

VI – recurso de revista: R$ 55,35 (cinquenta e cinco reais e trinta e cinco centavos);
•• Inciso VI acrescentado pela Lei n. 10.537, de 27-8-2002.

VII – impugnação à sentença de liquidação: R$ 55,35 (cinquenta e cinco reais e trinta e cinco centavos);
•• Inciso VII acrescentado pela Lei n. 10.537, de 27-8-2002.

VIII – despesa de armazenagem em depósito judicial – por dia: 0,1% (um décimo por cento) do valor da avaliação;
•• Inciso VIII acrescentado pela Lei n. 10.537, de 27-8-2002.

IX – cálculos de liquidação realizados pelo contador do juízo – sobre o valor liquidado: 0,5% (cinco décimos por cento) até o limite de R$ 638,46 (seiscentos e trinta e oito reais e quarenta e seis centavos).
•• Inciso IX acrescentado pela Lei n. 10.537, de 27-8-2002.

Art. 789-B. Os emolumentos serão suportados pelo Requerente, nos valores fixados na seguinte tabela:
•• *Caput* acrescentado pela Lei n. 10.537, de 27-8-2002.

I – autenticação de traslado de peças mediante cópia reprográfica apresentada pelas partes – por folha: R$ 0,55 (cinquenta e cinco centavos de real);
•• Inciso I acrescentado pela Lei n. 10.537, de 27-8-2002.

II – fotocópia de peças – por folha: R$ 0,28 (vinte e oito centavos de real);
•• Inciso II acrescentado pela Lei n. 10.537, de 27-8-2002.

III – autenticação de peças – por folha: R$ 0,55 (cinquenta e cinco centavos de real);
•• Inciso III acrescentado pela Lei n. 10.537, de 27-8-2002.

IV – cartas de sentença, de adjudicação, de remição e de arrematação – por folha: R$ 0,55 (cinquenta e cinco centavos de real);
•• Inciso IV acrescentado pela Lei n. 10.537, de 27-8-2002.

V – certidões – por folha: R$ 5,53 (cinco reais e cinquenta e três centavos).
•• Inciso V acrescentado pela Lei n. 10.537, de 27-8-2002.

Art. 790. Nas Varas do Trabalho, nos Juízos de Direito, nos Tribunais e no Tribunal Superior do Trabalho, a forma de pagamento das custas e emolumentos obedecerá às instruções que serão expedidas pelo Tribunal Superior do Trabalho.
•• *Caput* com redação determinada pela Lei n. 10.537, de 27-8-2002.

> **Art. 24, IV, da CF:** Compete à União, aos Estados e ao Distrito Federal legislar concorrentemente sobre: (...) IV – custas dos serviços forenses.
>
> **Art. 145, II, da CF:** A União, os Estados, o Distrito Federal e os Municípios poderão instituir os seguintes tributos: (...) II – taxas, em razão do exercício do poder de polícia ou pela utilização, efetiva ou potencial, de serviços públicos específicos e divisíveis, prestados ao contribuinte ou postos a sua disposição.

• Vide art. 96 da Consolidação dos Provimentos da Corregedoria-Geral da Justiça do Trabalho.

§ 1.º Tratando-se de empregado que não tenha obtido o benefício da justiça gratuita, ou isenção de custas, o sindicato que houver intervindo no processo responderá solidariamente pelo pagamento das custas devidas.
•• § 1.º acrescentado pela Lei n. 10.537, de 27-8-2002.

§ 2.º No caso de não pagamento das custas, far-se-á execução da respectiva importância, segundo o procedimento estabelecido no Capítulo V deste Título.
•• § 2.º acrescentado pela Lei n. 10.537, de 27-8-2002.

§ 3.º É facultado aos juízes, órgãos julgadores e presidentes dos tribunais do trabalho de qualquer instância conceder, a requerimento ou de ofício, o benefício da justiça gratuita, inclusive quanto a traslados e instrumentos, àqueles que perceberem salário igual ou inferior a 40% (quarenta por cento) do limite máximo dos benefícios do Regime Geral de Previdência Social.
•• § 3.º com redação determinada pela Lei n. 13.467, de 13-7-2017.

§ 4.º O benefício da justiça gratuita será concedido à parte que comprovar insuficiência de recursos para o pagamento das custas do processo.
•• § 4.º acrescentado pela Lei n. 13.467, de 13-7-2017.

Art. 790-A. São isentos do pagamento de custas, além dos beneficiários de justiça gratuita:
•• *Caput* acrescentado pela Lei n. 10.537, de 27-8-2002.

> **Instrução Normativa n. 27/05, art. 4.º, parágrafo único:** Os entes públicos mencionados no art. 790-A da CLT são isentos do pagamento de emolumentos.
>
> **Súmula 86/TST: Deserção. Massa falida. Empresa em liquidação extrajudicial.** Não ocorre deserção de recurso da massa falida por falta de pagamento de custas ou de depósito do valor da condenação. Esse privilégio, todavia, não se aplica à empresa em liquidação extrajudicial.

I – a União, os Estados, o Distrito Federal, os Municípios e respectivas autarquias e fundações públicas federais, estaduais ou municipais que não explorem atividade econômica;
•• Inciso I acrescentado pela Lei n. 10.537, de 27-8-2002.

II – o Ministério Público do Trabalho.
•• Inciso II acrescentado pela Lei n. 10.537, de 27-8-2002.

Parágrafo único. A isenção prevista neste artigo não alcança as entidades fiscalizadoras do exercício profissional, nem exime as pessoas jurídicas referidas no inciso I da obrigação de reembolsar as despesas judiciais realizadas pela parte vencedora.
•• Parágrafo único acrescentado pela Lei n. 10.537, de 27-8-2002.

Art. 790-B. A responsabilidade pelo pagamento dos honorários periciais é da parte sucumbente na pretensão objeto da perícia, ainda que beneficiária da justiça gratuita.
•• *Caput* com redação determinada pela Lei n. 13.467, de 13-7-2017.
•• O STF, na sessão plenária de 20-10-2021 (*DOU* de 5-11-2021), julgou parcialmente procedente a ADI n. 5.766 para declarar a inconstitucionalidade do *caput* deste artigo.

> **Instrução Normativa n. 41/18, art. 5.º:** O art. 790-B, *caput* e §§ 1.º a 4.º, da CLT, não se aplica aos processos iniciados antes de 11 de novembro de 2017 (Lei n. 13.467/2017).
>
> **Súmula 341/TST: Honorários do assistente técnico.** A indicação do perito assistente é faculdade da parte, a qual deve responder pelos respectivos honorários, ainda que vencedora no objeto da perícia.
>
> **Súmula 457/TST: Honorários periciais. Beneficiário da Justiça gratuita. Responsabilidade da União pelo pagamento. Resolução n. 66/2010 do CSJT. Observância.** A União é responsável pelo pagamento dos honorários de perito quando a parte sucumbente no objeto da perícia for beneficiária da assistência judiciária gratuita, observado o procedimento disposto nos arts. 1.º, 2.º e 5.º da Resolução n. 66/2010 do Conselho Superior da Justiça do Trabalho – CSJT.

• A Resolução n. 35, de 23-3-2007, do Conselho Superior da Justiça do Trabalho, regula, no âmbito da Justiça do Trabalho de Primeiro e Segundo Graus, a responsabilidade pelo pagamento e antecipação de honorários periciais, no caso de concessão à parte do benefício de justiça gratuita.

§ 1.º Ao fixar o valor dos honorários periciais, o juízo deverá respeitar o limite máximo estabelecido pelo Conselho Superior da Justiça do Trabalho.
•• § 1.º acrescentado pela Lei n. 13.467, de 13-7-2017.

§ 2.º O juízo poderá deferir parcelamento dos honorários periciais.
•• § 2.º acrescentado pela Lei n. 13.467, de 13-7-2017.

§ 3.º O juízo não poderá exigir adiantamento de valores para realização de perícias.
•• § 3.º acrescentado pela Lei n. 13.467, de 13-7-2017.

§ 4.º Somente no caso em que o beneficiário da justiça gratuita não tenha obtido em juízo créditos capazes de suportar a despesa referida no *caput*, ainda que em outro processo, a União responderá pelo encargo.
•• § 4.º acrescentado pela Lei n. 13.467, de 13-7-2017.
•• O STF, na sessão plenária de 20-10-2021 (*DOU* de 5-11-2021), julgou parcialmente procedente a ADI n. 5.766 para declarar a inconstitucionalidade deste § 4.º.

SEÇÃO IV
Das Partes e dos Procuradores

• Das partes e dos procuradores no CPC: arts. 70 e s.
• Identificação das partes: *vide* arts. 57 a 59 da Consolidação dos Provimentos da Corregedoria-Geral da Justiça do Trabalho.
• *Vide* Lei n. 10.741, de 1.º-10-2003 (Estatuto da Pessoa Idosa), que estabelece prioridade de tramitação aos procedimentos judiciais em que figure como parte ou interveniente pessoa com idade igual ou superior a 60 (sessenta) anos.

Art. 791. Os empregados e os empregadores poderão reclamar pessoalmente perante a Justiça do Trabalho e acompanhar as suas reclamações até o final.
•• A Lei n. 10.288, de 20-9-2001, propôs nova redação para este artigo, todavia a alteração sofreu veto presidencial.

> **Art. 133 da CF:** O advogado é indispensável à administração da justiça, sendo inviolável por seus atos e manifestações no exercício da profissão, nos limites da lei.
>
> **Art. 839, *a*, da CLT:** A reclamação poderá ser apresentada: *a)* pelos empregados e empregadores, pessoalmente, ou por seus representantes, e pelos sindicatos de classe.
>
> **Art. 843 da CLT:** Na audiência de julgamento deverão estar presentes o reclamante e o reclamado, independentemente do comparecimento de seus representantes, salvo nos casos de Reclamatórias Plúrimas ou Ações de Cumprimento, quando os empregados poderão fazer-se representar pelo Sindicato de sua categoria. § 1.º É facultado ao empregador fazer-se substituir pelo gerente, ou qualquer outro preposto que tenha conhecimento do fato, e cujas declarações obrigarão o proponente. § 2.º Se por doença ou qualquer outro motivo poderoso, devidamente comprovado, não for possível ao empregado comparecer pessoalmente, poderá fazer-se representar por outro empregado que pertença à mesma profissão, ou pelo seu sindicato.

Art. 76, caput, do CPC: Verificada a incapacidade processual ou a irregularidade da representação da parte, o juiz suspenderá o processo e designará prazo razoável para que seja sanado o vício.

Art. 105 do CPC: A procuração geral para o foro, outorgada por instrumento público ou particular assinado pela parte, habilita o advogado a praticar todos os atos do processo, exceto receber citação, confessar, reconhecer a procedência do pedido, transigir, desistir, renunciar ao direito sobre o qual se funda a ação, receber, dar quitação, firmar compromisso e assinar declaração de hipossuficiência econômica, que devem constar de cláusula específica. § 1.º A procuração pode ser assinada digitalmente, na forma da lei. § 2.º A procuração deverá conter o nome do advogado, seu número de inscrição na Ordem dos Advogados do Brasil e endereço completo. § 3.º Se o outorgado integrar sociedade de advogados, a procuração também deverá conter o nome dessa, seu número de registro na Ordem dos Advogados do Brasil e endereço completo. § 4.º Salvo disposição expressa em sentido contrário constante do próprio instrumento, a procuração outorgada na fase de conhecimento é eficaz para todas as fases do processo, inclusive para o cumprimento de sentença.

Art. 112 do CPC: O advogado poderá renunciar ao mandato a qualquer tempo, provando, na forma prevista neste Código, que comunicou a renúncia ao mandante, a fim de que este nomeie sucessor. § 1.º Durante os 10 (dez) dias seguintes, o advogado continuará a representar o mandante, desde que necessário para lhe evitar prejuízo. § 2.º Dispensa-se a comunicação referida no *caput* quando a procuração tiver sido outorgada a vários advogados e a parte continuar representada por outro, apesar da renúncia.

Súmula 383/TST: Recurso. Mandato. Irregularidade de representação. CPC de 2015, arts. 104 e 76, § 2.º. I – É inadmissível recurso firmado por advogado sem procuração juntada aos autos até o momento da sua interposição, salvo mandato tácito. Em caráter excepcional (art. 104 do CPC de 2015), admite-se que o advogado, independentemente de intimação, exiba a procuração no prazo de 5 (cinco) dias após a interposição do recurso, prorrogável por igual período mediante despacho do juiz. Caso não a exiba, considera-se ineficaz o ato praticado e não se conhece do recurso. II – Verificada a irregularidade de representação da parte em fase recursal, na procuração ou substabelecimento já constante dos autos, o relator ou o órgão competente para julgamento do recurso designará prazo de 5 (cinco) dias para que seja sanado o vício. Descumprida a determinação, o relator não conhecerá do recurso, se a providência couber ao recorrente, ou determinará o desentranhamento das contrarrazões, se a providência couber ao recorrido (art. 76, § 2.º, do CPC de 2015).

Súmula 395/TST: Mandato e substabelecimento. Condições de validade. I – Válido é o instrumento de mandato com prazo determinado que contém cláusula estabelecendo a prevalência dos poderes para atuar até o final da demanda (§ 4.º do art. 105 do CPC de 2015). II – Se há previsão, no instrumento de mandato, de prazo para sua juntada, o mandato só tem validade se anexado ao processo o respectivo instrumento no aludido prazo. III – São válidos os atos praticados pelo substabelecido, ainda que não haja, no mandato, poderes expressos para substabelecer (art. 667, e parágrafos, do Código Civil de 2002). IV – Configura-se a irregularidade de representação se o substabelecimento é anterior à outorga passada ao substabelecente. V – Verificada a irregularidade de representação nas hipóteses dos itens II e IV, deve o juiz suspender o processo e designar prazo razoável para que seja sanado o vício, ainda que em instância recursal (art. 76 do CPC de 2015).

Súmula 425/TST: Jus postulandi na Justiça do Trabalho. Alcance. O *jus postulandi* das partes, estabelecido no art. 791 da CLT, limita-se às Varas do Trabalho e aos Tribunais Regionais do Trabalho, não alcançando a ação rescisória, a ação cautelar, o mandado de segurança e os recursos de competência do Tribunal Superior do Trabalho.

Súmula 427/TST: Intimação. Pluralidade de advogados. Publicação em nome de advogado diverso daquele expressamente indicado. Nulidade. Havendo pedido expresso de que as intimações e publicações sejam realizadas exclusivamente em nome de determinado advogado, a comunicação em nome de outro profissional constituído nos autos é nula, salvo se constatada a inexistência de prejuízo.

Súmula 456/TST: Representação. Pessoa jurídica. Procuração. Invalidade. Identificação do outorgante e de seu representante. I – É inválido o instrumento de mandato firmado em nome de pessoa jurídica que não contenha, pelo menos, o nome do outorgante e do signatário da procuração, pois estes dados constituem elementos que os individualizam. II – Verificada a irregularidade de representação da parte na instância originária, o juiz designará prazo de 5 (cinco) dias para que seja sanado o vício. Descumprida a determinação, extinguirá o processo, sem resolução de mérito, se a providência couber ao reclamante, ou considerará revel o reclamado, se a providência lhe couber (art. 76, § 1.º, do CPC de 2015). III – Caso a irregularidade de representação da parte seja constatada em fase recursal, o relator designará prazo de 5 (cinco) dias para que seja sanado o vício. Descumprida a determinação, o relator não conhecerá do recurso, se a providência couber ao recorrente, ou determinará o desentranhamento das contrarrazões, se a providência couber ao recorrido (art. 76, § 2.º, do CPC de 2015).

OJ 200 da SDI-1: Mandato tácito. Substabelecimento inválido. Inserida em 8 de novembro de 2000. É inválido o substabelecimento de advogado investido de mandato tácito.

OJ 286 da SDI-1: Agravo de Instrumento. Traslado. Mandato Tácito. Ata de Audiência. Configuração. I – A juntada da ata de audiência, em que consignada a presença do advogado, desde que não estivesse atuando com mandato expresso, torna dispensável a procuração deste, porque demonstrada a existência de mandato tácito. II – Configurada a existência de mandato tácito fica suprida a irregularidade detectada no mandato expresso.

OJ 318 da SDI-1: Representação irregular. Autarquia. Os Estados e os Municípios não têm legitimidade para recorrer em nome das autarquias detentoras de personalidade jurídica própria, devendo ser representadas pelos procuradores que fazem parte de seus quadros ou por advogados constituídos.

OJ 319 da SDI-1: Representação regular. Estagiário. Habilitação posterior. Válidos são os atos praticados por estagiário se, entre o substabelecimento e a interposição do recurso, sobreveio a habilitação, do então estagiário, para atuar como advogado.

OJ 349 da SDI-1: Mandato. Juntada de nova procuração. Ausência de ressalva. Efeitos. A juntada de nova procuração aos autos, sem ressalva de poderes conferidos ao antigo patrono, implica revogação tácita do mandato anterior.

OJ 371 da SDI-1: Irregularidade de representação. Substabelecimento não datado. Inaplicabilidade do art. 654, § 1.º, do Código Civil. Não caracteriza a irregularidade de representação a ausência da data da outorga de poderes, pois, no mandato judicial, ao contrário do mandato civil, não é condição de validade do negócio jurídico. Assim, a data a ser considerada é aquela em que o instrumento for juntado aos autos, conforme preceitua o art. 409, IV, do CPC de 2015 (art. 370, IV, do CPC de 1973). Inaplicável o art. 654, § 1.º, do Código Civil.

Enunciado 67 da 1.ª Jornada de Direito do Trabalho: Jus postulandi. Art. 791 da CLT. Relação de trabalho. Possibilidade. A faculdade de as partes reclamarem, pessoalmente, seus direitos perante a Justiça do Trabalho e de acompanharem suas reclamações até o final, contida no art. 791 da CLT, deve ser aplicada às lides decorrentes da relação de trabalho.

• *Vide* arts. 14 a 20 da Lei n. 5.584, de 26-6-1970.

§ 1.º Nos dissídios individuais os empregados e empregadores poderão fazer-se representar por intermédio do sindicato, advogado, solicitador, ou provisionado, inscrito na Ordem dos Advogados do Brasil.

Súmula 286/TST: Sindicato. Substituição processual. Convenção e acordo coletivos. A legitimidade do sindicato para propor ação de cumprimento estende-se também à observância de acordo ou de convenção coletivos.

Súmula 427/TST: Intimação. Pluralidade de advogados. Publicação em nome de advogado diverso daquele expressamente indicado. Nulidade. Havendo pedido expresso de que as intimações e publicações sejam realizadas exclusivamente em nome de determinado advogado, a comunicação em nome de outro profissional constituído nos autos é nula, salvo se constatada a inexistência de prejuízo.

§ 2.º Nos dissídios coletivos é facultada aos interessados a assistência por advogado.

Súmula 425/TST: Jus postulandi na Justiça do Trabalho. Alcance. O *jus postulandi* das partes, estabelecido no art. 791 da CLT, limita-se às Varas do Trabalho e aos Tribunais Regionais do Trabalho, não alcançando a ação rescisória, a ação cautelar, o mandado de segurança e os recursos de competência do Tribunal Superior do Trabalho.

• *Vide* Lei n. 8.906, de 4-7-1994.

§ 3.º A constituição de procurador com poderes para o foro em geral poderá ser efetivada, mediante simples registro em ata de audiência, a requerimento verbal do advogado interessado, com anuência da parte representada.

•• § 3.º acrescentado pela Lei n. 12.437, de 6-7-2011.

Art. 791-A. Ao advogado, ainda que atue em causa própria, serão devidos honorários de sucumbência, fixados entre o mínimo de 5% (cinco por cento) e o máximo de 15% (quinze por cento) sobre o valor que resultar da liquidação da sentença, do proveito econômico obtido ou, não sendo possível mensurá-lo, sobre o valor atualizado da causa.

•• *Caput* acrescentado pela Lei n. 13.467, de 13-7-2017.

Instrução Normativa n. 41/18, art. 6.º: Na Justiça do Trabalho, a condenação em honorários advocatícios sucumbenciais, prevista no art. 791-A, e parágrafos, da CLT, será aplicável apenas às ações propostas após 11 de novembro de 2017 (Lei n. 13.467/2017). Nas ações propostas anteriormente, subsistem as diretrizes do art. 14 da Lei n. 5.584/1970 e das Súmulas 219 e 329 do TST.

Lei n. 5.584/70, art. 14, caput: Na Justiça do Trabalho, a assistência judiciária a que se refere a Lei n. 1.060, de 5 de fevereiro de 1950, será prestada pelo Sindicato da categoria profissional a que pertencer o trabalhador.

Súmula 219/TST: Honorários advocatícios. Cabimento. (alterada a redação do item I e acrescidos os itens IV a VI na sessão do Tribunal Pleno realizada em 15-3-2016). I – Na Justiça do Trabalho, a condenação ao pagamento de honorários advocatícios não decorre pura e simplesmente da sucumbência, devendo a parte, concomitantemente: a) estar assistida por sindicato da categoria profissional; b) comprovar a percepção de salário inferior ao dobro do salário mínimo ou encontrar-se em situação econômica que não lhe permita demandar sem prejuízo do próprio sustento ou da respectiva família (art. 14, § 1.º, da Lei n. 5.584/1970) (ex-OJ n. 305 da SBDI-I). II – É cabível a condenação ao pagamento de honorários advocatícios em ação rescisória no processo trabalhista. III – São devidos os honorários advocatícios nas causas em que o ente sindical figure como subs-

tituto processual e nas lides que não derivem da relação de emprego. IV – Na ação rescisória e nas lides que não derivem de relação de emprego, a responsabilidade pelo pagamento dos honorários advocatícios da sucumbência submete-se à disciplina do Código de Processo Civil (arts. 85, 86, 87 e 90). V – Em caso de assistência judiciária sindical ou de substituição processual sindical, exceptuados os processos em que a Fazenda Pública for parte, os honorários advocatícios são devidos entre o mínimo de dez e o máximo de vinte por cento sobre o valor da condenação, do proveito econômico obtido ou, não sendo possível mensurá-lo, sobre o valor atualizado da causa (CPC de 2015, art. 85, § 2.º). VI – Nas causas em que a Fazenda Pública for parte, aplicar-se-ão os percentuais específicos de honorários advocatícios contemplados no Código de Processo Civil.

Súmula 329/TST: Honorários advocatícios. Art. 133 da CF/1988. Mesmo após promulgação da CF/1988, permanece válido o entendimento consubstanciado no Enunciado n. 219 do Tribunal Superior do Trabalho.

§ 1.º Os honorários são devidos também nas ações contra a Fazenda Pública e nas ações em que a parte estiver assistida ou substituída pelo sindicato de sua categoria.

•• § 1.º acrescentado pela Lei n. 13.467, de 13-7-2017.

§ 2.º Ao fixar os honorários, o juízo observará:

•• § 2.º, *caput*, acrescentado pela Lei n. 13.467, de 13-7-2017.

I – o grau de zelo do profissional;

•• Inciso I acrescentado pela Lei n. 13.467, de 13-7-2017.

II – o lugar de prestação do serviço;

•• Inciso II acrescentado pela Lei n. 13.467, de 13-7-2017.

III – a natureza e a importância da causa;

•• Inciso III acrescentado pela Lei n. 13.467, de 13-7-2017.

IV – o trabalho realizado pelo advogado e o tempo exigido para o seu serviço.

•• Inciso IV acrescentado pela Lei n. 13.467, de 13-7-2017.

§ 3.º Na hipótese de procedência parcial, o juízo arbitrará honorários de sucumbência recíproca, vedada a compensação entre os honorários.

•• § 3.º acrescentado pela Lei n. 13.467, de 13-7-2017.

§ 4.º Vencido o beneficiário da justiça gratuita, desde que não tenha obtido em juízo, ainda que em outro processo, créditos capazes de suportar a despesa, as obrigações decorrentes de sua sucumbência ficarão sob condição suspensiva de exigibilidade e somente poderão ser executadas se, nos dois anos subsequentes ao trânsito em julgado da decisão que as certificou, o credor demonstrar que deixou de existir a situação de insuficiência de recursos que justificou a concessão de gratuidade, extinguindo-se, passado esse prazo, tais obrigações do beneficiário.

•• § 4.º acrescentado pela Lei n. 13.467, de 13-7-2017.
•• O STF, na sessão plenária de 20-10-2021 (*DOU* de 5-11-2021), julgou parcialmente procedente a ADI n. 5.766 para declarar a inconstitucionalidade deste § 4.º.

§ 5.º São devidos honorários de sucumbência na reconvenção.

•• § 5.º acrescentado pela Lei n. 13.467, de 13-7-2017.

Art. 792. (*Revogado pela Lei n. 13.467, de 13-7-2017.*)

Art. 793. A reclamação trabalhista do menor de 18 (dezoito) anos será feita por seus representantes legais e, na falta destes, pela Procuradoria da Justiça do Trabalho, pelo sindicato, pelo Ministério Público estadual ou curador nomeado em juízo.

•• Artigo com redação determinada pela Lei n. 10.288, de 20-9-2001.

SEÇÃO IV-A
Da Responsabilidade por Dano Processual

•• Seção IV-A acrescentada pela Lei n. 13.467, de 13-7-2017.
•• Litigância de má-fé no CPC: arts. 79 a 81.

Art. 793-A. Responde por perdas e danos aquele que litigar de má-fé como reclamante, reclamado ou interveniente.

•• Artigo acrescentado pela Lei n. 13.467, de 13-7-2017.

Instrução Normativa n. 41/18, art. 7.º: Os arts. 793-A, 793-B e 793-C, § 1.º, da CLT têm aplicação autônoma e imediata.

Art. 793-B. Considera-se litigante de má-fé aquele que:

•• *Caput* acrescentado pela Lei n. 13.467, de 13-7-2017.

Instrução Normativa n. 41/18, art. 7.º: Os arts. 793-A, 793-B e 793-C, § 1.º, da CLT têm aplicação autônoma e imediata.

I – deduzir pretensão ou defesa contra texto expresso de lei ou fato incontroverso;

•• Inciso I acrescentado pela Lei n. 13.467, de 13-7-2017.

II – alterar a verdade dos fatos;

•• Inciso II acrescentado pela Lei n. 13.467, de 13-7-2017.

III – usar do processo para conseguir objetivo ilegal;

•• Inciso III acrescentado pela Lei n. 13.467, de 13-7-2017.

IV – opuser resistência injustificada ao andamento do processo;

•• Inciso IV acrescentado pela Lei n. 13.467, de 13-7-2017.

V – proceder de modo temerário em qualquer incidente ou ato do processo;

•• Inciso V acrescentado pela Lei n. 13.467, de 13-7-2017.

VI – provocar incidente manifestamente infundado;

•• Inciso VI acrescentado pela Lei n. 13.467, de 13-7-2017.

VII – interpuser recurso com intuito manifestamente protelatório.

•• Inciso VII acrescentado pela Lei n. 13.467, de 13-7-2017.

Art. 793-C. De ofício ou a requerimento, o juízo condenará o litigante de má-fé a pagar multa, que deverá ser superior a 1% (um por cento) e inferior a 10% (dez por cento) do valor corrigido da causa, a indenizar a parte contrária pelos prejuízos que esta sofreu e a arcar com os honorários advocatícios e com todas as despesas que efetuou.

•• *Caput* acrescentado pela Lei n. 13.467, de 13-7-2017.

Instrução Normativa n. 41/18, art. 8.º: A condenação de que trata o art. 793-C, *caput*, da CLT, aplica-se apenas às ações ajuizadas a partir de 11 de novembro de 2017 (Lei n. 13.467/2017).

§ 1.º Quando forem dois ou mais os litigantes de má-fé, o juízo condenará cada um na proporção de seu respectivo interesse na causa ou solidariamente aqueles que se coligaram para lesar a parte contrária.

•• § 1.º acrescentado pela Lei n. 13.467, de 13-7-2017.

Instrução Normativa n. 41/18, art. 7.º: Os arts. 793-A, 793-B e 793-C, § 1.º, da CLT têm aplicação autônoma e imediata.

§ 2.º Quando o valor da causa for irrisório ou inestimável, a multa poderá ser fixada em até duas vezes o limite máximo dos benefícios do Regime Geral de Previdência Social.

•• § 2.º acrescentado pela Lei n. 13.467, de 13-7-2017.

§ 3.º O valor da indenização será fixado pelo juízo ou, caso não seja possível mensurá-lo, liquidado por arbitramento ou pelo procedimento comum, nos próprios autos.

•• § 3.º acrescentado pela Lei n. 13.467, de 13-7-2017.

Instrução Normativa n. 41/18, art. 9.º: O art. 793-C, §§ 2.º e 3.º, da CLT tem aplicação apenas nas ações ajuizadas a partir de 11 de novembro de 2017 (Lei n. 13.467/2017).

Art. 793-D. Aplica-se a multa prevista no art. 793-C desta Consolidação à testemunha que intencionalmente alterar a verdade dos fatos ou omitir fatos essenciais ao julgamento da causa.

•• *Caput* acrescentado pela Lei n. 13.467, de 13-7-2017.

Instrução Normativa n. 41/18, art. 10: O disposto no *caput* do art. 793-D será aplicável às ações ajuizadas a partir de 11 de novembro de 2017 (Lei n. 13.467/2017). Parágrafo único. Após a colheita da prova oral, a aplicação de multa à testemunha dar-se-á na sentença e será precedida de instauração de incidente mediante o qual o juiz indicará o ponto ou os pontos controvertidos, a defesa, com os meios a ela inerentes, além da possibilitar a retratação.

Parágrafo único. A execução da multa prevista neste artigo dar-se-á nos mesmos autos.

•• Parágrafo único acrescentado pela Lei n. 13.467, de 13-7-2017.

SEÇÃO V
Das Nulidades

• Das nulidades no CPC: arts. 276 e s.

Art. 794. Nos processos sujeitos à apreciação da Justiça do Trabalho só haverá nulidade quando resultar dos atos inquinados manifesto prejuízo às partes litigantes.

Art. 277 do CPC: Quando a lei prescrever determinada forma, o juiz considerará válido o ato se, realizado de outro modo, lhe alcançar a finalidade.

Arts. 282, § 2.º, e 283 do CPC: Quando puder decidir o mérito a favor da parte a quem aproveite a decretação da nulidade, o juiz não a pronunciará nem mandará repetir o ato ou suprir-lhe a falta. Art. 283. O erro de forma do processo acarreta unicamente a anulação dos atos que não possam ser aproveitados, devendo ser praticados os que forem necessá-

CLT – Arts. 794 a 800 — Processo Judiciário

rios a fim de se observarem as prescrições legais. Parágrafo único. Dar-se-á o aproveitamento dos atos praticados desde que não resulte prejuízo à defesa de qualquer parte.

OJ 142 da SDI-1: Embargos de declaração. Efeito modificativo. Vista à parte contrária.
I – É passível de nulidade decisão que acolhe embargos de declaração com efeito modificativo sem que seja concedida oportunidade de manifestação prévia à parte contrária.
II – Em decorrência do efeito devolutivo amplo conferido ao recurso ordinário, o item I não se aplica às hipóteses em que não se concede vista à parte contrária para se manifestar sobre os embargos de declaração opostos contra sentença.

Art. 795. As nulidades não serão declaradas senão mediante provocação das partes, as quais deverão argui-las à primeira vez em que tiverem de falar em audiência ou nos autos.

Art. 278 do CPC: A nulidade dos atos deve ser alegada na primeira oportunidade em que couber à parte falar nos autos, sob pena de preclusão. Parágrafo único. Não se aplica o disposto no *caput* às nulidades que o juiz deva decretar de ofício, nem prevalece a preclusão provando a parte legítimo impedimento.

• *Vide* arts. 62 a 64 do CPC.

§ 1.º Deverá, entretanto, ser declarada *ex officio* a nulidade fundada em incompetência de foro. Nesse caso, serão considerados nulos os atos decisórios.

Art. 64 do CPC: A incompetência, absoluta ou relativa, será alegada como questão preliminar de contestação. § 1.º A incompetência absoluta pode ser alegada em qualquer tempo e grau de jurisdição e deve ser declarada de ofício. § 2.º Após manifestação da parte contrária, o juiz decidirá imediatamente a alegação de incompetência. § 3.º Caso a alegação de incompetência seja acolhida, os autos serão remetidos ao juízo competente. § 4.º Salvo decisão judicial em sentido contrário, conservar-se-ão os efeitos de decisão proferida pelo juízo incompetente até que outra seja proferida, se for o caso, pelo juízo competente.

Súmula Vinculante 22: A Justiça do Trabalho é competente para processar e julgar as ações de indenização por danos morais e patrimoniais decorrentes de acidente de trabalho propostas por empregado contra empregador, inclusive aquelas que ainda não possuíam sentença de mérito em primeiro grau quando da promulgação da Emenda Constitucional n. 45/04.

OJ 335 da SDI-1: Contrato nulo. Administração pública. Efeitos. Conhecimento do recurso por violação do art. 37, II e § 2.º, da CF/88. A nulidade da contratação sem concurso público, após a CF/88, bem como a limitação de seus efeitos, somente poderá ser declarada por ofensa ao art. 37, II, se invocado concomitantemente o seu § 2.º, todos da CF/88.

OJ 350 da SDI-1: Ministério Público do Trabalho. Nulidade do contrato de trabalho não suscitada pelo ente público no momento da defesa. Arguição em parecer. Possibilidade. O Ministério Público do Trabalho pode arguir, em parecer, na primeira vez que tenha de se manifestar no processo, a nulidade do contrato de trabalho em favor de ente público, ainda que a parte não a tenha suscitado, a qual será apreciada, sendo vedada, no entanto, qualquer dilação probatória.

OJ 10 da SDI-2: Ação rescisória. Contrato nulo. Administração pública. Efeitos. Art. 37, II e § 2.º, da CF/88. Somente por ofensa ao art. 37, II e § 2.º, da CF/88, procede o pedido de rescisão de julgado para considerar nula a contratação, sem concurso público, de servidor, após a CF/88.

OJ 149 da SDI-2: Conflito de competência. Incompetência territorial. Hipótese do art. 651, § 3.º, da CLT. Impossibilidade de declaração de ofício de incompetência relativa. Não cabe declaração de ofício de incompetência territorial no caso do uso, pelo trabalhador, da faculdade prevista no art. 651, § 3.º, da CLT. Nessa hipótese, resolve-se o conflito pelo reconhecimento da competência do juízo do local onde a ação foi proposta.

• *Vide* art. 799, § 2.º, da CLT.

§ 2.º O juiz ou Tribunal que se julgar incompetente determinará, na mesma ocasião, que se faça remessa do processo, com urgência, à autoridade competente, fundamentando sua decisão.

Art. 64, § 2.º, do CPC: Após manifestação da parte contrária, o juiz decidirá imediatamente a alegação de incompetência.

Art. 796. A nulidade não será pronunciada:
a) quando for possível suprir-se a falta ou repetir-se o ato;

Art. 282 do CPC: Ao pronunciar a nulidade, o juiz declarará que atos são atingidos e ordenará as providências necessárias a fim de que sejam repetidos ou retificados. § 1.º O ato não será repetido nem sua falta será suprida quando não prejudicar a parte. § 2.º Quando puder decidir o mérito a favor da parte a quem aproveite a decretação da nulidade, o juiz não a pronunciará nem mandará repetir o ato ou suprir-lhe a falta.

b) quando arguida por quem lhe tiver dado causa.

Art. 276 do CPC: Quando a lei prescrever determinada forma sob pena de nulidade, a decretação desta não pode ser requerida pela parte que lhe deu causa.

Art. 797. O juiz ou Tribunal que pronunciar a nulidade declarará os atos a que ela se estende.

Art. 282 do CPC: Ao pronunciar a nulidade, o juiz declarará que atos são atingidos e ordenará as providências necessárias a fim de que sejam repetidos ou retificados. § 1.º O ato não será repetido nem sua falta será suprida quando não prejudicar a parte. § 2.º Quando puder decidir o mérito a favor da parte a quem aproveite a decretação da nulidade, o juiz não a pronunciará nem mandará repetir o ato ou suprir-lhe a falta.

Art. 798. A nulidade do ato não prejudicará senão os posteriores que dele dependam ou sejam consequência.

Art. 281 do CPC: Anulado o ato, consideram-se de nenhum efeito todos os subsequentes que dele dependam, todavia, a nulidade de uma parte do ato não prejudicará as outras que dela sejam independentes.

SEÇÃO VI
Das Exceções

• Dos impedimentos e da suspeição no CPC: arts. 144 e s.

Art. 799. Nas causas da jurisdição da Justiça do Trabalho, somente podem ser opostas, com suspensão do feito, as exceções de suspeição ou incompetência.

•• *Caput* com redação determinada pelo Decreto-lei n. 8.737, de 19-1-1946.

Art. 893, § 1.º, da CLT: Os incidentes do processo são resolvidos pelo próprio Juízo ou Tribunal, admitindo-se a apreciação do merecimento das decisões interlocutórias somente em recursos da decisão definitiva.

§ 1.º As demais exceções serão alegadas como matéria de defesa.

•• § 1.º com redação determinada pelo Decreto-lei n. 8.737, de 19-1-1946.

§ 2.º Das decisões sobre exceções de suspeição e incompetência, salvo, quanto a estas, se terminativas do feito, não caberá recurso, podendo, no entanto, as partes alegá-las novamente no recurso que couber da decisão final.

•• § 2.º com redação determinada pelo Decreto-lei n. 8.737, de 19-1-1946.

Súmula 214/TST: Decisão interlocutória. Irrecorribilidade. Na Justiça do Trabalho, nos termos do art. 893, § 1.º, da CLT, as decisões interlocutórias não ensejam recurso imediato, salvo nas hipóteses de decisão: *a)* de Tribunal Regional do Trabalho contrária à Súmula ou Orientação Jurisprudencial do Tribunal Superior do Trabalho; *b)* suscetível de impugnação mediante recurso para o mesmo Tribunal; *c)* que acolhe exceção de incompetência territorial, com a remessa dos autos para Tribunal Regional distinto daquele a que se vincula o juízo excepcionado, consoante o disposto no art. 799, § 2.º, da CLT.

Art. 800. Apresentada exceção de incompetência territorial no prazo de cinco dias a contar da notificação, antes da audiência e em peça que sinalize a existência desta exceção, seguir-se-á o procedimento estabelecido neste artigo.

•• *Caput* com redação determinada pela Lei n. 13.467, de 13-7-2017.

Instrução Normativa n. 41/18, art. 11: A exceção de incompetência territorial, disciplinada no art. 800 da CLT, é imediatamente aplicável aos processos trabalhistas em curso, desde que o recebimento da notificação seja posterior a 11 de novembro de 2017 (Lei n. 13.467/2017).

§ 1.º Protocolada a petição, será suspenso o processo e não se realizará a audiência a que se refere o art. 843 desta Consolidação até que se decida a exceção.

•• § 1.º acrescentado pela Lei n. 13.467, de 13-7-2017.

§ 2.º Os autos serão imediatamente conclusos ao juiz, que intimará o reclamante e, se existentes, os litisconsortes, para manifestação no prazo comum de cinco dias.

•• § 2.º acrescentado pela Lei n. 13.467, de 13-7-2017.

§ 3.º Se entender necessária a produção de prova oral, o juízo designará audiência, garantindo o direito de o excipiente e de suas testemunhas serem ouvidos, por carta precatória, no juízo que este houver indicado como competente.

•• § 3.º acrescentado pela Lei n. 13.467, de 13-7-2017.

§ 4.º Decidida a exceção de incompetência territorial, o processo retomará seu curso, com a designação de audiência, a apresentação de defesa e a instrução processual perante o juízo competente.

•• § 4.º acrescentado pela Lei n. 13.467, de 13-7-2017.

Art. 801. O juiz, presidente ou juiz classista, é obrigado a dar-se por suspeito, e pode ser recusado, por algum dos seguintes motivos, em relação à pessoa dos litigantes:

•• Extinção da representação classista na Justiça do Trabalho: Emenda Constitucional n. 24, de 9-12-1999.

a) inimizade pessoal;

b) amizade íntima;

c) parentesco por consanguinidade ou afinidade até o terceiro grau civil;

d) interesse particular na causa.

•• *Vide* Nota dos Organizadores sobre as mudanças no Poder Judiciário do Brasil.
• Impedimento e suspeição no CPC: arts. 144 e s.

Parágrafo único. Se o recusante houver praticado algum ato pelo qual haja consentido na pessoa do juiz, não mais poderá alegar exceção de suspeição, salvo sobrevindo novo motivo. A suspeição não será também admitida, se do processo constar que o recusante deixou de alegá-la anteriormente, quando já a conhecia, ou que, depois de conhecida, aceitou o juiz recusado ou, finalmente, se procurou de propósito o motivo de que ela se originou.

Art. 802. Apresentada a exceção de suspeição, o juiz ou Tribunal designará audiência dentro de 48 (quarenta e oito) horas, para instrução e julgamento da exceção.

§ 1.º Nas Juntas de Conciliação e Julgamento e nos Tribunais Regionais, julgada procedente a exceção de suspeição, será logo convocado para a mesma audiência ou sessão, ou para a seguinte, o suplente do membro suspeito, o qual continuará a funcionar no feito até decisão final. Proceder-se-á da mesma maneira quando algum dos membros se declarar suspeito.

•• O Decreto-lei n. 9.797, de 9-9-1946, determinou a substituição de "Conselhos Regionais" por "Tribunais Regionais".

•• Extinção das Juntas de Conciliação e Julgamento: Emenda Constitucional n. 24, de 9-12-1999.

§ 2.º Se se tratar de suspeição de Juiz de Direito, será este substituído na forma da organização judiciária local.

•• *Vide* Nota dos Organizadores sobre as mudanças no Poder Judiciário do Brasil.

SEÇÃO VII
Dos Conflitos de Jurisdição

Art. 803. Os conflitos de jurisdição podem ocorrer entre:

a) Juntas de Conciliação e Julgamento e Juízos de Direito investidos na administração da Justiça do Trabalho;

•• Extinção das Juntas de Conciliação e Julgamento: Emenda Constitucional n. 24, de 9-12-1999.

b) Tribunais Regionais do Trabalho;

•• O Decreto-lei n. 9.797, de 9-9-1946, determinou a substituição de "Conselhos Regionais" por "Tribunais Regionais".

c) Juízos e Tribunais do Trabalho e órgãos da Justiça Ordinária;

d) (*Revogada pelo Decreto-lei n. 8.737, de 19-1-1946.*)

Súmula 59/STJ: Não há conflito de competência se já existe sentença com trânsito em julgado, proferida por um dos juízos conflitantes.

Súmula 137/STJ: Compete à Justiça Comum Estadual processar e julgar ação de servidor público municipal, pleiteando direitos relativos ao vínculo estatutário.

Art. 804. Dar-se-á conflito de jurisdição:

a) quando ambas as autoridades se considerarem competentes;

b) quando ambas as autoridades se considerarem incompetentes.

Art. 805. Os conflitos de jurisdição podem ser suscitados:

a) pelos juízes e Tribunais do Trabalho;

b) pelo procurador-geral e pelos procuradores regionais da Justiça do Trabalho;

c) pela parte interessada, ou o seu representante.

Art. 806. É vedado à parte interessada suscitar conflitos de jurisdição quando já houver oposto na causa exceção de incompetência.

Art. 800 da CLT: Apresentada exceção de incompetência territorial no prazo de cinco dias a contar da notificação, antes da audiência e em peça que sinalize a existência desta exceção, seguir-se-á o procedimento estabelecido neste artigo. § 1.º Protocolada a petição, será suspenso o processo e não se realizará a audiência a que se refere o art. 843 desta Consolidação até que se decida a exceção. § 2.º Os autos serão imediatamente conclusos ao juiz, que intimará o reclamante e, se existentes, os litisconsortes, para manifestação no prazo comum de cinco dias. § 3.º Se entender necessária a produção de prova oral, o juízo designará audiência, garantindo o direito de o excipiente e de suas testemunhas serem ouvidos, por carta precatória, no juízo que este houver indicado como competente. § 4.º Decidida a exceção de incompetência territorial, o processo retomará seu curso, com a designação de audiência, a apresentação de defesa e a instrução processual perante o juízo competente.

Art. 952 do CPC: Não pode suscitar conflito a parte que, no processo, arguiu incompetência relativa. Parágrafo único. O conflito de competência não obsta, porém, a que a parte que não o arguiu suscite a incompetência.

Art. 807. No ato de suscitar o conflito deverá a parte interessada produzir a prova de existência dele.

Art. 808. Os conflitos de jurisdição de que trata o art. 803 serão resolvidos:

•• *Caput* com redação determinada pelo Decreto-lei n. 6.353, de 20-3-1944.

Art. 102, I, *o*, da CF: Compete ao Supremo Tribunal Federal, precipuamente, a guarda da Constituição, cabendo-lhe: I – processar e julgar, originariamente: (...) *o* – os conflitos de competência entre o Superior Tribunal de Justiça e quaisquer tribunais, entre Tribunais Superiores, ou entre estes e qualquer outro tribunal.

Art. 105, I, *d*, da CF: Compete ao Superior Tribunal de Justiça: I – processar e julgar, originariamente: (...) *d)* os conflitos de competência entre quaisquer tribunais, ressalvado o disposto no art. 102, I, *o*, bem como entre tribunal e juízes a ele não vinculados e entre juízes vinculados a tribunais diversos.

Art. 114, V, da CF: Compete à Justiça do Trabalho processar e julgar: (...) V – os conflitos de competência entre órgãos com jurisdição trabalhista, ressalvado o disposto no art. 102, I, *o*.

Súmula 420/TST: Competência funcional. Conflito negativo. TRT e Vara do Trabalho de idêntica região. Não configuração. Não se configura conflito de competência entre Tribunal Regional do Trabalho e Vara do Trabalho a ele vinculada.

a) pelos Tribunais Regionais, os suscitados entre Juntas e entre Juízos de Direito, ou entre umas e outras, nas respectivas regiões;

•• O Decreto-lei n. 9.797, de 9-9-1946, determinou a substituição de "Conselhos Regionais" por "Tribunais Regionais".

•• Extinção das Juntas de Conciliação e Julgamento: Emenda Constitucional n. 24, de 9-12-1999.

b) pelo Tribunal Superior do Trabalho, os suscitados entre Tribunais Regionais, ou entre Juntas e Juízos de Direito sujeitos à jurisdição de Tribunais Regionais diferentes;

•• O Decreto-lei n. 9.797, de 9-9-1946, determinou a substituição de "Conselho Nacional" por "Tribunal Superior" e "Conselhos Regionais" por "Tribunais Regionais".

•• Extinção das Juntas de Conciliação e Julgamento: Emenda Constitucional n. 24, de 9-12-1999.

c) (*Revogada pelo Decreto-lei n. 9.797, de 9-9-1946.*)

d) pelo Supremo Tribunal Federal, os suscitados entre as autoridades da Justiça do Trabalho e as da Justiça Ordinária.

Art. 809. Nos conflitos de jurisdição entre as Juntas e os Juízos de Direito observar-se-á o seguinte:

•• Extinção das Juntas de Conciliação e Julgamento: Emenda Constitucional n. 24, de 9-12-1999.

I – o juiz ou presidente mandará extrair dos autos as provas do conflito e, com a sua informação, remeterá o processo assim formado, no mais breve prazo possível, ao Presidente do Tribunal Regional competente;

•• O Decreto-lei n. 9.797, de 9-9-1946, determinou a substituição de "Conselho Regional" por "Tribunal Regional".

II – no Tribunal Regional, logo que der entrada o processo, o presidente determinará a distribuição do feito, podendo o relator ordenar imediatamente às Juntas e aos Juízos, nos casos de conflito positivo, que sobrestejam o andamento dos respectivos processos, e solicitar, ao mesmo tempo, quaisquer informações que julgue convenientes. Seguidamente, será ouvida a Procuradoria, após o que o relator submeterá o feito a julgamento na primeira sessão;

•• O Decreto-lei n. 9.797, de 9-9-1946, determinou a substituição de "Conselho Regional" por "Tribunal Regional".

III – proferida a decisão, será a mesma comunicada, imediatamente, às autoridades em conflito, prosseguindo no foro julgado competente.

Art. 810. Aos conflitos de jurisdição entre os Tribunais Regionais aplicar-se-ão as normas estabelecidas no artigo anterior.

•• O Decreto-lei n. 9.797, de 9-9-1946, determinou a substituição de "Conselhos Regionais" por "Tribunais Regionais".

Art. 811. Nos conflitos suscitados na Justiça do Trabalho entre as autoridades desta e os órgãos da Justiça Ordinária, o processo do conflito, formado de acordo com o inc. I do art. 809, será remetido diretamente ao presidente do Supremo Tribunal Federal.

Art. 102, I, o, da CF: Compete ao Supremo Tribunal Federal, precipuamente, a guarda da Constituição, cabendo-lhe: I – processar e julgar, originariamente: (...) o – os conflitos de competência entre o Superior Tribunal de Justiça e quaisquer tribunais, entre Tribunais Superiores, ou entre estes e qualquer outro tribunal.

Art. 105, I, d, da CF: Compete ao Superior Tribunal de Justiça: I – processar e julgar, originariamente: (...) d) os conflitos de competência entre quaisquer tribunais, ressalvado o disposto no art. 102, I, o, bem como entre tribunal e juízes a ele não vinculados e entre juízes vinculados a tribunais diversos.

Art. 812. (Revogado pelo Decreto-lei n. 9.797, de 9-9-1946.)

SEÇÃO VIII
Das Audiências

Art. 813. As audiências dos órgãos da Justiça do Trabalho serão públicas e realizar-se-ão na sede do Juízo ou Tribunal em dias úteis previamente fixados, entre 8 (oito) e 18 (dezoito) horas, não podendo ultrapassar 5 (cinco) horas seguidas, salvo quando houver matéria urgente.

Art. 5.º, LX, da CF: Todos são iguais perante a lei, sem distinção de qualquer natureza, garantindo-se aos brasileiros e aos estrangeiros residentes no País a inviolabilidade do direito à vida, à liberdade, à igualdade, à segurança e à propriedade, nos termos seguintes: (...) LX – a lei só poderá restringir a publicidade dos atos processuais quando a defesa da intimidade ou o interesse social o exigirem.

Art. 93, IX, da CF: Lei complementar, de iniciativa do Supremo Tribunal Federal, disporá sobre o Estatuto da Magistratura, observados os seguintes princípios: (...) IX – todos os julgamentos dos órgãos do Poder Judiciário serão públicos, e fundamentadas todas as decisões, sob pena de nulidade, podendo a lei limitar a presença, em determinados atos, às próprias partes e a seus advogados, ou somente a estes, em casos nos quais a preservação do direito à intimidade do interessado no sigilo não prejudique o interesse público à informação.

Art. 770 da CLT: Os atos processuais serão públicos salvo quando o contrário determinar o interesse social, e realizar-se-ão nos dias úteis das 6 (seis) às 20 (vinte) horas. Parágrafo único. A penhora poderá realizar-se em domingo ou dia feriado, mediante autorização expressa do juiz ou presidente.

Art. 189 do CPC: Os atos processuais são públicos, todavia tramitam em segredo de justiça os processos: I – em que o exija o interesse público ou social; II – que versem sobre casamento, separação de corpos, divórcio, separação, união estável, filiação, alimentos e guarda de crianças e adolescentes; III – em que constem dados protegidos pelo direito constitucional à intimidade; IV – que versem sobre arbitragem, inclusive sobre cumprimento de carta arbitral, desde que a confidencialidade estipulada na arbitragem seja comprovada perante o juízo. § 1.º O direito de consultar os autos de processo que tramite em segredo de justiça e de pedir certidões de seus atos é restrito às partes e aos seus procuradores. § 2.º O terceiro que demonstrar interesse jurídico pode requerer ao juiz certidão do dispositivo da sentença, bem como de inventário e de partilha resultantes de divórcio ou separação.

Art. 368 do CPC: A audiência será pública, ressalvadas as exceções legais.

§ 1.º Em casos especiais, poderá ser designado outro local para a realização das audiências, mediante edital afixado na sede do Juízo ou Tribunal, com a antecedência mínima de 24 (vinte e quatro) horas.

§ 2.º Sempre que for necessário, poderão ser convocadas audiências extraordinárias, observado o prazo do parágrafo anterior.

Art. 814. Às audiências deverão estar presentes, comparecendo com a necessária antecedência, os escrivães ou chefes de secretaria.

•• Artigo com redação nos termos da Lei n. 409, de 25-9-1948.

Art. 815. À hora marcada, o juiz ou presidente declarará aberta a audiência, sendo feita pelo secretário ou escrivão a chamada das partes, testemunhas e demais pessoas que devam comparecer.

•• A Lei n. 6.563, de 19-9-1978, altera a denominação para "Diretores da Secretaria".

Parágrafo único. Se, até 15 (quinze) minutos após a hora marcada, o juiz ou presidente não houver comparecido, os presentes poderão retirar-se, devendo o ocorrido constar do livro de registro das audiências.

•• Parágrafo único com redação nos termos da Lei n. 409, de 25-9-1948.

OJ 245 da SDI-1: Revelia. Atraso. Audiência. Inexiste previsão legal tolerando atraso no horário de comparecimento da parte à audiência.

Art. 816. O juiz ou presidente manterá a ordem nas audiências, podendo mandar retirar do recinto os assistentes que a perturbarem.

Art. 360 do CPC: O juiz exerce o poder de polícia, incumbindo-lhe: I – manter a ordem e o decoro na audiência; II – ordenar que se retirem da sala de audiência os que se comportarem inconvenientemente; III – requisitar, quando necessário, força policial; IV – tratar com urbanidade as partes, os advogados, os membros do Ministério Público e da Defensoria Pública e qualquer pessoa que participe do processo; V – registrar em ata, com exatidão, todos os requerimentos apresentados em audiência.

Art. 817. O registro das audiências será feito em livro próprio, constando de cada registro os processos apreciados e a respectiva solução, bem como as ocorrências eventuais.

Parágrafo único. Do registro das audiências poderão ser fornecidas certidões às pessoas que o requererem.

SEÇÃO IX
Das Provas

• Das provas no CPC: arts. 369 e s.

Art. 818. O ônus da prova incumbe:

•• *Caput* com redação determinada pela Lei n. 13.467, de 13-7-2017.

I – ao reclamante, quanto ao fato constitutivo de seu direito;

•• Inciso I acrescentado pela Lei n. 13.467, de 13-7-2017.

II – ao reclamado, quanto à existência de fato impeditivo, modificativo ou extintivo do direito do reclamante.

•• Inciso II acrescentado pela Lei n. 13.467, de 13-7-2017.

§ 1.º Nos casos previstos em lei ou diante de peculiaridades da causa relacionadas à impossibilidade ou à excessiva dificuldade de cumprir o encargo nos termos deste artigo ou à maior facilidade de obtenção da prova do fato contrário, poderá o juízo atribuir o ônus da prova de modo diverso, desde que o faça por decisão fundamentada, caso em que deverá dar à parte a oportunidade de se desincumbir do ônus que lhe foi atribuído.

•• § 1.º acrescentado pela Lei n. 13.467, de 13-7-2017.

§ 2.º A decisão referida no § 1.º deste artigo deverá ser proferida antes da abertura da instrução e, a requerimento da parte, implicará o adiamento da audiência e possibilitará provar os fatos por qualquer meio em direito admitido.

•• § 2.º acrescentado pela Lei n. 13.467, de 13-7-2017.

§ 3.º A decisão referida no § 1.º deste artigo não pode gerar situação em que a desincumbência do encargo pela parte seja impossível ou excessivamente difícil.

•• § 3.º acrescentado pela Lei n. 13.467, de 13-7-2017.

Art. 5.º, LVI, da CF: Todos são iguais perante a lei, sem distinção de qualquer natureza, garantindo-se aos brasileiros e aos estrangeiros residentes no País a inviolabilidade do direito à vida, à liberdade, à igualdade, à segurança e à propriedade, nos termos seguintes: (...) LVI – são inadmissíveis, no processo, as provas obtidas por meios ilícitos.

Art. 765 da CLT: Qualquer interessado ou o Ministério Público promoverá em juízo a extinção da fundação quando: I – se tornar ilícito o seu objeto; II – for impossível a sua manutenção; III – vencer o prazo de sua existência.

Súmula 225/STF: Não é absoluto o valor probatório das anotações da Carteira Profissional.

Súmula 212/TST: Despedimento. Ônus da prova. O ônus de provar o término do contrato de trabalho, quando negados a prestação de serviço e o despedimento, é do empregador, pois o princípio da continuidade da relação de emprego constitui presunção favorável ao empregado.

Art. 819. O depoimento das partes e testemunhas que não souberem falar a língua nacional será feito por meio de intérprete nomeado pelo juiz ou presidente.

§ 1.º Proceder-se-á da forma indicada neste artigo, quando se tratar de surdo-mudo, ou de mudo que não saiba escrever.

§ 2.º As despesas decorrentes do disposto neste artigo correrão por conta da parte sucumbente, salvo se beneficiária de justiça gratuita.

•• § 2.º com redação determinada pela Lei n. 13.660, de 8-5-2018.

Art. 820. As partes e testemunhas serão inquiridas pelo juiz ou presidente, podendo ser reinquiridas, por seu intermédio, a requerimento dos juízes classistas, das partes, seus representantes ou advogados.

Arts. 385 a 387 do CPC: Cabe à parte requerer o depoimento pessoal da outra parte, a fim de que esta seja interrogada na audiência de instrução e julgamento, sem prejuízo do poder do juiz de ordená-lo de ofício. § 1.º Se a parte, pessoalmente intimada para prestar depoimento pessoal e advertida da pena de confesso, não comparecer ou, comparecendo, se recusar a depor, o juiz aplicar-lhe-á a pena. § 2.º É vedado a quem ainda não depôs assistir ao interrogatório da outra parte. § 3.º O depoimento pessoal da parte que residir em comarca, seção ou subseção judiciária diversa daquela onde tramita o processo poderá ser colhido por meio de videoconferência ou outro recurso tecnológico de transmissão de sons e imagens em tempo real, o que poderá ocorrer, inclusive, durante a realização da audiência de instrução e julgamento. Art. 386. Quando a parte, sem motivo justificado, deixar de responder ao que lhe for perguntado ou empregar evasivas, o juiz, apreciando as demais circunstâncias e os elementos de prova, declarará, na sentença, se houve recusa de depor. Art. 387. A parte responderá pessoalmente sobre os fatos articulados, não podendo servir-se de escritos anteriormente preparados, permitindo-lhe o juiz, todavia, a consulta a notas breves, desde que objetivem completar esclarecimentos.

•• Extinção da representação classista na Justiça do Trabalho: Emenda Constitucional n. 24, de 9-12-1999.

• Os arts. 228 e 229 do CC dispõem sobre aqueles que não podem ser admitidos como testemunha e sobre a não obrigação de depoimento.

Art. 821. Cada uma das partes não poderá indicar mais de 3 (três) testemunhas, salvo quando se tratar de inquérito, caso em que esse número poderá ser elevado a 6 (seis).

•• Artigo com redação determinada pelo Decreto-lei n. 8.737, de 19-1-1946.

Art. 822. As testemunhas não poderão sofrer qualquer desconto pelas faltas ao serviço, ocasionadas pelo seu comparecimento para depor, quando devidamente arroladas ou convocadas.

Art. 473, VIII, da CLT: O empregado poderá deixar de comparecer ao serviço sem prejuízo do salário: (...) VIII – pelo tempo que se fizer necessário, quando tiver que comparecer a juízo.

Art. 463 do CPC: O depoimento prestado em juízo é considerado serviço público. Parágrafo único. A testemunha, quando sujeita ao regime da legislação trabalhista, não sofre, por comparecer à audiência, perda de salário nem desconto no tempo de serviço.

Súmula 155/TST: Ausência ao serviço. As horas em que o empregado falta ao serviço para comparecimento necessário, como parte, à Justiça do Trabalho não serão descontadas de seus salários. Ex-prejulgado n. 30.

Art. 823. Se a testemunha for funcionário civil ou militar, e tiver de depor em hora de serviço, será requisitada ao chefe da repartição para comparecer à audiência marcada.

Art. 824. O juiz ou presidente providenciará para que o depoimento de uma testemunha não seja ouvido pelas demais que tenham de depor no processo.

Art. 456 do CPC: O juiz inquirirá as testemunhas separada e sucessivamente, primeiro as do autor e depois as do réu, e providenciará para que uma não ouça o depoimento das outras. Parágrafo único. O juiz poderá alterar a ordem estabelecida no *caput* se as partes concordarem.

Art. 825. As testemunhas comparecerão à audiência independentemente de notificação ou intimação.

Parágrafo único. As que não comparecerem serão intimadas, *ex officio* ou a requerimento da parte, ficando sujeitas a condução coercitiva, além das penalidades do art. 730, caso, sem motivo justificado, não atendam à intimação.

Art. 845 da CLT: O reclamante e o reclamado comparecerão à audiência acompanhados das suas testemunhas, apresentando, nessa ocasião, as demais provas

Art. 852-H, §§ 2.º e 3.º, da CLT: As testemunhas, até o máximo de duas para cada parte, comparecerão à audiência de instrução e julgamento independentemente de intimação. § 3.º Só será deferida intimação de testemunha que, comprovadamente convidada, deixar de comparecer. Não comparecendo a testemunha intimada, o juiz poderá determinar sua imediata condução coercitiva.

Art. 450 do CPC: O rol de testemunhas conterá, sempre que possível, o nome, a profissão, o estado civil, a idade, o número de inscrição no Cadastro de Pessoas Físicas, o número de registro de identidade e o endereço completo da residência e do local de trabalho.

Art. 455, § 2.º, do CPC: A parte pode comprometer-se a levar a testemunha à audiência, independentemente da intimação de que trata o § 1.º, presumindo-se, caso a testemunha não compareça, que a parte desistiu de sua inquirição.

Art. 826. É facultado a cada uma das partes apresentar um perito ou técnico.

•• Entendemos prejudicado o disposto neste artigo pelo art. 3.º da Lei n. 5.584, de 26-6-1970.

Art. 827. O juiz ou presidente poderá arguir os peritos compromissados ou os técnicos, e rubricará, para ser junto ao processo, o laudo que os primeiros tiverem apresentado.

Art. 828. Toda testemunha, antes de prestar o compromisso legal, será qualificada, indicando o nome, nacionalidade, profissão, idade, residência, e, quando empregada, o tempo de serviço prestado ao empregador, ficando sujeita, em caso de falsidade, às leis penais.

Súmula 357/TST: Testemunha. Ação contra a mesma reclamada. Suspeição. Não torna suspeita a testemunha o simples fato de estar litigando ou de ter litigado contra o mesmo empregador.

Parágrafo único. Os depoimentos das testemunhas serão resumidos, por ocasião da audiência, pelo chefe de secretaria da Junta ou funcionário para esse fim designado, devendo a súmula ser assinada pelo Presidente do Tribunal e pelos depoentes.

•• Parágrafo único com redação nos termos da Lei n. 409, de 25-9-1948.

•• Extinção das Juntas de Conciliação e Julgamento: Emenda Constitucional n. 24, de 9-12-1999.

Art. 829. A testemunha que for parente até o terceiro grau civil, amigo íntimo ou inimigo de qualquer das partes, não prestará compromisso, e seu depoimento valerá como simples informação.

Art. 447, §§ 3.º a 5.º, do CPC: São suspeitos: I – o inimigo da parte ou o seu amigo íntimo; II – o que tiver interesse no litígio. § 4.º Sendo necessário, pode o juiz admitir o depoimento das testemunhas menores, impedidas ou suspeitas. § 5.º Os depoimentos referidos no § 4.º serão prestados independentemente de compromisso, e o juiz lhes atribuirá o valor que possam merecer.

Art. 830. O documento em cópia oferecido para prova poderá ser declarado autêntico pelo próprio advogado, sob sua responsabilidade pessoal.

•• *Caput* com redação determinada pela Lei n. 11.925, de 17-4-2009.

Art. 425, IV, do CPC: Fazem a mesma prova que os originais: (...) IV – as cópias reprográficas de peças do próprio processo judicial declaradas autênticas pelo advogado, sob sua responsabilidade pessoal, se não lhes for impugnada a autenticidade.

OJ 36 da SDI-1: Instrumento normativo. Cópia não autenticada. Documento comum às partes. Validade. O instrumento normativo em cópia não autenticada possui valor probante, desde que não haja impugnação ao seu conteúdo, eis que se trata de documento comum às partes.

Parágrafo único. Impugnada a autenticidade da cópia, a parte que a produziu será intimada para apresentar cópias devidamente autenticadas ou o original, cabendo ao serventuário competente proceder à conferência e certificar a conformidade entre esses documentos.

•• Parágrafo único acrescentado pela Lei n. 11.925, de 17-4-2009.

SEÇÃO X
Da Decisão e sua Eficácia

Art. 831. A decisão será proferida depois de rejeitada pelas partes a proposta de conciliação.

Parágrafo único. No caso de conciliação, o termo que for lavrado valerá como decisão irrecorrível, salvo para a Previdência Social quanto às contribuições que lhe forem devidas.

•• Parágrafo único com redação determinada pela Lei n. 10.035, de 25-10-2000.

Art. 764, § 3.º, da CLT: É lícito às partes celebrar acordo que ponha termo ao processo, ainda mesmo depois de encerrado o juízo conciliatório.

Art. 846, § 1.º, da CLT: Se houver acordo lavrar-se-á termo, assinado pelo presidente e pelos litigantes, consignando-se o prazo e demais condições para seu cumprimento.

Súmula 259/TST: Termo de conciliação. Ação rescisória. Só por ação rescisória é impugnável o termo de conciliação previsto no parágrafo único do art. 831 da CLT.

Art. 832. Da decisão deverão constar o nome das partes, o resumo do pedido e da defesa, a apreciação das provas, os fundamentos da decisão e a respectiva conclusão.

Súmula 459/TST: Recurso de Revista. Nulidade por negativa de prestação jurisdicional. O conhecimento do recurso de revista, quanto à preliminar de nulidade por negativa de prestação jurisdicional, supõe indicação de violação do art. 832 da CLT, do art. 458 do CPC ou do art. 93, IX, da CF/1988.

§ 1.º Quando a decisão concluir pela procedência do pedido, determinará o prazo e as condições para o seu cumprimento.

§ 2.º A decisão mencionará sempre as custas que devam ser pagas pela parte vencida.

Súmula 450/STF: São devidos honorários de advogado sempre que vencedor o beneficiário da Justiça Gratuita.

• Os arts. 489 e 490 do CPC dispõem sobre os requisitos da sentença.

§ 3.º As decisões cognitivas ou homologatórias deverão sempre indicar a natureza jurídica das parcelas constantes da condenação ou do acordo homologado, inclusive o limite de responsabilidade de cada parte pelo recolhimento da contribuição previdenciária, se for o caso.

•• § 3.º acrescentado pela Lei n. 10.035, de 25-10-2000.

OJ 368 da SDI-1: Descontos previdenciários. Acordo homologado em juízo. Inexistência de vínculo empregatício. Parcelas indenizatórias. Ausência de discriminação. Incidência sobre o valor total. É devida a incidência das contribuições para a Previdência Social sobre o valor total do acordo homologado em juízo, independentemente do reconhecimento de vínculo de emprego, desde que não haja discriminação das parcelas sujeitas à incidência da contribuição previdenciária, conforme parágrafo único do art. 43 da Lei n. 8.212, de 24 de julho de 1991, e do art. 195, I, *a*, da CF/1988.

§ 3.º-A. Para os fins do § 3.º deste artigo, salvo na hipótese de o pedido da ação limitar-se expressamente ao reconhecimento de verbas de natureza exclusivamente indenizatória, a parcela referente às verbas de natureza remuneratória não poderá ter como base de cálculo valor inferior:

•• § 3.º-A, *caput*, acrescentado pela Lei n. 13.876, de 20-9-2019.

I – ao salário mínimo, para as competências que integram o vínculo empregatício reconhecido na decisão cognitiva ou homologatória; ou

•• Inciso I acrescentado pela Lei n. 13.876, de 20-9-2019.

II – à diferença entre a remuneração reconhecida como devida na decisão cognitiva ou homologatória e a efetivamente paga pelo empregador, cujo valor total referente a cada competência não será inferior ao salário mínimo.

•• Inciso II acrescentado pela Lei n. 13.876, de 20-9-2019.

§ 3.º-B. Caso haja piso salarial da categoria definido por acordo ou convenção coletiva de trabalho, o seu valor deverá ser utilizado como base de cálculo para os fins do § 3.º-A deste artigo.

•• § 3.º-B acrescentado pela Lei n. 13.876, de 20-9-2019.

§ 4.º A União será intimada das decisões homologatórias de acordos que contenham parcela indenizatória, na forma do art. 20 da Lei n. 11.033, de 21 de dezembro de 2004, facultada a interposição de recurso relativo aos tributos que lhe forem devidos.

•• § 4.º com redação determinada pela Lei n. 11.457, de 16-3-2007.

§ 5.º Intimada da sentença, a União poderá interpor recurso relativo à discriminação de que trata o § 3.º deste artigo.

•• § 5.º acrescentado pela Lei n. 11.457, de 16-3-2007.

§ 6.º O acordo celebrado após o trânsito em julgado da sentença ou após a elaboração dos cálculos de liquidação de sentença não prejudicará os créditos da União.

•• § 6.º acrescentado pela Lei n. 11.457, de 16-3-2007.

§ 7.º O Ministro de Estado da Fazenda poderá, mediante ato fundamentado, dispensar a manifestação da União nas decisões homologatórias de acordos em que o montante da parcela indenizatória envolvida ocasionar perda de escala decorrente da atuação do órgão jurídico.

•• § 7.º acrescentado pela Lei n. 11.457, de 16-3-2007.

Art. 833. Existindo na decisão evidentes erros ou enganos de escrita, de datilografia ou de cálculo, poderão os mesmos, antes da execução, ser corrigidos, *ex officio*, ou a requerimento dos interessados ou da Procuradoria da Justiça do Trabalho.

Art. 494, I, do CPC: Publicada a sentença, o juiz só poderá alterá-la: I – para corrigir-lhe, de ofício ou a requerimento da parte, inexatidões materiais ou erros de cálculo.

Art. 834. Salvo nos casos previstos nesta Consolidação, a publicação das decisões e sua notificação aos litigantes, ou a seus patronos, consideram-se realizadas nas próprias audiências em que forem as mesmas proferidas.

Art. 835. O cumprimento do acordo ou da decisão far-se-á no prazo e condições estabelecidos.

Art. 836. É vedado aos órgãos da Justiça do Trabalho conhecer de questões já decididas, excetuados os casos expressamente previstos neste Título e a ação rescisória, que será admitida na forma do disposto no Capítulo IV do Título IX da Lei n. 5.869, de 11 de janeiro de 1973 – Código de Processo Civil, sujeita ao depósito prévio de 20% (vinte por cento) do valor da causa, salvo prova de miserabilidade jurídica do autor.

•• *Caput* com redação determinada pela Lei n. 11.495, de 22-6-2007.

Art. 966 do CPC: A decisão de mérito, transitada em julgado, pode ser rescindida quando: I – se verificar que foi proferida por força de prevaricação, concussão ou corrupção do juiz; II – for proferida por juiz impedido ou por juízo absolutamente incompetente; III – resultar de dolo ou coação da parte vencedora em detrimento da parte vencida ou, ainda, de simulação ou colusão entre as partes, a fim de fraudar a lei; IV – ofender a coisa julgada; V – violar manifestamente norma jurídica; VI – for fundada em prova cuja falsidade tenha sido apurada em processo criminal ou venha a ser demonstrada na própria ação rescisória; VII – obtiver o autor, posteriormente ao trânsito em julgado, prova nova cuja existência ignorava ou de que não pôde fazer uso, capaz, por si só, de lhe assegurar pronunciamento favorável; VIII – for fundada em erro de fato verificável do exame dos autos. § 1.º Há erro de fato quando a decisão rescindenda admitir fato inexistente ou quando considerar inexistente fato efetivamente ocorrido, sendo indispensável, em ambos os casos, que o fato não represente ponto controvertido sobre o qual o juiz deveria ter se pronunciado. § 2.º Nas hipóteses previstas nos incisos do *caput*, será rescindível a decisão transitada em julgado que, embora não seja de mérito, impeça: I – nova propositura da demanda; ou II – admissibilidade do recurso correspondente. § 3.º A ação rescisória pode ter por objeto apenas 1 (um) capítulo da decisão. § 4.º Os atos de disposição de direitos, praticados pelas partes ou por outros participantes do processo e homologados pelo juízo, bem como os atos homologatórios praticados no curso da execução, estão sujeitos à anulação, nos termos da lei. §5.º Cabe ação rescisória, com fundamento no inciso V do *caput* deste artigo, contra decisão baseada em enunciado de súmula ou acórdão proferido em julgamento de casos repetitivos que não tenha considerado a existência de distinção entre a questão discutida no processo e o padrão decisório que lhe deu fundamento. § 6.º Quando a ação rescisória fundar-se na hipótese do § 5.º deste artigo, caberá ao autor, sob pena de inépcia, demonstrar, fundamentadamente, tratar-se de situação particularizada por hipótese fática distinta ou de questão jurídica não examinada, a impor outra solução jurídica.

OJ 157 da SDI-2: Ação rescisória. Decisões proferidas em fases distintas de uma mesma ação. Coisa julgada. Não configuração. A ofensa à coisa julgada de que trata o inciso IV do art. 966 do CPC de 2015 (inciso IV do art. 485 do CPC de 1973) refere-se apenas a relações processuais distintas. A invocação de desrespeito à coisa julgada formada no processo de conhecimento, na correspondente fase de execução, somente é possível com base na violação do art. 5.º, XXXVI, da Constituição da República.

OJ 158 da SDI-2: Ação rescisória. Declaração de nulidade de decisão homologatória de acordo em razão de colusão (art. 485, III, do CPC). Multa por litigância de má-fé. Impossibilidade. A declaração de nulidade de decisão homologatória de acordo, em razão da colusão entre as partes (art. 485, III, do CPC), é sanção suficiente em relação ao procedimento adotado, não havendo que ser aplicada a multa por litigância de má-fé.

•• A Instrução Normativa n. 31, de 27-9-2007, do TST, regulamenta a forma de realização do depósito prévio em ação rescisória de que trata este artigo.

Parágrafo único. A execução da decisão proferida em ação rescisória far-se-á nos próprios autos da ação que lhe deu origem, e será instruída com o acórdão da rescisória e a respectiva certidão de trânsito em julgado.

•• Parágrafo único acrescentado pela Medida Provisória n. 2.180-35, de 24-8-2001.

Capítulo III
DOS DISSÍDIOS INDIVIDUAIS

Lei n. 5.584/70, art. 2.º: Nos dissídios individuais, proposta a conciliação, e, não havendo acordo, o Presidente da Junta ou o Juiz, antes de passar à instrução da causa, fixar-lhe-á o valor para a determinação da alçada, se este for indeterminado no pedido. § 1.º Em audiência, ao aduzir razões finais, poderá qualquer das partes impugnar o valor fixado e, se o Juiz o mantiver, pedir revisão da decisão, no prazo de 48 (quarenta e oito) horas, ao Presidente do Tribunal Regional. § 2.º O pedido de revisão, que não terá efeito suspensivo, deverá ser instruído com a petição inicial e a Ata da Audiência, em cópia autenticada pela Secretaria da Junta, e será julgado em 48 (quarenta e oito) horas, a partir do seu recebimento pelo Presidente do Tribunal Regional. § 3.º Quando o valor fixado para a causa, na forma deste artigo, não exceder de 2 (duas) vezes o salário mínimo vigente na sede do Juízo, será dispensável o resumo dos depoimentos, devendo constar da Ata a conclusão da Junta quanto a matéria de fato. § 4.º Salvo se versarem sobre

matéria constitucional, nenhum recurso caberá das sentenças proferidas nos dissídios da alçada a que se refere o parágrafo anterior, considerado, para esse fim, o valor do salário mínimo à data do ajuizamento da ação.

SEÇÃO I
Da Forma de Reclamação e da Notificação

Art. 837. Nas localidades em que houver apenas 1 (uma) Junta de Conciliação e Julgamento, ou 1 (um) escrivão do cível, a reclamação será apresentada diretamente à secretaria da Junta, ou ao cartório do Juízo.

•• Extinção das Juntas de Conciliação e Julgamento: Emenda Constitucional n. 24, de 9-12-1999.

Art. 783 da CLT: A distribuição das reclamações será feita entre as Juntas de Conciliação e Julgamento, ou os Juízes de Direito do Cível, nos casos previstos no art. 669, § 1.º, pela ordem rigorosa de sua apresentação ao distribuidor, quando o houver.

Art. 838. Nas localidades em que houver mais de 1 (uma) Junta ou mais de 1 (um) Juízo, ou escrivão do cível, a reclamação será, preliminarmente, sujeita a distribuição, na forma do disposto no Capítulo II, Seção II, deste Título.

•• Extinção das Juntas de Conciliação e Julgamento: Emenda Constitucional n. 24, de 9-12-1999.

Arts. 713 a 715 da CLT: Nas localidades em que existir mais de uma Junta de Conciliação e Julgamento haverá um distribuidor. Art. 714. Compete ao distribuidor: *a)* a distribuição, pela ordem rigorosa de entrada, e sucessivamente a cada Junta, dos feitos que, para esse fim, lhe forem apresentados pelos interessados; *b)* o fornecimento, aos interessados, do recibo correspondente a cada feito distribuído; *c)* a manutenção de 2 (dois) fichários dos feitos distribuídos, sendo um organizado pelos nomes dos reclamantes e o outro pelos reclamados, ambos por ordem alfabética; *d)* o fornecimento a qualquer pessoa que o solicite, verbalmente ou por certidão, de informações sobre os feitos distribuídos; *e)* a baixa na distribuição dos feitos, quando isto lhe for determinado pelos Presidentes das Juntas, formando, com as fichas correspondentes, fichários à parte, cujos dados poderão ser consultados pelos interessados, mas não serão mencionados em certidões. Art. 715. Os distribuidores são designados pelo Presidente do Tribunal Regional, dentre os funcionários das Juntas e do Tribunal Regional, existentes na mesma localidade, e ao mesmo Presidente diretamente subordinados.

Arts. 783 a 788 da CLT: A distribuição das reclamações será feita entre as Juntas de Conciliação e Julgamento, ou os Juízes de Direito do Cível, nos casos previstos no art. 669, § 1.º, pela ordem rigorosa de sua apresentação ao distribuidor, quando o houver. Art. 784. As reclamações serão registradas em livro próprio, rubricado em todas as folhas pela autoridade a que estiver subordinado o distribuidor. Art. 785. O distribuidor fornecerá ao interessado um recibo do qual constarão, essencialmente, o nome do reclamante e do reclamado, a data da distribuição, o objeto da reclamação e a Junta ou o Juízo a que coube a distribuição. Art. 786. A reclamação verbal será distribuída antes de sua redução a termo. Parágrafo único. Distribuída a reclamação verbal, o reclamante deverá, salvo motivo de força maior, apresentar-se no prazo de 5 (cinco) dias, ao cartório ou à secretaria, para reduzi-la a termo, sob a pena estabelecida no art. 731. Art. 787. A reclamação escrita deverá ser formulada em 2 (duas) vias e desde logo acompanhada dos documentos em que se fundar. Art. 788. Feita a distribuição, a reclamação será remetida pelo distribuidor à Junta ou Juízo competente, acompanhada do bilhete de distribuição.

Art. 286 do CPC: Serão distribuídas por dependência as causas de qualquer natureza: I - quando se relacionarem, por conexão ou continência, com outra já ajuizada; II – quando, tendo sido extinto o processo sem resolução de mérito, for reiterado o pedido, ainda que em litisconsórcio com outros autores ou que sejam parcialmente alterados os réus da demanda; III – quando houver ajuizamento de ações nos termos do art. 55, § 3.º, ao juízo prevento. Parágrafo único. Havendo intervenção de terceiro, reconvenção ou outra hipótese de ampliação objetiva do processo, o juiz, de ofício, mandará proceder à respectiva anotação pelo distribuidor.

Art. 839. A reclamação poderá ser apresentada:

a) pelos empregados e empregadores, pessoalmente, ou por seus representantes, e pelos sindicatos de classe;

Art. 8.º, III, da CF: É livre a associação profissional ou sindical, observado o seguinte: (...) III – ao sindicato cabe a defesa dos direitos e interesses coletivos ou individuais da categoria, inclusive em questões judiciais ou administrativas.

Art. 133 da CF: O advogado é indispensável à administração da justiça, sendo inviolável por seus atos e manifestações no exercício da profissão, nos limites da lei.

Art. 791 da CLT: Os empregados e os empregadores poderão reclamar pessoalmente perante a Justiça do Trabalho e acompanhar as suas reclamações até o final. § 1.º Nos dissídios individuais os empregados e empregadores poderão fazer-se representar por intermédio do sindicato, advogado, solicitador, ou provisionado, inscrito na Ordem dos Advogados do Brasil. § 2.º Nos dissídios coletivos é facultada aos interessados a assistência por advogado. § 3.º A constituição de procurador com poderes para o foro em geral poderá ser efetivada, mediante simples registro em ata de audiência, a requerimento verbal do advogado interessado, com anuência da parte representada.

Art. 793 da CLT: A reclamação trabalhista do menor de 18 (dezoito) anos será feita por seus representantes legais e, na falta destes, pela Procuradoria da Justiça do Trabalho, pelo sindicato, pelo Ministério Público estadual ou curador nomeado em juízo.

Art. 872, parágrafo único, da CLT: Quando os empregadores deixarem de satisfazer o pagamento de salários, na conformidade da decisão proferida, poderão os empregados ou seus sindicatos, independentes de outorga de poderes de seus associados, juntando certidão de tal decisão, apresentar reclamação à Junta ou Juízo competente, observado o processo previsto no Capítulo II deste Título, sendo vedado, porém, questionar sobre a matéria de fato e de direito já apreciada na decisão.

Súmula 286/TST: Sindicato. Substituição processual. Convenção e acordo coletivos. A legitimidade do sindicato para propor ação de cumprimento estende-se também à observância de acordo ou de convenção coletivos.

Súmula 395/TST: Mandato e substabelecimento. Condições de validade. I – Válido é o instrumento de mandato com prazo determinado que contém cláusula estabelecendo a prevalência dos poderes para atuar até o final da demanda (§ 4.º do art. 105 do CPC de 2015). II – Se há previsão, no instrumento de mandato, de prazo para sua juntada, o mandato só tem validade se anexado ao processo o respectivo instrumento no aludido prazo. III – São válidos os atos praticados pelo substabelecido, ainda que não haja, no mandato, poderes expressos para substabelecer (art. 667, e parágrafos, do Código Civil de 2002). IV – Configura-se a irregularidade de representação se o substabelecimento é anterior à outorga passada ao substabelecente. V – Verificada a irregularidade de representação nas hipóteses dos itens II e IV, deve o juiz suspender o processo e designar prazo razoável para que seja sanado o vício, ainda que em instância recursal (art. 76 do CPC de 2015).

Súmula 425/TST: *Jus postulandi* **na Justiça do Trabalho. Alcance.** O jus postulandi das partes, estabelecido no art. 791 da CLT, limita-se às Varas do Trabalho e aos Tribunais Regionais do Trabalho, não alcançando a ação rescisória, a ação cautelar, o mandado de segurança e os recursos de competência do Tribunal Superior do Trabalho.

OJ 200 da SDI-1: Mandato tácito. Substabelecimento inválido. É inválido o substabelecimento de advogado investido de mandato tácito.

OJ 255 da SDI-1: Mandato. Contrato social. Desnecessária a juntada. O art. 75, inciso VIII, do CPC de 2015 (art. 12, VI, do CPC de 1973) não determina a exibição dos estatutos da empresa em juízo como condição de validade do instrumento de mandato outorgado ao seu procurador, salvo se houver impugnação da parte contrária.

OJ 318 da SDI-1: Representação irregular. Autarquia. Os Estados e os Municípios não têm legitimidade para recorrer em nome das autarquias detentoras de personalidade jurídica própria, devendo ser representadas pelos procuradores que fazem parte de seus quadros ou por advogados constituídos.

OJ 319 da SDI-1: Representação regular. Estagiário. Habilitação posterior. Válidos são os atos praticados por estagiário se, entre o substabelecimento e a interposição do recurso, sobreveio a habilitação, do então estagiário, para atuar como advogado.

OJ 349 da SDI-1: Mandato. Juntada de nova procuração. Ausência de ressalva. Efeitos. A juntada de nova procuração aos autos, sem ressalva de poderes conferidos ao antigo patrono, implica revogação tácita do mandato anterior.

b) por intermédio das Procuradorias Regionais da Justiça do Trabalho.

Art. 793 da CLT: A reclamação trabalhista do menor de 18 (dezoito) anos será feita por seus representantes legais e, na falta destes, pela Procuradoria da Justiça do Trabalho, pelo sindicato, pelo Ministério Público estadual ou curador nomeado em juízo.

Súmula 226/STJ: O Ministério Público tem legitimidade para recorrer na ação de acidente do trabalho, ainda que o segurado esteja assistido por advogado.

Art. 840. A reclamação poderá ser escrita ou verbal.

Art. 319 do CPC: A petição inicial indicará: I – o juízo a que é dirigida; II – os nomes, os prenomes, o estado civil, a existência de união estável, a profissão, o número de inscrição no Cadastro de Pessoas Físicas ou no Cadastro Nacional da Pessoa Jurídica, o endereço eletrônico, o domicílio e a residência do autor e do réu; III – o fato e os fundamentos jurídicos do pedido; IV – o pedido com as suas especificações; V – o valor da causa; VI – as provas com que o autor pretende demonstrar a verdade dos fatos alegados; VII – a opção do autor pela realização ou não de audiência de conciliação ou de mediação. 1.º Caso não disponha das informações previstas no inciso II, poderá o autor, na petição inicial, requerer ao juiz diligências necessárias a sua obtenção. § 2.º A petição inicial não será indeferida se, a despeito da falta de informações a que se refere o inciso II, for possível a citação do réu. § 3.º A petição inicial não será indeferida pelo não atendimento ao disposto no inciso II deste artigo se a obtenção de tais informações tornar impossível ou excessivamente oneroso o acesso à justiça.

Instrução Normativa n. 41/18, art. 12, *caput***:** Os arts. 840 e 844, §§ 2.º, 3.º e 5.º, da CLT, com as redações dadas pela Lei n. 13.467, de 13 de julho de 2017, não retroagirão, aplicando-se, exclusivamente, às ações ajuizadas a partir de 11 de novembro de 2017.

§ 1.º Sendo escrita, a reclamação deverá conter a designação do juízo, a qualificação das partes, a breve exposição dos fatos de que resulte o dissídio, o pedido, que deverá ser certo, determinado e com indicação de seu valor, a data e a assinatura do reclamante ou de seu representante.

•• § 1.º com redação determinada pela Lei n. 13.467, de 13-7-2017.

Instrução Normativa n. 41/18, art. 12, § 2.º: Para fim do que dispõe o art. 840, §§ 1.º e 2.º, da CLT, o valor da causa será estimado, observando-se, no que couber, o disposto nos arts. 291 a 293 da CLT.

§ 2.º Se verbal, a reclamação será reduzida a termo, em duas vias datadas e assinadas pelo escrivão ou secretário, observado, no que couber, o disposto no § 1.º deste artigo.

•• § 2.º com redação determinada pela Lei n. 13.467, de 13-7-2017.

Instrução Normativa n. 41/18, art. 12, § 2.º: Para fim do que dispõe o art. 840, §§ 1.º e 2.º, da CLT, o valor da causa será estimado, observando-se, no que couber, o disposto nos arts. 291 a 293 da CLT.

§ 3.º Os pedidos que não atendam ao disposto no § 1.º deste artigo serão julgados extintos sem resolução do mérito.

•• § 3.º com redação determinada pela Lei n. 13.467, de 13-7-2017.

Art. 841. Recebida e protocolada a reclamação, o escrivão ou chefe de secretaria, dentro de 48 (quarenta e oito) horas, remeterá a segunda via da petição, ou do termo, ao reclamado, notificando-o ao mesmo tempo, para comparecer à audiência de julgamento, que será a primeira desimpedida, depois de 5 (cinco) dias.

•• *Caput* com redação nos termos da Lei n. 409, de 25-9-1948.

OJ 392 da SDI-1: Prescrição. Interrupção. Ajuizamento de protesto judicial. Marco inicial. O protesto judicial é medida aplicável no processo do trabalho, por força do art. 769 da CLT e do art. 15 do CPC de 2015. O ajuizamento da ação, por si só, interrompe o prazo prescricional, em razão da inaplicabilidade do § 2.º do art. 240 do CPC de 2015 (§ 2.º do art. 219 do CPC de 1973), incompatível com o disposto no art. 841 da CLT.

• *Vide* Decreto-lei n. 779, de 21-8-1969.

§ 1.º A notificação será feita em registro postal com franquia. Se o reclamado criar embaraços ao seu recebimento ou não for encontrado, far-se-á a notificação por edital, inserto no jornal oficial ou no que publicar o expediente forense, ou, na falta, afixado na sede da Junta ou Juízo.

•• Extinção das Juntas de Conciliação e Julgamento: Emenda Constitucional n. 24, de 9-12-1999.

Arts. 246 e 247 do CPC: A citação será feita: I – pelo correio; II – por oficial de justiça; III – pelo escrivão ou chefe de secretaria, se o citando comparecer em cartório; IV – por edital; V – por meio eletrônico, conforme regulado em lei. § 1.º Com exceção das microempresas e das empresas de pequeno porte, as empresas públicas e privadas são obrigadas a manter cadastro nos sistemas de processo em autos eletrônicos, para efeito de recebimento de citações e intimações, as quais serão efetuadas preferencialmente por esse meio. § 2.º O disposto no § 1.º aplica-se à União, aos Estados, ao Distrito Federal, aos Municípios e às entidades da administração indireta. § 3.º Na ação de usucapião de imóvel, os confinantes serão citados pessoalmente, exceto quando tiver por objeto unidade autônoma de prédio em condomínio, caso em que tal citação é dispensada. Art. 247. A citação será feita pelo correio para qualquer comarca do país, exceto: I – nas ações de estado, observado o disposto no art. 695, § 3.º; II – quando o citando for incapaz; III – quando o citando for pessoa de direito público; IV – quando o citando residir em local não atendido pela entrega domiciliar de correspondência; V – quando o autor, justificadamente, a requerer de outra forma.

Art. 249 do CPC: A citação será feita por meio de oficial de justiça nas hipóteses previstas neste Código ou em lei, ou quando frustrada a citação pelo correio.

Art. 252 do CPC: Quando, por 2 (duas) vezes, o oficial de justiça houver procurado o citando em seu domicílio ou residência sem o encontrar, deverá, havendo suspeita de ocultação, intimar qualquer pessoa da família ou, em sua falta, qualquer vizinho de que, no dia útil imediato, voltará a fim de efetuar a citação, na hora que designar. Parágrafo único. Nos condomínios edilícios ou nos loteamentos com controle de acesso, será válida a intimação a que se refere o *caput* feita a funcionário da portaria responsável pelo recebimento de correspondência.

§ 2.º O reclamante será notificado no ato da apresentação da reclamação ou na forma do parágrafo anterior.

Súmula 16/TST: Notificação. Presume-se recebida a notificação 48 (quarenta e oito) horas depois de sua postagem. O seu não recebimento ou a entrega após o decurso desse prazo constituem ônus de prova do destinatário.

§ 3.º Oferecida a contestação, ainda que eletronicamente, o reclamante não poderá, sem o consentimento do reclamado, desistir da ação.

•• § 3.º acrescentado pela Lei n. 13.467, de 13-7-2017.

Art. 842. Sendo várias as reclamações e havendo identidade de matéria, poderão ser acumuladas num só processo, se se tratar de empregados da mesma empresa ou estabelecimento.

Arts. 113 a 118 do CPC: Duas ou mais pessoas podem litigar, no mesmo processo, em conjunto, ativa ou passivamente, quando: I – entre elas houver comunhão de direitos ou de obrigações relativamente à lide; II – entre as causas houver conexão pelo pedido ou pela causa de pedir; III – ocorrer afinidade de questões por ponto comum de fato ou de direito. § 1.º O juiz poderá limitar o litisconsórcio facultativo quanto ao número de litigantes na fase de conhecimento, na liquidação de sentença ou na execução, quando este comprometer a rápida solução do litígio ou dificultar a defesa ou o cumprimento da sentença. § 2.º O requerimento de limitação interrompe o prazo para manifestação ou resposta, que recomeçará da intimação da decisão que o solucionar. Art. 114. O litisconsórcio será necessário por disposição de lei ou quando, pela natureza da relação jurídica controvertida, a eficácia da sentença depender da citação de todos que devam ser litisconsortes. Art. 115. A sentença de mérito, quando proferida sem a integração do contraditório, será: I – nula, se a decisão deveria ser uniforme em relação a todos que deveriam ter integrado o processo; II – ineficaz, nos outros casos, apenas para os que não foram citados. Parágrafo único. Nos casos de litisconsórcio passivo necessário, o juiz determinará ao autor que requeira a citação de todos que devam ser litisconsortes, dentro do prazo que assinar, sob pena de extinção do processo. Art. 116. O litisconsórcio será unitário quando, pela natureza da relação jurídica, o juiz tiver de decidir o mérito de modo uniforme para todos os litisconsortes. Art. 117. Os litisconsortes serão considerados, em suas relações com a parte adversa, como litigantes distintos, exceto no litisconsórcio unitário, caso em que os atos e as omissões de um não prejudicarão os outros, mas os poderão beneficiar. Art. 118. Cada litisconsorte tem o direito de promover o andamento do processo, e todos devem ser intimados dos respectivos atos.

SEÇÃO II
Da Audiência de Julgamento

• Audiência no CPC: arts. 358 e s.

Art. 843. Na audiência de julgamento deverão estar presentes o reclamante e o reclamado, independentemente do comparecimento de seus representantes, salvo nos casos de Reclamatórias Plúrimas ou Ações de Cumprimento, quando os empregados poderão fazer-se representar pelo Sindicato de sua categoria.

•• *Caput* com redação determinada pela Lei n. 6.667, de 3-7-1979.

Art. 791 da CLT: Os empregados e os empregadores poderão reclamar pessoalmente perante a Justiça do Trabalho e acompanhar as suas reclamações até o final. § 1.º Nos dissídios individuais os empregados e empregadores poderão fazer-se representar por intermédio do sindicato, advogado, solicitador, ou provisionado, inscrito na Ordem dos Advogados do Brasil. § 2.º Nos dissídios coletivos é facultada aos interessados a assistência por advogado. § 3.º A constituição de procurador com poderes para o foro em geral poderá ser efetivada, mediante simples registro em ata de audiência, a requerimento verbal do advogado interessado, com anuência da parte representada.

§ 1.º É facultado ao empregador fazer-se substituir pelo gerente, ou qualquer outro preposto que tenha conhecimento do fato, e cujas declarações obrigarão o proponente.

Art. 861 da CLT: É facultado ao empregador fazer-se representar na audiência pelo gerente, ou por qualquer outro preposto que tenha conhecimento do dissídio, e por cujas declarações será sempre responsável.

Súmula 377/TST: Preposto. Exigência da condição de empregado. Exceto quanto à reclamação de empregado doméstico, ou contra micro ou pequeno empresário, o preposto deve ser necessariamente empregado do reclamado. Inteligência do art. 843, § 1.º, da CLT e do art. 54 da Lei Complementar n. 123, de 14 de dezembro de 2006.

• Preposto no CPC: arts. 75 e 76.

§ 2.º Se por doença ou qualquer outro motivo poderoso, devidamente comprovado, não for possível ao empregado comparecer pessoalmente, poderá fazer-se representar por outro empregado que pertença à mesma profissão, ou pelo seu sindicato.

•• Mantivemos conforme publicação oficial. Entendemos, no entanto, que o correto seria "ponderoso".

§ 3.º O preposto a que se refere o § 1.º deste artigo não precisa ser empregado da parte reclamada.

•• § 3.º acrescentado pela Lei n. 13.467, de 13-7-2017.

Instrução Normativa n. 41/18, art. 12, §§ 1.º e 3.º: § 1.º Aplica-se o disposto no art. 843, § 3.º, da CLT somente às audiências trabalhistas realizadas após 11 de novembro de 2017. (...) § 3.º Nos termos do art. 843, § 3.º, e do art. 844, § 5.º, da CLT, não se admite a cumulação das condições de advogado e preposto.

Art. 844. O não comparecimento do reclamante à audiência importa o arquivamento da reclamação, e o não comparecimento do reclamado importa revelia, além de confissão quanto à matéria de fato.

Art. 732 da CLT: Na mesma pena do artigo anterior incorrerá o reclamante que, por 2 (duas) vezes seguidas, der causa ao arquivamento de que trata o art. 844.

Súmula 9/TST: Ausência do reclamante. A ausência do reclamante, quando adiada a instrução após contestada a ação em audiência, não importa arquivamento do processo.

Súmula 74/TST: Confissão. I – Aplica-se a confissão à parte que, expressamente intimada com aquela cominação, não comparecer à audiência em prosseguimento, na qual deveria depor. II – A prova pré-constituída nos autos pode ser levada em conta para confronto com a confissão ficta (arts. 442 e 443 do CPC de 2015 – art. 400, I, do CPC de 1973), não implicando cerceamento de defesa o indeferimento de provas posteriores. III – A vedação à produção de prova posterior pela parte confessa somente a ela se aplica, não afetando o exercício, pelo magistrado, do poder/dever de conduzir o processo.

Súmula 122/TST: Revelia. Atestado médico. A reclamada, ausente à audiência em que deveria apresentar defesa, é revel, ainda que presente seu advogado munido de procuração, podendo ser ilidida a revelia mediante a apresentação de atestado médico, que deverá declarar, expressamente, a impossibilidade de locomoção do empregador ou do seu preposto no dia da audiência.

§ 1.º Ocorrendo motivo relevante, poderá o juiz suspender o julgamento, designando nova audiência.

•• Anterior parágrafo único com redação determinada pela Lei n. 13.467, de 13-7-2017.

§ 2.º Na hipótese de ausência do reclamante, este será condenado ao pagamento das custas calculadas na forma do art. 789 desta Consolidação, ainda que beneficiário da justiça gratuita, salvo se comprovar, no prazo de quinze dias, que a ausência ocorreu por motivo legalmente justificável.

•• § 2.º acrescentado pela Lei n. 13.467, de 13-7-2017.
•• O STF, na sessão plenária de 20-10-2021 (*DOU* de 5-11-2021), por maioria, julgou improcedente a ADI n. 5.766 no tocante a este § 2.º, declarando-o constitucional.

Instrução Normativa n. 41/18, art. 12, *caput*: Os arts. 840 e 844, §§ 2.º, 3.º e 5.º, da CLT, com as redações dadas pela Lei n. 13.467, de 13 de julho de 2017, não retroagirão, aplicando-se, exclusivamente, às ações ajuizadas a partir de 11 de novembro de 2017.

§ 3.º O pagamento das custas a que se refere o § 2.º é condição para a propositura de nova demanda.

•• § 3.º acrescentado pela Lei n. 13.467, de 13-7-2017.

Instrução Normativa n. 41/18, art. 12, *caput*: Os arts. 840 e 844, §§ 2.º, 3.º e 5.º, da CLT, com as redações dadas pela Lei n. 13.467, de 13 de julho de 2017, não retroagirão, aplicando-se, exclusivamente, às ações ajuizadas a partir de 11 de novembro de 2017.

§ 4.º A revelia não produz o efeito mencionado no *caput* deste artigo se:

•• § 4.º, *caput*, acrescentado pela Lei n. 13.467, de 13-7-2017.

I – havendo pluralidade de reclamados, algum deles contestar a ação;

•• Inciso I acrescentado pela Lei n. 13.467, de 13-7-2017.

II – o litígio versar sobre direitos indisponíveis;

•• Inciso II acrescentado pela Lei n. 13.467, de 13-7-2017.

III – a petição inicial não estiver acompanhada de instrumento que a lei considere indispensável à prova do ato;

•• Inciso III acrescentado pela Lei n. 13.467, de 13-7-2017.

IV – as alegações de fato formuladas pelo reclamante forem inverossímeis ou estiverem em contradição com prova constante dos autos.

•• Inciso IV acrescentado pela Lei n. 13.467, de 13-7-2017.

§ 5.º Ainda que ausente o reclamado, presente o advogado na audiência, serão aceitos a contestação e os documentos eventualmente apresentados.

•• § 5.º acrescentado pela Lei n. 13.467, de 13-7-2017.

Instrução Normativa n. 41/18, art. 12, *caput*: Os arts. 840 e 844, §§ 2.º, 3.º e 5.º, da CLT, com as redações dadas pela Lei n. 13.467, de 13 de julho de 2017, não retroagirão, aplicando-se, exclusivamente, às ações ajuizadas a partir de 11 de novembro de 2017.

Art. 845. O reclamante e o reclamado comparecerão à audiência acompanhados das suas testemunhas, apresentando, nessa ocasião, as demais provas.

Súmula 9/TST: Ausência do reclamante. A ausência do reclamante, quando adiada a instrução após contestada a ação em audiência, não importa arquivamento do processo.

• *Vide* arts. 787 e 852-H da CLT.
• *Vide* Súmulas 8 e 74 do TST.

Art. 846. Aberta a audiência, o juiz ou presidente proporá a conciliação.

•• *Caput* com redação determinada pela Lei n. 9.022, de 5-4-1995.
• *Vide* arts. 850 e 852-E da CLT.

§ 1.º Se houver acordo lavrar-se-á termo, assinado pelo presidente e pelos litigantes, consignando-se o prazo e demais condições para seu cumprimento.

•• § 1.º acrescentado pela Lei n. 9.022, de 5-4-1995.

Art. 764, § 3.º, da CLT: É lícito às partes celebrar acordo que ponha termo ao processo, ainda mesmo depois de encerrado o juízo conciliatório.

• *Vide* Lei n. 13.340, de 26-6-2015 (mediação e autocomposição).

§ 2.º Entre as condições a que se refere o parágrafo anterior, poderá ser estabelecida a de ficar a parte que não cumprir o acordo obrigada a satisfazer integralmente o pedido ou pagar uma indenização convencionada, sem prejuízo do cumprimento do acordo.

•• § 2.º acrescentado pela Lei n. 9.022, de 5-4-1995.

Art. 847. Não havendo acordo, o reclamado terá vinte minutos para aduzir sua defesa, após a leitura da reclamação, quando esta não for dispensada por ambas as partes.

•• *Caput* com redação determinada pela Lei n. 9.022, de 5-4-1995.

Art. 5.º, LV, da CF: Todos são iguais perante a lei, sem distinção de qualquer natureza, garantindo-se aos brasileiros e aos estrangeiros residentes no País a inviolabilidade do direito à vida, à liberdade, à igualdade, à segurança e à propriedade, nos termos seguintes: (...) LV – aos litigantes, em processo judicial ou administrativo, e aos acusados em geral são assegurados o contraditório e ampla defesa, com os meios e recursos a ela inerentes.

Art. 799 da CLT: Nas causas da jurisdição da Justiça do Trabalho, somente podem ser opostas, com suspensão do feito, as exceções de suspeição ou incompetência. § 1.º As demais exceções serão alegadas como matéria de defesa. § 2.º Das decisões sobre exceções de suspeição e incompetência, salvo, quanto a estas, se terminativas do feito, não caberá recurso, podendo, no entanto, as partes alegá-las novamente no recurso que couber da decisão final.

Lei n. 5.584/70, art. 2.º: Nos dissídios individuais, proposta a conciliação, e, não havendo acordo, o Presidente da Junta ou o Juiz, antes de passar à instrução da causa, fixar-lhe-á o valor para a determinação da alçada, se este for indeterminado no pedido. § 1.º Em audiência, ao aduzir razões finais, poderá qualquer das partes impugnar o valor fixado e, se o Juiz o mantiver, pedir revisão da decisão, no prazo de 48 (quarenta e oito) horas, ao Presidente do Tribunal Regional. § 2.º O pedido de revisão, que não terá efeito suspensivo, deverá ser instruído com a petição inicial e a Ata da Audiência, em cópia autenticada pela Secretaria da Junta, e será julgado em 48 (quarenta e oito) horas, a partir do seu recebimento pelo Presidente do Tribunal Regional. § 3.º Quando o valor fixado para a causa, na forma deste artigo, não exceder de 2 (duas) vezes o salário mínimo vigente na sede do Juízo, será dispensável o resumo dos depoimentos, devendo constar da Ata a conclusão da Junta quanto à matéria de fato. § 4.º Salvo se versarem sobre matéria constitucional, nenhum recurso caberá das sentenças proferidas nos dissídios da alçada a que se refere o parágrafo anterior, considerado, para esse fim, o valor do salário mínimo à data do ajuizamento da ação.

• *Vide* arts. 335 e s. do CPC.

Parágrafo único. A parte poderá apresentar defesa escrita pelo sistema de processo judicial eletrônico até a audiência.

•• Parágrafo único acrescentado pela Lei n. 13.467, de 13-7-2017.

Art. 848. Terminada a defesa, seguir-se-á a instrução do processo, podendo o presidente, *ex officio* ou a requerimento de qualquer juiz temporário, interrogar os litigantes.

•• *Caput* com redação determinada pela Lei n. 9.022, de 5-4-1995.
•• *Vide* nota ao artigo anterior.

§ 1.º Findo o interrogatório, poderá qualquer dos litigantes retirar-se, prosseguindo a instrução com o seu representante.

§ 2.º Serão, a seguir, ouvidas as testemunhas, os peritos e os técnicos, se houver.

Art. 849. A audiência de julgamento será contínua; mas, se não for possível, por motivo de força maior, concluí-la no mesmo dia, o juiz ou presidente marcará a sua continuação para a primeira desimpedida, independentemente de nova notificação.

• *Vide* arts. 765, 813 e 852-C da CLT.

Art. 850. Terminada a instrução, poderão as partes aduzir razões finais, em prazo não excedente de 10 (dez) minutos para cada uma. Em seguida, o juiz ou presidente renovará a proposta de conciliação, e não se realizando esta, será proferida a decisão.

Parágrafo único. O Presidente da Junta, após propor a solução do dissídio, tomará os votos dos vogais e, havendo divergência entre estes, poderá desempatar ou proferir decisão que melhor atenda ao cumprimento da lei e ao justo equilíbrio entre os votos divergentes e ao interesse social.

•• Extinção das Juntas de Conciliação e Julgamento e da representação classista na Justiça do Trabalho: Emenda Constitucional n. 24, de 9-12-1999.

Art. 851. Os trâmites de instrução e julgamento da reclamação serão resumidos em ata, de que constará, na íntegra, a decisão.

•• *Caput* com redação determinada pelo Decreto-lei n. 8.737, de 19-1-1946.

§ 1.º Nos processos de exclusiva alçada das Juntas, será dispensável, a juízo do presidente, o resumo dos depoimentos, devendo constar da ata a conclusão do Tribunal quanto à matéria de fato.

•• § 1.º com redação determinada pelo Decreto-lei n. 8.737, de 19-1-1946.
•• Extinção das Juntas de Conciliação e Julgamento: Emenda Constitucional n. 24, de 9-12-1999.

§ 2.º A ata será, pelo presidente ou juiz, junta ao processo, devidamente assinada, no prazo improrrogável de 48 (quarenta e oito) horas, contado da audiência de julgamento, e assinada pelos vogais presentes à mesma audiência.

•• § 2.º com redação determinada pelo Decreto-lei n. 8.737, de 19-1-1946.
•• Extinção das Juntas de Conciliação e Julgamento e da representação classista na Justiça do Trabalho: Emenda Constitucional n. 24, de 9-12-1999.

Lei n. 5.584/70, art 2.º, § 3.º: Quando o valor fixado para a causa, na forma deste artigo, não exceder de 2 (duas) vezes o salário mínimo vigente na sede do Juízo, será dispensável o resumo dos depoimentos, devendo constar da Ata a conclusão da Junta quanto à matéria de fato.

Súmula 30/TST: Intimação da sentença. Quando não juntada a ata ao processo em 48 horas, contadas da audiência de julgamento (art. 851, § 2.º, da CLT), o prazo para recurso será contado da data em que a parte receber a intimação da sentença.

Art. 852. Da decisão serão os litigantes notificados, pessoalmente, ou por seu representante, na própria audiência. No caso de revelia, a notificação far-se-á pela forma estabelecida no § 1.º do art. 841.

Súmula 197/TST: Prazo. O prazo para recurso da parte que, intimada, não comparecer à audiência em prosseguimento para a prolação da sentença conta-se de sua publicação.

SEÇÃO II-A
Do Procedimento Sumaríssimo

•• Seção II-A acrescentada pela Lei n. 9.957, de 12-1-2000.

Art. 852-A. Os dissídios individuais cujo valor não exceda a 40 (quarenta) vezes o salário mínimo vigente na data do ajuizamento da reclamação ficam submetidos ao procedimento sumaríssimo.

•• *Caput* acrescentado pela Lei n. 9.957, de 12-1-2000.

Parágrafo único. Estão excluídas do procedimento sumaríssimo as demandas em que é parte a Administração Pública direta, autárquica e fundacional.

•• Parágrafo único acrescentado pela Lei n. 9.957, de 12-1-2000.

Art. 852-B. Nas reclamações enquadradas no procedimento sumaríssimo:

• Vide Súmula 268 do TST.

I - o pedido deverá ser certo ou determinado e indicará o valor correspondente;

II - não se fará citação por edital, incumbindo ao autor a correta indicação do nome e endereço do reclamado;

•• Vide nota ao art. 625-D, *caput*, da CLT.

III - a apreciação da reclamação deverá ocorrer no prazo máximo de 15 (quinze) dias do seu ajuizamento, podendo constar de pauta especial, se necessário, de acordo com o movimento judiciário da Junta de Conciliação e Julgamento.

•• *Caput* e incisos acrescentados pela Lei n. 9.957, de 12-1-2000.
•• Extinção das Juntas de Conciliação e Julgamento: Emenda Constitucional n. 24, de 9-12-1999.

§ 1.º O não atendimento, pelo reclamante, do disposto nos incisos I e II deste artigo importará no arquivamento da reclamação e condenação ao pagamento de custas sobre o valor da causa.

•• § 1.º acrescentado pela Lei n. 9.957, de 12-1-2000.

Arts. 9.º e 10 do CPC: Não se proferirá decisão contra uma das partes sem que ela seja previamente ouvida. Parágrafo único. O disposto no *caput* não se aplica: I - à tutela provisória de urgência; II - às hipóteses de tutela da evidência previstas no art. 311, incisos II e III; III - à decisão prevista no art. 701. Art. 10. O juiz não pode decidir, em grau algum de jurisdição, com base em fundamento a respeito do qual não se tenha dado às partes oportunidade de se manifestar, ainda que se trate de matéria sobre a qual deva decidir de ofício.

§ 2.º As partes e advogados comunicarão ao juízo as mudanças de endereço ocorridas no curso do processo, reputando-se eficazes as intimações enviadas ao local anteriormente indicado, na ausência de comunicação.

•• § 2.º acrescentado pela Lei n. 9.957, de 12-1-2000.

Art. 274, parágrafo único, do CPC: Presumem-se válidas as intimações dirigidas ao endereço constante dos autos, ainda que não recebidas pessoalmente pelo interessado, se a modificação temporária ou definitiva não tiver sido devidamente comunicada ao juízo, fluindo os prazos a partir da juntada aos autos do comprovante de entrega da correspondência no primitivo endereço.

Art. 852-C. As demandas sujeitas a rito sumaríssimo serão instruídas e julgadas em audiência única, sob a direção de juiz presidente ou substituto, que poderá ser convocado para atuar simultaneamente com o titular.

•• Artigo acrescentado pela Lei n. 9.957, de 12-1-2000.

Art. 852-D. O juiz dirigirá o processo com liberdade para determinar as provas a serem produzidas, considerado o ônus probatório de cada litigante, podendo limitar ou excluir as que considerar excessivas, impertinentes ou protelatórias, bem como para apreciá-las e dar especial valor às regras de experiência comum ou técnica.

•• Artigo acrescentado pela Lei n. 9.957, de 12-1-2000.

Arts. 370 e 371 do CPC: Caberá ao juiz, de ofício ou a requerimento da parte, determinar as provas necessárias ao julgamento do mérito. Parágrafo único. O juiz indeferirá, em decisão fundamentada, as diligências inúteis ou meramente protelatórias. Art. 371. O juiz apreciará a prova constante dos autos, independentemente do sujeito que a tiver promovido, e indicará na decisão as razões da formação de seu convencimento.

Art. 852-E. Aberta a sessão, o juiz esclarecerá as partes presentes sobre as vantagens da conciliação e usará os meios adequados de persuasão para a solução conciliatória do litígio, em qualquer fase da audiência.

•• Artigo acrescentado pela Lei n. 9.957, de 12-1-2000.

Art. 852-F. Na ata de audiência serão registrados resumidamente os atos essenciais, as afirmações fundamentais das partes e as informações úteis à solução da causa trazidas pela prova testemunhal.

•• Artigo acrescentado pela Lei n. 9.957, de 12-1-2000.

Art. 852-G. Serão decididos, de plano, todos os incidentes e exceções que possam interferir no prosseguimento da audiência e do processo. As demais questões serão decididas na sentença.

•• Artigo acrescentado pela Lei n. 9.957, de 12-1-2000.

Art. 852-H. Todas as provas serão produzidas na audiência de instrução e julgamento, ainda que não requeridas previamente.

•• *Caput* acrescentado pela Lei n. 9.957, de 12-1-2000.

§ 1.º Sobre os documentos apresentados por uma das partes manifestar-se-á imediatamente a parte contrária, sem interrupção da audiência, salvo absoluta impossibilidade, a critério do juiz.

•• § 1.º acrescentado pela Lei n. 9.957, de 12-1-2000.

§ 2.º As testemunhas, até o máximo de duas para cada parte, comparecerão à audiência de instrução e julgamento independentemente de intimação.

•• § 2.º acrescentado pela Lei n. 9.957, de 12-1-2000.

§ 3.º Só será deferida intimação de testemunha que, comprovadamente convidada, deixar de comparecer. Não comparecendo a testemunha intimada, o juiz poderá determinar sua imediata condução coercitiva.

•• § 3.º acrescentado pela Lei n. 9.957, de 12-1-2000.

§ 4.º Somente quando a prova do fato o exigir, ou for legalmente imposta, será deferida prova técnica, incumbindo ao juiz, desde logo, fixar o prazo, o objeto da perícia e nomear perito.

•• § 4.º acrescentado pela Lei n. 9.957, de 12-1-2000.

§ 5.º (*Vetado.*)

•• § 5.º acrescentado pela Lei n. 9.957, de 12-1-2000.

§ 6.º As partes serão intimadas a manifestar-se sobre o laudo, no prazo comum de 5 (cinco) dias.

•• § 6.º acrescentado pela Lei n. 9.957, de 12-1-2000.

§ 7.º Interrompida a audiência, o seu prosseguimento e a solução do processo dar-se-ão no prazo máximo de 30 (trinta) dias, salvo motivo relevante justificado nos autos pelo juiz da causa.

•• § 7.º acrescentado pela Lei n. 9.957, de 12-1-2000.

Art. 852-I. A sentença mencionará os elementos de convicção do juízo, com resumo dos fatos relevantes ocorridos em audiência, dispensado o relatório.

•• *Caput* acrescentado pela Lei n. 9.957, de 12-1-2000.

§ 1.º O juízo adotará em cada caso a decisão que reputar mais justa e equânime, atendendo aos fins sociais da lei e as exigências do bem comum.

•• § 1.º acrescentado pela Lei n. 9.957, de 12-1-2000.

> **Art. 8.º do CPC:** Ao aplicar o ordenamento jurídico, o juiz atenderá aos fins sociais e às exigências do bem comum, resguardando e promovendo a dignidade da pessoa humana e observando a proporcionalidade, a razoabilidade, a legalidade, a publicidade e a eficiência.

§ 2.º (*Vetado.*)

•• § 2.º acrescentado pela Lei n. 9.957, de 12-1-2000.

§ 3.º As partes serão intimadas da sentença na própria audiência em que prolatada.

•• § 3.º acrescentado pela Lei n. 9.957, de 12-1-2000.

SEÇÃO III
Do Inquérito para Apuração de Falta Grave

Art. 853. Para a instauração do inquérito para apuração de falta grave contra empregado garantido com estabilidade, o empregador apresentará reclamação por escrito à Junta ou Juízo de Direito, dentro de 30 (trinta) dias, contados da data da suspensão do empregado.

•• Extinção das Juntas de Conciliação e Julgamento: Emenda Constitucional n. 24, de 9-12-1999.

> **Art. 494 da CLT:** O empregado acusado de falta grave poderá ser suspenso de suas funções, mas a sua despedida só se tornará efetiva após o inquérito em que se verifique a procedência da acusação. Parágrafo único. A suspensão, no caso deste artigo, perdurará até a decisão final do processo.
>
> **Súmula 403/STF:** É de decadência o prazo de 30 (trinta) dias para instauração do inquérito judicial, a contar da suspensão, por falta grave, de empregado estável.
>
> **Súmula 62/TST: Abandono de emprego.** O prazo de decadência do direito do empregador de ajuizar inquérito em face do empregado que incorre em abandono de emprego é contado a partir do momento em que o empregado pretendeu seu retorno ao serviço.

Art. 854. O processo do inquérito perante a Junta ou Juízo obedecerá às normas estabelecidas no presente Capítulo, observadas as disposições desta Seção.

•• Extinção das Juntas de Conciliação e Julgamento: Emenda Constitucional n. 24, de 9-12-1999.

Art. 855. Se tiver havido prévio reconhecimento da estabilidade do empregado, o julgamento do inquérito pela Junta ou Juízo não prejudicará a execução para pagamento dos salários devidos ao empregado, até a data da instauração do mesmo inquérito.

•• Extinção das Juntas de Conciliação e Julgamento: Emenda Constitucional n. 24, de 9-12-1999.

SEÇÃO IV
Do Incidente de Desconsideração da Personalidade Jurídica

•• Seção IV acrescentada pela Lei n. 13.467, de 13-7-2017.

Art. 855-A. Aplica-se ao processo do trabalho o incidente de desconsideração da personalidade jurídica previsto nos arts. 133 a 137 da Lei n. 13.105, de 16 de março de 2015 – Código de Processo Civil.

•• *Caput* acrescentado pela Lei n. 13.467, de 13-7-2017.

§ 1.º Da decisão interlocutória que acolher ou rejeitar o incidente:

•• § 1.º, *caput*, acrescentado pela Lei n. 13.467, de 13-7-2017.

I – na fase de cognição, não cabe recurso de imediato, na forma do § 1.º do art. 893 desta Consolidação;

•• Inciso I acrescentado pela Lei n. 13.467, de 13-7-2017.

II – na fase de execução, cabe agravo de petição, independentemente de garantia do juízo;

•• Inciso II acrescentado pela Lei n. 13.467, de 13-7-2017.

III – cabe agravo interno se proferida pelo relator em incidente instaurado originariamente no tribunal.

•• Inciso III acrescentado pela Lei n. 13.467, de 13-7-2017.

§ 2.º A instauração do incidente suspenderá o processo, sem prejuízo de concessão da tutela de urgência de natureza cautelar de que trata o art. 301 da Lei n. 13.105, de 16 de março de 2015 (Código de Processo Civil).

•• § 2.º acrescentado pela Lei n. 13.467, de 13-7-2017.

Capítulo III-A
DO PROCESSO DE JURISDIÇÃO VOLUNTÁRIA PARA HOMOLOGAÇÃO DE ACORDO EXTRAJUDICIAL

•• Capítulo III-A acrescentado pela Lei n. 13.467, de 13-7-2017.

Art. 855-B. O processo de homologação de acordo extrajudicial terá início por petição conjunta, sendo obrigatória a representação das partes por advogado.

•• *Caput* acrescentado pela Lei n. 13.467, de 13-7-2017.

§ 1.º As partes não poderão ser representadas por advogado comum.

•• § 1.º acrescentado pela Lei n. 13.467, de 13-7-2017.

§ 2.º Faculta-se ao trabalhador ser assistido pelo advogado do sindicato de sua categoria.

•• § 2.º acrescentado pela Lei n. 13.467, de 13-7-2017.

Art. 855-C. O disposto neste Capítulo não prejudica o prazo estabelecido no § 6.º do art. 477 desta Consolidação e não afasta a aplicação da multa prevista no § 8.º do art. 477 desta Consolidação.

•• Artigo acrescentado pela Lei n. 13.467, de 13-7-2017.

Art. 855-D. No prazo de quinze dias a contar da distribuição da petição, o juiz analisará acordo, designará audiência se entender necessário e proferirá sentença.

•• Artigo acrescentado pela Lei n. 13.467, de 13-7-2017.

Art. 855-E. A petição de homologação de acordo extrajudicial suspende o prazo prescricional da ação quanto aos direitos nela especificados.

•• *Caput* acrescentado pela Lei n. 13.467, de 13-7-2017.

Parágrafo único. O prazo prescricional voltará a fluir no dia útil seguinte ao do trânsito em julgado da decisão que negar a homologação do acordo.

•• Parágrafo único com redação determinada pela Lei n. 13.467, de 13-7-2017.

Capítulo IV
DOS DISSÍDIOS COLETIVOS

> **Art. 8.º, VI, da CF:** É livre a associação profissional ou sindical, observado o seguinte: (...) VI – é obrigatória a participação dos sindicatos nas negociações coletivas de trabalho.
>
> **Lei n. 5.584/70, art. 8.º:** Das decisões proferidas nos dissídios coletivos poderá a União interpor recurso, o qual será sempre recebido no efeito suspensivo quanto à parte que exceder o índice fixado pela política salarial do Governo.
>
> **Lei n. 4.725/65, art. 6.º, § 1.º:** Os recursos das decisões proferidas nos dissídios coletivos terão efeito meramente devolutivo. § 1.º O Presidente do Tribunal Superior do Trabalho poderá dar efeito suspensivo ao recurso, a requerimento do recorrente em petição fundamentada. Do despacho caberá agravo para o Pleno, no prazo de 5 (cinco) dias, de conformidade com o disposto no Regimento Interno do Tribunal.

• Sobre a competência para relatar o pedido de homologação de acordo em processo de dissídio coletivo: Resolução Administrativa n. 30, de 23-4-1987.

• A Resolução Administrativa n. 54, de 19-6-1989, trata do procedimento a ser adotado nos pedidos de homologação de acordo em processo de dissídio coletivo.

- Sobre normas procedimentais no dissídio coletivo, *vide* arts. 97 a 101 da Consolidação dos Provimentos da Corregedoria-Geral da Justiça do Trabalho.

SEÇÃO I
Da Instauração da Instância

Art. 856. A instância será instaurada mediante representação escrita ao Presidente do Tribunal. Poderá ser também instaurada por iniciativa do presidente, ou, ainda, a requerimento da Procuradoria da Justiça do Trabalho, sempre que ocorrer suspensão do trabalho.

•• Artigo com redação determinada pelo Decreto-lei n. 7.321, de 14-2-1945.

Art. 5.º, XXXVI, da CF: Todos são iguais perante a lei, sem distinção de qualquer natureza, garantindo-se aos brasileiros e aos estrangeiros residentes no País a inviolabilidade do direito à vida, à liberdade, à igualdade, à segurança e à propriedade, nos termos seguintes: (...) XXXVI – a lei não prejudicará o direito adquirido, o ato jurídico perfeito e a coisa julgada.

Art. 114, §§ 1.º a 3.º, da CF: Frustrada a negociação coletiva, as partes poderão eleger árbitros. § 2.º Recusando-se qualquer das partes à negociação coletiva ou à arbitragem, é facultado às mesmas, de comum acordo, ajuizar dissídio coletivo de natureza econômica, podendo a Justiça do Trabalho decidir o conflito, respeitadas as disposições mínimas legais de proteção ao trabalho, bem como as convencionadas anteriormente. § 3.º Em caso de greve em atividade essencial, com possibilidade de lesão do interesse público, o Ministério Público do Trabalho poderá ajuizar dissídio coletivo, competindo à Justiça do Trabalho decidir o conflito.

• *Vide* Lei n. 7.701, de 21-12-1988.

Art. 857. A representação para instaurar a instância em dissídio coletivo constitui prerrogativa das associações sindicais, excluídas as hipóteses aludidas no art. 856, quando ocorrer suspensão do trabalho.

•• *Caput* com redação determinada pelo Decreto-lei n. 7.321, de 14-2-1945.

Parágrafo único. Quando não houver sindicato representativo da categoria econômica ou profissional, poderá a representação ser instaurada pelas federações correspondentes e, na falta destas, pelas confederações respectivas, no âmbito de sua representação.

•• Parágrafo único acrescentado pela Lei n. 2.693, de 23-12-1955.

Art. 858. A representação será apresentada em tantas vias quantos forem os reclamados e deverá conter:

a) a designação e qualificação dos reclamantes e dos reclamados e a natureza do estabelecimento ou do serviço;

b) os motivos do dissídio e as bases da conciliação.

Art. 840, § 1.º, da CLT: Sendo escrita, a reclamação deverá conter a designação do juízo, a qualificação das partes, a breve exposição dos fatos de que resulte o dissídio, o pedido, que deverá ser certo, determinado e com indicação de seu valor, a data e a assinatura do reclamante ou de seu representante.

• *Vide* art. 319 do CPC.

Art. 859. A representação dos sindicatos para instauração da instância fica subordinada à aprovação de assembleia, da qual participem os associados interessados na solução do dissídio coletivo, em primeira convocação, por maioria de 2/3 (dois terços) dos mesmos, ou, em segunda convocação, por 2/3 (dois terços) dos presentes.

•• Artigo com redação determinada pelo Decreto-lei n. 7.321, de 14-2-1945. Havia aqui um parágrafo único, não previsto na alteração posterior.

Lei n. 7.783/89, art. 8.º: Justiça do Trabalho, por iniciativa de qualquer das partes ou do Ministério Público do Trabalho, decidirá sobre a procedência, total ou parcial, ou improcedência das reivindicações, cumprindo ao Tribunal publicar, de imediato, o competente acórdão.

SEÇÃO II
Da Conciliação e do Julgamento

Art. 860. Recebida e protocolada a representação, e estando na devida forma, o Presidente do Tribunal designará a audiência de conciliação, dentro do prazo de 10 (dez) dias, determinando a notificação dos dissidentes, com observância do disposto no art. 841.

Parágrafo único. Quando a instância for instaurada *ex officio*, a audiência deverá ser realizada dentro do prazo mais breve possível, após o reconhecimento do dissídio.

Art. 861. É facultado ao empregador fazer-se representar na audiência pelo gerente, ou por qualquer outro preposto que tenha conhecimento do dissídio, e por cujas declarações será sempre responsável.

Art. 862. Na audiência designada, comparecendo ambas as partes ou seus representantes, o Presidente do Tribunal as convidará para se pronunciarem sobre as bases da conciliação. Caso não sejam aceitas as bases propostas, o Presidente submeterá aos interessados a solução que lhe pareça capaz de resolver o dissídio.

Art. 863. Havendo acordo, o Presidente o submeterá à homologação do Tribunal na primeira sessão.

Art. 864. Não havendo acordo, ou não comparecendo ambas as partes ou uma delas, o presidente submeterá o processo a julgamento, depois de realizadas as diligências que entender necessárias e ouvida a Procuradoria.

•• Artigo com redação determinada pelo Decreto-lei n. 8.737, de 19-1-1946.

Art. 865. Sempre que, no decorrer do dissídio, houver ameaça de perturbação da ordem, o presidente requisitará à autoridade competente as providências que se tornarem necessárias.

Art. 866. Quando o dissídio ocorrer fora da sede do Tribunal, poderá o presidente, se julgar conveniente, delegar à autoridade local as atribuições de que tratam os arts. 860 e 862. Nesse caso, não havendo conciliação, a autoridade delegada encaminhará o processo ao Tribunal, fazendo exposição circunstanciada dos fatos e indicando a solução que lhe parecer conveniente.

Art. 867. Da decisão do Tribunal serão notificadas as partes, ou seus representantes, em registrado postal, com franquia, fazendo-se, outrossim, a sua publicação no jornal oficial, para ciência dos demais interessados.

Parágrafo único. A sentença normativa vigorará:

Súmula 246/TST: Ação de cumprimento. Trânsito em julgado da sentença normativa. É dispensável o trânsito em julgado da sentença normativa para a propositura da ação de cumprimento.

Precedente Normativo 120: Sentença normativa. Duração. Possibilidade e limites. A sentença normativa vigora, desde seu termo inicial até que sentença normativa, convenção coletiva de trabalho ou acordo coletivo de trabalho superveniente produza sua revogação, expressa ou tácita, respeitado, porém, o prazo máximo legal de quatro anos de vigência.

a) a partir da data de sua publicação, quando ajuizado o dissídio após o prazo do art. 616, § 3.º, ou, quando não existir acordo, convenção ou sentença normativa em vigor, da data do ajuizamento;

b) a partir do dia imediato ao termo final de vigência do acordo, convenção ou sentença normativa, quando ajuizado o dissídio no prazo do art. 616, § 3.º.

•• Parágrafo único acrescentado pelo Decreto-lei n. 424, de 21-1-1969.

SEÇÃO III
Da Extensão das Decisões

Art. 868. Em caso de dissídio coletivo que tenha por motivo novas condições de trabalho e no qual figure como parte apenas uma fração de empregados de uma empresa, poderá o Tribunal competente, na própria decisão, estender tais condições de trabalho, se julgar justo e conveniente, aos demais empregados da empresa que forem da mesma profissão dos dissidentes.

Súmula 349/STF: A prescrição atinge somente as prestações de mais de 2 (dois) anos, reclamadas com fundamento em decisão normativa da Justiça do Trabalho, ou em convenção coletiva de trabalho, quando não estiver em causa a própria validade de tais atos.

Parágrafo único. O Tribunal fixará a data em que a decisão deve entrar em execução, bem como o prazo de sua vigência, o qual não poderá ser superior a 4 (quatro) anos.

Art. 869. A decisão sobre novas condições de trabalho poderá também ser estendida a todos os empregados da mesma categoria profissional compreendida na jurisdição do Tribunal:

Súmula 349/STF: A prescrição atinge somente as prestações de mais de 2 (dois) anos, reclamadas com fundamento em decisão normativa da Justiça do Trabalho, ou em convenção coletiva de trabalho, quando não estiver em causa a própria validade de tais atos.

a) por solicitação de 1 (um) ou mais empregadores, ou de qualquer sindicato destes;

b) por solicitação de 1 (um) ou mais sindicatos de empregados;

c) ex officio, pelo Tribunal que houver proferido a decisão;

d) por solicitação da Procuradoria da Justiça do Trabalho.

Art. 870. Para que a decisão possa ser estendida, na forma do artigo anterior, torna-se preciso que 3/4 (três quartos) dos empregadores e 3/4 (três quartos) dos empregados, ou os respectivos sindicatos, concordem com a extensão da decisão.

§ 1.º O Tribunal competente marcará prazo, não inferior a 30 (trinta) nem superior a 60 (sessenta) dias, a fim de que se manifestem os interessados.

§ 2.º Ouvidos os interessados e a Procuradoria da Justiça do Trabalho, será o processo submetido ao julgamento do Tribunal.

Art. 871. Sempre que o Tribunal estender a decisão, marcará a data em que a extensão deva entrar em vigor.

SEÇÃO IV
Do Cumprimento das Decisões

Art. 872. Celebrado o acordo, ou transitada em julgado a decisão, seguir-se-á o seu cumprimento, sob as penas estabelecidas neste Título.

Parágrafo único. Quando os empregadores deixarem de satisfazer o pagamento de salários, na conformidade da decisão proferida, poderão os empregados ou seus sindicatos, independentes de outorga de poderes de seus associados, juntando certidão de tal decisão, apresentar reclamação à Junta ou Juízo competente, observado o processo previsto no Capítulo II deste Título, sendo vedado, porém, questionar sobre a matéria de fato e de direito já apreciada na decisão.

•• Parágrafo único com redação determinada pela Lei n. 2.275, de 30-7-1954.

•• Extinção das Juntas de Conciliação e Julgamento: Emenda Constitucional n. 24, de 9-12-1999.

Art. 8.º, III, da CF: É livre a associação profissional ou sindical, observado o seguinte: (...) III – ao sindicato cabe a defesa dos direitos e interesses coletivos ou individuais da categoria, inclusive em questões judiciais ou administrativas.

Súmula 246/TST: Ação de cumprimento. Trânsito em julgado da sentença normativa.
É dispensável o trânsito em julgado da sentença normativa para a propositura da ação de cumprimento.

Súmula 286/TST: Sindicato. Substituição processual. Convenção e acordo coletivos.
A legitimidade do sindicato para propor ação de cumprimento estende-se também à observância de acordo ou de convenção coletivos.

Súmula 350/TST: Prescrição. Termo inicial. Ação de cumprimento. Sentença normativa.
O prazo de prescrição com relação à ação de cumprimento de decisão normativa flui apenas da data de seu trânsito em julgado.

SEÇÃO V
Da Revisão

Art. 873. Decorrido mais de 1 (um) ano de sua vigência, caberá revisão das decisões que fixarem condições de trabalho, quando se tiverem modificado as circunstâncias que as ditaram, de modo que tais condições se hajam tornado injustas ou inaplicáveis.

Art. 874. A revisão poderá ser promovida por iniciativa do Tribunal prolator, da Procuradoria da Justiça do Trabalho, das associações sindicais ou de empregador ou empregadores interessados no cumprimento da decisão.

Parágrafo único. Quando a revisão for promovida por iniciativa do Tribunal prolator ou da Procuradoria, as associações sindicais e o empregador ou empregadores interessados serão ouvidos no prazo de 30 (trinta) dias. Quando promovida por uma das partes interessadas, serão as outras ouvidas também por igual prazo.

Art. 875. A revisão será julgada pelo Tribunal que tiver proferido a decisão, depois de ouvida a Procuradoria da Justiça do Trabalho.

Capítulo V
DA EXECUÇÃO

• Do cumprimento da sentença no CPC: arts. 513 e s.

• Do processo de execução no CPC: arts. 771 e s.

SEÇÃO I
Das Disposições Preliminares

Art. 876. As decisões passadas em julgado ou das quais não tenha havido recurso com efeito suspensivo; os acordos, quando não cumpridos; os termos de ajuste de conduta firmados perante o Ministério Público do Trabalho e os termos de conciliação firmados perante as Comissões de Conciliação Prévia serão executados pela forma estabelecida neste Capítulo.

•• *Caput* com redação determinada pela Lei n. 9.958, de 12-1-2000.

• *Vide* arts. 831, parágrafo único, e 899 da CLT.

• *Vide* arts. 515 e 784 do CPC.

Parágrafo único. A Justiça do Trabalho executará, de ofício, as contribuições sociais previstas na alínea *a* do inciso I e no inciso II do *caput* do art. 195 da Constituição Federal, e seus acréscimos legais, relativas ao objeto da condenação constante das sentenças que proferir e dos acordos que homologar.

•• Parágrafo único com redação determinada pela Lei n. 13.467, de 13-7-2017.

Art. 195, *caput*, I, *a*, e II, da CF: A seguridade social será financiada por toda a sociedade, de forma direta e indireta, nos termos da lei, mediante recursos provenientes dos orçamentos da União, dos Estados, do Distrito Federal e dos Municípios, e das seguintes contribuições sociais: I – do empregador, da empresa e da entidade a ela equiparada na forma da lei, incidentes sobre: *a)* a folha de salários e demais rendimentos do trabalho pagos ou creditados, a qualquer título, à pessoa física que lhe preste serviço, mesmo sem vínculo empregatício; (...) II – do trabalhador e dos demais segurados da previdência social, não incidindo contribuição sobre aposentadoria e pensão concedidas pelo regime geral de previdência social de que trata o art. 201.

Súmula 368/TST: Descontos previdenciários e fiscais. Competência. Responsabilidade pelo pagamento. Forma de cálculo. I – A Justiça do Trabalho é competente para determinar o recolhimento das contribuições fiscais. A competência da Justiça do Trabalho, quanto à execução das contribuições previdenciárias, limita-se às sentenças condenatórias em pecúnia que proferir e aos valores, objeto de acordo homologado, que integrem o salário de contribuição. II – É do empregador a responsabilidade pelo recolhimento das contribuições previdenciárias e fiscais, resultante de crédito do empregado oriundo de condenação judicial, devendo ser calculadas, em relação à incidência dos descontos fiscais, mês a mês, nos termos do art. 12-A da Lei n. 7.713, de 22-12-1988, com a redação dada pela Lei n. 12.350/2010. III – Em se tratando de descontos previdenciários, o critério de apuração encontra-se disciplinado no art. 276, § 4.º, do Decreto n. 3.048/1999 que regulamentou a Lei n. 8.212/1991 e determina que a contribuição do empregado, no caso de ações trabalhistas, seja calculada mês a mês, aplicando-se as alíquotas previstas no art. 198, observado o limite máximo do salário de contribuição.

OJ 368 da SDI-1: Descontos previdenciários. Acordo homologado em juízo. Inexistência de vínculo empregatício. Parcelas indenizatórias. Ausência de discriminação. Incidência sobre o valor total. É devida a incidência das contribuições para a Previdência Social sobre o valor total do acordo homologado em juízo, independentemente do reconhecimento de vínculo de emprego, desde que não haja discriminação das parcelas sujeitas à incidência da contribuição previdenciária, conforme parágrafo único do art. 43 da Lei n. 8.212, de 24 de julho de 1991, e do art. 195, I, a, da CF/1988.

OJ 376 da SDI-1: Contribuição previdenciária. Acordo homologado em juízo após o trânsito em julgado da sentença condenatória. Incidência sobre o valor homologado. É devida a contribuição previdenciária sobre o valor do acordo celebrado e homologado após o trânsito em julgado de decisão judicial, respeitada a proporcionalidade de valores entre as parcelas de natureza salarial e indenizatória deferidas na decisão condenatória e as parcelas objeto do acordo.

OJ 398 da SDI-1: Contribuição previdenciária. Acordo homologado em juízo sem reconhecimento de vínculo de emprego. Contribuinte individual. Recolhimento da alíquota de 20% a cargo do tomador e 11% a cargo do prestador de serviços. Nos acordos homologados em juízo em que não haja o reconhecimento de vínculo empregatício, é devido o recolhimento da contribuição previdenciária, mediante a alíquota de 20% a cargo do tomador de serviços e de 11% por parte do prestador de serviços, na qualidade de contribuinte individual, sobre o valor total do acordo, respeitado o teto de contribuição. Inteligência do § 4.º do art. 30 e do inciso III do art. 22, todos da Lei n. 8.212, de 24 de julho de 1991.

Art. 877. É competente para a execução das decisões o Juiz ou Presidente do Tribunal que tiver conciliado ou julgado originariamente o dissídio.

Art. 43 do CPC: Determina-se a competência no momento do registro ou da distribuição da petição inicial, sendo irrelevantes as modificações do estado de fato ou de direito ocorridas posteriormente, salvo quando suprimirem órgão judiciário ou alterarem a competência absoluta.

• *Vide* art. 659 da CLT.

Art. 877-A. É competente para a execução de título executivo extrajudicial o juiz que teria competência para o processo de conhecimento relativo à matéria.

•• Artigo acrescentado pela Lei n. 9.958, de 12-1-2000.

Art. 516 do CPC: O cumprimento da sentença efetuar-se-á perante: I – os tribunais, nas causas de sua competência originária; II – o juízo que decidiu a causa no primeiro grau de jurisdição; III – o juízo cível competente, quando se tratar de sentença penal condenatória, de sentença arbitral, de sentença estrangeira ou de acórdão proferido pelo Tribunal Marítimo. Parágrafo único. Nas hipóteses dos incisos II e III, o exequente poderá optar pelo juízo do atual domicílio do executado, pelo juízo do local onde se encontrem os bens sujeitos à execução ou pelo juízo do local onde deva ser executada a obrigação de fazer ou de não fazer, casos em que a remessa dos autos do processo será solicitada ao juízo de origem.

Art. 781 do CPC: execução fundada em título extrajudicial será processada perante o juízo competente, observando-se o seguinte: I – a execução poderá ser proposta no foro de domicílio do executado, de eleição constante do título ou, ainda, de situação dos bens a ela sujeitos; II – tendo mais de um domicílio, o executado poderá ser demandado no foro de qualquer deles; III – sendo incerto ou desconhecido o domicílio do executado, a execução poderá ser proposta no lugar onde for encontrado ou no foro de domicílio do exequente; IV – havendo mais de um devedor, com diferentes domicílios, a execução será proposta no foro de qualquer deles, à escolha do exequente; V – a execução poderá ser proposta no foro do lugar em que se praticou o ato ou em que ocorreu o fato que deu origem ao título, mesmo que nele não mais resida o executado.

Art. 878. A execução será promovida pelas partes, permitida a execução de ofício pelo juiz ou pelo Presidente do Tribunal apenas nos casos em que as partes não estiverem representadas por advogado.

•• *Caput* com redação determinada pela Lei n. 13.467, de 13-7-2017.

Art. 513, § 1.º, do CPC: O cumprimento da sentença que reconhece o dever de pagar quantia, provisório ou definitivo, far-se-á a requerimento do exequente.

Art. 778 do CPC: Pode promover a execução forçada o credor a quem a lei confere título executivo. § 1.º Podem promover a execução forçada ou nela prosseguir, em sucessão ao exequente originário: I – o Ministério Público, nos casos previstos em lei; II – o espólio, os herdeiros ou os sucessores do credor, sempre que, por morte deste, lhes for transmitido o direito resultante do título executivo; III – o cessionário, quando o direito resultante do título executivo lhe for transferido por ato entre vivos; IV – o sub-rogado, nos casos de sub-rogação legal ou convencional. § 2.º A sucessão prevista no § 1.º independe de consentimento do executado.

Instrução Normativa n. 41/18, art. 13: A partir da vigência da Lei n. 13.467/2017, a iniciativa do juiz na execução de que trata o art. 878 da CLT e no incidente de desconsideração da personalidade jurídica a que alude o art. 855-A da CLT ficará limitada aos casos em que as partes não estiverem representadas por advogado.

Parágrafo único. (*Revogado pela Lei n. 13.467, de 13-7-2017.*)

Art. 878-A. Faculta-se ao devedor o pagamento imediato da parte que entender devida à Previdência Social, sem prejuízo da cobrança de eventuais diferenças encontradas na execução *ex officio*.

•• Artigo acrescentado pela Lei n. 10.035, de 25-10-2000.

Art. 879. Sendo ilíquida a sentença exequenda, ordenar-se-á, previamente, a sua liquidação, que poderá ser feita por cálculo, por arbitramento ou por artigos.

•• *Caput* com redação determinada pela Lei n. 2.244, de 23-6-1954.
• Sobre liquidação por arbitramento e liquidação pelo procedimento comum, *vide* arts. 509 e 512 do CPC.
• Sobre liquidação de sentença por arbitramento e por artigos, *vide* arts. 509, I e II, e 510 do CPC.

§ 1.º Na liquidação, não se poderá modificar, ou inovar, a sentença liquidanda, nem discutir matéria pertinente à causa principal.

•• Antigo parágrafo único transformado em § 1.º pela Lei n. 8.432, de 11-6-1992.

Art. 509, § 4.º, do CPC: Na liquidação é vedado discutir de novo a lide ou modificar a sentença que a julgou.
• *Vide* arts. 896, § 7.º, e 897, *a*, da CLT.

§ 1.º-A. A liquidação abrangerá, também, o cálculo das contribuições previdenciárias devidas.

•• § 1.º-A acrescentado pela Lei n. 10.035, de 25-10-2000.

§ 1.º-B. As partes deverão ser previamente intimadas para a apresentação do cálculo de liquidação, inclusive da contribuição previdenciária incidente.

•• § 1.º-B acrescentado pela Lei n. 10.035, de 25-10-2000.

§ 2.º Elaborada a conta e tornada líquida, o juízo deverá abrir às partes prazo comum de oito dias para impugnação fundamentada com a indicação dos itens e valores objeto da discordância, sob pena de preclusão.

•• § 2.º com redação determinada pela Lei n. 13.467, de 13-7-2017.

Instrução Normativa n. 41/18, art. 14: A regra inscrita no art. 879, § 2.º, da CLT, quanto ao dever de o juiz conceder prazo comum de oito dias para impugnação fundamentada da conta de liquidação, não se aplica à liquidação de julgado iniciada antes de 11 de novembro de 2017.

§ 3.º Elaborada a conta pela parte ou pelos órgãos auxiliares da Justiça do Trabalho, o juiz procederá à intimação da União para manifestação, no prazo de 10 (dez) dias, sob pena de preclusão.

•• § 3.º com redação determinada pela Lei n. 11.457, de 16-3-2007.

§ 4.º A atualização do crédito devido à Previdência Social observará os critérios estabelecidos na legislação previdenciária.

•• § 4.º acrescentado pela Lei n. 10.035, de 25-10-2000.

§ 5.º O Ministro de Estado da Fazenda poderá, mediante ato fundamentado, dispensar a manifestação da União quando o valor total das verbas que integram o salário de contribuição, na forma do art. 28 da Lei n. 8.212, de 24 de julho de 1991, ocasionar perda de escala decorrente da atuação do órgão jurídico.

•• § 5.º acrescentado pela Lei n. 11.457, de 16-3-2007.

§ 6.º Tratando-se de cálculos de liquidação complexos, o juiz poderá nomear perito para a elaboração e fixará, depois da conclusão do trabalho, o valor dos respectivos honorários com observância, entre outros, dos critérios de razoabilidade e proporcionalidade.

•• § 6.º acrescentado pela Lei n. 12.405, de 16-5-2011.

Art. 510 do CPC: Na liquidação por arbitramento, o juiz intimará as partes para a apresentação de pareceres ou documentos elucidativos, no prazo que fixar, e, caso não possa decidir de plano, nomeará perito, observando-se, no que couber, o procedimento da prova pericial.

§ 7.º A atualização dos créditos decorrentes de condenação judicial será feita pela Taxa Referencial (TR), divulgada pelo Banco Central do Brasil, conforme a Lei n. 8.177, de 1.º de março de 1991.

•• § 7.º acrescentado pela Lei n. 13.467, de 13-7-2017.
•• O STF, por maioria, nas ADCs n. 58 e 59 e nas ADIs n. 5.867 e 6.021, na sessão virtual de 18-12-2020 (*DOU* de 12-2-2021), julgou parcialmente procedente o pedido da ação, "para conferir interpretação conforme à Constituição a este § 7.º, na redação dada pela Lei n. 13.467 de 2017, no sentido de considerar que a atualização dos créditos decorrentes de condenação judicial e à correção dos depósitos recursais em contas judiciais na Justiça do Trabalho deverão ser aplicados, até que sobrevenha solução legislativa, os mesmos índices de correção monetária e de juros que vigentes para as condenações cíveis em geral, quais sejam a incidência do IPCA-E na fase pré-judicial e, a partir da citação, a incidência da taxa SELIC (art. 406 do Código Civil)". "Por fim, por maioria, modulou os efeitos da decisão, ao entendimento de que (i) são reputados válidos e não ensejarão qualquer rediscussão (na ação em curso ou em nova demanda, incluindo ação rescisória) todos os pagamentos realizados utilizando a TR (IPCA-E ou qualquer outro índice), no tempo e modo oportunos (de forma extrajudicial ou judicial, inclusive depósitos judiciais) e os juros de mora de 1% ao mês, assim como devem ser mantidas e executadas as sentenças transitadas em julgado que expressamente adotaram, na sua fundamentação ou no dispositivo, a TR (ou o IPCA-E) e os juros de mora de 1% ao mês; (ii) os processos em curso que estejam sobrestados na fase de conhecimento (independentemente de estarem com ou sem sentença, inclusive na fase recursal) devem ter aplicação, de forma retroativa, da taxa Selic (juros e correção monetária), sob pena de alegação futura de inexigibilidade de título judicial fundado em interpretação contrária ao posicionamento do STF (art. 525, §§ 12 e 14, ou art. 535, §§ 5.º e 7.º, do CPC) e (iii) igualmente, ao acórdão formalizado pelo Supremo sobre a questão dever-se-á aplicar eficácia *erga omnes* e efeito vinculante, no sentido de atingir aqueles feitos já transitados em julgado desde que sem qualquer manifestação expressa quanto aos índices de correção monetária e taxa de juros (omissão expressa ou simples consideração de seguir os critérios legais)".
•• O STF, nas sessões virtuais de 15-10-2021 a 22-10-2021 (*DOU* de 4-11-2021), acolheu parcialmente os Embargos Declaratórios opostos pela AGU nas ADCs 58 e 59 e nas ADIs n. 5.867 e 6.021, "tão somente para sanar o erro material constante da decisão de julgamento e do resumo do acórdão, de modo a estabelecer 'a incidência do IPCA-E na fase pré-judicial e, a partir do ajuizamento da ação, a incidência da taxa SELIC (art. 406 do Código Civil)', sem conferir efeitos infringentes, nos termos do voto do Relator".

SEÇÃO II
Do Mandado e da Penhora

Art. 880. Requerida a execução, o juiz ou presidente do tribunal mandará expedir mandado de citação do executado, a fim de que cumpra a decisão ou o acordo no prazo, pelo modo e sob as cominações estabelecidas ou, quando se tratar de pagamento em dinheiro, inclusive de contribuições sociais devidas à União, para que o faça em 48 (quarenta e oito) horas ou garanta a execução, sob pena de penhora.

•• *Caput* com redação determinada pela Lei n. 11.457, de 16-3-2007.

Art. 896, § 2.º, da CLT: Das decisões proferidas pelos Tribunais Regionais do Trabalho ou por suas Turmas, em execução de sentença, inclusive em processo incidente de embargos de terceiro, não caberá Recurso de Revista, salvo na hipótese de ofensa direta e literal de norma da Constituição Federal.

Art. 523 do CPC: No caso de condenação em quantia certa, ou já fixada em liquidação, e no caso de decisão sobre parcela incontroversa, o cumprimento definitivo da sentença far-se-á a requerimento do exequente, sendo o executado intimado para pagar o débito, no prazo de 15 (quinze) dias, acrescido de custas, se houver. § 1.º Não ocorrendo pagamento voluntário no prazo do *caput*, o débito será acrescido de multa de dez por cento e, também, de honorários de advogado de dez por cento. § 2.º Efetuado o pagamento parcial no prazo previsto no *caput*, a multa e os honorários previstos no § 1.º incidirão sobre o restante. § 3.º Não efetuado tempestivamente o pagamento voluntário, será expedido, desde logo, mandado de penhora e avaliação, seguindo-se os atos de expropriação.

• Vide arts. 831 a 869 do CPC.

§ 1.º O mandado de citação deverá conter a decisão exequenda ou o termo de acordo não cumprido.

§ 2.º A citação será feita pelos oficiais de diligência.

•• A Lei n. 5.442, de 24-5-1968, altera a redação do art. 721 da CLT, alterando a denominação de oficiais de diligência para oficiais de justiça.

§ 3.º Se o executado, procurado por 2 (duas) vezes no espaço de 48 (quarenta e oito) horas, não for encontrado, far-se-á citação por edital, publicado no jornal oficial ou, na falta deste, afixado na sede da Junta ou Juízo, durante 5 (cinco) dias.

•• Extinção das Juntas de Conciliação e Julgamento: Emenda Constitucional n. 24, de 9-12-1999.

Art. 881. No caso de pagamento da importância reclamada, será este feito perante o escrivão ou chefe de secretaria, lavrando-se termo de quitação, em 2 (duas) vias, assinadas pelo exequente, pelo executado e pelo mesmo escrivão ou chefe de secretaria, entregando-se a segunda via ao executado e juntando-se a outra ao processo.

•• *Caput* com redação nos termos da Lei n. 409, de 25-9-1948.

Parágrafo único. Não estando presente o exequente, será depositada a importância, mediante guia, em estabelecimento oficial de crédito ou, em falta deste, em estabelecimento bancário idôneo.

•• Parágrafo único com redação determinada pela Lei n. 7.305, de 2-4-1985.

Art. 882. O executado que não pagar a importância reclamada poderá garantir a execução mediante depósito da quantia correspondente, atualizada e acrescida das despesas processuais, apresentação de seguro-garantia judicial ou nomeação de bens à penhora, observada a ordem preferencial estabelecida no art. 835 da Lei n. 13.105, de 16 de março de 2015 – Código de Processo Civil.

•• Artigo com redação determinada pela Lei n. 13.467, de 13-7-2017.

Art. 835 do CPC: A penhora observará, preferencialmente, a seguinte ordem: I – dinheiro, em espécie ou em depósito ou aplicação em instituição financeira; II – títulos da dívida pública da União, dos Estados e do Distrito Federal com cotação em mercado; III – títulos e valores mobiliários com cotação em mercado; IV – veículos de via terrestre; V – bens imóveis; VI – bens móveis em geral; VII – semoventes; VIII – navios e aeronaves; IX – ações e quotas de sociedades simples e empresárias; X – percentual do faturamento de empresa devedora; XI – pedras e metais preciosos; XII – direitos aquisitivos derivados de promessa de compra e venda e de alienação fiduciária em garantia; XIII – outros direitos. § 1.º É prioritária a penhora em dinheiro, podendo o juiz, nas demais hipóteses, alterar a ordem prevista no *caput* de acordo com as circunstâncias do caso concreto. § 2.º Para fins de substituição da penhora, equiparam-se a dinheiro a fiança bancária e o seguro garantia judicial, desde que em valor não inferior ao do débito constante da inicial, acrescido de trinta por cento. § 3.º Na execução de crédito com garantia real, a penhora recairá sobre a coisa dada em garantia, e, se a coisa pertencer a terceiro garantidor, este também será intimado da penhora.

Art. 883. Não pagando o executado, nem garantindo a execução, seguir-se-á penhora dos bens, tantos quantos bastem ao pagamento da importância da condenação, acrescida de custas e juros de mora, sendo estes, em qualquer caso, devidos a partir da data em que for ajuizada a reclamação inicial.

•• Artigo com redação determinada pela Lei n. 2.244, de 23-6-1954.

Art. 5.º, XI, XXVI e LXVII, da CF: Todos são iguais perante a lei, sem distinção de qualquer natureza, garantindo-se aos brasileiros e aos estrangeiros residentes no País a inviolabilidade do direito à vida, à liberdade, à igualdade, à segurança e à propriedade, nos termos seguintes: (...) XI – a casa é asilo inviolável do indivíduo, ninguém nela podendo penetrar sem consentimento do morador, salvo em caso de flagrante delito ou desastre, ou para prestar socorro, ou, durante o dia, por determinação judicial; (...) XXVI – a pequena propriedade rural, assim definida em lei, desde que trabalhada pela família, não será objeto de penhora para pagamento de débitos decorrentes de sua atividade produtiva, dispondo a lei sobre os meios de financiar o seu desenvolvimento; (...) LXVII – não haverá prisão civil por dívida, salvo a do responsável pelo inadimplemento voluntário e inescusável de obrigação alimentícia e a do depositário infiel.

Art. 833 do CPC: São impenhoráveis: I – os bens inalienáveis e os declarados, por ato voluntário, não sujeitos à execução; II – os móveis, os pertences e as utilidades domésticas que guarneçam a residência do executado, salvo os de elevado valor ou os que ultrapassem as necessidades comuns correspondentes a um médio padrão de vida; III – os vestuários, bem como os pertences de uso pessoal do executado, salvo se de elevado valor; IV – os vencimentos, os subsídios, os soldos, os salários, as remunerações, os proventos de aposentadoria, as pensões, os pecúlios e os montepios, bem como as quantias recebidas por liberalidade de terceiro e destinadas ao sustento do devedor e de sua família, os ganhos de trabalhador autônomo e os honorários de profissional liberal, ressalvado o § 2.º; V – os livros, as máquinas, as ferramentas, os utensílios, os instrumentos ou outros bens móveis necessários ou úteis ao exercício da profissão do executado; VI – o seguro de vida; VII – os materiais necessários para obras em andamento, salvo se essas forem penhoradas; VIII – a pequena propriedade rural, assim definida em lei, desde que trabalhada pela família; IX – os recursos públicos recebidos por instituições privadas para aplicação compulsória em educação, saúde ou assistência social; X – a quantia depositada em caderneta de poupança, até o limite de 40 (quarenta) salários mínimos; XI – os recursos públicos do fundo partidário recebidos por partido político, nos termos da lei; XII – os créditos oriundos de alienação de unidades imobiliárias, sob regime de incorporação imobiliária, vinculados à execução da obra. § 1.º A impenhorabilidade não é oponível à execução de dívida relativa ao próprio bem, inclusive àquela contraída para sua aquisição. § 2.º O disposto nos incisos IV e X do *caput* não se aplica à hipótese de penhora para pagamento de prestação alimentícia, independentemente de sua origem, bem como às importâncias excedentes a 50 (cinquenta) salários mínimos mensais, devendo a constrição observar o disposto no art. 528, § 8.º, e no art. 529, § 3.º. § 3.º Incluem-se na impenhorabilidade prevista no inciso V do *caput* os equipamentos, os implementos e as máquinas agrícolas pertencentes a pessoa física ou a empresa individual produtora rural, exceto quando tais bens tenham sido objeto de financiamento e estejam vinculados em garantia a negócio jurídico ou quando respondam por dívida de natureza alimentar, trabalhista ou previdenciária.

Súmula 224/STF: Os juros de mora, nas reclamações trabalhistas, são contados desde a notificação inicial.

Súmula 211/TST: Juros de mora e correção monetária. Independência do pedido inicial e do título executivo judicial. Os juros de mora e a correção monetária incluem-se na liquidação, ainda que omisso o pedido inicial ou a condenação.

Súmula 439/TST: Danos morais. Juros de mora e atualização monetária. Termo inicial. Nas condenações por dano moral, a atualização monetária é devida a partir da data da decisão de arbitramento ou de alteração do valor. Os juros incidem desde o ajuizamento da ação, nos termos do art. 883 da CLT.

• A Lei n. 6.830, de 22-9-1980, dispõe sobre a cobrança judicial da dívida ativa da Fazenda Pública (arts. 11, 13 e 15).

Art. 883-A. A decisão judicial transitada em julgado somente poderá ser levada a protesto, gerar inscrição do nome do executado em órgãos de proteção ao crédito ou no Banco Nacional de Devedores Trabalhistas (BNDT), nos termos da lei, depois de transcorrido o prazo de quarenta e cinco dias a contar da citação do executado, se não houver garantia do juízo.

•• Artigo acrescentado pela Lei n. 13.467, de 13-7-2017.

Instrução Normativa n. 41/18, art. 15: O prazo previsto no art. 883-A da CLT, para as medidas de execução indireta nele especificadas, aplica-se somente às execuções iniciadas a partir de 11 de novembro de 2017.

SEÇÃO III
Dos Embargos à Execução e da sua Impugnação

Art. 884. Garantida a execução ou penhorados os bens, terá o executado 5 (cinco) dias para apresentar embargos, cabendo igual prazo ao exequente para a impugnação.

•• O art. 1.º-B da Lei n. 9.494, de 10-9-1997, acrescentado pelo art. 4.º da Medida Provisória n. 2.180-35, de 24-8-2001, aumentou o prazo de que trata este artigo para 30 (trinta) dias.

Art. 899 da CLT: Os recursos serão interpostos por simples petição e terão efeito meramente devolutivo, salvo as exceções previstas neste Título, permitida a execução provisória até a penhora. § 1.º Sendo a condenação de valor até 10 (dez) vezes o valor de referência regional, nos dissídios individuais, só será admitido o recurso, inclusive o extraordinário, mediante prévio depósito da respectiva importância. Transitada em julgado a decisão recorrida, ordenar-se-á o levantamento imediato da importância do depósito, em favor da parte vencedora, por simples despacho do juiz. § 2.º Tratando-se de condenação de valor indeterminado, o depósito corresponderá ao que for arbitrado para efeito de custas, pela Junta ou Juízo de Direito, até o limite de 10 (dez) vezes o valor de referência regional.§ 3.º (Revogado pela Lei n. 7.033, de 5-10-1982.).§ 4.º O depósito de que trata o § 1.º far-se-á na conta vinculada do empregado a que se refere o art. 2.º da Lei n. 5.107, de 13 de setembro de 1966, aplicando-se-lhe os preceitos dessa lei, observado, quanto ao respectivo levantamento, o disposto no § 1.º. § 5.º Se o empregado ainda não tiver conta vinculada aberta em seu nome, nos termos do art. 2.º da Lei n. 5.107, de 13 de setembro de 1966, a empresa procederá à respectiva abertura, para efeito do disposto no § 2.º. § 6.º Quando o valor da condenação, ou o arbitrado para fins de custas, exceder o limite de 10 (dez) vezes o valor de referência regional, o depósito para fins de recurso será limitado a este valor. § 7.º No ato de interposição do agravo de instrumento, o depósito recursal corresponderá a 50% (cinquenta por cento) do valor do depósito do recurso ao qual se pretende destrancar. § 8.º Quando o agravo de instrumento tem a finalidade de destrancar recurso de revista que se insurge contra decisão que contraria a jurisprudência uniforme do Tribunal Superior do Trabalho, consubstanciada nas suas súmulas ou em orientação jurisprudencial, não haverá obrigatoriedade de se efetuar o depósito referido no § 7.º deste artigo.

Art. 525, §§ 1.º e 6.º, do CPC: Transcorrido o prazo previsto no art. 523 sem o pagamento voluntário, inicia-se o prazo de 15 (quinze) dias para que o executado, independentemente de penhora ou nova intimação, apresente, nos próprios autos, sua impugnação. § 1.º Na impugnação, o executado poderá alegar: I – falta ou nulidade da citação se, na fase de conhecimento, o processo correu à revelia; II – ilegitimidade de parte; III – inexequibilidade do título ou inexigibilidade da obrigação; IV – penhora incorreta ou avaliação errônea; V – excesso de execução ou cumulação indevida de execuções; VI – incompetência absoluta ou relativa do juízo da execução; VII – qualquer causa modificativa ou extintiva da obrigação, como pagamento, novação, compensação, transação ou prescrição, desde que supervenientes à sentença. (...) § 6.º A apresentação de impugnação não impede a prática dos atos executivos, inclusive os de expropriação, podendo o juiz, a requerimento do executado e desde que garantido o juízo com penhora, caução ou depósito suficientes, atribuir-lhe efeito suspensivo, se seus fundamentos forem relevantes e se o prosseguimento da execução for manifestamente suscetível de causar ao executado grave dano de difícil ou incerta reparação.

• *Vide* arts. 914 e s. do CPC (embargos à execução).

§ 1.º A matéria de defesa será restrita às alegações de cumprimento da decisão ou do acordo, quitação ou prescrição da dívida.

§ 2.º Se na defesa tiverem sido arroladas testemunhas, poderá o Juiz ou o Presidente do Tribunal, caso julgue necessários seus depoimentos, marcar audiência para a produção das provas, a qual deverá realizar-se dentro de 5 (cinco) dias.

§ 3.º Somente nos embargos à penhora poderá o executado impugnar a sentença de liquidação, cabendo ao exequente igual direito e no mesmo prazo.

•• § 3.º com redação determinada pela Lei n. 2.244, de 23-6-1954.

§ 4.º Julgar-se-ão na mesma sentença os embargos e as impugnações à liquidação apresentadas pelos credores trabalhista e previdenciário.

•• § 4.º com redação determinada pela Lei n. 10.035, de 25-10-2000.

§ 5.º Considera-se inexigível o título judicial fundado em lei ou ato normativo declarados inconstitucionais pelo Supremo Tribunal Federal ou em aplicação ou interpretação tidas por incompatíveis com a Constituição Federal.

•• § 5.º acrescentado pela Medida Provisória n. 2.180-35, de 24-8-2001.

OJ 12 do Tribunal Pleno: Precatório. Procedimento de natureza administrativa. Incompetência funcional do presidente do TRT para declarar a inexigibilidade do título exequendo. O Presidente do TRT, em sede de precatório, não tem competência funcional para declarar a inexigibilidade do título judicial exequendo, com fundamento no art. 884, § 5.º, da CLT, ante a natureza meramente administrativa do procedimento.

§ 6.º A exigência da garantia ou penhora não se aplica às entidades filantrópicas e/ou àqueles que compõem ou compuseram a diretoria dessas instituições.

•• § 6.º acrescentado pela Lei n. 13.467, de 13-7-2017.

Instrução Normativa n. 41/18, art. 16: O art. 884, § 6.º, da CLT aplica-se às entidades filantrópicas e seus diretores, em processos com execuções iniciadas após 11 de novembro de 2017.

SEÇÃO IV
Do Julgamento e dos Trâmites Finais da Execução

Art. 885. Não tendo sido arroladas testemunhas na defesa, o juiz, ou presidente, conclusos os autos, proferirá sua decisão, dentro de 5 (cinco) dias, julgando subsistente ou insubsistente a penhora.

Art. 886. Se tiverem sido arroladas testemunhas, finda a sua inquirição em audiência, o escrivão ou secretário fará, dentro de 48 (quarenta e oito) horas, conclusos os autos ao juiz ou presidente, que proferirá sua decisão, na forma prevista no artigo anterior.

§ 1.º Proferida a decisão, serão da mesma notificadas as partes interessadas, em registrado postal, com franquia.

§ 2.º Julgada subsistente a penhora, o juiz ou presidente mandará proceder logo à avaliação dos bens penhorados.

• *Vide* arts. 870 a 875 do CPC (avaliação).

Art. 887. A avaliação dos bens penhorados em virtude da execução de decisão condenatória, será feita por avaliador escolhido de comum acordo pelas partes, que perceberá as custas arbitradas pelo juiz, ou presidente do tribunal trabalhista, de conformidade com a tabela a ser expedida pelo Tribunal Superior do Trabalho.

•• *Caput* com redação nos termos do Decreto-lei n. 9.797, de 9-9-1946.
•• Entendemos prejudicado o disposto neste artigo pelo art. 3.º da Lei n. 5.584, de 26-6-1970.

Art. 721 da CLT: Incumbe aos Oficiais de Justiça e Oficiais de Justiça Avaliadores da Justiça do Trabalho a realização dos atos decorrentes da execução dos julgados das Juntas de Conciliação e Julgamento e dos Tribunais Regionais do Trabalho, que lhes forem cometidos pelos respectivos Presidentes. § 1.º Para efeito de distribuição dos referidos atos, cada Oficial de Justiça ou Oficial de Justiça Avaliador funcionará perante uma Junta de Conciliação e Julgamento, salvo quando da existência, nos Tribunais Regionais do Trabalho, de órgão específico, destinado à distribuição de mandados judiciais. § 2.º Nas localidades onde houver mais de uma Junta, respeitado o disposto no parágrafo anterior, a atribuição para o cumprimento do ato deprecado ao Oficial de Justiça ou Oficial de Justiça Avaliador será transferida a outro Oficial, sempre que, após o decurso de 9 (nove) dias, sem razões que o justifiquem, não tiver sido cumprido o ato, sujeitando-se o serventuário às penalidades da lei. § 3.º No caso de avaliação, terá o Oficial de Justiça Avaliador, para cumprimento do ato, o prazo previsto no art. 888. § 4.º É facultado aos Presidentes dos Tribunais Regionais do Trabalho cometer a qualquer Oficial de Justiça ou Oficial de Justiça Avaliador a realização dos atos de execução das decisões desses Tribunais. § 5.º Na falta ou impedimento do Oficial de Justiça ou Oficial de Justiça Avaliador, o Presidente da Junta poderá atribuir a realização do ato a qualquer serventuário.

Lei n. 5.584/70, art. 3.º: Os exames periciais serão realizados por perito único designado pelo Juiz, que fixará o prazo para entrega do laudo. Parágrafo único. Permitir-se-á a cada parte a indicação de um assistente, cujo laudo terá que ser apresentado no mesmo prazo assinado para o perito, sob pena de ser desentranhado dos autos.

• *Vide* arts. 870 a 875 do CPC.

§ 1.º Não acordando as partes quanto à designação de avaliador, dentro de cinco dias após o despacho que determinou a avaliação, será o avaliador designado livremente pelo juiz ou presidente do tribunal.

§ 2.º Os servidores da Justiça do Trabalho não poderão ser escolhidos ou designados para servir de avaliador.

Art. 888. Concluída a avaliação, dentro de 10 (dez) dias, contados da data da nomeação do avaliador, seguir-se-á a arrematação que será anunciada por edital afixado na sede do Juízo ou Tribunal e publicado no jornal local, se houver, com a antecedência de 20 (vinte) dias.

•• *Caput* com redação determinada pela Lei n. 5.584, de 26-6-1970.

Art. 721, § 3.º, da CLT: Incumbe aos Oficiais de Justiça e Oficiais de Justiça Avaliadores da Justiça do Trabalho a realização dos atos decorrentes da execução dos julgados das Juntas de Conciliação e Julgamento e dos Tribunais Regionais do Trabalho, que lhe forem cometidos pelos respectivos Presidentes. (...) § 3.º No caso de avaliação, terá o Oficial de Justiça Avaliador, para cumprimento do ato, o prazo previsto no art. 888.

• *Vide* arts. 870 a 875 do CPC.

§ 1.º A arrematação far-se-á em dia, hora e lugar anunciados e os bens serão vendidos pelo maior lance, tendo o exequente preferência para a adjudicação.

•• § 1.º com redação determinada pela Lei n. 5.584, de 26-6-1970.
•• *Vide* arts. 879 a 903 do CPC (alienação).

§ 2.º O arrematante deverá garantir o lance com o sinal correspondente a 20% (vinte por cento) do seu valor.
•• § 2.º com redação determinada pela Lei n. 5.584, de 26-6-1970.

§ 3.º Não havendo licitante, e não requerendo o exequente a adjudicação dos bens penhorados, poderão os mesmos ser vendidos por leiloeiro nomeado pelo juiz ou presidente.
•• § 3.º com redação determinada pela Lei n. 5.584, de 26-6-1970.
•• *Vide* arts. 876 a 909 do CPC (expropriação de bens).

§ 4.º Se o arrematante, ou seu fiador, não pagar dentro de 24 (vinte e quatro) horas o preço da arrematação, perderá, em benefício da execução, o sinal de que trata o § 2.º deste artigo, voltando à praça os bens executados.
•• § 4.º com redação determinada pela Lei n. 5.584, de 26-6-1970.

Art. 897 do CPC: Se o arrematante ou seu fiador não pagar o preço no prazo estabelecido, o juiz impor-lhe-á, em favor do exequente, a perda da caução, voltando os bens a novo leilão, do qual não serão admitidos a participar o arrematante e o fiador remissos.

Art. 889. Aos trâmites e incidentes do processo da execução são aplicáveis, naquilo em que não contravierem ao presente Título, os preceitos que regem o processo dos executivos fiscais para a cobrança judicial da dívida ativa da Fazenda Pública Federal.

Art. 15 do CPC: Na ausência de normas que regulem processos eleitorais, trabalhistas ou administrativos, as disposições deste Código lhes serão aplicadas supletiva e subsidiariamente.

Súmula 458 do STF: O processo da execução trabalhista não exclui a remição pelo executado.

Enunciado n. 66 da 1.ª Jornada de Direito do Trabalho: Aplicação subsidiária de normas do processo comum ao processo trabalhista. Omissões ontológica e axiológica. Admissibilidade. Diante do atual estágio de desenvolvimento do processo comum e da necessidade de se conferir aplicabilidade à garantia constitucional da duração razoável do processo, os artigos 769 e 889 da CLT comportam interpretação interpretação conforme a Constituição Federal, permitindo a aplicação de normas processuais mais adequadas à efetivação do direito. Aplicação dos princípios da instrumentalidade, efetividade e não retrocesso social.

•• *Vide* Lei n. 6.830, de 22-9-1980, que dispõe sobre a cobrança judicial da dívida ativa da Fazenda Pública.

Art. 889-A. Os recolhimentos das importâncias devidas, referentes às contribuições sociais, serão efetuados nas agências locais da Caixa Econômica Federal ou do Banco do Brasil S. A., por intermédio de documento de arrecadação da Previdência Social, dele se fazendo constar o número do processo.
•• *Caput* acrescentado pela Lei n. 10.035, de 25-10-2000.

§ 1.º Concedido parcelamento pela Secretaria da Receita Federal do Brasil, o devedor juntará aos autos a comprovação do ajuste, ficando a execução da contribuição social correspondente suspensa até a quitação de todas as parcelas.
•• § 1.º com redação determinada pela Lei n. 11.457, de 16-3-2007.

§ 2.º As Varas do Trabalho encaminharão mensalmente à Secretaria da Receita Federal do Brasil informações sobre os recolhimentos efetivados nos autos, salvo se outro prazo for estabelecido em regulamento.
•• § 2.º com redação determinada pela Lei n. 11.457, de 16-3-2007.

SEÇÃO V
Da Execução por Prestações Sucessivas

Art. 890. A execução para pagamento de prestações sucessivas far-se-á com observância das normas constantes desta Seção, sem prejuízo das demais estabelecidas neste Capítulo.

Art. 323 do CPC: Na ação que tiver por objeto cumprimento de obrigação em prestações sucessivas, essas serão consideradas incluídas no pedido, independentemente de declaração expressa do autor, e serão incluídas na condenação, enquanto durar a obrigação, se o devedor, no curso do processo, deixar de pagá-las ou de consigná-las.

Art. 541 do CPC: Tratando-se de prestações sucessivas, consignada uma delas, pode o devedor continuar a depositar, no mesmo processo e sem mais formalidades, as que se forem vencendo, desde que o faça em até 5 (cinco) dias contados da data do respectivo vencimento.

Art. 891. Nas prestações sucessivas por tempo determinado, a execução pelo não pagamento de uma prestação compreenderá as que lhe sucederem.

Art. 892. Tratando-se de prestações sucessivas por tempo indeterminado, a execução compreenderá inicialmente as prestações devidas até a data do ingresso na execução.

Art. 323 do CPC: Na ação que tiver por objeto cumprimento de obrigação em prestações sucessivas, essas serão consideradas incluídas no pedido, independentemente de declaração expressa do autor, e serão incluídas na condenação, enquanto durar a obrigação, se o devedor, no curso do processo, deixar de pagá-las ou de consigná-las.

Capítulo VI
DOS RECURSOS

Súmula 184/TST: Embargos declaratórios. Omissão em recurso de revista. Preclusão. Ocorre preclusão se não forem opostos embargos declaratórios para suprir omissão apontada em recurso de revista ou de embargos.

Súmula 197/TST: Prazo. O prazo para recurso da parte que, intimada, não comparecer à audiência em prosseguimento para a prolação da sentença conta-se de sua publicação.

Súmula 201/TST: Recurso ordinário em mandado de segurança. Da decisão do Tribunal Regional do Trabalho em mandado de segurança cabe recurso ordinário, no prazo de 8 (oito) dias, para o Tribunal Superior do Trabalho, e igual dilação para o recorrido e interessados apresentarem razões de contrariedade.

• *Vide* arts. 994 e s. do CPC (recursos).

Art. 893. Das decisões são admissíveis os seguintes recursos:
•• *Caput* com redação determinada pela Lei n. 861, de 13-10-1949.

Instrução Normativa n. 39/16, art. 1.º, § 2.º: O prazo para interpor e contra-arrazoar todos os recursos trabalhistas, inclusive agravo interno e agravo regimental, é de oito dias (art. 6.º da Lei n. 5.584/70 e art. 893 da CLT), exceto embargos de declaração (CLT, art. 897-A).

I – embargos;
•• Inciso I com redação determinada pela Lei n. 861, de 13-10-1949.

II – recurso ordinário;
•• Inciso II com redação determinada pela Lei n. 861, de 13-10-1949.

III – recurso de revista;
•• Inciso III com redação determinada pela Lei n. 861, de 13-10-1949.

IV – agravo.
•• Inciso IV com redação determinada pela Lei n. 861, de 13-10-1949.

Art. 799, § 2.º, da CLT: Das decisões sobre exceções de suspeição e incompetência, salvo, quanto a estas, se terminativas do feito, não caberá recurso, podendo, no entanto, as partes alegá-las novamente no recurso que couber da decisão final.

Lei n. 5.584/70, arts. 2.º, § 4.º, e 6.º: Salvo se versarem sobre matéria constitucional, nenhum recurso caberá das sentenças proferidas nos dissídios da alçada a que se refere o parágrafo anterior, considerado, para esse fim, o valor do salário mínimo à data do ajuizamento da ação. (...) Art. 6.º Será de 8 (oito) dias o prazo para interpor e contra-arrazoar qualquer recurso (CLT, art. 893).

• *Vide* art. 102, III, da CF.

§ 1.º Os incidentes do processo são resolvidos pelo próprio Juízo ou Tribunal, admitindo-se a apreciação do merecimento das decisões interlocutórias somente em recursos da decisão definitiva.
•• § 1.º com redação determinada pelo Decreto-lei n. 8.737, de 19-1-1946.

Súmula 214 do TST: Decisão interlocutória. Irrecorribilidade. Na Justiça do Trabalho, nos termos do art. 893, § 1.º, da CLT, as decisões interlocutórias não ensejam recurso imediato, salvo nas hipóteses de decisão: **a)** de Tribunal Regional do Trabalho contrária à Súmula ou Orientação Jurisprudencial do Tribunal Superior do Trabalho; **b)** suscetível de impugnação mediante recurso para o mesmo Tribunal; **c)** que acolhe exceção de incompetência territorial, com a remessa dos autos para Tribunal Regional distinto daquele a que se vincula o juízo excepcionado, consoante o disposto no art. 799, § 2.º, da CLT.

§ 2.º A interposição de recurso para o Supremo Tribunal Federal não prejudicará a execução do julgado.
•• § 2.º com redação determinada pelo Decreto-lei n. 8.737, de 19-1-1946.

Lei n. 5.584, de 26-6-1970, art. 2.º: Nos dissídios individuais, proposta a conciliação, e, não havendo acordo, o Presidente da Junta ou o Juiz, antes de passar à instrução da causa, fixar-lhe-á o valor para a determinação da alçada, se este for indeterminado no pedido. § 1.º Em audiência, ao aduzir razões finais, poderá qualquer das partes impugnar o valor fixado e, se o Juiz o mantiver, pedir revisão da decisão, no prazo de 48 (quarenta e oito) horas, ao Presidente do Tribunal Regional. § 2.º O pedido de revisão, que não terá efeito suspensivo, deverá ser instruído com a petição inicial e a Ata da Audiência, em

cópia autenticada pela Secretaria da Junta, e será julgado em 48 (quarenta e oito) horas, a partir do seu recebimento pelo Presidente do Tribunal Regional. § 3.º Quando o valor fixado para a causa, na forma deste artigo, não exceder de 2 (duas) vezes o salário mínimo vigente na sede do Juízo, será dispensável o resumo dos depoimentos, devendo constar da Ata a conclusão da Junta quanto à matéria de fato. § 4.º Salvo se versarem sobre matéria constitucional, nenhum recurso caberá das sentenças proferidas nos dissídios da alçada a que se refere o parágrafo anterior, considerado, para esse fim, o valor do salário mínimo à data do ajuizamento da ação.

Art. 894. No Tribunal Superior do Trabalho cabem embargos, no prazo de 8 (oito) dias:
• *Caput* com redação determinada pela Lei n. 11.496, de 22-6-2007.

Súmula 433/ TST: Embargos. Admissibilidade. Processo em fase de execução. Acórdão de turma publicado na vigência da Lei n. 11.496, de 26-6-2007. Divergência de interpretação de dispositivo constitucional. A admissibilidade do recurso de embargos contra acórdão de Turma em recurso de revista em fase de execução, publicado na vigência da Lei n. 11.496, de 26-6-2007, condiciona-se à demonstração de divergência jurisprudencial entre Turmas ou destas e a Seção Especializada em Dissídios Individuais do Tribunal Superior do Trabalho em relação à interpretação de dispositivo constitucional.

Súmula 458/TST: Embargos. Procedimento sumaríssimo. Conhecimento. Recurso interposto após vigência da Lei n. 11.496, de 22-6-2007, que conferiu nova redação ao art. 894, da CLT. Em causas sujeitas ao procedimento sumaríssimo, em que pese a limitação imposta no art. 896, § 6.º, da CLT à interposição de recurso de revista, admitem-se os embargos interpostos na vigência da Lei n. 11.496, de 22-6-2007, que conferiu nova redação ao art. 894 da CLT, quando demonstrada a divergência jurisprudencial entre Turmas do TST, fundada em interpretações diversas acerca da aplicação de mesmo dispositivo constitucional ou de matéria sumulada.

OJ 336 da SDI-1: Embargos interpostos anteriormente à vigência da Lei n. 11.496/2007. Recurso não conhecido com base em orientação jurisprudencial. Desnecessário o exame das violações de lei e da Constituição Federal alegadas no recurso de revista. Estando a decisão recorrida em conformidade com orientação jurisprudencial, desnecessário o exame das divergências e das violações de lei e da Constituição alegadas em embargos interpostos antes da vigência da Lei n. 11.496/2007, salvo nas hipóteses em que a orientação jurisprudencial não fizer qualquer citação do dispositivo constitucional.

OJ 378 SDI-1: Embargos. Interposição contra decisão monocrática. Não cabimento. Não encontra amparo no art. 894 da CLT, quer na redação anterior quer na redação posterior à Lei n. 11.496, de 22-6-2007, recurso de embargos interposto à decisão monocrática exarada nos moldes do art. 932 do CPC de 2015 (art. 557 do CPC de 1973), pois o comando legal restringe seu cabimento à pretensão de reforma de decisão colegiada proferida por Turma do Tribunal Superior do Trabalho.

I – de decisão não unânime de julgamento que:
•• Inciso I, *caput*, acrescentado pela Lei n. 11.496, de 22-6-2007.

a) conciliar, julgar ou homologar conciliação em dissídios coletivos que excedam a competência territorial dos Tribunais Regionais do Trabalho e estender ou rever as sentenças normativas do Tribunal Superior do Trabalho, nos casos previstos em lei; e
•• Alínea *a* acrescentada pela Lei n. 11.496, de 22-6-2007.

b) (Vetada.)
•• Alínea *b* acrescentada pela Lei n. 11.496, de 22-6-2007.

II – das decisões das Turmas que divergirem entre si ou das decisões proferidas pela Seção de Dissídios Individuais, ou contrárias a súmula ou orientação jurisprudencial do Tribunal Superior do Trabalho ou súmula vinculante do Supremo Tribunal Federal.
•• Inciso II com redação determinada pela Lei n. 13.015, de 21-7-2014.

Súmula 353/TST: Embargos. Agravo. Cabimento. Não cabem embargos para a Seção de Dissídios Individuais de decisão de Turma proferida em agravo, salvo: **a)** da decisão que não conhece de agravo de instrumento ou de agravo pela ausência de pressupostos extrínsecos; **b)** da decisão que nega provimento a agravo contra decisão monocrática do Relator, em que se proclamou a ausência de pressupostos extrínsecos de agravo de instrumento; **c)** para revisão dos pressupostos extrínsecos de admissibilidade do recurso de revista, cuja ausência haja sido declarada originariamente pela Turma no julgamento do agravo; **d)** para impugnar o conhecimento de agravo de instrumento; **e)** para impugnar a imposição de multas previstas nos arts. 1.021, § 4.º, do CPC de 2015 ou 1.026, § 2.º, do CPC de 2015 (art. 538, parágrafo único, do CPC de 1973, ou art. 557, § 2.º, do CPC de 1973); **f)** contra decisão de Turma proferida em agravo em recurso de revista, nos termos do art. 894, II, da CLT.

Súmula 458/TST: Embargos. Procedimento sumaríssimo. Conhecimento. Recurso interposto após vigência da Lei n. 11.496, de 22-6-2007, que conferiu nova redação ao art. 894, da CLT. Em causas sujeitas ao procedimento sumaríssimo, em que pese a limitação imposta no art. 896, § 6.º, da CLT à interposição de recurso de revista, admitem-se os embargos interpostos na vigência da Lei n. 11.496, de 22-6-2007, que conferiu nova redação ao art. 894 da CLT, quando demonstrada a divergência jurisprudencial entre Turmas do TST, fundada em interpretações diversas acerca da aplicação de mesmo dispositivo constitucional ou de matéria sumulada.

• *Vide* Instrução Normativa n. 38, de 10-11-2015.

Parágrafo único. (*Revogado pela Lei n. 11.496, de 22-6-2007.*)

§ 2.º A divergência apta a ensejar os embargos deve ser atual, não se considerando tal a ultrapassada por súmula do Tribunal Superior do Trabalho ou do Supremo Tribunal Federal, ou superada por iterativa e notória jurisprudência do Tribunal Superior do Trabalho.
•• § 2.º acrescentado pela Lei n. 13.015, de 21-7-2014.
•• Numeração conforme publicação oficial.

§ 3.º O Ministro Relator denegará seguimento aos embargos:
•• § 3.º, *caput*, acrescentado pela Lei n. 13.015, de 21-7-2014.

I – se a decisão recorrida estiver em consonância com súmula da jurisprudência do Tribunal Superior do Trabalho ou do Supremo Tribunal Federal, ou com iterativa, notória e atual jurisprudência do Tribunal Superior do Trabalho, cumprindo-lhe indicá-la;
•• Inciso I acrescentado pela Lei n. 13.015, de 21-7-2014.

II – nas hipóteses de intempestividade, deserção, irregularidade de representação ou de ausência de qualquer outro pressuposto extrínseco de admissibilidade.
•• Inciso II acrescentado pela Lei n. 13.015, de 21-7-2014.

§ 4.º Da decisão denegatória dos embargos caberá agravo, no prazo de 8 (oito) dias.
•• § 4.º acrescentado pela Lei n. 13.015, de 21-7-2014.

Art. 895. Cabe recurso ordinário para a instância superior:

I – das decisões definitivas ou terminativas das Varas e Juízos, no prazo de 8 (oito) dias; e
•• Inciso I com redação determinada pela Lei n. 11.925, de 17-4-2009.

II – das decisões definitivas ou terminativas dos Tribunais Regionais, em processos de sua competência originária, no prazo de 8 (oito) dias, quer nos dissídios individuais, quer nos dissídios coletivos.
•• Inciso II com redação determinada pela Lei n. 11.925, de 17-4-2009.

Súmula 1/TST: Prazo judicial. Quando a intimação tiver lugar na sexta-feira, ou a publicação com efeito de intimação for feita nesse dia, o prazo judicial será contado da segunda-feira imediata, inclusive, salvo se não houver expediente, caso em que fluirá no dia útil que se seguir.

§ 1.º Nas reclamações sujeitas ao procedimento sumaríssimo, o recurso ordinário:

Arts. 852-A a 852-I da CLT: Os dissídios individuais cujo valor não exceda a 40 (quarenta) vezes o salário mínimo vigente na data do ajuizamento da reclamação ficam submetidos ao procedimento sumaríssimo. Parágrafo único. Estão excluídas do procedimento sumaríssimo as demandas em que é parte a Administração Pública direta, autárquica e fundacional. Art. 852-B. Nas reclamações enquadradas no procedimento sumaríssimo: I – o pedido deverá ser certo ou determinado e indicará o valor correspondente; II – não se fará citação por edital, incumbindo ao autor a correta indicação do nome e endereço do reclamado; III – a apreciação da reclamação deverá ocorrer no prazo máximo de 15 (quinze) dias do seu ajuizamento, podendo constar de pauta especial, se necessário, de acordo com o movimento judiciário da Junta de Conciliação e Julgamento. § 1.º O não atendimento, pelo reclamante, do disposto nos incisos I e II deste artigo importará no arquivamento da reclamação e condenação ao pagamento de custas sobre o valor da causa. § 2.º As partes e advogados comunicarão ao juízo as mudanças de endereço ocorridas no curso do processo, reputando-se eficazes as intimações enviadas ao local anteriormente indicado, na ausência de comunicação. Art. 852-C. As demandas sujeitas a rito sumaríssimo serão instruídas e julgadas em audiência única, sob a direção de juiz presidente ou substituto, que poderá ser convocado para atuar simultaneamente com o titular. Art. 852-D. O juiz dirigirá o processo com liberdade para determinar as provas a serem produzidas, considerado o ônus probatório de cada litigante, podendo limitar ou excluir as que considerar excessivas, impertinentes ou protelatórias, bem como para apreciá-las e dar especial valor às regras de experiência comum ou técnica. Art. 852-E. Aberta a sessão, o juiz esclarecerá as partes presentes sobre as vantagens da conciliação e usará os meios adequados de persuasão para a solução conciliatória do litígio, em qualquer fase da audiência. Art. 852-F. Na ata de audiência serão registrados resumidamente os atos essenciais, as afirmações fundamentais das partes e as informações úteis à solução da causa trazidas pela prova testemunhal. Art. 852-G. Serão decididos, de plano, todos os incidentes e exceções que possam interferir no prosseguimento da audiência e do processo. As demais questões serão decididas na sentença. Art. 852-H. Todas as provas serão produzidas na audiência de instrução e julgamento, ainda que não requeridas

previamente. § 1.º Sobre os documentos apresentados por uma das partes manifestar-se-á imediatamente a parte contrária, sem interrupção da audiência, salvo absoluta impossibilidade, a critério do juiz. § 2.º As testemunhas, até o máximo de duas para cada parte, comparecerão à audiência de instrução e julgamento independentemente de intimação. § 3.º Só será deferida intimação de testemunha que, comprovadamente convidada, deixar de comparecer. Não comparecendo a testemunha intimada, o juiz poderá determinar sua imediata condução coercitiva. § 4.º Somente quando a prova do fato o exigir, ou for legalmente imposta, será deferida prova técnica, incumbindo ao juiz, desde logo, fixar o prazo, o objeto da perícia e nomear perito. § 5.º (*Vetado.*) § 6.º As partes serão intimadas a manifestar-se sobre o laudo, no prazo comum de 5 (cinco) dias. § 7.º Interrompida a audiência, o seu prosseguimento e a solução do processo dar-se-ão no prazo máximo de 30 (trinta) dias, salvo motivo relevante justificado nos autos pelo juiz da causa. Art. 852-I. A sentença mencionará os elementos de convicção do juízo, com resumo dos fatos relevantes ocorridos em audiência, dispensado o relatório. § 1.º O juízo adotará em cada caso a decisão que reputar mais justa e equânime, atendendo aos fins sociais da lei e as exigências do bem comum. § 2.º (*Vetado.*) § 3.º As partes serão intimadas da sentença na própria audiência em que prolatada.

OJ 100 da SDI-2: Recurso ordinário para o TST. Decisão de TRT proferida em agravo regimental contra liminar em ação cautelar ou em mandado de segurança. Incabível. Não cabe recurso ordinário para o TST de decisão proferida pelo Tribunal Regional do Trabalho em agravo regimental interposto contra despacho que concede ou não liminar em ação cautelar ou em mandado de segurança, uma vez que o processo ainda pende de decisão definitiva do Tribunal *a quo*.

I – (*Vetado.*)

•• Inciso I acrescentado pela Lei n. 9.957, de 12-1-2000.

II – será imediatamente distribuído, uma vez recebido no Tribunal, devendo o relator liberá-lo no prazo máximo de 10 (dez) dias, e a Secretaria do Tribunal ou Turma colocá-lo imediatamente em pauta para julgamento, sem revisor;

III – terá parecer oral do representante do Ministério Público presente à sessão de julgamento, se este entender necessário o parecer, com registro na certidão;

IV – terá acórdão consistente unicamente na certidão de julgamento, com a indicação suficiente do processo e parte dispositiva, e das razões de decidir do voto prevalente. Se a sentença for confirmada pelos próprios fundamentos, a certidão de julgamento, registrando tal circunstância, servirá de acórdão.

•• § 1.º, *caput* e incisos acrescentados pela Lei n. 9.957, de 12-1-2000.

§ 2.º Os Tribunais Regionais, divididos em Turmas, poderão designar Turma para o julgamento dos recursos ordinários interpostos das sentenças prolatadas nas demandas sujeitas ao procedimento sumaríssimo.

•• § 2.º acrescentado pela Lei n. 9.957, de 12-1-2000.

Art. 896. Cabe Recurso de Revista para Turma do Tribunal Superior do Trabalho das decisões proferidas em grau de recurso ordinário, em dissídio individual, pelos Tribunais Regionais do Trabalho, quando:

•• *Caput* com redação determinada pela Lei n. 9.756, de 17-12-1998.

Súmula 457/STF: O Tribunal Superior do Trabalho, conhecendo da revista, julgará a causa, aplicando o direito à espécie.

Súmula 459/TST: Recurso de Revista. Nulidade por negativa de prestação jurisdicional. O conhecimento do recurso de revista, quanto à preliminar de nulidade por negativa de prestação jurisdicional, supõe indicação de violação do art. 832 da CLT, do art. 458 do CPC ou do art. 93, IX, da CF/1988.

OJ 257 da SDI-1: Recurso de revista. Fundamentação. Violação de lei. Vocábulo violação. Desnecessidade. A invocação expressa no recurso de revista dos preceitos legais ou constitucionais tidos como violados não significa exigir da parte a utilização das expressões "contrariar", "ferir", "violar", etc.

• Vide Instrução Normativa n. 17, de 6-4-2000, do TST, que uniformiza a interpretação da Lei n. 9.756, de 17-12-1998, com relação ao recurso de revista.

• Vide Instrução Normativa n. 23, de 5-8-2003, do TST, que dispõe sobre petições de recurso de revista.

• Vide arts. 105 a 107 da Consolidação dos Provimentos da Corregedoria-Geral da Justiça do Trabalho.

a) derem ao mesmo dispositivo de lei federal interpretação diversa da que lhe houver dado outro Tribunal Regional do Trabalho, no seu Pleno ou Turma, ou a Seção de Dissídios Individuais do Tribunal Superior do Trabalho, ou contrariarem súmula de jurisprudência uniforme dessa Corte ou súmula vinculante do Supremo Tribunal Federal;

•• Alínea *a* com redação determinada pela Lei n. 13.015, de 21-7-2014.

Súmula 401/STF: Não se conhece do recurso de revista, nem dos embargos de divergência, do processo trabalhista, quando houver jurisprudência firme do Tribunal Superior do Trabalho no mesmo sentido da decisão impugnada, salvo se houver colisão com a jurisprudência do Supremo Tribunal Federal.

Súmula 296/TST: Recurso. Divergência jurisprudencial. Especificidade. I – A divergência jurisprudencial ensejadora da admissibilidade, do prosseguimento e do conhecimento do recurso há de ser específica, revelando a existência de teses diversas na interpretação de um mesmo dispositivo legal, embora idênticos os fatos que as ensejaram. II – Não ofende o art. 896 da CLT decisão de Turma que, examinando premissas concretas de especificidade da divergência colacionada no apelo revisional, conclui pelo conhecimento ou desconhecimento do recurso. 337. Comprovação de divergência jurisprudencial. Recursos de revista e de embargos. I – Para comprovação da divergência justificadora do recurso, é necessário que o recorrente: *a)* Junte certidão ou cópia autenticada do acórdão paradigma ou cite a fonte oficial ou o repositório autorizado em que foi publicado; e *b)* Transcreva, nas razões recursais, as ementas e/ou trechos dos acórdãos trazidos à configuração do dissídio, demonstrando o conflito de teses que justifique o conhecimento do recurso, ainda que os acórdãos já se encontrem nos autos ou venham a ser juntados com o recurso. II – A concessão de registro de publicação como repositório autorizado de jurisprudência do TST torna válidas todas as suas edições anteriores. III – A mera indicação da data de publicação, em fonte oficial, de aresto paradigma é inválida para comprovação de divergência jurisprudencial, nos termos do item I, a, desta súmula, quando a parte pretende demonstrar o conflito de teses mediante a transcrição de trechos que integram a fundamentação do acórdão divergente, uma vez que só se publicam o dispositivo e a ementa dos acórdãos. IV – É válida para a comprovação da divergência jurisprudencial justificadora do recurso a indicação de aresto extraído de repositório oficial na internet, desde que o recorrente: *a)* transcreva o trecho divergente; *b)* aponte o sítio de onde foi extraído; e *c)* decline o número do processo, o órgão prolator do acórdão e a data da respectiva publicação no *Diário Eletrônico da Justiça do Trabalho*.

Súmula 413/TST: Ação rescisória. Sentença de mérito. Violação do art. 896, a, da CLT. É incabível ação rescisória, por violação do art. 896, a, da CLT, contra decisão transitada em julgado sob a égide do CPC de 1973 que não conhece de recurso de revista, com base em divergência jurisprudencial, pois não se cuidava de sentença de mérito (art. 485 do CPC de 1973).

b) derem ao mesmo dispositivo de lei estadual, Convenção Coletiva de Trabalho, Acordo Coletivo, sentença normativa ou regulamento empresarial de observância obrigatória em área territorial que exceda a jurisdição do Tribunal Regional prolator da decisão recorrida, interpretação divergente, na forma da alínea *a*;

Súmula 312/TST: Constitucionalidade. Alínea *b* do art. 896 da CLT. É constitucional a alínea *b* do art. 896 da CLT, com a redação dada pela Lei n. 7.701, de 21 de dezembro de 1988.

Súmula 337/TST: Comprovação de divergência jurisprudencial. Recursos de revista e de embargos. I – Para comprovação da divergência justificadora do recurso, é necessário que o recorrente: *a)* Junte certidão ou cópia autenticada do acórdão paradigma ou cite a fonte oficial ou o repositório autorizado em que foi publicado; e *b)* Transcreva, nas razões recursais, as ementas e/ou trechos dos acórdãos trazidos à configuração do dissídio, demonstrando o conflito de teses que justifique o conhecimento do recurso, ainda que os acórdãos já se encontrem nos autos ou venham a ser juntados com o recurso. II – A concessão de registro de publicação como repositório autorizado de jurisprudência do TST torna válidas todas as suas edições anteriores. III – A mera indicação da data de publicação, em fonte oficial, de aresto paradigma é inválida para comprovação de divergência jurisprudencial, nos termos do item I, *a*, desta súmula, quando a parte pretende demonstrar o conflito de teses mediante a transcrição de trechos que integram a fundamentação do acórdão divergente, uma vez que só se publicam o dispositivo e a ementa dos acórdãos. IV – É válida a comprovação da divergência jurisprudencial justificadora do recurso a indicação de aresto extraído de repositório oficial na internet, desde que o recorrente: *a)* transcreva o trecho divergente; *b)* aponte o sítio de onde foi extraído; e *c)* decline o número do processo, o órgão prolator do acórdão e a data da respectiva publicação no Diário Eletrônico da Justiça do Trabalho.

OJ 219 da SDI-1: Recurso de revista ou de embargos fundamentado em Orientação Jurisprudencial do TST. É válida, para efeito de conhecimento do recurso de revista ou de embargos, a invocação de Orientação Jurisprudencial do Tribunal Superior do Trabalho, desde que, das razões recursais, conste o seu número o conteúdo.

c) proferidas com violação literal de disposição de lei federal ou afronta direta e literal à Constituição Federal.

•• Alínea *c* com redação determinada pela Lei n. 9.756, de 17-12-1998.

Súmula 218/TST: Recurso de revista. Acórdão proferido em agravo de instrumento. É incabível recurso de revista interposto de acórdão regional prolatado em agravo de instrumento.

Súmula 221/TST: Recurso de revista. Violação de lei. Indicação de preceito. A admissibilidade do recurso de revista por violação tem como pressuposto a indicação expressa do dispositivo de lei ou da Constituição tido como violado.

Súmula 266/TST: Recurso de revista. Admissibilidade. Execução de sentença. A admissibilidade do recurso de revista interposto de acórdão proferido em agravo de petição, na liquidação de sentença ou em processo incidente na execução, inclusive os embargos de terceiro, depende de demonstração inequívoca de violência direta à Constituição Federal.

Súmula 297/TST: Prequestionamento. Oportunidade. Configuração. 1. Diz-se prequestionada a matéria ou questão quando na decisão impugnada haja sido adotada, explicitamente, tese a respeito. 2. Incumbe à parte interessada, desde que a matéria haja sido invocada no recurso principal, opor embargos declaratórios objetivando o pronunciamento sobre o tema, sob pena de preclusão. 3. Considera-se prequestionada a questão jurídica invocada no recurso principal sobre a qual se omite o Tribunal de pronunciar tese, não obstante opostos embargos de declaração.

§ 1.º O recurso de revista, dotado de efeito apenas devolutivo, será interposto perante o Presidente do Tribunal Regional do Trabalho, que, por decisão fundamentada, poderá recebê-lo ou denegá-lo.
•• § 1.º com redação determinada pela Lei n. 13.015, de 21-7-2014.

§ 1.º-A. Sob pena de não conhecimento, é ônus da parte:
•• § 1.º-A, caput, acrescentado pela Lei n. 13.015, de 21-7-2014.

I – indicar o trecho da decisão recorrida que consubstancia o prequestionamento da controvérsia objeto do recurso de revista;
•• Inciso I acrescentado pela Lei n. 13.015, de 21-7-2014.

II – indicar, de forma explícita e fundamentada, contrariedade a dispositivo de lei, súmula ou orientação jurisprudencial do Tribunal Superior do Trabalho que conflite com a decisão regional;
•• Inciso II acrescentado pela Lei n. 13.015, de 21-7-2014.

III – expor as razões do pedido de reforma, impugnando todos os fundamentos jurídicos da decisão recorrida, inclusive mediante demonstração analítica de cada dispositivo de lei, da Constituição Federal, de súmula ou orientação jurisprudencial cuja contrariedade aponte;
•• Inciso III acrescentado pela Lei n. 13.015, de 21-7-2014.

IV – transcrever na peça recursal, no caso de suscitar preliminar de nulidade de julgado por negativa de prestação jurisdicional, o trecho dos embargos declaratórios em que foi pedido o pronunciamento do tribunal sobre questão veiculada no recurso ordinário e o trecho da decisão regional que rejeitou os embargos quanto ao pedido, para cotejo e verificação, de plano, da ocorrência da omissão.
•• Inciso IV acrescentado pela Lei n. 13.467, de 13-7-2017.

§ 2.º Das decisões proferidas pelos Tribunais Regionais do Trabalho ou por suas Turmas, em execução de sentença, inclusive em processo incidente de embargos de terceiro, não caberá Recurso de Revista, salvo na hipótese de ofensa direta e literal de norma da Constituição Federal.
•• § 2.º com redação determinada pela Lei n. 9.756, de 17-12-1998.

§§ 3.º a 6.º (*Revogados pela Lei n. 13.467, de 13-7-2017.*)

§ 7.º A divergência apta a ensejar o recurso de revista deve ser atual, não se considerando como tal a ultrapassada por súmula do Tribunal Superior do Trabalho ou do Supremo Tribunal Federal, ou superada por iterativa e notória jurisprudência do Tribunal Superior do Trabalho.
•• § 7.º acrescentado pela Lei n. 13.015, de 21-7-2014.

Súmula 333/TST: Recursos de revista. Conhecimento. Não ensejam recurso de revista decisões superadas por iterativa, notória e atual jurisprudência do Tribunal Superior do Trabalho.

§ 8.º Quando o recurso fundar-se em dissenso de julgados, incumbe ao recorrente o ônus de produzir prova da divergência jurisprudencial, mediante certidão, cópia ou citação do repositório de jurisprudência, oficial ou credenciado, inclusive em mídia eletrônica, em que houver sido publicada a decisão divergente, ou ainda pela reprodução de julgado disponível na internet, com indicação da respectiva fonte, mencionando, em qualquer caso, as circunstâncias que identifiquem ou assemelhem os casos confrontados.
•• § 8.º acrescentado pela Lei n. 13.015, de 21-7-2014.

§ 9.º Nas causas sujeitas ao procedimento sumaríssimo, somente será admitido recurso de revista por contrariedade a súmula de jurisprudência uniforme do Tribunal Superior do Trabalho ou a súmula vinculante do Supremo Tribunal Federal e por violação direta da Constituição Federal.
•• § 9.º acrescentado pela Lei n. 13.015, de 21-7-2014.

Súmula 442/TST: Procedimento sumaríssimo. Recurso de revista fundamentado em contrariedade a orientação jurisprudencial. Inadmissibilidade. Art. 896, § 6.º, da CLT, acrescentado pela Lei n. 9.957, de 12-1-2000. Nas causas sujeitas ao procedimento sumaríssimo, a admissibilidade de recurso de revista está limitada à demonstração de violação direta a dispositivo da Constituição Federal ou contrariedade a Súmula do Tribunal Superior do Trabalho, não se admitindo o recurso por contrariedade a Orientação Jurisprudencial deste Tribunal (Livro II, Título II, Capítulo III, do RITST), ante a ausência de previsão no art. 896, § 6.º, da CLT.

§ 10. Cabe recurso de revista por violação a lei federal, por divergência jurisprudencial e por ofensa à Constituição Federal nas execuções fiscais e nas controvérsias da fase de execução que envolvam a Certidão Negativa de Débitos Trabalhistas (CNDT), criada pela Lei n. 12.440, de 7 de julho de 2011.
•• § 10 acrescentado pela Lei n. 13.015, de 21-7-2014.

§ 11. Quando o recurso tempestivo contiver defeito formal que não se repute grave, o Tribunal Superior do Trabalho poderá desconsiderar o vício ou mandar saná-lo, julgando o mérito.
•• § 11 acrescentado pela Lei n. 13.015, de 21-7-2014.

§ 12. Da decisão denegatória caberá agravo, no prazo de 8 (oito) dias.
•• § 12 acrescentado pela Lei n. 13.015, de 21-7-2014.
•• Vide Instrução Normativa n. 40, de 15-3-2016.
•• A Portaria Normativa n. 3, de 17-6-2021, da PGU, regulamenta os critérios para a dispensa da prática de atos e desistência de recursos, bem como procedimentos ligados a execuções e cumprimentos de sentença em face da União.

§ 13. Dada a relevância da matéria, por iniciativa de um dos membros da Seção Especializada em Dissídios Individuais do Tribunal Superior do Trabalho, aprovada pela maioria dos integrantes da Seção, o julgamento a que se refere o § 3.º poderá ser afeto ao Tribunal Pleno.
•• § 13 acrescentado pela Lei n. 13.015, de 21-7-2014.

§ 14. O relator do recurso de revista poderá denegar-lhe seguimento, em decisão monocrática, nas hipóteses de intempestividade, deserção, irregularidade de representação ou de ausência de qualquer outro pressuposto extrínseco ou intrínseco de admissibilidade.
•• § 14 acrescentado pela Lei n. 13.467, de 13-7-2017.

Art. 896-A. O Tribunal Superior do Trabalho, no recurso de revista, examinará previamente se a causa oferece transcendência com relação aos reflexos gerais de natureza econômica, política, social ou jurídica.
•• Caput acrescentado pela Medida Provisória n. 2.226, de 4-9-2001.
•• Vide arts. 105 a 107 da Consolidação dos Provimentos da Corregedoria-Geral da Justiça do Trabalho.

§ 1.º São indicadores de transcendência, entre outros:
•• § 1.º, caput, acrescentado pela Lei n. 13.467, de 13-7-2017.

I – econômica, o elevado valor da causa;
•• Inciso I acrescentado pela Lei n. 13.467, de 13-7-2017.

II – política, o desrespeito da instância recorrida à jurisprudência sumulada do Tribunal Superior do Trabalho ou do Supremo Tribunal Federal;
•• Inciso II acrescentado pela Lei n. 13.467, de 13-7-2017.

III – social, a postulação, por reclamante recorrente, de direito social constitucionalmente assegurado;
•• Inciso III acrescentado pela Lei n. 13.467, de 13-7-2017.

IV – jurídica, a existência de questão nova em torno da interpretação da legislação trabalhista.
•• Inciso IV acrescentado pela Lei n. 13.467, de 13-7-2017.

§ 2.º Poderá o relator, monocraticamente, denegar seguimento ao recurso de revista que não demonstrar transcendência, cabendo agravo desta decisão para o colegiado.
•• § 2.º acrescentado pela Lei n. 13.467, de 13-7-2017.

§ 3.º Em relação ao recurso que o relator considerou não ter transcendência, o recorrente poderá realizar sustentação oral sobre a questão da transcendência, durante cinco minutos em sessão.
•• § 3.º acrescentado pela Lei n. 13.467, de 13-7-2017.

§ 4.º Mantido o voto do relator quanto à não transcendência do recurso, será lavrado acórdão com fundamentação sucinta, que constituirá decisão irrecorrível no âmbito do tribunal.
•• § 4.º acrescentado pela Lei n. 13.467, de 13-7-2017.

§ 5.º É irrecorrível a decisão monocrática do relator que, em agravo de instrumento em recurso de revista, considerar ausente a transcendência da matéria.
- • § 5.º acrescentado pela Lei n. 13.467, de 13-7-2017.

§ 6.º O juízo de admissibilidade do recurso de revista exercido pela Presidência dos Tribunais Regionais do Trabalho limita-se à análise dos pressupostos intrínsecos e extrínsecos do apelo, não abrangendo o critério da transcendência das questões nele veiculadas.
- • § 6.º acrescentado pela Lei n. 13.467, de 13-7-2017.

Art. 896-B. Aplicam-se ao recurso de revista, no que couber, as normas da Lei n. 5.869, de 11 de janeiro de 1973 (Código de Processo Civil), relativas ao julgamento dos recursos extraordinário e especial repetitivos.
- • Artigo acrescentado pela Lei n. 13.015, de 21-7-2014.
- • Vide Instrução Normativa n. 38, de 10-11-2015, do TST, que dispõe sobre recursos repetitivos.
- • Vide arts. 1.036 a 1.041 do CPC.
- • Vide arts. 105 a 107 da Consolidação dos Provimentos da Corregedoria-Geral da Justiça do Trabalho.

Art. 896-C. Quando houver multiplicidade de recursos de revista fundados em idêntica questão de direito, a questão poderá ser afetada à Seção Especializada em Dissídios Individuais ou ao Tribunal Pleno, por decisão da maioria simples de seus membros, mediante requerimento de um dos Ministros que compõem a Seção Especializada, considerando a relevância da matéria ou a existência de entendimentos divergentes entre os Ministros dessa Seção ou das Turmas do Tribunal.
- • Caput acrescentado pela Lei n. 13.015, de 21-7-2014.
- • **Consolidação dos Provimentos da Corregedoria-Geral da Justiça do Trabalho, arts. 105 a 107:** As decisões de admissibilidade do recurso de revista contemplarão a identificação da especificidade ou da inespecificidade dos arestos paradigmas e/ou a vulneração de dispositivo de lei e/ou da Constituição da República, em atenção aos lindes do juízo de prelibação dos recursos, delineados no art. 896, § 1.º, da CLT, tudo de tal modo que elas não se mostrem excessivamente concisas nem excessivamente elásticas. Art. 106. A intimação das decisões de admissibilidade dos recursos de revista será feita mediante sua publicação no DEJT. Art. 107. Ao presidente do Tribunal Regional do Trabalho caberá avaliar a conveniência e a oportunidade de implantação de juízo conciliatório em recurso de revista.
- • Vide Instrução Normativa n. 38, de 10-11-2015, do TST, que dispõe sobre recursos repetitivos.
- • Vide arts. 1.036 a 1.041 do CPC (recursos repetitivos).

§ 1.º O Presidente da Turma ou da Seção Especializada, por indicação dos relatores, afetará um ou mais recursos representativos da controvérsia para julgamento pela Seção Especializada em Dissídios Individuais ou pelo Tribunal Pleno, sob o rito dos recursos repetitivos.
- • § 1.º acrescentado pela Lei n. 13.015, de 21-7-2014.

§ 2.º O Presidente da Turma ou da Seção Especializada que afetar processo para julgamento sob o rito dos recursos repetitivos deverá expedir comunicação aos demais Presidentes de Turma ou de Seção Especializada, que poderão afetar outros processos sobre a questão para julgamento conjunto, a fim de conferir ao órgão julgador visão global da questão.
- • § 2.º acrescentado pela Lei n. 13.015, de 21-7-2014.

§ 3.º O Presidente do Tribunal Superior do Trabalho oficiará os Presidentes dos Tribunais Regionais do Trabalho para que suspendam os recursos interpostos em casos idênticos aos afetados como recursos repetitivos, até o pronunciamento definitivo do Tribunal Superior do Trabalho.
- • § 3.º acrescentado pela Lei n. 13.015, de 21-7-2014.

§ 4.º Caberá ao Presidente do Tribunal de origem admitir um ou mais recursos representativos da controvérsia, os quais serão encaminhados ao Tribunal Superior do Trabalho, ficando suspensos os demais recursos de revista até o pronunciamento definitivo do Tribunal Superior do Trabalho.
- • § 4.º acrescentado pela Lei n. 13.015, de 21-7-2014.

§ 5.º O relator no Tribunal Superior do Trabalho poderá determinar a suspensão dos recursos de revista ou de embargos que tenham como objeto controvérsia idêntica à do recurso afetado como repetitivo.
- • § 5.º acrescentado pela Lei n. 13.015, de 21-7-2014.

§ 6.º O recurso repetitivo será distribuído a um dos Ministros membros da Seção Especializada ou do Tribunal Pleno e a um Ministro revisor.
- • § 6.º acrescentado pela Lei n. 13.015, de 21-7-2014.

§ 7.º O relator poderá solicitar, aos Tribunais Regionais do Trabalho, informações a respeito da controvérsia, a serem prestadas no prazo de 15 (quinze) dias.
- • § 7.º acrescentado pela Lei n. 13.015, de 21-7-2014.

§ 8.º O relator poderá admitir manifestação de pessoa, órgão ou entidade com interesse na controvérsia, inclusive como assistente simples, na forma da Lei n. 5.869, de 11 de janeiro de 1973 (Código de Processo Civil).
- • § 8.º acrescentado pela Lei n. 13.015, de 21-7-2014.

§ 9.º Recebidas as informações e, se for o caso, após cumprido o disposto no § 7.º deste artigo, terá vista o Ministério Público pelo prazo de 15 (quinze) dias.
- • § 9.º acrescentado pela Lei n. 13.015, de 21-7-2014.

§ 10. Transcorrido o prazo para o Ministério Público e remetida cópia do relatório aos demais Ministros, o processo será incluído em pauta na Seção Especializada ou no Tribunal Pleno, devendo ser julgado com preferência sobre os demais feitos.
- • § 10 acrescentado pela Lei n. 13.015, de 21-7-2014.

§ 11. Publicado o acórdão do Tribunal Superior do Trabalho, os recursos de revista sobrestados na origem:
- • § 11, caput, acrescentado pela Lei n. 13.015, de 21-7-2014.

I – terão seguimento denegado na hipótese de o acórdão recorrido coincidir com a orientação a respeito da matéria no Tribunal Superior do Trabalho; ou
- • Inciso I acrescentado pela Lei n. 13.015, de 21-7-2014.

II – serão novamente examinados pelo Tribunal de origem na hipótese de o acórdão recorrido divergir da orientação do Tribunal Superior do Trabalho a respeito da matéria.
- • Inciso II acrescentado pela Lei n. 13.015, de 21-7-2014.

§ 12. Na hipótese prevista no inciso II do § 11 deste artigo, mantida a decisão divergente pelo Tribunal de origem, far-se-á o exame de admissibilidade do recurso de revista.
- • § 12 acrescentado pela Lei n. 13.015, de 21-7-2014.

§ 13. Caso a questão afetada e julgada sob o rito dos recursos repetitivos também contenha questão constitucional, a decisão proferida pelo Tribunal Pleno não obstará o conhecimento de eventuais recursos extraordinários sobre a questão constitucional.
- • § 13 acrescentado pela Lei n. 13.015, de 21-7-2014.

§ 14. Aos recursos extraordinários interpostos perante o Tribunal Superior do Trabalho será aplicado o procedimento previsto no art. 543-B da Lei n. 5.869, de 11 de janeiro de 1973 (Código de Processo Civil), cabendo ao Presidente do Tribunal Superior do Trabalho selecionar um ou mais recursos representativos da controvérsia e encaminhá-los ao Supremo Tribunal Federal, sobrestando os demais até o pronunciamento definitivo da Corte, na forma do § 1 .º do art. 543-B da Lei n. 5.869, de 11 de janeiro de 1973 (Código de Processo Civil).
- • § 14 acrescentado pela Lei n. 13.015, de 21-7-2014.
- • **Art. 1.036 do CPC:** Quando o valor dos bens do espólio for igual ou inferior a 2.000 (duas mil) Obrigações do Tesouro Nacional – OTN, o inventário processar-se-á na forma de arrolamento, cabendo ao inventariante nomeado, independentemente da assinatura de termo de compromisso, apresentar, com suas declarações, a atribuição do valor dos bens do espólio e o plano da partilha. § 1.º Se qualquer das partes ou o Ministério Público impugnar a estimativa, o juiz nomeará um avaliador que oferecerá laudo em 10 (dez) dias. § 2.º Apresentado o laudo, o juiz, em audiência que designar, deliberará sobre a partilha, decidindo de plano todas as reclamações e mandando pagar as dívidas não impugnadas. § 3.º Lavrar-se-á de tudo um só termo, assinado pelo juiz e pelas partes presentes. § 4.º Aplicam-se a esta espécie de arrolamento, no que couberem, as disposições do art. 1.034 e seus parágrafos, relativamente ao lançamento, ao pagamento e à quitação da taxa judiciária e do imposto sobre a transmissão da propriedade dos bens do espólio. § 5.º Provada a quitação dos tributos relativos aos bens do espólio e às suas rendas, o juiz julgará a partilha.
- • Vide Instrução Normativa n. 38, de 10-11-2015.

CLT – Arts. 896-C a 897-A — Processo Judiciário

§ 15. O Presidente do Tribunal Superior do Trabalho poderá oficiar os Tribunais Regionais do Trabalho e os Presidentes das Turmas e da Seção Especializada do Tribunal para que suspendam os processos idênticos aos selecionados como recursos representativos da controvérsia e encaminhados ao Supremo Tribunal Federal, até o seu pronunciamento definitivo.
- •• § 15 acrescentado pela Lei n. 13.015, de 21-7-2014.

§ 16. A decisão firmada em recurso repetitivo não será aplicada aos casos em que se demonstrar que a situação de fato ou de direito é distinta das presentes no processo julgado sob o rito dos recursos repetitivos.
- •• § 16 acrescentado pela Lei n. 13.015, de 21-7-2014.

§ 17. Caberá revisão da decisão firmada em julgamento de recursos repetitivos quando se alterar a situação econômica, social ou jurídica, caso em que será respeitada a segurança jurídica das relações firmadas sob a égide da decisão anterior, podendo o Tribunal Superior do Trabalho modular os efeitos da decisão que a tenha alterado.
- •• § 17 acrescentado pela Lei n. 13.015, de 21-7-2014.

Art. 897. Cabe agravo, no prazo de 8 (oito) dias:
a) de petição, das decisões do Juiz ou Presidente, nas execuções;
b) de instrumento, dos despachos que denegarem a interposição de recursos.
- •• *Caput* e alíneas com redação determinada pela Lei n. 8.432, de 11-6-1992.

OJ 132 da SDI-1: Agravo regimental. Peças essenciais nos autos principais. Inexistindo lei que exija a tramitação do AG em autos apartados, tampouco previsão no Regimento Interno do Regional, não pode o Agravante ver-se apenado por não haver colacionado cópia de peças dos autos principais, quando o AG deveria fazer parte dele.

OJ 217 da SDI-1: Agravo de instrumento. Traslado. Lei n. 9.756/98. Guia de custas e de depósito recursal. Para a formação do Agravo de Instrumento, não é necessária a juntada de comprovantes de recolhimento de custas e de depósito recursal relativamente ao Recurso Ordinário, desde que não seja objeto de controvérsia no Recurso de Revista a validade daqueles recolhimentos.

OJ 282 da SDI-1: Agravo de instrumento. Juízo de admissibilidade *ad quem*. No julgamento de Agravo de Instrumento ao afastar o óbice apontado pelo TRT para o processamento do recurso de revista, pode o juízo ad quem prosseguir no exame dos demais pressupostos extrínsecos e intrínsecos do recurso de revista, mesmo que não apreciados pelo TRT.

OJ 283 da SDI-1: Agravo de instrumento. Peças essenciais. Traslado realizado pelo agravado. Validade. É válido o traslado de peças essenciais efetuado pelo agravado, pois sua regular formação incumbe às partes e não somente ao agravante.

OJ 286 da SDI-1: Agravo de Instrumento. Traslado. Mandato Tácito. Ata de Audiência. Configuração. I – A juntada da ata de audiência, em que consignada a presença do advogado, desde que não estivesse atuando com mandato expresso, torna dispensável a procuração deste, porque demonstrada a existência de mandato tácito. II – Configurada a existência de mandato tácito fica suprida a irregularidade detectada no mandato expresso.

OJ 374 da SDI-1: Agravo de Instrumento. Representação processual. Regularidade. Procuração ou substabelecimento com cláusula limitativa de poderes ao âmbito do Tribunal Regional do Trabalho. É regular a representação processual do subscritor do agravo de instrumento ou do recurso de revista que detém mandato com poderes de representação limitados ao âmbito do Tribunal Regional do Trabalho, pois, embora a apreciação desse recurso seja realizada pelo Tribunal Superior do Trabalho, a sua interposição é ato praticado perante o Tribunal Regional do Trabalho, circunstância que legitima a atuação do advogado no feito.

OJ 412 da SDI-1: Agravo interno ou agravo regimental. Interposição em face de decisão colegiada. Não cabimento. Erro grosseiro. Inaplicabilidade do princípio da fungibilidade recursal. É incabível agravo interno (art. 1.021 do CPC de 2015, art. 557, §1.º, do CPC de 1973) ou agravo regimental (art. 235 do RITST) contra decisão proferida por órgão colegiado. Tais recursos destinam-se, exclusivamente, a impugnar decisão monocrática nas hipóteses previstas. Inaplicável, no caso, o princípio da fungibilidade ante a configuração de erro grosseiro.
- *Vide* Instrução Normativa n. 16, de 26-8-1999, do TST.
- A Resolução Administrativa n. 1.418, de 30-8-2010, regulamenta o processamento do agravo de instrumento interposto de despacho que negar seguimento a recurso de competência do TST.

§ 1.º O agravo de petição só será recebido quando o agravante delimitar, justificadamente, as matérias e os valores impugnados, permitida a execução imediata da parte remanescente até o final, nos próprios autos ou por carta de sentença.
- •• § 1.º com redação determinada pela Lei n. 8.432, de 11-6-1992.

§ 2.º O agravo de instrumento interposto contra o despacho que não receber agravo de petição não suspende a execução da sentença.
- •• § 2.º com redação determinada pela Lei n. 8.432, de 11-6-1992.
- *Vide* Instrução Normativa n. 16, de 26-8-1999, do TST.

§ 3.º Na hipótese da alínea *a* deste artigo, o agravo será julgado pelo próprio tribunal, presidido pela autoridade recorrida, salvo se se tratar de decisão de Juiz do Trabalho de 1.ª Instância ou de Juiz de Direito, quando o julgamento competirá a uma das Turmas do Tribunal Regional a que estiver subordinado o prolator da sentença, observado o disposto no art. 679, a quem este remeterá as peças necessárias para o exame da matéria controvertida, em autos apartados, ou nos próprios autos, se tiver sido determinada a extração de carta de sentença.
- •• § 3.º com redação determinada pela Lei n. 10.035, de 25-10-2000.

§ 4.º Na hipótese da alínea *b* deste artigo, o agravo será julgado pelo Tribunal que seria competente para conhecer o recurso cuja interposição foi denegada.
- •• § 4.º acrescentado pela Lei n. 8.432, de 11-6-1992.

Art. 893, § 1.º, da CLT: § 1.º Os incidentes do processo são resolvidos pelo próprio Juízo ou Tribunal, admitindo-se a apreciação do merecimento das decisões interlocutórias somente em recursos da decisão definitiva.
- *Vide* Instrução Normativa n. 16, de 26-8-1999, do TST.

§ 5.º Sob pena de não conhecimento, as partes promoverão a formação do instrumento do agravo de modo a possibilitar, caso provido, o imediato julgamento do recurso denegado, instruindo a petição de interposição:
- •• § 5.º, *caput*, acrescentado pela Lei n. 9.756, de 17-12-1998.

I – obrigatoriamente, com cópias da decisão agravada, da certidão da respectiva intimação, das procurações outorgadas aos advogados do agravante e do agravado, da petição inicial, da contestação, da decisão originária, do depósito recursal referente ao recurso que se pretende destrancar, da comprovação do recolhimento das custas e do depósito recursal a que se refere o § 7.º do art. 899 desta Consolidação;
- •• Inciso I com redação determinada pela Lei n. 12.275, de 29-6-2010.
- •• *Vide* Instrução Normativa n. 3, de 5-3-1993.

II – facultativamente, com outras peças que o agravante reputar úteis ao deslinde da matéria de mérito controvertida.
- •• Inciso II acrescentado pela Lei n. 9.756, de 17-12-1998.
- *Vide* Instrução Normativa n. 16, de 26-8-1999, do TST.

§ 6.º O agravado será intimado para oferecer resposta ao agravo e ao recurso principal, instruindo-a com as peças que considerar necessárias ao julgamento de ambos os recursos.
- •• § 6.º acrescentado pela Lei n. 9.756, de 17-12-1998.
- *Vide* Instrução Normativa n. 16, de 26-8-1999, do TST.

§ 7.º Provido o agravo, a Turma deliberará sobre o julgamento do recurso principal, observando-se, se for o caso, daí em diante, o procedimento relativo a esse recurso.
- •• § 7.º acrescentado pela Lei n. 9.756, de 17-12-1998.
- *Vide* Instrução Normativa n. 16, de 26-8-1999, do TST.

§ 8.º Quando o agravo de petição versar apenas sobre as contribuições sociais, o juiz da execução determinará a extração de cópias das peças necessárias, que serão autuadas em apartado, conforme dispõe o § 3.º, parte final, e remetidas à instância superior para apreciação, após contraminuta.
- •• § 8.º acrescentado pela Lei n. 10.035, de 25-10-2000.

Art. 897-A. Caberão embargos de declaração da sentença ou acórdão, no prazo de 5 (cinco) dias, devendo seu julgamento ocorrer na primeira audiência ou sessão subsequente a sua apresentação, registrado na certidão, admitido efeito modificativo da decisão nos casos de omissão e contradição no julgado e manifesto equívoco no exame dos pressupostos extrínsecos do recurso.
- •• *Caput* acrescentado pela Lei n. 9.957, de 12-1-2000.

Art. 833 da CLT: Existindo na decisão evidentes erros ou enganos de escrita, de datilografia ou de cálculo, poderão os mesmos, antes da execução, ser corrigidos, *ex officio*, ou a requerimento dos interessados ou da Procuradoria da Justiça do Trabalho.

Instrução Normativa n. 39/16, art. 9.º: O cabimento dos embargos de declaração no Processo do Trabalho, para impugnar qualquer decisão judicial, rege-se pelo art. 897-A da CLT e, supletivamente, pelo Código de Processo Civil (arts. 1.022 a 1.025; §§ 2.º, 3.º e 4.º do art. 1.026), excetuada a garantia de prazo em dobro para litisconsortes (§ 1.º do art. 1.023). Parágrafo único. A omissão para fins do prequestionamento ficto a que alude o art. 1.025 do CPC dá-se no caso de o Tribunal Regional do Trabalho, mesmo instado mediante embargos de declaração, recusar-se a emitir tese sobre questão jurídica pertinente, na forma da Súmula 297, item III, do Tribunal Superior do Trabalho.

Súmula 184/TST: Embargos declaratórios. Omissão em recurso de revista. Preclusão. Ocorre preclusão se não forem opostos embargos declaratórios para suprir omissão apontada em recurso de revista ou de embargos.

Súmula 278/TST: Embargos de declaração. Omissão no julgado. A natureza da omissão suprida pelo julgamento de embargos declaratórios pode ocasionar efeito modificativo no julgado.

Súmula 297/TST: Prequestionamento. Oportunidade. Configuração. 1. Diz-se prequestionada a matéria ou questão quando na decisão impugnada haja sido adotada, explicitamente, tese a respeito. 2. Incumbe à parte interessada, desde que a matéria haja sido invocada no recurso principal, opor embargos declaratórios objetivando o pronunciamento sobre o tema, sob pena de preclusão. 3. Considera-se prequestionada a questão jurídica invocada no recurso principal sobre a qual se omite o Tribunal de pronunciar tese, não obstante opostos embargos de declaração.

Súmula 421/TST: Embargos de declaração. Cabimento. Decisão monocrática do relator calcada no art. 932 do CPC de 2015. Art. 557 do CPC de 1973. I – Cabem embargos de declaração da decisão monocrática do relator prevista no art. 932 do CPC de 2015 (art. 557 do CPC de 1973), se a parte pretende tão somente juízo integrativo retificador da decisão e, não, modificação do julgado. II – Se a parte postular a revisão no mérito da decisão monocrática, cumpre ao relator converter os embargos de declaração em agravo, em face dos princípios da fungibilidade e celeridade processual, submetendo-o ao pronunciamento do Colegiado, após a intimação do recorrente para, no prazo de 5 (cinco) dias, complementar as razões recursais, de modo a ajustá-las às exigências do art. 1.021, § 1.º, do CPC de 2015.

OJ 142 da SDI-1: Embargos de declaração. Efeito modificativo. Vista à parte contrária. I – É passível de nulidade decisão que acolhe embargos de declaração com efeito modificativo sem que seja concedida oportunidade de manifestação prévia à parte contrária. II – Em decorrência do efeito devolutivo amplo conferido ao recurso ordinário, o item I não se aplica às hipóteses em que não se concede vista à parte contrária para se manifestar sobre os embargos de declaração opostos contra sentença.

OJ 192 da SDI-1: Embargos declaratórios. Prazo em dobro. Pessoa jurídica de direito público. Decreto-lei n. 779/69. É em dobro o prazo para a interposição de embargos declaratórios por Pessoa Jurídica de Direito Público.

•• *Vide* arts. 1.022 a 1.026 do CPC.

§ 1.º Os erros materiais poderão ser corrigidos de ofício ou a requerimento de qualquer das partes.

•• § 1.º renumerado pela Lei n. 13.015, de 21-7-2014.

§ 2.º Eventual efeito modificativo dos embargos de declaração somente poderá ocorrer em virtude da correção de vício na decisão embargada e desde que ouvida a parte contrária, no prazo de 5 (cinco) dias.

•• § 2.º acrescentado pela Lei n. 13.015, de 21-7-2014.

§ 3.º Os embargos de declaração interrompem o prazo para interposição de outros recursos, por qualquer das partes, salvo quando intempestivos, irregular a representação da parte ou ausente a sua assinatura.

•• § 3.º acrescentado pela Lei n. 13.015, de 21-7-2014.

Art. 898. Das decisões proferidas em dissídio coletivo que afete empresa de serviço público, ou, em qualquer caso, das proferidas em revisão, poderão recorrer, além dos interessados, o Presidente do Tribunal e a Procuradoria da Justiça do Trabalho.

Lei n. 5.584/70, art. 8.º: Das decisões proferidas nos dissídios coletivos poderá a União interpor recurso, o qual será sempre recebido no efeito suspensivo quanto à parte que exceder o índice fixado pela política salarial do Governo.

Art. 899. Os recursos serão interpostos por simples petição e terão efeito meramente devolutivo, salvo as exceções previstas neste Título, permitida a execução provisória até a penhora.

•• *Caput* com redação determinada pela Lei n. 5.442, de 24-5-1968.
•• Sobre os valores alusivos aos limites de depósito recursal de que trata este artigo, *vide* Nota dos Organizadores (DEPÓSITOS RECURSAIS).

Súmula 217/TST: Depósito recursal. Credenciamento bancário. Prova dispensável. O credenciamento dos bancos para o fim de recebimento do depósito recursal é fato notório, independendo da prova.

Súmula 422/TST: Recurso. Fundamento ausente ou deficiente. Não conhecimento. I – Não se conhece de recurso para o Tribunal Superior do Trabalho se as razões do recorrente não impugnam os fundamentos da decisão recorrida, nos termos em que proferida. II – O entendimento referido no item anterior não se aplica em relação à motivação secundária e impertinente, consubstanciada em despacho de admissibilidade de recurso ou em decisão monocrática. III – Inaplicável a exigência do item I relativamente ao recurso ordinário da competência de Tribunal Regional do Trabalho, exceto em caso de recurso cuja motivação é inteiramente dissociada dos fundamentos da sentença.

§ 1.º Sendo a condenação de valor até 10 (dez) vezes o valor de referência regional, nos dissídios individuais, só será admitido o recurso, inclusive o extraordinário, mediante prévio depósito da respectiva importância. Transitada em julgado a decisão recorrida, ordenar-se-á o levantamento imediato da importância do depósito, em favor da parte vencedora, por simples despacho do juiz.

•• § 1.º com redação determinada pela Lei n. 5.442, de 24-5-1968.
•• Com a extinção do valor de referência pelo art. 3.º, III, da Lei n. 8.177, de 1.º-3-1991, os limites do depósito recursal a que se refere este dispositivo passam a ser fixados por ato normativo do TST, tendo por reajuste a variação acumulada do INPC do IBGE, de acordo com o inciso VI da Instrução Normativa n. 3, de 5-3-1993, do TST. O Ato n. 430, de 12-7-2022, do TST, divulga os novos valores referentes aos limites de depósito recursal previsto neste § 1.º.

Lei n. 5.584/70, art. 7.º: A comprovação do depósito da condenação (CLT, art. 899, §§ 1.º a 5.º) terá que ser feita dentro do prazo para a interposição do recurso, sob pena de ser este considerado deserto.

Instrução Normativa n. 27/05, Art. 2.º, parágrafo único: O depósito recursal a que se refere o art. 899 da CLT é sempre exigível como requisito extrínseco do recurso, quando houver condenação em pecúnia.

Súmula 86/TST: Deserção. Massa falida. Empresa em liquidação extrajudicial. Não ocorre deserção de recurso da massa falida por falta de pagamento de custas ou de depósito do valor da condenação. Esse privilégio, todavia, não se aplica a empresa em liquidação extrajudicial.

Súmula 99/TST: Ação rescisória. Deserção. Prazo. Havendo recurso ordinário em sede de rescisória, o depósito recursal só é exigível quando for julgado procedente o pedido e imposta condenação em pecúnia, devendo este ser efetuado no prazo recursal, no limite e nos termos da legislação vigente, sob pena de deserção.

Súmula 128/TST: Depósito recursal. I – É ônus da parte recorrente efetuar o depósito legal, integralmente, em relação a cada novo recurso interposto, sob pena de deserção. Atingido o valor da condenação, nenhum depósito mais é exigido para qualquer recurso. II – Garantido o juízo, na fase executória, a exigência de depósito para recorrer de qualquer decisão viola os incisos II e LV do art. 5.º da CF/1988. Havendo, porém, elevação do valor do débito, exige-se a complementação da garantia do juízo. III – Havendo condenação solidária de duas ou mais empresas, o depósito recursal efetuado por uma delas aproveita as demais, quando a empresa que efetuou o depósito não pleiteia sua exclusão da lide.

Súmula 161/TST: Depósito. Condenação a pagamento em pecúnia. Se não há condenação a pagamento em pecúnia, descabe o depósito de que tratam os §§ 1.º e 2.º do art. 899 da CLT. Ex-prejulgado n. 39.

Súmula 217/TST: Depósito recursal. Credenciamento bancário. Prova dispensável. O credenciamento dos bancos para o fim de recebimento do depósito recursal é fato notório, independendo da prova.

Súmula 245/TST: Depósito recursal. Prazo. O depósito recursal deve ser feito e comprovado no prazo alusivo ao recurso. A interposição antecipada deste não prejudica a dilação legal.

Súmula 426/TST: Depósito recursal. Utilização da guia GFIP. Obrigatoriedade. Nos dissídios individuais o depósito recursal será efetivado mediante a utilização da Guia de Recolhimento do FGTS e Informações à Previdência Social – GFIP, nos termos dos §§ 4.º e 5.º do art. 899 da CLT, admitido o depósito judicial, realizado na sede do juízo e à disposição deste, na hipótese de relação de trabalho não submetida ao regime do FGTS.

• A Instrução Normativa n. 26, de 2-9-2004, do TST, dispõe sobre a guia de recolhimento do depósito recursal.

§ 2.º Tratando-se de condenação de valor indeterminado, o depósito corresponderá ao que for arbitrado para efeito de custas, pela Junta ou Juízo de Direito, até o limite de 10 (dez) vezes o valor de referência regional.

•• § 2.º com redação determinada pela Lei n. 5.442, de 24-5-1968.
•• Extinção das Juntas de Conciliação e Julgamento: Emenda Constitucional n. 24, de 9-12-1999.

Lei n. 7.701/88, art. 13: O depósito recursal de que trata o art. 899 e seus parágrafos da Consolidação das Leis do Trabalho fica limitado, no recurso ordinário, a 20 (vinte) vezes o valor de referência e, no de revista, a 40 (quarenta) vezes o referido valor de referência.

Será considerado valor de referência aquele vigente à data da interposição do recurso, devendo ser complementado o valor total de 40 (quarenta) valores, no caso de revista.

Súmula 161/TST: Depósito. Condenação a pagamento em pecúnia. Se não há condenação a pagamento em pecúnia, descabe o depósito de que tratam os §§ 1.º e 2.º do art. 899 da CLT. Ex-prejulgado n. 39.

Súmula 200/TST: Juros de mora. Incidência. Os juros de mora incidem sobre a importância da condenação já corrigida monetariamente.

§ 3.º (Revogado pela Lei n. 7.033, de 5-10-1982.)

§ 4.º O depósito recursal será feito em conta vinculada ao juízo e corrigido com os mesmos índices da poupança.

•• § 4.º com redação determinada pela Lei n. 13.467, de 13-7-2017.

•• O STF, por maioria, nas ADCs n. 58 e 59 e nas ADIs n. 5.867 e 6.021, na sessão virtual de 18-12-2020 (DOU de 12-2-2021), julgou parcialmente procedente o pedido da ação, "para conferir interpretação conforme à Constituição a este § 4.º, na redação dada pela Lei n. 13.467 de 2017, no sentido de considerar que à atualização dos créditos decorrentes de condenação judicial e à correção dos depósitos recursais em contas judiciais na Justiça do Trabalho deverão ser aplicados, até que sobrevenha solução legislativa, os mesmos índices de correção monetária e de juros que vigentes para as condenações cíveis em geral, quais sejam a incidência do IPCA-E na fase pré-judicial e, a partir da citação, a incidência da taxa SELIC (art. 406 do Código Civil)". "Por fim, por maioria, modulou os efeitos da decisão, ao entendimento de que (i) são reputados válidos e não ensejarão qualquer rediscussão (na ação em curso ou em nova demanda, incluindo ação rescisória) todos os pagamentos realizados utilizando a TR (IPCA-E ou qualquer outro índice), no tempo e modo oportunos (de forma extrajudicial ou judicial, inclusive depósitos judiciais) e os juros de mora de 1% ao mês, assim como devem ser mantidas e executadas as sentenças transitadas em julgado que expressamente adotaram, na sua fundamentação ou no dispositivo, a TR (ou o IPCA-E) e os juros de mora de 1% ao mês; (ii) os processos em curso que estejam sobrestados na fase de conhecimento (independentemente de estarem com ou sem sentença, inclusive na fase recursal) devem ter aplicação, de forma retroativa, da taxa Selic (juros e correção monetária), sob pena de alegação futura de inexigibilidade de título judicial fundado em interpretação contrária ao posicionamento do STF (art. 525, §§ 12 e 14, ou art. 535, §§ 5.º e 7.º, do CPC) e (iii) igualmente, ao acórdão formalizado pelo Supremo sobre a questão dever-se-á aplicar eficácia erga omnes e efeito vinculante, no sentido de atingir aqueles feitos já transitados em julgado desde que sem qualquer manifestação expressa quanto aos índices de correção monetária e taxa de juros (omissão expressa ou simples consideração de seguir os critérios legais)".

•• O STF, nas sessões virtuais de 15-10-2021 a 22-10-2021 (DOU de 4-11-2021), acolheu parcialmente os Embargos Declaratórios opostos pela AGU nas ADCs n. 58 e 59 e nas ADIs n. 5.867 e 6.021, "tão somente para sanar o erro material constante da decisão de julgamento e do resumo do acórdão, de modo a estabelecer 'a incidência do IPCA-E na fase pré-judicial e, a partir do ajuizamento da ação, a incidência da taxa SELIC (art. 406 do Código Civil)', sem conferir efeitos infringentes, nos termos do voto do Relator".

Instrução Normativa n. 41/18, art. 20: As disposições contidas nos §§ 4.º, 9.º, 10 e 11 do art. 899 da CLT, com a redação dada pela Lei n. 13.467/2017, serão observadas para os recursos interpostos contra as decisões proferidas a partir de 11 de novembro de 2017.

Súmula 426/TST: Depósito recursal. Utilização da guia GFIP. Obrigatoriedade. Nos dissídios individuais o depósito recursal será efetivado mediante a utilização da Guia de Recolhimento do FGTS e Informações à Previdência Social – GFIP, nos termos dos §§ 4.º e 5.º do art. 899 da CLT, admitido o depósito judicial, realizado na sede do juízo e à disposição deste, na hipótese de relação de trabalho não submetida ao regime do FGTS.

§ 5.º (Revogado pela Lei n. 13.467, de 13-7-2017.)

§ 6.º Quando o valor da condenação, ou o arbitrado para fins de custas, exceder o limite de 10 (dez) vezes o valor de referência regional, o depósito para fins de recurso será limitado a este valor.

•• § 6.º com redação determinada pela Lei n. 5.442, de 24-5-1968.

§ 7.º No ato de interposição do agravo de instrumento, o depósito recursal corresponderá a 50% (cinquenta por cento) do valor do depósito do recurso ao qual se pretende destrancar.

•• § 7.º acrescentado pela Lei n. 12.275, de 29-6-2010, em vigor 45 dias após sua publicação.

Art. 897, § 5.º, I, da CLT: Sob pena de não conhecimento, as partes promoverão a formação do instrumento do agravo de modo a possibilitar, caso provido, o imediato julgamento do recurso denegado, instruindo a petição de interposição: I – obrigatoriamente, com cópias da decisão agravada, da certidão da respectiva intimação, das procurações outorgadas aos advogados do agravante e do agravado, da petição inicial, da contestação, da decisão originária, do depósito recursal referente ao recurso que se pretende destrancar, da comprovação do recolhimento das custas e do depósito recursal a que se refere o § 7.º do art. 899 desta Consolidação.

•• Vide Instrução Normativa n. 3, de 5-3-1993.

§ 8.º Quando o agravo de instrumento tem a finalidade de destrancar recurso de revista que se insurge contra decisão que contraria a jurisprudência uniforme do Tribunal Superior do Trabalho, consubstanciada nas suas súmulas ou em orientação jurisprudencial, não haverá obrigatoriedade de se efetuar o depósito referido no § 7.º deste artigo.

•• § 8.º acrescentado pela Lei n. 13.015, de 21-7-2014.

§ 9.º O valor do depósito recursal será reduzido pela metade para entidades sem fins lucrativos, empregadores domésticos, microempreendedores individuais, microempresas e empresas de pequeno porte.

•• § 9.º acrescentado pela Lei n. 13.467, de 13-7-2017.

Instrução Normativa n. 41/18, art. 20: As disposições contidas nos §§ 4.º, 9.º, 10 e 11 do art. 899 da CLT, com a redação dada pela Lei n. 13.467/2017, serão observadas para os recursos interpostos contra as decisões proferidas a partir de 11 de novembro de 2017.

§ 10. São isentos do depósito recursal os beneficiários da justiça gratuita, as entidades filantrópicas e as empresas em recuperação judicial.

•• § 10 acrescentado pela Lei n. 13.467, de 13-7-2017.

Instrução Normativa n. 41/18, art. 20: As disposições contidas nos §§ 4.º, 9.º, 10 e 11 do art. 899 da CLT, com a redação dada pela Lei n. 13.467/2017, serão observadas para os recursos interpostos contra as decisões proferidas a partir de 11 de novembro de 2017.

§ 11. O depósito recursal poderá ser substituído por fiança bancária ou seguro garantia judicial.

•• § 11 acrescentado pela Lei n. 13.467, de 13-7-2017.

Instrução Normativa n. 41/18, art. 20: As disposições contidas nos §§ 4.º, 9.º, 10 e 11 do art. 899 da CLT, com a redação dada pela Lei n. 13.467/2017, serão observadas para os recursos interpostos contra as decisões proferidas a partir de 11 de novembro de 2017.

Art. 900. Interposto o recurso, será notificado o recorrido para oferecer as suas razões, em prazo igual ao que tiver tido o recorrente.

Art. 901. Sem prejuízo dos prazos previstos neste Capítulo, terão as partes vistas dos autos em cartório ou na secretaria.

Parágrafo único. Salvo quando estiver correndo prazo comum, aos procuradores das partes será permitido ter vista dos autos fora do cartório ou secretaria.

•• Parágrafo único acrescentado pela Lei n. 8.638, de 31-3-1993.

Art. 902. (Revogado pela Lei n. 7.033, de 5-10-1982.)

Capítulo VII
DA APLICAÇÃO DAS PENALIDADES

Art. 903. As penalidades estabelecidas no Título anterior serão aplicadas pelo Juiz, ou Tribunal, que tiver de conhecer da desobediência, violação, recusa, falta ou coação, ex officio, ou mediante representação de qualquer interessado ou da Procuradoria da Justiça do Trabalho.

•• Artigo com redação determinada pelo Decreto-lei n. 8.737, de 19-1-1946.

Art. 904. As sanções em que incorrerem as autoridades da Justiça do Trabalho serão aplicadas pela autoridade ou Tribunal imediatamente superior, conforme o caso, ex officio, ou mediante representação de qualquer interessado ou da Procuradoria.

•• Caput com redação determinada pelo Decreto-lei n. 8.737, de 19-1-1946.

Parágrafo único. Tratando-se de membro do Tribunal Superior do Trabalho será competente para a imposição de sanções o Senado Federal.

•• Entendemos prejudicado este parágrafo único pelo art. 105 da CF (competência do STJ).

Art. 905. Tomando conhecimento do fato imputado, o Juiz, ou Tribunal competente, mandará notificar o acusado, para apresentar, no prazo de 15 (quinze) dias, defesa por escrito.

§ 1.º É facultado ao acusado, dentro do prazo estabelecido neste artigo, requerer a produção de testemunhas, até ao máximo de 5 (cinco). Nesse caso, será marcada audiência para a inquirição.

§ 2.º Findo o prazo de defesa, o processo será imediatamente concluso para julgamento, que deverá ser proferido no prazo de 10 (dez) dias.

Art. 906. Da imposição das penalidades a que se refere este Capítulo, caberá recurso ordinário para o Tribunal Superior, no prazo de 10 (dez) dias, salvo se a imposição resultar de dissídio coletivo, caso em que o prazo será de 20 (vinte) dias.

Art. 907. Sempre que o infrator incorrer em pena criminal far-se-á remessa das peças necessárias à autoridade competente.

Art. 908. A cobrança das multas estabelecidas neste Título será feita mediante executivo fiscal, perante o Juiz competente para a cobrança de dívida ativa da Fazenda Pública Federal.

Parágrafo único. A cobrança das multas será promovida, no Distrito Federal e nos Estados em que funcionarem os Tribunais Regionais, pela Procuradoria da Justiça do Trabalho, e, nos demais Estados, de acordo com o disposto no Decreto-lei n. 960, de 17 de dezembro de 1938.

•• O Decreto-lei n. 9.797, de 9-9-1946, determinou a substituição de "Conselhos Regionais" por "Tribunais Regionais".

Art. 127, *caput*, da CF: O Ministério Público é instituição permanente, essencial à função jurisdicional do Estado, incumbindo-lhe a defesa da ordem jurídica, do regime democrático e dos interesses sociais e individuais indisponíveis.

• A Lei n. 6.830, de 22-9-1980, dispõe sobre a cobrança judicial da dívida ativa da Fazenda Pública.

• *Vide* art. 83 da Lei Complementar n. 73, de 20-5-1993.

Capítulo VIII
DISPOSIÇÕES FINAIS

Art. 909. A ordem dos processos no Tribunal Superior do Trabalho será regulada em seu regimento interno.

•• O Decreto-lei n. 9.797, de 9-9-1946, determinou a substituição de "Conselho Nacional" por "Tribunal Superior".

Art. 910. Para os efeitos deste Título, equiparam-se aos serviços públicos os de utilidade pública, bem como os que forem prestados em armazéns de gêneros alimentícios, açougues, padarias, leiterias, farmácias, hospitais, minas, empresas de transportes e comunicações, bancos e estabelecimentos que interessem à segurança nacional.

Título XI
DISPOSIÇÕES FINAIS E TRANSITÓRIAS

Art. 911. Esta Consolidação entrará em vigor em 10 de novembro de 1943.

Art. 912. Os dispositivos de caráter imperativo terão aplicação imediata às relações iniciadas, mas não consumadas, antes da vigência desta Consolidação.

Art. 14 do CPC: A norma processual não retroagirá e será aplicável imediatamente aos processos em curso, respeitados os atos processuais praticados e as situações jurídicas consolidadas sob a vigência da norma revogada.

• *Vide* art. 915 da CLT.

Art. 913. O Ministro do Trabalho e Previdência Social expedirá instruções, quadros, tabelas e modelos que se tornarem necessários à execução desta Consolidação.

•• Sobre Ministérios, *vide* Nota dos Organizadores.

Parágrafo único. O Tribunal Superior do Trabalho adaptará o seu regimento interno e o dos Tribunais Regionais do Trabalho às normas contidas nesta Consolidação.

•• O Decreto-lei n. 9.797, de 9-9-1946, determinou a substituição de "Conselho Nacional" por "Tribunal Superior" e "Conselho Regional" por "Tribunal Regional".

Art. 914. Continuarão em vigor os quadros, tabelas e modelos, aprovados em virtude de dispositivos não alterados pela presente Consolidação.

Art. 915. Não serão prejudicados os recursos interpostos com apoio em dispositivos alterados ou cujo prazo para interposição esteja em curso à data da vigência desta Consolidação.

Art. 14 do CPC: A norma processual não retroagirá e será aplicável imediatamente aos processos em curso, respeitados os atos processuais praticados e as situações jurídicas consolidadas sob a vigência da norma revogada.

• *Vide* arts. 912 da CLT.

Art. 916. Os prazos de prescrição fixados pela presente Consolidação começarão a correr da data da vigência desta, quando menores do que os previstos pela legislação anterior.

Art. 917. O Ministro do Trabalho e Previdência Social marcará prazo para adaptação dos atuais estabelecimentos às exigências contidas no Capítulo "Da Higiene e Segurança do Trabalho". Compete ainda àquela autoridade fixar os prazos dentro dos quais, em cada Estado, entrará em vigor a obrigatoriedade do uso da Carteira de Trabalho e Previdência Social, para os atuais empregados.

•• *Caput* com redação nos termos da Lei n. 6.514, de 22-12-1977.

•• A Lei n. 6.514, de 22-12-1977, alterou o mencionado Capítulo (arts. 154 e s.), alterando a sua nomenclatura para "Segurança e Medicina do Trabalho".

Parágrafo único. O Ministro do Trabalho e Previdência Social fixará, para cada Estado e quando julgar conveniente, o início da vigência de parte ou de todos os dispositivos contidos no Capítulo "Da Higiene e Segurança do Trabalho".

•• Parágrafo único com redação nos termos da Lei n. 6.514, de 22-12-1977.

•• A Lei n. 6.514, de 22-12-1977, alterou o mencionado Capítulo (arts. 154 e s.), alterando a sua nomenclatura para "Segurança e Medicina do Trabalho".

Art. 918. Enquanto não for expedida a Lei Orgânica da Previdência Social, competirá ao presidente do Tribunal Superior do Trabalho julgar os recursos interpostos com apoio no art. 1.º, alínea *c*, do Decreto-lei n. 3.710, de 14 de outubro de 1941, cabendo recurso de suas decisões nos termos do disposto no art. 734, alínea *b*, desta Consolidação.

•• *Caput* com redação nos termos do Decreto-lei n. 6.353, de 20-3-1944, e Decreto-lei n. 9.797, de 9-9-1946.

•• Entendemos prejudicado o disposto neste artigo pelo Decreto-lei n. 72, de 21-11-1966.

Parágrafo único. Ao diretor do Departamento de Previdência Social incumbirá presidir as eleições para a constituição dos Conselhos Fiscais dos Institutos e Caixas de Aposentadoria e Pensões e julgar, com recurso para a instância superior, os recursos sobre matéria técnico-administrativa dessas instituições.

Art. 919. Ao empregado bancário, admitido até a data da vigência da presente Lei, fica assegurado o direito à aquisição da estabilidade nos termos do art. 15 do Decreto n. 24.615, de 9 de julho de 1934.

Art. 920. Enquanto não forem constituídas as confederações, ou, na falta destas, a representação de classes, econômicas ou profissionais, que derivar da indicação desses órgãos ou dos respectivos presidentes, será suprida por equivalente designação ou eleição realizada pelas correspondentes federações.

Art. 921. As empresas que não estiverem incluídas no enquadramento sindical de que trata o art. 577 poderão firmar contratos coletivos de trabalho com os sindicatos representativos da respectiva categoria profissional.

Art. 922. O disposto no art. 301 regerá somente as relações de emprego iniciadas depois da vigência desta Consolidação.

•• Artigo acrescentado pelo Decreto-lei n. 6.353, de 20-3-1944.

CLT saraiva

CÓDIGO DE PROCESSO CIVIL

Índice Sistemático do Código de Processo Civil

LEI N. 13.105, DE 16 DE MARÇO DE 2015

PARTE GERAL

LIVRO I
DAS NORMAS PROCESSUAIS CIVIS

TÍTULO ÚNICO
DAS NORMAS FUNDAMENTAIS E DA APLICAÇÃO DAS NORMAS PROCESSUAIS

CAPÍTULO I – Das Normas Fundamentais do Processo Civil (arts. 1.º a 12)	271
CAPÍTULO II – Da Aplicação das Normas Processuais (arts. 13 a 15)	272

LIVRO II
DA FUNÇÃO JURISDICIONAL

TÍTULO I
DA JURISDIÇÃO E DA AÇÃO

Arts. 16 a 20	272

TÍTULO II
DOS LIMITES DA JURISDIÇÃO NACIONAL E DA COOPERAÇÃO INTERNACIONAL

CAPÍTULO I – Dos Limites da Jurisdição Nacional (arts. 21 a 25)	272
CAPÍTULO II – Da Cooperação Internacional (arts. 26 a 41)	273
Seção I – Disposições Gerais (arts. 26 e 27)	273
Seção II – Do Auxílio Direto (arts. 28 a 34)	273
Seção III – Da Carta Rogatória (arts. 35 e 36)	273
Seção IV – Disposições Comuns às Seções Anteriores (arts. 37 a 41)	273

TÍTULO III
DA COMPETÊNCIA INTERNA

CAPÍTULO I – Da Competência (arts. 42 a 66)	274
Seção I – Disposições Gerais (arts. 42 a 53)	274
Seção II – Da Modificação da Competência (arts. 54 a 63)	275
Seção III – Da Incompetência (arts. 64 a 66)	275
CAPÍTULO II – Da Cooperação Nacional (arts. 67 a 69)	275

LIVRO III
DOS SUJEITOS DO PROCESSO

TÍTULO I
DAS PARTES E DOS PROCURADORES

CAPÍTULO I – Da Capacidade Processual (arts. 70 a 76)	276
CAPÍTULO II – Dos Deveres das Partes e de seus Procuradores (arts. 77 a 102)	277
Seção I – Dos Deveres (arts. 77 e 78)	277
Seção II – Da Responsabilidade das Partes por Dano Processual (arts. 79 a 81)	277
Seção III – Das Despesas, dos Honorários Advocatícios e das Multas (arts. 82 a 97)	277
Seção IV – Da Gratuidade da Justiça (arts. 98 a 102)	279
CAPÍTULO III – Dos Procuradores (arts. 103 a 107)	280
CAPÍTULO IV – Da Sucessão das Partes e dos Procuradores (arts. 108 a 112)	281

TÍTULO II
DO LITISCONSÓRCIO

Arts. 113 a 118 .. **281**

TÍTULO III
DA INTERVENÇÃO DE TERCEIROS

CAPÍTULO I – Da Assistência (arts. 119 a 124) ... 282
 Seção I – Disposições Comuns (arts. 119 e 120) ... 282
 Seção II – Da Assistência Simples (arts. 121 a 123) .. 282
 Seção III – Da Assistência Litisconsorcial (art. 124) ... 282
CAPÍTULO II – Da Denunciação da Lide (arts. 125 a 129) .. 282
CAPÍTULO III – Do Chamamento ao Processo (arts. 130 a 132) 282
CAPÍTULO IV – Do Incidente de Desconsideração da Personalidade Jurídica (arts. 133 a 137) ... 283
CAPÍTULO V – Do *Amicus Curiae* (art. 138) .. 283

TÍTULO IV
DO JUIZ E DOS AUXILIARES DA JUSTIÇA

CAPÍTULO I – Dos Poderes, dos Deveres e da Responsabilidade do Juiz (arts. 139 a 143) ... 283
CAPÍTULO II – Dos Impedimentos e da Suspeição (arts. 144 a 148) 284
CAPÍTULO III – Dos Auxiliares da Justiça (arts. 149 a 175) .. 284
 Seção I – Do Escrivão, do Chefe de Secretaria e do Oficial de Justiça (arts. 150 a 155) ... 285
 Seção II – Do Perito (arts. 156 a 158) ... 285
 Seção III – Do Depositário e do Administrador (arts. 159 a 161) 285
 Seção IV – Do Intérprete e do Tradutor (arts. 162 a 164) .. 286
 Seção V – Dos Conciliadores e Mediadores Judiciais (arts. 165 a 175) 286

TÍTULO V
DO MINISTÉRIO PÚBLICO

Arts. 176 a 181 .. **287**

TÍTULO VI
DA ADVOCACIA PÚBLICA

Arts. 182 a 184 .. **287**

TÍTULO VII
DA DEFENSORIA PÚBLICA

Arts. 185 a 187 .. **288**

LIVRO IV
DOS ATOS PROCESSUAIS

TÍTULO I
DA FORMA, DO TEMPO E DO LUGAR DOS ATOS PROCESSUAIS

CAPÍTULO I – Da Forma dos Atos Processuais (arts. 188 a 211) 288
 Seção I – Dos Atos em Geral (arts. 188 a 192) .. 288
 Seção II – Da Prática Eletrônica de Atos Processuais (arts. 193 a 199) 288
 Seção III – Dos Atos das Partes (arts. 200 a 202) ... 289
 Seção IV – Dos Pronunciamentos do Juiz (arts. 203 a 205) 289
 Seção V – Dos Atos do Escrivão ou do Chefe de Secretaria (arts. 206 a 211) 289
CAPÍTULO II – Do Tempo e do Lugar dos Atos Processuais (arts. 212 a 217) 289
 Seção I – Do Tempo (arts. 212 a 216) .. 289
 Seção II – Do Lugar (art. 217) ... 290
CAPÍTULO III – Dos Prazos (arts. 218 a 235) .. 290
 Seção I – Disposições Gerais (arts. 218 a 232) ... 290
 Seção II – Da Verificação dos Prazos e das Penalidades (arts. 233 a 235) 291

TÍTULO II
DA COMUNICAÇÃO DOS ATOS PROCESSUAIS

CAPÍTULO I – Disposições Gerais (arts. 236 e 237) ... 291
CAPÍTULO II – Da Citação (arts. 238 a 259) .. 292

CAPÍTULO III – Das Cartas (arts. 260 a 268).. 294
CAPÍTULO IV – Das Intimações (arts. 269 a 275)... 294

TÍTULO III
DAS NULIDADES
Arts. 276 a 283 .. **295**

TÍTULO IV
DA DISTRIBUIÇÃO E DO REGISTRO
Arts. 284 a 290 .. **295**

TÍTULO V
DO VALOR DA CAUSA
Arts. 291 a 293 .. **296**

LIVRO V
DA TUTELA PROVISÓRIA

TÍTULO I
DISPOSIÇÕES GERAIS
Arts. 294 a 299 .. **296**

TÍTULO II
DA TUTELA DE URGÊNCIA
CAPÍTULO I – Disposições Gerais (arts. 300 a 302)... 296
CAPÍTULO II – Do Procedimento da Tutela Antecipada Requerida em Caráter Antecedente (arts. 303 e 304) 297
CAPÍTULO III – Do Procedimento da Tutela Cautelar Requerida em Caráter Antecedente (arts. 305 a 310) 297

TÍTULO III
DA TUTELA DA EVIDÊNCIA
Art. 311 ... **297**

LIVRO VI
DA FORMAÇÃO, DA SUSPENSÃO E DA EXTINÇÃO DO PROCESSO

TÍTULO I
DA FORMAÇÃO DO PROCESSO
Art. 312 ... **298**

TÍTULO II
DA SUSPENSÃO DO PROCESSO
Arts. 313 a 315 .. **298**

TÍTULO III
DA EXTINÇÃO DO PROCESSO
Arts. 316 e 317 ... **298**

PARTE ESPECIAL

LIVRO I
DO PROCESSO DE CONHECIMENTO E DO CUMPRIMENTO DE SENTENÇA

TÍTULO I
DO PROCEDIMENTO COMUM
CAPÍTULO I – Disposições Gerais (art. 318) .. 298
CAPÍTULO II – Da Petição Inicial (arts. 319 a 331) ... 298
 Seção I – Dos Requisitos da Petição Inicial (arts. 319 a 321).. 298
 Seção II – Do Pedido (arts. 322 a 329) .. 299
 Seção III – Do Indeferimento da Petição Inicial (arts. 330 e 331) .. 299
CAPÍTULO III – Da Improcedência Liminar do Pedido (art. 332) ... 300
CAPÍTULO IV – Da Conversão da Ação Individual em Ação Coletiva (art. 333) .. 300
CAPÍTULO V – Da Audiência de Conciliação ou de Mediação (art. 334) ... 300

CAPÍTULO VI – Da Contestação (arts. 335 a 342)	300
CAPÍTULO VII – Da Reconvenção (art. 343)	301
CAPÍTULO VIII – Da Revelia (arts. 344 a 346)	301
CAPÍTULO IX – Das Providências Preliminares e do Saneamento (art. 347)	301
Seção I – Da Não Incidência dos Efeitos da Revelia (arts. 348 e 349)	301
Seção II – Do Fato Impeditivo, Modificativo ou Extintivo do Direito do Autor (art. 350)	302
Seção III – Das Alegações do Réu (arts. 351 a 353)	302
CAPÍTULO X – Do Julgamento Conforme o Estado do Processo (arts. 354 a 357)	302
Seção I – Da Extinção do Processo (art. 354)	302
Seção II – Do Julgamento Antecipado do Mérito (art. 355)	302
Seção III – Do Julgamento Antecipado Parcial do Mérito (art. 356)	302
Seção IV – Do Saneamento e da Organização do Processo (art. 357)	302
CAPÍTULO XI – Da Audiência de Instrução e Julgamento (arts. 358 a 368)	302
CAPÍTULO XII – Das Provas (arts. 369 a 484)	303
Seção I – Disposições Gerais (arts. 369 a 380)	303
Seção II – Da Produção Antecipada da Prova (arts. 381 a 383)	304
Seção III – Da Ata Notarial (art. 384)	304
Seção IV – Do Depoimento Pessoal (arts. 385 a 388)	304
Seção V – Da Confissão (arts. 389 a 395)	304
Seção VI – Da Exibição de Documento ou Coisa (arts. 396 a 404)	305
Seção VII – Da Prova Documental (arts. 405 a 438)	305
Subseção I – Da força probante dos documentos (arts. 405 a 429)	305
Subseção II – Da arguição de falsidade (arts. 430 a 433)	307
Subseção III – Da produção da prova documental (arts. 434 a 438)	307
Seção VIII – Dos Documentos Eletrônicos (arts. 439 a 441)	307
Seção IX – Da Prova Testemunhal (arts. 442 a 463)	308
Subseção I – Da admissibilidade e do valor da prova testemunhal (arts. 442 a 449)	308
Subseção II – Da produção da prova testemunhal (arts. 450 a 463)	308
Seção X – Da Prova Pericial (arts. 464 a 480)	309
Seção XI – Da Inspeção Judicial (arts. 481 a 484)	311
CAPÍTULO XIII – Da Sentença e da Coisa Julgada (arts. 485 a 508)	311
Seção I – Disposições Gerais (arts. 485 a 488)	311
Seção II – Dos Elementos e dos Efeitos da Sentença (arts. 489 a 495)	312
Seção III – Da Remessa Necessária (art. 496)	312
Seção IV – Do Julgamento das Ações Relativas às Prestações de Fazer, de Não Fazer e de Entregar Coisa (arts. 497 a 501)	313
Seção V – Da Coisa Julgada (arts. 502 a 508)	313
CAPÍTULO XIV – Da Liquidação de Sentença (arts. 509 a 512)	313

TÍTULO II
DO CUMPRIMENTO DA SENTENÇA

CAPÍTULO I – Disposições Gerais (arts. 513 a 519)	314
CAPÍTULO II – Do Cumprimento Provisório da Sentença que Reconhece a Exigibilidade de Obrigação de Pagar Quantia Certa (arts. 520 a 522)	314
CAPÍTULO III – Do Cumprimento Definitivo da Sentença que Reconhece a Exigibilidade de Obrigação de Pagar Quantia Certa (arts. 523 a 527)	315
CAPÍTULO IV – Do Cumprimento de Sentença que Reconheça a Exigibilidade de Obrigação de Prestar Alimentos (arts. 528 a 533)	316
CAPÍTULO V – Do Cumprimento de Sentença que Reconheça a Exigibilidade de Obrigação de Pagar Quantia Certa pela Fazenda Pública (arts. 534 e 535)	317
CAPÍTULO VI – Do Cumprimento de Sentença que Reconheça a Exigibilidade de Obrigação de Fazer, de Não Fazer ou de Entregar Coisa (arts. 536 a 538)	317
Seção I – Do Cumprimento de Sentença que Reconheça a Exigibilidade de Obrigação de Fazer ou de Não Fazer (arts. 536 e 537)	317
Seção II – Do Cumprimento de Sentença que Reconheça a Exigibilidade de Obrigação de Entregar Coisa (art. 538)	318

TÍTULO III
DOS PROCEDIMENTOS ESPECIAIS

CAPÍTULO I – Da Ação de Consignação em Pagamento (arts. 539 a 549)	318
CAPÍTULO II – Da Ação de Exigir Contas (arts. 550 a 553)	319
CAPÍTULO III – Das Ações Possessórias (arts. 554 a 568)	319
Seção I – Disposições Gerais (arts. 554 a 559)	319
Seção II – Da Manutenção e da Reintegração de Posse (arts. 560 a 566)	319
Seção III – Do Interdito Proibitório (arts. 567 e 568)	320
CAPÍTULO IV – Da Ação de Divisão e da Demarcação de Terras Particulares (arts. 569 a 598)	320
Seção I – Disposições Gerais (arts. 569 a 573)	320

Seção II – Da Demarcação (arts. 574 a 587)	320
Seção III – Da Divisão (arts. 588 a 598)	321
CAPÍTULO V – Da Ação de Dissolução Parcial de Sociedade (arts. 599 a 609)	322
CAPÍTULO VI – Do Inventário e da Partilha (arts. 610 a 673)	322
Seção I – Disposições Gerais (arts. 610 a 614)	322
Seção II – Da Legitimidade para Requerer o Inventário (arts. 615 e 616)	323
Seção III – Do Inventariante e das Primeiras Declarações (arts. 617 a 625)	323
Seção IV – Das Citações e das Impugnações (arts. 626 a 629)	324
Seção V – Da Avaliação e do Cálculo do Imposto (arts. 630 a 638)	324
Seção VI – Das Colações (arts. 639 a 641)	324
Seção VII – Do Pagamento das Dívidas (arts. 642 a 646)	325
Seção VIII – Da Partilha (arts. 647 a 658)	325
Seção IX – Do Arrolamento (arts. 659 a 667)	326
Seção X – Disposições Comuns a Todas as Seções (arts. 668 a 673)	326
CAPÍTULO VII – Dos Embargos de Terceiro (arts. 674 a 681)	327
CAPÍTULO VIII – Da Oposição (arts. 682 a 686)	327
CAPÍTULO IX – Da Habilitação (arts. 687 a 692)	327
CAPÍTULO X – Das Ações de Família (arts. 693 a 699)	328
CAPÍTULO XI – Da Ação Monitória (arts. 700 a 702)	328
CAPÍTULO XII – Da Homologação Do Penhor Legal (arts. 703 a 706)	329
CAPÍTULO XIII – Da Regulação De Avaria Grossa (arts. 707 a 711)	329
CAPÍTULO XIV – Da Restauração De Autos (arts. 712 a 718)	329
CAPÍTULO XV – Dos Procedimentos de Jurisdição Voluntária (arts. 719 a 770)	330
Seção I – Disposições Gerais (arts. 719 a 725)	330
Seção II – Da Notificação e da Interpelação (arts. 726 a 729)	330
Seção III – Da Alienação Judicial (art. 730)	330
Seção IV – Do Divórcio e da Separação Consensuais, da Extinção Consensual de União Estável e da Alteração do Regime de Bens do Matrimônio (arts. 731 a 734)	330
Seção V – Dos Testamentos e dos Codicilos (arts. 735 a 737)	331
Seção VI – Da Herança Jacente (arts. 738 a 743)	331
Seção VII – Dos Bens dos Ausentes (arts. 744 e 745)	332
Seção VIII – Das Coisas Vagas (art. 746)	332
Seção IX – Da Interdição (arts. 747 a 758)	332
Seção X – Disposições Comuns à Tutela e à Curatela (arts. 759 a 763)	333
Seção XI – Da Organização e da Fiscalização das Fundações (arts. 764 e 765)	333
Seção XII – Da Ratificação dos Protestos Marítimos e dos Processos Testemunháveis Formados a Bordo (arts. 766 a 770)	333

LIVRO II
DO PROCESSO DE EXECUÇÃO

TÍTULO I
DA EXECUÇÃO EM GERAL

CAPÍTULO I – Disposições Gerais (arts. 771 a 777)	334
CAPÍTULO II – Das Partes (arts. 778 a 780)	334
CAPÍTULO III – Da Competência (arts. 781 e 782)	335
CAPÍTULO IV – Dos Requisitos Necessários para Realizar Qualquer Execução (arts. 783 a 788)	335
Seção I – Do Título Executivo (arts. 783 a 785)	335
Seção II – Da Exigibilidade da Obrigação (arts. 786 a 788)	335
CAPÍTULO V – Da Responsabilidade Patrimonial (arts. 789 a 796)	335

TÍTULO II
DAS DIVERSAS ESPÉCIES DE EXECUÇÃO

CAPÍTULO I – Disposições Gerais (arts. 797 a 805)	336
CAPÍTULO II – Da Execução para a Entrega de Coisa (arts. 806 a 813)	337
Seção I – Da Entrega de Coisa Certa (arts. 806 a 810)	337
Seção II – Da Entrega de Coisa Incerta (arts. 811 a 813)	338
CAPÍTULO III – Da Execução das Obrigações de Fazer ou de Não Fazer (arts. 814 a 823)	338
Seção I – Disposições Comuns (art. 814)	338
Seção II – Da Obrigação de Fazer (arts. 815 a 821)	338
Seção III – Da Obrigação de Não Fazer (arts. 822 e 823)	338
CAPÍTULO IV – Da Execução por Quantia Certa (arts. 824 a 909)	338
Seção I – Disposições Gerais (arts. 824 a 826)	338

Seção II – Da Citação do Devedor e do Arresto (arts. 827 a 830) .. 339
Seção III – Da Penhora, do Depósito e da Avaliação (arts. 831 a 875) .. 339
 Subseção I – Do objeto da penhora (arts. 831 a 836) ... 339
 Subseção II – Da documentação da penhora, de seu registro e do depósito (arts. 837 a 844) 340
 Subseção III – Do lugar de realização da penhora (arts. 845 e 846) ... 340
 Subseção IV – Das modificações da penhora (arts. 847 a 853) .. 341
 Subseção V – Da penhora de dinheiro em depósito ou em aplicação financeira (art. 854) 341
 Subseção VI – Da penhora de créditos (arts. 855 a 860) ... 342
 Subseção VII – Da penhora das quotas ou das ações de sociedades personificadas (art. 861) 342
 Subseção VIII – Da penhora de empresa, de outros estabelecimentos e de semoventes (arts. 862 a 865) 342
 Subseção IX – Da penhora de percentual de faturamento de empresa (art. 866) ... 343
 Subseção X – Da penhora de frutos e rendimentos de coisa móvel ou imóvel (arts. 867 a 869) 343
 Subseção XI – Da avaliação (arts. 870 a 875) ... 343
Seção IV – Da Expropriação de Bens (arts. 876 a 903) ... 343
 Subseção I – Da adjudicação (arts. 876 a 878) ... 343
 Subseção II – Da alienação (arts. 879 a 903) .. 344
Seção V – Da Satisfação do Crédito (arts. 904 a 909) ... 346
CAPÍTULO V – Da Execução Contra a Fazenda Pública (art. 910) .. 347
CAPÍTULO VI – Da Execução de Alimentos (arts. 911 a 913) ... 347

TÍTULO III
DOS EMBARGOS À EXECUÇÃO

Arts. 914 a 920 .. **347**

TÍTULO IV
DA SUSPENSÃO E DA EXTINÇÃO DO PROCESSO DE EXECUÇÃO

CAPÍTULO I – Da Suspensão do Processo de Execução (arts. 921 a 923) ... 348
CAPÍTULO II – Da Extinção do Processo de Execução (arts. 924 e 925) ... 349

LIVRO III
DOS PROCESSOS NOS TRIBUNAIS E DOS MEIOS DE IMPUGNAÇÃO DAS DECISÕES JUDICIAIS

TÍTULO I
DA ORDEM DOS PROCESSOS E DOS PROCESSOS DE COMPETÊNCIA ORIGINÁRIA DOS TRIBUNAIS

CAPÍTULO I – Disposições Gerais (arts. 926 a 928) ... 349
CAPÍTULO II – Da Ordem dos Processos no Tribunal (arts. 929 a 946) ... 349
CAPÍTULO III – Do Incidente de Assunção de Competência (art. 947) ... 351
CAPÍTULO IV – Do Incidente de Arguição de Inconstitucionalidade (arts. 948 a 950) .. 351
CAPÍTULO V – Do Conflito de Competência (arts. 951 a 959) .. 351
CAPÍTULO VI – Da Homologação de Decisão Estrangeira e da Concessão do *Exequatur* à Carta Rogatória (arts. 960 a 965) 352
CAPÍTULO VII – Da Ação Rescisória (arts. 966 a 975) .. 352
CAPÍTULO VIII – Do Incidente de Resolução de Demandas Repetitivas (arts. 976 a 987) 353
CAPÍTULO IX – Da Reclamação (arts. 988 a 993) ... 355

TÍTULO II
DOS RECURSOS

CAPÍTULO I – Disposições Gerais (arts. 994 a 1.008) .. 355
CAPÍTULO II – Da Apelação (arts. 1.009 a 1.014) ... 356
CAPÍTULO III – Do Agravo de Instrumento (arts. 1.015 a 1.020) .. 357
CAPÍTULO IV – Do Agravo Interno (art. 1.021) .. 358
CAPÍTULO V – Dos Embargos de Declaração (arts. 1.022 a 1.026) ... 358
CAPÍTULO VI – Dos Recursos para o Supremo Tribunal Federal e para o Superior Tribunal de Justiça (arts. 1.027 a 1.044) 358
 Seção I – Do Recurso Ordinário (arts. 1.027 e 1.028) ... 358
 Seção II – Do Recurso Extraordinário e do Recurso Especial (arts. 1.029 a 1.041) .. 359
 Subseção I – Disposições gerais (arts. 1.029 a 1.035) .. 359
 Subseção II – Do julgamento dos recursos extraordinário e especial repetitivos (arts. 1.036 a 1.041) 360
 Seção III – Do Agravo em Recurso Especial e em Recurso Extraordinário (art. 1.042) 361
 Seção IV – Dos Embargos de Divergência (arts. 1.043 e 1.044) ... 362

LIVRO COMPLEMENTAR
DISPOSIÇÕES FINAIS E TRANSITÓRIAS

Arts. 1.045 a 1.072 ... **362**

Código de Processo Civil

LEI N. 13.105, DE 16 DE MARÇO DE 2015 (*)

Código de Processo Civil.

A Presidenta da República

Faço saber que o Congresso Nacional decreta e eu sanciono a seguinte Lei:

PARTE GERAL

LIVRO I
DAS NORMAS PROCESSUAIS CIVIS

Título Único
DAS NORMAS FUNDAMENTAIS E DA APLICAÇÃO DAS NORMAS PROCESSUAIS

Capítulo I
DAS NORMAS FUNDAMENTAIS DO PROCESSO CIVIL

Art. 1.º O processo civil será ordenado, disciplinado e interpretado conforme os valores e as normas fundamentais estabelecidos na Constituição da República Federativa do Brasil, observando-se as disposições deste Código.
•• *Vide* arts. 14 e 1.046 do CPC.

Art. 2.º O processo começa por iniciativa da parte e se desenvolve por impulso oficial, salvo as exceções previstas em lei.
• *Vide* arts. 141 e 322 a 329 do CPC.

Art. 3.º Não se excluirá da apreciação jurisdicional ameaça ou lesão a direito.
•• *Vide* art. 5.º, XXXV, da CF.

§ 1.º É permitida a arbitragem, na forma da lei.
•• A Lei n. 9.307, de 23-9-1996, dispõe sobre a arbitragem.
• *Vide* arts. 189, IV, 337, X, 359 e 485, VII, do CPC.

§ 2.º O Estado promoverá, sempre que possível, a solução consensual dos conflitos.

§ 3.º A conciliação, a mediação e outros métodos de solução consensual de conflitos deverão ser estimulados por juízes, advogados, defensores públicos e membros do Ministério Público, inclusive no curso do processo judicial.
•• A Lei n. 13.140, de 26-6-2015, dispõe sobre a mediação entre particulares como meio de solução de controvérsias e sobre a autocomposição de conflitos no âmbito da Administração Pública.

Art. 4.º As partes têm o direito de obter em prazo razoável a solução integral do mérito, incluída a atividade satisfativa.
•• *Vide* art. 5.º, LXXVIII, da CF.

Art. 5.º Aquele que de qualquer forma participa do processo deve comportar-se de acordo com a boa-fé.
•• *Vide* art. 113 do CC.

Art. 6.º Todos os sujeitos do processo devem cooperar entre si para que se obtenha, em tempo razoável, decisão de mérito justa e efetiva.
•• *Vide* art. 5.º, LXXVIII, da CF.

Art. 7.º É assegurada às partes paridade de tratamento em relação ao exercício de direitos e faculdades processuais, aos meios de defesa, aos ônus, aos deveres e à aplicação de sanções processuais, competindo ao juiz zelar pelo efetivo contraditório.
•• *Vide* art. 5.º, LV, da CF.
• *Vide* Súmulas Vinculantes 5 e 14.

Art. 8.º Ao aplicar o ordenamento jurídico, o juiz atenderá aos fins sociais e às exigências do bem comum, resguardando e promovendo a dignidade da pessoa humana e observando a proporcionalidade, a razoabilidade, a legalidade, a publicidade e a eficiência.
•• *Vide* art. 5.º da LINDB (Decreto-lei n. 4.657, de 4-9-1942).

Art. 9.º Não se proferirá decisão contra uma das partes sem que ela seja previamente ouvida.
•• *Vide* art. 5.º, LV, da CF.
•• *Vide* art. 4.º da Instrução Normativa n. 39, de 15-3-2016.

Parágrafo único. O disposto no *caput* não se aplica:

I – à tutela provisória de urgência;
•• *Vide* arts. 294 e s. do CPC.

II – às hipóteses de tutela da evidência previstas no art. 311, incisos II e III;

III – à decisão prevista no art. 701.

Art. 10. O juiz não pode decidir, em grau algum de jurisdição, com base em fundamento a respeito do qual não se tenha dado às partes oportunidade de se manifestar, ainda que se trate de matéria sobre a qual deva decidir de ofício.
•• *Vide* art. 5.º, LV, da CF.
•• *Vide* art. 4.º da Instrução Normativa n. 39, de 15-3-2016.
•• *Vide* art. 141 do CPC.

Art. 11. Todos os julgamentos dos órgãos do Poder Judiciário serão públicos, e fundamentadas todas as decisões, sob pena de nulidade.
•• *Vide* art. 5.º, LX, da CF.
• *Vide* art. 152, V, do CPC.

Parágrafo único. Nos casos de segredo de justiça, pode ser autorizada a presença somente das partes, de seus advogados, de defensores públicos ou do Ministério Público.
•• *Vide* art. 93, IX, da CF.

Art. 12. Os juízes e os tribunais atenderão, preferencialmente, à ordem cronológica de conclusão para proferir sentença ou acórdão.
•• *Caput* com redação determinada pela Lei n. 13.256, de 4-2-2016.

(*) Publicada no *DOU*, de 17-3-2015.

§ 1.º A lista de processos aptos a julgamento deverá estar permanentemente à disposição para consulta pública em cartório e na rede mundial de computadores.

§ 2.º Estão excluídos da regra do *caput*:

I – as sentenças proferidas em audiência, homologatórias de acordo ou de improcedência liminar do pedido;

II – o julgamento de processos em bloco para aplicação de tese jurídica firmada em julgamento de casos repetitivos;

III – o julgamento de recursos repetitivos ou de incidente de resolução de demandas repetitivas;

•• *Vide* arts. 1.036 a 1.041 do CPC.

IV – as decisões proferidas com base nos arts. 485 e 932;

V – o julgamento de embargos de declaração;

•• *Vide* arts. 1.022 a 1.026 do CPC.

VI – o julgamento de agravo interno;

VII – as preferências legais e as metas estabelecidas pelo Conselho Nacional de Justiça;

VIII – os processos criminais, nos órgãos jurisdicionais que tenham competência penal;

IX – a causa que exija urgência no julgamento, assim reconhecida por decisão fundamentada.

§ 3.º Após elaboração de lista própria, respeitar-se-á a ordem cronológica das conclusões entre as preferências legais.

§ 4.º Após a inclusão do processo na lista de que trata o § 1.º, o requerimento formulado pela parte não altera a ordem cronológica para a decisão, exceto quando implicar a reabertura da instrução ou a conversão do julgamento em diligência.

§ 5.º Decidido o requerimento previsto no § 4.º, o processo retornará à mesma posição em que anteriormente se encontrava na lista.

§ 6.º Ocupará o primeiro lugar na lista prevista no § 1.º ou, conforme o caso, no § 3.º, o processo que:

I – tiver sua sentença ou acórdão anulado, salvo quando houver necessidade de realização de diligência ou de complementação da instrução;

II – se enquadrar na hipótese do art. 1.040, inciso II.

Capítulo II
DA APLICAÇÃO DAS NORMAS PROCESSUAIS

Art. 13. A jurisdição civil será regida pelas normas processuais brasileiras, ressalvadas as disposições específicas previstas em tratados, convenções ou acordos internacionais de que o Brasil seja parte.

• *Vide* art. 5.º, § 2.º, da CF.

Art. 14. A norma processual não retroagirá e será aplicável imediatamente aos processos em curso, respeitados os atos processuais praticados e as situações jurídicas consolidadas sob a vigência da norma revogada.

•• *Vide* art. 1.046 do CPC.

•• *Vide* art. 6.º da LINDB (Decreto-lei n. 4.657, de 4-9-1942).

Art. 15. Na ausência de normas que regulem processos eleitorais, trabalhistas ou administrativos, as disposições deste Código lhes serão aplicadas supletiva e subsidiariamente.

LIVRO II
DA FUNÇÃO JURISDICIONAL

Título I
DA JURISDIÇÃO E DA AÇÃO

Art. 16. A jurisdição civil é exercida pelos juízes e pelos tribunais em todo o território nacional, conforme as disposições deste Código.

•• *Vide* art. 1.046 do CPC.

Art. 17. Para postular em juízo é necessário ter interesse e legitimidade.

•• *Vide* arts. 330, II e III, e 485, VI, do CPC.

Art. 18. Ninguém poderá pleitear direito alheio em nome próprio, salvo quando autorizado pelo ordenamento jurídico.

• *Vide* arts. 108 e s. do CPC.

• *Vide* Lei n. 8.906, de 4-7-1994, que dispõe sobre o EAOAB.

• *Vide* arts. 81 e 82 do CDC.

Parágrafo único. Havendo substituição processual, o substituído poderá intervir como assistente litisconsorcial.

• *Vide* art. 124 do CPC.

Art. 19. O interesse do autor pode limitar-se à declaração:

I – da existência, da inexistência ou do modo de ser de uma relação jurídica;

• *Vide* art. 20 do CPC.

II – da autenticidade ou da falsidade de documento.

• *Vide* arts. 405 a 441 do CPC.

Art. 20. É admissível a ação meramente declaratória, ainda que tenha ocorrido a violação do direito.

Título II
DOS LIMITES DA JURISDIÇÃO NACIONAL E DA COOPERAÇÃO INTERNACIONAL

Capítulo I
DOS LIMITES DA JURISDIÇÃO NACIONAL

Art. 21. Compete à autoridade judiciária brasileira processar e julgar as ações em que:

I – o réu, qualquer que seja a sua nacionalidade, estiver domiciliado no Brasil;

•• *Vide* art. 12 da LINDB (Decreto-lei n. 4.657, de 4-9-1942).

II – no Brasil tiver de ser cumprida a obrigação;

•• *Vide* art. 12 da LINDB (Decreto-lei n. 4.657, de 4-9-1942).

III – o fundamento seja fato ocorrido ou ato praticado no Brasil.

Parágrafo único. Para o fim do disposto no inciso I, considera-se domiciliada no Brasil a pessoa jurídica estrangeira que nele tiver agência, filial ou sucursal.

•• *Vide* art. 75, X e § 3.º, do CPC.

Art. 22. Compete, ainda, à autoridade judiciária brasileira processar e julgar as ações:

I – de alimentos, quando:

• *Vide* arts. 911 a 913 do CPC.

a) o credor tiver domicílio ou residência no Brasil;

b) o réu mantiver vínculos no Brasil, tais como posse ou propriedade de bens, recebimento de renda ou obtenção de benefícios econômicos;

II – decorrentes de relações de consumo, quando o consumidor tiver domicílio ou residência no Brasil;

•• CDC: Lei n. 8.078, de 11-9-1990.

III – em que as partes, expressa ou tacitamente, se submeterem à jurisdição nacional.

Art. 23. Compete à autoridade judiciária brasileira, com exclusão de qualquer outra:

I – conhecer de ações relativas a imóveis situados no Brasil;

•• *Vide* art. 12, § 1.º, da LINDB (Decreto-lei n. 4.657, de 4-9-1942).

II – em matéria de sucessão hereditária, proceder à confirmação de testamento particular e ao inventário e à partilha de bens situados no Brasil, ainda que o autor da herança seja de nacionalidade estrangeira ou tenha domicílio fora do território nacional;

•• *Vide* arts. 10 e 12, § 1.º, da LINDB (Decreto-lei n. 4.657, de 4-9-1942).

III – em divórcio, separação judicial ou dissolução de união estável, proceder à partilha de bens situados no Brasil, ainda que o titular seja de nacionalidade estrangeira ou tenha domicílio fora do território nacional.

•• *Vide* art. 53, I, do CPC.

Art. 24. A ação proposta perante tribunal estrangeiro não induz litispendência e não obsta a que a autoridade judiciária brasileira conheça da mesma causa e das que lhe são conexas, ressalvadas as disposições

em contrário de tratados internacionais e acordos bilaterais em vigor no Brasil.
•• *Vide* art. 105, I, *i*, da CF.
•• *Vide* arts. 57 e 337, §§ 1.º a 3.º, do CPC.

Parágrafo único. A pendência de causa perante a jurisdição brasileira não impede a homologação de sentença judicial estrangeira quando exigida para produzir efeitos no Brasil.
•• *Vide* art. 105, I, *i*, da CF.

Art. 25. Não compete à autoridade judiciária brasileira o processamento e o julgamento da ação quando houver cláusula de eleição de foro exclusivo estrangeiro em contrato internacional, arguida pelo réu na contestação.

§ 1.º Não se aplica o disposto no *caput* às hipóteses de competência internacional exclusiva previstas neste Capítulo.

§ 2.º Aplica-se à hipótese do *caput* o art. 63, §§ 1.º a 4.º.

Capítulo II
DA COOPERAÇÃO INTERNACIONAL

SEÇÃO I
Disposições Gerais

Art. 26. A cooperação jurídica internacional será regida por tratado de que o Brasil faz parte e observará:

I – o respeito às garantias do devido processo legal no Estado requerente;
•• *Vide* art. 5.º, LIV, da CF.

II – a igualdade de tratamento entre nacionais e estrangeiros, residentes ou não no Brasil, em relação ao acesso à justiça e à tramitação dos processos, assegurando-se assistência judiciária aos necessitados;
•• *Vide* art. 5.º, LXXIV, da CF.
•• *Vide* arts. 98 a 102 do CPC.

III – a publicidade processual, exceto nas hipóteses de sigilo previstas na legislação brasileira ou na do Estado requerente;
•• *Vide* art. 5.º, LX, da CF.
•• *Vide* arts. 11 e 189 do CPC.

IV – a existência de autoridade central para recepção e transmissão dos pedidos de cooperação;

V – a espontaneidade na transmissão de informações a autoridades estrangeiras.

§ 1.º Na ausência de tratado, a cooperação jurídica internacional poderá realizar-se com base em reciprocidade, manifestada por via diplomática.

§ 2.º Não se exigirá a reciprocidade referida no § 1.º para homologação de sentença estrangeira.
•• *Vide* art. 105, I, *I*, da CF.
•• *Vide* arts. 960 a 965 do CPC.

§ 3.º Na cooperação jurídica internacional não será admitida a prática de atos que contrariem ou que produzam resultados incompatíveis com as normas fundamentais que regem o Estado brasileiro.

§ 4.º O Ministério da Justiça exercerá as funções de autoridade central na ausência de designação específica.

Art. 27. A cooperação jurídica internacional terá por objeto:

I – citação, intimação e notificação judicial e extrajudicial;

II – colheita de provas e obtenção de informações;

III – homologação e cumprimento de decisão;

IV – concessão de medida judicial de urgência;

V – assistência jurídica internacional;

VI – qualquer outra medida judicial ou extrajudicial não proibida pela lei brasileira.

SEÇÃO II
Do Auxílio Direto

•• O Regimento Interno do STJ dispõe, em seus arts. 216-A a 216-X, sobre processos oriundos de Estados estrangeiros.

Art. 28. Cabe auxílio direto quando a medida não decorrer diretamente de decisão de autoridade jurisdicional estrangeira a ser submetida a juízo de delibação no Brasil.

Art. 29. A solicitação de auxílio direto será encaminhada pelo órgão estrangeiro interessado à autoridade central, cabendo ao Estado requerente assegurar a autenticidade e a clareza do pedido.

Art. 30. Além dos casos previstos em tratados de que o Brasil faz parte, o auxílio direto terá os seguintes objetos:

I – obtenção e prestação de informações sobre o ordenamento jurídico e sobre processos administrativos ou jurisdicionais findos ou em curso;

II – colheita de provas, salvo se a medida for adotada em processo, em curso no estrangeiro, de competência exclusiva de autoridade judiciária brasileira;

III – qualquer outra medida judicial ou extrajudicial não proibida pela lei brasileira.

Art. 31. A autoridade central brasileira comunicar-se-á diretamente com suas congêneres e, se necessário, com outros órgãos estrangeiros responsáveis pela tramitação e pela execução de pedidos de cooperação enviados e recebidos pelo Estado brasileiro, respeitadas disposições específicas constantes de tratado.

Art. 32. No caso de auxílio direto para a prática de atos que, segundo a lei brasileira, não necessitem de prestação jurisdicional, a autoridade central adotará as providências necessárias para seu cumprimento.

Art. 33. Recebido o pedido de auxílio direto passivo, a autoridade central o encaminhará à Advocacia-Geral da União, que requererá em juízo a medida solicitada.

Parágrafo único. O Ministério Público requererá em juízo a medida solicitada quando for autoridade central.

Art. 34. Compete ao juízo federal do lugar em que deva ser executada a medida apreciar pedido de auxílio direto passivo que demande prestação de atividade jurisdicional.

SEÇÃO III
Da Carta Rogatória

Art. 35. (*Vetado.*)

Art. 36. O procedimento da carta rogatória perante o Superior Tribunal de Justiça é de jurisdição contenciosa e deve assegurar às partes as garantias do devido processo legal.
•• *Vide* art. 5.º, LIV, da CF.
•• *Vide* art. 105, I, *i*, da CF.

§ 1.º A defesa restringir-se-á à discussão quanto ao atendimento dos requisitos para que o pronunciamento judicial estrangeiro produza efeitos no Brasil.

§ 2.º Em qualquer hipótese, é vedada a revisão do mérito do pronunciamento judicial estrangeiro pela autoridade judiciária brasileira.

SEÇÃO IV
Disposições Comuns às Seções Anteriores

Art. 37. O pedido de cooperação jurídica internacional oriundo de autoridade brasileira competente será encaminhado à autoridade central para posterior envio ao Estado requerido para lhe dar andamento.

Art. 38. O pedido de cooperação oriundo de autoridade brasileira competente e os documentos anexos que o instruem serão encaminhados à autoridade central, acompanhados de tradução para a língua oficial do Estado requerido.

Art. 39. O pedido passivo de cooperação jurídica internacional será recusado se configurar manifesta ofensa à ordem pública.

Art. 40. A cooperação jurídica internacional para execução de decisão estrangeira dar-se-á por meio de carta rogatória ou de ação de homologação de sentença estrangeira, de acordo com o art. 960.
•• *Vide* art. 105, I, *i*, da CF.

Art. 41. Considera-se autêntico o documento que instruir pedido de cooperação jurídica internacional, inclusive tradução para a língua portuguesa, quando encaminhado ao Estado brasileiro por meio de autoridade central ou por via diplomática, dispensando-se ajuramentação, autenticação ou qualquer procedimento de legalização.

Parágrafo único. O disposto no *caput* não impede, quando necessária, a aplicação pelo Estado brasileiro do princípio da reciprocidade de tratamento.

Título III
DA COMPETÊNCIA INTERNA

Capítulo I
DA COMPETÊNCIA

SEÇÃO I
Disposições Gerais

Art. 42. As causas cíveis serão processadas e decididas pelo juiz nos limites de sua competência, ressalvado às partes o direito de instituir juízo arbitral, na forma da lei.

•• A Lei n. 9.307, de 23-9-1996, dispõe sobre a arbitragem.

Art. 43. Determina-se a competência no momento do registro ou da distribuição da petição inicial, sendo irrelevantes as modificações do estado de fato ou de direito ocorridas posteriormente, salvo quando suprimirem órgão judiciário ou alterarem a competência absoluta.

Art. 44. Obedecidos os limites estabelecidos pela Constituição Federal, a competência é determinada pelas normas previstas neste Código ou em legislação especial, pelas normas de organização judiciária e, ainda, no que couber, pelas constituições dos Estados.

•• Vide arts. 54, 62 e 63 do CPC.

Art. 45. Tramitando o processo perante outro juízo, os autos serão remetidos ao juízo federal competente se nele intervier a União, suas empresas públicas, entidades autárquicas e fundações, ou conselho de fiscalização de atividade profissional, na qualidade de parte ou de terceiro interveniente, exceto as ações:

•• Vide art. 109 da CF.

I – de recuperação judicial, falência, insolvência civil e acidente de trabalho;

•• Vide art. 109, I, da CF.

II – sujeitas à justiça eleitoral e à justiça do trabalho.

•• Vide arts. 114 e 118 da CF.

§ 1.º Os autos não serão remetidos se houver pedido cuja apreciação seja de competência do juízo perante o qual foi proposta a ação.

§ 2.º Na hipótese do § 1.º, o juiz, ao não admitir a cumulação de pedidos em razão da incompetência para apreciar qualquer deles, não examinará o mérito daquele em que exista interesse da União, de suas entidades autárquicas ou de suas empresas públicas.

§ 3.º O juízo federal restituirá os autos ao juízo estadual sem suscitar conflito se o ente federal cuja presença ensejou a remessa for excluído do processo.

Art. 46. A ação fundada em direito pessoal ou em direito real sobre bens móveis será proposta, em regra, no foro de domicílio do réu.

•• Vide arts. 70 a 78 do CC.
•• Vide art. 12 da LINDB (Decreto-lei n. 4.657, de 4-9-1942).

§ 1.º Tendo mais de um domicílio, o réu será demandado no foro de qualquer deles.

• Vide art. 71 do CC.

§ 2.º Sendo incerto ou desconhecido o domicílio do réu, ele poderá ser demandado onde for encontrado ou no foro de domicílio do autor.

• Vide art. 73 do CC.

§ 3.º Quando o réu não tiver domicílio ou residência no Brasil, a ação será proposta no foro de domicílio do autor, e, se este também residir fora do Brasil, a ação será proposta em qualquer foro.

•• Vide art. 12 da LINDB (Decreto-lei n. 4.657, de 4-9-1942).

§ 4.º Havendo 2 (dois) ou mais réus com diferentes domicílios, serão demandados no foro de qualquer deles, à escolha do autor.

§ 5.º A execução fiscal será proposta no foro de domicílio do réu, no de sua residência ou no do lugar onde for encontrado.

•• Vide Lei n. 6.830, de 22-9-1980.

Art. 47. Para as ações fundadas em direito real sobre imóveis é competente o foro de situação da coisa.

•• Vide art. 12 da LINDB (Decreto-lei n. 4.657, de 4-9-1942).
• Vide arts. 554 e s. do CPC.

§ 1.º O autor pode optar pelo foro de domicílio do réu ou pelo foro de eleição se o litígio não recair sobre direito de propriedade, vizinhança, servidão, divisão e demarcação de terras e de nunciação de obra nova.

• Vide arts. 554 e s. do CPC.

§ 2.º A ação possessória imobiliária será proposta no foro de situação da coisa, cujo juízo tem competência absoluta.

• Vide arts. 554 e s. do CPC.

Art. 48. O foro de domicílio do autor da herança, no Brasil, é o competente para o inventário, a partilha, a arrecadação, o cumprimento de disposições de última vontade, a impugnação ou anulação de partilha extrajudicial e para todas as ações em que o espólio for réu, ainda que o óbito tenha ocorrido no estrangeiro.

•• Vide art. 23 do CPC.
•• Vide arts. 610 a 673 do CPC.

Parágrafo único. Se o autor da herança não possuía domicílio certo, é competente:

I – o foro de situação dos bens imóveis;

II – havendo bens imóveis em foros diferentes, qualquer destes;

III – não havendo bens imóveis, o foro do local de qualquer dos bens do espólio.

Art. 49. A ação em que o ausente for réu será proposta no foro de seu último domicílio, também competente para a arrecadação, o inventário, a partilha e o cumprimento de disposições testamentárias.

•• Vide arts. 744 e 745 do CPC.

Art. 50. A ação em que o incapaz for réu será proposta no foro de domicílio de seu representante ou assistente.

• Vide art. 76 do CC.

Art. 51. É competente o foro de domicílio do réu para as causas em que seja autora a União.

•• Vide arts. 109 e 110 da CF.

Parágrafo único. Se a União for a demandada, a ação poderá ser proposta no foro de domicílio do autor, no de ocorrência do ato ou fato que originou a demanda, no de situação da coisa ou no Distrito Federal.

•• Vide arts. 109 e 110 da CF.

Art. 52. É competente o foro de domicílio do réu para as causas em que seja autor Estado ou o Distrito Federal.

Parágrafo único. Se Estado ou o Distrito Federal for o demandado, a ação poderá ser proposta no foro de domicílio do autor, no de ocorrência do ato ou fato que originou a demanda, no de situação da coisa ou na capital do respectivo ente federado.

Art. 53. É competente o foro:

• Vide art. 101, I, do CDC.

I – para a ação de divórcio, separação, anulação de casamento e reconhecimento ou dissolução de união estável:

• Vide arts. 693 a 699 e 731 a 734 do CPC.
• Vide arts. 5.º, I, e 226, § 5.º, da CF.

a) de domicílio do guardião de filho incapaz;

b) do último domicílio do casal, caso não haja filho incapaz;

c) de domicílio do réu, se nenhuma das partes residir no antigo domicílio do casal;

d) de domicílio da vítima de violência doméstica e familiar, nos termos da Lei n. 11.340, de 7 de agosto de 2006 (Lei Maria da Penha);

•• Alínea *d* acrescentada pela Lei n. 13.894, de 29-10-2019.

II – de domicílio ou residência do alimentando, para a ação em que se pedem alimentos;

III – do lugar:

a) onde está a sede, para a ação em que for ré pessoa jurídica;
•• Vide art. 75 do CC.

b) onde se acha agência ou sucursal, quanto às obrigações que a pessoa jurídica contraiu;
• Vide art. 75, § 1.º, do CC.

c) onde exerce suas atividades, para a ação em que for ré sociedade ou associação sem personalidade jurídica;
•• Vide art. 75 do CPC.

d) onde a obrigação deve ser satisfeita, para a ação em que se lhe exigir o cumprimento;
•• Vide art. 540 do CPC.
• Vide arts. 327 a 330 do CC.

e) de residência do idoso, para a causa que verse sobre direito previsto no respectivo estatuto;

f) da sede da serventia notarial ou de registro, para a ação de reparação de dano por ato praticado em razão do ofício;

IV – do lugar do ato ou fato para a ação:

a) de reparação de dano;

b) em que for réu administrador ou gestor de negócios alheios;

V – de domicílio do autor ou do local do fato, para a ação de reparação de dano sofrido em razão de delito ou acidente de veículos, inclusive aeronaves.

SEÇÃO II
Da Modificação da Competência

Art. 54. A competência relativa poderá modificar-se pela conexão ou pela continência, observado o disposto nesta Seção.
•• Vide art. 286 do CPC.
• Vide arts. 56 e 57 do CPC.

Art. 55. Reputam-se conexas 2 (duas) ou mais ações quando lhes for comum o pedido ou a causa de pedir.

§ 1.º Os processos de ações conexas serão reunidos para decisão conjunta, salvo se um deles já houver sido sentenciado.

§ 2.º Aplica-se o disposto no *caput*:

I – à execução de título extrajudicial e à ação de conhecimento relativa ao mesmo ato jurídico;

II – às execuções fundadas no mesmo título executivo.

§ 3.º Serão reunidos para julgamento conjunto os processos que possam gerar risco de prolação de decisões conflitantes ou contraditórias caso decididos separadamente, mesmo sem conexão entre eles.

Art. 56. Dá-se a continência entre 2 (duas) ou mais ações quando houver identidade quanto às partes e à causa de pedir, mas o pedido de uma, por ser mais amplo, abrange o das demais.

Art. 57. Quando houver continência e a ação continente tiver sido proposta anteriormente, no processo relativo à ação contida será proferida sentença sem resolução de mérito, caso contrário, as ações serão necessariamente reunidas.

Art. 58. A reunião das ações propostas em separado far-se-á no juízo prevento, onde serão decididas simultaneamente.
•• Vide art. 240 do CPC.

Art. 59. O registro ou a distribuição da petição inicial torna prevento o juízo.
• Vide Súmulas 106 e 204 do STJ.
• Vide art. 238 do CPC.

Art. 60. Se o imóvel se achar situado em mais de um Estado, comarca, seção ou subseção judiciária, a competência territorial do juízo prevento estender-se-á sobre a totalidade do imóvel.

Art. 61. A ação acessória será proposta no juízo competente para a ação principal.
•• Vide art. 299 do CPC.

Art. 62. A competência determinada em razão da matéria, da pessoa ou da função é inderrogável por convenção das partes.
• Vide art. 78 do CC.

Art. 63. As partes podem modificar a competência em razão do valor e do território, elegendo foro onde será proposta ação oriunda de direitos e obrigações.
•• Vide art. 2.º da Instrução Normativa n. 39, de 15-3-2016.
• Vide art. 78 do CC.

§ 1.º A eleição de foro só produz efeito quando constar de instrumento escrito e aludir expressamente a determinado negócio jurídico.

§ 2.º O foro contratual obriga os herdeiros e sucessores das partes.

§ 3.º Antes da citação, a cláusula de eleição de foro, se abusiva, pode ser reputada ineficaz de ofício pelo juiz, que determinará a remessa dos autos ao juízo do foro de domicílio do réu.

§ 4.º Citado, incumbe ao réu alegar a abusividade da cláusula de eleição de foro na contestação, sob pena de preclusão.

SEÇÃO III
Da Incompetência

Art. 64. A incompetência, absoluta ou relativa, será alegada como questão preliminar de contestação.
•• Vide Súmula 33 do STJ.

§ 1.º A incompetência absoluta pode ser alegada em qualquer tempo e grau de jurisdição e deve ser declarada de ofício.
•• Vide arts. 957 e 966, II, do CPC.
•• Vide Súmula 33 do STJ.

§ 2.º Após manifestação da parte contrária, o juiz decidirá imediatamente a alegação de incompetência.
• Vide Súmula 59 do STJ.

§ 3.º Caso a alegação de incompetência seja acolhida, os autos serão remetidos ao juízo competente.
• Vide Súmula 59 do STJ.

§ 4.º Salvo decisão judicial em sentido contrário, conservar-se-ão os efeitos de decisão proferida pelo juízo incompetente até que outra seja proferida, se for o caso, pelo juízo competente.

Art. 65. Prorrogar-se-á a competência relativa se o réu não alegar a incompetência em preliminar de contestação.
•• Vide art. 335 do CPC.

Parágrafo único. A incompetência relativa pode ser alegada pelo Ministério Público nas causas em que atuar.

Art. 66. Há conflito de competência quando:

I – 2 (dois) ou mais juízes se declaram competentes;

II – 2 (dois) ou mais juízes se consideram incompetentes, atribuindo um ao outro a competência;

III – entre 2 (dois) ou mais juízes surge controvérsia acerca da reunião ou separação de processos.
• Vide art. 57 do CPC.
• Vide Súmula 236 do STJ.

Parágrafo único. O juiz que não acolher a competência declinada deverá suscitar o conflito, salvo se a atribuir a outro juízo.

Capítulo II
DA COOPERAÇÃO NACIONAL

Art. 67. Aos órgãos do Poder Judiciário, estadual ou federal, especializado ou comum, em todas as instâncias e graus de jurisdição, inclusive aos tribunais superiores, incumbe o dever de recíproca cooperação, por meio de seus magistrados e servidores.

Art. 68. Os juízos poderão formular entre si pedido de cooperação para prática de qualquer ato processual.

Art. 69. O pedido de cooperação jurisdicional deve ser prontamente atendido, prescinde de forma específica e pode ser executado como:
• Vide arts. 236 e 237 do CPC.

I – auxílio direto;

II – reunião ou apensamento de processos;
III – prestação de informações;
IV – atos concertados entre os juízes cooperantes.

§ 1.º As cartas de ordem, precatória e arbitral seguirão o regime previsto neste Código.
• Vide arts. 232 e 237 do CPC.

§ 2.º Os atos concertados entre os juízes cooperantes poderão consistir, além de outros, no estabelecimento de procedimento para:
I – a prática de citação, intimação ou notificação de ato;
II – a obtenção e apresentação de provas e a coleta de depoimentos;
III – a efetivação de tutela provisória;
IV – a efetivação de medidas e providências para recuperação e preservação de empresas;
V – a facilitação de habilitação de créditos na falência e na recuperação judicial;
VI – a centralização de processos repetitivos;
VII – a execução de decisão jurisdicional.

§ 3.º O pedido de cooperação judiciária pode ser realizado entre órgãos jurisdicionais de diferentes ramos do Poder Judiciário.

LIVRO III
DOS SUJEITOS DO PROCESSO

Título I
DAS PARTES E DOS PROCURADORES

Capítulo I
DA CAPACIDADE PROCESSUAL

Art. 70. Toda pessoa que se encontre no exercício de seus direitos tem capacidade para estar em juízo.
•• Vide art. 5.º do CC.

Art. 71. O incapaz será representado ou assistido por seus pais, por tutor ou por curador, na forma da lei.
• Vide arts. 3.º e 4.º do CC.

Art. 72. O juiz nomeará curador especial ao:
I – incapaz, se não tiver representante legal ou se os interesses deste colidirem com os daquele, enquanto durar a incapacidade;
• Vide arts. 3.º e 4.º do CC.
II – réu preso revel, bem como ao réu revel citado por edital ou com hora certa, enquanto não for constituído advogado.
•• Vide arts. 245, §§ 4.º e 5.º, e 671 do CPC.
Parágrafo único. A curatela especial será exercida pela Defensoria Pública, nos termos da lei.

Art. 73. O cônjuge necessitará do consentimento do outro para propor ação que verse sobre direito real imobiliário, salvo quando casados sob o regime de separação absoluta de bens.
§ 1.º Ambos os cônjuges serão necessariamente citados para a ação:
I – que verse sobre direito real imobiliário, salvo quando casados sob o regime de separação absoluta de bens;
II – resultante de fato que diga respeito a ambos os cônjuges ou de ato praticado por eles;
III – fundada em dívida contraída por um dos cônjuges a bem da família;
• Vide art. 226, § 5.º, da CF.
IV – que tenha por objeto o reconhecimento, a constituição ou a extinção de ônus sobre imóvel de um ou de ambos os cônjuges.
§ 2.º Nas ações possessórias, a participação do cônjuge do autor ou do réu somente é indispensável nas hipóteses de composse ou de ato por ambos praticado.
• Vide art. 1.199 do CC.
§ 3.º Aplica-se o disposto neste artigo à união estável comprovada nos autos.

Art. 74. O consentimento previsto no art. 73 pode ser suprido judicialmente quando for negado por um dos cônjuges sem justo motivo, ou quando lhe seja impossível concedê-lo.
•• Vide art. 226, § 5.º, da CF.
Parágrafo único. A falta de consentimento, quando necessário e não suprido pelo juiz, invalida o processo.
•• Vide arts. 485, IV, e 337, IX, do CPC.
•• Vide art. 226, § 5.º, da CF.
• Vide arts. 352 e 486, § 3.º, do CPC.

Art. 75. Serão representados em juízo, ativa e passivamente:
I – a União, pela Advocacia-Geral da União, diretamente ou mediante órgão vinculado;
II – o Estado e o Distrito Federal, por seus procuradores;
III – o Município, por seu prefeito, procurador ou Associação de Representação de Municípios, quando expressamente autorizada;
•• Inciso III com redação determinada pela Lei n. 14.341, de 18-5-2022.
IV – a autarquia e a fundação de direito público, por quem a lei do ente federado designar;
•• Vide OJ 318 da SDI-1.
V – a massa falida, pelo administrador judicial;
VI – a herança jacente ou vacante, por seu curador;
• Vide art. 739, § 1.º, I, do CPC.
VII – o espólio, pelo inventariante;
VIII – a pessoa jurídica, por quem os respectivos atos constitutivos designarem ou, não havendo essa designação, por seus diretores;
IX – a sociedade e a associação irregulares e outros entes organizados sem personalidade jurídica, pela pessoa a quem couber a administração de seus bens;
X – a pessoa jurídica estrangeira, pelo gerente, representante ou administrador de sua filial, agência ou sucursal aberta ou instalada no Brasil;
XI – o condomínio, pelo administrador ou síndico.
• Vide arts. 9.º e 46 do CC.
§ 1.º Quando o inventariante for dativo, os sucessores do falecido serão intimados no processo no qual o espólio seja parte.
•• Vide art. 618, I, do CPC.
§ 2.º A sociedade ou associação sem personalidade jurídica não poderá opor a irregularidade de sua constituição quando demandada.
• Vide art. 45 do CC.
§ 3.º O gerente de filial ou agência presume-se autorizado pela pessoa jurídica estrangeira a receber citação para qualquer processo.
§ 4.º Os Estados e o Distrito Federal poderão ajustar compromisso recíproco para prática de ato processual por seus procuradores em favor de outro ente federado, mediante convênio firmado pelas respectivas procuradorias.
§ 5.º A representação judicial do Município pela Associação de Representação de Municípios somente poderá ocorrer em questões de interesse comum dos Municípios associados e dependerá de autorização do respectivo chefe do Poder Executivo municipal, com indicação específica do direito ou da obrigação a ser objeto das medidas judiciais.
•• § 5.º acrescentado pela Lei n. 14.341, de 18-5-2022.

Art. 76. Verificada a incapacidade processual ou a irregularidade da representação da parte, o juiz suspenderá o processo e designará prazo razoável para que seja sanado o vício.
• Vide arts. 313, I, e 485, IV, do CPC.
• Vide Súmula 395 do TST.
§ 1.º Descumprida a determinação, caso o processo esteja na instância originária:
•• Vide art. 3.º da Instrução Normativa n. 39, de 15-3-2016.
•• Vide Súmula 456 do TST.
I – o processo será extinto, se a providência couber ao autor;
II – o réu será considerado revel, se a providência lhe couber;
•• Vide art. 344 do CPC.

III – o terceiro será considerado revel ou excluído do processo, dependendo do polo em que se encontre.
•• Vide arts. 313, I, e 485, IV, do CPC.

§ 2.º Descumprida a determinação em fase recursal perante tribunal de justiça, tribunal regional federal ou tribunal superior, o relator:
•• Vide art. 3.º da Instrução Normativa n. 39, de 15-3-2016.
•• Vide Súmula 456 do TST.

I – não conhecerá do recurso, se a providência couber ao recorrente;

II – determinará o desentranhamento das contrarrazões, se a providência couber ao recorrido.

Capítulo II
DOS DEVERES DAS PARTES E DE SEUS PROCURADORES

SEÇÃO I
Dos Deveres

Art. 77. Além de outros previstos neste Código, são deveres das partes, de seus procuradores e de todos aqueles que de qualquer forma participem do processo:

I – expor os fatos em juízo conforme a verdade;
• Vide art. 319, III, do CPC.

II – não formular pretensão ou de apresentar defesa quando cientes de que são destituídas de fundamento;

III – não produzir provas e não praticar atos inúteis ou desnecessários à declaração ou à defesa do direito;

IV – cumprir com exatidão as decisões jurisdicionais, de natureza provisória ou final, e não criar embaraços à sua efetivação;
•• Vide arts. 80 e 379 do CPC.

V – declinar, no primeiro momento que lhes couber falar nos autos, o endereço residencial ou profissional onde receberão intimações, atualizando essa informação sempre que ocorrer qualquer modificação temporária ou definitiva;

VI – não praticar inovação ilegal no estado de fato de bem ou direito litigioso;

VII – informar e manter atualizados seus dados cadastrais perante os órgãos do Poder Judiciário e, no caso do § 6.º do art. 246 deste Código, da Administração Tributária, para recebimento de citações e intimações.
•• Inciso VII acrescentado pela Lei n. 14.195, de 26-8-2021.

§ 1.º Nas hipóteses dos incisos IV e VI, o juiz advertirá qualquer das pessoas mencionadas no *caput* de que sua conduta poderá ser punida como ato atentatório à dignidade da justiça.

§ 2.º A violação ao disposto nos incisos IV e VI constitui ato atentatório à dignidade da justiça, devendo o juiz, sem prejuízo das sanções criminais, civis e processuais cabíveis, aplicar ao responsável multa de até vinte por cento do valor da causa, de acordo com a gravidade da conduta.

§ 3.º Não sendo paga no prazo a ser fixado pelo juiz, a multa prevista no § 2.º será inscrita como dívida ativa da União ou do Estado após o trânsito em julgado da decisão que a fixou, e sua execução observará o procedimento da execução fiscal, revertendo-se aos fundos previstos no art. 97.
• Vide Lei n. 6.830, de 22-9-1980.

§ 4.º A multa estabelecida no § 2.º poderá ser fixada independentemente da incidência das previstas nos arts. 523, § 1.º, e 536, § 1.º.

§ 5.º Quando o valor da causa for irrisório ou inestimável, a multa prevista no § 2.º poderá ser fixada em até 10 (dez) vezes o valor do salário mínimo.

§ 6.º Aos advogados públicos ou privados e aos membros da Defensoria Pública e do Ministério Público não se aplica o disposto nos §§ 2.º a 5.º, devendo eventual responsabilidade disciplinar ser apurada pelo respectivo órgão de classe ou corregedoria, ao qual o juiz oficiará.

§ 7.º Reconhecida violação ao disposto no inciso VI, o juiz determinará o restabelecimento do estado anterior, podendo, ainda, proibir a parte de falar nos autos até a purgação do atentado, sem prejuízo da aplicação do § 2.º.

§ 8.º O representante judicial da parte não pode ser compelido a cumprir decisão em seu lugar.

Art. 78. É vedado às partes, a seus procuradores, aos juízes, aos membros do Ministério Público e da Defensoria Pública e a qualquer pessoa que participe do processo empregar expressões ofensivas nos escritos apresentados.
•• Vide art. 360 do CPC.

§ 1.º Quando expressões ou condutas ofensivas forem manifestadas oral ou presencialmente, o juiz advertirá o ofensor de que não as deve usar ou repetir, sob pena de lhe ser cassada a palavra.
• Vide art. 360 do CPC.

§ 2.º De ofício ou a requerimento do ofendido, o juiz determinará que as expressões ofensivas sejam riscadas e, a requerimento do ofendido, determinará a expedição de certidão com inteiro teor das expressões ofensivas e a colocará à disposição da parte interessada.

SEÇÃO II
Da Responsabilidade das Partes por Dano Processual

Art. 79. Responde por perdas e danos aquele que litigar de má-fé como autor, réu ou interveniente.
•• Vide arts. 302 e 776 do CPC.
• Vide arts. 186, 402 a 405, 927 e 940 do CC.

Art. 80. Considera-se litigante de má-fé aquele que:
•• Vide arts. 142, 772, II, e 774 do CPC.

I – deduzir pretensão ou defesa contra texto expresso de lei ou fato incontroverso;

II – alterar a verdade dos fatos;

III – usar do processo para conseguir objetivo ilegal;

IV – opuser resistência injustificada ao andamento do processo;

V – proceder de modo temerário em qualquer incidente ou ato do processo;

VI – provocar incidente manifestamente infundado;

VII – interpuser recurso com intuito manifestamente protelatório.
• Vide arts. 77, 142, 772, II, e 774, parágrafo único, do CPC.

Art. 81. De ofício ou a requerimento, o juiz condenará o litigante de má-fé a pagar multa, que deverá ser superior a um por cento e inferior a dez por cento do valor corrigido da causa, a indenizar a parte contrária pelos prejuízos que esta sofreu e a arcar com os honorários advocatícios e com todas as despesas que efetuou.

§ 1.º Quando forem 2 (dois) ou mais os litigantes de má-fé, o juiz condenará cada um na proporção de seu respectivo interesse na causa ou solidariamente aqueles que se coligaram para lesar a parte contrária.

§ 2.º Quando o valor da causa for irrisório ou inestimável, a multa poderá ser fixada em até 10 (dez) vezes o valor do salário mínimo.

§ 3.º O valor da indenização será fixado pelo juiz ou, caso não seja possível mensurá-lo, liquidado por arbitramento ou pelo procedimento comum, nos próprios autos.
• Vide art. 85, § 8.º, do CPC.
• Vide arts. 275 a 285 do CC.

SEÇÃO III
Das Despesas, dos Honorários Advocatícios e das Multas

Art. 82. Salvo as disposições concernentes à gratuidade da justiça, incumbe às partes prover as despesas dos atos que realizarem ou requererem no processo, antecipando-lhes o pagamento, desde o início até a sentença final ou, na execução, até a plena satisfação do direito reconhecido no título.

§ 1.º Incumbe ao autor adiantar as despesas relativas a ato cuja realização o juiz determinar de ofício ou a requerimento do Ministério Público, quando sua intervenção ocorrer como fiscal da ordem jurídica.

§ 2.º A sentença condenará o vencido a pagar ao vencedor as despesas que antecipou.
•• Vide Súmulas 14 e 105 do STJ.
• Vide art. 23 do EAOAB.

Art. 83. O autor, brasileiro ou estrangeiro, que residir fora do Brasil ou deixar de residir no país ao longo da tramitação de processo prestará caução suficiente ao pagamento das custas e dos honorários de advogado da parte contrária nas ações que propuser, se não tiver no Brasil bens imóveis que lhes assegurem o pagamento.

§ 1.º Não se exigirá a caução de que trata o *caput*:

I – quando houver dispensa prevista em acordo ou tratado internacional de que o Brasil faz parte;

II – na execução fundada em título extrajudicial e no cumprimento de sentença;

III – na reconvenção.

•• *Vide* art. 343 do CPC.

§ 2.º Verificando-se no trâmite do processo que se desfalcou a garantia, poderá o interessado exigir reforço da caução, justificando seu pedido com a indicação da depreciação do bem dado em garantia e a importância do reforço que pretende obter.

Art. 84. As despesas abrangem as custas dos atos do processo, a indenização de viagem, a remuneração do assistente técnico e a diária de testemunha.

•• *Vide* art. 462 do CPC.

Art. 85. A sentença condenará o vencido a pagar honorários ao advogado do vencedor.

• *Vide* Súmulas 14 e 105 do STJ.

• *Vide* art. 23 do EAOAB.

§ 1.º São devidos honorários advocatícios na reconvenção, no cumprimento de sentença, provisório ou definitivo, na execução, resistida ou não, e nos recursos interpostos, cumulativamente.

•• *Vide* art. 343 do CPC.

§ 2.º Os honorários serão fixados entre o mínimo de dez e o máximo de vinte por cento sobre o valor da condenação, do proveito econômico obtido ou, não sendo possível mensurá-lo, sobre o valor atualizado da causa, atendidos:

I – o grau de zelo do profissional;

II – o lugar de prestação do serviço;

III – a natureza e a importância da causa;

IV – o trabalho realizado pelo advogado e o tempo exigido para o seu serviço.

§ 3.º Nas causas em que a Fazenda Pública for parte, a fixação dos honorários observará os critérios estabelecidos nos incisos I a IV do § 2.º e os seguintes percentuais:

I – mínimo de dez e máximo de vinte por cento sobre o valor da condenação ou do proveito econômico obtido até 200 (duzentos) salários mínimos;

II – mínimo de oito e máximo de dez por cento sobre o valor da condenação ou do proveito econômico obtido acima de 200 (duzentos) salários mínimos até 2.000 (dois mil) salários mínimos;

III – mínimo de cinco e máximo de oito por cento sobre o valor da condenação ou do proveito econômico obtido acima de 2.000 (dois mil) salários mínimos até 20.000 (vinte mil) salários mínimos;

IV – mínimo de três e máximo de cinco por cento sobre o valor da condenação ou do proveito econômico obtido acima de 20.000 (vinte mil) salários mínimos até 100.000 (cem mil) salários mínimos;

V – mínimo de um e máximo de três por cento sobre o valor da condenação ou do proveito econômico obtido acima de 100.000 (cem mil) salários mínimos.

§ 4.º Em qualquer das hipóteses do § 3.º:

I – os percentuais previstos nos incisos I a V devem ser aplicados desde logo, quando for líquida a sentença;

II – não sendo líquida a sentença, a definição do percentual, nos termos previstos nos incisos I a V, somente ocorrerá quando liquidado o julgado;

III – não havendo condenação principal ou não sendo possível mensurar o proveito econômico obtido, a condenação em honorários dar-se-á sobre o valor atualizado da causa;

IV – será considerado o salário mínimo vigente quando prolatada sentença líquida ou o que estiver em vigor na data da decisão de liquidação.

§ 5.º Quando, conforme o caso, a condenação contra a Fazenda Pública ou o benefício econômico obtido pelo vencedor ou o valor da causa for superior ao valor previsto no inciso I do § 3.º, a fixação do percentual de honorários deve observar a faixa inicial e, naquilo que a exceder, a faixa subsequente, e assim sucessivamente.

§ 6.º Os limites e critérios previstos nos §§ 2.º e 3.º aplicam-se independentemente de qual seja o conteúdo da decisão, inclusive aos casos de improcedência ou de sentença sem resolução de mérito.

§ 6.º-A. Quando o valor da condenação ou do proveito econômico obtido ou o valor atualizado da causa for líquido ou liquidável, para fins de fixação dos honorários advocatícios, nos termos dos §§ 2.º e 3.º, é proibida a apreciação equitativa, salvo nas hipóteses expressamente previstas no § 8.º deste artigo.

•• § 6.º-A acrescentado pela Lei n. 14.365, de 2-6-2022.

§ 7.º Não serão devidos honorários no cumprimento de sentença contra a Fazenda Pública que enseje expedição de precatório, desde que não tenha sido impugnada.

§ 8.º Nas causas em que for inestimável ou irrisório o proveito econômico ou, ainda, quando o valor da causa for muito baixo, o juiz fixará o valor dos honorários por apreciação equitativa, observando o disposto nos incisos do § 2.º.

•• *Vide* Súmula 201 do STJ.

• *Vide* art. 140, parágrafo único, do CPC.

§ 8.º-A. Na hipótese do § 8.º deste artigo, para fins de fixação equitativa de honorários sucumbenciais, o juiz deverá observar os valores recomendados pelo Conselho Seccional da Ordem dos Advogados do Brasil a título de honorários advocatícios ou o limite mínimo de 10% (dez por cento) estabelecido no § 2.º deste artigo, aplicando-se o que for maior.

•• § 8.º-A acrescentado pela Lei n. 14.365, de 2-6-2022.

§ 9.º Na ação de indenização por ato ilícito contra pessoa, o percentual de honorários incidirá sobre a soma das prestações vencidas acrescida de 12 (doze) prestações vincendas.

•• *Vide* art. 927 do CC.

•• *Vide* Súmula 234 do STF.

§ 10. Nos casos de perda do objeto, os honorários serão devidos por quem deu causa ao processo.

§ 11. O tribunal, ao julgar recurso, majorará os honorários fixados anteriormente levando em conta o trabalho adicional realizado em grau recursal, observando, conforme o caso, o disposto nos §§ 2.º a 6.º, sendo vedado ao tribunal, no cômputo geral da fixação de honorários devidos ao advogado do vencedor, ultrapassar os respectivos limites estabelecidos nos §§ 2.º e 3.º para a fase de conhecimento.

§ 12. Os honorários referidos no § 11 são cumuláveis com multas e outras sanções processuais, inclusive as previstas no art. 77.

§ 13. As verbas de sucumbência arbitradas em embargos à execução rejeitados ou julgados improcedentes e em fase de cumprimento de sentença serão acrescidas no valor do débito principal, para todos os efeitos legais.

§ 14. Os honorários constituem direito do advogado e têm natureza alimentar, com os mesmos privilégios dos créditos oriundos da legislação do trabalho, sendo vedada a compensação em caso de sucumbência parcial.

§ 15. O advogado pode requerer que o pagamento dos honorários que lhe caibam seja efetuado em favor da sociedade de advogados que integra na qualidade de sócio, aplicando-se à hipótese o disposto no § 14.

§ 16. Quando os honorários forem fixados em quantia certa, os juros moratórios incidirão a partir da data do trânsito em julgado da decisão.

§ 17. Os honorários serão devidos quando o advogado atuar em causa própria.

§ 18. Caso a decisão transitada em julgado seja omissa quanto ao direito aos honorários ou ao seu valor, é cabível ação autônoma para sua definição e cobrança.

§ 19. Os advogados públicos perceberão honorários de sucumbência, nos termos da lei.

•• O STF, na ADI n. 6.053, "declarou a constitucionalidade da percepção de honorários de sucumbência pelos advogados públicos e julgou parcialmente procedente o pedido formulado na ação direta para, conferindo interpretação conforme à Constituição a este § 19, estabelecer que a somatória dos subsídios e honorários de sucumbência percebidos mensalmente pelos advogados públicos não poderá exceder ao teto dos Ministros do Supremo Tribunal Federal, conforme o que dispõe o art. 37, XI, da Constituição Federal", nas sessões virtuais de 12-6-2020 a 19-6-2020 (*DOU* de 1.º-7-2020).

§ 20. O disposto nos §§ 2.º, 3.º, 4.º, 5.º, 6.º, 6.º-A, 8.º, 8.º-A, e 10 deste artigo aplica-se aos honorários fixados por arbitramento judicial.

•• § 20 acrescentado pela Lei n. 14.365, de 2-6-2022.

Art. 86. Se cada litigante for, em parte, vencedor e vencido, serão proporcionalmente distribuídas entre eles as despesas.

• Vide art. 87 do CPC.

Parágrafo único. Se um litigante sucumbir em parte mínima do pedido, o outro responderá, por inteiro, pelas despesas e pelos honorários.

Art. 87. Concorrendo diversos autores ou diversos réus, os vencidos respondem proporcionalmente pelas despesas e pelos honorários.

• Vide art. 86 do CPC.
• Vide art. 257 do CC.

§ 1.º A sentença deverá distribuir entre os litisconsortes, de forma expressa, a responsabilidade proporcional pelo pagamento das verbas previstas no *caput*.

§ 2.º Se a distribuição de que trata o § 1.º não for feita, os vencidos responderão solidariamente pelas despesas e pelos honorários.

Art. 88. Nos procedimentos de jurisdição voluntária, as despesas serão adiantadas pelo requerente e rateadas entre os interessados.

• Vide arts. 719 a 770 do CPC.

Art. 89. Nos juízos divisórios, não havendo litígio, os interessados pagarão as despesas proporcionalmente a seus quinhões.

• Vide arts. 560 e s. do CPC.

Art. 90. Proferida sentença com fundamento em desistência, em renúncia ou em reconhecimento do pedido, as despesas e os honorários serão pagos pela parte que desistiu, renunciou ou reconheceu.

•• Vide art. 487 do CPC.

§ 1.º Sendo parcial a desistência, a renúncia ou o reconhecimento, a responsabilidade pelas despesas e pelos honorários será proporcional à parcela reconhecida, à qual se renunciou ou da qual se desistiu.

§ 2.º Havendo transação e nada tendo as partes disposto quanto às despesas, estas serão divididas igualmente.

§ 3.º Se a transação ocorrer antes da sentença, as partes ficam dispensadas do pagamento das custas processuais remanescentes, se houver.

§ 4.º Se o réu reconhecer a procedência do pedido e, simultaneamente, cumprir integralmente a prestação reconhecida, os honorários serão reduzidos pela metade.

Art. 91. As despesas dos atos processuais praticados a requerimento da Fazenda Pública, do Ministério Público ou da Defensoria Pública serão pagas ao final pelo vencido.

• Vide Súmula 483 do STJ.

§ 1.º As perícias requeridas pela Fazenda Pública, pelo Ministério Público ou pela Defensoria Pública poderão ser realizadas por entidade pública ou, havendo previsão orçamentária, ter os valores adiantados por aquele que requerer a prova.

§ 2.º Não havendo previsão orçamentária no exercício financeiro para adiantamento dos honorários periciais, eles serão pagos no exercício seguinte ou ao final, pelo vencido, caso o processo se encerre antes do adiantamento a ser feito pelo ente público.

Art. 92. Quando, a requerimento do réu, o juiz proferir sentença sem resolver o mérito, o autor não poderá propor novamente a ação sem pagar ou depositar em cartório as despesas e os honorários a que foi condenado.

Art. 93. As despesas de atos adiados ou cuja repetição for necessária ficarão a cargo da parte, do auxiliar da justiça, do órgão do Ministério Público ou da Defensoria Pública ou do juiz que, sem justo motivo, houver dado causa ao adiamento ou à repetição.

•• Vide arts. 143, 362, § 3.º, 485, § 3.º, e 455, § 5.º, do CPC.

Art. 94. Se o assistido for vencido, o assistente será condenado ao pagamento das custas em proporção à atividade que houver exercido no processo.

• Vide art. 121 do CPC.

Art. 95. Cada parte adiantará a remuneração do assistente técnico que houver indicado, sendo a do perito adiantada pela parte que houver requerido a perícia ou rateada quando a perícia for determinada de ofício ou requerida por ambas as partes.

•• Vide art. 84 do CPC.
• Vide arts. 464 e s. do CPC.

§ 1.º O juiz poderá determinar que a parte responsável pelo pagamento dos honorários do perito deposite em juízo o valor correspondente.

§ 2.º A quantia recolhida em depósito bancário à ordem do juízo será corrigida monetariamente e paga de acordo com o art. 465, § 4.º.

§ 3.º Quando o pagamento da perícia for de responsabilidade de beneficiário de gratuidade da justiça, ela poderá ser:

I – custeada com recursos alocados no orçamento do ente público e realizada por servidor do Poder Judiciário ou por órgão público conveniado;

II – paga com recursos alocados no orçamento da União, do Estado ou do Distrito Federal, no caso de ser realizada por particular, hipótese em que o valor será fixado conforme tabela do tribunal respectivo ou, em caso de sua omissão, do Conselho Nacional de Justiça.

•• A Resolução n. 232, de 13-7-2016, do CNJ, fixa os valores dos honorários a serem pagos aos peritos, no âmbito da justiça de 1.º e 2.º graus, nos termos do disposto neste inciso.

§ 4.º Na hipótese do § 3.º, o juiz, após o trânsito em julgado da decisão final, oficiará a Fazenda Pública para que promova, contra quem tiver sido condenado ao pagamento das despesas processuais, a execução dos valores gastos com a perícia particular ou com a utilização de servidor público ou da estrutura de órgão público, observando-se, caso o responsável pelo pagamento das despesas seja beneficiário de gratuidade da justiça, o disposto no art. 98, § 2.º.

§ 5.º Para fins de aplicação do § 3.º, é vedada a utilização de recursos do fundo de custeio da Defensoria Pública.

Art. 96. O valor das sanções impostas ao litigante de má-fé reverterá em benefício da parte contrária, e o valor das sanções impostas aos serventuários pertencerá ao Estado ou à União.

•• Vide arts. 81, 202, 234, 258, 468 e 968, II, do CPC.

Art. 97. A União e os Estados podem criar fundos de modernização do Poder Judiciário, aos quais serão revertidos os valores das sanções pecuniárias processuais destinadas à União e aos Estados, e outras verbas previstas em lei.

SEÇÃO IV
Da Gratuidade da Justiça

Art. 98. A pessoa natural ou jurídica, brasileira ou estrangeira, com insuficiência de recursos para pagar as custas, as despesas processuais e os honorários advocatícios tem direito à gratuidade da justiça, na forma da lei.

•• Vide art. 5.º, LXXIV, da CF.
•• Defensoria Pública: Lei Complementar n. 80, de 12-1-1994.
•• Vide art. 71, § 3.º, da Lei n. 10.741, de 1.º-10-2003.

§ 1.º A gratuidade da justiça compreende:

I – as taxas ou as custas judiciais;

II – os selos postais;

III – as despesas com publicação na imprensa oficial, dispensando-se a publicação em outros meios;

IV – a indenização devida à testemunha que, quando empregada, receberá do empregador salário integral, como se em serviço estivesse;

V – as despesas com a realização de exame de código genético – DNA e de outros exames considerados essenciais;

VI – os honorários do advogado e do perito e a remuneração do intérprete ou do tradutor nomeado para apresentação de versão em português de documento redigido em língua estrangeira;

VII – o custo com a elaboração de memória de cálculo, quando exigida para instauração da execução;

VIII – os depósitos previstos em lei para interposição de recurso, para propositura de ação e para a prática de outros atos processuais inerentes ao exercício da ampla defesa e do contraditório;

IX – os emolumentos devidos a notários ou registradores em decorrência da prática de registro, averbação ou qualquer outro ato notarial necessário à efetivação de decisão judicial ou à continuidade de processo judicial no qual o benefício tenha sido concedido.

§ 2.º A concessão de gratuidade não afasta a responsabilidade do beneficiário pelas despesas processuais e pelos honorários advocatícios decorrentes de sua sucumbência.

§ 3.º Vencido o beneficiário, as obrigações decorrentes de sua sucumbência ficarão sob condição suspensiva de exigibilidade e somente poderão ser executadas se, nos 5 (cinco) anos subsequentes ao trânsito em julgado da decisão que as certificou, o credor demonstrar que deixou de existir a situação de insuficiência de recursos que justificou a concessão de gratuidade, extinguindo-se, passado esse prazo, tais obrigações do beneficiário.

§ 4.º A concessão de gratuidade não afasta o dever de o beneficiário pagar, ao final, as multas processuais que lhe sejam impostas.

§ 5.º A gratuidade poderá ser concedida em relação a algum ou a todos os atos processuais, ou consistir na redução percentual de despesas processuais que o beneficiário tiver de adiantar no curso do procedimento.

§ 6.º Conforme o caso, o juiz poderá conceder direito ao parcelamento de despesas processuais que o beneficiário tiver de adiantar no curso do procedimento.

§ 7.º Aplica-se o disposto no art. 95, §§ 3.º a 5.º, ao custeio dos emolumentos previstos no § 1.º, inciso IX, do presente artigo, observada a tabela e as condições da lei estadual ou distrital respectiva.

§ 8.º Na hipótese do § 1.º, inciso IX, havendo dúvida fundada quanto ao preenchimento atual dos pressupostos para a concessão de gratuidade, o notário ou registrador, após praticar o ato, pode requerer, ao juízo competente para decidir questões notariais ou registrais, a revogação total ou parcial do benefício ou a sua substituição pelo parcelamento de que trata o § 6.º deste artigo, caso em que o beneficiário será citado para, em 15 (quinze) dias, manifestar-se sobre esse requerimento.

Art. 99. O pedido de gratuidade da justiça pode ser formulado na petição inicial, na contestação, na petição para ingresso de terceiro no processo ou em recurso.

• Vide arts. 119 a 138, 319 a 331, 335 a 342 e 994 e s. do CPC.

§ 1.º Se superveniente à primeira manifestação da parte na instância, o pedido poderá ser formulado por petição simples, nos autos do próprio processo, e não suspenderá seu curso.

§ 2.º O juiz somente poderá indeferir o pedido se houver nos autos elementos que evidenciem a falta dos pressupostos legais para a concessão de gratuidade, devendo, antes de indeferir o pedido, determinar à parte a comprovação do preenchimento dos referidos pressupostos.

§ 3.º Presume-se verdadeira a alegação de insuficiência deduzida exclusivamente por pessoa natural.

§ 4.º A assistência do requerente por advogado particular não impede a concessão de gratuidade da justiça.

§ 5.º Na hipótese do § 4.º, o recurso que verse exclusivamente sobre valor de honorários de sucumbência fixados em favor do advogado de beneficiário estará sujeito a preparo, salvo se o próprio advogado demonstrar que tem direito à gratuidade.

§ 6.º O direito à gratuidade da justiça é pessoal, não se estendendo a litisconsorte ou a sucessor do beneficiário, salvo requerimento e deferimento expressos.

§ 7.º Requerida a concessão de gratuidade da justiça em recurso, o recorrente estará dispensado de comprovar o recolhimento do preparo, incumbindo ao relator, neste caso, apreciar o requerimento e, se indeferi-lo, fixar prazo para realização do recolhimento.

Art. 100. Deferido o pedido, a parte contrária poderá oferecer impugnação na contestação, na réplica, nas contrarrazões de recurso ou, nos casos de pedido superveniente ou formulado por terceiro, por meio de petição simples, a ser apresentada no prazo de 15 (quinze) dias, nos autos do próprio processo, sem suspensão de seu curso.

Parágrafo único. Revogado o benefício, a parte arcará com as despesas processuais que tiver deixado de adiantar e pagará, em caso de má-fé, até o décuplo de seu valor a título de multa, que será revertida em benefício da Fazenda Pública estadual ou federal e poderá ser inscrita em dívida ativa.

•• Vide Lei n. 6.830, de 22-9-1980.

Art. 101. Contra a decisão que indeferir a gratuidade ou a que acolher pedido de sua revogação caberá agravo de instrumento, exceto quando a questão for resolvida na sentença, contra a qual caberá apelação.

• Vide arts. 1.009 a 1.020 do CPC.

§ 1.º O recorrente estará dispensado do recolhimento de custas até decisão do relator sobre a questão, preliminarmente ao julgamento do recurso.

§ 2.º Confirmada a denegação ou a revogação da gratuidade, o relator ou o órgão colegiado determinará ao recorrente o recolhimento das custas processuais, no prazo de 5 (cinco) dias, sob pena de não conhecimento do recurso.

Art. 102. Sobrevindo o trânsito em julgado de decisão que revoga a gratuidade, a parte deverá efetuar o recolhimento de todas as despesas de cujo adiantamento foi dispensada, inclusive as relativas ao recurso interposto, se houver, no prazo fixado pelo juiz, sem prejuízo de aplicação das sanções previstas em lei.

Parágrafo único. Não efetuado o recolhimento, o processo será extinto sem resolução de mérito, tratando-se do autor, e, nos demais casos, não poderá ser deferida a realização de nenhum ato ou diligência requerida pela parte enquanto não efetuado o depósito.

Capítulo III
DOS PROCURADORES

Art. 103. A parte será representada em juízo por advogado regularmente inscrito na Ordem dos Advogados do Brasil.

• Vide art. 133 da CF.
•• Vide arts. 111, 287, e 313, § 3.º, do CPC.
• Vide art. 1.º, I, do EAOAB.
• Vide art. 692 do CC.

Parágrafo único. É lícito à parte postular em causa própria quando tiver habilitação legal.

Art. 104. O advogado não será admitido a postular em juízo sem procuração, salvo para evitar preclusão, decadência ou prescrição, ou para praticar ato considerado urgente.

•• Vide art. 287, parágrafo único, do CPC.
•• Vide Súmula 115 do STJ.
• Vide arts. 653 e 692 do CC.

§ 1.º Nas hipóteses previstas no *caput*, o advogado deverá, independentemente de caução, exibir a procuração no prazo de 15 (quinze) dias, prorrogável por igual período por despacho do juiz.

• Vide art. 5.º, § 1.º, do EAOAB.

§ 2.º O ato não ratificado será considerado ineficaz relativamente àquele em cujo nome foi praticado, respondendo o advogado pelas despesas e por perdas e danos.

• Vide art. 402 do CC.

Art. 105. A procuração geral para o foro, outorgada por instrumento público ou particular assinado pela parte, habilita o advogado a praticar todos os atos do processo, exceto receber citação, confessar, reconhecer a procedência do pedido, transigir, desistir, renunciar ao direito

sobre o qual se funda a ação, receber, dar quitação, firmar compromisso e assinar declaração de hipossuficiência econômica, que devem constar de cláusula específica.
•• Vide art. 390, § 1.º, do CPC.
• Vide art. 654 do CC.

§ 1.º A procuração pode ser assinada digitalmente, na forma da lei.
•• Vide Lei n. 11.419, de 19-12-2006, que dispõe sobre a informatização do processo judicial.

§ 2.º A procuração deverá conter o nome do advogado, seu número de inscrição na Ordem dos Advogados do Brasil e endereço completo.
•• Vide art. 4.º do EAOAB.

§ 3.º Se o outorgado integrar sociedade de advogados, a procuração também deverá conter o nome dessa, seu número de registro na Ordem dos Advogados do Brasil e endereço completo.

§ 4.º Salvo disposição expressa em sentido contrário constante do próprio instrumento, a procuração outorgada na fase de conhecimento é eficaz para todas as fases do processo, inclusive para o cumprimento de sentença.
•• Vide Súmula 395 do TST.

Art. 106. Quando postular em causa própria, incumbe ao advogado:
I - declarar, na petição inicial ou na contestação, o endereço, seu número de inscrição na Ordem dos Advogados do Brasil e o nome da sociedade de advogados da qual participa, para o recebimento de intimações;
II - comunicar ao juízo qualquer mudança de endereço.

§ 1.º Se o advogado descumprir o disposto no inciso I, o juiz ordenará que se supra a omissão, no prazo de 5 (cinco) dias, antes de determinar a citação do réu, sob pena de indeferimento da petição.

§ 2.º Se o advogado infringir o previsto no inciso II, serão consideradas válidas as intimações enviadas por carta registrada ou meio eletrônico ao endereço constante dos autos.

Art. 107. O advogado tem direito a:
•• Vide art. 289 do CPC.

I - examinar, em cartório de fórum e secretaria de tribunal, mesmo sem procuração, autos de qualquer processo, independentemente da fase de tramitação, assegurados a obtenção de cópias e o registro de anotações, salvo na hipótese de segredo de justiça, nas quais apenas o advogado constituído terá acesso aos autos;
•• Vide Súmula Vinculante 14.

II - requerer, como procurador, vista dos autos de qualquer processo, pelo prazo de 5 (cinco) dias;
• Vide art. 234 do CPC.

III - retirar os autos do cartório ou da secretaria, pelo prazo legal, sempre que neles lhe couber falar por determinação do juiz, nos casos previstos em lei.

§ 1.º Ao receber os autos, o advogado assinará carga em livro ou documento próprio.

§ 2.º Sendo o prazo comum às partes, os procuradores poderão retirar os autos somente em conjunto ou mediante prévio ajuste, por petição nos autos.

§ 3.º Na hipótese do § 2.º, é lícito ao procurador retirar os autos para obtenção de cópias, pelo prazo de 2 (duas) a 6 (seis) horas, independentemente de ajuste e sem prejuízo da continuidade do prazo.

§ 4.º O procurador perderá no mesmo processo o direito a que se refere o § 3.º se não devolver os autos tempestivamente, salvo se o prazo for prorrogado pelo juiz.

§ 5.º O disposto no inciso I do *caput* deste artigo aplica-se integralmente a processos eletrônicos.
•• § 5.º acrescentado pela Lei n. 13.793, de 3-1-2019.

Capítulo IV
DA SUCESSÃO DAS PARTES E DOS PROCURADORES

Art. 108. No curso do processo, somente é lícita a sucessão voluntária das partes nos casos expressos em lei.
•• Vide art. 778, § 1.º, do CPC.

Art. 109. A alienação da coisa ou do direito litigioso por ato entre vivos, a título particular, não altera a legitimidade das partes.
•• Vide arts. 59, 240, 778, § 1.º, 790, I, e 808 do CPC.

§ 1.º O adquirente ou cessionário não poderá ingressar em juízo, sucedendo o alienante ou cedente, sem que o consinta a parte contrária.

§ 2.º O adquirente ou cessionário poderá intervir no processo como assistente litisconsorcial do alienante ou cedente.
•• Vide arts. 119 a 124 do CPC.

§ 3.º Estendem-se os efeitos da sentença proferida entre as partes originárias ao adquirente ou cessionário.

Art. 110. Ocorrendo a morte de qualquer das partes, dar-se-á a sucessão pelo seu espólio ou pelos seus sucessores, observado o disposto no art. 313, §§ 1.º e 2.º.
•• Vide arts. 75, VII, 221 e 618 do CPC.

Art. 111. A parte que revogar o mandato outorgado a seu advogado constituirá, no mesmo ato, outro que assuma o patrocínio da causa.

Parágrafo único. Não sendo constituído novo procurador no prazo de 15 (quinze) dias, observar-se-á o disposto no art. 76.

Art. 112. O advogado poderá renunciar ao mandato a qualquer tempo, provando, na forma prevista neste Código, que comunicou a renúncia ao mandante, a fim de que este nomeie sucessor.
•• Vide art. 688 do CC.
• Vide art. 313, I, do CPC.

§ 1.º Durante os 10 (dez) dias seguintes, o advogado continuará a representar o mandante, desde que necessário para lhe evitar prejuízo.

§ 2.º Dispensa-se a comunicação referida no *caput* quando a procuração tiver sido outorgada a vários advogados e a parte continuar representada por outro, apesar da renúncia.

Título II
DO LITISCONSÓRCIO
•• Vide art. 1.005 do CPC.

Art. 113. Duas ou mais pessoas podem litigar, no mesmo processo, em conjunto, ativa ou passivamente, quando:
I - entre elas houver comunhão de direitos ou de obrigações relativamente à lide;
II - entre as causas houver conexão pelo pedido ou pela causa de pedir;
•• Vide art. 54 do CPC.
III - ocorrer afinidade de questões por ponto comum de fato ou de direito.
• A Lei n. 3.751, de 13-4-1960 (art. 2.º, § 5.º), dispõe sobre a intervenção da Fazenda do Distrito Federal (Brasília) nos processos judiciais que lhe possam resultar direitos ou obrigações.

§ 1.º O juiz poderá limitar o litisconsórcio facultativo quanto ao número de litigantes na fase de conhecimento, na liquidação de sentença ou na execução, quando este comprometer a rápida solução do litígio ou dificultar a defesa ou o cumprimento da sentença.
•• Vide art. 139, II e III, do CPC.

§ 2.º O requerimento de limitação interrompe o prazo para manifestação ou resposta, que recomeçará da intimação da decisão que o solucionar.

Art. 114. O litisconsórcio será necessário por disposição de lei ou quando, pela natureza da relação jurídica controvertida, a eficácia da sentença depender da citação de todos que devam ser litisconsortes.

Art. 115. A sentença de mérito, quando proferida sem a integração do contraditório, será:
I - nula, se a decisão deveria ser uniforme em relação a todos que deveriam ter integrado o processo;
II - ineficaz, nos outros casos, apenas para os que não foram citados.

Parágrafo único. Nos casos de litisconsórcio passivo necessário, o juiz determinará ao autor que requeira a citação de todos que devam ser litisconsortes, dentro do prazo que assinar, sob pena de extinção do processo.
•• Vide art. 94 do CDC.
•• Vide art. 485, III, do CPC.

Art. 116. O litisconsórcio será unitário quando, pela natureza da relação jurídica, o juiz tiver de decidir o mérito de modo uniforme para todos os litisconsortes.

Art. 117. Os litisconsortes serão considerados, em suas relações com a parte adversa, como litigantes distintos, exceto no litisconsórcio unitário, caso em que os atos e as omissões de um não prejudicarão os outros, mas os poderão beneficiar.
•• Vide art. 1.005 do CPC.

Art. 118. Cada litisconsorte tem o direito de promover o andamento do processo, e todos devem ser intimados dos respectivos atos.
•• Vide art. 229 do CPC.

Título III
DA INTERVENÇÃO DE TERCEIROS

Capítulo I
DA ASSISTÊNCIA

SEÇÃO I
Disposições Comuns

Art. 119. Pendendo causa entre 2 (duas) ou mais pessoas, o terceiro juridicamente interessado em que a sentença seja favorável a uma delas poderá intervir no processo para assisti-la.
•• Vide art. 364, § 1.º, do CPC.
Parágrafo único. A assistência será admitida em qualquer procedimento e em todos os graus de jurisdição, recebendo o assistente o processo no estado em que se encontre.

Art. 120. Não havendo impugnação no prazo de 15 (quinze) dias, o pedido do assistente será deferido, salvo se for caso de rejeição liminar.
Parágrafo único. Se qualquer parte alegar que falta ao requerente interesse jurídico para intervir, o juiz decidirá o incidente, sem suspensão do processo.
• Vide art. 330, III, do CPC.

SEÇÃO II
Da Assistência Simples

Art. 121. O assistente simples atuará como auxiliar da parte principal, exercerá os mesmos poderes e sujeitar-se-á aos mesmos ônus processuais que o assistido.
• Vide art. 94 do CPC.
Parágrafo único. Sendo revel ou, de qualquer outro modo, omisso o assistido, o assistente será considerado seu substituto processual.
• Vide arts. 319 a 322 do CPC.

Art. 122. A assistência simples não obsta a que a parte principal reconheça a procedência do pedido, desista da ação, renuncie ao direito sobre o que se funda a ação ou transija sobre direitos controvertidos.

Art. 123. Transitada em julgado a sentença no processo em que interveio o assistente, este não poderá, em processo posterior, discutir a justiça da decisão, salvo se alegar e provar que:
I – pelo estado em que recebeu o processo ou pelas declarações e pelos atos do assistido, foi impedido de produzir provas suscetíveis de influir na sentença;
II – desconhecia a existência de alegações ou de provas das quais o assistido, por dolo ou culpa, não se valeu.
• Vide art. 506 do CPC.

SEÇÃO III
Da Assistência Litisconsorcial

Art. 124. Considera-se litisconsorte da parte principal o assistente sempre que a sentença influir na relação jurídica entre ele e o adversário do assistido.
• Vide art. 229 do CPC.

Capítulo II
DA DENUNCIAÇÃO DA LIDE

Art. 125. É admissível a denunciação da lide, promovida por qualquer das partes:
I – ao alienante imediato, no processo relativo à coisa cujo domínio foi transferido ao denunciante, a fim de que possa exercer os direitos que da evicção lhe resultam;
II – àquele que estiver obrigado, por lei ou pelo contrato, a indenizar, em ação regressiva, o prejuízo de quem for vencido no processo.
• Vide art. 101, II, do CDC.
§ 1.º O direito regressivo será exercido por ação autônoma quando a denunciação da lide for indeferida, deixar de ser promovida ou não for permitida.
§ 2.º Admite-se uma única denunciação sucessiva, promovida pelo denunciado, contra seu antecessor imediato na cadeia dominial ou quem seja responsável por indenizá-lo, não podendo o denunciado sucessivo promover nova denunciação, hipótese em que eventual direito de regresso será exercido por ação autônoma.

Art. 126. A citação do denunciado será requerida na petição inicial, se o denunciante for autor, ou na contestação, se o denunciante for réu, devendo ser realizada na forma e nos prazos previstos no art. 131.

Art. 127. Feita a denunciação pelo autor, o denunciado poderá assumir a posição de litisconsorte do denunciante e acrescentar novos argumentos à petição inicial, procedendo-se em seguida à citação do réu.
•• Vide arts. 113 a 118 do CPC.

Art. 128. Feita a denunciação pelo réu:
I – se o denunciado contestar o pedido formulado pelo autor, o processo prosseguirá tendo, na ação principal, em litisconsórcio, denunciante e denunciado;
II – se o denunciado for revel, o denunciante pode deixar de prosseguir com sua defesa, eventualmente oferecida, e abster-se de recorrer, restringindo sua atuação à ação regressiva;
•• Vide art. 344 do CPC.
III – se o denunciado confessar os fatos alegados pelo autor na ação principal, o denunciante poderá prosseguir com sua defesa ou, aderindo a tal reconhecimento, pedir apenas a procedência da ação de regresso.
Parágrafo único. Procedente o pedido da ação principal, pode o autor, se for o caso, requerer o cumprimento da sentença também contra o denunciado, nos limites da condenação deste na ação regressiva.

Art. 129. Se o denunciante for vencido na ação principal, o juiz passará ao julgamento da denunciação da lide.
Parágrafo único. Se o denunciante for vencedor, a ação de denunciação não terá o seu pedido examinado, sem prejuízo da condenação do denunciante ao pagamento das verbas de sucumbência em favor do denunciado.

Capítulo III
DO CHAMAMENTO AO PROCESSO

Art. 130. É admissível o chamamento ao processo, requerido pelo réu:
I – do afiançado, na ação em que o fiador for réu;
II – dos demais fiadores, na ação proposta contra um ou alguns deles;
III – dos demais devedores solidários, quando o credor exigir de um ou de alguns o pagamento da dívida comum.
• Vide art. 275 do CC.

Art. 131. A citação daqueles que devam figurar em litisconsórcio passivo será requerida pelo réu na contestação e deve ser promovida no prazo de 30 (trinta) dias, sob pena de ficar sem efeito o chamamento.
Parágrafo único. Se o chamado residir em outra comarca, seção ou subseção judiciárias, ou em lugar incerto, o prazo será de 2 (dois) meses.

Art. 132. A sentença de procedência valerá como título executivo em favor do réu que satisfizer a dívida, a fim de que possa exigi-la, por in-

teiro, do devedor principal, ou, de cada um dos codevedores, a sua quota, na proporção que lhes tocar.

•• *Vide* arts. 283 a 285 do CC.

Capítulo IV
DO INCIDENTE DE DESCONSIDERAÇÃO DA PERSONALIDADE JURÍDICA

•• *Vide* art. 6.º da Instrução Normativa n. 39, de 15-3-2016.
•• *Vide* art. 17 da Instrução Normativa n. 41, de 21-6-2018.

Art. 133. O incidente de desconsideração da personalidade jurídica será instaurado a pedido da parte ou do Ministério Público, quando lhe couber intervir no processo.

•• *Vide* arts. 795 e 1.062 do CPC.
•• *Vide* art. 50 do CC.

§ 1.º O pedido de desconsideração da personalidade jurídica observará os pressupostos previstos em lei.

§ 2.º Aplica-se o disposto neste Capítulo à hipótese de desconsideração inversa da personalidade jurídica.

Art. 134. O incidente de desconsideração é cabível em todas as fases do processo de conhecimento, no cumprimento de sentença e na execução fundada em título executivo extrajudicial.

•• *Vide* art. 790, VII, do CPC.

§ 1.º A instauração do incidente será imediatamente comunicada ao distribuidor para as anotações devidas.

•• *Vide* art. 134, § 1.º, do CPC.

§ 2.º Dispensa-se a instauração do incidente se a desconsideração da personalidade jurídica for requerida na petição inicial, hipótese em que será citado o sócio ou a pessoa jurídica.

§ 3.º A instauração do incidente suspenderá o processo, salvo na hipótese do § 2.º.

§ 4.º O requerimento deve demonstrar o preenchimento dos pressupostos legais específicos para desconsideração da personalidade jurídica.

Art. 135. Instaurado o incidente, o sócio ou a pessoa jurídica será citado para manifestar-se e requerer as provas cabíveis no prazo de 15 (quinze) dias.

Art. 136. Concluída a instrução, se necessária, o incidente será resolvido por decisão interlocutória.

Parágrafo único. Se a decisão for proferida pelo relator, cabe agravo interno.

Art. 137. Acolhido o pedido de desconsideração, a alienação ou a oneração de bens, havida em fraude de execução, será ineficaz em relação ao requerente.

Capítulo V
DO *AMICUS CURIAE*

Art. 138. O juiz ou o relator, considerando a relevância da matéria, a especificidade do tema objeto da demanda ou a repercussão social da controvérsia, poderá, por decisão irrecorrível, de ofício ou a requerimento das partes ou de quem pretenda manifestar-se, solicitar ou admitir a participação de pessoa natural ou jurídica, órgão ou entidade especializada, com representatividade adequada, no prazo de 15 (quinze) dias de sua intimação.

•• *Vide* art. 3.º da Instrução Normativa n. 39, de 15-3-2016.

§ 1.º A intervenção de que trata o *caput* não implica alteração de competência nem autoriza a interposição de recursos, ressalvadas a oposição de embargos de declaração e a hipótese do § 3.º.

§ 2.º Caberá ao juiz ou ao relator, na decisão que solicitar ou admitir a intervenção, definir os poderes do *amicus curiae*.

§ 3.º O *amicus curiae* pode recorrer da decisão que julgar o incidente de resolução de demandas repetitivas.

Título IV
DO JUIZ E DOS AUXILIARES DA JUSTIÇA

Capítulo I
DOS PODERES, DOS DEVERES E DA RESPONSABILIDADE DO JUIZ

Art. 139. O juiz dirigirá o processo conforme as disposições deste Código, incumbindo-lhe:

•• *Vide* art. 3.º da Instrução Normativa n. 39, de 15-3-2016.

I – assegurar às partes igualdade de tratamento;

•• *Vide* Súmula 121 do STJ.

II – velar pela duração razoável do processo;

• *Vide* art. 35, II, da Lei Complementar n. 35, de 14-3-1979, que dispõe sobre excesso de prazo.

III – prevenir ou reprimir qualquer ato contrário à dignidade da justiça e indeferir postulações meramente protelatórias;

•• *Vide* arts. 78, 360, 772, II, e 774 do CPC.

IV – determinar todas as medidas indutivas, coercitivas, mandamentais ou sub-rogatórias necessárias para assegurar o cumprimento de ordem judicial, inclusive nas ações que tenham por objeto prestação pecuniária;

V – promover, a qualquer tempo, a autocomposição, preferencialmente com auxílio de conciliadores e mediadores judiciais;

VI – dilatar os prazos processuais e alterar a ordem de produção dos meios de prova, adequando-os às necessidades do conflito de modo a conferir maior efetividade à tutela do direito;

VII – exercer o poder de polícia, requisitando, quando necessário, força policial, além da segurança interna dos fóruns e tribunais;

VIII – determinar, a qualquer tempo, o comparecimento pessoal das partes, para inquiri-las sobre os fatos da causa, hipótese em que não incidirá a pena de confesso;

IX – determinar o suprimento de pressupostos processuais e o saneamento de outros vícios processuais;

X – quando se deparar com diversas demandas individuais repetitivas, oficiar o Ministério Público, a Defensoria Pública e, na medida do possível, outros legitimados a que se referem o art. 5.º da Lei n. 7.347, de 24 de julho de 1985, e o art. 82 da Lei n. 8.078, de 11 de setembro de 1990, para, se for o caso, promover a propositura da ação coletiva respectiva.

Parágrafo único. A dilação de prazos prevista no inciso VI somente pode ser determinada antes de encerrado o prazo regular.

Art. 140. O juiz não se exime de decidir sob a alegação de lacuna ou obscuridade do ordenamento jurídico.

•• *Vide* arts. 4.º e 5.º da LINDB (Decreto-lei n. 4.657, de 4-9-1942).
• *Vide* art. 375 do CPC.

Parágrafo único. O juiz só decidirá por equidade nos casos previstos em lei.

•• *Vide* arts. 4.º e 5.º da LINDB (Decreto-lei n. 4.657, de 4-9-1942).
• *Vide* art. 375 do CPC.

Art. 141. O juiz decidirá o mérito nos limites propostos pelas partes, sendo-lhe vedado conhecer de questões não suscitadas a cujo respeito a lei exige iniciativa da parte.

• *Vide* arts. 490 e 492 do CPC.

Art. 142. Convencendo-se, pelas circunstâncias, de que autor e réu se serviram do processo para praticar ato simulado ou conseguir fim vedado por lei, o juiz proferirá decisão que impeça os objetivos das partes, aplicando, de ofício, as penalidades da litigância de má-fé.

• *Vide* arts. 79 a 81 e 96 do CPC.

Art. 143. O juiz responderá, civil e regressivamente, por perdas e danos quando:

• *Vide* art. 37, § 6.º, da CF.
• *Vide* arts. 402 e s. 927 do CC.

I – no exercício de suas funções, proceder com dolo ou fraude;

II – recusar, omitir ou retardar, sem justo motivo, providência que deva ordenar de ofício ou a requerimento da parte.

•• O art. 319 do CP dispõe sobre o crime de prevaricação.

Parágrafo único. As hipóteses previstas no inciso II somente serão verificadas depois que a parte requerer ao juiz que determine a providência e o requerimento não for apreciado no prazo de 10 (dez) dias.

•• Vide art. 226 do CPC.
• Vide arts. 93 e 235 do CPC.
• Vide arts. 402 a 405 do CC.

Capítulo II
DOS IMPEDIMENTOS E DA SUSPEIÇÃO

• Vide arts. 20 e 21 da Consolidação dos Provimentos da Corregedoria-Geral da Justiça do Trabalho.

Art. 144. Há impedimento do juiz, sendo-lhe vedado exercer suas funções no processo:

•• Vide art. 966, II, do CPC.

I – em que interveio como mandatário da parte, oficiou como perito, funcionou como membro do Ministério Público ou prestou depoimento como testemunha;

• Vide art. 452, I, do CPC.

II – de que conheceu em outro grau de jurisdição, tendo proferido decisão;

III – quando nele estiver postulando, como defensor público, advogado ou membro do Ministério Público, seu cônjuge ou companheiro, ou qualquer parente, consanguíneo ou afim, em linha reta ou colateral, até o terceiro grau, inclusive;

IV – quando for parte no processo ele próprio, seu cônjuge ou companheiro, ou parente, consanguíneo ou afim, em linha reta ou colateral, até o terceiro grau, inclusive;

V – quando for sócio ou membro de direção ou de administração de pessoa jurídica parte no processo;

VI – quando for herdeiro presuntivo, donatário ou empregador de qualquer das partes;

VII – em que figure como parte instituição de ensino com a qual tenha relação de emprego ou decorrente de contrato de prestação de serviços;

VIII – em que figure como parte cliente do escritório de advocacia de seu cônjuge, companheiro ou parente, consanguíneo ou afim, em linha reta ou colateral, até o terceiro grau, inclusive, mesmo que patrocinado por advogado de outro escritório;

IX – quando promover ação contra a parte ou seu advogado.

§ 1.º Na hipótese do inciso III, o impedimento só se verifica quando o defensor público, o advogado ou o membro do Ministério Público já integrava o processo antes do início da atividade judicante do juiz.

§ 2.º É vedada a criação de fato superveniente a fim de caracterizar impedimento do juiz.

§ 3.º O impedimento previsto no inciso III também se verifica no caso de mandato conferido a membro de escritório de advocacia que tenha em seus quadros advogado que individualmente ostente a condição nele prevista, mesmo que não intervenha diretamente no processo.

Art. 145. Há suspeição do juiz:

I – amigo íntimo ou inimigo de qualquer das partes ou de seus advogados;

II – que receber presentes de pessoas que tiverem interesse na causa antes ou depois de iniciado o processo, que aconselhar alguma das partes acerca do objeto da causa ou que subministrar meios para atender às despesas do litígio;

III – quando qualquer das partes for sua credora ou devedora, de seu cônjuge ou companheiro ou de parentes destes, em linha reta até o terceiro grau, inclusive;

IV – interessado no julgamento do processo em favor de qualquer das partes.

•• Vide art. 148 do CPC.

§ 1.º Poderá o juiz declarar-se suspeito por motivo de foro íntimo, sem necessidade de declarar suas razões.

§ 2.º Será ilegítima a alegação de suspeição quando:

I – houver sido provocada por quem a alega;

II – a parte que a alega houver praticado ato que signifique manifesta aceitação do arguido.

Art. 146. No prazo de 15 (quinze) dias, a contar do conhecimento do fato, a parte alegará o impedimento ou a suspeição, em petição específica dirigida ao juiz do processo, na qual indicará o fundamento da recusa, podendo instruí-la com documentos em que se fundar a alegação e com rol de testemunhas.

•• Vide art. 313, III, do CPC.
• Vide art. 20 da Consolidação dos Provimentos da Corregedoria-Geral da Justiça do Trabalho.

§ 1.º Se reconhecer o impedimento ou a suspeição ao receber a petição, o juiz ordenará imediatamente a remessa dos autos a seu substituto legal, caso contrário, determinará a autuação em apartado da petição e, no prazo de 15 (quinze) dias, apresentará suas razões, acompanhadas de documentos e de rol de testemunhas, se houver, ordenando a remessa do incidente ao tribunal.

§ 2.º Distribuído o incidente, o relator deverá declarar os seus efeitos, sendo que, se o incidente for recebido:

I – sem efeito suspensivo, o processo voltará a correr;

II – com efeito suspensivo, o processo permanecerá suspenso até o julgamento do incidente.

§ 3.º Enquanto não for declarado o efeito em que é recebido o incidente ou quando este for recebido com efeito suspensivo, a tutela de urgência será requerida ao substituto legal.

§ 4.º Verificando que a alegação de impedimento ou de suspeição é improcedente, o tribunal rejeitá-la-á.

§ 5.º Acolhida a alegação, tratando-se de impedimento ou de manifesta suspeição, o tribunal condenará o juiz nas custas e remeterá os autos ao seu substituto legal, podendo o juiz recorrer da decisão.

§ 6.º Reconhecido o impedimento ou a suspeição, o tribunal fixará o momento a partir do qual o juiz não poderia ter atuado.

§ 7.º O tribunal decretará a nulidade dos atos do juiz, se praticados quando já presente o motivo de impedimento ou de suspeição.

Art. 147. Quando 2 (dois) ou mais juízes forem parentes, consanguíneos ou afins, em linha reta ou colateral, até o terceiro grau, inclusive, o primeiro que conhecer do processo impede que o outro nele atue, caso em que o segundo se escusará, remetendo os autos ao seu substituto legal.

Art. 148. Aplicam-se os motivos de impedimento e de suspeição:

I – ao membro do Ministério Público;

• Vide arts. 176 a 181 do CPC.

II – aos auxiliares da justiça;

• Vide arts. 149 a 175 do CPC.

III – aos demais sujeitos imparciais do processo.

§ 1.º A parte interessada deverá arguir o impedimento ou a suspeição, em petição fundamentada e devidamente instruída, na primeira oportunidade em que lhe couber falar nos autos.

§ 2.º O juiz mandará processar o incidente em separado e sem suspensão do processo, ouvindo o arguido no prazo de 15 (quinze) dias e facultando a produção de prova, quando necessária.

§ 3.º Nos tribunais, a arguição a que se refere o § 1.º será disciplinada pelo regimento interno.

§ 4.º O disposto nos §§ 1.º e 2.º não se aplica à arguição de impedimento ou de suspeição de testemunha.

Capítulo III
DOS AUXILIARES DA JUSTIÇA

Art. 149. São auxiliares da Justiça, além de outros cujas atribuições sejam determinadas pelas normas de organização judiciária, o escrivão, o chefe de secretaria, o oficial de justiça, o perito, o depositário, o ad-

ministrador, o intérprete, o tradutor, o mediador, o conciliador judicial, o partidor, o distribuidor, o contabilista e o regulador de avarias.

SEÇÃO I
Do Escrivão, do Chefe de Secretaria e do Oficial de Justiça

Art. 150. Em cada juízo haverá um ou mais ofícios de justiça, cujas atribuições serão determinadas pelas normas de organização judiciária.

Art. 151. Em cada comarca, seção ou subseção judiciária haverá, no mínimo, tantos oficiais de justiça quantos sejam os juízos.

Art. 152. Incumbe ao escrivão ou ao chefe de secretaria:

I – redigir, na forma legal, os ofícios, os mandados, as cartas precatórias e os demais atos que pertençam ao seu ofício;

II – efetivar as ordens judiciais, realizar citações e intimações, bem como praticar todos os demais atos que lhe forem atribuídos pelas normas de organização judiciária;

III – comparecer às audiências ou, não podendo fazê-lo, designar servidor para substituí-lo;

IV – manter sob sua guarda e responsabilidade os autos, não permitindo que saiam do cartório, exceto:

a) quando tenham de seguir à conclusão do juiz;

b) com vista a procurador, à Defensoria Pública, ao Ministério Público ou à Fazenda Pública;

c) quando devam ser remetidos ao contabilista ou ao partidor;

d) quando forem remetidos a outro juízo em razão da modificação da competência;

V – fornecer certidão de qualquer ato ou termo do processo, independentemente de despacho, observadas as disposições referentes ao segredo de justiça;

VI – praticar, de ofício, os atos meramente ordinatórios.

§ 1.º O juiz titular editará ato a fim de regulamentar a atribuição prevista no inciso VI.

§ 2.º No impedimento do escrivão ou chefe de secretaria, o juiz convocará substituto e, não o havendo, nomeará pessoa idônea para o ato.

Art. 153. O escrivão ou o chefe de secretaria atenderá, preferencialmente, à ordem cronológica de recebimento para publicação e efetivação dos pronunciamentos judiciais.

•• *Caput* com redação determinada pela Lei n. 13.256, de 4-2-2016.

§ 1.º A lista de processos recebidos deverá ser disponibilizada, de forma permanente, para consulta pública.

§ 2.º Estão excluídos da regra do *caput*:

I – os atos urgentes, assim reconhecidos pelo juiz no pronunciamento judicial a ser efetivado;

II – as preferências legais.

§ 3.º Após elaboração de lista própria, respeitar-se-ão a ordem cronológica de recebimento entre os atos urgentes e as preferências legais.

§ 4.º A parte que se considerar preterida na ordem cronológica poderá reclamar, nos próprios autos, ao juiz do processo, que requisitará informações ao servidor, a serem prestadas no prazo de 2 (dois) dias.

§ 5.º Constatada a preterição, o juiz determinará o imediato cumprimento do ato e a instauração de processo administrativo disciplinar contra o servidor.

Art. 154. Incumbe ao oficial de justiça:

I – fazer pessoalmente citações, prisões, penhoras, arrestos e demais diligências próprias do seu ofício, sempre que possível na presença de 2 (duas) testemunhas, certificando no mandado o ocorrido, com menção ao lugar, ao dia e à hora;

II – executar as ordens do juiz a que estiver subordinado;

III – entregar o mandado em cartório após seu cumprimento;

IV – auxiliar o juiz na manutenção da ordem;

V – efetuar avaliações, quando for o caso;

VI – certificar, em mandado, proposta de autocomposição apresentada por qualquer das partes, na ocasião de realização de ato de comunicação que lhe couber.

Parágrafo único. Certificada a proposta de autocomposição prevista no inciso VI, o juiz ordenará a intimação da parte contrária para manifestar-se, no prazo de 5 (cinco) dias, sem prejuízo do andamento regular do processo, entendendo-se o silêncio como recusa.

Art. 155. O escrivão, o chefe de secretaria e o oficial de justiça são responsáveis, civil e regressivamente, quando:

•• *Vide* art. 37, § 6.º, da CF.

I – sem justo motivo, se recusarem a cumprir no prazo os atos impostos pela lei ou pelo juiz a que estão subordinados;

II – praticarem ato nulo com dolo ou culpa.

SEÇÃO II
Do Perito

Art. 156. O juiz será assistido por perito quando a prova do fato depender de conhecimento técnico ou científico.

§ 1.º Os peritos serão nomeados entre os profissionais legalmente habilitados e os órgãos técnicos ou científicos devidamente inscritos em cadastro mantido pelo tribunal ao qual o juiz está vinculado.

§ 2.º Para formação do cadastro, os tribunais devem realizar consulta pública, por meio de divulgação na rede mundial de computadores ou em jornais de grande circulação, além de consulta direta a universidades, a conselhos de classe, ao Ministério Público, à Defensoria Pública e à Ordem dos Advogados do Brasil, para a indicação de profissionais ou de órgãos técnicos interessados.

§ 3.º Os tribunais realizarão avaliações e reavaliações periódicas para manutenção do cadastro, considerando a formação profissional, a atualização do conhecimento e a experiência dos peritos interessados.

§ 4.º Para verificação de eventual impedimento ou motivo de suspeição, nos termos dos arts. 148 e 467, o órgão técnico ou científico nomeado para realização da perícia informará ao juiz os nomes e os dados de qualificação dos profissionais que participarão da atividade.

§ 5.º Na localidade onde não houver inscrito no cadastro disponibilizado pelo tribunal, a nomeação do perito é de livre escolha pelo juiz e deverá recair sobre profissional ou órgão técnico ou científico comprovadamente detentor do conhecimento necessário à realização da perícia.

Art. 157. O perito tem o dever de cumprir o ofício no prazo que lhe designar o juiz, empregando toda sua diligência, podendo escusar-se do encargo alegando motivo legítimo.

•• *Vide* arts. 466 e 467 do CPC.

§ 1.º A escusa será apresentada no prazo de 15 (quinze) dias, contado da intimação, da suspeição ou do impedimento supervenientes, sob pena de renúncia ao direito a alegá-la.

§ 2.º Será organizada lista de peritos na vara ou na secretaria, com disponibilização dos documentos exigidos para habilitação à consulta de interessados, para que a nomeação seja distribuída de modo equitativo, observadas a capacidade técnica e a área de conhecimento.

Art. 158. O perito que, por dolo ou culpa, prestar informações inverídicas responderá pelos prejuízos que causar à parte e ficará inabilitado para atuar em outras perícias no prazo de 2 (dois) a 5 (cinco) anos, independentemente das demais sanções previstas em lei, devendo o juiz comunicar o fato ao respectivo órgão de classe para adoção das medidas que entender cabíveis.

SEÇÃO III
Do Depositário e do Administrador

Art. 159. A guarda e a conservação de bens penhorados, arrestados, sequestrados ou arrecadados serão confiadas a depositário ou a administrador, não dispondo a lei de outro modo.

•• *Vide* art. 5.º, LXVII, da CF.
• *Vide* art. 840 do CPC.

Art. 160. Por seu trabalho o depositário ou o administrador perceberá remuneração que o juiz fixará levando em conta a situação dos bens, ao tempo do serviço e às dificuldades de sua execução.

Parágrafo único. O juiz poderá nomear um ou mais prepostos por indicação do depositário ou do administrador.

Art. 161. O depositário ou o administrador responde pelos prejuízos que, por dolo ou culpa, causar à parte, perdendo a remuneração que lhe foi arbitrada, mas tem o direito a haver o que legitimamente despendeu no exercício do encargo.

•• *Vide* art. 553 do CPC.

Parágrafo único. O depositário infiel responde civilmente pelos prejuízos causados, sem prejuízo de sua responsabilidade penal e da imposição de sanção por ato atentatório à dignidade da justiça.

• O art. 168, § 1.º, II, do CP estabelece o aumento de pena do crime de apropriação indébita para o depositário judicial.

SEÇÃO IV
Do Intérprete e do Tradutor

Art. 162. O juiz nomeará intérprete ou tradutor quando necessário para:

I – traduzir documento redigido em língua estrangeira;

II – verter para o português as declarações das partes e das testemunhas que não conhecerem o idioma nacional;

• *Vide* art. 192 do CPC.

III – realizar a interpretação simultânea dos depoimentos das partes e testemunhas com deficiência auditiva que se comuniquem por meio da Língua Brasileira de Sinais, ou equivalente, quando assim for solicitado.

Art. 163. Não pode ser intérprete ou tradutor quem:

I – não tiver a livre administração de seus bens;

II – for arrolado como testemunha ou atuar como perito no processo;

III – estiver inabilitado para o exercício da profissão por sentença penal condenatória, enquanto durarem seus efeitos.

Art. 164. O intérprete ou tradutor, oficial ou não, é obrigado a desempenhar seu ofício, aplicando-se-lhe o disposto nos arts. 157 e 158.

SEÇÃO V
Dos Conciliadores e Mediadores Judiciais

•• *Vide* Lei n. 13.140, de 26-6-2015, que dispõe sobre a mediação entre particulares como meio de solução de controvérsias e sobre a autocomposição de conflitos no âmbito da Administração Pública.

•• A Resolução n. 125, de 29-11-2010, do CNJ, dispõe sobre conflitos de interesses do Judiciário.

Art. 165. Os tribunais criarão centros judiciários de solução consensual de conflitos, responsáveis pela realização de sessões e audiências de conciliação e mediação e pelo desenvolvimento de programas destinados a auxiliar, orientar e estimular a autocomposição.

•• *Vide* art. 14 da Instrução Normativa n. 39, de 15-3-2016.
•• *Vide* art. 334 do CPC.

§ 1.º A composição e a organização dos centros serão definidas pelo respectivo tribunal, observadas as normas do Conselho Nacional de Justiça.

§ 2.º O conciliador, que atuará preferencialmente nos casos em que não houver vínculo anterior entre as partes, poderá sugerir soluções para o litígio, sendo vedada a utilização de qualquer tipo de constrangimento ou intimidação para que as partes conciliem.

§ 3.º O mediador, que atuará preferencialmente nos casos em que houver vínculo anterior entre as partes, auxiliará aos interessados a compreender as questões e os interesses em conflito, de modo que eles possam, pelo restabelecimento da comunicação, identificar, por si próprios, soluções consensuais que gerem benefícios mútuos.

Art. 166. A conciliação e a mediação são informadas pelos princípios da independência, da imparcialidade, da autonomia da vontade, da confidencialidade, da oralidade, da informalidade e da decisão informada.

§ 1.º A confidencialidade estende-se a todas as informações produzidas no curso do procedimento, cujo teor não poderá ser utilizado para fim diverso daquele previsto por expressa deliberação das partes.

§ 2.º Em razão do dever de sigilo, inerente às suas funções, o conciliador e o mediador, assim como os membros de suas equipes, não poderão divulgar ou depor acerca de fatos ou elementos oriundos da conciliação ou da mediação.

§ 3.º Admite-se a aplicação de técnicas negociais, com o objetivo de proporcionar ambiente favorável à autocomposição.

§ 4.º A mediação e a conciliação serão regidas conforme a livre autonomia dos interessados, inclusive no que diz respeito à definição das regras procedimentais.

Art. 167. Os conciliadores, os mediadores e as câmaras privadas de conciliação e mediação serão inscritos em cadastro nacional e em cadastro de tribunal de justiça ou de tribunal regional federal, que manterá registro de profissionais habilitados, com indicação de sua área profissional.

• *Vide* art. 12 da Lei n. 13.140, de 26-6-2015.

§ 1.º Preenchendo o requisito da capacitação mínima, por meio de curso realizado por entidade credenciada, conforme parâmetro curricular definido pelo Conselho Nacional de Justiça em conjunto com o Ministério da Justiça, o conciliador ou o mediador, com o respectivo certificado, poderá requerer sua inscrição no cadastro nacional e no cadastro de tribunal de justiça ou de tribunal regional federal.

•• *Vide* art. 11 da Lei n. 13.140, de 26-6-2015.

§ 2.º Efetivado o registro, que poderá ser precedido de concurso público, o tribunal remeterá ao diretor do foro da comarca, seção ou subseção judiciária onde atuará o conciliador ou o mediador os dados necessários para que seu nome passe a constar da respectiva lista, a ser observada na distribuição alternada e aleatória, respeitado o princípio da igualdade dentro da mesma área de atuação profissional.

§ 3.º Do credenciamento das câmaras e do cadastro de conciliadores e mediadores constarão todos os dados relevantes para a sua atuação, tais como o número de processos de que participou, o sucesso ou insucesso da atividade, a matéria sobre a qual versou a controvérsia, bem como outros dados que o tribunal julgar relevantes.

§ 4.º Os dados colhidos na forma do § 3.º serão classificados sistematicamente pelo tribunal, que os publicará, ao menos anualmente, para conhecimento da população e para fins estatísticos e de avaliação da conciliação, da mediação, das câmaras privadas de conciliação e de mediação, dos conciliadores e dos mediadores.

§ 5.º Os conciliadores e mediadores judiciais cadastrados na forma do *caput*, se advogados, estarão impedidos de exercer a advocacia nos juízos em que desempenhem suas funções.

§ 6.º O tribunal poderá optar pela criação de quadro próprio de conciliadores e mediadores, a ser preenchido por concurso público de provas e títulos, observadas as disposições deste Capítulo.

Art. 168. As partes podem escolher, de comum acordo, o conciliador, o mediador ou a câmara privada de conciliação e de mediação.

§ 1.º O conciliador ou mediador escolhido pelas partes poderá ou não estar cadastrado no tribunal.

§ 2.º Inexistindo acordo quanto à escolha do mediador ou conciliador, haverá distribuição entre aqueles cadastrados no registro do tribunal, observada a respectiva formação.

§ 3.º Sempre que recomendável, haverá a designação de mais de um mediador ou conciliador.

Art. 169. Ressalvada a hipótese do art. 167, § 6.º, o conciliador e o mediador receberão pelo seu trabalho remuneração prevista em tabela fixada pelo tribunal, conforme parâmetros estabelecidos pelo Conselho Nacional de Justiça.

- *Vide* art. 13 da Lei n. 13.140, de 26-6-2015.

§ 1.º A mediação e a conciliação podem ser realizadas como trabalho voluntário, observada a legislação pertinente e a regulamentação do tribunal.

§ 2.º Os tribunais determinarão o percentual de audiências não remuneradas que deverão ser suportadas pelas câmaras privadas de conciliação e mediação, com o fim de atender aos processos em que deferida gratuidade da justiça, como contrapartida de seu credenciamento.

Art. 170. No caso de impedimento, o conciliador ou mediador o comunicará imediatamente, de preferência por meio eletrônico, e devolverá os autos ao juiz do processo ou ao coordenador do centro judiciário de solução de conflitos, devendo este realizar nova distribuição.

Parágrafo único. Se a causa de impedimento for apurada quando já iniciado o procedimento, a atividade será interrompida, lavrando-se ata com relatório do ocorrido e solicitação de distribuição para novo conciliador ou mediador.

Art. 171. No caso de impossibilidade temporária do exercício da função, o conciliador ou mediador informará o fato ao centro, preferencialmente por meio eletrônico, para que, durante o período em que perdurar a impossibilidade, não haja novas distribuições.

Art. 172. O conciliador e o mediador ficam impedidos, pelo prazo de 1 (um) ano, contado do término da última audiência em que atuaram, de assessorar, representar ou patrocinar qualquer das partes.

Art. 173. Será excluído do cadastro de conciliadores e mediadores aquele que:

I – agir com dolo ou culpa na condução da conciliação ou da mediação sob sua responsabilidade ou violar qualquer dos deveres decorrentes do art. 166, §§ 1.º e 2.º;

II – atuar em procedimento de mediação ou conciliação, apesar de impedido ou suspeito.

§ 1.º Os casos previstos neste artigo serão apurados em processo administrativo.

§ 2.º O juiz do processo ou o juiz coordenador do centro de conciliação e mediação, se houver, verificando atuação inadequada do mediador ou conciliador, poderá afastá-lo de suas atividades por até 180 (cento e oitenta) dias, por decisão fundamentada, informando o fato imediatamente ao tribunal para instauração do respectivo processo administrativo.

Art. 174. A União, os Estados, o Distrito Federal e os Municípios criarão câmaras de mediação e conciliação, com atribuições relacionadas à solução consensual de conflitos no âmbito administrativo, tais como:

I – dirimir conflitos envolvendo órgãos e entidades da administração pública;

II – avaliar a admissibilidade dos pedidos de resolução de conflitos, por meio de conciliação, no âmbito da administração pública;

III – promover, quando couber, a celebração de termo de ajustamento de conduta.

Art. 175. As disposições desta Seção não excluem outras formas de conciliação e mediação extrajudiciais vinculadas a órgãos institucionais ou realizadas por intermédio de profissionais independentes, que poderão ser regulamentadas por lei específica.

Parágrafo único. Os dispositivos desta Seção aplicam-se, no que couber, às câmaras privadas de conciliação e mediação.

Título V
DO MINISTÉRIO PÚBLICO

- *Vide* arts. 127 a 130-A da CF.
- Lei Orgânica Nacional do Ministério Público: Lei n. 8.625, de 12-2-1993.
- Organização, atribuições e Estatuto do Ministério Público da União: Lei Complementar n. 75, de 20-5-1993.
- *Vide* Súmula 99 do STJ.
- *Vide* arts. 35 a 38 da Consolidação dos Provimentos da Corregedoria-Geral da Justiça do Trabalho.

Art. 176. O Ministério Público atuará na defesa da ordem jurídica, do regime democrático e dos interesses e direitos sociais e individuais indisponíveis.

Art. 177. O Ministério Público exercerá o direito de ação em conformidade com suas atribuições constitucionais.

- *Vide* arts. 180 e 272 do CPC.

Art. 178. O Ministério Público será intimado para, no prazo de 30 (trinta) dias, intervir como fiscal da ordem jurídica nas hipóteses previstas em lei ou na Constituição Federal e nos processos que envolvam:

- *Vide* art. 279 do CPC.

I – interesse público ou social;

II – interesse de incapaz;

- *Vide* arts. 3.º e 4.º do CC.

III – litígios coletivos pela posse de terra rural ou urbana.

- *Vide* art. 279 do CPC.
- *Vide* art. 75 da Lei n. 10.741, de 1.º-10-2003 (Estatuto da Pessoa Idosa).
- *Vide* Súmula 226 do STJ.

Parágrafo único. A participação da Fazenda Pública não configura, por si só, hipótese de intervenção do Ministério Público.

Art. 179. Nos casos de intervenção como fiscal da ordem jurídica, o Ministério Público:

I – terá vista dos autos depois das partes, sendo intimado de todos os atos do processo;

- *Vide* arts. 234 e 235 do CPC.

II – poderá produzir provas, requerer as medidas processuais pertinentes e recorrer.

- *Vide* arts. 234 e 235 do CPC.

Art. 180. O Ministério Público gozará de prazo em dobro para manifestar-se nos autos, que terá início a partir de sua intimação pessoal, nos termos do art. 183, § 1.º.

§ 1.º Findo o prazo para manifestação do Ministério Público sem o oferecimento de parecer, o juiz requisitará os autos e dará andamento ao processo.

§ 2.º Não se aplica o benefício da contagem em dobro quando a lei estabelecer, de forma expressa, prazo próprio para o Ministério Público.

Art. 181. O membro do Ministério Público será civil e regressivamente responsável quando agir com dolo ou fraude no exercício de suas funções.

- *Vide* art. 37, § 6.º, da CF.
- *Vide* arts. 186 a 188 e 927 do CC.

Título VI
DA ADVOCACIA PÚBLICA

- *Vide* arts. 131 e 132 da CF.
- Lei Orgânica da Advocacia-Geral da União: Lei Complementar n. 73, de 10-2-1993.
- Exercício das atribuições institucionais da Advocacia-Geral da União, em caráter emergencial e provisório: Lei n. 9.028, de 12-4-1995.

Art. 182. Incumbe à Advocacia Pública, na forma da lei, defender e promover os interesses públicos da União, dos Estados, do Distrito Federal e dos Municípios, por meio da representação judicial, em todos os âmbitos federativos, das pessoas jurídicas de direito público que integram a administração direta e indireta.

- O Decreto n. 4.250, de 27-5-2002, regulamenta a representação judicial da União, autarquias, fundações e empresas públicas federais perante os Juizados Especiais Federais.

Art. 183. A União, os Estados, o Distrito Federal, os Municípios e suas respectivas autarquias e fundações de direito público gozarão de prazo em dobro para todas as suas manifestações processuais, cuja contagem terá início a partir da intimação pessoal.

§ 1.º A intimação pessoal far-se-á por carga, remessa ou meio eletrônico.

- *Vide* arts. 269 a 275 do CPC.

- O Ato n. 388, de 28-8-2018, do TST, dispõe sobre as citações e intimações por via eletrônica da União, dos Estados, do Distrito Federal, dos Municípios e respectivas autarquias e fundações de direito público e da Defensoria Pública.

§ 2.º Não se aplica o benefício da contagem em dobro quando a lei estabelecer, de forma expressa, prazo próprio para o ente público.

Art. 184. O membro da Advocacia Pública será civil e regressivamente responsável quando agir com dolo ou fraude no exercício de suas funções.
- *Vide* art. 37, § 6.º, da CF.
- *Vide* arts. 186 a 188 e 927 do CC.

Título VII
DA DEFENSORIA PÚBLICA
- *Vide* arts. 134 e 135 da CF.
- Defensoria Pública: Lei Complementar n. 80, de 12-1-1994.

Art. 185. A Defensoria Pública exercerá a orientação jurídica, a promoção dos direitos humanos e a defesa dos direitos individuais e coletivos dos necessitados, em todos os graus, de forma integral e gratuita.

Art. 186. A Defensoria Pública gozará de prazo em dobro para todas as suas manifestações processuais.

§ 1.º O prazo tem início com a intimação pessoal do defensor público, nos termos do art. 183, § 1.º.
- *Vide* arts. 269 a 275 do CPC.
- O Ato n. 388, de 28-8-2018, do TST, dispõe sobre as citações e intimações por via eletrônica da Defensoria Pública.

§ 2.º A requerimento da Defensoria Pública, o juiz determinará a intimação pessoal da parte patrocinada quando o ato processual depender de providência ou informação que somente por ela possa ser realizada ou prestada.

§ 3.º O disposto no *caput* aplica-se aos escritórios de prática jurídica das faculdades de Direito reconhecidas na forma da lei e às entidades que prestam assistência jurídica gratuita em razão de convênios firmados com a Defensoria Pública.

§ 4.º Não se aplica o benefício da contagem em dobro quando a lei estabelecer, de forma expressa, prazo próprio para a Defensoria Pública.

Art. 187. O membro da Defensoria Pública será civil e regressivamente responsável quando agir com dolo ou fraude no exercício de suas funções.
- *Vide* art. 37, § 6.º, da CF.
- *Vide* arts. 186 a 188 e 927 do CC.

LIVRO IV
DOS ATOS PROCESSUAIS

TÍTULO I
DA FORMA, DO TEMPO E DO LUGAR DOS ATOS PROCESSUAIS

Capítulo I
DA FORMA DOS ATOS PROCESSUAIS

SEÇÃO I
Dos Atos em Geral

Art. 188. Os atos e os termos processuais independem de forma determinada, salvo quando a lei expressamente a exigir, considerando-se válidos os que, realizados de outro modo, lhe preencham a finalidade essencial.
- *Vide* arts. 276 e 277 do CPC.

Art. 189. Os atos processuais são públicos, todavia tramitam em segredo de justiça os processos:
- *Vide* art. 5.º, LX, da CF.
- *Vide* art. 152, V, do CPC.
- *Vide* art. 61 da Consolidação dos Provimentos da Corregedoria-Geral da Justiça do Trabalho.

I – em que o exija o interesse público ou social;

II – que versem sobre casamento, separação de corpos, divórcio, separação, união estável, filiação, alimentos e guarda de crianças e adolescentes;
- *Vide* arts. 107, I, 152, V, e 368 do CPC.

III – em que constem dados protegidos pelo direito constitucional à intimidade;
- *Vide* art. 5.º, X, da CF.

IV – que versem sobre arbitragem, inclusive sobre cumprimento de carta arbitral, desde que a confidencialidade estipulada na arbitragem seja comprovada perante o juízo.

§ 1.º O direito de consultar os autos de processo que tramite em segredo de justiça e de pedir certidões de seus atos é restrito às partes e aos seus procuradores.
- *Vide* Lei n. 8.906, de 4-7-1994 (EAOAB).

§ 2.º O terceiro que demonstrar interesse jurídico pode requerer ao juiz certidão do dispositivo da sentença, bem como de inventário e de partilha resultantes de divórcio ou separação.

Art. 190. Versando o processo sobre direitos que admitam autocomposição, é lícito às partes plenamente capazes estipular mudanças no procedimento para ajustá-lo às especificidades da causa e convencionar sobre os seus ônus, poderes, faculdades e deveres processuais, antes ou durante o processo.
- *Vide* art. 2.º da Instrução Normativa n. 39, de 15-3-2016.

Parágrafo único. De ofício ou a requerimento, o juiz controlará a validade das convenções previstas neste artigo, recusando-lhes aplicação somente nos casos de nulidade ou de inserção abusiva em contrato de adesão ou em que alguma parte se encontre em manifesta situação de vulnerabilidade.

Art. 191. De comum acordo, o juiz e as partes podem fixar calendário para a prática dos atos processuais, quando for o caso.

§ 1.º O calendário vincula as partes e o juiz, e os prazos nele previstos somente serão modificados em casos excepcionais, devidamente justificados.

§ 2.º Dispensa-se a intimação das partes para a prática de ato processual ou a realização de audiência cujas datas tiverem sido designadas no calendário.

Art. 192. Em todos os atos e termos do processo é obrigatório o uso da língua portuguesa.
- *Vide* art. 13 da CF.

Parágrafo único. O documento redigido em língua estrangeira somente poderá ser juntado aos autos quando acompanhado de versão para a língua portuguesa tramitada por via diplomática ou pela autoridade central, ou firmada por tradutor juramentado.
- *Vide* arts. 162 e 425 do CPC.
- *Vide* art. 224 do CC.

SEÇÃO II
Da Prática Eletrônica de Atos Processuais

Art. 193. Os atos processuais podem ser total ou parcialmente digitais, de forma a permitir que sejam produzidos, comunicados, armazenados e validados por meio eletrônico, na forma da lei.
- *Vide* art. 8.º da Lei n. 11.419, de 19-12-2006 (informatização do processo judicial).
- A Instrução Normativa n. 11, de 11-4-2019, do STJ, regulamenta a disponibilização em meio eletrônico de carta de sentença para cumprimento de decisão estrangeira homologada.

Parágrafo único. O disposto nesta Seção aplica-se, no que for cabível, à prática de atos notariais e de registro.

Art. 194. Os sistemas de automação processual respeitarão a publicidade dos atos, o acesso e a participação das partes e de seus procuradores, inclusive nas audiências e sessões de julgamento, observadas as garantias da disponibilidade, independência da plataforma

computacional, acessibilidade e interoperabilidade dos sistemas, serviços, dados e informações que o Poder Judiciário administre no exercício de suas funções.

Art. 195. O registro de ato processual eletrônico deverá ser feito em padrões abertos, que atenderão aos requisitos de autenticidade, integridade, temporalidade, não repúdio, conservação e, nos casos que tramitem em segredo de justiça, confidencialidade, observada a infraestrutura de chaves públicas unificada nacionalmente, nos termos da lei.
•• *Vide* art. 14 da Lei n. 11.419, de 19-12-2006 (informatização do processo judicial).

Art. 196. Compete ao Conselho Nacional de Justiça e, supletivamente, aos tribunais, regulamentar a prática e a comunicação oficial de atos processuais por meio eletrônico e velar pela compatibilidade dos sistemas, disciplinando a incorporação progressiva de novos avanços tecnológicos e editando, para esse fim, os atos que forem necessários, respeitadas as normas fundamentais deste Código.
•• A Resolução n. 465, de 22-6-2022, do CNJ, instituiu diretrizes para a realização de videoconferências no âmbito do Poder Judiciário.

Art. 197. Os tribunais divulgarão as informações constantes de seu sistema de automação em página própria na rede mundial de computadores, gozando a divulgação de presunção de veracidade e confiabilidade.

Parágrafo único. Nos casos de problema técnico do sistema e de erro ou omissão do auxiliar da justiça responsável pelo registro dos andamentos, poderá ser configurada a justa causa prevista no art. 223, *caput* e § 1.º.
•• *Vide* art. 10, § 2.º, da Lei n. 11.419, de 19-12-2006 (informatização do processo judicial).

Art. 198. As unidades do Poder Judiciário deverão manter gratuitamente, à disposição dos interessados, equipamentos necessários à prática de atos processuais e à consulta e ao acesso ao sistema e aos documentos dele constantes.
•• *Vide* art. 10, § 3.º, da Lei n. 11.419, de 19-12-2006 (informatização do processo judicial).

Parágrafo único. Será admitida a prática de atos por meio não eletrônico no local onde não estiverem disponibilizados os equipamentos previstos no *caput*.

Art. 199. As unidades do Poder Judiciário assegurarão às pessoas com deficiência acessibilidade aos seus sítios na rede mundial de computadores, ao meio eletrônico de prática de atos judiciais, à comunicação eletrônica dos atos processuais e à assinatura eletrônica.

SEÇÃO III
Dos Atos das Partes

Art. 200. Os atos das partes consistentes em declarações unilaterais ou bilaterais de vontade produzem imediatamente a constituição, modificação ou extinção de direitos processuais.

Parágrafo único. A desistência da ação só produzirá efeitos após homologação judicial.
•• *Vide* arts. 90, 485, VIII e § 4.º, e 343, § 2.º, do CPC.

Art. 201. As partes poderão exigir recibo de petições, arrazoados, papéis e documentos que entregarem em cartório.

Art. 202. É vedado lançar nos autos cotas marginais ou interlineares, as quais o juiz mandará riscar, impondo a quem as escrever multa correspondente à metade do salário mínimo.

SEÇÃO IV
Dos Pronunciamentos do Juiz

Art. 203. Os pronunciamentos do juiz consistirão em sentenças, decisões interlocutórias e despachos.

§ 1.º Ressalvadas as disposições expressas dos procedimentos especiais, sentença é o pronunciamento por meio do qual o juiz, com fundamento nos arts. 485 e 487, põe fim à fase cognitiva do procedimento comum, bem como extingue a execução.

§ 2.º Decisão interlocutória é todo pronunciamento judicial de natureza decisória que não se enquadre no § 1.º.

§ 3.º São despachos todos os demais pronunciamentos do juiz praticados no processo, de ofício ou a requerimento da parte.

§ 4.º Os atos meramente ordinatórios, como a juntada e a vista obrigatória, independem de despacho, devendo ser praticados de ofício pelo servidor e revistos pelo juiz quando necessário.

Art. 204. Acórdão é o julgamento colegiado proferido pelos tribunais.
•• *Vide* arts. 941, 943, §§ 1.º e 2.º, 1.035, § 11, e 1.040 do CPC.

Art. 205. Os despachos, as decisões, as sentenças e os acórdãos serão redigidos, datados e assinados pelos juízes.
•• *Vide* arts. 152 e 210 do CPC.

§ 1.º Quando os pronunciamentos previstos no *caput* forem proferidos oralmente, o servidor os documentará, submetendo-os aos juízes para revisão e assinatura.

§ 2.º A assinatura dos juízes, em todos os graus de jurisdição, pode ser feita eletronicamente, na forma da lei.
•• *Vide* art. 11.419, de 19-12-2006, que dispõe sobre a informatização do processo judicial.

§ 3.º Os despachos, as decisões interlocutórias, o dispositivo das sentenças e a ementa dos acórdãos serão publicados no Diário de Justiça Eletrônico.

SEÇÃO V
Dos Atos do Escrivão ou do Chefe de Secretaria

Art. 206. Ao receber a petição inicial de processo, o escrivão ou o chefe de secretaria a autuará, mencionando o juízo, a natureza do processo, o número de seu registro, os nomes das partes e a data de seu início, e procederá do mesmo modo em relação aos volumes em formação.

Art. 207. O escrivão ou o chefe de secretaria numerará e rubricará todas as folhas dos autos.

Parágrafo único. À parte, ao procurador, ao membro do Ministério Público, ao defensor público e aos auxiliares da justiça é facultado rubricar as folhas correspondentes aos atos em que intervierem.

Art. 208. Os termos de juntada, vista, conclusão e outros semelhantes constarão de notas datadas e rubricadas pelo escrivão ou pelo chefe de secretaria.

Art. 209. Os atos e os termos do processo serão assinados pelas pessoas que neles intervierem, todavia, quando essas não puderem ou não quiserem firmá-los, o escrivão ou o chefe de secretaria certificará a ocorrência.

§ 1.º Quando se tratar de processo total ou parcialmente documentado em autos eletrônicos, os atos processuais praticados na presença do juiz poderão ser produzidos e armazenados de modo integralmente digital em arquivo eletrônico inviolável, na forma da lei, mediante registro em termo, que será assinado digitalmente pelo juiz e pelo escrivão ou chefe de secretaria, bem como pelos advogados das partes.

§ 2.º Na hipótese do § 1.º, eventuais contradições na transcrição deverão ser suscitadas oralmente no momento de realização do ato, sob pena de preclusão, devendo o juiz decidir de plano e ordenar o registro, no termo, da alegação e da decisão.

Art. 210. É lícito o uso da taquigrafia, da estenotipia ou de outro método idôneo em qualquer juízo ou tribunal.
•• *Vide* arts. 152, III, e 205 do CPC.

Art. 211. Não se admitem nos atos e termos processuais espaços em branco, salvo os que forem inutilizados, assim como entrelinhas, emendas ou rasuras, exceto quando expressamente ressalvadas.
•• *Vide* art. 426 do CPC.

Capítulo II
DO TEMPO E DO LUGAR DOS ATOS PROCESSUAIS

SEÇÃO I
Do Tempo

Art. 212. Os atos processuais serão realizados em dias úteis, das 6 (seis) às 20 (vinte) horas.
•• *Vide* art. 5.º, XI, da CF.

§ 1.º Serão concluídos após as 20 (vinte) horas os atos iniciados antes, quando o adiamento prejudicar a diligência ou causar grave dano.

§ 2.º Independentemente de autorização judicial, as citações, intimações e penhoras poderão realizar-se no período de férias forenses, onde as houver, e nos feriados ou dias úteis fora do horário estabelecido neste artigo, observado o disposto no art. 5.º, inciso XI, da Constituição Federal.

§ 3.º Quando o ato tiver de ser praticado por meio de petição em autos não eletrônicos, essa deverá ser protocolada no horário de funcionamento do fórum ou tribunal, conforme o disposto na lei de organização judiciária local.

Art. 213. A prática eletrônica de ato processual pode ocorrer em qualquer horário até as 24 (vinte e quatro) horas do último dia do prazo.

Parágrafo único. O horário vigente no juízo perante o qual o ato deve ser praticado será considerado para fins de atendimento do prazo.

•• *Vide* art. 10, § 1.º, da Lei n. 11.419, de 19-12-2006 (informatização do processo judicial).

Art. 214. Durante as férias forenses e nos feriados, não se praticarão atos processuais, excetuando-se:

•• *Vide* art. 66, § 1.º, da Lei Complementar n. 35, de 14-3-1979 (LOMN).

I – os atos previstos no art. 212, § 2.º;

II – a tutela de urgência.

Art. 215. Processam-se durante as férias forenses, onde as houver, e não se suspendem pela superveniência delas:

I – os procedimentos de jurisdição voluntária e os necessários à conservação de direitos, quando puderem ser prejudicados pelo adiamento;

II – a ação de alimentos e os processos de nomeação ou remoção de tutor e curador;

III – os processos que a lei determinar.

• A Lei n. 6.338, de 7-6-1976, inclui as ações de indenização por acidente do trabalho entre as que têm curso nas férias forenses.

Art. 216. Além dos declarados em lei, são feriados, para efeito forense, os sábados, os domingos e os dias em que não haja expediente forense.

SEÇÃO II
Do Lugar

Art. 217. Os atos processuais realizar-se-ão ordinariamente na sede do juízo, ou, excepcionalmente, em outro lugar em razão de deferência, de interesse da justiça, da natureza do ato ou de obstáculo arguido pelo interessado e acolhido pelo juiz.

•• *Vide* arts. 454, 481 e 483 do CPC.

Capítulo III
DOS PRAZOS

SEÇÃO I
Disposições Gerais

Art. 218. Os atos processuais serão realizados nos prazos prescritos em lei.

§ 1.º Quando a lei for omissa, o juiz determinará os prazos em consideração à complexidade do ato.

§ 2.º Quando a lei ou o juiz não determinar prazo, as intimações somente obrigarão a comparecimento após decorridas 48 (quarenta e oito) horas.

§ 3.º Inexistindo preceito legal ou prazo determinado pelo juiz, será de 5 (cinco) dias o prazo para a prática de ato processual a cargo da parte.

§ 4.º Será considerado tempestivo o ato praticado antes do termo inicial do prazo.

•• *Vide* Súmula 579 do STJ.

Art. 219. Na contagem de prazo em dias, estabelecido por lei ou pelo juiz, computar-se-ão somente os dias úteis.

•• *Vide* art. 2.º da Instrução Normativa n. 39, de 15-3-2016.

•• *Vide* art. 16 da Lei n. 6.830, de 22-9-1980.

Parágrafo único. O disposto neste artigo aplica-se somente aos prazos processuais.

Art. 220. Suspende-se o curso do prazo processual nos dias compreendidos entre 20 de dezembro e 20 de janeiro, inclusive.

§ 1.º Ressalvadas as férias individuais e os feriados instituídos por lei, os juízes, os membros do Ministério Público, da Defensoria Pública e da Advocacia Pública e os auxiliares da Justiça exercerão suas atribuições durante o período previsto no *caput*.

§ 2.º Durante a suspensão do prazo, não se realizarão audiências nem sessões de julgamento.

Art. 221. Suspende-se o curso do prazo por obstáculo criado em detrimento da parte ou ocorrendo qualquer das hipóteses do art. 313, devendo o prazo ser restituído por tempo igual ao que faltava para sua complementação.

Parágrafo único. Suspendem-se os prazos durante a execução de programa instituído pelo Poder Judiciário para promover a autocomposição, incumbindo aos tribunais especificar, com antecedência, a duração dos trabalhos.

Art. 222. Na comarca, seção ou subseção judiciária onde for difícil o transporte, o juiz poderá prorrogar os prazos por até 2 (dois) meses.

§ 1.º Ao juiz é vedado reduzir prazos peremptórios sem anuência das partes.

§ 2.º Havendo calamidade pública, o limite previsto no *caput* para prorrogação de prazos poderá ser excedido.

Art. 223. Decorrido o prazo, extingue-se o direito de praticar ou de emendar o ato processual, independentemente de declaração judicial, ficando assegurado, porém, à parte provar que não o realizou por justa causa.

§ 1.º Considera-se justa causa o evento alheio à vontade da parte e que a impediu de praticar o ato por si ou por mandatário.

§ 2.º Verificada a justa causa, o juiz permitirá à parte a prática do ato no prazo que lhe assinar.

•• *Vide* art. 1.004 do CPC.

Art. 224. Salvo disposição em contrário, os prazos serão contados excluindo o dia do começo e incluindo o dia do vencimento.

§ 1.º Os dias do começo e do vencimento do prazo serão protraídos para o primeiro dia útil seguinte, se coincidirem com dia em que o expediente forense for encerrado antes ou iniciado depois da hora normal ou houver indisponibilidade da comunicação eletrônica.

§ 2.º Considera-se como data de publicação o primeiro dia útil seguinte ao da disponibilização da informação no Diário da Justiça eletrônico.

•• *Vide* art. 4.º, § 3.º, da Lei n. 11.419, de 19-12-2006 (informatização do processo judicial).

§ 3.º A contagem do prazo terá início no primeiro dia útil que seguir ao da publicação.

•• *Vide* art. 1.003 do CPC.

• O art. 132 do CC dispõe sobre a corretagem dos prazos.

• O art. 775 da CLT (Decreto-lei n. 5.452, de 1.º-5-1943) dispõe sobre a contagem dos prazos trabalhistas.

• O art. 798 do CPP estabelece que todos os prazos correrão em cartório e serão contínuos e peremptórios, não se interrompendo por férias, domingo ou dia de feriado.

• O art. 210 do CTN dispõe sobre a contagem dos prazos.

• O Decreto-lei n. 3.602, de 9-9-1941, dispõe sobre a contagem dos prazos em processos ou causas de natureza fiscal ou administrativa.

Art. 225. A parte poderá renunciar ao prazo estabelecido exclusivamente em seu favor, desde que o faça de maneira expressa.

Art. 226. O juiz proferirá:

• *Vide* arts. 143 e 235 do CPC.

• *Vide* arts. 35, II, e 42 da Lei Complementar n. 35, de 14-3-1979.

I – os despachos no prazo de 5 (cinco) dias;

II – as decisões interlocutórias no prazo de 10 (dez) dias;

III – as sentenças no prazo de 30 (trinta) dias.

Art. 227. Em qualquer grau de jurisdição, havendo motivo justificado, pode o juiz exceder, por igual tempo, os prazos a que está submetido.

Art. 228. Incumbirá ao serventuário remeter os autos conclusos no prazo de 1 (um) dia e executar os atos processuais no prazo de 5 (cinco) dias, contado da data em que:
•• Vide art. 155, I, do CPC.

I – houver concluído o ato processual anterior, se lhe foi imposto pela lei;
II – tiver ciência da ordem, quando determinada pelo juiz.

§ 1.º Ao receber os autos, o serventuário certificará o dia e a hora em que teve ciência da ordem referida no inciso II.

§ 2.º Nos processos em autos eletrônicos, a juntada de petições ou de manifestações em geral ocorrerá de forma automática, independentemente de ato de serventuário da justiça.
•• Vide art. 10, caput, da Lei n. 11.419, de 19-12-2006 (informatização do processo judicial).

Art. 229. Os litisconsortes que tiverem diferentes procuradores, de escritórios de advocacia distintos, terão prazos contados em dobro para todas as suas manifestações, em qualquer juízo ou tribunal, independentemente de requerimento.
•• Vide art. 118 do CPC.
• Vide Súmula 641 do STF.

§ 1.º Cessa a contagem do prazo em dobro se, havendo apenas 2 (dois) réus, é oferecida defesa por apenas um deles.

§ 2.º Não se aplica o disposto no caput aos processos em autos eletrônicos.

Art. 230. O prazo para a parte, o procurador, a Advocacia Pública, a Defensoria Pública e o Ministério Público será contado da citação, da intimação ou da notificação.

Art. 231. Salvo disposição em sentido diverso, considera-se dia do começo do prazo:

I – a data de juntada aos autos do aviso de recebimento, quando a citação ou a intimação for pelo correio;
II – a data de juntada aos autos do mandado cumprido, quando a citação ou a intimação for por oficial de justiça;
III – a data de ocorrência da citação ou da intimação, quando ela se der por ato do escrivão ou do chefe de secretaria;
IV – o dia útil seguinte ao fim da dilação assinada pelo juiz, quando a citação ou a intimação for por edital;
V – o dia útil seguinte à consulta ao teor da citação ou da intimação ou ao término do prazo para que a consulta se dê, quando a citação ou a intimação for eletrônica;
•• Vide art. 5.º da Lei n. 11.419, de 19-12-2006 (informatização do processo judicial).

VI – a data de juntada do comunicado de que trata o art. 232 ou, não havendo esse, a data de juntada da carta aos autos de origem devidamente cumprida, quando a citação ou a intimação se realizar em cumprimento de carta;
VII – a data de publicação, quando a intimação se der pelo Diário da Justiça impresso ou eletrônico;
VIII – o dia da carga, quando a intimação se der por meio da retirada dos autos, em carga, do cartório ou da secretaria;
IX – o quinto dia útil seguinte à confirmação, na forma prevista na mensagem de citação, do recebimento da citação realizada por meio eletrônico.
•• Inciso IX acrescentado pela Lei n. 14.195, de 26-8-2021.

§ 1.º Quando houver mais de um réu, o dia do começo do prazo para contestar corresponderá à última das datas a que se referem os incisos I a VI do caput.

§ 2.º Havendo mais de um intimado, o prazo para cada um é contado individualmente.

§ 3.º Quando o ato tiver de ser praticado diretamente pela parte ou por quem, de qualquer forma, participe do processo, sem a intermediação de representante judicial, o dia do começo do prazo para cumprimento da determinação judicial corresponderá à data em que se der a comunicação.

§ 4.º Aplica-se o disposto no inciso II do caput à citação com hora certa.

Art. 232. Nos atos de comunicação por carta precatória, rogatória ou de ordem, a realização da citação ou da intimação será imediatamente informada, por meio eletrônico, pelo juiz deprecado ao juiz deprecante.
• Vide arts. 69, § 1.º, e 237 do CPC.

SEÇÃO II
Da Verificação dos Prazos e das Penalidades

Art. 233. Incumbe ao juiz verificar se o serventuário excedeu, sem motivo legítimo, os prazos estabelecidos em lei.
•• Vide art. 228 do CPC.

§ 1.º Constatada a falta, o juiz ordenará a instauração de processo administrativo, na forma da lei.

§ 2.º Qualquer das partes, o Ministério Público ou a Defensoria Pública poderá representar ao juiz contra o serventuário que injustificadamente exceder os prazos previstos em lei.

Art. 234. Os advogados públicos ou privados, o defensor público e o membro do Ministério Público devem restituir os autos no prazo do ato a ser praticado.

§ 1.º É lícito a qualquer interessado exigir os autos do advogado que exceder prazo legal.

§ 2.º Se, intimado, o advogado não devolver os autos no prazo de 3 (três) dias, perderá o direito à vista fora de cartório e incorrerá em multa correspondente à metade do salário mínimo.

§ 3.º Verificada a falta, o juiz comunicará o fato à seção local da Ordem dos Advogados do Brasil para procedimento disciplinar e imposição de multa.

§ 4.º Se a situação envolver membro do Ministério Público, da Defensoria Pública ou da Advocacia Pública, a multa, se for o caso, será aplicada ao agente público responsável pelo ato.

§ 5.º Verificada a falta, o juiz comunicará o fato ao órgão competente responsável pela instauração de procedimento disciplinar contra o membro que atuou no feito.

Art. 235. Qualquer parte, o Ministério Público ou a Defensoria Pública poderá representar ao corregedor do tribunal ou ao Conselho Nacional de Justiça contra juiz ou relator que injustificadamente exceder os prazos previstos em lei, regulamento ou regimento interno.

§ 1.º Distribuída a representação ao órgão competente e ouvido previamente o juiz, não sendo caso de arquivamento liminar, será instaurado procedimento para apuração da responsabilidade, com intimação do representado por meio eletrônico para, querendo, apresentar justificativa no prazo de 15 (quinze) dias.

§ 2.º Sem prejuízo das sanções administrativas cabíveis, em até 48 (quarenta e oito) horas após a apresentação ou não da justificativa de que trata o § 1.º, se for o caso, o corregedor do tribunal ou o relator no Conselho Nacional de Justiça determinará a intimação do representado por meio eletrônico para que, em 10 (dez) dias, pratique o ato.

§ 3.º Mantida a inércia, os autos serão remetidos ao substituto legal do juiz ou do relator contra o qual se representou para decisão em 10 (dez) dias.

TÍTULO II
DA COMUNICAÇÃO DOS ATOS PROCESSUAIS

Capítulo I
DISPOSIÇÕES GERAIS

Art. 236. Os atos processuais serão cumpridos por ordem judicial.
•• Vide arts. 67 a 69 do CPC.

§ 1.º Será expedida carta para a prática de atos fora dos limites territoriais do tribunal, da comarca, da seção ou da subseção judiciárias, ressalvadas as hipóteses previstas em lei.

§ 2.º O tribunal poderá expedir carta para juízo a ele vinculado, se o ato houver de se realizar fora dos limites territoriais do local de sua sede.

§ 3.º Admite-se a prática de atos processuais por meio de videoconferência ou outro recurso tecnológico de transmissão de sons e imagens em tempo real.
• • A Resolução n. 354, de 19-11-2020, do CNJ, dispõe sobre o cumprimento digital de ato processual e de ordem judicial e dá outras providências.

Art. 237. Será expedida carta:

I – de ordem, pelo tribunal, na hipótese do § 2.º do art. 236;
• Vide arts. 845, § 2.º, e 914, § 2.º, do CPC.

II – rogatória, para que órgão jurisdicional estrangeiro pratique ato de cooperação jurídica internacional, relativo a processo em curso perante órgão jurisdicional brasileiro;

III – precatória, para que órgão jurisdicional brasileiro pratique ou determine o cumprimento, na área de sua competência territorial, de ato relativo a pedido de cooperação judiciária formulado por órgão jurisdicional de competência territorial diversa;
• Vide arts. 69, § 1.º, e 232 do CPC.

IV – arbitral, para que órgão do Poder Judiciário pratique ou determine o cumprimento, na área de sua competência territorial, de ato objeto de pedido de cooperação judiciária formulado por juízo arbitral, inclusive os que importem efetivação de tutela provisória.

Parágrafo único. Se o ato relativo a processo em curso na justiça federal ou em tribunal superior houver de ser praticado em local onde não haja vara federal, a carta poderá ser dirigida ao juízo estadual da respectiva comarca.

Capítulo II
DA CITAÇÃO

Art. 238. Citação é o ato pelo qual são convocados o réu, o executado ou o interessado para integrar a relação processual.
• Vide arts. 114, 126, 127, 240, 243, 246, 254, 256, 329, 334, 337, I, 525, § 1.º, I, 829 e 915, § 1.º, do CPC.

Parágrafo único. A citação será efetivada em até 45 (quarenta e cinco) dias a partir da propositura da ação.
• • Parágrafo único acrescentado pela Lei n. 14.195, de 26-8-2021.

Art. 239. Para a validade do processo é indispensável a citação do réu ou do executado, ressalvadas as hipóteses de indeferimento da petição inicial ou de improcedência liminar do pedido.

§ 1.º O comparecimento espontâneo do réu ou do executado supre a falta ou a nulidade da citação, fluindo a partir desta data o prazo para apresentação de contestação ou de embargos à execução.

§ 2.º Rejeitada a alegação de nulidade, tratando-se de processo de:
I – conhecimento, o réu será considerado revel;
II – execução, o feito terá seguimento.

Art. 240. A citação válida, ainda quando ordenada por juízo incompetente, induz litispendência, torna litigiosa a coisa e constitui em mora o devedor, ressalvado o disposto nos arts. 397 e 398 da Lei n. 10.406, de 10 de janeiro de 2002 (Código Civil).
• Vide art. 238 do CPC.
• Vide Súmulas 106 e 204 do STJ.

§ 1.º A interrupção da prescrição, operada pelo despacho que ordena a citação, ainda que proferido por juízo incompetente, retroagirá à data de propositura da ação.
• • Vide art. 202, I, do CC.
• Vide arts. 312 e 802 do CPC.
• Vide art. 8.º, § 2.º, da Lei n. 6.830, de 22-9-1980.

§ 2.º Incumbe ao autor adotar, no prazo de 10 (dez) dias, as providências necessárias para viabilizar a citação, sob pena de não se aplicar o disposto no § 1.º.

§ 3.º A parte não será prejudicada pela demora imputável exclusivamente ao serviço judiciário.

§ 4.º O efeito retroativo a que se refere o § 1.º aplica-se à decadência e aos demais prazos extintivos previstos em lei.

Art. 241. Transitada em julgado a sentença de mérito proferida em favor do réu antes da citação, incumbe ao escrivão ou ao chefe de secretaria comunicar-lhe o resultado do julgamento.

Art. 242. A citação será pessoal, podendo, no entanto, ser feita na pessoa do representante legal ou do procurador do réu, do executado ou do interessado.
• Vide art. 214, I, do CPC.

§ 1.º Na ausência do citando, a citação será feita na pessoa de seu mandatário, administrador, preposto ou gerente, quando a ação se originar de atos por eles praticados.
• • O art. 119 da Lei n. 6.404, de 15-12-1976 (LSA), dispõe sobre a representação de acionista residente ou domiciliado no exterior.

§ 2.º O locador que se ausentar do Brasil sem cientificar o locatário de que deixou, na localidade onde estiver situado o imóvel, procurador com poderes para receber citação será citado na pessoa do administrador do imóvel encarregado do recebimento dos aluguéis, que será considerado habilitado para representar o locador em juízo.

§ 3.º A citação da União, dos Estados, do Distrito Federal, dos Municípios e de suas respectivas autarquias e fundações de direito público será realizada perante o órgão de Advocacia Pública responsável por sua representação judicial.

Art. 243. A citação poderá ser feita em qualquer lugar em que se encontre o réu, o executado ou o interessado.

Parágrafo único. O militar em serviço ativo será citado na unidade em que estiver servindo, se não for conhecida sua residência ou nela não for encontrado.

Art. 244. Não se fará a citação, salvo para evitar o perecimento do direito:

I – de quem estiver participando de ato de culto religioso;

II – de cônjuge, de companheiro ou de qualquer parente do morto, consanguíneo ou afim, em linha reta ou na linha colateral em segundo grau, no dia do falecimento e nos 7 (sete) dias seguintes;

III – de noivos, nos 3 (três) primeiros dias seguintes ao casamento;

IV – de doente, enquanto grave o seu estado.

Art. 245. Não se fará citação quando se verificar que o citando é mentalmente incapaz ou está impossibilitado de recebê-la.
• • Vide arts. 3.º e 4.º do CC.

§ 1.º O oficial de justiça descreverá e certificará minuciosamente a ocorrência.

§ 2.º Para examinar o citando, o juiz nomeará médico, que apresentará laudo no prazo de 5 (cinco) dias.

§ 3.º Dispensa-se a nomeação de que trata o § 2.º se pessoa da família apresentar declaração do médico do citando que ateste a incapacidade deste.

§ 4.º Reconhecida a impossibilidade, o juiz nomeará curador ao citando, observando, quanto à sua escolha, a preferência estabelecida em lei e restringindo a nomeação à causa.
• • O art. 1.775 do CC dispõe que o cônjuge ou companheiro não separado judicialmente ou de fato, é, de direito, curador do outro, quando interdito.

§ 5.º A citação será feita na pessoa do curador, a quem incumbirá a defesa dos interesses do citando.

Art. 246. A citação será feita preferencialmente por meio eletrônico, no prazo de até 2 (dois) dias úteis, contado da decisão que a determinar, por meio dos endereços eletrônicos indicados pelo citando no banco de dados do Poder Judiciário, conforme regulamento do Conselho Nacional de Justiça.
• • Caput com redação determinada pela Lei n. 14.195, de 26-8-2021.

I a V – (*Revogados pela Lei n. 14.195, de 26-8-2021.*)

§ 1.º As empresas públicas e privadas são obrigadas a manter cadastro nos sistemas de processo em autos eletrônicos, para efeito de recebimento de citações e intimações, as quais serão efetuadas preferencialmente por esse meio.
• • § 1.º com redação determinada pela Lei n. 14.195, de 26-8-2021.

§ 1.º-A. A ausência de confirmação, em até 3 (três) dias úteis, contados do recebimento da citação eletrônica, implicará a realização da citação:
• • § 1.º-A, caput, acrescentado pela Lei n. 14.195, de 26-8-2021.

I – pelo correio;
• • Inciso I acrescentado pela Lei n. 14.195, de 26-8-2021.

II – por oficial de justiça;
•• Inciso II acrescentado pela Lei n. 14.195, de 26-8-2021.
III – pelo escrivão ou chefe de secretaria, se o citando comparecer em cartório;
•• Inciso III acrescentado pela Lei n. 14.195, de 26-8-2021.
IV – por edital.
•• Inciso IV acrescentado pela Lei n. 14.195, de 26-8-2021.

§ 1.º-B. Na primeira oportunidade de falar nos autos, o réu citado nas formas previstas nos incisos I, II, III e IV do § 1.º-A deste artigo deverá apresentar justa causa para a ausência de confirmação do recebimento da citação enviada eletronicamente.
•• § 1.º-B acrescentado pela Lei n. 14.195, de 26-8-2021.

§ 1.º-C. Considera-se ato atentatório à dignidade da justiça, passível de multa de até 5% (cinco por cento) do valor da causa, deixar de confirmar no prazo legal, sem justa causa, o recebimento da citação recebida por meio eletrônico.
•• § 1.º-C acrescentado pela Lei n. 14.195, de 26-8-2021.

§ 2.º O disposto no § 1.º aplica-se à União, aos Estados, ao Distrito Federal, aos Municípios e às entidades da administração indireta.
• Vide art. 1.050 do CPC.

§ 3.º Na ação de usucapião de imóvel, os confinantes serão citados pessoalmente, exceto quando tiver por objeto unidade autônoma de prédio em condomínio, caso em que tal citação é dispensada.

§ 4.º As citações por correio eletrônico serão acompanhadas das orientações para realização da confirmação de recebimento e de código identificador que permitirá a sua identificação na página eletrônica do órgão judicial citante.
•• § 4.º acrescentado pela Lei n. 14.195, de 26-8-2021.

§ 5.º As microempresas e as pequenas empresas somente se sujeitam ao disposto no § 1.º deste artigo quando não possuírem endereço eletrônico cadastrado no sistema integrado da Rede Nacional para a Simplificação do Registro e da Legalização de Empresas e Negócios (Redesim).
•• § 5.º acrescentado pela Lei n. 14.195, de 26-8-2021.

§ 6.º Para os fins do § 5.º deste artigo, deverá haver compartilhamento de cadastro com o órgão do Poder Judiciário, incluído o endereço eletrônico constante do sistema integrado da Redesim, nos termos da legislação aplicável ao sigilo fiscal e ao tratamento de dados pessoais.
•• § 6.º acrescentado pela Lei n. 14.195, de 26-8-2021.

Art. 247. A citação será feita por meio eletrônico ou pelo correio para qualquer comarca do País, exceto:
•• Caput com redação determinada pela Lei n. 14.195, de 26-8-2021.
I – nas ações de estado, observado o disposto no art. 695, § 3.º;
II – quando o citando for incapaz;
III – quando o citando for pessoa de direito público;
IV – quando o citando residir em local não atendido pela entrega domiciliar de correspondência;
V – quando o autor, justificadamente, a requerer de outra forma.

Art. 248. Deferida a citação pelo correio, o escrivão ou o chefe de secretaria remeterá ao citando cópias da petição inicial e do despacho do juiz e comunicará o prazo para resposta, o endereço do juízo e o respectivo cartório.

§ 1.º A carta será registrada para entrega ao citando, exigindo-lhe o carteiro, ao fazer a entrega, que assine o recibo.

§ 2.º Sendo o citando pessoa jurídica, será válida a entrega do mandado a pessoa com poderes de gerência geral ou de administração ou, ainda, a funcionário responsável pelo recebimento de correspondências.

§ 3.º Da carta de citação no processo de conhecimento constarão os requisitos do art. 250.

§ 4.º Nos condomínios edilícios ou nos loteamentos com controle de acesso, será válida a entrega do mandado a funcionário da portaria responsável pelo recebimento de correspondência, que, entretanto, poderá recusar o recebimento, se declarar, por escrito, sob as penas da lei, que o destinatário da correspondência está ausente.

Art. 249. A citação será feita por meio de oficial de justiça nas hipóteses previstas neste Código ou em lei, ou quando frustrada a citação pelo correio.
• Vide art. 626, § 1.º, do CPC.

Art. 250. O mandado que o oficial de justiça tiver de cumprir conterá:
I – os nomes do autor e do citando e seus respectivos domicílios ou residências;
II – a finalidade da citação, com todas as especificações constantes da petição inicial, bem como a menção do prazo para contestar, sob pena de revelia, ou para embargar a execução;
III – a aplicação de sanção para o caso de descumprimento da ordem, se houver;
IV – se for o caso, a intimação do citando para comparecer, acompanhado de advogado ou de defensor público, à audiência de conciliação ou de mediação, com a menção do dia, da hora e do lugar do comparecimento;
V – a cópia da petição inicial, do despacho ou da decisão que deferir tutela provisória;
VI – a assinatura do escrivão ou do chefe de secretaria e a declaração de que o subscreve por ordem do juiz.

Art. 251. Incumbe ao oficial de justiça procurar o citando e, onde o encontrar, citá-lo:
I – lendo-lhe o mandado e entregando-lhe a contrafé;
II – portando por fé se recebeu ou recusou a contrafé;
III – obtendo a nota de ciente ou certificando que o citando não a apôs no mandado.
• Vide art. 214, I, do CPC.

Art. 252. Quando, por 2 (duas) vezes, o oficial de justiça houver procurado o citando em seu domicílio ou residência sem o encontrar, deverá, havendo suspeita de ocultação, intimar qualquer pessoa da família ou, em sua falta, qualquer vizinho de que, no dia útil imediato, voltará a fim de efetuar a citação, na hora que designar.

Parágrafo único. Nos condomínios edilícios ou nos loteamentos com controle de acesso, será válida a intimação a que se refere o caput feita a funcionário da portaria responsável pelo recebimento de correspondência.

Art. 253. No dia e na hora designados, o oficial de justiça, independentemente de novo despacho, comparecerá ao domicílio ou à residência do citando a fim de realizar a diligência.

§ 1.º Se o citando não estiver presente, o oficial de justiça procurará informar-se das razões da ausência, dando por feita a citação, ainda que o citando se tenha ocultado em outra comarca, seção ou subseção judiciárias.

§ 2.º A citação com hora certa será efetivada mesmo que a pessoa da família ou o vizinho que houver sido intimado esteja ausente, ou se, embora presente, a pessoa da família ou o vizinho se recusar a receber o mandado.

§ 3.º Da certidão da ocorrência, o oficial de justiça deixará contrafé com qualquer pessoa da família ou vizinho, conforme o caso, declarando-lhe o nome.

§ 4.º O oficial de justiça fará constar do mandado a advertência de que será nomeado curador especial se houver revelia.

Art. 254. Feita a citação com hora certa, o escrivão ou chefe de secretaria enviará ao réu, executado ou interessado, no prazo de 10 (dez) dias, contado da data da juntada do mandado aos autos, carta, telegrama ou correspondência eletrônica, dando-lhe de tudo ciência.

Art. 255. Nas comarcas contíguas de fácil comunicação e nas que se situem na mesma região metropolitana, o oficial de justiça poderá efetuar, em qualquer delas, citações, intimações, notificações, penhoras e quaisquer outros atos executivos.
• Vide art. 274 do CPC.

Art. 256. A citação por edital será feita:
I – quando desconhecido ou incerto o citando;

II – quando ignorado, incerto ou inacessível o lugar em que se encontrar o citando;

III – nos casos expressos em lei.

• Vide art. 830, § 2.º, do CPC.

§ 1.º Considera-se inacessível, para efeito de citação por edital, o país que recusar o cumprimento de carta rogatória.

§ 2.º No caso de ser inacessível o lugar em que se encontrar o réu, a notícia de sua citação será divulgada também pelo rádio, se na comarca houver emissora de radiodifusão.

§ 3.º O réu será considerado em local ignorado ou incerto se infrutíferas as tentativas de sua localização, inclusive mediante requisição pelo juízo de informações sobre seu endereço nos cadastros de órgãos públicos ou de concessionárias de serviços públicos.

Art. 257. São requisitos da citação por edital:

I – a afirmação do autor ou a certidão do oficial informando a presença das circunstâncias autorizadoras;

II – a publicação do edital na rede mundial de computadores, no sítio do respectivo tribunal e na plataforma de editais do Conselho Nacional de Justiça, que deve ser certificada nos autos;

• A Lei n. 8.639, de 31-3-1993, disciplina o uso de caracteres nas publicações obrigatórias.

III – a determinação, pelo juiz, do prazo, que variará entre 20 (vinte) e 60 (sessenta) dias, fluindo da data da publicação única ou, havendo mais de uma, da primeira;

IV – a advertência de que será nomeado curador especial em caso de revelia.

Parágrafo único. O juiz poderá determinar que a publicação do edital seja feita também em jornal local de ampla circulação ou por outros meios, considerando as peculiaridades da comarca, da seção ou da subseção judiciárias.

Art. 258. A parte que requerer a citação por edital, alegando dolosamente a ocorrência das circunstâncias autorizadoras para sua realização, incorrerá em multa de 5 (cinco) vezes o salário mínimo.

Parágrafo único. A multa reverterá em benefício do citando.

Art. 259. Serão publicados editais:

I – na ação de usucapião de imóvel;

II – na ação de recuperação ou substituição de título ao portador;

III – em qualquer ação em que seja necessária, por determinação legal, a provocação, para participação no processo, de interessados incertos ou desconhecidos.

Capítulo III
DAS CARTAS

Art. 260. São requisitos das cartas de ordem, precatória e rogatória:

I – a indicação dos juízes de origem e de cumprimento do ato;

II – o inteiro teor da petição, do despacho judicial e do instrumento do mandato conferido ao advogado;

III – a menção do ato processual que lhe constitui o objeto;

IV – o encerramento com a assinatura do juiz.

§ 1.º O juiz mandará trasladar para a carta quaisquer outras peças, bem como instruí-la com mapa, desenho ou gráfico, sempre que esses documentos devam ser examinados, na diligência, pelas partes, pelos peritos ou pelas testemunhas.

§ 2.º Quando o objeto da carta for exame pericial sobre documento, este será remetido em original, ficando nos autos reprodução fotográfica.

§ 3.º A carta arbitral atenderá, no que couber, aos requisitos a que se refere o *caput* e será instruída com a convenção de arbitragem e com as provas da nomeação do árbitro e de sua aceitação da função.

• Vide art. 263 do CPC.

Art. 261. Em todas as cartas o juiz fixará o prazo para cumprimento, atendendo à facilidade das comunicações e à natureza da diligência.

• Vide arts. 313, V, *b*, e 377 do CPC.

§ 1.º As partes deverão ser intimadas pelo juiz do ato de expedição da carta.

§ 2.º Expedida a carta, as partes acompanharão o cumprimento da diligência perante o juízo destinatário, ao qual compete a prática dos atos de comunicação.

§ 3.º A parte a quem interessar o cumprimento da diligência cooperará para que o prazo a que se refere o *caput* seja cumprido.

Art. 262. A carta tem caráter itinerante, podendo, antes ou depois de lhe ser ordenado o cumprimento, ser encaminhada a juízo diverso do que dela consta, a fim de se praticar o ato.

Parágrafo único. O encaminhamento da carta a outro juízo será imediatamente comunicado ao órgão expedidor, que intimará as partes.

Art. 263. As cartas deverão, preferencialmente, ser expedidas por meio eletrônico, caso em que a assinatura do juiz deverá ser eletrônica, na forma da lei.

•• Vide art. 7.º da Lei n. 11.419, de 19-12-2006 (informatização do processo judicial).

Art. 264. A carta de ordem e a carta precatória por meio eletrônico, por telefone ou por telegrama conterão, em resumo substancial, os requisitos mencionados no art. 250, especialmente no que se refere à aferição da autenticidade.

• Vide art. 413 do CPC.

Art. 265. O secretário do tribunal, o escrivão ou o chefe de secretaria do juízo deprecante transmitirá, por telefone, a carta de ordem ou a carta precatória ao juízo em que houver de se cumprir o ato, por intermédio do escrivão do primeiro ofício da primeira vara, se houver na comarca mais de um ofício ou de uma vara, observando-se, quanto aos requisitos, o disposto no art. 264.

§ 1.º O escrivão ou o chefe de secretaria, no mesmo dia ou no dia útil imediato, telefonará ou enviará mensagem eletrônica ao secretário do tribunal, ao escrivão ou ao chefe de secretaria do juízo deprecante, lendo-lhe os termos da carta e solicitando-lhe que os confirme.

§ 2.º Sendo confirmada, o escrivão ou o chefe de secretaria submeterá a carta a despacho.

Art. 266. Serão praticados de ofício os atos requisitados por meio eletrônico e de telegrama, devendo a parte depositar, contudo, na secretaria do tribunal ou no cartório do juízo deprecante, a importância correspondente às despesas que serão feitas no juízo em que houver de praticar-se o ato.

Art. 267. O juiz recusará cumprimento a carta precatória ou arbitral, devolvendo-a com decisão motivada quando:

I – a carta não estiver revestida dos requisitos legais;

II – faltar ao juiz competência em razão da matéria ou da hierarquia;

III – o juiz tiver dúvida acerca de sua autenticidade.

Parágrafo único. No caso de incompetência em razão da matéria ou da hierarquia, o juiz deprecado, conforme o ato a ser praticado, poderá remeter a carta ao juiz ou ao tribunal competente.

Art. 268. Cumprida a carta, será devolvida ao juízo de origem no prazo de 10 (dez) dias, independentemente de traslado, pagas as custas pela parte.

Capítulo IV
DAS INTIMAÇÕES

•• Vide Súmula 310 do STF.

Art. 269. Intimação é o ato pelo qual se dá ciência a alguém dos atos e dos termos do processo.

§ 1.º É facultado aos advogados promover a intimação do advogado da outra parte por meio do correio, juntando aos autos, a seguir, cópia do ofício de intimação e do aviso de recebimento.

§ 2.º O ofício de intimação deverá ser instruído com cópia do despacho, da decisão ou da sentença.

§ 3.º A intimação da União, dos Estados, do Distrito Federal, dos Municípios e de suas respectivas autarquias e fundações de direito público será realizada perante o órgão de Advocacia Pública responsável por sua representação judicial.

Art. 270. As intimações realizam-se, sempre que possível, por meio eletrônico, na forma da lei.

•• *Vide* Lei n. 11.419, de 19-12-2006 (informatização do processo judicial).
Parágrafo único. Aplica-se ao Ministério Público, à Defensoria Pública e à Advocacia Pública o disposto no § 1.º do art. 246.
• *Vide* art. 1.050 do CPC.
• O Ato n. 388, de 28-8-2018, do TST, dispõe sobre as citações e intimações por via eletrônica da União, dos Estados, do Distrito Federal, dos Municípios e respectivas autarquias e fundações de direito público e da Defensoria Pública.

Art. 271. O juiz determinará de ofício as intimações em processos pendentes, salvo disposição em contrário.

Art. 272. Quando não realizadas por meio eletrônico, consideram-se feitas as intimações pela publicação dos atos no órgão oficial.

§ 1.º Os advogados poderão requerer que, na intimação a eles dirigida, figure apenas o nome da sociedade a que pertençam, desde que devidamente registrada na Ordem dos Advogados do Brasil.

§ 2.º Sob pena de nulidade, é indispensável que da publicação constem os nomes das partes e de seus advogados, com o respectivo número de inscrição na Ordem dos Advogados do Brasil, ou, se assim requerido, da sociedade de advogados.

§ 3.º A grafia dos nomes das partes não deve conter abreviaturas.

§ 4.º A grafia dos nomes dos advogados deve corresponder ao nome completo e ser a mesma que constar da procuração ou que estiver registrada na Ordem dos Advogados do Brasil.

§ 5.º Constando dos autos pedido expresso para que as comunicações dos atos processuais sejam feitas em nome dos advogados indicados, o seu desatendimento implicará nulidade.
•• *Vide* art. 16 da Instrução Normativa n. 39, de 15-3-2016.

§ 6.º A retirada dos autos do cartório ou da secretaria em carga pelo advogado, por pessoa credenciada a pedido do advogado ou da sociedade de advogados, pela Advocacia Pública, pela Defensoria Pública ou pelo Ministério Público implicará intimação de qualquer decisão contida no processo retirado, ainda que pendente de publicação.

§ 7.º O advogado e a sociedade de advogados deverão requerer o respectivo credenciamento para a retirada de autos por preposto.

§ 8.º A parte arguirá a nulidade da intimação em capítulo preliminar do próprio ato que lhe caiba praticar, o qual será tido por tempestivo se o vício for reconhecido.

§ 9.º Não sendo possível a prática imediata do ato diante da necessidade de acesso prévio aos autos, a parte limitar-se-á a arguir a nulidade da intimação, caso em que o prazo será contado da intimação da decisão que a reconheça.

Art. 273. Se inviável a intimação por meio eletrônico e não houver na localidade publicação em órgão oficial, incumbirá ao escrivão ou chefe de secretaria intimar de todos os atos do processo os advogados das partes:
I – pessoalmente, se tiverem domicílio na sede do juízo;
II – por carta registrada, com aviso de recebimento, quando forem domiciliados fora do juízo.

Art. 274. Não dispondo a lei de outro modo, as intimações serão feitas às partes, aos seus representantes legais, aos advogados e aos demais sujeitos do processo pelo correio ou, se presentes em cartório, diretamente pelo escrivão ou chefe de secretaria.
• *Vide* art. 255 do CPC.

Parágrafo único. Presumem-se válidas as intimações dirigidas ao endereço constante dos autos, ainda que não recebidas pessoalmente pelo interessado, se a modificação temporária ou definitiva não tiver sido devidamente comunicada ao juízo, fluindo os prazos a partir da juntada aos autos do comprovante de entrega da correspondência no primitivo endereço.

Art. 275. A intimação será feita por oficial de justiça quando frustrada a realização por meio eletrônico ou pelo correio.

§ 1.º A certidão de intimação deve conter:
I – a indicação do lugar e a descrição da pessoa intimada, mencionando, quando possível, o número de seu documento de identidade e o órgão que o expediu;
II – a declaração de entrega da contrafé;
III – a nota de ciente ou a certidão de que o interessado não a apôs no mandado.

§ 2.º Caso necessário, a intimação poderá ser efetuada com hora certa ou por edital.

Título III
DAS NULIDADES

Art. 276. Quando a lei prescrever determinada forma sob pena de nulidade, a decretação desta não pode ser requerida pela parte que lhe deu causa.
• *Vide* art. 166, IV, do CC.

Art. 277. Quando a lei prescrever determinada forma, o juiz considerará válido o ato se, realizado de outro modo, lhe alcançar a finalidade.

Art. 278. A nulidade dos atos deve ser alegada na primeira oportunidade em que couber à parte falar nos autos, sob pena de preclusão.

Parágrafo único. Não se aplica o disposto no *caput* às nulidades que o juiz deva decretar de ofício, nem prevalece a preclusão provando a parte legítimo impedimento.
• *Vide* art. 485, § 3.º, do CPC.

Art. 279. É nulo o processo quando o membro do Ministério Público não for intimado a acompanhar o feito em que deva intervir.
•• *Vide* art. 178 do CPC.

§ 1.º Se o processo tiver tramitado sem conhecimento do membro do Ministério Público, o juiz invalidará os atos praticados a partir do momento em que ele deveria ter sido intimado.

§ 2.º A nulidade só pode ser decretada após a intimação do Ministério Público, que se manifestará sobre a existência ou a inexistência de prejuízo.

Art. 280. As citações e as intimações serão nulas quando feitas sem observância das prescrições legais.
• *Vide* art. 239 do CPC.

Art. 281. Anulado o ato, consideram-se de nenhum efeito todos os subsequentes que dele dependam, todavia, a nulidade de uma parte do ato não prejudicará as outras que dela sejam independentes.

Art. 282. Ao pronunciar a nulidade, o juiz declarará que atos são atingidos e ordenará as providências necessárias a fim de que sejam repetidos ou retificados.
•• *Vide* art. 352 do CPC.

§ 1.º O ato não será repetido nem sua falta será suprida quando não prejudicar a parte.

§ 2.º Quando puder decidir o mérito a favor da parte a quem aproveite a decretação da nulidade, o juiz não a pronunciará nem mandará repetir o ato ou suprir-lhe a falta.

Art. 283. O erro de forma do processo acarreta unicamente a anulação dos atos que não possam ser aproveitados, devendo ser praticados os que forem necessários a fim de se observarem as prescrições legais.

Parágrafo único. Dar-se-á o aproveitamento dos atos praticados desde que não resulte prejuízo à defesa de qualquer parte.

Título IV
DA DISTRIBUIÇÃO E DO REGISTRO

Art. 284. Todos os processos estão sujeitos a registro, devendo ser distribuídos onde houver mais de um juiz.

Art. 285. A distribuição, que poderá ser eletrônica, será alternada e aleatória, obedecendo-se rigorosa igualdade.

Parágrafo único. A lista de distribuição deverá ser publicada no Diário de Justiça.

Art. 286. Serão distribuídas por dependência as causas de qualquer natureza:
I – quando se relacionarem, por conexão ou continência, com outra já ajuizada;
• *Vide* arts. 54, 56 e 57 do CPC.

II – quando, tendo sido extinto o processo sem resolução de mérito, for reiterado o pedido, ainda que em litisconsórcio com outros autores ou que sejam parcialmente alterados os réus da demanda;

III – quando houver ajuizamento de ações nos termos do art. 55, § 3.º, ao juízo prevento.

Parágrafo único. Havendo intervenção de terceiro, reconvenção ou outra hipótese de ampliação objetiva do processo, o juiz, de ofício, mandará proceder à respectiva anotação pelo distribuidor.

• *Vide* arts. 119 a 138 e 343 do CPC.

Art. 287. A petição inicial deve vir acompanhada de procuração, que conterá os endereços do advogado, eletrônico e não eletrônico.

Parágrafo único. Dispensa-se a juntada da procuração:

I – no caso previsto no art. 104;

II – se a parte estiver representada pela Defensoria Pública;

•• Defensoria Pública: Lei Complementar n. 80, de 12-1-1994.

III – se a representação decorrer diretamente de norma prevista na Constituição Federal ou em lei.

Art. 288. O juiz, de ofício ou a requerimento do interessado, corrigirá o erro ou compensará a falta de distribuição.

Art. 289. A distribuição poderá ser fiscalizada pela parte, por seu procurador, pelo Ministério Público e pela Defensoria Pública.

Art. 290. Será cancelada a distribuição do feito se a parte, intimada na pessoa de seu advogado, não realizar o pagamento das custas e despesas de ingresso em 15 (quinze) dias.

Título V
DO VALOR DA CAUSA

Art. 291. A toda causa será atribuído valor certo, ainda que não tenha conteúdo econômico imediatamente aferível.

Art. 292. O valor da causa constará da petição inicial ou da reconvenção e será:

I – na ação de cobrança de dívida, a soma monetariamente corrigida do principal, dos juros de mora vencidos e de outras penalidades, se houver, até a data de propositura da ação;

II – na ação que tiver por objeto a existência, a validade, o cumprimento, a modificação, a resolução, a resilição ou a rescisão de ato jurídico, o valor do ato ou o de sua parte controvertida;

III – na ação de alimentos, a soma de 12 (doze) prestações mensais pedidas pelo autor;

IV – na ação de divisão, de demarcação e de reivindicação, o valor de avaliação da área ou do bem objeto do pedido;

V – na ação indenizatória, inclusive a fundada em dano moral, o valor pretendido;

•• *Vide* art. 3.º da Instrução Normativa n. 39, de 15-3-2016.

VI – na ação em que há cumulação de pedidos, a quantia correspondente à soma dos valores de todos eles;

VII – na ação em que os pedidos são alternativos, o de maior valor;

VIII – na ação em que houver pedido subsidiário, o valor do pedido principal.

§ 1.º Quando se pedirem prestações vencidas e vincendas, considerar-se-á o valor de umas e outras.

§ 2.º O valor das prestações vincendas será igual a uma prestação anual, se a obrigação for por tempo indeterminado ou por tempo superior a 1 (um) ano, e, se por tempo inferior, será igual à soma das prestações.

§ 3.º O juiz corrigirá, de ofício e por arbitramento, o valor da causa quando verificar que não corresponde ao conteúdo patrimonial em discussão ou ao proveito econômico perseguido pelo autor, caso em que se procederá ao recolhimento das custas correspondentes.

•• *Vide* art. 3.º da Instrução Normativa n. 39, de 15-3-2016.

Art. 293. O réu poderá impugnar, em preliminar da contestação, o valor atribuído à causa pelo autor, sob pena de preclusão, e o juiz decidirá a respeito, impondo, se for o caso, a complementação das custas.

LIVRO V
DA TUTELA PROVISÓRIA

•• *Vide* art. 3.º da Instrução Normativa n. 39, de 15-3-2016.

Título I
DISPOSIÇÕES GERAIS

Art. 294. A tutela provisória pode fundamentar-se em urgência ou evidência.

Parágrafo único. A tutela provisória de urgência, cautelar ou antecipada, pode ser concedida em caráter antecedente ou incidental.

•• *Vide* art. 102, I, *p*, da CF.
• *Vide* arts. 300, 305, 311 e 519 do CPC.

Art. 295. A tutela provisória requerida em caráter incidental independe do pagamento de custas.

Art. 296. A tutela provisória conserva sua eficácia na pendência do processo, mas pode, a qualquer tempo, ser revogada ou modificada.

Parágrafo único. Salvo decisão judicial em contrário, a tutela provisória conservará a eficácia durante o período de suspensão do processo.

Art. 297. O juiz poderá determinar as medidas que considerar adequadas para efetivação da tutela provisória.

• *Vide* art. 300, §§ 1.º e 2.º, do CPC.

Parágrafo único. A efetivação da tutela provisória observará as normas referentes ao cumprimento provisório da sentença, no que couber.

Art. 298. Na decisão que conceder, negar, modificar ou revogar a tutela provisória, o juiz motivará seu convencimento de modo claro e preciso.

Art. 299. A tutela provisória será requerida ao juízo da causa e, quando antecedente, ao juízo competente para conhecer do pedido principal.

Parágrafo único. Ressalvada disposição especial, na ação de competência originária de tribunal e nos recursos a tutela provisória será requerida ao órgão jurisdicional competente para apreciar o mérito.

Título II
DA TUTELA DE URGÊNCIA

Capítulo I
DISPOSIÇÕES GERAIS

Art. 300. A tutela de urgência será concedida quando houver elementos que evidenciem a probabilidade do direito e o perigo de dano ou o risco ao resultado útil do processo.

§ 1.º Para a concessão da tutela de urgência, o juiz pode, conforme o caso, exigir caução real ou fidejussória idônea para ressarcir os danos que a outra parte possa vir a sofrer, podendo a caução ser dispensada se a parte economicamente hipossuficiente não puder oferecê-la.

• *Vide* art. 84, § 3.º, do CDC.

§ 2.º A tutela de urgência pode ser concedida liminarmente ou após justificação prévia.

§ 3.º A tutela de urgência de natureza antecipada não será concedida quando houver perigo de irreversibilidade dos efeitos da decisão.

Art. 301. A tutela de urgência de natureza cautelar pode ser efetivada mediante arresto, sequestro, arrolamento de bens, registro de protesto contra alienação de bem e qualquer outra medida idônea para asseguração do direito.

Art. 302. Independentemente da reparação por dano processual, a parte responde pelo prejuízo que a efetivação da tutela de urgência causar à parte adversa, se:

I – a sentença lhe for desfavorável;

II – obtida liminarmente a tutela em caráter antecedente, não fornecer os meios necessários para a citação do requerido no prazo de 5 (cinco) dias;

III – ocorrer a cessação da eficácia da medida em qualquer hipótese legal;

IV – o juiz acolher a alegação de decadência ou prescrição da pretensão do autor.

Parágrafo único. A indenização será liquidada nos autos em que a medida tiver sido concedida, sempre que possível.

Capítulo II
DO PROCEDIMENTO DA TUTELA ANTECIPADA REQUERIDA EM CARÁTER ANTECEDENTE

Art. 303. Nos casos em que a urgência for contemporânea à propositura da ação, a petição inicial pode limitar-se ao requerimento da tutela antecipada e à indicação do pedido de tutela final, com a exposição da lide, do direito que se busca realizar e do perigo de dano ou do risco ao resultado útil do processo.

§ 1.º Concedida a tutela antecipada a que se refere o *caput* deste artigo:

I – o autor deverá aditar a petição inicial, com a complementação de sua argumentação, a juntada de novos documentos e a confirmação do pedido de tutela final, em 15 (quinze) dias ou em outro prazo maior que o juiz fixar;

II – o réu será citado e intimado para a audiência de conciliação ou de mediação na forma do art. 334;

III – não havendo autocomposição, o prazo para contestação será contado na forma do art. 335.

§ 2.º Não realizado o aditamento a que se refere o inciso I do § 1.º deste artigo, o processo será extinto sem resolução do mérito.

§ 3.º O aditamento a que se refere o inciso I do § 1.º deste artigo dar-se-á nos mesmos autos, sem incidência de novas custas processuais.

§ 4.º Na petição inicial a que se refere o *caput* deste artigo, o autor terá de indicar o valor da causa, que deve levar em consideração o pedido de tutela final.

§ 5.º O autor indicará na petição inicial, ainda, que pretende valer-se do benefício previsto no *caput* deste artigo.

§ 6.º Caso entenda que não há elementos para a concessão de tutela antecipada, o órgão jurisdicional determinará a emenda da petição inicial em até 5 (cinco) dias, sob pena de ser indeferida e de o processo ser extinto sem resolução de mérito.

Art. 304. A tutela antecipada, concedida nos termos do art. 303, torna-se estável se da decisão que a conceder não for interposto o respectivo recurso.

§ 1.º No caso previsto no *caput*, o processo será extinto.

§ 2.º Qualquer das partes poderá demandar a outra com o intuito de rever, reformar ou invalidar a tutela antecipada estabilizada nos termos do *caput*.

§ 3.º A tutela antecipada conservará seus efeitos enquanto não revista, reformada ou invalidada por decisão de mérito proferida na ação de que trata o § 2.º.

§ 4.º Qualquer das partes poderá requerer o desarquivamento dos autos em que foi concedida a medida, para instruir a petição inicial da ação a que se refere o § 2.º, prevento o juízo em que a tutela antecipada foi concedida.

§ 5.º O direito de rever, reformar ou invalidar a tutela antecipada, previsto no § 2.º deste artigo, extingue-se após 2 (dois) anos, contados da ciência da decisão que extinguiu o processo, nos termos do § 1.º.

§ 6.º A decisão que concede a tutela não fará coisa julgada, mas a estabilidade dos respectivos efeitos só será afastada por decisão que a revir, reformar ou invalidar, proferida em ação ajuizada por uma das partes, nos termos do § 2.º deste artigo.

Capítulo III
DO PROCEDIMENTO DA TUTELA CAUTELAR REQUERIDA EM CARÁTER ANTECEDENTE

Art. 305. A petição inicial da ação que visa à prestação de tutela cautelar em caráter antecedente indicará a lide e seu fundamento, a exposição sumária do direito que se objetiva assegurar e o perigo de dano ou o risco ao resultado útil do processo.

• *Vide* arts. 319 a 321 do CPC.

Parágrafo único. Caso entenda que o pedido a que se refere o *caput* tem natureza antecipada, o juiz observará o disposto no art. 303.

Art. 306. O réu será citado para, no prazo de 5 (cinco) dias, contestar o pedido e indicar as provas que pretende produzir.

• *Vide* arts. 229 e 714 do CPC.

Art. 307. Não sendo contestado o pedido, os fatos alegados pelo autor presumir-se-ão aceitos pelo réu como ocorridos, caso em que o juiz decidirá dentro de 5 (cinco) dias.

Parágrafo único. Contestado o pedido no prazo legal, observar-se-á o procedimento comum.

Art. 308. Efetivada a tutela cautelar, o pedido principal terá de ser formulado pelo autor no prazo de 30 (trinta) dias, caso em que será apresentado nos mesmos autos em que deduzido o pedido de tutela cautelar, não dependendo do adiantamento de novas custas processuais.

• *Vide* Súmula 482 do STJ.

§ 1.º O pedido principal pode ser formulado conjuntamente com o pedido de tutela cautelar.

§ 2.º A causa de pedir poderá ser aditada no momento de formulação do pedido principal.

§ 3.º Apresentado o pedido principal, as partes serão intimadas para a audiência de conciliação ou de mediação, na forma do art. 334, por seus advogados ou pessoalmente, sem necessidade de nova citação do réu.

§ 4.º Não havendo autocomposição, o prazo para contestação será contado na forma do art. 335.

Art. 309. Cessa a eficácia da tutela concedida em caráter antecedente, se:

I – o autor não deduzir o pedido principal no prazo legal;

• *Vide* art. 302, III, do CPC.

II – não for efetivada dentro de 30 (trinta) dias;

III – o juiz julgar improcedente o pedido principal formulado pelo autor ou extinguir o processo sem resolução de mérito.

Parágrafo único. Se por qualquer motivo cessar a eficácia da tutela cautelar, é vedado à parte renovar o pedido, salvo sob novo fundamento.

Art. 310. O indeferimento da tutela cautelar não obsta a que a parte formule o pedido principal, nem influi no julgamento desse, salvo se o motivo do indeferimento for o reconhecimento de decadência ou de prescrição.

• *Vide* art. 302, IV, do CPC.

Título III
DA TUTELA DA EVIDÊNCIA

Art. 311. A tutela da evidência será concedida, independentemente da demonstração de perigo de dano ou de risco ao resultado útil do processo, quando:

• *Vide* art. 300 do CPC.

I – ficar caracterizado o abuso do direito de defesa ou o manifesto propósito protelatório da parte;

• *Vide* art. 80 do CPC.

II – as alegações de fato puderem ser comprovadas apenas documentalmente e houver tese firmada em julgamento de casos repetitivos ou em súmula vinculante;

III – se tratar de pedido reipersecutório fundado em prova documental adequada do contrato de depósito, caso em que será decretada a ordem de entrega do objeto custodiado, sob cominação de multa;

IV – a petição inicial for instruída com prova documental suficiente dos fatos constitutivos do direito do autor, a que o réu não oponha prova capaz de gerar dúvida razoável.

Parágrafo único. Nas hipóteses dos incisos II e III, o juiz poderá decidir liminarmente.

LIVRO VI
DA FORMAÇÃO, DA SUSPENSÃO E DA EXTINÇÃO DO PROCESSO

Título I
DA FORMAÇÃO DO PROCESSO

Art. 312. Considera-se proposta a ação quando a petição inicial for protocolada, todavia, a propositura da ação só produz quanto ao réu os efeitos mencionados no art. 240 depois que for validamente citado.

Título II
DA SUSPENSÃO DO PROCESSO

Art. 313. Suspende-se o processo:

I – pela morte ou pela perda da capacidade processual de qualquer das partes, de seu representante legal ou de seu procurador;
- Vide arts. 76, 221 e 921, I, do CPC.

II – pela convenção das partes;
- Vide art. 921, II, do CPC.

III – pela arguição de impedimento ou de suspeição;
- Vide art. 221 do CPC.

IV – pela admissão de incidente de resolução de demandas repetitivas;

V – quando a sentença de mérito:

a) depender do julgamento de outra causa ou da declaração de existência ou de inexistência de relação jurídica que constitua o objeto principal de outro processo pendente;

b) tiver de ser proferida somente após a verificação de determinado fato ou a produção de certa prova, requisitada a outro juízo;
- Vide art. 377, *caput*, do CPC.

VI – por motivo de força maior;
- Vide art. 182 do CPC.

VII – quando se discutir em juízo questão decorrente de acidentes e fatos da navegação de competência do Tribunal Marítimo;

VIII – nos demais casos que este Código regula;

IX – pelo parto ou pela concessão de adoção, quando a advogada responsável pelo processo constituir a única patrona da causa;
•• Inciso IX acrescentado pela Lei n. 13.363, de 25-11-2016.

X – quando o advogado responsável pelo processo constituir o único patrono da causa e tornar-se pai.
•• Inciso X acrescentado pela Lei n. 13.363, de 25-11-2016.

§ 1.º Na hipótese do inciso I, o juiz suspenderá o processo, nos termos do art. 689.

§ 2.º Não ajuizada ação de habilitação, ao tomar conhecimento da morte, o juiz determinará a suspensão do processo e observará o seguinte:

I – falecido o réu, ordenará a intimação do autor para que promova a citação do respectivo espólio, de quem for o sucessor ou, se for o caso, dos herdeiros, no prazo que designar, de no mínimo 2 (dois) e no máximo 6 (seis) meses;

II – falecido o autor e sendo transmissível o direito em litígio, determinará a intimação de seu espólio, de quem for o sucessor ou, se for o caso, dos herdeiros, pelos meios de divulgação que reputar mais adequados, para que manifestem interesse na sucessão processual e promovam a respectiva habilitação no prazo designado, sob pena de extinção do processo sem resolução de mérito.

§ 3.º No caso de morte do procurador de qualquer das partes, ainda que iniciada a audiência de instrução e julgamento, o juiz determinará que a parte constitua novo mandatário, no prazo de 15 (quinze) dias, ao final do qual extinguirá o processo sem resolução de mérito, se o autor não nomear novo mandatário, ou ordenará o prosseguimento do processo à revelia do réu, se falecido o procurador deste.

§ 4.º O prazo de suspensão do processo nunca poderá exceder 1 (um) ano nas hipóteses do inciso V e 6 (seis) meses naquela prevista no inciso II.

§ 5.º O juiz determinará o prosseguimento do processo assim que esgotados os prazos previstos no § 4.º.

§ 6.º No caso do inciso IX, o período de suspensão será de 30 (trinta) dias, contado a partir da data do parto ou da concessão da adoção, mediante apresentação de certidão de nascimento ou documento similar que comprove a realização do parto, ou de termo judicial que tenha concedido a adoção, desde que haja notificação ao cliente.
•• § 6.º acrescentado pela Lei n. 13.363, de 25-11-2016.

§ 7.º No caso do inciso X, o período de suspensão será de 8 (oito) dias, contado a partir da data do parto ou da concessão da adoção, mediante apresentação de certidão de nascimento ou documento similar que comprove a realização do parto, ou de termo judicial que tenha concedido a adoção, desde que haja notificação ao cliente.
•• § 7.º acrescentado pela Lei n. 13.363, de 25-11-2016.

Art. 314. Durante a suspensão é vedado praticar qualquer ato processual, podendo o juiz, todavia, determinar a realização de atos urgentes a fim de evitar dano irreparável, salvo no caso de arguição de impedimento e de suspeição.
- Vide art. 923 do CPC.

Art. 315. Se o conhecimento do mérito depender de verificação da existência de fato delituoso, o juiz pode determinar a suspensão do processo até que se pronuncie a justiça criminal.

§ 1.º Se a ação penal não for proposta no prazo de 3 (três) meses, contado da intimação do ato de suspensão, cessará o efeito desse, incumbindo ao juiz cível examinar incidentemente a questão prévia.

§ 2.º Proposta a ação penal, o processo ficará suspenso pelo prazo máximo de 1 (um) ano, ao final do qual aplicar-se-á o disposto na parte final do § 1.º.

Título III
DA EXTINÇÃO DO PROCESSO

Art. 316. A extinção do processo dar-se-á por sentença.

Art. 317. Antes de proferir decisão sem resolução de mérito, o juiz deverá conceder à parte oportunidade para, se possível, corrigir o vício.

PARTE ESPECIAL
LIVRO I
DO PROCESSO DE CONHECIMENTO E DO CUMPRIMENTO DE SENTENÇA

Título I
DO PROCEDIMENTO COMUM

Capítulo I
DISPOSIÇÕES GERAIS

Art. 318. Aplica-se a todas as causas o procedimento comum, salvo disposição em contrário deste Código ou de lei.

Parágrafo único. O procedimento comum aplica-se subsidiariamente aos demais procedimentos especiais e ao processo de execução.

Capítulo II
DA PETIÇÃO INICIAL

SEÇÃO I
Dos Requisitos da Petição Inicial

Art. 319. A petição inicial indicará:
- Vide arts. 294 e 330 do CPC.

I – o juízo a que é dirigida;

II – os nomes, os prenomes, o estado civil, a existência de união estável, a profissão, o número de inscrição no Cadastro de Pessoas Físicas ou no Cadastro Nacional da Pessoa Jurídica, o endereço eletrônico, o domicílio e a residência do autor e do réu;

III – o fato e os fundamentos jurídicos do pedido;

IV – o pedido com as suas especificações;
- Vide arts. 322 a 329 do CPC.

V – o valor da causa;
• Vide arts. 291 a 293 do CPC.

VI – as provas com que o autor pretende demonstrar a verdade dos fatos alegados;
• Vide arts. 369 a 484 do CPC.

VII – a opção do autor pela realização ou não de audiência de conciliação ou de mediação.
• Vide art. 334 do CPC.

§ 1.º Caso não disponha das informações previstas no inciso II, poderá o autor, na petição inicial, requerer ao juiz diligências necessárias a sua obtenção.

§ 2.º A petição inicial não será indeferida se, a despeito da falta de informações a que se refere o inciso II, for possível a citação do réu.

§ 3.º A petição inicial não será indeferida pelo não atendimento ao disposto no inciso II deste artigo se a obtenção de tais informações tornar impossível ou excessivamente oneroso o acesso à justiça.
• Vide art. 330 do CPC.

Art. 320. A petição inicial será instruída com os documentos indispensáveis à propositura da ação.
• Vide arts. 434 e 798 do CPC.

Art. 321. O juiz, ao verificar que a petição inicial não preenche os requisitos dos arts. 319 e 320 ou que apresenta defeitos e irregularidades capazes de dificultar o julgamento de mérito, determinará que o autor, no prazo de 15 (quinze) dias, a emende ou a complete, indicando com precisão o que deve ser corrigido ou completado.
• Vide Súmula 299 do TST.

Parágrafo único. Se o autor não cumprir a diligência, o juiz indeferirá a petição inicial.
• Vide art. 485 do CPC.

SEÇÃO II
Do Pedido

Art. 322. O pedido deve ser certo.

§ 1.º Compreendem-se no principal os juros legais, a correção monetária e as verbas de sucumbência, inclusive os honorários advocatícios.

§ 2.º A interpretação do pedido considerará o conjunto da postulação e observará o princípio da boa-fé.

Art. 323. Na ação que tiver por objeto cumprimento de obrigação em prestações sucessivas, essas serão consideradas incluídas no pedido, independentemente de declaração expressa do autor, e serão incluídas na condenação, enquanto durar a obrigação, se o devedor, no curso do processo, deixar de pagá-las ou de consigná-las.

Art. 324. O pedido deve ser determinado.
• Vide art. 490 do CPC.

§ 1.º É lícito, porém, formular pedido genérico:

I – nas ações universais, se o autor não puder individuar os bens demandados;

II – quando não for possível determinar, desde logo, as consequências do ato ou do fato;

III – quando a determinação do objeto ou do valor da condenação depender de ato que deva ser praticado pelo réu.

§ 2.º O disposto neste artigo aplica-se à reconvenção.

Art. 325. O pedido será alternativo quando, pela natureza da obrigação, o devedor puder cumprir a prestação de mais de um modo.

Parágrafo único. Quando, pela lei ou pelo contrato, a escolha couber ao devedor, o juiz lhe assegurará o direito de cumprir a prestação de um ou de outro modo, ainda que o autor não tenha formulado pedido alternativo.
• Vide art. 292, VII, do CPC.

Art. 326. É lícito formular mais de um pedido em ordem subsidiária, a fim de que o juiz conheça do posterior, quando não acolher o anterior.
• Vide art. 292, VIII, do CPC.

Parágrafo único. É lícito formular mais de um pedido, alternativamente, para que o juiz acolha um deles.

Art. 327. É lícita a cumulação, em um único processo, contra o mesmo réu, de vários pedidos, ainda que entre eles não haja conexão.
• Vide art. 292, VI, do CPC.

§ 1.º São requisitos de admissibilidade da cumulação que:

I – os pedidos sejam compatíveis entre si;

II – seja competente para conhecer deles o mesmo juízo;

III – seja adequado para todos os pedidos o tipo de procedimento.

§ 2.º Quando, para cada pedido, corresponder tipo diverso de procedimento, será admitida a cumulação se o autor empregar o procedimento comum, sem prejuízo do emprego das técnicas processuais diferenciadas previstas nos procedimentos especiais a que se sujeitam um ou mais pedidos cumulados, que não forem incompatíveis com as disposições sobre o procedimento comum.

§ 3.º O inciso I do § 1.º não se aplica às cumulações de pedidos de que trata o art. 326.

Art. 328. Na obrigação indivisível com pluralidade de credores, aquele que não participou do processo receberá sua parte, deduzidas as despesas na proporção de seu crédito.
• Vide arts. 260 e 261 do CC.

Art. 329. O autor poderá:

I – até a citação, aditar ou alterar o pedido ou a causa de pedir, independentemente de consentimento do réu;

II – até o saneamento do processo, aditar ou alterar o pedido e a causa de pedir, com consentimento do réu, assegurado o contraditório mediante a possibilidade de manifestação deste no prazo mínimo de 15 (quinze) dias, facultado o requerimento de prova suplementar.

Parágrafo único. Aplica-se o disposto neste artigo à reconvenção e à respectiva causa de pedir.
• Vide art. 343 do CPC.

SEÇÃO III
Do Indeferimento da Petição Inicial

Art. 330. A petição inicial será indeferida quando:

I – for inepta;

II – a parte for manifestamente ilegítima;

III – o autor carecer de interesse processual;
• Vide art. 120 do CPC.

IV – não atendidas as prescrições dos arts. 106 e 321.

§ 1.º Considera-se inepta a petição inicial quando:

I – lhe faltar pedido ou causa de pedir;
• Vide arts. 322 a 329 do CPC.

II – o pedido for indeterminado, ressalvadas as hipóteses legais em que se permite o pedido genérico;
• Vide art. 286 do CPC.

III – da narração dos fatos não decorrer logicamente a conclusão;

IV – contiver pedidos incompatíveis entre si.

§ 2.º Nas ações que tenham por objeto a revisão de obrigação decorrente de empréstimo, de financiamento ou de alienação de bens, o autor terá de, sob pena de inépcia, discriminar na petição inicial, dentre as obrigações contratuais, aquelas que pretende controverter, além de quantificar o valor incontroverso do débito.

§ 3.º Na hipótese do § 2.º, o valor incontroverso deverá continuar a ser pago no tempo e modo contratados.

Art. 331. Indeferida a petição inicial, o autor poderá apelar, facultado ao juiz, no prazo de 5 (cinco) dias, retratar-se.

§ 1.º Se não houver retratação, o juiz mandará citar o réu para responder ao recurso.

§ 2.º Sendo a sentença reformada pelo tribunal, o prazo para a contestação começará a correr da intimação do retorno dos autos, observado o disposto no art. 334.

§ 3.º Não interposta a apelação, o réu será intimado do trânsito em julgado da sentença.

Capítulo III
DA IMPROCEDÊNCIA LIMINAR DO PEDIDO

Art. 332. Nas causas que dispensem a fase instrutória, o juiz, independentemente da citação do réu, julgará liminarmente improcedente o pedido que contrariar:

•• *Vide* arts. 7.º e 15, I, da Instrução Normativa n. 39, de 15-3-2016.

I – enunciado de súmula do Supremo Tribunal Federal ou do Superior Tribunal de Justiça;

II – acórdão proferido pelo Supremo Tribunal Federal ou pelo Superior Tribunal de Justiça em julgamento de recursos repetitivos;

III – entendimento firmado em incidente de resolução de demandas repetitivas ou de assunção de competência;

IV – enunciado de súmula de tribunal de justiça sobre direito local.

§ 1.º O juiz também poderá julgar liminarmente improcedente o pedido se verificar, desde logo, a ocorrência de decadência ou de prescrição.

§ 2.º Não interposta a apelação, o réu será intimado do trânsito em julgado da sentença, nos termos do art. 241.

§ 3.º Interposta a apelação, o juiz poderá retratar-se em 5 (cinco) dias.
• *Vide* arts. 513 e s. do CPC.

§ 4.º Se houver retratação, o juiz determinará o prosseguimento do processo, com a citação do réu, e, se não houver retratação, determinará a citação do réu para apresentar contrarrazões, no prazo de 15 (quinze) dias.

Capítulo IV
DA CONVERSÃO DA AÇÃO INDIVIDUAL EM AÇÃO COLETIVA

Art. 333. (*Vetado.*)

Capítulo V
DA AUDIÊNCIA DE CONCILIAÇÃO OU DE MEDIAÇÃO

• A Lei n. 13.140, de 26-6-2015, dispõe sobre a mediação entre particulares como meio de solução de controvérsias e sobre a autocomposição de conflitos no âmbito da Administração Pública.
• O Provimento n. 67, de 26-3-2018, do CNJ, dispõe sobre os procedimentos de conciliação e de mediação nos serviços notariais e de registro do Brasil.

Art. 334. Se a petição inicial preencher os requisitos essenciais e não for o caso de improcedência liminar do pedido, o juiz designará audiência de conciliação ou de mediação com antecedência mínima de 30 (trinta) dias, devendo ser citado o réu com pelo menos 20 (vinte) dias de antecedência.

•• *Vide* art. 2.º da Instrução Normativa n. 39, de 15-3-2016.
• *Vide* arts. 248, 257, 307 e 344 do CPC.
• *Vide* art. 27 da Lei n. 13.140, de 26-6-2015.

§ 1.º O conciliador ou mediador, onde houver, atuará necessariamente na audiência de conciliação ou de mediação, observando o disposto neste Código, bem como as disposições da lei de organização judiciária.
•• *Vide* arts. 165 e s. do CPC.

§ 2.º Poderá haver mais de uma sessão destinada à conciliação e à mediação, não podendo exceder a 2 (dois) meses da data de realização da primeira sessão, desde que necessárias à composição das partes.
• *Vide* art. 28 da Lei n. 13.140, de 26-6-2015.

§ 3.º A intimação do autor para a audiência será feita na pessoa de seu advogado.

§ 4.º A audiência não será realizada:

I – se ambas as partes manifestarem, expressamente, desinteresse na composição consensual;

II – quando não se admitir a autocomposição.

§ 5.º O autor deverá indicar, na petição inicial, seu desinteresse na autocomposição, e o réu deverá fazê-lo, por petição, apresentada com 10 (dez) dias de antecedência, contados da data da audiência.

§ 6.º Havendo litisconsórcio, o desinteresse na realização da audiência deve ser manifestado por todos os litisconsortes.

§ 7.º A audiência de conciliação ou de mediação pode realizar-se por meio eletrônico, nos termos da lei.

§ 8.º O não comparecimento injustificado do autor ou do réu à audiência de conciliação é considerado ato atentatório à dignidade da justiça e será sancionado com multa de até dois por cento da vantagem econômica pretendida ou do valor da causa, revertida em favor da União ou do Estado.

§ 9.º As partes devem estar acompanhadas por seus advogados ou defensores públicos.
• *Vide* art. 133 da CF.

§ 10. A parte poderá constituir representante, por meio de procuração específica, com poderes para negociar e transigir.

§ 11. A autocomposição obtida será reduzida a termo e homologada por sentença.

§ 12. A pauta das audiências de conciliação ou de mediação será organizada de modo a respeitar o intervalo mínimo de 20 (vinte) minutos entre o início de uma e o início da seguinte.

Capítulo VI
DA CONTESTAÇÃO

Art. 335. O réu poderá oferecer contestação, por petição, no prazo de 15 (quinze) dias, cujo termo inicial será a data:

•• *Vide* art. 2.º da Instrução Normativa n. 39, de 15-3-2016.
• *Vide* art. 434 do CPC.

I – da audiência de conciliação ou de mediação, ou da última sessão de conciliação, quando qualquer parte não comparecer ou, comparecendo, não houver autocomposição;

II – do protocolo do pedido de cancelamento da audiência de conciliação ou de mediação apresentado pelo réu, quando ocorrer a hipótese do art. 334, § 4.º, inciso I;

III – prevista no art. 231, de acordo com o modo como foi feita a citação, nos demais casos.

§ 1.º No caso de litisconsórcio passivo, ocorrendo a hipótese do art. 334, § 6.º, o termo inicial previsto no inciso II será, para cada um dos réus, a data de apresentação de seu respectivo pedido de cancelamento da audiência.

§ 2.º Quando ocorrer a hipótese do art. 334, § 4.º, inciso II, havendo litisconsórcio passivo e o autor desistir da ação em relação a réu ainda não citado, o prazo para resposta correrá da data de intimação da decisão que homologar a desistência.

Art. 336. Incumbe ao réu alegar, na contestação, toda a matéria de defesa, expondo as razões de fato e de direito com que impugna o pedido do autor e especificando as provas que pretende produzir.

Art. 337. Incumbe ao réu, antes de discutir o mérito, alegar:
• *Vide* arts. 351, 352 e 938 do CPC.

I – inexistência ou nulidade da citação;
• *Vide* art. 348 do CPC.

II – incompetência absoluta e relativa;
• *Vide* art. 64 do CPC.

III – incorreção do valor da causa;

IV – inépcia da petição inicial;
• *Vide* art. 330, I, do CPC.

V – perempção;
•• *Vide* art. 486, § 3.º, do CPC.

VI – litispendência;
• *Vide* art. 240 do CPC.

VII – coisa julgada;
•• *Vide* art. 5.º, XXXVI, da CF.
• *Vide* arts. 502 a 508 do CPC.

VIII – conexão;

IX – incapacidade da parte, defeito de representação ou falta de autorização;

X – convenção de arbitragem;
• Vide art. 485, VII, do CPC.
XI – ausência de legitimidade ou de interesse processual;
XII – falta de caução ou de outra prestação que a lei exige como preliminar;
XIII – indevida concessão do benefício de gratuidade de justiça.
§ 1.º Verifica-se a litispendência ou a coisa julgada quando se reproduz ação anteriormente ajuizada.
•• Vide art. 5.º, XXXVI, da CF.
§ 2.º Uma ação é idêntica a outra quando possui as mesmas partes, a mesma causa de pedir e o mesmo pedido.
§ 3.º Há litispendência quando se repete ação que está em curso.
• Vide art. 240 do CPC.
§ 4.º Há coisa julgada quando se repete ação que já foi decidida por decisão transitada em julgado.
§ 5.º Excetuadas a convenção de arbitragem e a incompetência relativa, o juiz conhecerá de ofício das matérias enumeradas neste artigo.
§ 6.º A ausência de alegação da existência de convenção de arbitragem, na forma prevista neste Capítulo, implica aceitação da jurisdição estatal e renúncia ao juízo arbitral.
Art. 338. Alegando o réu, na contestação, ser parte ilegítima ou não ser o responsável pelo prejuízo invocado, o juiz facultará ao autor, em 15 (quinze) dias, a alteração da petição inicial para substituição do réu.
Parágrafo único. Realizada a substituição, o autor reembolsará as despesas e pagará os honorários ao procurador do réu excluído, que serão fixados entre três e cinco por cento do valor da causa ou, sendo este irrisório, nos termos do art. 85, § 8.º.
Art. 339. Quando alegar sua ilegitimidade, incumbe ao réu indicar o sujeito passivo da relação jurídica discutida sempre que tiver conhecimento, sob pena de arcar com as despesas processuais e de indenizar o autor pelos prejuízos decorrentes da falta de indicação.
§ 1.º O autor, ao aceitar a indicação, procederá, no prazo de 15 (quinze) dias, à alteração da petição inicial para a substituição do réu, observando-se, ainda, o parágrafo único do art. 338.
§ 2.º No prazo de 15 (quinze) dias, o autor pode optar por alterar a petição inicial para incluir, como litisconsorte passivo, o sujeito indicado pelo réu.
Art. 340. Havendo alegação de incompetência relativa ou absoluta, a contestação poderá ser protocolada no foro de domicílio do réu, fato que será imediatamente comunicado ao juiz da causa, preferencialmente por meio eletrônico.
§ 1.º A contestação será submetida a livre distribuição ou, se o réu houver sido citado por meio de carta precatória, juntada aos autos dessa carta, seguindo-se a sua imediata remessa para o juízo da causa.
§ 2.º Reconhecida a competência do foro indicado pelo réu, o juízo para o qual for distribuída a contestação ou a carta precatória será considerado prevento.
§ 3.º Alegada a incompetência nos termos do *caput*, será suspensa a realização da audiência de conciliação ou de mediação, se tiver sido designada.
§ 4.º Definida a competência, o juízo competente designará nova data para a audiência de conciliação ou de mediação.
Art. 341. Incumbe também ao réu manifestar-se precisamente sobre as alegações de fato constantes da petição inicial, presumindo-se verdadeiras as não impugnadas, salvo se:
I – não for admissível, a seu respeito, a confissão;
•• Vide arts. 344 e 345 do CPC.
II – a petição inicial não estiver acompanhada de instrumento que a lei considerar da substância do ato;
III – estiverem em contradição com a defesa, considerada em seu conjunto.
Parágrafo único. O ônus da impugnação especificada dos fatos não se aplica ao defensor público, ao advogado dativo e ao curador especial.

Art. 342. Depois da contestação, só é lícito ao réu deduzir novas alegações quando:
I – relativas a direito ou a fato superveniente;
II – competir ao juiz conhecer delas de ofício;
III – por expressa autorização legal, puderem ser formuladas em qualquer tempo e grau de jurisdição.

Capítulo VII
DA RECONVENÇÃO

Art. 343. Na contestação, é lícito ao réu propor reconvenção para manifestar pretensão própria, conexa com a ação principal ou com o fundamento da defesa.
•• Vide art. 16, § 3.º, da LEF.
§ 1.º Proposta a reconvenção, o autor será intimado, na pessoa de seu advogado, para apresentar resposta no prazo de 15 (quinze) dias.
§ 2.º A desistência da ação ou a ocorrência de causa extintiva que impeça o exame de seu mérito não obsta ao prosseguimento do processo quanto à reconvenção.
§ 3.º A reconvenção pode ser proposta contra o autor e terceiro.
§ 4.º A reconvenção pode ser proposta pelo réu em litisconsórcio com terceiro.
§ 5.º Se o autor for substituto processual, o reconvinte deverá afirmar ser titular de direito em face do substituído, e a reconvenção deverá ser proposta em face do autor, também na qualidade de substituto processual.
§ 6.º O réu pode propor reconvenção independentemente de oferecer contestação.

Capítulo VIII
DA REVELIA

Art. 344. Se o réu não contestar a ação, será considerado revel e presumir-se-ão verdadeiras as alegações de fato formuladas pelo autor.
Art. 345. A revelia não produz o efeito mencionado no art. 344 se:
I – havendo pluralidade de réus, algum deles contestar a ação;
II – o litígio versar sobre direitos indisponíveis;
III – a petição inicial não estiver acompanhada de instrumento que a lei considere indispensável à prova do ato;
• Vide art. 341, II, do CPC.
IV – as alegações de fato formuladas pelo autor forem inverossímeis ou estiverem em contradição com prova constante dos autos.
Art. 346. Os prazos contra o revel que não tenha patrono nos autos fluirão da data de publicação do ato decisório no órgão oficial.
Parágrafo único. O revel poderá intervir no processo em qualquer fase, recebendo-o no estado em que se encontrar.

Capítulo IX
DAS PROVIDÊNCIAS PRELIMINARES E DO SANEAMENTO

Art. 347. Findo o prazo para a contestação, o juiz tomará, conforme o caso, as providências preliminares constantes das seções deste Capítulo.

SEÇÃO I
Da Não Incidência dos Efeitos da Revelia

Art. 348. Se o réu não contestar a ação, o juiz, verificando a inocorrência do efeito da revelia previsto no art. 344, ordenará que o autor especifique as provas que pretenda produzir, se ainda não as tiver indicado.
• Vide art. 355 do CPC.
Art. 349. Ao réu revel será lícita a produção de provas, contrapostas às alegações do autor, desde que se faça representar nos autos a tempo de praticar os atos processuais indispensáveis a essa produção.

SEÇÃO II
Do Fato Impeditivo, Modificativo ou Extintivo do Direito do Autor

Art. 350. Se o réu alegar fato impeditivo, modificativo ou extintivo do direito do autor, este será ouvido no prazo de 15 (quinze) dias, permitindo-lhe o juiz a produção de prova.

SEÇÃO III
Das Alegações do Réu

Art. 351. Se o réu alegar qualquer das matérias enumeradas no art. 337, o juiz determinará a oitiva do autor no prazo de 15 (quinze) dias, permitindo-lhe a produção de prova.

Art. 352. Verificando a existência de irregularidades ou de vícios sanáveis, o juiz determinará sua correção em prazo nunca superior a 30 (trinta) dias.

Art. 353. Cumpridas as providências preliminares ou não havendo necessidade delas, o juiz proferirá julgamento conforme o estado do processo, observando o que dispõe o Capítulo X.

Capítulo X
DO JULGAMENTO CONFORME O ESTADO DO PROCESSO

SEÇÃO I
Da Extinção do Processo

Art. 354. Ocorrendo qualquer das hipóteses previstas nos arts. 485 e 487, incisos II e III, o juiz proferirá sentença.

Parágrafo único. A decisão a que se refere o *caput* pode dizer respeito a apenas parcela do processo, caso em que será impugnável por agravo de instrumento.

SEÇÃO II
Do Julgamento Antecipado do Mérito

Art. 355. O juiz julgará antecipadamente o pedido, proferindo sentença com resolução de mérito, quando:

I – não houver necessidade de produção de outras provas;

II – o réu for revel, ocorrer o efeito previsto no art. 344 e não houver requerimento de prova, na forma do art. 349.

SEÇÃO III
Do Julgamento Antecipado Parcial do Mérito

Art. 356. O juiz decidirá parcialmente o mérito quando um ou mais dos pedidos formulados ou parcela deles:

I – mostrar-se incontroverso;

II – estiver em condições de imediato julgamento, nos termos do art. 355.

§ 1.º A decisão que julgar parcialmente o mérito poderá reconhecer a existência de obrigação líquida ou ilíquida.

•• *Vide* art. 5.º da Instrução Normativa n. 39, de 15-3-2016.

§ 2.º A parte poderá liquidar ou executar, desde logo, a obrigação reconhecida na decisão que julgar parcialmente o mérito, independentemente de caução, ainda que haja recurso contra essa interposto.

§ 3.º Na hipótese do § 2.º, se houver trânsito em julgado da decisão, a execução será definitiva.

§ 4.º A liquidação e o cumprimento da decisão que julgar parcialmente o mérito poderão ser processados em autos suplementares, a requerimento da parte ou a critério do juiz.

§ 5.º A decisão proferida com base neste artigo é impugnável por agravo de instrumento.

SEÇÃO IV
Do Saneamento e da Organização do Processo

Art. 357. Não ocorrendo nenhuma das hipóteses deste Capítulo, deverá o juiz, em decisão de saneamento e de organização do processo:

I – resolver as questões processuais pendentes, se houver;

II – delimitar as questões de fato sobre as quais recairá a atividade probatória, especificando os meios de prova admitidos;

III – definir a distribuição do ônus da prova, observado o art. 373;

IV – delimitar as questões de direito relevantes para a decisão do mérito;

V – designar, se necessário, audiência de instrução e julgamento.

§ 1.º Realizado o saneamento, as partes têm o direito de pedir esclarecimentos ou solicitar ajustes, no prazo comum de 5 (cinco) dias, findo o qual a decisão se torna estável.

§ 2.º As partes podem apresentar ao juiz, para homologação, delimitação consensual das questões de fato e de direito a que se referem os incisos II e IV, a qual, se homologada, vincula as partes e o juiz.

§ 3.º Se a causa apresentar complexidade em matéria de fato ou de direito, deverá o juiz designar audiência para que o saneamento seja feito em cooperação com as partes, oportunidade em que o juiz, se for o caso, convidará as partes a integrar ou esclarecer suas alegações.

§ 4.º Caso tenha sido determinada a produção de prova testemunhal, o juiz fixará prazo comum não superior a 15 (quinze) dias para que as partes apresentem rol de testemunhas.

§ 5.º Na hipótese do § 3.º, as partes devem levar, para a audiência prevista, o respectivo rol de testemunhas.

§ 6.º O número de testemunhas arroladas não pode ser superior a 10 (dez), sendo 3 (três), no máximo, para a prova de cada fato.

§ 7.º O juiz poderá limitar o número de testemunhas levando em conta a complexidade da causa e dos fatos individualmente considerados.

§ 8.º Caso tenha sido determinada a produção de prova pericial, o juiz deve observar o disposto no art. 465 e, se possível, estabelecer, desde logo, calendário para sua realização.

§ 9.º As pautas deverão ser preparadas com intervalo mínimo de 1 (uma) hora entre as audiências.

Capítulo XI
DA AUDIÊNCIA DE INSTRUÇÃO E JULGAMENTO

Art. 358. No dia e na hora designados, o juiz declarará aberta a audiência de instrução e julgamento e mandará apregoar as partes e os respectivos advogados, bem como outras pessoas que dela devam participar.

Art. 359. Instalada a audiência, o juiz tentará conciliar as partes, independentemente do emprego anterior de outros métodos de solução consensual de conflitos, como a mediação e a arbitragem.

Art. 360. O juiz exerce o poder de polícia, incumbindo-lhe:

I – manter a ordem e o decoro na audiência;

II – ordenar que se retirem da sala de audiência os que se comportarem inconvenientemente;

III – requisitar, quando necessário, força policial;

IV – tratar com urbanidade as partes, os advogados, os membros do Ministério Público e da Defensoria Pública e qualquer pessoa que participe do processo;

V – registrar em ata, com exatidão, todos os requerimentos apresentados em audiência.

Art. 361. As provas orais serão produzidas em audiência, ouvindo-se nesta ordem, preferencialmente:

I – o perito e os assistentes técnicos, que responderão aos quesitos de esclarecimentos requeridos no prazo e na forma do art. 477, caso não respondidos anteriormente por escrito;

II – o autor e, em seguida, o réu, que prestarão depoimentos pessoais;

III – as testemunhas arroladas pelo autor e pelo réu, que serão inquiridas.

Parágrafo único. Enquanto depuserem o perito, os assistentes técnicos, as partes e as testemunhas, não poderão os advogados e o Ministério Público intervir ou apartear, sem licença do juiz.

Art. 362. A audiência poderá ser adiada:

I – por convenção das partes;

II – se não puder comparecer, por motivo justificado, qualquer pessoa que dela deva necessariamente participar;

III – por atraso injustificado de seu início em tempo superior a 30 (trinta) minutos do horário marcado.

•• *Vide* art. 2.º da Instrução Normativa n. 39, de 15-3-2016.

§ 1.º O impedimento deverá ser comprovado até a abertura da audiência, e, não o sendo, o juiz procederá à instrução.

§ 2.º O juiz poderá dispensar a produção das provas requeridas pela parte cujo advogado ou defensor público não tenha comparecido à audiência, aplicando-se a mesma regra ao Ministério Público.

§ 3.º Quem der causa ao adiamento responderá pelas despesas acrescidas.

Art. 363. Havendo antecipação ou adiamento da audiência, o juiz, de ofício ou a requerimento da parte, determinará a intimação dos advogados ou da sociedade de advogados para ciência da nova designação.

Art. 364. Finda a instrução, o juiz dará a palavra ao advogado do autor e do réu, bem como ao membro do Ministério Público, se for o caso de sua intervenção, sucessivamente, pelo prazo de 20 (vinte) minutos para cada um, prorrogável por 10 (dez) minutos, a critério do juiz.

§ 1.º Havendo litisconsorte ou terceiro interveniente, o prazo, que formará com o da prorrogação um só todo, dividir-se-á entre os do mesmo grupo, se não convencionarem de modo diverso.

§ 2.º Quando a causa apresentar questões complexas de fato ou de direito, o debate oral poderá ser substituído por razões finais escritas, que serão apresentadas pelo autor e pelo réu, bem como pelo Ministério Público, se for o caso de sua intervenção, em prazos sucessivos de 15 (quinze) dias, assegurada vista dos autos.

Art. 365. A audiência é una e contínua, podendo ser excepcional e justificadamente cindida na ausência de perito ou de testemunha, desde que haja concordância das partes.

Parágrafo único. Diante da impossibilidade de realização da instrução, do debate e do julgamento no mesmo dia, o juiz marcará seu prosseguimento para a data mais próxima possível, em pauta preferencial.

Art. 366. Encerrado o debate ou oferecidas as razões finais, o juiz proferirá sentença em audiência ou no prazo de 30 (trinta) dias.

Art. 367. O servidor lavrará, sob ditado do juiz, termo que conterá, em resumo, o ocorrido na audiência, bem como, por extenso, os despachos, as decisões e a sentença, se proferida no ato.

• *Vide* art. 459, § 3.º, do CPC.

§ 1.º Quando o termo não for registrado em meio eletrônico, o juiz rubricar-lhe-á as folhas, que serão encadernadas em volume próprio.

§ 2.º Subscreverão o termo o juiz, os advogados, o membro do Ministério Público e o escrivão ou chefe de secretaria, dispensadas as partes, exceto quando houver ato de disposição para cuja prática os advogados não tenham poderes.

§ 3.º O escrivão ou chefe de secretaria trasladará para os autos cópia autêntica do termo de audiência.

§ 4.º Tratando-se de autos eletrônicos, observar-se-á o disposto neste Código, em legislação específica e nas normas internas dos tribunais.

§ 5.º A audiência poderá ser integralmente gravada em imagem e em áudio, em meio digital ou analógico, desde que assegure o rápido acesso das partes e dos órgãos julgadores, observada a legislação específica.

§ 6.º A gravação a que se refere o § 5.º também pode ser realizada diretamente por qualquer das partes, independentemente de autorização judicial.

Art. 368. A audiência será pública, ressalvadas as exceções legais.

•• *Vide* art. 189 do CPC.

Capítulo XII
DAS PROVAS

SEÇÃO I
Disposições Gerais

Art. 369. As partes têm o direito de empregar todos os meios legais, bem como os moralmente legítimos, ainda que não especificados neste Código, para provar a verdade dos fatos em que se funda o pedido ou a defesa e influir eficazmente na convicção do juiz.

•• *Vide* art. 5.º, LVI, da CF.

•• *Vide* art. 212 do CC.

Art. 370. Caberá ao juiz, de ofício ou a requerimento da parte, determinar as provas necessárias ao julgamento do mérito.

Parágrafo único. O juiz indeferirá, em decisão fundamentada, as diligências inúteis ou meramente protelatórias.

Art. 371. O juiz apreciará a prova constante dos autos, independentemente do sujeito que a tiver promovido, e indicará na decisão as razões da formação de seu convencimento.

• *Vide* art. 489, II, do CPC.

Art. 372. O juiz poderá admitir a utilização de prova produzida em outro processo, atribuindo-lhe o valor que considerar adequado, observado o contraditório.

Art. 373. O ônus da prova incumbe:

• *Vide* art. 6.º, VIII, do CDC.

I – ao autor, quanto ao fato constitutivo de seu direito;

II – ao réu, quanto à existência de fato impeditivo, modificativo ou extintivo do direito do autor.

§ 1.º Nos casos previstos em lei ou diante de peculiaridades da causa relacionadas à impossibilidade ou à excessiva dificuldade de cumprir o encargo nos termos do *caput* ou à maior facilidade de obtenção da prova do fato contrário, poderá o juiz atribuir o ônus da prova de modo diverso, desde que o faça por decisão fundamentada, caso em que deverá dar à parte a oportunidade de se desincumbir do ônus que lhe foi atribuído.

•• *Vide* art. 3.º da Instrução Normativa n. 39, de 15-3-2016.

§ 2.º A decisão prevista no § 1.º deste artigo não pode gerar situação em que a desincumbência do encargo pela parte seja impossível ou excessivamente difícil.

•• *Vide* art. 3.º da Instrução Normativa n. 39, de 15-3-2016.

§ 3.º A distribuição diversa do ônus da prova também pode ocorrer por convenção das partes, salvo quando:

•• *Vide* art. 2.º da Instrução Normativa n. 39, de 15-3-2016.

I – recair sobre direito indisponível da parte;

II – tornar excessivamente difícil a uma parte o exercício do direito.

§ 4.º A convenção de que trata o § 3.º pode ser celebrada antes ou durante o processo.

•• *Vide* art. 2.º da Instrução Normativa n. 39, de 15-3-2016.

Art. 374. Não dependem de prova os fatos:

I – notórios;

II – afirmados por uma parte e confessados pela parte contrária;

• *Vide* art. 348 do CPC.

III – admitidos no processo como incontroversos;

IV – em cujo favor milita presunção legal de existência ou de veracidade.

Art. 375. O juiz aplicará as regras de experiência comum subministradas pela observação do que ordinariamente acontece e, ainda, as regras de experiência técnica, ressalvado, quanto a estas, o exame pericial.

• *Vide* art. 140 do CPC.

Art. 376. A parte que alegar direito municipal, estadual, estrangeiro ou consuetudinário provar-lhe-á o teor e a vigência, se assim o juiz determinar.

Art. 377. A carta precatória, a carta rogatória e o auxílio direto suspenderão o julgamento da causa no caso previsto no art. 313, inciso V, alínea *b*, quando, tendo sido requeridos antes da decisão de saneamento, a prova neles solicitada for imprescindível.

Parágrafo único. A carta precatória e a carta rogatória não devolvidas no prazo ou concedidas sem efeito suspensivo poderão ser juntadas aos autos a qualquer momento.

Art. 378. Ninguém se exime do dever de colaborar com o Poder Judiciário para o descobrimento da verdade.

Art. 379. Preservado o direito de não produzir prova contra si própria, incumbe à parte:

I – comparecer em juízo, respondendo ao que lhe for interrogado;

II – colaborar com o juízo na realização de inspeção judicial que for considerada necessária;
• *Vide* arts. 481 a 484 do CPC.

III – praticar o ato que lhe for determinado.
•• *Vide* art. 5.º, II, da CF.

Art. 380. Incumbe ao terceiro, em relação a qualquer causa:

I – informar ao juiz os fatos e as circunstâncias de que tenha conhecimento;
•• *Vide* art. 5.º, XIV, da CF.

II – exibir coisa ou documento que esteja em seu poder.
• *Vide* arts. 396 e 401 do CPC.

Parágrafo único. Poderá o juiz, em caso de descumprimento, determinar, além da imposição de multa, outras medidas indutivas, coercitivas, mandamentais ou sub-rogatórias.

SEÇÃO II
Da Produção Antecipada da Prova

Art. 381. A produção antecipada da prova será admitida nos casos em que:

I – haja fundado receio de que venha a tornar-se impossível ou muito difícil a verificação de certos fatos na pendência da ação;

II – a prova a ser produzida seja suscetível de viabilizar a autocomposição ou outro meio adequado de solução de conflito;

III – o prévio conhecimento dos fatos possa justificar ou evitar o ajuizamento de ação.

§ 1.º O arrolamento de bens observará o disposto nesta Seção quando tiver por finalidade apenas a realização de documentação e não a prática de atos de apreensão.

§ 2.º A produção antecipada da prova é da competência do juízo do foro onde esta deva ser produzida ou do foro de domicílio do réu.

§ 3.º A produção antecipada da prova não previne a competência do juízo para a ação que venha a ser proposta.

§ 4.º O juízo estadual tem competência para produção antecipada de prova requerida em face da União, de entidade autárquica ou de empresa pública federal se, na localidade, não houver vara federal.

§ 5.º Aplica-se o disposto nesta Seção àquele que pretender justificar a existência de algum fato ou relação jurídica para simples documento e sem caráter contencioso, que exporá, em petição circunstanciada, a sua intenção.

Art. 382. Na petição, o requerente apresentará as razões que justificam a necessidade de antecipação da prova e mencionará com precisão os fatos sobre os quais a prova há de recair.

§ 1.º O juiz determinará, de ofício ou a requerimento da parte, a citação de interessados na produção da prova ou no fato a ser provado, salvo se inexistente caráter contencioso.

§ 2.º O juiz não se pronunciará sobre a ocorrência ou a inocorrência do fato, nem sobre as respectivas consequências jurídicas.

§ 3.º Os interessados poderão requerer a produção de qualquer prova no mesmo procedimento, desde que relacionada ao mesmo fato, salvo se a sua produção conjunta acarretar excessiva demora.

§ 4.º Neste procedimento, não se admitirá defesa ou recurso, salvo contra decisão que indeferir totalmente a produção da prova pleiteada pelo requerente originário.

Art. 383. Os autos permanecerão em cartório durante 1 (um) mês para extração de cópias e certidões pelos interessados.

Parágrafo único. Findo o prazo, os autos serão entregues ao promovente da medida.

SEÇÃO III
Da Ata Notarial

Art. 384. A existência e o modo de existir de algum fato podem ser atestados ou documentados, a requerimento do interessado, mediante ata lavrada por tabelião.

Parágrafo único. Dados representados por imagem ou som gravados em arquivos eletrônicos poderão constar da ata notarial.

SEÇÃO IV
Do Depoimento Pessoal

Art. 385. Cabe à parte requerer o depoimento pessoal da outra parte, a fim de que esta seja interrogada na audiência de instrução e julgamento, sem prejuízo do poder do juiz de ordená-lo de ofício.

§ 1.º Se a parte, pessoalmente intimada para prestar depoimento pessoal e advertida da pena de confesso, não comparecer ou, comparecendo, se recusar a depor, o juiz aplicar-lhe-á a pena.

§ 2.º É vedado a quem ainda não depôs assistir ao interrogatório da outra parte.

§ 3.º O depoimento pessoal da parte que residir em comarca, seção ou subseção judiciária diversa daquela onde tramita o processo poderá ser colhido por meio de videoconferência ou outro recurso tecnológico de transmissão de sons e imagens em tempo real, o que poderá ocorrer, inclusive, durante a realização da audiência de instrução e julgamento.
•• O art. 222, § 3.º, do CPP prevê a oitiva de testemunhas por videoconferência no processo penal.
•• A Resolução n. 354, de 19-11-2020 do CNJ, dispõe sobre o cumprimento digital de ato processual e de ordem judicial e dá outras providências.

Art. 386. Quando a parte, sem motivo justificado, deixar de responder ao que lhe for perguntado ou empregar evasivas, o juiz, apreciando as demais circunstâncias e os elementos de prova, declarará, na sentença, se houve recusa de depor.

Art. 387. A parte responderá pessoalmente sobre os fatos articulados, não podendo servir-se de escritos anteriormente preparados, permitindo-lhe o juiz, todavia, a consulta a notas breves, desde que objetivem completar esclarecimentos.

Art. 388. A parte não é obrigada a depor sobre fatos:

I – criminosos ou torpes que lhe forem imputados;

II – a cujo respeito, por estado ou profissão, deva guardar sigilo;

III – acerca dos quais não possa responder sem desonra própria, de seu cônjuge, de seu companheiro ou de parente em grau sucessível;

IV – que coloquem em perigo a vida do depoente ou das pessoas referidas no inciso III.

Parágrafo único. Esta disposição não se aplica às ações de estado e de família.

SEÇÃO V
Da Confissão

Art. 389. Há confissão, judicial ou extrajudicial, quando a parte admite a verdade de fato contrário ao seu interesse e favorável ao do adversário.

- *Vide* art. 371 do CPC.

Art. 390. A confissão judicial pode ser espontânea ou provocada.

§ 1.º A confissão espontânea pode ser feita pela própria parte ou por representante com poder especial.
- *Vide* art. 105 do CPC.

§ 2.º A confissão provocada constará do termo de depoimento pessoal.

Art. 391. A confissão judicial faz prova contra o confitente, não prejudicando, todavia, os litisconsortes.

Parágrafo único. Nas ações que versarem sobre bens imóveis ou direitos reais sobre imóveis alheios, a confissão de um cônjuge ou companheiro não valerá sem a do outro, salvo se o regime de casamento for o de separação absoluta de bens.

Art. 392. Não vale como confissão a admissão, em juízo, de fatos relativos a direitos indisponíveis.

§ 1.º A confissão será ineficaz se feita por quem não for capaz de dispor do direito a que se referem os fatos confessados.
- *Vide* art. 213 do CC.

§ 2.º A confissão feita por um representante somente é eficaz nos limites em que este pode vincular o representado.
- *Vide* art. 213 do CC.

Art. 393. A confissão é irrevogável, mas pode ser anulada se decorreu de erro de fato ou de coação.
- *Vide* art. 214 do CC.

Parágrafo único. A legitimidade para a ação prevista no *caput* é exclusiva do confitente e pode ser transferida a seus herdeiros se ele falecer após a propositura.

Art. 394. A confissão extrajudicial, quando feita oralmente, só terá eficácia nos casos em que a lei não exija prova literal.
- *Vide* art. 212, I, do CC.

Art. 395. A confissão é, em regra, indivisível, não podendo a parte que a quiser invocar como prova aceitá-la no tópico que a beneficiar e rejeitá-la no que lhe for desfavorável, porém cindir-se-á quando o confitente a ela aduzir fatos novos, capazes de constituir fundamento de defesa de direito material ou de reconvenção.
- *Vide* art. 412 do CPC.

SEÇÃO VI
Da Exibição de Documento ou Coisa

Art. 396. O juiz pode ordenar que a parte exiba documento ou coisa que se encontre em seu poder.
- *Vide* art. 5.º, XII e XIV, da CF.
- *Vide* art. 380, II, do CPC.

Art. 397. O pedido formulado pela parte conterá:

I – a descrição, tão completa quanto possível, do documento ou da coisa, ou das categorias de documentos ou de coisas buscados;
- Inciso I com redação determinada pela Lei n. 14.195, de 26-8-2021.

II – a finalidade da prova, com indicação dos fatos que se relacionam com o documento ou com a coisa, ou com suas categorias;
- Inciso II com redação determinada pela Lei n. 14.195, de 26-8-2021.

III – as circunstâncias em que se funda o requerente para afirmar que o documento ou a coisa existe, ainda que a referência seja a categoria de documentos ou de coisas, e se acha em poder da parte contrária.
- Inciso III com redação determinada pela Lei n. 14.195, de 26-8-2021.

Art. 398. O requerido dará sua resposta nos 5 (cinco) dias subsequentes à sua intimação.

Parágrafo único. Se o requerido afirmar que não possui o documento ou a coisa, o juiz permitirá que o requerente prove, por qualquer meio, que a declaração não corresponde à verdade.
- *Vide* art. 400 do CPC.

Art. 399. O juiz não admitirá a recusa se:

I – o requerido tiver obrigação legal de exibir;

II – o requerido tiver aludido ao documento ou à coisa, no processo, com o intuito de constituir prova;

III – o documento, por seu conteúdo, for comum às partes.

Art. 400. Ao decidir o pedido, o juiz admitirá como verdadeiros os fatos que, por meio do documento ou da coisa, a parte pretendia provar se:

I – o requerido não efetuar a exibição nem fizer nenhuma declaração no prazo do art. 398;

II – a recusa for havida por ilegítima.

Parágrafo único. Sendo necessário, o juiz pode adotar medidas indutivas, coercitivas, mandamentais ou sub-rogatórias para que o documento seja exibido.

Art. 401. Quando o documento ou a coisa estiver em poder de terceiro, o juiz ordenará sua citação para responder no prazo de 15 (quinze) dias.
- *Vide* art. 380, I e II, do CPC.

Art. 402. Se o terceiro negar a obrigação de exibir ou a posse do documento ou da coisa, o juiz designará audiência especial, tomando-lhe o depoimento, bem como o das partes e, se necessário, o de testemunhas, e em seguida proferirá decisão.

Art. 403. Se o terceiro, sem justo motivo, se recusar a efetuar a exibição, o juiz ordenar-lhe-á que proceda ao respectivo depósito em cartório ou em outro lugar designado, no prazo de 5 (cinco) dias, impondo ao requerente que o ressarça pelas despesas que tiver.

Parágrafo único. Se o terceiro descumprir a ordem, o juiz expedirá mandado de apreensão, requisitando, se necessário, força policial, sem prejuízo da responsabilidade por crime de desobediência, pagamento de multa e outras medidas indutivas, coercitivas, mandamentais ou sub-rogatórias necessárias para assegurar a efetivação da decisão.
- Crime de desobediência: art. 330 do CP.
- *Vide* art. 7.º, II, §§ 6.º e 7.º, do EOAB.

Art. 404. A parte e o terceiro se escusam de exibir, em juízo, o documento ou a coisa se:

I – concernente a negócios da própria vida da família;

II – sua apresentação puder violar dever de honra;

III – sua publicidade redundar em desonra à parte ou ao terceiro, bem como a seus parentes consanguíneos ou afins até o terceiro grau, ou lhes representar perigo de ação penal;

IV – sua exibição acarretar a divulgação de fatos a cujo respeito, por estado ou profissão, devam guardar segredo;

V – subsistirem outros motivos graves que, segundo o prudente arbítrio do juiz, justifiquem a recusa da exibição;

VI – houver disposição legal que justifique a recusa da exibição.

Parágrafo único. Se os motivos de que tratam os incisos I a VI do *caput* disserem respeito a apenas uma parcela do documento, a parte ou o terceiro exibirá a outra em cartório, para dela ser extraída cópia reprográfica, de tudo sendo lavrado auto circunstanciado.

SEÇÃO VII
Da Prova Documental

SUBSEÇÃO I
Da força probante dos documentos

- A Lei n. 7.115, de 29-8-1983, dispõe sobre prova documental em alguns casos específicos.

Art. 405. O documento público faz prova não só da sua formação, mas também dos fatos que o escrivão, o chefe de secretaria, o tabelião ou o servidor declarar que ocorreram em sua presença.

Art. 406. Quando a lei exigir instrumento público como da substância do ato, nenhuma outra prova, por mais especial que seja, pode suprir-lhe a falta.
- *Vide* art. 109 do CC.

Art. 407. O documento feito por oficial público incompetente ou sem a observância das formalidades legais, sendo subscrito pelas partes, tem a mesma eficácia probatória do documento particular.

Art. 408. As declarações constantes do documento particular escrito e assinado ou somente assinado presumem-se verdadeiras em relação ao signatário.
• Vide art. 219 do CC.

Parágrafo único. Quando, todavia, contiver declaração de ciência de determinado fato, o documento particular prova a ciência, mas não o fato em si, incumbindo o ônus de prová-lo ao interessado em sua veracidade.

Art. 409. A data do documento particular, quando a seu respeito surgir dúvida ou impugnação entre os litigantes, provar-se-á por todos os meios de direito.

Parágrafo único. Em relação a terceiros, considerar-se-á datado o documento particular:
I – no dia em que foi registrado;
II – desde a morte de algum dos signatários;
III – a partir da impossibilidade física que sobreveio a qualquer dos signatários;
IV – da sua apresentação em repartição pública ou em juízo;
V – do ato ou do fato que estabeleça, de modo certo, a anterioridade da formação do documento.

Art. 410. Considera-se autor do documento particular:
I – aquele que o fez e o assinou;
II – aquele por conta de quem ele foi feito, estando assinado;
III – aquele que, mandando compô-lo, não o firmou porque, conforme a experiência comum, não se costuma assinar, como livros empresariais e assentos domésticos.

Art. 411. Considera-se autêntico o documento quando:
I – o tabelião reconhecer a firma do signatário;
II – a autoria estiver identificada por qualquer outro meio legal de certificação, inclusive eletrônico, nos termos da lei;
III – não houver impugnação da parte contra quem foi produzido o documento.

Art. 412. O documento particular de cuja autenticidade não se duvida prova que o seu autor fez a declaração que lhe é atribuída.

Parágrafo único. O documento particular admitido expressa ou tacitamente é indivisível, sendo vedado à parte que pretende utilizar-se dele aceitar os fatos que lhe são favoráveis e recusar os que são contrários ao seu interesse, salvo se provar que estes não ocorreram.
• Vide art. 419 do CPC.

Art. 413. O telegrama, o radiograma ou qualquer outro meio de transmissão tem a mesma força probatória do documento particular se o original constante da estação expedidora tiver sido assinado pelo remetente.

Parágrafo único. A firma do remetente poderá ser reconhecida pelo tabelião, declarando-se essa circunstância no original depositado na estação expedidora.

Art. 414. O telegrama ou o radiograma presume-se conforme com o original, provando as datas de sua expedição e de seu recebimento pelo destinatário.

Art. 415. As cartas e os registros domésticos provam contra quem os escreveu quando:
I – enunciam o recebimento de um crédito;
II – contêm anotação que visa a suprir a falta de título em favor de quem é apontado como credor;
III – expressam conhecimento de fatos para os quais não se exija determinada prova.

Art. 416. A nota escrita pelo credor em qualquer parte de documento representativo de obrigação, ainda que não assinada, faz prova em benefício do devedor.

Parágrafo único. Aplica-se essa regra tanto para o documento que o credor conservar em seu poder quanto para aquele que se achar em poder do devedor ou de terceiro.

Art. 417. Os livros empresariais provam contra seu autor, sendo lícito ao empresário, todavia, demonstrar, por todos os meios permitidos em direito, que os lançamentos não correspondem à verdade dos fatos.

Art. 418. Os livros empresariais que preencham os requisitos exigidos por lei provam a favor de seu autor no litígio entre empresários.

Art. 419. A escrituração contábil é indivisível, e, se dos fatos que resultam dos lançamentos, uns são favoráveis ao interesse de seu autor e outros lhe são contrários, ambos serão considerados em conjunto, como unidade.
• Vide arts. 395 e 419 do CPC.

Art. 420. O juiz pode ordenar, a requerimento da parte, a exibição integral dos livros empresariais e dos documentos do arquivo:
• Vide art. 1.191 do CC.

I – na liquidação de sociedade;
II – na sucessão por morte de sócio;
III – quando e como determinar a lei.

Art. 421. O juiz pode, de ofício, ordenar à parte a exibição parcial dos livros e dos documentos, extraindo-se deles a suma que interessar ao litígio, bem como reproduções autenticadas.

Art. 422. Qualquer reprodução mecânica, como a fotográfica, a cinematográfica, a fonográfica ou de outra espécie, tem aptidão para fazer prova dos fatos ou das coisas representadas, se a sua conformidade com o documento original não for impugnada por aquele contra quem foi produzida.

§ 1.º As fotografias digitais e as extraídas da rede mundial de computadores fazem prova das imagens que reproduzem, devendo, se impugnadas, ser apresentada a respectiva autenticação eletrônica ou, não sendo possível, realizada perícia.

§ 2.º Se se tratar de fotografia publicada em jornal ou revista, será exigido um exemplar original do periódico, caso impugnada a veracidade pela outra parte.

§ 3.º Aplica-se o disposto neste artigo à forma impressa de mensagem eletrônica.

Art. 423. As reproduções dos documentos particulares, fotográficas ou obtidas por outros processos de repetição, valem como certidões sempre que o escrivão ou o chefe de secretaria certificar sua conformidade com o original.

Art. 424. A cópia de documento particular tem o mesmo valor probante que o original, cabendo ao escrivão, intimadas as partes, proceder à conferência e certificar a conformidade entre a cópia e o original.

Art. 425. Fazem a mesma prova que os originais:
I – as certidões textuais de qualquer peça dos autos, do protocolo das audiências ou de outro livro a cargo do escrivão ou do chefe de secretaria, se extraídas por ele ou sob sua vigilância e por ele subscritas;
II – os traslados e as certidões extraídas por oficial público de instrumentos ou documentos lançados em suas notas;
III – as reproduções dos documentos públicos, desde que autenticadas por oficial público ou conferidas em cartório com os respectivos originais;
• Vide arts. 216 e 217 do CC.

IV – as cópias reprográficas de peças do próprio processo judicial declaradas autênticas pelo advogado, sob sua responsabilidade pessoal, se não lhes for impugnada a autenticidade;
V – os extratos digitais de bancos de dados públicos e privados, desde que atestado pelo seu emitente, sob as penas da lei, que as informações conferem com o que consta na origem;
VI – as reproduções digitalizadas de qualquer documento público ou particular, quando juntadas aos autos pelos órgãos da justiça e seus auxiliares, pelo Ministério Público e seus auxiliares, pela Defensoria Pública e seus auxiliares, pelas procuradorias, pelas repartições públicas em geral e por advogados, ressalvada a alegação motivada e fundamentada de adulteração.

§ 1.º Os originais dos documentos digitalizados mencionados no inciso VI deverão ser preservados pelo seu detentor até o final do prazo para propositura de ação rescisória.

§ 2.º Tratando-se de cópia digital de título executivo extrajudicial ou de documento relevante à instrução do processo, o juiz poderá determinar seu depósito em cartório ou secretaria.

Art. 426. O juiz apreciará fundamentadamente a fé que deva merecer o documento, quando em ponto substancial e sem ressalva contiver entrelinha, emenda, borrão ou cancelamento.
- Vide art. 171 do CPC.

Art. 427. Cessa a fé do documento público ou particular sendo-lhe declarada judicialmente a falsidade.
- Falsificação de documento público ou particular: arts. 297 e 298 do CP.

Parágrafo único. A falsidade consiste em:

I – formar documento não verdadeiro;

II – alterar documento verdadeiro.

Art. 428. Cessa a fé do documento particular quando:
- Falsificação de documento particular: art. 298 do CP.

I – for impugnada sua autenticidade e enquanto não se comprovar sua veracidade;

II – assinado em branco, for impugnado seu conteúdo, por preenchimento abusivo.

Parágrafo único. Dar-se-á abuso quando aquele que recebeu documento assinado com texto não escrito no todo ou em parte formá-lo ou completá-lo por si ou por meio de outrem, violando o pacto feito com o signatário.

Art. 429. Incumbe o ônus da prova quando:

I – se tratar de falsidade de documento ou de preenchimento abusivo, à parte que a arguir;

II – se tratar de impugnação da autenticidade, à parte que produziu o documento.

SUBSEÇÃO II
Da arguição de falsidade

Art. 430. A falsidade deve ser suscitada na contestação, na réplica ou no prazo de 15 (quinze) dias, contado a partir da intimação da juntada do documento aos autos.

Parágrafo único. Uma vez arguida, a falsidade será resolvida como questão incidental, salvo se a parte requerer que o juiz a decida como questão principal, nos termos do inciso II do art. 19.

Art. 431. A parte arguirá a falsidade expondo os motivos em que funda a sua pretensão e os meios com que provará o alegado.

Art. 432. Depois de ouvida a outra parte no prazo de 15 (quinze) dias, será realizado o exame pericial.
- Vide art. 478 do CPC.

Parágrafo único. Não se procederá ao exame pericial se a parte que produziu o documento concordar em retirá-lo.

Art. 433. A declaração sobre a falsidade do documento, quando suscitada como questão principal, constará da parte dispositiva da sentença e sobre ela incidirá também a autoridade da coisa julgada.

SUBSEÇÃO III
Da produção da prova documental

Art. 434. Incumbe à parte instruir a petição inicial ou a contestação com os documentos destinados a provar suas alegações.
- Vide art. 212, II, do CC.

Parágrafo único. Quando o documento consistir em reprodução cinematográfica ou fonográfica, a parte deverá trazê-lo nos termos do *caput*, mas sua exposição será realizada em audiência, intimando-se previamente as partes.

Art. 435. É lícito às partes, em qualquer tempo, juntar aos autos documentos novos, quando destinados a fazer prova de fatos ocorridos depois dos articulados ou para contrapô-los aos que foram produzidos nos autos.

Parágrafo único. Admite-se também a juntada posterior de documentos formados após a petição inicial ou a contestação, bem como dos que se tornaram conhecidos, acessíveis ou disponíveis após esses atos, cabendo à parte que os produzir comprovar o motivo que a impediu de juntá-los anteriormente e incumbindo ao juiz, em qualquer caso, avaliar a conduta da parte de acordo com o art. 5.º.

Art. 436. A parte, intimada a falar sobre documento constante dos autos, poderá:

I – impugnar a admissibilidade da prova documental;

II – impugnar sua autenticidade;

III – suscitar sua falsidade, com ou sem deflagração do incidente de arguição de falsidade;

IV – manifestar-se sobre seu conteúdo.

Parágrafo único. Nas hipóteses dos incisos II e III, a impugnação deverá basear-se em argumentação específica, não se admitindo alegação genérica de falsidade.

Art. 437. O réu manifestar-se-á na contestação sobre os documentos anexados à inicial, e o autor manifestar-se-á na réplica sobre os documentos anexados à contestação.

§ 1.º Sempre que uma das partes requerer a juntada de documento aos autos, o juiz ouvirá, a seu respeito, a outra parte, que disporá do prazo de 15 (quinze) dias para adotar qualquer das posturas indicadas no art. 436.

§ 2.º Poderá o juiz, a requerimento da parte, dilatar o prazo para manifestação sobre a prova documental produzida, levando em consideração a quantidade e a complexidade da documentação.

Art. 438. O juiz requisitará às repartições públicas, em qualquer tempo ou grau de jurisdição:

I – as certidões necessárias à prova das alegações das partes;

II – os procedimentos administrativos nas causas em que forem interessados a União, os Estados, o Distrito Federal, os Municípios ou entidades da administração indireta.
- Vide art. 41, parágrafo único, da LEF.

§ 1.º Recebidos os autos, o juiz mandará extrair, no prazo máximo e improrrogável de 1 (um) mês, certidões ou reproduções fotográficas das peças que indicar e das que forem indicadas pelas partes, e, em seguida, devolverá os autos à repartição de origem.

§ 2.º As repartições públicas poderão fornecer todos os documentos em meio eletrônico, conforme disposto em lei, certificando, pelo mesmo meio, que se trata de extrato fiel do que consta em seu banco de dados ou no documento digitalizado.
- Vide Lei n. 11.419, de 19-12-2006, que dispõe sobre a informatização do processo judicial.

SEÇÃO VIII
Dos Documentos Eletrônicos

Art. 439. A utilização de documentos eletrônicos no processo convencional dependerá de sua conversão à forma impressa e da verificação de sua autenticidade, na forma da lei.

Art. 440. O juiz apreciará o valor probante do documento eletrônico não convertido, assegurado às partes o acesso ao seu teor.

Art. 441. Serão admitidos documentos eletrônicos produzidos e conservados com a observância da legislação específica.
- A Instrução Normativa n. 11, de 11-4-2019, do STJ, regulamenta a disponibilização em meio eletrônico de carta de sentença para cumprimento de decisão estrangeira homologada.

SEÇÃO IX
Da Prova Testemunhal

SUBSEÇÃO I
Da admissibilidade e do valor da prova testemunhal

Art. 442. A prova testemunhal é sempre admissível, não dispondo a lei de modo diverso.

Art. 443. O juiz indeferirá a inquirição de testemunhas sobre fatos:

I – já provados por documento ou confissão da parte;

II – que só por documento ou por exame pericial puderem ser provados.

Art. 444. Nos casos em que a lei exigir prova escrita da obrigação, é admissível a prova testemunhal quando houver começo de prova por escrito, emanado da parte contra a qual se pretende produzir a prova.

Art. 445. Também se admite a prova testemunhal quando o credor não pode ou não podia, moral ou materialmente, obter a prova escrita da obrigação, em casos como o de parentesco, de depósito necessário ou de hospedagem em hotel ou em razão das práticas comerciais do local onde contraída a obrigação.

Art. 446. É lícito à parte provar com testemunhas:

I – nos contratos simulados, a divergência entre a vontade real e a vontade declarada;

II – nos contratos em geral, os vícios de consentimento.

Art. 447. Podem depor como testemunhas todas as pessoas, exceto as incapazes, impedidas ou suspeitas.

•• Vide art. 228 do CC.

§ 1.º São incapazes:

I – o interdito por enfermidade ou deficiência mental;

II – o que, acometido por enfermidade ou retardamento mental, ao tempo em que ocorreram os fatos, não podia discerni-los, ou, ao tempo em que deve depor, não está habilitado a transmitir as percepções;

III – o que tiver menos de 16 (dezesseis) anos;

• Vide art. 228, I, do CC.

IV – o cego e o surdo, quando a ciência do fato depender dos sentidos que lhes faltam.

§ 2.º São impedidos:

I – o cônjuge, o companheiro, o ascendente e o descendente em qualquer grau e o colateral, até o terceiro grau, de alguma das partes, por consanguinidade ou afinidade, salvo se o exigir o interesse público ou, tratando-se de causa relativa ao estado da pessoa, não se puder obter de outro modo a prova que o juiz repute necessária ao julgamento do mérito;

II – o que é parte na causa;

III – o que intervém em nome de uma parte, como o tutor, o representante legal da pessoa jurídica, o juiz, o advogado e outros que assistam ou tenham assistido as partes.

§ 3.º São suspeitos:

I – o inimigo da parte ou o seu amigo íntimo;

II – o que tiver interesse no litígio.

§ 4.º Sendo necessário, pode o juiz admitir o depoimento das testemunhas menores, impedidas ou suspeitas.

§ 5.º Os depoimentos referidos no § 4.º serão prestados independentemente de compromisso, e o juiz lhes atribuirá o valor que possam merecer.

Art. 448. A testemunha não é obrigada a depor sobre fatos:

I – que lhe acarretem grave dano, bem como ao seu cônjuge ou companheiro e aos seus parentes consanguíneos ou afins, em linha reta ou colateral, até o terceiro grau;

II – a cujo respeito, por estado ou profissão, deva guardar sigilo.

• Vide art. 457, § 3.º, do CPC.

Art. 449. Salvo disposição especial em contrário, as testemunhas devem ser ouvidas na sede do juízo.

• Vide art. 361 do CPC.

Parágrafo único. Quando a parte ou a testemunha, por enfermidade ou por outro motivo relevante, estiver impossibilitada de comparecer, mas não de prestar depoimento, o juiz designará, conforme as circunstâncias, dia, hora e lugar para inquiri-la.

•• A Resolução n. 354, de 19-11-2020, do CNJ, dispõe sobre o cumprimento digital de ato processual e de ordem judicial e dá outras providências.

SUBSEÇÃO II
Da produção da prova testemunhal

Art. 450. O rol de testemunhas conterá, sempre que possível, o nome, a profissão, o estado civil, a idade, o número de inscrição no Cadastro de Pessoas Físicas, o número de registro de identidade e o endereço completo da residência e do local de trabalho.

Art. 451. Depois de apresentado o rol de que tratam os §§ 4.º e 5.º do art. 357, a parte só pode substituir a testemunha:

I – que falecer;

II – que, por enfermidade, não estiver em condições de depor;

III – que, tendo mudado de residência ou de local de trabalho, não for encontrada.

Art. 452. Quando for arrolado como testemunha, o juiz da causa:

I – declarar-se-á impedido, se tiver conhecimento de fatos que possam influir na decisão, caso em que será vedado à parte que o incluiu no rol desistir de seu depoimento;

II – se nada souber, mandará excluir o seu nome.

Art. 453. As testemunhas depõem, na audiência de instrução e julgamento, perante o juiz da causa, exceto:

I – as que prestam depoimento antecipadamente;

II – as que são inquiridas por carta.

§ 1.º A oitiva de testemunha que residir em comarca, seção ou subseção judiciária diversa daquela onde tramita o processo poderá ser realizada por meio de videoconferência ou outro recurso tecnológico de transmissão e recepção de sons e imagens em tempo real, o que poderá ocorrer, inclusive, durante a audiência de instrução e julgamento.

•• O art. 222, § 3.º, do CPP prevê a oitiva de testemunhas por videoconferência no processo penal.

•• A Resolução n. 354, de 19-11-2020, do CNJ, dispõe sobre o cumprimento digital de ato processual e de ordem judicial e dá outras providências.

§ 2.º Os juízos deverão manter equipamento para a transmissão e recepção de sons e imagens a que se refere o § 1.º.

Art. 454. São inquiridos em sua residência ou onde exerçam sua função:

• Vide art. 217 do CPC.

I – o presidente e o vice-presidente da República;

II – os ministros de Estado;

III – os ministros do Supremo Tribunal Federal, os conselheiros do Conselho Nacional de Justiça e os ministros do Superior Tribunal de Justiça, do Superior Tribunal Militar, do Tribunal Superior Eleitoral, do Tribunal Superior do Trabalho e do Tribunal de Contas da União;

IV – o procurador-geral da República e os conselheiros do Conselho Nacional do Ministério Público;

V – o advogado-geral da União, o procurador-geral do Estado, o procurador-geral do Município, o defensor público-geral federal e o defensor público-geral do Estado;

VI – os senadores e os deputados federais;

VII – os governadores dos Estados e do Distrito Federal;

VIII – o prefeito;

IX – os deputados estaduais e distritais;

X – os desembargadores dos Tribunais de Justiça, dos Tribunais Regionais Federais, dos Tribunais Regionais do Trabalho e dos Tribunais Regionais Eleitorais e os conselheiros dos Tribunais de Contas dos Estados e do Distrito Federal;

XI – o procurador-geral de justiça;

XII – o embaixador de país que, por lei ou tratado, concede idêntica prerrogativa a agente diplomático do Brasil.

§ 1.º O juiz solicitará à autoridade que indique dia, hora e local a fim de ser inquirida, remetendo-lhe cópia da petição inicial ou da defesa oferecida pela parte que a arrolou como testemunha.

§ 2.º Passado 1 (um) mês sem manifestação da autoridade, o juiz designará dia, hora e local para o depoimento, preferencialmente na sede do juízo.

§ 3.º O juiz também designará dia, hora e local para o depoimento, quando a autoridade não comparecer, injustificadamente, à sessão agendada para a colheita de seu testemunho no dia, hora e local por ela mesma indicados.

Art. 455. Cabe ao advogado da parte informar ou intimar a testemunha por ele arrolada do dia, da hora e do local da audiência designada, dispensando-se a intimação do juízo.

§ 1.º A intimação deverá ser realizada por carta com aviso de recebimento, cumprindo ao advogado juntar aos autos, com antecedência de pelo menos 3 (três) dias da data da audiência, cópia da correspondência de intimação e do comprovante de recebimento.

§ 2.º A parte pode comprometer-se a levar a testemunha à audiência, independentemente da intimação de que trata o § 1.º, presumindo-se, caso a testemunha não compareça, que a parte desistiu de sua inquirição.

§ 3.º A inércia na realização da intimação a que se refere o § 1.º importa desistência da inquirição da testemunha.

§ 4.º A intimação será feita pela via judicial quando:

I – for frustrada a intimação prevista no § 1.º deste artigo;

II – sua necessidade for devidamente demonstrada pela parte ao juiz;

III – figurar no rol de testemunhas servidor público ou militar, hipótese em que o juiz o requisitará ao chefe da repartição ou ao comando do corpo em que servir;

IV – a testemunha houver sido arrolada pelo Ministério Público ou pela Defensoria Pública;

V – a testemunha for uma daquelas previstas no art. 454.

§ 5.º A testemunha que, intimada na forma do § 1.º ou do § 4.º, deixar de comparecer sem motivo justificado será conduzida e responderá pelas despesas do adiamento.

Art. 456. O juiz inquirirá as testemunhas separada e sucessivamente, primeiro as do autor e depois as do réu, e providenciará para que uma não ouça o depoimento das outras.

Parágrafo único. O juiz poderá alterar a ordem estabelecida no *caput* se as partes concordarem.

Art. 457. Antes de depor, a testemunha será qualificada, declarará ou confirmará seus dados e informará se tem relações de parentesco com a parte ou interesse no objeto do processo.

§ 1.º É lícito à parte contraditar a testemunha, arguindo-lhe a incapacidade, o impedimento ou a suspeição, bem como, caso a testemunha negue os fatos que lhe são imputados, provar a contradita com documentos ou com testemunhas, até 3 (três), apresentadas no ato e inquiridas em separado.

§ 2.º Sendo provados ou confessados os fatos a que se refere o § 1.º, o juiz dispensará a testemunha ou lhe tomará o depoimento como informante.

§ 3.º A testemunha pode requerer ao juiz que a escuse de depor, alegando os motivos previstos neste Código, decidindo o juiz de plano após ouvidas as partes.

Art. 458. Ao início da inquirição, a testemunha prestará o compromisso de dizer a verdade do que souber e lhe for perguntado.
• *Vide* art. 447, §§ 4.º e 5.º, do CPC.

Parágrafo único. O juiz advertirá à testemunha que incorre em sanção penal quem faz afirmação falsa, cala ou oculta a verdade.
• *Vide* Súmula 165 do STJ.

Art. 459. As perguntas serão formuladas pelas partes diretamente à testemunha, começando pela que a arrolou, não admitindo o juiz aquelas que puderem induzir a resposta, não tiverem relação com as questões de fato objeto da atividade probatória ou importarem repetição de outra já respondida.
• *Vide* art. 11 da Instrução Normativa n. 39, de 15-3-2016.

§ 1.º O juiz poderá inquirir a testemunha tanto antes quanto depois da inquirição feita pelas partes.

§ 2.º As testemunhas devem ser tratadas com urbanidade, não se lhes fazendo perguntas ou considerações impertinentes, capciosas ou vexatórias.

§ 3.º As perguntas que o juiz indeferir serão transcritas no termo, se a parte o requerer.

Art. 460. O depoimento poderá ser documentado por meio de gravação.
•• A Resolução n. 354, de 19-11-2020, do CNJ, dispõe sobre o cumprimento digital de ato processual e de ordem judicial e dá outras providências.

§ 1.º Quando digitado ou registrado por taquigrafia, estenotipia ou outro método idôneo de documentação, o depoimento será assinado pelo juiz, pelo depoente e pelos procuradores.

§ 2.º Se houver recurso em processo em autos não eletrônicos, o depoimento somente será digitado quando for impossível o envio de sua documentação eletrônica.

§ 3.º Tratando-se de autos eletrônicos, observar-se-á o disposto neste Código e na legislação específica sobre a prática eletrônica de atos processuais.

Art. 461. O juiz pode ordenar, de ofício ou a requerimento da parte:

I – a inquirição de testemunhas referidas nas declarações da parte ou das testemunhas;

II – a acareação de 2 (duas) ou mais testemunhas ou de alguma delas com a parte, quando, sobre fato determinado que possa influir na decisão da causa, divergirem as suas declarações.

§ 1.º Os acareados serão reperguntados para que expliquem os pontos de divergência, reduzindo-se a termo o ato de acareação.

§ 2.º A acareação pode ser realizada por videoconferência ou por outro recurso tecnológico de transmissão de sons e imagens em tempo real.
•• A Resolução n. 354, de 19-11-2020, do CNJ, dispõe sobre o cumprimento digital de ato processual e de ordem judicial e dá outras providências.

Art. 462. A testemunha pode requerer ao juiz o pagamento da despesa que efetuou para comparecimento à audiência, devendo a parte pagá-la logo que arbitrada ou depositá-la em cartório dentro de 3 (três) dias.

Art. 463. O depoimento prestado em juízo é considerado serviço público.

Parágrafo único. A testemunha, quando sujeita ao regime da legislação trabalhista, não sofre, por comparecer à audiência, perda de salário nem desconto no tempo de serviço.
• *Vide* art. 473, VIII, da CLT.

SEÇÃO X
Da Prova Pericial

Art. 464. A prova pericial consiste em exame, vistoria ou avaliação.
• *Vide* arts. 78 a 84 da Consolidação dos Provimentos da Corregedoria-Geral da Justiça do Trabalho.

§ 1.º O juiz indeferirá a perícia quando:

I – a prova do fato não depender de conhecimento especial de técnico;

II – for desnecessária em vista de outras provas produzidas;

III – a verificação for impraticável.

§ 2.º De ofício ou a requerimento das partes, o juiz poderá, em substituição à perícia, determinar a produção de prova técnica simplificada, quando o ponto controvertido for de menor complexidade.

§ 3.º A prova técnica simplificada consistirá apenas na inquirição de especialista, pelo juiz, sobre ponto controvertido da causa que demande especial conhecimento científico ou técnico.

§ 4.º Durante a arguição, o especialista, que deverá ter formação acadêmica específica na área objeto de seu depoimento, poderá valer-se de qualquer recurso tecnológico de transmissão de sons e imagens com o fim de esclarecer os pontos controvertidos da causa.

Art. 465. O juiz nomeará perito especializado no objeto da perícia e fixará de imediato o prazo para a entrega do laudo.

§ 1.º Incumbe às partes, dentro de 15 (quinze) dias contados da intimação do despacho de nomeação do perito:

I – arguir o impedimento ou a suspeição do perito, se for o caso;
II – indicar assistente técnico;
III – apresentar quesitos.

§ 2.º Ciente da nomeação, o perito apresentará em 5 (cinco) dias:

I – proposta de honorários;
II – currículo, com comprovação de especialização;
III – contatos profissionais, em especial o endereço eletrônico, para onde serão dirigidas as intimações pessoais.

§ 3.º As partes serão intimadas da proposta de honorários para, querendo, manifestar-se no prazo comum de 5 (cinco) dias, após o que o juiz arbitrará o valor, intimando-se as partes para os fins do art. 95.

§ 4.º O juiz poderá autorizar o pagamento de até cinquenta por cento dos honorários arbitrados a favor do perito no início dos trabalhos, devendo o remanescente ser pago apenas ao final, depois de entregue o laudo e prestados todos os esclarecimentos necessários.

§ 5.º Quando a perícia for inconclusiva ou deficiente, o juiz poderá reduzir a remuneração inicialmente arbitrada para o trabalho.

§ 6.º Quando tiver de realizar-se por carta, poder-se-á proceder à nomeação de perito e à indicação de assistentes técnicos no juízo ao qual se requisitar a perícia.

• Vide art. 260, § 2.º, do CPC.

Art. 466. O perito cumprirá escrupulosamente o encargo que lhe foi cometido, independentemente de termo de compromisso.

§ 1.º Os assistentes técnicos são de confiança da parte e não estão sujeitos a impedimento ou suspeição.

§ 2.º O perito deve assegurar aos assistentes das partes o acesso e o acompanhamento das diligências e dos exames que realizar, com prévia comunicação, comprovada nos autos, com antecedência mínima de 5 (cinco) dias.

Art. 467. O perito pode escusar-se ou ser recusado por impedimento ou suspeição.

Parágrafo único. O juiz, ao aceitar a escusa ou ao julgar procedente a impugnação, nomeará novo perito.

Art. 468. O perito pode ser substituído quando:

I – faltar-lhe conhecimento técnico ou científico;
II – sem motivo legítimo, deixar de cumprir o encargo no prazo que lhe foi assinado.

§ 1.º No caso previsto no inciso II, o juiz comunicará a ocorrência à corporação profissional respectiva, podendo, ainda, impor multa ao perito, fixada tendo em vista o valor da causa e o possível prejuízo decorrente do atraso no processo.

§ 2.º O perito substituído restituirá, no prazo de 15 (quinze) dias, os valores recebidos pelo trabalho não realizado, sob pena de ficar impedido de atuar como perito judicial pelo prazo de 5 (cinco) anos.

§ 3.º Não ocorrendo a restituição voluntária de que trata o § 2.º, a parte que tiver realizado o adiantamento dos honorários poderá promover execução contra o perito, na forma dos arts. 513 e seguintes deste Código, com fundamento na decisão que determinar a devolução do numerário.

Art. 469. As partes poderão apresentar quesitos suplementares durante a diligência, que poderão ser respondidos pelo perito previamente ou na audiência de instrução e julgamento.

Parágrafo único. O escrivão dará à parte contrária ciência da juntada dos quesitos aos autos.

Art. 470. Incumbe ao juiz:

I – indeferir quesitos impertinentes;
II – formular os quesitos que entender necessários ao esclarecimento da causa.

Art. 471. As partes podem, de comum acordo, escolher o perito, indicando-o mediante requerimento, desde que:

I – sejam plenamente capazes;
II – a causa possa ser resolvida por autocomposição.

§ 1.º As partes, ao escolher o perito, já devem indicar os respectivos assistentes técnicos para acompanhar a realização da perícia, que se realizará em data e local previamente anunciados.

§ 2.º O perito e os assistentes técnicos devem entregar, respectivamente, laudo e pareceres em prazo fixado pelo juiz.

§ 3.º A perícia consensual substitui, para todos os efeitos, a que seria realizada por perito nomeado pelo juiz.

Art. 472. O juiz poderá dispensar prova pericial quando as partes, na inicial e na contestação, apresentarem, sobre as questões de fato, pareceres técnicos ou documentos elucidativos que considerar suficientes.

Art. 473. O laudo pericial deverá conter:

I – a exposição do objeto da perícia;
II – a análise técnica ou científica realizada pelo perito;
III – a indicação do método utilizado, esclarecendo-o e demonstrando ser predominantemente aceito pelos especialistas da área do conhecimento da qual se originou;
IV – resposta conclusiva a todos os quesitos apresentados pelo juiz, pelas partes e pelo órgão do Ministério Público.

§ 1.º No laudo, o perito deve apresentar sua fundamentação em linguagem simples e com coerência lógica, indicando como alcançou suas conclusões.

§ 2.º É vedado ao perito ultrapassar os limites de sua designação, bem como emitir opiniões pessoais que excedam o exame técnico ou científico do objeto da perícia.

§ 3.º Para o desempenho de sua função, o perito e os assistentes técnicos podem valer-se de todos os meios necessários, ouvindo testemunhas, obtendo informações, solicitando documentos que estejam em poder da parte, de terceiros ou em repartições públicas, bem como instruir o laudo com planilhas, mapas, plantas, desenhos, fotografias ou outros elementos necessários ao esclarecimento do objeto da perícia.

Art. 474. As partes terão ciência da data e do local designados pelo juiz ou indicados pelo perito para ter início a produção da prova.

Art. 475. Tratando-se de perícia complexa que abranja mais de uma área de conhecimento especializado, o juiz poderá nomear mais de um perito, e a parte, indicar mais de um assistente técnico.

Art. 476. Se o perito, por motivo justificado, não puder apresentar o laudo dentro do prazo, o juiz poderá conceder-lhe, por uma vez, prorrogação pela metade do prazo originalmente fixado.

Art. 477. O perito protocolará o laudo em juízo, no prazo fixado pelo juiz, pelo menos 20 (vinte) dias antes da audiência de instrução e julgamento.

§ 1.º As partes serão intimadas para, querendo, manifestar-se sobre o laudo do perito do juízo no prazo comum de 15 (quinze) dias, podendo o assistente técnico de cada uma das partes, em igual prazo, apresentar seu respectivo parecer.

§ 2.º O perito do juízo tem o dever de, no prazo de 15 (quinze) dias, esclarecer ponto:

I – sobre o qual exista divergência ou dúvida de qualquer das partes, do juiz ou do órgão do Ministério Público;
II – divergente apresentado no parecer do assistente técnico da parte.

§ 3.º Se ainda houver necessidade de esclarecimentos, a parte requererá ao juiz que mande intimar o perito ou o assistente técnico a comparecer à audiência de instrução e julgamento, formulando, desde logo, as perguntas, sob forma de quesitos.

•• Vide art. 361, I, do CPC.

§ 4.º O perito ou o assistente técnico será intimado por meio eletrônico, com pelo menos 10 (dez) dias de antecedência da audiência.

Art. 478. Quando o exame tiver por objeto a autenticidade ou a falsidade de documento ou for de natureza médico-legal, o perito será escolhido, de preferência, entre os técnicos dos estabelecimentos oficiais especializados, a cujos diretores o juiz autorizará a remessa dos autos, bem como do material sujeito a exame.

§ 1.º Nas hipóteses de gratuidade de justiça, os órgãos e as repartições oficiais deverão cumprir a determinação judicial com preferência, no prazo estabelecido.

§ 2.º A prorrogação do prazo referido no § 1.º pode ser requerida motivadamente.

§ 3.º Quando o exame tiver por objeto a autenticidade da letra e da firma, o perito poderá requisitar, para efeito de comparação, documentos existentes em repartições públicas e, na falta destes, poderá requerer ao juiz que a pessoa a quem se atribuir a autoria do documento lance em folha de papel, por cópia ou sob ditado, dizeres diferentes, para fins de comparação.

Art. 479. O juiz apreciará a prova pericial de acordo com o disposto no art. 371, indicando na sentença os motivos que o levaram a considerar ou a deixar de considerar as conclusões do laudo, levando em conta o método utilizado pelo perito.

Art. 480. O juiz determinará, de ofício ou a requerimento da parte, a realização de nova perícia quando a matéria não estiver suficientemente esclarecida.

§ 1.º A segunda perícia tem por objeto os mesmos fatos sobre os quais recaiu a primeira e destina-se a corrigir eventual omissão ou inexatidão dos resultados a que esta conduziu.

§ 2.º A segunda perícia rege-se pelas disposições estabelecidas para a primeira.

§ 3.º A segunda perícia não substitui a primeira, cabendo ao juiz apreciar o valor de uma e de outra.

SEÇÃO XI
Da Inspeção Judicial

Art. 481. O juiz, de ofício ou a requerimento da parte, pode, em qualquer fase do processo, inspecionar pessoas ou coisas, a fim de se esclarecer sobre fato que interesse à decisão da causa.

Art. 482. Ao realizar a inspeção, o juiz poderá ser assistido por um ou mais peritos.

Art. 483. O juiz irá ao local onde se encontre a pessoa ou a coisa quando:

I – julgar necessário para a melhor verificação ou interpretação dos fatos que deva observar;

II – a coisa não puder ser apresentada em juízo sem consideráveis despesas ou graves dificuldades;

III – determinar a reconstituição dos fatos.

Parágrafo único. As partes têm sempre direito a assistir à inspeção, prestando esclarecimentos e fazendo observações que considerem de interesse para a causa.

Art. 484. Concluída a diligência, o juiz mandará lavrar auto circunstanciado, mencionando nele tudo quanto for útil ao julgamento da causa.

Parágrafo único. O auto poderá ser instruído com desenho, gráfico ou fotografia.

Capítulo XIII
DA SENTENÇA E DA COISA JULGADA

SEÇÃO I
Disposições Gerais

Art. 485. O juiz não resolverá o mérito quando:
•• *Vide* art. 203, § 1.º, do CPC.

I – indeferir a petição inicial;
• *Vide* art. 330 do CPC.

II – o processo ficar parado durante mais de 1 (um) ano por negligência das partes;

III – por não promover os atos e as diligências que lhe incumbir, o autor abandonar a causa por mais de 30 (trinta) dias;

IV – verificar a ausência de pressupostos de constituição e de desenvolvimento válido e regular do processo;

V – reconhecer a existência de perempção, de litispendência ou de coisa julgada;
• *Vide* art. 5.º, XXXVI, da CF.
• *Vide* arts. 337, V, e 486 do CPC.

VI – verificar ausência de legitimidade ou de interesse processual;

VII – acolher a alegação de existência de convenção de arbitragem ou quando o juízo arbitral reconhecer sua competência;

VIII – homologar a desistência da ação;

IX – em caso de morte da parte, a ação for considerada intransmissível por disposição legal; e

X – nos demais casos prescritos neste Código.

§ 1.º Nas hipóteses descritas nos incisos II e III, a parte será intimada pessoalmente para suprir a falta no prazo de 5 (cinco) dias.

§ 2.º No caso do § 1.º, quanto ao inciso II, as partes pagarão proporcionalmente as custas, e, quanto ao inciso III, o autor será condenado ao pagamento das despesas e dos honorários de advogado.

§ 3.º O juiz conhecerá de ofício da matéria constante dos incisos IV, V, VI e IX, em qualquer tempo e grau de jurisdição, enquanto não ocorrer o trânsito em julgado.

§ 4.º Oferecida a contestação, o autor não poderá, sem o consentimento do réu, desistir da ação.

§ 5.º A desistência da ação pode ser apresentada até a sentença.

§ 6.º Oferecida a contestação, a extinção do processo por abandono da causa pelo autor depende de requerimento do réu.

§ 7.º Interposta a apelação em qualquer dos casos de que tratam os incisos deste artigo, o juiz terá 5 (cinco) dias para retratar-se.
•• *Vide* art. 3.º da Instrução Normativa n. 39, de 15-3-2016.

Art. 486. O pronunciamento judicial que não resolve o mérito não obsta a que a parte proponha de novo a ação.
• *Vide* art. 486, *caput*, do CPC.

§ 1.º No caso de extinção em razão de litispendência e nos casos dos incisos I, IV, VI e VII do art. 485, a propositura da nova ação depende da correção do vício que levou à sentença sem resolução do mérito.

§ 2.º A petição inicial, todavia, não será despachada sem a prova do pagamento ou do depósito das custas e dos honorários de advogado.

§ 3.º Se o autor der causa, por 3 (três) vezes, a sentença fundada em abandono da causa, não poderá propor nova ação contra o réu com o mesmo objeto, ficando-lhe ressalvada, entretanto, a possibilidade de alegar em defesa o seu direito.
• *Vide* art. 486, § 3.º, do CPC.

Art. 487. Haverá resolução de mérito quando o juiz:
•• *Vide* art. 203, § 1.º, do CPC.

I – acolher ou rejeitar o pedido formulado na ação ou na reconvenção;

II – decidir, de ofício ou a requerimento, sobre a ocorrência de decadência ou prescrição;
• *Vide* art. 354 do CPC.

III – homologar:
• *Vide* art. 354 do CPC.

a) o reconhecimento da procedência do pedido formulado na ação ou na reconvenção;

b) a transação;

c) a renúncia à pretensão formulada na ação ou na reconvenção.

Parágrafo único. Ressalvada a hipótese do § 1.º do art. 332, a prescrição e a decadência não serão reconhecidas sem que antes seja dada às partes oportunidade de manifestar-se.

Art. 488. Desde que possível, o juiz resolverá o mérito sempre que a decisão for favorável à parte a quem aproveitaria eventual pronunciamento nos termos do art. 485.

SEÇÃO II
Dos Elementos e dos Efeitos da Sentença

Art. 489. São elementos essenciais da sentença:
- • Vide art. 3.º da Instrução Normativa n. 39, de 15-3-2016.
- • Vide Súmula 459 do TST.

I – o relatório, que conterá os nomes das partes, a identificação do caso, com a suma do pedido e da contestação, e o registro das principais ocorrências havidas no andamento do processo;

II – os fundamentos, em que o juiz analisará as questões de fato e de direito;

III – o dispositivo, em que o juiz resolverá as questões principais que as partes lhe submeterem.

§ 1.º Não se considera fundamentada qualquer decisão judicial, seja ela interlocutória, sentença ou acórdão, que:
- • Vide art. 140 do CPC.

I – se limitar à indicação, à reprodução ou à paráfrase de ato normativo, sem explicar sua relação com a causa ou a questão decidida;

II – empregar conceitos jurídicos indeterminados, sem explicar o motivo concreto de sua incidência no caso;

III – invocar motivos que se prestariam a justificar qualquer outra decisão;

IV – não enfrentar todos os argumentos deduzidos no processo capazes de, em tese, infirmar a conclusão adotada pelo julgador;
- • Vide art. 15, III e IV, da Instrução Normativa n. 39, de 15-3-2016.

V – se limitar a invocar precedente ou enunciado de súmula, sem identificar seus fundamentos determinantes nem demonstrar que o caso sob julgamento se ajusta àqueles fundamentos;
- • Vide art. 15, II e VI, da Instrução Normativa n. 39, de 15-3-2016.

VI – deixar de seguir enunciado de súmula, jurisprudência ou precedente invocado pela parte, sem demonstrar a existência de distinção no caso em julgamento ou a superação do entendimento.
- • Vide art. 15, II e VI, da Instrução Normativa n. 39, de 15-3-2016.

§ 2.º No caso de colisão entre normas, o juiz deve justificar o objeto e os critérios gerais da ponderação efetuada, enunciando as razões que autorizam a interferência na norma afastada e as premissas fáticas que fundamentam a conclusão.

§ 3.º A decisão judicial deve ser interpretada a partir da conjugação de todos os seus elementos e em conformidade com o princípio da boa-fé.

Art. 490. O juiz resolverá o mérito acolhendo ou rejeitando, no todo ou em parte, os pedidos formulados pelas partes.
- • Vide arts. 1.009 e s. do CPC.

Art. 491. Na ação relativa à obrigação de pagar quantia, ainda que formulado pedido genérico, a decisão definirá desde logo a extensão da obrigação, o índice de correção monetária, a taxa de juros, o termo inicial de ambos e a periodicidade da capitalização dos juros, se for o caso, salvo quando:

I – não for possível determinar, de modo definitivo, o montante devido;

II – a apuração do valor devido depender da produção de prova de realização demorada ou excessivamente dispendiosa, assim reconhecida na sentença.

§ 1.º Nos casos previstos neste artigo, seguir-se-á a apuração do valor devido por liquidação.

§ 2.º O disposto no *caput* também se aplica quando o acórdão alterar a sentença.

Art. 492. É vedado ao juiz proferir decisão de natureza diversa da pedida, bem como condenar a parte em quantidade superior ou em objeto diverso do que lhe foi demandado.
- • Vide art. 141 do CPC.

Parágrafo único. A decisão deve ser certa, ainda que resolva relação jurídica condicional.

Art. 493. Se, depois da propositura da ação, algum fato constitutivo, modificativo ou extintivo do direito influir no julgamento do mérito, caberá ao juiz tomá-lo em consideração, de ofício ou a requerimento da parte, no momento de proferir a decisão.

Parágrafo único. Se constatar de ofício o fato novo, o juiz ouvirá as partes sobre ele antes de decidir.

Art. 494. Publicada a sentença, o juiz só poderá alterá-la:
- • Vide arts. 505 e 656 do CPC.

I – para corrigir-lhe, de ofício ou a requerimento da parte, inexatidões materiais ou erros de cálculo;

II – por meio de embargos de declaração.
- • Vide arts. 1.022 a 1.026 do CPC.

Art. 495. A decisão que condenar o réu ao pagamento de prestação consistente em dinheiro e a que determinar a conversão de prestação de fazer, de não fazer ou de dar coisa em prestação pecuniária valerão como título constitutivo de hipoteca judiciária.
- • Vide art. 17 da Instrução Normativa n. 39, de 15-3-2016.

§ 1.º A decisão produz a hipoteca judiciária:

I – embora a condenação seja genérica;

II – ainda que o credor possa promover o cumprimento provisório da sentença ou esteja pendente arresto sobre bem do devedor;

III – mesmo que impugnada por recurso dotado de efeito suspensivo.

§ 2.º A hipoteca judiciária poderá ser realizada mediante apresentação de cópia da sentença perante o cartório de registro imobiliário, independentemente de ordem judicial, de declaração expressa do juiz ou de demonstração de urgência.

§ 3.º No prazo de até 15 (quinze) dias da data de realização da hipoteca, a parte informá-la-á ao juízo da causa, que determinará a intimação da outra parte para que tome ciência do ato.

§ 4.º A hipoteca judiciária, uma vez constituída, implicará, para o credor hipotecário, o direito de preferência, quanto ao pagamento, em relação a outros credores, observada a prioridade no registro.

§ 5.º Sobrevindo a reforma ou a invalidação da decisão que impôs o pagamento de quantia, a parte responderá, independentemente de culpa, pelos danos que a outra parte tiver sofrido em razão da constituição da garantia, devendo o valor da indenização ser liquidado e executado nos próprios autos.

SEÇÃO III
Da Remessa Necessária

Art. 496. Está sujeita ao duplo grau de jurisdição, não produzindo efeito senão depois de confirmada pelo tribunal, a sentença:
- • Vide art. 3.º da Instrução Normativa n. 39, de 15-3-2016.

I – proferida contra a União, os Estados, o Distrito Federal, os Municípios e suas respectivas autarquias e fundações de direito público;
- • Vide Súmula 303 do TST.

II – que julgar procedentes, no todo ou em parte, os embargos à execução fiscal.
- • Vide Súmula 45 do STJ.
- • Vide Lei n. 6.830, de 22-9-1980, que dispõe sobre a cobrança da dívida ativa da Fazenda Pública.

§ 1.º Nos casos previstos neste artigo, não interposta a apelação no prazo legal, o juiz ordenará a remessa dos autos ao tribunal, e, se não o fizer, o presidente do respectivo tribunal avocá-los-á.

§ 2.º Em qualquer dos casos referidos no § 1.º, o tribunal julgará a remessa necessária.

§ 3.º Não se aplica o disposto neste artigo quando a condenação ou o proveito econômico obtido na causa for de valor certo e líquido inferior a:

I – 1.000 (mil) salários mínimos para a União e as respectivas autarquias e fundações de direito público;

II – 500 (quinhentos) salários mínimos para os Estados, o Distrito Federal, as respectivas autarquias e fundações de direito público e os Municípios que constituam capitais dos Estados;

III – 100 (cem) salários mínimos para todos os demais Municípios e respectivas autarquias e fundações de direito público.

§ 4.º Também não se aplica o disposto neste artigo quando a sentença estiver fundada em:

I – súmula de tribunal superior;

II – acórdão proferido pelo Supremo Tribunal Federal ou pelo Superior Tribunal de Justiça em julgamento de recursos repetitivos;

• Vide arts. 1.036 a 1.041 do CPC.

III – entendimento firmado em incidente de resolução de demandas repetitivas ou de assunção de competência;

IV – entendimento coincidente com orientação vinculante firmada no âmbito administrativo do próprio ente público, consolidada em manifestação, parecer ou súmula administrativa.

SEÇÃO IV
Do Julgamento das Ações Relativas às Prestações de Fazer, de Não Fazer e de Entregar Coisa

•• Vide art. 3.º da Instrução Normativa n. 39, de 15-3-2016.

Art. 497. Na ação que tenha por objeto a prestação de fazer ou de não fazer, o juiz, se procedente o pedido, concederá a tutela específica ou determinará providências que assegurem a obtenção de tutela pelo resultado prático equivalente.

•• Vide art. 513 do CPC.
• Vide art. 84 do CDC.

Parágrafo único. Para a concessão da tutela específica destinada a inibir a prática, a reiteração ou a continuação de um ilícito, ou a sua remoção, é irrelevante a demonstração da ocorrência de dano ou da existência de culpa ou dolo.

Art. 498. Na ação que tenha por objeto a entrega de coisa, o juiz, ao conceder a tutela específica, fixará o prazo para o cumprimento da obrigação.

Parágrafo único. Tratando-se de entrega de coisa determinada pelo gênero e pela quantidade, o autor individualizá-la-á na petição inicial, se lhe couber a escolha, ou, se a escolha couber ao réu, este a entregará individualizada, no prazo fixado pelo juiz.

Art. 499. A obrigação somente será convertida em perdas e danos se o autor o requerer ou se impossível a tutela específica ou a obtenção de tutela pelo resultado prático equivalente.

Art. 500. A indenização por perdas e danos dar-se-á sem prejuízo da multa fixada periodicamente para compelir o réu ao cumprimento específico da obrigação.

Art. 501. Na ação que tenha por objeto a emissão de declaração de vontade, a sentença que julgar procedente o pedido, uma vez transitada em julgado, produzirá todos os efeitos da declaração não emitida.

SEÇÃO V
Da Coisa Julgada

Art. 502. Denomina-se coisa julgada material a autoridade que torna imutável e indiscutível a decisão de mérito não mais sujeita a recurso.

• Vide art. 5.º, XXXVI, da CF.
• Vide art. 337, § 1.º, do CPC.
• Vide art. 6.º, caput e § 1.º, da LINDB.

Art. 503. A decisão que julgar total ou parcialmente o mérito tem força de lei nos limites da questão principal expressamente decidida.

§ 1.º O disposto no caput aplica-se à resolução de questão prejudicial, decidida expressa e incidentemente no processo, se:

•• Vide art. 1.054 do CPC.

I – dessa resolução depender o julgamento do mérito;

II – a seu respeito tiver havido contraditório prévio e efetivo, não se aplicando no caso de revelia;

III – o juízo tiver competência em razão da matéria e da pessoa para resolvê-la como questão principal.

§ 2.º A hipótese do § 1.º não se aplica se no processo houver restrições probatórias ou limitações à cognição que impeçam o aprofundamento da análise da questão prejudicial.

Art. 504. Não fazem coisa julgada:

I – os motivos, ainda que importantes para determinar o alcance da parte dispositiva da sentença;

II – a verdade dos fatos, estabelecida como fundamento da sentença.

Art. 505. Nenhum juiz decidirá novamente as questões já decididas relativas à mesma lide, salvo:

I – se, tratando-se de relação jurídica de trato continuado, sobreveio modificação no estado de fato ou de direito, caso em que poderá a parte pedir a revisão do que foi estatuído na sentença;

II – nos demais casos prescritos em lei.

• Vide arts. 493 e 494 do CPC.

Art. 506. A sentença faz coisa julgada às partes entre as quais é dada, não prejudicando terceiros.

Art. 507. É vedado à parte discutir no curso do processo as questões já decididas a cujo respeito se operou a preclusão.

Art. 508. Transitada em julgado a decisão de mérito, considerar-se-ão deduzidas e repelidas todas as alegações e as defesas que a parte poderia opor tanto ao acolhimento quanto à rejeição do pedido.

Capítulo XIV
DA LIQUIDAÇÃO DE SENTENÇA

Art. 509. Quando a sentença condenar ao pagamento de quantia ilíquida, proceder-se-á à sua liquidação, a requerimento do credor ou do devedor:

I – por arbitramento, quando determinado pela sentença, convencionado pelas partes ou exigido pela natureza do objeto da liquidação;

II – pelo procedimento comum, quando houver necessidade de alegar e provar fato novo.

§ 1.º Quando na sentença houver uma parte líquida e outra ilíquida, ao credor é lícito promover simultaneamente a execução daquela e, em autos apartados, a liquidação desta.

• Sobre execução vide arts. 778 e s. do CPC.

§ 2.º Quando a apuração do valor depender apenas de cálculo aritmético, o credor poderá promover, desde logo, o cumprimento da sentença.

§ 3.º O Conselho Nacional de Justiça desenvolverá e colocará à disposição dos interessados programa de atualização financeira.

§ 4.º Na liquidação é vedado discutir de novo a lide ou modificar a sentença que a julgou.

Art. 510. Na liquidação por arbitramento, o juiz intimará as partes para a apresentação de pareceres ou documentos elucidativos, no prazo que fixar, e, caso não possa decidir de plano, nomeará perito, observando-se, no que couber, o procedimento da prova pericial.

Art. 511. Na liquidação pelo procedimento comum, o juiz determinará a intimação do requerido, na pessoa de seu advogado ou da sociedade de advogados a que estiver vinculado, para, querendo, apresentar contestação no prazo de 15 (quinze) dias, observando-se, a seguir, no que couber, o disposto no Livro I da Parte Especial deste Código.

Art. 512. A liquidação poderá ser realizada na pendência de recurso, processando-se em autos apartados no juízo de origem, cumprindo ao liquidante instruir o pedido com cópias das peças processuais pertinentes.

Título II
DO CUMPRIMENTO DA SENTENÇA

Capítulo I
DISPOSIÇÕES GERAIS

Art. 513. O cumprimento da sentença será feito segundo as regras deste Título, observando-se, no que couber e conforme a natureza da obrigação, o disposto no Livro II da Parte Especial deste Código.

§ 1.º O cumprimento da sentença que reconhece o dever de pagar quantia, provisório ou definitivo, far-se-á a requerimento do exequente.

§ 2.º O devedor será intimado para cumprir a sentença:

I – pelo *Diário da Justiça*, na pessoa de seu advogado constituído nos autos;

II – por carta com aviso de recebimento, quando representado pela Defensoria Pública ou quando não tiver procurador constituído nos autos, ressalvada a hipótese do inciso IV;

III – por meio eletrônico, quando, no caso do § 1.º do art. 246, não tiver procurador constituído nos autos;

IV – por edital, quando, citado na forma do art. 256, tiver sido revel na fase de conhecimento.

§ 3.º Na hipótese do § 2.º, incisos II e III, considera-se realizada a intimação quando o devedor houver mudado de endereço sem prévia comunicação ao juízo, observado o disposto no parágrafo único do art. 274.

§ 4.º Se o requerimento a que alude o § 1.º for formulado após 1 (um) ano do trânsito em julgado da sentença, a intimação será feita na pessoa do devedor, por meio de carta com aviso de recebimento encaminhada ao endereço constante dos autos, observado o disposto no parágrafo único do art. 274 e no § 3.º deste artigo.

§ 5.º O cumprimento da sentença não poderá ser promovido em face do fiador, do coobrigado ou do corresponsável que não tiver participado da fase de conhecimento.

Art. 514. Quando o juiz decidir relação jurídica sujeita a condição ou termo, o cumprimento da sentença dependerá de demonstração de que se realizou a condição ou de que ocorreu o termo.

•• *Vide* arts. 798 e 803, III, do CPC.
• *Vide* arts. 121 a 137 do CC.

Art. 515. São títulos executivos judiciais, cujo cumprimento dar-se-á de acordo com os artigos previstos neste Título:

I – as decisões proferidas no processo civil que reconheçam a exigibilidade de obrigação de pagar quantia, de fazer, de não fazer ou de entregar coisa;
• *Vide* art. 24 da Lei n. 8.906, de 4-7-1994.

II – a decisão homologatória de autocomposição judicial;

III – a decisão homologatória de autocomposição extrajudicial de qualquer natureza;

IV – o formal e a certidão de partilha, exclusivamente em relação ao inventariante, aos herdeiros e aos sucessores a título singular ou universal;
•• *Vide* art. 655 do CPC.

V – o crédito de auxiliar da justiça, quando as custas, emolumentos ou honorários tiverem sido aprovados por decisão judicial;

VI – a sentença penal condenatória transitada em julgado;
• A Lei n. 7.210, de 11-7-1984, dispõe sobre pena de multa em seus arts. 164 a 170.

VII – a sentença arbitral;

VIII – a sentença estrangeira homologada pelo Superior Tribunal de Justiça;

IX – a decisão interlocutória estrangeira, após a concessão do *exequatur* à carta rogatória pelo Superior Tribunal de Justiça;

X – (*Vetado*.)

§ 1.º Nos casos dos incisos VI a IX, o devedor será citado no juízo cível para o cumprimento da sentença ou para a liquidação no prazo de 15 (quinze) dias.

§ 2.º A autocomposição judicial pode envolver sujeito estranho ao processo e versar sobre relação jurídica que não tenha sido deduzida em juízo.

Art. 516. O cumprimento da sentença efetuar-se-á perante:

I – os tribunais, nas causas de sua competência originária;

II – o juízo que decidiu a causa no primeiro grau de jurisdição;

III – o juízo cível competente, quando se tratar de sentença penal condenatória, de sentença arbitral, de sentença estrangeira ou de acórdão proferido pelo Tribunal Marítimo.

Parágrafo único. Nas hipóteses dos incisos II e III, o exequente poderá optar pelo juízo do atual domicílio do executado, pelo juízo do local onde se encontrem os bens sujeitos à execução ou pelo juízo do local onde deva ser executada a obrigação de fazer ou de não fazer, casos em que a remessa dos autos do processo será solicitada ao juízo de origem.

Art. 517. A decisão judicial transitada em julgado poderá ser levada a protesto, nos termos da lei, depois de transcorrido o prazo para pagamento voluntário previsto no art. 523.
•• *Vide* art. 17 da Instrução Normativa n. 39, de 15-3-2016.

§ 1.º Para efetivar o protesto, incumbe ao exequente apresentar certidão de teor da decisão.

§ 2.º A certidão de teor da decisão deverá ser fornecida no prazo de 3 (três) dias e indicará o nome e a qualificação do exequente e do executado, o número do processo, o valor da dívida e a data de decurso do prazo para pagamento voluntário.

§ 3.º O executado que tiver proposto ação rescisória para impugnar a decisão exequenda pode requerer, a suas expensas e sob sua responsabilidade, a anotação da propositura da ação à margem do título protestado.

§ 4.º A requerimento do executado, o protesto será cancelado por determinação do juiz, mediante ofício a ser expedido ao cartório, no prazo de 3 (três) dias, contado da data de protocolo do requerimento, desde que comprovada a satisfação integral da obrigação.

Art. 518. Todas as questões relativas à validade do procedimento de cumprimento da sentença e dos atos executivos subsequentes poderão ser arguidas pelo executado nos próprios autos e nestes serão decididas pelo juiz.

Art. 519. Aplicam-se as disposições relativas ao cumprimento da sentença, provisório ou definitivo, e à liquidação, no que couber, às decisões que concederem tutela provisória.

Capítulo II
DO CUMPRIMENTO PROVISÓRIO DA SENTENÇA QUE RECONHECE A EXIGIBILIDADE DE OBRIGAÇÃO DE PAGAR QUANTIA CERTA

Art. 520. O cumprimento provisório da sentença impugnada por recurso desprovido de efeito suspensivo será realizado da mesma forma que o cumprimento definitivo, sujeitando-se ao seguinte regime:
• Sobre execução: *vide* arts. 566 e s. do CPC.

I – corre por iniciativa e responsabilidade do exequente, que se obriga, se a sentença for reformada, a reparar os danos que o executado haja sofrido;

II – fica sem efeito, sobrevindo decisão que modifique ou anule a sentença objeto da execução, restituindo-se as partes ao estado anterior e liquidando-se eventuais prejuízos nos mesmos autos;

III – se a sentença objeto de cumprimento provisório for modificada ou anulada apenas em parte, somente nesta ficará sem efeito a execução;

IV – o levantamento de depósito em dinheiro e a prática de atos que importem transferência de posse ou alienação de propriedade ou de outro direito real, ou dos quais possa resultar grave dano ao executado, dependem de caução suficiente e idônea, arbitrada de plano pelo juiz e prestada nos próprios autos.

§ 1.º No cumprimento provisório da sentença, o executado poderá apresentar impugnação, se quiser, nos termos do art. 525.

§ 2.º A multa e os honorários a que se refere o § 1.º do art. 523 são devidos no cumprimento provisório de sentença condenatória ao pagamento de quantia certa.

§ 3.º Se o executado comparecer tempestivamente e depositar o valor, com a finalidade de isentar-se da multa, o ato não será havido como incompatível com o recurso por ele interposto.

§ 4.º A restituição ao estado anterior a que se refere o inciso II não implica o desfazimento da transferência de posse ou da alienação de propriedade ou de outro direito real eventualmente já realizada, ressalvado, sempre, o direito à reparação dos prejuízos causados ao executado.

§ 5.º Ao cumprimento provisório de sentença que reconheça obrigação de fazer, de não fazer ou de dar coisa aplica-se, no que couber, o disposto neste Capítulo.

Art. 521. A caução prevista no inciso IV do art. 520 poderá ser dispensada nos casos em que:

I – o crédito for de natureza alimentar, independentemente de sua origem;

II – o credor demonstrar situação de necessidade;

III – pender o agravo do art. 1.042;

•• Inciso III com redação determinada pela Lei n. 13.256, de 4-2-2016.

IV – a sentença a ser provisoriamente cumprida estiver em consonância com súmula da jurisprudência do Supremo Tribunal Federal ou do Superior Tribunal de Justiça ou em conformidade com acórdão proferido no julgamento de casos repetitivos.

Parágrafo único. A exigência de caução será mantida quando da dispensa possa resultar manifesto risco de grave dano de difícil ou incerta reparação.

Art. 522. O cumprimento provisório da sentença será requerido por petição dirigida ao juízo competente.

Parágrafo único. Não sendo eletrônicos os autos, a petição será acompanhada de cópias das seguintes peças do processo, cuja autenticidade poderá ser certificada pelo próprio advogado, sob sua responsabilidade pessoal:

I – decisão exequenda;

II – certidão de interposição do recurso não dotado de efeito suspensivo;

III – procurações outorgadas pelas partes;

IV – decisão de habilitação, se for o caso;

V – facultativamente, outras peças processuais consideradas necessárias para demonstrar a existência do crédito.

Capítulo III
DO CUMPRIMENTO DEFINITIVO DA SENTENÇA QUE RECONHECE A EXIGIBILIDADE DE OBRIGAÇÃO DE PAGAR QUANTIA CERTA

Art. 523. No caso de condenação em quantia certa, ou já fixada em liquidação, e no caso de decisão sobre parcela incontroversa, o cumprimento definitivo da sentença far-se-á a requerimento do exequente, sendo o executado intimado para pagar o débito, no prazo de 15 (quinze) dias, acrescido de custas, se houver.

•• Vide art. 880 da CLT.
• Sobre penhora vide arts. 824 e s. do CPC.

§ 1.º Não ocorrendo pagamento voluntário no prazo do *caput*, o débito será acrescido de multa de dez por cento e, também, de honorários de advogado de dez por cento.

§ 2.º Efetuado o pagamento parcial no prazo previsto no *caput*, a multa e os honorários previstos no § 1.º incidirão sobre o restante.

§ 3.º Não efetuado tempestivamente o pagamento voluntário, será expedido, desde logo, mandado de penhora e avaliação, seguindo-se os atos de expropriação.

• Sobre avaliação vide arts. 870 e s. do CPC.

Art. 524. O requerimento previsto no art. 523 será instruído com demonstrativo discriminado e atualizado do crédito, devendo a petição conter:

I – o nome completo, o número de inscrição no Cadastro de Pessoas Físicas ou no Cadastro Nacional da Pessoa Jurídica do exequente e do executado, observado o disposto no art. 319, §§ 1.º a 3.º;

II – o índice de correção monetária adotado;

III – os juros aplicados e as respectivas taxas;

IV – o termo inicial e o termo final dos juros e da correção monetária utilizados;

V – a periodicidade da capitalização dos juros, se for o caso;

VI – especificação dos eventuais descontos obrigatórios realizados;

VII – indicação dos bens passíveis de penhora, sempre que possível.

§ 1.º Quando o valor apontado no demonstrativo aparentemente exceder os limites da condenação, a execução será iniciada pelo valor pretendido, mas a penhora terá por base a importância que o juiz entender adequada.

§ 2.º Para a verificação dos cálculos, o juiz poderá valer-se de contabilista do juízo, que terá o prazo máximo de 30 (trinta) dias para efetuá-la, exceto se outro lhe for determinado.

§ 3.º Quando a elaboração do demonstrativo depender de dados em poder de terceiros ou do executado, o juiz poderá requisitá-los, sob cominação do crime de desobediência.

§ 4.º Quando a complementação do demonstrativo depender de dados adicionais em poder do executado, o juiz poderá, a requerimento do exequente, requisitá-los, fixando prazo de até 30 (trinta) dias para o cumprimento da diligência.

§ 5.º Se os dados adicionais a que se refere o § 4.º não forem apresentados pelo executado, sem justificativa, no prazo designado, reputar-se-ão corretos os cálculos apresentados pelo exequente apenas com base nos dados de que dispõe.

Art. 525. Transcorrido o prazo previsto no art. 523 sem o pagamento voluntário, inicia-se o prazo de 15 (quinze) dias para que o executado, independentemente de penhora ou nova intimação, apresente, nos próprios autos, sua impugnação.

§ 1.º Na impugnação, o executado poderá alegar:

I – falta ou nulidade da citação se, na fase de conhecimento, o processo correu à revelia;

II – ilegitimidade de parte;

III – inexequibilidade do título ou inexigibilidade da obrigação;

IV – penhora incorreta ou avaliação errônea;

V – excesso de execução ou cumulação indevida de execuções;

•• Vide art. 917, § 2.º, do CPC.

VI – incompetência absoluta ou relativa do juízo da execução;

VII – qualquer causa modificativa ou extintiva da obrigação, como pagamento, novação, compensação, transação ou prescrição, desde que supervenientes à sentença.

§ 2.º A alegação de impedimento ou suspeição observará o disposto nos arts. 146 e 148.

§ 3.º Aplica-se à impugnação o disposto no art. 229.

§ 4.º Quando o executado alegar que o exequente, em excesso de execução, pleiteia quantia superior à resultante da sentença, cumprir-lhe-á declarar de imediato o valor que entende correto, apresentando demonstrativo discriminado e atualizado de seu cálculo.

• Sobre excesso de execução vide art. 917, § 2.º, do CPC.

§ 5.º Na hipótese do § 4.º, não apontado o valor correto ou não apresentado o demonstrativo, a impugnação será liminarmente rejeitada, se o excesso de execução for o seu único fundamento, ou, se houver outro, a impugnação será processada, mas o juiz não examinará a alegação de excesso de execução.

- Sobre excesso de execução vide art. 917, § 2.º, do CPC.

§ 6.º A apresentação de impugnação não impede a prática dos atos executivos, inclusive os de expropriação, podendo o juiz, a requerimento do executado e desde que garantido o juízo com penhora, caução ou depósito suficientes, atribuir-lhe efeito suspensivo, se seus fundamentos forem relevantes e se o prosseguimento da execução for manifestamente suscetível de causar ao executado grave dano de difícil ou incerta reparação.

- Sobre penhora e depósito vide arts. 831 e s. do CPC.

§ 7.º A concessão de efeito suspensivo a que se refere o § 6.º não impedirá a efetivação dos atos de substituição, de reforço ou de redução da penhora e de avaliação dos bens.

§ 8.º Quando o efeito suspensivo atribuído à impugnação disser respeito apenas a parte do objeto da execução, esta prosseguirá quanto à parte restante.

§ 9.º A concessão de efeito suspensivo à impugnação deduzida por um dos executados não suspenderá a execução contra os que não impugnaram, quando o respectivo fundamento disser respeito exclusivamente ao impugnante.

§ 10. Ainda que atribuído efeito suspensivo à impugnação, é lícito ao exequente requerer o prosseguimento da execução, oferecendo e prestando, nos próprios autos, caução suficiente e idônea a ser arbitrada pelo juiz.

§ 11. As questões relativas a fato superveniente ao término do prazo para apresentação da impugnação, assim como aquelas relativas à validade e à adequação da penhora, da avaliação e dos atos executivos subsequentes, podem ser arguidas por simples petição, tendo o executado, em qualquer dos casos, o prazo de 15 (quinze) dias para formular esta arguição, contado da comprovada ciência do fato ou da intimação do ato.

§ 12. Para efeito do disposto no inciso III do § 1.º deste artigo, considera-se também inexigível a obrigação reconhecida em título executivo judicial fundado em lei ou ato normativo considerado inconstitucional pelo Supremo Tribunal Federal, ou fundado em aplicação ou interpretação da lei ou do ato normativo tido pelo Supremo Tribunal Federal como incompatível com a Constituição Federal, em controle de constitucionalidade concentrado ou difuso.

§ 13. No caso do § 12, os efeitos da decisão do Supremo Tribunal Federal poderão ser modulados no tempo, em atenção à segurança jurídica.

§ 14. A decisão do Supremo Tribunal Federal referida no § 12 deve ser anterior ao trânsito em julgado da decisão exequenda.

•• Vide art. 1.057 do CPC.

§ 15. Se a decisão referida no § 12 for proferida após o trânsito em julgado da decisão exequenda, caberá ação rescisória, cujo prazo será contado do trânsito em julgado da decisão proferida pelo Supremo Tribunal Federal.

•• Vide art. 1.057 do CPC.

Art. 526. É lícito ao réu, antes de ser intimado para o cumprimento da sentença, comparecer em juízo e oferecer em pagamento o valor que entender devido, apresentando memória discriminada do cálculo.

§ 1.º O autor será ouvido no prazo de 5 (cinco) dias, podendo impugnar o valor depositado, sem prejuízo do levantamento do depósito a título de parcela incontroversa.

§ 2.º Concluindo o juiz pela insuficiência do depósito, sobre a diferença incidirão multa de dez por cento e honorários advocatícios, também fixados em dez por cento, seguindo-se a execução com penhora e atos subsequentes.

§ 3.º Se o autor não se opuser, o juiz declarará satisfeita a obrigação e extinguirá o processo.

Art. 527. Aplicam-se as disposições deste Capítulo ao cumprimento provisório da sentença, no que couber.

Capítulo IV
DO CUMPRIMENTO DE SENTENÇA QUE RECONHEÇA A EXIGIBILIDADE DE OBRIGAÇÃO DE PRESTAR ALIMENTOS

Art. 528. No cumprimento de sentença que condene ao pagamento de prestação alimentícia ou de decisão interlocutória que fixe alimentos, o juiz, a requerimento do exequente, mandará intimar o executado pessoalmente para, em 3 (três) dias, pagar o débito, provar que o fez ou justificar a impossibilidade de efetuá-lo.

•• A Lei n. 5.478, de 25-7-1968, dispõe sobre ação de alimentos.

§ 1.º Caso o executado, no prazo referido no *caput*, não efetue o pagamento, não prove que o efetuou ou não apresente justificativa da impossibilidade de efetuá-lo, o juiz mandará protestar o pronunciamento judicial, aplicando-se, no que couber, o disposto no art. 517.

§ 2.º Somente a comprovação de fato que gere a impossibilidade absoluta de pagar justificará o inadimplemento.

§ 3.º Se o executado não pagar ou se a justificativa apresentada não for aceita, o juiz, além de mandar protestar o pronunciamento judicial na forma do § 1.º, decretar-lhe-á a prisão pelo prazo de 1 (um) a 3 (três) meses.

•• Vide CF, art. 5.º, LXVII (prisão civil por dívida de alimento).
•• Vide art. 15 da Lei n. 14.010, de 10-6-2020.

§ 4.º A prisão será cumprida em regime fechado, devendo o preso ficar separado dos presos comuns.

§ 5.º O cumprimento da pena não exime o executado do pagamento das prestações vencidas e vincendas.

§ 6.º Paga a prestação alimentícia, o juiz suspenderá o cumprimento da ordem de prisão.

§ 7.º O débito alimentar que autoriza a prisão civil do alimentante é o que compreende até as 3 (três) prestações anteriores ao ajuizamento da execução e as que se vencerem no curso do processo.

§ 8.º O exequente pode optar por promover o cumprimento da sentença ou decisão desde logo, nos termos do disposto neste Livro, Título II, Capítulo III, caso em que não será admissível a prisão do executado, e, recaindo a penhora em dinheiro, a concessão de efeito suspensivo à impugnação não obsta a que o exequente levante mensalmente a importância da prestação.

§ 9.º Além das opções previstas no art. 516, parágrafo único, o exequente pode promover o cumprimento da sentença ou decisão que condena ao pagamento de prestação alimentícia no juízo de seu domicílio.

Art. 529. Quando o executado for funcionário público, militar, diretor ou gerente de empresa ou empregado sujeito à legislação do trabalho, o exequente poderá requerer o desconto em folha de pagamento da importância da prestação alimentícia.

•• Vide art. 833, IV, do CPC.
- Vide art. 115, IV, da Lei n. 8.213, de 24-7-1991, que dispõe que a pensão de alimentos decretada em separação judicial pode ser descontada desses benefícios.
- Vide art. 462, *caput*, da CLT, que dispõe que ao empregador é vedado efetuar qualquer desconto nos salários do empregado, salvo quando este resultar de adiantamentos, de dispositivos de lei ou de contrato coletivo.

§ 1.º Ao proferir a decisão, o juiz oficiará à autoridade, à empresa ou ao empregador, determinando, sob pena de crime de desobediência, o desconto a partir da primeira remuneração posterior do executado, a contar do protocolo do ofício.

§ 2.º O ofício conterá o nome e o número de inscrição no Cadastro de Pessoas Físicas do exequente e do executado, a importância a ser descontada mensalmente, o tempo de sua duração e a conta na qual deve ser feito o depósito.

§ 3.º Sem prejuízo do pagamento dos alimentos vincendos, o débito objeto de execução pode ser descontado dos rendimentos ou rendas do executado, de forma parcelada, nos termos do *caput* deste artigo, contanto que, somado à parcela devida, não ultrapasse cinquenta por cento de seus ganhos líquidos.

Art. 530. Não cumprida a obrigação, observar-se-á o disposto nos arts. 831 e seguintes.

Art. 531. O disposto neste Capítulo aplica-se aos alimentos definitivos ou provisórios.

§ 1.º A execução dos alimentos provisórios, bem como a dos alimentos fixados em sentença ainda não transitada em julgado, se processa em autos apartados.

§ 2.º O cumprimento definitivo da obrigação de prestar alimentos será processado nos mesmos autos em que tenha sido proferida a sentença.

Art. 532. Verificada a conduta procrastinatória do executado, o juiz deverá, se for o caso, dar ciência ao Ministério Público dos indícios da prática do crime de abandono material.

Art. 533. Quando a indenização por ato ilícito incluir prestação de alimentos, caberá ao executado, a requerimento do exequente, constituir capital cuja renda assegure o pagamento do valor mensal da pensão.

§ 1.º O capital a que se refere o *caput*, representado por imóveis ou por direitos reais sobre imóveis suscetíveis de alienação, títulos da dívida pública ou aplicações financeiras em banco oficial, será inalienável e impenhorável enquanto durar a obrigação do executado, além de constituir-se em patrimônio de afetação.

§ 2.º O juiz poderá substituir a constituição do capital pela inclusão do exequente em folha de pagamento de pessoa jurídica de notória capacidade econômica ou, a requerimento do executado, por fiança bancária ou garantia real, em valor a ser arbitrado de imediato pelo juiz.

§ 3.º Se sobrevier modificação nas condições econômicas, poderá a parte requerer, conforme as circunstâncias, redução ou aumento da prestação.

§ 4.º A prestação alimentícia poderá ser fixada tomando por base o salário mínimo.

§ 5.º Finda a obrigação de prestar alimentos, o juiz mandará liberar o capital, cessar o desconto em folha ou cancelar as garantias prestadas.

Capítulo V
DO CUMPRIMENTO DE SENTENÇA QUE RECONHEÇA A EXIGIBILIDADE DE OBRIGAÇÃO DE PAGAR QUANTIA CERTA PELA FAZENDA PÚBLICA

Art. 534. No cumprimento de sentença que impuser à Fazenda Pública o dever de pagar quantia certa, o exequente apresentará demonstrativo discriminado e atualizado do crédito contendo:

I – o nome completo e o número de inscrição no Cadastro de Pessoas Físicas ou no Cadastro Nacional da Pessoa Jurídica do exequente;

II – o índice de correção monetária adotado;

III – os juros aplicados e as respectivas taxas;

IV – o termo inicial e o termo final dos juros e da correção monetária utilizados;

V – a periodicidade da capitalização dos juros, se for o caso;

VI – a especificação dos eventuais descontos obrigatórios realizados.

§ 1.º Havendo pluralidade de exequentes, cada um deverá apresentar o seu próprio demonstrativo, aplicando-se à hipótese, se for o caso, o disposto nos §§ 1.º e 2.º do art. 113.

§ 2.º A multa prevista no § 1.º do art. 523 não se aplica à Fazenda Pública.

Art. 535. A Fazenda Pública será intimada na pessoa de seu representante judicial, por carga, remessa ou meio eletrônico, para, querendo, no prazo de 30 (trinta) dias e nos próprios autos, impugnar a execução, podendo arguir:

I – falta ou nulidade da citação se, na fase de conhecimento, o processo correu à revelia;

II – ilegitimidade de parte;

III – inexequibilidade do título ou inexigibilidade da obrigação;

IV – excesso de execução ou cumulação indevida de execuções;

V – incompetência absoluta ou relativa do juízo da execução;

VI – qualquer causa modificativa ou extintiva da obrigação, como pagamento, novação, compensação, transação ou prescrição, desde que supervenientes ao trânsito em julgado da sentença.

§ 1.º A alegação de impedimento ou suspeição observará o disposto nos arts. 146 e 148.

§ 2.º Quando se alegar que o exequente, em excesso de execução, pleiteia quantia superior à resultante do título, cumprirá à executada declarar de imediato o valor que entende correto, sob pena de não conhecimento da arguição.

§ 3.º Não impugnada a execução ou rejeitadas as arguições da executada:

I – expedir-se-á, por intermédio do presidente do tribunal competente, precatório em favor do exequente, observando-se o disposto na Constituição Federal;

II – por ordem do juiz, dirigida à autoridade na pessoa de quem o ente público foi citado para o processo, o pagamento de obrigação de pequeno valor será realizado no prazo de 2 (dois) meses contado da entrega da requisição, mediante depósito na agência de banco oficial mais próxima da residência do exequente.

•• O STF julgou parcialmente procedente a ADI n. 5.534, nas sessões virtuais de 11-12-2020 a 18-12-2020 (*DOU* de 8-1-2021), para declarar a constitucionalidade deste inciso II.

§ 4.º Tratando-se de impugnação parcial, a parte não questionada pela executada será, desde logo, objeto de cumprimento.

•• O STF julgou parcialmente procedente a ADI n. 5.534, nas sessões virtuais de 11-12-2020 a 18-12-2020 (*DOU* de 8-1-2021), para conferir interpretação conforme à Constituição a esse § 4.º, "no sentido de que, para efeito de determinação do regime de pagamento do valor incontroverso, deve ser observado o valor total da condenação".

§ 5.º Para efeito do disposto no inciso III do *caput* deste artigo, considera-se também inexigível a obrigação reconhecida em título executivo judicial fundado em lei ou ato normativo considerado inconstitucional pelo Supremo Tribunal Federal, ou fundado em aplicação ou interpretação da lei ou do ato normativo tido pelo Supremo Tribunal Federal como incompatível com a Constituição Federal, em controle de constitucionalidade concentrado ou difuso.

§ 6.º No caso do § 5.º, os efeitos da decisão do Supremo Tribunal Federal poderão ser modulados no tempo, de modo a favorecer a segurança jurídica.

§ 7.º A decisão do Supremo Tribunal Federal referida no § 5.º deve ter sido proferida antes do trânsito em julgado da decisão exequenda.

•• *Vide* art. 1.057 do CPC.

§ 8.º Se a decisão referida no § 5.º for proferida após o trânsito em julgado da decisão exequenda, caberá ação rescisória, cujo prazo será contado do trânsito em julgado da decisão proferida pelo Supremo Tribunal Federal.

•• *Vide* art. 1.057 do CPC.

Capítulo VI
DO CUMPRIMENTO DE SENTENÇA QUE RECONHEÇA A EXIGIBILIDADE DE OBRIGAÇÃO DE FAZER, DE NÃO FAZER OU DE ENTREGAR COISA

SEÇÃO I
Do Cumprimento de Sentença que Reconheça a Exigibilidade de Obrigação de Fazer ou de Não Fazer

Art. 536. No cumprimento de sentença que reconheça a exigibilidade de obrigação de fazer ou de não fazer, o juiz poderá, de ofício ou a requerimento, para a efetivação da tutela específica ou a obtenção de tutela pelo resultado prático equivalente, determinar as medidas necessárias à satisfação do exequente.

•• *Vide* art. 3.º da Instrução Normativa n. 39, de 15-3-2016.

• *Vide* arts. 814 a 823 do CPC.

§ 1.º Para atender ao disposto no *caput*, o juiz poderá determinar, entre outras medidas, a imposição de multa, a busca e apreensão, a remoção de pessoas e coisas, o desfazimento de obras e o impedimento de atividade nociva, podendo, caso necessário, requisitar o auxílio de força policial.

• *Vide* art. 519 do CPC.

§ 2.º O mandado de busca e apreensão de pessoas e coisas será cumprido por 2 (dois) oficiais de justiça, observando-se o disposto no art. 846, §§ 1.º a 4.º, se houver necessidade de arrombamento.

§ 3.º O executado incidirá nas penas de litigância de má-fé quando injustificadamente descumprir a ordem judicial, sem prejuízo de sua responsabilização por crime de desobediência.

§ 4.º No cumprimento de sentença que reconheça a exigibilidade de obrigação de fazer ou de não fazer, aplica-se o art. 525, no que couber.

§ 5.º O disposto neste artigo aplica-se, no que couber, ao cumprimento de sentença que reconheça deveres de fazer e de não fazer de natureza não obrigacional.

Art. 537. A multa independe de requerimento da parte e poderá ser aplicada na fase de conhecimento, em tutela provisória ou na sentença, ou na fase de execução, desde que seja suficiente e compatível com a obrigação e que se determine prazo razoável para cumprimento do preceito.

•• *Vide* art. 3.º da Instrução Normativa n. 39, de 15-3-2016.

§ 1.º O juiz poderá, de ofício ou a requerimento, modificar o valor ou a periodicidade da multa vincenda ou excluí-la, caso verifique que:

I – se tornou insuficiente ou excessiva;

II – o obrigado demonstrou cumprimento parcial superveniente da obrigação ou justa causa para o descumprimento.

§ 2.º O valor da multa será devido ao exequente.

§ 3.º A decisão que fixa a multa é passível de cumprimento provisório, devendo ser depositada em juízo, permitido o levantamento do valor após o trânsito em julgado da sentença favorável à parte.

•• § 3.º com redação determinada pela Lei n. 13.256, de 4-2-2016.

§ 4.º A multa será devida desde o dia em que se configurar o descumprimento da decisão e incidirá enquanto não for cumprida a decisão que a tiver cominado.

§ 5.º O disposto neste artigo aplica-se, no que couber, ao cumprimento de sentença que reconheça deveres de fazer e de não fazer de natureza não obrigacional.

SEÇÃO II
Do Cumprimento de Sentença que Reconheça a Exigibilidade de Obrigação de Entregar Coisa

Art. 538. Não cumprida a obrigação de entregar coisa no prazo estabelecido na sentença, será expedido mandado de busca e apreensão ou de imissão na posse em favor do credor, conforme se tratar de coisa móvel ou imóvel.

•• *Vide* art. 3.º da Instrução Normativa n. 39, de 15-3-2016.
• *Vide* arts. 806 a 813 do CPC.

§ 1.º A existência de benfeitorias deve ser alegada na fase de conhecimento, em contestação, de forma discriminada e com atribuição, sempre que possível e justificadamente, do respectivo valor.

§ 2.º O direito de retenção por benfeitorias deve ser exercido na contestação, na fase de conhecimento.

§ 3.º Aplicam-se ao procedimento previsto neste artigo, no que couber, as disposições sobre o cumprimento de obrigação de fazer ou de não fazer.

Título III
DOS PROCEDIMENTOS ESPECIAIS

Capítulo I
DA AÇÃO DE CONSIGNAÇÃO EM PAGAMENTO

Art. 539. Nos casos previstos em lei, poderá o devedor ou terceiro requerer, com efeito de pagamento, a consignação da quantia ou da coisa devida.

• *Vide* arts. 334 a 345 do CC.

§ 1.º Tratando-se de obrigação em dinheiro, poderá o valor ser depositado em estabelecimento bancário, oficial onde houver, situado no lugar do pagamento, cientificando-se o credor por carta com aviso de recebimento, assinado o prazo de 10 (dez) dias para a manifestação de recusa.

§ 2.º Decorrido o prazo do § 1.º, contado do retorno do aviso de recebimento, sem a manifestação de recusa, considerar-se-á o devedor liberado da obrigação, ficando à disposição do credor a quantia depositada.

§ 3.º Ocorrendo a recusa, manifestada por escrito ao estabelecimento bancário, poderá ser proposta, dentro de 1 (um) mês, a ação de consignação, instruindo-se a inicial com a prova do depósito e da recusa.

•• *Vide* art. 542, I, do CPC.

§ 4.º Não proposta a ação no prazo do § 3.º, ficará sem efeito o depósito, podendo levantá-lo o depositante.

Art. 540. Requerer-se-á a consignação no lugar do pagamento, cessando para o devedor, à data do depósito, os juros e os riscos, salvo se a demanda for julgada improcedente.

• *Vide* art. 53, III, *d*, do CPC.

Art. 541. Tratando-se de prestações sucessivas, consignada uma delas, pode o devedor continuar a depositar, no mesmo processo e sem mais formalidades, as que se forem vencendo, desde que o faça em até 5 (cinco) dias contados da data do respectivo vencimento.

•• *Vide* art. 323 do CPC.

Art. 542. Na petição inicial, o autor requererá:

•• *Vide* art. 292, § 1.º, do CPC.

I – o depósito da quantia ou da coisa devida, a ser efetivado no prazo de 5 (cinco) dias contados do deferimento, ressalvada a hipótese do art. 539, § 3.º;

II – a citação do réu para levantar o depósito ou oferecer contestação.

Parágrafo único. Não realizado o depósito no prazo do inciso I, o processo será extinto sem resolução do mérito.

Art. 543. Se o objeto da prestação for coisa indeterminada e a escolha couber ao credor, será este citado para exercer o direito dentro de 5 (cinco) dias, se outro prazo não constar de lei ou do contrato, ou para aceitar que o devedor a faça, devendo o juiz, ao despachar a petição inicial, fixar lugar, dia e hora em que se fará a entrega, sob pena de depósito.

Art. 544. Na contestação, o réu poderá alegar que:

I – não houve recusa ou mora em receber a quantia ou a coisa devida;

II – foi justa a recusa;

III – o depósito não se efetuou no prazo ou no lugar do pagamento;

IV – o depósito não é integral.

Parágrafo único. No caso do inciso IV, a alegação somente será admissível se o réu indicar o montante que entende devido.

Art. 545. Alegada a insuficiência do depósito, é lícito ao autor completá-lo, em 10 (dez) dias, salvo se corresponder a prestação cujo inadimplemento acarrete a rescisão do contrato.

§ 1.º No caso do *caput*, poderá o réu levantar, desde logo, a quantia ou a coisa depositada, com a consequente liberação parcial do autor, prosseguindo o processo quanto à parcela controvertida.

§ 2.º A sentença que concluir pela insuficiência do depósito determinará, sempre que possível, o montante devido e valerá como título executivo, facultado ao credor promover-lhe o cumprimento nos mesmos autos, após liquidação, se necessária.

Art. 546. Julgado procedente o pedido, o juiz declarará extinta a obrigação e condenará o réu ao pagamento de custas e honorários advocatícios.

Parágrafo único. Proceder-se-á do mesmo modo se o credor receber e der quitação.

Art. 547. Se ocorrer dúvida sobre quem deva legitimamente receber o pagamento, o autor requererá o depósito e a citação dos possíveis titulares do crédito para provarem o seu direito.

Art. 548. No caso do art. 547:

I – não comparecendo pretendente algum, converter-se-á o depósito em arrecadação de coisas vagas;

II – comparecendo apenas um, o juiz decidirá de plano;

III – comparecendo mais de um, o juiz declarará efetuado o depósito e extinta a obrigação, continuando o processo a correr unicamente entre os presuntivos credores, observado o procedimento comum.

Art. 549. Aplica-se o procedimento estabelecido neste Capítulo, no que couber, ao resgate do aforamento.

Capítulo II
DA AÇÃO DE EXIGIR CONTAS

Art. 550. Aquele que afirmar ser titular do direito de exigir contas requererá a citação do réu para que as preste ou ofereça contestação no prazo de 15 (quinze) dias.

§ 1.º Na petição inicial, o autor especificará, detalhadamente, as razões pelas quais exige as contas, instruindo-a com documentos comprobatórios dessa necessidade, se existirem.

§ 2.º Prestadas as contas, o autor terá 15 (quinze) dias para se manifestar, prosseguindo-se o processo na forma do Capítulo X do Título I deste Livro.

§ 3.º A impugnação das contas apresentadas pelo réu deverá ser fundamentada e específica, com referência expressa ao lançamento questionado.

§ 4.º Se o réu não contestar o pedido, observar-se-á o disposto no art. 355.

§ 5.º A decisão que julgar procedente o pedido condenará o réu a prestar as contas no prazo de 15 (quinze) dias, sob pena de não lhe ser lícito impugnar as que o autor apresentar.

§ 6.º Se o réu apresentar as contas no prazo previsto no § 5.º, seguir-se-á o procedimento do § 2.º, caso contrário, o autor apresentá-las-á no prazo de 15 (quinze) dias, podendo o juiz determinar a realização de exame pericial, se necessário.

Art. 551. As contas do réu serão apresentadas na forma adequada, especificando-se as receitas, a aplicação das despesas e os investimentos, se houver.

§ 1.º Havendo impugnação específica e fundamentada pelo autor, o juiz estabelecerá prazo razoável para que o réu apresente os documentos justificativos dos lançamentos individualmente impugnados.

§ 2.º As contas do autor, para os fins do art. 550, § 5.º, serão apresentadas na forma adequada, já instruídas com os documentos justificativos, especificando-se as receitas, a aplicação das despesas e os investimentos, se houver, bem como o respectivo saldo.

Art. 552. A sentença apurará o saldo e constituirá título executivo judicial.

Art. 553. As contas do inventariante, do tutor, do curador, do depositário e de qualquer outro administrador serão prestadas em apenso aos autos do processo em que tiver sido nomeado.

Parágrafo único. Se qualquer dos referidos no *caput* for condenado a pagar o saldo e não o fizer no prazo legal, o juiz poderá destituí-lo, sequestrar os bens sob sua guarda, glosar o prêmio ou a gratificação a que teria direito e determinar as medidas executivas necessárias à recomposição do prejuízo.

Capítulo III
DAS AÇÕES POSSESSÓRIAS

SEÇÃO I
Disposições Gerais

Art. 554. A propositura de uma ação possessória em vez de outra não obstará a que o juiz conheça do pedido e outorgue a proteção legal correspondente àquela cujos pressupostos estejam provados.

•• *Vide* arts. 47, § 1.º, e 73, § 2.º, do CPC.

§ 1.º No caso de ação possessória em que figure no polo passivo grande número de pessoas, serão feitas a citação pessoal dos ocupantes que forem encontrados no local e a citação por edital dos demais, determinando-se, ainda, a intimação do Ministério Público e, se envolver pessoas em situação de hipossuficiência econômica, da Defensoria Pública.

§ 2.º Para fim da citação pessoal prevista no § 1.º, o oficial de justiça procurará os ocupantes no local por uma vez, citando-se por edital os que não forem encontrados.

§ 3.º O juiz deverá determinar que se dê ampla publicidade da existência da ação prevista no § 1.º e dos respectivos prazos processuais, podendo, para tanto, valer-se de anúncios em jornal ou rádio locais, da publicação de cartazes na região do conflito e de outros meios.

Art. 555. É lícito ao autor cumular ao pedido possessório o de:

I – condenação em perdas e danos;

• *Vide* arts. 402 e s. do CC.

II – indenização dos frutos.

Parágrafo único. Pode o autor requerer, ainda, imposição de medida necessária e adequada para:

I – evitar nova turbação ou esbulho;

II – cumprir-se a tutela provisória ou final.

Art. 556. É lícito ao réu, na contestação, alegando que foi o ofendido em sua posse, demandar a proteção possessória e a indenização pelos prejuízos resultantes da turbação ou do esbulho cometido pelo autor.

Art. 557. Na pendência de ação possessória é vedado, tanto ao autor quanto ao réu, propor ação de reconhecimento do domínio, exceto se a pretensão for deduzida em face de terceira pessoa.

Parágrafo único. Não obsta à manutenção ou à reintegração de posse a alegação de propriedade ou de outro direito sobre a coisa.

Art. 558. Regem o procedimento de manutenção e de reintegração de posse as normas da *Seção* II deste Capítulo quando a ação for proposta dentro de ano e dia da turbação ou do esbulho afirmado na petição inicial.

Parágrafo único. Passado o prazo referido no *caput*, será comum o procedimento, não perdendo, contudo, o caráter possessório.

Art. 559. Se o réu provar, em qualquer tempo, que o autor provisoriamente mantido ou reintegrado na posse carece de idoneidade financeira para, no caso de sucumbência, responder por perdas e danos, o juiz designar-lhe-á o prazo de 5 (cinco) dias para requerer caução, real ou fidejussória, sob pena de ser depositada a coisa litigiosa, ressalvada a impossibilidade da parte economicamente hipossuficiente.

SEÇÃO II
Da Manutenção e da Reintegração de Posse

Art. 560. O possuidor tem direito a ser mantido na posse em caso de turbação e reintegrado em caso de esbulho.

•• *Vide* arts. 47 e 73 do CPC.
• O art. 1.210, *caput*, do CC dispõe sobre os efeitos da posse.
• Usucapião: arts. 183 da CF e 1.238 a 1.244 e 1.379 do CC.

Art. 561. Incumbe ao autor provar:

I – a sua posse;

• *Vide* art. 373, I, do CPC.

II – a turbação ou o esbulho praticado pelo réu;

III – a data da turbação ou do esbulho;

IV – a continuação da posse, embora turbada, na ação de manutenção, ou a perda da posse, na ação de reintegração.

Art. 562. Estando a petição inicial devidamente instruída, o juiz deferirá, sem ouvir o réu, a expedição do mandado liminar de manutenção ou de reintegração, caso contrário, determinará que o autor justifique previamente o alegado, citando-se o réu para comparecer à audiência que for designada.

Parágrafo único. Contra as pessoas jurídicas de direito público não será deferida a manutenção ou a reintegração liminar sem prévia audiência dos respectivos representantes judiciais.

Art. 563. Considerada suficiente a justificação, o juiz fará logo expedir mandado de manutenção ou de reintegração.

Art. 564. Concedido ou não o mandado liminar de manutenção ou de reintegração, o autor promoverá, nos 5 (cinco) dias subsequentes, a citação do réu para, querendo, contestar a ação no prazo de 15 (quinze) dias.

Parágrafo único. Quando for ordenada a justificação prévia, o prazo para contestar será contado da intimação da decisão que deferir ou não a medida liminar.

Art. 565. No litígio coletivo pela posse de imóvel, quando o esbulho ou a turbação afirmado na petição inicial houver ocorrido há mais de ano e dia, o juiz, antes de apreciar o pedido de concessão da medida liminar, deverá designar audiência de mediação, a realizar-se em até 30 (trinta) dias, que observará o disposto nos §§ 2.º e 4.º.

§ 1.º Concedida a liminar, se essa não for executada no prazo de 1 (um) ano, a contar da data de distribuição, caberá ao juiz designar audiência de mediação, nos termos dos §§ 2.º a 4.º deste artigo.

§ 2.º O Ministério Público será intimado para comparecer à audiência, e a Defensoria Pública será intimada sempre que houver parte beneficiária de gratuidade da justiça.

§ 3.º O juiz poderá comparecer à área objeto do litígio quando sua presença se fizer necessária à efetivação da tutela jurisdicional.

§ 4.º Os órgãos responsáveis pela política agrária e pela política urbana da União, de Estado ou do Distrito Federal e de Município onde se situe a área objeto do litígio poderão ser intimados para a audiência, a fim de se manifestarem sobre seu interesse no processo e sobre a existência de possibilidade de solução para o conflito possessório.

§ 5.º Aplica-se o disposto neste artigo ao litígio sobre propriedade de imóvel.

Art. 566. Aplica-se, quanto ao mais, o procedimento comum.

SEÇÃO III
Do Interdito Proibitório

Art. 567. O possuidor direto ou indireto que tenha justo receio de ser molestado na posse poderá requerer ao juiz que o segure da turbação ou esbulho iminente, mediante mandado proibitório em que se comine ao réu determinada pena pecuniária caso transgrida o preceito.
• • *Vide* arts. 47 e 73 do CPC.

Art. 568. Aplica-se ao interdito proibitório o disposto na Seção II deste Capítulo.

Capítulo IV
DA AÇÃO DE DIVISÃO E DA DEMARCAÇÃO DE TERRAS PARTICULARES

SEÇÃO I
Disposições Gerais

Art. 569. Cabe:

I – ao proprietário a ação de demarcação, para obrigar o seu confinante a estremar os respectivos prédios, fixando-se novos limites entre eles ou aviventando-se os já apagados;

II – ao condômino a ação de divisão, para obrigar os demais consortes a estremar os quinhões.
• • *Vide* arts. 47 e 73 do CPC.

Art. 570. É lícita a cumulação dessas ações, caso em que deverá processar-se primeiramente a demarcação total ou parcial da coisa comum, citando-se os confinantes e os condôminos.

Art. 571. A demarcação e a divisão poderão ser realizadas por escritura pública, desde que maiores, capazes e concordes todos os interessados, observando-se, no que couber, os dispositivos deste Capítulo.

Art. 572. Fixados os marcos da linha de demarcação, os confinantes considerar-se-ão terceiros quanto ao processo divisório, ficando-lhes, porém, ressalvado o direito de vindicar os terrenos de que se julguem despojados por invasão das linhas limítrofes constitutivas do perímetro ou de reclamar indenização correspondente ao seu valor.

§ 1.º No caso do *caput*, serão citados para a ação todos os condôminos, se a sentença homologatória da divisão ainda não houver transitado em julgado, e todos os quinhoeiros dos terrenos vindicados, se a ação for proposta posteriormente.

§ 2.º Neste último caso, a sentença que julga procedente a ação, condenando a restituir os terrenos ou a pagar a indenização, valerá como título executivo em favor dos quinhoeiros para haverem dos outros condôminos que forem parte na divisão ou de seus sucessores a título universal, na proporção que lhes tocar, a composição pecuniária do desfalque sofrido.

Art. 573. Tratando-se de imóvel georreferenciado, com averbação no registro de imóveis, pode o juiz dispensar a realização de prova pericial.

SEÇÃO II
Da Demarcação

Art. 574. Na petição inicial, instruída com os títulos da propriedade, designar-se-á o imóvel pela situação e pela denominação, descrever-se-ão os limites por constituir, aviventar ou renovar e nomear-se-ão todos os confinantes da linha demarcanda.
• • *Vide* arts. 47 e 73 do CPC.
• *Vide* art. 292, IV, do CPC.

Art. 575. Qualquer condômino é parte legítima para promover a demarcação do imóvel comum, requerendo a intimação dos demais para, querendo, intervir no processo.

Art. 576. A citação dos réus será feita por correio, observado o disposto no art. 247.
• *Vide* art. 589 do CPC.

Parágrafo único. Será publicado edital, nos termos do inciso III do art. 259.

Art. 577. Feitas as citações, terão os réus o prazo comum de 15 (quinze) dias para contestar.
• *Vide* art. 589 do CPC.

Art. 578. Após o prazo de resposta do réu, observar-se-á o procedimento comum.
• *Vide* art. 589 do CPC.

Art. 579. Antes de proferir a sentença, o juiz nomeará um ou mais peritos para levantar o traçado da linha demarcanda.

Art. 580. Concluídos os estudos, os peritos apresentarão minucioso laudo sobre o traçado da linha demarcanda, considerando os títulos, os marcos, os rumos, a fama da vizinhança, as informações de antigos moradores do lugar e outros elementos que coligirem.

Art. 581. A sentença que julgar procedente o pedido determinará o traçado da linha demarcanda.

Parágrafo único. A sentença proferida na ação demarcatória determinará a restituição da área invadida, se houver, declarando o domínio ou a posse do prejudicado, ou ambos.

Art. 582. Transitada em julgado a sentença, o perito efetuará a demarcação e colocará os marcos necessários.
• *Vide* art. 584 do CPC.

Parágrafo único. Todas as operações serão consignadas em planta e memorial descritivo com as referências convenientes para a identificação, em qualquer tempo, dos pontos assinalados, observada a legislação especial que dispõe sobre a identificação do imóvel rural.

Art. 583. As plantas serão acompanhadas das cadernetas de operações de campo e do memorial descritivo, que conterá:

I – o ponto de partida, os rumos seguidos e a aviventação dos antigos com os respectivos cálculos;

II – os acidentes encontrados, as cercas, os valos, os marcos antigos, os córregos, os rios, as lagoas e outros;

III – a indicação minuciosa dos novos marcos cravados, dos antigos aproveitados, das culturas existentes e da sua produção anual;

IV – a composição geológica dos terrenos, bem como a qualidade e a extensão dos campos, das matas e das capoeiras;

V – as vias de comunicação;

VI – as distâncias a pontos de referência, tais como rodovias federais e estaduais, ferrovias, portos, aglomerações urbanas e polos comerciais;

VII – a indicação de tudo o mais que for útil para o levantamento da linha ou para a identificação da linha já levantada.

Art. 584. É obrigatória a colocação de marcos tanto na estação inicial, dita marco primordial, quanto nos vértices dos ângulos, salvo se algum desses últimos pontos for assinalado por acidentes naturais de difícil remoção ou destruição.
•• Vide art. 596 do CPC.
• Vide art. 582 do CPC.

Art. 585. A linha será percorrida pelos peritos, que examinarão os marcos e os rumos, consignando em relatório escrito a exatidão do memorial e da planta apresentados pelo agrimensor ou as divergências porventura encontradas.

Art. 586. Juntado aos autos o relatório dos peritos, o juiz determinará que as partes se manifestem sobre ele no prazo comum de 15 (quinze) dias.

Parágrafo único. Executadas as correções e as retificações que o juiz determinar, lavrar-se-á, em seguida, o auto de demarcação em que os limites demarcandos serão minuciosamente descritos de acordo com o memorial e a planta.

Art. 587. Assinado o auto pelo juiz e pelos peritos, será proferida a sentença homologatória da demarcação.

SEÇÃO III
Da Divisão

Art. 588. A petição inicial será instruída com os títulos de domínio do promovente e conterá:
•• Vide arts. 47, 73 e 1.320 a 1.332 do CPC.

I – a indicação da origem da comunhão e a denominação, a situação, os limites e as características do imóvel;

II – o nome, o estado civil, a profissão e a residência de todos os condôminos, especificando-se os estabelecidos no imóvel com benfeitorias e culturas;

III – as benfeitorias comuns.
• Vide art. 292, IV, do CPC.

Art. 589. Feitas as citações como preceitua o art. 576, prosseguir-se-á na forma dos arts. 577 e 578.

Art. 590. O juiz nomeará um ou mais peritos para promover a medição do imóvel e as operações de divisão, observada a legislação especial que dispõe sobre a identificação do imóvel rural.

Parágrafo único. O perito deverá indicar as vias de comunicação existentes, as construções e as benfeitorias, com a indicação dos seus valores e dos respectivos proprietários e ocupantes, as águas principais que banham o imóvel e quaisquer outras informações que possam concorrer para facilitar a partilha.

Art. 591. Todos os condôminos serão intimados a apresentar, dentro de 10 (dez) dias, os seus títulos, se ainda não o tiverem feito, e a formular os seus pedidos sobre a constituição dos quinhões.

Art. 592. O juiz ouvirá as partes no prazo comum de 15 (quinze) dias.
§ 1.º Não havendo impugnação, o juiz determinará a divisão geodésica do imóvel.
§ 2.º Havendo impugnação, o juiz proferirá, no prazo de 10 (dez) dias, decisão sobre os pedidos e os títulos que devam ser atendidos na formação dos quinhões.

Art. 593. Se qualquer linha do perímetro atingir benfeitorias permanentes dos confinantes feitas há mais de 1 (um) ano, serão elas respeitadas, bem como os terrenos onde estiverem, os quais não se computarão na área dividenda.

Art. 594. Os confinantes do imóvel dividendo podem demandar a restituição dos terrenos que lhes tenham sido usurpados.
§ 1.º Serão citados para a ação todos os condôminos, se a sentença homologatória da divisão ainda não houver transitado em julgado, e todos os quinhoeiros dos terrenos vindicados, se a ação for proposta posteriormente.
§ 2.º Nesse último caso terão os quinhoeiros o direito, pela mesma sentença que os obrigar à restituição, a haver dos outros condôminos do processo divisório ou de seus sucessores a título universal a composição pecuniária proporcional ao desfalque sofrido.

Art. 595. Os peritos proporão, em laudo fundamentado, a forma da divisão, devendo consultar, quanto possível, a comodidade das partes, respeitar, para adjudicação a cada condômino, a preferência dos terrenos contíguos às suas residências e benfeitorias e evitar o retalhamento dos quinhões em glebas separadas.

Art. 596. Ouvidas as partes, no prazo comum de 15 (quinze) dias, sobre o cálculo e o plano da divisão, o juiz deliberará a partilha.

Parágrafo único. Em cumprimento dessa decisão, o perito procederá à demarcação dos quinhões, observando, além do disposto nos arts. 584 e 585, as seguintes regras:

I – as benfeitorias comuns que não comportarem divisão cômoda serão adjudicadas a um dos condôminos mediante compensação;

II – instituir-se-ão as servidões que forem indispensáveis em favor de uns quinhões sobre os outros, incluindo o respectivo valor no orçamento para que, não se tratando de servidões naturais, seja compensado o condômino aquinhoado com o prédio serviente;

III – as benfeitorias particulares dos condôminos que excederem à área a que têm direito serão adjudicadas ao quinhoeiro vizinho mediante reposição;

IV – se outra coisa não acordarem as partes, as compensações e as reposições serão feitas em dinheiro.

Art. 597. Terminados os trabalhos e desenhados na planta os quinhões e as servidões aparentes, o perito organizará o memorial descritivo.
• Vide art. 89 do CPC.

§ 1.º Cumprido o disposto no art. 586, o escrivão, em seguida, lavrará o auto de divisão, acompanhado de uma folha de pagamento para cada condômino.
• Vide art. 89 do CPC.

§ 2.º Assinado o auto pelo juiz e pelo perito, será proferida sentença homologatória da divisão.
• Vide art. 89 do CPC.

§ 3.º O auto conterá:
I – a confinação e a extensão superficial do imóvel;
II – a classificação das terras com o cálculo das áreas de cada consorte e com a respectiva avaliação ou, quando a homogeneidade das terras não determinar diversidade de valores, a avaliação do imóvel na sua integridade;
III – o valor e a quantidade geométrica que couber a cada condômino, declarando-se as reduções e as compensações resultantes da diversidade de valores das glebas componentes de cada quinhão.

§ 4.º Cada folha de pagamento conterá:
I – a descrição das linhas divisórias do quinhão, mencionadas as confinantes;
II – a relação das benfeitorias e das culturas do próprio quinhoeiro e das que lhe foram adjudicadas por serem comuns ou mediante compensação;
III – a declaração das servidões instituídas, especificados os lugares, a extensão e o modo de exercício.

Art. 598. Aplica-se às divisões o disposto nos arts. 575 a 578.

Capítulo V
DA AÇÃO DE DISSOLUÇÃO PARCIAL DE SOCIEDADE

Art. 599. A ação de dissolução parcial de sociedade pode ter por objeto:

• Sociedades personificadas: arts. 997 e s. do CC.

I – a resolução da sociedade empresária contratual ou simples em relação ao sócio falecido, excluído ou que exerceu o direito de retirada ou recesso; e

II – a apuração dos haveres do sócio falecido, excluído ou que exerceu o direito de retirada ou recesso; ou

III – somente a resolução ou a apuração de haveres.

§ 1.º A petição inicial será necessariamente instruída com o contrato social consolidado.

§ 2.º A ação de dissolução parcial de sociedade pode ter também por objeto a sociedade anônima de capital fechado quando demonstrado, por acionista ou acionistas que representem cinco por cento ou mais do capital social, que não pode preencher o seu fim.

Art. 600. A ação pode ser proposta:

I – pelo espólio do sócio falecido, quando a totalidade dos sucessores não ingressar na sociedade;

II – pelos sucessores, após concluída a partilha do sócio falecido;

III – pela sociedade, se os sócios sobreviventes não admitirem o ingresso do espólio ou dos sucessores do falecido na sociedade, quando esse direito decorrer do contrato social;

IV – pelo sócio que exerceu o direito de retirada ou recesso, se não tiver sido providenciada, pelos demais sócios, a alteração contratual consensual formalizando o desligamento, depois de transcorridos 10 (dez) dias do exercício do direito;

V – pela sociedade, nos casos em que a lei não autoriza a exclusão extrajudicial; ou

VI – pelo sócio excluído.

Parágrafo único. O cônjuge ou companheiro do sócio cujo casamento, união estável ou convivência terminou poderá requerer a apuração de seus haveres na sociedade, que serão pagos à conta da quota social titulada por este sócio.

Art. 601. Os sócios e a sociedade serão citados para, no prazo de 15 (quinze) dias, concordar com o pedido ou apresentar contestação.

Parágrafo único. A sociedade não será citada se todos os seus sócios o forem, mas ficará sujeita aos efeitos da decisão e à coisa julgada.

Art. 602. A sociedade poderá formular pedido de indenização compensável com o valor dos haveres a apurar.

Art. 603. Havendo manifestação expressa e unânime pela concordância da dissolução, o juiz a decretará, passando-se imediatamente à fase de liquidação.

§ 1.º Na hipótese prevista no *caput*, não haverá condenação em honorários advocatícios de nenhuma das partes, e as custas serão rateadas segundo a participação das partes no capital social.

§ 2.º Havendo contestação, observar-se-á o procedimento comum, mas a liquidação da sentença seguirá o disposto neste Capítulo.

Art. 604. Para apuração dos haveres, o juiz:

I – fixará a data da resolução da sociedade;

II – definirá o critério de apuração dos haveres à vista do disposto no contrato social; e

III – nomeará o perito.

§ 1.º O juiz determinará à sociedade ou aos sócios que nela permanecerem que depositem em juízo a parte incontroversa dos haveres devidos.

§ 2.º O depósito poderá ser, desde logo, levantado pelo ex-sócio, pelo espólio ou pelos sucessores.

§ 3.º Se o contrato social estabelecer o pagamento dos haveres, será observado o que nele se dispõs no depósito judicial da parte incontroversa.

Art. 605. A data da resolução da sociedade será:

I – no caso de falecimento do sócio, a do óbito;

II – na retirada imotivada, o sexagésimo dia seguinte ao do recebimento, pela sociedade, da notificação do sócio retirante;

III – no recesso, o dia do recebimento, pela sociedade, da notificação do sócio dissidente;

IV – na retirada por justa causa de sociedade por prazo determinado e na exclusão judicial de sócio, a do trânsito em julgado da decisão que dissolver a sociedade; e

V – na exclusão extrajudicial, a data da assembleia ou da reunião de sócios que a tiver deliberado.

Art. 606. Em caso de omissão do contrato social, o juiz definirá, como critério de apuração de haveres, o valor patrimonial apurado em balanço de determinação, tomando-se por referência a data da resolução e avaliando-se bens e direitos do ativo, tangíveis e intangíveis, a preço de saída, além do passivo também a ser apurado de igual forma.

Parágrafo único. Em todos os casos em que seja necessária a realização de perícia, a nomeação do perito recairá preferencialmente sobre especialista em avaliação de sociedades.

Art. 607. A data da resolução e o critério de apuração de haveres podem ser revistos pelo juiz, a pedido da parte, a qualquer tempo antes do início da perícia.

Art. 608. Até a data da resolução, integram o valor devido ao ex-sócio, ao espólio ou aos sucessores a participação nos lucros ou os juros sobre o capital próprio declarados pela sociedade e, se for o caso, a remuneração como administrador.

Parágrafo único. Após a data da resolução, o ex-sócio, o espólio ou os sucessores terão direito apenas à correção monetária dos valores apurados e aos juros contratuais ou legais.

Art. 609. Uma vez apurados, os haveres do sócio retirante serão pagos conforme disciplinar o contrato social e, no silêncio deste, nos termos do § 2.º do art. 1.031 da Lei n. 10.406, de 10 de janeiro de 2002 (Código Civil).

Capítulo VI
DO INVENTÁRIO E DA PARTILHA

• *Vide* art. 5.º, XXVII, XXX e XXXI, da CF, sobre herança.

SEÇÃO I
Disposições Gerais

Art. 610. Havendo testamento ou interessado incapaz, proceder-se-á ao inventário judicial.

§ 1.º Se todos forem capazes e concordes, o inventário e a partilha poderão ser feitos por escritura pública, a qual constituirá documento hábil para qualquer ato de registro, bem como para levantamento de importância depositada em instituições financeiras.

§ 2.º O tabelião somente lavrará a escritura pública se todas as partes interessadas estiverem assistidas por advogado ou por defensor público, cuja qualificação e assinatura constarão do ato notarial.

•• *Vide* art. 1.º, *caput*, da Lei n. 6.858, de 24-11-1980 (pagamento a dependentes ou sucessores de valores não recebidos em vida).

•• Os arts. 2.015 e 2.016 do CC dispõem sobre a partilha amigável e judicial respectivamente.

•• *Vide* art. 112 da Lei n. 8.213, de 24-7-1991 (benefícios da Previdência Social).

• O Provimento OAB n. 118, de 7-5-2007, disciplina as atividades profissionais dos advogados em escrituras públicas de inventários, partilhas, separações e divórcios.

Art. 611. O processo de inventário e de partilha deve ser instaurado dentro de 2 (dois) meses, a contar da abertura da sucessão, ultimando-se nos 12 (doze) meses subsequentes, podendo o juiz prorrogar esses prazos, de ofício ou a requerimento de parte.

•• Prazo para requerer inventário: art. 1.796 do CC.

•• Sobre os prazos de que trata este artigo: *vide* art. 16 da Lei n. 14.010, de 10-6-2020.

• *Vide* art. 48 do CPC.

Art. 612. O juiz decidirá todas as questões de direito desde que os fatos relevantes estejam provados por documento, só remetendo para as vias ordinárias as questões que dependerem de outras provas.

Art. 613. Até que o inventariante preste o compromisso, continuará o espólio na posse do administrador provisório.

Art. 614. O administrador provisório representa ativa e passivamente o espólio, é obrigado a trazer ao acervo os frutos que desde a abertura da sucessão percebeu, tem direito ao reembolso das despesas necessárias e úteis que fez e responde pelo dano a que, por dolo ou culpa, der causa.

SEÇÃO II
Da Legitimidade para Requerer o Inventário

Art. 615. O requerimento de inventário e de partilha incumbe a quem estiver na posse e na administração do espólio, no prazo estabelecido no art. 611.

Parágrafo único. O requerimento será instruído com a certidão de óbito do autor da herança.

Art. 616. Têm, contudo, legitimidade concorrente:
I - o cônjuge ou companheiro supérstite;
II - o herdeiro;
III - o legatário;
IV - o testamenteiro;
V - o cessionário do herdeiro ou do legatário;
VI - o credor do herdeiro, do legatário ou do autor da herança;
VII - o Ministério Público, havendo herdeiros incapazes;
VIII - a Fazenda Pública, quando tiver interesse;
IX - o administrador judicial da falência do herdeiro, do legatário, do autor da herança ou do cônjuge ou companheiro supérstite.

SEÇÃO III
Do Inventariante e das Primeiras Declarações

Art. 617. O juiz nomeará inventariante na seguinte ordem:
I - o cônjuge ou companheiro sobrevivente, desde que estivesse convivendo com o outro ao tempo da morte deste;
II - o herdeiro que se achar na posse e na administração do espólio, se não houver cônjuge ou companheiro sobrevivente ou se estes não puderem ser nomeados;
III - qualquer herdeiro, quando nenhum deles estiver na posse e na administração do espólio;
IV - o herdeiro menor, por seu representante legal;
V - o testamenteiro, se lhe tiver sido confiada a administração do espólio ou se toda a herança estiver distribuída em legados;
VI - o cessionário do herdeiro ou do legatário;
VII - o inventariante judicial, se houver;
VIII - pessoa estranha idônea, quando não houver inventariante judicial.

Parágrafo único. O inventariante, intimado da nomeação, prestará, dentro de 5 (cinco) dias, o compromisso de bem e fielmente desempenhar a função.

Art. 618. Incumbe ao inventariante:
I - representar o espólio ativa e passivamente, em juízo ou fora dele, observando-se, quanto ao dativo, o disposto no art. 75, § 1.º;
II - administrar o espólio, velando-lhe os bens com a mesma diligência que teria se seus fossem;
III - prestar as primeiras e as últimas declarações pessoalmente ou por procurador com poderes especiais;
IV - exibir em cartório, a qualquer tempo, para exame das partes, os documentos relativos ao espólio;
V - juntar aos autos certidão do testamento, se houver;
VI - trazer à colação os bens recebidos pelo herdeiro ausente, renunciante ou excluído;
VII - prestar contas de sua gestão ao deixar o cargo ou sempre que o juiz lhe determinar;
•• *Vide art. 622, V, do CPC.*
VIII - requerer a declaração de insolvência.

Art. 619. Incumbe ainda ao inventariante, ouvidos os interessados e com autorização do juiz:
I - alienar bens de qualquer espécie;
II - transigir em juízo ou fora dele;
III - pagar dívidas do espólio;
• *Vide arts. 642 a 646 do CPC.*
IV - fazer as despesas necessárias para a conservação e o melhoramento dos bens do espólio.

Art. 620. Dentro de 20 (vinte) dias contados da data em que prestou o compromisso, o inventariante fará as primeiras declarações, das quais se lavrará termo circunstanciado, assinado pelo juiz, pelo escrivão e pelo inventariante, no qual serão exarados:
I - o nome, o estado, a idade e o domicílio do autor da herança, o dia e o lugar em que faleceu e se deixou testamento;
II - o nome, o estado, a idade, o endereço eletrônico e a residência dos herdeiros e, havendo cônjuge ou companheiro supérstite, além dos respectivos dados pessoais, o regime de bens do casamento ou da união estável;
III - a qualidade dos herdeiros e o grau de parentesco com o inventariado;
IV - a relação completa e individualizada de todos os bens do espólio, inclusive aqueles que devem ser conferidos à colação, e dos bens alheios que nele forem encontrados, descrevendo-se:
• *Vide art. 674, caput, do CPC.*
a) os imóveis, com as suas especificações, nomeadamente local em que se encontram, extensão da área, limites, confrontações, benfeitorias, origem dos títulos, números das matrículas e ônus que os gravam;
b) os móveis, com os sinais característicos;
c) os semoventes, seu número, suas espécies, suas marcas e seus sinais distintivos;
d) o dinheiro, as joias, os objetos de ouro e prata e as pedras preciosas, declarando-se-lhes especificadamente a qualidade, o peso e a importância;
e) os títulos da dívida pública, bem como as ações, as quotas e os títulos de sociedade, mencionando-se-lhes o número, o valor e a data;
f) as dívidas ativas e passivas, indicando-se-lhes as datas, os títulos, a origem da obrigação e os nomes dos credores e dos devedores;
g) direitos e ações;
h) o valor corrente de cada um dos bens do espólio.
§ 1.º O juiz determinará que se proceda:
•• *Vide art. 1.003, parágrafo único, do CPC.*
I - ao balanço do estabelecimento, se o autor da herança era empresário individual;
II - à apuração de haveres, se o autor da herança era sócio de sociedade que não anônima.
§ 2.º As declarações podem ser prestadas mediante petição, firmada por procurador com poderes especiais, à qual o termo se reportará.

Art. 621. Só se pode arguir sonegação ao inventariante depois de encerrada a descrição dos bens, com a declaração, por ele feita, de não existirem outros por inventariar.

Art. 622. O inventariante será removido de ofício ou a requerimento:
I - se não prestar, no prazo legal, as primeiras ou as últimas declarações;
II - se não der ao inventário andamento regular, se suscitar dúvidas infundadas ou se praticar atos meramente protelatórios;
III - se, por culpa sua, bens do espólio se deteriorarem, forem dilapidados ou sofrerem dano;
IV - se não defender o espólio nas ações em que for citado, se deixar de cobrar dívidas ativas ou se não promover as medidas necessárias para evitar o perecimento de direitos;

V – se não prestar contas ou se as que prestar não forem julgadas boas;

•• Vide art. 553 do CPC.

VI – se sonegar, ocultar ou desviar bens do espólio.

Art. 623. Requerida a remoção com fundamento em qualquer dos incisos do art. 622, será intimado o inventariante para, no prazo de 15 (quinze) dias, defender-se e produzir provas.

Parágrafo único. O incidente da remoção correrá em apenso aos autos do inventário.

Art. 624. Decorrido o prazo, com a defesa do inventariante ou sem ela, o juiz decidirá.

Parágrafo único. Se remover o inventariante, o juiz nomeará outro, observada a ordem estabelecida no art. 617.

Art. 625. O inventariante removido entregará imediatamente ao substituto os bens do espólio e, caso deixe de fazê-lo, será compelido mediante mandado de busca e apreensão ou de imissão na posse, conforme se tratar de bem móvel ou imóvel, sem prejuízo da multa a ser fixada pelo juiz em montante não superior a três por cento do valor dos bens inventariados.

SEÇÃO IV
Das Citações e das Impugnações

Art. 626. Feitas as primeiras declarações, o juiz mandará citar, para os termos do inventário e da partilha, o cônjuge, o companheiro, os herdeiros e os legatários e intimar a Fazenda Pública, o Ministério Público, se houver herdeiro incapaz ou ausente, e o testamenteiro, se houver testamento.

§ 1.º O cônjuge ou o companheiro, os herdeiros e os legatários serão citados pelo correio, observado o disposto no art. 247, sendo, ainda, publicado edital, nos termos do inciso III do art. 259.

§ 2.º Das primeiras declarações extrair-se-ão tantas cópias quantas forem as partes.

§ 3.º A citação será acompanhada de cópia das primeiras declarações.

§ 4.º Incumbe ao escrivão remeter cópias à Fazenda Pública, ao Ministério Público, ao testamenteiro, se houver, e ao advogado, se a parte já estiver representada nos autos.

Art. 627. Concluídas as citações, abrir-se-á vista às partes, em cartório e pelo prazo comum de 15 (quinze) dias, para que se manifestem sobre as primeiras declarações, incumbindo às partes:

I – arguir erros, omissões e sonegação de bens;

II – reclamar contra a nomeação de inventariante;

III – contestar a qualidade de quem foi incluído no título de herdeiro.

§ 1.º Julgando procedente a impugnação referida no inciso I, o juiz mandará retificar as primeiras declarações.

§ 2.º Se acolher o pedido de que trata o inciso II, o juiz nomeará outro inventariante, observada a preferência legal.

§ 3.º Verificando que a disputa sobre a qualidade de herdeiro a que alude o inciso III demanda produção de provas que não a documental, o juiz remeterá a parte às vias ordinárias e sobrestará, até o julgamento da ação, a entrega do quinhão que na partilha couber ao herdeiro admitido.

Art. 628. Aquele que se julgar preterido poderá demandar sua admissão no inventário, requerendo-a antes da partilha.

§ 1.º Ouvidas as partes no prazo de 15 (quinze) dias, o juiz decidirá.

§ 2.º Se para solução da questão for necessária a produção de provas que não a documental, o juiz remeterá o requerente às vias ordinárias, mandando reservar, em poder do inventariante, o quinhão do herdeiro excluído até que se decida o litígio.

Art. 629. A Fazenda Pública, no prazo de 15 (quinze) dias, após a vista de que trata o art. 627, informará ao juízo, de acordo com os dados que constam de seu cadastro imobiliário, o valor dos bens de raiz descritos nas primeiras declarações.

SEÇÃO V
Da Avaliação e do Cálculo do Imposto

Art. 630. Findo o prazo previsto no art. 627 sem impugnação ou decidida a impugnação que houver sido oposta, o juiz nomeará, se for o caso, perito para avaliar os bens do espólio, se não houver na comarca avaliador judicial.

Parágrafo único. Na hipótese prevista no art. 620, § 1.º, o juiz nomeará perito para avaliação das quotas sociais ou apuração dos haveres.

Art. 631. Ao avaliar os bens do espólio, o perito observará, no que for aplicável, o disposto nos arts. 872 e 873.

Art. 632. Não se expedirá carta precatória para a avaliação de bens situados fora da comarca onde corre o inventário se eles forem de pequeno valor ou perfeitamente conhecidos do perito nomeado.

Art. 633. Sendo capazes todas as partes, não se procederá à avaliação se a Fazenda Pública, intimada pessoalmente, concordar de forma expressa com o valor atribuído, nas primeiras declarações, aos bens do espólio.

Art. 634. Se os herdeiros concordarem com o valor dos bens declarados pela Fazenda Pública, a avaliação cingir-se-á aos demais.

Art. 635. Entregue o laudo de avaliação, o juiz mandará que as partes se manifestem no prazo de 15 (quinze) dias, que correrá em cartório.

§ 1.º Versando a impugnação sobre o valor dado pelo perito, o juiz a decidirá de plano, à vista do que constar dos autos.

§ 2.º Julgando procedente a impugnação, o juiz determinará que o perito retifique a avaliação, observando os fundamentos da decisão.

Art. 636. Aceito o laudo ou resolvidas as impugnações suscitadas a seu respeito, lavrar-se-á em seguida o termo de últimas declarações, no qual o inventariante poderá emendar, aditar ou completar as primeiras.

• Vide art. 622, I, do CPC.

Art. 637. Ouvidas as partes sobre as últimas declarações no prazo comum de 15 (quinze) dias, proceder-se-á ao cálculo do tributo.

Art. 638. Feito o cálculo, sobre ele serão ouvidas todas as partes no prazo comum de 5 (cinco) dias, que correrá em cartório, e, em seguida, a Fazenda Pública.

§ 1.º Se acolher eventual impugnação, o juiz ordenará nova remessa dos autos ao contabilista, determinando as alterações que devam ser feitas no cálculo.

§ 2.º Cumprido o despacho, o juiz julgará o cálculo do tributo.

SEÇÃO VI
Das Colações

•• Os arts. 2.002 a 2.012 do CC dispõem sobre colação.

Art. 639. No prazo estabelecido no art. 627, o herdeiro obrigado à colação conferirá por termo nos autos ou por petição à qual o termo se reportará os bens que recebeu ou, se já não os possuir, trar-lhes-á o valor.

Parágrafo único. Os bens a serem conferidos na partilha, assim como as acessões e as benfeitorias que o donatário fez, calcular-se-ão pelo valor que tiverem ao tempo da abertura da sucessão.

Art. 640. O herdeiro que renunciou à herança ou o que dela foi excluído não se exime, pelo fato da renúncia ou da exclusão, de conferir, para o efeito de repor a parte inoficiosa, as liberalidades que obteve do doador.

§ 1.º É lícito ao donatário escolher, dentre os bens doados, tantos quantos bastem para perfazer a legítima e a metade disponível, entrando na partilha o excedente para ser dividido entre os demais herdeiros.

§ 2.º Se a parte inoficiosa da doação recair sobre bem imóvel que não comporte divisão cômoda, o juiz determinará que sobre ela se proceda a licitação entre os herdeiros.

§ 3.º O donatário poderá concorrer na licitação referida no § 2.º e, em igualdade de condições, terá preferência sobre os herdeiros.

Art. 641. Se o herdeiro negar o recebimento dos bens ou a obrigação de os conferir, o juiz, ouvidas as partes no prazo comum de 15 (quinze) dias, decidirá à vista das alegações e das provas produzidas.

§ 1.º Declarada improcedente a oposição, se o herdeiro, no prazo improrrogável de 15 (quinze) dias, não proceder à conferência, o juiz mandará sequestrar-lhe, para serem inventariados e partilhados, os bens sujeitos à colação ou imputar ao seu quinhão hereditário o valor deles, se já não os possuir.

§ 2.º Se a matéria exigir dilação probatória diversa da documental, o juiz remeterá as partes às vias ordinárias, não podendo o herdeiro receber o seu quinhão hereditário, enquanto pender a demanda, sem prestar caução correspondente ao valor dos bens sobre os quais versar a conferência.

SEÇÃO VII
Do Pagamento das Dívidas

Art. 642. Antes da partilha, poderão os credores do espólio requerer ao juízo do inventário o pagamento das dívidas vencidas e exigíveis.

- •• *Vide* art. 4.º da Lei n. 6.830, de 22-9-1980, sobre cobrança judicial da dívida ativa da Fazenda Pública.
- • *Vide* art. 619, III, do CPC.
- • O art. 1.997 do CC dispõe que a herança responde pelo pagamento das dívidas do falecido; mas, feita a partilha, só respondem os herdeiros, cada qual em proporção da parte que na herança lhe coube.
- • O art. 189 do CTN estabelece que são pagos preferencialmente quaisquer créditos habilitados em inventário ou arrolamento.

§ 1.º A petição, acompanhada de prova literal da dívida, será distribuída por dependência e autuada em apenso aos autos do processo de inventário.

§ 2.º Concordando as partes com o pedido, o juiz, ao declarar habilitado o credor, mandará que se faça a separação de dinheiro ou, em sua falta, de bens suficientes para o pagamento.

§ 3.º Separados os bens, tantos quantos forem necessários para o pagamento dos credores habilitados, o juiz mandará aliená-los, observando-se as disposições deste Código relativas à expropriação.

- • *Vide* art. 647 do CPC.

§ 4.º Se o credor requerer que, em vez de dinheiro, lhe sejam adjudicados, para o seu pagamento, os bens já reservados, o juiz deferir-lhe-á o pedido, concordando todas as partes.

§ 5.º Os donatários serão chamados a pronunciar-se sobre a aprovação das dívidas, sempre que haja possibilidade de resultar delas a redução das liberalidades.

Art. 643. Não havendo concordância de todas as partes sobre o pedido de pagamento feito pelo credor, será o pedido remetido às vias ordinárias.

- • *Vide* art. 668, I, do CPC.

Parágrafo único. O juiz mandará, porém, reservar, em poder do inventariante, bens suficientes para pagar o credor quando a dívida constar de documento que comprove suficientemente a obrigação e a impugnação não se fundar em quitação.

Art. 644. O credor de dívida líquida e certa, ainda não vencida, pode requerer habilitação no inventário.

Parágrafo único. Concordando as partes com o pedido referido no *caput*, o juiz, ao julgar habilitado o crédito, mandará que se faça separação de bens para o futuro pagamento.

Art. 645. O legatário é parte legítima para manifestar-se sobre as dívidas do espólio:

I – quando toda a herança for dividida em legados;
- • Os arts. 1.912 a 1.940 do CC dispõem sobre legado.

II – quando o reconhecimento das dívidas importar redução dos legados.
- • Os arts. 1.912 a 1.940 do CC dispõem sobre legado.

Art. 646. Sem prejuízo do disposto no art. 860, é lícito aos herdeiros, ao separarem bens para o pagamento de dívidas, autorizar que o inventariante os indique à penhora no processo em que o espólio for executado.

SEÇÃO VIII
Da Partilha

Art. 647. Cumprido o disposto no art. 642, § 3.º, o juiz facultará às partes que, no prazo comum de 15 (quinze) dias, formulem o pedido de quinhão e, em seguida, proferirá a decisão de deliberação da partilha, resolvendo os pedidos das partes e designando os bens que devam constituir quinhão de cada herdeiro e legatário.

- • Os arts. 2.013 e s. do CC dispõem sobre partilha.

Parágrafo único. O juiz poderá, em decisão fundamentada, deferir antecipadamente a qualquer dos herdeiros o exercício dos direitos de usar e de fruir de determinado bem, com a condição de que, ao término do inventário, tal bem integre a cota desse herdeiro, cabendo a este, desde o deferimento, todos os ônus e bônus decorrentes do exercício daqueles direitos.

Art. 648. Na partilha, serão observadas as seguintes regras:

I – a máxima igualdade possível quanto ao valor, à natureza e à qualidade dos bens;

II – a prevenção de litígios futuros;

III – a máxima comodidade dos coerdeiros, do cônjuge ou do companheiro, se for o caso.

Art. 649. Os bens insuscetíveis de divisão cômoda que não couberem na parte do cônjuge ou companheiro supérstite ou no quinhão de um só herdeiro serão licitados entre os interessados ou vendidos judicialmente, partilhando-se o valor apurado, salvo se houver acordo para que sejam adjudicados a todos.

Art. 650. Se um dos interessados for nascituro, o quinhão que lhe caberá será reservado em poder do inventariante até o seu nascimento.

Art. 651. O partidor organizará o esboço da partilha de acordo com a decisão judicial, observando nos pagamentos a seguinte ordem:

I – dívidas atendidas;

II – meação do cônjuge;

III – meação disponível;

IV – quinhões hereditários, a começar pelo coerdeiro mais velho.

Art. 652. Feito o esboço, as partes manifestar-se-ão sobre esse no prazo comum de 15 (quinze) dias, e, resolvidas as reclamações, a partilha será lançada nos autos.

Art. 653. A partilha constará:

I – de auto de orçamento, que mencionará:

a) os nomes do autor da herança, do inventariante, do cônjuge ou companheiro supérstite, dos herdeiros, dos legatários e dos credores admitidos;

b) o ativo, o passivo e o líquido partível, com as necessárias especificações;

c) o valor de cada quinhão;

II – de folha de pagamento para cada parte, declarando a quota a pagar-lhe, a razão do pagamento e a relação dos bens que lhe compõem o quinhão, as características que os individualizam e os ônus que os gravam.

Parágrafo único. O auto e cada uma das folhas serão assinados pelo juiz e pelo escrivão.

Art. 654. Pago o imposto de transmissão a título de morte e juntada aos autos certidão ou informação negativa de dívida para com a Fazenda Pública, o juiz julgará por sentença a partilha.

- • O art. 192 do CTN estabelece que nenhuma sentença de julgamento de partilha ou adjudicação será proferida sem prova da quitação de todos os tributos relativos aos bens.

Parágrafo único. A existência de dívida para com a Fazenda Pública não impedirá o julgamento da partilha, desde que o seu pagamento esteja devidamente garantido.

Art. 655. Transitada em julgado a sentença mencionada no art. 654, receberá o herdeiro os bens que lhe tocarem e um formal de partilha, do qual constarão as seguintes peças:

I – termo de inventariante e título de herdeiros;
II – avaliação dos bens que constituíram o quinhão do herdeiro;
III – pagamento do quinhão hereditário;
IV – quitação dos impostos;
V – sentença.

Parágrafo único. O formal de partilha poderá ser substituído por certidão de pagamento do quinhão hereditário quando esse não exceder a 5 (cinco) vezes o salário mínimo, caso em que se transcreverá nela a sentença de partilha transitada em julgado.

Art. 656. A partilha, mesmo depois de transitada em julgado a sentença, pode ser emendada nos mesmos autos do inventário, convindo todas as partes, quando tenha havido erro de fato na descrição dos bens, podendo o juiz, de ofício ou a requerimento da parte, a qualquer tempo, corrigir-lhe as inexatidões materiais.

Art. 657. A partilha amigável, lavrada em instrumento público, reduzida a termo nos autos do inventário ou constante de escrito particular homologado pelo juiz, pode ser anulada por dolo, coação, erro essencial ou intervenção de incapaz, observado o disposto no § 4.º do art. 966.

Parágrafo único. O direito à anulação de partilha amigável extingue-se em 1 (um) ano, contado esse prazo:

I – no caso de coação, do dia em que ela cessou;
II – no caso de erro ou dolo, do dia em que se realizou o ato;
III – quanto ao incapaz, do dia em que cessar a incapacidade.

Art. 658. É rescindível a partilha julgada por sentença:

I – nos casos mencionados no art. 657;
II – se feita com preterição de formalidades legais;
III – se preteriu herdeiro ou incluiu quem não o seja.

• *Vide* art. 966 do CPC.

SEÇÃO IX
Do Arrolamento

Art. 659. A partilha amigável, celebrada entre partes capazes, nos termos da lei, será homologada de plano pelo juiz, com observância dos arts. 660 a 663.

• A Resolução n. 35, de 24-4-2007, do CNJ, disciplina o disposto neste artigo quanto à partilha feita por escritura pública.

§ 1.º O disposto neste artigo aplica-se, também, ao pedido de adjudicação, quando houver herdeiro único.

§ 2.º Transitada em julgado a sentença de homologação de partilha ou de adjudicação, será lavrado o formal de partilha ou elaborada a carta de adjudicação e, em seguida, serão expedidos os alvarás referentes aos bens e às rendas por ele abrangidos, intimando-se o fisco para lançamento administrativo do imposto de transmissão e de outros tributos porventura incidentes, conforme dispuser a legislação tributária, nos termos do § 2.º do art. 662.

Art. 660. Na petição de inventário, que se processará na forma de arrolamento sumário, independentemente da lavratura de termos de qualquer espécie, os herdeiros:

I – requererão ao juiz a nomeação do inventariante que designarem;
II – declararão os títulos dos herdeiros e os bens do espólio, observado o disposto no art. 630;
III – atribuirão valor aos bens do espólio, para fins de partilha.

Art. 661. Ressalvada a hipótese prevista no parágrafo único do art. 663, não se procederá à avaliação dos bens do espólio para nenhuma finalidade.

Art. 662. No arrolamento, não serão conhecidas ou apreciadas questões relativas ao lançamento, ao pagamento ou à quitação de taxas judiciárias e de tributos incidentes sobre a transmissão da propriedade dos bens do espólio.

•• *Vide* art. 659, § 2.º, do CPC.

§ 1.º A taxa judiciária, se devida, será calculada com base no valor atribuído pelos herdeiros, cabendo ao fisco, se apurar em processo administrativo valor diverso do estimado, exigir a eventual diferença pelos meios adequados ao lançamento de créditos tributários em geral.

§ 2.º O imposto de transmissão será objeto de lançamento administrativo, conforme dispuser a legislação tributária, não ficando as autoridades fazendárias adstritas aos valores dos bens do espólio atribuídos pelos herdeiros.

Art. 663. A existência de credores do espólio não impedirá a homologação da partilha ou da adjudicação, se forem reservados bens suficientes para o pagamento da dívida.

Parágrafo único. A reserva de bens será realizada pelo valor estimado pelas partes, salvo se o credor, regularmente notificado, impugnar a estimativa, caso em que se promoverá a avaliação dos bens a serem reservados.

Art. 664. Quando o valor dos bens do espólio for igual ou inferior a 1.000 (mil) salários mínimos, o inventário processar-se-á na forma de arrolamento, cabendo ao inventariante nomeado, independentemente de assinatura de termo de compromisso, apresentar, com suas declarações, a atribuição de valor aos bens do espólio e o plano da partilha.

•• *Vide* art. 1.º da Lei n. 6.858, de 24-11-1980 (pagamento a dependentes ou sucessores de valores não recebidos em vida).
•• *Vide* art. 112 da Lei n. 8.213, de 24-7-1991.

§ 1.º Se qualquer das partes ou o Ministério Público impugnar a estimativa, o juiz nomeará avaliador, que oferecerá laudo em 10 (dez) dias.

§ 2.º Apresentado o laudo, o juiz, em audiência que designar, deliberará sobre a partilha, decidindo de plano todas as reclamações e mandando pagar as dívidas não impugnadas.

§ 3.º Lavrar-se-á de tudo um só termo, assinado pelo juiz, pelo inventariante e pelas partes presentes ou por seus advogados.

§ 4.º Aplicam-se a essa espécie de arrolamento, no que couber, as disposições do art. 672, relativamente ao lançamento, ao pagamento e à quitação da taxa judiciária e do imposto sobre a transmissão da propriedade dos bens do espólio.

•• Entendemos que a remissão correta seja ao art. 662 do CPC.

§ 5.º Provada a quitação dos tributos relativos aos bens do espólio e às suas rendas, o juiz julgará a partilha.

Art. 665. O inventário processar-se-á também na forma do art. 664, ainda que haja interessado incapaz, desde que concordem todas as partes e o Ministério Público.

Art. 666. Independerá de inventário ou de arrolamento o pagamento dos valores previstos na Lei n. 6.858, de 24 de novembro de 1980.

Art. 667. Aplicam-se subsidiariamente a esta Seção as disposições das Seções VII e VIII deste Capítulo.

SEÇÃO X
Disposições Comuns a Todas as Seções

Art. 668. Cessa a eficácia da tutela provisória prevista nas Seções deste Capítulo:

• *Vide* arts. 308 e 309 do CPC.

I – se a ação não for proposta em 30 (trinta) dias contados da data em que da decisão foi intimado o impugnante, o herdeiro excluído ou o credor não admitido;
II – se o juiz extinguir o processo de inventário com ou sem resolução de mérito.

Art. 669. São sujeitos à sobrepartilha os bens:

I – sonegados;
• *Vide* arts. 1.992 a 1.996 do CC.
II – da herança descobertos após a partilha;
III – litigiosos, assim como os de liquidação difícil ou morosa;

IV – situados em lugar remoto da sede do juízo onde se processa o inventário.

Parágrafo único. Os bens mencionados nos incisos III e IV serão reservados à sobrepartilha sob a guarda e a administração do mesmo ou de diverso inventariante, a consentimento da maioria dos herdeiros.

Art. 670. Na sobrepartilha dos bens, observar-se-á o processo de inventário e de partilha.

Parágrafo único. A sobrepartilha correrá nos autos do inventário do autor da herança.

Art. 671. O juiz nomeará curador especial:
• Vide art. 72 do CPC.

I – ao ausente, se não o tiver;

II – ao incapaz, se concorrer na partilha com o seu representante, desde que exista colisão de interesses.
•• Vide art. 72 do CPC.
• O art. 1.692 do CC trata do usufruto e da administração dos bens de filhos menores.

Art. 672. É lícita a cumulação de inventários para a partilha de heranças de pessoas diversas quando houver:

I – identidade de pessoas entre as quais devam ser repartidos os bens;

II – heranças deixadas pelos dois cônjuges ou companheiros;

III – dependência de uma das partilhas em relação à outra.

Parágrafo único. No caso previsto no inciso III, se a dependência for parcial, por haver outros bens, o juiz pode ordenar a tramitação separada, se melhor convier ao interesse das partes ou à celeridade processual.

Art. 673. No caso previsto no art. 672, inciso II, prevalecerão as primeiras declarações, assim como o laudo de avaliação, salvo se alterado o valor dos bens.

Capítulo VII
DOS EMBARGOS DE TERCEIRO

• Vide Súmula 134 do STJ.

Art. 674. Quem, não sendo parte no processo, sofrer constrição ou ameaça de constrição sobre bens que possua ou sobre os quais tenha direito incompatível com o ato constritivo, poderá requerer seu desfazimento ou sua inibição por meio de embargos de terceiro.

§ 1.º Os embargos podem ser de terceiro proprietário, inclusive fiduciário, ou possuidor.
•• Vide Súmula 134 do STJ.

§ 2.º Considera-se terceiro, para ajuizamento dos embargos:

I – o cônjuge ou companheiro, quando defende a posse de bens próprios ou de sua meação, ressalvado o disposto no art. 843;

II – o adquirente de bens cuja constrição decorreu de decisão que declara a ineficácia da alienação realizada em fraude à execução;

III – quem sofre constrição judicial de seus bens por força de desconsideração da personalidade jurídica, de cujo incidente não fez parte;

IV – o credor com garantia real para obstar expropriação judicial do objeto de direito real de garantia, caso não tenha sido intimado, nos termos legais dos atos expropriatórios respectivos.

Art. 675. Os embargos podem ser opostos a qualquer tempo no processo de conhecimento enquanto não transitada em julgado a sentença e, no cumprimento de sentença ou no processo de execução, até 5 (cinco) dias depois da adjudicação, da alienação por iniciativa particular ou da arrematação, mas sempre antes da assinatura da respectiva carta.
• Vide art. 214, I, do CPC.

Parágrafo único. Caso identifique a existência de terceiro titular de interesse em embargar o ato, o juiz mandará intimá-lo pessoalmente.

Art. 676. Os embargos serão distribuídos por dependência ao juízo que ordenou a constrição e autuados em apartado.
•• Vide art. 914, § 2.º, do CPC.

Parágrafo único. Nos casos de ato de constrição realizado por carta, os embargos serão oferecidos no juízo deprecado, salvo se indicado pelo juízo deprecante o bem constrito ou se já devolvida a carta.

Art. 677. Na petição inicial, o embargante fará a prova sumária de sua posse ou de seu domínio e da qualidade de terceiro, oferecendo documentos e rol de testemunhas.

§ 1.º É facultada a prova da posse em audiência preliminar designada pelo juiz.

§ 2.º O possuidor direto pode alegar, além da sua posse, o domínio alheio.

§ 3.º A citação será pessoal, se o embargado não tiver procurador constituído nos autos da ação principal.

§ 4.º Será legitimado passivo o sujeito a quem o ato de constrição aproveita, assim como o será seu adversário no processo principal quando for sua a indicação do bem para a constrição judicial.

Art. 678. A decisão que reconhecer suficientemente provado o domínio ou a posse determinará a suspensão das medidas constritivas sobre os bens litigiosos objeto dos embargos, bem como a manutenção ou a reintegração provisória da posse, se o embargante a houver requerido.

Parágrafo único. O juiz poderá condicionar a ordem de manutenção ou de reintegração provisória de posse à prestação de caução pelo requerente, ressalvada a impossibilidade da parte economicamente hipossuficiente.

Art. 679. Os embargos poderão ser contestados no prazo de 15 (quinze) dias, findo o qual se seguirá o procedimento comum.

Art. 680. Contra os embargos do credor com garantia real, o embargado somente poderá alegar que:

I – o devedor comum é insolvente;

II – o título é nulo ou não obriga a terceiro;

III – outra é a coisa dada em garantia.

Art. 681. Acolhido o pedido inicial, o ato de constrição judicial indevida será cancelado, com o reconhecimento do domínio, da manutenção da posse ou da reintegração definitiva do bem ou do direito ao embargante.

Capítulo VIII
DA OPOSIÇÃO

Art. 682. Quem pretender, no todo ou em parte, a coisa ou o direito sobre que controvertem autor e réu poderá, até ser proferida a sentença, oferecer oposição contra ambos.

Art. 683. O opoente deduzirá o pedido em observação aos requisitos exigidos para propositura da ação.

Parágrafo único. Distribuída a oposição por dependência, serão os opostos citados, na pessoa de seus respectivos advogados, para contestar o pedido no prazo comum de 15 (quinze) dias.

Art. 684. Se um dos opostos reconhecer a procedência do pedido, contra o outro prosseguirá o opoente.

Art. 685. Admitido o processamento, a oposição será apensada aos autos e tramitará simultaneamente à ação originária, sendo ambas julgadas pela mesma sentença.

Parágrafo único. Se a oposição for proposta após o início da audiência de instrução, o juiz suspenderá o curso do processo ao fim da produção das provas, salvo se concluir que a unidade da instrução atende melhor ao princípio da duração razoável do processo.

Art. 686. Cabendo ao juiz decidir simultaneamente a ação originária e a oposição, desta conhecerá em primeiro lugar.

Capítulo IX
DA HABILITAÇÃO

Art. 687. A habilitação ocorre quando, por falecimento de qualquer das partes, os interessados houverem de suceder-lhe no processo.

Art. 688. A habilitação pode ser requerida:
I – pela parte, em relação aos sucessores do falecido;
II – pelos sucessores do falecido, em relação à parte.

Art. 689. Proceder-se-á à habilitação nos autos do processo principal, na instância em que estiver, suspendendo-se, a partir de então, o processo.

Art. 690. Recebida a petição, o juiz ordenará a citação dos requeridos para se pronunciarem no prazo de 5 (cinco) dias.
Parágrafo único. A citação será pessoal, se a parte não tiver procurador constituído nos autos.

Art. 691. O juiz decidirá o pedido de habilitação imediatamente, salvo se este for impugnado e houver necessidade de dilação probatória diversa da documental, caso em que determinará que o pedido seja autuado em apartado e disporá sobre a instrução.

Art. 692. Transitada em julgado a sentença de habilitação, o processo principal retomará o seu curso, e cópia da sentença será juntada aos autos respectivos.

Capítulo X
DAS AÇÕES DE FAMÍLIA

Art. 693. As normas deste Capítulo aplicam-se aos processos contenciosos de divórcio, separação, reconhecimento e extinção de união estável, guarda, visitação e filiação.
•• A Emenda Constitucional n. 66, de 13-7-2010, instituiu o divórcio direto.
• Lei do Divórcio: Lei n. 6.515, de 26-12-1977.
• União estável: Leis n. 8.971, de 29-12-1994, e 9.278, de 10-5-1996.

Parágrafo único. A ação de alimentos e a que versar sobre interesse de criança ou de adolescente observarão o procedimento previsto em legislação específica, aplicando-se, no que couber, as disposições deste Capítulo.

Art. 694. Nas ações de família, todos os esforços serão empreendidos para a solução consensual da controvérsia, devendo o juiz dispor do auxílio de profissionais de outras áreas de conhecimento para a mediação e conciliação.
Parágrafo único. A requerimento das partes, o juiz pode determinar a suspensão do processo enquanto os litigantes se submetem a mediação extrajudicial ou a atendimento multidisciplinar.

Art. 695. Recebida a petição inicial e, se for o caso, tomadas as providências referentes à tutela provisória, o juiz ordenará a citação do réu para comparecer à audiência de mediação e conciliação, observado o disposto no art. 694.
§ 1.º O mandado de citação conterá apenas os dados necessários à audiência e deverá estar desacompanhado de cópia da petição inicial, assegurado ao réu o direito de examinar seu conteúdo a qualquer tempo.
§ 2.º A citação ocorrerá com antecedência mínima de 15 (quinze) dias da data designada para a audiência.
§ 3.º A citação será feita na pessoa do réu.
§ 4.º Na audiência, as partes deverão estar acompanhadas de seus advogados ou de defensores públicos.

Art. 696. A audiência de mediação e conciliação poderá dividir-se em tantas sessões quantas sejam necessárias para viabilizar a solução consensual, sem prejuízo de providências jurisdicionais para evitar o perecimento do direito.

Art. 697. Não realizado o acordo, passarão a incidir, a partir de então, as normas do procedimento comum, observado o art. 335.

Art. 698. Nas ações de família, o Ministério Público somente intervirá quando houver interesse de incapaz e deverá ser ouvido previamente à homologação de acordo.
Parágrafo único. O Ministério Público intervirá, quando não for parte, nas ações de família em que figure como parte vítima de violência doméstica e familiar, nos termos da Lei n. 11.340, de 7 de agosto de 2006 (Lei Maria da Penha).
•• Parágrafo único acrescentado pela Lei n. 13.894, de 29-10-2019.

Art. 699. Quando o processo envolver discussão sobre fato relacionado a abuso ou a alienação parental, o juiz, ao tomar o depoimento do incapaz, deverá estar acompanhado por especialista.

Capítulo XI
DA AÇÃO MONITÓRIA

Art. 700. A ação monitória pode ser proposta por aquele que afirmar, com base em prova escrita sem eficácia de título executivo, ter direito de exigir do devedor capaz:
I – o pagamento de quantia em dinheiro;
II – a entrega de coisa fungível ou infungível ou de bem móvel ou imóvel;
III – o adimplemento de obrigação de fazer ou de não fazer.
§ 1.º A prova escrita pode consistir em prova oral documentada, produzida antecipadamente nos termos do art. 381.
§ 2.º Na petição inicial, incumbe ao autor explicitar, conforme o caso:
I – a importância devida, instruindo-a com memória de cálculo;
II – o valor atual da coisa reclamada;
III – o conteúdo patrimonial em discussão ou o proveito econômico perseguido.
§ 3.º O valor da causa deverá corresponder à importância prevista no § 2.º, incisos I a III.
§ 4.º Além das hipóteses do art. 330, a petição inicial será indeferida quando não atendido o disposto no § 2.º deste artigo.
§ 5.º Havendo dúvida quanto à idoneidade de prova documental apresentada pelo autor, o juiz intimá-lo-á para, querendo, emendar a petição inicial, adaptando-a ao procedimento comum.
§ 6.º É admissível ação monitória em face da Fazenda Pública.
§ 7.º Na ação monitória, admite-se citação por qualquer dos meios permitidos para o procedimento comum.

Art. 701. Sendo evidente o direito do autor, o juiz deferirá a expedição de mandado de pagamento, de entrega de coisa ou para execução de obrigação de fazer ou de não fazer, concedendo ao réu prazo de 15 (quinze) dias para o cumprimento e o pagamento de honorários advocatícios de cinco por cento do valor atribuído à causa.
§ 1.º O réu será isento do pagamento de custas processuais se cumprir o mandado no prazo.
§ 2.º Constituir-se-á de pleno direito o título executivo judicial, independentemente de qualquer formalidade, se não realizado o pagamento e não apresentados os embargos previstos no art. 702, observando-se, no que couber, o Título II do Livro I da Parte Especial.
§ 3.º É cabível ação rescisória da decisão prevista no *caput* quando ocorrer a hipótese do § 2.º.
§ 4.º Sendo a ré Fazenda Pública, não apresentados os embargos previstos no art. 702, aplicar-se-á o disposto no art. 496, observando-se, a seguir, no que couber, o Título II do Livro I da Parte Especial.
§ 5.º Aplica-se à ação monitória, no que couber, o art. 916.

Art. 702. Independentemente de prévia segurança do juízo, o réu poderá opor, nos próprios autos, no prazo previsto no art. 701, embargos à ação monitória.
§ 1.º Os embargos podem se fundar em matéria passível de alegação como defesa no procedimento comum.
§ 2.º Quando o réu alegar que o autor pleiteia quantia superior à devida, cumprir-lhe-á declarar de imediato o valor que entende correto, apresentando demonstrativo discriminado e atualizado da dívida.
§ 3.º Não apontado o valor correto ou não apresentado o demonstrativo, os embargos serão liminarmente rejeitados, se esse for o seu único fundamento, e, se houver outro fundamento, os embargos serão processados, mas o juiz deixará de examinar a alegação de excesso.

§ 4.º A oposição dos embargos suspende a eficácia da decisão referida no *caput* do art. 701 até o julgamento em primeiro grau.

§ 5.º O autor será intimado para responder aos embargos no prazo de 15 (quinze) dias.

§ 6.º Na ação monitória admite-se a reconvenção, sendo vedado o oferecimento de reconvenção à reconvenção.

• Vide art. 343 do CPC.

§ 7.º A critério do juiz, os embargos serão autuados em apartado, se parciais, constituindo-se de pleno direito o título executivo judicial em relação à parcela incontroversa.

§ 8.º Rejeitados os embargos, constituir-se-á de pleno direito o título executivo judicial, prosseguindo-se o processo em observância ao disposto no Título II do Livro I da Parte Especial, no que for cabível.

§ 9.º Cabe apelação contra a sentença que acolhe ou rejeita os embargos.

§ 10. O juiz condenará o autor de ação monitória proposta indevidamente e de má-fé ao pagamento, em favor do réu, de multa de até dez por cento sobre o valor da causa.

§ 11. O juiz condenará o réu que de má-fé opuser embargos à ação monitória ao pagamento de multa de até dez por cento sobre o valor atribuído à causa, em favor do autor.

Capítulo XII
DA HOMOLOGAÇÃO DO PENHOR LEGAL

•• Os arts. 1.467 a 1.472 do CC dispõem sobre penhor legal.

Art. 703. Tomado o penhor legal nos casos previstos em lei, requererá o credor, ato contínuo, a homologação.

§ 1.º Na petição inicial, instruída com o contrato de locação ou a conta pormenorizada das despesas, a tabela dos preços e a relação dos objetos retidos, o credor pedirá a citação do devedor para pagar ou contestar na audiência preliminar que for designada.

§ 2.º A homologação do penhor legal poderá ser promovida pela via extrajudicial mediante requerimento, que conterá os requisitos previstos no § 1.º deste artigo, do credor a notário de sua livre escolha.

§ 3.º Recebido o requerimento, o notário promoverá a notificação extrajudicial do devedor para, no prazo de 5 (cinco) dias, pagar o débito ou impugnar sua cobrança, alegando por escrito uma das causas previstas no art. 704, hipótese em que o procedimento será encaminhado ao juízo competente para decisão.

§ 4.º Transcorrido o prazo sem manifestação do devedor, o notário formalizará a homologação do penhor legal por escritura pública.

Art. 704. A defesa só pode consistir em:

I – nulidade do processo;
II – extinção da obrigação;
III – não estar a dívida compreendida entre as previstas em lei ou não estarem os bens sujeitos a penhor legal;
IV – alegação de haver sido ofertada caução idônea, rejeitada pelo credor.

Art. 705. A partir da audiência preliminar, observar-se-á o procedimento comum.

Art. 706. Homologado judicialmente o penhor legal, consolidar-se-á a posse do autor sobre o objeto.

§ 1.º Negada a homologação, o objeto será entregue ao réu, ressalvado ao autor o direito de cobrar a dívida pelo procedimento comum, salvo se acolhida a alegação de extinção da obrigação.

§ 2.º Contra a sentença caberá apelação, e, na pendência de recurso, poderá o relator ordenar que a coisa permaneça depositada ou em poder do autor.

Capítulo XIII
DA REGULAÇÃO DE AVARIA GROSSA

Art. 707. Quando inexistir consenso acerca da nomeação de um regulador de avarias, o juiz de direito da comarca do primeiro porto onde o navio houver chegado, provocado por qualquer parte interessada, nomeará um de notório conhecimento.

Art. 708. O regulador declarará justificadamente se os danos são passíveis de rateio na forma de avaria grossa e exigirá das partes envolvidas a apresentação de garantias idôneas para que possam ser liberadas as cargas aos consignatários.

§ 1.º A parte que não concordar com o regulador quanto à declaração de abertura da avaria grossa deverá justificar suas razões ao juiz, que decidirá no prazo de 10 (dez) dias.

§ 2.º Se o consignatário não apresentar garantia idônea a critério do regulador, este fixará o valor da contribuição provisória com base nos fatos narrados e nos documentos que instruírem a petição inicial, que deverá ser caucionado sob a forma de depósito judicial ou de garantia bancária.

§ 3.º Recusando-se o consignatário a prestar caução, o regulador requererá ao juiz a alienação judicial de sua carga na forma dos arts. 879 a 903.

§ 4.º É permitido o levantamento, por alvará, das quantias necessárias ao pagamento das despesas da alienação a serem arcadas pelo consignatário, mantendo-se o saldo remanescente em depósito judicial até o encerramento da regulação.

Art. 709. As partes deverão apresentar nos autos os documentos necessários à regulação da avaria grossa em prazo razoável a ser fixado pelo regulador.

Art. 710. O regulador apresentará o regulamento da avaria grossa no prazo de até 12 (doze) meses, contado da data da entrega dos documentos nos autos pelas partes, podendo o prazo ser estendido a critério do juiz.

§ 1.º Oferecido o regulamento da avaria grossa, dele terão vista as partes pelo prazo comum de 15 (quinze) dias, e, não havendo impugnação, o regulamento será homologado por sentença.

§ 2.º Havendo impugnação ao regulamento, o juiz decidirá no prazo de 10 (dez) dias, após a oitiva do regulador.

Art. 711. Aplicam-se ao regulador de avarias os arts. 156 a 158, no que couber.

Capítulo XIV
DA RESTAURAÇÃO DE AUTOS

Art. 712. Verificado o desaparecimento dos autos, eletrônicos ou não, pode o juiz, de ofício, qualquer das partes ou o Ministério Público, se for o caso, promover-lhes a restauração.

Parágrafo único. Havendo autos suplementares, nesses prosseguirá o processo.

Art. 713. Na petição inicial, declarará a parte o estado do processo ao tempo do desaparecimento dos autos, oferecendo:

I – certidões dos atos constantes do protocolo de audiências do cartório por onde haja corrido o processo;
II – cópia das peças que tenha em seu poder;
III – qualquer outro documento que facilite a restauração.

Art. 714. A parte contrária será citada para contestar o pedido no prazo de 5 (cinco) dias, cabendo-lhe exibir as cópias, as contrafés e as reproduções dos atos e dos documentos que estiverem em seu poder.

§ 1.º Se a parte concordar com a restauração, lavrar-se-á o auto que, assinado pelas partes e homologado pelo juiz, suprirá o processo desaparecido.

§ 2.º Se a parte não contestar ou se a concordância for parcial, observar-se-á o procedimento comum.

Art. 715. Se a perda dos autos tiver ocorrido depois da produção das provas em audiência, o juiz, se necessário, mandará repeti-las.

§ 1.º Serão reinquiridas as mesmas testemunhas, que, em caso de impossibilidade, poderão ser substituídas de ofício ou a requerimento.

§ 2.º Não havendo certidão ou cópia do laudo, far-se-á nova perícia, sempre que possível pelo mesmo perito.

§ 3.º Não havendo certidão de documentos, esses serão reconstituídos mediante cópias ou, na falta dessas, pelos meios ordinários de prova.

§ 4.º Os serventuários e os auxiliares da justiça não podem eximir-se de depor como testemunhas a respeito de atos que tenham praticado ou assistido.

§ 5.º Se o juiz houver proferido sentença da qual ele próprio ou o escrivão possua cópia, esta será juntada aos autos e terá a mesma autoridade da original.

Art. 716. Julgada a restauração, seguirá o processo os seus termos.

Parágrafo único. Aparecendo os autos originais, neles se prosseguirá, sendo-lhes apensados os autos da restauração.

Art. 717. Se o desaparecimento dos autos tiver ocorrido no tribunal, o processo de restauração será distribuído, sempre que possível, ao relator do processo.

§ 1.º A restauração far-se-á no juízo de origem quanto aos atos nele realizados.

§ 2.º Remetidos os autos ao tribunal, nele completar-se-á a restauração e proceder-se-á ao julgamento.

Art. 718. Quem houver dado causa ao desaparecimento dos autos responderá pelas custas da restauração e pelos honorários de advogado, sem prejuízo da responsabilidade civil ou penal em que incorrer.

• Vide art. 81 do CPC.

Capítulo XV
DOS PROCEDIMENTOS DE JURISDIÇÃO VOLUNTÁRIA

SEÇÃO I
Disposições Gerais

Art. 719. Quando este Código não estabelecer procedimento especial, regem os procedimentos de jurisdição voluntária as disposições constantes desta *Seção*.

•• Vide art. 215, I, do CPC.

Art. 720. O procedimento terá início por provocação do interessado, do Ministério Público ou da Defensoria Pública, cabendo-lhes formular o pedido devidamente instruído com os documentos necessários e com a indicação da providência judicial.

Art. 721. Serão citados todos os interessados, bem como intimado o Ministério Público, nos casos do art. 178, para que se manifestem, querendo, no prazo de 15 (quinze) dias.

•• Vide art. 279, § 1.º, do CPC.

Art. 722. A Fazenda Pública será sempre ouvida nos casos em que tiver interesse.

Art. 723. O juiz decidirá o pedido no prazo de 10 (dez) dias.

Parágrafo único. O juiz não é obrigado a observar critério de legalidade estrita, podendo adotar em cada caso a solução que considerar mais conveniente ou oportuna.

Art. 724. Da sentença caberá apelação.

Art. 725. Processar-se-á na forma estabelecida nesta Seção o pedido de:

I – emancipação;

• Vide arts. 5.º, parágrafo único, I, e 9.º, II, do CC.

II – sub-rogação;

III – alienação, arrendamento ou oneração de bens de crianças ou adolescentes, de órfãos e de interditos;

IV – alienação, locação e administração da coisa comum;

V – alienação de quinhão em coisa comum;

VI – extinção de usufruto, quando não decorrer da morte do usufrutuário, do termo da sua duração ou da consolidação, e de fideicomisso, quando decorrer de renúncia ou quando ocorrer antes do evento que caracterizar a condição resolutiva;

VII – expedição de alvará judicial;

VIII – homologação de autocomposição extrajudicial, de qualquer natureza ou valor.

Parágrafo único. As normas desta Seção aplicam-se, no que couber, aos procedimentos regulados nas seções seguintes.

SEÇÃO II
Da Notificação e da Interpelação

Art. 726. Quem tiver interesse em manifestar formalmente sua vontade a outrem sobre assunto juridicamente relevante poderá notificar pessoas participantes da mesma relação jurídica para dar-lhes ciência de seu propósito.

§ 1.º Se a pretensão for a de dar conhecimento geral ao público, mediante edital, o juiz só a deferirá se a tiver por fundada e necessária ao resguardo de direito.

§ 2.º Aplica-se o disposto nesta Seção, no que couber, ao protesto judicial.

Art. 727. Também poderá o interessado interpelar o requerido, no caso do art. 726, para que faça ou deixe de fazer o que o requerente entenda ser de seu direito.

Art. 728. O requerido será previamente ouvido antes do deferimento da notificação ou do respectivo edital:

I – se houver suspeita de que o requerente, por meio da notificação ou do edital, pretende alcançar fim ilícito;

II – se tiver sido requerida a averbação da notificação em registro público.

Art. 729. Deferida e realizada a notificação ou interpelação, os autos serão entregues ao requerente.

SEÇÃO III
Da Alienação Judicial

Art. 730. Nos casos expressos em lei, não havendo acordo entre os interessados sobre o modo como se deve realizar a alienação do bem, o juiz, de ofício ou a requerimento dos interessados ou do depositário, mandará aliená-lo em leilão, observando-se o disposto na Seção I deste Capítulo e, no que couber, o disposto nos arts. 879 a 903.

SEÇÃO IV
Do Divórcio e da Separação Consensuais, da Extinção Consensual de União Estável e da Alteração do Regime de Bens do Matrimônio

Art. 731. A homologação do divórcio ou da separação consensuais, observados os requisitos legais, poderá ser requerida em petição assinada por ambos os cônjuges, da qual constarão:

•• A Emenda Constitucional n. 66, de 13-7-2010, instituiu o divórcio direto.

I – as disposições relativas à descrição e à partilha dos bens comuns;

II – as disposições relativas à pensão alimentícia entre os cônjuges;

•• Vide art. 5.º, I, da CF.

III – o acordo relativo à guarda dos filhos incapazes e ao regime de visitas; e

IV – o valor da contribuição para criar e educar os filhos.

Parágrafo único. Se os cônjuges não acordarem sobre a partilha dos bens, far-se-á esta depois de homologado o divórcio, na forma estabelecida nos arts. 647 a 658.

Art. 732. As disposições relativas ao processo de homologação judicial de divórcio ou de separação consensuais aplicam-se, no que couber, ao processo de homologação da extinção consensual de união estável.

• União estável: arts. 1.723 e s. do CC.

Art. 733. O divórcio consensual, a separação consensual e a extinção consensual de união estável, não havendo nascituro ou filhos incapazes

e observados os requisitos legais, poderão ser realizados por escritura pública, da qual constarão as disposições de que trata o art. 731.

•• A Emenda Constitucional n. 66, de 13-7-2010, instituiu o divórcio direto.

§ 1.º A escritura não depende de homologação judicial e constitui título hábil para qualquer ato de registro, bem como para levantamento de importância depositada em instituições financeiras.

§ 2.º O tabelião somente lavrará a escritura se os interessados estiverem assistidos por advogado ou por defensor público, cuja qualificação e assinatura constarão do ato notarial.

• O Provimento OAB n. 118, de 7-5-2007, disciplina as atividades profissionais dos advogados em escrituras públicas de inventários, partilhas e divórcios.

Art. 734. A alteração do regime de bens do casamento, observados os requisitos legais, poderá ser requerida, motivadamente, em petição assinada por ambos os cônjuges, na qual serão expostas as razões que justificam a alteração, ressalvados os direitos de terceiros.

§ 1.º Ao receber a petição inicial, o juiz determinará a intimação do Ministério Público e a publicação de edital que divulgue a pretendida alteração de bens, somente podendo decidir depois de decorrido o prazo de 30 (trinta) dias da publicação do edital.

§ 2.º Os cônjuges, na petição inicial ou em petição avulsa, podem propor ao juiz meio alternativo de divulgação da alteração do regime de bens, a fim de resguardar direitos de terceiros.

§ 3.º Após o trânsito em julgado da sentença, serão expedidos mandados de averbação aos cartórios de registro civil e de imóveis e, caso qualquer dos cônjuges seja empresário, ao Registro Público de Empresas Mercantis e Atividades Afins.

SEÇÃO V
Dos Testamentos e dos Codicilos

Art. 735. Recebendo testamento cerrado, o juiz, se não achar vício externo que o torne suspeito de nulidade ou falsidade, o abrirá e mandará que o escrivão o leia em presença do apresentante.

•• Vide art. 214, I, do CPC.
• Os arts. 1.868 a 1.875 do CC dispõem sobre o testamento cerrado.

§ 1.º Do termo de abertura constarão o nome do apresentante e como ele obteve o testamento, a data e o lugar do falecimento do testador, com as respectivas provas, e qualquer circunstância digna de nota.

§ 2.º Depois de ouvido o Ministério Público, não havendo dúvidas a serem esclarecidas, o juiz mandará registrar, arquivar e cumprir o testamento.

§ 3.º Feito o registro, será intimado o testamenteiro para assinar o termo da testamentária.

§ 4.º Se não houver testamenteiro nomeado ou se ele estiver ausente ou não aceitar o encargo, o juiz nomeará testamenteiro dativo, observando-se a preferência legal.

§ 5.º O testamenteiro deverá cumprir as disposições testamentárias e prestar contas em juízo do que recebeu e despendeu, observando-se o disposto em lei.

Art. 736. Qualquer interessado, exibindo o traslado ou a certidão de testamento público, poderá requerer ao juiz que ordene o seu cumprimento, observando-se, no que couber, o disposto nos parágrafos do art. 735.

Art. 737. A publicação do testamento particular poderá ser requerida, depois da morte do testador, pelo herdeiro, pelo legatário ou pelo testamenteiro, bem como pelo terceiro detentor do testamento, se impossibilitado de entregá-lo a algum dos outros legitimados para requerê-la.

§ 1.º Serão intimados os herdeiros que não tiverem requerido a publicação do testamento.

§ 2.º Verificando a presença dos requisitos da lei, ouvido o Ministério Público, o juiz confirmará o testamento.

§ 3.º Aplica-se o disposto neste artigo ao codicilo e aos testamentos marítimo, aeronáutico, militar e nuncupativo.

§ 4.º Observar-se-á, no cumprimento do testamento, o disposto nos parágrafos do art. 735.

SEÇÃO VI
Da Herança Jacente

Art. 738. Nos casos em que a lei considere jacente a herança, o juiz em cuja comarca tiver domicílio o falecido procederá imediatamente à arrecadação dos respectivos bens.

• Os arts. 1.819 a 1.823 do CC tratam da herança jacente.

Art. 739. A herança jacente ficará sob a guarda, a conservação e a administração de um curador até a respectiva entrega ao sucessor legalmente habilitado ou até a declaração de vacância.

•• Vide art. 75, VI, do CPC.

§ 1.º Incumbe ao curador:

•• Vide art. 739 do CPC.

I – representar a herança em juízo ou fora dele, com intervenção do Ministério Público;

•• Vide art. 75, VI, do CPC.

II – ter em boa guarda e conservação os bens arrecadados e promover a arrecadação de outros porventura existentes;

III – executar as medidas conservatórias dos direitos da herança;

IV – apresentar mensalmente ao juiz balancete da receita e da despesa;

V – prestar contas ao final de sua gestão.

§ 2.º Aplica-se ao curador o disposto nos arts. 159 a 161.

Art. 740. O juiz ordenará que o oficial de justiça, acompanhado do escrivão ou do chefe de secretaria e do curador, arrole os bens e descreva-os em auto circunstanciado.

§ 1.º Não podendo comparecer ao local, o juiz requisitará à autoridade policial que proceda à arrecadação e ao arrolamento dos bens, com 2 (duas) testemunhas, que assistirão às diligências.

§ 2.º Não estando ainda nomeado o curador, o juiz designará depositário e lhe entregará os bens, mediante simples termo nos autos, depois de compromissado.

§ 3.º Durante a arrecadação, o juiz ou a autoridade policial inquirirá os moradores da casa e da vizinhança sobre a qualificação do falecido, o paradeiro de seus sucessores e a existência de outros bens, lavrando-se de tudo auto de inquirição e informação.

§ 4.º O juiz examinará reservadamente os papéis, as cartas missivas e os livros domésticos e, verificando que não apresentam interesse, mandará empacotá-los e lacrá-los para serem assim entregues aos sucessores do falecido ou queimados quando os bens forem declarados vacantes.

§ 5.º Se constar ao juiz a existência de bens em outra comarca, mandará expedir carta precatória a fim de serem arrecadados.

§ 6.º Não se fará a arrecadação, ou essa será suspensa, quando, iniciada, apresentarem-se para reclamar os bens o cônjuge ou companheiro, o herdeiro ou o testamenteiro notoriamente reconhecido e não houver oposição motivada do curador, de qualquer interessado, do Ministério Público ou do representante da Fazenda Pública.

Art. 741. Ultimada a arrecadação, o juiz mandará expedir edital, que será publicado na rede mundial de computadores, no sítio do tribunal a que estiver vinculado o juízo e na plataforma de editais do Conselho Nacional de Justiça, onde permanecerá por 3 (três) meses, ou, não havendo sítio, no órgão oficial e na imprensa da comarca, por 3 (três) vezes com intervalos de 1 (um) mês, para que os sucessores do falecido venham a habilitar-se no prazo de 6 (seis) meses contado da primeira publicação.

§ 1.º Verificada a existência de sucessor ou de testamenteiro em lugar certo, far-se-á a sua citação, sem prejuízo do edital.

§ 2.º Quando o falecido for estrangeiro, será também comunicado o fato à autoridade consular.

§ 3.º Julgada a habilitação do herdeiro, reconhecida a qualidade do testamenteiro ou provada a identidade do cônjuge ou companheiro, a arrecadação converter-se-á em inventário.

§ 4.º Os credores da herança poderão habilitar-se como nos inventários ou propor a ação de cobrança.

Art. 742. O juiz poderá autorizar a alienação:
• Vide art. 730 do CPC.

I – de bens móveis, se forem de conservação difícil ou dispendiosa;

II – de semoventes, quando não empregados na exploração de alguma indústria;

III – de títulos e papéis de crédito, havendo fundado receio de depreciação;

IV – de ações de sociedade quando, reclamada a integralização, não dispuser a herança de dinheiro para o pagamento;

V – de bens imóveis:

a) se ameaçarem ruína, não convindo a reparação;

b) se estiverem hipotecados e vencer-se a dívida, não havendo dinheiro para o pagamento.

§ 1.º Não se procederá, entretanto, à venda se a Fazenda Pública ou o habilitando adiantar a importância para as despesas.

§ 2.º Os bens com valor de afeição, como retratos, objetos de uso pessoal, livros e obras de arte, só serão alienados depois de declarada a vacância da herança.

Art. 743. Passado 1 (um) ano da primeira publicação do edital e não havendo herdeiro habilitado nem habilitação pendente, será a herança declarada vacante.

§ 1.º Pendendo habilitação, a vacância será declarada pela mesma sentença que a julgar improcedente, aguardando-se, no caso de serem diversas as habilitações, o julgamento da última.

§ 2.º Transitada em julgado a sentença que declarou a vacância, o cônjuge, o companheiro, os herdeiros e os credores só poderão reclamar o seu direito por ação direta.

SEÇÃO VII
Dos Bens dos Ausentes

Art. 744. Declarada a ausência nos casos previstos em lei, o juiz mandará arrecadar os bens do ausente e nomear-lhes-á curador na forma estabelecida na Seção VI, observando-se o disposto em lei.
•• Vide art. 71 do CPC.
• O art. 22 do CC trata da curadoria dos bens dos ausentes.

Art. 745. Feita a arrecadação, o juiz mandará publicar editais na rede mundial de computadores, no sítio do tribunal a que estiver vinculado e na plataforma de editais do Conselho Nacional de Justiça, onde permanecerá por 1 (um) ano, ou, não havendo sítio, no órgão oficial e na imprensa da comarca, durante 1 (um) ano, reproduzida de 2 (dois) em 2 (dois) meses, anunciando a arrecadação e chamando o ausente a entrar na posse de seus bens.

§ 1.º Findo o prazo previsto no edital, poderão os interessados requerer a abertura da sucessão provisória, observando-se o disposto em lei.

§ 2.º O interessado, ao requerer a abertura da sucessão provisória, pedirá a citação pessoal dos herdeiros presentes e do curador e, por editais, a dos ausentes para requererem habilitação, na forma dos arts. 689 a 692.

§ 3.º Presentes os requisitos legais, poderá ser requerida a conversão da sucessão provisória em definitiva.

§ 4.º Regressando o ausente ou algum de seus descendentes ou ascendentes para requerer ao juiz a entrega de bens, serão citados para contestar o pedido os sucessores provisórios ou definitivos, o Ministério Público e o representante da Fazenda Pública, seguindo-se o procedimento comum.

SEÇÃO VIII
Das Coisas Vagas

Art. 746. Recebendo do descobridor coisa alheia perdida, o juiz mandará lavrar o respectivo auto, do qual constará a descrição do bem e as declarações do descobridor.

•• Os arts. 1.233 a 1.237 do CC dispõem sobre descoberta.
• O art. 169, parágrafo único, I, do CP dispõe sobre crime de apropriação de tesouro.

§ 1.º Recebida a coisa por autoridade policial, esta a remeterá em seguida ao juízo competente.

§ 2.º Depositada a coisa, o juiz mandará publicar edital na rede mundial de computadores, no sítio do tribunal a que estiver vinculado e na plataforma de editais do Conselho Nacional de Justiça ou, não havendo sítio, no órgão oficial e na imprensa da comarca, para que o dono ou o legítimo possuidor a reclame, salvo se se tratar de coisa de pequeno valor e não for possível a publicação no sítio do tribunal, caso em que o edital será apenas afixado no átrio do edifício do fórum.

§ 3.º Observar-se-á, quanto ao mais, o disposto em lei.

SEÇÃO IX
Da Interdição

Art. 747. A interdição pode ser promovida:

I – pelo cônjuge ou companheiro;

II – pelos parentes ou tutores;
• Vide art. 5.º, I, da CF.

III – pelo representante da entidade em que se encontra abrigado o interditando;

IV – pelo Ministério Público.

Parágrafo único. A legitimidade deverá ser comprovada por documentação que acompanhe a petição inicial.

Art. 748. O Ministério Público só promoverá interdição em caso de doença mental grave:

I – se as pessoas designadas nos incisos I, II e III do art. 747 não existirem ou não promoverem a interdição;

II – se, existindo, forem incapazes as pessoas mencionadas nos incisos I e II do art. 747.

Art. 749. Incumbe ao autor, na petição inicial, especificar os fatos que demonstram a incapacidade do interditando para administrar seus bens e, se for o caso, para praticar atos da vida civil, bem como o momento em que a incapacidade se revelou.

Parágrafo único. Justificada a urgência, o juiz pode nomear curador provisório ao interditando para a prática de determinados atos.

Art. 750. O requerente deverá juntar laudo médico para fazer prova de suas alegações ou informar a impossibilidade de fazê-lo.

Art. 751. O interditando será citado para, em dia designado, comparecer perante o juiz, que o entrevistará minuciosamente acerca de sua vida, negócios, bens, vontades, preferências e laços familiares e afetivos e sobre o que mais lhe parecer necessário para convencimento quanto à sua capacidade para praticar atos da vida civil, devendo ser reduzidas a termo as perguntas e respostas.

§ 1.º Não podendo o interditando deslocar-se, o juiz o ouvirá no local onde estiver.

§ 2.º A entrevista poderá ser acompanhada por especialista.

§ 3.º Durante a entrevista, é assegurado o emprego de recursos tecnológicos capazes de permitir ou de auxiliar o interditando a expressar suas vontades e preferências e a responder às perguntas formuladas.

§ 4.º A critério do juiz, poderá ser requisitada a oitiva de parentes e de pessoas próximas.

Art. 752. Dentro do prazo de 15 (quinze) dias contado da entrevista, o interditando poderá impugnar o pedido.

§ 1.º O Ministério Público intervirá como fiscal da ordem jurídica.

§ 2.º O interditando poderá constituir advogado, e, caso não o faça, deverá ser nomeado curador especial.

§ 3.º Caso o interditando não constitua advogado, o seu cônjuge, companheiro ou qualquer parente sucessível poderá intervir como assistente.

Art. 753. Decorrido o prazo previsto no art. 752, o juiz determinará a produção de prova pericial para avaliação da capacidade do interditando para praticar atos da vida civil.

§ 1.º A perícia pode ser realizada por equipe composta por expertos com formação multidisciplinar.

§ 2.º O laudo pericial indicará especificamente, se for o caso, os atos para os quais haverá necessidade de curatela.

Art. 754. Apresentado o laudo, produzidas as demais provas e ouvidos os interessados, o juiz proferirá sentença.

Art. 755. Na sentença que decretar a interdição, o juiz:

I – nomeará curador, que poderá ser o requerente da interdição, e fixará os limites da curatela, segundo o estado e o desenvolvimento mental do interdito;

II – considerará as características pessoais do interdito, observando suas potencialidades, habilidades, vontades e preferências.

§ 1.º A curatela deve ser atribuída a quem melhor possa atender aos interesses do curatelado.

§ 2.º Havendo, ao tempo da interdição, pessoa incapaz sob a guarda e a responsabilidade do interdito, o juiz atribuirá a curatela a quem melhor puder atender aos interesses do interdito e do incapaz.

§ 3.º A sentença de interdição será inscrita no registro de pessoas naturais e imediatamente publicada na rede mundial de computadores, no sítio do tribunal a que estiver vinculado o juízo e na plataforma de editais do Conselho Nacional de Justiça, onde permanecerá por 6 (seis) meses, na imprensa local, 1 (uma) vez, e no órgão oficial, por 3 (três) vezes, com intervalo de 10 (dez) dias, constando do edital os nomes do interdito e do curador, a causa da interdição, os limites da curatela e, não sendo total a interdição, os atos que o interdito poderá praticar autonomamente.

• Vide art. 9.º, III, do CC.

Art. 756. Levantar-se-á a curatela quando cessar a causa que a determinou.

§ 1.º O pedido de levantamento da curatela poderá ser feito pelo interdito, pelo curador ou pelo Ministério Público e será apensado aos autos da interdição.

§ 2.º O juiz nomeará perito ou equipe multidisciplinar para proceder ao exame do interdito e designará audiência de instrução e julgamento após a apresentação do laudo.

§ 3.º Acolhido o pedido, o juiz decretará o levantamento da interdição e determinará a publicação da sentença, após o trânsito em julgado, na forma do art. 755, § 3.º, ou, não sendo possível, na imprensa local e no órgão oficial, por 3 (três) vezes, com intervalo de 10 (dez) dias, seguindo-se a averbação no registro de pessoas naturais.

§ 4.º A interdição poderá ser levantada parcialmente quando demonstrada a capacidade do interdito para praticar alguns atos da vida civil.

Art. 757. A autoridade do curador estende-se à pessoa e aos bens do incapaz que se encontrar sob a guarda e a responsabilidade do curatelado ao tempo da interdição, salvo se o juiz considerar outra solução como mais conveniente aos interesses do incapaz.

Art. 758. O curador deverá buscar tratamento e apoio apropriados à conquista da autonomia pelo interdito.

SEÇÃO X
Disposições Comuns à Tutela e à Curatela

Art. 759. O tutor ou o curador será intimado a prestar compromisso no prazo de 5 (cinco) dias contado da:

I – nomeação feita em conformidade com a lei;

II – intimação do despacho que mandar cumprir o testamento ou o instrumento público que o houver instituído.

§ 1.º O tutor ou o curador prestará compromisso por termo em livro rubricado pelo juiz.

§ 2.º Prestado o compromisso, o tutor ou o curador assume a administração dos bens do tutelado ou do interditado.

Art. 760. O tutor ou o curador poderá eximir-se do encargo apresentando escusa ao juiz no prazo de 5 (cinco) dias contado:

I – antes de aceitar o encargo, da intimação para prestar compromisso;

II – depois de entrar em exercício, do dia em que sobrevier o motivo da escusa.

§ 1.º Não sendo requerida a escusa no prazo estabelecido neste artigo, considerar-se-á renunciado o direito de alegá-la.

§ 2.º O juiz decidirá de plano o pedido de escusa, e, não o admitindo, exercerá o nomeado a tutela ou a curatela enquanto não for dispensado por sentença transitada em julgado.

Art. 761. Incumbe ao Ministério Público ou a quem tenha legítimo interesse requerer, nos casos previstos em lei, a remoção do tutor ou do curador.

Parágrafo único. O tutor ou o curador será citado para contestar a arguição no prazo de 5 (cinco) dias, findo o qual observar-se-á o procedimento comum.

Art. 762. Em caso de extrema gravidade, o juiz poderá suspender o tutor ou o curador do exercício de suas funções, nomeando substituto interino.

Art. 763. Cessando as funções do tutor ou do curador pelo decurso do prazo em que era obrigado a servir, ser-lhe-á lícito requerer a exoneração do encargo.

§ 1.º Caso o tutor ou o curador não requeira a exoneração do encargo dentro dos 10 (dez) dias seguintes à expiração do termo, entender-se-á reconduzido, salvo se o juiz o dispensar.

§ 2.º Cessada a tutela ou a curatela, é indispensável a prestação de contas pelo tutor ou pelo curador, na forma da lei civil.

SEÇÃO XI
Da Organização e da Fiscalização das Fundações

Art. 764. O juiz decidirá sobre a aprovação do estatuto das fundações e de suas alterações sempre que o requeira o interessado, quando:

I – ela for negada previamente pelo Ministério Público ou por este forem exigidas modificações com as quais o interessado não concorde;

II – o interessado discordar do estatuto elaborado pelo Ministério Público.

§ 1.º O estatuto das fundações deve observar o disposto na Lei n. 10.406, de 10 de janeiro de 2002 (Código Civil).

§ 2.º Antes de suprir a aprovação, o juiz poderá mandar fazer no estatuto modificações a fim de adaptá-lo ao objetivo do instituidor.

Art. 765. Qualquer interessado ou o Ministério Público promoverá em juízo a extinção da fundação quando:

I – se tornar ilícito o seu objeto;

II – for impossível a sua manutenção;

III – vencer o prazo de sua existência.

SEÇÃO XII
Da Ratificação dos Protestos Marítimos e dos Processos Testemunháveis Formados a Bordo

Art. 766. Todos os protestos e os processos testemunháveis formados a bordo e lançados no livro Diário da Navegação deverão ser apresentados pelo comandante ao juiz de direito do primeiro porto, nas primeiras 24 (vinte e quatro) horas de chegada da embarcação, para sua ratificação judicial.

Art. 767. A petição inicial conterá a transcrição dos termos lançados no livro Diário da Navegação e deverá ser instruída com cópias das páginas que contenham os termos que serão ratificados, dos documentos de identificação do comandante e das testemunhas arroladas, do rol de tripulantes, do documento de registro da embarcação e, quando for o caso, do manifesto das cargas sinistradas e a qualificação

de seus consignatários, traduzidos, quando for o caso, de forma livre para o português.

Art. 768. A petição inicial deverá ser distribuída com urgência e encaminhada ao juiz, que ouvirá, sob compromisso a ser prestado no mesmo dia, o comandante e as testemunhas em número mínimo de 2 (duas) e máximo de 4 (quatro), que deverão comparecer ao ato independentemente de intimação.

§ 1.º Tratando-se de estrangeiros que não dominem a língua portuguesa, o autor deverá fazer-se acompanhar por tradutor, que prestará compromisso em audiência.

§ 2.º Caso o autor não se faça acompanhar por tradutor, o juiz deverá nomear outro que preste compromisso em audiência.

Art. 769. Aberta a audiência, o juiz mandará apregoar os consignatários das cargas indicados na petição inicial e outros eventuais interessados, nomeando para os ausentes curador para o ato.

Art. 770. Inquiridos o comandante e as testemunhas, o juiz, convencido da veracidade dos termos lançados no Diário da Navegação, em audiência, ratificará por sentença o protesto ou o processo testemunhável lavrado a bordo, dispensado o relatório.

Parágrafo único. Independentemente do trânsito em julgado, o juiz determinará a entrega dos autos ao autor ou ao seu advogado, mediante a apresentação de traslado.

LIVRO II
DO PROCESSO DE EXECUÇÃO

Título I
DA EXECUÇÃO EM GERAL

Capítulo I
DISPOSIÇÕES GERAIS

Art. 771. Este Livro regula o procedimento da execução fundada em título extrajudicial, e suas disposições aplicam-se, também, no que couber, aos procedimentos especiais de execução, aos atos executivos realizados no procedimento de cumprimento de sentença, bem como aos efeitos de atos ou fatos processuais a que a lei atribuir força executiva.

•• *Vide arts. 783 a 785 do CPC.*

Parágrafo único. Aplicam-se subsidiariamente à execução as disposições do Livro I da Parte Especial.

Art. 772. O juiz pode, em qualquer momento do processo:

I – ordenar o comparecimento das partes;

II – advertir o executado de que seu procedimento constitui ato atentatório à dignidade da justiça;

III – determinar que sujeitos indicados pelo exequente forneçam informações em geral relacionadas ao objeto da execução, tais como documentos e dados que tenham em seu poder, assinando-lhes prazo razoável.

Art. 773. O juiz poderá, de ofício ou a requerimento, determinar as medidas necessárias ao cumprimento da ordem de entrega de documentos e dados.

Parágrafo único. Quando, em decorrência do disposto neste artigo, o juízo receber dados sigilosos para os fins da execução, o juiz adotará as medidas necessárias para assegurar a confidencialidade.

Art. 774. Considera-se atentatória à dignidade da justiça a conduta comissiva ou omissiva do executado que:

• *Vide art. 847, § 2.º, do CPC.*

I – frauda a execução;

• *Vide art. 792 do CPC.*

II – se opõe maliciosamente à execução, empregando ardis e meios artificiosos;

III – dificulta ou embaraça a realização da penhora;

IV – resiste injustificadamente às ordens judiciais;

V – intimado, não indica ao juiz quais são e onde estão os bens sujeitos à penhora e os respectivos valores, nem exibe prova de sua propriedade e, se for o caso, certidão negativa de ônus.

Parágrafo único. Nos casos previstos neste artigo, o juiz fixará multa em montante não superior a vinte por cento do valor atualizado do débito em execução, a qual será revertida em proveito do exequente, exigível nos próprios autos do processo, sem prejuízo de outras sanções de natureza processual ou material.

Art. 775. O exequente tem o direito de desistir de toda a execução ou de apenas alguma medida executiva.

•• *Vide art. 200, parágrafo único, do CPC.*

Parágrafo único. Na desistência da execução, observar-se-á o seguinte:

I – serão extintos a impugnação e os embargos que versarem apenas sobre questões processuais, pagando o exequente as custas processuais e os honorários advocatícios;

II – nos demais casos, a extinção dependerá da concordância do impugnante ou do embargante.

Art. 776. O exequente ressarcirá ao executado os danos que este sofreu, quando a sentença, transitada em julgado, declarar inexistente, no todo ou em parte, a obrigação que ensejou a execução.

Art. 777. A cobrança de multas ou de indenizações decorrentes de litigância de má-fé ou de prática de ato atentatório à dignidade da justiça será promovida nos próprios autos do processo.

Capítulo II
DAS PARTES

Art. 778. Pode promover a execução forçada o credor a quem a lei confere título executivo.

•• *Vide arts. 783 a 785 do CPC.*

§ 1.º Podem promover a execução forçada ou nela prosseguir, em sucessão ao exequente originário:

I – o Ministério Público, nos casos previstos em lei;

II – o espólio, os herdeiros ou os sucessores do credor, sempre que, por morte deste, lhes for transmitido o direito resultante do título executivo;

III – o cessionário, quando o direito resultante do título executivo lhe for transferido por ato entre vivos;

•• *Vide art. 109, § 1.º, do CPC.*

IV – o sub-rogado, nos casos de sub-rogação legal ou convencional.

•• *Vide art. 857 do CPC.*

• *Vide arts. 346 a 351 do CC.*

§ 2.º A sucessão prevista no § 1.º independe de consentimento do executado.

Art. 779. A execução pode ser promovida contra:

I – o devedor, reconhecido como tal no título executivo;

II – o espólio, os herdeiros ou os sucessores do devedor;

III – o novo devedor que assumiu, com o consentimento do credor, a obrigação resultante do título executivo;

•• *Vide art. 109, § 1.º, do CPC.*

IV – o fiador do débito constante em título extrajudicial;

•• *Vide art. 794, caput e § 1.º, do CPC.*

V – o responsável titular do bem vinculado por garantia real ao pagamento do débito;

VI – o responsável tributário, assim definido em lei.

Art. 780. O exequente pode cumular várias execuções, ainda que fundadas em títulos diferentes, quando o executado for o mesmo e desde que para todas elas seja competente o mesmo juízo e idêntico o procedimento.

Capítulo III
DA COMPETÊNCIA

Art. 781. A execução fundada em título extrajudicial será processada perante o juízo competente, observando-se o seguinte:

I – a execução poderá ser proposta no foro de domicílio do executado, de eleição constante do título ou, ainda, de situação dos bens a ela sujeitos;

II – tendo mais de um domicílio, o executado poderá ser demandado no foro de qualquer deles;

III – sendo incerto ou desconhecido o domicílio do executado, a execução poderá ser proposta no lugar onde for encontrado ou no foro de domicílio do exequente;

IV – havendo mais de um devedor, com diferentes domicílios, a execução será proposta no foro de qualquer deles, à escolha do exequente;

V – a execução poderá ser proposta no foro do lugar em que se praticou o ato ou em que ocorreu o fato que deu origem ao título, mesmo que nele não mais resida o executado.

Art. 782. Não dispondo a lei de modo diverso, o juiz determinará os atos executivos, e o oficial de justiça os cumprirá.

§ 1.º O oficial de justiça poderá cumprir os atos executivos determinados pelo juiz também nas comarcas contíguas, de fácil comunicação, e nas que se situem na mesma região metropolitana.

§ 2.º Sempre que, para efetivar a execução, for necessário o emprego de força policial, o juiz a requisitará.

§ 3.º A requerimento da parte, o juiz pode determinar a inclusão do nome do executado em cadastros de inadimplentes.

•• *Vide* art. 17 da Instrução Normativa n. 39, de 15-3-2016.

§ 4.º A inscrição será cancelada imediatamente se for efetuado o pagamento, se for garantida a execução ou se a execução for extinta por qualquer outro motivo.

•• *Vide* art. 17 da Instrução Normativa n. 39, de 15-3-2016.

§ 5.º O disposto nos §§ 3.º e 4.º aplica-se à execução definitiva de título judicial.

•• *Vide* art. 17 da Instrução Normativa n. 39, de 15-3-2016.

Capítulo IV
DOS REQUISITOS NECESSÁRIOS PARA REALIZAR QUALQUER EXECUÇÃO

SEÇÃO I
Do Título Executivo

Art. 783. A execução para cobrança de crédito fundar-se-á sempre em título de obrigação certa, líquida e exigível.

Art. 784. São títulos executivos extrajudiciais:

I – a letra de câmbio, a nota promissória, a duplicata, a debênture e o cheque;

II – a escritura pública ou outro documento público assinado pelo devedor;

•• *Vide* art. 36 do Decreto n. 10.854, de 10-11-2021.
• *Vide* arts. 215 e 221 do CC.

III – o documento particular assinado pelo devedor e por 2 (duas) testemunhas;

IV – o instrumento de transação referendado pelo Ministério Público, pela Defensoria Pública, pela Advocacia Pública, pelos advogados dos transatores ou por conciliador ou mediador credenciado por tribunal;

V – o contrato garantido por hipoteca, penhor, anticrese ou outro direito real de garantia e aquele garantido por caução;

VI – o contrato de seguro de vida em caso de morte;

VII – o crédito decorrente de foro e laudêmio;

VIII – o crédito, documentalmente comprovado, decorrente de aluguel de imóvel, bem como de encargos acessórios, tais como taxas e despesas de condomínio;

• A Lei n. 4.591, de 16-12-1964, dispõe sobre o condomínio em edificações e as incorporações imobiliárias.

IX – a certidão de dívida ativa da Fazenda Pública da União, dos Estados, do Distrito Federal e dos Municípios, correspondente aos créditos inscritos na forma da lei;

• *Vide* Lei n. 6.830, de 22-9-1980 (LEF).

X – o crédito referente às contribuições ordinárias ou extraordinárias de condomínio edilício, previstas na respectiva convenção ou aprovadas em assembleia geral, desde que documentalmente comprovadas;

XI – a certidão expedida por serventia notarial ou de registro relativa a valores de emolumentos e demais despesas devidas pelos atos por ela praticados, fixados nas tabelas estabelecidas em lei;

XII – todos os demais títulos aos quais, por disposição expressa, a lei atribuir força executiva.

•• *Vide* art. 24 da Lei n. 8.906, de 4-7-1994 (EAOAB).
•• *Vide* art. 142 da Lei n. 11.101, de 9-2-2005 (Lei de Falências e Recuperação de Empresas).

§ 1.º A propositura de qualquer ação relativa a débito constante de título executivo não inibe o credor de promover-lhe a execução.

§ 2.º Os títulos executivos extrajudiciais oriundos de país estrangeiro não dependem de homologação para serem executados.

§ 3.º O título estrangeiro só terá eficácia executiva quando satisfeitos os requisitos de formação exigidos pela lei do lugar de sua celebração e quando o Brasil for indicado como o lugar de cumprimento da obrigação.

Art. 785. A existência de título executivo extrajudicial não impede a parte de optar pelo processo de conhecimento, a fim de obter título executivo judicial.

SEÇÃO II
Da Exigibilidade da Obrigação

Art. 786. A execução pode ser instaurada caso o devedor não satisfaça a obrigação certa, líquida e exigível consubstanciada em título executivo.

Parágrafo único. A necessidade de simples operações aritméticas para apurar o crédito exequendo não retira a liquidez da obrigação constante do título.

Art. 787. Se o devedor não for obrigado a satisfazer sua prestação senão mediante a contraprestação do credor, este deverá provar que a adimpliu ao requerer a execução, sob pena de extinção do processo.

•• *Vide* arts. 799 e 917, § 2.º, IV, do CPC.

Parágrafo único. O executado poderá eximir-se da obrigação, depositando em juízo a prestação ou a coisa, caso em que o juiz não permitirá que o credor a receba sem cumprir a contraprestação que lhe tocar.

Art. 788. O credor não poderá iniciar a execução ou nela prosseguir se o devedor cumprir a obrigação, mas poderá recusar o recebimento da prestação se ela não corresponder ao direito ou à obrigação estabelecidos no título executivo, caso em que poderá requerer a execução forçada, ressalvado ao devedor o direito de embargá-la.

•• *Vide* art. 313 do CC.

Capítulo V
DA RESPONSABILIDADE PATRIMONIAL

•• *Vide* art. 3.º da Instrução Normativa n. 39, de 15-3-2016.

Art. 789. O devedor responde com todos os seus bens presentes e futuros para o cumprimento de suas obrigações, salvo as restrições estabelecidas em lei.

• *Vide* art. 824 do CPC.

Art. 790. São sujeitos à execução os bens:

I – do sucessor a título singular, tratando-se de execução fundada em direito real ou obrigação reipersecutória;

II – do sócio, nos termos da lei;

• *Vide* art. 795 do CPC.

III – do devedor, ainda que em poder de terceiros;

IV – do cônjuge ou companheiro, nos casos em que seus bens próprios ou de sua meação respondem pela dívida;

V – alienados ou gravados com ônus real em fraude à execução;

VI – cuja alienação ou gravação com ônus real tenha sido anulada em razão do reconhecimento, em ação autônoma, de fraude contra credores;

VII – do responsável, nos casos de desconsideração da personalidade jurídica.

Art. 791. Se a execução tiver por objeto obrigação de que seja sujeito passivo o proprietário de terreno submetido ao regime do direito de superfície, ou o superficiário, responderá pela dívida, exclusivamente, o direito real do qual é titular o executado, recaindo a penhora ou outros atos de constrição exclusivamente sobre o terreno, no primeiro caso, ou sobre a construção ou a plantação, no segundo caso.

§ 1.º Os atos de constrição a que se refere o *caput* serão averbados separadamente na matrícula do imóvel, com a identificação do executado, do valor do crédito e do objeto sobre o qual recai o gravame, devendo o oficial destacar o bem que responde pela dívida, se o terreno, a construção ou a plantação, de modo a assegurar a publicidade da responsabilidade patrimonial de cada um deles pelas dívidas e pelas obrigações que a eles estão vinculadas.

§ 2.º Aplica-se, no que couber, o disposto neste artigo à enfiteuse, à concessão de uso especial para fins de moradia e à concessão de direito real de uso.

Art. 792. A alienação ou a oneração de bem é considerada fraude à execução:

•• *Vide* arts. 828, § 4.º, e 856, § 3.º, do CPC.

I – quando sobre o bem pender ação fundada em direito real ou com pretensão reipersecutória, desde que a pendência do processo tenha sido averbada no respectivo registro público, se houver;

II – quando tiver sido averbada, no registro do bem, a pendência do processo de execução, na forma do art. 828;

III – quando tiver sido averbado, no registro do bem, hipoteca judiciária ou outro ato de constrição judicial originário do processo onde foi arguida a fraude;

IV – quando, ao tempo da alienação ou da oneração, tramitava contra o devedor ação capaz de reduzi-lo à insolvência;

V – nos demais casos expressos em lei.

•• *Vide* arts. 774, I, 828, § 4.º, e 856, § 3.º, do CPC.

§ 1.º A alienação em fraude à execução é ineficaz em relação ao exequente.

§ 2.º No caso de aquisição de bem não sujeito a registro, o terceiro adquirente tem o ônus de provar que adotou as cautelas necessárias para a aquisição, mediante a exibição das certidões pertinentes, obtidas no domicílio do vendedor e no local onde se encontra o bem.

§ 3.º Nos casos de desconsideração da personalidade jurídica, a fraude à execução verifica-se a partir da citação da parte cuja personalidade se pretende desconsiderar.

•• *Vide* arts. 133 a 137 do CPC.
•• *Vide* art. 50 do CC.

§ 4.º Antes de declarar a fraude à execução, o juiz deverá intimar o terceiro adquirente, que, se quiser, poderá opor embargos de terceiro, no prazo de 15 (quinze) dias.

Art. 793. O exequente que estiver, por direito de retenção, na posse de coisa pertencente ao devedor não poderá promover a execução sobre outros bens senão depois de excutida a coisa que se achar em seu poder.

Art. 794. O fiador, quando executado, tem o direito de exigir que primeiro sejam executados os bens do devedor situados na mesma comarca, livres e desembargados, indicando-os pormenorizadamente à penhora.

§ 1.º Os bens do fiador ficarão sujeitos à execução se os do devedor, situados na mesma comarca que os seus, forem insuficientes à satisfação do direito do credor.

§ 2.º O fiador que pagar a dívida poderá executar o afiançado nos autos do mesmo processo.

§ 3.º O disposto no *caput* não se aplica se o fiador houver renunciado ao benefício de ordem.

Art. 795. Os bens particulares dos sócios não respondem pelas dívidas da sociedade, senão nos casos previstos em lei.

•• *Vide* art. 790, II, do CPC.

§ 1.º O sócio réu, quando responsável pelo pagamento da dívida da sociedade, tem o direito de exigir que primeiro sejam excutidos os bens da sociedade.

•• *Vide* art. 790, II, do CPC.

§ 2.º Incumbe ao sócio que alegar o benefício do § 1.º nomear quantos bens da sociedade situados na mesma comarca, livres e desembargados, bastem para pagar o débito.

§ 3.º O sócio que pagar a dívida poderá executar a sociedade nos autos do mesmo processo.

§ 4.º Para a desconsideração da personalidade jurídica é obrigatória a observância do incidente previsto neste Código.

•• *Vide* arts. 133 a 137 do CPC.

Art. 796. O espólio responde pelas dívidas do falecido, mas, feita a partilha, cada herdeiro responde por elas dentro das forças da herança e na proporção da parte que lhe coube.

Título II
DAS DIVERSAS ESPÉCIES DE EXECUÇÃO

Capítulo I
DISPOSIÇÕES GERAIS

Art. 797. Ressalvado o caso de insolvência do devedor, em que tem lugar o concurso universal, realiza-se a execução no interesse do exequente que adquire, pela penhora, o direito de preferência sobre os bens penhorados.

Parágrafo único. Recaindo mais de uma penhora sobre o mesmo bem, cada exequente conservará o seu título de preferência.

•• O art. 187, parágrafo único, do CTN estabelece a ordem de preferência entre as pessoas jurídicas de direito público.
•• *Vide* arts. 908 e 909 do CPC.

Art. 798. Ao propor a execução, incumbe ao exequente:

I – instruir a petição inicial com:

a) o título executivo extrajudicial;

b) o demonstrativo do débito atualizado até a data de propositura da ação, quando se tratar de execução por quantia certa;

c) a prova de que se verificou a condição ou ocorreu o termo, se for o caso;

•• *Vide* art. 917, § 2.º, V, do CPC.

d) a prova, se for o caso, de que adimpliu a contraprestação que lhe corresponde ou que lhe assegura o cumprimento, se o executado não for obrigado a satisfazer a sua prestação senão mediante a contraprestação do exequente;

•• *Vide* art. 787 do CPC.

II – indicar:

a) a espécie de execução de sua preferência, quando por mais de um modo puder ser realizada;

•• *Vide* art. 805 do CPC.

b) os nomes completos do exequente e do executado e seus números de inscrição no Cadastro de Pessoas Físicas ou no Cadastro Nacional da Pessoa Jurídica;

c) os bens suscetíveis de penhora, sempre que possível.

Parágrafo único. O demonstrativo do débito deverá conter:

I – o índice de correção monetária adotado;

II – a taxa de juros aplicada;
III – os termos inicial e final de incidência do índice de correção monetária e da taxa de juros utilizados;
IV – a periodicidade da capitalização dos juros, se for o caso;
V – a especificação de desconto obrigatório realizado.

Art. 799. Incumbe ainda ao exequente:
I – requerer a intimação do credor pignoratício, hipotecário, anticrético ou fiduciário, quando a penhora recair sobre bens gravados por penhor, hipoteca, anticrese ou alienação fiduciária;
•• Vide art. 804 do CPC.
II – requerer a intimação do titular de usufruto, uso ou habitação, quando a penhora recair sobre bem gravado por usufruto, uso ou habitação;
III – requerer a intimação do promitente comprador, quando a penhora recair sobre bem em relação ao qual haja promessa de compra e venda registrada;
IV – requerer a intimação do promitente vendedor, quando a penhora recair sobre direito aquisitivo derivado de promessa de compra e venda registrada;
V – requerer a intimação do superficiário, enfiteuta ou concessionário, em caso de direito de superfície, enfiteuse, concessão de uso especial para fins de moradia ou concessão de direito real de uso, quando a penhora recair sobre imóvel submetido ao regime do direito de superfície, enfiteuse ou concessão;
VI – requerer a intimação do proprietário de terreno com regime de direito de superfície, enfiteuse, concessão de uso especial para fins de moradia ou concessão de direito real de uso, quando a penhora recair sobre direitos do superficiário, do enfiteuta ou do concessionário;
VII – requerer a intimação da sociedade, no caso de penhora de quota social ou de ação de sociedade anônima fechada, para o fim previsto no art. 876, § 7.º;
VIII – pleitear, se for o caso, medidas urgentes;
IX – proceder à averbação em registro público do ato de propositura da execução e dos atos de constrição realizados, para conhecimento de terceiros;
X – requerer a intimação do titular da construção-base, bem como, se for o caso, do titular de lajes anteriores, quando a penhora recair sobre o direito real de laje;
•• Inciso X acrescentado pela Lei n. 13.465, de 11-7-2017.
XI – requerer a intimação do titular das lajes, quando a penhora recair sobre a construção-base.
•• Inciso XI acrescentado pela Lei n. 13.465, de 11-7-2017.

Art. 800. Nas obrigações alternativas, quando a escolha couber ao devedor, esse será citado para exercer a opção e realizar a prestação dentro de 10 (dez) dias, se outro prazo não lhe foi determinado em lei ou em contrato.
§ 1.º Devolver-se-á ao credor a opção, se o devedor não a exercer no prazo determinado.
§ 2.º A escolha será indicada na petição inicial da execução quando couber ao credor exercê-la.
• Vide arts. 252 a 256 do CC (obrigações alternativas).

Art. 801. Verificando que a petição inicial está incompleta ou que não está acompanhada dos documentos indispensáveis à propositura da execução, o juiz determinará que o exequente a corrija, no prazo de 15 (quinze) dias, sob pena de indeferimento.

Art. 802. Na execução, o despacho que ordena a citação, desde que realizada em observância ao disposto no § 2.º do art. 240, interrompe a prescrição, ainda que proferido por juízo incompetente.
Parágrafo único. A interrupção da prescrição retroagirá à data de propositura da ação.

Art. 803. É nula a execução se:
I – o título executivo extrajudicial não corresponder a obrigação certa, líquida e exigível;
II – o executado não for regularmente citado;
III – for instaurada antes de se verificar a condição ou de ocorrer o termo.
Parágrafo único. A nulidade de que cuida este artigo será pronunciada pelo juiz, de ofício ou a requerimento da parte, independentemente de embargos à execução.

Art. 804. A alienação de bem gravado por penhor, hipoteca ou anticrese será ineficaz em relação ao credor pignoratício, hipotecário ou anticrético não intimado.
• Vide art. 799, I, do CPC.
§ 1.º A alienação de bem objeto de promessa de compra e venda ou de cessão registrada será ineficaz em relação ao promitente comprador ou ao cessionário não intimado.
§ 2.º A alienação de bem sobre o qual tenha sido instituído direito de superfície, seja do solo, da plantação ou da construção, será ineficaz em relação ao concedente ou ao concessionário não intimado.
§ 3.º A alienação de direito aquisitivo de bem objeto de promessa de venda, de promessa de cessão ou de alienação fiduciária será ineficaz em relação ao promitente vendedor, ao promitente cedente ou ao proprietário fiduciário não intimado.
§ 4.º A alienação de imóvel sobre o qual tenha sido instituída enfiteuse, concessão de uso especial para fins de moradia ou concessão de direito real de uso será ineficaz em relação ao enfiteuta ou ao concessionário não intimado.
§ 5.º A alienação de direitos do enfiteuta, do concessionário de direito real de uso ou do concessionário de uso especial para fins de moradia será ineficaz em relação ao proprietário do respectivo imóvel não intimado.
§ 6.º A alienação de bem sobre o qual tenha sido instituído usufruto, uso ou habitação será ineficaz em relação ao titular desses direitos reais não intimado.

Art. 805. Quando por vários meios o exequente puder promover a execução, o juiz mandará que se faça pelo modo menos gravoso para o executado.
•• Vide arts. 798, II, a, 847 e 867 do CPC.
•• Vide art. 3.º da Instrução Normativa n. 39, de 15-3-2016.
Parágrafo único. Ao executado que alegar ser a medida executiva mais gravosa incumbe indicar outros meios mais eficazes e menos onerosos, sob pena de manutenção dos atos executivos já determinados.

Capítulo II
DA EXECUÇÃO PARA A ENTREGA DE COISA

SEÇÃO I
Da Entrega de Coisa Certa

Art. 806. O devedor de obrigação de entrega de coisa certa, constante de título executivo extrajudicial, será citado para, em 15 (quinze) dias, satisfazer a obrigação.
• Vide arts. 233 e 238 do CC.
§ 1.º Ao despachar a inicial, o juiz poderá fixar multa por dia de atraso no cumprimento da obrigação, ficando o respectivo valor sujeito a alteração, caso se revele insuficiente ou excessivo.
§ 2.º Do mandado de citação constará ordem para imissão na posse ou busca e apreensão, conforme se tratar de bem imóvel ou móvel, cujo cumprimento se dará de imediato, se o executado não satisfizer a obrigação no prazo que lhe foi designado.

Art. 807. Se o executado entregar a coisa, será lavrado o termo respectivo e considerada satisfeita a obrigação, prosseguindo-se a execução para o pagamento de frutos ou o ressarcimento de prejuízos, se houver.
• Vide art. 498 e 806 do CPC.
• Vide arts. 233 e 234 do CC.

Art. 808. Alienada a coisa quando já litigiosa, será expedido mandado contra o terceiro adquirente, que somente será ouvido após depositá-la.
• Vide art. 674 do CPC.

Art. 809. O exequente tem direito a receber, além de perdas e danos, o valor da coisa, quando essa se deteriorar, não lhe for entregue, não for encontrada ou não for reclamada do poder de terceiro adquirente.

§ 1.º Não constando do título o valor da coisa e sendo impossível sua avaliação, o exequente apresentará estimativa, sujeitando-a ao arbitramento judicial.

§ 2.º Serão apurados em liquidação o valor da coisa e os prejuízos.

Art. 810. Havendo benfeitorias indenizáveis feitas na coisa pelo executado ou por terceiros de cujo poder ela houver sido tirada, a liquidação prévia é obrigatória.
• Vide art. 1.219 do CC.

Parágrafo único. Havendo saldo:

I – em favor do executado ou de terceiros, o exequente o depositará ao requerer a entrega da coisa;

II – em favor do exequente, esse poderá cobrá-lo nos autos do mesmo processo.

SEÇÃO II
Da Entrega de Coisa Incerta

Art. 811. Quando a execução recair sobre coisa determinada pelo gênero e pela quantidade, o executado será citado para entregá-la individualizada, se lhe couber a escolha.
• Vide arts. 243 e 246 do CC.

Parágrafo único. Se a escolha couber ao exequente, esse deverá indicá-la na petição inicial.

Art. 812. Qualquer das partes poderá, no prazo de 15 (quinze) dias, impugnar a escolha feita pela outra, e o juiz decidirá de plano ou, se necessário, ouvindo perito de sua nomeação.

Art. 813. Aplicar-se-ão à execução para entrega de coisa incerta, no que couber, as disposições da Seção I deste Capítulo.

Capítulo III
DA EXECUÇÃO DAS OBRIGAÇÕES DE FAZER OU DE NÃO FAZER

SEÇÃO I
Disposições Comuns

Art. 814. Na execução de obrigação de fazer ou de não fazer fundada em título extrajudicial, ao despachar a inicial, o juiz fixará multa por período de atraso no cumprimento da obrigação e a data a partir da qual será devida.
• Vide arts. 500 e 537 do CPC.

Parágrafo único. Se o valor da multa estiver previsto no título e for excessivo, o juiz poderá reduzi-lo.

SEÇÃO II
Da Obrigação de Fazer

Art. 815. Quando o objeto da execução for obrigação de fazer, o executado será citado para satisfazê-la no prazo que o juiz lhe designar, se outro não estiver determinado no título executivo.
• Vide arts. 247 a 249 do CC.

Art. 816. Se o executado não satisfizer a obrigação no prazo designado, é lícito ao exequente, nos próprios autos do processo, requerer a satisfação da obrigação à custa do executado ou perdas e danos, hipótese em que se converterá em indenização.
• Vide art. 249, parágrafo único, do CC.

Parágrafo único. O valor das perdas e danos será apurado em liquidação, seguindo-se a execução para cobrança de quantia certa.
• Vide arts. 402 e s. do CC.

Art. 817. Se a obrigação puder ser satisfeita por terceiro, é lícito ao juiz autorizar, a requerimento do exequente, que aquele a satisfaça à custa do executado.

Parágrafo único. O exequente adiantará as quantias previstas na proposta que, ouvidas as partes, o juiz houver aprovado.

Art. 818. Realizada a prestação, o juiz ouvirá as partes no prazo de 10 (dez) dias e, não havendo impugnação, considerará satisfeita a obrigação.

Parágrafo único. Caso haja impugnação, o juiz a decidirá.

Art. 819. Se o terceiro contratado não realizar a prestação no prazo ou se o fizer de modo incompleto ou defeituoso, poderá o exequente requerer ao juiz, no prazo de 15 (quinze) dias, que o autorize a concluí-la ou a repará-la à custa do contratante.

Parágrafo único. Ouvido o contratante no prazo de 15 (quinze) dias, o juiz mandará avaliar o custo das despesas necessárias e o condenará a pagá-lo.

Art. 820. Se o exequente quiser executar ou mandar executar, sob sua direção e vigilância, as obras e os trabalhos necessários à realização da prestação, terá preferência, em igualdade de condições de oferta, em relação ao terceiro.

Parágrafo único. O direito de preferência deverá ser exercido no prazo de 5 (cinco) dias, após aprovada a proposta do terceiro.

Art. 821. Na obrigação de fazer, quando se convencionar que o executado a satisfaça pessoalmente, o exequente poderá requerer ao juiz que lhe assine prazo para cumpri-la.
• Vide art. 247 do CC.

Parágrafo único. Havendo recusa ou mora do executado, sua obrigação pessoal será convertida em perdas e danos, caso em que se observará o procedimento de execução por quantia certa.

SEÇÃO III
Da Obrigação de Não Fazer

Art. 822. Se o executado praticou ato a cuja abstenção estava obrigado por lei ou por contrato, o exequente requererá ao juiz que assine prazo ao executado para desfazê-lo.
• Vide art. 251 do CC.

Art. 823. Havendo recusa ou mora do executado, o exequente requererá ao juiz que mande desfazer o ato à custa daquele, que responderá por perdas e danos.

Parágrafo único. Não sendo possível desfazer-se o ato, a obrigação resolve-se em perdas e danos, caso em que, após a liquidação, se observará o procedimento de execução por quantia certa.

Capítulo IV
DA EXECUÇÃO POR QUANTIA CERTA

SEÇÃO I
Disposições Gerais

Art. 824. A execução por quantia certa realiza-se pela expropriação de bens do executado, ressalvadas as execuções especiais.
• Vide art. 792 do CPC.

Art. 825. A expropriação consiste em:

I – adjudicação;

II – alienação;

III – apropriação de frutos e rendimentos de empresa ou de estabelecimentos e de outros bens.
• Vide arts. 881 e 886 do CPC.

Art. 826. Antes de adjudicados ou alienados os bens, o executado pode, a todo tempo, remir a execução, pagando ou consignando a

importância atualizada da dívida, acrescida de juros, custas e honorários advocatícios.
- Vide art. 901 do CPC.
- Vide arts. 304 e 305 do CC.
- Vide art. 19, I e II, da LEF.

SEÇÃO II
Da Citação do Devedor e do Arresto

Art. 827. Ao despachar a inicial, o juiz fixará, de plano, os honorários advocatícios de dez por cento, a serem pagos pelo executado.

§ 1.º No caso de integral pagamento no prazo de 3 (três) dias, o valor dos honorários advocatícios será reduzido pela metade.

§ 2.º O valor dos honorários poderá ser elevado até vinte por cento, quando rejeitados os embargos à execução, podendo a majoração, caso não opostos os embargos, ocorrer ao final do procedimento executivo, levando-se em conta o trabalho realizado pelo advogado do exequente.

Art. 828. O exequente poderá obter certidão de que a execução foi admitida pelo juiz, com identificação das partes e do valor da causa, para fins de averbação no registro de imóveis, de veículos ou de outros bens sujeitos a penhora, arresto ou indisponibilidade.

§ 1.º No prazo de 10 (dez) dias de sua concretização, o exequente deverá comunicar ao juízo as averbações efetivadas.

§ 2.º Formalizada penhora sobre bens suficientes para cobrir o valor da dívida, o exequente providenciará, no prazo de 10 (dez) dias, o cancelamento das averbações relativas àqueles não penhorados.

§ 3.º O juiz determinará o cancelamento das averbações, de ofício ou a requerimento, caso o exequente não o faça no prazo.

§ 4.º Presume-se em fraude à execução a alienação ou a oneração de bens efetuada após a averbação.

§ 5.º O exequente que promover averbação manifestamente indevida ou não cancelar as averbações nos termos do § 2.º indenizará a parte contrária, processando-se o incidente em autos apartados.

Art. 829. O executado será citado para pagar a dívida no prazo de 3 (três) dias, contado da citação.
- Vide arts. 238 e s. do CPC.

§ 1.º Do mandado de citação constarão, também, a ordem de penhora e a avaliação a serem cumpridas pelo oficial de justiça tão logo verificado o não pagamento no prazo assinalado, de tudo lavrando-se auto, com intimação do executado.

§ 2.º A penhora recairá sobre os bens indicados pelo exequente, salvo se outros forem indicados pelo executado e aceitos pelo juiz, mediante demonstração de que a constrição proposta lhe será menos onerosa e não trará prejuízo ao exequente.

Art. 830. Se o oficial de justiça não encontrar o executado, arrestar-lhe-á tantos bens quantos bastem para garantir a execução.

§ 1.º Nos 10 (dez) dias seguintes à efetivação do arresto, o oficial de justiça procurará o executado 2 (duas) vezes em dias distintos e, havendo suspeita de ocultação, realizará a citação com hora certa, certificando pormenorizadamente o ocorrido.

§ 2.º Incumbe ao exequente requerer a citação por edital, uma vez frustradas a pessoal e a com hora certa.

§ 3.º Aperfeiçoada a citação e transcorrido o prazo de pagamento, o arresto converter-se-á em penhora, independentemente de termo.

SEÇÃO III
Da Penhora, do Depósito e da Avaliação

SUBSEÇÃO I
Do objeto da penhora

Art. 831. A penhora deverá recair sobre tantos bens quantos bastem para o pagamento do principal atualizado, dos juros, das custas e dos honorários advocatícios.

- Vide arts. 212 e 214 do CPC.

Art. 832. Não estão sujeitos à execução os bens que a lei considera impenhoráveis ou inalienáveis.

Art. 833. São impenhoráveis:
•• Vide art. 3.º da Instrução Normativa n. 39, de 15-3-2016.

I – os bens inalienáveis e os declarados, por ato voluntário, não sujeitos à execução;

II – os móveis, os pertences e as utilidades domésticas que guarnecem a residência do executado, salvo os de elevado valor ou os que ultrapassem as necessidades comuns correspondentes a um médio padrão de vida;

III – os vestuários, bem como os pertences de uso pessoal do executado, salvo se de elevado valor;

IV – os vencimentos, os subsídios, os soldos, os salários, as remunerações, os proventos de aposentadoria, as pensões, os pecúlios e os montepios, bem como as quantias recebidas por liberalidade de terceiro e destinadas ao sustento do devedor e de sua família, os ganhos de trabalhador autônomo e os honorários de profissional liberal, ressalvado o § 2.º;
- Vide arts. 529 e 912 do CPC.

V – os livros, as máquinas, as ferramentas, os utensílios, os instrumentos ou outros bens móveis necessários ou úteis ao exercício da profissão do executado;

VI – o seguro de vida;

VII – os materiais necessários para obras em andamento, salvo se essas forem penhoradas;
•• Vide art. 114 da Lei n. 8.213, de 24-7-1991.

VIII – a pequena propriedade rural, assim definida em lei, desde que trabalhada pela família;

IX – os recursos públicos recebidos por instituições privadas para aplicação compulsória em educação, saúde ou assistência social;

X – a quantia depositada em caderneta de poupança, até o limite de 40 (quarenta) salários mínimos;

XI – os recursos públicos do fundo partidário recebidos por partido político, nos termos da lei;

XII – os créditos oriundos de alienação de unidades imobiliárias, sob regime de incorporação imobiliária, vinculados à execução da obra.

§ 1.º A impenhorabilidade não é oponível à execução de dívida relativa ao próprio bem, inclusive àquela contraída para sua aquisição.

§ 2.º O disposto nos incisos IV e X do *caput* não se aplica à hipótese de penhora para pagamento de prestação alimentícia, independentemente de sua origem, bem como às importâncias excedentes a 50 (cinquenta) salários mínimos mensais, devendo a constrição observar o disposto no art. 528, § 8.º, e no art. 529, § 3.º.

§ 3.º Incluem-se na impenhorabilidade prevista no inciso V do *caput* os equipamentos, os implementos e as máquinas agrícolas pertencentes a pessoa física ou a empresa individual produtora rural, exceto quando tais bens tenham sido objeto de financiamento e estejam vinculados em garantia a negócio jurídico ou quando respondam por dívida de natureza alimentar, trabalhista ou previdenciária.

Art. 834. Podem ser penhorados, à falta de outros bens, os frutos e os rendimentos dos bens inalienáveis.

Art. 835. A penhora observará, preferencialmente, a seguinte ordem:
•• Vide art. 3.º da Instrução Normativa n. 39, de 15-3-2016.

I – dinheiro, em espécie ou em depósito ou aplicação em instituição financeira;

II – títulos da dívida pública da União, dos Estados e do Distrito Federal com cotação em mercado;

III – títulos e valores mobiliários com cotação em mercado;

IV – veículos de via terrestre;

V – bens imóveis;

VI – bens móveis em geral;
VII – semoventes;
VIII – navios e aeronaves;
IX – ações e quotas de sociedades simples e empresárias;
X – percentual do faturamento de empresa devedora;
XI – pedras e metais preciosos;
XII – direitos aquisitivos derivados de promessa de compra e venda e de alienação fiduciária em garantia;
XIII – outros direitos.

§ 1.º É prioritária a penhora em dinheiro, podendo o juiz, nas demais hipóteses, alterar a ordem prevista no caput de acordo com as circunstâncias do caso concreto.
•• Vide art. 3.º da Instrução Normativa n. 39, de 15-3-2016.

§ 2.º Para fins de substituição da penhora, equiparam-se a dinheiro a fiança bancária e o seguro garantia judicial, desde que em valor não inferior ao do débito constante da inicial, acrescido de trinta por cento.
•• Vide art. 3.º da Instrução Normativa n. 39, de 15-3-2016.

§ 3.º Na execução de crédito com garantia real, a penhora recairá sobre a coisa dada em garantia, e, se a coisa pertencer a terceiro garantidor, este também será intimado da penhora.

Art. 836. Não se levará a efeito a penhora quando ficar evidente que o produto da execução dos bens encontrados será totalmente absorvido pelo pagamento das custas da execução.

§ 1.º Quando não encontrar bens penhoráveis, independentemente de determinação judicial expressa, o oficial de justiça descreverá na certidão os bens que guarnecem a residência ou o estabelecimento do executado, quando este for pessoa jurídica.
•• Vide art. 3.º da Instrução Normativa n. 39, de 15-3-2016.

§ 2.º Elaborada a lista, o executado ou seu representante legal será nomeado depositário provisório de tais bens até ulterior determinação do juiz.
•• Vide art. 3.º da Instrução Normativa n. 39, de 15-3-2016.

SUBSEÇÃO II
Da documentação da penhora, de seu registro e do depósito

Art. 837. Obedecidas as normas de segurança instituídas sob critérios uniformes pelo Conselho Nacional de Justiça, a penhora de dinheiro e as averbações de penhoras de bens imóveis e móveis podem ser realizadas por meio eletrônico.
•• A Resolução n. 356, de 27-11-2020, do CNJ, dispõe sobre a alienação de bens apreendidos em procedimentos criminais e dá outras providências.

Art. 838. A penhora será realizada mediante auto ou termo, que conterá:
I – a indicação do dia, do mês, do ano e do lugar em que foi feita;
II – os nomes do exequente e do executado;
III – a descrição dos bens penhorados, com as suas características;
IV – a nomeação do depositário dos bens.

Art. 839. Considerar-se-á feita a penhora mediante a apreensão e o depósito dos bens, lavrando-se um só auto se as diligências forem concluídas no mesmo dia.

Parágrafo único. Havendo mais de uma penhora, serão lavrados autos individuais.

Art. 840. Serão preferencialmente depositados:
I – as quantias em dinheiro, os papéis de crédito e as pedras e os metais preciosos, no Banco do Brasil, na Caixa Econômica Federal ou em banco do qual o Estado ou o Distrito Federal possua mais da metade do capital social integralizado, ou, na falta desses estabelecimentos, em qualquer instituição de crédito designada pelo juiz;
•• Vide art. 1.058 do CPC.
• Vide art. 32 da LEF.
II – os móveis, os semoventes, os imóveis urbanos e os direitos aquisitivos sobre imóveis urbanos, em poder do depositário judicial;
III – os imóveis rurais, os direitos aquisitivos sobre imóveis rurais, as máquinas, os utensílios e os instrumentos necessários ou úteis à atividade agrícola, mediante caução idônea, em poder do executado.

§ 1.º No caso do inciso II do caput, se não houver depositário judicial, os bens ficarão em poder do exequente.

§ 2.º Os bens poderão ser depositados em poder do executado nos casos de difícil remoção ou quando anuir o exequente.

§ 3.º As joias, as pedras e os objetos preciosos deverão ser depositados com registro do valor estimado de resgate.

Art. 841. Formalizada a penhora por qualquer dos meios legais, dela será imediatamente intimado o executado.

§ 1.º A intimação da penhora será feita ao advogado do executado ou à sociedade de advogados a que aquele pertença.
•• Vide art. 3.º da Instrução Normativa n. 39, de 15-3-2016.

§ 2.º Se não houver constituído advogado nos autos, o executado será intimado pessoalmente, de preferência por via postal.
•• Vide art. 3.º da Instrução Normativa n. 39, de 15-3-2016.

§ 3.º O disposto no § 1.º não se aplica aos casos de penhora realizada na presença do executado, que se reputa intimado.

§ 4.º Considera-se realizada a intimação a que se refere o § 2.º quando o executado houver mudado de endereço sem prévia comunicação ao juízo, observado o disposto no parágrafo único do art. 274.

Art. 842. Recaindo a penhora sobre bem imóvel ou direito real sobre imóvel, será intimado também o cônjuge do executado, salvo se forem casados em regime de separação absoluta de bens.

Art. 843. Tratando-se de penhora de bem indivisível, o equivalente à quota-parte do coproprietário ou do cônjuge alheio à execução recairá sobre o produto da alienação do bem.

§ 1.º É reservada ao coproprietário ou ao cônjuge não executado a preferência na arrematação do bem em igualdade de condições.

§ 2.º Não será levada a efeito expropriação por preço inferior ao da avaliação na qual o valor auferido seja incapaz de garantir, ao coproprietário ou ao cônjuge alheio à execução, o correspondente à sua quota-parte calculado sobre o valor da avaliação.

Art. 844. Para presunção absoluta de conhecimento por terceiros, cabe ao exequente providenciar a averbação do arresto ou da penhora no registro competente, mediante apresentação de cópia do auto ou do termo, independentemente de mandado judicial.
•• A Resolução n. 356, de 27-11-2020, do CNJ, dispõe sobre a alienação de bens apreendidos em procedimentos criminais e dá outras providências.

SUBSEÇÃO III
Do lugar de realização da penhora

Art. 845. Efetuar-se-á a penhora onde se encontrem os bens, ainda que sob a posse, a detenção ou a guarda de terceiros.

§ 1.º A penhora de imóveis, independentemente de onde se localizem, quando apresentada certidão da respectiva matrícula, e a penhora de veículos automotores, quando apresentada certidão que ateste a sua existência, serão realizadas por termo nos autos.

§ 2.º Se o executado não tiver bens no foro do processo, não sendo possível a realização da penhora nos termos do § 1.º, a execução será feita por carta, penhorando-se, avaliando-se e alienando-se os bens no foro da situação.
• Vide Súmula 46 do STJ.

Art. 846. Se o executado fechar as portas da casa a fim de obstar a penhora dos bens, o oficial de justiça comunicará o fato ao juiz, solicitando-lhe ordem de arrombamento.
•• Vide art. 5.º, XI, da CF.
•• Vide arts. 212 a 216 do CPC.

§ 1.º Deferido o pedido, 2 (dois) oficiais de justiça cumprirão o mandado, arrombando cômodos e móveis em que se presuma estarem os bens, e lavrarão de tudo auto circunstanciado, que será assinado por 2 (duas) testemunhas presentes à diligência.

§ 2.º Sempre que necessário, o juiz requisitará força policial, a fim de auxiliar os oficiais de justiça na penhora dos bens.
• Vide art. 782, § 2.º, do CPC.

§ 3.º Os oficiais de justiça lavrarão em duplicata o auto da ocorrência, entregando uma via ao escrivão ou ao chefe de secretaria, para ser juntada aos autos, e a outra à autoridade policial a quem couber a apuração criminal dos eventuais delitos de desobediência ou de resistência.

§ 4.º Do auto da ocorrência constará o rol de testemunhas, com a respectiva qualificação.

SUBSEÇÃO IV
Das modificações da penhora

Art. 847. O executado pode, no prazo de 10 (dez) dias contado da intimação da penhora, requerer a substituição do bem penhorado, desde que comprove que lhe será menos onerosa e não trará prejuízo ao exequente.

§ 1.º O juiz só autorizará a substituição se o executado:

I – comprovar as respectivas matrículas e os registros por certidão do correspondente ofício, quanto aos bens imóveis;

II – descrever os bens móveis, com todas as suas propriedades e características, bem como o estado deles e o lugar onde se encontram;

III – descrever os semoventes, com indicação de espécie, de número, de marca ou sinal e do local onde se encontram;

IV – identificar os créditos, indicando quem seja o devedor, qual a origem da dívida, o título que a representa e a data do vencimento; e

V – atribuir, em qualquer caso, valor aos bens indicados à penhora, além de especificar os ônus e os encargos a que estejam sujeitos.

§ 2.º Requerida a substituição do bem penhorado, o executado deve indicar onde se encontram os bens sujeitos à execução, exibir a prova de sua propriedade e a certidão negativa ou positiva de ônus, bem como abster-se de qualquer atitude que dificulte ou embarace a realização da penhora.

§ 3.º O executado somente poderá oferecer bem imóvel em substituição caso o requeira com a expressa anuência do cônjuge, salvo se o regime for o de separação absoluta de bens.

§ 4.º O juiz intimará o exequente para manifestar-se sobre o requerimento de substituição do bem penhorado.

Art. 848. As partes poderão requerer a substituição da penhora se:
•• *Vide* art. 15 da LEF.

I – ela não obedecer à ordem legal;

II – ela não incidir sobre os bens designados em lei, contrato ou ato judicial para o pagamento;

III – havendo bens no foro da execução, outros tiverem sido penhorados;

IV – havendo bens livres, ela tiver recaído sobre bens já penhorados ou objeto de gravame;

V – ela incidir sobre bens de baixa liquidez;

VI – fracassar a tentativa de alienação judicial do bem; ou

VII – o executado não indicar o valor dos bens ou omitir qualquer das indicações previstas em lei.

Parágrafo único. A penhora pode ser substituída por fiança bancária ou por seguro garantia judicial, em valor não inferior ao do débito constante da inicial, acrescido de trinta por cento.

Art. 849. Sempre que ocorrer a substituição dos bens inicialmente penhorados, será lavrado novo termo.

Art. 850. Será admitida a redução ou a ampliação da penhora, bem como sua transferência para outros bens, se, no curso do processo, o valor de mercado dos bens penhorados sofrer alteração significativa.

Art. 851. Não se procede à segunda penhora, salvo se:

I – a primeira for anulada;

II – executados os bens, o produto da alienação não bastar para o pagamento do exequente;
• *Vide* art. 874, II, do CPC.

III – o exequente desistir da primeira penhora, por serem litigiosos os bens ou por estarem submetidos a constrição judicial.

Art. 852. O juiz determinará a alienação antecipada dos bens penhorados quando:

I – se tratar de veículos automotores, de pedras e metais preciosos e de outros bens móveis sujeitos à depreciação ou à deterioração;

II – houver manifesta vantagem.

Art. 853. Quando uma das partes requerer alguma das medidas previstas nesta Subseção, o juiz ouvirá sempre a outra, no prazo de 3 (três) dias, antes de decidir.

Parágrafo único. O juiz decidirá de plano qualquer questão suscitada.

SUBSEÇÃO V
Da penhora de dinheiro em depósito
ou em aplicação financeira

Art. 854. Para possibilitar a penhora de dinheiro em depósito ou em aplicação financeira, o juiz, a requerimento do exequente, sem dar ciência prévia do ato ao executado, determinará às instituições financeiras, por meio de sistema eletrônico gerido pela autoridade supervisora do sistema financeiro nacional, que torne indisponíveis ativos financeiros existentes em nome do executado, limitando-se a indisponibilidade ao valor indicado na execução.
•• *Vide* art. 3.º da Instrução Normativa n. 39, de 15-3-2016.

§ 1.º No prazo de 24 (vinte e quatro) horas a contar da resposta, de ofício, o juiz determinará o cancelamento de eventual indisponibilidade excessiva, o que deverá ser cumprido pela instituição financeira em igual prazo.

§ 2.º Tornados indisponíveis os ativos financeiros do executado, este será intimado na pessoa de seu advogado ou, não o tendo, pessoalmente.

§ 3.º Incumbe ao executado, no prazo de 5 (cinco) dias, comprovar que:

I – as quantias tornadas indisponíveis são impenhoráveis;

II – ainda remanesce indisponibilidade excessiva de ativos financeiros.

§ 4.º Acolhida qualquer das arguições dos incisos I e II do § 3.º, o juiz determinará o cancelamento de eventual indisponibilidade irregular ou excessiva, a ser cumprido pela instituição financeira em 24 (vinte e quatro) horas.

§ 5.º Rejeitada ou não apresentada a manifestação do executado, converter-se-á a indisponibilidade em penhora, sem necessidade de lavratura de termo, devendo o juiz da execução determinar à instituição financeira depositária que, no prazo de 24 (vinte e quatro) horas, transfira o montante indisponível para conta vinculada ao juízo da execução.

§ 6.º Realizado o pagamento da dívida por outro meio, o juiz determinará, imediatamente, por sistema eletrônico gerido pela autoridade supervisora do sistema financeiro nacional, a notificação da instituição financeira para que, em até 24 (vinte e quatro) horas, cancele a indisponibilidade.

§ 7.º As transmissões das ordens de indisponibilidade, de seu cancelamento e de determinação de penhora previstas neste artigo far-se-ão por meio de sistema eletrônico gerido pela autoridade supervisora do sistema financeiro nacional.

§ 8.º A instituição financeira será responsável pelos prejuízos causados ao executado em decorrência da indisponibilidade de ativos financeiros em valor superior ao indicado na execução ou pelo juiz, bem como na hipótese de não cancelamento da indisponibilidade no prazo de 24 (vinte e quatro) horas, quando assim determinar o juiz.

§ 9.º Quando se tratar de execução contra partido político, o juiz, a requerimento do exequente, determinará às instituições financeiras, por meio de sistema eletrônico gerido por autoridade supervisora do sistema bancário, que tornem indisponíveis ativos financeiros somente em nome do órgão partidário que tenha contraído a dívida executada ou que tenha dado causa à violação de direito ou ao dano, ao qual cabe exclusivamente a responsabilidade pelos atos praticados, na forma da lei.

SUBSEÇÃO VI
Da penhora de créditos

Art. 855. Quando recair em crédito do executado, enquanto não ocorrer a hipótese prevista no art. 856, considerar-se-á feita a penhora pela intimação:

I – ao terceiro devedor para que não pague ao executado, seu credor;
- Vide art. 312 do CC.

II – ao executado, credor do terceiro, para que não pratique ato de disposição do crédito.
- Vide arts. 298 e 312 do CC.

Art. 856. A penhora de crédito representado por letra de câmbio, nota promissória, duplicata, cheque ou outros títulos far-se-á pela apreensão do documento, esteja ou não este em poder do executado.

§ 1.º Se o título não for apreendido, mas o terceiro confessar a dívida, será este tido como depositário da importância.

§ 2.º O terceiro só se exonerará da obrigação depositando em juízo a importância da dívida.

§ 3.º Se o terceiro negar o débito em conluio com o executado, a quitação que este lhe der caracterizará fraude à execução.
- Vide art. 789 do CPC.

§ 4.º A requerimento do exequente, o juiz determinará o comparecimento, em audiência especialmente designada, do executado e do terceiro, a fim de lhes tomar os depoimentos.

Art. 857. Feita a penhora em direito e ação do executado, e não tendo ele oferecido embargos ou sendo estes rejeitados, o exequente ficará sub-rogado nos direitos do executado até a concorrência de seu crédito.

§ 1.º O exequente pode preferir, em vez da sub-rogação, a alienação judicial do direito penhorado, caso em que declarará sua vontade no prazo de 10 (dez) dias contado da realização da penhora.

§ 2.º A sub-rogação não impede o sub-rogado, se não receber o crédito do executado, de prosseguir na execução, nos mesmos autos, penhorando outros bens.

Art. 858. Quando a penhora recair sobre dívidas de dinheiro a juros, de direito a rendas ou de prestações periódicas, o exequente poderá levantar os juros, os rendimentos ou as prestações à medida que forem sendo depositados, abatendo-se do crédito as importâncias recebidas, conforme as regras de imputação do pagamento.

Art. 859. Recaindo a penhora sobre direito a prestação ou a restituição de coisa determinada, o executado será intimado para, no vencimento, depositá-la, correndo sobre ela a execução.

Art. 860. Quando o direito estiver sendo pleiteado em juízo, a penhora que recair sobre ele será averbada, com destaque, nos autos pertinentes ao direito e na ação correspondente à penhora, a fim de que esta seja efetivada nos bens que forem adjudicados ou que vierem a caber ao executado.
- Vide art. 646 do CPC.

SUBSEÇÃO VII
Da penhora das quotas ou das ações de sociedades personificadas

Art. 861. Penhoradas as quotas ou as ações de sócio em sociedade simples ou empresária, o juiz assinará prazo razoável, não superior a 3 (três) meses, para que a sociedade:
- Sociedades personificadas: vide arts. 997 e s. do CC.

I – apresente balanço especial, na forma da lei;

II – ofereça as quotas ou as ações aos demais sócios, observado o direito de preferência legal ou contratual;

III – não havendo interesse dos sócios na aquisição das ações, proceda à liquidação das quotas ou das ações, depositando em juízo o valor apurado, em dinheiro.

§ 1.º Para evitar a liquidação das quotas ou das ações, a sociedade poderá adquiri-las sem redução do capital social e com utilização de reservas, para manutenção em tesouraria.

§ 2.º O disposto no *caput* e no § 1.º não se aplica à sociedade anônima de capital aberto, cujas ações serão adjudicadas ao exequente ou alienadas em bolsa de valores, conforme o caso.

§ 3.º Para os fins da liquidação de que trata o inciso III do *caput*, o juiz poderá, a requerimento do exequente ou da sociedade, nomear administrador, que deverá submeter à aprovação judicial a forma de liquidação.

§ 4.º O prazo previsto no *caput* poderá ser ampliado pelo juiz, se o pagamento das quotas ou das ações liquidadas:

I – superar o valor do saldo de lucros ou reservas, exceto a legal, e sem diminuição do capital social, ou por doação; ou

II – colocar em risco a estabilidade financeira da sociedade simples ou empresária.

§ 5.º Caso não haja interesse dos demais sócios no exercício de direito de preferência, não ocorra a aquisição das quotas ou das ações pela sociedade e a liquidação do inciso III do *caput* seja excessivamente onerosa para a sociedade, o juiz poderá determinar o leilão judicial das quotas ou das ações.

SUBSEÇÃO VIII
Da penhora de empresa, de outros estabelecimentos e de semoventes

Art. 862. Quando a penhora recair em estabelecimento comercial, industrial ou agrícola, bem como em semoventes, plantações ou edifícios em construção, o juiz nomeará administrador-depositário, determinando-lhe que apresente em 10 (dez) dias o plano de administração.

§ 1.º Ouvidas as partes, o juiz decidirá.

§ 2.º É lícito às partes ajustar a forma de administração e escolher o depositário, hipótese em que o juiz homologará por despacho a indicação.

§ 3.º Em relação aos edifícios em construção sob regime de incorporação imobiliária, a penhora somente poderá recair sobre as unidades imobiliárias ainda não comercializadas pelo incorporador.

§ 4.º Sendo necessário afastar o incorporador da administração da incorporação, será ela exercida pela comissão de representantes dos adquirentes ou, se se tratar de construção financiada, por empresa ou profissional indicado pela instituição fornecedora dos recursos para a obra, devendo ser ouvida, neste último caso, a comissão de representantes dos adquirentes.

Art. 863. A penhora de empresa que funcione mediante concessão ou autorização far-se-á, conforme o valor do crédito, sobre a renda, sobre determinados bens ou sobre todo o patrimônio, e o juiz nomeará como depositário, de preferência, um de seus diretores.
- Sociedades dependentes de autorização: vide arts. 1.123 e s. do CC.

§ 1.º Quando a penhora recair sobre a renda ou sobre determinados bens, o administrador-depositário apresentará a forma de administração e o esquema de pagamento, observando-se, quanto ao mais, o disposto em relação ao regime de penhora de frutos e rendimentos de coisa móvel e imóvel.

§ 2.º Recaindo a penhora sobre todo o patrimônio, prosseguirá a execução em seus ulteriores termos, ouvindo-se, antes da arrematação ou da adjudicação, o ente público que houver outorgado a concessão.

Art. 864. A penhora de navio ou de aeronave não obsta que continuem navegando ou operando até a alienação, mas o juiz, ao conceder a autorização para tanto, não permitirá que saiam do porto ou do aeroporto antes que o executado faça o seguro usual contra riscos.

Art. 865. A penhora de que trata esta Subseção somente será determinada se não houver outro meio eficaz para a efetivação do crédito.

SUBSEÇÃO IX
Da penhora de percentual de faturamento de empresa

Art. 866. Se o executado não tiver outros bens penhoráveis ou se, tendo-os, esses forem de difícil alienação ou insuficientes para saldar o crédito executado, o juiz poderá ordenar a penhora de percentual de faturamento de empresa.
• *Vide* OJ 93 da SDI-2.

§ 1.º O juiz fixará percentual que propicie a satisfação do crédito exequendo em tempo razoável, mas que não torne inviável o exercício da atividade empresarial.

§ 2.º O juiz nomeará administrador-depositário, o qual submeterá à aprovação judicial a forma de sua atuação e prestará contas mensalmente, entregando em juízo as quantias recebidas, com os respectivos balancetes mensais, a fim de serem imputadas no pagamento da dívida.

§ 3.º Na penhora de percentual de faturamento de empresa, observar-se-á, no que couber, o disposto quanto ao regime de penhora de frutos e rendimentos de coisa móvel e imóvel.

SUBSEÇÃO X
Da penhora de frutos e rendimentos de coisa móvel ou imóvel

Art. 867. O juiz pode ordenar a penhora de frutos e rendimentos de coisa móvel ou imóvel quando a considerar mais eficiente para o recebimento do crédito e menos gravosa ao executado.
• *Vide* art. 805 do CPC.

Art. 868. Ordenada a penhora de frutos e rendimentos, o juiz nomeará administrador-depositário, que será investido de todos os poderes que concernem à administração do bem e à fruição de seus frutos e utilidades, perdendo o executado o direito de gozo do bem, até que o exequente seja pago do principal, dos juros, das custas e dos honorários advocatícios.

§ 1.º A medida terá eficácia em relação a terceiros a partir da publicação da decisão que a conceda ou de sua averbação no ofício imobiliário, em caso de imóveis.

§ 2.º O exequente providenciará a averbação no ofício imobiliário mediante a apresentação de certidão de inteiro teor do ato, independentemente de mandado judicial.

Art. 869. O juiz poderá nomear administrador-depositário o exequente ou o executado, ouvida a parte contrária, e, não havendo acordo, nomeará profissional qualificado para o desempenho da função.

§ 1.º O administrador submeterá à aprovação judicial a forma de administração e a de prestar contas periodicamente.

§ 2.º Havendo discordância entre as partes ou entre essas e o administrador, o juiz decidirá a melhor forma de administração do bem.

§ 3.º Se o imóvel estiver arrendado, o inquilino pagará o aluguel diretamente ao exequente, salvo se houver administrador.

§ 4.º O exequente ou o administrador poderá celebrar locação do móvel ou do imóvel, ouvido o executado.

§ 5.º As quantias recebidas pelo administrador serão entregues ao exequente, a fim de serem imputadas ao pagamento da dívida.

§ 6.º O exequente dará ao executado, por termo nos autos, quitação das quantias recebidas.

SUBSEÇÃO XI
Da avaliação

Art. 870. A avaliação será feita pelo oficial de justiça.

Parágrafo único. Se forem necessários conhecimentos especializados e o valor da execução o comportar, o juiz nomeará avaliador, fixando-lhe prazo não superior a 10 (dez) dias para entrega do laudo.

Art. 871. Não se procederá à avaliação quando:

I – uma das partes aceitar a estimativa feita pela outra;

II – se tratar de títulos ou de mercadorias que tenham cotação em bolsa, comprovada por certidão ou publicação no órgão oficial;

III – se tratar de títulos da dívida pública, de ações de sociedades e de títulos de crédito negociáveis em bolsa, cujo valor será o da cotação oficial do dia, comprovada por certidão ou publicação no órgão oficial;

IV – se tratar de veículos automotores ou de outros bens cujo preço médio de mercado possa ser conhecido por meio de pesquisas realizadas por órgãos oficiais ou de anúncios de venda divulgados em meios de comunicação, caso em que caberá a quem fizer a nomeação o encargo de comprovar a cotação de mercado.

Parágrafo único. Ocorrendo a hipótese do inciso I deste artigo, a avaliação poderá ser realizada quando houver fundada dúvida do juiz quanto ao real valor do bem.

Art. 872. A avaliação realizada pelo oficial de justiça constará de vistoria e de laudo anexados ao auto de penhora ou, em caso de perícia realizada por avaliador, de laudo apresentado no prazo fixado pelo juiz, devendo-se, em qualquer hipótese, especificar:

I – os bens, com as suas características, e o estado em que se encontram;

II – o valor dos bens.
• *Vide* arts. 631 e 873 do CPC.

§ 1.º Quando o imóvel for suscetível de cômoda divisão, a avaliação, tendo em conta o crédito reclamado, será realizada em partes, sugerindo-se, com a apresentação de memorial descritivo, os possíveis desmembramentos para alienação.

§ 2.º Realizada a avaliação e, sendo o caso, apresentada a proposta de desmembramento, as partes serão ouvidas no prazo de 5 (cinco) dias.

Art. 873. É admitida nova avaliação quando:

I – qualquer das partes arguir, fundamentadamente, a ocorrência de erro na avaliação ou dolo do avaliador;

II – se verificar, posteriormente à avaliação, que houve majoração ou diminuição no valor do bem;

III – o juiz tiver fundada dúvida sobre o valor atribuído ao bem na primeira avaliação.

Parágrafo único. Aplica-se o art. 480 à nova avaliação prevista no inciso III do *caput* deste artigo.

Art. 874. Após a avaliação, o juiz poderá, a requerimento do interessado e ouvida a parte contrária, mandar:

I – reduzir a penhora aos bens suficientes ou transferi-la para outros, se o valor dos bens penhorados for consideravelmente superior ao crédito do exequente e dos acessórios;

II – ampliar a penhora ou transferi-la para outros bens mais valiosos, se o valor dos bens penhorados for inferior ao crédito do exequente.
• *Vide* art. 15, II, da LEF.

Art. 875. Realizadas a penhora e a avaliação, o juiz dará início aos atos de expropriação do bem.

SEÇÃO IV
Da Expropriação de Bens

SUBSEÇÃO I
Da adjudicação

Art. 876. É lícito ao exequente, oferecendo preço não inferior ao da avaliação, requerer que lhe sejam adjudicados os bens penhorados.

§ 1.º Requerida a adjudicação, o executado será intimado do pedido:

I – pelo Diário da Justiça, na pessoa de seu advogado constituído nos autos;

II – por carta com aviso de recebimento, quando representado pela Defensoria Pública ou quando não tiver procurador constituído nos autos;

III – por meio eletrônico, quando, sendo o caso do § 1.º do art. 246, não tiver procurador constituído nos autos.

§ 2.º Considera-se realizada a intimação quando o executado houver mudado de endereço sem prévia comunicação ao juízo, observado o disposto no art. 274, parágrafo único.

§ 3.º Se o executado, citado por edital, não tiver procurador constituído nos autos, é dispensável a intimação prevista no § 1.º.

§ 4.º Se o valor do crédito for:

I – inferior ao dos bens, o requerente da adjudicação depositará de imediato a diferença, que ficará à disposição do executado;

II – superior ao dos bens, a execução prosseguirá pelo saldo remanescente.

§ 5.º Idêntico direito pode ser exercido por aqueles indicados no art. 889, incisos II a VIII, pelos credores concorrentes que hajam penhorado o mesmo bem, pelo cônjuge, pelo companheiro, pelos descendentes ou pelos ascendentes do executado.

§ 6.º Se houver mais de um pretendente, proceder-se-á a licitação entre eles, tendo preferência, em caso de igualdade de oferta, o cônjuge, o companheiro, o descendente ou o ascendente, nessa ordem.

§ 7.º No caso de penhora de quota social ou de ação de sociedade anônima fechada realizada em favor de exequente alheio à sociedade, esta será intimada, ficando responsável por informar aos sócios a ocorrência da penhora, assegurando-se a estes a preferência.

Art. 877. Transcorrido o prazo de 5 (cinco) dias, contado da última intimação, e decididas eventuais questões, o juiz ordenará a lavratura do auto de adjudicação.

§ 1.º Considera-se perfeita e acabada a adjudicação com a lavratura e a assinatura do auto pelo juiz, pelo adjudicatário, pelo escrivão ou chefe de secretaria, e, se estiver presente, pelo executado, expedindo-se:

I – a carta de adjudicação e o mandado de imissão na posse, quando se tratar de bem imóvel;

II – a ordem de entrega ao adjudicatário, quando se tratar de bem móvel.

§ 2.º A carta de adjudicação conterá a descrição do imóvel, com remissão à sua matrícula e aos seus registros, a cópia do auto de adjudicação e a prova de quitação do imposto de transmissão.

§ 3.º No caso de penhora de bem hipotecado, o executado poderá remi-lo até a assinatura do auto de adjudicação, oferecendo preço igual ao da avaliação, se não tiver havido licitantes, ou ao do maior lance oferecido.

§ 4.º Na hipótese de falência ou de insolvência do devedor hipotecário, o direito de remição previsto no § 3.º será deferido à massa ou aos credores em concurso, não podendo o exequente recusar o preço da avaliação do imóvel.

Art. 878. Frustradas as tentativas de alienação do bem, será reaberta oportunidade para requerimento de adjudicação, caso em que também se poderá pleitear a realização de nova avaliação.

SUBSEÇÃO II
Da alienação

Art. 879. A alienação far-se-á:

I – por iniciativa particular;

II – em leilão judicial eletrônico ou presencial.

Art. 880. Não efetivada a adjudicação, o exequente poderá requerer a alienação por sua própria iniciativa ou por intermédio de corretor ou leiloeiro público credenciado perante o órgão judiciário.

§ 1.º O juiz fixará o prazo em que a alienação deve ser efetivada, a forma de publicidade, o preço mínimo, as condições de pagamento, as garantias e, se for o caso, a comissão de corretagem.

§ 2.º A alienação será formalizada por termo nos autos, com a assinatura do juiz, do exequente, do adquirente e, se estiver presente, do executado, expedindo-se:

I – a carta de alienação e o mandado de imissão na posse, quando se tratar de bem imóvel;

II – a ordem de entrega ao adquirente, quando se tratar de bem móvel.

§ 3.º Os tribunais poderão editar disposições complementares sobre o procedimento da alienação prevista neste artigo, admitindo, quando for o caso, o concurso de meios eletrônicos, e dispor sobre o credenciamento dos corretores e leiloeiros públicos, os quais deverão estar em exercício profissional por não menos que 3 (três) anos.

§ 4.º Nas localidades em que não houver corretor ou leiloeiro público credenciado nos termos do § 3.º, a indicação será de livre escolha do exequente.

Art. 881. A alienação far-se-á em leilão judicial se não efetivada a adjudicação ou a alienação por iniciativa particular.

§ 1.º O leilão do bem penhorado será realizado por leiloeiro público.

• Leiloeiro: Decreto n. 21.981, de 19-10-1932.

§ 2.º Ressalvados os casos de alienação a cargo de corretores de bolsa de valores, todos os demais bens serão alienados em leilão público.

Art. 882. Não sendo possível a sua realização por meio eletrônico, o leilão será presencial.

§ 1.º A alienação judicial por meio eletrônico será realizada, observando-se as garantias processuais das partes, de acordo com regulamentação específica do Conselho Nacional de Justiça.

•• A Resolução n. 236, de 13-7-2016, do CNJ, regulamenta procedimentos relativos à alienação judicial por meio eletrônico, na forma deste § 1.º.

§ 2.º A alienação judicial por meio eletrônico deverá atender aos requisitos de ampla publicidade, autenticidade e segurança, com observância das regras estabelecidas na legislação sobre certificação digital.

§ 3.º O leilão presencial será realizado no local designado pelo juiz.

Art. 883. Caberá ao juiz a designação do leiloeiro público, que poderá ser indicado pelo exequente.

Art. 884. Incumbe ao leiloeiro público:

I – publicar o edital, anunciando a alienação;

II – realizar o leilão onde se encontrem os bens ou no lugar designado pelo juiz;

III – expor aos pretendentes os bens ou as amostras das mercadorias;

IV – receber e depositar, dentro de 1 (um) dia, à ordem do juiz, o produto da alienação;

V – prestar contas nos 2 (dois) dias subsequentes ao depósito.

Parágrafo único. O leiloeiro tem o direito de receber do arrematante a comissão estabelecida em lei ou arbitrada pelo juiz.

Art. 885. O juiz da execução estabelecerá o preço mínimo, as condições de pagamento e as garantias que poderão ser prestadas pelo arrematante.

Art. 886. O leilão será precedido de publicação de edital, que conterá:

• Vide art. 22 da LEF.

I – a descrição do bem penhorado, com suas características, e, tratando-se de imóvel, sua situação e suas divisas, com remissão à matrícula e aos registros;

II – o valor pelo qual o bem foi avaliado, o preço mínimo pelo qual poderá ser alienado, as condições de pagamento e, se for o caso, a comissão do leiloeiro designado;

III – o lugar onde estiverem os móveis, os veículos e os semoventes e, tratando-se de créditos ou direitos, a identificação dos autos do processo em que foram penhorados;

IV – o sítio, na rede mundial de computadores, e o período em que se realizará o leilão, salvo se este se der de modo presencial, hipótese em que serão indicados o local, o dia e a hora de sua realização;

V – a indicação de local, dia e hora de segundo leilão presencial, para a hipótese de não haver interessado no primeiro;

VI – menção da existência de ônus, recurso ou processo pendente sobre os bens a serem leiloados.

Parágrafo único. No caso de títulos da dívida pública e de títulos negociados em bolsa, constará do edital o valor da última cotação.

Art. 887. O leiloeiro público designado adotará providências para a ampla divulgação da alienação.

§ 1.º A publicação do edital deverá ocorrer pelo menos 5 (cinco) dias antes da data marcada para o leilão.

§ 2.º O edital será publicado na rede mundial de computadores, em sítio designado pelo juízo da execução, e conterá descrição detalhada e, sempre que possível, ilustrada dos bens, informando expressamente se o leilão se realizará de forma eletrônica ou presencial.

§ 3.º Não sendo possível a publicação na rede mundial de computadores ou considerando o juiz, em atenção às condições da sede do juízo, que esse modo de divulgação é insuficiente ou inadequado, o edital será afixado em local de costume e publicado, em resumo, pelo menos uma vez em jornal de ampla circulação local.

§ 4.º Atendendo ao valor dos bens e às condições da sede do juízo, o juiz poderá alterar a forma e a frequência da publicidade na imprensa, mandar publicar o edital em local de ampla circulação de pessoas e divulgar avisos em emissora de rádio ou televisão local, bem como em sítios distintos do indicado no § 2.º.

§ 5.º Os editais de leilão de imóveis e de veículos automotores serão publicados pela imprensa ou por outros meios de divulgação, preferencialmente na seção ou no local reservados à publicidade dos respectivos negócios.

§ 6.º O juiz poderá determinar a reunião de publicações em listas referentes a mais de uma execução.

Art. 888. Não se realizando o leilão por qualquer motivo, o juiz mandará publicar a transferência, observando-se o disposto no art. 887.

Parágrafo único. O escrivão, o chefe de secretaria ou o leiloeiro que culposamente der causa à transferência responde pelas despesas da nova publicação, podendo o juiz aplicar-lhe a pena de suspensão por 5 (cinco) dias a 3 (três) meses, em procedimento administrativo regular.

Art. 889. Serão cientificados da alienação judicial, com pelo menos 5 (cinco) dias de antecedência:

I – o executado, por meio de seu advogado ou, se não tiver procurador constituído nos autos, por carta registrada, mandado, edital ou outro meio idôneo;

• Vide art. 804 do CPC.
• Vide Súmula 121 do STJ.

II – o coproprietário de bem indivisível do qual tenha sido penhorada fração ideal;

III – o titular de usufruto, uso, habitação, enfiteuse, direito de superfície, concessão de uso especial para fins de moradia ou concessão de direito real de uso, quando a penhora recair sobre bem gravado com tais direitos reais;

IV – o proprietário do terreno submetido ao regime de direito de superfície, enfiteuse, concessão de uso especial para fins de moradia ou concessão de direito real de uso, quando a penhora recair sobre tais direitos reais;

V – o credor pignoratício, hipotecário, anticrético, fiduciário ou com penhora anteriormente averbada, quando a penhora recair sobre bens com tais gravames, caso não seja o credor, de qualquer modo, parte na execução;

VI – o promitente comprador, quando a penhora recair sobre bem em relação ao qual haja promessa de compra e venda registrada;

VII – o promitente vendedor, quando a penhora recair sobre direito aquisitivo derivado de promessa de compra e venda registrada;

VIII – a União, o Estado e o Município, no caso de alienação de bem tombado.

Parágrafo único. Se o executado for revel e não tiver advogado constituído, não constando dos autos seu endereço atual ou, ainda, não sendo ele encontrado no endereço constante do processo, a intimação considerar-se-á feita por meio do próprio edital de leilão.

Art. 890. Pode oferecer lance quem estiver na livre administração de seus bens, com exceção:

I – dos tutores, dos curadores, dos testamenteiros, dos administradores ou dos liquidantes, quanto aos bens confiados à sua guarda e à sua responsabilidade;

II – dos mandatários, quanto aos bens de cuja administração ou alienação estejam encarregados;

• Vide arts. 653 e s. do CC.

III – do juiz, do membro do Ministério Público e da Defensoria Pública, do escrivão, do chefe de secretaria e dos demais servidores e auxiliares da justiça, em relação aos bens e direitos objeto de alienação na localidade onde servirem ou a que se estender a sua autoridade;

IV – dos servidores públicos em geral, quanto aos bens ou aos direitos da pessoa jurídica a que servirem ou que estejam sob sua administração direta ou indireta;

V – dos leiloeiros e seus prepostos, quanto aos bens de cuja venda estejam encarregados;

VI – dos advogados de qualquer das partes.

Art. 891. Não será aceito lance que ofereça preço vil.

Parágrafo único. Considera-se vil o preço inferior ao mínimo estipulado pelo juiz e constante do edital, e, não tendo sido fixado preço mínimo, considera-se vil o preço inferior a cinquenta por cento do valor da avaliação.

Art. 892. Salvo pronunciamento judicial em sentido diverso, o pagamento deverá ser realizado de imediato pelo arrematante, por depósito judicial ou por meio eletrônico.

§ 1.º Se o exequente arrematar os bens e for o único credor, não estará obrigado a exibir o preço, mas, se o valor dos bens exceder ao seu crédito, depositará, dentro de 3 (três) dias, a diferença, sob pena de tornar-se sem efeito a arrematação, e, nesse caso, realizar-se-á novo leilão, à custa do exequente.

§ 2.º Se houver mais de um pretendente, proceder-se-á entre eles à licitação, e, no caso de igualdade de oferta, terá preferência o cônjuge, o companheiro, o descendente ou o ascendente do executado, nessa ordem.

§ 3.º No caso de leilão de bem tombado, a União, os Estados e os Municípios terão, nessa ordem, o direito de preferência na arrematação, em igualdade de oferta.

Art. 893. Se o leilão for de diversos bens e houver mais de um lançador, terá preferência aquele que se propuser a arrematá-los todos, em conjunto, oferecendo, para os bens que não tiverem lance, preço igual ao da avaliação e, para os demais, preço igual ao do maior lance que, na tentativa de arrematação individualizada, tenha sido oferecido para eles.

• Vide art. 23, § 1.º, da LEF.

Art. 894. Quando o imóvel admitir cômoda divisão, o juiz, a requerimento do executado, ordenará a alienação judicial de parte dele, desde que suficiente para o pagamento do exequente e para a satisfação das despesas da execução.

§ 1.º Não havendo lançador, far-se-á a alienação do imóvel em sua integridade.

§ 2.º A alienação por partes deverá ser requerida a tempo de permitir a avaliação das glebas destacadas e sua inclusão no edital, e, nesse caso, caberá ao executado instruir o requerimento com planta e memorial descritivo subscritos por profissional habilitado.

Art. 895. O interessado em adquirir o bem penhorado em prestações poderá apresentar, por escrito:

•• Vide art. 3.º da Instrução Normativa n. 39, de 15-3-2016.

I – até o início do primeiro leilão, proposta de aquisição do bem por valor não inferior ao da avaliação;

II – até o início do segundo leilão, proposta de aquisição do bem por valor que não seja considerado vil.

§ 1.º A proposta conterá, em qualquer hipótese, oferta de pagamento de pelo menos vinte e cinco por cento do valor do lance à vista e o restante parcelado em até 30 (trinta) meses, garantido por caução idônea, quando se tratar de móveis, e por hipoteca do próprio bem, quando se tratar de imóveis.

§ 2.º As propostas para aquisição em prestações indicarão o prazo, a modalidade, o indexador de correção monetária e as condições de pagamento do saldo.

§ 3.º (*Vetado*.)

§ 4.º No caso de atraso no pagamento de qualquer das prestações, incidirá multa de dez por cento sobre a soma da parcela inadimplida com as parcelas vincendas.

§ 5.º O inadimplemento autoriza o exequente a pedir a resolução da arrematação ou promover, em face do arrematante, a execução do valor devido, devendo ambos os pedidos ser formulados nos autos da execução em que se deu a arrematação.

§ 6.º A apresentação da proposta prevista neste artigo não suspende o leilão.

§ 7.º A proposta de pagamento do lance à vista sempre prevalecerá sobre as propostas de pagamento parcelado.

§ 8.º Havendo mais de uma proposta de pagamento parcelado:

I – em diferentes condições, o juiz decidirá pela mais vantajosa, assim compreendida, sempre, a de maior valor;

II – em iguais condições, o juiz decidirá pela formulada em primeiro lugar.

§ 9.º No caso de arrematação a prazo, os pagamentos feitos pelo arrematante pertencerão ao exequente até o limite de seu crédito, e os subsequentes, ao executado.

Art. 896. Quando o imóvel de incapaz não alcançar em leilão pelo menos oitenta por cento do valor da avaliação, o juiz o confiará à guarda e à administração de depositário idôneo, adiando a alienação por prazo não superior a 1 (um) ano.

§ 1.º Se, durante o adiamento, algum pretendente assegurar, mediante caução idônea, o preço da avaliação, o juiz ordenará a alienação em leilão.

§ 2.º Se o pretendente à arrematação se arrepender, o juiz impor-lhe-á multa de vinte por cento sobre o valor da avaliação, em benefício do incapaz, valendo a decisão como título executivo.

§ 3.º Sem prejuízo do disposto nos §§ 1.º e 2.º, o juiz poderá autorizar a locação do imóvel no prazo do adiamento.

§ 4.º Findo o prazo do adiamento, o imóvel será submetido a novo leilão.

Art. 897. Se o arrematante ou seu fiador não pagar o preço no prazo estabelecido, o juiz impor-lhe-á, em favor do exequente, a perda da caução, voltando os bens a novo leilão, do qual não serão admitidos a participar o arrematante e o fiador remissos.

Art. 898. O fiador do arrematante que pagar o valor do lance e a multa poderá requerer que a arrematação lhe seja transferida.

Art. 899. Será suspensa a arrematação logo que o produto da alienação dos bens for suficiente para o pagamento do credor e para a satisfação das despesas da execução.

Art. 900. O leilão prosseguirá no dia útil imediato, à mesma hora em que teve início, independentemente de novo edital, se for ultrapassado o horário de expediente forense.

• Vide arts. 212 a 216 do CPC.

Art. 901. A arrematação constará de auto que será lavrado de imediato e poderá abranger bens penhorados em mais de uma execução, nele mencionadas as condições nas quais foi alienado o bem.

§ 1.º A ordem de entrega do bem móvel ou a carta de arrematação do bem imóvel, com o respectivo mandado de imissão na posse, será expedida depois de efetuado o depósito ou prestadas as garantias pelo arrematante, bem como realizado o pagamento da comissão do leiloeiro e das demais despesas da execução.

• Vide art. 826 do CPC.

§ 2.º A carta de arrematação conterá a descrição do imóvel, com remissão à sua matrícula ou individuação e aos seus registros, a cópia do auto de arrematação e a prova de pagamento do imposto de transmissão, além da indicação da existência de eventual ônus real ou gravame.

Art. 902. No caso de leilão de bem hipotecado, o executado poderá remi-lo até a assinatura do auto de arrematação, oferecendo preço igual ao do maior lance oferecido.

Parágrafo único. No caso de falência ou insolvência do devedor hipotecário, o direito de remição previsto no *caput* defere-se à massa ou aos credores em concurso, não podendo o exequente recusar o preço da avaliação do imóvel.

Art. 903. Qualquer que seja a modalidade de leilão, assinado o auto pelo juiz, pelo arrematante e pelo leiloeiro, a arrematação será considerada perfeita, acabada e irretratável, ainda que venham a ser julgados procedentes os embargos do executado ou a ação autônoma de que trata o § 4.º deste artigo, assegurada a possibilidade de reparação pelos prejuízos sofridos.

§ 1.º Ressalvadas outras situações previstas neste Código, a arrematação poderá, no entanto, ser:

I – invalidada, quando realizada por preço vil ou com outro vício;

II – considerada ineficaz, se não observado o disposto no art. 804;

III – resolvida, se não for pago o preço ou se não for prestada a caução.

§ 2.º O juiz decidirá acerca das situações referidas no § 1.º, se for provocado em até 10 (dez) dias após o aperfeiçoamento da arrematação.

§ 3.º Passado o prazo previsto no § 2.º sem que tenha havido alegação de qualquer das situações previstas no § 1.º, será expedida a carta de arrematação e, conforme o caso, a ordem de entrega ou mandado de imissão na posse.

§ 4.º Após a expedição da carta de arrematação ou da ordem de entrega, a invalidação da arrematação poderá ser pleiteada por ação autônoma, em cujo processo o arrematante figurará como litisconsorte necessário.

§ 5.º O arrematante poderá desistir da arrematação, sendo-lhe imediatamente devolvido o depósito que tiver feito:

I – se provar, nos 10 (dez) dias seguintes, a existência de ônus real ou gravame não mencionado no edital;

II – se, antes de expedida a carta de arrematação ou a ordem de entrega, o executado alegar alguma das situações previstas no § 1.º;

III – uma vez citado para responder a ação autônoma de que trata o § 4.º deste artigo, desde que apresente a desistência no prazo de que dispõe para responder a essa ação.

§ 6.º Considera-se ato atentatório à dignidade da justiça a suscitação infundada de vício com o objetivo de ensejar a desistência do arrematante, devendo o suscitante ser condenado, sem prejuízo da responsabilidade por perdas e danos, ao pagamento de multa, a ser fixada pelo juiz e devida ao exequente, em montante não superior a vinte por cento do valor atualizado do bem.

SEÇÃO V
Da Satisfação do Crédito

Art. 904. A satisfação do crédito exequendo far-se-á:

I – pela entrega do dinheiro;

II – pela adjudicação dos bens penhorados.

Art. 905. O juiz autorizará que o exequente levante, até a satisfação integral de seu crédito, o dinheiro depositado para segurar o juízo ou o produto dos bens alienados, bem como do faturamento de empresa ou de outros frutos e rendimentos de coisas ou empresas penhoradas, quando:

• Vide art. 858 do CPC.

I – a execução for movida só a benefício do exequente singular, a quem, por força da penhora, cabe o direito de preferência sobre os bens penhorados e alienados;

II – não houver sobre os bens alienados outros privilégios ou preferências instituídos anteriormente à penhora.

Parágrafo único. Durante o plantão judiciário, veda-se a concessão de pedidos de levantamento de importância em dinheiro ou valores ou de liberação de bens apreendidos.

Art. 906. Ao receber o mandado de levantamento, o exequente dará ao executado, por termo nos autos, quitação da quantia paga.

Parágrafo único. A expedição de mandado de levantamento poderá ser substituída pela transferência eletrônica do valor depositado em conta vinculada ao juízo para outra indicada pelo exequente.

Art. 907. Pago ao exequente o principal, os juros, as custas e os honorários, a importância que sobrar será restituída ao executado.
- Vide arts. 389, 395 e 404 do CC.
- Honorários advocatícios: vide arts. 22 a 26 do EAOAB.
- Vide Súmula 14 do STJ.

Art. 908. Havendo pluralidade de credores ou exequentes, o dinheiro lhes será distribuído e entregue consoante a ordem das respectivas preferências.
- Vide art. 797, parágrafo único, do CPC.
- Vide art. 99 do CDC.
- Vide art. 24 do EAOAB.

§ 1.º No caso de adjudicação ou alienação, os créditos que recaem sobre o bem, inclusive os de natureza *propter rem*, sub-rogam-se sobre o respectivo preço, observada a ordem de preferência.

§ 2.º Não havendo título legal à preferência, o dinheiro será distribuído entre os concorrentes, observando-se a anterioridade de cada penhora.

Art. 909. Os exequentes formularão as suas pretensões, que versarão unicamente sobre o direito de preferência e a anterioridade da penhora, e, apresentadas as razões, o juiz decidirá.

Capítulo V
DA EXECUÇÃO CONTRA A FAZENDA PÚBLICA

Art. 910. Na execução fundada em título extrajudicial, a Fazenda Pública será citada para opor embargos em 30 (trinta) dias.
- Vide art. 100 da CF.
- A Resolução n. 303, de 18-12-2019, do CNJ dispõe sobre a gestão de precatórios no âmbito do Poder Judiciário.

§ 1.º Não opostos embargos ou transitada em julgado a decisão que os rejeitar, expedir-se-á precatório ou requisição de pequeno valor em favor do exequente, observando-se o disposto no art. 100 da Constituição Federal.

§ 2.º Nos embargos, a Fazenda Pública poderá alegar qualquer matéria que lhe seria lícito deduzir como defesa no processo de conhecimento.

§ 3.º Aplica-se a este Capítulo, no que couber, o disposto nos artigos 534 e 535.

Capítulo VI
DA EXECUÇÃO DE ALIMENTOS

•• Vide art. 5.º, LXVII, da CF (prisão civil por dívida de alimentos).

Art. 911. Na execução fundada em título executivo extrajudicial que contenha obrigação alimentar, o juiz mandará citar o executado para, em 3 (três) dias, efetuar o pagamento das parcelas anteriores ao início da execução e das que se vencerem no seu curso, provar que o fez ou justificar a impossibilidade de fazê-lo.
- Vide art. 523, §§ 1.º e 3.º, do CPC.

Parágrafo único. Aplicam-se, no que couber, os §§ 2.º a 7.º do art. 528.

Art. 912. Quando o executado for funcionário público, militar, diretor ou gerente de empresa, bem como empregado sujeito à legislação do trabalho, o exequente poderá requerer o desconto em folha de pagamento de pessoal da importância da prestação alimentícia.
- Vide art. 833, IV, do CPC.

§ 1.º Ao despachar a inicial, o juiz oficiará à autoridade, à empresa ou ao empregador, determinando, sob pena de crime de desobediência, o desconto a partir da primeira remuneração posterior do executado, a contar do protocolo do ofício.

§ 2.º O ofício conterá os nomes e o número de inscrição no Cadastro de Pessoas Físicas do exequente e do executado, a importância a ser descontada mensalmente, a conta na qual deve ser feito o depósito e, se for o caso, o tempo de sua duração.

Art. 913. Não requerida a execução nos termos deste Capítulo, observar-se-á o disposto no art. 824 e seguintes, com a ressalva de que, recaindo a penhora em dinheiro, a concessão de efeito suspensivo aos embargos à execução não obsta a que o exequente levante mensalmente a importância da prestação.

Título III
DOS EMBARGOS À EXECUÇÃO

Art. 914. O executado, independentemente de penhora, depósito ou caução, poderá se opor à execução por meio de embargos.
- Vide arts. 535 e 917 do CPC.

§ 1.º Os embargos à execução serão distribuídos por dependência, autuados em apartado e instruídos com cópias das peças processuais relevantes, que poderão ser declaradas autênticas pelo próprio advogado, sob sua responsabilidade pessoal.

§ 2.º Na execução por carta, os embargos serão oferecidos no juízo deprecante ou no juízo deprecado, mas a competência para julgá-los é do juízo deprecante, salvo se versarem unicamente sobre vícios ou defeitos da penhora, da avaliação ou da alienação dos bens efetuadas no juízo deprecado.

Art. 915. Os embargos serão oferecidos no prazo de 15 (quinze) dias, contado, conforme o caso, na forma do art. 231.
- Vide art. 16 da LEF.

§ 1.º Quando houver mais de um executado, o prazo para cada um deles embargar conta-se a partir da juntada do respectivo comprovante da citação, salvo no caso de cônjuges ou de companheiros, quando será contado a partir da juntada do último.

§ 2.º Nas execuções por carta, o prazo para embargos será contado:

I – da juntada, na carta, da certificação da citação, quando versarem unicamente sobre vícios ou defeitos da penhora, da avaliação ou da alienação dos bens;

II – da juntada, nos autos de origem, do comunicado de que trata o § 4.º deste artigo ou, não havendo este, da juntada da carta devidamente cumprida, quando versarem sobre questões diversas da prevista no inciso I deste parágrafo.

§ 3.º Em relação ao prazo para oferecimento dos embargos à execução, não se aplica o disposto no art. 229.

§ 4.º Nos atos de comunicação por carta precatória, rogatória ou de ordem, a realização da citação será imediatamente informada, por meio eletrônico, pelo juiz deprecado ao juiz deprecante.

Art. 916. No prazo para embargos, reconhecendo o crédito do exequente e comprovando o depósito de trinta por cento do valor em execução, acrescido de custas e de honorários de advogado, o executado poderá requerer que lhe seja permitido pagar o restante em até 6 (seis) parcelas mensais, acrescidas de correção monetária e de juros de um por cento ao mês.
•• Vide art. 3.º da Instrução Normativa n. 39, de 15-3-2016.

§ 1.º O exequente será intimado para manifestar-se sobre o preenchimento dos pressupostos do *caput*, e o juiz decidirá o requerimento em 5 (cinco) dias.

§ 2.º Enquanto não apreciado o requerimento, o executado terá de depositar as parcelas vincendas, facultado ao exequente seu levantamento.

§ 3.º Deferida a proposta, o exequente levantará a quantia depositada, e serão suspensos os atos executivos.

§ 4.º Indeferida a proposta, seguir-se-ão os atos executivos, mantido o depósito, que será convertido em penhora.

§ 5.º O não pagamento de qualquer das prestações acarretará cumulativamente:

I – o vencimento das prestações subsequentes e o prosseguimento do processo, com o imediato reinício dos atos executivos;

II – a imposição ao executado de multa de dez por cento sobre o valor das prestações não pagas.

§ 6.º A opção pelo parcelamento de que trata este artigo importa renúncia ao direito de opor embargos.

§ 7.º O disposto neste artigo não se aplica ao cumprimento da sentença.

Art. 917. Nos embargos à execução, o executado poderá alegar:

I – inexequibilidade do título ou inexigibilidade da obrigação;

II – penhora incorreta ou avaliação errônea;

III – excesso de execução ou cumulação indevida de execuções;
- Vide art. 917, §§ 3.º e 4.º, do CPC.

IV – retenção por benfeitorias necessárias ou úteis, nos casos de execução para entrega de coisa certa;

V – incompetência absoluta ou relativa do juízo da execução;

VI – qualquer matéria que lhe seria lícito deduzir como defesa em processo de conhecimento.

§ 1.º A incorreção da penhora ou da avaliação poderá ser impugnada por simples petição, no prazo de 15 (quinze) dias, contado da ciência do ato.

§ 2.º Há excesso de execução quando:

I – o exequente pleiteia quantia superior à do título;

II – ela recai sobre coisa diversa daquela declarada no título;

III – ela se processa de modo diferente do que foi determinado no título;

IV – o exequente, sem cumprir a prestação que lhe corresponde, exige o adimplemento da prestação do executado;

V – o exequente não prova que a condição se realizou.

§ 3.º Quando alegar que o exequente, em excesso de execução, pleiteia quantia superior à do título, o embargante declarará na petição inicial o valor que entende correto, apresentando demonstrativo discriminado e atualizado de seu cálculo.

§ 4.º Não apontado o valor correto ou não apresentado o demonstrativo, os embargos à execução:

I – serão liminarmente rejeitados, sem resolução de mérito, se o excesso de execução for o seu único fundamento;

II – serão processados, se houver outro fundamento, mas o juiz não examinará a alegação de excesso de execução.

§ 5.º Nos embargos de retenção por benfeitorias, o exequente poderá requerer a compensação de seu valor com o dos frutos ou dos danos considerados devidos pelo executado, cumprindo ao juiz, para a apuração dos respectivos valores, nomear perito, observando-se, então, o art. 464.
- Vide arts. 964 e 1.219 do CC.

§ 6.º O exequente poderá a qualquer tempo ser imitido na posse da coisa, prestando caução ou depositando o valor devido pelas benfeitorias ou resultante da compensação.

§ 7.º A arguição de impedimento e suspeição observará o disposto nos arts. 146 e 148.

Art. 918. O juiz rejeitará liminarmente os embargos:
- Vide art. 3.º da Instrução Normativa n. 39, de 15-3-2016.
- Vide art. 1.012, § 1.º, III, do CPC.

I – quando intempestivos;

II – nos casos de indeferimento da petição inicial e de improcedência liminar do pedido;

III – manifestamente protelatórios.

Parágrafo único. Considera-se conduta atentatória à dignidade da justiça o oferecimento de embargos manifestamente protelatórios.

Art. 919. Os embargos à execução não terão efeito suspensivo.

§ 1.º O juiz poderá, a requerimento do embargante, atribuir efeito suspensivo aos embargos quando verificados os requisitos para a concessão da tutela provisória e desde que a execução já esteja garantida por penhora, depósito ou caução suficientes.

§ 2.º Cessando as circunstâncias que a motivaram, a decisão relativa aos efeitos dos embargos poderá, a requerimento da parte, ser modificada ou revogada a qualquer tempo, em decisão fundamentada.

§ 3.º Quando o efeito suspensivo atribuído aos embargos disser respeito apenas a parte do objeto da execução, esta prosseguirá quanto à parte restante.

§ 4.º A concessão de efeito suspensivo aos embargos oferecidos por um dos executados não suspenderá a execução contra os que não embargaram quando o respectivo fundamento disser respeito exclusivamente ao embargante.

§ 5.º A concessão de efeito suspensivo não impedirá a efetivação dos atos de substituição, de reforço ou de redução da penhora e de avaliação dos bens.

Art. 920. Recebidos os embargos:
- Vide art. 17 da LEF.

I – o exequente será ouvido no prazo de 15 (quinze) dias;

II – a seguir, o juiz julgará imediatamente o pedido ou designará audiência;

III – encerrada a instrução, o juiz proferirá sentença.

Título IV
DA SUSPENSÃO E DA EXTINÇÃO DO PROCESSO DE EXECUÇÃO

Capítulo I
DA SUSPENSÃO DO PROCESSO DE EXECUÇÃO

Art. 921. Suspende-se a execução:

I – nas hipóteses dos arts. 313 e 315, no que couber;

II – no todo ou em parte, quando recebidos com efeito suspensivo os embargos à execução;

III – quando não for localizado o executado ou bens penhoráveis;
- • Inciso III com redação determinada pela Lei n. 14.195, de 26-8-2021.
- Vide art. 40 da LEF.

IV – se a alienação dos bens penhorados não se realizar por falta de licitantes e o exequente, em 15 (quinze) dias, não requerer a adjudicação nem indicar outros bens penhoráveis;

V – quando concedido o parcelamento de que trata o art. 916.

§ 1.º Na hipótese do inciso III, o juiz suspenderá a execução pelo prazo de 1 (um) ano, durante o qual se suspenderá a prescrição.

§ 2.º Decorrido o prazo máximo de 1 (um) ano sem que seja localizado o executado ou que sejam encontrados bens penhoráveis, o juiz ordenará o arquivamento dos autos.

§ 3.º Os autos serão desarquivados para prosseguimento da execução se a qualquer tempo forem encontrados bens penhoráveis.

§ 4.º O termo inicial da prescrição no curso do processo será a ciência da primeira tentativa infrutífera de localização do devedor ou de bens penhoráveis, e será suspensa, por uma única vez, pelo prazo máximo previsto no § 1.º deste artigo.
- • § 4.º com redação determinada pela Lei n. 14.195, de 26-8-2021.

§ 4.º-A. A efetiva citação, intimação do devedor ou constrição de bens penhoráveis interrompe o prazo de prescrição, que não corre pelo tempo necessário à citação e à intimação do devedor, bem como para as formalidades da constrição patrimonial, se necessária, desde que o credor cumpra os prazos previstos na lei processual ou fixados pelo juiz.
- • § 4.º-A acrescentado pela Lei n. 14.195, de 26-8-2021.

§ 5.º O juiz, depois de ouvidas as partes, no prazo de 15 (quinze) dias, poderá, de ofício, reconhecer a prescrição no curso do processo e extingui-lo, sem ônus para as partes.
- • § 5.º com redação determinada pela Lei n. 14.195, de 26-8-2021.

§ 6.º A alegação de nulidade quanto ao procedimento previsto neste artigo somente será conhecida caso demonstrada a ocorrência de efetivo prejuízo, que será presumido apenas em caso de inexistência da intimação de que trata o § 4.º deste artigo.
•• § 6.º acrescentado pela Lei n. 14.195, de 26-8-2021.

§ 7.º Aplica-se o disposto neste artigo ao cumprimento de sentença de que trata o art. 523 deste Código.
•• § 7.º acrescentado pela Lei n. 14.195, de 26-8-2021.

Art. 922. Convindo as partes, o juiz declarará suspensa a execução durante o prazo concedido pelo exequente para que o executado cumpra voluntariamente a obrigação.

Parágrafo único. Findo o prazo sem cumprimento da obrigação, o processo retomará o seu curso.

Art. 923. Suspensa a execução, não serão praticados atos processuais, podendo o juiz, entretanto, salvo no caso de arguição de impedimento ou de suspeição, ordenar providências urgentes.
• Vide arts. 221 e 314 do CPC.

Capítulo II
DA EXTINÇÃO DO PROCESSO DE EXECUÇÃO

Art. 924. Extingue-se a execução quando:

I – a petição inicial for indeferida;

II – a obrigação for satisfeita;
• Vide art. 807 do CPC.

III – o executado obtiver, por qualquer outro meio, a extinção total da dívida;
• Vide arts. 385 a 388 e 840 a 850 do CC.
• Transação em matéria tributária: art. 171 do CTN.

IV – o exequente renunciar ao crédito;
• A Lei n. 9.469, de 10-7-1997, dispõe sobre a transação nas causas de interesse da União, suas autarquias, fundações e empresas públicas federais.

V – ocorrer a prescrição intercorrente.
•• Vide art. 1.056 do CPC.
•• Vide art. 2.º da Instrução Normativa n. 39, de 15-3-2016.

Art. 925. A extinção só produz efeito quando declarada por sentença.

LIVRO III
DOS PROCESSOS NOS TRIBUNAIS E DOS MEIOS DE IMPUGNAÇÃO DAS DECISÕES JUDICIAIS

Título I
DA ORDEM DOS PROCESSOS E DOS PROCESSOS DE COMPETÊNCIA ORIGINÁRIA DOS TRIBUNAIS

Capítulo I
DISPOSIÇÕES GERAIS

•• Vide art. 3.º da Instrução Normativa n. 39, de 15-3-2016.

Art. 926. Os tribunais devem uniformizar sua jurisprudência e mantê-la estável, íntegra e coerente.
•• Vide art. 18 da Instrução Normativa n. 41, de 21-6-2018.

§ 1.º Na forma estabelecida e segundo os pressupostos fixados no regimento interno, os tribunais editarão enunciados de súmula correspondentes a sua jurisprudência dominante.

§ 2.º Ao editar enunciados de súmula, os tribunais devem ater-se às circunstâncias fáticas dos precedentes que motivaram sua criação.

Art. 927. Os juízes e os tribunais observarão:
•• Vide art. 15, I, da Instrução Normativa n. 39, de 15-3-2016.

I – as decisões do Supremo Tribunal Federal em controle concentrado de constitucionalidade;
• Vide arts. 102, I, a, e 103 da CF.

II – os enunciados de súmula vinculante;
•• Vide art. 103-A da CF.

III – os acórdãos em incidente de assunção de competência ou de resolução de demandas repetitivas e em julgamento de recursos extraordinário e especial repetitivos;
• Vide arts. 1.036 a 1.041 do CPC.

IV – os enunciados das súmulas do Supremo Tribunal Federal em matéria constitucional e do Superior Tribunal de Justiça em matéria infraconstitucional;

V – a orientação do plenário ou do órgão especial aos quais estiverem vinculados.

§ 1.º Os juízes e os tribunais observarão o disposto no art. 10 e no art. 489, § 1.º, quando decidirem com fundamento neste artigo.

§ 2.º A alteração de tese jurídica adotada em enunciado de súmula ou em julgamento de casos repetitivos poderá ser precedida de audiências públicas e da participação de pessoas, órgãos ou entidades que possam contribuir para a rediscussão da tese.

§ 3.º Na hipótese de alteração de jurisprudência dominante do Supremo Tribunal Federal e dos tribunais superiores ou daquela oriunda de julgamento de casos repetitivos, pode haver modulação dos efeitos da alteração no interesse social e no da segurança jurídica.

§ 4.º A modificação de enunciado de súmula, de jurisprudência pacificada ou de tese adotada em julgamento de casos repetitivos observará a necessidade de fundamentação adequada e específica, considerando os princípios da segurança jurídica, da proteção da confiança e da isonomia.

§ 5.º Os tribunais darão publicidade a seus precedentes, organizando-os por questão jurídica decidida e divulgando-os, preferencialmente, na rede mundial de computadores.

Art. 928. Para os fins deste Código, considera-se julgamento de casos repetitivos a decisão proferida em:

I – incidente de resolução de demandas repetitivas;
• Vide arts. 976 a 987 do CPC.

II – recursos especial e extraordinário repetitivos.
• Vide arts. 1.036 a 1.041 do CPC.

Parágrafo único. O julgamento de casos repetitivos tem por objeto questão de direito material ou processual.

Capítulo II
DA ORDEM DOS PROCESSOS NO TRIBUNAL

Art. 929. Os autos serão registrados no protocolo do tribunal no dia de sua entrada, cabendo à secretaria ordená-los, com imediata distribuição.

Parágrafo único. A critério do tribunal, os serviços de protocolo poderão ser descentralizados, mediante delegação a ofícios de justiça de primeiro grau.

Art. 930. Far-se-á a distribuição de acordo com o regimento interno do tribunal, observando-se a alternatividade, o sorteio eletrônico e a publicidade.

Parágrafo único. O primeiro recurso protocolado no tribunal tornará prevento o relator para eventual recurso subsequente interposto no mesmo processo ou em processo conexo.

Art. 931. Distribuídos, os autos serão imediatamente conclusos ao relator, que, em 30 (trinta) dias, depois de elaborar o voto, restituí-los-á, com relatório, à secretaria.

Art. 932. Incumbe ao relator:

I – dirigir e ordenar o processo no tribunal, inclusive em relação à produção de prova, bem como, quando for o caso, homologar autocomposição das partes;

II – apreciar o pedido de tutela provisória nos recursos e nos processos de competência originária do tribunal;

III – não conhecer de recurso inadmissível, prejudicado ou que não tenha impugnado especificamente os fundamentos da decisão recorrida;

IV – negar provimento a recurso que for contrário a:

a) súmula do Supremo Tribunal Federal, do Superior Tribunal de Justiça ou do próprio tribunal;

b) acórdão proferido pelo Supremo Tribunal Federal ou pelo Superior Tribunal de Justiça em julgamento de recursos repetitivos;

c) entendimento firmado em incidente de resolução de demandas repetitivas ou de assunção de competência;

V – depois de facultada a apresentação de contrarrazões, dar provimento ao recurso se a decisão recorrida for contrária a:

a) súmula do Supremo Tribunal Federal, do Superior Tribunal de Justiça ou do próprio tribunal;

b) acórdão proferido pelo Supremo Tribunal Federal ou pelo Superior Tribunal de Justiça em julgamento de recursos repetitivos;
- Vide arts. 1.036 a 1.041 do CPC.

c) entendimento firmado em incidente de resolução de demandas repetitivas ou de assunção de competência;
- Vide arts. 976 a 987 do CPC.

VI – decidir o incidente de desconsideração da personalidade jurídica, quando este for instaurado originariamente perante o tribunal;
- Vide art. 50 do CC.

VII – determinar a intimação do Ministério Público, quando for o caso;

VIII – exercer outras atribuições estabelecidas no regimento interno do tribunal.

Parágrafo único. Antes de considerar inadmissível o recurso, o relator concederá o prazo de 5 (cinco) dias ao recorrente para que seja sanado o vício ou complementada a documentação exigível.
- •• Vide art. 10 da Instrução Normativa n. 39, de 15-3-2016.
- • Vide Súmula 385 do TST.

Art. 933. Se o relator constatar a ocorrência de fato superveniente à decisão recorrida ou a existência de questão apreciável de ofício ainda não examinada que devam ser considerados no julgamento do recurso, intimará as partes para que se manifestem no prazo de 5 (cinco) dias.

§ 1.º Se a constatação ocorrer durante a sessão de julgamento, esse será imediatamente suspenso a fim de que as partes se manifestem especificamente.

§ 2.º Se a constatação se der em vista dos autos, deverá o juiz que a solicitou encaminhá-los ao relator, que tomará as providências previstas no *caput* e, em seguida, solicitará a inclusão do feito em pauta para prosseguimento do julgamento, com submissão integral da nova questão aos julgadores.

Art. 934. Em seguida, os autos serão apresentados ao presidente, que designará dia para julgamento, ordenando, em todas as hipóteses previstas neste Livro, a publicação da pauta no órgão oficial.

Art. 935. Entre a data de publicação da pauta e a da sessão de julgamento decorrerá, pelo menos, o prazo de 5 (cinco) dias, incluindo-se em nova pauta os processos que não tenham sido julgados, salvo aqueles cujo julgamento tiver sido expressamente adiado para a primeira sessão seguinte.

§ 1.º Às partes será permitida vista dos autos em cartório após a publicação da pauta de julgamento.

§ 2.º Afixar-se-á a pauta na entrada da sala em que se realizar a sessão de julgamento.

Art. 936. Ressalvadas as preferências legais e regimentais, os recursos, a remessa necessária e os processos de competência originária serão julgados na seguinte ordem:

I – aqueles nos quais houver sustentação oral, observada a ordem dos requerimentos;

II – os requerimentos de preferência apresentados até o início da sessão de julgamento;

III – aqueles cujo julgamento tenha iniciado em sessão anterior; e

IV – os demais casos.

Art. 937. Na sessão de julgamento, depois da exposição da causa pelo relator, o presidente dará a palavra, sucessivamente, ao recorrente, ao recorrido e, nos casos de sua intervenção, ao membro do Ministério Público, pelo prazo improrrogável de 15 (quinze) minutos para cada um, a fim de sustentarem suas razões, nas seguintes hipóteses, nos termos da parte final do *caput* do art. 1.021:

I – no recurso de apelação;
- • Vide arts. 1.009 a 1.014 do CPC.

II – no recurso ordinário;
- • Vide arts. 1.027 e 1.028 do CPC.

III – no recurso especial;
- • Vide arts. 1.029 a 1.041 do CPC.

IV – no recurso extraordinário;
- • Vide arts. 1.029 a 1.041 do CPC.

V – nos embargos de divergência;
- • Vide arts. 1.043 e 1.044 do CPC.

VI – na ação rescisória, no mandado de segurança e na reclamação;
- • Vide arts. 966 a 975 e 988 a 993 do CPC.
- • Vide Lei n. 12.016, de 7-8-2009.

VII – (*Vetado*.)

VIII – no agravo de instrumento interposto contra decisões interlocutórias que versem sobre tutelas provisórias de urgência ou da evidência;
- • Vide arts. 300 a 311 e 1.015 a 1.020 do CPC.

IX – em outras hipóteses previstas em lei ou no regimento interno do tribunal.

§ 1.º A sustentação oral no incidente de resolução de demandas repetitivas observará o disposto no art. 984, no que couber.

§ 2.º O procurador que desejar proferir sustentação oral poderá requerer, até o início da sessão, que o processo seja julgado em primeiro lugar, sem prejuízo das preferências legais.

§ 3.º Nos processos de competência originária previstos no inciso VI, caberá sustentação oral no agravo interno interposto contra decisão de relator que o extinga.

§ 4.º É permitido ao advogado com domicílio profissional em cidade diversa daquela onde está sediado o tribunal realizar sustentação oral por meio de videoconferência ou outro recurso tecnológico de transmissão de sons e imagens em tempo real, desde que o requeira até o dia anterior ao da sessão.
- •• A Resolução n. 354, de 19-11-2020, do CNJ, dispõe sobre o cumprimento digital de ato processual e de ordem judicial e dá outras providências.

Art. 938. A questão preliminar suscitada no julgamento será decidida antes do mérito, deste não se conhecendo caso seja incompatível com a decisão.

§ 1.º Constatada a ocorrência de vício sanável, inclusive aquele que possa ser conhecido de ofício, o relator determinará a realização ou a renovação do ato processual, no próprio tribunal ou em primeiro grau de jurisdição, intimadas as partes.
- •• Vide art. 10 da Instrução Normativa n. 39, de 15-3-2016.

§ 2.º Cumprida a diligência de que trata o § 1.º, o relator, sempre que possível, prosseguirá no julgamento do recurso.

§ 3.º Reconhecida a necessidade de produção de prova, o relator converterá o julgamento em diligência, que se realizará no tribunal ou em primeiro grau de jurisdição, decidindo-se o recurso após a conclusão da instrução.

§ 4.º Quando não determinadas pelo relator, as providências indicadas nos §§ 1.º e 3.º poderão ser determinadas pelo órgão competente para julgamento do recurso.

Art. 939. Se a preliminar for rejeitada ou se a apreciação do mérito for com ela compatível, seguir-se-ão a discussão e o julgamento da matéria principal, sobre a qual deverão se pronunciar os juízes vencidos na preliminar.

Art. 940. O relator ou outro juiz que não se considerar habilitado a proferir imediatamente seu voto poderá solicitar vista pelo prazo máximo de 10 (dez) dias, após o qual o recurso será reincluído em pauta para julgamento na sessão seguinte à data da devolução.
- •• Vide art. 3.º da Instrução Normativa n. 39, de 15-3-2016.
- • Vide art. 121 da Lei Complementar n. 35, de 14-3-1979.

§ 1.º Se os autos não forem devolvidos tempestivamente ou se não for solicitada pelo juiz prorrogação de prazo de no máximo mais 10 (dez) dias, o presidente do órgão fracionário os requisitará para julgamento do recurso na sessão ordinária subsequente, com publicação da pauta em que for incluído.

§ 2.º Quando requisitar os autos na forma do § 1.º, se aquele que fez o pedido de vista ainda não se sentir habilitado a votar, o presidente convocará substituto para proferir voto, na forma estabelecida no regimento interno do tribunal.

Art. 941. Proferidos os votos, o presidente anunciará o resultado do julgamento, designando para redigir o acórdão o relator ou, se vencido este, o autor do primeiro voto vencedor.

§ 1.º O voto poderá ser alterado até o momento da proclamação do resultado pelo presidente, salvo aquele já proferido por juiz afastado ou substituído.

§ 2.º No julgamento de apelação ou de agravo de instrumento, a decisão será tomada, no órgão colegiado, pelo voto de 3 (três) juízes.

§ 3.º O voto vencido será necessariamente declarado e considerado parte integrante do acórdão para todos os fins legais, inclusive de prequestionamento.

Art. 942. Quando o resultado da apelação for não unânime, o julgamento terá prosseguimento em sessão a ser designada com a presença de outros julgadores, que serão convocados nos termos previamente definidos no regimento interno, em número suficiente para garantir a possibilidade de inversão do resultado inicial, assegurado às partes e a eventuais terceiros o direito de sustentar oralmente suas razões perante os novos julgadores.

•• *Vide art. 2.º da Instrução Normativa n. 39, de 15-3-2016.*

§ 1.º Sendo possível, o prosseguimento do julgamento dar-se-á na mesma sessão, colhendo-se os votos de outros julgadores que porventura componham o órgão colegiado.

§ 2.º Os julgadores que já tiverem votado poderão rever seus votos por ocasião do prosseguimento do julgamento.

§ 3.º A técnica de julgamento prevista neste artigo aplica-se, igualmente, ao julgamento não unânime proferido em:

I – ação rescisória, quando o resultado for a rescisão da sentença, devendo, nesse caso, seu prosseguimento ocorrer em órgão de maior composição previsto no regimento interno;

II – agravo de instrumento, quando houver reforma da decisão que julgar parcialmente o mérito.

§ 4.º Não se aplica o disposto neste artigo ao julgamento:

I – do incidente de assunção de competência e ao de resolução de demandas repetitivas;

II – da remessa necessária;

III – não unânime proferido, nos tribunais, pelo plenário ou pela corte especial.

Art. 943. Os votos, os acórdãos e os demais atos processuais podem ser registrados em documento eletrônico inviolável e assinados eletronicamente, na forma da lei, devendo ser impressos para juntada aos autos do processo quando este não for eletrônico.

•• *Vide Lei n. 11.419, de 19-12-2006, que dispõe sobre a informatização do processo judicial.*

§ 1.º Todo acórdão conterá ementa.

§ 2.º Lavrado o acórdão, sua ementa será publicada no órgão oficial no prazo de 10 (dez) dias.

Art. 944. Não publicado o acórdão no prazo de 30 (trinta) dias, contado da data da sessão de julgamento, as notas taquigráficas o substituirão, para todos os fins legais, independentemente de revisão.

•• *Vide art. 2.º da Instrução Normativa n. 39, de 15-3-2016.*

Parágrafo único. No caso do *caput*, o presidente do tribunal lavrará, de imediato, as conclusões e a ementa e mandará publicar o acórdão.

Art. 945. *(Revogado pela Lei n. 13.256, de 4-2-2016.)*

Art. 946. O agravo de instrumento será julgado antes da apelação interposta no mesmo processo.

Parágrafo único. Se ambos os recursos de que trata o *caput* houverem de ser julgados na mesma sessão, terá precedência o agravo de instrumento.

Capítulo III
DO INCIDENTE DE ASSUNÇÃO DE COMPETÊNCIA

Art. 947. É admissível a assunção de competência quando o julgamento de recurso, de remessa necessária ou de processo de competência originária envolver relevante questão de direito, com grande repercussão social, sem repetição em múltiplos processos.

•• *Vide art. 3.º da Instrução Normativa n. 39, de 15-3-2016.*

§ 1.º Ocorrendo a hipótese de assunção de competência, o relator proporá, de ofício ou a requerimento da parte, do Ministério Público ou da Defensoria Pública, que seja o recurso, a remessa necessária ou o processo de competência originária julgado pelo órgão colegiado que o regimento indicar.

§ 2.º O órgão colegiado julgará o recurso, a remessa necessária ou o processo de competência originária se reconhecer interesse público na assunção de competência.

§ 3.º O acórdão proferido em assunção de competência vinculará todos os juízes e órgãos fracionários, exceto se houver revisão de tese.

§ 4.º Aplica-se o disposto neste artigo quando ocorrer relevante questão de direito a respeito da qual seja conveniente a prevenção ou a composição de divergência entre câmaras ou turmas do tribunal.

Capítulo IV
DO INCIDENTE DE ARGUIÇÃO DE INCONSTITUCIONALIDADE

• *Vide arts. 52, X, 97, 102, I, a, e III, 103, 125 e 129, § 2.º, da CF.*

Art. 948. Arguida, em controle difuso, a inconstitucionalidade de lei ou de ato normativo do poder público, o relator, após ouvir o Ministério Público e as partes, submeterá a questão à turma ou à câmara à qual competir o conhecimento do processo.

Art. 949. Se a arguição for:

I – rejeitada, prosseguirá o julgamento;

II – acolhida, a questão será submetida ao plenário do tribunal ou ao seu órgão especial, onde houver.

Parágrafo único. Os órgãos fracionários dos tribunais não submeterão ao plenário ou ao órgão especial a arguição de inconstitucionalidade quando já houver pronunciamento destes ou do plenário do Supremo Tribunal Federal sobre a questão.

Art. 950. Remetida cópia do acórdão a todos os juízes, o presidente do tribunal designará a sessão de julgamento.

§ 1.º As pessoas jurídicas de direito público responsáveis pela edição do ato questionado poderão manifestar-se no incidente de inconstitucionalidade se assim o requererem, observados os prazos e as condições previstos no regimento interno do tribunal.

§ 2.º A parte legitimada à propositura das ações previstas no art. 103 da Constituição Federal poderá manifestar-se, por escrito, sobre a questão constitucional objeto de apreciação, no prazo previsto pelo regimento interno, sendo-lhe assegurado o direito de apresentar memoriais ou de requerer a juntada de documentos.

§ 3.º Considerando a relevância da matéria e a representatividade dos postulantes, o relator poderá admitir, por despacho irrecorrível, a manifestação de outros órgãos ou entidades.

Capítulo V
DO CONFLITO DE COMPETÊNCIA

Art. 951. O conflito de competência pode ser suscitado por qualquer das partes, pelo Ministério Público ou pelo juiz.

Parágrafo único. O Ministério Público somente será ouvido nos conflitos de competência relativos aos processos previstos no art. 178, mas terá qualidade de parte nos conflitos que suscitar.

Art. 952. Não pode suscitar conflito a parte que, no processo, arguiu incompetência relativa.

Parágrafo único. O conflito de competência não obsta, porém, a que a parte que não o arguiu suscite a incompetência.

Art. 953. O conflito será suscitado ao tribunal:
• Vide Súmula 59 do STJ.

I – pelo juiz, por ofício;

II – pela parte e pelo Ministério Público, por petição.

Parágrafo único. O ofício e a petição serão instruídos com os documentos necessários à prova do conflito.

Art. 954. Após a distribuição, o relator determinará a oitiva dos juízes em conflito ou, se um deles for suscitante, apenas do suscitado.

Parágrafo único. No prazo designado pelo relator, incumbirá ao juiz ou aos juízes prestar as informações.

Art. 955. O relator poderá, de ofício ou a requerimento de qualquer das partes, determinar, quando o conflito for positivo, o sobrestamento do processo e, nesse caso, bem como no de conflito negativo, designará um dos juízes para resolver, em caráter provisório, as medidas urgentes.

Parágrafo único. O relator poderá julgar de plano o conflito de competência quando sua decisão se fundar em:

I – súmula do Supremo Tribunal Federal, do Superior Tribunal de Justiça ou do próprio tribunal;

II – tese firmada em julgamento de casos repetitivos ou em incidente de assunção de competência.

Art. 956. Decorrido o prazo designado pelo relator, será ouvido o Ministério Público, no prazo de 5 (cinco) dias, ainda que as informações não tenham sido prestadas, e, em seguida, o conflito irá a julgamento.

Art. 957. Ao decidir o conflito, o tribunal declarará qual o juízo competente, pronunciando-se também sobre a validade dos atos do juízo incompetente.

Parágrafo único. Os autos do processo em que se manifestou o conflito serão remetidos ao juiz declarado competente.

Art. 958. No conflito que envolva órgãos fracionários dos tribunais, desembargadores e juízes em exercício no tribunal, observar-se-á o que dispuser o regimento interno do tribunal.

Art. 959. O regimento interno do tribunal regulará o processo e o julgamento do conflito de atribuições entre autoridade judiciária e autoridade administrativa.

Capítulo VI
DA HOMOLOGAÇÃO DE DECISÃO ESTRANGEIRA E DA CONCESSÃO DO *EXEQUATUR* À CARTA ROGATÓRIA

• A Instrução Normativa n. 11, de 11-4-2019, do STJ, regulamenta a disponibilização em meio eletrônico de carta de sentença para cumprimento de decisão estrangeira homologada.

Art. 960. A homologação de decisão estrangeira será requerida por ação de homologação de decisão estrangeira, salvo disposição especial em sentido contrário prevista em tratado.

§ 1.º A decisão interlocutória estrangeira poderá ser executada no Brasil por meio de carta rogatória.

§ 2.º A homologação obedecerá ao que dispuserem os tratados em vigor no Brasil e o Regimento Interno do Superior Tribunal de Justiça.

§ 3.º A homologação de decisão arbitral estrangeira obedecerá ao disposto em tratado e em lei, aplicando-se, subsidiariamente, as disposições deste Capítulo.

Art. 961. A decisão estrangeira somente terá eficácia no Brasil após a homologação de sentença estrangeira ou a concessão do *exequatur* às cartas rogatórias, salvo disposição em sentido contrário de lei ou tratado.

§ 1.º É passível de homologação a decisão judicial definitiva, bem como a decisão não judicial que, pela lei brasileira, teria natureza jurisdicional.

§ 2.º A decisão estrangeira poderá ser homologada parcialmente.

§ 3.º A autoridade judiciária brasileira poderá deferir pedidos de urgência e realizar atos de execução provisória no processo de homologação de decisão estrangeira.

§ 4.º Haverá homologação de decisão estrangeira para fins de execução fiscal quando prevista em tratado ou em promessa de reciprocidade apresentada à autoridade brasileira.

§ 5.º A sentença estrangeira de divórcio consensual produz efeitos no Brasil, independentemente de homologação pelo Superior Tribunal de Justiça.

§ 6.º Na hipótese do § 5.º, competirá a qualquer juiz examinar a validade da decisão, em caráter principal ou incidental, quando essa questão for suscitada em processo de sua competência.

Art. 962. É passível de execução a decisão estrangeira concessiva de medida de urgência.

§ 1.º A execução no Brasil de decisão interlocutória estrangeira concessiva de medida de urgência dar-se-á por carta rogatória.

§ 2.º A medida de urgência concedida sem audiência do réu poderá ser executada, desde que garantido o contraditório em momento posterior.

§ 3.º O juízo sobre a urgência da medida compete exclusivamente à autoridade jurisdicional prolatora da decisão estrangeira.

§ 4.º Quando dispensada a homologação para que a sentença estrangeira produza efeitos no Brasil, a decisão concessiva de medida de urgência dependerá, para produzir efeitos, de ter sua validade expressamente reconhecida pelo juiz competente para dar-lhe cumprimento, dispensada a homologação pelo Superior Tribunal de Justiça.

Art. 963. Constituem requisitos indispensáveis à homologação da decisão:

I – ser proferida por autoridade competente;
•• Vide art. 15, a, da LINDB.

II – ser precedida de citação regular, ainda que verificada a revelia;
•• Vide art. 15, b, da LINDB.

III – ser eficaz no país em que foi proferida;
•• Vide art. 15, c, da LINDB.

IV – não ofender a coisa julgada brasileira;

V – estar acompanhada de tradução oficial, salvo disposição que a dispense prevista em tratado;
•• Vide art. 15, d, da LINDB.

VI – não conter manifesta ofensa à ordem pública.
•• Vide art. 17 da LINDB.

Parágrafo único. Para a concessão do *exequatur* às cartas rogatórias, observar-se-ão os pressupostos previstos no *caput* deste artigo e no art. 962, § 2.º.

Art. 964. Não será homologada a decisão estrangeira na hipótese de competência exclusiva da autoridade judiciária brasileira.

Parágrafo único. O dispositivo também se aplica à concessão do *exequatur* à carta rogatória.

Art. 965. O cumprimento de decisão estrangeira far-se-á perante o juízo federal competente, a requerimento da parte, conforme as normas estabelecidas para o cumprimento de decisão nacional.
•• Vide art. 109, X, da CF.
•• A Instrução Normativa n. 11, de 11-4-2019, do STJ, regulamenta a disponibilização em meio eletrônico de carta de sentença para cumprimento de decisão estrangeira homologada.

Parágrafo único. O pedido de execução deverá ser instruído com cópia autenticada da decisão homologatória ou do *exequatur*, conforme o caso.

Capítulo VII
DA AÇÃO RESCISÓRIA

•• Vide CF, arts. 102, I, j (competência do STF para processar e julgar, originariamente, a revisão criminal e a ação rescisória de seus julgados), 105, I, e (competência do STJ para processar e julgar, originariamente, as revisões criminais e as ações rescisórias de seus julgados), 108, I, b (competência dos TRF´s para processar e julgar, originariamente, as revisões criminais e as ações rescisórias de julgados seus ou dos juízes federais da região).
•• Vide art. 3.º da Instrução Normativa n. 39, de 15-3-2016.

Art. 966. A decisão de mérito, transitada em julgado, pode ser rescindida quando:

I – se verificar que foi proferida por força de prevaricação, concussão ou corrupção do juiz;

- *Vide* arts. 316 (concussão), 317 (corrupção passiva) e 319 (prevaricação) do CP.

II – for proferida por juiz impedido ou por juízo absolutamente incompetente;

III – resultar de dolo ou coação da parte vencedora em detrimento da parte vencida ou, ainda, de simulação ou colusão entre as partes, a fim de fraudar a lei;
- *Vide* arts. 145 a 150, 171, II, e 178, II, do CC.

IV – ofender a coisa julgada;
- *Vide* arts. 502 e s. do CPC.

V – violar manifestamente norma jurídica;

VI – for fundada em prova cuja falsidade tenha sido apurada em processo criminal ou venha a ser demonstrada na própria ação rescisória;

VII – obtiver o autor, posteriormente ao trânsito em julgado, prova nova cuja existência ignorava ou de que não pôde fazer uso, capaz, por si só, de lhe assegurar pronunciamento favorável;
- - *Vide* Súmula 402 do TST.

VIII – for fundada em erro de fato verificável do exame dos autos.

§ 1.º Há erro de fato quando a decisão rescindenda admitir fato inexistente ou quando considerar inexistente fato efetivamente ocorrido, sendo indispensável, em ambos os casos, que o fato não represente ponto controvertido sobre o qual o juiz deveria ter se pronunciado.

§ 2.º Nas hipóteses previstas nos incisos do *caput*, será rescindível a decisão transitada em julgado que, embora não seja de mérito, impeça:

I – nova propositura da demanda; ou

II – admissibilidade do recurso correspondente.

§ 3.º A ação rescisória pode ter por objeto apenas 1 (um) capítulo da decisão.

§ 4.º Os atos de disposição de direitos, praticados pelas partes ou por outros participantes do processo e homologados pelo juízo, bem como os atos homologatórios praticados no curso da execução, estão sujeitos à anulação, nos termos da lei.

§ 5.º Cabe ação rescisória, com fundamento no inciso V do *caput* deste artigo, contra decisão baseada em enunciado de súmula ou acórdão proferido em julgamento de casos repetitivos que não tenha considerado a existência de distinção entre a questão discutida no processo e o padrão decisório que lhe deu fundamento.
- - § 5.º acrescentado pela Lei n. 13.256, de 4-2-2016.

§ 6.º Quando a ação rescisória fundar-se na hipótese do § 5.º deste artigo, caberá ao autor, sob pena de inépcia, demonstrar, fundamentadamente, tratar-se de situação particularizada por hipótese fática distinta ou de questão jurídica não examinada, a impor outra solução jurídica.
- - § 6.º acrescentado pela Lei n. 13.256, de 4-2-2016.

Art. 967. Têm legitimidade para propor a ação rescisória:

I – quem foi parte no processo ou o seu sucessor a título universal ou singular;

II – o terceiro juridicamente interessado;

III – o Ministério Público:

a) se não foi ouvido no processo em que lhe era obrigatória a intervenção;

b) quando a decisão rescindenda é o efeito de simulação ou de colusão das partes, a fim de fraudar a lei;

c) em outros casos em que se imponha sua atuação;

IV – aquele que não foi ouvido no processo em que lhe era obrigatória a intervenção.

Parágrafo único. Nas hipóteses do art. 178, o Ministério Público será intimado para intervir como fiscal da ordem jurídica quando não for parte.

Art. 968. A petição inicial será elaborada com observância dos requisitos essenciais do art. 319, devendo o autor:

I – cumular ao pedido de rescisão, se for o caso, o de novo julgamento do processo;

II – depositar a importância de cinco por cento sobre o valor da causa, que se converterá em multa caso a ação seja, por unanimidade de votos, declarada inadmissível ou improcedente.

§ 1.º Não se aplica o disposto no inciso II à União, aos Estados, ao Distrito Federal, aos Municípios, às suas respectivas autarquias e fundações de direito público, ao Ministério Público, à Defensoria Pública e aos que tenham obtido o benefício de gratuidade da justiça.

§ 2.º O depósito previsto no inciso II do *caput* deste artigo não será superior a 1.000 (mil) salários mínimos.

§ 3.º Além dos casos previstos no art. 330, a petição inicial será indeferida quando não efetuado o depósito exigido pelo inciso II do *caput* deste artigo.

§ 4.º Aplica-se à ação rescisória o disposto no art. 332.

§ 5.º Reconhecida a incompetência do tribunal para julgar a ação rescisória, o autor será intimado para emendar a petição inicial, a fim de adequar o objeto da ação rescisória, quando a decisão apontada como rescindenda:

I – não tiver apreciado o mérito e não se enquadrar na situação prevista no § 2.º do art. 966;

II – tiver sido substituída por decisão posterior.

§ 6.º Na hipótese do § 5.º, após a emenda da petição inicial, será permitido ao réu complementar os fundamentos de defesa, e, em seguida, os autos serão remetidos ao tribunal competente.

Art. 969. A propositura da ação rescisória não impede o cumprimento da decisão rescindenda, ressalvada a concessão de tutela provisória.

Art. 970. O relator ordenará a citação do réu, designando-lhe prazo nunca inferior a 15 (quinze) dias nem superior a 30 (trinta) dias para, querendo, apresentar resposta, ao fim do qual, com ou sem contestação, observar-se-á, no que couber, o procedimento comum.

Art. 971. Na ação rescisória, devolvidos os autos pelo relator, a secretaria do tribunal expedirá cópias do relatório e as distribuirá entre os juízes que compuserem o órgão competente para o julgamento.

Parágrafo único. A escolha de relator recairá, sempre que possível, em juiz que não haja participado do julgamento rescindendo.

Art. 972. Se os fatos alegados pelas partes dependerem de prova, o relator poderá delegar a competência ao órgão que proferiu a decisão rescindenda, fixando prazo de 1 (um) a 3 (três) meses para a devolução dos autos.

Art. 973. Concluída a instrução, será aberta vista ao autor e ao réu para razões finais, sucessivamente, pelo prazo de 10 (dez) dias.

Parágrafo único. Em seguida, os autos serão conclusos ao relator, procedendo-se ao julgamento pelo órgão competente.

Art. 974. Julgando procedente o pedido, o tribunal rescindirá a decisão, proferirá, se for o caso, novo julgamento e determinará a restituição do depósito a que se refere o inciso II do art. 968.

Parágrafo único. Considerando, por unanimidade, inadmissível ou improcedente o pedido, o tribunal determinará a reversão, em favor do réu, da importância do depósito, sem prejuízo do disposto no § 2.º do art. 82.

Art. 975. O direito à rescisão se extingue em 2 (dois) anos contados do trânsito em julgado da última decisão proferida no processo.

§ 1.º Prorroga-se até o primeiro dia útil imediatamente subsequente o prazo a que se refere o *caput*, quando expirar durante férias forenses, recesso, feriados ou em dia em que não houver expediente forense.

§ 2.º Se fundada a ação no inciso VII do art. 966, o termo inicial do prazo será a data de descoberta da prova nova, observado o prazo máximo de 5 (cinco) anos, contado do trânsito em julgado da última decisão proferida no processo.

§ 3.º Nas hipóteses de simulação ou de colusão das partes, o prazo começa a contar, para o terceiro prejudicado e para o Ministério Público, que não interveio no processo, a partir do momento em que têm ciência da simulação ou da colusão.

Capítulo VIII
DO INCIDENTE DE RESOLUÇÃO DE DEMANDAS REPETITIVAS

- - *Vide* art. 8.º da Instrução Normativa n. 39, de 15-3-2016.

Art. 976. É cabível a instauração do incidente de resolução de demandas repetitivas quando houver, simultaneamente:

I – efetiva repetição de processos que contenham controvérsia sobre a mesma questão unicamente de direito;

II – risco de ofensa à isonomia e à segurança jurídica.

§ 1.º A desistência ou o abandono do processo não impede o exame de mérito do incidente.

§ 2.º Se não for o requerente, o Ministério Público intervirá obrigatoriamente no incidente e deverá assumir sua titularidade em caso de desistência ou de abandono.

§ 3.º A inadmissão do incidente de resolução de demandas repetitivas por ausência de qualquer de seus pressupostos de admissibilidade não impede que, uma vez satisfeito o requisito, seja o incidente novamente suscitado.

§ 4.º É incabível o incidente de resolução de demandas repetitivas quando um dos tribunais superiores, no âmbito de sua respectiva competência, já tiver afetado recurso para definição de tese sobre questão de direito material ou processual repetitiva.

§ 5.º Não serão exigidas custas processuais no incidente de resolução de demandas repetitivas.

Art. 977. O pedido de instauração do incidente será dirigido ao presidente de tribunal:

I – pelo juiz ou relator, por ofício;

II – pelas partes, por petição;

III – pelo Ministério Público ou pela Defensoria Pública, por petição.

Parágrafo único. O ofício ou a petição será instruído com os documentos necessários à demonstração do preenchimento dos pressupostos para a instauração do incidente.

Art. 978. O julgamento do incidente caberá ao órgão indicado pelo regimento interno dentre aqueles responsáveis pela uniformização de jurisprudência do tribunal.

Parágrafo único. O órgão colegiado incumbido de julgar o incidente e de fixar a tese jurídica julgará igualmente o recurso, a remessa necessária ou o processo de competência originária de onde se originou o incidente.

Art. 979. A instauração e o julgamento do incidente serão sucedidos da mais ampla e específica divulgação e publicidade, por meio de registro eletrônico no Conselho Nacional de Justiça.

§ 1.º Os tribunais manterão banco eletrônico de dados atualizados com informações específicas sobre questões de direito submetidas ao incidente, comunicando-o imediatamente ao Conselho Nacional de Justiça para inclusão no cadastro.

§ 2.º Para possibilitar a identificação dos processos abrangidos pela decisão do incidente, o registro eletrônico das teses jurídicas constantes do cadastro conterá, no mínimo, os fundamentos determinantes da decisão e os dispositivos normativos a ela relacionados.

§ 3.º Aplica-se o disposto neste artigo ao julgamento de recursos repetitivos e da repercussão geral em recurso extraordinário.

Art. 980. O incidente será julgado no prazo de 1 (um) ano e terá preferência sobre os demais feitos, ressalvados os que envolvam réu preso e os pedidos de *habeas corpus*.

Parágrafo único. Superado o prazo previsto no *caput*, cessa a suspensão dos processos prevista no art. 982, salvo decisão fundamentada do relator em sentido contrário.

Art. 981. Após a distribuição, o órgão colegiado competente para julgar o incidente procederá ao seu juízo de admissibilidade, considerando a presença dos pressupostos do art. 976.

Art. 982. Admitido o incidente, o relator:

I – suspenderá os processos pendentes, individuais ou coletivos, que tramitam no Estado ou na região, conforme o caso;

II – poderá requisitar informações a órgãos em cujo juízo tramita processo no qual se discute o objeto do incidente, que as prestarão no prazo de 15 (quinze) dias;

III – intimará o Ministério Público para, querendo, manifestar-se no prazo de 15 (quinze) dias.

§ 1.º A suspensão será comunicada aos órgãos jurisdicionais competentes.

§ 2.º Durante a suspensão, o pedido de tutela de urgência deverá ser dirigido ao juízo onde tramita o processo suspenso.

§ 3.º Visando à garantia da segurança jurídica, qualquer legitimado mencionado no art. 977, incisos II e III, poderá requerer, ao tribunal competente para conhecer do recurso extraordinário ou especial, a suspensão de todos os processos individuais ou coletivos em curso no território nacional que versem sobre a questão objeto do incidente já instaurado.

§ 4.º Independentemente dos limites da competência territorial, a parte no processo em curso no qual se discuta a mesma questão objeto do incidente é legitimada para requerer a providência prevista no § 3.º deste artigo.

§ 5.º Cessa a suspensão a que se refere o inciso I do *caput* deste artigo se não for interposto recurso especial ou recurso extraordinário contra a decisão proferida no incidente.

Art. 983. O relator ouvirá as partes e os demais interessados, inclusive pessoas, órgãos e entidades com interesse na controvérsia, que, no prazo comum de 15 (quinze) dias, poderão requerer a juntada de documentos, bem como as diligências necessárias para a elucidação da questão de direito controvertida, e, em seguida, manifestar-se-á o Ministério Público, no mesmo prazo.

§ 1.º Para instruir o incidente, o relator poderá designar data para, em audiência pública, ouvir depoimentos de pessoas com experiência e conhecimento na matéria.

§ 2.º Concluídas as diligências, o relator solicitará dia para o julgamento do incidente.

Art. 984. No julgamento do incidente, observar-se-á a seguinte ordem:

I – o relator fará a exposição do objeto do incidente;

II – poderão sustentar suas razões, sucessivamente:

a) o autor e o réu do processo originário e o Ministério Público, pelo prazo de 30 (trinta) minutos;

b) os demais interessados, no prazo de 30 (trinta) minutos, divididos entre todos, sendo exigida inscrição com 2 (dois) dias de antecedência.

§ 1.º Considerando o número de inscritos, o prazo poderá ser ampliado.

§ 2.º O conteúdo do acórdão abrangerá a análise de todos os fundamentos suscitados concernentes à tese jurídica discutida, sejam favoráveis ou contrários.

Art. 985. Julgado o incidente, a tese jurídica será aplicada:

I – a todos os processos individuais ou coletivos que versem sobre idêntica questão de direito e que tramitem na área de jurisdição do respectivo tribunal, inclusive àqueles que tramitem nos juizados especiais do respectivo Estado ou região;

II – aos casos futuros que versem idêntica questão de direito e que venham a tramitar no território de competência do tribunal, salvo revisão na forma do art. 986.

§ 1.º Não observada a tese adotada no incidente, caberá reclamação.

§ 2.º Se o incidente tiver por objeto questão relativa a prestação de serviço concedido, permitido ou autorizado, o resultado do julgamento será comunicado ao órgão, ao ente ou à agência reguladora competente para fiscalização da efetiva aplicação, por parte dos entes sujeitos a regulação, da tese adotada.

Art. 986. A revisão da tese jurídica firmada no incidente far-se-á pelo mesmo tribunal, de ofício ou mediante requerimento dos legitimados mencionados no art. 977, inciso III.

Art. 987. Do julgamento do mérito do incidente caberá recurso extraordinário ou especial, conforme o caso.

§ 1.º O recurso tem efeito suspensivo, presumindo-se a repercussão geral de questão constitucional eventualmente discutida.

§ 2.º Apreciado o mérito do recurso, a tese jurídica adotada pelo Supremo Tribunal Federal ou pelo Superior Tribunal de Justiça será aplicada no território nacional a todos os processos individuais ou coletivos que versem sobre idêntica questão de direito.

Capítulo IX
DA RECLAMAÇÃO

•• *Vide* art. 3.º da Instrução Normativa n. 39, de 15-3-2016.

Art. 988. Caberá reclamação da parte interessada ou do Ministério Público para:
• *Vide* art. 105, I, *f*, da CF.

I – preservar a competência do tribunal;

II – garantir a autoridade das decisões do tribunal;

III – garantir a observância de enunciado de súmula vinculante e de decisão do Supremo Tribunal Federal em controle concentrado de constitucionalidade;
•• Inciso III com redação determinada pela Lei n. 13.256, de 4-2-2016.
• *Vide* art. 102, I, *a*, da CF.

IV – garantir a observância de acórdão proferido em julgamento de incidente de resolução de demandas repetitivas ou de incidente de assunção de competência;
•• Inciso IV com redação determinada pela Lei n. 13.256, de 4-2-2016.
• *Vide* art. 103-A da CF.

§ 1.º A reclamação pode ser proposta perante qualquer tribunal, e seu julgamento compete ao órgão jurisdicional cuja competência se busca preservar ou cuja autoridade se pretenda garantir.

§ 2.º A reclamação deverá ser instruída com prova documental e dirigida ao presidente do tribunal.

§ 3.º Assim que recebida, a reclamação será autuada e distribuída ao relator do processo principal, sempre que possível.

§ 4.º As hipóteses dos incisos III e IV compreendem a aplicação indevida da tese jurídica e sua não aplicação aos casos que a ela correspondam.

§ 5.º É inadmissível a reclamação:
•• § 5.º, *caput*, com redação determinada pela Lei n. 13.256, de 4-2-2016.

I – proposta após o trânsito em julgado da decisão reclamada;
•• Inciso I acrescentado pela Lei n. 13.256, de 4-2-2016.

II – proposta para garantir a observância de acórdão de recurso extraordinário com repercussão geral reconhecida ou de acórdão proferido em julgamento de recursos extraordinário ou especial repetitivos, quando não esgotadas as instâncias ordinárias.
•• Inciso II acrescentado pela Lei n. 13.256, de 4-2-2016.

§ 6.º A inadmissibilidade ou o julgamento do recurso interposto contra a decisão proferida pelo órgão reclamado não prejudica a reclamação.

Art. 989. Ao despachar a reclamação, o relator:

I – requisitará informações da autoridade a quem for imputada a prática do ato impugnado, que as prestará no prazo de 10 (dez) dias;

II – se necessário, ordenará a suspensão do processo ou do ato impugnado para evitar dano irreparável;

III – determinará a citação do beneficiário da decisão impugnada, que terá prazo de 15 (quinze) dias para apresentar a sua contestação.

Art. 990. Qualquer interessado poderá impugnar o pedido do reclamante.

Art. 991. Na reclamação que não houver formulado, o Ministério Público terá vista do processo por 5 (cinco) dias, após o decurso do prazo para informações e para o oferecimento da contestação pelo beneficiário do ato impugnado.

Art. 992. Julgando procedente a reclamação, o tribunal cassará a decisão exorbitante de seu julgado ou determinará medida adequada à solução da controvérsia.

Art. 993. O presidente do tribunal determinará o imediato cumprimento da decisão, lavrando-se o acórdão posteriormente.

Título II
DOS RECURSOS

Capítulo I
DISPOSIÇÕES GERAIS

Art. 994. São cabíveis os seguintes recursos:

I – apelação;
• *Vide* arts. 1.009 a 1.014 do CPC.

II – agravo de instrumento;
• *Vide* arts. 1.015 a 1.020 do CPC.

III – agravo interno;
• *Vide* art. 1.021 do CPC.

IV – embargos de declaração;
• *Vide* arts. 1.022 a 1.026 do CPC.

V – recurso ordinário;
• *Vide* arts. 1.027 e 1.028 do CPC.

VI – recurso especial;
•• *Vide* art. 105, III, da CF.
• *Vide* arts. 1.029 a 1.042 do CPC.

VII – recurso extraordinário;
• *Vide* arts. 1.029 a 1.042 do CPC.

VIII – agravo em recurso especial ou extraordinário;
• *Vide* art. 1.042 do CPC.

IX – embargos de divergência.
• *Vide* arts. 1.043 e 1.044 do CPC.

Art. 995. Os recursos não impedem a eficácia da decisão, salvo disposição legal ou decisão judicial em sentido diverso.
• *Vide* art. 1.030 do CPC.

Parágrafo único. A eficácia da decisão recorrida poderá ser suspensa por decisão do relator, se da imediata produção de seus efeitos houver risco de dano grave, de difícil ou impossível reparação, e ficar demonstrada a probabilidade de provimento do recurso.

Art. 996. O recurso pode ser interposto pela parte vencida, pelo terceiro prejudicado e pelo Ministério Público, como parte ou como fiscal da ordem jurídica.
• *Vide* arts. 177 a 181 do CPC.
• *Vide* Súmulas 99 e 226 do STJ.

Parágrafo único. Cumpre ao terceiro demonstrar a possibilidade de a decisão sobre a relação jurídica submetida à apreciação judicial atingir direito de que se afirme titular ou que possa discutir em juízo como substituto processual.

Art. 997. Cada parte interporá o recurso independentemente, no prazo e com observância das exigências legais.

§ 1.º Sendo vencidos autor e réu, ao recurso interposto por qualquer deles poderá aderir o outro.

§ 2.º O recurso adesivo fica subordinado ao recurso independente, sendo-lhe aplicáveis as mesmas regras deste quanto aos requisitos de admissibilidade e julgamento no tribunal, salvo disposição legal diversa, observado, ainda, o seguinte:

I – será dirigido ao órgão perante o qual o recurso independente fora interposto, no prazo de que a parte dispõe para responder;

II – será admissível na apelação, no recurso extraordinário e no recurso especial;

III – não será conhecido, se houver desistência do recurso principal ou se for ele considerado inadmissível.

Art. 998. O recorrente poderá, a qualquer tempo, sem a anuência do recorrido ou dos litisconsortes, desistir do recurso.

Parágrafo único. A desistência do recurso não impede a análise de questão cuja repercussão geral já tenha sido reconhecida e daquela objeto de julgamento de recursos extraordinários ou especiais repetitivos.

Art. 999. A renúncia ao direito de recorrer independe da aceitação da outra parte.

Art. 1.000. A parte que aceitar expressa ou tacitamente a decisão não poderá recorrer.

Parágrafo único. Considera-se aceitação tácita a prática, sem nenhuma reserva, de ato incompatível com a vontade de recorrer.

Art. 1.001. Dos despachos não cabe recurso.
* Vide arts. 1.022 e s. do CPC.

Art. 1.002. A decisão pode ser impugnada no todo ou em parte.

Art. 1.003. O prazo para interposição de recurso conta-se da data em que os advogados, a sociedade de advogados, a Advocacia Pública, a Defensoria Pública ou o Ministério Público são intimados da decisão.

§ 1.º Os sujeitos previstos no *caput* considerar-se-ão intimados em audiência quando nesta for proferida a decisão.

§ 2.º Aplica-se o disposto no art. 231, incisos I a VI, ao prazo de interposição de recurso pelo réu contra decisão proferida anteriormente à citação.

§ 3.º No prazo para interposição de recurso, a petição será protocolada em cartório ou conforme as normas de organização judiciária, ressalvado o disposto em regra especial.

§ 4.º Para aferição da tempestividade do recurso remetido pelo correio, será considerada como data de interposição a data de postagem.

§ 5.º Excetuados os embargos de declaração, o prazo para interpor os recursos e para responder-lhes é de 15 (quinze) dias.

§ 6.º O recorrente comprovará a ocorrência de feriado local no ato de interposição do recurso.
* Vide Súmula 385 do TST.

Art. 1.004. Se, durante o prazo para a interposição do recurso, sobrevier o falecimento da parte ou de seu advogado ou ocorrer motivo de força maior que suspenda o curso do processo, será tal prazo restituído em proveito da parte, do herdeiro ou do sucessor, contra quem começará a correr novamente depois da intimação.
* Vide art. 222 do CPC.

Art. 1.005. O recurso interposto por um dos litisconsortes a todos aproveita, salvo se distintos ou opostos os seus interesses.
* Vide arts. 113 a 118 do CPC.

Parágrafo único. Havendo solidariedade passiva, o recurso interposto por um devedor aproveitará aos outros quando as defesas opostas ao credor lhes forem comuns.

Art. 1.006. Certificado o trânsito em julgado, com menção expressa da data de sua ocorrência, o escrivão ou o chefe de secretaria, independentemente de despacho, providenciará a baixa dos autos ao juízo de origem, no prazo de 5 (cinco) dias.

Art. 1.007. No ato de interposição do recurso, o recorrente comprovará, quando exigido pela legislação pertinente, o respectivo preparo, inclusive porte de remessa e de retorno, sob pena de deserção.

§ 1.º São dispensados de preparo, inclusive porte de remessa e de retorno, os recursos interpostos pelo Ministério Público, pela União, pelo Distrito Federal, pelos Estados, pelos Municípios, e respectivas autarquias, e pelos que gozam de isenção legal.

§ 2.º A insuficiência no valor do preparo, inclusive porte de remessa e de retorno, implicará deserção se o recorrente, intimado na pessoa de seu advogado, não vier a supri-lo no prazo de 5 (cinco) dias.
•• Vide art. 10 da Instrução Normativa n. 39, de 15-3-2016.
•• Vide OJ 140 da SDI-1.

§ 3.º É dispensado o recolhimento do porte de remessa e de retorno no processo em autos eletrônicos.

§ 4.º O recorrente que não comprovar, no ato de interposição do recurso, o recolhimento do preparo, inclusive porte de remessa e de retorno, será intimado, na pessoa de seu advogado, para realizar o recolhimento em dobro, sob pena de deserção.

§ 5.º É vedada a complementação se houver insuficiência parcial do preparo, inclusive porte de remessa e de retorno, no recolhimento realizado na forma do § 4.º.

§ 6.º Provando o recorrente justo impedimento, o relator relevará a pena de deserção, por decisão irrecorrível, fixando-lhe prazo de 5 (cinco) dias para efetuar o preparo.

§ 7.º O equívoco no preenchimento da guia de custas não implicará a aplicação da pena de deserção, cabendo ao relator, na hipótese de dúvida quanto ao recolhimento, intimar o recorrente para sanar o vício no prazo de 5 (cinco) dias.
•• Vide art. 10 da Instrução Normativa n. 39, de 15-3-2016.

Art. 1.008. O julgamento proferido pelo tribunal substituirá a decisão impugnada no que tiver sido objeto de recurso.

Capítulo II
DA APELAÇÃO

Art. 1.009. Da sentença cabe apelação.
* Vide art. 1.003, § 5.º, do CPC.

§ 1.º As questões resolvidas na fase de conhecimento, se a decisão a seu respeito não comportar agravo de instrumento, não são cobertas pela preclusão e devem ser suscitadas em preliminar de apelação, eventualmente interposta contra a decisão final, ou nas contrarrazões.

§ 2.º Se as questões referidas no § 1.º forem suscitadas em contrarrazões, o recorrente será intimado para, em 15 (quinze) dias, manifestar-se a respeito delas.

§ 3.º O disposto no *caput* deste artigo aplica-se mesmo quando as questões mencionadas no art. 1.015 integrarem capítulo da sentença.

Art. 1.010. A apelação, interposta por petição dirigida ao juízo de primeiro grau, conterá:

I – os nomes e a qualificação das partes;

II – a exposição do fato e do direito;

III – as razões do pedido de reforma ou de decretação de nulidade;

IV – o pedido de nova decisão.

§ 1.º O apelado será intimado para apresentar contrarrazões no prazo de 15 (quinze) dias.

§ 2.º Se o apelado interpuser apelação adesiva, o juiz intimará o apelante para apresentar contrarrazões.

§ 3.º Após as formalidades previstas nos §§ 1.º e 2.º, os autos serão remetidos ao tribunal pelo juiz, independentemente de juízo de admissibilidade.
•• Vide art. 2.º da Instrução Normativa n. 39, de 15-3-2016.

Art. 1.011. Recebido o recurso de apelação no tribunal e distribuído imediatamente, o relator:

I – decidi-lo-á monocraticamente apenas nas hipóteses do art. 932, incisos III a V;

II – se não for o caso de decisão monocrática, elaborará seu voto para julgamento do recurso pelo órgão colegiado.

Art. 1.012. A apelação terá efeito suspensivo.

§ 1.º Além de outras hipóteses previstas em lei, começa a produzir efeitos imediatamente após a sua publicação a sentença que:

I – homologa divisão ou demarcação de terras;
* Vide arts. 569, 570 e 572 do CPC.

II – condena a pagar alimentos;

III – extingue sem resolução do mérito ou julga improcedentes os embargos do executado;

IV – julga procedente o pedido de instituição de arbitragem;

V – confirma, concede ou revoga tutela provisória;
* Vide arts. 294 e 300 do CPC.

VI – decreta a interdição.

§ 2.º Nos casos do § 1.º, o apelado poderá promover o pedido de cumprimento provisório depois de publicada a sentença.
• Vide art. 520 do CPC.

§ 3.º O pedido de concessão de efeito suspensivo nas hipóteses do § 1.º poderá ser formulado por requerimento dirigido ao:

I – tribunal, no período compreendido entre a interposição da apelação e sua distribuição, ficando o relator designado para seu exame prevento para julgá-la;

II – relator, se já distribuída a apelação.

§ 4.º Nas hipóteses do § 1.º, a eficácia da sentença poderá ser suspensa pelo relator se o apelante demonstrar a probabilidade de provimento do recurso ou se, sendo relevante a fundamentação, houver risco de dano grave ou de difícil reparação.

Art. 1.013. A apelação devolverá ao tribunal o conhecimento da matéria impugnada.
•• Vide art. 3.º da Instrução Normativa n. 39, de 15-3-2016.
• Vide art. 942 do CPC.

§ 1.º Serão, porém, objeto de apreciação e julgamento pelo tribunal todas as questões suscitadas e discutidas no processo, ainda que não tenham sido solucionadas, desde que relativas ao capítulo impugnado.
• Vide Súmula 393 do TST.

§ 2.º Quando o pedido ou a defesa tiver mais de um fundamento e o juiz acolher apenas um deles, a apelação devolverá ao tribunal o conhecimento dos demais.

§ 3.º Se o processo estiver em condições de imediato julgamento, o tribunal deve decidir desde logo o mérito quando:

I – reformar sentença fundada no art. 485;

II – decretar a nulidade da sentença por não ser ela congruente com os limites do pedido ou da causa de pedir;

III – constatar a omissão no exame de um dos pedidos, hipótese em que poderá julgá-lo;

IV – decretar a nulidade de sentença por falta de fundamentação.

§ 4.º Quando reformar sentença que reconheça a decadência ou a prescrição, o tribunal, se possível, julgará o mérito, examinando as demais questões, sem determinar o retorno do processo ao juízo de primeiro grau.

§ 5.º O capítulo da sentença que confirma, concede ou revoga a tutela provisória é impugnável na apelação.

Art. 1.014. As questões de fato não propostas no juízo inferior poderão ser suscitadas na apelação, se a parte provar que deixou de fazê-lo por motivo de força maior.
•• Vide art. 3.º da Instrução Normativa n. 39, de 15-3-2016.

Capítulo III
DO AGRAVO DE INSTRUMENTO

Art. 1.015. Cabe agravo de instrumento contra as decisões interlocutórias que versarem sobre:
• Vide art. 203 do CPC.

I – tutelas provisórias;

II – mérito do processo;

III – rejeição da alegação de convenção de arbitragem;

IV – incidente de desconsideração da personalidade jurídica;

V – rejeição do pedido de gratuidade da justiça ou acolhimento do pedido de sua revogação;

VI – exibição ou posse de documento ou coisa;

VII – exclusão de litisconsorte;

VIII – rejeição do pedido de limitação do litisconsórcio;

IX – admissão ou inadmissão de intervenção de terceiros;

X – concessão, modificação ou revogação do efeito suspensivo aos embargos à execução;

XI – redistribuição do ônus da prova nos termos do art. 373, § 1.º;

XII – (Vetado.)

XIII – outros casos expressamente referidos em lei.

Parágrafo único. Também caberá agravo de instrumento contra decisões interlocutórias proferidas na fase de liquidação de sentença ou de cumprimento de sentença, no processo de execução e no processo de inventário.

Art. 1.016. O agravo de instrumento será dirigido diretamente ao tribunal competente, por meio de petição com os seguintes requisitos:
• A Resolução n. 4, de 30-11-2006, do STJ, dispõe sobre o não conhecimento do agravo de instrumento manifestamente inadmissível.

I – os nomes das partes;

II – a exposição do fato e do direito;

III – as razões do pedido de reforma ou de invalidação da decisão e o próprio pedido;

IV – o nome e o endereço completo dos advogados constantes do processo.

Art. 1.017. A petição de agravo de instrumento será instruída:

I – obrigatoriamente, com cópias da petição inicial, da contestação, da petição que ensejou a decisão agravada, da própria decisão agravada, da certidão da respectiva intimação ou outro documento oficial que comprove a tempestividade e das procurações outorgadas aos advogados do agravante e do agravado;

II – com declaração de inexistência de qualquer dos documentos referidos no inciso I, feita pelo advogado do agravante, sob pena de sua responsabilidade pessoal;

III – facultativamente, com outras peças que o agravante reputar úteis.

§ 1.º Acompanhará a petição o comprovante do pagamento das respectivas custas e do porte de retorno, quando devidos, conforme tabela publicada pelos tribunais.

§ 2.º No prazo do recurso, o agravo será interposto por:

I – protocolo realizado diretamente no tribunal competente para julgá-lo;

II – protocolo realizado na própria comarca, seção ou subseção judiciárias;

III – postagem, sob registro, com aviso de recebimento;

IV – transmissão de dados tipo fac-símile, nos termos da lei;

V – outra forma prevista em lei.
• Vide art. 1.003 do CPC.

§ 3.º Na falta da cópia de qualquer peça ou no caso de algum outro vício que comprometa a admissibilidade do agravo de instrumento, deve o relator aplicar o disposto no art. 932, parágrafo único.

§ 4.º Se o recurso for interposto por sistema de transmissão de dados tipo fac-símile ou similar, as peças devem ser juntadas no momento de protocolo da petição original.

§ 5.º Sendo eletrônicos os autos do processo, dispensam-se as peças referidas nos incisos I e II do *caput*, facultando-se ao agravante anexar outros documentos que entender úteis para a compreensão da controvérsia.

Art. 1.018. O agravante poderá requerer a juntada, aos autos do processo, de cópia da petição do agravo de instrumento, do comprovante de sua interposição e da relação dos documentos que instruíram o recurso.

§ 1.º Se o juiz comunicar que reformou inteiramente a decisão, o relator considerará prejudicado o agravo de instrumento.

§ 2.º Não sendo eletrônicos os autos, o agravante tomará a providência prevista no *caput*, no prazo de 3 (três) dias a contar da interposição do agravo de instrumento.

§ 3.º O descumprimento da exigência de que trata o § 2.º, desde que arguido e provado pelo agravado, importa inadmissibilidade do agravo de instrumento.

Art. 1.019. Recebido o agravo de instrumento no tribunal e distribuído imediatamente, se não for o caso de aplicação do art. 932, incisos III e IV, o relator, no prazo de 5 (cinco) dias:

I – poderá atribuir efeito suspensivo ao recurso ou deferir, em antecipação de tutela, total ou parcialmente, a pretensão recursal, comunicando ao juiz sua decisão;

II – ordenará a intimação do agravado pessoalmente, por carta com aviso de recebimento, quando não tiver procurador constituído, ou pelo Diário da Justiça ou por carta com aviso de recebimento dirigida ao seu advogado, para que responda no prazo de 15 (quinze) dias, facultando-lhe juntar a documentação que entender necessária ao julgamento do recurso;

III – determinará a intimação do Ministério Público, preferencialmente por meio eletrônico, quando for o caso de sua intervenção, para que se manifeste no prazo de 15 (quinze) dias.

Art. 1.020. O relator solicitará dia para julgamento em prazo não superior a 1 (um) mês da intimação do agravado.
- Vide Súmula 640 do STF.

Capítulo IV
DO AGRAVO INTERNO

•• Vide art. 3.º da Instrução Normativa n. 39, de 15-3-2016.

Art. 1.021. Contra decisão proferida pelo relator caberá agravo interno para o respectivo órgão colegiado, observadas, quanto ao processamento, as regras do regimento interno do tribunal.

•• A Resolução n. 450, de 3-12-2010, do STF, criou a classe processual "Recurso Extraordinário com Agravo – ARE", para o processamento de agravo interposto contra decisão que não admite recurso extraordinário ao STF, em razão da alteração feita pela Lei n. 12.322, de 9-9-2010, que extinguiu o Agravo de Instrumento (AI) aplicado nesses casos.

•• A Resolução n. 451, de 3-12-2010, do STF, dispõe sobre a aplicação da Lei n. 12.322, de 9-9-2010, para os Recursos Extraordinários e Agravos sobre matéria penal e processual penal.

•• A Resolução n. 7, de 9-12-2010, do STJ, criou a classe processual de "Agravo em Recurso Especial – AREsp", para o processamento de agravo interposto contra decisão que inadmite recurso especial.

§ 1.º Na petição de agravo interno, o recorrente impugnará especificadamente os fundamentos da decisão agravada.

§ 2.º O agravo será dirigido ao relator, que intimará o agravado para manifestar-se sobre o recurso no prazo de 15 (quinze) dias, ao final do qual, não havendo retratação, o relator levá-lo-á a julgamento pelo órgão colegiado, com inclusão em pauta.

§ 3.º É vedado ao relator limitar-se à reprodução dos fundamentos da decisão agravada para julgar improcedente o agravo interno.

§ 4.º Quando o agravo interno for declarado manifestamente inadmissível ou improcedente em votação unânime, o órgão colegiado, em decisão fundamentada, condenará o agravante a pagar ao agravado multa fixada entre um e cinco por cento do valor atualizado da causa.

§ 5.º A interposição de qualquer outro recurso está condicionada ao depósito prévio do valor da multa prevista no § 4.º, à exceção da Fazenda Pública e do beneficiário de gratuidade da justiça, que farão o pagamento ao final.

Capítulo V
DOS EMBARGOS DE DECLARAÇÃO

• Vide Súmula 98 do STJ.

Art. 1.022. Cabem embargos de declaração contra qualquer decisão judicial para:
• Vide art. 494, II, do CPC.

I – esclarecer obscuridade ou eliminar contradição;

II – suprir omissão de ponto ou questão sobre o qual devia se pronunciar o juiz de ofício ou a requerimento;

III – corrigir erro material.

Parágrafo único. Considera-se omissa a decisão que:

I – deixe de se manifestar sobre tese firmada em julgamento de casos repetitivos ou em incidente de assunção de competência aplicável ao caso sob julgamento;

II – incorra em qualquer das condutas descritas no art. 489, § 1.º.

Art. 1.023. Os embargos serão opostos, no prazo de 5 (cinco) dias, em petição dirigida ao juiz, com indicação do erro, obscuridade, contradição ou omissão, e não se sujeitam a preparo.

§ 1.º Aplica-se aos embargos de declaração o art. 229.

§ 2.º O juiz intimará o embargado para, querendo, manifestar-se, no prazo de 5 (cinco) dias, sobre os embargos opostos, caso seu eventual acolhimento implique a modificação da decisão embargada.

Art. 1.024. O juiz julgará os embargos em 5 (cinco) dias.

§ 1.º Nos tribunais, o relator apresentará os embargos em mesa na sessão subsequente, proferindo voto, e, não havendo julgamento nessa sessão, será o recurso incluído em pauta automaticamente.

§ 2.º Quando os embargos de declaração forem opostos contra decisão de relator ou outra decisão unipessoal proferida em tribunal, o órgão prolator da decisão embargada decidi-los-á monocraticamente.

§ 3.º O órgão julgador conhecerá dos embargos de declaração como agravo interno se entender ser este o recurso cabível, desde que determine previamente a intimação do recorrente para, no prazo de 5 (cinco) dias, complementar as razões recursais, de modo a ajustá-las às exigências do art. 1.021, § 1.º.

§ 4.º Caso o acolhimento dos embargos de declaração implique modificação da decisão embargada, o embargado que já tiver interposto outro recurso contra a decisão originária tem o direito de complementar ou alterar suas razões, nos exatos limites da modificação, no prazo de 15 (quinze) dias, contado da intimação da decisão dos embargos de declaração.

§ 5.º Se os embargos de declaração forem rejeitados ou não alterarem a conclusão do julgamento anterior, o recurso interposto pela outra parte antes da publicação do julgamento dos embargos de declaração será processado e julgado independentemente de ratificação.

•• Vide Súmula 579 do STJ.

Art. 1.025. Consideram-se incluídos no acórdão os elementos que o embargante suscitou, para fins de prequestionamento, ainda que os embargos de declaração sejam inadmitidos ou rejeitados, caso o tribunal superior considere existentes erro, omissão, contradição ou obscuridade.

•• Vide art. 9.º, parágrafo único, da Instrução Normativa n. 39, de 15-3-2016.

Art. 1.026. Os embargos de declaração não possuem efeito suspensivo e interrompem o prazo para a interposição de recurso.

§ 1.º A eficácia da decisão monocrática ou colegiada poderá ser suspensa pelo respectivo juiz ou relator se demonstrada a probabilidade de provimento do recurso ou, sendo relevante a fundamentação, se houver risco de dano grave ou de difícil reparação.

§ 2.º Quando manifestamente protelatórios os embargos de declaração, o juiz ou o tribunal, em decisão fundamentada, condenará o embargante a pagar ao embargado multa não excedente a dois por cento sobre o valor atualizado da causa.

§ 3.º Na reiteração de embargos de declaração manifestamente protelatórios, a multa será elevada a até dez por cento sobre o valor atualizado da causa, e a interposição de qualquer recurso ficará condicionada ao depósito prévio do valor da multa, à exceção da Fazenda Pública e do beneficiário de gratuidade da justiça, que a recolherão ao final.

§ 4.º Não serão admitidos novos embargos de declaração se os 2 (dois) anteriores houverem sido considerados protelatórios.

Capítulo VI
DOS RECURSOS PARA O SUPREMO TRIBUNAL FEDERAL E PARA O SUPERIOR TRIBUNAL DE JUSTIÇA

•• Vide CF, arts. 101 a 105, sobre a composição e competência do STF e STJ.

SEÇÃO I
Do Recurso Ordinário

Art. 1.027. Serão julgados em recurso ordinário:

I – pelo Supremo Tribunal Federal, os mandados de segurança, os *habeas data* e os mandados de injunção decididos em única instância pelos tribunais superiores, quando denegatória a decisão;
•• *Vide* art. 102, II, da CF.

II – pelo Superior Tribunal de Justiça:

a) os mandados de segurança decididos em única instância pelos tribunais regionais federais ou pelos tribunais de justiça dos Estados e do Distrito Federal e Territórios, quando denegatória a decisão;
•• *Vide* art. 105, II, da CF.

b) os processos em que forem partes, de um lado, Estado estrangeiro ou organismo internacional e, de outro, Município ou pessoa residente ou domiciliada no País.

§ 1.º Nos processos referidos no inciso II, alínea "b", contra as decisões interlocutórias caberá agravo de instrumento dirigido ao Superior Tribunal de Justiça, nas hipóteses do art. 1.015.

§ 2.º Aplica-se ao recurso ordinário o disposto nos arts. 1.013, § 3.º, e 1.029, § 5.º.

Art. 1.028. Ao recurso mencionado no art. 1.027, inciso II, alínea "b", aplicam-se, quanto aos requisitos de admissibilidade e ao procedimento, as disposições relativas à apelação e o Regimento Interno do Superior Tribunal de Justiça.

§ 1.º Na hipótese do art. 1.027, § 1.º, aplicam-se as disposições relativas ao agravo de instrumento e o Regimento Interno do Superior Tribunal de Justiça.

§ 2.º O recurso previsto no art. 1.027, incisos I e II, alínea "a", deve ser interposto perante o tribunal de origem, cabendo ao seu presidente ou vice-presidente determinar a intimação do recorrido para, em 15 (quinze) dias, apresentar as contrarrazões.

§ 3.º Findo o prazo referido no § 2.º, os autos serão remetidos ao respectivo tribunal superior, independentemente de juízo de admissibilidade.

SEÇÃO II
Do Recurso Extraordinário e do Recurso Especial

SUBSEÇÃO I
Disposições gerais

Art. 1.029. O recurso extraordinário e o recurso especial, nos casos previstos na Constituição Federal, serão interpostos perante o presidente ou o vice-presidente do tribunal recorrido, em petições distintas que conterão:
•• *Vide* arts. 102, III, e § 3.º, e 105, III, da CF.

I – a exposição do fato e do direito;

II – a demonstração do cabimento do recurso interposto;

III – as razões do pedido de reforma ou de invalidação da decisão recorrida.

§ 1.º Quando o recurso fundar-se em dissídio jurisprudencial, o recorrente fará a prova da divergência com a certidão, cópia ou citação do repositório de jurisprudência, oficial ou credenciado, inclusive em mídia eletrônica, em que houver sido publicado o acórdão divergente, ou ainda com a reprodução de julgado disponível na rede mundial de computadores, com indicação da respectiva fonte, devendo-se, em qualquer caso, mencionar as circunstâncias que identifiquem ou assemelhem os casos confrontados.

§ 2.º *(Revogado pela Lei n. 13.256, de 4-2-2016.)*

§ 3.º O Supremo Tribunal Federal ou o Superior Tribunal de Justiça poderá desconsiderar vício formal de recurso tempestivo ou determinar sua correção, desde que não o repute grave.

§ 4.º Quando, por ocasião do processamento do incidente de resolução de demandas repetitivas, o presidente do Supremo Tribunal Federal ou do Superior Tribunal de Justiça receber requerimento de suspensão de processos em que se discuta questão federal constitucional ou infraconstitucional, poderá, considerando razões de segurança jurídica ou de excepcional interesse social, estender a suspensão a todo o território nacional, até ulterior decisão do recurso extraordinário ou do recurso especial a ser interposto.

§ 5.º O pedido de concessão de efeito suspensivo a recurso extraordinário ou a recurso especial poderá ser formulado por requerimento dirigido:
•• *Vide* Súmula 414 do TST.

I – ao tribunal superior respectivo, no período compreendido entre a publicação da decisão de admissão do recurso e sua distribuição, ficando o relator designado para seu exame prevento para julgá-lo;
•• Inciso I com redação determinada pela Lei n. 13.256, de 4-2-2016.

II – ao relator, se já distribuído o recurso;

III – ao presidente ou ao vice-presidente do tribunal recorrido, no período compreendido entre a interposição do recurso e a publicação da decisão de admissão do recurso, assim como no caso de o recurso ter sido sobrestado, nos termos do art. 1.037.
•• Inciso III com redação determinada pela Lei n. 13.256, de 4-2-2016.

Art. 1.030. Recebida a petição do recurso pela secretaria do tribunal, o recorrido será intimado para apresentar contrarrazões no prazo de 15 (quinze) dias, findo o qual os autos serão conclusos ao presidente ou ao vice-presidente do tribunal recorrido, que deverá:
•• *Caput* com redação determinada pela Lei n. 13.256, de 4-2-2016.
• *Vide* Súmula 216 do STJ.

I – negar seguimento:
•• Inciso I, *caput*, acrescentado pela Lei n. 13.256, de 4-2-2016.

a) a recurso extraordinário que discuta questão constitucional à qual o Supremo Tribunal Federal não tenha reconhecido a existência de repercussão geral ou a recurso extraordinário interposto contra acórdão que esteja em conformidade com entendimento do Supremo Tribunal Federal exarado no regime de repercussão geral;
•• Alínea *a* acrescentada pela Lei n. 13.256, de 4-2-2016.

b) a recurso extraordinário ou a recurso especial interposto contra acórdão que esteja em conformidade com entendimento do Supremo Tribunal Federal ou do Superior Tribunal de Justiça, respectivamente, exarado no regime de julgamento de recursos repetitivos;
•• Alínea *b* acrescentada pela Lei n. 13.256, de 4-2-2016.

II – encaminhar o processo ao órgão julgador para realização do juízo de retratação, se o acórdão recorrido divergir do entendimento do Supremo Tribunal Federal ou do Superior Tribunal de Justiça exarado, conforme o caso, nos regimes de repercussão geral ou de recursos repetitivos;
•• Inciso II acrescentado pela Lei n. 13.256, de 4-2-2016.

III – sobrestar o recurso que versar sobre controvérsia de caráter repetitivo ainda não decidida pelo Supremo Tribunal Federal ou pelo Superior Tribunal de Justiça, conforme se trate de matéria constitucional ou infraconstitucional;
•• Inciso III acrescentado pela Lei n. 13.256, de 4-2-2016.

IV – selecionar o recurso como representativo de controvérsia constitucional ou infraconstitucional, nos termos do § 6.º do art. 1.036;
•• Inciso IV acrescentado pela Lei n. 13.256, de 4-2-2016.

V – realizar o juízo de admissibilidade e, se positivo, remeter o feito ao Supremo Tribunal Federal ou ao Superior Tribunal de Justiça, desde que:
•• Inciso V, *caput*, acrescentado pela Lei n. 13.256, de 4-2-2016.

a) o recurso ainda não tenha sido submetido ao regime de repercussão geral ou de julgamento de recursos repetitivos;
•• Alínea *a* acrescentada pela Lei n. 13.256, de 4-2-2016.

b) o recurso tenha sido selecionado como representativo da controvérsia; ou
•• Alínea *b* acrescentada pela Lei n. 13.256, de 4-2-2016.

c) o tribunal recorrido tenha refutado o juízo de retratação.
•• Alínea *c* acrescentada pela Lei n. 13.256, de 4-2-2016.

§ 1.º Da decisão de inadmissibilidade proferida com fundamento no inciso V caberá agravo ao tribunal superior, nos termos do art. 1.042.
•• § 1.º acrescentado pela Lei n. 13.256, de 4-2-2016.

§ 2.º Da decisão proferida com fundamento nos incisos I e III caberá agravo interno, nos termos do art. 1.021.
•• § 2.º acrescentado pela Lei n. 13.256, de 4-2-2016.

Art. 1.031. Na hipótese de interposição conjunta de recurso extraordinário e recurso especial, os autos serão remetidos ao Superior Tribunal de Justiça.

§ 1.º Concluído o julgamento do recurso especial, os autos serão remetidos ao Supremo Tribunal Federal para apreciação do recurso extraordinário, se este não estiver prejudicado.

§ 2.º Se o relator do recurso especial considerar prejudicial o recurso extraordinário, em decisão irrecorrível, sobrestará o julgamento e remeterá os autos ao Supremo Tribunal Federal.

§ 3.º Na hipótese do § 2.º, se o relator do recurso extraordinário, em decisão irrecorrível, rejeitar a prejudicialidade, devolverá os autos ao Superior Tribunal de Justiça para o julgamento do recurso especial.

Art. 1.032. Se o relator, no Superior Tribunal de Justiça, entender que o recurso especial versa sobre questão constitucional, deverá conceder prazo de 15 (quinze) dias para que o recorrente demonstre a existência de repercussão geral e se manifeste sobre a questão constitucional.

Parágrafo único. Cumprida a diligência de que trata o *caput*, o relator remeterá o recurso ao Supremo Tribunal Federal, que, em juízo de admissibilidade, poderá devolvê-lo ao Superior Tribunal de Justiça.

Art. 1.033. Se o Supremo Tribunal Federal considerar como reflexa a ofensa à Constituição afirmada no recurso extraordinário, por pressupor a revisão da interpretação de lei federal ou de tratado, remetê-lo-á ao Superior Tribunal de Justiça para julgamento como recurso especial.

Art. 1.034. Admitido o recurso extraordinário ou o recurso especial, o Supremo Tribunal Federal ou o Superior Tribunal de Justiça julgará o processo, aplicando o direito.

Parágrafo único. Admitido o recurso extraordinário ou o recurso especial por um fundamento, devolve-se ao tribunal superior o conhecimento dos demais fundamentos para a solução do capítulo impugnado.
•• Vide art. 12 da Instrução Normativa n. 39, de 15-3-2016.

Art. 1.035. O Supremo Tribunal Federal, em decisão irrecorrível, não conhecerá do recurso extraordinário quando a questão constitucional nele versada não tiver repercussão geral, nos termos deste artigo.

§ 1.º Para efeito de repercussão geral, será considerada a existência ou não de questões relevantes do ponto de vista econômico, político, social ou jurídico que ultrapassem os interesses subjetivos do processo.

§ 2.º O recorrente deverá demonstrar a existência de repercussão geral para apreciação exclusiva pelo Supremo Tribunal Federal.

§ 3.º Haverá repercussão geral sempre que o recurso impugnar acórdão que:

I – contrarie súmula ou jurisprudência dominante do Supremo Tribunal Federal;

II – (*Revogado pela Lei n. 13.256, de 4-2-2016.*)

III – tenha reconhecido a inconstitucionalidade de tratado ou de lei federal, nos termos do art. 97 da Constituição Federal.

§ 4.º O relator poderá admitir, na análise da repercussão geral, a manifestação de terceiros, subscrita por procurador habilitado, nos termos do Regimento Interno do Supremo Tribunal Federal.

§ 5.º Reconhecida a repercussão geral, o relator no Supremo Tribunal Federal determinará a suspensão do processamento de todos os processos pendentes, individuais ou coletivos, que versem sobre a questão e tramitem no território nacional.

§ 6.º O interessado pode requerer, ao presidente ou ao vice-presidente do tribunal de origem, que exclua da decisão de sobrestamento e inadmita o recurso extraordinário que tenha sido interposto intempestivamente, tendo o recorrente o prazo de 5 (cinco) dias para manifestar-se sobre esse requerimento.

§ 7.º Da decisão que indeferir o requerimento referido no § 6.º ou que aplicar entendimento firmado em regime de repercussão geral ou em julgamento de recursos repetitivos caberá agravo interno.
•• § 7.º com redação determinada pela Lei n. 13.256, de 4-2-2016.

§ 8.º Negada a repercussão geral, o presidente ou o vice-presidente do tribunal de origem negará seguimento aos recursos extraordinários sobrestados na origem que versem sobre matéria idêntica.

§ 9.º O recurso que tiver a repercussão geral reconhecida deverá ser julgado no prazo de 1 (um) ano e terá preferência sobre os demais feitos, ressalvados os que envolvam réu preso e os pedidos de *habeas corpus*.

§ 10. (*Revogado pela Lei n. 13.256, de 4-2-2016.*)

§ 11. A súmula da decisão sobre a repercussão geral constará de ata, que será publicada no diário oficial e valerá como acórdão.

SUBSEÇÃO II
Do julgamento dos recursos extraordinário e especial repetitivos

Art. 1.036. Sempre que houver multiplicidade de recursos extraordinários ou especiais com fundamento em idêntica questão de direito, haverá afetação para julgamento de acordo com as disposições desta Subseção, observado o disposto no Regimento Interno do Supremo Tribunal Federal e no do Superior Tribunal de Justiça.

§ 1.º O presidente ou o vice-presidente de tribunal de justiça ou de tribunal regional federal selecionará 2 (dois) ou mais recursos representativos da controvérsia, que serão encaminhados ao Supremo Tribunal Federal ou ao Superior Tribunal de Justiça para fins de afetação, determinando a suspensão do trâmite de todos os processos pendentes, individuais ou coletivos, que tramitem no Estado ou na região, conforme o caso.

§ 2.º O interessado pode requerer, ao presidente ou ao vice-presidente, que exclua da decisão de sobrestamento e inadmita o recurso especial ou o recurso extraordinário que tenha sido interposto intempestivamente, tendo o recorrente o prazo de 5 (cinco) dias para manifestar-se sobre esse requerimento.

§ 3.º Da decisão que indeferir o requerimento referido no § 2.º caberá apenas agravo interno.
•• § 3.º com redação determinada pela Lei n. 13.256, de 4-2-2016.

§ 4.º A escolha feita pelo presidente ou vice-presidente do tribunal de justiça ou do tribunal regional federal não vinculará o relator no tribunal superior, que poderá selecionar outros recursos representativos da controvérsia.

§ 5.º O relator em tribunal superior também poderá selecionar 2 (dois) ou mais recursos representativos da controvérsia para julgamento da questão de direito independentemente da iniciativa do presidente ou do vice-presidente do tribunal de origem.

§ 6.º Somente podem ser selecionados recursos admissíveis que contenham abrangente argumentação e discussão a respeito da questão a ser decidida.

Art. 1.037. Selecionados os recursos, o relator, no tribunal superior, constatando a presença do pressuposto do *caput* do art. 1.036, proferirá decisão de afetação, na qual:

I – identificará com precisão a questão a ser submetida a julgamento;

II – determinará a suspensão do processamento de todos os processos pendentes, individuais ou coletivos, que versem sobre a questão e tramitem no território nacional;

III – poderá requisitar aos presidentes ou aos vice-presidentes dos tribunais de justiça ou dos tribunais regionais federais a remessa de um recurso representativo da controvérsia.

§ 1.º Se, após receber os recursos selecionados pelo presidente ou pelo vice-presidente de tribunal de justiça ou de tribunal regional federal, não se proceder à afetação, o relator, no tribunal superior,

comunicará o fato ao presidente ou ao vice-presidente que os houver enviado, para que seja revogada a decisão de suspensão referida no art. 1.036, § 1.º.

§ 2.º (Revogado pela Lei n. 13.256, de 4-2-2016.)

§ 3.º Havendo mais de uma afetação, será prevento o relator que primeiro tiver proferido a decisão a que se refere o inciso I do caput.

§ 4.º Os recursos afetados deverão ser julgados no prazo de 1 (um) ano e terão preferência sobre os demais feitos, ressalvados os que envolvam réu preso e os pedidos de habeas corpus.

§ 5.º (Revogado pela Lei n. 13.256, de 4-2-2016.)

§ 6.º Ocorrendo a hipótese do § 5.º, é permitido a outro relator do respectivo tribunal superior afetar 2 (dois) ou mais recursos representativos da controvérsia na forma do art. 1.036.

§ 7.º Quando os recursos requisitados na forma do inciso III do caput contiverem outras questões além daquela que é objeto da afetação, caberá ao tribunal decidir esta em primeiro lugar e depois as demais, em acórdão específico para cada processo.

§ 8.º As partes deverão ser intimadas da decisão de suspensão de seu processo, a ser proferida pelo respectivo juiz ou relator quando informado da decisão a que se refere o inciso II do caput.

§ 9.º Demonstrando distinção entre a questão a ser decidida no processo e aquela a ser julgada no recurso especial ou extraordinário afetado, a parte poderá requerer o prosseguimento do seu processo.

§ 10. O requerimento a que se refere o § 9.º será dirigido:

I – ao juiz, se o processo sobrestado estiver em primeiro grau;

II – ao relator, se o processo sobrestado estiver no tribunal de origem;

III – ao relator do acórdão recorrido, se for sobrestado recurso especial ou recurso extraordinário no tribunal de origem;

IV – ao relator, no tribunal superior, de recurso especial ou de recurso extraordinário cujo processamento houver sido sobrestado.

§ 11. A outra parte deverá ser ouvida sobre o requerimento a que se refere o § 9.º, no prazo de 5 (cinco) dias.

§ 12. Reconhecida a distinção no caso:

I – dos incisos I, II e IV do § 10, o próprio juiz ou relator dará prosseguimento ao processo;

II – do inciso III do § 10, o relator comunicará a decisão ao presidente ou ao vice-presidente que houver determinado o sobrestamento, para que o recurso especial ou o recurso extraordinário seja encaminhado ao respectivo tribunal superior, na forma do art. 1.030, parágrafo único.

§ 13. Da decisão que resolver o requerimento a que se refere o § 9.º caberá:

I – agravo de instrumento, se o processo estiver em primeiro grau;

II – agravo interno, se a decisão for de relator.

Art. 1.038. O relator poderá:

I – solicitar ou admitir manifestação de pessoas, órgãos ou entidades com interesse na controvérsia, considerando a relevância da matéria e consoante dispuser o regimento interno;

•• Vide art. 138 do CPC.

• O Provimento n. 128, de 8-12-2008, estabelece parâmetros de atuação do Conselho Federal da OAB para manifestação em recursos repetitivos.

II – fixar data para, em audiência pública, ouvir depoimentos de pessoas com experiência e conhecimento na matéria, com a finalidade de instruir o procedimento;

III – requisitar informações aos tribunais inferiores a respeito da controvérsia e, cumprida a diligência, intimará o Ministério Público para manifestar-se.

§ 1.º No caso do inciso III, os prazos respectivos são de 15 (quinze) dias, e os atos serão praticados, sempre que possível, por meio eletrônico.

§ 2.º Transcorrido o prazo para o Ministério Público e remetida cópia do relatório aos demais ministros, haverá inclusão em pauta, devendo ocorrer o julgamento com preferência sobre os demais feitos, ressalvados os que envolvam réu preso e os pedidos de habeas corpus.

§ 3.º O conteúdo do acórdão abrangerá a análise dos fundamentos relevantes da tese jurídica discutida.

•• § 3.º com redação determinada pela Lei n. 13.256, de 4-2-2016.

Art. 1.039. Decididos os recursos afetados, os órgãos colegiados declararão prejudicados os demais recursos versando sobre idêntica controvérsia ou os decidirão aplicando a tese firmada.

Parágrafo único. Negada a existência de repercussão geral no recurso extraordinário afetado, serão considerados automaticamente inadmitidos os recursos extraordinários cujo processamento tenha sido sobrestado.

Art. 1.040. Publicado o acórdão paradigma:

I – o presidente ou o vice-presidente do tribunal de origem negará seguimento aos recursos especiais ou extraordinários sobrestados na origem, se o acórdão recorrido coincidir com a orientação do tribunal superior;

II – o órgão que proferiu o acórdão recorrido, na origem, reexaminará o processo de competência originária, a remessa necessária ou o recurso anteriormente julgado, se o acórdão recorrido contrariar a orientação do tribunal superior;

III – os processos suspensos em primeiro e segundo graus de jurisdição retomarão o curso para julgamento e aplicação da tese firmada pelo tribunal superior;

IV – se os recursos versarem sobre questão relativa a prestação de serviço público objeto de concessão, permissão ou autorização, o resultado do julgamento será comunicado ao órgão, ao ente ou à agência reguladora competente para fiscalização da efetiva aplicação, por parte dos entes sujeitos a regulação, da tese adotada.

§ 1.º A parte poderá desistir da ação em curso no primeiro grau de jurisdição, antes de proferida a sentença, se a questão nela discutida for idêntica à resolvida pelo recurso representativo da controvérsia.

§ 2.º Se a desistência ocorrer antes de oferecida contestação, a parte ficará isenta do pagamento de custas e de honorários de sucumbência.

§ 3.º A desistência apresentada nos termos do § 1.º independe de consentimento do réu, ainda que apresentada contestação.

Art. 1.041. Mantido o acórdão divergente pelo tribunal de origem, o recurso especial ou extraordinário será remetido ao respectivo tribunal superior, na forma do art. 1.036, § 1.º.

§ 1.º Realizado o juízo de retratação, com alteração do acórdão divergente, o tribunal de origem, se for o caso, decidirá as demais questões ainda não decididas cujo enfrentamento se tornou necessário em decorrência da alteração.

§ 2.º Quando ocorrer a hipótese do inciso II do caput do art. 1.040 e o recurso versar sobre outras questões, caberá ao presidente ou ao vice-presidente do tribunal recorrido, depois do reexame pelo órgão de origem e independentemente de ratificação do recurso, sendo positivo o juízo de admissibilidade, determinar a remessa do recurso ao tribunal superior para julgamento das demais questões.

•• § 2.º com redação determinada pela Lei n. 13.256, de 4-2-2016.

SEÇÃO III
Do Agravo em Recurso Especial e em Recurso Extraordinário

Art. 1.042. Cabe agravo contra decisão do presidente ou do vice-presidente do tribunal recorrido que inadmitir recurso extraordinário ou recurso especial, salvo quando fundada na aplicação de entendimento firmado em regime de repercussão geral ou em julgamento de recursos repetitivos.

•• Caput com redação determinada pela Lei n. 13.256, de 4-2-2016.

•• A Resolução n. 450, de 3-12-2010, do STF, criou a classe processual "Recurso Extraordinário com Agravo – ARE", para o processamento de agravo interposto contra decisão que não admite recurso extraordinário ao STF, em razão da alteração feita pela Lei n. 12.322, de 9-9-2010, que extinguiu o Agravo de Instrumento (AI) aplicado nesses casos.

CPC – Arts. 1.042 a 1.048 — Disposições Finais

•• A Resolução n. 451, de 3-12-2010, do STF, dispõe sobre a aplicação da Lei n. 12.322, de 9-9-2010, para os Recursos Extraordinários e Agravos sobre matéria penal e processual penal.

•• A Resolução n. 7, de 9-12-2010, do STJ, criou a classe processual de "Agravo em Recurso Especial – AREsp", para o processamento de agravo interposto contra decisão que inadmite recurso especial.

•• A Portaria Normativa n. 3, de 17-6-2021, da PGU, regulamenta os critérios para a dispensa da prática de atos e desistência de recursos, bem como procedimentos ligados a execuções e cumprimentos de sentença em face da União.

I a III – (Revogados pela Lei n. 13.256, de 4-2-2016.)

§ 1.º (Revogado pela Lei n. 13.256, de 4-2-2016.)

§ 2.º A petição de agravo será dirigida ao presidente ou ao vice-presidente do tribunal de origem e independe do pagamento de custas e despesas postais, aplicando-se a ela o regime de repercussão geral e de recursos repetitivos, inclusive quanto à possibilidade de sobrestamento e do juízo de retratação.

•• § 2.º com redação determinada pela Lei n. 13.256, de 4-2-2016.

§ 3.º O agravado será intimado, de imediato, para oferecer resposta no prazo de 15 (quinze) dias.

§ 4.º Após o prazo de resposta, não havendo retratação, o agravo será remetido ao tribunal superior competente.

§ 5.º O agravo poderá ser julgado, conforme o caso, conjuntamente com o recurso especial ou extraordinário, assegurada, neste caso, sustentação oral, observando-se, ainda, o disposto no regimento interno do tribunal respectivo.

§ 6.º Na hipótese de interposição conjunta de recursos extraordinário e especial, o agravante deverá interpor um agravo para cada recurso não admitido.

§ 7.º Havendo apenas um agravo, o recurso será remetido ao tribunal competente, e, havendo interposição conjunta, os autos serão remetidos ao Superior Tribunal de Justiça.

§ 8.º Concluído o julgamento do agravo pelo Superior Tribunal de Justiça e, se for o caso, do recurso especial, independentemente de pedido, os autos serão remetidos ao Supremo Tribunal Federal para apreciação do agravo a ele dirigido, salvo se estiver prejudicado.

SEÇÃO IV
Dos Embargos de Divergência

Art. 1.043. É embargável o acórdão de órgão fracionário que:

•• Vide art. 2.º da Instrução Normativa n. 39, de 15-3-2016.

I – em recurso extraordinário ou em recurso especial, divergir do julgamento de qualquer outro órgão do mesmo tribunal, sendo os acórdãos, embargado e paradigma, de mérito;

II – (Revogado pela Lei n. 13.256, de 4-2-2016.)

III – em recurso extraordinário ou em recurso especial, divergir do julgamento de qualquer outro órgão do mesmo tribunal, sendo um acórdão de mérito e outro que não tenha conhecido do recurso, embora tenha apreciado a controvérsia;

IV – (Revogado pela Lei n. 13.256, de 4-2-2016.)

§ 1.º Poderão ser confrontadas teses jurídicas contidas em julgamentos de recursos e de ações de competência originária.

§ 2.º A divergência que autoriza a interposição de embargos de divergência pode verificar-se na aplicação do direito material ou do direito processual.

§ 3.º Cabem embargos de divergência quando o acórdão paradigma for da mesma turma que proferiu a decisão embargada, desde que sua composição tenha sofrido alteração em mais da metade de seus membros.

§ 4.º O recorrente provará a divergência com certidão, cópia ou citação de repositório oficial ou credenciado de jurisprudência, inclusive em mídia eletrônica, onde foi publicado o acórdão divergente, ou com a reprodução de julgado disponível na rede mundial de computadores, indicando a respectiva fonte, e mencionará as circunstâncias que identificam ou assemelham os casos confrontados.

§ 5.º (Revogado pela Lei n. 13.256, de 4-2-2016.)

Art. 1.044. No recurso de embargos de divergência, será observado o procedimento estabelecido no regimento interno do respectivo tribunal superior.

•• Vide art. 2.º da Instrução Normativa n. 39, de 15-3-2016.

§ 1.º A interposição de embargos de divergência no Superior Tribunal de Justiça interrompe o prazo para interposição de recurso extraordinário por qualquer das partes.

§ 2.º Se os embargos de divergência forem desprovidos ou não alterarem a conclusão do julgamento anterior, o recurso extraordinário interposto pela outra parte antes da publicação do julgamento dos embargos de divergência será processado e julgado independentemente de ratificação.

LIVRO COMPLEMENTAR
DISPOSIÇÕES FINAIS E TRANSITÓRIAS

Art. 1.045. Este Código entra em vigor após decorrido 1 (um) ano da data de sua publicação oficial.

Art. 1.046. Ao entrar em vigor este Código, suas disposições se aplicarão desde logo aos processos pendentes, ficando revogada a Lei n. 5.869, de 11 de janeiro de 1973.

§ 1.º As disposições da Lei n. 5.869, de 11 de janeiro de 1973, relativas ao procedimento sumário e aos procedimentos especiais que forem revogadas aplicar-se-ão às ações propostas e não sentenciadas até o início da vigência deste Código.

§ 2.º Permanecem em vigor as disposições especiais dos procedimentos regulados em outras leis, aos quais se aplicará supletivamente este Código.

§ 3.º Os processos mencionados no art. 1.218 da Lei n. 5.869, de 11 de janeiro de 1973, cujo procedimento ainda não tenha sido incorporado por lei submetem-se ao procedimento comum previsto neste Código.

§ 4.º As remissões a disposições do Código de Processo Civil revogado, existentes em outras leis, passam a referir-se às que lhes são correspondentes neste Código.

§ 5.º A primeira lista de processos para julgamento em ordem cronológica observará a antiguidade da distribuição entre os já conclusos na data da entrada em vigor deste Código.

Art. 1.047. As disposições de direito probatório adotadas neste Código aplicam-se apenas às provas requeridas ou determinadas de ofício a partir da data de início de sua vigência.

Art. 1.048. Terão prioridade de tramitação, em qualquer juízo ou tribunal, os procedimentos judiciais:

I – em que figure como parte ou interessado pessoa com idade igual ou superior a 60 (sessenta) anos ou portadora de doença grave, assim compreendida qualquer das enumeradas no art. 6.º, inciso XIV, da Lei n. 7.713, de 22 de dezembro de 1988;

• Vide art. 71 da Lei n. 10.741, de 1.º-10-2003 (Estatuto da Pessoa Idosa).

II – regulados pela Lei n. 8.069, de 13 de julho de 1990 (Estatuto da Criança e do Adolescente);

III – em que figure como parte a vítima de violência doméstica e familiar, nos termos da Lei n. 11.340, de 7 de agosto de 2006 (Lei Maria da Penha);

•• Inciso III acrescentado pela Lei n. 13.894, de 29-10-2019.

IV – em que se discuta a aplicação do disposto nas normas gerais de licitação e contratação a que se refere o inciso XXVII do caput do art. 22 da Constituição Federal.

•• Inciso IV acrescentado pela Lei n. 14.133, de 1.º-4-2021.

§ 1.º A pessoa interessada na obtenção do benefício, juntando prova de sua condição, deverá requerê-lo à autoridade judiciária competente

para decidir o feito, que determinará ao cartório do juízo as providências a serem cumpridas.

§ 2.º Deferida a prioridade, os autos receberão identificação própria que evidencie o regime de tramitação prioritária.

§ 3.º Concedida a prioridade, essa não cessará com a morte do beneficiado, estendendo-se em favor do cônjuge supérstite ou do companheiro em união estável.

§ 4.º A tramitação prioritária independe de deferimento pelo órgão jurisdicional e deverá ser imediatamente concedida diante da prova da condição de beneficiário.

Art. 1.049. Sempre que a lei remeter a procedimento previsto na lei processual sem especificá-lo, será observado o procedimento comum previsto neste Código.

Parágrafo único. Na hipótese de a lei remeter ao procedimento sumário, será observado o procedimento comum previsto neste Código, com as modificações previstas na própria lei especial, se houver.

Art. 1.050. A União, os Estados, o Distrito Federal, os Municípios, suas respectivas entidades da administração indireta, o Ministério Público, a Defensoria Pública e a Advocacia Pública, no prazo de 30 (trinta) dias a contar da data da entrada em vigor deste Código, deverão se cadastrar perante a administração do tribunal no qual atuem para cumprimento do disposto nos arts. 246, § 2.º, e 270, parágrafo único.

Art. 1.051. As empresas públicas e privadas devem cumprir o disposto no art. 246, § 1.º, no prazo de 30 (trinta) dias, a contar da data de inscrição do ato constitutivo da pessoa jurídica, perante o juízo onde tenham sede ou filial.

Parágrafo único. O disposto no *caput* não se aplica às microempresas e às empresas de pequeno porte.

Art. 1.052. Até a edição de lei específica, as execuções contra devedor insolvente, em curso ou que venham a ser propostas, permanecem reguladas pelo Livro II, Título IV, da Lei n. 5.869, de 11 de janeiro de 1973.

Art. 1.053. Os atos processuais praticados por meio eletrônico até a transição definitiva para certificação digital ficam convalidados, ainda que não tenham observado os requisitos mínimos estabelecidos por este Código, desde que tenham atingido sua finalidade e não tenha havido prejuízo à defesa de qualquer das partes.

Art. 1.054. O disposto no art. 503, § 1.º, somente se aplica aos processos iniciados após a vigência deste Código, aplicando-se aos anteriores o disposto nos arts. 5.º, 325 e 470 da Lei n. 5.869, de 11 de janeiro de 1973.

Art. 1.055. (*Vetado*.)

Art. 1.056. Considerar-se-á como termo inicial do prazo da prescrição prevista no art. 924, inciso V, inclusive para as execuções em curso, a data de vigência deste Código.

Art. 1.057. O disposto no art. 525, §§ 14 e 15, e no art. 535, §§ 7.º e 8.º, aplica-se às decisões transitadas em julgado após a entrada em vigor deste Código, e, às decisões transitadas em julgado anteriormente, aplica-se o disposto no art. 475-L, § 1.º, e no art. 741, parágrafo único, da Lei n. 5.869, de 11 de janeiro de 1973.

Art. 1.058. Em todos os casos em que houver recolhimento de importância em dinheiro, esta será depositada em nome da parte ou do interessado, em conta especial movimentada por ordem do juiz, nos termos do art. 840, inciso I.

Art. 1.059. À tutela provisória requerida contra a Fazenda Pública aplica-se o disposto nos arts. 1.º a 4.º da Lei n. 8.437, de 30 de junho de 1992, e no art. 7.º, § 2.º, da Lei n. 12.016, de 7 de agosto de 2009.

Art. 1.062. O incidente de desconsideração da personalidade jurídica aplica-se ao processo de competência dos juizados especiais.
•• *Vide* arts. 133 a 137 do CPC.

Art. 1.063. Até a edição de lei específica, os juizados especiais cíveis previstos na Lei n. 9.099, de 26 de setembro de 1995, continuam competentes para o processamento e julgamento das causas previstas no art. 275, inciso II, da Lei n. 5.869, de 11 de janeiro de 1973.

Art. 1.068. O art. 274 e o *caput* do art. 2.027 da Lei n. 10.406, de 10 de janeiro de 2002 (Código Civil), passam a vigorar com a seguinte redação:
•• Alteração já processada no diploma modificado.

Art. 1.069. O Conselho Nacional de Justiça promoverá, periodicamente, pesquisas estatísticas para avaliação da efetividade das normas previstas neste Código.

Art. 1.070. É de 15 (quinze) dias o prazo para a interposição de qualquer agravo, previsto em lei ou em regimento interno de tribunal, contra decisão de relator ou outra decisão unipessoal proferida em tribunal.
•• *Vide* art. 2.º da Instrução Normativa n. 39, de 15-3-2016.

Art. 1.072. Revogam-se:

I – o art. 22 do Decreto-lei n. 25, de 30 de novembro de 1937;

II – os arts. 227, *caput*, 229, 230, 456, 1.482, 1.483 e 1.768 a 1.773 da Lei n. 10.406, de 10 de janeiro de 2002 (Código Civil);

III – os arts. 2.º, 3.º, 4.º, 6.º, 7.º, 11, 12 e 17 da Lei n. 1.060, de 5 de fevereiro de 1950;

IV – os arts. 13 a 18, 26 a 29 e 38 da Lei n. 8.038, de 28 de maio de 1990;

V – os arts. 16 a 18 da Lei n. 5.478, de 25 de julho de 1968; e

VI – o art. 98, § 4.º, da Lei n. 12.529, de 30 de novembro de 2011.

Brasília, 16 de março de 2015; 194.º da Independência e 127.º da República.

DILMA ROUSSEFF

Índice Alfabético-Remissivo do Código de Processo Civil

ABUSO DO DIREITO DE DEFESA
- tutela da evidência: art. 311, I

AÇÃO
- legitimidade: art. 17
- meramente declaratória; admissibilidade: art. 20
- propositura: art. 312
- sobre direito real imobiliário; consentimento do cônjuge: arts. 73 e 74
- substituição processual: art. 18
- valor: arts. 291 a 293

AÇÃO ACESSÓRIA
- juízo competente: art. 61

AÇÃO ANULATÓRIA
- partilha: art. 657, parágrafo único

AÇÃO DE ALIMENTOS
- desconto em folha: art. 912
- foro competente: art. 53, II
- sentença condenatória, efeito suspensivo: 1.012, § 1.º, II

AÇÃO DE CONSIGNAÇÃO EM PAGAMENTO
- arts. 539 a 549
- contestação; alegação do réu: art. 544
- conversão do depósito em arrecadação de coisas vagas: art. 548, I
- de coisa indeterminada com escolha do credor: art. 543
- depósito incompleto: art. 545
- depósito, seus efeitos: art. 540
- fundada em dúvida sobre quem deva receber: art. 547
- fundada em dúvida sobre quem deva receber, decisão: art. 548
- insuficiência de depósito: art. 545
- julgamento sumário: art. 546
- onde requerer: art. 540
- o que será requerido na petição inicial: art. 542
- prazo para completar o depósito: art. 545
- prestações periódicas: art. 541
- recebimento pelo credor: art. 546, parágrafo único
- resgate de aforamento: art. 549

AÇÃO DE DEMARCAÇÃO
- auto de demarcação, lavratura e homologação: arts. 586 e 587
- citação: arts. 576 e 577
- colocação dos marcos: arts. 582 e 584
- cumulação com divisão: art. 570
- laudo, elaboração: art. 580
- legitimidade ativa: arts. 569, I, e 575
- peritos: art. 579
- petição inicial: art. 574
- planta, acompanhamento: art. 583
- procedimento comum: art. 578
- sentença: art. 581
- sentença com efeito meramente devolutivo: art. 1.012, § 1.º, I

AÇÃO DE DISSOLUÇÃO PARCIAL DE SOCIEDADE
- arts. 599 a 609
- apuração dos haveres: art. 604
- citação: art. 601
- concordância da dissolução; manifestação expressa e unânime: art. 603, *caput*, e § 1.º
- contestação; procedimento comum: art. 603, § 2.º
- indenização: art. 602
- legitimidade ativa: art. 600
- objeto: art. 599
- omissão do contrato social: art. 606
- resolução da sociedade: art. 605

AÇÃO DE DIVISÃO
- auto de divisão: art. 597
- benfeitorias de confinantes, respeito: art. 593
- citações: arts. 576 e 589
- condôminos, apresentação dos títulos e pedidos de quinhões: art. 591
- confinantes, demanda de restituição de terreno usurpado: art. 594
- cumulação com demarcação: art. 570
- decisão sobre títulos e pedidos: art. 592
- deliberação da partilha: art. 596
- demarcação dos quinhões: art. 596, parágrafo único
- dispensa da realização de prova pericial: art. 573
- laudo fundamentado: art. 595
- peritos: art. 590
- petição inicial: art. 588

AÇÃO DE EXIGIR CONTAS
- apuração de sentença, saldo credor, constituição de título executivo judicial: art. 552
- contas do réu, forma adequada: art. 551
- para exigi-las, procedimento: art. 550

AÇÃO DE REPARAÇÃO DE DANO
- competência do lugar: art. 53, IV, *a*, e V

AÇÃO DE USUCAPIÃO
- citação: art. 246, § 3.º
- edital: art. 259, I

AÇÃO MONITÓRIA
- arts. 700 a 702
- a quem compete: art. 700
- citação: art. 700, § 7.º
- embargos: art. 702
- expedição do mandado de pagamento ou entrega da coisa; prazo: art. 701
- isenção de custas e honorários advocatícios; disposições: art. 701, § 1.º

AÇÃO PAULIANA
- embargos de terceiro: arts. 674 a 681
- fraude contra credores: art. 792

AÇÃO REGRESSIVA
- do fiador: art. 794, § 2.º
- do sócio: art. 795, § 3.º

AÇÃO RESCISÓRIA
- casos de admissão: art. 966
- decadência: art. 975
- de partilha julgada por sentença: art. 658
- legitimidade ativa: art. 967
- não tem efeito suspensivo da sentença rescindenda; exceções: art. 969
- petição inicial, indeferimento: art. 968, § 3.º
- petição inicial, requisitos: art. 968
- provas, delegação de competência a juiz de direito: art. 972
- razões finais: art. 973
- relatório, cópia aos juízes: art. 971

ACAREAÇÃO
- de testemunhas: art. 461, II

AÇÕES DE FAMÍLIA
- arts. 693 a 699
- abuso ou alienação parental: art. 699
- citação do réu: art. 695
- depoimento do incapaz: art. 699
- divórcio, processos contenciosos: art. 693
- guarda: art. 693
- mediação e conciliação: art. 694, *caput*
- mediação extrajudicial: art. 694, parágrafo único
- Ministério Público: art. 698
- reconhecimento e extinção de união estável: art. 693
- solução consensual da controvérsia: art. 694
- suspensão do processo, requerimento das partes: art. 694, parágrafo único
- visitação e filiação: art. 693

AÇÕES DE MANUTENÇÃO E REINTEGRAÇÃO DE POSSE
- citação do réu: art. 564
- contra pessoas jurídicas de direito público: art. 562, parágrafo único
- cumulação de pedido: art. 555
- direito do possuidor: art. 560
- esbulho: arts. 555, parágrafo único, I, 556, 558, 560 e 561
- exceção de domínio: art. 557
- indenização dos frutos: art. 555, II
- litígio coletivo pela posse de imóvel: art. 565
- mandado liminar: arts. 562 a 564
- natureza dúplice: art. 556
- perdas e danos: art. 555, I
- procedimento comum: art. 566
- provas que incumbem ao autor para o mandado liminar: art. 561
- turbação: arts. 555, parágrafo único, I, 556, 558, 560 e 561
- tutela provisória: art. 555, parágrafo único, II

AÇÕES IMOBILIÁRIAS
- competência do juiz brasileiro: art. 23

AÇÕES POSSESSÓRIAS
- com rito comum: art. 558, parágrafo único
- contestação, alegação de que é sua a posse ofendida: art. 556
- manutenção provisória, idoneidade financeira do autor: art. 559
- prazo de ano e dia: art. 558
- propositura de uma por outra: art. 554
- reconvenção: art. 556
- reintegração provisória, idoneidade financeira do autor: art. 559

ACÓRDÃO(S)
- definição: art. 204
- embargos declaratórios: art. 1.022
- registrado em arquivo eletrônico: art. 943

ADJUDICAÇÃO
- de bens do devedor, em execução: art. 825, I
- de bens penhorados, pagamento ao credor: art. 904, II
- lavratura do auto de: art. 877
- processamento: art. 876
- requerimento de: art. 878

ADMINISTRADOR
- guarda e conservação de bens: art. 159
- de imóvel ou empresa em usufruto concedido em execução: art. 869
- do espólio: arts. 613 e 614
- prestação de contas, procedimento: art. 553

ADVOCACIA PÚBLICA
- arts. 182 a 184

ADVOGADO
- direitos: art. 107
- falecimento, restituição de prazo para recurso: art. 1.004
- postulação em causa própria: art. 106
- procuração: art. 104
- procuração geral para o foro: art. 105
- público; restituição dos autos; prazo: art. 234
- renúncia de mandato: art. 112
- representação em juízo: art. 103
- sustentação de recurso perante tribunal: art. 937

AERONAVE
- ação de reparação de dano, foro competente: art. 53, V
- penhora, efeitos: art. 835, VIII

AFORAMENTO
- resgate: art. 549

AGRAVO
- cabimento: art. 1.042

AGRAVO DE INSTRUMENTO
- a quem será dirigido: art. 1.016
- cabimento: arts. 994, II, e 1.015
- custas; comprovante de pagamento: art. 1.017, § 1.º
- das decisões interlocutórias; quando é cabível: art. 1.015
- decisão do relator: arts. 1.019 e 932, III
- juntada da cópia de petição; prazo: art. 1.018 e § 2.º
- peças facultativas: art. 1.017, III
- peças obrigatórias: arts. 1.016 e 1.017, I e II
- petição; instrução: art. 1.017
- petição; será protocolada ou postada: art. 1.017, § 2.º
- prejudicado: art. 1.018, § 1.º
- recebido; manifestação do relator: art. 1.019
- requisitos: art. 1.016
- resposta; contrarrazões: art. 1.019, II

AGRAVO INTERNO
- cabimento: art. 994, III
- prazo: art. 1.021, § 2.º

ALIENAÇÕES JUDICIAIS
- leilão: art. 730

Índice Alfabético-Remissivo do CPC

ALIMENTOS
- execução: art. 911

AMICUS CURIAE
- art. 138

ANTICRESE
- ineficácia da alienação em execução, relativamente ao credor não intimado: art. 804
- título executivo: art. 784, V

APELAÇÃO
- admite recurso adesivo: art. 997, § 2.º, II, e 1.010, § 2.º
- de sentença: art. 1.009
- efeito devolutivo: art. 1.013
- efeito suspensivo: art. 1.012
- interposição, requisitos da petição: art. 1.010
- intimação do apelado para contrarrazoar: art. 1.010, § 1.º
- qualificação das partes: art. 1.010, I
- questão de fato não proposta no juízo inferior: art. 1.014
- recebimento: art. 1.011
- resultado não unânime: art. 942

APRECIAÇÃO JURISDICIONAL
- art. 3.º

ARRECADAÇÃO DE BENS
- ausentes: arts. 744 e 745
- coisa vaga: art. 746
- herança jacente: arts. 738 a 743

ARREMATAÇÃO
- auto de arrematação: arts. 901 a 903
- desfazimento; casos: art. 903, § 1.º
- edital de leilão; que deve conter: art. 886
- falta de pagamento, por parte do arrematante e seu fiador, efeitos: art. 897
- lance; preço vil: art. 891
- pagamento; imediato ou mediante caução: art. 895, § 1.º
- preferência ao arrematante da totalidade dos bens: art. 893
- publicidade na imprensa: art. 887, § 4.º
- quando pode desfazer-se: art. 903, § 1.º
- suspensão; momento: art. 899

ARREMATANTE
- remisso, sanções: art. 897

ARRESTO
- arts. 827 a 830

ARROLAMENTO
- arts. 659 a 667
- avaliação dos bens do espólio: art. 661
- credores do espólio e homologação da partilha ou da adjudicação: art. 663
- imposto de transmissão; lançamento: art. 662, § 2.º
- partilha amigável entre capazes; homologação: art. 659, § 2.º
- pedido de adjudicação: art. 659 e § 1.º
- petição de inventário; elementos: art. 660
- taxas judiciárias e tributos: art. 662

ASSISTÊNCIA
- arts. 119 a 124
- admissibilidade: art. 119, parágrafo único
- em litisconsórcio: art. 124

- simples: arts. 121 a 123
- trânsito em julgado da sentença: art. 123

ASTREINTES – PENA PECUNIÁRIA
- casos: art. 806, § 1.º

ATOS ATENTATÓRIOS
- à dignidade da justiça: arts. 772, II, e 774

ATOS DO ESCRIVÃO
- como são procedidos: arts. 206 a 211

ATOS EXECUTIVOS
- determinação judicial, cumprimento pelos oficiais de justiça: art. 782

ATOS PROCESSUAIS
- arts. 188 a 293
- comunicação: arts. 236 a 275
- fixação de calendário: art. 191
- lugar: art. 217
- prática eletrônica: arts. 193 a 199
- prazos: arts. 218 a 235
- prioridade na tramitação: art. 1.048
- publicidade: arts. 11 e 189
- tempo: arts. 212 a 216

AUDIÊNCIA
- de conciliação ou mediação: art. 334
- de instrução e julgamento: arts. 358 a 368
- será pública, salvo casos especiais: art. 368
- termo: art. 367
- una e contínua: art. 365

AUTENTICAÇÃO
- de reprodução de documentos: art. 423

AUTORIDADE ADMINISTRATIVA
- conflito de competência com autoridade judiciária: art. 959

AUTOS
- desaparecimento, restauração: art. 718

AUXILIARES DA JUSTIÇA
- arts. 149 a 175

AVALIAÇÃO
- de bens penhorados: arts. 870 a 875
- por oficial de justiça; ressalva: art. 870

AVARIA GROSSA
- arts. 707 a 711
- declaração justificada, danos passíveis de rateio: art. 708
- documentos necessários à regulação de: art. 709
- nomeação de regulador de avarias, inexistência: art. 707
- regulamento da avaria grossa, prazo: art. 710

BENFEITORIAS
- em coisa certa, objeto de execução: art. 810
- indenização: art. 810

BENS
- sujeitos à execução: arts. 789 e 790

BENS DE AUSENTES
- declaração de ausência: art. 744
- regresso do ausente: art. 745, § 4.º
- sucessão definitiva: art. 745, § 3.º
- sucessão provisória; quem pode requerer: art. 745, § 1.º

BENS IMÓVEIS
- divisíveis, arrematação parcial: art. 894

BENS IMPENHORÁVEIS
- enumeração: arts. 833 e 834

BENS INALIENÁVEIS
- frutos, quando são penhoráveis: art. 834
- são impenhoráveis: art. 833, I

BUSCA E APREENSÃO
- mandado, obrigação de entregar coisa no prazo estabelecido na sentença: art. 538
- mandado, entrega de coisa certa: art. 806, § 2.º

CAPACIDADE
- para postular: art. 70

CARTA
- arbitral: art. 237, IV
- de ordem: art. 237, I
- precatória: art. 237, III
- recusa no cumprimento; precatória ou arbitral: art. 267
- requisitos; de ordem, precatória e rogatória: art. 260
- rogatória: art. 237, II
- rogatória; procedimento perante o STJ: art. 36

CARTA PRECATÓRIA
- art. 237, III
- para arrecadação de bens de herança jacente: art. 740, § 5.º
- requisitos: art. 260

CARTA ROGATÓRIA
- art. 36
- requisitos: art. 260

CASAMENTO
- regime de bens, alteração: art. 734

CAUÇÃO
- arrematação: art. 895
- mandado liminar em embargos de terceiro: art. 678

CHAMAMENTO AO PROCESSO
- arts. 130 a 132

CHEQUE
- penhora sobre: art. 856 e parágrafos

CITAÇÃO
- arts. 238 a 259
- de devedor de obrigação de entrega de coisa certa; prazo para apresentar embargos: art. 806
- de opostos: art. 683, parágrafo único
- execução por quantia certa: art. 829
- meios: arts. 246 a 249
- na pessoa do procurador ou representante: art. 242
- por edital: arts. 256 a 259
- por edital, execução por quantia certa: art. 830, § 2.º
- procedimento de jurisdição voluntária: art. 721
- vedações: arts. 244 e 245

COAÇÃO
- confissão: art. 393
- partilha: art. 657

COISA CERTA
- execução para entrega: arts. 806 a 810

COISA INCERTA
- execução para entrega: arts. 811 a 813

COISA JULGADA
- arts. 502 a 508
- ação rescisória: art. 966, IV
- acolhimento da alegação: art. 485, V
- em relação a terceiros: art. 506
- homologação de decisão estrangeira: art. 963, IV
- na tutela antecipada; não faz: art. 304, § 6.º
- quando ocorre: art. 337, §§ 1.º e 4.º

COISAS VAGAS
- edital de chamamento do dono: art. 746, § 2.º
- recebimento por autoridade policial: art. 746, § 1.º

COMPETÊNCIA
- arts. 42 a 66
- ação acessória: art. 61
- ação sobre bens imóveis: art. 47
- ação sobre bens móveis: art. 46
- ações de inventário e partilha: art. 48
- ações em que a União é autora: art. 51
- ações em que o Estado ou Distrito Federal são autores: art. 52
- conflito: art. 66
- continência: art. 56
- determinação: arts. 43 e 44
- em razão da matéria; inderrogabilidade: art. 62
- execução: arts. 781 e 782
- incompetência absoluta ou relativa; alegação: art. 64
- modificação: arts. 54 a 63
- perante a Justiça Federal: art. 45
- prorrogação: art. 65
- relativa; modificação por conexão ou continência: art. 54
- relativa; prorrogação: art. 65
- segundo o foro: art. 53

CONCILIAÇÃO
- e mediadores judiciais: arts. 165 a 175
- impedimento: art. 170 e 172
- princípios: art. 166
- vide também AUXILIARES DA JUSTIÇA

CONCURSO DE CREDORES
- execução por quantia certa: art. 908

CONEXÃO
- distribuição por dependência: art. 286, I
- litisconsórcio: art. 113, II
- modificação da competência: art. 54

CONFISSÃO
- arts. 389 a 395
- de dívida, título executivo: art. 784, II

CONFLITO DE COMPETÊNCIA
- autoridade judiciária e autoridade administrativa: art. 959
- dirigido ao presidente do tribunal: art. 953
- entre desembargadores e juízes em exercício no tribunal: art. 958
- incompetência relativa: art. 952
- Ministério Público, prazo: art. 956
- procedimento: arts. 954 a 957
- quem pode suscitar: art. 951
- remessa dos autos ao juiz competente: art. 957, parágrafo único
- sobrestamento do processo: art. 955

CÔNJUGES
- necessidade de consentimento para propor ação: arts. 73 e 74
- quando seus bens respondem por dívida: art. 790, IV

CONTESTAÇÃO
- arts. 335 a 342
- alegação de toda a matéria de defesa: art. 336
- novas alegações: art. 342
- prazo para oferecê-lo: art. 335
- preliminares: art. 337
- presume-se verdadeiros os fatos não impugnados: art. 341
- réu, parte ilegítima: arts. 338 e 339

CONTINÊNCIA
- ação continente proposta anteriormente: art. 57
- distribuição por dependência: art. 286, I
- modificação da competência: art. 54
- quando ocorre: art. 56

COOPERAÇÃO JURÍDICA INTERNACIONAL
- arts. 26 a 41
- auxílio direto: arts. 28 a 34
- carta rogatória: art. 36

COOPERAÇÃO JURÍDICA NACIONAL
- arts. 67 a 69

CREDORES
- a execução se faz no seu interesse: art. 797
- com direito de retenção: art. 793
- com garantia real, intimação de penhora: art. 799, I
- com título executivo, legitimidade para a execução: art. 778, § 1.º, II e III
- execução, medidas acautelatórias: art. 799, VIII
- inadimplente, excesso de execução: art. 917, § 2.º, IV
- preferência sobre bens penhorados: art. 797
- sujeito a contraprestação, prova de adimplemento: art. 798, I, d
- vide EXEQUENTE

CUMULAÇÃO DE PEDIDOS
- incompetência: art. 45, § 2.º
- valor da causa: art. 292, VI

CURADOR
- contestação do pedido de remoção e dispensa de tutor ou curador: art. 761, parágrafo único
- escusa do encargo: art. 760
- especial; nomeação: art. 72
- nomeação, compromisso: art. 759
- prestação de contas, procedimento: art. 553
- remoção, quem requer: art. 761
- requerimento de exoneração: art. 763
- suspensão, substituto interino: art. 762

CURATELA
- disposições comuns com a tutela: arts. 759 a 763

CURATELA DE INTERDITOS
- arts. 747 a 758
- citação do interditando: art. 751
- impugnação da pretensão: art. 752
- legitimidade para propor: art. 747
- perícia médica: art. 753

DECADÊNCIA
- de ação rescisória: art. 975

DECISÃO
- sem oitiva das partes: art. 9.º
- sem oportunidade de manifestação das partes: art. 10

DECISÃO INTERLOCUTÓRIA
- agravo de instrumento: art. 1.015
- conceito: art. 203, § 2.º
- tutela de urgência: art. 300

DECLARAÇÃO DE INCONSTITUCIONALIDADE
- questão admitida, submissão ao tribunal pleno: art. 949
- questão rejeitada; prosseguimento do julgamento: art. 949
- submissão da questão à turma ou câmara, pelo relator: art. 948

DEFENSORIA PÚBLICA
- arts. 185 a 187
- conceito: art. 185
- dispensa de procuração com a petição inicial: art. 287, parágrafo único, II
- representação contra juiz ou relator; excesso de prazo: art. 235
- restituição dos autos; prazo: art. 234

DENUNCIAÇÃO DA LIDE
- arts. 125 a 129
- citação do denunciado: art. 126
- pelo autor; litisconsorte do denunciado: art. 127
- pelo réu; efeitos: art. 128

DEPOSITÁRIO
- arts. 159 a 161
- guarda e conservação de bens penhorados, arrestados, sequestrados ou arrecadados: art. 159
- prepostos: art. 160, parágrafo único
- prestação de contas: art. 553
- remuneração: art. 160
- responsabilidade por danos: art. 161
- vide também AUXILIARES DA JUSTIÇA

DEPÓSITO
- da coisa litigiosa, em ação possessória: art. 559
- da prestação, em execução dependente de contraprestação: art. 787
- de bens penhorados: arts. 838, I, 839 e 840
- de empresa penhorada: art. 851

DESCONSIDERAÇÃO DA PERSONALIDADE JURÍDICA
- incidente da: arts. 133 a 137

DESISTÊNCIA
- da ação, extinção do processo: art. 485, VIII
- da ação, não pode ocorrer sem consentimento do réu, oferecida contestação: art. 485, § 4.º
- de ação, a assistência não a impede: art. 122
- de ação, contra réu não citado: art. 335, § 2.º
- de execução, faculdade do credor: art. 775
- de recurso: art. 998
- só produz efeito após homologação judicial: art. 200, parágrafo único

DESPACHO
- conceito: art. 203, § 3.º
- embargos de declaração: art. 1.022
- irrecorribilidade: art. 1.001

DESPESAS JUDICIAIS
- atos adiados ou repetidos, encargo daquele que deu causa: art. 93
- atos processuais praticados a requerimento da Fazenda Pública, do Ministério Público ou da Defensoria Pública: art. 91

- cartas precatórias, de ordem e rogatórias: arts. 266 e 268
- condenação em sentença: art. 82, § 2.º
- distribuição proporcional: art. 86
- em caso de extinção do processo: art. 485, § 2.º
- encargos das partes: art. 82
- honorários de advogado: art. 85, §§ 2.º e 8.º
- juízo divisório. Rateio: art. 89
- justiça gratuita: art. 82
- pagamento, para renovar a ação: art. 486, § 2.º
- procedimentos de jurisdição voluntária, rateio: art. 88
- proporcionalidade entre diversos autores ou diversos réus vencidos: art. 87
- processuais: arts. 82 a 102
- reconvenção: art. 85, § 1.º
- remuneração de perito e de assistente técnico: art. 95
- responsabilidade das partes por danos processuais: arts. 79 a 81
- responsabilidade de advogado que não exibe procuração: art. 104

DEVEDOR
- citação do; obrigação de fazer: art. 815
- cumprimento da obrigação obsta a execução: art. 788
- embargos: art. 914
- insolvente: art. 680, I
- intimação pessoal da realização de praça ou leilão: art. 886
- responde com seus bens pelas obrigações: art. 789
- sucessores, legitimidade passiva em execução: art. 779

DIREITO DE RETENÇÃO
- impede execução sobre outros bens do devedor: art. 793

DISSÍDIO JURISPRUDENCIAL
- prova da divergência: art. 1.029, § 1.º

DISTRIBUIÇÃO
- anotação de intervenção de terceiro, reconvenção ou outra hipótese de ampliação objetiva do processo: art. 286, parágrafo único
- cancelamento de feito não preparado: art. 290
- considera-se proposta a ação: art. 312
- de oposição, por dependência: art. 683, parágrafo único
- de processo no tribunal: art. 930
- de processos, onde houver mais de um juiz: art. 284
- erro, compensação: art. 288
- fiscalização pela parte, advogado, Ministério Público e Defensoria Pública: art. 289
- petição desacompanhada de procuração: art. 287, parágrafo único
- por dependência: art. 286

DÍVIDA ATIVA
- da Fazenda Pública, certidão, título executivo: art. 784, IX

DIVÓRCIO CONSENSUAL
- realizado por escritura pública: art. 733

DOCUMENTO
- autenticidade; exame: art. 478, caput
- autêntico, quando se reputa: art. 411
- certidão textual, força probante: art. 425, I
- cópias reprográficas de peças do processo; força probante: art. 425, IV
- declaração de autenticidade ou falsidade: art. 19, II
- dever de exibição, compete a terceiros: art. 380, II
- em língua estrangeira, nomeação de intérprete ou tradutor: art. 162
- em língua estrangeira, só poderá ser juntado com tradução: art. 192, parágrafo único
- entregue em cartório, recibo: art. 201
- entrelinha, emenda, borrão ou cancelamento: art. 426
- falsidade, cessa a fé: art. 427
- falsidade, perícia: arts. 430 e 432
- feito por oficial incompetente ou sem observância de formalidade, eficácia: art. 407
- força probante do documento público: art. 405
- indispensável, instrui a petição inicial: art. 320
- instrução da petição inicial e da resposta: art. 434
- instrumento público exigido por lei: art. 406
- juntada, deve ser ouvida a parte contrária: art. 437
- novo, juntada em qualquer tempo: art. 435
- obtenção após a sentença; ação rescisória: art. 966, VII
- particular, assinado em branco: art. 428, parágrafo único
- particular, autêntico, prova a declaração: art. 412
- particular, autoria: art. 410
- particular, declaração de ciência de determinado fato: art. 408, parágrafo único
- particular, declarações presumidas verdadeiras em relação ao signatário: art. 408
- particular, nota escrita pelo credor no título da obrigação: art. 416 e parágrafo único
- particular, prova da data: art. 409
- particular, cessa a fé: art. 428
- particular, telegrama e radiograma, presumem-se conforme o original: art. 414
- particular, telegrama, radiograma: art. 413 e parágrafo único
- particular, título executivo extrajudicial: art. 784, II
- produção de prova documental: arts. 434 a 438
- reprodução autenticada: art. 425, III
- reprodução fotográfica, autenticada por escrivão: art. 423
- reprodução mecânica, cinematográfica e fonográfica: arts. 422 e 423
- reproduções digitalizadas; força probante: art. 425, VI
- traslado, força probante: art. 425, II

DOLO
- das partes, ação rescisória: art. 966, III
- de órgão do Ministério Público: art. 181
- por parte do juiz, responsabilidade civil: art. 143
- prova testemunhal: art. 446

DOMICÍLIO
- da mulher, competência para separação e conversão em divórcio, e anulação de casamento: art. 53, I
- do autor da herança, competência territorial: art. 48
- do autor, quando o réu não tiver domicílio no Brasil: art. 46, § 3.º
- do réu, competência territorial: art. 46 e parágrafos
- inviolabilidade: art. 212, § 2.º

DUPLO GRAU
- de jurisdição; casos sujeitos: art. 496

EDITAL(AIS)
- arrematação; prazo para afixação: art. 887
- de citação: arts. 256 e 257

EDITAL DE LEILÃO
- que deve conter: art. 886

ELEIÇÃO DE FORO
- conceito: arts. 62 e 63

Índice Alfabético-Remissivo do CPC

EMANCIPAÇÃO
- procedimento de jurisdição voluntária: art. 725, I

EMBARGOS
- devedor de obrigação de entrega de coisa certa; prazo para: art. 806
- na execução por carta; competência: art. 914, § 2.º
- recurso de; procedimento: art. 1.044

EMBARGOS À EXECUÇÃO DE SENTENÇA
- contra a Fazenda Pública; matéria alegável: art. 535
- fundada em título extrajudicial; embargos, matéria alegável: art. 917
- sentença que rejeita, apelação meramente devolutiva: art. 1.012, § 1.º, III

EMBARGOS DE DECLARAÇÃO
- cabimento: art. 1.022
- esclarecer obscuridade ou eliminar contradição: art. 1.022, I
- interrupção para interposição de outros recursos: art. 1.026 e § 2.º
- julgamento pelo juiz; prazo: art. 1.024
- manifestamente protelatórios; condenação do embargante: art. 1.026, § 2.º
- prazo em que serão opostos: art. 1.023
- recurso cabível: art. 994, IV

EMBARGOS DE DIVERGÊNCIA
- arts. 1.043 e 1.044
- em recurso especial e em recurso extraordinário: art. 1.043, II
- prazo para interpor e para responder: art. 1.003, § 5.º

EMBARGOS DE TERCEIRO(S)
- arts. 674 a 681
- contestação: arts. 679 e 680
- constrição judicial indevida: art. 681
- distribuição por dependência: art. 676
- do possuidor direto, alegação de domínio alheio: art. 677, § 2.º
- mandado liminar de manutenção na reintegração: art. 678
- não contestado: art. 679
- procedimento: art. 677
- processamento em autos distintos: art. 676
- quando podem ser opostos: art. 675
- quem pode oferecer: art. 674

EMBARGOS DO DEVEDOR
- distribuídos por dependência: art. 914, § 1.º
- efeito suspensivo: art. 919
- prazo para oferecimento: art. 915
- procedimento: art. 920
- rejeição: art. 918, *caput*

ENFITEUSE
- execução, alienação ineficaz em relação ao credor pignoratício não intimado: art. 804

EQUIDADE
- decisão nos casos previstos: art. 140, parágrafo único

ERRO
- prova testemunhal: art. 446
- sentença fundada em erro, ação rescisória: art. 966, II e § 1.º

ESBULHO
- ação de reintegração de posse: arts. 560 a 566

ESCRITURA PÚBLICA
- divórcio, separação, inventário e partilha realizados por via administrativa: arts. 610, 659 e 733
- título executivo extrajudicial: art. 784, II

ESCRIVÃO
- *ad hoc*, nomeado pelo juiz: art. 152, § 2.º
- atribuições legais: art. 152
- autuação: art. 206
- certidões de atos e termos de processo: art. 152, V
- como são procedidos os seus atos: arts. 206 a 211
- distribuição alternada de processos: art. 285
- impedimento, substituição: art. 152, § 2.º
- juntada, vista e conclusão: art. 208
- numeração e rubrica das folhas: art. 207
- responsabilidade civil: art. 155
- responsabilidade pela guarda dos autos: art. 152, IV
- *vide* também AUXILIARES DA JUSTIÇA

ESPÓLIO
- representação pelo inventariante: art. 75, VII e § 1.º, e art. 618, I
- responde pelas dívidas do falecido: art. 796
- réu, competência territorial: art. 48
- substitui o morto nas ações em que for parte: art. 110

EXCESSO DE EXECUÇÃO
- quando ocorre: art. 917, § 2.º

EXECUÇÃO(ÕES)
- atos atentatórios à dignidade da justiça: art. 774
- base em obrigação líquida, certa e exigível: art. 783
- bens que ficam sujeitos: arts. 789 e 790
- certidão comprobatória do ajuizamento da: art. 828
- citação, interrompe a prescrição: art. 802
- citação irregular, nulidade: art. 803, II
- condição não verificada, nulidade: art. 803, III
- contra a Fazenda Pública: art. 535
- credor com título executivo: art. 778
- cumulação, condições exigidas: art. 780
- da decisão interlocutória estrangeira; carta rogatória: art. 960, § 1.º
- de dívida antes de cumprida a obrigação do credor: art. 787
- de obrigação alternativa, exercício da opção e realização da prestação: art. 800
- de prestação do devedor, antes de adimplida a prestação do credor: art. 917, § 2.º, IV
- de saldo apurado em prestação de contas: art. 552
- depósito de 30% do valor; restante pago em até seis vezes: art. 916
- desistência; o que deve ser observado: art. 775, parágrafo único
- de título extrajudicial: art. 781
- escolha de modo, quando por mais de um pode efetuar-se: art. 798, II, *a*
- excesso, quando ocorre: art. 917, § 2.º
- extinção, casos, declaração por sentença: arts. 924 e 925
- extinção; efeitos: art. 925
- finda; entrega da coisa certa; termo: art. 807
- instauração; requisitos da obrigação: art. 786
- interesse do credor: art. 797
- intimação do credor pignoratício, hipotecário, anticrético, ou do usufrutuário, quando a penhora recair em bem gravado: art. 799, I
- menos gravosa: arts. 805 e 867
- Ministério Público, legitimação ativa: art. 778, § 1.º, I
- multa: art. 774, parágrafo único
- nulidade, quando ocorre: art. 803
- o cumprimento da obrigação obsta a execução: art. 788
- para entrega de coisa certa; benfeitorias indenizáveis: art. 810

- para entrega de coisa certa; citação para satisfazer o julgado: art. 806
- para entrega de coisa certa; mandado contra terceiro adquirente: art. 808
- para entrega de coisa certa; responsabilidade por danos quando a coisa não for encontrada ou não for reclamada do terceiro adquirente: art. 809
- para entrega de coisa incerta: arts. 811 a 813
- partes: arts. 778 e 779
- petição inicial, documentos que instruem: art. 798, I
- petição inicial, indeferimento: art. 801
- processo, aplicação das disposições do processo de conhecimento: art. 771, parágrafo único
- requisição de força policial: art. 782, § 2.º
- suspensão, casos: arts. 921 e 922
- termo não ocorrido, nulidade: art. 803, III
- vários meios, escolha do menos gravoso: art. 805

EXECUÇÃO DE OBRIGAÇÃO DE FAZER
- citação do executado para satisfazê-lo no prazo: art. 815
- conversão em perdas e danos: art. 816
- embargos do executado: arts. 914 a 920
- exequível por terceiro, realização à custa do devedor: arts. 817, 818 e 820
- obrigação a ser realizada pessoalmente pelo devedor, inadimplemento, perdas e danos: art. 821, parágrafo único
- obrigação executada à custa do devedor: art. 816

EXECUÇÃO DE OBRIGAÇÃO DE NÃO FAZER
- desfazimento à custa do executado: art. 823
- desfazimento impossível, conversão em perdas e danos: art. 823, parágrafo único
- prazo para desfazimento: art. 822

EXECUÇÃO DE SENTENÇA
- carta precatória, embargos: art. 914, § 2.º

EXECUÇÃO POR QUANTIA CERTA
- adjudicação de bens penhorados: art. 904, II
- arresto de bens do devedor: art. 830
- citação do executado: art. 829
- concurso de credores: arts. 908 e 909
- contra a Fazenda Pública: art. 910
- dinheiro que sobrar: art. 907
- embargos do devedor: arts. 914 a 920
- em que consiste: art. 824
- entrega de dinheiro ao credor, autorização do juiz: art. 905
- expropriação de bens, em que consiste: art. 825
- pagamento ao credor, como é feito: art. 904
- penhora de tantos bens quantos bastem: art. 831
- rateio do dinheiro entre os vários credores: art. 908
- remição de execução: art. 826
- usufruto de imóvel ou empresa: art. 867

EXEQUENTE
- a execução se faz no seu interesse: art. 797
- com direito de retenção: art. 793
- execução, medidas urgentes: art. 799, VIII
- inadimplente, excesso de execução: art. 917, § 2.º, IV
- preferência sobre bens penhorados: art. 797
- sujeito a contraprestação, prova de adimplemento: art. 798, I, d
- Vide CREDORES

EXIBIÇÃO DE DOCUMENTO OU COISA
- arts. 396 a 404
- causas justificativas de recusa: art. 404
- determinação judicial: art. 396
- dever de terceiros: art. 380, II
- negativa de terceiro, audiência para depoimentos: art. 402
- negativa de terceiro, ausência de justo motivo, providências judiciais: art. 365
- parcial, se outra parte não puder ser exibida: art. 404, parágrafo único
- por terceiro, prazo para resposta: art. 401
- recusa, efeitos processuais: art. 400
- recusa, quando não será admitida: art. 399
- requisitos do pedido: art. 397

EXTINÇÃO DO PROCESSO
- arts. 316 e 317
- em razão de litispendência: art. 486, § 1.º
- falta de citação do litisconsorte passivo necessário: art. 115, parágrafo único
- sem julgamento de mérito, casos: art. 485

FAC-SIMILE
- interposição de apelação: art. 1.010
- oposição de embargos: art. 1.022

FAZENDA PÚBLICA
- ato processual efetuado a seu requerimento, despesas processuais: art. 91
- dispensa de preparo de recurso: art. 1.007, § 1.º
- execução contra, processamento: art. 910
- manifestação em inventário e partilha: art. 616, VIII
- ouvida em processo de jurisdição voluntária: art. 722

FERIADOS
- não se aplicam atos processuais: art. 214
- quais são: art. 216

FÉRIAS
- atos que correm em férias: art. 215
- não se praticam atos processuais: art. 214
- suspensão de prazos: art. 220

FIADOR
- chamamento ao processo, do credor e de outros fiadores: art. 130, I e II
- nomeação à penhora de bens do devedor: art. 794
- que paga a dívida; ação regressiva nos mesmos autos: art. 794, § 2.º
- seus bens ficam sujeitos à execução: art. 794, § 1.º

FIADOR JUDICIAL
- legitimidade passiva em execução: art. 779, IV

FIDEICOMISSO
- extinção, procedimento de jurisdição voluntária: art. 725, VI

FORMA
- erro de forma do processo, efeito: art. 283
- os atos e termos não dependem de forma especial senão quando a lei exigir: art. 188
- prescrita em lei, nulidade processual: art. 276
- validade de ato que por outra forma alcançou sua finalidade: art. 277
- validade quando o ato preencha a finalidade essencial: art. 188

FORMAL DE PARTILHA
- instrumento: art. 655
- título executivo judicial: art. 515, IV

FORO DE ELEIÇÃO
- permissibilidade e efeitos: arts. 62 e 63

FOTOGRAFIA
- admissível como prova: arts. 422 e 423
- eficácia probatória: arts. 423 e 424
- publicada em jornal ou revista: art. 422, § 2.º

FRAUDE
- de órgão do Ministério Público: art. 181
- por parte do juiz, responsabilidade civil: art. 143, I

FRAUDE À EXECUÇÃO
- ato atentatório à dignidade da justiça: art. 774, I
- quando ocorre: art. 792
- terceiro que nega a existência de débito em conluio com o devedor: art. 856, § 3.º

FRUTOS
- de bens inalienáveis, penhora: art. 834

FUNDAÇÕES
- arts. 764 e 765
- aprovação do estatuto: art. 764
- extinção, quem e por que promove: art. 765
- Ministério Público, participa de sua instituição e vida social: art. 765

FUNGIBILIDADE
- possessórias: art. 554
- recursos: art. 994

GRATUIDADE DA JUSTIÇA
- arts. 98 a 102

HABILITAÇÃO
- arts. 687 a 692
- de sucessores, no processo: art. 687
- impugnado, pedido de habilitação: art. 691
- incidente nos autos principais e independentemente de sentença: art. 689
- quando tem lugar: art. 687
- quem pode requerer: art. 688
- processamento: art. 690

HERANÇA JACENTE
- alienação de bens: art. 742 e § 1.º
- arrecadação, como se processa: art. 740
- arrecadação, pela autoridade policial: art. 740, § 1.º
- arrecadação por carta precatória: art. 740, § 5.º
- arrecadação suspensa se aparecer cônjuge, herdeiro ou testamenteiro: art. 740, § 6.º
- conversão em inventário: art. 741, § 3.º
- credores, habilitação de cobrança: art. 741, § 4.º
- curador, atos que lhe incumbem: art. 739, § 1.º
- curador para guarda, conservação e administração: art. 739
- declaração de vacância, efeitos: art. 743, § 2.º
- expedição de edital de convocação de sucessores: art. 741
- inquirição sobre qualificação do falecido, paradeiro dos sucessores e existência de bens: art. 740, § 3.º
- papéis, cartas e livros arrecadados: art. 740, § 4.º

HIPOTECA
- cientificação do credor: art. 889, V
- ineficácia de alienação em execução relativamente ao credor não intimado: art. 804
- título executivo: art. 784, V

HOMOLOGAÇÃO DE PENHOR LEGAL
- arts. 703 a 706
- audiência preliminar: art. 705
- defesa: art. 704
- efeitos: art. 706
- negada: art. 706, § 1.º
- requerimento: art. 703

HOMOLOGAÇÃO DE SENTENÇA ESTRANGEIRA
- competência exclusiva da autoridade judiciária brasileira: art. 964
- eficácia, no Brasil, de sentença estrangeira: arts. 960 e 961
- medida de urgência; execução: art. 962
- requisitos: art. 963

HONORÁRIOS
- na execução: art. 827
- pagamento em processo sem resolução do mérito: art. 92
- pagamento por desistência, renúncia ou reconhecimento do pedido: art. 90
- sentença condenatória: art. 85

IMÓVEL
- rural; pequena propriedade; definição legal; caso de impenhorabilidade absoluta: art. 833, VIII

IMPEDIMENTO
- do juiz: art. 144

IMPENHORABILIDADE
- absoluta: art. 833
- relativa: art. 834

IMPULSO OFICIAL
- no desenvolvimento do processo: art. 2.º

INCAPACIDADE
- processual; suspensão do processo: art. 76

INCAPAZ
- representação ou assistência: art. 71

INCIDENTE DE RESOLUÇÃO DE DEMANDAS REPETITIVAS
- arts. 976 a 987
- *amicus curiae*; recurso contra decisão: art. 138, § 3.º
- cabimento: art. 976
- divulgação e publicidade do: art. 979
- improcedência liminar do pedido: art. 332, III
- pedido de instauração: art. 977
- prazo para julgamento: art. 980
- recurso cabível contra: art. 987
- relator; depoimento dos interessados: art. 983
- requisitos a serem observados no julgamento do: art. 984
- suspensão do processo: art. 313, IV
- tese jurídica; revisão: art. 986

INCOMPETÊNCIA
- conflitos de competência: arts. 951 a 959

INÉPCIA
- da petição inicial: art. 330, § 1.º

INSOLVÊNCIA
- concurso universal: art. 797
- do devedor hipotecário: arts. 877, § 4.º, e 902, parágrafo único
- requerida pelo inventariante: art. 618, VIII

INSPEÇÃO JUDICIAL
- arts. 481 a 484

INSTRUMENTO PÚBLICO
- exigido por lei: art. 406

INTERDIÇÃO
- advogado para defesa do interditando: art. 752, §§ 2.º e 3.º
- curador, autoridade: art. 757
- exame pessoal do interditando: art. 751
- impugnação do pedido pelo interditando: art. 752
- intervenção do Ministério Público: art. 752, § 1.º
- levantamento, providências: art. 756
- petição inicial: art. 749
- produção de prova pericial: art. 753
- quem pode promovê-la: arts. 747 e 748
- sentença: arts. 754 e 755

INTERDITO PROIBITÓRIO
- procedimento: arts. 567 e 568

INTERESSE
- do autor; limitação à declaração: art. 19
- em postular; pressuposto: art. 17

INTÉRPRETE
- arts. 162 a 164
- *vide* também AUXILIARES DA JUSTIÇA

INTERVENÇÃO DE TERCEIROS
- arts. 119 a 138

INTIMAÇÃO
- arts. 269 a 275
- prazo para interposição de recurso a partir da: art. 1.003

INVENTARIANTE
- prestação de contas em autos apensados: art. 553

INVENTÁRIO
- adjudicação de bens para pagamento de dívida: art. 642, § 4.º
- administrador provisório: arts. 613 e 614
- admissão de sucessor preterido: art. 628
- auto de orçamento da partilha: art. 653, I
- avaliação dos bens: arts. 630 a 636
- bens fora da comarca: art. 632
- cálculo dos impostos: arts. 637 e 638
- colação, conferência por termo: art. 639
- colação, oposição de herdeiros: art. 641
- colação pelo herdeiro renunciante ou excluído: art. 640
- credor de dívida certa, mas não vencida: art. 644
- cumulação de inventários para partilha: arts. 672 e 673
- curador especial: art. 671
- declaração de insolvência: art. 618, VIII
- de comerciante: arts. 620, § 1.º, e 630, parágrafo único
- dívida impugnada, reserva de bens para pagamento: art. 643, parágrafo único
- emenda da partilha: art. 656
- esboço de partilha: art. 651
- escritura pública; interessados capazes e concordes: art. 610
- herdeiro ausente, curadoria: art. 671, I
- incapaz, colisão de interesses com o representante; curador especial: art. 671, II
- incidente de negativa de colação: art. 641
- incidente de remoção de inventariante: arts. 622 a 625
- inventariante, atribuições: arts. 618 e 619
- inventariante dativo: arts. 75, § 1.º, 617, VIII, e 618, I
- inventariante, nomeação: art. 617
- inventariante, sonegação; quando pode ser arguida: art. 621
- julgamento da partilha: art. 654
- lançamento da partilha: art. 652
- laudo de avaliação, impugnações: art. 635
- legitimidade para requerer: art. 615
- nomeação de bens à penhora: art. 646
- pagamento das dívidas: art. 642
- pagamento de dívida, interesse de legatário: art. 645
- partilha amigável: art. 657
- partilha, deliberação: art. 647
- partilha, folha de pagamento: art. 653, II
- prazo para requerimento e conclusão: art. 611
- primeiras declarações: art. 620
- procedimento judicial: art. 610
- questões que dependam de outras provas: art. 612
- sobrepartilha: arts. 669 e 670
- sonegação: art. 621
- tutela provisória; cessação da eficácia: art. 668
- últimas declarações: art. 637
- valor dos bens, informação da Fazenda Pública: art. 629

IRRETROATIVIDADE
- da norma processual: art. 14

JUIZ
- apreciação da prova pericial: art. 479
- autorizado a deixar a legalidade estrita pela solução oportuna, em procedimento de jurisdição voluntária: art. 723
- decisões de mérito; limites: art. 141
- decisões em caso de litigância de má-fé: art. 142
- determinação de atos executivos: art. 782
- exercício da jurisdição: art. 16
- exercício do poder de polícia: art. 360
- extinção do processo sem resolução do mérito: art. 92
- impedimentos e suspeição: arts. 144 a 148
- incumbências: art. 139
- nomeação de curador: art. 72
- obrigatoriedade de decisão: art. 140
- prazos: art. 226
- prazos excedidos; possibilidade: art. 227
- pronunciamentos: arts. 203 a 205
- responsabilidade: art. 143
- sentenças; ordem cronológica de conclusão: art. 12

JULGAMENTO
- antecipado do mérito: arts. 355 e 356
- audiência de instrução e julgamento: arts. 358 a 368

JULGAMENTO ANTECIPADO
- do mérito: art. 355
- parcial do mérito: art. 356

JUROS LEGAIS
- implícitos no pedido: art. 322, § 1.º

JURISDIÇÃO
- civil; regulamentação: art. 13
- exercício: art. 16
- nacional; limites: arts. 21 a 25

JURISDIÇÃO VOLUNTÁRIA
- citação de todos os interessados: art. 721

- decisão pela solução mais conveniente ou oportuna: art. 723, parágrafo único
- decisão, prazo: art. 723
- disposições gerais: arts. 719 a 725
- iniciativa do procedimento: art. 720
- sentença, recurso de apelação: art. 724

JURISPRUDÊNCIA
- uniformização: art. 926

LEGITIMIDADE
- ativa, para execução: art. 778, § 1.º
- para postular; pressuposto: art. 17
- passiva, para a execução: art. 779

LEILÃO
- adiamento: art. 888
- atribuições do leiloeiro: art. 884
- de bem hipotecado: art. 902
- de bem penhorado: art. 881, § 1.º
- diversos bens; preferência do lançador que arrematar englobadamente: art. 893
- edital: art. 886
- eletrônico: art. 882
- quem não pode lançar: art. 890
- sobrevindo a noite; prosseguimento no dia imediato: art. 900
- transferência culposa; sanção contra o responsável: art. 888, parágrafo único

LIQUIDAÇÃO DE SENTENÇA
- arts. 509 a 512

LITIGÂNCIA DE MÁ-FÉ
- art. 80
- condenação: art. 81
- responsabilidade por perdas e danos: art. 79
- valor das sanções impostas: art. 96

LITISCONSÓRCIO
- arts. 113 a 118
- admissibilidade de assistência: art. 124
- litisconsortes com procuradores diferentes: art. 229
- recurso interposto por litisconsorte aproveita a todos: art. 1.005
- substituição processual: art. 18, parágrafo único

LITISCONSORTE
- legitimidade ativa em ação demarcatória: art. 575

LITISPENDÊNCIA
- acolhimento; extinção do processo: art. 485, V
- conhecimento de ofício: art. 485, § 3.º
- efeito da citação válida: art. 240
- não a induz a ação intentada no estrangeiro: art. 24
- quando ocorre: art. 337, §§ 1.º a 3.º

LUGAR
- dos atos processuais: art. 217

MANDADO
- citação; requisitos: art. 250

MANDADOS DE INJUNÇÃO
- julgamento pelo Supremo Tribunal Federal: art. 1.027, I

MANDADOS DE SEGURANÇA
- julgamento pelo Superior Tribunal de Justiça: art. 1.027, II
- julgamento pelo Supremo Tribunal Federal: art. 1.027, I

MANDATO
- renúncia do advogado: art. 112

MEMORIAIS – ALEGAÇÕES FINAIS
- debate de questões complexas: art. 950, § 2.º

MINISTÉRIO PÚBLICO
- arts. 176 a 181
- conflito de competência: art. 951
- contagem de prazo; início: art. 230
- dispensa de preparo de recurso: art. 1.007, § 1.º
- iniciativa de procedimento de jurisdição voluntária: art. 720
- interesses de incapaz, ações de família: art. 698
- intimação: art. 178
- intimação; ausência; nulidade do processo: art. 279
- inventário, citação: art. 626
- inventário, interessado incapaz: art. 665
- legitimidade ativa para ação rescisória: art. 967, III
- legitimidade para recorrer: art. 996
- legitimidade para requerer inventário e partilha: art. 616, VII
- ouvido em conflito de competência: art. 956
- representação contra juiz ou relator; excesso de prazo: art. 235
- requerimento de interdição: arts. 747, IV, e 748
- requerimento de remoção de tutor ou curador: art. 761
- restituição dos autos; prazo: art. 234

MORA
- ação de consignação em pagamento, depósito e seus efeitos: art. 540

MORTE
- de parte, suspensão do processo: arts. 313, I, e 1.004

MULTA
- ação rescisória inadmissível ou improcedente: art. 968, II
- ao arrematante que não paga o preço da arrematação: art. 897
- arrematação de bem imóvel de incapaz; arrependimento: art. 896, § 2.º
- embargos manifestamente protelatórios: art. 1.026, § 2.º
- insuficiente ou excessiva; alteração: art. 537, § 1.º, I
- limite para fixação pelo juiz em caso de atentado à dignidade da justiça: art. 774, parágrafo único

NAVIO
- nomeação de bens: art. 835, VIII
- penhora, efeitos: art. 864

NORMA PROCESSUAL
- irretroatividade: art. 14

NOTIFICAÇÃO E INTERPELAÇÃO
- arts. 726 a 729

NULIDADE
- arts. 276 a 283
- de arrematação: art. 903, § 1.º, I
- vício sanável: art. 938, § 1.º

OBRIGAÇÃO
- de fazer, não fazer e de entregar coisa: arts. 497 a 501
- de pagar quantia certa; cumprimento provisório da sentença: arts. 520 a 522

OBRIGAÇÃO ALTERNATIVA
- exercício da opção e realização da prestação: art. 800

OFICIAL DE JUSTIÇA
- art. 151
- citação: art. 249
- cumprimento de mandado executivo: art. 782
- incumbências: art. 154

- incumbências; citação: arts. 251 a 254
- realização de intimação: art. 275
- realização de penhora: art. 846
- *vide* também AUXILIARES DA JUSTIÇA

ÔNUS DA PROVA
- em matéria de falsidade de documento: art. 429
- incumbência: art. 373

OPOSIÇÃO
- arts. 682 a 686
- distribuição, citação, contestação: art. 683, parágrafo único
- oferecida após o início da audiência: art. 685, parágrafo único
- quem pode oferecer: art. 682
- reconhecimento da procedência por um só dos opostos: art. 684
- seu julgamento prefere o de ação originária: art. 686
- tramitação simultânea com a ação originária: art. 685

PAGAMENTO AO CREDOR
- na execução: art. 904

PARTE
- atos da: arts. 200 a 202
- comparecimento ordenado pelo juiz, na execução: art. 772, I
- da execução: art. 778
- igualdade de tratamento: art. 7.º
- decisão sem oitiva: art. 9.º
- deveres: art. 77
- falecimento, restituição de prazo para recurso: art. 1.004
- morte; sucessão pelo espólio: art. 110
- prioridade na tramitação de procedimentos judiciais: art. 1.048
- sucessão de procuradores e partes: arts. 108 a 112
- vencida, interposição de recurso: art. 996

PARTILHA
- amigável: art. 657
- auto de orçamento: art. 653, I
- bens insuscetíveis de divisão cômoda: art. 649
- esboço, elaboração: art. 651
- escritura pública; interessados capazes e concordes: art. 610
- folha de pagamento: art. 653, II
- julgamento por sentença: art. 654
- nascituro; quinhão do: art. 650
- pedidos de quinhões e deliberação da: art. 647
- regras a serem observadas: art. 648
- rescisão: art. 658

PEDIDO
- arts. 322 a 329
- improcedência liminar: art. 332

PENHORA
- alienação antecipada dos bens penhorados: arts. 852 e 853
- alienação dos bens penhorados em leilão judicial: art. 881
- alienação dos bens penhorados por iniciativa particular: art. 880
- ampliação ou transferência por outros bens: art. 874, II
- arrematação: art. 895
- auto em conjunto com o auto de depósito: art. 839
- auto, o que conterá: art. 838
- avaliação de imóvel divisível: art. 872, § 1.º
- avaliação, oficial de justiça: art. 870
- avaliação, prazo e conteúdo do laudo: art. 872
- avaliação, quando não se procede à: art. 871
- avaliação, quando pode ser repetida: art. 873
- averbada nos autos: art. 860
- de ações de sociedades: art. 861
- de aplicação financeira: art. 854
- de bem indivisível: art. 843
- de créditos: arts. 855 a 860
- de créditos, depoimentos do devedor e de terceiro: art. 856, § 4.º
- de dinheiro em depósito: art. 854
- de direito real sobre imóvel: art. 842
- de empresa concessionária: art. 863
- de estabelecimento: art. 862
- de frutos e rendimentos de coisa móvel ou imóvel: arts. 867 a 869
- de letra de câmbio: art. 856
- de percentual de faturamento de empresa: art. 866
- depositário, quem deve ser: art. 840
- depósito: art. 839
- em bens gravados, intimação do credor pignoratício, hipotecário ou anticrético, e do usufrutuário: art. 799, I
- em direito e ação, sub-rogação do credor: art. 857
- execução, alienação ineficaz em relação ao credor não intimado: art. 804
- incidência: art. 831
- lavratura de novo termo; substituição dos bens: art. 849
- lugar de realização: arts. 845 e 846
- mais de uma, vários credores, concurso de preferência: art. 908
- modificações: arts. 847 a 853
- nomeação de bens pelo inventariante: art. 646
- objeto: art. 831
- ordem a ser obedecida: art. 835
- ordem de arrombamento: art. 846
- por meios eletrônicos: art. 837
- por meios legais, intimação imediata do executado: art. 841
- preferência do credor pelo bem penhorado: art. 797
- quando se considera feita: art. 839
- quotas ou as ações de sócio em sociedade simples ou empresária: art. 861
- redução aos bens suficientes: art. 874, I
- redução ou ampliação: art. 850
- resistência, auto: art. 846, §§ 3.º e 4.º
- resistência, requisição de força: art. 846, § 2.º
- segunda penhora, quando se procede: art. 851
- sobre aeronave: art. 864
- sobre direito que tenha por objeto prestação ou restituição de coisa determinada: art. 859
- sobre dívida de dinheiro a juros: art. 858
- sobre navio: art. 864
- substituição; hipótese: arts. 847, §§ 2.º e 3.º, e 848
- substituição por fiança bancária ou seguro garantia judicial: art. 835, § 2.º
- título executivo extrajudicial: art. 784

PERDAS E DANOS
- litigância de má-fé; responsabilidade: arts. 79 a 81
- obrigação; conversão em: art. 499
- responsabilidade do juiz: art. 143

PEREMPÇÃO
- alegação; réu: art. 337, V
- conhecimento de ofício: art. 485, V e § 3.º

PERITO
- arts. 156 a 158
- nomeação: art. 465
- substituição: art. 468
- vide também AUXILIARES DA JUSTIÇA

PESSOAS JURÍDICAS DE DIREITO PÚBLICO
- ações possessórias: art. 562, parágrafo único

PETIÇÃO INICIAL
- ação de consignação em pagamento: art. 542
- ação de divisão: art. 588
- apresentada com a procuração: art. 287
- de ação demarcatória: art. 574
- de ação rescisória: art. 968
- de execução, indeferimento: art. 801
- de interdição: art. 749
- embargos de terceiro: art. 677
- em execução, documentos que instruem: art. 798, I
- indeferimento: arts. 330 e 331
- oposição, requisitos: art. 683
- protocolo; início da ação: art. 312
- requisitos: arts. 319 a 323
- requerimento de execução, pedido de citação do devedor; instrução da: art. 798
- restauração de autos: art. 713

POSTULAÇÃO EM JUÍZO
- atuação em causa própria: art. 106
- de direito alheio em nome próprio: art. 18
- interesse e legitimidade: art. 17

PRÁTICA ELETRÔNICA
- dos atos processuais: arts. 193 a 199

PRAZO
- agravo das decisões interlocutórias: arts. 1.019 e 1.020
- contagem: art. 219
- de recursos: art. 1.003
- dia do começo: art. 231
- dos atos processuais: arts. 218 a 235
- excedidos pelo juiz; possibilidade: art. 227
- início e vencimento: art. 224
- para afixação do edital em caso de arrematação: art. 887
- para apresentação de contrarrazões em caso de recurso extraordinário ou especial recebidos: art. 1.030, parágrafo único
- para o agravante requerer juntada, aos autos do processo, de cópia da petição do agravo de instrumento e do comprovante da interposição: art. 1.018
- para oferecimento de embargos à execução: art. 915
- para o juiz: art. 226
- para os litisconsortes: art. 229
- para proposição da ação de consignação: art. 539, §§ 3.º e 4.º
- renúncia: art. 225
- suspensão; férias: art. 220
- suspensão; obstáculo criado em detrimento da parte: art. 221

PRECATÓRIO
- execução contra a Fazenda Pública: art. 910, § 1.º

PRECLUSÃO
- consumativa: art. 1.007

PREPARO
- dispensa em favor da Fazenda Pública e autarquias: art. 1.007, § 1.º

PRESCRIÇÃO
- interrupção, citação para execução: art. 802

PRESTAÇÃO ALIMENTÍCIA
- desconto em folha de pagamento: art. 912
- levantamento mensal, penhora recaindo em dinheiro: art. 913

PREVENÇÃO
- do foro; imóvel situado em mais de uma comarca: art. 60
- quando ocorre: arts. 58 e 59

PRINCÍPIOS
- aplicação ao ordenamento jurídico: art. 8.º

PRISÃO
- devedor de prestação alimentícia: art. 528, § 3.º

PROCESSO
- prioridade na tramitação: art. 1.048

PROCESSO CIVIL
- distribuição e registro: arts. 284 a 290
- extinção: arts. 316 e 317
- início: art. 2.º
- normas fundamentais: arts. 1.º a 12
- ordenação, disciplina e interpretação: art. 1.º
- suspensão: arts. 313 a 315

PROCESSO NOS TRIBUNAIS
- acórdão não publicado, prazo: art. 944
- concluso ao relator: art. 931
- dia para julgamento: art. 934
- distribuição, alternatividade, sorteio e publicidade: art. 930
- julgamento, anúncio do resultado: art. 941
- julgamento do mérito: arts. 938 e 939
- ordem de julgamento: art. 936
- pauta de julgamento: arts. 934 e 935
- protocolo e registro: art. 929
- questão preliminar, decisão antes do mérito: art. 938
- relatório: art. 931
- sustentação do recurso: art. 937
- sustentação oral, requerimento de preferência: art. 937, § 2.º
- uniformização da jurisprudência: art. 926

PROCURAÇÃO
- obrigatoriedade para postular: art. 104

PROCURADORES
- arts. 103 a 107
- sucessão de procuradores e partes: arts. 108 a 112

PROTESTO MARÍTIMO
- arts. 766 a 770
- diário da navegação: arts. 766 e s.
- distribuição com urgência, petição inicial: art. 768
- petição inicial: art. 767
- ratificação judicial, prazo: art. 766

PROVAS
- arts. 369 a 484
- documental: arts. 405 a 438
- documentos eletrônicos: arts. 439 a 441
- ônus: art. 373
- pericial: arts. 464 a 480

- produção antecipada: arts. 381 a 383
- produção de prova documental: arts. 434 a 438
- repetição, em restauração de autos: art. 715
- testemunhal: arts. 442 a 463

PUBLICAÇÃO
- edital de leilão: art. 887

PUBLICIDADE
- dos atos processuais: art. 10
- dos julgamentos: art. 11

QUITAÇÃO
- levantamento de dinheiro em execução, termos nos autos: art. 906

RATEIO
- execução por quantia certa, vários credores: art. 908

RECLAMAÇÃO
- arts. 988 a 993
- cabimento: art. 988
- cumprimento da decisão: art. 993
- da parte interessada: art. 988
- despacho: art. 989
- do Ministério Público: art. 988
- impugnação: art. 990
- lavratura do acórdão: art. 993
- Ministério Público, vista do processo: art. 991
- procedência da: art. 992

RECONHECIMENTO DO PEDIDO
- em oposição: art. 684

RECONVENÇÃO
- art. 343
- causa de pedir: art. 329
- honorários: art. 85, § 1.º
- na ação monitória: art. 702, § 6.º
- pedido: art. 324
- valor da causa: art. 292

RECURSO(S)
- adesivo, subordina-se ao principal: art. 997, § 2.º
- adiamento, preferência no julgamento: art. 936, III
- baixa dos autos ao juízo de origem: art. 1.006
- desistência a qualquer tempo: art. 998
- dispensa de preparo, casos: art. 1.007, § 1.º
- especial: arts. 1.029 a 1.042
- extraordinário: arts. 1.029 a 1.042
- impugnação da sentença no todo ou em parte: art. 1.002
- legitimidade para interposição: art. 996
- litisconsorte, aproveita aos demais: art. 1.005
- ordinário: arts. 1.027 e 1.028
- prazo, quando se restitui: art. 1.004
- quais os cabíveis: art. 994
- renúncia do direito de recorrer: art. 999
- seguimento prejudicado; casos: art. 932, III
- solidariedade passiva, interposição por um devedor aproveita aos demais: art. 1.005, parágrafo único
- sustentação perante tribunal: art. 937

RECURSO ESPECIAL
- art. 994, VI
- agravo em: art. 1.042
- admite recurso adesivo: art. 997, § 2.º, II

- conclusão; remessa dos autos ao STF: art. 1.031, § 1.º
- decisão de instância superior durante suspensão do processo: art. 1.041
- disposições gerais: arts. 1.029 a 1.035
- embargos de divergência: art. 1.043
- interposição: art. 1.029
- interposição conjunta de recurso extraordinário: art. 1.031
- julgamento de mérito, incidente de resolução: art. 987
- multiplicidade com fundamento em idêntica questão de direito: art. 1.036
- não impede a eficácia da decisão: art. 995
- prazo para interpor e para responder: art. 1.002, § 5.º
- publicação de acórdão paradigma: art. 1.040
- questão constitucional, prazo: art. 1.032
- recebido; prazo para apresentação de contrarrazões: art. 1.030
- recebimento pelo Tribunal e intimação do recorrido: art. 1.030
- repercussão geral: art. 1.032
- repetitivo; julgamento: arts. 1.036 a 1.041
- requisição de informações aos tribunais inferiores: art. 1.038

RECURSO EXTRAORDINÁRIO
- art. 994, VII
- admite recurso adesivo: art. 997, § 2.º, II
- agravo em: art. 1.042
- apreciação em caso de conclusão do julgamento do recurso especial: art. 1.031, § 1.º
- decisão de instância superior durante suspensão do processo: art. 1.041
- disposições gerais: arts. 1.029 a 1.035
- embargos de divergência: art. 1.043
- interposição: art. 1.029
- interposição conjunta de recurso especial: art. 1.031
- julgamento de mérito, incidente de resolução: art. 987
- não impede a eficácia da sentença: art. 995
- prazo para interpor e para responder: art. 1.003, § 5.º
- prejudicial ao recurso especial; cessação do julgamento e remessa dos autos ao STF: art. 1.031, §§ 2.º e 3.º
- publicação de acórdão paradigma: art. 1.040
- questão constitucional; prazo: art. 1.032
- recebido; prazo para apresentação de contrarrazões: art. 1.030
- recebimento pelo Tribunal e intimação do recorrido: art. 1.030
- repercussão geral: art. 1.035
- repetitivo; julgamento: arts. 1.036 a 1.041
- requisição de informações aos tribunais inferiores: art. 1.038
- questão constitucional, prazo: art. 1.032

RECURSO ORDINÁRIO
- julgamento pelo STJ: art. 1.027, II
- julgamento pelo STF: art. 1.027, I
- prazo para interpor e para responder: art. 1.003, § 5.º

RECURSOS REPETITIVOS
- especial e extraordinário; julgamento: arts. 1.036 a 1.041

REGIME DE BENS
- do casamento; alteração: art. 734

REGIMENTOS INTERNOS DOS TRIBUNAIS
- conflito de competência entre autoridade judiciária e autoridade administrativa: art. 959
- conflito de competência nos tribunais: art. 958
- disposição sobre distribuição de processos: art. 930
- incidente de resolução de demandas repetitivas; julgamento: art. 982

RELATOR
- redação de acórdão: art. 941
- restauração de autos desaparecidos: art. 717

REMIÇÃO
- ação rescisória: art. 966, § 4.º
- antes de adjudicados ou alienados os bens: art. 826

REMISSÃO
- da dívida, extinção da execução: art. 924

RENÚNCIA
- do direito de recorrer: art. 999

REPERCUSSÃO GERAL
- julgamento dos recursos extraordinário e especial repetitivos: arts. 1.036 a 1.041
- multiplicidade de recursos; análise da; procedimento: art. 1.036
- recurso extraordinário; não conhecimento; ausência de: art. 1.035

RESTAURAÇÃO DE AUTOS
- aparecimento dos autos originais: art. 716, parágrafo único
- cópia de sentença: art. 715, § 5.º
- desaparecimento de autos: art. 712
- havendo autos suplementares: art. 712, parágrafo único
- inquirição de serventuários e auxiliares da justiça: art. 715, § 4.º
- manifestação da parte contrária: art. 714
- nos tribunais: art. 717
- petição inicial: art. 713
- repetição das provas: art. 715

RÉU
- alegações: arts. 351 a 353

REVELIA
- arts. 344 a 346
- não incidência: arts. 348 e 349

SANEAMENTO DO PROCESSO
- arts. 347 a 353

SATISFAÇÃO DO CRÉDITO
- arts. 904 a 909

SEGREDO DE JUSTIÇA
- tramitação: art. 189

SENTENÇA
- arts. 485 a 501
- aceitação tácita ou expressa: art. 1.000
- condenação ao pagamento de honorários: art. 85
- cumprimento: arts. 513 a 519
- cumprimento; prestação de alimentos; reconhecimento da exigibilidade de obrigação: arts. 528 a 533
- cumprimento; reconhecimento da exigibilidade de obrigação de fazer e de não fazer: arts. 536 e 537
- cumprimento; reconhecimento da exigibilidade de obrigação de pagar quantia certa pela Fazenda Pública: arts. 534 e 535
- cumprimento definitivo; obrigação de pagar quantia certa: arts. 523 a 527
- cumprimento provisório; obrigação de pagar quantia certa: arts. 520 a 522
- de extinção de execução: art. 925
- em ação demarcatória: art. 581
- entrega da coisa; descumprimento do prazo da obrigação: art. 538
- estrangeira; eficácia: art. 961
- intimação; prazo para interposição de recurso: art. 1.003

- liquidação: arts. 509 a 512
- obedecimento à ordem cronológica de conclusão: art. 12
- procedimento de jurisdição voluntária; prazo: art. 723
- trânsito em julgado; assistência: art. 123

SEPARAÇÃO CONSENSUAL
- arts. 731 a 733

SEQUESTRO
- da coisa litigiosa em ações possessórias: art. 559
- de bem confiado a guarda, quando não aprovadas as contas do administrador: art. 553

SOCIEDADE
- execução sobre bens dos sócios: art. 795

SÓCIO
- bens sujeitos à execução: art. 790, II

SOLDO
- impenhorabilidade: art. 833, IV

SOLIDARIEDADE
- passiva, interposição de recurso por um dos devedores, efeito: art. 1.005, parágrafo único

SUB-ROGAÇÃO
- penhora em direito e ação do devedor: art. 797
- procedimento de jurisdição voluntária: art. 725, II

SUCESSOR
- bens sujeitos à execução: art. 790, I

SÚMULA
- recurso contrário a: art. 932, IV

SUPERIOR TRIBUNAL DE JUSTIÇA
- dos recursos para o: arts. 1.027 a 1.044

SUPREMO TRIBUNAL FEDERAL
- recursos para o: arts. 1.027 a 1.044

SUSPEIÇÃO
- a quem se aplica: art. 148
- do juiz: art. 145
- do juiz; alegação: art. 146

SUSPENSÃO
- da execução: arts. 921 a 923
- do processo; prazo para sanar o vício: art. 76

SUBSIDIARIEDADE
- de normas: art. 15

SUJEITOS PROCESSUAIS
- arts. 70 a 76

TEMPO
- dos atos processuais: arts. 212 a 216

TERCEIRO INTERESSADO
- legitimidade ativa para ação rescisória: art. 967, II

TERCEIRO PREJUDICADO
- interposição de recurso: art. 996

TERCEIROS
- bens do devedor em poder de: art. 790, III
- mandado executivo contra terceiro adquirente de coisa litigiosa: art. 808
- penhora de crédito: art. 856

TERMO
- não ocorrido, nulidade de execução: art. 803, III
- prova de que ocorreu, para o início da execução: art. 798, I

TESTAMENTO
- arts. 735 a 737
- testamento particular, publicação: art. 737
- testamento público, certidão de: art. 736
- traslado: art. 736

TÍTULO
- de crédito, penhora sobre: art. 856
- de obrigação certa, líquida e exigível; base da execução: art. 783
- executivo por força da lei: art. 784, XII

TÍTULO EXECUTIVO
- decisão que aplica multa em arrematação: art. 896, § 2.º
- legitimidade do credor para a execução: art. 778
- legitimidade dos sucessores do credor para a execução: art. 778, § 1.º

TÍTULO EXECUTIVO EXTRAJUDICIAL
- de obrigação certa, líquida e exigível; não correspondência; nulidade da execução: art. 803, I
- enumeração: art. 784
- execução: art. 781

TRADUTOR
- arts. 162 a 164
- *vide* também AUXILIARES DA JUSTIÇA

TRANSAÇÃO
- por inventariante: art. 619, II

TRASLADOS
- agravo de instrumento: art. 1.016

TUTELA
- antecipada; procedimento: arts. 303 e 304
- cautelar: arts. 305 a 310
- da evidência: art. 311
- da urgência: arts. 300 a 302
- disposições comuns com a curatela: arts. 759 a 763
- provisória: arts. 294 a 311

TUTOR
- prestação de contas, procedimento: art. 553

USUFRUTO
- alienação do bem; ineficácia: art. 804, § 6.º
- eficácia: art. 868, § 1.º
- extinção, procedimento de jurisdição voluntária: art. 725, VI

USUFRUTUÁRIO
- ciência da alienação judicial; prazo: art. 889, III
- não intimado para a execução, ineficácia de alienação: art. 804, § 6.º

VALOR DA CAUSA
- arts. 291 a 293
- impugnação: art. 293

VENCIMENTOS
- impenhorabilidade: art. 833, IV

CLT saraiva

CÓDIGO CIVIL

Código Civil

LEI N. 10.406, DE 10 DE JANEIRO DE 2002 (*)

Institui o Código Civil.

O Presidente da República

Faço saber que o Congresso Nacional decreta e eu sanciono a seguinte Lei:

PARTE GERAL

LIVRO I
DAS PESSOAS

Título I
DAS PESSOAS NATURAIS

Capítulo I
DA PERSONALIDADE E DA CAPACIDADE

Art. 1.º Toda pessoa é capaz de direitos e deveres na ordem civil.
- •• Vide arts. 4.º e 5.º do CC.
- • Vide art. 7.º, *caput*, da LINDB.
- • Vide art. 70 do CPC.

Art. 2.º A personalidade civil da pessoa começa do nascimento com vida; mas a lei põe a salvo, desde a concepção, os direitos do nascituro.
- • Vide arts. 5.º, 115 a 120, 166, I, e 542 do CC.
- • Os arts. 124 a 128 do CP dispõem sobre o crime de aborto.

Art. 3.º São absolutamente incapazes de exercer pessoalmente os atos da vida civil os menores de 16 (dezesseis) anos.
- •• *Caput* com redação determinada pela Lei n. 13.146, de 6-7-2015.
- • Vide arts. 5.º, 76, 105, 115 a 120, 166, I, 198, e 543 do CC.
- • Vide arts. 71, 72 e 447, § 1.º, do CPC.
- • Vide arts. 210 e 402 da CLT.
- • Vide arts. 60 a 69 do ECA.

I a III – (*Revogados pela Lei n. 13.146, de 6-7-2015.*)

Art. 4.º São incapazes, relativamente a certos atos ou à maneira de os exercer:
- •• *Caput* com redação determinada pela Lei n. 13.146, de 6-7-2015.
- • Vide arts. 71, 72 e 447, § 1.º, do CPC.

I – os maiores de dezesseis e menores de dezoito anos;
- • Vide arts. 180 e 666, parágrafo único, do CC.
- • A Lei n. 4.375, de 17-8-1964, estabelece em seu art. 73 que, para efeito do serviço militar, cessará a incapacidade civil do menor, na data em que completar 17 anos.

II – os ébrios habituais e os viciados em tóxico;
- •• Inciso II com redação determinada pela Lei n. 13.146, de 6-7-2015.

III – aqueles que, por causa transitória ou permanente, não puderem exprimir sua vontade;
- •• Inciso III com redação determinada pela Lei n. 13.146, de 6-7-2015.

IV – os pródigos.

Parágrafo único. A capacidade dos indígenas será regulada por legislação especial.
- •• Parágrafo único com redação determinada pela Lei n. 13.146, de 6-7-2015.

Art. 5.º A menoridade cessa aos dezoito anos completos, quando a pessoa fica habilitada à prática de todos os atos da vida civil.
- • Vide art. 666 do CC.

Parágrafo único. Cessará, para os menores, a incapacidade:

I – pela concessão dos pais, ou de um deles na falta do outro, mediante instrumento público, independentemente de homologação judicial, ou por sentença do juiz, ouvido o tutor, se o menor tiver dezesseis anos completos;
- • Vide art. 226, § 5.º, da CF.

II – pelo casamento;
- • Vide CF, art. 226.

III – pelo exercício de emprego público efetivo;
- • Vide art. 5.º, V, da Lei n. 8.112, de 11-12-1990.

IV – pela colação de grau em curso de ensino superior;

V – pelo estabelecimento civil ou comercial, ou pela existência de relação de emprego, desde que, em função deles, o menor com dezesseis anos completos tenha economia própria.
- • Vide art. 7.º, XXXIII, da CF.

Art. 6.º A existência da pessoa natural termina com a morte; presume-se esta, quanto aos ausentes, nos casos em que a lei autoriza a abertura de sucessão definitiva.

Art. 7.º Pode ser declarada a morte presumida, sem decretação de ausência:

I – se for extremamente provável a morte de quem estava em perigo de vida;

II – se alguém, desaparecido em campanha ou feito prisioneiro, não for encontrado até dois anos após o término da guerra.

Parágrafo único. A declaração da morte presumida, nesses casos, somente poderá ser requerida depois de esgotadas as buscas e averiguações, devendo a sentença fixar a data provável do falecimento.

Art. 8.º Se dois ou mais indivíduos falecerem na mesma ocasião, não se podendo averiguar se algum dos comorientes precedeu aos outros, presumir-se-ão simultaneamente mortos.

Art. 9.º Serão registrados em registro público:

I – os nascimentos, casamentos e óbitos;

II – a emancipação por outorga dos pais ou por sentença do juiz;

III – a interdição por incapacidade absoluta ou relativa;

IV – a sentença declaratória de ausência e de morte presumida.

Art. 10. Far-se-á averbação em registro público:

I – das sentenças que decretarem a nulidade ou anulação do casamento, o divórcio, a separação judicial e o restabelecimento da sociedade conjugal;

(*) Publicada no *DOU*, de 11-1-2002.

II – dos atos judiciais ou extrajudiciais que declararem ou reconhecerem a filiação;

III – (*Revogado pela Lei n. 12.010, de 3-8-2009.*)

Capítulo II
DOS DIREITOS DA PERSONALIDADE

Art. 11. Com exceção dos casos previstos em lei, os direitos da personalidade são intransmissíveis e irrenunciáveis, não podendo o seu exercício sofrer limitação voluntária.
- *Vide* art. 5.º, X, da CF.

Art. 12. Pode-se exigir que cesse a ameaça, ou a lesão, a direito da personalidade, e reclamar perdas e danos, sem prejuízo de outras sanções previstas em lei.
- *Vide* Súmula 642 do STJ.
- *Vide* arts. 186, 402 a 405, 927 e 944 a 954 do CC.
- *Vide* art. 5.º, X e XXXV, da CF.

Parágrafo único. Em se tratando de morto, terá legitimação para requerer a medida prevista neste artigo o cônjuge sobrevivente, ou qualquer parente em linha reta, ou colateral até o quarto grau.
- *Vide* arts. 20, parágrafo único, e 943 do CC.

Art. 13. Salvo por exigência médica, é defeso o ato de disposição do próprio corpo, quando importar diminuição permanente da integridade física, ou contrariar os bons costumes.

Parágrafo único. O ato previsto neste artigo será admitido para fins de transplante, na forma estabelecida em lei especial.

Art. 14. É válida, com objetivo científico, ou altruístico, a disposição gratuita do próprio corpo, no todo ou em parte, para depois da morte.
- *Vide* art. 199, § 4.º, da CF.

Parágrafo único. O ato de disposição pode ser livremente revogado a qualquer tempo.

Art. 15. Ninguém pode ser constrangido a submeter-se, com risco de vida, a tratamento médico ou a intervenção cirúrgica.

Art. 16. Toda pessoa tem direito ao nome, nele compreendidos o prenome e o sobrenome.

Art. 17. O nome da pessoa não pode ser empregado por outrem em publicações ou representações que a exponham ao desprezo público, ainda quando não haja intenção difamatória.

Art. 18. Sem autorização, não se pode usar o nome alheio em propaganda comercial.

Art. 19. O pseudônimo adotado para atividades lícitas goza da proteção que se dá ao nome.

Art. 20. Salvo se autorizadas, ou se necessárias à administração da justiça ou à manutenção da ordem pública, a divulgação de escritos, a transmissão da palavra, ou a publicação, a exposição ou a utilização da imagem de uma pessoa poderão ser proibidas, a seu requerimento e sem prejuízo da indenização que couber, se lhe atingirem a honra, a boa fama ou a respeitabilidade, ou se se destinarem a fins comerciais.
- •• O STF julgou procedente a ADI n. 4.815, de 10-6-2015 (*DOU* de 16-2-2016), dando a este artigo, "sem redução de texto", interpretação conforme a Constituição, "para, em consonância com os direitos fundamentais à liberdade de pensamento e de sua expressão, de criação artística, produção científica, declarar inexigível o consentimento de pessoa biografada relativamente a obras biográficas literárias ou audiovisuais, sendo por igual desnecessária autorização de pessoas retratadas como coadjuvantes (ou de seus familiares, em caso de pessoas falecidas)".
- *Vide* art. 5.º, V, IX, X e XXVIII, *a*, da CF.

Parágrafo único. Em se tratando de morto ou de ausente, são partes legítimas para requerer essa proteção o cônjuge, os ascendentes ou os descendentes.

Art. 21. A vida privada da pessoa natural é inviolável, e o juiz, a requerimento do interessado, adotará as providências necessárias para impedir ou fazer cessar ato contrário a esta norma.
- •• O STF julgou procedente a ADI n. 4.815, de 10-6-2015 (*DOU* de 16-2-2016), dando a este artigo, "sem redução de texto", interpretação conforme a Constituição, "para, em consonância com os direitos fundamentais à liberdade de pensamento e de sua expressão, de criação artística, produção científica, declarar inexigível o consentimento de pessoa biografada relativamente a obras biográficas literárias ou audiovisuais, sendo por igual desnecessária autorização de pessoas retratadas como coadjuvantes (ou de seus familiares, em caso de pessoas falecidas)".
- *Vide* art. 5.º, X, da CF.

Título II
DAS PESSOAS JURÍDICAS

Capítulo I
DISPOSIÇÕES GERAIS

Art. 40. As pessoas jurídicas são de direito público, interno ou externo, e de direito privado.

Art. 41. São pessoas jurídicas de direito público interno:

I – a União;
- Sobre bens imóveis da União: Lei n. 9.636, de 15-5-1998.

II – os Estados, o Distrito Federal e os Territórios;

III – os Municípios;

IV – as autarquias, inclusive as associações públicas;
- •• Inciso IV com redação determinada pela Lei n. 11.107, de 6-4-2005.
- *Vide* art. 37, XIX, da CF.
- A Lei n. 4.717, de 29-6-1965, que regulou a ação popular, em seu art. 20, declara as entidades que considera autarquias.
- O art. 5.º, I, do Decreto-lei n. 200, de 25-2-1967, conceitua: "Autarquia – o serviço autônomo, criado por lei, com personalidade jurídica, patrimônio e receita próprios, para executar atividades típicas da Administração Pública, que requeiram, para seu melhor funcionamento, gestão administrativa e financeira descentralizada".

V – as demais entidades de caráter público criadas por lei.
- Sobre a representação judicial das pessoas jurídicas de direito público, *vide* CPC, art. 75, I, II e III.
- A Lei n. 8.448, de 21-7-1992, regulamenta os arts. 37, XI, e 39, § 1.º, da CF, sobre remuneração de servidor público.
- A Lei n. 9.962, de 22-2-2000, dispõe sobre o regime de emprego público do pessoal da Administração Federal direta, autárquica e fundacional.

Parágrafo único. Salvo disposição em contrário, as pessoas jurídicas de direito público, a que se tenha dado estrutura de direito privado, regem-se, no que couber, quanto ao seu funcionamento, pelas normas deste Código.

Art. 42. São pessoas jurídicas de direito público externo os Estados estrangeiros e todas as pessoas que forem regidas pelo direito internacional público.
- Sobre as relações internacionais entre Brasil e Estados estrangeiros, *vide* art. 4.º da CF.

Art. 43. As pessoas jurídicas de direito público interno são civilmente responsáveis por atos dos seus agentes que nessa qualidade causem danos a terceiros, ressalvado direito regressivo contra os causadores do dano, se houver, por parte destes, culpa ou dolo.
- CF, art. 37, § 6.º.
- *Vide* art. 125, II, do CPC.
- A Lei n. 4.619, de 28-4-1965, trata da ação regressiva da União contra seus agentes.
- A Lei n. 6.453, de 17-10-1977, dispõe sobre responsabilidade civil por danos nucleares, e a Lei n. 10.308, de 20-11-2001, dispõe sobre responsabilidade civil por danos radiológicos.
- A Lei n. 8.112, de 11-12-1990, arts. 121 a 126, dispõe sobre responsabilidade dos funcionários públicos.
- A Lei n. 10.309, de 22-11-2001, dispõe sobre a assunção da União de responsabilidade civil perante terceiros no caso de atentado terrorista ou atos de guerra contra aeronaves de empresas aéreas brasileiras.
- A Lei n. 10.744, de 9-10-2003, dispõe sobre responsabilidade civil da União por atentados terroristas contra aeronaves brasileiras.

Art. 44. São pessoas jurídicas de direito privado:
- *Vide* arts. 2.031 a 2.034 e 2.037 do CC.

I – as associações;
- *Vide* art. 5.º, XXVII, XXXI, da CF.
- *Vide* arts. 53 a 61, 2.031, 2.033 e 2.034 do CC.

II – as sociedades;
• Sociedades no CC: arts. 981 e s., 2.031, 2.033, 2.034 e 2.037.

III – as fundações;
• Vide arts. 62 a 69, 2.031 e 2.032 do CC.
• A Lei n. 9.790, de 23-3-1999, regulamentada pelo Decreto n. 3.100, de 30-6-1999, dispõe sobre a qualificação de pessoas jurídicas de direito privado, sem fins lucrativos, como Organizações da Sociedade Civil de Interesse Público.

IV – as organizações religiosas;
•• Inciso IV acrescentado pela Lei n. 12.441, de 11-7-2011.

V – os partidos políticos;
•• Inciso V acrescentado pela Lei n. 10.825, de 22-12-2003.

VI – (Revogado pela Lei n. 14.382, de 27-6-2022.)

§ 1.º São livres a criação, a organização, a estruturação interna e o funcionamento das organizações religiosas, sendo vedado ao poder público negar-lhes reconhecimento ou registro dos atos constitutivos e necessários ao seu funcionamento.
•• § 1.º acrescentado pela Lei n. 10.825, de 22-12-2003.

§ 2.º As disposições concernentes às associações aplicam-se subsidiariamente às sociedades que são objeto do Livro II da Parte Especial deste Código.
•• Primitivo parágrafo único transformado em § 2.º pela Lei n. 10.825, de 22-12-2003.

§ 3.º Os partidos políticos serão organizados e funcionarão conforme o disposto em lei específica.
•• § 3.º acrescentado pela Lei n. 10.825, de 22-12-2003.

Art. 45. Começa a existência legal das pessoas jurídicas de direito privado com a inscrição do ato constitutivo no respectivo registro, precedida, quando necessário, de autorização ou aprovação do Poder Executivo, averbando-se no registro todas as alterações por que passar o ato constitutivo.

Parágrafo único. Decai em três anos o direito de anular a constituição das pessoas jurídicas de direito privado, por defeito do ato respectivo, contado o prazo da publicação de sua inscrição no registro.

Art. 46. O registro declarará:

I – a denominação, os fins, a sede, o tempo de duração e o fundo social, quando houver;

II – o nome e a individualização dos fundadores ou instituidores, e dos diretores;

III – o modo por que se administra e representa, ativa e passivamente, judicial e extrajudicialmente;

IV – se o ato constitutivo é reformável no tocante à administração, e de que modo;

V – se os membros respondem, ou não, subsidiariamente, pelas obrigações sociais;

VI – as condições de extinção da pessoa jurídica e o destino do seu patrimônio, nesse caso.

Art. 47. Obrigam a pessoa jurídica os atos dos administradores, exercidos nos limites de seus poderes definidos no ato constitutivo.

Art. 48. Se a pessoa jurídica tiver administração coletiva, as decisões se tomarão pela maioria de votos dos presentes, salvo se o ato constitutivo dispuser de modo diverso.

Parágrafo único. Decai em três anos o direito de anular as decisões a que se refere este artigo, quando violarem a lei ou estatuto, ou forem eivadas de erro, dolo, simulação ou fraude.

Art. 48-A. As pessoas jurídicas de direito privado, sem prejuízo do previsto em legislação especial e em seus atos constitutivos, poderão realizar suas assembleias gerais por meio eletrônico, inclusive para os fins do disposto no art. 59 deste Código, respeitados os direitos previstos de participação e de manifestação.
•• Artigo com redação determinada pela Lei n. 14.382, de 27-6-2022.

Art. 49. Se a administração da pessoa jurídica vier a faltar, o juiz, a requerimento de qualquer interessado, nomear-lhe-á administrador provisório.

Art. 49-A. A pessoa jurídica não se confunde com os seus sócios, associados, instituidores ou administradores.
•• Caput acrescentado pela Lei n. 13.874, de 20-9-2019.

Parágrafo único. A autonomia patrimonial das pessoas jurídicas é um instrumento lícito de alocação e segregação de riscos, estabelecido pela lei com a finalidade de estimular empreendimentos, para a geração de empregos, tributo, renda e inovação em benefício de todos.
•• Parágrafo único acrescentado pela Lei n. 13.874, de 20-9-2019.

Art. 50. Em caso de abuso da personalidade jurídica, caracterizado pelo desvio de finalidade ou pela confusão patrimonial, pode o juiz, a requerimento da parte, ou do Ministério Público quando lhe couber intervir no processo, desconsiderá-la para que os efeitos de certas e determinadas relações de obrigações sejam estendidos aos bens particulares de administradores ou de sócios da pessoa jurídica beneficiados direta ou indiretamente pelo abuso.
•• Caput com redação determinada pela Lei n. 13.874, de 20-9-2019.
• Vide art. 795, § 1.º, do CPC.

§ 1.º Para os fins do disposto neste artigo, desvio de finalidade é a utilização da pessoa jurídica com o propósito de lesar credores e para a prática de atos ilícitos de qualquer natureza.
•• § 1.º acrescentado pela Lei n. 13.874, de 20-9-2019.

§ 2.º Entende-se por confusão patrimonial a ausência de separação de fato entre os patrimônios, caracterizada por:
•• § 2.º, caput, acrescentado pela Lei n. 13.874, de 20-9-2019.

I – cumprimento repetitivo pela sociedade de obrigações do sócio ou do administrador ou vice-versa;
•• Inciso I acrescentado pela Lei n. 13.874, de 20-9-2019.

II – transferência de ativos ou de passivos sem efetivas contraprestações, exceto os de valor proporcionalmente insignificante; e
•• Inciso II acrescentado pela Lei n. 13.874, de 20-9-2019.

III – outros atos de descumprimento da autonomia patrimonial.
•• Inciso III acrescentado pela Lei n. 13.874, de 20-9-2019.

§ 3.º O disposto no caput e nos §§ 1.º e 2.º deste artigo também se aplica à extensão das obrigações de sócios ou de administradores à pessoa jurídica.
•• § 3.º acrescentado pela Lei n. 13.874, de 20-9-2019.

§ 4.º A mera existência de grupo econômico sem a presença dos requisitos de que trata o caput deste artigo não autoriza a desconsideração da personalidade da pessoa jurídica.
•• § 4.º acrescentado pela Lei n. 13.874, de 20-9-2019.

§ 5.º Não constitui desvio de finalidade a mera expansão ou a alteração da finalidade original da atividade econômica específica da pessoa jurídica.
•• § 5.º acrescentado pela Lei n. 13.874, de 20-9-2019.

Art. 51. Nos casos de dissolução da pessoa jurídica ou cassada a autorização para seu funcionamento, ela subsistirá para os fins de liquidação, até que esta se conclua.

§ 1.º Far-se-á, no registro onde a pessoa jurídica estiver inscrita, a averbação de sua dissolução.

§ 2.º As disposições para a liquidação das sociedades aplicam-se, no que couber, às demais pessoas jurídicas de direito privado.

§ 3.º Encerrada a liquidação, promover-se-á o cancelamento da inscrição da pessoa jurídica.

Art. 52. Aplica-se às pessoas jurídicas, no que couber, a proteção dos direitos da personalidade.
• Vide arts. 11 a 21 do CC.

Capítulo II
DAS ASSOCIAÇÕES

•• Vide arts. 2.031 a 2.034 do CC.
• Vide art. 5.º, XVII a XXI, da CF.

Art. 53. Constituem-se as associações pela união de pessoas que se organizem para fins não econômicos.
•• Vide arts. 2.031 e 2.033 do CC.

Parágrafo único. Não há, entre os associados, direitos e obrigações recíprocos.

Art. 54. Sob pena de nulidade, o estatuto das associações conterá:
I – a denominação, os fins e a sede da associação;
II – os requisitos para a admissão, demissão e exclusão dos associados;
III – os direitos e deveres dos associados;
IV – as fontes de recursos para sua manutenção;
V – o modo de constituição e de funcionamento dos órgãos deliberativos;
•• Inciso V com redação determinada pela Lei n. 11.127, de 28-6-2005.
VI – as condições para a alteração das disposições estatutárias e para a dissolução;
VII – a forma de gestão administrativa e de aprovação das respectivas contas.
•• Inciso VII acrescentado pela Lei n. 11.127, de 28-6-2005.

Art. 55. Os associados devem ter iguais direitos, mas o estatuto poderá instituir categorias com vantagens especiais.

Art. 56. A qualidade de associado é intransmissível, se o estatuto não dispuser o contrário.
Parágrafo único. Se o associado for titular de quota ou fração ideal do patrimônio da associação, a transferência daquela não importará, *de per si*, na atribuição da qualidade de associado ao adquirente ou ao herdeiro, salvo disposição diversa do estatuto.

Art. 57. A exclusão do associado só é admissível havendo justa causa, assim reconhecida em procedimento que assegure direito de defesa e de recurso, nos termos previstos no estatuto.
•• Caput com redação determinada pela Lei n. 11.127, de 28-6-2005.
Parágrafo único. (*Revogado pela Lei n. 11.127, de 28-6-2005.*)

Art. 58. Nenhum associado poderá ser impedido de exercer direito ou função que lhe tenha sido legitimamente conferido, a não ser nos casos e pela forma previstos na lei ou no estatuto.

Art. 59. Compete privativamente à assembleia geral:
•• Caput com redação determinada pela Lei n. 11.127, de 28-6-2005.
•• Vide art. 5.º da Lei n. 14.010, de 10-6-2020.
I – destituir os administradores;
•• Inciso I com redação determinada pela Lei n. 11.127, de 28-6-2005.
II – alterar o estatuto.
•• Inciso II com redação determinada pela Lei n. 11.127, de 28-6-2005.
Parágrafo único. Para as deliberações a que se referem os incisos I e II deste artigo é exigido deliberação da assembleia especialmente convocada para esse fim, cujo *quorum* será o estabelecido no estatuto, bem como os critérios de eleição dos administradores.
•• Parágrafo único com redação determinada pela Lei n. 11.127, de 28-6-2005.

Art. 60. A convocação dos órgãos deliberativos far-se-á na forma do estatuto, garantido a 1/5 (um quinto) dos associados o direito de promovê-la.
•• Artigo com redação determinada pela Lei n. 11.127, de 28-6-2005.

Art. 61. Dissolvida a associação, o remanescente do seu patrimônio líquido, depois de deduzidas, se for o caso, as quotas ou frações ideais referidas no parágrafo único do art. 56, será destinado à entidade de fins não econômicos designada no estatuto, ou, omisso este, por deliberação dos associados, à instituição municipal, estadual ou federal, de fins idênticos ou semelhantes.
• Vide art. 5.º, XIX, da CF.

§ 1.º Por cláusula do estatuto ou, no seu silêncio, por deliberação dos associados, podem estes, antes da destinação do remanescente referida neste artigo, receber em restituição, atualizado o respectivo valor, as contribuições que tiverem prestado ao patrimônio da associação.

§ 2.º Não existindo no Município, no Estado, no Distrito Federal ou no Território, em que a associação tiver sede, instituição nas condições indicadas neste artigo, o que remanescer do seu patrimônio se devolverá à Fazenda do Estado, do Distrito Federal ou da União.

Título III
DO DOMICÍLIO

Art. 70. O domicílio da pessoa natural é o lugar onde ela estabelece a sua residência com ânimo definitivo.
• Inviolabilidade de domicílio: CF, art. 5.º, XI.
• LINDB, arts. 7.º, 10 e 12.
• Vide arts. 46 a 50 e 53, I, do CPC.

Art. 71. Se, porém, a pessoa natural tiver diversas residências, onde, alternadamente, viva, considerar-se-á domicílio seu qualquer delas.
• Vide art. 46, § 1.º, do CPC.

Art. 72. É também domicílio da pessoa natural, quanto às relações concernentes à profissão, o lugar onde esta é exercida.
• Vide art. 73, § 1.º, do CPC.
Parágrafo único. Se a pessoa exercitar profissão em lugares diversos, cada um deles constituirá domicílio para as relações que lhe corresponderem.

Art. 73. Ter-se-á por domicílio da pessoa natural, que não tenha residência habitual, o lugar onde for encontrada.

Art. 74. Muda-se o domicílio, transferindo a residência, com a intenção manifesta de o mudar.
Parágrafo único. A prova da intenção resultará do que declarar a pessoa às municipalidades dos lugares, que deixa, e para onde vai, ou, se tais declarações não fizer, da própria mudança, com as circunstâncias que a acompanharem.

Art. 75. Quanto às pessoas jurídicas, o domicílio é:
I – da União, o Distrito Federal;
II – dos Estados e Territórios, as respectivas capitais;
III – do Município, o lugar onde funcione a administração municipal;
IV – das demais pessoas jurídicas, o lugar onde funcionarem as respectivas diretorias e administrações, ou onde elegerem domicílio especial no seu estatuto ou atos constitutivos.
• Vide art. 109, §§ 1.º a 4.º, da CF.
• Vide arts. 51 e 53, IV, do CPC.

§ 1.º Tendo a pessoa jurídica diversos estabelecimentos em lugares diferentes, cada um deles será considerado domicílio para os atos nele praticados.
• Vide art. 53, IV, *b*, do CPC.

§ 2.º Se a administração, ou diretoria, tiver a sede no estrangeiro, haver-se-á por domicílio da pessoa jurídica, no tocante às obrigações contraídas por cada uma das suas agências, o lugar do estabelecimento, sito no Brasil, a que ela corresponder.
• Vide art. 21, I, do CPC.

Art. 76. Têm domicílio necessário o incapaz, o servidor público, o militar, o marítimo e o preso.
Parágrafo único. O domicílio do incapaz é o do seu representante ou assistente; o do servidor público, o lugar em que exercer permanentemente suas funções; o do militar, onde servir, e, sendo da Marinha ou da Aeronáutica, a sede do comando a que se encontrar imediatamente subordinado; o do marítimo, onde o navio estiver matriculado; e o do preso, o lugar em que cumpre a sentença.
• Vide LINDB, art. 7.º, § 7.º, última parte.
• Vide art. 50 do CPC.
• Regime Jurídico dos Servidores Públicos Civis da União, das Autarquias e das Fundações Públicas Federais: *vide* Lei n. 8.112, de 11-12-1990.

Art. 77. O agente diplomático do Brasil, que, citado no estrangeiro, alegar extraterritorialidade sem designar onde tem, no país, o seu domicílio, poderá ser demandado no Distrito Federal ou no último ponto do território brasileiro onde o teve.

Art. 78. Nos contratos escritos, poderão os contratantes especificar domicílio onde se exercitem e cumpram os direitos e obrigações deles resultantes.
• Vide art. 327 do CC.
• Vide arts. 47, § 1.º, 62 e 63 do CPC.

LIVRO III
DOS FATOS JURÍDICOS

Título I
DO NEGÓCIO JURÍDICO

Capítulo I
DISPOSIÇÕES GERAIS

Art. 104. A validade do negócio jurídico requer:
• Vide arts. 166, 167 e 2.035 do CC.
I – agente capaz;
II – objeto lícito, possível, determinado ou determinável;
III – forma prescrita ou não defesa em lei.
• Vide arts. 171 e 184 do CC.

Art. 105. A incapacidade relativa de uma das partes não pode ser invocada pela outra em benefício próprio, nem aproveita aos cointeressados capazes, salvo se, neste caso, for indivisível o objeto do direito ou da obrigação comum.
• Vide arts. 88, 180, 257 a 263 e 314 do CC.

Art. 106. A impossibilidade inicial do objeto não invalida o negócio jurídico se for relativa, ou se cessar antes de realizada a condição a que ele estiver subordinado.

Art. 107. A validade da declaração de vontade não dependerá de forma especial, senão quando a lei expressamente a exigir.
• Vide arts. 104, III, 108, 109 e 183 do CC.

Art. 108. Não dispondo a lei em contrário, a escritura pública é essencial à validade dos negócios jurídicos que visem à constituição, transferência, modificação ou renúncia de direitos reais sobre imóveis de valor superior a trinta vezes o maior salário mínimo vigente no País.
• Vide art. 215 do CC.

Art. 109. No negócio jurídico celebrado com a cláusula de não valer sem instrumento público, este é da substância do ato.

Art. 110. A manifestação de vontade subsiste ainda que o seu autor haja feito a reserva mental de não querer o que manifestou, salvo se dela o destinatário tinha conhecimento.

Art. 111. O silêncio importa anuência, quando as circunstâncias ou os usos o autorizarem, e não for necessária a declaração de vontade expressa.

Art. 112. Nas declarações de vontade se atenderá mais à intenção nelas consubstanciada do que ao sentido literal da linguagem.
• Vide arts. 114 e 133 do CC.

Art. 113. Os negócios jurídicos devem ser interpretados conforme a boa-fé e os usos do lugar de sua celebração.
• Vide arts. 164, 422 e 423 do CC.

§ 1.º A interpretação do negócio jurídico deve lhe atribuir o sentido que:
•• § 1.º acrescentado pela Lei n. 13.874, de 20-9-2019.
I – for confirmado pelo comportamento das partes posterior à celebração do negócio;
•• Inciso I acrescentado pela Lei n. 13.874, de 20-9-2019.
II – corresponder aos usos, costumes e práticas do mercado relativas ao tipo de negócio;
•• Inciso II acrescentado pela Lei n. 13.874, de 20-9-2019.
III – corresponder à boa-fé;
•• Inciso III acrescentado pela Lei n. 13.874, de 20-9-2019.
IV – for mais benéfico à parte que não redigiu o dispositivo, se identificável; e
•• Inciso IV acrescentado pela Lei n. 13.874, de 20-9-2019.
V – corresponder a qual seria a razoável negociação das partes sobre a questão discutida, inferida das demais disposições do negócio e da racionalidade econômica das partes, consideradas as informações disponíveis no momento de sua celebração.
•• Inciso V acrescentado pela Lei n. 13.874, de 20-9-2019.

§ 2.º As partes poderão livremente pactuar regras de interpretação, de preenchimento de lacunas e de integração dos negócios jurídicos diversas daquelas previstas em lei.
•• § 2.º acrescentado pela Lei n. 13.874, de 20-9-2019.

Art. 114. Os negócios jurídicos benéficos e a renúncia interpretam-se estritamente.

Capítulo II
DA REPRESENTAÇÃO

Art. 115. Os poderes de representação conferem-se por lei ou pelo interessado.
• Vide arts. 120, 653 a 692 do CC.

Art. 116. A manifestação de vontade pelo representante, nos limites de seus poderes, produz efeitos em relação ao representado.

Art. 117. Salvo se o permitir a lei ou o representado, é anulável o negócio jurídico que o representante, no seu interesse ou por conta de outrem, celebrar consigo mesmo.
• Defeitos do negócio jurídico: vide arts. 138 e s. e 171 do CC.

Parágrafo único. Para esse efeito, tem-se como celebrado pelo representante o negócio realizado por aquele em quem os poderes houverem sido subestabelecidos.

Art. 118. O representante é obrigado a provar às pessoas, com quem tratar em nome do representado, a sua qualidade e a extensão de seus poderes, sob pena de, não o fazendo, responder pelos atos que a estes excederem.
• Vide arts. 673 e 679 do CC.

Art. 119. É anulável o negócio concluído pelo representante em conflito de interesses com o representado, se tal fato era ou devia ser do conhecimento de quem com aquele tratou.
• Defeitos do negócio jurídico: vide arts. 138 e s. e 171 do CC.

Parágrafo único. É de cento e oitenta dias, a contar da conclusão do negócio ou da cessação da incapacidade, o prazo de decadência para pleitear-se a anulação prevista neste artigo.

Art. 120. Os requisitos e os efeitos da representação legal são os estabelecidos nas normas respectivas; os da representação voluntária são os da Parte Especial deste Código.

Capítulo III
DA CONDIÇÃO, DO TERMO E DO ENCARGO

Art. 121. Considera-se condição a cláusula que, derivando exclusivamente da vontade das partes, subordina o efeito do negócio jurídico a evento futuro e incerto.
• Vide arts. 125, 127 e 128 do CC.

Art. 122. São lícitas, em geral, todas as condições não contrárias à lei, à ordem pública ou aos bons costumes; entre as condições defesas se incluem as que privarem de todo efeito o negócio jurídico, ou o sujeitarem ao puro arbítrio de uma das partes.

Art. 123. Invalidam os negócios jurídicos que lhes são subordinados:
• Vide art. 137 do CC.
I – as condições física ou juridicamente impossíveis, quando suspensivas;
• Vide arts. 106 e 166 do CC.
II – as condições ilícitas, ou de fazer coisa ilícita;
• Vide art. 122 do CC.
III – as condições incompreensíveis ou contraditórias.

Art. 124. Têm-se por inexistentes as condições impossíveis, quando resolutivas, e as de não fazer coisa impossível.

Art. 125. Subordinando-se a eficácia do negócio jurídico à condição suspensiva, enquanto esta se não verificar, não se terá adquirido o direito, a que ele visa.
• Vide art. 332 do CC.

Art. 126. Se alguém dispuser de uma coisa sob condição suspensiva, e, pendente esta, fizer quanto àquela novas disposições, estas não terão valor, realizada a condição, se com ela forem incompatíveis.

Art. 127. Se for resolutiva a condição, enquanto esta se não realizar, vigorará o negócio jurídico, podendo exercer-se desde a conclusão deste o direito por ele estabelecido.

Art. 128. Sobrevindo a condição resolutiva, extingue-se, para todos os efeitos, o direito a que ela se opõe; mas, se aposta a um negócio de execução continuada ou periódica, a sua realização, salvo disposição em contrário, não tem eficácia quanto aos atos já praticados, desde que compatíveis com a natureza da condição pendente e conforme aos ditames de boa-fé.

Art. 129. Reputa-se verificada, quanto aos efeitos jurídicos, a condição cujo implemento for maliciosamente obstado pela parte a quem desfavorecer, considerando-se, ao contrário, não verificada a condição maliciosamente levada a efeito por aquele a quem aproveita o seu implemento.

Art. 130. Ao titular do direito eventual, nos casos de condição suspensiva ou resolutiva, é permitido praticar os atos destinados a conservá-lo.
- Vide art. 6.º da LINDB.

Art. 131. O termo inicial suspende o exercício, mas não a aquisição do direito.
- CF, art. 5.º, XXXVI.
- Vide art. 6.º da LINDB.
- Vide arts. 125 e 135 do CC.

Art. 132. Salvo disposição legal ou convencional em contrário, computam-se os prazos, excluído o dia do começo, e incluído o do vencimento.
§ 1.º Se o dia do vencimento cair em feriado, considerar-se-á prorrogado o prazo até o seguinte dia útil.
§ 2.º Meado considera-se, em qualquer mês, o seu décimo quinto dia.
§ 3.º Os prazos de meses e anos expiram no dia de igual número do de início, ou no imediato, se faltar exata correspondência.
§ 4.º Os prazos fixados por hora contar-se-ão de minuto a minuto.
- Vide CPC, arts. 175 e 184.
- O art. 775 da CLT dispõe sobre atos, termos e prazos processuais.
- O CPP dispõe sobre prazos em seu art. 798.

Art. 133. Nos testamentos, presume-se o prazo em favor do herdeiro, e, nos contratos, em proveito do devedor, salvo, quanto a esses, se do teor do instrumento, ou das circunstâncias, resultar que se estabeleceu a benefício do credor, ou de ambos os contratantes.

Art. 134. Os negócios jurídicos entre vivos, sem prazo, são exequíveis desde logo, salvo se a execução tiver de ser feita em lugar diverso ou depender de tempo.

Art. 135. Ao termo inicial e final aplicam-se, no que couber, as disposições relativas à condição suspensiva e resolutiva.
- Vide arts. 123, I, 124 a 130 do CC.

Art. 136. O encargo não suspende a aquisição nem o exercício do direito, salvo quando expressamente imposto no negócio jurídico, pelo disponente, como condição suspensiva.

Art. 137. Considera-se não escrito o encargo ilícito ou impossível, salvo se constituir o motivo determinante da liberalidade, caso em que se invalida o negócio jurídico.

Capítulo IV
DOS DEFEITOS DO NEGÓCIO JURÍDICO

SEÇÃO I
Do Erro ou Ignorância

Art. 138. São anuláveis os negócios jurídicos, quando as declarações de vontade emanarem de erro substancial que poderia ser percebido por pessoa de diligência normal, em face das circunstâncias do negócio.
- Vide arts. 171, II, 177, 178, II, e 877 do CC.
- Vide arts. 393, 446, II, e 966, VIII, do CPC.

Art. 139. O erro é substancial quando:
I – interessa à natureza do negócio, ao objeto principal da declaração, ou a alguma das qualidades a ele essenciais;
II – concerne à identidade ou à qualidade essencial da pessoa a quem se refira a declaração de vontade, desde que tenha influído nesta de modo relevante;
III – sendo de direito e não implicando recusa à aplicação da lei, for o motivo único ou principal do negócio jurídico.

Art. 140. O falso motivo só vicia a declaração de vontade quando expresso como razão determinante.

Art. 141. A transmissão errônea da vontade por meios interpostos é anulável nos mesmos casos em que o é a declaração direta.

Art. 142. O erro de indicação da pessoa ou da coisa, a que se referir a declaração de vontade, não viciará o negócio quando, por seu contexto e pelas circunstâncias, se puder identificar a coisa ou pessoa cogitada.

Art. 143. O erro de cálculo apenas autoriza a retificação da declaração de vontade.

Art. 144. O erro não prejudica a validade do negócio jurídico quando a pessoa, a quem a manifestação de vontade se dirige, se oferecer para executá-la na conformidade da vontade real do manifestante.

SEÇÃO II
Do Dolo

Art. 145. São os negócios jurídicos anuláveis por dolo, quando este for a sua causa.
- *Vide* art. 180 do CC.
- Vide arts. 171, II, 177, 178, II, 849 e 2.027 do CC.
- Sobre prova de dolo, vide art. 446, II, do CPC.
- Vide arts. 352 e 404, II, do CPC, sobre prova de dolo.

Art. 146. O dolo acidental só obriga à satisfação das perdas e danos, e é acidental quando, a seu despeito, o negócio seria realizado, embora por outro modo.

Art. 147. Nos negócios jurídicos bilaterais, o silêncio intencional de uma das partes a respeito de fato ou qualidade que a outra parte haja ignorado, constitui omissão dolosa, provando-se que sem ela o negócio não se teria celebrado.

Art. 148. Pode também ser anulado o negócio jurídico por dolo de terceiro, se a parte a quem aproveite dele tivesse ou devesse ter conhecimento; em caso contrário, ainda que subsista o negócio jurídico, o terceiro responderá por todas as perdas e danos da parte a quem ludibriou.

Art. 149. O dolo do representante legal de uma das partes só obriga o representado a responder civilmente até a importância do proveito que teve; se, porém, o dolo for do representante convencional, o representado responderá solidariamente com ele por perdas e danos.
- Sobre representação, vide arts. 120, 653 a 692 do CC.

Art. 150. Se ambas as partes procederem com dolo, nenhuma pode alegá-lo para anular o negócio, ou reclamar indenização.

SEÇÃO III
Da Coação

Art. 151. A coação, para viciar a declaração da vontade, há de ser tal que incuta ao paciente fundado temor de dano iminente e considerável à sua pessoa, à sua família, ou aos seus bens.
Parágrafo único. Se disser respeito a pessoa não pertencente à família do paciente, o juiz, com base nas circunstâncias, decidirá se houve coação.
- Vide arts. 171, II, 177 e 178, I, do CC.
- Vide arts. 393 e 446, II, do CPC.

Art. 152. No apreciar a coação, ter-se-ão em conta o sexo, a idade, a condição, a saúde, o temperamento do paciente e todas as demais circunstâncias que possam influir na gravidade dela.

Art. 153. Não se considera coação a ameaça do exercício normal de um direito, nem o simples temor reverencial.

Art. 154. Vicia o negócio jurídico a coação exercida por terceiro, se dela tivesse ou devesse ter conhecimento a parte a que aproveite, e esta responderá solidariamente com aquele por perdas e danos.
- Vide arts. 275 a 285 do CC.

Art. 155. Subsistirá o negócio jurídico, se a coação decorrer de terceiro, sem que a parte a que aproveite dela tivesse ou devesse ter conhecimento; mas o autor da coação responderá por todas as perdas e danos que houver causado ao coacto.

SEÇÃO IV
Do Estado de Perigo

Art. 156. Configura-se o estado de perigo quando alguém, premido da necessidade de salvar-se, ou a pessoa de sua família, de grave dano conhecido pela outra parte, assume obrigação excessivamente onerosa.

Parágrafo único. Tratando-se de pessoa não pertencente à família do declarante, o juiz decidirá segundo as circunstâncias.
• Vide arts. 171, II, e 178, II, do CC.

SEÇÃO V
Da Lesão

Art. 157. Ocorre a lesão quando uma pessoa, sob premente necessidade, ou por inexperiência, se obriga a prestação manifestamente desproporcional ao valor da prestação oposta.
• Vide arts. 171, II, e 178, II, do CC.

§ 1.º Aprecia-se a desproporção das prestações segundo os valores vigentes ao tempo em que foi celebrado o negócio jurídico.

§ 2.º Não se decretará a anulação do negócio, se for oferecido suplemento suficiente, ou se a parte favorecida concordar com a redução do proveito.
• Vide art. 317 do CC.

SEÇÃO VI
Da Fraude contra Credores

Art. 158. Os negócios de transmissão gratuita de bens ou remissão de dívida, se os praticar o devedor já insolvente, ou por eles reduzido à insolvência, ainda quando o ignore, poderão ser anulados pelos credores quirografários, como lesivos dos seus direitos.

§ 1.º Igual direito assiste aos credores cuja garantia se tornar insuficiente.

§ 2.º Só os credores que já o eram ao tempo daqueles atos podem pleitear a anulação deles.
• Vide arts. 171, II, 177 e 178, II, do CC.
• Vide arts. 774, I, 789, 792 e 856, § 2.º, do CPC.

Art. 159. Serão igualmente anuláveis os contratos onerosos do devedor insolvente, quando a insolvência for notória, ou houver motivo para ser conhecida do outro contratante.

Art. 160. Se o adquirente dos bens do devedor insolvente ainda não tiver pago o preço e este for, aproximadamente, o corrente, desobrigar-se-á depositando-o em juízo, com a citação de todos os interessados.

Parágrafo único. Se inferior, o adquirente, para conservar os bens, poderá depositar o preço que lhes corresponda ao valor real.

Art. 161. A ação, nos casos dos arts. 158 e 159, poderá ser intentada contra o devedor insolvente, a pessoa que com ele celebrou a estipulação considerada fraudulenta, ou terceiros adquirentes que hajam procedido de má-fé.

Art. 162. O credor quirografário, que receber do devedor insolvente o pagamento da dívida ainda não vencida, ficará obrigado a repor, em proveito do acervo sobre que se tenha de efetuar o concurso de credores, aquilo que recebeu.

Art. 163. Presumem-se fraudatórias dos direitos dos outros credores as garantias de dívidas que o devedor insolvente tiver dado a algum credor.

Art. 164. Presumem-se, porém, de boa-fé e valem os negócios ordinários indispensáveis à manutenção de estabelecimento mercantil, rural, ou industrial, ou à subsistência do devedor e de sua família.

Art. 165. Anulados os negócios fraudulentos, a vantagem resultante reverterá em proveito do acervo sobre que se tenha de efetuar o concurso de credores.

Parágrafo único. Se esses negócios tinham por único objeto atribuir direitos preferenciais, mediante hipoteca, penhor ou anticrese, sua invalidade importará somente na anulação da preferência ajustada.

Capítulo V
DA INVALIDADE DO NEGÓCIO JURÍDICO

Art. 166. É nulo o negócio jurídico quando:
I – celebrado por pessoa absolutamente incapaz;
II – for ilícito, impossível ou indeterminável o seu objeto;
• Vide LINDB, art. 17.
III – o motivo determinante, comum a ambas as partes, for ilícito;
IV – não revestir a forma prescrita em lei;
V – for preterida alguma solenidade que a lei considere essencial para a sua validade;
VI – tiver por objetivo fraudar lei imperativa;
VII – a lei taxativamente o declarar nulo, ou proibir-lhe a prática, sem cominar sanção.
• Vide art. 9.º da CLT.

Art. 167. É nulo o negócio jurídico simulado, mas subsistirá o que se dissimulou, se válido for na substância e na forma.

§ 1.º Haverá simulação nos negócios jurídicos quando:
I – aparentarem conferir ou transmitir direitos a pessoas diversas daquelas às quais realmente se conferem, ou transmitem;
II – contiverem declaração, confissão, condição ou cláusula não verdadeira;
III – os instrumentos particulares forem antedatados, ou pós-datados.

§ 2.º Ressalvam-se os direitos de terceiros de boa-fé em face dos contraentes do negócio jurídico simulado.

Art. 168. As nulidades dos artigos antecedentes podem ser alegadas por qualquer interessado, ou pelo Ministério Público, quando lhe couber intervir.

Parágrafo único. As nulidades devem ser pronunciadas pelo juiz, quando conhecer do negócio jurídico ou dos seus efeitos e as encontrar provadas, não lhe sendo permitido supri-las, ainda que a requerimento das partes.
• Vide art. 282 do CPC.

Art. 169. O negócio jurídico nulo não é suscetível de confirmação, nem convalesce pelo decurso do tempo.

Art. 170. Se, porém, o negócio jurídico nulo contiver os requisitos de outro, subsistirá este quando o fim a que visavam as partes permitir supor que o teriam querido, se houvessem previsto a nulidade.

Art. 171. Além dos casos expressamente declarados na lei, é anulável o negócio jurídico:
I – por incapacidade relativa do agente;
II – por vício resultante de erro, dolo, coação, estado de perigo, lesão ou fraude contra credores.

Art. 172. O negócio anulável pode ser confirmado pelas partes, salvo direito de terceiro.
• Sobre a confirmação do ato anulável pela novação, vide art. 367 do CC.

Art. 173. O ato de confirmação deve conter a substância do negócio celebrado e a vontade expressa de mantê-lo.

Art. 174. É escusada a confirmação expressa, quando o negócio já foi cumprido em parte pelo devedor, ciente do vício que o inquinava.

Art. 175. A confirmação expressa, ou a execução voluntária de negócio anulável, nos termos dos arts. 172 a 174, importa a extinção de todas as ações, ou exceções, de que contra ele dispusesse o devedor.

Art. 176. Quando a anulabilidade do ato resultar da falta de autorização de terceiro, será validado se este a der posteriormente.

Art. 177. A anulabilidade não tem efeito antes de julgada por sentença, nem se pronuncia de ofício; só os interessados a podem alegar, e aproveita exclusivamente aos que a alegarem, salvo o caso de solidariedade ou indivisibilidade.

Art. 178. É de quatro anos o prazo de decadência para pleitear-se a anulação do negócio jurídico, contado:

I – no caso de coação, do dia em que ela cessar;

II – no de erro, dolo, fraude contra credores, estado de perigo ou lesão, do dia em que se realizou o negócio jurídico;

III – no de atos de incapazes, do dia em que cessar a incapacidade.

Art. 179. Quando a lei dispuser que determinado ato é anulável, sem estabelecer prazo para pleitear-se a anulação, será este de dois anos, a contar da data da conclusão do ato.

Art. 180. O menor, entre dezesseis e dezoito anos, não pode, para eximir-se de uma obrigação, invocar a sua idade se dolosamente a ocultou quando inquirido pela outra parte, ou se, no ato de obrigar-se, declarou-se maior.

Art. 181. Ninguém pode reclamar o que, por uma obrigação anulada, pagou a um incapaz, se não provar que reverteu em proveito dele a importância paga.

Art. 182. Anulado o negócio jurídico, restituir-se-ão as partes ao estado em que antes dele se achavam, e, não sendo possível restituí-las, serão indenizadas com o equivalente.

Art. 183. A invalidade do instrumento não induz a do negócio jurídico sempre que este puder provar-se por outro meio.

Art. 184. Respeitada a intenção das partes, a invalidade parcial de um negócio jurídico não o prejudicará na parte válida, se esta for separável; a invalidade da obrigação principal implica a das obrigações acessórias, mas a destas não induz a da obrigação principal.

Título II
DOS ATOS JURÍDICOS LÍCITOS

Art. 185. Aos atos jurídicos lícitos, que não sejam negócios jurídicos, aplicam-se, no que couber, as disposições do Título anterior.

Título III
DOS ATOS ILÍCITOS

Art. 186. Aquele que, por ação ou omissão voluntária, negligência ou imprudência, violar direito e causar dano a outrem, ainda que exclusivamente moral, comete ato ilícito.

Art. 187. Também comete ato ilícito o titular de um direito que, ao exercê-lo, excede manifestamente os limites impostos pelo seu fim econômico ou social, pela boa-fé ou pelos bons costumes.

Art. 188. Não constituem atos ilícitos:

I – os praticados em legítima defesa ou no exercício regular de um direito reconhecido;

II – a deterioração ou destruição da coisa alheia, ou a lesão a pessoa, a fim de remover perigo iminente.

Parágrafo único. No caso do inciso II, o ato será legítimo somente quando as circunstâncias o tornarem absolutamente necessário, não excedendo os limites do indispensável para a remoção do perigo.

Título IV
DA PRESCRIÇÃO E DA DECADÊNCIA

Capítulo I
DA PRESCRIÇÃO

SEÇÃO I
Disposições Gerais

Art. 189. Violado o direito, nasce para o titular a pretensão, a qual se extingue, pela prescrição, nos prazos a que aludem os arts. 205 e 206.

Art. 190. A exceção prescreve no mesmo prazo em que a pretensão.

Art. 191. A renúncia da prescrição pode ser expressa ou tácita, e só valerá, sendo feita, sem prejuízo de terceiro, depois que a prescrição se consumar; tácita é a renúncia quando se presume de fatos do interessado, incompatíveis com a prescrição.

Art. 192. Os prazos de prescrição não podem ser alterados por acordo das partes.

Art. 193. A prescrição pode ser alegada em qualquer grau de jurisdição, pela parte a quem aproveita.

• Vide art. 240 do CPC.

Art. 194. (Revogado pela Lei n. 11.280, de 16-2-2006.)

Art. 195. Os relativamente incapazes e as pessoas jurídicas têm ação contra os seus assistentes ou representantes legais, que derem causa à prescrição, ou não a alegarem oportunamente.

Art. 196. A prescrição iniciada contra uma pessoa continua a correr contra o seu sucessor.

SEÇÃO II
Das Causas que Impedem ou Suspendem a Prescrição

Art. 197. Não corre a prescrição:

I – entre os cônjuges, na constância da sociedade conjugal;

II – entre ascendentes e descendentes, durante o poder familiar;

III – entre tutelados ou curatelados e seus tutores ou curadores, durante a tutela ou curatela.

Art. 198. Também não corre a prescrição:

I – contra os incapazes de que trata o art. 3.º;

II – contra os ausentes do País em serviço público da União, dos Estados ou dos Municípios;

III – contra os que se acharem servindo nas Forças Armadas, em tempo de guerra.

• Vide art. 440 da CLT.

Art. 199. Não corre igualmente a prescrição:

I – pendendo condição suspensiva;

II – não estando vencido o prazo;

III – pendendo ação de evicção.

Art. 200. Quando a ação se originar de fato que deva ser apurado no juízo criminal, não correrá a prescrição antes da respectiva sentença definitiva.

Art. 201. Suspensa a prescrição em favor de um dos credores solidários, só aproveitam os outros se a obrigação for indivisível.

SEÇÃO III
Das Causas que Interrompem a Prescrição

Art. 202. A interrupção da prescrição, que somente poderá ocorrer uma vez, dar-se-á:

• Sobre interrupção da prescrição dispõe o art. 219 do CPC.

I – por despacho do juiz, mesmo incompetente, que ordenar a citação, se o interessado a promover no prazo e na forma da lei processual;

II – por protesto, nas condições do inciso antecedente;

III – por protesto cambial;

IV – pela apresentação do título de crédito em juízo de inventário ou em concurso de credores;

V – por qualquer ato judicial que constitua em mora o devedor;

VI – por qualquer ato inequívoco, ainda que extrajudicial, que importe reconhecimento do direito pelo devedor.

Parágrafo único. A prescrição interrompida recomeça a correr da data do ato que a interrompeu, ou do último ato do processo para a interromper.

Art. 203. A prescrição pode ser interrompida por qualquer interessado.

Art. 204. A interrupção da prescrição por um credor não aproveita aos outros; semelhantemente, a interrupção operada contra o codevedor, ou seu herdeiro, não prejudica aos demais coobrigados.

§ 1.º A interrupção por um dos credores solidários aproveita aos outros; assim como a interrupção efetuada contra o devedor solidário envolve os demais e seus herdeiros.

§ 2.º A interrupção operada contra um dos herdeiros do devedor solidário não prejudica os outros herdeiros ou devedores, senão quando se trate de obrigações e direitos indivisíveis.

§ 3.º A interrupção produzida contra o principal devedor prejudica o fiador.

SEÇÃO IV
Dos Prazos da Prescrição

Art. 205. A prescrição ocorre em dez anos, quando a lei não lhe haja fixado prazo menor.
- • Prescrição em matéria de trabalho: arts. 11, 11-A, 119, 143, 440 e 916 da CLT.
- • Prescrição na Previdência Social: arts. 103 e 104 da Lei n. 8.213, de 24-7-1991, regulamentada pelo Decreto n. 3.048, de 6-5-1999.

Art. 206. Prescreve:

§ 1.º Em um ano:

I – a pretensão dos hospedeiros ou fornecedores de víveres destinados a consumo no próprio estabelecimento, para o pagamento da hospedagem ou dos alimentos;

II – a pretensão do segurado contra o segurador, ou a deste contra aquele, contado o prazo:

a) para o segurado, no caso de seguro de responsabilidade civil, da data em que é citado para responder à ação de indenização proposta pelo terceiro prejudicado, ou da data que a este indeniza, com a anuência do segurador;

b) quanto aos demais seguros, da ciência do fato gerador da pretensão;

III – a pretensão dos tabeliães, auxiliares da justiça, serventuários judiciais, árbitros e peritos, pela percepção de emolumentos, custas e honorários;

IV – a pretensão contra os peritos, pela avaliação dos bens que entraram para a formação do capital de sociedade anônima, contado da publicação da ata da assembleia que aprovar o laudo;

V – a pretensão dos credores não pagos contra os sócios ou acionistas e os liquidantes, contado o prazo da publicação da ata de encerramento da liquidação da sociedade.

§ 2.º Em dois anos, a pretensão para haver prestações alimentares, a partir da data em que se vencerem.

§ 3.º Em três anos:

I – a pretensão relativa a aluguéis de prédios urbanos ou rústicos;

II – a pretensão para receber prestações vencidas de rendas temporárias ou vitalícias;

III – a pretensão para haver juros, dividendos ou quaisquer prestações acessórias, pagáveis, em períodos não maiores de um ano, com capitalização ou sem ela;

IV – a pretensão de ressarcimento de enriquecimento sem causa;

V – a pretensão de reparação civil;

VI – a pretensão de restituição dos lucros ou dividendos recebidos de má-fé, correndo o prazo da data em que foi deliberada a distribuição;

VII – a pretensão contra as pessoas em seguida indicadas por violação da lei ou do estatuto, contado o prazo:

a) para os fundadores, da publicação dos atos constitutivos da sociedade anônima;

b) para os administradores, ou fiscais, da apresentação, aos sócios, do balanço referente ao exercício em que a violação tenha sido praticada, ou da reunião ou assembleia geral que dela deva tomar conhecimento;

c) para os liquidantes, da primeira assembleia semestral posterior à violação;

VIII – a pretensão para haver o pagamento de título de crédito, a contar do vencimento, ressalvadas as disposições de lei especial;

IX – a pretensão do beneficiário contra o segurador, e a do terceiro prejudicado, no caso de seguro de responsabilidade civil obrigatório.

§ 4.º Em quatro anos, a pretensão relativa à tutela, a contar da data da aprovação das contas.

§ 5.º Em cinco anos:

I – a pretensão de cobrança de dívidas líquidas constantes de instrumento público ou particular;

II – a pretensão dos profissionais liberais em geral, procuradores judiciais, curadores e professores pelos seus honorários, contado o prazo da conclusão dos serviços, da cessação dos respectivos contratos ou mandato;

III – a pretensão do vencedor para haver do vencido o que despendeu em juízo.

Art. 206-A. A prescrição intercorrente observará o mesmo prazo de prescrição da pretensão, observadas as causas de impedimento, de suspensão e de interrupção da prescrição previstas neste Código e observado o disposto no art. 921 da Lei n. 13.105, de 16 de março de 2015 (Código de Processo Civil).
- • Artigo com redação determinada pela Lei n. 14.382, de 27-6-2022.

Capítulo II
DA DECADÊNCIA
- • Vide art. 3.º da Lei n. 14.010, de 10-6-2020.

Art. 207. Salvo disposição legal em contrário, não se aplicam à decadência as normas que impedem, suspendem ou interrompem a prescrição.

Art. 208. Aplica-se à decadência o disposto nos arts. 195 e 198, I.

Art. 209. É nula a renúncia à decadência fixada em lei.

Art. 210. Deve o juiz, de ofício, conhecer da decadência, quando estabelecida por lei.

Art. 211. Se a decadência for convencional, a parte a quem aproveita pode alegá-la em qualquer grau de jurisdição, mas o juiz não pode suprir a alegação.

Título V
DA PROVA

Art. 212. Salvo o negócio a que se impõe forma especial, o fato jurídico pode ser provado mediante:
- • Vide art. 369 do CPC.

I – confissão;
- • Vide arts. 389 a 395 do CPC.

II – documento;
- • Vide arts. 405 e s. do CPC.

III – testemunha;
- • Vide arts. 442 a 463 do CPC.

IV – presunção;
- • Vide art. 375 do CPC.

V – perícia.

Art. 213. Não tem eficácia a confissão se provém de quem não é capaz de dispor do direito a que se referem os fatos confessados.

Parágrafo único. Se feita a confissão por um representante, somente é eficaz nos limites em que este pode vincular o representado.

Art. 214. A confissão é irrevogável, mas pode ser anulada se decorreu de erro de fato ou de coação.

Art. 215. A escritura pública, lavrada em notas de tabelião, é documento dotado de fé pública, fazendo prova plena.

§ 1.º Salvo quando exigidos por lei outros requisitos, a escritura pública deve conter:

I – data e local de sua realização;

II – reconhecimento da identidade e capacidade das partes e de quantos hajam comparecido ao ato, por si, como representantes, intervenientes ou testemunhas;

III – nome, nacionalidade, estado civil, profissão, domicílio e residência das partes e demais comparecentes, com a indicação, quando necessário, do regime de bens do casamento, nome do outro cônjuge e filiação;

IV – manifestação clara da vontade das partes e dos intervenientes;

V – referência ao cumprimento das exigências legais e fiscais inerentes à legitimidade do ato;

VI – declaração de ter sido lida na presença das partes e demais comparecentes, ou de que todos a leram;

VII – assinatura das partes e dos demais comparecentes, bem como a do tabelião ou seu substituto legal, encerrando o ato.

- A Lei n. 7.433, de 18-12-1985, dispõe sobre requisitos para a lavratura de escrituras públicas.

§ 2.º Se algum comparecente não puder ou não souber escrever, outra pessoa capaz assinará por ele, a seu rogo.

§ 3.º A escritura será redigida na língua nacional.

§ 4.º Se qualquer dos comparecentes não souber a língua nacional e o tabelião não entender o idioma em que se expressa, deverá comparecer tradutor público para servir de intérprete, ou, não o havendo na localidade, outra pessoa capaz que, a juízo do tabelião, tenha idoneidade e conhecimento bastantes.

§ 5.º Se algum dos comparecentes não for conhecido do tabelião, nem puder identificar-se por documento, deverão participar do ato pelo menos duas testemunhas que o conheçam e atestem sua identidade.

Art. 216. Farão a mesma prova que os originais as certidões textuais de qualquer peça judicial, do protocolo das audiências, ou de outro qualquer livro a cargo do escrivão, sendo extraídas por ele, ou sob a sua vigilância, e por ele subscritas, assim como os traslados de autos, quando por outro escrivão consertados.

- •• Mantivemos "consertados" conforme publicação oficial. Entendemos que o correto seria "concertados".
- Vide art. 425, I e III, do CPC.
- Os arts. 818 e 830 da CLT dispõem sobre "provas".

Art. 217. Terão a mesma força probante os traslados e as certidões, extraídos por tabelião ou oficial de registro, de instrumentos ou documentos lançados em suas notas.

- Vide art. 425 do CPC.
- Vide art. 830 da CLT.

Art. 218. Os traslados e as certidões considerar-se-ão instrumentos públicos, se os originais se houverem produzido em juízo como prova de algum ato.

- Vide arts. 162, 192 e 425, III, do CPC.

Art. 219. As declarações constantes de documentos assinados presumem-se verdadeiras em relação aos signatários.

Parágrafo único. Não tendo relação direta, porém, com as disposições principais ou com a legitimidade das partes, as declarações enunciativas não eximem os interessados em sua veracidade do ônus de prová-las.

- A Lei n. 7.115, de 29-8-1983, dispõe sobre prova documental.

Art. 220. A anuência ou a autorização de outrem, necessária à validade de um ato, provar-se-á do mesmo modo que este, e constará, sempre que se possa, do próprio instrumento.

Art. 221. O instrumento particular, feito e assinado, ou somente assinado por quem esteja na livre disposição e administração de seus bens, prova as obrigações convencionais de qualquer valor; mas os seus efeitos, bem como os da cessão, não se operam, a respeito de terceiros, antes de registrado no registro público.

Parágrafo único. A prova do instrumento particular pode suprir-se pelas outras de caráter legal.

- Vide art. 408 do CPC.

Art. 222. O telegrama, quando lhe for contestada a autenticidade, faz prova mediante conferência com o original assinado.

- Vide arts. 413 e 414 do CPC.

Art. 223. A cópia fotográfica de documento, conferida por tabelião de notas, valerá como prova de declaração da vontade, mas, impugnada sua autenticidade, deverá ser exibido o original.

- Vide arts. 423 e 424 do CPC.

Parágrafo único. A prova não supre a ausência do título de crédito, ou do original, nos casos em que a lei ou as circunstâncias condicionarem o exercício do direito à sua exibição.

Art. 224. Os documentos redigidos em língua estrangeira serão traduzidos para o português para ter efeitos legais no País.

- Vide arts. 162, I, 164 e 192 do CPC.
- O Decreto n. 13.609, de 21-10-1943, estabelece o Regulamento para ofício de Tradutor Público e Intérprete Comercial do Território da República.

Art. 225. As reproduções fotográficas, cinematográficas, os registros fonográficos e, em geral, quaisquer outras reproduções mecânicas ou eletrônicas de fatos ou de coisas fazem prova plena destes, se a parte, contra quem forem exibidos, não lhes impugnar a exatidão.

- Vide art. 422 do CPC.

Art. 226. Os livros e fichas dos empresários e sociedades provam contra as pessoas a que pertencem, e, em seu favor, quando, escriturados sem vício extrínseco ou intrínseco, forem confirmados por outros subsídios.

Parágrafo único. A prova resultante dos livros e fichas não é bastante nos casos em que a lei exige escritura pública, ou escrito particular revestido de requisitos especiais, e pode ser ilidida pela comprovação da falsidade ou inexatidão dos lançamentos.

Art. 227. (Revogado pela Lei n. 13.105, de 16-3-2015.)

Parágrafo único. Qualquer que seja o valor do negócio jurídico, a prova testemunhal é admissível como subsidiária ou complementar da prova por escrito.

- •• A Lei n. 13.105, de 16-3-2015, determinou a revogação do caput deste artigo, sem fazer menção em relação ao parágrafo único.

Art. 228. Não podem ser admitidos como testemunhas:

I – os menores de dezesseis anos;

II e III – (Revogados pela Lei n. 13.146, de 6-7-2015.)

IV – o interessado no litígio, o amigo íntimo ou o inimigo capital das partes;

V – os cônjuges, os ascendentes, os descendentes e os colaterais, até o terceiro grau de alguma das partes, por consanguinidade, ou afinidade.

- Vide arts. 447 e 457 do CPC.
- A CLT, art. 829, dispõe sobre provas.

§ 1.º Para a prova de fatos que só elas conheçam, pode o juiz admitir o depoimento das pessoas a que se refere este artigo.

- •• Parágrafo único renumerado pela Lei n. 13.146, de 6-7-2015.

§ 2.º A pessoa com deficiência poderá testemunhar em igualdade de condições com as demais pessoas, sendo-lhe assegurados todos os recursos de tecnologia assistiva.

- •• § 2.º acrescentado pela Lei n. 13.146, de 6-7-2015.

Arts. 229 e 230. (Revogados pela Lei n. 13.105, de 16-3-2015.)

Art. 231. Aquele que se nega a submeter-se a exame médico necessário não poderá aproveitar-se de sua recusa.

Art. 232. A recusa à perícia médica ordenada pelo juiz poderá suprir a prova que se pretendia obter com o exame.

PARTE ESPECIAL

LIVRO I
DO DIREITO DAS OBRIGAÇÕES

Título I
DAS MODALIDADES DAS OBRIGAÇÕES

Capítulo I
DAS OBRIGAÇÕES DE DAR

SEÇÃO I
Das Obrigações de Dar Coisa Certa

Art. 233. A obrigação de dar coisa certa abrange os acessórios dela embora não mencionados, salvo se o contrário resultar do título ou das circunstâncias do caso.

Art. 234. Se, no caso do artigo antecedente, a coisa se perder, sem culpa do devedor, antes da tradição, ou pendente a condição suspen-

siva, fica resolvida a obrigação para ambas as partes; se a perda resultar de culpa do devedor, responderá este pelo equivalente e mais perdas e danos.

Art. 235. Deteriorada a coisa, não sendo o devedor culpado, poderá o credor resolver a obrigação, ou aceitar a coisa, abatido de seu preço o valor que perdeu.

Art. 236. Sendo culpado o devedor, poderá o credor exigir o equivalente, ou aceitar a coisa no estado em que se acha, com direito a reclamar, em um ou em outro caso, indenização das perdas e danos.

Art. 237. Até a tradição pertence ao devedor a coisa, com os seus melhoramentos e acrescidos, pelos quais poderá exigir aumento no preço; se o credor não anuir, poderá o devedor resolver a obrigação.

Parágrafo único. Os frutos percebidos são do devedor, cabendo ao credor os pendentes.

Art. 238. Se a obrigação for de restituir coisa certa, e esta, sem culpa do devedor, se perder antes da tradição, sofrerá o credor a perda, e a obrigação se resolverá, ressalvados os seus direitos até o dia da perda.

Art. 239. Se a coisa se perder por culpa do devedor, responderá este pelo equivalente, mais perdas e danos.

Art. 240. Se a coisa restituível se deteriorar sem culpa do devedor, recebê-la-á o credor, tal qual se ache, sem direito a indenização; se por culpa do devedor, observar-se-á o disposto no art. 239.

Art. 241. Se, no caso do art. 238, sobrevier melhoramento ou acréscimo à coisa, sem despesa ou trabalho do devedor, lucrará o credor, desobrigado de indenização.

Art. 242. Se para o melhoramento, ou aumento, empregou o devedor trabalho ou dispêndio, o caso se regulará pelas normas deste Código atinentes às benfeitorias realizadas pelo possuidor de boa-fé ou de má-fé.

Parágrafo único. Quanto aos frutos percebidos, observar-se-á, do mesmo modo, o disposto neste Código, acerca do possuidor de boa-fé ou de má-fé.

SEÇÃO II
Das Obrigações de Dar Coisa Incerta

Art. 243. A coisa incerta será indicada, ao menos, pelo gênero e pela quantidade.

Art. 244. Nas coisas determinadas pelo gênero e pela quantidade, a escolha pertence ao devedor, se o contrário não resultar do título da obrigação; mas não poderá dar a coisa pior, nem será obrigado a prestar a melhor.

Art. 245. Cientificado da escolha o credor, vigorará o disposto na Seção antecedente.

Art. 246. Antes da escolha, não poderá o devedor alegar perda ou deterioração da coisa, ainda que por força maior ou caso fortuito.

Capítulo II
DAS OBRIGAÇÕES DE FAZER

Art. 247. Incorre na obrigação de indenizar perdas e danos o devedor que recusar a prestação a ele só imposta, ou só por ele exequível.

Art. 248. Se a prestação do fato tornar-se impossível sem culpa do devedor, resolver-se-á a obrigação; se por culpa dele, responderá por perdas e danos.

Art. 249. Se o fato puder ser executado por terceiro, será livre ao credor mandá-lo executar à custa do devedor, havendo recusa ou mora deste, sem prejuízo da indenização cabível.

Parágrafo único. Em caso de urgência, pode o credor, independentemente de autorização judicial, executar ou mandar executar o fato, sendo depois ressarcido.

Capítulo III
DAS OBRIGAÇÕES DE NÃO FAZER

Art. 250. Extingue-se a obrigação de não fazer, desde que, sem culpa do devedor, se lhe torne impossível abster-se do ato, que se obrigou a não praticar.

• *Vide arts. 822 e 823 do CPC.*

Art. 251. Praticado pelo devedor o ato, a cuja abstenção se obrigara, o credor pode exigir dele que o desfaça, sob pena de se desfazer à sua custa, ressarcindo o culpado perdas e danos.

Parágrafo único. Em caso de urgência, poderá o credor desfazer ou mandar desfazer, independentemente de autorização judicial, sem prejuízo do ressarcimento devido.

Capítulo IV
DAS OBRIGAÇÕES ALTERNATIVAS

Art. 252. Nas obrigações alternativas, a escolha cabe ao devedor, se outra coisa não se estipulou.

• *Vide art. 800 do CPC.*

§ 1.º Não pode o devedor obrigar o credor a receber parte em uma prestação e parte em outra.

§ 2.º Quando a obrigação for de prestações periódicas, a faculdade de opção poderá ser exercida em cada período.

§ 3.º No caso de pluralidade de optantes, não havendo acordo unânime entre eles, decidirá o juiz, findo o prazo por este assinado para a deliberação.

§ 4.º Se o título deferir a opção a terceiro, e este não quiser, ou não puder exercê-la, caberá ao juiz a escolha se não houver acordo entre as partes.

Art. 253. Se uma das duas prestações não puder ser objeto de obrigação ou se tornada inexequível, subsistirá o débito quanto à outra.

Art. 254. Se, por culpa do devedor, não se puder cumprir nenhuma das prestações, não competindo ao credor a escolha, ficará aquele obrigado a pagar o valor da que por último se impossibilitou, mais as perdas e danos que o caso determinar.

Art. 255. Quando a escolha couber ao credor e uma das prestações tornar-se impossível por culpa do devedor, o credor terá direito de exigir a prestação subsistente ou o valor da outra, com perdas e danos; se, por culpa do devedor, ambas as prestações se tornarem inexequíveis, poderá o credor reclamar o valor de qualquer das duas, além da indenização por perdas e danos.

Art. 256. Se todas as prestações se tornarem impossíveis sem culpa do devedor, extinguir-se-á a obrigação.

Capítulo V
DAS OBRIGAÇÕES DIVISÍVEIS E INDIVISÍVEIS

Art. 257. Havendo mais de um devedor ou mais de um credor em obrigação divisível, esta presume-se dividida em tantas obrigações, iguais e distintas, quantos os credores ou devedores.

Art. 258. A obrigação é indivisível quando a prestação tem por objeto uma coisa ou um fato não suscetíveis de divisão, por sua natureza, por motivo de ordem econômica, ou dada a razão determinante do negócio jurídico.

Art. 259. Se, havendo dois ou mais devedores, a prestação não for divisível, cada um será obrigado pela dívida toda.

Parágrafo único. O devedor, que paga a dívida, sub-roga-se no direito do credor em relação aos outros coobrigados.

Art. 260. Se a pluralidade for dos credores, poderá cada um destes exigir a dívida inteira; mas o devedor ou devedores se desobrigarão, pagando:

I – a todos conjuntamente;

II – a um, dando este caução de ratificação dos outros credores.

Art. 261. Se um só dos credores receber a prestação por inteiro, a cada um dos outros assistirá o direito de exigir dele em dinheiro a parte que lhe caiba no total.

Art. 262. Se um dos credores remitir a dívida, a obrigação não ficará extinta para com os outros; mas estes só a poderão exigir, descontada a quota do credor remitente.

Parágrafo único. O mesmo critério se observará no caso de transação, novação, compensação ou confusão.

Art. 263. Perde a qualidade de indivisível a obrigação que se resolver em perdas e danos.

§ 1.º Se, para efeito do disposto neste artigo, houver culpa de todos os devedores, responderão todos por partes iguais.

§ 2.º Se for de um só a culpa, ficarão exonerados os outros, respondendo só esse pelas perdas e danos.

Capítulo VI
DAS OBRIGAÇÕES SOLIDÁRIAS

SEÇÃO I
Disposições Gerais

Art. 264. Há solidariedade, quando na mesma obrigação concorre mais de um credor, ou mais de um devedor, cada um com direito, ou obrigado, à dívida toda.

Art. 265. A solidariedade não se presume; resulta da lei ou da vontade das partes.

Art. 266. A obrigação solidária pode ser pura e simples para um dos cocredores ou codevedores, e condicional, ou a prazo, ou pagável em lugar diferente, para o outro.

SEÇÃO II
Da Solidariedade Ativa

Art. 267. Cada um dos credores solidários tem direito a exigir do devedor o cumprimento da prestação por inteiro.

Art. 268. Enquanto alguns dos credores solidários não demandarem o devedor comum, a qualquer daqueles poderá este pagar.

Art. 269. O pagamento feito a um dos credores solidários extingue a dívida até o montante do que foi pago.

Art. 270. Se um dos credores solidários falecer deixando herdeiros, cada um destes só terá direito a exigir e receber a quota do crédito que corresponder ao seu quinhão hereditário, salvo se a obrigação for indivisível.

Art. 271. Convertendo-se a prestação em perdas e danos, subsiste, para todos os efeitos, a solidariedade.

Art. 272. O credor que tiver remitido a dívida ou recebido o pagamento responderá aos outros pela parte que lhes caiba.

Art. 273. A um dos credores solidários não pode o devedor opor as exceções pessoais oponíveis aos outros.

Art. 274. O julgamento contrário a um dos credores solidários não atinge os demais, mas o julgamento favorável aproveita-lhes, sem prejuízo de exceção pessoal que o devedor tenha direito de invocar em relação a qualquer deles.

•• Artigo com redação determinada pela Lei n. 13.105, de 16-3-2015.

SEÇÃO III
Da Solidariedade Passiva

• Vide art. 1.005, parágrafo único (recurso), do CPC.

Art. 275. O credor tem direito a exigir e receber de um ou de alguns dos devedores, parcial ou totalmente, a dívida comum; se o pagamento tiver sido parcial, todos os demais devedores continuam obrigados solidariamente pelo resto.

Parágrafo único. Não importará renúncia da solidariedade a propositura de ação pelo credor contra um ou alguns dos devedores.

Art. 276. Se um dos devedores solidários falecer deixando herdeiros, nenhum destes será obrigado a pagar senão a quota que corresponder ao seu quinhão hereditário, salvo se a obrigação for indivisível; mas todos reunidos serão considerados como um devedor solidário em relação aos demais devedores.

Art. 277. O pagamento parcial feito por um dos devedores e a remissão por ele obtida não aproveitam aos outros devedores, senão até à concorrência da quantia paga ou relevada.

Art. 278. Qualquer cláusula, condição ou obrigação adicional, estipulada entre um dos devedores solidários e o credor, não poderá agravar a posição dos outros sem consentimento destes.

Art. 279. Impossibilitando-se a prestação por culpa de um dos devedores solidários, subsiste para todos o encargo de pagar o equivalente; mas pelas perdas e danos só responde o culpado.

Art. 280. Todos os devedores respondem pelos juros da mora, ainda que a ação tenha sido proposta somente contra um; mas o culpado responde aos outros pela obrigação acrescida.

Art. 281. O devedor demandado pode opor ao credor as exceções que lhe forem pessoais e as comuns a todos; não lhe aproveitando as exceções pessoais a outro codevedor.

Art. 282. O credor pode renunciar à solidariedade em favor de um, de alguns ou de todos os devedores.

Parágrafo único. Se o credor exonerar da solidariedade um ou mais devedores, subsistirá a dos demais.

Art. 283. O devedor que satisfez a dívida por inteiro tem direito a exigir de cada um dos codevedores a sua quota, dividindo-se igualmente por todos a do insolvente, se o houver, presumindo-se iguais, no débito, as partes de todos os codevedores.

Art. 284. No caso de rateio entre os codevedores, contribuirão também os exonerados da solidariedade pelo credor, pela parte que na obrigação incumbia ao insolvente.

Art. 285. Se a dívida solidária interessar exclusivamente a um dos devedores, responderá este por toda ela para com aquele que pagar.

Título II
DA TRANSMISSÃO DAS OBRIGAÇÕES

Capítulo I
DA CESSÃO DE CRÉDITO

Art. 286. O credor pode ceder o seu crédito, se a isso não se opuser a natureza da obrigação, a lei, ou a convenção com o devedor; a cláusula proibitiva da cessão não poderá ser oposta ao cessionário de boa-fé, se não constar do instrumento da obrigação.

Art. 287. Salvo disposição em contrário, na cessão de um crédito abrangem-se todos os seus acessórios.

Art. 288. É ineficaz, em relação a terceiros, a transmissão de um crédito, se não celebrar-se mediante instrumento público, ou instrumento particular revestido das solenidades do § 1.º do art. 654.

Art. 289. O cessionário de crédito hipotecário tem o direito de fazer averbar a cessão no registro do imóvel.

Art. 290. A cessão do crédito não tem eficácia em relação ao devedor, senão quando a este notificada; mas por notificado se tem o devedor que, em escrito público ou particular, se declarou ciente da cessão feita.

Art. 291. Ocorrendo várias cessões do mesmo crédito, prevalece a que se completar com a tradição do título do crédito cedido.

Art. 292. Fica desobrigado o devedor que, antes de ter conhecimento da cessão, paga ao credor primitivo, ou que, no caso de mais de uma cessão notificada, paga ao cessionário que lhe apresenta, com o título de cessão, o da obrigação cedida; quando o crédito constar de escritura pública, prevalecerá a prioridade da notificação.

Art. 293. Independentemente do conhecimento da cessão pelo devedor, pode o cessionário exercer os atos conservatórios do direito cedido.

Art. 294. O devedor pode opor ao cessionário as exceções que lhe competirem, bem como as que, no momento em que veio a ter conhecimento da cessão, tinha contra o cedente.

Art. 295. Na cessão por título oneroso, o cedente, ainda que não se responsabilize, fica responsável ao cessionário pela existência do crédito ao tempo em que lhe cedeu; a mesma responsabilidade lhe cabe nas cessões por título gratuito, se tiver procedido de má-fé.

Art. 296. Salvo estipulação em contrário, o cedente não responde pela solvência do devedor.

Art. 297. O cedente, responsável ao cessionário pela solvência do devedor, não responde por mais do que daquele recebeu, com os respectivos juros; mas tem de ressarcir-lhe as despesas da cessão e as que o cessionário houver feito com a cobrança.

Art. 298. O crédito, uma vez penhorado, não pode mais ser transferido pelo credor que tiver conhecimento da penhora; mas o devedor que o pagar, não tendo notificação dela, fica exonerado, subsistindo somente contra o credor os direitos de terceiro.

Capítulo II
DA ASSUNÇÃO DE DÍVIDA

Art. 299. É facultado a terceiro assumir a obrigação do devedor, com o consentimento expresso do credor, ficando exonerado o devedor primitivo, salvo se aquele, ao tempo da assunção, era insolvente e o credor o ignorava.

Parágrafo único. Qualquer das partes pode assinar prazo ao credor para que consinta na assunção da dívida, interpretando-se o seu silêncio como recusa.

Art. 300. Salvo assentimento expresso do devedor primitivo, consideram-se extintas, a partir da assunção da dívida, as garantias especiais por ele originariamente dadas ao credor.

Art. 301. Se a substituição do devedor vier a ser anulada, restaura-se o débito, com todas as suas garantias, salvo as garantias prestadas por terceiros, exceto se este conhecia o vício que inquinava a obrigação.

Art. 302. O novo devedor não pode opor ao credor as exceções pessoais que competiam ao devedor primitivo.

Art. 303. O adquirente de imóvel hipotecado pode tomar a seu cargo o pagamento do crédito garantido; se o credor, notificado, não impugnar em trinta dias a transferência do débito, entender-se-á dado o assentimento.

Título III
DO ADIMPLEMENTO E EXTINÇÃO DAS OBRIGAÇÕES

Capítulo I
DO PAGAMENTO

SEÇÃO I
De Quem Deve Pagar

Art. 304. Qualquer interessado na extinção da dívida pode pagá-la, usando, se o credor se opuser, dos meios conducentes à exoneração do devedor.

Parágrafo único. Igual direito cabe ao terceiro não interessado, se o fizer em nome e à conta do devedor, salvo oposição deste.

Art. 305. O terceiro não interessado, que paga a dívida em seu próprio nome, tem direito a reembolsar-se do que pagar; mas não se sub-roga nos direitos do credor.

Parágrafo único. Se pagar antes de vencida a dívida, só terá direito ao reembolso no vencimento.

Art. 306. O pagamento feito por terceiro, com desconhecimento ou oposição do devedor, não obriga a reembolsar aquele que pagou, se o devedor tinha meios para ilidir a ação.

Art. 307. Só terá eficácia o pagamento que importar transmissão da propriedade, quando feito por quem possa alienar o objeto em que ele consistiu.

Parágrafo único. Se se der em pagamento coisa fungível, não se poderá mais reclamar do credor que, de boa-fé, a recebeu e consumiu, ainda que o solvente não tivesse o direito de aliená-la.

SEÇÃO II
Daqueles a Quem se Deve Pagar

• *Vide* arts. 904 a 909 do CPC.

Art. 308. O pagamento deve ser feito ao credor ou a quem de direito o represente, sob pena de só valer depois de por ele ratificado, ou tanto quanto reverter em seu proveito.

Art. 309. O pagamento feito de boa-fé ao credor putativo é válido, ainda provado depois que não era credor.

Art. 310. Não vale o pagamento cientemente feito ao credor incapaz de quitar, se o devedor não provar que em benefício dele efetivamente reverteu.

Art. 311. Considera-se autorizado a receber o pagamento o portador da quitação, salvo se as circunstâncias contrariarem a presunção daí resultante.

Art. 312. Se o devedor pagar ao credor, apesar de intimado da penhora feita sobre o crédito, ou da impugnação a ele oposta por terceiros, o pagamento não valerá contra estes, que poderão constranger o devedor a pagar de novo, ficando-lhe ressalvado o regresso contra o credor.

SEÇÃO III
Do Objeto do Pagamento e Sua Prova

Art. 313. O credor não é obrigado a receber prestação diversa da que lhe é devida, ainda que mais valiosa.

Art. 314. Ainda que a obrigação tenha por objeto prestação divisível, não pode o credor ser obrigado a receber, nem o devedor a pagar, por partes, se assim não se ajustou.

Art. 315. As dívidas em dinheiro deverão ser pagas no vencimento, em moeda corrente e pelo valor nominal, salvo o disposto nos artigos subsequentes.

• *Vide* art. 9.º da LINDB.

Art. 316. É lícito convencionar o aumento progressivo de prestações sucessivas.

Art. 317. Quando, por motivos imprevisíveis, sobrevier desproporção manifesta entre o valor da prestação devida e o do momento de sua execução, poderá o juiz corrigi-lo, a pedido da parte, de modo que assegure, quanto possível, o valor real da prestação.

Art. 318. São nulas as convenções de pagamento em ouro ou em moeda estrangeira, bem como para compensar a diferença entre o valor desta e o da moeda nacional, exceptuados os casos previstos na legislação especial.

• O Decreto-lei n. 857, de 11-9-1969, consolida e altera a legislação sobre moeda de pagamentos e obrigações exequíveis no Brasil.

Art. 319. O devedor que paga tem direito a quitação regular, e pode reter o pagamento, enquanto não lhe seja dada.

Art. 320. A quitação, que sempre poderá ser dada por instrumento particular, designará o valor e a espécie da dívida quitada, o nome do devedor, ou quem por este pagou, o tempo e o lugar do pagamento, com a assinatura do credor, ou do seu representante.

Parágrafo único. Ainda sem os requisitos estabelecidos neste artigo valerá a quitação, se de seus termos ou das circunstâncias resultar haver sido paga a dívida.

Art. 321. Nos débitos, cuja quitação consiste na devolução do título, perdido este, poderá o devedor exigir, retendo o pagamento, declaração do credor que inutilize o título desaparecido.

Art. 322. Quando o pagamento for em quotas periódicas, a quitação da última estabelece, até prova em contrário, a presunção de estarem solvidas as anteriores.

Art. 323. Sendo a quitação do capital sem reserva dos juros, estes presumem-se pagos.

Art. 324. A entrega do título ao devedor firma a presunção do pagamento.

Parágrafo único. Ficará sem efeito a quitação assim operada se o credor provar, em sessenta dias, a falta do pagamento.

Art. 325. Presumem-se a cargo do devedor as despesas com o pagamento e a quitação; se ocorrer aumento por fato do credor, suportará este a despesa acrescida.

Art. 326. Se o pagamento se houver de fazer por medida, ou peso, entender-se-á, no silêncio das partes, que aceitaram os do lugar da execução.

SEÇÃO IV
Do Lugar do Pagamento

Art. 327. Efetuar-se-á o pagamento no domicílio do devedor, salvo se as partes convencionarem diversamente, ou se o contrário resultar da lei, da natureza da obrigação ou das circunstâncias.

Parágrafo único. Designados dois ou mais lugares, cabe ao credor escolher entre eles.

Art. 328. Se o pagamento consistir na tradição de um imóvel, ou em prestações relativas a imóvel, far-se-á no lugar onde situado o bem.

Art. 329. Ocorrendo motivo grave para que se não efetue o pagamento no lugar determinado, poderá o devedor fazê-lo em outro, sem prejuízo para o credor.

Art. 330. O pagamento reiteradamente feito em outro local faz presumir renúncia do credor relativamente ao previsto no contrato.

SEÇÃO V
Do Tempo do Pagamento

Art. 331. Salvo disposição legal em contrário, não tendo sido ajustada época para o pagamento, pode o credor exigi-lo imediatamente.

Art. 332. As obrigações condicionais cumprem-se na data do implemento da condição, cabendo ao credor a prova de que deste teve ciência o devedor.

Art. 333. Ao credor assistirá o direito de cobrar a dívida antes de vencido o prazo estipulado no contrato ou marcado neste Código:

I – no caso de falência do devedor, ou de concurso de credores;
- Sobre falências trata a Lei n. 11.101, de 9-2-2005.

II – se os bens, hipotecados ou empenhados, forem penhorados em execução por outro credor;

III – se cessarem, ou se se tornarem insuficientes, as garantias do débito, fidejussórias, ou reais, e o devedor, intimado, se negar a reforçá-las.
- A liquidação extrajudicial das entidades previdenciárias particulares antecipa o vencimento das obrigações – dispõe o art. 49 da Lei Complementar n. 109, de 29-5-2001.

Parágrafo único. Nos casos deste artigo, se houver, no débito, solidariedade passiva, não se reputará vencido quanto aos outros devedores solventes.

Capítulo II
DO PAGAMENTO EM CONSIGNAÇÃO

Art. 334. Considera-se pagamento, e extingue a obrigação, o depósito judicial ou em estabelecimento bancário da coisa devida, nos casos e forma legais.

Art. 335. A consignação tem lugar:

I – se o credor não puder, ou, sem justa causa, recusar receber o pagamento, ou dar quitação na devida forma;

II – se o credor não for, nem mandar receber a coisa no lugar, tempo e condição devidos;

III – se o credor for incapaz de receber, for desconhecido, declarado ausente, ou residir em lugar incerto ou de acesso perigoso ou difícil;

IV – se ocorrer dúvida sobre quem deva legitimamente receber o objeto do pagamento;

V – se pender litígio sobre o objeto do pagamento.

Art. 336. Para que a consignação tenha força de pagamento, será mister concorram, em relação às pessoas, ao objeto, modo e tempo, todos os requisitos sem os quais não é válido o pagamento.

Art. 337. O depósito requerer-se-á no lugar do pagamento, cessando, tanto que se efetue, para o depositante, os juros da dívida e os riscos, salvo se for julgado improcedente.

Art. 338. Enquanto o credor não declarar que aceita o depósito, ou não o impugnar, poderá o devedor requerer o levantamento, pagando as respectivas despesas, e subsistindo a obrigação para todas as consequências de direito.

Art. 339. Julgado procedente o depósito, o devedor já não poderá levantá-lo, embora o credor consinta, senão de acordo com os outros devedores e fiadores.

Art. 340. O credor que, depois de contestar a lide ou aceitar o depósito, aquiescer no levantamento, perderá a preferência e a garantia que lhe competiam com respeito à coisa consignada, ficando para logo desobrigados os codevedores e fiadores que não tenham anuído.

Art. 341. Se a coisa devida for imóvel ou corpo certo que deva ser entregue no mesmo lugar onde está, poderá o devedor citar o credor para vir ou mandar recebê-la, sob pena de ser depositada.

Art. 342. Se a escolha da coisa indeterminada competir ao credor, será ele citado para esse fim, sob cominação de perder o direito e de ser depositada a coisa que o devedor escolher; feita a escolha pelo devedor, proceder-se-á como no artigo antecedente.

Art. 343. As despesas com o depósito, quando julgado procedente, correrão à conta do credor, e, no caso contrário, à conta do devedor.

Art. 344. O devedor de obrigação litigiosa exonerar-se-á mediante consignação, mas, se pagar a qualquer dos pretendidos credores, tendo conhecimento do litígio, assumirá o risco do pagamento.

Art. 345. Se a dívida se vencer, pendendo litígio entre credores que se pretendem mutuamente excluir, poderá qualquer deles requerer a consignação.

Capítulo III
DO PAGAMENTO COM SUB-ROGAÇÃO

Art. 346. A sub-rogação opera-se, de pleno direito, em favor:

I – do credor que paga a dívida do devedor comum;

II – do adquirente do imóvel hipotecado, que paga a credor hipotecário, bem como do terceiro que efetiva o pagamento para não ser privado de direito sobre imóvel;

III – do terceiro interessado, que paga a dívida pela qual era ou podia ser obrigado, no todo ou em parte.

Art. 347. A sub-rogação é convencional:

I – quando o credor recebe o pagamento de terceiro e expressamente lhe transfere todos os seus direitos;

II – quando terceira pessoa empresta ao devedor a quantia precisa para solver a dívida, sob a condição expressa de ficar o mutuante sub-rogado nos direitos do credor satisfeito.

Art. 348. Na hipótese do inciso I do artigo antecedente, vigorará o disposto quanto à cessão do crédito.

Art. 349. A sub-rogação transfere ao novo credor todos os direitos, ações, privilégios e garantias do primitivo, em relação à dívida, contra o devedor principal e os fiadores.

Art. 350. Na sub-rogação legal o sub-rogado não poderá exercer os direitos e as ações do credor, senão até à soma que tiver desembolsado para desobrigar o devedor.

Art. 351. O credor originário, só em parte reembolsado, terá preferência ao sub-rogado, na cobrança da dívida restante, se os bens do devedor não chegarem para saldar inteiramente o que a um e outro dever.

Capítulo IV
DA IMPUTAÇÃO DO PAGAMENTO

Art. 352. A pessoa obrigada, por dois ou mais débitos da mesma natureza, a um só credor, tem o direito de indicar a qual deles oferece pagamento, se todos forem líquidos e vencidos.

Art. 353. Não tendo o devedor declarado em qual das dívidas líquidas e vencidas quer imputar o pagamento, se aceitar a quitação de uma delas, não terá direito a reclamar contra a imputação feita pelo credor, salvo provando haver ele cometido violência ou dolo.

Art. 354. Havendo capital e juros, o pagamento imputar-se-á primeiro nos juros vencidos, e depois no capital, salvo estipulação em contrário, ou se o credor passar a quitação por conta do capital.

Art. 355. Se o devedor não fizer a indicação do art. 352, e a quitação for omissa quanto à imputação, esta se fará nas dívidas líquidas e vencidas em primeiro lugar. Se as dívidas forem todas líquidas e vencidas ao mesmo tempo, a imputação far-se-á na mais onerosa.

Capítulo V
DA DAÇÃO EM PAGAMENTO

Art. 356. O credor pode consentir em receber prestação diversa da que lhe é devida.

Art. 357. Determinado o preço da coisa dada em pagamento, as relações entre as partes regular-se-ão pelas normas do contrato de compra e venda.

Art. 358. Se for título de crédito a coisa dada em pagamento, a transferência importará em cessão.

Art. 359. Se o credor for evicto da coisa recebida em pagamento, restabelecer-se-á a obrigação primitiva, ficando sem efeito a quitação dada, ressalvados os direitos de terceiros.

Capítulo VI
DA NOVAÇÃO

Art. 360. Dá-se a novação:
I – quando o devedor contrai com o credor nova dívida para extinguir e substituir a anterior;
II – quando novo devedor sucede ao antigo, ficando este quite com o credor;
III – quando, em virtude de obrigação nova, outro credor é substituído ao antigo, ficando o devedor quite com este.

Art. 361. Não havendo ânimo de novar, expresso ou tácito mas inequívoco, a segunda obrigação confirma simplesmente a primeira.

Art. 362. A novação por substituição do devedor pode ser efetuada independentemente de consentimento deste.

Art. 363. Se o novo devedor for insolvente, não tem o credor, que o aceitou, ação regressiva contra o primeiro, salvo se este obteve por má-fé a substituição.

Art. 364. A novação extingue os acessórios e garantias da dívida, sempre que não houver estipulação em contrário. Não aproveitará, contudo, ao credor ressalvar o penhor, a hipoteca ou a anticrese, se os bens dados em garantia pertencerem a terceiro que não foi parte na novação.

Art. 365. Operada a novação entre o credor e um dos devedores solidários, somente sobre os bens do que contrair a nova obrigação subsistem as preferências e garantias do crédito novado. Os outros devedores solidários ficam por esse fato exonerados.

Art. 366. Importa exoneração do fiador a novação feita sem seu consenso com o devedor principal.

Art. 367. Salvo as obrigações simplesmente anuláveis, não podem ser objeto de novação obrigações nulas ou extintas.

Capítulo VII
DA COMPENSAÇÃO

Art. 368. Se duas pessoas forem ao mesmo tempo credor e devedor uma da outra, as duas obrigações extinguem-se, até onde se compensarem.

Art. 369. A compensação efetua-se entre dívidas líquidas, vencidas e de coisas fungíveis.

Art. 370. Embora sejam do mesmo gênero as coisas fungíveis, objeto das duas prestações, não se compensarão, verificando-se que diferem na qualidade, quando especificada no contrato.

Art. 371. O devedor somente pode compensar com o credor o que este lhe dever; mas o fiador pode compensar sua dívida com a de seu credor ao afiançado.

Art. 372. Os prazos de favor, embora consagrados pelo uso geral, não obstam a compensação.

Art. 373. A diferença de causa nas dívidas não impede a compensação, exceto:
I – se provier de esbulho, furto ou roubo;
II – se uma se originar de comodato, depósito ou alimentos;
III – se uma for de coisa não suscetível de penhora.

Art. 374. (*Revogado pela Lei n. 10.677, de 22-5-2003.*)

Art. 375. Não haverá compensação quando as partes, por mútuo acordo, a excluírem, ou no caso de renúncia prévia de uma delas.

Art. 376. Obrigando-se por terceiro uma pessoa, não pode compensar essa dívida com a que o credor dele lhe dever.

Art. 377. O devedor que, notificado, nada opõe à cessão que o credor faz a terceiros dos seus direitos, não pode opor ao cessionário a compensação, que antes da cessão teria podido opor ao cedente. Se, porém, a cessão lhe não tiver sido notificada, poderá opor ao cessionário compensação do crédito que antes tinha contra o cedente.

Art. 378. Quando as duas dívidas não são pagáveis no mesmo lugar, não se podem compensar sem dedução das despesas necessárias à operação.

Art. 379. Sendo a mesma pessoa obrigada por várias dívidas compensáveis, serão observadas, no compensá-las, as regras estabelecidas quanto à imputação do pagamento.

Art. 380. Não se admite a compensação em prejuízo de direito de terceiro. O devedor que se torne credor do seu credor, depois de penhorado o crédito deste, não pode opor ao exequente a compensação, de que contra o próprio credor disporia.

Capítulo VIII
DA CONFUSÃO

Art. 381. Extingue-se a obrigação, desde que na mesma pessoa se confundam as qualidades de credor e devedor.

Art. 382. A confusão pode verificar-se a respeito de toda a dívida, ou só de parte dela.

Art. 383. A confusão operada na pessoa do credor ou devedor solidário só extingue a obrigação até a concorrência da respectiva parte no crédito, ou na dívida, subsistindo quanto ao mais a solidariedade.

Art. 384. Cessando a confusão, para logo se restabelece, com todos os seus acessórios, a obrigação anterior.

Capítulo IX
DA REMISSÃO DAS DÍVIDAS

Art. 385. A remissão da dívida, aceita pelo devedor, extingue a obrigação, mas sem prejuízo de terceiro.

Art. 386. A devolução voluntária do título da obrigação, quando por escrito particular, prova desoneração do devedor e seus coobrigados, se o credor for capaz de alienar, e o devedor capaz de adquirir.

Art. 387. A restituição voluntária do objeto empenhado prova a renúncia do credor à garantia real, não a extinção da dívida.

Art. 388. A remissão concedida a um dos codevedores extingue a dívida na parte a ele correspondente; de modo que, ainda reservando o credor a solidariedade contra os outros, já lhes não pode cobrar o débito sem dedução da parte remitida.

Título IV
DO INADIMPLEMENTO DAS OBRIGAÇÕES

Capítulo I
DISPOSIÇÕES GERAIS

Art. 389. Não cumprida a obrigação, responde o devedor por perdas e danos, mais juros e atualização monetária segundo índices oficiais regularmente estabelecidos, e honorários de advogado.

Art. 390. Nas obrigações negativas o devedor é havido por inadimplente desde o dia em que executou o ato de que se devia abster.

Art. 391. Pelo inadimplemento das obrigações respondem todos os bens do devedor.

Art. 392. Nos contratos benéficos, responde por simples culpa o contratante, a quem o contrato aproveite, e por dolo aquele a quem não favoreça. Nos contratos onerosos, responde cada uma das partes por culpa, salvo as exceções previstas em lei.

Art. 393. O devedor não responde pelos prejuízos resultantes de caso fortuito ou força maior, se expressamente não se houver por eles responsabilizado.

Parágrafo único. O caso fortuito ou de força maior verifica-se no fato necessário, cujos efeitos não era possível evitar ou impedir.

Capítulo II
DA MORA

Art. 394. Considera-se em mora o devedor que não efetuar o pagamento e o credor que não quiser recebê-lo no tempo, lugar e forma que a lei ou a convenção estabelecer.

Art. 395. Responde o devedor pelos prejuízos a que sua mora der causa, mais juros, atualização dos valores monetários segundo índices oficiais regularmente estabelecidos, e honorários de advogado.

Parágrafo único. Se a prestação, devido à mora, se tornar inútil ao credor, este poderá enjeitá-la, e exigir a satisfação das perdas e danos.

Art. 396. Não havendo fato ou omissão imputável ao devedor, não incorre este em mora.

Art. 397. O inadimplemento da obrigação, positiva e líquida, no seu termo, constitui de pleno direito em mora o devedor.

Parágrafo único. Não havendo termo, a mora se constitui mediante interpelação judicial ou extrajudicial.

Art. 398. Nas obrigações provenientes de ato ilícito, considera-se o devedor em mora, desde que o praticou.

Art. 399. O devedor em mora responde pela impossibilidade da prestação, embora essa impossibilidade resulte de caso fortuito ou de força maior, se estes ocorrerem durante o atraso; salvo se provar isenção de culpa, ou que o dano sobreviria ainda quando a obrigação fosse oportunamente desempenhada.

Art. 400. A mora do credor subtrai o devedor isento de dolo à responsabilidade pela conservação da coisa, obriga o credor a ressarcir as despesas empregadas em conservá-la, e sujeita-o a recebê-la pela estimação mais favorável ao devedor, se o seu valor oscilar entre o dia estabelecido para o pagamento e o da sua efetivação.

Art. 401. Purga-se a mora:

I – por parte do devedor, oferecendo este a prestação mais a importância dos prejuízos decorrentes do dia da oferta;

II – por parte do credor, oferecendo-se este a receber o pagamento e sujeitando-se aos efeitos da mora até a mesma data.

Capítulo III
DAS PERDAS E DANOS

Art. 402. Salvo as exceções expressamente previstas em lei, as perdas e danos devidas ao credor abrangem, além do que ele efetivamente perdeu, o que razoavelmente deixou de lucrar.

Art. 403. Ainda que a inexecução resulte de dolo do devedor, as perdas e danos só incluem os prejuízos efetivos e os lucros cessantes por efeito dela direto e imediato, sem prejuízo do disposto na lei processual.

Art. 404. As perdas e danos, nas obrigações de pagamento em dinheiro, serão pagas com atualização monetária segundo índices oficiais regularmente estabelecidos, abrangendo juros, custas e honorários de advogado, sem prejuízo da pena convencional.

• O art. 3.º do Decreto n. 22.785, de 31-5-1933, que dispunha sobre os juros de mora devidos pela Fazenda Pública, foi expressamente revogado pela Lei n. 4.417, de 24-9-1964, determinando que a Fazenda Pública responda pelos juros moratórios na forma do direito civil.

Parágrafo único. Provado que os juros da mora não cobrem o prejuízo, e não havendo pena convencional, pode o juiz conceder ao credor indenização suplementar.

Art. 405. Contam-se os juros de mora desde a citação inicial.

Capítulo IV
DOS JUROS LEGAIS

Art. 406. Quando os juros moratórios não forem convencionados, ou o forem sem taxa estipulada, ou quando provierem de determinação da lei, serão fixados segundo a taxa que estiver em vigor para a mora do pagamento de impostos devidos à Fazenda Nacional.

• A Lei n. 7.089, de 23-3-1998, proíbe cobrança de juros de mora quando o vencimento se dê em feriado, sábado ou domingo.

Art. 407. Ainda que se não alegue prejuízo, é obrigado o devedor aos juros da mora que se contarão assim às dívidas em dinheiro, como às prestações de outra natureza, uma vez que lhes esteja fixado o valor pecuniário por sentença judicial, arbitramento, ou acordo entre as partes.

Capítulo V
DA CLÁUSULA PENAL

Art. 408. Incorre de pleno direito o devedor na cláusula penal, desde que, culposamente, deixe de cumprir a obrigação ou se constitua em mora.

Art. 409. A cláusula penal estipulada conjuntamente com a obrigação, ou em ato posterior, pode referir-se à inexecução completa da obrigação, à de alguma cláusula especial ou simplesmente à mora.

Art. 410. Quando se estipular a cláusula penal para o caso de total inadimplemento da obrigação, esta converter-se-á em alternativa a benefício do credor.

Art. 411. Quando se estipular a cláusula penal para o caso de mora, ou em segurança especial de outra cláusula determinada, terá o credor o arbítrio de exigir a satisfação da pena cominada, juntamente com o desempenho da obrigação principal.

Art. 412. O valor da cominação imposta na cláusula penal não pode exceder o da obrigação principal.

Art. 413. A penalidade deve ser reduzida equitativamente pelo juiz se a obrigação principal tiver sido cumprida em parte, ou se o montan-

te da penalidade for manifestamente excessivo, tendo-se em vista a natureza e a finalidade do negócio.

Art. 414. Sendo indivisível a obrigação, todos os devedores, caindo em falta um deles, incorrerão na pena; mas esta só se poderá demandar integralmente do culpado, respondendo cada um dos outros somente pela sua quota.

Parágrafo único. Aos não culpados fica reservada a ação regressiva contra aquele que deu causa à aplicação da pena.

Art. 415. Quando a obrigação for divisível, só incorre na pena o devedor ou o herdeiro do devedor que a infringir, e proporcionalmente à sua parte na obrigação.

Art. 416. Para exigir a pena convencional, não é necessário que o credor alegue prejuízo.

Parágrafo único. Ainda que o prejuízo exceda ao previsto na cláusula penal, não pode o credor exigir indenização suplementar se assim não foi convencionado. Se o tiver sido, a pena vale como mínimo da indenização, competindo ao credor provar o prejuízo excedente.

Título V
DOS CONTRATOS EM GERAL

Capítulo I
DISPOSIÇÕES GERAIS

SEÇÃO I
Preliminares

Art. 421. A liberdade contratual será exercida nos limites da função social do contrato.
•• *Caput* com redação determinada pela Lei n. 13.874, de 20-9-2019.

Parágrafo único. Nas relações contratuais privadas, prevalecerão o princípio da intervenção mínima e a excepcionalidade da revisão contratual.
•• Parágrafo único acrescentado pela Lei n. 13.874, de 20-9-2019.

Art. 421-A. Os contratos civis e empresariais presumem-se paritários e simétricos até a presença de elementos concretos que justifiquem o afastamento dessa presunção, ressalvados os regimes jurídicos previstos em leis especiais, garantido também que:
•• *Caput* acrescentado pela Lei n. 13.874, de 20-9-2019.

I – as partes negociantes poderão estabelecer parâmetros objetivos para a interpretação das cláusulas negociais e de seus pressupostos de revisão ou de resolução;
•• Inciso I acrescentado pela Lei n. 13.874, de 20-9-2019.

II – a alocação de riscos definida pelas partes deve ser respeitada e observada; e
•• Inciso II acrescentado pela Lei n. 13.874, de 20-9-2019.

III – a revisão contratual somente ocorrerá de maneira excepcional e limitada.
•• Inciso III acrescentado pela Lei n. 13.874, de 20-9-2019.

Art. 422. Os contratantes são obrigados a guardar, assim na conclusão do contrato, como em sua execução, os princípios de probidade e boa-fé.

Art. 423. Quando houver no contrato de adesão cláusulas ambíguas ou contraditórias, dever-se-á adotar a interpretação mais favorável ao aderente.

Art. 424. Nos contratos de adesão, são nulas as cláusulas que estipulem a renúncia antecipada do aderente a direito resultante da natureza do negócio.

Art. 425. É lícito às partes estipular contratos atípicos, observadas as normas gerais fixadas neste Código.

Art. 426. Não pode ser objeto de contrato a herança de pessoa viva.

Capítulo II
DA EXTINÇÃO DO CONTRATO

SEÇÃO I
Do Distrato

Art. 472. O distrato faz-se pela mesma forma exigida para o contrato.

Art. 473. A resilição unilateral, nos casos em que a lei expressa ou implicitamente o permita, opera mediante denúncia notificada à outra parte.

Parágrafo único. Se, porém, dada a natureza do contrato, uma das partes houver feito investimentos consideráveis para a sua execução, a denúncia unilateral só produzirá efeito depois de transcorrido prazo compatível com a natureza e o vulto dos investimentos.

Título VI
DAS VÁRIAS ESPÉCIES DE CONTRATO

Capítulo I
DA COMPRA E VENDA

SEÇÃO I
Disposições Gerais

Art. 481. Pelo contrato de compra e venda, um dos contratantes se obriga a transferir o domínio de certa coisa, e o outro, a pagar-lhe certo preço em dinheiro.

Art. 482. A compra e venda, quando pura, considerar-se-á obrigatória e perfeita, desde que as partes acordarem no objeto e no preço.

Art. 483. A compra e venda pode ter por objeto coisa atual ou futura. Neste caso, ficará sem efeito o contrato se esta não vier a existir, salvo se a intenção das partes era de concluir contrato aleatório.

Art. 484. Se a venda se realizar à vista de amostras, protótipos ou modelos, entender-se-á que o vendedor assegura ter a coisa as qualidades que a elas correspondem.

Parágrafo único. Prevalece a amostra, o protótipo ou o modelo, se houver contradição ou diferença com a maneira pela qual se descreveu a coisa no contrato.

Art. 485. A fixação do preço pode ser deixada ao arbítrio de terceiro, que os contratantes logo designarem ou prometerem designar. Se o terceiro não aceitar a incumbência, ficará sem efeito o contrato, salvo quando acordarem os contratantes designar outra pessoa.

Art. 486. Também se poderá deixar a fixação do preço à taxa de mercado ou de bolsa, em certo e determinado dia e lugar.

Art. 487. É lícito às partes fixar o preço em função de índices ou parâmetros, desde que suscetíveis de objetiva determinação.

Art. 488. Convencionada a venda sem fixação de preço ou de critérios para a sua determinação, se não houver tabelamento oficial, entende-se que as partes se sujeitaram ao preço corrente nas vendas habituais do vendedor.

Parágrafo único. Na falta de acordo, por ter havido diversidade de preço, prevalecerá o termo médio.

Art. 489. Nulo é o contrato de compra e venda, quando se deixa ao arbítrio exclusivo de uma das partes a fixação do preço.

Art. 490. Salvo cláusula em contrário, ficarão as despesas de escritura e registro a cargo do comprador, e a cargo do vendedor as da tradição.

Art. 491. Não sendo a venda a crédito, o vendedor não é obrigado a entregar a coisa antes de receber o preço.

Art. 492. Até o momento da tradição, os riscos da coisa correm por conta do vendedor, e os do preço por conta do comprador.

§ 1.º Todavia, os casos fortuitos, ocorrentes no ato de contar, marcar ou assinalar coisas, que comumente se recebem, contando, pesando, medindo ou assinalando, e que já tiverem sido postas à disposição do comprador, correrão por conta deste.

§ 2.º Correrão também por conta do comprador os riscos das referidas coisas, se estiver em mora de as receber, quando postas à sua disposição no tempo, lugar e pelo modo ajustados.

Art. 493. A tradição da coisa vendida, na falta de estipulação expressa, dar-se-á no lugar onde ela se encontrava, ao tempo da venda.

Art. 494. Se a coisa for expedida para lugar diverso, por ordem do comprador, por sua conta correrão os riscos, uma vez entregue a quem haja de transportá-la, salvo se das instruções dele se afastar o vendedor.

Art. 495. Não obstante o prazo ajustado para o pagamento, se antes da tradição o comprador cair em insolvência, poderá o vendedor sobrestar na entrega da coisa, até que o comprador lhe dê caução de pagar no tempo ajustado.

Art. 496. É anulável a venda de ascendente a descendente, salvo se os outros descendentes e o cônjuge do alienante expressamente houverem consentido.

Parágrafo único. Em ambos os casos, dispensa-se o consentimento do cônjuge se o regime de bens for o da separação obrigatória.

Art. 497. Sob pena de nulidade, não podem ser comprados, ainda que em hasta pública:

I – pelos tutores, curadores, testamenteiros e administradores, os bens confiados à sua guarda ou administração;

II – pelos servidores públicos, em geral, os bens ou direitos da pessoa jurídica a que servirem, ou que estejam sob sua administração direta ou indireta;

III – pelos juízes, secretários de tribunais, arbitradores, peritos e outros serventuários ou auxiliares da justiça, os bens ou direitos sobre que se litigar em tribunal, juízo ou conselho, no lugar onde servirem, ou a que se estender a sua autoridade;

IV – pelos leiloeiros e seus prepostos, os bens de cuja venda estejam encarregados.

• Os leiloeiros são proibidos, sob pena de multa, de adquirir para si, ou para pessoa de sua família, coisa de cuja venda tenham sido incumbidos. Regulamento baixado pelo Decreto n. 21.981, de 19-10-1932, art. 36, b.

Parágrafo único. As proibições deste artigo estendem-se à cessão de crédito.

Art. 498. A proibição contida no inciso III do artigo antecedente, não compreende os casos de compra e venda ou cessão entre coerdeiros, ou em pagamento de dívida, ou para garantia de bens já pertencentes a pessoas designadas no referido inciso.

Art. 499. É lícita a compra e venda entre cônjuges, com relação a bens excluídos da comunhão.

Art. 500. Se, na venda de um imóvel, se estipular o preço por medida de extensão, ou se determinar a respectiva área, e esta não corresponder, em qualquer dos casos, às dimensões dadas, o comprador terá o direito de exigir o complemento da área, e, não sendo isso possível, o de reclamar a resolução do contrato ou abatimento proporcional ao preço.

§ 1.º Presume-se que a referência às dimensões foi simplesmente enunciativa, quando a diferença encontrada não exceder de um vigésimo da área total enunciada, ressalvado ao comprador o direito de provar que, em tais circunstâncias, não teria realizado o negócio.

§ 2.º Se em vez de falta houver excesso, e o vendedor provar que tinha motivos para ignorar a medida exata da área vendida, caberá ao comprador, à sua escolha, completar o valor correspondente ao preço ou devolver o excesso.

§ 3.º Não haverá complemento de área, nem devolução de excesso, se o imóvel for vendido como coisa certa e discriminada, tendo sido apenas enunciativa a referência às suas dimensões, ainda que não conste, de modo expresso, ter sido a venda *ad corpus*.

Art. 501. Decai do direito de propor as ações previstas no artigo antecedente o vendedor ou o comprador que não o fizer no prazo de um ano, a contar do registro do título.

Parágrafo único. Se houver atraso na imissão de posse no imóvel, atribuível ao alienante, a partir dela fluirá o prazo de decadência.

Art. 502. O vendedor, salvo convenção em contrário, responde por todos os débitos que gravem a coisa até o momento da tradição.

Art. 503. Nas coisas vendidas conjuntamente, o defeito oculto de uma não autoriza a rejeição de todas.

Art. 504. Não pode um condômino em coisa indivisível vender a sua parte a estranhos, se outro consorte a quiser, tanto por tanto. O condômino, a quem não se der conhecimento da venda, poderá, depositando o preço, haver para si a parte vendida a estranhos, se o requerer no prazo de cento e oitenta dias, sob pena de decadência.

Parágrafo único. Sendo muitos os condôminos, preferirá o que tiver benfeitorias de maior valor e, na falta de benfeitorias, o de quinhão maior. Se as partes forem iguais, haverão a parte vendida os comproprietários, que a quiserem, depositando previamente o preço.

SEÇÃO II
Das Cláusulas Especiais à Compra e Venda

SUBSEÇÃO I
Da retrovenda

Art. 505. O vendedor de coisa imóvel pode reservar-se o direito de recobrá-la no prazo máximo de decadência de três anos, restituindo o preço recebido e reembolsando as despesas do comprador, inclusive as que, durante o período de resgate, se efetuaram com a sua autorização escrita, ou para a realização de benfeitorias necessárias.

Art. 506. Se o comprador se recusar a receber as quantias a que faz jus, o vendedor, para exercer o direito de resgate, as depositará judicialmente.

Parágrafo único. Verificada a insuficiência do depósito judicial, não será o vendedor restituído no domínio da coisa, até e enquanto não for integralmente pago o comprador.

Art. 507. O direito de retrato, que é cessível e transmissível a herdeiros e legatários, poderá ser exercido contra o terceiro adquirente.

Art. 508. Se a duas ou mais pessoas couber o direito de retrato sobre o mesmo imóvel, e só uma o exercer, poderá o comprador intimar as outras para nele acordarem, prevalecendo o pacto em favor de quem haja efetuado o depósito, contanto que seja integral.

SUBSEÇÃO II
Da venda a contento e da sujeita a prova

Art. 509. A venda feita a contento do comprador entende-se realizada sob condição suspensiva, ainda que a coisa lhe tenha sido entregue; e não se reputará perfeita, enquanto o adquirente não manifestar seu agrado.

Art. 510. Também a venda sujeita a prova presume-se feita sob a condição suspensiva de que a coisa tenha as qualidades asseguradas pelo vendedor e seja idônea para o fim a que se destina.

Art. 511. Em ambos os casos, as obrigações do comprador, que recebeu, sob condição suspensiva, a coisa comprada, são as de mero comodatário, enquanto não manifeste aceitá-la.

Art. 512. Não havendo prazo estipulado para a declaração do comprador, o vendedor terá direito de intimá-lo, judicial ou extrajudicialmente, para que o faça em prazo improrrogável.

SUBSEÇÃO III
Da preempção ou preferência

Art. 513. A preempção, ou preferência, impõe ao comprador a obrigação de oferecer ao vendedor a coisa que aquele vai vender, ou dar

em pagamento, para que este use de seu direito de prelação na compra, tanto por tanto.

Parágrafo único. O prazo para exercer o direito de preferência não poderá exceder a cento e oitenta dias se a coisa for móvel, ou a dois anos, se imóvel.

Art. 514. O vendedor pode também exercer o seu direito de prelação, intimando o comprador, quando lhe constar que este vai vender a coisa.

Art. 515. Aquele que exerce a preferência está, sob pena de a perder, obrigado a pagar, em condições iguais, o preço encontrado, ou o ajustado.

Art. 516. Inexistindo prazo estipulado, o direito de preempção caducará, se a coisa for móvel, não se exercendo nos três dias, e, se for imóvel, não se exercendo nos sessenta dias subsequentes à data em que o comprador tiver notificado o vendedor.

Art. 517. Quando o direito de preempção for estipulado a favor de dois ou mais indivíduos em comum, só pode ser exercido em relação à coisa no seu todo. Se alguma das pessoas, a quem ele toque, perder ou não exercer o seu direito, poderão as demais utilizá-lo na forma sobredita.

Art. 518. Responderá por perdas e danos o comprador, se alienar a coisa sem ter dado ao vendedor ciência do preço e das vantagens que por ela lhe oferecem. Responderá solidariamente o adquirente, se tiver procedido de má-fé.

Art. 519. Se a coisa expropriada para fins de necessidade ou utilidade pública, ou por interesse social, não tiver o destino para que se desapropriou, ou não for utilizada em obras ou serviços públicos, caberá ao expropriado direito de preferência, pelo preço atual da coisa.

Art. 520. O direito de preferência não se pode ceder nem passa aos herdeiros.

SUBSEÇÃO IV
Da venda com reserva de domínio

Art. 521. Na venda de coisa móvel, pode o vendedor reservar para si a propriedade, até que o preço esteja integralmente pago.

Art. 522. A cláusula de reserva de domínio será estipulada por escrito e depende de registro no domicílio do comprador para valer contra terceiros.

Art. 523. Não pode ser objeto de venda com reserva de domínio a coisa insuscetível de caracterização perfeita, para estremá-la de outras congêneres. Na dúvida, decide-se a favor do terceiro adquirente de boa-fé.

Art. 524. A transferência de propriedade ao comprador dá-se no momento em que o preço esteja integralmente pago. Todavia, pelos riscos da coisa responde o comprador, a partir de quando lhe foi entregue.

Art. 525. O vendedor somente poderá executar a cláusula de reserva de domínio após constituir o comprador em mora, mediante protesto do título ou interpelação judicial.

Art. 526. Verificada a mora do comprador, poderá o vendedor mover contra ele a competente ação de cobrança das prestações vencidas e vincendas e o mais que lhe for devido; ou poderá recuperar a posse da coisa vendida.

Art. 527. Na segunda hipótese do artigo antecedente, é facultado ao vendedor reter as prestações pagas até o necessário para cobrir a depreciação da coisa, as despesas feitas e o mais que de direito lhe for devido. O excedente será devolvido ao comprador; e o que faltar lhe será cobrado, tudo na forma da lei processual.

Art. 528. Se o vendedor receber o pagamento à vista, ou, posteriormente, mediante financiamento de instituição do mercado de capitais, a esta caberá exercer os direitos e ações decorrentes do contrato, a benefício de qualquer outro. A operação financeira e a respectiva ciência do comprador constarão do registro do contrato.

SUBSEÇÃO V
Da venda sobre documentos

Art. 529. Na venda sobre documentos, a tradição da coisa é substituída pela entrega do seu título representativo e dos outros documentos exigidos pelo contrato ou, no silêncio deste, pelos usos.

Parágrafo único. Achando-se a documentação em ordem, não pode o comprador recusar o pagamento, a pretexto de defeito de qualidade ou do estado da coisa vendida, salvo se o defeito já houver sido comprovado.

Art. 530. Não havendo estipulação em contrário, o pagamento deve ser efetuado na data e no lugar da entrega dos documentos.

Art. 531. Se entre os documentos entregues ao comprador figurar apólice de seguro que cubra os riscos do transporte, correm estes à conta do comprador, salvo se, ao ser concluído o contrato, tivesse o vendedor ciência da perda ou avaria da coisa.

Art. 532. Estipulado o pagamento por intermédio de estabelecimento bancário, caberá a este efetuá-lo contra a entrega dos documentos, sem obrigação de verificar a coisa vendida, pela qual não responde.

Parágrafo único. Nesse caso, somente após a recusa do estabelecimento bancário a efetuar o pagamento, poderá o vendedor pretendê-lo, diretamente do comprador.

Capítulo IV
DA DOAÇÃO

SEÇÃO I
Disposições Gerais

Art. 538. Considera-se doação o contrato em que uma pessoa, por liberalidade, transfere do seu patrimônio bens ou vantagens para o de outra.

Art. 539. O doador pode fixar prazo ao donatário, para declarar se aceita ou não a liberalidade. Desde que o donatário, ciente do prazo, não faça, dentro dele, a declaração, entender-se-á que aceitou, se a doação não for sujeita a encargo.

Art. 540. A doação feita em contemplação do merecimento do donatário não perde o caráter de liberalidade, como não o perde a doação remuneratória, ou a gravada, no excedente ao valor dos serviços remunerados ou ao encargo imposto.

Art. 541. A doação far-se-á por escritura pública ou instrumento particular.

Parágrafo único. A doação verbal será válida, se, versando sobre bens móveis e de pequeno valor, se lhe seguir incontinenti a tradição.

Art. 542. A doação feita ao nascituro valerá, sendo aceita pelo seu representante legal.

Art. 543. Se o donatário for absolutamente incapaz, dispensa-se a aceitação, desde que se trate de doação pura.

Art. 544. A doação de ascendentes a descendentes, ou de um cônjuge a outro, importa adiantamento do que lhes cabe por herança.

Art. 545. A doação em forma de subvenção periódica ao beneficiado extingue-se morrendo o doador, salvo se este outra coisa dispuser, mas não poderá ultrapassar a vida do donatário.

Art. 546. A doação feita em contemplação de casamento futuro com certa e determinada pessoa, quer pelos nubentes entre si, quer por terceiro a um deles, a ambos, ou aos filhos que, de futuro, houverem um do outro, não pode ser impugnada por falta de aceitação, e só ficará sem efeito se o casamento não se realizar.

Art. 547. O doador pode estipular que os bens doados voltem ao seu patrimônio, se sobreviver ao donatário.

Parágrafo único. Não prevalece cláusula de reversão em favor de terceiro.

Art. 548. É nula a doação de todos os bens sem reserva de parte, ou renda suficiente para a subsistência do doador.

Art. 549. Nula é também a doação quanto à parte que exceder à de que o doador, no momento da liberalidade, poderia dispor em testamento.

Art. 550. A doação do cônjuge adúltero ao seu cúmplice pode ser anulada pelo outro cônjuge, ou por seus herdeiros necessários, até dois anos depois de dissolvida a sociedade conjugal.

Art. 551. Salvo declaração em contrário, a doação em comum a mais de uma pessoa entende-se distribuída entre elas por igual.

Parágrafo único. Se os donatários, em tal caso, forem marido e mulher, subsistirá na totalidade a doação para o cônjuge sobrevivo.

Art. 552. O doador não é obrigado a pagar juros moratórios, nem é sujeito às consequências da evicção ou do vício redibitório. Nas doações para casamento com certa e determinada pessoa, o doador ficará sujeito à evicção, salvo convenção em contrário.

Art. 553. O donatário é obrigado a cumprir os encargos da doação, caso forem a benefício do doador, de terceiro, ou do interesse geral.

Parágrafo único. Se desta última espécie for o encargo, o Ministério Público poderá exigir sua execução, depois da morte do doador, se este não tiver feito.

Art. 554. A doação a entidade futura caducará se, em dois anos, esta não estiver constituída regularmente.

SEÇÃO II
Da Revogação da Doação

Art. 555. A doação pode ser revogada por ingratidão do donatário, ou por inexecução do encargo.

Art. 556. Não se pode renunciar antecipadamente o direito de revogar a liberalidade por ingratidão do donatário.

Art. 557. Podem ser revogadas por ingratidão as doações:

I - se o donatário atentou contra a vida do doador ou cometeu crime de homicídio doloso contra ele;

II - se cometeu contra ele ofensa física;

III - se o injuriou gravemente ou o caluniou;

IV - se, podendo ministrá-los, recusou ao doador os alimentos de que este necessitava.

Art. 558. Pode ocorrer também a revogação quando o ofendido, nos casos do artigo anterior, for o cônjuge, ascendente, descendente, ainda que adotivo, ou irmão do doador.

Art. 559. A revogação por qualquer desses motivos deverá ser pleiteada dentro de um ano, a contar de quando chegue ao conhecimento do doador o fato que a autorizar, e de ter sido o donatário o seu autor.

Art. 560. O direito de revogar a doação não se transmite aos herdeiros do doador, nem prejudica os do donatário. Mas aqueles podem prosseguir na ação iniciada pelo doador, continuando-a contra os herdeiros do donatário, se este falecer depois de ajuizada a lide.

Art. 561. No caso de homicídio doloso do doador, a ação caberá aos seus herdeiros, exceto se aquele houver perdoado.

Art. 562. A doação onerosa pode ser revogada por inexecução do encargo, se o donatário incorrer em mora. Não havendo prazo para o cumprimento, o doador poderá notificar judicialmente o donatário, assinando-lhe prazo razoável para que cumpra a obrigação assumida.

Art. 563. A revogação por ingratidão não prejudica os direitos adquiridos por terceiros, nem obriga o donatário a restituir os frutos percebidos antes da citação válida; mas sujeita-o a pagar os posteriores, e, quando não possa restituir em espécie as coisas doadas, a indenizá-la pelo meio-termo do seu valor.

Art. 564. Não se revogam por ingratidão:

I - as doações puramente remuneratórias;

II - as oneradas com encargo já cumprido;

III - as que se fizerem em cumprimento de obrigação natural;

IV - as feitas para determinado casamento.

Capítulo VI
DO EMPRÉSTIMO

SEÇÃO I
Do Comodato

Art. 579. O comodato é o empréstimo gratuito de coisas não fungíveis. Perfaz-se com a tradição do objeto.

Art. 580. Os tutores, curadores e em geral todos os administradores de bens alheios não poderão dar em comodato, sem autorização especial, os bens confiados à sua guarda.

Art. 581. Se o comodato não tiver prazo convencional, presumir-se-lhe-á o necessário para o uso concedido; não podendo o comodante, salvo necessidade imprevista e urgente, reconhecida pelo juiz, suspender o uso e gozo da coisa emprestada, antes de findo o prazo convencional, ou o que se determine pelo uso outorgado.

Art. 582. O comodatário é obrigado a conservar, como se sua própria fora, a coisa emprestada, não podendo usá-la senão de acordo com o contrato ou a natureza dela, sob pena de responder por perdas e danos. O comodatário constituído em mora, além de por ela responder, pagará, até restituí-la, o aluguel da coisa que for arbitrado pelo comodante.

Art. 583. Se, correndo risco o objeto do comodato juntamente com outros do comodatário, antepuser este a salvação dos seus abandonando o do comodante, responderá pelo dano ocorrido, ainda que se possa atribuir a caso fortuito, ou força maior.

Art. 584. O comodatário não poderá jamais recobrar do comodante as despesas feitas com o uso e gozo da coisa emprestada.

Art. 585. Se duas ou mais pessoas forem simultaneamente comodatárias de uma coisa, ficarão solidariamente responsáveis para com o comodante.

SEÇÃO II
Do Mútuo

• A Lei n. 1.046, de 2-1-1950, dispõe sobre mútuos com a garantia de consignação em folhas de pagamento. Em seu art. 7.º faz limitações aos juros.

Art. 586. O mútuo é o empréstimo de coisas fungíveis. O mutuário é obrigado a restituir ao mutuante o que dele recebeu em coisa do mesmo gênero, qualidade e quantidade.

Art. 587. Este empréstimo transfere o domínio da coisa emprestada ao mutuário, por cuja conta correm todos os riscos dela desde a tradição.

Art. 588. O mútuo feito a pessoa menor, sem prévia autorização daquele sob cuja guarda estiver, não pode ser reavido nem do mutuário, nem de seus fiadores.

Art. 589. Cessa a disposição do artigo antecedente:

I - se a pessoa, de cuja autorização necessitava o mutuário para contrair o empréstimo, o ratificar posteriormente;

II - se o menor, estando ausente essa pessoa, se viu obrigado a contrair o empréstimo para os seus alimentos habituais;

III - se o menor tiver bens ganhos com o seu trabalho. Mas, em tal caso, a execução do credor não lhes poderá ultrapassar as forças;

IV - se o empréstimo reverteu em benefício do menor;

V - se o menor obteve o empréstimo maliciosamente.

Art. 590. O mutuante pode exigir garantia da restituição, se antes do vencimento o mutuário sofrer notória mudança em sua situação econômica.

Art. 591. Destinando-se o mútuo a fins econômicos, presumem-se devidos juros, os quais, sob pena de redução, não poderão exceder a taxa a que se refere o art. 406, permitida a capitalização anual.

Art. 592. Não se tendo convencionado expressamente, o prazo do mútuo será:

I – até a próxima colheita, se o mútuo for de produtos agrícolas, assim para o consumo, como para semeadura;

II – de trinta dias, pelo menos, se for de dinheiro;

III – do espaço de tempo que declarar o mutuante, se for de qualquer outra coisa fungível.

Capítulo VII
DA PRESTAÇÃO DE SERVIÇO

Art. 593. A prestação de serviço, que não estiver sujeita às leis trabalhistas ou a lei especial, reger-se-á pelas disposições deste Capítulo.

Art. 594. Toda a espécie de serviço ou trabalho lícito, material ou imaterial, pode ser contratada mediante retribuição.

Art. 595. No contrato de prestação de serviço, quando qualquer das partes não souber ler, nem escrever, o instrumento poderá ser assinado a rogo e subscrito por duas testemunhas.

Art. 596. Não se tendo estipulado, nem chegado a acordo as partes, fixar-se-á por arbitramento a retribuição, segundo o costume do lugar, o tempo de serviço e sua qualidade.
• Vide art. 460 da CLT.

Art. 597. A retribuição pagar-se-á depois de prestado o serviço, se, por convenção, ou costume, não houver de ser adiantada, ou paga em prestações.
• Vide art. 459 da CLT.

Art. 598. A prestação de serviço não se poderá convencionar por mais de quatro anos, embora o contrato tenha por causa o pagamento de dívida de quem o presta, ou se destine à execução de certa e determinada obra. Neste caso, decorridos quatro anos, dar-se-á por findo o contrato, ainda que não concluída a obra.
• Vide art. 445 da CLT.
• O art. 149 do CP dispõe sobre o crime de redução à condição análoga a de escravo.

Art. 599. Não havendo prazo estipulado, nem se podendo inferir da natureza do contrato, ou do costume do lugar, qualquer das partes, a seu arbítrio, mediante prévio aviso, pode resolver o contrato.

Parágrafo único. Dar-se-á o aviso:

I – com antecedência de oito dias, se o salário se houver fixado por tempo de um mês, ou mais;

II – com antecipação de quatro dias, se o salário se tiver ajustado por semana, ou quinzena;

III – de véspera, quando se tenha contratado por menos de sete dias.

Art. 600. Não se conta no prazo do contrato o tempo em que o prestador de serviço, por culpa sua, deixou de servir.
• Vide art. 453 da CLT.

Art. 601. Não sendo o prestador de serviço contratado para certo e determinado trabalho, entender-se-á que se obrigou a todo e qualquer serviço compatível com as suas forças e condições.
• Vide art. 456 da CLT.

Art. 602. O prestador de serviço contratado por tempo certo, ou por obra determinada, não se pode ausentar, ou despedir, sem justa causa, antes de preenchido o tempo, ou concluída a obra.

Parágrafo único. Se se despedir sem justa causa, terá direito à retribuição vencida, mas responderá por perdas e danos. O mesmo dar-se-á, se despedido por justa causa.

Art. 603. Se o prestador de serviço for despedido sem justa causa, a outra parte será obrigada a pagar-lhe por inteiro a retribuição vencida, e por metade a que lhe tocaria de então ao termo legal do contrato.
• Vide arts. 477 e 478 da CLT.

Art. 604. Findo o contrato, o prestador de serviço tem direito a exigir da outra parte a declaração de que o contrato está findo. Igual direito lhe cabe, se for despedido sem justa causa, ou se tiver havido motivo justo para deixar o serviço.

Art. 605. Nem aquele a quem os serviços são prestados, poderá transferir a outrem o direito aos serviços ajustados, nem o prestador de serviços, sem aprazimento da outra parte, dar substituto que os preste.

Art. 606. Se o serviço for prestado por quem não possua título de habilitação, ou não satisfaça requisitos outros estabelecidos em lei, não poderá quem os prestou cobrar a retribuição normalmente correspondente ao trabalho executado. Mas se deste resultar benefício para a outra parte, o juiz atribuirá a quem o prestou uma compensação razoável, desde que tenha agido com boa-fé.

Parágrafo único. Não se aplica a segunda parte deste artigo, quando a proibição da prestação de serviço resultar de lei de ordem pública.

Art. 607. O contrato de prestação de serviço acaba com a morte de qualquer das partes. Termina, ainda, pelo escoamento do prazo, pela conclusão da obra, pela rescisão do contrato mediante aviso prévio, por inadimplemento de qualquer das partes ou pela impossibilidade da continuação do contrato, motivada por força maior.

Art. 608. Aquele que aliciar pessoas obrigadas em contrato escrito a prestar serviço a outrem pagará a este a importância que ao prestador de serviço, pelo ajuste desfeito, houvesse de caber durante dois anos.
• Aliciar trabalhadores, com o fim de levá-los de uma para outra localidade do território nacional, constitui crime previsto no art. 207 do CP.

Art. 609. A alienação do prédio agrícola, onde a prestação dos serviços se opera, não importa a rescisão do contrato, salvo ao prestador opção entre continuá-lo com o adquirente da propriedade ou com o primitivo contratante.

Capítulo VIII
DA EMPREITADA

Art. 610. O empreiteiro de uma obra pode contribuir para ela só com seu trabalho ou com ele e os materiais.

§ 1.º A obrigação de fornecer os materiais não se presume; resulta da lei ou da vontade das partes.

§ 2.º O contrato para elaboração de um projeto não implica a obrigação de executá-lo, ou de fiscalizar-lhe a execução.

Art. 611. Quando o empreiteiro fornece os materiais, correm por sua conta os riscos até o momento da entrega da obra, a contento de quem a encomendou, se este não estiver em mora de receber. Mas se estiver, por sua conta correrão os riscos.

Art. 612. Se o empreiteiro só forneceu mão de obra, todos os riscos em que não tiver culpa correrão por conta do dono.

Art. 613. Sendo a empreitada unicamente de lavor (art. 610), se a coisa perecer antes de entregue, sem mora do dono nem culpa do empreiteiro, este perderá a retribuição, se não provar que a perda resultou de defeito dos materiais e que em tempo reclamara contra a sua quantidade ou qualidade.

Art. 614. Se a obra constar de partes distintas, ou for de natureza das que se determinam por medida, o empreiteiro terá direito a que também se verifique por medida, ou segundo as partes em que se dividir, podendo exigir o pagamento na proporção da obra executada.

§ 1.º Tudo o que se pagou presume-se verificado.

§ 2.º O que se mediu presume-se verificado se, em trinta dias, a contar da medição, não forem denunciados os vícios ou defeitos pelo dono da obra ou por quem estiver incumbido da sua fiscalização.

Art. 615. Concluída a obra de acordo com o ajuste, ou o costume do lugar, o dono é obrigado a recebê-la. Poderá, porém, rejeitá-la, se o empreiteiro se afastou das instruções recebidas e dos planos dados, ou das regras técnicas em trabalhos de tal natureza.

Art. 616. No caso da segunda parte do artigo antecedente, pode quem encomendou a obra, em vez de enjeitá-la, recebê-la com abatimento no preço.

Art. 617. O empreiteiro é obrigado a pagar os materiais que recebeu, se por imperícia ou negligência os inutilizar.

Art. 618. Nos contratos de empreitada de edifícios ou outras construções consideráveis, o empreiteiro de materiais e execução responderá, durante o prazo irredutível de cinco anos, pela solidez e segurança do trabalho, assim em razão dos materiais, como do solo.

Parágrafo único. Decairá do direito assegurado neste artigo o dono da obra que não propuser a ação contra o empreiteiro, nos cento e oitenta dias seguintes ao aparecimento do vício ou defeito.

Art. 619. Salvo estipulação em contrário, o empreiteiro que se incumbir de executar uma obra, segundo plano aceito por quem a encomendou, não terá direito a exigir acréscimo no preço, ainda que sejam introduzidas modificações no projeto, a não ser que estas resultem de instruções escritas do dono da obra.

Parágrafo único. Ainda que não tenha havido autorização escrita, o dono da obra é obrigado a pagar ao empreiteiro os aumentos e acréscimos, segundo o que for arbitrado, se, sempre presente à obra, por continuadas visitas, não podia ignorar o que se estava passando, e nunca protestou.

Art. 620. Se ocorrer diminuição no preço do material ou da mão de obra superior a um décimo do preço global convencionado, poderá este ser revisto, a pedido do dono da obra, para que se lhe assegure a diferença apurada.

Art. 621. Sem anuência de seu autor, não pode o proprietário da obra introduzir modificações no projeto por ele aprovado, ainda que a execução seja confiada a terceiros, a não ser que, por motivos supervenientes ou razões de ordem técnica, fique comprovada a inconveniência ou a excessiva onerosidade de execução do projeto em sua forma originária.

Parágrafo único. A proibição deste artigo não abrange alterações de pouca monta, ressalvada sempre a unidade estética da obra projetada.

Art. 622. Se a execução da obra for confiada a terceiros, a responsabilidade do autor do projeto respectivo, desde que não assuma a direção ou fiscalização daquela, ficará limitada aos danos resultantes de defeitos previstos no art. 618 e seu parágrafo único.

Art. 623. Mesmo após iniciada a construção, pode o dono da obra suspendê-la, desde que pague ao empreiteiro as despesas e lucros relativos aos serviços já feitos, mais indenização razoável, calculada em função do que ele teria ganho, se concluída a obra.

Art. 624. Suspensa a execução da empreitada sem justa causa, responde o empreiteiro por perdas e danos.

Art. 625. Poderá o empreiteiro suspender a obra:
I – por culpa do dono, ou por motivo de força maior;
II – quando, no decorrer dos serviços, se manifestarem dificuldades imprevisíveis de execução, resultantes de causas geológicas ou hídricas, ou outras semelhantes, de modo que torne a empreitada excessivamente onerosa, e o dono da obra se opuser ao reajuste do preço inerente ao projeto por ele elaborado, observados os preços;
III – se as modificações exigidas pelo dono da obra, por seu vulto e natureza, forem desproporcionais ao projeto aprovado, ainda que o dono se disponha a arcar com o acréscimo de preço.

Art. 626. Não se extingue o contrato de empreitada pela morte de qualquer das partes, salvo se ajustado em consideração às qualidades pessoais do empreiteiro.

Capítulo IX
DO DEPÓSITO

SEÇÃO I
Do Depósito Voluntário

Art. 627. Pelo contrato de depósito recebe o depositário um objeto móvel, para guardar, até que o depositante o reclame.

Art. 628. O contrato de depósito é gratuito, exceto se houver convenção em contrário, se resultante de atividade negocial ou se o depositário o praticar por profissão.

Parágrafo único. Se o depósito for oneroso e a retribuição do depositário não constar de lei, nem resultar de ajuste, será determinada pelos usos do lugar, e, na falta destes, por arbitramento.

Art. 629. O depositário é obrigado a ter na guarda e conservação da coisa depositada o cuidado e diligência que costuma com o que lhe pertence, bem como a restituí-la, com todos os frutos e acrescidos, quando o exija o depositante.

• A ação de depósito está regulada nos arts. 901 a 906 do CPC.

Art. 630. Se o depósito se entregou fechado, colado, selado, ou lacrado, nesse mesmo estado se manterá.

Art. 631. Salvo disposição em contrário, a restituição da coisa deve dar-se no lugar em que tiver de ser guardada. As despesas de restituição correm por conta do depositante.

Art. 632. Se a coisa houver sido depositada no interesse de terceiro, e o depositário tiver sido cientificado deste fato pelo depositante, não poderá ele exonerar-se restituindo a coisa a este, sem consentimento daquele.

Art. 633. Ainda que o contrato fixe prazo à restituição, o depositário entregará o depósito logo que se lhe exija, salvo se tiver o direito de retenção a que se refere o art. 644, se o objeto for judicialmente embargado, se sobre ele pender execução, notificada ao depositário, ou se houver motivo razoável de suspeitar que a coisa foi dolosamente obtida.

Art. 634. No caso do artigo antecedente, última parte, o depositário, expondo o fundamento da suspeita, requererá que se recolha o objeto ao Depósito Público.

Art. 635. Ao depositário será facultado, outrossim, requerer depósito judicial da coisa, quando, por motivo plausível, não a possa guardar, e o depositante não queira recebê-la.

Art. 636. O depositário, que por força maior houver perdido a coisa depositada e recebido outra em seu lugar, é obrigado a entregar a segunda ao depositante, e ceder-lhe as ações que no caso tiver contra o terceiro responsável pela restituição da primeira.

Art. 637. O herdeiro do depositário, que de boa-fé vendeu a coisa depositada, é obrigado a assistir o depositante na reivindicação, e a restituir ao comprador o preço recebido.

Art. 638. Salvo os casos previstos nos arts. 633 e 634, não poderá o depositário furtar-se à restituição do depósito, alegando não pertencer a coisa ao depositante, ou opondo compensação, exceto se noutro depósito se fundar.

Art. 639. Sendo dois ou mais depositantes, e divisível a coisa, a cada um só entregará o depositário a respectiva parte, salvo se houver entre eles solidariedade.

Art. 640. Sob pena de responder por perdas e danos, não poderá o depositário, sem licença expressa do depositante, servir-se da coisa depositada, nem a dar em depósito a outrem.

Parágrafo único. Se o depositário, devidamente autorizado, confiar a coisa em depósito a terceiro, será responsável se agiu com culpa na escolha deste.

Art. 641. Se o depositário se tornar incapaz, a pessoa que lhe assumir a administração dos bens diligenciará imediatamente restituir a coisa depositada e, não querendo ou não podendo o depositante recebê-la, recolhê-la-á ao Depósito Público ou promoverá nomeação de outro depositário.

Art. 642. O depositário não responde pelos casos de força maior; mas, para que lhe valha a escusa, terá de prová-los.

Art. 643. O depositante é obrigado a pagar ao depositário as despesas feitas com a coisa, e os prejuízos que do depósito provierem.

Art. 644. O depositário poderá reter o depósito até que se lhe pague a retribuição devida, o líquido valor das despesas, ou dos prejuízos a

que se refere o artigo anterior, provando imediatamente esses prejuízos ou essas despesas.

Parágrafo único. Se essas dívidas, despesas ou prejuízos não forem provados suficientemente, ou forem ilíquidos, o depositário poderá exigir caução idônea do depositante ou, na falta desta, a remoção da coisa para o Depósito Público, até que se liquidem.

Art. 645. O depósito de coisas fungíveis, em que o depositário se obrigue a restituir objetos do mesmo gênero, qualidade e quantidade, regular-se-á pelo disposto acerca do mútuo.

Art. 646. O depósito voluntário provar-se-á por escrito.

SEÇÃO II
Do Depósito Necessário

Art. 647. É depósito necessário:

I – o que se faz em desempenho de obrigação legal;

II – o que se efetua por ocasião de alguma calamidade, como o incêndio, a inundação, o naufrágio ou o saque.

Art. 648. O depósito a que se refere o inciso I do artigo antecedente, reger-se-á pela disposição da respectiva lei, e, no silêncio ou deficiência dela, pelas concernentes ao depósito voluntário.

Parágrafo único. As disposições deste artigo aplicam-se aos depósitos previstos no inciso II do artigo antecedente, podendo estes certificarem-se por qualquer meio de prova.

Art. 649. Aos depósitos previstos no artigo antecedente é equiparado o das bagagens dos viajantes ou hóspedes nas hospedarias onde estiverem.

Parágrafo único. Os hospedeiros responderão como depositários, assim como pelos furtos e roubos que perpetrarem as pessoas empregadas ou admitidas nos seus estabelecimentos.

Art. 650. Cessa, nos casos do artigo antecedente, a responsabilidade dos hospedeiros, se provarem que os fatos prejudiciais aos viajantes ou hóspedes não podiam ter sido evitados.

Art. 651. O depósito necessário não se presume gratuito. Na hipótese do art. 649, a remuneração pelo depósito está incluída no preço da hospedagem.

Art. 652. Seja o depósito voluntário ou necessário, o depositário que não o restituir quando exigido será compelido a fazê-lo mediante prisão não excedente a um ano, e ressarcir os prejuízos.

•• Vide art. 5.º, LXVII, da CF.
•• O Decreto n. 592, de 6-7-1992 (Pacto Internacional sobre Direitos Civis e Políticos), dispõe em seu art. 11 que "ninguém poderá ser preso apenas por não poder cumprir com uma obrigação contratual".
•• O Decreto n. 678, de 6-11-1992 (Pacto de São José da Costa Rica), dispõe em seu art. 7.º, item 7, que ninguém deve ser detido por dívida, exceto no caso de inadimplemento de obrigação alimentar.

Capítulo X
DO MANDATO

SEÇÃO I
Disposições Gerais

Art. 653. Opera-se o mandato quando alguém recebe de outrem poderes para, em seu nome, praticar atos ou administrar interesses. A procuração é o instrumento do mandato.

• Vide CF, art. 54, II, c.
• Iguais prerrogativas foram conferidas às associações de classe que congreguem funcionários ou empregados de empresas industriais da União, dos Estados, dos Municípios e de entidades autárquicas, nos termos da Lei n. 1.134, de 14-6-1950.

Art. 654. Todas as pessoas capazes são aptas para dar procuração mediante instrumento particular, que valerá desde que tenha a assinatura do outorgante.

§ 1.º O instrumento particular deve conter a indicação do lugar onde foi passado, a qualificação do outorgante e do outorgado, a data e o objetivo da outorga com a designação e a extensão dos poderes conferidos.

§ 2.º O terceiro com quem o mandatário tratar poderá exigir que a procuração traga a firma reconhecida.

Art. 655. Ainda quando se outorgue mandato por instrumento público, pode substabelecer-se mediante instrumento particular.

Art. 656. O mandato pode ser expresso ou tácito, verbal ou escrito.

• Vide art. 513 da CLT.
• A Lei n. 1.134, de 14-6-1950, dispõe sobre a representação perante autoridades administrativas.

Art. 657. A outorga do mandato está sujeita à forma exigida por lei para o ato a ser praticado. Não se admite mandato verbal quando o ato deva ser celebrado por escrito.

Art. 658. O mandato presume-se gratuito quando não houver sido estipulada retribuição, exceto se o seu objeto corresponder ao daqueles que o mandatário trata por ofício ou profissão lucrativa.

Parágrafo único. Se o mandato for oneroso, caberá ao mandatário a retribuição prevista em lei ou no contrato. Sendo estes omissos, será ela determinada pelos usos do lugar, ou, na falta destes, por arbitramento.

Art. 659. A aceitação do mandato pode ser tácita, e resulta do começo de execução.

Art. 660. O mandato pode ser especial a um ou mais negócios determinadamente, ou geral a todos os do mandante.

Art. 661. O mandato em termos gerais só confere poderes de administração.

§ 1.º Para alienar, hipotecar, transigir, ou praticar outros quaisquer atos que exorbitem da administração ordinária, depende a procuração de poderes especiais e expressos.

§ 2.º O poder de transigir não importa o de firmar compromisso.

Art. 662. Os atos praticados por quem não tenha mandato, ou o tenha sem poderes suficientes, são ineficazes em relação àquele em cujo nome foram praticados, salvo se este os ratificar.

Parágrafo único. A ratificação há de ser expressa, ou resultar de ato inequívoco, e retroagirá à data do ato.

Art. 663. Sempre que o mandatário estipular negócios expressamente em nome do mandante, será este o único responsável; ficará, porém, o mandatário pessoalmente obrigado, se agir no seu próprio nome, ainda que o negócio seja de conta do mandante.

Art. 664. O mandatário tem o direito de reter, do objeto da operação que lhe foi cometida, quanto baste para pagamento de tudo que lhe for devido em consequência do mandato.

Art. 665. O mandatário que exceder os poderes do mandato, ou proceder contra eles, será considerado mero gestor de negócios, enquanto o mandante lhe não ratificar os atos.

Art. 666. O maior de dezesseis e menor de dezoito anos não emancipado pode ser mandatário, mas o mandante não tem ação contra ele senão de conformidade com as regras gerais, aplicáveis às obrigações contraídas por menores.

SEÇÃO II
Das Obrigações do Mandatário

Art. 667. O mandatário é obrigado a aplicar toda sua diligência habitual na execução do mandato, e a indenizar qualquer prejuízo causado por culpa sua ou daquele a quem substabelecer, sem autorização, poderes que devia exercer pessoalmente.

§ 1.º Se, não obstante proibição do mandante, o mandatário se fizer substituir na execução do mandato, responderá ao seu constituinte pelos prejuízos ocorridos sob a gerência do substituto, embora provenientes de caso fortuito, salvo provando que o caso teria sobrevindo, ainda que não tivesse havido substabelecimento.

§ 2.º Havendo poderes de substabelecer, só serão imputáveis ao mandatário os danos causados pelo substabelecido, se tiver agido com culpa na escolha deste ou nas instruções dadas a ele.

§ 3.º Se a proibição de substabelecer constar da procuração, os atos praticados pelo substabelecido não obrigam o mandante, salvo ratificação expressa, que retroagirá à data do ato.

§ 4.º Sendo omissa a procuração quanto ao substabelecimento, o procurador será responsável se o substabelecido proceder culposamente.

Art. 668. O mandatário é obrigado a dar contas de sua gerência ao mandante, transferindo-lhe as vantagens provenientes do mandato, por qualquer título que seja.

Art. 669. O mandatário não pode compensar os prejuízos a que deu causa com os proveitos que, por outro lado, tenha granjeado ao seu constituinte.

Art. 670. Pelas somas que devia entregar ao mandante ou recebeu para despesa, mas empregou em proveito seu, pagará o mandatário juros, desde o momento em que abusou.

Art. 671. Se o mandatário, tendo fundos ou crédito do mandante, comprar, em nome próprio, algo que devera comprar para o mandante, por ter sido expressamente designado no mandato, terá este ação para obrigá-lo à entrega da coisa comprada.

Art. 672. Sendo dois ou mais os mandatários nomeados no mesmo instrumento, qualquer deles poderá exercer os poderes outorgados, se não forem expressamente declarados conjuntos, nem especificamente designados para atos diferentes, ou subordinados a atos sucessivos. Se os mandatários forem declarados conjuntos, não terá eficácia o ato praticado sem interferência de todos, salvo havendo ratificação, que retroagirá à data do ato.

Art. 673. O terceiro que, depois de conhecer os poderes do mandatário, com ele celebrar negócio jurídico exorbitante do mandato, não tem ação contra o mandatário, salvo se este lhe prometeu ratificação do mandante ou se responsabilizou pessoalmente.

Art. 674. Embora ciente da morte, interdição ou mudança de estado do mandante, deve o mandatário concluir o negócio já começado, se houver perigo na demora.

SEÇÃO III
Das Obrigações do Mandante

Art. 675. O mandante é obrigado a satisfazer todas as obrigações contraídas pelo mandatário, na conformidade do mandato conferido, e adiantar a importância das despesas necessárias à execução dele, quando o mandatário lho pedir.

Art. 676. É obrigado o mandante a pagar ao mandatário a remuneração ajustada e as despesas da execução do mandato, ainda que o negócio não surta o esperado efeito, salvo tendo o mandatário culpa.

Art. 677. As somas adiantadas pelo mandatário, para a execução do mandato, vencem juros desde a data do desembolso.

Art. 678. É igualmente obrigado o mandante a ressarcir ao mandatário as perdas que este sofrer com a execução do mandato, sempre que não resultem de culpa sua ou de excesso de poderes.

Art. 679. Ainda que o mandatário contrarie as instruções do mandante, se não exceder os limites do mandato, ficará o mandante obrigado para com aqueles com quem o seu procurador contratou; mas terá contra este ação pelas perdas e danos resultantes da inobservância das instruções.

Art. 680. Se o mandato for outorgado por duas ou mais pessoas, e para negócio comum, cada uma ficará solidariamente responsável ao mandatário por todos os compromissos e efeitos do mandato, salvo direito regressivo, pelas quantias que pagar, contra os outros mandantes.

Art. 681. O mandatário tem sobre a coisa de que tenha a posse em virtude do mandato, direito de retenção, até se reembolsar do que no desempenho do encargo despendeu.

SEÇÃO IV
Da Extinção do Mandato

Art. 682. Cessa o mandato:
I – pela revogação ou pela renúncia;
II – pela morte ou interdição de uma das partes;
III – pela mudança de estado que inabilite o mandante a conferir os poderes, ou o mandatário para os exercer;
IV – pelo término do prazo ou pela conclusão do negócio.

Art. 683. Quando o mandato contiver a cláusula de irrevogabilidade e o mandante o revogar, pagará perdas e danos.

Art. 684. Quando a cláusula de irrevogabilidade for condição de um negócio bilateral, ou tiver sido estipulada no exclusivo interesse do mandatário, a revogação do mandato será ineficaz.

Art. 685. Conferido o mandato com a cláusula "em causa própria", a sua revogação não terá eficácia, nem se extinguirá pela morte de qualquer das partes, ficando o mandatário dispensado de prestar contas, e podendo transferir para si os bens móveis ou imóveis objeto do mandato, obedecidas as formalidades legais.

Art. 686. A revogação do mandato, notificada somente ao mandatário, não se pode opor aos terceiros que, ignorando-a, de boa-fé com ele trataram; mas ficam salvas ao constituinte as ações que no caso lhe possam caber contra o procurador.

Parágrafo único. É irrevogável o mandato que contenha poderes de cumprimento ou confirmação de negócios encetados, aos quais se ache vinculado.

Art. 687. Tanto que for comunicada ao mandatário a nomeação de outro, para o mesmo negócio, considerar-se-á revogado o mandato anterior.

Art. 688. A renúncia do mandato será comunicada ao mandante, que, se for prejudicado pela sua inoportunidade, ou pela falta de tempo, a fim de prover à substituição do procurador, será indenizado pelo mandatário, salvo se este provar que não podia continuar no mandato sem prejuízo considerável, e que não lhe era dado substabelecer.

Art. 689. São válidos, a respeito dos contratantes de boa-fé, os atos com estes ajustados em nome do mandante pelo mandatário, enquanto este ignorar a morte daquele ou a extinção do mandato, por qualquer outra causa.

Art. 690. Se falecer o mandatário, pendente o negócio a ele cometido, os herdeiros, tendo ciência do mandato, avisarão o mandante, e providenciarão a bem dele, como as circunstâncias exigirem.

Art. 691. Os herdeiros, no caso do artigo antecedente, devem limitar-se às medidas conservatórias, ou continuar os negócios pendentes que se não possam demorar sem perigo, regulando-se os seus serviços dentro desse limite, pelas mesmas normas a que os do mandatário estão sujeitos.

SEÇÃO V
Do Mandato Judicial

Art. 692. O mandato judicial fica subordinado às normas que lhe dizem respeito, constantes da legislação processual, e, supletivamente, às estabelecidas neste Código.
• Vide arts. 513 e 791 da CLT.

Capítulo XIX
DA TRANSAÇÃO

Art. 840. É lícito aos interessados prevenirem ou terminarem o litígio mediante concessões mútuas.
• A Lei n. 9.469, de 10-7-1997, dispõe sobre a transação nas causas de interesse da União, suas autarquias, fundações e empresas públicas federais.

Art. 841. Só quanto a direitos patrimoniais de caráter privado se permite a transação.

Art. 842. A transação far-se-á por escritura pública, nas obrigações em que a lei o exige, ou por instrumento particular, nas em que ela o admite; se recair sobre direitos contestados em juízo, será feita por escritura pública, ou por termo nos autos, assinado pelos transigentes e homologado pelo juiz.

Art. 843. A transação interpreta-se restritivamente, e por ela não se transmitem, apenas se declaram ou reconhecem direitos.

Art. 844. A transação não aproveita, nem prejudica senão aos que nela intervierem, ainda que diga respeito a coisa indivisível.

§ 1.º Se for concluída entre o credor e o devedor, desobrigará o fiador.

§ 2.º Se entre um dos credores solidários e o devedor, extingue a obrigação deste para com os outros credores.

§ 3.º Se entre um dos devedores solidários e seu credor, extingue a dívida em relação aos codevedores.

Art. 845. Dada a evicção da coisa renunciada por um dos transigentes, ou por ele transferida à outra parte, não revive a obrigação extinta pela transação; mas ao evicto cabe o direito de reclamar perdas e danos.

Parágrafo único. Se um dos transigentes adquirir, depois da transação, novo direito sobre a coisa renunciada ou transferida, a transação feita não o inibirá de exercê-lo.

Art. 846. A transação concernente a obrigações resultantes de delito não extingue a ação penal pública.

Art. 847. É admissível, na transação, a pena convencional.

Art. 848. Sendo nula qualquer das cláusulas da transação, nula será esta.

Parágrafo único. Quando a transação versar sobre diversos direitos contestados, independentes entre si, o fato de não prevalecer em relação a um não prejudicará os demais.

Art. 849. A transação só se anula por dolo, coação, ou erro essencial quanto à pessoa ou coisa controversa.

Parágrafo único. A transação não se anula por erro de direito a respeito das questões que foram objeto de controvérsia entre as partes.

Art. 850. É nula a transação a respeito do litígio decidido por sentença passada em julgado, se dela não tinha ciência algum dos transatores, ou quando, por título ulteriormente descoberto, se verificar que nenhum deles tinha direito sobre o objeto da transação.

Título VII
DOS ATOS UNILATERAIS

Capítulo III
DO PAGAMENTO INDEVIDO

Art. 876. Todo aquele que recebeu o que lhe não era devido fica obrigado a restituir; obrigação que incumbe àquele que recebe dívida condicional antes de cumprida a condição.

Art. 877. Àquele que voluntariamente pagou o indevido incumbe a prova de tê-lo feito por erro.

Art. 878. Aos frutos, acessões, benfeitorias e deteriorações sobrevindas à coisa dada em pagamento indevido, aplica-se o disposto neste Código sobre o possuidor de boa-fé ou de má-fé, conforme o caso.

Art. 879. Se aquele que indevidamente recebeu um imóvel o tiver alienado em boa-fé, por título oneroso, responde somente pela quantia recebida; mas, se agiu de má-fé, além do valor do imóvel, responde por perdas e danos.

Parágrafo único. Se o imóvel foi alienado por título gratuito, ou se, alienado por título oneroso, o terceiro adquirente agiu de má-fé, cabe ao que pagou por erro o direito de reivindicação.

Art. 880. Fica isento de restituir pagamento indevido aquele que, recebendo-o como parte de dívida verdadeira, inutilizou o título, deixou prescrever a pretensão ou abriu mão das garantias que asseguravam seu direito; mas aquele que pagou dispõe de ação regressiva contra o verdadeiro devedor e seu fiador.

Art. 881. Se o pagamento indevido tiver consistido no desempenho de obrigação de fazer ou para eximir-se da obrigação de não fazer, aquele que recebeu a prestação fica na obrigação de indenizar o que a cumpriu, na medida do lucro obtido.

Art. 882. Não se pode repetir o que se pagou para solver dívida prescrita, ou cumprir obrigação judicialmente inexigível.

Art. 883. Não terá direito à repetição aquele que deu alguma coisa para obter fim ilícito, imoral, ou proibido por lei.

Parágrafo único. No caso deste artigo, o que se deu reverterá em favor de estabelecimento local de beneficência, a critério do juiz.

Capítulo IV
DO ENRIQUECIMENTO SEM CAUSA

Art. 884. Aquele que, sem justa causa, se enriquecer à custa de outrem, será obrigado a restituir o indevidamente auferido, feita a atualização dos valores monetários.

Parágrafo único. Se o enriquecimento tiver por objeto coisa determinada, quem a recebeu é obrigado a restituí-la, e, se a coisa não mais subsistir, a restituição se fará pelo valor do bem na época em que foi exigido.

Art. 885. A restituição é devida, não só quando não tenha havido causa que justifique o enriquecimento, mas também se esta deixou de existir.

Art. 886. Não caberá a restituição por enriquecimento, se a lei conferir ao lesado outros meios para se ressarcir do prejuízo sofrido.

Título VIII
DOS TÍTULOS DE CRÉDITO

Capítulo I
DISPOSIÇÕES GERAIS

Art. 887. O título de crédito, documento necessário ao exercício do direito literal e autônomo nele contido, somente produz efeito quando preencha os requisitos da lei.

Art. 888. A omissão de qualquer requisito legal, que tire ao escrito a sua validade como título de crédito, não implica a invalidade do negócio jurídico que lhe deu origem.

Art. 889. Deve o título de crédito conter a data da emissão, a indicação precisa dos direitos que confere, e a assinatura do emitente.

§ 1.º É à vista o título de crédito que não contenha indicação de vencimento.

§ 2.º Considera-se lugar de emissão e de pagamento, quando não indicado no título, o domicílio do emitente.

§ 3.º O título poderá ser emitido a partir dos caracteres criados em computador ou meio técnico equivalente e que constem da escrituração do emitente, observados os requisitos mínimos previstos neste artigo.

Art. 890. Consideram-se não escritas no título a cláusula de juros, a proibitiva de endosso, a excludente de responsabilidade pelo pagamento ou por despesas, a que dispense a observância de termos e formalidade prescritas, e a que, além dos limites fixados em lei, exclua ou restrinja direitos e obrigações.

Art. 891. O título de crédito, incompleto ao tempo da emissão, deve ser preenchido de conformidade com os ajustes realizados.

Parágrafo único. O descumprimento dos ajustes previstos neste artigo pelos que deles participarem, não constitui motivo de oposição ao terceiro portador, salvo se este, ao adquirir o título, tiver agido de má-fé.

Art. 892. Aquele que, sem ter poderes, ou excedendo os que tem, lança a sua assinatura em título de crédito, como mandatário ou representante de outrem, fica pessoalmente obrigado, e, pagando o

título, tem ele os mesmos direitos que teria o suposto mandante ou representado.

Art. 893. A transferência do título de crédito implica a de todos os direitos que lhe são inerentes.

Art. 894. O portador de título representativo de mercadoria tem o direito de transferi-lo, de conformidade com as normas que regulam a sua circulação, ou de receber aquela independentemente de quaisquer formalidades, além da entrega do título devidamente quitado.

Art. 895. Enquanto o título de crédito estiver em circulação, só ele poderá ser dado em garantia, ou ser objeto de medidas judiciais, e não, separadamente, os direitos ou mercadorias que representa.

Art. 896. O título de crédito não pode ser reivindicado do portador que o adquiriu de boa-fé e na conformidade das normas que disciplinam a sua circulação.

Art. 897. O pagamento de título de crédito, que contenha obrigação de pagar soma determinada, pode ser garantido por aval.

Parágrafo único. É vedado o aval parcial.

Art. 898. O aval deve ser dado no verso ou no anverso do próprio título.

§ 1.º Para a validade do aval, dado no anverso do título, é suficiente a simples assinatura do avalista.

§ 2.º Considera-se não escrito o aval cancelado.

Art. 899. O avalista equipara-se àquele cujo nome indicar; na falta de indicação, ao emitente ou devedor final.

§ 1.º Pagando o título, tem o avalista ação de regresso contra o seu avalizado e demais coobrigados anteriores.

§ 2.º Subsiste a responsabilidade do avalista, ainda que nula a obrigação daquele a quem se equipara, a menos que a nulidade decorra de vício de forma.

Art. 900. O aval posterior ao vencimento produz os mesmos efeitos do anteriormente dado.

Art. 901. Fica validamente desonerado o devedor que paga título de crédito ao legítimo portador, no vencimento, sem oposição, salvo se agiu de má-fé.

Parágrafo único. Pagando, pode o devedor exigir do credor, além da entrega do título, quitação regular.

Art. 902. Não é o credor obrigado a receber o pagamento antes do vencimento do título, e aquele que o paga, antes do vencimento, fica responsável pela validade do pagamento.

§ 1.º No vencimento, não pode o credor recusar pagamento, ainda que parcial.

§ 2.º No caso de pagamento parcial, em que se não opera a tradição do título, além da quitação em separado, outra deverá ser firmada no próprio título.

Art. 903. Salvo disposição diversa em lei especial, regem-se os títulos de crédito pelo disposto neste Código.

Capítulo II
DO TÍTULO AO PORTADOR

Art. 904. A transferência de título ao portador se faz por simples tradição.

Art. 905. O possuidor de título ao portador tem direito à prestação nele indicada, mediante a sua simples apresentação ao devedor.

Parágrafo único. A prestação é devida ainda que o título tenha entrado em circulação contra a vontade do emitente.

Art. 906. O devedor só poderá opor ao portador exceção fundada em direito pessoal, ou em nulidade de sua obrigação.

Art. 907. É nulo o título ao portador emitido sem autorização de lei especial.

Art. 908. O possuidor de título dilacerado, porém identificável, tem direito a obter do emitente a substituição do anterior, mediante a restituição do primeiro e o pagamento das despesas.

Art. 909. O proprietário, que perder ou extraviar título, ou for injustamente desapossado dele, poderá obter novo título em juízo, bem como impedir sejam pagos a outrem capital e rendimentos.

Parágrafo único. O pagamento, feito antes de ter ciência da ação referida neste artigo, exonera o devedor, salvo se se provar que ele tinha conhecimento do fato.

Capítulo III
DO TÍTULO À ORDEM

Art. 910. O endosso deve ser lançado pelo endossante no verso ou anverso do próprio título.

§ 1.º Pode o endossante designar o endossatário, e para validade do endosso, dado no verso do título, é suficiente a simples assinatura do endossante.

§ 2.º A transferência por endosso completa-se com a tradição do título.

§ 3.º Considera-se não escrito o endosso cancelado, total ou parcialmente.

Art. 911. Considera-se legítimo possuidor o portador do título à ordem com série regular e ininterrupta de endossos, ainda que o último seja em branco.

Parágrafo único. Aquele que paga o título está obrigado a verificar a regularidade da série de endossos, mas não a autenticidade das assinaturas.

Art. 912. Considera-se não escrita no endosso qualquer condição a que o subordine o endossante.

Parágrafo único. É nulo o endosso parcial.

Art. 913. O endossatário de endosso em branco pode mudá-lo para endosso em preto, completando-o com o seu nome ou de terceiro; pode endossar novamente o título, em branco ou em preto; ou pode transferi-lo sem novo endosso.

Art. 914. Ressalvada cláusula expressa em contrário, constante do endosso, não responde o endossante pelo cumprimento da prestação constante do título.

§ 1.º Assumindo responsabilidade pelo pagamento, o endossante se torna devedor solidário.

§ 2.º Pagando o título, tem o endossante ação de regresso contra os coobrigados anteriores.

Art. 915. O devedor, além das exceções fundadas nas relações pessoais que tiver com o portador, só poderá opor a este as exceções relativas à forma do título e ao seu conteúdo literal, à falsidade da própria assinatura, a defeito de capacidade ou de representação no momento da subscrição, e à falta de requisito necessário ao exercício da ação.

Art. 916. As exceções, fundadas em relação do devedor com os portadores precedentes, somente poderão ser por ele opostas ao portador, se este, ao adquirir o título, tiver agido de má-fé.

Art. 917. A cláusula constitutiva de mandato, lançada no endosso, confere ao endossatário o exercício dos direitos inerentes ao título, salvo restrição expressamente estatuída.

§ 1.º O endossatário de endosso-mandato só pode endossar novamente o título na qualidade de procurador, com os mesmos poderes que recebeu.

§ 2.º Com a morte ou a superveniente incapacidade do endossante, não perde eficácia o endosso-mandato.

§ 3.º Pode o devedor opor ao endossatário de endosso-mandato somente as exceções que tiver contra o endossante.

Art. 918. A cláusula constitutiva de penhor, lançada no endosso, confere ao endossatário o exercício dos direitos inerentes ao título.

§ 1.º O endossatário de endosso-penhor só pode endossar novamente o título na qualidade de procurador.

§ 2.º Não pode o devedor opor ao endossatário de endosso-penhor as exceções que tinha contra o endossante, salvo se aquele tiver agido de má-fé.

Art. 919. A aquisição de título à ordem, por meio diverso do endosso, tem efeito de cessão civil.

Art. 920. O endosso posterior ao vencimento produz os mesmos efeitos do anterior.

Capítulo IV
DO TÍTULO NOMINATIVO

Art. 921. É título nominativo o emitido em favor de pessoa cujo nome conste no registro do emitente.

Art. 922. Transfere-se o título nominativo mediante termo, em registro do emitente, assinado pelo proprietário e pelo adquirente.

Art. 923. O título nominativo também pode ser transferido por endosso que contenha o nome do endossatário.

§ 1.º A transferência mediante endosso só tem eficácia perante o emitente, uma vez feita a competente averbação em seu registro, podendo o emitente exigir do endossatário que comprove a autenticidade da assinatura do endossante.

§ 2.º O endossatário, legitimado por série regular e ininterrupta de endossos, tem o direito de obter a averbação no registro do emitente, comprovada a autenticidade das assinaturas de todos os endossantes.

§ 3.º Caso o título original contenha o nome do primitivo proprietário, tem direito o adquirente a obter do emitente novo título, em seu nome, devendo a emissão do novo título constar no registro do emitente.

Art. 924. Ressalvada proibição legal, pode o título nominativo ser transformado em à ordem ou ao portador, a pedido do proprietário e à sua custa.

Art. 925. Fica desonerado de responsabilidade o emitente que de boa-fé fizer a transferência pelos modos indicados nos artigos antecedentes.

Art. 926. Qualquer negócio ou medida judicial, que tenha por objeto o título, só produz efeito perante o emitente ou terceiros, uma vez feita a competente averbação no registro do emitente.

Título IX
DA RESPONSABILIDADE CIVIL

Capítulo I
DA OBRIGAÇÃO DE INDENIZAR

Art. 927. Aquele que, por ato ilícito (arts. 186 e 187), causar dano a outrem, fica obrigado a repará-lo.

Parágrafo único. Haverá obrigação de reparar o dano, independentemente de culpa, nos casos especificados em lei, ou quando a atividade normalmente desenvolvida pelo autor do dano implicar, por sua natureza, risco para os direitos de outrem.

• Vide arts. 5.º, V e X, e 37, § 6.º, da CF.

Art. 928. O incapaz responde pelos prejuízos que causar, se as pessoas por ele responsáveis não tiverem obrigação de fazê-lo ou não dispuserem de meios suficientes.

Parágrafo único. A indenização prevista neste artigo, que deverá ser equitativa, não terá lugar se privar do necessário o incapaz ou as pessoas que dele dependem.

Art. 929. Se a pessoa lesada, ou o dono da coisa, no caso do inciso II do art. 188, não forem culpados do perigo, assistir-lhes-á direito à indenização do prejuízo que sofreram.

Art. 930. No caso do inciso II do art. 188, se o perigo ocorrer por culpa de terceiro, contra este terá o autor do dano ação regressiva para haver a importância que tiver ressarcido ao lesado.

Parágrafo único. A mesma ação competirá contra aquele em defesa de quem se causou o dano (art. 188, inciso I).

• Vide art. 125, II, do CPC.

Art. 931. Ressalvados outros casos previstos em lei especial, os empresários individuais e as empresas respondem independentemente de culpa pelos danos causados pelos produtos postos em circulação.

Art. 932. São também responsáveis pela reparação civil:

I – os pais, pelos filhos menores que estiverem sob sua autoridade e em sua companhia;

II – o tutor e o curador, pelos pupilos e curatelados, que se acharem nas mesmas condições;

III – o empregador ou comitente, por seus empregados, serviçais e prepostos, no exercício do trabalho que lhes competir, ou em razão dele;

• A Lei n. 7.195, de 12-6-1984, dispõe sobre a responsabilidade civil das agências de empregados domésticos.

IV – os donos de hotéis, hospedarias, casas ou estabelecimentos onde se albergue por dinheiro, mesmo para fins de educação, pelos seus hóspedes, moradores e educandos;

V – os que gratuitamente houverem participado nos produtos do crime, até a concorrente quantia.

• O Decreto n. 2.681, de 7-12-1912, regula a responsabilidade civil das estradas de ferro.

Art. 933. As pessoas indicadas nos incisos I a V do artigo antecedente, ainda que não haja culpa de sua parte, responderão pelos atos praticados pelos terceiros ali referidos.

Art. 934. Aquele que ressarcir o dano causado por outrem pode reaver o que houver pago daquele por quem pagou, salvo se o causador do dano for descendente seu, absoluta ou relativamente incapaz.

Art. 935. A responsabilidade civil é independente da criminal, não se podendo questionar mais sobre a existência do fato, ou sobre quem seja o seu autor, quando estas questões se acharem decididas no juízo criminal.

Art. 936. O dono, ou detentor, do animal ressarcirá o dano por este causado, se não provar culpa da vítima ou força maior.

Art. 937. O dono de edifício ou construção responde pelos danos que resultarem de sua ruína, se esta provier de falta de reparos, cuja necessidade fosse manifesta.

•• A Lei n. 13.425, de 30-3-2017, propôs o acréscimo dos §§ 1.º e 2.º a este artigo, porém teve o texto vetado.

Art. 938. Aquele que habitar prédio, ou parte dele, responde pelo dano proveniente das coisas que dele caírem ou forem lançadas em lugar indevido.

Art. 939. O credor que demandar o devedor antes de vencida a dívida, fora dos casos em que a lei o permita, ficará obrigado a esperar o tempo que faltava para o vencimento, a descontar os juros correspondentes, embora estipulados, e a pagar as custas em dobro.

Art. 940. Aquele que demandar por dívida já paga, no todo ou em parte, sem ressalvar as quantias recebidas ou pedir mais do que for devido, ficará obrigado a pagar ao devedor, no primeiro caso, o dobro do que houver cobrado e, no segundo, o equivalente do que dele exigir, salvo se houver prescrição.

Art. 941. As penas previstas nos arts. 939 e 940 não se aplicarão quando o autor desistir da ação antes de contestada a lide, salvo ao réu o direito de haver indenização por algum prejuízo que prove ter sofrido.

Art. 942. Os bens do responsável pela ofensa ou violação do direito de outrem ficam sujeitos à reparação do dano causado; e, se a ofensa tiver mais de um autor, todos responderão solidariamente pela reparação.

• Vide arts. 5.º, V e X, e 37, § 6.º (indenização), da CF.

Parágrafo único. São solidariamente responsáveis com os autores os coautores e as pessoas designadas no art. 932.

Art. 943. O direito de exigir reparação e a obrigação de prestá-la transmitem-se com a herança.

•• Vide Súmula 642 do STJ.

Capítulo II
DA INDENIZAÇÃO

Art. 944. A indenização mede-se pela extensão do dano.

Parágrafo único. Se houver excessiva desproporção entre a gravidade da culpa e o dano, poderá o juiz reduzir, equitativamente, a indenização.
• Vide art. 5.º da LINDB.

Art. 945. Se a vítima tiver concorrido culposamente para o evento danoso, a sua indenização será fixada tendo-se em conta a gravidade de sua culpa em confronto com a do autor do dano.

Art. 946. Se a obrigação for indeterminada, e não houver na lei ou no contrato disposição fixando a indenização devida pelo inadimplente, apurar-se-á o valor das perdas e danos na forma que a lei processual determinar.

Art. 947. Se o devedor não puder cumprir a prestação na espécie ajustada, substituir-se-á pelo seu valor, em moeda corrente.

Art. 948. No caso de homicídio, a indenização consiste, sem excluir outras reparações:

I – no pagamento das despesas com o tratamento da vítima, seu funeral e o luto da família;

II – na prestação de alimentos às pessoas a quem o morto os devia, levando-se em conta a duração provável da vida da vítima.
• Sobre honorários de advogado que completam a indenização, vide arts. 22 a 26 do EAOAB.

Art. 949. No caso de lesão ou outra ofensa à saúde, o ofensor indenizará o ofendido das despesas do tratamento e dos lucros cessantes até ao fim da convalescença, além de algum outro prejuízo que o ofendido prove haver sofrido.

Art. 950. Se da ofensa resultar defeito pelo qual o ofendido não possa exercer o seu ofício ou profissão, ou se lhe diminua a capacidade de trabalho, a indenização, além das despesas do tratamento e lucros cessantes até ao fim da convalescença, incluirá pensão correspondente à importância do trabalho para que se inabilitou, ou da depreciação que ele sofreu.

Parágrafo único. O prejudicado, se preferir, poderá exigir que a indenização seja arbitrada e paga de uma só vez.

Art. 951. O disposto nos arts. 948, 949 e 950 aplica-se ainda no caso de indenização devida por aquele que, no exercício de atividade profissional, por negligência, imprudência ou imperícia, causar a morte do paciente, agravar-lhe o mal, causar-lhe lesão, ou inabilitá-lo para o trabalho.

Art. 952. Havendo usurpação ou esbulho do alheio, além da restituição da coisa, a indenização consistirá em pagar o valor das suas deteriorações e o devido a título de lucros cessantes; faltando a coisa, dever-se-á reembolsar o seu equivalente ao prejudicado.

Parágrafo único. Para se restituir o equivalente, quando não exista a própria coisa, estimar-se-á ela pelo seu preço ordinário e pelo de afeição, contanto que este não se avantaje àquele.

Art. 953. A indenização por injúria, difamação ou calúnia consistirá na reparação do dano que delas resulte ao ofendido.
• Os arts. 138, 139 e 140 do CP dispõem respectivamente sobre calúnia, injúria e difamação.

Parágrafo único. Se o ofendido não puder provar prejuízo material, caberá ao juiz fixar, equitativamente, o valor da indenização, na conformidade das circunstâncias do caso.

Art. 954. A indenização por ofensa à liberdade pessoal consistirá no pagamento das perdas e danos que sobrevierem ao ofendido, e se este não puder provar prejuízo, tem aplicação o disposto no parágrafo único do artigo antecedente.

Parágrafo único. Consideram-se ofensivos da liberdade pessoal:

I – o cárcere privado;

II – a prisão por queixa ou denúncia falsa e de má-fé;

III – a prisão ilegal.
• Vide art. 5.º, LXV, da CF.

Título X
DAS PREFERÊNCIAS E PRIVILÉGIOS CREDITÓRIOS

Art. 955. Procede-se à declaração de insolvência toda vez que as dívidas excedam à importância dos bens do devedor.
• Lei de Execução Fiscal: Lei n. 6.830, de 22-9-1980.

Art. 956. A discussão entre os credores pode versar quer sobre a preferência entre eles disputada, quer sobre a nulidade, simulação, fraude, ou falsidade das dívidas e contratos.

Art. 957. Não havendo título legal à preferência, terão os credores igual direito sobre os bens do devedor comum.

Art. 958. Os títulos legais de preferência são os privilégios e os direitos reais.

Art. 959. Conservam seus respectivos direitos os credores, hipotecários ou privilegiados:

I – sobre o preço do seguro da coisa gravada com hipoteca ou privilégio, ou sobre a indenização devida, havendo responsável pela perda ou danificação da coisa;

II – sobre o valor da indenização, se a coisa obrigada a hipoteca ou privilégio for desapropriada.

Art. 960. Nos casos a que se refere o artigo antecedente, o devedor do seguro, ou da indenização, exonera-se pagando sem oposição dos credores hipotecários ou privilegiados.

Art. 961. O crédito real prefere ao pessoal de qualquer espécie; o crédito pessoal privilegiado, ao simples; e o privilégio especial, ao geral.

Art. 962. Quando concorrerem aos mesmos bens, e por título igual, dois ou mais credores da mesma classe especialmente privilegiados, haverá entre eles rateio proporcional ao valor dos respectivos créditos, se o produto não bastar para o pagamento integral de todos.

Art. 963. O privilégio especial só compreende os bens sujeitos, por expressa disposição de lei, ao pagamento do crédito que ele favorece; e o geral, todos os bens não sujeitos a crédito real nem a privilégio especial.

Art. 964. Têm privilégio especial:

I – sobre a coisa arrecadada e liquidada, o credor de custas e despesas judiciais feitas com a arrecadação e liquidação;

II – sobre a coisa salvada, o credor por despesas de salvamento;

III – sobre a coisa beneficiada, o credor por benfeitorias necessárias ou úteis;

IV – sobre os prédios rústicos ou urbanos, fábricas, oficinas, ou quaisquer outras construções, o credor de materiais, dinheiro, ou serviços para a sua edificação, reconstrução, ou melhoramento;

V – sobre os frutos agrícolas, o credor por sementes, instrumentos e serviços à cultura, ou à colheita;

VI – sobre as alfaias e utensílios de uso doméstico, nos prédios rústicos ou urbanos, o credor de aluguéis, quanto às prestações do ano corrente e do anterior;

VII – sobre os exemplares da obra existente na massa do editor, o autor dela, ou seus legítimos representantes, pelo crédito fundado contra aquele no contrato da edição;

VIII – sobre o produto da colheita, para a qual houver concorrido com o seu trabalho, e precipuamente a quaisquer outros créditos, ainda que reais, o trabalhador agrícola, quanto à dívida dos seus salários;

IX – sobre os produtos do abate, o credor por animais.
•• Inciso IX acrescentado pela Lei n. 13.176, de 21-10-2015.

Art. 965. Goza de privilégio geral, na ordem seguinte, sobre os bens do devedor:

I – o crédito por despesa de seu funeral, feito segundo a condição do morto e o costume do lugar;

II – o crédito por custas judiciais, ou por despesas com a arrecadação e liquidação da massa;

III – o crédito por despesas com o luto do cônjuge sobrevivo e dos filhos do devedor falecido, se foram moderadas;

IV – o crédito por despesas com a doença de que faleceu o devedor, no semestre anterior à sua morte;

V – o crédito pelos gastos necessários à mantença do devedor falecido e sua família, no trimestre anterior ao falecimento;

VI – o crédito pelos impostos devidos à Fazenda Pública, no ano corrente e no anterior;

VII – o crédito pelos salários dos empregados do serviço doméstico do devedor, nos seus derradeiros seis meses de vida;

VIII – os demais créditos de privilégio geral.

LIVRO COMPLEMENTAR
DAS DISPOSIÇÕES FINAIS E TRANSITÓRIAS

Art. 2.028. Serão os da lei anterior os prazos, quando reduzidos por este Código, e se, na data de sua entrada em vigor, já houver transcorrido mais da metade do tempo estabelecido na lei revogada.

Art. 2.029. Até dois anos após a entrada em vigor deste Código, os prazos estabelecidos no parágrafo único do art. 1.238 e no parágrafo único do art. 1.242 serão acrescidos de dois anos, qualquer que seja o tempo transcorrido na vigência do anterior, Lei n. 3.071, de 1.º de janeiro de 1916.

Art. 2.030. O acréscimo de que trata o artigo antecedente, será feito nos casos a que se refere o § 4.º do art. 1.228.

Art. 2.031. As associações, sociedades e fundações, constituídas na forma das leis anteriores, bem como os empresários, deverão se adaptar às disposições deste Código até 11 de janeiro de 2007.

•• *Caput* com redação determinada pela Lei n. 11.127, de 28-6-2005.
• A Portaria n. 2, de 8-1-2004, da Secretaria da Previdência Complementar, dispõe sobre os Estatutos das Entidades Fechadas de Previdência Complementar em face deste artigo.
• A Lei n. 12.879, de 5-11-2013, dispõe sobre a gratuidade dos atos de registro pelas associações de moradores.

Parágrafo único. O disposto neste artigo não se aplica às organizações religiosas nem aos partidos políticos.

•• Parágrafo único acrescentado pela Lei n. 10.825, de 22-12-2003.

Art. 2.032. As fundações, instituídas segundo a legislação anterior, inclusive as de fins diversos dos previstos no parágrafo único do art. 62, subordinam-se, quanto ao seu funcionamento, ao disposto neste Código.

Art. 2.033. Salvo o disposto em lei especial, as modificações dos atos constitutivos das pessoas jurídicas referidas no art. 44, bem como a sua transformação, incorporação, cisão ou fusão, regem-se desde logo por este Código.

Art. 2.034. A dissolução e a liquidação das pessoas jurídicas referidas no artigo antecedente, quando iniciadas antes da vigência deste Código, obedecerão ao disposto nas leis anteriores.

Art. 2.035. A validade dos negócios e demais atos jurídicos, constituídos antes da entrada em vigor deste Código, obedece ao disposto nas leis anteriores, referidas no art. 2.045, mas os seus efeitos, produzidos após a vigência deste Código, aos preceitos dele se subordinam, salvo se houver sido prevista pelas partes determinada forma de execução.

• *Vide* arts. 5.º, XXXVI, da CF e 6.º da LINDB.

Parágrafo único. Nenhuma convenção prevalecerá se contrariar preceitos de ordem pública, tais como os estabelecidos por este Código para assegurar a função social da propriedade e dos contratos.

Art. 2.036. A locação de prédio urbano, que esteja sujeita à lei especial, por esta continua a ser regida.

Art. 2.037. Salvo disposição em contrário, aplicam-se aos empresários e sociedades empresárias as disposições de lei não revogadas por este Código, referentes a comerciantes, ou a sociedades comerciais, bem como a atividades mercantis.

Art. 2.038. Fica proibida a constituição de enfiteuses e subenfiteuses, subordinando-se as existentes, até sua extinção, às disposições do Código Civil anterior, Lei n. 3.071, de 1.º de janeiro de 1916, e leis posteriores.

§ 1.º Nos aforamentos a que se refere este artigo é defeso:

I – cobrar laudêmio ou prestação análoga nas transmissões de bem aforado, sobre o valor das construções ou plantações;

II – constituir subenfiteuse.

§ 2.º A enfiteuse dos terrenos de marinha e acrescidos regula-se por lei especial.

Art. 2.039. O regime de bens nos casamentos celebrados na vigência do Código Civil anterior, Lei n. 3.071, de 1.º de janeiro de 1916, é o por ele estabelecido.

Art. 2.040. A hipoteca legal dos bens do tutor ou curador, inscrita em conformidade com o inciso IV do art. 827 do Código Civil anterior, Lei n. 3.071, de 1.º de janeiro de 1916, poderá ser cancelada, obedecido o disposto no parágrafo único do art. 1.745 deste Código.

Art. 2.041. As disposições deste Código relativas à ordem da vocação hereditária (arts. 1.829 a 1.844) não se aplicam à sucessão aberta antes de sua vigência, prevalecendo o disposto na lei anterior (Lei n. 3.071, de 1.º-1-1916).

Art. 2.042. Aplica-se o disposto no *caput* do art. 1.848, quando aberta a sucessão no prazo de um ano após a entrada em vigor deste Código, ainda que o testamento tenha sido feito na vigência do anterior, Lei n. 3.071, de 1.º de janeiro de 1916; se, no prazo, o testador não aditar o testamento para declarar a justa causa de cláusula aposta à legítima, não subsistirá a restrição.

Art. 2.043. Até que por outra forma se disciplinem, continuam em vigor as disposições de natureza processual, administrativa ou penal, constantes de leis cujos preceitos de natureza civil hajam sido incorporados a este Código.

Art. 2.044. Este Código entrará em vigor um ano após a sua publicação.

Art. 2.045. Revogam-se a Lei n. 3.071, de 1.º de janeiro de 1916 – Código Civil e a Parte Primeira do Código Comercial, Lei n. 556, de 25 de junho de 1850.

Art. 2.046. Todas as remissões, em diplomas legislativos, aos Códigos referidos no artigo antecedente, consideram-se feitas às disposições correspondentes deste Código.

Brasília, 10 de janeiro de 2002; 181.º da Independência e 114.º da República.

FERNANDO HENRIQUE CARDOSO

CLT saraiva

LEGISLAÇÃO COMPLEMENTAR

Legislação Complementar

**DECRETO-LEI N. 2.848,
DE 7 DE DEZEMBRO DE 1940 (*)**

Código Penal.

PARTE ESPECIAL

Título I
DOS CRIMES CONTRA A PESSOA

Capítulo VI
DOS CRIMES CONTRA A LIBERDADE INDIVIDUAL

SEÇÃO I
Dos Crimes contra a Liberdade Pessoal

Redução a condição análoga à de escravo

Art. 149. Reduzir alguém a condição análoga à de escravo, quer submetendo-o a trabalhos forçados ou a jornada exaustiva, quer sujeitando-o a condições degradantes de trabalho, quer restringindo, por qualquer meio, sua locomoção em razão de dívida contraída com o empregador ou preposto:

Pena – reclusão, de dois a oito anos, e multa, além da pena correspondente à violência.

•• *Caput* com redação determinada pela Lei n. 10.803, de 11-12-2003.
• A Portaria Interministerial n. 4, de 11-5-2016, dispõe sobre as regras relativas ao Cadastro de Empregadores que tenham submetido trabalhadores a condições análogas à de escravo.
• A Instrução Normativa n. 139, de 22-1-2018, da SIT, dispõe sobre a fiscalização para a erradicação do Trabalho em condição análoga à de escravo e dá outras providências.

§ 1.º Nas mesmas penas incorre quem:

I – cerceia o uso de qualquer meio de transporte por parte do trabalhador, com o fim de retê-lo no local de trabalho;

II – mantém vigilância ostensiva no local de trabalho ou se apodera de documentos ou objetos pessoais do trabalhador, com o fim de retê-lo no local de trabalho.

•• § 1.º acrescentado pela Lei n. 10.803, de 11-12-2003.

§ 2.º A pena é aumentada de metade, se o crime é cometido:

I – contra criança ou adolescente;

II – por motivo de preconceito de raça, cor, etnia, religião ou origem.

•• § 2.º acrescentado pela Lei n. 10.803, de 11-12-2003.

Tráfico de Pessoas

•• Rubrica acrescentada pela Lei n. 13.344, de 6-10-2016.

Art. 149-A. Agenciar, aliciar, recrutar, transportar, transferir, comprar, alojar ou acolher pessoa, mediante grave ameaça, violência, coação, fraude ou abuso, com a finalidade de:

•• *Caput* acrescentado pela Lei n. 13.344, de 6-10-2016.

I – remover-lhe órgãos, tecidos ou partes do corpo;

•• Inciso I acrescentado pela Lei n. 13.344, de 6-10-2016.

II – submetê-la a trabalho em condições análogas à de escravo;

•• Inciso II acrescentado pela Lei n. 13.344, de 6-10-2016.

III – submetê-la a qualquer tipo de servidão;

•• Inciso III acrescentado pela Lei n. 13.344, de 6-10-2016.

IV – adoção ilegal; ou

•• Inciso IV acrescentado pela Lei n. 13.344, de 6-10-2016.

V – exploração sexual.

•• Inciso V acrescentado pela Lei n. 13.344, de 6-10-2016.

Pena – reclusão, de 4 (quatro) a 8 (oito) anos, e multa.

•• Pena acrescentada pela Lei n. 13.344, de 6-10-2016.

§ 1.º A pena é aumentada de um terço até a metade se:

•• § 1.º, *caput*, acrescentado pela Lei n. 13.344, de 6-10- 2016.

I – o crime for cometido por funcionário público no exercício de suas funções ou a pretexto de exercê-las;

•• Inciso I acrescentado pela Lei n. 13.344, de 6-10-2016.

II – o crime for cometido contra criança, adolescente ou pessoa idosa ou com deficiência;

•• Inciso II acrescentado pela Lei n. 13.344, de 6-10-2016.
•• Estatuto da Pessoa Idosa: *vide* Lei n. 10.741, de 1.º-10-2003.

III – o agente se prevalecer de relações de parentesco, domésticas, de coabitação, de hospitalidade, de dependência econômica, de autoridade ou de superioridade hierárquica inerente ao exercício de emprego, cargo ou função; ou

•• Inciso III acrescentado pela Lei n. 13.344, de 6-10-2016.

IV – a vítima do tráfico de pessoas for retirada do território nacional.

•• Inciso IV acrescentado pela Lei n. 13.344, de 6-10-2016.

§ 2.º A pena é reduzida de um a dois terços se o agente for primário e não integrar organização criminosa.

•• § 2.º acrescentado pela Lei n. 13.344, de 6-10-2016.

SEÇÃO III
Dos Crimes contra a Inviolabilidade de Correspondência

Correspondência comercial

Art. 152. Abusar da condição de sócio ou empregado de estabelecimento comercial ou industrial para, no todo ou em parte, desviar, sonegar, subtrair ou suprimir correspondência, ou revelar a estranho seu conteúdo:

Pena – detenção, de 3 (três) meses a 2 (dois) anos.

Parágrafo único. Somente se procede mediante representação.

SEÇÃO IV
Dos Crimes contra a Inviolabilidade dos Segredos

(*) Publicado no *DOU*, de 31-12-1940, e retificado em 3-1-1941.

Violação do segredo profissional
Art. 154. Revelar alguém, sem justa causa, segredo, de que tem ciência em razão de função, ministério, ofício ou profissão, e cuja revelação possa produzir dano a outrem:
Pena – detenção, de 3 (três) meses a 1 (um) ano, ou multa.
Parágrafo único. Somente se procede mediante representação.

Título II
DOS CRIMES CONTRA O PATRIMÔNIO

Capítulo V
DA APROPRIAÇÃO INDÉBITA

Apropriação indébita previdenciária
Art. 168-A. Deixar de repassar à previdência social as contribuições recolhidas dos contribuintes, no prazo e forma legal ou convencional:
•• *Caput* acrescentado pela Lei n. 9.983, de 14-7-2000.
•• O art. 9.º da Lei n. 10.684, de 30-5-2003, e os arts. 68 e 69 da Lei n. 11.941, de 27-5-2009, dispõem sobre a suspensão da pretensão punitiva do Estado e a extinção da punibilidade dos crimes previstos neste artigo.
Pena – reclusão, de 2 (dois) a 5 (cinco) anos, e multa.
§ 1.º Nas mesmas penas incorre quem deixar de:
•• § 1.º, *caput*, acrescentado pela Lei n. 9.983, de 14-7-2000.
I – recolher, no prazo legal, contribuição ou outra importância destinada à previdência social que tenha sido descontada de pagamento efetuado a segurados, a terceiros ou arrecadada do público;
•• Inciso I acrescentado pela Lei n. 9.983, de 14-7-2000.
II – recolher contribuições devidas à previdência social que tenham integrado despesas contábeis ou custos relativos à venda de produtos ou à prestação de serviços;
•• Inciso II acrescentado pela Lei n. 9.983, de 14-7-2000.
III – pagar benefício devido a segurado, quando as respectivas cotas ou valores já tiverem sido reembolsados à empresa pela previdência social.
•• Inciso III acrescentado pela Lei n. 9.983, de 14-7-2000.
§ 2.º É extinta a punibilidade se o agente, espontaneamente, declara, confessa e efetua o pagamento das contribuições, importâncias ou valores e presta as informações devidas à previdência social, na forma definida em lei ou regulamento, antes do início da ação fiscal.
•• § 2.º acrescentado pela Lei n. 9.983, de 14-7-2000.
§ 3.º É facultado ao juiz deixar de aplicar a pena ou aplicar somente a de multa se o agente for primário e de bons antecedentes, desde que:
•• § 3.º, *caput*, acrescentado pela Lei n. 9.983, de 14-7-2000.
I – tenha promovido, após o início da ação fiscal e antes de oferecida a denúncia, o pagamento da contribuição social previdenciária, inclusive acessórios; ou
•• Inciso I acrescentado pela Lei n. 9.983, de 14-7-2000.
II – o valor das contribuições devidas, inclusive acessórios, seja igual ou inferior àquele estabelecido pela previdência social, administrativamente, como sendo o mínimo para o ajuizamento de suas execuções fiscais.
•• Inciso II acrescentado pela Lei n. 9.983, de 14-7-2000.
§ 4.º A faculdade prevista no § 3.º deste artigo não se aplica aos casos de parcelamento de contribuições cujo valor, inclusive dos acessórios, seja superior àquele estabelecido, administrativamente, como sendo o mínimo para o ajuizamento de suas execuções fiscais.
•• § 4.º com redação determinada pela Lei n. 13.606, de 9-1-2018.

Título IV
DOS CRIMES CONTRA A ORGANIZAÇÃO DO TRABALHO

Atentado contra a liberdade de trabalho
Art. 197. Constranger alguém, mediante violência ou grave ameaça:
I – a exercer ou não exercer arte, ofício, profissão ou indústria, ou a trabalhar ou não trabalhar durante certo período ou em determinados dias:
Pena – detenção, de 1 (um) mês a 1 (um) ano, e multa, além da pena correspondente à violência;
II – a abrir ou fechar o seu estabelecimento de trabalho, ou a participar de parede ou paralisação de atividade econômica:
Pena – detenção, de três meses a um ano, e multa, além da pena correspondente à violência.

Atentado contra a liberdade de contrato de trabalho e boicotagem violenta
Art. 198. Constranger alguém, mediante violência ou grave ameaça, a celebrar contrato de trabalho, ou a não fornecer a outrem ou não adquirir de outrem matéria-prima ou produto industrial ou agrícola:
Pena – detenção, de um mês a um ano, e multa, além da pena correspondente à violência.

Atentado contra a liberdade de associação
Art. 199. Constranger alguém, mediante violência ou grave ameaça, a participar ou deixar de participar de determinado sindicato ou associação profissional:
Pena – detenção, de um mês a um ano, e multa, além da pena correspondente à violência.
• Sobre os crimes de abuso de autoridade: Lei n. 13.869, de 5-9-2019.

Paralisação de trabalho, seguida de violência ou perturbação da ordem
Art. 200. Participar de suspensão ou abandono coletivo de trabalho, praticando violência contra pessoa ou contra coisa:
Pena: detenção, de um mês a um ano, e multa, além da pena correspondente à violência.
Parágrafo único. Para que se considere coletivo o abandono de trabalho é indispensável o concurso de, pelo menos, três empregados.

Paralisação de trabalho de interesse coletivo
Art. 201. Participar de suspensão ou abandono coletivo de trabalho, provocando a interrupção de obra pública ou serviço de interesse coletivo:
Pena – detenção, de seis meses a dois anos, e multa.

Invasão de estabelecimento industrial, comercial ou agrícola. Sabotagem
Art. 202. Invadir ou ocupar estabelecimento industrial, comercial ou agrícola, com o intuito de impedir ou embaraçar o curso normal do trabalho, ou com o mesmo fim danificar o estabelecimento ou as coisas nele existentes ou delas dispor:
Pena – reclusão, de um a três anos, e multa.

Frustração de direito assegurado por lei trabalhista
Art. 203. Frustrar, mediante fraude ou violência, direito assegurado pela legislação do trabalho:
Pena – detenção de um ano a dois anos, e multa, além da pena correspondente à violência.
•• Pena corrigida pela Lei n. 9.777, de 29-12-1998.
§ 1.º Na mesma pena incorre quem:
I – obriga ou coage alguém a usar mercadorias de determinado estabelecimento, para impossibilitar o desligamento do serviço em virtude de dívida;
II – impede alguém de se desligar de serviços de qualquer natureza, mediante coação ou por meio da retenção de seus documentos pessoais ou contratuais.
•• § 1.º acrescentado pela Lei n. 9.777, de 29-12-1998.
§ 2.º A pena é aumentada de um sexto a um terço se a vítima é menor de dezoito anos, idosa, gestante, indígena ou portadora de deficiência física ou mental.
•• § 2.º acrescentado pela Lei n. 9.777, de 29-12-1998.

Frustração de lei sobre a nacionalização do trabalho
Art. 204. Frustrar, mediante fraude ou violência, obrigação legal relativa à nacionalização do trabalho:

Pena – detenção, de um mês a um ano, e multa, além da pena correspondente à violência.
- Sobre nacionalização do trabalho, *vide* arts. 352 a 371 da CLT.

Exercício de atividade com infração de decisão administrativa
Art. 205. Exercer atividade, de que está impedido por decisão administrativa:
Pena – detenção, de três meses a dois anos, ou multa.

Aliciamento para o fim de emigração
Art. 206. Recrutar trabalhadores, mediante fraude, com o fim de levá-los para território estrangeiro:
Pena – detenção, de 1 (um) a 3 (três) anos e multa.
•• Artigo com redação determinada pela Lei n. 9.777, de 29-12-1998.

Aliciamento de trabalhadores de um local para outro do território nacional
Art. 207. Aliciar trabalhadores, com o fim de levá-los de uma para outra localidade do território nacional:
Pena – detenção de um a três anos, e multa.
•• Pena corrigida pela Lei n. 9.777, de 29-12-1998.
- A Instrução Normativa n. 90, de 28-4-2011, da Secretaria de Inspeção do Trabalho, dispõe sobre o recrutamento de trabalhadores urbanos e seu transporte para localidade diversa de sua origem.

§ 1.º Incorre na mesma pena quem recrutar trabalhadores fora da localidade de execução do trabalho, dentro do território nacional, mediante fraude ou cobrança de qualquer quantia do trabalhador, ou, ainda, não assegurar condições do seu retorno ao local de origem.
•• § 1.º acrescentado pela Lei n. 9.777, de 29-12-1998.

§ 2.º A pena é aumentada de um sexto a um terço se a vítima é menor de dezoito anos, idosa, gestante, indígena ou portadora de deficiência física ou mental.
•• § 2.º acrescentado pela Lei n. 9.777, de 29-12-1998.

Título VI
DOS CRIMES CONTRA A DIGNIDADE SEXUAL
•• Título VI com denominação determinada pela Lei n. 12.015, de 7-8-2009.

Capítulo I
DOS CRIMES CONTRA A LIBERDADE SEXUAL

Assédio Sexual
Art. 216-A. Constranger alguém com o intuito de obter vantagem ou favorecimento sexual, prevalecendo-se o agente da sua condição de superior hierárquico ou ascendência inerentes ao exercício de emprego, cargo ou função.
Pena – detenção, de 1 (um) a 2 (dois) anos.
•• *Caput* acrescentado pela Lei n. 10.224, de 15-5-2001.

Parágrafo único. (*Vetado.*)
•• Parágrafo único acrescentado e vetado pela Lei n. '10.224, de 15-5-2001.

§ 2.º A pena é aumentada em até um terço se a vítima é menor de 18 (dezoito) anos.
•• § 2.º acrescentado pela Lei n. 12.015, de 7-8-2009.
•• A Lei n. 12.015, de 7-8-2009, acrescenta o § 2.º a este artigo sem mencionar ou renumerar o parágrafo único.

Capítulo IV
DISPOSIÇÕES GERAIS

Ação penal
Art. 225. Nos crimes definidos nos Capítulos I e II deste Título, procede-se mediante ação penal pública incondicionada.
•• *Caput* com redação determinada pela Lei n. 13.718, de 24-9-2018.

Parágrafo único. (*Revogado pela Lei n. 13.718, de 24-9-2018.*)

Aumento de pena
Art. 226. A pena é aumentada:
•• *Caput* com redação determinada pela Lei n. 11.106, de 28-3-2005.

II – de metade, se o agente é ascendente, padrasto ou madrasta, tio, irmão, cônjuge, companheiro, tutor, curador, preceptor ou empregador da vítima ou por qualquer outro título tiver autoridade sobre ela;
•• Inciso II com redação determinada pela Lei n. 13.718, de 24-9-2018.

Título X
DOS CRIMES CONTRA A FÉ PÚBLICA

Capítulo III
DA FALSIDADE DOCUMENTAL

Falsificação de documento público
Art. 297. Falsificar, no todo ou em parte, documento público, ou alterar documento público verdadeiro:
Pena – reclusão, de 2 (dois) a 6 (seis) anos, e multa.

§ 3.º Nas mesmas penas incorre quem insere ou faz inserir:
•• § 3.º, *caput*, acrescentado pela Lei n. 9.983, de 14-7-2000.

I – na folha de pagamento ou em documento de informações que seja destinado a fazer prova perante a previdência social, pessoa que não possua a qualidade de segurado obrigatório;
•• Inciso I acrescentado pela Lei n. 9.983, de 14-7-2000.

II – na Carteira de Trabalho e Previdência Social do empregado ou em documento que deva produzir efeito perante a previdência social, declaração falsa ou diversa da que deveria ter sido escrita;
•• Inciso II acrescentado pela Lei n. 9.983, de 14-7-2000.

III – em documento contábil ou em qualquer documento relacionado com as obrigações da empresa perante a previdência social, declaração falsa ou diversa da que deveria ter constado.
•• Inciso III acrescentado pela Lei n. 9.983, de 14-7-2000.

§ 4.º Nas mesmas penas incorre quem omite, nos documentos mencionados no § 3.º, nome do segurado e seus dados pessoais, a remuneração, a vigência do contrato de trabalho ou de prestação de serviços.
•• § 4.º acrescentado pela Lei n. 9.983, de 14-7-2000.

Capítulo V
DAS FRAUDES EM CERTAMES DE INTERESSE PÚBLICO
•• Capítulo V acrescentado pela Lei n. 12.550, de 15-12-2011.

Fraudes em certames de interesse público
Art. 311-A. Utilizar ou divulgar, indevidamente, com o fim de beneficiar a si ou a outrem, ou de comprometer a credibilidade do certame, conteúdo sigiloso de:
•• *Caput* acrescentado pela Lei n. 12.550, de 15-12-2011.

I – concurso público;
•• Inciso I acrescentado pela Lei n. 12.550, de 15-12-2011.

II – avaliação ou exame públicos;
•• Inciso II acrescentado pela Lei n. 12.550, de 15-12-2011.

III – processo seletivo para ingresso no ensino superior; ou
•• Inciso III acrescentado pela Lei n. 12.550, de 15-12-2011.

IV – exame ou processo seletivo previstos em lei:
•• Inciso IV acrescentado pela Lei n. 12.550, de 15-12-2011.

Pena – reclusão, de 1 (um) a 4 (quatro) anos, e multa.
•• Pena acrescentada pela Lei n. 12.550, de 15-12-2011.

§ 1.º Nas mesmas penas incorre quem permite ou facilita, por qualquer meio, o acesso de pessoas não autorizadas às informações mencionadas no *caput*.

•• § 1.º acrescentado pela Lei n. 12.550, de 15-12-2011.
§ 2.º Se da ação ou omissão resulta dano à administração pública:
Pena – reclusão, de 2 (dois) a 6 (seis) anos, e multa.
•• § 2.º acrescentado pela Lei n. 12.550, de 15-12-2011.
§ 3.º Aumenta-se a pena de 1/3 (um terço) se o fato é cometido por funcionário público.
•• § 3.º acrescentado pela Lei n. 12.550, de 15-12-2011.

Título XI
DOS CRIMES CONTRA A ADMINISTRAÇÃO PÚBLICA
Capítulo I
DOS CRIMES PRATICADOS POR FUNCIONÁRIO PÚBLICO CONTRA A ADMINISTRAÇÃO EM GERAL

Peculato
Art. 312. Apropriar-se o funcionário público de dinheiro, valor ou qualquer outro bem móvel, público ou particular, de que tem a posse em razão do cargo, ou desviá-lo, em proveito próprio ou alheio:
Pena – reclusão, de 2 (dois) a 12 (doze) anos, e multa.
§ 1.º Aplica-se a mesma pena, se o funcionário público, embora não tendo a posse do dinheiro, valor ou bem, o subtrai, ou concorre para que seja subtraído, em proveito próprio ou alheio, valendo-se de facilidade que lhe proporciona a qualidade de funcionário.

Peculato culposo
§ 2.º Se o funcionário concorre culposamente para o crime de outrem:
Pena – detenção, de 3 (três) meses a 1 (um) ano.
§ 3.º No caso do parágrafo anterior, a reparação do dano, se precede à sentença irrecorrível, extingue a punibilidade; se lhe é posterior, reduz de metade a pena imposta.

Peculato mediante erro de outrem
Art. 313. Apropriar-se de dinheiro ou qualquer utilidade que, no exercício do cargo, recebeu por erro de outrem:
Pena – reclusão, de 1 (um) a 4 (quatro) anos, e multa.

Inserção de dados falsos em sistema de informações
Art. 313-A. Inserir ou facilitar, o funcionário autorizado, a inserção de dados falsos, alterar ou excluir indevidamente dados corretos nos sistemas informatizados ou bancos de dados da Administração Pública com o fim de obter vantagem indevida para si ou para outrem ou para causar dano:
Pena – reclusão, de dois a doze anos, e multa.
•• Artigo acrescentado pela Lei n. 9.983, de 14-7-2000.

Modificação ou alteração não autorizada de sistema de informações
Art. 313-B. Modificar ou alterar, o funcionário, sistema de informações ou programa de informática sem autorização ou solicitação de autoridade competente:
Pena – detenção, de 3 (três) meses a 2 (dois) anos, e multa.
•• *Caput* acrescentado pela Lei n. 9.983, de 14-7-2000.
Parágrafo único. As penas são aumentadas de um terço até a metade se da modificação ou alteração resulta dano para a Administração Pública ou para o administrado.
•• Parágrafo único acrescentado pela Lei n. 9.983, de 14-7-2000.

Extravio, sonegação ou inutilização de livro ou documento
Art. 314. Extraviar livro oficial ou qualquer documento, de que tem a guarda em razão do cargo; sonegá-lo ou inutilizá-lo, total ou parcialmente:
Pena – reclusão, de 1 (um) a 4 (quatro) anos, se o fato não constitui crime mais grave.

Emprego irregular de verbas ou rendas públicas
Art. 315. Dar às verbas ou rendas públicas aplicação diversa da estabelecida em lei:
Pena – detenção, de 1 (um) a 3 (três) meses, ou multa.

Concussão
Art. 316. Exigir, para si ou para outrem, direta ou indiretamente, ainda que fora da função ou antes de assumi-la, mas em razão dela, vantagem indevida:
Pena – reclusão, de 2 (dois) a 12 (doze) anos, e multa.
•• Pena com redação determinada pela Lei n. 13.964, de 24-12-2019.
• Sobre os crimes de abuso de autoridade: Lei n. 13.869, de 5-9-2019.

Excesso de exação
§ 1.º Se o funcionário exige tributo ou contribuição social que sabe ou deveria saber indevido, ou, quando devido, emprega na cobrança meio vexatório ou gravoso, que a lei não autoriza:
Pena – reclusão, de 3 (três) a 8 (oito) anos, e multa.
•• § 1.º com redação determinada pela Lei n. 8.137, de 27-12-1990.
§ 2.º Se o funcionário desvia, em proveito próprio ou de outrem, o que recebeu indevidamente para recolher aos cofres públicos:
Pena – reclusão, de 2 (dois) a 12 (doze) anos, e multa.

Corrupção passiva
Art. 317. Solicitar ou receber, para si ou para outrem, direta ou indiretamente, ainda que fora da função ou antes de assumi-la, mas em razão dela, vantagem indevida, ou aceitar promessa de tal vantagem:
Pena – reclusão, de 2 (dois) a 12 (doze) anos, e multa.
•• Pena alterada pela Lei n. 10.763, de 12-11-2003.
§ 1.º A pena é aumentada de um terço, se, em consequência da vantagem ou promessa, o funcionário retarda ou deixa de praticar qualquer ato de ofício ou o pratica infringindo dever funcional.
§ 2.º Se o funcionário pratica, deixa de praticar ou retarda ato de ofício, com infração de dever funcional, cedendo a pedido ou influência de outrem:
Pena – detenção, de 3 (três) meses a 1 (um) ano, ou multa.

Facilitação de contrabando ou descaminho
Art. 318. Facilitar, com infração de dever funcional, a prática de contrabando ou descaminho (art. 334):
Pena – reclusão, de 3 (três) a 8 (oito) anos, e multa.
•• Pena alterada pela Lei n. 8.137, de 27-12-1990.

Prevaricação
Art. 319. Retardar ou deixar de praticar, indevidamente, ato de ofício, ou praticá-lo contra disposição expressa de lei, para satisfazer interesse ou sentimento pessoal:
Pena – detenção, de 3 (três) meses a 1 (um) ano, e multa.

Art. 319-A. Deixar o Diretor de Penitenciária e/ou agente público, de cumprir seu dever de vedar ao preso o acesso a aparelho telefônico, de rádio ou similar, que permita a comunicação com outros presos ou com o ambiente externo:
Pena – detenção, de (três) meses a 1 (um) ano.
•• Artigo acrescentado pela Lei n. 11.466, de 28-3-2007.

Condescendência criminosa
Art. 320. Deixar o funcionário, por indulgência, de responsabilizar subordinado que cometeu infração no exercício do cargo ou, quando lhe falte competência, não levar o fato ao conhecimento da autoridade competente:
Pena – detenção, de 15 (quinze) dias a 1 (um) mês, ou multa.

Advocacia administrativa
Art. 321. Patrocinar, direta ou indiretamente, interesse privado perante a administração pública, valendo-se da qualidade de funcionário:
Pena – detenção, de 1 (um) a 3 (três) meses, ou multa.
Parágrafo único. Se o interesse é ilegítimo:
Pena – detenção, de 3 (três) meses a 1 (um) ano, além da multa.

Violência arbitrária
Art. 322. Praticar violência, no exercício de função ou a pretexto de exercê-la:

Pena – detenção, de 6 (seis) meses a 3 (três) anos, além da pena correspondente à violência.
• Sobre os crimes de abuso de autoridade: Lei n. 13.869, de 5-9-2019.

Abandono de função
Art. 323. Abandonar cargo público, fora dos casos permitidos em lei:
Pena – detenção, de 15 (quinze) dias a 1 (um) mês, ou multa.
§ 1.º Se do fato resulta prejuízo público:
Pena – detenção, de 3 (três) meses a 1 (um) ano, e multa.
§ 2.º Se o fato ocorre em lugar compreendido na faixa de fronteira:
Pena – detenção, de 1 (um) a 3 (três) anos, e multa.

Exercício funcional ilegalmente antecipado ou prolongado
Art. 324. Entrar no exercício de função pública antes de satisfeitas as exigências legais, ou continuar a exercê-la, sem autorização, depois de saber oficialmente que foi exonerado, removido, substituído ou suspenso:
Pena – detenção, de 15 (quinze) dias a 1 (um) mês, ou multa.

Violação de sigilo funcional
Art. 325. Revelar fato de que tem ciência em razão do cargo e que deva permanecer em segredo, ou facilitar-lhe a revelação:
Pena – detenção, de 6 (seis) meses a 2 (dois) anos, ou multa, se o fato não constitui crime mais grave.
§ 1.º Nas mesmas penas deste artigo incorre quem:
•• § 1.º, *caput*, acrescentado pela Lei n. 9.983, de 14-7-2000.
I – permite ou facilita, mediante atribuição, fornecimento e empréstimo de senha ou qualquer outra forma, o acesso de pessoas não autorizadas a sistemas de informações ou banco de dados da Administração Pública;
•• Inciso I acrescentado pela Lei n. 9.983, de 14-7-2000.
II – se utiliza, indevidamente, do acesso restrito.
•• Inciso II acrescentado pela Lei n. 9.983, de 14-7-2000.
§ 2.º Se da ação ou omissão resulta dano à Administração Pública ou a outrem:
Pena – reclusão, de 2 (dois) a 6 (seis) anos, e multa.
•• § 2.º acrescentado pela Lei n. 9.983, de 14-7-2000.

Violação do sigilo de proposta de concorrência
Art. 326. Devassar o sigilo de proposta de concorrência pública, ou proporcionar a terceiro o ensejo de devassá-lo:
Pena – detenção, de 3 (três) meses a 1 (um) ano, e multa.
•• Prejudicado este artigo pelo disposto no art. 94 da Lei n. 8.666, de 21-6-1993 (licitações e contratos da Administração Pública), constante deste volume.

Funcionário público
Art. 327. Considera-se funcionário público, para os efeitos penais, quem, embora transitoriamente ou sem remuneração, exerce cargo, emprego ou função pública.
§ 1.º Equipara-se a funcionário público quem exerce cargo, emprego ou função em entidade paraestatal, e quem trabalha para empresa prestadora de serviço contratada ou conveniada para a execução de atividade típica da Administração Pública.
•• § 1.º com redação determinada pela Lei n. 9.983, de 14-7-2000.
§ 2.º A pena será aumentada da terça parte quando os autores dos crimes previstos neste Capítulo forem ocupantes de cargos em comissão ou de função de direção ou assessoramento de órgão da administração direta, sociedade de economia mista, empresa pública ou fundação instituída pelo poder público.
•• § 2.º acrescentado pela Lei n. 6.799, de 23-6-1980.

Capítulo II
DOS CRIMES PRATICADOS POR PARTICULAR CONTRA A ADMINISTRAÇÃO EM GERAL

Sonegação de contribuição previdenciária
Art. 337-A. Suprimir ou reduzir contribuição social previdenciária e qualquer acessório, mediante as seguintes condutas:
•• *Caput* acrescentado pela Lei n. 9.983, de 14-7-2000.
•• O art. 9.º da Lei n. 10.684, de 30-5-2003, dispõe sobre a suspensão da pretensão punitiva do Estado e a extinção da punibilidade dos crimes previstos neste artigo.
I – omitir de folha de pagamento da empresa ou de documento de informações previsto pela legislação previdenciária segurados empregado, empresário, trabalhador avulso ou trabalhador autônomo ou a este equiparado que lhe prestem serviços;
•• Inciso I acrescentado pela Lei n. 9.983, de 14-7-2000.
II – deixar de lançar mensalmente nos títulos próprios da contabilidade da empresa as quantias descontadas dos segurados ou as devidas pelo empregador ou pelo tomador de serviços;
•• Inciso II acrescentado pela Lei n. 9.983, de 14-7-2000.
III – omitir, total ou parcialmente, receitas ou lucros auferidos, remunerações pagas ou creditadas e demais fatos geradores de contribuições sociais previdenciárias:
Pena – reclusão, de 2 (dois) a 5 (cinco) anos, e multa.
•• Inciso III acrescentado pela Lei n. 9.983, de 14-7-2000.
§ 1.º É extinta a punibilidade se o agente, espontaneamente, declara e confessa as contribuições, importâncias ou valores e presta as informações devidas à previdência social, na forma definida em lei ou regulamento, antes do início da ação fiscal.
•• § 1.º acrescentado pela Lei n. 9.983, de 14-7-2000.
§ 2.º É facultado ao juiz deixar de aplicar a pena ou aplicar somente a de multa se o agente for primário e de bons antecedentes, desde que:
•• § 2.º, *caput*, acrescentado pela Lei n. 9.983, de 14-7-2000.
I – (*Vetado.*)
•• Inciso I acrescentado pela Lei n. 9.983, de 14-7-2000.
II – o valor das contribuições devidas, inclusive acessórios, seja igual ou inferior àquele estabelecido pela previdência social, administrativamente, como sendo o mínimo para o ajuizamento de suas execuções fiscais.
•• Inciso II acrescentado pela Lei n. 9.983, de 14-7-2000.
§ 3.º Se o empregador não é pessoa jurídica e sua folha de pagamento mensal não ultrapassa R$ 1.510,00 (um mil, quinhentos e dez reais), o juiz poderá reduzir a pena de 1/3 (um terço) até a metade ou aplicar apenas a de multa.
•• § 3.º acrescentado pela Lei n. 9.983, de 14-7-2000.
•• A Portaria Interministerial n. 26, de 10-1-2023, dos Ministérios da Previdência Social e da Fazenda, estabelece que, a partir de 1.º de janeiro de 2023, o valor de que trata este parágrafo será de R$ 6.627,92 (seis mil seiscentos e vinte e sete reais e noventa e dois centavos).
§ 4.º O valor a que se refere o parágrafo anterior será reajustado nas mesmas datas e nos mesmos índices do reajuste dos benefícios da previdência social.
•• § 4.º acrescentado pela Lei n. 9.983, de 14-7-2000.

DISPOSIÇÕES FINAIS
Art. 361. Este Código entrará em vigor no dia 1.º de janeiro de 1942.
Rio de Janeiro, 7 de dezembro de 1940; 119.º da Independência e 52.º da República.

GETÚLIO VARGAS

LEI N. 605, DE 5 DE JANEIRO DE 1949 (*)

Dispõe sobre o repouso semanal remunerado e o pagamento de salário nos dias feriados civis e religiosos.

(*) Publicada no *DOU*, de 14-1-1949. Regulamentada pelo Decreto n. 10.854, de 10-11-2021 (arts. 151 a 162).
A Resolução n. 2.932, de 28-2-2002, do Banco Central do Brasil, dispõe sobre os dias úteis para fins de operações praticadas no mercado financeiro.
Vide, sobre repouso semanal remunerado, as Súmulas 15, 27, 110 e 172 do TST e Súmulas 201 e 464 do STF.
Vide, sobre feriados, a nota dos Organizadores.

Lei n. 605, de 5-1-1949 — Repouso Semanal

O Presidente da República,

Faço saber que o Congresso Nacional decreta e eu sanciono a seguinte Lei:

Art. 1.º Todo empregado tem direito ao repouso semanal remunerado de vinte e quatro horas consecutivas, preferentemente aos domingos e, nos limites das exigências técnicas das empresas, nos feriados civis e religiosos, de acordo com a tradição local.

- O art. 7.º, XV, da CF assegura ao trabalhador o direito ao repouso semanal remunerado, preferencialmente aos domingos.
- Vide Súmulas 461 e 464 do STF.

Art. 2.º Entre os empregados a que se refere esta Lei, incluem-se os trabalhadores rurais, salvo os que operem em qualquer regime de parceria, meação, ou forma semelhante de participação na produção.

Art. 3.º O regime desta Lei será extensivo àqueles que, sob forma autônoma, trabalhem agrupados, por intermédio de Sindicato, Caixa Portuária ou entidade congênere. A remuneração do repouso obrigatório, neste caso, consistirá no acréscimo de 1/6 (um sexto) calculado sobre os salários efetivamente percebidos pelo trabalhador e paga juntamente com os mesmos.

Art. 4.º É devido o repouso semanal remunerado, nos termos desta Lei, aos trabalhadores das autarquias e de empresas industriais, ou sob administração da União, dos Estados e dos Municípios, ou incorporadas nos seus patrimônios, que não estejam subordinados ao regime do funcionalismo público.

Art. 5.º Esta Lei não se aplica às seguintes pessoas:

a) (Revogada pela Lei n. 11.324, de 19-7-2006.)

b) aos funcionários públicos da União, dos Estados e dos Municípios, e aos respectivos extranumerários em serviço nas próprias repartições;

c) aos servidores de autarquias paraestatais, desde que sujeitos a regime próprio de proteção ao trabalho que lhes assegure situação análoga à dos funcionários públicos.

Parágrafo único. São exigências técnicas, para os efeitos desta Lei, as que, pelas condições peculiares às atividades da empresa, ou em razão do interesse público, tornem indispensável a continuidade do serviço.

Art. 6.º Não será devida a remuneração quando, sem motivo justificado, o empregado não tiver trabalhado durante toda a semana anterior, cumprindo integralmente o seu horário de trabalho.

§ 1.º São motivos justificados:

a) os previstos no art. 473 e seu parágrafo único da Consolidação das Leis do Trabalho;

b) a ausência do empregado, devidamente justificada, a critério da administração do estabelecimento;

c) a paralisação do serviço nos dias em que, por conveniência do empregador, não tenha havido trabalho;

d) a ausência do empregado, até 3 (três) dias consecutivos, em virtude de seu casamento;

e) a falta ao serviço com fundamento na lei sobre acidente do trabalho;

f) a doença do empregado, devidamente comprovada.

§ 2.º A doença será comprovada mediante atestado de médico da instituição da previdência social a que estiver filiado o empregado, e, na falta deste e sucessivamente, de médico do Serviço Social do Comércio ou da Indústria; de médico da empresa ou por ela designado; de médico a serviço de repartição federal, estadual ou municipal, incumbido de assuntos de higiene ou de saúde pública; ou, não existindo estes, na localidade em que trabalhar, de médico de sua escolha.

- § 2.º com redação determinada pela Lei n. 2.761, de 26-4-1956.

§ 3.º Nas empresas em que vigorar regime de trabalho reduzido, a frequência exigida corresponderá ao número de dias em que o empregado tiver de trabalhar.

§ 4.º Durante período de emergência em saúde pública decorrente da Covid-19, a imposição de isolamento dispensará o empregado da comprovação de doença por 7 (sete) dias.

- § 4.º acrescentado pela Lei n. 14.128, de 26-3-2021.

§ 5.º No caso de imposição de isolamento em razão da Covid-19, o trabalhador poderá apresentar como justificativa válida, no oitavo dia de afastamento, além do disposto neste artigo, documento de unidade de saúde do Sistema Único de Saúde (SUS) ou documento eletrônico regulamentado pelo Ministério da Saúde.

- § 5.º acrescentado pela Lei n. 14.128, de 26-3-2021.

Art. 7.º A remuneração do repouso semanal corresponderá:

- Vide Súmula 461 do STF.

a) para os que trabalham por dia, semana, quinzena ou mês, à de 1 (um) dia de serviço, computadas as horas extraordinárias habitualmente prestadas;

- Alínea *a* com redação determinada pela Lei n. 7.415, de 9-12-1985.

b) para os que trabalham por hora, à de sua jornada normal de trabalho, computadas as horas extraordinárias habitualmente prestadas;

- Alínea *b* com redação determinada pela Lei n. 7.415, de 9-12-1985.

c) para os que trabalham por tarefa ou peça, o equivalente ao salário correspondente às tarefas ou peças feitas durante a semana, no horário normal de trabalho, dividido pelos dias de serviço efetivamente prestados ao empregador;

d) para o empregado em domicílio, o equivalente ao cociente da divisão por 6 (seis) da importância total da sua produção na semana.

§ 1.º Os empregados cujos salários não sofram descontos por motivo de feriados civis ou religiosos são considerados já remunerados nesses mesmos dias de repouso, conquanto tenham direito à remuneração dominical.

§ 2.º Consideram-se já remunerados os dias de repouso semanal do empregado mensalista ou quinzenalista, cujo cálculo de salário mensal ou quinzenal, ou cujos descontos por faltas sejam efetuados na base do número de dias do mês ou de 30 (trinta) e 15 (quinze) diárias, respectivamente.

Art. 8.º Excetuados os casos em que a execução do serviço for imposta pelas exigências técnicas das empresas, é vedado o trabalho em dias feriados, civis e religiosos, garantida, entretanto, aos empregados a remuneração respectiva, observados os dispositivos dos arts. 6.º e 7.º desta Lei.

- Vide Súmula 461 do STF.

Art. 9.º Nas atividades em que não for possível, em virtude das exigências técnicas das empresas, a suspensão do trabalho, nos dias feriados civis e religiosos, a remuneração será paga em dobro, salvo se o empregador determinar outro dia de folga.

- Vide Súmula 461 do STF.

Art. 10. Na verificação das exigências a que se referem os artigos anteriores, ter-se-ão em vista as de ordem econômica, permanentes ou ocasionais, bem como as peculiaridades locais.

Parágrafo único. O Poder Executivo, em decreto especial ou no regulamento que expedir para fiel execução desta Lei, definirá as mesmas exigências e especificará, tanto quanto possível, as empresas a elas sujeitas, ficando desde já incluídas entre elas as de serviços públicos e de transportes.

Art. 11. (Revogado pela Lei n. 9.093, de 12-9-1995.)

Art. 12. As infrações ao disposto nesta Lei serão punidas, com multa de R$ 40,25 (quarenta reais e vinte e cinco centavos) a R$ 4.025,33 (quatro mil e vinte e cinco reais e trinta e três centavos), segundo a natureza da infração, sua extensão e a intenção de quem a praticou, aplicada em dobro no caso de reincidência e oposição à fiscalização ou desacato à autoridade.

- Artigo com redação determinada pela Lei n. 12.544, de 8-12-2011.

Art. 13. Serão originariamente competentes, para a imposição das multas de que trata a presente Lei, os delegados regionais do Ministério do Trabalho e, nos Estados, onde houver delegação de atribuições, a autoridade delegada.

- Artigo corrigido nos termos da Lei n. 4.589, de 11-12-1964, da Lei n. 4.923, de 23-12-1965, da Lei n. 5.889, de 8-6-1973, e do Decreto n. 69.014, de 4-8-1971.

Art. 14. A fiscalização da execução da presente Lei, o processo de autuação dos seus infratores, os recursos e a cobrança das multas reger-se-ão pelo disposto no Título VII da Consolidação das Leis do Trabalho.

Art. 15. A presente Lei entrará em vigor na data da sua publicação.

LEI N. 1.060, DE 5 DE FEVEREIRO DE 1950 (*)

Estabelece normas para a concessão de assistência judiciária aos necessitados.

O Presidente da República.

Faço saber que o Congresso Nacional decreta e eu sanciono a seguinte Lei:

Art. 1.º Os poderes públicos federal e estadual, independente da colaboração que possam receber dos municípios e da Ordem dos Advogados do Brasil – OAB, concederão assistência judiciária aos necessitados nos termos da presente Lei.

•• Artigo com redação determinada pela Lei n. 7.510, de 4-7-1986.
•• Vide Súmula 481 do STJ.

Arts. 2.º a 4.º (Revogados pela Lei n. 13.105, de 16-3-2015.)

Art. 5.º O juiz, se não tiver fundadas razões para indeferir o pedido, deverá julgá-lo de plano, motivando ou não o deferimento dentro do prazo de setenta e duas horas.

§ 1.º Deferido o pedido, o juiz determinará que o serviço de assistência judiciária, organizado e mantido pelo Estado, onde houver, indique, no prazo de dois dias úteis o advogado que patrocinará a causa do necessitado.

§ 2.º Se no Estado não houver serviço de assistência judiciária, por ele mantido, caberá a indicação à Ordem dos Advogados, por suas Seções Estaduais, ou Subseções Municipais.

§ 3.º Nos municípios em que não existirem subseções da Ordem dos Advogados do Brasil, o próprio juiz fará a nomeação do advogado que patrocinará a causa do necessitado.

§ 4.º Será preferido para a defesa da causa o advogado que o interessado indicar e que declare aceitar o encargo.

§ 5.º Nos Estados onde a Assistência Judiciária seja organizada e por eles mantida, o Defensor Público, ou quem exerça cargo equivalente, será intimado pessoalmente de todos os atos do processo, em ambas as Instâncias, contando-se-lhes em dobro todos os prazos.

•• § 5.º acrescentado pela Lei n. 7.871, de 8-11-1989.

Arts. 6.º e 7.º (Revogados pela Lei n. 13.105, de 16-3-2015.)

Art. 8.º Ocorrendo as circunstâncias mencionadas no artigo anterior, poderá o juiz, ex officio, decretar a revogação dos benefícios, ouvida a parte interessada dentro de quarenta e oito horas improrrogáveis.

Art. 9.º Os benefícios da assistência judiciária compreendem todos os atos do processo até decisão final do litígio, em todas as instâncias.

Art. 10. São individuais e concedidos em cada caso ocorrente os benefícios de assistência judiciária, que se não transmitem ao cessionário de direito e se extinguem pela morte do beneficiário, podendo, entretanto, ser concedidos aos herdeiros que continuarem a demanda e que necessitarem de tais favores, na forma estabelecida nesta Lei.

Arts. 11 e 12. (Revogados pela Lei n. 13.105, de 16-3-2015.)

Art. 13. Se o assistido puder atender, em parte, às despesas do processo, o juiz mandará pagar as custas que serão rateadas entre os que tiverem direito ao seu recebimento.

Art. 14. Os profissionais liberais designados para o desempenho do encargo de defensor ou de perito, conforme o caso, salvo justo motivo previsto em lei ou, na sua omissão, a critério da autoridade judiciária competente, são obrigados ao respectivo cumprimento, sob pena de multa de Cr$ 1.000,00 (mil cruzeiros) a Cr$ 10.000,00 (dez mil cruzeiros), sujeita ao reajustamento estabelecido na Lei n. 6.205, de 29 de abril de 1975, sem prejuízo da sanção disciplinar cabível.

•• Caput com redação determinada pela Lei n. 6.465, de 14-11-1977.

§ 1.º Na falta de indicação pela assistência ou pela própria parte, o juiz solicitará a do órgão de classe respectivo.

•• § 1.º com redação determinada pela Lei n. 6.465, de 14-11-1977.

§ 2.º A multa prevista neste artigo reverterá em benefício do profissional que assumir o encargo na causa.

•• § 2.º com redação determinada pela Lei n. 6.465, de 14-11-1977.

Art. 15. São motivos para a recusa do mandato pelo advogado designado ou nomeado:

1.º) estar impedido de exercer a advocacia;

2.º) ser procurador constituído pela parte contrária ou ter com ela relações profissionais de interesse atual;

3.º) ter necessidade de se ausentar da sede do juízo para atender a outro mandato anteriormente outorgado ou para defender interesses próprios inadiáveis;

4.º) já haver manifestado, por escrito, sua opinião contrária ao direito que o necessitado pretende pleitear;

5.º) haver dado à parte contrária parecer escrito sobre a contenda.

Parágrafo único. A recusa será solicitada ao juiz, que, de plano, a concederá, temporária ou definitivamente, ou a denegará.

Art. 16. Se o advogado, ao comparecer em juízo, não exibir o instrumento de mandato outorgado pelo assistido, o juiz determinará que se exarem na ata da audiência os termos da referida outorga.

Parágrafo único. O instrumento de mandato não será exigido, quando a parte for representada em juízo por advogado integrante de entidade de direito público incumbido, na forma da lei, de prestação de assistência judiciária gratuita, ressalvados:

•• Vide Súmula 644 do STJ.

a) os atos previstos no art. 38 do Código de Processo Civil;

b) o requerimento de abertura de inquérito por crime de ação privada, a proposição de ação penal privada ou o oferecimento de representação por crime de ação pública condicionada.

•• Parágrafo único acrescentado pela Lei n. 6.248, de 8-10-1975.

Art. 17. (Revogado pela Lei n. 13.105, de 16-3-2015.)

Art. 18. Os acadêmicos de direito, a partir da 4.ª série, poderão ser indicados pela assistência judiciária, ou nomeados pelo juiz para auxiliar o patrocínio das causas dos necessitados, ficando sujeitos às mesmas obrigações impostas por esta Lei aos advogados.

Art. 19. Esta Lei entrará em vigor trinta dias depois de sua publicação no Diário Oficial da União, revogadas as disposições em contrário.

Rio de Janeiro, 5 de fevereiro de 1950; 129.º da Independência e 62.º da República.

EURICO G. DUTRA

CONVENÇÃO N. 87 DA OIT – CONVENÇÃO RELATIVA À LIBERDADE SINDICAL E À PROTEÇÃO DO DIREITO DE SINDICALIZAÇÃO (**)

A Conferência Geral da Organização Internacional do Trabalho:

Convocada em São Francisco pelo Conselho de Administração da Repartição Internacional do Trabalho, e reunida naquela cidade em 17 de junho de 1948 em sua trigésima primeira reunião;

Depois de haver decidido adotar, sob a forma de convenção, diversas propostas relativas à liberdade sindical e à proteção ao direito de sindicalização, questão que constitui o sétimo ponto da ordem do dia da reunião;

(*) Publicada no DOU, de 13-2-1950, e republicada em Suplemento de 8-4-1974.

Sobre assistência judiciária na CF, tratam os arts. 5.º, LXXIV, e 24, XIII. Vide art. 71, § 3.º, da Lei n. 10.741, de 1.º-10-2003 (Estatuto da Pessoa Idosa). Vide Súmula 481 do STJ.

(**) Convenção não ratificada pelo Brasil até o fechamento da obra. Vide Convenção 989 da OIT.

Art. 16. Revogam-se as disposições em contrário.
Rio de Janeiro, 5 de janeiro de 1949; 128.º da Independência e 61.º da República.

EURICO G. DUTRA

[Nota: o Art. 16 acima refere-se à legislação anterior na página.]

Considerando que o preâmbulo da Constituição da Organização Internacional do Trabalho enuncia, entre os meios suscetíveis de melhorar as condições de trabalho e de garantir a paz "a afirmação do princípio da liberdade de associação sindical";

Considerando que a Declaração de Filadélfia proclamou novamente que "a liberdade de expressão e de associação é essencial para o progresso constante";

Considerando que a Conferência Internacional do Trabalho, em sua trigésima reunião adotou por unanimidade os princípios que devem servir de base à regulamentação internacional, e

Considerando que a Assembleia Geral das Nações Unidas, em seu segundo período de sessões, atribuiu a si mesma estes princípios e solicitou da Organização Internacional do Trabalho a continuação de todos seus esforços com o fim de possibilitar a adoção de uma ou várias convenções internacionais, adota, com data de 9 de julho de mil novecentos e quarenta e oito, a seguinte Convenção, que poderá ser citada como a Convenção sobre a liberdade sindical e a proteção ao direito de sindicalização, 1948:

PARTE I
LIBERDADE SINDICAL

Artigo 1
Todo Membro da Organização Internacional do Trabalho para quem esteja em vigor a presente Convenção se obriga a pôr em prática as seguintes disposições:

Artigo 2
Os trabalhadores e os empregadores, sem nenhuma distinção e sem autorização prévia, têm o direito de constituir as organizações que estimem convenientes, assim como o de filiar-se a estas organizações, com a única condição de observar os estatutos das mesmas.

Artigo 3
1. As organizações de trabalhadores e de empregadores têm o direito de redigir seus estatutos e regulamentos administrativos, o de eleger livremente seus representantes, o de organizar sua administração e suas atividades e o de formular seu programa de ação.
2. As autoridades públicas deverão abster-se de toda intervenção que tenha por objetivo limitar este direito ou entorpecer seu exercício legal.

Artigo 4
As organizações de trabalhadores e de empregadores não estão sujeitas a dissolução ou suspensão por via administrativa.

Artigo 5
As organizações de trabalhadores e de empregadores têm o direito de constituir federações e confederações, assim como de filiar-se às mesmas e toda organização, federação ou confederação tem o direito de filiar-se a organizações internacionais de trabalhadores e de empregadores.

Artigo 6
As disposições dos artigos 2, 3 e 4 desta Convenção aplicam-se às federações e confederações de organizações de trabalhadores e de empregadores.

Artigo 7
A aquisição da personalidade jurídica pelas organizações de trabalhadores e de empregadores, suas federações e confederações, não pode estar sujeita a condições cuja natureza limite a aplicação das disposições dos artigos 2, 3 e 4 desta Convenção.

Artigo 8
1. Ao exercer os direitos que lhes são reconhecidos na presente Convenção, os trabalhadores, os empregadores e suas organizações respectivas estão obrigados, assim como as demais pessoas ou coletividades organizadas, a respeitar a legalidade.
2. A legislação nacional não menoscabará nem será aplicada de forma que menos cabe as garantias previstas nesta Convenção.

Artigo 9
1. A legislação nacional deverá determinar até que ponto aplicar-se-ão às forças armadas e à polícia as garantias previstas pela presente Convenção.
2. Conforme os princípios estabelecidos no parágrafo 8 do artigo 19 da Constituição da Organização Internacional do Trabalho, a ratificação desta Convenção por um membro não deverá considerar-se que menoscaba em modo algum as leis, sentenças, costumes ou acordos já existentes que concedam aos membros das forças armadas e da polícia, garantias prescritas na presente Convenção.

Artigo 10
Na presente Convenção, o termo organização significa toda organização de trabalhadores e de empregadores que tenha por objeto fomentar e defender os interesses dos trabalhadores e dos empregadores.

PARTE II
PROTEÇÃO DO DIREITO DE SINDICALIZAÇÃO

Artigo 11
Todo Membro da Organização Internacional do Trabalho para o qual esta Convenção esteja em vigor obriga-se a adotar todas as medidas necessárias e apropriadas para garantir aos trabalhadores e aos empregadores o livre exercício do direito de sindicalização.

PARTE III
DISPOSIÇÕES DIVERSAS

Artigo 12
1. Respeito dos territórios mencionados no artigo 35 da Constituição da Organização Internacional do Trabalho, emendada pelo Instrumento de Emenda à Constituição à Constituição da Organização Internacional do Trabalho, 1946, exceção feita dos territórios a que se referem os parágrafos 4 e 5 do citado artigo, de acordo com a emenda, todo membro da Organização que ratifique a presente Convenção deverá comunicar ao Diretor-Geral da Repartição Internacional do Trabalho, no prazo mais breve possível, após sua ratificação, uma declaração na qual manifeste:

a) os territórios a respeito dos quais se obriga a que as disposições da Convenção sejam aplicadas sem modificações;

b) os territórios a respeito dos quais se obriga a que as disposições da Convenção sejam aplicadas com modificações, junto com os detalhes dessas modificações;

c) os territórios a respeito dos quais é inaplicável a Convenção e os motivos pelos quais é inaplicável;

d) os territórios a respeito dos quais reserva sua decisão.

2. As obrigações a que se referem os apartados *a)* e *b)* do parágrafo 1 deste artigo considerar-se-ão parte integrante da ratificação e produzirão os mesmos efeitos.

3. Todo Membro poderá renunciar, total ou parcialmente, por meio de uma nova declaração, a qualquer reserva formulada em sua primeira declaração em virtude dos apartados *b)*, *c)* ou *d)* do parágrafo 1 deste artigo.

4. Durante os períodos em que esta Convenção possa ser denunciada, de acordo com as disposições do artigo 16, todo Membro poderá comunicar ao Diretor-Geral uma declaração pela qual modifique, em qualquer outro aspecto, os termos de qualquer declaração anterior e na qual indique a situação dos territórios determinados.

Artigo 13
1. Quando as questões tratadas na presente Convenção sejam da competência das autoridades de um território não metropolitano, o membro responsável das relações internacionais deste território, de acordo com o governo do território, poderá comunicar ao Diretor-Geral da Repartição Internacional do Trabalho uma declaração pela qual aceite, em nome do território, as obrigações da presente Convenção.

2. Poderão comunicar ao Diretor-Geral da Repartição Internacional do Trabalho uma declaração pela qual aceitem as obrigações desta Convenção:

a) dois ou mais Membros da Organização, a respeito de qualquer território que esteja sob sua autoridade comum; ou

b) toda autoridade internacional responsável pela administração de qualquer território em virtude das disposições da Carta das Nações Unidas ou de qualquer outra disposição em vigor, referente a dito território.

3. As declarações comunicadas ao Diretor-Geral da Repartição Internacional do Trabalho, de conformidade com os parágrafos precedentes neste artigo deverão indicar se as disposições da Convenção serão aplicadas no território interessado com modificações ou sem elas; quando a declaração indique que as disposições da Convenção serão aplicadas com modificações, deverá especificar em que consistem as citadas modificações.

4. O Membro, os Membros ou a autoridade internacional interessados poderão renunciar, total ou parcialmente, por meio de uma declaração ulterior, ao direito de invocar uma modificação indicada em qualquer outra declaração anterior.

5. Durante os períodos em que esta Convenção possa ser denunciada de conformidade com as disposições do artigo 16, o Membro, os Membros ou a autoridade internacional interessados poderão comunicar ao Diretor-Geral uma declaração pela qual modifiquem, em qualquer outro aspecto, os termos de qualquer declaração anterior e na qual indiquem a situação no que se refere à aplicação da Convenção.

PARTE IV
DISPOSIÇÕES FINAIS

Artigo 14

As ratificações formais da presente Convenção serão comunicadas para seu registro ao Diretor-Geral da Repartição Internacional do Trabalho.

Artigo 15

1. Esta Convenção obrigará unicamente aqueles Membros da Organização Internacional do Trabalho cujas ratificações houver registrado o Diretor-Geral da Repartição Internacional do Trabalho.

2. A presente convenção entrará em vigor doze meses após a data em que as ratificações de dois membros tiverem sido registradas pelo Diretor-Geral.

3. A partir daquele momento, esta Convenção entrará em vigor, para cada Membro, doze meses após a data em que tiver sido registrada sua ratificação.

Artigo 16

1. Todo Membro que tiver ratificado esta Convenção poderá denunciá-la à expiração de um período de dez anos, a partir da data em que tiver entrado inicialmente em vigor, mediante ata comunicada, para seu registro, ao Diretor da Repartição Internacional do Trabalho. A denúncia não terá efeito até um ano após a data em que tiver sido registrada.

2. Todo Membro que tiver ratificado esta Convenção e que no prazo de um ano depois da expiração do período de dez anos mencionado no parágrafo precedente não fizer uso do direito de denúncia previsto neste artigo ficará obrigado durante um novo período de dez anos, e no sucessivo poderá denunciar esta Convenção à expiração de cada período de dez anos, nas condições previstas neste artigo.

Artigo 17

1. O Diretor-Geral da Repartição Internacional do Trabalho notificará a todos os membros da Organização Internacional do Trabalho o registro de quantas ratificações, declarações e atas de denúncia lhe sejam comunicadas pelos Membros da Organização.

2. Ao notificar aos Membros da Organização o registro de segunda ratificação que lhe tiver sido comunicada, o Diretor-Geral informará aos membros da Organização sobre a data em que esta Convenção entrará em vigor.

Artigo 18

O Diretor-Geral da Repartição Internacional do Trabalho comunicará ao Secretário Geral das Nações Unidas, para efeitos de registro e de conformidade com o artigo 102 da Carta das Nações Unidas, uma informação completa sobre todas as ratificações, declarações e atas de denúncia que houver registrado de acordo com os artigos precedentes.

Artigo 19

Cada vez que o estime necessário, o Conselho de Administração da Repartição Internacional do Trabalho apresentará à Conferência Geral uma memória sobre a aplicação da Convenção e considerará a conveniência de incluir na ordem do dia da Conferência a questão de sua revisão total ou parcial.

Artigo 20

1. Em caso de que a Conferência adote uma nova Convenção que implique uma revisão total ou parcial da presente, e a menos que a nova Convenção contenha disposições em contrário:

a) a ratificação por um Membro da nova convenção revisora implicará *ipso jure* a denúncia imediata desta Convenção, não obstante as disposições contidas no artigo 16, sempre que a nova Convenção revisora tiver entrado em vigor;

b) a partir da data em que entre em vigor a nova convenção revisora, a presente Convenção cessará de estar aberta à ratificação pelos Membros.

2. Esta Convenção continuará em vigor em todo caso, em sua forma e conteúdo atuais, para os Membros que a tiverem ratificado e não ratifiquem a Convenção revisora.

Artigo 21

As versões inglesa e francesa do texto desta Convenção são igualmente autênticas.

LEI N. 3.207, DE 18 DE JULHO DE 1957 (*)

Regulamenta as atividades dos empregados vendedores, viajantes ou pracistas.

O Presidente da República

Faço saber que o Congresso Nacional decreta e eu sanciono a seguinte Lei:

Art. 1.º As atividades dos empregados vendedores, viajantes ou pracistas, serão reguladas pelos preceitos desta Lei, sem prejuízo das normas estabelecidas na Consolidação das Leis do Trabalho – Decreto-lei n. 5.452, de 1.º de maio de 1943 – no que lhes for aplicável.

Art. 2.º O empregado vendedor terá direito à comissão avençada sobre as vendas que realizar. No caso de lhe ter sido reservada, expressamente, com exclusividade, uma zona de trabalho, terá esse direito sobre as vendas ali realizadas diretamente pela empresa ou por um preposto desta.

§ 1.º A zona de trabalho do empregado vendedor poderá ser ampliada ou restringida de acordo com a necessidade da empresa, respeitados os dispositivos desta Lei quanto à irredutibilidade da remuneração.

§ 2.º Sempre que, por conveniência da empresa empregadora, for o empregado viajante transferido da zona de trabalho, com redução de vantagens, ser-lhe-á assegurado, como mínimo de remuneração, 1 (um) salário correspondente à média dos 12 (doze) últimos meses anteriores à transferência.

Art. 3.º A transação será considerada aceita se o empregador não a recusar por escrito, dentro de 10 (dez) dias, contados da data da proposta. Tratando-se de transação a ser concluída com comerciante ou empresa estabelecida noutro Estado ou no estrangeiro, o prazo para aceitação ou recusa da proposta de venda será de 90 (noventa) dias podendo, ainda, ser prorrogado, por tempo determinado, mediante comunicação escrita feita ao empregado.

(*) Publicada no *DOU*, de 22-7-1957.

Art. 4.º O pagamento de comissões e percentagens deverá ser feito mensalmente, expedindo a empresa, no fim de cada mês, a conta respectiva com as cópias das faturas correspondentes aos negócios concluídos.

Parágrafo único. Ressalva-se às partes interessadas fixar outra época para o pagamento de comissões e percentagens, o que, no entanto, não poderá exceder a 1 (um) trimestre, contado da aceitação do negócio, sendo sempre obrigatória a expedição, pela empresa, da conta referida neste artigo.

Art. 5.º Nas transações em que a empresa se obrigar por prestações sucessivas, o pagamento das comissões e percentagens será exigível de acordo com a ordem de recebimento das mesmas.

Art. 6.º A cessação das relações de trabalho, ou a inexecução voluntária do negócio pelo empregador, não prejudicará percepção das comissões e percentagens devidas.

Art. 7.º Verificada a insolvência do comprador, cabe ao empregador o direito de estornar a comissão que houver pago.

Art. 8.º Quando for prestado serviço de inspeção e fiscalização pelo empregado vendedor, ficará a empresa vendedora obrigada ao pagamento adicional de 1/10 (um décimo) da remuneração atribuída ao mesmo.

Art. 9.º O empregado vendedor viajante não poderá permanecer em viagem por tempo superior a 6 (seis) meses consecutivos. Em seguida a cada viagem haverá um intervalo para descanso, calculado na base de 3 (três) dias por mês da viagem realizada, não podendo, porém, ultrapassar o limite de 15 (quinze) dias.

Art. 10. Caracterizada a relação de emprego, aplicam-se os preceitos desta Lei a quantos exercerem funções iguais, semelhantes ou equivalentes aos empregados viajantes, embora sob outras designações.

Art. 11. Esta Lei entrará em vigor na data de sua publicação, revogadas as disposições em contrário.

Rio de Janeiro, 18 de julho de 1957; 136.º da Independência e 69.º da República.

JUSCELINO KUBITSCHEK

LEI N. 4.090, DE 13 DE JULHO DE 1962 (*)

Institui a gratificação de Natal para os trabalhadores.

• Infrações a esta Lei: *vide* art. 3.º, I, da Lei n. 7.855, de 24-10-1989.

O Presidente da República

Faço saber que o Congresso Nacional decreta e eu sanciono a seguinte Lei:

Art. 1.º No mês de dezembro de cada ano, a todo empregado será paga, pelo empregador, uma gratificação salarial, independentemente da remuneração a que fizer jus.

• *Vide*, sobre gratificação de Natal, as Súmulas 14, 46, 50, 148 e 242 do TST.

§ 1.º A gratificação corresponderá a 1/12 (um doze avos) da remuneração devida em dezembro, por mês de serviço, do ano correspondente.

§ 2.º A fração igual ou superior a 15 (quinze) dias de trabalho será havida como mês integral para os efeitos do parágrafo anterior.

§ 3.º A gratificação será proporcional:

I – na extinção dos contratos a prazo, entre estes incluídos os de safra, ainda que a relação de emprego haja findado antes de dezembro; e

II – na cessação da relação de emprego resultante da aposentadoria do trabalhador, ainda que verificada antes de dezembro.

•• § 3.º acrescentado pela Lei n. 9.011, de 30-3-1995.

Art. 2.º As faltas legais e justificadas ao serviço não serão deduzidas para os fins previstos no § 1.º do art. 1.º desta Lei.

Art. 3.º Ocorrendo rescisão, sem justa causa, do contrato de trabalho, o empregado receberá a gratificação devida nos termos dos §§ 1.º e 2.º do art. 1.º desta Lei, calculada sobre a remuneração do mês da rescisão.

Art. 4.º Esta Lei entrará em vigor na data de sua publicação, revogadas as disposições em contrário.

Brasília, 13 de julho de 1962; 141.º da Independência e 74.º da República.

JOÃO GOULART

LEI N. 4.266, DE 3 DE OUTUBRO DE 1963 (**)

Institui o salário-família do trabalhador e dá outras providências.

O Presidente da República

Faço saber que o Congresso Nacional decreta e eu sanciono a seguinte Lei:

Art. 1.º O salário-família, instituído por esta Lei, será devido, pelas empresas vinculadas à Previdência Social, a todo empregado, como tal definido na Consolidação das Leis do Trabalho, qualquer que seja o valor e a forma de sua remuneração, e na proporção do respectivo número de filhos.

• A CF, no art. 7.º, XII, assegura aos trabalhadores o direito ao salário-família para os seus dependentes.

Art. 2.º O salário-família será pago sob a forma de uma quota percentual, calculada sobre o valor do salário mínimo local, arredondado este para o múltiplo de 1.000 (mil) seguinte, por filho menor de qualquer condição, até 14 (catorze) anos de idade.

•• A Portaria Interministerial n. 26, de 10-1-2023, dos Ministérios da Previdência Social e da Fazenda, dispõe sobre o reajuste dos benefícios pagos pelo INSS e dos demais valores constantes do Regulamento da Previdência Social.

Art. 3.º O custeio do salário-família será feito mediante o sistema de compensação, cabendo a cada empresa, qualquer que seja o número e o estado civil de seus empregados, recolher, para esse fim, ao Instituto Nacional da Previdência Social, a contribuição que for fixada em correspondência com o valor da quota percentual referida no art. 2.º.

§ 1.º A contribuição de que trata este artigo corresponderá a uma percentagem incidente sobre o salário mínimo local multiplicado pelo número total de empregados da empresa, observados os mesmos prazos de recolhimento, sanções administrativas e penais e demais condições estabelecidas com relação às contribuições destinadas ao custeio da Previdência Social.

§ 2.º (*Revogado pela Lei n. 5.890, de 8-6-1973.*)

Art. 4.º O pagamento das quotas do salário-família será feito pelas próprias empresas, mensalmente, aos seus empregados, juntamente com o do respectivo salário, nos termos do art. 2.º.

§ 1.º Quando os pagamentos forem semanais ou por outros períodos, as quotas serão pagas juntamente com o último relativo ao mês.

§ 2.º Para efeito do pagamento das quotas, exigirão as empresas, dos empregados, as certidões de nascimento dos filhos, que a isto os habilitam.

§ 3.º As certidões expedidas para os fins do § 2.º deste artigo são isentas de selo, taxas ou emolumentos de qualquer espécie, assim como o reconhecimento de firmas a elas referente, quando necessário.

(*) Publicada no *DOU*, de 26-7-1962. Regulamentada pelo Decreto n. 10.854, de 10-11-2021. A Lei n. 4.749, de 12-8-1965, dispõe sobre o pagamento da gratificação de Natal. O vale-transporte, no que se refere à contribuição do empregador, não é considerado para efeito de pagamento da gratificação de Natal (Lei n. 4.090, de 13-7-1962, e art. 7.º do Decreto-lei n. 2.310, de 22-12-1986).

(**) Publicada no *DOU*, de 8-10-1963. A Lei n. 8.213, de 24-7-1991, regulamentada pelo Decreto n. 3.048, de 6-5-1999, dispondo sobre os Planos de Benefícios da Previdência Social, trata, em seus arts. 65 a 70, sobre o salário-família.

§ 4.º Dos pagamentos de quotas feitos guardarão as empresas os respectivos comprovantes, bem como as certidões, para o efeito da fiscalização do Instituto, no tocante ao reembolso a que se refere o art. 5.º.

Art. 5.º As empresas serão reembolsadas, mensalmente, dos pagamentos das quotas feitos aos seus empregados, na forma desta Lei, mediante desconto do valor respectivo no total das contribuições recolhidas ao Instituto Nacional da Previdência Social.

Art. 6.º A fixação do salário mínimo, de que trata o Capítulo II do Título II da Consolidação das Leis do Trabalho, terá por base unicamente as necessidades normais do trabalhador sem filhos, considerando-se atendido, com o pagamento do salário-família instituído por esta Lei, o preceituado no art. 157, I, da CF.

•• Refere-se à Constituição Federal de 1946. Vide art. 7.º, XII, da CF.

Art. 7.º Ficam fixados, pelo período de 3 (três) anos, os seguintes valores relativos à presente Lei:

I – de 5% (cinco por cento) para cada quota percentual a que se refere o art. 2.º;

II – de 6% (seis por cento) para a contribuição de que trata o art. 3.º.

§ 1.º Se, findo o período previsto neste artigo, não forem revistos os valores nele fixados, continuarão a vigorar até que isto se venha a efetuar.

§ 2.º A qualquer alteração no valor de uma das percentagens deverá corresponder proporcionalmente o da outra, de modo a que seja assegurado o perfeito equilíbrio do custeio do sistema, no regime de repartição anual.

Art. 8.º Os empregados abrangidos pela presente Lei ficam excluídos do campo de aplicação do Decreto-lei n. 3.200, de 19 de abril de 1941, no tocante ao abono às famílias numerosas.

• O Decreto-lei citado dispõe sobre a organização e proteção da família.

Art. 9.º As quotas do salário-família não se incorporarão, para nenhum efeito, ao salário ou remuneração devidos aos empregados.

• "O salário-família é isento do imposto de renda" (art. 25 da Lei n. 8.218, de 29-8-1991).

Art. 10. Esta Lei entrará em vigor a partir do primeiro dia do mês que se seguir ao decurso de 30 (trinta) dias, contados da data de sua publicação.

Parágrafo único. Dentro do prazo referido neste artigo, o Poder Executivo expedirá o Regulamento desta Lei.

Art. 11. Revogam-se as disposições em contrário.

Brasília, 3 de outubro de 1963; 142.º da Independência e 75.º da República.

João Goulart

**LEI N. 4.725,
DE 13 DE JULHO DE 1965 (*)**

Estabelece normas para o processo dos dissídios coletivos, e dá outras providências.

O Presidente da República,

Faço saber que o Congresso Nacional decreta e eu sanciono a seguinte Lei:

Art. 1.º A Justiça do Trabalho, no processo dos dissídios coletivos, entre categorias profissionais e econômicas, observará as normas previstas na CLT (arts. 856 a 874), com as alterações subsequentes e as constantes desta Lei.

..

Art. 6.º Os recursos das decisões proferidas nos dissídios coletivos terão efeito meramente devolutivo.

§ 1.º O Presidente do Tribunal Superior do Trabalho poderá dar efeito suspensivo ao recurso, a requerimento do recorrente em petição fundamentada. Do despacho caberá agravo para o Pleno, no prazo de 5 (cinco) dias, de conformidade com o disposto no Regimento Interno do Tribunal.

•• § 1.º com redação determinada pela Lei n. 4.903, de 16-12-1965.

§ 2.º O Tribunal *ad quem* deverá julgar o recurso no prazo de 60 (sessenta) dias, improrrogavelmente.

§ 3.º O provimento do recurso não importará restituição dos salários ou vantagens pagos, em execução do julgado.

..

Art. 10. Os ajustamentos de salário fixados em decisões da Justiça do Trabalho, aprovados em julgamento de dissídios coletivos ou em acordos homologados, serão aplicados, automaticamente, nas mesmas condições estabelecidas para os integrantes das categorias profissionais litigantes ou interessadas, aos empregados das próprias entidades suscitantes e suscitadas, observadas as peculiaridades que lhes sejam inerentes, ficando, desde logo, autorizado o reabastecimento das respectivas verbas orçamentárias.

Art. 11. A assistência aos trabalhadores prevista no art. 500 da CLT, aprovada pelo Decreto-lei n. 5.452, de 1.º de maio de 1943, e na Lei n. 4.066, de 28 de maio de 1962, será gratuita, vedada aos órgãos e autoridades a quem for solicitada a cobrança de qualquer importância para o atendimento de custas, taxas, emolumentos, remuneração ou a qualquer título.

• A Lei n. 4.066, de 28-5-1962, foi expressamente revogada pela Lei n. 5.562, de 12-12-1968.

Art. 12. Nenhum reajustamento de salário será homologado ou determinado pela Justiça do Trabalho antes de decorrido 1 (um) ano do último acordo ou dissídio coletivo, não sendo possível a inclusão da cláusula de antecipação do aumento salarial durante o prazo de vigência da sentença normativa.

Parágrafo único. (*Revogado pelo Decreto-lei n. 424, de 21-1-1969.*)

Art. 13. Esta Lei entrará em vigor na data de sua publicação, revogadas as disposições em contrário.

Brasília, 13 de julho de 1965; 144.º da Independência e 77.º da República.

H. Castello Branco

**LEI N. 4.749,
DE 12 DE AGOSTO DE 1965 (**)**

Dispõe sobre o pagamento da gratificação prevista na Lei n. 4.090, de 13 de julho de 1962.

• Imposto de Renda sobre o 13.º salário: Lei n. 7.713, de 22-12-1988, art. 26.

O Presidente da República

Faço saber que o Congresso Nacional decreta e eu sanciono a seguinte Lei:

Art. 1.º A gratificação salarial instituída pela Lei n. 4.090, de 13 de julho de 1962, será paga pelo empregador até o dia 20 de dezembro de cada ano, compensada a importância que, a título de adiantamento, o empregado houver recebido na forma do artigo seguinte:

•• Vide arts. 76 a 82 do Decreto n. 10.854, de 10-11-2021.

(*) Publicada no *DOU*, de 14-7-1965.

(**)Publicada no *DOU*, de 13-8-1965. Vide Lei n. 4.090, de 13-7-1962. O Decreto-lei n. 2.310, de 22-12-1986, institui a gratificação de Natal a ser concedida aos funcionários civis e militares, da União, dos Territórios e das autarquias federais, e aos membros do Poder Judiciário da União, do Distrito Federal e dos Territórios e do TCU (art. 7.º). Vide Decreto n. 10.854, de 10-11-2021. Nos termos do art. 28, § 7.º, da Lei n. 8.212, de 24-7-1991, o 13.º salário (gratificação natalina) integra o salário de contribuição previdenciária exceto para o cálculo de benefício. Vide Súmula 83 dos JEFs.

Parágrafo único. (*Vetado.*)

Art. 2.º Entre os meses de fevereiro e novembro de cada ano, o empregador pagará, como adiantamento da gratificação referida no artigo precedente, de uma só vez, metade do salário recebido pelo respectivo empregado no mês anterior.

§ 1.º O empregador não estará obrigado a pagar o adiantamento, no mesmo mês, a todos os seus empregados.

§ 2.º O adiantamento será pago ao ensejo das férias do empregado, sempre que este o requerer no mês de janeiro do correspondente ano.

Art. 3.º Ocorrendo a extinção do contrato de trabalho antes do pagamento de que trata o art. 1.º desta Lei, o empregador poderá compensar o adiantamento mencionado com a gratificação devida nos termos do art. 3.º da Lei n. 4.090, de 13 de julho de 1962, e, se não bastar, com outro crédito de natureza trabalhista que possua o respectivo empregado.

Art. 4.º As contribuições devidas ao Instituto Nacional de Previdência Social, que incidem sobre a gratificação salarial referida nesta Lei, ficam sujeitas ao limite estabelecido na legislação da Previdência Social.

Art. 5.º Aplica-se, no corrente ano, a regra estatuída no art. 2.º desta Lei, podendo o empregado usar da faculdade estatuída no seu § 2.º no curso dos primeiros 30 (trinta) dias de vigência desta Lei.

Art. 6.º O Poder Executivo, no prazo de 30 (trinta) dias, adaptará o Regulamento aprovado pelo Decreto n. 1.881, de 14 de dezembro de 1962, aos preceitos desta Lei.

Art. 7.º Esta Lei entra em vigor na data de sua publicação.

Art. 8.º Revogam-se as disposições em contrário.

Brasília, 12 de agosto de 1965; 144.º da Independência e 77.º da República.

H. CASTELLO BRANCO

LEI N. 4.923, DE 23 DE DEZEMBRO DE 1965 (*)

Institui o cadastro permanente das admissões e dispensas de empregados, estabelece medidas contra o desemprego e de assistência aos desempregados, e dá outras providências.

O Presidente da República

Faço saber que o Congresso Nacional decreta e eu sanciono a seguinte Lei:

Art. 1.º Fica instituído, em caráter permanente, no Ministério do Trabalho, o registro das admissões e dispensas de empregados nas empresas abrangidas pelo sistema da CLT.

•• A Portaria n. 671, de 8-11-2021, do Ministério do Trabalho e da Previdência, regulamenta disposições relativas à legislação trabalhista, à inspeção do trabalho, às políticas públicas e às relações de trabalho.

§ 1.º As empresas que dispensarem ou admitirem empregados ficam obrigadas a fazer a respectiva comunicação às Delegacias Regionais do Trabalho, mensalmente, até o dia 7 do mês subsequente ou como estabelecido em regulamento, em relação nominal por estabelecimento, da qual constará também a indicação da Carteira de Trabalho e Previdência Social ou, para os que ainda não a possuírem, nos termos da lei, os dados indispensáveis à sua identificação pessoal.

•• § 1.º com redação determinada pela Medida Provisória n. 2.164-41, de 24-8-2001.

§ 2.º O cumprimento do prazo fixado no parágrafo anterior será exigido a partir de 1.º de janeiro de 2001.

•• § 2.º acrescentado pela Medida Provisória n. 2.164-41, de 24-8-2001.

Art. 2.º A empresa que, em face de conjuntura econômica, devidamente comprovada, se encontrar em condições que recomendem, transitoriamente, a redução da jornada normal ou do número de dias do trabalho, poderá fazê-lo, mediante prévio acordo com a entidade sindical representativa dos seus empregados, homologado pela Delegacia Regional do Trabalho, por prazo certo, não excedente de 3 (três) meses, prorrogável, nas mesmas condições, se ainda indispensável, e sempre que de modo que a redução do salário mensal resultante não seja superior a 25% (vinte e cinco por cento) do salário contratual, respeitado o salário mínimo regional e reduzidas proporcionalmente a remuneração e as gratificações de gerentes e diretores.

§ 1.º Para o fim de deliberar sobre o acordo, a entidade sindical profissional convocará assembleia geral dos empregados diretamente interessados, sindicalizados ou não, que decidirão por maioria de votos, obedecidas as normas estatutárias.

§ 2.º Não havendo acordo, poderá a empresa submeter o caso à Justiça do Trabalho, por intermédio da Junta de Conciliação e Julgamento ou, em sua falta, do Juiz de Direito, com jurisdição na localidade. Da decisão de primeira instância caberá recurso ordinário, no prazo de 10 (dez) dias, para o Tribunal Regional do Trabalho da correspondente Região, sem efeito suspensivo.

§ 3.º A redução de que trata o artigo não é considerada alteração unilateral do contrato individual de trabalho para os efeitos do disposto no art. 468 da CLT.

Art. 3.º As empresas que tiverem autorização para redução de tempo de trabalho, nos termos do art. 2.º e seus parágrafos, não poderão, até 6 (seis) meses depois da cessação desse regime, admitir novos empregados, antes de readmitirem os que tenham sido dispensados pelos motivos que hajam justificado a citada redução ou comprovarem que não atenderam, no prazo de 8 (oito) dias, ao chamado para a readmissão.

§ 1.º O empregador notificará diretamente o empregado para reassumir o cargo, ou, por intermédio da sua entidade sindical, se desconhecida sua localização, correndo o prazo de 8 (oito) dias a partir da data do recebimento da notificação pelo empregado ou pelo órgão de classe, conforme o caso.

§ 2.º O disposto neste artigo não se aplica aos cargos de natureza técnica.

Art. 4.º É igualmente vedado às empresas mencionadas no art. 3.º, nas condições e prazo nele contidos, trabalhar em regime de horas extraordinárias, ressalvadas estritamente as hipóteses previstas no art. 61, e seus §§ 1.º e 2.º, da CLT.

..

Art. 10. A falta da comunicação a que se refere o parágrafo único do art. 1.º desta Lei, no prazo ali estipulado, importará na aplicação automática de multa no valor de 1/3 (um terço) do salário mínimo regional, por empregado, de competência da Delegacia Regional do Trabalho.

•• *Caput* com redação determinada pelo Decreto-lei n. 193, de 24-2-1967.

Parágrafo único. A multa prevista no artigo ficará reduzida para 1/9 (um nono) e 1/6 (um sexto) do salário mínimo regional, por empregado, quando, antes de qualquer procedimento fiscal por parte do Ministério do Trabalho e Previdência Social, a comunicação for feita, respectivamente, dentro de 30 (trinta) ou 60 (sessenta) dias, após o término do prazo fixado.

Art. 11. A empresa que mantiver empregado, não registrado, nos termos do art. 41 e seu parágrafo único da CLT, incorrerá na multa de valor igual a 1 (um) salário mínimo regional, por trabalhador não registrado, acrescido de igual valor em cada reincidência.

•• Artigo com redação determinada pelo Decreto-lei n. 193, de 24-2-1967.

..

Art. 14. Esta Lei entra em vigor na data de sua publicação.

Art. 15. Revogam-se as disposições em contrário.

Brasília, 23 de dezembro de 1965; 144.º da Independência e 77.º da República.

H. CASTELLO BRANCO

(*) Publicada no *DOU*, de 29-12-1965, e retificada em 26-1-1966.

DECRETO-LEI N. 368, DE 19 DE DEZEMBRO DE 1968 (*)

Dispõe sobre efeitos de débitos salariais e dá outras providências.

O Presidente da República, usando da atribuição que lhe confere o § 1.º do art. 2.º do Ato Institucional n. 5, de 13 de dezembro de 1968, decreta:

Art. 1.º A empresa em débito salarial com seus empregados não poderá:

I – pagar honorário, gratificação, *pro labore* ou qualquer outro tipo de retribuição ou retirada a seus diretores, sócios, gerentes ou titulares da firma individual;

II – distribuir quaisquer lucros, bonificações, dividendos ou interesses a seus sócios, titulares, acionistas, ou membros de órgãos dirigentes, fiscais ou consultivos;

III – ser dissolvida.

Parágrafo único. Considera-se em débito salarial a empresa que não paga, no prazo e nas condições da lei ou do contrato, o salário devido a seus empregados.

Art. 2.º A empresa em mora contumaz relativamente a salários não poderá, além do disposto no art. 1.º, ser favorecida com qualquer benefício de natureza fiscal, tributária, ou financeira, por parte de órgãos da União, dos Estados ou dos Municípios, ou de que estes participem.

§ 1.º Considera-se mora contumaz o atraso ou sonegação de salários devidos aos empregados, por período igual ou superior a 3 (três) meses, sem motivo grave e relevante, excluídas as causas pertinentes ao risco do empreendimento.

§ 2.º Não se incluem na proibição do artigo as operações de crédito destinadas à liquidação dos débitos salariais existentes, o que deverá ser expressamente referido em documento firmado pelo responsável legal da empresa, como justificação do crédito.

Art. 3.º A mora contumaz e a infração ao art. 1.º serão apuradas mediante denúncia de empregado da empresa ou entidade sindical da respectiva categoria profissional, pela Delegacia Regional do Trabalho, em processo sumário, assegurada ampla defesa ao interessado.

§ 1.º Encerrado o processo, o Delegado Regional do Trabalho submeterá ao Ministro do Trabalho e Previdência Social parecer conclusivo para decisão.

§ 2.º A decisão que concluir pela mora contumaz será comunicada às autoridades fazendárias locais pelo Delegado Regional do Trabalho, sem prejuízo da comunicação que deverá ser feita ao Ministro da Fazenda.

Art. 4.º Os diretores, sócios, gerentes, membros de órgãos fiscais ou consultivos, titulares de firma individual ou quaisquer outros dirigentes de empresa responsável por infração do disposto no art. 1.º, incisos I e II, estarão sujeitos à pena de detenção de um mês a um ano.

Parágrafo único. Apurada a infração prevista neste artigo, o Delegado Regional do Trabalho representará, sob pena de responsabilidade, ao Ministério Público, para a instauração da competente ação penal.

Art. 5.º No caso do inciso III do art. 1.º, a empresa requererá a expedição de Certidão Negativa de Débito Salarial, a ser passada pela Delegacia Regional do Trabalho mediante prova bastante do cumprimento, pela empresa, das obrigações salariais respectivas.

Art. 6.º Considera-se salário devido, para os efeitos deste Decreto-lei, a retribuição de responsabilidade direta da empresa, inclusive comissões, percentagens, gratificações, diárias para viagens e abonos, quando a sua liquidez e certeza não sofram contestação nem estejam pendentes de decisão judicial.

Art. 7.º As infrações descritas no art. 1.º, incisos I e II, e seu parágrafo único, sujeitam a empresa infratora a multa variável de 10 (dez) a 50% (cinquenta por cento) do débito salarial, a ser aplicada pelo Delegado Regional do Trabalho, mediante o processo previsto nos artigos 626 e seguintes da Consolidação das Leis do Trabalho, sem prejuízo da responsabilidade criminal das pessoas implicadas.

Art. 8.º O Ministério do Trabalho e Previdência Social expedirá as instruções necessárias à execução deste Decreto-lei.

Art. 9.º Este Decreto-lei entrará em vigor na data de sua publicação, revogadas as disposições em contrário.

Brasília, 19 de dezembro de 1968; 147.º da Independência e 80.º da República.

A. COSTA E SILVA

DECRETO-LEI N. 691, DE 18 DE JULHO DE 1969 (**)

Dispõe sobre a não aplicação, aos contratos de técnicos estrangeiros, com estipulação de pagamento de salários em moeda estrangeira, de diversas disposições da legislação trabalhista, e dá outras providências.

O Presidente da República, no uso da atribuição que lhe confere o § 1.º do art. 2.º do Ato Institucional n. 5, de 13 de dezembro de 1968, decreta:

Art. 1.º Os contratos de técnicos estrangeiros domiciliados ou residentes no exterior, para execução, no Brasil, de serviços especializados, em caráter provisório, com estipulação de salários em moeda estrangeira, serão, obrigatoriamente, celebrados por prazo determinado e prorrogáveis sempre a termo certo, ficando excluídos da aplicação do disposto nos arts. 451, 452, 453, no Capítulo VII do Título IV da Consolidação das Leis do Trabalho e na Lei n. 5.107, de 13 de setembro de 1966, com as alterações do Decreto-lei n. 20, de 14 de setembro de 1966, e legislação subsequente.

Parágrafo único. A rescisão dos contratos de que trata este artigo reger-se-á pelas normas estabelecidas nos arts. 479, 480, e seu § 1.º, e 481 da Consolidação das Leis do Trabalho.

• "São nulos de pleno direito os contratos, títulos e quaisquer documentos, bem como as obrigações que, exequíveis no Brasil, estipulem pagamento em ouro, em moeda estrangeira, ou, por alguma forma, restrinjam ou recusem, nos seus efeitos, o curso legal do cruzeiro" (Decreto-lei n. 857, de 11-9-1969, art. 1.º).

Art. 2.º Aos técnicos estrangeiros contratados nos termos deste Decreto-lei serão asseguradas, além das vantagens previstas no contrato, apenas as garantias relativas a salário mínimo, repouso semanal remunerado, férias anuais, duração, higiene e segurança do trabalho, seguro contra acidente do trabalho e previdência social deferidas ao trabalhador que perceba salário exclusivamente em moeda nacional.

Parágrafo único. É vedada a estipulação contratual de participação nos lucros da empresa.

Art. 3.º A taxa de conversão da moeda estrangeira será, para todos os efeitos, a da data do vencimento da obrigação.

Art. 4.º A competência para dirimir as controvérsias oriundas das relações estabelecidas sob o regime deste Decreto-lei será da Justiça do Trabalho.

Art. 5.º O presente Decreto-lei entrará em vigor na data de sua publicação, aplicando-se às relações em curso.

Art. 6.º Revogam-se as disposições em contrário.

Brasília, 18 de julho de 1969; 148.º da Independência e 81.º da República.

A. COSTA E SILVA

(*) Publicado no *DOU*, de 20-12-1968.

(**) Publicado no *DOU*, de 21-7-1969. A Lei n. 13.445, de 24-5-2017, institui a Lei de Migração. A Resolução Normativa n. 61, de 8-12-2004, do Conselho Nacional de Imigração, disciplina a concessão de autorização de trabalho e de visto a estrangeiro sob contrato de transferência de tecnologia e/ou de prestação de serviço de assistência técnica, de acordo de cooperação ou convênio, sem vínculo empregatício ou em situação de emergência.

DECRETO-LEI N. 779, DE 21 DE AGOSTO DE 1969 (*)

Dispõe sobre a aplicação de normas processuais trabalhistas à União Federal, aos Estados, Municípios, Distrito Federal e autarquias ou fundações de direito público que não explorem atividades econômicas.

O Presidente da República, usando das atribuições que lhe confere o § 1.º do art. 2.º do Ato Institucional n. 5, de 13 de dezembro de 1968, decreta:

Art. 1.º Nos processos perante a Justiça do Trabalho, constituem privilégio da União, dos Estados, do Distrito Federal, dos Municípios e das autarquias ou fundações de direito público federais, estaduais ou municipais que não explorem atividade econômica:

I - a presunção relativa de validade dos recibos de quitação ou pedidos de demissão de seus empregados ainda que não homologados nem submetidos à assistência mencionada nos §§ 1.º, 2.º e 3.º do art. 477 da Consolidação das Leis do Trabalho;

II - o quádruplo do prazo fixado no art. 841, in fine, da Consolidação das Leis do Trabalho;

III - o prazo em dobro para recurso;

IV - a dispensa de depósito para interposição de recurso;

V - o recurso ordinário ex officio das decisões que lhe sejam total ou parcialmente contrárias;

- Vide Súmula 303 do TST.

VI - o pagamento de custas a final, salvo quanto à União Federal, que não as pagará.

Art. 2.º O disposto no artigo anterior aplica-se aos processos em curso, mas não acarretará a restituição de depósitos ou custas pagas para efeito de recurso até decisão passada em julgado.

Art. 3.º Este Decreto-lei entra em vigor na data de sua publicação, revogadas as disposições em contrário.

Brasília, 21 de agosto de 1969; 148.º da Independência e 81.º da República.

A. COSTA E SILVA

LEI N. 5.584, DE 26 DE JUNHO DE 1970 (**)

Dispõe sobre normas de Direito Processual do Trabalho, altera dispositivo da Consolidação das Leis do Trabalho, disciplina a concessão e prestação de assistência judiciária na Justiça do Trabalho e dá outras providências.

O Presidente da República

Faço saber que o Congresso Nacional decreta e eu sanciono a seguinte Lei:

Art. 1.º Nos processos perante a Justiça do Trabalho, observar-se-ão os princípios estabelecidos nesta Lei.

Art. 2.º Nos dissídios individuais, proposta a conciliação, e, não havendo acordo, o Presidente da Junta ou o Juiz, antes de passar à instrução da causa, fixar-lhe-á o valor para a determinação da alçada, se este for indeterminado no pedido.

§ 1.º Em audiência, ao aduzir razões finais, poderá qualquer das partes impugnar o valor fixado e, se o Juiz o mantiver, pedir revisão da decisão, no prazo de 48 (quarenta e oito) horas, ao Presidente do Tribunal Regional.

§ 2.º O pedido de revisão, que não terá efeito suspensivo, deverá ser instruído com a petição inicial e a Ata da Audiência, em cópia autenticada pela Secretaria da Junta, e será julgado em 48 (quarenta e oito) horas, a partir do seu recebimento pelo Presidente do Tribunal Regional.

§ 3.º Quando o valor fixado para a causa, na forma deste artigo, não exceder de 2 (duas) vezes o salário mínimo vigente na sede do Juízo, será dispensável o resumo dos depoimentos, devendo constar da Ata a conclusão da Junta quanto à matéria de fato.

§ 4.º Salvo se versarem sobre matéria constitucional, nenhum recurso caberá das sentenças proferidas nos dissídios da alçada a que se refere o parágrafo anterior, considerado, para esse fim, o valor do salário mínimo à data do ajuizamento da ação.

•• § 4.º com redação determinada pela Lei n. 7.402, de 5-11-1985.
- Vide Súmula 356 do TST.
- Vide Súmula 640 do STF.

Art. 3.º Os exames periciais serão realizados por perito único designado pelo Juiz, que fixará o prazo para entrega do laudo.

Parágrafo único. Permitir-se-á a cada parte a indicação de um assistente, cujo laudo terá que ser apresentado no mesmo prazo assinado para o perito, sob pena de ser desentranhado dos autos.

Art. 4.º Nos dissídios de alçada exclusiva das Juntas e naqueles em que os empregados ou empregadores reclamarem pessoalmente, o processo poderá ser impulsionado de ofício pelo Juiz.

Art. 5.º Para exarar parecer, terá o órgão do Ministério Público da União, junto à Justiça do Trabalho, o prazo de 8 (oito) dias, contados da data em que lhe for distribuído o processo.

Art. 6.º Será de 8 (oito) dias o prazo para interpor e contra-arrazoar qualquer recurso (CLT, art. 893).

Art. 7.º A comprovação do depósito da condenação (CLT, art. 899, §§ 1.º a 5.º) terá que ser feita dentro do prazo para a interposição do recurso, sob pena de ser este considerado deserto.

Art. 8.º Das decisões proferidas nos dissídios coletivos poderá a União interpor recurso, o qual será sempre recebido no efeito suspensivo quanto à parte que exceder o índice fixado pela política salarial do Governo.

Art. 9.º No Tribunal Superior do Trabalho, quando o pedido do recorrente contrariar súmula de jurisprudência uniforme deste Tribunal já compendiada, poderá o Relator negar prosseguimento ao recurso, indicando a correspondente súmula.

•• Caput com redação determinada pela Lei n. 7.033, de 5-10-1982.

Parágrafo único. A parte prejudicada poderá interpor agravo desde que à espécie não se aplique o prejulgado ou a súmula citada pelo Relator.

•• A Lei n. 7.033, de 5-10-1982, não expressou a revogação deste parágrafo único, daí a sua manutenção.

Art. 10. O art. 477 da Consolidação das Leis do Trabalho, alterado pela Lei n. 5.562, de 12 de dezembro de 1968, e pelo Decreto-lei n. 766, de 15 de agosto de 1969, passa a vigorar com a seguinte redação:

•• Alteração já processada no diploma modificado.

Art. 11. O art. 500 da Consolidação das Leis do Trabalho, revogado pela Lei n. 5.562, de 12 de dezembro de 1968, passa a vigorar com a seguinte redação:

•• Alteração já processada no diploma modificado.

Art. 12. O art. 888 da Consolidação das Leis do Trabalho passa a vigorar com a seguinte redação:

•• Alteração já processada no diploma modificado.

Art. 13. Em qualquer hipótese, a remição só será deferível ao executado se este oferecer preço igual ao valor da condenação.

DA ASSISTÊNCIA JUDICIÁRIA

Art. 14. Na Justiça do Trabalho, a assistência judiciária a que se refere a Lei n. 1.060, de 5 de fevereiro de 1950, será prestada pelo Sindicato da categoria profissional a que pertencer o trabalhador.

•• Vide art. 6.º da Instrução Normativa n. 41, de 21-6-2018.
- Vide Súmula 219 do TST.

§ 1.º A assistência é devida a todo aquele que perceber salário igual ou inferior ao dobro do mínimo legal, ficando assegurado igual benefício ao trabalhador de maior salário, uma vez provado que sua situação econômica não lhe permite demandar, sem prejuízo do sustento próprio ou da família.

(*) Publicado no DOU, de 25-8-1969.

(**) Publicada no DOU, de 29-6-1970. Vide Lei n. 7.701, de 21-12-1988, e Súmula 633 do STF.

§ 2.º A situação econômica do trabalhador será comprovada em atestado fornecido pela autoridade local do Ministério do Trabalho mediante diligência sumária, que não poderá exceder de 48 (quarenta e oito) horas.

§ 3.º Não havendo no local a autoridade referida no parágrafo anterior, o atestado deverá ser expedido pelo Delegado de Polícia da circunscrição onde resida o empregado.

Art. 15. Para auxiliar no patrocínio das causas, observados os arts. 50 e 72 da Lei n. 4.215, de 27 de abril de 1963, poderão ser designados pelas Diretorias dos Sindicatos Acadêmicos de Direito, a partir da 4.ª Série, comprovadamente matriculados em estabelecimento de ensino oficial ou sob fiscalização do Governo Federal.

Art. 16. (*Revogado pela Lei n. 13.725, de 4-10-2018.*)

Art. 17. Quando, nas respectivas Comarcas, não houver Juntas de Conciliação e Julgamento ou não existir Sindicato da categoria profissional do trabalhador, é atribuído aos Promotores Públicos ou Defensores Públicos o encargo de prestar a assistência judiciária prevista nesta Lei.

Parágrafo único. Na hipótese prevista neste artigo, a importância proveniente da condenação nas despesas processuais será recolhida ao Tesouro do respectivo Estado.

Art. 18. A assistência judiciária, nos termos da presente Lei, será prestada ao trabalhador ainda que não seja associado do respectivo Sindicato.

Art. 19. Os diretores de Sindicatos que, sem comprovado motivo de ordem financeira, deixarem de dar cumprimento às disposições desta Lei ficarão sujeitos à penalidade prevista no art. 553, *a*, da Consolidação das Leis do Trabalho.

Art. 20. Esta Lei entra em vigor na data de sua publicação, revogadas as disposições em contrário.

Brasília, 26 de junho de 1970; 149.º da Independência e 82.º da República.

EMÍLIO G. MÉDICI

LEI COMPLEMENTAR N. 7, DE 7 DE SETEMBRO DE 1970 (*)

Institui o Programa de Integração Social e dá outras providências.

O Presidente da República

(*) Publicada no *DOU*, de 8-9-1970. Retificada em 10-9-1970. Regulamentada pelo Decreto n. 4.524, de 17-12-2002.

Vide Leis Complementares n. 8, de 3-12-1970, e 26, de 11-9-1975, e Decreto n. 9.978, de 20-8-2019 (sobre PIS-PASEP).

A Lei n. 9.701, de 17-11-1998, dispõe sobre a base de cálculo da contribuição para o PIS.

A Lei n. 9.715, de 25-11-1998, dispõe sobre as contribuições para os Programas de Integração Social e de Formação do Patrimônio do Servidor Público – PIS/PASEP.

Vide, sobre PIS, Súmula 300 do TST.

Vide art. 239 da CF. A Lei n. 9.718, de 27-11-1998, dispõe sobre a aplicação no âmbito da legislação tributária federal, relativamente às contribuições para PIS-PASEP e COFINS, de que trata o art. 239 da CF, do Imposto sobre a Renda e do IOF. Cobrança, fiscalização, processo administrativo e de consulta das contribuições para o PIS-PASEP: Decreto-lei n. 2.052, de 3-8-1983.

Apuração, cobrança, fiscalização, arrecadação e administração da contribuição para o PIS/PASEP: Instrução Normativa n. 2.121, de 15-12-2022, da Secretaria Especial da Receita Federal do Brasil.

As Resoluções n. 5, de 12-9-2002, e 6, de 12-9-2002, do Conselho Diretor do Fundo de Participação PIS-PASEP, autorizam, respectivamente, a liberação do saldo das contas do Programa de Integração Social – PIS e do Programa de Formação do Patrimônio do Servidor Público – PASEP ao titular quando ele próprio ou qualquer de seus dependentes for portador do vírus HIV ou quando tiver idade igual ou superior a setenta anos.

Faço saber que o Congresso Nacional decreta e eu sanciono a seguinte Lei Complementar:

Art. 1.º É instituído, na forma prevista nesta Lei, o Programa de Integração Social, destinado a promover a integração do empregado na vida e no desenvolvimento das empresas.

§ 1.º Para os fins desta Lei, entende-se por empresa a pessoa jurídica, nos termos da legislação do Imposto de Renda, e por empregado todo aquele assim definido pela Legislação Trabalhista.

§ 2.º A participação dos trabalhadores avulsos, assim definidos os que prestam serviços a diversas empresas, sem relação empregatícia, no Programa de Integração Social, far-se-á nos termos do Regulamento a ser baixado, de acordo com o art. 11 desta Lei.

Art. 2.º O Programa de que trata o artigo anterior será executado mediante Fundo de Participação, constituído por depósitos efetuados pelas empresas na Caixa Econômica Federal.

Parágrafo único. A Caixa Econômica Federal poderá celebrar convênios com estabelecimentos da rede bancária nacional, para o fim de receber os depósitos a que se refere este artigo.

Art. 3.º O Fundo de Participação será constituído por duas parcelas:

a) a primeira, mediante dedução do Imposto de Renda devido, na forma estabelecida no § 1.º deste artigo, processando-se o seu recolhimento ao Fundo juntamente com o pagamento do Imposto de Renda;

b) a segunda, com recursos próprios da empresa, calculados com base no faturamento, como segue:

1) no exercício de 1971, 0,15%;
2) no exercício de 1972, 0,25%;
3) no exercício de 1973, 0,40%;
4) no exercício de 1974 e subsequentes, 0,50%.

§ 1.º A dedução a que se refere a alínea *a* deste artigo será feita sem prejuízo do direito de utilização dos incentivos fiscais previstos na legislação em vigor e calculada com base no valor do Imposto de Renda devido, nas seguintes proporções:

a) no exercício de 1971: 2%;
b) no exercício de 1972: 3%;
c) no exercício de 1973 e subsequentes: 5%.

§ 2.º As instituições financeiras, sociedades seguradoras e outras empresas que não realizam operações de vendas de mercadorias participarão do Programa de Integração Social com uma contribuição ao Fundo de Participação de recursos próprios de valor idêntico do que for apurado na forma do parágrafo anterior.

§ 3.º As empresas que a título de incentivos fiscais estejam isentas, ou venham a ser isentadas, do pagamento do Imposto de Renda contribuirão para o Fundo de Participação, na base de cálculo como se aquele tributo fosse devido, obedecidas as percentagens previstas neste artigo.

§ 4.º As entidades de fins não lucrativos, que tenham empregados assim definidos pela Legislação Trabalhista, contribuirão para o Fundo na forma da lei.

§ 5.º A Caixa Econômica Federal resolverá os casos omissos de acordo com os critérios fixados pelo Conselho Monetário Nacional.

Art. 4.º O Conselho Monetário Nacional poderá alterar, até 50% (cinquenta por cento), para mais ou para menos, os percentuais de contribuição de que trata o § 2.º do art. 3.º, tendo em vista a proporcionalidade das contribuições.

Art. 5.º A Caixa Econômica Federal emitirá, em nome de cada empregado, uma Caderneta de Participação – Programa de Integração Social – movimentável na forma dos arts. 8.º e 9.º desta Lei.

Art. 6.º A efetivação dos depósitos no Fundo correspondente à contribuição referida na alínea *b* do art. 3.º será processada mensalmente a partir de 1.º de julho de 1971.

Parágrafo único. A contribuição de julho será calculada com base no faturamento de janeiro; a de agosto, com base no faturamento de fevereiro; e assim sucessivamente.

• Vide Súmula 468 do STJ.

Art. 7.º A participação do empregado no Fundo far-se-á mediante depósitos efetuados em contas individuais abertas em nome de cada empregado, obedecidos os seguintes critérios:

a) 50% (cinquenta por cento) do valor destinado ao Fundo será dividido em partes proporcionais ao montante de salários recebidos no período;

b) os 50% (cinquenta por cento) restantes serão divididos em partes proporcionais aos quinquênios de serviços prestados pelo empregado.

§ 1.º Para os fins deste artigo, a Caixa Econômica Federal, com base nas informações fornecidas pelas empresas, no prazo de 180 (cento e oitenta) dias, contados da publicação desta Lei, organizará um Cadastro-Geral dos participantes do Fundo, na forma que for estabelecida em regulamento.

§ 2.º A omissão dolosa de nome de empregado entre os participantes do Fundo sujeitará a empresa a multa, em benefício do Fundo, no valor de 10 (dez) meses de salários, devidos ao empregado cujo nome houver sido omitido.

§ 3.º Igual penalidade será aplicada em caso de declaração falsa sobre o valor do salário e do tempo de serviço do empregado na empresa.

Arts. 8.º e 9.º (*Revogados pela Lei Complementar n. 26, de 11-9-1975.*)

Art. 10. As obrigações das empresas, decorrentes desta Lei, são de caráter exclusivamente fiscal, não gerando direitos de natureza trabalhista nem incidência de qualquer contribuição previdenciária em relação a quaisquer prestações devidas, por lei ou por sentença judicial, ao empregado.

Parágrafo único. As importâncias incorporadas ao Fundo não se classificam como rendimento do trabalho, para qualquer efeito da Legislação Trabalhista, de Previdência Social ou Fiscal e não se incorporam aos salários ou gratificações, nem estão sujeitas ao Imposto sobre a Renda e proventos de qualquer natureza.

Art. 11. Dentro de 120 (cento e vinte) dias, a contar da vigência desta Lei, a Caixa Econômica Federal submeterá à aprovação do Conselho Monetário Nacional o regulamento do Fundo, fixando as normas para o recolhimento e a distribuição dos recursos, assim como as diretrizes e os critérios para a sua aplicação.

Parágrafo único. O Conselho Monetário Nacional pronunciar-se-á, no prazo de 60 (sessenta) dias, a contar do seu recebimento, sobre o Projeto de regulamento do Fundo.

Art. 12. As disposições desta Lei não se aplicam a quaisquer entidades integrantes da administração pública federal, estadual ou municipal, dos Territórios e do Distrito Federal, direta ou indireta, adotando-se, em todos os níveis, para efeito de conceituação, como entidades da Administração Indireta, os critérios constantes dos Decretos-leis n. 200, de 25 de fevereiro de 1967, e 900, de 29 de setembro de 1969.

Art. 13. Esta Lei Complementar entrará em vigor na data de sua publicação.

Art. 14. Revogam-se as disposições em contrário.

Brasília, 7 de setembro de 1970; 149.º da Independência e 82.º da República.

EMÍLIO G. MÉDICI

**LEI COMPLEMENTAR N. 8,
DE 3 DE DEZEMBRO DE 1970 (*)**

(*) Publicada no *DOU*, de 4-12-1970. Regulamentada pelo Decreto n. 4.524, de 17-12-2002.

A Lei n. 9.715, de 25-11-1998, dispõe sobre as contribuições para os Programas de Integração Social e de Formação do Patrimônio do Servidor Público – PIS/PASEP. Apuração, cobrança, fiscalização, arrecadação e administração da contribuição para o PIS/PASEP: Instrução Normativa n. 2.121, de 15-12-2022, da Secretaria Especial da Receita Federal do Brasil.

Institui o Programa de Formação do Patrimônio do Servidor Público e dá outras providências.

O Presidente da República

Faço saber que o Congresso Nacional decreta e eu sanciono a seguinte Lei Complementar:

Art. 1.º É instituído, na forma prevista nesta Lei Complementar, o Programa de Formação do Patrimônio do Servidor Público.

Art. 2.º A União, os Estados, os Municípios, o Distrito Federal e os Territórios contribuirão para o Programa, mediante recolhimento mensal ao Banco do Brasil das seguintes parcelas:

I – União:

1% (um por cento) das receitas correntes efetivamente arrecadadas, deduzidas as transferências feitas a outras entidades da Administração Pública, a partir de 1.º de julho de 1971; 1,5% (um e meio por cento) em 1972 e 2% (dois por cento) no ano de 1973 e subsequentes;

II – Estados, Municípios, Distrito Federal e Territórios:

a) 1% (um por cento) das receitas correntes próprias, deduzidas as transferências feitas a outras entidades da Administração Pública, a partir de 1.º de julho de 1971; 1,5% (um e meio por cento) em 1972 e 2% (dois por cento) no ano de 1973 e subsequentes;

b) 2% (dois por cento) das transferências recebidas do Governo da União e dos Estados através do Fundo de Participações dos Estados, Distrito Federal e Municípios, a partir de 1.º de julho de 1971.

Parágrafo único. Não recairá, em nenhuma hipótese, sobre as transferências de que trata este artigo, mais de uma contribuição.

Art. 3.º As autarquias, empresas públicas, sociedades de economia mista e fundações, da União, dos Estados, dos Municípios, do Distrito Federal e dos Territórios contribuirão para o Programa com 0,4% (quatro décimos por cento) da receita orçamentária, inclusive transferências e receita operacional, a partir de 1.º de julho de 1971; 0,6% (seis décimos por cento) em 1972 e 0,8% (oito décimos por cento) no ano de 1973 e subsequentes.

Art. 4.º As contribuições recebidas pelo Banco do Brasil serão distribuídas entre todos os servidores em atividades, civis e militares, da União, dos Estados, Municípios, Distrito Federal e Territórios, bem como das suas entidades da administração indireta e fundações, observados os seguintes critérios:

a) 50% (cinquenta por cento) proporcionais ao montante da remuneração percebida pelo servidor, no período;

b) 50% (cinquenta por cento) em partes proporcionais aos quinquênios de serviços prestados pelo servidor.

Parágrafo único. A distribuição de que trata este artigo somente beneficiará os titulares, nas entidades mencionadas nesta Lei Complementar, de cargo ou função de provimento efetivo ou que possam adquirir estabilidade, ou de emprego de natureza não eventual, regido pela legislação trabalhista.

Art. 5.º O Banco do Brasil S.A., ao qual competirá a administração do Programa, manterá contas individualizadas para cada servidor e cobrará uma comissão de serviço, tudo na forma que for estipulada pelo Conselho Monetário Nacional.

§ 1.º Os depósitos a que se refere este artigo não estão sujeitos a Imposto de Renda ou contribuição previdenciária, nem se incorporam, para qualquer fim, à remuneração do cargo, função ou emprego.

§§ 2.º a 5.º (*Revogados pela Lei Complementar n. 26, de 11-9-1975.*)

§ 6.º O Banco do Brasil S.A. organizará o cadastro geral dos beneficiários desta Lei Complementar.

Art. 6.º (*Revogado pela Lei Complementar n. 19, de 25-6-1974.*)

Art. 7.º As importâncias creditadas nas contas do Programa de Formação do Patrimônio do Servidor Público e do Programa de Integração Social são inalienáveis e impenhoráveis, e serão obrigatoriamente transferidas

de um para outro, no caso de passar o servidor, pela alteração da relação de emprego, do setor público para o privado, e vice-versa.

Art. 8.º A aplicação do disposto nesta Lei Complementar aos Estados e Municípios, às suas entidades da administração indireta e fundações, bem como aos seus servidores, dependerá de norma legislativa estadual ou municipal.

Art. 9.º Esta Lei Complementar entrará em vigor na data de sua publicação, revogadas as disposições em contrário.

Brasília, 3 de dezembro de 1970; 149.º da Independência e 82.º da República.

EMÍLIO G. MÉDICI

LEI N. 5.811, DE 11 DE OUTUBRO DE 1972 (*)

Dispõe sobre o regime de trabalho dos empregados nas atividades de exploração, perfuração, produção e refinação de petróleo, industrialização do xisto, indústria petroquímica e transporte de petróleo e seus derivados por meio de dutos.

O Presidente da República

Faço saber que o Congresso Nacional decreta e eu sanciono a seguinte Lei:

Art. 1.º O regime de trabalho regulado nesta Lei é aplicável aos empregados que prestam serviços em atividades de exploração, perfuração, produção e refinação de petróleo, bem como na industrialização do xisto, na indústria petroquímica e no transporte de petróleo e seus derivados por meio de dutos.

Art. 2.º Sempre que for imprescindível à continuidade operacional, o empregado será mantido em seu posto de trabalho em regime de revezamento.

§ 1.º O regime de revezamento em turno de 8 (oito) horas será adotado nas atividades previstas no art. 1.º, ficando a utilização do turno de 12 (doze) horas restrita às seguintes situações especiais:

a) atividades de exploração, perfuração, produção e transferência de petróleo no mar;

b) atividades de exploração, perfuração e produção de petróleo em áreas terrestres distantes ou de difícil acesso.

§ 2.º Para garantir a normalidade das operações ou para atender a imperativos de segurança industrial, poderá ser exigida, mediante pagamento previsto no item II do art. 3.º, a disponibilidade do empregado no local de trabalho ou nas suas proximidades, durante o intervalo destinado a repouso e alimentação.

Art. 3.º Durante o período em que o empregado permanecer no regime de revezamento em turno de 8 (oito) horas, ser-lhe-ão assegurados os seguintes direitos:

I – pagamento do adicional de trabalho noturno na forma do art. 73 da Consolidação das Leis do Trabalho;

II – pagamento em dobro da hora de repouso e alimentação suprimida nos termos do § 2.º do art. 2.º;

III – alimentação gratuita, no posto de trabalho, durante o turno em que estiver em serviço;

IV – transporte gratuito para local de trabalho;

V – direito a um repouso de 24 (vinte e quatro) horas consecutivas para cada 3 (três) turnos trabalhados.

(*) Publicada no *DOU*, de 16-10-1972. Infração ao disposto nesta Lei: *vide* art. 3.º, II, da Lei n. 7.855, de 24-10-1989.

Parágrafo único. Para os empregados que já venham percebendo habitualmente da empresa pagamento à conta de horas de repouso e alimentação ou de trabalho noturno, os respectivos valores serão compensados nos direitos a que se referem os itens I e II deste artigo.

Art. 4.º Ao empregado que trabalhe no regime de revezamento em turno de 12 (doze) horas, ficam assegurados, além dos já previstos nos itens I, II, III e IV do art. 3.º, os seguintes direitos:

I – alojamento coletivo gratuito e adequado ao seu descanso e higiene;

II – repouso de 24 (vinte e quatro) horas consecutivas para cada turno trabalhado.

Art. 5.º Sempre que for imprescindível à continuidade operacional durante as 24 (vinte e quatro) horas do dia, o empregado com responsabilidade de supervisão das operações previstas no art. 1.º, ou engajado em trabalhos de geologia de poço, ou, ainda, em trabalhos de apoio operacional às atividades enumeradas nas alíneas *a* e *b* do § 1.º do art. 2.º, poderá ser mantido no regime de sobreaviso.

§ 1.º Entende-se por regime de sobreaviso aquele em que o empregado permanecer à disposição do empregador por um período de 24 (vinte e quatro) horas para prestar assistência aos trabalhos normais ou atender a necessidades ocasionais de operação.

§ 2.º Em cada jornada de sobreaviso, o trabalho efetivo não excederá de 12 (doze) horas.

Art. 6.º Durante o período em que permanecer no regime de sobreaviso, serão assegurados ao empregado, além dos já previstos nos itens III e IV do art. 3.º e I do art. 4.º, os seguintes direitos:

I – repouso de 24 (vinte e quatro) horas consecutivas para cada período de 24 (vinte e quatro) horas em que permanecer de sobreaviso;

II – remuneração adicional correspondente a, no mínimo, 20% (vinte por cento) do respectivo salário básico, para compensar a eventualidade de trabalho noturno ou a variação de horário para repouso e alimentação.

Parágrafo único. Considera-se salário básico a importância fixa mensal correspondente à retribuição do trabalho prestado pelo empregado na jornada normal de trabalho, antes do acréscimo de vantagens, incentivos ou benefícios, a qualquer título.

Art. 7.º A concessão de repouso na forma dos itens V do art. 3.º, II do art. 4.º, e I do art. 6.º quita a obrigação patronal relativa ao repouso semanal remunerado de que trata a Lei n. 605, de 5 de janeiro de 1949.

Art. 8.º O empregado não poderá permanecer em serviço, no regime de revezamento previsto para as situações especiais de que tratam as alíneas *a* e *b* do § 1.º do art. 2.º, nem no regime estabelecido no art. 5.º, por período superior a 15 (quinze) dias consecutivos.

Art. 9.º Sempre que, por iniciativa do empregador, for alterado o regime de trabalho do empregado, com a redução ou supressão das vantagens inerentes aos regimes instituídos nesta Lei, ser-lhe-á assegurado o direito à percepção de uma indenização.

Parágrafo único. A indenização de que trata o presente artigo corresponderá a 1 (um) só pagamento, igual à média das vantagens previstas nesta Lei, percebidas nos últimos 12 (doze) meses anteriores à mudança, para cada ano ou fração igual ou superior a 6 (seis) meses de permanência no regime de revezamento ou de sobreaviso.

• *Vide* Súmula 291 do TST.

Art. 10. A variação de horário, em escalas de revezamento diurno, noturno ou misto, será estabelecida pelo empregador com obediência aos preceitos desta Lei.

Parágrafo único. Não constituirá alteração ilícita a exclusão do empregado do regime de revezamento, cabendo-lhe exclusivamente nesta hipótese o pagamento previsto no art. 9.º.

Art. 11. Os atuais regimes de trabalho, nas atividades previstas no art. 1.º, bem como as vantagens a eles inerentes, serão ajustados às condições estabelecidas nesta Lei, de forma que não ocorra redução de remuneração.

Parágrafo único. A aplicação do disposto neste artigo ao empregado que cumpra jornada inferior a 8 (oito) horas dependerá de acordo individual ou coletivo, assegurados, em tal caso, exclusivamente os direitos constantes desta Lei.

Art. 12. As disposições desta Lei aplicam-se a situações análogas, definidas em regulamento.

Art. 13. Esta Lei entrará em vigor na data de sua publicação, revogadas as disposições em contrário.

Brasília, 11 de outubro de 1972; 151.º da Independência e 84.º da República.

EMÍLIO G. MÉDICI

LEI N. 5.889, DE 8 DE JUNHO DE 1973 (*)

Estatui normas reguladoras do trabalho rural e dá outras providências.

O Presidente da República

Faço saber que o Congresso Nacional decreta e eu sanciono a seguinte Lei:

Art. 1.º As relações de trabalho rural serão reguladas por esta Lei e, no que com ela não colidirem, pelas normas da Consolidação das Leis do Trabalho, aprovada pelo Decreto-lei n. 5.452, de 1.º de maio de 1943.

•• Vide arts. 83 a 105 do Decreto n. 10.854, de 10-11-2021.

• A CF elenca, em seu art. 7.º, os direitos dos trabalhadores rurais.

Parágrafo único. Observadas as peculiaridades do trabalho rural, a ele também se aplicam as Leis n. 605, de 5 de janeiro de 1949; 4.090, de 13 de julho de 1962; 4.725, de 13 de julho de 1965, com as alterações da Lei n. 4.903, de 16 de dezembro de 1965, e os Decretos-leis n. 15, de 29 de julho de 1966; 17, de 22 de agosto de 1966, e 368, de 19 de dezembro de 1968.

• A Lei n. 605/49 dispõe sobre o repouso semanal remunerado e o pagamento de salário nos dias feriados civis e militares.

• A Lei n. 4.090/62 institui a gratificação de Natal para os trabalhadores.

• A Lei n. 4.725/65 estabelece normas para o processo dos dissídios coletivos.

• O Decreto-lei n. 15/66 estabelece normas e critérios para uniformização dos reajustes salariais.

• O Decreto-lei n. 17/66 altera o Decreto-lei n. 15/66.

• O Decreto-lei n. 368/68 dispõe sobre efeitos de débitos salariais.

Art. 2.º Empregado rural é toda pessoa física que, em propriedade rural ou prédio rústico, presta serviços de natureza não eventual a empregador rural, sob a dependência deste e mediante salário.

•• Vide Súmula 578 do STJ.

Art. 3.º Considera-se empregador rural, para os efeitos desta Lei, a pessoa física ou jurídica, proprietária ou não, que explore atividade agroeconômica, em caráter permanente ou temporário, diretamente ou através de prepostos e com auxílio de empregados.

§ 1.º Inclui-se na atividade econômica referida no *caput* deste artigo, além da exploração industrial em estabelecimento agrário não compreendido na Consolidação das Leis do Trabalho – CLT, aprovada pelo Decreto-lei n. 5.452, de 1.º de maio de 1943, a exploração do turismo rural ancilar à exploração agroeconômica.

•• § 1.º com redação determinada pela Lei n. 13.171, de 21-10-2015.

•• Vide Súmula 578 do STJ.

(*) Publicada no *DOU*, de 11-6-1973, retificada em 30-10-1973. Regulamentada pelo Decreto n. 10.854, de 10-11-2021 (arts. 83 a 105). Vide art. 7.º da CF, sobre os direitos dos trabalhadores rurais. A Portaria n. 170, de 25-4-2007, do Ministério da Previdência Social, dispõe sobre o Cadastro Nacional de Informações Sociais – CNIS, para a comprovação de atividade de trabalhador rural. A Instrução Normativa n. 76, de 15-5-2009, da Secretaria de Inspeção do Trabalho, dispõe sobre os procedimentos para a fiscalização do trabalho rural. Vide OJ 378 da SDI-1. Vide arts. 27 a 34 do Estatuto da Igualdade Racial (Lei n. 12.288, de 20-7-2010).

§ 2.º Sempre que uma ou mais empresas, embora tendo cada uma delas personalidade jurídica própria, estiverem sob direção, controle ou administração de outra, ou ainda quando, mesmo guardando cada uma sua autonomia, integrem grupo econômico ou financeiro rural, serão responsáveis solidariamente nas obrigações decorrentes da relação de emprego.

Art. 4.º Equipara-se ao empregador rural a pessoa física ou jurídica que, habitualmente, em caráter profissional, e por conta de terceiros, execute serviços de natureza agrária mediante utilização do trabalho de outrem.

Art. 5.º Em qualquer trabalho contínuo de duração superior a 6 (seis) horas, será obrigatória a concessão de um intervalo para repouso ou alimentação, observados os usos e costumes da região, não se computando este intervalo na duração do trabalho. Entre 2 (duas) jornadas de trabalho haverá um período mínimo de 11 (onze) horas consecutivas para descanso.

Art. 6.º Nos serviços caracteristicamente intermitentes, não serão computados, como de efetivo exercício, os intervalos entre uma e outra parte da execução da tarefa diária, desde que tal hipótese seja expressamente ressalvada na Carteira de Trabalho e Previdência Social.

Art. 7.º Para os efeitos desta Lei, considera-se trabalho noturno o executado entre as 21 (vinte e uma) horas de um dia e as 5 (cinco) horas do dia seguinte, na lavoura, e entre as 20 (vinte) horas de um dia e as 4 (quatro) horas do dia seguinte, na atividade pecuária.

Parágrafo único. Todo trabalho noturno será acrescido de 25% (vinte e cinco por cento) sobre a remuneração normal.

Art. 8.º Ao menor de 18 (dezoito) anos é vedado o trabalho noturno.

Art. 9.º Salvo as hipóteses de autorização legal ou decisão judiciária, só poderão ser descontadas do empregado rural as seguintes parcelas, calculadas sobre o salário mínimo:

a) até o limite de 20% (vinte por cento) pela ocupação da morada;

b) até 25% (vinte e cinco por cento) pelo fornecimento de alimentação sadia e farta, atendidos os preços vigentes na região;

c) adiantamentos em dinheiro.

§ 1.º As deduções acima especificadas deverão ser previamente autorizadas, sem o que serão nulas de pleno direito.

§ 2.º Sempre que mais de um empregado residir na mesma morada, o desconto, previsto na letra *a* deste artigo, será dividido proporcionalmente ao número de empregados, vedada, em qualquer hipótese, a moradia coletiva de famílias.

§ 3.º Rescindido ou findo o contrato de trabalho, o empregado será obrigado a desocupar a casa dentro de 30 (trinta) dias.

§ 4.º O Regulamento desta Lei especificará os tipos de morada para fins de dedução.

§ 5.º A cessão pelo empregador, de moradia e de sua infraestrutura básica, assim como, bens destinados à produção para sua subsistência e de sua família, não integram o salário do trabalhador rural, desde que caracterizados como tais, em contrato escrito celebrado entre as partes, com testemunhas e notificação obrigatória ao respectivo sindicato de trabalhadores rurais.

•• § 5.º acrescentado pela Lei n. 9.300, de 29-8-1996.

Art. 10. A prescrição dos direitos assegurados por esta Lei aos trabalhadores rurais só ocorrerá após 2 (dois) anos de cessação do contrato de trabalho.

• Vide OJ 417 da SDI-1.

Parágrafo único. Contra o menor de 18 (dezoito) anos não corre qualquer prescrição.

Art. 11. Ao empregado rural maior de 16 (dezesseis) anos é assegurado salário mínimo igual ao do empregado adulto.

• Vide art. 7.º, XXXIII, da Constituição Federal.

Parágrafo único. Ao empregado menor de 16 (dezesseis) anos é assegurado salário mínimo fixado em valor correspondente à metade do salário mínimo estabelecido para o adulto.

• Vide art. 7.º, XXXIII, da Constituição Federal.

Art. 12. Nas regiões em que adota a plantação subsidiária ou intercalar (cultura secundária), a cargo de empregado rural, quando autorizada ou permitida, será objeto de contrato em separado.

Parágrafo único. Embora devendo integrar o resultado anual a que tiver direito o empregado rural, a plantação subsidiária ou intercalar não poderá compor a parte correspondente ao salário mínimo na remuneração geral do empregado, durante o ano agrícola.

Art. 13. Nos locais de trabalho rural serão observadas as normas de segurança e higiene estabelecidas em portaria do Ministro do Trabalho.

•• Vide arts. 24 a 29 do Decreto n. 10.854, de 10-11-2021.
•• A Portaria n. 86, de 3-3-2005, do MTE, aprova a Norma Regulamentadora de Segurança e Saúde no Trabalho na Agricultura, Pecuária, Silvicultura, Exploração Florestal e Aquicultura.

Art. 14. Expirado normalmente o contrato, a empresa pagará ao safrista, a título de indenização do tempo de serviço, importância correspondente a 1/12 (um doze avos) do salário mensal, por mês de serviço ou fração superior a 14 (quatorze) dias.

Parágrafo único. Considera-se contrato de safra o que tenha sua duração dependente de variações estacionais da atividade agrária.

Art. 14-A. O produtor rural pessoa física poderá realizar contratação de trabalhador rural por pequeno prazo para o exercício de atividades de natureza temporária.

•• Caput acrescentado pela Lei n. 11.718, de 20-6-2008.

§ 1.º A contratação de trabalhador rural por pequeno prazo que, dentro do período de 1 (um) ano, superar 2 (dois) meses fica convertida em contrato de trabalho por prazo indeterminado, observando-se os termos da legislação aplicável.

•• § 1.º acrescentado pela Lei n. 11.718, de 20-6-2008.

§ 2.º A filiação e a inscrição do trabalhador de que trata este artigo na Previdência Social decorrem, automaticamente, da sua inclusão pelo empregador na Guia de Recolhimento do Fundo de Garantia do Tempo de Serviço e Informações à Previdência Social – GFIP, cabendo à Previdência Social instituir mecanismo que permita a sua identificação.

•• § 2.º acrescentado pela Lei n. 11.718, de 20-6-2008.

§ 3.º O contrato de trabalho por pequeno prazo deverá ser formalizado mediante a inclusão do trabalhador na GFIP, na forma do disposto no § 2.º deste artigo, e:

•• § 3.º, caput, acrescentado pela Lei n. 11.718, de 20-6-2008.

I – mediante a anotação na Carteira de Trabalho e Previdência Social e em Livro ou Ficha de Registro de Empregados; ou

•• Inciso I acrescentado pela Lei n. 11.718, de 20-6-2008.

II – mediante contrato escrito, em 2 (duas) vias, uma para cada parte, onde conste, no mínimo:

a) expressa autorização em acordo coletivo ou convenção coletiva;

b) identificação do produtor rural e do imóvel rural onde o trabalho será realizado e indicação da respectiva matrícula;

c) identificação do trabalhador, com indicação do respectivo Número de Inscrição do Trabalhador – NIT.

•• Inciso II acrescentado pela Lei n. 11.718, de 20-6-2008.

§ 4.º A contratação de trabalhador rural por pequeno prazo só poderá ser realizada por produtor rural pessoa física, proprietário ou não, que explore diretamente atividade agroeconômica.

•• § 4.º acrescentado pela Lei n. 11.718, de 20-6-2008.

§ 5.º A contribuição do segurado trabalhador rural contratado para prestar serviço na forma deste artigo é de 8% (oito por cento) sobre o respectivo salário de contribuição definido no inciso I do caput do art. 28 da Lei n. 8.212, de 24 de julho de 1991.

•• § 5.º acrescentado pela Lei n. 11.718, de 20-6-2008.

§ 6.º A não inclusão do trabalhador na GFIP pressupõe a inexistência de contratação na forma deste artigo, sem prejuízo de comprovação, por qualquer meio admitido em direito, da existência de relação jurídica diversa.

•• § 6.º acrescentado pela Lei n. 11.718, de 20-6-2008.

§ 7.º Compete ao empregador fazer o recolhimento das contribuições previdenciárias nos termos da legislação vigente, cabendo à Previdência Social e à Receita Federal do Brasil instituir mecanismos que facilitem o acesso do trabalhador e da entidade sindical que o representa às informações sobre as contribuições recolhidas.

•• § 7.º acrescentado pela Lei n. 11.718, de 20-6-2008.

§ 8.º São assegurados ao trabalhador rural contratado por pequeno prazo, além de remuneração equivalente à do trabalhador rural permanente, os demais direitos de natureza trabalhista.

•• § 8.º acrescentado pela Lei n. 11.718, de 20-6-2008.

§ 9.º Todas as parcelas devidas ao trabalhador de que trata este artigo serão calculadas dia a dia e pagas diretamente a ele mediante recibo.

•• § 9.º acrescentado pela Lei n. 11.718, de 20-6-2008.

§ 10. O Fundo de Garantia do Tempo de Serviço – FGTS deverá ser recolhido e poderá ser levantado nos termos da Lei n. 8.036, de 11 de maio de 1990.

•• § 10 acrescentado pela Lei n. 11.718, de 20-6-2008.
•• A Lei Complementar n. 147, de 7-8-2014, propôs o acréscimo do art. 14-B a esta Lei, porém sofreu veto presidencial.

Art. 15. Durante o prazo do aviso prévio, se a rescisão tiver sido promovida pelo empregador, o empregado rural terá direito a 1 (um) dia por semana, sem prejuízo do salário integral, para procurar outro trabalho.

• Vide art. 7.º, XXI, da CF, sobre prazo de aviso prévio.

Art. 16. Toda propriedade rural, que mantenha a seu serviço ou trabalhando em seus limites mais de 50 (cinquenta) famílias de trabalhadores de qualquer natureza, é obrigada a possuir e conservar em funcionamento escola primária, inteiramente gratuita, para os filhos destes, com tantas classes quantos sejam os grupos de 40 (quarenta) crianças em idade escolar.

Parágrafo único. A matrícula da população em idade escolar será obrigatória, sem qualquer outra exigência, além da certidão de nascimento, para cuja obtenção o empregador proporcionará todas as facilidades aos responsáveis pelas crianças.

Art. 17. As normas da presente Lei são aplicáveis, no que couber, aos trabalhadores rurais não compreendidos na definição do art. 2.º, que prestem serviços a empregador rural.

Art. 18. As infrações aos dispositivos desta Lei serão punidas com multa de R$ 380,00 (trezentos e oitenta reais) por empregado em situação irregular.

•• Caput com redação determinada pela Medida Provisória n. 2.164-41, de 24-8-2001.
•• Vide art. 105 do Decreto n. 10.854, de 10-11-2021.

§ 1.º As infrações aos dispositivos da Consolidação das Leis do Trabalho – CLT e legislação esparsa, cometidas contra o trabalhador rural, serão punidas com as multas nelas previstas.

•• § 1.º com redação determinada pela Medida Provisória n. 2.164-41, de 24-8-2001.

§ 2.º As penalidades serão aplicadas pela autoridade competente do Ministério do Trabalho e Emprego, de acordo com o disposto no Título VII da CLT.

•• § 2.º com redação determinada pela Medida Provisória n. 2.164-41, de 24-8-2001.

§ 3.º A fiscalização do Ministério do Trabalho e Emprego exigirá dos empregadores rurais ou produtores equiparados a comprovação do recolhimento da Contribuição Sindical Rural das categorias econômica e profissional.

•• § 3.º com redação determinada pela Medida Provisória n. 2.164-41, de 24-8-2001.

Art. 19. O enquadramento e a contribuição sindical rurais continuam regidos pela legislação ora em vigor; o seguro social e o seguro contra acidente do trabalho rurais serão regulados por lei especial.

Art. 20. Lei especial disporá sobre a aplicação ao trabalhador rural, no que couber, do regime do Fundo de Garantia do Tempo de Serviço – FGTS.

Art. 21. Esta Lei entra em vigor na data de sua publicação, revogadas as disposições em contrário, em especial a Lei n. 4.214, de 2 de março de 1963, e o Decreto-lei n. 761, de 14 de agosto de 1969.

Brasília, 8 de junho de 1973; 152.º da Independência e 85.º da República.

EMÍLIO G. MÉDICI

LEI N. 6.019,
DE 3 DE JANEIRO DE 1974 (*)

Dispõe sobre o trabalho temporário nas empresas urbanas e dá outras providências.

O Presidente da República

Faço saber que o Congresso Nacional decreta e eu sanciono a seguinte Lei:

Art. 1.º As relações de trabalho na empresa de trabalho temporário, na empresa de prestação de serviços e nas respectivas tomadoras de serviço e contratante regem-se por esta Lei.

•• Artigo com redação determinada pela Lei n. 13.429, de 31-3-2017.
•• Vide Decreto n. 9.499, de 10-9-2018, que promulga o Mecanismo para o Exercício Profissional Temporário no âmbito do Mercosul.
•• Vide Súmula 331 do TST.
•• Vide arts. 39 a 75 do Decreto n. 10.854, de 10-11-2021.
•• A Portaria n. 671, de 8-11-2021, do Ministério do Trabalho e da Previdência, regulamenta disposições relativas à legislação trabalhista, à inspeção do trabalho, às políticas públicas e às relações de trabalho.

Art. 2.º Trabalho temporário é aquele prestado por pessoa física contratada por uma empresa de trabalho temporário que a coloca à disposição de uma empresa tomadora de serviços, para atender à necessidade de substituição transitória de pessoal permanente ou à demanda complementar de serviços.

•• Caput com redação determinada pela Lei n. 13.429, de 31-3-2017.
•• Sobre vale-transporte: vide art. 106, III, do Decreto n. 10.854, de 10-11-2021.

§ 1.º É proibida a contratação de trabalho temporário para a substituição de trabalhadores em greve, salvo nos casos previstos em lei.

•• § 1.º acrescentado pela Lei n. 13.429, de 31-3-2017.
• Vide Lei n. 7.783, de 28-6-1989 (greve).

§ 2.º Considera-se complementar a demanda de serviços que seja oriunda de fatores imprevisíveis ou, quando decorrente de fatores previsíveis, tenha natureza intermitente, periódica ou sazonal.

•• § 2.º acrescentado pela Lei n. 13.429, de 31-3-2017.

Art. 3.º É reconhecida a atividade da empresa de trabalho temporário que passa a integrar o plano básico do enquadramento sindical a que se refere o art. 577, da Consolidação das Leis do Trabalho.

Art. 4.º Empresa de trabalho temporário é a pessoa jurídica, devidamente registrada no Ministério do Trabalho, responsável pela colocação de trabalhadores à disposição de outras empresas temporariamente.

•• Artigo com redação determinada pela Lei n. 13.429, de 31-3-2017.
•• A Portaria n. 671, de 8-11-2021, do Ministério do Trabalho e da Previdência, regulamenta disposições relativas à legislação trabalhista, à inspeção do trabalho, às políticas públicas e às relações de trabalho.

Art. 4.º-A. Considera-se prestação de serviços a terceiros a transferência feita pela contratante da execução de quaisquer de suas atividades, inclusive sua atividade principal, à pessoa jurídica de direito privado prestadora de serviços que possua capacidade econômica compatível com a sua execução.

•• Caput com redação determinada pela Lei n. 13.467, de 13-7-2017.

§ 1.º A empresa prestadora de serviços contrata, remunera e dirige o trabalho realizado por seus trabalhadores, ou subcontrata outras empresas para realização desses serviços.

•• § 1.º acrescentado pela Lei n. 13.429, de 31-3-2017.

§ 2.º Não se configura vínculo empregatício entre os trabalhadores, ou sócios das empresas prestadoras de serviços, qualquer que seja o seu ramo, e a empresa contratante.

•• § 2.º acrescentado pela Lei n. 13.429, de 31-3-2017.

(*) Publicada no DOU, de 4-1-1974. Regulamentada pelo Decreto n. 10.854, de 10-11-2021 (arts. 41 a 75). Infração ao disposto nesta Lei: vide art. 3.º, III, da Lei n. 7.855, de 24-10-1989. A Instrução Normativa n. 114, de 5-11-2014, do MTE, estabelece diretrizes e disciplina a fiscalização do trabalho temporário regido por essa Lei.

Art. 4.º-B. São requisitos para o funcionamento da empresa de prestação de serviços a terceiros:

•• Caput acrescentado pela Lei n. 13.429, de 31-3-2017.

I – prova de inscrição no Cadastro Nacional da Pessoa Jurídica (CNPJ);

•• Inciso I acrescentado pela Lei n. 13.429, de 31-3-2017.

II – registro na Junta Comercial;

•• Inciso II acrescentado pela Lei n. 13.429, de 31-3-2017.

III – capital social compatível com o número de empregados, observando-se os seguintes parâmetros:

•• Inciso III, caput, acrescentado pela Lei n. 13.429, de 31-3-2017.

a) empresas com até dez empregados – capital mínimo de R$ 10.000,00 (dez mil reais);

•• Alínea a acrescentada pela Lei n. 13.429, de 31-3-2017.

b) empresas com mais de dez e até vinte empregados – capital mínimo de R$ 25.000,00 (vinte e cinco mil reais);

•• Alínea b acrescentada pela Lei n. 13.429, de 31-3-2017.

c) empresas com mais de vinte e até cinquenta empregados – capital mínimo de R$ 45.000,00 (quarenta e cinco mil reais);

•• Alínea c acrescentada pela Lei n. 13.429, de 31-3-2017.

d) empresas com mais de cinquenta e até cem empregados – capital mínimo de R$ 100.000,00 (cem mil reais); e

•• Alínea d acrescentada pela Lei n. 13.429, de 31-3-2017.

e) empresas com mais de cem empregados – capital mínimo de R$ 250.000,00 (duzentos e cinquenta mil reais).

•• Alínea e acrescentada pela Lei n. 13.429, de 31-3-2017.
• Vide Súmula 524 do STJ.

Art. 4.º-C. São asseguradas aos empregados da empresa prestadora de serviços a que se refere o art. 4.º-A desta Lei, quando e enquanto os serviços, que podem ser de qualquer uma das atividades da contratante, forem executados nas dependências da tomadora, as mesmas condições:

•• Caput acrescentado pela Lei n. 13.467, de 13-7-2017.

I – relativas a:

•• Inciso I, caput, acrescentado pela Lei n. 13.467, de 13-7-2017.

a) alimentação garantida aos empregados da contratante, quando oferecida em refeitórios;

•• Alínea a acrescentada pela Lei n. 13.467, de 13-7-2017.

b) direito de utilizar os serviços de transporte;

•• Alínea b acrescentada pela Lei n. 13.467, de 13-7-2017.

c) atendimento médico ou ambulatorial existente nas dependências da contratante ou local por ela designado;

•• Alínea c acrescentada pela Lei n. 13.467, de 13-7-2017.

d) treinamento adequado, fornecido pela contratada, quando a atividade o exigir.

•• Alínea d acrescentada pela Lei n. 13.467, de 13-7-2017.

II – sanitárias, de medidas de proteção à saúde e de segurança no trabalho e de instalações adequadas à prestação do serviço.

•• Inciso II acrescentado pela Lei n. 13.467, de 13-7-2017.

§ 1.º Contratante e contratada poderão estabelecer, se assim entenderem, que os empregados da contratada farão jus a salário equivalente ao pago aos empregados da contratante, além de outros direitos não previstos neste artigo.

•• § 1.º acrescentado pela Lei n. 13.467, de 13-7-2017.

§ 2.º Nos contratos que impliquem mobilização de empregados da contratada em número igual ou superior a 20% (vinte por cento) dos empregados da contratante, esta poderá disponibilizar aos empregados da contratada os serviços de alimentação e atendimento ambulatorial em outros locais apropriados e com igual padrão de atendimento, com vistas a manter o pleno funcionamento dos serviços existentes.

•• § 2.º acrescentado pela Lei n. 13.467, de 13-7-2017.

Art. 5.º Empresa tomadora de serviços é a pessoa jurídica ou entidade a ela equiparada que celebra contrato de prestação de trabalho temporário com a empresa definida no art. 4.º desta Lei.

•• Artigo com redação determinada pela Lei n. 13.429, de 31-3-2017.

Art. 5.º-A. Contratante é a pessoa física ou jurídica que celebra contrato com empresa de prestação de serviços relacionados a quaisquer de suas atividades, inclusive sua atividade principal.
•• *Caput com redação determinada pela Lei n. 13.467, de 13-7-2017.*

§ 1.º É vedada à contratante a utilização dos trabalhadores em atividades distintas daquelas que foram objeto do contrato com a empresa prestadora de serviços.
•• *§ 1.º acrescentado pela Lei n. 13.429, de 31-3-2017.*

§ 2.º Os serviços contratados poderão ser executados nas instalações físicas da empresa contratante ou em outro local, de comum acordo entre as partes.
•• *§ 2.º acrescentado pela Lei n. 13.429, de 31-3-2017.*

§ 3.º É responsabilidade da contratante garantir as condições de segurança, higiene e salubridade dos trabalhadores, quando o trabalho for realizado em suas dependências ou local previamente convencionado em contrato.
•• *§ 3.º acrescentado pela Lei n. 13.429, de 31-3-2017.*

§ 4.º A contratante poderá estender ao trabalhador da empresa de prestação de serviços o mesmo atendimento médico, ambulatorial e de refeição destinado aos seus empregados, existente nas dependências da contratante, ou local por ela designado.
•• *§ 4.º acrescentado pela Lei n. 13.429, de 31-3-2017.*

§ 5.º A empresa contratante é subsidiariamente responsável pelas obrigações trabalhistas referentes ao período em que ocorrer a prestação de serviços, e o recolhimento das contribuições previdenciárias observará o disposto no art. 31 da Lei n. 8.212, de 24 de julho de 1991.
•• *§ 5.º acrescentado pela Lei n. 13.429, de 31-3-2017.*

Art. 5.º-B. O contrato de prestação de serviços conterá:
•• *Caput acrescentado pela Lei n. 13.429, de 31-3-2017.*

I - qualificação das partes;
•• *Inciso I acrescentado pela Lei n. 13.429, de 31-3-2017.*

II - especificação do serviço a ser prestado;
•• *Inciso II acrescentado pela Lei n. 13.429, de 31-3-2017.*

III - prazo para realização do serviço, quando for o caso;
•• *Inciso III acrescentado pela Lei n. 13.429, de 31-3-2017.*

IV - valor.
•• *Inciso IV acrescentado pela Lei n. 13.429, de 31-3-2017.*

Art. 5.º-C. Não pode figurar como contratada, nos termos do art. 4.º-A desta Lei, a pessoa jurídica cujos titulares ou sócios tenham, nos últimos dezoito meses, prestado serviços à contratante na qualidade de empregado ou trabalhador sem vínculo empregatício, exceto se os referidos titulares ou sócios forem aposentados.
•• *Artigo acrescentado pela Lei n. 13.467, de 13-7-2017.*

Art. 5.º-D. O empregado que for demitido não poderá prestar serviços para esta mesma empresa na qualidade de empregado de empresa prestadora de serviços antes do decurso de prazo de dezoito meses, contados a partir da demissão do empregado.
•• *Artigo acrescentado pela Lei n. 13.467, de 13-7-2017.*

Art. 6.º São requisitos para funcionamento e registro da empresa de trabalho temporário no Ministério do Trabalho:
•• *Caput com redação determinada pela Lei n. 13.429, de 31-3-2017.*

a) a f) (Revogadas pela Lei n. 13.429, de 31-3-2017.)

I - prova de inscrição no Cadastro Nacional da Pessoa Jurídica (CNPJ), do Ministério da Fazenda;
•• *Inciso I acrescentado pela Lei n. 13.429, de 31-3-2017.*

II - prova do competente registro na Junta Comercial da localidade em que tenha sede;
•• *Inciso II acrescentado pela Lei n. 13.429, de 31-3-2017.*

III - prova de possuir capital social de, no mínimo, R$ 100.000,00 (cem mil reais).
•• *Inciso III acrescentado pela Lei n. 13429, de 31-3-2017.*

Parágrafo único. *(Revogado pela Lei n. 13.429, de 31-3-2017.)*

Art. 7.º A empresa de trabalho temporário que estiver funcionando na data da vigência desta Lei terá o prazo de 90 (noventa) dias para o atendimento das exigências contidas no artigo anterior.

Parágrafo único. A empresa infratora do presente artigo poderá ter o seu funcionamento suspenso, por ato do Diretor-Geral do Departamento Nacional de Mão de Obra, cabendo recurso ao Ministro de Estado, no prazo de 10 (dez) dias, a contar da publicação do ato no *Diário Oficial da União*.

Art. 8.º A empresa de trabalho temporário é obrigada a fornecer ao Departamento Nacional de Mão de Obra, quando solicitada, os elementos de informação julgados necessários ao estudo do mercado de trabalho.

Art. 9.º O contrato celebrado pela empresa de trabalho temporário e a tomadora de serviços será por escrito, ficará à disposição da autoridade fiscalizadora no estabelecimento da tomadora de serviços e conterá:
•• *Caput com redação determinada pela Lei n. 13.429, de 31-3-2017.*

I - qualificação das partes;
•• *Inciso I acrescentado pela Lei n. 13.429, de 31-3-2017.*

II - motivo justificador da demanda de trabalho temporário;
•• *Inciso II acrescentado pela Lei n. 13.429, de 31-3-2017.*

III - prazo da prestação de serviços;
•• *Inciso III acrescentado pela Lei n. 13.429, de 31-3-2017.*

IV - valor da prestação de serviços;
•• *Inciso IV acrescentado pela Lei n. 13.429, de 31-3-2017.*

V - disposições sobre a segurança e a saúde do trabalhador, independentemente do local de realização do trabalho.
•• *Inciso V acrescentado pela Lei n. 13.429, de 31-3-2017.*

§ 1.º É responsabilidade da empresa contratante garantir as condições de segurança, higiene e salubridade dos trabalhadores, quando o trabalho for realizado em suas dependências ou em local por ela designado.
•• *§ 1.º acrescentado pela Lei n. 13.429, de 31-3-2017.*

§ 2.º A contratante estenderá ao trabalhador da empresa de trabalho temporário o mesmo atendimento médico, ambulatorial e de refeição destinado aos seus empregados, existente nas dependências da contratante, ou local por ela designado.
•• *§ 2.º acrescentado pela Lei n. 13.429, de 31-3-2017.*

§ 3.º O contrato de trabalho temporário pode versar sobre o desenvolvimento de atividades-meio e atividades-fim a serem executadas na empresa tomadora de serviços.
•• *§ 3.º acrescentado pela Lei n. 13.429, de 31-3-2017.*
•• *O STF julgou procedente a ADPF n. 324, de 30-8-2018 (DOU de 10-9-2018), assentando a "licitude da terceirização de atividade-fim ou meio", e esclarecendo que "a decisão deste julgamento não afeta os processos em relação aos quais tenha havido coisa julgada".*

Art. 10. Qualquer que seja o ramo da empresa tomadora de serviços, não existe vínculo de emprego entre ela e os trabalhadores contratados pelas empresas de trabalho temporário.
•• *Caput com redação determinada pela Lei n. 13.429, de 31-3-2017.*

§ 1.º O contrato de trabalho temporário, com relação ao mesmo empregador, não poderá exceder ao prazo de cento e oitenta dias, consecutivos ou não.
•• *§ 1.º acrescentado pela Lei n. 13.429, de 31-3-2017.*

§ 2.º O contrato poderá ser prorrogado por até noventa dias, consecutivos ou não, além do prazo estabelecido no § 1.º deste artigo, quando comprovada a manutenção das condições que o ensejaram.
•• *§ 2.º acrescentado pela Lei n. 13.429, de 31-3-2017.*

§ 3.º *(Vetado.)*
•• *§ 3.º acrescentado pela Lei n. 13.429, de 31-3-2017.*

§ 4.º Não se aplica ao trabalhador temporário, contratado pela tomadora de serviços, o contrato de experiência previsto no parágrafo único do art. 445 da Consolidação das Leis do Trabalho (CLT), aprovada pelo Decreto-lei n. 5.452, de 1.º de maio de 1943.
•• *§ 4.º acrescentado pela Lei n. 13.429, de 31-3-2017.*

§ 5.º O trabalhador temporário que cumprir o período estipulado nos §§ 1.º e 2.º deste artigo somente poderá ser colocado à disposição

da mesma tomadora de serviços em novo contrato temporário, após noventa dias do término do contrato anterior.

•• § 5.º acrescentado pela Lei n. 13.429, de 31-3-2017.

§ 6.º A contratação anterior ao prazo previsto no § 5.º deste artigo caracteriza vínculo empregatício com a tomadora.

•• § 6.º acrescentado pela Lei n. 13.429, de 31-3-2017.

§ 7.º A contratante é subsidiariamente responsável pelas obrigações trabalhistas referentes ao período em que ocorrer o trabalho temporário, e o recolhimento das contribuições previdenciárias observará o disposto no art. 31 da Lei n. 8.212, de 24 de julho de 1991.

•• § 7.º acrescentado pela Lei n. 13.429, de 31-3-2017.

Art. 11. O contrato de trabalho celebrado entre empresa de trabalho temporário e cada um dos assalariados colocados à disposição de uma empresa tomadora ou cliente será, obrigatoriamente, escrito e dele deverão constar, expressamente, os direitos conferidos aos trabalhadores por esta Lei.

• Vide Súmula 524 do STJ.

Parágrafo único. Será nula de pleno direito qualquer cláusula de reserva, proibindo a contratação do trabalhador pela empresa tomadora ou cliente ao fim do prazo em que tenha sido colocado à sua disposição pela empresa de trabalho temporário.

•• A Lei n. 13.429, de 31-3-2017, propôs nova redação para este parágrafo único, porém teve seu texto vetado.

Art. 12. Ficam assegurados ao trabalhador temporário os seguintes direitos:

•• A Lei n. 13.429, de 31-3-2017, propôs nova redação para este *caput*, a revogação de suas alíneas e o acréscimo dos incisos I a III, porém teve seu texto vetado.

a) remuneração equivalente à percebida pelos empregados de mesma categoria da empresa tomadora ou cliente calculados à base horária, garantida, em qualquer hipótese, a percepção do salário mínimo regional;

b) jornada de 8 (oito) horas, remuneradas as horas extraordinárias não excedentes de 2 (duas), com acréscimo de 20% (vinte por cento);

• Vide art. 7.º, XVI, da Constituição Federal.

c) férias proporcionais, nos termos do art. 25 da Lei n. 5.107, de 13 de setembro de 1966;

d) repouso semanal remunerado;

e) adicional por trabalho noturno;

f) indenização por dispensa sem justa causa ou término normal do contrato, correspondente a 1/12 (um doze avos) do pagamento recebido;

• Vide art. 20, IX, da Lei n. 8.036, de 11-5-1990, regulamentada pelo Decreto n. 99.684, de 8-11-1990.
• A Instrução Normativa n. 2, de 8-11-2021, do Ministério do Trabalho e da Previdência, dispõe sobre os procedimentos a serem observados pela Auditoria-Fiscal do Trabalho nas situações elencadas.

g) seguro contra acidente do trabalho;

h) proteção previdenciária nos termos do disposto na Lei Orgânica da Previdência Social, com as alterações introduzidas pela Lei n. 5.890, de 8 de junho de 1973 (art. 5.º, III, *c*, do Decreto n. 72.771, de 6 de setembro de 1973).

§ 1.º Registrar-se-á na Carteira de Trabalho e Previdência Social do trabalhador sua condição de temporário.

•• A Lei n. 13.429, de 31-3-2017, propôs a revogação deste § 1.º, porém teve seu texto vetado.

§ 2.º A empresa tomadora ou cliente é obrigada a comunicar à empresa de trabalho temporário a ocorrência de todo acidente cuja vítima seja um assalariado posto à sua disposição, considerando-se local de trabalho, para efeito da legislação específica, tanto aquele onde se efetua a prestação do trabalho quanto a sede da empresa de trabalho temporário.

•• A Lei n. 13.429, de 31-3-2017, propôs a revogação deste § 2.º e o acréscimo do § 3.º, porém teve seu texto vetado.

Art. 13. Constituem justa causa para rescisão do contrato do trabalhador temporário os atos e circunstâncias mencionados nos arts. 482 e 483, da Consolidação das Leis do Trabalho, ocorrentes entre o trabalhador e a empresa de trabalho temporário ou entre aquele e a empresa cliente onde estiver prestando serviço.

Art. 14. As empresas de trabalho temporário são obrigadas a fornecer às empresas tomadoras ou clientes, a seu pedido, comprovante da regularidade de sua situação com o Instituto Nacional de Previdência Social.

Art. 15. A fiscalização do trabalho poderá exigir da empresa tomadora ou cliente a apresentação do contrato firmado com a empresa de trabalho temporário, e, desta última, o contrato firmado com o trabalhador, bem como a comprovação do respectivo recolhimento das contribuições previdenciárias.

• Vide Súmula 524 do STJ.

Art. 16. No caso de falência da empresa de trabalho temporário, a empresa tomadora ou cliente é solidariamente responsável pelo recolhimento das contribuições previdenciárias, no tocante ao tempo em que o trabalhador esteve sob suas ordens, assim como em referência ao mesmo período, pela remuneração e indenização previstas nesta Lei.

• Vide Lei de Falências e Recuperação de Empresas: Lei n. 11.101, de 9-2-2005.

Art. 17. É defeso às empresas de prestação de serviço temporário a contratação de estrangeiros com visto provisório de permanência no País.

Art. 18. É vedado à empresa de trabalho temporário cobrar do trabalhador qualquer importância, mesmo a título de mediação, podendo apenas efetuar os descontos previstos em Lei.

Parágrafo único. A infração deste artigo importa no cancelamento do registro para funcionamento da empresa de trabalho temporário, sem prejuízo das sanções administrativas e penais cabíveis.

Art. 19. Competirá à Justiça do Trabalho dirimir os litígios entre as empresas de serviço temporário e seus trabalhadores.

• Vide Súmula 524 do STJ.

Art. 19-A. O descumprimento do disposto nesta Lei sujeita a empresa infratora ao pagamento de multa.

•• *Caput* acrescentado pela Lei n. 13.429, de 31-3-2017.

Parágrafo único. A fiscalização, a autuação e o processo de imposição das multas reger-se-ão pelo Título VII da Consolidação das Leis do Trabalho (CLT), aprovada pelo Decreto-lei n. 5.452, de 1.º de maio de 1943.

•• Parágrafo único acrescentado pela Lei n. 13.429, de 31-3-2017.
•• Vide arts. 626 a 642 da CLT.

Art. 19-B. O disposto nesta Lei não se aplica às empresas de vigilância e transporte de valores, permanecendo as respectivas relações de trabalho reguladas por legislação especial, e subsidiariamente pela Consolidação das Leis do Trabalho (CLT), aprovada pelo Decreto-lei n. 5.452, de 1.º de maio de 1943.

•• Artigo acrescentado pela Lei n. 13.429, de 31-3-2017.
•• Vide Súmula 331 do TST.

Art. 19-C. Os contratos em vigência, se as partes assim acordarem, poderão ser adequados aos termos desta Lei.

•• Artigo acrescentado pela Lei n. 13.429, de 31-3-2017.

Art. 20. Esta Lei entrará em vigor 60 (sessenta) dias após sua publicação, revogadas as disposições em contrário.

Brasília, 3 de janeiro de 1974; 153.º da Independência e 86.º da República.

Emílio G. Médici

LEI COMPLEMENTAR N. 26, DE 11 DE SETEMBRO DE 1975 (*)

Altera disposições da legislação que regula o Programa de Integração Social e o Programa de Formação do Patrimônio do Servidor Público.

(*) Publicada no *DOU*, de 12-9-1975. Regulamentada pelo Decreto n. 9.978, de 20-8-2019. Vide Súmula 300 do TST. Apuração, cobrança, fiscalização, arrecadação e administração da contribuição para o PIS/PASEP: Instrução Normativa n. 1.911, de 11-10-2019, da SRFB.

O Presidente da República

Faço saber que o Congresso Nacional decreta e eu sanciono a seguinte Lei Complementar:

Art. 1.º A partir do exercício financeiro a iniciar-se em 1.º de julho de 1976, serão unificados, sob a denominação de PIS-PASEP, os fundos constituídos com os recursos do Programa de Integração Social – PIS e do Programa de Formação do Patrimônio do Servidor Público – PASEP, instituídos pelas Leis Complementares n. 7 e 8, de 7 de setembro e de 3 de dezembro de 1970, respectivamente.

Parágrafo único. A unificação de que trata este artigo não afetará os saldos das contas individuais existentes em 30 de junho de 1976.

Art. 2.º Ressalvado o disposto no parágrafo único deste artigo, são mantidos os critérios de participação dos empregados e servidores estabelecidos nos arts. 7.º e 4.º, respectivamente, das Leis Complementares n. 7 e 8, referidas, passando a ser considerado, para efeito do cálculo dos depósitos efetuados nas contas individuais, o valor global dos recursos que passarem a integrar o PIS-PASEP.

Parágrafo único. (*Revogado pela Lei n. 13.677, de 13-6-2018.*)

Art. 3.º Após a unificação determinada no art. 1.º, as contas individuais dos participantes passarão a ser creditadas:

a) pela correção monetária anual do saldo credor, obedecidos os índices aplicáveis às Obrigações Reajustáveis do Tesouro Nacional (ORTN);

b) pelos juros mínimos de 3% (três por cento) calculados anualmente sobre o saldo credor corrigido;

c) pelo resultado líquido adicional das operações realizadas com recursos do PIS-PASEP, deduzidas as despesas administrativas e as provisões de reserva cuja constituição seja indispensável.

Art. 4.º As importâncias creditadas nas contas individuais dos participantes do PIS-PASEP são inalienáveis, impenhoráveis e, ressalvado o disposto nos parágrafos deste artigo, indisponíveis por seus titulares.

§ 1.º Fica disponível a qualquer titular da conta individual dos participantes do PIS-Pasep o saque integral do seu saldo a partir de 19 de agosto de 2019.

•• § 1.º, *caput*, com redação determinada pela Lei n. 13.932, de 11-12-2019.

I a VI – (*Revogados pela Lei n. 13.932, de 11-12-2019.*)

§§ 2.º e 3.º (*Revogados pela Lei n. 13.932, de 11-12-2019.*)

§ 4.º Na hipótese de morte do titular da conta individual do PIS-Pasep, o saldo da conta será disponibilizado aos seus dependentes, de acordo com a legislação da Previdência Social e com a legislação específica relativa aos servidores civis e aos militares.

•• § 4.º com redação determinada pela Lei n. 13.932, de 11-12-2019.

§ 4.º-A. Na hipótese prevista no § 4.º deste artigo, quando o titular da conta individual do PIS-Pasep não possuir dependentes, o saldo da conta será disponibilizado aos seus sucessores, nos termos estabelecidos em lei.

•• § 4.º-A acrescentado pela Lei n. 13.932, de 11-12-2019.

§ 5.º Os saldos das contas individuais do PIS-Pasep ficarão disponíveis aos participantes de que tratam o *caput* e o § 1.º deste artigo ou, na hipótese de morte do titular da conta individual, os seus dependentes ou sucessores, observado o disposto nos §§ 4.º e 4.º-A deste artigo, independentemente de solicitação.

•• § 5.º com redação determinada pela Lei n. 13.932, de 11-12-2019.

§ 6.º A disponibilização dos saldos das contas individuais de que trata o § 1.º deste artigo será efetuada conforme cronogramas de atendimento, critérios e forma estabelecidos pela Caixa Econômica Federal, quanto ao PIS, e pelo Banco do Brasil S.A., quanto ao Pasep.

•• § 6.º com redação determinada pela Lei n. 13.932, de 11-12-2019.

§ 7.º (*Revogado pela Lei n. 13.932, de 11-12-2019.*)

§ 8.º Na hipótese de conta individual de titular já falecido, as pessoas referidas nos §§ 4.º e 4.º-A deste artigo poderão solicitar o saque do saldo existente na conta do titular independentemente de inventário, sobrepartilha ou autorização judicial, desde que haja consenso entre os dependentes ou sucessores e que estes atestem por escrito a autorização do saque e declarem não haver outros dependentes ou sucessores conhecidos.

•• § 8.º acrescentado pela Lei n. 13.932, de 11-12-2019.

Art. 6.º O Poder Executivo regulamentará esta Lei Complementar dentro de 120 (cento e vinte) dias, contados de sua publicação.

Art. 7.º Esta Lei Complementar entrará em vigor em 1.º de julho de 1976, revogados os arts. 8.º e seu parágrafo, e 9.º e seus §§ 1.º e 2.º da Lei Complementar n. 7, de 7 de setembro de 1970, e os §§ 2.º, 3.º, 4.º e 5.º do art. 5.º da Lei Complementar n. 8, de 3 de dezembro de 1970, e as demais disposições em contrário.

Brasília, 11 de setembro de 1975; 154.º da Independência e 87.º da República.

Ernesto Geisel

DECRETO-LEI N. 1.422, DE 23 DE OUTUBRO DE 1975 (*)

Dispõe sobre o salário-educação.

O Presidente da República, no uso das atribuições que lhe confere o art. 55, II, da Constituição, decreta:

Art. 1.º O salário-educação, previsto no art. 178 da Constituição, será calculado com base em alíquota incidente sobre a folha do salário de contribuição, como definido no art. 76 da Lei n. 3.807, de 26 de agosto de 1960, com as modificações introduzidas pelo Decreto-lei n. 66, de 21 de novembro de 1966, e pela Lei n. 5.890, de 8 de junho de 1973, não se aplicando ao salário-educação o disposto no art. 14, *in fine*, dessa lei, relativo à limitação da base de cálculo da contribuição.

•• A referência é feita à Constituição de 1967, emendada em 1969. *Vide* art. 212, § 5.º, da Constituição Federal.
• *Vide* Súmula 732 do STF.

§ 1.º O salário-educação será estipulado pelo sistema de compensação do custo atuarial, cabendo a todas empresas recolher, para este fim, em relação aos seus titulares, sócios e diretores e aos empregados independentemente da idade, do estado civil e do número de filhos, a contribuição que for fixada em correspondência com o valor da quota respectiva.

§ 2.º A alíquota prevista neste artigo será fixada por ato do Poder Executivo, que poderá alterá-la mediante demonstração, pelo Ministério da Educação e Cultura, da efetiva variação do custo real unitário do ensino de 1.º Grau.

§ 3.º A contribuição da empresa obedecerá aos mesmos prazos de recolhimento e estará sujeita às mesmas sanções administrativas, penais e demais normas relativas às contribuições destinadas à Previdência Social.

§ 4.º O salário-educação não tem caráter remuneratório na relação de emprego e não se vincula, para nenhum efeito, ao salário ou à remuneração percebida pelos empregados das empresas compreendidas por este Decreto-lei.

§ 5.º Entende-se por empresa, para os fins deste Decreto-lei, o empregador como tal definido no art. 2.º da Consolidação das Leis do Trabalho e no art. 4.º da Lei n. 3.807, de 26 de agosto de 1960, com a redação dada pelo art. 1.º da Lei n. 5.890, de 8 de junho de 1973, bem como as empresas e demais entidades públicas ou privadas, vinculadas

(*) Publicado no *DOU*, de 24-10-1975. Regulamentado pelo Decreto n. 87.043, de 22-3-1982.

à Previdência Social, ressalvadas as exceções previstas na legislação específica e excluídos os órgãos da Administração Direta.

Art. 2.º O montante da arrecadação do salário-educação, em cada Estado e Território e no Distrito Federal, depois de feita a dedução prevista no § 3.º deste artigo, será creditado pelo Banco do Brasil S/A, em duas contas distintas:

- O Decreto n. 6.003, de 28-12-2006, regulamenta a arrecadação, a fiscalização e a cobrança da contribuição social do salário-educação, previsto no § 5.º do art. 212 da Constituição Federal.

a) 2/3 (dois terços) em favor dos programas de ensino de 1.º Grau, regular e supletivo, no respectivo Estado, Território ou Distrito Federal;

b) 1/3 (um terço) em favor do Fundo Nacional de Desenvolvimento da Educação.

§ 1.º Os recursos de que trata a alínea *a* deste artigo serão empregados nos Estados e no Distrito Federal, de acordo com planos de aplicação aprovados pelos respectivos Conselhos de Educação, e nos Territórios de conformidade com o Plano Setorial de Educação e Cultura.

§ 2.º O terço destinado ao Fundo Nacional de Desenvolvimento da Educação será aplicado:

a) em programas de iniciativa própria do Ministério da Educação e Cultura, de pesquisa, planejamento, currículos, material escolar, formação e aperfeiçoamento de pessoal docente e outros programas especiais relacionados com o ensino de 1.º Grau;

b) na concessão de auxílios, na forma do disposto nos arts. 42 e 54, e seus parágrafos, da Lei n. 5.692, de 11 de agosto de 1971, sempre respeitando critérios que levem em conta o grau de desenvolvimento econômico e social relativo, tal como especificados em Regulamento e, especialmente, os *deficits* de escolarização da população na faixa etária entre os 7 (sete) e os 14 (quatorze) anos, em cada Estado e Território e no Distrito Federal, de modo a contemplar os mais necessitados.

- A Lei n. 9.394, de 20-12-1996 (Diretrizes e Bases da Educação), estabelece que o ensino fundamental irá se iniciar aos 6 (seis) anos.

§ 3.º O INPS reterá, do montante recolhido, a título de taxa de administração, a importância equivalente a 1% (um por cento), depositando o restante no Banco do Brasil, para os fins previstos neste artigo.

- A denominação atual é Instituto Nacional da Seguridade Social – INSS em substituição ao anterior Instituto Nacional da Previdência Social – INPS.

Art. 3.º Ficam isentas do recolhimento do salário-educação:

I – as empresas que, obedecidas as normas que forem estabelecidas em Regulamento, mantenham, diretamente e às suas expensas, instituições de ensino de 1.º Grau ou programas de bolsas para seus empregados e os filhos destes;

II – as instituições públicas de ensino de qualquer grau, e as particulares, devidamente registradas e reconhecidas pela Administração Estadual de ensino;

III – as organizações hospitalares e de assistência social, desde que comprovem enquadrar-se nos benefícios da Lei n. 3.577, de 4 de julho de 1959;

IV – as organizações de fins culturais que, para este fim, vierem a ser definidas no Regulamento.

Art. 4.º O Ministério da Educação e Cultura fiscalizará a aplicação de todos os recursos provenientes do salário-educação, na forma do Regulamento e das instruções que para esse fim forem baixadas pelo Fundo Nacional de Desenvolvimento da Educação.

Art. 5.º O Poder Executivo baixará decreto aprovando Regulamento deste Decreto-lei, no prazo de 60 (sessenta) dias a contar de sua publicação.

Art. 6.º Este Decreto-lei entrará em vigor a 1.º de janeiro de 1976, revogadas a Lei n. 4.440, de 27 de outubro de 1964, e demais disposições em contrário.

Brasília, 23 de outubro de 1975; 154.º da Independência e 87.º da República.

Ernesto Geisel

LEI N. 6.321, DE 14 DE ABRIL DE 1976 (*)

Dispõe sobre a dedução, do lucro tributável para fins do Imposto sobre a Renda das pessoas jurídicas, do dobro das despesas realizadas em programas de alimentação do trabalhador.

O Presidente da República,

Faço saber que o Congresso Nacional decreta e eu sanciono a seguinte Lei:

Art. 1.º As pessoas jurídicas poderão deduzir do lucro tributável, para fins de apuração do imposto sobre a renda, o dobro das despesas comprovadamente realizadas no período-base em programas de alimentação do trabalhador previamente aprovados pelo Ministério do Trabalho e Previdência, na forma e de acordo com os limites dispostos no decreto que regulamenta esta Lei.

- *Caput* com redação determinada pela Lei n. 14.442, de 2-9-2022.
- Vide arts. 166 a 182 do Decreto n. 10.854, de 10-11-2021.

§ 1.º A dedução a que se refere o *caput* deste artigo não poderá exceder, em cada exercício financeiro, isoladamente, a 5% (cinco por cento) e cumulativamente com a dedução de que trata a Lei n. 6.297, de 15 de dezembro de 1975, a 10% (dez por cento) do lucro tributável.

§ 2.º As despesas não deduzidas no exercício financeiro correspondente poderão ser transferidas para dedução nos dois exercícios financeiros subsequentes.

§ 3.º As despesas destinadas aos programas de alimentação do trabalhador deverão abranger exclusivamente o pagamento de refeições em restaurantes e estabelecimentos similares e a aquisição de gêneros alimentícios em estabelecimentos comerciais.

- § 3.º acrescentado pela Lei n. 14.442, de 2-9-2022.

§ 4.º As pessoas jurídicas beneficiárias não poderão exigir ou receber:

- § 4.º, *caput*, acrescentado pela Lei n. 14.442, de 2-9-2022.

I – qualquer tipo de deságio ou imposição de descontos sobre o valor contratado;

- Inciso I acrescentado pela Lei n. 14.442, de 2-9-2022.

II – prazos de repasse ou pagamento que descaracterizem a natureza pré-paga dos valores a serem disponibilizados aos trabalhadores; ou

- Inciso II acrescentado pela Lei n. 14.442, de 2-9-2022.

III – outras verbas e benefícios diretos ou indiretos de qualquer natureza não vinculados diretamente à promoção de saúde e segurança alimentar do trabalhador, no âmbito do contrato firmado com empresas emissoras de instrumentos de pagamento de auxílio-alimentação.

- Inciso III acrescentado pela Lei n. 14.442, de 2-9-2022.

§ 5.º A vedação de que trata o § 4.º deste artigo terá vigência conforme definido em regulamento para os programas de alimentação do trabalhador.

- § 5.º acrescentado pela Lei n. 14.442, de 2-9-2022.

Art. 1.º-A. Os serviços de pagamentos de alimentação contratados para execução dos programas de alimentação de que trata esta Lei observarão o seguinte:

- *Caput* acrescentado pela Lei n. 14.442, de 2-9-2022.
- A Portaria n. 4.227, de 20-12-2022, do MTP, disciplina as regras e os critérios para a implantação da portabilidade e da interoperabilidade de que trata este artigo.

I – a operacionalização por meio de arranjo de pagamento fechado ou aberto, devendo as empresas organizadas na forma de arranjo de pagamento fechado permitir a interoperabilidade entre si e com arranjos abertos, indistintamente, com o objetivo de compartilhar a rede credenciada de estabelecimentos comerciais, a partir de 1.º de maio de 2023;

(*) Publicada no *DOU*, de 19-4-1976. A Portaria Interministerial n. 5, de 30-11-1999, e a Portaria n. 3, de 1.º-3-2002, do Ministério do Trabalho, dispõem sobre a execução do Programa de Alimentação do Trabalhador. A Instrução Normativa n. 96, de 16-1-2012, da Secretaria de Inspeção do Trabalho, dispõe sobre procedimentos para a divulgação e fiscalização do cumprimento da legislação do Programa de Alimentação do Trabalhador – PAT.

•• Inciso I acrescentado pela Lei n. 14.442, de 2-9-2022.

II – a portabilidade gratuita do serviço, mediante solicitação expressa do trabalhador, além de outras normas fixadas em decreto do Poder Executivo, a partir de 1.º de maio de 2023;

•• Inciso II acrescentado pela Lei n. 14.442, de 2-9-2022.

III – (*Vetado*.)

•• Inciso III acrescentado pela Lei n. 14.442, de 2-9-2022.

Art. 2.º Os programas de alimentação a que se refere o artigo anterior deverão conferir prioridade ao atendimento dos trabalhadores de baixa renda e limitar-se-ão aos contratados pela pessoa jurídica beneficiária.

§ 1.º O Ministério do Trabalho articular-se-á com o Instituto Nacional de Alimentação e Nutrição – INAN, para efeito do exame e aprovação dos programas a que se refere a presente Lei.

•• Primitivo parágrafo único renumerado pela Medida Provisória n. 2.164-41, de 24-8-2001.

§ 2.º As pessoas jurídicas beneficiárias do Programa de Alimentação do Trabalhador – PAT poderão estender o benefício previsto nesse Programa aos trabalhadores por elas dispensados, no período de transição para um novo emprego, limitada a extensão ao período de 6 (seis) meses.

•• § 2.º acrescentado pela Medida Provisória n. 2.164-41, de 24-8-2001.

§ 3.º As pessoas jurídicas beneficiárias do Programa de Alimentação do Trabalhador – PAT poderão estender o benefício previsto nesse programa aos empregados que estejam com contrato suspenso para participação em curso ou programa de qualificação profissional, limitada essa extensão ao período de 5 (cinco) meses.

•• § 3.º acrescentado pela Medida Provisória n. 2.164-41, de 24-8-2001.

Art. 3.º Não se inclui como salário de contribuição a parcela paga *in natura* pela empresa, nos programas de alimentação aprovados pelo Ministério do Trabalho.

• A Instrução Normativa n. 2, de 8-11-2021, do Ministério do Trabalho e da Previdência, dispõe sobre os procedimentos a serem observados pela Auditoria-Fiscal do Trabalho nas situações elencadas.

Art. 3.º-A. A execução inadequada, o desvio ou o desvirtuamento das finalidades dos programas de alimentação do trabalhador pelas pessoas jurídicas beneficiárias ou pelas empresas registradas no Ministério do Trabalho e Previdência, sem prejuízo da aplicação de outras penalidades cabíveis pelos órgãos competentes, acarretarão:

•• *Caput* acrescentado pela Lei n. 14.442, de 2-9-2022.

I – a aplicação de multa no valor de R$ 5.000,00 (cinco mil reais) a R$ 50.000,00 (cinquenta mil reais), a qual será aplicada em dobro em caso de reincidência ou de embaraço à fiscalização;

•• Inciso I acrescentado pela Lei n. 14.442, de 2-9-2022.

II – o cancelamento da inscrição da pessoa jurídica beneficiária ou do registro das empresas vinculadas aos programas de alimentação do trabalhador cadastradas no Ministério do Trabalho e Previdência, desde a data da primeira irregularidade passível de cancelamento, conforme estabelecido em ato específico; e

•• Inciso II acrescentado pela Lei n. 14.442, de 2-9-2022.

III – a perda do incentivo fiscal da pessoa jurídica beneficiária, em consequência do cancelamento previsto no inciso II deste *caput*.

•• Inciso III acrescentado pela Lei n. 14.442, de 2-9-2022.

§ 1.º Os critérios de cálculo e os parâmetros de gradação da multa prevista no inciso I do *caput* deste artigo serão estabelecidos em ato do Ministro de Estado do Trabalho e Previdência.

•• § 1.º acrescentado pela Lei n. 14.442, de 2-9-2022.

§ 2.º O estabelecimento que comercializa produtos não relacionados à alimentação do trabalhador e a empresa que o credenciou sujeitam-se à aplicação da multa prevista no inciso I do *caput* deste artigo.

•• § 2.º acrescentado pela Lei n. 14.442, de 2-9-2022.

§ 3.º Na hipótese do cancelamento previsto no inciso II do *caput* deste artigo, novo registro ou inscrição perante o Ministério do Trabalho e Previdência somente poderá ser pleiteado decorrido o prazo a ser definido em regulamento.

•• § 3.º acrescentado pela Lei n. 14.442, de 2-9-2022.

Art. 4.º O Poder Executivo regulamentará a presente Lei no prazo de 60 (sessenta) dias.

Art. 5.º Esta Lei entrará em vigor na data de sua publicação, revogadas as disposições em contrário.

Brasília, 14 de abril de 1976; 155.º da Independência e 88.º da República.

Ernesto Geisel

PORTARIA N. 3.214, DE 8 DE JUNHO DE 1978 (*)

Aprova as Normas Regulamentadoras – NR – do Capítulo V, Título II, da Consolidação das Leis do Trabalho, relativas a Segurança e Medicina do Trabalho.

O Ministro do Estado do Trabalho, no uso de suas atribuições legais, considerando o disposto no art. 200, da Consolidação das Leis do Trabalho, com redação dada pela Lei n. 6.514, de 22 de dezembro de 1977, resolve:

Art. 1.º Aprovar as Normas Regulamentadoras – NR – do Capítulo V, Título II, da Consolidação das Leis do Trabalho, relativas à Segurança e Medicina do Trabalho:

NORMAS REGULAMENTADORAS

NR-1 – Disposições Gerais
NR-2 – Inspeção Prévia
NR-3 – Embargo e Interdição
NR-4 – Serviço Especializado em Segurança e Medicina do Trabalho – SESMT
NR-5 – Comissão Interna de Prevenção de Acidentes – CIPA
NR-6 – Equipamento de Proteção Individual – EPI
NR-7 – Exames Médicos
NR-8 – Edificações
NR-9 – Riscos Ambientais
NR-10 – Instalações e Serviços de Eletricidade
NR-11 – Transporte, Movimentação, Armazenagem e Manuseio de Materiais
NR-12 – Máquinas e Equipamentos
NR-13 – Vasos Sob Pressão
NR-14 – Fornos
NR-15 – Atividades e Operações Insalubre
NR-16 – Atividades e Operações Perigosas
NR-17 – Ergonomia
NR-18 – Obras de Construção, Demolição, e Reparos
NR-19 – Explosivos
NR-20 – Combustíveis Líquidos e Inflamáveis
NR-21 – Trabalhos a Céu Aberto
NR-22 – Trabalhos Subterrâneos
NR-23 – Proteção Contra Incêndios
NR-24 – Condições Sanitárias dos Locais de Trabalho
NR-25 – Resíduos Industriais
NR-26 – Sinalização de Segurança
NR-27 – Registro de Profissionais
NR-28 – Fiscalização e Penalidades
NR-29 – Segurança e Saúde no Trabalho Portuário

•• NR aprovada pela Portaria n. 53, de 17-12-1997.

NR-30 – Segurança e Saúde no Trabalho Aquaviário

•• NR aprovada pela Portaria n. 34, de 4-12-2002.

(*) Publicada no *DOU*, de 6-7-1978 – Suplemento.

NR-31 – Segurança e Saúde no Trabalho na Agricultura, Pecuária, Silvicultura, Exploração Florestal e Aquicultura
•• NR aprovada pela Portaria n. 86, de 3-3-2005.

NR-32 – Segurança e Saúde no Trabalho em Serviços de Saúde
•• NR aprovada pela Portaria n. 485, de 11-11-2005.

NR-33 – Segurança e Saúde nos Trabalhos em Espaços Confinados
•• NR aprovada pela Portaria n. 202, de 22-12-2006.

NR-34 – Trabalho na Indústria Naval
•• NR aprovada pela Portaria n. 200, de 20-1-2011.

NR-35 – Trabalho em Altura
•• NR aprovada pela Portaria n. 313, de 23-3-2012.

NR-36 – Abate e Processamento de Carnes e Derivados
•• NR aprovada pela Portaria n. 555, de 18-4-2013.

NR-37 – Segurança e Saúde em Plataformas de Petróleo
•• NR aprovada pela Portaria n. 1.186, de 20-12-2018.

Art. 2.º As alterações posteriores, decorrentes da experiência e necessidade, serão baixadas pela Secretaria de Segurança e Medicina do Trabalho.
•• Artigo revigorado pela Portaria n. 3.144, de 2-5-1989.
•• *Vide* Decretos n. 4.552, de 27-12-2002, e 5.063, de 3-5-2004.

Art. 3.º Ficam revogadas as Portarias MTIC 31, de 6-4-54; 34, de 8-4-54; 30, de 7-2-58; 73, de 2-5-59; 1, de 5-1-60; 49, de 8-4-60; Portarias MTPS 46, de 19-2-62; 133, de 30-4-62; 1.032, de 11-11-64; 607, de 20-10-65; 491, de 10-9-65; 608, de 20-10-65; Portarias MTb 3.442, 23-12-74; 3.460, 31-12-75; 3.456, de 3-8-77; Portarias DNSHT 16, de 21-6-66; 6, de 26-1-67; 26, de 26-9-67; 8, de 7-5-68; 9, de 9-5-68; 20, de 6-5-70; 13, de 26-6-72; 15, de 18-8-72; 18, de 2-7-74; Portaria SRT 7, de 18-3-76, e demais disposições em contrário.

Art. 4.º As dúvidas suscitadas e os casos omissos serão decididos pela Secretaria de Segurança e Medicina do Trabalho.
•• Artigo revigorado pela Portaria n. 3.144, de 2-5-1989.

Art. 5.º Esta Portaria entrará em vigor na data de sua publicação.

Arnaldo Prieto

NR 4
SERVIÇOS ESPECIALIZADOS EM SEGURANÇA E MEDICINA DO TRABALHO (*)

•• NR aprovada pela Portaria n. 2.318, de 3-8-2022, em vigor em 90 dias após sua publicação (*DOU* de 12-8-2022).

4.1. Objetivo
4.1.1. Esta Norma estabelece os parâmetros e os requisitos para constituição e manutenção dos Serviços Especializados em Segurança e Medicina do Trabalho – SESMT, com a finalidade de promover a saúde e proteger a integridade do trabalhador.

4.2. Campo de aplicação
4.2.1. As organizações e os órgãos públicos da administração direta e indireta, bem como os órgãos dos Poderes Legislativo e Judiciário e do Ministério Público, que possuam empregados regidos pelo Decreto-lei n. 5.452, de 1.º de maio de 1943 – Consolidação das Leis do Trabalho – CLT, devem constituir e manter os SESMT, no local de trabalho, nos termos definidos nesta NR.
4.2.2. Nos termos previstos em lei, aplica-se o disposto nesta NR a outras relações jurídicas de trabalho.

4.3. Competência, composição e funcionamento
4.3.1. Compete aos SESMT:
a) elaborar ou participar da elaboração do inventário de riscos;

b) acompanhar a implementação do plano de ação do Programa de Gerenciamento de Riscos – PGR;
c) implementar medidas de prevenção de acordo com a classificação de risco do PGR e na ordem de prioridade estabelecida na Norma Regulamentadora n. 01 (NR-01) – Disposições Gerais e Gerenciamento de Riscos Ocupacionais;
d) elaborar plano de trabalho e monitorar metas, indicadores e resultados de segurança e saúde no trabalho;
e) responsabilizar-se tecnicamente pela orientação quanto ao cumprimento do disposto nas NR aplicáveis às atividades executadas pela organização;
f) manter permanente interação com a Comissão Interna de Prevenção de Acidentes e de Assédio – CIPA, quando existente;
•• Alínea *f* com redação determinada pela Portaria n. 4.219, de 20-12-2022, em vigor a partir de 20-3-2023.
g) promover a realização de atividades de orientação, informação e conscientização dos trabalhadores para a prevenção de acidentes e doenças relacionadas ao trabalho;
h) propor, imediatamente, a interrupção das atividades e a adoção de medidas corretivas e/ou de controle quando constatar condições ou situações de trabalho que estejam associadas a grave e iminente risco para a segurança ou a saúde dos trabalhadores;
i) conduzir ou acompanhar as investigações dos acidentes e das doenças relacionadas ao trabalho, em conformidade com o previsto no PGR;
j) compartilhar informações relevantes para a prevenção de acidentes e de doenças relacionadas ao trabalho com outros SESMT de uma mesma organização, assim como a CIPA, quando por esta solicitado; e
k) acompanhar e participar nas ações do Programa de Controle Médico de Saúde Ocupacional – PCMSO, nos termos da Norma Regulamentadora n. 07 (NR-07).

4.3.2. O SESMT deve ser composto por médico do trabalho, engenheiro de segurança do trabalho, técnico de segurança do trabalho, enfermeiro do trabalho e auxiliar/técnico em enfermagem do trabalho, obedecido o Anexo II.
4.3.3. Os profissionais integrantes do SESMT devem possuir formação e registro profissional em conformidade com o disposto na regulamentação da profissão e nos instrumentos normativos emitidos pelo respectivo conselho profissional, quando existente.
4.3.4. O SESMT deve ser coordenado por um dos profissionais integrantes deste serviço.
4.3.5. O técnico de segurança do trabalho e o auxiliar/técnico de enfermagem do trabalho devem dedicar quarenta e quatro horas por semana para as atividades do SESMT, de acordo com o estabelecido no Anexo II, observadas as disposições, inclusive relativas à duração do trabalho, de legislação pertinente, de acordo ou de convenção coletiva de trabalho.
4.3.6. Na modalidade de SESMT individual, caso a organização possua mais de um técnico de segurança do trabalho, conforme dimensionamento previsto nesta NR, as escalas de trabalho devem ser estabelecidas de forma a garantir o atendimento por pelo menos um desses profissionais em cada turno que atingir cento e um ou mais trabalhadores, para a atividade de grau de risco 3, e cinquenta ou mais trabalhadores, para a atividade de grau de risco 4, sem implicar em acréscimo no número de profissionais previstos no Anexo II.
4.3.7. O engenheiro de segurança do trabalho, o médico do trabalho e o enfermeiro do trabalho devem dedicar, no mínimo, quinze horas (tempo parcial) ou trinta horas (tempo integral) por semana, para as atividades do SESMT, de acordo com o estabelecido no Anexo II, respeitada a legislação pertinente em vigor, durante o horário de expediente do estabelecimento.
4.3.7.1. Relativamente aos profissionais referidos no item 4.3.7, para cumprimento das atividades dos SESMT em tempo integral, a organização pode contratar mais de um profissional, desde que cada um dedique, no mínimo, a metade da carga horária semanal.
4.3.8. Aos profissionais do SESMT é vedado o exercício de atividades que não façam parte das atribuições previstas no item 4.3.1 desta NR e em outras NR, durante o horário de atuação neste serviço.

(*) NR aprovada pela Portaria n. 3.214, de 8-6-1978, e com redação determinada pela Portaria n. 2.318, de 3-8-2022 (*DOU* de 12-8-2022), em vigor em 90 dias após sua publicação.

4.3.9. A organização deve garantir os meios e recursos necessários para o cumprimento dos objetivos e atribuições do SESMT.

4.4. Modalidades

4.4.1. O SESMT deve ser constituído nas modalidades individual, regionalizado ou estadual.

4.4.1.1. O SESMT, independentemente de sua modalidade, deve atender estabelecimentos da mesma unidade da federação, ressalvado o previsto no item 4.4.5.

4.4.2. A organização deve constituir SESMT individual quando possuir estabelecimento enquadrado no Anexo II desta NR.

4.4.3. A organização deve constituir SESMT regionalizado quando possuir estabelecimento que se enquadre no Anexo II e outro(s) estabelecimento(s) que não se enquadre(m), devendo o primeiro estender a assistência em segurança e saúde aos demais e considerar o somatório de trabalhadores atendidos no seu dimensionamento, bem como o disposto no item 4.5.1 e seus subitens.

4.4.3.1. Havendo mais de um estabelecimento que se enquadre no Anexo II, a empresa pode constituir mais de um SESMT regionalizado.

4.4.4. A organização deve constituir SESMT estadual quando o somatório de trabalhadores de todos os estabelecimentos da mesma unidade da federação alcance os limites previstos no Anexo II, desde que nenhum estabelecimento individualmente se enquadre, observado o disposto no item 4.5.1 e seus subitens.

4.4.5. Uma ou mais organizações de mesma atividade econômica, localizadas em um mesmo município ou em municípios limítrofes, ainda que em diferentes unidades da federação, cujos estabelecimentos se enquadrem no Anexo II, podem constituir SESMT compartilhado, organizado pelas próprias interessadas ou na forma definida em acordo ou convenção coletiva de trabalho.

4.4.5.1. O SESMT compartilhado pode ser estendido a organizações cujos estabelecimentos não se enquadrem no Anexo II, devendo considerar no dimensionamento o somatório dos trabalhadores assistidos e o disposto no item 4.5.1 e seus subitens.

4.4.5.2. Os trabalhadores assistidos pelo SESMT compartilhado não integram a base de cálculo para dimensionamento de outras modalidades de SESMT.

4.5. Dimensionamento

4.5.1. O dimensionamento do SESMT vincula-se ao número de empregados da organização e ao maior grau de risco entre a atividade econômica principal e atividade econômica preponderante no estabelecimento, nos termos dos Anexos I e II, observadas as exceções previstas nesta NR.

4.5.1.1. A atividade econômica principal é a constante no Cadastro Nacional de Pessoa Jurídica – CNPJ.

4.5.1.2. A atividade econômica preponderante é aquela que ocupa o maior número de trabalhadores.

4.5.1.2.1. Em atividades econômicas distintas com o mesmo número de trabalhadores, deve ser considerada como preponderante aquela com maior grau de risco.

4.5.2. Na contratação de empresa prestadora de serviços a terceiros, o SESMT da contratante deve ser dimensionado considerando o número total de empregados da contratante e trabalhadores das contratadas, quando o trabalho for realizado de forma não eventual nas dependências da contratante ou local previamente convencionado em contrato, observado o disposto no item 4.5.1 e seus subitens.

4.5.2.1. Considera-se, para fins desta NR, trabalho eventual aquele decorrente de evento futuro e incerto.

4.5.2.2. Excluem-se do dimensionamento do SESMT da contratante os trabalhadores das contratadas atendidos pelos SESMT das contratadas.

4.5.3. O dimensionamento do SESMT regionalizado ou estadual com estabelecimentos de graus de risco diversos deve considerar o somatório dos trabalhadores de todos os estabelecimentos atendidos.

4.5.3.1. Para estabelecimentos graus de risco 1 e 2 de Microempresas – ME e Empresas de Pequeno Porte – EPP, deve ser considerado o somatório da metade do número de trabalhadores desses estabelecimentos.

4.5.4. Para fins de dimensionamento, os canteiros de obras e as frentes de trabalho com menos de mil trabalhadores e situados na mesma unidade da federação não são considerados como estabelecimentos, mas como integrantes da empresa de engenharia principal responsável, a quem cabe organizar os SESMT.

4.5.4.1. Para fins de aplicação do item 4.5.4:

a) os engenheiros de segurança do trabalho, os médicos do trabalho e os enfermeiros do trabalho podem ficar centralizados; e

b) o dimensionamento para os técnicos de segurança do trabalho e auxiliares/técnicos de enfermagem do trabalho deve ser feito por canteiro de obra ou frente de trabalho, conforme o Anexo II.

4.5.4.2. A organização deve garantir que o SESMT atenda, no exercício de suas competências, a todos os canteiros de obras e frentes de trabalho.

4.5.5. Quando se tratar de empreiteiras, considera-se estabelecimento, para fins de aplicação desta NR, o local em que os seus empregados estiverem exercendo suas atividades.

4.5.6. Para as organizações que já possuem SESMT constituído, em qualquer uma das suas modalidades, em caso de aumento no dimensionamento decorrente da contratação de trabalhadores por prazo determinado, o SESMT deve ser complementado durante o período de aumento para atender ao disposto no Anexo II.

4.6. Registro

4.6.1. A organização deve registrar os SESMT de que trata esta NR por meio de sistema eletrônico disponível no portal gov.br.

4.6.1.1. A organização deve informar e manter atualizados os seguintes dados:

a) número de Cadastro de Pessoa Física – CPF dos profissionais integrantes do SESMT;

b) qualificação e número de registro dos profissionais;

c) grau de risco estabelecido, conforme item 4.5.1 e seus subitens e o número de trabalhadores atendidos, por estabelecimento; e

d) horário de trabalho dos profissionais do SESMT.

4.7. Disposições finais

4.7.1. As organizações que forem obrigadas a constituir SESMT, nos termos desta NR, e Serviço Especializado em Segurança e Saúde no Trabalho Rural – SESTR, nos termos da Norma Regulamentadora n. 31 (NR-31) – Segurança e Saúde no Trabalho na Agricultura, Pecuária, Silvicultura, Exploração Florestal e Aquicultura, podem optar em constituir apenas um destes serviços, considerando o somatório de trabalhadores de ambas as atividades.

4.7.2. A organização que constituir SESMT é responsável pelo cumprimento desta NR, devendo assegurar a isenção técnica e o exercício profissional dos integrantes do SESMT.

4.7.3. A organização deve indicar, entre os médicos do SESMT, um responsável pelo PCMSO.

ANEXO I
RELAÇÃO DA CLASSIFICAÇÃO NACIONAL DE ATIVIDADES ECONÔMICAS – CNAE (VERSÃO 2.0), COM CORRESPONDENTE GRAU DE RISCO – GR

Códigos	Denominação	GR
A	AGRICULTURA, PECUÁRIA, PRODUÇÃO FLORESTAL, PESCA E AQUICULTURA	
01	AGRICULTURA, PECUÁRIA E SERVIÇOS RELACIONADOS	
01.1	Produção de lavouras temporárias	
01.11-3	Cultivo de cereais	3
01.12-1	Cultivo de algodão herbáceo e de outras fibras de lavoura temporária	3
01.13-0	Cultivo de cana-de-açúcar	3
01.14-8	Cultivo de fumo	3
01.15-6	Cultivo de soja	3
01.16-4	Cultivo de oleaginosas de lavoura temporária, exceto soja	3

Código	Descrição	Grau
01.19-9	Cultivo de plantas de lavoura temporária não especificadas anteriormente	3
01.2	Horticultura e floricultura	
01.21-1	Horticultura	3
01.22-9	Cultivo de flores e plantas ornamentais	3
01.3	Produção de lavouras permanentes	
01.31-8	Cultivo de laranja	3
01.32-6	Cultivo de uva	3
01.33-4	Cultivo de frutas de lavoura permanente, exceto laranja e uva	3
01.34-2	Cultivo de café	3
01.35-1	Cultivo de cacau	3
01.39-3	Cultivo de plantas de lavoura permanente não especificadas anteriormente	3
01.4	Produção de sementes e mudas certificadas	
01.41-5	Produção de sementes certificadas	3
01.42-3	Produção de mudas e outras formas de propagação vegetal, certificadas	3
01.5	Pecuária	
01.51-2	Criação de bovinos	3
01.52-1	Criação de outros animais de grande porte	3
01.53-9	Criação de caprinos e ovinos	3
01.54-7	Criação de suínos	3
01.55-5	Criação de aves	3
01.59-8	Criação de animais não especificados anteriormente	3
01.6	Atividades de apoio à agricultura e à pecuária; atividades de pós-colheita	
01.61-0	Atividades de apoio à agricultura	3
01.62-8	Atividades de apoio à pecuária	3
01.63-6	Atividades de pós-colheita	3
01.7	Caça e serviços relacionados	
01.70-9	Caça e serviços relacionados	3
02	PRODUÇÃO FLORESTAL	
02.1	Produção florestal – florestas plantadas	
02.10-1	Produção florestal – florestas plantadas	3
02.2	Produção florestal – florestas nativas	
02.20-9	Produção florestal – florestas nativas	4
02.3	Atividades de apoio à produção florestal	
02.30-6	Atividades de apoio à produção florestal	3
03	PESCA E AQUICULTURA	
03.1	Pesca	
03.11-6	Pesca em água salgada	3
03.12-4	Pesca em água doce	3
03.2	Aquicultura	
03.21-3	Aquicultura em água salgada e salobra	3
03.22-1	Aquicultura em água doce	3
B	INDÚSTRIAS EXTRATIVAS	
05	EXTRAÇÃO DE CARVÃO MINERAL	
05.0	Extração de carvão mineral	
05.00-3	Extração de carvão mineral	4
06	EXTRAÇÃO DE PETRÓLEO E GÁS NATURAL	
06.0	Extração de petróleo e gás natural	
06.00-0	Extração de petróleo e gás natural	4
07	EXTRAÇÃO DE MINERAIS METÁLICOS	
07.1	Extração de minério de ferro	
07.10-3	Extração de minério de ferro	4
07.2	Extração de minerais metálicos não ferrosos	
07.21-9	Extração de minério de alumínio	4
07.22-7	Extração de minério de estanho	4
07.23-5	Extração de minério de manganês	4
07.24-3	Extração de minério de metais preciosos	4
07.25-1	Extração de minerais radioativos	4
07.29-4	Extração de minerais metálicos não ferrosos não especificados anteriormente	4
08	EXTRAÇÃO DE MINERAIS NÃO METÁLICOS	
08.1	Extração de pedra, areia e argila	
08.10-0	Extração de pedra, areia e argila	4

Código	Descrição	Grau
08.9	Extração de outros minerais não metálicos	
08.91-6	Extração de minerais para fabricação de adubos, fertilizantes e outros produtos químicos	4
08.92-4	Extração e refino de sal marinho e sal-gema	4
08.93-2	Extração de gemas (pedras preciosas e semipreciosas)	4
08.99-1	Extração de minerais não metálicos não especificados anteriormente	4
09	ATIVIDADES DE APOIO À EXTRAÇÃO DE MINERAIS	
09.1	Atividades de apoio à extração de petróleo e gás natural	
09.10-6	Atividades de apoio à extração de petróleo e gás natural	4
09.9	Atividades de apoio à extração de minerais, exceto petróleo e gás natural	
09.90-4	Atividades de apoio à extração de minerais, exceto petróleo e gás natural	4
C	INDÚSTRIAS DE TRANSFORMAÇÃO	
10	FABRICAÇÃO DE PRODUTOS ALIMENTÍCIOS	
10.1	Abate e fabricação de produtos de carne	
10.11-2	Abate de reses, exceto suínos	3
10.12-1	Abate de suínos, aves e outros pequenos animais	3
10.13-9	Fabricação de produtos de carne	3
10.2	Preservação do pescado e fabricação de produtos do pescado	
10.20-1	Preservação do pescado e fabricação de produtos do pescado	3
10.3	Fabricação de conservas de frutas, legumes e outros vegetais	
10.31-7	Fabricação de conservas de frutas	3
10.32-5	Fabricação de conservas de legumes e outros vegetais	3
10.33-3	Fabricação de sucos de frutas, hortaliças e legumes	3
10.4	Fabricação de óleos e gorduras vegetais e animais	
10.41-4	Fabricação de óleos vegetais em bruto, exceto óleo de milho	3
10.42-2	Fabricação de óleos vegetais refinados, exceto óleo de milho	3
10.43-1	Fabricação de margarina e outras gorduras vegetais e de óleos não comestíveis de animais	3
10.5	Laticínios	
10.51-1	Preparação do leite	3
10.52-0	Fabricação de laticínios	3
10.53-8	Fabricação de sorvetes e outros gelados comestíveis	3
10.6	Moagem, fabricação de produtos amiláceos e de alimentos para animais	
10.61-9	Beneficiamento de arroz e fabricação de produtos do arroz	3
10.62-7	Moagem de trigo e fabricação de derivados	3
10.63-5	Fabricação de farinha de mandioca e derivados	3
10.64-3	Fabricação de farinha de milho e derivados, exceto óleos de milho	3
10.65-1	Fabricação de amidos e féculas de vegetais e de óleos de milho	3
10.66-0	Fabricação de alimentos para animais	3
10.69-4	Moagem e fabricação de produtos de origem vegetal não especificados anteriormente	3
10.7	Fabricação e refino de açúcar	
10.71-6	Fabricação de açúcar em bruto	3
10.72-4	Fabricação de açúcar refinado	3
10.8	Torrefação e moagem de café	
10.81-3	Torrefação e moagem de café	3
10.82-1	Fabricação de produtos à base de café	3
10.9	Fabricação de outros produtos alimentícios	
10.91-1	Fabricação de produtos de panificação	3
10.92-9	Fabricação de biscoitos e bolachas	3
10.93-7	Fabricação de produtos derivados do cacau, de chocolates e confeitos	3
10.94-5	Fabricação de massas alimentícias	3
10.95-3	Fabricação de especiarias, molhos, temperos e condimentos	3
10.96-1	Fabricação de alimentos e pratos prontos	3
10.99-6	Fabricação de produtos alimentícios não especificados anteriormente	3
11	FABRICAÇÃO DE BEBIDAS	
11.1	Fabricação de bebidas alcoólicas	

11.11-9	Fabricação de aguardentes e outras bebidas destiladas	3
11.12-7	Fabricação de vinho	3
11.13-5	Fabricação de malte, cervejas e chopes	3
11.2	Fabricação de bebidas não alcoólicas	
11.21-6	Fabricação de águas envasadas	3
11.22-4	Fabricação de refrigerantes e de outras bebidas não alcoólicas	3
12	FABRICAÇÃO DE PRODUTOS DO FUMO	
12.1	Processamento industrial do fumo	
12.10-7	Processamento industrial do fumo	3
12.2	Fabricação de produtos do fumo	
12.20-4	Fabricação de produtos do fumo	3
13	FABRICAÇÃO DE PRODUTOS TÊXTEIS	
13.1	Preparação e fiação de fibras têxteis	
13.11-1	Preparação e fiação de fibras de algodão	3
13.12-0	Preparação e fiação de fibras têxteis naturais, exceto algodão	3
13.13-8	Fiação de fibras artificiais e sintéticas	3
13.14-6	Fabricação de linhas para costurar e bordar	3
13.2	Tecelagem, exceto malha	
13.21-9	Tecelagem de fios de algodão	3
13.22-7	Tecelagem de fios de fibras têxteis naturais, exceto algodão	3
13.23-5	Tecelagem de fios de fibras artificiais e sintéticas	3
13.3	Fabricação de tecidos de malha	
13.30-8	Fabricação de tecidos de malha	3
13.4	Acabamentos em fios, tecidos e artefatos têxteis	
13.40-5	Acabamentos em fios, tecidos e artefatos têxteis	3
13.5	Fabricação de artefatos têxteis, exceto vestuário	
13.51-1	Fabricação de artefatos têxteis para uso doméstico	3
13.52-9	Fabricação de artefatos de tapeçaria	3
13.53-7	Fabricação de artefatos de cordoaria	3
13.54-5	Fabricação de tecidos especiais, inclusive artefatos	3
13.59-6	Fabricação de outros produtos têxteis não especificados anteriormente	3
14	CONFECÇÃO DE ARTIGOS DO VESTUÁRIO E ACESSÓRIOS	
14.1	Confecção de artigos do vestuário e acessórios	
14.11-8	Confecção de roupas íntimas	2
14.12-6	Confecção de peças do vestuário, exceto roupas íntimas	2
14.13-4	Confecção de roupas profissionais	2
14.14-2	Fabricação de acessórios do vestuário, exceto para segurança e proteção	2
14.2	Fabricação de artigos de malharia e tricotagem	
14.21-5	Fabricação de meias	2
14.22-3	Fabricação de artigos do vestuário, produzidos em malharias e tricotagens, exceto meias	2
15	PREPARAÇÃO DE COUROS E FABRICAÇÃO DE ARTEFATOS DE COURO, ARTIGOS PARA VIAGEM E CALÇADOS	
15.1	Curtimento e outras preparações de couro	
15.10-6	Curtimento e outras preparações de couro	3
15.2	Fabricação de artigos para viagem e de artefatos diversos de couro	
15.21-1	Fabricação de artigos para viagem, bolsas e semelhantes de qualquer material	2
15.29-7	Fabricação de artefatos de couro não especificados anteriormente	2
15.3	Fabricação de calçados	
15.31-9	Fabricação de calçados de couro	3
15.32-7	Fabricação de tênis de qualquer material	3
15.33-5	Fabricação de calçados de material sintético	3
15.39-4	Fabricação de calçados de materiais não especificados anteriormente	3
15.4	Fabricação de partes para calçados, de qualquer material	
15.40-8	Fabricação de partes para calçados, de qualquer material	3
16	FABRICAÇÃO DE PRODUTOS DE MADEIRA	
16.1	Desdobramento de madeira	
16.10-2	Desdobramento de madeira	3
16.2	Fabricação de produtos de madeira, cortiça e material trançado, exceto móveis	
16.21-8	Fabricação de madeira laminada e de chapas de madeira compensada, prensada e aglomerada	3
16.22-6	Fabricação de estruturas de madeira e de artigos de carpintaria para construção	3
16.23-4	Fabricação de artefatos de tanoaria e de embalagens de madeira	3
16.29-3	Fabricação de artefatos de madeira, palha, cortiça, vime e material trançado não especificados anteriormente, exceto móveis	3
17	FABRICAÇÃO DE CELULOSE, PAPEL E PRODUTOS DE PAPEL	
17.1	Fabricação de celulose e outras pastas para a fabricação de papel	
17.10-9	Fabricação de celulose e outras pastas para a fabricação de papel	3
17.2	Fabricação de papel, cartolina e papel-cartão	
17.21-4	Fabricação de papel	3
17.22-2	Fabricação de cartolina e papel-cartão	3
17.3	Fabricação de embalagens de papel, cartolina, papel-cartão e papelão ondulado	
17.31-1	Fabricação de embalagens de papel	2
17.32-0	Fabricação de embalagens de cartolina e papel-cartão	2
17.33-8	Fabricação de chapas e de embalagens de papelão ondulado	2
17.4	Fabricação de produtos diversos de papel, cartolina, papel-cartão e papelão ondulado	
17.41-9	Fabricação de produtos de papel, cartolina, papel-cartão e papelão ondulado para uso comercial e de escritório	2
17.42-7	Fabricação de produtos de papel para usos doméstico e higiênico-sanitário	2
17.49-4	Fabricação de produtos de pastas celulósicas, papel, cartolina, papel-cartão e papelão ondulado não especificados anteriormente	2
18	IMPRESSÃO E REPRODUÇÃO DE GRAVAÇÕES	
18.1	Atividade de impressão	
18.11-3	Impressão de jornais, livros, revistas e outras publicações periódicas	3
18.12-1	Impressão de material de segurança	3
18.13-0	Impressão de materiais para outros usos	3
18.2	Serviços de pré-impressão e acabamentos gráficos	
18.21-1	Serviços de pré-impressão	3
18.22-9	Serviços de acabamentos gráficos	3
18.3	Reprodução de materiais gravados em qualquer suporte	
18.30-0	Reprodução de materiais gravados em qualquer suporte	3
19	FABRICAÇÃO DE COQUE, DE PRODUTOS DERIVADOS DO PETRÓLEO E DE BIOCOMBUSTÍVEIS	
19.1	Coquerias	
19.10-1	Coquerias	3
19.2	Fabricação de produtos derivados do petróleo	
19.21-7	Fabricação de produtos do refino de petróleo	3
19.22-5	Fabricação de produtos derivados do petróleo, exceto produtos do refino	3
19.3	Fabricação de biocombustíveis	
19.31-4	Fabricação de álcool	3
19.32-2	Fabricação de biocombustíveis, exceto álcool	3
20	FABRICAÇÃO DE PRODUTOS QUÍMICOS	
20.1	Fabricação de produtos químicos inorgânicos	
20.11-8	Fabricação de cloro e álcalis	3
20.12-6	Fabricação de intermediários para fertilizantes	3
20.13-4	Fabricação de adubos e fertilizantes	3
20.14-2	Fabricação de gases industriais	3
20.19-3	Fabricação de produtos químicos inorgânicos não especificados anteriormente	3
20.2	Fabricação de produtos químicos orgânicos	
20.21-5	Fabricação de produtos petroquímicos básicos	3
20.22-3	Fabricação de intermediários para plastificantes, resinas e fibras	3

Código	Descrição	Grau
20.29-1	Fabricação de produtos químicos orgânicos não especificados anteriormente	3
20.3	Fabricação de resinas e elastômeros	
20.31-2	Fabricação de resinas termoplásticas	3
20.32-1	Fabricação de resinas termofixas	3
20.33-9	Fabricação de elastômeros	3
20.4	Fabricação de fibras artificiais e sintéticas	
20.40-1	Fabricação de fibras artificiais e sintéticas	3
20.5	Fabricação de defensivos agrícolas e desinfetantes domissanitários	
20.51-7	Fabricação de defensivos agrícolas	3
20.52-5	Fabricação de desinfestantes domissanitários	3
20.6	Fabricação de sabões, detergentes, produtos de limpeza, cosméticos, produtos de perfumaria e de higiene pessoal	
20.61-4	Fabricação de sabões e detergentes sintéticos	3
20.62-2	Fabricação de produtos de limpeza e polimento	3
20.63-1	Fabricação de cosméticos, produtos de perfumaria e de higiene pessoal	2
20.7	Fabricação de tintas, vernizes, esmaltes, lacas e produtos afins	
20.71-1	Fabricação de tintas, vernizes, esmaltes e lacas	3
20.72-0	Fabricação de tintas de impressão	3
20.73-8	Fabricação de impermeabilizantes, solventes e produtos afins	3
20.9	Fabricação de produtos e preparados químicos diversos	
20.91-6	Fabricação de adesivos e selantes	3
20.92-4	Fabricação de explosivos	4
20.93-2	Fabricação de aditivos de uso industrial	3
20.94-1	Fabricação de catalisadores	3
20.99-1	Fabricação de produtos químicos não especificados anteriormente	3
21.10-6	Fabricação de produtos farmoquímicos	3
21.2	Fabricação de produtos farmacêuticos	
21.21-1	Fabricação de medicamentos para uso humano	3
21.22-0	Fabricação de medicamentos para uso veterinário	3
21.23-8	Fabricação de preparações farmacêuticas	3
22	FABRICAÇÃO DE PRODUTOS DE BORRACHA E DE MATERIAL PLÁSTICO	
22.1	Fabricação de produtos de borracha	
22.11-1	Fabricação de pneumáticos e de câmaras-de-ar	3
22.12-9	Reforma de pneumáticos usados	3
22.19-6	Fabricação de artefatos de borracha não especificados anteriormente	3
22.2	Fabricação de produtos de material plástico	
22.21-8	Fabricação de laminados planos e tubulares de material plástico	3
22.22-6	Fabricação de embalagens de material plástico	3
22.23-4	Fabricação de tubos e acessórios de material plástico para uso na construção	3
22.29-3	Fabricação de artefatos de material plástico não especificados anteriormente	3
23	FABRICAÇÃO DE PRODUTOS DE MINERAIS NÃO METÁLICOS	
23.1	Fabricação de vidro e de produtos do vidro	
23.11-7	Fabricação de vidro plano e de segurança	3
23.12-5	Fabricação de embalagens de vidro	3
23.19-2	Fabricação de artigos de vidro	3
23.2	Fabricação de cimento	
23.20-6	Fabricação de cimento	4
23.3	Fabricação de artefatos de concreto, cimento, fibrocimento, gesso e materiais semelhantes	
23.30-3	Fabricação de artefatos de concreto, cimento, fibrocimento, gesso e materiais semelhantes	4
23.4	Fabricação de produtos cerâmicos	
23.41-9	Fabricação de produtos cerâmicos refratários	4
23.42-7	Fabricação de produtos cerâmicos não refratários para uso estrutural na construção	3
23.49-4	Fabricação de produtos cerâmicos não refratários não especificados anteriormente	4
23.9	Aparelhamento de pedras e fabricação de outros produtos de minerais não metálicos	
23.91-5	Aparelhamento e outros trabalhos em pedras	3
23.92-3	Fabricação de cal e gesso	4
23.99-1	Fabricação de produtos de minerais não metálicos não especificados anteriormente	3
24	METALURGIA	
24.1	Produção de ferro-gusa e de ferroligas	
24.11-3	Produção de ferro-gusa	4
24.12-1	Produção de ferroligas	4
24.2	Siderurgia	
24.21-1	Produção de semiacabados de aço	4
24.22-9	Produção de laminados planos de aço	4
24.23-7	Produção de laminados longos de aço	4
24.24-5	Produção de relaminados, trefilados e perfilados de aço	4
24.3	Produção de tubos de aço, exceto tubos sem costura	
24.31-8	Produção de tubos de aço com costura	4
24.39-3	Produção de outros tubos de ferro e aço	4
24.4	Metalurgia dos metais não ferrosos	
24.41-5	Metalurgia do alumínio e suas ligas	4
24.42-3	Metalurgia dos metais preciosos	4
24.43-1	Metalurgia do cobre	4
24.49-1	Metalurgia dos metais não ferrosos e suas ligas não especificados anteriormente	4
24.5	Fundição	
24.51-2	Fundição de ferro e aço	4
24.52-1	Fundição de metais não ferrosos e suas ligas	4
25	FABRICAÇÃO DE PRODUTOS DE METAL, EXCETO MÁQUINAS E EQUIPAMENTOS	
25.1	Fabricação de estruturas metálicas e obras de caldeiraria pesada	
25.11-0	Fabricação de estruturas metálicas	4
25.12-8	Fabricação de esquadrias de metal	3
25.13-6	Fabricação de obras de caldeiraria pesada	3
25.2	Fabricação de tanques, reservatórios metálicos e caldeiras	
25.21-7	Fabricação de tanques, reservatórios metálicos e caldeiras para aquecimento central	3
25.22-5	Fabricação de caldeiras geradoras de vapor, exceto para aquecimento central e para veículos	3
25.3	Forjaria, estamparia, metalurgia do pó e serviços de tratamento de metais	
25.31-4	Produção de forjados de aço e de metais não ferrosos e suas ligas	4
25.32-2	Produção de artefatos estampados de metal; metalurgia do pó	4
25.39-0	Serviços de usinagem, solda, tratamento e revestimento em metais	4
25.4	Fabricação de artigos de cutelaria, de serralheria e ferramentas	
25.41-1	Fabricação de artigos de cutelaria	3
25.42-0	Fabricação de artigos de serralheria, exceto esquadrias	3
25.43-8	Fabricação de ferramentas	3
25.5	Fabricação de equipamento bélico pesado, armas de fogo e munições	
25.50-1	Fabricação de equipamento bélico pesado, armas de fogo e munições	4
25.9	Fabricação de produtos de metal não especificados anteriormente	
25.91-8	Fabricação de embalagens metálicas	3
25.92-6	Fabricação de produtos de trefilados de metal	4
25.93-4	Fabricação de artigos de metal para uso doméstico e pessoal	3
25.99-3	Fabricação de produtos de metal não especificados anteriormente	3

26	FABRICAÇÃO DE EQUIPAMENTOS DE INFORMÁTICA, PRODUTOS ELETRÔNICOS E ÓPTICOS	
26.1	Fabricação de componentes eletrônicos	
26.10-8	Fabricação de componentes eletrônicos	3
26.2	Fabricação de equipamentos de informática e periféricos	
26.21-3	Fabricação de equipamentos de informática	3
26.22-1	Fabricação de periféricos para equipamentos de informática	3
26.3	Fabricação de equipamentos de comunicação	
26.31-1	Fabricação de equipamentos transmissores de comunicação	3
26.32-9	Fabricação de aparelhos telefônicos e de outros equipamentos de comunicação	3
26.4	Fabricação de aparelhos de recepção, reprodução, gravação e amplificação de áudio e vídeo	
26.40-0	Fabricação de aparelhos de recepção, reprodução, gravação e amplificação de áudio e vídeo	3
26.5	Fabricação de aparelhos e instrumentos de medida, teste e controle; cronômetros e relógios	
26.51-5	Fabricação de aparelhos e equipamentos de medida, teste e controle	3
26.52-3	Fabricação de cronômetros e relógios	3
26.6	Fabricação de aparelhos eletromédicos e eletroterapêuticos e equipamentos de irradiação	
26.60-4	Fabricação de aparelhos eletromédicos e eletroterapêuticos e equipamentos de irradiação	3
26.7	Fabricação de equipamentos e instrumentos ópticos, fotográficos e cinematográficos	
26.70-1	Fabricação de equipamentos e instrumentos ópticos, fotográficos e cinematográficos	3
26.8	Fabricação de mídias virgens, magnéticas e ópticas	
26.80-9	Fabricação de mídias virgens, magnéticas e ópticas	3
27	FABRICAÇÃO DE MÁQUINAS, APARELHOS E MATERIAIS ELÉTRICOS	
27.1	Fabricação de geradores, transformadores e motores elétricos	
27.10-4	Fabricação de geradores, transformadores e motores elétricos	3
27.2	Fabricação de pilhas, baterias e acumuladores elétricos	
27.21-0	Fabricação de pilhas, baterias e acumuladores elétricos, exceto para veículos automotores	3
27.22-8	Fabricação de baterias e acumuladores para veículos automotores	3
27.3	Fabricação de equipamentos para distribuição e controle de energia elétrica	
27.31-7	Fabricação de aparelhos e equipamentos para distribuição e controle de energia elétrica	3
27.32-5	Fabricação de material elétrico para instalações em circuito de consumo	3
27.33-3	Fabricação de fios, cabos e condutores elétricos isolados	3
27.4	Fabricação de lâmpadas e outros equipamentos de iluminação	
27.40-6	Fabricação de lâmpadas e outros equipamentos de iluminação	3
27.5	Fabricação de eletrodomésticos	
27.51-1	Fabricação de fogões, refrigeradores e máquinas de lavar e secar para uso doméstico	3
27.59-7	Fabricação de aparelhos eletrodomésticos não especificados anteriormente	3
27.9	Fabricação de equipamentos e aparelhos elétricos não especificados anteriormente	
27.90-2	Fabricação de equipamentos e aparelhos elétricos não especificados anteriormente	3
28	FABRICAÇÃO DE MÁQUINAS E EQUIPAMENTOS	
28.1	Fabricação de motores, bombas, compressores e equipamentos de transmissão	
28.11-9	Fabricação de motores e turbinas, exceto para aviões e veículos rodoviários	3
28.12-7	Fabricação de equipamentos hidráulicos e pneumáticos, exceto válvulas	3
28.13-5	Fabricação de válvulas, registros e dispositivos semelhantes	3
28.14-3	Fabricação de compressores	3
28.15-1	Fabricação de equipamentos de transmissão para fins industriais	3
28.2	Fabricação de máquinas e equipamentos de uso geral	
28.21-6	Fabricação de aparelhos e equipamentos para instalações térmicas	3
28.22-4	Fabricação de máquinas, equipamentos e aparelhos para transporte e elevação de cargas e pessoas	3
28.23-2	Fabricação de máquinas e aparelhos de refrigeração e ventilação para uso industrial e comercial	3
28.24-1	Fabricação de aparelhos e equipamentos de ar-condicionado	3
28.25-9	Fabricação de máquinas e equipamentos para saneamento básico e ambiental	3
28.29-1	Fabricação de máquinas e equipamentos de uso geral não especificados anteriormente	3
28.3	Fabricação de tratores e de máquinas e equipamentos para a agricultura e pecuária	
28.31-3	Fabricação de tratores agrícolas	3
28.32-1	Fabricação de equipamentos para irrigação agrícola	3
28.33-0	Fabricação de máquinas e equipamentos para a agricultura e pecuária, exceto para irrigação	3
28.4	Fabricação de máquinas-ferramenta	
28.40-2	Fabricação de máquinas-ferramenta	3
28.5	Fabricação de máquinas e equipamentos de uso na extração mineral e na construção	
28.51-8	Fabricação de máquinas e equipamentos para a prospecção e extração de petróleo	3
28.52-6	Fabricação de outras máquinas e equipamentos para uso na extração mineral, exceto na extração de petróleo	3
28.53-4	Fabricação de tratores, exceto agrícolas	3
28.54-2	Fabricação de máquinas e equipamentos para terraplenagem, pavimentação e construção, exceto tratores	3
28.6	Fabricação de máquinas e equipamentos de uso industrial específico	
28.61-5	Fabricação de máquinas para a indústria metalúrgica, exceto máquinas-ferramenta	3
28.62-3	Fabricação de máquinas e equipamentos para as indústrias de alimentos, bebidas e fumo	3
28.63-1	Fabricação de máquinas e equipamentos para a indústria têxtil	3
28.64-0	Fabricação de máquinas e equipamentos para as indústrias do vestuário, do couro e de calçados	3
28.65-8	Fabricação de máquinas e equipamentos para as indústrias de celulose, papel e papelão e artefatos	3
28.66-6	Fabricação de máquinas e equipamentos para a indústria do plástico	3
28.69-1	Fabricação de máquinas e equipamentos para uso industrial específico não especificados anteriormente	3
29	FABRICAÇÃO DE VEÍCULOS AUTOMOTORES, REBOQUES E CARROCERIAS	
29.1	Fabricação de automóveis, camionetas e utilitários	
29.10-7	Fabricação de automóveis, camionetas e utilitários	3
29.2	Fabricação de caminhões e ônibus	
29.20-4	Fabricação de caminhões e ônibus	3
29.3	Fabricação de cabines, carrocerias e reboques para veículos automotores	
29.30-1	Fabricação de cabines, carrocerias e reboques para veículos automotores	3
29.4	Fabricação de peças e acessórios para veículos automotores	
29.41-7	Fabricação de peças e acessórios para o sistema motor de veículos automotores	3
29.42-5	Fabricação de peças e acessórios para os sistemas de marcha e transmissão de veículos automotores	3
29.43-3	Fabricação de peças e acessórios para o sistema de freios de veículos automotores	3

Código	Descrição	Grau
29.44-1	Fabricação de peças e acessórios para o sistema de direção e suspensão de veículos automotores	3
29.45-0	Fabricação de material elétrico e eletrônico para veículos automotores, exceto baterias	3
29.49-2	Fabricação de peças e acessórios para veículos automotores não especificados anteriormente	3
29.5	Recondicionamento e recuperação de motores para veículos automotores	
29.50-6	Recondicionamento e recuperação de motores para veículos automotores	3
30	FABRICAÇÃO DE OUTROS EQUIPAMENTOS DE TRANSPORTE, EXCETO VEÍCULOS AUTOMOTORES	
30.1	Construção de embarcações	
30.11-3	Construção de embarcações e estruturas flutuantes	3
30.12-1	Construção de embarcações para esporte e lazer	3
30.3	Fabricação de veículos ferroviários	
30.31-8	Fabricação de locomotivas, vagões e outros materiais rodantes	3
30.32-6	Fabricação de peças e acessórios para veículos ferroviários	3
30.4	Fabricação de aeronaves	
30.41-5	Fabricação de aeronaves	3
30.42-3	Fabricação de turbinas, motores e outros componentes e peças para aeronaves	3
30.5	Fabricação de veículos militares de combate	
30.50-4	Fabricação de veículos militares de combate	3
30.9	Fabricação de equipamentos de transporte não especificados anteriormente	
30.91-1	Fabricação de motocicletas	3
30.92-0	Fabricação de bicicletas e triciclos não motorizados	3
30.99-7	Fabricação de equipamentos de transporte não especificados anteriormente	3
31	FABRICAÇÃO DE MÓVEIS	
31.0	Fabricação de móveis	
31.01-2	Fabricação de móveis com predominância de madeira	3
31.02-1	Fabricação de móveis com predominância de metal	3
31.03-9	Fabricação de móveis de outros materiais, exceto madeira e metal	3
31.04-7	Fabricação de colchões	2
32	FABRICAÇÃO DE PRODUTOS DIVERSOS	
32.1	Fabricação de artigos de joalheria, bijuteria e semelhantes	
32.11-6	Lapidação de gemas e fabricação de artefatos de ourivesaria e joalheria	3
32.12-4	Fabricação de bijuterias e artefatos semelhantes	3
32.2	Fabricação de instrumentos musicais	
32.20-5	Fabricação de instrumentos musicais	3
32.3	Fabricação de artefatos para pesca e esporte	
32.30-2	Fabricação de artefatos para pesca e esporte	3
32.4	Fabricação de brinquedos e jogos recreativos	
32.40-0	Fabricação de brinquedos e jogos recreativos	3
32.5	Fabricação de instrumentos e materiais para uso médico e odontológico e de artigos ópticos	
32.50-7	Fabricação de instrumentos e materiais para uso médico e odontológico e de artigos ópticos	3
32.9	Fabricação de produtos diversos	
32.91-4	Fabricação de escovas, pincéis e vassouras	3
32.92-2	Fabricação de equipamentos e acessórios para segurança e proteção pessoal e profissional	3
32.99-0	Fabricação de produtos diversos não especificados anteriormente	3
33	MANUTENÇÃO, REPARAÇÃO E INSTALAÇÃO DE MÁQUINAS E EQUIPAMENTOS	
33.1	Manutenção e reparação de máquinas e equipamentos	
33.11-2	Manutenção e reparação de tanques, reservatórios metálicos e caldeiras, exceto para veículos	3
33.12-1	Manutenção e reparação de equipamentos eletrônicos e ópticos	3
33.13-9	Manutenção e reparação de máquinas e equipamentos elétricos	3
33.14-7	Manutenção e reparação de máquinas e equipamentos da indústria mecânica	3
33.15-5	Manutenção e reparação de veículos ferroviários	3
33.16-3	Manutenção e reparação de aeronaves	3
33.17-1	Manutenção e reparação de embarcações	3
33.19-8	Manutenção e reparação de equipamentos e produtos não especificados anteriormente	3
33.2	Instalação de máquinas e equipamentos	
33.21-0	Instalação de máquinas e equipamentos industriais	3
33.29-5	Instalação de equipamentos não especificados anteriormente	3
D	ELETRICIDADE E GÁS	
35	ELETRICIDADE, GÁS E OUTRAS UTILIDADES	
35.1	Geração, transmissão e distribuição de energia elétrica	
35.11-5	Geração de energia elétrica	3
35.12-3	Transmissão de energia elétrica	3
35.13-1	Comércio atacadista de energia elétrica	3
35.14-0	Distribuição de energia elétrica	3
35.2	Produção e distribuição de combustíveis gasosos por redes urbanas	
35.20-4	Produção de gás; processamento de gás natural; distribuição de combustíveis gasosos por redes urbanas	3
35.3	Produção e distribuição de vapor, água quente e ar condicionado	
35.30-1	Produção e distribuição de vapor, água quente e ar condicionado	3
E	ÁGUA, ESGOTO, ATIVIDADES DE GESTÃO DE RESÍDUOS E DESCONTAMINAÇÃO	
36	CAPTAÇÃO, TRATAMENTO E DISTRIBUIÇÃO DE ÁGUA	
36.0	Captação, tratamento e distribuição de água	
36.00-6	Captação, tratamento e distribuição de água	3
37	ESGOTO E ATIVIDADES RELACIONADAS	
37.0	Esgoto e atividades relacionadas	
37.01-1	Gestão de redes de esgoto	3
37.02-9	Atividades relacionadas a esgoto, exceto a gestão de redes	3
38	COLETA, TRATAMENTO E DISPOSIÇÃO DE RESÍDUOS; RECUPERAÇÃO DE MATERIAIS	
38.1	Coleta de resíduos	
38.11-4	Coleta de resíduos não perigosos	3
38.12-2	Coleta de resíduos perigosos	3
38.2	Tratamento e disposição de resíduos	
38.21-1	Tratamento e disposição de resíduos não perigosos	3
38.22-0	Tratamento e disposição de resíduos perigosos	3
38.3	Recuperação de materiais	
38.31-9	Recuperação de materiais metálicos	3
38.32-7	Recuperação de materiais plásticos	3
38.39-4	Recuperação de materiais não especificados anteriormente	3
39	DESCONTAMINAÇÃO E OUTROS SERVIÇOS DE GESTÃO DE RESÍDUOS	
39.0	Descontaminação e outros serviços de gestão de resíduos	
39.00-5	Descontaminação e outros serviços de gestão de resíduos	3
F	CONSTRUÇÃO	
41	CONSTRUÇÃO DE EDIFÍCIOS	
41.1	Incorporação de empreendimentos imobiliários	
41.10-7	Incorporação de empreendimentos imobiliários	1
41.2	Construção de edifícios	
41.20-4	Construção de edifícios	3
42	OBRAS DE INFRAESTRUTURA	
42.1	Construção de rodovias, ferrovias, obras urbanas e obras-de-arte especiais	
42.11-1	Construção de rodovias e ferrovias	4
42.12-0	Construção de obras de arte especiais	4
42.13-8	Obras de urbanização – ruas, praças e calçadas	3
42.2	Obras de infraestrutura para energia elétrica, telecomunicações, água, esgoto e transporte por dutos	

Código	Descrição	Grau
42.21-9	Obras para geração e distribuição de energia elétrica e para telecomunicações	4
42.22-7	Construção de redes de abastecimento de água, coleta de esgoto e construções correlatas	4
42.23-5	Construção de redes de transportes por dutos, exceto para água e esgoto	4
42.9	Construção de outras obras de infraestrutura	
42.91-0	Obras portuárias, marítimas e fluviais	4
42.92-8	Montagem de instalações industriais e de estruturas metálicas	4
42.99-5	Obras de engenharia civil não especificadas anteriormente	3
43	SERVIÇOS ESPECIALIZADOS PARA CONSTRUÇÃO	
43.1	Demolição e preparação do terreno	
43.11-8	Demolição e preparação de canteiros de obras	4
43.12-6	Perfurações e sondagens	4
43.13-4	Obras de terraplenagem	3
43.19-3	Serviços de preparação do terreno não especificados anteriormente	3
43.2	Instalações elétricas, hidráulicas e outras instalações em construções	
43.21-5	Instalações elétricas	3
43.22-3	Instalações hidráulicas, de sistemas de ventilação e refrigeração	3
43.29-1	Obras de instalações em construções não especificadas anteriormente	3
43.3	Obras de acabamento	
43.30-4	Obras de acabamento	3
43.9	Outros serviços especializados para construção	
43.91-6	Obras de fundações	4
43.99-1	Serviços especializados para construção não especificados anteriormente	3
G	COMÉRCIO; REPARAÇÃO DE VEÍCULOS AUTOMOTORES E MOTOCICLETAS	
45	COMÉRCIO E REPARAÇÃO DE VEÍCULOS AUTOMOTORES E MOTOCICLETAS	
45.1	Comércio de veículos automotores	
45.11-1	Comércio a varejo e por atacado de veículos automotores	2
45.12-9	Representantes comerciais e agentes do comércio de veículos automotores	2
45.2	Manutenção e reparação de veículos automotores	
45.20-0	Manutenção e reparação de veículos automotores	3
45.3	Comércio de peças e acessórios para veículos automotores	
45.30-7	Comércio de peças e acessórios para veículos automotores	2
45.4	Comércio, manutenção e reparação de motocicletas, peças e acessórios	
45.41-2	Comércio por atacado e a varejo de motocicletas, peças e acessórios	2
45.42-1	Representantes comerciais e agentes do comércio de motocicletas, peças e acessórios	2
45.43-9	Manutenção e reparação de motocicletas	3
46	COMÉRCIO POR ATACADO, EXCETO VEÍCULOS AUTOMOTORES E MOTOCICLETAS	
46.1	Representantes comerciais e agentes do comércio, exceto de veículos automotores e motocicletas	
46.11-7	Representantes comerciais e agentes do comércio de matérias-primas agrícolas e animais vivos	2
46.12-5	Representantes comerciais e agentes do comércio de combustíveis, minerais, produtos siderúrgicos e químicos	2
46.13-3	Representantes comerciais e agentes do comércio de madeira, material de construção e ferragens	2
46.14-1	Representantes comerciais e agentes do comércio de máquinas, equipamentos, embarcações e aeronaves	2
46.15-0	Representantes comerciais e agentes do comércio de eletrodomésticos, móveis e artigos de uso doméstico	2
46.16-8	Representantes comerciais e agentes do comércio de têxteis, vestuário, calçados e artigos de viagem	2
46.17-6	Representantes comerciais e agentes do comércio de produtos alimentícios, bebidas e fumo	2
46.18-4	Representantes comerciais e agentes do comércio especializado em produtos não especificados anteriormente	2
46.19-2	Representantes comerciais e agentes do comércio de mercadorias em geral não especializado	2
46.2	Comércio atacadista de matérias-primas agrícolas e animais vivos	
46.21-4	Comércio atacadista de café em grão	2
46.22-2	Comércio atacadista de soja	2
46.23-1	Comércio atacadista de animais vivos, alimentos para animais e matérias-primas agrícolas, exceto café e soja	2
46.3	Comércio atacadista especializado em produtos alimentícios, bebidas e fumo	
46.31-1	Comércio atacadista de leite e laticínios	2
46.32-0	Comércio atacadista de cereais e leguminosas beneficiados, farinhas, amidos e féculas	2
46.33-8	Comércio atacadista de hortifrutigranjeiros	2
46.34-6	Comércio atacadista de carnes, produtos da carne e pescado	2
46.35-4	Comércio atacadista de bebidas	2
46.36-2	Comércio atacadista de produtos do fumo	2
46.37-1	Comércio atacadista especializado em produtos alimentícios não especificados anteriormente	2
46.39-7	Comércio atacadista de produtos alimentícios em geral	2
46.4	Comércio atacadista de produtos de consumo não alimentar	
46.41-9	Comércio atacadista de tecidos, artefatos de tecidos e de armarinho	2
46.42-7	Comércio atacadista de artigos do vestuário e acessórios	2
46.43-5	Comércio atacadista de calçados e artigos de viagem	2
46.44-3	Comércio atacadista de produtos farmacêuticos para uso humano e veterinário	2
46.45-1	Comércio atacadista de instrumentos e materiais para uso médico, cirúrgico, ortopédico e odontológico	2
46.46-0	Comércio atacadista de cosméticos, produtos de perfumaria e de higiene pessoal	2
46.47-8	Comércio atacadista de artigos de escritório e de papelaria; livros, jornais e outras publicações	2
46.49-4	Comércio atacadista de equipamentos e artigos de uso pessoal e doméstico não especificados anteriormente	2
46.5	Comércio atacadista de equipamentos e produtos de tecnologias de informação e comunicação	
46.51-6	Comércio atacadista de computadores, periféricos e suprimentos de informática	3
46.52-4	Comércio atacadista de componentes eletrônicos e equipamentos de telefonia e comunicação	3
46.6	Comércio atacadista de máquinas, aparelhos e equipamentos, exceto de tecnologias de informação e comunicação	
46.61-3	Comércio atacadista de máquinas, aparelhos e equipamentos para uso agropecuário; partes e peças	3
46.62-1	Comércio atacadista de máquinas, equipamentos para terraplenagem, mineração e construção; partes e peças	3
46.63-0	Comércio atacadista de máquinas e equipamentos para uso industrial; partes e peças	3
46.64-8	Comércio atacadista de máquinas, aparelhos e equipamentos para uso odonto-médico-hospitalar; partes e peças	3
46.65-6	Comércio atacadista de máquinas e equipamentos para uso comercial; partes e peças	3
46.69-9	Comércio atacadista de máquinas, aparelhos e equipamentos não especificados anteriormente; partes e peças	3
46.7	Comércio atacadista de madeira, ferragens, ferramentas, material elétrico e material de construção	
46.71-1	Comércio atacadista de madeira e produtos derivados	3
46.72-9	Comércio atacadista de ferragens e ferramentas	3
46.73-7	Comércio atacadista de material elétrico	3
46.74-5	Comércio atacadista de cimento	3

Código	Descrição	Grau
46.79-6	Comércio atacadista especializado de materiais de construção não especificados anteriormente e de materiais de construção em geral	3
46.8	Comércio atacadista especializado em outros produtos	
46.81-8	Comércio atacadista de combustíveis sólidos, líquidos e gasosos, exceto gás natural e GLP	3
46.82-6	Comércio atacadista de gás liquefeito de petróleo (GLP)	3
46.83-4	Comércio atacadista de defensivos agrícolas, adubos, fertilizantes e corretivos do solo	3
46.84-2	Comércio atacadista de produtos químicos e petroquímicos, exceto agroquímicos	3
46.85-1	Comércio atacadista de produtos siderúrgicos e metalúrgicos, exceto para construção	3
46.86-9	Comércio atacadista de papel e papelão em bruto e de embalagens	3
46.87-7	Comércio atacadista de resíduos e sucatas	3
46.89-3	Comércio atacadista especializado de outros produtos intermediários não especificados anteriormente	3
46.9	Comércio atacadista não especializado	
46.91-5	Comércio atacadista de mercadorias em geral, com predominância de produtos alimentícios	2
46.92-3	Comércio atacadista de mercadorias em geral, com predominância de insumos agropecuários	2
46.93-1	Comércio atacadista de mercadorias em geral, sem predominância de alimentos ou de insumos agropecuários	2
47	COMÉRCIO VAREJISTA	
47.1	Comércio varejista não especializado	
47.11-3	Comércio varejista de mercadorias em geral, com predominância de produtos alimentícios – hipermercados e supermercados	2
47.12-1	Comércio varejista de mercadorias em geral, com predominância de produtos alimentícios – minimercados, mercearias e armazéns	2
47.13-0	Comércio varejista de mercadorias em geral, sem predominância de produtos alimentícios	2
47.2	Comércio varejista de produtos alimentícios, bebidas e fumo	
47.21-1	Comércio varejista de produtos de padaria, laticínio, doces, balas e semelhantes	2
47.22-9	Comércio varejista de carnes e pescados – açougues e peixarias	3
47.23-7	Comércio varejista de bebidas	2
47.24-5	Comércio varejista de hortifrutigranjeiros	2
47.29-6	Comércio varejista de produtos alimentícios em geral ou especializado em produtos alimentícios não especificados anteriormente; produtos do fumo	2
47.3	Comércio varejista de combustíveis para veículos automotores	
47.31-8	Comércio varejista de combustíveis para veículos automotores	3
47.32-6	Comércio varejista de lubrificantes	3
47.4	Comércio varejista de material de construção	
47.41-5	Comércio varejista de tintas e materiais para pintura	2
47.42-3	Comércio varejista de material elétrico	1
47.43-1	Comércio varejista de vidros	2
47.44-0	Comércio varejista de ferragens, madeira e materiais de construção	2
47.5	Comércio varejista de equipamentos de informática e comunicação; equipamentos e artigos de uso doméstico	
47.51-2	Comércio varejista especializado de equipamentos e suprimentos de informática	1
47.52-1	Comércio varejista especializado de equipamentos de telefonia e comunicação	1
47.53-9	Comércio varejista especializado de eletrodomésticos e equipamentos de áudio e vídeo	1
47.54-7	Comércio varejista especializado de móveis, colchoaria e artigos de iluminação	1
47.55-5	Comércio varejista especializado de tecidos e artigos de cama, mesa e banho	1
47.56-3	Comércio varejista especializado de instrumentos musicais e acessórios	1
47.57-1	Comércio varejista especializado de peças e acessórios para aparelhos eletroeletrônicos para uso doméstico, exceto informática e comunicação	1
47.59-8	Comércio varejista de artigos de uso doméstico não especificados anteriormente	1
47.6	Comércio varejista de artigos culturais, recreativos e esportivos	
47.61-0	Comércio varejista de livros, jornais, revistas e papelaria	1
47.62-8	Comércio varejista de discos, CDs, DVDs e fitas	1
47.63-6	Comércio varejista de artigos recreativos e esportivos	1
47.7	Comércio varejista de produtos farmacêuticos, perfumaria e cosméticos e artigos médicos, ópticos e ortopédicos	
47.71-7	Comércio varejista de produtos farmacêuticos para uso humano e veterinário	2
47.72-5	Comércio varejista de cosméticos, produtos de perfumaria e de higiene pessoal	1
47.73-3	Comércio varejista de artigos médicos e ortopédicos	1
47.74-1	Comércio varejista de artigos de óptica	1
47.8	Comércio varejista de produtos novos não especificados anteriormente e de produtos usados	
47.81-4	Comércio varejista de artigos do vestuário e acessórios	1
47.82-2	Comércio varejista de calçados e artigos de viagem	1
47.83-1	Comércio varejista de joias e relógios	1
47.84-9	Comércio varejista de gás liquefeito de petróleo (GLP)	3
47.85-7	Comércio varejista de artigos usados	2
47.89-0	Comércio varejista de outros produtos novos não especificados anteriormente	1
47.9	Comércio ambulante e outros tipos de comércio varejista	
47.90-3	Comércio ambulante e outros tipos de comércio varejista	2
H	TRANSPORTE, ARMAZENAGEM E CORREIO	
49	TRANSPORTE TERRESTRE	
49.1	Transporte ferroviário e metroferroviário	
49.11-6	Transporte ferroviário de carga	3
49.12-4	Transporte metroferroviário de passageiros	3
49.2	Transporte rodoviário de passageiros	
49.21-3	Transporte rodoviário coletivo de passageiros, com itinerário fixo, municipal e em região metropolitana	3
49.22-1	Transporte rodoviário coletivo de passageiros, com itinerário fixo, intermunicipal, interestadual e internacional	3
49.23-0	Transporte rodoviário de táxi	3
49.24-8	Transporte escolar	3
49.29-9	Transporte rodoviário coletivo de passageiros, sob regime de fretamento, e outros transportes rodoviários não especificados anteriormente	3
49.3	Transporte rodoviário de carga	
49.30-2	Transporte rodoviário de carga	3
49.4	Transporte dutoviário	
49.40-0	Transporte dutoviário	3
49.5	Trens turísticos, teleféricos e similares	
49.50-7	Trens turísticos, teleféricos e similares	3
50	TRANSPORTE AQUAVIÁRIO	
50.1	Transporte marítimo de cabotagem e longo curso	
50.11-4	Transporte marítimo de cabotagem	3
50.12-2	Transporte marítimo de longo curso	3
50.2	Transporte por navegação interior	
50.21-1	Transporte por navegação interior de carga	3
50.22-0	Transporte por navegação interior de passageiros em linhas regulares	3
50.3	Navegação de apoio	
50.30-1	Navegação de apoio	3
50.9	Outros transportes aquaviários	
50.91-2	Transporte por navegação de travessia	3
50.99-8	Transportes aquaviários não especificados anteriormente	3
51	TRANSPORTE AÉREO	

51.1	Transporte aéreo de passageiros	
51.11-1	Transporte aéreo de passageiros regular	3
51.12-9	Transporte aéreo de passageiros não regular	3
51.2	Transporte aéreo de carga	
51.20-0	Transporte aéreo de carga	3
51.3	Transporte espacial	
51.30-7	Transporte espacial	3
52	ARMAZENAMENTO E ATIVIDADES AUXILIARES DOS TRANSPORTES	
52.1	Armazenamento, carga e descarga	
52.11-7	Armazenamento	3
52.12-5	Carga e descarga	3
52.2	Atividades auxiliares dos transportes terrestres	
52.21-4	Concessionárias de rodovias, pontes, túneis e serviços relacionados	3
52.22-2	Terminais rodoviários e ferroviários	3
52.23-1	Estacionamento de veículos	3
52.29-0	Atividades auxiliares dos transportes terrestres não especificadas anteriormente	3
52.3	Atividades auxiliares dos transportes aquaviários	
52.31-1	Gestão de portos e terminais	3
52.32-0	Atividades de agenciamento marítimo	3
52.39-7	Atividades auxiliares dos transportes aquaviários não especificadas anteriormente	3
52.4	Atividades auxiliares dos transportes aéreos	
52.40-1	Atividades auxiliares dos transportes aéreos	3
52.5	Atividades relacionadas à organização do transporte de carga	
52.50-8	Atividades relacionadas à organização do transporte de carga	3
53	CORREIO E OUTRAS ATIVIDADES DE ENTREGA	
53.1	Atividades de Correio	
53.10-5	Atividades de Correio	2
53.2	Atividades de malote e de entrega	
53.20-2	Atividades de malote e de entrega	2
I	ALOJAMENTO E ALIMENTAÇÃO	
55	ALOJAMENTO	
55.1	Hotéis e similares	
55.10-8	Hotéis e similares	2
55.9	Outros tipos de alojamento não especificados anteriormente	
55.90-6	Outros tipos de alojamento não especificados anteriormente	2
56	ALIMENTAÇÃO	
56.1	Restaurantes e outros serviços de alimentação e bebidas	
56.11-2	Restaurantes e outros estabelecimentos de serviços de alimentação e bebidas	2
56.12-1	Serviços ambulantes de alimentação	2
56.2	Serviços de catering, bufê e outros serviços de comida preparada	
56.20-1	Serviços de catering, bufê e outros serviços de comida preparada	2
J	INFORMAÇÃO E COMUNICAÇÃO	
58	EDIÇÃO E EDIÇÃO INTEGRADA À IMPRESSÃO	
58.1	Edição de livros, jornais, revistas e outras atividades de edição	
58.11-5	Edição de livros	3
58.12-3	Edição de jornais	3
58.13-1	Edição de revistas	3
58.19-1	Edição de cadastros, listas e outros produtos gráficos	3
58.2	Edição integrada à impressão de livros, jornais, revistas e outras publicações	
58.21-2	Edição integrada à impressão de livros	3
58.22-1	Edição integrada à impressão de jornais	3
58.23-9	Edição integrada à impressão de revistas	3
58.29-8	Edição integrada à impressão de cadastros, listas e outros produtos gráficos	3
59	ATIVIDADES CINEMATOGRÁFICAS, PRODUÇÃO DE VÍDEOS E DE PROGRAMAS DE TELEVISÃO; GRAVAÇÃO DE SOM E EDIÇÃO DE MÚSICA	
59.1	Atividades cinematográficas, produção de vídeos e de programas de televisão	
59.11-1	Atividades de produção cinematográfica, de vídeos e de programas de televisão	2
59.12-0	Atividades de pós-produção cinematográfica, de vídeos e de programas de televisão	2
59.13-8	Distribuição cinematográfica, de vídeo e de programas de televisão	2
59.14-6	Atividades de exibição cinematográfica	2
59.2	Atividades de gravação de som e de edição de música	
59.20-1	Atividades de gravação de som e de edição de música	2
60	ATIVIDADES DE RÁDIO E DE TELEVISÃO	
60.1	Atividades de rádio	
60.10-1	Atividades de rádio	2
60.2	Atividades de televisão	
60.21-7	Atividades de televisão aberta	2
60.22-5	Programadoras e atividades relacionadas à televisão por assinatura	2
61	TELECOMUNICAÇÕES	
61.1	Telecomunicações por fio	
61.10-8	Telecomunicações por fio	2
61.2	Telecomunicações sem fio	
61.20-5	Telecomunicações sem fio	2
61.3	Telecomunicações por satélite	
61.30-2	Telecomunicações por satélite	2
61.4	Operadoras de televisão por assinatura	
61.41-8	Operadoras de televisão por assinatura por cabo	2
61.42-6	Operadoras de televisão por assinatura por micro-ondas	2
61.43-4	Operadoras de televisão por assinatura por satélite	2
61.9	Outras atividades de telecomunicações	
61.90-6	Outras atividades de telecomunicações	2
62	ATIVIDADES DOS SERVIÇOS DE TECNOLOGIA DA INFORMAÇÃO	
62.0	Atividades dos serviços de tecnologia da informação	
62.01-5	Desenvolvimento de programas de computador sob encomenda	2
62.02-3	Desenvolvimento e licenciamento de programas de computador customizáveis	2
62.03-1	Desenvolvimento e licenciamento de programas de computador não customizáveis	2
62.04-0	Consultoria em tecnologia da informação	2
62.09-1	Suporte técnico, manutenção e outros serviços em tecnologia da informação	2
63	ATIVIDADES DE PRESTAÇÃO DE SERVIÇOS DE INFORMAÇÃO	
63.1	Tratamento de dados, hospedagem na internet e outras atividades relacionadas	
63.11-9	Tratamento de dados, provedores de serviços de aplicação e serviços de hospedagem na internet	2
63.19-4	Portais, provedores de conteúdo e outros serviços de informação na internet	2
63.9	Outras atividades de prestação de serviços de informação	
63.91-7	Agências de notícias	2
63.99-2	Outras atividades de prestação de serviços de informação não especificadas anteriormente	2
K	ATIVIDADES FINANCEIRAS, DE SEGUROS E SERVIÇOS RELACIONADOS	
64	ATIVIDADES DE SERVIÇOS FINANCEIROS	
64.1	Banco Central	1
64.10-7	Banco Central	1
64.2	Intermediação monetária – depósitos à vista	
64.21-2	Bancos comerciais	1
64.22-1	Bancos múltiplos, com carteira comercial	1
64.23-9	Caixas econômicas	1
64.24-7	Crédito cooperativo	1
64.3	Intermediação não monetária – outros instrumentos de captação	
64.31-0	Bancos múltiplos, sem carteira comercial	1

Código	Descrição	Grau
64.32-8	Bancos de investimento	1
64.33-6	Bancos de desenvolvimento	1
64.34-4	Agências de fomento	1
64.35-2	Crédito imobiliário	1
64.36-1	Sociedades de crédito, financiamento e investimento – financeiras	1
64.37-9	Sociedades de crédito ao microempreendedor	1
64.38-7	Bancos de câmbio e outras instituições de intermediação não monetária	1
64.4	Arrendamento mercantil	
64.40-9	Arrendamento mercantil	1
64.5	Sociedades de capitalização	
64.50-6	Sociedades de capitalização	1
64.6	Atividades de sociedades de participação	
64.61-1	*Holdings* de instituições financeiras	1
64.62-0	*Holdings* de instituições não financeiras	1
64.63-8	Outras sociedades de participação, exceto *holdings*	1
64.7	Fundos de investimento	
64.70-1	Fundos de investimento	1
64.9	Atividades de serviços financeiros não especificadas anteriormente	
64.91-3	Sociedades de fomento mercantil – *factoring*	1
64.92-1	Securitização de créditos	1
64.93-0	Administração de consórcios para aquisição de bens e direitos	1
64.99-9	Outras atividades de serviços financeiros não especificadas anteriormente	1
65	SEGUROS, RESSEGUROS, PREVIDÊNCIA COMPLEMENTAR E PLANOS DE SAÚDE	
65.1	Seguros de vida e não vida	
65.11-1	Seguros de vida	1
65.12-0	Seguros não vida	1
65.2	Seguros-saúde	
65.20-1	Seguros-saúde	1
65.3	Resseguros	
65.30-8	Resseguros	1
65.4	Previdência complementar	
65.41-3	Previdência complementar fechada	1
65.42-1	Previdência complementar aberta	1
65.5	Planos de saúde	
65.50-2	Planos de saúde	1
66	ATIVIDADES AUXILIARES DOS SERVIÇOS FINANCEIROS, SEGUROS, PREVIDÊNCIA COMPLEMENTAR E PLANOS DE SAÚDE	
66.1	Atividades auxiliares dos serviços financeiros	
66.11-8	Administração de bolsas e mercados de balcão organizados	1
66.12-6	Atividades de intermediários em transações de títulos, valores mobiliários e mercadorias	1
66.13-4	Administração de cartões de crédito	1
66.19-3	Atividades auxiliares dos serviços financeiros não especificadas anteriormente	1
66.2	Atividades auxiliares dos seguros, da previdência complementar e dos planos de saúde	
66.21-5	Avaliação de riscos e perdas	1
66.22-3	Corretores e agentes de seguros, de planos de previdência complementar e de saúde	1
66.29-1	Atividades auxiliares dos seguros, da previdência complementar e dos planos de saúde não especificadas anteriormente	1
66.3	Atividades de administração de fundos por contrato ou comissão	
66.30-4	Atividades de administração de fundos por contrato ou comissão	1
L	ATIVIDADES IMOBILIÁRIAS	
68	ATIVIDADES IMOBILIÁRIAS	
68.1	Atividades imobiliárias de imóveis próprios	
68.10-2	Atividades imobiliárias de imóveis próprios	1
68.2	Atividades imobiliárias por contrato ou comissão	
68.21-8	Intermediação na compra, venda e aluguel de imóveis	1
68.22-6	Gestão e administração da propriedade imobiliária	1
M	ATIVIDADES PROFISSIONAIS, CIENTÍFICAS E TÉCNICAS	
69	ATIVIDADES JURÍDICAS, DE CONTABILIDADE E DE AUDITORIA	
69.1	Atividades jurídicas	
69.11-7	Atividades jurídicas, exceto cartórios	1
69.12-5	Cartórios	1
69.2	Atividades de contabilidade, consultoria e auditoria contábil e tributária	
69.20-6	Atividades de contabilidade, consultoria e auditoria contábil e tributária	1
70	ATIVIDADES DE SEDES DE EMPRESAS E DE CONSULTORIA EM GESTÃO EMPRESARIAL	
70.1	Sedes de empresas e unidades administrativas locais	
70.10-7	Sedes de empresas e unidades administrativas locais	1
70.2	Atividades de consultoria em gestão empresarial	
70.20-4	Atividades de consultoria em gestão empresarial	1
71	SERVIÇOS DE ARQUITETURA E ENGENHARIA; TESTES E ANÁLISES TÉCNICAS	
71.1	Serviços de arquitetura e engenharia e atividades técnicas relacionadas	
71.11-1	Serviços de arquitetura	1
71.12-0	Serviços de engenharia	1
71.19-7	Atividades técnicas relacionadas à arquitetura e engenharia	1
71.2	Testes e análises técnicas	
71.20-1	Testes e análises técnicas	2
72	PESQUISA E DESENVOLVIMENTO CIENTÍFICO	
72.1	Pesquisa e desenvolvimento experimental em ciências físicas e naturais	
72.10-0	Pesquisa e desenvolvimento experimental em ciências físicas e naturais	2
72.2	Pesquisa e desenvolvimento experimental em ciências sociais e humanas	
72.20-7	Pesquisa e desenvolvimento experimental em ciências sociais e humanas	2
73	PUBLICIDADE E PESQUISA DE MERCADO	
73.1	Publicidade	
73.11-4	Agências de publicidade	1
73.12-2	Agenciamento de espaços para publicidade, exceto em veículos de comunicação	1
73.19-0	Atividades de publicidade não especificadas anteriormente	1
73.2	Pesquisas de mercado e de opinião pública	
73.20-3	Pesquisas de mercado e de opinião pública	1
74	OUTRAS ATIVIDADES PROFISSIONAIS, CIENTÍFICAS E TÉCNICAS	
74.1	Design e decoração de interiores	
74.10-2	Design e decoração de interiores	1
74.2	Atividades fotográficas e similares	
74.20-0	Atividades fotográficas e similares	2
74.9	Atividades profissionais, científicas e técnicas não especificadas anteriormente	
74.90-1	Atividades profissionais, científicas e técnicas não especificadas anteriormente	1
75	ATIVIDADES VETERINÁRIAS	
75.0	Atividades veterinárias	
75.00-1	Atividades veterinárias	3
N	ATIVIDADES ADMINISTRATIVAS E SERVIÇOS COMPLEMENTARES	
77	ALUGUÉIS NÃO IMOBILIÁRIOS E GESTÃO DE ATIVOS INTANGÍVEIS NÃO FINANCEIROS	
77.1	Locação de meios de transporte sem condutor	
77.11-0	Locação de automóveis sem condutor	1
77.19-5	Locação de meios de transporte, exceto automóveis, sem condutor	1

Código	Descrição	Grau
77.2	Aluguel de objetos pessoais e domésticos	
77.21-7	Aluguel de equipamentos recreativos e esportivos	1
77.22-5	Aluguel de fitas de vídeo, DVDs e similares	1
77.23-3	Aluguel de objetos do vestuário, joias e acessórios	1
77.29-2	Aluguel de objetos pessoais e domésticos não especificados anteriormente	1
77.3	Aluguel de máquinas e equipamentos sem operador	
77.31-4	Aluguel de máquinas e equipamentos agrícolas sem operador	1
77.32-2	Aluguel de máquinas e equipamentos para construção sem operador	1
77.33-1	Aluguel de máquinas e equipamentos para escritório	1
77.39-0	Aluguel de máquinas e equipamentos não especificados anteriormente	1
77.4	Gestão de ativos intangíveis não financeiros	
77.40-3	Gestão de ativos intangíveis não financeiros	1
78	SELEÇÃO, AGENCIAMENTO E LOCAÇÃO DE MÃO DE OBRA	
78.1	Seleção e agenciamento de mão de obra	
78.10-8	Seleção e agenciamento de mão de obra	1
78.2	Locação de mão de obra temporária	
78.20-5	Locação de mão de obra temporária	1
78.3	Fornecimento e gestão de recursos humanos para terceiros	
78.30-2	Fornecimento e gestão de recursos humanos para terceiros	1
79	AGÊNCIAS DE VIAGENS, OPERADORES TURÍSTICOS E SERVIÇOS DE RESERVAS	
79.1	Agências de viagens e operadores turísticos	
79.11-2	Agências de viagens	1
79.12-1	Operadores turísticos	1
79.9	Serviços de reservas e outros serviços de turismo não especificados anteriormente	
79.90-2	Serviços de reservas e outros serviços de turismo não especificados anteriormente	1
80	ATIVIDADES DE VIGILÂNCIA, SEGURANÇA E INVESTIGAÇÃO	
80.1	Atividades de vigilância, segurança privada e transporte de valores	
80.11-1	Atividades de vigilância e segurança privada	3
80.12-9	Atividades de transporte de valores	3
80.2	Atividades de monitoramento de sistemas de segurança	
80.20-0	Atividades de monitoramento de sistemas de segurança	3
80.3	Atividades de investigação particular	
80.30-7	Atividades de investigação particular	3
81	SERVIÇOS PARA EDIFÍCIOS E ATIVIDADES PAISAGÍSTICAS	
81.1	Serviços combinados para apoio a edifícios	
81.11-7	Serviços combinados para apoio a edifícios, exceto condomínios prediais	2
81.12-5	Condomínios prediais	2
81.2	Atividades de limpeza	
81.21-4	Limpeza em prédios e em domicílios	3
81.22-2	Imunização e controle de pragas urbanas	3
81.29-0	Atividades de limpeza não especificadas anteriormente	3
81.3	Atividades paisagísticas	
81.30-3	Atividades paisagísticas	1
82	SERVIÇOS DE ESCRITÓRIO, DE APOIO ADMINISTRATIVO E OUTROS SERVIÇOS PRESTADOS ÀS EMPRESAS	
82.1	Serviços de escritório e apoio administrativo	
82.11-3	Serviços combinados de escritório e apoio administrativo	1
82.19-9	Fotocópias, preparação de documentos e outros serviços especializados de apoio administrativo	2
82.2	Atividades de teleatendimento	
82.20-2	Atividades de teleatendimento	2
82.3	Atividades de organização de eventos, exceto culturais e esportivos	
82.30-0	Atividades de organização de eventos, exceto culturais e esportivos	2
82.9	Outras atividades de serviços prestados principalmente às empresas	
82.91-1	Atividades de cobrança e informações cadastrais	2
82.92-0	Envasamento e empacotamento sob contrato	2
82.99-7	Atividades de serviços prestados principalmente às empresas não especificadas anteriormente	2
O	ADMINISTRAÇÃO PÚBLICA, DEFESA E SEGURIDADE SOCIAL	
84	ADMINISTRAÇÃO PÚBLICA, DEFESA E SEGURIDADE SOCIAL	
84.1	Administração do estado e da política econômica e social	
84.11-6	Administração pública em geral	1
84.12-4	Regulação das atividades de saúde, educação, serviços culturais e outros serviços sociais	1
84.13-2	Regulação das atividades econômicas	1
84.2	Serviços coletivos prestados pela administração pública	
84.21-3	Relações exteriores	1
84.22-1	Defesa	1
84.23-0	Justiça	1
84.24-8	Segurança e ordem pública	1
84.25-6	Defesa Civil	1
84.3	Seguridade social obrigatória	
84.30-2	Seguridade social obrigatória	1
P	EDUCAÇÃO	
85	EDUCAÇÃO	
85.1	Educação infantil e ensino fundamental	
85.11-2	Educação infantil – creche	2
85.12-1	Educação infantil – pré-escola	2
85.13-9	Ensino fundamental	2
85.2	Ensino médio	
85.20-1	Ensino médio	2
85.3	Educação superior	
85.31-7	Educação superior – graduação	2
85.32-5	Educação superior – graduação e pós-graduação	2
85.33-3	Educação superior – pós-graduação e extensão	2
85.4	Educação profissional de nível técnico e tecnológico	
85.41-4	Educação profissional de nível técnico	2
85.42-2	Educação profissional de nível tecnológico	2
85.5	Atividades de apoio à educação	
85.50-3	Atividades de apoio à educação	2
85.9	Outras atividades de ensino	
85.91-1	Ensino de esportes	2
85.92-9	Ensino de arte e cultura	2
85.93-7	Ensino de idiomas	2
85.99-6	Atividades de ensino não especificadas anteriormente	2
Q	SAÚDE HUMANA E SERVIÇOS SOCIAIS	
86	ATIVIDADES DE ATENÇÃO À SAÚDE HUMANA	
86.1	Atividades de atendimento hospitalar	
86.10-1	Atividades de atendimento hospitalar	3
86.2	Serviços móveis de atendimento a urgências e de remoção de pacientes	
86.21-6	Serviços móveis de atendimento a urgências	3
86.22-4	Serviços de remoção de pacientes, exceto os serviços móveis de atendimento a urgências	3
86.3	Atividades de atenção ambulatorial executadas por médicos e odontólogos	
86.30-5	Atividades de atenção ambulatorial executadas por médicos e odontólogos	3
86.4	Atividades de serviços de complementação diagnóstica e terapêutica	
86.40-2	Atividades de serviços de complementação diagnóstica e terapêutica	3
86.5	Atividades de profissionais da área de saúde, exceto médicos e odontólogos	
86.50-0	Atividades de profissionais da área de saúde, exceto médicos e odontólogos	2
86.6	Atividades de apoio à gestão de saúde	
86.60-7	Atividades de apoio à gestão de saúde	1
86.9	Atividades de atenção à saúde humana não especificadas anteriormente	

Código	Descrição	Grau
86.90-9	Atividades de atenção à saúde humana não especificadas anteriormente	1
87	ATIVIDADES DE ATENÇÃO À SAÚDE HUMANA INTEGRADAS COM ASSISTÊNCIA SOCIAL, PRESTADAS EM RESIDÊNCIAS COLETIVAS E PARTICULARES	
87.1	Atividades de assistência a idosos, deficientes físicos, imunodeprimidos e convalescentes, e de infraestrutura e apoio a pacientes prestadas em residências coletivas e particulares	
87.11-5	Atividades de assistência a idosos, deficientes físicos, imunodeprimidos e convalescentes prestadas em residências coletivas e particulares	1
87.12-3	Atividades de fornecimento de infraestrutura de apoio e assistência a paciente no domicílio	1
87.2	Atividades de assistência psicossocial e à saúde a portadores de distúrbios psíquicos, deficiência mental e dependência química	
87.20-4	Atividades de assistência psicossocial e à saúde a portadores de distúrbios psíquicos, deficiência mental e dependência química	1
87.3	Atividades de assistência social prestadas em residências coletivas e particulares	
87.30-1	Atividades de assistência social prestadas em residências coletivas e particulares	1
88	SERVIÇOS DE ASSISTÊNCIA SOCIAL SEM ALOJAMENTO	
88.0	Serviços de assistência social sem alojamento	
88.00-6	Serviços de assistência social sem alojamento	1
R	ARTES, CULTURA, ESPORTE E RECREAÇÃO	
90	ATIVIDADES ARTÍSTICAS, CRIATIVAS E DE ESPETÁCULOS	
90.0	Atividades artísticas, criativas e de espetáculos	
90.01-9	Artes cênicas, espetáculos e atividades complementares	2
90.02-7	Criação artística	2
90.03-5	Gestão de espaços para artes cênicas, espetáculos e outras atividades artísticas	1
91	ATIVIDADES LIGADAS AO PATRIMÔNIO CULTURAL E AMBIENTAL	
91.0	Atividades ligadas ao patrimônio cultural e ambiental	
91.01-5	Atividades de bibliotecas e arquivos	2
91.02-3	Atividades de museus e de exploração, restauração artística e conservação de lugares e prédios históricos e atrações similares	2
91.03-1	Atividades de jardins botânicos, zoológicos, parques nacionais, reservas ecológicas e áreas de proteção ambiental	2
92	ATIVIDADES DE EXPLORAÇÃO DE JOGOS DE AZAR E APOSTAS	
92.0	Atividades de exploração de jogos de azar e apostas	
92.00-3	Atividades de exploração de jogos de azar e apostas	1
93	ATIVIDADES ESPORTIVAS E DE RECREAÇÃO E LAZER	
93.1	Atividades esportivas	
93.11-5	Gestão de instalações de esportes	1
93.12-3	Clubes sociais, esportivos e similares	2
93.13-1	Atividades de condicionamento físico	2
93.19-1	Atividades esportivas não especificadas anteriormente	2
93.2	Atividades de recreação e lazer	
93.21-2	Parques de diversão e parques temáticos	2
93.29-8	Atividades de recreação e lazer não especificadas anteriormente	2
S	OUTRAS ATIVIDADES DE SERVIÇOS	
94	ATIVIDADES DE ORGANIZAÇÕES ASSOCIATIVAS	
94.1	Atividades de organizações associativas patronais, empresariais e profissionais	
94.11-1	Atividades de organizações associativas patronais e empresariais	1
94.12-0	Atividades de organizações associativas profissionais	1
94.2	Atividades de organizações sindicais	
94.20-1	Atividades de organizações sindicais	1
94.3	Atividades de associações de defesa de direitos sociais	
94.30-8	Atividades de associações de defesa de direitos sociais	1
94.9	Atividades de organizações associativas não especificadas anteriormente	
94.91-0	Atividades de organizações religiosas	1
94.92-8	Atividades de organizações políticas	1
94.93-6	Atividades de organizações associativas ligadas à cultura e à arte	1
94.99-5	Atividades associativas não especificadas anteriormente	1
95	REPARAÇÃO E MANUTENÇÃO DE EQUIPAMENTOS DE INFORMÁTICA E COMUNICAÇÃO E DE OBJETOS PESSOAIS E DOMÉSTICOS	
95.1	Reparação e manutenção de equipamentos de informática e comunicação	
95.11-8	Reparação e manutenção de computadores e de equipamentos periféricos	3
95.12-6	Reparação e manutenção de equipamentos de comunicação	3
95.2	Reparação e manutenção de objetos e equipamentos pessoais e domésticos	
95.21-5	Reparação e manutenção de equipamentos eletroeletrônicos de uso pessoal e doméstico	3
95.29-1	Reparação e manutenção de objetos e equipamentos pessoais e domésticos não especificados anteriormente	3
96	OUTRAS ATIVIDADES DE SERVIÇOS PESSOAIS	
96.0	Outras atividades de serviços pessoais	
96.01-7	Lavanderias, tinturarias e toalheiros	2
96.02-5	Cabeleireiros e outras atividades de tratamento de beleza	2
96.03-3	Atividades funerárias e serviços relacionados	2
96.09-2	Atividades de serviços pessoais não especificadas anteriormente	2
T	SERVIÇOS DOMÉSTICOS	
97	SERVIÇOS DOMÉSTICOS	
97.0	Serviços domésticos	
97.00-5	Serviços domésticos	2
U	ORGANISMOS INTERNACIONAIS E OUTRAS INSTITUIÇÕES EXTRATERRITORIAIS	
99	ORGANISMOS INTERNACIONAIS E OUTRAS INSTITUIÇÕES EXTRATERRITORIAIS	
99.0	Organismos internacionais e outras instituições extraterritoriais	
99.00-8	Organismos internacionais e outras instituições extraterritoriais	1

* Informações sobre detalhamentos dos CNAE. Ver https://cnae.ibge.gov.br/.

ANEXO II
DIMENSIONAMENTO DO SESMT

Grau de Risco	Profissionais	N. de Trabalhadores no estabelecimento							
		50 a 100	101 a 250	251 a 500	501 a 1.000	1.001 a 2.000	2.001 a 3.500	3.501 a 5.000	Acima de 5.000 Para cada grupo De 4.000 ou fração acima 2.000**
1	Técnico Seg. Trabalho				1	1	1	2	1
	Engenheiro Seg. Trabalho					1*	1		1*
	Aux./Tec. Enferm. do Trabalho					1***	1		1
	Enfermeiro do Trabalho						1*		

	Médico do Trabalho				1*	1*	1	1*	
2	Técnico Seg. Trabalho			1	1	2	5	1	
	Engenheiro Seg. Trabalho				1*	1	1	1*	
	Aux./Tec. Enferm. do Trabalho				1***	1***	1	1	
	Enfermeiro do Trabalho							1	
	Médico do Trabalho				1*	1	1	1	
3	Técnico Seg. Trabalho	1	2	3	4	6	8	3	
	Engenheiro Seg. Trabalho			1*	1	1	2	1	
	Aux./Tec. Enferm. do Trabalho				1***	1	1	1	
	Enfermeiro do Trabalho					1	1		
	Médico do Trabalho			1*	1	1	2	1	
4	Técnico Seg. Trabalho	1	2	3	4	5	8	10	3
	Engenheiro Seg. Trabalho		1*	1*	1	1	2	3	1
	Aux./Tec. Enferm. do Trabalho				1***	1***	1	1	1
	Enfermeiro do Trabalho						1	1	
	Médico do Trabalho		1*	1*	1	1	2	3	1

(*) Tempo parcial (mínimo de três horas)
(**) O dimensionamento total deverá ser feito levando-se em consideração o dimensionamento da faixa de 3.501 a 5.000, acrescido do dimensionamento do(s) grupo(s) de 4.000 ou fração acima de 2.000.
(***) O empregador pode optar pela contratação de um enfermeiro do trabalho em tempo parcial, em substituição ao auxiliar ou técnico de enfermagem do trabalho.

OBSERVAÇÕES:
A) hospitais, ambulatórios, maternidades, casas de saúde e repouso, clínicas e estabelecimentos similares deverão contratar um enfermeiro do trabalho em tempo integral quando possuírem mais de quinhentos trabalhadores; e
B) em virtude das características das atribuições do SESMT, não se faz necessária a supervisão do técnico de enfermagem do trabalho por enfermeiro do trabalho, salvo quando a atividade for executada em hospitais, ambulatórios, maternidades, casas de saúde e repouso, clínicas e estabelecimentos similares.

NR 5
COMISSÃO INTERNA DE PREVENÇÃO DE ACIDENTES E DE ASSÉDIO – CIPA (*)

•• Título com redação determinada pela Portaria n. 4.219, de 20-12-2022, em vigor a partir de 20-3-2023.
•• Vide art. 23 da Portaria n. 4.219, de 20-12-2022.
•• Vide Portaria n. 422, de 7-10-2021, do MTP (DOU de 8-10-2021), que aprova a nova redação desta Norma Regulamentadora.

SUMÁRIO
5.1 Objetivo
5.2 Campo de aplicação
5.3 Atribuições
5.4 Constituição e estruturação
5.5 Processo eleitoral
5.6 Funcionamento
5.7 Treinamento
5.8 CIPA das organizações contratadas para prestação de serviços
5.9 Disposições finais
Anexo I – CIPA da Indústria da Construção

5.1. Objetivo
5.1.1. Esta norma regulamentadora – NR estabelece dos parâmetros e os requisitos da Comissão Interna de Prevenção de Acidentes e de Assédio – CIPA tendo por objetivo a prevenção de acidentes e doenças relacionadas ao trabalho, de modo a tornar compatível permanentemente o trabalho com a preservação da vida e promoção da saúde do trabalhador.
•• Item 5.1.1 com redação determinada pela Portaria n. 4.219, de 20-12-2022, em vigor a partir de 20-3-2023.

5.2. Campo de aplicação
5.2.1. As organizações e os órgãos públicos da administração direta e indireta, bem como os órgãos dos Poderes Legislativo, Judiciário e Ministério Público, que possuam empregados regidos pela Consolidação das Leis do Trabalho – CLT, devem constituir e manter CIPA.
5.2.2. Nos termos previstos em lei, aplica-se o disposto nesta NR a outras relações jurídicas de trabalho.

5.3. Atribuições
5.3.1. A CIPA tem por atribuições:
a) acompanhar o processo de identificação de perigos e avaliação de riscos, bem como a adoção de medidas de prevenção implementadas pela organização;
b) registrar a percepção dos riscos dos trabalhadores, em conformidade com o subitem 1.5.3.3 da NR-1, por meio do mapa de risco ou outra técnica ou ferramenta apropriada à sua escolha, sem ordem de preferência, com assessoria do Serviço Especializado em Segurança e em Medicina do Trabalho – SESMT, onde houver;
c) verificar os ambientes e as condições de trabalho, visando identificar situações que possam trazer riscos para a segurança e saúde dos trabalhadores;
d) elaborar e acompanhar plano de trabalho que possibilite a ação preventiva em segurança e saúde no trabalho;
e) participar no desenvolvimento e implementação de programas relacionados à segurança e saúde no trabalho;
f) acompanhar a análise dos acidentes e doenças relacionadas ao trabalho, nos termos da NR-1, e propor, quando for o caso, medidas para a solução dos problemas identificados;
g) requisitar à organização as informações sobre questões relacionadas à segurança e saúde dos trabalhadores, incluindo as Comunicações de Acidente de Trabalho – CAT emitidas pela organização, resguardados o sigilo médico e as informações pessoais;
h) propor ao SESMT, quando houver, ou à organização, a análise das condições ou situações de trabalho nas quais considere haver risco grave e iminente à segurança e saúde dos trabalhadores e, se for o caso, a interrupção das atividades até a adoção das medidas corretivas e de controle;
i) promover, anualmente, em conjunto com o SESMT, onde houver, a Semana Interna de Prevenção de Acidentes do Trabalho – SIPAT, conforme programação definida pela CIPA; e

(*) NR aprovada pela Portaria n. 3.214, de 8-6-1978, e com redação determinada pela Portaria n. 422, de 7-10-2021. Vide arts. 163 a 165 da CLT, sobre CIPA.

j) incluir temas referentes à prevenção e ao combate ao assédio sexual e a outras formas de violência no trabalho nas suas atividades e práticas.

•• Alínea *j* acrescentada pela Portaria n. 4.219, de 20-12-2022, em vigor a partir de 20-3-2023.

5.3.2. Cabe à organização:

a) proporcionar aos membros da CIPA os meios necessários ao desempenho de suas atribuições, garantindo tempo suficiente para a realização das tarefas constantes no plano de trabalho;

b) permitir a colaboração dos trabalhadores nas ações da CIPA; e

c) fornecer à CIPA, quando requisitadas, as informações relacionadas às suas atribuições.

5.3.3. Cabe aos trabalhadores indicar à CIPA, ao SESMT e à organização situações de riscos e apresentar sugestões para melhoria das condições de trabalho.

5.3.4. Cabe ao Presidente da CIPA:

a) convocar os membros para as reuniões; e

b) coordenar as reuniões, encaminhando à organização e ao SESMT, quando houver, as decisões da comissão.

5.3.5. Cabe ao Vice-Presidente substituir o Presidente nos seus impedimentos eventuais ou nos seus afastamentos temporários.

5.3.6. O Presidente e o Vice-Presidente da CIPA, em conjunto, terão as seguintes atribuições:

a) coordenar e supervisionar as atividades da CIPA, zelando para que os objetivos propostos sejam alcançados; e

b) divulgar as decisões da CIPA a todos os trabalhadores do estabelecimento.

5.4. Constituição e estruturação

5.4.1. A CIPA será constituída por estabelecimento e composta de representantes da organização e dos empregados, de acordo com o dimensionamento previsto no Quadro I desta NR, ressalvadas as disposições para setores econômicos específicos.

5.4.2. As CIPA das organizações que operem em regime sazonal devem ser dimensionadas tomando-se por base a média aritmética do número de trabalhadores do ano civil anterior e obedecido o disposto no Quadro I desta NR.

5.4.3. Os representantes da organização na CIPA, titulares e suplentes, serão por ela designados.

5.4.4. Os representantes dos empregados, titulares e suplentes, serão eleitos em escrutínio secreto, do qual participem, independentemente de filiação sindical, exclusivamente os empregados interessados.

5.4.5. A organização designará, entre seus representantes, o Presidente da CIPA, e os representantes eleitos dos empregados escolherão, entre os titulares, o vice-presidente.

5.4.6. O mandato dos membros eleitos da CIPA terá a duração de um ano, permitida uma reeleição.

5.4.7. Os membros da CIPA, eleitos e designados, serão empossados no primeiro dia útil após o término do mandato anterior.

5.4.8. A organização deve fornecer cópias das atas de eleição e posse aos membros titulares e suplentes da CIPA.

5.4.9. Quando solicitada, a organização encaminhará a documentação referente ao processo eleitoral da CIPA, podendo ser em meio eletrônico, ao sindicato dos trabalhadores da categoria preponderante, no prazo de até dez dias.

5.4.10. A CIPA não poderá ter seu número de representantes reduzido, bem como não poderá ser desativada pela organização, antes do término do mandato de seus membros, ainda que haja redução do número de empregados, exceto no caso de encerramento das atividades do estabelecimento.

5.4.11. É vedada à organização, em relação ao integrante eleito da CIPA:

a) a alteração de suas atividades normais na organização que prejudique o exercício de suas atribuições; e

b) a transferência para outro estabelecimento, sem a sua anuência, ressalvado o disposto nos parágrafos primeiro e segundo do art. 469 da CLT.

5.4.12. É vedada a dispensa arbitrária ou sem justa causa do empregado eleito para cargo de direção da CIPA, desde o registro de sua candidatura até um ano após o final de seu mandato.

5.4.12.1. O término do contrato de trabalho por prazo determinado não caracteriza dispensa arbitrária ou sem justa causa do empregado eleito para cargo de direção da CIPA.

5.4.13. Quando o estabelecimento não se enquadrar no disposto no Quadro I e não for atendido por SESMT, nos termos da Norma Regulamentadora n. 4 (NR-4), a organização nomeará um representante da organização entre seus empregados para auxiliar na execução das ações de prevenção em segurança e saúde no trabalho, podendo ser adotados mecanismos de participação dos empregados, por meio de negociação coletiva.

5.4.13.1. No caso de atendimento pelo SESMT, este deverá desempenhar as atribuições da CIPA.

5.4.13.2. O microempreendedor individual – MEI está dispensado de nomear o representante previsto no item 5.4.13.

5.4.14. A nomeação de empregado como representante da organização e sua forma de atuação devem ser formalizadas anualmente pela organização.

5.4.15. A nomeação de empregado como representante da organização não impede o seu ingresso na CIPA, quando da sua constituição, seja como representante do empregador ou como dos empregados.

5.5. Processo eleitoral

5.5.1. Compete ao empregador convocar eleições para escolha dos representantes dos empregados na CIPA, no prazo mínimo de sessenta dias antes do término do mandato em curso.

5.5.1.1. A organização deve comunicar, com antecedência, podendo ser por meio eletrônico, com confirmação de entrega, o início do processo eleitoral ao sindicato da categoria preponderante.

5.5.2. O Presidente e o Vice-Presidente da CIPA constituirão dentre seus membros a comissão eleitoral, que será a responsável pela organização e acompanhamento do processo eleitoral.

5.5.2.1. Nos estabelecimentos onde não houver CIPA, a comissão eleitoral será constituída pela organização.

5.5.3. O processo eleitoral deve observar as seguintes condições:

a) publicação e divulgação de edital de convocação da eleição e abertura de prazos para inscrição de candidatos, em locais de fácil acesso e visualização, podendo ser em meio físico ou eletrônico;

b) inscrição e eleição individual, sendo que o período mínimo para inscrição será de quinze dias corridos;

c) liberdade de inscrição para todos os empregados do estabelecimento, independentemente de setores ou locais de trabalho, com fornecimento de comprovante em meio físico ou eletrônico;

d) garantia de emprego até a eleição para todos os empregados inscritos;

e) publicação e divulgação da relação dos empregados inscritos, em locais de fácil acesso e visualização, podendo ser em meio físico ou eletrônico;

f) realização da eleição no prazo mínimo de trinta dias antes do término do mandato da CIPA, quando houver;

g) realização de eleição em dia normal de trabalho, respeitando os horários de turnos e em horário que possibilite a participação da maioria dos empregados do estabelecimento;

h) voto secreto;

i) apuração dos votos, em horário normal de trabalho, com acompanhamento de representante da organização e dos empregados, em número a ser definido pela comissão eleitoral, facultado o acompanhamento dos candidatos; e

j) organização da eleição por meio de processo que garanta tanto a segurança do sistema como a confidencialidade e a precisão do registro dos votos.

5.5.4. Na hipótese de haver participação inferior a cinquenta por cento dos empregados na votação, não haverá a apuração dos votos e a comissão eleitoral deverá prorrogar o período de votação para o dia subsequente, computando-se os votos já registrados no dia anterior, a qual será considerada válida com a participação de, no mínimo, um terço dos empregados.

5.5.4.1. Constatada a participação inferior a um terço dos empregados no segundo dia de votação, não haverá a apuração dos votos e a comissão eleitoral deverá prorrogar o período de votação para o dia subsequente, computando-se os votos já registrados nos dias anteriores, a qual será considerada válida com a participação de qualquer número de empregados.

5.5.4.2. A prorrogação referida nos subitens 5.5.4 e 5.5.4.1 deve ser comunicada ao sindicato da categoria profissional preponderante.

5.5.5. As denúncias sobre o processo eleitoral deverão ser protocolizadas na unidade descentralizada de inspeção do trabalho, até trinta dias após a data da divulgação do resultado da eleição da CIPA.

5.5.5.1. Compete à autoridade máxima regional em matéria de inspeção do trabalho, confirmadas irregularidades no processo eleitoral, determinar a sua correção ou proceder à anulação, quando for o caso.

5.5.5.2. Em caso de anulação somente da votação, a organização convocará nova votação, no prazo de dez dias, a contar da data de ciência, garantidas as inscrições anteriores.

5.5.5.3. Nos demais casos, a decisão da autoridade máxima regional em matéria de inspeção do trabalho determinará os atos atingidos, as providências e os prazos a serem adotados, atendidos os prazos previstos nesta NR.

5.5.5.4. Quando a anulação se der antes da posse dos membros da CIPA, ficará assegurada a prorrogação do mandato anterior, quando houver, até a complementação do processo eleitoral.

5.5.6. Assumirão a condição de membros titulares e suplentes os candidatos mais votados.

5.5.7. Em caso de empate, assumirá aquele que tiver maior tempo de serviço no estabelecimento.

5.5.8. Os candidatos votados e não eleitos serão relacionados na ata de eleição e apuração, em ordem decrescente de votos, possibilitando nomeação posterior, em caso de vacância de suplentes.

5.6. Funcionamento

5.6.1. A CIPA terá reuniões ordinárias mensais, de acordo com o calendário preestabelecido.

5.6.1.1. A critério da CIPA, nas Microempresas – ME e Empresas de Pequeno Porte – EPP, graus de risco 1 e 2, as reuniões poderão ser bimestrais.

5.6.2. As reuniões ordinárias da CIPA serão realizadas na organização, preferencialmente, de forma presencial, podendo a participação ocorrer de forma remota.

5.6.2.1. A data e horário das reuniões serão acordadas entre os seus membros, observando os turnos e as jornadas de trabalho.

5.6.3. As reuniões da CIPA terão atas assinadas pelos presentes.

5.6.3.1. As atas das reuniões devem ser disponibilizadas a todos os integrantes da CIPA, podendo ser por meio eletrônico.

5.6.3.2. As deliberações e encaminhamentos das reuniões da CIPA devem ser disponibilizadas a todos os empregados, em quadro de aviso ou por meio eletrônico.

5.6.4. As reuniões extraordinárias devem ser realizadas quando:
a) ocorrer acidente do trabalho grave ou fatal; ou
b) houver solicitação de uma das representações.

5.6.5. Para cada reunião ordinária ou extraordinária, os membros da CIPA designarão o secretário responsável por redigir a ata.

5.6.6. O membro titular perderá o mandato, sendo substituído por suplente, quando faltar a mais de quatro reuniões ordinárias sem justificativa.

5.6.7. A vacância definitiva de cargo, ocorrida durante o mandato, será suprida por suplente, obedecida a ordem de colocação decrescente que consta na ata de eleição, devendo os motivos ser registrados em ata de reunião.

5.6.7.1. Caso não existam mais suplentes, durante os primeiros seis meses do mandato, a organização deve realizar eleição extraordinária para suprir a vacância, que somente será considerada válida com a participação de, no mínimo, um terço dos trabalhadores.

5.6.7.1.1. Os prazos da eleição extraordinária serão reduzidos à metade dos prazos previstos no processo eleitoral definidos nesta NR.

5.6.7.1.2. As demais exigências estabelecidas para o processo eleitoral devem ser atendidas.

5.6.7.2. No caso de afastamento definitivo do presidente, a organização indicará o substituto, em dois dias úteis, preferencialmente entre os membros da CIPA.

5.6.7.3. No caso de afastamento definitivo do vice-presidente, os membros titulares da representação dos empregados escolherão o substituto, entre seus titulares, em dois dias úteis.

5.6.7.4. O mandato do membro eleito em processo eleitoral extraordinário deve ser compatibilizado com o mandato dos demais membros da Comissão.

5.6.7.5. O treinamento de membro eleito em processo extraordinário deve ser realizado no prazo máximo de trinta dias, contado a partir da data da posse.

5.6.8. As decisões da CIPA serão, preferencialmente, por consenso.

5.6.8.1. Não havendo consenso, a CIPA deve regular o procedimento de votação e o pedido de reconsideração da decisão.

5.7. Treinamento

5.7.1. A organização deve promover treinamento para o representante nomeado previsto no item 5.4.13 desta NR e para os membros da CIPA, titulares e suplentes, antes da posse.

5.7.1.1. O treinamento de CIPA, em primeiro mandato, será realizado no prazo máximo de trinta dias, contados a partir da data da posse.

5.7.2. O treinamento deve contemplar, no mínimo, os seguintes itens:
a) estudo do ambiente, das condições de trabalho, bem como, dos riscos originados do processo produtivo;
b) noções sobre acidentes e doenças relacionadas ao trabalho, decorrentes das condições de trabalho e da exposição aos riscos existentes no estabelecimento e suas medidas de prevenção;
c) metodologia de investigação e análise de acidentes e doenças relacionadas ao trabalho;
d) princípios gerais de higiene do trabalho e de medidas de prevenção dos riscos;
e) noções sobre as legislações trabalhista e previdenciária relativas à segurança e saúde no trabalho;
f) noções sobre a inclusão de pessoas com deficiência e reabilitados nos processos de trabalho;
g) organização da CIPA e outros assuntos necessários ao exercício das atribuições da Comissão; e
h) prevenção e combate ao assédio sexual e a outras formas de violência no trabalho.

•• Alínea h acrescentada pela Portaria n. 4.219, de 20-12-2022, em vigor a partir de 20-3-2023.

5.7.3. O treinamento realizado há menos de dois anos, contados da conclusão do curso, pode ser aproveitado na mesma organização, observado o estabelecido na NR-1.

5.7.4. O treinamento deve ter carga horária mínima de:
a) oito horas para estabelecimentos de grau de risco 1;
b) doze horas para estabelecimentos de grau de risco 2;
c) dezesseis horas para estabelecimentos de grau de risco 3; e
d) vinte horas para estabelecimentos de grau de risco 4.

5.7.4.1. A carga horária do treinamento deve ser distribuída em, no máximo, oito horas diárias.

5.7.4.2. Para a modalidade presencial deve ser observada a seguinte carga horária mínima do treinamento:
a) quatro horas para estabelecimentos de grau de risco 2; e
b) oito horas para estabelecimentos de grau de risco 3 e 4.

5.7.4.3. A carga horária do treinamento dos estabelecimentos de grau de risco 1 e do representante nomeado da organização pode ser realizada integralmente na modalidade de ensino a distância ou semipresencial, nos termos da NR-1.

5.7.4.4. O treinamento realizado integralmente na modalidade de ensino a distância deve contemplar os riscos específicos do estabelecimento, nos termos do subitem 5.7.2.

5.7.4.5. O integrante do SESMT fica dispensado do treinamento da CIPA.

5.8. CIPA das organizações contratadas para prestação de serviços

5.8.1. A organização de prestação de serviços deve constituir CIPA centralizada, quando o número total de seus empregados na unidade da Federação se enquadrar no disposto no Quadro I desta NR.

5.8.1.1. Quando a organização contratada para prestação de serviços a terceiros exercer suas atividades em estabelecimento de contratante enquadrado em grau de riscos 3 ou 4 e o número total de seus empregados no estabelecimento da contratante se enquadrar no disposto no Quadro I desta NR, deve constituir CIPA própria neste estabelecimento, considerando o grau de risco da contratante.

5.8.1.1.1. A organização contratada está dispensada da constituição da CIPA própria, no caso de prestação de serviços a terceiros com até cento e oitenta dias de duração.

5.8.1.2. O número total de empregados da organização contratada para prestação de serviços, para efeito de dimensionamento da CIPA centralizada, deve desconsiderar os empregados alcançados por CIPA própria.

5.8.2. A organização contratada para prestação de serviços, quando desobrigada de constituir CIPA própria, deve nomear um representante da organização para cumprir os objetivos desta NR, se possuir cinco ou mais empregados no estabelecimento da contratante.

5.8.2.1. A nomeação de representante da organização em estabelecimento onde há empregado membro de CIPA centralizada é dispensada.

5.8.2.2. O estabelecido no subitem 5.8.2 não exclui o disposto no subitem 5.4.13 quanto ao estabelecimento sede da organização contratada para a prestação de serviços.

5.8.2.3. A nomeação do representante da organização contratada para a prestação de serviços deve ser feita entre os empregados que exercem suas atividades no estabelecimento.

5.8.3. A organização contratada para a prestação de serviços deve garantir que a CIPA centralizada mantenha interação entre os estabelecimentos nos quais possua empregados.

5.8.3.1. A organização deve garantir a participação dos representantes nomeados na CIPA nas reuniões da CIPA centralizada.

5.8.3.2. A organização deve dar condições aos integrantes da CIPA centralizada de atuarem nos estabelecimentos que não possuem representante nomeado, atendido o disposto no subitem 5.6.2.

5.8.4. O representante nomeado das organizações contratadas para a prestação de serviço deve participar de treinamento de acordo com o grau de risco da contratante.

5.8.5. A CIPA da prestadora de serviços a terceiros, constituída nos termos do subitem 5.8.1.1, será considerada encerrada, para todos os efeitos, quando encerradas as suas atividades no estabelecimento.

5.8.6. A organização contratante deve exigir da organização prestadora de serviços a nomeação do representante da organização, na forma prevista no subitem 5.8.2.

5.8.7. A contratante deve convidar a contratada para participar da reunião da CIPA da contratante, com a finalidade de integrar as ações de prevenção, sempre que as organizações atuarem em um mesmo estabelecimento.

5.8.7.1. A contratada deve indicar um representante da CIPA ou o representante nomeado da organização para participar da reunião da CIPA da contratante.

5.9. Disposições finais

5.9.1. A contratante adotará medidas para que as contratadas, sua CIPA, os representantes nomeados das organizações e os demais trabalhadores lotados naquele estabelecimento recebam informações sobre os riscos presentes nos ambientes de trabalho, bem como sobre as medidas de prevenção, em conformidade com o Programa de Gerenciamento de Riscos, previsto na NR 1.

5.9.2. Toda a documentação referente à CIPA deve ser mantida no estabelecimento, à disposição da inspeção do trabalho, pelo prazo mínimo de cinco anos.

5.9.3. Na hipótese de haver alteração do grau de risco do estabelecimento, o redimensionamento da CIPA deve ser efetivado na próxima eleição.

QUADRO I – DIMENSIONAMENTO DA CIPA

GRAU de RISCO*	N.º de INTEGRANTES da CIPA	0 a 19	20 a 29	30 a 50	51 a 80	81 a 100	101 a 120	121 a 140	141 a 300	301 a 500	501 a 1.000	1.001 a 2.500	2.501 a 5.000	5.001 a 10.000	Acima de 10.000 para cada grupo de 2.500 acrescentar
1	Efetivos					1	1	1	1	2	4	5	6	8	1
	Suplentes					1	1	1	1	2	3	4	5	6	1
2	Efetivos				1	1	2	2	3	4	5	6	8	10	1
	Suplentes				1	1	1	1	2	3	4	5	6	8	1
3	Efetivos		1	1	2	2	2	3	4	5	6	8	10	12	2
	Suplentes		1	1	1	1	1	2	2	4	4	6	8	8	2
4	Efetivos		1	2	3	3	4	4	4	5	6	9	11	13	2
	Suplentes		1	1	2	2	2	2	3	4	5	7	8	10	2

*Grau de Risco conforme estabelecido no Quadro I da NR-4 – Relação da Classificação Nacional de Atividades Econômicas – CNAE (Versão 2.0), com correspondente Grau de Risco – GR para fins de dimensionamento do Serviço Especializado em Segurança e em Medicina do Trabalho – SESMT.

ANEXO I
DA NR-5 – CIPA DA INDÚSTRIA DA CONSTRUÇÃO

SUMÁRIO

1. Objetivo
2. Campo de aplicação
3. Disposições gerais

1. Objetivo

1.1. Este anexo estabelece requisitos específicos para a Comissão Interna de Prevenção de Acidentes e de Assédio – CIPA da indústria da construção.

•• Item 1.1 com redação determinada pela Portaria n. 4.219, de 20-12-2022, em vigor a partir de 20-3-2023.

2. Campo de aplicação

2.1. As disposições estabelecidas neste Anexo se aplicam às organizações previstas no subitem 18.2.1 da Norma Regulamentadora n. 18 – Condições de Segurança e Saúde no Trabalho na Indústria da Construção.

3. Disposições gerais

3.1. A organização responsável pela obra deve constituir a CIPA por canteiro de obras, quando o número de empregados se enquadrar no dimensionamento previsto no Quadro I, observadas as disposições gerais desta Norma.

3.1.1. Quando o canteiro de obras não se enquadrar no dimensionamento previsto no Quadro I da NR-5, a organização responsável pela obra deverá nomear, entre seus empregados do local, no mínimo, um representante para cumprir os objetivos desta NR.

3.1.2. A organização responsável pela obra está dispensada de constituir CIPA por frente de trabalho.

3.1.3. Quando existir frente de trabalho, independentemente da quantidade de empregados próprios no local, a organização responsável pela obra deverá nomear, entre seus empregados, no mínimo, um representante, que exerça suas atividades na frente de trabalho ou no canteiro de obras, para cumprir os objetivos desta NR.

3.1.3.1. O representante nomeado da organização responsável pela obra pode ser nomeado como representante para mais de uma frente de trabalho.

3.2. Na hipótese de haver, no canteiro de obras ou na frente de trabalho, organização prestadora de serviços a terceiros, essa deve nomear, no mínimo, um representante da organização para cumprir os objetivos desta NR, quando possuir cinco ou mais empregados próprios no local.

3.2.1. A nomeação do representante da organização prestadora de serviços a terceiros, no canteiro de obras ou na frente de trabalho, deve ser feita entre os empregados que, obrigatoriamente, exercem suas atividades no local.

3.2.2. A organização responsável pela obra deve exigir da organização prestadora de serviços a terceiros que presta serviços no canteiro de obras ou na frente de trabalho a nomeação do representante, quando essa alcançar o mínimo previsto no item 3.2.

3.2.3. A organização que presta serviços a terceiros nos canteiros de obras ou frentes de trabalho, quando o dimensionamento se enquadrar no Quadro I da NR-5, considerando o número total de empregados nos diferentes locais de trabalho, deve constituir uma CIPA centralizada.

3.2.3.1. O dimensionamento da CIPA centralizada da organização prestadora de serviços a terceiros nos canteiros de obras ou frentes de trabalho, deve levar em consideração o número de empregados da organização distribuídos nos diferentes locais de trabalho onde presta serviços, tendo como limite territorial, para o dimensionamento da CIPA centralizada, a unidade da Federação.

3.2.3.1.1. A organização deve garantir que a CIPA centralizada mantenha interação entre os canteiros de obras e frentes de trabalho onde atua na unidade da Federação.

3.3. Obras com até cento e oitenta dias de duração estão dispensadas da constituição da CIPA, devendo a Comunicação Prévia de Obra ser enviada ao sindicato dos trabalhadores da categoria preponderante do local, no prazo máximo de dez dias, a partir de seu registro eletrônico no Sistema de Comunicação Prévia de Obras – SCPO.

3.3.1. Para obras com até cento e oitenta dias de duração, a organização responsável pela obra deverá nomear, no mínimo, um representante da organização para cumprir os objetivos desta NR, aplicando-se o disposto no subitem 3.1.2 quando existir frente de trabalho.

3.3.2. Para obras com até cento e oitenta dias de duração, havendo no canteiro de obras ou na frente de trabalho organização prestadora de serviços a terceiros, essa deverá nomear, no mínimo, um representante da organização para cumprir os objetivos desta NR, quando possuir cinco ou mais empregados próprios no local.

3.4. A escolha do representante nomeado compete à organização, observado o disposto nos itens 5.4.14 e 5.4.15.

3.4.1. A organização deve fornecer ao representante nomeado cópia da sua nomeação.

3.5. Os membros da CIPA do canteiro de obras devem participar de treinamento, conforme estabelecido nesta Norma.

3.5.1. O representante nomeado deve participar de treinamento, com carga horária mínima de oito horas, considerando o disposto no item 1.7 da NR-1 e observadas as disposições gerais dessa Norma, com o seguinte conteúdo:

a) noções de prevenção de acidentes e doenças relacionadas ao trabalho;

b) estudo do ambiente e das condições de trabalho, dos riscos originados no processo produtivo e das medidas de prevenção, de acordo com a etapa da obra; e

c) noções sobre a legislação trabalhista e previdenciária relativas à segurança e saúde no trabalho;

d) prevenção e combate ao assédio sexual e a outras formas de violência no trabalho.

•• Alínea *d* acrescentada pela Portaria n. 4.219, de 20-12-2022, em vigor a partir de 20-3-2023.

3.5.1.1. A validade do treinamento do representante nomeado deverá atender ao disposto nessa Norma, podendo ser, dentro do prazo de validade e para a organização que promoveu o treinamento, aproveitado em diferentes canteiros de obras ou frentes de trabalho.

3.5.1.2. É permitida a convalidação do treinamento do representante por diferentes organizações, desde que atendido o disposto no item 1.7 da NR-1.

3.6. A organização responsável pela obra deve coordenar, observadas as disposições gerais desta Norma, o trabalho da CIPA, quando existente no canteiro de obras e, quando aplicável, do representante nomeado pela organização.

3.6.1. A organização responsável pela obra deve promover a integração entre a CIPA, quando existente, e o representante nomeado quando aplicável, no canteiro de obras e na frente de trabalho, observadas as disposições gerais dessa Norma.

3.6.2. A participação dos membros da CIPA e do representante nas reuniões, para cumprir os objetivos dessa Norma, deve atender ao disposto em sua parte geral.

3.7. A CIPA do canteiro de obras será considerada encerrada, para todos os efeitos, quando as atividades da obra forem finalizadas.

3.7.1. Consideram-se finalizadas as atividades da obra, para os efeitos de aplicação do disposto nessa Norma, quando todas as suas etapas previstas em projetos estiverem concluídas.

3.7.2. A conclusão da obra deverá ser formalizada em documento próprio pelo responsável técnico da obra e cuja cópia deve ser encaminhada – física ou eletronicamente – ao sindicato da categoria dos trabalhadores predominante no estabelecimento.

NR 6
EQUIPAMENTO DE PROTEÇÃO INDIVIDUAL – EPI (*)

6.1. Para os fins de aplicação desta Norma Regulamentadora – NR, considera-se Equipamento de Proteção Individual – EPI, todo dispositivo ou produto, de uso individual utilizado pelo trabalhador, destinado à proteção de riscos suscetíveis de ameaçar a segurança e a saúde no trabalho.

6.1.1. Entende-se como Equipamento Conjugado de Proteção Individual, todo aquele composto por vários dispositivos, que o fabricante tenha associado contra um ou mais riscos que possam ocorrer simultaneamente e que sejam suscetíveis de ameaçar a segurança e a saúde no trabalho.

6.2. O equipamento de proteção individual, de fabricação nacional ou importado, só poderá ser posto à venda ou utilizado com a indicação do Certificado de Aprovação – CA, expedido pelo órgão nacional competente em matéria de segurança e saúde no trabalho do Ministério do Trabalho e Emprego.

•• Código: 206.023-0. Infração: 4. Tipo: S.

6.3. A empresa é obrigada a fornecer aos empregados, gratuitamente, EPI adequado ao risco, em perfeito estado de conservação e funcionamento, nas seguintes circunstâncias:

•• Código: 206.024-8. Infração: 4. Tipo: S.

a) sempre que as medidas de ordem geral não ofereçam completa proteção contra os riscos de acidentes do trabalho ou de doenças profissionais e do trabalho;

(*) NR aprovada pela Portaria n. 3.214, de 8-6-1978, e com redação determinada pela Portaria n. 25, de 15-10-2001. *Vide* arts. 166 e 167 da CLT, sobre EPI. A Portaria n. 11.437, de 6-5-2020, da Secretaria Especial de Previdência e Trabalho, estabelece os procedimentos e os requisitos técnicos para avaliação de Equipamentos de Proteção Individual – EPI e emissão, renovação ou alteração de Certificado de Aprovação – CA. *Vide* no **Saraiva Conecta** o novo texto da NR 6, atualizado pela Portaria n. 2.175, de 28-7-2022, do MTP (*DOU* de 5-8-2022), em vigor em 180 dias após sua publicação.

b) enquanto as medidas de proteção coletiva estiverem sendo implantadas; e,

c) para atender a situações de emergência.

6.4. Atendidas as peculiaridades de cada atividade profissional, e observado o disposto no item 6.3, o empregador deve fornecer aos trabalhadores os EPI adequados, de acordo com o disposto no Anexo I desta NR.

6.4.1. As solicitações para que os produtos que não estejam relacionados no Anexo I, desta NR, sejam considerados como EPI, bem como as propostas para reexame daqueles ora elencados, deverão ser avaliadas por comissão tripartite a ser constituída pelo órgão nacional competente em matéria de segurança e saúde no trabalho, após ouvida a CTPP, sendo as conclusões submetidas àquele órgão do Ministério do Trabalho e Emprego para aprovação.

•• A Portaria n. 59, de 19-6-2008, da Secretaria de Inspeção do Trabalho, cria, em substituição à Comissão Tripartite prevista neste item, a Comissão Nacional Tripartite.

6.5. Compete ao Serviço Especializado em Engenharia de Segurança e em Medicina do Trabalho – SESMT, ouvida a Comissão Interna de Prevenção de Acidentes – CIPA e trabalhadores usuários, recomendar ao empregador o EPI adequado ao risco existente em determinada atividade.

•• Item com redação determinada pela Portaria n. 194, de 7-12-2010.

6.5.1. Nas empresas desobrigadas a constituir SESMT, cabe ao empregador selecionar o EPI adequado ao risco, mediante orientação de profissional tecnicamente habilitado, ouvida a CIPA ou, na falta esta, o designado e trabalhadores usuários.

•• Item com redação determinada pela Portaria n. 194, de 7-12-2010.

6.6. Responsabilidades do empregador.

•• Item com redação determinada pela Portaria n. 194, de 7-12-2010.

6.6.1. Cabe ao empregador quanto ao EPI:

a) adquirir o adequado ao risco de cada atividade;

•• Código: 206.005-1. Infração: 3. Tipo: S.

b) exigir seu uso;

•• Código: 206.025-6. Infração: 4. Tipo: S.

c) fornecer ao trabalhador somente o aprovado pelo órgão nacional competente em matéria de segurança e saúde no trabalho;

•• Código: 206.026-4. Infração: 4. Tipo: S.

d) orientar e treinar o trabalhador sobre o uso adequado, guarda e conservação;

•• Código: 206.008-6. Infração: 3. Tipo: S.

e) substituir imediatamente, quando danificado ou extraviado;

•• Código: 206.009-4. Infração: 3. Tipo: S.

f) responsabilizar-se pela higienização e manutenção periódica;

•• Código: 206.027-2. Infração: 2. Tipo: S.

g) comunicar ao MTE qualquer irregularidade observada;

h) registrar o seu fornecimento ao trabalhador, podendo ser adotados livros, fichas ou sistema eletrônico.

•• Alínea *h* acrescentada pela Portaria n. 107, de 25-8-2009.

•• Código: 206.033-7. Infração: 2. Tipo: S.

6.7. Responsabilidades dos trabalhadores.

•• Item com redação determinada pela Portaria n. 194, de 7-12-2010.

6.7.1. Cabe ao empregado quanto ao EPI:

a) usar, utilizando-o apenas para a finalidade a que se destina;

b) responsabilizar-se pela guarda e conservação;

c) comunicar ao empregador qualquer alteração que o torne impróprio para uso; e,

d) cumprir as determinações do empregador sobre o uso adequado.

6.8. Responsabilidades de fabricantes e/ou importadores.

•• Item com redação determinada pela Portaria n. 194, de 7-12-2010.

6.8.1. O fabricante nacional ou importador deverá:

•• Item com redação determinada pela Portaria n. 194, de 7-12-2010.

a) cadastrar-se junto ao órgão nacional competente em matéria de segurança e saúde no trabalho;

•• Alínea *a* com redação determinada pela Portaria n. 194, de 7-12-2010.

•• Código: 206.034-5. Infração: 3. Tipo: S.

b) solicitar a emissão do CA;

•• Alínea *b* com redação determinada pela Portaria n. 194, de 7-12-2010.

c) solicitar a renovação do CA quando vencido o prazo de validade estipulado pelo órgão nacional competente em matéria de segurança e saúde do trabalho;

•• Alínea *c* com redação determinada pela Portaria n. 194, de 7-12-2010.

•• Código: 206.035-3. Infração: 3. Tipo: S.

d) requerer novo CA quando houver alteração das especificações do equipamento aprovado;

•• Alínea *d* com redação determinada pela Portaria n. 194, de 7-12-2010.

•• Código: 206.036-1. Infração: 3. Tipo: S.

e) responsabilizar-se pela manutenção da qualidade do EPI que deu origem ao Certificado de Aprovação – CA;

•• Código: 206.029-9. Infração: 4. Tipo: S.

f) comercializar ou colocar à venda somente o EPI, portador de CA;

g) comunicar ao órgão nacional competente em matéria de segurança e saúde no trabalho quaisquer alterações dos dados cadastrais fornecidos;

•• Código: 206.018-3. Infração: 1. Tipo: S.

h) comercializar o EPI com instruções técnicas no idioma nacional, orientando sua utilização, manutenção, restrição e demais referências ao seu uso;

•• Código: 206.030-2. Infração: 2. Tipo: S.

i) fazer constar do EPI o número do lote de fabricação;

•• Código: 206.031-0. Infração: 2. Tipo: S.

j) providenciar a avaliação da conformidade do EPI no âmbito do SINMETRO, quando for o caso;

•• *Vide* Portaria n. 32, de 8-1-2009.

k) fornecer as informações referentes aos processos de limpeza e higienização de seus EPI, indicando quando for o caso, o número de higienizações acima do qual é necessário proceder à revisão ou à substituição do equipamento, a fim de garantir que os mesmos mantenham as características de proteção original;

•• Alínea *k* acrescentada pela Portaria n. 194, de 7-12-2010.

•• Código: 206.037-0. Infração: 3. Tipo: S.

l) promover adaptação do EPI detentor de Certificado de Aprovação para pessoas com deficiência.

•• Alínea *l* acrescentada pela Portaria n. 877, de 24-10-2018.

6.8.1.1. Os procedimentos de cadastramento de fabricante e/ou importador de EPI e de emissão e/ou renovação de CA devem atender os requisitos estabelecidos em Portaria específica.

•• Item acrescentado pela Portaria n. 194, de 7-12-2010.

•• Código: 206.038-8. Infração: 2. Tipo: S.

6.9. Certificado de Aprovação – CA

6.9.1. Para fins de comercialização o CA concedido aos EPI terá validade:

•• Código: 206.039-6. Infração: 4. Tipo: S.

a) de 5 (cinco) anos, para aqueles equipamentos com laudos de ensaio que não tenham sua conformidade avaliada no âmbito do SINMETRO;

b) do prazo vinculado à avaliação da conformidade no âmbito do SINMETRO, quando for o caso;

c) e *d)* (Revogadas pela Portaria n. 194, de 7-12-2010.)

6.9.2. O órgão nacional competente em matéria de segurança e saúde no trabalho, quando necessário e mediante justificativa, poderá estabelecer prazos diversos daqueles dispostos no subitem 6.9.1.

6.9.3. Todo EPI deverá apresentar em caracteres indeléveis e bem visíveis, o nome comercial da empresa fabricante, o lote de fabricação e o número do CA, ou, no caso de EPI importado, o nome do importador, o lote de fabricação e o número do CA.

•• Código: 206.032-9. Infração: 3. Tipo: S.

6.9.3.1. Na impossibilidade de cumprir o determinado no item 6.9.3, o órgão nacional competente em matéria de segurança e saúde no trabalho poderá autorizar forma alternativa de gravação, a ser proposta pelo fabricante ou importador, devendo esta constar do CA.

•• Código: 206.040-0. Infração: 2. Tipo: S.

6.9.3.2. A adaptação do Equipamento de Proteção Individual para uso pela pessoa com deficiência feita pelo fabricante ou importador detentor do Certificado de Aprovação não invalida o certificado já emitido, sendo desnecessária a emissão de novo CA.
•• Item acrescentado pela Portaria n. 877, de 24-10-2018.

6.10. (Revogado pela Portaria n. 194, de 7-12-2010.)

6.10.1. (Revogado pela Portaria n. 194, de 7-12-2010.)

6.11. Da competência do Ministério do Trabalho e Emprego/MTE.

6.11.1. Cabe ao órgão nacional competente em matéria de segurança e saúde no trabalho:

a) cadastrar o fabricante ou importador de EPI;

b) receber e examinar a documentação para emitir ou renovar o CA de EPI;

c) estabelecer, quando necessário, os regulamentos técnicos para ensaios de EPI;

•• A Portaria n. 198, de 6-1-2011, da Secretaria de Inspeção do Trabalho, determina que os Certificados de Aprovação – CA dos equipamentos de proteção individual contra agentes térmicos, calor e/ou chamas, exceto arco elétrico, fogo repentino e combate a incêndio terão sua validade prorrogada até 30-4-2011.

•• Vide Portaria n. 452, de 20-11-2014, do Departamento de Segurança e Saúde no Trabalho, que estabelece normas técnicas de ensaios.

d) emitir ou renovar o CA e o cadastro de fabricante ou importador;

e) fiscalizar a qualidade do EPI;

f) suspender o cadastramento da empresa fabricante ou importadora; e,

g) cancelar o CA.

6.11.1.1. Sempre que julgar necessário o órgão nacional competente em matéria de segurança e saúde no trabalho, poderá requisitar amostras de EPI, identificadas com o nome do fabricante e o número de referência, além de outros requisitos.

6.11.2. Cabe ao órgão regional do MTE:

a) fiscalizar e orientar quanto ao uso adequado e a qualidade do EPI;

b) recolher amostras de EPI; e

c) aplicar, na sua esfera de competência, as penalidades cabíveis pelo descumprimento desta NR.

6.12. (Revogado pela Portaria n. 125, de 12-11-2009.)

•• Vide Portaria n. 125, de 12-11-2009.

ANEXO I
LISTA DE EQUIPAMENTOS DE PROTEÇÃO INDIVIDUAL

•• Anexo I com redação determinada pela Portaria n. 194, de 7-12-2010.

A – EPI PARA PROTEÇÃO DA CABEÇA

A.1 – Capacete

a) capacete para proteção contra impactos de objetos sobre o crânio;

b) capacete para proteção contra choques elétricos;

c) capacete para proteção do crânio e face contra agentes térmicos.

A.2 – Capuz ou balaclava

a) capuz para proteção do crânio e pescoço contra riscos de origem térmica;

b) capuz para proteção do crânio, face e pescoço contra agentes químicos;

•• Alínea b com redação determinada pela Portaria n. 505, de 16-4-2015.

c) capuz para proteção do crânio e pescoço contra agentes abrasivos e escoriantes.

d) capuz para proteção da cabeça e pescoço contra umidade proveniente de operações com uso de água.

•• Alínea d acrescentada pela Portaria n. 505, de 16-4-2015.

B – EPI PARA PROTEÇÃO DOS OLHOS E FACE

B.1 – Óculos

a) óculos para proteção dos olhos contra impactos de partículas volantes;

b) óculos para proteção dos olhos contra luminosidade intensa;

c) óculos para proteção dos olhos contra radiação ultravioleta;

d) óculos para proteção dos olhos contra radiação infravermelha;

e) óculos de tela para proteção limitada dos olhos contra impactos de partículas volantes.

•• Alínea e acrescentada pela Portaria n. 1.134, de 23-7-2014.

B.2 – Protetor facial

a) protetor facial para proteção da face contra impactos de partículas volantes;

b) protetor facial para proteção da face contra radiação infravermelha;

c) protetor facial para proteção dos olhos contra luminosidade intensa;

d) protetor facial para proteção da face contra riscos de origem térmica;

e) protetor facial para proteção da face contra radiação ultravioleta.

B.3 – Máscara de Solda:

a) máscara de solda para proteção dos olhos e face contra impactos de partículas volantes, radiação ultravioleta, radiação infravermelha e luminosidade intensa.

C – EPI PARA PROTEÇÃO AUDITIVA

C.1 – Protetor auditivo:

a) protetor auditivo circum-auricular para proteção do sistema auditivo contra níveis de pressão sonora superiores ao estabelecido na NR-15, Anexos n. 1 e 2;

b) protetor auditivo de inserção para proteção do sistema auditivo contra níveis de pressão sonora superiores ao estabelecido na NR-15, Anexos n. 1 e 2;

c) protetor auditivo semiauricular para proteção do sistema auditivo contra níveis de pressão sonora superiores ao estabelecido na NR-15, Anexos n. 1 e 2.

D – EPI PARA PROTEÇÃO RESPIRATÓRIA

D.1 – Respirador purificador de ar não motorizado:

a) peça semifacial filtrante (PFF1) para proteção das vias respiratórias contra poeiras e névoas;

b) peça semifacial filtrante (PFF2) para proteção das vias respiratórias contra poeiras, névoas e fumos;

c) peça semifacial filtrante (PFF3) para proteção das vias respiratórias contra poeiras, névoas, fumos e radionuclídeos;

d) peça um quarto facial, semifacial ou facial inteira com filtros para material particulado tipo P1 para proteção das vias respiratórias contra poeiras e névoas; e u P2 para proteção contra poeiras, névoas e fumos; e ou P3 para proteção contra poeiras, névoas, fumos e radionuclídeos;

e) peça um quarto facial, semifacial ou facial inteira com filtros químicos e ou combinados para proteção das vias respiratórias contra gases e vapores e ou material particulado.

D.2 – Respirador purificador de ar motorizado:

a) sem vedação facial tipo touca de proteção respiratória, capuz ou capacete para proteção das vias respiratórias contra poeiras, névoas, fumos e radionuclídeos e ou contra gases e vapores;

b) com vedação facial tipo peça semifacial ou facial inteira para proteção das vias respiratórias contra poeiras, névoas, fumos e radionuclídeos e ou contra gases e vapores.

D.3 – Respirador de adução de ar tipo linha de ar comprimido:

a) sem vedação facial de fluxo contínuo tipo capuz ou capacete para proteção das vias respiratórias em atmosferas com concentração de oxigênio maior que 12,5%;

b) sem vedação facial de fluxo contínuo tipo capuz ou capacete para proteção das vias respiratórias em operações de jateamento e em atmosferas com concentração de oxigênio maior que 12,5%;

c) com vedação facial de fluxo contínuo tipo peça semifacial ou facial inteira para proteção das vias respiratórias em atmosferas com concentração de oxigênio maior que 12,5%;

d) de demanda com pressão positiva tipo peça semifacial ou facial inteira para proteção das vias respiratórias em atmosferas com concentração de oxigênio maior que 12,5%;

e) de demanda com pressão positiva tipo peça facial inteira combinado com cilindro auxiliar para proteção das vias respiratórias em atmosferas com concentração de oxigênio menor ou igual que 12,5%, ou seja, em atmosferas Imediatamente Perigosas à Vida e à Saúde (IPVS).

D.4 – Respirador de adução de ar tipo máscara autônoma:

a) de circuito aberto de demanda com pressão positiva para proteção das vias respiratórias em atmosferas com concentração de oxigênio menor ou igual que 12,5%, ou seja, em atmosferas Imediatamente Perigosas à Vida e a Saúde (IPVS);

b) de circuito fechado de demanda com pressão positiva para proteção das vias respiratórias em atmosferas com concentração de oxigênio menor ou igual que 12,5%, ou seja, em atmosferas Imediatamente Perigosas à Vida e a Saúde (IPVS).

D.5 – Respirador de fuga

a) respirador de fuga tipo bocal para proteção das vias respiratórias contra gases e vapores e ou material particulado em condições de escape de atmosferas Imediatamente Perigosas à Vida e a Saúde (IPVS).

E – EPI PARA PROTEÇÃO DO TRONCO

E.1 – Vestimentas

a) vestimentas para proteção do tronco contra riscos de origem térmica;

b) vestimentas para proteção do tronco contra riscos de origem mecânica;

c) vestimentas para proteção do tronco contra agentes químicos;
 •• Alínea c com redação determinada pela Portaria n. 505, de 16-4-2015.

d) vestimentas para proteção do tronco contra riscos de origem radioativa;

e) vestimenta para proteção do tronco contra umidade proveniente de precipitação pluviométrica;
 •• Alínea e com redação determinada pela Portaria n. 870, de 6-7-2017.

f) vestimentas para proteção do tronco contra umidade proveniente de operações com uso de água.

E.2 – Colete à prova de balas de uso permitido para vigilantes que trabalhem portando arma de fogo, para proteção do tronco contra riscos de origem mecânica.

F – EPI PARA PROTEÇÃO DOS MEMBROS SUPERIORES

F.1 – Luvas

a) luvas para proteção das mãos contra agentes abrasivos e escoriantes;

b) luvas para proteção das mãos contra agentes cortantes e perfurantes;
 •• A Portaria n. 392, de 18-7-2013, da SIT, aprova o Regulamento Técnico para luvas de segurança utilizadas na atividade de corte manual de cana-de-açúcar.

c) luvas para proteção das mãos contra choques elétricos;

d) luvas para proteção das mãos contra agentes térmicos;

e) luvas para proteção das mãos contra agentes biológicos;

f) luvas para proteção das mãos contra agentes químicos;

g) luvas para proteção das mãos contra vibrações;

h) luvas para proteção contra umidade proveniente de operações com uso de água;

i) luvas para proteção das mãos contra radiações ionizantes.

F.2 – Creme protetor

a) creme protetor de segurança para proteção dos membros superiores contra agentes químicos.

F.3 – Manga

a) manga para proteção do braço e do antebraço contra choques elétricos;

b) manga para proteção do braço e do antebraço contra agentes abrasivos e escoriantes;

c) manga para proteção do braço e do antebraço contra agentes cortantes e perfurantes;

d) manga para proteção do braço e do antebraço contra umidade proveniente de operações com uso de água;

e) manga para proteção do braço e do antebraço contra agentes térmicos;

f) manga para proteção do braço e do antebraço contra agentes químicos.

 •• Alínea f acrescentada pela Portaria n. 505, de 16-4-2015.

F.4 – Braçadeira

a) braçadeira para proteção do antebraço contra agentes cortantes;

b) braçadeira para proteção do antebraço contra agentes escoriantes.

F.5 – Dedeira

a) dedeira para proteção dos dedos contra agentes abrasivos e escoriantes.

G – EPI PARA PROTEÇÃO DOS MEMBROS INFERIORES

G.1 – Calçado

a) calçado para proteção contra impactos de quedas de objetos sobre os artelhos;

b) calçado para proteção dos pés contra agentes provenientes de energia elétrica;

c) calçado para proteção dos pés contra agentes térmicos;

d) calçado para proteção dos pés contra agentes abrasivos e escoriantes;

e) calçado para proteção dos pés contra agentes cortantes e perfurantes;

f) calçado para proteção dos pés e pernas contra umidade proveniente de operações com uso de água;

g) calçado para proteção dos pés e pernas contra agentes químicos.
 •• Alínea g com redação determinada pela Portaria n. 505, de 16-4-2015.

G.2 – Meia

a) meia para proteção dos pés contra baixas temperaturas.

G.3 – Perneira

a) perneira para proteção da perna contra agentes abrasivos e escoriantes;

b) perneira para proteção da perna contra agentes térmicos;

c) perneira para proteção da perna contra agentes químicos;
 •• Alínea c com redação determinada pela Portaria n. 505, de 16-4-2015.

d) perneira para proteção da perna contra agentes cortantes e perfurantes;

e) perneira para proteção da perna contra umidade proveniente de operações com uso de água.

G.4 – Calça

a) calça para proteção das pernas contra agentes abrasivos e escoriantes;

b) calça para proteção das pernas contra agentes químicos;
 •• Alínea b com redação determinada pela Portaria n. 505, de 16-4-2015.

c) calça para proteção das pernas contra agentes térmicos;

d) calça para proteção das pernas contra umidade proveniente de operações com uso de água;

e) calça para proteção das pernas contra umidade proveniente de precipitação pluviométrica.
 •• Alínea e acrescentada pela Portaria n. 870, de 6-7-2017.

H – EPI PARA PROTEÇÃO DO CORPO INTEIRO

H.1 – Macacão

a) macacão para proteção do tronco e membros superiores e inferiores contra agentes térmicos;

b) macacão para proteção do tronco e membros superiores e inferiores contra agentes químicos;
 •• Alínea b com redação determinada pela Portaria n. 505, de 16-4-2015.

c) macacão para proteção do tronco e membros superiores e inferiores contra umidade proveniente de operações com uso de água;

d) macacão para proteção do tronco e membros superiores e inferiores contra umidade proveniente de precipitação pluviométrica.
 •• Alínea d acrescentada pela Portaria n. 870, de 6-7-2017.

H.2 – Vestimenta de corpo inteiro

a) vestimenta para proteção de todo o corpo contra riscos de origem química;
 •• Alínea a com redação determinada pela Portaria n. 505, de 16-4-2015.

b) vestimenta para proteção de todo o corpo contra umidade proveniente de operações com água;

c) vestimenta condutiva para proteção de todo o corpo contra choques elétricos;

d) vestimenta para proteção de todo o corpo contra umidade proveniente de precipitação pluviométrica.

•• Alínea d acrescentada pela Portaria n. 870, de 6-7-2017.

I – EPI PARA PROTEÇÃO CONTRA QUEDAS COM DIFERENÇA DE NÍVEL
•• Item com redação determinada pela Portaria n. 292, de 8-12-2011.

I.1 – Cinturão de Segurança com Dispositivo trava-queda
•• Item com redação determinada pela Portaria n. 292, de 8-12-2011.

a) cinturão de segurança com dispositivo trava-queda para proteção do usuário contra quedas em operações com movimentação vertical ou horizontal.
•• Alínea a com redação determinada pela Portaria n. 292, de 8-12-2011.

I.2 – Cinturão de Segurança com Talabarte
•• Item com redação determinada pela Portaria n. 292, de 8-12-2011.

a) cinturão de segurança com TALABARTE para proteção do usuário contra riscos de queda em trabalhos em altura;
•• Alínea a com redação determinada pela Portaria n. 292, de 8-12-2011.

b) cinturão de segurança com TALABARTE para proteção do usuário contra riscos de queda no posicionamento em trabalhos em altura.
•• Alínea b com redação determinada pela Portaria n. 292, de 8-12-2011.

Nota: O presente Anexo poderá ser alterado por portaria específica a ser expedida pelo órgão nacional competente em matéria de segurança e saúde no trabalho, após observado o disposto no subitem 6.4.1.

ANEXO II
•• Anexo II revogado pela Portaria n. 194, de 7-12-2010.

ANEXO III
•• Anexo III revogado pela Portaria n. 194, de 7-12-2010.

NR 7
PROGRAMA DE CONTROLE MÉDICO DE SAÚDE OCUPACIONAL – PCMSO (*)

SUMÁRIO
7.1 Objetivo
7.2 Campo de Aplicação
7.3 Diretrizes
7.4 Responsabilidades
7.5 Planejamento
7.6 Documentação
7.7 Microempreendedor Individual – MEI, Microempresa – ME e Empresa de Pequeno Porte – EPP
ANEXO I – Monitoração da exposição ocupacional a agentes químicos
ANEXO II – Controle médico ocupacional da exposição a níveis de pressão sonora elevados
ANEXO III – Controle radiológico e espirométrico da exposição a agentes químicos
ANEXO IV – Controle médico ocupacional de exposição a condições hiperbáricas
ANEXO V – Controle médico ocupacional da exposição a substâncias químicas cancerígenas e a radiações ionizantes
Glossário

7.1 Objetivo
7.1.1 Esta Norma Regulamentadora – NR estabelece diretrizes e requisitos para o desenvolvimento do Programa de Controle Médico de Saúde Ocupacional – PCMSO nas organizações, com o objetivo de proteger e preservar a saúde de seus empregados em relação aos riscos ocupacionais, conforme avaliação de riscos do Programa de Gerenciamento de Risco – PGR da organização.

7.2 Campo de aplicação
7.2.1 Esta Norma se aplica às organizações e aos órgãos públicos da administração direta e indireta, bem como aos órgãos dos poderes legislativo e judiciário e ao Ministério Público, que possuam empregados regidos pela Consolidação das Leis do Trabalho – CLT.

7.3 Diretrizes
7.3.1 O PCMSO é parte integrante do conjunto mais amplo de iniciativas da organização no campo da saúde de seus empregados, devendo estar harmonizado com o disposto nas demais NR.

7.3.2 São diretrizes do PCMSO:
a) rastrear e detectar precocemente os agravos à saúde relacionados ao trabalho;
b) detectar possíveis exposições excessivas a agentes nocivos ocupacionais;
c) definir a aptidão de cada empregado para exercer suas funções ou tarefas determinadas;
d) subsidiar a implantação e o monitoramento da eficácia das medidas de prevenção adotadas na organização;
e) subsidiar análises epidemiológicas e estatísticas sobre os agravos à saúde e sua relação com os riscos ocupacionais;
f) subsidiar decisões sobre o afastamento de empregados de situações de trabalho que possam comprometer sua saúde;
g) subsidiar a emissão de notificações de agravos relacionados ao trabalho, de acordo com a regulamentação pertinente;
h) subsidiar o encaminhamento de empregados à Previdência Social;
i) acompanhar de forma diferenciada o empregado cujo estado de saúde possa ser especialmente afetado pelos riscos ocupacionais;
j) subsidiar a Previdência Social nas ações de reabilitação profissional;
k) subsidiar ações de readaptação profissional;
l) controlar da imunização ativa dos empregados, relacionada a riscos ocupacionais, sempre que houver recomendação do Ministério da Saúde.

7.3.2.1 O PCMSO deve incluir ações de:
a) vigilância passiva da saúde ocupacional, a partir de informações sobre a demanda espontânea de empregados que procurem serviços médicos;
b) vigilância ativa da saúde ocupacional, por meio de exames médicos dirigidos que incluam, além dos exames previstos nesta NR, a coleta de dados sobre sinais e sintomas de agravos à saúde relacionados aos riscos ocupacionais.

7.3.2.2 O PCMSO não deve ter caráter de seleção de pessoal.

7.4 Responsabilidades
7.4.1 Compete ao empregador:
a) garantir a elaboração e efetiva implantação do PCMSO;
b) custear sem ônus para o empregado todos os procedimentos relacionados ao PCMSO;
c) indicar médico do trabalho responsável pelo PCMSO.

7.5 Planejamento
7.5.1 O PCMSO deve ser elaborado considerando os riscos ocupacionais identificados e classificados pelo PGR.

7.5.2 Inexistindo médico do trabalho na localidade, a organização pode contratar médico de outra especialidade como responsável pelo PCMSO.

7.5.3 O PCMSO deve incluir a avaliação do estado de saúde dos empregados em atividades críticas, como definidas nesta Norma, considerando os riscos envolvidos em cada situação e a investigação de patologias que possam impedir o exercício de tais atividades com segurança.

7.5.4 A organização deve garantir que o PCMSO:

(*) NR aprovada pela Portaria n. 3.214, de 8-6-1978, e com redação determinada pela Portaria n. 6.734, de 9-3-2020, do Ministério da Economia. Vide arts. 168 e 169 da CLT e Portaria n. 6.734, de 10-3-2020, do Ministério da Economia.

a) descreva os possíveis agravos à saúde relacionados aos riscos ocupacionais identificados e classificados no PGR;

b) contenha planejamento de exames médicos clínicos e complementares necessários, conforme os riscos ocupacionais identificados, atendendo ao determinado nos Anexos desta NR;

c) contenha os critérios de interpretação e planejamento das condutas relacionadas aos achados dos exames médicos;

d) seja conhecido e atendido por todos os médicos que realizarem os exames médicos ocupacionais dos empregados;

e) inclua relatório analítico sobre o desenvolvimento do programa, conforme o subitem 7.6.2 desta NR.

7.5.5 O médico responsável pelo PCMSO, caso observe inconsistências no inventário de riscos da organização, deve reavaliá-las em conjunto com os responsáveis pelo PGR.

7.5.6 O PCMSO deve incluir a realização obrigatória dos exames médicos:

a) admissional;

b) periódico;

c) de retorno ao trabalho;

d) de mudança de riscos ocupacionais;

e) demissional.

7.5.7 Os exames médicos de que trata o subitem 7.5.6 compreendem exame clínico e exames complementares, realizados de acordo com as especificações desta e de outras NR.

7.5.8 O exame clínico deve obedecer aos prazos e à seguinte periodicidade:

I – no exame admissional: ser realizado antes que o empregado assuma suas atividades;

II – no exame periódico: ser realizado de acordo com os seguintes intervalos:

a) para empregados expostos a riscos ocupacionais identificados e classificados no PGR e para portadores de doenças crônicas que aumentem a susceptibilidade tais riscos:

1. a cada ano ou a intervalos menores, a critério do médico responsável;

2. de acordo com a periodicidade especificada no Anexo IV desta Norma, relativo a empregados expostos a condições hiperbáricas;

b) para os demais empregados, o exame clínico deve ser realizado a cada dois anos.

7.5.9 No exame de retorno ao trabalho, o exame clínico deve ser realizado antes que o empregado reassuma suas funções, quando ausente por período igual ou superior a 30 (trinta) dias por motivo de doença ou acidente, de natureza ocupacional ou não.

7.5.9.1 No exame de retorno ao trabalho, a avaliação médica deve definir a necessidade de retorno gradativo ao trabalho.

7.5.10 O exame de mudança de risco ocupacional deve, obrigatoriamente, ser realizado antes da data da mudança, adequando-se o controle médico aos novos riscos.

7.5.11 No exame demissional, o exame clínico deve ser realizado em até 10 (dez) dias contados do término do contrato, podendo ser dispensado caso o exame clínico ocupacional mais recente tenha sido realizado há menos de 135 (cento e trinta e cinco) dias, para as organizações graus de risco 1 e 2, e há menos de 90 dias, para as organizações graus de risco 3 e 4.

7.5.12 Os exames complementares laboratoriais previstos nesta NR devem ser executados por laboratório que atenda ao disposto na RDC/Anvisa n. 302/2005, no que se refere aos procedimentos de coleta, acondicionamento, transporte e análise, e interpretados com base nos critérios constantes nos Anexos desta Norma e são obrigatórios quando:

a) o levantamento preliminar do PGR indicar a necessidade de medidas de prevenção imediatas;

b) houver exposições ocupacionais acima dos níveis de ação determinados na NR-09 ou se a classificação de riscos do PGR indicar.

7.5.12.1 O momento da coleta das amostras biológicas deve seguir o determinado nos Quadros 1 e 2 do Anexo I desta NR.

7.5.12.2 Quando a organização realizar o armazenamento e o transporte das amostras, devem ser seguidos os procedimentos recomendados pelo laboratório contratado.

7.5.13 Os exames previstos nos Quadros 1 e 2 do Anexo I desta NR devem ser realizados a cada seis meses, podendo ser antecipados ou postergados por até 45 (quarenta e cinco) dias, a critério do médico responsável, mediante justificativa técnica, a fim de que os exames sejam realizados em situações mais representativas da exposição do empregado ao agente.

7.5.14 Para as atividades realizadas de forma sazonal, a periodicidade dos exames constantes nos Quadros 1 e 2 do Anexo I desta NR pode ser anual, desde que realizada em concomitância com o período da execução da atividade.

7.5.15 Os exames previstos no Quadro 1 do Anexo I desta NR não serão obrigatórios nos exames admissional, de retorno ao trabalho, de mudança de risco ocupacional e demissional.

7.5.16 Os empregados devem ser informados, durante o exame clínico, das razões da realização dos exames complementares previstos nesta NR e do significado dos resultados de tais exames.

7.5.17 No exame admissional, a critério do médico responsável, poderão ser aceitos exames complementares realizados nos 90 (noventa) dias anteriores, exceto quando definidos prazos diferentes nos Anexos desta NR.

7.5.18 Podem ser realizados outros exames complementares, a critério do médico responsável, desde que relacionados aos riscos ocupacionais classificados no PGR e tecnicamente justificados no PCMSO.

7.5.19 Para cada exame clínico ocupacional realizado, o médico emitirá Atestado de Saúde Ocupacional – ASO, que deve ser comprovadamente disponibilizado ao empregado, devendo ser fornecido em meio físico quando solicitado.

7.5.19.1 O ASO deve conter no mínimo:

a) razão social e CNPJ ou CAEPF da organização;

b) nome completo do empregado, o número de seu CPF e sua função;

c) a descrição dos perigos ou fatores de risco identificados e classificados no PGR que necessitem de controle médico previsto no PCMSO, ou a sua inexistência;

d) indicação e data de realização dos exames ocupacionais clínicos e complementares a que foi submetido o empregado;

e) definição de apto ou inapto para a função do empregado;

f) o nome e número de registro profissional do médico responsável pelo PCMSO, se houver;

g) data, número de registro profissional e assinatura do médico que realizou o exame clínico.

7.5.19.2 A aptidão para trabalho em atividades específicas, quando assim definido em Normas Regulamentadoras e seus Anexos, deve ser consignada no ASO.

7.5.19.3 Quando forem realizados exames complementares sem que tenha ocorrido exame clínico, a organização emitirá recibo de entrega do resultado do exame, devendo o recibo ser fornecido ao empregado em meio físico, quando solicitado.

7.5.19.4 Sendo verificada a possibilidade de exposição excessiva a agentes listados no Quadro 1 do Anexo I desta NR, o médico do trabalho responsável pelo PCMSO deve informar o fato aos responsáveis pelo PGR para reavaliação dos riscos ocupacionais e das medidas de prevenção.

7.5.19.5 Constatada ocorrência ou agravamento de doença relacionada ao trabalho ou alteração que revele disfunção orgânica por meio dos exames complementares do Quadro 2 do Anexo I, dos demais Anexos desta NR ou dos exames complementares incluídos com base no subitem 7.5.18 da presente NR, caberá à organização, após informada pelo médico responsável pelo PCMSO:

a) emitir a Comunicação de Acidente do Trabalho – CAT;

b) afastar o empregado da situação, ou do trabalho, quando necessário;

c) encaminhar o empregado à Previdência Social, quando houver afastamento do trabalho superior a 15 (quinze) dias, para avaliação de incapacidade e definição da conduta previdenciária;

d) reavaliar os riscos ocupacionais e as medidas de prevenção pertinentes no PGR.

7.5.19.6 O empregado, em uma das situações previstas nos subitens 7.5.19.4 ou 7.5.19.5, deve ser submetido a exame clínico e informado sobre o significado dos exames alterados e condutas necessárias.

7.5.19.6.1 O médico responsável pelo PCMSO deve avaliar a necessidade de realização de exames médicos em outros empregados sujeitos às mesmas situações de trabalho.

7.6 Documentação

7.6.1 Os dados dos exames clínicos e complementares deverão ser registrados em prontuário médico individual sob a responsabilidade do médico responsável pelo PCMSO, ou do médico responsável pelo exame, quando a organização estiver dispensada de PCMSO.

7.6.1.1 O prontuário do empregado deve ser mantido pela organização, no mínimo, por 20 (vinte) anos após o seu desligamento, exceto em caso de previsão diversa constante nos Anexos desta NR.

7.6.1.2 Em caso de substituição do médico responsável pelo PCMSO, a organização deve garantir que os prontuários médicos sejam formalmente transferidos para seu sucessor.

7.6.1.3 Podem ser utilizados prontuários médicos em meio eletrônico desde que atendidas as exigências do Conselho Federal de Medicina.

7.6.2 O médico responsável pelo PCMSO deve elaborar relatório analítico do Programa, anualmente, considerando a data do último relatório, contendo, no mínimo:

a) o número de exames clínicos realizados;

b) o número e tipos de exames complementares realizados;

c) estatística de resultados anormais dos exames complementares, categorizados por tipo do exame e por unidade operacional, setor ou função;

d) incidência e prevalência de doenças relacionadas ao trabalho, categorizadas por unidade operacional, setor ou função;

e) informações sobre o número, tipo de eventos e doenças informadas nas CAT, emitidas pela organização, referentes a seus empregados;

f) análise comparativa em relação ao relatório anterior e discussão sobre as variações nos resultados.

7.6.3 A organização deve garantir que o médico responsável pelo PCMSO considere, na elaboração do relatório analítico, os dados dos prontuários médicos a ele transferidos, se for o caso.

7.6.4 Caso o médico responsável pelo PCMSO não tenha recebido os prontuários médicos ou considere as informações insuficientes, deve informar o ocorrido no relatório analítico.

7.6.5 O relatório analítico deve ser apresentado e discutido com os responsáveis por segurança e saúde no trabalho da organização, incluindo a CIPA, quando existente, para que as medidas de prevenção necessárias sejam adotadas na organização.

7.6.6 As organizações de graus de risco 1 e 2 com até 25 (vinte e cinco) empregados e as organizações de graus de risco 3 e 4 com até 10 (dez) empregados podem elaborar relatório analítico apenas com as informações solicitadas nas alíneas *a* e *b* do subitem 7.6.2.

7.7 Microempreendedor Individual – MEI, Microempresa – ME e Empresa de Pequeno Porte – EPP

7.7.1 As MEI, ME e EPP desobrigadas de elaborar PCMSO, de acordo com o subitem 1.8.6 da NR-01, devem realizar e custear exames médicos ocupacionais admissionais, demissionais e periódicos, a cada dois anos, de seus empregados.

7.7.1.1 Os empregados devem ser encaminhados pela organização, para realização dos exames médicos ocupacionais, a:

a) médico do trabalho; ou

b) serviço médico especializado em medicina do trabalho, devidamente registrado, de acordo com a legislação.

7.7.2 A organização deve informar, ao médico do trabalho ou ao serviço médico especializado em medicina do trabalho, que está dispensada da elaboração do PCMSO, de acordo com a NR-01, e que a função que o empregado exerce ou irá exercer não apresenta riscos ocupacionais.

7.7.3 Para cada exame clínico ocupacional, o médico que realizou o exame emitirá ASO, que deve ser disponibilizado ao empregado, mediante recibo, em meio físico, quando assim solicitado, e atender ao subitem 7.5.19.1 desta NR.

7.7.4 O relatório analítico não será exigido para:

a) Microempreendedores Individuais – MEI;

b) ME e EPP dispensadas da elaboração do PCMSO.

ANEXO I
MONITORAÇÃO DA EXPOSIÇÃO OCUPACIONAL A AGENTES QUÍMICOS

•• Anexo I com redação determinada pela Portaria n. 567, de 10-3-2022.

QUADRO 1
INDICADORES BIOLÓGICOS DE EXPOSIÇÃO EXCESSIVA (IBE/EE)*

•• Sobre prazos: *vide* art. 3º da Portaria n. 6.734, de 10-3-2020.

Substância	Número CAS	Indicador(es)	Momento da Coleta	Valor do IBE/EE	Observações
1,1,1 Tricloroetano	71-55-6	1,1,1 Tricloroetano no ar exalado final ou	AJFS	40 ppm	-
		Ácido tricloroacético na urina ou	FJFS	10 mg/L	NE
		Tricloroetanol total na urina ou	FJFS	30 mg/L	NE
		Tricloroetanol total no sangue	FJFS	1 mg/L	NE
1,3 butadieno	106-99-0	1,2 dihidro-4 (nacetilcisteína) butano na urina	FJ	2,5 mg/L	EPNE
1,6 diisocianato de hexametileno (HDI)	822-06-0	1,6 hexametilenodiamina na urina	FJ	15 µg/g creat.	NE
2-butoxietanol	111-76-2	Ácido butoxiacético na urina (BAA) (H)	FJ	200 mg/g creat.	-
2-metoxietanol e 2-metoxietilacetato	109-86-4 109-49-6	Ácido 2-metóxiacético na urina	FJFS	1 mg/g creat.	-
2-propanol	67-63-0	Acetona na urina	FJFS	40 mg/L	EPNE, NE
2,4 e 2,6 Tolueno diisocianato (puros ou em mistura dos dois isômeros)	58484-9 9108-7	Isômeros 2,4 e 2,6 toluenodiamino na urina(H) (soma dos isômeros)	FJ	5 µg/g creat.	NE

Acetona	67-64-1	Acetona na urina	FJ	25 mg/L	NE
Anilina	62-53-3	p-amino-fenol na urina(H) ou	FJ	50 mg/L	EPNE, NE
		metahemoglobina no sangue	FJ	1,5% da hemoglobina	EPNE, NE
Arsênico elementar e seus compostos inorgânicos solúveis, exceto arsina e arsenato de gálio	7440-38-2	Arsênico inorgânico mais metabólitos metilados na urina	FS	35 µg/L	EPNE
Benzeno	71-43-2	Ácido s-fenilmercaptúrico (S- PMA) na urina ou	FJ	45 µg/g creat.	EPNE, NF
		Ácido trans- transmucônico (TTMA) na urina	FJ	750 µg/g creat. Observação: para a siderurgia será mantida a regra atualmente vigente.	EPNE, NE
Chumbo tetraetila	78-00-2	Chumbo na urina	FJ	50 µg/L	-
Ciclohexanona	108-94-1	1,2 ciclohexanodiol(H) na urina ou	FJFS	80 mg/L	NE
		Ciclohexanol (H) na urina	FJ	8 mg/L	NE
Clorobenzeno	108-90-7	4clorocatecol(H) na urina ou	FJFS	100 mg/g creat.	NE
		p-clorofenol (H) na urina	FJFS	20 mg/g creat.	NE
Cobalto e seus compostos inorgânicos, incluindo óxidos de cobalto, mas não combinados com carbeto de tungstênio	7440-48-4	Cobalto na urina	FJFS	15 µg/L	NE
Cromo hexavalente (compostos solúveis)	7440-47-3	Cromo na urina ou	FJFS	25 µg/L	-
		Cromo na urina	AJ-FJ (Aumento durante a Jornada)	10 µg/L	-
Diclorometano	75-09-2	Diclorometano na urina	FJ	0,3 mg/L	-
Estireno	100-42-5	Soma dos ácidos mandélico e fenilglioxílico na urina ou	FJ	400 mg/g creat.	NE
		Estireno na urina	FJ	40 µg/L	-
Etilbenzeno	100-41-4	Soma dos ácidos mandélico e fenilglioxílico na urina	FJ	0,15 g/g creat.	NE
Etoxietanol e Etoxietilacetato	1. 111-15-9	Ácido etoxiacético na urina	FJFS	100 mg/g creat.	-
Fenol	108-95-2	Fenol(H) na urina	FJ	250 mg/g creat.	EPNE, NE
Furfural	98-01-1	Ácido furoico(H) na urina	FJ	200 mg/L	NE
Indutores de Metahemoglobina		Metahemoglobina no sangue	FJ	1,5% da hemoglobina	EPNE, NE
Mercúrio metálico	7439-97-6	Mercúrio na urina	AJ	20 µg/g creat.	EPNE
Metanol	67-56-1	Metanol na urina	FJ	15 mg/L	EPNE, NE
Metil butil cetona	591-78-6	2,5 hexanodiona(SH) (2,5HD) na urina	FJFS	0,4 mg/L	-
Metiletilcetona (MEK)	78-93-3	MEK na urina	FJ	2 mg/L	NE
Metilisobutilcetona (MIBK)	108-10-1	MIBK na urina	FJ	1 mg/L	-
Monóxido de carbono	630-08-0	Carboxihemoglobina no sangue ou	FJ	3,5% da hemoglobina	EPNE, NE, NF
		Monóxido de carbono no ar exalado final	FJ	20 ppm	EPNE, NE, NF
n-hexano	110-54-3	2,5 hexanodiona(SH) (2,5HD) na urina	FJ	0,5 mg/L	-
Nitrobenzeno	98-95-3	Metahemoglobina no sangue	FJ	1,5% da hemoglobina	EPNE, NE
N-metil-2- pirrolidona	872-50-4	5-hidroxi-n-metil- 2- pirrolidona(SH) na urina	FJ	100 mg/L	-
N,N Dimetilacetamida	127-19-5	Nmetilacetamida na urina	FJFS	30 mg/g creat.	-
N,N Dimetilformamida	68-12-2	Nmetilformamida total1 na urina1 (soma da N- metilformamida e N-(hidroximetil)-N- metilformamida) ou	FJ	30 mg/L	-
		N-Acetil-S-(N- metilcarbemoil) cisteína na urina	FJFS	30 mg/L	-
Óxido de etileno	75-21-8	Adutos de N-(2- hidroxietil) valina (HEV) em hemoglobina	NC	5.000 pmol/g hemog.	NE

Sulfeto de carbono	75-15-0	Ácido 2- tioxotiazolidina 4 carboxílico (TTCA) na urina	FJ	0,5 mg/g creat.	EPNE, NE
Tetracloroetileno	127-18-4	Tetracloretile no ar exalado final ou	AJ	3 ppm	-
		Tetracloroetieno no sangue	AJ	0,5 mg/L	-
Tetrahidrofurano	109-99-9	Tetrahidrofurano na Urina	FJ	2 mg/L	-
Tolueno	108-88-3	Tolueno no sangue ou	AJFS	0,02 mg/L	-
		Tolueno na urina ou	FJ	0,03 mg/L	-
		Orto-cresol na urina(H)	FJ	0,3 mg/g creat.	EPNE
Tricloroetileno	79-01-6	Ácido tricloroacético na urina ou	FJFS	15 mg/L	NE
		Tricloroetanol no sangue(SH)	FJFS	0,5 mg/L	NE
Xilenos	9547-6 10642-3 10838-3 1330-27-7	Ácido metilhipúrico na urina	FJ	1,5 g/g creat.	-

*São indicadores de exposição excessiva (EE) aqueles que não têm caráter diagnóstico ou significado clínico. Avaliam a absorção dos agentes por todas as vias de exposição e indicam, quando alterados, após descartadas outras causas não ocupacionais que justifiquem o achado, a possibilidade de exposição acima dos limites de exposição ocupacional. As amostras devem ser colhidas nas jornadas de trabalho em que o trabalhador efetivamente estiver exposto ao agente a ser monitorado.

QUADRO 2
INDICADORES BIOLÓGICOS DE EXPOSIÇÃO COM SIGNIFICADO CLÍNICO (IBE/SC)*

Substância	NúmeroCAS	Indicador	Coleta	Valor do IBE/SC	Observações
Cádmio e seus compostos inorgânicos	7440-43-9	Cádmio na urina	NC	5 µg/g creat.	-
Chumbo e seus compostos inorgânicos	7439-92-1	Chumbo no sangue (Pb-S) e	NC	60 µg/100ml(M)	EPNE
		Ácido Delta Amino Levulínico na urina (ALA- U)	NC	10 mg/g creat.	EPNE, PNE
Inseticidas inibidores da Colinesterase		Atividade da acetilcolinesterase eritrocitária ou	FJ	70% da atividade basal (#)	NE
		Atividade da butilcolinesterase no plasma ou soro	FJ	60% da atividade basal (#)	NE
Flúor, ácido fluorídrico e fluoretos inorgânicos		Fluoreto urinário	AJ48	2 mg/L	EPNE

(*) Indicadores biológicos com significado clínico (SC) evidenciam disfunções orgânicas e efeitos adversos à saúde.
(#) A atividade basal é a atividade enzimática pré-ocupacional e deve ser estabelecida com o empregado afastado por pelo menos 30 (trinta) dias da exposição a inseticidas inibidores da colinesterase.
(M) Mulheres em idade fértil, com valores de Chumbo no sangue (Pb-S) a partir de 30 µg/100ml, devem ser afastadas da exposição ao agente.

Abreviaturas
IBE/EE – Indicadores Biológicos de Exposição Excessiva
IBE/SC – Indicadores Biológicos de Exposição com Significado Clínico µg/g creat. – Microgramas por grama de creatinina µg/L – Microgramas por litro
AJ – Antes da Jornada
AJ-FJ – Diferença pré e pós-jornada
AJ48 – Antes da jornada com no mínimo 48 horas sem exposição
AJFS – Início da última jornada de trabalho da semana
EPNE – Encontrado em populações não expostas ocupacionalmente
FJ – Final de jornada de trabalho
FJFS – Final do último dia de jornada da semana
FS – Após 4 ou 5 jornadas de trabalho consecutivas
H – Método analítico exige hidrólise para este IBE/EE
SH – O método analítico deve ser realizado sem hidrólise para este IBE/EE
mg/L – Miligramas por litro
NC – Não crítica (pode ser colhido a qualquer momento desde que o trabalhador esteja trabalhando nas últimas semanas)

NE – Não específico (pode ser encontrado por exposições a outras substâncias)
NF – Valores para não fumantes (fumantes apresentam valores basais elevados deste indicador que inviabilizam a interpretação)
pmol/g hemog – Picomoles por grama de hemoglobina
ppm – Partes por milhão

ANEXO II
CONTROLE MÉDICO OCUPACIONAL DA EXPOSIÇÃO A NÍVEIS DE PRESSÃO SONORA ELEVADOS

1. Este Anexo estabelece diretrizes para avaliação e controle médico ocupacional da audição de empregados expostos a níveis de pressão sonora elevados.

2. Devem ser submetidos a exames audiométricos de referência e sequenciais todos os empregados que exerçam ou exercerão suas atividades em ambientes cujos níveis de pressão sonora estejam acima dos níveis de ação, conforme informado no PGR da organização, independentemente do uso de protetor auditivo.

2.1 Compõem os exames audiológicos de referência e sequenciais:

a) anamnese clínico-ocupacional;
b) exame otológico;
c) exame audiométrico realizado segundo os termos previstos neste Anexo;
d) outros exames audiológicos complementares solicitados a critério médico.

3. Exame audiométrico

3.1 O exame audiométrico será realizado em cabina audiométrica, cujos níveis de pressão sonora não ultrapassem os níveis máximos permitidos, de acordo com a norma técnica ISO 8253-1.

3.1.1 Nas empresas em que existir ambiente acusticamente tratado, que atenda à norma técnica ISO 8253-1, a cabina audiométrica poderá ser dispensada.

3.2 O audiômetro deve ser submetido a procedimentos de verificação e controle periódico do seu funcionamento, incluindo:

I – aferição acústica anual;

II – calibração acústica:

a) sempre que a aferição acústica indicar alteração;
b) quando houver recomendação de prazo pelo fabricante;
c) a cada 5 (cinco) anos, se não houver indicação do fabricante.

III – aferição biológica precedendo a realização dos exames audiométricos.

3.2.1 Os procedimentos constantes das alíneas *a* e *b* acima devem seguir o preconizado na norma técnica ISO 8253-1, e os resultados devem ser incluídos em certificado de aferição e/ou calibração que acompanhará o equipamento.

3.2.1.1 Na impossibilidade da realização do exame audiométrico nas condições previstas no item 3.1, o responsável pela execução do exame avaliará a viabilidade de sua realização em ambiente silencioso, por meio do exame audiométrico em 2 (dois) indivíduos, cujos limiares auditivos sejam conhecidos, detectados em exames audiométricos de referência atuais, e que não haja diferença de limiar auditivo, em qualquer frequência e em qualquer um dos 2 (dois) indivíduos examinados, acima de 5 (cinco) dB (NA) (nível de audição em decibéis).

3.3 O exame audiométrico deve ser executado por médico ou fonoaudiólogo, conforme resoluções dos respectivos conselhos federais profissionais.

3.4 O empregado deve permanecer em repouso auditivo por um período mínimo de 14 horas até o exame audiométrico.

3.5 O resultado do exame audiométrico deve ser registrado e conter, no mínimo:

a) nome, idade, CPF e função do empregado;
b) razão social da organização e CNPJ ou CPF;
c) tempo de repouso auditivo cumprido para a realização do exame audiométrico;
d) nome do fabricante, modelo e data da última aferição acústica do audiômetro;
e) traçado audiométrico e símbolos, conforme indicados neste Anexo;
f) nome, número de registro no conselho regional e assinatura do profissional responsável pelo exame audiométrico.

3.6 O exame audiométrico deve ser realizado, sempre, pela via aérea nas frequências de 500, 1.000, 2.000. 3.000, 4.000, 6.000 e 8.000 Hz.

3.6.1 No caso de alteração detectada no teste pela via aérea, a audiometria deve ser feita, também, por via óssea, nas frequências de 500, 1.000, 2.000, 3.000 e 4.000 Hz, ou ainda segundo a avaliação do profissional responsável pela execução do exame.

3.6.2 Segundo a avaliação do profissional responsável, no momento da execução do exame, podem ser determinados os Limiares de Reconhecimento de Fala - LRF.

4. Periodicidade dos exames audiométricos

4.1 O exame audiométrico deve ser realizado, no mínimo:

a) na admissão;
b) anualmente, tendo como referência o exame da alínea *a* acima;
c) na demissão.

4.1.1 Na demissão pode ser aceito exame audiométrico realizado até 120 (cento e vinte) dias antes da data de finalização do contrato de trabalho.

4.2 O intervalo entre os exames audiométricos pode ser reduzido a critério do médico do trabalho responsável pelo PCMSO.

4.3 O empregado deve ser submetido a exame audiométrico de referência e a exames audiométricos sequenciais na forma descrita nos subitens seguintes.

4.3.1 Exame audiométrico de referência é aquele com o qual os exames sequenciais serão comparados e que deve ser realizado:

a) quando não houver um exame audiométrico de referência prévio;
b) quando algum exame audiométrico sequencial apresentar alteração significativa em relação ao exame de referência.

4.3.2 Exame audiométrico sequencial é aquele que será comparado com o exame de referência e se aplica a todo empregado que já possua um exame audiométrico de referência prévio.

5. Interpretação dos resultados dos exames audiométricos

5.1 São considerados dentro dos limites aceitáveis, para efeito deste Anexo, os casos cujos audiogramas mostram limiares auditivos menores ou iguais a 25 (vinte e cinco) dB (NA) em todas as frequências examinadas.

5.2 São considerados sugestivos de Perda Auditiva Induzida por Níveis de Pressão Sonora Elevados (PAINPSE) os casos cujos audiogramas, nas frequências de 3.000 e/ou 4.000 e/ou 6.000 Hz, apresentem limiares auditivos acima de 25 (vinte e cinco) dB (NA) e mais elevados do que nas outras frequências testadas, estando estas comprometidas ou não, tanto no teste da via aérea quanto da via óssea, em um ou em ambos os lados.

5.2.1 Não são consideradas alterações sugestivas de PAINPSE aquelas que não se enquadrem nos critérios definidos no item 5.2 acima.

5.3 São considerados sugestivos de desencadeamento de PAINPSE os casos em que os limiares auditivos em todas as frequências testadas no exame audiométrico de referência e no sequencial permaneçam menores ou iguais a 25 (vinte e cinco) dB (NA), mas a comparação do audiograma sequencial com o de referência mostra evolução que preencha um dos critérios abaixo:

a) a diferença entre as médias aritméticas dos limiares auditivos no grupo de frequências de 3.000, 4.000 e 6.000 Hz iguala ou ultrapassa 10 (dez) dB (NA);
b) a piora em pelo menos uma das frequências de 3.000, 4.000 ou 6.000 Hz iguala ou ultrapassa 15 (quinze) dB (NA).

5.3.1 São considerados também sugestivos de desencadeamento de PAINPSE os casos em que apenas o exame audiométrico de referência apresente limiares auditivos em todas as frequências testadas menores ou iguais a 25 (vinte e cinco) dB (NA), e a comparação do audiograma sequencial com o de referência preencha um dos critérios abaixo:

a) a diferença entre as médias aritméticas dos limiares auditivos no grupo de frequências de 3.000, 4.000 e 6.000 Hz iguala ou ultrapassa 10 (dez) dB (NA);
b) a piora em pelo menos uma das frequências de 3.000, 4.000 ou 6.000 Hz iguala ou ultrapassa 15 dB (NA).

5.4 São considerados sugestivos de agravamento da PAINPSE os casos já confirmados em exame audiométrico de referência e nos quais a comparação de exame audiométrico sequencial com o de referência mostra evolução que preenche um dos critérios abaixo:

a) a diferença entre as médias aritméticas dos limiares auditivos no grupo de frequências de 500, 1.000 e 2.000 Hz, ou no grupo de frequências de 3.000, 4.000 e 6.000 Hz iguala ou ultrapassa 10 (dez) dB (NA);
b) a piora em uma frequência isolada iguala ou ultrapassa 15 (quinze) dB (NA).

5.5 Para fins deste Anexo, o exame audiométrico de referência deve permanecer como tal até que algum dos exames audiométricos sequenciais demonstre desencadeamento ou agravamento de PAINPSE.

5.5.1 O exame audiométrico sequencial que venha a demonstrar desencadeamento ou agravamento de PAINPSE passará a ser, a partir de então, o novo exame audiométrico de referência.

6. O diagnóstico conclusivo, o diagnóstico diferencial e a definição da aptidão para a função ou atividade, na suspeita de PAINPSE, são atribuições do médico do trabalho responsável pelo PCMSO.

7. Devem ser motivo de especial atenção empregados expostos a substâncias ototóxicas e/ou vibração, de forma isolada ou simultânea à exposição a ruído potencialmente nocivo à audição.

8. A PAINPSE, por si só, não é indicativa de inaptidão para o trabalho, devendo-se levar em consideração na análise de cada caso, além do traçado audiométrico ou da evolução sequencial de exames audiométricos, os seguintes fatores:

a) a história clínica e ocupacional do empregado;
b) o resultado da otoscopia e de outros testes audiológicos complementares;
c) a idade do empregado;
d) os tempos de exposição pregressa e atual a níveis de pressão sonora elevados;
e) os níveis de pressão sonora a que o empregado estará, está ou esteve exposto no exercício do trabalho;
f) a demanda auditiva do trabalho ou da função;
g) a exposição não ocupacional a níveis de pressão sonora elevados;
h) a exposição ocupacional a outro(s) agente(s) de risco ao sistema auditivo;
i) a exposição não ocupacional a outro(s) agente(s) de risco ao sistema auditivo;
j) a capacitação profissional do empregado examinado;
k) os programas de conservação auditiva aos quais tem ou terá acesso o empregado.

9. Nos casos de desencadeamento ou agravamento de PAINPSE, conforme os critérios deste Anexo, o médico do trabalho responsável pelo PCMSO deve:

a) definir a aptidão do empregado para a função;
b) incluir o caso no Relatório Analítico do PCMSO;
c) participar da implantação, aprimoramento e controle de programas que visem à conservação auditiva e prevenção da progressão da perda auditiva do empregado acometido e de outros expostos a riscos ocupacionais à audição, levando-se em consideração, inclusive, a exposição à vibração e a agentes ototóxicos ocupacionais;
d) disponibilizar cópias dos exames audiométricos aos empregados.

10. Nos casos em que o exame audiométrico de referência demonstre alterações cuja evolução esteja em desacordo com os moldes definidos neste Anexo para PAINPSE, o médico do trabalho responsável pelo PCMSO deve:

a) verificar a possibilidade da presença concomitante de mais de um tipo de agressão ao sistema auditivo;
b) orientar e encaminhar o empregado para avaliação especializada;
c) definir sobre a aptidão do empregado para função;
d) participar da implantação e aprimoramento de programas que visem à conservação auditiva e prevenção da progressão da perda auditiva do empregado acometido e de outros expostos a riscos ocupacionais à audição, levando-se em consideração, inclusive, a exposição à vibração e a agentes ototóxicos ocupacionais;
e) disponibilizar cópias dos exames audiométricos aos empregados.

MODELO DE FORMULÁRIO PARA REGISTRO DE TRAÇADO AUDIOMÉTRICO

ORELHA DIREITA
Frequência em kHz

Nível de audição em dD	D	-10	0,25	0,5	1	2	3	4	5	6	8
		0									
		10									
		20									
		30									
		40									
		50									
		60									
		70									
		80									
		90									
		100									
		110									
		120									
		130									

____ D

ORELHA ESQUERDA
Frequência em kHz

Nível de audição em dD	D	-10	0,25	0,5	1	2	3	4	5	6	8
		0									
		10									
		20									
		30									
		40									
		50									
		60									
		70									
		80									
		90									
		100									
		110									
		120									
		130									

____ D

Observação: A distância entre cada oitava de frequência deve corresponder a uma variação de 20 dB no eixo do nível de audição (D).

SÍMBOLOS PARA REGISTROS DE AUDIOMETRIAS

	Orelha Direita	Orelha Esquerda
RESPOSTAS PRESENTES		
Via de Condução Aérea	O	X
Via de Condução Óssea	<	>
RESPOSTAS PRESENTES		
Via de Condução Aérea	O	X
Via de Condução Óssea	<	>

Observações:

a) Os símbolos referentes à via de condução aérea devem ser ligados por meio de linhas contínuas para a orelha direita e linhas interrompidas para a orelha esquerda.

b) Os símbolos de condução óssea não devem ser interligados.

c) No caso do uso de cores: a cor vermelha deve ser usada para os símbolos referentes à orelha direita; a cor azul deve ser usada para os símbolos referentes à orelha esquerda.

ANEXO III
CONTROLE RADIOLÓGICO E ESPIROMÉTRICO DA EXPOSIÇÃO A AGENTES QUÍMICOS

1. A organização deve atender às obrigações de periodicidade, condições técnicas e parâmetros mínimos definidos neste Anexo para a realização de:
•• Item 1, *caput*, com redação determinada pela Portaria n. 567, de 10-3-2022.

a) Radiografias de Tórax – RXTP em programas de controle médico em saúde ocupacional de empregados expostos a poeiras minerais, de acordo com os critérios da Organização Internacional do Trabalho – OIT;

b) Espirometrias para avaliação da função respiratória em empregados expostos a poeiras minerais e para avaliação de empregados com indicação de uso de equipamentos individuais de proteção respiratória.

2. RADIOGRAFIAS DE TÓRAX PARA APOIO AO DIAGNÓSTICO DE PNEUMOCONIOSES

2.1 Os procedimentos para realização de RXTP devem atender às diretrizes da Resolução da Diretoria Colegiada – RDC n. 330, de 20 de dezembro de 2019, que dispõe sobre o uso dos raios X diagnósticos em todo o território nacional, ou suas revisões mais recentes.

2.2 Os equipamentos utilizados para realização de RXTP devem possuir as seguintes características:

a) gerador monofásico de alta frequência de preferência e/ou trifásico de 6 a 12 pulsos, no mínimo de 500 mA;
b) tubo de raios X – 30/50;
c) filtro de alumínio de 3 a 5 mm;
d) grade fixa com distância focal de 1,50 m;
e) razão da grade 10:1 com mais de 100 colunas;
f) razão da grade 12:1 com 100 colunas.

2.2.1 As unidades móveis de raios X podem utilizar equipamentos de 300 mA (trezentos miliamperes) desde que o gerador tenha potência mínima de 30 kW (trinta quilowatts).

2.2.2 No caso de utilização de equipamentos para RXTP em unidades móveis, devem ser cumpridas, além do exigido acima, as seguintes condições:

a) dispor de alvará específico para funcionamento da unidade transportável de raios X;
b) ser realizado por profissional legalmente habilitado e sob a supervisão de responsável técnico nos termos da RDC já referida;
c) dispor de Laudo Técnico emitido por profissional legalmente habilitado, comprovando que os equipamentos utilizados atendem ao exigido neste Anexo.

2.3 A técnica radiológica para RXTP deve observar os seguintes padrões:
a) foco fino (0,6 a 1,2 mm);
b) 100 mA ou 200 mA (tubo de alta rotação);
c) tempo – 0,01 a 0,02 ou 0,03 segundos;
d) constante – 40 ou 50 kV (quilovolts).

2.4 O processamento dos filmes deve ser realizado por processadora automática e que atenda às exigências dos órgãos ambientais responsáveis.

2.5 A identificação dos filmes radiográficos utilizados em radiologia convencional deve incluir, no canto superior direito do filme radiográfico, a data da realização do exame, o número de ordem do serviço ou do prontuário do empregado e nome completo do empregado ou as iniciais do nome completo.

2.6 A leitura radiológica deve ser descritiva e, para a interpretação e emissão dos laudos dos RXTP, devem ser utilizados, obrigatoriamente, os critérios da OIT na sua revisão mais recente e a coleção de radiografias-padrão da OIT.

2.6.1 Em casos selecionados, a critério clínico, pode ser realizada a Tomografia Computadorizada de Alta Resolução de Tórax.

2.6.2 As leituras radiológicas devem ser anotadas em Folha de Leitura Radiológica que contenha a identificação da radiografia e do leitor, informações sobre a qualidade da imagem e os itens da classificação.

2.7 O laudo do exame radiológico deve ser assinado por um ou mais de um, em caso de múltiplas leituras, dos seguintes profissionais:

a) médico radiologista com título de especialista ou registro de especialidade no Conselho Regional de Medicina e com qualificação e/ou certificação em Leitura Radiológica das Pneumoconioses – Classificação Radiológica da OIT, por meio de curso/módulo específico;

b) médicos de outras especialidades, que possuam título ou registro de especialidade no Conselho Regional de Medicina em Pneumologia, Medicina do Trabalho ou Clínica Médica (ou uma das suas subespecialidades) e que possuam qualificação e/ou certificação em Leitura Radiológica das Pneumoconioses – Classificação Radiológica da OIT, por meio de curso/módulo específico.

2.8 As certificações são concedidas por aprovação nos exames do National Institute for Occupational Safety and Health – NIOSH ou pelo exame "AIR-Pneumo", sendo que, em caso de certificação concedida pelo exame do NIOSH, o profissional também pode ser denominado "Leitor B".

2.9 Sistemas de radiologia digital do tipo CR ou DR podem ser utilizados para a obtenção de imagens radiológicas do tórax para fins de interpretação radiológica da OIT.

2.9.1 Os parâmetros físicos para obtenção de RXTP de qualidade técnica adequada, utilizando-se equipamentos de radiologia digital, devem ser similares aos da radiologia convencional.

2.9.2 A identificação dos filmes digitais deve conter, no mínimo, a data da realização do exame, número de ordem do serviço ou do prontuário do paciente e nome completo do paciente ou as iniciais do nome completo.

2.10 A Interpretação Radiológica de radiografias digitais deve seguir os critérios da OIT.

2.10.1 Imagens geradas em sistemas de radiologia digital (CR ou DR) e transferidas para monitores só podem ser interpretadas com as radiografias-padrão em monitor anexo.

2.10.2 Os monitores utilizados para exibição da radiografia a ser interpretada e das radiografias-padrão devem ser de qualidade diagnóstica, possuir resolução mínima de 3 megapixels e 21" (54 cm) de exibição diagonal por imagem.

2.10.3 Imagens digitais impressas em filmes radiológicos devem ser interpretadas com as radiografias-padrão em formato impresso, em negatoscópios.

2.10.4 Não é permitida a interpretação de radiografias digitais, para fins de classificação radiológica da OIT, nas seguintes condições:

a) radiografias em monitores comparadas com as radiografias-padrão em negatoscópio, ou o inverso;
b) radiografias digitais impressas em filmes radiológicos com reduções menores do que 2/3 do tamanho original;
c) radiografias digitais impressas em papel fotográfico;
d) imagens originadas no sistema de radiografia convencional que foram digitalizadas por *scanner* e, posteriormente, impressas ou exibidas em tela.

2.11 Os serviços que ofertem radiologia digital devem assegurar a confidencialidade dos arquivos eletrônicos e de dados dos trabalhadores submetidos a RXTP admissionais, periódicos e demissionais, para fins da classificação radiológica da OIT, por meio de procedimentos técnicos e administrativos adequados.

2.12 RXTP obtidas pelo método convencional devem ser guardadas em filmes radiológicos, em formato original.

2.13 Imagens obtidas por sistemas digitais (CR ou DR) devem ser armazenadas nos seguintes formatos:

a) impressas em filmes radiológicos cuja redução máxima seja equivalente a 2/3 do tamanho original; ou

b) em mídia digital, gravadas em formato DICOM e acompanhadas de visualizador (*viewer*) de imagens radiológicas.

2.14 A guarda das imagens deve ter sua responsabilidade definida e documentada.

2.15 São responsáveis pela guarda o médico do trabalho responsável pelo PCMSO ou, no caso de a empresa possuir serviço próprio, o responsável pelo serviço de radiologia.

2.15.1 A guarda das imagens refere-se às radiografias de cunho ocupacional, admissionais, periódicas e demissionais, bem como a eventuais radiografias cujas alterações sejam suspeitas ou atribuíveis à exposição ocupacional.

2.16 O tempo de guarda dos exames deve obedecer aos critérios definidos na NR-07.

2.17 Cabe ao empregador, após o término do contrato de trabalho envolvendo exposição ao asbesto, disponibilizar a realização periódica de exames médicos de controle durante, no mínimo, trinta anos, sem custos aos trabalhadores.

•• Item 2.17 acrescentado pela Portaria n. 567, de 10-3-2022.

2.17.1 Estes exames, incluindo raios X de Tórax, devem ser realizados com a seguinte periodicidade:

•• Item 2.17.1, *caput*, acrescentado pela Portaria n. 567, de 10-3-2022.

a) a cada três anos para trabalhadores com período de exposição até doze anos;

•• Alínea *a* acrescentada pela Portaria n. 567, de 10-3-2022.

b) a cada dois anos para trabalhadores com período de exposição de mais de doze a vinte anos; e

•• Alínea *b* acrescentada pela Portaria n. 567, de 10-3-2022.

c) anual para trabalhadores com período de exposição superior a vinte anos.

•• Alínea *c* acrescentada pela Portaria n. 567, de 10-3-2022.

2.17.2 O trabalhador receberá, por ocasião da demissão e retornos posteriores, comunicação da data e local da próxima avaliação médica.

•• Item 2.17.2 acrescentado pela Portaria n. 567, de 10-3-2022.

QUADRO 1
PERIODICIDADE DOS EXAMES RADIOLÓGICOS PARA EMPREGADOS EXPOSTOS A POEIRA CONTENDO SÍLICA, ASBESTO OU CARVÃO MINERAL

•• Quadro 1 com redação determinada pela Portaria n. 567, de 10-3-2022.

Empresas com medições quantitativas periódicas	Radiografia de tórax
LSC* ≤ 10% LEO**	- na admissão; e - na demissão, se o último exame foi realizado há mais de 2 anos.
LSC > 10% e ≤ 50% LEO	- na admissão; - a cada 5 anos até os 15 anos de exposição, e, após, a cada 3 anos; e - na demissão, se o último exame foi realizado há mais de 2 anos.
LSC > 50% e ≤ 100% LEO	- na admissão; - a cada 3 anos até 15 anos de exposição, e, após, a cada 2 anos; e - na demissão, se o último exame foi realizado há mais de 1 ano.
LSC > 100% LEO	- na admissão; - a cada ano de exposição; e - na demissão, se o último exame foi realizado há mais de 1 ano.
Empresas sem avaliações quantitativas	- na admissão; - a cada 2 anos até 15 anos de exposição, e, após, a cada ano; e - na demissão, se o último exame foi realizado há mais de 1 ano.

*LSC = Limite superior do intervalo de confiança da média aritmética estimada para uma distribuição lognormal com confiança estatística de 95%.
**LEO = Limite de exposição ocupacional.

NOTA 1: Trabalhadores que apresentarem Leitura Radiológica 0/1 ou mais deverão ser avaliados por profissionais médicos especializados.

NOTA 2: Para trabalhadores que tenham a sua exposição diminuída, mas que estiveram expostos a concentrações superiores por um ano ou mais, deverá ser mantido o mesmo intervalo de exames radiológicos do período de maior exposição.

QUADRO 2
PERIODICIDADE DOS EXAMES RADIOLÓGICOS PARA EMPREGADOS EXPOSTOS A POEIRAS CONTENDO PARTÍCULAS INSOLÚVEIS OU POUCO SOLÚVEIS DE BAIXA TOXICIDADE E NÃO CLASSIFICADAS DE OUTRA FORMA ***

•• Quadro 2 com redação determinada pela Portaria n. 567, de 10-3-2022.

Empresas com medições quantitativas periódicas de poeira respirável	Radiografia de tórax
LSC ≤ 10% LEO**	- na admissão.
LSC > 10% e ≤ 100% LEO	- na admissão; - após 5 anos de exposição; e - repetir a critério clínico.
LSC > 100% LEO	- na admissão; e - a cada 5 anos.
Empresas sem avaliações quantitativas	- na admissão; e - a cada 5 anos.

•• Tabela acrescentada pela Portaria n. 567, de 10-3-2022.

*LSC = Limite superior do intervalo de confiança da média aritmética estimada para uma distribuição lognormal com confiança estatística de 95%

**LEO = Limite de exposição ocupacional

***Para ser classificado como PNOS (*particles not otherwise specified*), o material particulado sólido deve ter as seguintes características (ACGIH, 2017):

a) não possuir um LEO definido;

b) ser insolúvel ou pouco solúvel na água (ou preferencialmente no fluido pulmonar, se esta informação estiver disponível);

c) ter baixa toxicidade, isto é, não ser citotóxico, genotóxico ou quimicamente reativo com o tecido pulmonar, não ser emissor de radiação ionizante, não ser sensibilizante, não causar efeitos tóxicos além de inflamação ou mecanismo de sobrecarga.

3. ESPIROMETRIAS OCUPACIONAIS

•• Item 3 acrescentado pela Portaria n. 567, de 10-3-2022.

3.1 Os empregados expostos ocupacionalmente a poeiras minerais indicadas no inventário de riscos do PGR devem ser submetidos a espirometria nos exames médicos admissional e a cada dois anos.

3.2 Os empregados expostos ocupacionalmente a outros agentes agressores pulmonares* indicados no inventário de riscos do PGR, que não as poeiras minerais, deverão ser submetidos a espirometria se desenvolverem sinais ou sintomas respiratórios.

3.3 Nas funções com indicação de uso de equipamentos individuais de proteção respiratória, os empregados com histórico de doença respiratória

crônica ou sinais e sintomas respiratórios devem ser submetidos a espirometria no exame médico admissional ou no exame de mudança de risco.

3.4 No caso da constatação de alteração espirométrica, o médico do trabalho responsável pelo PCMSO deve:

a) investigar possíveis relações do resultado com as exposições ocupacionais; e

b) avaliar a necessidade de encaminhamento para avaliação médica especializada.

3.5 Nos exames pós-demissionais em empregados expostos ao asbesto, a periodicidade da espirometria deve ser a mesma do exame radiológico.

3.6 A organização deve garantir que a execução e a interpretação das espirometrias sigam as padronizações constantes nas Diretrizes do Consenso Brasileiro sobre Espirometria na sua mais recente versão.

3.7 A interpretação do exame e o laudo da espirometria devem ser feitos por médico.

*"Outros agentes agressores pulmonares" referem-se a agentes químicos que possam ser inalados na forma de partículas, fumos, névoas ou vapores e que sejam considerados como sensibilizantes e/ou irritantes pelos critérios constantes no Sistema Globalmente Harmonizado de Classificação e Rotulagem de Produtos Químicos – GHS.

QUADRO 3 – POEIRAS CONTENDO PARTÍCULAS INSOLÚVEIS OU POUCO SOLÚVEIS DE BAIXA TOXICIDADE E NÃO CLASSIFICADAS DE OUTRA FORMA

Empresas com medições quantitativas periódicas	
CLSC <=10% LEO*	RX na admissão somente.
10% LEO < CLSC** < 50% LEO	RX na admissão e após 5 anos. Caso normal, repetir somente a critério clínico.
50% LEO < CLSC < 100% LEO	RX na admissão e após 5 anos. Caso normal, repetir somente a critério clínico.
CLSC > 100% LEO	RX na admissão e a cada 5 anos.
Empresas sem avaliações quantitativas	RX na admissão e a cada 5 anos.
1.1.1	1.1.2

*LEO = Limite de exposição ocupacional
**CLSC (95%) ou percentil 95 = Concentração calculada estatisticamente com Limite superior de confiança 95%

ANEXO IV
CONTROLE MÉDICO OCUPACIONAL DE EXPOSIÇÃO A CONDIÇÕES HIPERBÁRICAS

1. TRABALHADOR NA INDÚSTRIA DA CONSTRUÇÃO EXPOSTO A CONDIÇÕES HIPERBÁRICAS

•• Item 1 com redação determinada pela Portaria n. 567, de 10-3-2022.

1.1 É obrigatória a realização de exames médicos, dentro dos padrões estabelecidos neste Anexo, para o exercício de atividade sob pressão atmosférica elevada (pressão hiperbárica).

1.2. Os exames médicos para trabalhadores candidatos a trabalho em pressões hiperbáricas deverão ser avaliados por médico qualificado.

1.3. O atestado de aptidão terá validade por 6 (seis) meses.

1.4 O trabalhador não pode sofrer mais que uma compressão num período de 24 (vinte e quatro) horas.

1.5 Profissionais que realizem liberação de base dentro dos tubulões de ar comprimido em jornadas de curta duração, de até 30 minutos, podem ser submetidos a mais de uma compressão em menos de 24 horas e até o máximo de três compressões.

1.6 O trabalhador não pode ser exposto à pressão superior a 4,4 ATA, exceto em caso de emergência, sob supervisão direta do médico qualificado.

1.7 A duração do período de trabalho sob ar comprimido não pode ser superior a 8 (oito) horas, em pressões de trabalho de 1,0 a 2,0 ATA; a 6 (seis) horas, em pressões de trabalho de 2,1 a 3,5 ATA; e a 4 (quatro) horas, em pressão de trabalho de 3,6 a 4,4 ATA.

1.8 Após a descompressão, os trabalhadores devem ser obrigados a permanecer, no mínimo, por 2 (duas) horas, no canteiro de obra, cumprindo um período de observação médica.

1.9 O local adequado para o cumprimento do período de observação deve ser designado pelo médico do trabalho responsável pelo PCMSO ou pelo médico qualificado.

1.10 O médico qualificado deve manter disponibilidade para contato enquanto houver trabalho sob ar comprimido, sendo que, em caso de acidente de trabalho, deve ser providenciada assistência, bem como local apropriado para atendimento médico.

1.11 Todo empregado que trabalhe sob ar comprimido deve ter um prontuário médico, no qual devem ser registrados os dados relativos aos exames realizados.

1.12 Em caso de ausência ao trabalho por mais de 15 (quinze) dias ou afastamento por doença, o empregado, ao retornar, deve ser submetido a novo exame médico, com emissão de ASO.

1.13 Em caso de ausência ao trabalho por doença, por até 15 (quinze) dias, o empregado deve ser submetido a novo exame clínico supervisionado pelo médico qualificado, sem a necessidade da emissão de um novo ASO.

1.14 Se durante o processo de compressão o empregado apresentar queixas, dores no ouvido ou de cabeça, a compressão deve ser imediatamente interrompida com redução gradual da pressão na campânula até que o empregado se recupere.

1.14.1 Caso não ocorra a recuperação, a descompressão deve continuar até a pressão atmosférica, retirando-se, então, o empregado e encaminhando-o ao serviço médico.

1.15 Todo empregado que vá exercer trabalho sob ar comprimido deve ser orientado quanto aos riscos decorrentes da atividade e às precauções que devem ser tomadas.

1.16 A capacidade física de empregados para trabalho em condições hiperbáricas deve ser avaliada antes do início das atividades e supervisionada por médico qualificado.

1.17 É proibido o trabalho de menores de 18 anos em qualquer ambiente hiperbárico.

1.18 Devem ser realizados os seguintes exames complementares quando da realização do admissional e periódico, para trabalho em condições hiperbáricas:

a) radiografia de tórax em visão anteroposterior e de perfil: admissional e anual;

b) eletrocardiograma: admissional e anual;

c) hemograma completo: admissional e anual;

d) grupo sanguíneo e fator RH: apenas admissional;

e) dosagem de glicose sanguínea: admissional e anual;

f) radiografia bilateral das articulações escapuloumerais, coxofemorais e de joelhos: admissional e bienal;

g) audiometria: admissional, seis meses após o início da atividade, e, a seguir, anualmente;

h) eletroencefalograma: apenas admissional;

i) espirometria: admissional e bienal.

1.18.1 A critério médico, outros exames complementares poderão ser solicitados a qualquer tempo.

1.19 A descompressão deve ser realizada segundo as tabelas constantes deste Anexo.

1.20 Deve ser disponibilizada uma câmara hiperbárica de tratamento, 24 horas por dia, 7 dias por semana, situada a uma distância tal que o trabalhador seja atendido em, no máximo, 1 (uma) hora após a ocorrência.

1.21 O empregador deve garantir a disponibilidade, no local de trabalho, de recursos médicos, incluindo oxigênio medicinal de superfície, e de pessoal necessário para os primeiros socorros, em casos de acidentes descompressivos ou outros eventos que comprometam a saúde dos trabalhadores na frente de trabalho, sendo que o planejamento desses recursos cabe ao médico do trabalho responsável pelo PCMSO ou ao médico qualificado.

1.22 O tratamento recompressivo deve ser conduzido sob supervisão do médico qualificado.

1.23 Em relação à ventilação, à temperatura e à qualidade do ar, devem ser observadas as seguintes condições:

a) durante a permanência dos trabalhadores na câmara de trabalho ou na campânula ou eclusa, a ventilação deve ser contínua, à razão de, no mínimo, 30 (trinta) pés cúbicos/min./homem;

b) a temperatura, no interior da campânula ou eclusa e da câmara de trabalho, não deve exceder a 27 °C (vinte e sete graus centígrados);

c) a qualidade do ar deve ser mantida dentro dos padrões de pureza a seguir: monóxido de carbono menor que 20 ppm; dióxido de carbono menor que 2.500 ppm; óleo menor que 5 mg/m³ (PT > 2 atm); material particulado menor que 3 g/m³ (PT < 2 atm);

d) oxigênio maior que 20% (vinte por cento).

1.24 A compressão deve ser realizada a uma vazão máxima de 0,3 atm no primeiro minuto e não poderá exceder 0,7 atm nos minutos subsequentes.

1.25 Não é permitido à organização submeter o empregado a voos ou elevações acima de 700 metros nas 24 (vinte e quatro) horas que sucederem um mergulho seco.

2. GUIAS INTERNOS DE CÂMARAS HIPERBÁRICAS *MULTIPLACE*

2.1 Esta categoria profissional deve ser avaliada com os mesmos critérios clínicos e de exames complementares do item "1. TRABALHADOR NA INDÚSTRIA DA CONSTRUÇÃO EXPOSTO A CONDIÇÕES HIPERBÁRICAS" deste Anexo.

•• Item 2.1 com redação determinada pela Portaria n. 567, de 10-3-2022.

2.2 Esta categoria profissional pode ser submetida a até 2 (duas) exposições em 24 (vinte e quatro) horas, sob supervisão do médico qualificado.

2.3 Não é permitido à organização submeter o empregado a voos ou elevações acima de 700 metros nas 24 (vinte e quatro) horas que sucederem um mergulho seco.

3. MERGULHADORES PROFISSIONAIS

3.1. Para mergulho profissional, as atividades devem ser acompanhadas e orientadas por médico qualificado com conhecimento de fisiologia de mergulho, escolha de misturas gasosas, diagnóstico e tratamento de doenças e acidentes ligados ao mergulho.

3.2. Todos os mergulhos devem ser registrados, incluindo a identificação dos mergulhadores participantes e os dados técnicos de pressões, tempos e composição do gás respirado.

3.3. Nos mergulhos em que se utilize mistura gasosa diferente do ar, devem ser obedecidas medidas específicas para evitar enganos, troca de cilindros e erros na execução de paradas de descompressão.

3.4. Os exames médicos ocupacionais dos empregados em mergulho profissional devem ser realizados:

a) por ocasião da admissão;

b) a cada 6 (seis) meses, para todo o pessoal em efetiva atividade de mergulho;

c) após acidente ocorrido no desempenho de atividade de mergulho ou doença grave;

d) em situações especiais outros exames podem ser solicitados a critério médico.

3.5 Devem ser realizados os seguintes exames complementares quando da realização do admissional e periódico, para mergulho profissional:

a) radiografia de tórax em visão anteroposterior e de perfil: admissional e anual;

b) eletrocardiograma ou teste ergométrico de esforço, a critério médico: anual;

c) ecocardiograma: apenas admissional;

d) teste ergométrico de esforço: admissional;

e) hemograma completo: admissional e anual;

f) grupo sanguíneo e fator RH: apenas admissional;

g) dosagem de glicose sanguínea: admissional e anual;

h) radiografia bilateral das articulações escapuloumerais, coxofemorais e de joelhos: admissional e bienal, que poderão ser substituídos, a critério médico, por Ressonância Nuclear Magnética ou Tomografia Computadorizada;

i) audiometria: admissional, seis meses após o início da atividade e, a seguir, anualmente;

j) eletroencefalograma: admissional;

k) espirometria: admissional e bienal;

l) acuidade visual: admissional e anual.

3.6 A critério médico, outros exames complementares e pareceres de outros profissionais de saúde podem ser solicitados a qualquer tempo.

3.7 É vedada a atividade de mergulho para gestantes e lactantes.

3.8 A compressão e a descompressão devem ser definidas pelo médico qualificado responsável pelo mergulho.

3.9 Todas as embarcações para trabalho de mergulho profissional devem ter, a bordo, uma câmara hiperbárica de tratamento para atendimento de doenças ou acidentes de mergulho.

3.10 Os tratamentos de doenças ou acidentes de mergulho devem estar a cargo de médico qualificado.

3.11 Para os mergulhos realizados a partir de bases em terra, deve ser disponibilizada uma câmara hiperbárica de tratamento, 24 horas por dia, 7 dias por semana, para que o mergulhador seja atendido em, no máximo, 1 hora após a ocorrência.

3.12 O empregador deve garantir a disponibilidade, no local de trabalho, de recursos médicos, incluindo oxigênio medicinal de superfície, e de pessoal necessário para os primeiros socorros, em casos de acidentes descompressivos ou outros eventos que comprometam a saúde dos trabalhadores na frente de trabalho, sendo que o planejamento desses recursos cabe ao médico qualificado.

3.13 A segurança de mergulho deve seguir a NORMAM-15/DPC em sua última revisão.

3.14 Não é permitido à organização submeter o empregado a voos ou elevações acima de 700 metros nas 24 horas que sucederem um mergulho raso, ou 48 horas para mergulho saturado.

3.15 O tratamento recompressivo deve ser conduzido sob supervisão do médico qualificado.

TABELAS DE DESCOMPRESSÃO PARA O TRABALHO NA INDÚSTRIA DA CONSTRUÇÃO

•• Tabelas com redação determinada pela Portaria n. 567, de 10-3-2022.

TABELA 1 – PRESSÃO DE TRABALHO DE 1 A 1,9 ATA

PERÍODO DE TRABALHO (HORAS)	ESTÁGIO DE DESCOMPRESSÃO 1,3 ATA	TEMPO TOTAL DE DESCOMPRESSÃO (**)	
0 a 6:00	4 min	4 min	Linha 1
6:00 a 8:00	14 min	14 min	Linha 2
+ de 8:00 (**)	30 min	30 min	Linha 3

TABELA 2 – PRESSÃO DE TRABALHO DE 2,0 A 2,9 ATA

TABELA 2.1 – PERÍODO DE TRABALHO DE 30 MINUTOS A 1 HORA

PRESSÃO DE TRABALHO *** (ATA)	ESTÁGIO DE DESCOMPRESSÃO (ATA)*								TEMPO TOTAL DE DESCOMPRESSÃO** (min.)		
	2,8	2,6	2,4	2,2	2,0	1,8	1,6	1,4	1,2		
2,0 a 2,2										-	Linha 4
2,2 a 2,4										-	Linha 5

PRESSÃO DE TRABALHO (ATA)	2,6	2,4	2,2	2,0	1,8	1,6	1,4	1,2	TEMPO TOTAL DE DESCOMPRESSÃO (min.)	
2,4 a 2,6								5	5	Linha 6
2,6 a 2,8								10	10	Linha 7
2,8 a 2,9							5	15	20	Linha 8

TABELA 2.2 – PERÍODO DE TRABALHO DE 1 HORA A 1 HORA E 30 MINUTOS

PRESSÃO DE TRABALHO (ATA)	2,6	2,4	2,2	2,0	1,8	1,6	1,4	1,2	TEMPO TOTAL DE DESCOMPRESSÃO (min.)	
2,0 a 2,2									-	Linha 9
2,2 a 2,4								5	5	Linha 10
2,4 a 2,6								10	10	Linha 11
2,6 a 2,8							5	15	20	Linha 12
2,8 a 2,9							5	20	35	Linha 13

TABELA 2.3 – PERÍODO DE TRABALHO DE 1 HORA E 30 MINUTOS A 2 HORAS

PRESSÃO DE TRABALHO (ATA)	2,6	2,4	2,2	2,0	1,8	1,6	1,4	1,2	TEMPO TOTAL DE DESCOMPRESSÃO (min.)	
2,0 a 2,2								5	5	Linha 14
2,2 a 2,4								10	10	Linha 15
2,4 a 2,6							5	20	25	Linha 16
2,6 a 2,8							10	30	40	Linha 17
2,8 a 2,9						5	15	35	55	Linha 18

TABELA 2.4 – PERÍODO DE TRABALHO DE 2 HORAS A 2 HORAS E 30 MINUTOS

PRESSÃO DE TRABALHO (ATA)	2,6	2,4	2,2	2,0	1,8	1,6	1,4	1,2	TEMPO TOTAL DE DESCOMPRESSÃO (min.)	
2,0 a 2,2								5	5	Linha 19
2,2 a 2,4								20	20	Linha 20
2,4 a 2,6							5	30	35	Linha 21
2,6 a 2,8							15	40	55	Linha 22
2,8 a 2,9						5	25	40	70	Linha 23

TABELA 2.5 – PERÍODO DE TRABALHO DE 2 HORAS E 30 MINUTOS A 3 HORAS

PRESSÃO DE TRABALHO (ATA)	2,6	2,4	2,2	2,0	1,8	1,6	1,4	1,2	TEMPO TOTAL DE DESCOMPRESSÃO (min.)	
2,0 a 2,2								10	10	Linha 24
2,2 a 2,4							5	20	25	Linha 25
2,4 a 2,6							10	35	45	Linha 26
2,6 a 2,8						5	20	40	65	Linha 27
2,8 a 2,9						10	30	40	80	Linha 28

TABELA 2.6 – PERÍODO DE TRABALHO DE 3 HORAS A 4 HORAS

PRESSÃO DE TRABALHO (ATA)	2,6	2,4	2,2	2,0	1,8	1,6	1,4	1,2	TEMPO TOTAL DE DESCOMPRESSÃO (min.)	
2,0 a 2,2								15	15	Linha 29
2,2 a 2,4							5	30	35	Linha 30
2,4 a 2,6							15	40	55	Linha 31
2,6 a 2,8						5	25	45	75	Linha 32
2,8 a 2,9					5	15	30	45	95	Linha 33

TABELA 2.7 – PERÍODO DE TRABALHO DE 4 HORAS A 6 HORAS

PRESSÃO DE TRABALHO (ATA)	2,6	2,4	2,2	2,0	1,8	1,6	1,4	1,2	TEMPO TOTAL DE DESCOMPRESSÃO (min.)	
2,0 a 2,2								20	20	Linha 34
2,2 a 2,4							5	35	40	Linha 35
2,4 a 2,6						5	20	40	65	Linha 36
2,6 a 2,8						10	30	45	85	Linha 37
2,8 a 2,9					5	20	35	45	105	Linha 38

TABELA 3 – PRESSÃO DE TRABALHO DE 3,0 A 4,4 ATA

TABELA 3.1 – PERÍODO DE TRABALHO DE 0 A 30 MINUTOS

PRESSÃO DE TRABALHO *** (ATA)	ESTÁGIO DE DESCOMPRESSÃO (ATA)*								TEMPO TOTAL DE DESCOMPRESSÃO ** (min.)	
	2,6	2,4	2,2	2,0	1,8	1,6	1,4	1,2		
3,0 a 3,2								5	5	Linha 39
3,2 a 3,4								5	5	Linha 40
3,4 a 3,6								5	5	Linha 41
3,6 a 3,8								5	5	Linha 42
3,8 a 4,0							5	5	10	Linha 43
4,0 a 4,2							5	5	10	Linha 44
4,2 a 4,4							5	10	15	Linha 45

TABELA 3.2 – PERÍODO DE TRABALHO DE 30 MINUTOS A 1 HORA

3,0 a 3,2							5	15	20	Linha 46
3,2 a 3,4							5	20	25	Linha 47
3,4 a 3,6							10	25	35	Linha 48
3,6 a 3,8						5	10	35	50	Linha 49
3,8 a 4,0						5	15	40	60	Linha 50
4,0 a 4,2					5	5	20	40	70	Linha 51
4,2 a 4,4					5	10	25	40	80	Linha 52

TABELA 3.3 – PERÍODO DE TRABALHO DE 1 HORA A 1 HORA E 30 MINUTOS

3,0 a 3,2							5	10	35	50	Linha 53
3,2 a 3,4							5	20	35	60	Linha 54
3,4 a 3,6							10	25	40	75	Linha 55
3,6 a 3,8						5	10	30	45	90	Linha 56
3,8 a 4,0						5	20	35	45	105	Linha 57
4,0 a 4,2					5	10	20	35	45	115	Linha 58
4,2 a 4,4					5	15	25	35	45	125	Linha 59

TABELA 3.4 – PERÍODO DE TRABALHO DE 1 HORA E 30 MINUTOS A 2 HORAS

3,0 a 3,2							5	25	40	70	Linha 60
3,2 a 3,4						5	10	30	40	85	Linha 61
3,4 a 3,6						5	20	35	40	100	Linha 62
3,6 a 3,8					5	10	25	35	40	115	Linha 63
3,8 a 4,0					5	15	30	35	45	130	Linha 64
4,0 a 4,2				5	10	20	30	35	45	145	Linha 66
4,2 a 4,4				5	15	25	30	35	45	155	Linha 67

TABELA 3.5 – PERÍODO DE TRABALHO DE 2 HORAS A 2 HORAS E 30 MINUTOS

3,0 a 3,2						5	10	30	45	90	Linha 68	
3,2 a 3,4						5	20	35	45	105	Linha 69	
3,4 a 3,6					5	10	25	35	45	120	Linha 70	
3,6 a 3,8					5	20	30	35	45	135	Linha 71	
3,8 a 4,0					5	10	20	30	35	45	145	Linha 72
4,0 a 4,2				5	5	15	25	30	35	45	160	Linha 73
4,2 a 4,4				5	10	20	25	30	40	45	175	Linha 74

TABELA 3.6 – PERÍODO DE TRABALHO DE 2 HORAS E 30 MINUTOS A 3 HORAS

3,0 a 3,2						5	15	35	40	95	Linha 75	
3,2 a 3,4						10	25	35	45	115	Linha 76	
3,4 a 3,6					5	15	30	35	45	130	Linha 77	
3,6 a 3,8					5	10	20	30	35	45	145	Linha 78
3,8 a 4,0					5	20	25	30	35	45	160	Linha 79
4,0 a 4,2				5	10	20	25	30	40	45	175	Linha 80
4,2 a 4,4			5	5	15	25	25	30	40	45	190	Linha 81

TABELA 3.7 – PERÍODO DE TRABALHO DE 3 HORAS A 4 HORAS

3,0 a 3,2						10	20	35	45	110	Linha 82	
3,2 a 3,4					5	15	25	40	45	130	Linha 83	
3,4 a 3,6					5	5	25	30	40	45	150	Linha 84
3,6 a 3,8					5	15	25	30	40	45	160	Linha 85
3,8 a 4,0				5	10	20	25	30	40	45	175	Linha 86
4,0 a 4,2			5	5	15	25	25	30	40	45	190	Linha 87
4,2 a 4,4			5	15	20	25	30	30	40	45	210	Linha 88

TABELA 3.8 – PERÍODO DE TRABALHO DE 4 HORAS A 6 HORAS

3,0 a 3,2					5	10	25	40	50	130	Linha 89
3,2 a 3,4					10	20	30	40	55	155	Linha 90

3,4 a 3,6		5	15	25	30	45	60	180	Linha 91
3,6 a 3,8	5	10	20	25	30	45	70	205	Linha 92
3,8 a 4,0	10	15	20	30	40	50	80	245 ****	Linha 93

NOTAS:

(*) A descompressão tanto para o 1.º estágio quanto entre os estágios subsequentes deve ser feita a velocidade não superior a 0,4 atm/minuto.

(**) Não está incluído o tempo entre estágios.

(***) Para os valores limites de pressão de trabalho, use a maior descompressão.

(****) O período de trabalho mais o tempo de descompressão (incluindo o tempo entre os estágios) não deverá exceder a 12 horas.

ANEXO V
CONTROLE MÉDICO OCUPACIONAL DA EXPOSIÇÃO A SUBSTÂNCIAS QUÍMICAS CANCERÍGENAS E A RADIAÇÕES IONIZANTES

1. OBJETIVOS

1.1 Estabelecer diretrizes e parâmetros complementares no PCMSO para vigilância da saúde dos empregados expostos ocupacionalmente a substâncias químicas cancerígenas e a radiações ionizantes, de acordo com as informações fornecidas pelo Programa de Gerenciamento de Risco – PGR, visando à prevenção e à detecção do câncer e de lesões e alterações pré-cancerígenas relacionados ao trabalho.

2. CAMPO DE APLICAÇÃO

2.1 O presente Anexo aplica-se às organizações que produzam, transportem, armazenem, utilizem ou manipulem substâncias químicas cancerígenas, com registro CAS, conforme indicadas no Inventário de Riscos do PGR, misturas líquidas contendo concentração igual ou maior que 0,1% (zero vírgula um por cento) em volume dessas substâncias, ou mistura gasosa contendo essas substâncias, e às organizações nas quais os processos de trabalho exponham seus empregados a radiações ionizantes.

3. DIRETRIZES

3.1 O médico do trabalho responsável deve registrar no PCMSO as atividades e funções na organização com exposição ocupacional a radiações ionizantes e a substâncias químicas cancerígenas, identificadas e classificadas no PGR.

3.1.1 O médico responsável pelo PCMSO deve orientar os médicos que realizam o exame clínico desses empregados sobre a importância da identificação de lesões e alterações clínicas ou laboratoriais que possam estar relacionadas à exposição ocupacional a substâncias químicas cancerígenas e a radiações ionizantes.

4. SUBSTÂNCIAS QUÍMICAS CANCERÍGENAS

4.1 Os prontuários médicos dos empregados expostos a substâncias químicas cancerígenas devem ser mantidos por período mínimo de 40 (quarenta) anos após o desligamento do empregado.

4.1.1 Os exames complementares para os empregados expostos a agentes químicos cancerígenos, conforme informado no PGR da organização, são obrigatórios quando a exposição ocupacional estiver acima de 10% (dez por cento) dos limites de exposição ocupacional, ou quando não houver avaliação ambiental, e devem ser executados e interpretados com base nos critérios constantes nesta NR.

4.2 Benzeno

4.2.1 As ações de vigilância da saúde dos empregados expostos a benzeno devem seguir o disposto na Instrução Normativa n. 2, de 20 de dezembro de 1995, da SSST/Ministério do Trabalho, e na Portaria de Consolidação n. 5, Anexos LXVIII, LXIX, LXX e LXXI, de 28 de setembro de 2017, do Ministério da Saúde.

5. RADIAÇÕES IONIZANTES

5.1 Os empregados devem ser avaliados, no exame médico admissional, de retorno ao trabalho ou de mudança de risco, quanto à sua aptidão para exercer atividades em áreas controladas ou supervisionadas, de acordo com as informações do PGR e a classificação da Comissão Nacional de Energia Nuclear – CNEN (Norma CNEN NN 3.01) para áreas de trabalho com radiação ou material radioativo.

5.1.1 A informação sobre aptidão ou inaptidão para exercer atividade com exposição a radiação ou material radioativo deve ser consignada no ASO do empregado.

5.2 No caso de exposição ocupacional acima do limite de dose anual de radiação ionizante, efetiva ou equivalente, deve ser realizada nova avaliação médica do empregado para definição sobre a sua continuidade na atividade, quando deve ser emitido novo ASO.

5.3 No caso de exposição ocupacional acidental a níveis elevados de radiação ionizante, deve ser realizada nova avaliação médica, com coleta de hemograma completo imediatamente e 24 horas após a exposição.

5.4 Os prontuários médicos dos empregados expostos a radiações ionizantes devem ser mantidos até a data em que o empregado completará 75 anos e, pelo menos, por período mínimo de 30 (trinta) anos após o desligamento do empregado.

GLOSSÁRIO

ATA: abreviação de Atmosfera de Pressão Absoluta. Unidade de pressão que considera a pressão manométrica e a pressão atmosférica ambiente.

Atividades críticas: aquelas que exijam avaliação médica específica para definir a aptidão do empregado.

Câmara hiperbárica de tratamento: câmara que, independentemente da câmara de trabalho, é usada para tratamento de indivíduos que adquiram doença descompressiva ou embolia e é diretamente supervisionada por médico qualificado; constitui Vaso de Pressão para Ocupação Humana – VPOH, do tipo multipaciente (para mais de uma pessoa).

Câmara de superfície: uma câmara hiperbárica especialmente projetada para ser utilizada na descompressão dos mergulhadores, requerida pela operação ou pelo tratamento hiperbárico.

Câmara de trabalho: espaço ou compartimento com pressão superior à pressão atmosférica, onde o trabalho é realizado.

Câmara submersível de pressão atmosférica: câmara resistente à pressão externa, especialmente projetada para uso submerso, na qual os seus ocupantes permanecem submetidos à pressão atmosférica.

Campânula: câmara através da qual o trabalhador passa do ar livre para a câmara de trabalho do tubulão e vice-versa. O termo é utilizado nos trabalhos em tubulões de ar comprimido e define a câmara onde o trabalhador permanece aguardando enquanto a pressão é aumentada no início da atividade laboral, e onde a pressão é diminuída no final da atividade laboral.

Descompressão: o conjunto de procedimentos, por meio do qual um mergulhador elimina do seu organismo o excesso de gases inertes absorvidos durante determinadas condições hiperbáricas, sendo tais procedimentos absolutamente necessários no seu retorno à pressão atmosférica.

Eclusa de pessoal: câmara através da qual o trabalhador passa do ar livre para a câmara de trabalho em túneis pressurizados e vice-versa; termo utilizado nos trabalhos em perfuração de túneis, também conhecidas como "Shield", em referência ao nome da marca do equipamento de perfuração de túneis, que tem acoplada uma câmara hiperbárica para a compressão. É a câmara onde o trabalhador aguarda enquanto a pressão é aumentada no início da atividade laboral, e onde a pressão é diminuída no final da atividade laboral.

Encarregado de ar comprimido: profissional treinado e conhecedor das técnicas empregadas nos trabalhos em condições hiperbáricas, designado pela organização como o responsável imediato pelos empregados e por toda a operação de ar comprimido, incluindo pessoal e equipamento.

Guia interno: profissional de saúde ou mergulhador profissional que é pressurizado juntamente com o paciente.

Médico qualificado: médico com habilitação em medicina hiperbárica.

Mergulhador: trabalhador qualificado para utilização de equipamentos de mergulho com suprimento de gás respiratório, em ambiente submerso.

Misturas respiratórias artificiais: misturas de oxigênio, hélio ou outros gases, apropriadas à respiração durante os trabalhos submersos, quando não seja indicado o uso do ar natural.

Operador de eclusa ou de campânula: trabalhador previamente treinado nas manobras de compressão e descompressão das eclusas ou campânulas, responsável pelo controle da pressão no seu interior, tanto no tubulão quanto na eclusa de pessoal.

Operação de mergulho: toda aquela que envolve trabalhos submersos e que se estende desde os procedimentos iniciais de preparação até o final do período de observação, determinado pelo médico qualificado responsável pelo mergulho.

Período de trabalho: tempo em que o trabalhador permanece sob condição hiperbárica excluindo-se o tempo de descompressão. Na atividade de mergulho é chamado "tempo de fundo".

Poeiras contendo partículas insolúveis ou pouco solúveis de baixa toxicidade e não classificadas de outra forma: também chamadas de "poeiras incômodas", "biologicamente inertes", "partículas não classificadas de outra forma" – PNOC e que, quando inaladas em quantidades excessivas, podem contribuir para doenças pulmonares.

Pressão Máxima de Trabalho – PMT: a maior pressão de ar à qual o trabalhador é exposto durante sua jornada de trabalho. Esta pressão é aquela que deve ser considerada na programação da descompressão.

Trabalhos sob ar comprimido: os efetuados em ambientes onde o trabalhador é obrigado a suportar pressões maiores que a atmosférica, e onde se exige cuidadosa descompressão, de acordo com padrões técnicos estabelecidos.

Tratamento recompressivo: tratamento de emergência em câmara hiperbárica multipaciente, realizado ou supervisionado exclusivamente por médico qualificado e acompanhado diretamente por guia interno junto ao paciente.

Tubulão de ar comprimido: equipamento para fundações com estrutura vertical, que se estende abaixo da superfície da água ou solo, no interior da qual os trabalhadores devem penetrar, entrando pela campânula, para uma pressão maior que atmosférica. A atmosfera pressurizada opõe-se à pressão da água e permite trabalho em seu interior.

Túnel pressurizado: escavação abaixo da superfície do solo, cujo maior eixo faz um ângulo não superior a 45° (quarenta e cinco graus) com a horizontal, fechado nas duas extremidades, em cujo interior haja pressão superior a uma atmosfera.

NR 9
AVALIAÇÃO E CONTROLE DAS EXPOSIÇÕES OCUPACIONAIS A AGENTES FÍSICOS, QUÍMICOS E BIOLÓGICOS (*)

SUMÁRIO
9.1. Objetivo
9.2. Campo de Aplicação
9.3. Identificação das Exposições Ocupacionais aos Agentes Físicos, Químicos e Biológicos
9.4. Avaliação das Exposições Ocupacionais aos Agentes Físicos, Químicos e Biológicos

(*) NR aprovada pela Portaria n. 3.214, de 8-6-1978, e com redação determinada pela Portaria n. 6.735, de 10-3-2020, do Ministério da Economia e pela Portaria n. 426, de 7-10-2021, do MTP. Vide arts. 176 a 178 da CLT.

9.5. Medidas de Prevenção e Controle das Exposições Ocupacionais aos Agentes Físicos, Químicos e Biológicos
9.6. Disposições Transitórias

9.1. Objetivo
9.1.1. Esta Norma Regulamentadora – NR estabelece os requisitos para a avaliação das exposições ocupacionais a agentes físicos, químicos e biológicos quando identificados no Programa de Gerenciamento de Riscos – PGR, previsto na NR-1, e subsidiá-lo quanto às medidas de prevenção para os riscos ocupacionais.

9.2. Campo de Aplicação
9.2.1. As medidas de prevenção estabelecidas nesta Norma se aplicam onde houver exposições ocupacionais aos agentes físicos, químicos e biológicos.
9.2.1.1. A abrangência e profundidade das medidas de prevenção dependem das características das exposições e das necessidades de controle.
9.2.2. Esta NR e seus anexos devem ser utilizados para fins de prevenção e controle dos riscos ocupacionais causados por agentes físicos, químicos e biológicos.
9.2.2.1. Para fins de caracterização de atividades ou operações insalubres ou perigosas, devem ser aplicadas as disposições previstas na NR-15 – Atividades e operações insalubres e NR-16 – Atividades e operações perigosas.

9.3. Identificação das Exposições Ocupacionais aos Agentes Físicos, Químicos e Biológicos
9.3.1. A identificação das exposições ocupacionais aos agentes físicos, químicos e biológicos deverá considerar:
a) descrição das atividades;
b) identificação do agente e formas de exposição;
c) possíveis lesões ou agravos à saúde relacionados às exposições identificadas;
d) fatores determinantes da exposição;
e) medidas de prevenção já existentes; e
f) identificação dos grupos de trabalhadores expostos.

9.4. Avaliação das Exposições Ocupacionais aos Agentes Físicos, Químicos e Biológicos
9.4.1. Deve ser realizada análise preliminar das atividades de trabalho e dos dados já disponíveis relativos aos agentes físicos, químicos e biológicos, a fim de determinar a necessidade de adoção direta de medidas de prevenção ou de realização de avaliações qualitativas ou, quando aplicáveis, de avaliações quantitativas.
9.4.2. A avaliação quantitativa das exposições ocupacionais aos agentes físicos, químicos e biológicos, quando necessária, deverá ser realizada para:
a) comprovar o controle da exposição ocupacional aos agentes identificados;
b) dimensionar a exposição ocupacional dos grupos de trabalhadores;
c) subsidiar o equacionamento das medidas de prevenção.
9.4.2.1. A avaliação quantitativa deve ser representativa da exposição ocupacional, abrangendo aspectos organizacionais e condições ambientais que envolvam o trabalhador no exercício das suas atividades.
9.4.3. Os resultados das avaliações das exposições ocupacionais aos agentes físicos, químicos e biológicos devem ser incorporados ao inventário de riscos do PGR.
9.4.4. As avaliações das exposições ocupacionais devem ser registradas pela organização, conforme os aspectos específicos constantes nos Anexos desta NR.

9.5. Medidas de Prevenção e Controle das Exposições Ocupacionais aos Agentes Físicos, Químicos e Biológicos
9.5.1. As medidas de prevenção e controle das exposições ocupacionais referentes a cada agente físico, químico e biológico estão estabelecidas nos Anexos desta NR.
9.5.2. Devem ser adotadas as medidas necessárias para a eliminação ou o controle das exposições ocupacionais relacionados aos agentes físicos,

químicos e biológicos, de acordo com os critérios estabelecidos nos Anexos desta NR, em conformidade com o PGR.

9.5.3. As medidas de prevenção e controle das exposições ocupacionais integram os controles dos riscos do PGR e devem ser incorporados ao Plano de Ação.

9.6. Disposições Transitórias

9.6.1. Enquanto não forem estabelecidos os Anexos a esta Norma, devem ser adotados para fins de medidas de prevenção:

a) os critérios e limites de tolerância constantes na NR-15 e seus anexos;

b) como nível de ação para agentes químicos, a metade dos limites de tolerância;

c) como nível de ação para o agente físico ruído, a metade da dose.

9.6.1.1. Na ausência de limites de tolerância previstos na NR-15 e seus anexos, devem ser utilizados como referência para a adoção de medidas de prevenção aqueles previstos pela American Conference of Governmental Industrial Higyenists – ACGIH.

9.6.1.2. Considera-se nível de ação, o valor acima do qual devem ser implementadas ações de controle sistemático de forma a minimizar a probabilidade de que as exposições ocupacionais ultrapassem os limites de exposição.

ANEXO I
VIBRAÇÃO

•• Anexo com redação determinada pela Portaria n. 426, de 7-10-2021, do MTP.

1. Objetivos

1.1. Estabelecer os requisitos para a avaliação da exposição ocupacional às Vibrações em Mãos e Braços – VMB e às Vibrações de Corpo Inteiro – VCI, quando identificadas no Programa de Gerenciamento de Riscos – PGR, previsto na NR-01, e subsidiá-lo quanto às medidas de prevenção.

2. Campo de Aplicação

2.1. As disposições estabelecidas neste Anexo se aplicam onde houver exposição ocupacional às VMB e às VCI.

3. Disposições Gerais

3.1. As organizações devem adotar medidas de prevenção e controle da exposição às vibrações mecânicas que possam afetar a segurança e a saúde dos trabalhadores, eliminando o risco ou, onde comprovadamente não houver tecnologia disponível, reduzindo-o aos menores níveis possíveis.

3.1.1. No processo de eliminação ou redução dos riscos relacionados à exposição às vibrações mecânicas, devem ser considerados, entre outros fatores, os esforços físicos e aspectos posturais.

3.2. A organização deve comprovar, no âmbito das ações de manutenção preventiva e corretiva de veículos, máquinas, equipamentos e ferramentas, a adoção de medidas que visem ao controle e à redução da exposição a vibrações.

3.3. As ferramentas manuais vibratórias que produzam acelerações superiores a 2,5 m/s² nas mãos dos operadores devem informar junto às suas especificações técnicas a vibração emitida pelas mesmas, indicando as normas de ensaio que foram utilizadas para a medição.

4. Avaliação Preliminar da Exposição

4.1. Deve ser realizada avaliação preliminar da exposição às VMB e VCI, considerando os seguintes aspectos:

a) ambientes de trabalho, processos, operações e condições de exposição;

b) características das máquinas, veículos, ferramentas ou equipamentos de trabalho;

c) informações fornecidas por fabricantes sobre os níveis de vibração gerados por ferramentas, veículos, máquinas ou equipamentos envolvidos na exposição, quando disponíveis;

d) condições de uso e estado de conservação de veículos, máquinas, equipamentos e ferramentas, incluindo componentes ou dispositivos de isolamento e amortecimento que interfiram na exposição de operadores ou condutores;

e) características da superfície de circulação, cargas transportadas e velocidades de operação, no caso de VCI;

f) estimativa de tempo efetivo de exposição diária;

g) constatação de condições específicas de trabalho que possam contribuir para o agravamento dos efeitos decorrentes da exposição;

h) esforços físicos e aspectos posturais;

i) dados de exposição ocupacional existentes; e

j) informações ou registros relacionados a queixas e antecedentes médicos relacionados aos trabalhadores expostos.

4.2. Os resultados da avaliação preliminar devem subsidiar a adoção de medidas preventivas e corretivas, sem prejuízo de outras medidas previstas nas demais NR.

4.3. Se a avaliação preliminar não for suficiente para permitir a tomada de decisão quanto à necessidade de implantação de medidas preventivas e corretivas, deve-se proceder à avaliação quantitativa da exposição.

5. Avaliação quantitativa da exposição

5.1. A avaliação quantitativa deve ser representativa da exposição, abrangendo aspectos organizacionais e condições ambientais que envolvam o trabalhador no exercício de suas funções.

5.1.1. Os procedimentos de avaliação quantitativa para VCI e VMB, a serem adotados no âmbito deste anexo, são aqueles estabelecidos nas Normas de Higiene Ocupacional – NHO, publicadas pela Fundação Jorge Duprat Figueiredo, de Segurança e Medicina do Trabalho – Fundacentro.

5.2. Avaliação quantitativa da exposição dos trabalhadores às VMB

5.2.1. A avaliação da exposição ocupacional à vibração em mãos e braços deve ser feita utilizando-se sistemas de medição que permitam a obtenção da aceleração resultante de exposição normalizada – Aren, parâmetro representativo da exposição diária do trabalhador.

5.2.2. O nível de ação para a avaliação da exposição ocupacional diária à vibração em mãos e braços corresponde a um valor de Aren de 2,5 m/s².

5.2.3. O limite de exposição ocupacional diária à vibração em mãos e braços corresponde a um valor de Aren de 5 m/s².

5.2.4. As situações de exposição ocupacional superior ao nível de ação, independentemente do uso de equipamentos de proteção individual, implicam obrigatória adoção de medidas de caráter preventivo, sem prejuízo do disposto no subitem 1.5.5 da NR-01.

5.2.5. As situações de exposição ocupacional superior ao limite de exposição, independentemente do uso de equipamentos de proteção individual, implicam obrigatória adoção de medidas de caráter corretivo, sem prejuízo do disposto no subitem 1.5.5 da NR-01.

5.3. Avaliação quantitativa da exposição dos trabalhadores às VCI

5.3.1. A avaliação da exposição ocupacional à vibração de corpo inteiro deve ser feita utilizando-se sistemas de medição que permitam a determinação da Aren e do valor da dose de vibração resultante – VDVR, parâmetros representativos da exposição diária do trabalhador.

5.3.2. O nível de ação para a avaliação da exposição ocupacional diária à vibração de corpo inteiro corresponde a um valor da Aren de 0,5m/s², ou ao VDVR de 9,1m/s1,75.

5.3.3. O limite de exposição ocupacional diária à vibração de corpo inteiro corresponde ao:

a) valor da Aren de 1,1 m/s²; ou

b) valor da VDVR de 21,0 m/s1,75.

5.3.3.1. Para fins de caracterização da exposição, a organização deve comprovar a avaliação dos dois parâmetros acima descritos.

5.3.4. As situações de exposição ocupacional superiores ao nível de ação implicam obrigatória adoção de medidas de caráter preventivo, sem prejuízo do disposto no subitem 1.5.5 da NR-01.

5.3.5. As situações de exposição ocupacional superiores ao limite de exposição ocupacional implicam obrigatória adoção de medidas de caráter corretivo, sem prejuízo do disposto no subitem 1.5.5 da NR-01.

6. Medidas de Prevenção

6.1. As medidas de prevenção devem contemplar:

a) avaliação periódica da exposição;

b) orientação dos trabalhadores quanto aos riscos decorrentes da exposição à vibração e à utilização adequada dos equipamentos de trabalho, bem como quanto ao direito de comunicar aos seus superiores sobre níveis anormais de vibração observados durante suas atividades;

c) vigilância da saúde dos trabalhadores focada nos efeitos da exposição à vibração; e

d) adoção de procedimentos e métodos de trabalho alternativos que permitam reduzir a exposição a vibrações mecânicas.

6.1.1. As medidas de prevenção descritas neste item não excluem outras medidas que possam ser consideradas necessárias ou recomendáveis em função das particularidades de cada condição de trabalho.

6.2. As medidas de caráter corretivo devem contemplar, no mínimo, uma das medidas abaixo, obedecida a hierarquia prevista na alínea g do subitem 1.4.1 da NR-01:

I – no caso de exposição às VMB, modificação do processo ou da operação de trabalho, podendo envolver:

a) a substituição de ferramentas e acessórios;

b) a reformulação ou a reorganização de bancadas e postos de trabalho;

c) a alteração das rotinas ou dos procedimentos de trabalho; e

d) a adequação do tipo de ferramenta, do acessório utilizado e das velocidades operacionais;

II – no caso de exposição às VCI, modificação do processo ou da operação de trabalho, podendo envolver:

a) o reprojeto de plataformas de trabalho;

b) a reformulação, a reorganização ou a alteração das rotinas ou dos procedimentos e organização do trabalho;

c) a adequação de veículos utilizados, especialmente pela adoção de assentos antivibratórios; e

d) a melhoria das condições e das características dos pisos e pavimentos utilizados para circulação das máquinas e dos veículos;

III – redução do tempo e da intensidade de exposição diária à vibração; e

IV – alternância de atividades ou operações que gerem exposições a níveis mais elevados de vibração, com outras que não apresentem exposições ou impliquem exposições a menores níveis.

6.2.1. As medidas de caráter corretivo mencionadas não excluem outras medidas que possam ser consideradas necessárias ou recomendáveis, em função das particularidades de cada condição de trabalho.

ANEXO II
(REVOGADO PELA PORTARIA N. 426, DE 7-10-2021, DO MTP.)

ANEXO III
CALOR

•• Anexo com redação determinada pela Portaria n. 426, de 7-10-2021, do MTP.

1. Objetivos

1.1. Estabelecer os requisitos para a avaliação da exposição ocupacional ao agente físico calor, quando identificado no Programa de Gerenciamento de Riscos – PGR, previsto na NR-01, e subsidiá-lo quanto às medidas de prevenção.

2. Campo de Aplicação

2.1. As disposições estabelecidas neste Anexo se aplicam onde houver exposição ocupacional ao agente físico calor.

3. Responsabilidades da organização

3.1. A organização deve adotar medidas de prevenção, de modo que a exposição ocupacional ao calor não cause efeitos adversos à saúde do trabalhador.

3.1.1. A organização deve orientar os trabalhadores, especialmente, quanto aos seguintes aspectos:

a) fatores que influenciam os riscos relacionados à exposição ao calor;

b) distúrbios relacionados ao calor, com exemplos de seus sinais e sintomas, tratamentos, entre outros;

c) necessidade de informar ao superior hierárquico ou ao médico a ocorrência de sinais e sintomas relacionados ao calor;

d) medidas de prevenção relacionadas à exposição ao calor, de acordo com a avaliação de risco da atividade;

e) informações sobre o ambiente de trabalho e suas características; e

f) situações de emergência decorrentes da exposição ocupacional ao calor e condutas a serem adotadas.

3.1.2. Devem ser realizados treinamentos periódicos anuais específicos, quando indicados nas medidas de prevenção.

3.2. A avaliação preliminar da exposição ocupacional ao calor deve considerar os seguintes aspectos, quando aplicáveis:

a) a identificação do perigo;

b) a caracterização das fontes geradoras;

c) a identificação das possíveis trajetórias e dos meios de propagação dos agentes no ambiente de trabalho;

d) a identificação das funções e determinação do número de trabalhadores expostos;

e) a caracterização das atividades e do tipo da exposição, considerando a organização do trabalho;

f) a obtenção de dados existentes na empresa, indicativos de possível comprometimento da saúde decorrente do trabalho;

g) as possíveis lesões ou agravos à saúde relacionados aos perigos identificados, disponíveis na literatura técnica;

h) a descrição das medidas de prevenção já existentes;

i) as características dos fatores ambientais e demais condições de trabalho que possam influenciar na exposição ao calor e no mecanismo de trocas térmicas entre o trabalhador e o ambiente;

j) as estimativas do tempo de permanência em cada atividade e situação térmica às quais o trabalhador permanece exposto ao longo da sua jornada de trabalho;

k) a taxa metabólica para execução das atividades com exposição ao calor; e

l) os registros disponíveis sobre a exposição ocupacional ao calor.

3.2.1. A avaliação preliminar deve subsidiar a adoção de medidas de prevenção, sem prejuízo de outras medidas previstas nas demais Normas Regulamentadoras.

3.2.1.1. Se as informações obtidas na avaliação preliminar não forem suficientes para permitir a tomada de decisão quanto à necessidade de implementação de medidas de prevenção, deve-se proceder à avaliação quantitativa para:

a) comprovar o controle da exposição ou a inexistência de riscos identificados na etapa de avaliação preliminar;

b) dimensionar a exposição dos trabalhadores; e

c) subsidiar o equacionamento das medidas de prevenção.

3.3. A avaliação quantitativa do calor deverá ser realizada com base na metodologia e procedimentos descritos na Norma de Higiene Ocupacional n. 06 – NHO 06 (2.ª edição – 2017) da Fundação Jorge Duprat Figueiredo, de Segurança e Medicina do Trabalho – Fundacentro, nos seguintes aspectos:

a) determinação de sobrecarga térmica por meio do Índice de Bulbo Úmido Termômetro de Globo – IBUTG;

b) equipamentos de medição e formas de montagem, posicionamento e procedimentos de uso dos mesmos nos locais avaliados;

c) procedimentos quanto à conduta do avaliador; e

d) medições e cálculos.

3.3.1. A taxa metabólica deve ser estimada com base na comparação da atividade realizada pelo trabalhador com as opções apresentadas no Quadro 3 deste Anexo.

3.3.1.1. Caso uma atividade específica não esteja apresentada no Quadro 3 deste Anexo, o valor da taxa metabólica deverá ser obtido por associação com atividade similar do referido Quadro.

3.3.1.1.1. Na impossibilidade de enquadramento por similaridade, a taxa metabólica também pode ser estimada com base em outras referências técnicas, desde que justificadas tecnicamente.

3.3.2. Para atividades em ambientes externos sem fontes artificiais de calor, alternativamente ao previsto nas alíneas *b*, *c*, e *d* do subitem 3.3, poderá ser utilizada ferramenta da Fundacentro, para estimativa do IBUTG, se disponível.

4. Medidas de prevenção

4.1. Medidas preventivas

4.1.1. Sempre que os níveis de ação para exposição ocupacional ao calor, estabelecidos no Quadro 1, forem excedidos, devem ser adotadas pela organização uma ou mais das seguintes medidas:

a) disponibilizar água fresca potável (ou outro líquido de reposição adequado) e incentivar a sua ingestão; e

b) programar os trabalhos mais pesados (acima de quatrocentos e quatorze watts), preferencialmente, nos períodos com condições térmicas mais amenas, desde que nesses períodos não ocorram riscos adicionais.

4.1.2. Para os ambientes fechados ou com fontes artificiais de calor, além de observar o disposto no subitem 4.1.1, o empregador deve fornecer vestimentas de trabalho adaptadas ao tipo de exposição e à natureza da atividade.

4.2. Medidas corretivas

4.2.1. As medidas corretivas visam reduzir a exposição ocupacional ao calor a valores abaixo do limite de exposição.

4.2.2. Quando ultrapassados os limites de exposição estabelecidos no Quadro 2, devem ser adotadas pela organização uma ou mais das seguintes medidas corretivas:

a) adequar os processos, as rotinas ou as operações de trabalho;

b) alternar operações que gerem exposições a níveis mais elevados de calor com outras que não apresentem exposições ou impliquem exposições a menores níveis, resultando na redução da exposição; e

c) disponibilizar acesso a locais, inclusive naturais, termicamente mais amenos, que possibilitem pausas espontâneas, permitindo a recuperação térmica nas atividades realizadas em locais abertos e distantes de quaisquer edificações ou estruturas naturais ou artificiais.

4.2.2.1. Para os ambientes fechados ou com fontes artificiais de calor, além das medidas definidas no subitem 4.2.2, a organização deve:

a) adaptar os locais e postos de trabalho;

b) reduzir a temperatura ou a emissividade das fontes de calor;

c) utilizar barreiras para o calor radiante;

d) adequar o sistema de ventilação do ar; e

e) adequar a temperatura e a umidade relativa do ar.

4.2.3. O Programa de Controle Médico de Saúde Ocupacional – PCMSO, previsto na Norma Regulamentadora n. 07, deve prever procedimentos e avaliações médicas considerando a necessidade de exames complementares e monitoramento fisiológico, quando ultrapassados os limites de exposição previstos no Quadro 2 deste Anexo e caracterizado risco de sobrecarga térmica e fisiológica dos trabalhadores expostos ao calor.

4.2.3.1. Fica caracterizado o risco de sobrecarga térmica e fisiológica com possibilidade de lesão grave à integridade física ou à saúde dos trabalhadores:

a) quando não forem adotadas as medidas previstas no item 4 deste Anexo; ou

b) quando as medidas adotadas não forem suficientes para a redução do risco.

5. Aclimatização

5.1. Para atividades de exposição ocupacional ao calor acima do nível de ação, deve ser considerada a aclimatização dos trabalhadores descrita no PCMSO.

5.2. Quando houver a necessidade de elaboração de plano de aclimatização dos trabalhadores, devem ser considerados os parâmetros previstos na NHO 06 da Fundacentro ou outras referências técnicas emitidas por organização competente.

6. Procedimentos de emergência

6.1. A organização deve possuir procedimento de emergência específico para o calor, contemplando:

a) meios e recursos necessários para o primeiro atendimento ou encaminhamento do trabalhador para atendimento; e

b) informação a todas as pessoas envolvidas nos cenários de emergências.

QUADRO 1 – NÍVEL DE AÇÃO PARA TRABALHADORES ACLIMATIZADOS

\overline{M} [W]	$\overline{IBUTG}_{MÁX}$ [°C]	\overline{M} [W]	$\overline{IBUTG}_{MÁX}$ [°C]	\overline{M} [W]	$\overline{IBUTG}_{MÁX}$ [°C]
100	31,7	183	28,0	334	24,3
101	31,6	186	27,9	340	24,2
103	31,5	189	27,8	345	24,1
105	31,4	192	27,7	351	24,0
106	31,3	195	27,6	357	23,9
108	31,2	198	27,5	363	23,8
110	31,1	201	27,4	369	23,7
112	31,0	205	27,3	375	23,6
114	30,9	208	27,2	381	23,5
115	30,8	212	27,1	387	23,4
117	30,7	215	27,0	394	23,3
119	30,6	219	26,9	400	23,2
121	30,5	222	26,8	407	23,1
123	30,4	226	26,7	414	23,0
125	30,3	230	26,6	420	22,9
127	30,2	233	26,5	427	22,8
129	30,1	237	26,4	434	22,7
132	30,0	241	26,3	442	22,6
134	29,9	245	26,2	449	22,5
136	29,8	249	26,1	456	22,4
138	29,7	253	26,0	464	22,3
140	29,6	257	25,9	479	22,1
143	29,5	262	25,8	487	22,0
145	29,4	266	25,7	495	21,9

M̄ [W]	IBUTG_MÁX [°C]	M̄ [W]	IBUTG_MÁX [°C]	M̄ [W]	IBUTG_MÁX [°C]
148	29,3	270	25,6	503	21,8
150	29,2	275	25,5	511	21,7
152	29,1	279	25,4	520	21,6
155	29,0	284	25,3	528	21,5
158	28,9	289	25,2	537	21,4
160	28,8	293	25,1	546	21,3
163	28,7	298	25,0	555	21,2
165	28,6	303	24,9	564	21,1
168	28,5	308	24,8	573	21,0
171	28,4	313	24,7	583	20,9
174	28,3	318	24,6	593	20,8
177	28,2	324	24,5	602	20,7
180	28,1	329	24,4		
152	31,6	283	28,5	526	25,4
155	31,5	289	28,4	537	25,3
158	31,4	294	28,3	548	25,2
161	31,3	300	28,2	559	25,1
165	31,2	306	28,1	570	25,0
168	31,1	313	28,0	582	24,9
171	31,0	319	27,9	594	24,8
175	30,9	325	27,8	606	24,7
178	30,8	332	27,7		
182	30,7	339	27,6		

Nota 1: Os limites estabelecidos são válidos apenas para trabalhadores com uso de vestimentas que não incrementem ajuste de Índice de Bulbo Úmido Termômetro de Globo – IBUTG médio, conforme correções previstas no Quadro 4 deste Anexo.

Nota 2: Os limites são válidos para trabalhadores com aptidão para o trabalho, conforme avaliação médica prevista na NR-07.

QUADRO 2 – LIMITE DE EXPOSIÇÃO OCUPACIONAL AO CALOR PARA TRABALHADORES ACLIMATIZADOS

M̄ [W]	IBUTG_MÁX [°C]	M̄ [W]	IBUTG_MÁX [°C]	M̄ [W]	IBUTG_MÁX [°C]
100	33,7	186	30,6	346	27,5
102	33,6	189	30,5	353	27,4
104	33,5	193	30,4	360	27,3
106	33,4	197	30,3	367	27,2
108	33,3	201	30,2	374	27,1
110	33,2	205	30,1	382	27,0
112	33,1	209	30,0	390	26,9
115	33,0	214	29,9	398	26,8
117	32,9	218	29,8	406	26,7
119	32,8	222	29,7	414	26,6
122	32,7	227	29,6	422	26,5
124	32,6	231	29,5	431	26,4
127	32,5	236	29,4	440	26,3
129	32,4	241	29,3	448	26,2
132	32,3	246	29,2	458	26,1
135	32,2	251	29,1	467	26,0
137	32,1	256	29,0	476	25,9
140	32,0	261	28,9	486	25,8
143	31,9	266	28,8	496	25,7
146	31,8	272	28,7	506	25,6
149	31,7	277	28,6	516	25,5

QUADRO 3 – TAXA METABÓLICA POR TIPO DE ATIVIDADE

Atividade	Taxa metabólica (W)
Sentado	
Em repouso	100
Trabalho leve com as mãos	126
Trabalho moderado com as mãos	153
Trabalho pesado com as mãos	171
Trabalho leve com um braço	162
Trabalho moderado com um braço	198
Trabalho pesado com um braço	234
Trabalho leve com dois braços	216
Trabalho moderado com dois braços	252
Trabalho pesado com dois braços	288
Trabalho leve com braços e pernas	324
Trabalho moderado com braços e pernas	441
Trabalho pesado com braços e pernas	603
Em pé, agachado ou ajoelhado	
Em repouso	126
Trabalho leve com as mãos	153
Trabalho moderado com as mãos	180
Trabalho pesado com as mãos	198
Trabalho leve com um braço	189
Trabalho moderado com um braço	225
Trabalho pesado com um braço	261
Trabalho leve com dois braços	243
Trabalho moderado com dois braços	279

Atividade	Taxa metabólica (W)
Trabalho pesado com dois braços	315
Trabalho leve com o corpo	351
Trabalho moderado com o corpo	468
Trabalho pesado com o corpo	630
Em pé, em movimento	
Andando no plano	
1. Sem carga	
2 km/h	198
3 km/h	252
4 km/h	297
5 km/h	360
2. Com carga	
10 kg, 4 km/h	333
30 kg, 4 km/h	450
Correndo no plano	
9 km/h	787
12 km/h	873
15 km/h	990
Subindo rampa	
1. Sem carga	
com 5° de inclinação, 4 km/h	324
com 15° de inclinação, 3 km/h	378
com 25° de inclinação, 3 km/h	540
2. Com carga de 20 kg	
com 15° de inclinação, 4 km/h	486
com 25° de inclinação, 4 km/h	738
Descendo rampa (5 km/h) sem carga	
com 5° de inclinação	243
com 15° de inclinação	252
com 25° de inclinação	324
Subindo escada (80 degraus por minuto – altura do degrau de 0,17 m)	
Sem carga	522
Com carga (20 kg)	648
Descendo escada (80 degraus por minuto – altura do degrau de 0,17 m)	
Sem carga	279
Com carga (20 kg)	400
Trabalho moderado de braços (ex.: varrer, trabalho em almoxarifado)	320
Trabalho moderado de levantar ou empurrar	349
Trabalho de empurrar carrinhos de mão, no mesmo plano, com carga	391
Trabalho de carregar pesos ou com movimentos vigorosos com os braços (ex.: trabalho com foice)	495
Trabalho pesado de levantar, empurrar ou arrastar pesos (ex.: remoção com pá, abertura de valas)	524

QUADRO 4 – INCREMENTOS DE AJUSTE DO ÍNDICE DE BULBO ÚMIDO TERMÔMETRO DE GLOBO – IBUTG MÉDIO PARA ALGUNS TIPOS DE VESTIMENTAS*

Tipo de roupa	Adição ao IBUTG [°C]
Uniforme de trabalho (calça e camisa de manga comprida)	0
Macacão de tecido	0
Macacão de polipropileno SMS (*Spun-Melt-Spun*)	0,5
Macacão de poliolefina	2
Vestimenta ou macacão forrado (tecido duplo)	3
Avental longo de manga comprida impermeável ao vapor	4
Macacão impermeável ao vapor	10
Macacão impermeável ao vapor sobreposto à roupa de trabalho	12

* O valor do IBUTG para vestimentas com capuz deve ter seu valor acrescido em 1°C.

NR 15
ATIVIDADES E OPERAÇÕES INSALUBRES (*)

15.1. São consideradas atividades ou operações insalubres as que se desenvolvem:

15.1.1. Acima dos limites de tolerância previstos nos anexos ns. 1, 2, 3, 5, 11 e 12;

15.1.2. *(Revogado pela Portaria n. 3.751, de 23-11-1990.)*

15.1.3. Nas atividades mencionadas nos Anexos ns. 6, 13 e 14;

15.1.4. Comprovadas através de laudo de inspeção do local de trabalho, constantes dos Anexos n. 7, 8, 9 e 10.

15.1.5. Entende-se por Limite de Tolerância, para os fins desta Norma, a concentração ou intensidade máxima ou mínima, relacionada com a natureza e o tempo de exposição ao agente, que não causará dano à saúde do trabalhador, durante a sua vida laboral.

15.2. O exercício de trabalho em condições de insalubridade, de acordo com os subitens do item anterior, assegura ao trabalhador a percepção de adicional, incidente sobre o salário mínimo da região, equivalente a:

•• Código: 115.001-4. Infração: 1. Tipo: S.

15.2.1. 40% (quarenta por cento), para insalubridade de grau máximo;

15.2.2. 20% (vinte por cento), para insalubridade de grau médio;

15.2.3. 10% (dez por cento), para insalubridade de grau mínimo.

15.3. No caso de incidência de mais de um fator de insalubridade, será apenas considerado o de grau mais elevado, para efeito de acréscimo salarial, sendo vedada a percepção cumulativa.

15.4. A eliminação ou neutralização da insalubridade determinará a cessação do pagamento do adicional respectivo.

15.4.1. A eliminação ou neutralização da insalubridade deverá ocorrer:

a) com a adoção de medidas de ordem geral que conservem o ambiente de trabalho dentro dos limites de tolerância;

(*) NR aprovada pela Portaria n. 3.214, de 8-6-1978. Deixamos de publicar os anexos por não atenderem a proposta da obra.
Vide arts. 189 a 192 da CLT.

b) com a utilização de equipamento de proteção individual.

15.4.1.1. Cabe à autoridade regional competente em matéria de segurança e saúde do trabalhador, comprovada a insalubridade por laudo técnico de engenheiro de segurança do trabalho ou médico do trabalho, devidamente habilitado, fixar adicional devido aos empregados expostos à insalubridade quando impraticável sua eliminação ou neutralização.

•• Item com redação determinada pela Portaria n. 3, de 1.º -7-1992.

15.4.1.2. A eliminação ou neutralização da insalubridade ficará caracterizada através de avaliação pericial por órgão competente, que comprove a inexistência de risco à saúde do trabalhador.

15.5. É facultado às empresas e aos sindicatos das categorias profissionais interessadas requererem ao Ministério do Trabalho, através das DRTs, a realização de perícia em estabelecimento ou setor deste, com o objetivo de caracterizar e classificar ou determinar atividade insalubre.

15.5.1. Nas perícias requeridas às Delegacias Regionais do Trabalho, desde que comprovada a insalubridade, o perito do Ministério do Trabalho indicará o adicional devido.

15.6. O perito descreverá no laudo a técnica e a aparelhagem utilizadas.

15.7. O disposto no item 15.5 não prejudica a ação fiscalizadora do MTb, nem a realização ex officio da perícia, quando solicitado pela Justiça, nas localidades onde não houver perito.

NR 16
Atividades e Operações Perigosas (*)

16.1. São consideradas atividades e operações perigosas as constantes dos Anexos desta Norma Regulamentadora – NR.

•• Item com redação determinada pela Portaria n. 1.565, de 13-10-2014.

16.2. O exercício de trabalho em condições de periculosidade assegura ao trabalhador a percepção de adicional de 30% (trinta por cento), incidente sobre o salário, sem os acréscimos resultantes de gratificações, prêmios ou participação nos lucros da empresa.

•• Código: 116.001-0. Infração: 1. Tipo: S.

16.2.1. O empregado poderá optar pelo adicional de insalubridade que porventura lhe seja devido.

16.3. É responsabilidade do empregador a caracterização ou a descaracterização da periculosidade, mediante laudo técnico elaborado por Médico do Trabalho ou Engenheiro de Segurança do Trabalho, nos termos do artigo 195 da CLT.

•• Item com redação determinada pela Portaria n. 1.565, de 13-10-2014.

16.4. O disposto no item 16.3 não prejudica a ação fiscalizadora do Ministério do Trabalho nem a realização *ex officio* da perícia.

16.5. Para os fins desta Norma Regulamentadora – NR são consideradas atividades ou operações perigosas as executadas com explosivos sujeitos a:

a) degradação química ou autocatalítica;

b) ação de agentes exteriores, tais como, calor, umidade, faíscas, fogo, fenômenos sísmicos, choque e atritos.

16.6. As operações de transporte de inflamáveis líquidos ou gasosos liquefeitos, em quaisquer vasilhames e a granel, são consideradas em condições de periculosidade, com exclusão para o transporte em pequenas quantidades, até o limite de 200 (duzentos) litros para os inflamáveis líquidos e 135 (cento e trinta e cinco) quilos para os inflamáveis gasosos liquefeitos.

16.6.1. As quantidades de inflamáveis, contidas nos tanques de consumo próprio dos veículos, não serão consideradas para efeito desta Norma.

16.6.1.1. Não se aplica o item 16.6 às quantidades de inflamáveis contidas nos tanques de combustível originais de fábrica e suplementares, certificados pelo órgão competente.

•• Item acrescentado pela Portaria n. 1.357, de 9-12-2019.

16.7. Para efeito desta Norma Regulamentadora considera-se líquido combustível todo aquele que possua ponto de fulgor maior que 60 °C (sessenta graus Celsius) e menor ou igual a 93 °C (noventa e três graus Celsius).

•• Item com redação determinada pela Portaria n. 312, de 23-3-2012.

16.8. Todas as áreas de risco previstas nesta NR devem ser delimitadas, sob responsabilidade do empregador.

•• Item acrescentado pela Portaria n. 25, de 29-12-1994.

•• Código: 116.029-0. Infração: 3. Tipo S.

NR 28
Fiscalização e Penalidades (**)

28.1. FISCALIZAÇÃO:

28.1.1. A fiscalização do cumprimento das disposições legais e/ou regulamentares sobre segurança e saúde do trabalhador será efetuada obedecendo ao disposto nos Decretos n. 55.841, de 15 de março de 1965, 97.995, de 26 de julho de 1989, no Título VII da CLT e no § 3.º do art. 6.º da Lei n. 7.855, de 24 de outubro de 1989, e nesta Norma Regulamentadora – NR.

•• Item com redação determinada pela Portaria n. 7, de 5-10-1992.

•• Os Decretos n. 55.841, de 15-3-1965, e n. 97.995, de 26-7-1989, foram revogados pelo Decreto n. 4.552, de 27-12-2002, que regulamenta a inspeção do trabalho.

28.1.2. Aos processos resultantes da ação fiscalizadora é facultado anexar quaisquer documentos, quer de pormenorização de fatos circunstanciais, quer comprobatórios, podendo, no exercício das funções de inspeção do trabalho, o Agente de Inspeção do Trabalho usar de todos os meios, inclusive audiovisuais, necessários à comprovação da infração.

28.1.3. O Agente da Inspeção do Trabalho deverá lavrar o respectivo auto de infração à vista de descumprimento dos preceitos legais e/ou regulamentares contidos nas Normas Regulamentadoras Urbanas e Rurais, considerando o critério da dupla visita, elencados no Decreto n. 55.841, de 15 de março de 1965, no Título VII da CLT e no § 3.º do art. 6.º da Lei n. 7.855, de 24 de outubro de 1989.

•• Item com redação determinada pela Portaria n. 7, de 5-10-1992.

•• O Decreto n. 55.841, de 15-3-1965, foi revogado pelo Decreto n. 4.552, de 27-12-2002, que regulamenta a inspeção do trabalho.

28.1.4. O agente da inspeção do trabalho, com base em critérios técnicos, poderá notificar os empregadores concedendo prazos para a correção das irregularidades encontradas.

28.1.4.1. O prazo para cumprimento dos itens notificados deverá ser limitado a, no máximo, 60 (sessenta) dias.

28.1.4.2. A autoridade regional competente, diante de solicitação escrita do notificado, acompanhada de exposição de motivos relevantes, apresentada no prazo de 10 (dez) dias do recebimento da notificação, poderá prorrogar por 120 (cento e vinte) dias, contados da data do Termo de Notificação, o prazo para seu cumprimento.

•• Item com redação determinada pela Portaria n. 7, de 5-10-1992.

28.1.4.3. A concessão de prazos superiores a 120 (cento e vinte) dias fica condicionada à prévia negociação entre o notificado e o sindicato representante da categoria dos empregados, com a presença da autoridade regional competente.

•• Item com redação determinada pela Portaria n. 7, de 5-10-1992.

28.1.4.4. A empresa poderá recorrer ou solicitar prorrogação de prazo de cada item notificado até no máximo 10 (dez) dias a contar da data de emissão da notificação.

28.1.5. Poderão, ainda, os agentes da inspeção do trabalho lavrar auto de infração pelo descumprimento dos preceitos legais e/ou regulamentares sobre segurança e saúde do trabalhador, à vista de laudo técnico emitido

(*) NR aprovada pela Portaria n. 3.214, de 8-6-1978. Deixamos de publicar os anexos por não atenderem a proposta da obra.
Vide arts. 193 a 197 e 405, I, da CLT.

(**) NR aprovada pela Portaria n. 3.214, de 8-6-1978, e com redação determinada pela Portaria n. 3, de 1.º-7-1992. Deixamos de publicar os anexos por não atenderem a proposta da obra.

por engenheiro de segurança do trabalho ou médico do trabalho, devidamente habilitado.

28.2. EMBARGO OU INTERDIÇÃO:

28.2.1. Quando o agente da inspeção do trabalho constatar situação de grave e iminente risco à saúde e/ou integridade física do trabalhador, com base em critérios técnicos, deverá propor de imediato à autoridade regional competente a interdição do estabelecimento, setor de serviço, máquina ou equipamento, ou o embargo parcial ou total da obra, determinando as medidas que deverão ser adotadas para a correção das situações de risco.

•• Item com redação determinada pela Portaria n. 7, de 5-10-1992.

28.2.2. A autoridade regional competente, à vista de novo laudo técnico do agente da inspeção do trabalho, procederá à suspensão ou não da interdição ou embargo.

•• Item com redação determinada pela Portaria n. 7, de 5-10-1992.

28.2.3. A autoridade regional competente, à vista de relatório circunstanciado, elaborado por agente da inspeção do trabalho que comprove o descumprimento reiterado das disposições legais e/ou regulamentares sobre segurança e saúde do trabalhador, poderá convocar representante legal da empresa para apurar o motivo da irregularidade e propor solução para corrigir as situações que estejam em desacordo com exigências legais.

•• Item com redação determinada pela Portaria n. 7, de 5-10-1992.

28.2.3.1. Entende-se por descumprimento reiterado a lavratura do auto de infração por 3 (três) vezes no tocante ao descumprimento do mesmo item de norma regulamentadora ou a negligência do empregador em cumprir as disposições legais e/ou regulamentares sobre segurança e saúde do trabalhador, violando-as reiteradamente, deixando de atender às advertências, intimações ou sanções e sob reiterada ação fiscal por parte dos agentes da inspeção do trabalho.

28.3. PENALIDADES:

28.3.1. As infrações aos preceitos legais e/ou regulamentadores sobre segurança e saúde do trabalhador terão as penalidades aplicadas conforme o disposto no quadro de gradação de multas (Anexo I), obedecendo às infrações previstas no quadro de classificação das infrações (Anexo II) desta Norma.

•• Item com redação determinada pela Portaria n. 7, de 5-10-1992.

28.3.1.1. Em caso de reincidência, embaraço ou resistência à fiscalização, emprego de artifício ou simulação com o objetivo de fraudar a lei, a multa será aplicada na forma do art. 201, parágrafo único, da CLT, conforme os seguintes valores estabelecidos:

•• Item com redação determinada pela Portaria n. 7, de 5-10-1992.

VALOR DA MULTA (EM UFIR)	
Segurança do Trabalho	Medicina do Trabalho
6.304	3.782

LEI N. 6.830, DE 22 DE SETEMBRO DE 1980 (*)

Dispõe sobre a cobrança judicial da Dívida Ativa da Fazenda Pública e dá outras providências.

O Presidente da República

Faço saber que o Congresso Nacional decreta e eu sanciono a seguinte Lei:

Art. 1.º A execução judicial para cobrança da Dívida Ativa da União, dos Estados, do Distrito Federal, dos Municípios e respectivas autarquias será regida por esta Lei e, subsidiariamente, pelo Código de Processo Civil.

• Vide Súmula 121 do STJ.

(*) Publicada no DOU, de 24-9-1980.

Art. 2.º Constitui Dívida Ativa da Fazenda Pública aquela definida como tributária ou não tributária na Lei n. 4.320, de 17 de março de 1964, com as alterações posteriores, que estatui normas gerais de direito financeiro para elaboração e controle dos orçamentos e balanços da União, dos Estados, dos Municípios e do Distrito Federal.

§ 1.º Qualquer valor, cuja cobrança seja atribuída por lei às entidades de que trata o art. 1.º, será considerado Dívida Ativa da Fazenda Pública.

§ 2.º A Dívida Ativa da Fazenda Pública, compreendendo a tributária e a não tributária, abrange atualização monetária, juros e multa de mora e demais encargos previstos em lei ou contrato.

§ 3.º A inscrição, que se constitui no ato de controle administrativo da legalidade, será feita pelo órgão competente para apurar a liquidez e certeza do crédito e suspenderá a prescrição, para todos os efeitos de direito, por 180 (cento e oitenta) dias ou até a distribuição da execução fiscal, se esta ocorrer antes de findo aquele prazo.

§ 4.º A Dívida Ativa da União será apurada e inscrita na Procuradoria da Fazenda Nacional.

§ 5.º O Termo de Inscrição de Dívida Ativa deverá conter:

I – o nome do devedor, dos corresponsáveis e, sempre que conhecido, o domicílio ou residência de um e de outros;

II – o valor originário da dívida, bem como o termo inicial e a forma de calcular os juros de mora e demais encargos previstos em lei ou contrato;

III – a origem, a natureza e o fundamento legal ou contratual da dívida;

IV – a indicação, se for o caso, de estar a dívida sujeita à atualização monetária, bem como o respectivo fundamento legal e o termo inicial para o cálculo;

V – a data e o número da inscrição, no Registro de Dívida Ativa; e

VI – o número do processo administrativo ou do auto de infração, se neles estiver apurado o valor da dívida.

§ 6.º A Certidão de Dívida Ativa conterá os mesmos elementos do Termo de Inscrição e será autenticada pela autoridade competente.

§ 7.º O Termo de Inscrição e a Certidão de Dívida Ativa poderão ser preparados e numerados por processo manual, mecânico ou eletrônico.

§ 8.º Até a decisão de primeira instância, a Certidão de Dívida Ativa poderá ser emendada ou substituída, assegurada ao executado a devolução do prazo para embargos.

§ 9.º O prazo para a cobrança das contribuições previdenciárias continua a ser o estabelecido no art. 144 da Lei n. 3.807, de 26 de agosto de 1960.

• Vide Súmula 210 do STJ.

Art. 3.º A Dívida Ativa regularmente inscrita goza da presunção de certeza e liquidez.

Parágrafo único. A presunção a que se refere este artigo é relativa e pode ser ilidida por prova inequívoca, a cargo do executado ou de terceiro, a quem aproveite.

Art. 4.º A execução fiscal poderá ser promovida contra:

I – o devedor;

II – o fiador;

III – o espólio;

IV – a massa;

V – o responsável, nos termos da lei, por dívidas, tributárias ou não, de pessoas físicas ou pessoas jurídicas de direito privado; e

VI – os sucessores a qualquer título.

§ 1.º Ressalvado o disposto no art. 31, o síndico, o comissário, o liquidante, o inventariante e o administrador, nos casos de falência, concordata, liquidação, inventário, insolvência ou concurso de credores, se, antes de garantidos os créditos da Fazenda Pública, alienarem ou derem em garantia quaisquer dos bens administrados, respondem, solidariamente, pelo valor desses bens.

§ 2.º À Dívida Ativa da Fazenda Pública, de qualquer natureza, aplicam-se as normas relativas à responsabilidade prevista na legislação tributária, civil e comercial.

§ 3.º Os responsáveis, inclusive as pessoas indicadas no § 1.º deste artigo, poderão nomear bens livres e desembaraçados do devedor, tantos quantos bastem para pagar a dívida. Os bens dos responsáveis ficarão, porém, sujeitos à execução, se os do devedor forem insuficientes à satisfação da dívida.

§ 4.º Aplica-se à Dívida Ativa da Fazenda Pública de natureza não tributária o disposto nos arts. 186 e 188 a 192 do Código Tributário Nacional.

Art. 5.º A competência para processar e julgar a execução da Dívida Ativa da Fazenda Pública exclui a de qualquer outro juízo, inclusive o da falência, da concordata, da liquidação, da insolvência ou do inventário.

Art. 6.º A petição inicial indicará apenas:

•• Vide Súmulas 558 e 559 do STJ.

I – o juiz a quem é dirigida;

II – o pedido; e

III – o requerimento para a citação.

§ 1.º A petição inicial será instruída com a Certidão da Dívida Ativa, que dela fará parte integrante, como se estivesse transcrita.

§ 2.º A petição inicial e a Certidão de Dívida Ativa poderão constituir um único documento, preparado inclusive por processo eletrônico.

§ 3.º A produção de provas pela Fazenda Pública independe de requerimento na petição inicial.

§ 4.º O valor da causa será o da dívida constante da certidão, com os encargos legais.

Art. 7.º O despacho do juiz que deferir a inicial importa em ordem para:

I – citação, pelas sucessivas modalidades previstas no art. 8.º;

II – penhora, se não for paga a dívida, nem garantida a execução, por meio de depósito, fiança ou seguro garantia;

•• Inciso II com redação determinada pela Lei n. 13.043, de 13-11-2014.

III – arresto, se o executado não tiver domicílio ou dele se ocultar;

IV – registro da penhora ou do arresto, independentemente do pagamento de custas ou outras despesas, observado o disposto no art. 14; e

V – avaliação dos bens penhorados ou arrestados.

Art. 8.º O executado será citado para, no prazo de 5 (cinco) dias, pagar a dívida com os juros e multa de mora e encargos indicados na Certidão de Dívida Ativa, ou garantir a execução, observadas as seguintes normas:

I – a citação será feita pelo correio, com aviso de recepção, se a Fazenda Pública não a requerer por outra forma;

II – a citação pelo correio considera-se feita na data da entrega da carta no endereço do executado; ou, se a data for omitida, no aviso de recepção, 10 (dez) dias após a entrega da carta à agência postal;

III – se o aviso de recepção não retornar no prazo de 15 (quinze) dias da entrega da carta à agência postal, a citação será feita por oficial de justiça ou por edital;

IV – o edital de citação será afixado na sede do juízo, publicado uma só vez no órgão oficial, gratuitamente, como expediente judiciário, com o prazo de 30 (trinta) dias, e conterá, apenas, a indicação da exequente, o nome do devedor e dos corresponsáveis, a quantia devida, a natureza da dívida, a data e o número da inscrição no Registro da Dívida Ativa, o prazo e o endereço da sede do juízo.

§ 1.º O executado ausente do País será citado por edital, com prazo de 60 (sessenta) dias.

§ 2.º O despacho do juiz, que ordenar a citação, interrompe a prescrição.

Art. 9.º Em garantia da execução, pelo valor da dívida, juros e multa de mora e encargos indicados na Certidão da Dívida Ativa, o executado poderá:

I – efetuar depósito em dinheiro, à ordem do juízo em estabelecimento oficial de crédito, que assegure atualização monetária;

II – oferecer fiança bancária ou seguro garantia;

•• Inciso II com redação determinada pela Lei n. 13.043, de 13-11-2014.

III – nomear bens à penhora, observada a ordem do art. 11; ou

IV – indicar à penhora bens oferecidos por terceiros e aceitos pela Fazenda Pública.

§ 1.º O executado só poderá indicar e o terceiro oferecer bem imóvel à penhora com o consentimento expresso do respectivo cônjuge.

§ 2.º Juntar-se-á aos autos a prova do depósito, da fiança bancária, do seguro garantia ou da penhora dos bens do executado ou de terceiros.

•• § 2.º com redação determinada pela Lei n. 13.043, de 13-11-2014.

§ 3.º A garantia da execução, por meio de depósito em dinheiro, fiança bancária ou seguro garantia, produz os mesmos efeitos da penhora.

•• § 3.º com redação determinada pela Lei n. 13.043, de 13-11-2014.

§ 4.º Somente o depósito em dinheiro, na forma do art. 32, faz cessar a responsabilidade pela atualização monetária e juros de mora.

§ 5.º A fiança bancária prevista no inciso II obedecerá às condições preestabelecidas pelo Conselho Monetário Nacional.

§ 6.º O executado poderá pagar parcela da dívida, que julgar incontroversa, e garantir a execução do saldo devedor.

Art. 10. Não ocorrendo o pagamento, nem a garantia da execução de que trata o art. 9.º, a penhora poderá recair em qualquer bem do executado, exceto os que a lei declare absolutamente impenhoráveis.

Art. 11. A penhora ou arresto de bens obedecerá à seguinte ordem:

I – dinheiro;

II – título da dívida pública, bem como título de crédito, que tenham cotação em bolsa;

III – pedras e metais preciosos;

IV – imóveis;

V – navios e aeronaves;

VI – veículos;

VII – móveis ou semoventes; e

VIII – direitos e ações.

§ 1.º Excepcionalmente, a penhora poderá recair sobre estabelecimento comercial, industrial ou agrícola, bem como em plantações ou edifícios em construção.

§ 2.º A penhora efetuada em dinheiro será convertida no depósito de que trata o inciso I do art. 9.º.

§ 3.º O juiz ordenará a remoção do bem penhorado para depósito judicial, particular ou da Fazenda Pública exequente, sempre que esta o requerer, em qualquer fase do processo.

Art. 12. Na execução fiscal, far-se-á a intimação da penhora ao executado, mediante publicação, no órgão oficial, do ato de juntada do termo ou do auto de penhora.

§ 1.º Nas comarcas do interior dos Estados, a intimação poderá ser feita pela remessa de cópia do termo ou do auto de penhora, pelo correio, na forma estabelecida no art. 8.º, I e II, para a citação.

§ 2.º Se a penhora recair sobre imóvel, far-se-á a intimação ao cônjuge, observadas as normas previstas para a citação.

§ 3.º Far-se-á a intimação da penhora pessoalmente ao executado se, na citação feita pelo correio, o aviso de recepção não contiver a assinatura do próprio executado, ou de seu representante legal.

Art. 13. O termo ou auto de penhora conterá, também, a avaliação dos bens penhorados, efetuada por quem o lavrar.

§ 1.º Impugnada a avaliação, pelo executado, ou pela Fazenda Pública, antes de publicado o edital de leilão, o juiz, ouvida a outra parte, nomeará avaliador oficial para proceder a nova avaliação dos bens penhorados.

§ 2.º Se não houver, na comarca, avaliador oficial ou este não puder apresentar o laudo de avaliação no prazo de 15 (quinze) dias, será nomeada pessoa ou entidade habilitada, a critério do juiz.

§ 3.º Apresentado o laudo, o juiz decidirá de plano sobre a avaliação.

Art. 14. O oficial de justiça entregará contrafé e cópia do termo ou do auto de penhora ou arresto, com a ordem de registro de que trata o art. 7.º, IV:

I – no Ofício próprio, se o bem for imóvel ou a ele equiparado;

II – na repartição competente para emissão de certificado de registro, se for veículo;

III – na Junta Comercial, na Bolsa de Valores, e na sociedade comercial, se forem ações, debênture, parte beneficiária, cota ou qualquer outro título, crédito ou direito societário nominativo.

Art. 15. Em qualquer fase do processo, será deferida pelo juiz:

I – ao executado, a substituição da penhora por depósito em dinheiro, fiança bancária ou seguro garantia; e

•• Inciso I com redação determinada pela Lei n. 13.043, de 13-11-2014.

II – à Fazenda Pública, a substituição dos bens penhorados por outros, independentemente da ordem enumerada no art. 11, bem como o reforço da penhora insuficiente.

Art. 16. O executado oferecerá embargos, no prazo de 30 (trinta) dias, contados:

•• Vide art. 219 do CPC.

I – do depósito;

II – da juntada da prova da fiança bancária ou do seguro garantia;

•• Inciso II com redação determinada pela Lei n. 13.043, de 13-11-2014.

III – da intimação da penhora.

§ 1.º Não são admissíveis embargos do executado antes de garantida a execução.

§ 2.º No prazo dos embargos, o executado deverá alegar toda matéria útil à defesa, requerer provas e juntar aos autos os documentos e rol de testemunhas, até três, ou, a critério do juiz, até o dobro desse limite.

§ 3.º Não será admitida reconvenção, nem compensação, e as exceções, salvo as de suspeição, incompetência e impedimentos, serão arguidas como matéria preliminar e serão processadas e julgadas com os embargos.

Art. 17. Recebidos os embargos, o juiz mandará intimar a Fazenda, para impugná-los no prazo de 30 (trinta) dias, designando, em seguida, audiência de instrução e julgamento.

Parágrafo único. Não se realizará audiência, se os embargos versarem sobre matéria de direito, ou, sendo de direito e de fato, a prova for exclusivamente documental, caso em que o juiz proferirá a sentença no prazo de 30 (trinta) dias.

Art. 18. Caso não sejam oferecidos os embargos, a Fazenda Pública manifestar-se-á sobre a garantia da execução.

Art. 19. Não sendo embargada a execução ou sendo rejeitados os embargos, no caso de garantia prestada por terceiro, será este intimado, sob pena de contra ele prosseguir a execução nos próprios autos, para, no prazo de 15 (quinze) dias:

I – remir o bem, se a garantia for real; ou

II – pagar o valor da dívida, juros e multa de mora e demais encargos, indicados na Certidão de Dívida Ativa, pelos quais se obrigou, se a garantia for fidejussória.

Art. 20. Na execução por carta, os embargos do executado serão oferecidos no juízo deprecado, que os remeterá ao juízo deprecante, para instrução e julgamento.

Parágrafo único. Quando os embargos tiverem por objeto vícios ou irregularidades de atos do próprio juízo deprecado, caber-lhe-á unicamente o julgamento dessa matéria.

• Vide Súmula 46 do STJ.

Art. 21. Na hipótese de alienação antecipada dos bens penhorados, o produto será depositado em garantia da execução, nos termos previstos no art. 9.º, I.

Art. 22. A arrematação será precedida de edital, afixado no local de costume, na sede do juízo, e publicado, em resumo, uma só vez, gratuitamente, como expediente judiciário, no órgão oficial.

§ 1.º O prazo entre as datas de publicação do edital e do leilão não poderá ser superior a 30 (trinta), nem inferior a 10 (dez) dias.

§ 2.º O representante judicial da Fazenda Pública, será intimado, pessoalmente, da realização do leilão, com a antecedência prevista no parágrafo anterior.

Art. 23. A alienação de quaisquer bens penhorados será feita em leilão público, no lugar designado pelo juiz.

§ 1.º A Fazenda Pública e o executado poderão requerer que os bens sejam leiloados englobadamente ou em lotes que indicarem.

§ 2.º Cabe ao arrematante o pagamento da comissão do leiloeiro e demais despesas indicadas no edital.

Art. 24. A Fazenda Pública poderá adjudicar os bens penhorados:

I – antes do leilão, pelo preço da avaliação, se a execução não for embargada ou se rejeitados os embargos;

II – findo o leilão:

a) se não houver licitante, pelo preço da avaliação;

b) havendo licitantes, com preferência, em igualdade de condições com a melhor oferta, no prazo de 30 (trinta) dias.

Parágrafo único. Se o preço da avaliação ou o valor da melhor oferta for superior ao dos créditos da Fazenda Pública, a adjudicação somente será deferida pelo juiz, se a diferença for depositada, pela exequente, à ordem do juízo, no prazo de 30 (trinta) dias.

Art. 25. Na execução fiscal, qualquer intimação ao representante judicial da Fazenda Pública será feita pessoalmente.

Parágrafo único. A intimação de que trata este artigo poderá ser feita mediante vista dos autos, com imediata remessa ao representante judicial da Fazenda Pública, pelo cartório ou secretaria.

Art. 26. Se, antes da decisão de primeira instância, a inscrição de Dívida Ativa for, a qualquer título, cancelada, a execução fiscal será extinta, sem qualquer ônus para as partes.

Art. 27. As publicações de atos processuais poderão ser feitas resumidamente ou reunir num só texto os de diferentes processos.

Parágrafo único. As publicações farão sempre referência ao número do processo no respectivo juízo e ao número da correspondente inscrição de Dívida Ativa, bem como ao nome das partes e de seus advogados, suficientes para a sua identificação.

Art. 28. O juiz, a requerimento das partes, poderá, por conveniência da unidade da garantia da execução, ordenar a reunião de processos contra o mesmo devedor.

•• Vide Súmula 515 do STJ.

Parágrafo único. Na hipótese deste artigo, os processos serão redistribuídos ao juízo da primeira distribuição.

Art. 29. A cobrança judicial da Dívida Ativa da Fazenda Pública não é sujeita a concurso de credores ou habilitação em falência, concordata, liquidação, inventário ou arrolamento.

Parágrafo único. O concurso de preferência somente se verifica entre pessoas jurídicas de direito público, na seguinte ordem:

•• O STF, no julgamento da ADPF n. 357, por maioria, julgou procedente o pedido formulado para declarar a não recepção, pela Constituição da República de 1988, da norma prevista neste parágrafo único, na sessão por videoconferência de 24-6-2021 (DOU de 6-7-2021).

I – União e suas autarquias;

II – Estados, Distrito Federal e Territórios e suas autarquias, conjuntamente e *pro rata*;

III – Municípios e suas autarquias, conjuntamente e *pro rata*.

Art. 30. Sem prejuízo dos privilégios especiais sobre determinados bens, que sejam previstos em lei, responde pelo pagamento da Dívida Ativa da Fazenda Pública a totalidade dos bens e das rendas, de qualquer origem ou natureza, do sujeito passivo, seu espólio ou sua massa, inclusive os gravados por ônus real ou cláusula de inalienabilidade ou impenhorabilidade, seja qual for a data da constituição do ônus ou da cláusula, excetuados unicamente os bens e rendas que a lei declara absolutamente impenhoráveis.

Art. 31. Nos processos de falência, concordata, liquidação, inventário, arrolamento ou concurso de credores, nenhuma alienação será judicialmente autorizada sem a prova de quitação da Dívida Ativa ou a concordância da Fazenda Pública.

Art. 32. Os depósitos judiciais em dinheiro serão obrigatoriamente feitos:

I – na Caixa Econômica Federal, de acordo com o Decreto-lei n. 1.737, de

20 de dezembro de 1979, quando relacionados com a execução fiscal proposta pela União ou suas autarquias;

II – na Caixa Econômica ou no banco oficial da unidade federativa ou, à sua falta, na Caixa Econômica Federal, quando relacionados com execução fiscal proposta pelo Estado, Distrito Federal, Municípios e suas autarquias.

§ 1.º Os depósitos de que trata este artigo estão sujeitos à atualização monetária, segundo os índices estabelecidos para os débitos tributários federais.

§ 2.º Após o trânsito em julgado da decisão, o depósito, monetariamente atualizado, será devolvido ao depositante ou entregue à Fazenda Pública, mediante ordem do juízo competente.

Art. 33. O juízo, do Ofício, comunicará à repartição competente da Fazenda Pública, para fins de averbação no Registro da Dívida Ativa, a decisão final, transitada em julgado, que der por improcedente a execução, total ou parcialmente.

Art. 34. Das sentenças de primeira instância proferidas em execuções de valor igual ou inferior a 50 (cinquenta) Obrigações do Tesouro Nacional – OTN, só se admitirão embargos infringentes e de declaração.

•• Extinção da OTN: Lei n. 7.730, de 31-1-1989. Vide Nota dos Organizadores.
• Vide Súmula 640 do STF.

§ 1.º Para os efeitos deste artigo, considerar-se-á o valor da dívida monetariamente atualizado e acrescido de multa e juros de mora e demais encargos legais, na data da distribuição.

§ 2.º Os embargos infringentes, instruídos, ou não, com documentos novos, serão deduzidos, no prazo de 10 (dez) dias perante o mesmo juízo, em petição fundamentada.

§ 3.º Ouvido o embargado, no prazo de 10 (dez) dias, serão os autos conclusos ao juiz, que, dentro de 20 (vinte) dias, os rejeitará ou reformará a sentença.

Art. 35. Nos processos regulados por esta Lei, poderá ser dispensada a audiência de revisor, no julgamento das apelações.

Art. 36. Compete à Fazenda Pública baixar normas sobre o recolhimento da Dívida Ativa respectiva, em juízo ou fora dele, e aprovar, inclusive, os modelos de documentos de arrecadação.

Art. 37. O auxiliar de justiça que, por ação ou omissão, culposa ou dolosa, prejudicar a execução, será responsabilizado, civil, penal e administrativamente.

Parágrafo único. O oficial de justiça deverá efetuar, em 10 (dez) dias, as diligências que lhe forem ordenadas, salvo motivo de força maior devidamente justificado perante o juízo.

Art. 38. A discussão judicial da Dívida Ativa da Fazenda Pública só é admissível em execução, na forma desta Lei, salvo as hipóteses de mandado de segurança, ação de repetição do indébito ou ação anulatória do ato declarativo da dívida, esta precedida do depósito preparatório do valor do débito, monetariamente corrigido e acrescido dos juros e multa de mora e demais encargos.

Parágrafo único. A propositura, pelo contribuinte, da ação prevista neste artigo importa em renúncia ao poder de recorrer na esfera administrativa e desistência do recurso acaso interposto.

Art. 39. A Fazenda Pública não está sujeita ao pagamento de custas e emolumentos. A prática dos atos judiciais de seu interesse independerá de preparo ou de prévio depósito.

Parágrafo único. Se vencida, a Fazenda Pública ressarcirá o valor das despesas feitas pela parte contrária.

Art. 40. O juiz suspenderá o curso da execução, enquanto não for localizado o devedor ou encontrados bens sobre os quais possa recair a penhora, e, nesses casos, não correrá o prazo de prescrição.

§ 1.º Suspenso o curso da execução, será aberta vista dos autos ao representante judicial da Fazenda Pública.

§ 2.º Decorrido o prazo máximo de 1 (um) ano, sem que seja localizado o devedor ou encontrados bens penhoráveis, o juiz ordenará o arquivamento dos autos.

§ 3.º Encontrados que sejam, a qualquer tempo, o devedor ou os bens, serão desarquivados os autos para prosseguimento da execução.

§ 4.º Se da decisão que ordenar o arquivamento tiver decorrido o prazo prescricional, o juiz, depois de ouvida a Fazenda Pública, poderá, de ofício, reconhecer a prescrição intercorrente e decretá-la de imediato.

•• § 4.º acrescentado pela Lei n. 11.051, de 29-12-2004.

§ 5.º A manifestação prévia da Fazenda Pública prevista no § 4.º deste artigo será dispensada no caso de cobranças judiciais cujo valor seja inferior ao mínimo fixado por ato do Ministro de Estado da Fazenda.

•• § 5.º acrescentado pela Lei n. 11.960, de 29-6-2009.

Art. 41. O processo administrativo correspondente à inscrição de Dívida Ativa, à execução fiscal ou à ação proposta contra a Fazenda Pública será mantido na repartição competente, dele se extraindo as cópias autenticadas ou certidões, que forem requeridas pelas partes ou requisitadas pelo juiz ou pelo Ministério Público.

Parágrafo único. Mediante requisição do juiz à repartição competente, com dia e hora previamente marcados, poderá o processo administrativo ser exibido na sede do juízo, pelo funcionário para esse fim designado, lavrando o serventuário termo da ocorrência, com indicação, se for o caso, das peças a serem trasladadas.

Art. 42. Revogadas as disposições em contrário, esta Lei entrará em vigor 90 (noventa) dias após a data de sua publicação.

Brasília, em 22 de setembro de 1980; 159.º da Independência e 92.º da República.

João Figueiredo

LEI N. 6.858, DE 24 DE NOVEMBRO DE 1980 (*)

Dispõe sobre o pagamento, aos dependentes ou sucessores, de valores não recebidos em vida pelos respectivos titulares.

O Presidente da República:

Faço saber que o Congresso Nacional decreta e eu sanciono a seguinte Lei:

Art. 1.º Os valores devidos pelos empregadores aos empregados e os montantes das contas individuais do Fundo de Garantia do Tempo de Serviço e do Fundo de Participação PIS/PASEP, não recebidos em vida pelos respectivos titulares, serão pagos, em quotas iguais, aos dependentes habilitados perante a Previdência Social ou na forma da legislação específica dos servidores civis e militares, e, na sua falta, aos sucessores previstos na lei civil, indicados em alvará judicial, independentemente de inventário ou arrolamento.

§ 1.º As quotas atribuídas a menores ficarão depositadas em caderneta de poupança, rendendo juros e correção monetária, e só serão disponíveis após o menor completar 18 (dezoito) anos, salvo autorização do Juiz para aquisição de imóvel destinado à residência do menor e de sua família ou para dispêndio necessário à subsistência e educação do menor.

§ 2.º Inexistindo dependentes ou sucessores, os valores de que trata este artigo reverterão em favor, respectivamente, do Fundo de Previdência e Assistência Social, do Fundo de Garantia do Tempo de Serviço ou do Fundo de Participação PIS/PASEP, conforme se tratar de quantias devidas pelo empregador ou de contas de FGTS e do Fundo PIS/PASEP.

Art. 2.º O disposto nesta Lei se aplica às restituições relativas ao imposto de renda e outros tributos, recolhidos por pessoa física, e, não existindo outros bens sujeitos a inventário, aos saldos bancários e de contas de cadernetas de poupança e fundos de investimento de valor até 500 (quinhentas) Obrigações Reajustáveis do Tesouro Nacional.

Parágrafo único. Na hipótese de inexistirem dependentes ou sucessores do titular, os valores referidos neste artigo reverterão em favor do Fundo de Previdência e Assistência Social.

Art. 3.º Esta Lei entrará em vigor na data de sua publicação.

(*) Publicada no DOU, de 25-11-1980, e retificada em 26-11-1980. Regulamentada pelo Decreto n. 85.845, de 26-3-1981. Vide Súmula 161 do STJ.

Art. 4.º Revogam-se as disposições em contrário.
Brasília, 24 de novembro de 1980; 159.º da Independência e 92.º da República.

João Figueiredo

LEI N. 6.868, DE 3 DE DEZEMBRO DE 1980 (*)

Dispensa a apresentação dos documentos que especifica, e dá outras providências.

O Presidente da República
Faço saber que o Congresso Nacional decreta e eu sanciono a seguinte Lei:

Art. 1.º Ficam abolidas quaisquer exigências de apresentação de atestados de bons antecedentes, de boa conduta ou de folha corrida para fins de registro profissional perante o Ministério do Trabalho ou os órgãos fiscalizadores do exercício profissional, aceitando-se, em substituição, a declaração escrita do interessado.

Parágrafo único. A declaração substitutiva, prevista neste artigo, reputar-se-á verdadeira até prova em contrário.

Art. 2.º Havendo fundadas razões de dúvida quanto à veracidade da declaração, serão desde logo solicitadas ao interessado providências para que a mesma seja dirimida, anotando-se a circunstância.

Art. 3.º Verificada em qualquer tempo a ocorrência de fraude ou falsidade em prova documental ou declaração do interessado, a exigência será considerada como não satisfeita e sem efeito o ato praticado em consequência de sua apresentação ou juntada, dando-se conhecimento do fato à autoridade competente, para instauração de processo criminal e de processo administrativo, quando couber.

Art. 4.º Aplica-se à exigência da apresentação de atestado de bons antecedentes prevista no art. 380 da Consolidação das Leis do Trabalho, aprovada pelo Decreto-lei n. 5.452, de 1.º de maio de 1943, o disposto no art. 1.º desta Lei.

• O art. 380 da CLT foi revogado pela Lei n. 7.855, de 24-10-1989.

Art. 5.º Esta Lei entrará em vigor na data de sua publicação.
Art. 6.º Revogam-se as disposições em contrário.
Brasília, em 3 de dezembro de 1980; 159.º da Independência e 92.º da República.

João Figueiredo

DECRETO N. 85.845, DE 26 DE MARÇO DE 1981 (**)

Regulamenta a Lei n. 6.858, de 24 de novembro de 1980, que dispõe sobre o pagamento, aos dependentes ou sucessores, de valores não recebidos em vida pelos respectivos titulares.

O Presidente da República, usando da atribuição que lhe confere o art. 81, item III, da Constituição e tendo em vista o disposto na Lei n. 6.858, de 24 de novembro de 1980, e no Decreto n. 83.740, de 18 de julho de 1979, que instituiu o Programa Nacional de Desburocratização, decreta:

Art. 1.º Os valores discriminados no parágrafo único deste artigo, não recebidos em vida pelos respectivos titulares, serão pagos, em quotas iguais, aos seus dependentes habilitados na forma do art. 2.º.

Parágrafo único. O disposto neste Decreto aplica-se aos seguintes valores:
I – quantias devidas a qualquer título pelos empregadores a seus empregados, em decorrência de relação de emprego;
II – quaisquer valores devidos, em razão de cargo ou emprego, pela União, Estado, Distrito Federal, Territórios, Municípios e suas autarquias, aos respectivos servidores;
III – saldos das contas individuais do Fundo de Garantia do Tempo de Serviço e do Fundo de Participação PIS/PASEP;
IV – restituições relativas ao imposto de renda e demais tributos recolhidos por pessoas físicas;
V – saldos de contas bancárias, saldos de cadernetas de poupança e saldos de contas de fundos de investimento, desde que não ultrapassem o valor de 500 (quinhentas) Obrigações Reajustáveis do Tesouro Nacional e não existam, na sucessão, outros bens sujeitos a inventário.

Art. 2.º A condição de dependente habilitado será declarada em documento fornecido pela instituição de Previdência ou se for o caso, pelo órgão encarregado, na forma da legislação própria, do processamento do benefício por morte.

Parágrafo único. Da declaração constarão, obrigatoriamente, o nome completo, a filiação, a data de nascimento de cada um dos interessados e o respectivo grau de parentesco ou relação de dependência com o falecido.

Art. 3.º À vista da apresentação da declaração de que trata o art. 2.º, o pagamento das quantias devidas será feito aos dependentes do falecido pelo empregador, repartição, entidade, órgão ou unidade civil ou militar, estabelecimento bancário, fundo de participação ou, em geral, por pessoa física ou jurídica, a quem caiba efetuar o pagamento.

Art. 4.º A inexistência de outros bens sujeitos a inventário, para os fins do item V, parágrafo único, do art. 1.º, será comprovada por meio de declaração, conforme modelo anexo, firmada pelos interessados perante a instituição onde esteja depositada a quantia a receber.

§ 1.º As declarações feitas nos termos deste artigo ter-se-ão por verdadeiras até prova em contrário.
§ 2.º A falsa declaração sujeitará o declarante às sanções previstas no Código Penal e demais cominações legais aplicáveis.
§ 3.º Verificada, a qualquer tempo, a existência de fraude ou falsidade na declaração, será dado conhecimento do fato à autoridade competente, dentro de 5 (cinco) dias, para instauração de processo criminal.

Art. 5.º Na falta de dependentes, farão jus ao recebimento das quotas de que trata o art. 1.º deste decreto os sucessores do titular, previstos na lei civil, indicados em alvará judicial, expedido a requerimento do interessado, independentemente de inventário ou arrolamento.

Art. 6.º As quotas a que se refere o art. 1.º, atribuídas a menores, ficarão depositadas em caderneta de poupança, rendendo juros e correção monetária, e só serão disponíveis após o menor completar 18 (dezoito) anos, salvo autorização do juiz para aquisição de imóvel destinado a residência do menor e de sua família ou para dispêndio necessário à subsistência e educação do menor.

Art. 7.º Inexistindo dependentes ou sucessores, os valores de que trata o parágrafo do art. 1.º reverterão em favor, respectivamente, do Fundo de Previdência e Assistência Social, do Fundo de Garantia do Tempo de Serviço ou do Fundo de Participação PIS-PASEP, conforme se tratar de quantias devidas pelo empregador ou de contas de FGTS e do Fundo PIS/PASEP.

Art. 8.º Caberá ao Banco Central do Brasil, ao Banco Nacional da Habitação, à Caixa Econômica Federal, ao Banco do Brasil S.A. e aos demais órgãos e entidades da Administração Federal, Estadual e Municipal, nas respectivas áreas de competência, orientar e fiscalizar o cumprimento deste Decreto pelas pessoas físicas e jurídicas responsáveis pelo pagamento dos valores de que trata o art. 1.º.

Art. 9.º Ao Ministro Extraordinário para a Desburocratização caberá acompanhar e coordenar a execução do disposto neste Decreto, assim como dirimir as dúvidas suscitadas na sua aplicação.

Art. 10. Este Decreto entrará em vigor na data de sua publicação.
Art. 11. Revogam-se as disposições em contrário.
Brasília, em 26 de março de 1981; 160.º da Independência e 93.º da República.

João Figueiredo

(*) Publicada no *DOU*, de 4-12-1980.
(**) Publicado no *DOU*, de 27-3-1981.

MODELO

DECLARAÇÃO DE INEXISTÊNCIA DE BENS A INVENTARIAR

Nos termos do art. 3.º, do Decreto n. de de março de 1981, ..,
 (nome completo)

..., ..,
(nacionalidade) (estado civil) (profissão)

residente na ..,
 (endereço completo, cidade, Estado)

portador da ..,
 (documento oficial de identificação e órgão expedidor)

DECLARA que ..,
 (nome completo do falecido)

já falecido, não deixou outros bens a serem inventariados, além do saldo (da conta bancária, da caderneta de poupança ou conta de fundo de investimento, conforme o caso) no ..., no valor de Cr$ (...............).
 (nome da instituição depositária) por extenso

A presente declaração é feita sob as penas da lei, ciente, portanto, o declarante de que, em caso de falsidade, ficará sujeito às sanções previstas no Código Penal e às demais cominações legais aplicáveis.

(local e data)

(assinatura)

A declaração acima foi assinada em minha presença.

(local e data)

(assinatura)

Observação:
A validade da declaração independe de formulário especial, sendo lícita, inclusive, a declaração manuscrita pelo interessado.

DECRETO N. 87.043, DE 22 DE MARÇO DE 1982 (*)

Regulamenta o Decreto-lei n. 1.422, de 23 de outubro de 1975, que dispõe sobre o cumprimento do art. 178 da Constituição por empresas e empregadores de toda natureza, mediante a manutenção do ensino de 1.º Grau gratuito ou recolhimento da contribuição do salário-educação.

O Presidente da República, usando das atribuições que lhe confere o art. 81, III, da Constituição, decreta:

Art. 1.º As empresas comerciais, industriais e agrícolas são obrigadas a manter o ensino de 1.º Grau gratuito para seus empregados e para os filhos destes, entre os 7 (sete) e 14 (quatorze) anos, ou a concorrer para esse fim, mediante a contribuição do salário-educação.

•• A Lei n. 9.394, de 20-12-1996 (Diretrizes e Bases da Educação), estabelece que o ensino fundamental irá se iniciar aos 6 (seis) anos.

Art. 2.º O salário-educação, previsto no art. 178 da Constituição, instituído pela Lei n. 4.440, de 27 de outubro de 1964, e reestruturado pelo Decreto-lei n. 1.422, de 23 de outubro de 1975, é uma contribuição patronal devida pelas empresas comerciais, industriais e agrícolas e destinada ao financiamento do ensino de 1.º Grau dos empregados de qualquer idade, e dos filhos destes, na faixa etária dos 7 (sete) aos 14 (quatorze) anos, suplementando os recursos públicos destinados à manutenção e ao desenvolvimento desse grau de ensino.

• Vide Súmula 732 do STF.

Parágrafo único. Consideram-se empresas, para os efeitos desta regulamentação, em relação à Previdência Social, Urbana e Rural, respectivamente:

I – o empregador, como tal definido no art. 2.º da Consolidação das Leis do Trabalho e no art. 4.º da Lei n. 3.807, de 26 de agosto de 1960, com redação dada pelo art. 1.º da Lei n. 5.890, de 8 de junho de 1973;

II – a empresa, o empregador e o produtor rurais, como tal definidos no Estatuto da Terra, item VI do art. 4.º da Lei n. 4.504, de 30 de novembro de 1964, no § 1.º do art. 1.º da Lei n. 6.260, de 6 de novembro de 1975, e no item b do § 1.º do art. 3.º da Lei Complementar n. 11, de 25 de maio de 1971, dos quais se origine o produto rural mencionado no § 1.º do art. 15 da Lei Complementar n. 11, de 25 de maio de 1971;

III – todas as demais empresas e entidades públicas, sociedades de economia mista e empresas privadas, vinculadas à Previdência Social.

Art. 3.º O salário-educação é estipulado com base no custo de ensino de 1.º Grau, cabendo a todas as empresas vinculadas à Previdência Social, Urbana e Rural, respectivamente, recolher:

I – 2,5% (dois e meio por cento) sobre a folha de salário de contribuição, definido na legislação previdenciária, e sobre a soma dos salários-base dos titulares, sócios e diretores, constantes dos carnês de contribuintes individuais;

II – 0,8% (oito décimos por cento) sobre o valor comercial dos produtos rurais definidos no § 1.º, do art. 15, da Lei Complementar n. 11, de 25 de maio de 1971.

§ 1.º A incidência do salário-educação sobre os valores dos salários-base de titulares, sócios e diretores somente ocorrerá quando houver contribuições para o Instituto de Administração Financeira da Previdência e Assistência Social, em virtude de pagamentos pelas empresas a empregados ou autônomos.

§ 2.º O cálculo da contribuição mencionada no item I deste artigo incidirá sobre os valores da folha de salário de contribuição somados aos dos salários-base lançados nos carnês de contribuintes individuais, até o limite máximo de exigência das contribuições previdenciárias.

§ 3.º A contribuição de 0,8% (oito décimos por cento) mencionada no item II deste artigo será adicional à fixada no item I do art. 15 da Lei

(*) Publicado no *DOU*, de 23-3-1982. A referência é feita à Constituição de 1967, emendada em 1969. Vide art. 212, § 5.º, da CF.

Complementar n. 11, de 25 de maio de 1971, e deverá ser recolhida na mesma guia, nas mesmas condições e sob as mesmas sanções.

§ 4.º As alíquotas da contribuição a que se refere este artigo poderão ser alteradas mediante demonstração pelo Fundo Nacional de Desenvolvimento da Educação, da variação do custo efetivo do ensino de 1.º Grau.

§ 5.º Integram a receita do salário-educação as multas, a correção monetária e os juros de mora a que estão sujeitos os contribuintes em atraso com o pagamento da contribuição.

..

Art. 8.º Estão, respectivamente, excluídas ou isentas do recolhimento da contribuição do salário-educação:

I – a União, os Estados, o Distrito Federal, os Territórios e os Municípios, bem como suas respectivas autarquias;

II – as instituições oficiais de ensino de qualquer grau;

III – as instituições particulares de ensino de qualquer grau, devidamente autorizadas ou reconhecidas, mediante apresentação dos atos de registro nos órgãos próprios dos sistemas de ensino;

IV – as organizações hospitalares e de assistência social, desde que portadoras do Certificado de Fins Filantrópicos expedido pelo órgão competente, na forma do disposto no Decreto-lei n. 1.572, de 1.º de setembro de 1977;

V – as organizações de fins culturais que, através de portaria do Ministro da Educação e Cultura, venham a ser reconhecidas como de significação relevante para o desenvolvimento cultural do País.

Art. 9.º As empresas poderão deixar de recolher a contribuição do salário-educação ao Instituto de Administração Financeira da Previdência e Assistência Social quando optarem pela manutenção do ensino de 1.º Grau, quer regular, quer supletivo, através de:

a) escola própria gratuita para os seus empregados ou para os filhos destes, e, havendo vaga, para quaisquer crianças, adolescentes e adultos;

b) programa de bolsas tendo em vista a aquisição de vagas na rede de ensino particular de 1.º Grau para seus empregados e os filhos destes, recolhendo, para esse efeito, no FNDE, a importância correspondente ao valor mensal devido a título de salário-educação;

c) indenização das despesas realizadas pelo próprio empregado com sua educação de 1.º Grau, pela via supletiva, fixada nos limites estabelecidos no § 1.º do art. 10 deste Decreto, e comprovada por meio de apresentação do respectivo certificado;

d) indenização para os filhos de seus empregados, entre 7 (sete) e 14 (quatorze) anos, mediante comprovação de frequência em estabelecimentos pagos, fixada nos mesmos limites da alínea anterior;

e) esquema misto, usando combinações das alternativas anteriores.

•• *Caput* com redação determinada pelo Decreto n. 88.374, de 7-6-1983.

Parágrafo único. As operações concernentes à receita e à despesa com o recolhimento do salário-educação e com a manutenção direta ou indireta do ensino, previstas no art. 3.º e neste artigo deverão ser lançadas sob o título "Salário-Educação", na escrituração tanto da empresa quanto da escola, ficando sujeitas à fiscalização, nos termos do art. 3.º deste Decreto e demais normas aplicáveis.

•• Parágrafo único com redação determinada pelo Decreto n. 88.374, de 7-6-1983.

Art. 10. São condições para a opção a que se refere o artigo anterior:

I – responsabilidade integral, pela empresa, das despesas com a manutenção do ensino, direta ou indiretamente;

II – equivalência dessas despesas ao total da contribuição correspondente ao salário-educação respectivo;

III – prefixação de vagas em número equivalente ao quociente da divisão da importância correspondente a 2,5% (dois e meio por cento) da folha mensal do salário de contribuição pelo preço da vaga de ensino de 1.º Grau a ser fixado anualmente pelo Fundo Nacional de Desenvolvimento da Educação.

•• *Caput* com redação determinada pelo Decreto n. 88.374, de 7-6-1983.

§ 1.º O preço fixado passa a ser, para os beneficiários do sistema, o valor da anuidade, não sendo o aluno obrigado a efetivar qualquer complementação, cabendo ainda à empresa, à escola e à família zelar, solidariamente, por sua frequência e aproveitamento.

•• § 1.º com redação determinada pelo Decreto n. 88.374, de 7-6-1983.

§ 2.º As variações para menos, decorrentes da matrícula efetiva ou de alterações nas folhas do salário de contribuição serão compensadas, mediante o recolhimento da diferença no Banco do Brasil S/A, à conta do Fundo Nacional de Desenvolvimento da Educação, para distribuição na forma do art. 5.º deste Decreto.

•• § 2.º com redação determinada pelo Decreto n. 88.374, de 7-6-1983.

Art. 11. A cobertura financeira necessária ao cumprimento do disposto no art. 9.º será efetuada:

I – no caso da alínea *a*, mensalmente, pela empresa, à sua escola;

II – no caso da alínea *b*, trimestralmente e diretamente à escola, pelo Fundo Nacional de Desenvolvimento da Educação;

III – no caso das alíneas *c* e *d*, semestralmente e diretamente aos beneficiários ou responsáveis pelos mesmos, pela empresa.

§ 1.º As empresas optantes deverão efetuar, mensalmente, ao Fundo Nacional de Desenvolvimento da Educação, o recolhimento da diferença referida no § 2.º do art. 10, entre o valor gerado e o valor aplicado nas formas de opção previstas nas alíneas *a*, *c*, *d* e *e* do art. 9.º, para distribuição na forma do art. 5.º deste Decreto.

§ 2.º (*Revogado pelo Decreto n. 994, de 25-11-1993.*)

Art. 12. A autorização para a forma alternativa de cumprimento da obrigação patronal, referida no art. 9.º deste Decreto, será o documento mediante o qual a empresa faz a opção prevista no art. 178 da Constituição, devidamente protocolado no Ministério da Educação e Cultura, tudo de conformidade com as instruções que, para tal fim, forem baixadas pelo Fundo Nacional de Desenvolvimento da Educação.

§ 1.º O documento a que se refere este artigo comprovará, perante os órgãos fiscalizadores, o cumprimento formal da obrigação fixada no art. 1.º deste Decreto.

§ 2.º Compete ao Fundo Nacional de Desenvolvimento da Educação comunicar ao Instituto de Administração Financeira da Previdência e Assistência Social quais as empresas optantes pelo cumprimento da obrigação constitucional sob a forma de manutenção direta ou indireta de ensino.

Art. 13. Cabe ao Instituto de Administração Financeira da Previdência e Assistência Social a arrecadação bem como a fiscalização do salário-educação e da manutenção direta ou indireta de ensino pelas empresas, obedecidos os mesmos prazos e mesmas sanções administrativas e penais, e as demais normas das contribuições destinadas ao custeio da Previdência Social.

Parágrafo único. A fiscalização a ser exercida pelo Fundo Nacional de Desenvolvimento da Educação, sem prejuízo das atribuições dos Tribunais de Contas da União, dos Estados e Distrito Federal, das Secretarias de Educação das Unidades da Federação e do Instituto de Administração Financeira e Previdência e Assistência Social, este na forma do *caput* deste artigo, incidirá sobre todas as fases de arrecadação, transferência e manutenção direta ou indireta de ensino, conforme disposto neste Decreto.

Art. 14. Fica suspensa, até ulterior deliberação, a cobrança da contribuição do salário-educação sobre a soma dos salários-base dos titulares, sócios e diretores e sobre o valor comercial dos produtos rurais, prevista nos itens I *in fine*, e II do art. 3.º deste Decreto.

Art. 15. Este Decreto entra em vigor na data de sua publicação, revogados o Decreto n. 76.923, de 26 de dezembro de 1975, e demais disposições em contrário.

Brasília, 22 de março de 1982; 161.º da Independência e 94.º da República.

JOÃO FIGUEIREDO

LEI N. 7.064, DE 6 DE DEZEMBRO DE 1982 (*)

Dispõe sobre a situação de trabalhadores contratados ou transferidos para prestar serviços no exterior.

O Presidente da República

Faço saber que o Congresso Nacional decreta e eu sanciono a seguinte Lei:

Capítulo I
INTRODUÇÃO

Art. 1.º Esta Lei regula a situação de trabalhadores contratados no Brasil ou transferidos por seus empregadores para prestar serviço no exterior.

•• *Caput* com redação determinada pela Lei n. 11.962, de 3-7-2009.

Parágrafo único. Fica excluído do regime desta Lei o empregado designado para prestar serviços de natureza transitória, por período não superior a 90 (noventa) dias, desde que:

a) tenha ciência expressa dessa transitoriedade;

b) receba, além da passagem de ida e volta, diárias durante o período de trabalho no exterior, as quais, seja qual for o respectivo valor, não terão natureza salarial.

Capítulo II
DA TRANSFERÊNCIA

Art. 2.º Para os efeitos desta Lei, considera-se transferido:

I – o empregado removido para o exterior, cujo contrato estava sendo executado no território brasileiro;

II – o empregado cedido à empresa sediada no estrangeiro, para trabalhar no exterior, desde que mantido o vínculo trabalhista com o empregador brasileiro;

III – o empregado contratado por empresa sediada no Brasil para trabalhar a seu serviço no exterior.

Art. 3.º A empresa responsável pelo contrato de trabalho do empregado transferido assegurar-lhe-á, independentemente da observância da legislação do local da execução dos serviços:

I – os direitos previstos nesta Lei;

II – a aplicação da legislação brasileira de proteção ao trabalho, naquilo que não for incompatível com o disposto nesta Lei, quando mais favorável do que a legislação territorial, no conjunto de normas e em relação a cada matéria.

Parágrafo único. Respeitadas as disposições especiais desta Lei, aplicar-se-á a legislação brasileira sobre Previdência Social, Fundo de Garantia do Tempo de Serviço – FGTS e Programa de Integração Social – PIS/PASEP.

Art. 4.º Mediante ajuste escrito, empregador e empregado fixarão os valores do salário-base e do adicional de transferência.

§ 1.º O salário-base ajustado na forma deste artigo fica sujeito aos reajustes e aumentos compulsórios previstos na legislação brasileira.

§ 2.º O valor do salário-base não poderá ser inferior ao mínimo estabelecido para a categoria profissional do empregado.

§ 3.º Os reajustes e aumentos compulsórios previstos no § 1.º incidirão exclusivamente sobre os valores ajustados em moeda nacional.

Art. 5.º O salário-base do contrato será obrigatoriamente estipulado em moeda nacional, mas a remuneração devida durante a transferência do empregado, computado o adicional de que trata o artigo anterior, poderá, no todo ou em parte, ser paga no exterior, em moeda estrangeira.

§ 1.º Por opção escrita do empregado, a parcela da remuneração a ser paga em moeda nacional poderá ser depositada em conta bancária.

§ 2.º É assegurada ao empregado, enquanto estiver prestando serviços no exterior, a conversão e remessa dos correspondentes valores para o local de trabalho, observado o disposto em regulamento.

•• *Vide* arts. 143 a 150 do Decreto n. 10.854, de 10-11-2021.

Art. 6.º Após 2 (dois) anos de permanência no exterior, será facultado ao empregado gozar anualmente férias no Brasil, correndo por conta da empresa empregadora, ou para a qual tenha sido cedido, o custeio da viagem.

§ 1.º O custeio de que trata este artigo se estende ao cônjuge e aos demais dependentes do empregado com ele residentes.

§ 2.º O disposto neste artigo não se aplicará ao caso de retorno definitivo do empregado antes da época do gozo das férias.

Art. 7.º O retorno do empregado ao Brasil poderá ser determinado pela empresa quando:

I – não se tornar mais necessário ou conveniente o serviço do empregado no exterior;

II – der o empregado justa causa para a rescisão do contrato.

Parágrafo único. Fica assegurado ao empregado seu retorno ao Brasil, ao término do prazo da transferência ou, antes deste, na ocorrência das seguintes hipóteses:

a) após 3 (três) anos de trabalho contínuo;

b) para atender à necessidade grave de natureza familiar, devidamente comprovada;

c) por motivo de saúde, conforme recomendação constante de laudo médico;

d) quando der o empregador justa causa para a rescisão do contrato;

e) na hipótese prevista no inciso I deste artigo.

Art. 8.º Cabe à empresa o custeio do retorno do empregado.

Parágrafo único. Quando o retorno se verificar, por iniciativa do empregado, ou quando der justa causa para rescisão do contrato, ficará ele obrigado ao reembolso das respectivas despesas, ressalvados os casos previstos no parágrafo único do artigo anterior.

Art. 9.º O período de duração da transferência será computado no tempo de serviço do empregado para todos os efeitos da legislação brasileira, ainda que a lei local de prestação do serviço considere essa prestação como resultante de um contrato autônomo e determine a liquidação dos direitos oriundos da respectiva cessação.

•• *Vide* arts. 143 a 150 do Decreto n. 10.854, de 10-11-2021.

§ 1.º Na hipótese de liquidação de direitos prevista neste artigo, a empresa empregadora fica autorizada a deduzir esse pagamento dos depósitos do FGTS em nome do empregado, existentes na conta vinculada de que trata o art. 2.º da Lei n. 5.107, de 13 de setembro de 1966.

§ 2.º Se o saldo da conta a que se refere o parágrafo anterior não comportar a dedução ali mencionada, a diferença poderá ser novamente deduzida do saldo dessa conta quando da cessação, no Brasil, do respectivo contrato de trabalho.

§ 3.º As deduções acima mencionadas, relativamente ao pagamento em moeda estrangeira, serão calculadas mediante conversão em cruzeiros ao câmbio do dia em que se operar o pagamento.

§ 4.º O levantamento pelo empregador, decorrente da dedução acima prevista, dependerá de homologação judicial.

Art. 10. O adicional de transferência, as prestações *in natura*, bem como quaisquer outras vantagens a que fizer jus o empregado em função de sua permanência no exterior, não serão devidas após seu retorno ao Brasil.

Art. 11. Durante a prestação de serviços no exterior não serão devidas, em relação aos empregados transferidos, as contribuições referentes a: Salário-Educação, Serviço Social da Indústria, Serviço Social do Comércio, Serviço Nacional de Aprendizagem Comercial, Serviço Nacional de Aprendizagem Industrial e Instituto Nacional de Colonização e de Reforma Agrária.

(*) Publicada no *DOU*, de 7-12-1982, e retificada em 13-12-1982.

Capítulo III
DA CONTRATAÇÃO POR EMPRESA ESTRANGEIRA

Art. 12. A contratação de trabalhador, por empresa estrangeira, para trabalhar no exterior está condicionada à prévia autorização do Ministério do Trabalho.

•• *Vide* arts. 143 a 150 do Decreto n. 10.854, de 10-11-2021.
•• A Portaria n. 671, de 8-11-2021, do Ministério do Trabalho e da Previdência, regulamenta disposições relativas à legislação trabalhista, à inspeção do trabalho, às políticas públicas e às relações de trabalho.

Art. 13. A autorização a que se refere o art. 12 somente poderá ser dada à empresa de cujo capital participe, em pelo menos 5% (cinco por cento), pessoa jurídica domiciliada no Brasil.

Art. 14. Sem prejuízo da aplicação das leis do país da prestação dos serviços, no que respeita a direitos, vantagens e garantias trabalhistas e previdenciárias, a empresa estrangeira assegurará ao trabalhador os direitos a ele conferidos neste Capítulo.

Art. 15. Correrão obrigatoriamente por conta da empresa estrangeira as despesas de viagem de ida e volta do trabalhador ao exterior, inclusive a dos dependentes com ele residentes.

Art. 16. A permanência do trabalhador no exterior não poderá ser ajustada por período superior a 3 (três) anos, salvo quando for assegurado a ele e a seus dependentes o direito de gozar férias anuais no Brasil, com despesas de viagem pagas pela empresa estrangeira.

Art. 17. A empresa estrangeira assegurará o retorno definitivo do trabalhador ao Brasil quando:
I – houver terminado o prazo de duração do contrato, ou for o mesmo rescindido;
II – por motivo de saúde do trabalhador, devidamente comprovado por laudo médico oficial que o recomende.

Art. 18. A empresa estrangeira manterá no Brasil procurador bastante, com poderes especiais de representação, inclusive o de receber citação.

Art. 19. A pessoa jurídica domiciliada no Brasil a que alude o art. 13 será solidariamente responsável com a empresa estrangeira por todas as obrigações decorrentes da contratação do trabalhador.

Art. 20. O aliciamento de trabalhador domiciliado no Brasil, para trabalhar no exterior, fora do regime desta Lei, configurará o crime previsto no art. 206 do Código Penal Brasileiro.

Capítulo IV
DISPOSIÇÕES COMUNS E FINAIS

Art. 21. As empresas de que trata esta Lei farão, obrigatoriamente, seguro de vida e acidentes pessoais a favor do trabalhador, cobrindo o período a partir do embarque para o exterior, até o retorno ao Brasil.

Parágrafo único. O valor do seguro não poderá ser inferior a 12 (doze) vezes o valor de remuneração mensal do trabalhador.

Art. 22. As empresas a que se refere esta Lei garantirão ao empregado, no local de trabalho no exterior ou próximo a ele, serviços gratuitos e adequados de assistência médica e social.

Art. 23. Serão regulamentadas no prazo de 90 (noventa) dias as disposições dos arts. 5.º, § 2.º, 9.º, §§ 1.º a 4.º, e 12.

Art. 24. Esta Lei entra em vigor na data de sua publicação, revogadas as disposições em contrário.

Brasília, 6 de dezembro de 1982; 161.º da Independência e 94.º da República.

João Figueiredo

LEI N. 7.102, DE 20 DE JUNHO DE 1983 (*)

(*) Publicada no *DOU*, de 21-6-1983. Retificada em 13-4-1995. A Portaria n. 891, de 12-8-1999, do Departamento de Polícia Federal, institui e aprova a Carteira Nacional de Vigilante, para utilização exclusiva pelos vigilantes portadores de qualificação profissional prevista nesta Lei.

Dispõe sobre segurança para estabelecimentos financeiros, estabelece normas para constituição e funcionamento das empresas particulares que exploram serviços de vigilância e de transporte de valores, e dá outras providências.

O Presidente da República.

Faço saber que o Congresso Nacional decreta e eu sanciono a seguinte Lei:

Art. 1.º É vedado o funcionamento de qualquer estabelecimento financeiro onde haja guarda de valores ou movimentação de numerário que não possua sistema de segurança com parecer favorável à sua aprovação elaborado pelo Ministério da Justiça, na forma desta Lei.

•• *Caput* com redação determinada pela Lei n. 9.017, de 30-3-1995.

§ 1.º Os estabelecimentos financeiros referidos neste artigo compreendem bancos oficiais ou privados, caixas econômicas, sociedades de crédito, associações de poupança, suas agências, postos de atendimento, subagências e seções, assim como as cooperativas singulares de crédito e suas respectivas dependências.

•• § 1.º acrescentado pela Lei n. 11.718, de 20-6-2008.

§ 2.º O Poder Executivo estabelecerá, considerando a reduzida circulação financeira, requisitos próprios de segurança para as cooperativas singulares de crédito e suas dependências que contemplem, entre outros, os seguintes procedimentos:

•• § 2.º, *caput*, acrescentado pela Lei n. 11.718, de 20-6-2008.

I – dispensa de sistema de segurança para o estabelecimento de cooperativa singular de crédito que se situe dentro de qualquer edificação que possua estrutura de segurança instalada em conformidade com o art. 2.º desta Lei;

•• Inciso I acrescentado pela Lei n. 11.718, de 20-6-2008.

II – necessidade de elaboração e aprovação de apenas um único plano de segurança por cooperativa singular de crédito, desde que detalhadas todas as suas dependências;

•• Inciso II acrescentado pela Lei n. 11.718, de 20-6-2008.

III – dispensa de contratação de vigilantes, caso isso inviabilize economicamente a existência do estabelecimento.

•• Inciso III acrescentado pela Lei n. 11.718, de 20-6-2008.

§ 3.º Os processos administrativos em curso no âmbito do Departamento de Polícia Federal observarão os requisitos próprios de segurança para as cooperativas singulares de crédito e suas dependências.

•• § 3.º acrescentado pela Lei n. 11.718, de 20-6-2008.

Art. 2.º O sistema de segurança referido no artigo anterior inclui pessoas adequadamente preparadas, assim chamadas vigilantes; alarme capaz de permitir, com segurança, comunicação entre o estabelecimento financeiro e outro da mesma instituição, empresa de vigilância ou órgão policial mais próximo; e, pelo menos, mais um dos seguintes dispositivos:

I – equipamentos elétricos, eletrônicos e de filmagens que possibilitem a identificação dos assaltantes;

II – artefatos que retardem a ação dos criminosos, permitindo sua perseguição, identificação ou captura; e

III – cabina blindada com permanência ininterrupta de vigilante durante o expediente para o público e enquanto houver movimentação de numerário no interior do estabelecimento.

Art. 2.º-A. As instituições financeiras e demais instituições autorizadas a funcionar pelo Banco Central do Brasil, que colocarem à disposição do público caixas eletrônicos, são obrigadas a instalar equipamentos que inutilizem as cédulas de moeda corrente depositadas no interior das máquinas em caso de arrombamento, movimento brusco ou alta temperatura.

•• *Caput* acrescentado pela Lei n. 13.654, de 23-4-2018.

§ 1.º Para cumprimento do disposto no *caput* deste artigo, as instituições financeiras poderão utilizar-se de qualquer tipo de tecnologia existente para inutilizar as cédulas de moeda corrente depositadas no interior dos seus caixas eletrônicos, tais como:

•• § 1.º acrescentado pela Lei n. 13.654, de 23-4-2018.
I – tinta especial colorida;
•• Inciso I acrescentado pela Lei n. 13.654, de 23-4-2018.
II – pó químico;
•• Inciso II acrescentado pela Lei n. 13.654, de 23-4-2018.
III – ácidos insolventes;
•• Inciso III acrescentado pela Lei n. 13.654, de 23-4-2018.
IV – pirotecnia, desde que não coloque em perigo os usuários e funcionários que utilizam os caixas eletrônicos;
•• Inciso IV acrescentado pela Lei n. 13.654, de 23-4-2018.
V – qualquer outra substância, desde que não coloque em perigo os usuários dos caixas eletrônicos.
•• Inciso V acrescentado pela Lei n. 13.654, de 23-4-2018.
§ 2.º Será obrigatória a instalação de placa de alerta, que deverá ser afixada de forma visível no caixa eletrônico, bem como na entrada da instituição bancária que possua caixa eletrônico em seu interior, informando a existência do referido dispositivo e seu funcionamento.
•• § 2.º acrescentado pela Lei n. 13.654, de 23-4-2018.
§ 3.º O descumprimento do disposto acima sujeitará as instituições financeiras infratoras às penalidades previstas no art. 7.º desta Lei.
•• § 3.º acrescentado pela Lei n. 13.654, de 23-4-2018.
§ 4.º As exigências previstas neste artigo poderão ser implantadas pelas instituições financeiras de maneira gradativa, atingindo-se, no mínimo, os seguintes percentuais, a partir da entrada em vigor desta Lei:
•• § 4.º acrescentado pela Lei n. 13.654, de 23-4-2018.
I – nos municípios com até 50.000 (cinquenta mil) habitantes, 50% (cinquenta por cento) em nove meses e os outros 50% (cinquenta por cento) em dezoito meses;
•• Inciso I acrescentado pela Lei n. 13.654, de 23-4-2018.
II – nos municípios com mais de 50.000 (cinquenta mil) até 500.000 (quinhentos mil) habitantes, 100% (cem por cento) em até vinte e quatro meses;
•• Inciso II acrescentado pela Lei n. 13.654, de 23-4-2018.
III – nos municípios com mais de 500.000 (quinhentos mil) habitantes, 100% (cem por cento) em até trinta e seis meses.
•• Inciso III acrescentado pela Lei n. 13.654, de 23-4-2018.
Art. 3.º A vigilância ostensiva e o transporte de valores serão executados:
•• *Caput* e incisos com redação determinada pela Lei n. 9.017, de 30-3-1995.
I – por empresa especializada contratada; ou
II – pelo próprio estabelecimento financeiro, desde que organizado e preparado para tal fim, com pessoal próprio, aprovado em curso de formação de vigilante autorizado pelo Ministério da Justiça e cujo sistema de segurança tenha parecer favorável à sua aprovação emitido pelo Ministério da Justiça.
Parágrafo único. Nos estabelecimentos financeiros estaduais, o serviço de vigilância ostensiva poderá ser desempenhado pelas Polícias Militares, a critério do Governo da respectiva Unidade da Federação.
•• Parágrafo único com redação determinada pela Lei n. 9.017, de 30-3-1995.

Art. 7.º O estabelecimento financeiro que infringir disposição desta lei ficará sujeito às seguintes penalidades, conforme a gravidade da infração e levando-se em conta a reincidência e a condição econômica do infrator:
•• *Caput* com redação determinada pela Lei n. 9.017, de 30-3-1995.
I – advertência;
•• Inciso I com redação determinada pela Lei n. 9.017, de 30-3-1995.
II – multa, de mil a vinte mil Ufirs;
•• Inciso II com redação determinada pela Lei n. 9.017, de 30-3-1995.
III – interdição do estabelecimento.
•• Inciso III com redação determinada pela Lei n. 9.017, de 30-3-1995.

Art. 10. São consideradas como segurança privada as atividades desenvolvidas em prestação de serviços com a finalidade de:
•• *Caput* e incisos com redação determinada pela Lei n. 8.863, de 28-3-1994.

I – proceder a vigilância patrimonial das instituições financeiras e de outros estabelecimentos, públicos ou privados, bem como a segurança de pessoas físicas;
II – realizar o transporte de valores ou garantir o transporte de qualquer outro tipo de carga.
§ 1.º Os serviços de vigilância e de transporte de valores poderão ser executados por uma mesma empresa.
•• Antigo parágrafo único renumerado para § 1.º pela Lei n. 8.863, de 28-3-1994.
§ 2.º As empresas especializadas em prestação de serviços de segurança, vigilância e transporte de valores, constituídas sob a forma de empresas privadas, além das hipóteses previstas nos incisos do *caput* deste artigo, poderão se prestar ao exercício das atividades de segurança privada a pessoas; a estabelecimentos comerciais, industriais, de prestação de serviços e residenciais; a entidades sem fins lucrativos; e órgãos e empresas públicas.
•• § 2.º acrescentado pela Lei n. 8.863, de 28-3-1994.
§ 3.º Serão regidas por esta Lei, pelos regulamentos dela decorrentes e pelas disposições da legislação civil, comercial, trabalhista, previdenciária e penal, as empresas definidas no parágrafo anterior.
•• § 3.º acrescentado pela Lei n. 8.863, de 28-3-1994.
§ 4.º As empresas que tenham objeto econômico diverso da vigilância ostensiva e do transporte de valores, que utilizem pessoal de quadro funcional próprio, para execução dessas atividades, ficam obrigadas ao cumprimento do disposto nesta Lei e demais legislações pertinentes.
•• § 4.º acrescentado pela Lei n. 8.863, de 28-3-1994.
§ 5.º (*Vetado.*)
•• § 5.º acrescentado pela Lei n. 8.863, de 28-3-1994.
§ 6.º (*Vetado.*)
•• § 6.º acrescentado pela Lei n. 8.863, de 28-3-1994.

Art. 12. Os Diretores e demais empregados das empresas especializadas não poderão ter antecedentes criminais registrados.

Art. 15. Vigilante, para os efeitos desta Lei, é o empregado contratado para a execução das atividades definidas nos incisos I e II do *caput* e §§ 2.º, 3.º e 4.º do art. 10.
•• Artigo com redação determinada pela Lei n. 8.863, de 28-3-1994.

Art. 16. Para o exercício da profissão, o vigilante preencherá os seguintes requisitos:
I – ser brasileiro;
II – ter idade mínima de 21 (vinte e um) anos;
III – ter instrução correspondente à 4.ª série do 1.º grau;
IV – ter sido aprovado, em curso de formação de vigilante, realizado em estabelecimento com funcionamento autorizado nos termos desta Lei;
•• Inciso IV com redação determinada pela Lei n. 8.863, de 28-3-1994.
V – ter sido aprovado em exame de saúde física, mental e psicotécnico;
VI – não ter antecedentes criminais registrados; e
VII – estar quite com as obrigações eleitorais e militares.
Parágrafo único. O requisito previsto no inciso III deste artigo não se aplica aos vigilantes admitidos até a publicação da presente Lei.

Art. 17. O exercício da profissão de vigilante requer prévio registro no Departamento de Polícia Federal, que se fará após a apresentação dos documentos comprobatórios das situações enumeradas no art. 16.
•• Artigo com redação determinada pela Medida Provisória n. 2.184-23, de 24-8-2001.

Art. 18. O vigilante usará uniforme somente quando em efetivo serviço.

Art. 19. É assegurado ao vigilante:
I – uniforme especial às expensas da empresa a que se vincular;
II – porte de arma, quando em serviço;
III – prisão especial por ato decorrente do serviço;
IV – seguro de vida em grupo, feito pela empresa empregadora.

Art. 20. Cabe ao Ministério da Justiça, por intermédio do seu órgão competente ou mediante convênio com as Secretarias de Segurança Pública dos Estados e Distrito Federal:

•• *Caput* com redação determinada pela Lei n. 9.017, de 30-3-1995.

I – conceder autorização para o funcionamento:

a) das empresas especializadas em serviços de vigilância;

b) das empresas especializadas em transporte de valores; e

c) dos cursos de formação de vigilantes;

II – fiscalizar as empresas e os cursos mencionados no inciso anterior;

III – aplicar às empresas e aos cursos a que se refere o inciso I deste artigo as penalidades previstas no art. 23 desta Lei;

IV – aprovar uniforme;

V – fixar o currículo dos cursos de formação de vigilantes;

VI – fixar o número de vigilantes das empresas especializadas em cada Unidade da Federação;

VII – fixar a natureza e a quantidade de armas de propriedade das empresas especializadas e dos estabelecimentos financeiros;

VIII – autorizar a aquisição e a posse de armas e munições;

IX – fiscalizar e controlar o armamento e a munição utilizados;

X – rever anualmente a autorização de funcionamento das empresas elencadas no inciso I deste artigo.

•• Inciso X acrescentado pela Lei n. 8.863, de 28-3-1994.

Parágrafo único. As competências previstas nos incisos I e V deste artigo não serão objeto de convênio.

•• Parágrafo único com redação determinada pela Lei n. 9.017, de 30-3-1995.

...

Art. 27. Revogam-se os Decretos-leis n. 1.034, de 21 de outubro de 1969, e n. 1.103, de 6 de abril de 1970, e as demais disposições em contrário.

Brasília, 20 de junho de 1983; 162.º da Independência e 95.º da República.

JOÃO FIGUEIREDO

LEI N. 7.347, DE 24 DE JULHO DE 1985 (*)

Disciplina a ação civil pública de responsabilidade por danos causados ao meio ambiente, ao consumidor, a bens e direitos de valor artístico, estético, histórico, turístico e paisagístico (*Vetado*) e dá outras providências.

O Presidente da República:

Faço saber que o Congresso Nacional decreta e eu sanciono a seguinte Lei:

Art. 1.º Regem-se pelas disposições desta Lei, sem prejuízo da ação popular, as ações de responsabilidade por danos materiais e patrimoniais causados:

•• *Caput* com redação determinada pela Lei n. 12.529, de 30-11-2011.
• *Vide* Lei n. 7.853, de 24-10-1989.
• *Vide* Lei n. 10.741, de 1.º-10-2003 (Estatuto da Pessoa Idosa).
•• *Vide* Súmula 601 do STJ.

I – ao meio ambiente;

II – ao consumidor;

III – a bens e direitos de valor artístico, estético, histórico, turístico e paisagístico;

•• A Lei n. 10.257, de 10-7-2001, em seu art. 53, acrescentou novo inciso III a este artigo, renumerando os primitivos incisos III a V. Posteriormente, a Medida Provisória n. 2.180-35, de 24-8-2001, revogou tal determinação, prevalecendo sua redação original.

IV – a qualquer outro interesse difuso ou coletivo;

•• Inciso IV acrescentado pela Lei n. 8.078, de 11-9-1990.

V – por infração da ordem econômica;

•• Inciso V com redação determinada pela Lei n. 12.529, de 30-11-2011.

VI – à ordem urbanística;

•• Inciso VI acrescentado pela Medida Provisória n. 2.180-35, de 24-8-2001.

VII – à honra e à dignidade de grupos raciais, étnicos ou religiosos;

•• Inciso VII acrescentado pela Lei n. 12.966, de 24-4-2014.

VIII – ao patrimônio público e social.

•• Inciso VIII acrescentado pela Lei n. 13.004, de 24-6-2014.

Parágrafo único. Não será cabível ação civil pública para veicular pretensões que envolvam tributos, contribuições previdenciárias, o Fundo de Garantia do Tempo de Serviço – FGTS ou outros fundos de natureza institucional cujos beneficiários podem ser individualmente determinados.

•• Parágrafo único acrescentado pela Medida Provisória n. 2.180-35, de 24-8-2001.

Art. 2.º As ações previstas nesta Lei serão propostas no foro do local onde ocorrer o dano, cujo juízo terá competência funcional para processar e julgar a causa.

Parágrafo único. A propositura da ação prevenirá a jurisdição do juízo para todas as ações posteriormente intentadas que possuam a mesma causa de pedir ou o mesmo objeto.

•• Parágrafo único acrescentado pela Medida Provisória n. 2.180-35, de 24-8-2001.

Art. 3.º A ação civil poderá ter por objeto a condenação em dinheiro ou o cumprimento de obrigação de fazer ou não fazer.

Art. 4.º Poderá ser ajuizada ação cautelar para os fins desta Lei, objetivando, inclusive, evitar dano ao patrimônio público e social, ao meio ambiente, ao consumidor, à honra e à dignidade de grupos raciais, étnicos ou religiosos, à ordem urbanística ou aos bens e direitos de valor artístico, estético, histórico, turístico e paisagístico.

•• Artigo com redação determinada pela Lei n. 13.004, de 24-6-2014.

Art. 5.º Têm legitimidade para propor a ação principal e a ação cautelar:

•• *Caput* com redação determinada pela Lei n. 11.448, de 15-1-2007.
• *Vide* Súmula 601 do STJ.

I – o Ministério Público;

•• Inciso I com redação determinada pela Lei n. 11.448, de 15-1-2007.

II – a Defensoria Pública;

•• Inciso II com redação determinada pela Lei n. 11.448, de 15-1-2007.

III – a União, os Estados, o Distrito Federal e os Municípios;

•• Inciso III acrescentado pela Lei n. 11.448, de 15-1-2007.

IV – a autarquia, empresa pública, fundação ou sociedade de economia mista;

•• Inciso IV acrescentado pela Lei n. 11.448, de 15-1-2007.

V – a associação que, concomitantemente:

•• Inciso V, *caput*, acrescentado pela Lei n. 11.448, de 15-1-2007.

a) esteja constituída há pelo menos 1 (um) ano nos termos da lei civil;

•• Alínea *a* acrescentada pela Lei n. 11.448, de 15-1-2007.

b) inclua, entre suas finalidades institucionais, a proteção ao patrimônio público e social, ao meio ambiente, ao consumidor, à ordem econômica, à livre concorrência, aos direitos de grupos raciais, étnicos ou religiosos ou ao patrimônio artístico, estético, histórico, turístico e paisagístico.

•• Alínea *b* com redação determinada pela Lei n. 13.004, de 24-6-2014.

§ 1.º O Ministério Público, se não intervier no processo como parte, atuará obrigatoriamente como fiscal da lei.

§ 2.º Fica facultado ao Poder Público e a outras associações legitimadas nos termos deste artigo habilitar-se como litisconsortes de qualquer das partes.

§ 3.º Em caso de desistência infundada ou abandono da ação por associação legitimada, o Ministério Público ou outro legitimado assumirá a titularidade ativa.

•• § 3.º com redação determinada pela Lei n. 8.078, de 11-9-1990.

§ 4.º O requisito da pré-constituição poderá ser dispensado pelo juiz, quando haja manifesto interesse social evidenciado pela dimensão ou característica do dano, ou pela relevância do bem jurídico a ser protegido.

•• § 4.º acrescentado pela Lei n. 8.078, de 11-9-1990.

(*) Publicada no *DOU*, de 25-7-1985.

§ 5.º Admitir-se-á o litisconsórcio facultativo entre os Ministérios Públicos da União, do Distrito Federal e dos Estados na defesa dos interesses e direitos de que cuida esta Lei.
•• § 5.º acrescentado pela Lei n. 8.078, de 11-9-1990.

§ 6.º Os órgãos públicos legitimados poderão tomar dos interessados compromisso de ajustamento de sua conduta às exigências legais, mediante cominações, que terá eficácia de título executivo extrajudicial.
•• § 6.º acrescentado pela Lei n. 8.078, de 11-9-1990.

Art. 6.º Qualquer pessoa poderá e o servidor público deverá provocar a iniciativa do Ministério Público, ministrando-lhe informações sobre fatos que constituam objeto da ação civil e indicando-lhe os elementos de convicção.

Art. 7.º Se, no exercício de suas funções, os juízes e tribunais tiverem conhecimento de fatos que possam ensejar a propositura da ação civil, remeterão peças ao Ministério Público para as providências cabíveis.

Art. 8.º Para instruir a inicial, o interessado poderá requerer às autoridades competentes as certidões e informações que julgar necessárias, a serem fornecidas no prazo de 15 (quinze) dias.

§ 1.º O Ministério Público poderá instaurar, sob sua presidência, inquérito civil, ou requisitar, de qualquer organismo público ou particular, certidões, informações, exames ou perícias, no prazo que assinalar, o qual não poderá ser inferior a 10 (dez) dias úteis.
• A Resolução n. 87, de 3-8-2006, do Conselho Superior do Ministério Público Federal, regulamenta a instauração e tramitação do inquérito civil.

§ 2.º Somente nos casos em que a lei impuser sigilo, poderá ser negada certidão ou informação, hipótese em que a ação poderá ser proposta desacompanhada daqueles documentos, cabendo ao juiz requisitá-los.

Art. 9.º Se o órgão do Ministério Público, esgotadas todas as diligências, se convencer da inexistência de fundamento para a propositura da ação civil, promoverá o arquivamento dos autos do inquérito civil ou das peças informativas, fazendo-o fundamentadamente.

§ 1.º Os autos do inquérito civil ou das peças de informação arquivadas serão remetidos, sob pena de se incorrer em falta grave, no prazo de 3 (três) dias, ao Conselho Superior do Ministério Público.

§ 2.º Até que, em sessão do Conselho Superior do Ministério Público, seja homologada ou rejeitada a promoção de arquivamento, poderão as associações legitimadas apresentar razões escritas ou documentos, que serão juntados aos autos do inquérito ou anexados às peças de informação.

§ 3.º A promoção de arquivamento será submetida a exame e deliberação do Conselho Superior do Ministério Público, conforme dispuser o seu Regimento.

§ 4.º Deixando o Conselho Superior de homologar a promoção de arquivamento, designará, desde logo, outro órgão do Ministério Público para o ajuizamento da ação.

Art. 10. Constitui crime, punido com pena de reclusão de 1 (um) a 3 (três) anos, mais multa de 10 (dez) a 1.000 (mil) Obrigações do Tesouro Nacional – OTN, a recusa, o retardamento ou a omissão de dados técnicos indispensáveis à propositura da ação civil, quando requisitados pelo Ministério Público.
•• Extinção da OTN: Lei n. 7.730, de 31-1-1989. Vide Nota dos Organizadores.

Art. 11. Na ação que tenha por objeto o cumprimento de obrigação de fazer ou não fazer, o juiz determinará o cumprimento da prestação da atividade devida ou a cessação da atividade nociva, sob pena de execução específica, ou de cominação de multa diária, se esta for suficiente ou compatível, independentemente de requerimento do autor.

Art. 12. Poderá o juiz conceder mandado liminar, com ou sem justificação prévia, em decisão sujeita a agravo.

§ 1.º A requerimento de pessoa jurídica de direito público interessada, e para evitar grave lesão à ordem, à saúde, à segurança e à economia pública, poderá o Presidente do Tribunal a que competir o conhecimento do respectivo recurso suspender a execução da liminar, em decisão fundamentada, da qual caberá agravo para uma das turmas julgadoras, no prazo de 5 (cinco) dias a partir da publicação do ato.

§ 2.º A multa cominada liminarmente só será exigível do réu após o trânsito em julgado da decisão favorável ao autor, mas será devida desde o dia em que se houver configurado o descumprimento.

Art. 13. Havendo condenação em dinheiro, a indenização pelo dano causado reverterá a um fundo gerido por um Conselho Federal ou por Conselhos Estaduais de que participarão necessariamente o Ministério Público e representantes da comunidade, sendo seus recursos destinados à reconstituição dos bens lesados.
• O Decreto n. 1.306, de 9-11-1994, regulamenta o Fundo de Defesa de Direitos Difusos. Referido Fundo foi ratificado pelo art. 1.º da Lei n. 9.240, de 22-12-1995.

§ 1.º Enquanto o fundo não for regulamentado, o dinheiro ficará depositado em estabelecimento oficial de crédito, em conta com correção monetária.
•• Primitivo parágrafo único renumerado pela Lei n. 12.288, de 20-7-2010.

§ 2.º Havendo acordo ou condenação com fundamento em dano causado por ato de discriminação étnica nos termos do disposto no art. 1.º desta Lei, a prestação em dinheiro reverterá diretamente ao fundo de que trata o *caput* e será utilizada para ações de promoção da igualdade étnica, conforme definição do Conselho Nacional de Promoção da Igualdade Racial, na hipótese de extensão nacional, ou dos Conselhos de Promoção de Igualdade Racial estaduais ou locais, nas hipóteses de danos com extensão regional ou local, respectivamente.
•• § 2.º acrescentado pela Lei n. 12.288, de 20-7-2010.

Art. 14. O juiz poderá conferir efeito suspensivo aos recursos, para evitar dano irreparável à parte.

Art. 15. Decorridos 60 (sessenta) dias do trânsito em julgado da sentença condenatória, sem que a associação autora lhe promova a execução, deverá fazê-lo o Ministério Público, facultada igual iniciativa aos demais legitimados.
•• Artigo com redação determinada pela Lei n. 8.078, de 11-9-1990.

Art. 16. A sentença civil fará coisa julgada *erga omnes*, nos limites da competência territorial do órgão prolator, exceto se o pedido for julgado improcedente por insuficiência de provas, hipótese em que qualquer legitimado poderá intentar outra ação com idêntico fundamento, valendo-se de nova prova.
•• Artigo com redação determinada pela Lei n. 9.494, de 10-9-1997.

Art. 17. Em caso de litigância de má-fé, a associação autora e os diretores responsáveis pela propositura da ação serão solidariamente condenados em honorários advocatícios e ao décuplo das custas, sem prejuízo da responsabilidade por perdas e danos.
•• Artigo com redação determinada pela Lei n. 8.078, de 11-9-1990.

Art. 18. Nas ações de que trata esta Lei, não haverá adiantamento de custas, emolumentos, honorários periciais e quaisquer outras despesas, nem condenação da associação autora, salvo comprovada má-fé, em honorários de advogado, custas e despesas processuais.
•• Artigo com redação determinada pela Lei n. 8.078, de 11-9-1990.

Art. 19. Aplica-se à ação civil pública, prevista nesta Lei, o Código de Processo Civil, aprovado pela Lei n. 5.869, de 11 de janeiro de 1973, naquilo em que não contrarie suas disposições.

Art. 20. O fundo de que trata o art. 13 desta Lei será regulamentado pelo Poder Executivo no prazo de 90 (noventa) dias.

Art. 21. Aplicam-se à defesa dos direitos e interesses difusos, coletivos e individuais, no que for cabível, os dispositivos do Título III da Lei que instituiu o Código de Defesa do Consumidor.
•• Artigo acrescentado pela Lei n. 8.078, de 11-9-1990.
• *Vide* Súmula 601 do STJ.

Art. 22. Esta Lei entra em vigor na data de sua publicação.
•• Artigo renumerado pela Lei n. 8.078, de 11-9-1990.

Art. 23. Revogam-se as disposições em contrário.
•• Artigo renumerado pela Lei n. 8.078, de 11-9-1990.

Brasília, em 24 de julho de 1985; 164.º da Independência e 97.º da República.

JOSÉ SARNEY

LEI N. 7.418, DE 16 DE DEZEMBRO DE 1985 (*)

Institui o Vale-Transporte e dá outras providências.

O Presidente da República

Faço saber que o Congresso Nacional decreta e eu sanciono a seguinte Lei:

Art. 1.º Fica instituído o Vale-Transporte (VETADO) que o empregador, pessoa física ou jurídica, antecipará ao empregado para utilização efetiva em despesas de deslocamento residência-trabalho e vice-versa, através do sistema de transporte coletivo público, urbano ou intermunicipal e/ou interestadual com características semelhantes aos urbanos, geridos diretamente ou mediante concessão ou permissão de linhas regulares e com tarifas fixadas pela autoridade competente, excluídos os serviços seletivos e os especiais.

•• *Caput* com redação determinada pela Lei n. 7.619, de 30-9-1987.
•• *Vide* arts. 106 a 136 do Decreto n. 10.854, de 10-11-2021.
• *Vide* Medida Provisória n. 2.165-36, de 23-8-2001, sobre o Auxílio-Transporte para militares, servidores e empregados públicos da administração federal direta, autárquica e fundacional.

§ 1.º (*Revogado pela Medida Provisória n. 2.165-36, de 23-8-2001.*)

§ 2.º (*Revogado pela Lei n. 7.619, de 30-9-1987.*)

Art. 2.º O Vale-Transporte, concedido nas condições e limites definidos nesta Lei, no que se refere à contribuição do empregador:

a) não tem natureza salarial, nem se incorpora à remuneração para quaisquer efeitos;

b) não constitui base de incidência de contribuição previdenciária ou de Fundo de Garantia do Tempo de Serviço;

c) não se configura como rendimento tributável do trabalhador.

•• Primitivo art. 3.º, renumerado pela Lei n. 7.619, de 30-9-1987.

Art. 3.º (*Revogado pela Lei n. 9.532, de 10-12-1997.*)

Art. 4.º A concessão do benefício ora instituído implica a aquisição pelo empregador dos Vales-Transporte necessários aos deslocamentos do trabalhador no percurso residência-trabalho e vice-versa, no serviço de transporte que melhor se adequar.

Parágrafo único. O empregador participará dos gastos de deslocamento do trabalhador com a ajuda de custo equivalente à parcela que exceder a 6% (seis por cento) de seu salário básico.

•• Primitivo art. 5.º renumerado pela Lei n. 7.619, de 30-9-1987, revogado pela Lei n. 9.532, de 10-12-1997, e restabelecido pela Medida Provisória n. 2.189-49, de 23-8-2001.
• A Medida Provisória n. 2.189-49, de 23-8-2001, complementa este artigo, permitindo a dedução dos correspondentes gastos como despesa operacional.

Art. 5.º A empresa operadora do sistema de transporte coletivo público fica obrigada a emitir e a comercializar o Vale-Transporte, ao preço da tarifa vigente, colocando-o à disposição dos empregadores em geral e assumindo os custos dessa obrigação, sem repassá-los para a tarifa dos serviços.

•• Primitivo art. 6.º, renumerado pela Lei n. 7.619, de 30-9-1987.

§ 1.º Nas regiões metropolitanas, aglomerações urbanas e microrregiões, será instalado, pelo menos, um posto de vendas para cada grupo de cem mil habitantes na localidade, que comercializarão todos os tipos de Vale-Transporte.

•• § 1.º com redação determinada pela Lei n. 7.855, de 24-10-1989.

§ 2.º Fica facultado à empresa operadora delegar a emissão e a comercialização do Vale-Transporte, bem como consorciar-se em central de vendas, para efeito de cumprimento do disposto nesta Lei.

§ 3.º Para fins de cálculo do valor do Vale-Transporte, será adotada a tarifa integral do deslocamento do trabalhador, sem descontos, mesmo que previstos na legislação local.

Art. 6.º O poder concedente fixará as sanções a serem aplicadas à empresa operadora que comercializar o vale diretamente ou através de delegação, no caso de falta ou insuficiência de estoque de Vales-Transporte necessários ao atendimento da demanda e ao funcionamento do sistema.

•• Primitivo art. 7.º, renumerado pela Lei n. 7.619, de 30-9-1987.

Art. 7.º Ficam resguardados os direitos adquiridos do trabalhador, se superiores aos instituídos nesta Lei, vedada a cumulação de vantagens.

•• Primitivo art. 8.º, renumerado pela Lei n. 7.619, de 30-9-1987.

Art. 8.º Asseguram-se os benefícios desta Lei ao empregador que proporcionar, por meios próprios ou contratados, em veículos adequados ao transporte coletivo, o deslocamento integral de seus trabalhadores.

•• Primitivo art. 9.º, renumerado pela Lei n. 7.619, de 30-9-1987.

Art. 9.º Os Vales-Transporte anteriores perdem sua validade decorridos 30 (trinta) dias da data de reajuste tarifário.

•• Primitivo art. 10, renumerado pela Lei n. 7.619, de 30-9-1987.

Art. 10. O Poder Executivo regulamentará a presente Lei no prazo de 45 (quarenta e cinco) dias.

•• Primitivo art. 11, renumerado pela Lei n. 7.619, de 30-9-1987.

Art. 11. Esta Lei entra em vigor na data de sua publicação.

•• Primitivo art. 12, renumerado pela Lei n. 7.619, de 30-9-1987.

Art. 12. Revogam-se as disposições em contrário.

•• Primitivo art. 13, renumerado pela Lei n. 7.619, de 30-9-1987.

Brasília, em 16 de dezembro de 1985; 164.º da Independência e 97.º da República.

JOSÉ SARNEY

LEI N. 7.644, DE 18 DE DEZEMBRO DE 1987 (**)

Dispõe sobre a regulamentação da atividade de mãe social e dá outras providências.

O Presidente da República

Faço saber que o Congresso Nacional decreta e eu sanciono a seguinte Lei:

Art. 1.º As instituições sem finalidade lucrativa, ou de utilidade pública de assistência ao menor abandonado, e que funcionem pelo sistema de casas-lares, utilizarão mães sociais visando a propiciar ao menor as condições familiares ideais ao seu desenvolvimento e reintegração social.

Art. 2.º Considera-se mãe social, para efeito desta Lei, aquela que, dedicando-se à assistência ao menor abandonado, exerça o encargo em nível social, dentro do sistema de casas-lares.

Art. 3.º Entende-se como casa-lar a unidade residencial sob responsabilidade de mãe social, que abrigue até 10 (dez) menores.

§ 1.º As casas-lares serão isoladas, formando, quando agrupadas, uma aldeia assistencial ou vila de menores.

§ 2.º A instituição fixará os limites de idade em que os menores ficarão sujeitos às casas-lares.

§ 3.º Para os efeitos dos benefícios previdenciários, os menores residentes nas casas-lares e nas Casas da Juventude são considerados dependentes da mãe social a que foram confiados pela instituição empregadora.

Art. 4.º São atribuições da mãe social:

I – propiciar o surgimento de condições próprias de uma família, orientando e assistindo os menores colocados sob seus cuidados;

(*) Publicada no *DOU*, de 17-12-1985. Regulamentada pelo Decreto n. 10.854, de 10-11-2021. Infração ao disposto nesta Lei: *vide* art. 3.º, V, da Lei n. 7.855, de 24-10-1989.

(**) Publicada no *DOU*, de 21-12-1987.

II - administrar o lar, realizando e organizando as tarefas a ele pertinentes;

III - dedicar-se, com exclusividade, aos menores e à casa-lar que lhes forem confiados.

Parágrafo único. A mãe social, enquanto no desempenho de suas atribuições, deverá residir, juntamente com os menores que lhe forem confiados, na casa-lar que lhe for destinada.

Art. 5.º À mãe social ficam assegurados os seguintes direitos:

I - anotação na Carteira de Trabalho e Previdência Social;

II - remuneração, em valor não inferior ao salário mínimo;

III - repouso semanal remunerado de 24 (vinte e quatro) horas consecutivas;

IV - apoio técnico, administrativo e financeiro no desempenho de suas funções;

V - 30 (trinta) dias de férias anuais remuneradas nos termos do que dispõe o Capítulo IV, da Consolidação das Leis do Trabalho;

VI - benefícios e serviços previdenciários, inclusive, em caso de acidente do trabalho, na qualidade de segurada obrigatória;

VII - gratificação de Natal (13.º salário);

VIII - Fundo de Garantia do Tempo de Serviço ou indenização, nos termos da legislação pertinente.

Art. 6.º O trabalho desenvolvido pela mãe social é de caráter intermitente, realizando-se pelo tempo necessário ao desempenho de suas tarefas.

Art. 7.º Os salários devidos à mãe social serão reajustados de acordo com as disposições legais aplicáveis, deduzido o percentual de alimentação fornecida pelo empregador.

Art. 8.º A candidata ao exercício da profissão de mãe social deverá submeter-se a seleção e treinamento específicos, a cujo término será verificada sua habilitação.

§ 1.º O treinamento será composto de um conteúdo teórico e de uma aplicação prática, esta sob forma de estágio.

§ 2.º O treinamento e estágio a que se refere o parágrafo anterior não excederão de 60 (sessenta) dias, nem criarão vínculo empregatício de qualquer natureza.

§ 3.º A estagiária deverá estar segurada contra acidentes pessoais e receberá alimentação, habitação e bolsa de ajuda para vestuário e despesas pessoais.

§ 4.º O Ministério da Previdência e Assistência Social assegurará assistência médica e hospitalar à estagiária.

Art. 9.º São condições para admissão como mãe social:

a) idade mínima de 25 (vinte e cinco) anos;

b) boa sanidade física e mental;

c) curso de primeiro grau, ou equivalente;

d) ter sido aprovada em treinamento e estágio exigidos por esta Lei;

e) boa conduta social;

f) aprovação em teste psicológico específico.

Art. 10. A instituição manterá mães sociais para substituir as efetivas durante seus períodos de afastamento do serviço.

§ 1.º A mãe social substituta, quando não estiver em efetivo serviço de substituição, deverá residir na aldeia assistencial e cumprir tarefas determinadas pelo empregador.

§ 2.º A mãe social, quando no exercício da substituição, terá direito à retribuição percebida pela titular e ficará sujeita ao mesmo horário de trabalho.

Art. 11. As instituições que funcionam pelo sistema de casas-lares manterão, além destas, Casas de Juventude, para jovens com mais de 13 anos de idade, os quais encaminharão ao ensino profissionalizante.

Parágrafo único. O ensino a que se refere o *caput* deste artigo poderá ser ministrado em comum, em cada aldeia assistencial ou em várias dessas aldeias assistenciais reunidas, ou, ainda, em outros estabelecimentos de ensino, públicos ou privados, conforme julgar conveniente a instituição.

Art. 12. Caberá à administração de cada aldeia assistencial providenciar a colocação dos menores no mercado de trabalho, como estagiários, aprendizes ou como empregados, em estabelecimentos públicos ou privados.

Parágrafo único. As retribuições percebidas pelos menores nas condições mencionadas no *caput* deste artigo serão assim distribuídas e destinadas:

I - até 40% (quarenta por cento) para a casa-lar a que estiverem vinculados, revertidos no custeio de despesas com manutenção do próprio menor;

II - 40% (quarenta por cento) para o menor destinados a despesas pessoais;

III - até 30% (trinta por cento) para depósito em caderneta de poupança ou equivalente, em nome do menor, com assistência da instituição mantenedora, e que poderá ser levantado pelo menor a partir dos 18 (dezoito) anos de idade.

Art. 13. Extinto o contrato de trabalho, a mãe social deverá retirar-se da casa-lar que ocupava, cabendo à entidade empregadora providenciar a imediata substituição.

Art. 14. As mães sociais ficam sujeitas às seguintes penalidades aplicáveis pela entidade empregadora:

I - advertência;

II - suspensão;

III - demissão.

Parágrafo único. Em caso de demissão sem justa causa, a mãe social será indenizada, na forma da legislação vigente, ou levantará os depósitos do Fundo de Garantia do Tempo de Serviço, com os acréscimos previstos em lei.

Art. 15. As casas-lares e as aldeias assistenciais serão mantidas exclusivamente com rendas próprias, doações, legados, contribuições e subvenções de entidades públicas ou privadas, vedada a aplicação em outras atividades que não sejam de seus objetivos.

Art. 16. Fica facultado a qualquer entidade manter casas-lares, desde que cumprido o disposto nesta Lei.

Art. 17. Por menor abandonado entende-se, para os efeitos desta Lei, o "menor em situação irregular" pela morte ou abandono dos pais, ou, ainda, pela incapacidade destes.

Art. 18. As instituições que mantenham ou coordenem o sistema de casas-lares para o atendimento gratuito de menores abandonados, registradas como tais no Conselho Nacional do Serviço Social, ficam isentas do recolhimento dos encargos patronais à previdência social.

Art. 19. Às relações do trabalho previstas nesta Lei, no que couber, aplica-se o disposto nos Capítulos I e IV do Título II, Seções IV, V e VI do Capítulo IV do Título III e nos Títulos IV e VII, todos da Consolidação das Leis do Trabalho - CLT.

Art. 20. Incumbe às autoridades competentes do Ministério do Trabalho e do Ministério da Previdência e Assistência Social, observadas as áreas de atuação, a fiscalização do disposto nesta Lei, competindo à Justiça do Trabalho dirimir as controvérsias entre empregado e empregador.

Art. 21. Esta Lei entra em vigor na data de sua publicação.

Art. 22. Revogam-se as disposições em contrário.

Brasília, em 18 de dezembro de 1987; 166.º da Independência e 99.º da República.

JOSÉ SARNEY

LEI N. 7.701, DE 21 DE DEZEMBRO DE 1988 (*)

Dispõe sobre a especialização de Turmas dos Tribunais do Trabalho em processos coletivos e dá outras providências.

O Presidente da República

Faço saber que o Congresso Nacional decreta e eu sanciono a seguinte Lei:

Art. 1.º O Tribunal Superior do Trabalho, nos processos de sua competência, será dividido em Turmas e seções especializadas para a conciliação e julgamento de dissídios coletivos de natureza econômica ou jurídica e de dissídios individuais, respeitada a paridade da representação classista.

Parágrafo único. O Regimento Interno do Tribunal disporá sobre a constituição e o funcionamento de cada uma das seções especializadas do Tribunal Superior do Trabalho, bem como sobre o número, composição e funcionamento das respectivas Turmas do Tribunal. Caberá ao Presidente do Tribunal Superior do Trabalho presidir os atos de julgamento das seções especializadas, delas participando o Vice-Presidente e o Corregedor-Geral, este quando não estiver ausente em função corregedora.

Art. 2.º Compete à seção especializada em dissídios coletivos, ou seção normativa:

I – originariamente:

a) conciliar e julgar os dissídios coletivos que excedam a jurisdição dos Tribunais Regionais do Trabalho e estender ou rever suas próprias sentenças normativas, nos casos previstos em lei;

b) homologar as conciliações celebradas nos dissídios coletivos de que trata a alínea anterior;

c) julgar as ações rescisórias propostas contra suas sentenças normativas;

d) julgar os mandados de segurança contra os atos praticados pelo Presidente do Tribunal ou por qualquer dos Ministros integrantes da seção especializada em processo de dissídio coletivo; e

e) julgar os conflitos de competência entre Tribunais Regionais do Trabalho em processos de dissídio coletivo;

II – em última instância julgar:

a) os recursos ordinários interpostos contra as decisões proferidas pelos Tribunais Regionais do Trabalho em dissídios coletivos de natureza econômica ou jurídica;

b) os recursos ordinários interpostos contra as decisões proferidas pelos Tribunais Regionais do Trabalho em ações rescisórias e mandados de segurança pertinentes a dissídios coletivos;

c) os Embargos Infringentes interpostos contra decisão não unânime proferida em processo de dissídio coletivo de sua competência originária, salvo se a decisão atacada estiver em consonância com precedente jurisprudencial do Tribunal Superior do Trabalho ou da Súmula de sua jurisprudência predominante;

d) os Embargos de Declaração opostos aos seus acórdãos e os Agravos Regimentais pertinentes aos dissídios coletivos;

e) as suspeições arguidas contra o Presidente e demais Ministros que integram a seção, nos feitos pendentes de sua decisão; e

f) os Agravos de Instrumento interpostos contra despacho denegatório de recurso ordinário nos processos de sua competência.

Art. 3.º Compete à Seção de Dissídios Individuais julgar:

I – originariamente:

a) as ações rescisórias propostas contra decisões das Turmas do Tribunal Superior do Trabalho e suas próprias, inclusive as anteriores à especialização em seções; e

b) os mandados de segurança de sua competência originária, na forma da lei;

II – em única instância:

a) os agravos regimentais interpostos em dissídios individuais; e

b) os conflitos de competência entre Tribunais Regionais e aqueles que envolvem Juízes de Direito investidos da jurisdição trabalhista e Juntas de Conciliação e Julgamento em processos de dissídio individual;

III – em última instância:

a) os recursos ordinários interpostos contra decisões dos Tribunais Regionais em processos de dissídio individual de sua competência originária;

b) os embargos das decisões das Turmas que divergirem entre si, ou das decisões proferidas pela Seção de Dissídios Individuais;

•• Alínea b com redação determinada pela Lei n. 11.496, de 22-6-2007.

c) os agravos regimentais de despachos denegatórios dos Presidentes das Turmas, em matéria de embargos, na forma estabelecida no Regimento Interno;

d) os Embargos de Declaração opostos aos seus acórdãos;

e) as suspeições arguidas contra o Presidente e demais Ministros que integram a seção, nos feitos pendentes de julgamento; e

f) os Agravos de Instrumento interpostos contra despacho denegatório de recurso ordinário em processo de sua competência.

Art. 4.º É da competência do Tribunal Pleno do Tribunal Superior do Trabalho:

a) a declaração de inconstitucionalidade ou não de lei ou de ato normativo do Poder Público;

b) aprovar os enunciados da Súmula da jurisprudência predominante em dissídios individuais;

c) julgar os incidentes de uniformização da jurisprudência em dissídios individuais;

d) aprovar os precedentes da jurisprudência predominante em dissídios coletivos;

e) aprovar as tabelas de custas e emolumentos, nos termos da lei; e

f) elaborar o Regimento Interno do Tribunal e exercer as atribuições administrativas previstas em lei ou na Constituição Federal.

Art. 5.º As Turmas do Tribunal Superior do Trabalho terão, cada uma, a seguinte competência:

a) julgar os Recursos de Revista interpostos de decisões dos Tribunais Regionais do Trabalho, nos casos previstos em lei;

b) julgar, em última instância, os Agravos de Instrumento dos despachos de Presidente de Tribunal Regional que denegarem seguimento a Recurso de Revista, explicitando em que efeito a Revista deve ser processada, caso providos;

c) julgar, em última instância, os agravos regimentais; e

d) julgar os Embargos de Declaração opostos aos seus acórdãos.

Art. 6.º Os Tribunais Regionais do Trabalho que funcionarem divididos em Grupos de Turmas promoverão a especialização de um deles com a competência exclusiva para a conciliação e julgamento de dissídios coletivos, na forma prevista no *caput* do art. 1.º desta Lei.

Parágrafo único. O Regimento Interno disporá sobre a constituição e funcionamento do Grupo Normativo, bem como dos demais Grupos de Turmas de Tribunal Regional do Trabalho.

Art. 7.º Das decisões proferidas pelo Grupo Normativo dos Tribunais Regionais do Trabalho, caberá recurso ordinário para o Tribunal Superior do Trabalho.

§ 1.º O Juiz relator ou o redator designado disporá de 10 (dez) dias para redigir o acórdão.

§ 2.º Não publicado o acórdão nos 20 (vinte) dias subsequentes ao julgamento, poderá qualquer dos litigantes ou o Ministério Público do Trabalho interpor recurso ordinário, fundado, apenas, na certidão de julgamento, inclusive com pedido de efeito suspensivo, pagas as custas, se for o caso. Publicado o acórdão, reabrir-se-á o prazo para o aditamento do recurso interposto.

§ 3.º Interposto o recurso na forma do parágrafo anterior, deverão os recorrentes comunicar o fato à Corregedoria-Geral, para as providências legais cabíveis.

§ 4.º Publicado o acórdão, quando as partes serão consideradas intimadas, seguir-se-á o procedimento recursal como previsto em lei, com a intimação pessoal do Ministério Público, por qualquer dos seus procuradores.

(*) Publicada no *DOU*, de 22-12-1988.

§ 5.º Formalizado o acordo pelas partes e homologado pelo Tribunal, não caberá qualquer recurso, salvo por parte do Ministério Público.

§ 6.º A sentença normativa poderá ser objeto de ação de cumprimento a partir do 20.º (vigésimo) dia subsequente ao do julgamento, fundada no acórdão ou na certidão de julgamento, salvo se concedido efeito suspensivo pelo Presidente do Tribunal Superior do Trabalho.

Art. 8.º O disposto no art. 7.º e respectivos parágrafos desta Lei aplica-se aos demais Tribunais Regionais do Trabalho não divididos em Grupos de Turmas.

Art. 9.º O efeito suspensivo deferido pelo Presidente do Tribunal Superior do Trabalho terá eficácia pelo prazo improrrogável de 120 (cento e vinte) dias contados da publicação, salvo se o recurso ordinário for julgado antes do término do prazo.

Art. 10. Nos dissídios coletivos de natureza econômica ou jurídica de competência originária ou recursal da seção normativa do Tribunal Superior do Trabalho, a sentença poderá ser objeto de ação de cumprimento com a publicação da certidão de julgamento.

Art. 11. Nos processos de dissídio coletivo, o Ministério Público emitirá parecer escrito, ou protestará pelo pronunciamento oral, na audiência ou sessão de julgamento.

Art. 12. O art. 896 da Consolidação das Leis do Trabalho – CLT, aprovada pelo Decreto-lei n. 5.452, de 1.º de maio de 1943, passa a ter a seguinte redação:
- · Alteração já processada no diploma modificado.
- Vide Súmula 312 do TST.

Art. 13. O depósito recursal de que trata o art. 899 e seus parágrafos da Consolidação das Leis do Trabalho fica limitado, no recurso ordinário, a 20 (vinte) vezes o valor de referência e, no de revista, a 40 (quarenta) vezes o referido valor de referência. Será considerado valor de referência aquele vigente à data da interposição do recurso, devendo ser complementado o valor total de 40 (quarenta) valores, no caso de revista.

Art. 14. O Regimento Interno dos Tribunais Regionais do Trabalho deverá dispor sobre a Súmula da respectiva jurisprudência predominante e sobre o incidente de uniformização, inclusive os pertinentes às leis estaduais e normas coletivas.

Art. 15. Esta Lei entra em vigor na data de sua publicação.

Art. 16. Revogam-se as disposições em contrário da Consolidação das Leis do Trabalho e da legislação especial.

Brasília, em 21 de dezembro de 1988; 167.º da Independência e 100.º da República.

José Sarney

LEI N. 7.713, DE 22 DE DEZEMBRO DE 1988 (*)

Altera a legislação do imposto de renda e dá outras providências.

O Presidente da República

Faço saber que o Congresso Nacional decreta e eu sanciono a seguinte Lei:

Art. 1.º Os rendimentos e ganhos de capital percebidos a partir de 1.º de janeiro de 1989, por pessoas físicas residentes ou domiciliados no Brasil, serão tributados pelo imposto de renda na forma da legislação vigente, com as modificações introduzidas por esta Lei.

Art. 2.º O imposto de renda das pessoas físicas será devido, mensalmente, à medida em que os rendimentos e ganhos de capital forem percebidos.

Art. 3.º O imposto incidirá sobre o rendimento bruto, sem qualquer dedução, ressalvado o disposto nos arts. 9.º a 14 desta Lei.

§ 1.º Constituem rendimento bruto todo o produto do capital, do trabalho ou da combinação de ambos, os alimentos e pensões percebidos em dinheiro, e ainda os proventos de qualquer natureza, assim também entendidos os acréscimos patrimoniais não correspondentes aos rendimentos declarados.

(*) Publicada no *DOU*, de 23-12-1998.

•• O STF, na ADI n. 5.422, nas sessões virtuais de 27-5-2022 a 3-6-2022 (*DOU* de 9-6-2022), por maioria, conheceu, em parte, da ação direta e, quanto à parte conhecida, julgou procedente o pedido formulado, de modo a dar a este § 1.º interpretação conforme à Constituição Federal, para se afastar a incidência do imposto de renda sobre valores decorrentes do direito de família percebidos pelos alimentados a título de alimentos ou de pensões alimentícias.

Art. 6.º Ficam isentos do imposto de renda os seguintes rendimentos percebidos por pessoas físicas:

I – a alimentação, o transporte e os uniformes ou vestimentas especiais de trabalho, fornecidos gratuitamente pelo empregador a seus empregados, ou a diferença entre o preço cobrado e o valor de mercado;

II – as diárias destinadas, exclusivamente, ao pagamento de despesas de alimentação e pousada, por serviço eventual realizado em município diferente do da sede de trabalho;

IV – as indenizações por acidentes de trabalho;

V – a indenização e o aviso prévio pagos por despedida ou rescisão de contrato de trabalho, até o limite garantido por lei, bem como o montante recebido pelos empregados e diretores, ou respectivos beneficiários, referente aos depósitos, juros e correção monetária creditados em contas vinculadas, nos termos da legislação do Fundo de Garantia do Tempo de Serviço;

VI – o montante dos depósitos, juros, correção monetária e quotas-partes creditados em contas individuais pelo Programa de Integração Social e pelo Programa de Formação do Patrimônio do Servidor Público;

XIV – os proventos de aposentadoria ou reforma motivada por acidente em serviço e os percebidos pelos portadores de moléstia profissional, tuberculose ativa, alienação mental, esclerose múltipla, neoplasia maligna, cegueira, hanseníase, paralisia irreversível e incapacitante, cardiopatia grave, doença de Parkinson, espondiloartrose anquilosante, nefropatia grave, hepatopatia grave, estados avançados da doença de Paget (osteíte deformante), contaminação por radiação, síndrome da imunodeficiência adquirida, com base em conclusão da medicina especializada, mesmo que a doença tenha sido contraída depois da aposentadoria ou reforma;

•• Inciso XIV com redação determinada pela Lei n. 11.052, de 29-12-2004.
•• Vide Súmula 627 do STJ.

Art. 7.º Ficam sujeitos à incidência do imposto de renda na fonte, calculado de acordo com o disposto no art. 25 desta Lei:

I – os rendimentos do trabalho assalariado, pagos ou creditados por pessoas físicas ou jurídicas;

Art. 12-A. Os rendimentos recebidos acumuladamente e submetidos à incidência do imposto sobre a renda com base na tabela progressiva, quando correspondentes a anos-calendário anteriores ao do recebimento, serão tributados exclusivamente na fonte, no mês do recebimento ou crédito, em separado dos demais rendimentos recebidos no mês.
•• *Caput* com redação determinada pela Lei n. 13.149, de 21-7-2015.

§ 1.º O imposto será retido pela pessoa física ou jurídica obrigada ao pagamento ou pela instituição financeira depositária do crédito e calculado sobre o montante dos rendimentos pagos, mediante a utilização de tabela progressiva resultante da multiplicação da quantidade de meses a que se refiram os rendimentos pelos valores constantes da tabela progressiva mensal correspondente ao mês do recebimento ou crédito.
•• § 1.º acrescentado pela Lei n. 12.350, de 20-12-2010.

§ 2.º Poderão ser excluídas as despesas, relativas ao montante dos rendimentos tributáveis, com ação judicial necessárias ao seu recebimento, inclusive de advogados, se tiverem sido pagas pelo contribuinte, sem indenização.
•• § 2.º acrescentado pela Lei n. 12.350, de 20-12-2010.

§ 3.º A base de cálculo será determinada mediante a dedução das seguintes despesas relativas ao montante dos rendimentos tributáveis:
•• § 3.º, *caput*, acrescentado pela Lei n. 12.350, de 20-12-2010.

I – importâncias pagas em dinheiro a título de pensão alimentícia em face das normas do Direito de Família, quando em cumprimento de decisão judicial, de acordo homologado judicialmente ou de separação ou divórcio consensual realizado por escritura pública; e

•• Inciso I acrescentado pela Lei n. 12.350, de 20-12-2010.

II – contribuições para a Previdência Social da União, dos Estados, do Distrito Federal e dos Municípios.

•• Inciso II acrescentado pela Lei n. 12.350, de 20-12-2010.

§ 4.º Não se aplica ao disposto neste artigo o constante no art. 27 da Lei n. 10.833, de 29 de dezembro de 2003, salvo o previsto nos seus §§ 1.º e 3.º.

•• § 4.º acrescentado pela Lei n. 12.350, de 20-12-2010.

§ 5.º O total dos rendimentos de que trata o *caput*, observado o disposto no § 2.º, poderá integrar a base de cálculo do Imposto sobre a Renda na Declaração de Ajuste Anual do ano-calendário do recebimento, à opção irretratável do contribuinte.

•• § 5.º acrescentado pela Lei n. 12.350, de 20-12-2010.

§ 6.º Na hipótese do § 5.º, o Imposto sobre a Renda Retido na Fonte será considerado antecipação do imposto devido apurado na Declaração de Ajuste Anual.

•• § 6.º acrescentado pela Lei n. 12.350, de 20-12-2010.

§ 7.º Os rendimentos de que trata o *caput*, recebidos entre 1.º de janeiro de 2010 e o dia anterior ao de publicação da Lei resultante da conversão da Medida Provisória n. 497, de 27 de julho de 2010, poderão ser tributados na forma deste artigo, devendo ser informados na Declaração de Ajuste Anual referente ao ano-calendário de 2010.

•• § 7.º acrescentado pela Lei n. 12.350, de 20-12-2010.

§ 8.º (*Vetado*.)

•• § 8.º acrescentado pela Lei n. 12.350, de 20-12-2010.

§ 9.º A Secretaria da Receita Federal do Brasil disciplinará o disposto neste artigo.

•• § 9.º acrescentado pela Lei n. 12.350, de 20-12-2010.

Art. 12-B. Os rendimentos recebidos acumuladamente, quando correspondentes ao ano-calendário em curso, serão tributados, no mês do recebimento ou crédito, sobre o total dos rendimentos, diminuídos do valor das despesas com ação judicial necessárias ao seu recebimento, inclusive de advogados, se tiverem sido pagas pelo contribuinte, sem indenização.

•• Artigo acrescentado pela Lei n. 13.149, de 21-7-2015.

Brasília, 22 de dezembro de 1988; 167.º da Independência e 100.º da República.

JOSÉ SARNEY

LEI N. 7.716, DE 5 DE JANEIRO DE 1989 (*)

Define os crimes resultantes de preconceito de raça ou de cor.

O Presidente da República

Faço saber que o Congresso Nacional decreta e eu sanciono a seguinte Lei:

Art. 1.º Serão punidos, na forma desta Lei, os crimes resultantes de discriminação ou preconceito de raça, cor, etnia, religião ou procedência nacional.

•• Artigo com redação determinada pela Lei n. 9.459, de 13-5-1997.

•• O STF, na ADI por Omissão n. 26, de 13-6-2019 (*DOU* de 1.º-7-2019), decidiu "dar interpretação conforme à Constituição, em face dos mandatos constitucionais de incriminação inscritos nos incisos XLI e XLII do art. 5.º da Carta Política, para enquadrar a homofobia e a transfobia, qualquer que seja a forma de sua manifestação, nos diversos tipos penais definidos na Lei n. 7.716/89", e declarou que os efeitos "somente se aplicarão a partir da data" do julgamento.

•• O Decreto Legislativo n. 1, de 18-2-2021, aprova o texto da Convenção Interamericana contra o Racismo, a Discriminação Racial e Formas Correlatas de Intolerância.

•• A Portaria n. 671, de 8-11-2021, do Ministério do Trabalho e da Previdência, regulamenta disposições relativas à legislação trabalhista, à inspeção do trabalho, às políticas públicas e às relações de trabalho.

•• O Decreto n. 10.932, de 10-1-2022, promulga a Convenção Interamericana contra o Racismo, a Discriminação Racial e Formas Correlatas de Intolerância.

Art. 2.º (*Vetado*.)

(*) Publicada no *DOU*, de 6, e retificada em 9-1-1989.

Art. 2.º-A. Injuriar alguém, ofendendo-lhe a dignidade ou o decoro, em razão de raça, cor, etnia ou procedência nacional.

Pena: reclusão, de 2 (dois) a 5 (cinco) anos, e multa.

•• *Caput* acrescentado pela Lei n. 14.532, de 11-1-2023.

Parágrafo único. A pena é aumentada de metade se o crime for cometido mediante concurso de 2 (duas) ou mais pessoas.

•• Parágrafo único acrescentado pela Lei n. 14.532, de 11-1-2023.

Art. 3.º Impedir ou obstar o acesso de alguém, devidamente habilitado, a qualquer cargo da Administração Direta ou Indireta, bem como das concessionárias de serviços públicos:

Pena: reclusão de dois a cinco anos.

Parágrafo único. Incorre na mesma pena quem, por motivo de discriminação de raça, cor, etnia, religião ou procedência nacional, obstar a promoção funcional.

•• Parágrafo único acrescentado pela Lei n. 12.288, de 20-7-2010.

Art. 4.º Negar ou obstar emprego em empresa privada:

Pena: reclusão de dois a cinco anos.

§ 1.º Incorre na mesma pena quem, por motivo de discriminação de raça ou de cor ou práticas resultantes do preconceito de descendência ou origem nacional ou étnica:

I – deixar de conceder os equipamentos necessários ao empregado em igualdade de condições com os demais trabalhadores;

II – impedir a ascensão funcional do empregado ou obstar outra forma de benefício profissional;

III – proporcionar ao empregado tratamento diferenciado no ambiente de trabalho, especialmente quanto ao salário.

•• § 1.º acrescentado pela Lei n. 12.288, de 20-7-2010.

§ 2.º Ficará sujeito às penas de multa e de prestação de serviços à comunidade, incluindo atividades de promoção da igualdade racial, quem, em anúncios ou qualquer outra forma de recrutamento de trabalhadores, exigir aspectos de aparência próprios de raça ou etnia para emprego cujas atividades não justifiquem essas exigências.

•• § 2.º acrescentado pela Lei n. 12.288, de 20-7-2010.

Art. 5.º Recusar ou impedir acesso a estabelecimento comercial, negando-se a servir, atender ou receber cliente ou comprador:

Pena: reclusão de um a três anos.

Art. 6.º Recusar, negar ou impedir a inscrição ou ingresso de aluno em estabelecimento de ensino público ou privado de qualquer grau:

Pena: reclusão de três a cinco anos.

Parágrafo único. Se o crime for praticado contra menor de dezoito anos a pena é agravada de 1/3 (um terço).

Art. 7.º Impedir o acesso ou recusar hospedagem em hotel, pensão, estalagem, ou qualquer estabelecimento similar:

Pena: reclusão de três a cinco anos.

Art. 8.º Impedir o acesso ou recusar atendimento em restaurantes, bares, confeitarias, ou locais semelhantes abertos ao público:

Pena: reclusão de um a três anos.

Art. 9.º Impedir o acesso ou recusar atendimento em estabelecimentos esportivos, casas de diversões, ou clubes sociais abertos ao público:

Pena: reclusão de um a três anos.

Art. 10. Impedir o acesso ou recusar atendimento em salões de cabeleireiros, barbearias, termas ou casas de massagem ou estabelecimento com as mesmas finalidades:

Pena: reclusão de um a três anos.

Art. 11. Impedir o acesso às entradas sociais em edifícios públicos ou residenciais e elevadores ou escada de acesso aos mesmos:

Pena: reclusão de um a três anos.

Art. 12. Impedir o acesso ou uso de transportes públicos, como aviões, navios, barcas, barcos, ônibus, trens, metrô ou qualquer outro meio de transporte concedido:

Pena: reclusão de um a três anos.

Art. 13. Impedir ou obstar o acesso de alguém ao serviço em qualquer ramo das Forças Armadas:

Pena: reclusão de dois a quatro anos.

Art. 14. Impedir ou obstar, por qualquer meio ou forma, o casamento ou convivência familiar e social:
Pena: reclusão de dois a quatro anos.
Art. 15. (*Vetado*.)
Art. 16. Constitui efeito da condenação a perda do cargo ou função pública, para o servidor público, e a suspensão do funcionamento do estabelecimento particular por prazo não superior a três meses.
Art. 17. (*Vetado*.)
Art. 18. Os efeitos de que tratam os arts. 16 e 17 desta Lei não são automáticos, devendo ser motivadamente declarados na sentença.
Art. 19. (*Vetado*.)
Art. 20. Praticar, induzir ou incitar a discriminação ou preconceito de raça, cor, etnia, religião ou procedência nacional:
Pena: reclusão de um a três anos e multa.
•• *Caput* com redação determinada pela Lei n. 9.459, de 13-5-1997.
§ 1.º Fabricar, comercializar, distribuir ou veicular símbolos, emblemas, ornamentos, distintivos ou propaganda que utilizem a cruz suástica ou gamada, para fins de divulgação do nazismo:
Pena: reclusão de dois a cinco anos e multa.
•• § 1.º com redação determinada pela Lei n. 9.459, de 13-5-1997.
§ 2.º Se qualquer dos crimes previstos neste artigo for cometido por intermédio dos meios de comunicação social, de publicação em redes sociais, da rede mundial de computadores ou de publicação de qualquer natureza:
•• § 2.º com redação determinada pela Lei n. 14.532, de 11-1-2023.
Pena: reclusão de 2 (dois) a 5 (cinco) anos e multa.
•• Pena com redação determinada pela Lei n. 9.459, de 13-5-1997.
§ 2.º-A. Se qualquer dos crimes previstos neste artigo for cometido no contexto de atividades esportivas, religiosas, artísticas ou culturais destinadas ao público:
Pena – reclusão, de 2 (dois) a 5 (cinco) anos, e proibição de frequência, por 3 (três) anos, a locais destinados a práticas esportivas, artísticas ou culturais destinadas ao público, conforme o caso.
•• § 2.º-A acrescentado pela Lei n. 14.532, de 11-1-2023.
§ 2.º-B. Sem prejuízo da pena correspondente à violência, incorre nas mesmas penas previstas no *caput* deste artigo quem obstar, impedir ou empregar violência contra quaisquer manifestações ou práticas religiosas.
•• § 2.º-B acrescentado pela Lei n. 14.532, de 11-1-2023.
§ 3.º No caso do § 2.º deste artigo, o juiz poderá determinar, ouvido o Ministério Público ou a pedido deste, ainda antes do inquérito policial, sob pena de desobediência:
•• § 3.º, *caput*, com redação determinada pela Lei n. 14.532, de 11-1-2023.
I – o recolhimento imediato ou a busca e apreensão dos exemplares do material respectivo;
•• Inciso I com redação determinada pela Lei n. 9.459, de 13-5-1997.
II – a cessação das respectivas transmissões radiofônicas ou televisivas;
•• Inciso II com redação determinada pela Lei n. 9.459, de 13-5-1997.
III – a interdição das respectivas mensagens ou páginas de informação na rede mundial de computadores.
•• Inciso III acrescentado pela Lei n. 12.288, de 20-7-2010.
§ 4.º Na hipótese do § 2.º, constitui efeito da condenação, após o trânsito em julgado da decisão, a destruição do material apreendido.
•• § 4.º com redação determinada pela Lei n. 9.459, de 13-5-1997.
Art. 20-A. Os crimes previstos nesta Lei terão as penas aumentadas de 1/3 (um terço) até a metade, quando ocorrerem em contexto ou com intuito de descontração, diversão ou recreação.
•• Artigo acrescentado pela Lei n. 14.532, de 11-1-2023.
Art. 20-B. Os crimes previstos nos arts. 2.º-A e 20 desta Lei terão as penas aumentadas de 1/3 (um terço) até a metade, quando praticados por funcionário público, conforme definição prevista no Decreto-lei n. 2.848, de 7 de dezembro de 1940 (Código Penal), no exercício de suas funções ou a pretexto de exercê-las.
•• Artigo acrescentado pela Lei n. 14.532, de 11-1-2023.
Art. 20-C. Na interpretação desta Lei, o juiz deve considerar como discriminatória qualquer atitude ou tratamento dado à pessoa ou a grupos minoritários que cause constrangimento, humilhação, vergonha, medo ou exposição indevida, e que usualmente não se dispensaria a outros grupos em razão da cor, etnia, religião ou procedência.
•• Artigo acrescentado pela Lei n. 14.532, de 11-1-2023.
Art. 20-D. Em todos os atos processuais, cíveis e criminais, a vítima dos crimes de racismo deverá estar acompanhada de advogado ou defensor público.
•• Artigo acrescentado pela Lei n. 14.532, de 11-1-2023.
Art. 21. Esta Lei entra em vigor na data de sua publicação.
Art. 22. Revogam-se as disposições em contrário.
Brasília, 5 de janeiro de 1989; 168.º da Independência e 101.º da República.

José Sarney

LEI N. 7.783, DE 28 DE JUNHO DE 1989 (*)

Dispõe sobre o exercício do direito de greve, define as atividades essenciais, regula o atendimento das necessidades inadiáveis da comunidade, e dá outras providências.

O Presidente da República
Faço saber que o Congresso Nacional decreta e eu sanciono a seguinte Lei:

Art. 1.º É assegurado o direito de greve, competindo aos trabalhadores decidir sobre a oportunidade de exercê-lo e sobre os interesses que devam por meio dele defender.
Parágrafo único. O direito de greve será exercido na forma estabelecida nesta Lei.
Art. 2.º Para os fins desta Lei, considera-se legítimo exercício do direito de greve a suspensão coletiva, temporária e pacífica, total ou parcial, de prestação pessoal de serviços a empregador.
Art. 3.º Frustrada a negociação ou verificada a impossibilidade de recurso via arbitral, é facultada a cessação coletiva do trabalho.
Parágrafo único. A entidade patronal correspondente ou os empregadores diretamente interessados serão notificados, com antecedência mínima de 48 (quarenta e oito) horas, da paralisação.
Art. 4.º Caberá à entidade sindical correspondente convocar, na forma do seu estatuto, assembleia geral que definirá as reivindicações da categoria e deliberará sobre a paralisação coletiva da prestação de serviços.
§ 1.º O estatuto da entidade sindical deverá prever as formalidades de convocação e o *quorum* para a deliberação, tanto da deflagração quanto da cessação da greve.
§ 2.º Na falta de entidade sindical, a assembleia geral dos trabalhadores interessados deliberará para os fins previstos no *caput*, constituindo comissão de negociação.
Art. 5.º A entidade sindical ou comissão especialmente eleita representará os interesses dos trabalhadores nas negociações ou na Justiça do Trabalho.
Art. 6.º São assegurados aos grevistas, dentre outros direitos:
I – o emprego de meios pacíficos tendentes a persuadir ou aliciar os trabalhadores a aderirem à greve;
II – a arrecadação de fundos e a livre divulgação do movimento.
§ 1.º Em nenhuma hipótese, os meios adotados por empregados e empregadores poderão violar ou constranger os direitos e garantias fundamentais de outrem.
§ 2.º É vedado às empresas adotar meios para constranger o empregado ao comparecimento ao trabalho, bem como capazes de frustrar a divulgação do movimento.

(*) Publicada no *DOU*, de 29-6-1989. *Vide* art. 9.º da CF e Súmula 316 do STF.

§ 3.º As manifestações e atos de persuasão utilizados pelos grevistas não poderão impedir o acesso ao trabalho nem causar ameaça ou dano à propriedade ou pessoa.

Art. 7.º Observadas as condições previstas nesta Lei, a participação em greve suspende o contrato de trabalho, devendo as relações obrigacionais durante o período ser regidas pelo acordo, convenção, laudo arbitral ou decisão da Justiça do Trabalho.

Parágrafo único. É vedada a rescisão de contrato de trabalho durante a greve, bem como a contratação de trabalhadores substitutos, exceto na ocorrência das hipóteses previstas nos arts. 9.º e 14.

Art. 8.º A Justiça do Trabalho, por iniciativa de qualquer das partes ou do Ministério Público do Trabalho, decidirá sobre a procedência, total ou parcial, ou improcedência das reivindicações, cumprindo ao Tribunal publicar, de imediato, o competente acórdão.

Art. 9.º Durante a greve, o sindicato ou a comissão de negociação, mediante acordo com a entidade patronal ou diretamente com o empregador, manterá em atividade equipes de empregados com o propósito de assegurar os serviços cuja paralisação resulte em prejuízo irreparável, pela deterioração irreversível de bens, máquinas e equipamentos, bem como a manutenção daqueles essenciais à retomada das atividades da empresa quando da cessação do movimento.

Parágrafo único. Não havendo acordo, é assegurado ao empregador, enquanto perdurar a greve, o direito de contratar diretamente os serviços necessários a que se refere este artigo.

Art. 10. São considerados serviços ou atividades essenciais:

I – tratamento e abastecimento de água; produção e distribuição de energia elétrica, gás e combustíveis;

II – assistência médica e hospitalar;

III – distribuição e comercialização de medicamentos e alimentos;

IV – funerários;

V – transporte coletivo;

VI – captação e tratamento de esgoto e lixo;

VII – telecomunicações;

VIII – guarda, uso e controle de substâncias radioativas, equipamentos e materiais nucleares;

IX – processamento de dados ligados a serviços essenciais;

X – controle de tráfego aéreo e navegação aérea; e

•• Inciso X com redação determinada pela Lei n. 13.903, de 19-11-2019.

XI – compensação bancária;

XII – atividades médico-periciais relacionadas com o regime geral de previdência social e a assistência social;

•• Inciso XII acrescentado pela Lei n. 13.846, de 18-6-2019.

XIII – atividades médico-periciais relacionadas com a caracterização do impedimento físico, mental, intelectual ou sensorial da pessoa com deficiência, por meio da integração de equipes multiprofissionais e interdisciplinares, para fins de reconhecimento de direitos previstos em lei, em especial na Lei n. 13.146, de 6 de julho de 2015 (Estatuto da Pessoa com Deficiência);

•• Inciso XIII acrescentado pela Lei n. 13.846, de 18-6-2019.

XIV – outras prestações médico-periciais da carreira de Perito Médico Federal indispensáveis ao atendimento das necessidades inadiáveis da comunidade; e

•• Inciso XIV acrescentado pela Lei n. 13.846, de 18-6-2019.

XV – atividades portuárias.

•• Inciso XV acrescentado pela Lei n. 14.047, de 24-8-2020.

Art. 11. Nos serviços ou atividades essenciais, os sindicatos, os empregadores e os trabalhadores ficam obrigados, de comum acordo, a garantir, durante a greve, a prestação dos serviços indispensáveis ao atendimento das necessidades inadiáveis da comunidade.

Parágrafo único. São necessidades inadiáveis da comunidade aquelas que, não atendidas, coloquem em perigo iminente a sobrevivência, a saúde ou a segurança da população.

Art. 12. No caso da inobservância do disposto no artigo anterior, o Poder Público assegurará a prestação dos serviços indispensáveis.

Art. 13. Na greve em serviços ou atividades essenciais, ficam as entidades sindicais ou os trabalhadores, conforme o caso, obrigados a comunicar a decisão aos empregadores e aos usuários com antecedência mínima de 72 (setenta e duas) horas da paralisação.

Art. 14. Constitui abuso do direito de greve a inobservância das normas contidas na presente Lei, bem como a manutenção da paralisação após a celebração de acordo, convenção ou decisão da Justiça do Trabalho.

Parágrafo único. Na vigência de acordo, convenção ou sentença normativa não constitui abuso do exercício do direito de greve a paralisação que:

I – tenha por objetivo exigir o cumprimento de cláusula ou condição;

II – seja motivada pela superveniência de fato novo ou acontecimento imprevisto que modifique substancialmente a relação de trabalho.

Art. 15. A responsabilidade pelos atos praticados, ilícitos ou crimes cometidos, no curso da greve, será apurada, conforme o caso, segundo a legislação trabalhista, civil ou penal.

Parágrafo único. Deverá o Ministério Público, de ofício, requisitar a abertura do competente inquérito e oferecer denúncia quando houver indício da prática de delito.

Art. 16. Para os fins previstos no art. 37, inc. VII, da Constituição, lei complementar definirá os termos e os limites em que o direito de greve poderá ser exercido.

Art. 17. Fica vedada a paralisação das atividades, por iniciativa do empregador, com o objetivo de frustrar negociação ou dificultar o atendimento de reivindicações dos respectivos empregados (*lockout*).

Parágrafo único. A prática referida no *caput* assegura aos trabalhadores o direito à percepção dos salários durante o período de paralisação.

Art. 18. Ficam revogados a Lei n. 4.330, de 1.º de junho de 1964, o Decreto-lei n. 1.632, de 4 de agosto de 1978, e demais disposições em contrário.

Art. 19. Esta Lei entra em vigor na data de sua publicação.

Brasília, em 28 de junho de 1989; 168.º da Independência e 101.º da República.

José Sarney

LEI N. 7.853, DE 24 DE OUTUBRO DE 1989 (*)

Dispõe sobre o apoio às pessoas portadoras de deficiência, sua integração social, sobre a Coordenadoria Nacional para Integração da Pessoa Portadora de Deficiência – Corde, institui a tutela jurisdicional de interesses coletivos ou difusos dessas pessoas, disciplina a atuação do Ministério Público, define crimes, e dá outras providências.

O Presidente da República

Faço saber que o Congresso Nacional decreta e eu sanciono a seguinte Lei:

Art. 1.º Ficam estabelecidas normas gerais que asseguram o pleno exercício dos direitos individuais e sociais das pessoas portadoras de deficiência, e sua efetiva integração social, nos termos desta Lei.

•• A Lei n. 13.146, de 6-7-2015, instituiu o Estatuto da Pessoa com Deficiência.

§ 1.º Na aplicação e interpretação desta Lei, serão considerados os valores básicos da igualdade de tratamento e oportunidade, da justiça social, do respeito à dignidade da pessoa humana, do bem-estar, e outros, indicados na Constituição ou justificados pelos princípios gerais de direito.

(*) Publicada no *DOU*, de 25-10-1989. Regulamentada pelo Decreto n. 3.298, de 20-12-1999. A Instrução Normativa n. 29, de 4-8-2005, do TST, dispõe sobre a prioridade na tramitação dos processos em que é parte pessoa portadora de deficiência. A Instrução Normativa n. 98, de 15-8-2012, dispõe sobre procedimentos de fiscalização do cumprimento, por parte dos empregadores, das normas destinadas à inclusão no trabalho de pessoas com deficiência e a beneficiários da Previdência Social reabilitados.

§ 2.º As normas desta Lei visam garantir às pessoas portadoras de deficiência as ações governamentais necessárias ao seu cumprimento e das demais disposições constitucionais e legais que lhes concernem, afastadas as discriminações e os preconceitos de qualquer espécie, e entendida a matéria como obrigação nacional a cargo do Poder Público e da sociedade.

Art. 2.º Ao Poder Público e seus órgãos cabe assegurar às pessoas portadoras de deficiência o pleno exercício de seus direitos básicos, inclusive dos direitos à educação, à saúde, ao trabalho, ao lazer, à previdência social, ao amparo à infância e à maternidade, e de outros que, decorrentes da Constituição e das leis, propiciem seu bem-estar pessoal, social e econômico.

Parágrafo único. Para o fim estabelecido no *caput* deste artigo, os órgãos e entidades da administração direta e indireta devem dispensar, no âmbito de sua competência e finalidade, aos assuntos objeto desta Lei, tratamento prioritário e adequado, tendente a viabilizar, sem prejuízo de outras, as seguintes medidas:

I – na área da educação:

a) a inclusão, no sistema educacional, da Educação Especial como modalidade educativa que abranja a educação precoce, a pré-escolar, as de 1.º e 2.º graus, a supletiva, a habilitação e reabilitação profissionais, com currículos, etapas e exigências de diplomação próprios;

b) a inserção, no referido sistema educacional, das escolas especiais, privadas e públicas;

c) a oferta, obrigatória e gratuita, da Educação Especial em estabelecimentos públicos de ensino;

d) o oferecimento obrigatório de programas de Educação Especial a nível pré-escolar e escolar, em unidades hospitalares e congêneres nas quais estejam internados, por prazo igual ou superior a 1 (um) ano, educandos portadores de deficiência;

e) o acesso de alunos portadores de deficiência aos benefícios conferidos aos demais educandos, inclusive material escolar, merenda escolar e bolsas de estudo;

f) a matrícula compulsória em cursos regulares de estabelecimentos públicos e particulares de pessoas portadoras de deficiência capazes de se integrarem no sistema regular de ensino;

II – na área da saúde:

a) a promoção de ações preventivas, como as referentes ao planejamento familiar, ao aconselhamento genético, ao acompanhamento da gravidez, do parto e do puerpério, à nutrição da mulher e da criança, à identificação e ao controle da gestante e do feto de alto risco, à imunização, às doenças do metabolismo e seu diagnóstico e ao encaminhamento precoce de outras doenças causadoras de deficiência;

b) o desenvolvimento de programas especiais de prevenção de acidentes do trabalho e de trânsito, e de tratamento adequado a suas vítimas;

c) a criação de uma rede de serviços especializados em reabilitação e habilitação;

d) a garantia de acesso das pessoas portadoras de deficiência aos estabelecimentos de saúde públicos e privados, e de seu adequado tratamento neles, sob normas técnicas e padrões de conduta apropriados;

e) a garantia de atendimento domiciliar de saúde ao deficiente grave não internado;

f) o desenvolvimento de programas de saúde voltados para as pessoas portadoras de deficiência, desenvolvidos com a participação da sociedade e que lhes ensejem a integração social;

III – na área da formação profissional e do trabalho:

a) o apoio governamental à formação profissional, à orientação profissional, e a garantia de acesso aos serviços concernentes, inclusive aos cursos regulares voltados à formação profissional;

b) o empenho do Poder Público quanto ao surgimento e à manutenção de empregos, inclusive de tempo parcial, destinados às pessoas portadoras de deficiência que não tenham acesso aos empregos comuns;

c) a promoção de ações eficazes que propiciem a inserção, nos setores público e privado, de pessoas portadoras de deficiência;

•• *Vide* Súmula 552 do STJ.

d) a adoção de legislação específica que discipline a reserva de mercado de trabalho, em favor das pessoas portadoras de deficiência, nas entidades da Administração Pública e do setor privado, e que regulamente a organização de oficinas e congêneres integradas ao mercado de trabalho, e a situação, nelas, das pessoas portadoras de deficiência;

IV – na área de recursos humanos:

a) a formação de professores de nível médio para a Educação Especial, de técnicos de nível médio especializados na habilitação e reabilitação, e de instrutores para formação profissional;

b) a formação e qualificação de recursos humanos que, nas diversas áreas de conhecimento, inclusive de nível superior, atendam à demanda e às necessidades reais das pessoas portadoras de deficiência;

c) o incentivo à pesquisa e ao desenvolvimento tecnológico em todas as áreas do conhecimento relacionadas com a pessoa portadora de deficiência;

V – na área das edificações:

a) a adoção e a efetiva execução de normas que garantam a funcionalidade das edificações e vias públicas, que evitem ou removam os óbices às pessoas portadoras de deficiência, permitam o acesso destas a edifícios, a logradouros e a meios de transporte.

Art. 3.º As medidas judiciais destinadas à proteção de interesses coletivos, difusos, individuais homogêneos e individuais indisponíveis da pessoa com deficiência poderão ser propostas pelo Ministério Público, pela Defensoria Pública, pela União, pelos Estados, pelos Municípios, pelo Distrito Federal, por associação constituída há mais de 1 (um) ano, nos termos da lei civil, por autarquia, por empresa pública e por fundação ou sociedade de economia mista que inclua, entre suas finalidades institucionais, a proteção dos interesses e a promoção de direitos da pessoa com deficiência.

•• *Caput* com redação determinada pela Lei n. 13.146, de 6-7-2015.

§ 1.º Para instruir a inicial, o interessado poderá requerer às autoridades competentes as certidões e informações que julgar necessárias.

§ 2.º As certidões e informações a que se refere o parágrafo anterior deverão ser fornecidas dentro de 15 (quinze) dias da entrega, sob recibo, dos respectivos requerimentos, e só poderão ser utilizadas para a instrução da ação civil.

§ 3.º Somente nos casos em que o interesse público, devidamente justificado, impuser sigilo, poderá ser negada certidão ou informação.

§ 4.º Ocorrendo a hipótese do parágrafo anterior, a ação poderá ser proposta desacompanhada das certidões ou informações negadas, cabendo ao juiz, após apreciar os motivos do indeferimento, e, salvo quando se tratar de razão de segurança nacional, requisitar umas e outras; feita a requisição, o processo correrá em segredo de justiça, que cessará com o trânsito em julgado da sentença.

§ 5.º Fica facultado aos demais legitimados ativos habilitarem-se como litisconsortes nas ações propostas por qualquer deles.

§ 6.º Em caso de desistência ou abandono da ação, qualquer dos colegitimados pode assumir a titularidade ativa.

Art. 4.º A sentença terá eficácia de coisa julgada oponível *erga omnes*, exceto no caso de haver sido a ação julgada improcedente por deficiência de prova, hipótese em que qualquer legitimado poderá intentar outra ação com idêntico fundamento, valendo-se de nova prova.

§ 1.º A sentença que concluir pela carência ou pela improcedência da ação fica sujeita ao duplo grau de jurisdição, não produzindo efeito senão depois de confirmada pelo tribunal.

§ 2.º Das sentenças e decisões proferidas contra o autor da ação e suscetíveis de recurso, poderá recorrer qualquer legitimado ativo, inclusive o Ministério Público.

Art. 5.º O Ministério Público intervirá obrigatoriamente nas ações públicas, coletivas ou individuais, em que se discutam interesses relacionados à deficiência das pessoas.

Art. 6.º O Ministério Público poderá instaurar, sob sua presidência, inquérito civil, ou requisitar, de qualquer pessoa física ou jurídica, pública ou particular, certidões, informações, exames ou perícias, no prazo que assinalar, não inferior a 10 (dez) dias úteis.

§ 1.º Esgotadas as diligências, caso se convença o órgão do Ministério Público da inexistência de elementos para a propositura de ação civil, promoverá fundamentadamente o arquivamento do inquérito civil, ou das peças informativas. Neste caso, deverá remeter a reexame os autos ou as respectivas peças, em 3 (três) dias, ao Conselho Superior do Ministério Público, que os examinará, deliberando a respeito, conforme dispuser seu Regimento.

§ 2.º Se a promoção do arquivamento for reformada, o Conselho Superior do Ministério Público designará desde logo outro órgão do Ministério Público para o ajuizamento da ação.

Art. 7.º Aplicam-se à ação civil pública prevista nesta Lei, no que couber, os dispositivos da Lei n. 7.347, de 24 de julho de 1985.

Art. 8.º Constitui crime punível com reclusão de 2 (dois) a 5 (cinco) anos e multa:

•• *Caput* com redação determinada pela Lei n. 13.146, de 6-7-2015.

I – recusar, cobrar valores adicionais, suspender, procrastinar, cancelar ou fazer cessar inscrição de aluno em estabelecimento de ensino de qualquer curso ou grau, público ou privado, em razão de sua deficiência;

•• Inciso I com redação determinada pela Lei n. 13.146, de 6-7-2015.

II – obstar inscrição em concurso público ou acesso de alguém a qualquer cargo ou emprego público, em razão de sua deficiência;

•• Inciso II com redação determinada pela Lei n. 13.146, de 6-7-2015.

III – negar ou obstar emprego, trabalho ou promoção à pessoa em razão de sua deficiência;

•• Inciso III com redação determinada pela Lei n. 13.146, de 6-7-2015.

IV – recusar, retardar ou dificultar internação ou deixar de prestar assistência médico-hospitalar e ambulatorial à pessoa com deficiência;

•• Inciso IV com redação determinada pela Lei n. 13.146, de 6-7-2015.

V – deixar de cumprir, retardar ou frustrar execução de ordem judicial expedida na ação civil a que alude esta Lei;

•• Inciso V com redação determinada pela Lei n. 13.146, de 6-7-2015.

VI – recusar, retardar ou omitir dados técnicos indispensáveis à propositura da ação civil pública objeto desta Lei, quando requisitados.

•• Inciso VI com redação determinada pela Lei n. 13.146, de 6-7-2015.

§ 1.º Se o crime for praticado contra pessoa com deficiência menor de 18 (dezoito) anos, a pena é agravada em 1/3 (um terço).

•• § 1.º acrescentado pela Lei n. 13.146, de 6-7-2015.

§ 2.º A pena pela adoção deliberada de critérios subjetivos para indeferimento de inscrição, de aprovação e de cumprimento de estágio probatório em concursos públicos não exclui a responsabilidade patrimonial pessoal do administrador público pelos danos causados.

•• § 2.º acrescentado pela Lei n. 13.146, de 6-7-2015.

§ 3.º Incorre nas mesmas penas quem impede ou dificulta o ingresso de pessoa com deficiência em planos privados de assistência à saúde, inclusive com cobrança de valores diferenciados.

•• § 3.º acrescentado pela Lei n. 13.146, de 6-7-2015.

§ 4.º Se o crime for praticado em atendimento de urgência e emergência, a pena é agravada em 1/3 (um terço).

•• § 4.º acrescentado pela Lei n. 13.146, de 6-7-2015.

Art. 9.º A Administração Pública Federal conferirá aos assuntos relativos às pessoas portadoras de deficiência tratamento prioritário e apropriado, para que lhes seja efetivamente ensejado o pleno exercício de seus direitos individuais e sociais, bem como sua completa integração social.

§ 1.º Os assuntos a que alude este artigo serão objeto de ação, coordenada e integrada, dos órgãos da Administração Pública Federal, e incluir-se-ão em Política Nacional para Integração da Pessoa Portadora de Deficiência, na qual estejam compreendidos planos, programas e projetos sujeitos a prazos e objetivos determinados.

§ 2.º Ter-se-ão como integrantes da Administração Pública Federal, para os fins desta Lei, além dos órgãos públicos, das autarquias, das empresas públicas e sociedades de economia mista, as respectivas subsidiárias e as fundações públicas.

Art. 10. A coordenação superior dos assuntos, ações governamentais e medidas referentes a pessoas portadoras de deficiência caberá à Secretaria Especial dos Direitos Humanos da Presidência da República.

•• *Caput* com redação determinada pela Lei n. 11.958, de 26-6-2009.

Parágrafo único. Ao órgão a que se refere este artigo caberá formular a Política Nacional para a Integração da Pessoa Portadora de Deficiência, seus planos, programas e projetos e cumprir as instruções superiores que lhes digam respeito, com a cooperação dos demais órgãos públicos.

•• Parágrafo único com redação determinada pela Lei n. 8.028, de 12-4-1990.

Art. 11. (*Revogado pela Lei n. 8.028, de 12-4-1990.*)

Art. 12. Compete à Corde:

I – coordenar as ações governamentais e medidas que se refiram às pessoas portadoras de deficiência;

II – elaborar os planos, programas e projetos subsumidos na Política Nacional para a Integração de Pessoa Portadora de Deficiência, bem como propor as providências necessárias a sua completa implantação e seu adequado desenvolvimento, inclusive as pertinentes a recursos e as de caráter legislativo;

III – acompanhar e orientar a execução, pela Administração Pública Federal, dos planos, programas e projetos mencionados no inciso anterior;

IV – manifestar-se sobre a adequação à Política Nacional para a Integração da Pessoa Portadora de Deficiência dos projetos federais a ela conexos, antes da liberação dos recursos respectivos;

V – manter, com os Estados, Municípios, Territórios, o Distrito Federal, e o Ministério Público, estreito relacionamento, objetivando a concorrência de ações destinadas à integração social das pessoas portadoras de deficiência;

VI – provocar a iniciativa do Ministério Público, ministrando-lhe informações sobre fatos que constituam objeto da ação civil de que trata esta Lei, e indicando-lhe os elementos de convicção;

VII – emitir opinião sobre os acordos, contratos ou convênios firmados pelos demais órgãos da Administração Pública Federal, no âmbito da Política Nacional para a Integração da Pessoa Portadora de Deficiência;

VIII – promover e incentivar a divulgação e o debate das questões concernentes à pessoa portadora de deficiência, visando à conscientização da sociedade.

Parágrafo único. Na elaboração dos planos, programas e projetos a seu cargo, deverá a Corde recolher, sempre que possível, a opinião das pessoas e entidades interessadas, bem como considerar a necessidade de efetivo apoio aos entes particulares voltados para a integração social das pessoas portadoras de deficiência.

Art. 13. (*Revogado pela Medida Provisória n. 2.216-37, de 31-8-2001.*)

Art. 14. (*Vetado.*)

Art. 15. Para atendimento e fiel cumprimento do que dispõe esta Lei, será reestruturada a Secretaria de Educação Especial do Ministério da Educação, e serão instituídos, no Ministério do Trabalho, no Ministério da Saúde e no Ministério da Previdência e Assistência Social, órgãos encarregados da coordenação setorial dos assuntos concernentes às pessoas portadoras de deficiência.

Art. 16. O Poder Executivo adotará, nos 60 (sessenta) dias posteriores à vigência desta Lei, as providências necessárias à reestruturação e ao regular funcionamento da Corde, como aquelas decorrentes do artigo anterior.

Art. 17. Serão incluídas no censo demográfico de 1990, e nos subsequentes, questões concernentes à problemática da pessoa portadora de deficiência, objetivando o conhecimento atualizado do número de pessoas portadoras de deficiência no País.

Parágrafo único. Os censos demográficos realizados a partir de 2019 incluirão as especificidades inerentes ao transtorno do espectro autista, em consonância com o § 2.º do art. 1.º da Lei n. 12.764, de 27 de dezembro de 2012.

•• Parágrafo único acrescentado pela Lei n. 13.861, de 18-7-2019.

Art. 18. Os órgãos federais desenvolverão, no prazo de 12 (doze) meses contado da publicação desta Lei, as ações necessárias à efetiva implantação das medidas indicadas no art. 2.º desta Lei.

Art. 19. Esta Lei entra em vigor na data de sua publicação.
Art. 20. Revogam-se as disposições em contrário.

Brasília, 24 de outubro de 1989; 168.º da Independência e 101.º da República.

José Sarney

LEI N. 7.855, DE 24 DE OUTUBRO DE 1989 (*)

Altera a Consolidação das Leis do Trabalho, atualiza os valores das multas trabalhistas, amplia sua aplicação, institui o Programa de Desenvolvimento do Sistema Federal de Inspeção do Trabalho e dá outras providências.

O Presidente da República

Faço saber que o Congresso Nacional decreta e eu sanciono a seguinte Lei:

Art. 1.º A Consolidação das Leis do Trabalho, aprovada pelo Decreto-lei n. 5.452, de 1.º de maio de 1943 (CLT), passa a vigorar com as seguintes alterações:

• · Alterações já processadas no diploma modificado.

Art. 2.º O valor das multas administrativas decorrentes da violação das normas trabalhistas, previstas na CLT e legislação extravagante, será, na data da publicação desta Lei, triplicado e, em seguida, expresso em quantidade de BTN.

Parágrafo único. O disposto neste artigo não se aplica às multas constantes do Capítulo V do Título II da CLT, que terão seus valores convertidos em quantidades de BTN, nem às previstas nos arts. 153 e 477, § 8.º, com a redação dada por esta Lei.

Art. 3.º Acarretarão a aplicação de multa de 160 BTN, por trabalhador prejudicado, dobrada no caso de reincidência, as infrações ao disposto:

I – na Lei n. 4.090, de 13 de julho de 1962, que dispõe sobre a Gratificação de Natal;

II – na Lei n. 5.811, de 11 de outubro de 1972, que dispõe sobre o regime de trabalho nas atividades petrolíferas;

III – na Lei n. 6.019, de 3 de janeiro de 1974, que dispõe sobre o trabalho temporário nas empresas urbanas;

IV – na Lei n. 7.183, de 5 de abril de 1984, que regula o exercício da profissão de aeronauta;

V – na Lei n. 7.418, de 16 de dezembro de 1985, alterada pela Lei n. 7.619, de 30 de setembro de 1987, que instituiu o Vale-Transporte; e

VI – no Decreto-lei n. 2.284, de 10 de março de 1986, que instituiu o Seguro-Desemprego.

Art. 4.º O salário pago fora dos prazos previstos em lei, acordos ou convenções coletivas e sentenças normativas sujeitará o infrator a multa administrativa de 160 BTN por trabalhador prejudicado, salvo motivo de força maior (art. 501 da CLT).

Art. 5.º As multas previstas na legislação trabalhista serão, quando for o caso, e sem prejuízo das demais cominações legais, agravadas até o grau máximo, nos casos de artifício, ardil, simulação, desacato, embaraço ou resistência a ação fiscal, levando-se em conta, além das circunstâncias atenuantes ou agravantes, a situação econômico-financeira do infrator e os meios a seu alcance para cumprir a lei.

• A Portaria n. 112, de 20-1-2012, do MTE, dispõe sobre os critérios a serem aplicados na gradação das multas de valor variável previstas na legislação trabalhista.

Art. 6.º O valor das multas não recolhidas no prazo previsto no § 3.º do art. 636 da CLT será atualizado monetariamente pelo BTN Fiscal, acrescido de juros de mora de um por cento ao mês calendário, na forma da legislação aplicada aos tributos federais, até a data do seu efetivo pagamento.

(*) Publicada no DOU, de 25-10-1989. Vide Nota dos Organizadores.

§ 1.º Não será considerado reincidente o empregador que não for novamente autuado por infração ao mesmo dispositivo, decorridos dois anos da imposição da penalidade.

§ 2.º A fiscalização, a autuação e o processo de imposição das multas reger-se-ão pelo Título VII da CLT.

§ 3.º Será observado o critério de dupla visita nas empresas com até dez empregados, salvo quando for constatada infração por falta de registro de empregado, a anotação da sua Carteira de Trabalho e Previdência Social e na ocorrência de fraude, resistência ou embaraço à fiscalização.

• Vide arts. 627 da CLT, 55, § 1.º, da Lei Complementar n. 123, de 14-12-2006, e 3.º, § 5.º, da Instrução Normativa n. 144, de 18-5-2018.

§ 4.º Na empresa que for autuada, após obedecido o disposto no parágrafo anterior, não será mais observado o critério da dupla visita em relação ao dispositivo infringido.

Art. 7.º Fica instituído o Programa de Desenvolvimento do Sistema Federal de Inspeção do Trabalho, destinado a promover e desenvolver as atividades de inspeção das normas de proteção, segurança e medicina do trabalho.

§ 1.º O Ministro de Estado do Trabalho estabelecerá os princípios norteadores do Programa que terá como objetivo principal assegurar o reconhecimento do vínculo empregatício do trabalhador e os direitos dele decorrentes e, para maior eficiência em sua operacionalização, fará observar o critério de rodízios dos agentes de Inspeção do Trabalho na forma prevista no Regulamento da Inspeção do Trabalho.

§ 2.º O deferimento da gratificação a que se refere o Decreto-lei n. 2.357, de 28 de agosto de 1987, com as alterações introduzidas pelos arts. 11 e 12 do Decreto-lei n. 2.365, de 27 de outubro de 1987, é estendido aos servidores pertencentes às seguintes categorias funcionais integrantes do Grupo Outras Atividades de Nível Superior (NS-900), instituído na conformidade da Lei n. 5.645, de 10 de dezembro de 1970:

a) Fiscal do Trabalho – Códigos NS-933 e LT-NS-933;

b) Médico do Trabalho – Códigos NS-903 e LT-NS-903, quando no efetivo exercício de funções de inspeção de medicina do trabalho;

c) Engenheiro – Códigos NS-916 e LT-NS-916, quando no efetivo exercício de funções de inspeção da segurança do trabalho; e

d) Assistente Social – Códigos NS-930 e LT-NS-930, quando no efetivo exercício de funções de inspeção do trabalho das mulheres e menores.

§ 3.º A gratificação de que trata o parágrafo anterior será atribuída até o máximo de 2.800 pontos por servidor, correspondendo cada ponto a 0,285% do respectivo vencimento básico, mediante ato do Ministro de Estado do Trabalho, que fixará a pontuação proporcionalmente à jornada legal de trabalho das referidas categorias.

Art. 8.º O § 1.º do art. 5.º da Lei n. 7.418, de 16 de dezembro de 1985, modificado pela Lei n. 7.619, de 30 de setembro de 1987, passa a ter a seguinte redação:

•• Alteração já processada no diploma modificado.

Art. 9.º (*Vetado.*)

Art. 10. Os efeitos financeiros decorrentes da publicação desta Lei terão início em 1.º de outubro de 1989.

Art. 11. As despesas com a execução do disposto nesta Lei correrão à conta das dotações próprias constantes do Orçamento Geral da União.

Art. 12. Esta Lei entra em vigor na data de sua publicação.

Art. 13. Revogam-se o parágrafo único do art. 16, os arts. 18, 19, 27, 28, 43, 44, 324, 374, 375, 378, 379, 380, 387, 418 e 446 da CLT e demais disposições em contrário.

Brasília, em 24 de outubro de 1989; 168.º da Independência e 101.º da República.

José Sarney

LEI N. 7.998, DE 11 DE JANEIRO DE 1990 (*)

Regula o Programa do Seguro-Desemprego, o abono salarial, institui o Fundo de Amparo ao Trabalhador – FAT, e dá outras providências.

O Presidente da República

Faço saber que o Congresso Nacional decreta e eu sanciono a seguinte Lei:

Art. 1.º Esta Lei regula o Programa do Seguro-Desemprego e o abono de que tratam o inciso II do art. 7.º, o inciso IV do art. 201 e o art. 239, da Constituição Federal, bem como institui o Fundo de Amparo ao Trabalhador – FAT.

•• O inciso IV do art. 201 da CF foi alterado pela Emenda Constitucional n. 20, de 15-12-1998. A referência correta é ao inciso III do mesmo artigo.

DO PROGRAMA DE SEGURO-DESEMPREGO

Art. 2.º O Programa de Seguro-Desemprego tem por finalidade:

I – prover assistência financeira temporária ao trabalhador desempregado em virtude de dispensa sem justa causa, inclusive a indireta, e ao trabalhador comprovadamente resgatado de regime de trabalho forçado ou da condição análoga à de escravo;

•• Inciso I com redação determinada pela Lei n. 10.608, de 20-12-2002.

II – auxiliar os trabalhadores na busca ou preservação do emprego, promovendo, para tanto, ações integradas de orientação, recolocação e qualificação profissional.

•• Inciso II com redação determinada pela Medida Provisória n. 2.164-41, de 24-8-2001.

Art. 2.º-A. Para efeito do disposto no inciso II do art. 2.º, fica instituída a bolsa de qualificação profissional, a ser custeada pelo Fundo de Amparo ao Trabalhador – FAT, à qual fará jus o trabalhador que estiver com o contrato de trabalho suspenso em virtude de participação em curso ou programa de qualificação profissional oferecido pelo empregador, em conformidade com o disposto em convenção ou acordo coletivo celebrado para este fim.

•• Artigo acrescentado pela Medida Provisória n. 2.164-41, de 24-8-2001.
•• A Resolução n. 591, de 11-2-2009, do CODEFAT, dispõe sobre o pagamento da bolsa de qualificação profissional instituída por este artigo.

Art. 2.º-B. (*Revogado pela Lei n. 13.134, de 16-6-2015.*)

Art. 2.º-C. O trabalhador que vier a ser identificado como submetido a regime de trabalho forçado ou reduzido a condição análoga à de escravo, em decorrência de ação de fiscalização do Ministério do Trabalho e Emprego, será dessa situação resgatado e terá direito à percepção de três parcelas de seguro-desemprego no valor de um salário mínimo cada, conforme o disposto no § 2.º deste artigo.

•• *Caput* acrescentado pela Lei n. 10.608, de 20-12-2002.
•• A Portaria n. 671, de 8-11-2021, do Ministério do Trabalho e da Previdência, regulamenta disposições relativas à legislação trabalhista, à inspeção do trabalho, às políticas públicas e às relações de trabalho.

§ 1.º O trabalhador resgatado nos termos do *caput* deste artigo será encaminhado, pelo Ministério do Trabalho e Emprego, para qualificação profissional e recolocação no mercado de trabalho, por meio do Sistema Nacional de Emprego – SINE, na forma estabelecida pelo Conselho Deliberativo do Fundo de Amparo ao Trabalhador – CODEFAT.

•• § 1.º acrescentado pela Lei n. 10.608, de 20-12-2002.

(*) Publicada no *DOU*, de 12-1-1990. Sobre BTN, *vide* Nota dos Organizadores. A Lei n. 10.208, de 23-3-2001, e a Lei Complementar n. 150, de 1.º-6-2015, facultam ao empregado doméstico o acesso ao seguro-desemprego. A Resolução n. 725, de 18-12-2013, do CODEFAT, estabelece que, até o final do exercício de 2015, os pagamentos dos benefícios do Seguro-Desemprego, em quaisquer modalidades, serão efetuados por meio de conta simplificada ou conta poupança em favor do beneficiário, sem qualquer ônus para o trabalhador; ou, diretamente, em espécie, por meio de identificação em sistema biométrico.

§ 2.º Caberá ao CODEFAT, por proposta do Ministro de Estado do Trabalho e Emprego, estabelecer os procedimentos necessários ao recebimento do benefício previsto no *caput* deste artigo, observados os respectivos limites de comprometimento dos recursos do FAT, ficando vedado ao mesmo trabalhador o recebimento do benefício, em circunstâncias similares, nos doze meses seguintes à percepção da última parcela.

•• § 2.º acrescentado pela Lei n. 10.608, de 20-12-2002.

Art. 3.º Terá direito à percepção do seguro-desemprego o trabalhador dispensado sem justa causa que comprove:

I – ter recebido salários de pessoa jurídica ou de pessoa física a ela equiparada, relativos a:

•• Inciso I com redação determinada pela Lei n. 13.134, de 16-6-2015.

a) pelo menos 12 (doze) meses nos últimos 18 (dezoito) meses imediatamente anteriores à data de dispensa, quando da primeira solicitação;

•• Alínea *a* acrescentada pela Lei n. 13.134, de 16-6-2015.

b) pelo menos 9 (nove) meses nos últimos 12 (doze) meses imediatamente anteriores à data de dispensa, quando da segunda solicitação; e

•• Alínea *b* acrescentada pela Lei n. 13.134, de 16-6-2015.

c) cada um dos 6 (seis) meses imediatamente anteriores à data de dispensa, quando das demais solicitações;

•• Alínea *c* acrescentada pela Lei n. 13.134, de 16-6-2015.

II – (*Revogado pela Lei n. 13.134, de 16-6-2015.*)

III – não estar em gozo de qualquer benefício previdenciário de prestação continuada, previsto no Regulamento dos Benefícios da Previdência Social, excetuado o auxílio-acidente e o auxílio suplementar previstos na Lei n. 6.367, de 19 de outubro de 1976, bem como o abono de permanência em serviço previsto na Lei n. 5.890, de 8 de junho de 1973;

IV – não estar em gozo do auxílio-desemprego; e

V – não possuir renda própria de qualquer natureza suficiente à sua manutenção e de sua família;

VI – matrícula e frequência, quando aplicável, nos termos do regulamento, em curso de formação inicial e continuada ou de qualificação profissional habilitado pelo Ministério da Educação, nos termos do art. 18 da Lei n. 12.513, de 26 de outubro de 2011, ofertado por meio da Bolsa-Formação Trabalhador concedida no âmbito do Programa Nacional de Acesso ao Ensino Técnico e Emprego (Pronatec), instituído pela Lei n. 12.513, de 26 de outubro de 2011, ou de vagas gratuitas na rede de educação profissional e tecnológica.

•• Inciso VI acrescentado pela Lei n. 13.134, de 16-6-2015.

§ 1.º A União poderá condicionar o recebimento da assistência financeira do Programa de Seguro-Desemprego à comprovação da matrícula e da frequência do trabalhador segurado em curso de formação inicial e continuada ou qualificação profissional, com carga horária mínima de 160 (cento e sessenta) horas.

•• § 1.º acrescentado pela Lei n. 12.513, de 26-10-2011.

§ 2.º O Poder Executivo regulamentará os critérios e requisitos para a concessão da assistência financeira do Programa de Seguro-Desemprego nos casos previstos no § 1.º, considerando a disponibilidade de bolsas-formação no âmbito do Pronatec ou de vagas gratuitas na rede de educação profissional e tecnológica para o cumprimento da condicionalidade pelos respectivos beneficiários.

•• § 2.º acrescentado pela Lei n. 12.513, de 26-10-2011.

§ 3.º A oferta de bolsa para formação dos trabalhadores de que trata este artigo considerará, entre outros critérios, a capacidade de oferta, a reincidência no recebimento do benefício, o nível de escolaridade e a faixa etária do trabalhador.

•• § 3.º acrescentado pela Lei n. 12.513, de 26-10-2011.

Art. 3.º-A. A periodicidade, os valores, o cálculo do número de parcelas e os demais procedimentos operacionais de pagamento da bolsa de qualificação profissional, nos termos do art. 2.º-A desta Lei, bem como os pré-requisitos para habilitação serão os mesmos adotados em

relação ao benefício do Seguro-Desemprego, exceto quanto à dispensa sem justa causa.

•• Artigo acrescentado pela Medida Provisória n. 2.164-41, de 24-8-2001.

Art. 4.º O benefício do seguro-desemprego será concedido ao trabalhador desempregado, por período máximo variável de 3 (três) a 5 (cinco) meses, de forma contínua ou alternada, a cada período aquisitivo, contados da data de dispensa que deu origem à última habilitação, cuja duração será definida pelo Conselho Deliberativo do Fundo de Amparo ao Trabalhador (Codefat).

•• *Caput* com redação determinada pela Lei n. 13.134, de 16-6-2015.

§ 1.º O benefício do seguro-desemprego poderá ser retomado a cada novo período aquisitivo, satisfeitas as condições arroladas nos incisos I, III, IV e V do *caput* do art. 3.º.

•• § 1.º acrescentado pela Lei n. 13.134, de 16-6-2015.

§ 2.º A determinação do período máximo mencionado no *caput* observará a seguinte relação entre o número de parcelas mensais do benefício do seguro-desemprego e o tempo de serviço do trabalhador nos 36 (trinta e seis) meses que antecederem a data de dispensa que originou o requerimento do seguro-desemprego, vedado o cômputo de vínculos empregatícios utilizados em períodos aquisitivos anteriores:

•• § 2.º, *caput*, acrescentado pela Lei n. 13.134, de 16-6-2015.

I – para a primeira solicitação:

•• Inciso I, *caput*, acrescentado pela Lei n. 13.134, de 16-6-2015.

a) 4 (quatro) parcelas, se o trabalhador comprovar vínculo empregatício com pessoa jurídica ou pessoa física a ela equiparada de, no mínimo, 12 (doze) meses e, no máximo, 23 (vinte e três) meses, no período de referência; ou

•• Alínea *a* acrescentada pela Lei n. 13.134, de 16-6-2015.

b) 5 (cinco) parcelas, se o trabalhador comprovar vínculo empregatício com pessoa jurídica ou pessoa física a ela equiparada de, no mínimo, 24 (vinte e quatro) meses, no período de referência;

•• Alínea *b* acrescentada pela Lei n. 13.134, de 16-6-2015.

II – para a segunda solicitação:

•• Inciso II, *caput*, acrescentado pela Lei n. 13.134, de 16-6-2015.

a) 3 (três) parcelas, se o trabalhador comprovar vínculo empregatício com pessoa jurídica ou pessoa física a ela equiparada de, no mínimo, 9 (nove) meses e, no máximo, 11 (onze) meses, no período de referência;

•• Alínea *a* acrescentada pela Lei n. 13.134, de 16-6-2015.

b) 4 (quatro) parcelas, se o trabalhador comprovar vínculo empregatício com pessoa jurídica ou pessoa física a ela equiparada de, no mínimo, 12 (doze) meses e, no máximo, 23 (vinte e três) meses, no período de referência; ou

•• Alínea *b* acrescentada pela Lei n. 13.134, de 16-6-2015.

c) 5 (cinco) parcelas, se o trabalhador comprovar vínculo empregatício com pessoa jurídica ou pessoa física a ela equiparada de, no mínimo, 24 (vinte e quatro) meses, no período de referência;

•• Alínea *c* acrescentada pela Lei n. 13.134, de 16-6-2015.

III – a partir da terceira solicitação:

•• Inciso III, *caput*, acrescentado pela Lei n. 13.134, de 16-6-2015.

a) 3 (três) parcelas, se o trabalhador comprovar vínculo empregatício com pessoa jurídica ou pessoa física a ela equiparada de, no mínimo, 6 (seis) meses e, no máximo, 11 (onze) meses, no período de referência;

•• Alínea *a* acrescentada pela Lei n. 13.134, de 16-6-2015.

b) 4 (quatro) parcelas, se o trabalhador comprovar vínculo empregatício com pessoa jurídica ou pessoa física a ela equiparada de, no mínimo, 12 (doze) meses e, no máximo, 23 (vinte e três) meses, no período de referência; ou

•• Alínea *b* acrescentada pela Lei n. 13.134, de 16-6-2015.

c) 5 (cinco) parcelas, se o trabalhador comprovar vínculo empregatício com pessoa jurídica ou pessoa física a ela equiparada de, no mínimo, 24 (vinte e quatro) meses, no período de referência.

•• Alínea *c* acrescentada pela Lei n. 13.134, de 16-6-2015.

§ 3.º A fração igual ou superior a 15 (quinze) dias de trabalho será havida como mês integral para os efeitos do § 2.º.

•• § 3.º acrescentado pela Lei n. 13.134, de 16-6-2015.

§ 4.º Nos casos em que o cálculo da parcela do seguro-desemprego resultar em valores decimais, o valor a ser pago deverá ser arredondado para a unidade inteira imediatamente superior.

•• § 4.º acrescentado pela Lei n. 13.134, de 16-6-2015.

§ 5.º O período máximo de que trata o *caput* poderá ser excepcionalmente prolongado por até 2 (dois) meses, para grupos específicos de segurados, a critério do Codefat, desde que o gasto adicional representado por esse prolongamento não ultrapasse, em cada semestre, 10% (dez por cento) do montante da reserva mínima de liquidez de que trata o § 2.º do art. 9.º da Lei n. 8.019, de 11 de abril de 1990.

•• § 5.º acrescentado pela Lei n. 13.134, de 16-6-2015.

§ 6.º Na hipótese de prolongamento do período máximo de percepção do benefício do seguro-desemprego, o Codefat observará, entre outras variáveis, a evolução geográfica e setorial das taxas de desemprego no País e o tempo médio de desemprego de grupos específicos de trabalhadores.

•• § 6.º acrescentado pela Lei n. 13.134, de 16-6-2015.

§ 7.º O Codefat observará as estatísticas do mercado de trabalho, inclusive o tempo médio de permanência no emprego, por setor, e recomendará ao Ministro de Estado do Trabalho e Emprego a adoção de políticas públicas que julgar adequadas à mitigação da alta rotatividade no emprego.

•• § 7.º acrescentado pela Lei n. 13.134, de 16-6-2015.

Art. 4.º-A. (*Vetado.*)

•• Artigo acrescentado pela Lei n. 13.134, de 16-6-2015.
•• A Lei n. 13.183, de 4-11-2015, propôs o acréscimo do art. 4.º-B, todavia teve seu texto vetado.

Art. 5.º O valor do benefício será fixado em Bônus do Tesouro Nacional – BTN, devendo ser calculado segundo 3 (três) faixas salariais, observados os seguintes critérios:

• A Resolução n. 707, de 10-1-2013, do Conselho Deliberativo do Fundo de Amparo ao Trabalhador – CODEFAT, dispõe sobre o reajuste anual do valor do benefício seguro-desemprego.

I – até 300 (trezentos) BTN, multiplicar-se-á o salário médio dos últimos 3 (três) meses pelo fator 0,8 (oito décimos);

II – de 300 (trezentos) a 500 (quinhentos) BTN aplicar-se-á, até o limite do inciso anterior, a regra nele contida e, no que exceder, o fator 0,5 (cinco décimos);

III – acima de 500 (quinhentos) BTN, o valor do benefício será igual a 340 (trezentos e quarenta) BTN.

§ 1.º Para fins de apuração do benefício, será considerada a média dos salários dos últimos 3 (três) meses anteriores à dispensa, devidamente convertidos em BTN pelo valor vigente nos respectivos meses trabalhados.

§ 2.º O valor do benefício não poderá ser inferior ao valor do salário mínimo.

§ 3.º No pagamento dos benefícios, considerar-se-á:

I – o valor do BTN ou do salário mínimo do mês imediatamente anterior, para benefícios colocados à disposição do beneficiário até o dia 10 (dez) do mês;

II – o valor do BTN ou do salário mínimo do próprio mês, para benefícios colocados à disposição do beneficiário após o dia 10 (dez) do mês.

Art. 6.º O seguro-desemprego é direito pessoal e intransferível do trabalhador, podendo ser requerido a partir do sétimo dia subsequente à rescisão do contrato de trabalho.

Art. 7.º O pagamento do benefício do seguro-desemprego será suspenso nas seguintes situações:

I – admissão do trabalhador em novo emprego;

II – início de percepção de benefício de prestação continuada da Previdência Social, exceto o auxílio-acidente, o auxílio suplementar e o abono de permanência em serviço;

III – início de percepção de auxílio-desemprego;

IV – recusa injustificada por parte do trabalhador desempregado em participar de ações de recolocação de emprego, conforme regulamentação do Codefat.
•• Inciso IV acrescentado pela Lei n. 13.134, de 16-6-2015.

Art. 7.º-A. O pagamento da bolsa de qualificação profissional será suspenso se ocorrer a rescisão do contrato de trabalho.
•• Artigo acrescentado pela Medida Provisória n. 2.164-41, de 24-8-2001.

Art. 8.º O benefício do seguro-desemprego será cancelado:
•• *Caput* com redação determinada Lei n. 12.513, de 26-10-2011.

I – pela recusa por parte do trabalhador desempregado de outro emprego condizente com sua qualificação registrada ou declarada e com sua remuneração anterior;
•• Inciso I com redação determinada pela Lei n. 12.513, de 26-10-2011.

II – por comprovação de falsidade na prestação das informações necessárias à habilitação;
•• Inciso II com redação determinada pela Lei n. 12.513, de 26-10-2011.

III – por comprovação de fraude visando à percepção indevida do benefício do seguro-desemprego; ou
•• Inciso III com redação determinada pela Lei n. 12.513, de 26-10-2011.

IV – por morte do segurado.
•• Inciso IV com redação determinada pela Lei n. 12.513, de 26-10-2011.

§ 1.º Nos casos previstos nos incisos I a III deste artigo, será suspenso por um período de 2 (dois) anos, ressalvado o prazo de carência, o direito do trabalhador à percepção do seguro-desemprego, dobrando-se este período em caso de reincidência.
•• § 1.º acrescentado pela Lei n. 12.513, de 26-10-2011.

§ 2.º O benefício poderá ser cancelado na hipótese de o beneficiário deixar de cumprir a condicionalidade de que trata o § 1.º do art. 3.º desta Lei, na forma do regulamento.
•• § 2.º acrescentado pela Lei n. 12.513, de 26-10-2011.

Art. 8.º-A. O benefício da bolsa de qualificação profissional será cancelado nas seguintes situações:

I – fim da suspensão contratual e retorno ao trabalho;

II – por comprovação de falsidade na prestação das informações necessárias à habilitação;

III – por comprovação de fraude visando à percepção indevida da bolsa de qualificação profissional;

IV – por morte do beneficiário.
•• Artigo acrescentado pela Medida Provisória n. 2.164-41, de 24-8-2001.

Art. 8.º-B. Na hipótese prevista no § 5.º do art. 476-A da Consolidação das Leis do Trabalho – CLT, as parcelas da bolsa de qualificação profissional que o empregado tiver recebido serão descontadas das parcelas do benefício do Seguro-Desemprego a que fizer jus, sendo-lhe garantido, no mínimo, o recebimento de uma parcela do Seguro-Desemprego.
•• Artigo acrescentado pela Medida Provisória n. 2.164-41, de 24-8-2001.

Art. 8.º-C. Para efeito de habilitação ao Seguro-Desemprego, desconsiderar-se-á o período de suspensão contratual de que trata o art. 476-A da CLT, para o cálculo dos períodos de que tratam os incisos I e II do art. 3.º desta Lei.
• · Artigo acrescentado pela Medida Provisória n. 2.164-41, de 24-8-2001.

DO ABONO SALARIAL

Art. 9.º É assegurado o recebimento de abono salarial anual, no valor máximo de 1 (um) salário mínimo vigente na data do respectivo pagamento, aos empregados que:
•• *Caput* com redação determinada pela Lei n. 13.134, de 16-6-2015.

I – tenham percebido, de empregadores que contribuem para o Programa de Integração Social – PIS ou para o Programa de Formação do Patrimônio do Servidor Público – PASEP, até 2 (dois) salários mínimos médios de remuneração mensal no período trabalhado e que tenham exercido atividade remunerada pelo menos durante 30 (trinta) dias no ano-base;

•• A Lei n. 13.134, de 16-6-2015, propôs nova redação para este inciso, porém teve o texto vetado.

II – estejam cadastrados há pelo menos 5 (cinco) anos no Fundo de Participação PIS-PASEP ou no Cadastro Nacional do Trabalhador.

§ 1.º No caso de beneficiários integrantes do Fundo de Participação PIS-Pasep, serão computados no valor do abono salarial os rendimentos proporcionados pelas respectivas contas individuais.
•• § 1.º renumerado pela Lei n. 13.134, de 16-6-2015.

§ 2.º O valor do abono salarial anual de que trata o *caput* será calculado na proporção de 1/12 (um doze avos) do valor do salário mínimo vigente na data do respectivo pagamento, multiplicado pelo número de meses trabalhados no ano correspondente.
•• § 2.º acrescentado pela Lei n. 13.134, de 16-6-2015.

§ 3.º A fração igual ou superior a 15 (quinze) dias de trabalho será contada como mês integral para os efeitos do § 2.º deste artigo.
•• § 3.º acrescentado pela Lei n. 13.134, de 16-6-2015.

§ 4.º O valor do abono salarial será emitido em unidades inteiras de moeda corrente, com a suplementação das partes decimais até a unidade inteira imediatamente superior.
•• § 4.º acrescentado pela Lei n. 13.134, de 16-6-2015.

Art. 9.º-A. O abono será pago pelo Banco do Brasil S.A. e pela Caixa Econômica Federal mediante:
•• *Caput* acrescentado pela Lei n. 13.134, de 16-6-2015.

I – depósito em nome do trabalhador;
•• Inciso I acrescentado pela Lei n. 13.134, de 16-6-2015.

II – saque em espécie; ou
•• Inciso II acrescentado pela Lei n. 13.134, de 16-6-2015.

III – folha de salários.
•• Inciso III acrescentado pela Lei n. 13.134, de 16-6-2015.

§ 1.º Ao Banco do Brasil S.A. caberá o pagamento aos servidores e empregados dos contribuintes mencionados no art. 14 do Decreto-lei n. 2.052, de 3 de agosto de 1983, e à Caixa Econômica Federal, aos empregados dos contribuintes a que se refere o art. 15 desse Decreto-lei.
•• § 1.º acrescentado pela Lei n. 13.134, de 16-6-2015.

§ 2.º As instituições financeiras pagadoras manterão em seu poder, à disposição das autoridades fazendárias, por processo que possibilite sua imediata recuperação, os comprovantes de pagamentos efetuados.
•• § 2.º acrescentado pela Lei n. 13.134, de 16-6-2015.

DO FUNDO DE AMPARO AO TRABALHADOR

Art. 10. É instituído o Fundo de Amparo ao Trabalhador (FAT), vinculado ao Ministério do Trabalho e Emprego, destinado ao custeio do Programa de Seguro-Desemprego, ao pagamento do abono salarial e ao financiamento de programas de educação profissional e tecnológica e de desenvolvimento econômico.
•• *Caput* com redação determinada pela Lei n. 12.513, de 26-10-2011.
• A Lei n. 8.019, de 11-4-1990, dispõe sobre o Fundo de Amparo ao Trabalhador – FAT.

Parágrafo único. O FAT é um fundo contábil, de natureza financeira, subordinando-se, no que couber, à legislação vigente.

Art. 11. Constituem recursos do FAT:

I – o produto da arrecadação das contribuições devidas ao PIS e ao PASEP;

II – o produto dos encargos devidos pelos contribuintes, em decorrência da inobservância de suas obrigações;

III – a correção monetária e os juros devidos pelo agente aplicador dos recursos do Fundo, bem como pelos agentes pagadores, incidentes sobre o saldo dos repasses recebidos;

IV – o produto da arrecadação da contribuição adicional pelo índice de rotatividade, de que trata o § 4.º do art. 239 da Constituição Federal;

V – outros recursos que lhe sejam destinados.

• O art. 7.º da Lei n. 10.209, de 23-3-2001, que institui o vale-pedágio obrigatório sobre o transporte rodoviário de carga, dispõe: "Caso o Ministério do Trabalho e Emprego venha a exercer, por delegação e descentralização, as atividades inerentes à ANTT, os valores arrecadados, decorrentes das multas por ele aplicadas, constituirão receita adicional do Fundo de Amparo ao Trabalhador – FAT, de que trata a Lei n. 7.998, de 11-1-1990".

Arts. 12 a 14. (*Vetados.*)

Art. 15. Compete aos Bancos Oficiais Federais o pagamento das despesas relativas ao Programa do Seguro-Desemprego e ao Abono Salarial conforme normas a serem definidas pelos gestores do FAT.

Parágrafo único. Sobre o saldo de recursos não desembolsados, os agentes pagadores remunerarão o FAT, no mínimo com correção monetária.

Arts. 16 e 17. (*Revogados pela Lei n. 8.019, de 11-4-1990.*)

GESTÃO

Art. 18. É instituído o Conselho Deliberativo do Fundo de Amparo ao Trabalhador – CODEFAT, composto por representação de trabalhadores, empregadores e órgãos e entidades governamentais, na forma estabelecida pelo Poder Executivo.

•• *Caput* com redação determinada pela Medida Provisória n. 2.216-37, de 31-8-2001.

• O Decreto n. 9.116, de 4-8-2017, dispõe sobre a composição do Conselho Deliberativo do Fundo de Amparo ao Trabalhador – CODEFAT.

§§ 1.º e 2.º (*Revogados pela Medida Provisória n. 2.216-37, de 31-8-2001.*)

§ 3.º Os representantes dos trabalhadores serão indicados pelas centrais sindicais e confederações de trabalhadores; e os representantes dos empregadores, pelas respectivas confederações.

§ 4.º Compete ao Ministro do Trabalho a nomeação dos membros do CODEFAT.

§ 5.º (*Revogado pela Medida Provisória n. 2.216-37, de 31-8-2001.*)

§ 6.º Pela atividade exercida no CODEFAT seus membros não serão remunerados.

Art. 19. Compete ao CODEFAT gerir o FAT e deliberar sobre as seguintes matérias:

I – (*Vetado*);

II – aprovar e acompanhar a execução do Plano de Trabalho Anual do Programa do Seguro-Desemprego e do Abono Salarial e os respectivos orçamentos;

III – deliberar sobre a prestação de contas e os relatórios de execução orçamentária e financeira do FAT;

IV – elaborar a proposta orçamentária do FAT, bem como suas alterações;

V – propor o aperfeiçoamento da legislação relativa ao Seguro-Desemprego e ao Abono Salarial e regulamentar os dispositivos desta Lei no âmbito de sua competência;

VI – decidir sobre sua própria organização, elaborando seu regimento interno;

•• Regimento Interno do Conselho Deliberativo do Fundo de Amparo ao Trabalhador: Resolução n. 596, de 27-5-2009.

VII – analisar relatórios do agente aplicador quanto à forma, prazo e natureza dos investimentos realizados;

VIII – fiscalizar a administração do Fundo, podendo solicitar informações sobre contratos celebrados ou em vias de celebração e quaisquer outros atos;

IX – definir indexadores sucedâneos no caso de extinção ou alteração daqueles referidos nesta Lei;

X – baixar instruções necessárias à devolução de parcelas do benefício do seguro-desemprego, indevidamente recebidas;

XI – propor alteração das alíquotas referentes às contribuições a que alude o art. 239 da Constituição Federal, com vistas a assegurar a viabilidade econômico-financeira do FAT;

XII e XIII – (*Vetados.*)

XIV – fixar prazos para processamento e envio ao trabalhador da requisição do benefício do seguro-desemprego, em função das possibilidades técnicas existentes, estabelecendo-se como objetivo o prazo de 30 (trinta) dias;

XV e XVI – (*Vetados.*)

XVII – deliberar sobre outros assuntos de interesses do FAT.

Art. 19-A. O Codefat poderá priorizar projetos das entidades integrantes do Sistema Nacional de Atendimento Socioeducativo (Sinase) desde que:

•• *Caput* acrescentado pela Lei n. 12.594, de 18-1-2012.

I – o ente federado de vinculação da entidade que solicita o recurso possua o respectivo Plano de Atendimento Socioeducativo aprovado;

•• Inciso I acrescentado pela Lei n. 12.594, de 18-1-2012.

II – as entidades governamentais e não governamentais integrantes do Sinase que solicitem recursos tenham se submetido à avaliação nacional do atendimento socioeducativo.

•• Inciso II acrescentado pela Lei n. 12.594, de 18-1-2012.

Art. 20. A Secretaria-Executiva do Conselho Deliberativo será exercida pelo Ministério do Trabalho, e a ela caberão as tarefas técnico-administrativas relativas ao seguro-desemprego e ao abono salarial.

Art. 21. As despesas com a implantação, administração e operação do Programa do Seguro-Desemprego e de Abono Salarial, exceto as de pessoal, correrão por conta do FAT.

Art. 22. Os recursos do FAT integrarão o orçamento da seguridade social na forma da legislação pertinente.

DA FISCALIZAÇÃO E PENALIDADES

Art. 23. Compete ao Ministério do Trabalho e Previdência a fiscalização do cumprimento do Programa de Seguro-Desemprego e do abono salarial, bem como do pagamento, pelas empresas, da bolsa de qualificação profissional de que trata o art. 2.º-A desta Lei, ou de benefícios de programas instituídos para promover a manutenção de empregos ou a qualificação de trabalhadores, custeados com recursos do FAT.

•• Artigo com redação determinada pela Lei n. 14.261, de 16-12-2021.

Art. 24. Os trabalhadores, os empregadores e os serviços nacionais de aprendizagem ou entidades qualificadas em formação técnico-profissional, bem como os trabalhadores de programas instituídos para promover a manutenção de empregos ou a qualificação de trabalhadores, prestarão as informações necessárias, bem como atenderão às exigências para a concessão do seguro-desemprego e o pagamento do abono salarial e da bolsa de qualificação profissional de que trata o art. 2.º-A desta Lei, ou de benefícios de programas instituídos para promover a manutenção de empregos ou a qualificação de trabalhadores, nos termos e nos prazos fixados pelo Ministério do Trabalho e Previdência.

•• Artigo com redação determinada pela Lei n. 14.261, de 16-12-2021.

•• A Resolução n. 736, de 8-10-2014, do CODEFAT, torna obrigatório aos empregadores o uso do aplicativo Empregador Web no Portal Mais Emprego para preenchimento de requerimento de Seguro-Desemprego e de Comunicação de Dispensa ao Ministério do Trabalho e Emprego.

•• A Portaria n. 671, de 8-11-2021, do Ministério do Trabalho e da Previdência, regulamenta disposições relativas à legislação trabalhista, à inspeção do trabalho, às políticas públicas e às relações de trabalho.

Art. 25. O empregador que infringir os dispositivos desta Lei estará sujeito a multas de 400 (quatrocentos) a 40.000 (quarenta mil) BTN, segundo a natureza da infração, sua extensão e a intenção do infrator, a serem aplicadas em dobro, no caso de reincidência, oposição à fiscalização ou desacato à autoridade.

• A Portaria n. 193, de 23-11-2006, do MTE, fixa parâmetros para a gradação da multa administrativa variável prevista neste artigo.

§ 1.º Serão competentes para impor as penalidades as Delegacias Regionais do Trabalho, nos termos do Título VII da Consolidação das Leis do Trabalho – CLT.

§ 2.º Além das penalidades administrativas já referidas, os responsáveis por meios fraudulentos na habilitação ou na percepção do seguro-desemprego serão punidos civil e criminalmente, nos termos desta Lei.

Art. 25-A. O trabalhador que infringir o disposto nesta Lei e houver percebido indevidamente parcela de seguro-desemprego sujeitar-se-á à compensação automática do débito com o novo benefício, na forma e no percentual definidos por resolução do Codefat.

•• *Caput* acrescentado pela Lei n. 13.134, de 16-6-2015.

§ 1.º O ato administrativo de compensação automática poderá ser objeto de impugnação, no prazo de 10 (dez) dias, pelo trabalhador, por meio de requerimento de revisão simples, o qual seguirá o rito prescrito pela Lei n. 9.784, de 29 de janeiro de 1999.

•• § 1.º acrescentado pela Lei n. 13.134, de 16-6-2015.

§ 2.º A restituição de valor devido pelo trabalhador de que trata o *caput* deste artigo será realizada mediante compensação do saldo de valores nas datas de liberação de cada parcela ou pagamento com Guia de Recolhimento da União (GRU), conforme regulamentação do Codefat.

•• § 2.º acrescentado pela Lei n. 13.134, de 16-6-2015.

DAS DISPOSIÇÕES FINAIS E TRANSITÓRIAS

Art. 26. (*Vetado.*)

Art. 27. A primeira investidura do CODEFAT dar-se-á no prazo de 30 (trinta) dias da publicação desta Lei.

Art. 28. No prazo de 30 (trinta) dias, as contribuições ao PIS e ao PASEP, arrecadadas a partir de 5 de outubro de 1988 e não utilizadas nas finalidades previstas no art. 239 da Constituição Federal serão recolhidas como receita do FAT.

•• *Caput* com redação determinada pela Lei n. 8.019, de 11-4-1990.

Parágrafo único. (*Vetado.*)

Art. 29. (*Revogado pela Lei n. 8.019, de 11-4-1990.*)

Art. 30. O Poder Executivo regulamentará esta Lei no prazo de 90 (noventa) dias e apresentará projeto de lei regulamentando a contribuição adicional pelo índice de rotatividade, de que trata o § 4.º do art. 239 da Constituição Federal, no prazo de 180 (cento e oitenta) dias.

Art. 31. Esta Lei entra em vigor na data de sua publicação.

Art. 32. Revogam-se as disposições em contrário.

Brasília, em 11 de janeiro de 1990; 169.º da Independência e 102.º da República.

José Sarney

LEI N. 8.036, DE 11 DE MAIO DE 1990 (*)

Dispõe sobre o Fundo de Garantia do Tempo de Serviço e dá outras providências.

O Presidente da República,

Faço saber que o Congresso Nacional decreta e eu sanciono a seguinte lei:

Art. 1.º O Fundo de Garantia do Tempo de Serviço – FGTS, instituído pela Lei n. 5.107, de 13 de setembro de 1966, passa a reger-se por esta Lei.

Art. 2.º O FGTS é constituído pelos saldos das contas vinculadas a que se refere esta Lei e outros recursos a ele incorporados, devendo ser aplicados com atualização monetária e juros, de modo a assegurar a cobertura de suas obrigações.

§ 1.º Constituem recursos incorporados ao FGTS, nos termos do *caput* deste artigo:

a) eventuais saldos apurados nos termos do art. 12, § 4.º;

b) dotações orçamentárias específicas;

c) resultados das aplicações dos recursos do FGTS;

d) multas, correção monetária e juros moratórios devidos;

e) demais receitas patrimoniais e financeiras.

§ 2.º As contas vinculadas em nome dos trabalhadores são absolutamente impenhoráveis.

(*) Publicada no *DOU*, de 14-5-1990, e retificada em 15-9-1990. O Decreto n. 99.684, de 8-11-1990, consolida as normas regulamentares do FGTS. A Lei n. 8.406, de 9-1-1992, dispõe sobre a publicação de informações relativas ao FGTS pelo Ministério do Trabalho e Previdência Social e pela Caixa Econômica Federal. A Lei n. 10.208, de 23-3-2001, e a Lei Complementar n. 150, de 1.º-6-2015, facultam o acesso ao FGTS e ao seguro-desemprego ao empregado doméstico. *Vide* Lei Complementar n. 110, de 29-6-2001. A Resolução n. 116, de 5-2-2003, do INSS, aprovou o Manual de Orientação da GFIP para Usuários do Sistema Empresa de Recolhimento do FGTS e Informações à Previdência Social – SEFIP. *Vide* Súmula 82 do STJ.

Art. 3.º O FGTS será regido por normas e diretrizes estabelecidas por um Conselho Curador, composto por representação de trabalhadores, empregadores e órgãos e entidades governamentais, na forma estabelecida pelo Poder Executivo.

•• *Caput* com redação determinada pela Medida Provisória n. 2.216-37, de 31-8-2001.

• O Decreto n. 9.116, de 4-8-2017, dispõe sobre a composição do Conselho Deliberativo do Fundo de Amparo ao Trabalhador – CODEFAT.

§ 1.º A Presidência do Conselho Curador será exercida pelo Ministro de Estado do Trabalho e Previdência ou representante por ele indicado.

•• § 1.º com redação determinada pela Lei n. 14.261, de 16-12-2021.

§ 2.º (*Revogado pela Medida Provisória n. 2.216-37, de 31-8-2001.*)

§ 3.º Os representantes dos trabalhadores e dos empregadores e seus suplentes serão indicados pelas respectivas centrais sindicais e confederações nacionais, serão nomeados pelo Poder Executivo, terão mandato de 2 (dois) anos e poderão ser reconduzidos uma única vez, vedada a permanência de uma mesma pessoa como membro titular, como suplente ou, de forma alternada, como titular e suplente, por período consecutivo superior a 4 (quatro) anos no Conselho.

•• § 3.º com redação determinada pela Lei n. 13.932, de 11-12-2019.

§ 4.º O Conselho Curador reunir-se-á ordinariamente, a cada bimestre, por convocação de seu Presidente. Esgotado esse período, não tendo ocorrido convocação, qualquer de seus membros poderá fazê-la, no prazo de 15 (quinze) dias. Havendo necessidade, qualquer membro poderá convocar reunião extraordinária, na forma que vier a ser regulamentada pelo Conselho Curador.

§ 4.º-A. As reuniões do Conselho Curador serão públicas, bem como gravadas e transmitidas ao vivo por meio do sítio do FGTS na internet, o qual também possibilitará acesso a todas as gravações que tiverem sido efetuadas dessas reuniões, resguardada a possibilidade de tratamento sigiloso de matérias assim classificadas na forma da lei.

•• § 4.º-A acrescentado pela Lei n. 13.932, de 11-12-2019.

§ 5.º As decisões do Conselho serão tomadas com a presença da maioria simples de seus membros, tendo o Presidente voto de qualidade.

•• § 5.º com redação determinada pela Medida Provisória n. 2.216-37, de 31-8-2001.

§ 6.º As despesas porventura exigidas para o comparecimento às reuniões do Conselho constituirão ônus das respectivas entidades representadas.

§ 7.º As ausências ao trabalho dos representantes dos trabalhadores no Conselho Curador, decorrentes das atividades desse órgão, serão abonadas, computando-se como jornada efetivamente trabalhada para todos os fins e efeitos legais.

§ 8.º O Poder Executivo designará, entre os órgãos governamentais com representação no Conselho Curador do FGTS, aquele que lhe proporcionará estrutura administrativa de suporte para o exercício de sua competência e que atuará na função de Secretaria Executiva do colegiado, não permitido ao Presidente do Conselho Curador acumular a titularidade dessa Secretaria Executiva.

•• § 8.º com redação determinada pela Lei n. 13.932, de 11-12-2019.

§ 9.º Aos membros do Conselho Curador, enquanto representantes dos trabalhadores, efetivos e suplentes, é assegurada a estabilidade no emprego, da nomeação até 1 (um) ano após o término do mandato de representação, somente podendo ser demitidos por motivo de falta grave, regularmente comprovada através de processo sindical.

§ 10. Os membros do Conselho Curador do FGTS serão escolhidos dentre cidadãos de reputação ilibada e de notório conhecimento, e deverão ser atendidos os seguintes requisitos:

•• § 10, *caput*, acrescentado pela Lei n. 13.932, de 11-12-2019.

I – ter formação acadêmica superior; e

•• Inciso I acrescentado pela Lei n. 13.932, de 11-12-2019.

II – não se enquadrar nas hipóteses de inelegibilidade previstas nas alíneas *a* a *q* do inciso I do *caput* do art. 1.º da Lei Complementar n. 64, de 18 de maio de 1990.

•• Inciso II acrescentado pela Lei n. 13.932, de 11-12-2019.

Art. 4.º O gestor da aplicação dos recursos do FGTS será o órgão do

Poder Executivo responsável pela política de habitação, e caberá à Caixa Econômica Federal (CEF) o papel de agente operador.

•• Artigo com redação determinada pela Lei n. 13.932, de 11-12-2019.

Art. 5.º Ao Conselho Curador do FGTS compete:

I – estabelecer as diretrizes e os programas de alocação dos recursos do FGTS, de acordo com os critérios definidos nesta Lei, em conformidade com a política nacional de desenvolvimento urbano e as políticas setoriais de habitação popular, saneamento básico, microcrédito e infraestrutura urbana estabelecidas pelo governo federal;

•• Inciso I com redação determinada pela Lei n. 14.438, de 24-8-2022.

II – acompanhar e avaliar a gestão econômica e financeira dos recursos, bem como os ganhos sociais e o desempenho dos programas aprovados;

III – apreciar e aprovar os programas anuais e plurianuais do FGTS;

IV – aprovar as demonstrações financeiras do FGTS, com base em parecer de auditoria externa independente, antes de sua publicação e encaminhamento aos órgãos de controle, bem como da distribuição de resultados;

•• Inciso IV com redação determinada pela Lei n. 13.932, de 11-12-2019.

V – adotar as providências cabíveis para a correção de atos e fatos do gestor da aplicação e da CEF que prejudiquem o desempenho e o cumprimento das finalidades no que concerne aos recursos do FGTS;

•• Inciso V com redação determinada pela Lei n. 13.932, de 11-12-2019.

VI – dirimir dúvidas quanto à aplicação das normas regulamentares, relativas ao FGTS, nas matérias de sua competência;

VII – aprovar seu regimento interno;

VIII – fixar as normas e valores de remuneração do Agente Operador e dos Agentes Financeiros;

IX – fixar critérios para parcelamento de recolhimentos em atraso;

• A Resolução n. 765, de 9-12-2014, do Conselho Curador do FGTS, estabelece normas para o parcelamento de débito de contribuições devidas ao FGTS.

X – fixar critério e valor de remuneração para o exercício da fiscalização;

XI – divulgar, no *Diário Oficial da União*, todas as decisões proferidas pelo Conselho, bem como as contas do FGTS e os respectivos pareceres emitidos;

XII – fixar critérios e condições para compensação entre créditos do empregador, decorrentes de depósitos relativos a trabalhadores não optantes, com contratos extintos, e débitos resultantes de competências em atraso, inclusive aqueles que forem objeto de composição de dívida com o FGTS;

•• Inciso XII acrescentado pela Lei n. 9.711, de 20-11-1998.

XIII – em relação ao Fundo de Investimento do Fundo de Garantia do Tempo de Serviço – FI-FGTS:

•• Inciso XIII, *caput*, acrescentado pela Lei n. 11.491, de 20-6-2007.

• A Instrução CVM n. 462, de 26-11-2007, dispõe sobre o Fundo de Investimento do FGTS.

a) aprovar a política de investimento do FI-FGTS, por proposta do Comitê de Investimento;

•• Alínea *a* acrescentada pela Lei n. 11.491, de 20-6-2007.

b) decidir sobre o reinvestimento ou distribuição dos resultados positivos aos cotistas do FI-FGTS, em cada exercício;

•• Alínea *b* acrescentada pela Lei n. 11.491, de 20-6-2007.

c) definir a forma de deliberação, de funcionamento e a composição do Comitê de Investimento;

•• Alínea *c* acrescentada pela Lei n. 11.491, de 20-6-2007.

d) estabelecer o valor da remuneração da Caixa Econômica Federal pela administração e gestão FI-FGTS, inclusive a taxa de risco;

•• Alínea *d* acrescentada pela Lei n. 11.491, de 20-6-2007.

e) definir a exposição máxima de risco dos investimentos do FI-FGTS;

•• Alínea *e* acrescentada pela Lei n. 11.491, de 20-6-2007.

f) estabelecer o limite máximo de participação dos recursos do FI-FGTS por setor, por empreendimento e por classe de ativo, observados os requisitos técnicos aplicáveis;

•• Alínea *f* acrescentada pela Lei n. 11.491, de 20-6-2007.

g) estabelecer o prazo mínimo de resgate das cotas e de retorno dos recursos à conta vinculada, observado o disposto no § 19 do art. 20 desta Lei;

•• Alínea *g* acrescentada pela Lei n. 11.491, de 20-6-2007.

h) aprovar o regulamento do FI-FGTS, elaborado pela Caixa Econômica Federal; e

•• Alínea *h* acrescentada pela Lei n. 11.491, de 20-6-2007.

i) autorizar a integralização de cotas do FI-FGTS pelos trabalhadores, estabelecendo previamente os limites globais e individuais, parâmetros e condições de aplicação e resgate;

•• Alínea *i* acrescentada pela Lei n. 11.491, de 20-6-2007.

XIV – *(Revogado pela Lei n. 13.932, de 11-12-2019.)*

XV – autorizar a aplicação de recursos do FGTS em outros fundos de investimento, no mercado de capitais e em títulos públicos e privados, com base em proposta elaborada pelo agente operador, devendo o Conselho Curador regulamentar as formas e condições do investimento, vedado o aporte em fundos nos quais o FGTS seja o único cotista;

•• Inciso XV acrescentado pela Lei n. 13.932, de 11-12-2019.

XVI – estipular limites às tarifas cobradas pelo agente operador ou pelos agentes financeiros na intermediação da movimentação dos recursos da conta vinculada do FGTS, inclusive nas hipóteses de que tratam os incisos V, VI e VII do *caput* do art. 20 desta Lei;

•• Inciso XVI acrescentado pela Lei n. 13.932, de 11-12-2019.

XVII – estabelecer, em relação à autorização de aplicação de recursos do FGTS em fundos garantidores de crédito e sua regulamentação quanto às formas e condições:

•• Inciso XVII, *caput*, acrescentado pela Lei n. 14.438, de 24-8-2022.

a) o valor da aplicação com fundamento em proposta elaborada pelo gestor da aplicação; e

•• Alínea *a* acrescentada pela Lei n. 14.438, de 24-8-2022.

b) a cada 3 (três) anos, percentual mínimo do valor proposto para aplicação na política setorial do microcrédito, respeitado o piso de 30% (trinta por cento).

•• Alínea *b* acrescentada pela Lei n. 14.438, de 24-8-2022.

§ 1.º O Conselho Curador será assistido por um Comitê de Auditoria e Riscos, constituído na forma do Regimento Interno, cujas atribuições e condições abrangerão, no mínimo, aquelas estipuladas nos arts. 24 e 25, §§ 1.º a 3.º, da Lei n. 13.303, de 30 de junho de 2016, ao Comitê de Auditoria Estatutário das empresas públicas e sociedades de economia mista que forem aplicáveis, ainda que por similaridade, ao FGTS, e cujas despesas serão custeadas pelo Fundo, por meio de sua Secretaria Executiva, observado o disposto no § 3.º deste artigo.

•• § 1.º acrescentado pela Lei n. 13.932, de 11-12-2019.

§ 2.º O Conselho Curador poderá ser assistido regularmente por pessoas naturais ou jurídicas especializadas em planejamento, em gestão de investimentos, em avaliação de programas e políticas, em tecnologia da informação ou em qualquer outra especialização julgada necessária para subsidiá-lo no exercício de suas atribuições, e as despesas decorrentes ficarão a cargo do FGTS, observado o disposto no § 3.º deste artigo.

•• § 2.º acrescentado pela Lei n. 13.932, de 11-12-2019.

§ 3.º Os custos e despesas incorridos pelo FGTS não poderão superar limite a ser estabelecido pelo Conselho Curador, o qual observará, no mínimo, os custos por atividades, os ganhos de escala e produtividade, os avanços tecnológicos e a remuneração praticada por outros fundos no mercado de capitais, excluídos da base de cálculo aqueles cuja administradora receba remuneração específica, e incluirão:

•• § 3.º, *caput*, acrescentado pela Lei n. 13.932, de 11-12-2019.

I – os serviços de fiscalização, as atividades de arrecadação, de cobrança administrativa e de emissão de certidões;

•• Inciso I acrescentado pela Lei n. 13.932, de 11-12-2019.

II – os serviços de cobrança judicial dos créditos inscritos em dívida ativa;

•• Inciso II acrescentado pela Lei n. 13.932, de 11-12-2019.

III – os serviços contratados pela Secretaria Executiva para suporte às ações e decisões do Conselho Curador e do Comitê de Auditoria e Riscos, bem como os valores despendidos com terceiros;

•• Inciso III acrescentado pela Lei n. 13.932, de 11-12-2019.

IV – a capacitação dos gestores.

•• Inciso IV acrescentado pela Lei n. 13.932, de 11-12-2019.

§ 4.º O Conselho Curador especificará os serviços de suporte à gestão e à operação que poderão ser contratados pela Secretaria Executiva com recursos do FGTS, cabendo-lhe aprovar o montante destinado a tal finalidade no orçamento anual.

•• § 4.º acrescentado pela Lei n. 13.932, de 11-12-2019.

§ 5.º As auditorias externas contratadas pelo Comitê a que se refere o § 1.º deste artigo não poderão prestar serviços ao agente operador durante a execução dos contratos de auditoria com o FGTS.

•• § 5.º acrescentado pela Lei n. 13.932, de 11-12-2019.

§ 6.º O limite de custos e despesas a que se refere o § 3.º deste artigo não inclui taxas de risco de crédito e demais custos e despesas devidos ao agente operador e aos agentes financeiros.

•• § 6.º acrescentado pela Lei n. 13.932, de 11-12-2019.

§ 7.º O limite de que trata o § 3.º deste artigo será, em cada exercício, de até 0,06% (seis centésimos por cento) do valor dos ativos do FGTS ao final do exercício anterior e, até a publicação das demonstrações financeiras, esse limite será calculado a partir de estimativas divulgadas pelo Conselho Curador para o valor dos ativos do FGTS ao final daquele exercício.

•• § 7.º com redação determinada pela Lei n. 14.438, de 24-8-2022.

§ 8.º A taxa de administração do FGTS devida ao agente operador não será superior a 0,5% (cinco décimos por cento) ao ano do valor total dos ativos do Fundo.

•• § 8.º acrescentado pela Lei n. 13.932, de 11-12-2019.

§ 9.º A taxa de administração de que trata a alínea *d* do inciso XIII do *caput* deste artigo não será superior a 0,5% (cinco décimos por cento) ao ano do valor total dos ativos do FI-FGTS.

•• § 9.º acrescentado pela Lei n. 13.932, de 11-12-2019.

§ 10. O piso de que trata a alínea *b* do inciso XVII do *caput* deste artigo poderá ser revisto pelo Conselho Curador a cada 3 (três) anos.

•• § 10 acrescentado pela Lei n. 14.438, de 24-8-2022.

Art. 6.º Ao gestor da aplicação compete:

•• *Caput* com redação determinada pela Lei n. 13.932, de 11-12-2019.

I – praticar todos os atos necessários à gestão da aplicação do Fundo, de acordo com as diretrizes e programas estabelecidos pelo Conselho Curador;

II – expedir atos normativos relativos à alocação dos recursos para implementação dos programas aprovados pelo Conselho Curador;

III – elaborar orçamentos anuais e planos plurianuais de aplicação dos recursos, discriminados por região geográfica, e submetê-los até 31 de julho ao Conselho Curador do FGTS;

•• Inciso III com redação determinada pela Lei n. 14.118, de 12-1-2021.

IV – acompanhar a execução dos programas de habitação popular, saneamento básico e infraestrutura urbana previstos no orçamento do FGTS e implementados pela CEF, no papel de agente operador;

•• Inciso IV com redação determinada pela Lei n. 13.932, de 11-12-2019.

V – submeter à apreciação do Conselho Curador as contas do FGTS;

VI – subsidiar o Conselho Curador com estudos técnicos necessários ao aprimoramento operacional dos programas de habitação popular, saneamento básico e infraestrutura urbana;

VII – definir as metas a serem alcançadas nos programas de habitação popular, saneamento básico e infraestrutura urbana.

Art. 6.º-A. Caberá ao Ministério da Saúde regulamentar, acompanhar a execução, subsidiar o Conselho Curador com estudos técnicos necessários ao seu aprimoramento operacional e definir as metas a serem alcançadas nas operações de crédito destinadas às entidades hospitalares filantrópicas, bem como a instituições que atuem no campo para pessoas com deficiência, sem fins lucrativos, que participem de forma complementar do Sistema Único de Saúde (SUS).

•• Artigo acrescentado pela Lei n. 13.832, de 4-6-2019.

Art. 6.º-B. Caberá ao Ministério do Trabalho e Previdência regulamentar, acompanhar a execução e subsidiar o Conselho Curador com os estudos técnicos necessários ao seu aprimoramento operacional e estabelecer as metas a serem alcançadas nas operações de microcrédito.

•• Artigo acrescentado pela Lei n. 14.438, de 24-8-2022.

Art. 7.º À Caixa Econômica Federal, na qualidade de Agente Operador, cabe:

• *Vide* Súmula 249 do STJ.

I – centralizar os recursos do FGTS, manter e controlar as contas vinculadas, e emitir regularmente os extratos individuais correspondentes às contas vinculadas e participar da rede arrecadadora dos recursos do FGTS;

II – expedir atos normativos referentes aos procedimentos administrativo-operacionais dos bancos depositários, dos agentes financeiros, dos empregadores e dos trabalhadores, integrantes do sistema do FGTS;

III – definir procedimentos operacionais necessários à execução dos programas estabelecidos pelo Conselho Curador, com base nas normas e diretrizes de aplicação elaboradas pelo gestor da aplicação;

•• Inciso III com redação determinada pela Lei n. 13.932, de 11-12-2019.

IV – elaborar as análises jurídica e econômico-financeira dos projetos de habitação popular, infraestrutura urbana e saneamento básico a serem financiados com recursos do FGTS;

V – emitir Certificado de Regularidade do FGTS;

VI – elaborar as demonstrações financeiras do FGTS, incluídos o Balanço Patrimonial, a Demonstração do Resultado do Exercício e a Demonstração de Fluxo de Caixa, em conformidade com as Normas Contábeis Brasileiras, e encaminhá-las, até 30 de junho do exercício subsequente, ao gestor de aplicação;

•• Inciso VI com redação determinada pela Lei n. 14.438, de 24-8-2022.

VII – implementar atos emanados do gestor da aplicação relativos à alocação e à aplicação dos recursos do FGTS, de acordo com as diretrizes estabelecidas pelo Conselho Curador;

•• Inciso VII com redação determinada pela Lei n. 13.932, de 11-12-2019.

•• A Lei n. 11.491, de 20-6-2007, estabelece em seu art. 1.º: "Fica criado o Fundo de Investimento do Fundo de Garantia do Tempo de Serviço – FI-FGTS, caracterizado pela aplicação de recursos do FGTS, destinado a investimentos em empreendimentos dos setores de energia, rodovia, ferrovia, hidrovia, porto e saneamento, de acordo com as diretrizes, critérios e condições que dispuser o Conselho Curador do FGTS. § 1.º O FI-FGTS terá patrimônio próprio, segregado do patrimônio do FGTS, e será disciplinado por instrução da CVM. § 2.º A administração e a gestão do FI-FGTS serão da Caixa Econômica Federal, na qualidade de Agente Operador do FGTS, cabendo ao Comitê de Investimento – CI, a ser constituído pelo Conselho Curador do FGTS, a aprovação dos investimentos. § 3.º Na hipótese de extinção do FI-FGTS, o seu patrimônio total será distribuído aos cotistas na proporção de suas participações, observado o disposto no inciso VII do *caput* do art. 7.º e no § 8.º do art. 20, ambos da Lei n. 8.036, de 11-5-1990, com a redação dada por esta Lei".

VIII – (*Vetado*.)

•• Inciso VIII acrescentado pela Lei n. 9.491, de 9-9-1997.

IX – garantir aos recursos alocados ao FI-FGTS, em cotas de titularidade do FGTS, a remuneração aplicável às cotas vinculadas, na forma do *caput* do art. 13 desta Lei;

•• Inciso IX acrescentado pela Lei n. 11.491, de 20-6-2007.

•• Mantivemos a redação oficial deste inciso, porém entendemos que o correto é "contas vinculadas" onde se lê "cotas vinculadas".

• A Resolução n. 633, de 4-5-2010, regulamenta a operacionalização da garantia de rentabilidade mínima dos recursos aplicados no FI-FGTS, em cotas de titularidade do FGTS, na forma prevista neste inciso.

X – realizar todas as aplicações com recursos do FGTS por meio de sistemas informatizados e auditáveis;

•• Inciso X acrescentado pela Lei n. 13.932, de 11-12-2019.

XI – colocar à disposição do Conselho Curador, em formato digital, as informações gerenciais que estejam sob gestão do agente operador e que sejam necessárias ao desempenho das atribuições daquele colegiado.

•• Inciso XI acrescentado pela Lei n. 13.932, de 11-12-2019.

Parágrafo único. O gestor da aplicação e o agente operador deverão dar pleno cumprimento aos programas anuais em andamento, aprovados pelo Conselho Curador, e eventuais alterações somente poderão ser processadas mediante prévia anuência daquele colegiado.

•• Parágrafo único com redação determinada pela Lei n. 13.932, de 11-12-2019.

Art. 8.º O gestor da aplicação, o agente operador e o Conselho Curador do FGTS serão responsáveis pelo fiel cumprimento e observância dos critérios estabelecidos nesta Lei.
•• Artigo com redação determinada pela Lei n. 13.932, de 11-12-2019.

Art. 9.º As aplicações com recursos do FGTS serão realizadas exclusivamente segundo critérios fixados pelo Conselho Curador do FGTS e em operações que preencham os seguintes requisitos:
•• *Caput* com redação determinada pela Lei n. 13.932, de 11-12-2019.
•• Dispõe a Resolução n. 1.053, de 13-12-2022, do CCFGTS, em seu art. 1.º: "Art. 1.º Autorizar os agentes financeiros a utilizarem, nas aplicações com recursos do FGTS, as formas de garantias indicadas a seguir, além daquelas previstas no inciso I do art. 9.º da Lei n. 8.036, de 11 de maio de 1990, desde que não resulte em fragilização da segurança das operações: *a)* fundo de aval; *b)* fundo garantidor; *c)* aval solidário; *d)* caução de depósitos em moeda corrente junto à Instituição Bancária, no Brasil; *e)* alienação fiduciária de bens imóveis; *f)* Concessão de Direito Real de Uso – CDRU e Concessão de Uso Especial para Fins de Moradia – CUEM, observada a legislação que regulamenta esses instrumentos de posse e uso de terrenos para moradia popular, sendo admitidas, na hipótese de garantias sob a forma de CDRU, somente as concessões com prazo de uso indeterminado, exceptuados os casos de contratos celebrados pela União, pelo Distrito Federal, por estados e por municípios em data anterior a 4 de novembro de 2011; e *g)* cessão, caução ou penhor de bens e/ou direitos creditórios livres e desembaraçados de quaisquer ônus ou gravames, mediante prévia avaliação econômico-financeira".

I – garantias:
•• Inciso I, *caput*, com redação determinada pela Lei n. 9.467, de 10-7-1997.

a) hipotecária;
•• Alínea *a* com redação determinada pela Lei n. 9.467, de 10-7-1997.

b) caução de créditos hipotecários próprios, relativos a financiamentos concedidos com recursos do Agente Financeiro;
•• Alínea *b* com redação determinada pela Lei n. 9.467, de 10-7-1997.

c) caução dos créditos hipotecários vinculados aos imóveis objeto de financiamento;
•• Alínea *c* com redação determinada pela Lei n. 9.467, de 10-7-1997.

d) hipoteca sobre outros imóveis de propriedade do Agente Financeiro, desde que livres e desembaraçados de quaisquer ônus;
•• Alínea *d* com redação determinada pela Lei n. 9.467, de 10-7-1997.

e) cessão de créditos do agente financeiro, derivados de financiamentos concedidos com recursos próprios, garantidos por penhor ou hipoteca;
•• Alínea *e* com redação determinada pela Lei n. 9.467, de 10-7-1997.

f) hipoteca sobre imóvel de propriedade de terceiros;
•• Alínea *f* com redação determinada pela Lei n. 9.467, de 10-7-1997.

g) seguro de crédito;
•• Alínea *g* com redação determinada pela Lei n. 9.467, de 10-7-1997.

h) garantia real ou vinculação de receitas, inclusive tarifárias, nas aplicações contratadas com pessoa jurídica de direito público ou de direito privado a ela vinculada;
•• Alínea *h* com redação determinada pela Lei n. 9.467, de 10-7-1997.

i) aval em nota promissória;
•• Alínea *i* com redação determinada pela Lei n. 9.467, de 10-7-1997.

j) fiança pessoal;
•• Alínea *j* com redação determinada pela Lei n. 9.467, de 10-7-1997.

l) alienação fiduciária de bens móveis em garantia;
•• Alínea *l* com redação determinada pela Lei n. 9.467, de 10-7-1997.

m) fiança bancária;
•• Alínea *m* com redação determinada pela Lei n. 9.467, de 10-7-1997.

n) consignação de recebíveis, exclusivamente para operações de crédito destinadas às entidades hospitalares filantrópicas, bem como a instituições que atuam no campo para pessoas com deficiência, e sem fins lucrativos que participem de forma complementar do Sistema Único de Saúde (SUS), em percentual máximo a ser definido pelo Ministério da Saúde; e
•• Alínea *n* com redação determinada pela Lei n. 13.778, de 26-12-2018.

o) outras, a critério do Conselho Curador do FGTS;
•• Alínea *o* acrescentada pela Lei n. 13.778, de 26-12-2018.

II – correção monetária igual à das contas vinculadas;
• *Vide* art. 4.º, parágrafo único, da Lei Complementar n. 110, de 29-6-2001.

III – taxa de juros média mínima, por projeto, de 3% (três por cento) ao ano;

IV – prazo máximo de 35 (trinta e cinco) anos.
•• Inciso IV com redação determinada pela Lei n. 14.438, de 24-8-2022.

§ 1.º A rentabilidade média das aplicações deverá ser suficiente à cobertura de todos os custos incorridos pelo Fundo e ainda à formação de reserva técnica para o atendimento de gastos eventuais não previstos, e caberá ao agente operador o risco de crédito.
•• § 1.º com redação determinada pela Lei n. 13.932, de 11-12-2019.

§ 2.º Os recursos do FGTS deverão ser aplicados em habitação, saneamento básico, infraestrutura urbana, operações de microcrédito e operações de crédito destinadas às entidades hospitalares filantrópicas, às instituições que atuem com pessoas com deficiência e às entidades sem fins lucrativos que participem do SUS de forma complementar, desde que as disponibilidades financeiras sejam mantidas em volume que satisfaça as condições de liquidez e de remuneração mínima necessárias à preservação do poder aquisitivo da moeda.
•• § 2.º com redação determinada pela Lei n. 14.438, de 24-8-2022.

§ 3.º O programa de aplicações deverá destinar:
•• § 3.º, *caput*, com redação determinada pela Lei n. 13.778, de 26-12-2018.

I – no mínimo, 60% (sessenta por cento) para investimentos em habitação popular; e,
•• Inciso I acrescentado pela Lei n. 13.778, de 26-12-2018.

II – 5% (cinco por cento) para operações de crédito destinadas às entidades hospitalares filantrópicas, bem como a instituições que atuam no campo para pessoas com deficiência, e sem fins lucrativos que participem de forma complementar do SUS;
•• Inciso II acrescentado pela Lei n. 13.778, de 26-12-2018.

III – no mínimo, 5% (cinco por cento) para instituições financeiras autorizadas pelo Banco Central do Brasil a operar com microcrédito.
•• Inciso III acrescentado pela Lei n. 14.438, de 24-8-2022.

§ 3.º-A. Os recursos previstos no inciso II do § 3.º deste artigo não utilizados pelas entidades hospitalares filantrópicas, bem como pelas instituições que atuam no campo para pessoas com deficiência, e sem fins lucrativos que participem de forma complementar do SUS poderão ser destinados a aplicações em habitação, em saneamento básico e em infraestrutura urbana.
•• § 3.º-A acrescentado pela Lei n. 13.778, de 26-12-2018.

§ 3.º-B. Os recursos de que trata o inciso III do § 3.º deste artigo terão o seu limite mínimo revisto pelo Conselho Curador a cada 3 (três) anos.
•• § 3.º-B acrescentado pela Lei n. 14.438, de 24-8-2022.

§ 3.º-C. Na hipótese prevista no § 3.º-B deste artigo, o montante não utilizado pelas instituições autorizadas pelo Banco Central do Brasil a operar com microcrédito poderá ser destinado a aplicações em habitação, saneamento básico e infraestrutura urbana.
•• § 3.º-C acrescentado pela Lei n. 14.438, de 24-8-2022.

§ 4.º Os projetos de saneamento básico e infraestrutura urbana financiados com recursos do FGTS serão, preferencialmente, complementares aos programas habitacionais.
•• § 4.º com redação determinada pela Lei n. 14.438, de 24-8-2022.

§ 5.º As garantias, nas diversas modalidades discriminadas no inciso I do *caput* deste artigo, serão admitidas singular ou supletivamente, considerada a suficiência de cobertura para os empréstimos e financiamentos concedidos.
•• § 5.º com redação determinada pela Lei n. 9.467, de 10-7-1997.

§ 6.º Mantida a rentabilidade média de que trata o § 1.º, as aplicações em habitação popular poderão contemplar sistemática de desconto, direcionada em função da renda familiar do beneficiário, onde o valor do benefício seja concedido mediante redução no valor das prestações a serem pagas pelo mutuário ou pagamento de parte da aquisição ou construção de imóvel, dentre outras, a critério do Conselho Curador do FGTS.
•• § 6.º acrescentado pela Medida Provisória n. 2.197-43, de 24-8-2001.

§ 6.º-A. *(Vetado.)*
•• § 6.º-A acrescentado pela Lei n. 13.932, de 11-12-2019.

§ 6.º-B. *(Vetado.)*

•• § 6.º-B acrescentado pela Lei n. 13.932, de 11-12-2019.

§ 7.º Os recursos necessários para a consecução da sistemática de desconto serão destacados, anualmente, do orçamento de aplicação de recursos do FGTS, constituindo reserva específica, com contabilização própria.

•• § 7.º acrescentado pela Medida Provisória n. 2.197-43, de 24-8-2001.

§ 8.º É da União o risco de crédito nas aplicações efetuadas até 1.º de junho de 2001 pelos demais órgãos integrantes do Sistema Financeiro da Habitação – SFH e pelas entidades credenciadas pelo Banco Central do Brasil como agentes financeiros, sub-rogando-se nas garantias prestadas à Caixa Econômica Federal.

•• § 8.º acrescentado pela Medida Provisória n. 2.196-3, de 24-8-2001.

§ 9.º A Caixa Econômica Federal, o Banco do Brasil S.A. e o Banco Nacional de Desenvolvimento Econômico e Social (BNDES) poderão atuar como agentes financeiros autorizados para aplicação dos recursos do FGTS em operações de crédito destinadas às entidades hospitalares filantrópicas, bem como a instituições que atuam no campo para pessoas com deficiência, e sem fins lucrativos que participem de forma complementar do SUS.

•• § 9.º acrescentado pela Lei n. 13.778, de 26-12-2018.

§ 10. Nas operações de crédito destinadas às entidades hospitalares filantrópicas, bem como a instituições que atuam no campo para pessoas com deficiência, e sem fins lucrativos que participem de forma complementar do SUS, serão observadas as seguintes condições:

•• § 10, *caput*, acrescentado pela Lei n. 13.778, de 26-12-2018.

I – a taxa de juros efetiva não será superior àquela cobrada para o financiamento habitacional na modalidade pró-cotista ou a outra que venha a substituí-la;

•• Inciso I acrescentado pela Lei n. 13.778, de 26-12-2018.

II – a tarifa operacional única não será superior a 0,5% (cinco décimos por cento) do valor da operação; e

•• Inciso II acrescentado pela Lei n. 13.778, de 26-12-2018.

III – o risco das operações de crédito ficará a cargo dos agentes financeiros de que trata o § 9.º deste artigo.

•• Inciso III acrescentado pela Lei n. 13.778, de 26-12-2018.

§ 11. As entidades hospitalares filantrópicas, bem como as instituições que atuam no campo para pessoas com deficiência, e sem fins lucrativos que participem de forma complementar do SUS deverão, para contratar operações de crédito com recursos do FGTS, atender ao disposto nos incisos II e III do *caput* do art. 4.º da Lei n. 12.101, de 27 de novembro de 2009.

•• § 11 acrescentado pela Lei n. 13.778, de 26-12-2018.

§ 12. Nas operações de crédito destinadas à aplicação de recursos em microcrédito, a taxa de juros efetiva não será superior àquela cobrada para o financiamento habitacional na área da habitação popular.

•• § 12 acrescentado pela Lei n. 14.438, de 24-8-2022.

§ 13. Para garantir o risco em operações de microcrédito e em operações de crédito de habitação popular para famílias com renda mensal de até 2 (dois) salários mínimos, o FGTS poderá destinar, na forma estabelecida por seu Conselho Curador, observado o disposto no inciso XVII do *caput* do art. 5.º desta Lei, parte dos recursos de que trata o § 7.º deste artigo para a aquisição de cotas de fundos garantidores que observem o seguinte:

•• § 13, *caput*, acrescentado pela Lei n. 14.438, de 24-8-2022.

I – tenham natureza privada e patrimônio segregado do patrimônio dos cotistas e da própria administradora do fundo garantidor e estejam sujeitos a direitos e obrigações próprios;

•• Inciso I acrescentado pela Lei n. 14.438, de 24-8-2022.

II – respondam por suas obrigações até o limite dos bens e direitos que integram o seu patrimônio, vedado qualquer tipo de garantia ou aval por parte do FGTS; e

•• Inciso II acrescentado pela Lei n. 14.438, de 24-8-2022.

III – não paguem rendimentos a seus cotistas, assegurado o direito de resgate total ou parcial das cotas com base na situação patrimonial dos fundos em valor não superior ao montante de recursos financeiros ainda não vinculados às garantias contratadas.

•• Inciso III acrescentado pela Lei n. 14.438, de 24-8-2022.

§ 14. Aos recursos do FGTS destinados à aquisição de cota de fundos garantidores de que trata o § 13 deste artigo não se aplicam os requisitos de correção monetária, taxa de juros mínima e prazo máximo previstos nos incisos II, III e IV do *caput* deste artigo e de rentabilidade prevista no § 1.º deste artigo.

•• § 14 acrescentado pela Lei n. 14.438, de 24-8-2022.

§ 15. Fica autorizada a destinação do montante de R$ 3.000.000.000,00 (três bilhões de reais) do patrimônio líquido do FGTS para aquisição de cotas em fundo garantidor de microfinanças, para mitigar os riscos das operações de microcrédito concedidas a pessoas naturais e a microempreendedores individuais, na forma prevista no § 14 deste artigo, permitida a ampliação posterior desse montante por meio de ato do Conselho Curador.

•• § 15 acrescentado pela Lei n. 14.438, de 24-8-2022.

§ 16. Na hipótese prevista no § 15 deste artigo, o aporte será destinado ao Programa de Simplificação do Microcrédito Digital para Empreendedores (SIM Digital), na forma da legislação própria, e a representação do FGTS na assembleia de cotistas ocorrerá por indicação do Presidente do Conselho Curador.

•• § 16 acrescentado pela Lei n. 14.438, de 24-8-2022.

§ 17. Os contratos ativos formalizados sob a vigência do prazo máximo de amortização fixado em 30 (trinta) anos que forem objeto de renegociação pelas instituições financeiras poderão ser beneficiados com o prazo máximo de que trata o inciso IV do *caput* deste artigo.

•• § 17 acrescentado pela Lei n. 14.438, de 24-8-2022.

Art. 9.º-A. O risco das operações de crédito de que trata o § 10 do art. 9.º desta Lei ficará a cargo dos agentes financeiros referidos no § 9.º do art. 9.º desta Lei, hipótese em que o Conselho Curador poderá definir o percentual da taxa de risco, limitado a 3% (três por cento), a ser acrescido à taxa de juros de que trata o inciso I do § 10 do art. 9.º desta Lei.

•• Artigo acrescentado pela Lei n. 13.832, de 4-6-2019.

Art. 9.º-B. As garantias de que trata o inciso I do *caput* do art. 9.º desta Lei podem ser exigidas isolada ou cumulativamente.

•• Artigo acrescentado pela Lei n. 13.832, de 4-6-2019.

Art. 9.º-C. As aplicações do FGTS em operações de crédito destinadas às entidades hospitalares filantrópicas, bem como a instituições que atuem no campo para pessoas com deficiência, sem fins lucrativos e que participem de forma complementar do SUS, ocorrerão até o final do exercício de 2022.

•• Artigo acrescentado pela Lei n. 13.832, de 4-6-2019.

Art. 10. O Conselho Curador fixará diretrizes e estabelecerá critérios técnicos para as aplicações dos recursos do FGTS, visando a:

I – exigir a participação dos contratantes de financiamentos nos investimentos a serem realizados;

II – assegurar o cumprimento, por parte dos contratantes inadimplentes, das obrigações decorrentes dos financiamentos obtidos;

III – evitar distorções na aplicação entre as regiões do País, considerando para tanto a demanda habitacional, a população e outros indicadores sociais.

Art. 11. Os recolhimentos efetuados na rede arrecadadora relativos ao FGTS serão transferidos à Caixa Econômica Federal até o primeiro dia útil subsequente à data do recolhimento, observada a regra do meio de pagamento utilizado, data em que os respectivos valores serão incorporados ao FGTS.

•• Artigo com redação determinada pela Lei n. 14.438, de 24-8-2022.

Art. 12. No prazo de 1 (um) ano, a contar da promulgação desta Lei, a Caixa Econômica Federal assumirá o controle de todas as contas vinculadas, nos termos do item I do art. 7.º, passando os demais estabelecimentos bancários, findo esse prazo, à condição de agentes recebedores e pagadores do FGTS, mediante recebimento de tarifa, a ser fixada pelo Conselho Curador.

§ 1.º Enquanto não ocorrer a centralização prevista no *caput* deste artigo, o depósito efetuado no decorrer do mês será contabilizado no

saldo da conta vinculada do trabalhador, no primeiro dia útil do mês subsequente.

§ 2.º Até que a Caixa Econômica Federal implemente as disposições do *caput* deste artigo, as contas vinculadas continuarão sendo abertas em estabelecimento bancário escolhido pelo empregador, dentre os para tanto autorizados pelo Banco Central do Brasil, em nome do trabalhador.

§ 3.º Verificando-se mudança de emprego, até que venha a ser implementada a centralização prevista no *caput* deste artigo, a conta vinculada será transferida para o estabelecimento bancário da escolha do novo empregador.

§ 4.º Os resultados financeiros auferidos pela Caixa Econômica Federal no período entre o repasse dos bancos e o depósito nas contas vinculadas dos trabalhadores destinar-se-ão à cobertura das despesas de administração do FGTS e ao pagamento da tarifa aos bancos depositários, devendo os eventuais saldos ser incorporados ao patrimônio do Fundo nos termos do art. 2.º, § 1.º.

§ 5.º (*Revogado pela Lei n. 14.438, de 24-8-2022.*)

Art. 13. Os depósitos efetuados nas contas vinculadas serão corrigidos monetariamente com base nos parâmetros fixados para atualização dos saldos dos depósitos de poupança e capitalizarão juros de 3% (três por cento) ao ano.

• Vide art. 2.º, § 1.º, do Decreto n. 3.914, de 11-9-2001.

§ 1.º A atualização monetária e a capitalização de juros nas contas vinculadas correrão à conta do FGTS, e a Caixa Econômica Federal efetuará o crédito respectivo no vigésimo primeiro dia de cada mês, com base no saldo existente no vigésimo primeiro dia do mês anterior, deduzidos os débitos ocorridos no período.

•• § 1.º com redação determinada pela Lei n. 14.438, de 24-8-2022.
•• O art. 19, I, da Lei n. 14.438, de 24-8-2022, trata sobre a produção de efeitos desse dispositivo.

§ 1.º-A. Para fins do disposto no § 1.º deste artigo, o depósito realizado no prazo legal será contabilizado no saldo da conta vinculada no vigésimo primeiro dia do mês de sua ocorrência.

•• § 1.º-A acrescentado pela Lei n. 14.438, de 24-8-2022.
•• O art. 19, I, da Lei n. 14.438, de 24-8-2022, trata sobre a produção de efeitos desse dispositivo.

§ 1.º-B. Na hipótese de depósito realizado intempestivamente, a atualização monetária e a parcela de juros devida ao empregado comporão o saldo-base no vigésimo primeiro dia do mês imediatamente anterior, ou comporão o saldo no vigésimo primeiro dia do mês do depósito, se o depósito ocorrer nesta data.

•• § 1.º-B acrescentado pela Lei n. 14.438, de 24-8-2022.
•• O art. 19, I, da Lei n. 14.438, de 24-8-2022, trata sobre a produção de efeitos desse dispositivo.

§ 2.º No primeiro mês em que for exigível o recolhimento do FGTS no vigésimo dia, na forma prevista no art. 15 desta Lei, a atualização monetária e os juros correspondentes da conta vinculada serão realizados:

•• § 2.º, *caput*, com redação determinada pela Lei n. 14.438, de 24-8-2022.
•• O art. 19, I, da Lei n. 14.438, de 24-8-2022, trata sobre a produção de efeitos desse dispositivo.

I – no décimo dia, com base no saldo existente no décimo dia do mês anterior, deduzidos os débitos ocorridos no período; e

•• Inciso I acrescentado pela Lei n. 14.438, de 24-8-2022.
•• O art. 19, I, da Lei n. 14.438, de 24-8-2022, trata sobre a produção de efeitos desse dispositivo.

II – no vigésimo primeiro dia, com base no saldo existente no décimo dia do mesmo mês, atualizado na forma prevista no inciso I deste parágrafo, deduzidos os débitos ocorridos no período, com a atualização monetária *pro rata die* e os juros correspondentes.

•• Inciso II acrescentado pela Lei n. 14.438, de 24-8-2022.
•• O art. 19, I, da Lei n. 14.438, de 24-8-2022, trata sobre a produção de efeitos desse dispositivo.

§ 3.º Para as contas vinculadas dos trabalhadores optantes existentes à data de 22 de setembro de 1971, a capitalização dos juros dos depósitos continuará a ser feita na seguinte progressão, salvo no caso de mudança de empresa, quando a capitalização dos juros passará a ser feita à taxa de 3% (três por cento) ao ano:

I – 3% (três por cento), durante os dois primeiros anos de permanência na mesma empresa;

II – 4% (quatro por cento), do terceiro ao quinto ano de permanência na mesma empresa;

III – 5% (cinco por cento), do sexto ao décimo ano de permanência na mesma empresa;

IV – 6% (seis por cento), a partir do décimo primeiro ano de permanência na mesma empresa.

§ 4.º O saldo das contas vinculadas é garantido pelo Governo Federal, podendo ser instituído seguro especial para esse fim.

§ 5.º O Conselho Curador autorizará a distribuição de parte do resultado positivo auferido pelo FGTS, mediante crédito nas contas vinculadas de titularidade dos trabalhadores, observadas as seguintes condições, entre outras a seu critério:

•• § 5.º, *caput*, acrescentado pela Lei n. 13.446, de 25-5-2017.
•• A Lei n. 13.932, de 11-12-2019, propôs nova redação para o § 5.º, porém teve seu texto vetado.

I – a distribuição alcançará todas as contas vinculadas que apresentarem saldo positivo em 31 de dezembro do exercício base do resultado auferido, inclusive as contas vinculadas de que trata o art. 21 desta Lei;

•• Inciso I acrescentado pela Lei n. 13.446, de 25-5-2017.

II – a distribuição será proporcional ao saldo de cada conta vinculada em 31 de dezembro do exercício base e deverá ocorrer até 31 de agosto do ano seguinte ao exercício de apuração do resultado; e

•• Inciso II acrescentado pela Lei n. 13.446, de 25-5-2017.

III – (*Revogado pela Lei n. 13.932, de 11-12-2019.*)

§ 6.º O valor de distribuição do resultado auferido será calculado posteriormente ao valor desembolsado com o desconto realizado no âmbito do Programa Minha Casa, Minha Vida (PMCMV), de que trata a Lei n. 11.977, de 7 de julho de 2009.

•• § 6.º acrescentado pela Lei n. 13.446, de 25-5-2017.

§ 7.º O valor creditado nas contas vinculadas a título de distribuição de resultado, acrescido de juros e atualização monetária, não integrará a base de cálculo do depósito da multa rescisória de que tratam os §§ 1.º e 2.º do art. 18 desta Lei.

•• § 7.º acrescentado pela Lei n. 13.446, de 25-5-2017.

Art. 14. Fica ressalvado o direito adquirido dos trabalhadores que, à data da promulgação da Constituição Federal de 1988, já tinham o direito à estabilidade no emprego nos termos do Capítulo V do Título IV da CLT.

§ 1.º O tempo do trabalhador não optante do FGTS, anterior a 5 de outubro de 1988, em caso de rescisão sem justa causa pelo empregador, reger-se-á pelos dispositivos constantes dos arts. 477, 478 e 497 da CLT.

§ 2.º O tempo de serviço anterior à atual Constituição poderá ser transacionado entre empregador e empregado, respeitado o limite mínimo de 60% (sessenta por cento) da indenização prevista.

§ 3.º É facultado ao empregador desobrigar-se da responsabilidade da indenização relativa ao tempo de serviço anterior à opção, depositando na conta vinculada do trabalhador, até o último dia útil do mês previsto em lei para o pagamento de salário, o valor correspondente à indenização, aplicando-se ao depósito, no que couber, todas as disposições desta Lei.

§ 4.º Os trabalhadores poderão a qualquer momento optar pelo FGTS com efeito retroativo a 1.º de janeiro de 1967 ou à data de sua admissão, quando posterior àquela.

Art. 15. Para os fins previstos nesta Lei, todos os empregadores ficam obrigados a depositar, até o vigésimo dia de cada mês, em conta vinculada, a importância correspondente a 8% (oito por cento) da remuneração paga ou devida, no mês anterior, a cada trabalhador, incluídas na remuneração

as parcelas de que tratam os arts. 457 e 458 da Consolidação das Leis do Trabalho (CLT), aprovada pelo Decreto-lei n. 5.452, de 1.º de maio de 1943, e a Gratificação de Natal de que trata a Lei n. 4.090, de 13 de julho de 1962.

•• *Caput* com redação determinada pela Lei n. 14.438, de 24-8-2022.
•• O art. 19, I, da Lei n. 14.438, de 24-8-2022, trata sobre a produção de efeitos desse dispositivo.
• *Vide* arts. 2.º da Lei Complementar n. 110, de 29-6-2001, e 3.º, § 2.º, do Decreto n. 3.914, de 11-9-2001.
• A Circular n. 265, de 14-10-2002, da Caixa Econômica Federal, disciplina procedimentos de regularização de débitos dos empregadores relativos ao FGTS, registrados na Caixa, e institui a Guia de Regularização de Débitos do FGTS – GRDE.
•• *Vide* Súmula 646 do STJ.

§ 1.º Entende-se por empregador a pessoa física ou a pessoa jurídica de direito privado ou de direito público, da administração pública direta, indireta ou fundacional de qualquer dos Poderes, da União, dos Estados, do Distrito Federal e dos Municípios, que admitir trabalhadores a seu serviço, bem assim aquele que, regido por legislação especial, encontrar-se nessa condição ou figurar como fornecedor ou tomador de mão de obra, independente da responsabilidade solidária e/ou subsidiária a que eventualmente venha obrigar-se.

§ 2.º Considera-se trabalhador toda pessoa física que prestar serviços a empregador, a locador ou tomador de mão de obra, excluídos os eventuais, os autônomos e os servidores públicos civis e militares sujeitos a regime jurídico próprio.

§ 3.º Os trabalhadores domésticos poderão ter acesso ao regime do FGTS, na forma que vier a ser prevista em lei.

§ 4.º Considera-se remuneração as retiradas de diretores não empregados, quando haja deliberação da empresa, garantindo-lhes os direitos decorrentes do contrato de trabalho de que trata o art. 16.

•• § 4.º acrescentado pela Lei n. 9.711, de 20-11-1998.

§ 5.º O depósito de que trata o *caput* deste artigo é obrigatório nos casos de afastamento para prestação do serviço militar obrigatório e licença por acidente do trabalho.

•• § 5.º acrescentado pela Lei n. 9.711, de 20-11-1998.

§ 6.º Não se incluem na remuneração, para os fins desta Lei, as parcelas elencadas no § 9.º do art. 28 da Lei n. 8.212, de 24 de julho de 1991.

•• § 6.º acrescentado pela Lei n. 9.711, de 20-11-1998.
•• *Vide* Súmula 646 do STJ.

§ 7.º Os contratos de aprendizagem terão a alíquota a que se refere o *caput* deste artigo reduzida para 2% (dois por cento).

•• § 7.º acrescentado pela Lei n. 10.097, de 19-12-2000.

Art. 16. Para efeito desta Lei, as empresas sujeitas ao regime da legislação trabalhista poderão equiparar seus diretores não empregados aos demais trabalhadores sujeitos ao regime do FGTS. Considera-se diretor aquele que exerça cargo de administração previsto em lei, estatuto ou contrato social, independente da denominação do cargo.

Art. 17. O Poder Executivo assegurará a prestação de serviços digitais:

•• *Caput* com redação determinada pela Lei n. 13.932, de 11-12-2019.

I – aos trabalhadores, que incluam a prestação de informações sobre seus créditos perante o Fundo e o acionamento imediato da inspeção do trabalho em caso de inadimplemento do empregador, de forma que seja possível acompanhar a evolução de eventuais cobranças administrativas e judiciais dos valores não recolhidos;

•• Inciso I acrescentado pela Lei n. 13.932, de 11-12-2019.

II – aos empregadores, que facilitem e desburocratizem o cumprimento de suas obrigações perante o Fundo, incluídos a geração de guias, o parcelamento de débitos, a emissão sem ônus do Certificado de Regularidade do FGTS e a realização de procedimentos de restituição e compensação.

•• Inciso II acrescentado pela Lei n. 13.932, de 11-12-2019.

Parágrafo único. O desenvolvimento, a manutenção e a evolução dos sistemas e ferramentas necessários à prestação dos serviços a que se refere o *caput* deste artigo serão custeados com recursos do FGTS.

•• Parágrafo único acrescentado pela Lei n. 13.932, de 11-12-2019.

Art. 17-A. O empregador ou o responsável fica obrigado a elaborar folha de pagamento e a declarar os dados relacionados aos valores do FGTS e outras informações de interesse do poder público por meio de sistema de escrituração digital, na forma, no prazo e nas condições estabelecidos em ato do Ministro de Estado do Trabalho e Previdência.

•• *Caput* com redação determinada pela Lei n. 14.438, de 24-8-2022.

§ 1.º As informações prestadas na forma do *caput* deste artigo constituem declaração e reconhecimento dos créditos delas decorrentes, caracterizam confissão de débito e constituem instrumento hábil e suficiente para a cobrança do crédito de FGTS.

•• § 1.º acrescentado pela Lei n. 13.932, de 11-12-2019.

§ 2.º O lançamento da obrigação principal e das obrigações acessórias relativas ao FGTS será efetuado de ofício pela autoridade competente, no caso de o empregador não apresentar a declaração na forma do *caput* deste artigo, e será revisto de ofício, nas hipóteses de omissão, erro, fraude ou sonegação.

•• § 2.º acrescentado pela Lei n. 13.932, de 11-12-2019.

Art. 18. Ocorrendo rescisão do contrato de trabalho, por parte do empregador, ficará este obrigado a depositar na conta vinculada do trabalhador no FGTS os valores relativos aos depósitos referentes ao mês da rescisão e ao imediatamente anterior, que ainda não houver sido recolhido, sem prejuízo das cominações legais.

•• *Caput* com redação determinada pela Lei n. 9.491, de 9-9-1997.
• A Circular n. 196, de 5-7-2000, da CEF, dispõe sobre a sistemática de ajuste de valores recolhidos na Guia de Recolhimento Rescisório do FGTS e Informações à Previdência Social – GRFP.
• A Resolução n. 339, de 26-4-2000, do Conselho Curador do FGTS, dispõe sobre sistemática de ajuste para valores recolhidos a menor na Guia de recolhimento rescisório do FGTS e informações à Previdência Social – GRFP.

§ 1.º Na hipótese de despedida pelo empregador sem justa causa, depositará este, na conta vinculada do trabalhador no FGTS, importância igual a 40% (quarenta por cento) do montante de todos os depósitos realizados na conta vinculada durante a vigência do contrato de trabalho, atualizados monetariamente e acrescidos dos respectivos juros.

•• § 1.º com redação determinada pela Lei n. 9.491, de 9-9-1997.

§ 2.º Quando ocorrer despedida por culpa recíproca ou força maior, reconhecida pela Justiça do Trabalho, o percentual de que trata o § 1.º será de 20% (vinte por cento).

§ 3.º As importâncias de que trata este artigo deverão constar da documentação comprobatória do recolhimento dos valores devidos a título de rescisão do contrato de trabalho, observado o disposto no art. 477 da CLT, eximindo o empregador, exclusivamente, quanto aos valores discriminados.

•• § 3.º com redação determinada pela Lei n. 9.491, de 9-9-1997.

Art. 19. No caso de extinção do contrato de trabalho prevista no art. 14 desta Lei, serão observados os seguintes critérios:

I – havendo indenização a ser paga, o empregador, mediante comprovação do pagamento daquela, poderá sacar o saldo dos valores por ele depositados na conta individualizada do trabalhador;

II – não havendo indenização a ser paga, ou decorrido o prazo prescricional para a reclamação de direitos por parte do trabalhador, o empregador poderá levantar em seu favor o saldo da respectiva conta individualizada, mediante comprovação perante o órgão competente do Ministério do Trabalho e da Previdência Social.

• *Vide* Súmula 210 do STJ.
• A Portaria n. 366, de 16-9-2002, do MTE, aprova normas para autorizar o saque do FGTS de contas vinculadas, em nome de empregadores, individualizadas por empregados na condição de não optantes, quando não há indenização a ser paga ou decorrido o prazo prescricional para a reclamação de direitos por parte do trabalhador.

Art. 19-A. É devido o depósito do FGTS na conta vinculada do trabalhador cujo contrato de trabalho seja declarado nulo nas hipóteses previstas no art. 37, § 2.º, da Constituição Federal, quando mantido o direito ao salário.
- •• *Caput* acrescentado pela Medida Provisória n. 2.164-41, de 24-8-2001.
- •• Vide Súmula 466 do STJ.
- •• Vide OJ 362 da SDI-1.

Parágrafo único. O saldo existente em conta vinculada, oriundo de contrato declarado nulo até 28 de julho de 2001, nas condições do *caput*, que não tenha sido levantado até essa data, será liberado ao trabalhador a partir do mês de agosto de 2002.
- •• Parágrafo único acrescentado pela Medida Provisória n. 2.164-41, de 24-8-2001.

Art. 20. A conta vinculada do trabalhador no FGTS poderá ser movimentada nas seguintes situações:
- •• A Lei n. 14.075, de 22-10-2020, dispõe sobre a conta do tipo poupança social digital.
- • Vide Súmula 82 do STJ.
- • Vide arts. 8.º da Lei Complementar n. 110, de 29-6-2001, e 1.º, § 1.º, da Lei n. 10.555, de 13-11-2002.

I – despedida sem justa causa, inclusive a indireta, de culpa recíproca e de força maior;
- •• Inciso I com redação determinada pela Medida Provisória n. 2.197-43, de 24-8-2001.
- •• Vide Súmula 466 do STJ.

I-A – extinção do contrato de trabalho prevista no art. 484-A da Consolidação das Leis do Trabalho (CLT), aprovada pelo Decreto-lei n. 5.452, de 1.º de maio de 1943;
- •• Inciso I-A acrescentado pela Lei n. 13.467, de 13-7-2017.

II – extinção total da empresa, fechamento de quaisquer de seus estabelecimentos, filiais ou agências, supressão de parte de suas atividades, declaração de nulidade do contrato de trabalho nas condições do art. 19-A, ou ainda falecimento do empregador individual sempre que qualquer dessas ocorrências implique rescisão de contrato de trabalho, comprovada por declaração escrita da empresa, suprida, quando for o caso, por decisão judicial transitada em julgado;
- •• Inciso II com redação determinada pela Medida Provisória n. 2.164-41, de 24-8-2001.

III – aposentadoria concedida pela Previdência Social;

IV – falecimento do trabalhador, sendo o saldo pago a seus dependentes, para esse fim habilitados perante a Previdência Social, segundo o critério adotado para a concessão de pensões por morte. Na falta de dependentes, farão jus ao recebimento do saldo da conta vinculada os seus sucessores previstos na lei civil, indicados em alvará judicial, expedido a requerimento do interessado, independente de inventário ou arrolamento;

V – pagamento de parte das prestações decorrentes de financiamento habitacional concedido no âmbito do Sistema Financeiro da Habitação – SFH, desde que:
- • A Lei n. 8.692, de 28-7-1993, define planos de reajustamento dos encargos mensais e dos saldos devedores nos contratos de financiamentos habitacionais no âmbito do Sistema Financeiro da Habitação.
- • A Circular n. 295, de 19-9-2003, da Caixa Econômica Federal – CEF, dispõe sobre a utilização do FGTS, em caráter excepcional, no pagamento de prestações em atraso, para contratos de financiamentos concedidos no âmbito do SFH.
- •• A Resolução n. 994, de 11-5-2021, do CCFGTS, regulamenta a movimentação da conta vinculada FGTS para pagamento total ou parcial do preço de aquisição da moradia própria, para liquidação, amortização ou pagamento de parte das prestações decorrentes de financiamentos habitacionais.

a) o mutuário conte com o mínimo de 3 (três) anos de trabalho sob o regime do FGTS, na mesma empresa ou em empresas diferentes;

b) o valor bloqueado seja utilizado, no mínimo, durante o prazo de 12 (doze) meses;

c) o valor do abatimento atinja, no máximo, 80% (oitenta por cento) do montante da prestação;

VI – liquidação ou amortização extraordinária do saldo devedor de financiamento imobiliário, observadas as condições estabelecidas pelo Conselho Curador, dentre elas a de que o financiamento seja concedido no âmbito do SFH e haja interstício mínimo de 2 (dois) anos para cada movimentação;
- •• Vide nota ao inciso V do *caput* deste artigo.

VII – pagamento total ou parcial do preço de aquisição de moradia própria, ou lote urbanizado de interesse social não construído, observadas as seguintes condições:
- •• Inciso VII, *caput*, com redação determinada pela Lei n. 11.977, de 7-7-2009.
- •• Vide nota ao inciso V do *caput* deste artigo.

a) o mutuário deverá contar com o mínimo de 3 (três) anos de trabalho sob o regime do FGTS, na mesma empresa ou empresas diferentes;

b) seja a operação financiável nas condições vigentes para o SFH;
- • A Resolução n. 380, de 12-3-2002, do Conselho Curador do Fundo de Garantia por Tempo de Serviço – FGTS, estabelece critérios de utilização do saldo da conta vinculada do FGTS na aquisição de moradia própria por intermédio da modalidade de consórcio imobiliário.

VIII – quando o trabalhador permanecer três anos ininterruptos fora do regime do FGTS;
- •• Inciso VIII com redação determinada pela Lei n. 13.932, de 11-12-2019.

IX – extinção normal do contrato a termo, inclusive o dos trabalhadores temporários regidos pela Lei n. 6.019, de 3 de janeiro de 1974;

X – suspensão total do trabalho avulso por período igual ou superior a 90 (noventa) dias, comprovada por declaração do sindicato representativo da categoria profissional;

XI – quando o trabalhador ou qualquer de seus dependentes for acometido de neoplasia maligna;
- •• Inciso XI acrescentado pela Lei n. 8.922, de 25-7-1994.

XII – aplicação em quotas de Fundos Mútuos de Privatização, regidos pela Lei n. 6.385, de 7 de dezembro de 1976, permitida a utilização máxima de 50% (cinquenta por cento) do saldo existente e disponível em sua conta vinculada do Fundo de Garantia do Tempo de Serviço, na data em que exercer a opção;
- •• Inciso XII acrescentado pela Lei n. 9.491, de 9-9-1997.
- • Dispõe o Decreto n. 2.430, de 17-12-1997, em seu art. 1.º: "O Fundo Mútuo de Privatização de que trata o inciso XII do art. 20 da Lei n. 8.036, de 11-5-1990, com a redação determinada pelo art. 31 da Lei n. 9.491, de 9-9-1997 – FMP-FGTS, será constituído sob a forma de condomínio aberto, de que participem exclusivamente pessoas físicas detentoras de contas vinculadas do FGTS, individualmente ou por intermédio de Clubes de Investimento – CI, a ser regulamentado pela CVM, e terá por objeto, nas condições aprovadas pelo Conselho Nacional de Desestatização – CND, a aquisição de valores mobiliários no âmbito do Programa Nacional de Desestatização e Programas Estaduais de Desestatização. § 1.º Os recursos das contas vinculadas do FGTS a que se refere este artigo somente serão transferidos para os FMP-FGTS nas datas das liquidações financeiras e até os montantes adquiridos nas respectivas ofertas públicas e leilões de privatização. § 2.º A participação de pessoas físicas detentoras de contas vinculadas do FGTS e de Clubes de Investimentos, a cada oferta pública, é limitada a um único FMP-FGTS".

XIII – quando o trabalhador ou qualquer de seus dependentes for portador do vírus HIV;
- •• Inciso XIII acrescentado pela Medida Provisória n. 2.164-41, de 24-8-2001.

XIV – quando o trabalhador ou qualquer de seus dependentes estiver em estágio terminal, em razão de doença grave, nos termos do regulamento;
- •• Inciso XIV acrescentado pela Medida Provisória n. 2.164-41, de 24-8-2001.

XV – quando o trabalhador tiver idade igual ou superior a setenta anos;
- •• Inciso XV acrescentado pela Medida Provisória n. 2.164-41, de 24-8-2001.

XVI – necessidade pessoal, cuja urgência e gravidade decorra de desastre natural, conforme disposto em regulamento, observadas as seguintes condições:

a) o trabalhador deverá ser residente em áreas comprovadamente atingidas de Município ou do Distrito Federal em situação de emergência ou em estado de calamidade pública, formalmente reconhecidos pelo Governo Federal;

b) a solicitação de movimentação da conta vinculada será admitida até 90 (noventa) dias após a publicação do ato de reconhecimento, pelo Governo Federal, da situação de emergência ou de estado de calamidade pública; e

c) o valor máximo do saque da conta vinculada será definido na forma do regulamento;
- •• Inciso XVI acrescentado pela Lei n. 10.878, de 8-6-2004.
- •• O Decreto n. 7.664, de 11-1-2012, limita o valor máximo do saque à quantia de R$ 6.220,00 (seis mil duzentos e vinte reais), por evento caracterizado como desastre natural, desde que o intervalo entre uma movimentação e outra não seja inferior a doze meses.

XVII – integralização de cotas do FI-FGTS, respeitado o disposto na alínea *i* do inciso XIII do art. 5.º desta Lei, permitida a utilização máxima de 30% (trinta por cento) do saldo existente e disponível na data em que exercer a opção;

•• Inciso XVII com redação determinada pela Lei n. 12.087, de 11-11-2009.

XVIII – quando o trabalhador com deficiência, por prescrição, necessite adquirir órtese ou prótese para promoção de acessibilidade e de inclusão social;

•• Inciso XVIII acrescentado pela Lei n. 13.146, de 6-7-2015.

XIX – pagamento total ou parcial do preço de aquisição de imóveis da União inscritos em regime de ocupação ou aforamento, a que se referem o art. 4.º da Lei n. 13.240, de 30 de dezembro de 2015, e o art. 16-A da Lei n. 9.636, de 15 de maio de 1998, respectivamente, observadas as seguintes condições:

•• Inciso XIX, *caput*, acrescentado pela Lei n. 13.465, de 11-7-2017.

a) o mutuário deverá contar com o mínimo de três anos de trabalho sob o regime do FGTS, na mesma empresa ou em empresas diferentes;

•• Alínea *a* acrescentada pela Lei n. 13.465, de 11-7-2017.

b) seja a operação financiável nas condições vigentes para o Sistema Financeiro da Habitação (SFH) ou ainda por intermédio de parcelamento efetuado pela Secretaria do Patrimônio da União (SPU), mediante a contratação da Caixa Econômica Federal como agente financeiro dos contratos de parcelamento;

•• Alínea *b* acrescentada pela Lei n. 13.465, de 11-7-2017.

c) sejam observadas as demais regras e condições estabelecidas para uso do FGTS;

•• Alínea *c* acrescentada pela Lei n. 13.465, de 11-7-2017.

XX – anualmente, no mês de aniversário do trabalhador, por meio da aplicação dos valores constantes do Anexo desta Lei, observado o disposto no art. 20-D desta Lei;

•• Inciso XX acrescentado pela Lei n. 13.932, de 11-12-2019.

XXI – a qualquer tempo, quando seu saldo for inferior a R$ 80,00 (oitenta reais) e não houver ocorrido depósitos ou saques por, no mínimo, 1 (um) ano, exceto na hipótese prevista no inciso I do § 5.º do art. 13 desta Lei;

•• Inciso XXI acrescentado pela Lei n. 13.932, de 11-12-2019.

XXII – quando o trabalhador ou qualquer de seus dependentes for, nos termos do regulamento, pessoa com doença rara, consideradas doenças raras aquelas assim reconhecidas pelo Ministério da Saúde, que apresentará, em seu sítio na internet, a relação atualizada dessas doenças.

•• Inciso XXII acrescentado pela Lei n. 13.932, de 11-12-2019.

§ 1.º A regulamentação das situações previstas nos incs. I e II assegurará que a retirada a que faz jus o trabalhador corresponda aos depósitos efetuados na conta vinculada durante o período de vigência do último contrato de trabalho, acrescida de juros e atualização monetária, deduzidos os saques.

§ 2.º O Conselho Curador disciplinará o disposto no inc. V, visando a beneficiar os trabalhadores de baixa renda e a preservar o equilíbrio financeiro do FGTS.

§ 3.º O direito de adquirir moradia com recursos do FGTS, pelo trabalhador, só poderá ser exercido para um único imóvel.

• A Circular n. 249, de 15-5-2002, da Caixa Econômica Federal – CEF, estabelece procedimentos operacionais para a utilização de recursos do FGTS na aquisição de moradia própria no âmbito do sistema de consórcios e publica nova versão do "Manual FGTS - Aquisição da Moradia Própria".

§ 4.º O imóvel objeto de utilização do FGTS somente poderá ser objeto de outra transação com recursos do Fundo, na forma que vier a ser regulamentada pelo Conselho Curador.

§ 5.º O pagamento da retirada após o período previsto em regulamento, implicará atualização monetária dos valores devidos.

§ 6.º Os recursos aplicados em quotas de Fundos Mútuos de Privatização, referidos no inciso XII, serão destinados, nas condições aprovadas pelo CND, a aquisições de valores mobiliários, no âmbito do Programa Nacional de Desestatização, de que trata a Lei n. 9.491, de 1997, e de programas estaduais de desestatização, desde que, em ambos os casos, tais destinações sejam aprovadas pelo CND.

•• § 6.º acrescentado pela Lei n. 9.635, de 15-5-1998.

§ 7.º Ressalvadas as alienações decorrentes das hipóteses de que trata o § 8.º, os valores mobiliários a que se refere o parágrafo anterior só poderão ser integralmente vendidos, pelos respectivos Fundos, 6 (seis) meses após a sua aquisição, podendo ser alienada em prazo inferior parcela equivalente a 10% (dez por cento) do valor adquirido, autorizada a livre aplicação do produto dessa alienação, nos termos da Lei n. 6.385, de 7 de dezembro de 1976.

•• § 7.º acrescentado pela Lei n. 9.635, de 15-5-1998.

§ 8.º As aplicações em Fundos Mútuos de Privatização e no FI-FGTS são nominativas, impenhoráveis e, salvo as hipóteses previstas nos incisos I a XI e XIII a XVI do *caput* deste artigo, indisponíveis por seus titulares.

•• § 8.º com redação determinada pela Lei n. 11.491, de 20-6-2007.
•• *Vide* nota ao art. 7.º, VII, desta Lei.
• Dispõe o Decreto n. 2.430, de 17-12-1997, em seu art. 6.º: "Os administradores dos FMP-FGTS e dos CI-FGTS somente poderão efetivar o resgate de quotas solicitadas pelo aplicador nas hipóteses previstas no § 8.º do art. 20 da Lei n. 8.036, de 1990, com a redação determinada pelo art. 31 da Lei n. 9.491, de 1997, e após expressa manifestação do Agente Operador do FGTS".

§ 9.º Decorrido o prazo mínimo de 12 (doze) meses, contados da efetiva transferência das quotas para os Fundos Mútuos de Privatização, os titulares poderão optar pelo retorno para sua conta vinculada no Fundo de Garantia do Tempo de Serviço.

•• § 9.º acrescentado pela Lei n. 9.491, de 9-9-1997.

§ 10. A cada período de 6 (seis) meses, os titulares das aplicações em Fundos Mútuos de Privatização poderão transferi-las para outro fundo de mesma natureza.

•• § 10 acrescentado pela Lei n. 9.491, de 9-9-1997.

§ 11. O montante das aplicações de que trata o § 6.º deste artigo ficará limitado ao valor dos créditos contra o Tesouro Nacional de que seja titular o Fundo de Garantia do Tempo de Serviço.

•• § 11 acrescentado pela Lei n. 9.491, de 9-9-1997.

§ 12. Desde que preservada a participação individual dos quotistas, será permitida a constituição de clubes de investimento, visando a aplicação em quotas de Fundos Mútuos de Privatização.

•• § 12 acrescentado pela Lei n. 9.491, de 9-9-1997.

§ 13. A garantia a que alude o § 4.º do art. 13 desta Lei não compreende as aplicações a que se referem os incisos XII e XVII do *caput* deste artigo.

•• § 13 com redação determinada pela Lei n. 11.491, de 20-6-2007.

§ 14. Ficam isentos do imposto de renda:

•• § 14, *caput*, com redação determinada pela Lei n. 11.491, de 20-6-2007.

I – a parcela dos ganhos nos Fundos Mútuos de Privatização até o limite da remuneração das contas vinculadas de que trata o art. 13 desta Lei, no mesmo período; e

•• Inciso I acrescentado pela Lei n. 11.491, de 20-6-2007.

II – os ganhos do FI-FGTS e do Fundo de Investimento em Cotas – FIC, de que trata o § 19 deste artigo.

•• Inciso II acrescentado pela Lei n. 11.491, de 20-6-2007.

§ 15. A transferência de recursos da conta do titular no Fundo de Garantia do Tempo de Serviço em razão da aquisição de ações, nos termos do inciso XII do *caput* deste artigo, ou de cotas do FI-FGTS não afetará a base de cálculo da multa rescisória de que tratam os §§ 1.º e 2.º do art. 18 desta Lei.

•• § 15 com redação determinada pela Lei n. 11.491, de 20-6-2007.

§ 16. Os clubes de investimento a que se refere o § 12 poderão resgatar, durante os 6 (seis) primeiros meses da sua constituição, parcela equivalente a 5% (cinco por cento) das quotas adquiridas, para atendimento de seus desembolsos, autorizada a livre aplicação do produto dessa venda, nos termos da Lei n. 6.385, de 7 de dezembro de 1976.

•• § 16 acrescentado pela Lei n. 9.635, de 15-5-1998.

§ 17. Fica vedada a movimentação da conta vinculada do FGTS nas modalidades previstas nos incisos V, VI e VII deste artigo, nas operações

firmadas, a partir de 25 de junho de 1998, no caso em que o adquirente já seja proprietário ou promitente comprador de imóvel localizado no Município onde resida, bem como no caso em que o adquirente já detenha, em qualquer parte do País, pelo menos um financiamento nas condições do SFH.

•• § 17 acrescentado pela Medida Provisória n. 2.197-43, de 24-8-2001.

§ 18. É indispensável o comparecimento pessoal do titular da conta vinculada para o pagamento da retirada nas hipóteses previstas nos incisos I, II, III, VIII, IX e X deste artigo, salvo em caso de grave moléstia comprovada por perícia médica, quando será paga a procurador especialmente constituído para esse fim.

•• § 18 acrescentado pela Medida Provisória n. 2.197-43, de 24-8-2001.

§ 19. A integralização das cotas previstas no inciso XVII do *caput* deste artigo será realizada por meio de Fundo de Investimento em Cotas – FIC, constituído pela Caixa Econômica Federal especificamente para essa finalidade.

•• § 19 acrescentado pela Lei n. 11.491, de 20-6-2007.

§ 20. A Comissão de Valores Mobiliários estabelecerá os requisitos para a integralização das cotas referidas no § 19 deste artigo, devendo condicioná-la pelo menos ao atendimento das seguintes exigências:

•• § 20, *caput*, acrescentado pela Lei n. 11.491, de 20-6-2007.

I – elaboração e entrega de prospecto ao trabalhador; e

•• Inciso I acrescentado pela Lei n. 11.491, de 20-6-2007.

II – declaração por escrito, individual e específica, pelo trabalhador de sua ciência quanto aos riscos do investimento que está realizando.

•• Inciso II acrescentado pela Lei n. 11.491, de 20-6-2007.

§ 21. As movimentações autorizadas nos incisos V e VI do *caput* serão estendidas aos contratos de participação de grupo de consórcio para aquisição de imóvel residencial, cujo bem já tenha sido adquirido pelo consorciado, na forma a ser regulamentada pelo Conselho Curador do FGTS.

•• § 21 acrescentado pela Lei n. 12.058, de 13-10-2009.

§ 22. Na movimentação das contas vinculadas a contrato de trabalho extinto até 31 de dezembro de 2015, ficam isentas as exigências de que trata o inciso VIII do *caput* deste artigo, podendo o saque, nesta hipótese, ser efetuado segundo cronograma de atendimento estabelecido pelo agente operador do FGTS.

•• § 22 acrescentado pela Lei n. 13.446, de 25-5-2017.

§ 23. As movimentações das contas vinculadas nas situações previstas nos incisos V, VI e VII do *caput* deste artigo poderão ser realizadas fora do âmbito do SFH, observados os mesmos limites financeiros das operações realizadas no âmbito desse sistema, no que se refere ao valor máximo de movimentação da conta vinculada, e os limites, critérios e condições estabelecidos pelo Conselho Curador.

•• § 23 acrescentado pela Lei n. 13.932, de 11-12-2019.
•• A Resolução n. 994, de 11-5-2021, do CCFGTS, regulamenta a movimentação da conta vinculada FGTS para pagamento total ou parcial do preço de aquisição da moradia própria, para liquidação, amortização ou pagamento de parte das prestações decorrentes de financiamentos habitacionais.

§ 24. O trabalhador poderá sacar os valores decorrentes da situação de movimentação de que trata o inciso XX do *caput* deste artigo até o último dia útil do segundo mês subsequente ao da aquisição do direito de saque.

•• § 24 acrescentado pela Lei n. 13.932, de 11-12-2019.

§ 25. O agente operador deverá oferecer, nos termos do regulamento do Conselho Curador, em plataformas de interação com o titular da conta, inclusive por meio de dispositivos móveis, opções para consulta e transferência, a critério do trabalhador, para conta de depósitos de sua titularidade em qualquer instituição financeira do Sistema Financeiro Nacional, dos recursos disponíveis para movimentação em decorrência das situações previstas neste artigo, cabendo ao agente operador estabelecer os procedimentos operacionais a serem observados.

•• § 25 acrescentado pela Lei n. 13.932, de 11-12-2019.

§ 26. As transferências de que trata o § 25 deste artigo não acarretarão a cobrança de tarifas pelo agente operador ou pelas demais instituições financeiras.

•• § 26 acrescentado pela Lei n. 13.932, de 11-12-2019.

§ 27. A critério do titular da conta vinculada do FGTS, em ato formalizado no momento da contratação do financiamento habitacional, os direitos aos saques de que trata o *caput* deste artigo poderão ser objeto de alienação ou cessão fiduciária para pagamento de parte das prestações decorrentes de financiamento habitacional concedido no âmbito do SFH, observadas as condições estabelecidas pelo Conselho Curador, mediante caucionamento dos depósitos a serem realizados na conta vinculada do trabalhador, exceto o previsto no art. 18 desta Lei.

•• § 27 acrescentado pela Lei n. 14.438, de 24-8-2022.

Art. 20-A. O titular de contas vinculadas do FGTS estará sujeito a somente uma das seguintes sistemáticas de saque:

•• *Caput* acrescentado pela Lei n. 13.932, de 11-12-2019.

I – saque-rescisão; ou

•• Inciso I acrescentado pela Lei n. 13.932, de 11-12-2019.

II – saque-aniversário.

•• Inciso II acrescentado pela Lei n. 13.932, de 11-12-2019.

§ 1.º Todas as contas do mesmo titular estarão sujeitas à mesma sistemática de saque.

•• § 1.º acrescentado pela Lei n. 13.932, de 11-12-2019.

§ 2.º São aplicáveis às sistemáticas de saque de que trata o *caput* deste artigo as seguintes situações de movimentação de conta:

•• § 2.º, *caput*, acrescentado pela Lei n. 13.932, de 11-12-2019.

I – para a sistemática de saque-rescisão, as previstas no art. 20 desta Lei, à exceção da estabelecida no inciso XX do *caput* do referido artigo; e

•• Inciso I acrescentado pela Lei n. 13.932, de 11-12-2019.

II – para a sistemática de saque-aniversário, as previstas no art. 20 desta Lei, à exceção das estabelecidas nos incisos I, I-A, II, IX e X do *caput* do referido artigo.

•• Inciso II acrescentado pela Lei n. 13.932, de 11-12-2019.

Art. 20-B. O titular de contas vinculadas do FGTS estará sujeito originalmente à sistemática de saque-rescisão e poderá optar por alterá-la, observado o disposto no art. 20-C desta Lei.

•• Artigo acrescentado pela Lei n. 13.932, de 11-12-2019.

Art. 20-C. A primeira opção pela sistemática de saque-aniversário poderá ser feita a qualquer tempo e terá efeitos imediatos.

•• *Caput* acrescentado pela Lei n. 13.932, de 11-12-2019.

§ 1.º Caso o titular solicite novas alterações de sistemática será observado o seguinte:

•• § 1.º, *caput*, acrescentado pela Lei n. 13.932, de 11-12-2019.

I – a alteração será efetivada no primeiro dia do vigésimo quinto mês subsequente ao da solicitação, desde que não haja cessão ou alienação de direitos futuros aos saques anuais de que trata o § 3.º do art. 20-D desta Lei;

•• Inciso I acrescentado pela Lei n. 13.932, de 11-12-2019.

II – a solicitação poderá ser cancelada pelo titular antes da sua efetivação; e

•• Inciso II acrescentado pela Lei n. 13.932, de 11-12-2019.

III – na hipótese de cancelamento, a nova solicitação estará sujeita ao disposto no inciso I do *caput* deste artigo.

•• Inciso III acrescentado pela Lei n. 13.932, de 11-12-2019.

§ 2.º Para fins do disposto no § 2.º do art. 20-A desta Lei, as situações de movimentação obedecerão à sistemática a que o titular estiver sujeito no momento dos eventos que as ensejarem.

•• § 2.º acrescentado pela Lei n. 13.932, de 11-12-2019.

Art. 20-D. Na situação de movimentação de que trata o inciso XX do *caput* do art. 20 desta Lei, o valor do saque será determinado:

•• *Caput* acrescentado pela Lei n. 13.932, de 11-12-2019.

I – pela aplicação da alíquota correspondente, estabelecida no Anexo desta Lei, à soma de todos os saldos das contas vinculadas do titular, apurados na data do débito; e

•• Inciso I acrescentado pela Lei n. 13.932, de 11-12-2019.

II – pelo acréscimo da parcela adicional correspondente, estabelecida no Anexo desta Lei, ao valor apurado de acordo com o disposto no inciso I do *caput* deste artigo.

•• Inciso II acrescentado pela Lei n. 13.932, de 11-12-2019.

§ 1.º Na hipótese de o titular possuir mais de uma conta vinculada, o saque de que trata este artigo será feito na seguinte ordem:
•• § 1.º, *caput*, acrescentado pela Lei n. 13.932, de 11-12-2019.

I – contas vinculadas relativas a contratos de trabalho extintos, com início pela conta que tiver o menor saldo; e
•• Inciso I acrescentado pela Lei n. 13.932, de 11-12-2019.

II – demais contas vinculadas, com início pela conta que tiver o menor saldo.
•• Inciso II acrescentado pela Lei n. 13.932, de 11-12-2019.

§ 2.º O Poder Executivo federal, respeitada a alíquota mínima de 5% (cinco por cento), poderá alterar, até o dia 30 de junho de cada ano, os valores das faixas, das alíquotas e das parcelas adicionais constantes do Anexo desta Lei para vigência no primeiro dia do ano subsequente.
•• § 2.º acrescentado pela Lei n. 13.932, de 11-12-2019.

§ 3.º A critério do titular da conta vinculada do FGTS, os direitos aos saques anuais de que trata o *caput* deste artigo poderão ser objeto de alienação ou cessão fiduciária, nos termos do art. 66-B da Lei n. 4.728, de 14 de julho de 1965, em favor de qualquer instituição financeira do Sistema Financeiro Nacional, sujeitas as taxas de juros praticadas nessas operações aos limites estipulados pelo Conselho Curador, os quais serão inferiores aos limites de taxas de juros estipulados para os empréstimos consignados dos servidores públicos federais do Poder Executivo.
•• § 3.º acrescentado pela Lei n. 13.932, de 11-12-2019.
•• A Resolução n. 958, de 24-4-2020, do Conselho Curador do FGTS, regulamenta a alienação ou cessão fiduciária do direito ao saque aniversário da conta vinculada do FGTS de que trata este parágrafo.

§ 3.º-A. A critério do titular da conta vinculada do FGTS, os direitos aos saques anuais de que trata o *caput* deste artigo poderão ser objeto de caução para operações de microcrédito, nos termos da legislação do SIM Digital, em favor de qualquer instituição financeira do Sistema Financeiro Nacional.
•• § 3.º-A acrescentado pela Lei n. 14.438, de 24-8-2022.

§ 4.º O Conselho Curador poderá regulamentar o disposto no § 3.º deste artigo, com vistas ao cumprimento das obrigações financeiras de seu titular, inclusive quanto ao:
•• § 4.º, *caput*, acrescentado pela Lei n. 13.932, de 11-12-2019.

I – bloqueio de percentual do saldo total existente nas contas vinculadas;
•• Inciso I acrescentado pela Lei n. 13.932, de 11-12-2019.

II – impedimento da efetivação da opção pela sistemática de saque-rescisão prevista no inciso I do § 1.º do art. 20-C desta Lei; e
•• Inciso II acrescentado pela Lei n. 13.932, de 11-12-2019.

III – saque em favor do credor.
•• Inciso III acrescentado pela Lei n. 13.932, de 11-12-2019.

§ 5.º As situações de movimentação de que trata o § 2.º do art. 20-A desta Lei serão efetuadas com observância ao limite decorrente do bloqueio referido no § 4.º deste artigo.
•• § 5.º acrescentado pela Lei n. 13.932, de 11-12-2019.

§ 6.º A vedação prevista no § 2.º do art. 2.º desta Lei não se aplica às disposições dos §§ 3.º, 4.º e 5.º deste artigo.
•• § 6.º acrescentado pela Lei n. 13.932, de 11-12-2019.

§ 7.º Na hipótese de despedida sem justa causa, o trabalhador que optar pela sistemática saque-aniversário também fará jus à movimentação da multa rescisória de que tratam os §§ 1.º e 2.º do art. 18 desta Lei.
•• § 7.º acrescentado pela Lei n. 13.932, de 11-12-2019.

Art. 21. Os saldos das contas não individualizadas e das contas vinculadas que se conservem ininterruptamente sem créditos de depósitos por mais de 5 (cinco) anos, a partir de 1.º de junho de 1990, em razão de o seu titular ter estado fora do regime do FGTS, serão incorporados ao patrimônio do Fundo, resguardado o direito do beneficiário reclamar, a qualquer tempo, a reposição do valor transferido.
•• *Caput* com redação determinada pela Lei n. 8.678, de 13-7-1993.
• A Resolução n. 388, de 27-5-2002, do Conselho Curador do FGTS, determina que toda e qualquer reposição de valores ao FGTS, relativa às contas vinculadas, seja efetuada pelo valor nominal, acrescido de atualização monetária, calculada com base no índice de atualização das contas vinculadas do FGTS e de juros efetivos de 6% ao ano, apurados da data do evento até a data da efetiva devolução dos valores ao FGTS.

Parágrafo único. O valor, quando reclamado, será pago ao trabalhador acrescido da remuneração prevista no § 2.º do art. 13 desta Lei.
•• Parágrafo único acrescentado pela Lei n. 8.678, de 13-7-1993.

Art. 22. O empregador que não realizar os depósitos nos termos dos arts. 15 e 18 desta Lei responderá pela incidência da Taxa Referencial (TR) sobre a importância correspondente.
•• *Caput* com redação determinada pela Lei n. 14.438, de 24-8-2022.
• *Vide* Súmula 459 do STJ.
• *Vide* arts. 3.º, § 2.º, da Lei Complementar n. 110, de 29-6-2001, e 5.º do Decreto n. 3.914, de 11-9-2001.

§ 1.º Sobre o valor dos depósitos, acrescido da TR, incidirão, ainda, juros de mora de 0,5% (meio por cento) ao mês ou fração e multa, sujeitando-se, também, às obrigações e sanções previstas no Decreto-lei n. 368, de 19 de dezembro de 1968.
•• § 1.º com redação determinada pela Lei n. 9.964, de 10-4-2000.
•• A Instrução Normativa n. 2, de 8-11-2021, do Ministério do Trabalho e da Previdência, dispõe sobre os procedimentos a serem observados pela Auditoria-Fiscal do Trabalho nas situações elencadas.

§ 2.º A incidência da TR de que trata o *caput* deste artigo será cobrada por dia de atraso, tomando-se por base o índice de atualização das contas vinculadas do FGTS.
•• § 2.º com redação determinada pela Lei n. 9.964, de 10-4-2000.
• *Vide* art. 4.º, parágrafo único, da Lei Complementar n. 110, de 29-6-2001.

§ 2.º-A. A multa referida no § 1.º deste artigo será cobrada nas condições que se seguem:

I – 5% (cinco por cento) no mês de vencimento da obrigação;

II – 10% (dez por cento) a partir do mês seguinte ao do vencimento da obrigação.
•• § 2.º-A acrescentado pela Lei n. 9.964, de 10-4-2000.

§ 3.º Para efeito de levantamento de débito para com o FGTS, o percentual de 8% (oito por cento) incidirá sobre o valor acrescido da TR até a data da respectiva operação.
•• § 3.º acrescentado pela Lei n. 9.964, de 10-4-2000.

Art. 23. Compete ao Ministério do Trabalho e Previdência a verificação do cumprimento do disposto nesta Lei, especialmente quanto à apuração dos débitos e das infrações praticadas pelos empregadores ou tomadores de serviço, que serão notificados para efetuar e comprovar os depósitos correspondentes e cumprir as demais determinações legais.
•• *Caput* com redação determinada pela Lei n. 14.438, de 24-8-2022.
• *Vide* art. 72 do Decreto n. 99.684, de 8-11-1990.
• *Vide* Lei n. 8.844, de 20-1-1994, sobre a fiscalização, apuração e cobrança judicial das contribuições e multas devidas ao FGTS.
• *Vide* Precedentes Administrativos n. 1 e 74.

§ 1.º Constituem infrações para efeito desta Lei:
•• A Portaria n. 667, de 8-11-2021, do Ministério do Trabalho e da Previdência, dispõe sobre normas para a organização e tramitação dos processos de multas administrativas e de notificação de débito de FGTS e/ou contribuição social.

I – não depositar mensalmente o percentual referente ao FGTS, bem como os valores previstos no art. 18 desta Lei, nos prazos de que trata o § 6.º do art. 477 da Consolidação das Leis do Trabalho – CLT;
•• Inciso I com redação determinada pela Medida Provisória n. 2.197-43, de 24-8-2001.

II e III – (*Revogados pela Lei n. 14.438, de 24-8-2022.*)
•• O art. 19, I, da Lei n. 14.438, de 24-8-2022, trata sobre a produção de efeitos desse dispositivo.

IV – deixar de computar, para efeito de cálculo dos depósitos do FGTS, parcela componente da remuneração;

V – deixar de efetuar os depósitos e os acréscimos legais do FGTS constituído em notificação de débito, no prazo concedido pelo ato de notificação da decisão definitiva exarada no processo administrativo;
•• Inciso V com redação determinada pela Lei n. 14.438, de 24-8-2022.
•• O art. 19, I, da Lei n. 14.438, de 24-8-2022, trata sobre a produção de efeitos desse dispositivo.

VI – deixar de apresentar, ou apresentar com erros ou omissões, as informações de que trata o art. 17-A desta Lei e as demais informações legalmente exigíveis; e
•• Inciso VI com redação determinada pela Lei n. 14.438, de 24-8-2022.

•• O art. 19, I, da Lei n. 14.438, de 24-8-2022, trata sobre a produção de efeitos desse dispositivo.

VII – deixar de apresentar ou de promover a retificação das informações de que trata o art. 17-A desta Lei no prazo concedido na notificação da decisão definitiva exarada no processo administrativo que reconheceu a procedência da notificação de débito decorrente de omissão, de erro, de fraude ou de sonegação constatados.
•• Inciso VII acrescentado pela Lei n. 14.438, de 24-8-2022.
•• O art. 19, I, da Lei n. 14.438, de 24-8-2022, trata sobre a produção de efeitos desse dispositivo.

§ 1.º-A. A formalização de parcelamento da integralidade do débito suspende a ação punitiva da infração prevista:
•• § 1.º-A, *caput*, acrescentado pela Lei n. 14.438, de 24-8-2022.
•• O art. 19, I, da Lei n. 14.438, de 24-8-2022, trata sobre a produção de efeitos desse dispositivo.

I – no inciso I do § 1.º deste artigo, quando realizada anteriormente ao início de qualquer processo administrativo ou medida de fiscalização; e
•• Inciso I acrescentado pela Lei n. 14.438, de 24-8-2022.
•• O art. 19, I, da Lei n. 14.438, de 24-8-2022, trata sobre a produção de efeitos desse dispositivo.

II – no inciso V do § 1.º deste artigo, quando realizada no prazo nele referido.
•• Inciso II acrescentado pela Lei n. 14.438, de 24-8-2022.
•• O art. 19, I, da Lei n. 14.438, de 24-8-2022, trata sobre a produção de efeitos desse dispositivo.

§ 1.º-B. A suspensão da ação punitiva prevista no § 1.º-A deste artigo será mantida durante a vigência do parcelamento, e a quitação integral dos valores parcelados extinguirá a infração.
•• § 1.º-B acrescentado pela Lei n. 14.438, de 24-8-2022.
•• O art. 19, I, da Lei n. 14.438, de 24-8-2022, trata sobre a produção de efeitos desse dispositivo.

§ 2.º Pela infração ao disposto no § 1.º deste artigo, o infrator estará sujeito às seguintes multas:
•• § 2.º, *caput*, com redação determinada pela Lei n. 14.438, de 24-8-2022.
•• O art. 19, I, da Lei n. 14.438, de 24-8-2022, trata sobre a produção de efeitos desse dispositivo.

a) (Revogada pela Lei n. 14.438, de 24-8-2022.)
•• O art. 19, I, da Lei n. 14.438, de 24-8-2022, trata sobre a produção de efeitos desse dispositivo.

b) 30% (trinta por cento) sobre o débito atualizado apurado pela inspeção do trabalho, confessado pelo empregador ou lançado de ofício, nas hipóteses previstas nos incisos I, IV e V do § 1.º deste artigo; e
•• Alínea *b* com redação determinada pela Lei n. 14.438, de 24-8-2022.
•• O art. 19, I, da Lei n. 14.438, de 24-8-2022, trata sobre a produção de efeitos desse dispositivo.

c) de R$ 100,00 (cem reais) a R$ 300,00 (trezentos reais) por trabalhador prejudicado, nas hipóteses previstas nos incisos VI e VII do § 1.º deste artigo.
•• Alínea *c* acrescentada pela Lei n. 14.438, de 24-8-2022.
•• O art. 19, I, da Lei n. 14.438, de 24-8-2022, trata sobre a produção de efeitos desse dispositivo.

§ 3.º Nos casos de fraude, simulação, artifício, ardil, resistência, embaraço ou desacato à fiscalização, assim como na reincidência, a multa especificada no parágrafo anterior será duplicada, sem prejuízo das demais cominações legais.
• Vide art. 3.º, § 3.º, da Lei Complementar n. 110, de 29-6-2001.

§ 3.º-A. Estabelecidas a multa-base e a majoração na forma prevista nos §§ 2.º e 3.º deste artigo, o valor final será reduzido pela metade quando o infrator for empregador doméstico, microempresa ou empresa de pequeno porte.
•• § 3.º-A acrescentado pela Lei n. 14.438, de 24-8-2022.
•• O art. 19, I, da Lei n. 14.438, de 24-8-2022, trata sobre a produção de efeitos desse dispositivo.

§ 4.º Os valores das multas, quando não recolhidas no prazo legal, serão atualizados monetariamente até a data de seu efetivo pagamento, através de sua conversão pelo BTN Fiscal.

§ 5.º O processo de fiscalização, de autuação e de imposição de multas reger-se-á pelo disposto no Título VII da CLT.
•• § 5.º com redação determinada pela Lei n. 13.932, de 11-12-2019.
• Vide Súmula 210 do STJ.

§ 6.º Quando julgado procedente o recurso interposto na forma do Título VII da CLT, os depósitos efetuados para garantia de instância serão restituídos com os valores atualizados na forma da lei.

§ 7.º A rede arrecadadora e a Caixa Econômica Federal deverão prestar ao Ministério do Trabalho e da Previdência Social as informações necessárias à fiscalização.
•• A Lei n. 13.932, de 11-12-2019, propôs nova redação para este parágrafo, porém teve seu texto vetado.
•• A Instrução Normativa n. 2, de 8-11-2021, do Ministério do Trabalho e da Previdência, dispõe sobre os procedimentos a serem observados pela Auditoria-Fiscal do Trabalho nas situações elencadas.

Art. 23-A. A notificação do empregador relativa aos débitos com o FGTS, o início de procedimento administrativo ou a medida de fiscalização interrompem o prazo prescricional.
•• *Caput* acrescentado pela Lei n. 13.932, de 11-12-2019.

§ 1.º O contencioso administrativo é causa de suspensão do prazo prescricional.
•• § 1.º acrescentado pela Lei n. 13.932, de 11-12-2019.

§ 2.º A data de publicação da liquidação do crédito será considerada como a data de sua constituição definitiva, a partir da qual será retomada a contagem do prazo prescricional.
•• § 2.º acrescentado pela Lei n. 13.932, de 11-12-2019.

§ 3.º Todos os documentos relativos às obrigações perante o FGTS, referentes a todo o contrato de trabalho de cada trabalhador, devem ser mantidos à disposição da fiscalização por até 5 (cinco) anos após o fim de cada contrato.
•• § 3.º acrescentado pela Lei n. 13.932, de 11-12-2019.

Art. 24. Por descumprimento ou inobservância de quaisquer das obrigações que lhe compete como agente arrecadador, pagador e mantenedor do cadastro de contas vinculadas, na forma que vier a ser regulamentada pelo Conselho Curador, fica o banco depositário sujeito ao pagamento de multa equivalente a 10% (dez por cento) do montante da conta do empregado, independentemente das demais cominações legais.
• A Resolução n. 80, de 19-11-1992, do Conselho Curador do FGTS, regulamenta a aplicação da multa prevista neste artigo.

Art. 25. Poderá o próprio trabalhador, seus dependentes e sucessores, ou ainda o Sindicato a que estiver vinculado, acionar diretamente a empresa por intermédio da Justiça do Trabalho, para compeli-la a efetuar o depósito das importâncias devidas nos termos desta Lei.
• Vide notas ao art. 23 desta Lei.

Parágrafo único. A Caixa Econômica Federal e o Ministério do Trabalho e da Previdência Social deverão ser notificados da propositura da reclamação.

Art. 26. É competente a Justiça do Trabalho para julgar os dissídios entre os trabalhadores e os empregadores decorrentes da aplicação desta Lei, mesmo quando a Caixa Econômica Federal e o Ministério do Trabalho e da Previdência Social figurarem como litisconsortes.

Parágrafo único. Nas reclamatórias trabalhistas que objetivam o ressarcimento de parcelas relativas ao FGTS, ou que, direta ou indiretamente, impliquem essa obrigação de fazer, o juiz determinará que a empresa sucumbente proceda ao recolhimento imediato das importâncias devidas a tal título.

Art. 26-A. Para fins de apuração e lançamento, considera-se não quitado o valor relativo ao FGTS pago diretamente ao trabalhador, vedada a sua conversão em indenização compensatória.
•• *Caput* acrescentado pela Lei n. 13.932, de 11-12-2019.

§ 1.º Os débitos reconhecidos e declarados por meio de sistema de escrituração digital serão recolhidos integralmente, acrescidos dos encargos devidos.
•• § 1.º acrescentado pela Lei n. 13.932, de 11-12-2019.

§ 2.º Para a geração das guias de depósito, os valores devidos a título de FGTS e o período laboral a que se referem serão expressamente identificados.

•• § 2.º acrescentado pela Lei n. 13.932, de 11-12-2019.

Art. 27. A apresentação do Certificado de Regularidade do FGTS, fornecido na forma do regulamento, é obrigatória nas seguintes situações:
•• *Caput* com redação determinada pela Lei n. 13.932, de 11-12-2019.

a) habilitação e licitação promovida por órgão da Administração Federal, Estadual e Municipal, Direta, Indireta ou Fundacional ou por entidade controlada direta ou indiretamente pela União, Estado e Município;
•• *Vide* art. 7.º, § 1.º, III, da Lei n. 14.043, de 19-8-2020.

b) obtenção, por parte da União, dos Estados ou dos Municípios, ou por órgãos da Administração federal, estadual ou municipal, direta, indireta ou fundacional, ou indiretamente pela União, pelos Estados ou pelos Municípios, de empréstimos ou financiamentos realizados com lastro em recursos públicos ou oriundos do FGTS perante quaisquer instituições de crédito;
•• Alínea *b* com redação determinada pela Lei n. 13.805, de 10-1-2019.
•• *Vide* art. 7.º, § 1.º, III, da Lei n. 14.043, de 19-8-2020.

c) obtenção de favores creditícios, isenções, subsídios, auxílios, outorga ou concessão de serviços ou quaisquer outros benefícios concedidos por órgão da Administração Federal, Estadual e Municipal, salvo quando destinados a saldar débitos para com o FGTS;

d) transferência de domicílio para o exterior;

e) registro ou arquivamento, nos órgãos competentes, de alteração ou distrato de contrato social, de estatuto, ou de qualquer documento que implique modificação na estrutura jurídica do empregador ou na sua extinção.

• Diz o art. 16, § 1.º, da Lei n. 9.126, de 10-11-1995, que "o disposto no art. 27 da Lei n. 8.036, de 11-5-1990, não se aplica aos financiamentos a que se refere este artigo, quando concedidos a produtores rurais, pessoas físicas". Refere-se a financiamentos de operações de investimento rural.

Art. 28. São isentos de tributos federais os atos e operações necessários à aplicação desta Lei, quando praticados pela Caixa Econômica Federal, pelos trabalhadores e seus dependentes ou sucessores, pelos empregadores e pelos estabelecimentos bancários.

Parágrafo único. Aplica-se o disposto neste artigo às importâncias devidas, nos termos desta Lei, aos trabalhadores e seus dependentes ou sucessores.

Art. 29. Os depósitos em conta vinculada, efetuados nos termos desta Lei, constituirão despesas dedutíveis do lucro operacional dos empregadores e as importâncias levantadas a seu favor implicarão receita tributável.

Art. 29-A. Quaisquer créditos relativos à correção dos saldos das contas vinculadas do FGTS serão liquidados mediante lançamento pelo agente operador na respectiva conta do trabalhador.
•• Artigo acrescentado pela Medida Provisória n. 2.197-43, de 24-8-2001.

Art. 29-B. Não será cabível medida liminar em mandado de segurança, no procedimento cautelar ou em quaisquer outras ações de natureza cautelar ou preventiva, nem a tutela antecipada prevista nos arts. 273 e 461 do Código de Processo Civil que impliquem saque ou movimentação da conta vinculada do trabalhador no FGTS.
•• Artigo acrescentado pela Medida Provisória n. 2.197-43, de 24-8-2001.

Art. 29-C. Nas ações entre o FGTS e os titulares de contas vinculadas, bem como naquelas em que figurem os respectivos representantes ou substitutos processuais, não haverá condenação em honorários advocatícios.
•• Artigo acrescentado pela Medida Provisória n. 2.164-41, de 24-8-2001.
•• O STF, na ADI n. 2.736, de 8-9-2010 (DOU de 5-9-2012), julgou inconstitucional o art. 9.º da Medida Provisória n. 2.164-41, de 24-8-2001, na parte em que acrescentou este artigo.

Art. 29-D. A penhora em dinheiro, na execução fundada em título judicial em que se determine crédito complementar de saldo de conta vinculada do FGTS, será feita mediante depósito de recursos do Fundo em conta vinculada em nome do exequente, à disposição do juízo.
•• *Caput* acrescentado pela Medida Provisória n. 2.164-41, de 24-8-2001.

Parágrafo único. O valor do depósito só poderá ser movimentado, após liberação judicial, nas hipóteses previstas no art. 20 ou para reversão ao Fundo.

•• Parágrafo único acrescentado pela Medida Provisória n. 2.164-41, de 24-8-2001.

Art. 30. Fica reduzida para 1,5% (um e meio por cento) a contribuição devida pelas empresas ao Serviço Social do Comércio e ao Serviço Social da Indústria e dispensadas estas entidades da subscrição compulsória a que alude o art. 21 da Lei n. 4.380, de 21 de agosto de 1964.

Art. 31. O Poder Executivo expedirá o Regulamento desta Lei no prazo de 60 (sessenta) dias a contar da data de sua promulgação.

Art. 32. Esta Lei entra em vigor na data de sua publicação, revogada a Lei n. 7.839, de 12 de outubro de 1989, e as demais disposições em contrário.

Brasília, em 11 de maio de 1990; 169.º da Independência e 102.º da República.

FERNANDO COLLOR

ANEXO
•• Anexo acrescentado pela Lei n. 13.932, de 11-12-2019.

LIMITE DAS FAIXAS DE SALDO (EM R$)		ALÍQUOTA	PARCELA ADICIONAL (EM R$)
de 00,01	até 500,00	50%	-
de 500,01	até 1.000,00	40%	50,00
de 1.000,01	até 5.000,00	30%	150,00
de 5.000,01	até 10.000,00	20%	650,00
de 10.000,01	até 15.000,00	15%	1.150,00
de 15.000,01	até 20.000,00	10%	1.900,00
acima de 20.000,00	-	5%	2.900,00

LEI N. 8.069, DE 13 DE JULHO DE 1990 (*)

Dispõe sobre o Estatuto da Criança e do Adolescente, e dá outras providências.

O Presidente da República

Faço saber que o Congresso Nacional decreta e eu sanciono a seguinte Lei:

Título II
DOS DIREITOS FUNDAMENTAIS

Capítulo V
DO DIREITO À PROFISSIONALIZAÇÃO E À PROTEÇÃO NO TRABALHO

•• O Decreto n. 9.579, de 22-11-2018, regulamenta a contratação de aprendizes.
• *Vide* art. 149, § 2.º, do Decreto-lei n. 2.848, de 7-12-1940, sobre trabalho escravo.
• O Decreto n. 10.088, de 5-11-2019, promulga a Convenção 182 e a Recomendação 190 da OIT, sobre a proibição das piores formas de trabalho infantil e a ação imediata para a sua eliminação, concluídas em Genebra, em 17-6-1999.
• O Decreto n. 4.134, de 15-2-2002, promulga a Convenção n. 138 e a Recomendação n. 146 da OIT sobre idade mínima de admissão no emprego.
• A Resolução n. 156, de 14-3-2013, do CONANDA, dispõe sobre as medidas relativas à proteção das crianças e adolescentes no período preparatório e durante a Copa das

(*) Publicada no *DOU*, de 16-7-1990, e retificada em 27-9-1990. O Decreto n. 4.134, de 15-2-2002, promulga a Convenção n. 138 e a Recomendação n. 146 da OIT sobre Idade Mínima de Admissão ao Emprego. A Instrução Normativa n. 146, de 25-7-2018, da SIT, dispõe sobre a fiscalização das condições de trabalho no âmbito do programa de aprendizagem.

Confederações FIFA 2013, a Copa do Mundo FIFA 2014, Olimpíadas 2016, e aos eventos relacionados, que serão realizados no País.

Art. 60. É proibido qualquer trabalho a menores de quatorze anos de idade, salvo na condição de aprendiz.

•• *Vide* art. 7.º, XXXIII, da CF.

•• A Resolução n. 69, de 18-5-2011, do CNMP, dispõe sobre a atuação dos membros do Ministério Público como órgão interveniente nos processos judiciais em que se requer a autorização para trabalho de crianças e adolescente menores de 16 anos.

• A Portaria n. 318, de 12-12-2016, do Ministério do Desenvolvimento Social e Agrário, estabelece normas para o funcionamento do Programa de Erradicação do Trabalho Infantil – PETI.

•• O Decre to n. 9.579, de 22-11-2018, regulamenta a contratação de aprendizes.

Art. 61. A proteção ao trabalho dos adolescentes é regulada por legislação especial, sem prejuízo do disposto nesta Lei.

Art. 62. Considera-se aprendizagem a formação técnico-profissional ministrada segundo as diretrizes e bases da legislação de educação em vigor.

Art. 63. A formação técnico-profissional obedecerá aos seguintes princípios:

I – garantia de acesso e frequência obrigatória ao ensino regular;

II – atividade compatível com o desenvolvimento do adolescente;

III – horário especial para o exercício das atividades.

Art. 64. Ao adolescente até quatorze anos de idade é assegurada bolsa de aprendizagem.

•• *Vide* art. 7.º, XXXIII, da CF.

• *Vide* art. 10, XVII, da Instrução Normativa n. 144, de 18-5-2018.

Art. 65. Ao adolescente aprendiz, maior de quatorze anos, são assegurados os direitos trabalhistas e previdenciários.

• *Vide* art. 227, § 3.º, II, da CF.

Art. 66. Ao adolescente portador de deficiência é assegurado trabalho protegido.

Art. 67. Ao adolescente empregado, aprendiz, em regime familiar de trabalho, aluno de escola técnica, assistido em entidade governamental ou não governamental, é vedado trabalho:

I – noturno, realizado entre as vinte e duas horas de um dia e as cinco horas do dia seguinte;

II – perigoso, insalubre ou penoso;

III – realizado em locais prejudiciais à sua formação e ao seu desenvolvimento físico, psíquico, moral e social;

IV – realizado em horários e locais que não permitam a frequência à escola.

• *Vide* art. 227, § 3.º, III, da CF.

Art. 68. O programa social que tenha por base o trabalho educativo, sob responsabilidade de entidade governamental ou não governamental sem fins lucrativos, deverá assegurar ao adolescente que dele participe condições de capacitação para o exercício de atividade regular remunerada.

§ 1.º Entende-se por trabalho educativo a atividade laboral em que as exigências pedagógicas relativas ao desenvolvimento pessoal e social do educando prevaleçam sobre o aspecto produtivo.

§ 2.º A remuneração que o adolescente recebe pelo trabalho efetuado ou a participação na venda dos produtos de seu trabalho não desfigura o caráter educativo.

Art. 69. O adolescente tem direito à profissionalização e à proteção no trabalho, observados os seguintes aspectos, entre outros:

I – respeito à condição peculiar de pessoa em desenvolvimento;

II – capacitação profissional adequada ao mercado de trabalho.

LIVRO II
PARTE ESPECIAL

Título VII
DOS CRIMES E DAS INFRAÇÕES ADMINISTRATIVAS

Capítulo II
DAS INFRAÇÕES ADMINISTRATIVAS
E DAS DISPOSIÇÕES FINAIS E TRANSITÓRIAS

Art. 266. Esta Lei entra em vigor 90 (noventa) dias após sua publicação.

Art. 267. Revogam-se as Leis n. 4.513, de 1964, e 6.697, de 10 de outubro de 1979 (Código de Menores), e as demais disposições em contrário.

• A Lei n. 4.513, de 1.º-12-1964, criou a Fundação Nacional do Bem-Estar do Menor e a Lei n. 6.697, de 10-10-1979, instituiu o Código de Menores.

Brasília, em 13 de julho de 1990; 169.º da Independência e 102.º da República.

FERNANDO COLLOR

DECRETO N. 99.684,
DE 8 DE NOVEMBRO DE 1990 (*)

Consolida as normas regulamentares do Fundo de Garantia do Tempo de Serviço – FGTS.

O Presidente da República, no uso da atribuição que lhe confere o art. 84, IV, da Constituição, decreta:

Art. 1.º Fica aprovado o Regulamento Consolidado do Fundo de Garantia do Tempo de Serviço, que com este baixa.

Art. 2.º Este Decreto entra em vigor na data de sua publicação.

Art. 3.º Revogam-se as disposições em contrário, em especial os Decretos n.:

I – 59.820, de 20 de dezembro de 1966;

II – 61.405, de 28 de setembro de 1967;

III – 66.619, de 21 de maio de 1970;

IV – 66.819, de 1.º de julho de 1970;

V – 66.867, de 13 de julho de 1970;

VI – 66.939, de 22 de julho de 1970;

VII – 69.265, de 22 de setembro de 1971;

VIII – 71.636, de 29 de dezembro de 1972;

IX – 72.141, de 26 de abril de 1973;

X – 73.423, de 7 de janeiro de 1974;

XI – 76.218, de 9 de setembro de 1975;

XII – 76.750, de 5 de dezembro de 1975;

XIII – 77.357, de 1.º de abril de 1976;

XIV – 79.891, de 29 de junho de 1977;

XV – 84.509, de 25 de fevereiro de 1980;

XVI – 87.567, de 16 de setembro de 1982;

XVII – 90.408, de 7 de novembro de 1984;

XVIII – 92.366, de 4 de fevereiro de 1986;

XIX – 97.848, de 20 de junho de 1989; e

XX – 98.813, de 10 de janeiro de 1990.

Brasília, 8 de novembro de 1990; 169.º da Independência e 102.º da República.

FERNANDO COLLOR

(*) Publicado no *DOU*, de 12-11-1990. *Vide* Súmula 82 do STJ.

REGULAMENTO DO FUNDO DE GARANTIA DO TEMPO DE SERVIÇO – FGTS

Capítulo I
DAS DISPOSIÇÕES PRELIMINARES

Art. 1.º Nas relações jurídicas pertinentes ao Fundo de Garantia do Tempo de Serviço – FGTS será observado o disposto neste Regulamento.

Art. 2.º Para os efeitos deste Regulamento considera-se:

I – empregador, a pessoa natural ou jurídica de direito público ou privado, da Administração Pública direta, indireta ou fundacional de qualquer dos Poderes, da União, dos Estados, do Distrito Federal e dos Municípios, que admitir trabalhadores a seu serviço, bem assim aquele que, regido por legislação especial, encontrar-se nessa condição ou figurar como fornecedor ou tomador de mão de obra;

II – trabalhador, a pessoa natural que prestar serviços a empregador, excluídos os eventuais, os autônomos e os servidores públicos civis e militares sujeitos a regime jurídico próprio.

Capítulo II
DO DIREITO AO FGTS

Art. 3.º A partir de 5 de outubro de 1988, o direito ao regime do FGTS é assegurado aos trabalhadores urbanos e rurais, exceto aos domésticos, independentemente de opção.

Parágrafo único. Os trabalhadores domésticos poderão ter acesso ao regime do FGTS, na forma que vier a ser prevista em lei.

Art. 4.º A opção pelo regime de que trata este Regulamento somente é admitida para o tempo de serviço anterior a 5 de outubro de 1988, podendo os trabalhadores, a qualquer tempo, optar pelo FGTS com efeito retroativo a 1.º de janeiro de 1967, ou à data de sua admissão, quando posterior.

Parágrafo único. O disposto neste artigo não se aplica ao trabalhador rural (Lei n. 5.889, de 8-6-1973), bem assim àquele:

a) que tenha transacionado com o empregador o direito à indenização, quanto ao período que foi objeto da transação; ou

b) cuja indenização pelo tempo anterior à opção já tenha sido depositada na sua conta vinculada.

Art. 5.º A opção com efeito retroativo será feita mediante declaração escrita do trabalhador, com indicação do período de retroação.

§ 1.º O empregador, no prazo de quarenta e oito horas, fará as devidas anotações na Carteira de Trabalho e Previdência Social e no registro do trabalhador, comunicando ao banco depositário.

§ 2.º O valor da conta vinculada em nome do empregador e individualizada em relação ao trabalhador, relativo ao período abrangido pela retroação, será transferido pelo banco depositário para conta vinculada em nome do trabalhador.

Art. 6.º O tempo de serviço anterior à opção ou a 5 de outubro de 1988 poderá ser transacionado entre empregador e empregado, respeitado o limite mínimo de 60% (sessenta por cento) da indenização simples ou em dobro, conforme o caso.

Parágrafo único. Na hipótese de que trata este artigo, a transação deverá ser homologada pelo sindicato da categoria profissional, mesmo quando não houver extinção do contrato de trabalho.

Art. 7.º O direito ao FGTS se estende aos diretores não empregados de empresas públicas e sociedades controladas direta ou indiretamente pela União (Lei n. 6.919, de 2-6-1981).

Art. 8.º As empresas sujeitas ao regime da legislação trabalhista poderão equiparar seus diretores não empregados aos demais trabalhadores sujeitos ao regime do FGTS.

Parágrafo único. Considera-se diretor aquele que exerça cargo de administração previsto em lei, estatuto ou contrato social, independentemente da denominação do cargo.

Capítulo III
DOS EFEITOS DA RESCISÃO OU EXTINÇÃO DO CONTRATO DE TRABALHO

Art. 9.º Ocorrendo despedida sem justa causa, ainda que indireta, com culpa recíproca, por força maior ou extinção normal do contrato de trabalho a termo, inclusive a do trabalhador temporário, deverá o empregador depositar, na conta vinculada do trabalhador no FGTS, os valores relativos aos depósitos referentes ao mês da rescisão e ao imediatamente anterior, que ainda não houver sido recolhido, sem prejuízo das cominações legais cabíveis.

•• *Caput* com redação determinada pelo Decreto n. 2.430, de 17-12-1997.

§ 1.º No caso de despedida sem justa causa, ainda que indireta, o empregador depositará, na conta vinculada do trabalhador no FGTS, importância igual a 40% (quarenta por cento) do montante de todos os depósitos realizados na conta vinculada durante a vigência do contrato de trabalho, atualizados monetariamente e acrescidos dos respectivos juros, não sendo permitida, para este fim, a dedução dos saques ocorridos.

•• § 1.º com redação determinada pelo Decreto n. 2.430, de 17-12-1997.

§ 2.º Ocorrendo despedida por culpa recíproca ou força maior, reconhecida pela Justiça do Trabalho, o percentual de que trata o parágrafo precedente será de 20% (vinte por cento).

§ 3.º Na determinação da base de cálculo para a aplicação dos percentuais de que tratam os parágrafos precedentes, serão computados os valores dos depósitos relativos aos meses da rescisão e o imediatamente anterior, recolhidos na forma do *caput* deste artigo.

•• § 3.º com redação determinada pelo Decreto n. 2.430, de 17-12-1997.

§ 4.º O recolhimento das importâncias de que trata este artigo deverá ser comprovado quando da homologação das rescisões contratuais que exijam o pagamento da multa rescisória, bem como quando da habilitação ao saque, sempre que não for devida a homologação da rescisão, observado o disposto no art. 477 da Consolidação das Leis do Trabalho – CLT, eximindo o empregador, exclusivamente, quanto aos valores discriminados.

•• § 4.º com redação determinada pelo Decreto n. 2.430, de 17-12-1997.

§ 5.º Os depósitos de que tratam o *caput* e os §§ 1.º e 2.º deste artigo deverão ser efetuados nos seguintes prazos:

•• § 5.º, *caput*, com redação determinada pelo Decreto n. 2.582, de 7-5-1998.

a) até o primeiro dia útil imediato ao término do contrato; ou

•• Alínea *a* acrescentada pelo Decreto n. 2.582, de 7-5-1998.

b) até o décimo dia, contado da data da notificação da demissão, quando da ausência do aviso prévio, indenização do mesmo ou dispensa de seu cumprimento.

•• Alínea *b* acrescentada pelo Decreto n. 2.582, de 7-5-1998.

§ 6.º O empregador que não realizar os depósitos previstos neste artigo, no prazo especificado no parágrafo anterior, sujeitar-se-á às cominações previstas no art. 30.

•• § 6.º acrescentado pelo Decreto n. 2.430, de 17-12-1997.

• Dispõe o art. 2.º do Decreto n. 2.582, de 7-5-1998: "Os depósitos efetuados nos prazos fixados neste Decreto, no período compreendido entre 16-2-1998 e a data de sua publicação, estão isentos das cominações previstas no § 6.º do art. 9.º do Regulamento Consolidado do FGTS".

§ 7.º O depósito dos valores previstos neste artigo deverá ser efetuado, obrigatoriamente, na CEF ou, nas localidades onde não existam unidades daquela empresa, nos bancos conveniados, aplicando-se a estes depósitos o disposto no art. 32.

•• § 7.º acrescentado pelo Decreto n. 2.430, de 17-12-1997.

§ 8.º A CEF terá prazo de 10 (dez) dias úteis, após o recolhimento, para atender às solicitações de saque destes valores.

•• § 8.º acrescentado pelo Decreto n. 2.430, de 17-12-1997.

§ 9.º A CEF, para fins de remuneração como Agente Operador do FGTS, considerará o recolhimento desses depósitos, da multa rescisória e dos saques desses valores como movimentações distintas.

•• § 9.º acrescentado pelo Decreto n. 2.430, de 17-12-1997.

Art. 10. Caberá ao banco depositário e, após a centralização, à Caixa Econômica Federal – CEF, prestar ao empregador, no prazo máximo de cinco dias úteis da solicitação, as informações necessárias ao cumprimento do disposto nos parágrafos 1.º e 2.º do artigo precedente.

§ 1.º As informações deverão discriminar os totais de depósitos efetuados pelo empregador, acrescidos dos respectivos juros e correção monetária.

§ 2.º Caberá ao empregador comprovar o efetivo depósito dos valores devidos que não tenham ingressado na conta até a data da rescisão do contrato de trabalho.

Art. 11. Fica ressalvado o direito adquirido dos trabalhadores que, em 5 de outubro de 1988, já tinham o direito à estabilidade no emprego, nos termos do Capítulo V do Título IV da CLT.

Art. 12. Ocorrendo rescisão do contrato de trabalho, para a qual não tenha o trabalhador dado causa, fica assegurado, na forma do disposto nos arts. 477 a 486 e 497 da CLT, o direito à indenização relativa ao tempo de serviço anterior a 5 de outubro de 1988, que não tenha sido objeto de opção.

Art. 13. No caso de rescisão ou extinção do contrato de trabalho de empregado que conte tempo de serviço anterior a 5 de outubro de 1988 na qualidade de não optante, o empregador poderá levantar o saldo da respectiva conta individualizada, mediante:

I – comprovação do pagamento da indenização devida, quando for o caso; ou

II – autorização do Instituto Nacional de Seguro Social – INSS, quando não houver indenização a ser paga ou houver decorrido o prazo prescricional para reclamação de direitos por parte do trabalhador.

Parágrafo único. Nas hipóteses previstas neste artigo, os recursos serão liberados no prazo de 5 (cinco) dias úteis, contado da apresentação do comprovante de pagamento da indenização ou da autorização conferida pelo INSS.

Art. 14. No caso de contrato a termo, a rescisão antecipada, sem justa causa ou com culpa recíproca, equipara-se às hipóteses previstas nos parágrafos 1.º e 2.º do art. 9.º, respectivamente, sem prejuízo do disposto no art. 479 da CLT.

Art. 15. Ocorrendo rescisão do contrato de trabalho, pelo empregador, por justa causa, o trabalhador demitido somente terá direito ao saque de sua conta vinculada nas hipóteses previstas nos incisos III a VIII do art. 35.

Art. 16. Equipara-se a extinção normal do contrato a termo o término do mandato do diretor não empregado (arts. 7.º e 8.º) não reconduzido.

Capítulo IV
DAS CONTAS

Art. 17. As importâncias creditadas nas contas vinculadas em nome dos trabalhadores são impenhoráveis.

Art. 18. O saldo das contas vinculadas é garantido pelo Governo Federal, podendo ser instituído seguro especial para esse fim.

Art. 19. Os depósitos efetuados nas contas vinculadas serão corrigidos monetariamente com base nos parâmetros fixados para atualização dos saldos dos depósitos de poupança e capitalizarão juros de 3% (três por cento) ao ano.

§ 1.º A correção monetária e os juros correrão à conta do FGTS.

§ 2.º Para as contas vinculadas dos trabalhadores optantes, existentes em 22 de setembro de 1971, a capitalização dos juros dos depósitos continuará a ser feita levando-se em conta o período de permanência na mesma empresa, na seguinte progressão:

a) 3% (três por cento), durante os dois primeiros anos;

b) 4% (quatro por cento), do terceiro ao quinto ano;

c) 5% (cinco por cento), do sexto ao décimo ano;

d) 6% (seis por cento), a partir do décimo primeiro ano.

§ 3.º O disposto no parágrafo precedente deixará de ser aplicado quando o trabalhador mudar de empresa, hipótese em que a capitalização dos juros passará a ser feita à taxa de 3% (três por cento) ao ano.

Art. 20. O crédito da atualização monetária e dos juros será efetuado na conta do trabalhador:

I – no primeiro dia útil de cada mês, com base no saldo existente no primeiro dia útil do mês anterior, até que ocorra a centralização das contas na CEF; e

II – no dia 10 de cada mês, com base no saldo existente no dia 10 do mês anterior, após a centralização prevista neste artigo.

§ 1.º O saldo existente no mês anterior será utilizado como base para o cálculo dos juros e da atualização monetária após a dedução dos saques ocorridos no período, exceto os efetuados no dia do crédito.

§ 2.º Caso no dia 10 não haja expediente bancário, considerar-se-á o primeiro dia útil subsequente, tanto para a realização do crédito quanto para a definição do saldo-base.

Art. 21. Até o dia 14 de maio de 1991, a CEF assumirá o controle de todas as contas vinculadas, passando os demais estabelecimentos bancários, findo esse prazo, à condição de agentes recebedores e pagadores do FGTS, mediante recebimento de tarifa a ser fixada pelo Conselho Curador.

§ 1.º Até que a CEF implemente as disposições deste artigo, a conta vinculada continuará sendo aberta em nome do trabalhador, em estabelecimento bancário escolhido pelo empregador.

§ 2.º Verificando-se mudança de emprego, a conta vinculada será transferida para o estabelecimento bancário da escolha do novo empregador.

Art. 22. A partir do segundo mês após a centralização das contas na CEF, fica assegurado ao trabalhador o direito de receber, bimestralmente, extrato informativo da conta vinculada.

Parágrafo único. A qualquer tempo a CEF, mediante solicitação, fornecerá ao trabalhador informações sobre sua conta vinculada.

•• Vide Súmula 514 do STJ.

Art. 23. O banco depositário é responsável pelos lançamentos efetuados nas contas vinculadas durante o período em que estiverem sob sua administração.

Art. 24. Por ocasião da centralização na CEF, caberá ao banco depositário emitir o último extrato das contas vinculadas sob sua responsabilidade, que deverá conter, inclusive, o registro dos valores transferidos e a discriminação dos depósitos efetuados na vigência do último contrato de trabalho.

Art. 25. Após a centralização das contas na CEF o saldo de conta não individualizada e de conta vinculada sem depósito há mais de cinco anos será incorporado ao patrimônio do FGTS, resguardado o direito do beneficiário de reclamar, a qualquer tempo, a reposição do valor transferido, mediante comprovação de ter a conta existido.

Art. 26. A empresa anotará na Carteira de Trabalho e Previdência Social o nome e endereço da agência do banco depositário.

Parágrafo único. Após a centralização das contas na CEF, a empresa ficará desobrigada da anotação de que trata este artigo.

Capítulo V
DOS DEPÓSITOS

Art. 27. O empregador, ainda que entidade filantrópica, é obrigado a depositar, até o dia 7 de cada mês, em conta bancária vinculada, a importância correspondente a 8% (oito por cento) da remuneração paga ou devida no mês anterior, a cada trabalhador, incluídas as parcelas de que tratam os arts. 457 e 458 da CLT e a gratificação de Natal a que se refere a Lei n. 4.090, de 13 de julho de 1962, com as modificações da Lei n. 4.749, de 12 de agosto de 1965.

Parágrafo único. Não integram a base de cálculo para incidência do percentual de que trata este artigo:

a) a contribuição do empregador para o Vale-Transporte (Decreto n. 95.247, de 17-11-1987); e

b) os gastos efetuados com bolsas de aprendizagem (Lei n. 8.069, de 13-7-1990, art. 64).

Art. 28. O depósito na conta vinculada do FGTS é obrigatório também nos casos de interrupção do contrato de trabalho prevista em lei, tais como:

• Vide art. 7.º da Instrução Normativa n. 144, de 18-5-2018.

I – prestação de serviço militar;

II – licença para tratamento de saúde de até quinze dias;

III – licença por acidente de trabalho;

IV – licença à gestante; e

V – licença-paternidade.

Parágrafo único. Na hipótese deste artigo, a base de cálculo será revista sempre que ocorrer aumento geral na empresa ou na categoria profissional a que pertencer o trabalhador.

Art. 29. O depósito a que se refere o art. 27 é devido, ainda, quando o empregado passar a exercer cargo de diretoria, gerência ou outro de confiança imediata do empregador.

Art. 30. O empregador que não realizar os depósitos previstos no prazo fixado no art. 27 sujeitar-se-á às obrigações e sanções previstas nos arts. 50 a 52 e responderá:

I – pela atualização monetária da importância correspondente; e

II – pelos juros de mora de 1% (um por cento) ao mês e multa de 20% (vinte por cento), incidentes sobre o valor atualizado.

§ 1.º A atualização monetária será cobrada por dia de atraso, tomando-se por base os índices de variação do Bônus do Tesouro Nacional Fiscal (BTN Fiscal) ou, na falta deste, do título que vier a sucedê-lo, ou, ainda, a critério do Conselho Curador, por outro indicador da inflação diária.

§ 2.º Se o débito for pago até o último dia útil do mês em que o depósito deveria ter sido efetuado, a multa será reduzida para dez por cento.

§ 3.º O disposto neste artigo se aplica aos depósitos decorrentes de determinação judicial.

Art. 31. Até a centralização das contas na CEF, a apropriação na conta vinculada, para fins de atualização monetária e capitalização de juros, será feita:

I – no primeiro dia útil do mês subsequente, quando o depósito ocorrer no próprio mês em que se tornou devido;

II – no primeiro dia útil do mês do depósito, quando este ocorrer no mês subsequente àquele em que se tornou devido; e

III – no primeiro dia útil do mês do depósito, quando este ocorrer a partir do segundo mês subsequente ao em que se tornou devido, atualizado monetariamente e acrescido de juros, contados da data em que a apropriação deveria ter sido feita.

Art. 32. Os depósitos relativos ao FGTS, efetuados na rede bancária, serão transferidos à CEF no segundo dia útil subsequente à data em que tenham sido efetuados.

Art. 33. Os empregadores deverão comunicar mensalmente aos trabalhadores os valores recolhidos ao FGTS e repassar-lhes todas as informações, recebidas da CEF ou dos bancos depositários, sobre as respectivas contas vinculadas.

Art. 34. Os depósitos em conta vinculada constituirão despesas dedutíveis do lucro operacional dos empregadores e as importâncias levantadas a seu favor, receita tributável (Lei n. 8.036, de 11-5-1990).

Capítulo VI
DOS SAQUES

Art. 35. A conta vinculada do trabalhador no FGTS poderá ser movimentada nas seguintes situações:

I – despedida sem justa causa, inclusive a indireta, de culpa recíproca e por força maior, comprovada com o depósito dos valores de que tratam os §§ 1.º e 2.º do art. 9.º;

•• Inciso I com redação determinada pelo Decreto n. 2.430, de 17-12-1997.

II – extinção da empresa, fechamento de quaisquer de seus estabelecimentos, filiais ou agências, supressão de parte de suas atividades, ou, ainda, falecimento do empregador individual, sempre que qualquer dessas ocorrências implique rescisão do contrato de trabalho, comprovada por declaração escrita da empresa, suprida, quando for o caso, por decisão judicial transitada em julgado;

III – aposentadoria concedida pela Previdência Social;

IV – falecimento do trabalhador;

V – pagamento de parte das prestações decorrentes de financiamento habitacional concedido no âmbito do Sistema Financeiro da Habitação – SFH, desde que:

a) o mutuário conte com o mínimo de três anos de trabalho sob o regime do FGTS, na mesma empresa ou em empresas diferentes;

b) o valor bloqueado seja utilizado, no mínimo, durante o prazo de doze meses; e

c) o valor de cada parcela a ser movimentada não exceda a oitenta por cento do montante da prestação;

VI – liquidação ou amortização extraordinária do saldo devedor de financiamento imobiliário concedido no âmbito do SFH, desde que haja interstício mínimo de dois anos para cada movimentação, sem prejuízo de outras condições estabelecidas pelo Conselho Curador;

VII – pagamento total ou parcial do preço de aquisição de moradia própria, observadas as seguintes condições:

a) conte o mutuário com o mínimo de três anos de trabalho sob o regime do FGTS, na mesma empresa ou empresas diferentes; e

b) seja a operação financiada pelo SFH ou, se realizada fora do Sistema, preencha os requisitos para ser por ele financiada;

VIII – quando permanecer três anos ininterruptos, a partir de 14 de maio de 1990, sem crédito de depósitos;

IX – extinção normal do contrato a termo, inclusive o dos trabalhadores temporários regidos pela Lei n. 6.019, de 1974;

•• Inciso IX com redação determinada pelo Decreto n. 5.860, de 26-7-2006.

X – suspensão do trabalho avulso por período igual ou superior a noventa dias;

•• Inciso X com redação determinada pelo Decreto n. 5.860, de 26-7-2006.

XI – quando o trabalhador ou qualquer de seus dependentes for acometido de neoplasia maligna;

•• Inciso XI com redação determinada pelo Decreto n. 5.860, de 26-7-2006.

XII – aplicação, na forma individual ou por intermédio de Clubes de Investimento – CI-FGTS, em quotas de Fundos Mútuos de Privatização – FMP-FGTS, conforme disposto no inciso XII do art. 20 da Lei n. 8.036, de 11 de maio de 1990;

•• Inciso XII com redação determinada pelo Decreto n. 5.860, de 26-7-2006.

XIII – quando o trabalhador ou qualquer de seus dependentes for portador do vírus HIV;

•• Inciso XIII com redação determinada pelo Decreto n. 9.345, de 16-4-2018.

XIV – quando o trabalhador ou qualquer de seus dependentes estiver em estágio terminal, em razão de doença grave; e

•• Inciso XIV com redação determinada pelo Decreto n. 9.345, de 16-4-2018.

XV – para a aquisição de órtese ou prótese, mediante prescrição médica, com vista à promoção da acessibilidade e da inclusão social do trabalhador com deficiência, observadas as condições estabelecidas pelo Agente Operador do FGTS, inclusive o valor limite movimentado por operação e o interstício mínimo entre movimentações realizadas em decorrência da referida aquisição, que não poderá ser inferior a dois anos.

•• Inciso XV acrescentado pelo Decreto n. 9.345, de 16-4-2018.

§ 1.º Os depósitos em conta vinculada em nome de aposentado, em razão de novo vínculo empregatício, poderão ser sacados também no caso de rescisão do contrato de trabalho a seu pedido.

§ 2.º Nas hipóteses previstas nos incisos I e II, o trabalhador somente poderá sacar os valores relativos ao último contrato de trabalho.

§ 3.º O Conselho Curador disciplinará o disposto no inciso V, visando a beneficiar os trabalhadores de baixa renda e a preservar o equilíbrio financeiro do FGTS.

§ 4.º A garantia a que alude o art. 18 deste Regulamento não compreende as aplicações a que se refere o inciso XII deste artigo.
•• § 4.º acrescentado pelo Decreto n. 2.430, de 17-12-1997.

§ 5.º Os recursos automaticamente transferidos da conta do titular no FGTS em razão da aquisição de ações, bem como os ganhos ou perdas dela decorrentes, observado o disposto na parte final do § 1.º do art. 9.º, não afetarão a base de cálculo da indenização de que tratam os §§ 1.º e 2.º do art. 9.º deste Regulamento.
•• § 5.º acrescentado pelo Decreto n. 2.430, de 17-12-1997.

§ 6.º Os resgates de quotas dos FMP-FGTS e dos CI-FGTS, para os casos previstos nos incisos I a IV e VI a X deste artigo, somente poderão ocorrer com autorização prévia do Agente Operador do FGTS.
•• § 6.º com redação determinada pelo Decreto n. 5.860, de 26-7-2006.

§ 7.º Nos casos previstos nos incisos IV, VI e VII, o resgate de quotas implicará retorno à conta vinculada do trabalhador do valor resultante da aplicação.
•• § 7.º acrescentado pelo Decreto n. 2.430, de 17-12-1997.

§ 8.º O limite de 50% (cinquenta por cento) a que se refere o inciso XII deste artigo será observado a cada aplicação e após deduzidas as utilizações anteriores que não tenham retornado ao FGTS, de modo que o somatório dos saques da espécie, atualizados, não poderá ser superior à metade do saldo atual da respectiva conta.
•• § 8.º acrescentado pelo Decreto n. 2.430, de 17-12-1997.

§ 9.º Na movimentação das contas vinculadas a contrato de trabalho extinto até 31 de dezembro de 2015, de que trata o § 22 do art. 20 da Lei n. 8.036, de 11 de maio de 1990, o cronograma de atendimento, o critério, a forma e a data limite de pagamento serão estabelecidos pelo Agente Operador do FGTS, não podendo exceder 31 de julho de 2017, sendo permitido o crédito automático para a conta poupança de titularidade do trabalhador previamente aberta na Caixa Econômica Federal, desde que o trabalhador não se manifeste negativamente.
•• § 9.º acrescentado pelo Decreto n. 8.989, de 14-2-2017.

§ 9.º-A. Nos casos de comprovada impossibilidade de comparecimento pessoal do titular da conta vinculada do FGTS para solicitação de movimentação de valores, o cronograma de atendimento de que trata o § 9.º não poderá exceder a data de 31 de dezembro de 2018, conforme estabelecido pelo Agente Operador do FGTS.
•• § 9.º-A acrescentado pelo Decreto n. 9.108, de 26-7-2017.

§ 10. Na hipótese do crédito automático de que trata o § 9.º, o trabalhador poderá, até 31 de agosto de 2017, solicitar o desfazimento do crédito ou a transferência do valor para outra instituição financeira, independentemente do pagamento de qualquer tarifa, conforme procedimento a ser definido pelo Agente Operador do FGTS.
•• § 10 acrescentado pelo Decreto n. 8.989, de 14-2-2017.

§ 11. Para efeito da movimentação da conta vinculada na forma do inciso XV do *caput*, considera-se:
•• § 11 acrescentado pelo Decreto n. 9.345, de 16-4-2018.

a) trabalhador com deficiência – aquele que tem impedimento de longo prazo de natureza física ou sensorial; e
•• Alínea *a* acrescentada pelo Decreto n. 9.345, de 16-4-2018.

b) impedimento de longo prazo – aquele que produza efeitos pelo prazo mínimo de dois anos e que, em interação com uma ou mais barreiras, possa obstruir a participação plena e efetiva do trabalhador na sociedade em igualdade de condições com as demais pessoas.
•• Alínea *b* acrescentada pelo Decreto n. 9.345, de 16-4-2018.

Art. 36. O saque poderá ser efetuado mediante:

I – apresentação do recibo de quitação das verbas rescisórias, nos casos dos incisos I e II do artigo precedente;

II – apresentação de documento expedido pelo Instituto Nacional do Seguro Social – INSS que:

a) declare a condição de inativo, no caso de aposentadoria; ou

b) contenha a identificação e a data de nascimento de cada dependente, no caso de falecimento do trabalhador;

III – requerimento dirigido ao agente financeiro, nas hipóteses dos incisos V e VI, ou ao banco arrecadador, nos casos dos incisos VII e VIII, todos do artigo anterior;

IV – apresentação de cópia do instrumento contratual, no caso do contrato a termo;

V – declaração do sindicato representativo da categoria profissional, no caso de suspensão do trabalho avulso por período igual ou superior a noventa dias;
•• Inciso V com redação determinada pelo Decreto n. 5.860, de 26-7-2006.

VI – comprovação da rescisão e da sua condição de aposentado, no caso do § 1.º do art. 35;
•• Inciso VI com redação determinada pelo Decreto n. 5.860, de 26-7-2006.

VII – requerimento formal do trabalhador ao Administrador do FMP-FGTS, ou do CI-FGTS, ou por meio de outra forma estabelecida pelo Agente Operador do FGTS, no caso previsto no inciso XII do *caput* do art. 35, garantida, sempre, a aquiescência do titular da conta vinculada;
•• Inciso VII com redação determinada pelo Decreto n. 9.345, de 16-4-2018.

VIII – atestado de diagnóstico assinado por médico, devidamente identificado por seu registro profissional, emitido na conformidade das normas dos Conselhos Federal e Regional de Medicina, com identificação de patologia consignada no Código Internacional de Doenças – CID, e descritivo dos sintomas ou do histórico patológico pelo qual se identifique que o trabalhador ou dependente seu é portador de neoplasia maligna, do vírus HIV ou que caracterize estágio terminal de vida em razão de doença grave, nos casos dos incisos XI, XIII e XIV do *caput* do art. 35; e
•• Inciso VIII com redação determinada pelo Decreto n. 9.345, de 16-4-2018.

IX – laudo médico que ateste a condição de pessoa com deficiência, a espécie e o grau ou o nível da deficiência, com expressa menção correspondente à classificação de referência utilizada pela Organização Mundial da Saúde – OMS, e prescrição médica que indique a necessidade de órtese ou prótese para a promoção da acessibilidade e da inclusão social do trabalhador com deficiência, ambos documentos emitidos por médico devidamente identificado por seu registro profissional, em conformidade com as normas dos Conselhos Federal e Regional de Medicina, no caso do inciso XV do *caput* do art. 35.
•• Inciso IX acrescentado pelo Decreto n. 9.345, de 16-4-2018.

Parágrafo único. A apresentação dos documentos de que tratam os incisos I e IV do *caput* deste artigo poderá ser suprida pela comunicação para fins de autorização da movimentação da conta vinculada do trabalhador, realizada com uso de certificação digital e em conformidade com os critérios estabelecidos pelo Agente Operador do FGTS.
•• Parágrafo único acrescentado pelo Decreto n. 5.860, de 26-7-2006.

Art. 37. O saque de recursos na conta vinculada incluirá, obrigatoriamente, os valores nela depositados no mês do evento, mesmo que ainda não tenham sido creditados.

Art. 38. O saldo da conta vinculada do trabalhador que vier a falecer será pago a seu dependente, para esse fim habilitado perante a Previdência Social, independentemente da autorização judicial.

§ 1.º Havendo mais de um dependente habilitado, o pagamento será feito de acordo com os critérios adotados pela Previdência Social para a concessão de pensão por morte.

§ 2.º As quotas atribuídas a menores ficarão depositadas em caderneta de poupança e, salvo autorização judicial, só serão disponíveis após o menor completar dezoito anos.

§ 3.º Na falta de dependentes, farão jus ao recebimento do saldo da conta vinculada os sucessores do trabalhador, na forma prevista no Código Civil, indicados em alvará judicial, expedido a requerimento do interessado, independentemente de inventário ou arrolamento.

Art. 39. O direito de utilizar os recursos creditados em conta vinculada em nome do trabalhador não poderá ser exercido simultaneamente para a aquisição de mais de um imóvel.

Art. 40. O imóvel, adquirido com a utilização do FGTS, somente poderá ser objeto de outra operação com recursos do Fundo na forma que vier a ser disciplinada pelo Conselho Curador.

Art. 41. A solicitação de saque da conta vinculada será atendida no prazo de cinco dias úteis, quando o documento for entregue na agência onde o empregador tenha efetuado o depósito do FGTS.

§ 1.º Compete à CEF expedir instruções fixando prazo para os casos em que a entrega do documento não ocorra na agência mantenedora da conta ou quando o sacador solicitar que o saque seja liberado em outra agência, ou, ainda, quando o sacador optar pelo saque após o crédito de juros e atualização monetária relativos ao mês em que se verificar o pedido.

§ 2.º Decorrido o prazo, sobre o valor do saque incidirá atualização monetária com base nos índices de variação do BTN Fiscal, ou outro que vier a sucedê-lo, ou, ainda, a critério do Conselho Curador, por outro indicador da inflação diária.

§ 3.º No caso de valor aplicado em FMP-FGTS, e para os fins previstos nos incisos IV, VI e VII do art. 35, o prazo de 5 (cinco) dias contar-se-á a partir do retorno do valor resultante da aplicação à conta vinculada e não da data da solicitação.

•• § 3.º acrescentado pelo Decreto n. 2.430, de 17-12-1997.

Art. 42. A movimentação da conta vinculada do FGTS por menor de dezoito anos dependerá da assistência do responsável legal.

Capítulo VII
DO CERTIFICADO DE REGULARIDADE

• A Circular n. 392, de 25-10-2006, da Caixa Econômica Federal, disciplina os procedimentos para a verificação da regularidade dos empregadores junto ao FGTS e para a concessão do Certificado de Regularidade do FGTS-CRF.

Art. 43. A regularidade da situação do empregador perante o FGTS será comprovada pelo Certificado de Regularidade do FGTS, com validade em todo o território nacional, a ser fornecido pela CEF, mediante solicitação.

Art. 44. A apresentação do Certificado de Regularidade do FGTS é obrigatória para:

I – habilitação em licitação promovida por órgãos da Administração Pública direta, indireta ou fundacional e por empresas controladas direta ou indiretamente pela União, pelos Estados, pelo Distrito Federal e pelos Municípios;

II – obtenção de empréstimos ou financiamentos junto a quaisquer instituições financeiras públicas, por parte de órgãos e entidades da Administração Pública direta, indireta ou fundacional, bem assim empresas controladas direta ou indiretamente pela União, pelos Estados, pelo Distrito Federal e pelos Municípios;

III – obtenção de favores creditícios, isenções, subsídios, auxílios, outorga ou concessão de serviços ou quaisquer outros benefícios concedidos por órgão da Administração Pública Federal, dos Estados, do Distrito Federal e dos Municípios, salvo quando destinados a saldar débitos para com o FGTS;

IV – transferência de domicílio para o exterior; e

V – registro ou arquivamento, nos órgãos competentes, de alteração ou distrato de contrato social, de estatuto, ou de qualquer documento que implique modificação na estrutura jurídica do empregador ou na extinção da empresa.

Art. 45. Para obter o Certificado de Regularidade, o empregador deverá satisfazer as seguintes condições:

I – estar em dia com as obrigações para com o FGTS; e

II – estar em dia com o pagamento de prestação de empréstimos lastreados em recursos do FGTS.

Art. 46. O Certificado de Regularidade terá validade de até seis meses contados da data da sua emissão.

§ 1.º No caso de parcelamento de débito, a validade será de trinta dias.

§ 2.º Havendo antecipação no pagamento de parcelas, o Certificado terá validade igual ao período correspondente às prestações antecipadas, observado o prazo máximo de seis meses.

Capítulo VIII
DAS INFRAÇÕES E DAS PENALIDADES

Art. 47. Constituem infrações à Lei n. 8.036, de 1990:

I – não depositar mensalmente a parcela referente ao FGTS;

II – omitir informações sobre a conta vinculada do trabalhador;

III – apresentar informações ao Cadastro Nacional do Trabalhador, dos trabalhadores beneficiários, com erros ou omissões;

IV – deixar de computar, para efeito de cálculo dos depósitos do FGTS, parcela componente da remuneração;

V – deixar de efetuar os depósitos com os acréscimos legais, após notificado pela fiscalização.

Parágrafo único. Por trabalhador prejudicado o infrator estará sujeito às seguintes multas:

a) de dois a cinco BTN, nos casos dos incisos II e III; e

b) de dez a cem BTN, nos casos dos incisos I, IV e V.

Art. 48. Nos casos de fraude, simulação, artifício, ardil, resistência, embaraço ou desacato à fiscalização, assim como na reincidência, a multa especificada no artigo anterior será duplicada, sem prejuízo das demais cominações legais.

Art. 49. Os valores das multas, quando não recolhidas no prazo legal, serão atualizados monetariamente pelo BTN Fiscal até a data de seu efetivo pagamento.

Art. 50. O empregador em mora para com o FGTS não poderá, sem prejuízo de outras disposições legais (Decreto-lei n. 368, de 14-12-1968, art. 1.º):

I – pagar honorário, gratificação, pro labore, ou qualquer tipo de retribuição ou retirada a seus diretores, sócios, gerentes ou titulares de firma individual; e

II – distribuir quaisquer lucros, bonificações, dividendos ou interesses a seus sócios, titulares, acionistas, ou membros de órgãos dirigentes, fiscais ou consultivos.

Art. 51. O empregador em mora contumaz com o FGTS não poderá receber qualquer benefício de natureza fiscal, tributária ou financeira, por parte de órgão da União, dos Estados, do Distrito Federal ou dos Municípios, ou de que estes participem (Decreto-lei n. 368, de 1968, art. 2.º).

§ 1.º Considera-se mora contumaz o não pagamento de valores devidos ao FGTS por período igual ou superior a três meses, sem motivo grave ou relevante, excluídas as causas pertinentes ao risco do empreendimento.

§ 2.º Não se incluem na proibição deste artigo as operações destinadas à liquidação dos débitos existentes para com o FGTS, o que deverá ser expressamente consignado em documento firmado pelo responsável legal da empresa, como justificação do crédito.

Art. 52. Pela infração ao disposto nos incisos I e II do art. 50, os diretores, sócios, gerentes, membros de órgãos fiscais ou consultivos, titulares de firma individual ou quaisquer outros dirigentes de empresa estão sujeitos à pena de detenção de um mês a um ano (Decreto-lei n. 368, de 1968, art. 4.º).

Parágrafo único. Apurada a infração prevista neste artigo, a autoridade competente do INSS representará, sob pena de responsabilidade, ao Ministério Público, para a instauração da competente ação penal.

Art. 53. Por descumprimento ou inobservância de quaisquer das obrigações que lhe compete como agente arrecadador, pagador ou mantenedor do cadastro de contas vinculadas, na forma que vier a ser disciplinada pelo Conselho Curador, fica o banco depositário sujeito ao

pagamento de multa equivalente a dez por cento do montante da conta do empregado, independentemente das demais cominações legais.

Capítulo IX
DA FISCALIZAÇÃO

• *Vide* Instrução Normativa n. 144, de 18-5-2018.

Art. 54. Compete ao Ministério do Trabalho e da Previdência Social – MTPS, por intermédio do INSS, exercer a fiscalização do cumprimento do disposto na Lei n. 8.036, de 1990, de acordo com este regulamento e os arts. 626 a 642 da CLT, especialmente quanto à apuração dos débitos e das infrações praticadas pelos empregadores.

Art. 55. O processo de fiscalização, de autuação e de imposição de multas reger-se-á pelo disposto no Título VII da CLT, respeitado o privilégio do FGTS à prescrição trintenária.

Art. 56. A penalidade de multa será aplicada pelo Gerente de Atendimento de Relações de Emprego, do INSS, mediante decisão fundamentada, lançada em processo administrativo, assegurada ampla defesa ao autuado.

Parágrafo único. Na fixação da penalidade a autoridade administrativa levará em conta as circunstâncias e consequências da infração, bem como ser o infrator primário ou reincidente, a sua situação econômico-financeira e os meios ao seu alcance para cumprir a lei.

Art. 57. Quando julgado procedente o recurso interposto na forma do art. 636 da CLT, os depósitos efetuados para garantia de instância serão restituídos com os valores atualizados na forma da lei.

Art. 58. A rede arrecadadora e a CEF deverão prestar ao MTPS as informações necessárias à fiscalização.

Capítulo X
DO FUNDO E DO SEU EXERCÍCIO FINANCEIRO

Art. 59. O FGTS é constituído pelos saldos das contas vinculadas e outros recursos a ele incorporados.

Parágrafo único. Constituem recursos incorporados ao FGTS:
a) eventuais saldos apurados nos termos do art. 68;
b) dotações orçamentárias específicas;
c) resultados de aplicações;
d) multas, correção monetária e juros moratórios auferidos; e
e) outras receitas patrimoniais e financeiras.

Art. 60. O exercício financeiro do FGTS será de 1.º de janeiro a 31 de dezembro.

§ 1.º No final de cada exercício financeiro será realizado balanço anual do FGTS.

§ 2.º As contas do FGTS serão escrituradas em registros contábeis próprios.

Capítulo XI
DA APLICAÇÃO DOS RECURSOS

Art. 61. As aplicações com recursos do FGTS poderão ser realizadas diretamente pela CEF, pelos demais órgãos integrantes do SFH e pelas entidades para esse fim credenciadas pelo Banco Central do Brasil como agentes financeiros, exclusivamente segundo critérios fixados pelo Conselho Curador, mediante operações em que sejam assegurados:
I – garantia real;
II – correção monetária igual à das contas vinculadas;
III – taxa de juros média mínima, por projeto, de três por cento ao ano; e
IV – prazo máximo de retorno de vinte e cinco anos.

§ 1.º A rentabilidade média das aplicações deverá ser suficiente à cobertura de todos os custos incorridos pelo Fundo e ainda à formação de reserva técnica para o atendimento de gastos eventuais não previstos, sendo da CEF o risco de crédito.

§ 2.º Os recursos do FGTS deverão ser aplicados em habitação, saneamento básico e infraestrutura urbana, sem prejuízo das disponibilidades financeiras que deverão ser mantidas em volume que satisfaça às condições de liquidez e à remuneração mínima necessária à preservação do poder aquisitivo da moeda.

§ 3.º O programa de aplicações deverá destinar, no mínimo, sessenta por cento para investimentos em habitação popular.

§ 4.º O Conselho Curador definirá o conceito de habitação popular considerando, em especial, a renda das famílias a serem atendidas.

§ 5.º Os projetos de saneamento básico e infraestrutura urbana, financiados com recursos do FGTS, deverão ser complementares aos programas habitacionais.

§ 6.º Nos financiamentos concedidos a pessoa jurídica de direito público será exigida garantia real ou vinculação de receitas.

Art. 62. O Conselho Curador fixará diretrizes e estabelecerá critérios técnicos para as aplicações dos recursos do FGTS, de forma que sejam:
I – exigida a participação dos contratantes de financiamentos nos investimentos a serem realizados;
II – assegurado o cumprimento, por parte dos contratantes, das obrigações decorrentes dos financiamentos obtidos; e
III – evitadas distorções na aplicação entre as regiões do País, considerando para tanto a demanda habitacional, a população e outros indicadores sociais.

Capítulo XII
DO CONSELHO CURADOR DO FGTS

Art. 63. O FGTS será regido segundo normas e diretrizes estabelecidas por um Conselho Curador.

Art. 64. Ao Conselho Curador compete:
I – estabelecer as diretrizes e os programas de alocação de todos os recursos do FGTS, de acordo com os critérios definidos na Lei n. 8.036, de 1990, em consonância com a política nacional de desenvolvimento urbano e as políticas setoriais de habitação popular, saneamento básico e infraestrutura urbana estabelecidas pelo Governo Federal;
II – apreciar e aprovar os programas anuais e plurianuais do FGTS;
III – acompanhar e avaliar a gestão econômica e financeira dos recursos, bem como os ganhos sociais e o desempenho dos programas aprovados;
IV – pronunciar-se sobre as contas do FGTS, antes do seu encaminhamento aos órgãos de controle interno;
V – adotar as providências cabíveis para a correção de atos do MAS e da CEF, que prejudiquem o desempenho e o cumprimento das finalidades a que se destinam os recursos do FGTS;
VI – dirimir dúvidas quanto à aplicação das normas regulamentares, relativas ao FGTS, nas matérias de sua competência;
VII – fixar as normas e valores de remuneração do Agente Operador e dos agentes financeiros;
VIII – fixar critérios para o parcelamento de recolhimentos em atraso;
IX – fixar critérios e valor de remuneração da entidade ou órgão encarregado da fiscalização;
X – divulgar, no *Diário Oficial da União*, todas as decisões proferidas pelo Conselho, bem como as contas do FGTS e os respectivos pareceres emitidos; e
XI – aprovar seu regimento interno.

Art. 65. (*Revogado pelo Decreto n. 9.737, de 26-3-2019.*)

Capítulo XIII
DO GESTOR DA APLICAÇÃO DO FGTS

Art. 66. Ao Ministério do Planejamento e Orçamento, na qualidade de Gestor da aplicação dos recursos do FGTS, compete:

•• *Caput*, com redação determinada pelo Decreto n. 1.522, de 13-6-1995.

I – praticar todos os atos necessários à gestão da aplicação do FGTS, de acordo com as diretrizes e programas estabelecidos pelo Conselho Curador;

•• Inciso I com redação determinada pelo Decreto n. 1.522, de 13-6-1995.

II – expedir atos normativos relativos à alocação dos recursos para a implementação dos programas aprovados pelo Conselho Curador;
•• Inciso II com redação determinada pelo Decreto n. 1.522, de 13-6-1995.

III – definir as metas a serem alcançadas pelos programas de habitação popular, saneamento básico e infraestrutura urbana;
•• Inciso III com redação determinada pelo Decreto n. 1.522, de 13-6-1995.

IV – estabelecer os critérios, procedimentos e parâmetros básicos para a análise, seleção, contratação, acompanhamento e avaliação dos projetos a serem financiados com recursos do FGTS, com observância dos objetivos da política nacional de desenvolvimento urbano e das políticas setoriais de habitação popular, saneamento básico e infraestrutura urbana, estabelecidas pelo Governo Federal;
•• Inciso IV com redação determinada pelo Decreto n. 1.522, de 13-6-1995.

V – definir as prioridades, a metodologia e os parâmetros básicos que nortearão a elaboração dos orçamentos e planos plurianuais de aplicação dos recursos do FGTS;
•• Inciso V com redação determinada pelo Decreto n. 1.522, de 13-6-1995.

VI – elaborar os orçamentos anuais e planos plurianuais de aplicação dos recursos, discriminando-os por Unidade da Federação e submetendo-os, até 31 de julho de cada ano, ao Conselho Curador;
•• Inciso VI com redação determinada pelo Decreto n. 1.522, de 13-6-1995.

VII – acompanhar a execução dos programas de habitação popular, saneamento básico e infraestrutura urbana, decorrentes da aplicação dos recursos do FGTS, implementadas pelo Agente Operador;
•• Inciso VII com redação determinada pelo Decreto n. 1.522, de 13-6-1995.

VIII – subsidiar o Conselho Curador com estudos técnicos necessários ao aprimoramento dos programas de habitação popular, saneamento e infraestrutura urbana;
•• Inciso VIII com redação determinada pelo Decreto n. 1.522, de 13-6-1995.

IX – submeter ao Conselho Curador as contas do FGTS.
•• Inciso IX com redação determinada pelo Decreto n. 1.522, de 13-6-1995.

Parágrafo único. O Gestor da aplicação poderá firmar convênios com os Governos dos Estados e do Distrito Federal para, por intermédio de instâncias colegiadas constituídas de representantes do governo estadual, dos governos municipais, quando houver, e da sociedade civil, em igual número, enquadrar, hierarquizar e selecionar os pleitos de operações de crédito com recursos do FGTS.
•• Parágrafo único com redação determinada pelo Decreto n. 1.522, de 13-6-1995.

Capítulo XIV
DO AGENTE OPERADOR DO FGTS

Art. 67. Cabe à CEF, na qualidade de Agente Operador do FGTS:
•• Caput com redação determinada pelo Decreto n. 1.522, de 13-6-1995.

I – centralizar os recursos do FGTS, participar da rede incumbida de sua arrecadação, manter e controlar as contas vinculadas e emitir regularmente os extratos individuais correspondentes;
•• Inciso I com redação determinada pelo Decreto n. 1.522, de 13-6-1995.

II – definir os procedimentos operacionais necessários à execução dos programas de habitação popular, saneamento básico e infraestrutura urbana e ao cumprimento das resoluções do Conselho Curador e dos atos normativos do Gestor da aplicação do FGTS;
•• Inciso II com redação determinada pelo Decreto n. 1.522, de 13-6-1995.

III – expedir atos normativos referentes aos procedimentos administrativos e operacionais dos bancos depositários, dos agentes financeiros e promotores, dos tomadores dos recursos, dos empregadores e dos trabalhadores, integrantes do sistema do FGTS;
•• Inciso III com redação determinada pelo Decreto n. 1.522, de 13-6-1995.

IV – analisar, sob os aspectos jurídico e de viabilidade técnica, econômica e financeira os projetos de habitação popular, infraestrutura urbana e saneamento básico a serem financiados com recursos do FGTS;
•• Inciso IV com redação determinada pelo Decreto n. 1.522, de 13-6-1995.

V – avaliar o desempenho e a capacidade econômico-financeira dos agentes envolvidos nas operações de crédito com recursos do FGTS;
•• Inciso V com redação determinada pelo Decreto n. 1.522, de 13-6-1995.

VI – conceder os créditos para as operações previamente selecionadas e hierarquizadas, desde que consideradas viáveis, de acordo com o disposto no inciso IV deste artigo, responsabilizando-se pelo acompanhamento de sua execução e zelando pela correta aplicação dos recursos;
•• Inciso VI com redação determinada pelo Decreto n. 1.522, de 13-6-1995.

VII – formalizar convênios com a rede bancária para recebimento de pagamento do FGTS, em conformidade com o disposto pelo Conselho Curador;
•• Inciso VII com redação determinada pelo Decreto n. 1.522, de 13-6-1995.

VIII – celebrar convênios e contratos, visando à aplicação dos recursos do FGTS, em conformidade com o disposto pelo Conselho Curador;
•• Inciso VIII com redação determinada pelo Decreto n. 1.522, de 13-6-1995.

IX – elaborar as contas do FGTS, encaminhando-as ao Gestor da aplicação;
•• Inciso IX com redação determinada pelo Decreto n. 1.522, de 13-6-1995.

X – implementar os atos do Gestor relativos à alocação e à aplicação dos recursos do FGTS, de acordo com as diretrizes estabelecidas pelo Conselho Curador;
•• Inciso X com redação determinada pelo Decreto n. 1.522, de 13-6-1995.

XI – emitir Certificado de Regularidade do FGTS;
•• Inciso XI com redação determinada pelo Decreto n. 1.522, de 13-6-1995.

XII – apresentar relatórios gerenciais periódicos e, sempre que solicitadas, outras informações, com a finalidade de proporcionar ao Gestor da aplicação e ao Conselho Curador meios para avaliar o desempenho dos programas, nos seus aspectos físico, econômico-financeiro, social e institucional, e sua conformidade com as diretrizes governamentais;
•• Inciso XII com redação determinada pelo Decreto n. 1.522, de 13-6-1995.

XIII – expedir atos normativos referentes aos procedimentos administrativo-operacionais a serem observados pelos agentes administradores dos FMP-FGTS e dos CI-FGTS, no que se refere às questões relacionadas ao cadastramento, ao fluxo de informações das movimentações e a resgates de quotas;
•• Inciso XIII acrescentado pelo Decreto n. 2.430, de 17-12-1997.

XIV – determinar aos administradores dos FMP-FGTS e dos CI-FGTS o retorno das aplicações do FGTS, nos casos de falecimento do titular, de aquisição de casa própria, de amortização ou liquidação de saldo devedor de financiamento do SFH e para o cumprimento de ordem judicial.
•• Inciso XIV acrescentado pelo Decreto n. 2.430, de 17-12-1997.

Art. 68. Os resultados financeiros auferidos pela CEF, no período entre o repasse dos bancos e o depósito nas contas vinculadas dos trabalhadores, destinar-se-ão à cobertura das despesas de administração do FGTS e ao pagamento da tarifa aos bancos depositários, devendo os eventuais saldos ser incorporados ao patrimônio do Fundo, nos termos do art. 59, parágrafo único, alínea a.

Capítulo XV
DAS DISPOSIÇÕES GERAIS

Art. 69. É competente a Justiça do Trabalho para julgar os dissídios entre os trabalhadores e os empregadores, decorrentes da aplicação da Lei n. 8.036, de 1990, mesmo quando a União e a CEF figurarem como litisconsortes.

Parágrafo único. Nas reclamatórias trabalhistas que objetivem o ressarcimento de parcelas relativas ao FGTS, ou que, direta ou indiretamente, impliquem essa obrigação, o juiz determinará que a empresa sucumbente proceda ao recolhimento imediato das importâncias devidas a tal título.

Art. 70. Poderá o próprio trabalhador, seus dependentes e sucessores, ou, ainda, o sindicato a que estiver vinculado, acionar diretamente a empresa para compeli-la a efetuar o depósito das importâncias devidas nos termos da Lei n. 8.036, de 1990.

Parágrafo único. A União e a CEF deverão ser notificadas da propositura da reclamação.

Art. 71. São isentos de tributos federais os atos e operações necessários à aplicação da Lei n. 8.036, de 1990, quando praticados pela CEF, pelos trabalhadores e seus dependentes ou sucessores, pelos empregadores e pelos estabelecimentos bancários.

Parágrafo único. Aplica-se o disposto neste artigo às importâncias devidas, nos termos da Lei n. 8.036, de 1990, aos trabalhadores e seus dependentes ou sucessores.

Art. 72. É facultado à entidade sindical representar os trabalhadores junto ao empregador, ao banco depositário ou à CEF, para obtenção de informações relativas ao FGTS.

Art. 73. É facultado ao empregador desobrigar-se da responsabilidade da indenização relativa ao tempo de serviço anterior à opção, depositando na conta vinculada do trabalhador, até o último dia útil do mês previsto em lei para o pagamento de salário, o valor correspondente à indenização, aplicando-se ao depósito, no que couber, as disposições da Lei n. 8.036, de 1990, e deste Regulamento.

Capítulo XVI
DAS DISPOSIÇÕES FINAIS E TRANSITÓRIAS

Art. 74. O MAS, a CEF e o Conselho Curador serão responsáveis pelo fiel cumprimento e observância dos critérios estabelecidos na Lei n. 8.036, de 1990, e neste Regulamento.

Art. 75. O Conselho Curador expedirá os atos necessários para que seja resguardada a integridade dos direitos do trabalhador, notadamente no que se refere à atualização dos respectivos créditos e à exata informação, quando da centralização das contas do FGTS na CEF.

Art. 76. Os trabalhadores admitidos a termo e os temporários, cujos contratos se extinguiram durante a vigência da Lei n. 7.839, de 12 de outubro de 1989, poderão movimentar suas contas vinculadas relativas a esses contratos, cabendo aos então empregadores fornecer os documentos necessários para o levantamento dos respectivos valores.

Art. 77. O disposto no art. 7.º se aplica aos diretores não empregados das autarquias em regime especial e fundações sob supervisão ministerial (Lei n. 6.919, de 1981).

Art. 78. O MAS e a CEF deverão dar pleno cumprimento aos programas anuais em andamento, aprovados pelo Conselho Curador, sendo que eventuais alterações somente poderão ser processadas mediante prévia anuência daquele colegiado.

Art. 79. Até que se cumpra o disposto no art. 29 do Ato das Disposições Constitucionais Transitórias, cabe à Procuradoria-Geral da Fazenda Nacional promover a execução judicial dos créditos da União decorrentes da aplicação de penalidades previstas na Lei n. 8.036, de 1990.

LEI N. 8.177, DE 1.º DE MARÇO DE 1991 (*)

Estabelece regras para a desindexação da economia e dá outras providências.

O Presidente da República

Faço saber que o Congresso Nacional decreta e eu sanciono a seguinte lei:

Art. 1.º O Banco Central do Brasil divulgará Taxa Referencial (TR), calculada a partir da remuneração mensal média líquida de impostos, dos depósitos a prazo fixo captados nos bancos comerciais, bancos de investimentos, bancos múltiplos com carteira comercial ou de investimentos, caixas econômicas, ou dos títulos públicos federais, estaduais e municipais, de acordo com metodologia a ser aprovada pelo Conselho Monetário Nacional, no prazo de sessenta dias, e enviada ao conhecimento do Senado Federal.

(*) Publicada no *DOU*, de 4-3-1991 – Suplemento.

..

Art. 39. Os débitos trabalhistas de qualquer natureza, quando não satisfeitos pelo empregador nas épocas próprias assim definidas em lei, acordo ou convenção coletiva, sentença normativa ou cláusula contratual sofrerão juros de mora equivalentes à TRD acumulada no período compreendido entre a data de vencimento da obrigação e o seu efetivo pagamento.

•• A Lei n. 14.020, de 6-7-2020, propôs nova redação para este *caput*, todavia teve seu texto vetado.

§ 1.º Aos débitos trabalhistas constantes de condenação pela Justiça do Trabalho ou decorrentes dos acordos feitos em reclamatória trabalhista, quando não cumpridos nas condições homologadas ou constantes do termo de conciliação, serão acrescidos, nos juros de mora previstos no *caput*, juros de um por cento ao mês, contados do ajuizamento da reclamatória e aplicados *pro rata die*, ainda que não explicitados na sentença ou no termo de conciliação.

§ 2.º Na hipótese de a data de vencimento das obrigações de que trata este artigo ser anterior a 1.º de fevereiro de 1991, os juros de mora serão calculados pela composição entre a variação acumulada do BTN Fiscal no período compreendido entre a data de vencimento da obrigação e 31 de janeiro de 1991, e a TRD acumulada entre 1.º de fevereiro de 1991 e seu efetivo pagamento.

Art. 40. O depósito recursal de que trata o art. 899 da Consolidação das Leis do Trabalho fica limitado a Cr$ 20.000.000,00 (vinte milhões de cruzeiros), nos casos de interposição de recurso ordinário, e de Cr$ 40.000.000,00 (quarenta milhões de cruzeiros), em se tratando de recurso de revista, embargos infringentes e recursos extraordinários, sendo devido a cada novo recurso interposto no decorrer do processo.

•• *Caput* com redação determinada pela Lei n. 8.542, de 23-12-1992.

§ 1.º Em se tratando de condenação imposta em ação rescisória, o depósito recursal terá, como limite máximo, qualquer que seja o recurso, o valor de Cr$ 40.000.000,00 (quarenta milhões de cruzeiros).

•• § 1.º com redação determinada pela Lei n. 8.542, de 23-12-1992.

§ 2.º A exigência de depósito aplica-se, igualmente, aos embargos, à execução e a qualquer recurso subsequente do devedor.

•• § 2.º com redação determinada pela Lei n. 8.542, de 23-12-1992.

§ 3.º O valor do recurso ordinário, quando interposto em dissídio coletivo, será equivalente ao quádruplo do previsto no *caput* deste artigo.

•• § 3.º com redação determinada pela Lei n. 8.542, de 23-12-1992.

§ 4.º Os valores previstos neste artigo serão reajustados bimestralmente pela variação acumulada do INPC do IBGE dos dois meses imediatamente anteriores.

•• § 4.º acrescentado pela Lei n. 8.542, de 23-12-1992.

..

Brasília, 1.º de março de 1991; 170.º da Independência e 103.º da República.

Fernando Collor

LEI N. 8.212, DE 24 DE JULHO DE 1991 (**)

Dispõe sobre a organização da Seguridade Social, institui Plano de Custeio, e dá outras providências.

O Presidente da República.

Faço saber que o Congresso Nacional decreta e eu sanciono a seguinte Lei:

LEI ORGÂNICA DA SEGURIDADE SOCIAL

▬ Título I
CONCEITUAÇÃO E PRINCÍPIOS CONSTITUCIONAIS

(**) Publicada no *DOU*, de 25-7-1991, republicada em 11-4-1996 e em 14-8-1998. *Vide* Súmula 516 do STJ.

Art. 1.º A Seguridade Social compreende um conjunto integrado de ações de iniciativa dos poderes públicos e da sociedade, destinado a assegurar o direito relativo à saúde, à previdência e à assistência social.

Parágrafo único. A Seguridade Social obedecerá aos seguintes princípios e diretrizes:

a) universalidade da cobertura e do atendimento;

b) uniformidade e equivalência dos benefícios e serviços às populações urbanas e rurais;

c) seletividade e distributividade na prestação dos benefícios e serviços;

d) irredutibilidade do valor dos benefícios;

e) equidade na forma de participação no custeio;

f) diversidade da base de financiamento;

g) caráter democrático e descentralizado da gestão administrativa com a participação da comunidade, em especial de trabalhadores, empresários e aposentados.

Título III
DA PREVIDÊNCIA SOCIAL

Art. 3.º A Previdência Social tem por fim assegurar aos seus beneficiários meios indispensáveis de manutenção, por motivo de incapacidade, idade avançada, tempo de serviço, desemprego involuntário, encargos de família e reclusão ou morte daqueles de quem dependiam economicamente.

Parágrafo único. A organização da Previdência Social obedecerá aos seguintes princípios e diretrizes:

..

b) valor da renda mensal dos benefícios, substitutos do salário de contribuição ou de rendimento do trabalho do segurado, não inferior ao do salário mínimo;

..

Título VI
DO FINANCIAMENTO DA SEGURIDADE SOCIAL

..

Capítulo I
DOS CONTRIBUINTES

SEÇÃO I
Dos Segurados

Art. 12. São segurados obrigatórios da Previdência Social as seguintes pessoas físicas:

I – como empregado:

a) aquele que presta serviço de natureza urbana ou rural à empresa, em caráter não eventual, sob sua subordinação e mediante remuneração, inclusive como diretor empregado;

b) aquele que, contratado por empresa de trabalho temporário, definida em legislação específica, presta serviço para atender a necessidade transitória de substituição de pessoal regular e permanente ou a acréscimo extraordinário de serviços de outras empresas;

c) o brasileiro ou estrangeiro domiciliado e contratado no Brasil para trabalhar como empregado em sucursal ou agência de empresa nacional no exterior;

d) aquele que presta serviço no Brasil a missão diplomática ou a repartição consular de carreira estrangeira e a órgãos a ela subordinados, ou a membros dessas missões e repartições, excluídos o não brasileiro sem residência permanente no Brasil e o brasileiro amparado pela legislação previdenciária do país da respectiva missão diplomática ou repartição consular;

e) o brasileiro civil que trabalha para a União, no exterior, em organismos oficiais brasileiros ou internacionais dos quais o Brasil seja membro efetivo, ainda que lá domiciliado e contratado, salvo se segurado na forma da legislação vigente do país do domicílio;

f) o brasileiro ou estrangeiro domiciliado e contratado no Brasil para trabalhar como empregado em empresa domiciliada no exterior, cuja maioria do capital votante pertença a empresa brasileira de capital nacional;

g) o servidor público ocupante de cargo em comissão, sem vínculo efetivo com a União, Autarquias, inclusive em regime especial, e Fundações Públicas Federais;

•• Alínea g acrescentada pela Lei n. 8.647, de 13-7-1993.

h) o exercente de mandato eletivo federal, estadual ou municipal, desde que não vinculado a regime próprio de previdência social;

•• A Lei n. 10.887, de 18-6-2004, acrescentou alínea j a este inciso, com redação idêntica a esta alínea h.

•• A Resolução n. 26, de 21-6-2005, do Senado Federal, suspendeu a execução desta alínea em virtude da declaração de sua inconstitucionalidade em decisão definitiva pelo STF.

i) o empregado de organismo oficial internacional ou estrangeiro em funcionamento no Brasil, salvo quando coberto por regime próprio de previdência social;

•• Alínea i acrescentada pela Lei n. 9.876, de 26-11-1999.

j) o exercente de mandato eletivo federal, estadual ou municipal, desde que não vinculado a regime próprio de previdência social;

•• Alínea j acrescentada pela Lei n. 10.887, de 28-6-2004.

•• Vide notas na alínea h do inciso I deste artigo.

II – como empregado doméstico: aquele que presta serviço de natureza contínua a pessoa ou família, no âmbito residencial desta, em atividades sem fins lucrativos;

III e IV – (Revogados pela Lei n. 9.876, de 26-11-1999.)

V – como contribuinte individual:

•• Inciso V, caput, com redação determinada pela Lei n. 9.876, de 26-11-1999.

a) a pessoa física, proprietária ou não, que explora atividade agropecuária, a qualquer título, em caráter permanente ou temporário, em área superior a 4 (quatro) módulos fiscais; ou, quando em área igual ou inferior a 4 (quatro) módulos fiscais ou atividade pesqueira, com auxílio de empregados ou por intermédio de prepostos; ou ainda nas hipóteses dos §§ 10 e 11 deste artigo;

•• Alínea a com redação determinada pela Lei n. 11.718, de 20-6-2008.

b) a pessoa física, proprietária ou não, que explora atividade de extração mineral – garimpo, em caráter permanente ou temporário, diretamente ou por intermédio de prepostos, com ou sem o auxílio de empregados, utilizados a qualquer título, ainda que de forma não contínua;

•• Alínea b com redação determinada pela Lei n. 9.876, de 26-11-1999.

c) o ministro de confissão religiosa e o membro de instituto de vida consagrada, de congregação ou de ordem religiosa;

•• Alínea c com redação determinada pela Lei n. 10.403, de 8-1-2002.

d) (Revogada pela Lei n. 9.876, de 26-11-1999.)

e) o brasileiro civil que trabalha no exterior para organismo oficial internacional do qual o Brasil é membro efetivo, ainda que lá domiciliado e contratado, salvo quando coberto por regime próprio de previdência social;

•• Alínea e com redação determinada pela Lei n. 9.876, de 26-11-1999.

f) o titular de firma individual urbana ou rural, o diretor não empregado e o membro de conselho de administração de sociedade anônima, o sócio solidário, o sócio de indústria, o sócio gerente e o sócio cotista que recebam remuneração decorrente de seu trabalho em empresa urbana ou rural, e o associado eleito para cargo de direção em cooperativa, associação ou entidade de qualquer natureza ou finalidade, bem como o síndico ou administrador eleito para exercer atividade de direção condominial, desde que recebam remuneração;

•• Alínea f acrescentada pela Lei n. 9.876, de 26-11-1999.

g) quem presta serviço de natureza urbana ou rural, em caráter eventual, a uma ou mais empresas, sem relação de emprego;

•• Alínea g acrescentada pela Lei n. 9.876, de 26-11-1999.

h) a pessoa física que exerce, por conta própria, atividade econômica de natureza urbana, com fins lucrativos ou não;

•• Alínea h acrescentada pela Lei n. 9.876, de 26-11-1999.

VI – como trabalhador avulso: quem presta, a diversas empresas, sem vínculo empregatício, serviços de natureza urbana ou rural definidos no regulamento;

VII – como segurado especial: a pessoa física residente no imóvel rural ou em aglomerado urbano ou rural próximo a ele que, individualmente ou em regime de economia familiar, ainda que com o auxílio eventual de terceiros a título de mútua colaboração, na condição de:
•• Inciso VII, *caput,* com redação determinada pela Lei n. 11.718, de 20-6-2008.

a) produtor, seja proprietário, usufrutuário, possuidor, assentado, parceiro ou meeiro outorgados, comodatário ou arrendatário rurais, que explore atividade:

1. agropecuária em área de até 4 (quatro) módulos fiscais; ou

2. de seringueiro ou extrativista vegetal que exerça suas atividades nos termos do inciso XII do *caput* do art. 2.º da Lei n. 9.985, de 18 de julho de 2000, e faça dessas atividades o principal meio de vida;
•• Alínea *a* acrescentada pela Lei n. 11.718, de 20-6-2008.

b) pescador artesanal ou a este assemelhado, que faça da pesca profissão habitual ou principal meio de vida; e
•• Alínea *b* acrescentada pela Lei n. 11.718, de 20-6-2008.

c) cônjuge ou companheiro, bem como filho maior de 16 (dezesseis) anos de idade ou a este equiparado, do segurado de que tratam as alíneas *a* e *b* deste inciso, que, comprovadamente, trabalhem com o grupo familiar respectivo.
•• Alínea *c* acrescentada pela Lei n. 11.718, de 20-6-2008.

§ 1.º Entende-se como regime de economia familiar a atividade em que o trabalho dos membros da família é indispensável à própria subsistência e ao desenvolvimento socioeconômico do núcleo familiar e é exercido em condições de mútua dependência e colaboração, sem a utilização de empregados permanentes.
•• § 1.º com redação determinada pela Lei n. 11.718, de 20-6-2008.

§ 2.º Todo aquele que exercer, concomitantemente, mais de uma atividade remunerada sujeita ao Regime Geral de Previdência Social é obrigatoriamente filiado em relação a cada uma delas.

§ 3.º (*Revogado pela Lei n. 11.718, de 20-6-2008.*)

§ 4.º O aposentado pelo Regime Geral de Previdência Social – RGPS que estiver exercendo ou que voltar a exercer atividade abrangida por este Regime é segurado obrigatório em relação a essa atividade, ficando sujeito às contribuições de que trata esta Lei, para fins de custeio da Seguridade Social.
•• § 4.º acrescentado pela Lei n. 9.032, de 28-4-1995.

§ 5.º O dirigente sindical mantém, durante o exercício do mandato eletivo, o mesmo enquadramento no Regime Geral de Previdência Social – RGPS de antes da investidura.
•• § 5.º acrescentado pela Lei n. 9.528, de 10-12-1997.

§ 6.º Aplica-se o disposto na alínea *g* do inciso I do *caput* ao ocupante de cargo de Ministro de Estado, de Secretário Estadual, Distrital ou Municipal, sem vínculo efetivo com a União, Estados, Distrito Federal e Municípios, suas autarquias, ainda que em regime especial, e fundações.
•• § 6.º acrescentado pela Lei n. 9.876, de 26-11-1999.

§ 7.º Para serem considerados segurados especiais, o cônjuge ou companheiro e os filhos maiores de 16 (dezesseis) anos ou os a estes equiparados deverão ter participação ativa nas atividades rurais do grupo familiar.
•• § 7.º acrescentado pela Lei n. 11.718, de 20-6-2008.

§ 8.º O grupo familiar poderá utilizar-se de empregados contratados por prazo determinado ou trabalhador de que trata a alínea *g* do inciso V do *caput* deste artigo, à razão de no máximo 120 (cento e vinte) pessoas por dia no ano civil, em períodos corridos ou intercalados ou, ainda, por tempo equivalente em horas de trabalho, não sendo computado nesse prazo o período de afastamento em decorrência da percepção de auxílio-doença.
•• § 8.º com redação determinada pela Lei n. 12.873, de 24-10-2013.

§ 9.º Não descaracteriza a condição de segurado especial:
•• § 9.º, *caput*, acrescentado pela Lei n. 11.718, de 20-6-2008.

I – a outorga, por meio de contrato escrito de parceria, meação ou comodato, de até 50% (cinquenta por cento) de imóvel rural cuja área total não seja superior a 4 (quatro) módulos fiscais, desde que outorgante e outorgado continuem a exercer a respectiva atividade, individualmente ou em regime de economia familiar;
•• Inciso I acrescentado pela Lei n. 11.718, de 20-6-2008.

II – a exploração da atividade turística da propriedade rural, inclusive com hospedagem, por não mais de 120 (cento e vinte) dias ao ano;
•• Inciso II acrescentado pela Lei n. 11.718, de 20-6-2008.

III – a participação em plano de previdência complementar instituído por entidade classista a que seja associado, em razão da condição de trabalhador rural ou de produtor rural em regime de economia familiar;
•• Inciso III acrescentado pela Lei n. 11.718, de 20-6-2008.

IV – ser beneficiário ou fazer parte de grupo familiar que tem algum componente que seja beneficiário de programa assistencial oficial de governo;
•• Inciso IV acrescentado pela Lei n. 11.718, de 20-6-2008.

V – a utilização pelo próprio grupo familiar, na exploração da atividade, de processo de beneficiamento ou industrialização artesanal, na forma do § 11 do art. 25 desta Lei;
•• Inciso V acrescentado pela Lei n. 11.718, de 20-6-2008.

VI – a associação em cooperativa agropecuária ou de crédito rural; e
•• Inciso VI com redação determinada pela Lei n. 13.183, de 4-11-2015.

VII – a incidência do Imposto Sobre Produtos Industrializados – IPI sobre o produto das atividades desenvolvidas nos termos do § 14 deste artigo;
•• Inciso VII acrescentado pela Lei n. 12.873, de 24-10-2013.

VIII – a participação em programas e ações de pagamento por serviços ambientais.
•• Inciso VIII acrescentado pela Lei n. 14.119, de 13-1-2021.

§ 10. Não é segurado especial o membro de grupo familiar que possuir outra fonte de rendimento, exceto se decorrente de:
•• § 10, *caput*, acrescentado pela Lei n. 11.718, de 20-6-2008.

I – benefício de pensão por morte, auxílio-acidente ou auxílio-reclusão, cujo valor não supere o do menor benefício de prestação continuada da Previdência Social;
•• Inciso I acrescentado pela Lei n. 11.718, de 20-6-2008.

II – benefício previdenciário pela participação em plano de previdência complementar instituído nos termos do inciso IV do § 9.º deste artigo;
•• Inciso II acrescentado pela Lei n. 11.718, de 20-6-2008.

III – exercício de atividade remunerada em período não superior a 120 (cento e vinte) dias, corridos ou intercalados, no ano civil, observado o disposto no § 13 deste artigo;
•• Inciso III com redação determinada pela Lei n. 12.873, de 24-10-2013.

IV – exercício de mandato eletivo de dirigente sindical de organização da categoria de trabalhadores rurais;
•• Inciso IV acrescentado pela Lei n. 11.718, de 20-6-2008.

V – exercício de mandato de vereador do município onde desenvolve a atividade rural, ou de dirigente de cooperativa rural constituída exclusivamente por segurados especiais, observado o disposto no § 13 deste artigo;
•• Inciso V acrescentado pela Lei n. 11.718, de 20-6-2008.
•• A Lei n. 13.183, de 4-11-2015, propôs nova redação para este inciso, todavia teve seu texto vetado.

VI – parceria ou meação outorgada na forma e condições estabelecidas no inciso I do § 9.º deste artigo;
•• Inciso VI acrescentado pela Lei n. 11.718, de 20-6-2008.

VII – atividade artesanal desenvolvida com matéria-prima produzida pelo respectivo grupo familiar, podendo ser utilizada matéria-prima de outra origem, desde que a renda mensal obtida na atividade não exceda ao menor benefício de prestação continuada da Previdência Social; e
•• Inciso VII acrescentado pela Lei n. 11.718, de 20-6-2008.

VIII – atividade artística, desde que em valor mensal inferior ao menor benefício de prestação continuada da Previdência Social.
•• Inciso VIII acrescentado pela Lei n. 11.718, de 20-6-2008.

§ 11. O segurado especial fica excluído dessa categoria:
•• § 11, *caput*, acrescentado pela Lei n. 11.718, de 20-6-2008.

I – a contar do primeiro dia do mês em que:

•• Inciso I, *caput*, acrescentado pela Lei n. 11.718, de 20-6-2008.

a) deixar de satisfazer as condições estabelecidas no inciso VII do *caput* deste artigo, sem prejuízo do disposto no art. 15 da Lei n. 8.213, de 24 de julho de 1991, ou exceder qualquer dos limites estabelecidos no inciso I do § 9.º deste artigo;

•• Alínea *a* acrescentada pela Lei n. 11.718, de 20-6-2008.

b) enquadrar-se em qualquer outra categoria de segurado obrigatório do Regime Geral de Previdência Social, ressalvado o disposto nos incisos III, V, VII e VIII do § 10 e no § 14 deste artigo, sem prejuízo do disposto no art. 15 da Lei n. 8.213, de 24 de julho de 1991;

•• Alínea *b* com redação determinada pela Lei n. 12.873, de 24-10-2013.

c) tornar-se segurado obrigatório de outro regime previdenciário; e

•• Alínea *c* com redação determinada pela Lei n. 12.873, de 24-10-2013.

d) participar de sociedade empresária, de sociedade simples, como empresário individual ou como titular de empresa individual de responsabilidade limitada em desacordo com as limitações impostas pelo § 14 deste artigo;

•• Alínea *d* acrescentada pela Lei n. 12.873, de 24-10-2013.

II – a contar do primeiro dia do mês subsequente ao da ocorrência, quando o grupo familiar a que pertence exceder o limite de:

•• Inciso II, *caput*, acrescentado pela Lei n. 11.718, de 20-6-2008.

a) utilização de trabalhadores nos termos do § 8.º deste artigo;

•• Alínea *a* acrescentada pela Lei n. 11.718, de 20-6-2008.

b) dias em atividade remunerada estabelecidos no inciso III do § 10 deste artigo; e

•• Alínea *b* acrescentada pela Lei n. 11.718, de 20-6-2008.

c) dias de hospedagem a que se refere o inciso II do § 9.º deste artigo.

•• Alínea *c* acrescentada pela Lei n. 11.718, de 20-6-2008.

§ 12. Aplica-se o disposto na alínea *a* do inciso V do *caput* deste artigo ao cônjuge ou companheiro do produtor que participe da atividade rural por este explorada.

•• § 12 acrescentado pela Lei n. 11.718, de 20-6-2008.

§ 13. O disposto nos incisos III e V do § 10 e no § 14 deste artigo não dispensa o recolhimento da contribuição devida em relação ao exercício das atividades de que tratam os referidos dispositivos.

•• § 13 com redação determinada pela Lei n. 12.873, de 24-10-2013.

§ 14. A participação do segurado especial em sociedade empresária, em sociedade simples, como empresário individual ou como titular de empresa individual de responsabilidade limitada de objeto ou âmbito agrícola, agroindustrial ou agroturístico, considerada microempresa nos termos da Lei Complementar n. 123, de 14 de dezembro de 2006, não o exclui de tal categoria previdenciária, desde que, mantido o exercício da sua atividade rural na forma do inciso VII do *caput* e do § 1.º, a pessoa jurídica componha-se apenas de segurados de igual natureza e sedie-se no mesmo Município ou em Município limítrofe àquele em que eles desenvolvam suas atividades.

•• § 14 acrescentado pela Lei n. 12.873, de 24-10-2013.

§ 15. (*Vetado*.)

•• § 15 acrescentado pela Lei n. 12.873, de 24-10-2013.

..

•• A Instrução Normativa RFB n. 2.110, de 17-10-2022, dispõe sobre normas gerais de tributação previdenciária e de arrecadação das contribuições sociais destinadas à Previdência Social e das contribuições devidas a terceiros, administradas pela RFB.

Capítulo III
DA CONTRIBUIÇÃO DO SEGURADO

SEÇÃO I
Da Contribuição dos Segurados Empregado, Empregado Doméstico e Trabalhador Avulso

•• *Vide* art. 28 da Emenda Constitucional n. 103, de 12-11-2019.

Art. 20. A contribuição do empregado, inclusive o doméstico, e a do trabalhador avulso é calculada mediante a aplicação da correspondente alíquota sobre o seu salário de contribuição mensal, de forma não cumulativa, observado o disposto no art. 28, de acordo com a seguinte tabela:

•• *Caput* com redação determinada pela Lei n. 9.032, de 28-4-1995.

Salário de contribuição (R$)	Alíquota progressiva para fins de recolhimento ao INSS
até 1.302,00	7,5%
de 1.302,01 até 2.571,29	9%
de 2.571,30 até 3.856,94	12%
de 3.856,95 até 7.507,49	14%

•• Valores atualizados de acordo com a Portaria Interministerial n. 26, de 10-1-2023, dos Ministérios da Previdência Social e da Fazenda, válidos a partir de 1.º-1-2023.

§ 1.º Os valores do salário de contribuição serão reajustados, a partir da data de entrada em vigor desta Lei, na mesma época e com os mesmos índices que os do reajustamento dos benefícios de prestação continuada da Previdência Social.

•• § 1.º com redação determinada pela Lei n. 8.620, de 5-1-1993.

§ 2.º O disposto neste artigo aplica-se também aos segurados empregados e trabalhadores avulsos que prestem serviços a microempresas.

•• § 2.º acrescentado pela Lei n. 8.620, de 5-1-1993.

SEÇÃO II
Da Contribuição dos Segurados Contribuinte Individual e Facultativo

•• Seção II com denominação determinada pela Lei n. 9.876, de 26-11-1999.

Art. 21. A alíquota de contribuição dos segurados contribuinte individual e facultativo será de 20% (vinte por cento) sobre o respectivo salário de contribuição.

•• *Caput* com redação determinada pela Lei n. 9.876, de 26-11-1999.

I e II – (*Revogados pela Lei n. 9.876, de 26-11-1999.*)

§ 1.º Os valores do salário de contribuição serão reajustados, a partir da data de entrada em vigor desta Lei, na mesma época e com os mesmos índices que os do reajustamento dos benefícios de prestação continuada da Previdência Social.

•• Primitivo parágrafo único com redação determinada pela Lei n. 9.711, de 20-11-1998, e renumerado pela Lei Complementar n. 123, de 14-12-2006.

§ 2.º No caso de opção pela exclusão do direito ao benefício de aposentadoria por tempo de contribuição, a alíquota de contribuição incidente sobre o limite mínimo mensal do salário de contribuição será de:

•• § 2.º, *caput*, com redação determinada pela Lei n. 12.470, de 31-8-2011.

I – 11% (onze por cento), no caso do segurado contribuinte individual, ressalvado o disposto no inciso II, que trabalhe por conta própria, sem relação de trabalho com empresa ou equiparado e do segurado facultativo, observado o disposto na alínea *b* do inciso II deste parágrafo;

•• Inciso I acrescentado pela Lei n. 12.470, de 31-8-2011.

II – 5% (cinco por cento):

•• Inciso II, *caput*, acrescentado pela Lei n. 12.470, de 31-8-2011.

a) no caso do microempreendedor individual, de que trata o art. 18-A da Lei Complementar n. 123, de 14 de dezembro de 2006; e

•• Alínea *a* acrescentada pela Lei n. 12.470, de 31-8-2011, produzindo efeitos a partir de 1.º-5-2011.

b) do segurado facultativo sem renda própria que se dedique exclusivamente ao trabalho doméstico no âmbito de sua residência, desde que pertencente a família de baixa renda.

•• Alínea *b* acrescentada pela Lei n. 12.470, de 31-8-2011.

§ 3.º O segurado que tenha contribuído na forma do § 2.º deste artigo e pretenda contar o tempo de contribuição correspondente para fins de obtenção da aposentadoria por tempo de contribuição ou da contagem recíproca do tempo de contribuição a que se refere o art. 94 da Lei n. 8.213, de 24 de julho de 1991, deverá complementar a contribuição mensal mediante recolhimento, sobre o valor correspondente ao limite mínimo mensal do salário de contribuição em vigor na competência a ser complementada, da diferença entre o percentual pago e o de 20% (vinte por cento), acrescido dos juros moratórios de que trata o § 3.º do art. 5.º da Lei n. 9.430, de 27 de dezembro de 1996.

•• § 3.º com redação determinada pela Lei n. 12.470, de 31-8-2011, produzindo efeitos a partir de 1.º-5-2011.

§ 4.º Considera-se de baixa renda, para os fins do disposto na alínea *b* do inciso II do § 2.º deste artigo, a família inscrita no Cadastro Único para Programas Sociais do Governo Federal – CadÚnico cuja renda mensal seja de até 2 (dois) salários mínimos.
•• § 4.º com redação determinada pela Lei n. 12.470, de 31-8-2011.

§ 5.º A contribuição complementar a que se refere o § 3.º deste artigo será exigida a qualquer tempo, sob pena de indeferimento do benefício.
•• § 5.º acrescentado pela Lei n. 12.507, de 11-10-2011.

Capítulo IV
DA CONTRIBUIÇÃO DA EMPRESA

Art. 22. A contribuição a cargo da empresa, destinada à Seguridade Social, além do disposto no art. 23, é de:
• A Lei Complementar n. 123, de 14-12-2006, dispõe sobre o tratamento diferenciado e favorecido dispensado às microempresas e empresas de pequeno porte.

I – 20% (vinte por cento) sobre o total das remunerações pagas, devidas ou creditadas a qualquer título, durante o mês, aos segurados empregados e trabalhadores avulsos que lhe prestem serviços, destinadas a retribuir o trabalho, qualquer que seja a sua forma, inclusive as gorjetas, os ganhos habituais sob a forma de utilidades e os adiantamentos decorrentes de reajuste salarial, quer pelos serviços efetivamente prestados, quer pelo tempo à disposição do empregador ou tomador de serviços, nos termos da lei ou do contrato ou, ainda, de convenção ou acordo coletivo de trabalho ou sentença normativa.
•• Inciso I com redação determinada pela Lei n. 9.876, de 26-11-1999.

II – para o financiamento do benefício previsto nos arts. 57 e 58 da Lei n. 8.213, de 24 de julho de 1991, e daqueles concedidos em razão do grau de incidência de incapacidade laborativa decorrente dos riscos ambientais do trabalho, sobre o total das remunerações pagas ou creditadas, no decorrer do mês, aos segurados empregados e trabalhadores avulsos:
•• Inciso II, *caput*, com redação determinada pela Lei n. 9.732, de 11-12-1998.
• A alíquota de contribuição de um, dois ou três por cento, destinada ao financiamento do benefício de aposentadoria especial ou daqueles concedidos em razão do grau de incidência de incapacidade laborativa decorrente dos riscos ambientais do trabalho, de que trata este inciso, poderá ser reduzida, em até cinquenta por cento, conforme dispuser o regulamento, em razão do desempenho da empresa em relação à respectiva atividade econômica, apurado em conformidade com os resultados obtidos a partir dos índices de frequência, gravidade e custos, calculados segundo metodologia aprovada pelo Conselho Nacional de Previdência Social, por força do art. 10 da Lei n. 10.666, de 8-5-2003.

a) 1% (um por cento) para as empresas em cuja atividade preponderante o risco de acidentes do trabalho seja considerado leve;
•• Alínea *a* acrescentada pela Lei n. 9.732, de 11-12-1998.

b) 2% (dois por cento) para as empresas em cuja atividade preponderante esse risco seja considerado médio;
•• Alínea *b* acrescentada pela Lei n. 9.732, de 11-12-1998.

c) 3% (três por cento) para as empresas em cuja atividade preponderante esse risco seja considerado grave;
•• Alínea *c* acrescentada pela Lei n. 9.732, de 11-12-1998.

III – 20% (vinte por cento) sobre o total das remunerações pagas ou creditadas a qualquer título, no decorrer do mês, aos segurados contribuintes individuais que lhe prestem serviços;
•• Inciso III acrescentado pela Lei n. 9.876, de 26-11-1999.

IV – 15% (quinze por cento) sobre o valor bruto da nota fiscal ou fatura de prestação de serviços, relativamente a serviços que lhe são prestados por cooperados por intermédio de cooperativas de trabalho.
•• Inciso IV acrescentado pela Lei n. 9.876, de 26-11-1999.
•• A Resolução n. 10, de 30-3-2016, do Senado Federal, suspende a execução deste inciso.

§ 1.º No caso de bancos comerciais, bancos de investimentos, bancos de desenvolvimento, caixas econômicas, sociedades de crédito, financiamento e investimento, sociedades de crédito imobiliário, sociedades corretoras, distribuidoras de títulos e valores mobiliários, empresas de arrendamento mercantil, cooperativas de crédito, empresas de seguros privados e de capitalização, agentes autônomos de seguros privados e de crédito e entidades de previdência privada abertas e fechadas, além das contribuições referidas neste artigo e no art. 23, é devida a contribuição adicional de 2,5% (dois vírgula cinco por cento) sobre a base de cálculo definida nos incisos I e III deste artigo.
•• § 1.º com redação determinada pela Lei n. 9.876, de 26-11-1999.
•• A Medida Provisória n. 2.158-35, de 24-8-2011, reduziu a alíquota para 0,65% (sessenta e cinco centésimos por cento) em relação aos fatos geradores ocorridos a partir de 1.º-2-1999, para as pessoas jurídicas de que trata este parágrafo.
•• *Vide* Súmula 584 do STJ.

§ 2.º Não integram a remuneração as parcelas de que trata o § 9.º do art. 28.

§ 3.º O Ministério do Trabalho e da Previdência Social poderá alterar, com base nas estatísticas de acidentes do trabalho, apuradas em inspeção, o enquadramento de empresas para efeito da contribuição a que se refere o inciso II deste artigo, a fim de estimular investimentos em prevenção de acidentes.

§ 4.º O Poder Executivo estabelecerá, na forma da lei, ouvido o Conselho Nacional da Seguridade Social, mecanismos de estímulo às empresas que se utilizem de empregados portadores de deficiências física, sensorial e/ou mental com desvio do padrão médio.

§ 5.º (*Revogado pela Lei n. 10.256, de 9-7-2001.*)

§ 6.º A contribuição empresarial da associação desportiva que mantém equipe de futebol profissional destinada à Seguridade Social, em substituição à prevista nos incisos I e II deste artigo, corresponde a 5% (cinco por cento) da receita bruta, decorrente dos espetáculos desportivos de que participem em todo território nacional em qualquer modalidade desportiva, inclusive jogos internacionais, e de qualquer forma de patrocínio, licenciamento de uso de marcas e símbolos, publicidade, propaganda e de transmissão de espetáculos desportivos.
•• § 6.º acrescentado pela Lei n. 9.528, de 10-12-1997.

§ 7.º Caberá à entidade promotora do espetáculo a responsabilidade de efetuar o desconto de 5% (cinco por cento) da receita bruta decorrente dos espetáculos desportivos e o respectivo recolhimento ao Instituto Nacional do Seguro Social, no prazo de até 2 (dois) dias úteis após a realização do evento.
•• § 7.º acrescentado pela Lei n. 9.528, de 10-12-1997.

§ 8.º Caberá à associação desportiva que mantém equipe de futebol profissional informar à entidade promotora do espetáculo desportivo todas as receitas auferidas no evento, discriminando-as detalhadamente.
•• § 8.º acrescentado pela Lei n. 9.528, de 10-12-1997.

§ 9.º No caso de a associação desportiva que mantém equipe de futebol profissional receber recursos de empresa ou entidade, a título de patrocínio, licenciamento de uso de marcas e símbolos, publicidade, propaganda e transmissão de espetáculos, esta última ficará com a responsabilidade de reter e recolher o percentual de 5% (cinco por cento) da receita bruta decorrente do evento, inadmitida qualquer dedução, no prazo estabelecido na alínea *b*, inciso I, do art. 30 desta Lei.
•• § 9.º acrescentado pela Lei n. 9.528, de 10-12-1997.

§ 10. Não se aplica o disposto nos §§ 6.º ao 9.º às demais associações desportivas, que devem contribuir na forma dos incisos I e II deste artigo e do art. 23 desta Lei.
•• § 10 acrescentado pela Lei n. 9.528, de 10-12-1997.

§ 11. O disposto nos §§ 6.º ao 9.º deste artigo aplica-se à associação desportiva que mantenha equipe de futebol profissional e atividade econômica organizada para a produção e circulação de bens e serviços e que se organize regularmente, segundo um dos tipos regulados nos arts. 1.039 a 1.092 da Lei n. 10.406, de 10 de janeiro de 2002 – Código Civil.
•• § 11 com redação determinada pela Lei n. 11.345, de 14-9-2006.
•• A Lei n. 13.155, de 4-8-2015, propôs nova redação para este § 11, todavia teve o texto vetado.

§ 11-A. O disposto no § 11 deste artigo aplica-se apenas às atividades diretamente relacionadas com a manutenção e administração de equipe profissional de futebol, não se estendendo às outras atividades econômicas exercidas pelas referidas sociedades empresariais beneficiárias.
•• § 11-A acrescentado pela Lei n. 11.505, de 18-7-2007.

§ 12. (*Vetado.*)
•• § 12 acrescentado pela Lei n. 10.170, de 29-12-2000.

§ 13. Não se considera como remuneração direta ou indireta, para os efeitos desta Lei, os valores despendidos pelas entidades religiosas e instituições de ensino vocacional com ministro de confissão religiosa, membros de instituto de vida consagrada, de congregação ou de ordem religiosa em face do seu mister religioso ou para sua subsistência desde que fornecidos em condições que independam da natureza e da quantidade do trabalho executado.
•• § 13 acrescentado pela Lei n. 10.170, de 29-12-2000.

§ 14. Para efeito de interpretação do § 13 deste artigo:
•• § 14, *caput*, acrescentado pela Lei n. 13.137, de 19-6-2015.

I – os critérios informadores dos valores despendidos pelas entidades religiosas e instituições de ensino vocacional aos ministros de confissão religiosa, membros de vida consagrada, de congregação ou de ordem religiosa não são taxativos e sim exemplificativos;
•• Inciso I acrescentado pela Lei n. 13.137, de 19-6-2015.

II – os valores despendidos, ainda que pagos de forma e montante diferenciados, em pecúnia ou a título de ajuda de custo de moradia, transporte, formação educacional, vinculados exclusivamente à atividade religiosa não configuram remuneração direta ou indireta.
•• Inciso II acrescentado pela Lei n. 13.137, de 19-6-2015.

...

Art. 22-A. A contribuição devida pela agroindústria, definida, para os efeitos desta Lei, como sendo o produtor rural pessoa jurídica cuja atividade econômica seja a industrialização de produção própria ou de produção própria e adquirida de terceiros, incidente sobre o valor da receita bruta proveniente da comercialização da produção, em substituição às previstas nos incisos I e II do art. 22 desta Lei, é de:
•• *Caput* acrescentado pela Lei n. 10.256, de 9-7-2001.
• Dispõe o art. 5.º da Lei n. 10.256, de 9-7-2001, que acrescentou este artigo: "Art. 5.º Esta Lei entra em vigor na data de sua publicação, produzindo efeitos quanto ao disposto no art. 22-A da Lei n. 8.212, de 24-7-19991, com a redação dada por esta Lei, a partir do dia 1.º (primeiro) do mês seguinte ao 90.º (nonagésimo) dia daquela publicação, sendo mantida, até essa data, a obrigatoriedade dos recolhimentos praticados na forma da legislação anterior".

I – 2,5% (dois vírgula cinco por cento) destinados à Seguridade Social;
•• Inciso I acrescentado pela Lei n. 10.256, de 9-7-2001.

II – 0,1% (zero vírgula um por cento) para o financiamento do benefício previsto nos arts. 57 e 58 da Lei n. 8.213, de 24 de julho de 1991, e daqueles concedidos em razão do grau de incidência de incapacidade para o trabalho decorrente dos riscos ambientais da atividade.
•• Inciso II acrescentado pela Lei n. 10.256, de 9-7-2001.

§ 1.º (*Vetado.*)
•• § 1.º acrescentado pela Lei n. 10.256, de 9-7-2001.

§ 2.º O disposto neste artigo não se aplica às operações relativas à prestação de serviços a terceiros, cujas contribuições previdenciárias continuam sendo devidas na forma do art. 22 desta Lei.
•• § 2.º acrescentado pela Lei n. 10.256, de 9-7-2001.

§ 3.º Na hipótese do § 2.º, a receita bruta correspondente aos serviços prestados a terceiros será excluída da base de cálculo da contribuição de que trata o *caput*.
•• § 3.º acrescentado pela Lei n. 10.256, de 9-7-2001.

§ 4.º O disposto neste artigo não se aplica às sociedades cooperativas e às agroindústrias de piscicultura, carcinicultura, suinocultura e avicultura.
•• § 4.º acrescentado pela Lei n. 10.256, de 9-7-2001.

§ 5.º O disposto no inciso I do art. 3.º da Lei n. 8.315, de 23 de dezembro de 1991, não se aplica ao empregador de que trata este artigo, que contribuirá com o adicional de 0,25% (zero vírgula vinte e cinco por cento) da receita bruta proveniente da comercialização da produção, destinado ao Serviço Nacional de Aprendizagem Rural (SENAR).
•• § 5.º acrescentado pela Lei n. 10.256, de 9-7-2001.

§ 6.º Não se aplica o regime substitutivo de que trata este artigo à pessoa jurídica que, relativamente à atividade rural, se dedique apenas ao florestamento e reflorestamento como fonte de matéria-prima para industrialização própria mediante a utilização de processo industrial que modifique a natureza química da madeira ou a transforme em pasta celulósica.
•• § 6.º acrescentado pela Lei n. 10.684, de 30-5-2003.

§ 7.º Aplica-se o disposto no § 6.º ainda que a pessoa jurídica comercialize resíduos vegetais ou sobras ou partes da produção, desde que a receita bruta decorrente dessa comercialização represente menos de um por cento de sua receita bruta proveniente da comercialização da produção.
•• § 7.º acrescentado pela Lei n. 10.684, de 30-5-2003.

Art. 22-B. As contribuições de que tratam os incisos I e II do art. 22 desta Lei são substituídas, em relação à remuneração paga, devida ou creditada ao trabalhador rural contratado pelo consórcio simplificado de produtores rurais de que trata o art. 25-A, pela contribuição dos respectivos produtores rurais, calculada na forma do art. 25 desta Lei.
•• Artigo acrescentado pela Lei n. 10.256, de 9-7-2001.

Art. 23. As contribuições a cargo da empresa provenientes do faturamento e do lucro, destinadas à Seguridade Social, além do disposto no art. 22, são calculadas mediante a aplicação das seguintes alíquotas:

I – 2% (dois por cento) sobre sua receita bruta, estabelecida segundo o disposto no § 1.º do art. 1.º do Decreto-lei n. 1.940, de 25 de maio de 1982, com a redação dada pelo art. 22, do Decreto-lei n. 2.397, de 21 de dezembro de 1987, e alterações posteriores;
•• Essa alíquota, a partir de 1.º-4-1992, por força da Lei Complementar n. 70, de 30-12-1991, passou a incidir sobre o faturamento mensal.

II – 10% (dez por cento) sobre o lucro líquido do período-base, antes da provisão para o Imposto de Renda, ajustado na forma do art. 2.º da Lei n. 8.034, de 12 de abril de 1990.
•• A Lei n. 9.249, de 26-12-1995, alterou a contribuição sobre o lucro líquido, passando a alíquota a ser de 8% (oito por cento).

§ 1.º No caso das instituições citadas no § 1.º do art. 22 desta Lei, a alíquota da contribuição prevista no inciso II é de 15% (quinze por cento).
•• Alíquota elevada em mais 8% (oito por cento) pela Lei Complementar n. 70, de 30-12-1991, e posteriormente reduzida para 18% (dezoito por cento) por força da Lei n. 9.249, de 26-12-1995.

§ 2.º O disposto neste artigo não se aplica às pessoas de que trata o art. 25.

Capítulo V
DA CONTRIBUIÇÃO DO EMPREGADOR DOMÉSTICO

Art. 24. A contribuição do empregador doméstico incidente sobre o salário de contribuição do empregado doméstico a seu serviço é de:
•• *Caput* com redação determinada pela Lei n. 13.202, de 8-12-2015.

I – 8% (oito por cento); e
•• Inciso I acrescentado pela Lei n. 13.202, de 8-12-2015.

II – 0,8% (oito décimos por cento) para o financiamento do seguro contra acidentes de trabalho.
•• Inciso II acrescentado pela Lei n. 13.202, de 8-12-2015.

Parágrafo único. Presentes os elementos da relação de emprego doméstico, o empregador doméstico não poderá contratar microempreendedor individual de que trata o art. 18-A da Lei Complementar n. 123, de 14 de dezembro de 2006, sob pena de ficar sujeito a todas as obrigações dela decorrentes, inclusive trabalhistas, tributárias e previdenciárias.
•• Parágrafo único acrescentado pela Lei n. 12.470, de 31-8-2011.

Capítulo VI
DA CONTRIBUIÇÃO DO PRODUTOR RURAL E DO PESCADOR

•• Capítulo VI com denominação determinada pela Lei n. 8.398, de 7-1-1992.
•• A Lei n. 10.779, de 25-11-2003, regulamentada pelo Decreto n. 8.424, de 31-3-2015, dispõe sobre a concessão do benefício de seguro-desemprego, durante o período de defeso, ao pescador profissional que exerce atividade pesqueira de forma artesanal.

Art. 25. A contribuição do empregador rural pessoa física, em substituição à contribuição de que tratam os incisos I e II do art. 22, e a do segurado especial, referidos, respectivamente, na alínea *a* do inciso V e no inciso VII do art. 12 desta Lei, destinada à Seguridade Social, é de:

•• *Caput* com redação determinada pela Lei n. 10.256, de 9-7-2001.

I - 1,2% (um inteiro e dois décimos por cento) da receita bruta proveniente da comercialização da sua produção;

•• Inciso I com redação determinada pela Lei n. 13.606, de 9-1-2018.

II - 0,1% (um décimo por cento) da receita bruta proveniente da comercialização da sua produção para financiamento das prestações por acidente do trabalho.

•• Inciso II com redação determinada pela Lei n. 9.528, de 10-12-1997.

§ 1.º O segurado especial de que trata este artigo, além da contribuição obrigatória referida no *caput*, poderá contribuir, facultativamente, na forma do art. 21 desta Lei.

•• § 1.º com redação determinada pela Lei n. 8.540, de 22-12-1992.

§ 2.º A pessoa física de que trata a alínea *a* do inciso V do art. 12 contribui, também, obrigatoriamente, na forma do art. 21 desta Lei.

•• § 2.º com redação determinada pela Lei n. 8.540, de 22-12-1992.

§ 3.º Integram a produção, para os efeitos deste artigo, os produtos de origem animal ou vegetal, em estado natural ou submetidos a processos de beneficiamento ou industrialização rudimentar, assim compreendidos, entre outros, os processos de lavagem, limpeza, descaroçamento, pilagem, descascamento, lenhamento, pasteurização, resfriamento, secagem, fermentação, embalagem, cristalização, fundição, carvoejamento, cozimento, destilação, moagem e torrefação, bem como os subprodutos e os resíduos obtidos por meio desses processos, exceto, no caso de sociedades cooperativas, a parcela de produção que não seja objeto de repasse ao cooperado por meio de fixação de preço.

•• § 3.º com redação determinada pela Lei n. 13.986, de 7-4-2020, originalmente vetado, todavia promulgado em 20-8-2020.

§ 4.º (*Revogado pela Lei n. 11.718, de 20-6-2008.*)

§ 5.º (*Vetado.*)

•• § 5.º acrescentado pela Lei n. 8.540, de 22-12-1992.

§§ 6.º a 8.º (*Revogados pela Lei n. 10.256, de 9-7-2001.*)

§ 9.º (*Vetado.*)

•• § 9.º acrescentado pela Lei n. 10.256, de 9-7-2001.

§ 10. Integra a receita bruta de que trata este artigo, além dos valores decorrentes da comercialização da produção relativa aos produtos a que se refere o § 3.º deste artigo, a receita proveniente:

•• § 10, *caput*, acrescentado pela Lei n. 11.718, de 20-6-2008.

I - da comercialização da produção obtida em razão de contrato de parceria ou meação de parte do imóvel rural;

•• Inciso I acrescentado pela Lei n. 11.718, de 20-6-2008.

II - da comercialização de artigos de artesanato de que trata o inciso VII do § 10 do art. 12 desta Lei;

•• Inciso II acrescentado pela Lei n. 11.718, de 20-6-2008.

III - de serviços prestados, de equipamentos utilizados e de produtos comercializados no imóvel rural, desde que em atividades turística e de entretenimento desenvolvidas no próprio imóvel, inclusive hospedagem, alimentação, recepção, recreação e atividades pedagógicas, bem como taxa de visitação e serviços especiais;

•• Inciso III acrescentado pela Lei n. 11.718, de 20-6-2008.

IV - do valor de mercado da produção rural dada em pagamento ou que tiver sido trocada por outra, qualquer que seja o motivo ou finalidade; e

•• Inciso IV acrescentado pela Lei n. 11.718, de 20-6-2008.

V - de atividade artística de que trata o inciso VIII do § 10 do art. 12 desta Lei.

•• Inciso V acrescentado pela Lei n. 11.718, de 20-6-2008.

§ 11. Considera-se processo de beneficiamento ou industrialização artesanal aquele realizado diretamente pelo próprio produtor rural pessoa física, desde que não esteja sujeito à incidência do Imposto Sobre Produtos Industrializados – IPI.

•• § 11 acrescentado pela Lei n. 11.718, de 20-6-2008.

§ 12. Não integra a base de cálculo da contribuição de que trata o *caput* deste artigo a produção rural destinada ao plantio ou reflorestamento, nem o produto animal destinado à reprodução ou criação pecuária ou granjeira e à utilização como cobaia para fins de pesquisas científicas, quando vendido pelo próprio produtor e por quem a utilize diretamente com essas finalidades e, no caso de produto vegetal, por pessoa ou entidade registrada no Ministério da Agricultura, Pecuária e Abastecimento que se dedique ao comércio de sementes e mudas no País.

•• § 12 com redação determinada pela Lei n. 13.606, de 9-1-2018, originalmente vetado, todavia promulgado em 18-4-2018.

§ 13. O produtor rural pessoa física poderá optar por contribuir na forma prevista no *caput* deste artigo ou na forma dos incisos I e II do *caput* do art. 22 desta Lei, manifestando sua opção mediante o pagamento da contribuição incidente sobre a folha de salários relativa a janeiro de cada ano, ou à primeira competência subsequente ao início da atividade rural, e será irretratável para todo o ano-calendário.

•• § 13 acrescentado pela Lei n. 13.606, de 9-1-2018, produzindo efeitos a partir de 1.º-1-2019.

§ 14. Considera-se receita bruta proveniente da comercialização da produção o valor da fixação de preço repassado ao cooperado pela cooperativa ao qual esteja associado, por ocasião da realização do ato cooperativo de que trata o art. 79 da Lei n. 5.764, de 16 de dezembro de 1971, não compreendidos valores pagos, creditados ou capitalizados a título de sobras, os quais não representam preço ou complemento de preço.

•• § 14 acrescentado pela Lei n. 13.986, de 7-4-2020, originalmente vetado, todavia promulgado em 20-8-2020.

§ 15. Não se considera receita bruta, para fins de base de cálculo das contribuições sociais devidas pelo produtor rural cooperado, a entrega ou o retorno de produção para a cooperativa nas operações em que não ocorra repasse pela cooperativa a título de fixação de preço, não podendo o mero retorno caracterizar permuta, compensação, dação em pagamento ou ressarcimento que represente valor, preço ou complemento de preço.

•• § 15 acrescentado pela Lei n. 13.986, de 7-4-2020, originalmente vetado, todavia promulgado em 20-8-2020.

§ 16. Aplica-se ao disposto no *caput* e nos §§ 3.º, 14 e 15 deste artigo o caráter interpretativo de que trata o art. 106 da Lei n. 5.172, de 25 de outubro de 1966 (Código Tributário Nacional).

•• § 16 acrescentado pela Lei n. 13.986, de 7-4-2020, originalmente vetado, todavia promulgado em 20-8-2020.

Art. 25-A. Equipara-se ao empregador rural pessoa física o consórcio simplificado de produtores rurais, formado pela união de produtores rurais pessoas físicas, que outorgar a um deles poderes para contratar, gerir e demitir trabalhadores para prestação de serviços, exclusivamente, aos seus integrantes, mediante documento registrado em cartório de títulos e documentos.

•• *Caput* acrescentado pela Lei n. 10.256, de 9-7-2001.

§ 1.º O documento de que trata o *caput* deverá conter a identificação de cada produtor, seu endereço pessoal e o de sua propriedade rural, bem como o respectivo registro no Instituto Nacional de Colonização e Reforma Agrária – INCRA ou informações relativas a parceria, arrendamento ou equivalente e a matrícula no Instituto Nacional do Seguro Social – INSS de cada um dos produtores rurais.

•• § 1.º acrescentado pela Lei n. 10.256, de 9-7-2001.

§ 2.º O consórcio deverá ser matriculado no INSS em nome do empregador a quem hajam sido outorgados os poderes, na forma do regulamento.

•• § 2.º acrescentado pela Lei n. 10.256, de 9-7-2001.

§ 3.º Os produtores rurais integrantes do consórcio de que trata o *caput* serão responsáveis solidários em relação às obrigações previdenciárias.

•• § 3.º acrescentado pela Lei n. 10.256, de 9-7-2001.

§ 4.º (*Vetado.*)
•• § 4.º acrescentado pela Lei n. 10.256, de 9-7-2001.

Capítulo IX
DO SALÁRIO DE CONTRIBUIÇÃO

Art. 28. Entende-se por salário de contribuição:

I – para o empregado e trabalhador avulso: a remuneração auferida em uma ou mais empresas, assim entendida a totalidade dos rendimentos pagos, devidos ou creditados a qualquer título, durante o mês, destinados a retribuir o trabalho, qualquer que seja a sua forma, inclusive as gorjetas, os ganhos habituais sob a forma de utilidades e os adiantamentos decorrentes de reajuste salarial, quer pelos serviços efetivamente prestados, quer pelo tempo à disposição do empregador ou tomador de serviços nos termos da lei ou do contrato ou, ainda, de convenção ou acordo coletivo de trabalho ou sentença normativa;
•• Inciso I com redação determinada pela Lei n. 9.528, de 10-12-1997.

II – para o empregado doméstico: a remuneração registrada na Carteira de Trabalho e Previdência Social, observadas as normas a serem estabelecidas em regulamento para comprovação do vínculo empregatício e do valor da remuneração;

III – para o contribuinte individual: a remuneração auferida em uma ou mais empresas ou pelo exercício de sua atividade por conta própria, durante o mês, observado o limite máximo a que se refere o § 5.º;
•• Inciso III com redação determinada pela Lei n. 9.876, de 26-11-1999.

IV – para o segurado facultativo: o valor por ele declarado, observado o limite máximo a que se refere o § 5.º.
•• Inciso IV acrescentado pela Lei n. 9.876, de 26-11-1999.

§ 1.º Quando a admissão, a dispensa, o afastamento ou a falta do empregado ocorrer no curso do mês, o salário de contribuição será proporcional ao número de dias de trabalho efetivo, na forma estabelecida em regulamento.

§ 2.º O salário-maternidade é considerado salário de contribuição.

§ 3.º O limite mínimo do salário de contribuição corresponde ao piso salarial, legal ou normativo, da categoria ou, inexistindo este, ao salário mínimo, tomado no seu valor mensal, diário ou horário, conforme o ajustado e o tempo de trabalho efetivo durante o mês.
•• § 3.º com redação determinada pela Lei n. 9.528, de 10-12-1997.

§ 4.º O limite mínimo do salário de contribuição do menor aprendiz corresponde à sua remuneração mínima definida em lei.

§ 5.º O limite máximo do salário de contribuição é de Cr$ 170.000,00 (cento e setenta mil cruzeiros), reajustado a partir da data da entrada em vigor desta Lei, na mesma época e com os mesmos índices que os do reajustamento dos benefícios de prestação continuada da Previdência Social.
•• Valor atualizado, a partir de 1.º-1-2023, pela Portaria Interministerial n. 26, de 10-1-2023, dos Ministérios da Previdência Social e da Fazenda, para R$ 7.507,49 (sete mil quinhentos e sete reais e quarenta e nove centavos).

§ 6.º No prazo de 180 (cento e oitenta) dias, a contar da data de publicação desta Lei, o Poder Executivo encaminhará ao Congresso Nacional projeto de lei estabelecendo a previdência complementar, pública e privada, em especial para os que possam contribuir acima do limite máximo estipulado no parágrafo anterior deste artigo.

§ 7.º O décimo-terceiro salário (gratificação natalina) integra o salário de contribuição, exceto para o cálculo de benefício, na forma estabelecida em regulamento.
•• § 7.º com redação determinada pela Lei n. 8.870, de 15-4-1994.
•• *Vide* Súmula 83 dos JEFs.

§ 8.º (*Revogado pela Lei n. 13.467, de 13-7-2017.*)

§ 9.º Não integram o salário de contribuição para os fins desta Lei, exclusivamente:
•• § 9.º, *caput*, com redação determinada pela Lei n. 9.528, de 10-12-1997.
•• *Vide* Súmula 646 do STJ.

a) os benefícios da previdência social, nos termos e limites legais, salvo o salário-maternidade;
•• Alínea *a* com redação determinada pela Lei n. 9.528, de 10-12-1997.

aa) os valores recebidos a título de bolsa-atleta, em conformidade com a Lei n. 10.891, de 9 de julho de 2004.
•• Alínea *aa* acrescentada pela Lei n. 13.756, de 12-12-2018.

b) as ajudas de custo e o adicional mensal recebidos pelo aeronauta nos termos da Lei n. 5.929, de 30 de outubro de 1973;

c) a parcela *in natura* recebida de acordo com os programas de alimentação aprovados pelo Ministério do Trabalho e da Previdência Social, nos termos da Lei n. 6.321, de 14 de abril de 1976;

d) as importâncias recebidas a título de férias indenizadas e respectivo adicional constitucional, inclusive o valor correspondente à dobra da remuneração de férias de que trata o art. 137 da Consolidação das Leis do Trabalho – CLT;
•• Alínea *d* com redação determinada pela Lei n. 9.528, de 10-12-1997.

e) as importâncias:
•• Alínea *e*, *caput*, com redação determinada pela Lei n. 9.528, de 10-12-1997.

1. previstas no inciso I do art. 10 do Ato das Disposições Constitucionais Transitórias;
•• Item 1 acrescentado pela Lei n. 9.528, de 10-12-1997.

2. relativas à indenização por tempo de serviço, anterior a 5 de outubro de 1988, do empregado não optante pelo Fundo de Garantia do Tempo de Serviço – FGTS;
•• Item 2 acrescentado pela Lei n. 9.528, de 10-12-1997.

3. recebidas a título da indenização de que trata o art. 479 da CLT;
•• Item 3 acrescentado pela Lei n. 9.528, de 10-12-1997.

4. recebidas a título da indenização de que trata o art. 14 da Lei n. 5.889, de 8 de junho de 1973;
•• Item 4 acrescentado pela Lei n. 9.528, de 10-12-1997.

5. recebidas a título de incentivo à demissão;
•• Item 5 acrescentado pela Lei n. 9.528, de 10-12-1997.

6. recebidas a título de abono de férias na forma dos arts. 143 e 144 da CLT;
•• Item 6 acrescentado pela Lei n. 9.711, de 20-11-1998.

7. recebidas a título de ganhos eventuais e os abonos expressamente desvinculados do salário;
•• Item 7 acrescentado pela Lei n. 9.711, de 20-11-1998.

8. recebidas a título de licença-prêmio indenizada;
•• Item 8 acrescentado pela Lei n. 9.711, de 20-11-1998.

9. recebidas a título da indenização de que trata o art. 9.º da Lei n. 7.238, de 29 de outubro de 1984;
•• Item 9 acrescentado pela Lei n. 9.711, de 20-11-1998.

f) a parcela recebida a título de vale-transporte, na forma da legislação própria;

g) a ajuda de custo, em parcela única, recebida exclusivamente em decorrência de mudança de local de trabalho do empregado, na forma do art. 470 da CLT;
•• Alínea *g* com redação determinada pela Lei n. 9.528, de 10-12-1997.

h) as diárias para viagens;
•• Alínea *h* com redação determinada pela Lei n. 13.467, de 13-7-2017.

i) a importância recebida a título de bolsa de complementação educacional de estagiário, quando paga nos termos da Lei n. 6.494, de 7 de dezembro de 1977;

j) a participação nos lucros ou resultados da empresa, quando paga ou creditada de acordo com lei específica;

l) o abono do Programa de Integração Social – PIS e do Programa de Assistência ao Servidor Público – PASEP;
•• Alínea *l* acrescentada pela Lei n. 9.528, de 10-12-1997.

m) os valores correspondentes a transporte, alimentação e habitação fornecidos pela empresa ao empregado contratado para trabalhar em localidade distante da sua residência, em canteiro de obras ou local que, por

força da atividade, exija deslocamento e estada, observadas as normas de proteção estabelecidas pelo Ministério do Trabalho;

•• Alínea *m* acrescentada pela Lei n. 9.528, de 10-12-1997.

n) a importância paga ao empregado a título de complementação ao valor do auxílio-doença, desde que este direito seja extensivo à totalidade dos empregados da empresa;

•• Alínea *n* acrescentada pela Lei n. 9.528, de 10-12-1997.

o) as parcelas destinadas à assistência ao trabalhador da agroindústria canavieira, de que trata o art. 36 da Lei n. 4.870, de 1.º de dezembro de 1965;

•• Alínea *o* acrescentada pela Lei n. 9.528, de 10-12-1997.

p) o valor das contribuições efetivamente pago pela pessoa jurídica relativo a programa de previdência complementar, aberto ou fechado, desde que disponível à totalidade de seus empregados e dirigentes, observados, no que couber, os arts. 9.º e 468 da CLT;

•• Alínea *p* acrescentada pela Lei n. 9.528, de 10-12-1997.

q) o valor relativo à assistência prestada por serviço médico ou odontológico, próprio da empresa ou por ela conveniado, inclusive o reembolso de despesas com medicamentos, óculos, aparelhos ortopédicos, próteses, órteses, despesas médico-hospitalares e outras similares;

•• Alínea *q* com redação determinada pela Lei n. 13.467, de 13-7-2017.
•• *Vide* art. 458, § 5.º, da CLT.

r) o valor correspondente a vestuários, equipamentos e outros acessórios fornecidos ao empregado e utilizados no local do trabalho para prestação dos respectivos serviços;

•• Alínea *r* acrescentada pela Lei n. 9.528, de 10-12-1997.

s) o ressarcimento de despesas pelo uso de veículo do empregado e o reembolso creche pago em conformidade com a legislação trabalhista, observado o limite máximo de 6 (seis) anos de idade, quando devidamente comprovadas as despesas realizadas;

•• Alínea *s* acrescentada pela Lei n. 9.528, de 10-12-1997.

t) o valor relativo a plano educacional, ou bolsa de estudo, que vise à educação básica de empregados e seus dependentes e, desde que vinculada às atividades desenvolvidas pela empresa, à educação profissional e tecnológica de empregados, nos termos da Lei n. 9.394, de 20 de dezembro de 1996, e:

•• Alínea *t*, *caput*, com redação determinada pela Lei n. 12.513, de 26-10-2011.

1. não seja utilizado em substituição de parcela salarial; e

•• Item 1 acrescentado pela Lei n. 12.513, de 26-10-2011.

2. o valor mensal do plano educacional ou bolsa de estudo, considerado individualmente, não ultrapasse 5% (cinco por cento) da remuneração do segurado a que se destina ou o valor correspondente a uma vez e meia o valor do limite mínimo mensal do salário de contribuição, o que for maior;

•• Item 2 acrescentado pela Lei n. 12.513, de 26-10-2011.

u) a importância recebida a título de bolsa de aprendizagem garantida ao adolescente até 14 (quatorze) anos de idade, de acordo com o disposto no art. 64 da Lei n. 8.069, de 13 de julho de 1990;

•• Alínea *u* acrescentada pela Lei n. 9.528, de 10-12-1997.

v) os valores recebidos em decorrência da cessão de direitos autorais;

•• Alínea *v* acrescentada pela Lei n. 9.528, de 10-12-1997.

x) o valor da multa prevista no § 8.º do art. 477 da CLT;

•• Alínea *x* acrescentada pela Lei n. 9.528, de 10-12-1997.

y) o valor correspondente ao vale-cultura;

•• Alínea *y* acrescentada pela Lei n. 12.761, de 27-12-2012.

z) os prêmios e os abonos.

•• Alínea *z* acrescentada pela Lei n. 13.467, de 13-7-2017.

§ 10. Considera-se salário de contribuição, para o segurado empregado e trabalhador avulso, na condição prevista no § 5.º do art. 12, a remuneração efetivamente auferida na entidade sindical ou empresa de origem.

•• § 10 acrescentado pela Lei n. 9.528, de 10-12-1997.

..........

Art. 29. (*Revogado pela Lei n. 9.876, de 26-11-1999.*)

Capítulo X
DA ARRECADAÇÃO E RECOLHIMENTO DAS CONTRIBUIÇÕES

Art. 30. A arrecadação e o recolhimento das contribuições ou de outras importâncias devidas à Seguridade Social obedecem às seguintes normas:

•• *Caput* com redação determinada pela Lei n. 8.620, de 5-1-1993.

I - a empresa é obrigada a:

a) arrecadar as contribuições dos segurados empregados e trabalhadores avulsos a seu serviço, descontando-as da respectiva remuneração;

b) recolher os valores arrecadados na forma da alínea *a* deste inciso, a contribuição a que se refere o inciso IV do art. 22 desta Lei, assim como as contribuições a seu cargo incidentes sobre as remunerações pagas, devidas ou creditadas, a qualquer título, aos segurados empregados, trabalhadores avulsos e contribuintes individuais a seu serviço até o dia 20 (vinte) do mês subsequente ao da competência;

•• Alínea *b* com redação determinada pela Lei n. 11.933, de 28-4-2009, produzindo efeitos a partir de 1.º-10-2008.

c) recolher as contribuições de que tratam os incisos I e II do art. 23, na forma e prazos definidos pela legislação tributária federal vigente;

II - os segurados contribuinte individual e facultativo estão obrigados a recolher sua contribuição por iniciativa própria, até o dia quinze do mês seguinte ao da competência;

•• Inciso II com redação determinada pela Lei n. 9.876, de 26-11-1999.

III - a empresa adquirente, consumidora ou consignatária ou a cooperativa são obrigadas a recolher a contribuição de que trata o art. 25 até o dia 20 (vinte) do mês subsequente ao da operação de venda ou consignação da produção, independentemente de essas operações terem sido realizadas diretamente com o produtor ou com intermediário pessoa física, na forma estabelecida em regulamento;

•• Inciso III com redação determinada pela Lei n. 11.933, de 28-4-2009, produzindo efeitos a partir de 1.º-10-2008.

IV - a empresa adquirente, consumidora ou consignatária ou a cooperativa ficam sub-rogadas nas obrigações da pessoa física de que trata a alínea *a* do inciso V do art. 12 e do segurado especial pelo cumprimento das obrigações do art. 25 desta Lei, independentemente de as operações de venda ou consignação terem sido realizadas diretamente com o produtor ou com intermediário pessoa física, exceto no caso do inciso X deste artigo, na forma estabelecida em regulamento;

•• Inciso IV com redação determinada pela Lei n. 9.528, de 10-12-1997.

V - o empregador doméstico fica obrigado a arrecadar e a recolher a contribuição do segurado empregado a seu serviço e a parcela a seu cargo, até o vigésimo dia do mês seguinte ao da competência;

•• Inciso V com redação determinada pela Lei n. 14.438, de 24-8-2022.
•• O art. 19, I, da Lei n. 14.438, de 24-8-2022, trata sobre a produção de efeitos desse dispositivo.

VI - o proprietário, o incorporador definido na Lei n. 4.591, de 16 de dezembro de 1964, o dono da obra ou condômino da unidade imobiliária, qualquer que seja a forma de contratação da construção, reforma ou acréscimo, são solidários com o construtor, e estes com a subempreiteira, pelo cumprimento das obrigações para com a Seguridade Social, ressalvado o seu direito regressivo contra o executor ou contratante da obra e admitida a retenção de importância a este devida para garantia do cumprimento dessas obrigações, não se aplicando, em qualquer hipótese, o benefício de ordem;

•• Inciso VI com redação determinada pela Lei n. 9.528, de 10-12-1997.

VII - exclui-se da responsabilidade solidária perante a Seguridade Social o adquirente do prédio ou unidade imobiliária que realizar a operação com empresa de comercialização ou incorporador de imóveis, ficando estes solidariamente responsáveis com o construtor;

VIII - nenhuma contribuição à Seguridade Social é devida se a construção residencial unifamiliar, destinada ao uso próprio, de tipo econômico, for executada sem mão de obra assalariada, observadas as exigências do regulamento;

IX – as empresas que integram grupo econômico de qualquer natureza respondem entre si, solidariamente, pelas obrigações decorrentes desta Lei;

X – a pessoa física de que trata a alínea *a* do inciso V do art. 12 e o segurado especial são obrigados a recolher a contribuição de que trata o art. 25 desta Lei no prazo estabelecido no inciso III deste artigo, caso comercializem a sua produção:

•• Inciso X, *caput*, com redação determinada pela Lei n. 9.528, de 10-12-1997.

a) no exterior;

•• Alínea *a* acrescentada pela Lei n. 9.528, de 10-12-1997.

b) diretamente, no varejo, ao consumidor pessoa física;

•• Alínea *b* acrescentada pela Lei n. 9.528, de 10-12-1997.

c) à pessoa física de que trata a alínea *a* do inciso V do art. 12;

•• Alínea *c* acrescentada pela Lei n. 9.528, de 10-12-1997.

d) ao segurado especial;

•• Alínea *d* acrescentada pela Lei n. 9.528, de 10-12-1997.

XI – aplica-se o disposto nos incisos III e IV deste artigo à pessoa física não produtor rural que adquire produção para venda no varejo a consumidor pessoa física;

•• Inciso XI acrescentado pela Lei n. 9.528, de 10-12-1997.

XII – sem prejuízo do disposto no inciso X do *caput* deste artigo, o produtor rural pessoa física e o segurado especial são obrigados a recolher, diretamente, a contribuição incidente sobre a receita bruta proveniente:

•• Inciso XII, *caput*, acrescentado pela Lei n. 11.718, de 20-6-2008.

a) da comercialização de artigos de artesanato elaborados com matéria-prima produzida pelo respectivo grupo familiar;

•• Alínea *a* acrescentada pela Lei n. 11.718, de 20-6-2008.

b) de comercialização de artesanato ou do exercício de atividade artística, observado o disposto nos incisos VII e VIII do § 10 do art. 12 desta Lei; e

•• Alínea *b* acrescentada pela Lei n. 11.718, de 20-6-2008.

c) de serviços prestados, de equipamentos utilizados e de produtos comercializados no imóvel rural, desde que em atividades turística e de entretenimento desenvolvidas no próprio imóvel, inclusive hospedagem, alimentação, recepção, recreação e atividades pedagógicas, bem como taxa de visitação e serviços especiais;

•• Alínea *c* acrescentada pela Lei n. 11.718, de 20-6-2008.

XIII – o segurado especial é obrigado a arrecadar a contribuição de trabalhadores a seu serviço e a recolhê-la no prazo referido na alínea *b* do inciso I do *caput* deste artigo.

•• Inciso XIII acrescentado pela Lei n. 11.718, de 20-6-2008.

§ 1.º (*Revogado pela Lei n. 9.032, de 28-4-1995.*)

§ 2.º Se não houver expediente bancário nas datas indicadas:

•• § 2.º, *caput*, com redação determinada pela Lei n. 11.933, de 28-4-2009, produzindo efeitos a partir de 1.º-10-2008.

I – no inciso II do *caput*, o recolhimento deverá ser efetuado até o dia útil imediatamente posterior; e

•• Inciso I com redação determinada pela Lei n. 13.202, de 8-12-2015.

II – na alínea *b* do inciso I e nos incisos III, V, X e XIII do *caput*, até o dia útil imediatamente anterior.

•• Inciso II com redação determinada pela Lei n. 13.202, de 8-12-2015.

§ 3.º Aplica-se à entidade sindical e à empresa de origem o disposto nas alíneas *a* e *b* do inciso I, relativamente à remuneração do segurado referido no § 5.º do art. 12.

•• § 3.º acrescentado pela Lei n. 9.528, de 10-12-1997.

§ 4.º Na hipótese de o contribuinte individual prestar serviço a uma ou mais empresas, poderá deduzir, da sua contribuição mensal, 45% (quarenta e cinco por cento) da contribuição da empresa, efetivamente recolhida ou declarada, incidente sobre a remuneração que esta lhe tenha pago ou creditado, limitada a dedução a 9% (nove por cento) do respectivo salário de contribuição.

•• § 4.º acrescentado pela Lei n. 9.876, de 26-11-1999.

§ 5.º Aplica-se o disposto no § 4.º ao cooperado que prestar serviço a empresa por intermédio de cooperativa de trabalho.

•• § 5.º acrescentado pela Lei n. 9.876, de 26-11-1999.

§ 6.º (*Revogado pela Lei n. 13.202, de 8-12-2015.*)

§ 7.º A empresa ou cooperativa adquirente, consumidora ou consignatária da produção fica obrigada a fornecer ao segurado especial cópia do documento fiscal de entrada da mercadoria, para fins de comprovação da operação e da respectiva contribuição previdenciária.

•• § 7.º acrescentado pela Lei n. 11.718, de 20-6-2008.

§ 8.º Quando o grupo familiar a que o segurado especial estiver vinculado não tiver obtido, no ano, por qualquer motivo, receita proveniente de comercialização de produção deverá comunicar a ocorrência à Previdência Social, na forma do regulamento.

•• § 8.º acrescentado pela Lei n. 11.718, de 20-6-2008.

§ 9.º Quando o segurado especial tiver comercializado sua produção do ano anterior exclusivamente com empresa adquirente, consignatária ou cooperativa, tal fato deverá ser comunicado à Previdência Social pelo respectivo grupo familiar.

•• § 9.º acrescentado pela Lei n. 11.718, de 20-6-2008.

Art. 31. A empresa contratante de serviços executados mediante cessão de mão de obra, inclusive em regime de trabalho temporário, deverá reter 11% (onze por cento) do valor bruto da nota fiscal ou fatura de prestação de serviços e recolher, em nome da empresa cedente da mão de obra, a importância retida até o dia 20 (vinte) do mês subsequente ao da emissão da respectiva nota fiscal ou fatura, ou até o dia útil imediatamente anterior se não houver expediente bancário naquele dia, observado o disposto no § 5.º do art. 33 desta Lei.

•• *Caput* com redação determinada pela Lei n. 11.933, de 28-4-2009, produzindo efeitos a partir de 1.º-10-2008.

•• *Vide* art. 5.º-A, § 5.º, da Lei n. 6.019, de 3-1-1974.

§ 1.º O valor retido de que trata o *caput* deste artigo, que deverá ser destacado na nota fiscal ou fatura de prestação de serviços, poderá ser compensado por qualquer estabelecimento da empresa cedente da mão de obra, por ocasião do recolhimento das contribuições destinadas à Seguridade Social devidas sobre a folha de pagamento dos seus segurados.

•• § 1.º com redação determinada pela Lei n. 11.941, de 27-5-2009.

§ 2.º Na impossibilidade de haver compensação integral na forma do parágrafo anterior, o saldo remanescente será objeto de restituição.

•• § 2.º com redação determinada pela Lei n. 9.711, de 20-11-1998.

§ 3.º Para os fins desta Lei, entende-se como cessão de mão de obra a colocação à disposição do contratante, em suas dependências ou nas de terceiros, de segurados que realizem serviços contínuos, relacionados ou não com a atividade-fim da empresa, quaisquer que sejam a natureza e a forma de contratação.

•• § 3.º com redação determinada pela Lei n. 9.711, de 20-11-1998.

§ 4.º Enquadram-se na situação prevista no parágrafo anterior, além de outros estabelecidos em regulamento, os seguintes serviços:

•• § 4.º com redação determinada pela Lei n. 9.711, de 20-11-1998.

I – limpeza, conservação e zeladoria;

•• Inciso I acrescentado pela Lei n. 9.711, de 20-11-1998.

II – vigilância e segurança;

•• Inciso II acrescentado pela Lei n. 9.711, de 20-11-1998.

III – empreitada de mão de obra;

•• Inciso III acrescentado pela Lei n. 9.711, de 20-11-1998.

IV – contratação de trabalho temporário na forma da Lei n. 6.019, de 3 de janeiro de 1974.

•• Inciso IV acrescentado pela Lei n. 9.711, de 20-11-1998.

§ 5.º O cedente da mão de obra deverá elaborar folhas de pagamento distintas para cada contratante.

•• § 5.º acrescentado pela Lei n. 9.711, de 20-11-1998.

§ 6.º Em se tratando de retenção e recolhimento realizados na forma do *caput* deste artigo, em nome de consórcio, de que tratam os arts. 278 e 279 da Lei n. 6.404, de 15 de dezembro de 1976, aplica-se o disposto em todo este artigo, observada a participação de cada uma das empresas consorciadas, na forma do respectivo ato constitutivo.

•• § 6.º acrescentado pela Lei n. 11.941, de 27-5-2009.

Art. 32-C. O segurado especial responsável pelo grupo familiar que contratar na forma do § 8.º do art. 12 apresentará as informações relacionadas ao registro de trabalhadores, aos fatos geradores, à base de cálculo e aos valores das contribuições devidas à Previdência Social e ao Fundo de Garantia do Tempo de Serviço – FGTS e outras informações de interesse da Secretaria da Receita Federal do Brasil, do Ministério da Previdência Social, do Ministério do Trabalho e Emprego e do Conselho Curador do FGTS, por meio de sistema eletrônico com entrada única de dados, e efetuará os recolhimentos por meio de documento único de arrecadação.

•• *Caput* acrescentado pela Lei n. 12.873, de 24-10-2013.

§ 1.º Os Ministros de Estado da Fazenda, da Previdência Social e do Trabalho e Emprego disporão, em ato conjunto, sobre a prestação das informações, a apuração, o recolhimento e a distribuição dos recursos recolhidos e sobre as informações geradas por meio do sistema eletrônico e da guia de recolhimento de que trata o *caput*.

•• § 1.º acrescentado pela Lei n. 12.873, de 24-10-2013.

§ 2.º As informações prestadas no sistema eletrônico de que trata o *caput* têm caráter declaratório, constituem instrumento hábil e suficiente para a exigência dos tributos e encargos apurados e substituirão, na forma regulamentada pelo ato conjunto que prevê o § 1.º, a obrigatoriedade de entrega de todas as informações, formulários e declarações a que está sujeito o grupo familiar, inclusive as relativas ao recolhimento do FGTS.

•• § 2.º acrescentado pela Lei n. 12.873, de 24-10-2013.

§ 3.º O segurado especial de que trata o *caput* deste artigo fica obrigado a arrecadar, até o vigésimo dia do mês seguinte ao da competência:

•• § 3.º, *caput*, com redação determinada pela Lei n. 14.438, de 24-8-2022.
•• O art. 19, I, da Lei n. 14.438, de 24-8-2022, trata sobre a produção de efeitos desse dispositivo.

I – as contribuições previstas nos incisos X, XII e XIII do *caput* do art. 30 desta Lei;

•• Inciso I acrescentado pela Lei n. 14.438, de 24-8-2022.
•• O art. 19, I, da Lei n. 14.438, de 24-8-2022, trata sobre a produção de efeitos desse dispositivo.

II – os valores referentes ao FGTS; e

•• Inciso II acrescentado pela Lei n. 14.438, de 24-8-2022.
•• O art. 19, I, da Lei n. 14.438, de 24-8-2022, trata sobre a produção de efeitos desse dispositivo.

III – os encargos trabalhistas sob a sua responsabilidade.

•• Inciso III acrescentado pela Lei n. 14.438, de 24-8-2022.
•• O art. 19, I, da Lei n. 14.438, de 24-8-2022, trata sobre a produção de efeitos desse dispositivo.

§ 4.º Os recolhimentos devidos, nos termos do § 3.º, deverão ser pagos por meio de documento único de arrecadação.

•• § 4.º acrescentado pela Lei n. 12.873, de 24-10-2013.

§ 5.º Se não houver expediente bancário na data indicada no § 3.º, o recolhimento deverá ser antecipado para o dia útil imediatamente anterior.

•• § 5.º acrescentado pela Lei n. 12.873, de 24-10-2013.

§ 6.º Os valores não pagos até a data do vencimento sujeitar-se-ão à incidência de acréscimos e encargos legais na forma prevista na legislação do Imposto sobre a Renda e Proventos de Qualquer Natureza para as contribuições de caráter tributário, e conforme o art. 22 da Lei n. 8.036, de 11 de maio de 1990, para os depósitos do FGTS, inclusive no que se refere às multas por atraso.

•• § 6.º acrescentado pela Lei n. 12.873, de 24-10-2013.

§ 7.º O recolhimento do valor do FGTS na forma deste artigo será creditado diretamente em conta vinculada do trabalhador, assegurada a transferência dos elementos identificadores do recolhimento ao agente operador do fundo.

•• § 7.º acrescentado pela Lei n. 12.873, de 24-10-2013.

§ 8.º O ato de que trata o § 1.º regulará a compensação e a restituição dos valores dos tributos e dos encargos trabalhistas recolhidos, no documento único de arrecadação, indevidamente ou em montante superior ao devido.

•• § 8.º acrescentado pela Lei n. 12.873, de 24-10-2013.

§ 9.º A devolução de valores do FGTS, depositados na conta vinculada do trabalhador, será objeto de norma regulamentar do Conselho Curador e do Agente Operador do Fundo de Garantia do Tempo de Serviço.

•• § 9.º acrescentado pela Lei n. 12.873, de 24-10-2013.

§ 10. O produto da arrecadação de que trata o § 3.º será centralizado na Caixa Econômica Federal.

•• § 10 acrescentado pela Lei n. 12.873, de 24-10-2013.

§ 11. A Caixa Econômica Federal, com base nos elementos identificadores do recolhimento, disponíveis no sistema de que trata o *caput* deste artigo, transferirá para a Conta Única do Tesouro Nacional os valores arrecadados dos tributos e das contribuições previstas nos incisos X, XII e XIII do *caput* do art. 30.

•• § 11 acrescentado pela Lei n. 12.873, de 24-10-2013.

§ 12. A impossibilidade de utilização do sistema eletrônico referido no *caput* será objeto de regulamento, a ser editado pelo Ministério da Fazenda e pelo Agente Operador do FGTS.

•• § 12 acrescentado pela Lei n. 12.873, de 24-10-2013.

§ 13. A sistemática de entrega das informações e recolhimentos de que trata o *caput* poderá ser estendida pelas autoridades previstas no § 1.º para o produtor rural pessoa física de que trata a alínea *a* do inciso V do *caput* do art. 12.

•• § 13 acrescentado pela Lei n. 12.873, de 24-10-2013.

§ 14. Aplica-se às informações entregues na forma deste artigo o disposto no § 2.º do art. 32 e no art. 32-A.

•• § 14 acrescentado pela Lei n. 12.873, de 24-10-2013.

Brasília, 24 de julho de 1991; 170.º da Independência e 103.º da República.

FERNANDO COLLOR

LEI N. 8.213, DE 24 DE JULHO DE 1991 (*)

Dispõe sobre os Planos de Benefícios da Previdência Social e dá outras providências.

O Presidente da República.

Faço saber que o Congresso Nacional decreta e eu sanciono a seguinte Lei:

Título I
DA FINALIDADE E DOS PRINCÍPIOS BÁSICOS DA PREVIDÊNCIA SOCIAL

Art. 1.º A Previdência Social, mediante contribuição, tem por fim assegurar aos seus beneficiários meios indispensáveis de manutenção, por motivo de incapacidade, desemprego involuntário, idade avançada, tempo de serviço, encargos familiares e prisão ou morte daqueles de quem dependiam economicamente.

Art. 2.º A Previdência Social rege-se pelos seguintes princípios e objetivos:

I – universalidade de participação nos planos previdenciários;

II – uniformidade e equivalência dos benefícios e serviços às populações urbanas e rurais;

(*) Publicada no *DOU*, de 25-7-1991. Republicada em 11-4-1996 e 14-8-1998. Regulamentada pelo Decreto n. 3.048, de 6-5-1999. A Lei n. 8.212, de 24-7-1991, dispõe sobre a organização da Seguridade Social, institui Plano de Custeio e dá outras providências. *Vide* Súmulas 159 e 516 do STJ. A Instrução Normativa n. 128, de 28-3-2022, do INSS, disciplina as regras, procedimentos e rotinas necessárias à efetiva aplicação das normas de direito previdenciário.

III - seletividade e distributividade na prestação dos benefícios;

IV - cálculo dos benefícios considerando-se os salários de contribuição corrigidos monetariamente;

V - irredutibilidade do valor dos benefícios de forma a preservar-lhes o poder aquisitivo;

VI - valor da renda mensal dos benefícios substitutos do salário de contribuição ou do rendimento do trabalho do segurado não inferior ao do salário mínimo;

VII - previdência complementar facultativa, custeada por contribuição adicional;

VIII - caráter democrático e descentralizado da gestão administrativa, com a participação do governo e da comunidade, em especial de trabalhadores em atividade, empregadores e aposentados.

Parágrafo único. A participação referida no inciso VIII deste artigo será efetivada a nível federal, estadual e municipal.

Título III
DO REGIME GERAL DE PREVIDÊNCIA SOCIAL

Capítulo I
DOS BENEFICIÁRIOS

Art. 10. Os beneficiários do Regime Geral de Previdência Social classificam-se como segurados e dependentes, nos termos das Seções I e II deste capítulo.

SEÇÃO I
Dos Segurados

Art. 11. São segurados obrigatórios da Previdência Social as seguintes pessoas físicas:

I - como empregado:

a) aquele que presta serviço de natureza urbana ou rural à empresa, em caráter não eventual, sob sua subordinação e mediante remuneração, inclusive como diretor empregado;

b) aquele que, contratado por empresa de trabalho temporário, definida em legislação específica, presta serviço para atender a necessidade transitória de substituição de pessoal regular e permanente ou a acréscimo extraordinário de serviços de outras empresas;

•• Vide Lei n. 6.019, de 3-1-1974.

c) o brasileiro ou o estrangeiro domiciliado e contratado no Brasil para trabalhar como empregado em sucursal ou agência de empresa nacional no exterior;

d) aquele que presta serviço no Brasil a missão diplomática ou a repartição consular de carreira estrangeira e a órgãos a elas subordinados, ou a membros dessas missões e repartições, excluídos o não brasileiro sem residência permanente no Brasil e o brasileiro amparado pela legislação previdenciária do país da respectiva missão diplomática ou repartição consular;

e) o brasileiro civil que trabalha para a União, no exterior, em organismos oficiais brasileiros ou internacionais dos quais o Brasil seja membro efetivo, ainda que lá domiciliado e contratado, salvo se segurado na forma da legislação vigente do país do domicílio;

f) o brasileiro ou estrangeiro domiciliado e contratado no Brasil para trabalhar como empregado em empresa domiciliada no exterior, cuja maioria do capital votante pertença a empresa brasileira de capital nacional;

g) o servidor público ocupante de cargo em comissão, sem vínculo efetivo com a União, Autarquias, inclusive em regime especial, e Fundações Públicas Federais;

•• Alínea g com redação determinada pela Lei n. 8.647, de 13-4-1993.

h) o exercente de mandato eletivo federal, estadual ou municipal, desde que não vinculado a regime próprio de previdência social;

•• Alínea h acrescentada pela Lei n. 9.506, de 30-10-1997.

i) o empregado de organismo oficial internacional ou estrangeiro em funcionamento no Brasil, salvo quando coberto por regime próprio de previdência social;

•• Alínea i acrescentada pela Lei n. 9.876, de 26-11-1999.

j) o exercente de mandato eletivo federal, estadual ou municipal, desde que não vinculado a regime próprio de previdência social.

•• Alínea j acrescentada pela Lei n. 10.887, de 18-6-2004.

II - como empregado doméstico: aquele que presta serviço de natureza contínua a pessoa ou família, no âmbito residencial desta, em atividades sem fins lucrativos;

III e IV - (*Revogados pela Lei n. 9.876, de 26-11-1999.*)

V - como contribuinte individual:

•• Inciso V, caput, com redação determinada pela Lei n. 9.876, de 26-11-1999.

a) a pessoa física, proprietária ou não, que explora atividade agropecuária, a qualquer título, em caráter permanente ou temporário, em área superior a 4 (quatro) módulos fiscais; ou, quando em área igual ou inferior a 4 (quatro) módulos fiscais ou atividade pesqueira, com auxílio de empregados ou por intermédio de prepostos; ou ainda nas hipóteses dos §§ 9.º e 10 deste artigo;

•• Alínea a com redação determinada pela Lei n. 11.718, de 20-6-2008.

b) a pessoa física, proprietária ou não, que explora atividade de extração mineral - garimpo, em caráter permanente ou temporário, diretamente ou por intermédio de prepostos, com ou sem o auxílio de empregados, utilizados a qualquer título, ainda que de forma não contínua;

•• Alínea b com redação determinada pela Lei n. 9.876, de 26-11-1999.

c) o ministro de confissão religiosa e o membro de instituto de vida consagrada, de congregação ou de ordem religiosa;

•• Alínea c com redação determinada pela Lei n. 10.403, de 8-1-2002.

d) (*Revogada pela Lei n. 9.876, de 26-11-1999.*)

e) o brasileiro civil que trabalha no exterior para organismo oficial internacional do qual o Brasil é membro efetivo, ainda que lá domiciliado e contratado, salvo quando coberto por regime próprio de previdência social;

•• Alínea e com redação determinada pela Lei n. 9.876, de 26-11-1999.

f) o titular de firma individual urbana ou rural, o diretor não empregado e o membro de conselho de administração de sociedade anônima, o sócio solidário, o sócio de indústria, o sócio gerente e o sócio cotista que recebam remuneração decorrente de seu trabalho em empresa urbana ou rural, e o associado eleito para cargo de direção em cooperativa, associação ou entidade de qualquer natureza ou finalidade, bem como o síndico ou administrador eleito para exercer atividade de direção condominial, desde que recebam remuneração;

•• Alínea f acrescentada pela Lei n. 9.876, de 26-11-1999.

g) quem presta serviço de natureza urbana ou rural, em caráter eventual, a uma ou mais empresas, sem relação de emprego;

•• Alínea g acrescentada pela Lei n. 9.876, de 26-11-1999.

h) a pessoa física que exerce, por conta própria, atividade econômica de natureza urbana, com fins lucrativos ou não;

•• Alínea h acrescentada pela Lei n. 9.876, de 26-11-1999.

VI - como trabalhador avulso: quem presta, a diversas empresas, sem vínculo empregatício, serviço de natureza urbana ou rural definidos no Regulamento;

VII - como segurado especial: a pessoa física residente no imóvel rural ou em aglomerado urbano ou rural próximo a ele que, individualmente ou em regime de economia familiar, ainda que com o auxílio eventual de terceiros, na condição de:

•• Inciso VII, caput, com redação determinada pela Lei n. 11.718, de 20-6-2008.
• Vide Súmula 41 do JEFs.

a) produtor, seja proprietário, usufrutuário, possuidor, assentado, parceiro ou meeiro outorgados, comodatário ou arrendatário rurais, que explore atividade:

1. agropecuária em área de até 4 (quatro) módulos fiscais;

2. de seringueiro ou extrativista vegetal que exerça suas atividades nos termos do inciso XII do *caput* do art. 2.º da Lei n. 9.985, de 18 de julho de 2000, e faça dessas atividades o principal meio de vida;

•• Alínea a acrescentada pela Lei n. 11.718, de 20-6-2008.

b) pescador artesanal ou a este assemelhado que faça da pesca profissão habitual ou principal meio de vida; e

•• Alínea b acrescentada pela Lei n. 11.718, de 20-6-2008.

c) cônjuge ou companheiro, bem como filho maior de 16 (dezesseis) anos de idade ou a este equiparado, do segurado de que tratam as alíneas a e b deste inciso, que, comprovadamente, trabalhem com o grupo familiar respectivo.

•• Alínea c acrescentada pela Lei n. 11.718, de 20-6-2008.
•• O garimpeiro está excluído por força da Lei n. 8.398, de 7-1-1992, que alterou a redação do inciso VII do art. 12 da Lei n. 8.212, de 24-7-1991.
• Vide Súmula 272 do STJ.

§ 1.º Entende-se como regime de economia familiar a atividade em que o trabalho dos membros da família é indispensável à própria subsistência e ao desenvolvimento socioeconômico do núcleo familiar e é exercido em condições de mútua dependência e colaboração, sem a utilização de empregados permanentes.

•• § 1.º com redação determinada pela Lei n. 11.718, de 20-6-2008.

§ 2.º Todo aquele que exercer, concomitantemente, mais de uma atividade remunerada sujeita ao Regime Geral de Previdência Social é obrigatoriamente filiado em relação a cada uma delas.

§ 3.º O aposentado pelo Regime Geral de Previdência Social – RGPS que estiver exercendo ou que voltar a exercer atividade abrangida por este Regime é segurado obrigatório em relação a essa atividade, ficando sujeito às contribuições de que trata a Lei n. 8.212, de 24 de julho de 1991, para fins de custeio da Seguridade Social.

•• § 3.º acrescentado pela Lei n. 9.032, de 28-4-1995.

§ 4.º O dirigente sindical mantém, durante o exercício do mandato eletivo, o mesmo enquadramento no Regime Geral de Previdência Social – RGPS de antes da investidura.

•• § 4.º acrescentado pela Lei n. 9.528, de 10-12-1997.

§ 5.º Aplica-se o disposto na alínea g do inciso I do caput ao ocupante de cargo de Ministro de Estado, de Secretário Estadual, Distrital ou Municipal, sem vínculo efetivo com a União, Estados, Distrito Federal e Municípios, suas autarquias, ainda que em regime especial, e fundações.

•• § 5.º acrescentado pela Lei n. 9.876, de 26-11-1999.

§ 6.º Para serem considerados segurados especiais, o cônjuge ou companheiro e os filhos maiores de 16 (dezesseis) anos ou os a estes equiparados deverão ter participação ativa nas atividades rurais do grupo familiar.

•• § 6.º acrescentado pela Lei n. 11.718, de 20-6-2008.

§ 7.º O grupo familiar poderá utilizar-se de empregados contratados por prazo determinado ou de trabalhador de que trata a alínea g do inciso V do caput, à razão de no máximo 120 (cento e vinte) pessoas por dia no ano civil, em períodos corridos ou intercalados ou, ainda, por tempo equivalente em horas de trabalho, não sendo computado nesse prazo o período de afastamento em decorrência da percepção de auxílio-doença.

•• § 7.º com redação determinada pela Lei n. 12.873, de 24-10-2013.

§ 8.º Não descaracteriza a condição de segurado especial:

•• § 8.º, caput, acrescentado pela Lei n. 11.718, de 20-6-2008.

I – a outorga, por meio de contrato escrito de parceria, meação ou comodato, de até 50% (cinquenta por cento) de imóvel rural cuja área total não seja superior a 4 (quatro) módulos fiscais, desde que outorgante e outorgado continuem a exercer a respectiva atividade, individualmente ou em regime de economia familiar;

•• Inciso I acrescentado pela Lei n. 11.718, de 20-6-2008.

II – a exploração da atividade turística da propriedade rural, inclusive com hospedagem, por não mais de 120 (cento e vinte) dias ao ano;

•• Inciso II acrescentado pela Lei n. 11.718, de 20-6-2008.

III – a participação em plano de previdência complementar instituído por entidade classista a que seja associado em razão da condição de trabalhador rural ou de produtor rural em regime de economia familiar; e

•• Inciso III acrescentado pela Lei n. 11.718, de 20-6-2008.

IV – ser beneficiário ou fazer parte de grupo familiar que tem algum componente que seja beneficiário de programa assistencial oficial de governo;

•• Inciso IV acrescentado pela Lei n. 11.718, de 20-6-2008.

V – a utilização pelo próprio grupo familiar, na exploração da atividade, de processo de beneficiamento ou industrialização artesanal, na forma do § 11 do art. 25 da Lei n. 8.212, de 24 de julho de 1991;

•• Inciso V acrescentado pela Lei n. 11.718, de 20-6-2008.

VI – a associação em cooperativa agropecuária ou de crédito rural; e

•• Inciso VI com redação determinada pela Lei n. 13.183, de 4-11-2015.

VII – a incidência do Imposto Sobre Produtos Industrializados – IPI sobre o produto das atividades desenvolvidas nos termos do § 12.

•• Inciso VII acrescentado pela Lei n. 12.873, de 24-10-2013.

§ 9.º Não é segurado especial o membro de grupo familiar que possuir outra fonte de rendimento, exceto se decorrente de:

•• § 9.º, caput, acrescentado pela Lei n. 11.718, de 20-6-2008.

I – benefício de pensão por morte, auxílio-acidente ou auxílio-reclusão, cujo valor não supere o do menor benefício de prestação continuada da Previdência Social;

•• Inciso I acrescentado pela Lei n. 11.718, de 20-6-2008.

II – benefício previdenciário pela participação em plano de previdência complementar instituído nos termos do inciso IV do § 8.º deste artigo;

•• Inciso II acrescentado pela Lei n. 11.718, de 20-6-2008.

III – exercício de atividade remunerada em período não superior a 120 (cento e vinte) dias, corridos ou intercalados, no ano civil, observado o disposto no § 13 do art. 12 da Lei n. 8.212, de 24 de julho de 1991;

•• Inciso III com redação determinada pela Lei n. 12.873, de 24-10-2013.

IV – exercício de mandato eletivo de dirigente sindical de organização da categoria de trabalhadores rurais;

•• Inciso IV acrescentado pela Lei n. 11.718, de 20-6-2008.

V – exercício de mandato de vereador do Município em que desenvolve a atividade rural ou de dirigente de cooperativa rural constituída, exclusivamente, por segurados especiais, observado o disposto no § 13 do art. 12 da Lei n. 8.212, de 24 de julho de 1991;

•• Inciso V acrescentado pela Lei n. 11.718, de 20-6-2008.
•• A Lei n. 13.183, de 4-11-2015, propôs nova redação para este inciso, todavia teve seu texto vetado.

VI – parceria ou meação outorgada na forma e condições estabelecidas no inciso I do § 8.º deste artigo;

•• Inciso VI acrescentado pela Lei n. 11.718, de 20-6-2008.

VII – atividade artesanal desenvolvida com matéria-prima produzida pelo respectivo grupo familiar, podendo ser utilizada matéria-prima de outra origem, desde que a renda mensal obtida na atividade não exceda ao menor benefício de prestação continuada da Previdência Social; e

•• Inciso VII acrescentado pela Lei n. 11.718, de 20-6-2008.

VIII – atividade artística, desde que em valor mensal inferior ao menor benefício de prestação continuada da Previdência Social.

•• Inciso VIII acrescentado pela Lei n. 11.718, de 20-6-2008.

§ 10. O segurado especial fica excluído dessa categoria:

•• § 10, caput, acrescentado pela Lei n. 11.718, de 20-6-2008.

I – a contar do primeiro dia do mês em que:

•• Inciso I, caput, acrescentado pela Lei n. 11.718, de 20-6-2008.

a) deixar de satisfazer as condições estabelecidas no inciso VII do caput deste artigo, sem prejuízo do disposto no art. 15 desta Lei, ou exceder qualquer dos limites estabelecidos no inciso I do § 8.º deste artigo;

•• Alínea a acrescentada pela Lei n. 11.718, de 20-6-2008.

b) enquadrar-se em qualquer outra categoria de segurado obrigatório do Regime Geral de Previdência Social, ressalvado o disposto nos incisos III, V, VII e VIII do § 9.º e no § 12, sem prejuízo do disposto no art. 15;

•• Alínea b com redação determinada pela Lei n. 12.873, de 24-10-2013.

c) tornar-se segurado obrigatório de outro regime previdenciário; e

•• Alínea c com redação determinada pela Lei n. 12.873, de 24-10-2013.

d) participar de sociedade empresária, de sociedade simples, como empresário individual ou como titular de empresa individual de responsabilidade limitada em desacordo com as limitações impostas pelo § 12;

•• Alínea d acrescentada pela Lei n. 12.873, de 24-10-2013.

II – a contar do primeiro dia do mês subsequente ao da ocorrência, quando o grupo familiar a que pertence exceder o limite de:

a) utilização de terceiros na exploração da atividade a que se refere o § 7.º deste artigo;

b) dias em atividade remunerada estabelecidos no inciso III do § 9.º deste artigo; e

c) dias de hospedagem a que se refere o inciso II do § 8.º deste artigo.

•• Inciso II acrescentado pela Lei n. 11.718, de 20-6-2008.

§ 11. Aplica-se o disposto na alínea *a* do inciso V do *caput* deste artigo ao cônjuge ou companheiro do produtor que participe da atividade rural por este explorada.

•• § 11 acrescentado pela Lei n. 11.718, de 20-6-2008.

§ 12. A participação do segurado especial em sociedade empresária, em sociedade simples, como empresário individual ou como titular de empresa individual de responsabilidade limitada de objeto ou âmbito agrícola, agroindustrial ou agroturístico, considerada microempresa nos termos da Lei Complementar n. 123, de 14 de dezembro de 2006, não o exclui de tal categoria previdenciária, desde que, mantido o exercício da sua atividade rural na forma do inciso VII do *caput* e do § 1.º, a pessoa jurídica componha-se apenas de segurados de igual natureza e sedie-se no mesmo Município ou em Município limítrofe àquele em que eles desenvolvam suas atividades.

•• § 12 acrescentado pela Lei n. 12.873, de 24-10-2013.

§ 13. (*Vetado*.)

•• § 13 acrescentado pela Lei n. 12.873, de 24-10-2013.

Art. 12. O servidor civil ocupante de cargo efetivo ou o militar da União, dos Estados, do Distrito Federal ou dos Municípios, bem como o das respectivas autarquias e fundações, são excluídos do Regime Geral de Previdência Social consubstanciado nesta Lei, desde que amparados por regime próprio de previdência social.

•• Caput com redação determinada pela Lei n. 9.876, de 26-11-1999.

§ 1.º Caso o servidor ou o militar venham a exercer, concomitantemente, uma ou mais atividades abrangidas pelo Regime Geral de Previdência Social, tornar-se-ão segurados obrigatórios em relação a essas atividades.

•• § 1.º com redação determinada pela Lei n. 9.876, de 26-11-1999.

§ 2.º Caso o servidor ou o militar, amparados por regime próprio de previdência social, sejam requisitados para outro órgão ou entidade cujo regime previdenciário não permita a filiação, nessa condição, permanecerão vinculados ao regime de origem, obedecidas as regras que cada ente estabeleça acerca de sua contribuição.

•• § 2.º com redação determinada pela Lei n. 9.876, de 26-11-1999.

Art. 13. É segurado facultativo o maior de 14 (quatorze) anos que se filiar ao Regime Geral de Previdência Social, mediante contribuição, desde que não incluído nas disposições do art. 11.

Art. 14. Consideram-se:

I – empresa – a firma individual ou sociedade que assume o risco de atividade econômica urbana ou rural, com fins lucrativos ou não, bem como os órgãos e entidades da administração pública direta, indireta ou fundacional;

II – empregador doméstico – a pessoa ou família que admite a seu serviço, sem finalidade lucrativa, empregado doméstico.

Parágrafo único. Equiparam-se a empresa, para os efeitos desta Lei, o contribuinte individual e a pessoa física na condição de proprietário ou dono de obra de construção civil, em relação a segurado que lhe presta serviço, bem como a cooperativa, a associação ou entidade de qualquer natureza ou finalidade, a missão diplomática e a repartição consular de carreira estrangeiras.

•• Parágrafo único com redação determinada pela Lei n. 13.202, de 8-12-2015.

Art. 15. Mantém a qualidade de segurado, independentemente de contribuições:

I – sem limite de prazo, quem está em gozo de benefício, exceto do auxílio-acidente;

•• Inciso I com redação determinada pela Lei n. 13.846, de 18-6-2019.

II – até 12 (doze) meses após a cessação das contribuições, o segurado que deixar de exercer atividade remunerada abrangida pela Previdência Social ou estiver suspenso ou licenciado sem remuneração;

•• A Lei n. 13.135, de 17-6-2015, propôs nova redação para este inciso, todavia teve o seu texto vetado.

III – até 12 (doze) meses após cessar a segregação, o segurado acometido de doença de segregação compulsória;

IV – até 12 (doze) meses após o livramento, o segurado retido ou recluso;

V – até 3 (três) meses após o licenciamento, o segurado incorporado às Forças Armadas para prestar serviço militar;

VI – até 6 (seis) meses após a cessação das contribuições, o segurado facultativo.

§ 1.º O prazo do inciso II será prorrogado para até 24 (vinte e quatro) meses se o segurado já tiver pago mais de 120 (cento e vinte) contribuições mensais sem interrupção que acarrete a perda da qualidade de segurado.

§ 2.º Os prazos do inciso II ou do § 1.º serão acrescidos de 12 (doze) meses para o segurado desempregado, desde que comprovada essa situação pelo registro no órgão próprio do Ministério do Trabalho e da Previdência Social.

§ 3.º Durante os prazos deste artigo, o segurado conserva todos os seus direitos perante a Previdência Social.

§ 4.º A perda da qualidade de segurado ocorrerá no dia seguinte ao do término do prazo fixado no Plano de Custeio da Seguridade Social para recolhimento da contribuição referente ao mês imediatamente posterior ao do final dos prazos fixados neste artigo e seus parágrafos.

SEÇÃO II
Dos Dependentes

Art. 16. São beneficiários do Regime Geral de Previdência Social, na condição de dependentes do segurado:

•• A Lei n. 13.183, de 4-11-2015, propôs nova redação para este artigo, todavia teve seu texto vetado.

I – o cônjuge, a companheira, o companheiro e o filho não emancipado, de qualquer condição, menor de 21 (vinte e um) anos ou inválido ou que tenha deficiência intelectual ou mental ou deficiência grave;

•• Inciso I com redação determinada pela Lei n. 13.146, de 6-7-2015.

•• A Portaria n. 513, de 9-12-2010, dispõe sobre a união estável entre pessoas do mesmo sexo.

II – os pais;

III – o irmão não emancipado, de qualquer condição, menor de 21 (vinte e um) anos ou inválido ou que tenha deficiência intelectual ou mental ou deficiência grave;

•• Inciso III com redação determinada pela Lei n. 13.146, de 6-7-2015.

IV – (*Revogado pela Lei n. 9.032, de 28-4-1995.*)

§ 1.º A existência de dependente de qualquer das classes deste artigo exclui do direito às prestações os das classes seguintes.

§ 2.º O enteado e o menor tutelado equiparam-se a filho mediante declaração do segurado e desde que comprovada a dependência econômica na forma estabelecida no Regulamento.

•• § 2.º com redação determinada pela Lei n. 9.528, de 10-12-1997.

•• O STF, por maioria, julgou parcialmente procedente as ADIs n. 4.878 e 5.083, nas sessões virtuais de 28-5-2021 a 7-6-2021 (DOU de 16-6-2021), conferindo interpretação conforme a CF a este § 2.º, para contemplar em seu âmbito de proteção o "menor sob guarda".

§ 3.º Considera-se companheira ou companheiro a pessoa que, sem ser casada, mantém união estável com o segurado ou com a segurada, de acordo com o § 3.º do art. 226 da Constituição Federal.

§ 4.º A dependência econômica das pessoas indicadas no inciso I é presumida e a das demais deve ser comprovada.

§ 5.º As provas de união estável e de dependência econômica exigem início de prova material contemporânea dos fatos, produzido em período não superior a 24 (vinte e quatro) meses anterior à data do óbito ou do recolhimento à prisão do segurado, não admitida a prova exclu-

sivamente testemunhal, exceto na ocorrência de motivo de força maior ou caso fortuito, conforme disposto no regulamento.
•• § 5.º acrescentado pela Lei n. 13.846, de 18-6-2019.

§ 6.º Na hipótese da alínea c do inciso V do § 2.º do art. 77 desta Lei, a par da exigência do § 5.º deste artigo, deverá ser apresentado, ainda, início de prova material que comprove união estável por pelo menos 2 (dois) anos antes do óbito do segurado.
•• § 6.º acrescentado pela Lei n. 13.846, de 18-6-2019.

§ 7.º Será excluído definitivamente da condição de dependente quem tiver sido condenado criminalmente por sentença com trânsito em julgado, como autor, coautor ou partícipe de homicídio doloso, ou de tentativa desse crime, cometido contra a pessoa do segurado, ressalvados os absolutamente incapazes e os inimputáveis.
•• § 7.º acrescentado pela Lei n. 13.846, de 18-6-2019.

SEÇÃO III
Das Inscrições

Art. 17. O Regulamento disciplinará a forma de inscrição do segurado e dos dependentes.

§ 1.º Incumbe ao dependente promover a sua inscrição quando do requerimento do benefício a que estiver habilitado.
•• § 1.º com redação determinada pela Lei n. 10.403, de 8-1-2002.

§ 2.º (Revogado pela Lei n. 13.135, de 17-6-2015.)

§ 3.º (Revogado pela Lei n. 11.718, de 20-6-2008.)

§ 4.º A inscrição do segurado especial será feita de forma a vinculá-lo ao seu respectivo grupo familiar e conterá, além das informações pessoais, a identificação da propriedade em que desenvolve a atividade e a que título, se nela reside ou o Município onde reside e, quando for o caso, a identificação e inscrição da pessoa responsável pelo grupo familiar.
•• § 4.º com redação determinada pela Lei n. 12.873, de 24-10-2013.
• Vide art. 38-A desta Lei.

§ 5.º O segurado especial integrante de grupo familiar que não seja proprietário ou dono do imóvel rural em que desenvolve sua atividade deverá informar, no ato da inscrição, conforme o caso, o nome do parceiro ou meeiro outorgante, arrendador, comodante ou assemelhado.
•• § 5.º acrescentado pela Lei n. 11.718, de 20-6-2008.

§ 6.º (Revogado pela Lei n. 12.873, de 24-10-2013.)

§ 7.º Não será admitida a inscrição post mortem de segurado contribuinte individual e de segurado facultativo.
•• § 7.º acrescentado pela Lei n. 13.846, de 18-6-2019.

Capítulo II
DAS PRESTAÇÕES EM GERAL

SEÇÃO I
Das Espécies de Prestações

Art. 18. Regime Geral de Previdência Social compreende as seguintes prestações, devidas inclusive em razão de eventos decorrentes de acidente do trabalho, expressas em benefícios e serviços:

I – quanto ao segurado:
a) aposentadoria por invalidez;
b) aposentadoria por idade;
c) aposentadoria por tempo de contribuição;
•• Alínea c com redação determinada pela Lei Complementar n. 123, de 14-12-2006.
d) aposentadoria especial;
e) auxílio-doença;
f) salário-família;
g) salário-maternidade;
h) auxílio-acidente;
i) (Revogado pela Lei n. 8.870, de 15-4-1994.)

II – quanto ao dependente:
a) pensão por morte;
b) auxílio-reclusão;

III – quanto ao segurado e dependente:
a) (Revogado pela Lei n. 9.032, de 28-4-1995.)
b) serviço social;
c) reabilitação profissional.

§ 1.º Somente poderão beneficiar-se do auxílio-acidente os segurados incluídos nos incisos I, II, VI e VII do art. 11 desta Lei.
•• § 1.º com redação determinada pela Lei Complementar n. 150, de 1.º-6-2015.

§ 2.º O aposentado pelo Regime Geral de Previdência Social – RGPS que permanecer em atividade sujeita a este Regime, ou a ele retornar, não fará jus a prestação alguma da Previdência Social em decorrência do exercício dessa atividade, exceto ao salário-família e à reabilitação profissional, quando empregado.
•• § 2.º com redação determinada pela Lei n. 9.528, de 10-12-1997.
•• A Lei n. 13.183, de 4-11-2015, propôs nova redação para este § 2.º, todavia teve seu texto vetado.

§ 3.º O segurado contribuinte individual, que trabalhe por conta própria, sem relação de trabalho com empresa ou equiparado, e o segurado facultativo que contribuam na forma do § 2.º do art. 21 da Lei n. 8.212, de 24 de julho de 1991, não farão jus à aposentadoria por tempo de contribuição.
•• § 3.º acrescentado pela Lei Complementar n. 123, de 14-12-2006.

§ 4.º Os benefícios referidos no caput deste artigo poderão ser solicitados, pelos interessados, aos Oficiais de Registro Civil das Pessoas Naturais, que encaminharão, eletronicamente, requerimento e respectiva documentação comprobatória de seu direito para deliberação e análise do Instituto Nacional do Seguro Social (INSS), nos termos do regulamento.
•• § 4.º acrescentado pela Lei n. 13.846, de 18-6-2019.

Art. 19. Acidente do trabalho é o que ocorre pelo exercício do trabalho a serviço de empresa ou de empregador doméstico ou pelo exercício do trabalho dos segurados referidos no inciso VII do art. 11 desta Lei, provocando lesão corporal ou perturbação funcional que cause a morte ou a perda ou redução, permanente ou temporária, da capacidade para o trabalho.
•• Caput com redação determinada pela Lei Complementar n. 150, de 1.º-6-2015.

§ 1.º A empresa é responsável pela adoção e uso das medidas coletivas e individuais de proteção e segurança da saúde do trabalhador.

§ 2.º Constitui contravenção penal, punível com multa, deixar a empresa de cumprir as normas de segurança e higiene do trabalho.

§ 3.º É dever da empresa prestar informações pormenorizadas sobre os riscos da operação a executar e do produto a manipular.

§ 4.º O Ministério do Trabalho e da Previdência Social fiscalizará e os sindicatos e entidades representativas de classe acompanharão o fiel cumprimento do disposto nos parágrafos anteriores, conforme dispuser o Regulamento.

Art. 20. Consideram-se acidente do trabalho, nos termos do artigo anterior, as seguintes entidades mórbidas:

I – doença profissional, assim entendida a produzida ou desencadeada pelo exercício do trabalho peculiar a determinada atividade e constante da respectiva relação elaborada pelo Ministério do Trabalho e da Previdência Social;

II – doença do trabalho, assim entendida a adquirida ou desencadeada em função de condições especiais em que o trabalho é realizado e com ele se relacione diretamente, constante da relação mencionada no inciso I.

§ 1.º Não são consideradas como doença do trabalho:
a) a doença degenerativa;
b) a inerente a grupo etário;
c) a que não produza incapacidade laborativa;
d) a doença endêmica adquirida por segurado habitante de região em que ela se desenvolva, salvo comprovação de que é resultante de exposição ou contato direto determinado pela natureza do trabalho.

§ 2.º Em caso excepcional, constatando-se que a doença não incluída na relação prevista nos incisos I e II deste artigo resultou das condições especiais em que o trabalho é executado e com ele se relaciona diretamente, a Previdência Social deve considerá-la acidente do trabalho.

Art. 21. Equiparam-se também ao acidente do trabalho, para efeitos desta Lei:

I – o acidente ligado ao trabalho que, embora não tenha sido a causa única, haja contribuído diretamente para a morte do segurado, para redução ou perda da sua capacidade para o trabalho, ou produzido lesão que exija atenção médica para a sua recuperação;

II – o acidente sofrido pelo segurado no local e no horário do trabalho, em consequência de:

a) ato de agressão, sabotagem ou terrorismo praticado por terceiro ou companheiro de trabalho;

b) ofensa física intencional, inclusive de terceiro, por motivo de disputa relacionada ao trabalho;

c) ato de imprudência, de negligência ou de imperícia de terceiro ou de companheiro de trabalho;

d) ato de pessoa privada do uso da razão;

e) desabamento, inundação, incêndio e outros casos fortuitos ou decorrentes de força maior;

III – a doença proveniente de contaminação acidental do empregado no exercício de sua atividade;

IV – o acidente sofrido pelo segurado ainda que fora do local e horário de trabalho:

a) na execução de ordem ou na realização de serviço sob a autoridade da empresa;

b) na prestação espontânea de qualquer serviço à empresa para lhe evitar prejuízo ou proporcionar proveito;

c) em viagem a serviço da empresa, inclusive para estudo quando financiada por esta dentro de seus planos para melhor capacitação da mão de obra, independentemente do meio de locomoção utilizado, inclusive veículo de propriedade do segurado;

d) no percurso da residência para o local de trabalho ou deste para aquela, qualquer que seja o meio de locomoção, inclusive veículo de propriedade do segurado.

§ 1.º Nos períodos destinados a refeição ou descanso, ou por ocasião da satisfação de outras necessidades fisiológicas, no local do trabalho ou durante este, o empregado é considerado no exercício do trabalho.

§ 2.º Não é considerada agravação ou complicação de acidente do trabalho a lesão que, resultante de acidente de outra origem, se associe ou se superponha às consequências do anterior.

Art. 21-A. A perícia médica do Instituto Nacional do Seguro Social (INSS) considerará caracterizada a natureza acidentária da incapacidade quando constatar ocorrência de nexo técnico epidemiológico entre o trabalho e o agravo, decorrente da relação entre a atividade da empresa ou do empregado doméstico e a entidade mórbida motivadora da incapacidade elencada na Classificação Internacional de Doenças (CID), em conformidade com o que dispuser o regulamento.

•• *Caput* com redação determinada pela Lei Complementar n. 150, de 1.º-6-2015.

• A Instrução Normativa n. 31, de 10-9-2008, do INSS, dispõe sobre procedimentos e rotinas referentes ao Nexo Técnico Epidemiológico Previdenciário – NTEP.

§ 1.º A perícia médica do INSS deixará de aplicar o disposto neste artigo quando demonstrada a inexistência do nexo de que trata o *caput* deste artigo.

•• § 1.º acrescentado pela Lei n. 11.430, de 26-12-2006.

§ 2.º A empresa ou o empregador doméstico poderão requerer a não aplicação do nexo técnico epidemiológico, de cuja decisão caberá recurso, com efeito suspensivo, da empresa, do empregador doméstico ou do segurado ao Conselho de Recursos da Previdência Social.

•• § 2.º com redação determinada pela Lei Complementar n. 150, de 1.º-6-2015.

Art. 22. A empresa ou o empregador doméstico deverão comunicar o acidente do trabalho à Previdência Social até o primeiro dia útil seguinte ao da ocorrência e, em caso de morte, de imediato, à autoridade competente, sob pena de multa variável entre o limite mínimo e o limite máximo do salário de contribuição, sucessivamente aumentada nas reincidências, aplicada e cobrada pela Previdência Social.

•• *Caput* com redação determinada pela Lei Complementar n. 150, de 1.º-6-2015.

•• A Portaria n. 4.334, de 15-4-2021, da SEPRT/ME, dispõe que a Comunicação de Acidente de Trabalho (CAT), de que trata este art. 22, será cadastrada exclusivamente em meio eletrônico.

§ 1.º Da comunicação a que se refere este artigo receberão cópia fiel o acidentado ou seus dependentes, bem como o sindicato a que corresponda a sua categoria.

§ 2.º Na falta de comunicação por parte da empresa, podem formalizá-la o próprio acidentado, seus dependentes, a entidade sindical competente, o médico que o assistiu ou qualquer autoridade pública, não prevalecendo nestes casos o prazo previsto neste artigo.

§ 3.º A comunicação a que se refere o § 2.º não exime a empresa de responsabilidade pela falta do cumprimento do disposto neste artigo.

§ 4.º Os sindicatos e entidades representativas de classe poderão acompanhar a cobrança, pela Previdência Social, das multas previstas neste artigo.

§ 5.º A multa de que trata este artigo não se aplica na hipótese do *caput* do art. 21-A.

•• § 5.º acrescentado pela Lei n. 11.430, de 26-12-2006.

Art. 23. Considera-se como dia do acidente, no caso de doença profissional ou do trabalho, a data do início da incapacidade laborativa para o exercício da atividade habitual, ou o dia da segregação compulsória, ou o dia em que for realizado o diagnóstico, valendo para este efeito o que ocorrer primeiro.

SEÇÃO II
Dos Períodos de Carência

Art. 24. Período de carência é o número mínimo de contribuições mensais indispensáveis para que o beneficiário faça jus ao benefício, consideradas a partir do transcurso do primeiro dia dos meses de suas competências.

Parágrafo único. (*Revogado pela Lei n. 13.457, de 26-6-2017.*)

Art. 25. A concessão das prestações pecuniárias do Regime Geral de Previdência Social depende dos seguintes períodos de carência, ressalvado o disposto no art. 26:

I – auxílio-doença e aposentadoria por invalidez: 12 (doze) contribuições mensais;

II – aposentadoria por idade, aposentadoria por tempo de serviço e aposentadoria especial: 180 (cento e oitenta) contribuições mensais;

•• Inciso II com redação determinada pela Lei n. 8.870, de 15-4-1994.

III – salário-maternidade para as seguradas de que tratam os incisos V e VII do *caput* do art. 11 e o art. 13 desta Lei: 10 (dez) contribuições mensais, respeitado o disposto no parágrafo único do art. 39 desta Lei; e

•• Inciso III com redação determinada pela Lei n. 13.846, de 18-6-2019.

IV – auxílio-reclusão: 24 (vinte e quatro) contribuições mensais.

•• Inciso IV acrescentado pela Lei n. 13.846, de 18-6-2019.

Parágrafo único. Em caso de parto antecipado, o período de carência a que se refere o inciso III será reduzido em número de contribuições equivalente ao número de meses em que o parto foi antecipado.

•• Parágrafo único acrescentado pela Lei n. 9.876, de 26-11-1999.

•• A Lei n. 13.183, de 4-11-2015, propôs nova redação para este parágrafo único, todavia teve seu texto vetado.

Art. 26. Independe de carência a concessão das seguintes prestações:

I – pensão por morte, salário-família e auxílio-acidente;

•• Inciso I com redação determinada pela Lei n. 13.846, de 18-6-2019.

II – auxílio-doença e aposentadoria por invalidez nos casos de acidente de qualquer natureza ou causa e de doença profissional ou do trabalho, bem

como nos casos de segurado que, após filiar-se ao RGPS, for acometido de alguma das doenças e afecções especificadas em lista elaborada pelos Ministérios da Saúde e da Previdência Social, atualizada a cada 3 (três) anos, de acordo com os critérios de estigma, deformação, mutilação, deficiência ou outro fator que lhe confira especificidade e gravidade que mereçam tratamento particularizado;

•• Inciso II com redação determinada pela Lei n. 13.135, de 17-6-2015.
•• A Portaria Interministerial n. 22, de 31-8-2022, do MTP/MS, estabelece a lista de doenças e afecções que isentam de carência a concessão de benefícios por incapacidade.

III – os benefícios concedidos na forma do inciso I do art. 39, aos segurados especiais referidos no inciso VII do art. 11 desta Lei;

IV – serviço social;

V – reabilitação profissional;

VI – salário-maternidade para as seguradas empregada, trabalhadora avulsa e empregada doméstica.

•• Inciso VI acrescentado pela Lei n. 9.876, de 26-11-1999.

Art. 27. Para cômputo do período de carência, serão consideradas as contribuições:

•• Caput com redação determinada pela Lei Complementar n. 150, de 1.º-6-2015.

I – referentes ao período a partir da data de filiação ao Regime Geral de Previdência Social (RGPS), no caso dos segurados empregados, inclusive os domésticos, e dos trabalhadores avulsos;

•• Inciso I com redação determinada pela Lei Complementar n. 150, de 1.º-6-2015.

II – realizadas a contar da data de efetivo pagamento da primeira contribuição sem atraso, não sendo consideradas para este fim as contribuições recolhidas com atraso referentes a competências anteriores, no caso dos segurados contribuinte individual, especial e facultativo, referidos, respectivamente, nos incisos V e VII do art. 11 e no art. 13.

•• Inciso II com redação determinada pela Lei Complementar n. 150, de 1.º-6-2015.

Art. 27-A. Na hipótese de perda da qualidade de segurado, para fins da concessão dos benefícios de auxílio-doença, de aposentadoria por invalidez, de salário-maternidade e de auxílio-reclusão, o segurado deverá contar, a partir da data da nova filiação à Previdência Social, com metade dos períodos previstos nos incisos I, III e IV do caput do art. 25 desta Lei.

•• Artigo com redação determinada pela Lei n. 13.846, de 18-6-2019.

SEÇÃO III
Do Cálculo do Valor dos Benefícios

SUBSEÇÃO I
Do salário de benefício

Art. 28. O valor do benefício de prestação continuada, inclusive o regido por norma especial e o decorrente de acidente do trabalho, exceto o salário-família e o salário-maternidade, será calculado com base no salário de benefício.

•• Caput com redação determinada pela Lei n. 9.032, de 28-4-1995.

§§ 1.º a 4.º (Revogados pela Lei n. 9.032, de 28-4-1995.)

•• A Lei n. 13.183, de 4-11-2015, propôs o acréscimo do art. 28-A, todavia teve seu texto vetado.

Art. 29. O salário de benefício consiste:

•• Caput com redação determinada pela Lei n. 9.876, de 26-11-1999.

I – para os benefícios de que tratam as alíneas b e c do inciso I do art. 18, na média aritmética simples dos maiores salários de contribuição correspondentes a 80% (oitenta por cento) de todo o período contributivo, multiplicada pelo fator previdenciário;

•• Inciso I acrescentado pela Lei n. 9.876, de 26-11-1999.

II – para os benefícios de que tratam as alíneas a, d, e e h do inciso I do art. 18, na média aritmética simples dos maiores salários de contribuição correspondentes a 80% (oitenta por cento) de todo o período contributivo.

•• Inciso II acrescentado pela Lei n. 9.876, de 26-11-1999.
• A Resolução n. 268, de 24-1-2013, dispõe sobre a revisão de que trata este inciso.

§ 1.º (Revogado pela Lei n. 9.876, de 26-11-1999.)

§ 2.º O valor do salário de benefício não será inferior ao de um salário mínimo, nem superior ao do limite máximo do salário de contribuição na data de início do benefício.

•• A Portaria Interministerial n. 26, de 10-1-2023, dos Ministérios da Previdência Social e da Fazenda, estabelece que, a partir de 1.º-1-2023, o salário de benefício e o salário de contribuição não poderão ser inferiores a R$ 1.302,00 (mil trezentos e dois reais) nem superiores a R$ 7.507,49 (sete mil quinhentos e sete reais e quarenta e nove centavos).

§ 3.º Serão considerados para cálculo do salário de benefício os ganhos habituais do segurado empregado, a qualquer título, sob forma de moeda corrente ou de utilidades, sobre os quais tenha incidido contribuições previdenciárias, exceto o décimo terceiro salário (gratificação natalina).

•• § 3.º com redação determinada pela Lei n. 8.870, de 15-4-1994.

§ 4.º Não será considerado, para o cálculo do salário de benefício, o aumento dos salários de contribuição que exceder o limite legal, inclusive o voluntariamente concedido nos 36 (trinta e seis) meses imediatamente anteriores ao início do benefício, salvo se homologado pela Justiça do Trabalho, resultante de promoção regulada por normas gerais da empresa, admitida pela legislação do trabalho, de sentença normativa ou de reajustamento salarial obtido pela categoria respectiva.

§ 5.º Se, no período básico de cálculo, o segurado tiver recebido benefícios por incapacidade, sua duração será contada, considerando-se como salário de contribuição, no período, o salário de benefício que serviu de base para o cálculo da renda mensal, reajustado nas mesmas épocas e bases dos benefícios em geral, não podendo ser inferior ao valor de 1 (um) salário mínimo.

• Vide Súmula 557 do STJ.

§ 6.º O salário de benefício do segurado especial consiste no valor equivalente ao salário mínimo, ressalvado o disposto no inciso II do art. 39 e nos §§ 3.º e 4.º do art. 48 desta Lei.

•• § 6.º com redação determinada pela Lei n. 11.718, de 20-6-2008.

§ 7.º O fator previdenciário será calculado considerando-se a idade, a expectativa de sobrevida e o tempo de contribuição do segurado ao se aposentar, segundo a fórmula constante do Anexo desta Lei.

•• § 7.º acrescentado pela Lei n. 9.876, de 26-11-1999.
•• A Lei n. 12.254, de 15-6-2010, propôs o fim da aplicação do fator previdenciário, porém teve seu texto vetado.

§ 8.º Para efeito do disposto no § 7.º, a expectativa de sobrevida do segurado na idade da aposentadoria será obtida a partir da tábua completa de mortalidade construída pela Fundação Instituto Brasileiro de Geografia e Estatística – IBGE, considerando-se a média nacional única para ambos os sexos.

•• § 8.º acrescentado pela Lei n. 9.876, de 26-11-1999.

§ 9.º Para efeito da aplicação do fator previdenciário, ao tempo de contribuição do segurado serão adicionados:

I – 5 (cinco) anos, quando se tratar de mulher;

II – 5 (cinco) anos, quando se tratar de professor que comprove exclusivamente tempo de efetivo exercício das funções de magistério na educação infantil e no ensino fundamental e médio;

III – 10 (dez) anos, quando se tratar de professora que comprove exclusivamente tempo de efetivo exercício das funções de magistério na educação infantil e no ensino fundamental e médio.

•• § 9.º acrescentado pela Lei n. 9.876, de 26-11-1999.

§ 10. O auxílio-doença não poderá exceder a média aritmética simples dos últimos 12 (doze) salários de contribuição, inclusive em caso de remuneração variável, ou, se não alcançado o número de 12 (doze), a média aritmética simples dos salários de contribuição existentes.

•• § 10 acrescentado pela Lei n. 13.135, de 17-6-2015.

§ 11. (Vetado.)

•• § 11 acrescentado pela Lei n. 13.135, de 17-6-2015.

§ 12. (Vetado.)

•• § 12 acrescentado pela Lei n. 13.135, de 17-6-2015.

§ 13. (Vetado.)

•• § 13 acrescentado pela Lei n. 13.135, de 17-6-2015.

Art. 29-A. O INSS utilizará as informações constantes no Cadastro Nacional de Informações Sociais – CNIS sobre os vínculos e as remunerações dos segurados, para fins de cálculo do salário de benefício, comprovação de filiação ao Regime Geral de Previdência Social, tempo de contribuição e relação de emprego.
•• *Caput* com redação determinada pela Lei Complementar n. 128, de 19-12-2008.

§ 1.º O INSS terá até 180 (cento e oitenta) dias, contados a partir da solicitação do pedido, para fornecer ao segurado as informações previstas no *caput* deste artigo.
•• § 1.º acrescentado pela Lei n. 10.403, de 8-1-2002.

§ 2.º O segurado poderá solicitar, a qualquer momento, a inclusão, exclusão ou retificação de informações constantes do CNIS, com a apresentação de documentos comprobatórios dos dados divergentes, conforme critérios definidos pelo INSS.
•• § 2.º com redação determinada pela Lei Complementar n. 128, de 19-12-2008.

§ 3.º A aceitação de informações relativas a vínculos e remunerações inseridas extemporaneamente no CNIS, inclusive retificações de informações anteriormente inseridas, fica condicionada à comprovação dos dados ou das divergências apontadas, conforme critérios definidos em regulamento.
•• § 3.º acrescentado pela Lei Complementar n. 128, de 19-12-2008.

§ 4.º Considera-se extemporânea a inserção de dados decorrentes de documento inicial ou de retificação de dados anteriormente informados, quando o documento ou a retificação, ou a informação retificadora, forem apresentados após os prazos estabelecidos em regulamento.
•• § 4.º acrescentado pela Lei Complementar n. 128, de 19-12-2008.

§ 5.º Havendo dúvida sobre a regularidade do vínculo incluído no CNIS e inexistência de informações sobre remunerações e contribuições, o INSS exigirá a apresentação dos documentos que serviram de base à anotação, sob pena de exclusão do período.
•• § 5.º acrescentado pela Lei Complementar n. 128, de 19-12-2008.

Art. 29-B. Os salários de contribuição considerados no cálculo do valor do benefício serão corrigidos, mês a mês, de acordo com a variação integral do Índice Nacional de Preços ao Consumidor – INPC, calculado pela Fundação Instituto Brasileiro de Geografia e Estatística – IBGE.
•• Artigo acrescentado pela Lei n. 10.887, de 18-6-2004.

Art. 29-C. O segurado que preencher o requisito para a aposentadoria por tempo de contribuição poderá optar pela não incidência do fator previdenciário no cálculo de sua aposentadoria, quando o total resultante da soma de sua idade e de seu tempo de contribuição, incluídas as frações, na data de requerimento da aposentadoria, for:
•• *Caput* acrescentado pela Lei n. 13.183, de 4-11-2015.

I – igual ou superior a noventa e cinco pontos, se homem, observando o tempo mínimo de contribuição de trinta e cinco anos; ou
•• Inciso I acrescentado pela Lei n. 13.183, de 4-11-2015.

II – igual ou superior a oitenta e cinco pontos, se mulher, observado o tempo mínimo de contribuição de trinta anos.
•• Inciso II acrescentado pela Lei n. 13.183, de 4-11-2015.

§ 1.º Para os fins do disposto no *caput*, serão somadas as frações em meses completos de tempo de contribuição e idade.
•• § 1.º acrescentado pela Lei n. 13.183, de 4-11-2015.

§ 2.º As somas de idade e de tempo de contribuição previstas no *caput* serão majoradas em um ponto em:
•• § 2.º, *caput*, acrescentado pela Lei n. 13.183, de 4-11-2015.

I – 31 de dezembro de 2018;
•• Inciso I acrescentado pela Lei n. 13.183, de 4-11-2015.

II – 31 de dezembro de 2020;
•• Inciso II acrescentado pela Lei n. 13.183, de 4-11-2015.

III – 31 de dezembro de 2022;
•• Inciso III acrescentado pela Lei n. 13.183, de 4-11-2015.

IV – 31 de dezembro de 2024; e
•• Inciso IV acrescentado pela Lei n. 13.183, de 4-11-2015.

V – 31 de dezembro de 2026.
•• Inciso V acrescentado pela Lei n. 13.183, de 4-11-2015.

§ 3.º Para efeito de aplicação do disposto no *caput* e no § 2.º, o tempo mínimo de contribuição do professor e da professora que comprovarem exclusivamente tempo de efetivo exercício de magistério na educação infantil e no ensino fundamental e médio será de, respectivamente, trinta e vinte e cinco anos, e serão acrescidos cinco pontos à soma da idade com o tempo de contribuição.
•• § 3.º acrescentado pela Lei n. 13.183, de 4-11-2015.

§ 4.º Ao segurado que alcançar o requisito necessário ao exercício da opção de que trata o *caput* e deixar de requerer aposentadoria será assegurado o direito à opção com a aplicação da pontuação exigida na data do cumprimento do requisito nos termos deste artigo.
•• § 4.º acrescentado pela Lei n. 13.183, de 4-11-2015.

§ 5.º (*Vetado.*)
•• § 5.º acrescentado pela Lei n. 13.183, de 4-11-2015.

Art. 29-D. (*Vetado.*)
•• Artigo acrescentado pela Lei n. 13.183, de 4-11-2015.

Art. 30. (*Revogado pela Lei n. 9.032, de 28-4-1995.*)

Art. 31. O valor mensal do auxílio-acidente integra o salário de contribuição, para fins de cálculo do salário de benefício de qualquer aposentadoria, observado, no que couber, o disposto no art. 29 e no art. 86, § 5.º.
•• Artigo com redação determinada pela Lei n. 9.528, de 10-12-1997.

Art. 32. O salário de benefício do segurado que contribuir em razão de atividades concomitantes será calculado com base na soma dos salários de contribuição das atividades exercidas na data do requerimento ou do óbito, ou no período básico de cálculo, observado o disposto no art. 29 desta Lei.
•• *Caput* com redação determinada pela Lei n. 13.846, de 18-6-2019.

I a III – (*Revogados Lei n. 13.846, de 18-6-2019.*)

§ 1.º O disposto neste artigo não se aplica ao segurado que, em obediência ao limite máximo do salário de contribuição, contribuiu apenas por uma das atividades concomitantes.
•• § 1.º com redação determinada pela Lei n. 13.846, de 18-6-2019.

§ 2.º Não se aplica o disposto neste artigo ao segurado que tenha sofrido redução do salário de contribuição das atividades concomitantes em respeito ao limite máximo desse salário.
•• § 2.º com redação determinada pela Lei n. 13.846, de 18-6-2019.

SUBSEÇÃO II
Da renda mensal do benefício

Art. 33. A renda mensal do benefício de prestação continuada que substituir os salários de contribuição ou o rendimento do trabalho do segurado não terá valor inferior ao do salário mínimo, nem superior ao do limite máximo do salário de contribuição, ressalvado o disposto no art. 45 desta Lei.

Art. 34. No cálculo do valor da renda mensal do benefício, inclusive o decorrente de acidente do trabalho, serão computados:
•• *Caput* com redação determinada pela Lei Complementar n. 150, de 1.º-6-2015.

I – para o segurado empregado, inclusive o doméstico, e o trabalhador avulso, os salários de contribuição referentes aos meses de contribuições devidas, ainda que não recolhidas pela empresa ou pelo empregador doméstico, sem prejuízo da respectiva cobrança e da aplicação das penalidades cabíveis, observado o disposto no § 5.º do art. 29-A;
•• Inciso I com redação determinada pela Lei Complementar n. 150, de 1.º-6-2015.

II – para o segurado empregado, inclusive o doméstico, o trabalhador avulso e o segurado especial, o valor mensal do auxílio-acidente, considerado como salário de contribuição para fins de concessão de qualquer aposentadoria, nos termos do art. 31;
•• Inciso II com redação determinada pela Lei Complementar n. 150, de 1.º-6-2015.

III – para os demais segurados, os salários de contribuição referentes aos meses de contribuições efetivamente recolhidas.
•• Inciso III renumerado pela Lei n. 9.528, de 10-12-1997.

Art. 35. Ao segurado empregado, inclusive o doméstico, e ao trabalhador avulso que tenham cumprido todas as condições para a concessão do benefício pleiteado, mas não possam comprovar o valor de seus salários de contribuição no período básico de cálculo, será concedido o benefício de valor mínimo, devendo esta renda ser recalculada quando da apresentação de prova dos salários de contribuição.
- •• Artigo com redação determinada pela Lei Complementar n. 150, de 1.º-6-2015.

Art. 36. Para o segurado empregado doméstico que, tendo satisfeito as condições exigidas para a concessão do benefício requerido, não comprovar o efetivo recolhimento das contribuições devidas, será concedido o benefício de valor mínimo, devendo sua renda ser recalculada quando da apresentação da prova do recolhimento das contribuições.

Art. 37. A renda mensal inicial, recalculada de acordo com o disposto no art. 35, deve ser reajustada como a dos benefícios correspondentes com igual data de início e substituirá, a partir da data do requerimento de revisão do valor do benefício, a renda mensal que prevalecia até então.
- •• Artigo com redação determinada pela Lei Complementar n. 150, de 1.º-6-2015.

Art. 38. Sem prejuízo do disposto no art. 35, cabe à Previdência Social manter cadastro dos segurados com todos os informes necessários para o cálculo da renda mensal dos benefícios.
- •• Artigo com redação determinada pela Lei Complementar n. 150, de 1.º-6-2015.
- • A Lei n. 11.720, de 20-6-2008, estabelece em seu art. 1.º que o recadastramento de segurados da Previdência Social, por qualquer motivo, não poderá ser precedido de prévio bloqueio de pagamento de benefícios.

Art. 38-A. O Ministério da Economia manterá sistema de cadastro dos segurados especiais no Cadastro Nacional de Informações Sociais (CNIS), observado o disposto nos §§ 4.º e 5.º do art. 17 desta Lei, e poderá firmar acordo de cooperação com o Ministério da Agricultura, Pecuária e Abastecimento e com outros órgãos da administração pública federal, estadual, distrital e municipal para a manutenção e a gestão do sistema de cadastro.
- •• Caput com redação determinada pela Lei n. 13.846, de 18-6-2019.

§ 1.º O sistema de que trata o *caput* deste artigo preverá a manutenção e a atualização anual do cadastro e conterá as informações necessárias à caracterização da condição de segurado especial, nos termos do disposto no regulamento.
- •• § 1.º com redação determinada pela Lei n. 13.846, de 18-6-2019.

§ 2.º Da aplicação do disposto neste artigo não poderá resultar nenhum ônus para os segurados, sem prejuízo do disposto no § 4.º deste artigo.
- •• § 2.º com redação determinada pela Lei n. 13.846, de 18-6-2019.

§ 3.º O INSS, no ato de habilitação ou de concessão de benefício, deverá verificar a condição de segurado especial e, se for o caso, o pagamento da contribuição previdenciária, nos termos da Lei n. 8.212, de 24 de julho de 1991, considerando, dentre outros, o que consta do Cadastro Nacional de Informações Sociais (CNIS) de que trata o art. 29-A desta Lei.
- •• § 3.º acrescentado pela Lei n. 13.134, de 16-6-2015.

§ 4.º A atualização anual de que trata o § 1.º deste artigo será feita até 30 de junho do ano subsequente.
- •• § 4.º acrescentado pela Lei n. 13.846, de 18-6-2019.

§ 5.º É vedada a atualização de que trata o § 1.º deste artigo após o prazo de 5 (cinco) anos, contado da data estabelecida no § 4.º deste artigo.
- •• § 5.º acrescentado pela Lei n. 13.846, de 18-6-2019.

§ 6.º Decorrido o prazo de 5 (cinco) anos de que trata o § 5.º deste artigo, o segurado especial só poderá computar o período de trabalho rural se efetuados em época própria a comercialização da produção e o recolhimento da contribuição prevista no art. 25 da Lei n. 8.212, de 24 de julho de 1991.
- •• § 6.º acrescentado pela Lei n. 13.846, de 18-6-2019.

Art. 38-B. O INSS utilizará as informações constantes do cadastro de que trata o art. 38-A para fins de comprovação do exercício da atividade e da condição do segurado especial e do respectivo grupo familiar.
- •• Caput acrescentado pela Lei n. 13.134, de 16-6-2015.

§ 1.º A partir de 1.º de janeiro de 2023, a comprovação da condição e do exercício da atividade rural do segurado especial ocorrerá, exclusivamente, pelas informações constantes do cadastro a que se refere o art. 38-A desta Lei.
- •• Parágrafo único renumerado pela Lei n. 13.846, de 18-6-2019.
- •• Vide art. 25, § 1.º, da Emenda Constitucional n. 103, de 12-11-2019.

§ 2.º Para o período anterior a 1.º de janeiro de 2023, o segurado especial comprovará o tempo de exercício da atividade rural por meio de autodeclaração ratificada por entidades públicas credenciadas, nos termos do art. 13 da Lei n. 12.188, de 11 de janeiro de 2010, e por outros órgãos públicos, na forma prevista no regulamento.
- •• § 2.º acrescentado pela Lei n. 13.846, de 18-6-2019.
- • A Portaria Conjunta n. 2, de 15-3-2019, do INSS, regulamenta este § 2.º.
- •• Vide art. 25, § 1.º, da Emenda Constitucional n. 103, de 12-11-2019.

§ 3.º Até 1.º de janeiro de 2025, o cadastro de que trata o art. 38-A poderá ser realizado, atualizado e corrigido, sem prejuízo do prazo de que trata o § 1.º deste artigo e da regra permanente prevista nos §§ 4.º e 5.º do art. 38-A desta Lei.
- •• § 3.º acrescentado pela Lei n. 13.846, de 18-6-2019.

§ 4.º Na hipótese de divergência de informações entre o cadastro e outras bases de dados, para fins de reconhecimento do direito ao benefício, o INSS poderá exigir a apresentação dos documentos referidos no art. 106 desta Lei.
- •• § 4.º acrescentado pela Lei n. 13.846, de 18-6-2019.

§ 5.º O cadastro e os prazos de que tratam este artigo e o art. 38-A desta Lei deverão ser amplamente divulgados por todos os meios de comunicação cabíveis para que todos os cidadãos tenham acesso à informação sobre a existência do referido cadastro e a obrigatoriedade de registro.
- •• § 5.º acrescentado pela Lei n. 13.846, de 18-6-2019.

Art. 39. Para os segurados especiais, referidos no inciso VII do *caput* do art. 11 desta Lei, fica garantida a concessão:
- •• Caput com redação determinada pela Lei n. 13.846, de 18-6-2019.

I – de aposentadoria por idade ou por invalidez, de auxílio-doença, de auxílio-reclusão ou de pensão, no valor de 1 (um) salário mínimo, e de auxílio-acidente, conforme disposto no art. 86 desta Lei, desde que comprovem o exercício de atividade rural, ainda que de forma descontínua, no período imediatamente anterior ao requerimento do benefício, igual ao número de meses correspondentes à carência do benefício requerido, observado o disposto nos arts. 38-A e 38-B desta Lei; ou
- •• Inciso I com redação determinada pela Lei n. 13.846, de 18-6-2019.

II – dos benefícios especificados nesta Lei, observados os critérios e a forma de cálculo estabelecidos, desde que contribuam facultativamente para a Previdência Social, na forma estipulada no Plano de Custeio da Seguridade Social.

Parágrafo único. Para a segurada especial fica garantida a concessão do salário-maternidade no valor de 1 (um) salário mínimo, desde que comprove o exercício de atividade rural, ainda que de forma descontínua, nos 12 (doze) meses imediatamente anteriores ao do início do benefício.
- •• Parágrafo único acrescentado pela Lei n. 8.861, de 25-3-1994.

Art. 40. É devido abono anual ao segurado e ao dependente da Previdência Social que, durante o ano, recebeu auxílio-doença, auxílio-acidente ou aposentadoria, pensão por morte ou auxílio-reclusão.
- •• O Decreto n. 10.999, de 17-3-2022, dispõe sobre a antecipação do abono anual devido aos segurados e aos dependentes da Previdência Social no ano de 2022, de que trata este artigo.

Parágrafo único. O abono anual será calculado, no que couber, da mesma forma que a Gratificação de Natal dos trabalhadores, tendo por base o valor da renda mensal do benefício do mês de dezembro de cada ano.

SEÇÃO IV
Do Reajustamento do Valor dos Benefícios

Art. 41. (*Revogado pela Lei n. 11.430, de 26-12-2006.*)

Art. 41-A. O valor dos benefícios em manutenção será reajustado, anualmente, na mesma data do reajuste do salário mínimo, *pro rata*, de acordo com suas respectivas datas de início ou do último reajustamento, com base no Índice Nacional de Preços ao Consumidor – INPC, apurado pela Fundação Instituto Brasileiro de Geografia e Estatística – IBGE.
•• *Caput* acrescentado pela Lei n. 11.430, de 26-12-2006.

§ 1.º Nenhum benefício reajustado poderá exceder o limite máximo do salário de benefício na data do reajustamento, respeitados os direitos adquiridos.
•• § 1.º acrescentado pela Lei n. 11.430, de 26-12-2006.

§ 2.º Os benefícios com renda mensal superior a um salário mínimo serão pagos do primeiro ao quinto dia útil do mês subsequente ao de sua competência, observada a distribuição proporcional do número de beneficiários por dia de pagamento.
•• § 2.º com redação determinada pela Lei n. 11.665, de 29-4-2008.

§ 3.º Os benefícios com renda mensal no valor de até um salário mínimo serão pagos no período compreendido entre o quinto dia útil que anteceder o final do mês de sua competência e o quinto dia útil do mês subsequente, observada a distribuição proporcional dos beneficiários por dia de pagamento.
•• § 3.º com redação determinada pela Lei n. 11.665, de 29-4-2008.

§ 4.º Para os efeitos dos §§ 2.º e 3.º deste artigo, considera-se dia útil aquele de expediente bancário com horário normal de atendimento.
•• § 4.º com redação determinada pela Lei n. 11.665, de 29-4-2008.

§ 5.º O primeiro pagamento do benefício será efetuado até quarenta e cinco dias após a data da apresentação, pelo segurado, da documentação necessária a sua concessão.
•• § 5.º acrescentado pela Lei n. 11.665, de 29-4-2008.

§ 6.º Para os benefícios que tenham sido majorados devido à elevação do salário mínimo, o referido aumento deverá ser compensado no momento da aplicação do disposto no *caput* deste artigo, de acordo com normas a serem baixadas pelo Ministério da Previdência Social.
•• § 6.º acrescentado pela Lei n. 11.665, de 29-4-2008.

SEÇÃO V
Dos Benefícios

SUBSEÇÃO III
Da aposentadoria por tempo de serviço

Art. 55. O tempo de serviço será comprovado na forma estabelecida no Regulamento, compreendendo, além do correspondente às atividades de qualquer das categorias de segurados de que trata o art. 11 desta Lei, mesmo que anterior à perda da qualidade de segurado:

I – o tempo de serviço militar, inclusive o voluntário, e o previsto no § 1.º do art. 143 da Constituição Federal, ainda que anterior à filiação ao Regime Geral de Previdência Social, desde que não tenha sido contado para inatividade remunerada nas Forças Armadas ou aposentadoria no serviço público;

II – o tempo intercalado em que esteve em gozo de auxílio-doença ou aposentadoria por invalidez;

III – o tempo de contribuição efetuada como segurado facultativo;
•• Inciso III com redação determinada pela Lei n. 9.032, de 28-4-1995.

IV – o tempo de serviço referente ao exercício de mandato eletivo federal, estadual ou municipal, desde que não tenha sido contado para efeito de aposentadoria por outro regime de previdência social;
•• Inciso IV com redação determinada pela Lei n. 9.506, de 30-10-1997.

V – o tempo de contribuição efetuado por segurado depois de ter deixado de exercer atividade remunerada que o enquadrava no art. 11 desta Lei;

VI – o tempo de contribuição efetuado com base nos arts. 8.º e 9.º da Lei n. 8.162, de 8 de janeiro de 1991, pelo segurado definido no art. 11, I, g, desta Lei, sendo tais contribuições computadas para efeito de carência.
•• Inciso VI acrescentado pela Lei n. 8.647, de 13-4-1993.

§ 1.º A averbação de tempo de serviço durante o qual o exercício da atividade não determinava filiação obrigatória ao anterior Regime de Previdência Social Urbana só será admitida mediante o recolhimento das contribuições correspondentes, conforme dispuser o Regulamento, observado o disposto no § 2.º.

§ 2.º O tempo de serviço do segurado trabalhador rural, anterior à data de início de vigência desta Lei, será computado independentemente do recolhimento das contribuições a ele correspondentes, exceto para efeito de carência, conforme dispuser o Regulamento.

§ 3.º A comprovação do tempo de serviço para os fins desta Lei, inclusive mediante justificativa administrativa ou judicial, observado o disposto no art. 108 desta Lei, só produzirá efeito quando for baseada em início de prova material contemporânea dos fatos, não admitida a prova exclusivamente testemunhal, exceto na ocorrência de motivo de força maior ou caso fortuito, na forma prevista no regulamento.
•• § 3.º com redação determinada pela Lei n. 13.846, de 18-6-2019.
•• *Vide* Súmula 577 do STJ.

§ 4.º Não será computado como tempo de contribuição, para efeito de concessão do benefício de que trata esta subseção, o período em que o segurado contribuinte individual ou facultativo tiver contribuído na forma do § 2.º do art. 21 da Lei n. 8.212, de 24 de julho de 1991, salvo se tiver complementado as contribuições na forma do § 3.º do mesmo artigo.
•• § 4.º acrescentado pela Lei Complementar n. 123, de 14-12-2006.

SUBSEÇÃO V
Do auxílio-doença

Art. 59. O auxílio-doença será devido ao segurado que, havendo cumprido, quando for o caso, o período de carência exigido nesta Lei, ficar incapacitado para o seu trabalho ou para a sua atividade habitual por mais de 15 (quinze) dias consecutivos.
•• A Lei n. 14.131, de 30-3-2021, dispõe em seu art. 6.º: "Art. 6.º Fica o Instituto Nacional do Seguro Social (INSS) autorizado, até 31 de dezembro de 2021, a conceder o benefício de auxílio por incapacidade temporária de que trata o art. 59 da Lei n. 8.213, de 24 de julho de 1991, mediante apresentação pelo requerente de atestado médico e de documentos complementares que comprovem a doença informada no atestado como causa da incapacidade. § 1.º Os requisitos para a apresentação e a forma de análise do atestado médico e dos documentos complementares referidos no *caput* deste artigo serão estabelecidos em ato conjunto da Secretaria Especial de Previdência e Trabalho do Ministério da Economia e do INSS. § 2.º O procedimento estabelecido no *caput* deste artigo será adotado em caráter excepcional e a duração do benefício por incapacidade temporária dele resultante não terá duração superior a 90 (noventa) dias. § 3.º O INSS cientificará o requerente, no momento do requerimento, de que o benefício concedido com base neste artigo não está sujeito a pedido de prorrogação e de que eventual necessidade de acréscimo ao período inicialmente concedido, ainda que inferior a 90 (noventa) dias, estará sujeita a novo requerimento".

§ 1.º Não será devido o auxílio-doença ao segurado que se filiar ao Regime Geral de Previdência Social já portador da doença ou da lesão invocada como causa para o benefício, exceto quando a incapacidade sobrevier por motivo de progressão ou agravamento da doença ou da lesão.
•• Parágrafo único renumerado pela Lei n. 13.846, de 18-6-2019.

§ 2.º Não será devido o auxílio-doença para o segurado recluso em regime fechado.
•• § 2.º acrescentado pela Lei n. 13.846, de 18-6-2019.

§ 3.º O segurado em gozo de auxílio-doença na data do recolhimento à prisão terá o benefício suspenso.
•• § 3.º acrescentado pela Lei n. 13.846, de 18-6-2019.

§ 4.º A suspensão prevista no § 3.º deste artigo será de até 60 (sessenta) dias, contados da data do recolhimento à prisão, cessado o benefício após o referido prazo.
•• § 4.º acrescentado pela Lei n. 13.846, de 18-6-2019.

§ 5.º Na hipótese de o segurado ser colocado em liberdade antes do prazo previsto no § 4.º deste artigo, o benefício será restabelecido a partir da data da soltura.
•• § 5.º acrescentado pela Lei n. 13.846, de 18-6-2019.

§ 6.º Em caso de prisão declarada ilegal, o segurado terá direito à percepção do benefício por todo o período devido.

•• § 6.º acrescentado pela Lei n. 13.846, de 18-6-2019.

§ 7.º O disposto nos §§ 2.º, 3.º, 4.º, 5.º e 6.º deste artigo aplica-se somente aos benefícios dos segurados que forem recolhidos à prisão a partir da data de publicação desta Lei.

•• § 7.º acrescentado pela Lei n. 13.846, de 18-6-2019.

§ 8.º O segurado recluso em cumprimento de pena em regime aberto ou semiaberto terá direito ao auxílio-doença.

•• § 8.º acrescentado pela Lei n. 13.846, de 18-6-2019.

Art. 60. O auxílio-doença será devido ao segurado empregado a contar do 16.º (décimo sexto) dia do afastamento da atividade, e, no caso dos demais segurados, a contar da data do início da incapacidade e enquanto ele permanecer incapaz.

•• Caput com redação determinada pela Lei n. 9.876, de 26-11-1999.

§ 1.º Quando requerido por segurado afastado da atividade por mais de 30 (trinta) dias, o auxílio-doença será devido a contar da data da entrada do requerimento.

§ 2.º (Revogado pela Lei n. 9.032, de 28-4-1995.)

§ 3.º Durante os primeiros 15 (quinze) dias consecutivos ao do afastamento da atividade por motivo de doença, incumbirá à empresa pagar ao segurado empregado o seu salário integral.

•• § 3.º com redação determinada pela Lei n. 9.876, de 26-11-1999.

§ 4.º A empresa que dispuser de serviço médico, próprio ou em convênio, terá a seu cargo o exame médico e o abono das faltas correspondentes ao período referido no § 3.º, somente devendo encaminhar o segurado à perícia médica da Previdência Social quando a incapacidade ultrapassar 15 (quinze) dias.

§ 5.º (Revogado pela Lei n. 13.846, de 18-6-2019.)

§ 6.º O segurado que durante o gozo do auxílio-doença vier a exercer atividade que lhe garanta subsistência poderá ter o benefício cancelado a partir do retorno à atividade.

•• § 6.º acrescentado pela Lei n. 13.135, de 17-6-2015.

§ 7.º Na hipótese do § 6.º, caso o segurado, durante o gozo do auxílio-doença, venha a exercer atividade diversa daquela que gerou o benefício, deverá ser verificada a incapacidade para cada uma das atividades exercidas.

•• § 7.º acrescentado pela Lei n. 13.135, de 17-6-2015.

§ 8.º Sempre que possível, o ato de concessão ou de reativação de auxílio-doença, judicial ou administrativo, deverá fixar o prazo estimado para a duração do benefício.

•• § 8.º acrescentado pela Lei n. 13.457, de 26-6-2017.

§ 9.º Na ausência de fixação do prazo de que trata o § 8.º deste artigo, o benefício cessará após o prazo de cento e vinte dias, contado da data de concessão ou de reativação do auxílio-doença, exceto se o segurado requerer a sua prorrogação perante o INSS, na forma do regulamento, observado o disposto no art. 62 desta Lei.

•• § 9.º acrescentado pela Lei n. 13.457, de 26-6-2017.

§ 10. O segurado em gozo de auxílio-doença, concedido judicial ou administrativamente, poderá ser convocado a qualquer momento para avaliação das condições que ensejaram sua concessão ou manutenção, observado o disposto no art. 101 desta Lei.

•• § 10 acrescentado pela Lei n. 13.457, de 26-6-2017.

§ 11. O segurado que não concordar com o resultado da avaliação da qual dispõe o § 10 deste artigo poderá apresentar, no prazo máximo de trinta dias, recurso da decisão da administração perante o Conselho de Recursos do Seguro Social, cuja análise médica pericial, se necessária, será feita pelo assistente técnico médico da junta de recursos do seguro social, perito diverso daquele que indeferiu o benefício.

•• § 11 acrescentado pela Lei n. 13.457, de 26-6-2017.

§§ 12 e 13. (Acrescentados pela Medida Provisória n. 1.113, de 20-4-2022, todavia não mantidos quando de sua conversão na Lei n. 14.441, de 2-9-2022.)

§ 14. Ato do Ministro de Estado do Trabalho e Previdência poderá estabelecer as condições de dispensa da emissão de parecer conclusivo da perícia médica federal quanto à incapacidade laboral, hipótese na qual a concessão do benefício de que trata este artigo será feita por meio de análise documental, incluídos atestados ou laudos médicos, realizada pelo INSS.

•• § 14 acrescentado pela Lei n. 14.441, de 2-9-2022.
•• A Portaria n. 1.486, de 25-8-2022, do INSS, estabelece procedimentos para solicitação e análise de requerimento do auxílio por incapacidade temporária, dispensando a emissão de parecer conclusivo da Perícia Médica Federal quanto à incapacidade laboral.

Art. 61. O auxílio-doença, inclusive o decorrente de acidente do trabalho, consistirá numa renda mensal correspondente a 91% (noventa e um por cento) do salário de benefício, observado o disposto na Seção III, especialmente no art. 33 desta Lei.

•• Artigo com redação determinada pela Lei n. 9.032, de 28-4-1995.

Art. 62. O segurado em gozo de auxílio-doença, insuscetível de recuperação para sua atividade habitual, deverá submeter-se a processo de reabilitação profissional para o exercício de outra atividade.

•• Caput com redação determinada pela Lei n. 13.457, de 26-6-2017.

§ 1.º O benefício a que se refere o caput deste artigo será mantido até que o segurado seja considerado reabilitado para o desempenho de atividade que lhe garanta a subsistência ou, quando considerado não recuperável, seja aposentado por invalidez.

•• Parágrafo único renumerado pela Lei n. 13.846, de 18-6-2019.

§ 2.º A alteração das atribuições e responsabilidades do segurado compatíveis com a limitação que tenha sofrido em sua capacidade física ou mental não configura desvio de cargo ou função do segurado reabilitado ou que estiver em processo de reabilitação profissional a cargo do INSS.

•• § 2.º acrescentado pela Lei n. 13.846, de 18-6-2019.

Art. 63. O segurado empregado, inclusive o doméstico, em gozo de auxílio-doença será considerado pela empresa e pelo empregador doméstico como licenciado.

•• Caput com redação determinada pela Lei Complementar n. 150, de 1.º-6-2015.

Parágrafo único. A empresa que garantir ao segurado licença remunerada ficará obrigada a pagar-lhe durante o período de auxílio-doença a eventual diferença entre o valor deste e a importância garantida pela licença.

Art. 64. (Revogado pela Lei n. 9.032, de 28-4-1995.)

SUBSEÇÃO VI
Do salário-família

Art. 65. O salário-família será devido, mensalmente, ao segurado empregado, inclusive o doméstico, e ao segurado trabalhador avulso, na proporção do respectivo número de filhos ou equiparados nos termos do § 2.º do art. 16 desta Lei, observado o disposto no art. 66.

•• Caput com redação determinada pela Lei Complementar n. 150, de 1.º-6-2015.

Parágrafo único. O aposentado por invalidez ou por idade e os demais aposentados com 65 (sessenta e cinco) anos ou mais de idade, se do sexo masculino, ou 60 (sessenta) anos ou mais, se do feminino, terão direito ao salário-família, pago juntamente com a aposentadoria.

Art. 66. O valor da cota do salário-família por filho ou equiparado de qualquer condição, até 14 (quatorze) anos de idade ou inválido de qualquer idade é de:

I – Cr$ 1.360,00 (um mil trezentos e sessenta cruzeiros), para o segurado com remuneração mensal não superior a Cr$ 51.000,00 (cinquenta e um mil cruzeiros);

•• Valor atualizado, a partir de 1.º-1-2023, pela Portaria Interministerial n. 26, de 10-1-2023, dos Ministérios da Previdência Social e da Fazenda, para R$ 59,82 (cinquenta e nove reais e oitenta e dois centavos) para o segurado com remuneração mensal não superior a R$ 1.754,18 (mil setecentos e cinquenta e quatro reais e dezoito centavos).
• Vide art. 81 do Decreto n. 3.048, de 6-5-1999.

II – Cr$ 170,00 (cento e setenta cruzeiros), para o segurado com remuneração mensal superior a Cr$ 51.000,00 (cinquenta e um mil cruzeiros).

• Vide art. 81 do Decreto n. 3.048, de 6-5-1999.

Art. 67. O pagamento do salário-família é condicionado à apresentação da certidão de nascimento do filho ou da documentação relativa ao equiparado ou ao inválido, e à apresentação anual de atestado de

vacinação obrigatória e de comprovação de frequência à escola do filho ou equiparado, nos termos do regulamento.
•• *Caput* com redação determinada pela Lei n. 9.876, de 26-11-1999.

Parágrafo único. O empregado doméstico deve apresentar apenas a certidão de nascimento referida no *caput*.
•• Parágrafo único acrescentado pela Lei Complementar n. 150, de 1.º-6-2015.

Art. 68. As cotas do salário-família serão pagas pela empresa ou pelo empregador doméstico, mensalmente, junto com o salário, efetivando-se a compensação quando do recolhimento das contribuições, conforme dispuser o Regulamento.
•• *Caput* com redação determinada pela Lei Complementar n. 150, de 1.º-6-2015.

§ 1.º A empresa ou o empregador doméstico conservarão durante 10 (dez) anos os comprovantes de pagamento e as cópias das certidões correspondentes, para fiscalização da Previdência Social.
•• § 1.º com redação determinada pela Lei Complementar n. 150, de 1.º-6-2015.

§ 2.º Quando o pagamento do salário não for mensal, o salário-família será pago juntamente com o último pagamento relativo ao mês.

Art. 69. O salário-família devido ao trabalhador avulso poderá ser recebido pelo sindicato de classe respectivo, que se incumbirá de elaborar as folhas correspondentes e de distribuí-lo.

Art. 70. A cota do salário-família não será incorporada, para qualquer efeito, ao salário ou ao benefício.

SUBSEÇÃO VII
Do salário-maternidade

• *Vide* Lei n. 11.770, de 9-9-2008, regulamentada pelo Decreto n. 10.854, de 10-11-2021, que cria o Programa Empresa Cidadã, destinado a prorrogação da licença-maternidade.

Art. 71. O salário-maternidade é devido à segurada da Previdência Social, durante 120 (cento e vinte) dias, com início no período entre 28 (vinte e oito) dias antes do parto e a data de ocorrência deste, observadas as situações e condições previstas na legislação no que concerne à proteção à maternidade.
•• *Caput* com redação determinada pela Lei n. 10.710, de 5-8-2003.
•• O STF, na ADI n. 6.327, em sessão virtual de 14-10-2022 a 21-10-2022 (*DOU* de 26-10-2022), por unanimidade, conheceu da ação direta de inconstitucionalidade como arguição de descumprimento de preceito fundamental e, ratificando a medida cautelar, conferiu interpretação conforme à Constituição a este art. 71 para "assim assentar a necessidade de prorrogar o benefício, bem como considerar como termo inicial da licença-maternidade e do respectivo salário-maternidade a alta hospitalar do recém-nascido e/ou de sua mãe, o que ocorrer por último, prorrogando-se em todo o período o benefício, quando o período de internação exceder as duas semanas previstas no art. 392, § 2.º, da CLT, e no art. 93, § 3.º, do Decreto n. 3.048/99".

Parágrafo único. (*Revogado pela Lei n. 9.528, de 10-12-1997.*)

Art. 71-A. Ao segurado ou segurada da Previdência Social que adotar ou obtiver guarda judicial para fins de adoção de criança é devido salário-maternidade pelo período de 120 (cento e vinte) dias.
•• *Caput* com redação determinada pela Lei n. 12.873, de 24-10-2013.
• A Lei n. 10.421, de 15-4-2002, dispõe em seu art. 4.º : "No caso das seguradas da previdência social adotantes, a alíquota para o custeio das despesas decorrentes desta Lei será a mesma que custeia as seguradas gestantes, disposta no inciso I do art. 22 da Lei n. 8.212, de 24-7-1991".
• O Decreto n. 6.690, de 11-12-2008, institui o Programa de Prorrogação da Licença à Gestante e à Adotante.

§ 1.º O salário-maternidade de que trata este artigo será pago diretamente pela Previdência Social.
•• § 1.º acrescentado pela Lei n. 12.873, de 24-10-2013.

§ 2.º Ressalvado o pagamento do salário-maternidade à mãe biológica e o disposto no art. 71-B, não poderá ser concedido o benefício a mais de um segurado, decorrente do mesmo processo de adoção ou guarda, ainda que os cônjuges ou companheiros estejam submetidos a Regime Próprio de Previdência Social.
•• § 2.º acrescentado pela Lei n. 12.873, de 24-10-2013.

Art. 71-B. No caso de falecimento da segurada ou segurado que fizer jus ao recebimento do salário-maternidade, o benefício será pago, por todo o período ou pelo tempo restante a que teria direito, ao cônjuge ou companheiro sobrevivente que tenha a qualidade de segurado, exceto no caso do falecimento do filho ou de seu abandono, observadas as normas aplicáveis ao salário-maternidade.
•• *Caput* acrescentado pela Lei n. 12.873, de 24-10-2013.

§ 1.º O pagamento do benefício de que trata o *caput* deverá ser requerido até o último dia do prazo previsto para o término do salário-maternidade originário.
•• § 1.º acrescentado pela Lei n. 12.873, de 24-10-2013.

§ 2.º O benefício de que trata o *caput* será pago diretamente pela Previdência Social durante o período entre a data do óbito e o último dia do término do salário-maternidade originário e será calculado sobre:
•• § 2.º acrescentado pela Lei n. 12.873, de 24-10-2013.

I – a remuneração integral, para o empregado e trabalhador avulso;
•• Inciso I acrescentado pela Lei n. 12.873, de 24-10-2013.

II – o último salário de contribuição, para o empregado doméstico;
•• Inciso II acrescentado pela Lei n. 12.873, de 24-10-2013.

III – 1/12 (um doze avos) da soma dos 12 (doze) últimos salários de contribuição, apurados em um período não superior a 15 (quinze) meses, para o contribuinte individual, facultativo e desempregado; e
•• Inciso III acrescentado pela Lei n. 12.873, de 24-10-2013.

IV – o valor do salário mínimo, para o segurado especial.
•• Inciso IV acrescentado pela Lei n. 12.873, de 24-10-2013.

§ 3.º Aplica-se o disposto neste artigo ao segurado que adotar ou obtiver guarda judicial para fins de adoção.
•• § 3.º acrescentado pela Lei n. 12.873, de 24-10-2013.

Art. 71-C. A percepção do salário-maternidade, inclusive o previsto no art. 71-B, está condicionada ao afastamento do segurado do trabalho ou da atividade desempenhada, sob pena de suspensão do benefício.
•• Artigo acrescentado pela Lei n. 12.873, de 24-10-2013.

Art. 72. O salário-maternidade para a segurada empregada ou trabalhadora avulsa consistirá numa renda mensal igual a sua remuneração integral.
•• *Caput* com redação determinada pela Lei n. 9.876, de 26-11-1999.

§ 1.º Cabe à empresa pagar o salário-maternidade devido à respectiva empregada gestante, efetivando-se a compensação, observado o disposto no art. 248 da Constituição Federal, quando do recolhimento das contribuições incidentes sobre a folha de salários e demais rendimentos pagos ou creditados, a qualquer título, à pessoa física ou jurídica que lhe preste serviço.
•• § 1.º acrescentado pela Lei n. 10.710, de 5-8-2003.

§ 2.º A empresa deverá conservar durante 10 (dez) anos os comprovantes dos pagamentos e os atestados correspondentes para exame pela fiscalização da Previdência Social.
•• Primitivo parágrafo único renumerado pela Lei n. 10.710, de 5-8-2003.

§ 3.º O salário-maternidade devido à trabalhadora avulsa e à empregada do microempreendedor individual de que trata o art. 18-A da Lei Complementar n. 123, de 14 de dezembro de 2006, será pago diretamente pela Previdência Social.
•• § 3.º com redação determinada pela Lei n. 12.470, de 31-8-2011.

Art. 73. Assegurado o valor de um salário mínimo, o salário-maternidade para as demais seguradas, pago diretamente pela Previdência Social, consistirá:
•• *Caput* com redação determinada pela Lei n. 10.710, de 5-8-2003.

I – em um valor correspondente ao do seu último salário de contribuição, para a segurada empregada doméstica;
•• Inciso I acrescentado pela Lei n. 9.876, de 26-11-1999.

II – em um doze avos do valor sobre o qual incidiu sua última contribuição anual, para a segurada especial;
•• Inciso II acrescentado pela Lei n. 9.876, de 26-11-1999.

III – em um doze avos da soma dos doze últimos salários de contribuição, apurados em um período não superior a quinze meses, para as demais seguradas.
•• Inciso III acrescentado pela Lei n. 9.876, de 26-11-1999.

Parágrafo único. Aplica-se à segurada desempregada, desde que mantida a qualidade de segurada, na forma prevista no art. 15 desta Lei, o disposto no inciso III do *caput* deste artigo.
•• Parágrafo único acrescentado pela Lei n. 13.846, de 18-6-2019.

SUBSEÇÃO XI
Do auxílio-acidente

Art. 86. O auxílio-acidente será concedido, como indenização, ao segurado quando, após consolidação das lesões decorrentes de acidente de qualquer natureza, resultarem sequelas que impliquem redução da capacidade para o trabalho que habitualmente exercia.
•• *Caput* com redação determinada pela Lei n. 9.528, de 10-12-1997.

§ 1.º O auxílio-acidente mensal corresponderá a 50% (cinquenta por cento) do salário de benefício e será devido, observado o disposto no § 5.º, até a véspera do início de qualquer aposentadoria ou até a data do óbito do segurado.
•• § 1.º com redação determinada pela Lei n. 9.528, de 10-12-1997.

SEÇÃO VI
Dos Serviços

SUBSEÇÃO II
Da habilitação e da reabilitação profissional

Art. 89. A habilitação e a reabilitação profissional e social deverão proporcionar ao beneficiário incapacitado parcial ou totalmente para o trabalho, e às pessoas portadoras de deficiência, os meios para a (re)educação e de (re)adaptação profissional e social indicados para participar do mercado de trabalho e do contexto em que vive.

Parágrafo único. A reabilitação profissional compreende:

a) o fornecimento de aparelho de prótese, órtese e instrumentos de auxílio para locomoção quando a perda ou redução da capacidade funcional puder ser atenuada por seu uso e dos equipamentos necessários à habilitação e reabilitação social e profissional;

b) a reparação ou a substituição dos aparelhos mencionados no inciso anterior, desgastados pelo uso normal ou por ocorrência estranha à vontade do beneficiário;

c) o transporte do acidentado do trabalho, quando necessário.

Art. 90. A prestação de que trata o artigo anterior é devida em caráter obrigatório aos segurados, inclusive aposentados e, na medida das possibilidades do órgão da Previdência Social, aos seus dependentes.

Art. 91. Será concedido, no caso de habilitação e reabilitação profissional, auxílio para tratamento ou exame fora do domicílio do beneficiário, conforme dispuser o Regulamento.

Art. 92. Concluído o processo de habilitação ou reabilitação social e profissional, a Previdência Social emitirá certificado individual, indicando as atividades que poderão ser exercidas pelo beneficiário, nada impedindo que este exerça outra atividade para a qual se capacitar.

Art. 93. A empresa com 100 (cem) ou mais empregados está obrigada a preencher de 2% (dois por cento) a 5% (cinco por cento) dos seus cargos com beneficiários reabilitados ou pessoas portadoras de deficiência, habilitadas, na seguinte proporção:
•• A Lei n. 13.146, de 6-7-2015, propôs nova redação para este *caput*, todavia teve seu texto vetado.

I – até 200 empregados ...2%
•• A Lei n. 13.146, de 6-7-2015, propôs nova redação para este inciso, todavia teve seu texto vetado.

II – de 201 a 500 ..3%
•• A Lei n. 13.146, de 6-7-2015, propôs nova redação para este inciso, todavia teve seu texto vetado.

III – de 501 a 1.000 ..4%
•• A Lei n. 13.146, de 6-7-2015, propôs nova redação para este inciso, todavia teve seu texto vetado.

IV – de 1.001 em diante ..5%
•• A Lei n. 13.146, de 6-7-2015, propôs nova redação para este inciso, todavia teve seu texto vetado.

V – (*Vetado.*)
•• Inciso V acrescentado pela Lei n. 13.146, de 6-7-2015.
•• A Portaria n. 1.199, de 28-10-2003, do MTE, dispõe:

"Art. 2.º A multa por infração ao disposto no art. 93 da Lei n. 8.213, de 24-7-1991, será calculada na seguinte proporção:

I – para empresas com cem a duzentos empregados, multiplicar-se-á o número de trabalhadores portadores de deficiência ou beneficiários reabilitados que deixaram de ser contratados pelo valor mínimo legal, acrescido de zero a vinte por cento;

II – para empresas com duzentos e um a quinhentos empregados, multiplicar-se-á o número de trabalhadores portadores de deficiência ou beneficiários reabilitados que deixaram de ser contratados pelo valor mínimo legal, acrescido de vinte a trinta por cento;

III – para empresas com quinhentos e um a mil empregados, multiplicar-se-á o número de trabalhadores portadores de deficiência ou beneficiários reabilitados que deixaram de ser contratados pelo valor mínimo legal, acrescido de trinta a quarenta por cento;

IV – para empresas com mais de mil empregados, multiplicar-se-á o número de trabalhadores portadores de deficiência ou beneficiários reabilitados que deixaram de ser contratados pelo valor mínimo legal, acrescido de quarenta a cinquenta por cento.

§ 1.º O valor mínimo legal a que se referem os incisos I a IV deste artigo é previsto no art. 133 da Lei n. 8.213, de 1991.

§ 2.º O valor resultante da aplicação dos parâmetros previstos neste artigo não poderá ultrapassar o máximo estabelecido no art. 133 da Lei n. 8.213, de 1991".

• A Instrução Normativa n. 98, de 15-8-2012, da Secretaria de Inspeção do Trabalho, dispõe sobre procedimentos de fiscalização do cumprimento, por parte dos empregadores, das normas destinadas à inclusão no trabalho das pessoas com deficiência e beneficiários da Previdência Social reabilitados.

§ 1.º A dispensa de pessoa com deficiência ou de beneficiário reabilitado da Previdência Social ao final de contrato por prazo determinado de mais de 90 (noventa) dias e a dispensa imotivada em contrato por prazo indeterminado somente poderão ocorrer após a contratação de outro trabalhador com deficiência ou beneficiário reabilitado da Previdência Social.
•• § 1.º com redação determinada pela Lei n. 13.146, de 6-7-2015.

§ 2.º Ao Ministério do Trabalho e Emprego incumbe estabelecer a sistemática de fiscalização, bem como gerar dados e estatísticas sobre o total de empregados e as vagas preenchidas por pessoas com deficiência e por beneficiários reabilitados da Previdência Social, fornecendo-os, quando solicitados, aos sindicatos, às entidades representativas dos empregados ou aos cidadãos interessados.
•• § 2.º com redação determinada pela Lei n. 13.146, de 6-7-2015.

§ 3.º Para a reserva de cargos será considerada somente a contratação direta de pessoa com deficiência, excluído o aprendiz com deficiência de que trata a Consolidação das Leis do Trabalho (CLT), aprovada pelo Decreto-lei n. 5.452, de 1.º de maio de 1943.
•• § 3.º acrescentado pela Lei n. 13.146, de 6-7-2015.

§ 4.º (*Vetado.*)
•• A Lei n. 13.146, de 6-7-2015, propôs o acréscimo deste § 4.º, todavia teve o seu texto vetado.

SEÇÃO VIII
Das Disposições Diversas Relativas às Prestações

Art. 100. (*Vetado.*)

Art. 101. O segurado em gozo de auxílio por incapacidade temporária, auxílio-acidente ou aposentadoria por incapacidade permanente e o pensionista inválido, cujos benefícios tenham sido concedidos judicial ou administrativamente, estão obrigados, sob pena de suspensão do benefício, a submeter-se a:
•• *Caput* com redação determinada pela Lei n. 14.441, de 2-9-2022.

I – exame médico a cargo da Previdência Social para avaliação das condições que ensejaram sua concessão ou manutenção;
•• Inciso I acrescentado pela Lei n. 14.441, de 2-9-2022.

II – processo de reabilitação profissional prescrito e custeado pela Previdência Social; e
•• Inciso II acrescentado pela Lei n. 14.441, de 2-9-2022.

III – tratamento oferecido gratuitamente, exceto o cirúrgico e a transfusão de sangue, que são facultativos.
•• Inciso III acrescentado pela Lei n. 14.441, de 2-9-2022.

§ 1.º O aposentado por invalidez e o pensionista inválido que não tenham retornado à atividade estarão isentos do exame de que trata o *caput* deste artigo:
•• § 1.º, *caput*, com redação determinada pela Lei n. 13.457, de 26-6-2017.

I – após completarem cinquenta e cinco anos ou mais de idade e quando decorridos quinze anos da data da concessão da aposentadoria por invalidez ou do auxílio-doença que a precedeu; ou
•• Inciso I acrescentado pela Lei n. 13.457, de 26-6-2017.

II – após completarem sessenta anos de idade.
•• Inciso II acrescentado pela Lei n. 13.457, de 26-6-2017.

§ 2.º A isenção de que trata o § 1.º não se aplica quando o exame tem as seguintes finalidades:
•• § 2.º, *caput*, acrescentado pela Lei n. 13.063, de 30-12-2014.

I – verificar a necessidade de assistência permanente de outra pessoa para a concessão do acréscimo de 25% (vinte e cinco por cento) sobre o valor do benefício, conforme dispõe o art. 45;
•• Inciso I acrescentado pela Lei n. 13.063, de 30-12-2014.

II – verificar a recuperação da capacidade de trabalho, mediante solicitação do aposentado ou pensionista que se julgar apto;
•• Inciso II acrescentado pela Lei n. 13.063, de 30-12-2014.

III – subsidiar autoridade judiciária na concessão de curatela, conforme dispõe o art. 110.
•• Inciso III acrescentado pela Lei n. 13.063, de 30-12-2014.

§ 3.º (*Vetado.*)
•• § 3.º acrescentado pela Lei n. 13.457, de 26-6-2017.

§ 4.º A perícia de que trata este artigo terá acesso aos prontuários médicos do periciado no Sistema Único de Saúde (SUS), desde que haja a prévia anuência do periciado e seja garantido o sigilo sobre os dados dele.
•• § 4.º acrescentado pela Lei n. 13.457, de 26-6-2017.

§ 5.º É assegurado o atendimento domiciliar e hospitalar pela perícia médica e social do INSS ao segurado com dificuldades de locomoção, quando seu deslocamento, em razão de sua limitação funcional e de condições de acessibilidade, imponha-lhe ônus desproporcional e indevido, nos termos do regulamento.
•• § 5.º acrescentado pela Lei n. 13.457, de 26-6-2017.

§ 6.º A avaliação de que trata o inciso I do *caput* deste artigo poderá ser realizada de forma remota ou por análise documental, observado o disposto no § 14 do art. 60 desta Lei e no § 7.º deste artigo.
•• § 6.º acrescentado pela Lei n. 14.441, de 2-9-2022.

§ 7.º Ato do Ministro de Estado do Trabalho e Previdência disporá sobre as hipóteses de substituição de exame pericial presencial por exame remoto e as condições e as limitações para sua realização.
•• § 7.º acrescentado pela Lei n. 14.441, de 2-9-2022.

Art. 102. A perda da qualidade de segurado importa em caducidade dos direitos inerentes a essa qualidade.
•• *Caput* com redação determinada pela Lei n. 9.528, de 10-12-1997.

§ 1.º A perda da qualidade de segurado não prejudica o direito à aposentadoria para cuja concessão tenham sido preenchidos todos os requisitos, segundo a legislação em vigor à época em que estes requisitos foram atendidos.
•• § 1.º acrescentado pela Lei n. 9.528, de 10-12-1997.

§ 2.º Não será concedida pensão por morte aos dependentes do segurado que falecer após a perda desta qualidade, nos termos do art. 15 desta Lei, salvo se preenchidos os requisitos para obtenção da aposentadoria na forma do parágrafo anterior.
•• § 2.º acrescentado pela Lei n. 9.528, de 10-12-1997.
• Vide Súmula 416 do STJ.

Art. 103. O prazo de decadência do direito ou da ação do segurado ou beneficiário para a revisão do ato de concessão, indeferimento, cancelamento ou cessação de benefício e do ato de deferimento, indeferimento ou não concessão de revisão de benefício é de 10 (dez) anos, contado:
•• *Caput* com redação determinada pela Lei n. 13.846, de 18-6-2019.
•• O STF, na ADI n. 6.096, nas sessões virtuais de 2-10-2020 a 9-10-2020 (*DOU* de 26-10-2020), declarou a inconstitucionalidade do art. 24 da Lei n. 13.846, de 18-6-2019, que deu nova redação a este artigo.
•• Vide Súmula 81 dos JEFs.

I – do dia primeiro do mês subsequente ao do recebimento da primeira prestação ou da data em que a prestação deveria ter sido paga com o valor revisto; ou
•• Inciso I acrescentado pela Lei n. 13.846, de 18-6-2019.

II – do dia em que o segurado tomar conhecimento da decisão de indeferimento, cancelamento ou cessação do seu pedido de benefício ou da decisão de deferimento ou indeferimento de revisão de benefício, no âmbito administrativo.
•• Inciso II acrescentado pela Lei n. 13.846, de 18-6-2019.
•• Vide Súmula 427 do STJ.

Art. 103-A. O direito da Previdência Social de anular os atos administrativos de que decorram efeitos favoráveis para os seus beneficiários decai em dez anos, contados da data em que foram praticados, salvo comprovada má-fé.
•• *Caput* acrescentado pela Lei n. 10.839, de 5-2-2004.

§ 1.º No caso de efeitos patrimoniais contínuos, o prazo decadencial contar-se-á da percepção do primeiro pagamento.
•• § 1.º acrescentado pela Lei n. 10.839, de 5-2-2004.

§ 2.º Considera-se exercício do direito de anular qualquer medida de autoridade administrativa que importe impugnação à validade do ato.
•• § 2.º acrescentado pela Lei n. 10.839, de 5-2-2004.

Art. 104. As ações referentes à prestação por acidente do trabalho prescrevem em 5 (cinco) anos, observado o disposto no art. 103 desta Lei, contados da data:

I – do acidente, quando dele resultar a morte ou a incapacidade temporária, verificada esta em perícia médica a cargo da Previdência Social; ou

II – em que for reconhecida pela Previdência Social a incapacidade permanente ou o agravamento das sequelas do acidente.

Art. 105. A apresentação de documentação incompleta não constitui motivo para recusa do requerimento de benefício.

Art. 106. A comprovação do exercício de atividade rural será feita, complementarmente à autodeclaração de que trata o § 2.º e ao cadastro de que trata o § 1.º, ambos do art. 38-B desta Lei, por meio de, entre outros:
•• *Caput* com redação determinada pela Lei n. 13.846, de 18-6-2019.
•• Vide Súmula 577 do STJ.

I – contrato individual de trabalho ou Carteira de Trabalho e Previdência Social;
•• Inciso I acrescentado pela Lei n. 11.718, de 20-6-2008.

II – contrato de arrendamento, parceria ou comodato rural;
•• Inciso II acrescentado pela Lei n. 11.718, de 20-6-2008.

III – (*Revogado pela Lei n. 13.846, de 18-6-2019.*)

IV – Declaração de Aptidão ao Programa Nacional de Fortalecimento da Agricultura Familiar, de que trata o inciso II do *caput* do art. 2.º da Lei n. 12.188, de 11 de janeiro de 2010, ou por documento que a substitua;
•• Inciso IV com redação determinada pela Lei n. 13.846, de 18-6-2019.

V – bloco de notas do produtor rural;
•• Inciso V acrescentado pela Lei n. 11.718, de 20-6-2008.

VI – notas fiscais de entrada de mercadorias, de que trata o § 7.º do art. 30 da Lei n. 8.212, de 24 de julho de 1991, emitidas pela empresa adquirente da produção, com indicação do nome do segurado como vendedor;
•• Inciso VI acrescentado pela Lei n. 11.718, de 20-6-2008.

VII – documentos fiscais relativos a entrega de produção rural à cooperativa agrícola, entreposto de pescado ou outros, com indicação do segurado como vendedor ou consignante;
•• Inciso VII acrescentado pela Lei n. 11.718, de 20-6-2008.

VIII – comprovantes de recolhimento de contribuição à Previdência Social decorrentes da comercialização da produção;

•• Inciso VIII acrescentado pela Lei n. 11.718, de 20-6-2008.

IX – cópia da declaração de imposto de renda, com indicação de renda proveniente da comercialização de produção rural; ou
•• Inciso IX acrescentado pela Lei n. 11.718, de 20-6-2008.

X – licença de ocupação ou permissão outorgada pelo Incra.
•• Inciso X acrescentado pela Lei n. 11.718, de 20-6-2008.

Art. 107. O tempo de serviço de que trata o art. 55 desta Lei será considerado para cálculo do valor da renda mensal de qualquer benefício.

Art. 108. Mediante justificação processada perante a Previdência Social, observado o disposto no § 3.º do art. 55 e na forma estabelecida no Regulamento, poderá ser suprida a falta de documento ou provado ato do interesse de beneficiário ou empresa, salvo no que se refere a registro público.

Art. 109. O benefício será pago diretamente ao beneficiário, salvo em caso de ausência, moléstia contagiosa ou impossibilidade de locomoção, quando será pago a procurador, cujo mandato não terá prazo superior a 12 (doze) meses, podendo ser renovado.
•• Caput com redação determinada pela Lei n. 8.870, de 15-4-1994.

Parágrafo único. A impressão digital do beneficiário incapaz de assinar, aposta na presença de servidor da Previdência Social, vale como assinatura para quitação de pagamento de benefício.

Art. 110. O benefício devido ao segurado ou dependente civilmente incapaz será feito ao cônjuge, pai, mãe, tutor ou curador, admitindo-se, na sua falta e por período não superior a 6 (seis) meses, o pagamento a herdeiro necessário, mediante termo de compromisso firmado no ato do recebimento.

§ 1.º Para efeito de curatela, no caso de interdição do beneficiário, a autoridade judiciária pode louvar-se no laudo médico-pericial da Previdência Social.
•• Parágrafo único renumerado pela Lei n. 13.846, de 18-6-2019.

§ 2.º O dependente excluído, na forma do § 7.º do art. 16 desta Lei, ou que tenha a parte provisoriamente suspensa, na forma do § 7.º do art. 77 desta Lei, não poderá representar outro dependente para fins de recebimento e percepção do benefício.
•• § 2.º acrescentado pela Lei n. 13.846, de 18-6-2019.

§ 3.º O dependente que perde o direito à pensão por morte, na forma do § 1.º do art. 74 desta Lei, não poderá representar outro dependente para fins de recebimento e percepção do benefício.
•• § 3.º acrescentado pela Lei n. 13.846, de 18-6-2019.

Art. 110-A. No ato de requerimento de benefícios operacionalizados pelo INSS, não será exigida apresentação de termo de curatela de titular ou de beneficiário com deficiência, observados os procedimentos a serem estabelecidos em regulamento.
•• Artigo acrescentado pela Lei n. 13.146, de 6-7-2015.

Art. 111. O segurado menor poderá, conforme dispuser o Regulamento, firmar recibo de benefício, independentemente da presença dos pais ou do tutor.

Art. 112. O valor não recebido em vida pelo segurado só será pago aos seus dependentes habilitados à pensão por morte ou, na falta deles, aos seus sucessores na forma da lei civil, independentemente de inventário ou arrolamento.

Art. 113. O benefício poderá ser pago mediante depósito em conta corrente ou por autorização de pagamento, conforme se dispuser em regulamento.

Parágrafo único. (*Revogado pela Lei n. 9.876, de 26-11-1999.*)

Art. 114. Salvo quanto a valor devido à Previdência Social e a desconto autorizado por esta Lei, ou derivado da obrigação de prestar alimentos reconhecida em sentença judicial, o benefício não pode ser objeto de penhora, arresto ou sequestro, sendo nula de pleno direito a sua venda ou cessão, ou a constituição de qualquer ônus sobre ele, bem como a outorga de poderes irrevogáveis ou em causa própria para o seu recebimento.

Art. 115. Podem ser descontados dos benefícios:

I – contribuições devidas pelo segurado à Previdência Social;

II – pagamento administrativo ou judicial de benefício previdenciário ou assistencial indevido, ou além do devido, inclusive na hipótese de cessação do benefício pela revogação de decisão judicial, em valor que não exceda 30% (trinta por cento) da sua importância, nos termos do regulamento;
•• Inciso II com redação determinada pela Lei n. 13.846, de 18-6-2019.

III – Imposto de Renda retido na fonte;

IV – pensão de alimentos decretada em sentença judicial;

V – mensalidades de associações e demais entidades de aposentados legalmente reconhecidas, desde que autorizadas por seus filiados;

VI – pagamento de empréstimos, financiamentos e operações de arrendamento mercantil concedidos por instituições financeiras e sociedades de arrendamento mercantil, ou por entidades fechadas ou abertas de previdência complementar, públicas e privadas, quando expressamente autorizado pelo beneficiário, até o limite de 45% (quarenta e cinco por cento) do valor do benefício, sendo 35% (trinta e cinco por cento) destinados exclusivamente a empréstimos, financiamentos e arrendamentos mercantis, 5% (cinco por cento) destinados exclusivamente à amortização de despesas contraídas por meio de cartão de crédito consignado ou à utilização com a finalidade de saque por meio de cartão de crédito consignado e 5% (cinco por cento) destinados exclusivamente à amortização de despesas contraídas por meio de cartão consignado de benefício ou à utilização com a finalidade de saque por meio de cartão consignado de benefício.
•• Inciso VI com redação determinada pela Lei n. 14.431, de 3-8-2022.
• A Instrução Normativa PRES/INSS n. 138, de 10-11-2022, estabelece critérios e procedimentos operacionais relativos à consignação de descontos para pagamento de crédito consignado contraído nos benefícios pagos pelo INSS.

a) (*Revogada pela Lei n. 14.431, de 3-8-2022*);

b) (*Revogada pela Lei n. 14.431, de 3-8-2022*).

§ 1.º Na hipótese do inciso II, o desconto será feito em parcelas, conforme dispuser o regulamento, salvo má-fé.
•• Primitivo parágrafo único renumerado pela Lei n. 10.820, de 17-12-2003.

§ 2.º Na hipótese dos incisos II e VI, haverá prevalência do desconto do inciso II.
•• § 2.º acrescentado pela Lei n. 10.820, de 17-12-2003.

§ 3.º Serão inscritos em dívida ativa pela Procuradoria-Geral Federal os créditos constituídos pelo INSS em decorrência de benefício previdenciário ou assistencial pago indevidamente ou além do devido, inclusive na hipótese de cessação do benefício pela revogação de decisão judicial, nos termos da Lei n. 6.830, de 22 de setembro de 1980, para a execução judicial.
•• § 3.º com redação determinada pela Lei n. 13.846, de 18-6-2019.

§ 4.º Será objeto de inscrição em dívida ativa, para os fins do disposto no § 3.º deste artigo, em conjunto ou separadamente, o terceiro beneficiado que sabia ou deveria saber da origem do benefício pago indevidamente em razão de fraude, de dolo ou de coação, desde que devidamente identificado em procedimento administrativo de responsabilização.
•• § 4.º acrescentado pela Lei n. 13.846, de 18-6-2019.

§ 5.º O procedimento de que trata o § 4.º deste artigo será disciplinado em regulamento, nos termos da Lei n. 9.784, de 29 de janeiro de 1999, e no art. 27 do Decreto-lei n. 4.657, de 4 de setembro de 1942.
•• § 5.º acrescentado pela Lei n. 13.846, de 18-6-2019.

§ 6.º (*Revogado pela Lei n. 14.438, de 24-8-2022.*)

Art. 116. Será fornecido ao beneficiário demonstrativo minucioso das importâncias pagas, discriminando-se o valor da mensalidade, as diferenças eventualmente pagas com o período a que se referem e os descontos efetuados.

Art. 117. Empresas, sindicatos e entidades fechadas de previdência complementar poderão, mediante celebração de acordo de cooperação técnica com o INSS, encarregar-se, relativamente a seus empregados, associados ou beneficiários, de requerer benefícios previdenciários por meio eletrônico, preparando-os e instruindo-os nos termos do acordo.
•• Caput com redação determinada pela Lei n. 14.020, de 6-7-2020.

I a III – (*Revogados pela Lei n. 14.020, de 6-7-2020.*)

Parágrafo único. (*Revogado pela Lei n. 14.020, de 6-7-2020.*)

Art. 117-A. Empresas, sindicatos e entidades fechadas de previdência complementar poderão realizar o pagamento integral dos benefícios previdenciários devidos a seus beneficiários, mediante celebração de contrato com o INSS, dispensada a licitação.
- *Caput* acrescentado pela Lei n. 14.020, de 6-7-2020.

§ 1.º Os contratos referidos no *caput* deste artigo deverão prever as mesmas obrigações, condições e valores devidos pelas instituições financeiras responsáveis pelo pagamento dos benefícios pelo INSS.
- § 1.º acrescentado pela Lei n. 14.020, de 6-7-2020.

§ 2.º As obrigações, condições e valores referidos no § 1.º deste artigo serão definidos em ato próprio do INSS.
- § 2.º acrescentado pela Lei n. 14.020, de 6-7-2020.

Art. 118. O segurado que sofreu acidente do trabalho tem garantida, pelo prazo mínimo de 12 (doze) meses, a manutenção do seu contrato de trabalho na empresa, após a cessação do auxílio-doença acidentário, independentemente de percepção de auxílio-acidente.
- Vide art. 1.º, § 4.º, da Lei n. 9.601, de 21-1-1998.
- Vide Súmula 378 do TST.

Parágrafo único. (*Revogado pela Lei n. 9.032, de 28-4-1995.*)

Art. 119. Por intermédio dos estabelecimentos de ensino, sindicatos, associações de classe, Fundação Jorge Duprat Figueiredo de Segurança e Medicina do Trabalho – FUNDACENTRO, órgãos públicos e outros meios, serão promovidas regularmente instrução e formação com vistas a incrementar costumes e atitudes prevencionistas em matéria de acidente, especialmente do trabalho.

Art. 120. A Previdência Social ajuizará ação regressiva contra os responsáveis nos casos de:
- *Caput* com redação determinada pela Lei n. 13.846, de 18-6-2019.
- A Portaria Conjunta n. 1, de 24-1-2020, da SPREV/INSS, dispõe sobre os critérios a serem utilizados para a definição do valor do ressarcimento ao Fundo do Regime Geral de Previdência Social nas ações regressivas ajuizadas pelo Instituto Nacional do Seguro Social – INSS.

I – negligência quanto às normas padrão de segurança e higiene do trabalho indicadas para a proteção individual e coletiva;
- Inciso I acrescentado pela Lei n. 13.846, de 18-6-2019.

II – violência doméstica e familiar contra a mulher, nos termos da Lei n. 11.340, de 7 de agosto de 2006.
- Inciso II acrescentado pela Lei n. 13.846, de 18-6-2019.

Art. 121. O pagamento de prestações pela Previdência Social em decorrência dos casos previstos nos incisos I e II do *caput* do art. 120 desta Lei não exclui a responsabilidade civil da empresa, no caso do inciso I, ou do responsável pela violência doméstica e familiar, no caso do inciso II.
- Artigo com redação determinada pela Lei n. 13.846, de 18-6-2019.

Art. 122. Se mais vantajoso, fica assegurado o direito à aposentadoria, nas condições legalmente previstas na data do cumprimento de todos os requisitos necessários à obtenção do benefício, ao segurado que, tendo completado 35 (trinta e cinco) anos de serviço, se homem, ou 30 (trinta) anos, se mulher, optou por permanecer em atividade.
- Artigo com redação determinada pela Lei n. 9.528, de 10-12-1997.

Art. 123. (*Revogado pela Lei n. 9.032, de 28-4-1995.*)

Art. 124. Salvo no caso de direito adquirido, não é permitido o recebimento conjunto dos seguintes benefícios da Previdência Social:
- Vide Súmula 36 dos JEFs.

I – aposentadoria e auxílio-doença;

II – mais de uma aposentadoria;
- Inciso II com redação determinada pela Lei n. 9.032, de 28-4-1995.

III – aposentadoria e abono de permanência em serviço;

IV – salário-maternidade e auxílio-doença;
- Inciso IV acrescentado pela Lei n. 9.032, de 28-4-1995.

V – mais de um auxílio-acidente;
- Inciso V acrescentado pela Lei n. 9.032, de 28-4-1995.

VI – mais de uma pensão deixada por cônjuge ou companheiro, ressalvado o direito de opção pela mais vantajosa.
- Inciso VI acrescentado pela Lei n. 9.032, de 28-4-1995.

Parágrafo único. É vedado o recebimento conjunto do seguro-desemprego com qualquer benefício de prestação continuada da Previdência Social, exceto pensão por morte ou auxílio-acidente.
- Parágrafo único acrescentado pela Lei n. 9.032, de 28-4-1995.

Art. 124-A. O INSS implementará e manterá processo administrativo eletrônico para requerimento de benefícios e serviços e disponibilizará canais eletrônicos de atendimento.
- *Caput* acrescentado pela Lei n. 13.846, de 18-6-2019.

§ 1.º O INSS facilitará o atendimento, o requerimento, a concessão, a manutenção e a revisão de benefícios por meio eletrônico e implementará procedimentos automatizados, de atendimento e prestação de serviços por meio de atendimento telefônico ou de canais remotos.
- § 1.º acrescentado pela Lei n. 13.846, de 18-6-2019.

§ 2.º Poderão ser celebrados acordos de cooperação, na modalidade de adesão, com órgãos e entidades da União, dos Estados, do Distrito Federal e dos Municípios, para a recepção de documentos e o apoio administrativo às atividades do INSS que demandem serviços presenciais.
- § 2.º acrescentado pela Lei n. 13.846, de 18-6-2019.

§ 3.º A implementação de serviços eletrônicos preverá mecanismos de controle preventivos de fraude e de identificação segura do cidadão.
- § 3.º acrescentado pela Lei n. 13.846, de 18-6-2019.

§ 4.º As ligações telefônicas realizadas de telefone fixo ou móvel que visem à solicitação dos serviços referidos no § 1.º deste artigo deverão ser gratuitas e serão consideradas de utilidade pública.
- § 4.º acrescentado pela Lei n. 14.199, de 2-9-2021.

Art. 124-B. O INSS, para o exercício de suas competências, observado o disposto nos incisos XI e XII do art. 5.º da Constituição Federal e na Lei n. 13.709, de 14 de agosto de 2018, terá acesso aos dados necessários para a análise, a concessão, a revisão e a manutenção de benefícios por ele administrados, em especial aos dados:
- *Caput* acrescentado pela Lei n. 13.846, de 18-6-2019.

I – (*Vetado.*)
- Inciso I acrescentado pela Lei n. 13.846, de 18-6-2019.

II – dos registros e dos prontuários eletrônicos do Sistema Único de Saúde (SUS), administrados pelo Ministério da Saúde;
- Inciso II acrescentado pela Lei n. 13.846, de 18-6-2019.

III – dos documentos médicos mantidos por entidades públicas e privadas, sendo necessária, no caso destas últimas, a celebração de convênio para garantir o acesso; e
- Inciso III acrescentado pela Lei n. 13.846, de 18-6-2019.

IV – de movimentação das contas do Fundo de Garantia por Tempo de Serviço (FGTS), instituído pela Lei n. 5.107, de 13 de setembro de 1966, mantidas pela Caixa Econômica Federal.
- Inciso IV acrescentado pela Lei n. 13.846, de 18-6-2019.

§ 1.º Para fins do cumprimento do disposto no *caput* deste artigo, serão preservados a integridade e o sigilo dos dados acessados pelo INSS, eventualmente existentes, e o acesso aos dados dos prontuários eletrônicos do Sistema Único de Saúde (SUS) e dos documentos médicos mantidos por entidades públicas e privadas será exclusivamente franqueado aos peritos médicos federais designados pelo INSS.
- § 1.º acrescentado pela Lei n. 13.846, de 18-6-2019.

§ 2.º O Ministério da Economia terá acesso às bases de dados geridas ou administradas pelo INSS, incluída a folha de pagamento de benefícios com o detalhamento dos pagamentos.
- § 2.º acrescentado pela Lei n. 13.846, de 18-6-2019.

§ 3.º As bases de dados e as informações de que tratam o *caput* e o § 1.º deste artigo poderão ser compartilhadas com os regimes próprios de previdência social, para estrita utilização em suas atribuições relacionadas à recepção, à análise, à concessão, à revisão e à manutenção de benefícios por eles administrados, preservados a integridade dos dados e o sigilo eventualmente existente, na forma disciplinada conjun-

tamente pela Secretaria Especial de Previdência e Trabalho do Ministério da Economia e pelo gestor dos dados.
•• § 3.º acrescentado pela Lei n. 13.846, de 18-6-2019.

§ 4.º Fica dispensada a celebração de convênio, de acordo de cooperação técnica ou de instrumentos congêneres para a efetivação do acesso aos dados de que trata o *caput* deste artigo, quando se tratar de dados hospedados por órgãos da administração pública federal, e caberá ao INSS a responsabilidade de arcar com os custos envolvidos, quando houver, no acesso ou na extração dos dados, exceto quando estabelecido de forma diversa entre os órgãos envolvidos.
•• § 4.º acrescentado pela Lei n. 13.846, de 18-6-2019.

§ 5.º As solicitações de acesso a dados hospedados por entidades privadas possuem característica de requisição, dispensados a celebração de convênio, acordo de cooperação técnica ou instrumentos congêneres para a efetivação do acesso aos dados de que trata o *caput* deste artigo e o ressarcimento de eventuais custos, vedado o compartilhamento dos dados com demais entidades de direito privado.
•• § 5.º acrescentado pela Lei n. 13.846, de 18-6-2019.

§ 6.º Excetua-se da vedação de que trata o § 5.º deste artigo a autorização para compartilhamento com as entidades de previdência complementar das informações sobre o óbito de beneficiários dos planos de previdência por elas administrados.
•• § 6.º acrescentado pela Lei 14.131, de 30-3-2021.

Art. 124-C. O servidor responsável pela análise dos pedidos dos benefícios previstos nesta Lei motivará suas decisões ou opiniões técnicas e responderá pessoalmente apenas na hipótese de dolo ou erro grosseiro.
•• Artigo acrescentado pela Lei n. 13.846, de 18-6-2019.

Art. 124-D. A administração pública federal desenvolverá ações de segurança da informação e comunicações, incluídas as de segurança cibernética, de segurança das infraestruturas, de qualidade dos dados e de segurança de interoperabilidade de bases governamentais, e efetuará a sua integração, inclusive com as bases de dados e informações dos Estados, dos Municípios e do Distrito Federal, com o objetivo de atenuar riscos e inconformidades em pagamentos de benefícios sociais.
•• Artigo acrescentado pela Lei n. 13.846, de 18-6-2019.

Art. 124-E. (*Vetado*.)
•• Artigo acrescentado pela Lei n. 13.846, de 18-6-2019.

Art. 124-F. (*Vetado*.)
•• Artigo acrescentado pela Lei n. 13.846, de 18-6-2019.

Título IV
DAS DISPOSIÇÕES FINAIS E TRANSITÓRIAS

Art. 125. Nenhum benefício ou serviço da Previdência Social poderá ser criado, majorado ou estendido, sem a correspondente fonte de custeio total.

Art. 125-A. Compete ao Instituto Nacional do Seguro Social – INSS realizar, por meio dos seus próprios agentes, quando designados, todos os atos e procedimentos necessários à verificação do atendimento das obrigações não tributárias impostas pela legislação previdenciária e à imposição da multa por seu eventual descumprimento.
•• *Caput* acrescentado pela Lei n. 11.941, de 27-5-2009.

§ 1.º A empresa disponibilizará a servidor designado por dirigente do INSS os documentos necessários à comprovação de vínculo empregatício, de prestação de serviços e de remuneração relativos a trabalhador previamente identificado.
•• § 1.º acrescentado pela Lei n. 11.941, de 27-5-2009.

§ 2.º Aplica-se ao disposto neste artigo, no que couber, o art. 126 desta Lei.
•• § 2.º acrescentado pela Lei n. 11.941, de 27-5-2009.

§ 3.º O disposto neste artigo não abrange as competências atribuídas em caráter privativo aos ocupantes do cargo de Auditor-Fiscal da Receita Federal do Brasil previstas no inciso I do *caput* do art. 6.º da Lei n. 10.593, de 6 de dezembro de 2002.
•• § 3.º acrescentado pela Lei n. 11.941, de 27-5-2009.

Art. 126. Compete ao Conselho de Recursos da Previdência Social julgar, entre outras demandas, na forma do regulamento:
•• *Caput* com redação determinada pela Lei n. 13.876, de 20-9-2019.

I – recursos das decisões do INSS nos processos de interesse dos beneficiários;
•• Inciso I acrescentado pela Lei n. 13.846, de 18-6-2019.

II – contestações e recursos relativos à atribuição, pelo Ministério da Economia, do Fator Acidentário de Prevenção aos estabelecimentos das empresas;
•• Inciso II acrescentado pela Lei n. 13.846, de 18-6-2019.
•• A Lei n. 13.876, de 20-9-2019, propôs nova redação para este inciso II, porém o texto sofreu veto presidencial.

III – recursos das decisões do INSS relacionados à comprovação de atividade rural de segurado especial de que tratam os arts. 38-A e 38-B, ou demais informações relacionadas ao CNIS de que trata o art. 29-A desta Lei;
•• Inciso III acrescentado pela Lei n. 13.846, de 18-6-2019.

IV – recursos de processos relacionados à compensação financeira de que trata a Lei n. 9.796, de 5 de maio de 1999, e à supervisão e à fiscalização dos regimes próprios de previdência social de que trata a Lei n. 9.717, de 27 de novembro de 1998.
•• Inciso IV acrescentado pela Lei n. 13.876, de 20-9-2019.
•• Sobre os recursos de que trata este inciso, o art. 6.º da Lei n. 14.441/2022 dispõe: "Art. 6.º Os recursos de que trata o inciso IV do *caput* do art. 126 da Lei n. 8.213, de 24 de julho de 1991, passarão a ser julgados pelo Conselho de Recursos da Previdência Social após a efetiva implantação das unidades responsáveis pelo seu julgamento e após a definição, no regimento interno do Conselho, dos procedimentos a serem observados em seu trâmite, na forma do regulamento".

§§ 1.º e 2.º (*Revogados pela Lei n. 11.727, de 23-6-2008.*)

§ 3.º A propositura de ação que tenha por objeto idêntico pedido sobre o qual versa o processo administrativo importa renúncia ao direito de recorrer na esfera administrativa e desistência do recurso interposto.
•• § 3.º com redação determinada pela Lei n. 13.846, de 18-6-2019.

§ 4.º Os recursos de que tratam os incisos I e III do *caput* deste artigo poderão ser interpostos diretamente ao Conselho de Recursos da Previdência Social, que emitirá notificação eletrônica automática para o INSS reanalisar, no prazo máximo de 30 (trinta) dias, a decisão administrativa, na forma disciplinada por ato conjunto do Ministério do Trabalho e Previdência, do Conselho de Recursos da Previdência Social e do INSS.
•• § 4.º acrescentado pela Lei n. 14.441, de 2-9-2022.

Art. 127. (*Revogado pela Lei n. 9.711, de 20-11-1998.*)

Art. 128. As demandas judiciais que tiverem por objeto o reajuste ou a concessão de benefícios regulados nesta Lei cujos valores de execução não forem superiores a R$ 5.180,25 (cinco mil, cento e oitenta reais e vinte e cinco centavos) por autor poderão, por opção de cada um dos exequentes, ser quitadas no prazo de até sessenta dias após a intimação do trânsito em julgado da decisão, sem necessidade da expedição de precatório.
•• *Caput* com redação determinada pela Lei n. 10.099, de 19-12-2000.
•• Valor atualizado, a partir de 1.º-1-2023, pela Portaria Interministerial n. 26, de 10-1-2023, dos Ministérios da Previdência Social e da Fazenda, para R$ 78.120,00 (setenta e oito mil cento e vinte reais).
•• Dispõem os arts. 2.º e 3.º da Lei n. 10.099, de 19-12-2000:
"Art. 2.º O disposto no art. 128 da Lei n. 8.213, de 1991, aplica-se aos benefícios de prestação continuada de que trata a Lei n. 8.742, de 7-12-1993.
Art. 3.º Os precatórios inscritos no Orçamento para o exercício de 2000 que se enquadrem nas demandas judiciais de que trata o art. 128 da Lei n. 8.213, de 1991, ou no art. 2.º desta Lei, poderão ser liquidados em até 90 (noventa) dias da data de sua publicação, fora da ordem cronológica de apresentação".

§ 1.º É vedado o fracionamento, repartição ou quebra do valor da execução, de modo que o pagamento se faça, em parte, na forma estabelecida no *caput* e, em parte, mediante expedição do precatório.
•• § 1.º acrescentado pela Lei n. 10.099, de 19-12-2000.

§ 2.º É vedada a expedição de precatório complementar ou suplementar do valor pago na forma do *caput*.
•• § 2.º acrescentado pela Lei n. 10.099, de 19-12-2000.

§ 3.º Se o valor da execução ultrapassar o estabelecido no *caput*, o pagamento far-se-á sempre por meio de precatório.
•• § 3.º acrescentado pela Lei n. 10.099, de 19-12-2000.

§ 4.º É facultada à parte exequente a renúncia ao crédito, no que exceder ao valor estabelecido no *caput*, para que possa optar pelo pagamento do saldo sem o precatório, na forma ali prevista.
•• § 4.º acrescentado pela Lei n. 10.099, de 19-12-2000.

§ 5.º A opção exercida pela parte para receber os seus créditos na forma prevista no *caput* implica a renúncia do restante dos créditos porventura existentes e que sejam oriundos do mesmo processo.
•• § 5.º acrescentado pela Lei n. 10.099, de 19-12-2000.

§ 6.º O pagamento sem precatório, na forma prevista neste artigo, implica quitação total do pedido constante da petição inicial e determina a extinção do processo.
•• § 6.º acrescentado pela Lei n. 10.099, de 19-12-2000.

§ 7.º O disposto neste artigo não obsta a interposição de embargos à execução por parte do INSS.
•• § 7.º acrescentado pela Lei n. 10.099, de 19-12-2000.

Art. 129. Os litígios e medidas cautelares relativos a acidentes do trabalho serão apreciados:

I – na esfera administrativa, pelos órgãos da Previdência Social, segundo as regras e prazos aplicáveis às demais prestações, com prioridade para conclusão; e

II – na via judicial, pela Justiça dos Estados e do Distrito Federal, segundo o rito sumaríssimo, inclusive durante as férias forenses, mediante petição instruída pela prova de efetiva notificação do evento à Previdência Social, através da Comunicação de Acidente do Trabalho – CAT.

Parágrafo único. O procedimento judicial de que trata o inciso II deste artigo é isento do pagamento de quaisquer custas e de verbas relativas à sucumbência.
•• Vide Súmula 226 do STJ.

Art. 129-A. Os litígios e as medidas cautelares relativos aos benefícios por incapacidade de que trata esta Lei, inclusive os relativos a acidentes do trabalho, observarão o seguinte:
•• *Caput* acrescentado pela Lei n. 14.331, de 4-5-2022.

I – quando o fundamento da ação for a discussão de ato praticado pela perícia médica federal, a petição inicial deverá conter, em complemento aos requisitos previstos no art. 319 da Lei n. 13.105, de 16 de março de 2015 (Código de Processo Civil):
•• Inciso I, *caput*, acrescentado pela Lei n. 14.331, de 4-5-2022.

a) descrição clara da doença e das limitações que ela impõe;
•• Alínea *a* acrescentada pela Lei n. 14.331, de 4-5-2022.

b) indicação da atividade para a qual o autor alega estar incapacitado;
•• Alínea *b* acrescentada pela Lei n. 14.331, de 4-5-2022.

c) possíveis inconsistências da avaliação médico-pericial discutida; e
•• Alínea *c* acrescentada pela Lei n. 14.331, de 4-5-2022.

d) declaração quanto à existência de ação judicial anterior com o objeto de que trata este artigo, esclarecendo os motivos pelos quais se entende não haver litispendência ou coisa julgada, quando for o caso;
•• Alínea *d* acrescentada pela Lei n. 14.331, de 4-5-2022.

II – para atendimento do disposto no art. 320 da Lei n. 13.105, de 16 de março de 2015 (Código de Processo Civil), a petição inicial, qualquer que seja o rito ou procedimento adotado, deverá ser instruída pelo autor com os seguintes documentos:
•• Inciso II, *caput*, acrescentado pela Lei n. 14.331, de 4-5-2022.

a) comprovante de indeferimento do benefício ou de sua não prorrogação, quando for o caso, pela administração pública;
•• Alínea *a* acrescentada pela Lei n. 14.331, de 4-5-2022.

b) comprovante da ocorrência do acidente de qualquer natureza ou do acidente do trabalho, sempre que houver um acidente apontado como causa da incapacidade;
•• Alínea *b* acrescentada pela Lei n. 14.331, de 4-5-2022.

c) documentação médica de que dispuser relativa à doença alegada como a causa da incapacidade discutida na via administrativa.
•• Alínea *c* acrescentada pela Lei n. 14.331, de 4-5-2022.

§ 1.º Determinada pelo juízo a realização de exame médico-pericial por perito do juízo, este deverá, no caso de divergência com as conclusões do laudo administrativo, indicar em seu laudo de forma fundamentada as razões técnicas e científicas que amparam o dissenso, especialmente no que se refere à comprovação da incapacidade, sua data de início e a sua correlação com a atividade laboral do periciando.
•• § 1.º acrescentado pela Lei n. 14.331, de 4-5-2022.

§ 2.º Quando a conclusão do exame médico pericial realizado por perito designado pelo juízo mantiver o resultado da decisão proferida pela perícia realizada na via administrativa, poderá o juízo, após a oitiva da parte autora, julgar improcedente o pedido.
•• § 2.º acrescentado pela Lei n. 14.331, de 4-5-2022.

§ 3.º Se a controvérsia versar sobre outros pontos além do que exige exame médico-pericial, observado o disposto no § 1.º deste artigo, o juízo dará seguimento ao processo, com a citação do réu.
•• § 3.º acrescentado pela Lei n. 14.331, de 4-5-2022.

Art. 130. Na execução contra o Instituto Nacional do Seguro Social – INSS, o prazo a que se refere o art. 730 do Código de Processo Civil é de 30 (trinta) dias.
•• *Caput* com redação determinada pela Lei n. 9.528, de 10-12-1997.

Parágrafo único. (*Revogado pela Lei n. 9.528, de 10-12-1997.*)

Art. 135-A. Para o segurado filiado à Previdência Social até julho de 1994, no cálculo do salário de benefício das aposentadorias, exceto a aposentadoria por incapacidade permanente, o divisor considerado no cálculo da média dos salários de contribuição não poderá ser inferior a 108 (cento e oito) meses.
•• Artigo acrescentado pela Lei n. 14.331, de 4-5-2022.

Art. 143. O trabalhador rural ora enquadrado como segurado obrigatório no Regime Geral de Previdência Social, na forma da alínea *a* do inciso I, ou do inciso IV ou VII do art. 11 desta Lei, pode requerer aposentadoria por idade, no valor de um salário mínimo, durante 15 (quinze) anos, contados a partir da data de vigência desta Lei, desde que comprove o exercício de atividade rural, ainda que descontínua, no período imediatamente anterior ao requerimento do benefício, em número de meses idêntico à carência do referido benefício.
•• Artigo com redação determinada pela Lei n. 9.063, de 14-6-1995.
•• Os arts. 2.º e 3.º da Lei n. 11.718, de 20-6-2008, dispõem:

"Art. 2.º Para o trabalhador rural empregado, o prazo previsto no art. 143 da Lei n. 8.213, de 24-7-1991, fica prorrogado até o dia 31-12-2010.

Parágrafo único. Aplica-se o disposto no *caput* deste artigo ao trabalhador rural enquadrado na categoria de segurado contribuinte individual que presta serviços de natureza rural, em caráter eventual, a 1 (uma) ou mais empresas, sem relação de emprego.

Art. 3.º Na concessão de aposentadoria por idade do empregado rural, em valor equivalente ao salário mínimo, serão contados para efeito de carência:

I – até 31-12-2010, a atividade comprovada na forma do art. 143 da Lei n. 8.213, de 24-7-1991;

II – de janeiro de 2011 a dezembro de 2015, cada mês comprovado de emprego, multiplicado por 3 (três), limitado a 12 (doze) meses, dentro do respectivo ano civil; e

III – de janeiro de 2016 a dezembro de 2020, cada mês comprovado de emprego, multiplicado por 2 (dois), limitado a 12 (doze) meses dentro do respectivo ano civil.

Parágrafo único. Aplica-se o disposto no *caput* deste artigo e respectivo inciso I ao trabalhador rural enquadrado na categoria de segurado contribuinte individual que comprovar a prestação de serviço de natureza rural, em caráter eventual, a 1 (uma) ou mais empresas, sem relação de emprego".

Art. 155. Esta Lei entra em vigor na data de sua publicação.

Art. 156. Revogam-se as disposições em contrário.

Brasília, 24 de julho de 1991; 170.º da Independência e 103.º da República.

FERNANDO COLLOR

LEI N. 8.541, DE 23 DE DEZEMBRO DE 1992 (*)

Altera a legislação do imposto de renda e dá outras providências.

O Vice-Presidente da República, no exercício do cargo de Presidente da República

Faço saber que o Congresso Nacional decreta e eu sanciono a seguinte Lei:

...

Título V
DO IMPOSTO SOBRE A RENDA DAS PESSOAS FÍSICAS

...

Art. 46. O imposto sobre a renda incidente sobre os rendimentos pagos em cumprimento de decisão judicial será retido na fonte pela pessoa física ou jurídica obrigada ao pagamento, no momento em que, por qualquer forma, o rendimento se torne disponível para o beneficiário.

• Vide art. 28 da Lei n. 10.833, de 29-12-2003.

§ 1.º Fica dispensada a soma dos rendimentos pagos no mês, para aplicação da alíquota correspondente, nos casos de:

I – juros e indenizações por lucros cessantes;

II – honorários advocatícios;

III – remuneração pela prestação de serviços de engenheiro, médico, contador, leiloeiro, perito, assistente técnico, avaliador, síndico, testamenteiro e liquidante.

§ 2.º Quando se tratar de rendimento sujeito a aplicação da tabela progressiva, deverá ser utilizada a tabela vigente no mês de pagamento.

...

Brasília, 23 de dezembro de 1992; 171.º da Independência e 104.º da República.

ITAMAR FRANCO

LEI N. 8.542, DE 23 DE DEZEMBRO DE 1992 (**)

Dispõe sobre a política nacional de salários e dá outras providências.

O Vice-Presidente da República no exercício do cargo de Presidente da República.

Faço saber que o Congresso Nacional decreta e eu sanciono a seguinte Lei:

Art. 1.º A política nacional de salários, respeitado o princípio da irredutibilidade, tem por fundamento a livre negociação coletiva e reger-se-á pelas normas estabelecidas nesta Lei.

§§ 1.º e 2.º (Revogados pela Lei n. 10.192, de 14-2-2001.)

Arts. 2.º a 5.º (Revogados pela Lei n. 8.880, de 27-5-1994.)

Art. 6.º Salário mínimo é a contraprestação mínima devida e paga diretamente pelo empregador a todo trabalhador, por jornada normal de trabalho, capaz de satisfazer, em qualquer região do País, às suas necessidades vitais básicas e às de sua família com moradia, alimentação, educação, saúde, lazer, vestuário, higiene, transporte e previdência social.

§ 1.º O salário mínimo diário corresponderá a 1/30 (um trinta avos) do salário mínimo mensal, e o salário mínimo horário a 1/220 (um duzentos e vinte avos) do salário mínimo.

§ 2.º Para os trabalhadores que tenham por disposição legal a jornada máxima diária de trabalho inferior a 8 (oito) horas, o salário mínimo será igual ao definido no parágrafo anterior multiplicado por 8 (oito) e dividido pelo máximo legal.

Art. 7.º (Revogado pela Lei n. 8.880, de 27-5-1994.)

Art. 8.º O art. 40 da Lei n. 8.177, de 1.º de março de 1991, passa a vigorar com a seguinte redação:

"Art. 40. O depósito recursal de que trata o art. 899 da Consolidação das Leis do Trabalho fica limitado a Cr$ 20.000.000,00 (vinte milhões de cruzeiros), nos casos de interposição de recurso ordinário, e de Cr$ 40.000.000,00 (quarenta milhões de cruzeiros), em se tratando de recurso de revista, embargos infringentes e recursos extraordinários, sendo devido a cada novo recurso interposto no decorrer do processo.

§ 1.º Em se tratando de condenação imposta em ação rescisória, o depósito recursal terá, como limite máximo, qualquer que seja o recurso, o valor de Cr$ 40.000.000,00 (quarenta milhões de cruzeiros).

§ 2.º A exigência de depósito aplica-se, igualmente, aos embargos, à execução e a qualquer recurso subsequente do devedor.

§ 3.º O valor do recurso ordinário, quando interposto em dissídio coletivo, será equivalente ao quádruplo do previsto no caput deste artigo.

§ 4.º Os valores previstos neste artigo serão reajustados bimestralmente pela variação acumulada do INPC do IBGE dos dois meses imediatamente anteriores".

•• Vide Instrução Normativa n. 3, de 5-3-1993.

Art. 9.º (Revogado pela Lei n. 8.880, de 27-5-1994.)

Art. 10. (Revogado pela Lei n. 8.700, de 27-8-1993.)

Art. 11. Esta Lei entra em vigor na data de sua publicação.

Art. 12. Revogam-se as disposições em contrário, especialmente a Lei n. 8.419, de 7 de maio de 1992, e o inciso II do art. 41 da Lei n. 8.213, de 24 de julho de 1991, mantidos os efeitos financeiros quanto ao reajuste dos benefícios em janeiro.

Brasília, 23 de dezembro de 1992; 171.º da Independência e 104.º da República.

ITAMAR FRANCO

INSTRUÇÃO NORMATIVA N. 3, DE 5 DE MARÇO DE 1993 (***)

Interpreta o art. 8.º da Lei n. 8.542, de 23 de dezembro de 1992 (DOU de 24-12-1992), que trata do depósito para recurso nas ações na Justiça do Trabalho e a Lei n. 12.275, de 29 de junho de 2010, que altera a redação do inciso I do § 5.º do art. 897 e acresce o § 7.º ao art. 899, ambos da Consolidação das Leis do Trabalho – CLT, aprovada pelo Decreto-lei n. 5.452, de 1.º de maio de 1943.

I – Os depósitos de que trata o art. 40, e seus parágrafos, da Lei n. 8.177/1991, com a redação dada pelo art. 8.º da Lei n. 8.542/1992, e o depósito de que tratam o § 5.º, I, do art. 897 e o § 7.º do art. 899, ambos da CLT, com a redação dada pela Lei n. 12.275, de 29 de junho de 2010, não têm natureza jurídica de taxa de recurso, mas de garantia do juízo recursal, que pressupõe decisão condenatória ou executória de obrigação de pagamento em pecúnia, com valor líquido ou arbitrado;

•• Item I com redação determinada pela Resolução n. 168, de 9-8-2010.

• Vide Lei n. 8.542, de 23-12-1992, que consta neste volume.

II – No processo de conhecimento dos dissídios individuais o valor do depósito é limitado a R$ 10.059,15 (dez mil e cinquenta e nove reais

(*) Publicada no DOU, de 24-12-1992.

(**) Publicada no DOU, de 24-12-1992.

(***) Publicada no DJU, de 10-3-1993, e republicada no DEJT em 16-8-2010, 7-3-2012 e 13-12-2013, por determinação da Resolução n. 190, de 11-12-2013.

e quinze centavos), ou novo valor corrigido, para o recurso ordinário, e a R$ 20.118,30 (vinte mil e cento e dezoito reais e trinta centavos), ou novo valor corrigido, para cada um dos recursos subsequentes, isto é, de revista e de embargos, bem como para recurso em ação rescisória observando-se o seguinte:

•• Item II com redação determinada pela Resolução n. 222, de 26-10-2020.

a) para o recurso de agravo de instrumento, o valor do "depósito recursal corresponderá a 50% (cinquenta por cento) do valor do depósito do recurso ao qual se pretende destrancar";

•• Alínea *a* com redação determinada pela Resolução n. 168, de 9-8-2010.

b) depositado o valor total da condenação, nenhum depósito será exigido nos recursos das decisões posteriores, salvo se o valor da condenação vier a ser ampliado;

•• Alínea *b* com redação determinada pela Resolução n. 168, de 9-8-2010.

c) se o valor constante do primeiro depósito, efetuado no limite legal, é inferior ao da condenação, será devida complementação de depósito em recurso posterior, observado o valor nominal remanescente da condenação e/ou os limites legais para cada novo recurso;

•• Alínea *c* com redação determinada pela Resolução n. 168, de 9-8-2010.

d) havendo acréscimo ou redução da condenação em grau recursal, o juízo prolator da decisão arbitrará novo valor à condenação, quer para a exigibilidade de depósito ou complementação do já depositado, para o caso de recurso subsequente, quer para liberação do valor excedente decorrente da redução da condenação;

•• Alínea *d* com redação determinada pela Resolução n. 168, de 9-8-2010.

e) nos dissídios individuais singulares o depósito será efetivado pelo recorrente em conta vinculada ao juízo, por meio de guia de depósito judicial;

•• Alínea *e* com redação determinada pela Resolução Administrativa n. 2.048, de 17-12-2018.

f) nas reclamações trabalhistas plúrimas e nas em que houver substituição processual, será arbitrado o valor total da condenação, para o atendimento da exigência legal do depósito recursal, em conformidade com as alíneas anteriores;

•• Alínea *f* com redação determinada pela Resolução Administrativa n. 2.048, de 17-12-2018.

g) a expedição de Mandado de Citação Penhora e Avaliação em fase definitiva ou provisória de execução deverá levar em conta a dedução dos valores já depositados nos autos, em especial o depósito recursal;

•• Alínea *g* com redação determinada pela Resolução n. 180, de 5-3-2012.

h) com o trânsito em julgado da decisão que absolveu o demandado da condenação, ser-lhe-á autorizado o levantamento do valor depositado e seus acréscimos;

•• Alínea *h* acrescentada pela Resolução n. 168, de 9-8-2010.

i) destinando-se o agravo de instrumento a destrancar recurso de revista que se insurge contra decisão que contraria jurisprudência uniforme do Tribunal Superior do Trabalho, consubstanciada em súmulas ou em orientação jurisprudencial, não haverá obrigatoriedade de se efetuar o depósito recursal;

•• Alínea *i* acrescentada pela Resolução Administrativa n. 2.048, de 17-12-2018.

j) o valor do depósito recursal será reduzido pela metade para entidades sem fins lucrativos, empregadores domésticos, microempreendedores individuais, microempresas e empresas de pequeno porte;

•• Alínea *j* acrescentada pela Resolução Administrativa n. 2.048, de 17-12-2018.

k) são isentos do depósito recursal os beneficiários da justiça gratuita, as entidades filantrópicas e as empresas em recuperação judicial.

•• Alínea *k* acrescentada pela Resolução Administrativa n. 2.048, de 17-12-2018.

Item II-A – Ato Conjunto da Presidência do Tribunal Superior do Trabalho e da Corregedoria-Geral da Justiça do Trabalho definirá os requisitos para a admissibilidade do seguro garantia judicial e da fiança bancária em substituição ao depósito recursal.

•• Item II-A acrescentado pela Resolução Administrativa n. 2.048, de 17-12-2018.

III – Julgada procedente ação rescisória e imposta condenação em pecúnia, será exigido apenas um depósito recursal, com valor máximo equivalente ao do depósito em recurso de revista, dispensado novo depósito para os recursos subsequentes, salvo o depósito do agravo de instrumento, previsto no § 7.º do art. 899 da CLT, observando-se o seguinte:

•• Item III, *caput*, com redação determinada pela Resolução Administrativa n. 2.048, de 17-12-2018.

a) o depósito será efetivado pela parte recorrente vencida, em conta vinculada ao juízo da causa, mediante guia de depósito judicial;

•• Alínea *a* com redação determinada pela Resolução Administrativa n. 2.048, de 17-12-2018.

b) com o trânsito em julgado da decisão, se condenatória, o valor depositado e seus acréscimos serão considerados na execução; se absolutória, será liberado o levantamento do valor do depositado e seus acréscimos.

IV – A exigência de depósito no processo de execução observará o seguinte:

a) a inserção da vírgula entre as expressões "...aos embargos" e "à execução..." é atribuída a erro de redação, devendo ser considerada a locução "embargos à execução";

b) dada a natureza jurídica dos embargos à execução, não será exigido depósito para a sua oposição quando estiver suficientemente garantida a execução por depósito recursal já existente nos autos, efetivado no processo de conhecimento, que permaneceu vinculado à execução, e/ou pela nomeação ou apreensão judicial de bens do devedor, observada a ordem preferencial estabelecida em lei;

c) garantida integralmente a execução nos embargos, só haverá exigência de depósito em qualquer recurso subsequente do devedor se tiver havido elevação do valor do débito, hipótese em que o depósito recursal corresponderá ao valor do acréscimo, sem qualquer limite;

d) o depósito previsto no item anterior será efetivado pelo executado recorrente, mediante guia de depósito judicial, em conta vinculada ao juízo da execução;

•• Alínea *d* com redação determinada pela Resolução Administrativa n. 2.048, de 17-12-2018.

e) com o trânsito em julgado da decisão que liquidar a sentença condenatória, serão liberados em favor do exequente os valores disponíveis, no limite da quantia exequenda, prosseguindo, se for o caso, a execução por crédito remanescente, e autorizando-se o levantamento, pelo executado, dos valores que acaso sobejarem.

V – Nos termos do § 3.º do art. 40 da Lei n. 8.177/91, não é exigido depósito para recurso ordinário interposto em dissídio coletivo, uma vez que a regra aludida atribui apenas valor ao recurso, com efeitos limitados, portanto, ao cálculo das custas processuais.

•• Item V com redação determinada pela Resolução Administrativa n. 2.048, de 17-12-2018.

VI – Os valores alusivos aos limites de depósito recursal serão reajustados anualmente pela variação acumulada do INPC do IBGE dos doze meses imediatamente anteriores, e serão calculados e publicados no *Diário Eletrônico da Justiça do Trabalho* por ato do Presidente do Tribunal Superior do Trabalho, tornando-se obrigatória a sua observância a partir do quinto dia seguinte ao da publicação.

•• Item VI com redação determinada pela Resolução n. 168, de 9-8-2010.

VII – Toda decisão condenatória ilíquida deverá conter o arbitramento do valor da condenação. O acréscimo de condenação em grau recursal, quando ilíquido, deverá ser arbitrado também para fins de depósito.

VIII – O depósito recursal, realizado em estabelecimento bancário oficial em conta vinculada ao juízo, mediante guia de depósito judicial, e corrigido com os mesmos índices da poupança (art. 899, § 4.º, da CLT), será da responsabilidade da parte quanto à exatidão dos valores depositados e deverá ser comprovado, nos autos, pelo recorrente, no prazo do recurso a que se refere, independentemente da sua antecipada interposição, observado o limite do valor vigente na data da efetivação do depósito, bem como o contido no item VI. No caso de agravo de instrumento, o depósito recursal deverá ser comprovado no ato de interposição do recurso, nos termos do art. 899, § 7.º, da CLT, com a redação da Lei n. 12.275/2010.

•• Item VIII com redação determinada pela Resolução Administrativa n. 2.048, de 17-12-2018.

IX – É exigido depósito recursal para o recurso adesivo, observados os mesmos critérios e procedimentos do recurso principal previsto nesta Instrução Normativa.

X – Não é exigido depósito recursal, em qualquer fase do processo ou grau de jurisdição, dos entes de direito público externo e das pessoas de direito público contempladas no Decreto-lei n. 779, de 21-8-1969, bem assim da massa falida e da herança jacente.

•• Item X com redação determinada pela Resolução n. 190, de 11-12-2013.

XI – Não se exigirá a efetivação de depósito em qualquer fase ou grau recursal do processo, fora das hipóteses previstas nesta Instrução Normativa.

XII – Havendo acordo para extinção do processo, as partes disporão sobre o valor depositado. Na ausência de expressa estipulação dos interessados, o valor disponível será liberado em favor da parte depositante.

XIII – Em caso de recolhimento insuficiente do depósito recursal, somente haverá deserção do recurso se, concedido o prazo de 5 (cinco) dias previsto no § 2.º do art. 1.007 do CPC de 2015, o recorrente não contemplar e comprovar o valor devido.

•• Item XIII acrescentado pela Resolução Administrativa n. 2.048, de 17-12-2018.

XIV – Em caso de equívoco no preenchimento da guia de recolhimento do depósito recursal, o relator deverá conceder o prazo de 5 (cinco) dias previsto no § 7.º do art. 1.007 do CPC de 2015 para o recorrente sanar o vício, sob pena de deserção.

•• tem XIV acrescentado pela Resolução Administrativa n. 2.048, de 17-12-2018.

Sessão do Tribunal Pleno de 5 de março de 1993.

Orlando Teixeira da Costa

LEI COMPLEMENTAR N. 75, DE 20 DE MAIO DE 1993 (*)

Dispõe sobre a organização, as atribuições e o estatuto do Ministério Público da União.

O Presidente da República

Faço saber que o Congresso Nacional decreta e eu sanciono a seguinte Lei Complementar:

Título I
DAS DISPOSIÇÕES GERAIS

Capítulo I
DA DEFINIÇÃO, DOS PRINCÍPIOS E DAS FUNÇÕES INSTITUCIONAIS

Art. 1.º O Ministério Público da União, organizado por esta Lei Complementar, é instituição permanente, essencial à função jurisdicional do Estado, incumbindo-lhe a defesa da ordem jurídica, do regime democrático, dos interesses sociais e dos interesses individuais indisponíveis.

Art. 2.º Incumbem ao Ministério Público as medidas necessárias para garantir o respeito dos Poderes Públicos e dos serviços de relevância pública aos direitos assegurados pela Constituição Federal.

Art. 3.º O Ministério Público da União exercerá o controle externo da atividade policial tendo em vista:

a) o respeito aos fundamentos do Estado Democrático de Direito, aos objetivos fundamentais da República Federativa do Brasil, aos princípios informadores das relações internacionais, bem como aos direitos assegurados na Constituição Federal e na lei;

b) a preservação da ordem pública, da incolumidade das pessoas e do patrimônio público;

c) a prevenção e a correção de ilegalidade ou de abuso de poder;

d) a indisponibilidade da persecução penal;

e) a competência dos órgãos incumbidos da segurança pública.

(*) Publicada no *DOU*, de 21-5-1993.

Art. 4.º São princípios institucionais do Ministério Público da União a unidade, a indivisibilidade e a independência funcional.

Art. 5.º São funções institucionais do Ministério Público da União:

I – a defesa da ordem jurídica, do regime democrático, dos interesses sociais e dos interesses individuais indisponíveis, considerados, dentre outros, os seguintes fundamentos e princípios:

a) a soberania e a representatividade popular;

b) os direitos políticos;

c) os objetivos fundamentais da República Federativa do Brasil;

d) a indissolubilidade da União;

e) a independência e a harmonia dos Poderes da União;

f) a autonomia dos Estados, do Distrito Federal e dos Municípios;

g) as vedações impostas à União, aos Estados, ao Distrito Federal e aos Municípios;

h) a legalidade, a impessoalidade, a moralidade e a publicidade, relativas à administração pública direta, indireta ou fundacional, de qualquer dos Poderes da União;

II – zelar pela observância dos princípios constitucionais relativos:

a) ao sistema tributário, às limitações do poder de tributar, à repartição do poder impositivo e das receitas tributárias e aos direitos do contribuinte;

b) às finanças públicas;

c) à atividade econômica, à política urbana, agrícola, fundiária e de reforma agrária e ao sistema financeiro nacional;

d) à seguridade social, à educação, à cultura e ao desporto, à ciência e à tecnologia, à comunicação social e ao meio ambiente;

e) à segurança pública;

III – a defesa dos seguintes bens e interesses:

a) o patrimônio nacional;

b) o patrimônio público e social;

c) o patrimônio cultural brasileiro;

d) o meio ambiente;

e) os direitos e interesses coletivos, especialmente das comunidades indígenas, da família, da criança, do adolescente e do idoso;

IV – zelar pelo efetivo respeito dos Poderes Públicos da União, dos serviços de relevância pública e dos meios de comunicação social aos princípios, garantias, condições, direitos, deveres e vedações previstos na Constituição Federal e na lei, relativos à comunicação social;

V – zelar pelo efetivo respeito dos Poderes Públicos da União e dos serviços de relevância pública quanto:

a) aos direitos assegurados na Constituição Federal relativos às ações e aos serviços de saúde e à educação;

b) aos princípios da legalidade, da impessoalidade, da moralidade e da publicidade;

VI – exercer outras funções previstas na Constituição Federal e na lei.

§ 1.º Os órgãos do Ministério Público da União devem zelar pela observância dos princípios e competências da Instituição, bem como pelo livre exercício de suas funções.

§ 2.º Somente a lei poderá especificar as funções atribuídas pela Constituição Federal e por esta Lei Complementar ao Ministério Público da União, observados os princípios e normas nelas estabelecidos.

Capítulo II
DOS INSTRUMENTOS DE ATUAÇÃO

Art. 6.º Compete ao Ministério Público da União:

I – promover a ação direta de inconstitucionalidade e o respectivo pedido de medida cautelar;

II – promover a ação direta de inconstitucionalidade por omissão;

III – promover a arguição de descumprimento de preceito fundamental decorrente da Constituição Federal;

IV – promover a representação para intervenção federal nos Estados e no Distrito Federal;

V – promover, privativamente, a ação penal pública, na forma da lei;

•• A Resolução n. 107, de 6-4-2010, do Conselho Superior do Ministério Público, regulamenta este inciso, disciplinando a tramitação direta dos inquéritos policiais no âmbito do Ministério Público Federal.

VI – impetrar *habeas corpus* e mandado de segurança;

VII – promover o inquérito civil e a ação civil pública para:

a) a proteção dos direitos constitucionais;

b) a proteção do patrimônio público e social, do meio ambiente, dos bens e direitos de valor artístico, estético, histórico, turístico e paisagístico;

c) a proteção dos interesses individuais indisponíveis, difusos e coletivos, relativos às comunidades indígenas, à família, à criança, ao adolescente, ao idoso, às minorias étnicas e ao consumidor;

d) outros interesses individuais indisponíveis, homogêneos, sociais, difusos e coletivos;

VIII – promover outras ações, nelas incluído o mandado de injunção sempre que a falta de norma regulamentadora torne inviável o exercício dos direitos e liberdades constitucionais e das prerrogativas inerentes à nacionalidade, à soberania e à cidadania, quando difusos os interesses a serem protegidos;

•• *Vide* Lei n. 13.300, de 23-6-2016, que disciplina o processo e o julgamento dos mandados de injunção individual e coletivo.

IX – promover ação visando ao cancelamento de naturalização, em virtude de atividade nociva ao interesse nacional;

X – promover a responsabilidade dos executores ou agentes do estado de defesa ou do estado de sítio, pelos ilícitos cometidos no período de sua duração;

XI – defender judicialmente os direitos e interesses das populações indígenas, incluídos os relativos às terras por elas tradicionalmente habitadas, propondo as ações cabíveis;

XII – propor ação civil coletiva para defesa de interesses individuais homogêneos;

XIII – propor ações de responsabilidade do fornecedor de produtos e serviços;

XIV – promover outras ações necessárias ao exercício de suas funções institucionais, em defesa da ordem jurídica, do regime democrático e dos interesses sociais e individuais indisponíveis, especialmente quanto:

a) ao Estado de Direito e às instituições democráticas;

b) à ordem econômica e financeira;

c) à ordem social;

d) ao patrimônio cultural brasileiro;

e) à manifestação de pensamento, de criação, de expressão ou de informação;

f) à probidade administrativa;

g) ao meio ambiente;

XV – manifestar-se em qualquer fase dos processos, acolhendo solicitação do juiz ou por sua iniciativa, quando entender existente interesse em causa que justifique a intervenção;

XVI – (*Vetado*.)

XVII – propor as ações cabíveis para:

a) perda ou suspensão de direitos políticos, nos casos previstos na Constituição Federal;

b) declaração de nulidade de atos ou contratos geradores do endividamento externo da União, de suas autarquias, fundações e demais entidades controladas pelo Poder Público Federal, ou com repercussão direta ou indireta em suas finanças;

c) dissolução compulsória de associações, inclusive de partidos políticos, nos casos previstos na Constituição Federal;

d) cancelamento de concessão ou de permissão, nos casos previstos na Constituição Federal;

e) declaração de nulidade de cláusula contratual que contrarie direito do consumidor;

XVIII – representar:

a) ao órgão judicial competente para quebra de sigilo da correspondência e das comunicações telegráficas, de dados e das comunicações telefônicas, para fins de investigação criminal ou instrução processual penal, bem como manifestar-se sobre representação a ele dirigida para os mesmos fins;

b) ao Congresso Nacional, visando ao exercício das competências deste ou de qualquer de suas Casas ou comissões;

c) ao Tribunal de Contas da União, visando ao exercício das competências deste;

d) ao órgão judicial competente, visando à aplicação de penalidade por infrações cometidas contra as normas de proteção à infância e à juventude, sem prejuízo da promoção da responsabilidade civil e penal do infrator, quando cabível;

XIX – promover a responsabilidade:

a) da autoridade competente, pelo não exercício das incumbências, constitucional e legalmente impostas ao Poder Público da União, em defesa do meio ambiente, de sua preservação e de sua recuperação;

b) de pessoas físicas ou jurídicas, em razão da prática de atividade lesiva ao meio ambiente, tendo em vista a aplicação de sanções penais e a reparação dos danos causados;

XX – expedir recomendações, visando à melhoria dos serviços públicos e de relevância pública, bem como ao respeito, aos interesses, direitos e bens cuja defesa lhe cabe promover, fixando prazo razoável para a adoção das providências cabíveis.

§ 1.º Será assegurada a participação do Ministério Público da União, como instituição observadora, na forma e nas condições estabelecidas em ato do Procurador-Geral da República, em qualquer órgão da Administração Pública direta, indireta ou fundacional da União, que tenha atribuições correlatas às funções da Instituição.

§ 2.º A lei assegurará a participação do Ministério Público da União nos órgãos colegiados estatais, federais ou do Distrito Federal, constituídos para defesa de direitos e interesses relacionados com as funções da Instituição.

Art. 7.º Incumbe ao Ministério Público da União, sempre que necessário ao exercício de suas funções institucionais:

I – instaurar inquérito civil e outros procedimentos administrativos correlatos;

•• *Vide* nota ao art. 6.º, VII, desta Lei.

II – requisitar diligências investigatórias e a instauração de inquérito policial e de inquérito policial militar, podendo acompanhá-los e apresentar provas;

III – requisitar à autoridade competente a instauração de procedimentos administrativos, ressalvados os de natureza disciplinar, podendo acompanhá-los e produzir provas.

Art. 8.º Para o exercício de suas atribuições, o Ministério Público da União poderá, nos procedimentos de sua competência:

•• A Resolução n. 13, de 2-10-2006, do CNMP, regulamenta este artigo, disciplinando a instauração e tramitação do Procedimento Investigatório Criminal.

•• A Resolução n. 107, de 6-4-2010, do Conselho Superior do Ministério Público, regulamenta este artigo, disciplinando a tramitação direta dos inquéritos policiais no âmbito do Ministério Público Federal.

I – notificar testemunhas e requisitar sua condução coercitiva, no caso de ausência injustificada;

II – requisitar informações, exames, perícias e documentos de autoridades da Administração Pública direta ou indireta;

III – requisitar da Administração Pública serviços temporários de seus servidores e meios materiais necessários para a realização de atividades específicas;

IV – requisitar informações e documentos a entidades privadas;

V – realizar inspeções e diligências investigatórias;

VI – ter livre acesso a qualquer local público ou privado, respeitadas as normas constitucionais pertinentes à inviolabilidade do domicílio;

VII – expedir notificações e intimações necessárias aos procedimentos e inquéritos que instaurar;

VIII – ter acesso incondicional a qualquer banco de dados de caráter público ou relativo a serviço de relevância pública;

IX – requisitar o auxílio de força policial.

§ 1.º O membro do Ministério Público será civil e criminalmente responsável pelo uso indevido das informações e documentos que requisitar; a ação penal, na hipótese, poderá ser proposta também pelo ofendido, subsidiariamente, na forma da lei processual penal.

§ 2.º Nenhuma autoridade poderá opor ao Ministério Público, sob qualquer pretexto, a exceção de sigilo, sem prejuízo da subsistência do caráter sigiloso da informação, do registro, do dado ou do documento que lhe seja fornecido.

§ 3.º A falta injustificada e o retardamento indevido do cumprimento das requisições do Ministério Público implicarão a responsabilidade de quem lhe der causa.

§ 4.º As correspondências, notificações, requisições e intimações do Ministério Público quando tiverem como destinatário o Presidente da República, o Vice-Presidente da República, membro do Congresso Nacional, Ministro do Supremo Tribunal Federal, Ministro de Estado, Ministro de Tribunal Superior, Ministro do Tribunal de Contas da União ou chefe de missão diplomática de caráter permanente serão encaminhadas e levadas a efeito pelo Procurador-Geral da República ou outro órgão do Ministério Público a quem essa atribuição seja delegada, cabendo às autoridades mencionadas fixar data, hora e local em que puderem ser ouvidas, se for o caso.

§ 5.º As requisições do Ministério Público serão feitas fixando-se prazo razoável de até 10 (dez) dias úteis para atendimento, prorrogável mediante solicitação justificada.

Capítulo III
DO CONTROLE EXTERNO DA ATIVIDADE POLICIAL

Art. 9.º O Ministério Público da União exercerá o controle externo da atividade policial por meio de medidas judiciais e extrajudiciais, podendo:

•• A Resolução n. 20, de 28-5-2007, do CNMP, regulamenta este artigo, disciplinando o controle externo da atividade policial.

I – ter livre ingresso em estabelecimentos policiais ou prisionais;

II – ter acesso a quaisquer documentos relativos à atividade-fim policial;

III – representar à autoridade competente pela adoção de providências para sanar a omissão indevida, ou para prevenir ou corrigir ilegalidade ou abuso de poder;

IV – requisitar à autoridade competente a instauração de inquérito policial sobre a omissão ou fato ilícito ocorrido no exercício da atividade policial;

V – promover a ação penal por abuso de poder.

Art. 10. A prisão de qualquer pessoa, por parte de autoridade federal ou do Distrito Federal e Territórios, deverá ser comunicada imediatamente ao Ministério Público competente, com indicação do lugar onde se encontra o preso e cópia dos documentos comprobatórios da legalidade da prisão.

Capítulo IV
DA DEFESA DOS DIREITOS CONSTITUCIONAIS

Art. 11. A defesa dos direitos constitucionais do cidadão visa à garantia do seu efetivo respeito pelos Poderes Públicos e pelos prestadores de serviços de relevância pública.

Art. 12. O Procurador dos Direitos do Cidadão agirá de ofício ou mediante representação, notificando a autoridade questionada para que preste informação, no prazo que assinar.

Art. 13. Recebidas ou não as informações e instruído o caso, se o Procurador dos Direitos do Cidadão concluir que direitos constitucionais foram ou estão sendo desrespeitados, deverá notificar o responsável para que tome as providências necessárias a prevenir a repetição ou que determine a cessação do desrespeito verificado.

Art. 14. Não atendida, no prazo devido, a notificação prevista no artigo anterior, a Procuradoria dos Direitos do Cidadão representará ao poder ou autoridade competente para promover a responsabilidade pela ação ou omissão inconstitucionais.

Art. 15. É vedado aos órgãos de defesa dos direitos constitucionais do cidadão promover em juízo a defesa de direitos individuais lesados.

§ 1.º Quando a legitimidade para a ação decorrente da inobservância da Constituição Federal, verificada pela Procuradoria, couber a outro órgão do Ministério Público, os elementos de informação ser-lhe-ão remetidos.

§ 2.º Sempre que o titular do direito lesado não puder constituir advogado e a ação cabível não incumbir ao Ministério Público, o caso, com os elementos colhidos, será encaminhado à Defensoria Pública competente.

Art. 16. A lei regulará os procedimentos da atuação do Ministério Público na defesa dos direitos constitucionais do cidadão.

Título II
DOS RAMOS DO MINISTÉRIO PÚBLICO DA UNIÃO

Capítulo II
DO MINISTÉRIO PÚBLICO DO TRABALHO

• A Resolução n. 88, de 27-8-2009, estabelece normas para o ingresso na carreira do Ministério Público do Trabalho.

SEÇÃO I
Da Competência, dos Órgãos e da Carreira

Art. 83. Compete ao Ministério Público do Trabalho o exercício das seguintes atribuições junto aos órgãos da Justiça do Trabalho:

I – promover as ações que lhe sejam atribuídas pela Constituição Federal e pelas leis trabalhistas;

II – manifestar-se em qualquer fase do processo trabalhista, acolhendo solicitação do juiz ou por sua iniciativa, quando entender existente interesse público que justifique a intervenção;

III – promover a ação civil pública no âmbito da Justiça do Trabalho, para defesa de interesses coletivos, quando desrespeitados os direitos sociais constitucionalmente garantidos;

IV – propor as ações cabíveis para declaração de nulidade de cláusula de contrato, acordo coletivo ou convenção coletiva que viole as liberdades individuais ou coletivas ou os direitos individuais indisponíveis dos trabalhadores;

V – propor as ações necessárias à defesa dos direitos e interesses dos menores, incapazes e índios, decorrentes das relações de trabalho;

VI – recorrer das decisões da Justiça do Trabalho, quando entender necessário, tanto nos processos em que for parte, como naqueles em que oficiar como fiscal da lei, bem como pedir revisão dos Enunciados da Súmula de Jurisprudência do Tribunal Superior do Trabalho;

VII – funcionar nas sessões dos Tribunais Trabalhistas, manifestando-se verbalmente sobre a matéria em debate, sempre que entender necessário, sendo-lhe assegurado o direito de vista dos processos em julgamento, podendo solicitar as requisições e diligências que julgar convenientes;

VIII – instaurar instância em caso de greve, quando a defesa da ordem jurídica ou o interesse público assim o exigir;

IX – promover ou participar da instrução e conciliação em dissídios decorrentes da paralisação de serviços de qualquer natureza, oficiando obrigatoriamente nos processos, manifestando sua concordância ou discordância, em eventuais acordos firmados antes da homologação, resguardado o direito de recorrer em caso de violação à lei e à Constituição Federal;

X – promover mandado de injunção, quando a competência for da Justiça do Trabalho;

•• Vide Lei n. 13.300, de 23-6-2016, que disciplina o processo e o julgamento dos mandados de injunção individual e coletivo.

XI – atuar como árbitro, se assim for solicitado pelas partes, nos dissídios de competência da Justiça do Trabalho;

• A Resolução n. 44, de 27-5-1999, do Conselho Superior do Ministério Público do Trabalho, dispõe sobre a atividade de arbitragem no âmbito do Ministério Público do Trabalho.

XII – requerer as diligências que julgar convenientes para o correto andamento dos processos e para a melhor solução das lides trabalhistas;

XIII – intervir obrigatoriamente em todos os feitos nos segundo e terceiro graus de jurisdição da Justiça do Trabalho, quando a parte for pessoa jurídica de Direito Público, Estado estrangeiro ou organismo internacional.

Art. 84. Incumbe ao Ministério Público do Trabalho, no âmbito das suas atribuições, exercer as funções institucionais previstas nos Capítulos I, II, III e IV do Título I, especialmente:

I – integrar os órgãos colegiados previstos no § 1.º do art. 6.º, que lhes sejam pertinentes;

II – instaurar inquérito civil e outros procedimentos administrativos, sempre que cabíveis, para assegurar a observância dos direitos sociais dos trabalhadores;

III – requisitar à autoridade administrativa federal competente, dos órgãos de proteção ao trabalho, a instauração de procedimentos administrativos, podendo acompanhá-los e produzir provas;

IV – ser cientificado pessoalmente das decisões proferidas pela Justiça do Trabalho, nas causas em que o órgão tenha intervindo ou emitido parecer escrito;

V – exercer outras atribuições que lhe forem conferidas por lei, desde que compatíveis com sua finalidade.

Art. 85. São órgãos do Ministério Público do Trabalho:

I – o Procurador-Geral do Trabalho;

II – o Colégio de Procuradores do Trabalho;

III – o Conselho Superior do Ministério Público do Trabalho;

IV – a Câmara de Coordenação e Revisão do Ministério Público do Trabalho;

V – a Corregedoria do Ministério Público do Trabalho;

VI – os Subprocuradores-Gerais do Trabalho;

VII – os Procuradores Regionais do Trabalho;

VIII – os Procuradores do Trabalho.

Art. 86. A carreira do Ministério Público do Trabalho será constituída pelos cargos de Subprocurador-Geral do Trabalho, Procurador Regional do Trabalho e Procurador do Trabalho.

Parágrafo único. O cargo inicial da carreira é o de Procurador do Trabalho e o do último nível o de Subprocurador-Geral do Trabalho.

• A Resolução n. 109, de 7-12-2010, do Conselho Superior do Ministério Público Federal, disciplina o curso de ingresso e vitaliciamento de Procurador da República.

SEÇÃO II
Do Procurador-Geral do Trabalho

Art. 87. O Procurador-Geral do Trabalho é o Chefe do Ministério Público do Trabalho.

Art. 88. O Procurador-Geral do Trabalho será nomeado pelo Procurador-Geral da República, dentre integrantes da Instituição, com mais de 35 (trinta e cinco) anos de idade e de 5 (cinco) anos na carreira, integrantes de lista tríplice escolhida mediante voto plurinominal, facultativo e secreto, pelo Colégio de Procuradores para um mandato de 2 (dois) anos, permitida uma recondução, observado o mesmo processo. Caso não haja número suficiente de candidatos com mais de 5 (cinco) anos na carreira, poderá concorrer à lista tríplice quem contar mais de 2 (dois) anos na carreira.

Parágrafo único. A exoneração do Procurador-Geral do Trabalho, antes do término do mandato, será proposta ao Procurador-Geral da República pelo Conselho Superior, mediante deliberação obtida com base em voto secreto de 2/3 (dois terços) de seus integrantes.

Art. 89. O Procurador-Geral do Trabalho designará, dentre os Subprocuradores-Gerais do Trabalho, o Vice-Procurador-Geral do Trabalho, que o substituirá em seus impedimentos. Em caso de vacância, exercerá o cargo o Vice-Presidente do Conselho Superior, até o seu provimento definitivo.

Art. 90. Compete ao Procurador-Geral do Trabalho exercer as funções atribuídas ao Ministério Público do Trabalho junto ao Plenário do Tribunal Superior do Trabalho, propondo as ações cabíveis e manifestando-se nos processos de sua competência.

Art. 91. São atribuições do Procurador-Geral do Trabalho:

I – representar o Ministério Público do Trabalho;

II – integrar, como membro nato, e presidir o Colégio de Procuradores do Trabalho, o Conselho Superior do Ministério Público do Trabalho e a Comissão de Concurso;

III – nomear o Corregedor-Geral do Ministério Público do Trabalho, segundo lista tríplice formada pelo Conselho Superior;

IV – designar um dos membros e o Coordenador da Câmara de Coordenação e Revisão do Ministério Público do Trabalho;

V – designar, observados os critérios da lei e os estabelecidos pelo Conselho Superior, os ofícios em que exercerão suas funções os membros do Ministério Público do Trabalho;

VI – designar o Chefe da Procuradoria Regional do Trabalho dentre os Procuradores Regionais do Trabalho lotados na respectiva Procuradoria Regional;

VII – decidir, em grau de recurso, os conflitos de atribuição entre os órgãos do Ministério Público do Trabalho;

VIII – determinar a abertura de correição, sindicância ou inquérito administrativo;

IX – determinar a instauração de inquérito ou processo administrativo contra servidores dos serviços auxiliares;

X – decidir processo disciplinar contra membro da carreira ou servidor dos serviços auxiliares, aplicando as sanções que sejam de sua competência;

XI – decidir, atendendo a necessidade do serviço, sobre:

a) remoção a pedido ou por permuta;

b) alteração parcial da lista bienal de designações;

XII – autorizar o afastamento de membros do Ministério Público do Trabalho, ouvido o Conselho Superior, nos casos previstos em lei;

XIII – dar posse aos membros do Ministério Público do Trabalho;

XIV – designar membro do Ministério Público do Trabalho para:

a) funcionar nos órgãos em que a participação da Instituição seja legalmente prevista, ouvido o Conselho Superior;

b) integrar comissões técnicas ou científicas, relacionadas às funções da Instituição, ouvido o Conselho Superior;

c) assegurar a continuidade dos serviços, em caso de vacância, afastamento temporário, ausência, impedimento ou suspeição do titular, na inexistência ou falta do substituto designado;

XV – homologar, ouvido o Conselho Superior, o resultado do concurso para ingresso na carreira;

XVI – fazer publicar aviso de existência de vaga, na lotação e na relação bienal de designações;

XVII – propor ao Procurador-Geral da República, ouvido o Conselho Superior, a criação e extinção de cargos da carreira e dos ofícios em que devam ser exercidas suas funções;

XVIII – elaborar a proposta orçamentária do Ministério Público do Trabalho, submetendo-a, para aprovação, ao Conselho Superior;

XIX – encaminhar ao Procurador-Geral da República a proposta orçamentária do Ministério Público do Trabalho, após sua aprovação pelo Conselho Superior;

XX – organizar a prestação de contas do exercício anterior, encaminhando-a ao Procurador-Geral da República;

XXI – praticar atos de gestão administrativa, financeira e de pessoal;

XXII – elaborar o relatório de atividades do Ministério Público do Trabalho;

XXIII – coordenar as atividades do Ministério Público do Trabalho;

XXIV – exercer outras atribuições previstas em lei.

Art. 92. As atribuições do Procurador-Geral do Trabalho, previstas no artigo anterior, poderão ser delegadas:

I – ao Coordenador da Câmara de Coordenação e Revisão, as dos incisos XIV, alínea c, e XXIII;

II – aos Chefes das Procuradorias Regionais do Trabalho nos Estados e no Distrito Federal, as dos incisos I, XIV, alínea c, XXI e XXIII.

SEÇÃO III
Do Colégio de Procuradores do Trabalho

Art. 93. O Colégio de Procuradores do Trabalho, presidido pelo Procurador-Geral do Trabalho, é integrado por todos os membros da carreira em atividade no Ministério Público do Trabalho.

Art. 94. São atribuições do Colégio de Procuradores do Trabalho:

I – elaborar, mediante voto plurinominal, facultativo e secreto, a lista tríplice para a escolha do Procurador-Geral do Trabalho;

- A Resolução n. 46, de 27-5-1999, do Conselho Superior do Ministério Público do Trabalho, dispõe sobre os critérios de elaboração da lista tríplice para promoção por merecimento e estabelece prazos para a realização das referidas promoções e das indicações por promoção por antiguidade.

II – elaborar, mediante voto plurinominal, facultativo e secreto, a lista sêxtupla para a composição do Tribunal Superior do Trabalho, sendo elegíveis os membros do Ministério Público do Trabalho com mais de 10 (dez) anos na carreira, tendo mais de 35 (trinta e cinco) e menos de 65 (sessenta e cinco) anos de idade;

- A Resolução n. 45, de 27-5-1999, do Conselho Superior do Ministério Público do Trabalho, dispõe sobre a eleição dos Membros do Ministério Público do Trabalho pelo Colégio de Procuradores do Trabalho para integrar a lista sêxtupla para a composição do TST e dos Tribunais Regionais do Trabalho.

III – elaborar, mediante voto plurinominal, facultativo e secreto, a lista sêxtupla para os Tribunais Regionais do Trabalho, dentre os Procuradores com mais de 10 (dez) anos de carreira;

IV – eleger, dentre os Subprocuradores-Gerais do Trabalho e mediante voto plurinominal, facultativo e secreto, 4 (quatro) membros do Conselho Superior do Ministério Público do Trabalho.

§ 1.º Para os fins previstos nos incisos deste artigo, prescindir-se-á de reunião do Colégio de Procuradores, procedendo-se segundo dispuser o seu Regimento Interno, exigido o voto da maioria absoluta dos eleitores.

§ 2.º Excepcionalmente, em caso de interesse relevante da Instituição, o Colégio de Procuradores reunir-se-á em local designado pelo Procurador-Geral do Trabalho, desde que convocado por ele ou pela maioria de seus membros.

§ 3.º O Regimento Interno do Colégio de Procuradores do Trabalho disporá sobre seu funcionamento.

SEÇÃO IV
Do Conselho Superior do Ministério Público do Trabalho

Art. 95. O Conselho Superior do Ministério Público do Trabalho, presidido pelo Procurador-Geral do Trabalho, tem a seguinte composição:

I – o Procurador-Geral do Trabalho e o Vice-Procurador-Geral do Trabalho, que o integram como membros natos;

II – 4 (quatro) Subprocuradores-Gerais do Trabalho, eleitos para um mandato de 2 (dois) anos, pelo Colégio de Procuradores do Trabalho, mediante voto plurinominal, facultativo e secreto, permitida uma reeleição;

III – 4 (quatro) Subprocuradores-Gerais do Trabalho, eleitos para um mandato de 2 (dois) anos, por seus pares, mediante voto plurinominal, facultativo e secreto, permitida uma reeleição.

§ 1.º Serão suplentes dos membros de que tratam os incisos II e III os demais votados, em ordem decrescente, observados os critérios gerais de desempate.

§ 2.º O Conselho Superior elegerá o seu Vice-Presidente, que substituirá o Presidente em seus impedimentos e em caso de vacância.

Art. 96. O Conselho Superior do Ministério Público do Trabalho reunir-se-á ordinariamente, uma vez por mês, em dia previamente fixado, e, extraordinariamente, quando convocado pelo Procurador-Geral do Trabalho ou por proposta da maioria absoluta de seus membros.

Art. 97. Salvo disposição em contrário, as deliberações do Conselho Superior serão tomadas por maioria de votos, presente a maioria absoluta dos seus membros.

§ 1.º Em caso de empate, prevalecerá o voto do Presidente, exceto em matéria de sanções, caso em que prevalecerá a solução mais favorável ao acusado.

§ 2.º As deliberações do Conselho Superior serão publicadas no *Diário da Justiça*, exceto quando o Regimento Interno determinar sigilo.

Art. 98. Compete ao Conselho Superior do Ministério Público do Trabalho:

I – exercer o poder normativo no âmbito do Ministério Público do Trabalho, observados os princípios desta Lei Complementar, especialmente para elaborar e aprovar:

a) o seu Regimento Interno, o do Colégio de Procuradores do Trabalho e o da Câmara de Coordenação e Revisão do Ministério Público do Trabalho;

b) as normas e as instruções para o concurso de ingresso na carreira;

c) as normas sobre as designações para os diferentes ofícios do Ministério Público do Trabalho;

d) os critérios para distribuição de procedimentos administrativos e quaisquer outros feitos no Ministério Público do Trabalho;

e) os critérios de promoção por merecimento na carreira;

f) o procedimento para avaliar o cumprimento das condições do estágio probatório;

- A Resolução n. 43, de 27-5-1999, do Conselho Superior do Ministério Público do Trabalho, dispõe sobre o procedimento de avaliação para o cumprimento do estágio probatório dos membros do Ministério Público do Trabalho.

II – indicar os integrantes da Câmara de Coordenação e Revisão do Ministério Público do Trabalho;

III – propor a exoneração do Procurador-Geral do Trabalho;

IV – destituir, por iniciativa do Procurador-Geral do Trabalho e pelo voto de 2/3 (dois terços) de seus membros, antes do término do mandato, o Corregedor-Geral;

V – elaborar a lista tríplice destinada à promoção por merecimento;

VI – elaborar a lista tríplice para Corregedor-Geral do Ministério Público do Trabalho;

VII – aprovar a lista de antiguidade do Ministério Público do Trabalho e decidir sobre as reclamações a ela concernentes;

VIII – indicar o membro do Ministério Público do Trabalho para promoção por antiguidade, observado o disposto no art. 93, II, alínea d, da Constituição Federal;

IX – opinar sobre a designação de membro do Ministério Público do Trabalho para:

a) funcionar nos órgãos em que a participação da Instituição seja legalmente prevista;

b) integrar comissões técnicas ou científicas relacionadas às funções da Instituição;

X – opinar sobre o afastamento temporário de membro do Ministério Público do Trabalho;

XI – autorizar a designação, em caráter excepcional, de membros do Ministério Público do Trabalho, para exercício de atribuições processuais perante juízos, tribunais ou ofícios diferentes dos estabelecidos para cada categoria;

XII – determinar a realização de correições e sindicâncias e apreciar os relatórios correspondentes;

XIII – determinar a instauração de processos administrativos em que o acusado seja membro do Ministério Público do Trabalho, apreciar seus relatórios e propor as medidas cabíveis;

XIV – determinar o afastamento do exercício de suas funções, de membro do Ministério Público do Trabalho, indiciado ou acusado em processo disciplinar, e o seu retorno;

XV – designar a comissão de processo administrativo em que o acusado seja membro do Ministério Público do Trabalho;

XVI – decidir sobre o cumprimento do estágio probatório por membro do Ministério Público do Trabalho, encaminhando cópia da decisão ao Procurador-Geral da República, quando for o caso, para ser efetivada sua exoneração;

XVII – decidir sobre remoção e disponibilidade de membro do Ministério Público do Trabalho, por motivo de interesse público;

XVIII – autorizar, pela maioria absoluta de seus membros, que o Procurador-Geral da República ajuíze a ação de perda de cargo contra membro vitalício do Ministério Público do Trabalho, nos casos previstos em lei;

XIX – opinar sobre os pedidos de reversão de membro da carreira;

XX – aprovar a proposta de lei para o aumento do número de cargos da carreira e dos ofícios;

XXI – deliberar sobre a realização de concurso para o ingresso na carreira, designar os membros da Comissão de Concurso e opinar sobre a homologação dos resultados;

XXII – aprovar a proposta orçamentária que integrará o projeto de orçamento do Ministério Público da União;

XXIII – exercer outras funções atribuídas em lei.

§ 1.º Aplicam-se ao Procurador-Geral e aos demais membros do Conselho Superior as normas processuais em geral, pertinentes aos impedimentos e suspeição dos membros do Ministério Público.

§ 2.º As deliberações relativas aos incisos I, alíneas *a* e *e*, XI, XIII, XIV, XV e XVII somente poderão ser tomadas com o voto favorável de 2/3 (dois terços) dos membros do Conselho Superior.

SEÇÃO V
Da Câmara de Coordenação e Revisão do Ministério Público do Trabalho

Art. 99. A Câmara de Coordenação e Revisão do Ministério Público do Trabalho é um órgão de coordenação, de integração e de revisão do exercício funcional na Instituição.

Art. 100. A Câmara de Coordenação e Revisão do Ministério Público do Trabalho será organizada por ato normativo, e o Regimento Interno, que disporá sobre seu funcionamento, será elaborado pelo Conselho Superior.

Art. 101. A Câmara de Coordenação e Revisão do Ministério Público do Trabalho será composta por 3 (três) membros do Ministério Público do Trabalho, sendo 1 (um) indicado pelo Procurador-Geral do Trabalho e 2 (dois) pelo Conselho Superior do Ministério Público do Trabalho, juntamente com seus suplentes, para um mandato de 2 (dois) anos, sempre que possível, dentre integrantes do último grau da carreira.

Art. 102. Dentre os integrantes da Câmara de Coordenação e Revisão, um deles será designado pelo Procurador-Geral para a função executiva de Coordenador.

Art. 103. Compete à Câmara de Coordenação e Revisão do Ministério Público do Trabalho:

I – promover a integração e a coordenação dos órgãos institucionais do Ministério Público do Trabalho, observado o princípio da independência funcional;

II – manter intercâmbio com órgãos ou entidades que atuem em áreas afins;

III – encaminhar informações técnico-jurídicas aos órgãos institucionais do Ministério Público do Trabalho;

IV – resolver sobre a distribuição especial de feitos e procedimentos, quando a matéria, por sua natureza ou relevância, assim o exigir;

V – resolver sobre a distribuição especial de feitos, que por sua contínua reiteração, devam receber tratamento uniforme;

VI – decidir os conflitos de atribuição entre os órgãos do Ministério Público do Trabalho.

Parágrafo único. A competência fixada nos incisos IV e V será exercida segundo critérios objetivos previamente estabelecidos pelo Conselho Superior.

SEÇÃO VI
Da Corregedoria do Ministério Público do Trabalho

Art. 104. A Corregedoria do Ministério Público do Trabalho, dirigida pelo Corregedor-Geral, é o órgão fiscalizador das atividades funcionais e da conduta dos membros do Ministério Público.

Art. 105. O Corregedor-Geral será nomeado pelo Procurador-Geral do Trabalho dentre os Subprocuradores-Gerais do Trabalho, integrantes de lista tríplice elaborada pelo Conselho Superior, para mandato de 2 (dois) anos, renovável uma vez.

§ 1.º Não poderão integrar a lista tríplice os membros do Conselho Superior.

§ 2.º Serão suplentes do Corregedor-Geral os demais integrantes da lista tríplice, na ordem em que os designar o Procurador-Geral.

§ 3.º O Corregedor-Geral poderá ser destituído, por iniciativa do Procurador-Geral, antes do término do mandato, pelo voto de 2/3 (dois terços) dos membros do Conselho Superior.

Art. 106. Incumbe ao Corregedor-Geral do Ministério Público:

I – participar, sem direito a voto, das reuniões do Conselho Superior;

II – realizar, de ofício ou por determinação do Procurador-Geral ou do Conselho Superior, correições e sindicâncias, apresentando os respectivos relatórios;

III – instaurar inquérito contra integrante da carreira e propor ao Conselho Superior a instauração do processo administrativo consequente;

IV – acompanhar o estágio probatório dos membros do Ministério Público do Trabalho;

V – propor ao Conselho Superior a exoneração de membro do Ministério Público do Trabalho que não cumprir as condições do estágio probatório.

SEÇÃO VII
Dos Subprocuradores-Gerais do Trabalho

Art. 107. Os Subprocuradores-Gerais do Trabalho serão designados para oficiar junto ao Tribunal Superior do Trabalho e nos ofícios na Câmara de Coordenação e Revisão.

Parágrafo único. A designação de Subprocurador-Geral do Trabalho para oficiar em órgãos jurisdicionais diferentes do previsto para a categoria dependerá de autorização do Conselho Superior.

Art. 108. Cabe aos Subprocuradores-Gerais do Trabalho, privativamente, o exercício das funções de:

I – Corregedor-Geral do Ministério Público do Trabalho;

II – Coordenador da Câmara de Coordenação e Revisão do Ministério Público do Trabalho.

Art. 109. Os Subprocuradores-Gerais do Trabalho serão lotados nos ofícios na Procuradoria-Geral do Trabalho.

SEÇÃO VIII
Dos Procuradores Regionais do Trabalho

Art. 110. Os Procuradores Regionais do Trabalho serão designados para oficiar junto aos Tribunais Regionais do Trabalho.

Parágrafo único. Em caso de vaga ou de afastamento de Subprocurador-Geral do Trabalho por prazo superior a 30 (trinta) dias, poderá ser convocado pelo Procurador-Geral, mediante aprovação do Conselho Superior, Procurador Regional do Trabalho para substituição.

Art. 111. Os Procuradores Regionais do Trabalho serão lotados nos ofícios nas Procuradorias Regionais do Trabalho nos Estados e no Distrito Federal.

SEÇÃO IX
Dos Procuradores do Trabalho

Art. 112. Os Procuradores do Trabalho serão designados para funcionar junto aos Tribunais Regionais do Trabalho e, na forma das leis processuais, nos litígios trabalhistas que envolvam, especialmente, interesses de menores e incapazes.

Parágrafo único. A designação de Procurador do Trabalho para oficiar em órgãos jurisdicionais diferentes dos previstos para a categoria dependerá de autorização do Conselho Superior.

Art. 113. Os Procuradores do Trabalho serão lotados nos ofícios nas Procuradorias Regionais do Trabalho nos Estados e no Distrito Federal.

SEÇÃO X
Das Unidades de Lotação e de Administração

Art. 114. Os ofícios na Procuradoria-Geral do Trabalho e nas Procuradorias Regionais do Trabalho nos Estados e no Distrito Federal são unidades de lotação e de administração do Ministério Público do Trabalho.

Art. 115. A estrutura básica das unidades de lotação e de administração será organizada por regulamento, nos termos da lei.

Título IV
DAS DISPOSIÇÕES FINAIS E TRANSITÓRIAS

Art. 294. Esta Lei Complementar entra em vigor na data de sua publicação.

Art. 295. Revogam-se as disposições em contrário.

Brasília, 20 de maio de 1993; 172.º da Independência e 105.º da República.

Itamar Franco

LEI N. 8.716, DE 11 DE OUTUBRO DE 1993 (*)

Dispõe sobre a garantia do salário mínimo e dá outras providências.

O Presidente da República.

Faço saber que o Congresso Nacional decreta e eu sanciono a seguinte Lei:

Art. 1.º Aos trabalhadores que perceberem remuneração variável, fixada por comissão, peça, tarefa ou outras modalidades, será garantido um salário mensal nunca inferior ao salário mínimo.

Art. 2.º A garantia assegurada pelo artigo anterior estende-se também aos trabalhadores que perceberem salário misto, integrado por parte fixa e parte variável.

Art. 3.º É vedado ao empregador fazer qualquer tipo de desconto em mês subsequente a título de compensação de eventuais complementações feitas em meses anteriores para cumprimento do disposto nos arts. 1.º e 2.º.

Art. 4.º Esta Lei entra em vigor na data de sua publicação.

Art. 5.º Revogam-se as disposições em contrário.

Brasília, 11 de outubro de 1993; 172.º da Independência e 105.º da República.

Itamar Franco

LEI N. 8.844, DE 20 DE JANEIRO DE 1994 (**)

Dispõe sobre a fiscalização, apuração e cobrança judicial das contribuições e multas devidas ao Fundo de Garantia do Tempo de Serviço – FGTS.

Faço saber que o Presidente da República adotou a Medida Provisória n. 393, de 1993, que o Congresso Nacional aprovou, e eu, Humberto Lucena, Presidente do Senado Federal, para os efeitos do disposto no parágrafo único do art. 62 da Constituição Federal, promulgo a seguinte lei:

(*) Publicada no *DOU*, de 13-10-1993.
(**) Publicada no *DOU*, de 21-1-1994.

Art. 1.º Compete ao Ministério do Trabalho a fiscalização e a apuração das contribuições ao Fundo de Garantia do Tempo de Serviço – FGTS, bem assim a aplicação das multas e demais encargos devidos.
• Vide Instrução Normativa n. 144, de 18-5-2018, que dispõe sobre a fiscalização do FGTS.
• Vide Precedentes Administrativos n. 1 e 74.

Parágrafo único. A Caixa Econômica Federal – CEF e a rede arrecadadora prestarão ao Ministério do Trabalho as informações necessárias ao desempenho dessas atribuições.

Art. 2.º Compete à Procuradoria-Geral da Fazenda Nacional a inscrição em Dívida Ativa dos débitos para com o Fundo de Garantia do Tempo de Serviço – FGTS, bem como, diretamente ou por intermédio da Caixa Econômica Federal, mediante convênio, a representação judicial e extrajudicial do FGTS, para a correspondente cobrança, relativamente à contribuição e às multas e demais encargos previstos na legislação respectiva.
•• *Caput* com redação determinada pela Lei n. 9.467, de 10-7-1997.

§ 1.º O Fundo de Garantia do Tempo de Serviço fica isento de custas nos processos judiciais de cobrança de seus créditos.
•• § 1.º acrescentado pela Lei n. 9.467, de 10-7-1997.

§ 2.º As despesas, inclusive as de sucumbência, que vierem a ser incorridas pela Procuradoria-Geral da Fazenda Nacional e pela Caixa Econômica Federal, para a realização da inscrição em Dívida Ativa, do ajuizamento e do controle e acompanhamento dos processos judiciais, serão efetuadas a débito do Fundo de Garantia do Tempo de Serviço.
•• § 2.º acrescentado pela Lei n. 9.467, de 10-7-1997.

§ 3.º Os créditos relativos ao FGTS gozam dos mesmos privilégios atribuídos aos créditos trabalhistas.
•• § 3.º acrescentado pela Lei n. 9.467, de 10-7-1997.

§ 4.º Na cobrança judicial dos créditos do FGTS, incidirá encargo de 10% (dez por cento), que reverterá para o Fundo, para ressarcimento dos custos por ele incorridos, o qual será reduzido para 5% (cinco por cento), se o pagamento se der antes do ajuizamento da cobrança.
•• § 4.º com redação determinada pela Lei n. 9.964, de 10-4-2000.

Art. 3.º Esta Lei entra em vigor na data de sua publicação.

Senado Federal, em 20 de janeiro de 1994, 173.º da Independência e 106.º da República.

Humberto Lucena

LEI N. 8.906, DE 4 DE JULHO DE 1994 (***)

Dispõe sobre o Estatuto da Advocacia e a Ordem dos Advogados do Brasil – OAB.

O Presidente da República

Faço saber que o Congresso Nacional decreta e eu sanciono a seguinte Lei:

Título I
DA ADVOCACIA

Capítulo I
DA ATIVIDADE DE ADVOCACIA

Art. 1.º São atividades privativas de advocacia:

I – a postulação a qualquer órgão do Poder Judiciário e aos juizados especiais;
•• O STF, na ADI n. 1.127-8, de 17-5-2006 (*DOU* de 26-5-2006), declarou a inconstitucionalidade da expressão "qualquer" constante deste inciso.

II – as atividades de consultoria, assessoria e direção jurídicas.

§ 1.º Não se inclui na atividade privativa de advocacia a impetração de *habeas corpus* em qualquer instância ou tribunal.

§ 2.º Os atos e contratos constitutivos de pessoas jurídicas, sob pena de nulidade, só podem ser admitidos a registro, nos órgãos competentes, quando visados por advogados.

(***) Publicada no *DOU*, de 5-7-1994.

§ 3.º É vedada a divulgação de advocacia em conjunto com outra atividade.

Art. 2.º O advogado é indispensável à administração da justiça.

§ 1.º No seu ministério privado, o advogado presta serviço público e exerce função social.

§ 2.º No processo judicial, o advogado contribui, na postulação de decisão favorável ao seu constituinte, ao convencimento do julgador, e seus atos constituem múnus público.

§ 2.º-A. No processo administrativo, o advogado contribui com a postulação de decisão favorável ao seu constituinte, e os seus atos constituem múnus público.

•• § 2.º-A acrescentado pela Lei n. 14.365, de 2-6-2022.

§ 3.º No exercício da profissão, o advogado é inviolável por seus atos e manifestações, nos limites desta lei.

Art. 2.º-A. O advogado pode contribuir com o processo legislativo e com a elaboração de normas jurídicas, no âmbito dos Poderes da República.

•• Artigo acrescentado pela Lei n. 14.365, de 2-6-2022.

Art. 3.º O exercício da atividade de advocacia no território brasileiro e a denominação de advogado são privativos dos inscritos na Ordem dos Advogados do Brasil (OAB).

§ 1.º Exercem atividade de advocacia, sujeitando-se ao regime desta lei, além do regime próprio a que se subordinem, os integrantes da Advocacia-Geral da União, da Procuradoria da Fazenda Nacional, da Defensoria Pública e das Procuradorias e Consultorias Jurídicas dos Estados, do Distrito Federal, dos Municípios e das respectivas entidades de administração indireta e fundacional.

•• O STF, por maioria, julgou improcedente a ADI n. 4.636, nas sessões virtuais de 22-10-2021 a 3-11-2021, e conferiu, ainda, interpretação conforme à Constituição a este § 1.º, declarando-se inconstitucional qualquer interpretação que resulte no condicionamento da capacidade postulatória dos membros da Defensoria Pública à inscrição dos Defensores Públicos na Ordem dos Advogados do Brasil (*DOU* de 12-11-2021).

§ 2.º O estagiário de advocacia, regularmente inscrito, pode praticar os atos previstos no art. 1.º, na forma do Regulamento Geral, em conjunto com advogado e sob responsabilidade deste.

Art. 3.º-A. Os serviços profissionais de advogado são, por sua natureza, técnicos e singulares, quando comprovada sua notória especialização, nos termos da lei.

•• *Caput* acrescentado pela Lei n. 14.039, de 17-8-2020.

Parágrafo único. Considera-se notória especialização o profissional ou a sociedade de advogados cujo conceito no campo de sua especialidade, decorrente de desempenho anterior, estudos, experiências, publicações, organização, aparelhamento, equipe técnica ou de outros requisitos relacionados com suas atividades, permita inferir que o seu trabalho é essencial e indiscutivelmente o mais adequado à plena satisfação do objeto do contrato.

•• Parágrafo único acrescentado pela Lei n. 14.039, de 17-8-2020.

Art. 4.º São nulos os atos privativos de advogado praticados por pessoa não inscrita na OAB, sem prejuízo das sanções civis, penais e administrativas.

Parágrafo único. São também nulos os atos praticados por advogado impedido – no âmbito do impedimento – suspenso, licenciado ou que passar a exercer atividade incompatível com a advocacia.

Art. 5.º O advogado postula, em juízo ou fora dele, fazendo prova do mandato.

§ 1.º O advogado, afirmando urgência, pode atuar sem procuração, obrigando-se a apresentá-la no prazo de quinze dias, prorrogável por igual período.

§ 2.º A procuração para o foro em geral habilita o advogado a praticar todos os atos judiciais, em qualquer juízo ou instância, salvo os que exijam poderes especiais.

§ 3.º O advogado que renunciar ao mandato continuará, durante os dez dias seguintes à notificação da renúncia, a representar o mandante, salvo se for substituído antes do término desse prazo.

§ 4.º As atividades de consultoria e assessoria jurídicas podem ser exercidas de modo verbal ou por escrito, a critério do advogado e do cliente, e independem de outorga de mandato ou de formalização por contrato de honorários.

•• § 4.º acrescentado pela Lei n. 14.365, de 2-6-2022.

Capítulo II
DOS DIREITOS DO ADVOGADO

Art. 6.º Não há hierarquia nem subordinação entre advogados, magistrados e membros do Ministério Público, devendo todos tratar-se com consideração e respeito recíprocos.

§ 1.º As autoridades e os servidores públicos dos Poderes da República, os serventuários da Justiça e os membros do Ministério Público devem dispensar ao advogado, no exercício da profissão, tratamento compatível com a dignidade da advocacia e condições adequadas a seu desempenho, preservando e resguardando, de ofício, a imagem, a reputação e a integridade do advogado nos termos desta Lei.

•• Parágrafo único renumerado pela Lei n. 14.508, de 27-12-2022.

§ 2.º Durante as audiências de instrução e julgamento realizadas no Poder Judiciário, nos procedimentos de jurisdição contenciosa ou voluntária, os advogados do autor e do requerido devem permanecer no mesmo plano topográfico e em posição equidistante em relação ao magistrado que as presidir.

•• § 2.º acrescentado pela Lei n. 14.508, de 27-12-2022.

Art. 7.º São direitos do advogado:

I – exercer, com liberdade, a profissão em todo o território nacional;

..

Art. 7.º-A. São direitos da advogada:

•• *Caput* acrescentado pela Lei n. 13.363, de 25-11-2016.

I – gestante:

•• Inciso I, *caput*, acrescentado pela Lei n. 13.363, de 25-11-2016.

a) entrada em tribunais sem ser submetida a detectores de metais e aparelhos de raios X;

•• Alínea *a* acrescentada pela Lei n. 13.363, de 25-11-2016.

b) reserva de vaga em garagens dos fóruns dos tribunais;

•• Alínea *b* acrescentada pela Lei n. 13.363, de 25-11-2016.

II – lactante, adotante ou que der à luz, acesso a creche, onde houver, ou a local adequado ao atendimento das necessidades do bebê;

•• Inciso II acrescentado pela Lei n. 13.363, de 25-11-2016.

III – gestante, lactante, adotante ou que der à luz, preferência na ordem das sustentações orais e das audiências a serem realizadas a cada dia, mediante comprovação de sua condição;

•• Inciso III acrescentado pela Lei n. 13.363, de 25-11-2016.

IV – adotante ou que der à luz, suspensão de prazos processuais quando for a única patrona da causa, desde que haja notificação por escrito ao cliente.

•• Inciso IV acrescentado pela Lei n. 13.363, de 25-11-2016.

§ 1.º Os direitos previstos à advogada gestante ou lactante aplicam-se enquanto perdurar, respectivamente, o estado gravídico ou o período de amamentação.

•• § 1.º acrescentado pela Lei n. 13.363, de 25-11-2016.

§ 2.º Os direitos assegurados nos incisos II e III deste artigo à advogada adotante ou que der à luz serão concedidos pelo prazo previsto no art. 392 do Decreto-lei n. 5.452, de 1.º de maio de 1943 (Consolidação das Leis do Trabalho).

•• § 2.º acrescentado pela Lei n. 13.363, de 25-11-2016.

§ 3.º O direito assegurado no inciso IV deste artigo à advogada adotante ou que der à luz será concedido pelo prazo previsto no § 6.º do art. 313 da Lei n. 13.105, de 16 de março de 2015 (Código de Processo Civil).

•• § 3.º acrescentado pela Lei n. 13.363, de 25-11-2016.

Art. 7.º-B. Constitui crime violar direito ou prerrogativa de advogado previstos nos incisos II, III, IV e V do *caput* do art. 7.º desta Lei:

•• *Caput* acrescentado pela Lei n. 13.869, de 5-9-2019, originariamente vetado, todavia promulgado em 27-9-2019.

•• O Provimento n. 201, de 27-10-2020, da OAB, dispõe sobre a participação da OAB no cumprimento do disposto neste art. 7.º-B.

Pena – detenção, de 2 (dois) a 4 (quatro) anos, e multa.
•• Pena com redação determinada pela Lei n. 14.365, de 2-6-2022.

Capítulo V
DO ADVOGADO EMPREGADO

Art. 18. A relação de emprego, na qualidade de advogado, não retira a isenção técnica nem reduz a independência profissional inerentes à advocacia.

§ 1.º O advogado empregado não está obrigado à prestação de serviços profissionais de interesse pessoal dos empregadores, fora da relação de emprego.
•• Parágrafo único renumerado pela Lei n. 14.365, de 2-6-2022.

§ 2.º As atividades do advogado empregado poderão ser realizadas, a critério do empregador, em qualquer um dos seguintes regimes:
•• § 2.º, *caput*, acrescentado pela Lei n. 14.365, de 2-6-2022.

I – exclusivamente presencial: modalidade na qual o advogado empregado, desde o início da contratação, realizará o trabalho nas dependências ou locais indicados pelo empregador;
•• Inciso I acrescentado pela Lei n. 14.365, de 2-6-2022.

II – não presencial, teletrabalho ou trabalho a distância: modalidade na qual, desde o início da contratação, o trabalho será preponderantemente realizado fora das dependências do empregador, observado que o comparecimento nas dependências de forma não permanente, variável ou para participação em reuniões ou em eventos presenciais não descaracterizará o regime não presencial;
•• Inciso II acrescentado pela Lei n. 14.365, de 2-6-2022.

III – misto: modalidade na qual as atividades do advogado poderão ser presenciais, no estabelecimento do contratante ou onde este indicar, ou não presenciais, conforme as condições definidas pelo empregador em seu regulamento empresarial, independentemente de preponderância ou não.
•• Inciso III acrescentado pela Lei n. 14.365, de 2-6-2022.

§ 3.º Na vigência da relação de emprego, as partes poderão pactuar, por acordo individual simples, a alteração de um regime para outro.
•• § 3.º acrescentado pela Lei n. 14.365, de 2-6-2022.

Art. 19. O salário mínimo profissional do advogado será fixado em sentença normativa, salvo se ajustado em acordo ou convenção coletiva de trabalho.

Art. 20. A jornada de trabalho do advogado empregado, quando prestar serviço para empresas, não poderá exceder a duração diária de 8 (oito) horas contínuas e a de 40 (quarenta) horas semanais.
•• *Caput* com redação determinada pela Lei n. 14.365, de 2-6-2022.

§ 1.º Para efeitos deste artigo, considera-se como período de trabalho o tempo em que o advogado estiver à disposição do empregador, aguardando ou executando ordens, no seu escritório ou em atividades externas, sendo-lhe reembolsadas as despesas feitas com transporte, hospedagem e alimentação.

§ 2.º As horas trabalhadas que excederem a jornada normal são remuneradas por um adicional não inferior a cem por cento sobre o valor da hora normal, mesmo havendo contrato escrito.

§ 3.º As horas trabalhadas no período das vinte horas de um dia até as cinco horas do dia seguinte são remuneradas como noturnas, acrescidas do adicional de vinte e cinco por cento.

Art. 21. Nas causas em que for parte o empregador, ou pessoa por este representada, os honorários de sucumbência são devidos aos advogados empregados.
•• O STF, em 20-5-2009, julgou parcialmente procedente a ADI n. 1.194-4 (*DOU* de 28-9-2009), para dar ao *caput* e ao parágrafo único deste artigo interpretação conforme a CF, estabelecendo que os honorários de sucumbência podem ser tanto do advogado quanto da sociedade ou de ambos, dependendo de disposição contratual.

Parágrafo único. Os honorários de sucumbência, percebidos por advogado empregado de sociedade de advogados são partilhados entre ele e a empregadora, na forma estabelecida em acordo.

Capítulo VI
DOS HONORÁRIOS ADVOCATÍCIOS

Art. 22. A prestação de serviço profissional assegura aos inscritos na OAB o direito aos honorários convencionados, aos fixados por arbitramento judicial e aos de sucumbência.

§ 1.º O advogado, quando indicado para patrocinar causa de juridicamente necessitado, no caso de impossibilidade da Defensoria Pública no local da prestação de serviço, tem direito aos honorários fixados pelo juiz, segundo tabela organizada pelo Conselho Seccional da OAB, e pagos pelo Estado.

§ 2.º Na falta de estipulação ou de acordo, os honorários são fixados por arbitramento judicial, em remuneração compatível com o trabalho e o valor econômico da questão, observado obrigatoriamente o disposto nos §§ 2.º, 3.º, 4.º, 5.º, 6.º, 6.º-A, 8.º, 8.º-A, 9.º e 10 do art. 85 da Lei n. 13.105, de 16 de março de 2015 (Código de Processo Civil).
•• § 2.º com redação determinada pela Lei n. 14.365, de 2-6-2022.

§ 3.º Salvo estipulação em contrário, um terço dos honorários é devido no início do serviço, outro terço até a decisão de primeira instância e o restante no final.

§ 4.º Se o advogado fizer juntar aos autos o seu contrato de honorários antes de expedir-se o mandado de levantamento ou precatório, o juiz deve determinar que lhe sejam pagos diretamente, por dedução da quantia a ser recebida pelo constituinte, salvo se este provar que já os pagou.
•• *Vide* Súmula Vinculante 47.

§ 5.º O disposto neste artigo não se aplica quando se tratar de mandato outorgado por advogado para defesa em processo oriundo de ato ou omissão praticada no exercício da profissão.

§ 6.º O disposto neste artigo aplica-se aos honorários assistenciais, compreendidos como os fixados em ações coletivas propostas por entidades de classe em substituição processual, sem prejuízo aos honorários convencionais.
•• § 6.º acrescentado pela Lei n. 13.725, de 4-10-2018.

§ 7.º Os honorários convencionados com entidades de classe para atuação em substituição processual poderão prever a faculdade de indicar os beneficiários que, ao optarem por adquirir os direitos, assumirão as obrigações decorrentes do contrato originário a partir do momento em que este foi celebrado, sem a necessidade de mais formalidades.
•• § 7.º acrescentado pela Lei n. 13.725, de 4-10-2018.

§ 8.º Consideram-se também honorários convencionados aqueles decorrentes da indicação de cliente entre advogados ou sociedade de advogados, aplicada a regra prevista no § 9.º do art. 15 desta Lei.
•• § 8.º acrescentado pela Lei n. 14.365, de 2-6-2022.

Art. 22-A. Fica permitida a dedução de honorários advocatícios contratuais dos valores acrescidos, a título de juros de mora, ao montante repassado aos Estados e aos Municípios na forma de precatórios, como complementação de fundos constitucionais.
•• *Caput* acrescentado pela Lei n. 14.365, de 2-6-2022.

Parágrafo único. A dedução a que se refere o *caput* deste artigo não será permitida aos advogados nas causas que decorram da execução de título judicial constituído em ação civil pública ajuizada pelo Ministério Público Federal.
•• Parágrafo único acrescentado pela Lei n. 14.365, de 2-6-2022, originalmente vetado, todavia promulgado em 8-7-2022.

Art. 23. Os honorários incluídos na condenação, por arbitramento ou sucumbência, pertencem ao advogado, tendo este direito autônomo para executar a sentença nesta parte, podendo requerer que o precatório, quando necessário, seja expedido em seu favor.
•• O STF, na ADI n. 6.053, "declarou a constitucionalidade da percepção de honorários de sucumbência pelos advogados públicos e julgou parcialmente procedente o pedido formulado na ação direta para, conferindo interpretação conforme à Constituição a este art. 23, estabelecer que a somatória dos subsídios e honorários de sucumbência percebidos mensalmente pelos advogados públicos não poderá exceder ao teto dos Ministros do Supremo Tribunal Federal, conforme o que dispõe o art. 37, XI, da Constituição Federal", nas sessões virtuais de 12-6-2020 a 19-6-2020 (*DOU* de 1.º-7-2020).

•• *Vide* Súmula Vinculante 47.

Art. 24. A decisão judicial que fixar ou arbitrar honorários e o contrato escrito que os estipular são títulos executivos e constituem crédito privilegiado na falência, concordata, concurso de credores, insolvência civil e liquidação extrajudicial.

§ 1.º A execução dos honorários pode ser promovida nos mesmos autos da ação em que tenha atuado o advogado, se assim lhe convier.

§ 2.º Na hipótese de falecimento ou incapacidade civil do advogado, os honorários de sucumbência, proporcionais ao trabalho realizado, são recebidos por seus sucessores ou representantes legais.

§ 3.º É nula qualquer disposição, cláusula, regulamento ou convenção individual ou coletiva que retire do advogado o direito ao recebimento dos honorários de sucumbência.

•• O STF, no julgamento da ADI n. 1.194-4, de 20-5-2009 (*DOU* de 28-9-2009), declarou a inconstitucionalidade deste § 3.º.

§ 3.º-A. Nos casos judiciais e administrativos, as disposições, as cláusulas, os regulamentos ou as convenções individuais ou coletivas que retirem do sócio o direito ao recebimento dos honorários de sucumbência serão válidos somente após o protocolo de petição que revogue os poderes que lhe foram outorgados ou que noticie a renúncia a eles, e os honorários serão devidos proporcionalmente ao trabalho realizado nos processos.

•• § 3.º-A acrescentado pela Lei n. 14.365, de 2-6-2022.

§ 4.º O acordo feito pelo cliente do advogado e a parte contrária, salvo aquiescência do profissional, não lhe prejudica os honorários, quer os convencionados, quer os concedidos por sentença.

§ 5.º Salvo renúncia expressa do advogado aos honorários pactuados na hipótese de encerramento da relação contratual com o cliente, o advogado mantém o direito aos honorários proporcionais ao trabalho realizado nos processos judiciais e administrativos em que tenha atuado, nos exatos termos do contrato celebrado, inclusive em relação aos eventos de sucesso que porventura venham a ocorrer após o encerramento da relação contratual.

•• § 5.º acrescentado pela Lei n. 14.365, de 2-6-2022.

§ 6.º O distrato e a rescisão do contrato de prestação de serviços advocatícios, mesmo que formalmente celebrados, não configuram renúncia expressa aos honorários pactuados.

•• § 6.º acrescentado pela Lei n. 14.365, de 2-6-2022.

§ 7.º Na ausência do contrato referido no § 6.º deste artigo, os honorários advocatícios serão arbitrados conforme o disposto no art. 22 desta Lei.

•• § 7.º acrescentado pela Lei n. 14.365, de 2-6-2022.

Art. 24-A. No caso de bloqueio universal do patrimônio do cliente por decisão judicial, garantir-se-á ao advogado a liberação de até 20% (vinte por cento) dos bens bloqueados para fins de recebimento de honorários e reembolso de gastos com a defesa, ressalvadas as causas relacionadas aos crimes previstos na Lei n.º 11.343, de 23 de agosto de 2006 (Lei de Drogas), e observado o disposto no parágrafo único do art. 243 da Constituição Federal.

•• *Caput* acrescentado pela Lei n. 14.365, de 2-6-2022.

§ 1.º O pedido de desbloqueio de bens será feito em autos apartados, que permanecerão em sigilo, mediante a apresentação do respectivo contrato.

•• § 1.º acrescentado pela Lei n. 14.365, de 2-6-2022.

§ 2.º O desbloqueio de bens observará, preferencialmente, a ordem estabelecida no art. 835 da Lei n. 13.105, de 16 de março de 2015 (Código de Processo Civil).

•• § 2.º acrescentado pela Lei n. 14.365, de 2-6-2022.

§ 3.º Quando se tratar de dinheiro em espécie, de depósito ou de aplicação em instituição financeira, os valores serão transferidos diretamente para a conta do advogado ou do escritório de advocacia responsável pela defesa.

•• § 3.º acrescentado pela Lei n. 14.365, de 2-6-2022.

§ 4.º Nos demais casos, o advogado poderá optar pela adjudicação do próprio bem ou por sua venda em hasta pública para satisfação dos honorários devidos, nos termos do art. 879 e seguintes da Lei n. 13.105, de 16 de março de 2015 (Código de Processo Civil).

•• § 4.º acrescentado pela Lei n. 14.365, de 2-6-2022.

§ 5.º O valor excedente deverá ser depositado em conta vinculada ao processo judicial.

•• § 5.º acrescentado pela Lei n. 14.365, de 2-6-2022.

Art. 25. Prescreve em cinco anos a ação de cobrança de honorários de advogado, contado o prazo:

I – do vencimento do contrato, se houver;
II – do trânsito em julgado da decisão que os fixar;
III – da ultimação do serviço extrajudicial;
IV – da desistência ou transação;
V – da renúncia ou revogação do mandato.

Art. 25-A. Prescreve em cinco anos a ação de prestação de contas pelas quantias recebidas pelo advogado de seu cliente, ou de terceiros por conta dele (art. 34, XXI).

•• Artigo acrescentado pela Lei n. 11.902, de 12-1-2009.

Art. 26. O advogado substabelecido, com reserva de poderes, não pode cobrar honorários sem a intervenção daquele que lhe conferiu o substabelecimento.

Parágrafo único. O disposto no *caput* deste artigo não se aplica na hipótese de o advogado substabelecido, com reservas de poderes, possuir contrato celebrado com o cliente.

•• Parágrafo único acrescentado pela Lei n. 14.365, de 2-6-2022.

Título II
DA ORDEM DOS ADVOGADOS DO BRASIL

Título IV
DAS DISPOSIÇÕES GERAIS E TRANSITÓRIAS

Art. 79. Aos servidores da OAB, aplica-se o regime trabalhista.

§ 1.º Aos servidores da OAB, sujeitos ao regime da Lei n. 8.112, de 11 de dezembro de 1990, é concedido o direito de opção pelo regime trabalhista, no prazo de noventa dias a partir da vigência desta Lei, sendo assegurado aos optantes o pagamento de indenização, quando da aposentadoria, correspondente a cinco vezes o valor da última remuneração.

§ 2.º Os servidores que não optarem pelo regime trabalhista serão posicionados no quadro em extinção, assegurado o direito adquirido ao regime legal anterior.

Art. 85. O Instituto dos Advogados Brasileiros, a Federação Nacional dos Institutos dos Advogados do Brasil e as instituições a eles filiadas têm qualidade para promover perante a OAB o que julgarem do interesse dos advogados em geral ou de qualquer de seus membros.

•• Artigo com redação determinada pela Lei n. 14.365, de 2-6-2022.

Art. 86. Esta Lei entra em vigor na data de sua publicação.

Art. 87. Revogam-se as disposições em contrário, especialmente a Lei n. 4.215, de 27 de abril de 1963, a Lei n. 5.390, de 23 de fevereiro de 1968, o Decreto-lei n. 505, de 18 de março de 1969, a Lei n. 5.681, de 20 de julho de 1971, a Lei n. 5.842, de 6 de dezembro de 1972, a Lei n. 5.960, de 10 de dezembro de 1973, a Lei n. 6.743, de 5 de dezembro de 1979, a Lei n. 6.884, de 9 de dezembro de 1980, a Lei n. 6.994, de 26 de maio de 1982, mantidos os efeitos da Lei n. 7.346, de 22 de julho de 1985.

Brasília, 4 de julho de 1994; 173.º da Independência e 106.º da República.

Itamar Franco

LEI N. 8.984, DE 7 DE FEVEREIRO DE 1995 (*)

Estende a competência da Justiça do Trabalho (art. 114 da Constituição Federal).

O Presidente da República

Faço saber que o Congresso Nacional decreta e eu sanciono a seguinte Lei:

Art. 1.º Compete à Justiça do Trabalho conciliar e julgar os dissídios que tenham origem no cumprimento de convenções coletivas de trabalho ou acordos coletivos de trabalho, mesmo quando ocorram entre sindicatos ou entre sindicato de trabalhadores e empregador.

• Vide arts. 611 e s. e 625 da CLT.

Art. 2.º Esta Lei entra em vigor na data de sua publicação.

Art. 3.º Revogam-se as disposições em contrário.

Brasília, 7 de fevereiro de 1995; 174.º da Independência e 107.º da República.

FERNANDO HENRIQUE CARDOSO

LEI N. 9.029, DE 13 DE ABRIL DE 1995 (**)

Proíbe a exigência de atestados de gravidez e esterilização, e outras práticas discriminatórias, para efeitos admissionais ou de permanência da relação jurídica de trabalho, e dá outras providências.

O Presidente da República

Faço saber que o Congresso Nacional decreta e eu sanciono a seguinte Lei:

Art. 1.º É proibida a adoção de qualquer prática discriminatória e limitativa para efeito de acesso à relação de trabalho, ou de sua manutenção, por motivo de sexo, origem, raça, cor, estado civil, situação familiar, deficiência, reabilitação profissional, idade, entre outros, ressalvadas, nesse caso, as hipóteses de proteção à criança e ao adolescente previstas no inciso XXXIII do art. 7.º da Constituição Federal.

•• Artigo com redação determinada pela Lei n. 13.146, de 6-7-2015.

•• A Portaria n. 671, de 8-11-2021, do Ministério do Trabalho e da Previdência, regulamenta disposições relativas à legislação trabalhista, à inspeção do trabalho, às políticas públicas e às relações de trabalho.

Art. 2.º Constituem crime as seguintes práticas discriminatórias:

I – a exigência de teste, exame, perícia, laudo, atestado, declaração ou qualquer outro procedimento relativo à esterilização ou a estado de gravidez;

II – a adoção de quaisquer medidas, de iniciativa do empregador, que configurem:

a) indução ou instigamento à esterilização genética;

b) promoção do controle de natalidade, assim não considerado o oferecimento de serviços e de aconselhamento ou planejamento familiar, realizados através de instituições públicas ou privadas, submetidas às normas do Sistema Único de Saúde – SUS.

Pena: detenção de 1 (um) a 2 (dois) anos e multa.

Parágrafo único. São sujeitos ativos dos crimes a que se refere este artigo:

I – a pessoa física empregadora;

II – o representante legal do empregador, como definido na legislação trabalhista;

III – o dirigente, direto ou por delegação, de órgãos públicos e entidades das administrações públicas direta, indireta e fundacional de qualquer dos Poderes da União, dos Estados, do Distrito Federal e dos Municípios.

Art. 3.º Sem prejuízo do prescrito no art. 2.º desta Lei e nos dispositivos legais que tipificam os crimes resultantes de preconceito de etnia, raça, cor ou deficiência, as infrações ao disposto nesta Lei são passíveis das seguintes cominações:

•• Caput com redação determinada pela Lei n. 13.146, de 6-7-2015.

I – multa administrativa de dez vezes o valor do maior salário pago pelo empregador, elevado em 50% (cinquenta por cento) em caso de reincidência;

II – proibição de obter empréstimo ou financiamento junto a instituições financeiras oficiais.

Art. 4.º O rompimento da relação de trabalho por ato discriminatório, nos moldes desta Lei, além do direito à reparação pelo dano moral, faculta ao empregado optar entre:

•• Caput com redação determinada pela Lei n. 12.288, de 20-7-2010.

I – a reintegração com ressarcimento integral de todo o período de afastamento, mediante pagamento das remunerações devidas, corrigidas monetariamente e acrescidas de juros legais;

•• Inciso I com redação determinada pela Lei n. 13.146, de 6-7-2015.

II – a percepção, em dobro, da remuneração do período de afastamento, corrigida monetariamente e acrescida dos juros legais.

Art. 5.º Esta Lei entra em vigor na data de sua publicação.

Art. 6.º Revogam-se as disposições em contrário.

Brasília, 13 de abril de 1995; 174.º da Independência e 107.º da República.

FERNANDO HENRIQUE CARDOSO

LEI N. 9.279, DE 14 DE MAIO DE 1996 (***)

Regula direitos e obrigações relativos à propriedade industrial.

O Presidente da República.

Faço saber que o Congresso Nacional decreta e eu sanciono a seguinte Lei:

DISPOSIÇÕES PRELIMINARES

Art. 1.º Esta Lei regula direitos e obrigações relativos à propriedade industrial.

Art. 2.º A proteção dos direitos relativos à propriedade industrial, considerado o seu interesse social e o desenvolvimento tecnológico e econômico do País, efetua-se mediante:

I – concessão de patentes de invenção e de modelo de utilidade;

II – concessão de registro de desenho industrial;

III – concessão de registro de marca;

IV – repressão às falsas indicações geográficas; e

V – repressão à concorrência desleal.

Art. 3.º Aplica-se também o disposto nesta Lei:

I – ao pedido de patente ou de registro proveniente do exterior e depositado no País por quem tenha proteção assegurada por tratado ou convenção em vigor no Brasil; e

II – aos nacionais ou pessoas domiciliadas em país que assegure aos brasileiros ou pessoas domiciliadas no Brasil a reciprocidade de direitos iguais ou equivalentes.

Art. 4.º As disposições dos tratados em vigor no Brasil são aplicáveis, em igualdade de condições, às pessoas físicas e jurídicas nacionais ou domiciliadas no País.

Art. 5.º Consideram-se bens móveis, para os efeitos legais, os direitos de propriedade industrial.

(*) Publicada no DOU, de 8-2-1995.

(**) Publicada no DOU, de 17-4-1995.

(***) Publicada no DOU, de 15-5-1996.

Título I
DAS PATENTES

Capítulo XIV
DA INVENÇÃO E DO MODELO DE UTILIDADE REALIZADO POR EMPREGADO OU PRESTADOR DE SERVIÇO

•• Capítulo regulamentado pelo Decreto n. 2.553, de 16-4-1998.

Art. 88. A invenção e o modelo de utilidade pertencem exclusivamente ao empregador quando decorrerem de contrato de trabalho cuja execução ocorra no Brasil e que tenha por objeto a pesquisa ou a atividade inventiva, ou resulte esta da natureza dos serviços para os quais foi o empregado contratado.

§ 1.º Salvo expressa disposição contratual em contrário, a retribuição pelo trabalho a que se refere este artigo limita-se ao salário ajustado.

§ 2.º Salvo prova em contrário, consideram-se desenvolvidos na vigência do contrato a invenção ou o modelo de utilidade, cuja patente seja requerida pelo empregado até 1 (um) ano após a extinção do vínculo empregatício.

Art. 89. O empregador, titular da patente, poderá conceder ao empregado, autor de invento ou aperfeiçoamento, participação nos ganhos econômicos resultantes da exploração da patente, mediante negociação com o interessado ou conforme disposto em norma da empresa.

Parágrafo único. A participação referida neste artigo não se incorpora, a qualquer título, ao salário do empregado.

Art. 90. Pertencerá exclusivamente ao empregado a invenção ou o modelo de utilidade por ele desenvolvido, desde que desvinculado do contrato de trabalho e não decorrente da utilização de recursos, meios, dados, materiais, instalações ou equipamentos do empregador.

Art. 91. A propriedade de invenção ou de modelo de utilidade será comum, em partes iguais, quando resultar da contribuição pessoal do empregado e de recursos, dados, meios, materiais, instalações ou equipamentos do empregador, ressalvada expressa disposição contratual em contrário.

§ 1.º Sendo mais de um empregado, a parte que lhes couber será dividida igualmente entre todos, salvo ajuste em contrário.

§ 2.º É garantido ao empregador o direito exclusivo de licença de exploração e assegurada ao empregado a justa remuneração.

§ 3.º A exploração do objeto da patente, na falta de acordo, deverá ser iniciada pelo empregador dentro do prazo de 1 (um) ano, contado da data de sua concessão, sob pena de passar à exclusiva propriedade do empregado a titularidade da patente, ressalvadas as hipóteses de falta de exploração por razões legítimas.

§ 4.º No caso de cessão, qualquer dos cotitulares, em igualdade de condições, poderá exercer o direito de preferência.

Art. 92. O disposto nos artigos anteriores aplica-se, no que couber, às relações entre o trabalhador autônomo ou o estagiário e a empresa contratante e entre empresas contratantes e contratadas.

Art. 93. Aplica-se o disposto neste Capítulo, no que couber, às entidades da Administração Pública direta, indireta e fundacional, federal, estadual ou municipal.

Parágrafo único. Na hipótese do art. 88, será assegurada ao inventor, na forma e condições previstas no estatuto ou Regimento Interno da entidade a que se refere este artigo, premiação de parcela no valor das vantagens auferidas com o pedido ou com a patente, a título de incentivo.

Título VIII
DAS DISPOSIÇÕES TRANSITÓRIAS E FINAIS

Art. 243. Esta Lei entra em vigor na data de sua publicação quanto às matérias disciplinadas nos arts. 230, 231, 232 e 239, e 1 (um) ano após sua publicação quanto aos demais artigos.

• Os arts. 230, 231, 232 e 239 dispõem sobre pedidos de patentes e sobre a autorização para as necessárias transformações no INPI.

Art. 244. Revogam-se as Leis n. 5.772, de 21 de dezembro de 1971, 6.348, de 7 de julho de 1976, os arts. 187 a 196 do Decreto-lei n. 2.848, de 7 de dezembro de 1940, os arts. 169 a 189 do Decreto-lei n. 7.903, de 27 de agosto de 1945, e as demais disposições em contrário.

Brasília, 14 de maio de 1996; 175.º da Independência e 108.º da República.

FERNANDO HENRIQUE CARDOSO

LEI N. 9.424, DE 24 DE DEZEMBRO DE 1996 (*)

Dispõe sobre o fundo de manutenção e desenvolvimento do ensino fundamental e de valorização do magistério, na forma prevista no art. 60, § 7.º, do Ato das Disposições Constitucionais Transitórias e dá outras providências.

O Presidente da República

Faço saber que o Congresso Nacional decreta e eu sanciono a seguinte Lei:

Art. 15. O Salário-Educação, previsto no art. 212, § 5.º, da Constituição Federal e devido pelas empresas, na forma em que vier a ser disposto em regulamento, é calculado com base na alíquota de 2,5% (dois e meio por cento) sobre o total de remunerações pagas ou creditadas, a qualquer título, aos segurados empregados, assim definidos no art. 12, inciso I, da Lei n. 8.212, de 24 de julho de 1991.

•• O Decreto n. 6.003, de 28-12-2006, regulamenta a arrecadação, a fiscalização e a cobrança da contribuição social do salário-educação.
• A Resolução n. 1, de 19-2-2003, do Ministério da Educação, dispõe sobre a inclusão da Secretaria do Tesouro Nacional – STN na rede arrecadadora de contribuições do salário-educação administradas pelo Fundo Nacional de Desenvolvimento da Educação – FNDE.
• Vide Súmula 732 do STF.

§ 1.º O montante da arrecadação do Salário-Educação, após a dedução de 1% (um por cento) em favor do Instituto Nacional do Seguro Social – INSS, calculado sobre o valor por ele arrecadado, será distribuído pelo Fundo Nacional de Desenvolvimento da Educação – FNDE, observada, em 90% (noventa por cento) de seu valor, a arrecadação realizada em cada Estado e no Distrito Federal, em quotas, da seguinte forma:

•• § 1.º, *caput*, com redação determinada pela Lei n. 10.832, de 29-12-2003.
•• Declarada a constitucionalidade deste § 1.º, com força vinculante, eficácia *erga omnes* e efeito *ex tunc*, pela ADC n. 3, de 2-12-1999.
•• O STF, na ADPF n. 188, de 15-6-2022 (*DOU* de 29-6-2022), por maioria, julgou procedente o pedido formulado, no sentido de proceder "interpretação conforme ao conjunto normativo compreendido pelo art. 15, § 1.º, da Lei n. 9.424/96, e do art. 2.º da Lei n. 9.766/98, ambas alteradas pela Lei n. 10.832/2003, [para] determinar que as cotas estaduais e municipais cabíveis, a título de salário-educação, sejam integralmente distribuídas, observando-se tão somente a proporcionalidade do número de alunos matriculados de forma linear", e fixou a seguinte tese de julgamento: "À luz da Emenda Constitucional n. 53/2006, é incompatível com a ordem constitucional vigente a adoção, para fins de repartição das quotas estaduais e municipais referentes ao salário-educação, do critério legal de unidade federada em que realizada a arrecadação desse tributo, devendo-se observar unicamente o parâmetro quantitativo de alunos matriculados no sistema de educação básica". Por unanimidade, modulou os efeitos da decisão, para que produza efeitos a partir de 1.º-1-2024.

I – Quota Federal, corresponde a um terço do montante de recursos, que será destinada ao FNDE e aplicada no financiamento de programas e projetos voltados para a universalização do ensino fundamental, de forma a propiciar a redução dos desníveis socioeducacionais existentes entre Municípios, Estados, Distrito Federal e regiões brasileiras;

•• Declarada a constitucionalidade deste inciso I, com força vinculante, eficácia *erga omnes* e efeito *ex tunc*, pela ADC n. 3, de 2-12-1999.

II – Quota Estadual e Municipal, correspondente a 2/3 (dois terços) do montante de recursos, que será creditada mensal e automaticamente em favor das Secretarias de Educação dos Estados, do Distrito Federal

(*) Publicada no *DOU*, de 26-12-1996. *Vide* Súmula 732 do STF.

e dos Municípios para financiamento de programas, projetos e ações do ensino fundamental.

•• Inciso II com redação determinada pela Lei n. 10.832, de 29-12-2003.
•• Declarada a constitucionalidade deste inciso II, com força vinculante, eficácia *erga omnes* e efeito *ex tunc*, pela ADC n. 3, de 2-12-1999.

§ 2.º (*Vetado.*)

§ 3.º Os alunos regularmente atendidos, na data da edição desta Lei, como beneficiários da aplicação realizada pelas empresas contribuintes, no ensino fundamental dos seus empregados e dependentes, à conta de deduções da contribuição social do Salário-Educação, na forma da legislação em vigor, terão, a partir de 1.º de janeiro de 1997, o benefício assegurado, respeitadas as condições em que foi concedido, e vedados novos ingressos nos termos do art. 212, § 5.º, da Constituição Federal.

•• Declarada a constitucionalidade deste § 3.º, com força vinculante, eficácia *erga omnes* e efeito *ex tunc*, pela ADC n. 3, de 2-12-1999.

Art. 16. Esta Lei entra em vigor em 1.º de janeiro de 1997.

Art. 17. Revogam-se as disposições em contrário.

Brasília, 24 de dezembro de 1996; 175.º da Independência e 108.º da República.

FERNANDO HENRIQUE CARDOSO

LEI N. 9.601, DE 21 DE JANEIRO DE 1998 (*)

Dispõe sobre o contrato de trabalho por prazo determinado e dá outras providências.

O Presidente da República

Faço saber que o Congresso Nacional decreta e eu sanciono a seguinte Lei:

Art. 1.º As convenções e os acordos coletivos de trabalho poderão instituir contrato de trabalho por prazo determinado, de que trata o art. 443 da Consolidação das Leis do Trabalho – CLT, independentemente das condições estabelecidas em seu § 2.º, em qualquer atividade desenvolvida pela empresa ou estabelecimento, para admissões que representem acréscimo no número de empregados.

•• A Lei n. 2.959, de 17-11-1956, dispõe sobre contrato individual de trabalho por obra certa.

§ 1.º As partes estabelecerão, na convenção ou acordo coletivo referido neste artigo:

I - a indenização para as hipóteses de rescisão antecipada do contrato de que trata este artigo, por iniciativa do empregador ou do empregado, não se aplicando o disposto nos arts. 479 e 480 da CLT;

II - as multas pelo descumprimento de suas cláusulas.

§ 2.º Não se aplica ao contrato de trabalho previsto neste artigo o disposto no art. 451 da CLT.

§ 3.º (*Vetado.*)

§ 4.º São garantidas as estabilidades provisórias da gestante; do dirigente sindical, ainda que suplente; do empregado eleito para cargo de direção de comissões internas de prevenção de acidentes; do empregado acidentado, nos termos do art. 118 da Lei n. 8.213, de 24 de julho de 1991, durante a vigência do contrato por prazo determinado, que não poderá ser rescindido antes do prazo estipulado pelas partes.

Art. 2.º Para os contratos previstos no art. 1.º, são reduzidas, por sessenta meses, a contar da data de publicação desta Lei:

(*) Publicada no *DOU*, de 22-1-1998. Regulamentada pelo Decreto n. 10.854, de 10-11-2021. A Orientação Normativa n. 5, de 20-3-1998, do Coordenador-Geral de Arrecadação do INSS, dispõe sobre os procedimentos a serem observados pelas empresas que optarem pela contratação de empregados por prazo determinado. A Instrução Normativa n. 2, de 8-11-2021, do Ministério do Trabalho e da Previdência, dispõe sobre os procedimentos a serem observados pela Auditoria-Fiscal do Trabalho nas situações elencadas.

•• *Caput* com redação determinada pela Medida Provisória n. 2.164-41, de 24-8-2001.

I - a 50% (cinquenta por cento) de seu valor vigente em 1.º de janeiro de 1996, as alíquotas das contribuições sociais destinadas ao Serviço Social da Indústria – SESI, Serviço Social do Comércio – SESC, Serviço Social do Transporte – SEST, Serviço Nacional de Aprendizagem Industrial – SENAI, Serviço Nacional de Aprendizagem Comercial – SENAC, Serviço Nacional de Aprendizagem do Transporte – SENAT, Serviço Brasileiro de Apoio às Micro e Pequenas Empresas – SEBRAE e Instituto Nacional de Colonização e Reforma Agrária – INCRA, bem como ao salário-educação e para o financiamento do seguro de acidente do trabalho;

II - para 2% (dois por cento), a alíquota da contribuição para o Fundo de Garantia do Tempo de Serviço – FGTS, de que trata a Lei n. 8.036, de 11 de maio de 1990.

Parágrafo único. As partes estabelecerão, na convenção ou acordo coletivo, obrigação de o empregador efetuar, sem prejuízo do disposto no inciso II deste artigo, depósitos mensais vinculados, a favor do empregado, em estabelecimento bancário, com periodicidade determinada de saque.

Art. 3.º O número de empregados contratados nos termos do art. 1.º desta Lei observará o limite estabelecido no instrumento decorrente da negociação coletiva, não podendo ultrapassar os seguintes percentuais, que serão aplicados cumulativamente:

I - 50% (cinquenta por cento) do número de trabalhadores, para a parcela inferior a cinquenta empregados;

II - 35% (trinta e cinco por cento) do número de trabalhadores, para a parcela entre 50 (cinquenta) e 199 (cento e noventa e nove) empregados; e

III - 20% (vinte por cento) do número de trabalhadores, para a parcela acima de 200 (duzentos) empregados.

Parágrafo único. As parcelas referidas nos incisos deste artigo serão calculadas sobre a média aritmética mensal do número de empregados contratados por prazo indeterminado do estabelecimento, nos 6 (seis) meses imediatamente anteriores ao da data de publicação desta Lei.

•• A Portaria n. 207, de 31-3-1998, do MTE, baixa instruções sobre a forma de cálculo das médias previstas neste artigo.

Art. 4.º As reduções previstas no art. 2.º serão asseguradas desde que, no momento da contratação:

I - o empregador esteja adimplente junto ao Instituto Nacional do Seguro Social – INSS e ao Fundo de Garantia do Tempo de Serviço – FGTS;

II - o contrato de trabalho por prazo determinado e a relação mencionada no § 3.º deste artigo tenham sido depositados no Ministério do Trabalho.

§ 1.º As reduções referidas neste artigo subsistirão enquanto:

I - o quadro de empregados e a respectiva folha salarial, da empresa ou estabelecimento, forem superiores às respectivas médias mensais dos 6 (seis) meses imediatamente anteriores ao da data de publicação desta Lei; e

II - o número de empregados contratados por prazo indeterminado for, no mínimo, igual à média referida no parágrafo único do art. 3.º.

§ 2.º O Ministério do Trabalho tornará disponíveis ao INSS e ao Agente Operador do FGTS as informações constantes da convenção ou acordo coletivo de que trata o art. 1.º e do contrato de trabalho depositado, necessárias ao controle do recolhimento das contribuições mencionadas, respectivamente, nos incisos I e II do art. 2.º desta Lei.

§ 3.º O empregador deverá afixar, no quadro de avisos da empresa, cópias do instrumento normativo mencionado no art. 1.º e da relação dos contratados, que conterá, dentre outras informações, o nome do empregado, número da Carteira de Trabalho e Previdência Social, o número de inscrição do trabalhador no Programa de Integração Social – PIS e as datas de início e de término do contrato por prazo determinado.

§ 4.º O Ministro do Trabalho disporá sobre as variáveis a serem consideradas e a metodologia de cálculo das médias aritméticas mensais de que trata o § 1.º deste artigo.

•• A Portaria n. 207, de 31-3-1998, do MTE, baixa instruções sobre a forma de cálculo das médias previstas neste parágrafo.

Art. 5.º As empresas que, a partir da data de publicação desta Lei, aumentarem seu quadro de pessoal em relação à média mensal do número de empregos no período de referência mencionado no artigo anterior terão preferência na obtenção de recursos no âmbito dos programas executados pelos estabelecimentos federais de crédito, especialmente junto ao Banco Nacional de Desenvolvimento Econômico e Social – BNDES.

Art. 6.º O art. 59 da Consolidação das Leis do Trabalho – CLT passa a vigorar com a seguinte redação:

•• Alteração parcialmente prejudicada em função da nova redação determinada ao art. 59 pela Lei n. 13.467, de 13-7-2017.

Art. 7.º O descumprimento, pelo empregador, do disposto nos arts. 3.º e 4.º desta Lei sujeita-o a multa de 500 (quinhentas) Unidades Fiscais de Referência – UFIR, por trabalhador contratado nos moldes do art. 1.º, que se constituirá receita adicional do Fundo de Amparo ao Trabalhador – FAT, de que trata a Lei n. 7.998, de 11 de janeiro de 1990.

Art. 8.º O Poder Executivo regulamentará esta Lei no prazo de 30 (trinta) dias, contado a partir da data de sua publicação.

Art. 9.º Esta Lei entra em vigor na data de sua publicação.

Art. 10. Revogam-se as disposições em contrário.

Brasília, 21 de janeiro de 1998; 177.º da Independência e 110.º da República.

Fernando Henrique Cardoso

LEI N. 9.608, DE 18 DE FEVEREIRO DE 1998 (*)

Dispõe sobre o serviço voluntário e dá outras providências.

O Presidente da República

Faço saber que o Congresso Nacional decreta e eu sanciono a seguinte Lei:

Art. 1.º Considera-se serviço voluntário, para os fins desta Lei, a atividade não remunerada prestada por pessoa física a entidade pública de qualquer natureza ou a instituição privada de fins não lucrativos que tenha objetivos cívicos, culturais, educacionais, científicos, recreativos ou de assistência à pessoa.

•• Caput com redação determinada pela Lei n. 13.297, de 16-6-2016.

Parágrafo único. O serviço voluntário não gera vínculo empregatício, nem obrigação de natureza trabalhista, previdenciária ou afim.

Art. 2.º O serviço voluntário será exercido mediante a celebração de termo de adesão entre a entidade pública ou privada, e o prestador do serviço voluntário, dele devendo constar o objeto e as condições de seu exercício.

Art. 3.º O prestador do serviço voluntário poderá ser ressarcido pelas despesas que comprovadamente realizar no desempenho das atividades voluntárias.

Parágrafo único. As despesas a serem ressarcidas deverão estar expressamente autorizadas pela entidade a que for prestado o serviço voluntário.

Art. 3.º-A. (Revogado pela Lei n. 11.692, de 10-6-2008.)

Art. 4.º Esta Lei entra em vigor na data de sua publicação.

Art. 5.º Revogam-se as disposições em contrário.

Brasília, 18 de fevereiro de 1998; 177.º da Independência e 110.º da República.

Fernando Henrique Cardoso

(*) Publicada no DOU, de 19-2-1998. A Resolução n. 32, de 13-11-2008, do CJF, regulamenta a atividade de conciliador nos JEFs.

LEI N. 9.615, DE 24 DE MARÇO DE 1998 (**)

Institui normas gerais sobre desporto e dá outras providências.

O Presidente da República

Faço saber que o Congresso Nacional decreta e eu sanciono a seguinte Lei:

Capítulo I
DISPOSIÇÕES INICIAIS

Art. 1.º O desporto brasileiro abrange práticas formais e não formais e obedece às normas gerais desta Lei, inspirado nos fundamentos constitucionais do Estado Democrático de Direito.

•• Vide art. 217 da CF.
•• Sobre vale-transporte: vide art. 106, IV, do Decreto n. 10.854, de 10-11-2021.

§ 1.º A prática desportiva formal é regulada por normas nacionais e internacionais e pelas regras de prática desportiva de cada modalidade, aceitas pelas respectivas entidades nacionais de administração do desporto.

§ 2.º A prática desportiva não formal é caracterizada pela liberdade lúdica de seus praticantes.

§ 3.º Os direitos e as garantias estabelecidos nesta Lei e decorrentes dos princípios constitucionais do esporte não excluem outros oriundos de tratados e acordos internacionais firmados pela República Federativa do Brasil.

•• § 3.º acrescentado pela Lei n. 13.322, de 28-7-2016.

Capítulo II
DOS PRINCÍPIOS FUNDAMENTAIS

Art. 2.º O desporto, como direito individual, tem como base os princípios:

I – da soberania, caracterizado pela supremacia nacional na organização da prática desportiva;

II – da autonomia, definido pela faculdade e liberdade de pessoas físicas e jurídicas organizarem-se para a prática desportiva;

III – da democratização, garantido em condições de acesso às atividades desportivas sem quaisquer distinções ou formas de discriminação;

IV – da liberdade, expresso pela livre prática do desporto, de acordo com a capacidade e interesse de cada um, associando-se ou não a entidade do setor;

V – do direito social, caracterizado pelo dever do Estado em fomentar as práticas desportivas formais e não formais;

VI – da diferenciação, consubstanciado no tratamento específico dado ao desporto profissional e não profissional;

VII – da identidade nacional, refletido na proteção e incentivo às manifestações desportivas de criação nacional;

VIII – da educação, voltado para o desenvolvimento integral do homem como ser autônomo e participante, e fomentado por meio da prioridade dos recursos públicos ao desporto educacional;

IX – da qualidade, assegurado pela valorização dos resultados desportivos, educativos e dos relacionados à cidadania e ao desenvolvimento físico e moral;

X – da descentralização, consubstanciado na organização e funcionamento harmônicos de sistemas desportivos diferenciados e autônomos para os níveis federal, estadual, distrital e municipal;

XI – da segurança, propiciado ao praticante de qualquer modalidade desportiva, quanto a sua integridade física, mental ou sensorial;

(**) Publicada no DOU, de 25-3-1998. Regulamentada pelo Decreto n. 7.984, de 8-4-2013. A Lei n. 12.395, de 16-3-2011, institui em seu art. 5.º o Programa Atleta Pódio, destinado aos atletas praticantes do esporte de alto rendimento em modalidades olímpicas e paraolímpicas individuais.

XII – da eficiência, obtido por meio do estímulo à competência desportiva e administrativa.

Parágrafo único. A exploração e a gestão do desporto profissional constituem exercício de atividade econômica sujeitando-se, especificamente, à observância dos princípios:
•• Parágrafo único, *caput*, acrescentado pela Lei n. 10.672, de 15-5-2003.

I – da transparência financeira e administrativa;
•• Inciso I acrescentado pela Lei n. 10.672, de 15-5-2003.

II – da moralidade na gestão desportiva;
•• Inciso II acrescentado pela Lei n. 10.672, de 15-5-2003.

III – da responsabilidade social de seus dirigentes;
•• Inciso III acrescentado pela Lei n. 10.672, de 15-5-2003.

IV – do tratamento diferenciado em relação ao desporto não profissional; e
•• Inciso IV acrescentado pela Lei n. 10.672, de 15-5-2003.

V – da participação na organização desportiva do País.
•• Inciso V acrescentado pela Lei n. 10.672, de 15-5-2003.

Capítulo III
DA NATUREZA E DAS FINALIDADES DO DESPORTO

Art. 3.º O desporto pode ser reconhecido em qualquer das seguintes manifestações:

I – desporto educacional, praticado nos sistemas de ensino e em formas assistemáticas de educação, evitando-se a seletividade, a hipercompetitividade de seus praticantes, com a finalidade de alcançar o desenvolvimento integral do indivíduo e a sua formação para o exercício da cidadania e a prática do lazer;

II – desporto de participação, de modo voluntário, compreendendo as modalidades desportivas praticadas com a finalidade de contribuir para a integração dos praticantes na plenitude da vida social, na promoção da saúde e educação e na preservação do meio ambiente;

III – desporto de rendimento, praticado segundo normas gerais desta Lei e regras de prática desportiva, nacionais e internacionais, com a finalidade de obter resultados e integrar pessoas e comunidades do País e estas com as de outras nações;

IV – desporto de formação, caracterizado pelo fomento e aquisição inicial dos conhecimentos desportivos que garantam competência técnica na intervenção desportiva, com o objetivo de promover o aperfeiçoamento qualitativo e quantitativo da prática desportiva em termos recreativos, competitivos ou de alta competição.
•• Inciso IV acrescentado pela Lei n. 13.155, de 4-8-2015.

§ 1.º O desporto de rendimento pode ser organizado e praticado:
•• § 1.º, *caput*, renumerado pela Lei n. 13.155, de 4-8-2015.

I – de modo profissional, caracterizado pela remuneração pactuada em contrato formal de trabalho entre o atleta e a entidade de prática desportiva;

II – de modo não profissional, identificado pela liberdade de prática e pela inexistência de contrato de trabalho, sendo permitido o recebimento de incentivos materiais e de patrocínio.
•• Inciso II com redação determinada pela Lei n. 9.981, de 14-7-2000.

§ 2.º (*Vetado*).
•• § 2.º acrescentado pela Lei n. 13.155, de 4-8-2015.

Capítulo V
DA PRÁTICA DESPORTIVA PROFISSIONAL

Art. 26. Atletas e entidades de prática desportiva são livres para organizar a atividade profissional, qualquer que seja sua modalidade, respeitados os termos desta Lei.

Parágrafo único. Considera-se competição profissional para os efeitos desta Lei aquela promovida para obter renda e disputada por atletas profissionais cuja remuneração decorra de contrato de trabalho desportivo.
•• Parágrafo único acrescentado pela Lei n. 10.672, de 15-5-2003.

Art. 27. As entidades de prática desportiva participantes de competições profissionais e as entidades de administração de desporto ou ligas em que se organizarem, independentemente da forma jurídica adotada, sujeitam os bens particulares de seus dirigentes ao disposto no art. 50 da Lei n. 10.406, de 10 de janeiro de 2002, além das sanções e responsabilidades previstas no *caput* do art. 1.017 da Lei n. 10.406, de 10 de janeiro de 2002, na hipótese de aplicarem créditos ou bens sociais da entidade desportiva em proveito próprio ou de terceiros.
•• *Caput* com redação determinada pela Lei n. 10.672, de 15-5-2003.
•• Vide art. 94, *caput*, desta Lei.
• O art. 50 do CC dispõe sobre a desconsideração da personalidade jurídica.

§ 1.º (*Revogado pela Lei n. 9.981, de 14-7-2000.*)

§ 2.º A entidade a que se refere este artigo poderá utilizar seus bens patrimoniais, desportivos ou sociais, inclusive imobiliários ou de propriedade intelectual, para integralizar sua parcela no capital de Sociedade Anônima do Futebol, ou oferecê-los em garantia, na forma de seu estatuto, ou, se omisso este, mediante aprovação de mais da metade dos associados presentes a assembleia geral especialmente convocada para deliberar o tema.
•• § 2.º com redação determinada pela Lei n. 14.193, de 6-8-2021.
•• Sobre Sociedade Anônima do Futebol: vide Lei n. 14.193, de 6-8-2021.

§§ 3.º e 4.º (*Revogados pela Lei n. 10.672, de 15-5-2003.*)

§ 5.º O disposto no art. 23 aplica-se, no que couber, às entidades a que se refere o *caput* deste artigo.
•• § 5.º acrescentado pela Lei n. 10.672, de 15-5-2003.
• O art. 23 desta Lei dispõe sobre os estatutos das entidades de administração do desporto.

§ 6.º Sem prejuízo de outros requisitos previstos em lei, as entidades de que trata o *caput* deste artigo somente poderão obter financiamento com recursos públicos ou fazer jus a programas de recuperação econômico-financeiros se, cumulativamente, atenderem às seguintes condições:
•• § 6.º, *caput*, com redação determinada pela Lei n. 12.395, de 16-3-2011.

I – realizar todos os atos necessários para permitir a identificação exata de sua situação financeira;
•• Inciso I acrescentado pela Lei n. 10.672, de 15-5-2003.

II – apresentar plano de resgate e plano de investimento;
•• Inciso II acrescentado pela Lei n. 10.672, de 15-5-2003.

III – garantir a independência de seus conselhos de fiscalização e administração, quando houver;
•• Inciso III acrescentado pela Lei n. 10.672, de 15-5-2003.

IV – adotar modelo profissional e transparente; e
•• Inciso IV acrescentado pela Lei n. 10.672, de 15-5-2003.

V – apresentar suas demonstrações financeiras, juntamente com os respectivos relatórios de auditoria, nos termos definidos no inciso I do art. 46-A desta Lei.
•• Inciso V com redação determinada pela Lei n. 12.395, de 16-3-2011.
• A Lei n. 6.404, de 15-12-1976, dispõe sobre as sociedades anônimas.

§ 7.º Os recursos do financiamento voltados à implementação do plano de resgate serão utilizados:
•• § 7.º, *caput*, acrescentado pela Lei n. 10.672, de 15-5-2003.

I – prioritariamente, para quitação de débitos fiscais, previdenciários e trabalhistas; e
•• Inciso I acrescentado pela Lei n. 10.672, de 15-5-2003.

II – subsidiariamente, para construção ou melhoria de estádio próprio ou de que se utilizam para mando de seus jogos, com a finalidade de atender a critérios de segurança, saúde e bem-estar do torcedor.
•• Inciso II acrescentado pela Lei n. 10.672, de 15-5-2003.

§ 8.º Na hipótese do inciso II do § 7.º, a entidade de prática desportiva deverá apresentar à instituição financiadora o orçamento das obras pretendidas.

•• § 8.º acrescentado pela Lei n. 10.672, de 15-5-2003.

§ 9.º É facultado às entidades desportivas profissionais constituírem-se regularmente em sociedade empresária, segundo um dos tipos regulados nos arts. 1.039 a 1.092 da Lei n. 10.406, de 10 de janeiro de 2002 – Código Civil.
•• § 9.º acrescentado pela Lei n. 10.672, de 15-5-2003.
• Os arts. 1.039 a 1.092 do CC dispõem sobre as espécies de sociedades empresárias.

§ 10. Considera-se entidade desportiva profissional, para fins desta Lei, as entidades de prática desportiva envolvidas em competições de atletas profissionais, as ligas em que se organizarem e as entidades de administração de desporto profissional.
•• § 10 acrescentado pela Lei n. 10.672, de 15-5-2003.

§ 11. Os administradores de entidades desportivas profissionais respondem solidária e ilimitadamente pelos atos ilícitos praticados, de gestão temerária ou contrários ao previsto no contrato social ou estatuto, nos termos da Lei n. 10.406, de 10 de janeiro de 2002 – Código Civil.
•• § 11 com redação determinada pela Lei n. 12.395, de 16-3-2011.
• O referido art. 990 do CC dispõe que todos os sócios respondem solidária e ilimitadamente pelas obrigações sociais, excluído do benefício de ordem aquele que contratou pela sociedade.

§ 12. (*Vetado.*)
•• § 12 acrescentado pela Lei n. 10.672, de 15-5-2003.

§ 13. Para os fins de fiscalização e controle do disposto nesta Lei, as atividades profissionais das entidades de que trata o *caput* deste artigo, independentemente da forma jurídica sob a qual estejam constituídas, equiparam-se às das sociedades empresárias.
•• § 13 com redação determinada pela Lei n. 12.395, de 16-3-2011.

Art. 27-A. Nenhuma pessoa física ou jurídica que, direta ou indiretamente, seja detentora de parcela do capital com direito a voto ou, de qualquer forma, participe da administração de qualquer entidade de prática desportiva poderá ter participação simultânea no capital social ou na gestão de outra entidade de prática desportiva disputante da mesma competição profissional.
•• *Caput* acrescentado pela Lei n. 9.981, de 14-7-2000.
•• *Vide* art. 94, *caput*, desta Lei.

§ 1.º É vedado que duas ou mais entidades de prática desportiva disputem a mesma competição profissional das primeiras séries ou divisões das diversas modalidades desportivas quando:
•• § 1.º acrescentado pela Lei n. 9.981, de 14-7-2000.

a) uma mesma pessoa física ou jurídica, direta ou indiretamente, através de relação contratual, explore, controle ou administre direitos que integrem seus patrimônios; ou,
•• Alínea *a* acrescentada pela Lei n. 9.981, de 14-7-2000.

b) uma mesma pessoa física ou jurídica, direta ou indiretamente, seja detentora de parcela do capital com direito a voto ou, de qualquer forma, participe da administração de mais de uma sociedade ou associação que explore, controle ou administre direitos que integrem os seus patrimônios.
•• Alínea *b* acrescentada pela Lei n. 9.981, de 14-7-2000.

§ 2.º A vedação de que trata este artigo aplica-se:
•• § 2.º acrescentado pela Lei n. 9.981, de 14-7-2000.

a) ao cônjuge e aos parentes até o segundo grau das pessoas físicas; e
•• Alínea *a* acrescentada pela Lei n. 9.981, de 14-7-2000.

b) às sociedades controladoras, controladas e coligadas das mencionadas pessoas jurídicas, bem como a fundo de investimento, condomínio de investidores ou outra forma assemelhada que resulte na participação concomitante vedada neste artigo.
•• Alínea *b* acrescentada pela Lei n. 9.981, de 14-7-2000.

§ 3.º Excluem-se da vedação de que trata este artigo os contratos de administração e investimentos em estádios, ginásios e praças desportivas, de patrocínio, de licenciamento de uso de marcas e símbolos, de publicidade e de propaganda, desde que não importem na administração direta ou na cogestão das atividades desportivas profissionais das entidades de prática desportiva, assim como os contratos individuais ou coletivos que sejam celebrados entre as detentoras de concessão, permissão ou autorização para exploração de serviços de radiodifusão sonora e de sons e imagens, bem como de televisão por assinatura, e entidades de prática desportiva para fins de transmissão de eventos desportivos.
•• § 3.º acrescentado pela Lei n. 9.981, de 14-7-2000.

§ 4.º A infringência a este artigo implicará a inabilitação da entidade de prática desportiva para percepção dos benefícios de que trata o art. 18 desta Lei.
•• § 4.º com redação determinada pela Lei n. 10.672, de 15-5-2003.
• O art. 18 desta Lei dispõe sobre isenções fiscais e repasses de recursos públicos.

§ 5.º As empresas detentoras de concessão, permissão ou autorização para exploração de serviço de radiodifusão sonora e de sons e imagens, bem como de televisão por assinatura, ficam impedidas de patrocinar ou veicular sua própria marca, bem como a de seus canais e dos títulos de seus programas, nos uniformes de competições das entidades desportivas.
•• § 5.º com redação determinada pela Lei n. 10.672, de 15-5-2003.
•• A Lei n. 14.205, de 17-9-2021, propôs nova redação para este § 5.º, mas teve seu texto vetado.

§ 6.º A violação do disposto no § 5.º implicará a eliminação da entidade de prática desportiva que lhe deu causa da competição ou do torneio em que aquela se verificou, sem prejuízo das penalidades que venham a ser aplicadas pela Justiça Desportiva.
•• § 6.º acrescentado pela Lei n. 10.672, de 15-5-2003.

Art. 27-B. São nulas de pleno direito as cláusulas de contratos firmados entre as entidades de prática desportiva e terceiros, ou entre estes e atletas, que possam intervir ou influenciar nas transferências de atletas ou, ainda, que interfiram no desempenho do atleta ou da entidade de prática desportiva, exceto quando objeto de acordo ou convenção coletiva de trabalho.
•• Artigo acrescentado pela Lei n. 12.395, de 16-3-2011.

Art. 27-C. São nulos de pleno direito os contratos firmados pelo atleta ou por seu representante legal com agente desportivo, pessoa física ou jurídica, bem como as cláusulas contratuais ou de instrumentos procuratórios que:
•• *Caput* acrescentado pela Lei n. 12.395, de 16-3-2011.

I – resultem vínculo desportivo;
•• Inciso I acrescentado pela Lei n. 12.395, de 16-3-2011.

II – impliquem vinculação ou exigência de receita total ou parcial exclusiva da entidade de prática desportiva, decorrente de transferência nacional ou internacional de atleta, em vista da exclusividade de que trata o inciso I do art. 28;
•• Inciso II acrescentado pela Lei n. 12.395, de 16-3-2011.

III – restrinjam a liberdade de trabalho desportivo;
•• Inciso III acrescentado pela Lei n. 12.395, de 16-3-2011.

IV – estabeleçam obrigações consideradas abusivas ou desproporcionais;
•• Inciso IV acrescentado pela Lei n. 12.395, de 16-3-2011.

V – infrinjam os princípios da boa-fé objetiva ou do fim social do contrato; ou
•• Inciso V acrescentado pela Lei n. 12.395, de 16-3-2011.

VI – versem sobre o gerenciamento de carreira de atleta em formação com idade inferior a 18 (dezoito) anos.
•• Inciso VI acrescentado pela Lei n. 12.395, de 16-3-2011.

Art. 27-D. (*Vetado.*)
•• Artigo acrescentado pela Lei n. 13.155, de 4-8-2015.

Art. 28. A atividade do atleta profissional é caracterizada por remuneração pactuada em contrato especial de trabalho desportivo, firmado com entidade de prática desportiva, no qual deverá constar, obrigatoriamente:
•• *Caput* com redação determinada pela Lei n. 12.395, de 16-3-2011.
•• *Vide* art. 94, *caput*, desta Lei.

I – cláusula indenizatória desportiva, devida exclusivamente à entidade de prática desportiva à qual está vinculado o atleta, nas seguintes hipóteses:
•• Inciso I, *caput*, acrescentado pela Lei n. 12.395, de 16-3-2011.
•• *Vide* art. 27-C, II, desta Lei.

a) transferência do atleta para outra entidade, nacional ou estrangeira, durante a vigência do contrato especial de trabalho desportivo; ou
•• Alínea *a* acrescentada pela Lei n. 12.395, de 16-3-2011.

b) por ocasião do retorno do atleta às atividades profissionais em outra entidade de prática desportiva, no prazo de até 30 (trinta) meses; e
•• Alínea *b* acrescentada pela Lei n. 12.395, de 16-3-2011.

II – cláusula compensatória desportiva, devida pela entidade de prática desportiva ao atleta, nas hipóteses dos incisos III a V do § 5.º.
•• Inciso II acrescentado pela Lei n. 12.395, de 16-3-2011.

§ 1.º O valor da cláusula indenizatória desportiva a que se refere o inciso I do *caput* deste artigo será livremente pactuado pelas partes e expressamente quantificado no instrumento contratual:
•• § 1.º, *caput*, com redação determinada pela Lei n. 12.395, de 16-3-2011.

I – até o limite máximo de 2.000 (duas mil) vezes o valor médio do salário contratual, para as transferências nacionais; e
•• Inciso I acrescentado pela Lei n. 12.395, de 16-3-2011.

II – sem qualquer limitação, para as transferências internacionais.
•• Inciso II acrescentado pela Lei n. 12.395, de 16-3-2011.

§ 2.º São solidariamente responsáveis pelo pagamento da cláusula indenizatória desportiva de que trata o inciso I do *caput* deste artigo o atleta e a nova entidade de prática desportiva empregadora.
•• § 2.º com redação determinada pela Lei n. 12.395, de 16-3-2011.

§ 3.º O valor da cláusula compensatória desportiva a que se refere o inciso II do *caput* deste artigo será livremente pactuado entre as partes e formalizado no contrato especial de trabalho desportivo, observando-se, como limite máximo, 400 (quatrocentas) vezes o valor do salário mensal no momento da rescisão e, como limite mínimo, o valor total de salários mensais a que teria direito o atleta até o término do referido contrato.
•• § 3.º com redação determinada pela Lei n. 12.395, de 16-3-2011.
•• A Lei n. 13.155, de 4-8-2015, propôs nova redação para este § 3.º, todavia teve o seu texto vetado.

§ 4.º Aplicam-se ao atleta profissional as normas gerais da legislação trabalhista e da Seguridade Social, ressalvadas as peculiaridades constantes desta Lei, especialmente as seguintes:
•• § 4.º, *caput*, com redação determinada pela Lei n. 12.395, de 16-3-2011.
•• Vide art. 90-E desta Lei.

I – se conveniente à entidade de prática desportiva, a concentração não poderá ser superior a 3 (três) dias consecutivos por semana, desde que esteja programada qualquer partida, prova ou equivalente, amistosa ou oficial, devendo o atleta ficar à disposição do empregador por ocasião da realização de competição fora da localidade onde tenha sua sede;
•• Inciso I com redação determinada pela Lei n. 12.395, de 16-3-2011.

II – o prazo de concentração poderá ser ampliado, independentemente de qualquer pagamento adicional, quando o atleta estiver à disposição da entidade de administração do desporto;
•• Inciso II com redação determinada pela Lei n. 12.395, de 16-3-2011.

III – acréscimos remuneratórios em razão de períodos de concentração, viagens, pré-temporada e participação do atleta em partida, prova ou equivalente, conforme previsão contratual;
•• Inciso III com redação determinada pela Lei n. 12.395, de 16-3-2011.

IV – repouso semanal remunerado de 24 (vinte e quatro) horas ininterruptas, preferentemente em dia subsequente à participação do atleta na partida, prova ou equivalente, quando realizada no final de semana;
•• Inciso IV com redação determinada pela Lei n. 12.395, de 16-3-2011.

V – férias anuais remuneradas de 30 (trinta) dias, acrescidas do abono de férias, coincidentes com o recesso das atividades desportivas;
•• Inciso V acrescentado pela Lei n. 12.395, de 16-3-2011.

VI – jornada de trabalho desportiva normal de 44 (quarenta e quatro) horas semanais.
•• Inciso VI acrescentado pela Lei n. 12.395, de 16-3-2011.

§ 5.º O vínculo desportivo do atleta com a entidade de prática desportiva contratante constitui-se com o registro do contrato especial de trabalho desportivo na entidade de administração do desporto, tendo natureza acessória ao respectivo vínculo empregatício, dissolvendo-se, para todos os efeitos legais:
•• § 5.º, *caput*, com redação determinada pela Lei n. 12.395, de 16-3-2011.

I – com o término da vigência do contrato ou o seu distrato;
•• Inciso I acrescentado pela Lei n. 12.395, de 16-3-2011.

II – com o pagamento da cláusula indenizatória desportiva ou da cláusula compensatória desportiva;
•• Inciso II acrescentado pela Lei n. 12.395, de 16-3-2011.

III – com a rescisão decorrente do inadimplemento salarial, de responsabilidade da entidade de prática desportiva empregadora, nos termos desta Lei;
•• Inciso III acrescentado pela Lei n. 12.395, de 16-3-2011.

IV – com a rescisão indireta, nas demais hipóteses previstas na legislação trabalhista; e
•• Inciso IV acrescentado pela Lei n. 12.395, de 16-3-2011.

V – com a dispensa imotivada do atleta.
•• Inciso V acrescentado pela Lei n. 12.395, de 16-3-2011.

§ 6.º (*Revogado pela Lei n. 10.672, de 15-5-2003.*)

§ 7.º A entidade de prática desportiva poderá suspender o contrato especial de trabalho desportivo do atleta profissional, ficando dispensada do pagamento da remuneração nesse período, quando o atleta for impedido de atuar, por prazo ininterrupto superior a 90 (noventa) dias, em decorrência de ato ou evento de sua exclusiva responsabilidade, desvinculado da atividade profissional, conforme previsto no referido contrato.
•• § 7.º com redação determinada pela Lei n. 12.395, de 16-3-2011.

§ 8.º O contrato especial de trabalho desportivo deverá conter cláusula expressa reguladora de sua prorrogação automática na ocorrência da hipótese prevista no § 7.º deste artigo.
•• § 8.º acrescentado pela Lei n. 12.395, de 16-3-2011.

§ 9.º Quando o contrato especial de trabalho desportivo for por prazo inferior a 12 (doze) meses, o atleta profissional terá direito, por ocasião da rescisão contratual por culpa da entidade de prática desportiva empregadora, a tantos doze avos da remuneração mensal quantos forem os meses da vigência do contrato, referentes a férias, abono de férias e 13.º (décimo terceiro) salário.
•• § 9.º acrescentado pela Lei n. 12.395, de 16-3-2011.

§ 10. Não se aplicam ao contrato especial de trabalho desportivo os arts. 479 e 480 da Consolidação das Leis do Trabalho – CLT, aprovada pelo Decreto-lei n. 5.452, de 1.º de maio de 1943.
•• § 10 acrescentado pela Lei n. 12.395, de 16-3-2011.

Art. 28-A. Caracteriza-se como autônomo o atleta maior de 16 (dezesseis) anos que não mantém relação empregatícia com entidade de prática desportiva, auferindo rendimentos por conta e por meio de contrato de natureza civil.
•• *Caput* acrescentado pela Lei n. 12.395, de 16-3-2011.

§ 1.º O vínculo desportivo do atleta autônomo com a entidade de prática desportiva resulta de inscrição para participar de competição e não implica reconhecimento de relação empregatícia.
•• § 1.º acrescentado pela Lei n. 12.395, de 16-3-2011.

§ 2.º A filiação ou a vinculação de atleta autônomo a entidade de administração ou a sua integração a delegações brasileiras partícipes de competições internacionais não caracteriza vínculo empregatício.
•• § 2.º acrescentado pela Lei n. 12.395, de 16-3-2011.

§ 3.º O disposto neste artigo não se aplica às modalidades desportivas coletivas.
•• § 3.º acrescentado pela Lei n. 12.395, de 16-3-2011.

Art. 29. A entidade de prática desportiva formadora do atleta terá o direito de assinar com ele, a partir de 16 (dezesseis) anos de idade, o primeiro contrato especial de trabalho desportivo, cujo prazo não poderá ser superior a 5 (cinco) anos.
•• *Caput* com redação determinada pela Lei n. 12.395, de 16-3-2011.
•• Vide art. 94, *caput*, desta Lei.

Parágrafo único. (*Vetado.*)

§ 2.º É considerada formadora de atleta a entidade de prática desportiva que:
•• § 2.º, *caput*, com redação determinada pela Lei n. 12.395, de 16-3-2011.
•• A Lei n. 9.981, de 14-7-2000, acrescentou o § 2.º a este artigo, sem mencionar o § 1.º.

I – forneça aos atletas programas de treinamento nas categorias de base e complementação educacional; e
•• Inciso I acrescentado pela Lei n. 12.395, de 16-3-2011.

II – satisfaça cumulativamente os seguintes requisitos:
•• Inciso II, *caput*, acrescentado pela Lei n. 12.395, de 16-3-2011.

a) estar o atleta em formação inscrito por ela na respectiva entidade regional de administração do desporto há, pelo menos, 1 (um) ano;
•• Alínea *a* acrescentada pela Lei n. 12.395, de 16-3-2011.

b) comprovar que, efetivamente, o atleta em formação está inscrito em competições oficiais;
•• Alínea *b* acrescentada pela Lei n. 12.395, de 16-3-2011.

c) garantir assistência educacional, psicológica, médica e odontológica, assim como alimentação, transporte e convivência familiar;
•• Alínea *c* acrescentada pela Lei n. 12.395, de 16-3-2011.

d) manter alojamento e instalações desportivas adequados, sobretudo em matéria de alimentação, higiene, segurança e salubridade;
•• Alínea *d* acrescentada pela Lei n. 12.395, de 16-3-2011.

e) manter corpo de profissionais especializados em formação técnico-desportiva;
•• Alínea *e* acrescentada pela Lei n. 12.395, de 16-3-2011.

f) ajustar o tempo destinado à efetiva atividade de formação do atleta, não superior a 4 (quatro) horas por dia, aos horários do currículo escolar ou de curso profissionalizante, além de propiciar-lhe a matrícula escolar, com exigência de frequência e satisfatório aproveitamento;
•• Alínea *f* acrescentada pela Lei n. 12.395, de 16-3-2011.

g) ser a formação do atleta gratuita e a expensas da entidade de prática desportiva;
•• Alínea *g* acrescentada pela Lei n. 12.395, de 16-3-2011.

h) comprovar que participa anualmente de competições organizadas por entidade de administração do desporto em, pelo menos, 2 (duas) categorias da respectiva modalidade desportiva; e
•• Alínea *h* acrescentada pela Lei n. 12.395, de 16-3-2011.

i) garantir que o período de seleção não coincida com os horários escolares.
•• Alínea *i* acrescentada pela Lei n. 12.395, de 16-3-2011.

§ 3.º A entidade nacional de administração do desporto certificará como entidade de prática desportiva formadora aquela que comprovadamente preencha os requisitos estabelecidos nesta Lei.
•• § 3.º com redação determinada pela Lei n. 12.395, de 16-3-2011.

§ 4.º O atleta não profissional em formação, maior de quatorze e menor de vinte anos de idade, poderá receber auxílio financeiro da entidade de prática desportiva formadora, sob a forma de bolsa de aprendizagem livremente pactuada mediante contrato formal, sem que seja gerado vínculo empregatício entre as partes.
•• § 4.º acrescentado pela Lei n. 10.672, de 15-5-2003.

§ 5.º A entidade de prática desportiva formadora fará jus a valor indenizatório se ficar impossibilitada de assinar o primeiro contrato especial de trabalho desportivo por oposição do atleta, ou quando ele se vincular, sob qualquer forma, a outra entidade de prática desportiva, sem autorização expressa da entidade de prática desportiva formadora, atendidas as seguintes condições:
•• § 5.º, *caput*, com redação determinada pela Lei n. 12.395, de 16-3-2011.

I – o atleta deverá estar regularmente registrado e não pode ter sido desligado da entidade de prática desportiva formadora;
•• Inciso I acrescentado pela Lei n. 12.395, de 16-3-2011.

II – a indenização será limitada ao montante correspondente a 200 (duzentas) vezes os gastos comprovadamente efetuados com a formação do atleta, especificados no contrato de que trata o § 4.º deste artigo;
•• Inciso II acrescentado pela Lei n. 12.395, de 16-3-2011.

III – o pagamento do valor indenizatório somente poderá ser efetuado por outra entidade de prática desportiva e deverá ser efetivado diretamente à entidade de prática desportiva formadora no prazo máximo de 15 (quinze) dias, contados da data da vinculação do atleta à nova entidade de prática desportiva, para efeito de permitir novo registro em entidade de administração do desporto.
•• Inciso III acrescentado pela Lei n. 12.395, de 16-3-2011.

§ 6.º O contrato de formação desportiva a que se refere o § 4.º deste artigo deverá incluir obrigatoriamente:
•• § 6.º, *caput*, com redação determinada pela Lei n. 12.395, de 16-3-2011.

I – identificação das partes e dos seus representantes legais;
•• Inciso I com redação determinada pela Lei n. 12.395, de 16-3-2011.

II – duração do contrato;
•• Inciso II com redação determinada pela Lei n. 12.395, de 16-3-2011.

III – direitos e deveres das partes contratantes, inclusive garantia de seguro de vida e de acidentes pessoais para cobrir as atividades do atleta contratado; e
•• Inciso III com redação determinada pela Lei n. 12.395, de 16-3-2011.

IV – especificação dos itens de gasto para fins de cálculo da indenização com a formação desportiva.
•• Inciso IV com redação determinada pela Lei n. 12.395, de 16-3-2011.

§ 7.º A entidade de prática desportiva formadora e detentora do primeiro contrato especial de trabalho desportivo com o atleta por ela profissionalizado terá o direito de preferência para a primeira renovação deste contrato, cujo prazo não poderá ser superior a 3 (três) anos, salvo se para equiparação de proposta de terceiro.
•• § 7.º com redação determinada pela Lei n. 12.395, de 16-3-2011.

§ 8.º Para assegurar seu direito de preferência, a entidade de prática desportiva formadora e detentora do primeiro contrato especial de trabalho desportivo deverá apresentar, até 45 (quarenta e cinco) dias antes do término do contrato em curso, proposta ao atleta, de cujo teor deverá ser cientificada a correspondente entidade regional de administração do desporto, indicando as novas condições contratuais e os salários ofertados, devendo o atleta apresentar resposta à entidade de prática desportiva formadora, de cujo teor deverá ser notificada a referida entidade de administração, no prazo de 15 (quinze) dias contados da data do recebimento da proposta, sob pena de aceitação tácita.
•• § 8.º acrescentado pela Lei n. 12.395, de 16-3-2011.

§ 9.º Na hipótese de outra entidade de prática desportiva resolver oferecer proposta mais vantajosa a atleta vinculado à entidade de prática desportiva que o formou, deve-se observar o seguinte:
•• § 9.º, *caput*, acrescentado pela Lei n. 12.395, de 16-3-2011.

I – a entidade proponente deverá apresentar à entidade de prática desportiva formadora proposta, fazendo dela constar todas as condições remuneratórias;
•• Inciso I acrescentado pela Lei n. 12.395, de 16-3-2011.

II – a entidade proponente deverá dar conhecimento da proposta à correspondente entidade regional de administração; e
•• Inciso II acrescentado pela Lei n. 12.395, de 16-3-2011.

III – a entidade de prática desportiva formadora poderá, no prazo máximo de 15 (quinze) dias, a contar do recebimento da proposta, comunicar se exercerá o direito de preferência de que trata o § 7.º, nas mesmas condições oferecidas.
•• Inciso III acrescentado pela Lei n. 12.395, de 16-3-2011.

§ 10. A entidade de administração do desporto deverá publicar o recebimento das propostas de que tratam os §§ 7.º e 8.º, nos seus meios oficiais de divulgação, no prazo de 5 (cinco) dias contados da data do recebimento.
•• § 10 acrescentado pela Lei n. 12.395, de 16-3-2011.

§ 11. Caso a entidade de prática desportiva formadora oferte as mesmas condições, e, ainda assim, o atleta se oponha à renovação do primeiro contrato especial de trabalho desportivo, ela poderá exigir da nova entidade de prática desportiva contratante o valor indenizatório correspondente a, no máximo, 200 (duzentas) vezes o valor do salário mensal constante da proposta.
•• § 11 acrescentado pela Lei n. 12.395, de 16-3-2011.

§ 12. A contratação do atleta em formação será feita diretamente pela entidade de prática desportiva formadora, sendo vedada a sua realização por meio de terceiros.
•• § 12 acrescentado pela Lei n. 12.395, de 16-3-2011.

§ 13. A entidade de prática desportiva formadora deverá registrar o contrato de formação desportiva do atleta em formação na entidade de administração da respectiva modalidade desportiva.
•• § 13 acrescentado pela Lei n. 12.395, de 16-3-2011.

Art. 29-A. Sempre que ocorrer transferência nacional, definitiva ou temporária, de atleta profissional, até 5% (cinco por cento) do valor pago pela nova entidade de prática desportiva serão obrigatoriamente distribuídos entre as entidades de práticas desportivas que contribuíram para a formação do atleta, na proporção de:
•• *Caput* acrescentado pela Lei n. 12.395, de 16-3-2011.
•• *Vide* art. 94, *caput*, desta Lei.

I – 1% (um por cento) para cada ano de formação do atleta, dos 14 (quatorze) aos 17 (dezessete) anos de idade, inclusive; e
•• Inciso I acrescentado pela Lei n. 12.395, de 16-3-2011.

II – 0,5% (meio por cento) para cada ano de formação, dos 18 (dezoito) aos 19 (dezenove) anos de idade, inclusive.
•• Inciso II acrescentado pela Lei n. 12.395, de 16-3-2011.

§ 1.º Caberá à entidade de prática desportiva cessionária do atleta reter do valor a ser pago à entidade de prática desportiva cedente 5% (cinco por cento) do valor acordado para a transferência, distribuindo-os às entidades de prática desportiva que contribuíram para a formação do atleta.
•• § 1.º acrescentado pela Lei n. 12.395, de 16-3-2011.

§ 2.º Como exceção à regra estabelecida no § 1.º deste artigo, caso o atleta se desvincule da entidade de prática desportiva de forma unilateral, mediante pagamento da cláusula indenizatória desportiva prevista no inciso I do art. 28 desta Lei, caberá à entidade de prática desportiva que recebeu a cláusula indenizatória desportiva distribuir 5% (cinco por cento) de tal montante às entidades de prática desportiva responsáveis pela formação do atleta.
•• § 2.º acrescentado pela Lei n. 12.395, de 16-3-2011.

§ 3.º O percentual devido às entidades de prática desportiva formadoras do atleta deverá ser calculado sempre de acordo com certidão a ser fornecida pela entidade nacional de administração do desporto, e os valores distribuídos proporcionalmente em até 30 (trinta) dias da efetiva transferência, cabendo-lhe exigir o cumprimento do que dispõe este parágrafo.
•• § 3.º acrescentado pela Lei n. 12.395, de 16-3-2011.

Art. 30. O contrato de trabalho do atleta profissional terá prazo determinado, com vigência nunca inferior a três meses nem superior a cinco anos.
•• *Caput* com redação determinada pela Lei n. 9.981, de 14-7-2000.
•• *Vide* art. 94, *caput*, desta Lei.
• Os contratos de trabalho por prazo determinado são disciplinados pelos arts. 442 e seguintes da CLT, bem como pela Lei n. 9.601, de 21-1-1998, regulamentada pelo Decreto n. 10.854, de 10-11-2021.

Parágrafo único. Não se aplica ao contrato especial de trabalho desportivo do atleta profissional o disposto nos arts. 445 e 451 da Consolidação das Leis do Trabalho – CLT, aprovada pelo Decreto-lei n. 5.452, de 1.º de maio de 1943.
•• Parágrafo único com redação determinada pela Lei n. 12.395, de 16-3-2011.

Art. 30-A. As entidades desportivas profissionais poderão celebrar contratos de trabalho com atleta profissional por prazo determinado de, no mínimo, 30 (trinta) dias, durante o ano de 2020 ou enquanto perdurar calamidade pública nacional reconhecida pelo Congresso Nacional e decorrente de pandemia de saúde pública de importância internacional.
•• Artigo acrescentado pela Lei n. 14.117, de 8-1-2021.

Art. 31. A entidade de prática desportiva empregadora que estiver com pagamento de salário ou de contrato de direito de imagem de atleta profissional em atraso, no todo ou em parte, por período igual ou superior a três meses, terá o contrato especial de trabalho desportivo daquele atleta rescindido, ficando o atleta livre para transferir-se para qualquer outra entidade de prática desportiva de mesma modalidade, nacional ou internacional, e exigir a cláusula compensatória desportiva e os haveres devidos.
•• *Caput* com redação determinada pela Lei n. 13.155, de 4-8-2015.

•• *Vide* art. 39 desta Lei.

§ 1.º São entendidos como salário, para efeitos do previsto no *caput*, o abono de férias, o décimo terceiro salário, as gratificações, os prêmios e demais verbas inclusas no contrato de trabalho.

§ 2.º A mora contumaz será considerada também pelo não recolhimento do FGTS e das contribuições previdenciárias.
•• A Lei n. 14.117, de 8-1-2021, dispõe em seu art. 4.º: "Art. 4.º Durante a vigência da calamidade pública nacional reconhecida pelo Congresso Nacional, bem como nos 180 (cento e oitenta) dias subsequentes, fica afastada a aplicação do § 2.º do art. 31 da Lei n. 9.615, de 24 de março de 1998".

§ 3.º (*Revogado pela Lei n. 12.395, de 16-3-2011.*)

§ 4.º (*Vetado.*)
•• § 4.º acrescentado pela Lei n. 10.672, de 15-5-2003.

§ 5.º O atleta com contrato especial de trabalho desportivo rescindido na forma do *caput* fica autorizado a transferir-se para outra entidade de prática desportiva, inclusive da mesma divisão, independentemente do número de partidas das quais tenha participado na competição, bem como a disputar a competição que estiver em andamento por ocasião da rescisão contratual.
•• § 5.º acrescentado pela Lei n. 13.155, de 4-8-2015.

Art. 32. É lícito ao atleta profissional recusar competir por entidade de prática desportiva quando seus salários, no todo ou em parte, estiverem atrasados em dois ou mais meses.

Art. 33. (*Revogado pela Lei n. 12.395, de 16-3-2011.*)

Art. 34. São deveres da entidade de prática desportiva empregadora, em especial:
•• *Caput* com redação determinada pela Lei n. 9.981, de 14-7-2003.

I – registrar o contrato especial de trabalho desportivo do atleta profissional na entidade de administração da respectiva modalidade desportiva;
•• Inciso I com redação determinada pela Lei n. 12.395, de 16-3-2011.

II – proporcionar aos atletas profissionais as condições necessárias à participação nas competições desportivas, treinos e outras atividades preparatórias ou instrumentais;
•• Inciso II acrescentado pela Lei n. 9.981, de 14-7-2000.

III – submeter os atletas profissionais aos exames médicos e clínicos necessários à prática desportiva.
•• Inciso III acrescentado pela Lei n. 9.981, de 14-7-2000.

Art. 35. São deveres do atleta profissional, em especial:
•• *Caput* com redação determinada pela Lei n. 9.981, de 14-7-2000.

I – participar dos jogos, treinos, estágios e outras sessões preparatórias de competições com a aplicação e dedicação correspondentes às suas condições psicofísicas e técnicas;
•• Inciso I acrescentado pela Lei n. 9.981, de 14-7-2000.

II – preservar as condições físicas que lhes permitam participar das competições desportivas, submetendo-se aos exames médicos e tratamentos clínicos necessários à prática desportiva;
•• Inciso II acrescentado pela Lei n. 9.981, de 14-7-2000.

III – exercitar a atividade desportiva profissional de acordo com as regras da respectiva modalidade desportiva e as normas que regem a disciplina e a ética desportivas.
•• Inciso III acrescentado pela Lei n. 9.981, de 14-7-2000.

Arts. 36 e 37. (*Revogados pela Lei n. 9.981, de 14-7-2000.*)

Art. 38. Qualquer cessão ou transferência de atleta profissional ou não profissional depende de sua formal e expressa anuência.
•• Artigo com redação determinada pela Lei n. 9.981, de 14-7-2000.

Art. 39. O atleta cedido temporariamente a outra entidade de prática desportiva que tiver os salários em atraso, no todo ou em parte, por mais de 2 (dois) meses, notificará a entidade de prática desportiva cedente para, querendo, purgar a mora, no prazo de 15 (quinze) dias, não se aplicando, nesse caso, o disposto no *caput* do art. 31 desta Lei.
•• *Caput* com redação determinada pela Lei n. 12.395, de 16-3-2011.

§ 1.º O não pagamento ao atleta de salário e contribuições previstas em lei por parte da entidade de prática desportiva cessionária, por 2 (dois) meses, implicará a rescisão do contrato de empréstimo e a incidência da cláusula compensatória desportiva nele prevista, a ser paga ao atleta pela entidade de prática desportiva cessionária.

•• § 1.º acrescentado pela Lei n. 12.395, de 16-3-2011.

§ 2.º Ocorrendo a rescisão mencionada no § 1.º deste artigo, o atleta deverá retornar à entidade de prática desportiva cedente para cumprir o antigo contrato especial de trabalho desportivo.

•• § 2.º acrescentado pela Lei n. 12.395, de 16-3-2011.
•• Vide art. 94, *caput*, desta Lei.

Art. 40. Na cessão ou transferência de atleta profissional para entidade de prática desportiva estrangeira observar-se-ão as instruções expedidas pela entidade nacional de título.

•• A Lei n. 10.672, de 15-5-2003, propôs nova redação para este artigo, porém a alteração sofreu veto presidencial.

§ 1.º As condições para transferência do atleta profissional para o exterior deverão integrar obrigatoriamente os contratos de trabalho entre o atleta e a entidade de prática desportiva brasileira que o contratou.

•• Primitivo parágrafo único renumerado pela Lei n. 10.672, de 15-5-2003.

§ 2.º O valor da cláusula indenizatória desportiva internacional originalmente pactuada entre o atleta e a entidade de prática desportiva cedente, independentemente do pagamento da cláusula indenizatória desportiva nacional, será devido a esta pela entidade de prática desportiva cessionária caso esta venha a concretizar transferência internacional do mesmo atleta, em prazo inferior a 3 (três) meses, caracterizando o conluio com a entidade de prática desportiva estrangeira.

•• § 2.º com redação determinada pela Lei n. 12.395, de 16-3-2011.

Art. 41. A participação de atletas profissionais em seleções será estabelecida na forma como acordarem a entidade de administração convocante e a entidade de prática desportiva cedente.

§ 1.º A entidade convocadora indenizará a cedente dos encargos previstos no contrato de trabalho, pelo período em que durar a convocação do atleta, sem prejuízo de eventuais ajustes celebrados entre este e a entidade convocadora.

•• Vide art. 94, *caput*, desta Lei.

§ 2.º O período de convocação estender-se-á até a reintegração do atleta à entidade que o cedeu, apto a exercer sua atividade.

Art. 42. Pertence às entidades de prática desportiva o direito de arena, consistente na prerrogativa exclusiva de negociar, autorizar ou proibir a captação, a fixação, a emissão, a transmissão, a retransmissão ou a reprodução de imagens, por qualquer meio ou processo, de espetáculo desportivo de que participem.

•• *Caput* com redação determinada pela Lei n. 12.395, de 16-3-2011.

§ 1.º Salvo convenção coletiva de trabalho em contrário, 5% (cinco por cento) da receita proveniente da exploração de direitos desportivos audiovisuais serão repassados aos sindicatos de atletas profissionais, e estes distribuirão, em partes iguais, aos atletas profissionais participantes do espetáculo, como parcela de natureza civil.

•• § 1.º com redação determinada pela Lei n. 12.395, de 16-3-2011.

§ 1.º-A. (*Vetado*.)

•• § 1.º-A acrescentado pela Lei n. 13.155, de 4-8-2015.

§ 2.º O disposto neste artigo não se aplica à exibição de flagrantes de espetáculo ou evento desportivo para fins exclusivamente jornalísticos, desportivos ou educativos ou para a captação de apostas legalmente autorizadas, respeitadas as seguintes condições:

•• § 2.º, *caput*, com redação determinada pela Lei n. 13.155, de 4-8-2015.

I – a captação das imagens para a exibição de flagrante de espetáculo ou evento desportivo dar-se-á em locais reservados, nos estádios e ginásios, para não detentores de direitos ou, caso não disponíveis, mediante o fornecimento das imagens pelo detentor de direitos locais para a respectiva mídia;

•• Inciso I acrescentado pela Lei n. 12.395, de 16-3-2011.

II – a duração de todas as imagens do flagrante do espetáculo ou evento desportivo exibidas não poderá exceder 3% (três por cento) do total do tempo de espetáculo ou evento;

•• Inciso II acrescentado pela Lei n. 12.395, de 16-3-2011.

III – é proibida a associação das imagens exibidas com base neste artigo a qualquer forma de patrocínio, propaganda ou promoção comercial.

•• Inciso III acrescentado pela Lei n. 12.395, de 16-3-2011.

§ 3.º O espectador pagante, por qualquer meio, de espetáculo ou evento desportivo equipara-se, para todos os efeitos legais, ao consumidor, nos termos do art. 2.º da Lei n. 8.078, de 11 de setembro de 1990.

Art. 42-A. Pertence à entidade de prática desportiva de futebol mandante o direito de arena sobre o espetáculo desportivo.

•• *Caput* acrescentado pela Lei n. 14.205, de 17-9-2021.

§ 1.º Para fins do disposto no *caput* deste artigo, o direito de arena consiste na prerrogativa exclusiva de negociar, de autorizar ou de proibir a captação, a fixação, a emissão, a transmissão, a retransmissão ou a reprodução de imagens do espetáculo desportivo, por qualquer meio ou processo.

•• § 1.º acrescentado pela Lei n. 14.205, de 17-9-2021.

§ 2.º Serão distribuídos aos atletas profissionais, em partes iguais, 5% (cinco por cento) da receita proveniente da exploração de direitos desportivos audiovisuais do espetáculo desportivo de que trata o *caput* deste artigo.

•• § 2.º acrescentado pela Lei n. 14.205, de 17-9-2021.

§ 3.º A distribuição da receita de que trata o § 2.º deste artigo terá caráter de pagamento de natureza civil, exceto se houver disposição em contrário constante de convenção coletiva de trabalho.

•• § 3.º acrescentado pela Lei n. 14.205, de 17-9-2021.

§ 4.º O pagamento da verba de que trata o § 2.º deste artigo será realizado por intermédio dos sindicatos das respectivas categorias, que serão responsáveis pelo recebimento e pela logística de repasse aos participantes do espetáculo, no prazo de até 72 (setenta e duas) horas, contado do recebimento das verbas pelo sindicato.

•• § 4.º acrescentado pela Lei n. 14.205, de 17-9-2021.

§ 5.º Para fins do disposto no § 2.º deste artigo, quanto aos campeonatos de futebol, consideram-se atletas profissionais todos os jogadores escalados para a partida, titulares e reservas.

•• § 5.º acrescentado pela Lei n. 14.205, de 17-9-2021.

§ 6.º Na hipótese de realização de eventos desportivos sem definição do mando de jogo, a captação, fixação, a emissão, a transmissão, a retransmissão ou a reprodução de imagens, por qualquer meio ou processo, dependerão da anuência das entidades de prática desportiva de futebol participantes.

•• § 6.º acrescentado pela Lei n. 14.205, de 17-9-2021.

§ 7.º As disposições deste artigo não se aplicam a contratos que tenham por objeto direitos de transmissão celebrados previamente à vigência deste artigo, os quais permanecem regidos pela legislação em vigor na data de sua celebração.

•• § 7.º acrescentado pela Lei n. 14.205, de 17-9-2021.

§ 8.º Os contratos de que trata o § 7.º deste artigo não podem atingir as entidades desportivas que não cederam seus direitos de transmissão para terceiros previamente à vigência deste artigo, as quais poderão cedê-los livremente, conforme as disposições previstas no *caput* deste artigo.

•• § 8.º acrescentado pela Lei n. 14.205, de 17-9-2021.

Art. 43. É vedada a participação em competições desportivas profissionais de atletas não profissionais com idade superior a vinte anos.

•• Artigo com redação determinada pela Lei n. 9.981, de 14-7-2000.
•• Vide art. 94, *caput*, desta Lei.

Art. 44. É vedada a prática do profissionalismo, em qualquer modalidade, quando se tratar de:

I – desporto educacional, seja nos estabelecimentos escolares de 1.º e 2.º graus ou superiores;

II – desporto militar;

III – menores até a idade de dezesseis anos completos.

Art. 45. As entidades de prática desportiva são obrigadas a contratar seguro de vida e de acidentes pessoais, vinculado à atividade desportiva, para os atletas profissionais, com o objetivo de cobrir os riscos a que eles estão sujeitos.
- • *Caput* com redação determinada pela Lei n. 12.395, de 16-3-2011.
- • *Vide* art. 94, *caput*, desta Lei.

§ 1.º A importância segurada deve garantir ao atleta profissional, ou ao beneficiário por ele indicado no contrato de seguro, o direito a indenização mínima correspondente ao valor anual da remuneração pactuada.
- • § 1.º acrescentado pela Lei n. 12.395, de 16-3-2011.

§ 2.º A entidade de prática desportiva é responsável pelas despesas médico-hospitalares e de medicamentos necessários ao restabelecimento do atleta enquanto a seguradora não fizer o pagamento da indenização a que se refere o § 1.º deste artigo.
- • § 2.º acrescentado pela Lei n. 12.395, de 16-3-2011.

Art. 46. Ao estrangeiro atleta profissional de modalidade desportiva, referido no inciso V do art. 13 da Lei n. 6.815, de 19 de agosto de 1980, poderá ser concedido visto, observadas as exigências da legislação específica, por prazo não excedente a 5 (cinco) anos e correspondente à duração fixada no respectivo contrato especial de trabalho desportivo, permitida uma única renovação.
- • *Caput* com redação determinada pela Lei n. 12.395, de 16-3-2011.
- • A Resolução Normativa n. 121, de 8-3-2016, do Conselho Nacional de Imigração, disciplina a concessão de autorização de trabalho a estrangeiro na condição de atleta profissional.

§ 1.º É vedada a participação de atleta de nacionalidade estrangeira como integrante de equipe de competição de entidade de prática desportiva nacional nos campeonatos oficiais quando o visto de trabalho temporário recair na hipótese do inciso III do art. 13 da Lei n. 6.815, de 19 de agosto de 1980.
- • § 1.º com redação determinada pela Lei n. 12.395, de 16-3-2011.
- • O art. 14 da Lei n. 13.445, de 24-5-2017 (Lei de Migração), determina que o visto temporário poderá ser concedido ao estrangeiro que pretende vir ao Brasil na condição de artista ou desportista.

§ 2.º A entidade de administração do desporto será obrigada a exigir da entidade de prática desportiva o comprovante do visto de trabalho do atleta de nacionalidade estrangeira fornecido pelo Ministério do Trabalho e Emprego, sob pena de cancelamento da inscrição desportiva.
- • § 2.º com redação determinada pela Lei n. 12.395, de 16-3-2011.

Art. 46-A. As ligas desportivas, as entidades de administração de desporto e as de prática desportiva envolvidas em qualquer competição de atletas profissionais, independentemente da forma jurídica adotada, ficam obrigadas a:
- • *Caput* acrescentado pela Lei n. 10.672, de 15-5-2003.
- • A Lei n. 14.117, de 8-1-2021, dispõe em seu art. 7.º: "Art. 7.º Fica prorrogado por 7 (sete) meses, ante a vigência do Decreto Legislativo n. 6, de 20 de março de 2020, o prazo previsto para as ligas desportivas, as entidades de administração de desporto e as entidades de prática desportiva envolvidas em qualquer competição de atletas profissionais, independentemente da forma jurídica adotada, apresentarem e publicarem suas demonstrações financeiras referentes ao ano anterior, conforme disciplinado nos incisos I e II do *caput* do art. 46-A da Lei n. 9.615, de 24 de março de 1998".

I – elaborar suas demonstrações financeiras, separadamente por atividade econômica, de modo distinto das atividades recreativas e sociais, nos termos da lei e de acordo com os padrões e critérios estabelecidos pelo Conselho Federal de Contabilidade, e, após terem sido submetidas a auditoria independente, providenciar sua publicação, até o último dia útil do mês de abril do ano subsequente, por período não inferior a 3 (três) meses, em sítio eletrônico próprio e da respectiva entidade de administração ou liga desportiva;
- • Inciso I com redação determinada pela Lei n. 12.395, de 16-3-2011.

- • *Vide* art. 27, § 6.º, V, desta Lei.

II – apresentar suas contas juntamente com os relatórios da auditoria de que trata o inciso I ao Conselho Nacional do Esporte – CNE, sempre que forem beneficiárias de recursos públicos, na forma do regulamento.
- • Inciso II acrescentado pela Lei n. 10.672, de 15-5-2003.

§ 1.º Sem prejuízo da aplicação das penalidades previstas na legislação tributária, trabalhista, previdenciária, cambial, e das consequentes responsabilidades civil e penal, a infringência a este artigo implicará:
- • § 1.º, *caput*, acrescentado pela Lei n. 10.672, de 15-5-2003.

I – para as entidades de administração do desporto e ligas desportivas, a inelegibilidade, por dez anos, de seus dirigentes para o desempenho de cargos ou funções eletivas ou de livre nomeação, em quaisquer das entidades ou órgãos referidos no parágrafo único do art. 13 desta Lei;
- • Inciso I acrescentado pela Lei n. 10.672, de 15-5-2003.
 - As entidades ou órgãos referidos no art. 13 desta Lei são os seguintes: Comitê Olímpico Brasileiro – COB; Comitê Paraolímpico Brasileiro; entidades nacionais de administração do desporto; entidades regionais de administração do desporto; ligas regionais e nacionais; e entidades de prática desportiva filiadas ou não às acima referidas.

II – para as entidades de prática desportiva, a inelegibilidade, por cinco anos, de seus dirigentes para cargos ou funções eletivas ou de livre nomeação em qualquer entidade ou empresa direta ou indiretamente vinculada às competições profissionais da respectiva modalidade desportiva.
- • Inciso II acrescentado pela Lei n. 10.672, de 15-5-2003.

§ 2.º As entidades que violarem o disposto neste artigo ficam sujeitas, após o trânsito em julgado em processo administrativo ou judicial:
- • § 2.º, *caput*, com redação determinada pela Lei n. 14.117, de 8-1-2021, originalmente vetado, todavia promulgado em 29-4-2021.

I – ao afastamento de seus dirigentes; e
- • Inciso I acrescentado pela Lei n. 10.672, de 15-5-2003.

II – à nulidade de todos os atos praticados por seus dirigentes em nome da entidade, após a prática da infração, respeitado o direito de terceiros de boa-fé.
- • Inciso II com redação determinada pela Lei n. 12.395, de 16-3-2011.

§ 3.º Os dirigentes de que trata o § 2.º serão sempre:
- • § 3.º, *caput*, acrescentado pela Lei n. 10.672, de 15-5-2003.

I – o presidente da entidade, ou aquele que lhe faça as vezes; e
- • Inciso I acrescentado pela Lei n. 10.672, de 15-5-2003.

II – o dirigente que praticou a infração ainda que por omissão.
- • Inciso II acrescentado pela Lei n. 10.672, de 15-5-2003.

§ 4.º (*Vetado.*)
- • § 4.º acrescentado pela Lei n. 10.672, de 15-5-2003.

Capítulo X
DISPOSIÇÕES GERAIS

Art. 82. Os dirigentes, unidades ou órgãos de entidades de administração do desporto, inscritas ou não no registro de comércio, não exercem função delegada pelo Poder Público, nem são consideradas autoridades públicas para os efeitos desta Lei.

Art. 82-A. As entidades de prática desportiva de participação ou de rendimento, profissional ou não profissional, promoverão obrigatoriamente exames periódicos para avaliar a saúde dos atletas, nos termos da regulamentação.
- • Artigo acrescentado pela Lei n. 12.346, de 9-12-2010.

Art. 82-B. São obrigadas a contratar seguro de vida e de acidentes pessoais, vinculado à atividade desportiva, com o objetivo de cobrir os riscos a que os atletas estão sujeitos:
- • *Caput* acrescentado pela Lei n. 13.155, de 4-8-2015.

I – as entidades de prática desportiva que mantenham equipes de treinamento de atletas não profissionais de modalidades olímpicas ou paraolímpicas, para os atletas não profissionais a ela vinculados;
- • Inciso I acrescentado pela Lei n. 13.155, de 4-8-2015.

II – as entidades de administração do desporto nacionais, no caso de:

•• Inciso II, *caput*, acrescentado pela Lei n. 13.155, de 4-8-2015.

a) competições ou partidas internacionais em que atletas não profissionais de modalidades olímpicas ou paraolímpicas estejam representando selecionado nacional;

•• Alínea *a* acrescentada pela Lei n. 13.155, de 4-8-2015.

b) competições nacionais de modalidades olímpicas ou paraolímpicas, para os atletas não profissionais não vinculados a nenhuma entidade de prática desportiva.

•• Alínea *b* acrescentada pela Lei n. 13.155, de 4-8-2015.

§ 1.º A importância segurada deve garantir ao atleta não profissional, ou ao beneficiário por ele indicado no contrato de seguro, o direito a indenização mínima correspondente a doze vezes o valor do salário mínimo vigente ou a doze vezes o valor de contrato de imagem ou de patrocínio referentes a sua atividade desportiva, o que for maior.

•• § 1.º acrescentado pela Lei n. 13.155, de 4-8-2015.

§ 2.º A entidade de prática desportiva é responsável pelas despesas médico-hospitalares e de medicamentos necessários ao restabelecimento do atleta enquanto a seguradora não fizer o pagamento da indenização a que se refere o § 1.º deste artigo.

•• § 2.º acrescentado pela Lei n. 13.155, de 4-8-2015.

§ 3.º As despesas com seguro a que se refere o inciso II do *caput* deste artigo serão custeadas, conforme a hipótese, com recursos oriundos da exploração de loteria destinados ao COB, ao CPB, ao CBC, à CBDE e à CBDU.

•• § 3.º com redação determinada pela Lei n. 13.756, de 12-12-2018.

Art. 83. As entidades desportivas internacionais com sede permanente ou temporária no País receberão dos poderes públicos o mesmo tratamento dispensado às entidades nacionais de administração do desporto.

Art. 84. Será considerado como efetivo exercício, para todos os efeitos legais, o período em que o atleta servidor público civil ou militar, da Administração Pública direta, indireta, autárquica ou fundacional, estiver convocado para integrar representação nacional em treinamento ou competição desportiva no País ou no exterior.

• *Caput* com redação determinada pela Lei n. 9.981, de 14-7-2000.

§ 1.º O período de convocação será definido pela entidade nacional de administração da respectiva modalidade desportiva, cabendo a esta ou aos Comitês Olímpico ou Paraolímpico Brasileiros fazer a devida comunicação e solicitar ao Ministério do Esporte a competente liberação do afastamento do atleta, árbitro e assistente, cabendo ao referido Ministério comunicar a ocorrência ao órgão de origem do servidor ou militar.

•• § 1.º com redação determinada pela Lei n. 12.395, de 16-3-2011.

§ 2.º O disposto neste artigo aplica-se, também, aos profissionais especializados e dirigentes, quando indispensáveis à composição da delegação.

Art. 84-A. Todos os jogos das seleções brasileiras de futebol, em competições oficiais, deverão ser exibidos, pelo menos, em uma rede nacional de televisão aberta, com transmissão ao vivo, inclusive para as cidades brasileiras nas quais os mesmos estejam sendo realizados.

•• *Caput* acrescentado pela Lei n. 9.981, de 14-7-2000.

Parágrafo único. As empresas de televisão de comum acordo, ou por rodízio, ou por arbitramento, resolverão como cumprir o disposto neste artigo, caso nenhuma delas se interesse pela transmissão. O órgão competente fará o arbitramento.

•• Parágrafo único acrescentado pela Lei n. 9.981, de 14-7-2000.

Art. 85. Os sistemas de ensino da União, dos Estados, do Distrito Federal e dos Municípios, bem como as instituições de ensino superior, definirão normas específicas para verificação do rendimento e o controle de frequência dos estudantes que integrarem representação desportiva nacional, de forma a harmonizar a atividade desportiva com os interesses relacionados ao aproveitamento e à promoção escolar.

Art. 86. É instituído o Dia do Desporto, a ser comemorado no dia 23 de junho, Dia Mundial do Desporto Olímpico.

Art. 87. A denominação e os símbolos de entidade de administração do desporto ou prática desportiva, bem como o nome ou apelido desportivo do atleta profissional, são de propriedade exclusiva dos mesmos, contando com a proteção legal, válida para todo o território nacional, por tempo indeterminado, sem necessidade de registro ou averbação no órgão competente.

• A Lei n. 9.279, de 14-5-1996, regula direitos e obrigações relativos à propriedade industrial, e a Lei n. 9.610, de 19-2-1998, dispõe sobre direitos autorais.

Parágrafo único. A garantia legal outorgada às entidades e aos atletas referidos neste artigo permite-lhes o uso comercial de sua denominação, símbolos, nomes e apelidos.

• O art. 122 da Lei n. 9.279, de 14-5-1996, dispõe sobre a registrabilidade de sinais passíveis de registro como marca.

Art. 87-A. O direito ao uso da imagem do atleta pode ser por ele cedido ou explorado, mediante ajuste contratual de natureza civil e com fixação de direitos, deveres e condições inconfundíveis com o contrato especial de trabalho desportivo.

•• *Caput* acrescentado pela Lei n. 12.395, de 16-3-2011.

Parágrafo único. Quando houver, por parte do atleta, a cessão de direitos ao uso de sua imagem para a entidade de prática desportiva detentora do contrato especial de trabalho desportivo, o valor correspondente ao uso da imagem não poderá ultrapassar 40% (quarenta por cento) da remuneração total paga ao atleta, composta pela soma do salário e dos valores pagos pelo direito ao uso da imagem.

•• Parágrafo único acrescentado pela Lei n. 13.155, de 4-8-2015.

Art. 88. Os árbitros e auxiliares de arbitragem poderão constituir entidades nacionais, estaduais e do Distrito Federal, por modalidade desportiva ou grupo de modalidades, objetivando o recrutamento, a formação e a prestação de serviços às entidades de administração do desporto.

•• *Caput* com redação determinada pela Lei n. 12.395, de 16-3-2011.

Parágrafo único. Independentemente da constituição de sociedade ou entidades, os árbitros e seus auxiliares não terão qualquer vínculo empregatício com as entidades desportivas diretivas onde atuarem, e sua remuneração como autônomos exonera tais entidades de quaisquer outras responsabilidades trabalhistas, securitárias e previdenciárias.

Art. 89. Em campeonatos ou torneios regulares com mais de uma divisão, as entidades de administração do desporto determinarão em seus regulamentos o princípio do acesso e do descenso, observado sempre o critério técnico.

Art. 89-A. As entidades responsáveis pela organização de competições desportivas profissionais deverão disponibilizar equipes para atendimento de emergências entre árbitros e atletas, nos termos da regulamentação.

•• Artigo acrescentado pela Lei n. 12.346, de 9-12-2010.

Art. 90. É vedado aos administradores e membros de conselho fiscal de entidade de prática desportiva o exercício de cargo ou função em entidade de administração do desporto.

Art. 90-A. (*Vetado.*)

•• Artigo acrescentado pela Lei n. 10.672, de 15-5-2003.

Art. 90-B. (*Vetado.*)

•• Artigo acrescentado pela Lei n. 10.672, de 15-5-2003.

Art. 90-C. As partes interessadas poderão valer-se da arbitragem para dirimir litígios relativos a direitos patrimoniais disponíveis, vedada a apreciação de matéria referente à disciplina e à competição desportiva.

•• *Caput* acrescentado pela Lei n. 12.395, de 16-3-2011.

Parágrafo único. A arbitragem deverá estar prevista em acordo ou convenção coletiva de trabalho e só poderá ser instituída após a concordância expressa de ambas as partes, mediante cláusula compromissória ou compromisso arbitral.

•• Parágrafo único acrescentado pela Lei n. 12.395, de 16-3-2011.

Art. 90-D. Os atletas profissionais poderão ser representados em juízo por suas entidades sindicais em ações relativas aos contratos especiais de trabalho desportivo mantidos com as entidades de prática desportiva.

•• Artigo acrescentado pela Lei n. 12.395, de 16-3-2011.

Art. 90-E. O disposto no § 4.º do art. 28 quando houver vínculo

empregatício aplica-se aos integrantes da comissão técnica e da área de saúde.
•• Artigo acrescentado pela Lei n. 12.395, de 16-3-2011.

Art. 90-F. Os profissionais credenciados pelas Associações de Cronistas Esportivos quando em serviço têm acesso a praças, estádios e ginásios desportivos em todo o território nacional, obrigando-se a ocupar locais a eles reservados pelas respectivas entidades de administração do desporto.
•• Artigo acrescentado pela Lei n. 12.395, de 16-3-2011.

Capítulo XI
DISPOSIÇÕES TRANSITÓRIAS

Art. 91. Até a edição dos Códigos da Justiça dos Desportos Profissionais e Não Profissionais continuam em vigor os atuais Códigos, com as alterações constantes desta Lei.
•• A Lei n. 12.395, de 16-3-2011, propôs nova redação para este artigo, porém teve seu texto vetado.

Art. 92. Os atuais atletas profissionais de futebol, de qualquer idade, que, na data de entrada em vigor desta Lei, estiverem com passe livre, permanecerão nesta situação, e a rescisão de seus contratos de trabalho dar-se-á nos termos dos arts. 479 e 480 da CLT.

Art. 93. O disposto no art. 28, § 2.º, desta Lei somente produzirá efeitos jurídicos a partir de 26 de março de 2001, respeitados os direitos adquiridos decorrentes dos contratos de trabalho e vínculos desportivos de atletas profissionais pactuados com base na legislação anterior.
•• *Caput* com redação determinada pela Lei n. 9.981, de 14-7-2000.

Parágrafo único. (*Vetado.*)
•• Parágrafo único acrescentado pela Lei n. 9.981, de 14-7-2000.

Art. 94. O disposto nos arts. 27, 27-A, 28, 29, 29-A, 30, 39, 43, 45 e no § 1.º do art. 41 desta Lei será obrigatório exclusivamente para atletas e entidades de prática profissional da modalidade de futebol.
•• *Caput* com redação determinada pela Lei n. 12.395, de 16-3-2011.

Parágrafo único. É facultado às demais modalidades desportivas adotar os preceitos constantes dos dispositivos referidos no *caput* deste artigo.
•• Parágrafo único acrescentado pela Lei n. 9.981, de 14-7-2000.

Art. 94-A. O Poder Executivo regulamentará o disposto nesta Lei, inclusive a distribuição dos recursos, gradação das multas e os procedimentos de sua aplicação.
•• Artigo acrescentado pela Lei n. 9.981, de 14-7-2000.

Art. 95. Esta Lei entra em vigor na data de sua publicação.

Art. 96. São revogados, a partir da vigência do disposto no § 2.º do art. 28 desta Lei, os incisos II e V e os §§ 1.º e 3.º do art. 3.º, os arts. 4.º, 6.º, 11 e 13, o § 2.º do art. 15, o parágrafo único do art. 16 e os arts. 23 e 26 da Lei n. 6.354, de 2 de setembro de 1976; são revogadas, a partir da data de publicação desta Lei, as Leis n. 8.672, de 6 de julho de 1993, e 8.946, de 5 de dezembro de 1994.

Brasília, 24 de março de 1998; 177.º da Independência e 110.º da República.

FERNANDO HENRIQUE CARDOSO

LEI N. 9.766, DE 18 DE DEZEMBRO DE 1998 (*)

Altera a legislação que rege o Salário-Educação, e dá outras providências.

O Presidente da República
Faço saber que o Congresso Nacional decreta e eu sanciono a seguinte Lei:

(*) Publicada no *DOU*, de 19-12-1998. Regulamentada pelo Decreto n. 6.003, de 28-12-2006.

Art. 1.º A contribuição social do Salário-Educação, a que se refere o art. 15 da Lei n. 9.424, de 24 de dezembro de 1996, obedecerá aos mesmos prazos e condições, e sujeitar-se-á às mesmas sanções administrativas ou penais e outras normas relativas às contribuições sociais e demais importâncias devidas à Seguridade Social, ressalvada a competência do Fundo Nacional de Desenvolvimento da Educação – FNDE, sobre a matéria.

§ 1.º Estão isentas do recolhimento da contribuição social do Salário-Educação:

I – a União, os Estados, o Distrito Federal e os Municípios, bem como suas respectivas autarquias e fundações;

II – as instituições públicas de ensino de qualquer grau;

III – as escolas comunitárias, confessionais ou filantrópicas, devidamente registradas e reconhecidas pelo competente órgão estadual de educação, e que atendam ao disposto no inciso II do art. 55 da Lei n. 8.212, de 24 de julho de 1991;

IV – as organizações de fins culturais que, para este fim, vierem a ser definidas em regulamento;

V – as organizações hospitalares e de assistência social, desde que atendam, cumulativamente, aos requisitos estabelecidos nos incisos I a V do art. 55 da Lei n. 8.212, de 1991.

§ 2.º Integram a receita do Salário-Educação os acréscimos legais a que estão sujeitos os contribuintes em atraso.

§ 3.º Entende-se por empresa, para fins de incidência da contribuição social do Salário-Educação, qualquer firma individual ou sociedade que assume o risco de atividade econômica, urbana ou rural, com fins lucrativos ou não, bem como as empresas e demais entidades públicas ou privadas, vinculadas à Seguridade Social.

Art. 2.º A Quota Estadual e Municipal do Salário-Educação, de que trata o § 1.º e seu inciso II do art. 15 da Lei n. 9.424, de 24 de dezembro de 1996, será integralmente redistribuída entre o Estado e seus Municípios de forma proporcional ao número de alunos matriculados no ensino fundamental nas respectivas redes de ensino, conforme apurado pelo censo educacional realizado pelo Ministério da Educação.
•• *Caput* com redação determinada pela Lei n. 10.832, de 29-12-2003.
•• O STF, na ADPF n. 188, de 15-6-2022 (*DOU* de 29-6-2022), por maioria, julgou procedente o pedido formulado, no sentido de proceder "interpretação conforme ao conjunto normativo compreendido pelo art. 15, § 1.º, da Lei n. 9.424/96, e do art. 2.º da Lei n. 9.766/98, ambas alteradas pela Lei n. 10.832/2003, [para] determinar que as cotas estaduais e municipais cabíveis, a título de salário-educação, sejam integralmente distribuídas, observando-se tão somente a proporcionalidade do número de alunos matriculados de forma linear", e fixou a seguinte tese de julgamento: "À luz da Emenda Constitucional n. 53/2006, é incompatível com a ordem constitucional vigente a adoção, para fins de repartição das quotas estaduais e municipais referentes ao salário-educação, do critério legal de unidade federada em que realizada a arrecadação desse tributo, devendo-se observar unicamente o parâmetro quantitativo de alunos matriculados no sistema de educação básica". Por unanimidade, modulou os efeitos da decisão, para que produza efeitos a partir de 1.º-1-2024.

Parágrafo único. As contas específicas dos Estados, do Distrito federal e dos Municípios destinadas à movimentação das Quotas do Salário-Educação serão abertas pelo FNDE e mantidas, a critério do respectivo ente federado, em instituição financeira oficial.
•• Parágrafo único acrescentado pela Lei n. 13.530, de 7-12-2017.

Art. 3.º O Salário-Educação não tem caráter remuneratório na relação de emprego e não se vincula, para nenhum efeito, ao salário ou à remuneração percebida pelos empregados das empresas contribuintes.

Art. 4.º A contribuição do Salário-Educação será recolhida ao Instituto Nacional do Seguro Social – INSS ou ao Fundo Nacional de Desenvolvimento da Educação – FNDE.

Parágrafo único. O INSS reterá, do montante por ele arrecadado, a importância equivalente a um por cento, a título de taxa de administração, creditando o restante no Banco do Brasil S.A., em favor do FNDE, para os fins previstos no art. 15, § 1.º, da Lei n. 9.424, de 1996.

Art. 5.º A fiscalização da arrecadação do Salário-Educação será realizada pelo INSS, ressalvada a competência do FNDE sobre a matéria.

Parágrafo único. Para efeito da fiscalização prevista neste artigo, seja por parte do INSS, seja por parte do FNDE, não se aplicam as disposições legais excludentes ou limitativas do direito de examinar livros, arquivos, documentos, papéis e efeitos comerciais ou fiscais, dos comerciantes, empresários, industriais ou produtores, ou da obrigação destes de exibi-los.

Art. 6.º As disponibilidades financeiras dos recursos gerenciados pelo FNDE, inclusive os arrecadados à conta do Salário-Educação, poderão ser aplicadas por intermédio de instituição financeira pública federal, na forma que vier a ser estabelecida pelo seu Conselho Deliberativo.

- A Resolução n. 31, de 30-9-2003, aprova o Regimento Interno do Conselho Deliberativo do Fundo Nacional de Desenvolvimento da Educação.

Art. 7.º O Ministério da Educação e do Desporto fiscalizará, por intermédio do FNDE, a aplicação dos recursos provenientes do Salário-Educação, na forma do regulamento e das instruções que para este fim forem baixadas por aquela autarquia, vedada sua destinação ao pagamento de pessoal.

Art. 8.º Os recursos do Salário-Educação podem ser aplicados na educação especial, desde que vinculada ao ensino fundamental público.

Art. 9.º O Poder Executivo regulamentará esta Lei no prazo de sessenta dias da data de sua publicação.

Art. 10. Ficam convalidados os atos praticados com base na Medida Provisória n. 1.607-24, de 19 de novembro de 1998.

Art. 11. Esta Lei entra em vigor na data de sua publicação.

Art. 12. Revoga-se a Lei n. 8.150, de 28 de dezembro de 1990.

Brasília, 18 de dezembro de 1998; 177.º da Independência e 110.º da República.

FERNANDO HENRIQUE CARDOSO

DECRETO N. 3.048, DE 6 DE MAIO DE 1999 (*)

Aprova o Regulamento da Previdência Social, e dá outras providências.

O Presidente da República, no uso da atribuição que lhe confere o art. 84, IV, da Constituição Federal, e de acordo com a Emenda Constitucional n. 20, de 1998, as Leis Complementares n. 70, de 30 de dezembro de 1991, e n. 84, de 18 de janeiro de 1996, e as Leis n. 8.138, de 28 de dezembro de 1990, n. 8.212, de 24 de julho de 1991, n. 8.213, de 24 de julho de 1991, n. 8.218, de 29 de agosto de 1991, n. 8.383, de 30 de dezembro de 1991, n. 8.398, de 7 de janeiro de 1992, n. 8.436, de 25 de junho de 1992, n. 8.444, de 20 de julho de 1992, n. 8.540, de 22 de dezembro de 1992, n. 8.542, de 23 de dezembro de 1992, n. 8.619, de 5 de janeiro de 1993, n. 8.620, de 5 de janeiro de 1993, n. 8.630, de 25 de fevereiro de 1993, n. 8.647, de 13 de abril de 1993, n. 8.742, de 7 de dezembro de 1993, n. 8.745, de 9 de dezembro de 1993, n. 8.861, de 25 de março de 1994, n. 8.864, de 28 de março de 1994, n. 8.870, de 15 de abril de 1994, n. 8.880, de 27 de maio de 1994, n. 8.935, de 18 de novembro de 1994, n. 8.981, de 20 de janeiro de 1995, n. 9.032, de 28 de abril de 1995, n. 9.063, de 14 de junho de 1995, n. 9.065, de 20 de junho de 1995, n. 9.069, de 29 de junho de 1995, n. 9.129, de 20 de novembro de 1995, n. 9.249, de 26 de dezembro de 1995, n. 9.250, de 26 de dezembro de 1995, n. 9.317, de 5 de dezembro de 1996, n. 9.429, de 26 de dezembro de 1996, n. 9.476, de 23 de julho de 1997, n. 9.506, de 30 de outubro de 1997, n. 9.528, de 10 de dezembro de 1997, n. 9.601, de 21 de janeiro de 1998, n. 9.615, de 24 de março de 1998, n. 9.639, de 25 de maio de 1998, n. 9.649, de 27 de maio de 1998, n. 9.676, de 30 de junho de 1998, n. 9.703, de 17 de novembro de 1998, n. 9.711, de 21 de novembro de 1998, n. 9.717, de 27 de novembro de 1998, n. 9.718, de 27 de novembro de 1998, n. 9.719, de 27 de novembro de 1998, n. 9.720, de 30 de novembro de 1998, e n. 9.732, de 11 de dezembro de 1998, decreta:

Art. 1.º O Regulamento da Previdência Social passa a vigorar na forma do texto apenso ao presente Decreto, com seus anexos.

Art. 2.º Este Decreto entra em vigor na data de sua publicação.

Brasília, 6 de maio de 1999; 178.º da Independência e 111.º da República.

FERNANDO HENRIQUE CARDOSO

REGULAMENTO DA PREVIDÊNCIA SOCIAL

LIVRO II
DOS BENEFÍCIOS DA PREVIDÊNCIA SOCIAL

Título II
DO REGIME GERAL DE PREVIDÊNCIA SOCIAL

Capítulo II
DAS PRESTAÇÕES EM GERAL

SEÇÃO I
Das Espécies de Prestação

Art. 25. O Regime Geral de Previdência Social compreende as seguintes prestações, expressas em benefícios e serviços:

I – quanto ao segurado:

a) aposentadoria por incapacidade permanente;

•• Alínea a com redação determinada pelo Decreto n. 10.410, de 30-6-2020.

b) aposentadoria programada;

•• Alínea b com redação determinada pelo Decreto n. 10.410, de 30-6-2020.

c) aposentadoria por idade do trabalhador rural;

•• Alínea c com redação determinada pelo Decreto n. 10.410, de 30-6-2020.

d) aposentadoria especial;

e) auxílio por incapacidade temporária;

•• Alínea e com redação determinada pelo Decreto n. 10.410, de 30-6-2020.

f) salário-família;

g) salário-maternidade; e

h) auxílio-acidente;

II – quanto ao dependente:

a) pensão por morte; e

- Vide Súmula 52 dos JEFs.

b) auxílio-reclusão; e

III – quanto ao segurado e dependente: reabilitação profissional.

SEÇÃO VI
Dos Benefícios

(*) Publicado no *DOU*, de 7-5-1999. Republicado em 12-5-1999 e retificado em 18 e 21-6-1999. A Instrução Normativa n. 128, de 28-3-2022, do INSS, disciplina as regras, procedimentos e rotinas necessárias à efetiva aplicação das normas de direito previdenciário.

SUBSEÇÃO V
Do auxílio por incapacidade temporária

•• Subseção V com redação determinada pelo Decreto n. 10.410, de 30-6-2020.

Art. 71. O auxílio por incapacidade temporária será devido ao segurado que, uma vez cumprido, quando for o caso, o período de carência exigido, ficar incapacitado para o seu trabalho ou para a sua atividade habitual por mais de quinze dias consecutivos, conforme definido em avaliação médico-pericial.

•• *Caput* com redação determinada pelo Decreto n. 10.410, de 30-6-2020.

§ 1.º Não será devido auxílio por incapacidade temporária ao segurado que se filiar ao RGPS já portador de doença ou lesão invocada como causa para a concessão do benefício, exceto quando a incapacidade sobrevier por motivo de progressão ou agravamento dessa doença ou lesão.

•• § 1.º com redação determinada pelo Decreto n. 10.410, de 30-6-2020.

§ 2.º Será devido auxílio por incapacidade temporária, independentemente do cumprimento de período de carência, aos segurados obrigatório e facultativo quando sofrerem acidente de qualquer natureza.

•• § 2.º com redação determinada pelo Decreto n. 10.410, de 30-6-2020.

§ 3.º Não será devido o auxílio por incapacidade temporária ao segurado recluso em regime fechado.

•• § 3.º acrescentado pelo Decreto n. 10.410, de 30-6-2020.

§ 4.º O segurado em gozo de auxílio por incapacidade temporária na data do recolhimento à prisão terá o seu benefício suspenso.

•• § 4.º acrescentado pelo Decreto n. 10.410, de 30-6-2020.

§ 5.º A suspensão prevista no § 4.º será pelo prazo de até sessenta dias, contado da data do recolhimento à prisão, hipótese em que o benefício será cessado após o referido prazo.

•• § 5.º acrescentado pelo Decreto n. 10.410, de 30-6-2020.

§ 6.º Na hipótese de o segurado ser colocado em liberdade antes do prazo previsto no § 5.º, o benefício será restabelecido a partir da data de sua soltura.

•• § 6.º acrescentado pelo Decreto n. 10.410, de 30-6-2020.

§ 7.º Em caso de prisão declarada ilegal, o segurado terá direito à percepção do benefício por todo o período devido, efetuado o encontro de contas na hipótese de ter havido pagamento de auxílio-reclusão com valor inferior ao do auxílio por incapacidade temporária no mesmo período.

•• § 7.º acrescentado pelo Decreto n. 10.410, de 30-6-2020.

§ 8.º O disposto nos § 3.º ao § 7.º aplica-se somente aos benefícios dos segurados que tiverem sido recolhidos à prisão a partir da data de publicação da Lei n. 13.846, de 18 de junho de 2019.

•• § 8.º acrescentado pelo Decreto n. 10.410, de 30-6-2020.

§ 9.º O segurado recluso em cumprimento de pena em regime aberto ou semiaberto fará jus ao auxílio por incapacidade temporária.

•• § 9.º acrescentado pelo Decreto n. 10.410, de 30-6-2020.

Art. 72. O auxílio por incapacidade temporária consiste em renda mensal correspondente a noventa e um por cento do salário de benefício definido na forma prevista no art. 32 e será devido:

•• *Caput* com redação determinada pelo Decreto n. 10.410, de 30-6-2020.

•• O art. 32 dispõe: "Art. 32. O salário de benefício a ser utilizado para o cálculo dos benefícios de que trata este Regulamento, inclusive aqueles previstos em acordo internacional, consiste no resultado da média aritmética simples dos salários de contribuição e das remunerações adotadas como base para contribuições a regime próprio de previdência social ou como base para contribuições decorrentes das atividades militares de que tratam os art. 42 e art. 142 da Constituição, considerados para a concessão do benefício, atualizados monetariamente, correspondentes a cem por cento do período contributivo desde a competência julho de 1994 ou desde o início da contribuição, se posterior a essa competência".

I – a contar do décimo sexto dia do afastamento da atividade para o segurado empregado, exceto o doméstico;

•• Inciso I com redação determinada pelo Decreto n. 3.265, de 29-11-1999.

II – a contar da data do início da incapacidade, para os demais segurados, desde que o afastamento seja superior a quinze dias;

•• Inciso II com redação determinada pelo Decreto n. 10.410, de 30-6-2020.

III – a contar da data de entrada do requerimento, quando requerido após o trigésimo dia do afastamento da atividade, para todos os segurados.

§ 1.º Quando o acidentado não se afastar do trabalho no dia do acidente, os quinze dias de responsabilidade da empresa pela sua remuneração integral são contados a partir da data do afastamento.

§ 2.º (*Revogado pelo Decreto n. 3.668, de 22-11-2000.*)

§ 3.º O auxílio por incapacidade temporária será devido durante o curso de reclamação trabalhista relacionada com a rescisão do contrato de trabalho, ou após a decisão final, desde que implementadas as condições mínimas para a concessão do benefício, observado o disposto nos § 2.º e § 3.º do art. 36.

•• § 3.º com redação determinada pelo Decreto n. 10.410, de 30-6-2020.

•• Citados parágrafos dispõem: "§ 2.º No caso de segurado empregado, inclusive o doméstico, e de trabalhador avulso que tenham cumprido todas as condições para a concessão do benefício pleiteado, mas não possam comprovar o valor dos seus salários de contribuição no período básico de cálculo, será considerado, para o cálculo do benefício referente ao período sem comprovação do valor do salário de contribuição, o valor do salário mínimo e essa renda será recalculada quando da apresentação de prova dos salários de contribuição. § 3.º Na hipótese de jornada de trabalho parcial ou intermitente, a aplicação do disposto no § 2.º fica condicionada à apresentação do contrato de trabalho do qual conste a remuneração contratada ou a demonstração das remunerações auferidas que possibilite a verificação do valor do salário de contribuição para fins de aplicação do disposto no art. 19-E".

Art. 73. O auxílio por incapacidade temporária do segurado que exercer mais de uma atividade abrangida pela previdência social será devido mesmo no caso de incapacidade apenas para o exercício de uma delas, hipótese em que o segurado deverá informar a Perícia Médica Federal a respeito de todas as atividades que estiver exercendo.

•• *Caput* com redação determinada pelo Decreto n. 10.410, de 30-6-2020.

§ 1.º Na hipótese prevista neste artigo, o auxílio por incapacidade temporária será concedido em relação à atividade para a qual o segurado estiver incapacitado, consideradas para fins de carência somente as contribuições relativas a essa atividade.

•• § 1.º com redação determinada pelo Decreto n. 10.410, de 30-6-2020.

§ 2.º Se nas várias atividades o segurado exercer a mesma profissão, será exigido de imediato o afastamento de todas.

§ 3.º Constatada durante o recebimento do auxílio por incapacidade temporária concedido nos termos do disposto neste artigo a incapacidade do segurado para cada uma das demais atividades, o valor do benefício deverá ser revisto com base nos salários de contribuição de cada uma das atividades, observado o disposto nos incisos I ao III do *caput* do art. 72.

•• § 3.º com redação determinada pelo Decreto n. 10.410, de 30-6-2020.

§ 4.º Na hipótese prevista no § 1.º, o valor do auxílio por incapacidade temporária poderá ser inferior ao salário mínimo, desde que, se somado às demais remunerações recebidas, resulte em valor superior ao salário mínimo.

•• § 4.º com redação determinada pelo Decreto n. 10.410, de 30-6-2020.

§ 5.º O segurado que, durante o gozo do auxílio por incapacidade temporária, vier a exercer atividade remunerada que lhe garanta a subsistência poderá ter o benefício cancelado a partir do retorno à atividade, observado o disposto no art. 179.

•• § 5.º acrescentado pelo Decreto n. 10.410, de 30-6-2020.

§ 6.º Na hipótese prevista no § 5.º, caso a atividade remunerada exercida seja diversa daquela que gerou o benefício, deverá ser verificada a incapacidade para cada uma das atividades exercidas, observado o disposto no *caput* e nos § 1.º, § 2.º e § 3.º.

•• § 6.º acrescentado pelo Decreto n. 10.410, de 30-6-2020.

Art. 74. Quando o segurado que exercer mais de uma atividade for considerado definitivamente incapacitado para uma delas, o auxílio por incapacidade temporária deverá ser mantido indefinidamente, hipótese em que não caberá a concessão de aposentadoria por incapacidade permanente enquanto a incapacidade não se estender às demais atividades.

•• *Caput* com redação determinada pelo Decreto n. 10.410, de 30-6-2020.

Parágrafo único. Na situação prevista no *caput*, o segurado somente poderá transferir-se das demais atividades que exerce após o conhecimento da reavaliação médico-pericial.

Art. 75. Durante os primeiros quinze dias consecutivos de afastamento da atividade por motivo de incapacidade temporária, compete à empresa pagar o salário ao segurado empregado.

•• *Caput* com redação determinada pelo Decreto n. 10.410, de 30-6-2020.

§ 1.º Cabe à empresa que dispuser de serviço médico próprio ou em convênio o exame médico e o abono das faltas correspondentes aos primeiros quinze dias de afastamento.

§ 2.º Quando a incapacidade ultrapassar o período de quinze dias consecutivos, o segurado será encaminhado ao INSS para avaliação médico-pericial.

•• § 2.º com redação determinada pelo Decreto n. 10.410, de 30-6-2020.

§ 3.º Se concedido novo benefício decorrente do mesmo motivo que gerou a incapacidade no prazo de sessenta dias, contado da data da cessação do benefício anterior, a empresa ficará desobrigada do pagamento relativo aos quinze primeiros dias de afastamento, prorrogando-se o benefício anterior e descontando-se os dias trabalhados, se for o caso.

•• § 3.º com redação determinada pelo Decreto n. 10.410, de 30-6-2020.

§ 4.º Se o segurado empregado, por motivo de incapacidade, afastar-se do trabalho durante o período de quinze dias, retornar à atividade no décimo sexto dia e voltar a se afastar no prazo de sessenta dias, contado da data de seu retorno, em decorrência do mesmo motivo que gerou a incapacidade, este fará jus ao auxílio por incapacidade temporária a partir da data do novo afastamento.

•• § 4.º com redação determinada pelo Decreto n. 10.410, de 30-6-2020.

§ 5.º Na hipótese prevista no § 4.º, se o retorno à atividade tiver ocorrido antes do período de quinze dias do afastamento, o segurado fará jus ao auxílio por incapacidade temporária a partir do dia seguinte ao que completar aquele período.

•• § 5.º com redação determinada pelo Decreto n. 10.410, de 30-6-2020.

§ 6.º Na impossibilidade de realização do exame médico-pericial inicial antes do término do período de recuperação indicado pelo médico assistente em documentação, o empregado é autorizado a retornar ao trabalho no dia seguinte à data indicada pelo médico assistente, mantida a necessidade de comparecimento do segurado à perícia na data agendada.

•• § 6.º com redação determinada pelo Decreto n. 10.410, de 30-6-2020.

Arts. 75-A e 75-B. (*Revogados pelo Decreto n. 10.410, de 30-6-2020.*)

Art. 76. A previdência social processará, de ofício, o benefício quando tiver ciência da incapacidade do segurado sem que este tenha requerido auxílio por incapacidade temporária.

•• Artigo com redação determinada pelo Decreto n. 10.410, de 30-6-2020.

Art. 76-A. É facultado à empresa protocolar requerimento de auxílio por incapacidade temporária ou documento dele originário de seu empregado ou de contribuinte individual a ela vinculado ou a seu serviço, na forma estabelecida pelo INSS.

•• *Caput* com redação determinada pelo Decreto n. 10.410, de 30-6-2020.

Parágrafo único. (*Revogado pelo Decreto n. 10.410, de 30-6-2020.*)

Art. 76-B. A empresa terá acesso às decisões administrativas de benefícios requeridos por seus empregados, resguardadas as informações consideradas sigilosas, na forma estabelecida em ato do INSS.

•• Artigo acrescentado pelo Decreto n. 10.410, de 30-6-2020.

Art. 77. O segurado em gozo de auxílio por incapacidade temporária concedido judicial ou administrativamente está obrigado, independentemente de sua idade e sob pena de suspensão do benefício, a submeter-se a exame médico a cargo da Perícia Médica Federal, processo de reabilitação profissional a cargo do INSS e tratamento dispensado gratuitamente, exceto o cirúrgico e a transfusão de sangue, que são facultativos.

•• Artigo com redação determinada pelo Decreto n. 10.410, de 30-6-2020.

Art. 77-A. O segurado em gozo de auxílio por incapacidade temporária concedido judicial ou administrativamente poderá ser convocado a qualquer tempo para avaliação das condições que ensejaram sua concessão ou manutenção.

•• Artigo acrescentado pelo Decreto n. 10.410, de 30-6-2020.

Art. 78. O auxílio por incapacidade temporária cessa pela recuperação da capacidade para o trabalho, pela concessão de aposentadoria por incapacidade permanente ou, na hipótese de o evento causador da redução da capacidade laborativa ser o mesmo que gerou o auxílio por incapacidade temporária, pela concessão do auxílio acidente.

•• *Caput* com redação determinada pelo Decreto n. 10.410, de 30-6-2020.

§ 1.º Sempre que possível, o ato de concessão ou de reativação de auxílio por incapacidade temporária, judicial ou administrativo, deverá estabelecer o prazo estimado para a duração do benefício.

•• § 1.º com redação determinada pelo Decreto n. 10.410, de 30-6-2020.

§ 2.º Caso o prazo concedido para a recuperação se revele insuficiente, o segurado poderá solicitar a sua prorrogação, na forma estabelecida pelo INSS.

•• § 2.º com redação determinada pelo Decreto n. 8.691, de 14-3-2016.

§ 3.º A comunicação da concessão do auxílio por incapacidade temporária conterá as informações necessárias ao requerimento de sua prorrogação.

•• § 3.º com redação determinada pelo Decreto n. 10.410, de 30-6-2020.

§ 4.º Caso não seja estabelecido o prazo de que trata o § 1.º, o benefício cessará após o prazo de cento e vinte dias, contado da data de concessão ou de reativação do auxílio por incapacidade temporária, exceto se o segurado requerer a sua prorrogação ao INSS, observado o disposto no art. 79.

•• § 4.º com redação determinada pelo Decreto n. 10.410, de 30-6-2020.

§ 5.º O segurado que se considerar capaz antes do prazo estabelecido pela Perícia Médica Federal no ato da concessão ou da prorrogação do auxílio por incapacidade temporária somente retornará ao trabalho após nova avaliação médico-pericial.

•• § 5.º acrescentado pelo Decreto n. 10.410, de 30-6-2020.

§ 6.º O segurado poderá desistir do requerimento de prorrogação antes da realização do exame médico-pericial, hipótese em que o benefício será mantido até a data da sua desistência, desde que posterior à data de cessação estabelecida pela Perícia Médica Federal.

•• § 6.º acrescentado pelo Decreto n. 10.410, de 30-6-2020.

§ 7.º O segurado que não concordar com o resultado da avaliação a que se refere o § 1.º poderá apresentar, no prazo de trinta dias, recurso da decisão proferida pela Perícia Médica Federal perante o Conselho de Recursos da Previdência Social – CRPS, cuja análise médico-pericial, se necessária, será feita por perito médico federal diverso daquele que tenha realizado o exame anterior.

•• § 7.º acrescentado pelo Decreto n. 10.410, de 30-6-2020.

Art. 79. O segurado em gozo de auxílio por incapacidade temporária insuscetível de recuperação para sua atividade habitual deverá submeter-se a processo de reabilitação profissional para o exercício de outra atividade.

•• *Caput* com redação determinada pelo Decreto n. 10.410, de 30-6-2020.

§ 1.º O benefício a que se refere o *caput* será mantido até que o segurado seja considerado reabilitado para o desempenho de atividade que lhe garanta a subsistência ou, quando considerado não recuperável, seja aposentado por incapacidade permanente.

•• § 1.º acrescentado pelo Decreto n. 10.410, de 30-6-2020.

§ 2.º A alteração das atribuições e responsabilidades do segurado compatíveis com a limitação que tenha sofrido em sua capacidade física ou mental não configura desvio de cargo ou função do segurado reabilitado ou que estiver em processo de reabilitação profissional a cargo do INSS.

•• § 2.º acrescentado pelo Decreto n. 10.410, de 30-6-2020.

Art. 80. O segurado empregado, inclusive o doméstico, em gozo de auxílio por incapacidade temporária será considerado pela empresa e pelo empregador doméstico como licenciado.

•• *Caput* com redação determinada pelo Decreto n. 10.410, de 30-6-2020.

Parágrafo único. A empresa que garantir ao segurado licença remunerada ficará obrigada a pagar-lhe, durante o período do auxílio por incapacidade temporária, a eventual diferença entre o valor do benefício recebido e a quantia garantida pela licença.
•• Parágrafo único com redação determinada pelo Decreto n. 10.410, de 30-6-2020.

SUBSEÇÃO VI
Do salário-família

Art. 81. O salário-família é devido, mensalmente, ao segurado empregado, inclusive o doméstico, e ao trabalhador avulso com salário de contribuição inferior ou igual a R$ 1.425,56 (mil quatrocentos e vinte e cinco reais e cinquenta e seis centavos), na proporção do respectivo número de filhos ou de enteados e de menores tutelados, desde que comprovada a dependência econômica dos dois últimos nos termos do disposto no art. 16, observado o disposto no art. 83.
•• Artigo com redação determinada pelo Decreto n. 10.410, de 30-6-2020.
•• Valor atualizado, a partir de 1.º-1-2023, pela Portaria Interministerial n. 26, de 10-1-2023, dos Ministérios da Previdência Social e da Fazenda, para R$ 1.754,18 (mil setecentos e cinquenta e quatro reais e dezoito centavos).

Art. 82. O salário-família será pago mensalmente:

I – ao empregado, inclusive o doméstico, pela empresa ou pelo empregador doméstico, juntamente com o salário, e ao trabalhador avulso, pelo sindicato ou órgão gestor de mão de obra, por meio de convênio;
•• Inciso I com redação determinada pelo Decreto n. 10.410, de 30-6-2020.

II – ao empregado, inclusive o doméstico, e ao trabalhador avulso aposentados por incapacidade permanente ou em gozo de auxílio por incapacidade temporária, pelo INSS, juntamente com o benefício;
•• Inciso II com redação determinada pelo Decreto n. 10.410, de 30-6-2020.

III – ao trabalhador rural aposentado por idade aos sessenta anos, se do sexo masculino, ou cinquenta e cinco anos, se do sexo feminino, pelo Instituto Nacional do Seguro Social, juntamente com a aposentadoria; e

IV – aos demais empregados, inclusive os domésticos, e aos trabalhadores avulsos aposentados aos sessenta e cinco anos de idade, se homem, ou aos sessenta anos, se mulher, pelo INSS, juntamente com a aposentadoria.
•• Inciso IV com redação determinada pelo Decreto n. 10.410, de 30-6-2020.

§ 1.º No caso do inciso I, quando o salário do empregado não for mensal, o salário-família será pago juntamente com o último pagamento relativo ao mês.

§ 2.º O salário-família do trabalhador avulso independe do número de dias trabalhados no mês, devendo o seu pagamento corresponder ao valor integral da cota.

§ 3.º Quando o pai e a mãe são segurados empregados, inclusive domésticos, ou trabalhadores avulsos, ambos têm direito ao salário-família.
•• § 3.º com redação determinada pelo Decreto n. 10.410, de 30-6-2020.

§ 4.º As cotas do salário-família pagas pela empresa ou pelo empregador doméstico serão deduzidas quando do recolhimento das contribuições.
•• § 4.º com redação determinada pelo Decreto n. 10.410, de 30-6-2020.

Art. 83. O valor da cota do salário-família por filho ou por enteado e por menor tutelado, desde que comprovada a dependência econômica dos dois últimos, até quatorze anos de idade ou inválido, é de R$ 48,62 (quarenta e oito reais e sessenta e dois centavos).
•• *Caput* com redação determinada pelo Decreto n. 10.410, de 30-6-2020.
•• Valor atualizado, a partir de 1.º-1-2023, pela Portaria Interministerial n. 26, de 10-1-2023, dos Ministérios da Previdência Social e da Fazenda, para R$ 59,82 (cinquenta e nove reais e oitenta e dois centavos) para o segurado com remuneração mensal não superior a R$ 1.754,18 (mil setecentos e cinquenta e quatro reais e dezoito centavos).

I e II – (*Revogados pelo Decreto n. 10.410, de 30-6-2020.*)

Art. 84. O pagamento do salário-família será devido a partir da data de apresentação da certidão de nascimento do filho ou da documentação relativa ao enteado e ao menor tutelado, desde que comprovada a dependência econômica dos dois últimos, e fica condicionado à apresentação anual de atestado de vacinação obrigatória dos referidos dependentes, de até seis anos de idade, e de comprovação semestral de frequência à escola dos referidos dependentes, a partir de quatro anos de idade, observado, para o empregado doméstico, o disposto no § 5.º.
•• *Caput* com redação determinada pelo Decreto n. 10.410, de 30-6-2020.

§ 1.º A empresa e o empregador doméstico deverão conservar, durante o prazo decadencial de que trata o art. 348, os comprovantes dos pagamentos e as cópias das certidões correspondentes, para exame pela fiscalização.
•• § 1.º com redação determinada pelo Decreto n. 10.410, de 30-6-2020.

§ 2.º Na hipótese de o segurado empregado ou de o trabalhador avulso não apresentar o atestado de vacinação obrigatória e a comprovação de frequência escolar do filho, do enteado ou do menor tutelado, desde que comprovada a dependência econômica dos dois últimos, nas datas definidas pelo INSS, o benefício do salário-família será suspenso até que a documentação seja apresentada.
•• § 2.º com redação determinada pelo Decreto n. 10.410, de 30-6-2020.

§ 3.º Não é devido salário-família no período entre a suspensão do benefício motivada pela falta de comprovação da frequência escolar e o seu reativamento, exceto se provada a frequência escolar regular no período.
•• § 3.º com redação determinada pelo Decreto n. 10.410, de 30-6-2020.

§ 4.º A comprovação semestral de frequência escolar de que trata o *caput* será feita por meio da apresentação de documento emitido pela escola, na forma estabelecida na legislação específica, em nome do aluno, de qual conste o registro de frequência regular, ou de atestado do estabelecimento de ensino que comprove a regularidade da matrícula e a frequência escolar do aluno.
•• § 4.º com redação determinada pelo Decreto n. 10.410, de 30-6-2020.

§ 5.º Para recebimento do salário-família, o empregado doméstico apresentará ao seu empregador apenas a certidão de nascimento do filho ou a documentação relativa ao enteado e ao menor tutelado, desde que comprovada a dependência econômica dos dois últimos.
•• § 5.º acrescentado pelo Decreto n. 10.410, de 30-6-2020.

Art. 85. A invalidez do filho, do enteado ou do menor tutelado, desde que comprovada a dependência econômica dos dois últimos, maior de quatorze anos de idade será verificada em exame médico-pericial realizado pela Perícia Médica Federal.
•• Artigo com redação determinada pelo Decreto n. 10.410, de 30-6-2020.

Art. 86. O salário-família correspondente ao mês de afastamento do trabalho será pago integralmente pela empresa, pelo empregador doméstico ou pelo sindicato ou pelo órgão gestor de mão de obra, conforme o caso, e, ao mês da cessação de benefício, pelo INSS.
•• Artigo com redação determinada pelo Decreto n. 10.410, de 30-6-2020.

Art. 87. Tendo havido divórcio, separação judicial ou de fato dos pais, ou em caso de abandono legalmente caracterizado ou perda do pátrio poder, o salário-família passará a ser pago diretamente àquele a cujo cargo ficar o sustento do menor, ou a outra pessoa, se houver determinação judicial nesse sentido.

Art. 88. O direito ao salário-família cessa automaticamente:

I – por morte do filho, do enteado ou do menor tutelado, a contar do mês seguinte ao do óbito;
•• Inciso I com redação determinada pelo Decreto n. 10.410, de 30-6-2020.

II – quando o filho, o enteado ou o menor tutelado completar quatorze anos de idade, exceto se inválido, a contar do mês seguinte ao da data do aniversário;
•• Inciso II com redação determinada pelo Decreto n. 10.410, de 30-6-2020.

III – pela recuperação da capacidade do filho, do enteado ou do menor tutelado inválido, a contar do mês seguinte ao da cessação da incapacidade; ou
•• Inciso III com redação determinada pelo Decreto n. 10.410, de 30-6-2020.

IV – pelo desemprego do segurado.

Art. 89. Para efeito de concessão e manutenção do salário-família, o segurado firmará termo de responsabilidade, no qual se comprometerá a comunicar à empresa, ao empregador doméstico ou ao INSS,

conforme o caso, qualquer fato ou circunstância que determine a perda do direito ao benefício e ficará sujeito, em caso de descumprimento, às sanções penais e trabalhistas.
•• Artigo com redação determinada pelo Decreto n. 10.410, de 30-6-2020.

Art. 90. A falta de comunicação oportuna de fato que implique cessação do salário-família e a prática, pelo segurado, de fraude de qualquer natureza para o seu recebimento autorizam a empresa, o empregador doméstico ou o INSS, conforme o caso, a descontar dos pagamentos de cotas devidas com relação a outros filhos, enteados ou menores tutelados ou, na falta delas, do próprio salário do segurado ou da renda mensal do seu benefício, o valor das cotas indevidamente recebidas, sem prejuízo das sanções penais cabíveis, observado o disposto no § 2.º do art. 154.
•• Artigo com redação determinada pelo Decreto n. 10.410, de 30-6-2020.

Art. 91. O empregado, inclusive o doméstico, ou o trabalhador avulso deve dar quitação à empresa ou ao empregador doméstico de cada recebimento mensal do salário-família, na própria folha de pagamento ou por outra forma admitida, de modo que a quitação fique claramente caracterizada.
•• Artigo com redação determinada pelo Decreto n. 10.410, de 30-6-2020.

Art. 92. As cotas do salário-família não serão incorporadas, para qualquer efeito, ao salário ou ao benefício.

SUBSEÇÃO VII
Do salário-maternidade

Art. 93. O salário-maternidade é devido à segurada da Previdência Social, durante cento e vinte dias, com início vinte e oito dias antes e término noventa e um dias depois do parto, podendo ser prorrogado na forma prevista no § 3.º.
•• *Caput* com redação determinada pelo Decreto n. 4.862, de 21-10-2003.
•• O STF, na ADI n. 6.327, em sessão virtual de 14-10-2022 a 21-10-2022 (*DOU* de 26-10-2022), por unanimidade, conheceu da ação direta de inconstitucionalidade como arguição de descumprimento de preceito fundamental e, ratificando a medida cautelar, conferiu interpretação conforme a Constituição a este art. 93 para "assim assentar a necessidade de prorrogar o benefício, bem como considerar como termo inicial da licença-maternidade e do respectivo salário-maternidade a alta hospitalar do recém-nascido e/ou de sua mãe, o que ocorrer por último, prorrogando-se em todo o período o benefício, quando o período de internação exceder as duas semanas previstas no art. 392, § 2.º, da CLT, e no art. 93, § 3.º, do Decreto n. 3.048/99".

§ 1.º Para a segurada empregada, inclusive a doméstica, observar-se-á, no que couber, as situações e condições previstas na legislação trabalhista relativas à proteção à maternidade.

§ 2.º Será devido o salário-maternidade à segurada especial, desde que comprove o exercício de atividade rural nos últimos dez meses imediatamente anteriores à data do parto ou do requerimento do benefício, quando requerido antes do parto, mesmo que de forma descontínua, aplicando-se, quando for o caso, o disposto no parágrafo único do art. 29.
•• § 2.º com redação determinada pelo Decreto n. 5.545, de 22-9-2005.
• Citado parágrafo dispõe sobre a carência em caso de antecipação do parto.

§ 3.º Em casos excepcionais, os períodos de repouso anterior e posterior ao parto podem ser aumentados de mais duas semanas, por meio de atestado médico específico submetido à avaliação médico-pericial.
•• § 3.º com redação determinada pelo Decreto n. 10.410, de 30-6-2020.

§ 4.º Em caso de parto antecipado ou não, a segurada tem direito aos cento e vinte dias previstos neste artigo.

§ 5.º Em caso de aborto não criminoso, comprovado mediante atestado médico, a segurada terá direito ao salário-maternidade correspondente a duas semanas.
•• § 5.º com redação determinada pelo Decreto n. 3.668, de 22-11-2000.

§ 6.º (*Revogado pelo Decreto n. 4.032, de 26-11-2001.*)

Art. 93-A. O salário-maternidade é devido ao segurado ou à segurada da previdência social que adotar ou obtiver guarda judicial, para fins de adoção de criança de até doze anos de idade, pelo período de cento e vinte dias.
•• *Caput* com redação determinada pelo Decreto n. 10.410, de 30-6-2020.

§ 1.º O salário-maternidade é devido ao segurado ou à segurada independentemente de a mãe biológica ter recebido o mesmo benefício quando do nascimento da criança.
•• § 1.º com redação determinada pelo Decreto n. 10.410, de 30-6-2020.

§ 2.º O salário-maternidade não é devido quando o termo de guarda não contiver a observação de que é para fins de adoção ou só contiver o nome do cônjuge ou companheiro.
•• § 2.º acrescentado pelo Decreto n. 4.729, de 9-6-2003.

§ 3.º Para a concessão do salário-maternidade é indispensável:
•• § 3.º, *caput*, com redação determinada pelo Decreto n. 10.410, de 30-6-2020.

I – que conste da nova certidão de nascimento da criança o nome do segurado ou da segurada adotante; ou
•• Inciso I acrescentado pelo Decreto n. 10.410, de 30-6-2020.

II – no caso do termo de guarda para fins de adoção, que conste o nome do segurado ou da segurada guardião.
•• Inciso II acrescentado pelo Decreto n. 10.410, de 30-6-2020.

§ 4.º Na hipótese de haver adoção ou guarda judicial para adoção de mais de uma criança, será devido somente um salário-maternidade, observado o disposto no art. 98.
•• § 4.º com redação determinada pelo Decreto n. 10.410, de 30-6-2020.

§ 5.º A renda mensal do salário-maternidade é calculada na forma do disposto nos arts. 94, 100 ou 101, de acordo com a forma de contribuição da segurada à Previdência Social.
•• § 5.º acrescentado pelo Decreto n. 4.729, de 9-6-2003.

§ 6.º O salário-maternidade de que trata este artigo é pago diretamente pela previdência social.
•• § 6.º acrescentado pelo Decreto n. 4.862, de 21-10-2003.

§ 7.º Ressalvadas as hipóteses de pagamento de salário-maternidade à mãe biológica e de pagamento ao cônjuge ou companheiro sobrevivente, nos termos do disposto no art. 93-B, não poderá ser concedido salário-maternidade a mais de um segurado ou segurada em decorrência do mesmo processo de adoção ou guarda, ainda que o cônjuge ou companheiro esteja vinculado a regime próprio de previdência social.
•• § 7.º acrescentado pelo Decreto n. 10.410, de 30-6-2020.

Art. 93-B. No caso de óbito do segurado ou da segurada que fazia jus ao recebimento do salário-maternidade, o benefício será pago, pelo tempo restante a que o segurado ou a segurada teria direito ou por todo o período, ao cônjuge ou companheiro sobrevivente que tenha a qualidade de segurado, exceto no caso de óbito do filho ou de seu abandono.
•• *Caput* acrescentado pelo Decreto n. 10.410, de 30-6-2020.

§ 1.º O pagamento do benefício nos termos do disposto no *caput* deverá ser requerido até o último dia do prazo previsto para o término do salário-maternidade originário.
•• § 1.º acrescentado pelo Decreto n. 10.410, de 30-6-2020.

§ 2.º Os requerimentos de salário-maternidade efetuados após a data prevista no § 1.º serão indeferidos.
•• § 2.º acrescentado pelo Decreto n. 10.410, de 30-6-2020.

§ 3.º O benefício de que trata o *caput* será pago diretamente pela previdência social durante o período entre a data do óbito e o último dia do término do salário-maternidade originário e corresponderá:
•• § 3.º, *caput*, acrescentado pelo Decreto n. 10.410, de 30-6-2020.

I – à remuneração integral, para o empregado e o trabalhador avulso, observado o disposto no art. 248 da Constituição e no art. 19-E;
•• Inciso I acrescentado pelo Decreto n. 10.410, de 30-6-2020.

II – ao último salário de contribuição, para o empregado doméstico, observado o disposto no art. 19-E;
•• Inciso II acrescentado pelo Decreto n. 10.410, de 30-6-2020.

III – a um doze avos da soma dos doze últimos salários de contribuição, apurados em período não superior a quinze meses, para o contribuinte individual, o facultativo ou o desempregado que mantenha a qualidade de segurado, nos termos do disposto no art. 13; e
•• Inciso III acrescentado pelo Decreto n. 10.410, de 30-6-2020.

IV – ao valor do salário mínimo, para o segurado especial que não contribua facultativamente.

•• Inciso IV acrescentado pelo Decreto n. 10.410, de 30-6-2020.

§ 4.º Aplica-se o disposto neste artigo ao segurado ou à segurada que adotar ou obtiver guarda judicial para fins de adoção.
•• § 4.º acrescentado pelo Decreto n. 10.410, de 30-6-2020.

Art. 93-C. A percepção do salário-maternidade, inclusive nos termos do disposto no art. 93-B, está condicionada ao afastamento do trabalho ou da atividade desempenhada pelo segurado ou pela segurada, sob pena de suspensão do benefício.
•• Artigo acrescentado pelo Decreto n. 10.410, de 30-6-2020.

Art. 94. O salário-maternidade para a segurada empregada consiste numa renda mensal igual à sua remuneração integral e será pago pela empresa, efetivando-se a compensação, observado o disposto no art. 248 da Constituição, quando do recolhimento das contribuições incidentes sobre a folha de salários e demais rendimentos pagos ou creditados, a qualquer título, à pessoa física que lhe preste serviço, devendo aplicar-se à renda mensal do benefício o disposto no art. 198.
•• *Caput* com redação determinada pelo Decreto n. 4.862, de 21-10-2003.

§§ 1.º e 2.º (*Revogados pelo Decreto n. 3.265, de 29-11-1999.*)

§ 3.º A empregada deve dar quitação à empresa dos recolhimentos mensais do salário-maternidade na própria folha de pagamento ou por outra forma admitida, de modo que a quitação fique plena e claramente caracterizada.
•• § 3.º acrescentado pelo Decreto n. 4.862, de 21-10-2003.

§ 4.º A empresa deve conservar, durante o prazo decadencial de que trata o art. 348, comprovantes dos pagamentos e atestados ou das certidões correspondentes para exame pela fiscalização.
•• § 4.º com redação determinada pelo Decreto n. 10.410, de 30-6-2020.

Art. 95. Compete à interessada instruir o requerimento do salário-maternidade com os atestados médicos necessários.
•• *Caput* com redação determinada pelo Decreto n. 3.668, de 22-11-2000.

Parágrafo único. Quando o benefício for requerido após o parto, o documento comprobatório é a Certidão de Nascimento, podendo, no caso de dúvida, a segurada ser submetida à avaliação pericial junto ao Instituto Nacional do Seguro Social.
•• Parágrafo único com redação determinada pelo Decreto n. 3.668, de 22-11-2000.

Art. 96. O início do afastamento do trabalho da segurada empregada, inclusive da doméstica, será determinado com base em atestado médico ou certidão de nascimento do filho.
•• *Caput* com redação determinada pelo Decreto n. 10.410, de 30-6-2020.

§§ 1.º e 2.º (*Revogados pelo Decreto n. 4.729, de 9-6-2003.*)

Art. 97. O salário-maternidade da segurada empregada será devido pela previdência social enquanto existir relação de emprego, observadas as regras quanto ao pagamento desse benefício pela empresa.
•• *Caput* com redação determinada pelo Decreto n. 6.122, de 13-6-2007.

Parágrafo único. Durante o período de graça a que se refere o art. 13, a segurada desempregada fará jus ao recebimento do salário-maternidade, situação em que o benefício será pago diretamente pela previdência social.
•• Parágrafo único com redação determinada pelo Decreto n. 10.410, de 30-6-2020.
• O art. 13 dispõe sobre manutenção da qualidade de segurado, independentemente de contribuições.

Art. 98. A segurada que exerça atividades concomitantes fará jus ao salário-maternidade relativo a cada atividade para a qual tenha cumprido os requisitos exigidos, observadas as seguintes condições:
•• *Caput* com redação determinada pelo Decreto n. 10.410, de 30-6-2020.

I – na hipótese de uma ou mais atividades ter remuneração ou salário de contribuição inferior ao salário mínimo mensal, o benefício somente será devido se o somatório dos valores auferidos em todas as atividades for igual ou superior a um salário mínimo mensal;
•• Inciso I acrescentado pelo Decreto n. 10.410, de 30-6-2020.

II – o salário-maternidade relativo a uma ou mais atividades poderá ser inferior ao salário mínimo mensal; e
•• Inciso II acrescentado pelo Decreto n. 10.410, de 30-6-2020.

III – o valor global do salário-maternidade, consideradas todas as atividades, não poderá ser inferior ao salário mínimo mensal.
•• Inciso III acrescentado pelo Decreto n. 10.410, de 30-6-2020.

Art. 99. Nos meses de início e término do salário-maternidade da segurada empregada, inclusive da doméstica, o salário-maternidade será proporcional aos dias de afastamento do trabalho.
•• Artigo com redação determinada pelo Decreto n. 10.410, de 30-6-2020.

Art. 100. O salário-maternidade da segurada trabalhadora avulsa, pago diretamente pela previdência social, consiste em renda mensal igual à sua remuneração integral, observado o disposto no art. 19-E, hipótese em que se aplica à renda mensal do benefício o disposto no art. 198.
•• Artigo com redação determinada pelo Decreto n. 10.410, de 30-6-2020.

Art. 100-A. O salário-maternidade devido à empregada do MEI, de que trata o § 26 do art. 9.º, será pago diretamente pela previdência social, e o valor da contribuição previdenciária será deduzido da renda mensal do benefício, nos termos do disposto no art. 198.
•• *Caput* acrescentado pelo Decreto n. 10.410, de 30-6-2020.

Parágrafo único. Caberá ao MEI recolher a contribuição previdenciária a seu cargo durante a percepção do salário-maternidade pela segurada a seu serviço.
•• Parágrafo único acrescentado pelo Decreto n. 10.410, de 30-6-2020.

Art. 100-B. O salário-maternidade devido à empregada intermitente será pago diretamente pela previdência social, observado o disposto no art. 19-E, e o valor da contribuição previdenciária será deduzido da renda mensal do benefício, nos termos do disposto no art. 198, e não será aplicado o disposto no art. 94.
•• *Caput* acrescentado pelo Decreto n. 10.410, de 30-6-2020.

§ 1.º O salário-maternidade de que trata este artigo consiste na média aritmética simples das remunerações apuradas no período referente aos doze meses que antecederem o parto, a adoção ou a obtenção da guarda para fins de adoção.
•• § 1.º acrescentado pelo Decreto n. 10.410, de 30-6-2020.

§ 2.º Na hipótese de empregos intermitentes concomitantes, a média aritmética a que se refere o § 1.º será calculada em relação a todos os empregos e será pago somente um salário-maternidade.
•• § 2.º acrescentado pelo Decreto n. 10.410, de 30-6-2020.

§ 3.º A contribuição previdenciária a cargo da empresa terá como base de cálculo a soma das remunerações pagas no período de doze meses anteriores à data de início do salário-maternidade, dividida pelo número de meses em que houve remuneração.
•• § 3.º acrescentado pelo Decreto n. 10.410, de 30-6-2020.

Art. 100-C. O salário-maternidade devido à empregada com jornada parcial cujo salário de contribuição seja inferior ao seu limite mínimo mensal, observado o disposto no art. 19-E, será pago diretamente pela previdência social, e o valor da contribuição previdenciária deverá ser deduzido da renda mensal do benefício, nos termos do disposto no art. 198.
•• *Caput* acrescentado pelo Decreto n. 10.410, de 30-6-2020.

§ 1.º Na hipótese de empregos parciais concomitantes, se o somatório dos rendimentos auferidos em todos os empregos for igual ou superior ao limite mínimo mensal do salário de contribuição, o salário-maternidade será pago pelas empresas, observado o disposto no inciso II do *caput* do art. 98.
•• § 1.º acrescentado pelo Decreto n. 10.410, de 30-6-2020.

§ 2.º Para fins do disposto no § 1.º, a empresa que pagar remuneração inferior ao limite mínimo mensal do salário de contribuição deverá exigir da empregada cópia dos comprovantes de pagamento efetuado pelas demais empresas.
•• § 2.º acrescentado pelo Decreto n. 10.410, de 30-6-2020.

§ 3.º Cabe à empresa recolher a contribuição previdenciária a seu cargo durante a percepção do salário-maternidade pela segurada a seu serviço, mesmo na hipótese de o benefício ser pago pela previdência social.

•• § 3.º acrescentado pelo Decreto n. 10.410, de 30-6-2020.

§ 4.º A contribuição a que se refere o § 3.º terá como base de cálculo a remuneração integral que a empresa pagava à empregada antes da percepção do salário-maternidade.

•• § 4.º acrescentado pelo Decreto n. 10.410, de 30-6-2020.

§ 5.º Na hipótese prevista no *caput*, o valor do salário-maternidade será de um salário mínimo.

•• § 5.º acrescentado pelo Decreto n. 10.410, de 30-6-2020.

§ 6.º A empresa deverá conservar, durante o prazo decadencial de que trata o art. 348, os comprovantes de pagamento a que se refere o § 2.º, para exame pela fiscalização.

•• § 6.º acrescentado pelo Decreto n. 10.410, de 30-6-2020.

Art. 101. O salário-maternidade, observado o disposto nos art. 35, art. 198, art. 199, art. 199-A ou art. 200, pago diretamente pela previdência social, consistirá:

•• *Caput* com redação determinada pelo Decreto n. 10.410, de 30-6-2020.

I – no valor correspondente ao do último salário de contribuição, para a segurada empregada doméstica, observado o disposto no art. 19-E;

•• Inciso I com redação determinada pelo Decreto n. 10.410, de 30-6-2020.

II – em um salário mínimo, para a segurada especial;

•• Inciso II acrescentado pelo Decreto n. 3.265, de 29-11-1999.

III – em um doze avos da soma dos doze últimos salários de contribuição, observado o disposto no art. 19-E, apurados em período não superior a quinze meses, para as seguradas contribuinte individual e facultativa e para a desempregada que mantenha a qualidade de segurada na forma prevista no art. 13.

•• Inciso III com redação determinada pelo Decreto n. 10.410, de 30-6-2020.

§§ 1.º e 2.º (*Revogados pelo Decreto n. 3.265, de 29-11-1999.*)

§ 3.º O documento comprobatório para requerimento do salário-maternidade da segurada que mantenha esta qualidade é a certidão de nascimento do filho, exceto nos casos de aborto espontâneo, quando deverá ser apresentado atestado médico, e no de adoção ou guarda para fins de adoção, casos em que serão observadas as regras do art. 93-A, devendo o evento gerador do benefício ocorrer, em qualquer hipótese, dentro do período previsto no art. 13.

•• § 3.º acrescentado pelo Decreto n. 6.122, de 13-6-2007.

Art. 102. O salário-maternidade não pode ser acumulado com benefício por incapacidade.

Parágrafo único. Quando ocorrer incapacidade em concomitância com o período de pagamento do salário-maternidade, o benefício por incapacidade, conforme o caso, deverá ser suspenso enquanto perdurar o referido pagamento, ou terá sua data de início adiada para o primeiro dia seguinte ao término do período de cento e vinte dias.

Art. 103. A segurada aposentada que retornar à atividade fará jus ao pagamento do salário-maternidade, de acordo com o disposto no art. 93.

Capítulo V
DA HABILITAÇÃO E DA REABILITAÇÃO PROFISSIONAL

• Vide arts. 36 e s. da Lei n. 13.146, de 6-7-2015 (Estatuto da Pessoa com Deficiência).

Art. 136. A assistência (re)educativa e de (re)adaptação profissional, instituída sob a denominação genérica de habilitação e reabilitação profissional, visa proporcionar aos beneficiários, incapacitados parcial ou totalmente para o trabalho, em caráter obrigatório, independentemente de carência, e às pessoas portadoras de deficiência, os meios indicados para proporcionar o reingresso no mercado de trabalho e no contexto em que vivem.

§ 1.º Cabe ao Instituto Nacional do Seguro Social promover a prestação de que trata este artigo aos segurados, inclusive aposentados, e, de acordo com as possibilidades administrativas, técnicas, financeiras e as condições locais do órgão, aos seus dependentes, preferencialmente mediante a contratação de serviços especializados.

§ 2.º As pessoas portadoras de deficiência serão atendidas mediante celebração de convênio de cooperação técnico-financeira.

Art. 137. O processo de habilitação e de reabilitação profissional do beneficiário será desenvolvido por meio das funções básicas de:

I – avaliação do potencial laborativo;

•• Inciso I com redação determinada pelo Decreto n. 3.668, de 22-11-2000.

II – orientação e acompanhamento da programação profissional;

III – articulação com a comunidade, inclusive mediante a celebração de convênio para reabilitação física restrita a segurados que cumpriram os pressupostos de elegibilidade ao programa de reabilitação profissional, com vistas ao reingresso no mercado de trabalho; e

•• Inciso III com redação determinada pelo Decreto n. 4.729, de 9-6-2003.

IV – acompanhamento e pesquisa da fixação no mercado de trabalho.

§ 1.º A execução das funções de que trata o *caput* será realizada, preferencialmente, por meio do trabalho de equipe multiprofissional especializada, sempre que possível, na localidade do domicílio do beneficiário, ressalvadas as situações excepcionais em que ele tenha direito à reabilitação profissional fora dela.

•• § 1.º com redação determinada pelo Decreto n. 10.410, de 30-6-2020.

§ 1.º-A. A avaliação da elegibilidade do segurado para encaminhamento à reabilitação profissional, a reavaliação da incapacidade de segurados em programa de reabilitação profissional e a prescrição de órteses, próteses e meios auxiliares de locomoção e acessórios serão realizadas pela Perícia Médica Federal.

•• § 1.º-A acrescentado pelo Decreto n. 10.410, de 30-6-2020.

§ 2.º Quando indispensáveis ao desenvolvimento do processo de reabilitação profissional, o Instituto Nacional do Seguro Social fornecerá aos segurados, inclusive aposentados, em caráter obrigatório, próteses e órteses, seu reparo ou substituição, instrumentos de auxílio para locomoção, bem como equipamentos necessários à habilitação e à reabilitação profissional, transporte urbano e alimentação e, na medida das possibilidades do Instituto, aos seus dependentes.

§ 3.º No caso das pessoas portadoras de deficiência, a concessão dos recursos materiais referidos no parágrafo anterior ficará condicionada à celebração de convênio de cooperação técnico-financeira.

§ 4.º O Instituto Nacional do Seguro Social não reembolsará as despesas realizadas com a aquisição de órtese ou prótese e outros recursos materiais não prescritos ou não autorizados por suas unidades de reabilitação profissional.

Art. 138. Cabe à unidade de reabilitação profissional encaminhar para avaliação médico-pericial a ocorrência de que trata o § 2.º do art. 337.

•• Artigo com redação determinada pelo Decreto n. 10.410, de 30-6-2020.

Art. 139. A programação profissional será desenvolvida mediante cursos e/ou treinamentos, na comunidade, por meio de contratos, acordos e convênios com instituições e empresas públicas ou privadas, na forma do art. 317.

§ 1.º O treinamento do reabilitando, quando realizado em empresa, não estabelece qualquer vínculo empregatício ou funcional entre o reabilitando e a empresa, bem como entre estes e o Instituto Nacional do Seguro Social.

§ 2.º Compete ao reabilitando, além de acatar e cumprir as normas estabelecidas nos contratos, acordos ou convênios, pautar-se no regulamento daquelas organizações.

Art. 140. Concluído o processo de reabilitação profissional, o Instituto Nacional do Seguro Social emitirá certificado individual indicando a função para a qual o reabilitando foi capacitado profissionalmente, sem prejuízo do exercício de outra para a qual se julgue capacitado.

§ 1.º Não constitui obrigação da previdência social a manutenção do segurado no mesmo emprego ou a sua colocação em outro para o qual foi reabilitado, cessando o processo de reabilitação profissional com a emissão do certificado a que se refere o *caput*.

§ 2.º Cabe à previdência social a articulação com a comunidade, com vistas ao levantamento da oferta do mercado de trabalho, ao direcio-

namento da programação profissional e à possibilidade de reingresso do reabilitando no mercado formal.

§ 3.º O acompanhamento e a pesquisa de que trata o inciso IV do art. 137 é obrigatório e tem como finalidade a comprovação da efetividade do processo de reabilitação profissional.

Art. 141. A empresa com cem ou mais empregados está obrigada a preencher de dois por cento a cinco por cento de seus cargos com beneficiários reabilitados ou pessoas portadoras de deficiência, habilitadas, na seguinte proporção:

I – até duzentos empregados, dois por cento;
II – de duzentos e um a quinhentos empregados, três por cento;
III – de quinhentos e um a mil empregados, quatro por cento; ou
IV – mais de mil empregados, cinco por cento.

§ 1.º A dispensa de pessoa com deficiência ou de beneficiário reabilitado pela previdência social ao final de contrato por prazo determinado de mais de noventa dias e a dispensa imotivada em contrato por prazo indeterminado somente poderão ocorrer após a contratação de outro trabalhador com deficiência ou beneficiário reabilitado pela previdência social.

•• § 1.º com redação determinada pelo Decreto n. 10.410, de 30-6-2020.

§ 2.º (*Revogado pelo Decreto n. 3.298, de 20-12-1999.*)

§ 3.º À Secretaria Especial de Previdência e Trabalho do Ministério da Economia compete estabelecer a sistemática de fiscalização e gerar dados e estatísticas sobre o total de empregados e as vagas preenchidas por pessoas com deficiência e por beneficiários reabilitados pela previdência social, além de fornecê-los, quando solicitados, aos sindicatos, às entidades representativas dos empregados ou aos cidadãos interessados.

•• § 3.º acrescentado pelo Decreto n. 10.410, de 30-6-2020.

§ 4.º Para a reserva de cargos será considerada somente a contratação direta de pessoa com deficiência, excluído o aprendiz com deficiência de que trata a Consolidação das Leis do Trabalho, aprovada pelo Decreto-lei n. 5.452, de 1943.

•• § 4.º acrescentado pelo Decreto n. 10.410, de 30-6-2020.

LIVRO III
DO CUSTEIO DA SEGURIDADE SOCIAL

Título I
DO FINANCIAMENTO DA SEGURIDADE SOCIAL

•• A Instrução Normativa RFB n. 2.110, de 17-10-2022, dispõe sobre normas gerais de tributação previdenciária e de arrecadação das contribuições sociais destinadas à Previdência Social e das contribuições devidas a terceiros, administradas pela RFB.

Capítulo III
DA CONTRIBUIÇÃO DO SEGURADO

SEÇÃO I
Da Contribuição do Segurado Empregado, Empregado Doméstico e Trabalhador Avulso

Art. 198. A contribuição do segurado empregado, inclusive o doméstico, e do trabalhador avulso é calculada por meio da aplicação da alíquota correspondente, de forma progressiva, sobre o seu salário de contribuição mensal, observado o disposto no art. 214, de acordo com a seguinte tabela, com vigência a partir de 1.º de março de 2020:

•• *Caput* com redação determinada pelo Decreto n. 10.410, de 30-6-2020.
• O art. 214 dispõe sobre salário de contribuição.

Salário de contribuição (R$)	Alíquota progressiva para fins de recolhimento ao INSS
Até 1.302,00	7,5%
De 1.302,01 até 2.571,29	9%
De 2.571,30 até 3.856,94	12%
De 3.856,95 até 7.507,49	14%

•• Valores atualizados de acordo com a Portaria Interministerial n. 26, de 10-1-2023, dos Ministérios da Previdência Social e da Fazenda, válidos a partir de 1.º-1-2023.

Capítulo VIII
DA ARRECADAÇÃO E RECOLHIMENTO DAS CONTRIBUIÇÕES

SEÇÃO III
Das Obrigações Acessórias

Art. 225. A empresa é também obrigada a:

I – preparar folha de pagamento da remuneração paga, devida ou creditada a todos os segurados a seu serviço, devendo manter, em cada estabelecimento, uma via da respectiva folha e recibos de pagamentos;

II – lançar mensalmente em títulos próprios de sua contabilidade, de forma discriminada, os fatos geradores de todas as contribuições, o montante das quantias descontadas, as contribuições da empresa e os totais recolhidos;

III – prestar ao Instituto Nacional do Seguro Social e à Secretaria da Receita Federal todas as informações cadastrais, financeiras e contábeis de interesse dos mesmos, na forma por eles estabelecida, bem como os esclarecimentos necessários à fiscalização;

•• A Secretaria da Receita Federal passa a denominar-se Secretaria da Receita Federal do Brasil, por força da Lei n. 11.457, de 16-3-2007. A Secretaria da Receita Previdenciária foi extinta por força do art. 2.º, § 4.º, da Lei n. 11.457, de 16-3-2007.

IV – informar mensalmente ao Instituto Nacional do Seguro Social, por intermédio da Guia de Recolhimento do Fundo de Garantia do Tempo de Serviço e Informações à Previdência Social, na forma por ele estabelecida, dados cadastrais, todos os fatos geradores de contribuição previdenciária e outras informações de interesse daquele Instituto;

V – (*Revogado pelo Decreto n. 10.410, de 30-6-2020.*)

VI – afixar cópia da Guia da Previdência Social, relativamente à competência anterior, durante o período de um mês, no quadro de horário de que trata o art. 74 da Consolidação das Leis do Trabalho;

• *Vide* art. 287 deste Decreto.

VII – informar, anualmente, à Secretaria da Receita Federal do Brasil, na forma por ela estabelecida, o nome, o número de inscrição na previdência social e o endereço completo dos segurados de que trata o inciso III do § 15 do art. 9.º, por ela utilizados no período, a qualquer título, para distribuição ou comercialização de seus produtos, sejam eles de fabricação própria ou de terceiros, sempre que se tratar de empresa que realize vendas diretas; e

•• Inciso VII acrescentado pelo Decreto n. 6.722, de 30-12-2008.

VIII – comunicar, mensalmente, os empregados a respeito dos valores descontados de sua contribuição previdenciária e, quando for o caso, dos valores da contribuição do empregador incidentes sobre a remuneração do mês de competência por meio de contracheque, recibo de pagamento ou documento equivalente.

•• Inciso VIII acrescentado pelo Decreto n. 10.410, de 30-6-2020.

§ 1.º As informações prestadas na Guia de Recolhimento do Fundo de Garantia do Tempo de Serviço e Informações à Previdência Social servirão como base de cálculo das contribuições arrecadadas pelo Instituto Nacional do Seguro Social, comporão a base de dados para fins de cálculo e concessão dos benefícios previdenciários, bem como constituir-se-ão em termo de confissão de dívida, na hipótese do não recolhimento.

§ 2.º A entrega da Guia de Recolhimento do Fundo de Garantia do Tempo de Serviço e Informações à Previdência Social deverá ser efetuada na rede bancária, conforme estabelecido pelo Ministério da

Previdência e Assistência Social, até o dia sete do mês seguinte àquele a que se referirem as informações.

•• § 2.º com redação determinada pelo Decreto n. 3.265, de 29-11-1999.

§ 3.º A Guia de Recolhimento do Fundo de Garantia do Tempo de Serviço e Informações à Previdência Social é exigida relativamente a fatos geradores ocorridos a partir de janeiro de 1999.

§ 4.º O preenchimento, as informações prestadas e a entrega da Guia de Recolhimento do Fundo de Garantia do Tempo de Serviço e Informações à Previdência Social são de inteira responsabilidade da empresa.

§ 5.º A empresa manterá arquivados os documentos comprobatórios do cumprimento das obrigações de que trata este artigo e os documentos comprobatórios do pagamento de benefícios previdenciários reembolsados até que ocorra a prescrição relativa aos créditos decorrentes das operações a que os documentos se refiram, observados o disposto no § 22 e nas normas estabelecidas pela Secretaria Especial da Receita Federal do Brasil do Ministério da Economia e pelo Conselho Curador do Fundo de Garantia do Tempo de Serviço.

•• § 5.º com redação determinada pelo Decreto n. 10.410, de 30-6-2020.

§ 6.º O Instituto Nacional do Seguro Social e a Caixa Econômica Federal estabelecerão normas para disciplinar a entrega da Guia de Recolhimento do Fundo de Garantia do Tempo de Serviço e Informações à Previdência Social, nos casos de rescisão contratual.

§ 7.º (*Revogado pelo Decreto n. 10.410, de 30-6-2020.*)

§ 8.º O disposto neste artigo aplica-se, no que couber, aos demais contribuintes e ao adquirente, consignatário ou cooperativa, sub-rogados na forma deste Regulamento.

§ 9.º A folha de pagamento de que trata o inciso I do *caput*, elaborada mensalmente, de forma coletiva por estabelecimento da empresa, por obra de construção civil e por tomador de serviços, com a correspondente totalização, deverá:

I – discriminar o nome dos segurados, indicando cargo, função ou serviço prestado;

II – agrupar os segurados por categoria, assim entendido: segurado empregado, trabalhador avulso, contribuinte individual;

•• Inciso II com redação determinada pelo Decreto n. 3.265, de 29-11-1999.

III – destacar o nome das seguradas em gozo de salário-maternidade;

IV – destacar as parcelas integrantes e não integrantes da remuneração e os descontos legais; e

V – indicar o número de quotas de salário-família atribuídas a cada segurado empregado ou trabalhador avulso.

§ 10. No que se refere ao trabalhador portuário avulso, o órgão gestor de mão de obra elaborará a folha de pagamento por navio, mantendo-a disponível para uso da fiscalização do Instituto Nacional do Seguro Social, indicando o operador portuário e os trabalhadores que participaram da operação, detalhando, com relação aos últimos:

I – os correspondentes números de registro ou cadastro no órgão gestor de mão de obra;

II – o cargo, função ou serviço prestado;

III – os turnos em que trabalharam; e

IV – as remunerações pagas, devidas ou creditadas a cada um dos trabalhadores e a correspondente totalização.

§ 11. No que se refere ao parágrafo anterior, o órgão gestor de mão de obra consolidará as folhas de pagamento relativas às operações concluídas no mês anterior por operador portuário e por trabalhador portuário avulso, indicando, com relação a estes, os respectivos números de registro ou cadastro, as datas dos turnos trabalhados, as importâncias pagas e os valores das contribuições previdenciárias retidas.

§ 12. Para efeito de observância do limite máximo da contribuição do segurado trabalhador avulso, de que trata o art. 198, o órgão gestor de mão de obra manterá resumo mensal e acumulado, por trabalhador portuário avulso, dos valores totais das férias, do décimo terceiro salário e das contribuições previdenciárias retidas.

§ 13. Os lançamentos de que trata o inciso II do *caput*, devidamente escriturados nos livros Diário e Razão, serão exigidos pela fiscalização após noventa dias contados da ocorrência dos fatos geradores das contribuições, devendo, obrigatoriamente:

I – atender ao princípio contábil do regime de competência; e

II – registrar, em contas individualizadas, todos os fatos geradores de contribuições previdenciárias de forma a identificar, clara e precisamente, as rubricas integrantes e não integrantes do salário de contribuição, bem como as contribuições descontadas do segurado, as da empresa e os totais recolhidos, por estabelecimento da empresa, por obra de construção civil e por tomador de serviços.

§ 14. A empresa deverá manter à disposição da fiscalização os códigos ou abreviaturas que identifiquem as respectivas rubricas utilizadas na elaboração da folha de pagamento, bem como os utilizados na escrituração contábil.

§ 15. A exigência prevista no inciso II do *caput* não desobriga a empresa do cumprimento das demais normas legais e regulamentares referentes à escrituração contábil.

§ 16. São desobrigadas de apresentação de escrituração contábil:

•• § 16 com redação determinada pelo Decreto n. 3.265, de 29-11-1999.

I – o pequeno comerciante, nas condições estabelecidas pelo Decreto-lei n. 486, de 3 de março de 1969, e seu Regulamento;

II – a pessoa jurídica tributada com base no lucro presumido, de acordo com a legislação tributária federal, desde que mantenha a escrituração do Livro Caixa e Livro de Registro de Inventário; e

III – a pessoa jurídica que optar pela inscrição no Sistema Integrado de Pagamento de Impostos e Contribuições das Microempresas e Empresas de Pequeno Porte, desde que mantenha a escrituração do Livro Caixa e Livro de Registro de Inventário.

§ 17. A empresa, agência ou sucursal estabelecida no exterior deverá apresentar os documentos comprobatórios do cumprimento das obrigações referidas neste artigo à sua congênere no Brasil, observada a solidariedade de que trata o art. 222.

• Citado artigo dispõe: "Art. 222. As empresas que integram grupo econômico de qualquer natureza, bem como os produtores rurais integrantes do consórcio simplificado de que trata o art. 200-A, respondem entre si, solidariamente, pelas obrigações decorrentes do disposto neste Regulamento".

§ 18. Para o cumprimento do disposto no inciso V do *caput* serão observadas as seguintes situações:

I – caso a empresa possua mais de um estabelecimento localizado em base geográfica diversa, a cópia da Guia da Previdência Social será encaminhada ao sindicato representativo da categoria profissional mais numerosa entre os empregados de cada estabelecimento;

II – a empresa que recolher suas contribuições em mais de uma Guia da Previdência Social encaminhará cópia de todas as guias;

III – a remessa poderá ser efetuada por qualquer meio que garanta a reprodução integral do documento, cabendo à empresa manter, em seus arquivos, prova do recebimento pelo sindicato; e

IV – cabe à empresa a comprovação, perante a fiscalização do Instituto Nacional do Seguro Social, do cumprimento de sua obrigação frente ao sindicato.

§ 19. O órgão gestor de mão de obra deverá, quando exigido pela fiscalização do Instituto Nacional do Seguro Social, exibir as listas de escalação diária dos trabalhadores portuários avulsos, por operador portuário e por navio.

§ 20. Caberá exclusivamente ao órgão gestor de mão de obra a responsabilidade pela exatidão dos dados lançados nas listas diárias referidas no parágrafo anterior.

§ 21. Fica dispensado do cumprimento do disposto nos incisos V e VI do *caput* o contribuinte individual, em relação a segurado que lhe presta serviço.

•• § 21 com redação determinada pelo Decreto n. 3.265, de 29-11-1999.

§ 22. A empresa que utiliza sistema de processamento eletrônico de dados para o registro de negócios e atividades econômicas, escrituração

de livros ou produção de documentos de natureza contábil, fiscal, trabalhista e previdenciária fica obrigada a arquivar e conservar, devidamente certificados, os sistemas e os arquivos, em meio eletrônico ou assemelhado, durante o prazo decadencial de que trata o art. 348, os quais ficarão à disposição da fiscalização.
•• § 22 com redação determinada pelo Decreto n. 10.410, de 30-6-2020.

§ 23. A cooperativa de trabalho e a pessoa jurídica são obrigadas a efetuar a inscrição no Instituto Nacional do Seguro Social dos seus cooperados e contratados, respectivamente, como contribuintes individuais, se ainda não inscritos.
•• § 23 acrescentado pelo Decreto n. 4.729, de 9-6-2003.

§ 24. A empresa ou cooperativa adquirente, consumidora ou consignatária da produção fica obrigada a fornecer ao segurado especial cópia do documento fiscal de entrada da mercadoria, onde conste, além de registro da operação realizada, o valor da respectiva contribuição previdenciária.
•• § 24 acrescentado pelo Decreto n. 6.722, de 30-12-2008.

§ 25. A contribuição do empregador de que trata o inciso VIII do *caput* compreende aquela destinada ao seguro de acidentes do trabalho e ao financiamento da aposentadoria especial, sem prejuízo de outras contribuições incidentes sobre a remuneração do empregado.
•• § 25 acrescentado pelo Decreto n. 10.410, de 30-6-2020.

SEÇÃO VIII
Do Reembolso de Pagamento

Art. 255. A dedução e o reembolso relativos a quotas do salário-família e do salário-maternidade e a compensação do adicional de insalubridade a que se refere o § 2.º do art. 394-A da Consolidação das Leis do Trabalho, aprovada pelo Decreto-lei n. 5.452, de 1943, observarão os termos e as condições estabelecidos pela Secretaria Especial da Receita Federal do Brasil do Ministério da Economia.
•• *Caput* com redação determinada pelo Decreto n. 10.410, de 30-6-2020.

§§ 1.º a 3.º (*Revogados pelo Decreto n. 10.410, de 30-6-2020.*)

Título II
DAS DISPOSIÇÕES DIVERSAS RELATIVAS AO CUSTEIO DA SEGURIDADE SOCIAL

Art. 266. Os sindicatos poderão apresentar denúncia contra a empresa, junto ao Instituto Nacional do Seguro Social, nas seguintes hipóteses:
I – falta de envio da Guia da Previdência Social para o sindicato, na forma do inciso V do *caput* do art. 225;
II – não afixação da Guia da Previdência Social no quadro de horário, na forma do inciso VI do *caput* do art. 225;
III – divergência entre os valores informados pela empresa e pelo Instituto Nacional do Seguro Social sobre as contribuições recolhidas na mesma competência; ou
IV – existência de evidentes indícios de recolhimento a menor das contribuições devidas, constatados pela comparação com dados disponíveis sobre quantidade de empregados e de rescisões de contrato de trabalho homologadas pelo sindicato.

§ 1.º As denúncias formuladas pelos sindicatos deverão identificar com precisão a empresa infratora e serão encaminhadas por seu representante legal, especificando nome, número no Cadastro Nacional da Pessoa Jurídica e endereço da empresa denunciada, o item infringido e outros elementos indispensáveis à análise dos fatos.

§ 2.º A constatação da improcedência da denúncia apresentada pelo sindicato implicará a cessação do seu direito ao acesso às informações fornecidas pelas empresas e pelo Instituto Nacional do Seguro Social, pelo prazo de:
I – um ano, quando fundamentada nos incisos I, II e III do *caput*; e

II – quatro meses, quando fundamentada no inciso IV do *caput*.

§ 3.º Os prazos mencionados no parágrafo anterior serão duplicados a cada reincidência, considerando-se esta a ocorrência de nova denúncia improcedente, dentro do período de cinco anos contados da data da denúncia não confirmada.

Art. 276. Nas ações trabalhistas de que resultar o pagamento de direitos sujeitos à incidência de contribuição previdenciária, o recolhimento das importâncias devidas à seguridade social será feito no dia dois do mês seguinte ao da liquidação da sentença.

§ 1.º No caso do pagamento parcelado, as contribuições devidas à seguridade social serão recolhidas na mesma data e proporcionalmente ao valor de cada parcela.

§ 2.º Nos acordos homologados em que não figurarem, discriminadamente, as parcelas legais de incidência da contribuição previdenciária, esta incidirá sobre o valor total do acordo homologado.

§ 3.º Não se considera como discriminação de parcelas legais de incidência de contribuição previdenciária a fixação de percentual de verbas remuneratórias e indenizatórias constantes dos acordos homologados, aplicando-se, nesta hipótese, o disposto no parágrafo anterior.

§ 4.º A contribuição do empregado no caso de ações trabalhistas será calculada, mês a mês, aplicando-se as alíquotas previstas no art. 198, observado o limite máximo do salário de contribuição.
• *Vide* Súmula 368 do TST.

§ 5.º Na sentença ou acordo homologado, cujo valor da contribuição previdenciária devida for inferior ao limite mínimo permitido para recolhimento na Guia da Previdência Social, é autorizado o recolhimento dos valores devidos cumulativamente com as contribuições normais de mesma competência.
•• § 5.º acrescentado pelo Decreto n. 4.032, de 26-11-2001.

§ 6.º O recolhimento das contribuições do empregado reclamante deverá ser feito na mesma inscrição em que são recolhidas as contribuições devidas pela empresa.
•• § 6.º acrescentado pelo Decreto n. 4.032, de 26-11-2001.

§ 7.º Se da decisão resultar reconhecimento de vínculo empregatício, deverão ser exigidas as contribuições, tanto do empregador como do reclamante, para todo o período reconhecido, ainda que o pagamento das remunerações a ele correspondentes não tenham sido reclamadas na ação, tomando-se por base de incidência, na ordem, o valor da remuneração paga, quando conhecida, da remuneração paga a outro empregado de categoria ou função equivalente ou semelhante, do salário normativo da categoria ou do salário mínimo mensal, permitida a compensação das contribuições patronais eventualmente recolhidas.
•• § 7.º acrescentado pelo Decreto n. 4.032, de 26-11-2001.

§ 8.º Havendo reconhecimento de vínculo empregatício para empregado doméstico, tanto as contribuições do segurado empregado como as do empregador deverão ser recolhidas na inscrição do trabalhador.
•• § 8.º acrescentado pelo Decreto n. 4.032, de 26-11-2001.

§ 9.º É exigido o recolhimento da contribuição previdenciária de que trata o inciso II do art. 201, incidente sobre o valor resultante da decisão que reconhecer a ocorrência de prestação de serviço à empresa, mas não o vínculo empregatício, sobre o valor total da condenação ou do acordo homologado, independentemente da natureza da parcela e forma de pagamento.
•• § 9.º acrescentado pelo Decreto n. 4.032, de 26-11-2001.
• O art. 201, II, dispõe: "Art. 201. A contribuição a cargo da empresa, destinada à seguridade social, é de: ... II – vinte por cento sobre o total das remunerações ou retribuições pagas ou creditadas no decorrer do mês ao segurado contribuinte individual;".

Art. 277. A autoridade judiciária deverá velar pelo fiel cumprimento do disposto no artigo anterior, executando, de ofício, quando for o caso, as contribuições devidas, fazendo expedir notificação ao Instituto Nacional do Seguro Social, para dar-lhe ciência dos termos da sentença, do acordo celebrado ou da execução.

Parágrafo único. O Instituto Nacional do Seguro Social fornecerá, quando solicitados, as orientações e dados necessários ao cumprimento do que dispõe este artigo.

LIVRO IV
DAS PENALIDADES EM GERAL

Título I
DAS RESTRIÇÕES

Art. 279. A empresa que transgredir as normas deste Regulamento, além de outras sanções previstas, sujeitar-se-á às seguintes restrições:

I – suspensão de empréstimos e financiamentos, por instituições financeiras oficiais;

II – revisão de incentivo fiscal de tratamento tributário especial;

III – inabilitação para licitar e contratar com qualquer órgão ou entidade da administração pública direta ou indireta federal, estadual, do Distrito Federal ou municipal;

IV – interdição para o exercício do comércio, se for sociedade mercantil ou comerciante individual;

V – desqualificação para impetrar concordata; e

VI – cassação de autorização para funcionar no País, quando for o caso.

Art. 280. A empresa em débito para com a seguridade social não pode:

I – distribuir bonificação ou dividendo a acionista; e

II – dar ou atribuir cota ou participação nos lucros a sócio cotista, diretor ou outro membro de órgão dirigente, fiscal ou consultivo, ainda que a título de adiantamento.

Título II
DAS INFRAÇÕES E DAS PENALIDADES

Capítulo II
DA APREENSÃO DE DOCUMENTOS

Art. 282. A seguridade social, por meio de seus órgãos competentes, promoverá a apreensão de comprovantes de arrecadação e de pagamento de benefícios, bem como de quaisquer documentos pertinentes, inclusive contábeis, mediante lavratura do competente termo, com a finalidade de apurar administrativamente a ocorrência dos crimes previstos em lei.

Parágrafo único. O Instituto Nacional do Seguro Social e a Secretaria da Receita Federal estabelecerão normas específicas para:

•• A Secretaria da Receita Federal passa a denominar-se Secretaria da Receita Federal do Brasil, por força da Lei n. 11.457, de 16-3-2007.

I – apreensão de comprovantes e demais documentos;

II – apuração administrativa da ocorrência de crimes;

III – devolução de comprovantes e demais documentos;

IV – instrução do processo administrativo de apuração;

V – encaminhamento do resultado da apuração referida no inciso IV à autoridade competente; e

VI – acompanhamento de processo judicial.

Capítulo III
DAS INFRAÇÕES

Art. 283. Por infração a qualquer dispositivo das Leis n. 8.212 e 8.213, ambas de 1991, e 10.666, de 8 de maio de 2003, para a qual não haja penalidade expressamente cominada neste Regulamento, fica o responsável sujeito a multa variável de R$ 636,17 (seiscentos e trinta e seis reais e dezessete centavos) a R$ 63.617,35 (sessenta e três mil, seiscentos e dezessete reais e trinta e cinco centavos), conforme a gravidade da infração, aplicando-se-lhe o disposto nos arts. 290 a 292, e de acordo com os seguintes valores:

•• *Caput* com redação determinada pelo Decreto n. 4.862, de 21-10-2003.

•• Valores atualizados, a partir de 1.º-1-2023, pela Portaria Interministerial n. 26, de 10-1-2023, dos Ministérios da Previdência Social e da Fazenda, para, respectivamente, de R$ 3.100,06 (três mil e cem reais e seis centavos) a R$ 310.004,70 (trezentos e dez mil quatro reais e setenta centavos).

I – a partir de R$ 636,17 (seiscentos e trinta e seis reais e dezessete centavos) nas seguintes infrações:

a) deixar a empresa de preparar folha de pagamento das remunerações pagas, devidas ou creditadas a todos os segurados a seu serviço, de acordo com este Regulamento e com os demais padrões e normas estabelecidos pelo Instituto Nacional do Seguro Social;

b) deixar a empresa de se matricular no Instituto Nacional do Seguro Social, dentro de trinta dias contados da data do início de suas atividades, quando não sujeita a inscrição no Cadastro Nacional da Pessoa Jurídica;

c) deixar a empresa de descontar da remuneração paga aos segurados a seu serviço importância proveniente de dívida ou responsabilidade por eles contraída junto à seguridade social, relativa a benefícios pagos indevidamente;

d) deixar a empresa de matricular no Instituto Nacional do Seguro Social obra de construção civil de sua propriedade ou executada sob sua responsabilidade no prazo de trinta dias do início das respectivas atividades;

e) deixar o Titular de Cartório de Registro Civil de Pessoas Naturais de comunicar ao Instituto Nacional do Seguro Social, até o dia dez de cada mês, a ocorrência ou a não ocorrência de óbitos, no mês imediatamente anterior, bem como enviar informações inexatas, conforme o disposto no art. 228;

f) deixar o dirigente dos órgãos municipais competentes de prestar ao Instituto Nacional do Seguro Social as informações concernentes aos alvarás, *habite-se* ou documento equivalente, relativos a construção civil, na forma do art. 226;

g) deixar a empresa de efetuar os descontos das contribuições devidas pelos segurados a seu serviço;

•• Alínea *g* com redação determinada pelo Decreto n. 4.862, de 21-10-2003.

h) deixar a empresa de elaborar e manter atualizado perfil profissiográfico abrangendo as atividades desenvolvidas pelo trabalhador e de fornecer a este, quando da rescisão do contrato de trabalho, cópia autêntica deste documento;

•• Alínea *h* acrescentada pelo Decreto n. 4.862, de 21-10-2003.

II – a partir de R$ 6.361,73 (seis mil trezentos e sessenta e um reais e setenta e três centavos) nas seguintes infrações:

•• Valor atualizado, a partir de 1.º-1-2023, pela Portaria Interministerial n. 26, de 10-1-2023, dos Ministérios da Previdência Social e da Fazenda, para R$ 31.000,41 (trinta e um mil reais e quarenta e um centavos).

a) deixar a empresa de lançar mensalmente, em títulos próprios de sua contabilidade, de forma discriminada, os fatos geradores de todas as contribuições, o montante das quantias descontadas, as contribuições da empresa e os totais recolhidos;

b) deixar a empresa de apresentar ao Instituto Nacional do Seguro Social e à Secretaria da Receita Federal os documentos que contenham as informações cadastrais, financeiras e contábeis de interesse dos mesmos, na forma por eles estabelecida, ou os esclarecimentos necessários à fiscalização;

•• A Secretaria da Receita Federal passa a denominar-se Secretaria da Receita Federal do Brasil, por força da Lei n. 11.457, de 16-3-2007.

c) deixar o servidor, o serventuário da Justiça ou o titular de serventia extrajudicial de exigir documento comprobatório de inexistência de débito, quando da contratação com o Poder Público ou no recebimento de benefício ou de incentivo fiscal ou creditício;

d) deixar o servidor, o serventuário da Justiça ou o titular de serventia extrajudicial de exigir o documento comprobatório de inexistência de débito, quando da alienação ou oneração, a qualquer título, de bem imóvel ou direito a ele relativo;

e) deixar o servidor, o serventuário da Justiça ou o titular de serventia extrajudicial de exigir a apresentação do documento comprobatório de inexistência de débito na alienação ou oneração, a qualquer título, de bem móvel incorporado ao ativo permanente da empresa, de valor superior a R$ 15.904,18 (quinze mil novecentos e quatro reais e dezoito centavos);

•• Valor atualizado, a partir de 1.º-1-2023, pela Portaria Interministerial n. 26, de 10-1-2023, dos Ministérios da Previdência Social e da Fazenda, para R$ 77.500,38 (setenta e sete mil quinhentos reais e trinta e oito centavos).

f) deixar o servidor, o serventuário da Justiça ou o titular de serventia extrajudicial de exigir documento comprobatório de inexistência de débito no registro ou arquivamento, no órgão próprio, de ato relativo a baixa ou redução de capital de firma individual, redução de capital social, cisão total ou parcial, transformação ou extinção de entidade ou sociedade comercial ou civil e transferência de controle de cotas de sociedades de responsabilidade limitada;

g) deixar o servidor, o serventuário da Justiça ou o titular de serventia extrajudicial de exigir documento comprobatório de inexistência de débito do proprietário, pessoa física ou jurídica, de obra de construção civil, quando da averbação de obra no Registro de Imóveis;

h) deixar o servidor, o serventuário da Justiça ou o titular de serventia extrajudicial de exigir documento comprobatório de inexistência de débito do incorporador, quando da averbação de obra no Registro de Imóveis, independentemente do documento apresentado por ocasião da inscrição do memorial de incorporação;

i) deixar o dirigente da entidade da administração pública direta ou indireta de consignar as dotações necessárias ao pagamento das contribuições devidas à seguridade social, de modo a assegurar a sua regular liquidação dentro do exercício;

j) deixar a empresa, o servidor de órgão público da administração direta e indireta, o segurado da previdência social, o serventuário da Justiça ou o titular de serventia extrajudicial, o síndico ou seu representante, o comissário ou o liquidante de empresa em liquidação judicial ou extrajudicial, de exibir os documentos e livros relacionados com as contribuições previstas neste Regulamento ou apresentá-los sem atender às formalidades legais exigidas ou contendo informação diversa da realidade ou, ainda, com omissão de informação verdadeira;

l) deixar a entidade promotora do espetáculo desportivo de efetuar o desconto da contribuição prevista no § 1.º do art. 205;

• O desconto corresponde a 5% da receita bruta, nos termos do art. 205, § 1.º, deste Decreto.

m) deixar a empresa ou entidade de reter e recolher a contribuição prevista no § 3.º do art. 205;

• O desconto corresponde a 5% da receita bruta, nos termos do art. 205, § 3.º, deste Decreto.

n) deixar a empresa de manter laudo técnico atualizado com referência aos agentes nocivos existentes no ambiente de trabalho de seus trabalhadores ou emitir documento de comprovação de efetiva exposição em desacordo com o respectivo laudo; e

•• Alínea *n* com redação determinada pelo Decreto n. 6.722, de 30-12-2008.

o) (Revogada pelo Decreto n. 4.882, de 18-11-2003.)

§ 1.º Considera-se dirigente, para os fins do disposto neste Capítulo, aquele que tem a competência funcional para decidir a prática ou não do ato que constitua infração à legislação da seguridade social.

§ 2.º A falta de inscrição do segurado sujeita o responsável à multa de R$ 1.254,89 (mil, duzentos e cinquenta e quatro reais e oitenta e nove centavos), por segurado não inscrito.

•• § 2.º com redação determinada pelo Decreto n. 6.722, de 30-12-2008.

§ 3.º As demais infrações a dispositivos da legislação, para as quais não haja penalidade expressamente cominada, sujeitam o infrator à multa de R$ 636,17 (seiscentos e trinta e seis reais e dezessete centavos).

Art. 284. A infração ao disposto no inciso IV do *caput* do art. 225 sujeitará o responsável às seguintes penalidades administrativas:

I – valor equivalente a um multiplicador sobre o valor mínimo previsto no *caput* do art. 283, em função do número de segurados, pela não apresentação da Guia de Recolhimento do Fundo de Garantia do Tempo de Serviço e Informações à Previdência Social, independentemente do recolhimento da contribuição, conforme quadro abaixo:

0 a 5 segurados	1/2 valor mínimo
6 a 15 segurados	1 x o valor mínimo
16 a 50 segurados	2 x o valor mínimo
51 a 100 segurados	5 x o valor mínimo
101 a 500 segurados	10 x o valor mínimo
501 a 1000 segurados	20 x o valor mínimo
1001 a 5000 segurados	35 x o valor mínimo
acima de 5000 segurados	50 x o valor mínimo

II – cem por cento do valor devido relativo à contribuição não declarada, limitada aos valores previstos no inciso I, pela apresentação da Guia de Recolhimento do Fundo de Garantia do Tempo de Serviço e Informações à Previdência Social com dados não correspondentes aos fatos geradores, seja em relação às bases de cálculo, seja em relação às informações que alterem o valor das contribuições, ou do valor que seria devido se não houvesse isenção ou substituição, quando se tratar de infração cometida por pessoa jurídica de direito privado beneficente de assistência social em gozo de isenção das contribuições previdenciárias ou por empresa cujas contribuições incidentes sobre os respectivos fatos geradores tenham sido substituídas por outras; e

•• Inciso II com redação determinada pelo Decreto n. 4.729, de 9-6-2003.

III – cinco por cento do valor mínimo previsto no *caput* do art. 283, por campo com informações inexatas, incompletas ou omissas, limitada aos valores previstos no inciso I, pela apresentação da Guia de Recolhimento do Fundo de Garantia do Tempo de Serviço e Informações à Previdência Social com erro de preenchimento nos dados não relacionados aos fatos geradores.

§ 1.º A multa de que trata o inciso I, a partir do mês seguinte àquele em que o documento deveria ter sido entregue, sofrerá acréscimo de cinco por cento por mês-calendário ou fração.

§ 2.º O valor mínimo a que se refere o inciso I será o vigente na data da lavratura do auto de infração.

Art. 285. A infração ao disposto no art. 280 sujeita o responsável à multa de cinquenta por cento das quantias que tiverem sido pagas ou creditadas, a partir da data do evento.

Art. 286. A infração ao disposto no art. 336 sujeita o responsável à multa variável entre os limites mínimo e máximo do salário de contribuição, por acidente que tenha deixado de comunicar nesse prazo.

§ 1.º Em caso de morte, a comunicação a que se refere este artigo deverá ser efetuada de imediato à autoridade competente.

§ 2.º A multa será elevada em duas vezes o seu valor a cada reincidência.

§ 3.º A multa será aplicada no seu grau mínimo na ocorrência da primeira comunicação feita fora do prazo estabelecido neste artigo, ou não comunicada, observado o disposto nos arts. 290 a 292.

Art. 287. Pelo descumprimento das obrigações contidas nos incisos V e VI do *caput* do art. 225, e verificado o disposto no inciso III do *caput* do art. 266, será aplicada multa de R$ 99,74 (noventa e nove reais e setenta e quatro centavos) a R$ 9.974,34 (nove mil novecentos e setenta e quatro reais e trinta e quatro centavos), para cada competência em que tenha havido a irregularidade.

•• *Caput* com redação determinada pelo Decreto n. 4.032, de 26-11-2001.
•• Valores atualizados, a partir de 1.º-1-2023, pela Portaria Interministerial n. 26, de 10-1-2023, dos Ministérios da Previdência Social e da Fazenda, para R$ 407,84 (quatrocentos e sete reais e oitenta e quatro centavos) a R$ 40.787,11 (quarenta mil setecentos e oitenta e sete reais e onze centavos).

Parágrafo único. O descumprimento das disposições constantes do art. 227 e dos incisos V e VI do *caput* do art. 257, sujeitará a instituição financeira à multa de:

I – R$ 22.165,20 (vinte e dois mil cento e sessenta e cinco reais e vinte centavos), no caso do art. 227; e
•• Inciso I com redação determinada pelo Decreto n. 4.032, de 26-11-2001.
•• Valor atualizado, a partir de 1.º-1-2023, pela Portaria Interministerial n. 26, de 10-1-2023, dos Ministérios da Previdência Social e da Fazenda, para R$ 90.637,95 (noventa mil seiscentos e trinta e sete reais e noventa e cinco centavos).

II – R$ 110.826,01 (cento e dez mil oitocentos e vinte e seis reais e um centavo), no caso dos incisos V e VI do *caput* do art. 257.
•• Inciso II com redação determinada pelo Decreto n. 4.032, de 26-11-2001.
•• Valor atualizado, a partir de 1.º-1-2023, pela Portaria Interministerial n. 26, de 10-1-2023, dos Ministérios da Previdência Social e da Fazenda, para R$ 453.189,77 (quatrocentos e cinquenta e três mil cento e oitenta e nove reais e setenta e sete centavos).

Art. 288. O descumprimento do disposto nos §§ 19 e 20 do art. 225 sujeitará o infrator à multa de:

I – R$ 173,00 (cento e setenta e três reais) a R$ 1.730,00 (um mil setecentos e trinta reais), no caso do § 19; e

II – R$ 345,00 (trezentos e quarenta e cinco reais) a R$ 3.450,00 (três mil quatrocentos e cinquenta reais), no caso do § 20.

Art. 289. O dirigente de órgão ou entidade da administração federal, estadual, do Distrito Federal ou municipal responde pessoalmente pela multa aplicada por infração a dispositivos deste Regulamento, sendo obrigatório o respectivo desconto em folha de pagamento, mediante requisição dos órgãos competentes e a partir do primeiro pagamento que se seguir à requisição.

Parágrafo único. Ao disposto neste artigo não se aplica a multa de que trata o inciso III do art. 239.

Capítulo IV
DAS CIRCUNSTÂNCIAS AGRAVANTES DA PENALIDADE

Art. 290. Constituem circunstâncias agravantes da infração, das quais dependerá a gradação da multa, ter o infrator:

I – tentado subornar servidor dos órgãos competentes;

II – agido com dolo, fraude ou má-fé;

III – desacatado, no ato da ação fiscal, o agente da fiscalização;

IV – obstado a ação da fiscalização; ou

V – incorrido em reincidência.

Parágrafo único. Caracteriza reincidência a prática de nova infração a dispositivo da legislação por uma mesma pessoa ou por seu sucessor, dentro de cinco anos da data em que se tornar irrecorrível administrativamente a decisão condenatória, da data do pagamento ou da data em que se configurou a revelia, referentes à autuação anterior.
•• Parágrafo único com redação determinada pelo Decreto n. 6.032, de 1.º-2-2007.

Capítulo V
DAS CIRCUNSTÂNCIAS ATENUANTES DA PENALIDADE

Art. 291. (*Revogado pelo Decreto n. 6.727, de 12-1-2009.*)

Capítulo VI
DA GRADAÇÃO DAS MULTAS

Art. 292. As multas serão aplicadas da seguinte forma:

I – na ausência de agravantes, serão aplicadas nos valores mínimos estabelecidos nos incisos I e II e no § 3.º do art. 283 e nos arts. 286 e 288, conforme o caso;

II – as agravantes dos incisos I e II do art. 290 elevam a multa em três vezes;

III – as agravantes dos incisos III e IV do art. 290 elevam a multa em duas vezes;

IV – a agravante do inciso V do art. 290 eleva a multa em três vezes a cada reincidência no mesmo tipo de infração, e em duas vezes em caso de reincidência em infrações diferentes, observados os valores máximos estabelecidos no *caput* dos arts. 283 e 286, conforme o caso; e

V – (*Revogado pelo Decreto n. 6.727, de 12-1-2009.*)

Parágrafo único. Na aplicação da multa a que se refere o art. 288, aplicar-se-á apenas as agravantes referidas nos incisos III a V do art. 290, as quais elevam a multa em duas vezes.

Art. 293. Constatada a ocorrência de infração a dispositivo deste Regulamento, será lavrado auto de infração com discriminação clara e precisa da infração e das circunstâncias em que foi praticada, contendo o dispositivo legal infringido, a penalidade aplicada e os critérios de gradação, e indicando local, dia e hora de sua lavratura, observadas as normas fixadas pelos órgãos competentes.
•• *Caput* com redação determinada pelo Decreto n. 6.103, de 30-4-2007.

§ 1.º Recebido o auto de infração, o autuado terá o prazo de trinta dias, a contar da ciência, para efetuar o pagamento da multa de ofício com redução de cinquenta por cento ou impugnar a autuação.
•• § 1.º com redação determinada pelo Decreto n. 6.103, de 30-4-2007.

§ 2.º Impugnada a autuação, o autuado, após a ciência da decisão de primeira instância, poderá efetuar o pagamento da multa de ofício com redução de vinte e cinco por cento, até a data limite para interposição de recurso.
•• § 2.º com redação determinada pelo Decreto n. 6.103, de 30-4-2007.

§ 3.º O recolhimento do valor da multa, com redução, implica renúncia ao direito de impugnar ou de recorrer.
•• § 3.º com redação determinada pelo Decreto n. 4.032, de 26-11-2001.

§ 4.º Apresentada impugnação, o processo será submetido à autoridade competente, que decidirá sobre a autuação, cabendo recurso na forma da Subseção II da Seção II do Capítulo Único do Título I do Livro V deste Regulamento.
•• § 4.º com redação determinada pelo Decreto n. 6.032, de 1.º-2-2007.

§§ 5.º e 6.º (*Revogados pelo Decreto n. 6.032, de 1.º-2-2007.*)

LIVRO V
DA ORGANIZAÇÃO DA SEGURIDADE SOCIAL

Título I
DO SISTEMA NACIONAL DE SEGURIDADE SOCIAL

Capítulo Único
DOS ÓRGÃOS COLEGIADOS

SEÇÃO II
Do Conselho de Recursos da Previdência Social

SUBSEÇÃO II
Das contestações e dos recursos
•• Subseção II com redação determinada pelo Decreto n. 10.410, de 30-6-2020.

Art. 305. Compete ao CRPS processar e julgar:
•• *Caput* com redação determinada pelo Decreto n. 10.410, de 30-6-2020.

I – os recursos das decisões proferidas pelo INSS nos processos de interesse de seus beneficiários;
•• Inciso I acrescentado pelo Decreto n. 10.410, de 30-6-2020.

II – as contestações e os recursos relativos à atribuição, pelo Ministério da Economia, do FAP aos estabelecimentos das empresas;
•• Inciso II acrescentado pelo Decreto n. 10.410, de 30-6-2020.

III – os recursos das decisões proferidas pelo INSS relacionados à comprovação de atividade rural de segurado especial de que trata o art. 19-D ou às demais informações relacionadas ao CNIS de que trata o art. 19;

•• Inciso III acrescentado pelo Decreto n. 10.410, de 30-6-2020.

IV – os recursos das decisões relacionadas à compensação financeira de que trata a Lei n. 9.796, de 1999; e

•• Inciso IV acrescentado pelo Decreto n. 10.410, de 30-6-2020.

V – os recursos relacionados aos processos sobre irregularidades verificadas em procedimento de supervisão e de fiscalização nos regimes próprios de previdência social e aos processos sobre apuração de responsabilidade por infração às disposições da Lei n. 9.717, de 1998.

•• Inciso V acrescentado pelo Decreto n. 10.410, de 30-6-2020.

§ 1.º O prazo para interposição de contestações e recursos ou para oferecimento de contrarrazões será de trinta dias, contado:

•• § 1.º, *caput*, com redação determinada pelo Decreto n. 10.410, de 30-6-2020.

I – no caso das contestações, da publicação no *Diário Oficial da União* das informações sobre a forma de consulta ao FAP;

•• Inciso I acrescentado pelo Decreto n. 10.410, de 30-6-2020.

II – no caso dos recursos, da ciência da decisão; e

•• Inciso II acrescentado pelo Decreto n. 10.410, de 30-6-2020.

III – no caso das contrarrazões, da interposição do recurso.

•• Inciso III acrescentado pelo Decreto n. 10.410, de 30-6-2020.

§ 2.º (*Revogado pelo Decreto n. 3.265, de 29-11-1999.*)

§ 3.º O INSS, a Secretaria Especial de Previdência e Trabalho do Ministério da Economia e, quando for o caso, na hipótese prevista no inciso IV do *caput*, os entes federativos poderão reformar suas decisões e deixar de encaminhar, no caso de reforma favorável ao interessado, a contestação ou o recurso à instância competente ou de rever o ato para o não prosseguimento da contestação ou do recurso.

•• § 3.º com redação determinada pelo Decreto n. 10.410, de 30-6-2020.

§ 4.º Se o reconhecimento do direito do interessado ocorrer na fase de instrução do recurso por ele interposto contra decisão de Junta de Recursos, ainda que de alçada, ou de Câmara de Julgamento, o processo, acompanhado das razões do novo entendimento, será encaminhado:

I – à Junta de Recursos, no caso de decisão dela emanada, para fins de reexame da questão; ou

II – à Câmara de Julgamento, se por ela proferida a decisão, para revisão do acórdão, na forma que dispuser o seu Regimento Interno.

§ 5.º (*Revogado pelo Decreto n. 6.722, de 30-12-2008.*)

§ 6.º As contestações e os recursos a que se refere o inciso II do *caput* deverão dispor, exclusivamente, sobre razões relativas a divergências quanto aos elementos que compõem o cálculo do FAP.

•• § 6.º acrescentado pelo Decreto n. 10.410, de 30-6-2020.

§ 7.º Exceto se houver disposição em contrário disciplinada em ato do INSS, as razões do indeferimento e os demais elementos que compõem o processo administrativo previdenciário substituirão as contrarrazões apresentadas pelo INSS, hipótese em que o processo poderá ser remetido ao CRPS imediatamente após a interposição do recurso pelo interessado, preferencialmente por meio eletrônico.

•• § 7.º acrescentado pelo Decreto n. 10.410, de 30-6-2020.

§ 8.º Ato conjunto do INSS e do CRPS estabelecerá os procedimentos operacionais relativos à tramitação dos recursos das decisões proferidas pelo INSS.

•• § 8.º acrescentado pelo Decreto n. 10.410, de 30-6-2020.

Art. 306. (*Revogado pelo Decreto n. 6.722, de 30-12-2008.*)

Art. 307. A propositura pelo interessado de ação judicial que tenha por objeto idêntico pedido sobre o qual verse o processo administrativo importará renúncia ao direito de contestar e recorrer na esfera administrativa, com a consequente desistência da contestação ou do recurso interposto.

•• Artigo com redação determinada pelo Decreto n. 10.410, de 30-6-2020.

Art. 308. Os recursos interpostos tempestivamente contra decisões proferidas pelas Juntas de Recursos e pelas Câmaras de Julgamento do CRPS têm efeito suspensivo e devolutivo.

•• *Caput* com redação determinada pelo Decreto n. 10.410, de 30-6-2020.

§ 1.º Para fins do disposto neste artigo, não se considera recurso o pedido de revisão de acórdão endereçado às Juntas de Recursos e Câmaras de Julgamento.

•• § 1.º acrescentado pelo Decreto n. 5.699, de 13-2-2006.

§ 2.º É vedado ao INSS escusar-se de cumprir as diligências solicitadas pelo CRPS, bem como deixar de dar cumprimento às decisões definitivas daquele colegiado, reduzir ou ampliar o seu alcance ou executá-las de modo que contrarie ou prejudique seu evidente sentido.

•• § 2.º com redação determinada pelo Decreto n. 6.722, de 30-12-2008.

Art. 309. Na hipótese de haver controvérsia em matéria previdenciária, na aplicação de lei ou de ato normativo, entre órgãos do Ministério da Economia, entidades a ele vinculadas e, na hipótese prevista no inciso IV do *caput* do art. 305, entes federativos, ou ocorrência de questão previdenciária de relevante interesse público ou social, o órgão ministerial ou a entidade interessada poderá, por intermédio de seu dirigente, solicitar ao Ministro de Estado da Economia solução para a controvérsia ou questão.

•• *Caput* com redação determinada pelo Decreto n. 10.410, de 30-6-2020.

§ 1.º A controvérsia na aplicação de lei ou ato normativo será relatada *in abstracto* e encaminhada com manifestações fundamentadas dos órgãos interessados, podendo ser instruída com cópias dos documentos que demonstrem sua ocorrência.

•• § 1.º acrescentado pelo Decreto n. 4.729, de 9-6-2003.

§ 2.º A Procuradoria Geral Federal Especializada/INSS deverá pronunciar-se em todos os casos previstos neste artigo.

•• § 2.º acrescentado pelo Decreto n. 4.729, de 9-6-2003.

LIVRO VI
DAS DISPOSIÇÕES GERAIS

Art. 336. Para fins estatísticos e epidemiológicos, a empresa deverá comunicar à previdência social o acidente de que tratam os arts. 19, 20, 21 e 23 da Lei n. 8.213, de 1991, ocorrido com o segurado empregado, exceto o doméstico, e o trabalhador avulso, até o primeiro dia útil seguinte ao da ocorrência e, em caso de morte, de imediato, à autoridade competente, sob pena da multa aplicada e cobrada na forma do art. 286.

•• *Caput* com redação determinada pelo Decreto n. 4.032, de 26-11-2001.

§ 1.º Da comunicação a que se refere este artigo receberão cópia fiel o acidentado ou seus dependentes, bem como o sindicato a que corresponda a sua categoria.

§ 2.º Na falta do cumprimento do disposto no *caput*, caberá ao setor de benefícios do Instituto Nacional do Seguro Social comunicar a ocorrência ao setor de fiscalização, para a aplicação e cobrança da multa devida.

§ 3.º Na falta de comunicação por parte da empresa, ou quando se tratar de segurado especial, podem formalizá-la o próprio acidentado, seus dependentes, a entidade sindical competente, o médico que o assistiu ou qualquer autoridade pública, não prevalecendo nestes casos o prazo previsto neste artigo.

•• § 3.º com redação determinada pelo Decreto n. 4.032, de 26-11-2001.

§ 4.º A comunicação a que se refere o § 3.º não exime a empresa de responsabilidade pela falta do cumprimento do disposto neste artigo.

§ 5.º (*Revogado pelo Decreto n. 3.265, de 29-11-1999.*)

§ 6.º Os sindicatos e entidades representativas de classe poderão acompanhar a cobrança, pela previdência social, das multas previstas neste artigo.

Art. 337. O acidente do trabalho será caracterizado tecnicamente pela Perícia Médica Federal, por meio da identificação do nexo entre o trabalho e o agravo.

•• *Caput* com redação determinada pelo Decreto n. 10.491, de 23-9-2020.

§ 1.º O setor de benefícios do Instituto Nacional do Seguro Social reconhecerá o direito do segurado à habilitação do benefício acidentário.

§ 2.º Será considerado agravamento do acidente aquele sofrido pelo acidentado quando estiver sob a responsabilidade da reabilitação profissional.

§ 3.º Considera-se estabelecido o nexo entre o trabalho e o agravo quando se verificar nexo técnico epidemiológico entre a atividade da empresa e a entidade mórbida motivadora da incapacidade, elencada na Classificação Internacional de Doenças – CID em conformidade com o disposto na Lista C do Anexo II deste Regulamento.

•• § 3.º com redação determinada pelo Decreto n. 6.957, de 9-9-2009.

§ 4.º Para os fins deste artigo, considera-se agravo a lesão, doença, transtorno de saúde, distúrbio, disfunção ou síndrome de evolução aguda, subaguda ou crônica, de natureza clínica ou subclínica, inclusive morte, independentemente do tempo de latência.

•• § 4.º acrescentado pelo Decreto n. 6.042, de 12-2-2007.

§ 5.º Reconhecidos pela Perícia Médica Federal a incapacidade para o trabalho e o nexo causal entre o trabalho e o agravo, na forma prevista no § 3.º, serão devidas as prestações acidentárias a que o beneficiário tiver direito.

•• § 5.º com redação determinada pelo Decreto n. 10.491, de 23-9-2020.

§ 6.º A Perícia Médica Federal deixará de aplicar o disposto no § 3.º quando demonstrada a inexistência de nexo causal entre o trabalho e o agravo, sem prejuízo do disposto no § 7.º e no § 12.

•• § 6.º com redação determinada pelo Decreto n. 10.491, de 23-9-2020.

§ 7.º A empresa poderá requerer ao INSS a não aplicação do nexo técnico epidemiológico ao caso concreto mediante a demonstração de inexistência de correspondente nexo entre o trabalho e o agravo.

•• § 7.º com redação determinada pelo Decreto n. 6.939, de 18-8-2009.

§ 8.º O requerimento de que trata o § 7.º poderá ser apresentado no prazo de quinze dias da data para a entrega, na forma do inciso IV do art. 225, da GFIP que registre a movimentação do trabalhador, sob pena de não conhecimento da alegação em instância administrativa.

•• § 8.º acrescentado pelo Decreto n. 6.042, de 12-2-2007.

§ 9.º Caracterizada a impossibilidade de atendimento ao disposto no § 8.º, motivada pelo não conhecimento tempestivo do diagnóstico do agravo, o requerimento de que trata o § 7.º poderá ser apresentado no prazo de quinze dias, contado da data em que a empresa tomar ciência da decisão a que se refere o § 5.º.

•• § 9.º com redação determinada pelo Decreto n. 10.410, de 30-6-2020.

§ 10. Juntamente com o requerimento de que tratam os §§ 8.º e 9.º, a empresa formulará as alegações que entender necessárias e apresentará as provas que possuir demonstrando a inexistência de nexo entre o trabalho e o agravo.

•• § 10 com redação determinada pelo Decreto n. 6.939, de 18-8-2009.

§ 11. A documentação probatória poderá trazer, entre outros meios de prova, evidências técnicas circunstanciadas e tempestivas à exposição do segurado, podendo ser produzidas no âmbito de programas de gestão de risco, a cargo da empresa, que possuam responsável técnico legalmente habilitado.

•• § 11 acrescentado pelo Decreto n. 6.042, de 12-2-2007.

§ 12. O INSS informará ao segurado sobre a contestação da empresa para que este, querendo, possa impugná-la, obedecendo, quanto à produção de provas, ao disposto no § 10, sempre que a instrução do pedido evidenciar a possibilidade de reconhecimento de inexistência do nexo entre o trabalho e o agravo.

•• § 12 com redação determinada pelo Decreto n. 6.939, de 18-8-2009.

§ 13. Da decisão do requerimento de que trata o § 7.º cabe recurso, com efeito suspensivo, por parte da empresa ou, conforme o caso, do segurado ao Conselho de Recursos da Previdência Social, nos termos dos arts. 305 a 310.

•• § 13 acrescentado pelo Decreto n. 6.042, de 12-2-2007.

Art. 338. A empresa é responsável pela adoção e uso de medidas coletivas e individuais de proteção à segurança e saúde do trabalhador sujeito aos riscos ocupacionais por ela gerados.

•• *Caput* com redação determinada pelo Decreto n. 4.032, de 26-11-2001.

§ 1.º É dever da empresa prestar informações pormenorizadas sobre os riscos da operação a executar e do produto a manipular.

•• Primitivo parágrafo único renumerado para § 1.º pelo Decreto n. 4.032, de 26-11-2001.

§ 2.º A Perícia Médica Federal terá acesso aos ambientes de trabalho e a outros locais onde se encontrem os documentos referentes ao controle médico de saúde ocupacional e aqueles que digam respeito ao programa de prevenção de riscos ocupacionais para verificar a eficácia das medidas adotadas pela empresa para a prevenção e o controle das doenças ocupacionais.

•• § 2.º com redação determinada pelo Decreto n. 10.410, de 30-6-2020.

§ 3.º O INSS auditará a regularidade e a conformidade das demonstrações ambientais, incluindo-se as de monitoramento biológico, e dos controles internos da empresa relativos ao gerenciamento dos riscos ocupacionais, de modo a assegurar a veracidade das informações prestadas pela empresa e constantes do CNIS, bem como o cumprimento das obrigações relativas ao acidente de trabalho.

•• § 3.º com redação determinada pelo Decreto n. 4.882, de 18-11-2003.

§ 4.º Sempre que a Perícia Médica Federal constatar o descumprimento do disposto neste artigo, esta comunicará formalmente aos demais órgãos interessados, inclusive para fins de aplicação e cobrança da multa devida.

•• § 4.º com redação determinada pelo Decreto n. 10.410, de 30-6-2020.

Art. 339. O Ministério do Trabalho e Emprego fiscalizará e os sindicatos e entidades representativas de classe acompanharão o fiel cumprimento do disposto nos arts. 338 e 343.

Art. 340. Por intermédio dos estabelecimentos de ensino, sindicatos, associações de classe, Fundação Jorge Duprat Figueiredo de Segurança e Medicina do Trabalho, órgãos públicos e outros meios, serão promovidas regularmente instrução e formação com vistas a incrementar costumes e atitudes prevencionistas em matéria de acidentes, especialmente daquele referido no art. 336.

Art. 341. O INSS ajuizará ação regressiva contra os responsáveis nas hipóteses de:

•• *Caput* com redação determinada pelo Decreto n. 10.410, de 30-6-2020.

I – negligência quanto às normas-padrão de segurança e higiene do trabalho indicadas para proteção individual e coletiva; e

•• Inciso I acrescentado pelo Decreto n. 10.410, de 30-6-2020.

II – violência doméstica e familiar contra a mulher, nos termos do disposto na Lei n. 11.340, de 7 de agosto de 2006.

•• Inciso II acrescentado pelo Decreto n. 10.410, de 30-6-2020.

§ 1.º Os órgãos de fiscalização das relações de trabalho encaminharão à Procuradoria-Geral Federal os relatórios de análise de acidentes do trabalho com indícios de negligência quanto às normas-padrão de segurança e higiene do trabalho indicadas para proteção individual e coletiva.

•• § 1.º acrescentado pelo Decreto n. 10.410, de 30-6-2020.

§ 2.º O pagamento de prestações pela previdência social em decorrência das hipóteses previstas nos incisos I e II do *caput* não exclui a responsabilidade civil da empresa, na hipótese de que trata o inciso I do *caput*, ou do responsável pela violência doméstica e familiar, na hipótese de que trata o inciso II do *caput*.

•• § 2.º acrescentado pelo Decreto n. 10.410, de 30-6-2020.

Art. 342. O pagamento pela previdência social das prestações decorrentes do acidente a que se refere o art. 336 não exclui a responsabilidade civil da empresa, do empregador doméstico ou de terceiros.

•• Artigo com redação determinada pelo Decreto n. 10.410, de 30-6-2020.

Art. 343. Constitui contravenção penal, punível com multa, deixar a empresa de cumprir as normas de segurança e saúde do trabalho.

Art. 344. Os litígios e medidas cautelares relativos aos acidentes de que trata o art. 336 serão apreciados:

• *Vide* Súmula 226 do STJ.

I – na esfera administrativa, pelos órgãos da previdência social, segundo

as regras e prazos aplicáveis às demais prestações, com prioridade para conclusão; e

II – na via judicial, pela Justiça dos Estados e do Distrito Federal, segundo o rito sumaríssimo, inclusive durante as férias forenses, mediante petição instruída pela prova de efetiva notificação do evento à previdência social, através da Comunicação de Acidente do Trabalho.

Parágrafo único. O procedimento judicial de que trata o inciso II é isento do pagamento de quaisquer custas e de verbas relativas à sucumbência.

Art. 345. As ações referentes às prestações decorrentes do acidente de que trata o art. 336 prescrevem em cinco anos, observado o disposto no art. 347, contados da data:

I – do acidente, quando dele resultar a morte ou a incapacidade temporária verificada em perícia médica a cargo da Perícia Médica Federal; ou

•• Inciso I com redação determinada pelo Decreto n. 10.410, de 30-6-2020.

II – em que for reconhecido pela Perícia Médica Federal a incapacidade permanente ou o agravamento das sequelas do acidente.

•• Inciso II com redação determinada pelo Decreto n. 10.410, de 30-6-2020.

Art. 346. O segurado que houver sofrido o acidente a que se refere o art. 336 terá garantida, pelo prazo mínimo de doze meses, a manutenção de seu contrato de trabalho na empresa, após a cessação do auxílio por incapacidade temporária decorrente de acidente, independentemente da percepção de auxílio-acidente.

•• Artigo com redação determinada pelo Decreto n. 10.410, de 30-6-2020.

INSTRUÇÃO NORMATIVA N. 16, DE 26 DE AGOSTO DE 1999 (*)

Uniformiza a interpretação da Lei n. 9.756, de 17 de dezembro de 1998, com relação a agravo de instrumento.

I – O Agravo de Instrumento se rege, na Justiça do Trabalho, pelo art. 897, *b*, §§ 2.º, 4.º, 5.º, 6.º e 7.º, da Consolidação das Leis do Trabalho, pelos demais dispositivos do direito processual do trabalho e, no que omisso, pelo direito processual comum, desde que compatível com as normas e princípios daquele, na forma desta Instrução.

a) Não se aplicam aos agravos de instrumento opostos antes de 18 de dezembro de 1998, data da publicação da Lei n. 9.756, as disposições desse diploma legal, salvo aquelas relativas ao cancelamento da possibilidade de concessão de efeito suspensivo à revista.

II – Limitado o seu cabimento, no processo do trabalho, aos despachos que denegarem a interposição de recurso (art. 897, *b*, da CLT), o agravo de instrumento será dirigido à autoridade judiciária prolatora do despacho agravado, no prazo de 8 (oito) dias de sua intimação, e processado em autos apartados.

§§ 1.º e 2.º (*Revogados pela Resolução Administrativa n. 930, de 28-4-2003.*)

III – O agravo não será conhecido se o instrumento não contiver as peças necessárias para o julgamento do recurso denegado, incluindo a cópia do respectivo arrazoado e da comprovação de satisfação de todos os pressupostos extrínsecos do recurso principal.

IV – O agravo de instrumento, protocolizado e autuado, será concluso ao juiz prolator do despacho agravado, para reforma ou confirmação da decisão impugnada, observada a competência estabelecida nos arts. 659, VI, e 682, IX, da CLT.

V – Será certificada nos autos principais a interposição do agravo de instrumento e a decisão que determina o seu processamento ou a decisão que reconsidera o despacho agravado.

VI – Mantida a decisão agravada, será intimado o agravado a apresentar contrarrazões relativas ao agravo e, simultaneamente, ao recurso principal, juntando as peças que entender necessárias para o julgamento de ambos, encaminhando-se, após, os autos do agravo ao Juízo competente.

VII – Provido o agravo, o órgão julgador deliberará quanto ao julgamento do recurso destrancado, observando-se, daí em diante, o procedimento relativo a tal recurso, com designação de relator e de revisor, se for o caso.

VIII – Da certidão de julgamento do agravo provido constará o resultado da deliberação relativa à apreciação do recurso destrancado.

IX – As peças trasladadas conterão informações que identifiquem o processo do qual foram extraídas, autenticadas uma a uma, no anverso ou verso. Tais peças poderão ser declaradas autênticas pelo próprio advogado, sob sua responsabilidade. Não será válida a cópia de despacho ou decisão que não contenha a assinatura do juiz prolator, nem as certidões subscritas por serventuário sem as informações acima exigidas.

•• Item IX com redação determinada pela Resolução n. 113, de 21-11-2002.

X – Cumpre às partes providenciar a correta formação do instrumento, não comportando a omissão em conversão em diligência para suprir a ausência de peças, ainda que essenciais.

XI – O agravo de instrumento não requer preparo.

XII – A tramitação e o julgamento de agravo de instrumento no Juízo competente obedecerão à disciplina legal e ao constante dos respectivos Regimentos Internos.

XIII – O agravo de instrumento de despacho denegatório de recurso extraordinário obedecerá à disciplina especial, na forma de Resolução da Suprema Corte.

XIV – Fica revogada a Instrução Normativa n. 6.

Sala de Sessões, 26 de agosto de 1999.

Luzia de Andrade Costa Freitas

DECRETO N. 3.298, DE 20 DE DEZEMBRO DE 1999 (**)

Regulamenta a Lei n. 7.853, de 24 de outubro de 1989, dispõe sobre a Política Nacional para a Integração da Pessoa Portadora de Deficiência, consolida as normas de proteção, e dá outras providências.

O Presidente da República, no uso das atribuições que lhe confere o art. 84, IV e VI, da Constituição, e tendo em vista o disposto na Lei n. 7.853, de 24 de outubro de 1989, decreta:

Capítulo I
DAS DISPOSIÇÕES GERAIS

Art. 1.º A Política Nacional para a Integração da Pessoa Portadora de Deficiência compreende o conjunto de orientações normativas que objetivam assegurar o pleno exercício dos direitos individuais e sociais das pessoas portadoras de deficiência.

Art. 2.º Cabe aos órgãos e às entidades do Poder Público assegurar à pessoa portadora de deficiência o pleno exercício de seus direitos

(*) Publicada no *DJU*, de 3-9-1999. Republicada em 3-11-2000 e em 22-5-2003. A Resolução Administrativa n. 928, de 15-5-2003, do TST, aprova os procedimentos a serem observados nesse Tribunal na atuação, distribuição e julgamento dos agravos de instrumento.

(**) Publicado no *DOU*, de 21-12-1999. A Lei n. 13.146, de 6-7-2015, institui o Estatuto da Pessoa com Deficiência. A Instrução Normativa n. 98, de 15-8-2012, da Secretaria de Inspeção do Trabalho, dispõe sobre procedimentos de fiscalização do cumprimento, por parte dos empregadores, das normas destinadas à inclusão no trabalho das pessoas com deficiência e beneficiários da Previdência Social reabilitados. A Instrução Normativa n. 29, de 4-8-2005, do TST, dispõe sobre a prioridade na tramitação dos processos em que é parte pessoa portadora de deficiência.

básicos, inclusive dos direitos à educação, à saúde, ao trabalho, ao desporto, ao turismo, ao lazer, à previdência social, à assistência social, ao transporte, à edificação pública, à habitação, à cultura, ao amparo à infância e à maternidade, e de outros que, decorrentes da Constituição e das leis, propiciem seu bem-estar pessoal, social e econômico.

Art. 3.º Para os efeitos deste Decreto, considera-se:

I – deficiência – toda perda ou anormalidade de uma estrutura ou função psicológica, fisiológica ou anatômica que gere incapacidade para o desempenho de atividade, dentro do padrão considerado normal para o ser humano;

II – deficiência permanente – aquela que ocorreu ou se estabilizou durante um período de tempo suficiente para não permitir recuperação ou ter probabilidade de que se altere, apesar de novos tratamentos; e

III – incapacidade – uma redução efetiva e acentuada da capacidade de integração social, com necessidade de equipamentos, adaptações, meios ou recursos especiais para que a pessoa portadora de deficiência possa receber ou transmitir informações necessárias ao seu bem-estar pessoal e ao desempenho de função ou atividade a ser exercida.

Art. 4.º É considerada pessoa portadora de deficiência a que se enquadra nas seguintes categorias:

I – deficiência física – alteração completa ou parcial de um ou mais segmentos do corpo humano, acarretando o comprometimento da função física, apresentando-se sob a forma de paraplegia, paraparesia, monoplegia, monoparesia, tetraplegia, tetraparesia, triplegia, triparesia, hemiplegia, hemiparesia, ostomia, amputação ou ausência de membro, paralisia cerebral, nanismo, membros com deformidade congênita ou adquirida, exceto as deformidades estéticas e as que não produzam dificuldades para o desempenho de funções;

•• Inciso I com redação determinada pelo Decreto n. 5.296, de 2-12-2004.

II – deficiência auditiva – perda bilateral, parcial ou total, de quarenta e um decibéis (dB) ou mais, aferida por audiograma nas frequências de 500 Hz, 1.000 Hz, 2.000 Hz e 3.000 Hz;

•• Inciso II com redação determinada pelo Decreto n. 5.296, de 2-12-2004.

III – deficiência visual – cegueira, na qual a acuidade visual é igual ou menor que 0,05 no melhor olho, com a melhor correção óptica; a baixa visão, que significa acuidade visual entre 0,3 e 0,5 no melhor olho, com a melhor correção óptica; os casos nos quais a somatória da medida do campo visual em ambos os olhos for igual ou menor que 60.º; ou a ocorrência simultânea de quaisquer das condições anteriores;

•• Inciso III com redação determinada pelo Decreto n. 5.296, de 2-12-2004.

IV – deficiência mental – funcionamento intelectual significativamente inferior à média, com manifestação antes dos 18 (dezoito) anos e limitações associadas a duas ou mais áreas de habilidades adaptativas, tais como:

a) comunicação;
b) cuidado pessoal;
c) habilidades sociais;
d) utilização dos recursos da comunidade;

•• Alínea d com redação determinada pelo Decreto n. 5.296, de 2-12-2004.

e) saúde e segurança;
f) habilidades acadêmicas;
g) lazer; e
h) trabalho;

V – deficiência múltipla – associação de duas ou mais deficiências.

Capítulo II
DOS PRINCÍPIOS

Art. 5.º A Política Nacional para a Integração da Pessoa Portadora de Deficiência, em consonância com o Programa Nacional de Direitos Humanos, obedecerá aos seguintes princípios:

I – desenvolvimento de ação conjunta do Estado e da sociedade civil, de modo a assegurar a plena integração da pessoa portadora de deficiência no contexto socioeconômico e cultural;

II – estabelecimento de mecanismos e instrumentos legais e operacionais que assegurem às pessoas portadoras de deficiência o pleno exercício de seus direitos básicos que, decorrentes da Constituição e das leis, propiciam o seu bem-estar pessoal, social e econômico; e

III – respeito às pessoas portadoras de deficiência, que devem receber igualdade de oportunidades na sociedade por reconhecimento dos direitos que lhes são assegurados, sem privilégios ou paternalismos.

Capítulo III
DAS DIRETRIZES

Art. 6.º São diretrizes da Política Nacional para a Integração da Pessoa Portadora de Deficiência:

I – estabelecer mecanismos que acelerem e favoreçam a inclusão social da pessoa portadora de deficiência;

II – adotar estratégias de articulação com órgãos e entidades públicos e privados, bem assim com organismos internacionais e estrangeiros para a implantação desta Política;

III – incluir a pessoa portadora de deficiência, respeitadas as suas peculiaridades, em todas as iniciativas governamentais relacionadas à educação, à saúde, ao trabalho, à edificação pública, à previdência social, à assistência social, ao transporte, à habitação, à cultura, ao esporte e ao lazer;

IV – viabilizar a participação da pessoa portadora de deficiência em todas as fases de implementação dessa Política, por intermédio de suas entidades representativas;

V – ampliar as alternativas de inserção econômica da pessoa portadora de deficiência, proporcionando a ela qualificação profissional e incorporação no mercado de trabalho; e

VI – garantir o efetivo atendimento das necessidades da pessoa portadora de deficiência, sem o cunho assistencialista.

Capítulo IV
DOS OBJETIVOS

Art. 7.º São objetivos da Política Nacional para a Integração da Pessoa Portadora de Deficiência:

I – o acesso, o ingresso e a permanência da pessoa portadora de deficiência em todos os serviços oferecidos à comunidade;

II – integração das ações dos órgãos e das entidades públicos e privados nas áreas de saúde, educação, trabalho, transporte, assistência social, edificação pública, previdência social, habitação, cultura, desporto e lazer, visando à prevenção das deficiências, à eliminação de suas múltiplas causas e à inclusão social;

III – desenvolvimento de programas setoriais destinados ao atendimento das necessidades especiais da pessoa portadora de deficiência;

IV – formação de recursos humanos para atendimento da pessoa portadora de deficiência; e

V – garantia da efetividade dos programas de prevenção, de atendimento especializado e de inclusão social.

Capítulo V
DOS INSTRUMENTOS

Art. 8.º São instrumentos da Política Nacional para a Integração da Pessoa Portadora de Deficiência:

I – a articulação entre entidades governamentais e não governamentais que tenham responsabilidades quanto ao atendimento da pessoa portadora de deficiência, em nível federal, estadual, do Distrito Federal e municipal;

II – o fomento à formação de recursos humanos para adequado e eficiente atendimento da pessoa portadora de deficiência;

III – a aplicação da legislação específica que disciplina a reserva de mercado de trabalho, em favor da pessoa portadora de deficiência, nos órgãos e nas entidades públicos e privados;

IV – o fomento da tecnologia de bioengenharia voltada para a pessoa

portadora de deficiência, bem como a facilitação da importação de equipamentos; e

V – a fiscalização do cumprimento da legislação pertinente à pessoa portadora de deficiência.

Capítulo VI
DOS ASPECTOS INSTITUCIONAIS

•• O Decreto n. 10.177, de 16-12-2019, dispõe sobre o Conselho Nacional dos Direitos da Pessoa com Deficiência.

Art. 9.º Os órgãos e as entidades da Administração Pública Federal direta e indireta deverão conferir, no âmbito das respectivas competências e finalidades, tratamento prioritário e adequado aos assuntos relativos à pessoa portadora de deficiência, visando a assegurar-lhe o pleno exercício de seus direitos básicos e a efetiva inclusão social.

Art. 10. Na execução deste Decreto, a Administração Pública Federal direta e indireta atuará de modo integrado e coordenado, seguindo planos e programas, com prazos e objetivos determinados, aprovados pelo Conselho Nacional dos Direitos da Pessoa Portadora de Deficiência – CONADE.

..........

Capítulo VII
DA EQUIPARAÇÃO DE OPORTUNIDADES

Art. 15. Os órgãos e as entidades da Administração Pública Federal prestarão direta ou indiretamente à pessoa portadora de deficiência os seguintes serviços:

I – reabilitação integral, entendida como o desenvolvimento das potencialidades da pessoa portadora de deficiência, destinada a facilitar sua atividade laboral, educativa e social;

II – formação profissional e qualificação para o trabalho;

III – escolarização em estabelecimentos de ensino regular com a provisão dos apoios necessários, ou em estabelecimentos de ensino especial; e

IV – orientação e promoção individual, familiar e social.

SEÇÃO I
Da Saúde

Art. 16. Os órgãos e as entidades da Administração Pública Federal direta e indireta responsáveis pela saúde devem dispensar aos assuntos objeto deste Decreto tratamento prioritário e adequado, viabilizando, sem prejuízo de outras, as seguintes medidas:

..........

II – o desenvolvimento de programas especiais de prevenção de acidentes domésticos, de trabalho, de trânsito e outros, bem como o desenvolvimento de programa para tratamento adequado a suas vítimas;

III – a criação de rede de serviços regionalizados, descentralizados e hierarquizados em crescentes níveis de complexidade, voltada ao atendimento à saúde e reabilitação da pessoa portadora de deficiência, articulada com os serviços sociais, educacionais e com o trabalho;

..........

Art. 19. Consideram-se ajudas técnicas, para os efeitos deste Decreto, os elementos que permitem compensar uma ou mais limitações funcionais motoras, sensoriais ou mentais da pessoa portadora de deficiência, com o objetivo de permitir-lhe superar as barreiras da comunicação e da mobilidade e de possibilitar sua plena inclusão social.

Parágrafo único. São ajudas técnicas:

..........

III – equipamentos e elementos necessários à terapia e reabilitação da pessoa portadora de deficiência;

IV – equipamentos, maquinarias e utensílios de trabalho especialmente desenhados ou adaptados para uso por pessoa portadora de deficiência;

V – elementos de mobilidade, cuidado e higiene pessoal necessários para facilitar a autonomia e a segurança da pessoa portadora de deficiência;

VI – elementos especiais para facilitar a comunicação, a informação e a sinalização para pessoa portadora de deficiência;

VII – equipamentos e material pedagógico especial para educação, capacitação e recreação da pessoa portadora de deficiência;

VIII – adaptações ambientais e outras que garantam o acesso, a melhoria funcional e a autonomia pessoal; e

..........

SEÇÃO II
Do Acesso à Educação

..........

Art. 28. O aluno portador de deficiência matriculado ou egresso do ensino fundamental ou médio, de instituições públicas ou privadas, terá acesso à educação profissional, a fim de obter habilitação profissional que lhe proporcione oportunidades de acesso ao mercado de trabalho.

§ 1.º A educação profissional para a pessoa portadora de deficiência será oferecida nos níveis básico, técnico e tecnológico, em escola regular, em instituições especializadas e nos ambientes de trabalho.

§ 2.º As instituições públicas e privadas que ministram educação profissional deverão, obrigatoriamente, oferecer cursos profissionais de nível básico à pessoa portadora de deficiência, condicionando a matrícula à sua capacidade de aproveitamento e não a seu nível de escolaridade.

§ 3.º Entende-se por habilitação profissional o processo destinado a propiciar à pessoa portadora de deficiência, em nível formal e sistematizado, aquisição de conhecimentos e habilidades especificamente associados a determinada profissão ou ocupação.

§ 4.º Os diplomas e certificados de cursos de educação profissional expedidos por instituição credenciada pelo Ministério da Educação ou órgão equivalente terão validade em todo o território nacional.

Art. 29. As escolas e instituições de educação profissional oferecerão, se necessário, serviços de apoio especializado para atender às peculiaridades da pessoa portadora de deficiência, tais como:

I – adaptação dos recursos instrucionais: material pedagógico, equipamento e currículo;

II – capacitação dos recursos humanos: professores, instrutores e profissionais especializados; e

III – adequação dos recursos físicos: eliminação de barreiras arquitetônicas, ambientais e de comunicação.

SEÇÃO III
Da Habilitação e da Reabilitação Profissional

Art. 30. A pessoa portadora de deficiência, beneficiária ou não do Regime Geral de Previdência Social, tem direito às prestações de habilitação e reabilitação profissional para capacitar-se a obter trabalho, conservá-lo e progredir profissionalmente.

Art. 31. Entende-se por habilitação e reabilitação profissional o processo orientado a possibilitar que a pessoa portadora de deficiência, a partir da identificação de suas potencialidades laborativas, adquira o nível suficiente de desenvolvimento profissional para ingresso e reingresso no mercado de trabalho e participar da vida comunitária.

Art. 32. Os serviços de habilitação e reabilitação profissional deverão estar dotados dos recursos necessários para atender toda pessoa portadora de deficiência, independentemente da origem de sua deficiência, desde que possa ser preparada para trabalho que lhe seja adequado e tenha perspectivas de obter, conservar e nele progredir.

Art. 33. A orientação profissional será prestada pelos correspondentes serviços de habilitação e reabilitação profissional, tendo em conta as potencialidades da pessoa portadora de deficiência, identi-

ficadas com base em relatório de equipe multiprofissional, que deverá considerar:

I – educação escolar efetivamente recebida e por receber;

II – expectativas de promoção social;

III – possibilidades de emprego existentes em cada caso;

IV – motivações, atitudes e preferências profissionais; e

V – necessidades do mercado de trabalho.

SEÇÃO IV
Do Acesso ao Trabalho

Art. 34. É finalidade primordial da política de emprego a inserção da pessoa portadora de deficiência no mercado de trabalho ou sua incorporação ao sistema produtivo mediante regime especial de trabalho protegido.

Parágrafo único. Nos casos de deficiência grave ou severa, o cumprimento do disposto no *caput* deste artigo poderá ser efetivado mediante a contratação das cooperativas sociais de que trata a Lei n. 9.867, de 10 de novembro de 1999.

Art. 35. São modalidades de inserção laboral da pessoa portadora de deficiência:

I – colocação competitiva: processo de contratação regular, nos termos da legislação trabalhista e previdenciária, que independe da adoção de procedimentos especiais para sua concretização, não sendo excluída a possibilidade de utilização de apoios especiais;

II – colocação seletiva: processo de contratação regular, nos termos da legislação trabalhista e previdenciária, que depende da adoção de procedimentos e apoios especiais para sua concretização; e

III – promoção do trabalho por conta própria: processo de fomento da ação de uma ou mais pessoas, mediante trabalho autônomo, cooperativado ou em regime de economia familiar, com vista à emancipação econômica e pessoal.

§ 1.º As entidades beneficentes de assistência social, na forma da lei, poderão intermediar a modalidade de inserção laboral de que tratam os incisos II e III, nos seguintes casos:

I – na contratação para prestação de serviços, por entidade pública ou privada, da pessoa portadora de deficiência física, mental ou sensorial; e

II – na comercialização de bens e serviços decorrentes de programas de habilitação profissional de adolescente e adulto portador de deficiência em oficina protegida de produção ou terapêutica.

§ 2.º Consideram-se procedimentos especiais os meios utilizados para a contratação de pessoa que, devido ao seu grau de deficiência, transitória ou permanente, exija condições especiais, tais como jornada variável, horário flexível, proporcionalidade de salário, ambiente de trabalho adequado às suas especificidades, entre outros.

§ 3.º Consideram-se apoios especiais a orientação, a supervisão e as ajudas técnicas entre outros elementos que auxiliem ou permitam compensar uma ou mais limitações funcionais motoras, sensoriais ou mentais da pessoa portadora de deficiência, de modo a superar as barreiras da mobilidade e da comunicação, possibilitando a plena utilização de suas capacidades em condições de normalidade.

§ 4.º Considera-se oficina protegida de produção a unidade que funciona em relação de dependência com entidade pública ou beneficente de assistência social, que tem por objetivo desenvolver programa de habilitação profissional para adolescente e adulto portador de deficiência, provendo-o com trabalho remunerado, com vista à emancipação econômica e pessoal relativa.

§ 5.º Considera-se oficina protegida terapêutica a unidade que funciona em relação de dependência com entidade pública ou beneficente de assistência social, que tem por objetivo a integração social por meio de atividades de adaptação e capacitação para o trabalho de adolescente e adulto que devido ao seu grau de deficiência, transitória ou permanente, não possa desempenhar atividade laboral no mercado competitivo de trabalho ou em oficina protegida de produção.

§ 6.º O período de adaptação e capacitação para o trabalho de adolescente e adulto portador de deficiência em oficina protegida terapêutica não caracteriza vínculo empregatício e está condicionado a processo de avaliação individual que considere o desenvolvimento biopsicossocial da pessoa.

§ 7.º A prestação de serviços será feita mediante celebração de convênio ou contrato formal, entre a entidade beneficente de assistência social e o tomador de serviços, no qual constará a relação nominal dos trabalhadores portadores de deficiência colocados à disposição do tomador.

§ 8.º A entidade que se utilizar do processo de colocação seletiva deverá promover, em parceria com o tomador de serviços, programas de prevenção de doenças profissionais e de redução da capacidade laboral, bem assim programas de reabilitação caso ocorram patologias ou se manifestem outras incapacidades.

Art. 36. A empresa com cem ou mais empregados está obrigada a preencher de 2 (dois) a 5% (cinco por cento) de seus cargos com beneficiários da Previdência Social reabilitados ou com pessoa portadora de deficiência habilitada, na seguinte proporção:

I – até duzentos empregados, 2% (dois por cento);

II – de duzentos e um a quinhentos empregados, 3% (três por cento);

III – de quinhentos e um a mil empregados, 4% (quatro por cento); ou

IV – mais de mil empregados, 5% (cinco por cento).

§ 1.º A dispensa de empregado na condição estabelecida neste artigo, quando se tratar de contrato por prazo determinado, superior a noventa dias, e a dispensa imotivada, no contrato por prazo indeterminado, somente poderá ocorrer após a contratação de substituto em condições semelhantes.

§ 2.º Considera-se pessoa portadora de deficiência habilitada aquela que concluiu curso de educação profissional de nível básico, técnico ou tecnológico, ou curso superior, com certificação ou diplomação expedida por instituição pública ou privada, legalmente credenciada pelo Ministério da Educação ou órgão equivalente, ou aquela com certificado de conclusão de processo de habilitação ou reabilitação profissional fornecido pelo Instituto Nacional do Seguro Social – INSS.

§ 3.º Considera-se, também, pessoa portadora de deficiência habilitada aquela que, não tendo se submetido a processo de habilitação ou reabilitação, esteja capacitada para o exercício da função.

§ 4.º A pessoa portadora de deficiência habilitada nos termos dos §§ 2.º e 3.º deste artigo poderá recorrer à intermediação de órgão integrante do sistema público de emprego, para fins de inclusão laboral na forma deste artigo.

§ 5.º Compete ao Ministério do Trabalho e Emprego estabelecer sistemática de fiscalização, avaliação e controle das empresas, bem como instituir procedimentos e formulários que propiciem estatísticas sobre o número de empregados portadores de deficiência e de vagas preenchidas, para fins de acompanhamento do disposto no *caput* deste artigo.

* A Instrução Normativa n. 98, de 15-8-2012, da Secretaria da Inspeção do Trabalho, dispõe sobre procedimentos de fiscalização do cumprimento, por parte dos empregadores, das normas destinadas à inclusão no trabalho das pessoas com deficiência e beneficiários da Previdência Social reabilitados.

Arts. 37 a 43. (*Revogados pelo Decreto n. 9.508, de 24-9-2018.*)

Art. 44. A análise dos aspectos relativos ao potencial de trabalho do candidato portador de deficiência obedecerá ao disposto no art. 20 da Lei n. 8.112, de 11 de dezembro de 1990.

Art. 45. Serão implementados programas de formação e qualificação profissional voltados para a pessoa portadora de deficiência no âmbito do Plano Nacional de Formação Profissional – PLANFOR.

Parágrafo único. Os programas de formação e qualificação profissional para pessoa portadora de deficiência terão como objetivos:

I – criar condições que garantam a toda pessoa portadora de deficiência o direito a receber uma formação profissional adequada;

II – organizar os meios de formação necessários para qualificar a pessoa portadora de deficiência para a inserção competitiva no mercado laboral; e

III – ampliar a formação e qualificação profissional sob a base de educação geral para fomentar o desenvolvimento harmônico da pessoa portadora de deficiência, assim como para satisfazer as exigências derivadas do progresso técnico, dos novos métodos de produção e da evolução social e econômica.

Capítulo VIII
DA POLÍTICA DE CAPACITAÇÃO DE PROFISSIONAIS ESPECIALIZADOS

Art. 49. Os órgãos e as entidades da Administração Pública Federal direta e indireta, responsáveis pela formação de recursos humanos, devem dispensar aos assuntos objeto deste Decreto tratamento prioritário e adequado, viabilizando, sem prejuízo de outras, as seguintes medidas:

I – formação e qualificação de professores de nível médio e superior para a educação especial, de técnicos de nível médio e superior especializados na habilitação e reabilitação, e de instrutores e professores para a formação profissional;

II – formação e qualificação profissional, nas diversas áreas de conhecimento e de recursos humanos que atendam às demandas da pessoa portadora de deficiência; e

III – incentivo à pesquisa e ao desenvolvimento tecnológico em todas as áreas do conhecimento relacionadas com a pessoa portadora de deficiência.

Capítulo XI
DAS DISPOSIÇÕES FINAIS E TRANSITÓRIAS

Art. 56. O Ministério dos Direitos Humanos, com base nas diretrizes e metas do Plano Plurianual de Investimentos, por intermédio da Secretaria Nacional dos Direitos da Pessoa com Deficiência, elaborará, em articulação com outros órgãos e entidades da Administração Pública Federal, o Plano Nacional de Ações Integradas na Área das Deficiências.

•• Artigo com redação determinada pelo Decreto n. 9.494, de 6-9-2018.

Art. 57. *(Revogado pelo Decreto n. 10.087, de 5-11-2019.)*

Art. 58. A CORDE desenvolverá, em articulação com órgãos e entidades da Administração Pública Federal, programas de facilitação da acessibilidade em sítios de interesse histórico, turístico, cultural e desportivo, mediante a remoção de barreiras físicas ou arquitetônicas que impeçam ou dificultem a locomoção de pessoa portadora de deficiência ou com mobilidade reduzida.

Art. 59. Este Decreto entra em vigor na data da sua publicação.

Art. 60. Ficam revogados os Decretos n. 93.481, de 29 de outubro de 1986, n. 914, de 6 de setembro de 1993, n. 1.680, de 18 de outubro de 1995, n. 3.030, de 20 de abril de 1999, o § 2.º do art. 141 do Regulamento da Previdência Social, aprovado pelo Decreto n. 3.048, de 6 de maio de 1999, e o Decreto n. 3.076, de 1.º de junho de 1999.

Brasília, 20 de dezembro de 1999; 178.º da Independência e 111.º da República.

FERNANDO HENRIQUE CARDOSO

LEI N. 9.962, DE 22 DE FEVEREIRO DE 2000 (*)

Disciplina o regime de emprego público do pessoal da Administração federal direta, autárquica e fundacional, e dá outras providências.

(*) Publicada no *DOU*, de 23-2-2000.

O Presidente da República

Faço saber que o Congresso Nacional decreta e eu sanciono a seguinte Lei:

Art. 1.º O pessoal admitido para emprego público na Administração federal direta, autárquica e fundacional terá sua relação de trabalho regida pela Consolidação das Leis do Trabalho, aprovada pelo Decreto-lei n. 5.452, de 1.º de maio de 1943, e legislação trabalhista correlata, naquilo que a lei não dispuser em contrário.

§ 1.º Leis específicas disporão sobre a criação dos empregos de que trata esta Lei no âmbito da Administração direta, autárquica e fundacional do Poder Executivo, bem como sobre a transformação dos atuais cargos em empregos.

§ 2.º É vedado:

I – submeter ao regime de que trata esta Lei:

a) (Vetada.)

b) cargos públicos de provimento em comissão;

II – alcançar, nas leis a que se refere o § 1.º, servidores regidos pela Lei n. 8.112, de 11 de dezembro de 1990, às datas das respectivas publicações.

§ 3.º Estende-se o disposto no § 2.º à criação de empregos ou à transformação de cargos em empregos não abrangidas pelo § 1.º.

§ 4.º *(Vetado.)*

Art. 2.º A contratação de pessoal para emprego público deverá ser precedida de concurso público de provas ou de provas e títulos, conforme a natureza e a complexidade do emprego.

Art. 3.º O contrato de trabalho por prazo indeterminado somente será rescindido por ato unilateral da Administração pública nas seguintes hipóteses:

I – prática de falta grave, dentre as enumeradas no art. 482 da Consolidação das Leis do Trabalho – CLT;

II – acumulação ilegal de cargos, empregos ou funções públicas;

III – necessidade de redução de quadro de pessoal, por excesso de despesa, nos termos da lei complementar a que se refere o art. 169 da Constituição Federal;

IV – insuficiências de desempenho, apurada em procedimento no qual se assegurem pelo menos um recurso hierárquico dotado de efeito suspensivo, que será apreciado em 30 (trinta) dias, e o prévio conhecimento dos padrões mínimos exigidos para continuidade da relação de emprego, obrigatoriamente estabelecidos de acordo com as peculiaridades das atividades exercidas.

Parágrafo único. Excluem-se da obrigatoriedade dos procedimentos previstos no *caput* as contratações de pessoal decorrentes da autonomia de gestão de que trata o § 8.º do art. 37 da Constituição Federal.

Art. 4.º Aplica-se às leis a que se refere o § 1.º do art. 1.º desta Lei o disposto no art. 246 da Constituição Federal.

Art. 5.º Esta Lei entra em vigor na data de sua publicação.

Brasília, 22 de fevereiro de 2000; 179.º da Independência e 112.º da República.

FERNANDO HENRIQUE CARDOSO

INSTRUÇÃO NORMATIVA N. 17, DE 6 DE ABRIL DE 2000 (**)

Uniformiza a interpretação da Lei n. 9.756, de 17 de dezembro de 1998, com relação ao recurso de revista.

(**) Publicada no *DJU*, de 24-4-2000. Republicada em 9-6-2005, por determinação da Resolução n. 131, de 12-5-2005, do TST, que lhe acrescentou o inciso IV. *Vide* arts. 896 e 896-A da CLT, e Instrução Normativa n. 23, de 5-8-2003, do TST.

I – Aplica-se ao Processo do Trabalho o disposto no parágrafo único do art. 120 do Código de Processo Civil segundo a redação dada pela Lei n. 9.756/98, relativo ao conflito de competência, nos seguintes termos:

Havendo jurisprudência dominante no Tribunal sobre a questão suscitada, o relator poderá decidir, de plano, o conflito de competência, cabendo agravo, no prazo de 8 (oito) dias, contado da intimação às partes, para o órgão recursal competente.

II – Aplica-se ao Processo do Trabalho o parágrafo único acrescido ao art. 481 do Código de Processo Civil, conforme redação dada pela Lei n. 9.756/98, no que tange à declaração de inconstitucionalidade, nos seguintes termos:

•• A referência é feita ao CPC de 1973. Dispositivo correspondente no CPC de 2015: art. 949, parágrafo único.

Os órgãos fracionários dos Tribunais não submeterão ao plenário, ou ao órgão especial, a arguição de inconstitucionalidade, quando já houver pronunciamento destes, ou do plenário do Supremo Tribunal Federal, sobre a questão.

III – Aplica-se ao processo do Trabalho o *caput* do art. 557 do Código de Processo Civil, com a redação dada pela Lei n. 9.756/98, salvo no que tange aos recursos de revista, embargos e agravo de instrumento, os quais continuam regidos pelo § 5.º do art. 896 da Consolidação das Leis do Trabalho – CLT, que regulamenta as hipóteses de negativa de seguimento a recurso.

•• A referência é feita ao CPC de 1973. Dispositivo correspondente no CPC de 2015: art. 932, III.

Assim, ressalvadas as exceções apontadas, o relator negará seguimento a recurso manifestamente inadmissível, improcedente, prejudicado ou em confronto com súmula ou com jurisprudência dominante do respectivo Tribunal, do Supremo Tribunal Federal ou de Tribunal Superior.

Outrossim, aplicam-se ao processo do trabalho os §§ 1.º-A e 1.º e 2.º do art. 557 do Código de Processo Civil, adequando-se o prazo do agravo à sistemática do processo do trabalho (oito) dias.

•• A referência é feita ao CPC de 1973. Dispositivos correspondentes no CPC de 2015: arts. 932, V, *a*, e 1.021, §§ 2.º e 4.º.

Desse modo, se a decisão recorrida estiver em manifesto confronto com súmula ou com jurisprudência dominante no Supremo Tribunal Federal ou de Tribunal Superior, o relator poderá dar provimento ao recurso, cabendo agravo, no prazo de 8 (oito) dias, ao órgão competente para o julgamento do recurso. Se não houver retratação, o relator, após incluir o processo em pauta, proferirá o voto. Provido o agravo, o recurso terá seguimento.

IV – Os beneficiários da Justiça gratuita estão dispensados do recolhimento antecipado da multa prevista no § 2.º do art. 557 do CPC.

•• Inciso IV acrescentado pela Resolução n. 131, de 12-5-2005, do TST.
•• A referência é feita ao CPC de 1973. Dispositivo correspondente no CPC de 2015: art. 1.021, § 4.º.

V – As demais disposições oriundas da alteração do processo civil, resultantes da Lei n. 9.756/98, consideram-se inaplicáveis ao processo do trabalho, especialmente o disposto no art. 511, *caput*, e seu § 2.º.

•• A referência é feita ao CPC de 1973. Dispositivo correspondente no CPC de 2015: art. 1.007, *caput* e § 2.º.

Sala de Sessões, 6 de abril de 2000.

Luzia de Andrade Costa Freitas

INSTRUÇÃO NORMATIVA N. 19, DE 27 DE ABRIL DE 2000 (*)

Aprova normas relativas à inserção de tema na Orientação Jurisprudencial do Tribunal Superior do Trabalho.

O precedente jurisprudencial deve ser inserido pela Comissão de Jurisprudência na Orientação Jurisprudencial desta Corte quando:

(*) Publicada no *DJ*, de 9-5-2000.

1 – As 5 (cinco) Turmas decidirem no mesmo sentido quanto à matéria; ou

2 – houver 3 (três) acórdãos da Seção Especializada em Dissídios Individuais e, pelo menos, 3 (três) acórdãos de 3 (três) Turmas no mesmo sentido; ou

3 – houver, pelo menos, 2 (duas) decisões unânimes de cada uma das duas Subseções da Seção Especializada em Dissídios Individuais sobre a mesma matéria; ou

4 – o Tribunal Pleno, mediante provocação da Comissão Permanente de Jurisprudência, decidir conflito entre 5 (cinco) decisões reiteradas da Subseção I Especializada em Dissídios Individuais sobre determinada tese, contrárias a decisões reiteradas de 3 (três) Turmas;

5 – os verbetes relativos a precedentes da Subseção II Especializada em Dissídios Individuais, após aprovados pela referida Subseção, serão encaminhados à Comissão Permanente de Jurisprudência para publicação na Orientação da Jurisprudência da Corte. Se a Comissão entender conveniente, submeterá a proposta da Subseção II Especializada em Dissídios Individuais ao Egrégio Tribunal Pleno.

6 – Por moção subscrita por 8 (oito) Ministros e dirigida à Comissão Permanente de Jurisprudência, será submetida ao Egrégio Tribunal Pleno a proposta de retirada de tema inserto no repositório da Orientação Jurisprudencial do Tribunal Superior do Trabalho.

Sala de Sessões, 27 de abril de 2000.

Luzia de Andrade Costa Freitas

LEI COMPLEMENTAR N. 103, DE 14 DE JULHO DE 2000 (**)

Autoriza os Estados e o Distrito Federal a instituir o piso salarial a que se refere o inciso V do art. 7.º da Constituição Federal, por aplicação do disposto no parágrafo único do seu art. 22.

O Presidente da República

Faço saber que o Congresso Nacional decreta e eu sanciono a seguinte Lei Complementar:

Art. 1.º Os Estados e o Distrito Federal ficam autorizados a instituir, mediante lei de iniciativa do Poder Executivo, o piso salarial de que trata o inciso V do art. 7.º da Constituição Federal para os empregados que não tenham piso salarial definido em lei federal, convenção ou acordo coletivo de trabalho.

§ 1.º A autorização de que trata este artigo não poderá ser exercida:

I – no segundo semestre do ano em que se verificar eleição para os cargos de Governador dos Estados e do Distrito Federal e de Deputados Estaduais e Distritais;

II – em relação à remuneração de servidores públicos municipais.

§ 2.º O piso salarial a que se refere o *caput* poderá ser estendido aos empregados domésticos.

Art. 2.º Esta Lei Complementar entra em vigor na data de sua publicação.

Brasília, 14 de julho de 2000; 179.º da Independência e 112.º da República.

FERNANDO HENRIQUE CARDOSO

LEI N. 10.101, DE 19 DE DEZEMBRO DE 2000 (***)

Dispõe sobre a participação dos trabalhadores nos lucros ou resultados da empresa e dá outras providências.

(**) Publicada no *DOU*, de 17-7-2000.
(***) Publicada no *DOU*, de 20-12-2000.

Lei n. 10.101, de 19-12-2000 — Participação nos Lucros

Faço saber que o Presidente da República adotou a Medida Provisória n. 1.982-77, de 2000, que o Congresso Nacional aprovou, e eu, Antônio Carlos Magalhães, Presidente, para os efeitos do disposto no parágrafo único do art. 62 da Constituição Federal, promulgo a seguinte Lei:

Art. 1.º Esta Lei regula a participação dos trabalhadores nos lucros ou resultados da empresa como instrumento de integração entre o capital e o trabalho e como incentivo à produtividade, nos termos do art. 7.º, XI, da Constituição.

• Vide Súmula 451 do TST.

Art. 2.º A participação nos lucros ou resultados será objeto de negociação entre a empresa e seus empregados, mediante um dos procedimentos a seguir descritos, escolhidos pelas partes de comum acordo:

I – comissão paritária escolhida pelas partes, integrada, também, por um representante indicado pelo sindicato da respectiva categoria;

•• Inciso I com redação determinada pela Lei n. 12.832, de 20-6-2013.

II – convenção ou acordo coletivo.

§ 1.º Dos instrumentos decorrentes da negociação deverão constar regras claras e objetivas quanto à fixação dos direitos substantivos da participação e das regras adjetivas, inclusive mecanismos de aferição das informações pertinentes ao cumprimento do acordado, periodicidade da distribuição, período de vigência e prazos para revisão do acordo, podendo ser considerados, entre outros, os seguintes critérios e condições:

I – índices de produtividade, qualidade ou lucratividade da empresa;

II – programas de metas, resultados e prazos, pactuados previamente.

§ 2.º O instrumento de acordo celebrado será arquivado na entidade sindical dos trabalhadores.

§ 3.º Não se equipara a empresa, para os fins desta Lei:

I – a pessoa física;

II – a entidade sem fins lucrativos que, cumulativamente:

a) não distribua resultados, a qualquer título, ainda que indiretamente, a dirigentes, administradores ou empresas vinculadas;

b) aplique integralmente os seus recursos em sua atividade institucional e no País;

c) destine o seu patrimônio a entidade congênere ou ao poder público, em caso de encerramento de suas atividades;

d) mantenha escrituração contábil capaz de comprovar a observância dos demais requisitos deste inciso, e das normas fiscais, comerciais e de direito econômico que lhe sejam aplicáveis.

§ 3.º-A. A não equiparação de que trata o inciso II do § 3.º deste artigo não é aplicável às hipóteses em que tenham sido utilizados índices de produtividade ou qualidade ou programas de metas, resultados e prazos.

•• § 3.º-A acrescentado pela Lei n. 14.020, de 6-7-2020, originalmente vetado, todavia promulgado em 6-11-2020.

§ 4.º Quando forem considerados os critérios e condições definidos nos incisos I e II do § 1.º deste artigo:

•• § 4.º, *caput*, acrescentado pela Lei n. 12.832, de 20-6-2013, produzindo efeitos a partir de 1.º-1-2013 (DOU de 21-6-2013).

I – a empresa deverá prestar aos representantes dos trabalhadores na comissão paritária informações que colaborem para a negociação;

•• Inciso I acrescentado pela Lei n. 12.832, de 20-6-2013, produzindo efeitos a partir de 1.º-1-2013 (DOU de 21-6-2013).

II – não se aplicam as metas referentes à saúde e segurança no trabalho.

•• Inciso II acrescentado pela Lei n. 12.832, de 20-6-2013, produzindo efeitos a partir de 1.º-1-2013 (DOU de 21-6-2013).

§ 5.º As partes podem:

•• § 5.º acrescentado pela Lei n. 14.020, de 6-7-2020, originalmente vetado, todavia promulgado em 6-11-2020.

I – adotar os procedimentos de negociação estabelecidos nos incisos I e II do *caput* deste artigo, simultaneamente; e

•• Inciso I acrescentado pela Lei n. 14.020, de 6-7-2020, originalmente vetado, todavia promulgado em 6-11-2020.

II – estabelecer múltiplos programas de participação nos lucros ou nos resultados, observada a periodicidade estabelecida pelo § 2.º do art. 3.º desta Lei.

•• Inciso II acrescentado pela Lei n. 14.020, de 6-7-2020, originalmente vetado, todavia promulgado em 6-11-2020.

§ 6.º Na fixação dos direitos substantivos e das regras adjetivas, inclusive no que se refere à fixação dos valores e à utilização exclusiva de metas individuais, a autonomia da vontade das partes contratantes será respeitada e prevalecerá em face do interesse de terceiros.

•• § 6.º acrescentado pela Lei n. 14.020, de 6-7-2020, originalmente vetado, todavia promulgado em 6-11-2020.

§ 7.º Consideram-se previamente estabelecidas as regras fixadas em instrumento assinado:

•• § 7.º, *caput*, acrescentado pela Lei n. 14.020, de 6-7-2020, originalmente vetado, todavia promulgado em 6-11-2020.

I – anteriormente ao pagamento da antecipação, quando prevista; e

•• Inciso I acrescentado pela Lei n. 14.020, de 6-7-2020, originalmente vetado, todavia promulgado em 6-11-2020.

II – com antecedência de, no mínimo, 90 (noventa) dias da data do pagamento da parcela única ou da parcela final, caso haja pagamento de antecipação.

•• Inciso II acrescentado pela Lei n. 14.020, de 6-7-2020, originalmente vetado, todavia promulgado em 6-11-2020.

§ 8.º A inobservância à periodicidade estabelecida no § 2.º do art. 3.º desta Lei invalida exclusivamente os pagamentos feitos em desacordo com a norma, assim entendidos:

•• § 8.º, *caput*, acrescentado pela Lei n. 14.020, de 6-7-2020, originalmente vetado, todavia promulgado em 6-11-2020.

I – os pagamentos excedentes ao segundo, feitos a um mesmo empregado, no mesmo ano civil; e

•• Inciso I acrescentado pela Lei n. 14.020, de 6-7-2020, originalmente vetado, todavia promulgado em 6-11-2020.

II – os pagamentos efetuados a um mesmo empregado, em periodicidade inferior a 1 (um) trimestre civil do pagamento anterior.

•• Inciso II acrescentado pela Lei n. 14.020, de 6-7-2020, originalmente vetado, todavia promulgado em 6-11-2020.

§ 9.º Na hipótese do inciso II do § 8.º deste artigo, mantém-se a validade dos demais pagamentos.

•• § 9.º acrescentado pela Lei n. 14.020, de 6-7-2020, originalmente vetado, todavia promulgado em 6-11-2020.

§ 10. Uma vez composta, a comissão paritária de que trata o inciso I do *caput* deste artigo dará ciência por escrito ao ente sindical para que indique seu representante no prazo máximo de 10 (dez) dias corridos, findo o qual a comissão poderá iniciar e concluir suas tratativas.

•• § 10 acrescentado pela Lei n. 14.020, de 6-7-2020, originalmente vetado, todavia promulgado em 6-11-2020.

Art. 3.º A participação de que trata o art. 2.º não substitui ou complementa a remuneração devida a qualquer empregado, nem constitui base de incidência de qualquer encargo trabalhista, não se lhe aplicando o princípio da habitualidade.

§ 1.º Para efeito de apuração do lucro real, a pessoa jurídica poderá deduzir como despesa operacional as participações atribuídas aos empregados nos lucros ou resultados, nos termos da presente Lei, dentro do próprio exercício de sua constituição.

§ 2.º É vedado o pagamento de qualquer antecipação ou distribuição de valores a título de participação nos lucros ou resultados da empresa em mais de 2 (duas) vezes no mesmo ano civil e em periodicidade inferior a 1 (um) trimestre civil.

•• § 2.º com redação determinada pela Lei n. 12.832, de 20-6-2013, produzindo efeitos a partir de 1.º-1-2013 (DOU de 21-6-2013).

§ 3.º Todos os pagamentos efetuados em decorrência de planos de participação nos lucros ou resultados, mantidos espontaneamente pela empresa, poderão ser compensados com as obrigações decorrentes de acordos ou convenções coletivas de trabalho atinentes à participação nos lucros ou resultados.

§ 4.º A periodicidade semestral mínima referida no § 2.º poderá ser alterada pelo Poder Executivo, até 31 de dezembro de 2000, em função de eventuais impactos nas receitas tributárias.

§ 5.º A participação de que trata este artigo será tributada pelo imposto sobre a renda exclusivamente na fonte, em separado dos demais rendimentos recebidos, no ano do recebimento ou crédito, com base na tabela progressiva anual constante do Anexo e não integrará a base de cálculo do imposto devido pelo beneficiário na Declaração de Ajuste Anual.

•• § 5.º com redação determinada pela Lei n. 12.832, de 20-6-2013, produzindo efeitos a partir de 1.º-1-2013 (DOU de 21-6-2013).

§ 6.º Para efeito da apuração do imposto sobre a renda, a participação dos trabalhadores nos lucros ou resultados da empresa será integralmente tributada com base na tabela progressiva constante do Anexo.

•• § 6.º acrescentado pela Lei n. 12.832, de 20-6-2013, produzindo efeitos a partir de 1.º-1-2013 (DOU de 21-6-2013).

§ 7.º Na hipótese de pagamento de mais de 1 (uma) parcela referente a um mesmo ano-calendário, o imposto deve ser recalculado, com base no total da participação nos lucros recebida no ano-calendário, mediante a utilização da tabela constante do Anexo, deduzindo-se do imposto assim apurado o valor retido anteriormente.

•• § 7.º acrescentado pela Lei n. 12.832, de 20-6-2013, produzindo efeitos a partir de 1.º-1-2013 (DOU de 21-6-2013).

§ 8.º Os rendimentos pagos acumuladamente a título de participação dos trabalhadores nos lucros ou resultados da empresa serão tributados exclusivamente na fonte, em separado dos demais rendimentos recebidos, sujeitando-se, também de forma acumulada, ao imposto sobre a renda com base na tabela progressiva constante do Anexo.

•• § 8.º acrescentado pela Lei n. 12.832, de 20-6-2013, produzindo efeitos a partir de 1.º-1-2013 (DOU de 21-6-2013).

§ 9.º Considera-se pagamento acumulado, para fins do § 8.º, o pagamento da participação nos lucros relativa a mais de um ano-calendário.

•• § 9.º acrescentado pela Lei n. 12.832, de 20-6-2013, produzindo efeitos a partir de 1.º-1-2013 (DOU de 21-6-2013).

§ 10. Na determinação da base de cálculo da participação dos trabalhadores nos lucros ou resultados, poderão ser deduzidas as importâncias pagas em dinheiro a título de pensão alimentícia em face das normas do Direito de Família, quando em cumprimento de decisão judicial, de acordo homologado judicialmente ou de separação ou divórcio consensual realizado por escritura pública, desde que correspondentes a esse rendimento, não podendo ser utilizada a mesma parcela para a determinação da base de cálculo dos demais rendimentos.

•• § 10 acrescentado pela Lei n. 12.832, de 20-6-2013, produzindo efeitos a partir de 1.º-1-2013 (DOU de 21-6-2013).

§ 11. A partir do ano-calendário de 2014, inclusive, os valores da tabela progressiva anual constante do Anexo serão reajustados no mesmo percentual de reajuste da Tabela Progressiva Mensal do imposto de renda incidente sobre os rendimentos das pessoas físicas.

•• § 11 acrescentado pela Lei n. 12.832, de 20-6-2013, produzindo efeitos a partir de 1.º-1-2013 (DOU de 21-6-2013).

Art. 4.º Caso a negociação visando à participação nos lucros ou resultados da empresa resulte em impasse, as partes poderão utilizar-se dos seguintes mecanismos de solução do litígio:

I – mediação;

II – arbitragem de ofertas finais, utilizando-se, no que couber, os termos da Lei n. 9.307, de 23 de setembro de 1996.

•• Inciso II com redação determinada pela Lei n. 12.832, de 20-6-2013, produzindo efeitos a partir de 1.º-1-2013 (DOU de 21-6-2013).

§ 1.º Considera-se arbitragem de ofertas finais aquela em que o árbitro deve restringir-se a optar pela proposta apresentada, em caráter definitivo, por uma das partes.

§ 2.º O mediador ou o árbitro será escolhido de comum acordo entre as partes.

§ 3.º Firmado o compromisso arbitral, não será admitida a desistência unilateral de qualquer das partes.

§ 4.º O laudo arbitral terá força normativa, independentemente de homologação judicial.

Art. 5.º A participação de que trata o art. 1.º desta Lei, relativamente aos trabalhadores em empresas estatais, observará diretrizes específicas fixadas pelo Poder Executivo.

Parágrafo único. Consideram-se empresas estatais as empresas públicas, sociedades de economia mista, suas subsidiárias e controladas e demais empresas em que a União, direta ou indiretamente, detenha a maioria do capital social com direito a voto.

Art. 6.º Fica autorizado o trabalho aos domingos nas atividades do comércio em geral, observada a legislação municipal, nos termos do inciso I do *caput* do art. 30 da Constituição Federal.

•• *Caput* com redação determinada pela Lei n. 11.603, de 5-12-2007.

Parágrafo único. O repouso semanal remunerado deverá coincidir, pelo menos 1 (uma) vez no período máximo de 3 (três) semanas, com o domingo, respeitadas as demais normas de proteção ao trabalho e outras a serem estipuladas em negociação coletiva.

•• Parágrafo único com redação determinada pela Lei n. 11.603, de 5-12-2007.

Art. 6.º-A. É permitido o trabalho em feriados nas atividades do comércio em geral, desde que autorizado em convenção coletiva de trabalho e observada a legislação municipal, nos termos do inciso I do *caput* do art. 30 da Constituição Federal.

•• Artigo acrescentado pela Lei n. 11.603, de 5-12-2007.

Art. 6.º-B. As infrações ao disposto nos arts. 6.º e 6.º-A desta Lei serão punidas com a multa prevista no art. 75 da Consolidação das Leis do Trabalho, aprovada pelo Decreto-lei n. 5.452, de 1.º de maio de 1943.

•• *Caput* acrescentado pela Lei n. 11.603, de 5-12-2007.

Parágrafo único. O processo de fiscalização, de autuação e de imposição de multas reger-se-á pelo disposto no Título VII da Consolidação das Leis do Trabalho.

•• Parágrafo único acrescentado pela Lei n. 11.603, de 5-12-2007.

Art. 7.º Ficam convalidados os atos praticados com base na Medida Provisória n. 1.982-76, de 26 de outubro de 2000.

Art. 8.º Esta Lei entra em vigor na data de sua publicação.

Congresso Nacional, em 19 de dezembro de 2000; 179.º da Independência e 112.º da República.

Antonio Carlos Magalhães

ANEXO
PARTICIPAÇÃO NOS LUCROS TABELA DE TRIBUTAÇÃO EXCLUSIVA NA FONTE

•• Anexo acrescentado pela Lei n. 12.832, de 20-6-2013, produzindo efeitos a partir de 1.º-1-2013 (DOU de 21-6-2013).

VALOR DO PLR ANUAL (EM R$)	ALÍQUOTA	PARCELA A DEDUZIR DO IR (EM R$)
de 0,00 a 6.000,00	0%	-
de 6.000,01 a 9.000,00	7,5%	450,00
de 9.000,01 a 12.000,00	15%	1.125,00
de 12.000,01 a 15.000,00	22,5%	2.025,00
acima de 15.000,00	27,5%	2.775,00

LEI N. 10.192, DE 14 DE FEVEREIRO DE 2001 (*)

Dispõe sobre medidas complementares ao Plano Real e dá outras providências.

(*) Publicada no DOU, de 16-2-2001.

Faço saber que o Presidente da República adotou a Medida Provisória n. 2.074-73, de 2001, que o Congresso Nacional aprovou, e eu Antonio Carlos Magalhães, Presidente, para os efeitos do disposto no parágrafo único do art. 62 da Constituição Federal, promulgo a seguinte Lei:

..

Art. 9.º É assegurado aos trabalhadores, na primeira data-base da respectiva categoria após julho de 1995, o pagamento de reajuste relativo à variação acumulada do IPC-r entre a última data-base, anterior a julho de 1995, e junho de 1995, inclusive.

Art. 10. Os salários e as demais condições referentes ao trabalho continuam a ser fixados e revistos, na respectiva data-base anual, por intermédio da livre negociação coletiva.

Art. 11. Frustrada a negociação entre as partes, promovida diretamente ou através de mediador, poderá ser ajuizada a ação de dissídio coletivo.

§ 1.º O mediador será designado de comum acordo pelas partes ou, a pedido destas, pelo Ministério do Trabalho e Emprego, na forma da regulamentação de que trata o § 5.º deste artigo.

§ 2.º A parte que se considerar sem as condições adequadas para, em situação de equilíbrio, participar da negociação direta, poderá, desde logo, solicitar ao Ministério do Trabalho e Emprego a designação de mediador, que convocará a outra parte.

§ 3.º O mediador designado terá prazo de até trinta dias para a conclusão do processo de negociação, salvo acordo expresso com as partes interessadas.

§ 4.º Não alcançado o entendimento entre as partes, ou recusando-se qualquer delas à mediação, lavrar-se-á ata contendo as causas motivadoras do conflito e as reivindicações de natureza econômica, documento que instruirá a representação para o ajuizamento do dissídio coletivo.

§ 5.º O Poder Executivo regulamentará o disposto neste artigo.

Art. 12. No ajuizamento do dissídio coletivo, as partes deverão apresentar, fundamentadamente, suas propostas finais, que serão objeto de conciliação ou deliberação do Tribunal, na sentença normativa.

§ 1.º A decisão que puser fim ao dissídio será fundamentada, sob pena de nulidade, deverá traduzir, em seu conjunto, a justa composição do conflito de interesse das partes, e guardar adequação com o interesse da coletividade.

§ 2.º A sentença normativa deverá ser publicada no prazo de quinze dias da decisão do Tribunal.

Art. 13. No acordo ou convenção e no dissídio, coletivos, é vedada a estipulação ou fixação de cláusula de reajuste ou correção salarial automática vinculada a índice de preços.

§ 1.º Nas revisões salariais na data-base anual, serão deduzidas as antecipações concedidas no período anterior à revisão.

§ 2.º Qualquer concessão de aumento salarial a título de produtividade deverá estar amparada em indicadores objetivos.

Art. 14. O recurso interposto de decisão normativa da Justiça do Trabalho terá efeito suspensivo, na medida e extensão conferidas em despacho do Presidente do Tribunal Superior do Trabalho.

- A Instrução Normativa n. 24, de 2-10-2003, do TST, dispõe sobre a faculdade de o Ministro do TST designar audiência prévia de conciliação, no caso de pedido de efeito suspensivo a recurso ordinário interposto à decisão normativa da Justiça do Trabalho.

Art. 15. Permanecem em vigor as disposições legais relativas a correção monetária de débitos trabalhistas, de débitos resultantes de decisão judicial, de débitos relativos a ressarcimento em virtude de inadimplemento de obrigações contratuais e do passivo de empresas e instituições sob os regimes de concordata, falência, intervenção e liquidação extrajudicial.

Art. 16. Ficam convalidados os atos praticados com base na Medida Provisória n. 2.074-72, de 27 de dezembro de 2000.

Art. 17. Esta Lei entra em vigor na data de sua publicação.

Art. 18. Revogam-se os §§ 1.º e 2.º do art. 947 do Código Civil, os §§ 1.º e 2.º do art. 1.º da Lei n. 8.542, de 23 de dezembro de 1992, e o art. 14 da Lei n. 8.177, de 1.º de março de 1991.

Congresso Nacional, em 14 de fevereiro de 2001; 180.º da Independência e 113.º da República.

Antonio Carlos Magalhães

LEI COMPLEMENTAR N. 110, DE 29 DE JUNHO DE 2001 (*)

Institui contribuições sociais, autoriza créditos de complementos de atualização monetária em contas vinculadas do Fundo de Garantia do Tempo de Serviço – FGTS, e dá outras providências.

O Presidente da República

Faço saber que o Congresso Nacional decreta e eu sanciono a seguinte Lei Complementar:

Art. 1.º Fica instituída contribuição social devida pelos empregadores em caso de despedida de empregado sem justa causa, à alíquota de 10% (dez por cento) sobre o montante de todos os depósitos devidos, referentes ao Fundo de Garantia do Tempo de Serviço – FGTS, durante a vigência do contrato de trabalho, acrescido das remunerações aplicáveis às contas vinculadas.

- Artigo regulamentado pelo Decreto n. 3.914, de 11-9-2001.
- A Portaria Conjunta n. 5, de 8-11-2021, regulamenta a remessa de créditos de autos de infração e de notificações de débito de FGTS, lavrados por Auditores-Fiscais do Trabalho às unidades da Procuradoria-Geral da Fazenda Nacional.
- A Portaria n. 278, de 19-4-2012, da Secretaria do Tesouro Nacional, estabelece procedimentos operacionais das receitas de que trata este artigo.

Parágrafo único. Ficam isentos da contribuição social instituída neste artigo os empregadores domésticos.

- O Parecer n. 1.983, de 12-11-2001, do Ministério da Fazenda, conclui no sentido da constitucionalidade das contribuições sociais criadas por este artigo, seja formal, seja material, na medida em que constituem, inegavelmente, contribuições sociais destinadas à seguridade social.

Art. 2.º Fica instituída contribuição social devida pelos empregadores, à alíquota de 0,5% (cinco décimos por cento) sobre a remuneração devida, no mês anterior, a cada trabalhador, incluídas as parcelas de que trata o art. 15 da Lei n. 8.036, de 11 de maio de 1990.

- Artigo regulamentado pelo Decreto n. 3.914, de 11-9-2001.
- A Portaria n. 278, de 19-4-2012, da Secretaria do Tesouro Nacional, estabelece procedimentos operacionais das receitas de que trata este artigo.

§ 1.º Ficam isentas da contribuição social instituída neste artigo:

I – as empresas inscritas no Sistema Integrado de Pagamento de Impostos e Contribuições das Microempresas e Empresas de Pequeno Porte – SIMPLES, desde que o faturamento anual não ultrapasse o limite de R$ 1.200.000,00 (um milhão e duzentos mil reais);

- A Lei Complementar n. 123, de 14-12-2006, institui, em seu art. 12, o Regime Especial Unificado de Arrecadação de Tributos e Contribuições Devidos pelas Microempresas e Empresas de Pequeno Porte - Simples Nacional.

II – as pessoas físicas, em relação à remuneração de empregados domésticos; e

III – as pessoas físicas, em relação à remuneração de empregados rurais, desde que sua receita bruta anual não ultrapasse o limite de R$ 1.200.000,00 (um milhão e duzentos mil reais).

§ 2.º A contribuição será devida pelo prazo de 60 (sessenta) meses, a contar de sua exigibilidade.

(*) Publicada no *DOU*, de 30-6-2001 (Edição Extra). *Vide* Decreto n. 3.914, de 11-9-2001, que regulamenta o disposto nesta Lei Complementar. A Portaria n. 568, de 9-8-2011, do Ministério da Fazenda, dispõe sobre o parcelamento de débitos relativos às contribuições sociais instituídos por esta Lei Complementar. *Vide* Súmula Vinculante 1. A Instrução Normativa n. 2, de 8-11-2021, do Ministério do Trabalho e da Previdência, dispõe sobre os procedimentos a serem observados pela Auditoria-Fiscal do Trabalho nas situações elencadas.

• *Vide* nota ao art. 1.º, parágrafo único, desta Lei Complementar.

Art. 3.º Às contribuições sociais de que tratam os arts. 1.º e 2.º aplicam-se as disposições da Lei n. 8.036, de 11 de maio de 1990, e da Lei n. 8.844, de 20 de janeiro de 1994, inclusive quanto a sujeição passiva e equiparações, prazo de recolhimento, administração, fiscalização, lançamento, consulta, cobrança, garantias, processo administrativo de determinação e exigência de créditos tributários federais.

• *Vide* Instrução Normativa n. 99, de 23-8-2012, que dispõe sobre a fiscalização do FGTS e das contribuições sociais instituídas por esta Lei Complementar.

• *Vide* Precedentes Administrativos n. 1 e 74.

§ 1.º As contribuições sociais serão recolhidas na rede arrecadadora e transferidas à Caixa Econômica Federal, na forma do art. 11 da Lei n. 8.036, de 11 de maio de 1990, e as respectivas receitas serão incorporadas ao FGTS.

§ 2.º A falta de recolhimento ou o recolhimento após o vencimento do prazo sem os acréscimos previstos no art. 22 da Lei n. 8.036, de 11 de maio de 1990, sujeitarão o infrator à multa de 75% (setenta e cinco por cento), calculada sobre a totalidade ou a diferença da contribuição devida.

§ 3.º A multa será duplicada na ocorrência das hipóteses previstas no art. 23, § 3.º, da Lei n. 8.036, de 11 de maio de 1990, sem prejuízo das demais cominações legais.

Art. 4.º Fica a Caixa Econômica Federal autorizada a creditar nas contas vinculadas do FGTS, a expensas do próprio Fundo, o complemento de atualização monetária resultante da aplicação, cumulativa, dos percentuais de 16,64% (dezesseis inteiros e sessenta e quatro centésimos por cento) e de 44,08% (quarenta e quatro inteiros e oito décimos por cento), sobre os saldos das contas mantidas, respectivamente, no período de 1.º de dezembro de 1988 a 28 de fevereiro de 1989 e durante o mês de abril de 1990, desde que:

• *Vide* art. 1.º da Lei n. 10.555, de 13-11-2002.

I – o titular da conta vinculada firme o Termo de Adesão de que trata esta Lei Complementar;

II – até o 63.º (sexagésimo terceiro) mês a partir da data de publicação desta Lei Complementar, estejam em vigor as contribuições sociais de que tratam os arts. 1.º e 2.º; e

III – a partir do 64.º (sexagésimo quarto) mês da publicação desta Lei Complementar, permaneça em vigor a contribuição social de que trata o art. 1.º.

Parágrafo único. O disposto nos arts. 9.º, II, e 22, § 2.º, da Lei n. 8.036, de 11 de maio de 1990, não se aplica, em qualquer hipótese, como decorrência da efetivação do crédito de complemento de atualização monetária de que trata o *caput* deste artigo.

Art. 5.º O complemento de que trata o art. 4.º será remunerado até o dia 10 do mês subsequente ao da publicação desta Lei Complementar, com base nos mesmos critérios de remuneração utilizados para as contas vinculadas.

Parágrafo único. O montante apurado na data a que se refere o *caput* será remunerado, a partir do dia 11 do mês subsequente ao da publicação desta Lei Complementar, com base na Taxa Referencial – TR, até que seja creditado na conta vinculada do trabalhador.

Art. 6.º O Termo de Adesão a que se refere o inciso I do art. 4.º, a ser firmado no prazo e na forma definidos em Regulamento, conterá:

• *Vide* art. 2.º da Lei n. 10.555, de 13-11-2002.

I – a expressa concordância do titular da conta vinculada com a redução do complemento de que trata o art. 4.º, acrescido da remuneração prevista no *caput* do art. 5.º, nas seguintes proporções:

• *Vide* art. 2.º, § 2.º, do Decreto n. 3.914, de 11-9-2001.

a) 0% (zero por cento) sobre o total do complemento de atualização monetária de valor até R$ 2.000,00 (dois mil reais);

b) 8% (oito por cento) sobre o total do complemento de atualização monetária de valor de R$ 2.000,01 (dois mil reais e um centavo) a R$ 5.000,00 (cinco mil reais);

c) 12% (doze por cento) sobre o total do complemento de atualização monetária de valor de R$ 5.000,01 (cinco mil reais e um centavo) a R$ 8.000,00 (oito mil reais);

d) 15% (quinze por cento) sobre o total do complemento de atualização monetária de valor acima de R$ 8.000,00 (oito mil reais);

II – a expressa concordância do titular da conta vinculada com a forma e os prazos do crédito na conta vinculada, especificados a seguir:

a) complemento de atualização monetária no valor total de R$ 1.000,00 (um mil reais), até junho de 2002, em uma única parcela, para os titulares de contas vinculadas que tenham firmado o Termo de Adesão até o último dia útil do mês imediatamente anterior;

b) complemento de atualização monetária no valor total de R$ 1.000,01 (um mil reais e um centavo) a R$ 2.000,00 (dois mil reais), em duas parcelas semestrais, com o primeiro crédito em julho de 2001, sendo a primeira parcela de R$ 1.000,00 (um mil reais), para os titulares de contas vinculadas que tenham firmado o Termo de Adesão até o último dia útil do mês imediatamente anterior;

c) complemento de atualização monetária no valor total de R$ 2.000,01 (dois mil reais e um centavo) a R$ 5.000,00 (cinco mil reais), em cinco parcelas semestrais, com o primeiro crédito em janeiro de 2003, para os titulares de contas vinculadas que tenham firmado o Termo de Adesão até o último dia útil do mês imediatamente anterior;

d) complemento de atualização monetária no valor total de R$ 5.000,01 (cinco mil reais e um centavo) a R$ 8.000,00 (oito mil reais), em sete parcelas semestrais, com o primeiro crédito em julho de 2003, para os titulares de contas vinculadas que tenham firmado o Termo de Adesão até o último dia útil do mês imediatamente anterior;

e) complemento de atualização monetária no valor total acima de R$ 8.000,00 (oito mil reais), em sete parcelas semestrais, com o primeiro crédito em janeiro de 2004, para os titulares de contas vinculadas que tenham firmado o Termo de Adesão até o último dia útil do mês imediatamente anterior; e

III – declaração do titular da conta vinculada, sob as penas da lei, de que não está nem ingressará em juízo discutindo os complementos de atualização monetária relativos a junho de 1987, ao período de 1.º de dezembro de 1988 a 28 de fevereiro de 1989, a abril e maio de 1990 e a fevereiro de 1991.

§ 1.º No caso da alínea *b* do inciso I, será creditado valor de R$ 2.000,00 (dois mil reais), quando a aplicação do percentual de redução resultar em quantia inferior a este.

§ 2.º No caso da alínea *c* do inciso I, será creditado valor de R$ 4.600,00 (quatro mil e seiscentos reais), quando a aplicação do percentual de redução resultar em quantia inferior a este.

§ 3.º No caso da alínea *d* do inciso I será creditado valor de R$ 7.040,00 (sete mil e quarenta reais), quando a aplicação do percentual de redução resultar em quantia inferior a este.

§ 4.º Para os trabalhadores que vierem a firmar seus termos de adesão após as datas previstas nas alíneas *a* a *d* do inciso II, os créditos em suas contas vinculadas iniciar-se-ão no mês subsequente ao da assinatura do Termo de Adesão, observadas as demais regras constantes nesses dispositivos, quanto a valores, número e periodicidade de pagamento de parcelas.

§ 5.º As faixas de valores mencionadas no inciso II do *caput* serão definidas pelos complementos a que se refere o art. 4.º, acrescidos da remuneração prevista no *caput* do art. 5.º, antes das deduções de que tratam o inciso I do *caput* e os §§ 1.º e 2.º.

§ 6.º O titular da conta vinculada fará jus ao crédito de que trata o inciso II do *caput* deste artigo, em uma única parcela, até junho de 2002, disponível para imediata movimentação a partir desse mês, nas seguintes situações:

I – na hipótese de o titular ou qualquer de seus dependentes ser acometido de neoplasia maligna, nos termos do inciso XI do art. 20 da Lei n. 8.036, de 11 de maio de 1990;

II – quando o titular ou qualquer de seus dependentes for portador do vírus HIV;

III – se o trabalhador, com crédito de até R$ 2.000,00 (dois mil reais), for aposentado por invalidez, em função de acidente do trabalho ou doença profissional, ou aposentado maior de 65 (sessenta e cinco) anos de idade;

IV – quando o titular ou qualquer de seus dependentes for acometido de doença terminal.

§ 7.º O complemento de atualização monetária de valor total acima de R$ 2.000,00 (dois mil reais) poderá, a critério do titular da conta vinculada, ser resgatado mediante entrega, em julho de 2002, ou nos 6 (seis) meses seguintes, no caso de adesões que se efetuarem até dezembro de 2002, de documento de quitação com o FGTS autorizando a compra de título, lastreado nas receitas decorrentes das contribuições instituídas pelos arts. 1.º e 2.º desta Lei Complementar, de valor de face equivalente ao valor do referido complemento nos termos e condições estabelecidas pelo Conselho Monetário Nacional – CMN.

Art. 7.º Ao titular da conta vinculada que se encontre em litígio judicial visando ao pagamento dos complementos de atualização monetária relativos a junho de 1987, dezembro de 1988 a fevereiro de 1989, abril e maio de 1990 e fevereiro de 1991, é facultado receber, na forma do art. 4.º, os créditos de que trata o art. 6.º, firmando transação a ser homologada no juízo competente.

Art. 8.º A movimentação da conta vinculada, no que se refere ao crédito do complemento de atualização monetária, observará as condições previstas no art. 20 da Lei n. 8.036, de 11 de maio de 1990, inclusive nos casos em que o direito do titular à movimentação da conta tenha sido implementado em data anterior à da publicação desta Lei Complementar.

Art. 9.º As despesas com as obrigações decorrentes dos montantes creditados na forma do art. 6.º poderão ser diferidas contabilmente, para apropriação no resultado do balanço do FGTS, no prazo de até 15 (quinze) anos, a contar da publicação desta Lei Complementar.

Art. 10. Os bancos que, no período de dezembro de 1988 a março de 1989 e nos meses de abril e maio de 1990, eram depositários das contas vinculadas do FGTS, ou seus sucessores, repassarão à Caixa Econômica Federal, até 31 de janeiro de 2002, as informações cadastrais e financeiras necessárias ao cálculo do complemento de atualização monetária de que trata o art. 4.º.

§ 1.º A Caixa Econômica Federal estabelecerá a forma e o cronograma dos repasses das informações de que trata o *caput* deste artigo.

§ 2.º Pelo descumprimento dos prazos e das demais obrigações estipuladas com base neste artigo, os bancos de que trata o *caput* sujeitam-se ao pagamento de multa equivalente a 10% (dez por cento) do somatório dos saldos das contas das quais eram depositários, remunerados segundo os mesmos critérios previstos no art. 5.º.

- A Resolução n. 379, de 15-1-2002, do Conselho Curador do FGTS, dispõe sobre a regulamentação da multa pelo descumprimento de prazos e demais obrigações na prestação de informações cadastrais e financeiras necessárias para cálculo do complemento de atualização monetária do FGTS.

§ 3.º Os órgãos responsáveis pela auditoria integrada do FGTS examinarão e homologarão, no prazo de 60 (sessenta) dias, a contar da publicação desta Lei Complementar, o aplicativo a ser utilizado na validação das informações de que trata este artigo.

Art. 11. A Caixa Econômica Federal, até 30 de abril de 2002, divulgará aos titulares de contas vinculadas os respectivos valores dos complementos de atualização monetária a que têm direito, com base nas informações cadastrais e financeiras de que trata o art. 10.

Art. 12. O Tesouro Nacional fica subsidiariamente obrigado à liquidação dos valores a que se refere o art. 4.º, nos prazos e nas condições estabelecidos nos arts. 5.º e 6.º, até o montante da diferença porventura ocorrida entre o valor arrecadado pelas contribuições sociais de que tratam os arts. 1.º e 2.º e aquele necessário ao resgate dos compromissos assumidos.

Art. 13. As leis orçamentárias anuais referentes aos exercícios de 2001, 2002 e 2003 assegurarão destinação integral ao FGTS de valor equivalente à arrecadação das contribuições de que tratam os arts. 1.º e 2.º desta Lei Complementar.

Art. 14. Esta Lei Complementar entra em vigor na data de sua publicação, produzindo efeitos:

•• O STF, nas ADIs n. 2.556 e 2.568, de 13-6-2012, julgou parcialmente procedente a ação, para declarar a inconstitucionalidade deste *caput*, no que se refere à expressão "produzindo efeitos".

I – 90 (noventa) dias a partir da data inicial de sua vigência, relativamente à contribuição social de que trata o art. 1.º; e

•• O STF, nas ADIs n. 2.556 e 2.568, de 13-6-2012, julgou parcialmente procedente a ação para declarar a inconstitucionalidade deste inciso.

II – a partir do 1.º (primeiro) dia do mês seguinte ao 90.º (nonagésimo) dia da data de início de sua vigência, no tocante à contribuição social de que trata o art. 2.º.

•• O STF, nas ADIs n. 2.556 e 2.568, de 13-6-2012, julgou parcialmente procedente a ação para declarar a inconstitucionalidade deste inciso.

Brasília, 29 de junho de 2001; 180.º da Independência e 113.º da República.

Fernando Henrique Cardoso

MEDIDA PROVISÓRIA N. 2.165-36, DE 23 DE AGOSTO DE 2001 (*)

Institui o Auxílio-Transporte, dispõe sobre o pagamento dos militares e dos servidores do Poder Executivo Federal, inclusive de suas autarquias, fundações, empresas públicas e sociedades de economia mista, e dá outras providências.

O Presidente da República, no uso das atribuições que lhe confere o art. 62 da Constituição, adota a seguinte Medida Provisória, com força de lei:

Art. 1.º Fica instituído o Auxílio-Transporte em pecúnia, pago pela União, de natureza jurídica indenizatória, destinado ao custeio parcial das despesas realizadas com transporte coletivo municipal, intermunicipal ou interestadual pelos militares, servidores e empregados públicos da Administração Federal direta, autárquica e fundacional da União, nos deslocamentos de suas residências para os locais de trabalho e vice-versa, excetuadas aquelas realizadas nos deslocamentos em intervalos para repouso ou alimentação, durante a jornada de trabalho, e aquelas efetuadas com transportes seletivos ou especiais.

§ 1.º É vedada a incorporação do auxílio a que se refere este artigo aos vencimentos, à remuneração, ao provento ou à pensão.

§ 2.º O Auxílio-Transporte não será considerado para fins de incidência de imposto de renda ou de contribuição para o Plano de Seguridade Social e planos de assistência à saúde.

Art. 2.º O valor mensal do Auxílio-Transporte será apurado a partir da diferença entre as despesas realizadas com transporte coletivo, nos termos do art. 1.º, e o desconto de seis por cento do:

I – soldo do militar;

II – vencimento do cargo efetivo ou emprego ocupado pelo servidor ou empregado, ainda que ocupante de cargo em comissão ou de natureza especial;

III – vencimento do cargo em comissão ou de natureza especial, quando se tratar de servidor ou empregado que não ocupe cargo efetivo ou emprego.

§ 1.º Para fins do desconto, considerar-se-á como base de cálculo o valor do soldo ou vencimento proporcional a vinte e dois dias.

(*) Publicada no *DOU*, de 24-8-2001.

§ 2.º O valor do Auxílio-Transporte não poderá ser inferior ao valor mensal da despesa efetivamente realizada com o transporte, nem superior àquele resultante do seu enquadramento em tabela definida na forma do disposto no art. 8.º.

§ 3.º Não fará jus ao Auxílio-Transporte o militar, o servidor ou empregado que realizar despesas com transporte coletivo igual ou inferior ao percentual previsto neste artigo.

Art. 3.º O Auxílio-Transporte não será devido cumulativamente com benefício de espécie semelhante ou vantagem pessoal originária de qualquer forma de indenização ou auxílio pago sob o mesmo título ou idêntico fundamento, exceto quando o servidor ou empregado acumular licitamente outro cargo ou emprego na Administração Federal direta, autárquica e fundacional da União.

Parágrafo único. Nos casos de acumulação lícita de cargos ou empregos em que o deslocamento para o local de exercício de um deles não seja residência-trabalho por opção do servidor ou empregado, poderá ser considerado na concessão do Auxílio-Transporte o deslocamento trabalho-trabalho.

Art. 4.º Farão jus ao Auxílio-Transporte os militares, os servidores ou empregados que estiverem no efetivo desempenho das atribuições do cargo ou emprego, vedado o seu pagamento quando o órgão ou a entidade proporcionar aos seus militares, servidores ou empregados o deslocamento residência-trabalho e vice-versa, por meios próprios ou contratados com fundamento nas exceções previstas em regulamento, bem como nas ausências e nos afastamentos considerados em lei como de efetivo exercício, ressalvados aqueles concedidos em virtude de:

I – cessão em que o ônus da remuneração seja do órgão ou da entidade cedente;

II – participação em programa de treinamento regularmente instituído, conforme dispuser o regulamento;

III – júri e outros serviços obrigatórios por lei.

Parágrafo único. Não será devido o Auxílio-Transporte pelo órgão ou pela entidade de origem ao servidor ou empregado cedido para empresa pública ou sociedade de economia mista, ainda que tenha optado pela remuneração do cargo efetivo ou emprego.

Art. 5.º O pagamento do Auxílio-Transporte será efetuado no mês anterior ao da utilização de transporte coletivo, nos termos do art. 1.º, salvo nas seguintes hipóteses, quando se farão no mês subsequente:

I – início do efetivo desempenho das atribuições de cargo ou emprego, ou reinício de exercício decorrente de encerramento de licenças ou afastamentos legais;

II – alteração na tarifa do transporte coletivo, endereço residencial, percurso ou meio de transporte utilizado, em relação à sua complementação.

§ 1.º O desconto relativo ao Auxílio-Transporte do dia em que for verificada ocorrência que vede o seu pagamento será processado no mês subsequente e considerada a proporcionalidade de vinte e dois dias.

§ 2.º As diárias sofrerão desconto correspondente ao Auxílio-Transporte a que fizer jus o militar, o servidor ou empregado, exceto aquelas eventualmente pagas em finais de semana e feriados, observada a proporcionalidade prevista no § 1.º.

Art. 6.º A concessão do Auxílio-Transporte far-se-á mediante declaração firmada pelo militar, servidor ou empregado na qual ateste a realização das despesas com transporte nos termos do art. 1.º.

§ 1.º Presumir-se-ão verdadeiras as informações constantes da declaração de que trata este artigo, sem prejuízo da apuração de responsabilidades administrativa, civil e penal.

§ 2.º A declaração deverá ser atualizada pelo militar, servidor ou empregado sempre que ocorrer alteração das circunstâncias que fundamentam a concessão do benefício.

Art. 7.º Os contratados por tempo determinado na forma da Lei n. 8.745, de 9 de dezembro de 1993, e os militares contratados para prestar Tarefa por Tempo Certo na forma da Lei n. 6.880, de 9 de dezembro de 1980, fazem jus ao Auxílio-Transporte instituído por esta Medida Provisória, observado o disposto no art. 2.º.

Parágrafo único. Os contratados por tempo determinado na forma da Lei n. 8.745, de 1993, que forem remunerados por produção, não farão jus ao auxílio-transporte de que trata o *caput* deste artigo, e ao auxílio-alimentação a que se refere o art. 22 da Lei n. 8.460, de 17 de setembro de 1992.

Art. 8.º A concessão do Auxílio-Transporte dar-se-á conforme o disposto em regulamento, que estabelecerá, ainda, o prazo máximo para a substituição do Vale-Transporte pelo Auxílio-Transporte em pecúnia, condicionado seu pagamento inicial à apresentação da declaração de que trata o art. 6.º.

Art. 9.º A partir do mês de fevereiro de 2001, o pagamento da remuneração dos militares e dos servidores do Poder Executivo Federal, inclusive de suas autarquias e fundações, bem como dos empregados das empresas públicas, das sociedades de economia mista e das demais entidades controladas direta ou indiretamente pela União, independentemente da fonte de recursos utilizada para pagamento destas despesas, será efetuado segundo regulamento a ser editado pelo Poder Executivo.

§ 1.º A regulamentação de que trata o *caput* deste artigo não poderá estabelecer data de pagamento posterior ao segundo dia útil do mês subsequente ao de competência.

§ 2.º Caso a data de pagamento adotada seja decorrente de acordo ou convenção coletiva de trabalho, o dirigente da empresa estatal deverá providenciar, por ocasião do próximo dissídio ou acordo coletivo, a alteração da data de pagamento, com vistas ao cumprimento do disposto no *caput* deste artigo.

Art. 10. O disposto no art. 9.º aplica-se aos proventos dos aposentados, aos soldos dos militares na reserva e às pensões devidas a beneficiários de servidor e militar falecido.

Art. 11. Ficam convalidados os atos praticados com base na Medida Provisória n. 2.165-35, de 26 de julho de 2001.

Art. 12. Esta Medida Provisória entra em vigor na data de sua publicação.

Art. 13. Ficam revogados o § 1.º do art. 1.º da Lei n. 7.418, de 16 de dezembro de 1985, e o art. 6.º da Lei n. 8.627, de 19 de fevereiro de 1993.

Brasília, 23 de agosto de 2001; 180.º da Independência e 113.º da República.

FERNANDO HENRIQUE CARDOSO

DECRETO N. 3.914, DE 11 DE SETEMBRO DE 2001 (*)

Dispõe sobre a regulamentação das contribuições sociais instituídas pela Lei Complementar n. 110, de 29 de junho de 2001.

O Presidente da República, no uso da atribuição que lhe confere o art. 84, IV, da Constituição, decreta:

Art. 1.º Este Decreto dispõe sobre a regulamentação da contribuição social devida por despedida de empregado sem justa causa e da contribuição social incidente sobre a remuneração mensal do trabalhador, instituídas pelos arts. 1.º e 2.º da Lei Complementar n. 110, de 29 de junho de 2001.

Art. 2.º A contribuição social que tem por fato gerador a despedida de empregado sem justa causa é devida em relação às despedidas que ocorrerem a partir de 28 de setembro de 2001, inclusive.

(*) Publicado no *DOU*, de 12-9-2001.

§ 1.º A base de cálculo da contribuição é o montante dos depósitos do Fundo de Garantia do Tempo de Serviço – FGTS, acrescidos das remunerações previstas no art. 13 da Lei n. 8.036, de 11 de maio de 1990, bem como nos arts. 11 da Lei n. 7.839, de 12 de outubro de 1989, e 3.º e 4.º da Lei n. 5.107, de 13 de setembro de 1966, enquanto vigentes, devidos durante a vigência do contrato de trabalho.

* As Leis n. 5.107, de 13-9-1966, e 7.839, de 12-10-1989, que dispunham sobre o FGTS, estão revogadas. Atualmente a matéria é tratada pela Lei n. 8.036, de 11-5-1990, constante neste volume.

§ 2.º O valor do complemento de atualização monetária de que trata o art. 4.º, com a remuneração prevista no art. 5.º e com a redução cabível especificada no inciso I do art. 6.º, todos da Lei Complementar n. 110, de 2001, que esteja registrado, na data da rescisão do contrato de trabalho, na conta vinculada do trabalhador que tenha firmado o Termo de Adesão a que se refere o art. 4.º, inciso I, da mesma Lei Complementar, integra a base de cálculo da contribuição de que trata este artigo.

§ 3.º O valor da contribuição será determinado pela aplicação da alíquota de 10% (dez por cento) sobre o valor da base de cálculo especificada nos §§ 1.º e 2.º.

§ 4.º A contribuição deve ser paga nos seguintes prazos:

I – até o primeiro dia útil imediato ao término do contrato, no caso em que o empregador concede o aviso prévio nos termos do art. 487 da Consolidação das Leis do Trabalho – CLT; ou

II – até o décimo dia, contado da data da notificação da demissão, quando da ausência do aviso prévio, indenização do mesmo ou dispensa de seu cumprimento.

§ 5.º Os empregadores domésticos ficam isentos da contribuição social de que trata este artigo.

Art. 3.º A contribuição social incidente sobre a remuneração do trabalhador é devida a partir da remuneração relativa ao mês de outubro de 2001 até a remuneração relativa ao mês de setembro de 2006.

§ 1.º A contribuição incide sobre a remuneração paga ou devida, no mês anterior, a cada trabalhador.

§ 2.º A base de cálculo da contribuição é o valor da remuneração paga ou devida a cada trabalhador, computadas as parcelas de que trata o art. 15 da Lei n. 8.036, de 1990.

§ 3.º O valor do pagamento antecipado de remuneração ou de gratificação de Natal integra a base de cálculo da contribuição social relativa ao mês em que ocorrer o pagamento antecipado.

§ 4.º O valor da contribuição será determinado pela aplicação da alíquota de cinco décimos por cento sobre a base de cálculo especificada nos §§ 2.º e 3.º.

§ 5.º A contribuição incidente sobre a remuneração paga ou devida em cada mês deve ser paga até o dia 7 do mês subsequente ou, não havendo expediente bancário no dia 7, até o último dia útil que o anteceder.

§ 6.º Ficam isentas da contribuição social de que trata este artigo:

I – as empresas inscritas no Sistema Integrado de Pagamento de Impostos e Contribuições das Microempresas e Empresas de Pequeno Porte – SIMPLES, desde que o faturamento anual não ultrapasse o limite de R$ 1.200.000,00 (um milhão e duzentos mil reais);

* A Lei Complementar n. 123, de 14-12-2006, institui, em seu art. 12, o Regime Especial Unificado de Arrecadação de Tributos e Contribuições devidos pelas Microempresas e Empresas de Pequeno Porte – Simples Nacional.

II – as pessoas físicas, em relação à remuneração de empregados domésticos; e

III – as pessoas físicas, em relação à remuneração de empregados rurais, desde que sua receita bruta anual não ultrapasse o limite de R$ 1.200.000,00 (um milhão e duzentos mil reais).

§ 7.º Para os fins do disposto no § 6.º, poderão ser utilizadas informações constantes dos cadastros administrados pela Secretaria da Receita Federal, na forma estabelecida em convênio.

Art. 4.º O sujeito passivo das contribuições sociais de que trata este Decreto é o empregador, considerado como tal a pessoa física ou a pessoa jurídica de direito privado ou de direito público, da administração pública direta, indireta ou fundacional de qualquer dos Poderes, da União, dos Estados, do Distrito Federal e dos Municípios, que admitir trabalhadores a seu serviço, bem assim aquele que, regido por legislação especial, encontrar-se nessa condição ou figurar como fornecedor ou tomador de mão de obra, independente da responsabilidade solidária ou subsidiária a que eventualmente venha obrigar-se.

Parágrafo único. Para os efeitos deste Decreto, considera-se empregado ou trabalhador toda pessoa física que prestar serviços a empregador, a locador ou tomador de mão de obra, excluídos os eventuais, os autônomos e os servidores públicos civis e militares sujeitos a regime jurídico próprio.

Art. 5.º O pagamento das contribuições sociais de que trata este Decreto fora dos prazos estabelecidos sujeita o infrator aos acréscimos previstos no art. 22 da Lei n. 8.036, de 1990, e nos §§ 2.º e 3.º do art. 3.º da Lei Complementar n. 110, de 2001.

Art. 6.º A exigência fiscal da contribuição social, que não tenha sido paga por iniciativa do contribuinte, será formalizada em notificação de débito, lavrada por Auditor-Fiscal do Trabalho ou pela Repartição competente do Ministério do Trabalho e Emprego, nos termos de ato normativo do Ministro de Trabalho e Emprego.

** A Instrução Normativa n. 2, de 8-11-2021, do Ministério do Trabalho e da Previdência, dispõe sobre os procedimentos a serem observados pela Auditoria-Fiscal do Trabalho nas situações elencadas.

Art. 7.º As contribuições sociais de que trata este Decreto, inclusive os acréscimos legais correspondentes, serão pagos na rede bancária arrecadadora do FGTS, na forma a ser estabelecida pelo Agente Operador do FGTS.

§ 1.º Os valores recolhidos pela rede bancária serão transferidos à Caixa Econômica Federal no segundo dia útil subsequente à data em que tenham sido recolhidos.

§ 2.º A Caixa Econômica Federal procederá ao registro das receitas, relativas às contribuições sociais que lhe forem transferidas pela rede bancária, no Sistema Integrado de Administração Financeira do Governo Federal – SIAFI, na forma regulada pelo Ministério da Fazenda.

Art. 8.º A falta de pagamento das contribuições de que trata este Decreto resultará no impedimento da emissão, pela Caixa Econômica Federal, do Certificado de Regularidade do FGTS, sem prejuízo das demais cominações legais cabíveis.

Art. 9.º O Ministério do Trabalho e Emprego expedirá as normas para disciplinar os procedimentos de administração das contribuições sociais de que trata este Decreto.

Art. 10. Este Decreto entra em vigor na data de sua publicação.

Brasília, 11 de setembro de 2001; 180.º da Independência e 113.º da República.

FERNANDO HENRIQUE CARDOSO

ATO DECLARATÓRIO N. 4, DE 21 DE FEVEREIRO DE 2002 (*)

Aprova, revisa e consolida precedentes administrativos.

O Diretor do Departamento de Fiscalização do Trabalho, no uso de sua competência regimental, resolve:

I – aprovar os precedentes administrativos de n. 31 a n. 50, resultantes de posicionamentos firmados na Coordenação-Geral de Normatização e Análise de Recursos;

(*) Publicado no *DOU*, de 22-2-2002.

II – revisar os precedentes de n. 01 a n. 30;

III – consolidar todos os precedentes administrativos aprovados, conforme anexo I deste ato;

IV – os precedentes administrativos em anexo deverão orientar a ação dos Auditores-Fiscais do Trabalho no exercício de suas atribuições.

Leonardo Soares de Oliveira

ANEXO I

Precedente Administrativo n. 1

FGTS e Contribuição Social (CS). Levantamento de débito. Efeitos do parcelamento. Evolução normativa.

I – A comprovação da quitação total do débito fundiário antes da emissão da NDFG, NFGC ou NRFC, ou da data de apuração do débito da NDFC, acarreta sua declaração de improcedência.

II – O parcelamento do montante levantado acarreta a improcedência da Notificação de Débito se concedido antes da sua emissão e:

a) Na vigência das Instruções Normativas 17/2000 e 25/2001, o débito apurado for idêntico ao confessado.

b) Na vigência da Instrução Normativa n. 84/2010, o débito fundiário apurado for idêntico ou inferior ao confessado;

III – Na hipótese da letra *b* e havendo débito de contribuição social não parcelado, a Notificação de Débito será procedente somente em relação a esta;

IV – Na vigência da Instrução Normativa n. 99/2012, a constatação da existência de confissão de dívida junto à CAIXA não exime o AFT da emissão de notificação de débito, ainda que o débito tenha sido confessado de forma correta e que o parcelamento tenha sido formalizado.

Referência normativa: art. 23, *caput*, da Lei n. 8.036/90, no art. 1.º da Lei n. 8.844/94, no art. 3.º da Lei Complementar n. 110/2001, art. 20 da Instrução Normativa n. 17/2000, art. 30 da Instrução Normativa n. 25/2001, art. 26 da Instrução Normativa n. 84/2010, art. 28, §§ 4.º e 5.º, da Instrução Normativa n. 99/2012.

•• Precedente administrativo com redação determinada pelo Ato Declaratório n. 15, de 20-9-2017.

Precedente Administrativo n. 2

(*Revogado pelo Ato Declaratório n. 5, de 27-6-2002.*)

Precedente Administrativo n. 3

FGTS. Vale-transporte. Falta de recolhimento do percentual de 8% sobre parte da remuneração devida. O vale-transporte não terá natureza salarial, não se incorporará à remuneração para quaisquer efeitos e tampouco constituirá base de incidência do FGTS, desde que fornecido de acordo com o disposto no art. 2.º, II, da Lei n. 7.418/85. O vale-transporte pago em dinheiro tem natureza salarial e repercussão no FGTS.

Referência normativa: art. 2.º e alíneas, da Lei n. 7.418, de 16 de dezembro de 1985, e arts. 5.º e 6.º do Decreto n. 95.247, de 17 de novembro de 1987.

Precedente Administrativo n. 4

(*Cancelado pelo Ato Declaratório n. 15, de 20-9-2017.*)

Precedente Administrativo n. 5

(*Cancelado pelo Ato Declaratório n. 10, de 3-8-2009.*)

Precedente Administrativo n. 6

FGTS. Gratificação. Falta de recolhimento do percentual de 8% sobre parte da remuneração devida. A gratificação, bem como comissões, percentagens ou abonos pagos pelo empregador, integram o salário. Consequentemente, são base de cálculo para o FGTS.

Referência normativa: arts. 457 e 458, CLT; Lei n. 8.036/90, art. 15.

Precedente Administrativo n. 7

Recurso administrativo. Intempestividade. Depósito recursal dentro do prazo. Não é suficiente para o conhecimento do recurso a efetivação do depósito dentro do prazo legal. É necessário que também o recurso administrativo seja aviado no decêndio legal.

Referência normativa: art. 636, *caput* e § 1.º, da CLT e art. 33 da Portaria n. 148, de 25 de janeiro de 1996.

•• A Portaria n. 667, de 8-11-2021, do Ministério do Trabalho e da Previdência, dispõe sobre normas para a organização e tramitação dos processos de multas administrativas e de notificação de débito de FGTS e/ou contribuição social.

Precedente Administrativo n. 8

Registro. Representante comercial. Para a caracterização de atividade autônoma do representante comercial, é imprescindível a comprovação de sua inscrição no Conselho respectivo.

Referência normativa: art. 41, *caput*, da CLT.

Precedente Administrativo n. 9

Autorização para o trabalho em feriados nacionais e religiosos via acordo coletivo ou convenção coletiva de trabalho. Necessidade de prévia permissão da autoridade competente em matéria de trabalho. Os acordos coletivos ou convenções coletivas de trabalho podem estabelecer as regras de remuneração e/ou compensação para o trabalho em dias feriados, mas não são instrumentos hábeis para afastar a competência da autoridade em matéria de trabalho para exercer o controle do trabalho em tais dias.

Referência normativa: art. 70 da CLT.

Precedente Administrativo n. 10

Jornada. Telefonista de Mesa. Independente do ramo de atividade do empregador, aplica-se o disposto no art. 227 da CLT, e seus parágrafos, ao exercente das funções de telefonista: jornada de seis horas diárias. Inteligência da Súmula n. 178 do Tribunal Superior do Trabalho – TST.

Referência normativa: art. 227 da CLT.

Precedente Administrativo n. 11

Inspeção do trabalho. Rol não taxativo quanto aos documentos necessários à inspeção do trabalho. Fitas do caixa bancário. Fitas do caixa bancário são considerados documentos necessários à inspeção do trabalho. O sigilo das informações financeiras é da responsabilidade do Auditor-Fiscal do Trabalho, que também, por lei, deve guardar sigilo profissional.

Referência normativa: art. 630, §§ 3.º e 4.º, da CLT c/c art. 6.º do Regulamento da Inspeção do Trabalho – RIT, aprovado pelo Decreto n. 55.841, de 15 de março de 1965.

•• O Decreto n. 55.841, de 15-3-1965, foi revogado pelo Decreto n. 4.552, de 27-12-2002, que aprova o regulamento da Inspeção do Trabalho.

Precedente Administrativo n. 12

(*Revogado pelo Ato Declaratório n. 6, de 16-12-2002.*)

Precedente Administrativo n. 13

(*Revogado pelo Ato Declaratório n. 6, de 16-12-2002.*)

Precedente Administrativo n. 14

Multa. Valor sem expressão econômica. Processamento regular obrigatório. A impossibilidade de impor multa ao infrator em virtude da desatualização ou inexpressividade de seu valor, não obsta o processamento regular do auto de infração e sua declaração de subsistência, uma vez que o instituto da reincidência e a possibilidade de ulterior atualização daquele valor impedem-lhe pronto arquivamento.

Precedente Administrativo n. 15
Salário. Empregador e equiparados. Entidades sem fins lucrativos. Prazo legal. Equiparam-se ao empregador, para os efeitos da relação de emprego, as pessoas e entidades referidas no § 1.º do art. 2.º da CLT. A partir do momento em que a instituição sem fins lucrativos contrata empregados, assume todas as obrigações dessa relação jurídica, não podendo repassar aos seus empregados o risco de sua atividade. Os salários, portanto, devem ser pagos no prazo legal, sob pena de imposição de sanção administrativa.
Referência normativa: art. 2.º, § 1.º, da CLT.

Precedente Administrativo n. 16
(Cancelado pelo Ato Declaratório n. 10, de 3-8-2009.)

Precedente Administrativo n. 17
Descanso. Trabalho em feriados. Decisão judicial. São insubsistentes os autos lavrados contra empregadores amparados por decisão judicial que os permita manter trabalhadores em atividade em dias feriados.

Precedente Administrativo n. 18
FGTS e contribuição social. Recolhimentos posteriores à data de apuração da notificação de débito.
A quitação de valores apurados em Notificação de Débito, quando operada após a data da emissão da NDFG, NFGC e NRFC, ou da apuração, no caso da NDFC, ou ainda o parcelamento que abranja integralmente a notificação, confirma a procedência do débito regularmente levantado pela Auditora Fiscal do Trabalho. Tais recolhimentos serão objeto de apreciação, para eventual dedução, pela CAIXA ECONÔMICA FEDERAL após encerrado o processo administrativo.
Referência normativa: IN n. 25/2001, art. 53, § 2.º; IN n. 84/2010, art. 59, parágrafo único; IN n. 99/2012, art. 61, parágrafo único, e art. 62.
•• Precedente administrativo com redação determinada pelo Ato Declaratório n. 15, de 20-9-2017.

Precedente Administrativo n. 19
FGTS. Notificação para Depósito do FGTS-NDFG. Parcelamento não formalizado. Não obsta a lavratura da Notificação para Depósito do FGTS-NDFG processo de parcelamento em andamento junto ao Agente Operador do Fundo, Caixa Econômica Federal – CEF, ainda sem a devida formalização.
Referência normativa: art. 20, § 4.º, da IN/SIT/MTE n. 17, de 31 de julho de 2000.

Precedente Administrativo n. 20
(Cancelado pelo Ato Declaratório n. 10, de 3-8-2009.)

Precedente Administrativo n. 21
CTPS. Inutilização. Ao lançar na Carteira de Trabalho e Previdência Social – CTPS anotações prejudiciais ao trabalhador, a empresa tornou aquele documento inútil para uso, mesmo que objetivamente apenas uma das folhas tenha sido inutilizada. Autuação procedente.
Referência normativa: art. 52 da CLT.

Precedente Administrativo n. 22
Inspeção do trabalho. Livre acesso. A prerrogativa do Auditor-Fiscal do Trabalho – AFT de ter livre acesso a todas as dependências dos estabelecimentos sujeitos ao regime da legislação trabalhista compreende não só o direito de ingressar mas também o de permanecer no local, para o exercício de sua ação fiscal.
Referência normativa: art. 630, § 3.º, da CLT.

Precedente Administrativo n. 23
Jornada. Controle alternativo. Os sistemas alternativos de controle de jornada só podem ser utilizados quando autorizados por convenção ou acordo coletivo.
Referência normativa: art. 7.º, XXVI da Constituição Federal, art. 74, § 2.º, da CLT e Portaria n. 1.120, de 8 de novembro de 1995.

Precedente Administrativo n. 24
(Cancelado pelo Ato Declaratório n. 15, de 20-9-2017.)

Precedente Administrativo n. 25
Gratificação natalina. Prazo. A lei dispõe que o prazo para pagamento da gratificação natalina é o dia 20 de dezembro de cada ano. Recaindo o dia 20 em domingo ou feriado, o pagamento deve ser antecipado. Não há que se falar em prorrogação para o primeiro dia útil subsequente.
Referência normativa: art. 1.º da Lei n. 4.749, de 12 de agosto de 1965.

Precedente Administrativo n. 26
(Cancelado pelo Ato Declaratório n. 10, de 3-8-2009.)

Precedente Administrativo n. 27
Rescisão contratual. Homologação. Entidades públicas. A União, os Estados e os Municípios, as autarquias e as fundações de direito público que não explorem atividade econômica não estão sujeitos à assistência mencionada no art. 477 da CLT, face à presunção de legitimidade de seus atos.
Referência normativa: art. 1.º, I, do Decreto-lei n. 779, de 21 de agosto de 1969, e art. 477 da CLT.

Precedente Administrativo n. 28
Rescisão contratual. Pagamento de verbas fora do prazo legal. O pagamento da multa em favor do empregado não exime o autuado da multa administrativa, uma vez que são penalidades distintas: a primeira beneficia o empregado, enquanto a segunda destina-se ao Poder Público.
Referência normativa: art. 477, § 8.º, da CLT.

Precedente Administrativo n. 29
Jornada. Bancários. Prorrogação de jornada. Intervalo para repouso ou alimentação. Ao estabelecer que a jornada normal de seis horas dos bancários poderá ser excepcionalmente prorrogada até oito horas diárias, observados os preceitos gerais sobre duração do trabalho, o art. 225 da CLT atraiu a incidência da regra do art. 71 do mesmo diploma, que prevê a obrigatoriedade de concessão de intervalo para repouso ou alimentação de, no mínimo uma e, no máximo, duas horas.
Referência normativa: art. 71 e art. 225, ambos da CLT.

Precedente Administrativo n. 30
Jornada. Prorrogação. Convenção ou Acordo Coletivo. A mera inserção em acordo ou convenção coletiva de cláusula com previsão de percentuais acima de cinquenta por cento para a remuneração das horas extraordinárias, por si só, não autoriza o elastecimento da jornada normal de trabalho. Imprescindível autorização expressa, pois o acessório, exigido pelo § 1.º do art. 59, não substitui o principal, cuja obrigação decorre do *caput*.
Referência normativa: art. 59 da CLT.

Precedente Administrativo n. 31
Jornada. Prorrogação. Necessidade imperiosa.
I – Os serviços inadiáveis ou cuja inexecução possa acarretar prejuízos manifestos autorizam a prorrogação da jornada apenas até 12 horas, caracterizando-se como tais aqueles que, por impossibilidade decorrente de sua própria natureza, não podem ser paralisados num dia e retomados no seguinte, sem ocasionar prejuízos graves e imediatos.

II – Se a paralisação é apenas inconveniente, por acarretar atrasos ou outros transtornos, a necessidade de continuação do trabalho não se caracteriza como imperiosa e o excesso de jornada não se justifica.
Referência normativa: art. 59, *caput*, e art. 61 da Consolidação das Leis do Trabalho – CLT.

Precedente Administrativo n. 32
(Cancelado pelo Ato Declaratório n. 10, de 3-8-2009.)

Precedente Administrativo n. 33
Jornada. Prorrogação. Efeitos do pagamento relativo ao trabalho extraordinário. O pagamento do adicional por serviço extraordinário não elide a infração pela prorrogação de jornada além dos limites legais ou convencionais, uma vez que o serviço extraordinário deve ser remunerado, independentemente de sua licitude. Isso porque as normas limitadoras da jornada visam a evitar males ao trabalhador, protegendo-lhe a saúde e o bem-estar, não se prestando a retribuição pecuniária como substituta da proteção ao bem jurídico.
Referência normativa: art. 59 da Consolidação das Leis do Trabalho – CLT.

Precedente Administrativo n. 34
FGTS. Cesta básica. Falta de recolhimento do percentual de 8% sobre parte da remuneração devida. O valor pago pelo empregador ao empregado a título de cesta básica ou outro fornecimento de alimentação realizado à margem do Programa de Alimentação do Trabalhador – PAT deve compor a base de cálculo do FGTS, pois se trata de salário *in natura*.
Referência normativa: art. 458 da Consolidação das Leis do Trabalho – CLT e Lei n. 6.321, de 14 de abril de 1976.

Precedente Administrativo n. 35
Salário. Pagamento fora do prazo legal. Dificuldades econômicas. Dificuldades econômicas do empregador, decorrentes de inadimplemento contratual de clientes, retração de mercado ou de outros transtornos inerentes à atividade empreendedora, não autorizam o atraso no pagamento de salários, uma vez que, salvo exceções expressamente previstas em lei, os riscos do negócio devem ser suportados exclusivamente pelo empregador.
Referência normativa: art. 2.º e art. 459, § 1.º, da Consolidação das Leis do Trabalho – CLT.

Precedente Administrativo n. 36
Registro de empregados. Empresa pública e sociedade de economia mista. Autuação capitulada no art. 41 da Consolidação das Leis do Trabalho – CLT. Legalidade.
I – A autuação por falta de registro de empregados em empresas públicas e sociedades de economia mista não contraria o dispositivo constitucional que veda a contratação sem prévia aprovação em concurso público, tampouco as reiteradas decisões judiciais que declaram a nulidade das contratações irregulares.
II – Cabe ao Auditor-Fiscal do Trabalho verificar o cumprimento da obrigação legal de formalização do vínculo de emprego quando houver trabalho subordinado e, descumprida a norma, proceder à autuação por falta de registro, independentemente do motivo pelo qual o contrato não se formalizou ou da existência de efeitos contratuais de cunho material e patrimonial, questões cujo controle está afeto a outros órgãos do Executivo e ao Poder Judiciário.
Referência normativa: arts. 2.º, 3.º, 41 e 626 da CLT; arts. 37 e 173 da Constituição Federal de 1988.

Precedente Administrativo n. 37
Rescisão. Ajuizamento da ação de consignação fora do prazo legal para pagamento das verbas rescisórias. A propositura fora do prazo legal de ação judicial de consignação em pagamento para pagamento das verbas rescisórias não afasta a mora da empresa autuada em relação ao prazo legal para cumprimento da obrigação.
Referência normativa: art. 477 da Consolidação das Leis do Trabalho – CLT.

Precedente Administrativo n. 38
Inspeção do trabalho. Acompanhamento da ação fiscal por representantes dos trabalhadores. Os empregadores estão obrigados a franquear seus estabelecimentos à visita de representantes dos trabalhadores que acompanhem ação de inspeção trabalhista das condições de segurança e saúde do trabalhador.
Referência normativa: art. 200 da Consolidação das Leis do Trabalho – CLT e Portaria n. 3.214, de 8 de junho de 1978, Norma Regulamentadora – NR 1, item 1.7, alínea *d*.
- A Portaria n. 3.214, de 8-6-1978, aprova as Normas Regulamentadoras – NR – do Capítulo V, Título II, da CLT.
- O item 1.7, alínea *d*, da NR 1, dispõe: "1.7. Cabe ao empregador: d) permitir que representantes dos trabalhadores acompanhem a fiscalização dos preceitos legais e regulamentares sobre segurança e medicina do trabalho".

Precedente Administrativo n. 39
Empregados em tabelionatos. Natureza jurídica do vínculo. É de natureza celetista o vínculo dos empregados em tabelionatos contratados após a edição da Lei n. 8.935, de 18 de novembro de 1994, bem como o dos servidores admitidos antes da Constituição Federal de 1988 em regime estatutário ou especial que tenham feito opção expressa pelo regime.
Referência normativa: art. 236 da Constituição Federal de 1988, art. 32 do Ato das Disposições Constitucionais Transitórias, Lei n. 8.935, de 18 de novembro de 1994, Lei n. 9.534, de 10 de dezembro de 1997, Lei n. 9.812, de 10 de agosto de 1999.
- A Lei n. 8.935, de 18-11-1994, regulamenta o art. 236 da Constituição Federal, dispondo sobre serviços notariais e de registro.

Precedente Administrativo n. 40
Inspeção do trabalho. Documentos sujeitos à fiscalização. Transferência de empregado. Os documentos sujeitos a inspeção devem permanecer no local de trabalho do empregado. Em caso de ser o empregado deslocado para prestar serviço em outro estabelecimento da empresa, devem acompanhá-lo para o novo local de trabalho o seu controle de jornada e seus registros funcionais, onde será anotada a respectiva transferência.
Referência normativa: art. 630, § 4.º, da Consolidação das Leis do Trabalho – CLT e art. 3.º da Portaria n. 1.121, de 8 de novembro de 1995.

Precedente Administrativo n. 41
Remuneração. Repouso semanal remunerado. Incidência do adicional noturno.
I – Cabível a repercussão do adicional noturno nos cálculos do repouso semanal remunerado de empregado que tem salário pago na base da unidade dia ou mensalistas e quinzenalistas cujo trabalho não seja exclusivamente noturno.
II – Para os empregados mensalistas ou quinzenalistas que cumprem jornada exclusivamente noturna, o salário acrescido do adicional de 20% já inclui a remuneração do repouso.
Referência normativa: art. 73 da CLT; art. 7.º da Lei n. 605, de 5 de janeiro de 1949.

Precedente Administrativo n. 42
Jornada. Obrigatoriedade de controle. Os empregadores não sujeitos à obrigação legal de manter sistema de controle de jornada de seus empregados, mas que deles se utilizam, devem zelar para que os mesmos obedeçam à regulamentação específica, eventualmente existente para a modalidade que adotarem. Caso o Auditor-Fiscal do Trabalho tenha acesso a tal controle, poderá dele extrair elementos de convicção para autuação por infrações, já que o documento existe e é meio de prova hábil a contribuir na sua convicção.

Referência normativa: art. 74 da Consolidação das Leis do Trabalho – CLT.

•• Precedente com redação determinada pelo Ato Declaratório n. 12, de 10-8-2011.

Precedente Administrativo n. 43

Inspeção do trabalho. Documentos sujeitos a inspeção. Apresentação parcial. A alegação em defesa de que não foi exibida ao Auditor-Fiscal do Trabalho apenas parte dos documentos mencionados no auto de infração acarreta a procedência total da autuação, uma vez que a infração ao art. 630, §§ 3.º e 4.º da Consolidação das Leis do Trabalho – CLT não comporta subsistência parcial.

Referência normativa: art. 630, §§ 3.º e 4.º da Consolidação das Leis do Trabalho – CLT.

Precedente Administrativo n. 44

Inspeção do trabalho. Competência dos auditores-fiscais do trabalho médicos e engenheiros. Os Auditores-Fiscais do Trabalho médicos e engenheiros têm competência para lavrar auto de infração capitulado no art. 41 da CLT, ao constatarem falta de registro de empregado.

Referência normativa: Medida Provisória n. 2.175-29, de 24 de agosto de 2001.

Precedente Administrativo n. 45

Domingos e feriados. Comércio varejista em geral

I – O comércio em geral pode manter empregados trabalhando aos domingos, independentemente de convenção ou acordo coletivo e de autorização municipal.

II – (*Revogado pelo Ato Declaratório n. 7, de 12-6-2003.*)

III – Por sua vez, a abertura do comércio aos domingos é de competência municipal e a verificação do cumprimento das normas do município incumbe à fiscalização de posturas local.

IV – O comércio em geral pode manter empregados trabalhando em feriados, desde que autorizado em convenção coletiva de trabalho.

V – Os *shopping centers*, mercados, supermercados, hipermercados e congêneres estão compreendidos na categoria "comércio em geral" referida pela Lei n. 10.101/2000, com redação dada pela Lei n. 11.603/2007.

Referência normativa: Lei n. 11.603, de 5 de dezembro de 2007, que altera e acrescenta dispositivos ao art. 6.º da Lei n. 10.101, de 19 de dezembro de 2000.

•• Precedente com redação determinada pelo Ato Declaratório n. 12, de 10-8-2011.

Precedente Administrativo n. 46

(*Cancelado pelo Ato Declaratório n. 10, de 3-8-2009.*)

Precedente Administrativo n. 47

(*Cancelado pelo Ato Declaratório n. 10, de 3-8-2009.*)

Precedente Administrativo n. 48

(*Cancelado pelo Ato Declaratório n. 10, de 3-8-2009.*)

Precedente Administrativo n. 49

Jornada. Controle. Gerentes. O empregador não está desobrigado de controlar a jornada de empregado que detenha simples título de gerente, mas que não possua poderes de gestão nem perceba gratificação de função superior a 40% do salário efetivo.

Referência normativa: art. 62, II e parágrafo único, e art. 72, § 2.º, da Consolidação das Leis do Trabalho – CLT.

Precedente Administrativo n. 50

Remuneração. Diárias de viagem que excedem 50% do salário. Natureza jurídica. É ônus do empregador afastar a presunção de que as diárias de viagem que excedam a 50% do salário do empregado têm natureza salarial, pela comprovação de que o empregado presta contas de suas despesas, recebendo os valores a título de ressarcimento.

Referência normativa: art. 457, § 2.º, da Consolidação das Leis do Trabalho – CLT e Instrução Normativa n. 8, de 1.º de novembro de 1991.

Precedente Administrativo n. 51

Inspeção do trabalho. Notificação para apresentação de documentos. Revisão do Precedente Administrativo n. 12. Notificação para apresentação de documentos em dia certo, sem indicação de hora, caracteriza infração somente quando transcorrer completamente o dia sem a devida apresentação.

Referência normativa: art. 630, § 4.º, da CLT.

•• Precedente acrescentado pelo Ato Declaratório n. 6, de 16-12-2002.

Precedente Administrativo n. 52

Inspeção do trabalho. Notificação para apresentação de documentos. A expressão "a partir de" constante da notificação para apresentação de documentos indica o horário a partir do qual, no dia assinalado, o Auditor-Fiscal comparecerá para inspecioná-los. Ao empregador cabe disponibilizar os documentos no dia assinalado e no horário constante da notificação e, a partir daquele horário, mantê-los disponíveis para exame.

Referência normativa: art. 630, § 4.º, da CLT.

•• Precedente acrescentado pelo Ato Declaratório n. 6, de 16-12-2002.

Precedente Administrativo n. 53

Embaraço ou resistência. Capitulação e base legal. O art. 630, § 6.º, é base legal para aplicação de sanção pela infração ao art. 630, §§ 3.º, 4.º e 5.º, além de ser explicativo quanto à configuração de embaraço ou resistência. Embaraço e resistência não são infrações autônomas capituláveis no art. 630, § 6.º, mas apenas circunstâncias que agravam a sanção.

Referência normativa: art. 630 da CLT e art. 5.º da Lei n. 7.855, de 24 de outubro de 1989.

•• Precedente acrescentado pelo Ato Declaratório n. 6, de 16-12-2002.

Precedente Administrativo n. 54

(*Cancelado pelo Ato Declaratório n. 15, de 20-9-2017.*)

Precedente Administrativo n. 55

Jornada especial. Turnos ininterruptos de revezamento.

Faz jus à jornada especial prevista no art. 7.º, XIV, da CF/1988, o trabalhador que exerce suas atividades em sistema de alternância de turnos, ainda que em dois turnos de trabalho, que compreendam, no todo ou em parte, o horário diurno e o noturno, pois submetido à alternância de horário prejudicial à saúde, sendo irrelevante que a atividade da empresa se desenvolva de forma ininterrupta.

Referência normativa: art. 58 da CLT; art. 7.º, inciso XIV, da Constituição Federal; OJ n. 360, SBDI-1, TST.

•• Precedente administrativo com redação determinada pelo Ato Declaratório n. 15, de 20-9-2017.

Precedente Administrativo n. 56

Auto de Infração. Presunção de veracidade. A presunção de veracidade do auto de infração não desobriga o Auditor-Fiscal de demonstrar os fatos que o levaram a concluir pela existência do ilícito trabalhista.

Referência normativa: art. 9.º, inciso IV, da Portaria n. 148, de 25 de janeiro de 1996.

•• Precedente acrescentado pelo Ato Declaratório n. 6, de 16-12-2002.

•• A Portaria n. 667, de 8-11-2021, do Ministério do Trabalho e da Previdência, dispõe sobre normas para a organização e tramitação dos processos de multas administrativas e de notificação de débito de FGTS e/ou contribuição social.

Precedente Administrativo n. 57

Contribuição sindical. Recolhida a contribuição sindical, descabe ao Auditor-Fiscal exigir recolhimento para outro sindicato, sob o fundamento de enquadramento sindical incorreto. É direito constitucionalmente assegurado a livre associação.

Referência normativa: art. 8.º da Constituição Federal; art. 545 da CLT.

•• Precedente acrescentado pelo Ato Declaratório n. 6, de 16-12-2002.

Precedente Administrativo n. 58

FGTS. Levantamento de débito. Contrato de trabalho com a administração pública declarado nulo.

I – É devido o FGTS a trabalhador cujo contrato firmado com a Administração Pública tenha sido declarado nulo, quando mantido seu direito ao salário, consoante previsão do art. 19-A na Lei n. 8.036, de 11 de maio de 1990.

II – O levantamento fundiário, por meio da emissão de Notificação de Débito, fundado na nulidade referida no item I, pode alcançar, inclusive, período anterior a 27.08.2001, data de introdução do art. 19-A na Lei n. 8.036, de 11 de maio de 1990, pela Medida Provisória n. 2.164-41, de 24 de agosto de 2001.

Referência normativa: art. 19-A da Lei n. 8.036, de maio de 1990; art. 37, § 2.º, da Constituição Federal; STF RE 596478 ED/RR, Rel. Min. Dias Toffoli, 11/09/2014; TST – E-RR 672.320/00.4; Súmula 363, TST.

•• Precedente administrativo com redação determinada pelo Ato Declaratório n. 15, de 20-9-2017.

Precedente Administrativo n. 59
Registro. Contrato de trabalho. Grupo econômico. O trabalho prestado pelo empregado a várias empresas do mesmo grupo econômico configura apenas um contrato de trabalho, sendo desnecessário o registro do empregado em cada uma das empresas. Autuação improcedente.

Referência normativa: art. 2.º, § 2.º, e art. 41 ambos da CLT.

•• Precedente acrescentado pelo Ato Declaratório n. 6, de 16-12-2002.

Precedente Administrativo n. 60
(Cancelado pelo Ato Declaratório n. 10, de 3-8-2009.)

Precedente Administrativo n. 61
Estágio. Requisitos legais. Descumprimento.

I – A existência de termo de compromisso e a compatibilidade da jornada de estágio com o horário escolar do aluno não são elementos suficientes para a configuração da regularidade do contrato de estágio, uma vez que devem ser atendidos todos os requisitos legais, em especial a complementação do ensino e da aprendizagem.

II – Os estágios devem ser planejados, executados, acompanhados e avaliados em conformidade com os currículos, programas e calendários escolares.

III – Presentes os elementos da relação de emprego sob a roupagem do contrato de estágio, procede a descaracterização dessa contratação especial.

Referência normativa: Lei n. 6.494/77 e Decreto n. 87.497/82.

•• Precedente acrescentado pelo Ato Declaratório n. 9, de 25-5-2005.

Precedente Administrativo n. 62
Segurança e saúde no trabalho. Autuação. Capitulação legal. Descabe autuação capitulada no art. 200 da CLT, uma vez que tal dispositivo não encerra qualquer comando dirigido ao empregador, mas apenas consigna autorização legal para expedição de normas pelo Ministério do Trabalho e Emprego.

Referência normativa: art. 200 da CLT.

•• Precedente acrescentado pelo Ato Declaratório n. 9, de 25-5-2005.

Precedente Administrativo n. 63
Jornada. Redução do intervalo intrajornada. A existência de acordo coletivo com previsão de intervalo para repouso ou alimentação inferior ao limite mínimo legal não é suficiente para que seja considerada regular a jornada de trabalho. O acordo coletivo é apenas um dos requisitos para a imprescindível autorização, pelo Ministro do Trabalho e Emprego ou autoridade delegada, da redução do intervalo para menos de uma hora.

Referência normativa: art. 71 da CLT e Portaria/MTb n. 3.116, de 5 de abril de 1989.

•• Precedente acrescentado pelo Ato Declaratório n. 9, de 25-5-2005.
• A Portaria n. 3.116, de 3-4-1989, foi revogada pela Portaria n. 42, de 28-3-2007. Atualmente, trata da matéria a Portaria n. 671, de 8-11-2021.

Precedente Administrativo n. 64
Processual. Revelia. Direito de defesa. A revelia na fase de defesa não tem como consequência a confissão ficta em relação à matéria de fato. O autuado pode, mesmo revel na fase de defesa, interpor recurso contra a decisão regional, inclusive com apresentação de documentos.

Referência normativa: art. 635 da CLT e art. 34 c/c art. 23 da Portaria n. 148, de 25 de janeiro de 1996.

•• Precedente acrescentado pelo Ato Declaratório n. 9, de 25-5-2005.
• A Portaria n. 667, de 8-11-2021, do Ministério do Trabalho e da Previdência, dispõe sobre normas para a organização e tramitação dos processos de multas administrativas e de notificação de débito de FGTS e/ou contribuição social.

Precedente Administrativo n. 65
Rurícula. Contrato de safra. Indenização ao término do contrato. FGTS. Compatibilidade. O art. 14 da Lei n. 5.889, de 8 de junho de 1973, foi recepcionado pela Constituição Federal de 1988, devendo tal indenização ser cumulada com o percentual do FGTS devido na dispensa. No contrato de safra se permite uma dualidade de regimes, onde o acúmulo de direitos corresponde a um *plus* concedido ao safrista. Não há que se falar, portanto, em *bis in idem* ao empregador rural.

Referência normativa: art. 14 da Lei n. 5.889, de 8 de junho de 1973, e art. 13, inciso IX, da Instrução Normativa/SIT n. 25, de 20 de dezembro de 2001.

•• Precedente acrescentado pelo Ato Declaratório n. 9, de 25-5-2005.

Precedente Administrativo n. 66
Segurança no trabalho. Construção civil. Campo de aplicação da NR-18. Os comandos constantes da Norma Regulamentadora NR-18 não se dirigem exclusivamente aos empregadores cujo objeto social é a construção civil e que, portanto, enquadram-se nos Códigos de Atividade Específica constantes do Quadro I da Norma Regulamentadora – NR 4. As obrigações se estendem aos empregadores que realizem atividades ou serviços de demolição, reparo, pintura, limpeza e manutenção de edifícios em geral, de qualquer número de pavimentos ou tipo de construção, de urbanização e paisagismo, independentemente de seu objeto social.

Referência normativa: Item 18.1.2 da Norma Regulamentadora NR-18.

•• Precedente acrescentado pelo Ato Declaratório n. 9, de 25-5-2005.
• O item 18.1.2 da NR 18 dispõe: "Consideram-se atividades da Indústria da Construção as constantes do Quadro I, Código da Atividade Específica, da NR 4 – Serviços Especializados em Engenharia de Segurança e em Medicina do Trabalho e as atividades e serviços de demolição, reparo, pintura, limpeza e manutenção de edifícios em geral, de qualquer número de pavimentos ou tipo de construção, inclusive manutenção de obras de urbanização e paisagismo".

Precedente Administrativo n. 67
(Cancelado pelo Ato Declaratório n. 10, de 3-8-2009.)

Precedente Administrativo n. 68
Empregado sem registro. Adolescente menor de 16 anos. Autuação.

I – Improcede autuação por falta de registro de adolescente menor de 16 anos, uma vez que não se pode impor sanção ao empregador por descumprir formalidade de contratação de pessoa que, de acordo com disposição constitucional, não pode ser contratado como empregado.

II – A infração, portanto, não ocorreu ao dispositivo que determina o registro de empregado, mas ao dispositivo que proíbe o trabalho de menores de 16 anos, salvo na condição de aprendiz e a partir dos 14 anos.

Referência normativa: art. 7.º, XXXIII, da Constituição Federal, arts. 41 e 403 da CLT.

•• Precedente acrescentado pelo Ato Declaratório n. 9, de 25-5-2005.

Precedente Administrativo n. 69
Empregado sem registro. Parentesco com o proprietário da empresa.

Parentesco entre empregador e empregado não é fato impeditivo da caracterização da relação laboral, cuja configuração se dá pela presença dos elementos contidos na lei.

Referência normativa: art. 3.º da CLT.
•• Precedente acrescentado pelo Ato Declaratório n. 9, de 25-5-2005.

Precedente Administrativo n. 70
Segurança e saúde no Trabalho. Dimensionamento dos Serviços Especializados em Engenharia de Segurança e em Medicina do Trabalho – SESMT. Enquadramento no Cadastro Nacional de Atividades Econômicas – CNAE. O dimensionamento do SESMT deve estar de acordo com o grau de risco da atividade efetivamente realizada no estabelecimento, que pode ser constatada em inspeção do trabalho. Irregular o dimensionamento que considerou o grau de risco correspondente ao CNAE declarado pelo empregador mas se mostrou inadequado ao risco constatado no local de trabalho. Autuação procedente.

Referência normativa: Item 4.2 da Norma Regulamentadora NR-4.
•• Precedente acrescentado pelo Ato Declaratório n. 9, de 25-5-2005.
• O item 4.2 da NR 4 dispõe: "O dimensionamento dos Serviços Especializados em Engenharia de Segurança e em Medicina do Trabalho vincula-se à gradação do risco da atividade principal e ao número total de empregados do estabelecimento, constantes dos Quadros I e II, anexos, observadas as exceções previstas nesta NR".

Precedente Administrativo n. 71
Inspeção do trabalho. Notificação para apresentar documentos. Critério para contagem dos prazos concedidos. Renotificação após lavratura do auto de infração.

I – Quando aplicável concessão de prazo para exibição de documentos, não inferior a dois dias, sua contagem deve se dar com a exclusão do dia do início e inclusão do dia do término, sendo irrelevante o horário em que se procedeu à notificação.

II – Uma vez lavrado o auto de infração por não apresentação de documentos, eventuais autos posteriores pelo mesmo motivo deverão ser precedidos de novas notificações que concedam o prazo mínimo de dois dias.

Referência normativa: art. 3.º da Portaria 3.626/91 e art. 3.º da Portaria 41/2007.
•• Precedente administrativo com redação determinada pelo Ato Declaratório n. 18, de 5-12-2018.

Precedente Administrativo n. 72
Processo administrativo. FGTS e contribuição social. Comprovação de pagamento anterior à notificação de débito. Revisão dos Precedentes Administrativos n. 20 e 72.

I – A constatação da existência de recolhimentos anteriores à data de emissão ou de apuração da Notificação de Débito, nela não considerados, torna obrigatório seu abatimento para convalidação do ato administrativo na forma prevista na instrução normativa vigente.

II – Se o saneamento do débito é demandado após o encerramento do contencioso administrativo pela CAIXA apenas e estritamente para fins da dedução de que trata o item I, deverá ser proposto o termo de retificação necessário para ajuste de liquidez da decisão definitiva, o qual, após acolhido pela autoridade competente, ensejará remessa dos autos para continuidade da inscrição ou cobrança.

Referência normativa: art. 39, 61 e 65 da Instrução Normativa n. 99/2012; art. 28, 55 da Lei n. 9.784/1999; art. 8.º, CLT; art. 14, Lei 13.105, de 16-03-2015 (CPC).
•• Precedente administrativo com redação determinada pelo Ato Declaratório n. 15, de 20-9-2017.

Precedente Administrativo n. 73
Jornada. Telefonista. Telemarketing. Revisão do Precedente Administrativo n. 26.

Estende-se ao operador de telemarketing a proteção prevista no art. 227 da CLT. O tempo de efetivo labor em teleatendimento deve ser de, no máximo, 6 horas diárias. Essa exigência não prejudica a existência de jornadas de duração superior, nos termos da legislação, desde que o restante da jornada seja ocupado com outras tarefas e que se respeitem as pausas obrigatórias diárias previstas no Anexo II da NR-17 e o limite semanal de 36 horas de teleatendimento/telemarketing.

Referência normativa: art. 227 da CLT e itens 5.3 e 5.3.1 do Anexo II da NR-17 da Portaria n. 9, de 30-3-2007.
•• Precedente acrescentado pelo Ato Declaratório n. 10, de 3-8-2009.

Precedente Administrativo n. 74
Processual. Auto de infração e notificação de débito de FGTS. Requisitos de admissibilidade. Caráter material de recurso.

I – O recurso administrativo interposto em processo iniciado por auto de infração não deve ter seu mérito analisado quando careça de quaisquer requisitos de admissibilidade. O mesmo se aplica à defesa.

II – Aplica-se o disposto no item I ao processo iniciado por notificação de débito, exceto se houver recolhimentos de FGTS ou Contribuição Social anteriores à data de emissão ou apuração do débito, e que não tenham sido considerados, dada a necessidade de haver certeza e liquidez quanto ao débito apurado. A exceção alcança também as hipóteses em que se comprova parcelamento anterior, desde que assim previsto nas instruções normativas vigentes ao tempo da emissão da notificação, conforme Precedente Administrativo n. 01.

III – Não será recebida como recurso a manifestação do interessado que seja desprovida de argumentos que materialmente possam ser caracterizados como recursais. Assim, caso a peça recursal não apresente razões legais ou de mérito demonstrando precisamente os fundamentos de inconformismo do recorrente em relação à decisão recorrida, não terá seu mérito analisado.

IV – O juízo de admissibilidade formal e material dos recursos interpostos em instância administrativa é feito pela autoridade regional. Caso seja negado seguimento ao recurso pela autoridade regional pela ocorrência das hipóteses acima, ao processo devem ser dados os encaminhamentos de praxe da regional, sendo desnecessária a remessa à instância superior.

V – É desnecessário o recurso de ofício quando o arquivamento do processo decorra de quitação da multa, ou de decisão judicial transitada em julgado, ou de prescrição da ação executiva ocorrida nos órgãos de cobrança e declarada por eles.

Referência normativa: arts. 629, § 3.º, e 636 da CLT, arts. 56 e 60 da Lei 9.784/1999, arts. 14, 24, 33 da Portaria 148/1996 e art. 9.º do Anexo VI da Portaria 483/2004.
•• Precedente administrativo com redação determinada pelo Ato Declaratório n. 15, de 20-9-2017.

Precedente Administrativo n. 75
Inspeção do Trabalho. Autuação por não apresentação de documentos. Improcedência. Revisão do Precedente Administrativo n. 60.

O auto de infração lavrado por falta de apresentação de documentos será improcedente quando: I – for lavrado por descumprimento da obrigação específica; II – o próprio autuante demonstrar, no corpo do auto de infração, o não cumprimento da referida obrigação; ou III – por outro dado constante do processo, inclusive alegações da defesa, fique demonstrado que o fato gerador é o descumprimento da obrigação e não a ausência do documento relativo àquela obrigação.

Referência normativa: art. 630, §§ 3.º e 4.º, da CLT.
•• Precedente acrescentado pelo Ato Declaratório n. 10, de 3-8-2009.

Precedente Administrativo n. 76
Adicional de Insalubridade. Reflexo sobre Horas Extras. Revisão de Precedente Administrativo n. 67.

A remuneração do trabalho extraordinário realizado em condições insalubres deve ter como base de cálculo o salário normal acrescido do adicional de insalubridade.

Referência normativa: art. 59, § 1.º, e art. 192 da CLT.
•• Precedente acrescentado pelo Ato Declaratório n. 10, de 3-8-2009.

Precedente Administrativo n. 77
Prescrição. Processo Administrativo Paralisado em Virtude do Desaparecimento dos Autos.

O afastamento da prescrição administrativa de que trata a Lei n. 9.873/99 somente pode ocorrer nos casos expressamente previstos na legislação. Dessa forma, incide a prescrição prevista no art. 1.º, § 1.º, desta norma no processo administrativo paralisado em virtude do desaparecimento dos autos, tendo em vista que tal fato não se enquadra dentre as hipóteses de interrupção ou suspensão da prescrição previstas nessa lei.

Referência normativa: arts. 2.º e 3.º da Lei n. 9.873/99.

•• Precedente acrescentado pelo Ato Declaratório n. 10, de 3-8-2009.
- A Lei n. 9.873, de 23-11-1999, estabelece prazo de prescrição para o exercício de ação punitiva pela Administração Pública Federal, direta e indireta.

Precedente Administrativo n. 78
Registros de ponto. Marcação incorreta. Defeito em relógio. Falha de sistema.

O controle de registro de jornada é responsabilidade do empregador. Assim sendo, se houve marcação incorreta ou falta de anotação do ponto, responde o empregador pela infração cometida, vez que é dotado legalmente de poder diretivo e disciplinar para cumprir e fazer cumprir as disposições previstas na CLT.

Referência normativa: art. 74, § 2.º, da CLT.

•• Precedente administrativo com redação determinada pelo Ato Declaratório n. 18, de 5-12-2018.

Precedente Administrativo n. 79
Intervalos Intra e Interjornadas e Descanso Semanal. Descumprimento. Necessidade Imperiosa. Inaplicabilidade do art. 61 da CLT.

A ocorrência de necessidade imperiosa não autoriza o descumprimento do intervalo mínimo de onze horas consecutivas para descanso entre duas jornadas de trabalho, tampouco a não concessão do descanso semanal de vinte e quatro horas consecutivas, ou ainda a não concessão do intervalo mínimo intrajornada.

Referência normativa: arts. 66 e 67, *caput*, e 71, *caput*, da CLT.

•• Precedente acrescentado pelo Ato Declaratório n. 10, de 3-8-2009.

Precedente Administrativo n. 80
Vale-Transporte. Não Concessão para Deslocamento do Empregado no Período do Intervalo Intrajornada. Infração Inexistente.

Não se depreende da Lei n. 7.418/85, alterada pela Lei n. 7.619/87, que o empregador esteja obrigado ao fornecimento do vale-transporte para a ida e retorno do empregado à sua residência para refeição.

Referência normativa: art. 4.º da Lei n. 7.418/85.

•• Precedente acrescentado pelo Ato Declaratório n. 10, de 3-8-2009.

Precedente Administrativo n. 81
Regime de Compensação. Jornada de Trabalho 12 x 36 Horas. Admissibilidade.

Não obstante a limitação do art. 59, *caput*, da CLT, admite-se o regime de compensação 12 x 36, quando previsto em convenção coletiva e praticado em atividade que não exige esforço constante e intenso, devido às vantagens que proporciona ao trabalhador: descanso de 36 horas entre as jornadas, menor número de deslocamentos residência – trabalho – residência, duração do trabalho semanal inferior a 44 horas.

Referência normativa: art. 7.º, XIII, da Constituição Federal.

•• Precedente acrescentado pelo Ato Declaratório n. 10, de 3-8-2009.

Precedente Administrativo n. 82
Jornada. Intervalo para Repouso e Alimentação. Não Cumulatividade.

Os intervalos para repouso e alimentação previstos no art. 71, *caput* e § 1.º, não são cumulativos, inexistindo obrigação legal de concessão de dois intervalos. A expressão "trabalho contínuo" deve ser entendida como jornada diária e não como períodos individuais que antecedem ou sucedem o horário de repouso. Ainda que o segundo período da jornada diária do empregado, após o intervalo concedido, seja superior a seis horas, o empregador não está obrigado a conceder-lhe novo intervalo.

Referência normativa: art. 71, *caput* e § 1.º, da CLT.

•• Precedente acrescentado pelo Ato Declaratório n. 10, de 3-8-2009.

Precedente Administrativo n. 83
(*Cancelado pelo Ato Declaratório n. 16, de 18-7-2018.*)

Precedente Administrativo n. 84
Jornada. Intervalo Interjornada de 11 Horas e Descanso Semanal de 24 Horas.

O intervalo interjornada corresponde ao lapso temporal de 11 horas consecutivas que deve separar uma jornada e outra de trabalho. Tal intervalo não se confunde ou se compensa com o descanso semanal remunerado, de 24 horas consecutivas. Entre módulos semanais somam-se os dois intervalos: 11 horas (entre dias) e 24 horas (entre semanas), totalizando, pois, 35 horas.

Referência normativa: art. 66 e art. 67 da CLT.

•• Precedente acrescentado pelo Ato Declaratório n. 10, de 3-8-2009.

Precedente Administrativo n. 85
Parentesco. Relação de Emprego. Possibilidade.

A caracterização da relação de emprego pode ser estabelecida entre familiares, não sendo o parentesco fator impeditivo da configuração do vínculo empregatício.

Referência normativa: art. 3.º da CLT.

•• Precedente acrescentado pelo Ato Declaratório n. 10, de 3-8-2009.

Precedente Administrativo n. 86
Salário. Pagamento por Depósito Bancário.

Se o salário é depositado em conta bancária, o comprovante de depósito substitui o recibo de pagamento. A empresa fica obrigada, apenas, a entregar ao trabalhador um contracheque ou demonstrativo de pagamento, em que se discriminem as parcelas salariais.

Referência normativa: art. 464, parágrafo único, da CLT.

•• Precedente acrescentado pelo Ato Declaratório n. 10, de 3-8-2009.

Precedente Administrativo n. 87
Rescisão. Multas pelo Atraso.

Duas consequências decorrem da inobservância ao § 6.º do art. 477 da CLT, quais sejam, uma multa a título de penalidade pela irregularidade e outra multa em favor do empregado lesado, equivalente ao seu salário. Estatuindo a própria lei duas consequências pecuniárias, absolutamente distintas em termos de natureza jurídica, finalidade e destinatário, completamente descabida é a tese de improcedência do auto de infração por já ter sido recolhida a multa de um salário em favor do empregado.

Referência normativa: art. 477, § 6.º, da CLT.

•• Precedente acrescentado pelo Ato Declaratório n. 10, de 3-8-2009.

Precedente Administrativo n. 88
Infração Trabalhista. Regularização após a Autuação.

A regularização, após a autuação, de situação irregular constatada durante fiscalização não descaracteriza a infração, tampouco acarreta a improcedência do auto.

•• Precedente acrescentado pelo Ato Declaratório n. 10, de 3-8-2009.

Precedente Administrativo n. 89
FGTS. Assistência Médica. Não Incidência.

Não incide FGTS sobre parcela relativa a "assistência médica".

Referência normativa: art. 458 da CLT.

•• Precedente acrescentado pelo Ato Declaratório n. 10, de 3-8-2009.

Precedente Administrativo n. 90
Jornada. Gerentes e Ocupantes de Cargos de Confiança em Bancos. Controle.

Ato Declaratório n. 4, de 21-2-2002 — Precedentes Administrativos

Os gerentes ou ocupantes de cargos de confiança não estão dispensados do ponto, apesar de não terem direito à jornada de seis horas. Somente o gerente bancário com amplos poderes de mando e gestão – o gerente-geral – a quem todos os outros gerentes, direta ou indiretamente, estão subordinados, é que está dispensado do ponto, por força do art. 62, II, da CLT.

Referência normativa: arts. 224 e 62, II, da CLT.

•• Precedente acrescentado pelo Ato Declaratório n. 10, de 3-8-2009.

Precedente Administrativo n. 91

(Cancelado pelo Ato Declaratório n. 17, de 15-8-2018.)

Precedente Administrativo n. 92
Autuação. Citação de pelo Menos um Empregado. Desnecessidade. Infração à Coletividade dos Trabalhadores.

Não é necessária citação de pelo menos um empregado em situação irregular na caracterização de infração que atinge a coletividade dos trabalhadores, pois todos aqueles que laboram no local de trabalho estão em situação irregular.

•• Precedente acrescentado pelo Ato Declaratório n. 10, de 3-8-2009.

Precedente Administrativo n. 93
Programa de Controle Médico de Saúde Ocupacional – PCMSO. Ações de Saúde. Autuação. Necessidade de Notificação Prévia.

A autuação por ausência de ações de saúde no planejamento do PCMSO não previstas em Norma Regulamentadora, depende de notificação prévia que especifique as ações de saúde adequadas ao trabalho desenvolvido e ao ambiente laboral, tendo em vista a generalidade do dispositivo normativo.

Referência normativa: subitem 7.4.6 da NR n. 7.

•• Precedente acrescentado pelo Ato Declaratório n. 10, de 3-8-2009.

Precedente Administrativo n. 94
Programa de Controle Médico de Saúde Ocupacional – PCMSO. Elaboração. Médico do Trabalho não Integrante do Serviço Especializado em Engenharia de Segurança e em Medicina do Trabalho.

O PCMSO, desde que atendidos os requisitos normativos, pode ser elaborado por qualquer médico do trabalho, não havendo obrigatoriedade de ser integrante do SESMT, nem mesmo de ser empregado. Quando houver SESMT com médico, ele é quem deve coordenar e executar o PCMSO.

•• Precedente acrescentado pelo Ato Declaratório n. 10, de 3-8-2009.

Precedente Administrativo n. 95
Programa de Prevenção de Riscos Ambientais – PPRA. Riscos Mecânicos e Ergonômicos.

Os riscos mecânicos e ergonômicos não são de previsão obrigatória no PPRA.

Referência normativa: subitem 9.1.5 da NR n. 9.

•• Precedente acrescentado pelo Ato Declaratório n. 10, de 3-8-2009.

Precedente Administrativo n. 96

(Cancelado pelo Ato Declaratório n. 11, de 25-11-2009.)

Precedente Administrativo n. 97
Comissão Interna de Prevenção de Acidentes – CIPA. Dimensionamento. Atividade Considerada para Determinação do Grupo.

Para fins de dimensionamento de CIPA, a atividade considerada na determinação do grupo deve ser aquela efetivamente desenvolvida no estabelecimento, ainda que outro código de Classificação Nacional de Atividade Econômica conste do Cadastro Nacional de Pessoa Jurídica, mesmo que resulte no aumento ou redução do dimensionamento ou desobrigação de constituição da Comissão.

Referência normativa: item 5.6 da NR n. 5.

•• Precedente acrescentado pelo Ato Declaratório n. 10, de 3-8-2009.

Precedente Administrativo n. 98
Comissão Interna de Prevenção de Acidentes – CIPA. Não Adoção das Recomendações da CIPA. Regular Funcionamento.

A não adoção pelo empregador das recomendações da CIPA não significa infração ao dever de mantê-la em regular funcionamento.

•• Precedente acrescentado pelo Ato Declaratório n. 10, de 3-8-2009.

Precedente Administrativo n. 99
Equipamento de Proteção Individual – EPI. Uniforme.

O uniforme simples não é considerado EPI, pois sua finalidade é servir de vestimenta para o trabalho e não proteger o trabalhador de acidentes ou exposição a agentes nocivos. O não fornecimento de uniforme pode configurar transferência indevida do custo da atividade econômica ao empregado e não infração à Norma Regulamentadora n. 6.

•• Precedente acrescentado pelo Ato Declaratório n. 10, de 3-8-2009.

Precedente Administrativo n. 100
Serviço Especializado em Engenharia de Segurança e em Medicina do Trabalho. Registro. Atualização.

Tendo em vista que o SESMT é constituído de pessoas, a substituição de profissionais não significa mera atualização, mas constituição de novo SESMT, principalmente quando há redimensionamento do Serviço, que deve ser comunicado de imediato ao MTE como se de novo registro se tratasse. Interpretação do item 4.17 da NR n. 4.

•• Precedente acrescentado pelo Ato Declaratório n. 10, de 3-8-2009.

Precedente Administrativo n. 101
FGTS. Levantamento de débito. Acordos judiciais. Não exclusão do débito. Aplicação a partir da IN 84/2010. Notificações de débito lavradas na vigência da IN 25/2001.

I – Os valores de FGTS, pagos diretamente ao trabalhador em decorrência de acordo ou decisão judicial, em ação na qual a União e a CAIXA não foram chamadas para se manifestar, não devem ser excluídos das Notificações de Débito emitidas pelos Auditores-Fiscais do Trabalho a partir da Instrução Normativa n. 84/2010, pois seus atos não são alcançados pelos limites da coisa julgada feita pela sentença que homologou o acordo.

II – Os valores de FGTS depositados na conta vinculada do trabalhador em decorrência de acordo ou decisão judicial devem ser considerados no levantamento de débito, quando anteriores à data de apuração do valor devido.

III – As notificações de débito de FGTS emitidas na vigência da IN n. 25/2001, em que foram excluídos valores acordados judicialmente, devem ser analisadas conforme os procedimentos nela previstos, pois constituem atos administrativos praticados consoantes interpretação e normatização sobre o tema à época de sua emissão.

Referência normativa: art. 506 do CPC, Lei 13.105/2015; art. 15, 25 e 26 da Lei n. 8.036, de maio de 1990. Art. 2.º, parágrafo único, XIII, da Lei n. 9.784, de janeiro de 1.999, art. 34 da IN n. 25, de dezembro de 2001; arts. 32 e 39, §§ 4.º a 7.º, da Instrução Normativa n. 99/2012, com redação dada pela Instrução Normativa 115/2014.

•• Precedente administrativo com redação determinada pelo Ato Declaratório n. 15, de 20-9-2017.

Precedente Administrativo n. 102
Auto de infração. Local de lavratura.

O conceito de local de inspeção abrange aquele onde os Auditores Fiscais do Trabalho executam atos de inspeção e verificam os atributos trabalhistas por meio de análise de documentos ou sistemas informatizados, conforme procedimento de fiscalização previsto em normas expedidas pela autoridade nacional competente em matéria de inspeção do trabalho.

Referência normativa: art. 629, § 1.º, da CLT. Arts. 20, 24, 25 e 30 do Decreto n. 4.552, de 27 de dezembro de 2002. Art. 7.º da Portaria n.

148, de 25 de janeiro de 1996. Art. 43 da Instrução Normativa n. 99, de 23 de agosto de 2012.

•• Precedente acrescentado pelo Ato Declaratório n. 13, de 13-7-2013.

•• A Portaria n. 667, de 8-11-2021, do Ministério do Trabalho e da Previdência, dispõe sobre normas para a organização e tramitação dos processos de multas administrativas e de notificação de débito de FGTS e/ou contribuição social.

Precedente Administrativo n. 103

Interposição de embargos de declaração e outros recursos sem previsão expressa no Título VII da CLT. Inadmissibilidade. Os processos administrativos de autos de infrações e de notificações de débito de FGTS e CS estão sujeitos a duas instâncias administrativas: defesa e recurso. Após o encerramento do contencioso administrativo, não deverão ser conhecidos embargos de declaração ou outros recursos sem previsão expressa na legislação específica.

Referência normativa: Título VII da Consolidação das Leis do Trabalho e Portaria n. 148, de 25 de janeiro de 1996.

•• Precedente acrescentado pelo Ato Declaratório n. 14, de 21-1-2014.

•• A Portaria n. 667, de 8-11-2021, do Ministério do Trabalho e da Previdência, dispõe sobre normas para a organização e tramitação dos processos de multas administrativas e de notificação de débito de FGTS e/ou contribuição social.

Precedente Administrativo n. 104
Serviços notariais e de registros públicos. Vínculo empregatício.

Nos Serviços Notariais e de Registro, regulamentados pela Lei n. 8.935, de 18 de novembro de 1994, considera-se empregador, para todos os efeitos, a pessoa física do seu respectivo Titular.

Referência normativa: art. 236 da Constituição Federal de 1988, art. 32 do Ato das Disposições Constitucionais Transitórias, Lei n. 8.935, de 18 de novembro de 1994, Lei n. 9.534, de 10 de dezembro de 1997, Lei n. 9.812, de 10 de agosto de 1999.

•• Precedente administrativo acrescentado pelo Ato Declaratório n. 15, de 20-9-2017.

Precedente Administrativo n. 105
Períodos de descanso. Supressão ou redução indevida. Efeitos do pagamento.

O pagamento não elide a infração pela supressão ou pela redução indevida dos períodos de descanso, pois estes objetivam resguardar a saúde e o bem-estar do trabalhador, bens jurídicos que não se substituem pela mera retribuição pecuniária.

Referência normativa: art. 66 e 67, *caput*, e 71, *caput*, da CLT. Súmula 437, II, do TST.

•• Precedente administrativo com redação determinada pelo Ato Declaratório n. 18, de 5-12-2018.

Precedente Administrativo n. 106
Prazos processuais. Contagem.

Os prazos são contínuos e se contam com a exclusão do dia da notificação ou ciência e inclusão do dia do vencimento. Os prazos só se iniciam ou vencem no dia de expediente normal da Unidade onde tramitar o processo.

Referência normativa: art. 224 da Lei n. 13.105, de 16 de março de 2015 (Código de Processo Civil).

•• Precedente administrativo acrescentado pelo Ato Declaratório n. 15, de 20-9-2017.

Precedente Administrativo n. 107
Recurso. Efeito devolutivo.

O recurso devolverá à instância administrativa superior todas as questões suscitadas e discutidas no processo, inclusive seu conhecimento, ainda que não tenham sido solucionadas ou conhecidas de forma equivocada, desde que pertinentes à matéria impugnada.

Referência normativa: art. 1.013, § 1.º, do Código de Processo Civil.

•• Precedente administrativo acrescentado pelo Ato Declaratório n. 15, de 20-9-2017.

Precedente Administrativo n. 108
Ocorrência de circunstância agravante.

I – A lavratura de auto de infração que caracteriza embaraço à ação fiscal, nas situações previstas no art. 630, § 6.º, da CLT, agrava a sanção das demais infrações ocorridas na mesma ação fiscal, quando expressamente previsto na base legal específica, exceto quanto aos autos lavrados em data anterior à ocorrência do embaraço, ainda que na mesma ação fiscal;

II – Na situação prevista no item anterior, o agravamento da sanção específica fica condicionado à procedência do auto de embaraço;

III – A eventual ocorrência de fraude, simulação, artifício, ardil, desacato e oposição, deverá ser informada de modo detalhado no histórico do auto de infração, quando estejam previstas como agravantes nas bases legais específicas.

Referência normativa: art. 630, § 6.º, da CLT e art. 14, IV, da Portaria MTE n. 854/2015.

•• Precedente administrativo acrescentado pelo Ato Declaratório n. 15, de 20-9-2017.

Precedente Administrativo n. 109
Acréscimo de fatos ao auto de infração, após a lavratura. Vedação.

I – A motivação do auto de infração deve ser mantida após a sua lavratura, sob pena de anulação em caso de alteração;

II – É permitido o saneamento de elementos considerados não essenciais, assim entendidos aqueles que não alterem os fatos originariamente narrados pela autoridade fiscal, tal como ocorre no caso de correção da capitulação legal.

Referência normativa: art. 14, art. 15, § 1.º e art. 26, *caput*, da Portaria MTE n. 854/2015; art. 53 da Lei n. 9784/1999.

•• Precedente administrativo acrescentado pelo Ato Declaratório n. 15, de 20-9-2017.

Precedente Administrativo n. 110
Multa prevista na Lei Complementar n. 110/2001. Natureza jurídica. Prescrição.

I – Tem natureza sancionatória e não tributária nem moratória a multa prevista no art. 3.º da Lei Complementar n. 110/2001.

II – Em razão do teor do item I, aplicam-se, ao processo administrativo de auto lavrado por infração à LC n. 110/2001, os prazos prescricionais previstos nos arts. 1.º e 1.º-A da Lei n. 9.873/1999.

Referência normativa: art. 3.º, § 2.º LC 110/2001; arts. 3.º e 5.º, Código Tributário Nacional; arts. 1.º, 1.º-A e 5.º, Lei n. 9.873/1999.

•• Precedente administrativo acrescentado pelo Ato Declaratório n. 15, de 20-9-2017.

Precedente Administrativo n. 111
Fraude ao seguro-desemprego. Não caracterização.

Não caracteriza fraude ao seguro-desemprego o recebimento de parcela sobre a qual o trabalhador já tinha adquirido o direito antes de obter o novo emprego.

Referência normativa: art. 4.º, da Lei n. 7.998/1990, com redação dada pela Lei n. 13.134/2015; art. 17 da Resolução CODEFAT n. 467/2005.

•• Precedente administrativo acrescentado pelo Ato Declaratório n. 15, de 20-9-2017.

Precedente Administrativo n. 112
FGTS. Inadimplência de recolhimento fundiário e sonegação de parcela que deve integrar a base de cálculo do FGTS. Dupla infração.

Por caracterizarem infrações distintas, não constituem *bis in idem* as autuações concomitantes pelo descumprimento dos incisos I e IV do art. 23, § 1.º, da Lei n. 8.036/1990, quando o empregador deixar de declarar na folha de pagamento a parcela paga ou devida e também deixar de recolher o percentual do FGTS sobre ela incidente.

Referência normativa: art. 23, § 1.º, incisos I e IV da Lei n. 8.036/1990.

•• Precedente administrativo acrescentado pelo Ato Declaratório n. 15, de 20-9-2017.

Precedente Administrativo n. 113
Notificação de débito. Emissão de Termo de Retificação (TRET). Efeitos do julgamento.

I – Terá decisão de procedência total a Notificação de Débito do FGTS/CS cujo valor tenha sido reduzido em decorrência de lavratura de Termo de Retificação (TRET), sem necessidade de recurso de ofício à Coordenação-Geral de Recursos.

II – Nos casos em que a inclusão ou alteração de dados implique em reabertura de prazo para o exercício de defesa pelo notificado, o julgamento versará sobre o próprio TRET, vez que o ajuste, em tais circunstâncias, representa um documento substitutivo da Notificação original.

Referência normativa: art. 45, §§ 1.º a 5.º, Instrução Normativa n. 99/2012.

•• Precedente administrativo acrescentado pelo Ato Declaratório n. 15, de 20-9-2017.

Precedente Administrativo n. 114
FGTS. Auto de Infração (AI) lavrado por deixar de recolher FGTS após notificado pela fiscalização.

I – Caracteriza-se a infração prevista no art. 23, § 1.º, inciso V, da Lei n. 8.036, de 11 de maio de 1990, quando o administrado não quita nem formaliza o parcelamento do valor devido, dentro do prazo de dez dias após a ciência da decisão definitiva do processo de Notificação de débito que lhe deu origem.

II – A discussão acerca do mérito sobre a existência ou acerto do débito apurado encerra-se com o processo de Notificação para Depósito do FGTS que lhe deu origem.

Referência normativa: art. 23, § 1.º, inciso V da Lei n. 8.036, de 11 de maio de 1990.

•• Precedente administrativo acrescentado pelo Ato Declaratório n. 15, de 20-9-2017.

Precedente Administrativo n. 115
Seguro-desemprego. Descumprimento de instruções expedidas pelo Ministério do Trabalho. Notificação para comprovação do registro do empregado.

I – A não prestação de informações necessárias ao sistema do seguro-desemprego nos termos e prazos fixados pelo Ministério do Trabalho caracteriza a infração.

II – A não comunicação da admissão de empregado no prazo estipulado em notificação para comprovação do registro do empregado, lavrada em ação fiscal conduzida por um auditor fiscal do trabalho, descumpre instruções expedidas pelo Ministério do Trabalho, para fins de combate à fraude ao seguro-desemprego, ensejando infração ao disposto no art. 24 da Lei 7.998/90.

Referência normativa: art. 24 e 25 da Lei n. 7.998, de 11-01-1990. Art. 1.º, inciso II, e Art. 6.º, inciso II, da Portaria n. 1.129, de 23-07-2014, do Ministro do Trabalho e Emprego.

•• Precedente administrativo acrescentado pelo Ato Declaratório n. 15, de 20-9-2017.

Precedente Administrativo n. 116
Autos de infração e notificação de débito. Sujeito passivo ente público. Cientificação por meio de via postal. Admissibilidade.

A entrega de autos de infração e notificações de débito de FGTS e Contribuição Social deve ser preferivelmente efetuada, pessoalmente, ao representante do ente público intimado. Entretanto, é plenamente cabível no ordenamento jurídico brasileiro que a ciência da lavratura de autos de infração e notificações de débito seja realizada através de via postal realizada no endereço da pessoa jurídica de direito público.

Referência normativa: Portaria 854/2015 arts. 18 § 3.º, 22, II. Lei 9.784/1999, arts. 2.º, IX, 22, *caput*, 26 § 3.º.

•• Precedente administrativo acrescentado pelo Ato Declaratório n. 15, de 20-9-2017.

Precedente Administrativo n. 117
Formalização de recibos trabalhistas. Data pré-assinalada.

A mera pré-assinalação da data não é elemento suficiente para caracterizar a infração por deixar de formalizar recibo que ateste o cumprimento de obrigação trabalhista.

Referência normativa: art. 320, *caput*, do CC c/c art. 8.º, § 1.º, da CLT.

•• Precedente administrativo acrescentado pelo Ato Declaratório n. 18, de 5-12-2018.

Precedente Administrativo n. 118
Dupla visita. Matriz e filiais. Sucessão trabalhista. Grupo econômico.

I – Não se aplica o critério da dupla visita:

a) À matriz e às filiais, desde que qualquer uma delas tenha sido anteriormente fiscalizada;

b) À empresa sucessora, desde que a sucedida tenha sido anteriormente fiscalizada.

II – Não se considera empreendimento recém-inaugurado a filial ou sucessora cuja matriz ou sucedida estejam em funcionamento há mais de 90 (noventa) dias.

III – O critério da dupla visita será observado individualmente em relação a cada uma das empresas integrantes do grupo econômico.

Referência normativa: art. 23, inciso II, parágrafos 1.º e 2.º, do Decreto n. 4.552/02.

•• Precedente administrativo acrescentado pelo Ato Declaratório n. 18, de 5-12-2018.

Precedente Administrativo n. 119
Descumprimento de cláusulas de convenção ou acordo coletivo de trabalho. Autuações capituladas no art. 444 da CLT. Possibilidade.

Não constitui *bis in idem* a lavratura de autos de infração capitulados no art. 444 da CLT para cada uma das cláusulas de convenção ou acordo coletivo de trabalho violadas pelo empregador, uma vez que os fatos geradores das infrações são distintos entre si e oriundos de fonte autônoma do Direito.

Referência normativa: art. 444 da CLT.

•• Precedente administrativo acrescentado pelo Ato Declaratório n. 18, de 5-12-2018.

Precedente Administrativo n. 120
Auto de infração. Interrupção da continuidade infracional. Não ocorrência de *bis in idem*.

I – Quando a mesma infração for renovada ou reiterada no decurso do tempo, mas constatada em uma única verificação, deverá ser objeto de um único auto de infração, independentemente do número de vezes ou de competências em que o fato tenha ocorrido.

II – Em nova verificação, ainda que na mesma ação fiscal, é possível a lavratura de novo auto de infração em caso de reiteração da infração já autuada ou constatação de novas infrações ao mesmo preceito legal praticadas após a primeira verificação.

III – Considera-se verificação a prática de atos próprios de fiscalização, tais como a lavratura de auto de infração, de termo de embargo/interdição, de notificação para apresentar documentos e afins.

Referência normativa: art. 628 da CLT e arts. 18, X e XVIII, e 23 do Decreto n. 4.552/2002.

•• Precedente administrativo acrescentado pelo Ato Declaratório n. 18, de 5-12-2018.

Precedente Administrativo n. 121
Análise de processos. Autuação por não apresentação de documentos. Omissão de juntada de AR e NAD.

A falta de juntada do Aviso de Recebimento e da Notificação para Apresentação de Documentos ao auto de infração não constitui, por si só, motivo para sua nulidade, salvo disposição expressa em contrário, como no caso das fiscalizações indiretas.

Referência normativa: art. 630, § 4.º, da CLT, art. 14, § 1.º, da Portaria n. 854/2015, art. 5.º da Instrução Normativa SIT/MTb n. 105/2014.

•• Precedente administrativo acrescentado pelo Ato Declaratório n. 18, de 5-12-2018.

Precedente Administrativo n. 122
Análise de processos. Autuação baseada exclusivamente em entrevista de empregado.

A indicação de entrevista com empregados como único elemento de

convicção do auto de infração não é, por si só, razão para a sua nulidade.

Referência normativa: art. 18, III, do Decreto n. 4.552/2002.

•• Precedente administrativo acrescentado pelo Ato Declaratório n. 18, de 5-12-2018.

Precedente Administrativo n. 123

Análise de processos. Não citação de empregado em situação irregular. Ausência de prejuízo ao contraditório e ampla defesa.

Cabe à autuada demonstrar eventual prejuízo ao contraditório e à ampla defesa decorrente da falta de indicação de empregado em situação irregular no auto de infração, de modo a justificar sua improcedência, salvo nos casos em que:

I – a penalidade é calculada com base no número de empregados prejudicados;

II – é indispensável para a subsunção do fato à norma.

•• Precedente administrativo acrescentado pelo Ato Declaratório n. 18, de 5-12-2018.

Precedente Administrativo n. 124

Análise de processos. Alegações relativas a outra infração autuada. Remissão à análise feita em processo correlato. Possibilidade.

Quando a defesa ou o recurso apresentar alegações relacionadas a outra infração autuada, o analista poderá fazer remissão à análise já elaborada naquele processo correlato, indicando o respectivo número e situação atualizada de seu trâmite, complementando com eventuais questões específicas relativas ao processo em análise.

•• Precedente administrativo acrescentado pelo Ato Declaratório n. 18, de 5-12-2018.

Precedente Administrativo n. 125

Análise de processos. Recurso. Saneamento do vício que levou ao não conhecimento da defesa. Análise dos argumentos em sede recursal.

Quando o recurso questionar o não conhecimento da defesa pela ausência de comprovação da legitimidade ou representação processual e sanear o vício existente, os argumentos da defesa deverão ser analisados em sede recursal, ainda que não tenham sido expressamente reiterados pelo recorrente.

Referência normativa: art. 5.º, LV, da Constituição Federal, art. 2.º da Lei n. 9.784/99.

•• Precedente administrativo acrescentado pelo Ato Declaratório n. 18, de 5-12-2018.

Precedente Administrativo n. 126

Autuação. Obrigação a critério da autoridade competente. Elementos para configuração.

Nos casos em que a Norma Regulamentadora estabelecer determinada obrigação a critério da autoridade competente, deverá o Auditor Fiscal do Trabalho demonstrar, no histórico do auto de infração, que promoveu a notificação do empregador, estabelecendo prazo e forma de cumprimento da obrigação, evidenciando os critérios adotados para defini-la.

Referência normativa: art. 14, IV, da Portaria n. 854/15; art. 18, I, IX, X, do Decreto n. 4.552/02.

•• Precedente administrativo acrescentado pelo Ato Declaratório n. 18, de 5-12-2018.

Precedente Administrativo n. 127

Autuação por infrações da mesma natureza em estabelecimentos distintos. *Bis in idem*. Não configuração.

A lavratura de autos de infração com base no mesmo preceito legal, mas referentes a estabelecimentos distintos, não configura *bis in idem*.

I – Considera-se estabelecimento cada uma das unidades da empresa funcionando em lugares diferentes, tais como: fábrica, refinaria, usina, escritório, loja, oficina, depósito, laboratório, salvo quando outro critério for adotado expressamente em norma específica.

II – Para fins de aplicação da NR-18, a menor unidade admitida como estabelecimento é o canteiro de obras ou a sede da equipe, no caso de frentes de trabalho itinerantes.

Referência normativa: item 1.6 da NR-01 e item 18.33.5 da NR-18.

•• Precedente administrativo acrescentado pelo Ato Declaratório n. 18, de 5-12-2018.

Precedente Administrativo n. 128

Análise de processos. Teoria da aparência. Conhecimento de defesa e recurso administrativo.

Dispensa-se a juntada de documentos que comprovem a legitimidade do signatário quando a pessoa que assinou a defesa ou o recurso administrativo for a mesma que assinou documento emitido no curso da ação fiscal e que conste dos autos do processo administrativo em análise, ou correlatos.

Referência normativa: art. 5.º, LV, da Constituição Federal, art. 2.º da Lei n. 9.784/99 e art. 29, § 6.º e § 7.º, da Portaria n. 854/2015 do MTb.

•• Precedente administrativo acrescentado pelo Ato Declaratório n. 18, de 5-12-2018.

LEI N. 10.555, DE 13 DE NOVEMBRO DE 2002 (*)

Autoriza condições especiais para o crédito de valores iguais ou inferiores a R$ 100,00, de que trata a Lei Complementar n. 110, de 29 de junho de 2001, e dá outras providências.

Faço saber que o Presidente da República adotou a Medida Provisória n. 55, de 2002, que o Congresso Nacional aprovou, e eu, Ramez Tebet, Presidente da Mesa do Congresso Nacional, para os efeitos do disposto no art. 62 da Constituição Federal, com a redação dada pela Emenda Constitucional n. 32, de 2001, promulgo a seguinte Lei:

Art. 1.º Fica a Caixa Econômica Federal autorizada a creditar em contas vinculadas específicas do Fundo de Garantia do Tempo de Serviço – FGTS, a expensas do próprio Fundo, os valores do complemento de atualização monetária de que trata o art. 4.º da Lei Complementar n. 110, de 29 de junho de 2001, cuja importância, em 10 de julho de 2001, seja igual ou inferior a R$ 100,00 (cem reais).

• Citado dispositivo consta deste volume.

§ 1.º A adesão de que trata o art. 4.º da Lei Complementar n. 110, de 2001, em relação às contas a que se refere o *caput*, será caracterizada no ato de recebimento do valor creditado na conta vinculada, dispensada a comprovação das condições de saque previstas no art. 20 da Lei n. 8.036, de 11 de maio de 1990.

• Citados dispositivos constam deste volume.

§ 2.º Caso a adesão não se realize até o final do prazo regulamentar para o seu exercício, o crédito será imediatamente revertido ao FGTS.

Art. 2.º O titular de conta vinculada do FGTS, com idade igual ou superior a sessenta anos ou que vier a completar essa idade a qualquer tempo, fará jus ao crédito do complemento de atualização monetária de que trata a Lei Complementar n. 110, de 2001, com a redução nela prevista, em parcela única, desde que tenha firmado o termo de adesão de que trata o art. 6.º da mencionada Lei Complementar.

•• Artigo com redação determinada pela Lei n. 10.936, de 12-8-2004.

• A Lei n. 10.936, de 12-8-2004, dispõe em seu art. 3.º : "O titular de que trata o art. 2.º da Lei n. 10.555, de 2002, terá direito ao crédito nele referido no mês seguinte ao de publicação desta Lei ou no mês subsequente ao que completar sessenta anos".

Art. 2.º-A. O beneficiário de titular de conta vinculada do FGTS, falecido, terá direito ao crédito do complemento de atualização monetária de que trata a Lei Complementar n. 110, de 2001, com a redução nela prevista, em parcela única, desde que tenha sido firmado pelo beneficiário ou pelo próprio titular o termo de adesão de que trata o art. 6.º da mencionada Lei Complementar.

•• Artigo acrescentado pela Lei n. 10.936, de 12-8-2004.

• A Lei n. 10.936, de 12-8-2004, dispõe em seu art. 4.º : "O beneficiário de que trata o art. 2.º-A da Lei n. 10.555, de 2002, terá direito ao crédito nele referido após trinta dias da publicação desta Lei ou de falecimento do titular da conta vinculada do FGTS".

Art. 3.º Esta Lei entra em vigor na data de sua publicação.

(*) Publicada no *DOU*, de 14-11-2002.

Congresso Nacional, em 13 de novembro de 2002; 181.º da Independência e 114.º da República.

Ramez Tebet

RESOLUÇÃO ADMINISTRATIVA N. 940, DE 30 DE JUNHO DE 2003 (*)

Estabelece procedimentos relativos à entrega de autos para advogados ou estagiários, observadas as disposições da Lei n. 8.906, de 4 de julho de 1994, e do Regulamento Geral do Estatuto da Advocacia e da Ordem dos Advogados do Brasil.

1. Os processos serão entregues, com carga, ao advogado com poderes de representação nos autos ou a estagiário inscrito na Ordem dos Advogados do Brasil, desde que credenciado, nos termos do art. 29, § 1.º, I, do Regulamento Geral do Estatuto da Advocacia e da OAB.

2. O credenciamento do estagiário será feito observando-se os seguintes critérios:

2.1. deverá ser solicitado por advogado, mediante petição dirigida ao Presidente desta Corte, informando o nome e o número de inscrição do estagiário na OAB.

2.2. na petição de credenciamento, o advogado declarará ser o responsável pelos atos praticados pelo estagiário no processo, inclusive os relacionados à retirada e devolução de autos.

2.3. deferido o pedido de credenciamento, o gabinete da Diretoria-Geral de Coordenação Judiciária fará os registros correspondentes no Sistema de Informações Judiciárias do Tribunal, arquivando, em seguida, a petição.

2.4. o credenciamento do estagiário vigorará até o momento em que o advogado, mediante petição, requeira ao Presidente do Tribunal o seu cancelamento.

3. Deverá o servidor, no momento da retirada dos autos da Secretaria ou Subsecretaria, registrar no Sistema de Informações Judiciárias – SIJ os dados do processo, o nome do advogado e do estagiário, os respectivos números de inscrição na OAB, o endereço e telefone do escritório, bem assim a data da entrega dos autos e o dia em que deverão ser restituídos ao Tribunal.

3-A. As Secretarias e Subsecretarias desta Corte, quando da entrega de autos em carga a estagiário devidamente credenciado, deverão observar se o advogado credenciante possui poderes de representação nos autos.

•• Item 3-A acrescentado pela Resolução Administrativa n. 1.178, de 9-11-2006.

3.1. na entrega e na devolução dos autos, a guia emitida deverá ser assinada pelo servidor e pelo advogado ou estagiário, a fim de se resguardarem responsabilidades.

4. Caso os autos sejam restituídos ao Tribunal em desconformidade com os parâmetros da lei (fora do prazo, faltando volumes, autos danificados etc.), a ocorrência deverá ser certificada, para a adoção das providências cabíveis e o imediato descredenciamento do estagiário perante esta Corte, por 60 (sessenta) dias.

•• Item 4 com redação determinada pela Resolução Administrativa n. 962, de 6-11-2003.

4.1. Transcorrido o prazo, o advogado responsável poderá solicitar o recadastramento do estagiário, vedando-se o recredenciamento por mais de uma vez.

•• Item 4.1 com redação determinada pela Resolução Administrativa n. 962, de 6-11-2003.

5. Havendo acórdão ou despacho pendente de publicação, o advogado constituído no processo poderá ter ciência do inteiro teor do decidido, desde que assine o respectivo Termo de Contrafé.

•• Item 5 com redação determinada pela Resolução Administrativa n. 1.178, de 9-11-2006.

5-A. Sendo comum às partes o prazo, só em conjunto ou mediante prévio ajuste poderão os seus procuradores retirar os autos.

•• Item 5-A com redação determinada pela Resolução Administrativa n. 1.188, de 7-12-2006.

5.1. do termo lavrado constará advertência no sentido de que a contrafé possui eficácia de intimação.

6. Fica revogada a Resolução Administrativa n. 250/95.

Sala de Sessões, 30 de junho de 2003.

Valério Augusto Freitas do Carmo

INSTRUÇÃO NORMATIVA N. 23, DE 5 DE AGOSTO DE 2003 (**)

Dispõe sobre petições de recurso de revista.

Considerando a necessidade de racionalizar o funcionamento da Corte, para fazer frente à crescente demanda recursal, e de otimizar a utilização dos recursos da informática, visando à celeridade da prestação jurisdicional, anseio do jurisdicionado;

Considerando a natureza extraordinária do recurso de revista e a exigência legal de observância de seus pressupostos de admissibilidade;

Considerando que a elaboração do recurso de maneira adequada atende aos interesses do próprio recorrente, principalmente na viabilização da prestação jurisdicional;

Considerando que o advogado desempenha papel essencial à administração da Justiça, colaborando como partícipe direto no esforço de aperfeiçoamento da atividade jurisdicional, merecendo assim atenção especial na definição dos parâmetros técnicos que racionalizam e objetivam seu trabalho;

Considerando que facilita o exame do recurso a circunstância de o recorrente indicar as folhas em que se encontra a prova da observância dos pressupostos extrínsecos do recurso;

Considerando que, embora a indicação dessas folhas não seja requisito legal para conhecimento do recurso, é recomendável que o recorrente o faça;

Resolve, quanto às petições de recurso de revista:

I – Recomendar sejam destacados os tópicos do recurso e, ao demonstrar o preenchimento dos seus pressupostos extrínsecos, sejam indicadas as folhas dos autos em que se encontram:

a) a procuração e, no caso de elevado número de procuradores, a posição em que se encontra(m) o(s) nome(s) do(s) subscritor(es) do recurso;

b) a ata de audiência em que o causídico atuou, no caso de mandato tácito;

c) o depósito recursal e as custas, caso já satisfeitos na instância ordinária;

d) os documentos que comprovam a tempestividade do recurso (indicando o início e o termo do prazo, com referência aos documentos que o demonstram).

II – Explicitar que é ônus processual da parte demonstrar o preenchimento dos pressupostos intrínsecos do recurso de revista, indicando:

a) qual o trecho da decisão recorrida que consubstancia o prequestionamento da controvérsia trazida no recurso;

b) qual o dispositivo de lei, súmula, orientação jurisprudencial do TST ou ementa (com todos os dados que permitam identificá-la) que atrita com a decisão regional.

III – Reiterar que, para comprovação da divergência justificadora do recurso, é necessário que o recorrente:

a) junte certidão ou cópia autenticada do acórdão paradigma ou cite a fonte oficial ou repositório em que foi publicado;

b) transcreva, nas razões recursais, as ementas e/ou trechos dos acórdãos trazidos à configuração do dissídio, demonstrando os conflitos de teses que justifiquem o conhecimento do recurso, ainda que os acórdãos já se encontrem nos autos ou venham a ser juntados com o recurso.

(*) Publicada no *DOU*, de 2-7-2003, e republicada em 14-11-2003.

(**) Publicada no *DJ*, de 14-8-2003. *Vide* arts. 896 e 896-A da CLT, e Instrução Normativa n. 17, de 6-4-2000, do TST.

IV - Aplica-se às contrarrazões o disposto nesta Instrução, no que couber.
Sala de Sessões, 5 de agosto de 2003.

Valério Augusto Freitas do Carmo

DECRETO N. 4.840, DE 17 DE SETEMBRO DE 2003 (*)

Regulamenta a Medida Provisória n. 130, de 17 de setembro de 2003, que dispõe sobre a autorização para desconto de prestações em folha de pagamento, e dá outras providências.

O Presidente da República, no uso da atribuição que lhe confere o art. 84, IV, da Constituição, e tendo em vista o disposto na Medida Provisória n. 130, de 17 de setembro de 2003, decreta:

•• A Medida Provisória n. 130, de 17-9-2003, foi convertida na Lei n. 10.820, de 17-12-2003.

Art. 1.º Regem-se por este Decreto os procedimentos para autorização de desconto em folha de pagamento dos valores referentes ao pagamento das prestações de empréstimos, financiamentos e operações de arrendamento mercantil concedidos por instituições financeiras e sociedades de arrendamento mercantil a empregados regidos pela Consolidação das Leis do Trabalho, aprovada pelo Decreto-lei n. 5.452, de 1.º de maio de 1943.

Art. 2.º Para os fins deste Decreto, considera-se:

I - empregador, a pessoa jurídica assim definida pela legislação trabalhista;

II - empregado, aquele assim definido pela legislação trabalhista;

III - instituição consignatária, a instituição mencionada no art. 1.º autorizada a conceder empréstimo ou financiamento ou realizar operação de arrendamento mercantil;

IV - mutuário, empregado que firma com instituição consignatária contrato de empréstimo, financiamento ou arrendamento mercantil regulado por este Decreto; e

V - verbas rescisórias, as importâncias devidas em dinheiro pelo empregador ao empregado em razão de rescisão do seu contrato de trabalho.

§ 1.º Para os fins deste Decreto, considera-se remuneração básica a soma das parcelas pagas ou creditadas mensalmente em dinheiro ao empregado, excluídas:

I - diárias;

II - ajuda de custo;

III - adicional pela prestação de serviço extraordinário;

IV - gratificação natalina;

V - auxílio-natalidade;

VI - auxílio-funeral;

VII - adicional de férias;

VIII - auxílio-alimentação, mesmo se pago em dinheiro;

IX - auxílio-transporte, mesmo se pago em dinheiro; e

X - parcelas referentes a antecipação de remuneração de competência futura ou pagamento em caráter retroativo.

§ 2.º Para os fins deste Decreto, considera-se remuneração disponível a parcela remanescente da remuneração básica após a dedução das consignações compulsórias, assim entendidas as efetuadas a título de:

I - contribuição para a Previdência Social oficial;

II - pensão alimentícia judicial;

III - imposto sobre rendimentos do trabalho;

IV - decisão judicial ou administrativa;

V - mensalidade e contribuição em favor de entidades sindicais;

VI - outros descontos compulsórios instituídos por lei ou decorrentes de contrato de trabalho.

§ 3.º Para os fins deste Decreto, são consideradas consignações voluntárias as autorizadas pelo empregado e não relacionadas no § 2.º.

Art. 3.º No momento da contratação da operação, a autorização para a efetivação dos descontos permitidos neste Decreto observará, para cada mutuário, os seguintes limites:

I - a soma dos descontos referidos no art. 1.º deste Decreto não poderá exceder a trinta por cento da remuneração disponível definida no § 2.º do art. 2.º; e

II - o total das consignações voluntárias, incluindo as referidas no art. 1.º, não poderá exceder a quarenta por cento da remuneração disponível definida no § 2.º do art. 2.º.

Art. 4.º A concessão de empréstimo, financiamento ou arrendamento será feita a critério da instituição consignatária, sendo os valores e demais condições objeto de livre negociação entre ela e o mutuário, observadas as demais disposições deste Decreto.

§ 1.º Poderá o empregador, com a anuência da entidade sindical representativa da maioria dos empregados, firmar, com uma ou mais instituições consignatárias, acordo que defina condições gerais e demais critérios a serem observados nos empréstimos, financiamentos ou arrendamentos que venham a ser realizados com seus empregados.

§ 2.º Poderão as entidades e centrais sindicais firmar, com uma ou mais instituições consignatárias, acordo que defina condições gerais e demais critérios a serem observados nos empréstimos, financiamentos ou arrendamentos que venham a ser realizados com seus representados.

§ 3.º Uma vez observados pelo empregado todos os requisitos e condições definidos no acordo firmado segundo o disposto no § 1.º ou no § 2.º, não poderá a instituição concedente negar-se a celebrar o empréstimo, financiamento ou arrendamento mercantil.

§ 4.º Para a realização das operações referidas neste Decreto, é assegurado ao empregado o direito de optar por instituição consignatária que tenha firmado acordo com o empregador, com sua entidade sindical, ou qualquer outra instituição consignatária de sua livre escolha, ficando o empregador obrigado a proceder aos descontos e repasses por ele contratados e autorizados.

§ 5.º Os acordos mencionados nos §§ 1.º e 2.º poderão definir critérios mínimos, parâmetros e condições financeiras diferenciados por situação cadastral e demais características individuais do empregado.

§ 6.º Dos acordos referidos no § 2.º poderá constar, ainda, a diferenciação por empresa de critérios mínimos, parâmetros e condições financeiras.

§ 7.º Os contratos de empréstimo, financiamento ou arrendamento celebrados ao amparo deste Decreto preverão obrigatoriamente prestações fixas ao longo de todo o período de amortização.

§ 7.º-A. Nas hipóteses de concessão, ao amparo deste Decreto, de empréstimo ou financiamento imobiliário no âmbito do Sistema Financeiro da Habitação ou de outros sistemas ou programas destinados à aquisição de imóveis residenciais, as prestações e seus reajustamentos obedecerão às disposições contratuais celebradas entre as partes, sendo permitida a estipulação de prestações variáveis.

•• § 7.º-A acrescentado pelo Decreto n. 5.892, de 12-9-2006.

§ 8.º Os acordos referidos nos §§ 1.º e 2.º deste artigo poderão delegar à instituição consignatária a responsabilidade de receber, processar e encaminhar ao empregador as autorizações referidas no inciso III do § 3.º do art. 5.º.

Art. 5.º Para os fins deste Decreto, são obrigações do empregador:

(*) Publicado no *DOU*, de 18-9-2003, e retificado em 22-9-2003.

Decreto n. 4.840, de 17-9-2003 — **Empréstimo Consignado**

I – prestar ao empregado e à instituição consignatária, mediante solicitação formal do primeiro, as informações necessárias para a contratação da operação de crédito ou arrendamento mercantil, inclusive:

a) a data habitual de pagamento mensal do salário;

b) o total já consignado em operações preexistentes;

c) as demais informações necessárias para o cálculo da margem disponível para consignação;

II – tornar disponíveis aos empregados, bem assim às respectivas entidades sindicais, as informações referentes aos custos referidos no art. 10;

III – efetuar os descontos autorizados pelo empregado em folha de pagamento e repassar o valor à instituição consignatária na forma e prazo previstos em regulamento.

§ 1.º É vedado ao empregador impor ao mutuário e à instituição consignatária qualquer condição que não esteja prevista neste Decreto para a efetivação do contrato e a implementação dos descontos autorizados.

§ 2.º Os descontos autorizados na forma deste Decreto terão preferência sobre outros descontos da mesma natureza que venham a ser autorizados posteriormente.

§ 3.º A liberação do crédito ao mutuário somente ocorrerá após:

I – a confirmação do empregador, por escrito ou por meio eletrônico certificado, quanto à possibilidade da realização dos descontos, em função dos limites referidos no art. 3.º;

II – a assinatura, por escrito ou por meio eletrônico certificado, do contrato entre o mutuário e a instituição consignatária; e

III – a outorga ao empregador, por parte do mutuário, de autorização, em caráter irrevogável e irretratável, para a consignação das prestações contratadas em folha de pagamento.

§ 4.º A autorização referida no inciso III do § 3.º será outorgada por escrito ou por meio eletrônico certificado, podendo a instituição consignatária processar o documento e mantê-lo sob sua guarda, na condição de fiel depositária, transmitindo as informações ao empregador por meio seguro.

§ 5.º Exceto quando diversamente previsto em contrato com a anuência do empregador, a efetivação do desconto em folha de pagamento do mutuário deverá ser iniciada pelo empregador no mínimo trinta dias e no máximo sessenta dias após o recebimento da autorização referida no inciso III do § 3.º.

§ 6.º A autorização referida no inciso III do § 3.º é nula de pleno direito na hipótese da não liberação do crédito ou do bem arrendado ao mutuário no prazo máximo de cinco dias úteis contados da data da outorga.

§ 7.º A repactuação do contrato de empréstimo, financiamento ou operação de arrendamento mercantil que implique alteração do número ou do valor das prestações consignadas em folha observará o procedimento referido no § 3.º.

Art. 6.º O empregador é o responsável pela retenção dos valores devidos e pelo repasse às instituições consignatárias, o qual deverá ser realizado até o quinto dia útil após a data de pagamento, ao mutuário, de sua remuneração mensal.

Art. 7.º O empregador, salvo disposição contratual em sentido contrário, não será corresponsável pelo pagamento dos empréstimos, financiamentos ou arrendamentos concedidos aos mutuários, mas responderá sempre, como devedor principal e solidário, perante a instituição consignatária, por valores a ela devidos, em razão de contratações por ele confirmadas na forma deste Decreto, que deixarem, por sua falha ou culpa, de serem retidos ou repassados.

Art. 8.º Caberá à instituição consignatária informar ao mutuário, por escrito ou meio eletrônico por ele indicado no ato da celebração do contrato, toda vez que o empregador deixar de repassar o valor exato do desconto mensal.

Art. 9.º Na hipótese de comprovação de que o pagamento mensal do empréstimo, financiamento ou arrendamento foi descontado do mutuário e não foi repassado pelo empregador à instituição consignatária, fica ela proibida de incluir o nome do mutuário em qualquer cadastro de inadimplentes.

Art. 10. É facultado ao empregador descontar na folha de pagamento do mutuário os custos operacionais decorrentes da realização da operação objeto deste Decreto.

§ 1.º Consideram-se custos operacionais do empregador:

I – tarifa bancária cobrada pela instituição financeira referente à transferência dos recursos da conta corrente do empregador para a conta corrente da instituição consignatária;

II – despesa com alteração das rotinas de processamento da folha de pagamento para realização da operação.

§ 2.º As tarifas bancárias mencionadas no inciso I do § 1.º deste artigo deverão ser iguais ou inferiores às praticadas pela instituição financeira mantenedora da conta corrente do empregador em transações da mesma natureza.

§ 3.º Cabe ao empregador, mediante comunicado interno ou mediante solicitação de empregado ou de entidade sindical, dar publicidade aos seus empregados dos custos operacionais mencionados no § 1.º deste artigo previamente à realização da operação de empréstimo ou financiamento, os quais serão mantidos inalterados durante todo o período de duração da operação.

§ 4.º Poderá ser prevista nos acordos referidos nos §§ 1.º e 2.º do art. 4.º, ou em acordo específico entre o empregador e a instituição consignatária, a absorção total ou parcial dos custos referidos no § 1.º pela instituição consignatária, hipótese na qual não caberá o desconto na folha do mutuário.

§ 5.º No caso dos acordos celebrados nos termos do § 2.º do art. 4.º, os custos de que trata o inciso II do § 1.º deste artigo deverão ser negociados entre o empregador e a entidade sindical, vedada a cobrança de custos superiores aos previstos nos acordos celebrados pelo mesmo empregador nos termos do § 1.º do art. 4.º.

Art. 11. Cabe ao empregador informar no demonstrativo de rendimentos do empregado, de forma discriminada, o valor do desconto mensal decorrente de cada operação de empréstimo ou financiamento, bem como os custos operacionais definidos no art. 10 deste Decreto.

Art. 12. Até o integral pagamento do empréstimo ou financiamento, as autorizações dos descontos somente poderão ser canceladas mediante prévia aquiescência da instituição consignatária e do empregado.

Art. 13. Em caso de rescisão do contrato de trabalho do empregado antes do término da amortização do empréstimo, ressalvada disposição contratual em contrário, serão mantidos os prazos e encargos originalmente previstos, cabendo ao mutuário efetuar o pagamento mensal das prestações diretamente à instituição consignatária.

Art. 14. Na hipótese de entrada em gozo de benefício previdenciário temporário pelo mutuário, com suspensão do pagamento de sua remuneração por parte do empregador, cessa a obrigação deste efetuar a retenção e o repasse das prestações à instituição consignatária.

Parágrafo único. O contrato de empréstimo, financiamento ou operação de arrendamento mercantil celebrado nos termos deste Decreto conterá, obrigatoriamente, cláusula que regulamente as relações entre o mutuário e a instituição consignatária na situação prevista no *caput*.

Art. 15. O desconto da prestação para pagamento do empréstimo, financiamento ou arrendamento concedido com base neste Decreto será feito diretamente em folha de pagamento e o valor correspondente creditado a favor da instituição consignatária, independentemente de crédito e débito na conta corrente dos mutuários.

Art. 16. Os contratos de empréstimo, financiamento ou arrendamento de que trata este Decreto poderão prever a incidência de

desconto de até trinta por cento das verbas rescisórias referidas no inciso V do art. 2.º para a amortização total ou parcial do saldo devedor líquido para quitação na data de rescisão do contrato de trabalho do empregado.

§ 1.º Para os fins do *caput*, considera-se saldo devedor líquido para quitação o valor presente das prestações vincendas na data da amortização, descontado à taxa de juros contratualmente fixada referente ao período não utilizado em função da quitação antecipada.

§ 2.º Na hipótese referida no *caput*, deverá a instituição consignatária informar ao mutuário e ao empregador, por escrito ou meio eletrônico certificado, o valor do saldo devedor líquido para quitação.

§ 3.º Quando o saldo devedor líquido para quitação exceder o valor comprometido das verbas rescisórias, caberá ao mutuário efetuar o pagamento do restante diretamente à instituição consignatária, assegurada a manutenção das condições de número de prestações vincendas e taxa de juros originais, exceto se houver previsão contratual em contrário.

§ 4.º Havendo previsão de vinculação de verbas rescisórias em mais de um contrato, será observada a ordem cronológica das autorizações referidas no inciso III do § 3.º do art. 5.º.

Art. 17. É facultada a contratação pelo mutuário de seguro em favor da instituição consignatária, junto a ela própria ou a outra instituição de sua escolha, para cobertura do risco de inadimplência nas operações de que trata este Decreto em caso de morte, desemprego involuntário ou redução de rendimentos.

Art. 18. Este Decreto entra em vigor na data de sua publicação.

Brasília, 17 de setembro de 2003; 182.º da Independência e 115.º da República.

LUIZ INÁCIO LULA DA SILVA

LEI N. 10.741, DE 1.º DE OUTUBRO DE 2003 (*)

Dispõe sobre o Estatuto da Pessoa Idosa e dá outras providências.

•• Ementa com redação determinada pela Lei n. 14.423, de 22-7-2022.

O Presidente da República

Faço saber que o Congresso Nacional decreta e eu sanciono a seguinte Lei:

Título I
DISPOSIÇÕES PRELIMINARES

Art. 1.º É instituído o Estatuto da Pessoa Idosa, destinado a regular os direitos assegurados às pessoas com idade igual ou superior a 60 (sessenta) anos.

•• Artigo com redação determinada pela Lei n. 14.423, de 22-7-2022.

Art. 3.º É obrigação da família, da comunidade, da sociedade e do poder público assegurar à pessoa idosa, com absoluta prioridade, a efetivação do direito à vida, à saúde, à alimentação, à educação, à cultura, ao esporte, ao lazer, ao trabalho, à cidadania, à liberdade, à dignidade, ao respeito e à convivência familiar e comunitária.

•• *Caput* com redação determinada pela Lei n. 14.423, de 22-7-2022.

Título II
DOS DIREITOS FUNDAMENTAIS

Capítulo VI
DA PROFISSIONALIZAÇÃO E DO TRABALHO

Art. 26. A pessoa idosa tem direito ao exercício de atividade profissional, respeitadas suas condições físicas, intelectuais e psíquicas.

•• Artigo com redação determinada pela Lei n. 14.423, de 22-7-2022.

Art. 27. Na admissão da pessoa idosa em qualquer trabalho ou emprego, são vedadas a discriminação e a fixação de limite máximo de idade, inclusive para concursos, ressalvados os casos em que a natureza do cargo o exigir.

•• *Caput* com redação determinada pela Lei n. 14.423, de 22-7-2022.
• *Vide* Súmula 683 do STF.

Parágrafo único. O primeiro critério de desempate em concurso público será a idade, dando-se preferência ao de idade mais elevada.

Art. 28. O Poder Público criará e estimulará programas de:

I – profissionalização especializada para as pessoas idosas, aproveitando seus potenciais e habilidades para atividades regulares e remuneradas;

•• Inciso I com redação determinada pela Lei n. 14.423, de 22-7-2022.

II – preparação dos trabalhadores para a aposentadoria, com antecedência mínima de 1 (um) ano, por meio de estímulo a novos projetos sociais, conforme seus interesses, e de esclarecimento sobre os direitos sociais e de cidadania;

III – estímulo às empresas privadas para admissão de pessoas idosas ao trabalho.

•• Inciso III com redação determinada pela Lei n. 14.423, de 22-7-2022.

Título V
DO ACESSO À JUSTIÇA

Capítulo I
DISPOSIÇÕES GERAIS

Art. 71. É assegurada prioridade na tramitação dos processos e procedimentos e na execução dos atos e diligências judiciais em que figure como parte ou interveniente pessoa com idade igual ou superior a 60 (sessenta) anos, em qualquer instância.

§ 1.º O interessado na obtenção da prioridade a que alude este artigo, fazendo prova de sua idade, requererá o benefício à autoridade judiciária competente para decidir o feito, que determinará as providências a serem cumpridas, anotando-se essa circunstância em local visível nos autos do processo.

§ 2.º A prioridade não cessará com a morte do beneficiado, estendendo-se em favor do cônjuge supérstite, companheiro ou companheira, com união estável, maior de 60 (sessenta) anos.

§ 3.º A prioridade se estende aos processos e procedimentos na Administração Pública, empresas prestadoras de serviços públicos e instituições financeiras, ao atendimento preferencial junto à Defensoria Pública da União, dos Estados e do Distrito Federal em relação aos serviços de Assistência Judiciária.

§ 4.º Para o atendimento prioritário, será garantido à pessoa idosa o fácil acesso aos assentos e caixas, identificados com a destinação a pessoas idosas em local visível e caracteres legíveis.

•• § 4.º com redação determinada pela Lei n. 14.423, de 22-7-2022.

§ 5.º Dentre os processos de pessoas idosas, dar-se-á prioridade especial aos das maiores de 80 (oitenta) anos.

•• § 5.º com redação determinada pela Lei n. 14.423, de 22-7-2022.

Capítulo II
DO MINISTÉRIO PÚBLICO

(*) Publicada no *DOU*, de 3-10-2003.

Art. 75. Nos processos e procedimentos em que não for parte, atuará obrigatoriamente o Ministério Público na defesa dos direitos e interesses de que cuida esta Lei, hipóteses em que terá vista dos autos depois das partes, podendo juntar documentos, requerer diligências e produção de outras provas, usando os recursos cabíveis.

Art. 76. A intimação do Ministério Público, em qualquer caso, será feita pessoalmente.

Art. 77. A falta de intervenção do Ministério Público acarreta a nulidade do feito, que será declarada de ofício pelo juiz ou a requerimento de qualquer interessado.

Título VII
DISPOSIÇÕES FINAIS E TRANSITÓRIAS

Art. 118. Esta Lei entra em vigor decorridos 90 (noventa) dias da sua publicação, ressalvado o disposto no *caput* do art. 36, que vigorará a partir de 1.º de janeiro de 2004.

- Citado art. 36 dispõe: "O acolhimento de idosos em situação de risco social, por adulto ou núcleo familiar, caracteriza a dependência econômica, para os efeitos legais".

Brasília, 1.º de outubro de 2003; 182.º da Independência e 115.º da República.

Luiz Inácio Lula da Silva

INSTRUÇÃO NORMATIVA N. 24, DE 2 DE OUTUBRO DE 2003 (*)

Dispõe sobre a faculdade de o Ministro Presidente do Tribunal Superior do Trabalho designar audiência prévia de conciliação, no caso de pedido de efeito suspensivo a recurso ordinário interposto à decisão normativa da Justiça do Trabalho.

O Tribunal Superior do Trabalho, em sua composição plena, no uso de suas atribuições legais e regimentais, sob a Presidência do Exmo. Sr. Ministro Francisco Fausto Paula de Medeiros,

Considerando o disposto no art. 14 da Lei n. 10.192, de 14 de fevereiro de 2001, pelo qual foi concedida ao Presidente do Tribunal Superior do Trabalho a prerrogativa de suspender, "na medida e extensão" que entender convenientes, a eficácia de decisão normativa da Justiça do Trabalho, até o julgamento do recurso ordinário interposto em autos de dissídio coletivo;

- Citado dispositivo consta neste volume.

Considerando a inexistência de regulamentação dos procedimentos a serem observados pela Presidência da Corte relativamente aos pedidos de efeito suspensivo;

Considerando a marcante característica conciliatória da Justiça do Trabalho, presente, sobretudo, na sua atuação nos dissídios coletivos;

Considerando os bons resultados alcançados com a praxe que vem sendo adotada no sentido de mediar os conflitos por ocasião do recebimento de pedido de efeito suspensivo de cláusula de sentença normativa;

Considerando a instrumentalidade do processo, resolve:

I – Ao Presidente do Tribunal Superior do Trabalho é facultada a designação de audiência de conciliação relativamente a pedido de concessão de efeito suspensivo a recurso ordinário interposto à decisão normativa da Justiça do Trabalho;

II – Poderá o Presidente do Tribunal Superior do Trabalho, antes de designar audiência prévia de conciliação, conceder ao requerido o prazo de 5 (cinco) dias, para, querendo, manifestar-se sobre o pedido de efeito suspensivo;

III – O Ministério Público do Trabalho, por intermédio da Procuradoria-Geral do Trabalho, será comunicado do dia, hora e local da realização da audiência, enquanto as partes serão notificadas;

IV – Havendo transação nessa audiência, as condições respectivas constarão de ata, facultando-se ao Ministério Público do Trabalho emitir parecer oral, sendo, em seguida, sorteado Relator, que submeterá o acordo à apreciação da Seção Especializada em Dissídios Coletivos, na primeira sessão ordinária subsequente ou em sessão extraordinária designada para esse fim;

V – O Presidente do Tribunal Superior do Trabalho poderá submeter o pedido de efeito suspensivo à apreciação da Seção Especializada em Dissídios Coletivos, desde que repute a matéria de alta relevância.

Sala de Sessões, 2 de outubro de 2003.

Valério Augusto Freitas do Carmo

LEI N. 10.820, DE 17 DE DEZEMBRO DE 2003 (**)

Dispõe sobre a autorização para desconto de prestações em folha de pagamento, e dá outras providências.

O Presidente da República

Faço saber que o Congresso Nacional decreta e eu sanciono a seguinte Lei:

Art. 1.º Os empregados regidos pela Consolidação das Leis do Trabalho – CLT, aprovada pelo Decreto-lei n. 5.452, de 1.º de maio de 1943, poderão autorizar, de forma irrevogável e irretratável, o desconto em folha de pagamento ou na sua remuneração disponível dos valores referentes ao pagamento de empréstimos, financiamentos, cartões de crédito e operações de arrendamento mercantil concedidos por instituições financeiras e sociedades de arrendamento mercantil, quando previsto nos respectivos contratos.

•• *Caput* com redação determinada pela Lei n. 13.172, de 21-10-2015.

§ 1.º O desconto mencionado neste artigo também poderá incidir sobre verbas rescisórias devidas pelo empregador, se assim previsto no respectivo contrato de empréstimo, financiamento, cartão de crédito ou arrendamento mercantil, até o limite de 40% (quarenta por cento), sendo 35% (trinta e cinco por cento) destinados exclusivamente a empréstimos, financiamentos e arrendamentos mercantis e 5% (cinco por cento) destinados exclusivamente à amortização de despesas contraídas por meio de cartão de crédito consignado ou à utilização com a finalidade de saque por meio de cartão de crédito consignado.

•• § 1.º, *caput*, com redação determinada pela Lei n. 14.431, de 3-8-2022.

I – *(Revogado pela Lei n. 14.431, de 3-8-2022.)*

II – *(Revogado pela Lei n. 14.431, de 3-8-2022.)*

§ 2.º O regulamento disporá sobre os limites de valor do empréstimo, da prestação consignável para os fins do *caput* e do comprometimento das verbas rescisórias para os fins do § 1.º deste artigo.

• Vide art. 3.º do Decreto n. 4.840, de 17-9-2003.

§ 3.º Os empregados de que trata o *caput* poderão solicitar o bloqueio, a qualquer tempo, de novos descontos.

•• § 3.º acrescentado pela Lei n. 13.097, de 19-1-2015.

•• A Lei n. 13.126, de 21-5-2015, propôs a revogação deste § 3.º, todavia teve seu texto vetado.

§ 4.º O disposto no § 3.º não se aplica aos descontos autorizados em data anterior à da solicitação do bloqueio.

•• § 4.º acrescentado pela Lei n. 13.097, de 19-1-2015.

(*) Publicada no *DJU*, de 9-10-2003.

(**) Publicada no *DOU*, de 18-12-2003. Regulamentada pelo Decreto n. 4.840, de 17-9-2003.

•• A Lei n. 13.126, de 21-5-2015, propôs a revogação deste § 4.º, todavia teve seu texto vetado.

§ 5.º Nas operações de crédito consignado de que trata este artigo, o empregado poderá oferecer em garantia, de forma irrevogável e irretratável:

•• § 5.º, *caput*, acrescentado pela Lei n. 13.313, de 14-7-2016.

I – até 10% (dez por cento) do saldo de sua conta vinculada no Fundo de Garantia do Tempo de Serviço – FGTS;

•• Inciso I acrescentado pela Lei n. 13.313, de 14-7-2016.

II – até 100% (cem por cento) do valor da multa paga pelo empregador, em caso de despedida sem justa causa ou de despedida por culpa recíproca ou força maior, nos termos dos §§ 1.º e 2.º do art. 18 da Lei n. 8.036, de 11 de maio de 1990.

•• Inciso II acrescentado pela Lei n. 13.313, de 14-7-2016.

§ 6.º A garantia de que trata o § 5.º só poderá ser acionada na ocorrência de despedida sem justa causa, inclusive a indireta, ou de despedida por culpa recíproca ou força maior, não se aplicando, em relação à referida garantia, o disposto no § 2.º do art. 2.º da Lei n. 8.036, de 11 de maio de 1990.

•• § 6.º acrescentado pela Lei n. 13.313, de 14-7-2016.

§ 7.º O Conselho Curador do FGTS poderá definir o número máximo de parcelas e a taxa máxima mensal de juros a ser cobrada pelas instituições consignatárias nas operações de crédito consignado de que trata este artigo.

•• § 7.º acrescentado pela Lei n. 13.313, de 14-7-2016.

§ 8.º Cabe ao agente operador do FGTS definir os procedimentos operacionais necessários à execução do disposto nos §§ 5.º e 6.º deste artigo, nos termos do inciso II do *caput* do art. 7.º da Lei n. 8.036, de 11 de maio de 1990.

•• § 8.º acrescentado pela Lei n. 13.313, de 14-7-2016.

Art. 2.º Para os fins desta Lei, considera-se:

I – empregador, a pessoa jurídica assim definida pela legislação trabalhista e o empresário a que se refere o Título I do Livro II da Parte Especial da Lei n. 10.406, de 10 de janeiro de 2002 – Código Civil;

•• Inciso I com redação determinada pela Lei n. 13.097, de 19-1-2015.
• Vide art. 2.º da CLT.

II – empregado, aquele assim definido pela legislação trabalhista;
• Vide art. 3.º da CLT.

III – instituição consignatária, a instituição autorizada a conceder empréstimo ou financiamento ou realizar operação com cartão de crédito ou de arrendamento mercantil mencionada no *caput* do art. 1.º;

•• Inciso III com redação determinada pela Lei n. 13.172, de 21-10-2015.

IV – mutuário, empregado que firma com instituição consignatária contrato de empréstimo, financiamento, cartão de crédito ou arrendamento mercantil regulado por esta Lei;

•• Inciso IV com redação determinada pela Lei n. 13.172, de 21-10-2015.

V – verbas rescisórias, as importâncias devidas em dinheiro pelo empregador ao empregado em razão de rescisão do seu contrato de trabalho;

VI – instituição financeira mantenedora, a instituição a que se refere o inciso III do *caput* e que mantém as contas para crédito da remuneração disponível dos empregados;

•• Inciso VI acrescentado pela Lei n. 13.097, de 19-1-2015.

VII – desconto, ato de descontar na folha de pagamento ou em momento anterior ao do crédito devido pelo empregador ao empregado como remuneração disponível ou verba rescisória o valor das prestações assumidas em operação de empréstimo, financiamento, cartão de crédito ou arrendamento mercantil; e

•• Inciso VII com redação determinada pela Lei n. 13.172, de 21-10-2015.

VIII – remuneração disponível, os vencimentos, subsídios, soldos, salários ou remunerações, descontadas as consignações compulsórias.

•• Inciso VIII acrescentado pela Lei n. 13.097, de 19-1-2015.
• Vide arts. 477 e s. da CLT.

§ 1.º Para os fins desta Lei, são consideradas consignações voluntárias as autorizadas pelo empregado.

§ 2.º No momento da contratação da operação, a autorização para a efetivação dos descontos permitidos nesta Lei observará, para cada mutuário, os seguintes limites:

I – a soma dos descontos referidos no art. 1.º desta Lei não poderá exceder a 40% (quarenta por cento) da remuneração disponível, conforme definido em regulamento;

•• Inciso I, *caput*, com redação determinada pela Lei n. 14.431, de 3-8-2022.

a) (Revogada pela Lei n. 14.431, de 3-8-2022.)

b) (Revogada pela Lei n. 14.431, de 3-8-2022.)

II – o total das consignações voluntárias, incluindo as referidas no art. 1.º, não poderá exceder a quarenta por cento da remuneração disponível, conforme definida em regulamento.

•• A Lei n. 13.126, de 21-5-2015, propôs nova redação para este inciso, todavia teve seu texto vetado.

Art. 3.º Para os fins desta Lei, são obrigações do empregador:

I – prestar ao empregado e à instituição consignatária, mediante solicitação formal do primeiro, as informações necessárias para a contratação da operação de crédito ou arrendamento mercantil;

II – tornar disponíveis aos empregados, bem como às respectivas entidades sindicais que as solicitem, as informações referentes aos custos referidos no § 2.º; e

•• Inciso II com redação determinada pela Lei n. 13.097, de 19-1-2015.

III – efetuar os descontos autorizados pelo empregado, inclusive sobre as verbas rescisórias, e repassar o valor à instituição consignatária na forma e no prazo previstos em regulamento.

•• Inciso III com redação determinada pela Lei n. 13.097, de 19-1-2015.

§ 1.º É vedado ao empregador impor ao mutuário e à instituição consignatária escolhida pelo empregado qualquer condição que não esteja prevista nesta Lei ou em seu regulamento para a efetivação do contrato e a implementação dos descontos autorizados.

§ 2.º Observado o disposto em regulamento e nos casos nele admitidos, é facultado ao empregador descontar na folha de pagamento do mutuário os custos operacionais decorrentes da realização da operação objeto desta Lei.

§ 3.º Cabe ao empregador informar, no demonstrativo de rendimentos do empregado, de forma discriminada, o valor do desconto mensal decorrente de cada operação de empréstimo, financiamento, cartão de crédito ou arrendamento mercantil e os custos operacionais referidos no § 2.º.

•• § 3.º com redação determinada pela Lei n. 13.172, de 21-10-2015.

§ 4.º Os descontos autorizados na forma desta Lei e seu regulamento terão preferência sobre outros descontos da mesma natureza que venham a ser autorizados posteriormente.

Art. 4.º A concessão de empréstimo, financiamento, cartão de crédito ou arrendamento mercantil será feita a critério da instituição consignatária, sendo os valores e as demais condições objeto de livre negociação entre ela e o mutuário, observadas as demais disposições desta Lei e seu regulamento.

•• *Caput* com redação determinada pela Lei n. 13.172, de 21-10-2015.

§ 1.º Poderá o empregador, com a anuência da entidade sindical representativa da maioria dos empregados, sem ônus para estes, firmar, com instituições consignatárias, acordo que defina condições gerais e demais critérios a serem observados nas operações de empréstimo, financiamento, cartão de crédito ou arrendamento mercantil que venham a ser realizadas com seus empregados.

•• § 1.º com redação determinada pela Lei n. 13.172, de 21-10-2015.

§ 2.º Poderão as entidades e centrais sindicais, sem ônus para os empregados, firmar, com instituições consignatárias, acordo que defina condições gerais e demais critérios a serem observados nas operações de empréstimo, financiamento, cartão de crédito ou arrendamento mercantil que venham a ser realizadas com seus representados.

•• § 2.º com redação determinada pela Lei n. 13.172, de 21-10-2015.

§ 3.º Na hipótese de ser firmado um dos acordos a que se referem os §§ 1.º ou 2.º e sendo observados e atendidos pelo empregado todos

os requisitos e condições nele previstos, inclusive as regras de concessão de crédito, não poderá a instituição consignatária negar-se a celebrar a operação de empréstimo, financiamento, cartão de crédito ou arrendamento mercantil.

•• § 3.º com redação determinada pela Lei n. 13.172, de 21-10-2015.

§ 4.º Para a realização das operações referidas nesta Lei, é assegurado ao empregado o direito de optar por instituição consignatária que tenha firmado acordo com o empregador, com sua entidade sindical, ou qualquer outra instituição consignatária de sua livre escolha, ficando o empregador obrigado a proceder aos descontos e repasses por ele contratados e autorizados.

§ 5.º No caso dos acordos celebrados nos termos do § 2.º deste artigo, os custos de que trata o § 2.º do art. 3.º deverão ser negociados entre o empregador e a entidade sindical, sendo vedada a fixação de custos superiores aos previstos pelo mesmo empregador nos acordos referidos no § 1.º deste artigo.

§ 6.º Poderá ser prevista nos acordos referidos nos §§ 1.º e 2.º deste artigo, ou em acordo específico entre a instituição consignatária e o empregador, a absorção dos custos referidos no § 2.º do art. 3.º pela instituição consignatária.

§ 7.º É vedada aos empregadores, entidades e centrais sindicais a cobrança de qualquer taxa ou exigência de contrapartida pela celebração ou pela anuência nos acordos referidos nos §§ 1.º e 2.º, bem como a inclusão neles de cláusulas que impliquem pagamento em seu favor, a qualquer título, pela realização das operações de que trata esta Lei, ressalvado o disposto no § 2.º do art. 3.º.

§ 8.º Fica o empregador ou a instituição consignatária obrigada a disponibilizar, inclusive em meio eletrônico, a opção de bloqueio de novos descontos.

•• § 8.º acrescentado pela Lei n. 13.097, de 19-1-2015.
•• A Lei n. 13.126, de 21-5-2015, propôs a revogação deste § 8.º, todavia teve seu texto vetado.

Art. 5.º O empregador será o responsável pelas informações prestadas, pelo desconto dos valores devidos e pelo seu repasse às instituições consignatárias, que deverá ser realizado até o quinto dia útil após a data de pagamento ao mutuário de sua remuneração disponível.

•• *Caput* com redação determinada pela Lei n. 13.097, de 19-1-2015.

§ 1.º O empregador, salvo disposição contratual em contrário, não será corresponsável pelo pagamento dos empréstimos, financiamentos, cartões de crédito e arrendamentos mercantis concedidos aos seus empregados, mas responderá como devedor principal e solidário perante a instituição consignatária por valores a ela devidos em razão de contratações por ele confirmadas na forma desta Lei e de seu regulamento que deixarem, por sua falha ou culpa, de ser retidos ou repassados.

•• § 1.º com redação determinada pela Lei n. 13.172, de 21-10-2015.

§ 2.º Na hipótese de comprovação de que o pagamento mensal do empréstimo, financiamento, cartão de crédito ou arrendamento mercantil tenha sido descontado do mutuário e não tenha sido repassado pelo empregador, ou pela instituição financeira mantenedora, na forma do § 5.º, à instituição consignatária, fica esta proibida de incluir o nome do mutuário em cadastro de inadimplentes.

•• § 2.º com redação determinada pela Lei n. 13.172, de 21-10-2015.

§ 3.º Na hipótese de ocorrência da situação descrita no § 2.º, é cabível o ajuizamento de ação de depósito, nos termos do Capítulo II do Título I do Livro IV da Lei n. 5.869, de 11 de janeiro de 1973 – Código de Processo Civil, em face do empregador, ou da instituição financeira mantenedora, se responsável pelo desconto, na forma do § 5.º, e de seus representantes legais.

•• § 3.º com redação determinada pela Lei n. 13.097, de 19-1-2015.

§ 4.º No caso de falência do empregador, antes do repasse das importâncias descontadas dos mutuários, fica assegurado à instituição consignatária o direito de pedir, na forma prevista em lei, a restituição das importâncias retidas.

§ 5.º O acordo firmado entre o empregador e a instituição financeira mantenedora poderá prever que a responsabilidade pelo desconto de que trata o *caput* será da instituição financeira mantenedora.

•• § 5.º acrescentado pela Lei n. 13.097, de 19-1-2015.

Art. 6.º Os titulares de benefícios de aposentadoria e pensão do Regime Geral de Previdência Social e do benefício de prestação continuada de que trata o art. 20 da Lei n. 8.742, de 7 de dezembro de 1993, poderão autorizar que o Instituto Nacional do Seguro Social (INSS) proceda aos descontos referidos no art. 1.º desta Lei e, de forma irrevogável e irretratável, que a instituição financeira na qual recebam os seus benefícios retenha, para fins de amortização, valores referentes ao pagamento mensal de empréstimos, financiamentos, cartões de crédito e operações de arrendamento mercantil por ela concedidos, quando previstos em contrato, na forma estabelecida em regulamento, observadas as normas editadas pelo INSS e ouvido o Conselho Nacional de Previdência Social.

•• *Caput* com redação determinada pela Lei n. 14.431, de 3-8-2022.

§ 1.º Para os fins do *caput*, fica o INSS autorizado a dispor, em ato próprio, sobre:

I – as formalidades para habilitação das instituições e sociedades referidas no art. 1.º;

II – os benefícios elegíveis, em função de sua natureza e forma de pagamento;

III – as rotinas a serem observadas para a prestação aos titulares de benefícios em manutenção e às instituições consignatárias das informações necessárias à consecução do disposto nesta Lei;

IV – os prazos para o início dos descontos autorizados e para o repasse das prestações às instituições consignatárias;

V – o valor dos encargos a serem cobrados para ressarcimento dos custos operacionais a ele acarretados pelas operações; e

VI – as demais normas que se fizerem necessárias.

§ 2.º Em qualquer circunstância, a responsabilidade do INSS em relação às operações referidas no *caput* deste artigo restringe-se à:

I – retenção dos valores autorizados pelo beneficiário e repasse à instituição consignatária nas operações de desconto, não cabendo à autarquia responsabilidade solidária pelos débitos contratados pelo segurado; e

II – manutenção dos pagamentos do titular do benefício na mesma instituição financeira enquanto houver saldo devedor nas operações em que for autorizada a retenção, não cabendo à autarquia responsabilidade solidária pelos débitos contratados pelo segurado.

•• § 2.º com redação determinada pela Lei n. 10.953, de 27-9-2004.

§ 3.º É vedado ao titular de benefício que realizar qualquer das operações referidas nesta Lei solicitar a alteração da instituição financeira pagadora, enquanto houver saldo devedor em amortização.

•• § 3.º com redação determinada pela Lei n. 10.953, de 27-9-2004.

§ 4.º É facultada a transferência da consignação do empréstimo, financiamento ou arrendamento firmado pelo empregado na vigência do seu contrato de trabalho quando de sua aposentadoria, observadas as condições estabelecidas nesta Lei.

•• A Lei n. 13.126, de 21-5-2015, propôs nova redação para este § 4.º, todavia teve seu texto vetado.

§ 5.º Os descontos e as retenções mencionados no *caput* deste artigo não poderão ultrapassar o limite de 45% (quarenta e cinco por cento) do valor dos benefícios, sendo 35% (trinta e cinco por cento) destinados exclusivamente a empréstimos, financiamentos e arrendamentos mercantis, 5% (cinco por cento) destinados exclusivamente à amortização de despesas contraídas por meio de cartão de crédito consignado ou à utilização com a finalidade de saque por meio de cartão de crédito consignado e 5% (cinco por cento) destinados exclusivamente à amortização de despesas contraídas por meio de cartão consignado de benefício ou à utilização com a finalidade de saque por meio de cartão consignado de benefício.

•• § 5.º com redação determinada pela Lei n. 14.431, de 3-8-2022.

§ 6.º A instituição financeira que proceder à retenção de valor superior ao limite estabelecido no § 5.º deste artigo perderá todas as garantias que lhe são conferidas por esta Lei.
•• § 6.º acrescentado pela Lei n. 10.953, de 27-9-2004.
•• A Lei n. 13.126, de 21-5-2015, propôs a revogação deste § 6.º, todavia teve seu texto vetado.

§ 7.º Aplica-se o previsto no *caput* e no § 5.º deste artigo também aos titulares da renda mensal vitalícia (RMV) prevista na Lei n. 6.179, de 11 de dezembro de 1974, e de benefícios que tenham como requisito para sua concessão a preexistência do benefício de prestação continuada de que trata o art. 20 da Lei n. 8.742, de 7 de dezembro de 1993.
•• § 7.º acrescentado pela Lei n. 14.431, de 3-8-2022.

Art. 6.º-A. Equiparam-se, para os fins do disposto nos arts. 1.º e 6.º, às operações neles referidas as que são realizadas com entidades abertas ou fechadas de previdência complementar pelos respectivos participantes ou assistidos.
•• Artigo acrescentado pela Lei n. 13.183, de 4-11-2015.

Art. 6.º-B. Os beneficiários de programas federais de transferência de renda poderão autorizar a União a proceder aos descontos em seu benefício, de forma irrevogável e irretratável, em favor de instituições financeiras autorizadas a funcionar pelo Banco Central do Brasil, para fins de amortização de valores referentes ao pagamento mensal de empréstimos e financiamentos, até o limite de 40% (quarenta por cento) do valor do benefício, na forma estabelecida em regulamento.
•• *Caput* acrescentado pela Lei n. 14.431, de 3-8-2022.

Parágrafo único. A responsabilidade pelo pagamento dos créditos de que trata o *caput* deste artigo será direta e exclusiva do beneficiário, e a União não poderá ser responsabilizada, ainda que subsidiariamente, em qualquer hipótese.
•• Parágrafo único acrescentado pela Lei n. 14.431, de 3-8-2022.

Art. 8.º O Poder Executivo regulamentará o disposto nesta Lei.
•• Vide Decreto n. 4.840, de 17-9-2003, que regulamenta esta Lei.

Art. 9.º Esta Lei entra em vigor na data de sua publicação.
Brasília, 17 de dezembro de 2003; 182.º da Independência e 115.º da República.

Luiz Inácio Lula da Silva

LEI N. 10.833, DE 29 DE DEZEMBRO DE 2003 (*)

Altera a Legislação Tributária Federal e dá outras providências.

O Presidente da República
Faço saber que o Congresso Nacional decreta e eu sanciono a seguinte Lei:

Capítulo II
DAS OUTRAS DISPOSIÇÕES RELATIVAS À LEGISLAÇÃO TRIBUTÁRIA

Art. 28. Cabe à fonte pagadora, no prazo de 15 (quinze) dias da data da retenção de que trata o *caput* do art. 46 da Lei n. 8.541, de 23 de dezembro de 1992, comprovar, nos respectivos autos, o recolhimento do imposto de renda na fonte incidente sobre os rendimentos pagos em cumprimento de decisões da Justiça do Trabalho.
• Citado dispositivo consta deste volume.
• A Instrução Normativa n. 491, de 12-1-2005, da Secretaria da Receita Federal, dispõe sobre a incidência do imposto de renda sobre os rendimentos pagos em cumprimento de decisões da Justiça do Trabalho de que trata este artigo.

§ 1.º Na hipótese de omissão da fonte pagadora relativamente à comprovação de que trata o *caput*, e nos pagamentos de honorários periciais, competirá ao Juízo do Trabalho calcular o imposto de renda na fonte e determinar o seu recolhimento à instituição financeira depositária do crédito.

§ 2.º A não indicação pela fonte pagadora da natureza jurídica das parcelas objeto de acordo homologado perante a Justiça do Trabalho acarretará a incidência do imposto de renda na fonte sobre o valor total da avença.

§ 3.º A instituição financeira deverá, na forma, prazo e condições estabelecidas pela Secretaria da Receita Federal, fornecer à pessoa física beneficiária o Comprovante de Rendimentos Pagos e de Retenção do Imposto de Renda na Fonte, bem como apresentar à Secretaria da Receita Federal declaração contendo informações sobre:

I – os pagamentos efetuados à reclamante e o respectivo imposto de renda retido na fonte, na hipótese do § 1.º;

II – os honorários pagos a perito e o respectivo imposto de renda retido na fonte;

III – as importâncias pagas a título de honorários assistenciais de que trata o art. 16 da Lei n. 5.584, de 26 de junho de 1970;
• Citado dispositivo consta deste volume.

IV – a indicação do advogado da reclamante.

Brasília, 29 de dezembro de 2003; 182.º da Independência e 115.º da República.

Luiz Inácio Lula da Silva

LEI N. 11.101, DE 9 DE FEVEREIRO DE 2005 (**)

Regula a recuperação judicial, a extrajudicial e a falência do empresário e da sociedade empresária.

O Presidente da República
Faço saber que o Congresso Nacional decreta e eu sanciono a seguinte Lei:

Capítulo I
DISPOSIÇÕES PRELIMINARES

Art. 1.º Esta Lei disciplina a recuperação judicial, a recuperação extrajudicial e a falência do empresário e da sociedade empresária, doravante referidos simplesmente como devedor.

Art. 2.º Esta Lei não se aplica a:
I – empresa pública e sociedade de economia mista;
II – instituição financeira pública ou privada, cooperativa de crédito, consórcio, entidade de previdência complementar, sociedade operadora de plano de assistência à saúde, sociedade seguradora, sociedade de capitalização e outras entidades legalmente equiparadas às anteriores.

Art. 3.º É competente para homologar o plano de recuperação extrajudicial, deferir a recuperação judicial ou decretar a falência o juízo do local do principal estabelecimento do devedor ou da filial de empresa que tenha sede fora do Brasil.

Capítulo II
DISPOSIÇÕES COMUNS À RECUPERAÇÃO JUDICIAL E À FALÊNCIA

SEÇÃO I
Disposições Gerais

(*) Publicada no *DOU*, de 30-12-2003 – Edição Extra.

(**) Publicada no *DOU*, de 9-2-2005 – Edição Extra.

Art. 6.º A decretação da falência ou o deferimento do processamento da recuperação judicial implica:
• • *Caput* com redação determinada pela Lei n. 14.112, de 24-12-2020.
• Vide Súmula 581 do STJ.

I – suspensão do curso da prescrição das obrigações do devedor sujeitas ao regime desta Lei;
• • Inciso I acrescentado pela Lei n. 14.112, de 24-12-2020.

II – suspensão das execuções ajuizadas contra o devedor, inclusive daquelas dos credores particulares do sócio solidário, relativas a créditos ou obrigações sujeitos à recuperação judicial ou à falência;
• • Inciso II acrescentado pela Lei n. 14.112, de 24-12-2020.

III – proibição de qualquer forma de retenção, arresto, penhora, sequestro, busca e apreensão e constrição judicial ou extrajudicial sobre os bens do devedor, oriunda de demandas judiciais ou extrajudiciais cujos créditos ou obrigações sujeitem-se à recuperação judicial ou à falência.
• • Inciso III acrescentado pela Lei n. 14.112, de 24-12-2020.

§ 2.º É permitido pleitear, perante o administrador judicial, habilitação, exclusão ou modificação de créditos derivados da relação de trabalho, mas as ações de natureza trabalhista, inclusive as impugnações a que se refere o art. 8.º desta Lei, serão processadas perante a justiça especializada até a apuração do respectivo crédito, que será inscrito no quadro geral de credores pelo valor determinado em sentença.

§ 3.º O juiz competente para as ações referidas nos §§ 1.º e 2.º deste artigo poderá determinar a reserva da importância que estimar devida na recuperação judicial ou na falência, e, uma vez reconhecido líquido o direito, será o crédito incluído na classe própria.

§ 4.º Na recuperação judicial, as suspensões e a proibição de que tratam os incisos I, II e III do *caput* deste artigo perdurarão pelo prazo de 180 (cento e oitenta) dias, contado do deferimento do processamento da recuperação, prorrogável por igual período, uma única vez, em caráter excepcional, desde que o devedor não haja concorrido com a superação do lapso temporal.
• • § 4.º com redação determinada pela Lei n. 14.112, de 24-12-2020.

§ 4.º-A. O decurso do prazo previsto no § 4.º deste artigo sem a deliberação a respeito do plano de recuperação judicial proposto pelo devedor faculta aos credores a propositura de plano alternativo; na forma dos §§ 4.º, 5.º, 6.º e 7.º do art. 56 desta Lei, observado o seguinte:
• • § 4.º-A, *caput*, acrescentado pela Lei n. 14.112, de 24-12-2020.

I – as suspensões e a proibição de que tratam os incisos I, II e III do *caput* deste artigo não serão aplicáveis caso os credores não apresentem plano alternativo no prazo de 30 (trinta) dias, contado do final do prazo referido no § 4.º deste artigo ou no § 4.º do art. 56 desta Lei;
• • Inciso I acrescentado pela Lei n. 14.112, de 24-12-2020.

II – as suspensões e a proibição de que tratam os incisos I, II e III do *caput* deste artigo perdurarão por 180 (cento e oitenta) dias contados do final do prazo referido no § 4.º deste artigo, ou da realização da assembleia-geral de credores referida no § 4.º do art. 56 desta Lei, caso os credores apresentem plano alternativo no prazo referido no inciso I deste parágrafo ou no prazo referido no § 4.º do art. 56 desta Lei.
• • Inciso II acrescentado pela Lei n. 14.112, de 24-12-2020.

§ 5.º O disposto no § 2.º deste artigo aplica-se à recuperação judicial durante o período de suspensão de que trata o § 4.º deste artigo.
• • § 5.º com redação determinada pela Lei n. 14.112, de 24-12-2020.

§ 6.º Independentemente da verificação periódica perante os cartórios de distribuição, as ações que venham a ser propostas contra o devedor deverão ser comunicadas ao juízo da falência ou da recuperação judicial:

I – pelo juiz competente, quando do recebimento da petição inicial;

II – pelo devedor, imediatamente após a citação.

§ 7.º (*Revogado pela Lei n. 14.112, de 24-12-2020.*)

§ 7.º-A. O disposto nos incisos I, II e III do *caput* deste artigo não se aplica aos créditos referidos nos §§ 3.º e 4.º do art. 49 desta Lei, admitida, todavia, a competência do juízo da recuperação judicial para determinar a suspensão dos atos de constrição que recaiam sobre bens de capital essenciais à manutenção da atividade empresarial durante o prazo de suspensão a que se refere o § 4.º deste artigo, a qual será implementada mediante a cooperação jurisdicional, na forma do art. 69 da Lei n. 13.105, de 16 de março de 2015 (Código de Processo Civil), observado o disposto no art. 805 do referido Código.
• • § 7.º-A acrescentado pela Lei n. 14.112, de 24-12-2020.

§ 7.º-B. O disposto nos incisos I, II e III do *caput* deste artigo não se aplica às execuções fiscais, admitida, todavia, a competência do juízo da recuperação judicial para determinar a substituição dos atos de constrição que recaiam sobre bens de capital essenciais à manutenção da atividade empresarial até o encerramento da recuperação judicial, a qual será implementada mediante a cooperação jurisdicional, na forma do art. 69 da Lei n. 13.105, de 16 de março de 2015 (Código de Processo Civil), observado o disposto no art. 805 do referido Código.
• • § 7.º-B acrescentado pela Lei n. 14.112, de 24-12-2020.

§ 8.º A distribuição do pedido de falência ou de recuperação judicial ou a homologação de recuperação extrajudicial previne a jurisdição para qualquer outro pedido de falência, de recuperação judicial ou de homologação de recuperação extrajudicial relativo ao mesmo devedor.
• • § 8.º com redação determinada pela Lei n. 14.112, de 24-12-2020.

§ 9.º O processamento da recuperação judicial ou a decretação da falência não autoriza o administrador judicial a recusar a eficácia da convenção de arbitragem, não impedindo ou suspendendo a instauração de procedimento arbitral.
• • § 9.º acrescentado pela Lei n. 14.112, de 24-12-2020.

§ 10. (*Vetado.*)
• • § 10 acrescentado pela Lei n. 14.112, de 24-12-2020.

§ 11. O disposto no § 7.º-B deste artigo aplica-se, no que couber, às execuções fiscais e às execuções de ofício que se enquadrem respectivamente nos incisos VII e VIII do *caput* do art. 114 da Constituição Federal, vedados a expedição de certidão de crédito e o arquivamento das execuções para efeito de habilitação na recuperação judicial ou na falência.
• • § 11 acrescentado pela Lei n. 14.112, de 24-12-2020.

§ 12. Observado o disposto no art. 300 da Lei n. 13.105, de 16 de março de 2015 (Código de Processo Civil), o juiz poderá antecipar total ou parcialmente os efeitos do deferimento do processamento da recuperação judicial.
• • § 12 acrescentado pela Lei n. 14.112, de 24-12-2020.

§ 13. Não se sujeitam aos efeitos da recuperação judicial os contratos e obrigações decorrentes dos atos cooperativos praticados pelas sociedades cooperativas com seus cooperados, na forma do art. 79 da Lei n. 5.764, de 16 de dezembro de 1971, consequentemente, não se aplicando a vedação contida no inciso II do art. 2.º quando a sociedade operadora de plano de assistência à saúde for cooperativa médica.
• • § 13 acrescentado pela Lei n. 14.112, de 24-12-2020, originariamente vetado, todavia promulgado em 26-3-2021.

SEÇÃO II
Da Verificação e da Habilitação de Créditos

Art. 7.º A verificação dos créditos será realizada pelo administrador judicial, com base nos livros contábeis e documentos comerciais e fiscais do devedor e nos documentos que lhe forem apresentados pelos credores, podendo contar com o auxílio de profissionais ou empresas especializadas.

§ 1.º Publicado o edital previsto no art. 52, § 1.º, ou no parágrafo único do art. 99 desta Lei, os credores terão o prazo de 15 (quinze) dias para apresentar ao administrador judicial suas habilitações ou suas divergências quanto aos créditos relacionados.
• O art. 52, § 1.º, dispõe sobre o conteúdo do edital expedido por ordem do juiz que deferir o processamento da recuperação judicial. O art. 99 dispõe sobre o conteúdo da sentença que decretar a falência.

§ 2.º O administrador judicial, com base nas informações e documentos colhidos na forma do *caput* e do § 1.º deste artigo, fará publicar edital contendo a relação de credores no prazo de 45 (quarenta e cinco) dias, contado do fim do prazo do § 1.º deste artigo, devendo indicar o local, o horário e o prazo comum em que as pessoas indicadas no art. 8.º desta Lei terão acesso aos documentos que fundamentaram a elaboração dessa relação.

Art. 7.º-A. Na falência, após realizadas as intimações e publicado o edital, conforme previsto, respectivamente, no inciso XIII do *caput* e no § 1.º do art. 99 desta Lei, o juiz instaurará, de ofício, para cada Fazenda Pública credora, incidente de classificação de crédito público e determinará a sua intimação eletrônica para que, no prazo de 30 (trinta) dias, apresente diretamente ao administrador judicial ou em juízo, a depender do momento processual, a relação completa de seus créditos inscritos em dívida ativa, acompanhada dos cálculos, da classificação e das informações sobre a situação atual.
•• *Caput* acrescentado pela Lei n. 14.112, de 24-12-2020.

§ 1.º Para efeito do disposto no *caput* deste artigo, considera-se Fazenda Pública credora aquela que conste da relação do edital previsto no § 1.º do art. 99 desta Lei, ou que, após a intimação prevista no inciso XIII do *caput* do art. 99 desta Lei, alegue nos autos, no prazo de 15 (quinze) dias, possuir crédito contra o falido.
•• § 1.º acrescentado pela Lei n. 14.112, de 24-12-2020.

§ 2.º Os créditos não definitivamente constituídos, não inscritos em dívida ativa ou com exigibilidade suspensa poderão ser informados em momento posterior.
•• § 2.º acrescentado pela Lei n. 14.112, de 24-12-2020.

§ 3.º Encerrado o prazo de que trata o *caput* deste artigo:
•• § 3.º, *caput*, acrescentado pela Lei n. 14.112, de 24-12-2020.

I – o falido, os demais credores e o administrador judicial disporão do prazo de 15 (quinze) dias para manifestar objeções, limitadamente, sobre os cálculos e a classificação para os fins desta Lei;
•• Inciso I acrescentado pela Lei n. 14.112, de 24-12-2020.

II – a Fazenda Pública, ultrapassado o prazo de que trata o inciso I deste parágrafo, será intimada para prestar, no prazo de 10 (dez) dias, eventuais esclarecimentos a respeito das manifestações previstas no referido inciso;
•• Inciso II acrescentado pela Lei n. 14.112, de 24-12-2020.

III – os créditos serão objeto de reserva integral até o julgamento definitivo quando rejeitados os argumentos apresentados de acordo com o inciso II deste parágrafo;
•• Inciso III acrescentado pela Lei n. 14.112, de 24-12-2020.

IV – os créditos incontroversos, desde que exigíveis, serão imediatamente incluídos no quadro geral de credores, observada a sua classificação;
•• Inciso IV acrescentado pela Lei n. 14.112, de 24-12-2020.

V – o juiz, anteriormente à homologação do quadro geral de credores, concederá prazo comum de 10 (dez) dias para que o administrador judicial e a Fazenda Pública titular de crédito objeto de reserva manifestem-se sobre a situação atual desses créditos e, ao final do referido prazo, decidirá acerca da necessidade de mantê-la.
•• Inciso V acrescentado pela Lei n. 14.112, de 24-12-2020.

§ 4.º Com relação à aplicação do disposto neste artigo, serão observadas as seguintes disposições:
•• § 4.º, *caput*, acrescentado pela Lei n. 14.112, de 24-12-2020.

I – a decisão sobre os cálculos e a classificação dos créditos para os fins do disposto nesta Lei, bem como sobre a arrecadação dos bens, a realização do ativo e o pagamento aos credores, competirá ao juízo falimentar;
•• Inciso I acrescentado pela Lei n. 14.112, de 24-12-2020.

II – a decisão sobre a existência, a exigibilidade e o valor do crédito, observado o disposto no inciso II do *caput* do art. 9.º desta Lei e as demais regras do processo de falência, bem como sobre o eventual prosseguimento da cobrança contra os corresponsáveis, competirá ao juízo da execução fiscal;
•• Inciso II acrescentado pela Lei n. 14.112, de 24-12-2020.

III – a ressalva prevista no art. 76 desta Lei, ainda que o crédito reconhecido não esteja em cobrança judicial mediante execução fiscal, aplicar-se-á, no que couber, ao disposto no inciso II deste parágrafo;
•• Inciso III acrescentado pela Lei n. 14.112, de 24-12-2020.

IV – o administrador judicial e o juízo falimentar deverão respeitar a presunção de certeza e liquidez de que trata o art. 3.º da Lei n. 6.830, de 22 de setembro de 1980, sem prejuízo do disposto nos incisos II e III deste parágrafo;
•• Inciso IV acrescentado pela Lei n. 14.112, de 24-12-2020.

V – as execuções fiscais permanecerão suspensas até o encerramento da falência, sem prejuízo da possibilidade de prosseguimento contra os corresponsáveis;
•• Inciso V acrescentado pela Lei n. 14.112, de 24-12-2020.

VI – a restituição em dinheiro e a compensação serão preservadas, nos termos dos arts. 86 e 122 desta Lei; e
•• Inciso VI acrescentado pela Lei n. 14.112, de 24-12-2020.

VII – o disposto no art. 10 desta Lei será aplicado, no que couber, aos créditos retardatários.
•• Inciso VII acrescentado pela Lei n. 14.112, de 24-12-2020.

§ 5.º Na hipótese de não apresentação da relação referida no *caput* deste artigo no prazo nele estipulado, o incidente será arquivado e a Fazenda Pública credora poderá requerer o desarquivamento, observado, no que couber, o disposto no art. 10 desta Lei.
•• § 5.º acrescentado pela Lei n. 14.112, de 24-12-2020.

§ 6.º As disposições deste artigo aplicam-se, no que couber, às execuções fiscais e às execuções de ofício que se enquadrem no disposto nos incisos VII e VIII do *caput* do art. 114 da Constituição Federal.
•• § 6.º acrescentado pela Lei n. 14.112, de 24-12-2020.

§ 7.º O disposto neste artigo aplica-se, no que couber, aos créditos do Fundo de Garantia do Tempo de Serviço (FGTS).
•• § 7.º acrescentado pela Lei n. 14.112, de 24-12-2020.

§ 8.º Não haverá condenação em honorários de sucumbência no incidente de que trata este artigo.
•• § 8.º acrescentado pela Lei n. 14.112, de 24-12-2020.

Art. 8.º No prazo de 10 (dez) dias, contado da publicação da relação referida no art. 7.º, § 2.º, desta Lei, o Comitê, qualquer credor, o devedor ou seus sócios ou o Ministério Público podem apresentar ao juiz impugnação contra a relação de credores, apontando a ausência de qualquer crédito ou manifestando-se contra a legitimidade, importância ou classificação de crédito relacionado.

SEÇÃO III
Do Administrador Judicial e do Comitê de Credores

Art. 26. O Comitê de Credores será constituído por deliberação de qualquer das classes de credores na assembleia geral e terá a seguinte composição:

I – 1 (um) representante indicado pela classe de credores trabalhistas, com 2 (dois) suplentes;

SEÇÃO IV
Da Assembleia Geral de Credores

Art. 35. A assembleia geral de credores terá por atribuições deliberar sobre:

I – na recuperação judicial:

a) aprovação, rejeição ou modificação do plano de recuperação judicial apresentado pelo devedor;

b) a constituição do Comitê de Credores, a escolha de seus membros e sua substituição;

c) (Vetada.)

d) o pedido de desistência do devedor, nos termos do § 4.º do art. 52 desta Lei;

e) o nome do gestor judicial, quando do afastamento do devedor;

f) qualquer outra matéria que possa afetar os interesses dos credores;

g) alienação de bens ou direitos do ativo não circulante do devedor, não prevista no plano de recuperação judicial;

•• Alínea *g* acrescentada pela Lei n. 14.112, de 24-12-2020.

II – na falência:

a) (*Vetada*.)

b) a constituição do Comitê de Credores, a escolha de seus membros e sua substituição;

c) a adoção de outras modalidades de realização do ativo, na forma do art. 145 desta Lei;

d) qualquer outra matéria que possa afetar os interesses dos credores.

Art. 37. A assembleia será presidida pelo administrador judicial, que designará 1 (um) secretário dentre os credores presentes.

§ 5.º Os sindicatos de trabalhadores poderão representar seus associados titulares de créditos derivados da legislação do trabalho ou decorrentes de acidente de trabalho que não comparecerem, pessoalmente ou por procurador, à assembleia.

§ 6.º Para exercer a prerrogativa prevista no § 5.º deste artigo, o sindicato deverá:

I – apresentar ao administrador judicial, até 10 (dez) dias antes da assembleia, a relação dos associados que pretende representar, e o trabalhador que conste da relação de mais de um sindicato deverá esclarecer, até 24 (vinte e quatro) horas antes da assembleia, qual sindicato o representa, sob pena de não ser representado em assembleia por nenhum deles; e

II – (*Vetado*.)

Art. 41. A assembleia geral será composta pelas seguintes classes de credores:

I – titulares de créditos derivados da legislação do trabalho ou decorrentes de acidentes de trabalho;

IV – titulares de créditos enquadrados como microempresa ou empresa de pequeno porte.

•• Inciso IV acrescentado pela Lei Complementar n. 147, de 7-8-2014.

§ 1.º Os titulares de créditos derivados da legislação do trabalho votam com a classe prevista no inciso I do *caput* deste artigo com o total de seu crédito, independentemente do valor.

Art. 42. Considerar-se-á aprovada a proposta que obtiver votos favoráveis de credores que representem mais da metade do valor total dos créditos presentes à assembleia geral, exceto nas deliberações sobre o plano de recuperação judicial nos termos da alínea *a* do inciso I do *caput* do art. 35 desta Lei, a composição do Comitê de Credores ou forma alternativa de realização do ativo nos termos do art. 145 desta Lei.

Art. 44. Na escolha dos representantes de cada classe no Comitê de Credores, somente os respectivos membros poderão votar.

Art. 45. Nas deliberações sobre o plano de recuperação judicial, todas as classes de credores referidas no art. 41 desta Lei deverão aprovar a proposta.

§ 2.º Nas classes previstas nos incisos I e IV do art. 41 desta Lei, a proposta deverá ser aprovada pela maioria simples dos credores presentes, independentemente do valor de seu crédito.

•• § 2.º com redação determinada pela Lei Complementar n. 147, de 7-8-2014.

§ 3.º O credor não terá direito a voto e não será considerado para fins de verificação de *quorum* de deliberação se o plano de recuperação judicial não alterar o valor ou as condições originais de pagamento de seu crédito.

Art. 46. A aprovação de forma alternativa de realização do ativo na falência, prevista no art. 145 desta Lei, dependerá do voto favorável de credores que representem 2/3 (dois terços) dos créditos presentes à assembleia.

Capítulo III
DA RECUPERAÇÃO JUDICIAL

SEÇÃO I
Disposições Gerais

•• *Vide* arts. 190 e 191 do CPC.

Art. 47. A recuperação judicial tem por objetivo viabilizar a superação da situação de crise econômico-financeira do devedor, a fim de permitir a manutenção da fonte produtora, do emprego dos trabalhadores e dos interesses dos credores, promovendo, assim, a preservação da empresa, sua função social e o estímulo à atividade econômica.

Art. 50. Constituem meios de recuperação judicial, observada a legislação pertinente a cada caso, dentre outros:

VII – trespasse ou arrendamento de estabelecimento, inclusive à sociedade constituída pelos próprios empregados;

VIII – redução salarial, compensação de horários e redução da jornada, mediante acordo ou convenção coletiva;

SEÇÃO II
Do Pedido e do Processamento da Recuperação Judicial

Art. 51. A petição inicial de recuperação judicial será instruída com:

IV – a relação integral dos empregados, em que constem as respectivas funções, salários, indenizações e outras parcelas a que têm direito, com o correspondente mês de competência, e a discriminação dos valores pendentes de pagamento;

IX – a relação, subscrita pelo devedor, de todas as ações judiciais e procedimentos arbitrais em que este figure como parte, inclusive as de natureza trabalhista, com a estimativa dos respectivos valores demandados;

•• Inciso IX com redação determinada pela Lei n. 14.112, de 24-12-2020.

Art. 52. Estando em termos a documentação exigida no art. 51 desta Lei, o juiz deferirá o processamento da recuperação judicial e, no mesmo ato:

§ 4.º O devedor não poderá desistir do pedido de recuperação judicial após o deferimento de seu processamento, salvo se obtiver aprovação da desistência na assembleia geral de credores.

SEÇÃO III
Do Plano de Recuperação Judicial

Art. 54. O plano de recuperação judicial não poderá prever prazo superior a 1 (um) ano para pagamento dos créditos derivados da legislação do trabalho ou decorrentes de acidentes de trabalho vencidos até a data do pedido de recuperação judicial.

§ 1.º O plano não poderá, ainda, prever prazo superior a 30 (trinta) dias para o pagamento, até o limite de 5 (cinco) salários mínimos por trabalhador, dos créditos de natureza estritamente salarial vencidos nos 3 (três) meses anteriores ao pedido de recuperação judicial.

•• Parágrafo único renumerado pela Lei n. 14.112, de 24-12-2020.

§ 2.º O prazo estabelecido no *caput* deste artigo poderá ser estendido em até 2 (dois) anos, se o plano de recuperação judicial atender aos seguintes requisitos, cumulativamente:

•• § 2.º, *caput*, acrescentado pela Lei n. 14.112, de 24-12-2020.

I – apresentação de garantias julgadas suficientes pelo juiz;

•• Inciso I acrescentado pela Lei n. 14.112, de 24-12-2020.

II – aprovação pelos credores titulares de créditos derivados da legislação trabalhista ou decorrentes de acidentes de trabalho, na forma do § 2.º do art. 45 desta Lei; e

•• Inciso II acrescentado pela Lei n. 14.112, de 24-12-2020.

III – garantia da integralidade do pagamento dos créditos trabalhistas.

•• Inciso III acrescentado pela Lei n. 14.112, de 24-12-2020.

Capítulo V
DA FALÊNCIA

SEÇÃO I
Disposições Gerais

Art. 76. O juízo da falência é indivisível e competente para conhecer todas as ações sobre bens, interesses e negócios do falido, ressalvadas as causas trabalhistas, fiscais e aquelas não reguladas nesta Lei em que o falido figurar como autor ou litisconsorte ativo.

Parágrafo único. Todas as ações, inclusive as excetuadas no *caput* deste artigo, terão prosseguimento com o administrador judicial, que deverá ser intimado para representar a massa falida, sob pena de nulidade do processo.

Art. 82-A. É vedada a extensão da falência ou de seus efeitos, no todo ou em parte, aos sócios de responsabilidade limitada, aos controladores e aos administradores da sociedade falida, admitida, contudo, a desconsideração da personalidade jurídica.

•• *Caput* acrescentado pela Lei n. 14.112, de 24-12-2020.

Parágrafo único. A desconsideração da personalidade jurídica da sociedade falida, para fins de responsabilização de terceiros, grupo, sócio ou administrador por obrigação desta, somente pode ser decretada pelo juízo falimentar com a observância do art. 50 da Lei n. 10.406, de 10 de janeiro de 2002 (Código Civil) e dos arts. 133, 134, 135, 136 e 137 da Lei n. 13.105, de 16 de março de 2015 (Código de Processo Civil), não aplicada a suspensão de que trata o § 3.º do art. 134 da Lei n. 13.105, de 16 de março de 2015 (Código de Processo Civil).

•• Parágrafo único acrescentado pela Lei n. 14.112, de 24-12-2020.

SEÇÃO II
Da Classificação dos Créditos

Art. 83. A classificação dos créditos na falência obedece à seguinte ordem:

I – os créditos derivados da legislação trabalhista, limitados a 150 (cento e cinquenta) salários mínimos por credor, e aqueles decorrentes de acidentes de trabalho;

•• Inciso I com redação determinada pela Lei n. 14.112, de 24-12-2020.

II – os créditos gravados com direito real de garantia até o limite do valor do bem gravado;

•• Inciso II com redação determinada pela Lei n. 14.112, de 24-12-2020.

III – os créditos tributários, independentemente da sua natureza e do tempo de constituição, exceto os créditos extraconcursais e as multas tributárias;

•• Inciso III com redação determinada pela Lei n. 14.112, de 24-12-2020.

IV e V – (*Revogados pela Lei n. 14.112, de 24-12-2020.*)

VI – os créditos quirografários, a saber:

•• Inciso VI, *caput*, com redação determinada pela Lei n. 14.112, de 24-12-2020.
•• Vide art. 45, § 7.º, da LSA.

a) aqueles não previstos nos demais incisos deste artigo;

b) os saldos dos créditos não cobertos pelo produto da alienação dos bens vinculados ao seu pagamento; e

•• Alínea *b* com redação determinada pela Lei n. 14.112, de 24-12-2020.

c) os saldos dos créditos derivados da legislação trabalhista que excederem o limite estabelecido no inciso I do *caput* deste artigo;

•• Alínea *c* com redação determinada pela Lei n. 14.112, de 24-12-2020.

VII – as multas contratuais e as penas pecuniárias por infração das leis penais ou administrativas, incluídas as multas tributárias;

•• Inciso VII com redação determinada pela Lei n. 14.112, de 24-12-2020.
• Vide Súmulas 192 e 565 do STF.

VIII – os créditos subordinados, a saber:

•• Inciso VIII, *caput*, com redação determinada pela Lei n. 14.112, de 24-12-2020.

a) os previstos em lei ou em contrato; e

•• Alínea *a* com redação determinada pela Lei n. 14.112, de 24-12-2020.

b) os créditos dos sócios e dos administradores sem vínculo empregatício cuja contratação não tenha observado as condições estritamente comutativas e as práticas de mercado; e

•• Alínea *b* com redação determinada pela Lei n. 14.112, de 24-12-2020.

IX – os juros vencidos após a decretação da falência, conforme previsto no art. 124 desta Lei.

•• Inciso IX acrescentado pela Lei n. 14.112, de 24-12-2020.

§ 1.º Para os fins do inciso II do *caput* deste artigo, será considerado como valor do bem objeto de garantia real a importância efetivamente arrecadada com sua venda, ou, no caso de alienação em bloco, o valor de avaliação do bem individualmente considerado.

§ 2.º Não são oponíveis à massa os valores decorrentes de direito de sócio ao recebimento de sua parcela do capital social na liquidação da sociedade.

§ 3.º As cláusulas penais dos contratos unilaterais não serão atendidas se as obrigações neles estipuladas se vencerem em virtude da falência.

§ 4.º (*Revogado pela Lei n. 14.112, de 24-12-2020.*)

§ 5.º Para os fins do disposto nesta Lei, os créditos cedidos a qualquer título manterão sua natureza e classificação.

•• § 5.º acrescentado pela Lei n. 14.112, de 24-12-2020.

§ 6.º Para os fins do disposto nesta Lei, os créditos que disponham de privilégio especial ou geral em outras normas integrarão a classe dos créditos quirografários.

•• § 6.º acrescentado pela Lei n. 14.112, de 24-12-2020.

Art. 84. Serão considerados créditos extraconcursais e serão pagos com precedência sobre os mencionados no art. 83 desta Lei, na ordem a seguir, aqueles relativos:

•• *Caput* com redação determinada pela Lei n. 14.112, de 24-12-2020.

I-D – às remunerações devidas ao administrador judicial e aos seus auxiliares, aos reembolsos devidos a membros do Comitê de Credores, e aos créditos derivados da legislação trabalhista ou decorrentes de acidentes de trabalho relativos a serviços prestados após a decretação da falência;

•• Inciso I-D acrescentado pela Lei n. 14.112, de 24-12-2020.

SEÇÃO X
Da Realização do Ativo

Art. 139. Logo após a arrecadação dos bens, com a juntada do respectivo auto ao processo de falência, será iniciada a realização do ativo.

Art. 141. Na alienação conjunta ou separada de ativos, inclusive da empresa ou de suas filiais, promovida sob qualquer das modalidades de que trata o art. 142:

•• *Caput* com redação determinada pela Lei n. 14.112, de 24-12-2020.

I – todos os credores, observada a ordem de preferência definida no art. 83 desta Lei, sub-rogam-se no produto da realização do ativo;

II – o objeto da alienação estará livre de qualquer ônus e não haverá sucessão do arrematante nas obrigações do devedor, inclusive as de natureza tributária, as derivadas da legislação do trabalho e as decorrentes de acidentes de trabalho.

§ 1.º O disposto no inciso II do *caput* deste artigo não se aplica quando o arrematante for:

I – sócio da sociedade falida, ou sociedade controlada pelo falido;
II – parente, em linha reta ou colateral até o 4.º (quarto) grau, consanguíneo ou afim, do falido ou de sócio da sociedade falida; ou
III – identificado como agente do falido com o objetivo de fraudar a sucessão.
§ 2.º Empregados do devedor contratados pelo arrematante serão admitidos mediante novos contratos de trabalho e o arrematante não responde por obrigações decorrentes do contrato anterior.
§ 3.º A alienação nas modalidades de que trata o art. 142 desta Lei poderá ser realizada com compartilhamento de custos operacionais por 2 (duas) ou mais empresas em situação falimentar.
•• § 3.º acrescentado pela Lei n. 14.112, de 24-12-2020.

Art. 142. A alienação de bens dar-se-á por uma das seguintes modalidades:
•• *Caput* com redação determinada pela Lei n. 14.112, de 24-12-2020.

I – leilão eletrônico, presencial ou híbrido;
•• Inciso I com redação determinada pela Lei n. 14.112, de 24-12-2020.

II e III – (*Revogados pela Lei n. 14.112, de 24-12-2020.*)
IV – processo competitivo organizado promovido por agente especializado e de reputação ilibada, cujo procedimento deverá ser detalhado em relatório anexo ao plano de realização do ativo ou ao plano de recuperação judicial, conforme o caso;
•• Inciso IV acrescentado pela Lei n. 14.112, de 24-12-2020.

V – qualquer outra modalidade, desde que aprovada nos termos desta Lei.
•• Inciso V acrescentado pela Lei n. 14.112, de 24-12-2020.

§§ 1.º e 2.º (*Revogados pela Lei n. 14.112, de 24-12-2020.*)
§ 2.º-A. A alienação de que trata o *caput* deste artigo:
•• § 2.º-A, *caput*, acrescentado pela Lei n. 14.112, de 24-12-2020.

I – dar-se-á independentemente de a conjuntura do mercado no momento da venda ser favorável ou desfavorável, dado o caráter forçado da venda;
•• Inciso I acrescentado pela Lei n. 14.112, de 24-12-2020.

II – independerá da consolidação do quadro geral de credores;
•• Inciso II acrescentado pela Lei n. 14.112, de 24-12-2020.

III – poderá contar com serviços de terceiros como consultores, corretores e leiloeiros;
•• Inciso III acrescentado pela Lei n. 14.112, de 24-12-2020.

IV – deverá ocorrer no prazo máximo de 180 (cento e oitenta) dias, contado da data da lavratura do auto de arrecadação, no caso de falência;
•• Inciso IV acrescentado pela Lei n. 14.112, de 24-12-2020.

V – não estará sujeita à aplicação do conceito de preço vil.
•• Inciso V acrescentado pela Lei n. 14.112, de 24-12-2020.

§ 3.º Ao leilão eletrônico, presencial ou híbrido aplicam-se, no que couber, as regras da Lei n. 13.105, de 16 de março de 2015 (Código de Processo Civil).
•• § 3.º com redação determinada pela Lei n. 14.112, de 24-12-2020.

§ 3.º-A. A alienação por leilão eletrônico, presencial ou híbrido dar-se-á:
•• § 3.º-A, *caput*, acrescentado pela Lei n. 14.112, de 24-12-2020.

I – em primeira chamada, no mínimo pelo valor de avaliação do bem;
•• Inciso I acrescentado pela Lei n. 14.112, de 24-12-2020.

II – em segunda chamada, dentro de 15 (quinze) dias, contados da primeira chamada, por no mínimo 50% (cinquenta por cento) do valor de avaliação; e
•• Inciso II acrescentado pela Lei n. 14.112, de 24-12-2020.

III – em terceira chamada, dentro de 15 (quinze) dias, contados da segunda chamada, por qualquer preço.
•• Inciso III acrescentado pela Lei n. 14.112, de 24-12-2020.

§ 3.º-B. A alienação prevista nos incisos IV e V do *caput* deste artigo, conforme disposições específicas desta Lei, observará o seguinte:
•• § 3.º-B, *caput*, acrescentado pela Lei n. 14.112, de 24-12-2020.

I – será aprovada pela assembleia geral de credores;
•• Inciso I acrescentado pela Lei n. 14.112, de 24-12-2020.

II – decorrerá de disposição de plano de recuperação judicial aprovado; ou
•• Inciso II acrescentado pela Lei n. 14.112, de 24-12-2020.

III – deverá ser aprovada pelo juiz, considerada a manifestação do administrador judicial e do Comitê de Credores, se existente.
•• Inciso III acrescentado pela Lei n. 14.112, de 24-12-2020.

§§ 4.º a 6.º (*Revogados pela Lei n. 14.112, de 24-12-2020.*)
§ 7.º Em qualquer modalidade de alienação, o Ministério Público e as Fazendas Públicas serão intimados por meio eletrônico, nos termos da legislação vigente e respeitadas as respectivas prerrogativas funcionais, sob pena de nulidade.
•• § 7.º com redação determinada pela Lei n. 14.112, de 24-12-2020.

§ 8.º Todas as formas de alienação de bens realizadas de acordo com esta Lei serão consideradas, para todos os fins e efeitos, alienações judiciais.
•• § 8.º acrescentado pela Lei n. 14.112, de 24-12-2020.

Art. 145. Por deliberação tomada nos termos do art. 42 desta Lei, os credores poderão adjudicar os bens alienados na falência ou adquiri-los por meio de constituição de sociedade, de fundo ou de outro veículo de investimento, com a participação, se necessária, dos atuais sócios do devedor ou de terceiros, ou mediante conversão de dívida em capital.
•• *Caput* com redação determinada pela Lei n. 14.112, de 24-12-2020.

§ 1.º Aplica-se irrestritamente o disposto no art. 141 desta Lei à transferência dos bens à sociedade, ao fundo ou ao veículo de investimento mencionados no *caput* deste artigo.
•• § 1.º com redação determinada pela Lei n. 14.112, de 24-12-2020.

§§ 2.º e 3.º (*Revogados pela Lei n. 14.112, de 24-12-2020.*)
§ 4.º Será considerada não escrita qualquer restrição convencional à venda ou à circulação das participações na sociedade, no fundo de investimento ou no veículo de investimento a que se refere o *caput* deste artigo.
•• § 4.º acrescentado pela Lei n. 14.112, de 24-12-2020.

SEÇÃO XI
Do Pagamento aos Credores

Art. 151. Os créditos trabalhistas de natureza estritamente salarial vencidos nos 3 (três) meses anteriores à decretação da falência, até o limite de 5 (cinco) salários mínimos por trabalhador, serão pagos tão logo haja disponibilidade em caixa.

Capítulo VI
DA RECUPERAÇÃO EXTRAJUDICIAL

Art. 161. O devedor que preencher os requisitos do art. 48 desta Lei poderá propor e negociar com credores plano de recuperação extrajudicial.
• O art. 48 dispõe sobre os requisitos necessários para o requerimento da recuperação judicial.

§ 1.º Estão sujeitos à recuperação extrajudicial todos os créditos existentes na data do pedido, exceto os créditos de natureza tributária e aqueles previstos no § 3.º do art. 49 e no inciso II do *caput* do art. 86 desta Lei, e a sujeição dos créditos de natureza trabalhista e por acidentes de trabalho exige negociação coletiva com o sindicato da respectiva categoria profissional.
•• § 1.º com redação determinada pela Lei n. 14.112, de 24-12-2020.

• O § 3.º do art. 49 dispõe sobre: "...credor titular da posição de proprietário fiduciário de bens móveis ou imóveis, de arrendador mercantil, de proprietário ou promitente vendedor de imóvel cujos respectivos contratos contenham cláusula de irrevogabilidade ou irretratabilidade, inclusive em incorporações imobiliárias, ou de proprietário em contrato de venda com reserva de domínio...". O inciso II do art. 86 dispõe sobre contrato de câmbio para exportação.

Capítulo VIII
DISPOSIÇÕES FINAIS E TRANSITÓRIAS

Art. 189-A. Os processos disciplinados nesta Lei e os respectivos recursos, bem como os processos, os procedimentos e a execução dos atos e das diligências judiciais em que figure como parte empresário individual ou sociedade empresária em regime de recuperação judicial ou extrajudicial ou de falência terão prioridade sobre todos os atos judiciais, salvo o *habeas corpus* e as prioridades estabelecidas em leis especiais.

•• Artigo acrescentado pela Lei n. 14.112, de 24-12-2020.

Art. 192. Esta Lei não se aplica aos processos de falência ou de concordata ajuizados anteriormente ao início de sua vigência, que serão concluídos nos termos do Decreto-lei n. 7.661, de 21 de junho de 1945.

•• O Decreto-lei n. 7.661, de 21-6-1945, foi revogado pela Lei n. 11.101, de 9-2-2005, que regula a Recuperação Judicial, a Extrajudicial e a Falência do Empresário na Sociedade Empresária.

§ 1.º Fica vedada a concessão de concordata suspensiva nos processos de falência em curso, podendo ser promovida a alienação dos bens da massa falida assim que concluída sua arrecadação, independentemente da formação do quadro geral de credores e da conclusão do inquérito judicial.

§ 2.º A existência de pedido de concordata anterior à vigência desta Lei não obsta o pedido de recuperação judicial pelo devedor que não houver descumprido obrigação no âmbito da concordata, vedado, contudo, o pedido baseado no plano especial de recuperação judicial para microempresas e empresas de pequeno porte a que se refere a Seção V do Capítulo III desta Lei.

§ 3.º No caso do § 2.º deste artigo, se deferido o processamento da recuperação judicial, o processo de concordata será extinto e os créditos submetidos à concordata serão inscritos por seu valor original na recuperação judicial, deduzidas as parcelas pagas pelo concordatário.

§ 4.º Esta Lei aplica-se às falências decretadas em sua vigência resultantes de convolação de concordatas ou de pedidos de falência anteriores, às quais se aplica, até a decretação, o Decreto-lei n. 7.661, de 21 de junho de 1945, observado, na decisão que decretar a falência, o disposto no art. 99 desta Lei.

Art. 200. Ressalvado o disposto no art. 192 desta Lei, ficam revogados o Decreto-lei n. 7.661, de 21 de junho de 1945, e os arts. 503 a 512 do Decreto-lei n. 3.689, de 3 de outubro de 1941 – Código de Processo Penal.

Art. 201. Esta Lei entra em vigor 120 (cento e vinte) dias após sua publicação.

Brasília, 9 de fevereiro de 2005; 184.º da Independência e 117.º da República.

LUIZ INÁCIO LULA DA SILVA

INSTRUÇÃO NORMATIVA N. 27, DE 16 DE FEVEREIRO DE 2005 (*)

Dispõe sobre normas procedimentais aplicáveis ao processo do trabalho em decorrência da ampliação da competência da Justiça do Trabalho pela Emenda Constitucional n. 45/2004.

Art. 1.º As ações ajuizadas na Justiça do Trabalho tramitarão pelo rito ordinário ou sumaríssimo, conforme previsto na Consolidação das Leis do Trabalho, excepcionando-se, apenas, as que, por disciplina legal expressa, estejam sujeitas a rito especial, tais como o Mandado de Segurança, *Habeas Corpus*, *Habeas Data*, Ação Rescisória, Ação Cautelar e Ação de Consignação em Pagamento.

(*) Publicada no *DJU*, de 22-2-2005, e republicada em 5-7-2005.

Art. 2.º A sistemática recursal a ser observada é a prevista na Consolidação das Leis do Trabalho, inclusive no tocante à nomenclatura, à alçada, aos prazos e às competências.

Parágrafo único. O depósito recursal a que se refere o art. 899 da CLT é sempre exigível como requisito extrínseco do recurso, quando houver condenação em pecúnia.

Art. 3.º Aplicam-se quanto às custas as disposições da Consolidação das Leis do Trabalho.

§ 1.º As custas serão pagas pelo vencido, após o trânsito em julgado da decisão.

§ 2.º Na hipótese de interposição de recurso, as custas deverão ser pagas e comprovado seu recolhimento no prazo recursal (arts. 789, 789-A, 790 e 790-A da CLT).

§ 3.º Salvo nas lides decorrentes da relação de emprego, é aplicável o princípio da sucumbência recíproca, relativamente às custas.

Art. 4.º Aos emolumentos aplicam-se as regras previstas na Consolidação das Leis do Trabalho, conforme previsão dos arts. 789-B e 790 da CLT.

Parágrafo único. Os entes públicos mencionados no art. 790-A da CLT são isentos do pagamento de emolumentos.

•• Parágrafo único acrescentado pela Resolução n. 133, de 16-6-2005.

Art. 5.º Exceto nas lides decorrentes da relação de emprego, os honorários advocatícios são devidos pela mera sucumbência.

Art. 6.º Os honorários periciais serão suportados pela parte sucumbente na pretensão objeto da perícia, salvo se beneficiária da justiça gratuita.

Parágrafo único. Faculta-se ao juiz, em relação à perícia, exigir depósito prévio dos honorários, ressalvadas as lides decorrentes da relação de emprego.

Art. 7.º Esta Resolução entrará em vigor na data da sua publicação.

Sala de Sessões, 16 de fevereiro de 2005.

Valério Augusto Freitas do Carmo

LEI COMPLEMENTAR N. 123, DE 14 DE DEZEMBRO DE 2006 (**)

Institui o Estatuto Nacional da Microempresa e da Empresa de Pequeno Porte; altera dispositivos das Leis n. 8.212 e 8.213, ambas de 24 de julho de 1991, da Consolidação das Leis do Trabalho – CLT, aprovada pelo Decreto-lei n. 5.452, de 1.º de maio de 1943, da Lei n. 10.189, de 14 de fevereiro de 2001, da Lei Complementar n. 63, de 11 de janeiro de 1990; e revoga as Leis n. 9.317, de 5 de dezembro de 1996, e 9.841, de 5 de outubro de 1999.

O Presidente da República

Faço saber que o Congresso Nacional decreta e eu sanciono a seguinte Lei Complementar:

Capítulo I
DISPOSIÇÕES PRELIMINARES

Art. 1.º Esta Lei Complementar estabelece normas gerais relativas ao tratamento diferenciado e favorecido a ser dispensado às microempresas e empresas de pequeno porte no âmbito dos Poderes da União, dos Estados, do Distrito Federal e dos Municípios, especialmente no que se refere:

•• Vide art. 179 da CF.

I – à apuração e recolhimento dos impostos e contribuições da União, dos Estados, do Distrito Federal e dos Municípios, mediante regime único de arrecadação, inclusive obrigações acessórias;

(**) Publicada no *DOU*, de 15-12-2006. Republicada em 6-3-2012, em atendimento ao disposto no art. 5.º da Lei Complementar n. 139, de 10-11-2011.

A Lei n. 12.792, de 28-3-2013, cria a Secretaria da Micro e Pequena Empresa da Presidência da República.

II – ao cumprimento de obrigações trabalhistas e previdenciárias, inclusive obrigações acessórias;

III – ao acesso a crédito e ao mercado, inclusive quanto à preferência nas aquisições de bens e serviços pelos Poderes Públicos, à tecnologia, ao associativismo e às regras de inclusão;

IV – ao cadastro nacional único de contribuintes a que se refere o inciso IV do parágrafo único do art. 146, *in fine*, da Constituição Federal.
•• Inciso IV acrescentado pela Lei Complementar n. 147, de 7-8-2014.

§ 1.º Cabe ao Comitê Gestor do Simples Nacional (CGSN) apreciar a necessidade de revisão, a partir de 1.º de janeiro de 2015, dos valores expressos em moeda nesta Lei Complementar.
•• § 1.º com redação determinada pela Lei Complementar n. 139, de 10-11-2011.
•• A Resolução n. 65, de 17-8-2009, dispõe que, em atendimento ao disposto neste parágrafo, o Comitê Gestor do Simples Nacional se manifesta pela manutenção dos valores expressos em moeda nesta Lei.

§ 2.º (*Vetado*.)

§ 3.º Ressalvado o disposto no Capítulo IV, toda nova obrigação que atinja as microempresas e empresas de pequeno porte deverá apresentar, no instrumento que a instituiu, especificação do tratamento diferenciado, simplificado e favorecido para cumprimento.
•• § 3.º acrescentado pela Lei Complementar n. 147, de 7-8-2014.
•• O Capítulo IV desta Lei Complementar dispõe sobre os tributos e contribuições devidos pelas microempresas e empresas de pequeno porte.

§ 4.º Na especificação do tratamento diferenciado, simplificado e favorecido de que trata o § 3.º, deverá constar prazo máximo, quando forem necessários procedimentos adicionais, para que os órgãos fiscalizadores cumpram as medidas necessárias à emissão de documentos, realização de vistorias e atendimento das demandas realizadas pelas microempresas e empresas de pequeno porte com o objetivo de cumprir a nova obrigação.
•• § 4.º acrescentado pela Lei Complementar n. 147, de 7-8-2014.

§ 5.º Caso o órgão fiscalizador descumpra os prazos estabelecidos na especificação do tratamento diferenciado e favorecido, conforme o disposto no § 4.º, a nova obrigação será inexigível até que seja realizada visita para fiscalização orientadora e seja reiniciado o prazo para regularização.
•• § 5.º acrescentado pela Lei Complementar n. 147, de 7-8-2014.

§ 6.º A ausência de especificação do tratamento diferenciado, simplificado e favorecido ou da determinação de prazos máximos, de acordo com os §§ 3.º e 4.º, tornará a nova obrigação inexigível para as microempresas e empresas de pequeno porte.
•• § 6.º acrescentado pela Lei Complementar n. 147, de 7-8-2014.

§ 7.º A inobservância do disposto nos §§ 3.º a 6.º resultará em atentado aos direitos e garantias legais assegurados ao exercício profissional da atividade empresarial.
•• § 7.º acrescentado pela Lei Complementar n. 147, de 7-8-2014.

Art. 2.º O tratamento diferenciado e favorecido a ser dispensado às microempresas e empresas de pequeno porte de que trata o art. 1.º desta Lei Complementar será gerido pelas instâncias a seguir especificadas:

I – Comitê Gestor do Simples Nacional, vinculado ao Ministério da Economia, composto de 4 (quatro) representantes da União, 2 (dois) dos Estados e do Distrito Federal, 2 (dois) dos Municípios, 1 (um) do Serviço Brasileiro de Apoio às Micro e Pequenas Empresas (Sebrae) e 1 (um) das confederações nacionais de representação do segmento de microempresas e empresas de pequeno porte referidas no art. 11 da Lei Complementar n. 147, de 7 de agosto de 2014, para tratar dos aspectos tributários;
•• Inciso I com redação determinada pela Lei Complementar n. 188, de 31-12-2021.
• A Resolução n. 1, de 19-3-2007, do CGSN, nos termos da Resolução n. 102, de 19-9-2012, do CGSN, aprova o Regimento Interno do Comitê Gestor do Simples Nacional.
• A Resolução n. 94, de 29-11-2011, do Comitê Gestor do Simples Nacional – CGSN, dispõe sobre o Regime Especial Unificado de Arrecadação de Tributos e Contribuições devidos pelas Microempresas e Empresas de Pequeno Porte – Simples Nacional.

II – Fórum Permanente das Microempresas e Empresas de Pequeno Porte, com a participação dos órgãos federais competentes e das entidades vinculadas ao setor, para tratar dos demais aspectos, ressalvado o disposto no inciso III do *caput* deste artigo;
•• Inciso II com redação determinada pela Lei Complementar n. 128, de 19-12-2008.

III – Comitê para Gestão da Rede Nacional para Simplificação do Registro e da Legalização de Empresas e Negócios – CGSIM, vinculado à Secretaria da Micro e Pequena Empresa da Presidência da República, composto por representantes da União, dos Estados e do Distrito Federal, dos Municípios e demais órgãos de apoio e de registro empresarial, na forma definida pelo Poder Executivo, para tratar do processo de registro e de legalização de empresários e de pessoas jurídicas.
•• Inciso III com redação determinada pela Lei Complementar n. 147, de 7-8-2014.

§ 1.º Os Comitês de que tratam os incisos I e III do *caput* deste artigo serão presididos e coordenados por representantes da União.
•• § 1.º com redação determinada pela Lei Complementar n. 128, de 19-12-2008.

§ 2.º Os representantes dos Estados e do Distrito Federal nos Comitês referidos nos incisos I e III do *caput* deste artigo serão indicados pelo Conselho Nacional de Política Fazendária – CONFAZ e os dos Municípios serão indicados, um pela entidade representativa das Secretarias de Finanças das Capitais e outro pelas entidades de representação nacional dos Municípios brasileiros.
•• § 2.º com redação determinada pela Lei Complementar n. 128, de 19-12-2008.

§ 3.º As entidades de representação referidas no inciso III do *caput* e no § 2.º deste artigo serão aquelas regularmente constituídas há pelo menos 1 (um) ano antes da publicação desta Lei Complementar.
•• § 3.º com redação determinada pela Lei Complementar n. 128, de 19-12-2008.

§ 4.º Os comitês de que tratam os incisos I e III do *caput* deste artigo elaborarão seus regimentos internos mediante resolução, observado, quanto ao CGSN, o disposto nos §§ 4.º-A e 4.º-B deste artigo.
•• § 4.º com redação determinada pela Lei Complementar n. 188, de 31-12-2021.

§ 4.º-A. O quórum mínimo para a realização das reuniões do CGSN será de 3/4 (três quartos) dos componentes, dos quais um deles será necessariamente o Presidente.
•• § 4.º-A acrescentado pela Lei Complementar n. 188, de 31-12-2021.

§ 4.º-B. As deliberações do CGSN serão tomadas por 3/4 (três quartos) dos componentes presentes às reuniões, presenciais ou virtuais, ressalvadas as decisões que determinem a exclusão de ocupações autorizadas a atuar na qualidade de Microempreendedor Individual (MEI), quando a deliberação deverá ser unânime.
•• § 4.º-B acrescentado pela Lei Complementar n. 188, de 31-12-2021.

§ 5.º O Fórum referido no inciso II do *caput* deste artigo tem por finalidade orientar e assessorar a formulação e coordenação da política nacional de desenvolvimento das microempresas e empresas de pequeno porte, bem como acompanhar e avaliar a sua implantação, sendo presidido e coordenado pela Secretaria da Micro e Pequena Empresa da Presidência da República.
•• § 5.º com redação determinada pela Lei n. 12.792, de 28-3-2013.

§ 6.º Ao Comitê de que trata o inciso I do *caput* deste artigo compete regulamentar a opção, exclusão, tributação, fiscalização, arrecadação, cobrança, dívida ativa, recolhimento e demais itens relativos ao regime de que trata o art. 12 desta Lei Complementar, observadas as demais disposições desta Lei Complementar.
•• § 6.º acrescentado pela Lei Complementar n. 128, de 19-12-2008.

§ 7.º Ao Comitê de que trata o inciso III do *caput* deste artigo compete, na forma da lei, regulamentar a inscrição, cadastro, abertura, alvará, arquivamento, licenças, permissão, autorização, registros e demais itens relativos à abertura, legalização e funcionamento de empresários e de pessoas jurídicas de qualquer porte, atividade econômica ou composição societária.
•• § 7.º acrescentado pela Lei Complementar n. 128, de 19-12-2008.

§ 8.º Os membros dos comitês de que tratam os incisos I e III do *caput* deste artigo serão designados pelo Ministro de Estado da Economia, mediante indicação dos órgãos e entidades vinculados.
•• § 8.º com redação determinada pela Lei Complementar n. 188, de 31-12-2021.

§ 8.º-A. Dos membros da União que compõem o comitê de que trata o inciso I do *caput* deste artigo, 3 (três) serão representantes da Secretaria Especial da Receita Federal do Brasil e 1 (um) da Subsecretaria de Desenvolvimento das Micro e Pequenas Empresas, Empreendedorismo e Artesanato da Secretaria Especial de Produtividade e Competitividade ou do órgão que vier a substituí-la.

•• § 8.º-A acrescentado pela Lei Complementar n. 188, de 31-12-2021.

§ 8.º-B. A vaga das confederações nacionais de representação do segmento de microempresas e empresas de pequeno porte no comitê de que trata o inciso I do *caput* deste artigo será ocupada em regime de rodízio anual entre as confederações.

•• § 8.º-B acrescentado pela Lei Complementar n. 188, de 31-12-2021.

§ 9.º O CGSN poderá determinar, com relação à microempresa e à empresa de pequeno porte optante pelo Simples Nacional, a forma, a periodicidade e o prazo:

•• § 9.º, *caput*, acrescentado pela Lei Complementar n. 147, de 7-8-2014.

I – de entrega à Secretaria da Receita Federal do Brasil – RFB de uma única declaração com dados relacionados a fatos geradores, base de cálculo e valores da contribuição para a Seguridade Social devida sobre a remuneração do trabalho, inclusive a descontada dos trabalhadores a serviço da empresa, do Fundo de Garantia do Tempo de Serviço – FGTS e outras informações de interesse do Ministério do Trabalho e Emprego – MTE, do Instituto Nacional do Seguro Social – INSS e do Conselho Curador do FGTS, observado o disposto no § 7.º deste artigo; e

•• Inciso I acrescentado pela Lei Complementar n. 147, de 7-8-2014.

II – do recolhimento das contribuições descritas no inciso I e do FGTS.

•• Inciso II acrescentado pela Lei Complementar n. 147, de 7-8-2014.

§ 10. O recolhimento de que trata o inciso II do § 9.º deste artigo poderá se dar de forma unificada relativamente aos tributos apurados na forma do Simples Nacional.

•• § 10 acrescentado pela Lei Complementar n. 147, de 7-8-2014.

§ 11. A entrega da declaração de que trata o inciso I do § 9.º substituirá, na forma regulamentada pelo CGSN, a obrigatoriedade de entrega de todas as informações, formulários e declarações a que estão sujeitas as demais empresas ou equiparados que contratam trabalhadores, inclusive relativamente ao recolhimento do FGTS, à Relação Anual de Informações Sociais e ao Cadastro Geral de Empregados e Desempregados.

•• § 11 acrescentado pela Lei Complementar n. 147, de 7-8-2014.

§ 12. Na hipótese de recolhimento do FGTS na forma do inciso II do § 9.º deste artigo, deve-se assegurar a transferência dos recursos e dos elementos identificadores do recolhimento ao gestor desse fundo para crédito na conta vinculada do trabalhador.

•• § 12 acrescentado pela Lei Complementar n. 147, de 7-8-2014.

§ 13. O documento de que trata o inciso I do § 9.º tem caráter declaratório, constituindo instrumento hábil e suficiente para a exigência dos tributos, contribuições e dos débitos fundiários que não tenham sido recolhidos resultantes das informações nele prestadas.

•• § 13 acrescentado pela Lei Complementar n. 147, de 7-8-2014.

Capítulo II
DA DEFINIÇÃO DE MICROEMPRESA E DE EMPRESA DE PEQUENO PORTE

Art. 3.º Para os efeitos desta Lei Complementar, consideram-se microempresas ou empresas de pequeno porte a sociedade empresária, a sociedade simples, a empresa individual de responsabilidade limitada e o empresário a que se refere o art. 966 da Lei n. 10.406, de 10 de janeiro de 2002 (Código Civil), devidamente registrados no Registro de Empresas Mercantis ou no Registro Civil de Pessoas Jurídicas, conforme o caso, desde que:

•• *Caput* com redação determinada pela Lei Complementar n. 139, de 10-11-2011.

I – no caso da microempresa, aufira, em cada ano-calendário, receita bruta igual ou inferior a R$ 360.000,00 (trezentos e sessenta mil reais); e

•• Inciso I com redação determinada pela Lei Complementar n. 139, de 10-11-2011.

II – no caso de empresa de pequeno porte, aufira, em cada ano-calendário, receita bruta superior a R$ 360.000,00 (trezentos e sessenta mil reais) e igual ou inferior a R$ 4.800.000,00 (quatro milhões e oitocentos mil reais).

•• Inciso II com redação determinada pela Lei Complementar n. 155, de 27-10-2016.

§ 1.º Considera-se receita bruta, para fins do disposto no *caput* deste artigo, o produto da venda de bens e serviços nas operações de conta própria, o preço dos serviços prestados e o resultado nas operações em conta alheia, não incluídas as vendas canceladas e os descontos incondicionais concedidos.

§ 2.º No caso de início de atividade no próprio ano-calendário, o limite a que se refere o *caput* deste artigo será proporcional ao número de meses em que a microempresa ou a empresa de pequeno porte houver exercido atividade, inclusive as frações de meses.

§ 3.º O enquadramento do empresário ou da sociedade simples ou empresária como microempresa ou empresa de pequeno porte bem como o seu desenquadramento não implicarão alteração, denúncia ou qualquer restrição em relação a contratos por elas anteriormente firmados.

Capítulo VI
DA SIMPLIFICAÇÃO DAS RELAÇÕES DE TRABALHO

SEÇÃO I
Da Segurança e da Medicina do Trabalho

Art. 50. As microempresas e as empresas de pequeno porte serão estimuladas pelo poder público e pelos Serviços Sociais Autônomos a formar consórcios para acesso a serviços especializados em segurança e medicina do trabalho.

•• Artigo com redação determinada pela Lei Complementar n. 127, de 14-8-2007.

SEÇÃO II
Das Obrigações Trabalhistas

Art. 51. As microempresas e as empresas de pequeno porte são dispensadas:

• A Instrução Normativa n. 72, de 5-12-2007, da Secretaria de Inspeção do Trabalho, orienta os Auditores Fiscais do Trabalho quanto a procedimentos a serem adotados na fiscalização, para que seja dispensado às microempresas e empresas de pequeno porte o tratamento diferenciado de que trata esta Lei Complementar.

I – da afixação de Quadro de Trabalho em suas dependências;

II – da anotação das férias dos empregados nos respectivos livros ou fichas de registro;

III – de empregar e matricular seus aprendizes nos cursos dos Serviços Nacionais de Aprendizagem;

IV – da posse do livro intitulado "Inspeção do Trabalho"; e

•• *Vide* arts. 11 a 15 do Decreto n. 10.854, de 10-11-2021.

V – de comunicar ao Ministério do Trabalho e Emprego a concessão de férias coletivas.

Art. 52. O disposto no art. 51 desta Lei Complementar não dispensa as microempresas e as empresas de pequeno porte dos seguintes procedimentos:

I – anotações na Carteira de Trabalho e Previdência Social – CTPS;

II – arquivamento dos documentos comprobatórios de cumprimento das obrigações trabalhistas e previdenciárias, enquanto não prescreverem essas obrigações;

III – apresentação da Guia de Recolhimento do Fundo de Garantia do Tempo de Serviço e Informações à Previdência Social – GFIP;

IV – apresentação das Relações Anuais de Empregados e da Relação Anual de Informações Sociais – RAIS e do Cadastro Geral de Empregados e Desempregados – CAGED.

Parágrafo único. (*Vetado.*)

Art. 53. (*Revogado pela Lei Complementar n. 127, de 14-8-2007.*)

SEÇÃO III
Do Acesso à Justiça do Trabalho

Art. 54. É facultado ao empregador de microempresa ou de empresa de pequeno porte fazer-se substituir ou representar perante a Justiça do Trabalho por terceiros que conheçam dos fatos, ainda que não possuam vínculo trabalhista ou societário.

•• *Vide art. 841, § 1.º, da CLT.*

Capítulo VII
DA FISCALIZAÇÃO ORIENTADORA

Art. 55. A fiscalização, no que se refere aos aspectos trabalhista, metrológico, sanitário, ambiental, de segurança, de relações de consumo e de uso e ocupação do solo das microempresas e das empresas de pequeno porte, deverá ser prioritariamente orientadora quando a atividade ou situação, por sua natureza, comportar grau de risco compatível com esse procedimento.

•• *Caput com redação determinada pela Lei Complementar n. 155, de 27-10-2016.*

•• *A Portaria n. 396, de 11-1-2021, do Ministério da Economia, estabelece as situações que, por sua natureza, não sujeitam as microempresas e empresas de pequeno porte à fiscalização prioritariamente orientadora, prevista neste artigo.*

§ 1.º Será observado o critério de dupla visita para lavratura de autos de infração, salvo quando for constatada infração por falta de registro de empregado ou anotação da Carteira de Trabalho e Previdência Social – CTPS, ou, ainda, na ocorrência de reincidência, fraude, resistência ou embaraço à fiscalização.

• *Vide arts. 627 da CLT; 6.º, § 3.º, da Lei n. 7.855, de 24-10-1989.*

§ 2.º (*Vetado.*)

§ 3.º Os órgãos e entidades competentes definirão, em 12 (doze) meses, as atividades e situações cujo grau de risco seja considerado alto, as quais não se sujeitarão ao disposto neste artigo.

..

§ 5.º O disposto no § 1.º aplica-se à lavratura de multa pelo descumprimento de obrigações acessórias relativas às matérias do *caput*, inclusive quando previsto seu cumprimento de forma unificada com matéria de outra natureza, exceto a trabalhista.

•• *§ 5.º acrescentado pela Lei Complementar n. 147, de 7-8-2014.*

§ 6.º A inobservância do critério de dupla visita implica nulidade do auto de infração lavrado sem cumprimento ao disposto neste artigo, independentemente da natureza principal ou acessória da obrigação.

•• *§ 6.º acrescentado pela Lei Complementar n. 147, de 7-8-2014.*

§ 7.º Os órgãos e entidades da administração pública federal, estadual, distrital e municipal deverão observar o princípio do tratamento diferenciado, simplificado e favorecido por ocasião da fixação de valores decorrentes de multas e demais sanções administrativas.

•• *§ 7.º acrescentado pela Lei Complementar n. 147, de 7-8-2014.*

§ 8.º A inobservância do disposto no *caput* deste artigo implica atentado aos direitos e garantias legais assegurados ao exercício profissional da atividade empresarial.

•• *§ 8.º acrescentado pela Lei Complementar n. 147, de 7-8-2014.*

..

Capítulo IX
DO ESTÍMULO AO CRÉDITO E À CAPITALIZAÇÃO

SEÇÃO I
Disposições Gerais

Art. 57. O Poder Executivo federal proporá, sempre que necessário, medidas no sentido de melhorar o acesso das microempresas e empresas de pequeno porte aos mercados de crédito e de capitais, objetivando a redução do custo de transação, a elevação da eficiência alocativa, o incentivo ao ambiente concorrencial e a qualidade do conjunto informacional, em especial o acesso e portabilidade das informações cadastrais relativas ao crédito.

Art. 58. Os bancos comerciais públicos e os bancos múltiplos públicos com carteira comercial, a Caixa Econômica Federal e o Banco Nacional do Desenvolvimento Econômico e Social – BNDES manterão linhas de crédito específicas para as microempresas e para as empresas de pequeno porte, vinculadas à reciprocidade social, devendo o montante disponível e suas condições de acesso ser expressos nos respectivos orçamentos e amplamente divulgados.

•• *Caput com redação determinada pela Lei Complementar n. 155, de 27-10-2016.*

§ 1.º As instituições mencionadas no *caput* deste artigo deverão publicar, juntamente com os respectivos balanços, relatório circunstanciado dos recursos alocados às linhas de crédito referidas no *caput* e daqueles efetivamente utilizados, consignando, obrigatoriamente, as justificativas do desempenho alcançado.

•• *§ 1.º com redação determinada pela Lei Complementar n. 155, de 27-10-2016.*

§ 2.º O acesso às linhas de crédito específicas previstas no *caput* deste artigo deverá ter tratamento simplificado e ágil, com divulgação ampla das respectivas condições e exigências.

•• *§ 2.º acrescentado pela Lei Complementar n. 147, de 7-8-2014.*

§ 3.º (*Vetado.*)

•• *§ 3.º acrescentado pela Lei Complementar n. 155, de 27-10-2016.*

§ 4.º O Conselho Monetário Nacional – CMN regulamentará o percentual mínimo de direcionamento dos recursos de que trata o *caput*, inclusive no tocante aos recursos de que trata a alínea *b* do inciso III do art. 10 da Lei n. 4.595, de 31 de dezembro de 1964.

•• *§ 4.º acrescentado pela Lei Complementar n. 155, de 27-10-2016.*

Art. 58-A. Os bancos públicos e privados não poderão contabilizar, para cumprimento de metas, empréstimos realizados a pessoas físicas, ainda que sócios de empresas, como disponibilização de crédito para microempresas e empresas de pequeno porte.

•• *Artigo acrescentado pela Lei Complementar n. 147, de 7-8-2014.*

Art. 59. As instituições referidas no *caput* do art. 58 desta Lei Complementar devem se articular com as respectivas entidades de apoio e representação das microempresas e empresas de pequeno porte, no sentido de proporcionar e desenvolver programas de treinamento, desenvolvimento gerencial e capacitação tecnológica.

Art. 60. (*Vetado.*)

Art. 60-A. Poderá ser instituído Sistema Nacional de Garantias de Crédito pelo Poder Executivo, com o objetivo de facilitar o acesso das microempresas e empresas de pequeno porte a crédito e demais serviços das instituições financeiras, o qual, na forma de regulamento, proporcionará a elas tratamento diferenciado, favorecido e simplificado, sem prejuízo de atendimento a outros públicos-alvo.

•• *Caput acrescentado pela Lei Complementar n. 127, de 14-8-2007.*

•• *O Decreto n. 10.780, de 25-8-2021, instituiu o Sistema Nacional de Garantias de Crédito, de que trata este artigo.*

Parágrafo único. O Sistema Nacional de Garantias de Crédito integrará o Sistema Financeiro Nacional.

•• *Parágrafo único acrescentado pela Lei Complementar n. 127, de 14-8-2007.*

..

Art. 61. Para fins de apoio creditício às operações de comércio exterior das microempresas e das empresas de pequeno porte, serão utilizados os parâmetros de enquadramento ou outros instrumentos de alta significância para as microempresas, empresas de pequeno porte exportadoras segundo o porte de empresas, aprovados pelo Mercado Comum do Sul – MERCOSUL.

..

SEÇÃO III
Das Condições de Acesso aos Depósitos Especiais do Fundo de Amparo ao Trabalhador – FAT

Art. 63. O CODEFAT poderá disponibilizar recursos financeiros por meio da criação de programa específico para as cooperativas de crédito de cujos quadros de cooperados participem microempreendedores,

empreendedores de microempresa e empresa de pequeno porte bem como suas empresas.

Parágrafo único. Os recursos referidos no *caput* deste artigo deverão ser destinados exclusivamente às microempresas e empresas de pequeno porte.

Capítulo XI
DAS REGRAS CIVIS E EMPRESARIAIS

SEÇÃO I
Das Regras Civis

SUBSEÇÃO I
Do pequeno empresário

Art. 68. Considera-se pequeno empresário, para efeito de aplicação do disposto nos arts. 970 e 1.179 da Lei n. 10.406, de 10 de janeiro de 2002 (Código Civil), o empresário individual caracterizado como microempresa na forma desta Lei Complementar que aufira receita bruta anual até o limite previsto no § 1.º do art. 18-A.

•• Artigo com redação determinada pela Lei Complementar n. 139, de 10-11-2011.
•• A Lei n. 10.406, de 10-1-2002, institui o CC.

Capítulo XII
DO ACESSO À JUSTIÇA

SEÇÃO II
Da Conciliação Prévia, Mediação e Arbitragem

Art. 75. As microempresas e empresas de pequeno porte deverão ser estimuladas a utilizar os institutos de conciliação prévia, mediação e arbitragem para solução dos seus conflitos.

• A Lei n. 9.307, de 23-9-1996, dispõe sobre a arbitragem.

§ 1.º Serão reconhecidos de pleno direito os acordos celebrados no âmbito das comissões de conciliação prévia.

• Vide arts. 625-A e s. da CLT.

§ 2.º O estímulo a que se refere o *caput* deste artigo compreenderá campanhas de divulgação, serviços de esclarecimento e tratamento diferenciado, simplificado e favorecido no tocante aos custos administrativos e honorários cobrados.

Capítulo XIII
DO APOIO E DA REPRESENTAÇÃO

Art. 76-A. As instituições de representação e apoio empresarial deverão promover programas de sensibilização, de informação, de orientação e apoio, de educação fiscal, de regularidade dos contratos de trabalho e de adoção de sistemas informatizados e eletrônicos, como forma de estímulo à formalização de empreendimentos, de negócios e empregos, à ampliação da competitividade e à disseminação do associativismo entre as microempresas, os microempreendedores individuais, as empresas de pequeno porte e equiparados.

•• Artigo acrescentado pela Lei Complementar n. 147, de 7-8-2014.

Capítulo XIV
DISPOSIÇÕES FINAIS E TRANSITÓRIAS

Art. 77. Promulgada esta Lei Complementar, o Comitê Gestor expedirá, em 30 (trinta) meses, as instruções que se fizerem necessárias à sua execução.

•• *Caput* com redação determinada pela Lei Complementar n. 128, de 19-12-2008.

§ 1.º O Ministério do Trabalho e Emprego, a Secretaria da Receita Federal, a Secretaria da Receita Previdenciária, os Estados, o Distrito Federal e os Municípios deverão editar, em 1 (um) ano, as leis e demais atos necessários para assegurar o pronto e imediato tratamento jurídico diferenciado, simplificado e favorecido às microempresas e às empresas de pequeno porte.

§ 2.º A administração direta e indireta federal, estadual e municipal e as entidades paraestatais acordarão, no prazo previsto no § 1.º deste artigo, as providências necessárias à adaptação dos respectivos atos normativos ao disposto nesta Lei Complementar.

•• § 2.º com redação determinada pela Lei Complementar n. 128, de 19-12-2008.

§ 3.º (*Vetado*.)

§ 4.º O Comitê Gestor regulamentará o disposto no inciso I do § 6.º do art. 13 desta Lei Complementar até 31 de dezembro de 2008.

•• § 4.º acrescentado pela Lei Complementar n. 128, de 19-12-2008.

§ 5.º A partir de 1.º de janeiro de 2009, perderão eficácia as substituições tributárias que não atenderem à disciplina estabelecida na forma do § 4.º deste artigo.

•• § 5.º acrescentado pela Lei Complementar n. 128, de 19-12-2008.

§ 6.º O Comitê de que trata o inciso III do *caput* do art. 2.º desta Lei Complementar expedirá, até 31 de dezembro de 2009, as instruções que se fizerem necessárias relativas a sua competência.

•• § 6.º acrescentado pela Lei Complementar n. 128, de 19-12-2008.

Art. 78. (*Revogado pela Lei Complementar n. 128, de 19-12-2008.*)

Art. 79. Será concedido, para ingresso no Simples Nacional, parcelamento, em até 100 (cem) parcelas mensais e sucessivas, dos débitos com o Instituto Nacional do Seguro Social – INSS, ou com as Fazendas Públicas federal, estadual ou municipal, de responsabilidade da microempresa ou empresa de pequeno porte e de seu titular ou sócio, com vencimento até 30 de junho de 2008.

•• *Caput* com redação determinada pela Lei Complementar n. 128, de 19-12-2008.

§ 1.º O valor mínimo da parcela mensal será de R$ 100,00 (cem reais), considerados isoladamente os débitos para com a Fazenda Nacional, para com a Seguridade Social, para com a Fazenda dos Estados, dos Municípios ou do Distrito Federal.

§ 2.º Esse parcelamento alcança inclusive débitos inscritos em dívida ativa.

§ 3.º O parcelamento será requerido à respectiva Fazenda para com a qual o sujeito passivo esteja em débito.

§ 3.º-A. O parcelamento deverá ser requerido no prazo estabelecido em regulamentação do Comitê Gestor.

•• § 3.º-A acrescentado pela Lei Complementar n. 128, de 19-12-2008.

§ 4.º Aplicam-se ao disposto neste artigo as demais regras vigentes para parcelamento de tributos e contribuições federais, na forma regulamentada pelo Comitê Gestor.

§§ 5.º a 8.º (*Vetados*.)

•• §§ 5.º a 8.º acrescentados pela Lei Complementar n. 127, de 14-8-2007.

§ 9.º O parcelamento de que trata o *caput* deste artigo não se aplica na hipótese de reingresso de microempresa ou empresa de pequeno porte no Simples Nacional.

•• § 9.º acrescentado pela Lei Complementar n. 128, de 19-12-2008.

Art. 79-A. (*Vetado*.)

•• Artigo acrescentado pela Lei Complementar n. 127, de 14-8-2007.

Art. 79-B. Excepcionalmente para os fatos geradores ocorridos em julho de 2007, os tributos apurados na forma dos arts. 18 a 20 desta Lei Complementar deverão ser pagos até o último dia útil de agosto de 2007.

•• Artigo acrescentado pela Lei Complementar n. 127, de 14-8-2007.

Art. 79-C. A microempresa e a empresa de pequeno porte que, em 30 de junho de 2007, se enquadravam no regime previsto na Lei n. 9.317, de 5 de dezembro de 1996, e que não ingressaram no regime previsto no art. 12 desta Lei Complementar sujeitar-se-ão, a partir de

1.º de julho de 2007, às normas de tributação aplicáveis às demais pessoas jurídicas.

•• *Caput* acrescentado pela Lei Complementar n. 127, de 14-8-2007.

§ 1.º Para efeito do disposto no *caput* deste artigo, o sujeito passivo poderá optar pelo recolhimento do Imposto sobre a Renda da Pessoa Jurídica – IRPJ e da Contribuição Social sobre o Lucro Líquido – CSLL na forma do lucro real, trimestral ou anual, ou do lucro presumido.

•• § 1.º acrescentado pela Lei Complementar n. 127, de 14-8-2007.

§ 2.º A opção pela tributação com base no lucro presumido dar-se-á pelo pagamento, no vencimento, do IRPJ e da CSLL devidos, correspondente ao 3.º (terceiro) trimestre de 2007 e, no caso do lucro real anual, com o pagamento do IRPJ e da CSLL relativos ao mês de julho de 2007 com base na estimativa mensal.

•• § 2.º acrescentado pela Lei Complementar n. 127, de 14-8-2007.

Art. 79-D. Excepcionalmente, para os fatos geradores ocorridos entre 1.º de julho de 2007 e 31 de dezembro de 2008, as pessoas jurídicas que exerçam atividade sujeita simultaneamente à incidência do IPI e do ISS deverão recolher o ISS diretamente ao Município em que este imposto é devido até o último dia útil de fevereiro de 2009, aplicando-se, até esta data, o disposto no parágrafo único do art. 100 da Lei n. 5.172, de 25 de outubro de 1966 – Código Tributário Nacional – CTN.

•• Artigo acrescentado pela Lei Complementar n. 128, de 19-12-2008.

Art. 79-E. A empresa de pequeno porte optante pelo Simples Nacional em 31 de dezembro de 2017 que durante o ano-calendário de 2017 auferir receita bruta total anual entre R$ 3.600.000,01 (três milhões, seiscentos mil reais e um centavo) e R$ 4.800.000,00 (quatro milhões e oitocentos mil reais) continuará automaticamente incluída no Simples Nacional com efeitos a partir de 1.º de janeiro de 2018, ressalvado o direito de exclusão por comunicação da optante.

•• Artigo com redação determinada pela Lei Complementar n. 155, de 27-10-2016.

...

Art. 84. O art. 58 da Consolidação das Leis do Trabalho – CLT, aprovada pelo Decreto-lei n. 5.452, de 1.º de maio de 1943, passa a vigorar acrescido do seguinte § 3.º :

•• Alteração já processada no diploma modificado.

...

Art. 86. As matérias tratadas nesta Lei Complementar que não sejam reservadas constitucionalmente a lei complementar poderão ser objeto de alteração por lei ordinária.

...

Art. 88. Esta Lei Complementar entra em vigor na data de sua publicação, ressalvado o regime de tributação das microempresas e empresas de pequeno porte, que entra em vigor em 1.º de julho de 2007.

Art. 89. Ficam revogadas, a partir de 1.º de julho de 2007, a Lei n. 9.317, de 5 de dezembro de 1996, e a Lei n. 9.841, de 5 de outubro de 1999.

Brasília, 14 de dezembro de 2006; 185.º da Independência e 118.º da República.

Luiz Inácio Lula da Silva

LEI N. 11.419, DE 19 DE DEZEMBRO DE 2006 (*)

Dispõe sobre a informatização do processo judicial; altera a Lei n. 5.869, de 11 de janeiro de 1973 – Código de Processo Civil; e dá outras providências.

O Presidente da República

(*) Publicada no *DOU*, de 20-12-2006. *Vide* Instrução Normativa n. 30, de 13-9-2007, do TST, que regulamenta esta Lei no âmbito da Justiça do Trabalho. A Resolução Administrativa n. 1.589, de 4-2-2013, instituiu o Sistema Processo Judicial Eletrônico da Justiça do Trabalho – Pje-JT.

Faço saber que o Congresso Nacional decreta e eu sanciono a seguinte Lei:

Capítulo I
DA INFORMATIZAÇÃO DO PROCESSO JUDICIAL

Art. 1.º O uso de meio eletrônico na tramitação de processos judiciais, comunicação de atos e transmissão de peças processuais será admitido nos termos desta Lei.

• A Resolução n. 578, de 20-2-2016, instituiu no âmbito do Supremo Tribunal Federal o Sistema Processo Judicial Eletrônico – PJe.

§ 1.º Aplica-se o disposto nesta Lei, indistintamente, aos processos civil, penal e trabalhista, bem como aos juizados especiais, em qualquer grau de jurisdição.

§ 2.º Para o disposto nesta Lei, considera-se:

I – meio eletrônico qualquer forma de armazenamento ou tráfego de documentos e arquivos digitais;

II – transmissão eletrônica toda forma de comunicação a distância com a utilização de redes de comunicação, preferencialmente a rede mundial de computadores;

III – assinatura eletrônica as seguintes formas de identificação inequívoca do signatário:

a) assinatura digital baseada em certificado digital emitido por Autoridade Certificadora credenciada, na forma de lei específica;

b) mediante cadastro de usuário no Poder Judiciário, conforme disciplinado pelos órgãos respectivos.

Art. 2.º O envio de petições, de recursos e a prática de atos processuais em geral por meio eletrônico serão admitidos mediante uso de assinatura eletrônica, na forma do art. 1.º desta Lei, sendo obrigatório o credenciamento prévio no Poder Judiciário, conforme disciplinado pelos órgãos respectivos.

§ 1.º O credenciamento no Poder Judiciário será realizado mediante procedimento no qual esteja assegurada a adequada identificação presencial do interessado.

§ 2.º Ao credenciado será atribuído registro e meio de acesso ao sistema, de modo a preservar o sigilo, a identificação e a autenticidade de suas comunicações.

§ 3.º Os órgãos do Poder Judiciário poderão criar um cadastro único para o credenciamento previsto neste artigo.

Art. 3.º Consideram-se realizados os atos processuais por meio eletrônico no dia e hora do seu envio ao sistema do Poder Judiciário, do que deverá ser fornecido protocolo eletrônico.

Parágrafo único. Quando a petição eletrônica for enviada para atender prazo processual, serão consideradas tempestivas as transmitidas até as 24 (vinte e quatro) horas do seu último dia.

Capítulo II
DA COMUNICAÇÃO ELETRÔNICA DOS ATOS PROCESSUAIS

Art. 4.º Os tribunais poderão criar Diário da Justiça eletrônico, disponibilizado em sítio da rede mundial de computadores, para publicação de atos judiciais e administrativos próprios e dos órgãos a eles subordinados, bem como comunicações em geral.

•• O Ato Conjunto n. 15, de 5-6-2008, do Conselho Superior da Justiça do Trabalho, instituiu o Diário da Justiça do Trabalho Eletrônico e estabelece normas para envio, publicação e divulgação de matérias dos Órgãos da Justiça do Trabalho.

§ 1.º O sítio e o conteúdo das publicações de que trata este artigo deverão ser assinados digitalmente com base em certificado emitido por Autoridade Certificadora credenciada na forma da lei específica.

§ 2.º A publicação eletrônica na forma deste artigo substitui qualquer outro meio e publicação oficial, para quaisquer efeitos legais, à exceção dos casos que, por lei, exigem intimação ou vista pessoal.

§ 3.º Considera-se como data da publicação o primeiro dia útil seguinte ao da disponibilização da informação no Diário da Justiça eletrônico.

§ 4.º Os prazos processuais terão início no primeiro dia útil que seguir ao considerado como data da publicação.

§ 5.º A criação do Diário da Justiça eletrônico deverá ser acompanhada de ampla divulgação, e o ato administrativo correspondente será publicado durante 30 (trinta) dias no diário oficial em uso.

Art. 5.º As intimações serão feitas por meio eletrônico em portal próprio aos que se cadastrarem na forma do art. 2.º desta Lei, dispensando-se a publicação no órgão oficial, inclusive eletrônico.

§ 1.º Considerar-se-á realizada a intimação no dia em que o intimando efetivar a consulta eletrônica ao teor da intimação, certificando-se nos autos a sua realização.

§ 2.º Na hipótese do § 1.º deste artigo, nos casos em que a consulta se dê em dia não útil, a intimação será considerada como realizada no primeiro dia útil seguinte.

§ 3.º A consulta referida nos §§ 1.º e 2.º deste artigo deverá ser feita em até 10 (dez) dias corridos contados da data do envio da intimação, sob pena de considerar-se a intimação automaticamente realizada na data do término desse prazo.

§ 4.º Em caráter informativo, poderá ser efetivada remessa de correspondência eletrônica, comunicando o envio da intimação e a abertura automática do prazo processual nos termos do § 3.º deste artigo, aos que manifestarem interesse por esse serviço.

§ 5.º Nos casos urgentes em que a intimação feita na forma deste artigo possa causar prejuízo a quaisquer das partes ou nos casos em que for evidenciada qualquer tentativa de burla ao sistema, o ato processual deverá ser realizado por outro meio que atinja a sua finalidade, conforme determinado pelo juiz.

§ 6.º As intimações feitas na forma deste artigo, inclusive da Fazenda Pública, serão consideradas pessoais para todos os efeitos legais.

Art. 6.º Observadas as formas e as cautelas do art. 5.º desta Lei, as citações, inclusive da Fazenda Pública, excetuadas as dos Direitos Processuais Criminal e Infracional, poderão ser feitas por meio eletrônico, desde que a íntegra dos autos seja acessível ao citando.

Art. 7.º As cartas precatórias, rogatórias, de ordem e, de um modo geral, todas as comunicações oficiais que transitem entre órgãos do Poder Judiciário, bem como entre os deste e os dos demais Poderes, serão feitas preferencialmente por meio eletrônico.

Capítulo III
DO PROCESSO ELETRÔNICO

Art. 8.º Os órgãos do Poder Judiciário poderão desenvolver sistemas eletrônicos de processamento de ações judiciais por meio de autos total ou parcialmente digitais, utilizando, preferencialmente, a rede mundial de computadores e acesso por meio de redes internas e externas.

- O Ato n. 186, de 4-3-2008, dispõe sobre o Processo Administrativo Eletrônico no âmbito do TST.

Parágrafo único. Todos os atos processuais do processo eletrônico serão assinados eletronicamente na forma estabelecida nesta Lei.

Art. 9.º No processo eletrônico, todas as citações, intimações e notificações, inclusive da Fazenda Pública, serão feitas por meio eletrônico, na forma desta Lei.

§ 1.º As citações, intimações, notificações e remessas que viabilizem o acesso à íntegra do processo correspondente serão consideradas vista pessoal do interessado para todos os efeitos legais.

§ 2.º Quando, por motivo técnico, for inviável o uso do meio eletrônico para a realização de citação, intimação ou notificação, esses atos processuais poderão ser praticados segundo as regras ordinárias, digitalizando-se o documento físico, que deverá ser posteriormente destruído.

Art. 10. A distribuição da petição inicial e a juntada da contestação, dos recursos e das petições em geral, todos em formato digital, nos autos de processo eletrônico, podem ser feitas diretamente pelos advogados públicos e privados, sem necessidade da intervenção do cartório ou secretaria judicial, situação em que a autuação deverá se dar de forma automática, fornecendo-se recibo eletrônico de protocolo.

§ 1.º Quando o ato processual tiver que ser praticado em determinado prazo, por meio de petição eletrônica, serão considerados tempestivos os efetivados até as 24 (vinte e quatro) horas do último dia.

§ 2.º No caso do § 1.º deste artigo, se o Sistema do Poder Judiciário se tornar indisponível por motivo técnico, o prazo fica automaticamente prorrogado para o primeiro dia útil seguinte à resolução do problema.

§ 3.º Os órgãos do Poder Judiciário deverão manter equipamentos de digitalização e de acesso à rede mundial de computadores à disposição dos interessados para distribuição de peças processuais.

Art. 11. Os documentos produzidos eletronicamente e juntados aos processos eletrônicos com garantia da origem e de seu signatário, na forma estabelecida nesta Lei, serão considerados originais para todos os efeitos legais.

§ 1.º Os extratos digitais e os documentos digitalizados e juntados aos autos pelos órgãos da Justiça e seus auxiliares, pelo Ministério Público e seus auxiliares, pelas procuradorias, pelas autoridades policiais, pelas repartições públicas em geral e por advogados públicos e privados têm a mesma força probante dos originais, ressalvada a alegação motivada e fundamentada de adulteração antes ou durante o processo de digitalização.

§ 2.º A arguição de falsidade do documento original será processada eletronicamente na forma da lei processual em vigor.

§ 3.º Os originais dos documentos digitalizados, mencionados no § 2.º deste artigo, deverão ser preservados pelo seu detentor até o trânsito em julgado da sentença ou, quando admitida, até o final do prazo para interposição de ação rescisória.

§ 4.º (*Vetado.*)

§ 5.º Os documentos cuja digitalização seja tecnicamente inviável devido ao grande volume ou por motivo de ilegibilidade deverão ser apresentados ao cartório ou secretaria no prazo de 10 (dez) dias contados do envio de petição eletrônica comunicando o fato, os quais serão devolvidos à parte após o trânsito em julgado.

•• A Lei n. 14.318, de 29-3-2022, em vigor após 730 dias da sua publicação (*DOU* de 30-3-2022), dá nova redação a este § 5.º:
"**§ 5.º** Os documentos cuja digitalização seja tecnicamente inviável devido ao grande volume ou por motivo de ilegibilidade deverão ser apresentados ao cartório ou secretaria ou encaminhados por meio de protocolo integrado judicial nacional no prazo de 10 (dez) dias contado do envio de petição eletrônica comunicando o fato, os quais serão devolvidos à parte após o trânsito em julgado".

§ 6.º Os documentos digitalizados juntados em processo eletrônico estarão disponíveis para acesso por meio da rede externa pelas respectivas partes processuais, pelos advogados, independentemente de procuração nos autos, pelos membros do Ministério Público e pelos magistrados, sem prejuízo da possibilidade de visualização nas secretarias dos órgãos julgadores, à exceção daqueles que tramitarem em segredo de justiça.

•• § 6.º com redação determinada pela Lei n. 13.793, de 3-1-2019.

§ 7.º Os sistemas de informações pertinentes a processos eletrônicos devem possibilitar que advogados, procuradores e membros do Ministério Público cadastrados, mas não vinculados a processo previamente identificado, acessem automaticamente todos os atos e documentos processuais armazenados em meio eletrônico, desde que demonstrado interesse para fins apenas de registro, salvo nos casos de processos em segredo de justiça.

•• § 7.º acrescentado pela Lei n. 13.793, de 3-1-2019.

Art. 12. A conservação dos autos do processo poderá ser efetuada total ou parcialmente por meio eletrônico.

§ 1.º Os autos dos processos eletrônicos deverão ser protegidos por meio de sistemas de segurança de acesso e armazenados em meio que garanta a preservação e integridade dos dados, sendo dispensada a formação de autos suplementares.

§ 2.º Os autos de processos eletrônicos que tiverem de ser remetidos a outro juízo ou instância superior que não disponham de sistema compatível deverão ser impressos em papel, autuados na forma dos arts. 166 a 168 da Lei n. 5.869, de 11 de janeiro de 1973 – Código de Processo Civil, ainda que de natureza criminal ou trabalhista, ou pertinentes a juizado especial.

- Citados artigos dispõem:
 "Art. 166. Ao receber a petição inicial de qualquer processo, o escrivão a autuará, mencionando o juízo, a natureza do feito, o número de seu registro, os nomes das partes e a data do seu início; e procederá do mesmo modo quanto aos volumes que se forem formando.

 Art. 167. O escrivão numerará e rubricará todas as folhas dos autos, procedendo da mesma forma quanto aos suplementares.

 Parágrafo único. Às partes, aos advogados, aos órgãos do Ministério Público, aos peritos e às testemunhas é facultado rubricar as folhas correspondentes aos atos em que intervieram.

 Art. 168. Os termos de juntada, vista, conclusão e outros semelhantes constarão de notas datadas e rubricadas pelo escrivão".

§ 3.º No caso do § 2.º deste artigo, o escrivão ou o chefe de secretaria certificará os autores ou a origem dos documentos produzidos nos autos, acrescentando, ressalvada a hipótese de existir segredo de justiça, a forma pela qual o banco de dados poderá ser acessado para aferir a autenticidade das peças e das respectivas assinaturas digitais.

§ 4.º Feita a autuação na forma estabelecida no § 2.º deste artigo, o processo seguirá a tramitação legalmente estabelecida para os processos físicos.

§ 5.º A digitalização de autos em mídia não digital, em tramitação ou já arquivados, será precedida de publicação de editais de intimações ou da intimação pessoal das partes e de seus procuradores, para que, no prazo preclusivo de 30 (trinta) dias, se manifestem sobre o desejo de manterem pessoalmente a guarda de algum dos documentos originais.

Art. 13. O magistrado poderá determinar que sejam realizados por meio eletrônico a exibição e o envio de dados e de documentos necessários à instrução do processo.

§ 1.º Consideram-se cadastros públicos, para os efeitos deste artigo, dentre outros existentes ou que venham a ser criados, ainda que mantidos por concessionárias de serviço público ou empresas privadas, os que contenham informações indispensáveis ao exercício da função judicante.

§ 2.º O acesso de que trata este artigo dar-se-á por qualquer meio tecnológico disponível, preferentemente o de menor custo, considerada sua eficiência.

§ 3.º (Vetado.)

Capítulo IV
DISPOSIÇÕES GERAIS E FINAIS

Art. 14. Os sistemas a serem desenvolvidos pelos órgãos do Poder Judiciário deverão usar, preferencialmente, programas com código aberto, acessíveis ininterruptamente por meio da rede mundial de computadores, priorizando-se a sua padronização.

Parágrafo único. Os sistemas devem buscar identificar os casos de ocorrência de prevenção, litispendência e coisa julgada.

Art. 15. Salvo impossibilidade que comprometa o acesso à justiça, a parte deverá informar, ao distribuir a petição inicial de qualquer ação judicial, o número no cadastro de pessoas físicas ou jurídicas, conforme o caso, perante a Secretaria da Receita Federal.

Parágrafo único. Da mesma forma, as peças de acusação criminais deverão ser instruídas pelos membros do Ministério Público ou pelas autoridades policiais com os números de registros dos acusados no Instituto Nacional de Identificação do Ministério da Justiça, se houver.

Art. 16. Os livros cartorários e demais repositórios dos órgãos do Poder Judiciário poderão ser gerados e armazenados em meio totalmente eletrônico.

Art. 17. (Vetado.)

Art. 18. Os órgãos do Poder Judiciário regulamentarão esta Lei, no que couber, no âmbito de suas respectivas competências.

Art. 19. Ficam convalidados os atos processuais praticados por meio eletrônico até a data de publicação desta Lei, desde que tenham atingido sua finalidade e não tenha havido prejuízo para as partes.

..

Art. 21. (Vetado.)

Art. 22. Esta Lei entra em vigor 90 (noventa) dias depois de sua publicação.

Brasília, 19 de dezembro de 2006; 185.º da Independência e 118.º da República.

Luiz Inácio Lula da Silva

DECRETO N. 6.003,
DE 28 DE DEZEMBRO DE 2006 (*)

Regulamenta a arrecadação, a fiscalização e a cobrança da contribuição social do salário-educação, a que se referem o art. 212, § 5.º, da Constituição, e as Leis n. 9.424, de 24 de dezembro de 1996, e 9.766, de 18 de dezembro de 1998, e dá outras providências.

O Presidente da República, no uso da atribuição que lhe confere o art. 84, inciso IV, da Constituição, e tendo em vista o disposto no art. 9.º da Lei n. 9.766, de 18 de dezembro de 1998, decreta:

DISPOSIÇÕES GERAIS

Art. 1.º A contribuição social do salário-educação obedecerá aos mesmos prazos, condições, sanções e privilégios relativos às contribuições sociais e demais importâncias devidas à Seguridade Social, aplicando-se-lhe, no que for cabível, as disposições legais e demais atos normativos atinentes às contribuições previdenciárias, ressalvada a competência do Fundo Nacional de Desenvolvimento da Educação – FNDE, sobre a matéria.

§ 1.º A contribuição a que se refere este artigo será calculada com base na alíquota de dois inteiros e cinco décimos por cento, incidente sobre o total da remuneração paga ou creditada, a qualquer título, aos segurados empregados, ressalvadas as exceções legais, e será arrecadada, fiscalizada e cobrada pela Secretaria da Receita Previdenciária.

§ 2.º Entende-se por empregado, para fins do disposto neste Decreto, as pessoas físicas a que se refere o art. 12, inciso I, da Lei n. 8.212, de 24 de julho de 1991.

- A Lei n. 8.212, de 24-7-1991, dispõe sobre a organização da Seguridade Social, institui Plano de Custeio, e dá outras providências.

§ 3.º Para os fins previstos no art. 3.º da Lei n. 11.098, de 13 de janeiro de 2005, o FNDE é tratado como terceiro, equiparando-se às demais entidades e fundos para os quais a Secretaria da Receita Previdenciária realiza atividades de arrecadação, fiscalização e cobrança de contribuições.

- A Lei n. 11.098, de 13-1-2005, atribui ao Ministério da Previdência Social competências relativas à arrecadação, fiscalização, lançamento e normatização de receitas previdenciárias, e autoriza a criação da Secretaria da Receita Previdenciária no âmbito do referido Ministério.

Art. 2.º São contribuintes do salário-educação as empresas em geral e as entidades públicas e privadas vinculadas ao Regime Geral da Previdência Social, entendendo-se como tais, para fins desta incidência, qualquer firma individual ou sociedade que assuma o risco de atividade econômica, urbana ou rural, com fins lucrativos ou não, bem assim a sociedade de economia mista, a empresa pública e demais socieda-

(*) Publicado no DOU, de 29-12-2006.

des instituídas e mantidas pelo Poder Público, nos termos do art. 173, § 2.º, da Constituição.

Parágrafo único. São isentos do recolhimento da contribuição social do salário-educação:

I – a União, os Estados, o Distrito Federal, os Municípios e suas respectivas autarquias e fundações;

II – as instituições públicas de ensino de qualquer grau;

III – as escolas comunitárias, confessionais ou filantrópicas, devidamente registradas e reconhecidas pelo competente órgão de educação, e que atendam ao disposto no inciso II do art. 55 da Lei n. 8.212, de 1991;

IV – as organizações de fins culturais que, para este fim, vierem a ser definidas em regulamento;

V – as organizações hospitalares e de assistência social, desde que atendam, cumulativamente, aos requisitos estabelecidos nos incisos I a V do art. 55 da Lei n. 8.212, de 1991.

Art. 3.º Cabe à Procuradoria-Geral Federal a representação judicial e extrajudicial do FNDE, inclusive a inscrição dos respectivos créditos em dívida ativa.

Art. 4.º Integram a receita da contribuição social do salário-educação os acréscimos legais a que estão sujeitos os contribuintes em atraso.

Art. 5.º A contribuição social do salário-educação não tem caráter remuneratório na relação de emprego e não se vincula, para nenhum efeito, ao salário ou à remuneração percebida pelos empregados das empresas contribuintes.

Art. 6.º Do montante arrecadado na forma do art. 1.º deste Decreto será deduzida a remuneração da Secretaria da Receita Previdenciária, correspondente a um por cento, conforme previsto no art. 15, § 1.º, da Lei n. 9.424, de 24 de dezembro de 1996.

- Citado dispositivo consta neste volume.

Art. 7.º A Secretaria da Receita Previdenciária enviará ao FNDE as informações necessárias ao acompanhamento da arrecadação, fiscalização e repasse da contribuição social do salário-educação, inclusive quanto à sua participação nos parcelamentos e nos créditos inscritos em dívida ativa.

§ 1.º Para fins do disposto no *caput* deste artigo, deverão ser encaminhados ao FNDE, em meio magnético ou eletrônico, os arquivos contendo as informações da Guia de Recolhimento do FGTS e Informações à Previdência Social – GFIP e Guia da Previdência Social – GPS, bem assim outras informações necessárias ao efetivo controle da arrecadação.

§ 2.º Além das informações previstas no § 1.º, deverão ser encaminhados mensalmente ao FNDE dados consolidados da arrecadação do salário-educação, discriminados por natureza de receita e por unidade da federação.

§ 3.º A Secretaria da Receita Previdenciária prestará contas, anualmente, ao Conselho Deliberativo do FNDE, dos resultados da arrecadação da contribuição social do salário-educação, nos termos do art. 58 da Lei Complementar n. 101, de 4 de maio de 2000.

- A Lei Complementar n. 101, de 4-5-2000, estabelece normas de finanças públicas voltadas para a responsabilidade na gestão fiscal e dá outras providências.

Art. 8.º A Secretaria da Receita Previdenciária disponibilizará ao FNDE, na Conta Única do Tesouro Nacional, o valor total arrecadado a título de salário-educação, na forma do art. 1.º, deduzindo a remuneração a que se refere o art. 6.º.

§ 1.º A apuração de todos os valores arrecadados a título de salário-educação, inclusive os provenientes de créditos constituídos, incluídos ou não em parcelamentos, será feita a partir do primeiro dia útil do mês subsequente ao da arrecadação, devendo o montante apurado ser disponibilizado ao FNDE até o dia 10 do mesmo mês.

§ 2.º O valor devido a título de salário-educação, arrecadado em decorrência do Programa de Recuperação Fiscal – REFIS, deverá ser disponibilizado ao FNDE até o dia 20 do mês subsequente ao da arrecadação.

Art. 9.º O montante recebido na forma do art. 8.º será distribuído pelo FNDE, observada, em noventa por cento de seu valor, a arrecadação realizada em cada Estado e no Distrito Federal, em quotas, da seguinte forma:

I – quota federal, correspondente a um terço do montante dos recursos, será destinada ao FNDE e aplicada no financiamento de programas e projetos voltados para a universalização da educação básica, de forma a propiciar a redução dos desníveis socioeducacionais existentes entre Municípios, Estados, Distrito Federal e regiões brasileiras;

II – quota estadual e municipal, correspondente a dois terços do montante dos recursos, será creditada mensal e automaticamente em favor das Secretarias de Educação dos Estados, do Distrito Federal e em favor dos Municípios para financiamento de programas, projetos e ações voltadas para a educação básica.

§ 1.º A quota estadual e municipal da contribuição social do salário-educação será integralmente redistribuída entre o Estado e seus Municípios de forma proporcional ao número de alunos matriculados na educação básica das respectivas redes de ensino no exercício anterior ao da distribuição, conforme apurado pelo censo educacional realizado pelo Ministério da Educação.

§ 2.º O repasse da quota a que se refere o inciso II, decorrente da arrecadação recebida pelo FNDE até o dia 10 de cada mês, será efetuado até o vigésimo dia do mês do recebimento.

§ 3.º O repasse da quota a que se refere o inciso II, decorrente da arrecadação recebida no FNDE após o dia 10 de cada mês, será efetuado até o vigésimo dia do mês subsequente ao do recebimento.

§ 4.º Os dez por cento restantes do montante da arrecadação do salário-educação serão aplicados pelo FNDE em programas, projetos e ações voltadas para a universalização da educação básica, nos termos do § 5.º do art. 212 da Constituição.

Art. 10. As ações fiscais e demais procedimentos tendentes à verificação da regularidade fiscal relativa ao salário-educação, inclusive para fins de expedição da certidão negativa de débito a que se refere o art. 257 do Decreto n. 3.048, de 6 de maio de 1999, serão realizados pela Secretaria da Receita Previdenciária, à qual competirá a expedição do documento.

- O Decreto n. 3.048, de 6-5-1999, aprova o Regulamento da Previdência Social.

§ 1.º Sem prejuízo da competência prevista no art. 1.º, § 1.º, o FNDE poderá monitorar e fiscalizar o cumprimento das obrigações relativas ao salário-educação e, constatada inobservância de qualquer dispositivo, representará à Secretaria da Receita Previdenciária para as devidas providências.

§ 2.º A partir da vigência deste Decreto, os contribuintes com mais de um estabelecimento e que estavam, até então, obrigados ao recolhimento direto do salário-educação por força do Decreto n. 4.943, de 30 de dezembro de 2003, deverão eleger como estabelecimento centralizador o mesmo que já houver sido informado para esse fim à Secretaria da Receita Previdenciária e manter nele toda a documentação de interesse da fiscalização, inclusive a relativa ao Sistema de Manutenção do Ensino Fundamental – SME.

- Vide art. 15 deste Decreto.

§ 3.º Os Auditores Fiscais da Secretaria da Receita Previdenciária e os técnicos do FNDE têm livre acesso à documentação necessária à consecução dos objetivos previstos neste artigo, não se aplicando para estes fins as disposições legais excludentes ou limitativas do direito de examinar livros, arquivos, documentos, papéis e efeitos comerciais ou fiscais dos comerciantes, empresários, industriais ou produtores, ou da obrigação destes de exibi-los.

DISPOSIÇÕES TRANSITÓRIAS

Art. 11. O recolhimento da contribuição social do salário-educação será feito da seguinte forma:

I – os créditos relativos a competências de 1/2007 em diante, exclusivamente à Secretaria da Receita Previdenciária, por meio da GPS, juntamente com as contribuições previdenciárias e demais contribuições devidas a terceiros;

II – os créditos relativos a competências anteriores a 1/2007, não recolhidos no prazo regulamentar e pendentes de constituição, exclusivamente à Secretaria da Receita Previdenciária, por GPS com código de pagamento específico para o salário-educação;

III – os créditos relativos a competências anteriores a 1/2007, já constituídos pelo FNDE, exclusivamente por meio do Comprovante de Arrecadação Direta – CAD, até que se complete o processo de migração para a Secretaria da Receita Previdenciária, das bases necessárias à apropriação dos respectivos recebimentos, na forma que vier a ser estabelecida no ato de que trata o art. 12.

§ 1.º Fica mantida a competência do FNDE sobre os créditos por ele constituídos, incluídos ou não em parcelamentos, relativos a competências anteriores a 1/2007, até que ocorra a migração para a Secretaria da Receita Previdenciária das bases de que trata o inciso III.

§ 2.º Depois de concluída a migração a que se refere o inciso III, os créditos já constituídos pelo FNDE, incluídos ou não em parcelamentos, relativos a competências anteriores a 1/2007, serão recolhidos exclusivamente à Secretaria da Receita Previdenciária, por GPS, com código de pagamento específico para o salário-educação.

§ 3.º Para o cumprimento do disposto no inciso I, o contribuinte informará na GFIP código de terceiros ímpar, cuja composição inclui o salário-educação, e para cumprimento do disposto nos incisos II e III e no § 2.º não fará qualquer alteração nas GFIP já entregues, relativas àquelas competências, uma vez que as informações nelas contidas serviram de base para o repasse a terceiros da contribuição correspondente.

§ 4.º Nos lançamentos de créditos de salário-educação relativos a competências anteriores a 1/2007 observar-se-á o disposto no art. 144 do Código Tributário Nacional, inclusive quanto ao preenchimento da GFIP, que deverá consignar código de terceiros par, que exclui o salário-educação de sua composição.

§ 5.º O código de pagamento específico para o salário-educação a que se referem o inciso II e o § 2.º será divulgado, com a devida antecedência, pelo FNDE, aos contribuintes sujeitos ao recolhimento direto daquela contribuição.

Art. 12. Os processos administrativo-fiscais decorrentes dos créditos a que se refere o inciso III do art. 11 serão transferidos para a Secretaria da Receita Previdenciária, na forma e prazo que vierem a ser definidos em ato conjunto a ser baixado pelo FNDE e por aquela Secretaria.

DISPOSIÇÕES FINAIS

Art. 13. A Secretaria da Receita Previdenciária e a Procuradoria-Geral Federal ficam autorizadas, observada a área de competência, a baixar ato normativo para operacionalização das ações decorrentes deste Decreto.

Art. 14. Este Decreto entra em vigor na data de sua publicação.

Art. 15. Ficam revogados os Decretos n. 3.142, de 16 de agosto de 1999, e 4.943, de 30 de dezembro de 2003.

Brasília, 28 de dezembro de 2006; 185.º da Independência e 118.º da República.

LUIZ INÁCIO LULA DA SILVA

INSTRUÇÃO NORMATIVA N. 30, DE 13 DE SETEMBRO DE 2007 (*)

(*) Publicada no *DJU*, de 18-9-2007. Republicada em 13-12-2013, por determinação da Resolução n. 192, de 11-12-2013.

Regulamenta, no âmbito da Justiça do Trabalho, a Lei n. 11.419, de 19 de dezembro de 2006, que dispõe sobre a informatização do processo judicial.

Capítulo I
INFORMATIZAÇÃO DO PROCESSO JUDICIAL NO ÂMBITO DA JUSTIÇA DO TRABALHO

Art. 1.º O uso de meio eletrônico na tramitação de processos judiciais, comunicação de atos e transmissão de peças processuais, na Justiça do Trabalho, será disciplinado pela presente Instrução Normativa.

Art. 2.º Os Tribunais Regionais do Trabalho disponibilizarão em suas dependências e nas Varas do Trabalho, para os usuários dos serviços de peticionamento eletrônico que necessitarem, equipamentos de acesso à rede mundial de computadores e de digitalização do processo, para a distribuição de peças processuais.

Parágrafo único. Os Tribunais Regionais do Trabalho terão o prazo de um ano da publicação da presente Instrução Normativa para atenderem ao disposto no presente artigo.

Capítulo II
ASSINATURA ELETRÔNICA

Art. 3.º No âmbito da Justiça do Trabalho, o envio de petições, de recursos e a prática de atos processuais em geral por meio eletrônico serão admitidos mediante uso de assinatura eletrônica.

Art. 4.º A assinatura eletrônica, no âmbito da Justiça do Trabalho, será admitida sob as seguintes modalidades:

I – assinatura digital, baseada em certificado digital emitido pelo ICP-Brasil, com uso de cartão e senha;

II – assinatura cadastrada, obtida perante o Tribunal Superior do Trabalho ou Tribunais Regionais do Trabalho, com fornecimento de *login* e senha.

§ 1.º Para o uso de qualquer das duas modalidades de assinatura eletrônica, o usuário deverá se credenciar previamente perante o Tribunal Superior do Trabalho ou o Tribunal Regional do Trabalho com jurisdição sobre a cidade em que tenha domicílio, mediante o preenchimento de formulário eletrônico, disponibilizado no Portal da Justiça do Trabalho (Portal-JT).

§ 2.º No caso de assinatura digital, em que a identificação presencial já se realizou perante a Autoridade Certificadora, o credenciamento se dará pela simples identificação do usuário por meio de seu certificado digital e remessa do formulário devidamente preenchido.

§ 3.º No caso da assinatura cadastrada, o interessado deverá comparecer, pessoalmente, perante o órgão do Tribunal no qual deseje cadastrar sua assinatura eletrônica, munido do formulário devidamente preenchido, obtendo senhas e informações para a operacionalização de sua assinatura eletrônica.

§ 4.º Ao credenciado será atribuído registro e meio de acesso ao sistema, de modo a preservar o sigilo (mediante criptografia de senha), a identificação e a autenticidade de suas comunicações.

§ 5.º Alterações de dados cadastrais poderão ser feitas pelos usuários, a qualquer momento, na seção respectiva do Portal-JT.

§ 6.º O credenciamento implica a aceitação das normas estabelecidas nesta Instrução Normativa e a responsabilidade do credenciado pelo uso indevido da assinatura eletrônica.

Capítulo III
SISTEMA DE PETICIONAMENTO ELETRÔNICO

Art. 5.º A prática de atos processuais por meio eletrônico pelas partes, advogados e peritos será feita, na Justiça do Trabalho, através do Sistema Integrado de Protocolização e Fluxo de Documentos Eletrônicos (e-DOC).

§ 1.º O e-DOC é um serviço de uso facultativo, disponibilizado no Portal-JT, na Internet.

§ 2.º (*Revogado pela Resolução n. 192, de 11-12-2013.*)

§ 3.º O sistema do e-DOC deverá buscar identificar, dentro do possível, os casos de ocorrência de prevenção, litispendência e coisa julgada.

§ 4.º A parte desassistida de advogado que desejar utilizar o sistema do e-DOC deverá se cadastrar, antes, nos termos desta Instrução Normativa.

Art. 6.º As petições, acompanhadas ou não de anexos, apenas serão aceitas em formato PDF (*Portable Document Format*), no tamanho máximo, por operação, de 5 Megabytes.

•• *Caput com redação determinada pela Resolução n. 196, de 4-5-2015.*

Parágrafo único. Não se admitirá o fracionamento de petição, tampouco dos documentos que a acompanham, para fins de transmissão.

Art. 7.º O envio da petição por intermédio do e-DOC dispensa a apresentação posterior dos originais ou de fotocópias autenticadas, inclusive aqueles destinados à comprovação de pressupostos de admissibilidade do recurso.

Art. 8.º O acesso ao e-DOC depende da utilização, pelo usuário, da sua assinatura eletrônica.

Parágrafo único. Salvo impossibilidade que comprometa o acesso à justiça, a parte deverá informar, ao distribuir a petição inicial de qualquer ação judicial em meio eletrônico, o número no cadastro de pessoas físicas ou jurídicas, conforme o caso, perante a Secretaria da Receita Federal.

Art. 9.º O Sistema Integrado de Protocolização e Fluxo de Documentos Eletrônicos (e-DOC), no momento do recebimento da petição, expedirá recibo ao remetente, que servirá como comprovante de entrega da petição e dos documentos que a acompanharam.

§ 1.º Constarão do recibo as seguintes informações:

I – o número de protocolo da petição gerado pelo Sistema;

II – o número do processo e o nome das partes, se houver, o assunto da petição e o órgão destinatário da petição, informados pelo remetente;

III – a data e o horário do recebimento da petição no Tribunal, conforme o horário oficial de Brasília;

•• *Inciso III com redação determinada pela Resolução n. 215, de 28-11-2016.*

IV – as identificações do remetente da petição e do usuário que assinou eletronicamente o documento.

§ 2.º O usuário poderá consultar no e-DOC as petições e documentos que tenham sido enviados há menos de dois anos, bem como os respectivos recibos.

•• *§ 2.º com redação determinada pela Resolução n. 196, de 4-5-2015.*

Art. 9.º-A. O sistema armazenará em sua base de dados, por dois anos, cópias de segurança dos documentos transmitidos por intermédio do e-DOC, prazo após o qual serão excluídas.

•• *Artigo acrescentado pela Resolução n. 196, de 4-5-2015.*

Art. 10. Incumbe aos Tribunais, por intermédio das respectivas unidades administrativas responsáveis pela recepção das petições transmitidas pelo e-DOC:

I – imprimir as petições e seus documentos, caso existentes, anexando-lhes o comprovante de recepção gerado pelo Sistema, enquanto não generalizada a virtualização do processo, que dispensará os autos físicos;

II – verificar, diariamente, no sistema informatizado, a existência de petições eletrônicas pendentes de processamento.

Art. 11. São de exclusiva responsabilidade dos usuários:

I – o sigilo da assinatura digital, não sendo oponível, em qualquer hipótese, alegação de seu uso indevido;

II – a equivalência entre os dados informados para o envio (número do processo e unidade judiciária) e os constantes da petição remetida;

III – as condições das linhas de comunicação e acesso ao seu provedor da Internet;

IV – a edição da petição e anexos em conformidade com as restrições impostas pelo serviço, no que se refere à formatação e tamanho do arquivo enviado;

V – o acompanhamento da divulgação dos períodos em que o serviço não estiver disponível em decorrência de manutenção no sítio do Tribunal.

§ 1.º A não obtenção, pelo usuário, de acesso ao Sistema, além de eventuais defeitos de transmissão ou recepção de dados, não serve de escusa para o descumprimento dos prazos legais.

§ 2.º Deverão os Tribunais informar, nos respectivos sítios, os períodos em que, eventualmente, o sistema esteve indisponível.

Art. 12. Consideram-se realizados os atos processuais por meio eletrônico no dia e hora do seu recebimento pelo sistema do e-DOC.

§ 1.º Quando a petição eletrônica for enviada para atender prazo processual, serão consideradas tempestivas as transmitidas até as 24 (vinte e quatro) horas do seu último dia.

§ 2.º Incumbe ao usuário observar como referência o horário oficial de Brasília, atentando para os fusos horários existentes no país.

•• *§ 2.º com redação determinada pela Resolução n. 215, de 28-11-2016.*

§ 3.º Não serão considerados, para efeito de tempestividade, o horário da conexão do usuário à Internet, o horário do acesso ao sítio do Tribunal, tampouco os horários consignados nos equipamentos do remetente e da unidade destinatária, mas o de recebimento no órgão da Justiça do Trabalho.

Art. 13. O uso inadequado do e-DOC que venha a causar prejuízo às partes ou à atividade jurisdicional importa bloqueio do cadastramento do usuário, a ser determinado pela autoridade judiciária competente.

Capítulo IV
COMUNICAÇÃO E INFORMAÇÃO DOS ATOS PROCESSUAIS NO PORTAL DA JUSTIÇA DO TRABALHO

Art. 14. O Portal da Justiça do Trabalho (Portal-JT) é o sítio corporativo da instituição, abrangendo todos os Tribunais trabalhistas do País, gerenciado pelo Conselho Superior da Justiça do Trabalho e operado pelo Tribunal Superior do Trabalho e pelos Tribunais Regionais do Trabalho, incluindo, entre outras funcionalidades:

I – o Diário da Justiça do Trabalho Eletrônico (DJT), para publicação de atos judiciais e administrativos dos Tribunais e Varas do Trabalho;

II – Sistemas de Pesquisa de Jurisprudência, de Legislação Trabalhista e Atos Normativos da Justiça do Trabalho, de acompanhamento processual, de acervo bibliográfico, com Banco de Dados Geral integrado pelos julgados e atos administrativos de todos os Tribunais trabalhistas do País;

III – Informações gerais sobre os Tribunais e Varas do Trabalho, incluindo memória da Justiça do Trabalho, dados estatísticos, magistrados, concursos e licitações, entre outros;

IV – Informações sobre o Conselho Superior da Justiça do Trabalho (CSJT), incluindo seu Regimento Interno, suas resoluções e decisões, além de seus integrantes e estrutura do órgão;

V – Informações sobre a Escola Nacional de Formação e Aperfeiçoamento de Magistrados do Trabalho (ENAMAT), incluindo quadro diretivo, de professores, de alunos e de cursos, bem como disponibilizando ambiente para o ensino à distância;

VI – Sistemas de Assinatura Eletrônica, Peticionamento Eletrônico (e-DOC) e de Carta Eletrônica (CE);

VII – Informações sobre a Corregedoria-Geral da Justiça do Trabalho.

Parágrafo único. O conteúdo das publicações de que trata este artigo deverá ser assinado digitalmente, na forma desta Instrução Normativa.

Art. 15. A publicação eletrônica no DJT substitui qualquer outro meio e publicação oficial, para quaisquer efeitos legais, à exceção dos casos que, por lei, exigem intimação ou vista pessoal.

§ 1.º Os atos processuais praticados pelos magistrados trabalhistas a serem publicados no DJT serão assinados digitalmente no momento de sua prolação.

§ 2.º Considera-se como data da publicação o primeiro dia útil seguinte ao da disponibilização da informação no DJT.

§ 3.º Os prazos processuais terão início no primeiro dia útil que seguir ao considerado como data da publicação.

Art. 16. As intimações serão feitas por meio eletrônico no Portal-JT aos que se credenciarem na forma desta Instrução Normativa, dispensando-se a publicação no órgão oficial, inclusive eletrônico.

§ 1.º Considerar-se-á realizada a intimação no dia em que o intimando efetivar a consulta eletrônica ao teor da intimação, certificando-se nos autos a sua realização.

§ 2.º Na hipótese do § 1.º deste artigo, nos casos em que a consulta se dê em dia não útil, a intimação será considerada como realizada no primeiro dia útil seguinte.

§ 3.º A consulta referida nos §§ 1.º e 2.º deste artigo deverá ser feita em até 10 (dez) dias corridos contados da data do envio da intimação, sob pena de considerar-se a intimação automaticamente realizada na data do término desse prazo.

§ 4.º A intimação de que trata este artigo somente será realizada nos processos em que todas as partes estejam credenciadas na forma desta Instrução Normativa, de modo a uniformizar a contagem dos prazos processuais.

§ 5.º Nos casos urgentes em que a intimação feita na forma deste artigo possa causar prejuízo a quaisquer das partes ou nos casos em que for evidenciada qualquer tentativa de burla ao sistema, o ato processual deverá ser realizado por outro meio que atinja a sua finalidade, conforme determinado pelo juiz.

§ 6.º As intimações feitas na forma deste artigo, inclusive da Fazenda Pública, serão consideradas pessoais para todos os efeitos legais.

§ 7.º Observadas as formas e as cautelas deste artigo, as citações, inclusive da Fazenda Pública, poderão ser feitas por meio eletrônico, desde que a íntegra dos autos seja acessível ao citando.

Art. 17. As cartas precatórias, rogatórias e de ordem, no âmbito da Justiça do Trabalho, serão transmitidas exclusivamente de forma eletrônica, através do Sistema de Carta Eletrônica (CE) já referido, com dispensa da remessa física de documentos.

§ 1.º A utilização do Sistema de Carta Eletrônica fora do âmbito da Justiça do Trabalho dependerá da aceitação pelos demais órgãos do Poder Judiciário.

§ 2.º Eventuais falhas na transmissão eletrônica dos dados não desobriga os magistrados e serventuários do cumprimento dos prazos legais, cabendo, nesses casos, a utilização de outros meios previstos em lei para a remessa das cartas.

Art. 18. As petições e demais documentos referentes às cartas precatórias, rogatórias e de ordem, não apresentados pelas partes em meio eletrônico, serão digitalizados e inseridos no Sistema de Carta Eletrônica.

Art. 19. Os documentos em meio físico, em poder do Juízo deprecado, deverão ser adequadamente organizados e arquivados, obedecidos os critérios estabelecidos na Lei n. 8.159, de 8 de janeiro de 1991, e no Decreto n. 4.073, de 3 de janeiro de 2002.

Parágrafo único. Poderá o Juízo deprecante, em casos excepcionais, solicitar o documento físico em poder do Juízo deprecado.

Art. 20. Serão certificados nos autos principais todos os fatos relevantes relativos ao andamento da carta, obtidos junto ao sistema Carta Eletrônica (CE), com impressão e juntada apenas dos documentos essenciais à instrução do feito, nos casos de autos em papel.

Art. 21. Os Tribunais Regionais do Trabalho ficarão obrigados a comunicar à Presidência do Conselho Superior da Justiça do Trabalho qualquer alteração na competência territorial de suas Varas do Trabalho.

Capítulo V
PROCESSO ELETRÔNICO

Art. 22. Na Justiça do Trabalho, os atos processuais do processo eletrônico serão assinados eletronicamente na forma estabelecida nesta Instrução Normativa.

Art. 23. No processo eletrônico, todas as citações, intimações e notificações, inclusive da Fazenda Pública, serão feitas por meio eletrônico.

§ 1.º As citações, intimações, notificações e remessas que viabilizem o acesso à íntegra do processo correspondente serão consideradas vista pessoal do interessado para todos os efeitos legais.

§ 2.º Quando, por motivo técnico, for inviável o uso do meio eletrônico para a realização de citação, intimação ou notificação, esses atos processuais poderão ser praticados segundo as regras ordinárias, digitalizando-se o documento físico, que deverá ser posteriormente destruído.

Art. 24. A distribuição da petição inicial e a juntada da contestação, dos recursos e das petições em geral, todos em formato digital, nos autos de processo eletrônico, podem ser feitas diretamente pelos advogados públicos e privados, sem necessidade da intervenção do cartório ou secretaria judicial, situação em que a autuação deverá se dar de forma automática, fornecendo-se o recibo eletrônico de protocolo.

§ 1.º Quando o ato processual tiver que ser praticado em determinado prazo, por meio de petição eletrônica, serão considerados tempestivos os efetivados até as 24 (vinte e quatro) horas do último dia.

§ 2.º No caso do § 1.º deste artigo, se o serviço respectivo do Portal-JT se tornar indisponível por motivo técnico que impeça a prática do ato no termo final do prazo, este fica automaticamente prorrogado para o primeiro dia útil seguinte à resolução do problema.

Art. 25. Os documentos produzidos eletronicamente e juntados aos processos eletrônicos com garantia da origem e de seu signatário, na forma estabelecida nesta Instrução Normativa, serão considerados originais para todos os efeitos legais.

§ 1.º Os extratos digitais e os documentos digitalizados e juntados aos autos pelos órgãos da Justiça do Trabalho e seus auxiliares, pelo Ministério Público e seus auxiliares, pelas procuradorias, pelas autoridades policiais, pelas repartições públicas em geral e por advogados públicos e privados têm a mesma força probante dos originais, ressalvada a alegação motivada e fundamentada de adulteração antes ou durante o processo de digitalização.

§ 2.º A arguição de falsidade do documento original será processada eletronicamente na forma da lei processual em vigor.

§ 3.º Os originais dos documentos digitalizados, mencionados no § 1.º deste artigo, deverão ser preservados pelo seu detentor até o trânsito em julgado da sentença ou, quando admitida, até o final do prazo para interposição de ação rescisória.

§ 4.º Os documentos cuja digitalização seja tecnicamente inviável devido ao grande volume ou por motivo de ilegibilidade deverão ser apresentados ao cartório ou secretaria no prazo de 10 (dez) dias contados do envio de petição eletrônica comunicando o fato, os quais serão devolvidos à parte após o trânsito em julgado.

§ 5.º Os documentos digitalizados juntados em processo eletrônico somente estarão disponíveis para acesso por meio da rede externa para suas respectivas partes processuais e para o Ministério Público, respeitado o disposto em lei para as situações de sigilo e de segredo de justiça.

Art. 26. A conservação dos autos do processo poderá ser efetuada total ou parcialmente por meio eletrônico.

§ 1.º Os autos dos processos eletrônicos serão protegidos por meio de sistemas de segurança de acesso e armazenados de forma a preservar a integridade dos dados, sendo dispensada a formação de autos suplementares.

§ 2.º Os autos de processos eletrônicos que tiverem de ser remetidos a outro juízo ou instância superior que não disponham de sistema compatível deverão ser impressos em papel e autuados na forma dos arts. 166 a 168 do CPC.

•• A referência é feita ao CPC de 1973. Dispositivos correspondentes no CPC de 2015: arts. 206 a 208.

§ 3.º No caso do § 2.º deste artigo, o escrivão ou o chefe de secretaria certificará os autores ou a origem dos documentos produzidos nos autos, acrescentando, ressalvada a hipótese de existir segredo de justiça, a forma pela qual o banco de dados poderá ser acessado para aferir a autenticidade das peças e das respectivas assinaturas digitais.

§ 4.º Feita a autuação na forma estabelecida no § 2.º deste artigo, o processo seguirá a tramitação legalmente estabelecida para os processos físicos.

§ 5.º A digitalização de autos em mídia não digital, em tramitação ou já arquivados, será precedida de publicação de editais de intimações ou da intimação pessoal das partes e de seus procuradores, para que, no prazo preclusivo de 30 (trinta) dias, se manifestem sobre o desejo de manterem pessoalmente a guarda de algum dos documentos originais.

Art. 27. O magistrado poderá determinar que sejam realizados por meio eletrônico a exibição e o envio de dados e de documentos necessários à instrução do processo.

§ 1.º Consideram-se cadastros públicos, para os efeitos deste artigo, dentre outros existentes ou que venham a ser criados, ainda que mantidos por concessionárias de serviço público ou empresas privadas, os que contenham informações indispensáveis ao exercício da função judicante.

§ 2.º O acesso de que trata este artigo dar-se-á por qualquer meio tecnológico disponível, preferentemente o de menor custo, considerada sua eficiência.

Capítulo VI
DISPOSIÇÕES GERAIS, FINAIS E TRANSITÓRIAS

Art. 28. Os credenciamentos de assinatura eletrônica já feitos pelos Tribunais Regionais do Trabalho antes da publicação desta Instrução Normativa e que estejam em desacordo com as regras nela estabelecidas terão validade por 180 (cento e oitenta) dias da última publicação desta Resolução, devendo os interessados promover o credenciamento adequado até essa data.

Art. 29. Os casos omissos desta Instrução Normativa serão resolvidos pelos Presidentes dos Tribunais, no âmbito de suas esferas de competência.

Art. 30. Para efeito do disposto no § 5.º do art. 4.º da Lei n. 11.419, de 19 de dezembro de 2006, a presente Instrução Normativa será publicada durante 30 (trinta) dias no *Diário Oficial* em uso, dando-lhe ampla divulgação.

Art. 31. A presente Instrução Normativa entra em vigor 90 (noventa) dias após a sua última publicação, revogada a Instrução Normativa n. 28 desta Corte.

Sala de Sessões, 13 de setembro de 2007.

Ana Lúcia Rego Queiroz

LEI N. 11.648, DE 31 DE MARÇO DE 2008 (*)

Dispõe sobre o reconhecimento formal das centrais sindicais para os fins que especifica, altera a Consolidação das Leis do Trabalho – CLT, aprovada pelo Decreto-lei n. 5.452, de 1.º de maio de 1943, e dá outras providências.

O Presidente da República

Faço saber que o Congresso Nacional decreta e eu sanciono a seguinte Lei:

Art. 1.º A central sindical, entidade de representação geral dos trabalhadores, constituída em âmbito nacional, terá as seguintes atribuições e prerrogativas:

I – coordenar a representação dos trabalhadores por meio das organizações sindicais a ela filiadas; e

II – participar de negociações em fóruns, colegiados de órgãos públicos e demais espaços de diálogo social que possuam composição tripartite, nos quais estejam em discussão assuntos de interesse geral dos trabalhadores.

Parágrafo único. Considera-se central sindical, para os efeitos do disposto nesta Lei, a entidade associativa de direito privado composta por organizações sindicais de trabalhadores.

Art. 2.º Para o exercício das atribuições e prerrogativas a que se refere o inciso II do *caput* do art. 1.º desta Lei, a central sindical deverá cumprir os seguintes requisitos:

I – filiação de, no mínimo, 100 (cem) sindicatos distribuídos nas 5 (cinco) regiões do País;

II – filiação em pelo menos 3 (três) regiões do País de, no mínimo, 20 (vinte) sindicatos em cada uma;

III – filiação de sindicatos em, no mínimo, 5 (cinco) setores de atividade econômica; e

IV – filiação de sindicatos que representem, no mínimo, 7% (sete por cento) do total de empregados sindicalizados em âmbito nacional.

Parágrafo único. O índice previsto no inciso IV do *caput* deste artigo será de 5% (cinco por cento) do total de empregados sindicalizados em âmbito nacional no período de 24 (vinte e quatro) meses a contar da publicação desta Lei.

Art. 3.º A indicação pela central sindical de representantes nos fóruns tripartites, conselhos e colegiados de órgãos públicos a que se refere o inciso II do *caput* do art. 1.º desta Lei será em número proporcional ao índice de representatividade previsto no inciso IV do *caput* do art. 2.º desta Lei, salvo acordo entre centrais sindicais.

§ 1.º O critério de proporcionalidade, bem como a possibilidade de acordo entre as centrais, previsto no *caput* deste artigo não poderá prejudicar a participação de outras centrais sindicais que atenderem aos requisitos estabelecidos no art. 2.º desta Lei.

§ 2.º A aplicação do disposto no *caput* deste artigo deverá preservar a paridade de representação de trabalhadores e empregadores em qualquer organismo mediante o qual sejam levadas a cabo as consultas.

Art. 4.º A aferição dos requisitos de representatividade de que trata o art. 2.º desta Lei será realizada pelo Ministério do Trabalho e Emprego.

§ 1.º O Ministro de Estado do Trabalho e Emprego, mediante consulta às centrais sindicais, poderá baixar instruções para disciplinar os procedimentos necessários à aferição dos requisitos de representatividade, bem como para alterá-los com base na análise dos índices de sindicalização dos sindicatos filiados às centrais sindicais.

§ 2.º Ato do Ministro de Estado do Trabalho e Emprego divulgará, anualmente, relação das centrais sindicais que atendem aos requisitos de que trata o art. 2.º desta Lei, indicando seus índices de representatividade.

Art. 5.º Os arts. 589, 590, 591 e 593 da Consolidação das Leis do Trabalho – CLT, aprovada pelo Decreto-lei n. 5.452, de 1.º de maio de 1943, passam a vigorar com a seguinte redação:

•• Alterações já processadas no diploma modificado.

Art. 6.º (*Vetado.*)

(*) Publicada no *DOU*, de 31-3-2008 - Edição Extra. A Portaria n. 1.717, de 5-11-2014, do MTE, aprova instruções para aferição dos requisitos de representatividade das centrais sindicais exigidos por esta Lei.

Art. 7.º Os arts. 578 a 610 da Consolidação das Leis do Trabalho – CLT, aprovada pelo Decreto-lei n. 5.452, de 1.º de maio de 1943, vigorarão até que a lei venha a disciplinar a contribuição negocial, vinculada ao exercício efetivo da negociação coletiva e à aprovação em assembleia geral da categoria.

•• A Lei n. 13.467, de 13-7-2017, em vigor 120 dias da sua publicação (*DOU* de 14-7-2017), revoga os arts. 601 e 604 da CLT, que tratavam sobre apresentação da prova de quitação do imposto sindical.

Art. 8.º Esta Lei entra em vigor na data de sua publicação.

Brasília, 31 de março de 2008; 187.º da Independência e 120.º da República.

<div align="right">Luiz Inácio Lula da Silva</div>

LEI N. 11.770, DE 9 DE SETEMBRO DE 2008 (*)

Cria o Programa Empresa Cidadã, destinado à prorrogação da licença-maternidade mediante concessão de incentivo fiscal, e altera a Lei n. 8.212, de 24 de julho de 1991.

O Presidente da República

Faço saber que o Congresso Nacional decreta e eu sanciono a seguinte Lei:

Art. 1.º É instituído o Programa Empresa Cidadã, destinado a prorrogar:

•• *Caput* com redação determinada pela Lei n. 13.257, de 8-3-2016.
•• *Vide* arts. 137 a 142 do Decreto n. 10.854, de 10-11-2021.

I – por 60 (sessenta) dias a duração da licença-maternidade prevista no inciso XVIII do *caput* do art. 7.º da Constituição Federal;

•• Inciso I acrescentado pela Lei n. 13.257, de 8-3-2016.

II – por 15 (quinze) dias a duração da licença-paternidade, nos termos desta Lei, além dos 5 (cinco) dias estabelecidos no § 1.º do art. 10 do Ato das Disposições Constitucionais Transitórias.

•• Inciso II acrescentado pela Lei n. 13.257, de 8-3-2016.

§ 1.º A prorrogação de que trata este artigo:

•• § 1.º com redação determinada pela Lei n. 13.257, de 8-3-2016.

I – será garantida à empregada da pessoa jurídica que aderir ao Programa, desde que a empregada a requeira até o final do primeiro mês após o parto, e será concedida imediatamente após a fruição da licença-maternidade de que trata o inciso XVIII do *caput* do art. 7.º da Constituição Federal;

•• Inciso I acrescentado pela Lei n. 13.257, de 8-3-2016.

II – será garantida ao empregado da pessoa jurídica que aderir ao Programa, desde que o empregado a requeira no prazo de 2 (dois) dias úteis após o parto e comprove participação em programa ou atividade de orientação sobre paternidade responsável.

•• Inciso II acrescentado pela Lei n. 13.257, de 8-3-2016.

§ 2.º A prorrogação será garantida, na mesma proporção, à empregada e ao empregado que adotar ou obtiver guarda judicial para fins de adoção de criança.

•• § 2.º com redação determinada pela Lei n. 13.257, de 8-3-2016.

§ 3.º A prorrogação de que trata o inciso I do *caput* deste artigo poderá ser compartilhada entre a empregada e o empregado requerente, desde que ambos sejam empregados de pessoa jurídica aderente ao Programa e que a decisão seja adotada conjuntamente, na forma estabelecida em regulamento.

•• § 3.º acrescentado pela Lei n. 14.457, de 21-9-2022.

§ 4.º Na hipótese prevista no § 3.º deste artigo, a prorrogação poderá ser usufruída pelo empregado da pessoa jurídica que aderir ao Programa somente após o término da licença-maternidade, desde que seja requerida com 30 (trinta) dias de antecedência.

•• § 4.º acrescentado pela Lei n. 14.457, de 21-9-2022.

(*) Publicada no *DOU*, de 10-9-2008. Regulamentada pelo Decreto n. 10.854, de 10-11-2021.

Art. 1.º-A. Fica a empresa participante do Programa Empresa Cidadã autorizada a substituir o período de prorrogação da licença-maternidade de que trata o inciso I do *caput* do art. 1.º desta Lei pela redução de jornada de trabalho em 50% (cinquenta por cento) pelo período de 120 (cento e vinte) dias.

•• *Caput* acrescentado pela Lei n. 14.457, de 21-9-2022.

§ 1.º São requisitos para efetuar a substituição de que trata o *caput* deste artigo:

•• § 1.º, *caput*, acrescentado pela Lei n. 14.457, de 21-9-2022.

I – pagamento integral do salário à empregada ou ao empregado pelo período de 120 (cento e vinte) dias; e

•• Inciso I acrescentado pela Lei n. 14.457, de 21-9-2022.

II – acordo individual firmado entre o empregador e a empregada ou o empregado interessados em adotar a medida.

•• Inciso II acrescentado pela Lei n. 14.457, de 21-9-2022.

§ 2.º A substituição de que trata o *caput* deste artigo poderá ser concedida na forma prevista no § 3.º do art. 1.º desta Lei.

•• § 2.º acrescentado pela Lei n. 14.457, de 21-9-2022.

Art. 2.º É a administração pública, direta, indireta e fundacional, autorizada a instituir programa que garanta prorrogação da licença-maternidade para suas servidoras, nos termos do que prevê o art. 1.º desta Lei.

Art. 3.º Durante o período de prorrogação da licença-maternidade e da licença-paternidade:

•• *Caput* com redação determinada pela Lei n. 13.257, de 8-3-2016.

I – a empregada terá direito à remuneração integral, nos mesmos moldes devidos no período de percepção do salário-maternidade pago pelo Regime Geral de Previdência Social (RGPS);

•• Inciso I acrescentado pela Lei n. 13.257, de 8-3-2016.

II – o empregado terá direito à remuneração integral.

•• Inciso II acrescentado pela Lei n. 13.257, de 8-3-2016.

Art. 4.º No período de prorrogação da licença-maternidade e da licença-paternidade de que trata esta Lei, a empregada e o empregado não poderão exercer nenhuma atividade remunerada, e a criança deverá ser mantida sob seus cuidados.

•• *Caput* com redação determinada pela Lei n. 13.257, de 8-3-2016.

Parágrafo único. Em caso de descumprimento do disposto no *caput* deste artigo, a empregada e o empregado perderão o direito à prorrogação.

•• Parágrafo único com redação determinada pela Lei n. 13.257, de 8-3-2016.

Art. 5.º A pessoa jurídica tributada com base no lucro real poderá deduzir do imposto devido, em cada período de apuração, o total da remuneração integral da empregada e do empregado pago nos dias de prorrogação de sua licença-maternidade e de sua licença-paternidade, vedada a dedução como despesa operacional.

•• *Caput* com redação determinada pela Lei n. 13.257, de 8-3-2016.

Parágrafo único. (*Vetado.*)

Art. 6.º (*Vetado.*)

Art. 7.º O Poder Executivo, com vistas no cumprimento do disposto no inciso II do *caput* do art. 5.º e nos arts. 12 e 14 da Lei Complementar n. 101, de 4 de maio de 2000, estimará o montante da renúncia fiscal decorrente do disposto nesta Lei e o incluirá no demonstrativo a que se refere o § 6.º do art. 165 da Constituição Federal, que acompanhará o projeto de lei orçamentária cuja apresentação se der após decorridos 60 (sessenta) dias da publicação desta Lei.

•• Citados artigos da Lei Complementar n. 101, de 4-5-2000 (Lei de Responsabilidade Fiscal), dispõem, respectivamente, sobre Lei Orçamentária Anual, previsão de arrecadação e renúncia de receita pública. O art. 14, *caput*, dessa Lei prescreve:
"A concessão ou ampliação de incentivo ou benefício de natureza tributária da qual decorra renúncia de receita deverá estar acompanhada de estimativa do impacto orçamentário-financeiro no exercício em que deva iniciar sua vigência e nos dois seguintes".

Art. 8.º Esta Lei entra em vigor na data de sua publicação, produzindo efeitos a partir do primeiro dia do exercício subsequente àquele em que for implementado o disposto no seu art. 7.º.

Brasília, 9 de setembro de 2008; 187.º da Independência e 120.º da República.

<div align="center">Luiz Inácio Lula da Silva</div>

LEI N. 11.788, DE 25 DE SETEMBRO DE 2008 (*)

Dispõe sobre o estágio de estudantes; altera a redação do art. 428 da Consolidação das Leis do Trabalho – CLT, aprovada pelo Decreto-lei n. 5.452, de 1.º de maio de 1943, e a Lei n. 9.394, de 20 de dezembro de 1996; revoga as Leis n. 6.494, de 7 de dezembro de 1977, e 8.859, de 23 de março de 1994, o parágrafo único do art. 82 da Lei n. 9.394, de 20 de dezembro de 1996, e o art. 6.º da Medida Provisória n. 2.164-41, de 24 de agosto de 2001; e dá outras providências.

O Presidente da República

Faço saber que o Congresso Nacional decreta e eu sanciono a seguinte Lei:

Capítulo I
DA DEFINIÇÃO, CLASSIFICAÇÃO E RELAÇÕES DE ESTÁGIO

Art. 1.º Estágio é ato educativo escolar supervisionado, desenvolvido no ambiente de trabalho, que visa à preparação para o trabalho produtivo de educandos que estejam frequentando o ensino regular em instituições de educação superior, de educação profissional, de ensino médio, da educação especial e dos anos finais do ensino fundamental, na modalidade profissional da educação de jovens e adultos.

§ 1.º O estágio faz parte do projeto pedagógico do curso, além de integrar o itinerário formativo do educando.

§ 2.º O estágio visa ao aprendizado de competências próprias da atividade profissional e à contextualização curricular, objetivando o desenvolvimento do educando para a vida cidadã e para o trabalho.

Art. 2.º O estágio poderá ser obrigatório ou não obrigatório, conforme determinação das diretrizes curriculares da etapa, modalidade e área de ensino e do projeto pedagógico do curso.

§ 1.º Estágio obrigatório é aquele definido como tal no projeto do curso, cuja carga horária é requisito para aprovação e obtenção de diploma.

§ 2.º Estágio não obrigatório é aquele desenvolvido como atividade opcional, acrescida à carga horária regular e obrigatória.

§ 3.º As atividades de extensão, de monitorias e de iniciação científica na educação superior, desenvolvidas pelo estudante, somente poderão ser equiparadas ao estágio em caso de previsão no projeto pedagógico do curso.

Art. 3.º O estágio, tanto na hipótese do § 1.º do art. 2.º desta Lei quanto na prevista no § 2.º do mesmo dispositivo, não cria vínculo empregatício de qualquer natureza, observados os seguintes requisitos:

I – matrícula e frequência regular do educando em curso de educação superior, de educação profissional, de ensino médio, da educação especial e nos anos finais do ensino fundamental, na modalidade profissional da educação de jovens e adultos e atestados pela instituição de ensino;

II – celebração de termo de compromisso entre o educando, a parte concedente do estágio e a instituição de ensino;

III – compatibilidade entre as atividades desenvolvidas no estágio e aquelas previstas no termo de compromisso.

§ 1.º O estágio, como ato educativo escolar supervisionado, deverá ter acompanhamento efetivo pelo professor orientador da instituição de ensino e por supervisor da parte concedente, comprovado por vistos nos relatórios referidos no inciso IV do *caput* do art. 7.º desta Lei e por menção de aprovação final.

(*) Publicada no *DOU*, de 26-9-2008.

§ 2.º O descumprimento de qualquer dos incisos deste artigo ou de qualquer obrigação contida no termo de compromisso caracteriza vínculo de emprego do educando com a parte concedente do estágio para todos os fins da legislação trabalhista e previdenciária.

Art. 4.º A realização de estágios, nos termos desta Lei, aplica-se aos estudantes estrangeiros regularmente matriculados em cursos superiores no País, autorizados ou reconhecidos, observado o prazo do visto temporário de estudante, na forma da legislação aplicável.

Art. 5.º As instituições de ensino e as partes cedentes de estágio podem, a seu critério, recorrer a serviços de agentes de integração públicos e privados, mediante condições acordadas em instrumento jurídico apropriado, devendo ser observada, no caso de contratação com recursos públicos, a legislação que estabelece as normas gerais de licitação.

§ 1.º Cabe aos agentes de integração, como auxiliares no processo de aperfeiçoamento do instituto do estágio:

I – identificar oportunidades de estágio;

II – ajustar suas condições de realização;

III – fazer o acompanhamento administrativo;

IV – encaminhar negociação de seguros contra acidentes pessoais;

V – cadastrar os estudantes.

§ 2.º É vedada a cobrança de qualquer valor dos estudantes, a título de remuneração pelos serviços referidos nos incisos deste artigo.

§ 3.º Os agentes de integração serão responsabilizados civilmente se indicarem estagiários para a realização de atividades não compatíveis com a programação curricular estabelecida para cada curso, assim como estagiários matriculados em cursos ou instituições para as quais não há previsão de estágio curricular.

Art. 6.º O local de estágio pode ser selecionado a partir de cadastro de partes cedentes, organizado pelas instituições de ensino ou pelos agentes de integração.

Capítulo II
DA INSTITUIÇÃO DE ENSINO

Art. 7.º São obrigações das instituições de ensino, em relação aos estágios de seus educandos:

I – celebrar termo de compromisso com o educando ou com seu representante ou assistente legal, quando ele for absoluta ou relativamente incapaz, e com a parte concedente, indicando as condições de adequação do estágio à proposta pedagógica do curso, à etapa e modalidade da formação escolar do estudante e ao horário e calendário escolar;

II – avaliar as instalações da parte concedente do estágio e sua adequação à formação cultural e profissional do educando;

III – indicar professor orientador, da área a ser desenvolvida no estágio, como responsável pelo acompanhamento e avaliação das atividades do estagiário;

IV – exigir do educando a apresentação periódica, em prazo não superior a 6 (seis) meses, de relatório das atividades;

V – zelar pelo cumprimento do termo de compromisso, reorientando o estagiário para outro local em caso de descumprimento de suas normas;

VI – elaborar normas complementares e instrumentos de avaliação dos estágios de seus educandos;

VII – comunicar à parte concedente do estágio, no início do período letivo, as datas de realização de avaliações escolares ou acadêmicas.

Parágrafo único. O plano de atividades do estagiário, elaborado em acordo das 3 (três) partes a que se refere o inciso II do *caput* do art. 3.º desta Lei, será incorporado ao termo de compromisso por meio de aditivos à medida que for avaliado, progressivamente, o desempenho do estudante.

Art. 8.º É facultado às instituições de ensino celebrar com entes públicos e privados convênio de concessão de estágio, nos quais se explicitem o processo educativo compreendido nas atividades progra-

madas para seus educandos e as condições de que tratam os arts. 6.º a 14 desta Lei.

Parágrafo único. A celebração de convênio de concessão de estágio entre a instituição de ensino e a parte concedente não dispensa a celebração do termo de compromisso de que trata o inciso II do caput do art. 3.º desta Lei.

Capítulo III
DA PARTE CONCEDENTE

Art. 9.º As pessoas jurídicas de direito privado e os órgãos da administração pública direta, autárquica e fundacional de qualquer dos Poderes da União, dos Estados, do Distrito Federal e dos Municípios, bem como profissionais liberais de nível superior devidamente registrados em seus respectivos conselhos de fiscalização profissional, podem oferecer estágio, observadas as seguintes obrigações:

•• O Decreto n. 9.427, de 28-6-2018, reserva aos negros 30% das vagas oferecidas nas seleções para estágio no âmbito da administração pública federal direta, autárquica e fundacional.

I – celebrar termo de compromisso com a instituição de ensino e o educando, zelando por seu cumprimento;

II – ofertar instalações que tenham condições de proporcionar ao educando atividades de aprendizagem social, profissional e cultural;

III – indicar funcionário de seu quadro de pessoal, com formação ou experiência profissional na área de conhecimento desenvolvida no curso do estágio, para orientar e supervisionar até 10 (dez) estagiários simultaneamente;

IV – contratar em favor do estagiário seguro contra acidentes pessoais, cuja apólice seja compatível com valores de mercado, conforme fique estabelecido no termo de compromisso;

V – por ocasião do desligamento do estagiário, entregar termo de realização do estágio com indicação resumida das atividades desenvolvidas, dos períodos e da avaliação de desempenho;

VI – manter à disposição da fiscalização documentos que comprovem a relação de estágio;

VII – enviar à instituição de ensino, com periodicidade mínima de 6 (seis) meses, relatório de atividades, com vista obrigatória ao estagiário.

Parágrafo único. No caso de estágio obrigatório, a responsabilidade pela contratação do seguro de que trata o inciso IV do caput deste artigo poderá, alternativamente, ser assumida pela instituição de ensino.

Capítulo IV
DO ESTAGIÁRIO

Art. 10. A jornada de atividade em estágio será definida de comum acordo entre a instituição de ensino, a parte concedente e o aluno estagiário ou seu representante legal, devendo constar do termo de compromisso ser compatível com as atividades escolares e não ultrapassar:

I – 4 (quatro) horas diárias e 20 (vinte) horas semanais, no caso de estudantes de educação especial e dos anos finais do ensino fundamental, na modalidade profissional de educação de jovens e adultos;

II – 6 (seis) horas diárias e 30 (trinta) horas semanais, no caso de estudantes do ensino superior, da educação profissional de nível médio e do ensino médio regular.

§ 1.º O estágio relativo a cursos que alternam teoria e prática, nos períodos em que não estão programadas aulas presenciais, poderá ter jornada de até 40 (quarenta) horas semanais, desde que isso esteja previsto no projeto pedagógico do curso e da instituição de ensino.

§ 2.º Se a instituição de ensino adotar verificações de aprendizagem periódicas ou finais, nos períodos de avaliação, a carga horária do estágio será reduzida pelo menos à metade, segundo estipulado no termo de compromisso, para garantir o bom desempenho do estudante.

Art. 11. A duração do estágio, na mesma parte concedente, não poderá exceder 2 (dois) anos, exceto quando se tratar de estagiário portador de deficiência.

Art. 12. O estagiário poderá receber bolsa ou outra forma de contraprestação que venha a ser acordada, sendo compulsória a sua concessão, bem como a do auxílio-transporte, na hipótese de estágio não obrigatório.

§ 1.º A eventual concessão de benefícios relacionados a transporte, alimentação e saúde, entre outros, não caracteriza vínculo empregatício.

§ 2.º Poderá o educando inscrever-se e contribuir como segurado facultativo do Regime Geral de Previdência Social.

Art. 13. É assegurado ao estagiário, sempre que o estágio tenha duração igual ou superior a 1 (um) ano, período de recesso de 30 (trinta) dias, a ser gozado preferencialmente durante suas férias escolares.

§ 1.º O recesso de que trata este artigo deverá ser remunerado quando o estagiário receber bolsa ou outra forma de contraprestação.

§ 2.º Os dias de recesso previstos neste artigo serão concedidos de maneira proporcional, nos casos de o estágio ter duração inferior a 1 (um) ano.

Art. 14. Aplica-se ao estagiário a legislação relacionada à saúde e segurança no trabalho, sendo sua implementação de responsabilidade da parte concedente do estágio.

Capítulo V
DA FISCALIZAÇÃO

Art. 15. A manutenção de estagiários em desconformidade com esta Lei caracteriza vínculo de emprego do educando com a parte concedente do estágio para todos os fins da legislação trabalhista e previdenciária.

§ 1.º A instituição privada ou pública que reincidir na irregularidade de que trata este artigo ficará impedida de receber estagiários por 2 (dois) anos, contados da data da decisão definitiva do processo administrativo correspondente.

§ 2.º A penalidade de que trata o § 1.º deste artigo limita-se à filial ou agência em que for cometida a irregularidade.

Capítulo VI
DAS DISPOSIÇÕES GERAIS

Art. 16. O termo de compromisso deverá ser firmado pelo estagiário ou com seu representante ou assistente legal e pelos representantes legais da parte concedente e da instituição de ensino, vedada a atuação dos agentes de integração a que se refere o art. 5.º desta Lei como representante de qualquer das partes.

Art. 17. O número máximo de estagiários em relação ao quadro de pessoal das entidades concedentes de estágio deverá atender às seguintes proporções:

I – de 1 (um) a 5 (cinco) empregados: 1 (um) estagiário;

II – de 6 (seis) a 10 (dez) empregados: até 2 (dois) estagiários;

III – de 11 (onze) a 25 (vinte e cinco) empregados: até 5 (cinco) estagiários;

IV – acima de 25 (vinte e cinco) empregados: até 20% (vinte por cento) de estagiários.

§ 1.º Para efeito desta Lei, considera-se quadro de pessoal o conjunto de trabalhadores empregados existentes no estabelecimento do estágio.

§ 2.º Na hipótese de a parte concedente contar com várias filiais ou estabelecimentos, os quantitativos previstos nos incisos deste artigo serão aplicados a cada um deles.

§ 3.º Quando o cálculo do percentual disposto no inciso IV do caput deste artigo resultar em fração, poderá ser arredondado para o número inteiro imediatamente superior.

§ 4.º Não se aplica o disposto no caput deste artigo aos estágios de nível superior e de nível médio profissional.

§ 5.º Fica assegurado às pessoas portadoras de deficiência o percentual de 10% (dez por cento) das vagas oferecidas pela parte concedente do estágio.

Art. 18. A prorrogação dos estágios contratados antes do início da vigência desta Lei apenas poderá ocorrer se ajustada às suas disposições.

Art. 19. O art. 428 da Consolidação das Leis do Trabalho – CLT, aprovada pelo Decreto-lei n. 5.452, de 1.º de maio de 1943, passa a vigorar com as seguintes alterações:

•• Alterações já processadas no diploma modificado.

Art. 20. O art. 82 da Lei n. 9.394, de 20 de dezembro de 1996, passa a vigorar com a seguinte redação:

"Art. 82. Os sistemas de ensino estabelecerão as normas de realização de estágio em sua jurisdição, observada a lei federal sobre a matéria.

Parágrafo único. *(Revogado.)*".

Art. 21. Esta Lei entra em vigor na data de sua publicação.

Art. 22. Revogam-se as Leis n. 6.494, de 7 de dezembro de 1977, e 8.859, de 23 de março de 1994, o parágrafo único do art. 82 da Lei n. 9.394, de 20 de dezembro de 1996, e o art. 6.º da Medida Provisória n. 2.164-41, de 24 de agosto de 2001.

Brasília, 25 de setembro de 2008; 187.º da Independência e 120.º da República.

<div align="right">Luiz Inácio Lula da Silva</div>

LEI N. 12.016, DE 7 DE AGOSTO DE 2009 (*)

Disciplina o mandado de segurança individual e coletivo e dá outras providências.

O Presidente da República

Faço saber que o Congresso Nacional decreta e eu sanciono a seguinte Lei:

Art. 1.º Conceder-se-á mandado de segurança para proteger direito líquido e certo, não amparado por *habeas corpus* ou *habeas data*, sempre que, ilegalmente ou com abuso de poder, qualquer pessoa física ou jurídica sofrer violação ou houver justo receio de sofrê-la por parte de autoridade, seja de que categoria for e sejam quais forem as funções que exerça.

• Vide art. 5.º, LXVIII, LXIX e LXX, da CF.
• A Lei n. 9.507, de 12-11-1997, dispõe sobre o *habeas data*.

§ 1.º Equiparam-se às autoridades, para os efeitos desta Lei, os representantes ou órgãos de partidos políticos e os administradores de entidades autárquicas, bem como os dirigentes de pessoas jurídicas ou as pessoas naturais no exercício de atribuições do poder público, somente no que disser respeito a essas atribuições.

§ 2.º Não cabe mandado de segurança contra os atos de gestão comercial praticados pelos administradores de empresas públicas, de sociedade de economia mista e de concessionárias de serviço público.

§ 3.º Quando o direito ameaçado ou violado couber a várias pessoas, qualquer delas poderá requerer o mandado de segurança.

Art. 2.º Considerar-se-á federal a autoridade coatora se as consequências de ordem patrimonial do ato contra o qual se requer o mandado houverem de ser suportadas pela União ou entidade por ela controlada.

Art. 3.º O titular de direito líquido e certo decorrente de direito, em condições idênticas, de terceiro poderá impetrar mandado de segurança a favor do direito originário, se o seu titular não o fizer, no prazo de 30 (trinta) dias, quando notificado judicialmente.

Parágrafo único. O exercício do direito previsto no *caput* deste artigo submete-se ao prazo fixado no art. 23 desta Lei, contado da notificação.

Art. 4.º Em caso de urgência, é permitido, observados os requisitos legais, impetrar mandado de segurança por telegrama, radiograma, fax ou outro meio eletrônico de autenticidade comprovada.

(*) Publicada no *DOU*, de 10-8-2009.

§ 1.º Poderá o juiz, em caso de urgência, notificar a autoridade por telegrama, radiograma ou outro meio que assegure a autenticidade do documento e a imediata ciência pela autoridade.

§ 2.º O texto original da petição deverá ser apresentado nos 5 (cinco) dias úteis seguintes.

§ 3.º Para os fins deste artigo, em se tratando de documento eletrônico, serão observadas as regras da Infraestrutura de Chaves Públicas Brasileira – ICP-Brasil.

• A Medida Provisória n. 2.200-2, de 24-8-2001, institui a Infraestrutura de Chaves Públicas Brasileira – ICP-Brasil.
• A Lei n. 11.419, de 19-12-2006, dispõe sobre a informatização do processo judicial.

Art. 5.º Não se concederá mandado de segurança quando se tratar:

I – de ato do qual caiba recurso administrativo com efeito suspensivo, independentemente de caução;

II – de decisão judicial da qual caiba recurso com efeito suspensivo;

III – de decisão judicial transitada em julgado.

Parágrafo único. (*Vetado.*)

Art. 6.º A petição inicial, que deverá preencher os requisitos estabelecidos pela lei processual, será apresentada em 2 (duas) vias com os documentos que instruírem a primeira reproduzidos na segunda e indicará, além da autoridade coatora, a pessoa jurídica que esta integra, à qual se acha vinculada ou da qual exerce atribuições.

§ 1.º No caso em que o documento necessário à prova do alegado se ache em repartição ou estabelecimento público ou em poder de autoridade que se recuse a fornecê-lo por certidão ou de terceiro, o juiz ordenará, preliminarmente, por ofício, a exibição desse documento em original ou em cópia autêntica e marcará, para o cumprimento da ordem, o prazo de 10 (dez) dias. O escrivão extrairá cópias do documento para juntá-las à segunda via da petição.

§ 2.º Se a autoridade que tiver procedido dessa maneira for a própria coatora, a ordem far-se-á no próprio instrumento da notificação.

§ 3.º Considera-se autoridade coatora aquela que tenha praticado o ato impugnado ou da qual emane a ordem para a sua prática.

§ 4.º (*Vetado.*)

§ 5.º Denega-se o mandado de segurança nos casos previstos pelo art. 267 da Lei n. 5.869, de 11 de janeiro de 1973 – Código de Processo Civil.

•• A referência é feita ao CPC de 1973. Dispositivo correspondente no CPC de 2015: art. 485.

§ 6.º O pedido de mandado de segurança poderá ser renovado dentro do prazo decadencial, se a decisão denegatória não lhe houver apreciado o mérito.

Art. 7.º Ao despachar a inicial, o juiz ordenará:

I – que se notifique o coator do conteúdo da petição inicial, enviando-lhe a segunda via apresentada com as cópias dos documentos, a fim de que, no prazo de 10 (dez) dias, preste as informações;

• Vide art. 12 desta Lei.

II – que se dê ciência do feito ao órgão de representação judicial da pessoa jurídica interessada, enviando-lhe cópia da inicial sem documentos, para que, querendo, ingresse no feito;

III – que se suspenda o ato que deu motivo ao pedido, quando houver fundamento relevante e do ato impugnado puder resultar a ineficácia da medida, caso seja finalmente deferida, sendo facultado exigir do impetrante caução, fiança ou depósito, com o objetivo de assegurar o ressarcimento à pessoa jurídica.

§ 1.º Da decisão do juiz de primeiro grau que conceder ou denegar a liminar caberá agravo de instrumento, observado o disposto na Lei n. 5.869, de 11 de janeiro de 1973 – Código de Processo Civil.

•• A Lei n. 5.869, de 11-1-1973, foi revogada pela Lei n. 13.105, de 16-3-2015, Código de Processo Civil.

§ 2.º Não será concedida medida liminar que tenha por objeto a compensação de créditos tributários, a entrega de mercadorias e bens provenientes do exterior, a reclassificação ou equiparação de servidores

públicos e a concessão de aumento ou a extensão de vantagens ou pagamento de qualquer natureza.

•• O STF, na ADI n. 4.296, na sessão virtual de 9-6-2021(*DOU* de 28-6-2021), por maioria, julgou parcialmente procedente o pedido para declarar a inconstitucionalidade desse § 2.º.
• A Lei n. 2.770, de 4-5-1956, suprimiu a concessão de medidas liminares nas ações e procedimentos judiciais de qualquer natureza que visassem a liberação de bens, mercadorias ou coisas de procedência estrangeira.

§ 3.º Os efeitos da medida liminar, salvo se revogada ou cassada, persistirão até a prolação da sentença.

§ 4.º Deferida a medida liminar, o processo terá prioridade para julgamento.

§ 5.º As vedações relacionadas com a concessão de liminares previstas neste artigo se estendem à tutela antecipada a que se referem os arts. 273 e 461 da Lei n. 5.869, de 11 de janeiro de 1973 – Código de Processo Civil.

•• A referência é feita ao CPC de 1973. Dispositivos correspondentes no CPC de 2015: arts. 300 e s.

Art. 8.º Será decretada a perempção ou caducidade da medida liminar *ex officio* ou a requerimento do Ministério Público quando, concedida a medida, o impetrante criar obstáculo ao normal andamento do processo ou deixar de promover, por mais de 3 (três) dias úteis, os atos e as diligências que lhe cumprirem.

Art. 9.º As autoridades administrativas, no prazo de 48 (quarenta e oito) horas da notificação da medida liminar, remeterão ao Ministério ou órgão a que se acham subordinadas e ao Advogado-Geral da União ou a quem tiver a representação judicial da União, do Estado, do Município ou da entidade apontada como coatora cópia autenticada do mandado notificatório, assim como indicações e elementos outros necessários às providências a serem tomadas para a eventual suspensão da medida e defesa do ato apontado como ilegal ou abusivo de poder.

Art. 10. A inicial será desde logo indeferida, por decisão motivada, quando não for o caso de mandado de segurança ou lhe faltar algum dos requisitos legais ou quando decorrido o prazo legal para a impetração.

§ 1.º Do indeferimento da inicial pelo juiz de primeiro grau caberá apelação e, quando a competência para o julgamento do mandado de segurança couber originariamente a um dos tribunais, do ato do relator caberá agravo para o órgão competente do tribunal que integre.

§ 2.º O ingresso de litisconsorte ativo não será admitido após o despacho da petição inicial.

Art. 11. Feitas as notificações, o serventuário em cujo cartório corra o feito juntará aos autos cópia autêntica dos ofícios endereçados ao coator e ao órgão de representação judicial da pessoa jurídica interessada, bem como a prova da entrega a estes ou da sua recusa em aceitá-los ou dar recibo e, no caso do art. 4.º desta Lei, a comprovação da remessa.

Art. 12. Findo o prazo a que se refere o inciso I do *caput* do art. 7.º desta Lei, o juiz ouvirá o representante do Ministério Público, que opinará, dentro do prazo improrrogável de 10 (dez) dias.

Parágrafo único. Com ou sem o parecer do Ministério Público, os autos serão conclusos ao juiz, para a decisão, a qual deverá ser necessariamente proferida em 30 (trinta) dias.

Art. 13. Concedido o mandado, o juiz transmitirá em ofício, por intermédio do oficial do juízo, ou pelo correio, mediante correspondência com aviso de recebimento, o inteiro teor da sentença à autoridade coatora e à pessoa jurídica interessada.

Parágrafo único. Em caso de urgência, poderá o juiz observar o disposto no art. 4.º desta Lei.

Art. 14. Da sentença, denegando ou concedendo o mandado, cabe apelação.

§ 1.º Concedida a segurança, a sentença estará sujeita obrigatoriamente ao duplo grau de jurisdição.

§ 2.º Estende-se à autoridade coatora o direito de recorrer.

§ 3.º A sentença que conceder o mandado de segurança pode ser executada provisoriamente, salvo nos casos em que for vedada a concessão da medida liminar.

§ 4.º O pagamento de vencimentos e vantagens pecuniárias assegurados em sentença concessiva de mandado de segurança a servidor público da administração direta ou autárquica federal, estadual e municipal somente será efetuado relativamente às prestações que se vencerem a contar da data do ajuizamento da inicial.

Art. 15. Quando, a requerimento de pessoa jurídica de direito público interessada ou do Ministério Público e para evitar grave lesão à ordem, à saúde, à segurança e à economia públicas, o presidente do tribunal ao qual couber o conhecimento do respectivo recurso suspender, em decisão fundamentada, a execução da liminar e da sentença, dessa decisão caberá agravo, sem efeito suspensivo, no prazo de 5 (cinco) dias, que será levado a julgamento na sessão seguinte à sua interposição.

§ 1.º Indeferido o pedido de suspensão ou provido o agravo a que se refere o *caput* deste artigo, caberá novo pedido de suspensão ao presidente do tribunal competente para conhecer de eventual recurso especial ou extraordinário.

§ 2.º É cabível também o pedido de suspensão a que se refere o § 1.º deste artigo, quando negado provimento a agravo de instrumento interposto contra a liminar a que se refere este artigo.

§ 3.º A interposição de agravo de instrumento contra liminar concedida nas ações movidas contra o poder público e seus agentes não prejudica nem condiciona o julgamento do pedido de suspensão a que se refere este artigo.

§ 4.º O presidente do tribunal poderá conferir ao pedido efeito suspensivo liminar se constatar, em juízo prévio, a plausibilidade do direito invocado e a urgência na concessão da medida.

§ 5.º As liminares cujo objeto seja idêntico poderão ser suspensas em uma única decisão, podendo o presidente do tribunal estender os efeitos da suspensão a liminares supervenientes, mediante simples aditamento do pedido original.

Art. 16. Nos casos de competência originária dos tribunais, caberá ao relator a instrução do processo, sendo assegurada a defesa oral na sessão do julgamento do mérito ou do pedido liminar.

•• *Caput* com redação determinada pela Lei n. 13.676, de 11-6-2018.

Parágrafo único. Da decisão do relator que conceder ou denegar a medida liminar caberá agravo ao órgão competente do tribunal que integre.

Art. 17. Nas decisões proferidas em mandado de segurança e nos respectivos recursos, quando não publicado, no prazo de 30 (trinta) dias, contado da data do julgamento, o acórdão será substituído pelas respectivas notas taquigráficas, independentemente de revisão.

Art. 18. Das decisões em mandado de segurança proferidas em única instância pelos tribunais cabe recurso especial e extraordinário, nos casos legalmente previstos, e recurso ordinário, quando a ordem for denegada.

Art. 19. A sentença ou o acórdão que denegar mandado de segurança, sem decidir o mérito, não impedirá que o requerente, por ação própria, pleiteie os seus direitos e os respectivos efeitos patrimoniais.

Art. 20. Os processos de mandado de segurança e os respectivos recursos terão prioridade sobre todos os atos judiciais, salvo *habeas corpus*.

§ 1.º Na instância superior, deverão ser levados a julgamento na primeira sessão que se seguir à data em que forem conclusos ao relator.

§ 2.º O prazo para a conclusão dos autos não poderá exceder de 5 (cinco) dias.

Art. 21. O mandado de segurança coletivo pode ser impetrado por partido político com representação no Congresso Nacional, na defesa de seus interesses legítimos relativos a seus integrantes ou à finalidade partidária, ou por organização sindical, entidade de classe ou associação legalmente constituída e em funcionamento há, pelo menos, 1 (um)

ano, em defesa de direitos líquidos e certos da totalidade, ou de parte, dos seus membros ou associados, na forma dos seus estatutos e desde que pertinentes às suas finalidades, dispensada, para tanto, autorização especial.

Parágrafo único. Os direitos protegidos pelo mandado de segurança coletivo podem ser:

I – coletivos, assim entendidos, para efeito desta Lei, os transindividuais, de natureza indivisível, de que seja titular grupo ou categoria de pessoas ligadas entre si ou com a parte contrária por uma relação jurídica básica;

II – individuais homogêneos, assim entendidos, para efeito desta Lei, os decorrentes de origem comum e da atividade ou situação específica da totalidade ou de parte dos associados ou membros do impetrante.

Art. 22. No mandado de segurança coletivo, a sentença fará coisa julgada limitadamente aos membros do grupo ou categoria substituídos pelo impetrante.

§ 1.º O mandado de segurança coletivo não induz litispendência para as ações individuais, mas os efeitos da coisa julgada não beneficiarão o impetrante a título individual se não requerer a desistência de seu mandado de segurança no prazo de 30 (trinta) dias a contar da ciência comprovada da impetração da segurança coletiva.

§ 2.º No mandado de segurança coletivo, a liminar só poderá ser concedida após a audiência do representante judicial da pessoa jurídica de direito público, que deverá se pronunciar no prazo de 72 (setenta e duas) horas.

•• O STF, na ADI n. 4.296, na sessão virtual de 9-6-2021(*DOU* de 28-6-2021), por maioria, julgou parcialmente procedente o pedido para declarar a inconstitucionalidade desse § 2.º.

Art. 23. O direito de requerer mandado de segurança extinguir-se-á decorridos 120 (cento e vinte) dias, contados da ciência, pelo interessado, do ato impugnado.

Art. 24. Aplicam-se ao mandado de segurança os arts. 46 a 49 da Lei n. 5.869, de 11 de janeiro de 1973 – Código de Processo Civil.

•• A referência é feita ao CPC de 1973. *Vide* arts. 113 a 118 do CPC de 2015, que dispõem sobre litisconsórcio.

Art. 25. Não cabem, no processo de mandado de segurança, a interposição de embargos infringentes e a condenação ao pagamento dos honorários advocatícios, sem prejuízo da aplicação de sanções no caso de litigância de má-fé.

Art. 26. Constitui crime de desobediência, nos termos do art. 330 do Decreto-lei n. 2.848, de 7 de dezembro de 1940, o não cumprimento das decisões proferidas em mandado de segurança, sem prejuízo das sanções administrativas e da aplicação da Lei n. 1.079, de 10 de abril de 1950, quando cabíveis.

•• Estabelece mencionado dispositivo: "Art. 330. Desobedecer a ordem legal de funcionário público: Pena – detenção, de quinze dias a seis meses, e multa".

Art. 27. Os regimentos dos tribunais e, no que couber, as leis de organização judiciária deverão ser adaptados às disposições desta Lei no prazo de 180 (cento e oitenta) dias, contado da sua publicação.

Art. 28. Esta Lei entra em vigor na data de sua publicação.

Art. 29. Revogam-se as Leis n. 1.533, de 31 de dezembro de 1951, 4.166, de 4 de dezembro de 1962, 4.348, de 26 de junho de 1964, 5.021, de 9 de junho de 1966; o art. 3.º da Lei n. 6.014, de 27 de dezembro de 1973, o art. 1.º da Lei n. 6.071, de 3 de julho de 1974, o art. 12 da Lei n. 6.978, de 19 de janeiro de 1982, e o art. 2.º da Lei n. 9.259, de 9 de janeiro de 1996.

Brasília, 7 de agosto de 2009; 188.º da Independência e 121.º da República.

Luiz Inácio Lula da Silva

CONVENÇÃO INTERNACIONAL SOBRE OS DIREITOS DAS PESSOAS COM DEFICIÊNCIA (*)

(*) Aprovada pelo Decreto n. 6.949, de 25-8-2009 (*DOU* de 26-8-2009).

Artigo 1

PROPÓSITO

O propósito da presente Convenção é promover, proteger e assegurar o exercício pleno e equitativo de todos os direitos humanos e liberdades fundamentais por todas as pessoas com deficiência e promover o respeito pela sua dignidade inerente.

Pessoas com deficiência são aquelas que têm impedimentos de longo prazo de natureza física, mental, intelectual ou sensorial, os quais, em interação com diversas barreiras, podem obstruir sua participação plena e efetiva na sociedade em igualdades de condições com as demais pessoas.

Artigo 2

DEFINIÇÕES

Para os propósitos da presente Convenção:

"Comunicação" abrange as línguas, a visualização de textos, o braille, a comunicação tátil, os caracteres ampliados, os dispositivos de multimídia acessível, assim como a linguagem simples, escrita e oral, os sistemas auditivos e os meios de voz digitalizada e os modos, meios e formatos aumentativos e alternativos de comunicação, inclusive a tecnologia da informação e comunicação acessíveis;

"Língua" abrange as línguas faladas e de sinais e outras formas de comunicação não falada;

"Discriminação por motivo de deficiência" significa qualquer diferenciação, exclusão ou restrição baseada em deficiência, com o propósito ou efeito de impedir ou impossibilitar o reconhecimento, o desfrute ou o exercício, em igualdade de oportunidades com as demais pessoas, de todos os direitos humanos e liberdades fundamentais nos âmbitos político, econômico, social, cultural, civil ou qualquer outro. Abrange todas as formas de discriminação, inclusive a recusa de adaptação razoável;

"Adaptação razoável" significa as modificações e os ajustes necessários e adequados que não acarretem ônus desproporcional ou indevido, quando requeridos em cada caso, a fim de assegurar que as pessoas com deficiência possam gozar ou exercer, em igualdade de oportunidades com as demais pessoas, todos os direitos humanos e liberdades fundamentais;

"Desenho universal" significa a concepção de produtos, ambientes, programas e serviços a serem usados, na maior medida possível, por todas as pessoas, sem necessidade de adaptação ou projeto específico. O "desenho universal" não excluirá as ajudas técnicas para grupos específicos de pessoas com deficiência, quando necessárias.

Artigo 3

PRINCÍPIOS GERAIS

Os princípios da presente Convenção são:

a) O respeito pela dignidade inerente, a autonomia individual, inclusive a liberdade de fazer as próprias escolhas, e a independência das pessoas;

b) A não discriminação;

c) A plena e efetiva participação e inclusão na sociedade;

d) O respeito pela diferença e pela aceitação das pessoas com deficiência como parte da diversidade humana e da humanidade;

e) A igualdade de oportunidades;

f) A acessibilidade;

g) A igualdade entre o homem e a mulher;

h) O respeito pelo desenvolvimento das capacidades das crianças com deficiência e pelo direito das crianças com deficiência de preservar sua identidade.

Artigo 4

OBRIGAÇÕES GERAIS

1. Os Estados-partes se comprometem a assegurar e promover o pleno exercício de todos os direitos humanos e liberdades fundamentais por

todas as pessoas com deficiência, sem qualquer tipo de discriminação por causa de sua deficiência. Para tanto, os Estados-partes se comprometem a:

a) Adotar todas as medidas legislativas, administrativas e de qualquer outra natureza, necessárias para a realização dos direitos reconhecidos na presente Convenção;

b) Adotar todas as medidas necessárias, inclusive legislativas, para modificar ou revogar leis, regulamentos, costumes e práticas vigentes, que constituírem discriminação contra pessoas com deficiência;

c) Levar em conta, em todos os programas e políticas, a proteção e a promoção dos direitos humanos das pessoas com deficiência;

d) Abster-se de participar em qualquer ato ou prática incompatível com a presente Convenção e assegurar que as autoridades públicas e instituições atuem em conformidade com a presente Convenção;

e) Tomar todas as medidas apropriadas para eliminar a discriminação baseada em deficiência, por parte de qualquer pessoa, organização ou empresa privada;

f) Realizar ou promover a pesquisa e o desenvolvimento de produtos, serviços, equipamentos e instalações com desenho universal, conforme definidos no Artigo 2 da presente Convenção, que exijam o mínimo possível de adaptação e cujo custo seja o mínimo possível, destinados a atender às necessidades específicas de pessoas com deficiência, a promover sua disponibilidade e seu uso e a promover o desenho universal quando da elaboração de normas e diretrizes;

g) Realizar ou promover a pesquisa e o desenvolvimento, bem como a disponibilidade e o emprego de novas tecnologias, inclusive as tecnologias da informação e comunicação, ajudas técnicas para locomoção, dispositivos e tecnologias assistivas, adequados a pessoas com deficiência, dando prioridade a tecnologias de custo acessível;

h) Propiciar informação acessível para as pessoas com deficiência a respeito de ajudas técnicas para locomoção, dispositivos e tecnologias assistivas, incluindo novas tecnologias bem como outras formas de assistência, serviços de apoio e instalações;

i) Promover a capacitação em relação aos direitos reconhecidos pela presente Convenção dos profissionais e equipes que trabalham com pessoas com deficiência, de forma a melhorar a prestação de assistência e serviços garantidos por esses direitos.

2. Em relação aos direitos econômicos, sociais e culturais, cada Estado-parte se compromete a tomar medidas, tanto quanto permitirem os recursos disponíveis e, quando necessário, no âmbito da cooperação internacional, a fim de assegurar progressivamente o pleno exercício desses direitos, sem prejuízo das obrigações contidas na presente Convenção que forem imediatamente aplicáveis de acordo com o direito internacional.

3. Na elaboração e implementação de legislação e políticas para aplicar a presente Convenção e em outros processos de tomada de decisão relativos às pessoas com deficiência, os Estados-partes realizarão consultas estreitas e envolverão ativamente pessoas com deficiência, inclusive crianças com deficiência, por intermédio de suas organizações representativas.

4. Nenhum dispositivo da presente Convenção afetará quaisquer disposições mais propícias à realização dos direitos das pessoas com deficiência, as quais possam estar contidas na legislação do Estado-parte ou no direito internacional em vigor para esse Estado. Não haverá nenhuma restrição ou derrogação de qualquer dos direitos humanos e liberdades fundamentais reconhecidos ou vigentes em qualquer Estado-parte da presente Convenção, em conformidade com leis, convenções, regulamentos ou costumes, sob a alegação de que a presente Convenção não reconhece tais direitos e liberdades ou que os reconhece em menor grau.

5. As disposições da presente Convenção se aplicam, sem limitação ou exceção, a todas as unidades constitutivas dos Estados federativos.

Artigo 5

IGUALDADE E NÃO DISCRIMINAÇÃO

1. Os Estados-partes reconhecem que todas as pessoas são iguais perante e sob a lei e que fazem jus, sem qualquer discriminação, a igual proteção e igual benefício da lei.

2. Os Estados-partes proibirão qualquer discriminação baseada na deficiência e garantirão às pessoas com deficiência igual e efetiva proteção legal contra a discriminação por qualquer motivo.

3. A fim de promover a igualdade e eliminar a discriminação, os Estados-partes adotarão todas as medidas apropriadas para garantir que a adaptação razoável seja oferecida.

4. Nos termos da presente Convenção, as medidas específicas que forem necessárias para acelerar ou alcançar a efetiva igualdade das pessoas com deficiência não serão consideradas discriminatórias.

Artigo 6

MULHERES COM DEFICIÊNCIA

1. Os Estados-partes reconhecem que as mulheres e meninas com deficiência estão sujeitas a múltiplas formas de discriminação e, portanto, tomarão medidas para assegurar às mulheres e meninas com deficiência o pleno e igual exercício de todos os direitos humanos e liberdades fundamentais.

2. Os Estados-partes tomarão todas as medidas apropriadas para assegurar o pleno desenvolvimento, o avanço e o empoderamento das mulheres, a fim de garantir-lhes o exercício e o gozo dos direitos humanos e liberdades fundamentais estabelecidos na presente Convenção.

Artigo 7

CRIANÇAS COM DEFICIÊNCIA

1. Os Estados-partes tomarão todas as medidas necessárias para assegurar às crianças com deficiência o pleno exercício de todos os direitos humanos e liberdades fundamentais, em igualdade de oportunidades com as demais crianças.

2. Em todas as ações relativas às crianças com deficiência, o superior interesse da criança receberá consideração primordial.

3. Os Estados-partes assegurarão que as crianças com deficiência tenham o direito de expressar livremente sua opinião sobre todos os assuntos que lhes disserem respeito, tenham a sua opinião devidamente valorizada de acordo com sua idade e maturidade, em igualdade de oportunidades com as demais crianças, e recebam atendimento adequado à sua deficiência e idade, para que possam exercer tal direito.

Artigo 8

CONSCIENTIZAÇÃO

1. Os Estados-partes se comprometem a adotar medidas imediatas, efetivas e apropriadas para:

a) Conscientizar toda a sociedade, inclusive as famílias, sobre as condições das pessoas com deficiência e fomentar o respeito pelos direitos e pela dignidade das pessoas com deficiência;

b) Combater estereótipos, preconceitos e práticas nocivas em relação a pessoas com deficiência, inclusive aqueles relacionados a sexo e idade, em todas as áreas da vida;

c) Promover a conscientização sobre as capacidades e contribuições das pessoas com deficiência.

2. As medidas para esse fim incluem:

a) Lançar e dar continuidade a efetivas campanhas de conscientização públicas, destinadas a:

i) Favorecer atitude receptiva em relação aos direitos das pessoas com deficiência;

ii) Promover percepção positiva e maior consciência social em relação às pessoas com deficiência;

iii) Promover o reconhecimento das habilidades, dos méritos e das capacidades das pessoas com deficiência e de sua contribuição ao local de trabalho e ao mercado laboral;

b) Fomentar em todos os níveis do sistema educacional, incluindo neles todas as crianças desde tenra idade, uma atitude de respeito para com os direitos das pessoas com deficiência;

c) Incentivar todos os órgãos da mídia a retratar as pessoas com deficiência de maneira compatível com o propósito da presente Convenção;

d) Promover programas de formação sobre sensibilização a respeito das pessoas com deficiência e sobre os direitos das pessoas com deficiência.

Artigo 9

ACESSIBILIDADE

1. A fim de possibilitar às pessoas com deficiência viver de forma independente e participar plenamente de todos os aspectos da vida, os Estados-partes tomarão as medidas apropriadas para assegurar às pessoas com deficiência o acesso, em igualdade de oportunidades com as demais pessoas, ao meio físico, ao transporte, à informação e comunicação, inclusive aos sistemas e tecnologias da informação e comunicação, bem como a outros serviços e instalações abertos ao público ou de uso público, tanto na zona urbana como na rural. Essas medidas, que incluirão a identificação e a eliminação de obstáculos e barreiras à acessibilidade, serão aplicadas, entre outros, a:

a) Edifícios, rodovias, meios de transporte e outras instalações internas e externas, inclusive escolas, residências, instalações médicas e local de trabalho;

b) Informações, comunicações e outros serviços, inclusive serviços eletrônicos e serviços de emergência.

2. Os Estados-partes também tomarão medidas apropriadas para:

a) Desenvolver, promulgar e monitorar a implementação de normas e diretrizes mínimas para a acessibilidade das instalações e dos serviços abertos ao público ou de uso público;

b) Assegurar que as entidades privadas que oferecem instalações e serviços abertos ao público ou de uso público levem em consideração todos os aspectos relativos à acessibilidade para pessoas com deficiência;

c) Proporcionar, a todos os atores envolvidos, formação em relação às questões de acessibilidade com as quais as pessoas com deficiência se confrontam;

d) Dotar os edifícios e outras instalações abertas ao público ou de uso público de sinalização em braile e em formatos de fácil leitura e compreensão;

e) Oferecer formas de assistência humana ou animal e serviços de mediadores, incluindo guias, ledores e intérpretes profissionais da língua de sinais, para facilitar o acesso aos edifícios e outras instalações abertas ao público ou de uso público;

f) Promover outras formas apropriadas de assistência e apoio a pessoas com deficiência, a fim de assegurar a essas pessoas o acesso a informações;

g) Promover o acesso de pessoas com deficiência a novos sistemas e tecnologias da informação e comunicação, inclusive à Internet;

h) Promover, desde a fase inicial, a concepção, o desenvolvimento, a produção e a disseminação de sistemas e tecnologias de informação e comunicação, a fim de que esses sistemas e tecnologias se tornem acessíveis a custo mínimo.

Artigo 10

DIREITO À VIDA

Os Estados-partes reafirmam que todo ser humano tem o inerente direito à vida e tomarão todas as medidas necessárias para assegurar o efetivo exercício desse direito pelas pessoas com deficiência, em igualdade de oportunidades com as demais pessoas.

Artigo 11

SITUAÇÕES DE RISCO E EMERGÊNCIAS HUMANITÁRIAS

Em conformidade com suas obrigações decorrentes do direito internacional, inclusive do direito humanitário internacional e do direito internacional dos direitos humanos, os Estados-partes tomarão todas as medidas necessárias para assegurar a proteção e a segurança das pessoas com deficiência que se encontrarem em situações de risco, inclusive situações de conflito armado, emergências humanitárias e ocorrência de desastres naturais.

Artigo 12

RECONHECIMENTO IGUAL PERANTE A LEI

1. Os Estados-partes reafirmam que as pessoas com deficiência têm o direito de ser reconhecidas em qualquer lugar como pessoas perante a lei.

2. Os Estados-partes reconhecerão que as pessoas com deficiência gozam de capacidade legal em igualdade de condições com as demais pessoas em todos os aspectos da vida.

3. Os Estados-partes tomarão medidas apropriadas para prover o acesso de pessoas com deficiência ao apoio que necessitarem no exercício de sua capacidade legal.

4. Os Estados-partes assegurarão que todas as medidas relativas ao exercício da capacidade legal incluam salvaguardas apropriadas e efetivas para prevenir abusos, em conformidade com o direito internacional dos direitos humanos. Essas salvaguardas assegurarão que as medidas relativas ao exercício da capacidade legal respeitem os direitos, a vontade e as preferências da pessoa, sejam isentas de conflito de interesses e de influência indevida, sejam proporcionais e apropriadas às circunstâncias da pessoa, se apliquem pelo período mais curto possível e sejam submetidas à revisão regular por uma autoridade ou órgão judiciário competente, independente e imparcial. As salvaguardas serão proporcionais ao grau em que tais medidas afetarem os direitos e interesses da pessoa.

5. Os Estados-partes, sujeitos ao disposto neste Artigo, tomarão todas as medidas apropriadas e efetivas para assegurar às pessoas com deficiência o igual direito de possuir ou herdar bens, de controlar as próprias finanças e de ter igual acesso a empréstimos bancários, hipotecas e outras formas de crédito financeiro, e assegurarão que as pessoas com deficiência não sejam arbitrariamente destituídas de seus bens.

Artigo 13

ACESSO À JUSTIÇA

1. Os Estados-partes assegurarão o efetivo acesso das pessoas com deficiência à justiça, em igualdade de condições com as demais pessoas, inclusive mediante a provisão de adaptações processuais adequadas à idade, a fim de facilitar o efetivo papel das pessoas com deficiência como participantes diretos ou indiretos, inclusive como testemunhas, em todos os procedimentos jurídicos, tais como investigações e outras etapas preliminares.

2. A fim de assegurar às pessoas com deficiência o efetivo acesso à justiça, os Estados-partes promoverão a capacitação apropriada daqueles que trabalham na área de administração da justiça, inclusive a polícia e os funcionários do sistema penitenciário.

Artigo 14

LIBERDADE E SEGURANÇA DA PESSOA

1. Os Estados-partes assegurarão que as pessoas com deficiência, em igualdade de oportunidades com as demais pessoas:

a) Gozem do direito à liberdade e à segurança da pessoa; e

b) Não sejam privadas ilegal ou arbitrariamente de sua liberdade e que

toda privação de liberdade esteja em conformidade com a lei, e que a existência de deficiência não justifique a privação de liberdade.

2. Os Estados-partes assegurarão que, se pessoas com deficiência forem privadas de liberdade mediante algum processo, elas, em igualdade de oportunidades com as demais pessoas, façam jus a garantias de acordo com o direito internacional dos direitos humanos e sejam tratadas em conformidade com os objetivos e princípios da presente Convenção, inclusive mediante a provisão de adaptação razoável.

Artigo 15

PREVENÇÃO CONTRA TORTURA OU TRATAMENTOS OU PENAS CRUÉIS, DESUMANOS OU DEGRADANTES

1. Nenhuma pessoa será submetida à tortura ou a tratamentos ou penas cruéis, desumanos ou degradantes. Em especial, nenhuma pessoa deverá ser sujeita a experimentos médicos ou científicos sem seu livre consentimento.

2. Os Estados-partes tomarão todas as medidas efetivas de natureza legislativa, administrativa, judicial ou outra para evitar que pessoas com deficiência, do mesmo modo que as demais pessoas, sejam submetidas à tortura ou a tratamentos ou penas cruéis, desumanos ou degradantes.

Artigo 16

PREVENÇÃO CONTRA A EXPLORAÇÃO, A VIOLÊNCIA E O ABUSO

1. Os Estados-partes tomarão todas as medidas apropriadas de natureza legislativa, administrativa, social, educacional e outras para proteger as pessoas com deficiência, tanto dentro como fora do lar, contra todas as formas de exploração, violência e abuso, incluindo aspectos relacionados a gênero.

2. Os Estados-partes também tomarão todas as medidas apropriadas para prevenir todas as formas de exploração, violência e abuso, assegurando, entre outras coisas, formas apropriadas de atendimento e apoio que levem em conta o gênero e a idade das pessoas com deficiência e de seus familiares e atendentes, inclusive mediante a provisão de informação e educação sobre a maneira de evitar, reconhecer e denunciar casos de exploração, violência e abuso. Os Estados-partes assegurarão que os serviços de proteção levem em conta a idade, o gênero e a deficiência das pessoas.

3. A fim de prevenir a ocorrência de quaisquer formas de exploração, violência e abuso, os Estados-partes assegurarão que todos os programas e instalações destinados a atender pessoas com deficiência sejam efetivamente monitorados por autoridades independentes.

4. Os Estados-partes tomarão todas as medidas apropriadas para promover a recuperação física, cognitiva e psicológica, inclusive mediante a provisão de serviços de proteção, a reabilitação e a reinserção social de pessoas com deficiência que forem vítimas de qualquer forma de exploração, violência ou abuso. Tais recuperação e reinserção ocorrerão em ambientes que promovam a saúde, o bem-estar, o autorrespeito, a dignidade e a autonomia da pessoa e levem em consideração as necessidades de gênero e idade.

5. Os Estados-partes adotarão leis e políticas efetivas, inclusive legislação e políticas voltadas para mulheres e crianças, a fim de assegurar que os casos de exploração, violência e abuso contra pessoas com deficiência sejam identificados, investigados e, caso necessário, julgados.

Artigo 17

PROTEÇÃO DA INTEGRIDADE DA PESSOA

Toda pessoa com deficiência tem o direito a que sua integridade física e mental seja respeitada, em igualdade de condições com as demais pessoas.

Artigo 18

LIBERDADE DE MOVIMENTAÇÃO E NACIONALIDADE

1. Os Estados-partes reconhecerão os direitos das pessoas com deficiência à liberdade de movimentação, à liberdade de escolher sua residência e à nacionalidade, em igualdade de oportunidades com as demais pessoas, inclusive assegurando que as pessoas com deficiência:

a) Tenham o direito de adquirir nacionalidade e mudar de nacionalidade e não sejam privadas arbitrariamente de sua nacionalidade em razão de sua deficiência.

b) Não sejam privadas, por causa de sua deficiência, da competência de obter, possuir e utilizar documento comprovante de sua nacionalidade ou outro documento de identidade, ou de recorrer a processos relevantes, tais como procedimentos relativos à imigração, que forem necessários para facilitar o exercício de seu direito à liberdade de movimentação.

c) Tenham liberdade de sair de qualquer país, inclusive do seu; e

d) Não sejam privadas, arbitrariamente ou por causa de sua deficiência, do direito de entrar no próprio país.

2. As crianças com deficiência serão registradas imediatamente após o nascimento e terão, desde o nascimento, o direito a um nome, o direito de adquirir nacionalidade e, tanto quanto possível, o direito de conhecer seus pais e de ser cuidadas por eles.

Artigo 19

VIDA INDEPENDENTE E INCLUSÃO NA COMUNIDADE

Os Estados-partes desta Convenção reconhecem o igual direito de todas as pessoas com deficiência de viver na comunidade, com a mesma liberdade de escolha que as demais pessoas, e tomarão medidas efetivas e apropriadas para facilitar às pessoas com deficiência o pleno gozo desse direito e sua plena inclusão e participação na comunidade, inclusive assegurando que:

a) As pessoas com deficiência possam escolher seu local de residência e onde e com quem morar, em igualdade de oportunidades com as demais pessoas, e que não sejam obrigadas a viver em determinado tipo de moradia;

b) As pessoas com deficiência tenham acesso a uma variedade de serviços de apoio em domicílio ou em instituições residenciais ou a outros serviços comunitários de apoio, inclusive os serviços de atendentes pessoais que forem necessários como apoio para que as pessoas com deficiência vivam e sejam incluídas na comunidade e para evitar que fiquem isoladas ou segregadas da comunidade;

•• A Resolução n. 228, de 8-6-2021, do CNMP, dispõe sobre a atuação dos membros do Ministério Público na defesa dos direitos fundamentais das pessoas com deficiência acolhidas em Residências Inclusivas e dá outras providências.

c) Os serviços e instalações da comunidade para a população em geral estejam disponíveis às pessoas com deficiência, em igualdade de oportunidades, e atendam às suas necessidades.

Artigo 20

MOBILIDADE PESSOAL

Os Estados-partes tomarão medidas efetivas para assegurar às pessoas com deficiência sua mobilidade pessoal com a máxima independência possível:

a) Facilitando a mobilidade pessoal das pessoas com deficiência, na forma e no momento em que elas quiserem, e a custo acessível;

b) Facilitando às pessoas com deficiência o acesso a tecnologias assistivas, dispositivos e ajudas técnicas de qualidade, e formas de assistência humana ou animal e de mediadores, inclusive tornando-os disponíveis a custo acessível;

c) Propiciando às pessoas com deficiência e ao pessoal especializado uma capacitação em técnicas de mobilidade;

d) Incentivando entidades que produzem ajudas técnicas de mobilidade,

dispositivos e tecnologias assistivas a levarem em conta todos os aspectos relativos à mobilidade de pessoas com deficiência.

Artigo 21

LIBERDADE DE EXPRESSÃO E DE OPINIÃO E ACESSO À INFORMAÇÃO

Os Estados-partes tomarão todas as medidas apropriadas para assegurar que as pessoas com deficiência possam exercer seu direito à liberdade de expressão e opinião, inclusive à liberdade de buscar, receber e compartilhar informações e ideias, em igualdade de oportunidades com as demais pessoas e por intermédio de todas as formas de comunicação de sua escolha, conforme o disposto no Artigo 2 da presente Convenção, entre as quais:

a) Fornecer, prontamente e sem custo adicional, às pessoas com deficiência, todas as informações destinadas ao público em geral, em formatos acessíveis e tecnologias apropriadas aos diferentes tipos de deficiência;

b) Aceitar e facilitar, em trâmites oficiais, o uso de línguas de sinais, braille, comunicação aumentativa e alternativa, e de todos os demais meios, modos e formatos acessíveis de comunicação, à escolha das pessoas com deficiência;

c) Urgir as entidades privadas que oferecem serviços ao público em geral, inclusive por meio da Internet, a fornecer informações e serviços em formatos acessíveis, que possam ser usados por pessoas com deficiência;

d) Incentivar a mídia, inclusive os provedores de informação pela Internet, a tornar seus serviços acessíveis a pessoas com deficiência;

e) Reconhecer e promover o uso de línguas de sinais.

Artigo 22

RESPEITO À PRIVACIDADE

1. Nenhuma pessoa com deficiência, qualquer que seja seu local de residência ou tipo de moradia, estará sujeita a interferência arbitrária ou ilegal em sua privacidade, família, lar, correspondência ou outros tipos de comunicação, nem a ataques ilícitos à sua honra e reputação. As pessoas com deficiência têm o direito à proteção da lei contra tais interferências ou ataques.

2. Os Estados-partes protegerão a privacidade dos dados pessoais e dados relativos à saúde e à reabilitação de pessoas com deficiência, em igualdade de condições com as demais pessoas.

Artigo 23

RESPEITO PELO LAR E PELA FAMÍLIA

1. Os Estados-partes tomarão medidas efetivas e apropriadas para eliminar a discriminação contra pessoas com deficiência, em todos os aspectos relativos a casamento, família, paternidade e relacionamentos, em igualdade de condições com as demais pessoas, de modo a assegurar que:

a) Seja reconhecido o direito das pessoas com deficiência, em idade de contrair matrimônio, de casar-se e estabelecer família, com base no livre e pleno consentimento dos pretendentes;

b) Sejam reconhecidos os direitos das pessoas com deficiência de decidir livre e responsavelmente sobre o número de filhos e o espaçamento entre esses filhos e de ter acesso a informações adequadas à idade e a educação em matéria de reprodução e de planejamento familiar, bem como os meios necessários para exercer esses direitos.

c) As pessoas com deficiência, inclusive crianças, conservem sua fertilidade, em igualdade de condições com as demais pessoas.

2. Os Estados-partes assegurarão os direitos e responsabilidades das pessoas com deficiência, relativos à guarda, custódia, curatela e adoção de crianças ou instituições semelhantes, caso esses conceitos constem na legislação nacional. Em todos os casos, prevalecerá o superior interesse da criança. Os Estados-partes prestarão a devida assistência às pessoas com deficiência para que essas pessoas possam exercer suas responsabilidades na criação dos filhos.

3. Os Estados-partes assegurarão que as crianças com deficiência terão iguais direitos em relação à vida familiar. Para a realização desses direitos e para evitar ocultação, abandono, negligência e segregação de crianças com deficiência, os Estados-partes fornecerão prontamente informações abrangentes sobre serviços e apoios a crianças com deficiência e suas famílias.

4. Os Estados-partes assegurarão que uma criança não será separada de seus pais contra a vontade destes, exceto quando autoridades competentes, sujeitas a controle jurisdicional, determinarem, em conformidade com as leis e procedimentos aplicáveis, que a separação é necessária, no superior interesse da criança. Em nenhum caso, uma criança será separada dos pais sob alegação de deficiência da criança ou de um ou ambos os pais.

5. Os Estados-partes, no caso em que a família imediata de uma criança com deficiência não tenha condições de cuidar da criança, farão todo esforço para que cuidados alternativos sejam oferecidos por outros parentes e, se isso não for possível, dentro de ambiente familiar, na comunidade.

Artigo 24

EDUCAÇÃO

1. Os Estados-partes reconhecem o direito das pessoas com deficiência à educação. Para efetivar esse direito sem discriminação e com base na igualdade de oportunidades, os Estados-partes assegurarão sistema educacional inclusivo em todos os níveis, bem como o aprendizado ao longo de toda a vida, com os seguintes objetivos:

a) O pleno desenvolvimento do potencial humano e do senso de dignidade e autoestima, além do fortalecimento do respeito pelos direitos humanos, pelas liberdades fundamentais e pela diversidade humana;

b) O máximo desenvolvimento possível da personalidade e dos talentos e da criatividade das pessoas com deficiência, assim como de suas habilidades físicas e intelectuais;

c) A participação efetiva das pessoas com deficiência em uma sociedade livre.

2. Para a realização desse direito, os Estados-partes assegurarão que:

a) As pessoas com deficiência não sejam excluídas do sistema educacional geral sob alegação de deficiência e que as crianças com deficiência não sejam excluídas do ensino primário gratuito e compulsório ou do ensino secundário, sob alegação de deficiência;

b) As pessoas com deficiência possam ter acesso ao ensino primário inclusivo, de qualidade e gratuito, e ao ensino secundário, em igualdade de condições com as demais pessoas na comunidade em que vivem;

c) Adaptações razoáveis de acordo com as necessidades individuais sejam providenciadas;

d) As pessoas com deficiência recebam o apoio necessário, no âmbito do sistema educacional geral, com vistas a facilitar sua efetiva educação;

e) Medidas de apoio individualizadas e efetivas sejam adotadas em ambientes que maximizem o desenvolvimento acadêmico e social, de acordo com a meta de inclusão plena.

3. Os Estados-partes assegurarão às pessoas com deficiência a possibilidade de adquirir as competências práticas e sociais necessárias de modo a facilitar às pessoas com deficiência sua plena e igual participação no sistema de ensino e na vida em comunidade. Para tanto, os Estados-partes tomarão medidas apropriadas, incluindo:

a) Facilitação do aprendizado do braille, escrita alternativa, modos, meios e formatos de comunicação aumentativa e alternativa, e habilidades de orientação e mobilidade, além de facilitação do apoio e aconselhamento de pares;

b) Facilitação do aprendizado da língua de sinais e promoção da identidade linguística da comunidade surda;

c) Garantia de que a educação de pessoas, em particular crianças cegas, surdocegas e surdas, seja ministrada nas línguas e nos modos e meios de comunicação mais adequados ao indivíduo e em ambientes que favoreçam ao máximo seu desenvolvimento acadêmico e social.

4. A fim de contribuir para o exercício desse direito, os Estados-partes tomarão medidas apropriadas para empregar professores, inclusive professores com deficiência, habilitados para o ensino da língua de sinais e/ou do braille, e para capacitar profissionais e equipes atuantes em todos os níveis de ensino. Essa capacitação incorporará a conscientização da deficiência e a utilização de modos, meios e formatos apropriados de comunicação aumentativa e alternativa, e técnicas e materiais pedagógicos, como apoios para pessoas com deficiência.

5. Os Estados-partes assegurarão que as pessoas com deficiência possam ter acesso ao ensino superior em geral, treinamento profissional de acordo com sua vocação, educação para adultos e formação continuada, sem discriminação e em igualdade de condições. Para tanto, os Estados-partes assegurarão a provisão de adaptações razoáveis para pessoas com deficiência.

Artigo 25

SAÚDE

Os Estados-partes reconhecem que as pessoas com deficiência têm o direito de gozar do estado de saúde mais elevado possível, sem discriminação baseada na deficiência. Os Estados-partes tomarão todas as medidas apropriadas para assegurar às pessoas com deficiência o acesso a serviços de saúde, incluindo os serviços de reabilitação, que levarão em conta as especificidades de gênero. Em especial, os Estados-partes:

a) Oferecerão às pessoas com deficiência programas e atenção à saúde gratuitos ou a custos acessíveis da mesma variedade, qualidade e padrão que são oferecidos às demais pessoas, inclusive na área de saúde sexual e reprodutiva e de programas de saúde pública destinados à população em geral;

b) Propiciarão serviços de saúde que as pessoas com deficiência necessitam especificamente por causa de sua deficiência, inclusive diagnóstico e intervenção precoces, bem como serviços projetados para reduzir ao máximo e prevenir deficiências adicionais, inclusive entre crianças e idosos;

c) Propiciarão esses serviços de saúde às pessoas com deficiência, o mais próximo possível de suas comunidades, inclusive na zona rural;

d) Exigirão dos profissionais de saúde que dispensem às pessoas com deficiência a mesma qualidade de serviços dispensada às demais pessoas e, principalmente, que obtenham o consentimento livre e esclarecido das pessoas com deficiência concernentes. Para esse fim, os Estados-partes realizarão atividades de formação e definirão regras éticas para os setores de saúde público e privado, de modo a conscientizar os profissionais de saúde acerca dos direitos humanos, da dignidade, autonomia e das necessidades das pessoas com deficiência;

e) Proibirão a discriminação contra pessoas com deficiência na provisão de seguro de saúde e seguro de vida, caso tais seguros sejam permitidos pela legislação nacional, os quais deverão ser providos de maneira razoável e justa;

f) Prevenirão que se negue, de maneira discriminatória, os serviços de saúde ou de atenção à saúde ou a administração de alimentos sólidos ou líquidos por motivo de deficiência.

Artigo 26

HABILITAÇÃO E REABILITAÇÃO

1. Os Estados-partes tomarão medidas efetivas e apropriadas, inclusive mediante apoio dos pares, para possibilitar que as pessoas com deficiência conquistem e conservem o máximo de autonomia e plena capacidade física, mental, social e profissional, bem como plena inclusão e participação em todos os aspectos da vida. Para tanto, os Estados-partes organizarão, fortalecerão e ampliarão serviços e programas completos de habilitação e reabilitação, particularmente nas áreas de saúde, emprego, educação e serviços sociais, de modo que esses serviços e programas:

a) Comecem no estágio mais precoce possível e sejam baseados em avaliação multidisciplinar das necessidades e pontos fortes de cada pessoa;

b) Apoiem a participação e a inclusão na comunidade e em todos os aspectos da vida social, sejam oferecidos voluntariamente e estejam disponíveis às pessoas com deficiência o mais próximo possível de suas comunidades, inclusive na zona rural.

2. Os Estados-partes promoverão o desenvolvimento da capacitação inicial e continuada de profissionais e de equipes que atuam nos serviços de habilitação e reabilitação.

3. Os Estados-partes promoverão a disponibilidade, o conhecimento e o uso de dispositivos e tecnologias assistivas, projetados para pessoas com deficiência e relacionados com a habilitação e a reabilitação.

Artigo 27

TRABALHO E EMPREGO

1. Os Estados-partes reconhecem o direito das pessoas com deficiência ao trabalho, em igualdade de oportunidades com as demais pessoas. Esse direito abrange o direito à oportunidade de se manter com um trabalho de sua livre escolha ou aceitação no mercado laboral, em ambiente de trabalho que seja aberto, inclusivo e acessível a pessoas com deficiência. Os Estados-partes salvaguardarão e promoverão a realização do direito ao trabalho, inclusive daqueles que tiverem adquirido uma deficiência no emprego, adotando medidas apropriadas, incluídas na legislação, com o fim de, entre outros:

a) Proibir a discriminação baseada na deficiência com respeito a todas as questões relacionadas com as formas de emprego, inclusive condições de recrutamento, contratação e admissão, permanência no emprego, ascensão profissional e condições seguras e salubres de trabalho;

b) Proteger os direitos das pessoas com deficiência, em condições de igualdade com as demais pessoas, às condições justas e favoráveis de trabalho, incluindo iguais oportunidades e igual remuneração por trabalho de igual valor, condições seguras e salubres de trabalho, além de reparação de injustiças e proteção contra o assédio no trabalho;

c) Assegurar que as pessoas com deficiência possam exercer seus direitos trabalhistas e sindicais, em condições de igualdade com as demais pessoas;

d) Possibilitar às pessoas com deficiência o acesso efetivo a programas de orientação técnica e profissional e a serviços de colocação no trabalho e de treinamento profissional e continuado;

e) Promover oportunidades de emprego e ascensão profissional para pessoas com deficiência no mercado de trabalho, bem como assistência na procura, obtenção e manutenção do emprego e no retorno ao emprego;

f) Promover oportunidades de trabalho autônomo, empreendedorismo, desenvolvimento de cooperativas e estabelecimento de negócio próprio;

g) Empregar pessoas com deficiência no setor público;

h) Promover o emprego de pessoas com deficiência no setor privado, mediante políticas e medidas apropriadas, que poderão incluir programas de ação afirmativa, incentivos e outras medidas;

i) Assegurar que adaptações razoáveis sejam feitas para pessoas com deficiência no local de trabalho;

j) Promover a aquisição de experiência de trabalho por pessoas com deficiência no mercado aberto de trabalho;

k) Promover reabilitação profissional, manutenção do emprego e programas de retorno ao trabalho para pessoas com deficiência.

2. Os Estados-partes assegurarão que as pessoas com deficiência não serão mantidas em escravidão ou servidão e que serão protegidas, em igualdade de condições com as demais pessoas, contra o trabalho forçado ou compulsório.

Artigo 28

PADRÃO DE VIDA E PROTEÇÃO SOCIAL ADEQUADOS

1. Os Estados-partes reconhecem o direito das pessoas com deficiência a um padrão adequado de vida para si e para suas famílias, inclusive alimentação, vestuário e moradia adequados, bem como à melhoria contínua de suas condições de vida, e tomarão as providências necessárias para salvaguardar e promover a realização desse direito sem discriminação baseada na deficiência.

2. Os Estados-partes reconhecem o direito das pessoas com deficiência à proteção social e ao exercício desse direito sem discriminação baseada na deficiência, e tomarão as medidas apropriadas para salvaguardar e promover a realização desse direito, tais como:

a) Assegurar igual acesso de pessoas com deficiência a serviços de saneamento básico e assegurar o acesso aos serviços, dispositivos e outros atendimentos apropriados para as necessidades relacionadas com a deficiência;

b) Assegurar o acesso de pessoas com deficiência, particularmente mulheres, crianças e idosos com deficiência, a programas de proteção social e de redução da pobreza;

c) Assegurar o acesso de pessoas com deficiência e suas famílias em situação de pobreza à assistência do Estado em relação a seus gastos ocasionados pela deficiência, inclusive treinamento adequado, aconselhamento, ajuda financeira e cuidados de repouso;

d) Assegurar o acesso de pessoas com deficiência a programas habitacionais públicos;

e) Assegurar igual acesso de pessoas com deficiência a programas e benefícios de aposentadoria.

Artigo 29

PARTICIPAÇÃO NA VIDA POLÍTICA E PÚBLICA

Os Estados-partes garantirão às pessoas com deficiência direitos políticos e oportunidade de exercê-los em condições de igualdade com as demais pessoas, e deverão:

a) Assegurar que as pessoas com deficiência possam participar efetiva e plenamente na vida política e pública, em igualdade de oportunidades com as demais pessoas, diretamente ou por meio de representantes livremente escolhidos, incluindo o direito e a oportunidade de votarem e serem votadas, mediante, entre outros:

i) Garantia de que os procedimentos, instalações e materiais e equipamentos para votação serão apropriados, acessíveis e de fácil compreensão e uso;

ii) Proteção do direito das pessoas com deficiência ao voto secreto em eleições e plebiscitos, sem intimidação, e a candidatar-se nas eleições, efetivamente ocupar cargos eletivos e desempenhar quaisquer funções públicas em todos os níveis de governo, usando novas tecnologias assistivas, quando apropriado;

iii) Garantia da livre expressão de vontade das pessoas com deficiência como eleitores e, para tanto, sempre que necessário e a seu pedido, permissão para que elas sejam auxiliadas na votação por uma pessoa de sua escolha;

b) Promover ativamente um ambiente em que as pessoas com deficiência possam participar efetiva e plenamente na condução das questões públicas, sem discriminação e em igualdade de oportunidades com as demais pessoas, e encorajar sua participação nas questões públicas, mediante:

i) Participação em organizações não governamentais relacionadas com a vida pública e política do país, bem como em atividades e administração de partidos políticos;

ii) Formação de organizações para representar pessoas com deficiência em níveis internacional, regional, nacional e local, bem como a filiação de pessoas com deficiência a tais organizações.

Artigo 30

PARTICIPAÇÃO NA VIDA CULTURAL E EM RECREAÇÃO, LAZER E ESPORTE

1. Os Estados-partes reconhecem o direito das pessoas com deficiência de participar na vida cultural, em igualdade de oportunidades com as demais pessoas, e tomarão todas as medidas apropriadas para que as pessoas com deficiência possam:

a) Ter acesso a bens culturais em formatos acessíveis;

b) Ter acesso a programas de televisão, cinema, teatro e outras atividades culturais, em formatos acessíveis; e

c) Ter acesso a locais que ofereçam serviços ou eventos culturais, tais como teatros, museus, cinemas, bibliotecas e serviços turísticos, bem como, tanto quanto possível, ter acesso a monumentos e locais de importância cultural nacional.

2. Os Estados-partes tomarão medidas apropriadas para que as pessoas com deficiência tenham a oportunidade de desenvolver e utilizar seu potencial criativo, artístico e intelectual, não somente em benefício próprio, mas também para o enriquecimento da sociedade.

3. Os Estados-partes deverão tomar todas as providências, em conformidade com o direito internacional, para assegurar que a legislação de proteção dos direitos de propriedade intelectual não constitua barreira excessiva ou discriminatória ao acesso de pessoas com deficiência a bens culturais.

4. As pessoas com deficiência farão jus, em igualdade de oportunidades com as demais pessoas, a que sua identidade cultural e linguística específica seja reconhecida e apoiada, incluindo as línguas de sinais e a cultura surda.

5. Para que as pessoas com deficiência participem, em igualdade de oportunidades com as demais pessoas, de atividades recreativas, esportivas e de lazer, os Estados-partes tomarão medidas apropriadas para:

a) Incentivar e promover a maior participação possível das pessoas com deficiência nas atividades esportivas comuns em todos os níveis;

b) Assegurar que as pessoas com deficiência tenham a oportunidade de organizar, desenvolver e participar em atividades esportivas e recreativas específicas às deficiências e, para tanto, incentivar a provisão de instrução, treinamento e recursos adequados, em igualdade de oportunidades com as demais pessoas;

c) Assegurar que as pessoas com deficiência tenham acesso a locais de eventos esportivos, recreativos e turísticos;

d) Assegurar que as crianças com deficiência possam, em igualdade de condições com as demais crianças, participar de jogos e atividades recreativas, esportivas e de lazer, inclusive no sistema escolar;

e) Assegurar que as pessoas com deficiência tenham acesso aos serviços prestados por pessoas ou entidades envolvidas na organização de atividades recreativas, turísticas, esportivas e de lazer.

Artigo 31

ESTATÍSTICAS E COLETA DE DADOS

1. Os Estados-partes coletarão dados apropriados, inclusive estatísticos e de pesquisas, para que possam formular e implementar políticas destinadas a pôr em prática a presente Convenção. O processo de coleta e manutenção de tais dados deverá:

a) Observar as salvaguardas estabelecidas por lei, inclusive pelas leis relativas à proteção de dados, a fim de assegurar a confidencialidade e o respeito pela privacidade das pessoas com deficiência;

b) Observar as normas internacionalmente aceitas para proteger os direitos humanos, as liberdades fundamentais e os princípios éticos na coleta de dados e utilização de estatísticas.

2. As informações coletadas de acordo com o disposto neste Artigo serão desagregadas, de maneira apropriada, e utilizadas para avaliar o cumprimento, por parte dos Estados-partes, de suas obrigações na presente

Convenção e para identificar e enfrentar as barreiras com as quais as pessoas com deficiência se deparam no exercício de seus direitos.

3. Os Estados-partes assumirão responsabilidade pela disseminação das referidas estatísticas e assegurarão que elas sejam acessíveis às pessoas com deficiência e a outros.

Artigo 32

COOPERAÇÃO INTERNACIONAL

1. Os Estados-partes reconhecem a importância da cooperação internacional e de sua promoção, em apoio aos esforços nacionais para a consecução do propósito e dos objetivos da presente Convenção e, sob este aspecto, adotarão medidas apropriadas e efetivas entre os Estados e, de maneira adequada, em parceria com organizações internacionais e regionais relevantes e com a sociedade civil e, em particular, com organizações de pessoas com deficiência. Estas medidas poderão incluir, entre outras:

a) Assegurar que a cooperação internacional, incluindo os programas internacionais de desenvolvimento, sejam inclusivos e acessíveis para pessoas com deficiência;

b) Facilitar e apoiar a capacitação, inclusive por meio do intercâmbio e compartilhamento de informações, experiências, programas de treinamento e melhores práticas;

c) Facilitar a cooperação em pesquisa e o acesso a conhecimentos científicos e técnicos;

d) Propiciar, de maneira apropriada, assistência técnica e financeira, inclusive mediante facilitação do acesso a tecnologias assistivas e acessíveis e seu compartilhamento, bem como por meio de transferência de tecnologias.

2. O disposto neste Artigo se aplica sem prejuízo das obrigações que cabem a cada Estado-parte em decorrência da presente Convenção.

Artigo 33

IMPLEMENTAÇÃO E MONITORAMENTO NACIONAIS

1. Os Estados-partes, de acordo com seu sistema organizacional, designarão um ou mais de um ponto focal no âmbito do Governo para assuntos relacionados com a implementação da presente Convenção e darão a devida consideração ao estabelecimento ou designação de um mecanismo de coordenação no âmbito do Governo, a fim de facilitar ações correlatas nos diferentes setores e níveis.

2. Os Estados-partes, em conformidade com seus sistemas jurídico e administrativo, manterão, fortalecerão, designarão ou estabelecerão estrutura, incluindo um ou mais de um mecanismo independente, de maneira apropriada, para promover, proteger e monitorar a implementação da presente Convenção. Ao designar ou estabelecer tal mecanismo, os Estados-partes levarão em conta os princípios relativos ao *status* e funcionamento das instituições nacionais de proteção e promoção dos direitos humanos.

3. A sociedade civil e, particularmente, as pessoas com deficiência e suas organizações representativas serão envolvidas e participarão plenamente no processo de monitoramento.

Artigo 34

COMITÊ SOBRE OS DIREITOS DAS PESSOAS COM DEFICIÊNCIA

1. Um Comitê sobre os Direitos das Pessoas com Deficiência (doravante denominado "Comitê") será estabelecido, para desempenhar as funções aqui definidas.

2. O Comitê será constituído, quando da entrada em vigor da presente Convenção, de 12 peritos. Quando a presente Convenção alcançar 60 ratificações ou adesões, o Comitê será acrescido em seis membros, perfazendo o total de 18 membros.

3. Os membros do Comitê atuarão a título pessoal e apresentarão elevada postura moral, competência e experiência reconhecidas no campo abrangido pela presente Convenção. Ao designar seus candidatos, os Estados-partes são instados a dar a devida consideração ao disposto no Artigo 4.3 da presente Convenção.

4. Os membros do Comitê serão eleitos pelos Estados-partes, observando-se uma distribuição geográfica equitativa, representação de diferentes formas de civilização e dos principais sistemas jurídicos, representação equilibrada de gênero e participação de peritos com deficiência.

5. Os membros do Comitê serão eleitos por votação secreta em sessões da Conferência dos Estados-partes, a partir de uma lista de pessoas designadas pelos Estados-partes entre seus nacionais. Nessas sessões, cujo *quorum* será de dois terços dos Estados-partes, os candidatos eleitos para o Comitê serão aqueles que obtiverem o maior número de votos e a maioria absoluta dos votos dos representantes dos Estados-partes presentes e votantes.

6. A primeira eleição será realizada, o mais tardar, até seis meses após a data de entrada em vigor da presente Convenção. Pelo menos quatro meses antes de cada eleição, o Secretário-Geral das Nações Unidas dirigirá carta aos Estados-partes, convidando-os a submeter os nomes de seus candidatos no prazo de dois meses. O Secretário-Geral, subsequentemente, preparará lista em ordem alfabética de todos os candidatos apresentados, indicando que foram designados pelos Estados-partes, e submeterá essa lista aos Estados-partes da presente Convenção.

7. Os membros do Comitê serão eleitos para mandato de quatro anos, podendo ser candidatos à reeleição uma única vez. Contudo, o mandato de seis dos membros eleitos na primeira eleição expirará ao fim de dois anos; imediatamente após a primeira eleição, os nomes desses seis membros serão selecionados por sorteio pelo presidente da sessão a que se refere o parágrafo 5 deste Artigo.

8. A eleição dos seis membros adicionais do Comitê será realizada por ocasião das eleições regulares, de acordo com as disposições pertinentes deste Artigo.

9. Em caso de morte, demissão ou declaração de um membro de que, por algum motivo, não poderá continuar a exercer suas funções, o Estado-parte que o tiver indicado designará um outro perito que tenha as qualificações e satisfaça aos requisitos estabelecidos pelos dispositivos pertinentes deste Artigo, para concluir o mandato em questão.

10. O Comitê estabelecerá suas próprias normas de procedimento.

11. O Secretário-Geral das Nações Unidas proverá o pessoal e as instalações necessários para o efetivo desempenho das funções do Comitê segundo a presente Convenção e convocará sua primeira reunião.

12. Com a aprovação da Assembleia Geral, os membros do Comitê estabelecido sob a presente Convenção receberão emolumentos dos recursos das Nações Unidas, sob termos e condições que a Assembleia possa decidir, tendo em vista a importância das responsabilidades do Comitê.

13. Os membros do Comitê terão direito aos privilégios, facilidades e imunidades dos peritos em missões das Nações Unidas, em conformidade com as disposições pertinentes da Convenção sobre Privilégios e Imunidades das Nações Unidas.

Artigo 35

RELATÓRIOS DOS ESTADOS-PARTES

1. Cada Estado-parte, por intermédio do Secretário-Geral das Nações Unidas, submeterá relatório abrangente sobre as medidas adotadas em cumprimento de suas obrigações estabelecidas pela presente Convenção e sobre o progresso alcançado nesse aspecto, dentro do período de dois anos após a entrada em vigor da presente Convenção para o Estado-parte concernente.

2. Depois disso, os Estados-partes submeterão relatórios subsequentes, ao menos a cada quatro anos, ou quando o Comitê o solicitar.

3. O Comitê determinará as diretrizes aplicáveis ao teor dos relatórios.

4. Um Estado-parte que tiver submetido ao Comitê um relatório inicial abrangente não precisará, em relatórios subsequentes, repetir informações já apresentadas. Ao elaborar os relatórios ao Comitê, os Estados-partes são instados a fazê-lo de maneira franca e transparente e a levar em consideração o disposto no Artigo 4.3 da presente Convenção.

5. Os relatórios poderão apontar os fatores e as dificuldades que tiverem afetado o cumprimento das obrigações decorrentes da presente Convenção.

Artigo 36

CONSIDERAÇÃO DOS RELATÓRIOS

1. Os relatórios serão considerados pelo Comitê, que fará as sugestões e recomendações gerais que julgar pertinentes e as transmitirá aos respectivos Estados-partes. O Estado-parte poderá responder ao Comitê com as informações que julgar pertinentes. O Comitê poderá pedir informações adicionais aos Estados-partes, referentes à implementação da presente Convenção.

2. Se um Estado-parte atrasar consideravelmente a entrega de seu relatório, o Comitê poderá notificar esse Estado de que examinará a aplicação da presente Convenção com base em informações confiáveis de que disponha, a menos que o relatório devido seja apresentado pelo Estado dentro do período de três meses após a notificação. O Comitê convidará o Estado-parte interessado a participar desse exame. Se o Estado-parte responder entregando seu relatório, aplicar-se-á o disposto no parágrafo 1 do presente artigo.

3. O Secretário-Geral das Nações Unidas colocará os relatórios à disposição de todos os Estados-partes.

4. Os Estados-partes tornarão seus relatórios amplamente disponíveis ao público em seus países e facilitarão o acesso à possibilidade de sugestões e de recomendações gerais a respeito desses relatórios.

5. O Comitê transmitirá às agências, fundos e programas especializados das Nações Unidas e a outras organizações competentes, da maneira que julgar apropriada, os relatórios dos Estados-partes que contenham demandas ou indicações de necessidade de consultoria ou de assistência técnica, acompanhados de eventuais observações e sugestões do Comitê em relação às referidas demandas ou indicações, a fim de que possam ser consideradas.

Artigo 37

COOPERAÇÃO ENTRE OS ESTADOS-PARTES E O COMITÊ

1. Cada Estado-parte cooperará com o Comitê e auxiliará seus membros no desempenho de seu mandato.

2. Em suas relações com os Estados-partes, o Comitê dará a devida consideração aos meios e modos de aprimorar a capacidade de cada Estado-parte para a implementação da presente Convenção, inclusive mediante cooperação internacional.

Artigo 38

RELAÇÕES DO COMITÊ COM OUTROS ÓRGÃOS

A fim de promover a efetiva implementação da presente Convenção e de incentivar a cooperação internacional na esfera abrangida pela presente Convenção:

a) As agências especializadas e outros órgãos das Nações Unidas terão o direito de se fazer representar quando da consideração da implementação de disposições da presente Convenção que disserem respeito aos seus respectivos mandatos. O Comitê poderá convidar as agências especializadas e outros órgãos competentes, segundo julgar apropriado, a oferecer consultoria de peritos sobre a implementação da Convenção em áreas pertinentes a seus respectivos mandatos. O Comitê poderá convidar agências especializadas e outros órgãos das Nações Unidas a apresentar relatórios sobre a implementação da Convenção em áreas pertinentes às suas respectivas atividades;

b) No desempenho de seu mandato, o Comitê consultará, de maneira apropriada, outros órgãos pertinentes instituídos ao amparo de tratados internacionais de direitos humanos, a fim de assegurar a consistência de suas respectivas diretrizes para a elaboração de relatórios, sugestões e recomendações gerais e de evitar duplicação e superposição no desempenho de suas funções.

Artigo 39

RELATÓRIO DO COMITÊ

A cada dois anos, o Comitê submeterá à Assembleia Geral e ao Conselho Econômico e Social um relatório de suas atividades e poderá fazer sugestões e recomendações gerais baseadas no exame dos relatórios e nas informações recebidas dos Estados-partes. Estas sugestões e recomendações gerais serão incluídas no relatório do Comitê, acompanhadas, se houver, de comentários dos Estados-partes.

Artigo 40

CONFERÊNCIA DOS ESTADOS-PARTES

1. Os Estados-partes reunir-se-ão regularmente em Conferência dos Estados-partes a fim de considerar matérias relativas à implementação da presente Convenção.

2. O Secretário-Geral das Nações Unidas convocará, dentro do período de seis meses após a entrada em vigor da presente Convenção, a Conferência dos Estados-partes. As reuniões subsequentes serão convocadas pelo Secretário-Geral das Nações Unidas a cada dois anos ou conforme a decisão da Conferência dos Estados-partes.

Artigo 41

DEPOSITÁRIO

O Secretário-Geral das Nações Unidas será o depositário da presente Convenção.

Artigo 42

ASSINATURA

A presente Convenção será aberta à assinatura de todos os Estados e organizações de integração regional na sede das Nações Unidas em Nova York, a partir de 30 de março de 2007.

Artigo 43

CONSENTIMENTO EM COMPROMETER-SE

A presente Convenção será submetida à ratificação pelos Estados signatários e à confirmação formal por organizações de integração regional signatárias. Ela estará aberta à adesão de qualquer Estado ou organização de integração regional que não a houver assinado.

Artigo 44

ORGANIZAÇÕES DE INTEGRAÇÃO REGIONAL

1. "Organização de integração regional" será entendida como organização constituída por Estados soberanos de determinada região, à qual seus Estados-membros tenham delegado competência sobre matéria abrangida pela presente Convenção. Essas organizações declararão, em seus documentos de confirmação formal ou adesão, o alcance de sua competência em relação à matéria abrangida pela presente Convenção. Subsequentemente, as organizações informarão ao depositário qualquer alteração substancial no âmbito de sua competência.

2. As referências a "Estados-partes" na presente Convenção serão aplicáveis a essas organizações, nos limites da competência destas.

3. Para os fins do parágrafo 1 do Artigo 45 e dos parágrafos 2 e 3 do Artigo 47, nenhum instrumento depositado por organização de integração regional será computado.

4. As organizações de integração regional, em matérias de sua competência, poderão exercer o direito de voto na Conferência dos Estados-partes, tendo direito ao mesmo número de votos quanto for o número de seus Estados-membros que forem Partes da presente Convenção. Essas organizações não exercerão seu direito de voto, se qualquer de seus Estados-membros exercer seu direito de voto, e vice-versa.

Artigo 45

ENTRADA EM VIGOR

1. A presente Convenção entrará em vigor no trigésimo dia após o depósito do vigésimo instrumento de ratificação ou adesão.

2. Para cada Estado ou organização de integração regional que ratificar ou formalmente confirmar a presente Convenção ou a ela aderir após o depósito do referido vigésimo instrumento, a Convenção entrará em vigor no trigésimo dia a partir da data em que esse Estado ou organização tenha depositado seu instrumento de ratificação, confirmação formal ou adesão.

Artigo 46

RESERVAS

1. Não serão permitidas reservas incompatíveis com o objeto e o propósito da presente Convenção.

2. As reservas poderão ser retiradas a qualquer momento.

Artigo 47

EMENDAS

1. Qualquer Estado-parte poderá propor emendas à presente Convenção e submetê-las ao Secretário-Geral das Nações Unidas. O Secretário-Geral comunicará aos Estados-partes quaisquer emendas propostas, solicitando-lhes que o notifiquem se são favoráveis a uma Conferência dos Estados-partes para considerar as propostas e tomar decisão a respeito delas. Se, até quatro meses após a data da referida comunicação, pelo menos um terço dos Estados-partes se manifestar favorável a essa Conferência, o Secretário-Geral das Nações Unidas convocará a Conferência, sob os auspícios das Nações Unidas. Qualquer emenda adotada por maioria de dois terços dos Estados-partes presentes e votantes será submetida pelo Secretário-Geral à aprovação da Assembleia Geral das Nações Unidas e, posteriormente, à aceitação de todos os Estados-partes.

2. Qualquer emenda adotada e aprovada conforme o disposto no parágrafo 1 do presente artigo entrará em vigor no trigésimo dia após a data na qual o número de instrumentos de aceitação tenha atingido dois terços do número de Estados-partes na data de adoção da emenda. Posteriormente, a emenda entrará em vigor para todo Estado-parte no trigésimo dia após o depósito por esse Estado do seu instrumento de aceitação. A emenda será vinculante somente para os Estados-partes que a tiverem aceitado.

3. Se a Conferência dos Estados-partes assim o decidir por consenso, qualquer emenda adotada e aprovada em conformidade com o disposto no parágrafo 1 deste Artigo, relacionada exclusivamente com os artigos 34, 38, 39 e 40, entrará em vigor para todos os Estados-partes no trigésimo dia a partir da data em que o número de instrumentos de aceitação depositados tiver atingido dois terços do número de Estados-partes na data de adoção da emenda.

Artigo 48

DENÚNCIA

Qualquer Estado-parte poderá denunciar a presente Convenção mediante notificação por escrito ao Secretário-Geral das Nações Unidas. A denúncia tornar-se-á efetiva um ano após a data de recebimento da notificação pelo Secretário-Geral.

Artigo 49

FORMATOS ACESSÍVEIS

O texto da presente Convenção será colocado à disposição em formatos acessíveis.

Artigo 50

TEXTOS AUTÊNTICOS

Os textos em árabe, chinês, espanhol, francês, inglês e russo da presente Convenção serão igualmente autênticos.

EM FÉ DO QUE os plenipotenciários abaixo assinados, devidamente autorizados para tanto por seus respectivos Governos, firmaram a presente Convenção.

PROTOCOLO FACULTATIVO À CONVENÇÃO SOBRE OS DIREITOS DAS PESSOAS COM DEFICIÊNCIA

Os Estados-partes do presente Protocolo acordaram o seguinte:

Artigo 1

1. Qualquer Estado-parte do presente Protocolo ("Estado-parte") reconhece a competência do Comitê sobre os Direitos das Pessoas com Deficiência ("Comitê") para receber e considerar comunicações submetidas por pessoas ou grupos de pessoas, ou em nome deles, sujeitos à sua jurisdição, alegando serem vítimas de violação das disposições da Convenção pelo referido Estado-parte.

2. O Comitê não receberá comunicação referente a qualquer Estado-parte que não seja signatário do presente Protocolo.

Artigo 2

O Comitê considerará inadmissível a comunicação quando:

a) A comunicação for anônima;

b) A comunicação constituir abuso do direito de submeter tais comunicações ou for incompatível com as disposições da Convenção;

c) A mesma matéria já tenha sido examinada pelo Comitê ou tenha sido ou estiver sendo examinada sob outro procedimento de investigação ou resolução internacional;

d) Não tenham sido esgotados todos os recursos internos disponíveis, salvo no caso em que a tramitação desses recursos se prolongue injustificadamente, ou seja improvável que se obtenha com eles solução efetiva;

e) A comunicação estiver precariamente fundamentada ou não for suficientemente substanciada; ou

f) Os fatos que motivaram a comunicação tenham ocorrido antes da entrada em vigor do presente Protocolo para o Estado-parte em apreço, salvo se os fatos continuaram ocorrendo após aquela data.

Artigo 3

Sujeito ao disposto no Artigo 2 do presente Protocolo, o Comitê levará confidencialmente ao conhecimento do Estado-parte concernente qualquer comunicação submetida ao Comitê. Dentro do período de seis meses, o Estado concernente submeterá ao Comitê explicações ou declarações por escrito, esclarecendo a matéria e a eventual solução adotada pelo referido Estado.

Artigo 4

1. A qualquer momento após receber uma comunicação e antes de decidir o mérito dessa comunicação, o Comitê poderá transmitir ao Estado-parte concernente, para sua urgente consideração, um pedido para que o Estado-parte tome as medidas de natureza cautelar que forem necessárias para evitar possíveis danos irreparáveis à vítima ou às vítimas da violação alegada.

2. O exercício pelo Comitê de suas faculdades discricionárias em virtude do parágrafo 1 do presente Artigo não implicará prejuízo algum sobre a admissibilidade ou sobre o mérito da comunicação.

Artigo 5
O Comitê realizará sessões fechadas para examinar comunicações a ele submetidas em conformidade com o presente Protocolo. Depois de examinar uma comunicação, o Comitê enviará suas sugestões e recomendações, se houver, ao Estado-parte concernente e ao requerente.

Artigo 6
1. Se receber informação confiável indicando que um Estado-parte está cometendo violação grave ou sistemática de direitos estabelecidos na Convenção, o Comitê convidará o referido Estado-parte a colaborar com a verificação da informação e, para tanto, a submeter suas observações a respeito da informação em pauta.
2. Levando em conta quaisquer observações que tenham sido submetidas pelo Estado-parte concernente, bem como quaisquer outras informações confiáveis em poder do Comitê, este poderá designar um ou mais de seus membros para realizar investigação e apresentar, em caráter de urgência, relatório ao Comitê. Caso se justifique e o Estado-parte o consinta, a investigação poderá incluir uma visita ao território desse Estado.
3. Após examinar os resultados da investigação, o Comitê os comunicará ao Estado-parte concernente, acompanhados de eventuais comentários e recomendações.
4. Dentro do período de seis meses após o recebimento dos resultados, comentários e recomendações transmitidos pelo Comitê, o Estado-parte concernente submeterá suas observações ao Comitê.
5. A referida investigação será realizada confidencialmente e a cooperação do Estado-parte será solicitada em todas as fases do processo.

Artigo 7
1. O Comitê poderá convidar o Estado-parte concernente a incluir em seu relatório, submetido em conformidade com o disposto no Artigo 35 da Convenção, pormenores a respeito das medidas tomadas em consequência da investigação realizada em conformidade com o Artigo 6 do presente Protocolo.
2. Caso necessário, o Comitê poderá, encerrado o período de seis meses a que se refere o parágrafo 4 do Artigo 6, convidar o Estado-parte concernente a informar o Comitê a respeito das medidas tomadas em consequência da referida investigação.

Artigo 8
Qualquer Estado-parte poderá, quando da assinatura ou ratificação do presente Protocolo ou de sua adesão a ele, declarar que não reconhece a competência do Comitê, a que se referem os Artigos 6 e 7.

Artigo 9
O Secretário-Geral das Nações Unidas será o depositário do presente Protocolo.

Artigo 10
O presente Protocolo será aberto à assinatura dos Estados e organizações de integração regional signatários da Convenção, na sede das Nações Unidas em Nova York, a partir de 30 de março de 2007.

Artigo 11
O presente Protocolo estará sujeito à ratificação pelos Estados signatários do presente Protocolo que tiverem ratificado a Convenção ou aderido a ela. Ele estará sujeito à confirmação formal por organizações de integração regional signatárias do presente Protocolo que tiverem formalmente confirmado a Convenção ou a ela aderido. O Protocolo ficará aberto à adesão de qualquer Estado ou organização de integração regional que tiver ratificado ou formalmente confirmado a Convenção ou a ela aderido e que não tiver assinado o Protocolo.

Artigo 12
1. "Organização de integração regional" será entendida como organização constituída por Estados soberanos de determinada região, à qual seus Estados-membros tenham delegado competência sobre matéria abrangida pela Convenção e pelo presente Protocolo. Essas organizações declararão, em seus documentos de confirmação formal ou adesão, o alcance de sua competência em relação à matéria abrangida pela Convenção e pelo presente Protocolo. Subsequentemente, as organizações informarão ao depositário qualquer alteração substancial no alcance de sua competência.
2. As referências a "Estados-partes" no presente Protocolo serão aplicáveis a essas organizações, nos limites da competência de tais organizações.
3. Para os fins do parágrafo 1 do Artigo 13 e do parágrafo 2 do Artigo 15, nenhum instrumento depositado por organização de integração regional será computado.
4. As organizações de integração regional, em matérias de sua competência, poderão exercer o direito de voto na Conferência dos Estados-partes, tendo direito ao mesmo número de votos que seus Estados-membros que forem Partes do presente Protocolo. Essas organizações não exercerão seu direito de voto se qualquer de seus Estados-membros exercer seu direito de voto, e vice-versa.

Artigo 13
1. Sujeito à entrada em vigor da Convenção, o presente Protocolo entrará em vigor no trigésimo dia após o depósito do décimo instrumento de ratificação ou adesão.
2. Para cada Estado ou organização de integração regional que ratificar ou formalmente confirmar o presente Protocolo ou a ele aderir depois do depósito do décimo instrumento dessa natureza, o Protocolo entrará em vigor no trigésimo dia a partir da data em que esse Estado ou organização tenha depositado seu instrumento de ratificação, confirmação formal ou adesão.

Artigo 14
1. Não serão permitidas reservas incompatíveis com o objeto e o propósito do presente Protocolo.
2. As reservas poderão ser retiradas a qualquer momento.

Artigo 15
1. Qualquer Estado-parte poderá propor emendas ao presente Protocolo e submetê-las ao Secretário-Geral das Nações Unidas. O Secretário-Geral comunicará aos Estados-partes quaisquer emendas propostas, solicitando-lhes que o notifiquem se são favoráveis a uma Conferência dos Estados-partes para considerar as propostas e tomar decisão a respeito delas. Se, até quatro meses após a data da referida comunicação, pelo menos um terço dos Estados-partes se manifestar favorável a essa Conferência, o Secretário-Geral das Nações Unidas convocará a Conferência, sob os auspícios das Nações Unidas. Qualquer emenda adotada por maioria de dois terços dos Estados-partes presentes e votantes será submetida pelo Secretário-Geral à aprovação da Assembleia Geral das Nações Unidas e, posteriormente, à aceitação de todos os Estados-partes.
2. Qualquer emenda adotada e aprovada conforme o disposto no parágrafo 1 do presente artigo entrará em vigor no trigésimo dia após a data na qual o número de instrumentos de aceitação tenha atingido dois terços do número de Estados-partes na data de adoção da emenda. Posteriormente, a emenda entrará em vigor para todo Estado-parte no trigésimo dia após o depósito por esse Estado do seu instrumento de aceitação. A emenda será vinculante somente para os Estados-partes que a tiverem aceitado.

Artigo 16
Qualquer Estado-parte poderá denunciar o presente Protocolo mediante notificação por escrito ao Secretário-Geral das Nações Unidas. A denúncia tornar-se-á efetiva um ano após a data de recebimento da notificação pelo Secretário-Geral.

Artigo 17

O texto do presente Protocolo será colocado à disposição em formatos acessíveis.

Artigo 18

Os textos em árabe, chinês, espanhol, francês, inglês e russo e do presente Protocolo serão igualmente autênticos.

EM FÉ DO QUE os plenipotenciários abaixo assinados, devidamente autorizados para tanto por seus respectivos governos, firmaram o presente Protocolo.

LEI N. 12.023, DE 27 DE AGOSTO DE 2009 (*)

Dispõe sobre as atividades de movimentação de mercadorias em geral e sobre o trabalho avulso.

O Presidente da República

Faço saber que o Congresso Nacional decreta e eu sanciono a seguinte Lei:

Art. 1.º As atividades de movimentação de mercadorias em geral exercidas por trabalhadores avulsos, para os fins desta Lei, são aquelas desenvolvidas em áreas urbanas ou rurais sem vínculo empregatício, mediante intermediação obrigatória do sindicato da categoria, por meio de Acordo ou Convenção Coletiva de Trabalho para execução das atividades.

Parágrafo único. A remuneração, a definição das funções, a composição de equipes e as demais condições de trabalho serão objeto de negociação entre as entidades representativas dos trabalhadores avulsos e dos tomadores de serviços.

Art. 2.º São atividades da movimentação de mercadorias em geral:

I – cargas e descargas de mercadorias a granel e ensacados, costura, pesagem, embalagem, enlonamento, ensaque, arrasto, posicionamento, acomodação, reordenamento, reparação da carga, amostragem, arrumação, remoção, classificação, empilhamento, transporte com empilhadeiras, paletização, ova e desova de vagões, carga e descarga em feiras livres e abastecimento de lenha em secadores e caldeiras;

II – operações de equipamentos de carga e descarga;

III – pré-limpeza e limpeza em locais necessários à viabilidade das operações ou à sua continuidade.

Parágrafo único. (*Vetado.*)

Art. 3.º As atividades de que trata esta Lei serão exercidas por trabalhadores com vínculo empregatício ou em regime de trabalho avulso nas empresas tomadoras do serviço.

Art. 4.º O sindicato elaborará a escala de trabalho e as folhas de pagamento dos trabalhadores avulsos, com a indicação do tomador do serviço e dos trabalhadores que participaram da operação, devendo prestar, com relação a estes, as seguintes informações:

I – os respectivos números de registros ou cadastro no sindicato;

II – o serviço prestado e os turnos trabalhados;

III – as remunerações pagas, devidas ou creditadas a cada um dos trabalhadores, registrando-se as parcelas referentes a:

a) repouso remunerado;

b) Fundo de Garantia por Tempo de Serviço;

c) 13.º salário;

d) férias remuneradas mais 1/3 (um terço) constitucional;

e) adicional de trabalho noturno;

f) adicional de trabalho extraordinário.

Art. 5.º São deveres do sindicato intermediador:

I – divulgar amplamente as escalas de trabalho dos avulsos, com a observância do rodízio entre os trabalhadores;

II – proporcionar equilíbrio na distribuição das equipes e funções, visando à remuneração em igualdade de condições de trabalho para todos e a efetiva participação dos trabalhadores não sindicalizados;

III – repassar aos respectivos beneficiários, no prazo máximo de 72 (setenta e duas) horas úteis, contadas a partir do seu arrecadamento, os valores devidos e pagos pelos tomadores do serviço, relativos à remuneração do trabalhador avulso;

IV – exibir para os tomadores da mão de obra avulsa e para as fiscalizações competentes os documentos que comprovem o efetivo pagamento das remunerações devidas aos trabalhadores avulsos;

V – zelar pela observância das normas de segurança, higiene e saúde no trabalho;

• *Vide* arts. 154 e s. da CLT.

VI – firmar Acordo ou Convenção Coletiva de Trabalho para normatização das condições de trabalho.

§ 1.º Em caso de descumprimento do disposto no inciso III deste artigo, serão responsáveis, pessoal e solidariamente, os dirigentes da entidade sindical.

§ 2.º A identidade de cadastro para a escalação não será a carteira do sindicato e não assumirá nenhuma outra forma que possa dar ensejo à distinção entre trabalhadores sindicalizados e não sindicalizados para efeito de acesso ao trabalho.

Art. 6.º São deveres do tomador de serviços:

I – pagar ao sindicato os valores devidos pelos serviços prestados ou dias trabalhados, acrescidos dos percentuais relativos a repouso remunerado, 13.º salário e férias acrescidas de 1/3 (um terço), para viabilizar o pagamento do trabalhador avulso, bem como os percentuais referentes aos adicionais extraordinários e noturnos;

II – efetuar o pagamento a que se refere o inciso I, no prazo máximo de 72 (setenta e duas) horas úteis, contadas a partir do encerramento do trabalho requisitado;

III – recolher os valores devidos ao Fundo de Garantia por Tempo de Serviço, acrescido dos percentuais relativos ao 13.º salário, férias, encargos fiscais, sociais e previdenciários, observando o prazo legal.

Art. 7.º A liberação das parcelas referentes ao 13.º salário e às férias, depositadas nas contas individuais vinculadas e o recolhimento do FGTS e dos encargos fiscais e previdenciários serão efetuados conforme regulamentação do Poder Executivo.

Art. 8.º As empresas tomadoras do trabalho avulso respondem solidariamente pela efetiva remuneração do trabalho contratado e são responsáveis pelo recolhimento dos encargos fiscais e sociais, bem como das contribuições ou de outras importâncias devidas à Seguridade Social, no limite do uso que fizerem do trabalho avulso intermediado pelo sindicato.

Art. 9.º As empresas tomadoras do trabalho avulso são responsáveis pelo fornecimento dos Equipamentos de Proteção Individual e por zelar pelo cumprimento das normas de segurança no trabalho.

Art. 10. A inobservância dos deveres estipulados nos arts. 5.º e 6.º sujeita os respectivos infratores à multa administrativa no valor de R$ 500,00 (quinhentos reais) por trabalhador avulso prejudicado.

Parágrafo único. O processo de fiscalização, notificação, autuação e imposição de multas reger-se-á pelo disposto no Título VII da Consolidação das Leis do Trabalho – CLT, aprovada pelo Decreto-lei n. 5.452, de 1.º de maio de 1943.

• O Título VII da CLT (arts. 626 a 642) dispõe sobre o processo de multas administrativas.

Art. 11. Esta Lei não se aplica às relações de trabalho regidas pela Lei n. 8.630, de 25 de fevereiro de 1993, e pela Lei n. 9.719, de 27 de novembro de 1998.

Art. 12. Esta Lei entra em vigor 30 (trinta) dias após sua publicação. Brasília, 27 de agosto de 2009; 188.º da Independência e 121.º da República.

Luiz Inácio Lula da Silva

(*) Publicada no *DOU*, de 28-8-2009 e retificada em 2-9-2009.

ATO CONJUNTO N. 10, DE 28 DE JUNHO DE 2010 (*)

Regulamenta a transmissão de peças processuais, por meio eletrônico, entre os Tribunais Regionais do Trabalho e o Tribunal Superior do Trabalho e dá outras providências.

O Presidente do Tribunal Superior do Trabalho e do Conselho Superior da Justiça do Trabalho, no uso de suas atribuições legais e regimentais, considerando a Lei n. 11.419, de 19 de dezembro de 2006, que dispõe sobre a informatização do processo judicial, considerando a Instrução Normativa n. 30 do Tribunal Superior do Trabalho, resolve:

Art. 1.º Os Tribunais Regionais do Trabalho e o Tribunal Superior do Trabalho transmitirão as peças processuais digitalizadas ou produzidas em ambiente eletrônico por meio do Sistema de Remessa de Peças Processuais – e-Remessa.

§ 1.º O Sistema estará disponível na Rede Corporativa de Serviços de Dados para Acesso IP do Judiciário (Rede JT).

§ 2.º O Sistema poderá ser acessado pelos órgãos usuários 24 horas por dia, para envio de peças processuais e consulta de informações.

§ 3.º A remessa de peças processuais deverá ser, preferencialmente, diária, a fim de permitir melhor desempenho do sistema e-Remessa.

Art. 2.º As peças processuais a serem transmitidas pelo e-Remessa deverão estar no formato *Portable Document Format* (PDF).

Parágrafo único. As peças processuais deverão ser digitalizadas com a utilização do *software* VRS e armazenadas em arquivo monocromático, com resolução de trezentos pontos por polegada, sendo facultados o reconhecimento ótico de caracteres de texto nas imagens e a indicação dos marcadores que identificam as peças.

Art. 3.º Os arquivos relativos a processos serão identificados com a classe processual no órgão remetente, o número do processo no formato definido pela Resolução n. 65 do CNJ e a qualificação, nessa ordem, separados por pontos (Classe.Numeração_CNJ.Qualificação).

§ 1.º O Tribunal remetente utilizará, no campo relativo à qualificação, as seguintes letras identificadoras: "P" para arquivo principal das peças processuais; "A" para arquivo relativo aos apensos; "D" para arquivo de documentos; "L" para arquivo de processo em diligência; "N" para o arquivo de processos retornando para novo julgamento.

§ 2.º Em todos os arquivos deverá constar certidão que identifique o órgão responsável pela produção, criação ou geração do documento para remessa eletrônica.

Art. 4.º O arquivo relativo à petição será identificado na forma do *caput* do artigo anterior, tendo a letra "T" como identificador da qualificação.

Parágrafo único. Cada petição deverá ser remetida em arquivo único, e, no caso de várias petições relativas ao mesmo processo, cada uma deverá ser remetida em arquivo separado.

Art. 5.º A baixa de processos transitados em julgado será feita com as peças produzidas no TST, sendo facultado ao TRT optar pelo recebimento da íntegra do processo.

Parágrafo único. Nos processos em diligência serão transmitidas as peças produzidas no TST e o seu retorno será realizado com a remessa das peças geradas pelo TRT.

Art. 6.º O e-Remessa estará disponível a partir da publicação deste ato, cabendo aos Tribunais Regionais do Trabalho providenciar a adequação de seus sistemas informatizados, com suporte técnico da Secretaria de Tecnologia da Informação – SETIN do Tribunal Superior do Trabalho.

§ 1.º A partir de 2 de agosto de 2010, todos os processos deverão ser enviados ao TST apenas por meio do e-Remessa.

§ 2.º O TST poderá solicitar o envio de autos físicos, no caso de ilegibilidade dos documentos digitalizados.

Art. 7.º Os processos de todas as classes deverão ser enviados na íntegra, à exceção do Recurso de Revista, que poderá ser remetido ao TST sem as peças relativas às provas.

Art. 8.º Qualquer erro no envio de arquivos, seja por remessa indevida ou incompleta, deverá ser comunicado oficialmente ao órgão destinatário, preferencialmente através do Sistema de Malote Digital.

Parágrafo único. No âmbito do TST, a comunicação deverá ser dirigida à Coordenadoria de Processos Eletrônicos – CPE.

Art. 9.º Os processos físicos em tramitação no TST que forem digitalizados e incluídos no fluxo eletrônico serão devolvidos ao TRT de origem.

Art. 10. O presente Ato entrará em vigor na data de sua publicação e revoga os Atos n. 673/GDGSET.GP, de 29 de outubro de 2009; 740/GDGSET.GP, de 25 de novembro de 2008; 494/GDGSET.GP, de 16 de julho de 2008, 182/GDGSET.GP, de 4 de março de 2008.

Brasília, 28 de junho de 2010.

Milton de Moura França

LEI N. 12.288, DE 20 DE JULHO DE 2010 (**)

Institui o Estatuto da Igualdade Racial; altera as Leis n. 7.716, de 5 de janeiro de 1989, 9.029, de 13 de abril de 1995, 7.347, de 24 de julho de 1985, e 10.778, de 24 de novembro de 2003.

O Presidente da República

Faço saber que o Congresso Nacional decreta e eu sanciono a seguinte Lei:

Título I
DISPOSIÇÕES PRELIMINARES

Art. 1.º Esta Lei institui o Estatuto da Igualdade Racial, destinado a garantir à população negra a efetivação da igualdade de oportunidades, a defesa dos direitos étnicos individuais, coletivos e difusos e o combate à discriminação e às demais formas de intolerância étnica.

• *Vide* arts. 3.º, IV, 4.º, VIII, e 5.º, XLI e XLII, da CF.

Parágrafo único. Para efeito deste Estatuto, considera-se:

I – discriminação racial ou étnico-racial: toda distinção, exclusão, restrição ou preferência baseada em raça, cor, descendência ou origem nacional ou étnica que tenha por objeto anular ou restringir o reconhecimento, gozo ou exercício, em igualdade de condições, de direitos humanos e liberdades fundamentais nos campos político, econômico, social, cultural ou em qualquer outro campo da vida pública ou privada;

• *Vide* Lei n. 7.716, de 5-1-1989, que define os crimes resultantes de preconceitos de raça ou de cor.

II – desigualdade racial: toda situação injustificada de diferenciação de acesso e fruição de bens, serviços e oportunidades, nas esferas pública e privada, em virtude de raça, cor, descendência ou origem nacional ou étnica;

III – desigualdade de gênero e raça: assimetria existente no âmbito da sociedade que acentua a distância social entre mulheres negras e os demais segmentos sociais;

IV – população negra: o conjunto de pessoas que se autodeclaram pretas e pardas, conforme o quesito cor ou raça usado pela Fundação Instituto Brasileiro de Geografia e Estatística (IBGE), ou que adotam autodefinição análoga;

V – políticas públicas: as ações, iniciativas e programas adotados pelo Estado no cumprimento de suas atribuições institucionais;

VI – ações afirmativas: os programas e medidas especiais adotados pelo Estado e pela iniciativa privada para a correção das desigualdades raciais e para a promoção da igualdade de oportunidades.

Art. 2.º É dever do Estado e da sociedade garantir a igualdade de oportunidades, reconhecendo a todo cidadão brasileiro, independente-

(*) Publicado no *DEJT*, de 28-6-2010.

(**) Publicada no *DOU*, de 21-7-2010.

mente da etnia ou da cor da pele, o direito à participação na comunidade, especialmente nas atividades políticas, econômicas, empresariais, educacionais, culturais e esportivas, defendendo sua dignidade e seus valores religiosos e culturais.

Art. 3.º Além das normas constitucionais relativas aos princípios fundamentais, aos direitos e garantias fundamentais e aos direitos sociais, econômicos e culturais, o Estatuto da Igualdade Racial adota como diretriz político-jurídica a inclusão das vítimas de desigualdade étnico-racial, a valorização da igualdade étnica e o fortalecimento da identidade nacional brasileira.

Art. 4.º A participação da população negra, em condição de igualdade de oportunidade, na vida econômica, social, política e cultural do País será promovida, prioritariamente, por meio de:

I – inclusão nas políticas públicas de desenvolvimento econômico e social;

II – adoção de medidas, programas e políticas de ação afirmativa;

III – modificação das estruturas institucionais do Estado para o adequado enfrentamento e a superação das desigualdades étnicas decorrentes do preconceito e da discriminação étnica;

IV – promoção de ajustes normativos para aperfeiçoar o combate à discriminação étnica e às desigualdades étnicas em todas as suas manifestações individuais, institucionais e estruturais;

V – eliminação dos obstáculos históricos, socioculturais e institucionais que impedem a representação da diversidade étnica nas esferas pública e privada;

VI – estímulo, apoio e fortalecimento de iniciativas oriundas da sociedade civil direcionadas à promoção da igualdade de oportunidades e ao combate às desigualdades étnicas, inclusive mediante a implementação de incentivos e critérios de condicionamento e prioridade no acesso aos recursos públicos;

VII – implementação de programas de ação afirmativa destinados ao enfrentamento das desigualdades étnicas no tocante a educação, cultura, esporte e lazer, saúde, segurança, trabalho, moradia, meios de comunicação de massa, financiamentos públicos, acesso à terra, à Justiça, e outros.

Parágrafo único. Os programas de ação afirmativa constituir-se-ão em políticas públicas destinadas a reparar as distorções e desigualdades sociais e demais práticas discriminatórias adotadas, nas esferas pública e privada, durante o processo de formação social do País.

Art. 5.º Para a consecução dos objetivos desta Lei, é instituído o Sistema Nacional de Promoção da Igualdade Racial (Sinapir), conforme estabelecido no Título III.

Título II
DOS DIREITOS FUNDAMENTAIS

Capítulo IV
DO ACESSO À TERRA E À MORADIA ADEQUADA

• Vide art. 6.º da CF.

SEÇÃO I
Do Acesso à Terra

• Vide Lei n. 5.889, de 8-6-1973, que dispõe sobre o trabalho rural.

Art. 27. O poder público elaborará e implementará políticas públicas capazes de promover o acesso da população negra à terra e às atividades produtivas no campo.

Art. 28. Para incentivar o desenvolvimento das atividades produtivas da população negra no campo, o poder público promoverá ações para viabilizar e ampliar o seu acesso ao financiamento agrícola.

Art. 29. Serão asseguradas à população negra a assistência técnica rural, a simplificação do acesso ao crédito agrícola e o fortalecimento da infraestrutura de logística para a comercialização da produção.

Art. 30. O poder público promoverá a educação e a orientação profissional agrícola para os trabalhadores negros e as comunidades negras rurais.

Art. 31. Aos remanescentes das comunidades dos quilombos que estejam ocupando suas terras é reconhecida a propriedade definitiva, devendo o Estado emitir-lhes os títulos respectivos.

• Vide art. 68 do ADCT.

Art. 32. O Poder Executivo federal elaborará e desenvolverá políticas públicas especiais voltadas para o desenvolvimento sustentável dos remanescentes das comunidades dos quilombos, respeitando as tradições de proteção ambiental das comunidades.

Art. 33. Para fins de política agrícola, os remanescentes das comunidades dos quilombos receberão dos órgãos competentes tratamento especial diferenciado, assistência técnica e linhas especiais de financiamento público, destinados à realização de suas atividades produtivas e de infraestrutura.

Art. 34. Os remanescentes das comunidades dos quilombos se beneficiarão de todas as iniciativas previstas nesta e em outras leis para a promoção da igualdade étnica.

Capítulo V
DO TRABALHO

• A Lei n. 12.990, de 9-6-2014, reserva aos negros 20% das vagas oferecidas nos concursos públicos para provimento de cargos efetivos e empregos públicos no âmbito da administração pública federal, das autarquias, das fundações públicas, das empresas públicas e das sociedades de economia mista controladas pela União.

Art. 38. A implementação de políticas voltadas para a inclusão da população negra no mercado de trabalho será de responsabilidade do poder público, observando-se:

I – o instituído neste Estatuto;

II – os compromissos assumidos pelo Brasil ao ratificar a Convenção Internacional sobre a Eliminação de Todas as Formas de Discriminação Racial, de 1965;

• O Decreto n. 4.738, de 12-6-2003, promulga a Declaração Facultativa prevista no art. 14 da Convenção Internacional sobre a Eliminação de todas as Formas de Discriminação Racial, reconhecendo a competência do Comitê Internacional para a Eliminação da Discriminação Racial para receber e analisar denúncias de violação dos direitos humanos cobertos na mencionada Convenção.

III – os compromissos assumidos pelo Brasil ao ratificar a Convenção n. 111, de 1958, da Organização Internacional do Trabalho (OIT), que trata da discriminação no emprego e na profissão;

• O Decreto n. 62.150, de 19-1-1968, promulga a Convenção n. 111 da OIT sobre Discriminação em Matéria de Emprego e Profissão.

IV – os demais compromissos formalmente assumidos pelo Brasil perante a comunidade internacional.

Art. 39. O poder público promoverá ações que assegurem a igualdade de oportunidades no mercado de trabalho para a população negra, inclusive mediante a implementação de medidas visando à promoção da igualdade nas contratações do setor público e o incentivo à adoção de medidas similares nas empresas e organizações privadas.

•• O Decreto n. 9.427, de 28-6-2018, reserva aos negros 30% das vagas oferecidas nas seleções para estágio no âmbito da administração pública federal direta, autárquica e fundacional.

§ 1.º A igualdade de oportunidades será lograda mediante a adoção de políticas e programas de formação profissional, de emprego e de geração de renda voltados para a população negra.

§ 2.º As ações visando a promover a igualdade de oportunidades na esfera da administração pública far-se-ão por meio de normas estabelecidas ou a serem estabelecidas em legislação específica e em seus regulamentos.

§ 3.º O poder público estimulará, por meio de incentivos, a adoção de iguais medidas pelo setor privado.

§ 4.º As ações de que trata o *caput* deste artigo assegurarão o princípio da proporcionalidade de gênero entre os beneficiários.

§ 5.º Será assegurado o acesso ao crédito para a pequena produção, nos meios rural e urbano, com ações afirmativas para mulheres negras.

§ 6.º O poder público promoverá campanhas de sensibilização contra a marginalização da mulher negra no trabalho artístico e cultural.

§ 7.º O poder público promoverá ações com o objetivo de elevar a escolaridade e a qualificação profissional nos setores da economia que contem com alto índice de ocupação por trabalhadores negros de baixa escolarização.

Art. 40. O Conselho Deliberativo do Fundo de Amparo ao Trabalhador (Codefat) formulará políticas, programas e projetos voltados para a inclusão da população negra no mercado de trabalho e orientará a destinação de recursos para seu financiamento.

Art. 41. As ações de emprego e renda, promovidas por meio de financiamento para constituição e ampliação de pequenas e médias empresas e de programas de geração de renda, contemplarão o estímulo à promoção de empresários negros.

Parágrafo único. O poder público estimulará as atividades voltadas ao turismo étnico com enfoque nos locais, monumentos e cidades que retratem a cultura, os usos e os costumes da população negra.

Art. 42. O Poder Executivo federal poderá implementar critérios para provimento de cargos em comissão e funções de confiança destinados a ampliar a participação de negros, buscando reproduzir a estrutura da distribuição étnica nacional ou, quando for o caso, estadual, observados os dados demográficos oficiais.

Título III
DO SISTEMA NACIONAL DE PROMOÇÃO DA IGUALDADE RACIAL (SINAPIR)

•• O Decreto n. 8.136, de 5-11-2013, aprova o regulamento do Sistema Nacional de Promoção da Igualdade Racial – SINAPIR.

Capítulo I
DISPOSIÇÃO PRELIMINAR

Art. 47. É instituído o Sistema Nacional de Promoção da Igualdade Racial (Sinapir) como forma de organização e de articulação voltadas à implementação do conjunto de políticas e serviços destinados a superar as desigualdades étnicas existentes no País, prestados pelo poder público federal.

§ 1.º Os Estados, o Distrito Federal e os Municípios poderão participar do Sinapir mediante adesão.

§ 2.º O poder público federal incentivará a sociedade e a iniciativa privada a participar do Sinapir.

Capítulo V
DO FINANCIAMENTO DAS INICIATIVAS DE PROMOÇÃO DA IGUALDADE RACIAL

Art. 56. Na implementação dos programas e das ações constantes dos planos plurianuais e dos orçamentos anuais da União, deverão ser observadas as políticas de ação afirmativa a que se refere o inciso VII do art. 4.º desta Lei e outras políticas públicas que tenham como objetivo promover a igualdade de oportunidades e a inclusão social da população negra, especialmente no que tange a:

I – promoção da igualdade de oportunidades em educação, emprego e moradia;

II – financiamento de pesquisas, nas áreas de educação, saúde e emprego, voltadas para a melhoria da qualidade de vida da população negra;

III – incentivo à criação de programas e veículos de comunicação destinados à divulgação de matérias relacionadas aos interesses da população negra;

IV – incentivo à criação e à manutenção de microempresas administradas por pessoas autodeclaradas negras;

V – iniciativas que incrementem o acesso e a permanência das pessoas negras na educação fundamental, média, técnica e superior;

VI – apoio a programas e projetos dos governos estaduais, distrital e municipais e de entidades da sociedade civil voltados para a promoção da igualdade de oportunidades para a população negra;

VII – apoio a iniciativas em defesa da cultura, da memória e das tradições africanas e brasileiras.

§ 1.º O Poder Executivo federal é autorizado a adotar medidas que garantam, em cada exercício, a transparência na alocação e na execução dos recursos necessários ao financiamento das ações previstas neste Estatuto, explicitando, entre outros, a proporção dos recursos orçamentários destinados aos programas de promoção da igualdade, especialmente nas áreas de educação, saúde, emprego e renda, desenvolvimento agrário, habitação popular, desenvolvimento regional, cultura, esporte e lazer.

§ 2.º Durante os 5 (cinco) primeiros anos, a contar do exercício subsequente à publicação deste Estatuto, os órgãos do Poder Executivo federal que desenvolvem políticas e programas nas áreas referidas no § 1.º deste artigo discriminarão em seus orçamentos anuais a participação nos programas de ação afirmativa referidos no inciso VII do art. 4.º desta Lei.

§ 3.º O Poder Executivo é autorizado a adotar as medidas necessárias para a adequada implementação do disposto neste artigo, podendo estabelecer patamares de participação crescente dos programas de ação afirmativa nos orçamentos anuais a que se refere o § 2.º deste artigo.

§ 4.º O órgão colegiado do Poder Executivo federal responsável pela promoção da igualdade racial acompanhará e avaliará a programação das ações referidas neste artigo nas propostas orçamentárias da União.

Art. 57. Sem prejuízo da destinação de recursos ordinários, poderão ser consignados nos orçamentos fiscal e da seguridade social para financiamento das ações de que trata o art. 56:

I – transferências voluntárias dos Estados, do Distrito Federal e dos Municípios;

II – doações voluntárias de particulares;

III – doações de empresas privadas e organizações não governamentais, nacionais ou internacionais;

IV – doações voluntárias de fundos nacionais ou internacionais;

V – doações de Estados estrangeiros, por meio de convênios, tratados e acordos internacionais.

Título IV
DISPOSIÇÕES FINAIS

Art. 58. As medidas instituídas nesta Lei não excluem outras em prol da população negra que tenham sido ou venham a ser adotadas no âmbito da União, dos Estados, do Distrito Federal ou dos Municípios.

Art. 59. O Poder Executivo federal criará instrumentos para aferir a eficácia social das medidas previstas nesta Lei e efetuará seu monitoramento constante, com a emissão e a divulgação de relatórios periódicos, inclusive pela rede mundial de computadores.

Art. 60. Os arts. 3.º e 4.º da Lei n. 7.716, de 1989, passam a vigorar com a seguinte redação:

•• Alterações já processadas no diploma modificado.

Art. 61. Os arts. 3.º e 4.º da Lei n. 9.029, de 13 de abril de 1995, passam a vigorar com a seguinte redação:

•• Alterações já processadas no diploma modificado.

Art. 62. O art. 13 da Lei n. 7.347, de 1985, passa a vigorar acrescido do seguinte § 2.º, renumerando-se o atual parágrafo único como § 1.º :

•• Alterações já processadas no diploma modificado.

Art. 64. O § 3.º do art. 20 da Lei n. 7.716, de 1989, passa a vigorar acrescido do seguinte inciso III:

•• Alteração já processada no diploma modificado.

Art. 65. Esta Lei entra em vigor 90 (noventa) dias após a data de sua publicação.

Brasília, 20 de julho de 2010; 189.º da Independência e 122.º da República.

Luiz Inácio Lula da Silva

ATO N. 342, DE 27 DE JULHO DE 2010 (*)

Regulamenta o processo judicial eletrônico no âmbito do Tribunal Superior do Trabalho.

O Presidente do Tribunal Superior do Trabalho, no uso de suas atribuições legais e regimentais,

Considerando a Instrução Normativa n. 30, que regulamenta, no âmbito da Justiça do Trabalho, a Lei n. 11.419, de 19 de dezembro de 2006;

Considerando o Ato Conjunto TST/CSJT n. 10, de 28 de junho de 2010, que regulamenta a transmissão de peças processuais, por meio eletrônico, entre os Tribunais Regionais do Trabalho e o Tribunal Superior do Trabalho e dá outras providências, resolve:

DA TRAMITAÇÃO DO PROCESSO ELETRÔNICO NO TST

Art. 1.º Os processos judiciais que ingressarem no Tribunal Superior do Trabalho, a partir de 2 de agosto de 2010, tramitarão em meio eletrônico.

Art. 2.º O processo judicial eletrônico, para os fins deste Ato, será formado pelos arquivos enviados pelos Tribunais Regionais do Trabalho, na forma prevista no Ato Conjunto TST/CSJT n. 10/2010, petições e documentos apresentados pelas partes, atos processuais praticados nesta Corte e pareceres emitidos pelo Ministério Público do Trabalho.

• O Ato Conjunto n. 10, de 28-6-2010, do TST e do Conselho Superior da Justiça do Trabalho, determina que os Tribunais Regionais do Trabalho e o TST transmitirão as peças processuais digitalizadas ou produzidas em ambiente eletrônico por meio do Sistema de Remessa de Peças Processuais – e-Remessa.

Art. 3.º Os atos processuais praticados pelos Ministros e servidores do TST serão assinados eletronicamente, nos termos da Lei n. 11.419/2006.

Art. 4.º As peças processuais apresentadas pelas partes continuarão a ser protocoladas pelos meios hoje disponíveis, até o desenvolvimento de ferramentas eletrônicas específicas.

Art. 5.º As petições apresentadas em meio físico, vinculadas a processos eletrônicos, serão digitalizadas pela Coordenadoria de Cadastramento Processual e mantidas em guarda provisória por um ano, podendo ser retiradas pelas partes após o sexto mês.

§ 1.º Transcorrido o prazo de um ano de sua apresentação, as petições serão eliminadas.

•• Primitivo parágrafo único renumerado pelo Ato n. 559, de 30-11-2010.

§ 2.º As peças em meio físico apresentadas pelas partes da tribuna das salas de sessões, vinculadas a processos eletrônicos, serão encaminhadas à Coordenadoria de Cadastramento Processual para os procedimentos descritos no *caput* e no § 1.º.

•• § 2.º acrescentado pelo Ato n. 559, de 30-11-2010.

Art. 6.º A remessa do processo eletrônico ao TRT de origem para diligências ou baixa definitiva obedecerá ao disposto no Ato Conjunto TST/CSJT n. 10/2010, de 28 de junho de 2010.

(*) Publicado no *DEJT*, de 29-7-2010. Republicado no *DEJT* em 1.º-9-2010 e em 30-11-2010.

DA VISUALIZAÇÃO DOS PROCESSOS POR USUÁRIOS EXTERNOS

Art. 7.º A visualização dos processos eletrônicos é um serviço disponível no sítio do TST a advogados e procuradores, mediante cadastro, e não possui efeito de intimação.

Art. 8.º São considerados usuários externos os advogados, procuradores e demais representantes judiciais dos entes públicos.

Parágrafo único. As procuradorias poderão indicar servidores para acessar o sistema de visualização de processos eletrônicos.

Art. 9.º Os procuradores do Ministério Público do Trabalho deverão anexar, por meio eletrônico, o seu parecer.

Parágrafo único. Os pareceres anexados aos processos serão assinados eletronicamente, na forma da Lei n. 11.419/2006.

Art. 10. As secretarias dos órgãos judicantes e a Coordenadoria de Recursos manterão, em suas dependências, terminais de computadores disponíveis para visualização do processo eletrônico, sendo facultada a gravação da íntegra do processo em dispositivo eletrônico.

Parágrafo único. A visualização dos processos eletrônicos que tramitam em segredo de justiça estará disponível apenas às partes e aos seus procuradores constituídos no feito.

DO CADASTRO DE ADVOGADOS

Art. 11. O cadastro de advogado regularmente inscrito na OAB será realizado com o preenchimento de formulário disponível no sistema de visualização de peças, no sítio do TST (www.tst.jus.br).

• *Caput* com redação determinada pelo Ato n. 415, de 1.º-9-2010.

§ 1.º A validação é realizada mediante o comparecimento do usuário à Secretaria Judiciária do TST, munido do original dos documentos indicados no formulário, vedada a possibilidade da validação por despachante ou procurador.

•• § 1.º acrescentado pelo Ato n. 415, de 1.º-9-2010.

§ 2.º O usuário que preencher o cadastro utilizando o certificado digital (ICP-Brasil) fica dispensado da validação presencial.

•• § 2.º acrescentado pelo Ato n. 415, de 1.º-9-2010.

§ 3.º Validado o cadastro, o advogado será credenciado e receberá, no endereço eletrônico indicado no formulário, o *login* e a senha para acesso ao sistema.

•• § 3.º acrescentado pelo Ato n. 415, de 1.º-9-2010.

DO CADASTRO DE PROCURADORES E SERVIDORES AUTORIZADOS

Art. 12. As procuradorias deverão encaminhar previamente à Secretaria Judiciária, por meio do endereço eletrônico segjud@tst.jus.br, a relação de procuradores e de servidores autorizados a realizar o cadastro com os dados constantes da tabela contida no Anexo deste Ato.

•• Artigo com redação determinada pelo Ato n. 19, de 3-2-2021.

Art. 13. O cadastro de procuradores e de servidores autorizados será realizado com a inserção do respectivo CPF em campo específico do sistema de visualização de peças disponível no sítio do TST.

Parágrafo único. Após a validação do cadastro pela Secretaria Judiciária, o procurador ou o servidor autorizado será credenciado e receberá, no endereço eletrônico corporativo indicado, o *login* e a senha para visualização dos processos.

DISPOSIÇÕES FINAIS E TRANSITÓRIAS

Art. 14. Os esclarecimentos sobre o conteúdo ilegível de peças digitalizadas ou a sua ausência no arquivo eletrônico, desde que comprometam a análise do processo, deverão ser solicitados, via Malote Digital, pelas Secretarias dos Órgãos Judicantes, Secretaria da Corregedoria-Geral da Justiça do Trabalho, Secretaria Judiciária ou Coordenadoria de Recursos, por determinação dos Ministros, ao Tribunal que mantém a guarda dos processos físicos.

•• Artigo com redação determinada pelo Ato n. 559, de 30-11-2010.

Art. 15. As intimações pessoais, exigidas por força de lei, serão realizadas pelo meio hoje disponível até o desenvolvimento de ferramenta própria para intimação eletrônica.

Parágrafo único. As peças a que se refere o *caput* serão digitalizadas e anexadas ao processo eletrônico pela unidade responsável pela expedição do ofício.

Art. 16. As alterações no cadastro de advogados, procuradores e servidores das procuradorias deverão ser comunicadas à Secretaria Judiciária do TST por meio do endereço eletrônico segjud@tst.jus.br.

•• Artigo com redação determinada pelo Ato n. 19, de 3-2-2021.

Art. 17. Os feitos pendentes na data do início de vigência deste Ato continuarão a tramitar em autos físicos, permitida a sua conversão para meio eletrônico, mediante a digitalização dos autos.

§ 1.º Realizada a conversão, o processo passa a tramitar exclusivamente em meio eletrônico.

§ 2.º A conversão deverá ser certificada nos autos eletrônicos e nos físicos.

§ 3.º Os processos físicos em tramitação no TST que forem incluídos no fluxo eletrônico serão devolvidos ao TRT de origem e aqueles relativos à competência originária desta Corte serão arquivados.

§ 4.º O processo físico que tramite conjuntamente com o processo eletrônico deverá ser digitalizado e incluído no fluxo eletrônico pelas Secretarias dos Órgãos Judicantes, Secretaria da Corregedoria-Geral da Justiça do Trabalho ou Coordenadoria de Recursos, mediante despacho dos Ministros.

•• § 4.º acrescentado pelo Ato n. 559, de 30-11-2010.

Art. 18. Os casos não previstos neste Ato deverão ser submetidos, formalmente, à apreciação da Presidência do Tribunal.

Art. 19. Este Ato entra em vigor em 2 de agosto de 2010 e revoga o Ato n. 677/TST.SEJUD.GP, de 4 de novembro de 2009.

Publique-se.

Brasília, 27 de julho de 2010.

Milton de Moura França

ANEXO

DADOS DE PROCURADORES E SERVIDORES (art. 12)				
CPF	NOME	SEXO	E-MAIL (corporativo)	TELEFONE
000.000.000-00	Nome do Procurador	M/F@orgao.gov.br	(xx) xxxx-xxxx
000.000.000-00	Nome do Servidor	M/F@orgao.gov.br	(xx) xxxx-xxxx

LEI N. 12.382, DE 25 DE FEVEREIRO DE 2011 (*)

Dispõe sobre o valor do salário mínimo em 2011 e a sua política de valorização de longo prazo; disciplina a representação fiscal para fins penais nos casos em que houve parcelamento do crédito tributário; altera a Lei n. 9.430, de 27 de dezembro de 1996; e revoga a Lei n. 12.255, de 15 de junho de 2010.

A Presidenta da República

Faço saber que o Congresso Nacional decreta e eu sanciono a seguinte Lei:

Art. 1.º O salário mínimo passa a corresponder ao valor de R$ 545,00 (quinhentos e quarenta e cinco reais).

•• A Medida Provisória n. 1.143, de 12-12-2022, estabelece que, a partir de 1.º-1-2023, o salário mínimo será de R$ 1.302,00 (mil trezentos e dois reais).

Parágrafo único. Em virtude do disposto no *caput*, o valor diário do salário mínimo corresponderá a R$ 18,17 (dezoito reais e dezessete centavos) e o valor horário, a R$ 2,48 (dois reais e quarenta e oito centavos).

•• Valores reajustados, a partir de 1.º-1-2023, respectivamente, para R$ 43,40 (quarenta e três reais e quarenta centavos) e o valor horário, a R$ 5,92 (cinco reais e noventa e dois centavos), pela Medida Provisória n. 1.143, de 12-12-2022.

Art. 2.º Ficam estabelecidas as diretrizes para a política de valorização do salário mínimo a vigorar entre 2012 e 2015, inclusive, a serem aplicadas em 1.º de janeiro do respectivo ano.

§ 1.º Os reajustes para a preservação do poder aquisitivo do salário mínimo corresponderão à variação do Índice Nacional de Preços ao Consumidor – INPC, calculado e divulgado pela Fundação Instituto Brasileiro de Geografia e Estatística – IBGE, acumulada nos doze meses anteriores ao mês do reajuste.

§ 2.º Na hipótese de não divulgação do INPC referente a um ou mais meses compreendidos no período do cálculo até o último dia útil imediatamente anterior à vigência do reajuste, o Poder Executivo estimará os índices dos meses não disponíveis.

§ 3.º Verificada a hipótese de que trata o § 2.º, os índices estimados permanecerão válidos para os fins desta Lei, sem qualquer revisão, sendo os eventuais resíduos compensados no reajuste subsequente, sem retroatividade.

§ 4.º A título de aumento real, serão aplicados os seguintes percentuais:

I – em 2012, será aplicado o percentual equivalente à taxa de crescimento real do Produto Interno Bruto – PIB, apurada pelo IBGE, para o ano de 2010;

II – em 2013, será aplicado o percentual equivalente à taxa de crescimento real do PIB, apurada pelo IBGE, para o ano de 2011;

III – em 2014, será aplicado o percentual equivalente à taxa de crescimento real do PIB, apurada pelo IBGE, para o ano de 2012; e

IV – em 2015, será aplicado o percentual equivalente à taxa de crescimento real do PIB, apurada pelo IBGE, para o ano de 2013.

§ 5.º Para fins do disposto no § 4.º, será utilizada a taxa de crescimento real do PIB para o ano de referência, divulgada pelo IBGE até o último dia útil do ano imediatamente anterior ao de aplicação do respectivo aumento real.

Art. 3.º Os reajustes e aumentos fixados na forma do art. 2.º serão estabelecidos pelo Poder Executivo, por meio de decreto, nos termos desta Lei.

Parágrafo único. O decreto do Poder Executivo a que se refere o *caput* divulgará a cada ano os valores mensal, diário e horário do salário mínimo decorrentes do disposto neste artigo, correspondendo o valor diário a um trinta avos e o valor horário a um duzentos e vinte avos do valor mensal.

Art. 4.º Até 31 de dezembro de 2015, o Poder Executivo encaminhará ao Congresso Nacional projeto de lei dispondo sobre a política de valorização do salário mínimo para o período compreendido entre 2016 e 2019, inclusive.

Art. 5.º O Poder Executivo constituirá grupo interministerial, sob coordenação do Ministério do Trabalho e Emprego, encarregado de definir e implementar sistemática de monitoramento e avaliação da política de valorização do salário mínimo.

(*) Publicada no *DOU*, de 28-2-2011. Regulamentada pelos Decretos n. 7.655, de 23-12-2011, e n. 8.166, de 23-12-2013.

Parágrafo único. O grupo a que se refere o caput identificará a cesta básica dos produtos adquiridos pelo salário mínimo e suas projeções futuras decorrentes do aumento de seu poder de compra, nos termos definidos em decreto.

Art. 7.º Esta Lei entra em vigor no primeiro dia do mês subsequente à data de sua publicação.

Art. 8.º Fica revogada a Lei n. 12.255, de 15 de junho de 2010.
Brasília, 25 de fevereiro de 2011; 190.º da Independência e 123.º da República.

<div align="right">DILMA ROUSSEFF</div>

LEI N. 12.506, DE 11 DE OUTUBRO DE 2011 (*)

Dispõe sobre o aviso prévio e dá outras providências.

A Presidenta da República

Faço saber que o Congresso Nacional decreta e eu sanciono a seguinte Lei:

Art. 1.º O aviso prévio, de que trata o Capítulo VI do Título IV da Consolidação das Leis do Trabalho – CLT, aprovada pelo Decreto-lei n. 5.452, de 1.º de maio de 1943, será concedido na proporção de 30 (trinta) dias aos empregados que contem até 1 (um) ano de serviço na mesma empresa.

•• Vide art. 7.º, XXI, da CF.
•• Vide arts. 487 a 491 da CLT.

Parágrafo único. Ao aviso prévio previsto neste artigo serão acrescidos 3 (três) dias por ano de serviço prestado na mesma empresa, até o máximo de 60 (sessenta) dias, perfazendo um total de até 90 (noventa) dias.

Art. 2.º Esta Lei entra em vigor na data de sua publicação.
Brasília, 11 de outubro de 2011; 190.º da Independência e 123.º da República.

<div align="right">DILMA ROUSSEFF</div>

LEI N. 12.690, DE 19 DE JULHO DE 2012 (**)

Dispõe sobre a organização e o funcionamento das Cooperativas de Trabalho; institui o Programa Nacional de Fomento às Cooperativas de Trabalho – PRONACOOP; e revoga o parágrafo único do art. 442 da Consolidação das Leis do Trabalho – CLT, aprovada pelo Decreto-lei n. 5.452, de 1.º de maio de 1943.

A Presidenta da República

Faço saber que o Congresso Nacional decreta e eu sanciono a seguinte Lei:

Capítulo I
DAS COOPERATIVAS DE TRABALHO

Art. 1.º A Cooperativa de Trabalho é regulada por esta Lei e, no que com ela não colidir, pelas Leis n. 5.764, de 16 de dezembro de 1971, e 10.406, de 10 de janeiro de 2002 – Código Civil.

Parágrafo único. Estão excluídas do âmbito desta Lei:

I – as cooperativas de assistência à saúde na forma da legislação de saúde suplementar;

II – as cooperativas que atuam no setor de transporte regulamentado pelo poder público e que detenham, por si ou por seus sócios, a qualquer título, os meios de trabalho;

III – as cooperativas de profissionais liberais cujos sócios exerçam as atividades em seus próprios estabelecimentos; e

IV – as cooperativas de médicos cujos honorários sejam pagos por procedimento.

Art. 2.º Considera-se Cooperativa de Trabalho a sociedade constituída por trabalhadores para o exercício de suas atividades laborativas ou profissionais com proveito comum, autonomia e autogestão para obterem melhor qualificação, renda, situação socioeconômica e condições gerais de trabalho.

§ 1.º A autonomia de que trata o caput deste artigo deve ser exercida de forma coletiva e coordenada, mediante a fixação, em Assembleia Geral, das regras de funcionamento da cooperativa e da forma de execução dos trabalhos, nos termos desta Lei.

§ 2.º Considera-se autogestão o processo democrático no qual a Assembleia Geral define as diretrizes para o funcionamento e as operações da cooperativa, e os sócios decidem sobre a forma de execução dos trabalhos, nos termos da lei.

Art. 3.º A Cooperativa de Trabalho rege-se pelos seguintes princípios e valores:

I – adesão voluntária e livre;

II – gestão democrática;

III – participação econômica dos membros;

IV – autonomia e independência;

V – educação, formação e informação;

VI – intercooperação;

VII – interesse pela comunidade;

VIII – preservação dos direitos sociais, do valor social do trabalho e da livre-iniciativa;

IX – não precarização do trabalho;

X – respeito às decisões de asssembleia, observado o disposto nesta Lei;

XI – participação na gestão em todos os níveis de decisão de acordo com o previsto em lei e no Estatuto Social.

Art. 4.º A Cooperativa de Trabalho pode ser:

I – de produção, quando constituída por sócios que contribuem com trabalho para a produção em comum de bens e a cooperativa detém, a qualquer título, os meios de produção; e

II – de serviço, quando constituída por sócios para a prestação de serviços especializados a terceiros, sem a presença dos pressupostos da relação de emprego.

•• Vide art. 28 desta Lei.

Parágrafo único. (*Vetado.*)

Art. 5.º A Cooperativa de Trabalho não pode ser utilizada para intermediação de mão de obra subordinada.

Parágrafo único. (*Vetado.*)

Art. 6.º A Cooperativa de Trabalho poderá ser constituída com número mínimo de 7 (sete) sócios.

Art. 7.º A Cooperativa de Trabalho deve garantir aos sócios os seguintes direitos, além de outros que a Assembleia Geral venha a instituir:

I – retiradas não inferiores ao piso da categoria profissional e, na ausência deste, não inferiores ao salário mínimo, calculadas de forma proporcional às horas trabalhadas ou às atividades desenvolvidas;

II – duração do trabalho normal não superior a 8 (oito) horas diárias e 44 (quarenta e quatro) horas semanais, exceto quando a atividade, por sua natureza, demandar a prestação de trabalho por meio de plantões ou escalas, facultada a compensação de horários;

III – repouso semanal remunerado, preferencialmente aos domingos;

IV – repouso anual remunerado;

V – retirada para o trabalho noturno superior à do diurno;

VI – adicional sobre a retirada para as atividades insalubres ou perigosas;

VII – seguro de acidente de trabalho.

§ 1.º Não se aplica o disposto nos incisos III e IV do caput deste artigo nos casos em que as operações entre o sócio e a cooperativa sejam eventuais, salvo decisão assemblear em contrário.

(*) Publicada no *DOU*, de 13-10-2011.

(**) Publicada no *DOU*, de 20-7-2012.

§ 2.º A Cooperativa de Trabalho buscará meios, inclusive mediante provisionamento de recursos, com base em critérios que devem ser aprovados em Assembleia Geral, para assegurar os direitos previstos nos incisos I, III, IV, V, VI e VII do *caput* deste artigo e outros que a Assembleia Geral venha a instituir.

§ 3.º A Cooperativa de Trabalho, além dos fundos obrigatórios previstos em lei, poderá criar, em Assembleia Geral, outros fundos, inclusive rotativos, com recursos destinados a fins específicos, fixando o modo de formação, custeio, aplicação e liquidação.

§ 4.º (*Vetado.*)

§ 5.º A Cooperativa de Trabalho constituída nos termos do inciso I do *caput* do art. 4.º desta Lei poderá, em Assembleia Geral Extraordinária, estabelecer carência na fruição dos direitos previstos nos incisos I e VII do *caput* deste artigo.

§ 6.º As atividades identificadas com o objeto social da Cooperativa de Trabalho prevista no inciso II do *caput* do art. 4.º desta Lei, quando prestadas fora do estabelecimento da cooperativa, deverão ser submetidas a uma coordenação com mandato nunca superior a 1 (um) ano ou ao prazo estipulado para a realização dessas atividades, eleita em reunião específica pelos sócios que se disponham a realizá-las, em que serão expostos os requisitos para sua consecução, os valores contratados e a retribuição pecuniária de cada sócio partícipe.

Art. 8.º As Cooperativas de Trabalho devem observar as normas de saúde e segurança do trabalho previstas na legislação em vigor e em atos normativos expedidos pelas autoridades competentes.

• Saúde e segurança do trabalho na CLT: *vide* arts. 154 a 201.

Art. 9.º O contratante da Cooperativa de Trabalho prevista no inciso II do *caput* do art. 4.º desta Lei responde solidariamente pelo cumprimento das normas de saúde e segurança do trabalho quando os serviços forem prestados no seu estabelecimento ou em local por ele determinado.

Capítulo II
DO FUNCIONAMENTO DAS COOPERATIVAS DE TRABALHO

Art. 10. A Cooperativa de Trabalho poderá adotar por objeto social qualquer gênero de serviço, operação ou atividade, desde que previsto no seu Estatuto Social.

§ 1.º É obrigatório o uso da expressão "Cooperativa de Trabalho" na denominação social da cooperativa.

§ 2.º A Cooperativa de Trabalho não poderá ser impedida de participar de procedimentos de licitação pública que tenham por escopo os mesmos serviços, operações e atividades previstas em seu objeto social.

• A Lei n. 8.666, de 21-6-1993, institui normas para licitações e contratos da Administração Pública e dá outras providências.

§ 3.º A admissão de sócios na cooperativa estará limitada consoante as possibilidades de reunião, abrangência das operações, controle e prestação de serviços e congruente com o objeto estatuído.

§ 4.º Para o cumprimento dos seus objetivos sociais, o sócio poderá exercer qualquer atividade da cooperativa, conforme deliberado em Assembleia Geral.

Art. 11. Além da realização da Assembleia Geral Ordinária e Extraordinária para deliberar nos termos dos e sobre os assuntos previstos na Lei n. 5.764, de 16 de dezembro de 1971, e no Estatuto Social, a Cooperativa de Trabalho deverá realizar anualmente, no mínimo, mais uma Assembleia Geral Especial para deliberar, entre outros assuntos especificados no edital de convocação, sobre gestão da cooperativa, disciplina, direitos e deveres dos sócios, planejamento e resultado econômico dos projetos e contratos firmados e organização do trabalho.

• A Lei n. 5.764, de 16-12-1971, que institui o regime jurídico das sociedades cooperativas, estabelece em seu art. 55 que "os empregados de empresas que sejam eleitos diretores de sociedades cooperativas pelos mesmos criadas, gozarão das garantias asseguradas aos dirigentes sindicais pelo art. 543 da CLT (Decreto-lei n. 5.452, de 1.º-5-1943)".

§ 1.º O destino das sobras líquidas ou o rateio dos prejuízos será decidido em Assembleia Geral Ordinária.

§ 2.º As Cooperativas de Trabalho deverão estabelecer, em Estatuto Social ou Regimento Interno, incentivos à participação efetiva dos sócios na Assembleia Geral e eventuais sanções em caso de ausências injustificadas.

§ 3.º O *quorum* mínimo de instalação das Assembleias Gerais será de:

I – 2/3 (dois terços) do número de sócios, em primeira convocação;

II – metade mais 1 (um) dos sócios, em segunda convocação;

III – 50 (cinquenta) sócios ou, no mínimo, 20% (vinte por cento) do total de sócios, prevalecendo o menor número, em terceira convocação, exigida a presença de, no mínimo, 4 (quatro) sócios para as cooperativas que possuam até 19 (dezenove) sócios matriculados.

§ 4.º As decisões das assembleias serão consideradas válidas quando contarem com a aprovação da maioria absoluta dos sócios presentes.

§ 5.º Comprovada fraude ou vício nas decisões das assembleias, serão elas nulas de pleno direito, aplicando-se, conforme o caso, a legislação civil e penal.

§ 6.º A Assembleia Geral Especial de que trata este artigo deverá ser realizada no segundo semestre do ano.

Art. 12. A notificação dos sócios para participação das assembleias será pessoal e ocorrerá com antecedência mínima de 10 (dez) dias de sua realização.

§ 1.º Na impossibilidade de notificação pessoal, a notificação dar-se-á por via postal, respeitada a antecedência prevista no *caput* deste artigo.

§ 2.º Na impossibilidade de realização das notificações pessoal e postal, os sócios serão notificados mediante edital afixado na sede e em outros locais previstos nos estatutos e publicado em jornal de grande circulação na região da sede da cooperativa ou na região onde ela exerça suas atividades, respeitada a antecedência prevista no *caput* deste artigo.

Art. 13. É vedado à Cooperativa de Trabalho distribuir verbas de qualquer natureza entre os sócios, exceto a retirada devida em razão do exercício de sua atividade como sócio ou retribuição por conta de reembolso de despesas comprovadamente realizadas em proveito da Cooperativa.

Art. 14. A Cooperativa de Trabalho deverá deliberar, anualmente, na Assembleia Geral Ordinária, sobre a adoção ou não de diferentes faixas de retirada dos sócios.

Parágrafo único. No caso de fixação de faixas de retirada, a diferença entre as de maior e as de menor valor deverá ser fixada na Assembleia.

Art. 15. O Conselho de Administração será composto por, no mínimo, 3 (três) sócios, eleitos pela Assembleia Geral, para um prazo de gestão não superior a 4 (quatro) anos, sendo obrigatória a renovação de, no mínimo, 1/3 (um terço) do colegiado, ressalvada a hipótese do art. 16 desta Lei.

Art. 16. A Cooperativa de Trabalho constituída por até 19 (dezenove) sócios poderá estabelecer, em Estatuto Social, composição para o Conselho de Administração e para o Conselho Fiscal distinta da prevista nesta Lei e no art. 56 da Lei n. 5.764, de 16 de dezembro de 1971, assegurados, no mínimo, 3 (três) conselheiros fiscais.

Capítulo III
DA FISCALIZAÇÃO E DAS PENALIDADES

Art. 17. Cabe ao Ministério do Trabalho e Emprego, no âmbito de sua competência, a fiscalização do cumprimento do disposto nesta Lei.

§ 1.º A Cooperativa de Trabalho que intermediar mão de obra subordinada e os contratantes de seus serviços estarão sujeitos à multa de R$ 500,00 (quinhentos reais) por trabalhador prejudicado, dobrada na reincidência, a ser revertida em favor do Fundo de Amparo ao Trabalhador – FAT.

§ 2.º Presumir-se-á intermediação de mão de obra subordinada a relação contratual estabelecida entre a empresa contratante e as Coope-

rativas de Trabalho que não cumprirem o disposto no § 6.º do art. 7.º desta Lei.

§ 3.º As penalidades serão aplicadas pela autoridade competente do Ministério do Trabalho e Emprego, de acordo com o estabelecido no Título VII da Consolidação das Leis do Trabalho – CLT, aprovada pelo Decreto-lei n. 5.452, de 1.º de maio de 1943.

Art. 18. A constituição ou utilização de Cooperativa de Trabalho para fraudar deliberadamente a legislação trabalhista, previdenciária e o disposto nesta Lei acarretará aos responsáveis as sanções penais, cíveis e administrativas cabíveis, sem prejuízo da ação judicial visando à dissolução da Cooperativa.

§ 1.º (Vetado.)

§ 2.º Fica inelegível para qualquer cargo em Cooperativa de Trabalho, pelo período de até 5 (cinco) anos, contado a partir da sentença transitada em julgado, o sócio, dirigente ou o administrador condenado pela prática das fraudes elencadas no caput deste artigo.

Capítulo IV
DO PROGRAMA NACIONAL DE FOMENTO ÀS COOPERATIVAS DE TRABALHO – PRONACOOP

Art. 19. É instituído, no âmbito do Ministério do Trabalho e Emprego, o Programa Nacional de Fomento às Cooperativas de Trabalho – PRONACOOP, com a finalidade de promover o desenvolvimento e a melhoria do desempenho econômico e social da Cooperativa de Trabalho.

Parágrafo único. O Pronacoop tem como finalidade apoiar:

I – a produção de diagnóstico e plano de desenvolvimento institucional para as Cooperativas de Trabalho dele participantes;

II – a realização de acompanhamento técnico visando ao fortalecimento financeiro, de gestão, de organização do processo produtivo ou de trabalho, bem como à qualificação dos recursos humanos;

III – a viabilização de linhas de crédito;

IV – o acesso a mercados e à comercialização da produção;

V – o fortalecimento institucional, a educação cooperativista e a constituição de cooperativas centrais, federações e confederações de cooperativas;

VI – outras ações que venham a ser definidas por seu Comitê Gestor no cumprimento da finalidade estabelecida no caput deste artigo.

Art. 20. É criado o Comitê Gestor do Pronacoop, com as seguintes atribuições:

I – acompanhar a implementação das ações previstas nesta Lei;

II – estabelecer as diretrizes e metas para o Pronacoop;

III – definir as normas operacionais para o Pronacoop;

IV – propor o orçamento anual do Pronacoop;

V – (Vetado.)

VI – (Vetado.)

§ 1.º O Comitê Gestor terá composição paritária entre o governo e entidades representativas do cooperativismo de trabalho.

§ 2.º O número de membros, a organização e o funcionamento do Comitê Gestor serão estabelecidos em regulamento.

Art. 21. O Ministério do Trabalho e Emprego poderá celebrar convênios, acordos, ajustes e outros instrumentos que objetivem a cooperação técnico-científica com órgãos do setor público e entidades privadas sem fins lucrativos, no âmbito do Pronacoop.

Art. 22. As despesas decorrentes da implementação do Pronacoop correrão à conta das dotações orçamentárias consignadas anualmente ao Ministério do Trabalho e Emprego.

Art. 23. Os recursos destinados às linhas de crédito do Pronacoop serão provenientes:

I – do Fundo de Amparo ao Trabalhador – FAT;

II – de recursos orçamentários da União; e

III – de outros recursos que venham a ser alocados pelo poder público.

Parágrafo único. O Conselho Deliberativo do Fundo de Amparo ao Trabalhador – CODEFAT definirá as diretrizes para a aplicação, no âmbito do Pronacoop, dos recursos oriundos do Fundo de Amparo ao Trabalhador – FAT.

Art. 24. As instituições financeiras autorizadas a operar com os recursos do Pronacoop poderão realizar operações de crédito destinadas a empreendimentos inscritos no Programa sem a exigência de garantias reais, que poderão ser substituídas por garantias alternativas, observadas as condições estabelecidas em regulamento.

Parágrafo único. (Vetado.)

Art. 25. (Vetado.)

Capítulo V
DISPOSIÇÕES FINAIS

Art. 26. É instituída a Relação Anual de Informações das Cooperativas de Trabalho – RAICT, a ser preenchida pelas Cooperativas de Trabalho, anualmente, com informações relativas ao ano-base anterior.

Parágrafo único. O Poder Executivo regulamentará o modelo de formulário da RAICT, os critérios para entrega das informações e as responsabilidades institucionais sobre a coleta, processamento, acesso e divulgação das informações.

Art. 27. A Cooperativa de Trabalho constituída antes da vigência desta Lei terá prazo de 12 (doze) meses, contado de sua publicação, para adequar seus estatutos às disposições nela previstas.

Art. 28. A Cooperativa de Trabalho prevista no inciso II do caput do art. 4.º desta Lei constituída antes da vigência desta Lei terá prazo de 12 (doze) meses, contado de sua publicação, para assegurar aos sócios as garantias previstas nos incisos I, IV, V, VI e VII do caput do art. 7.º desta Lei, conforme deliberado em Assembleia Geral.

Art. 29. Esta Lei entra em vigor na data de sua publicação.

Art. 30. (Vetado.)

Brasília, 19 de julho de 2012; 191.º da Independência e 124.º da República.

DILMA ROUSSEFF

LEI N. 12.761, DE 27 DE DEZEMBRO DE 2012 (*)

Institui o Programa de Cultura do Trabalhador; cria o vale-cultura; altera as Leis n. 8.212, de 24 de julho de 1991, e 7.713, de 22 de dezembro de 1988, e a Consolidação das Leis do Trabalho – CLT, aprovada pelo Decreto-lei n. 5.452, de 1.º de maio de 1943; e dá outras providências.

A Presidenta da República

Faço saber que o Congresso Nacional decreta e eu sanciono a seguinte Lei:

Art. 1.º Fica instituído, sob a gestão do Ministério da Cultura, o Programa de Cultura do Trabalhador, destinado a fornecer aos trabalhadores meios para o exercício dos direitos culturais e acesso às fontes da cultura.

Art. 2.º O Programa de Cultura do Trabalhador tem os seguintes objetivos:

I – possibilitar o acesso e a fruição dos produtos e serviços culturais;

II – estimular a visitação a estabelecimentos culturais e artísticos; e

III – incentivar o acesso a eventos e espetáculos culturais e artísticos.

§ 1.º Para os fins deste Programa, são definidos os serviços e produtos culturais da seguinte forma:

(*) Publicada no DOU, de 27-12-2012 (Edição Extra). Vide regulamento: Decreto n. 8.084, de 26-8-2013. A Instrução Normativa n. 2, de 4-9-2013, estabelece normas e procedimentos para a gestão do Vale-Cultura.

I – serviços culturais: atividades de cunho artístico e cultural fornecidas por pessoas jurídicas, cujas características se enquadrem nas áreas culturais previstas no § 2.º; e

II – produtos culturais: materiais de cunho artístico, cultural e informativo, produzidos em qualquer formato ou mídia por pessoas físicas ou jurídicas, cujas características se enquadrem nas áreas culturais previstas no § 2.º.

§ 2.º Consideram-se áreas culturais para fins do disposto nos incisos I e II do § 1.º:

I – artes visuais;

II – artes cênicas;

III – audiovisual;

IV – literatura, humanidades e informação;

V – música; e

VI – patrimônio cultural.

§ 3.º O Poder Executivo poderá ampliar as áreas culturais previstas no § 2.º.

Art. 3.º Fica criado o vale-cultura, de caráter pessoal e intransferível, válido em todo o território nacional, para acesso e fruição de produtos e serviços culturais, no âmbito do Programa de Cultura do Trabalhador.

Art. 4.º O vale-cultura será confeccionado e comercializado por empresas operadoras e disponibilizado aos usuários pelas empresas beneficiárias para ser utilizado nas empresas recebedoras.

Art. 5.º Para os efeitos desta Lei, entende-se por:

I – empresa operadora: pessoa jurídica cadastrada no Ministério da Cultura, possuidora do Certificado de Inscrição no Programa de Cultura do Trabalhador e autorizada a produzir e comercializar o vale-cultura;

II – empresa beneficiária: pessoa jurídica optante pelo Programa de Cultura do Trabalhador e autorizada a distribuir o vale-cultura a seus trabalhadores com vínculo empregatício;

•• Inciso II com redação determinada pela Lei n. 12.868, de 15-10-2013.

III – usuário: trabalhador com vínculo empregatício com a empresa beneficiária;

IV – empresa recebedora: pessoa jurídica habilitada pela empresa operadora para receber o vale-cultura como forma de pagamento de serviço ou produto cultural.

Art. 6.º O vale-cultura será fornecido aos usuários pelas empresas beneficiárias e disponibilizado preferencialmente por meio magnético, com o seu valor expresso em moeda corrente, na forma do regulamento.

Parágrafo único. Somente será admitido o fornecimento do vale-cultura impresso quando comprovadamente inviável a adoção do meio magnético.

Art. 7.º O vale-cultura deverá ser fornecido ao trabalhador que perceba até 5 (cinco) salários mínimos mensais.

Parágrafo único. Os trabalhadores com renda superior a 5 (cinco) salários mínimos poderão receber o vale-cultura, desde que garantido o atendimento à totalidade dos empregados com a remuneração prevista no *caput*, na forma que dispuser o regulamento.

Art. 8.º O valor mensal do vale-cultura, por usuário, será de R$ 50,00 (cinquenta reais).

§ 1.º O trabalhador de que trata o *caput* do art. 7.º poderá ter descontado de sua remuneração o percentual máximo de 10% (dez por cento) do valor do vale-cultura, na forma definida em regulamento.

§ 2.º Os trabalhadores que percebem mais de 5 (cinco) salários mínimos poderão ter descontados de sua remuneração, em percentuais entre 20% (vinte por cento) e 90% (noventa por cento) do valor do vale-cultura, de acordo com a respectiva faixa salarial, obedecido o disposto no parágrafo único do art. 7.º e na forma que dispuser o regulamento.

§ 3.º É vedada, em qualquer hipótese, a reversão do valor do vale-cultura em pecúnia.

§ 4.º O trabalhador de que trata o art. 7.º poderá optar pelo não recebimento do vale-cultura, mediante procedimento a ser definido em regulamento.

Art. 9.º Os prazos de validade e condições de utilização do vale-cultura serão definidos em regulamento.

Art. 10. Até o exercício de 2017, ano-calendário de 2016, o valor despendido a título de aquisição do vale-cultura poderá ser deduzido do imposto sobre a renda devido pela pessoa jurídica beneficiária tributada com base no lucro real.

§ 1.º A dedução de que trata o *caput* fica limitada a 1% (um por cento) do imposto sobre a renda devido, observado o disposto no § 4.º do art. 3.º da Lei n. 9.249, de 26 de dezembro de 1995.

§ 2.º A pessoa jurídica inscrita no Programa de Cultura do Trabalhador como beneficiária, de que trata o inciso II do art. 5.º, poderá deduzir o valor despendido a título de aquisição do vale-cultura como despesa operacional para fins de apuração do imposto sobre a renda, desde que tributada com base no lucro real.

§ 3.º A pessoa jurídica deverá adicionar o valor deduzido como despesa operacional, de que trata o § 2.º, para fins de apuração da base de cálculo da Contribuição Social sobre o Lucro Líquido – CSLL.

§ 4.º As deduções de que tratam os §§ 1.º e 2.º somente se aplicam em relação ao valor do vale-cultura distribuído ao usuário.

§ 5.º (*Revogado pela Lei n. 12.872, de 24-10-2013.*)

Art. 11. A parcela do valor do vale-cultura cujo ônus seja da empresa beneficiária:

I – não tem natureza salarial nem se incorpora à remuneração para quaisquer efeitos;

II – não constitui base de incidência de contribuição previdenciária ou do Fundo de Garantia do Tempo de Serviço – FGTS; e

III – não se configura como rendimento tributável do trabalhador.

Art. 12. A execução inadequada do Programa de Cultura do Trabalhador ou qualquer ação que acarrete desvio de suas finalidades pela empresa operadora ou pela empresa beneficiária acarretará cumulativamente:

I – cancelamento do Certificado de Inscrição no Programa de Cultura do Trabalhador;

II – pagamento do valor que deixou de ser recolhido relativo ao imposto sobre a renda, à contribuição previdenciária e ao depósito para o FGTS;

III – aplicação de multa correspondente a 2 (duas) vezes o valor da vantagem recebida indevidamente no caso de dolo, fraude ou simulação;

IV – perda ou suspensão de participação em linhas de financiamento em estabelecimentos oficiais de crédito pelo período de 2 (dois) anos;

V – proibição de contratar com a administração pública pelo período de até 2 (dois) anos; e

VI – suspensão ou proibição de usufruir de benefícios fiscais pelo período de até 2 (dois) anos.

Art. 13. O § 9.º do art. 28 da Lei n. 8.212, de 24 de julho de 1991, passa a vigorar acrescido da seguinte alínea *y*:

•• Alteração já processada no diploma modificado.

Art. 14. O § 2.º do art. 458 da Consolidação das Leis do Trabalho – CLT, aprovada pelo Decreto-lei n. 5.452, de 1.º de maio de 1943, passa a vigorar acrescido do seguinte inciso VIII:

•• Alteração já processada no diploma modificado.

Art. 15. O art. 6.º da Lei n. 7.713, de 22 de dezembro de 1988, passa a vigorar acrescido do seguinte inciso XXIII:

"Art. 6.º ..

XXIII – o valor recebido a título de vale-cultura.

..."

Art. 16. O Poder Executivo regulamentará esta Lei no prazo de 60 (sessenta) dias, contados da data de sua publicação.

Art. 17. Esta Lei entra em vigor na data de sua publicação.
Brasília, 27 de dezembro de 2012; 191.º da Independência e 124.º da República.

DILMA ROUSSEFF

DECRETO N. 7.943, DE 5 DE MARÇO DE 2013 (*)

Institui a Política Nacional para os Trabalhadores Rurais Empregados.

A Presidenta da República, no uso da atribuição que lhe confere o art. 84, *caput*, inciso VI, alínea *a*, da Constituição, decreta:

Art. 1.º Fica instituída a Política Nacional para os Trabalhadores Rurais Empregados – PNATRE, com a finalidade de fortalecer os direitos sociais e a proteção social dos trabalhadores rurais empregados.

Art. 2.º Para fins deste Decreto, considera-se trabalhador rural empregado a pessoa física prestadora de serviços remunerados e de natureza não eventual a empregador rural, sob a dependência deste, contratada por prazo indeterminado, determinado e de curta duração.

Art. 3.º São princípios da PNATRE:

I – a dignidade da pessoa humana;

II – a garantia de direitos; e

III – o diálogo social.

Art. 4.º São diretrizes da PNATRE:

I – revisar a legislação para articular as ações de promoção e proteção social aos trabalhadores rurais empregados;

II – fomentar a formalização e o aprimoramento das relações de trabalho que envolvam os trabalhadores rurais empregados;

III – promover o diálogo permanente e qualificado entre entidades e órgãos públicos e sociedade civil;

IV – aperfeiçoar as políticas de saúde, habitação, previdência e segurança destinadas aos trabalhadores rurais empregados;

V – fortalecer as políticas destinadas à educação formal e à capacitação profissional dos trabalhadores rurais empregados, para possibilitar a conciliação entre trabalho e estudo;

VI – integrar as políticas públicas federais, estaduais e municipais direcionadas aos trabalhadores rurais empregados;

VII – fortalecer as políticas públicas direcionadas à igualdade de gênero, raça e etnia nas relações de trabalho que envolvam os trabalhadores rurais empregados;

VIII – fortalecer as políticas públicas direcionadas à juventude que garantam acesso ao trabalho, sem prejuízo do direito à educação, à saúde, ao esporte e ao lazer;

IX – combater o trabalho infantil; e

X – articular-se com os Estados, o Distrito Federal, os Municípios e a sociedade civil para garantir a implementação da PNATRE.

Art. 5.º São objetivos da PNATRE:

I – integrar e articular as políticas públicas direcionadas aos trabalhadores rurais empregados;

II – promover e ampliar a formalização nas relações de trabalho dos trabalhadores rurais empregados;

III – promover a reinserção produtiva dos trabalhadores rurais empregados que perderam seus postos de trabalho, gerando oportunidades de trabalho e renda;

IV – intensificar a fiscalização das relações de trabalho rural;

V – minimizar os efeitos do impacto das inovações tecnológicas na redução de postos de trabalho no meio rural;

VI – promover a alfabetização, a escolarização, a qualificação e a requalificação profissional aos trabalhadores rurais empregados;

VII – promover a saúde, a proteção social e a segurança dos trabalhadores rurais empregados;

VIII – promover estudos e pesquisas integrados e permanentes sobre os trabalhadores rurais empregados;

IX – ampliar as condições de trabalho decente para permanência de jovens no campo; e

X – combater práticas que caracterizem trabalho infantil.

Arts. 6.º a 10. (*Revogados pelo Decreto n. 10.854, de 10-11-2021.*)

Art. 11. Este Decreto entra em vigor na data de sua publicação.
Brasília, 5 de março de 2013; 192.º da Independência e 125.º da República.

DILMA ROUSSEFF

LEI N. 12.815, DE 5 DE JUNHO DE 2013 (**)

Dispõe sobre a exploração direta e indireta pela União de portos e instalações portuárias e sobre as atividades desempenhadas pelos operadores portuários; altera as Leis n. 5.025, de 10 de junho de 1966, 10.233, de 5 de junho de 2001, 10.683, de 28 de maio de 2003, 9.719, de 27 de novembro de 1998, e 8.213, de 24 de julho de 1991; revoga as Leis n. 8.630, de 25 de fevereiro de 1993, e 11.610, de 12 de dezembro de 2007, e dispositivos das Leis n. 11.314, de 3 de julho de 2006, e 11.518, de 5 de setembro de 2007; e dá outras providências.

A Presidenta da República

Faço saber que o Congresso Nacional decreta e eu sanciono a seguinte Lei:

Capítulo I
DEFINIÇÕES E OBJETIVOS

Art. 1.º Esta Lei regula a exploração pela União, direta ou indiretamente, dos portos e instalações portuárias e as atividades desempenhadas pelos operadores portuários.

• A Portaria n. 1.064, de 12-5-2020, do Ministério da Infraestrutura, estabelece os procedimentos para a outorga de autorização de instalações portuárias e gestão de contratos de adesão.

• A Resolução n. 43, de 31-3-2021, da ANTAQ, estabelece critérios e procedimentos para a reversibilidade de bens nos portos organizados, bem como a incorporação e desincorporação de bens da União nos portos organizados.

§ 1.º A exploração indireta do porto organizado e das instalações portuárias nele localizadas ocorrerá mediante concessão e arrendamento de bem público.

§ 2.º A exploração indireta das instalações portuárias localizadas fora da área do porto organizado ocorrerá mediante autorização, nos termos desta Lei.

§ 3.º As concessões, os arrendamentos e as autorizações de que trata esta Lei serão outorgados a pessoa jurídica que demonstre capacidade para seu desempenho, por sua conta e risco.

Art. 2.º Para os fins desta Lei, consideram-se:

I – porto organizado: bem público construído e aparelhado para atender a necessidades de navegação, de movimentação de passageiros ou de movimentação e armazenagem de mercadorias, e cujo tráfego e operações portuárias estejam sob jurisdição de autoridade portuária;

..

XIII – operador portuário: pessoa jurídica pré-qualificada para exercer as atividades de movimentação de passageiros ou movimentação e armazenagem de mercadorias, destinadas ou provenientes de transporte aquaviário, dentro da área do porto organizado.

(*) Publicado no *DOU*, de 6-3-2013.

(**) Publicada no *DOU*, de 5-6-2013. Regulamentada pelo Decreto n. 8.033, de 27-6-2013.

Art. 3.º A exploração dos portos organizados e instalações portuárias, com o objetivo de aumentar a competitividade e o desenvolvimento do País, deve seguir as seguintes diretrizes:

..

III – estímulo à modernização e ao aprimoramento da gestão dos portos organizados e instalações portuárias, à valorização e à qualificação da mão de obra portuária e à eficiência das atividades prestadas;

IV – promoção da segurança da navegação na entrada e na saída das embarcações dos portos;

•• Inciso IV com redação determinada pela Lei n. 14.047, de 24-8-2020.

•• A Resolução n. 65, de 15-12-2021, da ANTAQ, estabelece os procedimentos para operações com produtos perigosos quando em trânsito por instalações portuárias situadas dentro ou fora da área do porto organizado.

V – estímulo à concorrência, por meio do incentivo à participação do setor privado e da garantia de amplo acesso aos portos organizados, às instalações e às atividades portuárias; e

•• Inciso V com redação determinada pela Lei n. 14.047, de 24-8-2020.

VI – liberdade de preços nas operações portuárias, reprimidos qualquer prática prejudicial à competição e o abuso do poder econômico.

•• Inciso VI acrescentado pela Lei n. 14.047, de 24-8-2020.

..

Capítulo IV
DA ADMINISTRAÇÃO DO PORTO ORGANIZADO

SEÇÃO I
Das Competências

Art. 17. A administração do porto é exercida diretamente pela União, pela delegatária ou pela entidade concessionária do porto organizado.

§ 1.º Compete à administração do porto organizado, denominada autoridade portuária:

..

III – pré-qualificar os operadores portuários, de acordo com as normas estabelecidas pelo poder concedente;

..

Art. 20. Será instituído em cada porto organizado um conselho de autoridade portuária, órgão consultivo da administração do porto.

§ 1.º O regulamento disporá sobre as atribuições, o funcionamento e a composição dos conselhos de autoridade portuária, assegurada a participação de representantes da classe empresarial, dos trabalhadores portuários e do poder público.

§ 2.º A representação da classe empresarial e dos trabalhadores no conselho a que alude o *caput* será paritária.

§ 3.º A distribuição das vagas no conselho a que alude o *caput* observará a seguinte proporção:

I – 50% (cinquenta por cento) de representantes do poder público;

II – 25% (vinte e cinco por cento) de representantes da classe empresarial; e

III – 25% (vinte e cinco por cento) de representantes da classe trabalhadora.

Art. 21. Fica assegurada a participação de um representante da classe empresarial e outro da classe trabalhadora no conselho de administração ou órgão equivalente da administração do porto, quando se tratar de entidade sob controle estatal, na forma do regulamento.

Parágrafo único. A indicação dos representantes das classes empresarial e trabalhadora a que alude o *caput* será feita pelos respectivos representantes no conselho de autoridade portuária.

..

Capítulo V
DA OPERAÇÃO PORTUÁRIA

Art. 25. A pré-qualificação do operador portuário será efetuada perante a administração do porto, conforme normas estabelecidas pelo poder concedente.

§ 1.º As normas de pré-qualificação devem obedecer aos princípios da legalidade, impessoalidade, moralidade, publicidade e eficiência.

§ 2.º A administração do porto terá prazo de 30 (trinta) dias, contado do pedido do interessado, para decidir sobre a pré-qualificação.

§ 3.º Em caso de indeferimento do pedido mencionado no § 2.º, caberá recurso, no prazo de 15 (quinze) dias, dirigido à Secretaria de Portos da Presidência da República, que deverá apreciá-lo no prazo de 30 (trinta) dias, nos termos do regulamento.

§ 4.º Considera-se pré-qualificada como operador portuário a administração do porto.

Art. 26. O operador portuário responderá perante:

I – a administração do porto pelos danos culposamente causados à infraestrutura, às instalações e ao equipamento de que a administração do porto seja titular, que se encontre a seu serviço ou sob sua guarda;

II – o proprietário ou consignatário da mercadoria pelas perdas e danos que ocorrerem durante as operações que realizar ou em decorrência delas;

III – o armador pelas avarias ocorridas na embarcação ou na mercadoria dada a transporte;

IV – o trabalhador portuário pela remuneração dos serviços prestados e respectivos encargos;

V – o órgão local de gestão de mão de obra do trabalho avulso pelas contribuições não recolhidas;

VI – os órgãos competentes pelo recolhimento dos tributos incidentes sobre o trabalho portuário avulso; e

VII – a autoridade aduaneira pelas mercadorias sujeitas a controle aduaneiro, no período em que lhe estejam confiadas ou quando tenha controle ou uso exclusivo de área onde se encontrem depositadas ou devam transitar.

Parágrafo único. Compete à administração do porto responder pelas mercadorias a que se referem os incisos II e VII do *caput* quando estiverem em área por ela controlada e após o seu recebimento, conforme definido pelo regulamento de exploração do porto.

Art. 27. As atividades do operador portuário estão sujeitas às normas estabelecidas pela Antaq.

§ 1.º O operador portuário é titular e responsável pela coordenação das operações portuárias que efetuar.

§ 2.º A atividade de movimentação de carga a bordo da embarcação deve ser executada de acordo com a instrução de seu comandante ou de seus prepostos, responsáveis pela segurança da embarcação nas atividades de arrumação ou retirada da carga, quanto à segurança da embarcação.

Art. 28. É dispensável a intervenção de operadores portuários em operações:

I – que, por seus métodos de manipulação, suas características de automação ou mecanização, não requeiram a utilização de mão de obra ou possam ser executadas exclusivamente pela tripulação das embarcações;

II – de embarcações empregadas:

a) em obras de serviços públicos nas vias aquáticas do País, executadas direta ou indiretamente pelo poder público;

b) no transporte de gêneros de pequena lavoura e da pesca, para abastecer mercados de âmbito municipal;

c) na navegação interior e auxiliar;

d) no transporte de mercadorias líquidas a granel; e

e) no transporte de mercadorias sólidas a granel, quando a carga ou descarga for feita por aparelhos mecânicos automáticos, salvo quanto às atividades de rechego;

III – relativas à movimentação de:

a) cargas em área sob controle militar, quando realizadas por pessoal militar ou vinculado a organização militar;

b) materiais por estaleiros de construção e reparação naval; e

c) peças sobressalentes, material de bordo, mantimentos e abastecimento de embarcações; e

IV – relativas ao abastecimento de aguada, combustíveis e lubrificantes para a navegação.

Parágrafo único. (*Vetado.*)

Art. 29. As cooperativas formadas por trabalhadores portuários avulsos, registrados de acordo com esta Lei, poderão estabelecer-se como operadores portuários.

Art. 30. A operação portuária em instalações localizadas fora da área do porto organizado será disciplinada pelo titular da respectiva autorização, observadas as normas estabelecidas pelas autoridades marítima, aduaneira, sanitária, de saúde e de polícia marítima.

Art. 31. O disposto nesta Lei não prejudica a aplicação das demais normas referentes ao transporte marítimo, inclusive as decorrentes de convenções internacionais ratificadas, enquanto vincularem internacionalmente o País.

Capítulo VI
DO TRABALHO PORTUÁRIO

•• O Decreto n. 10.671, de 9-4-2021, promulga o texto da Convenção sobre Trabalho Marítimo.

Art. 32. Os operadores portuários devem constituir em cada porto organizado um órgão de gestão de mão de obra do trabalho portuário, destinado a:

I - administrar o fornecimento da mão de obra do trabalhador portuário e do trabalhador portuário avulso;

II - manter, com exclusividade, o cadastro do trabalhador portuário e o registro do trabalhador portuário avulso;

III - treinar e habilitar profissionalmente o trabalhador portuário, inscrevendo-o no cadastro;

IV - selecionar e registrar o trabalhador portuário avulso;

V - estabelecer o número de vagas, a forma e a periodicidade para acesso ao registro do trabalhador portuário avulso;

VI - expedir os documentos de identificação do trabalhador portuário; e

VII - arrecadar e repassar aos beneficiários os valores devidos pelos operadores portuários relativos à remuneração do trabalhador portuário avulso e aos correspondentes encargos fiscais, sociais e previdenciários.

Parágrafo único. Caso celebrado contrato, acordo ou convenção coletiva de trabalho entre trabalhadores e tomadores de serviços, o disposto no instrumento precederá o órgão gestor e dispensará sua intervenção nas relações entre capital e trabalho no porto.

Art. 33. Compete ao órgão de gestão de mão de obra do trabalho portuário avulso:

I - aplicar, quando couber, normas disciplinares previstas em lei, contrato, convenção ou acordo coletivo de trabalho, no caso de transgressão disciplinar, as seguintes penalidades:
a) repreensão verbal ou por escrito;
b) suspensão do registro pelo período de 10 (dez) a 30 (trinta) dias; ou
c) cancelamento do registro;

II - promover:
a) a formação profissional do trabalhador portuário e do trabalhador portuário avulso, adequando-a aos modernos processos de movimentação de carga e de operação de aparelhos e equipamentos portuários;
b) o treinamento multifuncional do trabalhador portuário e do trabalhador portuário avulso; e
c) a criação de programas de realocação e de cancelamento do registro, sem ônus para o trabalhador;

III - arrecadar e repassar aos beneficiários contribuições destinadas a incentivar o cancelamento do registro e a aposentadoria voluntária;

IV - arrecadar as contribuições destinadas ao custeio do órgão;

V - zelar pelas normas de saúde, higiene e segurança no trabalho portuário avulso; e

VI - submeter à administração do porto propostas para aprimoramento da operação portuária e valorização econômica do porto.

§ 1.º O órgão não responde por prejuízos causados pelos trabalhadores portuários avulsos aos tomadores dos seus serviços ou a terceiros.

§ 2.º O órgão responde, solidariamente com os operadores portuários, pela remuneração devida ao trabalhador portuário avulso e pelas indenizações decorrentes de acidente de trabalho.

§ 3.º O órgão pode exigir dos operadores portuários garantia prévia dos respectivos pagamentos, para atender a requisição de trabalhadores portuários avulsos.

§ 4.º As matérias constantes nas alíneas *a* e *b* do inciso II deste artigo serão discutidas em fórum permanente, composto, em caráter paritário, por representantes do governo e da sociedade civil.

§ 5.º A representação da sociedade civil no fórum previsto no § 4.º será paritária entre trabalhadores e empresários.

Art. 34. O exercício das atribuições previstas nos arts. 32 e 33 pelo órgão de gestão de mão de obra do trabalho portuário avulso não implica vínculo empregatício com trabalhador portuário avulso.

Art. 35. O órgão de gestão de mão de obra pode ceder trabalhador portuário avulso, em caráter permanente, ao operador portuário.

Art. 36. A gestão da mão de obra do trabalho portuário avulso deve observar as normas do contrato, convenção ou acordo coletivo de trabalho.

Art. 37. Deve ser constituída, no âmbito do órgão de gestão de mão de obra, comissão paritária para solucionar litígios decorrentes da aplicação do disposto nos arts. 32, 33 e 35.

§ 1.º Em caso de impasse, as partes devem recorrer à arbitragem de ofertas finais.

§ 2.º Firmado o compromisso arbitral, não será admitida a desistência de qualquer das partes.

§ 3.º Os árbitros devem ser escolhidos de comum acordo entre as partes, e o laudo arbitral proferido para solução da pendência constitui título executivo extrajudicial.

§ 4.º As ações relativas aos créditos decorrentes da relação de trabalho avulso prescrevem em 5 (cinco) anos até o limite de 2 (dois) anos após o cancelamento do registro ou do cadastro no órgão gestor de mão de obra.

Art. 38. O órgão de gestão de mão de obra terá obrigatoriamente 1 (um) conselho de supervisão e 1 (uma) diretoria executiva.

§ 1.º O conselho de supervisão será composto por 3 (três) membros titulares e seus suplentes, indicados na forma do regulamento, e terá como competência:

I - deliberar sobre a matéria contida no inciso V do *caput* do art. 32;

II - editar as normas a que se refere o art. 42; e

III - fiscalizar a gestão dos diretores, examinar, a qualquer tempo, os livros e papéis do órgão e solicitar informações sobre quaisquer atos praticados pelos diretores ou seus prepostos.

§ 2.º A diretoria executiva será composta por 1 (um) ou mais diretores, designados e destituíveis na forma do regulamento, cujo prazo de gestão será de 3 (três) anos, permitida a redesignação.

§ 3.º Até 1/3 (um terço) dos membros do conselho de supervisão poderá ser designado para cargos de diretores.

§ 4.º No silêncio do estatuto ou contrato social, competirá a qualquer diretor a representação do órgão e a prática dos atos necessários ao seu funcionamento regular.

Art. 39. O órgão de gestão de mão de obra é reputado de utilidade pública, sendo-lhe vedado ter fins lucrativos, prestar serviços a terceiros ou exercer qualquer atividade não vinculada à gestão de mão de obra.

Art. 40. O trabalho portuário de capatazia, estiva, conferência de carga, conserto de carga, bloco e vigilância de embarcações, nos portos organizados, será realizado por trabalhadores portuários com vínculo empregatício por prazo indeterminado e por trabalhadores portuários avulsos.

§ 1.º Para os fins desta Lei, consideram-se:

I - capatazia: atividade de movimentação de mercadorias nas instalações dentro do porto, compreendendo o recebimento, conferência, transporte

interno, abertura de volumes para a conferência aduaneira, manipulação, arrumação e entrega, bem como o carregamento e descarga de embarcações, quando efetuados por aparelhamento portuário;

II – estiva: atividade de movimentação de mercadorias nos conveses ou nos porões das embarcações principais ou auxiliares, incluindo o transbordo, arrumação, peação e despeação, bem como o carregamento e a descarga, quando realizados com equipamentos de bordo;

III – conferência de carga: contagem de volumes, anotação de suas características, procedência ou destino, verificação do estado das mercadorias, assistência à pesagem, conferência do manifesto e demais serviços correlatos, nas operações de carregamento e descarga de embarcações;

IV – conserto de carga: reparo e restauração das embalagens de mercadorias, nas operações de carregamento e descarga de embarcações, reembalagem, marcação, remarcação, carimbagem, etiquetagem, abertura de volumes para vistoria e posterior recomposição;

V – vigilância de embarcações: atividade de fiscalização da entrada e saída de pessoas a bordo das embarcações atracadas ou fundeadas ao largo, bem como da movimentação de mercadorias nos portalós, rampas, porões, conveses, plataformas e em outros locais da embarcação; e

VI – bloco: atividade de limpeza e conservação de embarcações mercantes e de seus tanques, incluindo batimento de ferrugem, pintura, reparos de pequena monta e serviços correlatos.

§ 2.º A contratação de trabalhadores portuários de capatazia, bloco, estiva, conferência de carga, conserto de carga e vigilância de embarcações com vínculo empregatício por prazo indeterminado será feita exclusivamente dentre trabalhadores portuários avulsos registrados.

§ 3.º O operador portuário, nas atividades a que alude o *caput*, não poderá locar ou tomar mão de obra sob o regime de trabalho temporário de que trata a Lei n. 6.019, de 3 de janeiro de 1974.

§ 4.º As categorias previstas no *caput* constituem categorias profissionais diferenciadas.

§ 5.º Desde que possuam a qualificação necessária, os trabalhadores portuários avulsos registrados e cadastrados poderão desempenhar quaisquer das atividades de que trata o § 1.º deste artigo, vedada a exigência de novo registro ou cadastro específico, independentemente de acordo ou convenção coletiva.

•• § 5.º acrescentado pela Lei n. 14.047, de 24-8-2020.

Art. 41. O órgão de gestão de mão de obra:

I – organizará e manterá cadastro de trabalhadores portuários habilitados ao desempenho das atividades referidas no § 1.º do art. 40; e

II – organizará e manterá o registro dos trabalhadores portuários avulsos.

§ 1.º A inscrição no cadastro do trabalhador portuário dependerá exclusivamente de prévia habilitação profissional do trabalhador interessado, mediante treinamento realizado em entidade indicada pelo órgão de gestão de mão de obra.

§ 2.º O ingresso no registro do trabalhador portuário avulso depende de prévia seleção e inscrição no cadastro de que trata o inciso I do *caput*, obedecidas a disponibilidade de vagas e a ordem cronológica de inscrição no cadastro.

§ 3.º A inscrição no cadastro e o registro do trabalhador portuário extinguem-se por morte ou cancelamento.

Art. 42. A seleção e o registro do trabalhador portuário avulso serão feitos pelo órgão de gestão de mão de obra avulsa, de acordo com as normas estabelecidas em contrato, convenção ou acordo coletivo de trabalho.

Art. 43. A remuneração, a definição das funções, a composição dos ternos, a multifuncionalidade e as demais condições do trabalho avulso serão objeto de negociação entre as entidades representativas dos trabalhadores portuários avulsos e dos operadores portuários.

Parágrafo único. A negociação prevista no *caput* contemplará a garantia de renda mínima inserida no item 2 do Artigo 2 da Convenção n. 137 da Organização Internacional do Trabalho – OIT.

• A Convenção 137 da OIT, promulgada pelo Decreto n. 1.574, de 31-7-1995, dispõe no item citado: "2. Em todo caso, um mínimo de períodos de emprego ou um mínimo de renda deve ser assegurado aos portuários, sendo que sua extensão e natureza dependerão da situação econômica e social do país ou do porto de que se tratar".

Art. 44. É facultada aos titulares de instalações portuárias sujeitas a regime de autorização a contratação de trabalhadores a prazo indeterminado, observado o disposto no contrato, convenção ou acordo coletivo de trabalho.

Art. 45. (*Vetado*.)

Capítulo VII
DAS INFRAÇÕES E PENALIDADES

Art. 46. Constitui infração toda ação ou omissão, voluntária ou involuntária, que importe em:

I – realização de operações portuárias com infringência ao disposto nesta Lei ou com inobservância dos regulamentos do porto;

II – recusa injustificada, por parte do órgão de gestão de mão de obra, da distribuição de trabalhadores a qualquer operador portuário; ou

III – utilização de terrenos, área, equipamentos e instalações portuárias, dentro ou fora do porto organizado, com desvio de finalidade ou com desrespeito à lei ou aos regulamentos.

Parágrafo único. Responde pela infração, conjunta ou isoladamente, qualquer pessoa física ou jurídica que, intervindo na operação portuária, concorra para sua prática ou dela se beneficie.

Art. 47. As infrações estão sujeitas às seguintes penas, aplicáveis separada ou cumulativamente, de acordo com a gravidade da falta:

I – advertência;

II – multa;

III – proibição de ingresso na área do porto por período de 30 (trinta) a 180 (cento e oitenta) dias;

IV – suspensão da atividade de operador portuário, pelo período de 30 (trinta) a 180 (cento e oitenta) dias; ou

V – cancelamento do credenciamento do operador portuário.

Parágrafo único. Sem prejuízo do disposto nesta Lei, aplicam-se subsidiariamente às infrações previstas no art. 46 as penalidades estabelecidas na Lei n. 10.233, de 5 de junho de 2001, separada ou cumulativamente, de acordo com a gravidade da falta.

• A Lei n. 10.233, de 5-6-2001, dispõe sobre a reestruturação dos transportes aquaviário e terrestre e cria a Agência Nacional de Transportes Aquaviários – Antaq.

Art. 48. Apurada, no mesmo processo, a prática de 2 (duas) ou mais infrações pela mesma pessoa física ou jurídica, aplicam-se cumulativamente as penas a elas cominadas, se as infrações não forem idênticas.

§ 1.º Serão reunidos em um único processo os diversos autos ou representações de infração continuada, para aplicação da pena.

§ 2.º Serão consideradas continuadas as infrações quando se tratar de repetição de falta ainda não apurada ou objeto do processo, de cuja instauração o infrator não tenha conhecimento, por meio de intimação.

Art. 49. Na falta de pagamento de multa no prazo de 30 (trinta) dias, contado da ciência pelo infrator da decisão final que impuser a penalidade, será realizado processo de execução.

Art. 50. As importâncias pecuniárias resultantes da aplicação das multas previstas nesta Lei reverterão para a Antaq, na forma do inciso V do *caput* do art. 77 da Lei n. 10.233, de 5 de junho de 2001.

Art. 51. O descumprimento do disposto nos arts. 36, 39 e 42 desta Lei sujeitará o infrator à multa prevista no inciso I do art. 10 da Lei n. 9.719, de 27 de novembro de 1998, sem prejuízo das demais sanções cabíveis.

Art. 52. O descumprimento do disposto no *caput* e no § 3.º do art. 40 desta Lei sujeitará o infrator à multa prevista no inciso III do art. 10 da Lei n. 9.719, de 27 de novembro de 1998, sem prejuízo das demais sanções cabíveis.

Capítulo IX
DISPOSIÇÕES FINAIS E TRANSITÓRIAS

Art. 56. (*Vetado.*)

Parágrafo único. (*Vetado.*)

Art. 56-A. As infraestruturas ferroviárias no interior do perímetro dos portos e instalações portuárias não se constituem em ferrovias autônomas e são administradas pela respectiva autoridade portuária ou autorizatário, dispensada a realização de outorga específica para sua exploração.

•• *Caput acrescentado pela Lei n. 14.273, de 23-12-2021.*

Parágrafo único. As infraestruturas ferroviárias de que dispõe o *caput* deste artigo observarão as normas nacionais para a segurança do trânsito e do transporte ferroviários, e caberá ao regulador ferroviário federal fiscalizar sua aplicação.

•• *Parágrafo único acrescentado pela Lei n. 14.273, de 23-12-2021.*

Art. 57. Os contratos de arrendamento em vigor firmados sob a Lei n. 8.630, de 25 de fevereiro de 1993, que possuam previsão expressa de prorrogação ainda não realizada, poderão ter sua prorrogação antecipada, a critério do poder concedente.

§ 1.º A prorrogação antecipada de que trata o *caput* dependerá da aceitação expressa de obrigação de realizar investimentos, segundo plano elaborado pelo arrendatário e aprovado pelo poder concedente em até 60 (sessenta) dias.

§ 2.º (*Vetado.*)

§ 3.º Caso, a critério do poder concedente, a antecipação das prorrogações de que trata o *caput* não seja efetivada, tal decisão não implica obrigatoriamente na recusa da prorrogação contratual prevista originalmente.

§ 4.º (*Vetado.*)

§ 5.º O Poder Executivo deverá encaminhar ao Congresso Nacional, até o último dia útil do mês de março de cada ano, relatório detalhado sobre a implementação das iniciativas tomadas com base nesta Lei, incluindo, pelo menos, as seguintes informações:

I – relação dos contratos de arrendamento e concessão em vigor até 31 de dezembro do ano anterior, por porto organizado, indicando data dos contratos, empresa detentora, objeto detalhado, área, prazo de vigência e situação de adimplemento com relação às cláusulas contratuais;

II – relação das instalações portuárias exploradas mediante autorizações em vigor até 31 de dezembro do ano anterior, segundo a localização, se dentro ou fora do porto organizado, indicando data da autorização, empresa detentora, objeto detalhado, área, prazo de vigência e situação de adimplemento com relação às cláusulas dos termos de adesão e autorização;

III – relação dos contratos licitados no ano anterior com base no disposto no art. 56 desta Lei, por porto organizado, indicando data do contrato, modalidade da licitação, empresa detentora, objeto, área, prazo de vigência e valor dos investimentos realizados e previstos nos contratos de concessão ou arrendamento;

IV – relação dos termos de autorização e os contratos de adesão adaptados no ano anterior, com base no disposto nos arts. 58 e 59 desta Lei, indicando data do contrato de autorização, empresa detentora, objeto, área, prazo de vigência e valor dos investimentos realizados e previstos nos termos de adesão e autorização;

V – relação das instalações portuárias operadas no ano anterior com base no previsto no art. 7.º desta Lei, indicando empresa concessionária, empresa que utiliza efetivamente a instalação portuária, motivo e justificativa da utilização por interessado não detentor do arrendamento ou concessão e prazo de utilização.

Art. 58. Os termos de autorização e os contratos de adesão em vigor deverão ser adaptados ao disposto nesta Lei, em especial ao previsto nos §§ 1.º a 4.º do art. 8.º, independentemente de chamada pública ou processo seletivo.

Parágrafo único. A Antaq deverá promover a adaptação de que trata o *caput* no prazo de 1 (um) ano, contado da data de publicação desta Lei.

Art. 59. As instalações portuárias enumeradas nos incisos I a IV do *caput* do art. 8.º, localizadas dentro da área do porto organizado, terão assegurada a continuidade das suas atividades, desde que realizada a adaptação nos termos do art. 58.

Parágrafo único. Os pedidos de autorização para exploração de instalações portuárias enumeradas nos incisos I a IV do art. 8.º, localizadas dentro da área do porto organizado, protocolados na Antaq até dezembro de 2012, poderão ser deferidos pelo poder concedente, desde que tenha sido comprovado até a referida data o domínio útil da área.

Art. 60. Os procedimentos licitatórios para contratação de dragagem homologados e os contratos de dragagem em vigor na data da publicação desta Lei permanecem regidos pelo disposto na Lei n. 11.610, de 12 de dezembro de 2007.

Art. 61. Até a publicação do regulamento previsto nesta Lei, ficam mantidas as regras para composição dos conselhos da autoridade portuária e dos conselhos de supervisão e diretorias executivas dos órgãos de gestão de mão de obra.

Art. 62. O inadimplemento, pelas concessionárias, arrendatárias, autorizatárias e operadoras portuárias no recolhimento de tarifas portuárias e outras obrigações financeiras perante a administração do porto e a Antaq, assim declarado em decisão final, impossibilita a inadimplente de celebrar ou prorrogar contratos de concessão e arrendamento, bem como obter novas autorizações.

§ 1.º Para dirimir litígios relativos aos débitos a que se refere o *caput*, poderá ser utilizada a arbitragem, nos termos da Lei n. 9.307, de 23 de setembro de 1996.

•• *§ 1.º regulamentado pelo Decreto n. 10.025, de 20-9-2019.*

§ 2.º O impedimento previsto no *caput* também se aplica às pessoas jurídicas, direta ou indiretamente, controladoras, controladas, coligadas, ou de controlador comum com a inadimplente.

Art. 63. As Companhias Docas observarão regulamento simplificado para contratação de serviços e aquisição de bens, observados os princípios constitucionais da publicidade, impessoalidade, moralidade, economicidade e eficiência.

Art. 64. As Companhias Docas firmarão com a Secretaria de Portos da Presidência da República compromissos de metas e desempenho empresarial que estabelecerão, nos termos do regulamento:

I – objetivos, metas e resultados a serem atingidos, e prazos para sua consecução;

II – indicadores e critérios de avaliação de desempenho;

III – retribuição adicional em virtude do seu cumprimento; e

IV – critérios para a profissionalização da gestão das Docas.

Art. 65. Ficam transferidas à Secretaria de Portos da Presidência da República as competências atribuídas ao Ministério dos Transportes e ao Departamento Nacional de Infraestrutura de Transportes – DNIT em leis gerais e específicas relativas a portos fluviais e lacustres, exceto as competências relativas a instalações portuárias públicas de pequeno porte.

Art. 66. Aplica-se subsidiariamente às licitações de concessão de porto organizado e de arrendamento de instalação portuária o disposto nas Leis n. 12.462, de 4 de agosto de 2011, 8.987, de 13 de fevereiro de 1995, e 8.666, de 21 de junho de 1993.

Art. 67. Aplica-se subsidiariamente a esta Lei o disposto na Lei n. 10.233, de 5 de junho de 2001, em especial no que se refere às competências e atribuições da Antaq.

Art. 68. As poligonais de áreas de portos organizados que não atendam ao disposto no art. 15 deverão ser adaptadas no prazo de 1 (um) ano.

..

Art. 75. Esta Lei entra em vigor na data de sua publicação.

Art. 76. Ficam revogados:

I – a Lei n. 8.630, de 25 de fevereiro de 1993;

..

Brasília, 5 de junho de 2013; 192.º da Independência e 125.º da República.

DILMA ROUSSEFF

LEI N. 12.852, DE 5 DE AGOSTO DE 2013 (*)

Institui o Estatuto da Juventude e dispõe sobre os direitos dos jovens, os princípios e diretrizes das políticas públicas de juventude e o Sistema Nacional de Juventude – SINAJUVE.

A Presidenta da República

Faço saber que o Congresso Nacional decreta e eu sanciono a seguinte Lei:

Título I
DOS DIREITOS E DAS POLÍTICAS PÚBLICAS DE JUVENTUDE

Capítulo I
DOS PRINCÍPIOS E DIRETRIZES DAS POLÍTICAS PÚBLICAS DE JUVENTUDE

Art. 1.º Esta Lei institui o Estatuto da Juventude e dispõe sobre os direitos dos jovens, os princípios e diretrizes das políticas públicas de juventude e o Sistema Nacional de Juventude – SINAJUVE.

• O Decreto n. 9.306, de 15-3-2018, dispõe sobre o Sistema Nacional de Juventude.

§ 1.º Para os efeitos desta Lei, são consideradas jovens as pessoas com idade entre 15 (quinze) e 29 (vinte e nove) anos de idade.

§ 2.º Aos adolescentes com idade entre 15 (quinze) e 18 (dezoito) anos aplica-se a Lei n. 8.069, de 13 de julho de 1990 – Estatuto da Criança e do Adolescente, e, excepcionalmente, este Estatuto, quando não conflitar com as normas de proteção integral do adolescente.

..

Capítulo II
DOS DIREITOS DOS JOVENS

..

SEÇÃO III
Do Direito à Profissionalização, ao Trabalho e à Renda

Art. 14. O jovem tem direito à profissionalização, ao trabalho e à renda, exercido em condições de liberdade, equidade e segurança, adequadamente remunerado e com proteção social.

• Proibição de trabalho noturno, perigoso ou insalubre: *vide* art. 7.º, XXXIII, da CF.
• Proteção ao trabalho do menor: *vide* arts. 402 e s. da CLT.

Art. 15. A ação do poder público na efetivação do direito do jovem à profissionalização, ao trabalho e à renda contempla a adoção das seguintes medidas:

I – promoção de formas coletivas de organização para o trabalho, de redes de economia solidária e da livre associação;

II – oferta de condições especiais de jornada de trabalho por meio de:

a) compatibilização entre os horários de trabalho e de estudo;

• Jornada de trabalho do menor: *vide* arts. 411 a 414 da CLT.

b) oferta dos níveis, formas e modalidades de ensino em horários que permitam a compatibilização da frequência escolar com o trabalho regular;

III – criação de linha de crédito especial destinada aos jovens empreendedores;

IV – atuação estatal preventiva e repressiva quanto à exploração e precarização do trabalho juvenil;

V – adoção de políticas públicas voltadas para a promoção do estágio, aprendizagem e trabalho para a juventude;

• Contrato de trabalho de aprendizagem: *vide* arts. 428 e s. da CLT.
• Lei do Estágio: *vide* Lei n. 11.788, de 25-9-2008.

VI – apoio ao jovem trabalhador rural na organização da produção da agricultura familiar e dos empreendimentos familiares rurais, por meio das seguintes ações:

• O Decreto n. 7.352, de 4-11-2010, dispõe sobre a política de educação no campo e o Programa Nacional de Educação na Reforma Agrária – PRONERA.

a) estímulo à produção e à diversificação de produtos;

b) fomento à produção sustentável baseada na agroecologia, nas agroindústrias familiares, na integração entre lavoura, pecuária e floresta e no extrativismo sustentável;

c) investimento em pesquisa de tecnologias apropriadas à agricultura familiar e aos empreendimentos familiares rurais;

d) estímulo à comercialização direta da produção da agricultura familiar, aos empreendimentos familiares rurais e à formação de cooperativas;

e) garantia de projetos de infraestrutura básica de acesso e escoamento de produção, priorizando a melhoria das estradas e do transporte;

f) promoção de programas que favoreçam o acesso ao crédito, à terra e à assistência técnica rural;

VII – apoio ao jovem trabalhador com deficiência, por meio das seguintes ações:

a) estímulo à formação e à qualificação profissional em ambiente inclusivo;

b) oferta de condições especiais de jornada de trabalho;

c) estímulo à inserção no mercado de trabalho por meio da condição de aprendiz.

Art. 16. O direito à profissionalização e à proteção no trabalho dos adolescentes com idade entre 15 (quinze) e 18 (dezoito) anos de idade será regido pelo disposto na Lei n. 8.069, de 13 de julho de 1990 – Estatuto da Criança e do Adolescente, e em leis específicas, não se aplicando o previsto nesta Seção.

..

Art. 48. Esta Lei entra em vigor após decorridos 180 (cento e oitenta) dias de sua publicação oficial.

Brasília, 5 de agosto de 2013; 192.º da Independência e 125.º da República.

DILMA ROUSSEFF

DECRETO N. 8.084, DE 26 DE AGOSTO DE 2013 (**)

Regulamenta a Lei n. 12.761, de 27 de dezembro de 2012, que instituí o Programa de Cultura do Trabalhador e cria o vale-cultura.

A Presidenta da República, no uso da atribuição que lhe confere o art. 84, *caput*, inciso IV, da Constituição, e tendo em vista o disposto na Lei n. 12.761, de 27 de dezembro de 2012, decreta:

Capítulo I
DISPOSIÇÕES GERAIS

Art. 1.º Este Decreto regulamenta a Lei n. 12.761, de 27 de dezembro de 2012, que institui o Programa de Cultura do Trabalhador e cria o vale-cultura.

(*) Publicada no *DOU*, de 6-8-2013.

(**) Publicado no *DOU*, de 27-8-2013. A Instrução Normativa n. 2, de 4-9-2013, estabelece normas e procedimentos para a gestão do Vale-Cultura.

Art. 2.º Para os efeitos deste Decreto, considera-se:

I – empresa operadora – pessoa jurídica cadastrada no Ministério da Cultura, possuidora do Certificado de Inscrição no Programa de Cultura do Trabalhador e autorizada a produzir e comercializar o vale-cultura;

II – empresa beneficiária – pessoa jurídica optante pelo Programa de Cultura do Trabalhador e autorizada a distribuir o vale-cultura a seus trabalhadores com vínculo empregatício;

III – empresa recebedora – pessoa jurídica habilitada pela empresa operadora para receber o vale-cultura como forma de pagamento de serviço ou produto cultural;

IV – usuário – trabalhador com vínculo empregatício com a empresa beneficiária que recebe o vale-cultura; e

V – taxa de administração – remuneração total cobrada das empresas beneficiárias e recebedoras pela empresa operadora como contrapartida pela produção e comercialização do vale-cultura, inclusive quanto a custos de operação e de reembolso.

Parágrafo único. Apenas fará jus aos incentivos fiscais previstos no art. 10 da Lei n. 12.761, de 2012, a empresa beneficiária cuja tributação do imposto sobre a renda seja feita com base no lucro real.

Capítulo II
DA GESTÃO DO PROGRAMA DE CULTURA DO TRABALHADOR

Art. 3.º Compete ao Ministério da Cultura, em articulação com os demais órgãos e entidades do Poder Executivo, a gestão do Programa de Cultura do Trabalhador, nos termos deste Decreto.

Art. 4.º O cadastramento, a habilitação e a inscrição das empresas no Programa de Cultura do Trabalhador estão sujeitos às regras deste Capítulo.

Art. 5.º O cadastramento da empresa operadora será feito no Ministério da Cultura e deverá observar, entre outros, aos seguintes requisitos:

I – inscrição regular no Cadastro Nacional da Pessoa Jurídica – CNPJ; e

II – qualificação técnica para produzir e comercializar o vale-cultura, observado o disposto no art. 6.º da Lei n. 12.761, de 2012.

Parágrafo único. O Ministério da Cultura emitirá o Certificado de Inscrição no Programa de Cultura do Trabalhador à empresa regularmente cadastrada, e autorizará a produção e a comercialização do vale-cultura.

Art. 6.º São deveres da empresa operadora:

I – observar limites de cobrança de taxa de administração;

II – apresentar ao Ministério da Cultura relatórios periódicos relativos a acesso e fruição de produtos e serviços culturais; e

III – tomar providências para que empresas recebedoras cumpram os deveres previstos no art. 9.º, e inabilitá-las em caso de descumprimento.

Art. 7.º A perda de quaisquer dos requisitos de que trata o art. 5.º, posterior ao cadastramento, ou o descumprimento de quaisquer dos deveres previstos no art. 6.º implica a perda da certificação da empresa operadora.

Art. 8.º A habilitação da empresa recebedora será feita perante a empresa operadora e dependerá da comprovação de exercício de atividade econômica admitida, para fins do vale-cultura, pelo Ministério da Cultura.

Art. 9.º São deveres da empresa recebedora:

I – receber o vale-cultura, exclusivamente para a comercialização de produtos e serviços culturais; e

II – disponibilizar as informações necessárias à elaboração dos relatórios de que trata o inciso II do *caput* do art. 6.º.

Art. 10. A inscrição da empresa beneficiária será feita no Ministério da Cultura e deverá observar, entre outros, aos seguintes requisitos:

I – inscrição regular no CNPJ;

II – indicação de empresa operadora possuidora de Certificado de Inscrição no Programa de Cultura do Trabalhador; e

III – indicação do número de trabalhadores com vínculo empregatício, conforme a faixa de renda mensal.

Art. 11. São deveres da empresa beneficiária:

I – oferecer o vale-cultura nos termos do Capítulo III;

II – prestar ao Ministério da Cultura as informações referentes aos usuários, conforme faixa de renda mensal, e mantê-las atualizadas; e

III – divulgar e incentivar o acesso e a fruição de produtos e serviços culturais pelos usuários.

Capítulo III
DA OFERTA DO VALE-CULTURA

Art. 12. O vale-cultura deverá ser oferecido ao trabalhador com vínculo empregatício e que perceba até cinco salários mínimos mensais.

Art. 13. O fornecimento do vale-cultura aos trabalhadores com vínculo empregatício e renda superior a cinco salários mínimos mensais depende da comprovação da sua oferta a todos os trabalhadores de que trata o art. 12.

§ 1.º A fiscalização do disposto no *caput* será feita pelo Ministério do Trabalho e Emprego quando de suas inspeções, conforme disposições estabelecidas pelas autoridades integrantes do Sistema Federal de Inspeção do Trabalho.

§ 2.º Verificado o descumprimento do disposto no *caput*, o Ministério do Trabalho e Emprego comunicará o fato aos Ministérios da Cultura e da Fazenda, sem prejuízo da aplicação das sanções legais decorrentes de outras infrações trabalhistas.

Art. 14. O valor mensal do vale-cultura, por usuário, será de R$ 50,00 (cinquenta reais).

Art. 15. O trabalhador de que trata o art. 12 poderá ter descontado de sua remuneração os seguintes percentuais do valor do vale-cultura:

I – até um salário mínimo – dois por cento;

II – acima de um salário mínimo e até dois salários mínimos – quatro por cento;

III – acima de dois salários mínimos e até três salários mínimos – seis por cento;

IV – acima de três salários mínimos e até quatro salários mínimos – oito por cento; e

V – acima de quatro salários mínimos e até cinco salários mínimos – dez por cento.

Art. 16. O trabalhador de que trata o art. 13 terá descontado de sua remuneração os seguintes percentuais do valor do vale-cultura:

I – acima de cinco salários mínimos e até seis salários mínimos – vinte por cento;

II – acima de seis salários mínimos e até oito salários mínimos – trinta e cinco por cento;

III – acima de oito salários mínimos e até dez salários mínimos – cinquenta e cinco por cento;

IV – acima de dez salários mínimos e até doze salários mínimos – setenta por cento; e

V – acima de doze salários mínimos: noventa por cento.

Art. 17. O fornecimento do vale-cultura dependerá de prévia aceitação pelo trabalhador.

Parágrafo único. O trabalhador poderá reconsiderar, a qualquer tempo, a sua decisão sobre o recebimento do vale-cultura.

Art. 18. É vedada a reversão do valor do vale-cultura em dinheiro.

Parágrafo único. A vedação de que trata o *caput* compreende a entrega do valor do vale-cultura em dinheiro, a qualquer título, pelas empresas beneficiária, operadora e recebedora, ou a troca do vale-cultura em dinheiro pelo próprio trabalhador.

Capítulo IV
DAS CONDIÇÕES DE UTILIZAÇÃO DO VALE-CULTURA

Art. 19. Os créditos inseridos no cartão magnético do vale-cultura não possuem prazo de validade.

Art. 20. O vale-cultura deverá ser utilizado exclusivamente na aquisição de produtos e serviços culturais previstos no ato de que trata o inciso V do *caput* do art. 24.

Capítulo V
DO INCENTIVO FISCAL

Art. 21. Até o exercício de 2017, ano-calendário de 2016, o valor despendido a título de aquisição do vale-cultura poderá ser deduzido do Imposto sobre a Renda da Pessoa Jurídica – IRPJ devido pela pessoa jurídica beneficiária tributada com base no lucro real.

§ 1.º Observado o disposto no § 4.º do art. 3.º da Lei n. 9.249, de 26 de dezembro de 1995, a dedução de que trata o *caput* fica limitada a um por cento do IRPJ devido com base:

I – no lucro real trimestral; ou

II – no lucro real apurado no ajuste anual.

§ 2.º O limite de dedução no percentual de um por cento do IRPJ devido de que trata o § 1.º será considerado isoladamente e não se submeterá a limite conjunto com outras deduções do IRPJ a título de incentivo.

§ 3.º O valor excedente ao limite de dedução de que tratam os §§ 1.º e 2.º não poderá ser deduzido do IRPJ devido em períodos de apuração posteriores.

§ 4.º A pessoa jurídica beneficiária tributada com base no lucro real:

I – poderá deduzir o valor despendido a título de aquisição do vale-cultura como despesa operacional para fins de apuração do IRPJ; e

II – deverá adicionar o valor deduzido como despesa operacional, de que trata o inciso I, para fins de apuração da base de cálculo da Contribuição Social sobre o Lucro Líquido – CSLL.

§ 5.º As deduções de que trata o *caput* e os §§ 1.º a 4.º:

I – somente se aplicam em relação ao valor do vale-cultura distribuído ao usuário no período de apuração do IRPJ; e

II – não abrangem a parcela descontada da remuneração do empregado, nos percentuais de que tratam os arts. 15 e 16, a título de vale-cultura.

Art. 22. O valor correspondente ao vale-cultura:

I – não integra o salário de contribuição de que trata o art. 28 da Lei n. 8.212, de 24 de julho de 1991; e

II – é isento do imposto sobre a renda das pessoas físicas.

Parágrafo único. A parcela do valor correspondente ao vale-cultura, cujo ônus seja da empresa beneficiária, não constitui base de incidência de contribuição previdenciária ou do Fundo de Garantia do Tempo de Serviço – FGTS.

Capítulo VI
DAS PENALIDADES

Art. 23. A execução inadequada do Programa de Cultura do Trabalhador ou a ação que acarrete o desvio ou desvirtuamento de suas finalidades resultarão na aplicação das penalidades previstas no art. 12 da Lei n. 12.761, de 2012.

Parágrafo único. Compete aos Ministérios da Cultura, do Trabalho e Emprego e da Fazenda a aplicação das penalidades cabíveis, no âmbito de suas competências, sem prejuízo de outras sanções previstas na legislação.

Capítulo VII
DISPOSIÇÕES FINAIS

Art. 24. Ato do Ministro de Estado da Cultura disporá sobre:

I – forma e procedimento de cadastramento de empresas operadoras e de emissão do Certificado de Inscrição no Programa de Cultura do Trabalhador previsto no art. 5.º;

II – limites da taxa de administração prevista no inciso I do *caput* do art. 6.º;

III – forma e conteúdo dos relatórios previstos no inciso II do *caput* do art. 6.º e no inciso II do *caput* do art. 11;

IV – atividades econômicas admitidas previstas no art. 8.º;

V – produtos e serviços culturais a que se referem o inciso I do *caput* do art. 9.º e o art. 20; e

VI – modelos do cartão magnético e do impresso de que trata o art. 6.º da Lei n. 12.761, de 2012.

Art. 25. Fica o Ministério da Cultura autorizado a ampliar as áreas culturais previstas no § 2.º do art. 2.º da Lei n. 12.761, de 2012.

Art. 26. Ato conjunto dos Ministros de Estado da Cultura, do Trabalho e Emprego e da Fazenda estabelecerá o compartilhamento das informações necessárias à implementação deste Decreto, respeitadas as hipóteses de sigilo legalmente previstas.

§ 1.º O Ministério da Cultura deverá informar aos demais órgãos e entidades envolvidos sobre a execução inadequada, os desvios ou os desvirtuamentos das finalidades do Programa de Cultura do Trabalhador, para que sejam tomadas providências cabíveis em seus âmbitos de competência.

§ 2.º O Ministério da Cultura deverá ser informado sobre a execução inadequada, os desvios ou os desvirtuamentos das finalidades do Programa, aferidos pelos demais órgãos e entidades durante suas respectivas atividades de fiscalização, para que sejam tomadas as providências cabíveis em seu âmbito de competência.

Art. 27. Este Decreto entra em vigor na data de sua publicação.

Brasília, 26 de agosto de 2013; 192.º da Independência e 125.º da República.

DILMA ROUSSEFF

LEI N. 13.103, DE 2 DE MARÇO DE 2015 (*)

Dispõe sobre o exercício da profissão de motorista; altera a Consolidação das Leis do Trabalho – CLT, aprovada pelo Decreto-lei n. 5.452, de 1.º de maio de 1943, e as Leis n. 9.503, de 23 de setembro de 1997 – Código de Trânsito Brasileiro, e 11.442, de 5 de janeiro de 2007 (empresas e transportadores autônomos de carga), para disciplinar a jornada de trabalho e o tempo de direção do motorista profissional; altera a Lei n. 7.408, de 25 de novembro de 1985; revoga dispositivos da Lei n. 12.619, de 30 de abril de 2012; e dá outras providências.

A Presidenta da República

Faço saber que o Congresso Nacional decreta e eu sanciono a seguinte Lei:

Art. 1.º É livre o exercício da profissão de motorista profissional, atendidas as condições e qualificações profissionais estabelecidas nesta Lei.

Parágrafo único. Integram a categoria profissional de que trata esta Lei os motoristas de veículos automotores cuja condução exija formação profissional e que exerçam a profissão nas seguintes atividades ou categorias econômicas:

I – de transporte rodoviário de passageiros;

II – de transporte rodoviário de cargas.

Art. 2.º São direitos dos motoristas profissionais de que trata esta Lei, sem prejuízo de outros previstos em leis específicas:

I – ter acesso gratuito a programas de formação e aperfeiçoamento profissional, preferencialmente mediante cursos técnicos e especializados previstos no inciso IV do art. 145 da Lei n. 9.503, de 23 de setembro de 1997

(*) Publicada no *DOU*, de 3-3-2015. *Vide* Decreto n. 8.433, de 16-4-2015, que dispõe sobre a regulamentação dos arts. 9.º a 12, 17 e 22 desta Lei.

– Código de Trânsito Brasileiro, normatizados pelo Conselho Nacional de Trânsito – CONTRAN, em cooperação com o poder público;

II – contar, por intermédio do Sistema Único de Saúde – SUS, com atendimento profilático, terapêutico, reabilitador, especialmente em relação às enfermidades que mais os acometam;

III – receber proteção do Estado contra ações criminosas que lhes sejam dirigidas no exercício da profissão;

IV – contar com serviços especializados de medicina ocupacional, prestados por entes públicos ou privados à sua escolha;

V – se empregados:

a) não responder perante o empregador por prejuízo patrimonial decorrente da ação de terceiro, ressalvado o dolo ou a desídia do motorista, nesses casos mediante comprovação, no cumprimento de suas funções;

b) ter jornada de trabalho controlada e registrada de maneira fidedigna mediante anotação em diário de bordo, papeleta ou ficha de trabalho externo, ou sistema e meios eletrônicos instalados nos veículos, a critério do empregador; e

- A Deliberação Contran n. 143, de 20-4-2015, dispõe sobre a fiscalização do tempo de direção do motorista profissional de que trata os arts. 67-A, 67-C e 67-E, incluídos no Código de Trânsito por esta lei.

c) ter benefício de seguro de contratação obrigatória assegurado e custeado pelo empregador, destinado à cobertura de morte natural, morte por acidente, invalidez total ou parcial decorrente de acidente, traslado e auxílio para funeral referentes às suas atividades, no valor mínimo correspondente a 10 (dez) vezes o piso salarial de sua categoria ou valor superior fixado em convenção ou acordo coletivo de trabalho.

Art. 3.º Aos motoristas profissionais dependentes de substâncias psicoativas é assegurado o pleno atendimento pelas unidades de saúde municipal, estadual e federal, no âmbito do Sistema Único de Saúde, podendo ser realizados convênios com entidades privadas para o cumprimento da obrigação.

Art. 4.º O § 5.º do art. 71 da Consolidação das Leis do Trabalho – CLT, aprovada pelo Decreto-lei n. 5.452, de 1.º de maio de 1943, passa a vigorar com a seguinte redação:

•• Alteração já processada no diploma modificado.

Art. 5.º O art. 168 da Consolidação das Leis do Trabalho – CLT, aprovada pelo Decreto-lei n. 5.452, de 1.º de maio de 1943, passa a vigorar com as seguintes alterações:

•• Alterações já processadas no diploma modificado.

Art. 6.º A Seção IV-A do Capítulo I do Título III da Consolidação das Leis do Trabalho – CLT, aprovada pelo Decreto-lei n. 5.452, de 1.º de maio de 1943, passa a vigorar com as seguintes alterações:

•• Alterações já processadas no diploma modificado.

.............

Art. 9.º As condições de segurança, sanitárias e de conforto nos locais de espera, de repouso e de descanso dos motoristas profissionais de transporte rodoviário de passageiros e rodoviário de cargas terão que obedecer ao disposto em normas regulamentadoras pelo ente competente.

- *Vide* art. 4.º do Decreto n. 8.433, de 16-4-2015.
- A Portaria n. 1.343, de 2-12-2019, do MTE, estabelece as condições de segurança, sanitárias e de conforto nos locais de espera, de repouso e de descanso dos motoristas profissionais de transporte rodoviário de passageiros e de cargas.

§ 1.º É vedada a cobrança ao motorista ou ao seu empregador pelo uso ou permanência em locais de espera sob a responsabilidade de:

I – transportador, embarcador ou consignatário de cargas;

II – operador de terminais de cargas;

III – aduanas;

IV – portos marítimos, lacustres, fluviais e secos;

V – terminais ferroviários, hidroviários e aeroportuários.

§ 2.º Os locais de repouso e descanso dos motoristas profissionais serão, entre outros, em:

I – estações rodoviárias;

II – pontos de parada e de apoio;

III – alojamentos, hotéis ou pousadas;

IV – refeitórios das empresas ou de terceiros;

V – postos de combustíveis.

§ 3.º Será de livre-iniciativa a implantação de locais de repouso e descanso de que trata este artigo.

§ 4.º A estrita observância às Normas Regulamentadoras do Ministério do Trabalho e Emprego, no que se refere aos incisos II, III, IV e V do § 2.º, será considerada apenas quando o local for de propriedade do transportador, do embarcador ou do consignatário de cargas, bem como nos casos em que esses mantiverem com os proprietários destes locais contratos que os obriguem a disponibilizar locais de espera e repouso aos motoristas profissionais.

Art. 10. O poder público adotará medidas, no prazo de até 5 (cinco) anos a contar da vigência desta Lei, para ampliar a disponibilidade dos espaços previstos no art. 9.º, especialmente:

- *Vide* art. 6.º do Decreto n. 8.433, de 16-4-2015.

I – a inclusão obrigatória de cláusulas específicas em contratos de concessão de exploração de rodovias, para concessões futuras ou renovação;

II – a revisão das concessões de exploração das rodovias em vigor, de modo a adequá-las à previsão de construção de pontos de parada de espera e descanso, respeitado o equilíbrio econômico-financeiro dos contratos;

III – a identificação e o cadastramento de pontos de paradas e locais para espera, repouso e descanso que atendam aos requisitos previstos no art. 9.º desta Lei;

- A Portaria n. 45, de 11-3-2021, do Ministério da Infraestrutura, estabelece procedimentos para o reconhecimento como Ponto de Parada e Descanso – PPD.

IV – a permissão do uso de bem público nas faixas de domínio das rodovias sob sua jurisdição, vinculadas à implementação de locais de espera, repouso e descanso e pontos de paradas, de trevos ou acessos a esses locais;

- *Vide* art. 6.º, parágrafo único, do Decreto n. 8.433, de 16-4-2015.

V – a criação de linha de crédito para apoio à implantação dos pontos de paradas.

Parágrafo único. O poder público apoiará ou incentivará, em caráter permanente, a implantação pela iniciativa privada de locais de espera, pontos de parada e de descanso.

Art. 11. Atos do órgão competente da União ou, conforme o caso, de autoridade do ente da federação com circunscrição sobre a via publicarão a relação de trechos das vias públicas que disponham de pontos de parada ou de locais de descanso adequados para o cumprimento desta Lei.

- *Vide* arts. 5.º, I, e 6.º do Decreto n. 8.433, de 16-4-2015.

§ 1.º A primeira relação dos trechos das vias referidas no *caput* será publicada no prazo de até 180 (cento e oitenta) dias a contar da data da publicação desta Lei.

§ 2.º As relações de trechos das vias públicas de que trata o *caput* deverão ser ampliadas e revisadas periodicamente.

§ 3.º Os estabelecimentos existentes nas vias poderão requerer no órgão competente com jurisdição sobre elas o seu reconhecimento como ponto de parada e descanso.

- *Vide* art. 4.º do Decreto n. 8.433, de 16-4-2015.
- *Vide* nota ao art. 10, III, desta Lei.

Art. 12. O disposto nos §§ 2.º e 3.º do art. 235-C do Capítulo I do Título III da Consolidação das Leis do Trabalho – CLT, aprovada pelo Decreto-lei n. 5.452, de 1.º de maio de 1943, e no *caput* e nos §§ 1.º e 3.º do art. 67-C do Capítulo III-A da Lei n. 9.503, de 23 de setembro de 1997 – Código de Trânsito Brasileiro, produzirá efeitos:

- *Vide* art. 6.º do Decreto n. 8.433, de 16-4-2015.

I – a partir da data da publicação dos atos de que trata o art. 11, para os trechos das vias deles constantes;

II – a partir da data da publicação das relações subsequentes, para as vias por elas acrescidas.

Parágrafo único. Durante os primeiros 180 (cento e oitenta) dias de sujeição do trecho ao disposto na Consolidação das Leis do Trabalho – CLT, aprovada pelo Decreto-lei n. 5.452, de 1.º de maio de 1943, e na Lei n. 9.503, de 23 de setembro de 1997 – Código de Trânsito Brasileiro, com as alterações constantes desta Lei, a fiscalização do seu cumprimento será meramente informativa e educativa.

Art. 13. O exame toxicológico com janela de detecção mínima de 90 (noventa) dias de que tratam o art. 148-A da Lei n. 9.503, de 23 de setembro de 1997 – Código de Trânsito Brasileiro, os §§ 6.º e 7.º do art. 168 e o inciso VII do art. 235-B da Consolidação das Leis do Trabalho – CLT, aprovada pelo Decreto-lei n. 5.452, de 1.º de maio de 1943, será exigido:

I – em 90 (noventa) dias da publicação desta Lei, para a renovação e habilitação das categorias C, D e E;

II – em 1 (um) ano a partir da entrada em vigor desta Lei, para a admissão e a demissão de motorista profissional;

III – em 3 (três) anos e 6 (seis) meses a partir da entrada em vigor desta Lei, para o disposto no § 2.º do art. 148-A da Lei n. 9.503, de 23 de setembro de 1997;

IV – em 2 (dois) anos e 6 (seis) meses a partir da entrada em vigor desta Lei, para o disposto no § 3.º do art. 148-A da Lei n. 9.503, de 23 de setembro de 1997.

Parágrafo único. Caberá ao Contran estabelecer adequações necessárias ao cronograma de realização dos exames.

Art. 14. Decorrido o prazo de 3 (três) anos a contar da publicação desta Lei, os seus efeitos dar-se-ão para todas as vias, independentemente da publicação dos atos de que trata o art. 11 ou de suas revisões.

Art. 17. Em todo o território nacional, os veículos de transporte de cargas que circularem vazios ficarão isentos da cobrança de pedágio sobre os eixos que mantiverem suspensos.

•• *Caput* com redação determinada pela Lei n. 13.711, de 24-8-2018.
•• *Vide* art. 5.º, II, do Decreto n. 8.433, de 16-4-2015.

§ 1.º O disposto no *caput* deste artigo abrange as vias terrestres federais, estaduais, distritais e municipais, inclusive as concedidas.

•• § 1.º acrescentado pela Lei n. 13.711, de 24-8-2018.

§ 2.º Os órgãos e as entidades competentes da União, dos Estados, do Distrito Federal e dos Municípios disporão sobre as medidas técnicas e operacionais para viabilizar a isenção de que trata o *caput* deste artigo.

•• § 2.º acrescentado pela Lei n. 13.711, de 24-8-2018.

§ 3.º Até a implementação das medidas a que se refere o § 2.º deste artigo, considerar-se-ão vazios os veículos de transporte de carga que transpuserem as praças de pedágio com um ou mais eixos mantidos suspensos, assegurada a fiscalização dessa condição pela autoridade com circunscrição sobre a via ou pelo agente designado na forma prevista no § 4.º do art. 280 da Lei n. 9.503, de 23 de setembro de 1997 (Código de Trânsito Brasileiro).

•• § 3.º acrescentado pela Lei n. 13.711, de 24-8-2018.

§ 4.º Para as vias rodoviárias federais concedidas ou delegadas, será adotada a regulamentação da Agência Nacional de Transportes Terrestres (ANTT).

•• § 4.º acrescentado pela Lei n. 13.711, de 24-8-2018.

§ 5.º Ficam sujeitos à penalidade prevista no art. 209 da Lei n. 9.503, de 23 de setembro de 1997 (Código de Trânsito Brasileiro), os veículos de transporte de cargas que circularem com eixos indevidamente suspensos.

•• § 5.º acrescentado pela Lei n. 13.711, de 24-8-2018.

§ 6.º O aumento do valor do pedágio para os usuários da rodovia a fim de compensar a isenção de que trata o *caput* deste artigo somente será adotado após esgotadas as demais alternativas de reequilíbrio econômico-financeiro dos contratos.

•• § 6.º acrescentado pela Lei n. 13.711, de 24-8-2018.

Art. 18. O embarcador indenizará o transportador por todos os prejuízos decorrentes de infração por transporte de carga com excesso de peso em desacordo com a nota fiscal, inclusive as despesas com transbordo de carga.

Art. 21. Ficam revogados os arts. 1.º, 2.º e 9.º da Lei n. 12.619, de 30 de abril de 2012.

Art. 22. Ficam convertidas em sanção de advertência:

• *Vide* art. 3.º do Decreto n. 8.433, de 16-4-2015.

I – as penalidades decorrentes de infrações ao disposto na Lei n. 12.619, de 30 de abril de 2012, que alterou a Consolidação das Leis do Trabalho – CLT, aprovada pelo Decreto-lei n. 5.452, de 1.º de maio de 1943, e a Lei n. 9.503, de 23 de setembro de 1997 – Código de Trânsito Brasileiro, aplicadas até a data da publicação desta Lei; e

II – as penalidades por violação do inciso V do art. 231 da Lei n. 9.503, de 23 de setembro de 1997 – Código de Trânsito Brasileiro, aplicadas até 2 (dois) anos antes da entrada em vigor desta Lei.

Brasília, 2 de março de 2015; 194.º da Independência e 127.º da República.

DILMA ROUSSEFF

INSTRUÇÃO NORMATIVA N. 37, DE 2 DE MARÇO DE 2015 (*)

Regulamenta os procedimentos em caso de Incidente de Uniformização de Jurisprudência no âmbito dos TRTs, suscitado na forma do art. 896, § 4.º, da CLT.

Art. 1.º Para efeito do Incidente de Uniformização de Jurisprudência (IUJ) previsto nos §§ 4.º e 5.º do art. 896 da CLT, com a redação da Lei n. 13.015/14, considerar-se-á dissenso jurisprudencial sobre idêntica questão jurídica no âmbito do mesmo Tribunal Regional do Trabalho:

•• A Lei n. 13.467, de 13-7-2017, em vigor 120 dias da sua publicação (*DOU* de 14-7-2017), revoga os §§ 4.º e 5.º do art. 896 da CLT.

I – a discrepância subsistente de julgados entre órgãos fracionários da Corte, ainda que não uniformizada a matéria;

II – a divergência subsistente de julgados entre órgão fracionário e o Tribunal Pleno ou o Órgão Especial em decisão uniformizadora, sumulada ou não, ainda que anterior à Lei n. 13.015/14.

Art. 2.º O Ministro Relator no Tribunal Superior do Trabalho, ao decidir, monocraticamente, de ofício ou mediante provocação, pela suscitação de Incidente de Uniformização de Jurisprudência (IUJ) no âmbito de Tribunal Regional do Trabalho, no caso do art. 896, § 4.º, da CLT, além do sobrestamento do julgamento do recurso do caso concreto:

•• A Lei n. 13.467, de 13-7-2017, em vigor 120 dias da sua publicação (*DOU* de 14-7-2017), revoga o § 4.º do art. 896 da CLT.

I – determinará a devolução dos autos à Corte de origem, ainda que já suscitado IUJ sobre a mesma matéria no mesmo Tribunal em outro processo;

II – expedirá imediatamente ofício ao Presidente do Tribunal Superior do Trabalho para que este dê ciência ao Presidente do Tribunal Regional do Trabalho, para os efeitos do art. 6.º, bem assim aos demais Ministros da Corte;

III – expedirá ofício ao Ministro Presidente da Comissão de Jurisprudência e de Precedentes Normativos do TST em que lhe dará ciência da decisão e informará: o Tribunal Regional do Trabalho, o número do processo, a classe e o tema objeto de IUJ;

IV – determinará a publicação da decisão no *DEJT*.

§ 1.º Os Ministros da Corte, cientes do ofício expedido pelo Ministro Presidente do Tribunal Superior do Trabalho comunicando a suscitação de IUJ, suspenderão o julgamento de outros recursos de revista de sua

(*) Publicada no *DEJT*, de 4-3-2015.

relatoria, oriundos do mesmo Tribunal Regional do Trabalho, que versem sobre idêntica questão jurídica, e determinarão a devolução dos autos ao respectivo TRT, mediante decisão fundamentada, desde que tempestivo o recurso de revista, observadas as formalidades dos incisos II e III.

§ 2.º O IUJ somente será suscitado nos recursos de revista, inclusive aqueles oriundos dos agravos de instrumento providos.

Art. 3.º Até a implantação do banco de dados a que se refere o art. 7.º, a Comissão de Jurisprudência e de Precedentes Normativos do TST organizará, manterá e atualizará, disponibilizado na intranet, registro dos Incidentes de Uniformização de Jurisprudência (IUJ) concernentes a cada Tribunal Regional do Trabalho, de que constarão os seguintes dados:

I - classe e número do processo em que acolhida a suscitação de IUJ;

II - Tribunal Regional do Trabalho de origem;

III - tema(s) objeto de IUJ;

IV - Ministro Relator;

V - data da suspensão do julgamento do processo.

Art. 4.º A Secretaria-Geral Judiciária do TST providenciará códigos de movimentação específicos para os processos remetidos e recebidos dos Tribunais Regionais do Trabalho em decorrência da decisão que deferiu a suscitação de Incidente de Uniformização de Jurisprudência (IUJ).

Art. 5.º O Presidente ou o Vice-Presidente do Tribunal Regional do Trabalho, ciente do ofício da Presidência do Tribunal Superior do Trabalho aludido no art. 2.º, inciso II, antes de emitir juízo de admissibilidade em recurso de revista, deverá suscitar Incidente de Uniformização de Jurisprudência em todos os outros processos que tratam da mesma matéria, enquanto não uniformizada a jurisprudência interna, e sobrestar a remessa ao TST dos respectivos autos até o julgamento do IUJ referente ao caso concreto e a reapreciação da questão no órgão fracionário prolator do acórdão originário recorrido.

Art. 6.º Julgado o Incidente de Uniformização de Jurisprudência, o Presidente do Tribunal Regional do Trabalho comunicará imediatamente a decisão ao Presidente do Tribunal Superior do Trabalho para ulterior ciência e providências de registro da Comissão de Jurisprudência e de Precedentes Normativos.

Art. 7.º O Tribunal Superior do Trabalho, para efeito do disposto no art. 896, § 4.º, da CLT, instituirá o Banco Nacional de Jurisprudência Uniformizada – BANJUR, vinculado à Comissão de Jurisprudência e de Precedentes Normativos do TST, contendo, pelo menos, os registros referidos no art. 3.º, as súmulas, orientações jurisprudenciais e teses jurídicas prevalecentes nos Tribunais Regionais do Trabalho.

•• A Lei n. 13.467, de 13-7-2017, em vigor 120 dias da sua publicação (DOU de 14-7-2017), revoga o § 4.º do art. 896 da CLT.

Parágrafo único. As informações contidas no BANJUR serão públicas, podendo o interessado acessá-las no sítio do Tribunal Superior do Trabalho na internet.

Art. 8.º No prazo de cinco dias, da publicação da presente Resolução, os Ministros que já acolheram Incidente de Uniformização de Jurisprudência (IUJ) expedirão os ofícios a que alude o art. 2.º, incisos II e III. Publique-se.

Antonio José de Barros Levenhagen

DECRETO N. 8.433, DE 16 DE ABRIL DE 2015 (*)

Dispõe sobre a regulamentação dos art. 9.º a art. 12, art. 17 e art. 22 da Lei n. 13.103, de 2 de março de 2015.

A Presidenta da República, no uso da atribuição que lhe confere o art. 84, *caput*, incisos IV e VI, alínea *a* da Constituição, e tendo em vista o disposto na Lei n. 13.103, de 2 de março de 2015, decreta:

(*) Publicado no DOU, de 17-4-2015. Republicado no DOU, de 20-4-2015. Vide Lei n. 13.103, de 2-3-2015.

Art. 1.º Este Decreto regulamenta a Lei n. 13.103, de 2 de março de 2015, que dispõe sobre o exercício da profissão de motorista.

Art. 2.º Os veículos de transporte de carga que circularem vazios ficam isentos da cobrança de pedágio sobre os eixos que mantiverem suspensos.

§ 1.º Os órgãos ou entidades competentes da União, dos Estados, do Distrito Federal e dos Municípios disporão sobre as medidas técnicas e operacionais para viabilizar a isenção de que trata o *caput*.

§ 2.º Até a implementação das medidas a que se refere o § 1.º, consideram-se vazios os veículos de transporte de carga que transpuserem as praças de pedágio com um ou mais eixos que mantiverem suspensos, ressalvada a fiscalização da condição pela autoridade com circunscrição sobre a via ou ao seu agente designado na forma do § 4.º do art. 280 da Lei n. 9.503, de 23 de setembro de 1997 – Código de Trânsito Brasileiro.

§ 3.º Para as vias rodoviárias federais concedidas, a regulamentação de que trata o § 1.º será publicada pela Agência Nacional de Transportes Terrestres – ANTT no prazo máximo de cento e oitenta dias, contado da publicação deste Decreto, observada a viabilidade econômica e o interesse público.

§ 4.º Regulamentações específicas fixarão os prazos para o cumprimento das medidas pelas concessionárias de rodovias.

Art. 3.º As penalidades a que se refere o art. 22 da Lei n. 13.103, de 2015, ficam convertidas em advertências, conforme os procedimentos estabelecidos:

I – pelo Ministério do Trabalho e Emprego, no caso das infrações ao disposto na Lei n. 12.619, de 30 de abril de 2012, de que trata o inciso I do *caput* do art. 22 da Lei n. 13.103, de 2015; e

II – pelos órgãos competentes para aplicar penalidades, no caso das infrações ao Código de Trânsito Brasileiro de que tratam os incisos I e II do *caput* do art. 22 da Lei n. 13.103, de 2015.

§ 1.º As penalidades decorrentes das infrações de trânsito de que tratam os incisos I e II do *caput* do art. 22 da Lei n. 13.103, de 2015, são aquelas previstas no inciso XXIII do *caput* do art. 230 e no inciso V do *caput* do art. 231 do Código de Trânsito Brasileiro, respectivamente.

§ 2.º A restituição de valores pagos pelas penalidades referidas no *caput* deverá ser solicitada por escrito e autuada em processo administrativo específico junto ao órgão responsável pelo recolhimento.

Art. 4.º Compete ao Ministério do Trabalho e Emprego regulamentar as condições de segurança, sanitárias e de conforto nos locais de espera, de repouso e de descanso dos motoristas profissionais de transporte rodoviário de passageiros e de cargas, conforme disposto no art. 9.º da Lei n. 13.103, de 2 de março de 2015.

• A Portaria n. 1.343, de 2-12-2019, do MTE, estabelece as condições de segurança, sanitárias e de conforto nos locais de espera, de repouso e de descanso dos motoristas profissionais de transporte rodoviário de passageiros e de cargas.

Parágrafo único. Para os procedimentos de reconhecimento como ponto de parada e descanso, os órgãos de que trata o § 3.º do art. 11 da Lei n. 13.103, de 2015, observarão o cumprimento da regulamentação de que trata o *caput*.

• A Portaria n. 471, de 13-2-2020, da SNTT, estabelece os atos administrativos necessários para reconhecimento e certificação dos Pontos de Parada e Descanso.

Art. 5.º Compete ao Conselho Nacional de Trânsito – Contran regulamentar:

I – os modelos de sinalização, de orientação e de identificação dos locais de espera, de repouso e de descanso dos motoristas profissionais de transporte rodoviário de passageiros e de cargas, observadas as disposições do § 3.º do art. 11 da Lei n. 13.103, de 2015; e

II – o uso de equipamentos para a verificação se o veículo se encontra vazio e os demais procedimentos a serem adotados para a fiscalização de trânsito e o cumprimento das disposições do art. 17 da Lei n. 13.103, de 2015, no prazo máximo de cento e oitenta dias, contado da publicação deste Decreto.

Art. 6.º A regulamentação das disposições dos incisos I ao IV do *caput* do art. 10, do art. 11 e do art. 12 da Lei n. 13.103, de 2015, compete:

I – à ANTT, para as rodovias por ela concedidas; e

II – ao Departamento Nacional de Infraestrutura de Transportes – DNIT, para as demais rodovias federais.

Parágrafo único. A outorga de permissão de uso de bem público nas faixas de domínio a que se refere o inciso IV do *caput* do art. 10 da Lei n. 13.103, de 2015, compete ao órgão com jurisdição sobre a via, observados os requisitos e as condições por ele estabelecidos.

Art. 7.º Este Decreto entra em vigor na data de sua publicação.

Brasília, 16 de abril de 2015; 194.º da Independência e 127.º da República.

DILMA ROUSSEFF

LEI COMPLEMENTAR N. 150, DE 1.º DE JUNHO DE 2015 (*)

Dispõe sobre o contrato de trabalho doméstico, altera as Leis n. 8.212, de 24 de julho de 1991, n. 8.213, de 24 de julho de 1991, e n. 11.196, de 21 de novembro de 2005; revoga o inciso I do art. 3.º da Lei n. 8.009, de 29 de março de 1990, o art. 36 da Lei n. 8.213, de 24 de julho de 1991, a Lei n. 5.859, de 11 de dezembro de 1972, e o inciso VII do art. 12 da Lei n. 9.250, de 26 de dezembro de 1995; e dá outras providências.

A Presidenta da República

Faço saber que o Congresso Nacional decreta e eu sanciono a seguinte Lei Complementar:

Capítulo I
DO CONTRATO DE TRABALHO DOMÉSTICO

•• O Decreto Legislativo n. 172, de 4-12-2017, aprova os textos da Convenção sobre o Trabalho Decente para as Trabalhadoras e os Trabalhadores Domésticos (n. 189) e da Recomendação sobre o Trabalho Doméstico Decente para as Trabalhadoras e os Trabalhadores Domésticos (n. 201), da OIT.

Art. 1.º Ao empregado doméstico, assim considerado aquele que presta serviços de forma contínua, subordinada, onerosa e pessoal e de finalidade não lucrativa à pessoa ou à família, no âmbito residencial destas, por mais de 2 (dois) dias por semana, aplica-se o disposto nesta Lei.

•• Vide art. 7.º, parágrafo único, da CF.

•• Sobre vale-transporte: art. 106, V, do Decreto n. 10.854, de 10-11-2021.

Parágrafo único. É vedada a contratação de menor de 18 (dezoito) anos para desempenho de trabalho doméstico, de acordo com a Convenção n. 182, de 1999, da Organização Internacional do Trabalho (OIT) e com o Decreto n. 6.481, de 12 de junho de 2008.

• A Convenção OIT n. 182, regulamentada pelo Decreto n. 6.481, de 12-6-2008, dispõe sobre as piores formas de trabalho infantil.

Art. 2.º A duração normal do trabalho doméstico não excederá 8 (oito) horas diárias e 44 (quarenta e quatro) semanais, observado o disposto nesta Lei.

•• Vide art. 7.º, XIII, da CF.

§ 1.º A remuneração da hora extraordinária será, no mínimo, 50% (cinquenta por cento) superior ao valor da hora normal.

•• Vide art. 7.º, XVI, da CF.

§ 2.º O salário-hora normal, em caso de empregado mensalista, será obtido dividindo-se o salário mensal por 220 (duzentas e vinte) horas, salvo se o contrato estipular jornada mensal inferior que resulte em divisor diverso.

§ 3.º O salário-dia normal, em caso de empregado mensalista, será obtido dividindo-se o salário mensal por 30 (trinta) e servirá de base para pagamento do repouso remunerado e dos feriados trabalhados.

§ 4.º Poderá ser dispensado o acréscimo de salário e instituído regime de compensação de horas, mediante acordo escrito entre empregador e empregado, se o excesso de horas de um dia for compensado em outro dia.

§ 5.º No regime de compensação previsto no § 4.º:

I – será devido o pagamento, como horas extraordinárias, na forma do § 1.º, das primeiras 40 (quarenta) horas mensais excedentes ao horário normal de trabalho;

II – das 40 (quarenta) horas referidas no inciso I, poderão ser deduzidas, sem o correspondente pagamento, as horas não trabalhadas, em função de redução do horário normal de trabalho ou de dia útil não trabalhado, durante o mês;

III – o saldo de horas que excederem as 40 (quarenta) primeiras horas mensais de que trata o inciso I, com a dedução prevista no inciso II, quando for o caso, será compensado no período máximo de 1 (um) ano.

§ 6.º Na hipótese de rescisão do contrato de trabalho sem que tenha havido a compensação integral da jornada extraordinária, na forma do § 5.º, o empregado fará jus ao pagamento das horas extras não compensadas, calculadas sobre o valor da remuneração na data de rescisão.

§ 7.º Os intervalos previstos nesta Lei, o tempo de repouso, as horas não trabalhadas, os feriados e os domingos livres em que o empregado que mora no local de trabalho nele permaneça não serão computados como horário de trabalho.

§ 8.º O trabalho não compensado prestado em domingos e feriados deve ser pago em dobro, sem prejuízo da remuneração relativa ao repouso semanal.

Art. 3.º Considera-se trabalho em regime de tempo parcial aquele cuja duração não exceda 25 (vinte e cinco) horas semanais.

• Vide art. 58-A da CLT.

§ 1.º O salário a ser pago ao empregado sob regime de tempo parcial será proporcional a sua jornada, em relação ao empregado que cumpre, nas mesmas funções, tempo integral.

§ 2.º A duração normal do trabalho do empregado em regime de tempo parcial poderá ser acrescida de horas suplementares, em número não excedente a 1 (uma) hora diária, mediante acordo escrito entre empregador e empregado, aplicando-se-lhe, ainda, o disposto nos §§ 2.º e 3.º do art. 2.º, com o limite máximo de 6 (seis) horas diárias.

§ 3.º Na modalidade do regime de tempo parcial, após cada período de 12 (doze) meses de vigência do contrato de trabalho, o empregado terá direito a férias, na seguinte proporção:

I – 18 (dezoito) dias, para a duração do trabalho semanal superior a 22 (vinte e duas) horas, até 25 (vinte e cinco) horas;

II – 16 (dezesseis) dias, para a duração do trabalho semanal superior a 20 (vinte) horas, até 22 (vinte e duas) horas;

III – 14 (quatorze) dias, para a duração do trabalho semanal superior a 15 (quinze) horas, até 20 (vinte) horas;

IV – 12 (doze) dias, para a duração do trabalho semanal superior a 10 (dez) horas, até 15 (quinze) horas;

V – 10 (dez) dias, para a duração do trabalho semanal superior a 5 (cinco) horas, até 10 (dez) horas;

VI – 8 (oito) dias, para a duração do trabalho semanal igual ou inferior a 5 (cinco) horas.

Art. 4.º É facultada a contratação, por prazo determinado, do empregado doméstico:

• Vide arts. 443, 445 e 451 da CLT.

• Vide Lei n. 9.601, de 21-1-1998.

I – mediante contrato de experiência;

II – para atender necessidades familiares de natureza transitória e para substituição temporária de empregado doméstico com contrato de trabalho interrompido ou suspenso.

Parágrafo único. No caso do inciso II deste artigo, a duração do contrato de trabalho é limitada ao término do evento que motivou a contratação, obedecido o limite máximo de 2 (dois) anos.

(*) Publicada no *DOU*, de 2-6-2015.

Art. 5.º O contrato de experiência não poderá exceder 90 (noventa) dias.

§ 1.º O contrato de experiência poderá ser prorrogado 1 (uma) vez, desde que a soma dos 2 (dois) períodos não ultrapasse 90 (noventa) dias.

§ 2.º O contrato de experiência que, havendo continuidade do serviço, não for prorrogado após o decurso de seu prazo previamente estabelecido ou que ultrapassar o período de 90 (noventa) dias passará a vigorar como contrato de trabalho por prazo indeterminado.

Art. 6.º Durante a vigência dos contratos previstos nos incisos I e II do art. 4.º, o empregador que, sem justa causa, despedir o empregado é obrigado a pagar-lhe, a título de indenização, metade da remuneração a que teria direito até o termo do contrato.

Art. 7.º Durante a vigência dos contratos previstos nos incisos I e II do art. 4.º, o empregado não poderá se desligar do contrato sem justa causa, sob pena de ser obrigado a indenizar o empregador dos prejuízos que desse fato lhe resultarem.

Parágrafo único. A indenização não poderá exceder aquela a que teria direito o empregado em idênticas condições.

Art. 8.º Durante a vigência dos contratos previstos nos incisos I e II do art. 4.º, não será exigido aviso prévio.

Art. 9.º A Carteira de Trabalho e Previdência Social será obrigatoriamente apresentada, contra recibo, pelo empregado ao empregador que o admitir, o qual terá o prazo de 48 (quarenta e oito) horas para nela anotar, especificamente, a data de admissão, a remuneração e, quando for o caso, os contratos previstos nos incisos I e II do art. 4.º.

• Vide art. 456 da CLT.

Art. 10. É facultado às partes, mediante acordo escrito entre essas, estabelecer horário de trabalho de 12 (doze) horas seguidas por 36 (trinta e seis) horas ininterruptas de descanso, observados ou indenizados os intervalos para repouso e alimentação.

§ 1.º A remuneração mensal pactuada pelo horário previsto no *caput* deste artigo abrange os pagamentos devidos pelo descanso semanal remunerado e pelo descanso em feriados, e serão considerados compensados os feriados e as prorrogações de trabalho noturno, quando houver, de que tratam o art. 70 e o § 5.º do art. 73 da Consolidação das Leis do Trabalho (CLT), aprovada pelo Decreto-lei n. 5.452, de 1.º de maio de 1943, e o art. 9.º da Lei n. 605, de 5 de janeiro de 1949.

§ 2.º (*Vetado.*)

Art. 11. Em relação ao empregado responsável por acompanhar o empregador prestando serviços em viagem, serão consideradas apenas as horas efetivamente trabalhadas no período, podendo ser compensadas as horas extraordinárias em outro dia, observado o art. 2.º.

§ 1.º O acompanhamento do empregador pelo empregado em viagem será condicionado à prévia existência de acordo escrito entre as partes.

§ 2.º A remuneração-hora do serviço em viagem será, no mínimo, 25% (vinte e cinco por cento) superior ao valor do salário-hora normal.

§ 3.º O disposto no § 2.º deste artigo poderá ser, mediante acordo, convertido em acréscimo no banco de horas, a ser utilizado a critério do empregado.

Art. 12. É obrigatório o registro do horário de trabalho do empregado doméstico por qualquer meio manual, mecânico ou eletrônico, desde que idôneo.

Art. 13. É obrigatória a concessão de intervalo para repouso ou alimentação pelo período de, no mínimo, 1 (uma) hora e, no máximo, 2 (duas) horas, admitindo-se, mediante prévio acordo escrito entre empregador e empregado, sua redução a 30 (trinta) minutos.

§ 1.º Caso o empregado resida no local de trabalho, o período de intervalo poderá ser desmembrado em 2 (dois) períodos, desde que cada um deles tenha, no mínimo, 1 (uma) hora, até o limite de 4 (quatro) horas ao dia.

§ 2.º Em caso de modificação do intervalo, na forma do § 1.º, é obrigatória a sua anotação no registro diário de horário, vedada sua prenotação.

Art. 14. Considera-se noturno, para os efeitos desta Lei, o trabalho executado entre as 22 horas de um dia e as 5 horas do dia seguinte.

• Vide art. 7.º, IX, da CF.

§ 1.º A hora de trabalho noturno terá duração de 52 (cinquenta e dois) minutos e 30 (trinta) segundos.

§ 2.º A remuneração do trabalho noturno deve ter acréscimo de, no mínimo, 20% (vinte por cento) sobre o valor da hora diurna.

• Vide art. 73 da CLT.

§ 3.º Em caso de contratação, pelo empregador, de empregado exclusivamente para desempenhar trabalho noturno, o acréscimo será calculado sobre o salário anotado na Carteira de Trabalho e Previdência Social.

§ 4.º Nos horários mistos, assim entendidos os que abrangem períodos diurnos e noturnos, aplica-se às horas de trabalho noturno o disposto neste artigo e seus parágrafos.

Art. 15. Entre 2 (duas) jornadas de trabalho deve haver período mínimo de 11 (onze) horas consecutivas para descanso.

• Vide art. 66 da CLT.

Art. 16. É devido ao empregado doméstico descanso semanal remunerado de, no mínimo, 24 (vinte e quatro) horas consecutivas, preferencialmente aos domingos, além de descanso remunerado em feriados.

•• Vide art. 7.º, XV, da CF.
• Vide art. 67 da CLT.
• Vide Lei n. 605, de 5-1-1949.

Art. 17. O empregado doméstico terá direito a férias anuais remuneradas de 30 (trinta) dias, salvo o disposto no § 3.º do art. 3.º, com acréscimo de, pelo menos, um terço do salário normal, após cada período de 12 (doze) meses de trabalho prestado à mesma pessoa ou família.

•• Vide art. 7.º, XVII, da CF.
• Vide arts. 129 e s. da CLT.

§ 1.º Na cessação do contrato de trabalho, o empregado, desde que não tenha sido demitido por justa causa, terá direito à remuneração relativa ao período incompleto de férias, na proporção de um doze avos por mês de serviço ou fração superior a 14 (quatorze) dias.

§ 2.º O período de férias poderá, a critério do empregador, ser fracionado em até 2 (dois) períodos, sendo 1 (um) deles de, no mínimo, 14 (quatorze) dias corridos.

§ 3.º É facultado ao empregado doméstico converter um terço do período de férias a que tiver direito em abono pecuniário, no valor da remuneração que lhe seria devida nos dias correspondentes.

§ 4.º O abono de férias deverá ser requerido até 30 (trinta) dias antes do término do período aquisitivo.

§ 5.º É lícito ao empregado que reside no local de trabalho nele permanecer durante as férias.

§ 6.º As férias serão concedidas pelo empregador nos 12 (doze) meses subsequentes à data em que o empregado tiver adquirido o direito.

Art. 18. É vedado ao empregador doméstico efetuar descontos no salário do empregado por fornecimento de alimentação, vestuário, higiene ou moradia, bem como por despesas com transporte, hospedagem e alimentação em caso de acompanhamento em viagem.

•• Vide art. 458 da CLT.

§ 1.º É facultado ao empregador efetuar descontos no salário do empregado em caso de adiantamento salarial e, mediante acordo escrito entre as partes, para a inclusão do empregado em planos de assistência médico-hospitalar e odontológica, de seguro e de previdência privada, não podendo a dedução ultrapassar 20% (vinte por cento) do salário.

§ 2.º Poderão ser descontadas as despesas com moradia de que trata o *caput* deste artigo quando essa se referir a local diverso da residência em que ocorrer a prestação de serviço, desde que essa possibilidade tenha sido expressamente acordada entre as partes.

§ 3.º As despesas referidas no *caput* deste artigo não têm natureza salarial nem se incorporam à remuneração para quaisquer efeitos.

§ 4.º O fornecimento de moradia ao empregado doméstico na própria residência ou em morada anexa, de qualquer natureza, não gera ao empregado qualquer direito de posse ou de propriedade sobre a referida moradia.

Art. 19. Observadas as peculiaridades do trabalho doméstico, a ele também se aplicam as Leis n. 605, de 5 de janeiro de 1949, n. 4.090, de 13 de julho de 1962, n. 4.749, de 12 de agosto de 1965, e n. 7.418, de 16 de dezembro de 1985, e, subsidiariamente, a Consolidação das Leis do Trabalho (CLT), aprovada pelo Decreto-lei n. 5.452, de 1.º de maio de 1943.

- Lei n. 605, de 5-1-1949: repouso semanal; Lei n. 4.090, de 13-7-1962: gratificação de Natal; Lei n. 4.749, de 12-8-1965: gratificação de Natal; e Lei n. 7.418, de 16-12-1985: vale-transporte.

Parágrafo único. A obrigação prevista no art. 4.º da Lei n. 7.418, de 16 de dezembro de 1985, poderá ser substituída, a critério do empregador, pela concessão, mediante recibo, dos valores para a aquisição das passagens necessárias ao custeio das despesas decorrentes do deslocamento residência-trabalho e vice-versa.

Art. 20. O empregado doméstico é segurado obrigatório da Previdência Social, sendo-lhe devidas, na forma da Lei n. 8.213, de 24 de julho de 1991, as prestações nela arroladas, atendido o disposto nesta Lei e observadas as características especiais do trabalho doméstico.

Art. 21. É devida a inclusão do empregado doméstico no Fundo de Garantia do Tempo de Serviço (FGTS), na forma do regulamento a ser editado pelo Conselho Curador e pelo agente operador do FGTS, no âmbito de suas competências, conforme disposto nos arts. 5.º e 7.º da Lei n. 8.036, de 11 de maio de 1990, inclusive no que tange aos aspectos técnicos de depósitos, saques, devolução de valores e emissão de extratos, entre outros determinados na forma da lei.

•• A Resolução n. 780, de 24-9-2015, do Conselho Curador do Fundo de Garantia do Tempo de Serviço, regulamenta a inclusão do empregado doméstico no FGTS, conforme o disposto neste artigo.

Parágrafo único. O empregador doméstico somente passará a ter obrigação de promover a inscrição e de efetuar os recolhimentos referentes a seu empregado após a entrada em vigor do regulamento referido no *caput*.

Art. 22. O empregador doméstico depositará a importância de 3,2% (três inteiros e dois décimos por cento) sobre a remuneração devida, no mês anterior, a cada empregado, destinada ao pagamento da indenização compensatória da perda do emprego, sem justa causa ou por culpa do empregador, não se aplicando ao empregado doméstico o disposto nos §§ 1.º a 3.º do art. 18 da Lei n. 8.036, de 11 de maio de 1990.

§ 1.º Nas hipóteses de dispensa por justa causa ou a pedido, de término do contrato de trabalho por prazo determinado, de aposentadoria e de falecimento do empregado doméstico, os valores previstos no *caput* serão movimentados pelo empregador.

§ 2.º Na hipótese de culpa recíproca, metade dos valores previstos no *caput* será movimentada pelo empregado, enquanto a outra metade será movimentada pelo empregador.

§ 3.º Os valores previstos no *caput* serão depositados na conta vinculada do empregado, em variação distinta daquela em que se encontrarem os valores oriundos dos depósitos de que trata o inciso IV do art. 34 desta Lei, e somente poderão ser movimentados por ocasião da rescisão contratual.

§ 4.º À importância monetária de que trata o *caput*, aplicam-se as disposições da Lei n. 8.036, de 11 de maio de 1990, e da Lei n. 8.844, de 20 de janeiro de 1994, inclusive quanto a sujeição passiva e equiparações, prazo de recolhimento, administração, fiscalização, lançamento, consulta, cobrança, garantias, processo administrativo de determinação e exigência de créditos tributários federais.

Art. 23. Não havendo prazo estipulado no contrato, a parte que, sem justo motivo, quiser rescindi-lo deverá avisar a outra de sua intenção.

• *Vide* Lei n. 12.506, de 11-10-2011.

§ 1.º O aviso prévio será concedido na proporção de 30 (trinta) dias ao empregado que conte com até 1 (um) ano de serviço para o mesmo empregador.

§ 2.º Ao aviso prévio previsto neste artigo, devido ao empregado, serão acrescidos 3 (três) dias por ano de serviço prestado para o mesmo empregador, até o máximo de 60 (sessenta) dias, perfazendo um total de até 90 (noventa) dias.

§ 3.º A falta de aviso prévio por parte do empregador dá ao empregado o direito aos salários correspondentes ao prazo do aviso, garantida sempre a integração desse período ao seu tempo de serviço.

§ 4.º A falta de aviso prévio por parte do empregado dá ao empregador o direito de descontar os salários correspondentes ao prazo respectivo.

§ 5.º O valor das horas extraordinárias habituais integra o aviso prévio indenizado.

Art. 24. O horário normal de trabalho do empregado durante o aviso prévio, quando a rescisão tiver sido promovida pelo empregador, será reduzido de 2 (duas) horas diárias, sem prejuízo do salário integral.

Parágrafo único. É facultado ao empregado trabalhar sem a redução das 2 (duas) horas diárias previstas no *caput* deste artigo, caso em que poderá faltar ao serviço, sem prejuízo do salário integral, por 7 (sete) dias corridos, na hipótese dos §§ 1.º e 2.º do art. 23.

Art. 25. A empregada doméstica gestante tem direito a licença-maternidade de 120 (cento e vinte) dias, sem prejuízo do emprego e do salário, nos termos da Seção V do Capítulo III do Título III da Consolidação das Leis do Trabalho (CLT), aprovada pelo Decreto-lei n. 5.452, de 1.º de maio de 1943.

•• *Vide* art. 7.º, XVIII, da CF.

Parágrafo único. A confirmação do estado de gravidez durante o curso do contrato de trabalho, ainda que durante o prazo do aviso prévio trabalhado ou indenizado, garante à empregada gestante a estabilidade provisória prevista na alínea *b* do inciso II do art. 10 do Ato das Disposições Constitucionais Transitórias.

Art. 26. O empregado doméstico que for dispensado sem justa causa fará jus ao benefício do seguro-desemprego, na forma da Lei n. 7.998, de 11 de janeiro de 1990, no valor de 1 (um) salário mínimo, por período máximo de 3 (três) meses, de forma contínua ou alternada.

•• *Vide* art. 7.º, II, da CF.

•• A Resolução n. 754, de 26-8-2015, do CODEFAT, regulamenta os procedimentos para habilitação e concessão de seguro-desemprego para empregados domésticos dispensados sem justa causa, na forma deste artigo.

§ 1.º O benefício de que trata o *caput* será concedido ao empregado nos termos do regulamento do Conselho Deliberativo do Fundo de Amparo ao Trabalhador (Codefat).

§ 2.º O benefício do seguro-desemprego será cancelado, sem prejuízo das demais sanções cíveis e penais cabíveis:

I – pela recusa, por parte do trabalhador desempregado, de outro emprego condizente com sua qualificação registrada ou declarada e com sua remuneração anterior;

II – por comprovação de falsidade na prestação das informações necessárias à habilitação;

III – por comprovação de fraude visando à percepção indevida do benefício do seguro-desemprego; ou

IV – por morte do segurado.

Art. 27. Considera-se justa causa para os efeitos desta Lei:

•• *Vide* art. 482 da CLT.

I – submissão a maus-tratos de idoso, de enfermo, de pessoa com deficiência ou de criança sob cuidado direto ou indireto do empregado;

II – prática de ato de improbidade;

III – incontinência de conduta ou mau procedimento;
IV – condenação criminal do empregado transitada em julgado, caso não tenha havido suspensão da execução da pena;
V – desídia no desempenho das respectivas funções;
VI – embriaguez habitual ou em serviço;
VII – (Vetado);
VIII – ato de indisciplina ou de insubordinação;
IX – abandono de emprego, assim considerada a ausência injustificada ao serviço por, pelo menos, 30 (trinta) dias corridos;
X – ato lesivo à honra ou à boa fama ou ofensas físicas praticadas em serviço contra qualquer pessoa, salvo em caso de legítima defesa, própria ou de outrem;
XI – ato lesivo à honra ou à boa fama ou ofensas físicas praticadas contra o empregador doméstico ou sua família, salvo em caso de legítima defesa, própria ou de outrem;
XII – prática constante de jogos de azar.

Parágrafo único. O contrato de trabalho poderá ser rescindido por culpa do empregador quando:
* Vide art. 483 da CLT.

I – o empregador exigir serviços superiores às forças do empregado doméstico, defesos por lei, contrários aos bons costumes ou alheios ao contrato;
II – o empregado doméstico for tratado pelo empregador ou por sua família com rigor excessivo ou de forma degradante;
III – o empregado doméstico correr perigo manifesto de mal considerável;
IV – o empregador não cumprir as obrigações do contrato;
V – o empregador ou sua família praticar, contra o empregado doméstico ou pessoas de sua família, ato lesivo à honra e à boa fama;
VI – o empregador ou sua família ofender o empregado doméstico ou sua família fisicamente, salvo em caso de legítima defesa, própria ou de outrem;
VII – o empregador praticar qualquer das formas de violência doméstica ou familiar contra mulheres de que trata o art. 5.º da Lei n. 11.340, de 7 de agosto de 2006.

Art. 28. Para se habilitar ao benefício do seguro-desemprego, o trabalhador doméstico deverá apresentar ao órgão competente do Ministério do Trabalho e Emprego:
I – Carteira de Trabalho e Previdência Social, na qual deverão constar a anotação do contrato de trabalho doméstico e a data de dispensa, de modo a comprovar o vínculo empregatício, como empregado doméstico, durante pelo menos 15 (quinze) meses nos últimos 24 (vinte e quatro) meses;
II – termo de rescisão do contrato de trabalho;
III – declaração de que não está em gozo de benefício de prestação continuada da Previdência Social, exceto auxílio-acidente e pensão por morte; e
IV – declaração de que não possui renda própria de qualquer natureza suficiente à sua manutenção e de sua família.

Art. 29. O seguro-desemprego deverá ser requerido de 7 (sete) a 90 (noventa) dias contados da data de dispensa.

Art. 30. Novo seguro-desemprego só poderá ser requerido após o cumprimento de novo período aquisitivo, cuja duração será definida pelo Codefat.

Capítulo II
DO SIMPLES DOMÉSTICO

Art. 31. É instituído o regime unificado de pagamento de tributos, de contribuições e dos demais encargos do empregador doméstico (Simples Doméstico), que deverá ser regulamentado no prazo de 120 (cento e vinte) dias a contar da data de entrada em vigor desta Lei.
•• A Portaria Interministerial n. 822, de 30-9-2015, disciplina o regime unificado de pagamento de tributos, de contribuições e dos demais encargos do empregador doméstico (Simples Doméstico) e dá outras providências.

Art. 32. A inscrição do empregador e a entrada única de dados cadastrais e de informações trabalhistas, previdenciárias e fiscais no âmbito do Simples Doméstico dar-se-ão mediante registro em sistema eletrônico a ser disponibilizado em portal na internet, conforme regulamento.

Parágrafo único. A impossibilidade de utilização do sistema eletrônico será objeto de regulamento, a ser editado pelo Ministério da Fazenda e pelo agente operador do FGTS.
• A Circular n. 696, de 27-10-2015, da Caixa Econômica Federal, estabelece procedimentos de contingência referentes a obrigatoriedade de recolhimento do FGTS pelo empregador doméstico.

Art. 33. O Simples Doméstico será disciplinado por ato conjunto dos Ministros de Estado da Fazenda, da Previdência Social e do Trabalho e Emprego que disporá sobre a apuração, o recolhimento e a distribuição dos recursos recolhidos por meio do Simples Doméstico, observadas as disposições do art. 21 desta Lei.

§ 1.º O ato conjunto a que se refere o caput deverá dispor também sobre o sistema eletrônico de registro das obrigações trabalhistas, previdenciárias e fiscais e sobre o cálculo e o recolhimento dos tributos e encargos trabalhistas vinculados ao Simples Doméstico.

§ 2.º As informações prestadas no sistema eletrônico de que trata o § 1.º:
I – têm caráter declaratório, constituindo instrumento hábil e suficiente para a exigência dos tributos e encargos trabalhistas delas resultantes e que não tenham sido recolhidos no prazo consignado para pagamento; e
II – deverão ser fornecidas até o vencimento do prazo para pagamento dos tributos e encargos trabalhistas devidos no Simples Doméstico em cada mês, relativamente aos fatos geradores ocorridos no mês anterior.

§ 3.º O sistema eletrônico de que trata o § 1.º deste artigo e o sistema de que trata o caput do art. 32 substituirão, na forma regulamentada pelo ato conjunto previsto no caput, a obrigatoriedade de entrega de todas as informações, formulários e declarações a que estão sujeitos os empregadores domésticos, inclusive os relativos ao recolhimento do FGTS.

Art. 34. O Simples Doméstico assegurará o recolhimento mensal, mediante documento único de arrecadação, dos seguintes valores:
I – 8% (oito por cento) a 11% (onze por cento) de contribuição previdenciária, a cargo do segurado empregado doméstico, nos termos do art. 20 da Lei n. 8.212, de 24 de julho de 1991;
II – 8% (oito por cento) de contribuição patronal previdenciária para a seguridade social, a cargo do empregador doméstico, nos termos do art. 24 da Lei n. 8.212, de 24 de julho de 1991;
III – 0,8% (oito décimos por cento) de contribuição social para financiamento do seguro contra acidentes do trabalho;
IV – 8% (oito por cento) de recolhimento para o FGTS;
V – 3,2% (três inteiros e dois décimos por cento), na forma do art. 22 desta Lei; e
VI – imposto sobre a renda retido na fonte de que trata o inciso I do art. 7.º da Lei n. 7.713, de 22 de dezembro de 1988, se incidente.

§ 1.º As contribuições, os depósitos e o imposto arrolados nos incisos I a VI incidem sobre a remuneração paga ou devida no mês anterior, a cada empregado, incluída na remuneração a gratificação de Natal a que se refere a Lei n. 4.090, de 13 de julho de 1962, e a Lei n. 4.749, de 12 de agosto de 1965.

§ 2.º A contribuição e o imposto previstos nos incisos I e VI do caput deste artigo serão descontados da remuneração do empregado pelo empregador, que é responsável por seu recolhimento.

§ 3.º O produto da arrecadação das contribuições, dos depósitos e do imposto de que trata o caput será centralizado na Caixa Econômica Federal.

§ 4.º A Caixa Econômica Federal, com base nos elementos identificadores do recolhimento, disponíveis no sistema de que trata o § 1.º do art. 33, transferirá para a Conta Única do Tesouro Nacional o valor arrecadado das contribuições e do imposto previstos nos incisos I, II, III e VI do caput.

§ 5.º O recolhimento de que trata o caput será efetuado em instituições financeiras integrantes da rede arrecadadora de receitas federais.

§ 6.º O empregador fornecerá, mensalmente, ao empregado doméstico cópia do documento previsto no *caput*.

§ 7.º O recolhimento mensal, mediante documento único de arrecadação, e a exigência das contribuições, dos depósitos e do imposto, nos valores definidos nos incisos I a VI do *caput*, somente serão devidos após 120 (cento e vinte) dias da data de publicação desta Lei.

Art. 35. O empregador doméstico é obrigado a pagar a remuneração devida ao empregado doméstico e a arrecadar e a recolher a contribuição prevista no inciso I do art. 34, assim como a arrecadar e a recolher as contribuições, os depósitos e o imposto a seu cargo discriminados nos incisos II, III, IV, V e VI do *caput* do art. 34, até o dia 7 do mês seguinte ao da competência.

§ 1.º Os valores previstos nos incisos I, II, III e VI do *caput* do art. 34 não recolhidos até a data de vencimento sujeitar-se-ão à incidência de encargos legais na forma prevista na legislação do imposto sobre a renda.

§ 2.º Os valores previstos nos incisos IV e V, referentes ao FGTS, não recolhidos até a data de vencimento serão corrigidos e terão a incidência da respectiva multa, conforme a Lei n. 8.036, de 11 de maio de 1990.

Capítulo III
DA LEGISLAÇÃO PREVIDENCIÁRIA E TRIBUTÁRIA

Art. 36. O inciso V do art. 30 da Lei n. 8.212, de 24 de julho de 1991, passa a vigorar com a seguinte redação:
•• Alteração já processada no diploma modificado.

Art. 37. A Lei n. 8.213, de 24 de julho de 1991, passa a vigorar com as seguintes alterações:
•• Alterações já processadas no diploma modificado.

Capítulo IV
DO PROGRAMA DE RECUPERAÇÃO PREVIDENCIÁRIA DOS EMPREGADORES DOMÉSTICOS (REDOM)

• A Portaria Conjunta n. 1.302, de 11-9-2015, da PGFN e da SRFB, dispõe sobre o pagamento e o parcelamento de débitos previstos nestes artigos.

Art. 39. É instituído o Programa de Recuperação Previdenciária dos Empregadores Domésticos (Redom), nos termos desta Lei.

Art. 40. Será concedido ao empregador doméstico o parcelamento dos débitos com o Instituto Nacional do Seguro Social (INSS) relativos à contribuição de que tratam os arts. 20 e 24 da Lei n. 8.212, de 24 de julho de 1991, com vencimento até 30 de abril de 2013.

§ 1.º O parcelamento abrangerá todos os débitos existentes em nome do empregado e do empregador, na condição de contribuinte, inclusive débitos inscritos em dívida ativa, que poderão ser:

I – pagos com redução de 100% (cem por cento) das multas aplicáveis, de 60% (sessenta por cento) dos juros de mora e de 100% (cem por cento) sobre os valores dos encargos legais e advocatícios;

II – parcelados em até 120 (cento e vinte) vezes, com prestação mínima no valor de R$ 100,00 (cem reais).

§ 2.º O parcelamento deverá ser requerido no prazo de 120 (cento e vinte) dias após a entrada em vigor desta Lei.

§ 3.º A manutenção injustificada em aberto de 3 (três) parcelas implicará, após comunicação ao sujeito passivo, a imediata rescisão do parcelamento e, conforme o caso, o prosseguimento da cobrança.

§ 4.º Na hipótese de rescisão do parcelamento com o cancelamento dos benefícios concedidos:

I – será efetuada a apuração do valor original do débito, com a incidência dos acréscimos legais, até a data de rescisão;

II – serão deduzidas do valor referido no inciso I deste parágrafo as parcelas pagas, com a incidência dos acréscimos legais, até a data de rescisão.

Art. 41. A opção pelo Redom sujeita o contribuinte a:

I – confissão irrevogável e irretratável dos débitos referidos no art. 40;

II – aceitação plena e irretratável de todas as condições estabelecidas;

III – pagamento regular das parcelas do débito consolidado, assim como das contribuições com vencimento posterior a 30 de abril de 2013.

Capítulo V
DISPOSIÇÕES GERAIS

Art. 42. É de responsabilidade do empregador o arquivamento de documentos comprobatórios do cumprimento das obrigações fiscais, trabalhistas e previdenciárias, enquanto essas não prescreverem.

Art. 43. O direito de ação quanto a créditos resultantes das relações de trabalho prescreve em 5 (cinco) anos até o limite de 2 (dois) anos após a extinção do contrato de trabalho.
•• Vide art. 7.º, XXIX, da CF.

Art. 45. As matérias tratadas nesta Lei Complementar que não sejam reservadas constitucionalmente a lei complementar poderão ser objeto de alteração por lei ordinária.

Art. 46. Revogam-se o inciso I do art. 3.º da Lei n. 8.009, de 29 de março de 1990, e a Lei n. 5.859, de 11 de dezembro de 1972.

Art. 47. Esta Lei entra em vigor na data de sua publicação.

Brasília, 1.º de junho de 2015; 194.º da Independência e 127.º da República.

DILMA ROUSSEFF

LEI N. 13.140, DE 26 DE JUNHO DE 2015 (*)

Dispõe sobre a mediação entre particulares como meio de solução de controvérsias e sobre a autocomposição de conflitos no âmbito da administração pública; altera a Lei n. 9.469, de 10 de julho de 1997, e o Decreto n. 70.235, de 6 de março de 1972; e revoga o § 2.º do art. 6.º da Lei n. 9.469, de 10 de julho de 1997.

A Presidenta da República

Faço saber que o Congresso Nacional decreta e eu sanciono a seguinte Lei:

Art. 1.º Esta Lei dispõe sobre a mediação como meio de solução de controvérsias entre particulares e sobre a autocomposição de conflitos no âmbito da administração pública.
•• Vide arts. 165 a 175 e 334 do CPC.
• A Resolução n. 125, de 29-11-2010, do CNJ, dispõe sobre a Política Judiciária Nacional de tratamento adequado dos conflitos de interesses no âmbito do Poder Judiciário.
• O Provimento n. 67, de 26-3-2018, do CNJ, dispõe sobre os procedimentos de conciliação e de mediação nos serviços notariais e de registro do Brasil.

Parágrafo único. Considera-se mediação a atividade técnica exercida por terceiro imparcial sem poder decisório, que, escolhido ou aceito pelas partes, as auxilia e estimula a identificar ou desenvolver soluções consensuais para a controvérsia.

Capítulo I
DA MEDIAÇÃO

SEÇÃO I
Disposições Gerais

Art. 2.º A mediação será orientada pelos seguintes princípios:

I – imparcialidade do mediador;

II – isonomia entre as partes;

III – oralidade;

IV – informalidade;

V – autonomia da vontade das partes;

VI – busca do consenso;

VII – confidencialidade;

(*) Publicada no *DOU*, de 29-6-2015.

VIII – boa-fé.

§ 1.º Na hipótese de existir previsão contratual de cláusula de mediação, as partes deverão comparecer à primeira reunião de mediação.

§ 2.º Ninguém será obrigado a permanecer em procedimento de mediação.

Art. 3.º Pode ser objeto de mediação o conflito que verse sobre direitos disponíveis ou sobre direitos indisponíveis que admitam transação.

§ 1.º A mediação pode versar sobre todo o conflito ou parte dele.

§ 2.º O consenso das partes envolvendo direitos indisponíveis, mas transigíveis, deve ser homologado em juízo, exigida a oitiva do Ministério Público.

SEÇÃO II
Dos Mediadores

SUBSEÇÃO I
Disposições comuns

Art. 4.º O mediador será designado pelo tribunal ou escolhido pelas partes.

•• Mediadores judiciais: vide arts. 165 e s. do CPC.

§ 1.º O mediador conduzirá o procedimento de comunicação entre as partes, buscando o entendimento e o consenso e facilitando a resolução do conflito.

§ 2.º Aos necessitados será assegurada a gratuidade da mediação.

Art. 5.º Aplicam-se ao mediador as mesmas hipóteses legais de impedimento e suspeição do juiz.

•• Vide arts. 144 a 148 do CPC.

Parágrafo único. A pessoa designada para atuar como mediador tem o dever de revelar às partes, antes da aceitação da função, qualquer fato ou circunstância que possa suscitar dúvida justificada em relação à sua imparcialidade para mediar o conflito, oportunidade em que poderá ser recusado por qualquer delas.

Art. 6.º O mediador fica impedido, pelo prazo de um ano, contado do término da última audiência em que atuou, de assessorar, representar ou patrocinar qualquer das partes.

Art. 7.º O mediador não poderá atuar como árbitro nem funcionar como testemunha em processos judiciais ou arbitrais pertinentes a conflito em que tenha atuado como mediador.

Art. 8.º O mediador e todos aqueles que o assessoram no procedimento de mediação, quando no exercício de suas funções ou em razão delas, são equiparados a servidor público, para os efeitos da legislação penal.

SUBSEÇÃO II
Dos mediadores extrajudiciais

Art. 9.º Poderá funcionar como mediador extrajudicial qualquer pessoa capaz que tenha a confiança das partes e seja capacitada para fazer mediação, independentemente de integrar qualquer tipo de conselho, entidade de classe ou associação, ou nele inscrever-se.

Art. 10. As partes poderão ser assistidas por advogados ou defensores públicos.

Parágrafo único. Comparecendo uma das partes acompanhada de advogado ou defensor público, o mediador suspenderá o procedimento, até que todas estejam devidamente assistidas.

SUBSEÇÃO III
Dos mediadores judiciais

Art. 11. Poderá atuar como mediador judicial a pessoa capaz, graduada há pelo menos dois anos em curso de ensino superior de instituição reconhecida pelo Ministério da Educação e que tenha obtido capacitação em escola ou instituição de formação de mediadores, reconhecida pela Escola Nacional de Formação e Aperfeiçoamento de Magistrados – ENFAM ou pelos tribunais, observados os requisitos mínimos estabelecidos pelo Conselho Nacional de Justiça em conjunto com o Ministério da Justiça.

•• Vide art. 167, § 1.º, do CPC.

Art. 12. Os tribunais criarão e manterão cadastros atualizados dos mediadores habilitados e autorizados a atuar em mediação judicial.

•• Vide art. 167, caput, do CPC.

§ 1.º A inscrição no cadastro de mediadores judiciais será requerida pelo interessado ao tribunal com jurisdição na área em que pretenda exercer a mediação.

§ 2.º Os tribunais regulamentarão o processo de inscrição e desligamento de seus mediadores.

Art. 13. A remuneração devida aos mediadores judiciais será fixada pelos tribunais e custeada pelas partes, observado o disposto no § 2.º do art. 4.º desta Lei.

•• Vide art. 169 do CPC.

SEÇÃO III
Do Procedimento de Mediação

SUBSEÇÃO I
Disposições comuns

Art. 14. No início da primeira reunião de mediação, e sempre que julgar necessário, o mediador deverá alertar as partes acerca das regras de confidencialidade aplicáveis ao procedimento.

Art. 15. A requerimento das partes ou do mediador, e com anuência daquelas, poderão ser admitidos outros mediadores para funcionarem no mesmo procedimento, quando isso for recomendável em razão da natureza e da complexidade do conflito.

Art. 16. Ainda que haja processo arbitral ou judicial em curso, as partes poderão submeter-se à mediação, hipótese em que requererão ao juiz ou árbitro a suspensão do processo por prazo suficiente para a solução consensual do litígio.

§ 1.º É irrecorrível a decisão que suspende o processo nos termos requeridos de comum acordo pelas partes.

§ 2.º A suspensão do processo não obsta a concessão de medidas de urgência pelo juiz ou pelo árbitro.

Art. 17. Considera-se instituída a mediação na data para a qual for marcada a primeira reunião de mediação.

Parágrafo único. Enquanto transcorrer o procedimento de mediação, ficará suspenso o prazo prescricional.

Art. 18. Iniciada a mediação, as reuniões posteriores com a presença das partes somente poderão ser marcadas com a sua anuência.

Art. 19. No desempenho de sua função, o mediador poderá reunir-se com as partes, em conjunto ou separadamente, bem como solicitar das partes as informações que entender necessárias para facilitar o entendimento entre aquelas.

Art. 20. O procedimento de mediação será encerrado com a lavratura do seu termo final, quando for celebrado acordo ou quando não se justificarem novos esforços para a obtenção de consenso, seja por declaração do mediador nesse sentido ou por manifestação de qualquer das partes.

Parágrafo único. O termo final de mediação, na hipótese de celebração de acordo, constitui título executivo extrajudicial e, quando homologado judicialmente, título executivo judicial.

SUBSEÇÃO II
Da mediação extrajudicial

Art. 21. O convite para iniciar o procedimento de mediação extrajudicial poderá ser feito por qualquer meio de comunicação e deverá estipular o escopo proposto para a negociação, a data e o local da primeira reunião.

Parágrafo único. O convite formulado por uma parte à outra considerar-se-á rejeitado se não for respondido em até trinta dias da data de seu recebimento.

Art. 22. A previsão contratual de mediação deverá conter, no mínimo:

I – prazo mínimo e máximo para a realização da primeira reunião de mediação, contado a partir da data de recebimento do convite;

II – local da primeira reunião de mediação;

III – critérios de escolha do mediador ou equipe de mediação;

IV – penalidade em caso de não comparecimento da parte convidada à primeira reunião de mediação.

§ 1.º A previsão contratual pode substituir a especificação dos itens acima enumerados pela indicação de regulamento, publicado por instituição idônea prestadora de serviços de mediação, no qual constem critérios claros para a escolha do mediador e realização da primeira reunião de mediação.

§ 2.º Não havendo previsão contratual completa, deverão ser observados os seguintes critérios para a realização da primeira reunião de mediação:

I – prazo mínimo de dez dias úteis e prazo máximo de três meses, contados a partir do recebimento do convite;

II – local adequado a uma reunião que possa envolver informações confidenciais;

III – lista de cinco nomes, informações de contato e referências profissionais de mediadores capacitados; a parte convidada poderá escolher, expressamente, qualquer um dos cinco mediadores e, caso a parte convidada não se manifeste, considerar-se-á aceito o primeiro nome da lista;

IV – o não comparecimento da parte convidada à primeira reunião de mediação acarretará a assunção por parte desta de cinquenta por cento das custas e honorários sucumbenciais caso venha a ser vencedora em procedimento arbitral ou judicial posterior, que envolva o escopo da mediação para a qual foi convidada.

§ 3.º Nos litígios decorrentes de contratos comerciais ou societários que não contenham cláusula de mediação, o mediador extrajudicial somente cobrará por seus serviços caso as partes decidam assinar o termo inicial de mediação e permanecer, voluntariamente, no procedimento de mediação.

Art. 23. Se, em previsão contratual de cláusula de mediação, as partes se comprometerem a não iniciar procedimento arbitral ou processo judicial durante certo prazo ou até o implemento de determinada condição, o árbitro ou o juiz suspenderá o curso da arbitragem ou da ação pelo prazo previamente acordado ou até o implemento dessa condição.

Parágrafo único. O disposto no *caput* não se aplica às medidas de urgência em que o acesso ao Poder Judiciário seja necessário para evitar o perecimento de direito.

SUBSEÇÃO III
Da mediação judicial

Art. 24. Os tribunais criarão centros judiciários de solução consensual de conflitos, responsáveis pela realização de sessões e audiências de conciliação e mediação, pré-processuais e processuais, e pelo desenvolvimento de programas destinados a auxiliar, orientar e estimular a autocomposição.

•• *Vide* arts. 165 a 175 e 334 do CPC.

Parágrafo único. A composição e a organização do centro serão definidas pelo respectivo tribunal, observadas as normas do Conselho Nacional de Justiça.

Art. 25. Na mediação judicial, os mediadores não estarão sujeitos à prévia aceitação das partes, observado o disposto no art. 5.º desta Lei.

Art. 26. As partes deverão ser assistidas por advogados ou defensores públicos, ressalvadas as hipóteses previstas nas Leis n. 9.099, de 26 de setembro de 1995, e 10.259, de 12 de julho de 2001.

Parágrafo único. Aos que comprovarem insuficiência de recursos será assegurada assistência pela Defensoria Pública.

Art. 27. Se a petição inicial preencher os requisitos essenciais e não for o caso de improcedência liminar do pedido, o juiz designará audiência de mediação.

•• *Vide* art. 334, *caput*, do CPC.

Art. 28. O procedimento de mediação judicial deverá ser concluído em até sessenta dias, contados da primeira sessão, salvo quando as partes, de comum acordo, requererem sua prorrogação.

•• *Vide* art. 334, § 2.º, do CPC.

Parágrafo único. Se houver acordo, os autos serão encaminhados ao juiz, que determinará o arquivamento do processo e, desde que requerido pelas partes, homologará o acordo, por sentença, e o termo final da mediação e determinará o arquivamento do processo.

Art. 29. Solucionado o conflito pela mediação antes da citação do réu, não serão devidas custas judiciais finais.

SEÇÃO IV
Da Confidencialidade e suas Exceções

Art. 30. Toda e qualquer informação relativa ao procedimento de mediação será confidencial em relação a terceiros, não podendo ser revelada sequer em processo arbitral ou judicial salvo se as partes expressamente decidirem de forma diversa ou quando sua divulgação for exigida por lei ou necessária para cumprimento de acordo obtido pela mediação.

§ 1.º O dever de confidencialidade aplica-se ao mediador, às partes, a seus prepostos, advogados, assessores técnicos e a outras pessoas de sua confiança que tenham, direta ou indiretamente, participado do procedimento de mediação, alcançando:

I – declaração, opinião, sugestão, promessa ou proposta formulada por uma parte à outra na busca de entendimento para o conflito;

II – reconhecimento de fato por qualquer das partes no curso do procedimento de mediação;

III – manifestação de aceitação de proposta de acordo apresentada pelo mediador;

IV – documento preparado unicamente para os fins do procedimento de mediação.

§ 2.º A prova apresentada em desacordo com o disposto neste artigo não será admitida em processo arbitral ou judicial.

§ 3.º Não está abrigada pela regra de confidencialidade a informação relativa à ocorrência de crime de ação pública.

§ 4.º A regra da confidencialidade não afasta o dever de as pessoas discriminadas no *caput* prestarem informações à administração tributária após o termo final da mediação, aplicando-se aos seus servidores a obrigação de manterem sigilo das informações compartilhadas nos termos do art. 198 da Lei n. 5.172, de 25 de outubro de 1966 – Código Tributário Nacional.

Art. 31. Será confidencial a informação prestada por uma parte em sessão privada, não podendo o mediador revelá-la às demais, exceto se expressamente autorizado.

Capítulo II
DA AUTOCOMPOSIÇÃO DE CONFLITOS EM QUE FOR PARTE PESSOA JURÍDICA DE DIREITO PÚBLICO

SEÇÃO I
Disposições Comuns

Art. 32. A União, os Estados, o Distrito Federal e os Municípios poderão criar câmaras de prevenção e resolução administrativa de conflitos, no âmbito dos respectivos órgãos da Advocacia Pública, onde houver, com competência para:

I – dirimir conflitos entre órgãos e entidades da administração pública;

II – avaliar a admissibilidade dos pedidos de resolução de conflitos, por meio de composição, no caso de controvérsia entre particular e pessoa jurídica de direito público;

III – promover, quando couber, a celebração de termo de ajustamento de conduta.

§ 1.º O modo de composição e funcionamento das câmaras de que trata o *caput* será estabelecido em regulamento de cada ente federado.

§ 2.º A submissão do conflito às câmaras de que trata o *caput* é facultativa e será cabível apenas nos casos previstos no regulamento do respectivo ente federado.

§ 3.º Se houver consenso entre as partes, o acordo será reduzido a termo e constituirá título executivo extrajudicial.

§ 4.º Não se incluem na competência dos órgãos mencionados no *caput* deste artigo as controvérsias que somente possam ser resolvidas por atos ou concessão de direitos sujeitos a autorização do Poder Legislativo.

§ 5.º Compreendem-se na competência das câmaras de que trata o *caput* a prevenção e a resolução de conflitos que envolvam equilíbrio econômico-financeiro de contratos celebrados pela administração com particulares.

Art. 33. Enquanto não forem criadas as câmaras de mediação, os conflitos poderão ser dirimidos nos termos do procedimento de mediação previsto na Subseção I da Seção III do Capítulo I desta Lei.

Parágrafo único. A Advocacia Pública da União, dos Estados, do Distrito Federal e dos Municípios, onde houver, poderá instaurar, de ofício ou mediante provocação, procedimento de mediação coletiva de conflitos relacionados à prestação de serviços públicos.

Art. 34. A instauração de procedimento administrativo para a resolução consensual de conflito no âmbito da administração pública suspende a prescrição.

§ 1.º Considera-se instaurado o procedimento quando o órgão ou entidade pública emitir juízo de admissibilidade, retroagindo a suspensão da prescrição à data de formalização do pedido de resolução consensual do conflito.

§ 2.º Em se tratando de matéria tributária, a suspensão da prescrição deverá observar o disposto na Lei n. 5.172, de 25 de outubro de 1966 – Código Tributário Nacional.

SEÇÃO II
Dos Conflitos Envolvendo a Administração Pública Federal Direta, suas Autarquias e Fundações

Art. 35. As controvérsias jurídicas que envolvam a administração pública federal direta, suas autarquias e fundações poderão ser objeto de transação por adesão, com fundamento em:

I – autorização do Advogado-Geral da União, com base na jurisprudência pacífica do Supremo Tribunal Federal ou de tribunais superiores; ou

II – parecer do Advogado-Geral da União, aprovado pelo Presidente da República.

§ 1.º Os requisitos e as condições da transação por adesão serão definidos em resolução administrativa própria.

§ 2.º Ao fazer o pedido de adesão, o interessado deverá juntar prova de atendimento aos requisitos e às condições estabelecidos na resolução administrativa.

§ 3.º A resolução administrativa terá efeitos gerais e será aplicada aos casos idênticos, tempestivamente habilitados mediante pedido de adesão, ainda que solucione apenas parte da controvérsia.

§ 4.º A adesão implicará renúncia do interessado ao direito sobre o qual se fundamenta a ação ou o recurso, eventualmente pendentes, de natureza administrativa ou judicial, no que tange aos pontos compreendidos pelo objeto da resolução administrativa.

§ 5.º Se o interessado for parte em processo judicial inaugurado por ação coletiva, a renúncia ao direito sobre o qual se fundamenta a ação deverá ser expressa, mediante petição dirigida ao juiz da causa.

§ 6.º A formalização de resolução administrativa destinada à transação por adesão não implica a renúncia tácita à prescrição nem sua interrupção ou suspensão.

Art. 36. No caso de conflitos que envolvam controvérsia jurídica entre órgãos ou entidades de direito público que integram a administração pública federal, a Advocacia-Geral da União deverá realizar composição extrajudicial do conflito, observados os procedimentos previstos em ato do Advogado-Geral da União.

§ 1.º Na hipótese do *caput*, se não houver acordo quanto à controvérsia jurídica, caberá ao Advogado-Geral da União dirimi-la, com fundamento na legislação afeta.

§ 2.º Nos casos em que a resolução da controvérsia implicar o reconhecimento da existência de créditos da União, de suas autarquias e fundações em face de pessoas jurídicas de direito público federais, a Advocacia-Geral da União poderá solicitar ao Ministério do Planejamento, Orçamento e Gestão a adequação orçamentária para quitação das dívidas reconhecidas como legítimas.

§ 3.º A composição extrajudicial do conflito não afasta a apuração de responsabilidade do agente público que deu causa à dívida, sempre que se verificar que sua ação ou omissão constitui, em tese, infração disciplinar.

§ 4.º Nas hipóteses em que a matéria objeto do litígio esteja sendo discutida em ação de improbidade administrativa ou sobre ela haja decisão do Tribunal de Contas da União, a conciliação de que trata o *caput* dependerá da anuência expressa do juiz da causa ou do Ministro Relator.

Art. 37. É facultado aos Estados, ao Distrito Federal e aos Municípios, suas autarquias e fundações públicas, bem como às empresas públicas e sociedades de economia mista federais, submeter seus litígios com órgãos ou entidades da administração pública federal à Advocacia-Geral da União, para fins de composição extrajudicial do conflito.

Art. 38. Nos casos em que a controvérsia jurídica seja relativa a tributos administrados pela Secretaria da Receita Federal do Brasil ou a créditos inscritos em dívida ativa da União:

I – não se aplicam as disposições dos incisos II e III do *caput* do art. 32;

II – as empresas públicas, sociedades de economia mista e suas subsidiárias que explorem atividade econômica de produção ou comercialização de bens ou de prestação de serviços em regime de concorrência não poderão exercer a faculdade prevista no art. 37;

III – quando forem partes as pessoas a que alude o *caput* do art. 36:

a) a submissão do conflito à composição extrajudicial pela Advocacia-Geral da União implica renúncia do direito de recorrer ao Conselho Administrativo de Recursos Fiscais;

b) a redução ou o cancelamento do crédito dependerá de manifestação conjunta do Advogado-Geral da União e do Ministro de Estado da Fazenda.

Parágrafo único. O disposto neste artigo não afasta a competência do Advogado-Geral da União prevista nos incisos VI, X e XI do art. 4.º da Lei Complementar n. 73, de 10 de fevereiro de 1993, e na Lei n. 9.469, de 10 de julho de 1997.

•• Parágrafo único com redação determinada pela Lei n. 13.327, de 29-7-2016.

Art. 39. A propositura de ação judicial em que figurem concomitantemente nos polos ativo e passivo órgãos ou entidades de direito público que integrem a administração pública federal deverá ser previamente autorizada pelo Advogado-Geral da União.

Art. 40. Os servidores e empregados públicos que participarem do processo de composição extrajudicial do conflito, somente poderão ser responsabilizados civil, administrativa ou criminalmente quando, mediante dolo ou fraude, receberem qualquer vantagem patrimonial indevida, permitirem ou facilitarem sua recepção por terceiro, ou para tal concorrerem.

Capítulo III
DISPOSIÇÕES FINAIS

Art. 41. A Escola Nacional de Mediação e Conciliação, no âmbito do Ministério da Justiça, poderá criar banco de dados sobre boas práticas em mediação, bem como manter relação de mediadores e de instituições de mediação.

Art. 42. Aplica-se esta Lei, no que couber, às outras formas consensuais de resolução de conflitos, tais como mediações comunitárias e escola-

res, e àquelas levadas a efeito nas serventias extrajudiciais, desde que no âmbito de suas competências.

Parágrafo único. A mediação nas relações de trabalho será regulada por lei própria.

Art. 43. Os órgãos e entidades da administração pública poderão criar câmaras para a resolução de conflitos entre particulares, que versem sobre atividades por eles reguladas ou supervisionadas.

Art. 46. A mediação poderá ser feita pela internet ou por outro meio de comunicação que permita a transação à distância, desde que as partes estejam de acordo.

Parágrafo único. É facultado à parte domiciliada no exterior submeter-se à mediação segundo as regras estabelecidas nesta Lei.

Art. 47. Esta Lei entra em vigor após decorridos cento e oitenta dias de sua publicação oficial.

Art. 48. Revoga-se o § 2.º do art. 6.º da Lei n. 9.469, de 10 de julho de 1997.

Brasília, 26 de junho de 2015; 194.º da Independência e 127.º da República.

DILMA ROUSSEFF

LEI N. 13.146, DE 6 DE JULHO DE 2015 (*)

Institui a Lei Brasileira de Inclusão da Pessoa com Deficiência (Estatuto da Pessoa com Deficiência).

A Presidenta da República

Faço saber que o Congresso Nacional decreta e eu sanciono a seguinte Lei:

LIVRO I
PARTE GERAL

Título I
DISPOSIÇÕES PRELIMINARES

Capítulo I
DISPOSIÇÕES GERAIS

Art. 1.º É instituída a Lei Brasileira de Inclusão da Pessoa com Deficiência (Estatuto da Pessoa com Deficiência), destinada a assegurar e a promover, em condições de igualdade, o exercício dos direitos e das liberdades fundamentais por pessoa com deficiência, visando à sua inclusão social e cidadania.

- *Vide* arts. 5.º, 6.º, 7.º, XXXI, 23, II, 24, XIV, 37, VIII, 40, § 4.º, I, 201, § 1.º, 203, IV e V, 208, III, 227, §§ 1.º, II, e 2.º, e 244 da CF.
- *Vide* Decreto n. 6.949, de 25-8-2009, que promulga a Convenção Internacional sobre os Direitos das Pessoas com Deficiência.
- *Vide* Lei n. 7.853, de 24-10-1989, regulamentada pelo Decreto n. 3.298, de 20-12-1999, que dispõe sobre o apoio às pessoas com deficiência.

Parágrafo único. Esta Lei tem como base a Convenção sobre os Direitos das Pessoas com Deficiência e seu Protocolo Facultativo, ratificados pelo Congresso Nacional por meio do Decreto Legislativo n. 186, de 9 de julho de 2008, em conformidade com o procedimento previsto no § 3.º do art. 5.º da Constituição da República Federativa do Brasil, em vigor para o Brasil, no plano jurídico externo, desde 31 de agosto de 2008, e promulgados pelo Decreto n. 6.949, de 25 de agosto de 2009, data de início de sua vigência no plano interno.

Art. 2.º Considera-se pessoa com deficiência aquela que tem impedimento de longo prazo de natureza física, mental, intelectual ou sensorial, o qual, em interação com uma ou mais barreiras, pode obstruir sua participação plena e efetiva na sociedade em igualdade de condições com as demais pessoas.

§ 1.º A avaliação da deficiência, quando necessária, será biopsicossocial, realizada por equipe multiprofissional e interdisciplinar e considerará:

- •• *Vide* art. 124 desta Lei.
- • O Decreto n. 10.654, de 22-3-2021, dispõe sobre a avaliação biopsicossocial da visão monocular para fins de reconhecimento da condição de pessoa com deficiência.
- • O Decreto n. 11.063, de 4-5-2022, estabelece os critérios e os requisitos para a avaliação de pessoas com deficiência ou pessoas com transtorno do espectro autista para fins de concessão de isenção do Imposto sobre Produtos Industrializados – IPI na aquisição de automóveis.

I – os impedimentos nas funções e nas estruturas do corpo;

II – os fatores socioambientais, psicológicos e pessoais;

III – a limitação no desempenho de atividades; e

IV – a restrição de participação.

§ 2.º O Poder Executivo criará instrumentos para avaliação da deficiência.

- • A Lei n. 14.126, de 22-3-2021, classifica a visão monocular como deficiência sensorial, do tipo visual, para todos os efeitos legais.

Capítulo II
DA IGUALDADE E DA NÃO DISCRIMINAÇÃO

Art. 8.º É dever do Estado, da sociedade e da família assegurar à pessoa com deficiência, com prioridade, a efetivação dos direitos referentes à vida, à saúde, à sexualidade, à paternidade e à maternidade, à alimentação, à habitação, à educação, à profissionalização, ao trabalho, à previdência social, à habilitação e à reabilitação, ao transporte, à acessibilidade, à cultura, ao desporto, ao turismo, ao lazer, à informação, à comunicação, aos avanços científicos e tecnológicos, à dignidade, ao respeito, à liberdade, à convivência familiar e comunitária, entre outros decorrentes da Constituição Federal, da Convenção sobre os Direitos das Pessoas com Deficiência e seu Protocolo Facultativo e das leis e de outras normas que garantam seu bem-estar pessoal, social e econômico.

SEÇÃO ÚNICA
Do Atendimento Prioritário

Art. 9.º A pessoa com deficiência tem direito a receber atendimento prioritário, sobretudo com a finalidade de:

VII – tramitação processual e procedimentos judiciais e administrativos em que for parte ou interessada, em todos os atos e diligências.

- • A Instrução Normativa n. 29, de 4-8-2005, do TST, dispõe sobre a prioridade na tramitação dos processos em que é parte pessoa com deficiência.

Título II
DOS DIREITOS FUNDAMENTAIS

Capítulo II
DO DIREITO À HABILITAÇÃO E À REABILITAÇÃO

- •• O Decreto n. 8.725, de 27-4-2016, institui a Rede Intersetorial de Reabilitação Integral e dá outras providências.
- • O Decreto n. 129, de 22-5-1991, promulga a Convenção n. 159, da OIT, sobre reabilitação profissional e emprego de pessoas com deficiência.

Art. 14. O processo de habilitação e de reabilitação é um direito da pessoa com deficiência.

Parágrafo único. O processo de habilitação e de reabilitação tem por objetivo o desenvolvimento de potencialidades, talentos, habilidades e aptidões físicas, cognitivas, sensoriais, psicossociais, atitudinais, profissionais e artísticas que contribuam para a conquista da autonomia da pessoa com deficiência e de sua participação social em igualdade de condições e oportunidades com as demais pessoas.

(*) Publicada no *DOU*, de 7-7-2015.

Art. 15. O processo mencionado no art. 14 desta Lei baseia-se em avaliação multidisciplinar das necessidades, habilidades e potencialidades de cada pessoa, observadas as seguintes diretrizes:

I - diagnóstico e intervenção precoces;

II - adoção de medidas para compensar perda ou limitação funcional, buscando o desenvolvimento de aptidões;

III - atuação permanente, integrada e articulada de políticas públicas que possibilitem a plena participação social da pessoa com deficiência;

IV - oferta de rede de serviços articulados, com atuação intersetorial, nos diferentes níveis de complexidade, para atender às necessidades específicas da pessoa com deficiência;

V - prestação de serviços próximo ao domicílio da pessoa com deficiência, inclusive na zona rural, respeitadas a organização das Redes de Atenção à Saúde (RAS) nos territórios locais e as normas do Sistema Único de Saúde (SUS).

Art. 16. Nos programas e serviços de habilitação e de reabilitação para a pessoa com deficiência, são garantidos:

I - organização, serviços, métodos, técnicas e recursos para atender às características de cada pessoa com deficiência;

II - acessibilidade em todos os ambientes e serviços;

III - tecnologia assistiva, tecnologia de reabilitação, materiais e equipamentos adequados e apoio técnico profissional, de acordo com as especificidades de cada pessoa com deficiência;

IV - capacitação continuada de todos os profissionais que participem dos programas e serviços.

Art. 17. Os serviços do SUS e do Suas deverão promover ações articuladas para garantir à pessoa com deficiência e sua família a aquisição de informações, orientações e formas de acesso às políticas públicas disponíveis, com a finalidade de propiciar sua plena participação social.

Parágrafo único. Os serviços de que trata o *caput* deste artigo podem fornecer informações e orientações nas áreas de saúde, de educação, de cultura, de esporte, de lazer, de transporte, de previdência social, de assistência social, de habitação, de trabalho, de empreendedorismo, de acesso ao crédito, de promoção, proteção e defesa de direitos e nas demais áreas que possibilitem à pessoa com deficiência exercer sua cidadania.

Capítulo VI
DO DIREITO AO TRABALHO

SEÇÃO I
Disposições Gerais

• O Decreto n. 129, de 22-5-1991, promulga a Convenção n. 159, da OIT, sobre reabilitação profissional e emprego de pessoas com deficiência.

Art. 34. A pessoa com deficiência tem direito ao trabalho de sua livre escolha e aceitação, em ambiente acessível e inclusivo, em igualdade de oportunidades com as demais pessoas.

§ 1.º As pessoas jurídicas de direito público, privado ou de qualquer natureza são obrigadas a garantir ambientes de trabalho acessíveis e inclusivos.

§ 2.º A pessoa com deficiência tem direito, em igualdade de oportunidades com as demais pessoas, a condições justas e favoráveis de trabalho, incluindo igual remuneração por trabalho de igual valor.

§ 3.º É vedada restrição ao trabalho da pessoa com deficiência e qualquer discriminação em razão de sua condição, inclusive nas etapas de recrutamento, seleção, contratação, admissão, exames admissional e periódico, permanência no emprego, ascensão profissional e reabilitação profissional, bem como exigência de aptidão plena.

§ 4.º A pessoa com deficiência tem direito à participação e ao acesso a cursos, treinamentos, educação continuada, planos de carreira, promoções, bonificações e incentivos profissionais oferecidos pelo empregador, em igualdade de oportunidades com os demais empregados.

§ 5.º É garantida aos trabalhadores com deficiência acessibilidade em cursos de formação e de capacitação.

Art. 35. É finalidade primordial das políticas públicas de trabalho e emprego promover e garantir condições de acesso e de permanência da pessoa com deficiência no campo de trabalho.

Parágrafo único. Os programas de estímulo ao empreendedorismo e ao trabalho autônomo, incluídos o cooperativismo e o associativismo, devem prever a participação da pessoa com deficiência e a disponibilização de linhas de crédito, quando necessárias.

SEÇÃO II
Da Habilitação Profissional e Reabilitação Profissional

•• O Decreto n. 8.725, de 27-4-2016, institui a Rede Intersetorial de Reabilitação Integral e dá outras providências.

Art. 36. O poder público deve implementar serviços e programas completos de habilitação profissional e de reabilitação profissional para que a pessoa com deficiência possa ingressar, continuar ou retornar ao campo do trabalho, respeitados sua livre escolha, sua vocação e seu interesse.

• A Instrução Normativa n. 98, de 15-8-2012, da Secretaria de Inspeção do Trabalho, dispõe sobre procedimentos de fiscalização do cumprimento, por parte dos empregadores, das normas destinadas à inclusão no trabalho das pessoas com deficiência e beneficiários da Previdência Social reabilitados.

§ 1.º Equipe multidisciplinar indicará, com base em critérios previstos no § 1.º do art. 2.º desta Lei, programa de habilitação ou de reabilitação que possibilite à pessoa com deficiência restaurar sua capacidade e habilidade profissional ou adquirir novas capacidades e habilidades de trabalho.

§ 2.º A habilitação profissional corresponde ao processo destinado a propiciar à pessoa com deficiência aquisição de conhecimentos, habilidades e aptidões para exercício de profissão ou de ocupação, permitindo nível suficiente de desenvolvimento profissional para ingresso no campo de trabalho.

§ 3.º Os serviços de habilitação profissional, de reabilitação profissional e de educação profissional devem ser dotados de recursos necessários para atender a toda pessoa com deficiência, independentemente de sua característica específica, a fim de que ela possa ser capacitada para trabalho que lhe seja adequado e ter perspectivas de obtê-lo, de conservá-lo e de nele progredir.

§ 4.º Os serviços de habilitação profissional, de reabilitação profissional e de educação profissional deverão ser oferecidos em ambientes acessíveis e inclusivos.

§ 5.º A habilitação profissional e a reabilitação profissional devem ocorrer articuladas com as redes públicas e privadas, especialmente de saúde, de ensino e de assistência social, em todos os níveis e modalidades, em entidades de formação profissional ou diretamente com o empregador.

§ 6.º A habilitação profissional pode ocorrer em empresas por meio de prévia formalização do contrato de emprego da pessoa com deficiência, que será considerada para o cumprimento da reserva de vagas prevista em lei, desde que por tempo determinado e concomitante com a inclusão profissional na empresa, observado o disposto em regulamento.

§ 7.º A habilitação profissional e a reabilitação profissional atenderão à pessoa com deficiência.

SEÇÃO III
Da Inclusão da Pessoa com Deficiência no Trabalho

• O Decreto n. 9.508, de 24-9-2018, reserva às pessoas com deficiência percentual de cargos e de empregos públicos ofertados em concursos públicos e em processos seletivos no âmbito da administração pública federal direta e indireta.

Art. 37. Constitui modo de inclusão da pessoa com deficiência no trabalho a colocação competitiva, em igualdade de oportunidades com as demais pessoas, nos termos da legislação trabalhista e previdenciá-

ria, na qual devem ser atendidas as regras de acessibilidade, o fornecimento de recursos de tecnologia assistiva e a adaptação razoável no ambiente de trabalho.

Parágrafo único. A colocação competitiva da pessoa com deficiência pode ocorrer por meio de trabalho com apoio, observadas as seguintes diretrizes:

I – prioridade no atendimento à pessoa com deficiência com maior dificuldade de inserção no campo de trabalho;

II – provisão de suportes individualizados que atendam a necessidades específicas da pessoa com deficiência, inclusive a disponibilização de recursos de tecnologia assistiva, de agente facilitador e de apoio no ambiente de trabalho;

III – respeito ao perfil vocacional e ao interesse da pessoa com deficiência apoiada;

IV – oferta de aconselhamento e de apoio aos empregadores, com vistas à definição de estratégias de inclusão e de superação de barreiras, inclusive atitudinais;

V – realização de avaliações periódicas;

VI – articulação intersetorial das políticas públicas;

VII – possibilidade de participação de organizações da sociedade civil.

Art. 38. A entidade contratada para a realização de processo seletivo público ou privado para cargo, função ou emprego está obrigada à observância do disposto nesta Lei e em outras normas de acessibilidade vigentes.

Capítulo VIII
DO DIREITO À PREVIDÊNCIA SOCIAL

Art. 41. A pessoa com deficiência segurada do Regime Geral de Previdência Social (RGPS) tem direito à aposentadoria nos termos da Lei Complementar n. 142, de 8 de maio de 2013.

LIVRO II
PARTE ESPECIAL

Título I
DO ACESSO À JUSTIÇA

Capítulo I
DISPOSIÇÕES GERAIS

• Vide arts. 162, III, 199 e 447, § 1.º, I, do CPC.

Art. 79. O poder público deve assegurar o acesso da pessoa com deficiência à justiça, em igualdade de oportunidades com as demais pessoas, garantindo, sempre que requeridos, adaptações e recursos de tecnologia assistiva.

§ 1.º A fim de garantir a atuação da pessoa com deficiência em todo o processo judicial, o poder público deve capacitar os membros e os servidores que atuam no Poder Judiciário, no Ministério Público, na Defensoria Pública, nos órgãos de segurança pública e no sistema penitenciário quanto aos direitos da pessoa com deficiência.

§ 2.º Devem ser assegurados à pessoa com deficiência submetida a medida restritiva de liberdade todos os direitos e garantias a que fazem jus os apenados sem deficiência, garantida a acessibilidade.

§ 3.º A Defensoria Pública e o Ministério Público tomarão as medidas necessárias à garantia dos direitos previstos nesta Lei.

Art. 80. Devem ser oferecidos todos os recursos de tecnologia assistiva disponíveis para que a pessoa com deficiência tenha garantido o acesso à justiça, sempre que figure em um dos polos da ação ou atue como testemunha, partícipe da lide posta em juízo, advogado, defensor público, magistrado ou membro do Ministério Público.

• Vide art. 199 do CPC.
• Depoimento de pessoa portadora de deficiência: art. 208 do CPP.

Parágrafo único. A pessoa com deficiência tem garantido o acesso ao conteúdo de todos os atos processuais de seu interesse, inclusive no exercício da advocacia.

Art. 81. Os direitos da pessoa com deficiência serão garantidos por ocasião da aplicação de sanções penais.

Art. 82. (*Vetado.*)

Art. 83. Os serviços notariais e de registro não podem negar ou criar óbices ou condições diferenciadas à prestação de seus serviços em razão de deficiência do solicitante, devendo reconhecer sua capacidade legal plena, garantida a acessibilidade.

Parágrafo único. O descumprimento do disposto no *caput* deste artigo constitui discriminação em razão de deficiência.

Capítulo II
DO RECONHECIMENTO IGUAL PERANTE A LEI

Art. 84. A pessoa com deficiência tem assegurado o direito ao exercício de sua capacidade legal em igualdade de condições com as demais pessoas.

§ 1.º Quando necessário, a pessoa com deficiência será submetida à curatela, conforme a lei.

§ 2.º É facultado à pessoa com deficiência a adoção de processo de tomada de decisão apoiada.

§ 3.º A definição de curatela de pessoa com deficiência constitui medida protetiva extraordinária, proporcional às necessidades e às circunstâncias de cada caso, e durará o menor tempo possível.

§ 4.º Os curadores são obrigados a prestar, anualmente, contas de sua administração ao juiz, apresentando o balanço do respectivo ano.

Art. 85. A curatela afetará tão somente os atos relacionados aos direitos de natureza patrimonial e negocial.

§ 1.º A definição da curatela não alcança o direito ao próprio corpo, à sexualidade, ao matrimônio, à privacidade, à educação, à saúde, ao trabalho e ao voto.

§ 2.º A curatela constitui medida extraordinária, devendo constar da sentença as razões e motivações de sua definição, preservados os interesses do curatelado.

§ 3.º No caso de pessoa em situação de institucionalização, ao nomear curador, o juiz deve dar preferência a pessoa que tenha vínculo de natureza familiar, afetiva ou comunitária com o curatelado.

Art. 86. Para emissão de documentos oficiais, não será exigida a situação de curatela da pessoa com deficiência.

Art. 87. Em casos de relevância e urgência e a fim de proteger os interesses da pessoa com deficiência em situação de curatela, será lícito ao juiz, ouvido o Ministério Público, de ofício ou a requerimento do interessado, nomear, desde logo, curador provisório, o qual estará sujeito, no que couber, às disposições do Código de Processo Civil.

Título II
DOS CRIMES E DAS INFRAÇÕES ADMINISTRATIVAS

•• Vide art. 8.º da Lei n. 7.853, de 24-10-1989, que dispõe sobre as penalidades aplicadas aos crimes praticados contra os portadores de deficiência.

Art. 89. Apropriar-se de ou desviar bens, proventos, pensão, benefícios, remuneração ou qualquer outro rendimento de pessoa com deficiência:
Pena – reclusão, de 1 (um) a 4 (quatro) anos, e multa.

• Apropriação indébita previdenciária: art. 168-A do CP.

Parágrafo único. Aumenta-se a pena em 1/3 (um terço) se o crime é cometido:

I – por tutor, curador, síndico, liquidatário, inventariante, testamenteiro ou depositário judicial; ou

II – por aquele que se apropriou em razão de ofício ou de profissão.

• Dos crimes praticados por funcionário público contra a administração em geral: arts. 312 e s. do CP.

Art. 91. Reter ou utilizar cartão magnético, qualquer meio eletrônico ou documento de pessoa com deficiência destinados ao recebimento de benefícios, proventos, pensões ou remuneração ou à realização de operações financeiras, com o fim de obter vantagem indevida para si ou para outrem:
Pena – detenção, de 6 (seis) meses a 2 (dois) anos, e multa.
Parágrafo único. Aumenta-se a pena em 1/3 (um terço) se o crime é cometido por tutor ou curador.

Título III
DISPOSIÇÕES FINAIS E TRANSITÓRIAS

Art. 97. A Consolidação das Leis do Trabalho (CLT), aprovada pelo Decreto-lei n. 5.452, de 1.º de maio de 1943, passa a vigorar com as seguintes alterações:
•• Alterações já processadas no diploma modificado.

Art. 98. A Lei n. 7.853, de 24 de outubro de 1989, passa a vigorar com as seguintes alterações:
•• Alterações já processadas no diploma modificado.

Art. 99. O art. 20 da Lei n. 8.036, de 11 de maio de 1990, passa a vigorar acrescido do seguinte inciso XVIII:
•• Alteração já processada no diploma modificado.

Art. 101. A Lei n. 8.213, de 24 de julho de 1991, passa a vigorar com as seguintes alterações:
•• Alterações já processadas no diploma modificado.

Art. 107. A Lei n. 9.029, de 13 de abril de 1995, passa a vigorar com as seguintes alterações:
•• Alteração já processada no diploma modificado.

Art. 114. A Lei n. 10.406, de 10 de janeiro de 2002 (Código Civil), passa a vigorar com as seguintes alterações:
•• Alterações já processadas no diploma modificado.

Art. 123. Revogam-se os seguintes dispositivos:

II – os incisos I, II e III do art. 3.º da Lei n. 10.406, de 10 de janeiro de 2002 (Código Civil);

III – os incisos II e III do art. 228 da Lei n. 10.406, de 10 de janeiro de 2002 (Código Civil).

Art. 124. O § 1.º do art. 2.º desta Lei deverá entrar em vigor em até 2 (dois) anos, contados da entrada em vigor desta Lei.

Art. 127. Esta Lei entra em vigor após decorridos 180 (cento e oitenta) dias de sua publicação oficial.
Brasília, 6 de julho de 2015; 194.º da Independência e 127.º da República.

DILMA ROUSSEFF

LEI N. 13.155, DE 4 DE AGOSTO DE 2015 (*)

Estabelece princípios e práticas de responsabilidade fiscal e financeira e de gestão transparente e democrática para entidades desportivas profissionais de futebol; institui parcelamentos especiais para recuperação de dívidas pela União, cria a Autoridade Pública de Governança do Futebol – APFUT; dispõe sobre a gestão temerária no âmbito das entidades desportivas profissionais; cria a Loteria Exclusiva – LOTEX;

(*) Publicada no *DOU*, de 5-8-2015.

altera as Leis ns. 9.615, de 24 de março de 1998, 8.212, de 24 de julho de 1991, 10.671, de 15 de maio de 2003, 10.891, de 9 de julho de 2004, 11.345, de 14 de setembro de 2006, e 11.438, de 29 de dezembro de 2006, e os Decretos-leis ns. 3.688, de 3 de outubro de 1941, e 204, de 27 de fevereiro de 1967; revoga a Medida Provisória n. 669, de 26 de fevereiro de 2015; cria programa de iniciação esportiva escolar; e dá outras providências.

A Presidenta da República
Faço saber que o Congresso Nacional decreta e eu sanciono a seguinte Lei:

Art. 1.º Esta Lei de Responsabilidade Fiscal do Esporte – LRFE estabelece princípios e práticas de responsabilidade fiscal e financeira e de gestão transparente e democrática para entidades desportivas profissionais de futebol, cria o Programa de Modernização da Gestão e de Responsabilidade Fiscal do Futebol Brasileiro e dispõe sobre a gestão temerária no âmbito das referidas entidades.

Capítulo I
DO PROGRAMA DE MODERNIZAÇÃO DA GESTÃO E DE RESPONSABILIDADE FISCAL DO FUTEBOL BRASILEIRO – PROFUT

SEÇÃO I
Disposições Gerais

Art. 2.º Fica criado o Programa de Modernização da Gestão e de Responsabilidade Fiscal do Futebol Brasileiro – PROFUT, com o objetivo de promover a gestão transparente e democrática e o equilíbrio financeiro das entidades desportivas profissionais de futebol.
Parágrafo único. Para os fins desta Lei, consideram-se entidade desportiva profissional de futebol a entidade de prática desportiva envolvida em competições de atletas profissionais, nos termos dos arts. 26 e 28 da Lei n. 9.615, de 24 de março de 1998, as ligas em que se organizarem e as respectivas entidades de administração de desporto profissional.
Art. 3.º A adesão ao Profut dar-se-á com o requerimento das entidades desportivas profissionais de futebol do parcelamento de que trata a Seção II deste Capítulo.
Parágrafo único. Para aderir ao Profut, as entidades desportivas profissionais de futebol deverão apresentar os seguintes documentos:
I – estatuto social ou contrato social e atos de designação e responsabilidade de seus gestores;
II – demonstrações financeiras e contábeis, nos termos da legislação aplicável; e
III – relação das operações de antecipação de receitas realizadas, assinada pelos dirigentes e pelo conselho fiscal.
Art. 4.º Para que as entidades desportivas profissionais de futebol mantenham-se no Profut, serão exigidas as seguintes condições:
I – regularidade das obrigações trabalhistas e tributárias federais correntes, vencidas a partir da data de publicação desta Lei, inclusive as retenções legais, na condição de responsável tributário, na forma da lei;
• Vide inciso I do art. 46 desta Lei.
II – fixação do período do mandato de seu presidente ou dirigente máximo e demais cargos eletivos em até quatro anos, permitida uma única recondução;
• Vide inciso I do art. 46 desta Lei.
•• A Resolução n. 5, de 9-3-2021, da Secretaria Especial do Esporte, dispõe sobre a fiscalização do cumprimento do período de mandato de Presidente, Dirigente máximo e demais cargos eletivos da entidade desportiva, para fins do disposto neste inciso.
III – comprovação da existência e autonomia do seu conselho fiscal;
• Vide inciso I do art. 46 desta Lei.
IV – proibição de antecipação ou comprometimento de receitas referentes a períodos posteriores ao término da gestão ou do mandato, salvo:
• Vide inciso I do art. 46 desta Lei.
a) o percentual de até 30% (trinta por cento) das receitas referentes ao 1.º (primeiro) ano do mandato subsequente; e

b) em substituição a passivos onerosos, desde que implique redução do nível de endividamento;

V – redução do défice, nos seguintes prazos:

a) a partir de 1.º de janeiro de 2017, para até 10% (dez por cento) de sua receita bruta apurada no ano anterior; e

b) a partir de 1.º de janeiro de 2019, para até 5% (cinco por cento) de sua receita bruta apurada no ano anterior;

VI – publicação das demonstrações contábeis padronizadas, separadamente, por atividade econômica e por modalidade esportiva, de modo distinto das atividades recreativas e sociais, após terem sido submetidas a auditoria independente;

- *Vide* inciso I do art. 46 desta Lei.

VII – cumprimento dos contratos e regular pagamento dos encargos relativos a todos os profissionais contratados, referentes a verbas atinentes a salários, de Fundo de Garantia do Tempo de Serviço – FGTS, de contribuições previdenciárias, de pagamento das obrigações contratuais e outras havidas com os atletas e demais funcionários, inclusive direito de imagem, ainda que não guardem relação direta com o salário;

- *Vide* inciso I do art. 46 desta Lei.

VIII – previsão, em seu estatuto ou contrato social, do afastamento imediato e inelegibilidade, pelo período de, no mínimo, cinco anos, de dirigente ou administrador que praticar ato de gestão irregular ou temerária;

- *Vide* inciso II do art. 46 desta Lei.

IX – demonstração de que os custos com folha de pagamento e direitos de imagem de atletas profissionais de futebol não superam 80% (oitenta por cento) da receita bruta anual das atividades do futebol profissional; e

- *Vide* inciso II do art. 46 desta Lei.

X – manutenção de investimento mínimo na formação de atletas e no futebol feminino e oferta de ingressos a preços populares, mediante a utilização dos recursos provenientes:

- *Vide* inciso II do art. 46 desta Lei.

a) da remuneração pela cessão de direitos de que trata o inciso I do § 2.º do art. 28 desta Lei; e

b) (Vetado.)

§ 1.º Sem prejuízo do disposto nos incisos I a VIII do *caput* deste artigo, no caso de entidade de administração do desporto, será exigida a representação da categoria de atletas no âmbito dos órgãos e conselhos técnicos incumbidos da aprovação de regulamentos das competições.

§ 2.º As entidades deverão publicar, em sítio eletrônico próprio, documentos que atestem o cumprimento do disposto nos incisos I a X do *caput* deste artigo, garantido o sigilo acerca dos valores pagos a atletas e demais profissionais contratados.

§ 3.º Para os fins do disposto no inciso III do *caput* deste artigo, será considerado autônomo o conselho fiscal que tenha asseguradas condições de instalação, de funcionamento e de independência, garantidas, no mínimo, por meio das seguintes medidas:

I – escolha de seus membros mediante voto ou outro sistema estabelecido previamente à escolha;

II – exercício de mandato de seus membros, do qual somente possam ser destituídos nas condições estabelecidas previamente ao seu início e determinadas por órgão distinto daquele sob a sua fiscalização; e

III – existência de regimento interno que regule o seu funcionamento.

§ 4.º As entidades desportivas profissionais com faturamento anual inferior a uma vez e meia o teto do faturamento da empresa de pequeno porte de que trata o inciso II do art. 3.º da Lei Complementar n. 123, de 14 de dezembro de 2006, ficam dispensadas do cumprimento do disposto nos incisos V e IX do *caput* deste artigo e, quanto ao disposto no inciso VI do *caput* deste artigo, ficam autorizadas a contratar contador para o exercício da função de auditor independente.

§ 5.º Não constitui descumprimento da condição prevista no inciso VII do *caput* deste artigo a existência de débitos em discussão judicial.

§ 6.º As demonstrações contábeis de que trata o inciso VI do *caput* deste artigo deverão explicitar, além de outros valores exigidos pela legislação e pelas normas contábeis, os referentes a:

I – receitas de transmissão e de imagem;

II – receitas de patrocínios, publicidade, luva e marketing;

III – receitas com transferência de atletas;

IV – receitas de bilheteria;

V – receitas e despesas com atividades sociais da entidade;

VI – despesas totais com modalidade desportiva profissional;

VII – despesas com pagamento de direitos econômicos de atletas;

VIII – despesas com pagamento de direitos de imagem de atletas;

IX – despesas com modalidades desportivas não profissionais; e

X – receitas decorrentes de repasses de recursos públicos de qualquer natureza, origem e finalidade.

Art. 5.º A entidade de administração do desporto ou liga que organizar competição profissional de futebol deverá:

I – publicar, em sítio eletrônico próprio, sua prestação de contas e demonstrações contábeis padronizadas, após terem sido submetidas a auditoria independente;

II – garantir a representação da categoria de atletas no âmbito dos órgãos e conselhos técnicos incumbidos da aprovação de regulamentos das competições;

III – assegurar a existência e a autonomia do seu conselho fiscal;

IV – estabelecer em seu estatuto ou contrato social:

a) mandato de até quatro anos para seu presidente ou dirigente máximo e demais cargos eletivos, permitida uma única recondução; e

b) a representação da categoria de atletas no âmbito dos órgãos e conselhos técnicos incumbidos da aprovação de regulamentos das competições;

V – prever, em seu regulamento geral de competições, no mínimo, as seguintes sanções para o descumprimento das condições previstas nos incisos I a X do *caput* do art. 4.º desta Lei:

a) advertência; e

b) proibição de registro de contrato especial de trabalho desportivo, para os fins do disposto no § 5.º do art. 28 da Lei n. 9.615, de 24 de março de 1998.

Parágrafo único. A aplicação das penalidades de que tratam as alíneas *a* e *b* do inciso V do *caput* deste artigo não tem natureza desportiva ou disciplinar e prescinde de decisão prévia da Justiça Desportiva.

SEÇÃO II
Do Parcelamento Especial de Débitos das Entidades Desportivas Profissionais de Futebol perante a União

SUBSEÇÃO I
Disposições gerais

Art. 6.º As entidades desportivas profissionais de futebol que aderirem ao Profut poderão parcelar os débitos na Secretaria da Receita Federal do Brasil do Ministério da Fazenda, na Procuradoria-Geral da Fazenda Nacional e no Banco Central do Brasil, e os débitos previstos na Subseção II, no Ministério do Trabalho e Emprego.

•• A Lei n. 14.117, de 8-1-2021, dispõe em seu art. 1.º: "Art. 1.º Fica suspensa a exigibilidade das parcelas autorizadas pelo art. 6.º da Lei n. 13.155, de 4 de agosto de 2015, devidas pelas entidades desportivas profissionais de futebol que aderiram ao Programa de Modernização da Gestão e de Responsabilidade Fiscal do Futebol Brasileiro (Profut) durante o período da calamidade pública decorrente da pandemia da Covid-19, declarada pela Organização Mundial da Saúde (OMS). § 1.º As parcelas de que trata o *caput* deste artigo serão incorporadas ao saldo devedor para pagamento nas parcelas vincendas após o período da calamidade pública referida no *caput* deste artigo. § 2.º O disposto neste artigo não afasta a incidência de juros, na forma prevista na Lei n. 13.155, de 4 de agosto de 2015."

§ 1.º O disposto neste artigo aplica-se aos débitos tributários ou não tributários, cujos fatos geradores tenham ocorrido até a data de publicação desta Lei, constituídos ou não, inscritos ou não como dívida ativa, mesmo que em fase de execução fiscal ajuizada, ou que tenham

sido objeto de parcelamento anterior, não integralmente quitado, ainda que cancelado por falta de pagamento.

§ 2.º O requerimento de parcelamento implica confissão irrevogável e irretratável dos débitos abrangidos pelo parcelamento e configura confissão extrajudicial, podendo a entidade de prática desportiva profissional, a seu critério, não incluir no parcelamento débitos que se encontrem em discussão na esfera administrativa ou judicial, estejam ou não submetidos à causa legal de suspensão de exigibilidade.

§ 3.º Para inclusão no parcelamento de que trata este Capítulo de débitos que se encontrem vinculados a discussão administrativa ou judicial, submetidos ou não a hipótese legal de suspensão, o devedor deverá desistir de forma irrevogável, até o prazo final para adesão, de impugnações ou recursos administrativos, de ações judiciais propostas ou de qualquer defesa em sede de execução fiscal e, cumulativamente, renunciar a quaisquer alegações de direito sobre as quais se fundam os processos administrativos e as ações judiciais, observado o disposto na parte final do § 2.º deste artigo.

§ 4.º O devedor poderá ser intimado, a qualquer tempo, pelo órgão ou autoridade competente a comprovar que protocolou requerimento de extinção dos processos, com resolução do mérito.

Art. 7.º A dívida objeto do parcelamento será consolidada, no âmbito de cada órgão responsável pela cobrança, na data do pedido, e deverá ser paga em até duzentas e quarenta parcelas, com redução de 70% (setenta por cento) das multas, 40% (quarenta por cento) dos juros e 100% (cem por cento) dos encargos legais.

§ 1.º O valor das parcelas de que trata este artigo não poderá ser inferior a R$ 3.000,00 (três mil reais).

§ 2.º As reduções previstas no *caput* deste artigo não serão cumulativas com outras reduções admitidas em lei.

§ 3.º Na hipótese de anterior concessão de redução de multas ou de juros em percentuais diversos dos estabelecidos no *caput* deste artigo, prevalecerão os percentuais nele referidos, aplicados sobre o saldo original das multas ou dos juros.

§ 4.º Enquanto não consolidado o parcelamento, a entidade desportiva deverá calcular e recolher, mensalmente, parcela equivalente ao montante dos débitos objeto do parcelamento dividido pelo número de prestações indicado no requerimento de parcelamento, observado o disposto no § 1.º deste artigo.

§ 5.º O valor de cada uma das parcelas, determinado na forma deste artigo, será acrescido de juros obtidos pela aplicação da taxa referencial do Sistema Especial de Liquidação e de Custódia – SELIC para títulos federais, acumulada mensalmente, calculados a partir do mês subsequente ao da consolidação até o mês anterior ao do pagamento, e de 1% (um por cento) relativamente ao mês em que o pagamento estiver sendo efetuado.

§ 6.º A entidade desportiva profissional de futebol poderá reduzir:

I – em 50% (cinquenta por cento), o valor da 1.ª (primeira) a 24.ª (vigésima quarta) prestações mensais;

II – em 25% (vinte e cinco por cento), o valor da 25.ª (vigésima quinta) a 48.ª (quadragésima oitava) prestações mensais; e

III – em 10% (dez por cento), o valor da 49.ª (quadragésima nona) a 60.ª (sexagésima) prestações mensais.

§ 7.º As prestações vencerão no último dia útil de cada mês.

§ 8.º Por ocasião da consolidação, será exigida a regularidade de todas as prestações devidas desde o mês de adesão até o mês anterior ao da conclusão da consolidação dos débitos parcelados nos termos do disposto neste artigo.

Art. 8.º Na hipótese de os débitos a serem parcelados estarem vinculados a depósitos administrativos ou judiciais, os percentuais de redução previstos no *caput* do art. 7.º desta Lei serão aplicados sobre o valor do débito atualizado à época do depósito e somente incidirão sobre o valor das multas de mora e de ofício, das multas isoladas, dos juros de mora e do encargo legal efetivamente depositados.

Art. 9.º O requerimento de parcelamento deverá ser apresentado até o último dia útil do terceiro mês subsequente ao da publicação desta Lei.

•• A Lei 13.262, de 22-3-2016, reabre o prazo previsto no art. 9.º desta Lei até 31-7-2016.

§ 1.º O deferimento do parcelamento não autoriza o levantamento de garantias eventualmente existentes, as quais somente poderão ser liberadas após a quitação do parcelamento ao qual o débito garantido esteja vinculado, exceto a penhora de dinheiro, em espécie ou em depósito ou aplicação em instituição financeira, o qual poderá, a requerimento da entidade desportiva, ser utilizado para quitação automática do saldo da dívida ou de parcelas vincendas de que trata o *caput* do art. 7.º desta Lei.

§ 2.º (*Vetado.*)

§ 3.º (*Vetado.*)

Art. 10. Não serão devidos honorários advocatícios ou qualquer verba de sucumbência nas ações judiciais que, direta ou indiretamente, vierem a ser extintas em decorrência de adesão ao parcelamento de que trata esta Seção.

Art. 11. Ao parcelamento de que trata esta Seção não se aplica o disposto no § 1.º do art. 3.º da Lei n. 9.964, de 10 de abril de 2000, e no § 10 do art. 1.º da Lei n. 10.684, de 30 de maio de 2003.

SUBSEÇÃO II
Das condições específicas para o parcelamento de débitos relativos ao FGTS e às contribuições instituídas pela Lei Complementar n. 110, de 29 de junho de 2001

Art. 12. As dívidas das entidades desportivas profissionais de futebol relativas ao FGTS e às contribuições instituídas pela Lei Complementar n. 110, de 29 de junho de 2001, poderão ser parceladas em até cento e oitenta prestações mensais, observadas as condições estabelecidas nesta Subseção.

§ 1.º O deferimento dos parcelamentos de débitos será feito pelo Ministério do Trabalho e Emprego ou pela Procuradoria-Geral da Fazenda Nacional, diretamente, ou por intermédio da Caixa Econômica Federal, mediante autorização.

§ 2.º As reduções previstas no *caput* do art. 7.º desta Lei não se aplicam aos débitos relativos ao FGTS destinados à cobertura de importâncias devidas aos trabalhadores.

§ 3.º Nas hipóteses em que o trabalhador fizer jus à utilização de valores de sua conta vinculada ao FGTS durante o período de vigência do parcelamento, a entidade deverá, sob pena de rescisão, antecipar os recolhimentos relativos ao trabalhador, podendo observar o valor da parcela vigente para realizar as antecipações.

§ 4.º O valor do débito, para fins de quitação da parcela e do saldo remanescente do parcelamento, será atualizado conforme a Lei n. 8.036, de 11 de maio de 1990.

Art. 13. Os depósitos existentes vinculados aos débitos a serem parcelados nos termos desta Lei serão automaticamente convertidos em renda para o FGTS após aplicação das reduções para pagamento ou parcelamento.

Parágrafo único. No caso previsto no *caput* deste artigo, deve o juiz determinar à Caixa Econômica Federal que proceda à emissão da guia própria e providencie sua quitação com os valores depositados.

Art. 14. O pedido de parcelamento deferido constitui confissão de dívida e instrumento hábil e suficiente para a exigência do crédito devido ao FGTS.

Art. 15. Ao parcelamento dos débitos de que trata esta Subseção aplica-se o disposto na Subseção I, exceto o disposto no art. 8.º desta Lei, cabendo ao Conselho Curador do FGTS, nos termos do inciso IX do art. 5.º da Lei n. 8.036, de 11 de maio de 1990, a determinação dos demais critérios a serem aplicados ao parcelamento.

SUBSEÇÃO III
Da rescisão do parcelamento

Art. 16. Implicará imediata rescisão do parcelamento, com cancelamento dos benefícios concedidos:

I – o descumprimento do disposto no art. 4.º desta Lei, observado o disposto nos arts. 21 a 24 desta Lei;

II – a falta de pagamento de três parcelas; ou

III – a falta de pagamento de até duas prestações, se extintas todas as demais ou vencida a última prestação do parcelamento.

Parágrafo único. É considerada inadimplida a parcela parcialmente paga.

Art. 17. Rescindido o parcelamento:

I – será efetuada a apuração do valor original do débito, restabelecendo-se os acréscimos legais na forma da legislação aplicável à época da ocorrência dos fatos geradores; e

II – será deduzido do valor referido no inciso I deste artigo o valor correspondente às prestações extintas.

Art. 18. Na hipótese de rescisão do parcelamento, a entidade desportiva de que trata o parágrafo único do art. 2.º desta Lei não poderá beneficiar-se de incentivo ou benefício fiscal previsto na legislação federal nem poderá receber repasses de recursos públicos federais da administração direta ou indireta pelo prazo de dois anos, contado da data da rescisão.

Capítulo II
DA AUTORIDADE PÚBLICA DE GOVERNANÇA DO FUTEBOL – APFUT

SEÇÃO I
Disposições Gerais

Art. 19. Fica criada, no âmbito do Ministério do Esporte, a Autoridade Pública de Governança do Futebol – APFUT, sem aumento de despesa, com as seguintes competências:

I – fiscalizar as obrigações previstas no art. 4.º desta Lei e, em caso de descumprimento, comunicar ao órgão federal responsável para fins de exclusão do Profut;

II – expedir regulamentação sobre procedimento de fiscalização do cumprimento das condições previstas nos incisos II a X do caput do art. 4.º desta Lei;

III – requisitar informações e documentos às entidades desportivas profissionais; e

IV – elaborar e aprovar o seu regimento interno.

§ 1.º A Apfut contará com a participação de representantes do Poder Executivo federal e da sociedade civil, garantida a participação paritária de atletas, dirigentes, treinadores e árbitros, na forma do regulamento.

§ 2.º Na fiscalização do cumprimento das obrigações de que trata o inciso I do caput deste artigo, a Apfut poderá fixar prazos para que sejam sanadas irregularidades.

§ 3.º O apoio e o assessoramento técnico à Apfut serão prestados pelo Ministério do Esporte.

§ 4.º Decreto do Poder Executivo federal disporá sobre a organização e o funcionamento da Apfut, inclusive sobre os procedimentos e ritos necessários ao exercício de sua finalidade.

SEÇÃO II
Da Apuração de Eventual Descumprimento das Condições previstas no art. 4.º desta Lei

Art. 20. Para apurar eventual descumprimento das condições previstas no art. 4.º desta Lei, a Apfut agirá de ofício ou quando provocada mediante denúncia fundamentada.

§ 1.º São legitimados para apresentar a denúncia referida no caput deste artigo:

I – a entidade nacional ou regional de administração do desporto;

II – a entidade desportiva profissional;

III – o atleta profissional vinculado à entidade desportiva profissional denunciada;

IV – a associação ou o sindicato de atletas profissionais;

V – a associação de empregados de entidade desportiva profissional;

VI – a associação ou o sindicato de empregados das entidades de que tratam os incisos I e II do art. 45 desta Lei; e

VII – o Ministério do Trabalho e Emprego.

§ 2.º A Apfut poderá averiguar teor de denúncia noticiada em pelo menos dois veículos de grande circulação, se a considerar fundamentada.

Art. 21. No caso de denúncia recebida, relacionada a eventual descumprimento das condições previstas no art. 4.º desta Lei, a Apfut deverá, nos termos do regulamento, notificar a entidade beneficiária do parcelamento para apresentar sua defesa no prazo de quinze dias.

Art. 22. Esgotado o prazo para apresentação da defesa e recebimento das informações, a Apfut decidirá motivadamente acerca do descumprimento do disposto no art. 4.º desta Lei, podendo:

I – arquivar a denúncia;

II – advertir a entidade desportiva profissional;

III – advertir a entidade desportiva profissional e fixar prazo de até cento e oitenta dias para que regularize a situação objeto da denúncia; ou

IV – comunicar o fato ao órgão federal responsável pelo parcelamento para que este proceda à efetiva exclusão do parcelamento.

Art. 23. A Apfut poderá deixar de realizar a comunicação a que se refere o inciso IV do caput do art. 22 desta Lei, caso:

I – a entidade desportiva profissional, quando cabível:

a) adote mecanismos de responsabilização pessoal dos dirigentes e membros de conselho que tiverem dado causa às irregularidades; e

b) regularize a situação que tenha motivado a advertência;

II – a entidade de administração do desporto ou liga aplique a sanção prevista na alínea b do inciso V do caput do art. 5.º.

Capítulo III
DA GESTÃO TEMERÁRIA NAS ENTIDADES DESPORTIVAS PROFISSIONAIS DE FUTEBOL

Art. 24. Os dirigentes das entidades desportivas profissionais de futebol, independentemente da forma jurídica adotada, têm seus bens particulares sujeitos ao disposto no art. 50 da Lei n. 10.406, de 10 de janeiro de 2002 – Código Civil.

§ 1.º Para os fins do disposto nesta Lei, dirigente é todo aquele que exerça, de fato ou de direito, poder de decisão na gestão da entidade, inclusive seus administradores.

§ 2.º Os dirigentes de entidades desportivas profissionais respondem solidária e ilimitadamente pelos atos ilícitos praticados e pelos atos de gestão irregular ou temerária ou contrários ao previsto no contrato social ou estatuto.

§ 3.º O dirigente que, tendo conhecimento do não cumprimento dos deveres estatutários ou contratuais por seu predecessor ou pelo administrador competente, deixar de comunicar o fato ao órgão estatutário competente será responsabilizado solidariamente.

Art. 25. Consideram-se atos de gestão irregular ou temerária praticados pelo dirigente aqueles que revelem desvio de finalidade na direção da entidade ou que gerem risco excessivo e irresponsável para seu patrimônio, tais como:

I – aplicar créditos ou bens sociais em proveito próprio ou de terceiros;

II – obter, para si ou para outrem, vantagem a que não faz jus e de que resulte ou possa resultar prejuízo para a entidade desportiva profissional;

III – celebrar contrato com empresa da qual o dirigente, seu cônjuge ou companheiro, ou parentes, em linha reta, colateral ou por afinidade, até o terceiro grau, sejam sócios ou administradores, exceto no caso de contratos de patrocínio ou doação em benefício da entidade desportiva;

IV – receber qualquer pagamento, doação ou outra forma de repasse de recursos oriundos de terceiros que, no prazo de até um ano, antes ou depois do repasse, tenham celebrado contrato com a entidade desportiva profissional;

V - antecipar ou comprometer receitas referentes a períodos posteriores ao término da gestão ou do mandato, salvo:

a) o percentual de até 30% (trinta por cento) das receitas referentes ao primeiro ano do mandato subsequente; ou

b) em substituição a passivos onerosos, desde que implique redução do nível de endividamento;

VI - formar défice ou prejuízo anual acima de 20% (vinte por cento) da receita bruta apurada no ano anterior;

VII - atuar com inércia administrativa na tomada de providências que assegurem a diminuição dos défices fiscal e trabalhista determinados no art. 4.º desta Lei; e

VIII - não divulgar de forma transparente informações de gestão aos associados e torcedores.

§ 1.º Em qualquer hipótese, o dirigente não será responsabilizado caso:

I - não tenha agido com culpa grave ou dolo; ou

II - comprove que agiu de boa-fé e que as medidas realizadas visavam a evitar prejuízo maior à entidade.

§ 2.º Para os fins do disposto no inciso IV do *caput* deste artigo, também será considerado ato de gestão irregular ou temerária o recebimento de qualquer pagamento, doação ou outra forma de repasse de recursos por:

I - cônjuge ou companheiro do dirigente;

II - parentes do dirigente, em linha reta, colateral ou por afinidade, até o terceiro grau; e

III - empresa ou sociedade civil da qual o dirigente, seu cônjuge ou companheiro ou parentes, em linha reta, colateral ou por afinidade, até o terceiro grau, sejam sócios ou administradores.

§ 3.º Para os fins do disposto no inciso VI do *caput* deste artigo, não serão considerados atos de gestão irregular ou temerária o aumento de endividamento decorrente de despesas relativas ao planejamento e à execução de obras de infraestrutura, tais como estádios e centros de treinamento, bem como a aquisição de terceiros dos direitos que envolvam a propriedade plena de estádios e centros de treinamento:

I - desde que haja previsão e comprovação de elevação de receitas capazes de arcar com o custo do investimento; e

II - desde que estruturados na forma de financiamento-projeto, por meio de sociedade de propósito específico, constituindo um investimento de capital economicamente separável das contas da entidade.

Art. 26. Os dirigentes que praticarem atos de gestão irregular ou temerária poderão ser responsabilizados por meio de mecanismos de controle social internos da entidade, sem prejuízo da adoção das providências necessárias à apuração das eventuais responsabilidades civil e penal.

§ 1.º Na ausência de disposição específica, caberá à assembleia geral da entidade deliberar sobre a instauração de procedimentos de apuração de responsabilidade.

§ 2.º A assembleia geral poderá ser convocada por 15% (quinze por cento) dos associados com direito a voto para deliberar sobre a instauração de procedimento de apuração de responsabilidade dos dirigentes, caso, após três meses da ciência do ato tido como de gestão irregular ou temerária:

I - não tenha sido instaurado o referido procedimento; ou

II - não tenha sido convocada assembleia geral para deliberar sobre os procedimentos internos de apuração da responsabilidade.

§ 3.º Caso constatada a responsabilidade, o dirigente será considerado inelegível por dez anos para cargos eletivos em qualquer entidade desportiva profissional.

Art. 27. Compete à entidade desportiva profissional, mediante prévia deliberação da assembleia geral, adotar medida judicial cabível contra os dirigentes para ressarcimento dos prejuízos causados ao seu patrimônio.

§ 1.º Os dirigentes contra os quais deva ser proposta medida judicial ficarão impedidos e deverão ser substituídos na mesma assembleia.

§ 2.º O impedimento previsto no § 1.º deste artigo será suspenso caso a medida judicial não tenha sido proposta após três meses da deliberação da assembleia geral.

Capítulo IV
DAS LOTERIAS

Art. 28. Fica o Poder Executivo federal autorizado a instituir a Loteria Instantânea Exclusiva – LOTEX, tendo como tema marcas, emblemas, hinos, símbolos, escudos e similares relativos às entidades de prática desportiva da modalidade futebol, implementada em meio físico ou virtual.

•• O art. 2.º da Lei n. 13.262, de 4-8-2015, dispõe: a Loteria Instantânea Exclusiva – LOTEX, de que trata o art. 28 da Lei n. 13.155, de 4 de agosto de 2015, poderá adicionalmente contar com temas complementares aos mencionados no *caput* do referido artigo, de maneira a permitir a exploração mercadológica de eventos de grande apelo popular, datas comemorativas, referências culturais, licenciamentos de marcas ou personagens e demais elementos gráficos e visuais que possam aumentar a atratividade comercial do produto.

§ 1.º A loteria de que trata o *caput* deste artigo será autorizada pelo Ministério da Fazenda e executada diretamente, pela Caixa Econômica Federal, ou indiretamente, mediante concessão.

§ 2.º Poderá participar do concurso de prognóstico a entidade de prática desportiva da modalidade futebol que, cumulativamente:

I - ceder os direitos de uso de sua denominação, marca, emblema, hino, símbolos e similares para divulgação e execução do concurso; e

II - publicar demonstrações financeiras nos termos do inciso VI do art. 4.º desta Lei.

§ 3.º (*Vetado.*)

§§ 4.º e 5.º (*Revogados pela Lei n. 13.756, de 12-12-2018.*)

§§ 6.º e 7.º (*Vetados.*)

Arts. 29 e 30. (*Vetados.*)

Capítulo V
DO REGIME ESPECIAL DE TRIBUTAÇÃO DAS SOCIEDADES EMPRESÁRIAS DESPORTIVAS PROFISSIONAIS

Arts. 31 a 36. (*Vetados.*)

Capítulo VI
ALTERAÇÕES NA LEGISLAÇÃO

Art. 37. O § 2.º do art. 50 do Decreto-lei n. 3.688, de 3 de outubro de 1941 – Lei das Contravenções Penais, passa a vigorar com a seguinte redação:

•• Alterações já processadas no diploma modificado.

Art. 38. A Lei n. 9.615, de 24 de março de 1998, passa a vigorar com as seguintes alterações:

•• Alterações já processadas no diploma modificado.

Capítulo VII
DISPOSIÇÕES FINAIS E TRANSITÓRIAS

Art. 44. Aplicam-se a todas entidades desportivas previstas no parágrafo único do art. 13 da Lei n. 9.615, de 24 de março de 1998, o disposto nos arts. 24 a 27 desta Lei.

Art. 45. Observadas as condições de ingresso referidas no parágrafo único do art. 3.º desta Lei, poderão aderir aos parcelamentos a que se refere a Seção II do Capítulo I desta Lei:

I - as entidades nacionais e regionais de administração do desporto referidas nos incisos III e IV do parágrafo único do art. 13 da Lei n. 9.615, de 24 de março de 1998; e

II - as entidades de prática desportiva referidas no inciso VI do parágrafo único do art. 13 da Lei n. 9.615, de 24 de março de 1998, que não este-

jam envolvidas em competições de atletas profissionais, nos termos dos arts. 26 e 28 da referida Lei.

§ 1.º As entidades referidas no inciso I do *caput* deste artigo deverão observar as condições de manutenção previstas nos incisos I, II, III, VI, VII e VIII do *caput* do art. 4.º desta Lei e no inciso I do *caput* do art. 5.º desta Lei.

§ 2.º As entidades referidas no inciso II do *caput* deste artigo deverão observar as condições de manutenção previstas nos incisos I, II, III, VI, VII e VIII do *caput* do art. 4.º desta Lei.

§ 3.º As condições previstas nos §§ 1.º e 2.º deste artigo serão fiscalizadas pela Apfut, que comunicará aos órgãos federais responsáveis os casos de descumprimento, para fins de exclusão do parcelamento e providências cabíveis quanto à isenção fiscal.

§ 4.º O Poder Executivo regulamentará de forma diferenciada este artigo.

§ 5.º (*Vetado*.)

Art. 46. Serão exigidas:

I – a partir da entrada em vigor desta Lei, as condições previstas nos incisos I a VII do *caput* do art. 4.º desta Lei; e

II – a partir de 1.º de janeiro de 2016, as condições previstas:

a) nos incisos VIII a X do *caput* do art. 4.º desta Lei; e

b) no parágrafo único do art. 4.º desta Lei.

Art. 47. A Secretaria da Receita Federal do Brasil do Ministério da Fazenda, o Ministério do Trabalho e Emprego, a Procuradoria-Geral da Fazenda Nacional e a Procuradoria-Geral do Banco Central do Brasil, no âmbito de suas atribuições, editarão as normas necessárias à execução dos parcelamentos previstos nesta Lei.

Parágrafo único. O Poder Executivo divulgará, semestralmente, o valor da arrecadação de receitas resultante da adesão aos parcelamentos de que trata esta Lei, detalhado no menor nível possível, observado o disposto no art. 198 da Lei n. 5.172, de 25 de outubro de 1966 – Código Tributário Nacional.

Arts. 48 e 49. (*Vetados*.)

Art. 50. Ficam os Tribunais Regionais do Trabalho, ou outro órgão definido por determinação dos próprios Tribunais, autorizados a instaurar o Regime Centralizado de Execução (Ato Trabalhista) para as entidades desportivas de que trata o § 10 do art. 27 da Lei n. 9.615, de 24 de março de 1998.

Art. 51. (*Vetado*.)

Art. 52. Esta Lei entra em vigor na data de sua publicação.

Art. 53. Fica revogada a Medida Provisória n. 669, de 26 de fevereiro de 2015.

Brasília, 4 de agosto de 2015; 194.º da Independência e 127.º da República.

Dilma Rousseff

INSTRUÇÃO NORMATIVA N. 38, DE 10 DE NOVEMBRO DE 2015 (*)

Regulamenta o procedimento do Incidente de Julgamento dos Recursos de Revista e de Embargos à SbDI-1 repetitivos.

Art. 1.º As normas do Código de Processo Civil relativas ao julgamento dos recursos extraordinário e especial repetitivos aplicam-se, no que couber, ao recurso de revista e ao recurso de embargos repetitivos (CLT, artigos 894, II e 896 da CLT).

Art. 2.º Havendo multiplicidade de recursos de revista ou de embargos para a Subseção de Dissídios Individuais I (SbDI-1) fundados em idêntica questão de direito, a questão poderá ser afetada a essa Subseção ou ao Tribunal Pleno, por decisão da maioria simples de seus membros, mediante requerimento de um dos Ministros que a compõem, considerando a relevância da matéria ou a existência de entendimentos divergentes entre os Ministros dessa Subseção ou das Turmas do Tribunal.

§ 1.º O requerimento fundamentado de um dos Ministros da Subseção de Dissídios Individuais I de afetação da questão a ser julgada em incidente de recursos repetitivos deverá indicar um ou mais recursos de revista ou de embargos representativos da controvérsia e ser formulado por escrito diretamente ao Presidente da SbDI-1 ou, oralmente, em questão preliminar suscitada quando do julgamento de processo incluído na pauta de julgamentos da Subseção.

§ 2.º De forma concorrente, quando a Turma do Tribunal Superior do Trabalho entender necessária a adoção do procedimento de julgamento de recursos de revista repetitivos, seu Presidente deverá submeter ao Presidente da Subseção de Dissídios Individuais I a proposta de afetação do recurso de revista, para os efeitos dos artigos 896-B e 896-C da CLT.

§ 3.º O Presidente da Subseção submeterá a proposta de afetação ao colegiado, se formulada por escrito, no prazo máximo de 30 dias de seu recebimento, ou de imediato, se suscitada em questão preliminar, quando do julgamento de determinado processo pela SbDI-1, após o que:

I – acolhida a proposta, por maioria simples, o colegiado também decidirá se a questão será analisada pela própria SbDI-1 ou pelo Tribunal Pleno;

II – acolhida a proposta, a desistência da ação ou do recurso não impede a análise da questão objeto de julgamento de recursos repetitivos;

III – na hipótese do inciso I, o processo será distribuído a um relator e a um revisor do órgão jurisdicional correspondente, para sua tramitação nos termos do artigo 896-C da CLT;

IV – rejeitada a proposta, se for o caso, os autos serão devolvidos ao órgão julgador respectivo, para que o julgamento do recurso prossiga regularmente.

§ 4.º Não será admitida sustentação oral versando, de forma específica, sobre a proposta de afetação.

§ 5.º A critério do Presidente da Subseção, as propostas de afetação formuladas por escrito por um dos Ministros da Subseção de Dissídios Individuais I ou pelo Presidente de Turma do Tribunal Superior do Trabalho poderão ser apreciadas pela SbDI-1 por meio eletrônico, nos termos e para os efeitos do § 3.º, I, deste artigo, do que serão as partes cientificadas pelo *Diário da Justiça*.

§ 6.º Caso surja alguma divergência entre os integrantes do colegiado durante o julgamento eletrônico, este ficará imediatamente suspenso, devendo a proposta de afetação ser apreciada em sessão presencial.

Art. 3.º O Presidente da Subseção de Dissídios Individuais I que afetar processo para julgamento sob o rito dos recursos repetitivos deverá expedir comunicação aos demais Presidentes de Turma, que poderão afetar outros processos sobre a questão para julgamento conjunto, a fim de conferir ao órgão julgador visão global da questão.

Art. 4.º Somente poderão ser afetados recursos representativos da controvérsia que sejam admissíveis e que, a critério do relator do incidente de julgamento dos recursos repetitivos, contenham abrangente argumentação e discussão a respeito da questão a ser decidida.

Parágrafo único. O relator desse incidente não fica vinculado às propostas de afetação de que trata o artigo anterior, podendo recusá-las por desatenderem aos requisitos previstos no *caput* deste artigo e, ainda, selecionar outros recursos representativos da controvérsia.

Art. 5.º Selecionados os recursos, o relator, na Subseção Especializada em Dissídios Individuais ou no Tribunal Pleno, constatada a presença do pressuposto do *caput* do art. 896-C da CLT, proferirá decisão de afetação, sempre fundamentada, na qual:

I – identificará com precisão a questão a ser submetida a julgamento;

(*) Publicada no *DJe*, de 17-11-2015.

II - poderá determinar a suspensão dos recursos de revista ou de embargos de que trata o § 5.º do artigo 896-C da CLT;

III - poderá solicitar aos Tribunais Regionais do Trabalho informações a respeito da controvérsia, a serem prestadas no prazo de 15 (quinze) dias, e requisitar aos Presidentes ou Vice-Presidentes dos Tribunais Regionais do Trabalho a remessa de até dois recursos de revista representativos da controvérsia;

IV - concederá o prazo de 15 (quinze) dias para a manifestação escrita das pessoas, órgãos ou entidades interessados na controvérsia, que poderão ser admitidos como *amici curiae*;

V - informará aos demais Ministros sobre a decisão de afetação;

VI - poderá conceder vista ao Ministério Público e às partes, nos termos e para os efeitos do § 9.º do artigo 896-C da CLT.

Art. 6.º O Presidente do Tribunal Superior do Trabalho oficiará os Presidentes dos Tribunais Regionais do Trabalho, com cópia da decisão de afetação, para que suspendam os recursos de revista interpostos em casos idênticos aos afetados como recursos repetitivos e ainda não encaminhados a este Tribunal, bem como os recursos ordinários interpostos contra as sentenças proferidas em casos idênticos aos afetados como recursos repetitivos, até o pronunciamento definitivo do Tribunal Superior do Trabalho.

Art. 7.º Caberá ainda ao Presidente do Tribunal de origem, caso receba a requisição de que trata o inciso III do artigo 5.º desta Instrução Normativa, admitir até dois recursos representativos da controvérsia, os quais serão encaminhados ao Tribunal Superior do Trabalho.

Art. 8.º Se, após receber os recursos de revista selecionados pelo Presidente ou Vice-Presidente do Tribunal Regional do Trabalho, não se proceder à sua afetação, o relator, no Tribunal Superior do Trabalho, comunicará o fato ao Presidente ou Vice-Presidente que os houver enviado, para que seja revogada a decisão de suspensão referida no artigo 896-C, § 4.º, da CLT.

Art. 9.º As partes deverão ser intimadas da decisão de suspensão de seu processo, a ser proferida pelo respectivo relator.

§ 1.º A parte poderá requerer o prosseguimento de seu processo se demonstrar a intempestividade do recurso nele interposto ou a existência de distinção entre a questão de direito a ser decidida no seu processo e aquela a ser julgada sob o rito dos recursos repetitivos.

§ 2.º O requerimento a que se refere o § 1.º será dirigido:

I - ao juiz, se o processo sobrestado estiver em primeiro grau;

II - ao relator, se o processo sobrestado estiver no tribunal de origem;

III - ao relator do acórdão recorrido, se for sobrestado recurso de revista no tribunal de origem;

IV - ao relator, no Tribunal Superior do Trabalho, do recurso de revista ou de embargos cujo processamento houver sido sobrestado.

§ 3.º A outra parte deverá ser ouvida sobre o requerimento, no prazo de cinco dias.

§ 4.º Reconhecida a distinção no caso:

I - dos incisos I, II e IV do § 2.º, o próprio juiz ou relator dará prosseguimento ao processo;

II - do inciso III do § 2.º, o relator comunicará a decisão ao presidente ou ao vice-presidente que houver determinado o sobrestamento, para que este dê normal prosseguimento ao processo.

§ 5.º A decisão que resolver o requerimento a que se refere o § 1.º é irrecorrível de imediato, nos termos do artigo 893, § 1.º, da CLT.

Art. 10. Para instruir o procedimento, pode o relator fixar data para, em audiência pública, ouvir depoimentos de pessoas com experiência e conhecimento na matéria, sempre que entender necessário o esclarecimento de questões ou circunstâncias de fato subjacentes à controvérsia objeto do incidente de recursos repetitivos.

§ 1.º O relator poderá também admitir, tanto na audiência pública quanto no curso do procedimento, a manifestação, como *amici curiae*, de pessoas, órgãos ou entidades com interesse na controvérsia, considerando a relevância da matéria e assegurando o contraditório e a isonomia de tratamento.

§ 2.º A manifestação de que trata o § 1.º somente será admitida até a inclusão do processo em pauta.

Art. 11. Os recursos afetados deverão ser julgados no prazo de um ano e terão preferência sobre os demais feitos.

§ 1.º Na hipótese de não ocorrer o julgamento no prazo de um ano a contar da publicação da decisão de que trata o artigo 5.º desta Instrução Normativa, cessam automaticamente, em todo o território nacional, a afetação e a suspensão dos processos, que retomarão seu curso normal.

§ 2.º Ocorrendo a hipótese do § 1.º, é permitida, nos termos e para os efeitos do artigo 2.º desta Instrução Normativa e do artigo 896-C da CLT, a formulação de outra proposta de afetação de processos representativos da controvérsia para instauração e julgamento de recursos repetitivos para ser apreciada e decidida pela SbDI-1 deste Tribunal.

Art. 12. O conteúdo do acórdão paradigma abrangerá a análise de todos os fundamentos da tese jurídica discutida, favoráveis ou contrários.

Parágrafo único. É vedado ao órgão colegiado decidir, para os fins do artigo 896-C da CLT, questão não delimitada na decisão de afetação.

Art. 13. Decidido o recurso representativo da controvérsia, os órgãos jurisdicionais respectivos declararão prejudicados os demais recursos versando sobre idêntica controvérsia ou os decidirão, aplicando a tese firmada.

Parágrafo único. Quando os recursos requisitados do Tribunal Regional do Trabalho contiverem outras questões além daquela que é objeto da afetação, caberá ao órgão jurisdicional competente, em acórdão específico para cada processo, decidir esta em primeiro lugar e depois as demais.

Art. 14. Publicado o acórdão paradigma:

I - o Presidente ou Vice-Presidente do Tribunal de origem negará seguimento aos recursos de revista sobrestados na origem, se o acórdão recorrido coincidir com a orientação do Tribunal Superior do Trabalho;

II - o órgão que proferiu o acórdão recorrido, na origem, reexaminará o processo de competência originária ou o recurso anteriormente julgado, na hipótese de o acórdão recorrido contrariar a orientação do Tribunal Superior do Trabalho;

III - os processos porventura suspensos em primeiro e segundo graus de jurisdição retomarão o curso para julgamento e aplicação da tese firmada pelo Tribunal Superior do Trabalho.

Art. 15. Para fundamentar a decisão de manutenção do entendimento, o órgão que proferiu o acórdão recorrido deverá demonstrar a existência de distinção, por se tratar de caso particularizado por hipótese fática distinta ou questão jurídica não examinada, a impor solução diversa.

§ 1.º Na hipótese de que trata o *caput* deste artigo, o recurso de revista será submetido a novo exame de sua admissibilidade pelo Presidente ou Vice-Presidente do Tribunal Regional, retomando o processo o seu curso normal.

§ 2.º Realizado o juízo de retratação, com alteração do acórdão divergente, o Tribunal de origem, se for o caso, decidirá as demais questões ainda não decididas, cujo enfrentamento se tornou necessário em decorrência da alteração.

§ 3.º Quando for alterado o acórdão divergente na forma do § 1.º e o recurso anteriormente interposto versar sobre outras questões, o Presidente ou Vice-Presidente do Tribunal Regional, independentemente de ratificação do recurso, procederá a novo juízo de admissibilidade, retomando o processo o seu curso normal.

Art. 16. A parte poderá desistir da ação em curso no primeiro grau de jurisdição, antes de proferida a sentença, se a questão nela discutida for idêntica à resolvida pelo recurso representativo da controvérsia.

§ 1.º Se a desistência ocorrer antes de oferecida a defesa, a parte, se

for o caso, ficará dispensada do pagamento de custas e de honorários de advogado.

§ 2.º A desistência apresentada nos termos do *caput* deste artigo independe de consentimento do reclamado, ainda que apresentada contestação.

Art. 17. Caberá revisão da decisão firmada em julgamento de recursos repetitivos quando se alterar a situação econômica, social ou jurídica, caso em que será respeitada a segurança jurídica das relações firmadas sob a égide da decisão anterior, podendo o Tribunal Superior do Trabalho modular os efeitos da decisão que a tenha alterado.

Art. 18. Caso a questão afetada e julgada sob o rito dos recursos repetitivos também contenha questão constitucional, a decisão proferida pelo Tribunal Pleno não obstará o conhecimento de eventuais recursos extraordinários sobre a questão constitucional.

Art. 19. Aos recursos extraordinários interpostos perante o Tribunal Superior do Trabalho será aplicado o procedimento previsto no Código de Processo Civil para o julgamento dos recursos extraordinários repetitivos, cabendo ao Presidente do Tribunal Superior do Trabalho selecionar um ou mais recursos representativos da controvérsia e encaminhá-los ao Supremo Tribunal Federal, sobrestando os demais até o pronunciamento definitivo da Corte, na forma ali prevista.

Art. 20. Quando o julgamento dos embargos à SbDI-1 envolver relevante questão de direito, com grande repercussão social, sem repetição em múltiplos processos mas a respeito da qual seja conveniente a prevenção ou a composição de divergência entre as turmas ou os demais órgãos fracionários do Tribunal Superior do Trabalho, poderá a SbDI-1, por iniciativa de um de seus membros e após a aprovação da maioria de seus integrantes, afetar o seu julgamento ao Tribunal Pleno.

Parágrafo único. Aplica-se a este incidente, no que couber, o que esta Instrução Normativa dispõe sobre o incidente de julgamento de recursos repetitivos.

Art. 21. O Tribunal Superior do Trabalho deverá manter e dar publicidade às questões de direito objeto dos recursos repetitivos já julgados, pendentes de julgamento ou já reputadas sem relevância, bem como daquelas objeto das decisões proferidas por sua composição plenária, nos termos do § 13 do artigo 896 da CLT e do artigo 20 desta Instrução Normativa.

Parágrafo único. As decisões, organizadas por questão jurídica julgada, serão divulgadas, preferencialmente, na rede mundial de computadores e constarão do Banco Nacional de Jurisprudência Uniformizadora – BANJUR, instituído pelo artigo 7.º da Instrução Normativa n. 37/2015, aprovada pela Resolução n. 195, de 2-3-2015, do Tribunal Superior do Trabalho.

Art. 22. Após a publicação da presente Instrução Normativa, ficam expressamente revogados os artigos 7.º a 22 do Ato n. 491/SEGJUD.GP, de 23 de setembro de 2014.

Antonio José de Barros Levenhagen

INSTRUÇÃO NORMATIVA N. 39, DE 15 DE MARÇO DE 2016 (*)

Dispõe sobre as normas do Código de Processo Civil de 2015 aplicáveis e inaplicáveis ao Processo do Trabalho, de forma não exaustiva.

Art. 1.º Aplica-se o Código de Processo Civil, subsidiária e supletivamente, ao Processo do Trabalho, em caso de omissão e desde que haja compatibilidade com as normas e princípios do Direito Processual do Trabalho, na forma dos arts. 769 e 889 da CLT e do art. 15 da Lei n. 13.105, de 17-3-2015.

(*) Publicada no *DEJT*, de 16-3-2016. Aprovada pela Resolução n. 203, de 15-3-2016, do TST.

§ 1.º Observar-se-á, em todo caso, o princípio da irrecorribilidade em separado das decisões interlocutórias, de conformidade com o art. 893, § 1.º, da CLT e Súmula 214 do TST.

§ 2.º O prazo para interpor e contra-arrazoar todos os recursos trabalhistas, inclusive agravo interno e agravo regimental, é de oito dias (art. 6.º da Lei n. 5.584/70 e art. 893 da CLT), exceto embargos de declaração (CLT, art. 897-A).

Art. 2.º Sem prejuízo de outros, não se aplicam ao Processo do Trabalho, em razão de inexistência de omissão ou por incompatibilidade, os seguintes preceitos do Código de Processo Civil:

I – art. 63 (modificação da competência territorial e eleição de foro);

II – art. 190 e parágrafo único (negociação processual);

III – art. 219 (contagem de prazos em dias úteis);

IV – art. 334 (audiência de conciliação ou de mediação);

V – art. 335 (prazo para contestação);

VI – art. 362, III (adiamento da audiência em razão de atraso injustificado superior a 30 minutos);

VII – art. 373, §§ 3.º e 4.º (distribuição diversa do ônus da prova por convenção das partes);

VIII – (*Revogado pela Instrução Normativa n. 41, de 21-6-2018.*)

IX – art. 942 e parágrafos (prosseguimento de julgamento não unânime de apelação);

X – art. 944 (notas taquigráficas para substituir acórdão);

XI – art. 1.010, § 3.º (desnecessidade de o juízo *a quo* exercer controle de admissibilidade na apelação);

XII – arts. 1.043 e 1.044 (embargos de divergência);

XIII – art. 1.070 (prazo para interposição de agravo).

Art. 3.º Sem prejuízo de outros, aplicam-se ao Processo do Trabalho, em face de omissão e compatibilidade, os preceitos do Código de Processo Civil que regulam os seguintes temas:

I – art. 76, §§ 1.º e 2.º (saneamento de incapacidade processual ou de irregularidade de representação);

II – art. 138 e parágrafos (*amicus curiae*);

III – art. 139, exceto a parte final do inciso V (poderes, deveres e responsabilidades do juiz);

IV – art. 292, V (valor pretendido na ação indenizatória, inclusive a fundada em dano moral);

V – art. 292, § 3.º (correção de ofício do valor da causa);

VI – arts. 294 a 311 (tutela provisória);

VII – art. 373, §§ 1.º e 2.º (distribuição dinâmica do ônus da prova);

VIII – art. 485, § 7.º (juízo de retratação no recurso ordinário);

IX – art. 489 (fundamentação da sentença);

X – art. 496 e parágrafos (remessa necessária);

XI – arts. 497 a 501 (tutela específica);

XII – arts. 536 a 538 (cumprimento de sentença que reconheça a exigibilidade de obrigação de fazer, de não fazer ou de entregar coisa);

XIII – arts. 789 a 796 (responsabilidade patrimonial);

XIV – art. 805 e parágrafo único (obrigação de o executado indicar outros meios mais eficazes e menos onerosos para promover a execução);

XV – art. 833, incisos e parágrafos (bens impenhoráveis);

XVI – art. 835, incisos e §§ 1.º e 2.º (ordem preferencial de penhora);

XVII – art. 836, §§ 1.º e 2.º (procedimento quando não encontrados bens penhoráveis);

XVIII – art. 841, §§ 1.º e 2.º (intimação da penhora);

XIX – art. 854 e parágrafos (BacenJUD);

XX – art. 895 (pagamento parcelado do lanço);

XXI – art. 916 e parágrafos (parcelamento do crédito exequendo);

XXII – art. 918 e parágrafo único (rejeição liminar dos embargos à execução);

XXIII – arts. 926 a 928 (jurisprudência dos tribunais);

XXIV – art. 940 (vista regimental);
XXV – art. 947 e parágrafos (incidente de assunção de competência);
XXVI – arts. 966 a 975 (ação rescisória);
XXVII – arts. 988 a 993 (reclamação);
XXVIII – arts. 1.013 a 1.014 (efeito devolutivo do recurso ordinário – força maior);
XXIX – art. 1.021 (salvo quanto ao prazo do agravo interno).

Art. 4.º Aplicam-se ao Processo do Trabalho as normas do CPC que regulam o princípio do contraditório, em especial os artigos 9.º e 10, no que vedam a decisão surpresa.

§ 1.º Entende-se por "decisão surpresa" a que, no julgamento final do mérito da causa, em qualquer grau de jurisdição, aplicar fundamento jurídico ou embasar-se em fato não submetido à audiência prévia de uma ou de ambas as partes.

§ 2.º Não se considera "decisão surpresa" a que, à luz do ordenamento jurídico nacional e dos princípios que informam o Direito Processual do Trabalho, as partes tinham obrigação de prever, concernente às condições da ação, aos pressupostos de admissibilidade de recurso e aos pressupostos processuais, salvo disposição legal expressa em contrário.

Art. 5.º Aplicam-se ao Processo do Trabalho as normas do art. 356, §§ 1.º a 4.º, do CPC que regem o julgamento antecipado parcial do mérito, cabendo recurso ordinário de imediato da sentença.

Art. 6.º (*Revogado pela Instrução Normativa n. 41, de 21-6-2018.*)

Art. 7.º Aplicam-se ao Processo do Trabalho as normas do art. 332 do CPC, com as necessárias adaptações à legislação processual trabalhista, cumprindo ao juiz do trabalho julgar liminarmente improcedente o pedido que contrariar:

I – enunciado de súmula do Supremo Tribunal Federal ou do Tribunal Superior do Trabalho (CPC, art. 927, inciso V);

II – acórdão proferido pelo Supremo Tribunal Federal ou pelo Tribunal Superior do Trabalho em julgamento de recursos repetitivos (CLT, art. 896-B; CPC, art. 1.046, § 4.º);

III – entendimento firmado em incidente de resolução de demandas repetitivas ou de assunção de competência;

IV – enunciado de súmula de Tribunal Regional do Trabalho sobre direito local, convenção coletiva de trabalho, acordo coletivo de trabalho, sentença normativa ou regulamento empresarial de observância obrigatória em área territorial que não exceda à jurisdição do respectivo Tribunal (CLT, art. 896, *b*, *a contrario sensu*).

Parágrafo único. O juiz também poderá julgar liminarmente improcedente o pedido se verificar, desde logo, a ocorrência de decadência.

Art. 8.º Aplicam-se ao Processo do Trabalho as normas dos arts. 976 a 986 do CPC que regem o incidente de resolução de demandas repetitivas (IRDR).

§ 1.º Admitido o incidente, o relator suspenderá o julgamento dos processos pendentes, individuais ou coletivos, que tramitam na Região, no tocante ao tema objeto de IRDR, sem prejuízo da instrução integral das causas e do julgamento dos eventuais pedidos distintos e cumulativos igualmente deduzidos em tais processos, inclusive, se for o caso, do julgamento antecipado parcial do mérito.

§ 2.º Do julgamento do mérito do incidente caberá recurso de revista para o Tribunal Superior do Trabalho, dotado de efeito meramente devolutivo, nos termos dos arts. 896 e 899 da CLT.

§ 3.º Apreciado o mérito do recurso, a tese jurídica adotada pelo Tribunal Superior do Trabalho será aplicada no território nacional a todos os processos, individuais ou coletivos, que versem sobre idêntica questão de direito.

Art. 9.º O cabimento dos embargos de declaração no Processo do Trabalho, para impugnar qualquer decisão judicial, rege-se pelo art. 897-A da CLT e, supletivamente, pelo Código de Processo Civil (arts. 1.022 a 1.025; §§ 2.º, 3.º e 4.º do art. 1.026), excetuada a garantia de prazo em dobro para litisconsortes (§ 1.º do art. 1.023).

Parágrafo único. A omissão para fins do prequestionamento ficto a que alude o art. 1.025 do CPC dá-se no caso de o Tribunal Regional do Trabalho, mesmo instado mediante embargos de declaração, recusar-se a emitir tese sobre questão jurídica pertinente, na forma da Súmula 297, item III, do Tribunal Superior do Trabalho.

Art. 10. Aplicam-se ao Processo do Trabalho as normas do parágrafo único do art. 932 do CPC, §§ 1.º a 4.º do art. 938 e §§ 2.º e 7.º do art. 1.007.

Parágrafo único. (*Revogado pela Resolução n. 218, de 17-4-2017.*)

Art. 11. Não se aplica ao Processo do Trabalho a norma do art. 459 do CPC no que permite a inquirição direta das testemunhas pela parte (CLT, art. 820).

Art. 12. Aplica-se ao Processo do Trabalho o parágrafo único do art. 1.034 do CPC. Assim, admitido o recurso de revista por um fundamento, devolve-se ao Tribunal Superior do Trabalho o conhecimento dos demais fundamentos para a solução apenas do capítulo impugnado.

Art. 13. Por aplicação supletiva do art. 784, I (art. 15 do CPC), o cheque e a nota promissória emitidos em reconhecimento de dívida inequivocamente de natureza trabalhista também são títulos extrajudiciais para efeito de execução perante a Justiça do Trabalho, na forma do art. 876 e segs. da CLT.

Art. 14. Não se aplica ao Processo do Trabalho o art. 165 do CPC, salvo nos conflitos coletivos de natureza econômica (Constituição Federal, art. 114, §§ 1.º e 2.º).

Art. 15. O atendimento à exigência legal de fundamentação das decisões judiciais (CPC, art. 489, § 1.º) no Processo do Trabalho observará o seguinte:

I – por força dos arts. 332 e 927 do CPC, adaptados ao Processo do Trabalho, para efeito dos incisos V e VI do § 1.º do art. 489 considera-se "precedente" apenas:

a) acórdão proferido pelo Supremo Tribunal Federal ou pelo Tribunal Superior do Trabalho em julgamento de recursos repetitivos (CLT, art. 896-B; CPC, art. 1.046, § 4.º);

b) entendimento firmado em incidente de resolução de demandas repetitivas ou de assunção de competência;

c) decisão do Supremo Tribunal Federal em controle concentrado de constitucionalidade;

d) tese jurídica prevalecente em Tribunal Regional do Trabalho e não conflitante com súmula ou orientação jurisprudencial do Tribunal Superior do Trabalho (CLT, art. 896, § 6.º);

•• A Lei n. 13.467, de 13-7-2017, em vigor 120 dias da sua publicação (*DOU* de 14-7-2017), revoga o § 6.º do art. 896 da CLT.

e) decisão do plenário, do órgão especial ou de seção especializada competente para uniformizar a jurisprudência do tribunal a que o juiz estiver vinculado ou do Tribunal Superior do Trabalho;

II – para os fins do art. 489, § 1.º, incisos V e VI do CPC, considerar-se-ão unicamente os precedentes referidos no item anterior, súmulas do Supremo Tribunal Federal, orientação jurisprudencial e súmula do Tribunal Superior do Trabalho, súmula de Tribunal Regional do Trabalho não conflitante com súmula ou orientação jurisprudencial do TST, que contenham explícita referência aos fundamentos determinantes da decisão (*ratio decidendi*);

III – não ofende o art. 489, § 1.º, inciso IV, do CPC a decisão que deixar de apreciar questões cujo exame haja ficado prejudicado em razão da análise anterior de questão subordinante;

IV – o art. 489, § 1.º, IV, do CPC não obriga o juiz ou o Tribunal a enfrentar os fundamentos jurídicos invocados pela parte, quando já tenham sido examinados na formação dos precedentes obrigatórios ou nos fundamentos determinantes de enunciado de súmula;

V – decisão que aplica a tese jurídica firmada em precedente, nos termos do item I, não precisa enfrentar os fundamentos já analisados na decisão

paradigma, sendo suficiente, para fins de atendimento das exigências constantes no art. 489, § 1.º, do CPC, a correlação fática e jurídica entre o caso concreto e aquele apreciado no incidente de solução concentrada;

VI – é ônus da parte, para os fins do disposto no art. 489, § 1.º, V e VI, do CPC, identificar os fundamentos determinantes ou demonstrar a existência de distinção no caso em julgamento ou a superação do entendimento, sempre que invocar precedente ou enunciado de súmula.

Art. 16. Para efeito de aplicação do § 5.º do art. 272 do CPC, não é causa de nulidade processual a intimação realizada na pessoa de advogado regularmente habilitado nos autos, ainda que conste pedido expresso para que as comunicações dos atos processuais sejam feitas em nome de outro advogado, se o profissional indicado não se encontra previamente cadastrado no Sistema de Processo Judicial Eletrônico, impedindo a serventia judicial de atender ao requerimento de envio da intimação direcionada. A decretação de nulidade não pode ser acolhida em favor da parte que lhe deu causa (CPC, art. 276).

Art. 17. Sem prejuízo da inclusão do devedor no Banco Nacional de Devedores Trabalhistas (CLT, art. 642-A), aplicam-se à execução trabalhista as normas dos artigos 495, 517 e 782, §§ 3.º, 4.º e 5.º do CPC, que tratam respectivamente da hipoteca judiciária, do protesto de decisão judicial e da inclusão do nome do executado em cadastros de inadimplentes.

Art. 18. Esta Instrução Normativa entrará em vigor na data da sua publicação.

Ives Gandra da Silva Martins Filho

INSTRUÇÃO NORMATIVA N. 40, DE 15 DE MARÇO DE 2016 (*)

Dispõe sobre o cabimento de agravo de instrumento em caso de admissibilidade parcial de recurso de revista no Tribunal Regional do Trabalho e dá outras providências.

Art. 1.º Admitido apenas parcialmente o recurso de revista, constitui ônus da parte impugnar, mediante agravo de instrumento, o capítulo denegatório da decisão, sob pena de preclusão.

§ 1.º Se houver omissão no juízo de admissibilidade do recurso de revista quanto a um ou mais temas, é ônus da parte interpor embargos de declaração para o órgão prolator da decisão embargada supri-la (CPC, art. 1.024, § 2.º), sob pena de preclusão.

§ 2.º Incorre em nulidade a decisão regional que se abstiver de exercer controle de admissibilidade sobre qualquer tema objeto de recurso de revista, não obstante interpostos embargos de declaração (CF/88, art. 93, inciso IX, e § 1.º do art. 489 do CPC de 2015).

§ 3.º No caso do parágrafo anterior, sem prejuízo da nulidade, a recusa do Presidente do Tribunal Regional do Trabalho a emitir juízo de admissibilidade sobre qualquer tema equivale à decisão denegatória. É ônus da parte, assim, após a intimação da decisão dos embargos de declaração, impugná-la mediante agravo de instrumento (CLT, art. 896, § 12), sob pena de preclusão.

§ 4.º Faculta-se ao Ministro Relator, por decisão irrecorrível (CLT, art. 896, § 5.º, por analogia), determinar a restituição do agravo de instrumento ao Presidente do Tribunal Regional do Trabalho de origem para que complemente o juízo de admissibilidade, desde que interpostos embargos de declaração.

•• A Lei n. 13.467, de 13-7-2017, em vigor 120 dias da sua publicação (*DOU* de 14-7-2017), revoga o § 5.º do art. 896 da CLT.

Art. 2.º Após a vigência do Código de Processo Civil de 2015, subsiste o Incidente de Uniformização de Jurisprudência da CLT (art. 896, §§ 3.º, 4.º, 5.º e 6.º), observado o procedimento previsto no regimento interno do Tribunal Regional do Trabalho.

•• A Lei n. 13.467, de 13-7-2017, em vigor 120 dias da sua publicação (*DOU* de 14-7-2017), revoga os §§ 3.º a 6.º do art. 896 da CLT.

Art. 3.º A presente instrução normativa vigerá a partir de sua publicação, exceto o art. 1.º, que vigorará a partir de 15 de abril de 2016.

Ives Gandra da Silva Martins Filho

LEI N. 13.271, DE 15 DE ABRIL DE 2016 (**)

Dispõe sobre a proibição de revista íntima de funcionárias nos locais de trabalho e trata da revista íntima em ambientes prisionais.

A Presidenta da República,

Faço saber que o Congresso Nacional decreta e eu sanciono a seguinte Lei:

Art. 1.º As empresas privadas, os órgãos e entidades da administração pública, direta e indireta, ficam proibidos de adotar qualquer prática de revista íntima de suas funcionárias e de clientes do sexo feminino.

Art. 2.º Pelo não cumprimento do art. 1.º, ficam os infratores sujeitos a:

I – multa de R$ 20.000,00 (vinte mil reais) ao empregador, revertidos aos órgãos de proteção dos direitos da mulher;

II – multa em dobro do valor estipulado no inciso I, em caso de reincidência, independentemente da indenização por danos morais e materiais e sanções de ordem penal.

Art. 3.º (*Vetado.*)

Art. 4.º Esta Lei entra em vigor na data de sua publicação.

Brasília, 15 de abril de 2016; 195.º da Independência e 128.º da República.

DILMA ROUSSEFF

LEI N. 13.300, DE 23 DE JUNHO DE 2016 (***)

Disciplina o processo e o julgamento dos mandados de injunção individual e coletivo e dá outras providências.

O Vice-Presidente da República, no exercício do cargo de Presidente da República

Faço saber que o Congresso Nacional decreta e eu sanciono a seguinte Lei:

Art. 1.º Esta Lei disciplina o processo e o julgamento dos mandados de injunção individual e coletivo, nos termos do inciso LXXI do art. 5.º da Constituição Federal.

Art. 2.º Conceder-se-á mandado de injunção sempre que a falta total ou parcial de norma regulamentadora torne inviável o exercício dos direitos e liberdades constitucionais e das prerrogativas inerentes à nacionalidade, à soberania e à cidadania.

Parágrafo único. Considera-se parcial a regulamentação quando forem insuficientes as normas editadas pelo órgão legislador competente.

Art. 3.º São legitimados para o mandado de injunção, como impetrantes, as pessoas naturais ou jurídicas que se afirmam titulares dos direitos, das liberdades ou das prerrogativas referidos no art. 2.º e, como impetrado, o Poder, o órgão ou a autoridade com atribuição para editar a norma regulamentadora.

Art. 4.º A petição inicial deverá preencher os requisitos estabelecidos pela lei processual e indicará, além do órgão impetrado, a pessoa jurídica que ele integra ou aquela a que está vinculado.

(*) Publicada no *DEJT*, de 17-3-2016. Aprovada pela Resolução n. 205, de 15-3-2016, do TST.

(**) Publicada no *DOU*, de 18-4-2016.

(***) Publicada no *DOU*, de 24-6-2016.

•• *Vide* arts. 319 a 331 do CPC, que dispõem sobre petição inicial.

§ 1.º Quando não for transmitida por meio eletrônico, a petição inicial e os documentos que a instruem serão acompanhados de tantas vias quantos forem os impetrados.

§ 2.º Quando o documento necessário à prova do alegado encontrar-se em repartição ou estabelecimento público, em poder de autoridade ou de terceiro, havendo recusa em fornecê-lo por certidão, no original, ou em cópia autêntica, será ordenada, a pedido do impetrante, a exibição do documento no prazo de 10 (dez) dias, devendo, nesse caso, ser juntada cópia à segunda via da petição.

§ 3.º Se a recusa em fornecer o documento for do impetrado, a ordem será feita no próprio instrumento da notificação.

Art. 5.º Recebida a petição inicial, será ordenada:

I – a notificação do impetrado sobre o conteúdo da petição inicial, devendo-lhe ser enviada a segunda via apresentada com as cópias dos documentos, a fim de que, no prazo de 10 (dez) dias, preste informações;

II – a ciência do ajuizamento da ação ao órgão de representação judicial da pessoa jurídica interessada, devendo-lhe ser enviada cópia da petição inicial, para que, querendo, ingresse no feito.

Art. 6.º A petição inicial será desde logo indeferida quando a impetração for manifestamente incabível ou manifestamente improcedente.

•• *Vide* arts. 330 e 331 do CPC, que tratam sobre o indeferimento da petição inicial.

Parágrafo único. Da decisão de relator que indeferir a petição inicial, caberá agravo, em 5 (cinco) dias, para o órgão colegiado competente para o julgamento da impetração.

Art. 7.º Findo o prazo para apresentação das informações, será ouvido o Ministério Público, que opinará em 10 (dez) dias, após o que, com ou sem parecer, os autos serão conclusos para decisão.

Art. 8.º Reconhecido o estado de mora legislativa, será deferida a injunção para:

I – determinar prazo razoável para que o impetrado promova a edição da norma regulamentadora;

II – estabelecer as condições em que se dará o exercício dos direitos, das liberdades ou das prerrogativas reclamados ou, se for o caso, as condições em que poderá o interessado promover ação própria visando a exercê-los, caso não seja suprida a mora legislativa no prazo determinado.

Parágrafo único. Será dispensada a determinação a que se refere o inciso I do *caput* quando comprovado que o impetrado deixou de atender, em mandado de injunção anterior, ao prazo estabelecido para a edição da norma.

Art. 9.º A decisão terá eficácia subjetiva limitada às partes e produzirá efeitos até o advento da norma regulamentadora.

§ 1.º Poderá ser conferida eficácia *ultra partes* ou *erga omnes* à decisão, quando isso for inerente ou indispensável ao exercício do direito, da liberdade ou da prerrogativa objeto da impetração.

•• *Vide* art. 13, *caput*, desta Lei.

§ 2.º Transitada em julgado a decisão, seus efeitos poderão ser estendidos aos casos análogos por decisão monocrática do relator.

§ 3.º O indeferimento do pedido por insuficiência de prova não impede a renovação da impetração fundada em outros elementos probatórios.

Art. 10. Sem prejuízo dos efeitos já produzidos, a decisão poderá ser revista, a pedido de qualquer interessado, quando sobrevierem relevantes modificações das circunstâncias de fato ou de direito.

Parágrafo único. A ação de revisão observará, no que couber, o procedimento estabelecido nesta Lei.

Art. 11. A norma regulamentadora superveniente produzirá efeitos *ex nunc* em relação aos beneficiados por decisão transitada em julgado, salvo se a aplicação da norma editada lhes for mais favorável.

Parágrafo único. Estará prejudicada a impetração se a norma regulamentadora for editada antes da decisão, caso em que o processo será extinto sem resolução de mérito.

Art. 12. O mandado de injunção coletivo pode ser promovido:

I – pelo Ministério Público, quando a tutela requerida for especialmente relevante para a defesa da ordem jurídica, do regime democrático ou dos interesses sociais ou individuais indisponíveis;

•• *Vide* art. 129 da CF.

II – por partido político com representação no Congresso Nacional, para assegurar o exercício de direitos, liberdades e prerrogativas de seus integrantes ou relacionados com a finalidade partidária;

III – por organização sindical, entidade de classe ou associação legalmente constituída e em funcionamento há pelo menos 1 (um) ano, para assegurar o exercício de direitos, liberdades e prerrogativas em favor da totalidade ou de parte de seus membros ou associados, na forma de seus estatutos e desde que pertinentes a suas finalidades, dispensada, para tanto, autorização especial;

•• Das Organizações Sindicais na CLT: *vide* arts. 511 a 610.
• Partidos políticos: Lei n. 9.096, de 19-9-1995.

IV – pela Defensoria Pública, quando a tutela requerida for especialmente relevante para a promoção dos direitos humanos e a defesa dos direitos individuais e coletivos dos necessitados, na forma do inciso LXXIV do art. 5.º da Constituição Federal.

•• Defensoria Pública: Lei Complementar n. 80, de 12-1-1994.

Parágrafo único. Os direitos, as liberdades e as prerrogativas protegidos por mandado de injunção coletivo são os pertencentes, indistintamente, a uma coletividade indeterminada de pessoas ou determinada por grupo, classe ou categoria.

Art. 13. No mandado de injunção coletivo, a sentença fará coisa julgada limitadamente às pessoas integrantes da coletividade, do grupo, da classe ou da categoria substituídos pelo impetrante, sem prejuízo do disposto nos §§ 1.º e 2.º do art. 9.º.

Parágrafo único. O mandado de injunção coletivo não induz litispendência em relação aos individuais, mas os efeitos da coisa julgada não beneficiarão o impetrante que não requerer a desistência da demanda individual no prazo de 30 (trinta) dias a contar da ciência comprovada da impetração coletiva.

Art. 14. Aplicam-se subsidiariamente ao mandado de injunção as normas do mandado de segurança, disciplinado pela Lei n. 12.016, de 7 de agosto de 2009, e do Código de Processo Civil, instituído pela Lei n. 5.869, de 11 de janeiro de 1973, e pela Lei n. 13.105, de 16 de março de 2015, observado o disposto em seus arts. 1.045 e 1.046.

Art. 15. Esta Lei entra em vigor na data de sua publicação.

Brasília, 23 de junho de 2016; 195.º da Independência e 128.º da República.

MICHEL TEMER

REGIMENTO INTERNO DO TRIBUNAL SUPERIOR DO TRABALHO (*)

O Egrégio Pleno do Tribunal Superior do Trabalho, em sessão ordinária hoje realizada, sob a Presidência do Excelentíssimo Senhor Ministro Ives Gandra da Silva Martins Filho, Presidente do Tribunal, presentes os Excelentíssimos Senhores Ministros Emmanoel Pereira, Vice-Presidente do Tribunal, Renato de Lacerda Paiva, Corregedor-Geral da Justiça do Trabalho, João Batista Brito Pereira, Maria Cristina Irigoyen Peduzzi, Aloysio Corrêa da Veiga, Luiz Philippe Vieira de Mello Filho, Alberto Luiz Bresciani de Fontan Pereira, Maria de Assis Calsing, Dora Maria da Costa, Fernando Eizo Ono, Guilherme Augusto *Caputo* Bastos, Márcio Eurico Vitral Amaro, Walmir Oliveira da Costa, Maurício Godinho Delgado, Kátia Magalhães Arruda, Augusto César Leite de Carvalho, José Roberto Freire Pimenta, Delaíde Alves Miranda Arantes, Hugo Carlos

(*) Aprovado pela Resolução Administrativa n. 1.937, de 20-11-2017. Publicado no *DEJT*, de 25-11-2017, e republicado no dia 30-11-2017.

Scheuermann, Alexandre de Souza Agra Belmonte, Cláudio Mascarenhas Brandão, Douglas Alencar Rodrigues, Maria Helena Mallmann, Breno Medeiros e o Excelentíssimo Vice-Procurador-Geral do Trabalho, Dr. Luiz Eduardo Guimarães,

Resolve

Aprovar o novo texto do Regimento Interno do Tribunal Superior do Trabalho, nos termos a seguir transcritos:

LIVRO I
DO TRIBUNAL

Título I
DO TRIBUNAL, DA SUA COMPOSIÇÃO, DOS SEUS MINISTROS

Capítulo I
DO TRIBUNAL

Art. 1.º O Tribunal Superior do Trabalho tem sede na Capital Federal e jurisdição em todo o território nacional.

Art. 2.º A bandeira do Tribunal, instituída pela Portaria n. 291, de 16 de outubro de 1981, publicada no *Diário da Justiça* de 3 de novembro de 1981, simboliza a Justiça do Trabalho como órgão do Poder Judiciário, sua jurisdição e a importância social do exercício jurisdicional, trazendo o dístico *Opus Justitiae Pax*.

Capítulo II
DA COMPOSIÇÃO E DA INVESTIDURA

Art. 3.º O Tribunal compõe-se de 27 (vinte e sete) Ministros, escolhidos dentre brasileiros com mais de 35 (trinta e cinco) e menos de 65 (sessenta e cinco) anos, de notável saber jurídico e reputação ilibada, nomeados pelo Presidente da República após aprovação pela maioria absoluta do Senado Federal.

§ 1.º A indicação, pelo Tribunal Superior do Trabalho, de Desembargadores do Trabalho, membros do Ministério Público do Trabalho e advogados, para comporem o Tribunal, far-se-á em lista tríplice.

§ 2.º O ofício de encaminhamento da lista ao Poder Executivo conterá informação acerca do número de votos obtidos pelos candidatos e será instruído com cópia da ata da sessão extraordinária em que se realizou a escolha dos indicados.

Art. 4.º Para provimento de vaga de Ministro, destinada aos Desembargadores do Trabalho da carreira da Magistratura do Trabalho, o Presidente do Tribunal convocará o Tribunal Pleno para, em sessão pública, escolher, pelo voto secreto e em escrutínios sucessivos, dentre os Desembargadores do Trabalho da carreira integrantes dos Tribunais Regionais do Trabalho, os nomes para a formação da lista tríplice a ser encaminhada ao Presidente da República.

§ 1.º Para fim de elaboração da lista tríplice a que se refere o *caput* deste artigo, o Presidente do Tribunal fará publicar edital no sítio deste Tribunal na rede mundial de computadores no qual fixará prazo de 15 (quinze) dias para inscrição dos Desembargadores do Trabalho interessados, findo o qual será publicada a relação com os nomes dos inscritos.

§ 2.º Na hipótese de haver mais de uma vaga a ser provida, a lista conterá o número de Magistrados igual ao de vagas mais 2 (dois).

§ 3.º Na votação para escolha dos nomes dos Desembargadores do Trabalho que integrarão a lista, serão observados os seguintes critérios:

I – os nomes serão escolhidos em voto secreto e em escrutínios sucessivos, para o primeiro, o segundo, o terceiro e, eventualmente, o quarto nome integrante da lista, e, assim, sucessivamente, sendo escolhido em cada escrutínio aquele que obtiver votos da maioria absoluta;

II – a maioria absoluta necessária para a escolha do nome corresponde ao número inteiro imediatamente superior à metade do total de Ministros integrantes do Tribunal no momento da votação;

III – não alcançada, no primeiro escrutínio, a maioria absoluta, proceder-se-á à nova votação, na qual concorrerão os 2 (dois). Desembargadores do Trabalho mais votados:

a) em caso de empate, será realizada nova votação. A persistir o resultado, o desempate dar-se-á pelo tempo de investidura no Tribunal Regional do Trabalho e, sucessivamente, pelo tempo de investidura na Magistratura do Trabalho;

b) se houver empate entre 2 (dois) Desembargadores que tenham obtido, individualmente, número de votos inferior ao alcançado por outro Desembargador, far-se-á, primeiramente, a votação para o desempate e, a seguir, para a escolha do nome que integrará a lista.

IV – escolhido um nome, fica excluído dos escrutínios subsequentes Desembargador da mesma Região.

Art. 5.º O Presidente do Tribunal, ocorrendo vaga destinada a membro do Ministério Público do Trabalho e a advogado, dará imediata ciência à Procuradoria-Geral do Trabalho e ao Conselho Federal da Ordem dos Advogados do Brasil, respectivamente, para formação e encaminhamento de lista sêxtupla ao Tribunal, que escolherá, dentre os nomes que a compõem, os que integrarão a lista tríplice a ser encaminhada ao Presidente da República.

Art. 6.º O Tribunal Pleno, para o provimento das vagas aludidas no artigo anterior, em sessão pública, pelo voto secreto da maioria absoluta de seus membros, escolherá, em escrutínios secretos e sucessivos, os nomes que integrarão a lista tríplice a ser encaminhada ao Presidente da República.

§ 1.º Quando houver mais de uma vaga a ser provida por membro do Ministério Público do Trabalho ou por advogado, para cada lista sêxtupla recebida será elaborada uma lista tríplice.

§ 2.º Se, para o provimento das vagas destinadas ao quinto constitucional, o Tribunal receber lista única, formará uma só lista com o número de candidatos igual ao de vagas mais 2 (dois).

§ 3.º Aplica-se, no que couber, à votação para escolha dos integrantes da lista tríplice, o estabelecido nos incisos do § 3.º do art. 4.º.

Capítulo III
DOS MINISTROS

SEÇÃO I
Da Posse e das Prerrogativas

Art. 7.º O Ministro tomará posse no prazo de 30 (trinta) dias a contar da nomeação, em sessão solene do Tribunal Pleno ou, durante o recesso forense e as férias coletivas dos Ministros, perante o Presidente do Tribunal. Neste último caso, o ato deverá ser ratificado pelo Tribunal Pleno.

§ 1.º No ato da posse, o Ministro prestará compromisso de bem desempenhar os deveres do cargo e de bem cumprir e fazer cumprir a Constituição da República e as Leis do País.

§ 2.º O Secretário-Geral Judiciário lavrará, em livro especial, o termo de compromisso e posse, que será assinado pelo Presidente e pelo Ministro empossado.

§ 3.º Somente tomará posse o Ministro que comprovar:

I – ser brasileiro;

II – contar mais de 35 (trinta e cinco) e menos de 65 (sessenta e cinco) anos de idade;

III – satisfazer aos demais requisitos previstos em lei.

Art. 8.º Os Ministros têm jurisdição em todo o território nacional e domicílio no Distrito Federal.

Art. 9.º A antiguidade dos Ministros, para efeitos legais e regimentais, é regulada:

I – pela posse;
II – pela nomeação;
III – pelo tempo de investidura na Magistratura da Justiça do Trabalho;
IV – pelo tempo de serviço público federal;
V – pela idade, quando houver empate pelos demais critérios.

Art. 10. Os Ministros do Tribunal receberão o tratamento de Excelência e usarão nas sessões as vestes correspondentes ao modelo aprovado.

Parágrafo único. Após a concessão da aposentadoria, o Tribunal velará pela preservação dos direitos, interesses e prerrogativas que os Ministros conservarão, em relação ao título e às honras correspondentes ao cargo, salvo no exercício de atividade profissional.

SEÇÃO II
Das Férias, das Licenças, das Substituições e das Convocações

Art. 11. Os Ministros gozarão férias nos meses de janeiro e julho, na forma da lei.

Parágrafo único. Os Ministros informarão à Presidência seu endereço, para eventual convocação durante as férias e feriados.

Art. 12. O Presidente, o Vice-Presidente e o Corregedor-Geral da Justiça do Trabalho, se a necessidade do serviço judiciário lhes exigir a contínua presença no Tribunal, poderão acumular férias para fruição oportuna, facultado o fracionamento dos períodos.

Parágrafo único. A acumulação de férias somente ocorrerá mediante prévia autorização do Órgão Especial e deverá ser registrada nos assentamentos funcionais do Ministro, para que lhe seja reconhecido o direito de posterior fruição.

Art. 13. A licença é requerida pelo Ministro com a indicação do prazo e do dia do início.

§ 1.º Salvo contraindicação médica, o Ministro licenciado poderá proferir decisões em processos de que, antes da licença, haja pedido vista, ou que tenham recebido o seu visto como relator ou revisor.

§ 2.º O Ministro licenciado pode reassumir o cargo, entendendo-se que desistiu do restante do prazo, mediante prévia comunicação formal ao Presidente do Tribunal.

§ 3.º Se a licença for para tratamento da própria saúde, o Ministro somente poderá reassumir o cargo, antes do término do prazo, se não houver contraindicação médica.

Art. 14. A critério do Órgão Especial, poderá ser concedido afastamento ao Ministro, sem prejuízo de seus direitos, vencimentos e vantagens, para:
I – frequência a cursos ou seminários de aperfeiçoamento e estudos, pelo prazo máximo de 2 (dois) anos;
II – realização de missão ou serviços relevantes à administração da justiça.

Art. 15. Nas ausências ou impedimentos eventuais ou temporários, a substituição no Tribunal far-se-á da seguinte maneira:
I – o Presidente do Tribunal, pelo Vice-Presidente, seguindo-se, na ausência de ambos, pelo Corregedor-Geral da Justiça do Trabalho e pelos demais Ministros, em ordem decrescente de antiguidade;
II – o Vice-Presidente, pelo Presidente, ou, na ausência deste, pelo Corregedor-Geral da Justiça do Trabalho, e, em sequência, pelos demais Ministros, em ordem decrescente de antiguidade;
III – o Corregedor-Geral da Justiça do Trabalho, pelo Vice-presidente, ou, na ausência deste, pelo Presidente, e, em sequência, pelos demais Ministros, em ordem decrescente de antiguidade;
IV – o Presidente da Turma, pelo Ministro mais antigo presente na sessão;
V – o Presidente da Comissão, preferencialmente pelo mais antigo dentre os seus membros;
VI – qualquer dos membros das Comissões, pelo respectivo suplente.

Art. 16. O relator é substituído nas hipóteses e formas previstas na Seção I do Capítulo II do Título I do Livro II, deste Regimento.

Art. 17. Nas ausências temporárias, por período superior a 30 (trinta) dias, e nos afastamentos definitivos, os Ministros serão substituídos por Desembargador do Trabalho, escolhido pelo Órgão Especial, mediante escrutínio secreto e pelo voto da maioria absoluta dos seus membros.

Parágrafo único. O Desembargador do Trabalho convocado atuará exclusivamente em Turma da Corte.

Art. 18. O Presidente do Tribunal poderá, em caso de urgência, e quando inviável a imediata reunião do Órgão Especial, *ad referendum* deste, convocar Desembargador do Trabalho, para a substituição de Ministro afastado.

Art. 19. Excepcionalmente, poderá o Tribunal Superior do Trabalho convocar Desembargadores do Trabalho para atuarem, temporariamente, em suas Turmas e Juízes do Trabalho para auxiliarem, no curso dos respectivos mandatos, a Presidência, a Vice-Presidência e a Corregedoria-Geral da Justiça do Trabalho.

Parágrafo único. A convocação será limitada ao número de 2 (dois) Juízes do Trabalho para auxílio em cada um dos referidos órgãos e atenderá as determinações previstas na Resolução do Conselho Nacional de Justiça n. 209/2015.

Art. 20. Na sessão do Órgão Especial que decidir a convocação, os Ministros deverão ter cópias das nominatas dos Desembargadores que compõem os Tribunais Regionais do Trabalho, para se orientarem na escolha.

SEÇÃO III
Da Convocação Extraordinária

Art. 21. Durante o período de férias, o Presidente do Tribunal, ou seu substituto, poderá convocar, com antecedência de 48 (quarenta e oito) horas, sessão extraordinária para julgamento de dissídio coletivo, mandado de segurança e ação declaratória alusiva a greve e que requeiram apreciação urgente.

SEÇÃO IV
Da Aposentadoria

Art. 22. O processo administrativo de aposentadoria compulsória de Ministro da Corte deverá ser iniciado 30 (trinta) dias antes que complete os 75 (setenta e cinco) anos, para que a publicação possa ocorrer na data da jubilação.

Art. 23. Na aposentadoria por invalidez, o processo respectivo terá início:
I – a requerimento do Ministro;
II – por ato de ofício do Presidente do Tribunal;
III – em cumprimento a deliberação do Tribunal.

Parágrafo único. Em se tratando de incapacidade mental, o Presidente do Tribunal, ou quem o substitua, nomeará curador ao paciente, sem prejuízo da defesa que esse queira apresentar, pessoalmente ou por procurador constituído.

Art. 24. O paciente, na hipótese do parágrafo único do artigo anterior, deverá ser afastado imediatamente do exercício do cargo, até decisão final, devendo ficar concluído o processo no prazo de 60 (sessenta) dias, justificadas as faltas do Ministro no referido período.

Art. 25. A recusa do paciente a submeter-se à perícia médica permitirá o julgamento baseado em quaisquer outras provas.

Art. 26. O Ministro que, por 2 (dois) anos consecutivos, afastar-se, ao todo, por 6 (seis) meses ou mais, para tratamento de saúde, ao requerer nova licença para igual fim, dentro de 2 (dois) anos, deverá submeter-se a exame por junta médica para verificação de sua invalidez, pela Secretaria de Saúde do Tribunal.

Art. 27. A junta médica competente para o exame a que se referem os arts. 25 e 26 deste Regimento será indicada pelo Órgão Especial e formada por 3 (três) médicos, dos quais 2 (dois), no mínimo, integrem o Quadro de Pessoal do Tribunal.

Art. 28. Concluindo o Órgão Especial pela incapacidade do Magistrado, o Presidente do Tribunal comunicará imediatamente a decisão ao Poder Executivo, para os devidos fins.

SEÇÃO V
Da Disponibilidade e da Aposentadoria por Interesse Público

Art. 29. O Tribunal Pleno poderá determinar, por motivo de interesse público, em sessão pública, em escrutínio secreto e pelo voto da maioria absoluta dos seus membros, a disponibilidade ou a aposentadoria de Ministro do Tribunal, assegurada a ampla defesa.

Parágrafo único. Aplicam-se ao processo de disponibilidade ou aposentadoria, no que couber, as normas e os procedimentos previstos na Lei Orgânica da Magistratura Nacional, referentes à perda do cargo, as Resoluções editadas pelo Conselho Nacional de Justiça, e, subsidiariamente, desde que não haja conflito com o Estatuto da Magistratura, as normas e princípios relativos ao processo administrativo disciplinar das Leis n. 8.112/90 e 9.784/99.

Título II
DA DIREÇÃO

Capítulo I
DOS CARGOS DE DIREÇÃO, DA ELEIÇÃO, DA POSSE E DA VACÂNCIA

Art. 30. A Presidência, a Vice-Presidência e a Corregedoria-Geral da Justiça do Trabalho são cargos de direção do Tribunal, preenchidos mediante eleição em que concorrem os Ministros mais antigos da Corte, em número correspondente ao total dos cargos de direção, separadamente e também nessa ordem, sendo vedada a reeleição a qualquer dos cargos.

§ 1.º Vinte e cinco dias antes da data prevista para a eleição, será aberto o prazo de 10 (dez) dias, para renúncia expressa dos candidatos elegíveis.

§ 2.º Convocar-se-ão os Ministros para eleição, por ofício da Presidência do Tribunal, oportunidade em que, se for o caso, serão informados os nomes dos Ministros que renunciaram a concorrer.

§ 3.º Não havendo inscrição a qualquer dos cargos dentre os elegíveis, o rol de concorrentes será completado pela ordem de antiguidade.

Art. 31. O Ministro que houver ocupado cargos de direção por 4 (quatro) anos, ou o de Presidente, não mais figurará entre os elegíveis, até que se esgotem todos os nomes na ordem de antiguidade. É obrigatória a aceitação do cargo, salvo recusa manifestada e aceita antes da eleição.

Art. 32. A eleição do Presidente precederá à do Vice-Presidente e, a deste, à do Corregedor-Geral da Justiça do Trabalho.

Art. 33. O Presidente, o Vice-Presidente e o Corregedor-Geral da Justiça do Trabalho serão eleitos por 2 (dois) anos, mediante escrutínio secreto e pelo voto da maioria absoluta, em sessão extraordinária do Tribunal Pleno, a realizar-se nos 60 (sessenta) dias antecedentes ao término dos mandatos anteriores, e tomarão posse em sessão solene, na data marcada pelo Tribunal Pleno.

§ 1.º Considerar-se-á eleito, em primeiro escrutínio, o Ministro que obtiver a maioria absoluta de votos.

§ 2.º Em segundo escrutínio, concorrerão somente os 2 (dois) Ministros mais votados no primeiro.

§ 3.º Não alcançada, no segundo escrutínio, a maioria a que se refere o § 1.º, proclamar-se-á eleito, dentre os 2 (dois), o mais antigo.

§ 4.º Se a vacância do cargo de Presidente ocorrer antes do término do respectivo mandato, a eleição será para todos os cargos e realizada nos 30 (trinta) dias seguintes ao da vacância, e os eleitos tomarão posse em sessão solene na data marcada pelo Tribunal Pleno. Nessa hipótese, caberá ao Vice-Presidente a regência provisória do Tribunal e a convocação da sessão extraordinária a que se referem o *caput* e este parágrafo.

§ 5.º Os remanescentes mandatos dos demais exercentes de cargos de direção extinguir-se-ão na data da posse dos novos eleitos.

Art. 34. Na impossibilidade da posse de qualquer dos eleitos na data estabelecida, por fato superveniente à eleição, observar-se-á o seguinte:

I – se a impossibilidade for de caráter temporário, dar-se-á posse, na data marcada, aos demais eleitos, e, ao remanescente, em data oportuna;

II – se a impossibilidade for de natureza definitiva e do eleito Presidente, proceder-se-á nova eleição para todos os cargos de direção; se do eleito Vice-Presidente, a eleição será para esse cargo e para o de Corregedor-Geral da Justiça do Trabalho; se do eleito para a Corregedoria, a eleição será somente para Corregedor-Geral.

Art. 35. Faculta-se ao Ministro impossibilitado de comparecer à sessão em que serão eleitos os novos exercentes de cargos de direção do Tribunal o envio de carta ao Presidente do Tribunal, acompanhada dos votos para Presidente, Vice-Presidente e Corregedor-Geral da Justiça do Trabalho, em invólucros lacrados e rubricados, individualizados por cargo de direção, para posterior depósito na urna na presença dos demais Ministros do Tribunal.

Art. 36. O Presidente, o Vice-Presidente e o Corregedor-Geral, ao concluírem seus mandatos, retornarão a uma das Turmas do Tribunal, observados os seguintes critérios, salvo ajuste entre os interessados:

I – o Presidente e o Corregedor-Geral deverão integrar as Turmas das quais saírem o novo Presidente do Tribunal e o novo Corregedor-Geral. Se o novo Presidente for o Vice-Presidente ou o Corregedor-Geral, o Presidente que deixar o cargo deverá compor a Turma da qual prover o novo Vice-Presidente ou o novo Corregedor-Geral;

II – o Vice-Presidente, ao deixar o cargo, se não for ocupar o de Presidente do Tribunal, passará a integrar a Turma da qual sair o novo Vice-Presidente.

Art. 37. O Ministro que exerceu cargo de Presidente do Tribunal Superior do Trabalho não poderá desempenhar outro cargo ou função administrativa no âmbito do Tribunal ou da Escola Nacional de Formação e Aperfeiçoamento de Magistrados do Trabalho (ENAMAT), salvo na Ouvidoria ou na Presidência de Turma.

Art. 38. Os Ministros não poderão exercer mais de um cargo de direção cumulativamente, exceto nas hipóteses previstas no art. 15 deste Regimento e nos casos previstos em lei.

Capítulo II
DA PRESIDÊNCIA E DA VICE-PRESIDÊNCIA

SEÇÃO I
Das Disposições Gerais

Art. 39. O Presidente do Tribunal desempenhará as atribuições do cargo com a colaboração do Vice-Presidente.

SEÇÃO II
Do Núcleo de Gerenciamento de Precedentes – NUGEP

Art. 40. O Núcleo de Gerenciamento de Precedentes (NUGEP) funcionará subordinado administrativamente à Presidência como unidade permanente, dividindo-se em:

I – Seção de Gerenciamento de Recursos Repetitivos, coordenada pela Presidência do Tribunal Superior do Trabalho (NUGEP-SP);

II – Seção de Gerenciamento de Recursos Extraordinários Trabalhistas em Repercussão Geral, coordenada pela Vice-Presidência do Tribunal Superior do Trabalho (NUGEP-SVP).

Parágrafo único. A competência, a composição e o funcionamento do Núcleo de Gerenciamento de Precedentes (NUGEP) serão disciplinados em Resolução Administrativa, editada nos termos deste Regimento.

SEÇÃO III
Das Atribuições do Presidente

Art. 41. Compete ao Presidente do Tribunal, além de outras atribuições previstas na Constituição da República, em lei ou neste Regimento:

I – representar o Tribunal perante os Poderes Públicos e demais autoridades, incumbindo-lhe, no exercício da representação, observar fielmente as diretrizes estabelecidas pelo Órgão Especial;

II – corresponder-se, em nome do Tribunal, com quaisquer autoridades, observada a hierarquia de funções;

III – encaminhar ao Presidente da República as listas para provimento de vaga de Ministro do Tribunal;

IV – enviar ao Congresso Nacional, após aprovação pelo Órgão Especial, projetos de lei de interesse da Justiça do Trabalho em matéria de sua competência constitucional;

V – submeter ao Tribunal de Contas da União, na forma da lei, a tomada de contas do Tribunal Superior do Trabalho;

VI – solicitar aos órgãos fazendários a liberação do numerário correspondente às dotações orçamentárias da Justiça do Trabalho;

VII – editar, no início das atividades judiciárias de cada ano, o ato de composição do Tribunal e dos órgãos judicantes, cabendo-lhe, ainda, dar-lhe publicidade, quando renovada a direção da Corte ou alterada sua composição;

VIII – apresentar ao Órgão Especial, anualmente, na segunda quinzena do mês seguinte ao término de cada ano de seu mandato, a resenha dos trabalhos realizados no ano anterior e, até 30 de junho, o Relatório Geral da Justiça do Trabalho;

IX – dar publicidade, mensalmente, no órgão oficial, dos dados estatísticos relativos às atividades jurisdicionais do Tribunal e dos Ministros;

X – zelar pelas prerrogativas e pela imagem pública do Tribunal e dos Ministros e pelo bom funcionamento da Corte e dos órgãos da Justiça do Trabalho, expedindo atos, portarias, ordens e instruções, adotando as providências necessárias ao seu cumprimento;

XI – praticar, *ad referendum* do Tribunal Pleno ou do Órgão Especial, os atos reputados urgentes;

XII – editar os atos indispensáveis à disciplina dos serviços e à polícia do Tribunal, determinando as providências atinentes ao resguardo da disciplina, da ordem e da integridade universal da Corte, na sede ou nas dependências, requisitando, quando necessário, o auxílio de outras autoridades;

XIII – manter a ordem nas sessões, podendo mandar retirar os que a perturbarem e os que faltarem com o devido respeito, e mandar prender os desobedientes, fazendo lavrar o respectivo auto;

XIV – instaurar inquérito quando caracterizada infração de lei penal na sede ou nas dependências do Tribunal;

XV – comunicar ao órgão competente do Ministério Público a ocorrência de desobediência à ordem emanada do Tribunal ou de seus Ministros, encaminhando os elementos de que dispuser para a propositura de ação penal;

XVI – impor aos servidores penas disciplinares de demissão, cassação de aposentadoria ou disponibilidade e decidir os recursos interpostos das penalidades que forem aplicadas pelo Diretor-Geral da Secretaria do Tribunal Superior do Trabalho;

XVII – dar posse a Ministro durante as férias coletivas e feriado forense;

XVIII – dar posse ao Diretor-Geral da Secretaria do Tribunal Superior do Trabalho, ao Secretário-Geral Judiciário e ao Secretário-Geral da Presidência e designar seus respectivos substitutos;

XIX – nomear os servidores para os cargos em comissão e designar os servidores para o exercício de funções comissionadas nos gabinetes de Ministro;

XX – conceder licença e férias ao Diretor-Geral da Secretaria do Tribunal Superior do Trabalho, ao Secretário-Geral da Presidência, ao Secretário-Geral Judiciário e aos servidores de seu gabinete;

XXI – expedir atos concernentes às relações jurídico-funcionais dos Ministros e servidores e decidir seus requerimentos sobre assuntos de natureza administrativa, nos termos deste Regimento;

XXII – movimentar os recursos orçamentários e financeiros à disposição do Tribunal, autorizar despesas e expedir ordens de pagamento, observadas as normas legais específicas;

XXIII – autorizar e homologar as licitações e ratificar as contratações por dispensa ou inexigibilidade de licitação de valor superior ao limite estipulado para o convite;

XXIV – conceder diárias e ajuda de custo, observados os critérios estabelecidos pelo Órgão Especial;

XXV – determinar a distribuição dos processos, segundo as regras regimentais e resoluções administrativas, aos Ministros do Tribunal, e dirimir as controvérsias referentes à distribuição;

XXVI – despachar as desistências dos recursos e das ações, quando se referirem a processo pendente de distribuição na Corte, bem como os demais incidentes processuais suscitados;

XXVII – designar as sessões ordinárias e extraordinárias do Tribunal Pleno, do Órgão Especial e das Seções Especializadas, podendo convocar, durante as férias coletivas, com antecedência de 48 (quarenta e oito) horas, sessões extraordinárias para julgamento de dissídio coletivo, mandado de segurança e ação declaratória alusiva a greve ou a situação de relevante interesse público que requeiram apreciação urgente;

XXVIII – dirigir os trabalhos do Tribunal e presidir as sessões do Tribunal Pleno, do Órgão Especial e das Seções Especializadas;

XXIX – decidir sobre pedidos de efeito suspensivo, de suspensão de segurança e de suspensão de decisão proferida em tutelas provisórias, de que tratam os arts. 309 e 311 deste Regimento, bem assim expedir as cartas previstas em lei;

XXX – decidir, durante o recesso forense, as férias coletivas e os feriados, os pedidos de liminar em mandado de segurança, em tutelas provisórias de urgência e outras medidas que reclamem urgência;

XXXI – delegar ao Vice-Presidente, ao Corregedor-Geral da Justiça do Trabalho ou a Ministros da Corte atribuições as quais esteja impossibilitado de cumprir ou que a conveniência administrativa recomende a delegação;

XXXII – delegar ao Secretário-Geral da Presidência, ao Diretor-Geral da Secretaria e ao Secretário-Geral Judiciário, respeitado o disposto no inciso anterior, atribuições para a prática de atos judiciários e administrativos, quando a conveniência administrativa recomendar;

XXXIII – praticar os demais atos de gestão necessários ao Funcionamento dos serviços, encaminhando ao Órgão Especial as questões de caráter relevante, que poderão ser relatadas pelo Presidente ou distribuídas por sorteio para relatoria de integrante do órgão colegiado;

XXXIV – nomear, promover, demitir, exonerar e conceder aposentadoria a servidores do Tribunal, bem como pensão aos beneficiários de Ministro ou servidor;

XXXV – decidir sobre cessão de servidores do Tribunal, observado o disposto em ato normativo do Órgão Especial, bem como sobre requisição de servidores de outros órgãos;

XXXVI – excepcionalmente, convocar audiência pública, de ofício ou a requerimento de cada uma das Seções Especializadas ou de suas Subseções, pela maioria de seus integrantes, para ouvir o depoimento de pessoas com experiência e autoridade em determinada matéria, sempre que entender necessário o esclarecimento de questões ou circunstâncias de fato, subjacentes a dissídio de grande repercussão social ou econômica, pendente de julgamento no âmbito do Tribunal;

XXXVII – decidir, de forma irrecorrível, sobre a manifestação de terceiros, subscrita por procurador habilitado, em audiências públicas, quando as convocar;

XXXVIII – submeter proposta de afetação de recurso de revista e de embargos repetitivos à Subseção I da Seção Especializada em Dissídios Individuais;

XXXIX – oficiar aos Presidentes dos Tribunais Regionais do Trabalho para que suspendam os recursos interpostos em casos idênticos aos afetados como

recursos repetitivos, até o pronunciamento definitivo do Tribunal Superior do Trabalho, quando houver determinação do relator nesse sentido;

XL – realizar a admissibilidade prévia dos recursos de revista e agravos de instrumento, podendo denegar-lhes seguimento quando não impugnados especificamente os fundamentos da decisão recorrida e quando se tratar de hipóteses de intempestividade, deserção, falta de alçada, irregularidade da representação e descumprimento dos incisos do § 1.º-A do art. 896 da CLT, enquanto não implantada em definitivo a distribuição pelo PJe;

XLI – determinar a devolução ao tribunal de origem dos recursos fundados em controvérsia idêntica àquela já submetida ao rito de julgamento de casos repetitivos para que o órgão que proferiu a decisão recorrida exerça o juízo de retratação. Se não houver a retratação, os autos serão remetidos, se for o caso, ao Tribunal Superior do Trabalho para a sua regular tramitação;

XLII – definir os procedimentos adotados nas secretarias do Tribunal Pleno, do Órgão Especial, das Seções Especializadas e das Turmas do Tribunal relativos à tramitação processual.

•• Inciso XLII acrescentado pelo Ato Regimental n. 1, de 26-10-2020.

Parágrafo único. Para fim do que dispõe o inciso XXXIII, qualquer matéria deverá ser submetida ao exame do Órgão Especial, desde que o requeiram 10 (dez) dos Ministros que integram o Tribunal.

SEÇÃO IV
Da Vice-Presidência

Art. 42. Compete ao Vice-Presidente:

I – substituir o Presidente e o Corregedor-Geral da Justiça do Trabalho nas férias, ausências e impedimentos;

II – cumprir as delegações do Presidente;

III – designar e presidir audiências de conciliação e instrução de dissídio coletivo de competência originária do Tribunal;

IV – exercer o juízo de admissibilidade dos recursos extraordinários;

V – examinar os incidentes surgidos após a interposição de recurso extraordinário;

VI – apreciar pedido de tutela provisória incidental a recurso extraordinário;

VII – julgar os agravos internos interpostos contra decisões que denegam seguimento a recurso extraordinário por ausência de repercussão geral da questão constitucional debatida.

Art. 43. O Vice-Presidente participa das sessões dos órgãos judicantes do Tribunal, exceto de Turma, e não concorre à distribuição de processos.

Capítulo III
DA CORREGEDORIA-GERAL DA JUSTIÇA DO TRABALHO

SEÇÃO I
Das Disposições Gerais

Art. 44. O Corregedor-Geral da Justiça do Trabalho não concorre à distribuição de processos, participando, quando não estiver ausente em função corregedora, das sessões dos órgãos judicantes da Corte, exceto de Turmas, com direito a voto.

SEÇÃO II
Das Atribuições do Corregedor-Geral da Justiça do Trabalho

Art. 45. A competência do Corregedor-Geral da Justiça do Trabalho será definida no Regimento Interno da Corregedoria-Geral da Justiça do Trabalho.

Art. 46. Das decisões proferidas pelo Corregedor-Geral da Justiça do Trabalho caberá agravo interno para o Órgão Especial, incumbindo-lhe determinar sua inclusão em pauta.

Art. 47. O Corregedor-Geral da Justiça do Trabalho apresentará ao Órgão Especial, na última sessão do mês seguinte ao do término de cada ano de sua gestão, relatório circunstanciado das atividades da Corregedoria-Geral durante o ano findo.

Capítulo IV
DA POLÍCIA DO TRIBUNAL

Art. 48. O Presidente, no exercício das atribuições referentes à Polícia do Tribunal, determinará as providências atinentes ao resguardo da disciplina, da ordem e da integridade universal da Corte, na sede ou nas dependências.

Parágrafo único. No desempenho dessa atribuição, o Presidente poderá implantar sistema informatizado de controle de acesso às dependências do Tribunal e requisitar, quando necessário, o auxílio de outras autoridades.

Art. 49. Ocorrendo infração de lei penal na sede, ou nas dependências do Tribunal, o Presidente instaurará inquérito, podendo delegar essa atribuição a Ministro da Corte.

Parágrafo único. Nos demais casos, o Presidente poderá proceder na forma deste artigo ou requisitar a instauração de inquérito à autoridade competente.

Art. 50. A polícia das sessões e das audiências compete ao seu Presidente.

Capítulo V
DA REPRESENTAÇÃO POR DESOBEDIÊNCIA OU DESACATO

Art. 51. Na hipótese de desobediência a ordem emanada do Tribunal ou de seus Ministros, no exercício da função, ou desacato ao Tribunal ou a seus Ministros, o Presidente comunicará o fato ao órgão competente do Ministério Público, provendo-o dos elementos de que dispuser para a propositura da ação penal.

Parágrafo único. Decorrido o prazo de 30 (trinta) dias, sem que tenha sido instaurada a ação penal, o Presidente dará ciência ao Tribunal, em segredo de justiça, para as providências que julgar necessárias.

Capítulo VI
DA ORDEM DO MÉRITO JUDICIÁRIO DO TRABALHO

Art. 52. A Ordem do Mérito Judiciário do Trabalho, administrada por seu respectivo Conselho, é regida por regulamento próprio, aprovado pelo Órgão Especial, no qual é definida a sua organização, administração e composição.

Capítulo VII
DAS COMISSÕES

SEÇÃO I
Das Disposições Gerais

Art. 53. As comissões permanentes colaboram no desempenho dos encargos do Tribunal e são compostas por Ministros eleitos pelo Órgão Especial na primeira sessão subsequente à posse dos membros da direção.

§ 1.º Não integram comissões permanentes os Ministros exercentes dos cargos de direção do Tribunal, o Diretor e o Vice-Diretor da Escola Nacional de Formação e Aperfeiçoamento de Magistrados do Trabalho – ENAMAT.

§ 2.º A Presidência das comissões permanentes caberá ao Ministro mais antigo que as compuser.

§ 3.º Observado o disposto no § 1.º deste artigo, cada Ministro poderá ser eleito membro titular da mesma comissão permanente para um período, admitida sua reeleição para o mandato imediatamente seguinte.

Art. 54. Para atender a finalidades específicas, poderão ser instituídas pelo Órgão Especial comissões temporárias, que serão extintas quando cumprido o fim a que se destinavam.

Art. 55. São comissões permanentes:

I – Comissão de Regimento Interno;

II – Comissão de Jurisprudência e de Precedentes Normativos;
III – Comissão de Documentação e Memória;
•• Inciso III com redação determinada pela Emenda Regimental n. 1, de 26-10-2020.
IV – Comissão de Acessibilidade, Diversidade e Inclusão.
•• Inciso IV com redação determinada pela Emenda Regimental n. 4, de 16-5-2022.

Art. 56. As comissões, permanentes ou temporárias, poderão:
I – sugerir ao Presidente do Tribunal normas de serviço relativas à matéria de sua competência;
II – manter entendimento com outras autoridades ou instituições, relativamente a assuntos de sua competência, mediante delegação do Presidente do Tribunal.

Art. 56-A. Em caso de afastamento definitivo de membro titular de comissão permanente, ocupará a vaga o respectivo suplente, durante o período remanescente do mandato do sucedido, procedendo-se à eleição de novo suplente.
•• Artigo acrescentado pelo Ato Regimental n. 1, de 26-10-2020.

SEÇÃO II
Da Comissão de Regimento Interno

Art. 57. A Comissão de Regimento Interno é formada por 3 (três) Ministros titulares e um suplente, designados pelo Órgão Especial, recaindo a escolha, preferencialmente, sobre os membros mais antigos da Corte, excluídos os que exercem cargo de direção do Tribunal, o Diretor e o Vice-Diretor da Escola Nacional de Formação e Aperfeiçoamento de Magistrados do Trabalho – ENAMAT.

Art. 58. À Comissão de Regimento Interno cabe:
I – zelar pela atualização do Regimento, propondo emendas ao texto em vigor, bem assim emitir parecer sobre as propostas de iniciativa dos membros da Corte para alteração, criação ou cancelamento de artigos;
II – opinar em processo administrativo que envolva matéria regimental, por solicitação do Presidente do Tribunal, do Tribunal Pleno ou do Órgão Especial;
III – opinar, quando solicitado, sobre propostas de edição de resoluções, instruções normativas e resoluções administrativas.
•• Inciso III com redação determinada pela Emenda Regimental n. 1, de 26-10-2020.

Parágrafo único. O parecer sobre propostas de alteração, criação ou cancelamento de artigos do Regimento Interno e dos atos normativos a que se referem os incisos I e III deste artigo deverá ser encaminhado pela Comissão no prazo de 30 (trinta) dias ao Presidente, o qual a submeterá ao Tribunal Pleno.

SEÇÃO III
Da Comissão de Jurisprudência e de Precedentes Normativos

Art. 59. A Comissão de Jurisprudência e de Precedentes Normativos é composta por 3 (três) Ministros titulares e um suplente, designados pelo Órgão Especial, excluídos os titulares que integram outras comissões permanentes, os membros de direção do Tribunal, o Diretor e o Vice-Diretor da Escola Nacional de Formação e Aperfeiçoamento de Magistrados do Trabalho – ENAMAT.

Art. 60. À Comissão de Jurisprudência e de Precedentes Normativos cabe:
I – zelar pela expansão, atualização e publicação da jurisprudência do Tribunal;
II – supervisionar o serviço de sistematização da jurisprudência do Tribunal, determinando medidas atinentes à seleção e ao registro dos temas para fim de pesquisa, bem como administrar a base de dados informatizada de jurisprudência, sugerindo ao Presidente as medidas necessárias ao seu aperfeiçoamento;
III – propor a edição, a revisão ou o cancelamento de súmula, de orientação jurisprudencial e de precedente normativo;
IV – inserir as orientações jurisprudenciais das seções do Tribunal que retratem a jurisprudência pacificada da Corte, indicando os precedentes que a espelham;
V – manter a seleção dos repertórios idôneos de divulgação dos julgados da Justiça do Trabalho;
VI – (*Revogado pelo Ato Regimental n. 2, de 19-4-2021.*)
VII – nos termos do art. 171 deste Regimento, receber as propostas de edição, revisão ou cancelamento de súmula, de orientação jurisprudencial e de precedente normativo do Tribunal Superior do Trabalho e sobre elas emitir parecer no prazo de 30 (trinta) dias.

Art. 61. A Comissão de Jurisprudência e de Precedentes Normativos realizará reunião quinzenal ordinária, e extraordinária, quando necessário, para deliberar sobre propostas de edição, revisão ou cancelamento de súmula, de orientação jurisprudencial e de precedente normativo.

SEÇÃO IV
Da Comissão de Documentação e Memória
•• Seção IV com redação determinada pela Emenda Regimental n. 1, de 26-10-2020.

Art. 62. A Comissão de Documentação e memória é constituída de 3 (três) Ministros titulares e um suplente, designados pelo Órgão Especial, excluídos os titulares das demais comissões, os membros de direção do Tribunal, o Diretor e o Vice-Diretor da Escola Nacional de Formação e Aperfeiçoamento e Magistrados do Trabalho – ENAMAT.
•• Artigo com redação determinada pela Emenda Regimental n. 1, de 26-10-2020.

Art. 63. À Comissão de Documentação e Memória cabe:
•• *Caput* com redação determinada pela Emenda Regimental n. 1, de 26-10-2020.

I – publicar a Revista do Tribunal, destinada à divulgação de trabalhos doutrinários e jurisprudenciais e ao registro de atos públicos de interesse da Justiça do Trabalho;
II – supervisionar a administração da biblioteca do Tribunal, sugerindo ao Presidente as medidas necessárias ao seu aperfeiçoamento, bem como opinar sobre a aquisição de livros;
III – supervisionar o "Memorial da Justiça do Trabalho e do TST" existente no Tribunal, sugerindo ao Presidente as medidas necessárias ao seu aperfeiçoamento e manutenção, com inserção de documentos, peças e objetos reputados de especial valor histórico;
IV – propor a política de gestão documental do Tribunal, opinando sobre a manutenção do acervo, modernização e automatização da Coordenadoria de Gestão Documental e Memória;
V – propor alterações na Tabela de Temporalidade e no Plano de Classificação dos processos judiciais e documentos;
VI – manifestar-se, anualmente, sobre o Termo de Eliminação dos processos judiciais encaminhado pela Coordenadoria de Gestão Documental e Memória, determinando a publicação do documento na Imprensa Oficial, caso aprovado;
VII – acompanhar os procedimentos de eliminação dos documentos constantes do Termo aludido no inciso VI deste artigo;
VIII – manter, na Coordenadoria de Gestão Documental e Memória, serviço de documentação para recolher elementos que sirvam de subsídio à história do Tribunal e da Justiça do Trabalho e organizar e disponibilizar dados biográficos dos Ministros do TST;
IX – orientar a biblioteca na divulgação, para os Ministros e seus gabinetes, do acervo bibliográfico, e na atualização legislativa e jurisprudencial de interesse da Justiça do Trabalho;
X – efetivar o registro e o controle dos repositórios autorizados à publicação da jurisprudência da Corte, previstos no parágrafo único do art. 183;
XI – supervisionar a documentação publicada pelo Tribunal na rede mundial de computadores e providenciar a renovação dos conteúdos do sítio do Tribunal;
XII – selecionar os acórdãos a serem encaminhados para publicação nas revistas do Tribunal e demais periódicos autorizados, inclusive entre aqueles eventualmente encaminhados pelos gabinetes;
XIII – manter na biblioteca pastas individuais contendo dados da produção bibliográfica dos Ministros do TST.

SEÇÃO V
Da Comissão de Acessibilidade, Diversidade e Inclusão

•• Seção V com redação determinada pela Emenda Regimental n. 4, de 16-5-2022.

Art. 63-A. A Comissão de Acessibilidade, Diversidade e Inclusão será presidida por 1 (um) Ministro titular, designado pelo Órgão Especial, e a sua composição será disciplinada por Resolução Administrativa, editada nos termos deste Regimento.

•• Artigo com redação determinada pela Emenda Regimental n. 4, de 16-5-2022.

Art. 63-B. A competência e o funcionamento da Comissão de Acessibilidade, Diversidade e Inclusão serão disciplinados em Resolução Administrativa.

•• Artigo com redação determinada pela Emenda Regimental n. 4, de 16-5-2022.

Título III
DA ORGANIZAÇÃO E DA COMPETÊNCIA

Capítulo I
DA ORGANIZAÇÃO

Art. 64. O Tribunal funciona em sua composição plena ou dividido em Órgão Especial, Seções, Subseções Especializadas e Turmas.

Art. 65. São órgãos do Tribunal Superior do Trabalho:
I – Tribunal Pleno;
II – Órgão Especial;
III – Seção Especializada em Dissídios Coletivos;
IV – Seção Especializada em Dissídios Individuais, dividida em duas subseções;
V – Turmas.

Parágrafo único. São órgãos que funcionam junto ao Tribunal Superior do Trabalho:
I – Escola Nacional de Formação e Aperfeiçoamento de Magistrados do Trabalho (ENAMAT);
II – Conselho Superior da Justiça do Trabalho (CSJT);
III – Centro de Formação e Aperfeiçoamento de Assessores e Servidores do Tribunal Superior do Trabalho (CEFAST);
IV – Ouvidoria.

Art. 66. Para a composição dos órgãos judicantes do Tribunal, respeitados os critérios de antiguidade e os estabelecidos neste capítulo, os Ministros poderão escolher a Seção Especializada e a Turma que desejarem integrar, podendo exercer o direito de permuta, salvo os Presidentes de Turma, que, para fazê-lo, deverão previamente renunciar à Presidência do órgão colegiado.

Parágrafo único. Cada Ministro comporá apenas uma Seção Especializada.

Art. 67. O Ministro empossado integrará os órgãos do Tribunal onde ocorreu a vaga ou ocupará aquela resultante da transferência de Ministro, autorizada pelo art. 66 deste Regimento.

Art. 68. O Tribunal Pleno é constituído pela totalidade dos Ministros que integram a Corte.

§ 1.º Para o funcionamento do Tribunal Pleno é exigida a presença de, no mínimo, 14 (quatorze) Ministros, sendo necessária a maioria absoluta para deliberar sobre:
I – escolha dos nomes que integrarão a lista tríplice destinada à vaga de Ministro do Tribunal, observado o disposto no art. 4.º, § 2.º, II - deste Regimento;
II – aprovação de Emenda Regimental;
III – eleição dos Ministros para os cargos de direção do Tribunal;
IV – edição, revisão ou cancelamento de súmula, de orientação jurisprudencial e de precedente normativo;
V – declaração de inconstitucionalidade de lei ou de ato normativo do Poder Público.

§ 2.º Será tomada por 2/3 (dois terços) dos votos dos Ministros que compõem o Tribunal Pleno a deliberação preliminar referente à existência de relevante interesse público que fundamenta a proposta de edição, revisão ou cancelamento de súmula, orientação jurisprudencial e precedente normativo, observado o § 3.º do art. 702 da CLT.

Art. 69. O Órgão Especial é composto por 14 (quatorze) membros, sendo 7 (sete) por antiguidade e 7 (sete) por eleição, e 3 (três) suplentes.

§ 1.º Integram o Órgão Especial o Presidente e o Vice-Presidente do Tribunal, o Corregedor-Geral da Justiça do Trabalho, juntamente com os demais Ministros mais antigos e eleitos.

§ 2.º Caso seja eleito para cargo de direção do Tribunal Ministro que não figure dentre os 7 (sete) mais antigos aptos a integrar o Órgão Especial, será ele considerado eleito para integrá-lo, promovendo-se a eleição prevista no *caput* deste artigo, por escrutínio secreto, apenas para os cargos remanescentes.

§ 3.º O *quorum* para funcionamento do Órgão Especial é de 8 (oito) Ministros, mas, para deliberar sobre disponibilidade ou aposentadoria de Magistrado, exige-se a presença e votação convergente da maioria absoluta.

§ 4.º Para recompor o *quorum* em virtude da ausência de Ministro integrante da metade mais antiga, será convocado o Ministro que o suceder na ordem de antiguidade. No caso de não comparecimento de Ministro que compõe a metade eleita, a convocação recairá sobre qualquer dos suplentes.

Art. 70. Integram a Seção Especializada em Dissídios Coletivos o Presidente e o Vice-Presidente do Tribunal, o Corregedor-Geral da Justiça do Trabalho e mais 6 (seis) Ministros.

Parágrafo único. O *quorum* para o funcionamento da Seção Especializada em Dissídios Coletivos é de 5 (cinco) Ministros, sendo que, na falta de *quorum*, deve ser convocado Ministro para substituir o ausente, preferencialmente da sua mesma Turma.

Art. 71. A Seção Especializada em Dissídios Individuais é composta de 21 (vinte e um) Ministros, sendo o Presidente e o Vice-presidente do Tribunal, o Corregedor-Geral da Justiça do Trabalho e mais 18 (dezoito) Ministros, e funciona em composição plena ou dividida em duas subseções para julgamento dos processos de sua competência.

§ 1.º O *quorum* exigido para o funcionamento da Seção Especializada em Dissídios Individuais plena é de 11 (onze) Ministros, mas as deliberações só poderão ocorrer pelo voto da maioria absoluta dos integrantes da Seção.

§ 2.º Integram a Subseção I da Seção Especializada em Dissídios Individuais 14 (quatorze) Ministros, sendo o Presidente e o Vice-presidente do Tribunal, o Corregedor-Geral da Justiça do Trabalho e mais 11 (onze) Ministros, preferencialmente os Presidentes de Turma, exigida a presença de, no mínimo, 8 (oito) Ministros para o seu funcionamento, sendo que, na falta de *quorum*, deve ser convocado Ministro para substituir o ausente, preferencialmente da sua mesma Turma.

§ 3.º Haverá pelo menos 1 (um) e no máximo 2 (dois) integrantes de cada Turma na composição da Subseção I da Seção Especializada em Dissídios Individuais.

§ 4.º Integram a Subseção II da Seção Especializada em Dissídios Individuais 10 (dez) Ministros, sendo o Presidente e o Vice-presidente do Tribunal, o Corregedor-Geral da Justiça do Trabalho e mais 7 (sete) Ministros, exigida a presença de, no mínimo, 6 (seis) Ministros para o seu funcionamento, sendo que, na falta de *quorum*, deve ser convocado Ministro para substituir o ausente, preferencialmente da sua mesma Turma.

Art. 72. As decisões do Órgão Especial, das Seções e Subseções Especializadas que se inclinarem por contrariar súmula, orientação jurisprudencial e precedente normativo ou decisões reiteradas de 5 (cinco) ou mais Turmas do Tribunal sobre tema de natureza material ou processual serão suspensas, sem proclamação do resultado, e os autos encaminhados ao Tribunal Pleno, para deliberação sobre a questão controvertida, mantido o relator de sorteio no órgão fracionário.

Art. 73. As Turmas são constituídas, cada uma, por 3 (três) Ministros, sendo presididas de acordo com os critérios estabelecidos pelos arts. 91 e 92 deste Regimento.

Parágrafo único. Para os julgamentos nas Turmas é necessária a presença de 3 (três) Magistrados.

Capítulo II
DA COMPETÊNCIA

SEÇÃO I
Das Disposições Gerais

Art. 74. Compete ao Tribunal Superior do Trabalho processar, conciliar e julgar, na forma da lei, em grau originário ou recursal ordinário ou extraordinário, as demandas individuais e os dissídios coletivos que excedam a jurisdição dos Tribunais Regionais, os conflitos de direito sindical, assim como outras controvérsias decorrentes de relação de trabalho, e os litígios relativos ao cumprimento de suas próprias decisões, de laudos arbitrais e de convenções e acordos coletivos.

SEÇÃO II
Da Competência do Tribunal Pleno

Art. 75. Compete ao Tribunal Pleno:

I - eleger, por escrutínio secreto, o Presidente e o Vice-Presidente do Tribunal Superior do Trabalho, o Corregedor-Geral da Justiça do Trabalho, os 7 (sete) Ministros para integrar o Órgão Especial, o Diretor, o Vice-Diretor e os membros do Conselho Consultivo da Escola Nacional de Formação e Aperfeiçoamento de Magistrados do Trabalho (ENAMAT), o diretor e os membros do Centro de Formação e Aperfeiçoamento de Assessores e Servidores do Tribunal Superior do Trabalho (CEFAST); os Ministros membros do Conselho Superior da Justiça do Trabalho (CSJT) e respectivos suplentes, os membros do Conselho Nacional de Justiça (CNJ) e o Ministro Ouvidor e seu substituto;

II - dar posse aos membros eleitos para os cargos de direção do Tribunal Superior do Trabalho, aos Ministros nomeados para o Tribunal, aos membros da direção e do Conselho Consultivo da Escola Nacional de Formação e Aperfeiçoamento de Magistrados do Trabalho (ENAMAT) e do Centro de Formação e Aperfeiçoamento de Assessores e Servidores do Tribunal Superior do Trabalho (CEFAST);

III - escolher os integrantes das listas para provimento das vagas de Ministro do Tribunal;

IV - deliberar sobre prorrogação do prazo para a posse no cargo de Ministro do Tribunal Superior do Trabalho e o início do exercício;

V - determinar a disponibilidade ou a aposentadoria de Ministro do Tribunal;

VI - opinar sobre propostas de alterações da legislação trabalhista, inclusive processual, quando entender que deve manifestar-se oficialmente;

VII - estabelecer ou alterar súmulas e outros enunciados de jurisprudência uniforme, pelo voto de pelo menos 2/3 (dois terços) de seus membros, caso a mesma matéria já tenha sido decidida de forma idêntica por unanimidade em, no mínimo, 2/3 (dois terços) das turmas, em pelo menos 10 (dez) sessões diferentes em cada uma delas, podendo, ainda, por maioria de 2/3 (dois terços) de seus membros, restringir os efeitos daquela declaração ou decidir que ela só tenha eficácia a partir de sua publicação no *Diário Oficial*;

VIII - julgar os incidentes de assunção de competência e os incidentes de recursos repetitivos, afetados ao órgão;

IX - decidir sobre a declaração de inconstitucionalidade de lei ou ato normativo do Poder Público, quando aprovada a arguição pelas Seções Especializadas ou Turmas;

X - aprovar e emendar o Regimento Interno do Tribunal Superior do Trabalho;

XI - processar e julgar as reclamações destinadas à preservação de sua competência e à garantia da autoridade de suas decisões e à observância obrigatória de tese jurídica firmada em decisão com eficácia de precedente judicial de cumprimento obrigatório, por ele proferida.

SEÇÃO III
Da Competência do Órgão Especial

Art. 76. Compete ao Órgão Especial:

I - em matéria judiciária:

a) processar e julgar as reclamações destinadas à preservação de sua competência, à garantia da autoridade de suas decisões e à observância obrigatória de tese jurídica firmada em decisão com eficácia de precedente judicial de cumprimento obrigatório, por ele proferida;

b) julgar mandado de segurança impetrado contra atos do Presidente ou de qualquer Ministro do Tribunal, ressalvada a competência das Seções Especializadas;

c) julgar os recursos interpostos contra decisões dos Tribunais Regionais do Trabalho em mandado de segurança de interesse de magistrados e servidores da Justiça do Trabalho;

d) julgar os recursos interpostos contra decisão em matéria de concurso para a Magistratura do Trabalho;

e) julgar os recursos ordinários em agravos internos interpostos contra decisões proferidas em reclamações correicionais ou em pedidos de providências que envolvam impugnação de cálculos de precatórios;

f) julgar os recursos ordinários interpostos contra decisões proferidas em mandado de segurança impetrado contra ato do Presidente de Tribunal Regional em precatório;

g) julgar os recursos ordinários interpostos contra decisões proferidas em reclamações quando a competência para julgamento do recurso do processo principal for a ele atribuída;

h) julgar os agravos internos interpostos contra decisões proferidas pelo Corregedor-Geral da Justiça do Trabalho;

i) julgar os agravos internos interpostos contra decisões que denegam seguimento a recurso extraordinário por ausência de repercussão geral da questão constitucional debatida;

j) deliberar sobre as demais matérias jurisdicionais não incluídas na competência dos outros órgãos do Tribunal.

II - em matéria administrativa:

a) proceder à abertura e ao encerramento do semestre judiciário;

b) eleger os membros do Conselho da Ordem do Mérito Judiciário do Trabalho e os das Comissões previstas neste Regimento, com observância, neste último caso, do disposto nos §§ 1.º e 3.º de seu art. 53;

c) aprovar e emendar o Regulamento Geral da Secretaria do Tribunal Superior do Trabalho, o Regimento da Corregedoria-Geral da Justiça do Trabalho, o Regulamento da Ordem do Mérito Judiciário do Trabalho, os Estatutos da Escola Nacional de Formação e Aperfeiçoamento de Magistrados do Trabalho (ENAMAT) e do Centro de Formação e Aperfeiçoamento de Assessores e Servidores do Tribunal Superior do Trabalho (CEFAST), e o Regimento Interno do Conselho Superior da Justiça do Trabalho (CSJT);

d) propor ao Poder Legislativo, após a deliberação do Conselho Superior da Justiça do Trabalho (CSJT), a criação, extinção ou modificação de Tribunais Regionais do Trabalho e Varas do Trabalho, assim como a alteração de jurisdição e de sede destes;

e) propor ao Poder Legislativo a criação, a extinção e a transformação de cargos e funções públicas e a fixação dos respectivos vencimentos ou gratificações;

f) escolher, mediante escrutínio secreto e pelo voto da maioria absoluta dos seus membros, Desembargador de Tribunal Regional do Trabalho para substituir temporariamente Ministro do Tribunal Superior do Trabalho;

g) aprovar a lista dos admitidos na Ordem do Mérito Judiciário do Trabalho;

h) aprovar a lotação das funções comissionadas do Quadro de Pessoal do Tribunal;

i) conceder licença, férias e outros afastamentos aos membros do Tribunal;

j) fixar e rever as diárias e as ajudas de custo do Presidente, dos Ministros e servidores do Tribunal;

l) designar as comissões temporárias para exame e elaboração de estudo sobre matéria relevante, respeitada a competência das comissões permanentes;

m) aprovar as instruções de concurso para provimento dos cargos de Juiz do Trabalho Substituto;

n) aprovar as instruções dos concursos para provimento dos cargos do Quadro de Pessoal do Tribunal e homologar seu resultado final;

o) julgar os recursos de decisões ou atos do Presidente do Tribunal em matéria administrativa;

p) julgar os recursos interpostos contra decisões dos Tribunais Regionais do Trabalho em processo administrativo disciplinar envolvendo Magistrado, estritamente para controle da legalidade;

q) examinar as matérias encaminhadas pelo Conselho Superior da Justiça do Trabalho (CSJT);

r) aprovar a proposta orçamentária da Justiça do Trabalho;

s) julgar os recursos ordinários interpostos contra agravos internos em que tenha sido apreciada decisão de Presidente de Tribunal Regional em precatório;

t) deliberar sobre as questões relevantes e atos normativos a que alude o art. 41, XXXIII e parágrafo único, deste Regimento.

SEÇÃO IV
Da Competência da Seção Especializada em Dissídios Coletivos (SDC)

Art. 77. À Seção Especializada em Dissídios Coletivos compete:

I – originariamente:

a) julgar os dissídios coletivos de natureza econômica e jurídica, de sua competência, ou rever suas próprias sentenças normativas, nos casos previstos em lei;

b) homologar as conciliações firmadas nos dissídios coletivos;

c) julgar as ações anulatórias de acordos e convenções coletivas;

d) julgar as ações rescisórias propostas contra suas sentenças normativas;

e) julgar os agravos internos contra decisões não definitivas, proferidas pelo Presidente do Tribunal, ou por qualquer dos Ministros integrantes da Seção Especializada em Dissídios Coletivos;

f) julgar os conflitos de competência entre Tribunais Regionais do Trabalho em processos de dissídio coletivo;

g) processar e julgar as tutelas provisórias antecedentes ou incidentes nos processos de dissídio coletivo;

h) processar e julgar as ações em matéria de greve, quando o conflito exceder a jurisdição de Tribunal Regional do Trabalho;

i) processar e julgar as reclamações destinadas à preservação de sua competência e à garantia da autoridade de suas decisões.

II – em última instância, julgar:

a) os recursos ordinários interpostos contra as decisões proferidas pelos Tribunais Regionais do Trabalho em dissídios coletivos de natureza econômica ou jurídica;

b) os recursos ordinários interpostos contra decisões proferidas pelos Tribunais Regionais do Trabalho em ações rescisórias, reclamações e mandados de segurança pertinentes a dissídios coletivos e em ações anulatórias de acordos e convenções coletivas;

c) os embargos infringentes interpostos contra decisão não unânime proferida em processo de dissídio coletivo de sua competência originária, salvo se a decisão embargada estiver em consonância com precedente normativo do Tribunal Superior do Trabalho ou com súmula de sua jurisprudência predominante;

d) os agravos de instrumento interpostos contra decisão denegatória de recurso ordinário nos processos de sua competência.

SEÇÃO V
Da Competência da Seção Especializada em Dissídios Individuais

Art. 78. À Seção Especializada em Dissídios Individuais, em composição plena ou dividida em duas Subseções, compete:

I – em composição plena:

a) julgar, em caráter de urgência e com preferência na pauta, os processos nos quais tenha sido estabelecida, na votação, divergência entre as Subseções I e II da Seção Especializada em Dissídios Individuais, quanto à aplicação de dispositivo de lei federal ou da Constituição da República;

b) processar e julgar as reclamações destinadas à preservação de sua competência, à garantia da autoridade de suas decisões e à observância obrigatória de tese jurídica firmada em decisão com eficácia de precedente judicial de cumprimento obrigatório, por ela proferida.

II – à Subseção I:

a) julgar os embargos interpostos contra decisões divergentes das Turmas, ou destas que divirjam de decisão da Seção de Dissídios Individuais, de súmula ou de orientação jurisprudencial;

b) processar e julgar as reclamações destinadas à preservação de sua competência, à garantia da autoridade de suas decisões e à observância obrigatória de tese jurídica firmada em decisão com eficácia de precedente judicial de cumprimento obrigatório, por ela proferida;

c) julgar os agravos internos interpostos contra decisão monocrática exarada em processos de sua competência ou decorrentes do juízo de admissibilidade da Presidência de Turmas do Tribunal;

d) processar e julgar os incidentes de recursos repetitivos que lhe forem afetados;

III – à Subseção II:

a) originariamente:

I – julgar as ações rescisórias propostas contra suas decisões, as da Subseção I e as das Turmas do Tribunal;

II – julgar os mandados de segurança contra os atos praticados pelo Presidente do Tribunal, ou por qualquer dos Ministros integrantes da Seção Especializada em Dissídios Individuais, nos processos de sua competência;

III – julgar os pedidos de concessão de tutelas provisórias e demais medidas de urgência;

IV – julgar os *habeas corpus*;

V – processar e julgar os Incidentes de Resolução de Demandas Repetitivas suscitados nos processos de sua competência originária;

VI – processar e julgar as reclamações destinadas à preservação de sua competência, à garantia da autoridade de suas decisões e à observância obrigatória de tese jurídica firmada em decisão com eficácia de precedente judicial de cumprimento obrigatório, por ela proferida.

b) em única instância:

I – julgar os agravos internos interpostos contra decisão monocrática exarada em processos de sua competência;

II – julgar os conflitos de competência entre Tribunais Regionais e os que envolvam Desembargadores dos Tribunais de Justiça, quando investidos da jurisdição trabalhista, e Juízes do Trabalho em processos de dissídios individuais.

c) em última instância:

I – julgar os recursos ordinários interpostos contra decisões dos Tribunais Regionais em processos de dissídio individual de sua competência originária;

II – julgar os agravos de instrumento interpostos contra decisão denegatória de recurso ordinário em processos de sua competência.

SEÇÃO VI
Da Competência das Turmas

Art. 79. Compete a cada uma das Turmas julgar:

I – as reclamações destinadas à preservação da sua competência e à garantia da autoridade de suas decisões;

II – os recursos de revista interpostos contra decisão dos Tribunais Regionais do Trabalho, nos casos previstos em lei;

III – os agravos de instrumento das decisões de Presidente de Tribunal Regional que denegarem seguimento a recurso de revista;

IV – os agravos internos interpostos contra decisão monocrática exarada em processos de sua competência;

V – os recursos ordinários em tutelas provisórias e as reclamações, quando a competência para julgamento do recurso do processo principal for atri-

buída à Turma, bem como a tutela provisória requerida em procedimento antecedente de que trata o art. 114 deste Regimento.

SEÇÃO VII
Da Escola Nacional de Formação e Aperfeiçoamento de Magistrados do Trabalho – ENAMAT

Art. 80. A Escola Nacional de Formação e Aperfeiçoamento de Magistrados do Trabalho (ENAMAT) é órgão que funciona junto ao Tribunal Superior do Trabalho, com autonomia administrativa e financeira, cabendo-lhe, dentre outras funções, regulamentar os cursos oficiais para o ingresso e promoção na carreira e formação continuada dos Magistrados, na forma dos seus estatutos, bem assim promover o Concurso Público Nacional para ingresso na Magistratura do Trabalho.

Art. 81. O Diretor, o Vice-Diretor e os membros do Conselho Consultivo da Escola Nacional de Formação e Aperfeiçoamento de Magistrados do Trabalho (ENAMAT) serão eleitos pelo Tribunal Pleno, em escrutínio secreto, para mandato de 2 (dois) anos, permitida uma recondução.

§ 1.º Os membros eleitos para os cargos de direção da Escola e os do Conselho Consultivo tomarão posse perante o Tribunal Pleno.

§ 2.º O Diretor da Escola Nacional de Formação e Aperfeiçoamento de Magistrados do Trabalho (ENAMAT) receberá 15% (quinze por cento) a menos de processos distribuídos, respeitada a proporção quanto às classes processuais de competência da Turma.

SEÇÃO VIII
Do Centro de Formação e Aperfeiçoamento de Assessores e Servidores do TST – CEFAST

Art. 82. O Centro de Formação e Aperfeiçoamento de Assessores e Servidores do Tribunal Superior do Trabalho (CEFAST) é órgão que funciona junto ao Tribunal Superior do Trabalho, com autonomia administrativa, cabendo-lhe, dentre outras funções, capacitar e aperfeiçoar os servidores que desenvolvem atividades jurídicas no TST.

Art. 83. O Diretor e os membros do Centro de Formação e Aperfeiçoamento de Assessores e Servidores do Tribunal Superior do Trabalho (CEFAST) serão eleitos pelo Tribunal Pleno, em escrutínio secreto, para mandato de 2 (dois) anos, permitida uma recondução.

Parágrafo único. Os membros eleitos para os cargos de direção do Centro de Formação e Aperfeiçoamento de Assessores e Servidores do Tribunal Superior do Trabalho (CEFAST) tomarão posse perante o Tribunal Pleno.

SEÇÃO IX
Do Conselho Superior da Justiça do Trabalho CSJT

Art. 84. O Conselho Superior da Justiça do Trabalho (CSJT) é órgão que funciona junto ao Tribunal Superior do Trabalho, com autonomia administrativa, cabendo-lhe exercer a supervisão administrativa, orçamentária, financeira e patrimonial da Justiça do Trabalho, de primeiro e segundo graus, como órgão central do sistema.

SEÇÃO X
Da Ouvidoria

Art. 85. A Ouvidoria do Tribunal Superior do Trabalho tem por missão assegurar um canal de comunicação eficiente, ágil e transparente entre o cidadão, os servidores e a administração do Tribunal, visando orientar, transmitir informações e colaborar para o aperfeiçoamento dos serviços prestados à sociedade, bem assim promover a interlocução com as Ouvidorias dos Tribunais Regionais do Trabalho para o eficaz atendimento das demandas acerca dos serviços prestados pelos órgãos da Justiça do Trabalho.

Art. 86. O Ministro Ouvidor e seu substituto serão eleitos pelo Tribunal Pleno dentre os Ministros do Tribunal, excluídos o Presidente, o Vice-Presidente, o Corregedor-Geral da Justiça do Trabalho e os Presidentes das Turmas, permitida uma recondução.

Parágrafo único. A eleição do Ministro Ouvidor e de seu substituto dar-se-á na primeira sessão subsequente à posse dos membros da direção do Tribunal, sempre que possível.

Art. 87. O Presidente do Tribunal, em conjunto com o Ministro Ouvidor, poderá baixar normas complementares acerca dos procedimentos internos da Ouvidoria, *ad referendum* do Órgão Especial.

SEÇÃO XI
Das Disposições Gerais

Art. 88. Ao Tribunal Pleno, ao Órgão Especial, às Seções Especializadas e às Turmas cabe, ainda, nos processos de sua competência:

I – julgar:

a) os embargos de declaração interpostos contra suas decisões;

b) os pedidos de concessão de tutela provisória e demais medidas de urgência;

c) os incidentes que lhes forem submetidos;

d) a restauração de autos, em se tratando de processo de sua competência.

II – homologar as desistências dos recursos, decidir sobre pedido de desistência de ação quanto aos processos incluídos em pauta para julgamento e homologar os acordos em processos de competência originária do Tribunal;

III – representar à autoridade competente, quando, em autos ou documentos de que conhecer, houver indício de crime de ação pública.

Art. 89. A proclamação do resultado da votação será suspensa:

I – pelo Órgão Especial, pelas Seções Especializadas e pelas Turmas, para remessa do processo ao Tribunal Pleno, quando se verificar que a maioria respectiva se inclina pelo acolhimento da arguição de inconstitucionalidade de norma em matéria que ainda não tenha sido decidida pelo Tribunal Pleno ou pelo Supremo Tribunal Federal;

II – pelas Seções Especializadas, quando convier o pronunciamento do Tribunal Pleno, em razão da relevância da questão jurídica, do interesse público ou da necessidade de prevenir divergência de julgados, nos termos do art. 72 deste Regimento.

Capítulo III
DA PRESIDÊNCIA DAS SEÇÕES

SEÇÃO I
Da Presidência do Tribunal Pleno, do Órgão Especial e das Seções Especializadas

Art. 90. O Ministro Presidente do Tribunal presidirá o Tribunal Pleno, o Órgão Especial e as Seções Especializadas, podendo ser substituído, sucessivamente, pelo Vice-Presidente, pelo Corregedor-Geral da Justiça do Trabalho ou pelo Ministro mais antigo presente à sessão.

SEÇÃO II
Da Presidência das Turmas

Art. 91. O Presidente da Turma será o mais antigo dentre os Ministros que a compõem, por um período de 2 (dois) anos, vedada a recondução, até que todos os seus integrantes hajam exercido a Presidência, observada a ordem decrescente de antiguidade.

Parágrafo único. É facultado aos demais Ministros recusarem a Presidência, desde que o façam antes da proclamação de sua escolha.

Art. 92. Na hipótese de vacância do cargo de Presidente de Turma, assumirá o Ministro mais antigo do respectivo órgão colegiado.

§ 1.º Nas ausências eventuais ou afastamentos temporários, o Presidente da Turma será substituído pelo Ministro mais antigo do órgão colegiado.

§ 2.º A escolha do Presidente da Turma, observado o critério estabelecido no art. 91 deste Regimento, dar-se-á na primeira sessão ordinária da Turma que suceder à posse da nova direção do Tribunal, ressalvada a situação prevista no parágrafo seguinte.

§ 3.º Se houver vacância da Presidência da Turma, a escolha do novo Presidente dar-se-á na sessão ordinária imediatamente posterior à ocorrência da vaga, hipótese em que o ministro eleito completará o mandato do sucedido pelo prazo remanescente.

§ 4.º Considera-se empossado o sucessor, em qualquer das situações a que se referem os §§ 2.º e 3.º deste artigo, na mesma data de sua escolha para a Presidência da Turma.

SEÇÃO III
Das Atribuições do Presidente de Turma

Art. 93. Compete ao Presidente de Turma:

I – indicar o Secretário da Turma para nomeação pelo Presidente do Tribunal;

II – convocar sessões ordinárias e extraordinárias;

III – dirigir os trabalhos e presidir as sessões da Turma, propor e submeter as questões, apurar os votos e proclamar as decisões;

IV – manter a ordem nas sessões, podendo mandar retirar os que as perturbarem e os que faltarem com o devido respeito e prender os desobedientes, fazendo lavrar o respectivo auto;

V – despachar os expedientes da Turma que excederem à competência dos relatores, inclusive os pedidos manifestados após a publicação dos acórdãos;

VI – supervisionar os serviços da Secretaria;

VII – convidar, mediante prévio entendimento, Ministro ou Desembargador convocado para compor o *quorum*;

VIII – exercer o juízo de admissibilidade dos embargos à Subseção I da Seção Especializada em Dissídios Individuais e julgar os embargos de declaração interpostos dessas decisões;

IX – submeter ao Presidente da Subseção I da Seção Especializada em Dissídios Individuais a proposta de afetação dos recursos de revista para os efeitos dos arts. 896-B e 896-C da CLT e deste Regimento.

Parágrafo único. Em face da atribuição contida no inciso VIII deste artigo, o Presidente de Turma receberá 10% (dez por cento) a menos de processos distribuídos, respeitada a proporção quanto às classes processuais de competência da Turma.

Título IV
DO MINISTÉRIO PÚBLICO DO TRABALHO

Art. 94. O Ministério Público do Trabalho atuará nas sessões do Tribunal representado pelo Procurador-Geral ou, mediante sua delegação, por Subprocuradores-Gerais e por Procuradores Regionais, na forma da lei.

Art. 95. À Procuradoria-Geral do Trabalho serão remetidos processos para parecer, nas seguintes hipóteses:

I – obrigatoriamente, quando for parte pessoa jurídica de direito público, Estado estrangeiro ou organismo internacional e quando houver interesse de incapaz;

II – facultativamente, por iniciativa do relator, quando a matéria, por sua relevância, recomendar a prévia manifestação do Ministério Público;

III – por iniciativa do Ministério Público, quando entender existente interesse público que justifique a sua intervenção;

IV – por determinação legal, os mandados de segurança em grau originário ou recursal, as ações civis públicas em que o Ministério Público não for autor, os dissídios coletivos originários, caso não exarado parecer na instrução, e os processos em que forem parte índio, comunidades e organizações indígenas, além de outros processos em que a lei impuser a intervenção do Ministério Público.

§ 1.º À Procuradoria-Geral do Trabalho serão encaminhados de imediato, após autuação e distribuição, os processos nos quais figuram como parte pessoa jurídica de direito público, Estado estrangeiro ou organismo internacional, e os recursos ordinários em mandado de segurança.

§ 2.º Não serão remetidos à Procuradoria-Geral do Trabalho:

I – processos oriundos de ações originárias propostas pelo Ministério Público do Trabalho;

II – processos de remessa facultativa que exijam urgência no julgamento ou que versem sobre tema pacificado na jurisprudência.

Art. 96. O Ministério Público, observadas as regras legais especiais e a tramitação preferencial de demandas, emitirá parecer no prazo legal, restituindo imediatamente os autos ao Tribunal.

Art. 97. O Ministério Público, após publicado o acórdão e vencido o prazo para as partes, será intimado pessoalmente nas causas em que tenha intervindo ou emitido parecer.

LIVRO II
DOS PROCESSOS E DA JURISPRUDÊNCIA

Título I
DOS PROCESSOS

Capítulo I
DO REGISTRO E DA CLASSIFICAÇÃO

Art. 98. As petições recebidas serão registradas no dia de seu ingresso no Tribunal e, após a conferência das folhas, juntadas ou encaminhadas para análise, respeitada a competência dos órgãos judicantes.

Parágrafo único. O Presidente do Tribunal e os Presidentes de Turmas poderão delegar à Secretaria a prática de atos ordinatórios nos termos dos arts. 93, XIV, da Constituição da República e 203, § 4.º, do CPC, mediante ato interno.

Art. 99. Os processos serão registrados após a conferência das folhas, classificados e autuados, de acordo com a tabela aprovada pelo Conselho Nacional de Justiça (CNJ).

Art. 100. A classificação das ações de competência originária será feita nos termos do requerido pela parte, desde que prevista a classe processual na tabela unificada aprovada pelo Conselho Nacional de Justiça (CNJ).

Parágrafo único. Incumbe às Secretarias do Tribunal as providências necessárias à intimação das partes para o fim de correção e atualização dos registros de CNPJ e CPF constantes na base de dados da Secretaria da Receita Federal do Brasil.

Art. 101. Na hipótese de ajuizamento de ação ou de interposição de recurso não previsto na tabela processual unificada, o processo será classificado e autuado na classe processual "Petição – Pet".

Capítulo II
DA DISTRIBUIÇÃO

SEÇÃO I
Das Disposições Gerais

Art. 102. Os processos de competência do Tribunal serão distribuídos por classe, de acordo com a competência e composição dos órgãos judicantes e com a ordem cronológica do seu ingresso na Corte, observando-se a alternatividade, o sorteio eletrônico e a publicidade, concorrendo ao sorteio todos os Ministros, excetuados os membros da direção.

§ 1.º Ressalvados os casos de comprovada urgência, a distribuição será efetivada, com encaminhamento do processo ao Ministro sorteado, nos dias úteis e durante o horário de funcionamento do Tribunal Superior do Trabalho.

§ 2.º A regra do parágrafo anterior se aplica aos processos que retornarem, com manifestação, da Procuradoria-Geral do Trabalho.

§ 3.º Não haverá distribuição de processos, à exceção daqueles em que houver prevenção, aos Ministros nos 60 (sessenta) dias que antecedem a jubilação compulsória ou voluntária.

•• § 3.º com redação determinada pela Emenda Regimental n. 2, de 19-4-2021.

Art. 103. Nos períodos correspondentes ao recesso forense e às férias dos Ministros, não haverá distribuição de processos.

Parágrafo único. No caso de fruição de férias, o Ministro não receberá distribuição de processos no respectivo período nem haverá compensação posterior.

Art. 104. Todos os processos recebidos no Tribunal, independentemente da classe a que pertencerem, serão distribuídos, nos termos desta Seção, após os registros e as formalidades necessárias à sua identificação.

Parágrafo único. Será fornecido a cada Ministro, por ocasião da distribuição, documento escrito ou transmissão computadorizada contendo todos os dados da distribuição que lhe coube.

Art. 105. As redistribuições autorizadas expressamente neste Regimento serão feitas no âmbito da Secretaria do órgão colegiado em que tramita o processo, pelo respectivo Presidente, observadas a compensação e a publicidade.

Art. 106. O Ministro recém-empossado receberá os processos vinculados à cadeira que ocupará, inclusive os agravos internos e embargos de declaração.

§ 1.º Haverá compensação, na Turma, na hipótese em que o montante de processos recebidos na cadeira seja inferior, na data da posse do novo Ministro, à média de processos dos 5 (cinco) Ministros com maior acervo, considerada a competência das Turmas do Tribunal. A compensação será igualmente observada nas Seções Especializadas, observando-se a média dos 3 (três) maiores acervos de processos na Subseção I da Seção Especializada em Dissídios Individuais, dos 2 (dois) maiores acervos de processos na Subseção II da Seção Especializada em Dissídios Individuais e do maior acervo na Seção Especializada em Dissídios Coletivos.

•• § 1.º com redação determinada pela Emenda Regimental n. 2, de 19-4-2021.

§ 2.º Na composição do saldo total de processos que caberá ao Ministro recém-empossado, observar-se-á, sempre que possível, nas turmas, a proporção de 2/5 (dois quintos) de recursos de revista e 3/5 (três quintos) de agravos de instrumento. Nas Seções Especializadas, a proporção será definida pelo Presidente do Tribunal, com base no volume de processos em cada uma das classes processuais existentes na data da posse do novo Ministro, em consonância com o interesse na efetiva e rápida prestação jurisdicional.

•• § 2.º com redação determinada pela Emenda Regimental n. 2, de 19-4-2021.

§ 3.º Se houver processos, na cadeira, nas classes processuais "agravo de instrumento" ou "recurso de revista", cujo montante seja superior à proporção mencionada no § 2.º, a totalidade da compensação recairá sobre a classe processual que não atingiu a aludida proporcionalidade.

§ 4.º A compensação de processos será progressiva, cabendo ao Presidente do Tribunal definir o acréscimo percentual à distribuição normal diária do Ministro recém-empossado.

Art. 107. Os Ministros permanecerão vinculados aos processos recebidos em distribuição, ainda que ocorram afastamentos temporários menores que 30 (trinta) dias, ressalvadas as hipóteses de mandado de segurança, *habeas corpus*, reclamações, dissídio coletivo, tutela provisória e de outras medidas que reclamem solução inadiável. Nesses casos, ausente o relator por mais de 3 (três) dias, o processo poderá ser redistribuído, a critério do Presidente do Tribunal, mediante posterior compensação, desde que expressamente requerida a medida pelo interessado em petição fundamentada.

§ 1.º Os processos de competência das Turmas, na hipótese de o relator afastar-se temporariamente do Tribunal por período superior a 30 (trinta) dias ou definitivamente, serão atribuídos ao Desembargador convocado para substituí-lo. Cessada a convocação, o relator ou o novo Ministro titular da cadeira receberá os processos não solucionados, atribuídos ou distribuídos ao Desembargador convocado.

§ 2.º Os processos de competência das Seções Especializadas, em caso de vacância do cargo ocupado por um de seus integrantes, serão redistribuídos no âmbito dos respectivos órgãos. Nos casos de remoção de Ministro, os processos a ele distribuídos até a data do requerimento ficarão vinculados à cadeira vaga, apenas admitida a redistribuição dos casos que reclamem solução inadiável, desde que requerida pela parte interessada, mediante petição fundamentada.

•• § 2.º com redação determinada pela Emenda Regimental n. 2, de 19-4-2021.

§ 3.º Os processos de competência do Órgão Especial, em caso de afastamento definitivo do relator, serão atribuídos ao Ministro que o suceder. Na hipótese de afastamento temporário, o relator permanecerá vinculado a tais processos, observada, porém, a regra prevista no *caput* deste artigo.

Art. 108. O relator que se afastar definitivamente da Turma ou da Seção Especializada, por motivo de remoção, receberá no órgão para o qual se removeu os processos vinculados ao antecessor em que este ainda não apôs o visto.

Parágrafo único. Na hipótese de remoção de Turma, o Ministro que se removeu receberá no novo órgão, em compensação, a diferença entre o acervo processual deixado na Turma de origem, ao se remover, e o que recebeu na nova cadeira, observadas as classes processuais.

Art. 109. Se o afastamento do relator for definitivo, em decorrência de haver assumido cargo de direção do Tribunal, todos os seus processos serão atribuídos, conforme o caso, ao Desembargador ou ao Titular da cadeira que, em lugar do afastado, vier a integrar a Turma, inclusive em relação aos agravos internos e aos embargos de declaração.

§ 1.º Todos os processos de competência das Seções Especializadas serão atribuídos ao Titular da cadeira que, em lugar do afastado, vier a integrar a Seção Especializada, inclusive em relação aos agravos internos e aos embargos de declaração.

•• Parágrafo único renumerado pelo Ato Regimental n. 3, de 29-11-2021.

§ 2.º No retorno à bancada, de Ministro que houver exercido cargo de direção do Tribunal, este assumirá, na Turma que vier a integrar, o acervo da cadeira que ocupar, com a compensação, mediante redução ou aumento temporário na distribuição de processos, da diferença entre o acervo processual deixado na Turma quando da assunção de cargo de direção e o que recebeu na nova cadeira, observadas as classes processuais.

•• § 2.º acrescentado pelo Ato Regimental n. 3, de 29-11-2021.

Art. 110. O Ministro afastado definitivamente de qualquer órgão julgador retornará ao órgão colegiado para relatar os processos em que, até a data do seu afastamento, apôs o visto.

SEÇÃO II
Das Disposições Especiais

Art. 111. O órgão colegiado que conhecer do processo terá jurisdição prevental para o julgamento dos recursos posteriores interpostos no mesmo processo, observada a competência.

§ 1.º O processo que tramita na fase de execução será distribuído ao Ministro a quem coube a relatoria na fase de conhecimento, ou a quem o tenha substituído ou sucedido, devendo os processos tramitar conjuntamente, sempre que possível.

§ 2.º Os embargos de terceiro serão distribuídos, por prevenção, ao relator do processo principal.

Art. 112. O processo já apreciado pelo Órgão Especial ou por uma das Seções Especializadas, retornando a novo exame, será distribuído ao mesmo órgão colegiado e ao mesmo relator ou redator do acórdão. Na ausência definitiva do relator ou do redator do acórdão anterior, o processo será distribuído ao novo titular que vier a integrar o órgão prevento.

Parágrafo único. O processo já apreciado por uma das Turmas será distribuído ao mesmo órgão colegiado e ao mesmo relator ou redator do acórdão. Na ausência definitiva do relator ou do redator do acórdão anterior, o processo será distribuído ao Desembargador convocado para a vaga ou ao novo titular que vier a integrar o órgão prevento.

Art. 113. Aplica-se a regra do artigo anterior à hipótese de processo no qual haja recurso submetido à apreciação do Tribunal em razão de provimento de agravo.

Art. 114. A tutela provisória será distribuída ao relator do processo principal, salvo se a medida for requerida em procedimento anteceden-

te, hipótese em que será sorteado relator dentre os integrantes do órgão colegiado competente para o julgamento da matéria, o qual fica prevento para a ação principal.

Parágrafo único. Observar-se-á a mesma regra na hipótese de recurso em tutela provisória.

Art. 115. À distribuição dos embargos previstos no art. 262 deste Regimento não concorrerá o Ministro que já tenha atuado no processo como relator ou redigido o acórdão embargado.

Art. 116. Os embargos interpostos contra decisão de Turma serão distribuídos entre os Ministros não integrantes do colegiado prolator da decisão embargada.

Art. 117. Da distribuição da ação rescisória originária será excluído como relator, sempre que possível, Ministro que haja participado do julgamento rescindendo.

Art. 117-A. Será designado revisor, nos procedimentos previstos neste Regimento, o Ministro que se seguir ao relator, na ordem decrescente de antiguidade no órgão competente.

•• Artigo acrescentado pelo Ato Regimental n. 1, de 26-10-2020.

Capítulo III
DO RELATOR E DO REVISOR

Art. 118. Compete ao relator:

I – submeter pedido de liminar ao órgão competente, antes de decidi-lo, desde que repute de alta relevância a matéria nele tratada. Caracterizada a urgência, concederá ou denegará a liminar, que será submetida ao referendo do órgão colegiado na primeira sessão que se seguir;

II – promover as diligências necessárias à perfeita instrução dos processos, fixando prazo para o seu cumprimento;

III – solicitar audiência do Ministério Público do Trabalho nas hipóteses previstas em lei, ou quando entender necessário;

IV – processar os incidentes de falsidade, de suspeição, de impedimento e de desconsideração da personalidade jurídica, arguidos pelos litigantes;

V – despachar os pedidos de desistência de ação ou de recurso, suscitados em processo que lhe tenha sido distribuído, salvo quando incluídos em pauta ou quando formulados após a publicação do acórdão;

VI – lavrar os acórdãos referentes às decisões proferidas nos processos em que seu voto tenha prevalecido;

VII – requisitar autos originais, quando necessário;

VIII – determinar a prática de atos processuais às autoridades judiciárias de instância inferior, nos casos previstos em lei ou neste Regimento;

IX – decidir sobre os pedidos constantes das petições vinculadas a processos de sua competência, que não se incluam nas atribuições do Presidente do Tribunal, do órgão julgador ou da respectiva Presidência;

X – decidir monocraticamente ou denegar seguimento a recurso, na forma da lei, inclusive na hipótese contemplada no § 2.º do art. 896-A da CLT;

XI – indeferir liminarmente ações originárias, na forma da lei;

XII – submeter ao órgão julgador competente questão de ordem para o bom andamento dos processos;

XIII – determinar, de ofício ou a requerimento das partes, a suspensão do recurso de revista ou de embargos que tenha como objeto controvérsia idêntica à do recurso afetado como repetitivo;

XIV – encaminhar ao revisor os autos do incidente de recursos repetitivos;

XV – encaminhar a lista de impedimentos ao órgão administrativo competente, nos termos do art. 144 do CPC.

Capítulo IV
DAS PAUTAS

Art. 119. A pauta de julgamento de cada órgão colegiado será organizada pelo Secretário e aprovada pelo Presidente.

§ 1.º Nenhum processo poderá ser incluído em pauta sem que dele conste o visto do relator e do revisor, se houver.

§ 2.º Não haverá julgamento de processo sem prévia inclusão em pauta, exceto:

I – daquele cujo julgamento for expressamente adiado para a primeira sessão seguinte;

II – quando os embargos de declaração forem apresentados em mesa pelo relator na sessão subsequente à sua conclusão;

III – do pedido de homologação de acordo formulado em processo de dissídio coletivo originário ou em grau recursal;

IV – dos incidentes de impedimento e de suspeição apresentados em mesa pelo relator.

§ 3.º Os processos que versem sobre matéria idêntica ou semelhante poderão ser ordenados em pauta específica para julgamento conjunto.

Art. 120. Os processos serão incluídos em pauta, considerada a data de sua remessa à Secretaria, ressalvadas as seguintes preferências:

I – futuro afastamento temporário ou definitivo do relator, bem como posse em cargo de direção;

II – processos submetidos ao rito sumaríssimo e aqueles que tenham como parte ou terceiro juridicamente interessado pessoa com prioridade de tramitação assegurada por lei;

III – incidentes de assunção de competência e incidentes de resolução de demandas repetitivas e de julgamento de recursos repetitivos;

IV – solicitação do Ministro relator ou das partes, se devidamente justificada;

V – quando a natureza do processo exigir tramitação urgente, especificamente os dissídios coletivos, mandados de segurança, tutelas provisórias, reclamações, conflitos de competência e declaração de inconstitucionalidade de lei ou de ato do Poder Público;

VI – remoção do relator para outro órgão colegiado.

Art. 121. Para a ordenação dos processos na pauta, observar-se-á a numeração correspondente a cada classe, preferindo no lançamento o elenco do inciso III do art. 120 deste Regimento e, ainda, aqueles em que é permitida a sustentação oral.

Art. 122. A pauta de julgamento será publicada no órgão oficial com antecedência mínima de 5 (cinco) dias úteis.

§ 1.º Quando o exigirem a urgência e a natureza do processo, por iniciativa do Presidente do órgão colegiado competente, e em havendo expressa concordância das partes, poderá ser dispensada a sua inclusão em pauta.

§ 2.º Os processos não julgados na sessão, cujo julgamento for expressamente adiado para a primeira seguinte, permanecerão em pauta, independentemente de nova publicação, conservada a mesma ordem, com preferência sobre os demais, nas hipóteses previstas no art. 120 deste Regimento.

Art. 123. As matérias administrativas sujeitas à deliberação do Órgão Especial constarão de pauta comunicada aos Ministros, com a antecedência mínima de 5 (cinco) dias, sendo vedada a deliberação sobre outras que não aquelas reputadas urgentes ou inadiáveis.

Parágrafo único. Para deliberar sobre matérias não constantes da pauta, é necessária a autorização de pelo menos 2/3 (dois terços) dos Ministros, em votação preliminar.

Art. 124. Os processos não julgados até a última sessão de cada semestre serão retirados de pauta.

Capítulo V
DAS SESSÕES

SEÇÃO I
Do Funcionamento dos Órgãos

Art. 125. As sessões do Tribunal Pleno, do Órgão Especial, das Seções Especializadas e das Turmas realizar-se-ão, ordinária e extraordinariamente, por convocação do Presidente do Tribunal ou das Turmas, com a presença de todos os Ministros, ressalvadas as hipóteses excepcionais de férias, licenças ou afastamentos, previamente comuni-

cados à Presidência do respectivo colegiado e à Secretaria, para os procedimentos cabíveis.

§ 1.º As sessões extraordinárias do Tribunal Pleno e do Órgão Especial serão convocadas, quando requeridas justificadamente por 10 (dez) Ministros, pelo menos, para deliberação sobre matérias relevantes, observadas as competências de cada órgão.

§ 2.º As sessões de julgamento sobre estabelecimento ou alteração de súmulas e outros enunciados de jurisprudência deverão ser públicas, divulgadas com, no mínimo, 30 (trinta) dias úteis de antecedência, e deverão possibilitar a sustentação oral pelo Procurador-Geral do Trabalho, pelo Conselho Federal da Ordem dos Advogados do Brasil, pelo Advogado-Geral da União e por confederações sindicais ou entidades de classe de âmbito nacional.

§ 3.º Os Ministros comparecerão na hora designada para o início da sessão e não se ausentarão antes do seu término, salvo quando autorizados.

Art. 126. As sessões do Tribunal Pleno e dos demais órgãos colegiados são públicas, salvo nos casos de segredo de justiça.

Art. 127. Nas sessões do Tribunal Pleno, do Órgão Especial e das Seções Especializadas, o Presidente terá assento ao centro da mesa, o Vice-Presidente ocupará a primeira cadeira do plenário, à direita do Presidente, o Ministro mais antigo, a da esquerda, e o Corregedor-Geral da Justiça do Trabalho, a segunda da direita, seguindo-se assim, sucessivamente, observada a ordem de antiguidade.

Art. 128. Nas sessões das Turmas, o Presidente terá assento ao centro da mesa e os demais integrantes do colegiado ocuparão os lugares na bancada pela ordem de antiguidade.

Art. 129. O Desembargador do Trabalho convocado, nas sessões das Turmas, terá assento no lugar seguinte ao do Ministro mais moderno.

Art. 130. O representante do Ministério Público do Trabalho participará das sessões, tendo assento à mesa ao lado direito do Presidente.

Art. 131. Para a complementação do *quorum* de julgamento do Órgão Especial, das Seções Especializadas e das Turmas, serão observadas as regras dos arts. 69, § 4.º, 70, parágrafo único, 71, §§ 1.º, 2.º e 4.º, e 93, VII, deste Regimento.

Parágrafo único. Se não houver número para o funcionamento do órgão, aguardar-se-á por 30 (trinta) minutos a formação do *quorum*. Decorrido esse prazo e persistindo as ausências, será encerrada a sessão, com registro em ata.

SEÇÃO II
Do Plenário Eletrônico

Art. 132. Os processos de competência jurisdicional do Tribunal poderão ser, a critério do Ministro relator, submetidos a julgamento em ambiente eletrônico não presencial, por meio de sessões realizadas em Plenário Eletrônico, observadas as respectivas competências dos órgãos judicantes.

§ 1.º O Presidente de cada órgão judicante poderá indicar à respectiva Secretaria Judiciária as classes processuais em que, preferencialmente, o julgamento ocorrerá em ambiente de Plenário Eletrônico, determinando que os processos sejam distribuídos com esse marcador, excetuados aqueles que, a critério do Ministro relator, serão encaminhados à pauta presencial.

§ 2.º Ficam excluídos do Plenário Eletrônico os processos a serem apreciados pela Seção de Dissídios Coletivos.

Art. 133. As sessões presenciais e virtuais dos órgãos judicantes poderão ser publicadas na mesma pauta, respeitado o prazo de, no mínimo, 5 (cinco) dias úteis entre a data da sua publicação no *Diário Eletrônico da Justiça do Trabalho* e o início do julgamento.

§ 1.º Na publicação da pauta no *Diário Eletrônico da Justiça do Trabalho* haverá a distinção dos processos que serão julgados em meio eletrônico daqueles que serão julgados na sessão presencial.

§ 2.º Ainda que publicados os processos em pauta única, as sessões virtuais terão encerramento à 0 (zero) hora do dia útil anterior ao da sessão presencial correspondente.

§ 3.º Quando a pauta for composta apenas por processos indicados a julgamento em sessão virtual, as partes serão cientificadas no *Diário Eletrônico da Justiça do Trabalho* sobre a data e o horário de início e de encerramento da sessão.

§ 4.º As sessões virtuais serão disponibilizadas para consulta em portal específico no sítio eletrônico do Tribunal, no qual será registrada a eventual remessa do processo para julgamento presencial ou o resultado final da votação.

Art. 134. Em ambiente eletrônico próprio, denominado Plenário Eletrônico, serão lançados os votos do relator e dos demais Ministros.

§ 1.º O sistema liberará automaticamente os votos dos processos encaminhados para julgamento em ambiente virtual, assegurando-se aos demais Ministros componentes do órgão judicante, no Plenário Eletrônico, o período de 7 (sete) dias corridos anteriores ao encerramento da votação previsto no art. 133, § 2.º, deste Regimento, para análise e manifestação até o encerramento da sessão virtual.

§ 2.º O início da sessão de julgamento definirá a composição do órgão judicante. Em caso de impedimento, suspeição ou afastamento temporário de um dos seus componentes, os processos pautados, em havendo prejuízo ao *quorum* de votação, serão remetidos automaticamente para a sessão presencial, na qual, a critério do Presidente, poderão ser retirados de pauta para eventual redistribuição na forma regimental.

§ 2.º-A. O advogado com poderes de representação poderá, até o encerramento da votação prevista no art. 133, § 2.º, deste Regimento, solicitar o registro da sua participação na sessão virtual, que constará de certidão de julgamento independentemente da remessa do processo para julgamento presencial.

•• § 2.º-A acrescentado pelo Ato Regimental n. 4, de 19-9-2022.

§ 3.º As opções de voto serão as seguintes:

I – convergente com o Ministro relator;

II – convergente com o Ministro relator, com ressalva de entendimento;

III – divergente do Ministro relator.

§ 4.º Eleita qualquer das opções do parágrafo anterior, o Ministro poderá inserir em campo próprio do Plenário Eletrônico destaque pela relevância do tema, razões de divergência ou de ressalva de entendimento, quando o sistema emitirá aviso automático aos demais gabinetes componentes do órgão judicante.

§ 5.º Serão automaticamente excluídos do ambiente eletrônico e remetidos à sessão presencial:

I – os processos com destaque ou pedido de vista por um ou mais integrantes do colegiado para julgamento presencial;

II – os processos com registro de voto divergente ao do Ministro relator;

III – os destacados pelo membro do Ministério Público do Trabalho até o fim do julgamento virtual;

IV – os processos pautados que tiverem pedido de sustentação oral ou preferência, desde que requerido em até 24 (vinte e quatro) horas antes do início da sessão virtual.

§ 6.º Considerar-se-á que acompanhou o Ministro relator o componente que não se pronunciar no prazo previsto no § 1.º, hipótese em que a decisão proferida será considerada unânime, independentemente de eventual ressalva de entendimento.

§ 7.º O Ministro relator e os demais componentes poderão, a qualquer tempo, mesmo com a votação iniciada, independentemente de terem votado em meio eletrônico, remeter o processo para julgamento presencial.

§ 8.º O Ministério Público, na condição de *custos legis*, terá assegurado o direito de acesso aos autos dos processos encaminhados para julgamento em meio eletrônico.

Art. 135. Na hipótese de conversão de processo publicado para julgamento em pauta virtual para julgamento presencial, os Ministros poderão renovar ou modificar seus votos.

Art. 136. O portal de acompanhamento dos julgamentos em meio eletrônico não disponibilizará os votos do relator ou razões de divergência ou convergência, exceto para o Ministério Público do Trabalho, nos processos em que não figurar como parte. Os votos somente serão tornados públicos depois de concluído seu julgamento, com a publicação do acórdão.

Parágrafo único. O sistema registrará os dados referentes ao acesso, dentre os quais o nome do Procurador do Trabalho, data e horário, que constarão da cópia que for disponibilizada.

SEÇÃO III
Das Disposições Gerais

Art. 137. Nas sessões dos órgãos judicantes do Tribunal, os trabalhos obedecerão à seguinte ordem:

I – verificação do número de Ministros presentes;

II – exame de propostas;

III – julgamento dos processos.

Art. 138. Os processos serão submetidos a julgamento na seguinte ordem:

I – os *habeas corpus*;

II – aqueles em que houver pedido de preferência formulado por advogado até a hora prevista para o início da sessão, condicionando-se a ordem de julgamento do processo à presença, na sala de sessões, do advogado que solicitou a preferência ou de outro advogado constituído;

III – os mandados de segurança, as tutelas provisórias e as reclamações;

IV – os remanescentes de sessões anteriores;

V – os suspensos em sessão anterior em razão de vista regimental;

VI – os demais processos constantes da pauta do dia.

Art. 139. As decisões serão tomadas pela maioria simples de votos, ressalvadas as hipóteses previstas neste Regimento.

Art. 140. Se houver empate nas votações Tribunal Pleno, do Órgão Especial e das Seções Especializadas por ausência, falta, licença médica, afastamento, impedimento ou suspeição de qualquer Ministro, observar-se-á o disposto neste Regimento.

•• *Caput* com redação determinada pela Emenda Regimental n. 3, de 9-12-2021.

§ 1.º Se o empate decorrer de ausência, falta ou licença médica por período inferior a 30 (trinta) dias, o julgamento será suspenso e designada sessão para prosseguimento, hipótese em que será convocado o Ministro ausente para que possa emitir o seu voto.

•• § 1.º com redação determinada pela Emenda Regimental n. 3, de 9-12-2021.

§ 2.º Retomado o julgamento a que se refere o parágrafo anterior, como também nas sessões em que houver quórum completo, após serem colhidos os votos de todos os componentes do quórum e mantido o empate:

•• § 2.º, *caput*, com redação determinada pela Emenda Regimental n. 3, de 9-12-2021.

I – nas votações do Tribunal Pleno:

•• Inciso I, *caput*, acrescentado pela Emenda Regimental n. 3, de 9-12-2021.

a) se envolver conhecimento de recurso, considerar-se-á julgada a questão, proclamando-se mantida a decisão recorrida;

•• Alínea *a* acrescentada pela Emenda Regimental n. 3, de 9-12-2021.

b) se envolver o julgamento de ações originárias ou o mérito de recurso, prevalecerá, nos termos da lei, o voto proferido pelo Presidente do Tribunal ou pelo Ministro que o estiver substituindo na Presidência da sessão;

•• Alínea *b* acrescentada pela Emenda Regimental n. 3, de 9-12-2021.

c) se envolver o julgamento de incidentes para a formação de precedentes com força obrigatória (IAC, IRDR e IRR), será proclamada a tese que representar o fundamento determinante presente, ainda que parcialmente, na maioria dos votos proferidos;

•• Alínea *c* acrescentada pela Emenda Regimental n. 3, de 9-12-2021.

II – nas votações do Órgão Especial será observado o procedimento previsto nas alíneas *a* e *b*, do inciso anterior;

•• Inciso II acrescentado pela Emenda Regimental n. 3, de 9-12-2021.

III – nas votações das Seções Especializadas:

•• Inciso III, *caput*, acrescentado pela Emenda Regimental n. 3, de 9-12-2021.

a) se envolver conhecimento de recurso, considerar-se-á julgada a questão, proclamando-se mantida a decisão recorrida;

•• Alínea *a* acrescentada pela Emenda Regimental n. 3, de 9-12-2021.

b) se envolver o julgamento de ações originárias, o mérito de recurso ou de incidentes para a formação de precedentes com força obrigatória (IAC, IRDR e IRR), a sessão será suspensa e os autos serão remetidos ao Tribunal Pleno para novo julgamento;

•• Alínea *b* acrescentada pela Emenda Regimental n. 3, de 9-12-2021.

§ 3.º Se o empate decorrer de impedimento, suspeição ou licença médica por período superior a 30 (trinta) dias:

•• § 3.º, *caput*, com redação determinada pela Emenda Regimental n. 3, de 9-12-2021.

I – nas votações do Tribunal Pleno, será observado o disposto no inciso I, alíneas *a* a *c* do parágrafo anterior;

•• Inciso I acrescentado pela Emenda Regimental n. 3, de 9-12-2021.

II – nas votações do Órgão Especial e das Seções Especializadas, o julgamento será suspenso e designada sessão para prosseguimento, hipótese em que será recomposto o quórum, na forma prevista neste Regimento.

•• Inciso II acrescentado pela Emenda Regimental n. 3, de 9-12-2021.

§ 4.º Retomado o julgamento a que se refere o inciso II do parágrafo anterior, após serem colhidos os votos de todos os componentes do quórum e mantido o empate, será observado o procedimento previsto nos incisos II e III do § 2.º deste artigo.

•• § 4.º acrescentado pela Emenda Regimental n. 3, de 9-12-2021.

§ 5.º No julgamento de *habeas corpus* e de recursos ordinários em *habeas corpus*, proclamar-se-á, na hipótese de empate, a decisão mais favorável ao paciente.

•• § 5.º acrescentado pela Emenda Regimental n. 3, de 9-12-2021.

§ 6.º Se o empate ocorrer em julgamento de tutelas de urgência, nos termos da lei, prevalecerá o voto proferido pelo Presidente do Tribunal ou pelo Ministro que o estiver substituindo na Presidência da sessão.

•• § 6.º acrescentado pela Emenda Regimental n. 3, de 9-12-2021.

Art. 141. Proclamada a decisão, não poderá ser feita apreciação ou crítica sobre a conclusão adotada.

Art. 142. A votação será iniciada com o voto do relator. Não havendo divergência, o Presidente proclamará o resultado. Se houver divergência, os votos serão colhidos, a partir do relator, em ordem decrescente de antiguidade. Esgotada essa ordem, prosseguirá a tomada de votos, a partir do mais antigo.

§ 1.º O Presidente ou o Ministro que o estiver substituindo votará por último, salvo se for o relator do processo.

§ 2.º Nenhum Ministro poderá se eximir de votar, salvo nas hipóteses de impedimento, de suspeição, de não ter assistido ao relatório ou participado dos debates ou, ainda, na situação, prevista no § 3.º do art. 147 deste Regimento, em que o Ministro vistor não estiver habilitado a proferir voto.

Art. 143. Ao relator poderão ser solicitados esclarecimentos, sendo facultado aos advogados, mediante autorização, apresentar questão de fato relativa à controvérsia.

Art. 144. O Ministro usará o tempo que se fizer necessário para proferir seu voto, podendo retomar a palavra para retificá-lo antes da proclamação, prestar esclarecimentos ou se for nominalmente referido, sendo vedadas as interrupções e pronunciamentos sem prévia autorização do Presidente.

Art. 145. O julgamento, uma vez iniciado, será ultimado na mesma sessão, salvo se houver pedido de vista regimental, motivo relevante ou conversão do julgamento em diligência, quando necessária à decisão da causa.

§ 1.º Na hipótese de conversão do julgamento em diligência, o processo será retirado da pauta, devendo, após ultimada, ser reincluído, com preferência.

§ 2.º Nenhum processo poderá ficar suspenso por tempo indeterminado, salvo:

I – quando pender de decisão incidente de julgamento, relativo à matéria discutida no processo, com vista à aprovação, modificação ou revogação de súmula, de orientação jurisprudencial e de precedente normativo;

II – quando penderem de decisão as ações a que se referem as alíneas *a* e *b* do inciso I do art. 76 deste Regimento e os incidentes de recursos repetitivos, de assunção de competência, de resolução de demandas repetitivas e de superação e revisão de tese vinculante;

III – enquanto não decidida arguição sobre declaração de inconstitucionalidade de lei ou de ato normativo do Poder Público.

Art. 146. O representante do Ministério Público do Trabalho poderá usar da palavra, em sequência ao relatório, quando solicitado por algum dos Ministros ou quando entender necessária a intervenção, em cada caso, mediante autorização do Presidente.

Art. 147. Na oportunidade em que lhe caiba votar, o Ministro poderá pedir vista regimental dos autos ou vista em mesa. Sendo em mesa, o julgamento dar-se-á na mesma sessão, tão logo o Ministro que a requereu se declare habilitado a votar; em sendo regimental, ficará adiado o julgamento, salvo anterior habilitação do Ministro que a requereu, para a primeira sessão subsequente ao término do prazo de 10 (dez) dias, prorrogável por igual período, mediante pedido devidamente justificado, podendo os demais Ministros adiantar seus votos.

§ 1.º O adiamento do julgamento em razão de vista regimental será registrado em certidão, bem como a data do seu prosseguimento e os votos proferidos.

§ 2.º Se o processo não for devolvido tempestivamente, ou se o vistor deixar de solicitar prorrogação de prazo, o Presidente do órgão correspondente fará a requisição para julgamento na sessão subsequente, com publicação na pauta em que houver a inclusão.

§ 3.º Na hipótese do § 2.º, apregoado o julgamento do processo, na data aprazada, não estando o Ministro que pediu vista habilitado a votar, o Presidente do órgão correspondente convocará substituto para proferir voto, observadas as regras do art. 131 deste Regimento para a complementação do *quorum*.

§ 4.º Na hipótese de mais de um pedido de vista, será concedido aos Ministros, sucessivamente, o prazo de 10 (dez) dias, prorrogável na forma estabelecida no *caput*.

§ 5.º Prosseguindo o julgamento, a votação iniciará com o voto do Ministro que requereu a vista regimental ou daquele convocado para o substituir, hipótese em que, salvo quando o Ministro substituto se declarar esclarecido, observar-se-á o procedimento previsto no § 11.

§ 6.º Os pedidos de vista regimental formulados por Ministros que se afastaram definitivamente do Tribunal serão desconsiderados e o julgamento prosseguirá com a repetição do voto do relator.

§ 7.º O julgamento dos processos com vista regimental poderá prosseguir sem vinculação à Presidência e na ausência do relator, se este já houver votado sobre toda a matéria.

§ 8.º Na ocorrência de afastamento definitivo do relator, sem que tenha sido concluído o julgamento, este continuará da fase em que se encontrar, considerados os votos já proferidos e sob a competência do Ministro que primeiro requereu a vista ou daquele convocado para o substituir.

§ 9.º Não participará do julgamento já iniciado ou em prosseguimento o Ministro que não tenha assistido ao relatório ou aos debates, salvo quando se declarar esclarecido.

§ 10. Ao reiniciar o julgamento, serão computados os votos já proferidos pelos Ministros, ainda que não compareçam ou que não mais componham o órgão.

§ 11. Se, para efeito de *quorum*, for imprescindível o voto de Ministro nas condições do § 9.º, serão renovados o relatório e a sustentação oral, computando-se os votos anteriormente proferidos.

§ 12. Em caso de pedido de vista, o prazo de restituição dos autos ficará suspenso nos períodos de recesso forense e de férias coletivas.

Art. 148. No julgamento dos recursos, o mérito será examinado após ultrapassada a fase de conhecimento.

Parágrafo único. Na hipótese de mais de um recurso com preliminares distintas, a apreciação far-se-á sucessivamente na ordem de preferência ditada pela prejudicialidade, considerado cada recurso isoladamente, esgotando-se com o exame do mérito.

Art. 149. O exame das preliminares prefere ao do mérito, observando-se nos julgamentos os seguintes critérios:

I – rejeitada a preliminar, ou se a decisão quanto a ela for compatível com a apreciação do mérito, seguir-se-á o julgamento da matéria principal, pronunciando-se todos os Ministros, inclusive os vencidos na preliminar;

II – o acolhimento da preliminar, se incompatível com o exame da matéria principal, impedirá a análise do mérito;

III – vencido o relator quanto aos pressupostos extrínsecos de admissibilidade do recurso, preliminar ou prejudicial de mérito, havendo necessidade de prosseguir no julgamento das questões subsequentes, os autos lhe serão conclusos para elaboração do voto correspondente, a ser proferido em sessão subsequente.

Art. 150. Para apuração da votação, havendo várias conclusões parcialmente divergentes, os votos deverão ser somados no que coincidirem. Permanecendo a divergência, sem possibilidade de nenhuma soma, serão as questões submetidas à apreciação, duas a duas, eliminando-se, sucessivamente, as que tiverem menor votação e prevalecendo a que reunir, por último, a maioria de votos.

Art. 151. Findo o julgamento, o Presidente proclamará a decisão e, se vencido o relator, designará redator do acórdão o Ministro prolator do primeiro voto vencedor.

Parágrafo único. Considera-se vencido o voto que, não obstante tenha apontado o mesmo resultado do voto vencedor, divergiu do seu fundamento determinante, reputando-se vencedor o voto que inaugurou o fundamento prevalecente.

Art. 152. As decisões proclamadas serão consignadas em certidão, que será juntada aos autos, na qual constarão:

I – a identificação, o número do processo e o nome das partes e dos advogados que sustentaram oralmente;

II – o nome do Ministro que presidiu a sessão de julgamento;

III – o nome do representante do Ministério Público do Trabalho presente na sessão;

IV – o nome do advogado constituído presente na sessão, quando assim o requerer, ainda que não seja caso de sustentação oral;

V – o nome do relator e dos Ministros que participaram do julgamento;

VI – a suspensão do julgamento em razão de pedido de vista regimental, com registro dos votos já proferidos e designação da data prevista para o seu prosseguimento;

VII – a conclusão do julgamento com a indicação dos votos vencidos, se houver;

VIII – a designação do Ministro redator do acórdão, nos casos previstos no art. 151 deste Regimento;

IX – os impedimentos e suspeições dos Ministros para o julgamento;

X – a data da sessão.

Art. 153. Concluídos os julgamentos, o Presidente encerrará a sessão, devendo ser lavrada a respectiva ata.

Parágrafo único. Na hipótese de remanescer sem julgamento número significativo de processos, a critério do órgão julgador, deverá o seu Presidente designar outro dia para o prosseguimento da sessão, com nova publicação da pauta quando não verificadas as exceções previstas nos arts. 119, § 2.º, e 122, § 2.º, deste Regimento.

Art. 154. Na ata, serão consignados, resumidamente, os assuntos tratados na sessão, devendo constar:
I – dia, mês, ano e hora da abertura da sessão;
II – nome do Ministro que presidiu a sessão;
III – nomes dos Ministros presentes;
IV – nome do representante do Ministério Público do Trabalho;
V – sumária notícia dos expedientes, das propostas e das deliberações;
VI – identificação dos processos julgados, com o resultado da decisão e os votos vencidos, nomes das partes e dos advogados, se tiver havido sustentação oral.

Art. 155. A ata será assinada pelo Presidente do colegiado e arquivada na Secretaria.

SEÇÃO IV
Da Participação dos Advogados

Art. 156. Nas sessões de julgamento do Tribunal, os advogados, no momento em que houverem de intervir, terão acesso à tribuna.
Parágrafo único. Na sustentação oral, ou para dirigir-se ao colegiado, vestirão beca, que lhes será posta à disposição.

Art. 157. Os pedidos de preferência para os julgamentos de processos na sessão presencial deverão ser formulados pelos advogados até a hora prevista para o seu início e serão concedidos com observância da ordem de registro.
§ 1.º O pregão do processo em preferência vincula-se à presença, na sala de sessões, do advogado que a requereu ou de outro advogado constituído.
§ 2.º Em qualquer sessão, ainda que em prosseguimento ou não sendo o caso de sustentação oral, mas desde que munido de procuração, o advogado que acompanhar o julgamento de seu processo poderá requerer o registro de sua presença em ata.

Art. 158. Os requerimentos de preferência formulados por um mesmo advogado ou por advogados integrantes de uma mesma sociedade, nos termos do art. 272, § 1.º, do CPC, em relação a mais de 3 (três) processos, poderá ser deferido de forma alternada, considerados os pedidos formulados pelos demais advogados.

Art. 159. Os pedidos de adiamento de julgamento, se dirigidos à Presidência no início da sessão, somente serão admitidos se devidamente justificados, com a concordância do relator e da parte contrária, se presente.

Art. 160. O advogado sem mandato nos autos, ou que não o apresentar no ato, não poderá proferir sustentação oral.

Art. 161. Ressalvado o disposto no art. 147, § 11, deste Regimento, a sustentação oral será feita de uma só vez, ainda que arguida matéria preliminar ou prejudicial.
§ 1.º Ao proferir seu voto, o relator fará um resumo da matéria em discussão e antecipará sua conclusão, hipótese em que poderá ocorrer a desistência da sustentação, ante a antecipação do resultado. Havendo, porém, qualquer voto divergente daquele anunciado pelo relator, o Presidente voltará a facultar a palavra ao advogado desistente. Não desistindo os advogados da sustentação, o Presidente concederá a palavra a cada um dos representantes das partes, por 10 (dez) minutos, sucessivamente.
§ 2.º Usará da palavra, em primeiro lugar, o advogado do recorrente; se ambas as partes o forem, o do reclamante.
§ 3.º Aos litisconsortes representados por mais de um advogado, o tempo lhes será proporcionalmente distribuído, podendo haver prorrogação até o máximo de 20 (vinte) minutos, ante a relevância da matéria.
§ 4.º Quando for parte o Ministério Público, seu representante poderá proferir sustentação oral após as demais partes, sendo-lhe concedido prazo igual.
§ 5.º Não haverá sustentação oral em:

I – embargos de declaração;
II – conflito de competência;
III – agravo de instrumento;
IV – agravos internos previstos neste Regimento, salvo se interpostos contra decisão do relator que extinga a ação rescisória, o mandado de segurança e a reclamação ou que denegue seguimento ao recurso de revista que não demonstrar transcendência;
V – arguição de suspeição ou de impedimento;
VI – tutelas provisórias;
VII – incidentes de desconsideração da personalidade jurídica.
§ 6.º O Presidente do órgão julgador cassará a palavra do advogado que, em sustentação oral, conduzir-se de maneira desrespeitosa ou, por qualquer motivo, inadequada.

SEÇÃO V
Das Disposições Especiais

Art. 162. A Subseção I da Seção Especializada em Dissídios Individuais julgará desde logo a matéria objeto de recurso de revista não conhecida pela Turma, caso conclua, no julgamento dos embargos interpostos, que aquele recurso estava corretamente fundamentado em contrariedade a súmula, a orientação jurisprudencial, a precedente normativo, a acórdão proferido pelo Supremo Tribunal Federal ou pelo Tribunal Superior do Trabalho em julgamento de recursos repetitivos, a entendimento firmado em incidente de resolução de demandas repetitivas ou de assunção de competência, a decisão do Supremo Tribunal Federal em controle concentrado de constitucionalidade e a decisão do Tribunal Pleno, do Órgão Especial ou da própria Subseção Especializada mencionada.

SEÇÃO VI
Das Sessões Solenes

Art. 163. O Tribunal Pleno reunir-se-á em sessão solene para:
I – dar posse ao Presidente, Vice-Presidente e Corregedor-Geral da Justiça do Trabalho;
II – dar posse aos Ministros do Tribunal;
III – celebrar acontecimento de alta relevância.

Art. 164. O cerimonial das sessões solenes será regulado por ato do Presidente do Tribunal.

SEÇÃO VII
Das Decisões e da sua Publicação

Art. 165. Os acórdãos serão assinados pelo relator do processo ou pelo redator designado.
Parágrafo único. Na ausência do relator ou do redator designado, assinará o acórdão o Presidente do órgão.

Art. 166. Os acórdãos da Seção Especializada em Dissídios Coletivos serão publicados na íntegra, no órgão oficial; os dos demais colegiados terão publicadas apenas a ementa e a parte dispositiva.
Parágrafo único. A republicação de acórdão somente será feita quando autorizada pelo Presidente do Tribunal ou pelo Presidente do órgão prolator da decisão.

Art. 167. Publicado o acórdão, vencido o prazo de recurso para as partes, a Secretaria encaminhará os autos à Procuradoria-Geral do Trabalho, quando for parte o Ministério Público, pessoa jurídica de direito público, Estado estrangeiro ou organismo internacional.

Art. 168. São elementos essenciais do acórdão:
I – a ementa, que, resumidamente, consignará as teses jurídicas prevalecentes no julgamento, para cada tema recursal;
II – o relatório, que conterá os nomes das partes, a identificação do caso com suma das questões controvertidas e o registro das principais ocorrências havidas no andamento do processo;

III – a fundamentação vencedora e, igualmente, o voto vencido, sendo ambos necessariamente declarados;

IV – o dispositivo.

Parágrafo único. Nos incidentes de recursos repetitivos, de assunção de competência e de resolução de demandas repetitivas, o acórdão abrangerá a análise de todos os fundamentos suscitados concernentes à tese jurídica discutida, sejam favoráveis ou contrários.

Título II
DA JURISPRUDÊNCIA

Capítulo I
DA UNIFORMIZAÇÃO DA JURISPRUDÊNCIA

Art. 169. A uniformização da jurisprudência reger-se-á pelos arts. 702, I, f, 896-B e 896-C da CLT, pelos preceitos deste Regimento e, no que couber, pelos arts. 926 a 928, 947, 976 a 987 e 1.036 a 1.041 do CPC.

Art. 170. O procedimento de revisão da jurisprudência uniformizada do Tribunal, objeto de súmula, orientação jurisprudencial, precedente normativo e teses jurídicas firmadas nos incidentes de recursos repetitivos, de assunção de competência e de resolução de demandas repetitivas, observará, no que couber, o disposto no artigo anterior

Art. 171. A revisão ou cancelamento de súmula, orientação jurisprudencial, precedente normativo e teses jurídicas firmadas nos incidentes de recursos repetitivos, de assunção de competência e de resolução de demandas repetitivas será suscitada pela Seção Especializada, ao constatar que a decisão se inclina contrariamente a:

I – súmula, orientação jurisprudencial ou precedente normativo;

II – entendimento firmado em incidentes de assunção de competência, de resolução de demandas repetitivas ou de julgamento de incidentes de recursos repetitivos.

§ 1.º A revisão ou cancelamento de que cuida o *caput* também poderá ser objeto de proposta firmada por, pelo menos, 10 (dez) Ministros, ou de projeto da Comissão de Jurisprudência e Precedentes Normativos.

§ 2.º Na hipótese prevista no *caput*, o Presidente deixará de proclamar o resultado e encaminhará a questão controvertida à Comissão de Jurisprudência e Precedentes Normativos para as providências de que trata o art. 60, VII, deste Regimento, após o que os autos serão remetidos ao relator para que prepare o voto e aponha o visto.

§ 3.º Quando provocada, a Comissão de Jurisprudência e Precedentes Normativos emitirá parecer no prazo de 30 (trinta) dias.

§ 4.º No caso da apresentação de proposta de revisão ou cancelamento de súmula, orientação jurisprudencial e precedente normativo, de que trata o § 1.º, a Comissão de Jurisprudência e Precedentes Normativos emitirá parecer dentro de 30 (trinta) dias, após o que o Presidente do Tribunal determinará a inclusão da matéria em pauta para deliberação do Tribunal Pleno em igual prazo, contado da aposição do visto do relator ou recebimento do parecer ou da proposta da Comissão de Jurisprudência e Precedentes Normativos.

§ 5.º A determinação de remessa à Comissão de Jurisprudência e Precedentes Normativos e ao Tribunal Pleno de que trata este artigo é irrecorrível, assegurada às partes a faculdade de sustentação oral por ocasião do julgamento.

§ 6.º Será relator no Tribunal Pleno o Ministro originariamente sorteado para relatar o feito em que se processa a revisão ou o cancelamento da súmula, da orientação jurisprudencial, do precedente normativo ou da tese jurídica firmada nos incidentes de recursos repetitivos, de assunção de competência e de resolução de demandas repetitivas. Se vencido, será redator o Ministro que primeiro proferiu o voto prevalecente. Em caso de afastamento definitivo ou superior a 30 (trinta) dias, o feito será redistribuído a qualquer dos membros desse colegiado.

§ 7.º As cópias da certidão referente à revisão ou cancelamento de súmula, de orientação jurisprudencial, de precedente normativo, da tese jurídica firmada nos incidentes de recursos repetitivos, de assunção de competência e de resolução de demandas repetitivas e do parecer ou do projeto da Comissão de Jurisprudência e Precedentes Normativos serão remetidas aos Ministros da Corte, tão logo incluído em pauta o processo.

§ 8.º Nos casos de que trata o *caput*, como matéria preliminar, o Tribunal Pleno decidirá sobre a configuração da contrariedade, passando, caso admitida, a deliberar sobre as teses em conflito.

§ 9.º Ressalvados os embargos de declaração, nas hipóteses de que trata o *caput*, a decisão do Tribunal Pleno sobre o tema é irrecorrível, cabendo à Seção Especializada, na qual foi suscitada a questão, quando do prosseguimento do julgamento, aplicar a interpretação fixada.

§ 10. A decisão do Tribunal Pleno constará de certidão, juntando-se o voto prevalecente aos autos. As cópias da certidão e do acórdão deverão ser juntadas às propostas dos Ministros ou ao projeto formulado pela Comissão de Jurisprudência e Precedentes Normativos para redação final da súmula, da orientação jurisprudencial, do precedente normativo ou da tese jurídica firmada nos incidentes de recursos repetitivos, de assunção de competência e de resolução de demandas repetitivas.

Capítulo II
DAS SÚMULAS

Art. 172. Para efeito do disposto nos arts. 702, I, f, 894, II, e 896, a e b e §§ 7.º e 9.º, da CLT, a jurisprudência predominante do Tribunal Superior do Trabalho será consolidada em súmula ou em tese jurídica firmada nos incidentes de recursos repetitivos, de assunção de competência e de resolução de demandas repetitivas.

Art. 173. Quando se tratar de exame de constitucionalidade de lei ou de ato normativo do poder público, a edição de súmula independe da observância dos dispositivos regimentais que regem a matéria, salvo quanto à exigência relativa à tomada de decisão por maioria absoluta.

Art. 174. Da proposta de edição de súmula formulada pela Comissão de Jurisprudência e Precedentes Normativos resultará um projeto, devidamente instruído, que será encaminhado ao Presidente do Tribunal para ser submetido à apreciação do Tribunal Pleno, no prazo previsto no art. 171, § 4.º, deste Regimento.

Art. 175. A proposta de edição, de revisão ou de cancelamento de súmula ou da tese jurídica firmada nos incidentes de recursos repetitivos, de assunção de competência e de resolução de demandas repetitivas firmada, por pelo menos 10 (dez) Ministros, deverá ser encaminhada à Comissão de Jurisprudência e Precedentes Normativos.

Parágrafo único. A proposta será encaminhada ao Presidente do Tribunal, que a enviará à Comissão de Jurisprudência e Precedentes Normativos para, no prazo de 30 (trinta) dias, emitir parecer fundamentado e conclusivo, que será submetido à apreciação do Tribunal Pleno, nos termos do art. 171, § 4.º, deste Regimento.

Art. 176. O parecer da Comissão de Jurisprudência e Precedentes Normativos deverá conter opinião fundamentada acerca da proposta de edição, revisão ou cancelamento de súmula ou da tese jurídica firmada nos incidentes de recursos repetitivos, de assunção de competência e de resolução de demandas repetitivas. Na hipótese de acolhimento da proposta, quando for o caso, deverá sugerir o texto a ser editado, instruído com as cópias dos precedentes e da legislação pertinente.

Art. 177. O projeto de edição de súmula deverá atender ao disposto no art. 702, I, f, da CLT.

Parágrafo único. Na hipótese de matéria de relevante interesse público e já decidida por colegiado do Tribunal, qualquer dos órgãos judicantes, a Comissão de Jurisprudência e Precedentes Normativos, a Procuradoria-Geral do Trabalho, o Conselho Federal da Ordem dos Advogados do Brasil ou confederação sindical de âmbito nacional, poderão suscitar

ou requerer ao Presidente do Tribunal apreciação, pelo Tribunal Pleno, de proposta de edição, revisão ou cancelamento de súmula.

Capítulo III
DAS ORIENTAÇÕES JURISPRUDENCIAIS E DOS PRECEDENTES NORMATIVOS

Art. 178. Da proposta de edição, revisão ou cancelamento de orientação jurisprudencial e de precedentes normativos do Tribunal resultará projeto, que será devidamente instruído com a sugestão do texto, quando for o caso, a exposição dos motivos que o justificarem, a relação dos acórdãos que originaram os precedentes e a indicação da legislação pertinente à hipótese.

Art. 179. A proposta de edição, revisão ou cancelamento de orientação jurisprudencial e de precedente normativo segue o procedimento e os prazos dos arts. 172 a 177 deste Regimento.

Art. 180. A proposta de edição de nova orientação jurisprudencial do Órgão Especial e da Seção Especializada em Dissídios Individuais, bem como de precedentes normativos do Tribunal, deverá atender aos requisitos previstos no art. 702, I, *f*, da CLT.

Art. 181. Aprovada a proposta, passará a denominar-se orientação jurisprudencial ou precedente normativo, conforme caso, com numeração própria.

Art. 182. As orientações jurisprudenciais e os precedentes normativos expressarão a jurisprudência prevalecente das respectivas Subseções, quer para os efeitos do que contém a Súmula 333 do TST, quer para o que dispõe o art. 251 deste Regimento.

Capítulo IV
DA DIVULGAÇÃO DA JURISPRUDÊNCIA DO TRIBUNAL

Art. 183. A jurisprudência do Tribunal será divulgada pelas seguintes publicações:

I – *Diário Eletrônico da Justiça do Trabalho* ou *Diário da Justiça da União*;
II – Revista do Tribunal Superior do Trabalho;
III – periódicos autorizados, mediante registro;
IV – sítio do Tribunal Superior do Trabalho na rede mundial de computadores.

Parágrafo único. São repositórios autorizados para indicação de julgados perante o Tribunal os repertórios, revistas e periódicos registrados de conformidade com o ato normativo editado pela Presidência, além do sítio do Tribunal Superior do Trabalho na rede mundial de computadores.

Art. 184. As súmulas, as orientações jurisprudenciais, os precedentes normativos e as teses jurídicas firmadas nos incidentes de recursos repetitivos, de assunção de competência e de resolução de demandas repetitivas, datados e numerados, serão publicados por 3 (três) vezes consecutivas no *Diário Eletrônico da Justiça do Trabalho*, com a indicação dos respectivos precedentes, observado o mesmo procedimento na revisão e no cancelamento.

Parágrafo único. As súmulas, as orientações jurisprudenciais, os precedentes normativos e as teses jurídicas firmadas nos incidentes de recursos repetitivos, de assunção de competência e de resolução de demandas repetitivas cancelados ou alterados manterão a respectiva numeração, com a nota correspondente, tomando novos números as que forem editadas.

Título III
DOS ATOS PROCESSUAIS

Capítulo I
DOS ATOS E FORMALIDADES

SEÇÃO I
Das Disposições Gerais

Art. 185. Os atos processuais serão autenticados, conforme o caso, mediante a assinatura ou rubrica do Presidente, dos Ministros ou dos servidores para tal fim qualificados.

Parágrafo único. É exigida a assinatura usual nos acórdãos, na correspondência oficial e nas certidões, ressalvada a hipótese de chancela mecânica e dos procedimentos permitidos pela Lei n. 11.419/2006.

SEÇÃO II
Das Notificações e dos Editais

Art. 186. A critério do Presidente do Tribunal, dos Presidentes das Turmas ou do relator, conforme o caso, a notificação de ordens ou decisões será feita:

I – por publicação no *Diário Eletrônico da Justiça do Trabalho* ou no *Diário da Justiça da União*;
II – por servidor credenciado;
III – por via postal ou por qualquer modo eficaz de telecomunicação, com as cautelas necessárias à autenticação da mensagem e do recebimento.

Parágrafo único. Poder-se-á admitir a resposta pela forma indicada no inciso III deste artigo.

Art. 187. Da publicação do expediente de cada processo constará, além do nome das partes, o de seu advogado, com o respectivo número de inscrição na Ordem dos Advogados do Brasil – OAB, ou, se assim requerido, da sociedade de advogados registrada na OAB, nos termos do art. 272, §§ 1.º e 2.º, do CPC.

Art. 188. É suficiente a indicação do nome de um dos advogados, quando a parte houver constituído mais de um, ou o constituído substabelecer a outro com reserva de poderes.

Parágrafo único. As comunicações dos atos processuais serão realizadas em nome dos advogados indicados, se houver pedido expresso da parte interessada.

Art. 189. A retificação de publicação no *Diário Eletrônico da Justiça do Trabalho* ou no *Diário da Justiça da União*, com efeito de intimação, decorrente de incorreções ou omissões, será providenciada pela Secretaria do órgão responsável pela publicação, mediante despacho do Presidente do Tribunal ou do Presidente de Turma, ou por deliberação do órgão julgador, conforme o caso.

Art. 190. Os editais destinados à divulgação de ato poderão conter apenas o essencial à defesa ou à resposta, observadas as normas previstas na lei processual.

Art. 191. Nas férias dos Ministros, não se interromperá a publicação de acórdãos, decisões e despachos no órgão oficial.

Capítulo II
DOS PRAZOS

Art. 192. A contagem dos prazos no Tribunal será feita segundo as normas estabelecidas na lei processual, ainda que se trate de procedimento administrativo.

§ 1.º O recesso forense e as férias coletivas dos Ministros suspendem os prazos recursais.

§ 2.º Nos casos deste artigo, os prazos começam ou continuam a fluir no dia de reabertura do expediente forense.

Art. 193. Os prazos para os Ministros, salvo acúmulo de serviço, são os seguintes:

I – 10 (dez) dias para despachos e atos administrativos;
II – 30 (trinta) dias para as decisões interlocutórias e para o visto do relator;
III – 20 (vinte) dias para o visto do revisor;
IV – 15 (quinze) dias para lavratura de acórdão, exceto o referente às decisões normativas, em que o prazo é de 10 (dez) dias;
V – 15 (quinze) dias para justificativa de voto;
VI – 10 (dez) dias para vista regimental, nos termos do art. 147 deste Regimento.

Parágrafo único. Por deliberação do Órgão Especial, os prazos fixados neste artigo poderão ser suspensos, caracterizada situação excepcional que justifique a medida.

Capítulo III
DOS DADOS ESTATÍSTICOS

Art. 194. Os dados estatísticos relativos às atividades jurisdicionais dos órgãos do Tribunal e dos Ministros serão publicados, mensalmente, no órgão oficial.

Art. 195. Da publicação da estatística deverá constar o nome dos julgadores, o número de feitos que lhes foram distribuídos ou conclusos no mês, as decisões proferidas, os processos julgados, os acórdãos lavrados, os pedidos de vista, bem como os processos pendentes de exame e de inclusão em pauta, e os processos com vista à Procuradoria-Geral do Trabalho.

Capítulo IV
DAS AUDIÊNCIAS

Art. 196. As audiências para instrução de processo da competência originária do Tribunal serão públicas e realizadas nos dias e horários marcados pelo Presidente, pelo Vice-Presidente ou pelo Ministro por eles designado, ou pelo relator, presentes o Secretário-Geral Judiciário, no caso de processo de competência originária da Seção Especializada em Dissídios Coletivos, ou os Secretários das Subseções Especializadas em Dissídios Individuais, conforme o caso.

Parágrafo único. O Ministro que presidir a audiência deliberará sobre o que lhe for requerido.

Art. 197. Ninguém se retirará da sala de audiência a que haja comparecido para dela participar sem permissão do Ministro que a presidir.

Art. 198. Será lavrada ata da audiência de instrução e conciliação.

Art. 199. As audiências públicas serão realizadas nos dias e horários marcados pelo Presidente ou pelo relator, de ofício ou a requerimento, para colher informações de terceiros potencialmente atingidos pela decisão ou de especialistas na tese jurídica discutida, presente o Secretário do órgão competente, e atenderão ao seguinte procedimento:

§ 1.º A audiência pública será convocada por edital, publicado na página do Tribunal na rede mundial de computadores, no *Diário Eletrônico da Justiça do Trabalho*, tendo, ainda, ampla divulgação em veículos de comunicação apropriados às características do público destinatário.

§ 2.º O edital de convocação deverá conter o assunto da audiência, a indicação da questão específica objeto de discussão, a descrição do público destinatário do ato, a data, o local e o horário da sua realização e os critérios de inscrição e manifestação.

§ 3.º A convocação deverá ocorrer com antecedência mínima de 30 (trinta) dias, salvo em situações de urgência.

§ 4.º Será garantida a participação das diversas correntes de opinião em torno da questão discutida.

§ 5.º O Ministério Público do Trabalho será intimado para participar da audiência.

§ 6.º A audiência pública será presidida pelo Ministro relator, a quem cabe selecionar previamente as pessoas que serão ouvidas, divulgar a lista de habilitados, determinar a ordem dos trabalhos e fixar o tempo de manifestação de cada um, que deve se restringir questão discutida, sob pena de lhe ser cassada a palavra.

§ 7.º Todos os membros do órgão colegiado competente para o julgamento da causa podem participar da audiência e formular perguntas aos participantes, devendo a Secretaria respectiva dar-lhes ciência dos termos do edital de convocação por ofício específico encaminhado ao gabinete com a mesma antecedência da publicação do edital.

§ 8.º A audiência pública será registrada em ata e mediante gravação de áudio e vídeo, bem como transmitida por meio da rede mundial de computadores e redes de televisão estatais, sempre que possível.

§ 9.º As questões levantadas durante a audiência pública, desde que relevantes para o julgamento da causa, deverão ser examinadas pelo órgão julgador, na forma do art. 489, § 1.º, do CPC.

Título IV
DOS PROCESSOS EM ESPÉCIE

Capítulo I
DOS PROCESSOS SOBRE COMPETÊNCIA

Art. 200. O conflito de competência poderá ocorrer entre autoridades judiciárias; o de atribuições, entre autoridades judiciárias e administrativas.

Art. 201. Dar-se-á conflito quando:

I – 2 (duas) ou mais autoridades se declaram competentes;

II – 2 (duas) ou mais autoridades se consideram incompetentes, atribuindo uma à outra a competência;

III – houver controvérsia entre 2 (duas) ou mais autoridades sobre a reunião ou separação de processos.

Parágrafo único. A autoridade que não acolher a competência declinada deverá suscitar o conflito, salvo se a atribuir a uma outra autoridade.

Art. 202. O conflito poderá ser suscitado ao Tribunal:

I – por qualquer das autoridades conflitantes, por ofício;

II – pela parte interessada ou seus representantes legais e pelo Ministério Público do Trabalho, por petição.

Parágrafo único. O ofício e a petição serão instruídos com os documentos necessários à prova do conflito.

Art. 203. O processo de conflito será autuado e distribuído, observada a competência dos órgãos judicantes do Tribunal.

Art. 204. O relator, de ofício ou a requerimento de qualquer das partes, poderá determinar, quando positivo o conflito, o sobrestamento do processo, e, nesse caso, bem como no de conflito negativo, designará um dos órgãos para resolver, em caráter provisório, as medidas urgentes.

Parágrafo único. O relator poderá julgar de plano o conflito de competência quando sua decisão se fundar em:

I – súmula do Supremo Tribunal Federal ou do Tribunal Superior do Trabalho;

II – tese firmada em julgamento de casos repetitivos ou em incidente de assunção de competência.

Art. 205. Após a distribuição e sempre que necessário, o relator determinará a oitiva das autoridades em conflito, no prazo de 10 (dez) dias.

Art. 206. Prestadas ou não as informações, o relator, se for o caso, dará vista do processo ao Ministério Público do Trabalho e, após, apresentá-lo-á em mesa para julgamento.

Art. 207. Proferida, a decisão será comunicada, imediatamente, às autoridades em conflito, devendo prosseguir o feito no Juízo, Tribunal ou órgão competente.

Parágrafo único. No caso de conflito positivo, o Presidente do órgão fracionário ou do Tribunal que o julgar poderá determinar o cumprimento, de imediato, da decisão, lavrando-se o acórdão posteriormente.

Art. 208. Salvo embargos de declaração, da decisão que resolver o conflito não caberá recurso, nem poderá a matéria ser renovada na discussão da causa principal.

Art. 209. Nos casos de conflito que envolva órgãos fracionários dos tribunais, Desembargadores e Juízes, bem como nos casos de conflito de atribuições entre autoridade judiciária e autoridade administrativa, proceder-se-á, no que couber, na forma estabelecida neste Capítulo.

Capítulo II
DAS AÇÕES ORIGINÁRIAS

SEÇÃO I
Da Reclamação

Art. 210. Caberá reclamação para:
I – preservar a competência do Tribunal;
II – garantir a autoridade das decisões do Tribunal;
III – garantir a observância de acórdão proferido em incidentes de assunção de competência, de resolução de demandas repetitivas e de julgamento de recursos repetitivos.
§ 1.º Estão legitimados para a reclamação a parte interessada ou o Ministério Público do Trabalho.
§ 2.º A reclamação será processada e julgada pelo órgão colegiado cuja competência se busca preservar ou cuja autoridade se pretende garantir.
§ 3.º Oficiará no feito o Ministério Público do Trabalho, como *custos legis*, salvo se figurar como reclamante.

Art. 211. A reclamação, dirigida ao Presidente do Tribunal e instruída com prova documental, será autuada e distribuída, sempre que possível, ao relator da causa principal, observando-se, no que couber, as disposições deste Regimento.

Art. 212. É inadmissível a reclamação proposta:
I – após o trânsito em julgado da decisão reclamada;
II – em face de decisão monocrática de Ministro ou colegiada do Tribunal, pelo seu Pleno ou órgão fracionário.

Art. 213. Ao despachar a inicial, incumbe ao relator:
I – requisitar informações da autoridade a quem for atribuída a prática do ato impugnado, para que as apresente no prazo de 10 (dez) dias úteis;
II – ordenar liminarmente, se houver risco de dano irreparável, a suspensão do processo ou do ato impugnado;
III – determinar a citação do beneficiário da decisão impugnada, que terá prazo de 15 (quinze) dias úteis para apresentar contestação.
Parágrafo único. Decorridos os prazos para informações e oferecimento de contestação pelo beneficiário do ato impugnado, o Ministério Público terá vista dos autos por 5 (cinco) dias, salvo se figurar como reclamante.

Art. 214. À reclamação poderá opor-se, fundamentadamente, qualquer interessado.
§ 1.º É obrigatória a intimação da parte interessada da decisão de indeferimento liminar da reclamação.
§ 2.º O relator arbitrará o valor das custas, bem como os ônus da sucumbência.
§ 3.º Os valores decorrentes da sucumbência serão processados nos autos da reclamação.

Art. 215. Julgada procedente a reclamação, o Tribunal cassará a decisão exorbitante de seu julgado ou determinará medida adequada à preservação da sua competência.

Art. 216. O Presidente do órgão julgador competente determinará o cumprimento imediato da decisão, lavrando-se o acórdão posteriormente.
Parágrafo único. Caberá ao Ministro relator determinar a adoção das medidas indutivas, coercitivas, mandamentais ou sub-rogatórias necessárias para assegurar o cumprimento da decisão.

Art. 217. Dos acórdãos proferidos pelos Tribunais Regionais do Trabalho, em reclamação, caberá recurso ordinário, a ser distribuído no âmbito do órgão fracionário competente para o julgamento do recurso cabível para o Tribunal Superior do Trabalho no processo principal.

SEÇÃO II
Do *Habeas Corpus*

Art. 218. Impetrado o *habeas corpus*, o relator requisitará informações do apontado coator, no prazo que fixar, podendo, ainda:
I – nomear advogado para acompanhar e defender oralmente o pedido, se o impetrante não for bacharel em Direito;
II – ordenar diligências necessárias à instrução do pedido;
III – se convier ouvir o paciente, determinar sua apresentação à sessão de julgamento;
IV – no *habeas corpus* preventivo, expedir salvo-conduto em favor do paciente, até decisão do feito, se houver grave risco de se consumar a violência.

Art. 219. Instruído o processo e ouvido o Ministério Público, o relator o submeterá a julgamento na primeira sessão da Subseção II da Seção Especializada em Dissídios Individuais, independentemente de pauta.
Parágrafo único. Opondo-se o paciente, não se conhecerá do pedido.

Art. 220. A decisão concessiva de *habeas corpus* será imediatamente comunicada às autoridades a quem couber cumpri-la, sem prejuízo da remessa de cópia do acórdão.
Parágrafo único. A comunicação, mediante ofício ou qualquer outro meio idôneo, bem como o salvo-conduto, em caso de ameaça de violência ou coação, serão firmados pelo relator.

Art. 221. A autoridade administrativa prisional, o escrivão, o oficial de justiça ou a autoridade judiciária, policial ou militar que embaraçar ou procrastinar o encaminhamento do pedido de *habeas corpus*, ou as informações sobre a causa da violência, coação ou ameaça, serão multados na forma da legislação processual vigente, sem prejuízo de outras sanções penais ou administrativas.

Art. 222. O Presidente do Tribunal expedirá mandado contra a autoridade administrativa prisional e oficiará ao Ministério Público, para que promova a ação penal, no caso de desobediência ou retardamento abusivo no cumprimento da ordem de *habeas corpus*.
Parágrafo único. Na hipótese deste artigo, o Presidente do Tribunal adotará as providências necessárias ao cumprimento da decisão, com emprego dos meios legais cabíveis.

Art. 223. Quando o pedido for incabível, ou for manifesta a incompetência do Tribunal para dele conhecer originariamente, ou for reiteração de outro com os mesmos fundamentos, o relator o indeferirá liminarmente.

SEÇÃO III
Do Mandado de Segurança

Art. 224. Cabe mandado de segurança contra ato do Presidente ou de qualquer dos membros ou órgãos da Corte, observadas para o julgamento as regras referentes à competência dos órgãos judicantes do Tribunal.

Art. 225. O mandado de segurança coletivo pode ser impetrado por organização sindical, entidade de classe ou associação legalmente constituída e em funcionamento há, pelo menos, 1 (um) ano, em defesa de direitos líquidos e certos da totalidade ou de parte dos seus membros ou associados, na forma dos seus estatutos e desde que pertinentes às suas finalidades, dispensada, para tanto, autorização especial.
Parágrafo único. Os direitos protegidos pelo mandado de segurança coletivo podem ser:
I – coletivos, assim entendidos os transindividuais, de natureza indivisível, de que seja titular grupo ou categoria de pessoas ligadas entre si ou com a parte contrária por uma relação jurídica básica;
II – individuais homogêneos, assim entendidos os decorrentes de origem comum e da atividade ou situação específica da totalidade ou de parte dos membros ou associados do impetrante.

Art. 226. No mandado de segurança coletivo, a decisão fará coisa julgada limitadamente aos membros do grupo ou categoria substituídos pelo impetrante.
§ 1.º O mandado de segurança coletivo não induz litispendência para as ações individuais, mas os efeitos da coisa julgada não beneficiarão o impetrante a título individual se não requerer a desistência de seu

mandado de segurança no prazo de 30 (trinta) dias a contar da ciência comprovada da impetração da segurança coletiva.

§ 2.º No mandado de segurança coletivo, a liminar só poderá ser concedida após a audiência do representante judicial da pessoa jurídica de direito público, que deverá se pronunciar no prazo de 72 (setenta e duas) horas, salvo em casos de manifesta urgência.

Art. 227. O mandado de segurança, de competência originária do Tribunal, terá seu processo iniciado por petição, que preencherá os requisitos legais, inclusive a necessidade de autenticação dos documentos que instruem a ação mandamental, sendo facultada ao advogado a declaração de autenticidade dos referidos documentos, sob sua responsabilidade pessoal, na forma do art. 830 da CLT, devendo conter, ainda, a indicação precisa da autoridade a quem se atribua o ato impugnado.

§ 1.º Afirmado pelo requerente que o documento necessário à prova de suas alegações se encontra em órgão ou estabelecimento público ou em poder de autoridade que lhe recuse certidão, ele solicitará ao relator que seja requisitada, por ofício, a exibição do documento, em original ou cópia autenticada, no prazo de 5 (cinco) dias úteis. Se a autoridade indicada pelo requerente for a coatora, far-se-á a requisição no próprio instrumento da intimação.

§ 2.º Para os fins deste artigo, em se tratando de documento eletrônico, serão observadas as regras que disciplinam o processo eletrônico na Justiça do Trabalho.

Art. 228. Em caso de urgência, é permitido, observados os requisitos legais, impetrar mandado de segurança por telegrama, radiograma, fax ou outro meio eletrônico de autenticidade comprovada.

§ 1.º Poderá o juiz, em caso de urgência, notificar a autoridade por telegrama, radiograma ou outro meio que assegure a autenticidade do documento e a imediata ciência pela autoridade.

§ 2.º O texto original da petição deverá ser apresentado nos 5 (cinco) dias úteis seguintes.

§ 3.º Para os fins deste artigo, em se tratando de documento eletrônico, serão observadas as regras que disciplinam o processo eletrônico na Justiça do Trabalho.

Art. 229. Distribuído o feito na forma regimental, o relator mandará ouvir a autoridade dita coatora, mediante ofício acompanhado da segunda via da petição, instruída com as cópias dos documentos, a fim de que preste informações no prazo legal.

§ 1.º A petição inicial poderá, de plano, ser indeferida pelo relator, quando não for a hipótese de mandado de segurança, ou quando não atendidos os requisitos do art. 227 deste Regimento, devendo os autos ser remetidos ao Juízo competente, se manifesta a incompetência do Tribunal, dispensadas as informações da autoridade dita coatora.

§ 2.º Salvo nos casos vedados em lei, o relator poderá ordenar a suspensão liminar do ato que deu motivo ao pedido, quando for relevante o fundamento e do ato impugnado puder resultar a ineficácia da medida, caso seja deferida.

§ 3.º Deferida a medida liminar, o processo terá prioridade para julgamento.

§ 4.º Da decisão do relator que conceder ou denegar a medida liminar caberá agravo interno ao órgão colegiado competente do Tribunal do qual o magistrado seja integrante.

§ 5.º Se, por ação ou omissão, o beneficiário da liminar der causa à procrastinação do julgamento do pedido, poderá o relator revogar a medida.

Art. 230. Transcorrido o prazo legal para as informações, o relator determinará a remessa dos autos à Procuradoria-Geral do Trabalho, que opinará, dentro do prazo improrrogável de 10 (dez) dias.

Parágrafo único. Com ou sem o parecer do Ministério Público, os autos serão conclusos ao relator para a instrução do processo, se necessária, e para que este o encaminhe para inclusão na próxima pauta de julgamento ou, quando a matéria for objeto de jurisprudência consolidada do Tribunal, julgue monocraticamente o pedido.

Art. 231. A concessão ou a denegação da segurança, na vigência da medida liminar, será imediatamente comunicada, por intermédio da Secretaria do órgão julgador, à autoridade apontada como coatora e à pessoa jurídica interessada, mediante ofício ou pelo correio, através de correspondência com aviso de recebimento.

Parágrafo único. Em caso de urgência, poderá ser observado o disposto no art. 228 deste Regimento.

SEÇÃO IV
Do Mandado de Injunção e do *Habeas Data*

Art. 232. No mandado de injunção e no *habeas data*, serão observadas as normas da legislação de regência e, de forma supletiva e subsidiária, a Lei n. 12.016/ 2009 e o Código de Processo Civil.

SEÇÃO V
Da Ação Rescisória

Art. 233. Caberá ação rescisória dos acórdãos prolatados pelo Tribunal, no prazo e nas hipóteses previstas na legislação processual aplicável, observadas, para o julgamento, as regras alusivas à competência dos órgãos judicantes da Corte.

§ 1.º A ação rescisória está sujeita ao depósito prévio equivalente a 20% (vinte por cento) do valor da causa, importância que se converterá em multa em favor do réu, caso a ação seja, por unanimidade de votos, declarada inadmissível ou improcedente.

§ 2.º Não se aplica o disposto no parágrafo anterior ao autor que tenha feito prova de miserabilidade jurídica e à União, aos Estados, ao Distrito Federal, aos Municípios, às suas respectivas autarquias e fundações de direito público, ao Ministério Público e à Defensoria Pública.

Art. 234. A ação rescisória terá início por petição, preenchidos os requisitos da legislação processual compatíveis com o processo do trabalho.

Parágrafo único. Registrada e autuada, a ação rescisória será distribuída, mediante sorteio, a um relator, dentre os Ministros integrantes do órgão julgador competente.

Art. 235. A petição inicial será indeferida pelo relator, se não preenchidas as exigências legais e não suprida a irregularidade.

Art. 236. Nas ações rescisórias que dispensem a fase instrutória, o relator também poderá, independentemente da citação do réu, julgar liminarmente improcedente o pedido se verificar, desde logo, a ocorrência de decadência ou se concluir configurada contrariedade a:

I – enunciado de súmula do Supremo Tribunal Federal ou do Tribunal Superior do Trabalho (art. 927, IV, do CPC);

II – acórdão proferido pelo Supremo Tribunal Federal ou pelo Tribunal Superior do Trabalho em julgamento de recursos repetitivos (art. 896-B da CLT e art. 927, III, do CPC);

III – entendimento firmado em incidentes de assunção de competência, de resolução de demandas repetitivas e de recursos repetitivos;

IV – enunciado de súmula de Tribunal Regional do Trabalho sobre direito local, convenção coletiva de trabalho, acordo coletivo de trabalho, sentença normativa ou regulamento empresarial de observância obrigatória em área territorial que não exceda à jurisdição do respectivo Tribunal.

Art. 237. Compete ao relator, se a petição preencher os requisitos legais:

I - ordenar as citações e intimações requeridas;

II - receber ou rejeitar, *in limine*, a petição inicial e as exceções opostas e designar audiência especial para produção de provas, se requeridas ou se lhe parecerem necessárias, ou delegar a competência para a colheita de provas ao órgão que proferiu a decisão rescindenda ou a juiz ou a membro de outro tribunal do local onde estas devam ser produzidas, fixando prazo de 1 (um) a 3 (três) meses para a devolução dos autos;

III – submeter a julgamento em mesa as questões incidentes e as exceções opostas, quando regularmente processadas;

IV – dar vista ao Ministério Público do Trabalho, sempre que couber, depois das alegações finais das partes.

Parágrafo único. Reconhecida a incompetência do Tribunal para julgar a ação rescisória, o autor será intimado para emendar a petição inicial, a fim de adequar o objeto da ação, nos casos previstos nos incisos I e II do § 5.º do art. 968 do CPC, com a complementação, pelo réu, dos fundamentos de defesa e a remessa dos autos ao Tribunal competente, nos termos do § 6.º do art. 968 do CPC.

Art. 238. Feita a citação, o réu, no prazo assinalado pelo relator, que não poderá ser inferior a 15 (quinze) nem superior a 30 (trinta) dias, apresentará a contestação.

Art. 239. Ultimada a fase probatória, permanecerão os autos na Secretaria, para apresentação de razões finais, tendo as partes, sucessivamente, o prazo de 10 (dez) dias úteis.

Parágrafo único. Findo esse prazo e oficiado, quando cabível, o Ministério Público do Trabalho, serão os autos conclusos ao relator.

SEÇÃO VI
Dos Dissídios Coletivos

Art. 240. Frustrada, total ou parcialmente, a autocomposição dos interesses coletivos em negociação promovida diretamente pelos interessados ou mediante intermediação administrativa do órgão competente do Ministério do Trabalho, poderá ser ajuizada a ação de dissídio coletivo ou solicitada a mediação do Tribunal Superior do Trabalho.

§ 1.º Na impossibilidade real de encerramento da negociação coletiva em curso antes do termo final a que se refere o art. 616, § 3.º, da CLT, a entidade interessada poderá formular protesto judicial em petição escrita, dirigida ao Presidente do Tribunal, a fim de preservar a data-base da categoria.

§ 2.º Deferida a medida prevista no item anterior, a representação coletiva será ajuizada no prazo máximo de 30 (trinta) dias úteis, contados da intimação, sob pena de perda da eficácia do protesto.

§ 3.º O pedido de mediação do Tribunal, formulado antes da instauração do dissídio coletivo, será dirigido à Vice-Presidência, que marcará audiência para composição voluntária do conflito.

Art. 241. Os dissídios coletivos podem ser:

I – de natureza econômica, para a instituição de normas e condições de trabalho;

II – de natureza jurídica, para interpretação de cláusulas de sentenças normativas, de instrumentos de negociação coletiva, acordos e convenções coletivas, de disposições legais particulares de categoria profissional ou econômica e de atos normativos;

III – originários, quando inexistentes ou em vigor normas e condições especiais de trabalho, decretadas em sentença normativa;

IV – de revisão, quando destinados a reavaliar normas e condições coletivas de trabalho preexistentes que se tornarem injustas ou ineficazes pela modificação das circunstâncias que as ditaram;

V – de declaração sobre a paralisação do trabalho decorrente de greve.

Art. 242. Para julgamento, o processo será incluído em pauta preferencial, se for caso de urgência, sobretudo na ocorrência ou iminência de paralisação do trabalho.

Parágrafo único. Na hipótese de greve em serviços ou atividades essenciais, poderá o Presidente do Tribunal, justificando a urgência, dispensar a inclusão do processo em pauta, convocar sessão para julgamento do dissídio coletivo, notificando as partes, por meio de seus patronos, e cientificando o Ministério Público, tudo com antecedência de, pelo menos, 12 (doze) horas.

Art. 243. Requerida a homologação de acordo em processo de dissídio coletivo, antes ou depois do julgamento, da apresentação de recursos ou da publicação do acórdão, adotar-se-á o seguinte procedimento:

I – o pedido de homologação de acordo será apreciado pelo relator originário ou pelo redator designado para lavrar o acórdão do julgamento já realizado, se for o caso;

II – o processo será redistribuído a um dos membros do colegiado, se ausente, por qualquer motivo, o relator;

III – o pedido de homologação de acordo será apreciado, independentemente de publicação de pauta, cabendo ao relator apresentar os autos em mesa, na primeira sessão ordinária subsequente à formulação do pedido, ou em sessão extraordinária designada para esse fim, sendo de igual modo dispensada a prévia inclusão em pauta, quando o pedido ingressar antes do julgamento do recurso ordinário.

Art. 244. O acordo judicial homologado no processo de dissídio coletivo, abrangendo a totalidade ou parte das pretensões, tem força de decisão irrecorrível para as partes.

Capítulo III
DOS RECURSOS

SEÇÃO I
Do Recurso Ordinário

Art. 245. Cabe recurso ordinário para o Tribunal das decisões definitivas proferidas pelos Tribunais Regionais do Trabalho em processos de sua competência originária, no prazo legal, contado da publicação do acórdão ou de sua conclusão no órgão oficial.

Parágrafo único. O recurso é cabível em:

I – Ação anulatória;

II – Ação para obtenção de tutela provisória em caráter antecedente;

III – Ação declaratória;

IV – Agravo interno;

V – Ação rescisória;

VI – Dissídio coletivo;

VII – *Habeas corpus*;

VIII – *Habeas data*;

IX – Mandado de segurança;

X – Reclamação.

SEÇÃO II
Da Transcendência

Art. 246. As normas relativas ao exame da transcendência dos recursos de revista, previstas no art. 896-A da CLT, somente incidirão naqueles interpostos contra decisões proferidas pelos Tribunais Regionais do Trabalho publicadas a partir de 11-11-2017, data da vigência da Lei n. 13.467/2017.

Art. 247. A aplicação do art. 896-A da CLT, que trata da transcendência do recurso de revista, observará o disposto neste Regimento, devendo o Tribunal Superior do Trabalho, no recurso de revista, examinar previamente de ofício, se a causa oferece transcendência com relação aos reflexos gerais de natureza econômica, política, social ou jurídica.

§ 1.º São indicadores de transcendência, entre outros:

I – econômica, o elevado valor da causa;

II – política, o desrespeito da instância recorrida à jurisprudência sumulada do Tribunal Superior do Trabalho ou do Supremo Tribunal Federal;

III – social, a postulação, por reclamante-recorrente, de direito social constitucionalmente assegurado;

IV – jurídica, a existência de questão nova em torno da interpretação da legislação trabalhista.

§ 2.º Poderá o relator, monocraticamente, denegar seguimento ao recurso de revista que não demonstrar transcendência.

§ 3.º Caberá agravo apenas das decisões em que não reconhecida a transcendência pelo relator, sendo facultada a sustentação oral ao recorrente, durante 5 (cinco) minutos em sessão, e ao recorrido, apenas

no caso de divergência entre os componentes da Turma quanto à transcendência da matéria.

§ 4.º Mantido o voto do relator quanto ao não reconhecimento da transcendência do recurso, será lavrado acórdão com fundamentação sucinta, que constituirá decisão irrecorrível no âmbito do Tribunal.

§ 5.º O juízo de admissibilidade do recurso de revista exercido pela Presidência dos Tribunais Regionais do Trabalho limita-se à análise dos pressupostos intrínsecos e extrínsecos do apelo, não abrangendo o critério da transcendência das questões nele veiculadas.

Art. 248. (Revogado pelo Ato Regimental n. 2, de 19-4-2021.)

Art. 249. (Revogado pelo Ato Regimental n. 1, de 26-10-2020.)

SEÇÃO III
Do Recurso de Revista

Art. 250. O recurso de revista, interposto na forma da lei, é apresentado no Tribunal Regional do Trabalho e tem seu cabimento examinado em decisão fundamentada pelo Presidente do Tribunal de origem, ou pelo Desembargador designado para esse fim, conforme o Regimento Interno do Tribunal Regional do Trabalho.

Parágrafo único. São fontes oficiais de publicação dos julgados o *Diário Eletrônico da Justiça do Trabalho*, o *Diário da Justiça da União e dos Estados*, a *Revista do Tribunal Superior do Trabalho*, as revistas publicadas pelos Tribunais Regionais do Trabalho, os sítios do Tribunal Superior do Trabalho e dos Tribunais Regionais do Trabalho na rede mundial de computadores e os repositórios autorizados a publicar a jurisprudência trabalhista.

Art. 251. Distribuído o recurso ou provido o respectivo agravo de instrumento, o relator poderá:

I – não conhecer do recurso de revista inadmissível, prejudicado ou daquele que não tiver impugnado especificamente todos os fundamentos da decisão recorrida, inclusive nas hipóteses do art. 896, §§ 1.º-A e 14, da CLT;

II – negar provimento ao recurso de revista que for contrário a tese fixada em julgamento de recurso repetitivo ou de repercussão geral, a entendimento firmado em incidente de assunção de competência ou de resolução de demandas repetitivas, a súmula vinculante do Supremo Tribunal Federal, a súmula ou orientação jurisprudencial do Tribunal Superior do Trabalho ou, ainda, a jurisprudência dominante sobre o tema;

III – dar provimento ao recurso de revista se o acórdão recorrido for contrário a tese fixada em julgamento de recursos repetitivos ou de repercussão geral, a entendimento firmado em incidente de assunção de competência ou de resolução de demandas repetitivas, a súmula vinculante do Supremo Tribunal Federal, a súmula ou orientação jurisprudencial do Tribunal Superior do Trabalho ou, ainda, a jurisprudência dominante sobre o tema.

SEÇÃO IV
Do Agravo de Instrumento

Art. 252. O agravo de instrumento interposto contra decisão denegatória de recurso de competência desta Corte será autuado e distribuído, observada a competência dos órgãos do Tribunal, aplicando-se, quanto à tramitação e julgamento, as disposições inscritas nesta Seção.

Art. 253. A dispensa de depósito recursal a que se refere o § 8.º do art. 899 da CLT não será aplicável aos casos em que o agravo de instrumento se refira a uma parcela da condenação, pelo menos, que não seja objeto de arguição de contrariedade a súmula ou a orientação jurisprudencial do Tribunal Superior do Trabalho.

Art. 254. Admitido apenas parcialmente o recurso de revista, constitui ônus da parte impugnar, mediante agravo de instrumento em recurso de revista, o capítulo denegatório da decisão, sob pena de preclusão.

§ 1.º Se houver omissão no juízo de admissibilidade do recurso de revista quanto a um ou mais temas, é ônus da parte interpor embargos de declaração para o órgão prolator da decisão embargada supri-la (art. 1.024, § 2.º, do CPC), sob pena de preclusão.

§ 2.º Incorre em nulidade a decisão regional que se abstiver de exercer controle de admissibilidade sobre qualquer tema objeto de recurso de revista, não obstante interpostos embargos de declaração (art. 93, inciso IX, da Constituição da República/88 e art. 489, § 1.º, do CPC).

§ 3.º No caso do parágrafo anterior, sem prejuízo da nulidade, a recusa do Presidente do Tribunal Regional do Trabalho a emitir juízo de admissibilidade sobre qualquer tema equivale a decisão denegatória. É ônus da parte, assim, após a intimação da decisão dos embargos de declaração, impugná-la mediante agravo de instrumento em recurso de revista (art. 896, § 12, da CLT), sob pena de preclusão.

Art. 255. Distribuído o agravo de instrumento, o relator poderá:

I – nos casos de que trata o artigo anterior e se constatar a existência de omissão não suprida pelo Presidente do Tribunal Regional do Trabalho de origem, apesar da interposição, pelo agravante, dos embargos de declaração, determinar, por decisão irrecorrível, a restituição do agravo de instrumento em recurso de revista ao órgão judicante de origem para que este complemente o juízo de admissibilidade;

II – não conhecer do agravo de instrumento inadmissível, prejudicado ou daquele que não tenha impugnado especificamente todos os fundamentos da decisão recorrida;

III – conhecer do agravo de instrumento para:

a) negar-lhe provimento em caso de recurso de revista inadmissível, prejudicado ou em que não tenha havido impugnação específica de todos os fundamentos da decisão recorrida, inclusive nas hipóteses do art. 896, § 1.º-A, da CLT;

b) negar-lhe provimento nos casos em que o recurso for contrário a tese fixada em julgamento de recursos repetitivos ou de repercussão geral, a entendimento firmado em incidente de assunção de competência ou de demandas repetitivas, a súmula vinculante do Supremo Tribunal Federal ou a súmula ou orientação jurisprudencial do Tribunal Superior do Trabalho ou, ainda, a jurisprudência dominante acerca do tema;

c) dar-lhe provimento nos casos em que o recurso impugnar acórdão contrário a tese fixada em julgamento de casos repetitivos ou de repercussão geral, a entendimento firmado em incidente de assunção de competência ou de demandas repetitivas, a súmula vinculante do Supremo Tribunal Federal ou a súmula ou orientação jurisprudencial do Tribunal Superior do Trabalho ou, ainda, a jurisprudência dominante acerca do tema, determinando a sua autuação como recurso ordinário ou recurso de revista, observando-se, daí em diante, os procedimentos respectivos.

Parágrafo único. No caso de ser provido o agravo de instrumento, mas ficando vencido o relator, será designado redator do acórdão e relator do recurso de revista o Ministro prolator do primeiro voto vencedor no julgamento do agravo de instrumento.

Art. 256. Se o agravo de instrumento que tramita conjuntamente com recurso de revista for provido, a Secretaria providenciará a publicação da respectiva certidão de julgamento, para efeito de intimação das partes, em que constará que os recursos de revista serão apreciados na primeira sessão ordinária subsequente ao término do prazo de 5 (cinco) dias úteis contados da data da intimação, após a devida reautuação.

•• *Caput* com redação determinada pela Emenda Regimental n. 1, de 26-10-2020.

Parágrafo único. Ultimado o julgamento, o relator ou o redator designado lavrará um único acórdão, que também contemplará os fundamentos que ensejaram o provimento do agravo de instrumento em recurso de revista, fluindo o prazo recursal a partir da publicação da aludida decisão.

Art. 257. Interposto apenas agravo de instrumento, se lhe for dado provimento, observar-se-á o procedimento do artigo anterior e seu parágrafo único.

§ 1.º O processo, nesta hipótese, será reautuado como recurso de revista ou recurso ordinário, mantida a numeração dada ao agravo de instrumento.

§ 2.º Não sendo conhecido ou desprovido o agravo de instrumento, será lavrado o respectivo acórdão.

Capítulo IV
DOS RECURSOS DAS DECISÕES PROFERIDAS NO TRIBUNAL

SEÇÃO I
Dos Embargos para a Subseção I da Seção Especializada em Dissídios Individuais

Art. 258. Cabem embargos das decisões das Turmas do Tribunal que divergirem entre si ou das decisões proferidas pela Subseção I da Seção Especializada em Dissídios Individuais, ou contrárias a súmula, a orientação jurisprudencial ou a precedente normativo do Tribunal Superior do Trabalho ou súmula vinculante do Supremo Tribunal Federal, no prazo de 8 (oito) dias úteis, contados de sua publicação, na forma da lei.

Parágrafo único. Além dos casos já previstos na jurisprudência sumulada do Tribunal, também cabem embargos das decisões de suas Turmas proferidas em agravos internos e agravos de instrumento que contrariarem precedentes obrigatórios firmados em julgamento de incidentes de assunção de competência ou de incidentes de recursos repetitivos.

Art. 259. O recorrente provará a divergência com certidão, cópia ou citação de repositório oficial ou credenciado de jurisprudência, inclusive em mídia eletrônica, em que foi publicado o acórdão divergente, ou com a reprodução de julgado disponível na rede mundial de computadores, indicando a respectiva fonte, e mencionará as circunstâncias que identificam ou assemelham os casos confrontados.

Parágrafo único. A divergência apta a ensejar os embargos deve ser atual, não se considerando tal a ultrapassada por súmula, orientação jurisprudencial ou precedente normativo do Tribunal Superior do Trabalho ou por súmula do Supremo Tribunal Federal, ou superada por iterativa e notória jurisprudência do Tribunal Superior do Trabalho.

Art. 260. Compete ao Presidente da Turma exercer o juízo de admissibilidade dos embargos à Subseção I da Seção Especializada em Dissídios Individuais previsto no art. 93, VIII, deste Regimento.

Art. 261. Incumbe ao Ministro relator:
I – denegar seguimento aos embargos:
a) se a decisão recorrida estiver em consonância com tese fixada em julgamento de casos repetitivos ou de repercussão geral, com entendimento firmado em incidente de assunção de competência, súmula, orientação jurisprudencial ou precedente normativo do Tribunal Superior do Trabalho ou súmula do Supremo Tribunal Federal, ou com iterativa, notória e atual jurisprudência do Tribunal Superior do Trabalho, cumprindo-lhe indicá-la;
b) nas hipóteses de intempestividade, deserção, irregularidade de representação ou de ausência de qualquer outro pressuposto extrínseco de admissibilidade, se o recorrente, após ser intimado para sanar o vício ou complementar a documentação exigível, na forma da legislação aplicável, não o fizer no prazo concedido para tanto.
II – dar provimento aos embargos, se a decisão recorrida estiver contrária à tese fixada em julgamento de casos repetitivos ou de repercussão geral, com entendimento firmado em incidente de assunção de competência, súmula, orientação jurisprudencial ou precedente normativo do Tribunal Superior do Trabalho ou súmula vinculante do Supremo Tribunal Federal, ou com iterativa, notória e atual jurisprudência do Tribunal Superior do Trabalho, cumprindo-lhe indicá-la.

Parágrafo único. Da decisão denegatória dos embargos caberá agravo interno, no prazo de 8 (oito) dias úteis.

SEÇÃO II
Dos Embargos Infringentes

Art. 262. Cabem embargos infringentes das decisões não unânimes proferidas pela Seção Especializada em Dissídios Coletivos, no prazo de 8 (oito) dias úteis, contados da publicação do acórdão no Órgão Oficial, nos processos de Dissídios Coletivos de competência originária do Tribunal.

Parágrafo único. Os embargos infringentes serão restritos à cláusula em que há divergência, e, se esta for parcial, ao objeto da divergência.

Art. 263. Registrado o protocolo na petição a ser encaminhada à Secretaria do órgão julgador competente, esta juntará o recurso aos autos respectivos e abrirá vista à parte contrária, para impugnação, no prazo legal. Transcorrido o prazo, o processo será remetido à unidade competente, para ser imediatamente distribuído.

Art. 264. Não atendidas as exigências legais relativas ao cabimento dos embargos infringentes, o relator denegará seguimento ao recurso, facultada à parte a interposição de agravo interno.

SEÇÃO III
Do Agravo Interno

Art. 265. Cabe agravo interno contra decisão dos Presidentes do Tribunal e das Turmas, do Vice-Presidente, do Corregedor-Geral da Justiça do Trabalho ou de relator, nos termos da legislação processual, no prazo de 8 (oito) dias úteis, pela parte que se considerar prejudicada.

Parágrafo único. Ressalvam-se os casos em que haja recurso próprio ou decisão de caráter irrecorrível, nos termos do Regimento ou da lei.

Art. 266. Após a intimação do agravado para manifestar-se sobre o recursos no prazo de 8 (oito) dias úteis, o agravo interno será concluso ao prolator da decisão monocrática, que poderá reconsiderá-lo ou determinar sua inclusão em pauta visando apreciação do Colegiado competente para o julgamento da ação ou do recurso em que exarada a decisão, com exceção daquele interposto contra a decisão do Presidente da Turma que denegar seguimento a embargos à Subseção I da Seção Especializada em Dissídios Individuais, que será diretamente distribuído entre os demais integrantes desta Subseção.

•• *Caput* com redação determinada pela Emenda Regimental n. 1, de 26-10-2020.

§ 1.º Os agravos internos contra ato ou decisão do Presidente do Tribunal, do Vice-Presidente e do Corregedor-Geral da Justiça do Trabalho, desde que interpostos no período do respectivo mandato, serão por eles relatados. Os agravos internos interpostos após o término da investidura no cargo do prolator do ato ou decisão serão conclusos ao Ministro sucessor.

§ 2.º Os agravos internos interpostos contra decisão monocrática do relator, na hipótese de seu afastamento temporário ou definitivo, serão conclusos, em relação aos processos de Turmas, ao Desembargador convocado ou ao Ministro nomeado para a vaga, conforme o caso, e, nos processos das Seções Especializadas, ao Ministro que ocupar a vaga, ou redistribuídos na forma dos §§ 1.º e 2.º do art. 107 deste Regimento.

§ 3.º Os agravos internos interpostos contra decisão monocrática do Presidente do Tribunal, proferida durante o período de recesso forense e férias coletivas, serão julgados pelo relator do processo principal, salvo nos casos de competência específica da Presidência da Corte.

§ 4.º Se o Ministro relator for vencido no resultado do agravo interno ou quanto ao fundamento determinante da decisão, mesmo que prevalecente o resultado, será designado redator do acórdão o Ministro prolator do primeiro voto vencedor, a quem devem ser redistribuídos os embargos, promovendo-se a compensação.

§ 5.º Quando o agravo interno for declarado manifestamente inadmissível ou improcedente em votação unânime, o órgão colegiado, em decisão fundamentada, condenará o agravante a pagar ao agravado multa fixada entre 1 e 5% (um e cinco por cento) do valor atualizado da causa.

§ 6.º A interposição de qualquer outro recurso está condicionada ao depósito prévio do valor da multa prevista no parágrafo anterior, à exceção da Fazenda Pública e do beneficiário da gratuidade da justiça, que farão o pagamento ao final.

SEÇÃO IV
Do Pedido de Concessão de Efeito Suspensivo

Art. 267. O recurso interposto de decisão normativa da Justiça do Trabalho terá efeito suspensivo, na medida e extensão conferidas em decisão do Presidente do Tribunal Superior do Trabalho.

Art. 268. O pedido de concessão de efeito suspensivo a recurso em matéria normativa deverá ser instruído com as seguintes peças: decisão normativa recorrida; petição de recurso ordinário, prova de sua tempestividade e respectiva decisão de admissibilidade; guia de recolhimento de custas, se houver; procuração conferindo poderes ao subscritor da medida e outras que o requerente reputar úteis para o exame da solicitação.

SEÇÃO V
Dos Embargos de Declaração

Art. 269. Contra quaisquer decisões judiciais proferidas no âmbito do Tribunal, monocráticas ou colegiadas, poderão ser interpostos embargos de declaração, no prazo de 5 (cinco) dias úteis, contados da sua publicação, nos casos previstos na legislação processual.

Parágrafo único. Em se tratando de embargos de declaração interpostos contra decisão monocrática, caberá ao prolator da decisão ou ao Ministro competente para o exame do feito apreciá-los também monocraticamente, ou recebê-los como agravo, se entender pertinente, conforme o caso.

Art. 270. Registrado o protocolo na petição e após sua juntada, os autos serão conclusos ao julgador que proferiu a decisão monocrática ou ao redator do acórdão embargado, ressalvadas as situações previstas nos arts. 106 a 109 deste Regimento.

Parágrafo único. Não sendo possível a aplicação de nenhuma das regras previstas nos arts. 106 a 109 deste Regimento, adotar-se-á critério de competência para a distribuição dos embargos de declaração ao Desembargador convocado, na hipótese dos processos das Turmas, ou ao Ministro que tenha ocupado a vaga do antigo relator, nas Turmas e nas Subseções, e, como último critério, distribuir-se-á o processo entre os integrantes do órgão.

Art. 271. Nos embargos de declaração, eventual efeito modificativo somente poderá ocorrer em virtude da correção de vício na decisão embargada e desde que ouvida previamente a parte contrária, no prazo de 5 (cinco) dias úteis.

Art. 272. Os embargos de declaração interpostos contra decisão colegiada serão incluídos em pauta, ressalvada a hipótese prevista no art. 119, § 2.º, II, deste Regimento.

Art. 273. Os embargos de declaração interrompem o prazo para interposição de outros recursos, por qualquer das partes, salvo quando intempestivos, irregular a representação da parte ou ausente a sua assinatura.

Parágrafo único. Nos casos de irregularidade de representação da parte em procuração ou substabelecimento já constante dos autos, ou de total ausência de assinatura da petição dos embargos de declaração, o órgão julgador ou relator, antes de considerar inadmissível ou não conhecer do recurso, concederá prazo de 5 (cinco) dias úteis para que seja sanado o vício.

Título V
DAS OUTRAS ESPÉCIES DE PROCESSOS

Capítulo I
DO INCIDENTE DE ARGUIÇÃO DE INCONSTITUCIONALIDADE DE LEI OU DE ATO NORMATIVO DO PODER PÚBLICO

Art. 274. A arguição de inconstitucionalidade de lei ou de ato do Poder Público, em controle difuso, poderá ser suscitada pelo relator, por qualquer Ministro ou a requerimento do Ministério Público, no curso do julgamento do processo nos órgãos judicantes da Corte, após concluído o relatório.

Art. 275. Suscitada a inconstitucionalidade e ouvidos o Ministério Público do Trabalho e as partes, será submetida à apreciação do colegiado em que tramita o feito, salvo quando já houver pronunciamento do Tribunal Pleno ou do próprio Supremo Tribunal Federal sobre a questão.

§ 1.º Rejeitada a arguição, prosseguirá o julgamento.

§ 2.º Acolhida a arguição suscitada perante o Tribunal Pleno, a matéria será submetida de imediato à apreciação.

§ 3.º Acolhida a arguição suscitada nos demais órgãos judicantes da Corte, os autos serão remetidos ao Tribunal Pleno.

Art. 276. A decisão que declara imprescindível o pronunciamento do Tribunal Pleno sobre a inconstitucionalidade de lei, de disposição nela contida ou de ato normativo do Poder Público é irrecorrível.

Art. 277. O incidente será distribuído por prevenção ao mesmo relator originário, devendo os autos ser oportunamente encaminhados ao Presidente do Tribunal para designar a sessão de julgamento.

§ 1.º O relator mandará ouvir o Procurador-Geral do Trabalho, no prazo de 15 (quinze) dias úteis, bem como, se for o caso, determinará a notificação da pessoa jurídica de direito público responsável pela edição do ato questionado para que se manifeste, em igual prazo.

§ 2.º O Tribunal Superior do Trabalho dará publicidade à instauração do incidente de arguição de inconstitucionalidade mediante a publicação de edital na página do Tribunal na rede mundial de computadores e no *Diário Eletrônico da Justiça do Trabalho*, a fim de permitir eventual intervenção dos legitimados referidos no art. 103 da Constituição da República, ou de outros órgãos ou entidades, na condição de *amicus curiae*.

•• § 2.º com redação determinada pela Emenda Regimental n. 1, de 26-10-2020.

§ 3.º As intervenções previstas no § 2.º serão permitidas dentro do período de 30 (trinta) dias úteis, contados da publicação da decisão de que trata o artigo anterior, a qual deverá indicar a lei ou o ato normativo objeto do incidente e a possibilidade de intervenção.

§ 4.º A manifestação dos outros órgãos e entidades de que tratam os parágrafos anteriores poderá ser admitida pelo relator, considerando a relevância da matéria e a representatividade dos postulantes, por decisão irrecorrível.

Art. 278. Os procedimentos relativos à remessa do processo ao Tribunal Pleno, à distribuição e ao julgamento da arguição de inconstitucionalidade são regulados pelas normas gerais estabelecidas a respeito neste Regimento.

Art. 279. A decisão declaratória de inconstitucionalidade de lei ou de ato do Poder Público, observadas as exigências regimentais, motivará a edição de súmula e será observada tanto no acórdão do órgão julgador originário que julgar o processo no qual o incidente foi suscitado quanto em todos os demais feitos em trâmite no Tribunal que envolvam a mesma questão de direito, nos termos do art. 927, V, do CPC.

Capítulo II
DO INCIDENTE DE RECURSOS REPETITIVOS

Art. 280. As normas do Código de Processo Civil relativas ao julgamento dos recursos extraordinário e especial repetitivos aplicam-se, no que couber, aos recursos repetitivos (arts. 894, II, e 896 da CLT).

Art. 281. Havendo multiplicidade de recursos de revista ou de embargos para a Subseção I da Seção Especializada em Dissídios Individuais fundados em idêntica questão de direito, a questão poderá ser afetada a essa Subseção ou ao Tribunal Pleno, por decisão da maioria simples de seus membros, mediante requerimento de um dos Ministros que a compõem, considerando a relevância da matéria ou a existência de

entendimentos divergentes entre os Ministros dessa Subseção ou das Turmas do Tribunal.

§ 1.º O requerimento fundamentado de um dos Ministros da Subseção I da Seção Especializada em Dissídios Individuais de afetação da questão a ser julgada em incidente de recursos repetitivos deverá indicar um ou mais recursos de revista ou de embargos representativos da controvérsia e ser formulado por escrito diretamente ao Presidente da Subseção I da Seção Especializada em Dissídios Individuais ou, oralmente, em questão preliminar suscitada quando do julgamento de processo incluído na pauta de julgamentos da Subseção.

§ 2.º De forma concorrente, quando a Turma do Tribunal Superior do Trabalho entender necessária a adoção do procedimento de julgamento de recursos repetitivos, seu Presidente deverá submeter ao Presidente da Subseção I da Seção Especializada em Dissídios Individuais a proposta de afetação do recurso de revista, para os efeitos dos arts. 896-B e 896-C da CLT e deste Regimento.

§ 3.º O Presidente da Subseção submeterá a proposta de afetação ao colegiado, se formulada por escrito, no prazo máximo de 30 (trinta) dias de seu recebimento, ou de imediato, se suscitada em questão preliminar quando do julgamento de determinado processo pela Subseção I da Seção Especializada em Dissídios Individuais, após o que:

I – acolhida a proposta, por maioria simples, o colegiado decidirá em seguida se a questão será analisada pela própria Subseção I da Seção Especializada em Dissídios Individuais ou pelo Tribunal Pleno, salvo quando se tratar de matéria disciplinada em súmula ou orientação jurisprudencial, caso em que o incidente será necessariamente afetado ao Tribunal Pleno;

II – acolhida a proposta, a desistência da ação ou do recurso não impedirá a análise da questão objeto de julgamento de recursos repetitivos;

III – na hipótese do inciso I, o processo será autuado e distribuído a relator e a revisor do órgão jurisdicional correspondente, para sua tramitação nos termos do art. 896-C da CLT, não concorrendo a sorteio, quando possível, os Ministros que, previamente, tenham recebido processo da mesma classe;

IV – rejeitada a proposta, se for o caso, os autos serão devolvidos ao órgão julgador respectivo, para que o julgamento do recurso prossiga regularmente.

§ 4.º Não será admitida sustentação oral versando, de forma específica, sobre a proposta de afetação.

§ 5.º A critério do Presidente da Subseção, as propostas de afetação formuladas por escrito por um dos Ministros da Subseção I da Seção Especializada em Dissídios Individuais ou pelo Presidente de Turma do Tribunal Superior do Trabalho poderão ser apreciadas pela Subseção I da Seção Especializada em Dissídios Individuais por meio eletrônico, nos termos e para os efeitos do § 3.º, I, deste artigo, do que serão as partes cientificadas pelo *Diário da Justiça*.

§ 6.º Caso surja alguma divergência entre os integrantes do colegiado durante o julgamento eletrônico, este ficará imediatamente suspenso, devendo a proposta de afetação ser apreciada em sessão presencial.

Art. 282. O Presidente da Subseção de Dissídios Individuais I, ao afetar processo para julgamento sob o rito dos recursos repetitivos, deverá expedir comunicação aos demais Presidentes de Turma, que poderão afetar outros processos sobre a questão para julgamento conjunto, a fim de conferir ao órgão julgador visão global da questão.

Art. 283. Somente poderão ser afetados recursos representativos da controvérsia que sejam admissíveis e que, a critério do relator do incidente de julgamento dos recursos repetitivos, contenham abrangente argumentação e discussão a respeito da questão a ser decidida.

Parágrafo único. O relator desse incidente não fica vinculado às propostas de afetação de que trata o artigo anterior, podendo recusá-las por desatenderem aos requisitos previstos no *caput* e, ainda, selecionar outros recursos representativos da controvérsia.

Art. 284. Selecionados os recursos, o relator, na Subseção Especializada em Dissídios Individuais ou no Tribunal Pleno, constatada a presença do pressuposto do *caput* do art. 896-C da CLT, proferirá decisão de afetação, sempre fundamentada, na qual:

I – identificará com precisão a questão a ser submetida a julgamento;

II – poderá determinar a suspensão dos recursos de revista ou de embargos de que trata o § 5.º do art. 896-C da CLT;

III – poderá solicitar aos Tribunais Regionais do Trabalho informações a respeito da controvérsia, a serem prestadas no prazo de 15 (quinze) dias, e requisitar aos Presidentes ou Vice-Presidentes dos Tribunais Regionais do Trabalho a remessa de até 2 (dois) recursos de revista representativos da controvérsia;

IV – concederá o prazo de 15 (quinze) dias para a manifestação escrita das pessoas, órgãos ou entidades interessados na controvérsia, que poderão ser admitidos como *amici curiae*;

V – informará aos demais Ministros sobre a decisão de afetação;

VI – poderá conceder vista ao Ministério Público e às partes, nos termos e para os efeitos do § 9.º do art. 896-C da CLT.

Art. 285. O Presidente do Tribunal Superior do Trabalho oficiará os Presidentes dos Tribunais Regionais do Trabalho, com cópia da decisão de afetação, para que suspendam os recursos de revista interpostos em casos idênticos aos afetados como recursos repetitivos e ainda não encaminhados a este Tribunal, bem como os recursos ordinários interpostos contra as sentenças proferidas em casos idênticos aos afetados como recursos repetitivos, até o pronunciamento definitivo do Tribunal Superior do Trabalho.

Art. 286. Caberá ainda ao Presidente do Tribunal de origem, caso receba a requisição de que trata o inciso III do art. 284 deste Regimento, admitir até 2 (dois) recursos representativos da controvérsia, os quais serão encaminhados ao Tribunal Superior do Trabalho.

Art. 287. Se, após receber os recursos de revista selecionados pelo Presidente ou Vice-Presidente do Tribunal Regional do Trabalho, não se proceder à sua afetação, o relator, no Tribunal Superior do Trabalho, comunicará o fato ao Presidente ou Vice-Presidente que os houver enviado, para que seja revogada a decisão de suspensão referida no art. 896-C, § 4.º, da CLT.

Art. 288. As partes deverão ser intimadas da decisão de suspensão de seu processo, a ser proferida pelo respectivo relator.

§ 1.º A parte poderá requerer o prosseguimento de seu processo se demonstrar a intempestividade do recurso nele interposto ou a existência de distinção entre a questão de direito a ser decidida no seu processo e aquela a ser julgada sob o rito dos recursos repetitivos.

§ 2.º O requerimento a que se refere o § 1.º será dirigido:

I – ao juiz, se o processo sobrestado estiver em primeiro grau;

II – ao relator, se o processo sobrestado estiver no tribunal de origem;

III – ao relator do acórdão recorrido, se for sobrestado recurso de revista no tribunal de origem;

IV – ao relator do recurso de revista ou de embargos cujo processamento houver sido sobrestado no Tribunal Superior do Trabalho.

§ 3.º A outra parte deverá ser ouvida sobre o requerimento, no prazo de 5 (cinco) dias.

§ 4.º Reconhecida a distinção no caso:

I – dos incisos I, II e IV do § 2.º, o próprio juiz ou relator dará prosseguimento ao processo;

II – do inciso III do § 2.º, o relator comunicará a decisão ao Presidente ou ao Vice-Presidente do Tribunal Regional do Trabalho que houver determinado o sobrestamento, para que este dê normal prosseguimento ao processo.

§ 5.º A decisão que resolver o requerimento a que se refere o § 1.º é irrecorrível de imediato, nos termos do art. 893, § 1.º, da CLT.

Art. 289. Para instruir o procedimento, pode o relator fixar data para, em audiência pública, ouvir depoimentos de pessoas com experiência e conhecimento na matéria, sempre que entender necessário o escla-

recimento de questões ou circunstâncias de fato subjacentes à controvérsia objeto do incidente de recursos repetitivos.

§ 1.º O relator poderá também admitir, tanto na audiência pública quanto no curso do procedimento, a manifestação, como *amici curiae*, de pessoas, órgãos ou entidades com interesse na controvérsia, considerando a relevância da matéria e assegurando o contraditório e a isonomia de tratamento.

§ 2.º A manifestação de que trata o § 1.º somente será admitida até a inclusão do processo em pauta.

Art. 290. Os recursos afetados deverão ser julgados no prazo de 1 (um) ano e terão preferência sobre os demais feitos.

§ 1.º Na hipótese de não ocorrer o julgamento no prazo de 1 (um) ano a contar da publicação da decisão de que trata o art. 284 deste Regimento, cessam automaticamente, em todo o território nacional, a afetação e a suspensão dos processos, que retomarão seu curso normal.

§ 2.º Ocorrendo a hipótese do § 1.º, é permitida, nos termos e para os efeitos do art. 281 deste Regimento e do art. 896-C da CLT, a formulação de outra proposta de afetação de processos representativos da controvérsia para instauração e julgamento de recursos repetitivos, a ser apreciada e decidida pela Subseção I da Seção Especializada em Dissídios Individuais deste Tribunal.

Art. 291. O conteúdo do acórdão paradigma abrangerá a análise de todos os fundamentos da tese jurídica discutida, favoráveis ou contrários.

§ 1.º É vedado ao órgão colegiado decidir, para os fins do art. 896-C da CLT, questão não delimitada na decisão de afetação.

§ 2.º Quando os recursos afetados em processos já distribuídos no âmbito deste Tribunal contiverem outras questões além daquela que é objeto da afetação, caberá ao órgão jurisdicional competente para julgamento do incidente decidir esta, após o que o processo deverá retornar ao órgão de origem para apreciação das demais matérias

Art. 292. Decidido o recurso representativo da controvérsia, os órgãos jurisdicionais respectivos declararão prejudicados os demais recursos versando sobre idêntica controvérsia ou os decidirão, aplicando a tese firmada.

Parágrafo único. Quando os recursos requisitados do Tribunal Regional do Trabalho contiverem outras questões além daquela que é objeto da afetação, caberá ao órgão jurisdicional competente para julgamento do incidente decidir esta, após o que o processo deverá ser distribuído na forma regimental, para julgamento das demais matérias pela Turma.

Art. 293. Publicado o acórdão proferido em incidente de recurso repetitivo:

I – o Presidente ou Vice-Presidente do Tribunal de origem negará seguimento aos recursos de revista sobrestados na origem, se o acórdão recorrido coincidir com a orientação do Tribunal Superior do Trabalho;

II – o órgão que proferiu o acórdão recorrido, na origem, reexaminará o processo de sua competência originária ou o recurso anteriormente julgado, na hipótese de o acórdão recorrido contrariar a orientação do Tribunal Superior do Trabalho;

III – os processos porventura suspensos em primeiro e segundo graus de jurisdição retomarão o curso para julgamento e aplicação da tese firmada pelo Tribunal Superior do Trabalho.

Art. 294. Para fundamentar a decisão de manutenção do entendimento, o órgão que proferiu o acórdão recorrido deverá demonstrar a existência de distinção, por se tratar de caso particularizado por hipótese fática distinta ou questão jurídica não examinada, a impor solução diversa.

§ 1.º Na hipótese de que trata o *caput*, o recurso de revista será submetido a novo exame de sua admissibilidade pelo Presidente ou Vice-Presidente do Tribunal Regional, retomando o processo o seu curso normal.

§ 2.º Realizado o juízo de retratação, com alteração do acórdão divergente, o tribunal de origem, se for o caso, decidirá as demais questões ainda não decididas, cujo exame se tornou necessário em decorrência da alteração.

§ 3.º Quando for alterado o acórdão divergente na forma do § 1.º e o recurso anteriormente interposto versar sobre outras questões, o Presidente ou Vice-Presidente do Tribunal Regional, independentemente de ratificação do recurso, procederá a novo juízo de admissibilidade, retomando o processo o seu curso normal.

Art. 295. A parte poderá desistir da ação em curso no primeiro grau de jurisdição, antes de proferida a sentença, se a questão nela discutida for idêntica à resolvida pelo recurso representativo da controvérsia.

§ 1.º Se a desistência ocorrer antes de oferecida a defesa, a parte, se for o caso, ficará dispensada do pagamento de custas e de honorários de advogado.

§ 2.º A desistência apresentada nos termos do *caput* independe de consentimento da parte contrária, ainda que apresentada defesa.

Art. 296. Caberá revisão da decisão firmada em julgamento de recursos repetitivos quando se alterar a situação econômica, social ou jurídica, caso em que será respeitada a segurança jurídica das relações firmadas sob a égide da decisão anterior, podendo o Tribunal Superior do Trabalho modular os efeitos da decisão que a tenha alterado.

Art. 297. Caso a questão afetada e julgada sob o rito dos recursos repetitivos também contenha questão constitucional, a decisão proferida pelo Tribunal Pleno não obstará o conhecimento de eventuais recursos extraordinários sobre a questão constitucional.

Parágrafo único. As teses jurídicas aprovadas em incidentes de recursos repetitivos, de assunção de competência e de resolução de demandas repetitivas têm sua natureza equiparada à súmula do colendo TST para o exame do conhecimento do recurso de revista.

•• Parágrafo único acrescentado pelo Ato Regimental n. 3, de 29-11-2021.

Capítulo III
DO INCIDENTE DE ASSUNÇÃO DE COMPETÊNCIA

Art. 298. Quando o julgamento dos embargos à Subseção I da Seção Especializada em Dissídios Individuais envolver relevante questão de direito, com grande repercussão social, sem repetição em múltiplos processos, mas a respeito da qual seja conveniente a prevenção ou a composição de divergência entre as turmas ou os demais órgãos fracionários do Tribunal Superior do Trabalho, poderá a Subseção I da Seção Especializada em Dissídios Individuais, por iniciativa de um de seus membros e após a aprovação da maioria de seus integrantes, afetar o seu julgamento ao Tribunal Pleno.

§ 1.º Aplica-se a este incidente, no que couber, o que este Regimento e os arts. 896-B e 896-C da CLT dispõem sobre o incidente de julgamento de recursos repetitivos.

§ 2.º O Tribunal Pleno julgará os embargos se reconhecer interesse público na assunção de competência.

§ 3.º O acórdão proferido em assunção de competência vinculará todos os juízes e tribunais, exceto se houver revisão de tese.

Capítulo IV
DO INCIDENTE DE SUPERAÇÃO E REVISÃO DOS PRECEDENTES FIRMADOS EM JULGAMENTO DE RECURSO DE REVISTA OU DE EMBARGOS À SUBSEÇÃO I DA SEÇÃO ESPECIALIZADA EM DISSÍDIOS INDIVIDUAIS REPETITIVOS, DE ASSUNÇÃO DE COMPETÊNCIA E DE DEMANDAS REPETITIVAS

Art. 299. O incidente de superação e revisão dos precedentes firmados por meio da sistemática de recursos repetitivos, de assunção de competência e de resolução de demandas repetitivas terá lugar sempre que os Ministros da Corte entenderem que a tese vinculante já não reflete mais a adequada compreensão do fenômeno jurídico subjacente, tendo em vista razões de ordem social, econômica e política, bem como por alteração do parâmetro constitucional ou legal em vigor na data de sua instauração.

Art. 300. O incidente de que trata este capítulo não poderá ser instaurado em prazo inferior a 1 (um) ano, a contar da publicação da decisão que firmou o precedente vinculante, salvo alteração na Constituição da República ou na lei que torne inadequado o entendimento firmado pelo Tribunal Superior do Trabalho.

Art. 301. A instauração do incidente de superação ou de revisão de precedentes vinculantes no âmbito do Tribunal Superior do Trabalho poderá ser suscitada, de forma escrita, por qualquer de seus Ministros, ou por provocação do Procurador-Geral do Trabalho, do Conselho Federal da OAB ou do Defensor Público-Geral da União, em requerimento dirigido ao Presidente do Tribunal, que o submeterá à deliberação na Subseção I da Seção Especializada em Dissídios Individuais no prazo de 30 (trinta) dias, a contar do seu recebimento.

§ 1.º Instaurado o incidente, pelo voto de 2/3 (dois terços) dos membros da Subseção I da Seção Especializada em Dissídios Individuais, o colegiado deliberará, na mesma sessão, por maioria simples, acerca do deslocamento da competência para apreciação do feito no Tribunal Pleno ou de sua manutenção naquela Subseção.

§ 2.º É obrigatório o deslocamento do feito ao Tribunal Pleno, por aplicação analógica do art. 72 deste Regimento, quando a tese a ser apreciada tiver sido firmada em Plenário ou quando a proposta de mudança do entendimento vinculante tiver por consequência a alteração, a revogação ou a criação de súmula de jurisprudência uniforme do Tribunal Superior do Trabalho.

Art. 302. Inclinando-se qualquer das Turmas a decidir em sentido contrário ao entendimento firmado por meio da sistemática de recursos repetitivos, de assunção de competência e de resolução de demandas repetitivas, o seu Presidente suspenderá a proclamação do resultado do julgamento e encaminhará o processo à Subseção I da Seção Especializada em Dissídios Individuais para deliberação acerca da instauração do incidente de que trata este capítulo.

§ 1.º O Presidente da Subseção I da Seção Especializada em Dissídios Individuais submeterá à deliberação daquele colegiado a proposta de instauração do incidente no prazo de que trata o art. 301 deste Regimento.

§ 2.º Instaurado o incidente, pelo voto de 2/3 (dois terços) dos membros da Subseção I da Seção Especializada em Dissídios Individuais, o colegiado deliberará, na mesma sessão, por maioria simples, acerca do deslocamento da competência para apreciação do feito no Tribunal Pleno ou de sua manutenção naquela Subseção, observado o disposto no § 2.º do art. 301 deste Regimento.

§ 3.º Não cabe a instauração do procedimento previsto neste capítulo na hipótese de distinção entre o precedente vinculante e o caso concreto, hipótese na qual o relator deverá declinar os fundamentos de fato e de direito que tornam o precedente inaplicável, sendo a questão apreciada pelo próprio colegiado competente, como preliminar de mérito, por ocasião do julgamento do processo.

§ 4.º Rejeitado o fundamento da distinção, mas mantido o voto do relator, adotar-se-á o procedimento previsto no *caput*, caso o colegiado se incline no sentido da tese dissidente.

§ 5.º Na hipótese do § 4.º, não tendo transcorrido o prazo de que tratam os arts. 300 e 304 deste Regimento, o Presidente do colegiado não suspenderá o julgamento do feito, proclamando o resultado com a tese dissidente, seguindo-se o curso normal de tramitação do processo pela via recursal.

Art. 303. Deliberada a instauração do incidente e definido o órgão competente para sua apreciação, observar-se-á o rito previsto nos Capítulos II, III e IV do Título V do Livro II deste Regimento, naquilo que for cabível.

Art. 304. A negativa de instauração do incidente de superação e revisão de tese vinculante ou a reafirmação da tese jurídica firmada pela Subseção I da Seção Especializada em Dissídios Individuais ou pelo Tribunal Pleno vincula os órgãos julgadores à aplicação do precedente ao caso paradigma e aos demais processos eventualmente afetados por ocasião de sua instauração, bem como inibe a deflagração de novo incidente sobre o mesmo tema, nos termos e pelo prazo contido no art. 300 deste Regimento.

Capítulo V
DO INCIDENTE DE RESOLUÇÃO DE DEMANDAS REPETITIVAS

Art. 305. Será cabível o incidente de resolução de demandas repetitivas, nos termos da legislação processual aplicável, com relação às causas de sua competência originária e recursal ordinária.

§ 1.º Aplicam-se ao Processo do Trabalho as normas dos arts. 976 a 986 do CPC que regem o incidente de resolução de demandas repetitivas e, no que couber, o que dispõem este Regimento e os arts. 896-B e 896-C da CLT sobre o incidente de julgamento de recursos repetitivos.

§ 2.º O incidente será distribuído por prevenção ao Ministro relator do processo de competência originária do Tribunal do qual se originou ou, caso não integre o órgão competente para julgamento do incidente, por sorteio entre os seus membros efetivos.

§ 3.º Admitido o incidente, o relator poderá suspender o julgamento dos processos pendentes, individuais ou coletivos que tramitam, no tocante ao tema objeto de incidente de resolução de demandas repetitivas, sem prejuízo da instrução integral das causas e do julgamento dos eventuais pedidos distintos e cumulativos igualmente deduzidos em tais processos, inclusive, se for o caso, do julgamento antecipado parcial do mérito.

§ 4.º Apreciado o mérito do recurso, a tese jurídica adotada pelo Tribunal Superior do Trabalho será aplicada no território nacional a todos os processos, individuais ou coletivos, que versem sobre idêntica questão de direito.

Art. 306. Poderá o Presidente do Tribunal Superior do Trabalho, a requerimento do Ministério Público do Trabalho ou das partes de incidente de resolução de demandas repetitivas instaurado em determinada Região, considerando razões de segurança jurídica ou de excepcional interesse social, suspender, em decisão fundamentada, todos os processos individuais ou coletivos em curso no território nacional que versem sobre a questão objeto do incidente.

§ 1.º A parte de processo em curso em localidade de competência territorial diversa daquela em que tramita o incidente de resolução de demandas repetitivas deverá comprovar a inadmissão do incidente no Tribunal com jurisdição sobre o estado ou região em que tramite a sua demanda.

§ 2.º O Presidente poderá ouvir, no prazo de 5 (cinco) dias, o relator do incidente no Tribunal de origem e o Ministério Público do Trabalho.

§ 3.º Nos casos de existência de multiplicidade de incidentes de resolução de demandas repetitivas sobre a mesma questão de direito controvertida, o Presidente do Tribunal Superior do Trabalho, em decisão fundamentada, na qual indicará qual deles é o mais representativo da controvérsia, determinará a suspensão dos demais até a decisão definitiva do incidente que tiver prosseguimento.

§ 4.º A suspensão vigorará até o trânsito em julgado da decisão proferida no incidente de resolução de demandas repetitivas.

§ 5.º Da decisão que conceder ou denegar a suspensão, caberá agravo interno sem efeito suspensivo, no prazo de 8 (oito) dias úteis, que será relatado pelo Presidente, na primeira sessão do Órgão Especial seguinte à sua interposição.

Art. 307. É cabível a instauração de incidente de superação e revisão de precedentes firmados em julgamento de demandas repetitivas, ocasião em que a deliberação para a instauração do feito será tomada pelo voto de 2/3 (dois terços) dos membros do colegiado do Tribunal Superior do Trabalho em que o precedente vinculante tiver sido firmado, após o que é obrigatório o deslocamento da competência para a apreciação do seu mérito pelo Tribunal Pleno, seguindo-se os trâmites dispostos neste capítulo e, supletivamente, nos Capítulos II, III e IV do Título V do Livro II deste Regimento, naquilo que for cabível.

Capítulo VI
DOS DEMAIS PROCESSOS INCIDENTES

SEÇÃO I
Da Suspensão de Segurança

Art. 308. O Presidente do Tribunal, na forma da lei, a requerimento do Ministério Público do Trabalho ou da pessoa jurídica de direito público interessada, e para evitar grave lesão à ordem, à saúde, à segurança e à economia públicas, pode suspender, por decisão fundamentada, a execução de liminar ou de decisão concessiva de mandado de segurança, proferida em última instância pelos Tribunais Regionais do Trabalho.

§ 1.º O Presidente, se necessário, poderá ouvir o impetrante, em 5 (cinco) dias úteis, e o Ministério Público do Trabalho, quando não for o requerente, em igual prazo.

§ 2.º Da decisão que conceder ou denegar a suspensão, caberá agravo interno sem efeito suspensivo, no prazo de 8 (oito) dias úteis, que será relatado pelo Presidente, na primeira sessão do Órgão Especial seguinte à sua interposição.

§ 3.º A suspensão de segurança, nos casos de ações movidas contra o Poder Público, vigorará enquanto pender o recurso, ficando sem efeito se a decisão concessiva for mantida pelo Tribunal ou se transitar em julgado.

SEÇÃO II
Da Suspensão de Liminar e de Tutela Provisória

Art. 309. O Presidente, nos termos da lei, a requerimento do Ministério Público do Trabalho ou da pessoa jurídica de direito público interessada, em caso de manifesto interesse público ou de flagrante ilegitimidade, e para evitar grave lesão à ordem, à saúde, à segurança e à economia públicas, poderá, por decisão fundamentada, suspender a execução de liminar ou a efetivação de tutela provisória de urgência ou da evidência concedida ou mantida pelos Tribunais Regionais do Trabalho nas ações movidas contra o Poder Público ou seus agentes.

§ 1.º Aplica-se o disposto neste artigo aos casos em que a decisão final proferida contra o Poder Público ou seus agentes produzir efeitos imediatos, quando impugnável por recurso desprovido de efeito suspensivo.

§ 2.º O Presidente, se necessário, poderá ouvir o autor da ação e o Ministério Público do Trabalho, em 5 (cinco) dias.

§ 3.º Da decisão que conceder ou denegar a suspensão, caberá agravo interno sem efeito suspensivo, no prazo de 8 (oito) dias úteis, que será relatado pelo Presidente na primeira sessão do Órgão Especial seguinte à sua interposição.

§ 4.º A suspensão dos efeitos de liminar ou de tutela provisória concedidas em decisões interlocutórias vigorará até a decisão final proferida no mesmo grau de jurisdição e, se concedidas em sentença ou acórdão, até o julgamento do recurso, ficando sem efeito se a decisão concessiva da medida for mantida pelo órgão julgador, ou se transitar em julgado.

SEÇÃO III
Da Tutela Provisória

Art. 310. A tutela de urgência e a tutela da evidência poderão ser requeridas antes ou no curso do processo principal e deste são sempre dependentes, aplicando-se-lhes o disposto nos arts. 294 a 311 do CPC.

Art. 311. O pedido de tutela provisória será apresentado ao Presidente do Tribunal e distribuído ao relator do processo principal, salvo se a medida for requerida em procedimento preparatório, caso em que será sorteado, dentre os integrantes do colegiado competente, o relator do feito, o qual ficará prevento para a ação principal.

§ 1.º A tutela provisória poderá ser requerida por petição autônoma, a ser juntada oportunamente ao processo a que se refere, dirigida ao:

I – Presidente do Tribunal, quando se tratar de tutela antecipada ou cautelar antecedente à ação de competência originária do Tribunal Superior do Trabalho ou quando requerida no período compreendido entre a publicação da decisão de admissão do recurso de revista e sua distribuição, ficando prevento para o julgamento da ação ou do recurso o relator sorteado para o exame do requerimento, dentre os integrantes do colegiado competente;

II – relator, se já distribuído o recurso.

§ 2.º O relator poderá apreciar a liminar e a própria tutela provisória requeridas, ou submetê-las ao órgão julgador competente.

Art. 312. A tramitação do processo no Tribunal observará as disposições da lei processual civil, no que aplicáveis.

SEÇÃO IV
Da Habilitação Incidente

Art. 313. A habilitação incidente, ocorrendo o falecimento de uma das partes, será processada na forma da lei.

Art. 314. A citação far-se-á na pessoa do procurador constituído nos autos, mediante publicação no órgão oficial, ou à parte, pessoalmente, se não estiver representada no processo.

Art. 315. Quando incertos os sucessores, a citação far-se-á por edital.

Art. 316. O relator, se contestado o pedido, facultará às partes sumária produção de provas, em 5 (cinco) dias úteis, e decidirá, em seguida, a habilitação.

Art. 317. A habilitação requerida em processo incluído em pauta para julgamento será decidida pelo colegiado.

SEÇÃO V
Dos Impedimentos e das Suspeições

Art. 318. Os Ministros declarar-se-ão impedidos ou suspeitos nos casos previstos em lei.

Parágrafo único. Havendo, dentre os Ministros do Tribunal, cônjuges, parentes consanguíneos ou afins, em linha reta ou no terceiro grau da linha colateral, integrarão seções diferentes, e o primeiro que conhecer da causa impede que o outro participe do julgamento quando da competência do Órgão Especial.

Art. 319. A suspeição ou o impedimento do relator ou revisor serão declarados por despacho nos autos. Se feita na sessão de julgamento, a declaração poderá ser verbal ou eletrônica, conforme o caso, devendo constar da ata e da certidão.

Parágrafo único. Na suspeição ou no impedimento do relator, o processo será redistribuído pelo Presidente do órgão julgador entre os demais Ministros que o compõem, com sua compensação.

Art. 320. A arguição de suspeição ou impedimento do relator e do revisor deverá ser suscitada até 15 (quinze) dias úteis após a distribuição, quando fundada em motivo preexistente; no caso de motivo superveniente, o prazo de 15 (quinze) dias úteis será contado do fato que a ocasionou. A dos demais Ministros, até o início do julgamento.

§ 1.º Essa arguição deverá ser deduzida em petição específica assinada pela parte ou por procurador com poderes especiais, dirigida ao relator do processo, indicando os fatos que a motivaram, e acompanhada de prova documental e rol de testemunhas, se houver.

§ 2.º A arguição será sempre individual, não ficando os demais Ministros impedidos de apreciá-la, ainda que também recusados.

§ 3.º Recebida a exceção, será ouvido o Ministro recusado no prazo de 5 (cinco) dias seguindo-se dilação probatória de 10 (dez) dias úteis e, após, o julgamento.

§ 4.º Poderá o Presidente propor a rejeição da exceção liminarmente.

Art. 321. O relator, reconhecendo a suspeição ou o impedimento, determinará a juntada da petição aos autos, e, por despacho, submeterá o processo à Presidência do colegiado competente, para redistribuição na forma regimental.

§ 1.º O Ministro, não aceitando a suspeição ou o impedimento, continuará vinculado ao processo, ficando sua apreciação suspensa até a solução do incidente, que será autuado em separado, com designação de relator dentre os demais Ministros integrantes do colegiado competente para o julgamento do processo.

§ 2.º No curso do julgamento do incidente, havendo necessidade de deliberação sobre medida urgente relativa ao processo principal, o Presidente do órgão julgador a encaminhará à apreciação do Ministro que o seguir na antiguidade dentre os seus integrantes não recusados.

§ 3.º Excepcionalmente, no caso de arguição de impedimento ou de suspeição de todos os integrantes do órgão julgador, o exame da medida urgente caberá ao Presidente do Tribunal.

Art. 322. Conclusos os autos, o relator mandará ouvir o Ministro recusado no prazo de 5 (cinco) dias.

Parágrafo único. Vencido o prazo, com ou sem resposta, o relator ordenará o processo, colhendo as provas requeridas.

Art. 323. Reconhecida a suspeição ou o impedimento do relator, o colegiado, ao julgar o incidente, fixará o momento a partir do qual o Ministro não poderia ter atuado e declarará a nulidade dos seus atos, se praticados quando já presente o motivo de impedimento ou e suspeição, e o processo será redistribuído, na forma regimental.

Capítulo VII
DOS RECURSOS PARA O SUPREMO TRIBUNAL FEDERAL

SEÇÃO I
Do Recurso Extraordinário

Art. 324. Cabe recurso extraordinário das decisões do Tribunal proferidas em única ou última instância, nos termos da Constituição da República.

§ 1.º O recurso será interposto em petição fundamentada, no prazo de 15 (quinze) dias úteis da publicação do acórdão ou de suas conclusões no órgão oficial.

§ 2.º A petição do recurso extraordinário será juntada aos autos após transcorrido o prazo legal sem a interposição de recurso de competência do Tribunal Superior do Trabalho, abrindo-se, de imediato, vista dos autos à parte contrária para apresentação de contrarrazões no prazo de 15 (quinze) dias úteis.

Art. 325. Findo o prazo das contrarrazões, os autos serão conclusos ao Vice-Presidente do Tribunal para exame da admissibilidade do recurso.

Art. 326. Os processos julgados pelo Tribunal Superior do Trabalho só serão restituídos à instância originária quando findo o prazo de interposição do recurso extraordinário para o Supremo Tribunal Federal.

Art. 327. Aos recursos extraordinários interpostos perante o Tribunal Superior do Trabalho será aplicado o procedimento previsto no Código de Processo Civil para o julgamento dos recursos extraordinário e especial repetitivos, cabendo ao Presidente do Tribunal Superior do Trabalho selecionar um ou mais recursos representativos da controvérsia e encaminhá-los ao Supremo Tribunal Federal, sobrestando os demais até o pronunciamento definitivo da Corte, na forma ali prevista.

SEÇÃO II
Do Agravo em Recurso Extraordinário

Art. 328. Cabe agravo contra decisão denegatória do recurso extraordinário, no prazo de 15 (quinze) dias úteis, contados de sua publicação no órgão oficial, salvo quando fundada na aplicação de entendimento firmado em regime de repercussão geral ou em julgamento de recursos repetitivos.

Parágrafo único. A petição do agravo será dirigida ao Vice-Presidente do Tribunal e independe do pagamento de custas e despesas postais, aplicando-se a ela o regime de repercussão geral e de recursos repetitivos, inclusive quanto à possibilidade de sobrestamento e do juízo de retratação.

Art. 329. A petição de agravo será juntada aos autos, após o que, de imediato, abrir-se-á vista ao agravado, por igual prazo, para apresentação de contraminuta. Após, os autos serão conclusos ao Vice-Presidente do Tribunal, que se retratará ou manterá a decisão agravada.

Art. 330. O agravante e o agravado poderão, com documentos novos, instruir, respectivamente, as razões e as contrarrazões.

Parágrafo único. Apresentado documento novo pelo agravado, será aberta vista ao agravante, no prazo de 5 (cinco) dias úteis.

Capítulo VIII
DA RESTAURAÇÃO DOS AUTOS

Art. 331. A restauração de autos far-se-á de ofício ou a requerimento de qualquer das partes ou do Ministério Público do Trabalho.

Art. 332. O pedido de restauração de autos será apresentado ao Presidente do Tribunal e distribuído ao relator do processo desaparecido ou ao seu substituto.

Parágrafo único. Aplicam-se à restauração de autos, no Tribunal, as normas do Código de Processo Civil.

Art. 333. O relator determinará as diligências necessárias, solicitando, se preciso for, informações e cópias autenticadas a outros juízos e tribunais.

Art. 334. O julgamento de restauração caberá ao colegiado no qual tramitava o processo desaparecido.

Art. 335. Julgada a restauração, será lavrado acórdão e, após publicado no órgão oficial, o processo seguirá os trâmites normais. Reencontrado o original, a ele reunir-se-ão os autos reconstituídos.

Capítulo IX
DA EXECUÇÃO

SEÇÃO I
Das Disposições Gerais

Art. 336. A execução competirá ao Presidente:

I – quanto às suas decisões e ordens;

II – quanto às decisões dos órgãos do Tribunal, quando excederem à competência do Corregedor-Geral da Justiça do Trabalho ou dos Presidentes de Turma, ou se referirem a matéria administrativa.

Art. 337. Os atos de execução poderão ser requisitados, determinados, notificados ou delegados a quem os deva praticar.

Art. 338. A execução atenderá, no que couber, à legislação processual.

SEÇÃO II
Da Execução contra a Fazenda Pública

Art. 339. Na execução por quantia certa, fundada em decisão proferida contra a Fazenda Pública, observar-se-á o disposto no art. 100 da Constituição da República e na legislação processual, adotando-se, no que couber, o procedimento fixado em Instrução Normativa do Tribunal.

§ 1.º A Fazenda Pública será intimada na pessoa de seu representante judicial, por carga ou por meio eletrônico, para, querendo, no prazo de 30 (trinta) dias úteis e nos próprios autos, impugnar o cumprimento da decisão.

§ 2.º Se não houver impugnação no prazo regimental ou se forem rejeitadas as arguições da executada, observar-se-á o disposto na lei processual.

Art. 340. Nas execuções processadas nas Varas do Trabalho, o precatório será encaminhado ao Presidente do Tribunal Regional do Trabalho da jurisdição, que o dirigirá, mediante ofício, à autoridade competente ou entidade requisitada ou, se for o caso de pagamento de obrigação de pequeno valor, a execução será promovida por meio de

ordem do juiz dirigida à autoridade na pessoa de quem o ente público foi citado para o processo, na forma da legislação processual.

Art. 341. No âmbito do Tribunal, o procedimento alusivo ao precatório constará de Instrução Normativa.

LIVRO III
DOS SERVIÇOS ADMINISTRATIVOS E DAS DISPOSIÇÕES FINAIS

Título I
DOS SERVIÇOS ADMINISTRATIVOS

Capítulo I
DA SECRETARIA DO TRIBUNAL

Art. 342. A Secretaria do Tribunal é dirigida pelo Diretor-Geral, bacharel em Direito, nomeado em comissão pelo Presidente, incumbindo-lhe a direção dos serviços administrativos do Tribunal.

Parágrafo único. Incumbe ao Secretário-Geral Judiciário, bacharel em Direito, nomeado em comissão pelo Presidente, a direção dos serviços judiciários do Tribunal.

Art. 343. A organização da Secretaria do Tribunal, seu funcionamento e as atribuições do Diretor-Geral, do Secretário-Geral Judiciário, dos Secretários e dos Coordenadores, bem como das Unidades Administrativas, constarão do Regulamento Geral.

Art. 344. Não poderá ser nomeado para cargo em comissão ou designado para função gratificada, cônjuge, companheiro ou parente, até o terceiro grau, inclusive, de qualquer dos Ministros do Tribunal em atividade, salvo se servidor ocupante de cargo de provimento efetivo das carreiras judiciárias, caso em que a vedação é restrita à nomeação ou designação para servir junto ao Ministro determinante da incompatibilidade.

Art. 345. Ressalvada a existência de regulação legal especial, aplica-se no Tribunal, o Regime Jurídico dos Servidores Públicos Civis da União.

Art. 346. O horário de expediente no Tribunal Superior do Trabalho será estabelecido por Resolução Administrativa, aprovada pelo Órgão Especial, por iniciativa do seu Presidente.

Art. 347. Os servidores do Tribunal cumprirão a duração semanal de trabalho prevista na legislação aplicável, com controle de frequência e horário, de conformidade com as escalas estabelecidas, observado o intervalo entre os turnos de trabalho.

§ 1.º Os servidores ocupantes de cargo em comissão e submetidos ao regime de integral dedicação ao serviço estão excepcionados da regra deste artigo, podendo ser convocados sempre que houver interesse da Administração.

§ 2.º Os agentes de segurança dos Ministros permanecem à disposição, estando sujeitos a controle de frequência.

Art. 348. Durante as férias dos Ministros e no período de recesso, ficam suspensas as atividades judicantes do Tribunal, prosseguindo, no entanto, os serviços administrativos e judiciários nas secretarias e nos gabinetes, devendo a escala de férias dos servidores ser organizada de modo a atender ao respectivo funcionamento.

Parágrafo único. Os servidores devem gozar férias no mesmo período dos Ministros, sempre que possível.

Capítulo II
DO GABINETE DO PRESIDENTE

Art. 349. O gabinete do Presidente será chefiado pelo Secretário-Geral da Presidência, bacharel em Direito, nomeado em comissão, para o exercício das funções de direção e assessoramento jurídico.

Parágrafo único. As atribuições do Secretário-Geral, dos Secretários, do Chefe de Gabinete, dos Assessores e das assessorias diretamente subordinadas ao gabinete da Presidência constarão do Regulamento Geral.

Capítulo III
DO GABINETE DOS MINISTROS

Art. 350. Compõem os gabinetes dos Ministros:

I – um Chefe de Gabinete, bacharel em Direito, nomeado em comissão, nos termos da lei e deste Regimento;

II – assessores, bacharéis em Direito, nomeados em comissão, nos termos da lei e deste Regimento;

III – auxiliares da confiança do Ministro, que poderão exercer função comissionada, observada a lotação numérica, fixada em Resolução Administrativa aprovada pelo Órgão Especial.

Parágrafo único. As atribuições do Chefe de Gabinete dos Ministros e dos assessores constam do Regulamento Geral.

Art. 351. O horário do pessoal do gabinete, observadas a duração legal e as peculiaridades do serviço, será determinado pelo Ministro, bem como a fruição das férias, atendida a exigência do controle de frequência e o horário, comum a todos os servidores da Corte.

Título II
DAS DISPOSIÇÕES FINAIS

Capítulo I
DAS EMENDAS AO REGIMENTO

Art. 352. Os atos de competência do Tribunal Pleno, de natureza regimental, obedecem à seguinte nomenclatura:

I – Emenda Regimental, que introduz modificações no texto;

II – Ato Regimental, que suprime ou acrescenta dispositivo.

Art. 353. Os atos mencionados no artigo anterior serão numerados em séries próprias, seguida e ininterruptamente.

Capítulo II
DAS RESOLUÇÕES DO TRIBUNAL

Art. 354. Os atos de competência do Tribunal, normativos ou individuais, obedecem à seguinte nomenclatura:

I – Resolução Administrativa;

II – Resolução.

Art. 355. Na classe de Resolução Administrativa, enquadram-se as regulamentações sobre pessoal (Magistrados e servidores), organização e administração dos órgãos da Justiça do Trabalho, funcionamento e atribuições das unidades do Tribunal e de seus servidores, e, na classe de Resolução, as deliberações referentes à aprovação de instrução normativa, súmula, orientação jurisprudencial e precedente normativo.

Art. 356. As Resoluções Administrativas e as Resoluções serão numeradas em séries próprias, de acordo com a matéria disciplinada, seguida e ininterruptamente, independentemente do ano de sua edição.

Capítulo III
DAS DISPOSIÇÕES FINAIS E TRANSITÓRIAS

Art. 357. Quando o agravo de instrumento tramitar nos autos principais em que haja recurso de revista da outra parte, o processo será autuado como agravo de instrumento em recurso de revista e recurso de revista – AIRR e RR e receberá um único número.

§ 1.º Diante da interposição de agravo de instrumento e recurso de revista pela mesma parte, nos termos da Instrução Normativa n. 40/2016, apenas haverá julgamento na sessão subsequente à do agravo provido, ficando sobrestado o recurso de revista no tema conhecido para julgamento na mesma sessão.

§ 2.º Processado o recurso de revista em razão de um tema, os demais temas cuja decisão agravada é mantida não farão parte da decisão do recurso de revista.

Art. 358. Na hipótese do art. 256 deste Regimento, se não for conhecido ou provido o agravo de instrumento, será de imediato julgado o recurso de revista, com lavratura de acórdãos distintos.

Art. 359. Quando o agravo de instrumento for processado nos autos principais, nos quais se encontra sobrestado julgamento de recurso de revista da outra parte, na autuação do processo, será considerado o número originário do recurso de revista sobrestado e observada a classe de agravo de instrumento em recurso de revista e recurso de revista (AIRR e RR).

Parágrafo único. O processo será distribuído ao relator do recurso de revista sobrestado. Se o relator não se encontrar em exercício no órgão prevento, haverá a redistribuição no âmbito do colegiado a um dos seus integrantes.

Art. 360. Em quaisquer situações previstas nos arts. 357 e 359 deste Regimento, se não for conhecido ou provido o agravo de instrumento, será de imediato julgado o recurso de revista, com lavratura de um único acórdão.

Art. 361. A Subseção I da Seção Especializada em Dissídios Individuais julgará desde logo a matéria objeto do recurso de revista não conhecido pela Turma, caso conclua, no julgamento do recurso de embargos interposto em data anterior à vigência da Lei n. 11.496/2007, que aquele recurso estava corretamente fundamentado em violação de dispositivos de lei federal ou da Constituição da República ou em contrariedade a súmula.

Art. 362. Fazem parte integrante deste Regimento, no que lhes for aplicável, as normas de lei complementar alusiva à Magistratura Nacional, as estabelecidas pela Consolidação das Leis do Trabalho e legislação complementar e, supletiva e subsidiariamente, as do Direito Processual Civil, em caso de omissão e desde que haja compatibilidade com as normas e princípios do Direito Processual do Trabalho, na forma dos arts. 769 e 889 da CLT e do art. 15 do CPC.

Art. 363. O Regulamento Geral da Secretaria do Tribunal constitui parte deste Regimento, bem assim as Resoluções, Instruções Normativas, Resoluções Administrativas e Emendas Regimentais.

Art. 364. Este Regimento entrará em vigor na data de sua publicação, revogadas as disposições em contrário.

Ministro Ives Gandra Da Silva Martins Filho
Presidente do TST

LEI N. 13.667, DE 17 DE MAIO DE 2018 (*)

Dispõe sobre o Sistema Nacional de Emprego (Sine), criado pelo Decreto n. 76.403, de 8 de outubro de 1975.

O Presidente da República
Faço saber que o Congresso Nacional decreta e eu sanciono a seguinte Lei:

Art. 1.º Esta Lei dispõe sobre o Sistema Nacional de Emprego (Sine), nos termos do inciso XVI do *caput* do art. 22 da Constituição Federal.

Parágrafo único. O Sine será financiado e gerido pela União e pelas esferas de governo que a ele aderirem, observado o disposto nesta Lei.

Capítulo I
DAS DIRETRIZES DO SISTEMA NACIONAL DE EMPREGO

Art. 2.º São diretrizes do Sine:

(*) Publicada no *DOU*, de 18-5-2018.

I – a otimização do acesso ao trabalho decente, exercido em condições de liberdade, equidade, dignidade e segurança, e a sistemas de educação e de qualificação profissional e tecnológica;

II – a integração de suas ações e de seus serviços nas distintas esferas de governo em que se fizer presente;

III – a execução descentralizada das ações e dos serviços referidos no inciso II do *caput* deste artigo, em consonância com normas e diretrizes editadas em âmbito nacional;

IV – o compartilhamento da gestão, do financiamento e de recursos técnicos entre as esferas de governo que o integrem;

V – a participação de representantes da sociedade civil em sua gestão;

VI – a integração e a sistematização das informações e pesquisas sobre o mercado formal e informal de trabalho, com vistas a subsidiar a operacionalização de suas ações e de seus serviços no âmbito da União e das esferas de governo que dele participem;

VII – a adequação entre a oferta e a demanda de força de trabalho em todos os níveis de ocupação e qualificação;

VIII – a integração técnica e estatística com os sistemas de educação e de qualificação profissional e tecnológica, com vistas à elaboração, à implementação e à avaliação das respectivas políticas;

IX – a padronização do atendimento, da organização e da oferta de suas ações e de seus serviços no âmbito das esferas de governo participantes, respeitadas as especificidades regionais e locais;

X – a melhoria contínua da qualidade dos serviços ofertados, de forma eficiente, eficaz, efetiva e sustentável, especialmente por meio do desenvolvimento de aplicativos e de soluções tecnológicas a serem ofertados aos trabalhadores;

XI – a articulação permanente com a implementação das demais políticas públicas, com ênfase nas destinadas à população em condições de vulnerabilidade social.

Capítulo II
DA ORGANIZAÇÃO

Art. 3.º O Sine será gerido e financiado, e suas ações e serviços serão executados, conjuntamente pelo Ministério do Trabalho e por órgãos específicos integrados à estrutura administrativa das esferas de governo que dele participem, na forma estabelecida por esta Lei.

§ 1.º O Conselho Deliberativo do Fundo de Amparo ao Trabalhador (Codefat), instituído pela Lei n. 7.998, de 11 de janeiro de 1990, constitui instância regulamentadora do Sine, sem prejuízo do disposto no § 2.º deste artigo.

§ 2.º O Codefat e os Conselhos do Trabalho, Emprego e Renda instituídos pelas esferas de governo que aderirem ao Sine constituirão instâncias deliberativas do Sistema.

Art. 4.º São unidades de atendimento do Sine, de funcionamento contínuo:

I – as Superintendências Regionais do Trabalho e as unidades implantadas por instituições federais autorizadas pelo Codefat;

II – as unidades instituídas pelas esferas de governo que integrarem o Sine.

§ 1.º O Codefat poderá autorizar outras unidades, de funcionamento contínuo ou não, para atendimento do Sine.

§ 2.º O atendimento ao trabalhador, requerente ou não requerente do seguro-desemprego, será obrigatoriamente realizado por meio de ações e serviços integrados de orientação, recolocação e qualificação profissional, para auxiliá-lo na busca ou preservação do emprego ou estimular seu empreendedorismo, podendo o Codefat dispor sobre a exceção de oferta básica não integrada de ações e serviços.

§ 3.º As unidades de atendimento integrantes do Sine deverão ser objeto de padronização de acordo com os níveis de abrangência das ações e dos serviços nelas prestadas, observados os critérios estabelecidos pelo Codefat.

Art. 5.º Nos termos estabelecidos pelo Codefat, os Conselhos do Trabalho, Emprego e Renda poderão autorizar a constituição de consórcios públicos para executar as ações e os serviços do Sine, devendo os consórcios ser submetidos à prévia avaliação do Ministério do Trabalho.

Capítulo III
DAS COMPETÊNCIAS

Art. 6.º Compete simultaneamente à União e às esferas de governo que aderirem ao Sine:

I – prover o pessoal e a infraestrutura necessários à execução das ações e dos serviços do Sine, bem como financiá-lo, por meio de repasses fundo a fundo;

II – acompanhar e controlar a rede de atendimento aos trabalhadores;

III – administrar os recursos orçamentários e financeiros de seus fundos do trabalho;

IV – acompanhar, avaliar e divulgar informações sobre o mercado formal e informal de trabalho;

V – alimentar sistemas integrados e informatizados destinados a colher dados relacionados ao mercado formal e informal de trabalho;

VI – subsidiar a elaboração de normas técnicas e o estabelecimento de padrões de qualidade e parâmetros de custos destinados a nortear as ações e os serviços abrangidos pelo Sine;

VII – elaborar plano de ações e serviços do Sine, bem como a respectiva proposta orçamentária, os quais deverão ser submetidos, conforme a esfera de governo, à aprovação do Codefat ou do respectivo Conselho do Trabalho, Emprego e Renda;

VIII – participar da formulação e da execução da política de formação e desenvolvimento de pessoal especificamente voltado a prestar serviços no âmbito do Sine;

IX – disponibilizar informações referentes às ações e aos serviços executados;

X – propor medidas para aperfeiçoamento e modernização do Sine à coordenação nacional do Sistema.

Art. 7.º Compete à União:

I – exercer, por intermédio do Ministério do Trabalho, a coordenação nacional do Sine, com supervisão, monitoramento e avaliação das ações e dos serviços do Sistema executados por ela e pelas esferas de governo que a ele aderirem;

II – executar, em caráter privativo, os seguintes serviços e ações integrados ao Sine:

a) concessão do seguro-desemprego e do abono salarial;

b) identificação dos trabalhadores;

c) coordenação da certificação profissional;

d) manutenção de cadastro de instituições habilitadas a qualificar os trabalhadores;

III – apoiar e assessorar tecnicamente as esferas de Governo que aderirem ao Sine;

IV – estimular a constituição de consórcios públicos municipais e fornecer-lhes suporte técnico, para viabilização das ações e serviços do Sine.

Parágrafo único. A União poderá executar, em caráter suplementar, as ações e os serviços do Sine de competência das demais esferas de governo, tenham ou não a ele aderido.

Art. 8.º Compete aos Estados que aderirem ao Sine:

I – exercer, por intermédio de órgão específico integrado à sua estrutura administrativa, a coordenação estadual do Sine, com supervisão, monitoramento e avaliação das ações e dos serviços a eles atribuídos;

II – executar as ações e os serviços do Sine na ausência de atuação dos Municípios ou de consórcios públicos municipais;

III – estimular os Municípios e os consórcios que eles venham a constituir, e fornecer-lhes suporte técnico e financeiro, para viabilização das ações e serviços do Sine.

Parágrafo único. Os Estados poderão executar, em caráter suplementar, as ações e os serviços do Sine de competência dos Municípios.

Art. 9.º Compete aos Municípios que aderirem ao Sine, sem prejuízo de outras atividades que lhes sejam distribuídas pelo Codefat:

I – exercer, por intermédio de órgão específico integrado à sua estrutura administrativa, a coordenação municipal do Sine, com supervisão, monitoramento e avaliação das ações e dos serviços a eles atribuídos;

II – habilitar o trabalhador à percepção de seguro-desemprego;

III – intermediar o aproveitamento da mão de obra;

IV – cadastrar os trabalhadores desempregados em sistema informatizado acessível ao conjunto das unidades do Sine;

V – prestar apoio à certificação profissional;

VI – promover a orientação e a qualificação profissional;

VII – prestar assistência a trabalhadores resgatados de situação análoga à de escravo;

VIII – fomentar o empreendedorismo, o crédito para a geração de trabalho, emprego e renda, o microcrédito produtivo orientado e o assessoramento técnico ao trabalho autônomo, autogestionário ou associado.

Art. 10. O Distrito Federal, se aderir ao Sine, exercerá, cumulativamente, no âmbito de seu território, as competências dos Estados e dos Municípios.

Capítulo IV
DO FINANCIAMENTO E DA FISCALIZAÇÃO

Art. 11. As despesas com a organização, a implementação, a manutenção, a modernização e a gestão do Sine correrão por conta dos seguintes recursos:

I – provenientes do Fundo de Amparo ao Trabalhador (FAT);

II – aportados pelas esferas de governo que aderirem ao Sine;

III – outros que lhe sejam destinados.

Parágrafo único. A União e as esferas de governo que aderirem ao Sine poderão realizar operações externas de natureza financeira, autorizadas pelo Senado Federal, para captação de recursos direcionados aos respectivos fundos do trabalho.

Art. 12. As esferas de governo que aderirem ao Sine deverão instituir fundos do trabalho próprios para financiamento e transferências automáticas de recursos no âmbito do Sistema, observada a regulamentação do Codefat.

- A Resolução n. 866, de 16-7-2020, do CODEFAT, dispõe sobre a oferta do bloco de ações e serviços "Qualificação Social e Profissional" – bloco Qualificação no âmbito do Sistema Nacional de Emprego – SINE e estabelece os critérios para as respectivas transferências automáticas aos Fundos do Trabalho dos estados, do Distrito Federal e dos municípios, nos termos deste artigo.

§ 1.º Constituem condição para as transferências automáticas dos recursos de que trata esta Lei às esferas de governo que aderirem ao Sine a instituição e o funcionamento efetivo de:

I – Conselho do Trabalho, Emprego e Renda, constituído de forma tripartite e paritária por representantes dos trabalhadores, dos empregadores e do governo, observadas as disposições desta Lei;

II – fundo do trabalho, orientado e controlado pelo respectivo Conselho do Trabalho, Emprego e Renda;

III – plano de ações e serviços, aprovado na forma estabelecida pelo Codefat.

§ 2.º Constitui condição para a transferência de recursos do FAT às esferas de governo que aderirem ao Sine a comprovação orçamentária da existência de recursos próprios destinados à área do trabalho e alocados aos respectivos fundos, adicionados aos recebidos do FAT.

§ 3.º As despesas com o funcionamento dos Conselhos do Trabalho, Emprego e Renda, exceto as de pessoal, poderão ser custeadas por recursos alocados ao fundo do trabalho, observadas as deliberações do Codefat.

Art. 13. O financiamento de programas, projetos, ações e serviços do Sine será efetivado por meio de transferências automáticas entre os

fundos do trabalho ou mediante a alocação de recursos próprios nesses fundos por parte da União e das esferas de governo que aderirem ao Sistema.

Parágrafo único. (*Vetado.*)

Art. 14. Para a definição dos valores a serem repassados pela União às esferas de governo que aderirem ao Sine, serão observados os critérios aprovados pelo Codefat e as disponibilidades orçamentárias e financeiras.

§ 1.º Caberá ao Ministério do Trabalho, na qualidade de coordenador nacional do Sine, propor ao Codefat os critérios de que trata o *caput* deste artigo.

§ 2.º Caberá ao Codefat estabelecer as condições de financiamento do Sine e de aplicação de seus recursos.

Art. 15. (*Vetado.*)

Art. 16. O Ministério do Trabalho, na forma estabelecida pelo Codefat, apoiará financeiramente, com as dotações orçamentárias existentes, o aprimoramento da gestão descentralizada das ações e dos serviços do Sine, por meio do Índice de Gestão Descentralizada do Sine (IGD-Sine), destinado ao custeio de despesas correntes e de capital.

Parágrafo único. É vedada a utilização dos recursos repassados a título de IGD-Sine para pagamento de pessoal efetivo e de gratificações de qualquer natureza a servidor público federal, estadual, municipal ou do Distrito Federal.

Art. 17. Os recursos financeiros destinados ao Sine serão depositados em conta especial de titularidade do fundo do trabalho e movimentados com a fiscalização do respectivo Conselho do Trabalho, Emprego e Renda.

§ 1.º O Ministério do Trabalho acompanhará a conformidade da aplicação dos recursos do FAT transferidos automaticamente às esferas de governo que aderirem ao Sine, observada a programação orçamentária aprovada para cada ente federativo.

§ 2.º Sem prejuízo de outras sanções cabíveis em decorrência da legislação, constitui crime, sujeito à pena de reclusão de 3 (três) meses a 1 (um) ano, o emprego irregular, ou em finalidades diversas das previstas nesta Lei, de verbas, de rendas públicas ou de recursos do Sine.

Art. 18. Caberá à esfera de governo que aderir ao Sine a responsabilidade pela correta utilização dos recursos de seu fundo do trabalho, bem como pelo controle e pelo acompanhamento dos programas, dos projetos, dos benefícios, das ações e dos serviços vinculados ao Sistema, independentemente de ações do órgão repassador dos recursos.

Art. 19. A utilização dos recursos federais descentralizados para os fundos do trabalho das esferas de governo que aderirem ao Sine será anualmente declarada pelos entes recebedores ao ente responsável pela transferência automática, mediante relatório de gestão que comprove a execução das ações, na forma do regulamento, a ser submetido à apreciação do respectivo Conselho do Trabalho, Emprego e Renda.

Parágrafo único. O ente responsável pela transferência automática poderá requisitar informações referentes à aplicação dos recursos transferidos, para fins de análise e acompanhamento de sua utilização.

Capítulo V
DISPOSIÇÕES FINAIS E TRANSITÓRIAS

Art. 20. A denominação Sistema Nacional de Emprego, a sigla Sine e as suas marcas ou logomarcas, utilizadas separada ou conjuntamente, são consideradas bens públicos nacionais e não poderão ser objeto de nenhum tipo de registro de propriedade ou de domínio, por pessoas físicas ou jurídicas.

Art. 21. É garantida, às esferas de governo que aderirem ao Sine, a participação no Codefat, mediante a indicação de representantes – titular e suplente –, efetivada, conforme o caso, pelo Fórum Nacional de Secretarias Estaduais do Trabalho (Fonset) ou pelo Fórum Nacional de Secretarias Municipais do Trabalho (Fonsemt).

Parágrafo único. A participação de representantes – titular e suplente – das Superintendências Regionais do Trabalho nos Conselhos de Trabalho, Emprego e Renda instituídos pelos Estados e pelo Distrito Federal é condição para a adesão dessas esferas de governo ao Sine.

Art. 22. Os entes públicos que tenham Convênio Plurianual do Sine (CP-Sine) e Convênio Plurianual de Qualificação Social e Profissional (CP-QSP) vigentes à data de publicação desta Lei terão o prazo de 12 (doze) meses para se adaptar à nova organização do Sine e constituir os seus fundos do trabalho.

§ 1.º Durante o período previsto no *caput* deste artigo, as transferências de recursos relacionados ao Sine observarão, em caráter transitório, os termos dos convênios vigentes, os quais poderão ser objeto de termos aditivos para garantir a continuidade da execução das ações e serviços do Sistema durante esse período.

§ 2.º A adesão de novos entes públicos ao Sine somente poderá ocorrer 12 (doze) meses após a data de entrada em vigor desta Lei, de acordo com cronograma aprovado pelo Codefat.

Art. 23. O Sine, criado pelo Decreto n. 76.403, de 8 de outubro de 1975, passa a ser regido pelas disposições desta Lei e pela regulamentação do Codefat.

Art. 24. Esta Lei entra em vigor na data de sua publicação.

Brasília, 17 de maio de 2018; 197.º da Independência e 130.º da República.

MICHEL TEMER

INSTRUÇÃO NORMATIVA N. 41, DE 21 DE JUNHO DE 2018 (*)

Dispõe sobre a aplicação das normas processuais da Consolidação das Leis do Trabalho alteradas pela Lei n. 13.467, de 13 de julho de 2017.

Art. 1.º A aplicação das normas processuais previstas na Consolidação das Leis do Trabalho, alteradas pela Lei n. 13.467, de 13 de julho de 2017, com eficácia a partir de 11 de novembro de 2017, é imediata, sem atingir, no entanto, situações pretéritas iniciadas ou consolidadas sob a égide da lei revogada.

Art. 2.º O fluxo da prescrição intercorrente conta-se a partir do descumprimento da determinação judicial a que alude o § 1.º do art. 11-A da CLT, desde que feita após 11 de novembro de 2017 (Lei n. 13.467/2017).

Art. 3.º A obrigação de formar o litisconsórcio necessário a que se refere o art. 611-A, § 5.º, da CLT dar-se-á nos processos iniciados a partir de 11 de novembro de 2017 (Lei n. 13.467/2017).

Art. 4.º O art. 789, *caput*, da CLT aplica-se nas decisões que fixem custas, proferidas a partir da entrada em vigor da Lei n. 13.467/2017.

Art. 5.º O art. 790-B, *caput* e §§ 1.º a 4.º, da CLT, não se aplica aos processos iniciados antes de 11 de novembro de 2017 (Lei n. 13.467/2017).

Art. 6.º Na Justiça do Trabalho, a condenação em honorários advocatícios sucumbenciais, prevista no art. 791-A, e parágrafos, da CLT, será aplicável apenas às ações propostas após 11 de novembro de 2017 (Lei n. 13.467/2017). Nas ações propostas anteriormente, subsistem as diretrizes do art. 14 da Lei n. 5.584/1970 e das Súmulas 219 e 329 do TST.

Art. 7.º Os arts. 793-A, 793-B e 793-C, § 1.º, da CLT têm aplicação autônoma e imediata.

Art. 8.º A condenação de que trata o art. 793-C, *caput*, da CLT, aplica-se apenas às ações ajuizadas a partir de 11 de novembro de 2017 (Lei n. 13.467/2017).

(*) Publicada no *DEJT*, de 22-6-2018. Aprovada pela Resolução n. 221, de 21-6-2018, do TST.

Art. 9.º O art. 793-C, §§ 2.º e 3.º, da CLT tem aplicação apenas nas ações ajuizadas a partir de 11 de novembro de 2017 (Lei n. 13.467/2017).

Art. 10. O disposto no *caput* do art. 793-D será aplicável às ações ajuizadas a partir de 11 de novembro de 2017 (Lei n. 13.467/2017).

Parágrafo único. Após a colheita da prova oral, a aplicação de multa à testemunha dar-se-á na sentença e será precedida de instauração de incidente mediante o qual o juiz indicará o ponto ou os pontos controvertidos no depoimento, assegurados o contraditório, a defesa, com os meios a ela inerentes, além de possibilitar a retratação.

Art. 11. A exceção de incompetência territorial, disciplinada no art. 800 da CLT, é imediatamente aplicável aos processos trabalhistas em curso, desde que o recebimento da notificação seja posterior a 11 de novembro de 2017 (Lei 13.467/2017).

Art. 12. Os arts. 840 e 844, §§ 2.º, 3.º e 5.º, da CLT, com as redações dadas pela Lei n. 13.467, de 13 de julho de 2017, não retroagirão, aplicando-se, exclusivamente, às ações ajuizadas a partir de 11 de novembro de 2017.

§ 1.º Aplica-se o disposto no art. 843, § 3.º, da CLT somente às audiências trabalhistas realizadas após 11 de novembro de 2017.

§ 2.º Para fim do que dispõe o art. 840, §§ 1.º e 2.º, da CLT, o valor da causa será estimado, observando-se, no que couber, o disposto nos arts. 291 a 293 do Código de Processo Civil.

§ 3.º Nos termos do art. 843, § 3.º, e do art. 844, § 5.º, da CLT, não se admite a cumulação das condições de advogado e preposto.

Art. 13. A partir da vigência da Lei n. 13.467/2017, a iniciativa do juiz na execução de que trata o art. 878 da CLT e no incidente de desconsideração da personalidade jurídica a que alude o art. 855-A da CLT ficará limitada aos casos em que as partes não estiverem representadas por advogado.

Art. 14. A regra inscrita no art. 879, § 2.º, da CLT, quanto ao dever de o juiz conceder prazo comum de oito dias para impugnação fundamentada da conta de liquidação, não se aplica à liquidação de julgado iniciada antes de 11 de novembro de 2017.

Art. 15. O prazo previsto no art. 883-A da CLT, para as medidas de execução indireta nele especificadas, aplica-se somente às execuções iniciadas a partir de 11 de novembro de 2017.

Art. 16. O art. 884, § 6.º, da CLT aplica-se às entidades filantrópicas e seus diretores, em processos com execuções iniciadas após 11 de novembro de 2017.

Art. 17. O incidente de desconsideração da personalidade jurídica, regulado pelo CPC (arts. 133 a 137), aplica-se ao processo do trabalho, com as inovações trazidas pela Lei n. 13.467/2017.

Art. 18. O dever de os Tribunais Regionais do Trabalho uniformizarem a sua jurisprudência faz incidir, subsidiariamente ao processo do trabalho, o art. 926 do CPC, por meio do qual os Tribunais deverão manter sua jurisprudência íntegra, estável e coerente.

§ 1.º Os incidentes de uniformização de jurisprudência suscitados ou iniciados antes da vigência da Lei n. 13.467/2017, no âmbito dos Tribunais Regionais do Trabalho ou por iniciativa de decisão do Tribunal Superior do Trabalho, deverão observar e serão concluídos sob a égide da legislação vigente ao tempo da interposição do recurso, segundo o disposto nos respectivos Regimentos Internos.

§ 2.º Aos recursos de revista e de agravo de instrumento no âmbito do Tribunal Superior do Trabalho, conclusos aos relatores e ainda não julgados até a edição da Lei n. 13.467/2017, não se aplicam as disposições contidas nos §§ 3.º a 6.º do artigo 896 da Consolidação das Leis do Trabalho.

§ 3.º As teses jurídicas prevalecentes e os enunciados de Súmulas decorrentes do julgamento dos incidentes de uniformização de jurisprudência suscitados ou iniciados anteriormente à edição da Lei n. 13.467/2017, no âmbito dos Tribunais Regionais do Trabalho, conservam sua natureza vinculante à luz dos arts. 926, §§ 1.º e 2.º, e 927, III e V, do CPC.

Art. 19. O exame da transcendência seguirá a regra estabelecida no art. 246 do Regimento Interno do Tribunal Superior do Trabalho, incidindo apenas sobre os acórdãos proferidos pelos Tribunais Regionais do Trabalho publicados a partir de 11 de novembro de 2017, excluídas as decisões em embargos de declaração.

• *Vide* art. 246 do Regimento Interno do TST.

Art. 20. As disposições contidas nos §§ 4.º, 9.º, 10 e 11 do artigo 899 da CLT, com a redação dada pela Lei n. 13.467/2017, serão observadas para os recursos interpostos contra as decisões proferidas a partir de 11 de novembro de 2017.

Art. 21. Esta Instrução Normativa entrará em vigor na data da sua publicação. Ficam revogados os arts. 2.º, VIII, e 6.º da Instrução Normativa n. 39/2016 do TST.

João Batista Brito Pereira

LEI N. 13.709, DE 14 DE AGOSTO DE 2018 (*)

Lei Geral de Proteção de Dados Pessoais (LGPD).

•• Ementa com redação determinada pela Lei n. 13.853, de 8-7-2019.

O Presidente da República

Faço saber que o Congresso Nacional decreta e eu sanciono a seguinte Lei:

Capítulo I
DISPOSIÇÕES PRELIMINARES

Art. 1.º Esta Lei dispõe sobre o tratamento de dados pessoais, inclusive nos meios digitais, por pessoa natural ou por pessoa jurídica de direito público ou privado, com o objetivo de proteger os direitos fundamentais de liberdade e de privacidade e o livre desenvolvimento da personalidade da pessoa natural.

Parágrafo único. As normas gerais contidas nesta Lei são de interesse nacional e devem ser observadas pela União, Estados, Distrito Federal e Municípios.

•• Parágrafo único acrescentado pela Lei n. 13.853, de 8-7-2019.

Art. 2.º A disciplina da proteção de dados pessoais tem como fundamentos:

I – o respeito à privacidade;

II – a autodeterminação informativa;

III – a liberdade de expressão, de informação, de comunicação e de opinião;

IV – a inviolabilidade da intimidade, da honra e da imagem;

V – o desenvolvimento econômico e tecnológico e a inovação;

VI – a livre-iniciativa, a livre concorrência e a defesa do consumidor; e

VII – os direitos humanos, o livre desenvolvimento da personalidade, a dignidade e o exercício da cidadania pelas pessoas naturais.

Art. 3.º Esta Lei aplica-se a qualquer operação de tratamento realizada por pessoa natural ou por pessoa jurídica de direito público ou privado, independentemente do meio, do país de sua sede ou do país onde estejam localizados os dados, desde que:

I – a operação de tratamento seja realizada no território nacional;

II – a atividade de tratamento tenha por objetivo a oferta ou o fornecimento de bens ou serviços ou o tratamento de dados de indivíduos localizados no território nacional; ou

•• Inciso II com redação determinada pela Lei n. 13.853, de 8-7-2019.

III – os dados pessoais objeto do tratamento tenham sido coletados no território nacional.

(*) Publicada no *DOU*, de 15-8-2018, e republicada parcialmente na mesma data, em edição extra.

§ 1.º Consideram-se coletados no território nacional os dados pessoais cujo titular nele se encontre no momento da coleta.

§ 2.º Excetua-se do disposto no inciso I deste artigo o tratamento de dados previsto no inciso IV do *caput* do art. 4.º desta Lei.

Art. 4.º Esta Lei não se aplica ao tratamento de dados pessoais:

I – realizado por pessoa natural para fins exclusivamente particulares e não econômicos;

II – realizado para fins exclusivamente:

a) jornalístico e artísticos; ou

b) acadêmicos, aplicando-se a esta hipótese os arts. 7.º e 11 desta Lei;

III – realizado para fins exclusivos de:

a) segurança pública;

b) defesa nacional;

c) segurança do Estado; ou

d) atividades de investigação e repressão de infrações penais; ou

IV – provenientes de fora do território nacional e que não sejam objeto de comunicação, uso compartilhado de dados com agentes de tratamento brasileiros ou objeto de transferência internacional de dados com outro país que não o de proveniência, desde que o país de proveniência proporcione grau de proteção de dados pessoais adequado ao previsto nesta Lei.

§ 1.º O tratamento de dados pessoais previsto no inciso III será regido por legislação específica, que deverá prever medidas proporcionais e estritamente necessárias ao atendimento do interesse público, observados o devido processo legal, os princípios gerais de proteção e os direitos do titular previstos nesta Lei.

§ 2.º É vedado o tratamento dos dados a que se refere o inciso III do *caput* deste artigo por pessoa de direito privado, exceto em procedimentos sob tutela de pessoa jurídica de direito público, que serão objeto de informe específico à autoridade nacional e que deverão observar a limitação imposta no § 4.º deste artigo.

§ 3.º A autoridade nacional emitirá opiniões técnicas ou recomendações referentes às exceções previstas no inciso III do *caput* deste artigo e deverá solicitar aos responsáveis relatórios de impacto à proteção de dados pessoais.

§ 4.º Em nenhum caso a totalidade dos dados pessoais de banco de dados de que trata o inciso III do *caput* deste artigo poderá ser tratada por pessoa de direito privado, salvo por aquela que possua capital integralmente constituído pelo poder público.

•• § 4.º com redação determinada pela Lei n. 13.853, de 8-7-2019.

Art. 5.º Para os fins desta Lei, considera-se:

I – dado pessoal: informação relacionada a pessoa natural identificada ou identificável;

II – dado pessoal sensível: dado pessoal sobre origem racial ou étnica, convicção religiosa, opinião política, filiação a sindicato ou a organização de caráter religioso, filosófico ou político, dado referente à saúde ou à vida sexual, dado genético ou biométrico, quando vinculado a uma pessoa natural;

•• *Vide* art. 5.º, VI e VIII, da CF.
•• *Vide* arts. 11 e s. desta Lei.

III – dado anonimizado: dado relativo a titular que não possa ser identificado, considerando a utilização de meios técnicos razoáveis e disponíveis na ocasião de seu tratamento;

IV – banco de dados: conjunto estruturado de dados pessoais, estabelecido em um ou em vários locais, em suporte eletrônico ou físico;

V – titular: pessoa natural a quem se referem os dados pessoais que são objeto de tratamento;

VI – controlador: pessoa natural ou jurídica, de direito público ou privado, a quem competem as decisões referentes ao tratamento de dados pessoais;

VII – operador: pessoa natural ou jurídica, de direito público ou privado, que realiza o tratamento de dados pessoais em nome do controlador;

VIII – encarregado: pessoa indicada pelo controlador e operador para atuar como canal de comunicação entre o controlador, os titulares dos dados e a Autoridade Nacional de Proteção de Dados (ANPD);

•• Inciso VIII com redação determinada pela Lei n. 13.853, de 8-7-2019.

IX – agentes de tratamento: o controlador e o operador;

X – tratamento: toda operação realizada com dados pessoais, como as que se referem a coleta, produção, recepção, classificação, utilização, acesso, reprodução, transmissão, distribuição, processamento, arquivamento, armazenamento, eliminação, avaliação ou controle da informação, modificação, comunicação, transferência, difusão ou extração;

XI – anonimização: utilização de meios técnicos razoáveis e disponíveis no momento do tratamento, por meio dos quais um dado perde a possibilidade de associação, direta ou indireta, a um indivíduo;

XII – consentimento: manifestação livre, informada e inequívoca pela qual o titular concorda com o tratamento de seus dados pessoais para uma finalidade determinada;

XIII – bloqueio: suspensão temporária de qualquer operação de tratamento, mediante guarda do dado pessoal ou do banco de dados;

XIV – eliminação: exclusão de dado ou de conjunto de dados armazenados em banco de dados, independentemente do procedimento empregado;

XV – transferência internacional de dados: transferência de dados pessoais para país estrangeiro ou organismo internacional do qual o país seja membro;

XVI – uso compartilhado de dados: comunicação, difusão, transferência internacional, interconexão de dados pessoais ou tratamento compartilhado de bancos de dados pessoais por órgãos e entidades públicos no cumprimento de suas competências legais, ou entre esses e entes privados, reciprocamente, com autorização específica, para uma ou mais modalidades de tratamento permitidas por esses entes públicos, ou entre entes privados;

XVII – relatório de impacto à proteção de dados pessoais: documentação do controlador que contém a descrição dos processos de tratamento de dados pessoais que podem gerar riscos às liberdades civis e aos direitos fundamentais, bem como medidas, salvaguardas e mecanismos de mitigação de risco;

XVIII – órgão de pesquisa: órgão ou entidade da administração pública direta ou indireta ou pessoa jurídica de direito privado sem fins lucrativos legalmente constituída sob as leis brasileiras, com sede e foro no País, que inclua em sua missão institucional ou em seu objetivo social ou estatutário a pesquisa básica ou aplicada de caráter histórico, científico, tecnológico ou estatístico; e

•• Inciso XVIII com redação determinada pela Lei n. 13.853, de 8-7-2019.

XIX – autoridade nacional: órgão da administração pública responsável por zelar, implementar e fiscalizar o cumprimento desta Lei em todo o território nacional.

•• Inciso XIX com redação determinada pela Lei n. 13.853, de 8-7-2019.

Art. 6.º As atividades de tratamento de dados pessoais deverão observar a boa-fé e os seguintes princípios:

I – finalidade: realização do tratamento para propósitos legítimos, específicos, explícitos e informados ao titular, sem possibilidade de tratamento posterior de forma incompatível com essas finalidades;

II – adequação: compatibilidade do tratamento com as finalidades informadas ao titular, de acordo com o contexto do tratamento;

III – necessidade: limitação do tratamento ao mínimo necessário para a realização de suas finalidades, com abrangência dos dados pertinentes, proporcionais e não excessivos em relação às finalidades do tratamento de dados;

IV – livre acesso: garantia, aos titulares, de consulta facilitada e gratuita sobre a forma e a duração do tratamento, bem como sobre a integralidade de seus dados pessoais;

V – qualidade dos dados: garantia, aos titulares, de exatidão, clareza, relevância e atualização dos dados, de acordo com a necessidade e para o cumprimento da finalidade de seu tratamento;

VI – transparência: garantia, aos titulares, de informações claras, precisas e facilmente acessíveis sobre a realização do tratamento e os respectivos agentes de tratamento, observados os segredos comercial e industrial;

VII – segurança: utilização de medidas técnicas e administrativas aptas a proteger os dados pessoais de acessos não autorizados e de situações acidentais ou ilícitas de destruição, perda, alteração, comunicação ou difusão;

VIII – prevenção: adoção de medidas para prevenir a ocorrência de danos em virtude do tratamento de dados pessoais;

IX – não discriminação: impossibilidade de realização do tratamento para fins discriminatórios ilícitos ou abusivos;

X – responsabilização e prestação de contas: demonstração, pelo agente, da adoção de medidas eficazes e capazes de comprovar a observância e o cumprimento das normas de proteção de dados pessoais e, inclusive, da eficácia dessas medidas.

Capítulo II
DO TRATAMENTO DE DADOS PESSOAIS

SEÇÃO I
Dos Requisitos para o Tratamento de Dados Pessoais

Art. 7.º O tratamento de dados pessoais somente poderá ser realizado nas seguintes hipóteses:

I – mediante o fornecimento de consentimento pelo titular;

II – para o cumprimento de obrigação legal ou regulatória pelo controlador;

III – pela administração pública, para o tratamento e uso compartilhado de dados necessários à execução de políticas públicas previstas em leis e regulamentos ou respaldadas em contratos, convênios ou instrumentos congêneres, observadas as disposições do Capítulo IV desta Lei;

IV – para a realização de estudos por órgão de pesquisa, garantida, sempre que possível, a anonimização dos dados pessoais;

V – quando necessário para a execução de contrato ou de procedimentos preliminares relacionados a contrato do qual seja parte o titular, a pedido do titular dos dados;

VI – para o exercício regular de direitos em processo judicial, administrativo ou arbitral, esse último nos termos da Lei n. 9.307, de 23 de setembro de 1996 (Lei de Arbitragem);

VII – para a proteção da vida ou da incolumidade física do titular ou de terceiro;

VIII – para a tutela da saúde, exclusivamente, em procedimento realizado por profissionais de saúde, serviços de saúde ou autoridade sanitária;

•• Inciso VIII com redação determinada pela Lei n. 13.853, de 8-7-2019.

IX – quando necessário para atender aos interesses legítimos do controlador ou de terceiro, exceto no caso de prevalecerem direitos e liberdades fundamentais do titular que exijam a proteção dos dados pessoais; ou

X – para a proteção do crédito, inclusive quanto ao disposto na legislação pertinente.

§§ 1.º e 2.º (*Revogados pela Lei n. 13.853, de 8-7-2019.*)

§ 3.º O tratamento de dados pessoais cujo acesso é público deve considerar a finalidade, a boa-fé e o interesse público que justificaram sua disponibilização.

§ 4.º É dispensada a exigência do consentimento previsto no *caput* deste artigo para os dados tornados manifestamente públicos pelo titular, resguardados os direitos do titular e os princípios previstos nesta Lei.

§ 5.º O controlador que obteve o consentimento referido no inciso I do *caput* deste artigo que necessitar comunicar ou compartilhar dados pessoais com outros controladores deverá obter consentimento específico do titular para esse fim, ressalvadas as hipóteses de dispensa do consentimento previstas nesta Lei.

§ 6.º A eventual dispensa da exigência do consentimento não desobriga os agentes de tratamento das demais obrigações previstas nesta Lei, especialmente da observância dos princípios gerais e da garantia dos direitos do titular.

§ 7.º O tratamento posterior dos dados pessoais a que se referem os §§ 3.º e 4.º deste artigo poderá ser realizado para novas finalidades, desde que observados os propósitos legítimos e específicos para o novo tratamento e a preservação dos direitos do titular, assim como os fundamentos e os princípios previstos nesta Lei.

•• § 7.º acrescentado pela Lei n. 13.853, de 8-7-2019.

Art. 8.º O consentimento previsto no inciso I do art. 7.º desta Lei deverá ser fornecido por escrito ou por outro meio que demonstre a manifestação de vontade do titular.

§ 1.º Caso o consentimento seja fornecido por escrito, esse deverá constar de cláusula destacada das demais cláusulas contratuais.

§ 2.º Cabe ao controlador o ônus da prova de que o consentimento foi obtido em conformidade com o disposto nesta Lei.

§ 3.º É vedado o tratamento de dados pessoais mediante vício de consentimento.

§ 4.º O consentimento deverá referir-se a finalidades determinadas, e as autorizações genéricas para o tratamento de dados pessoais serão nulas.

§ 5.º O consentimento pode ser revogado a qualquer momento mediante manifestação expressa do titular, por procedimento gratuito e facilitado, ratificados os tratamentos realizados sob amparo do consentimento anteriormente manifestado enquanto não houver requerimento de eliminação, nos termos do inciso VI do *caput* do art. 18 desta Lei.

§ 6.º Em caso de alteração de informação referida nos incisos I, II, III ou V do art. 9.º desta Lei, o controlador deverá informar ao titular, com destaque de forma específica do teor das alterações, podendo o titular, nos casos em que o seu consentimento é exigido, revogá-lo caso discorde da alteração.

Art. 9.º O titular tem direito ao acesso facilitado às informações sobre o tratamento de seus dados, que deverão ser disponibilizadas de forma clara, adequada e ostensiva acerca de, entre outras características previstas em regulamentação para o atendimento do princípio do livre acesso:

I – finalidade específica do tratamento;

II – forma e duração do tratamento, observados os segredos comercial e industrial;

III – identificação do controlador;

IV – informações de contato do controlador;

V – informações acerca do uso compartilhado de dados pelo controlador e a finalidade;

VI – responsabilidades dos agentes que realizarão o tratamento; e

VII – direitos do titular, com menção explícita aos direitos contidos no art. 18 desta Lei.

§ 1.º Na hipótese em que o consentimento é requerido, esse será considerado nulo caso as informações fornecidas ao titular tenham conteúdo enganoso ou abusivo ou não tenham sido apresentadas previamente com transparência, de forma clara e inequívoca.

§ 2.º Na hipótese em que o consentimento é requerido, se houver mudanças da finalidade para o tratamento de dados pessoais não compatíveis com o consentimento original, o controlador deverá informar previamente o titular sobre as mudanças de finalidade, podendo o titular revogar o consentimento, caso discorde das alterações.

§ 3.º Quando o tratamento de dados pessoais for condição para o fornecimento de produto ou de serviço ou para o exercício de direito, o titular será informado com destaque sobre esse fato e sobre os meios pelos quais poderá exercer os direitos do titular elencados no art. 18 desta Lei.

Art. 10. O legítimo interesse do controlador somente poderá fundamentar tratamento de dados pessoais para finalidades legítimas, consideradas a partir de situações concretas, que incluem, mas não se limitam a:

I – apoio e promoção de atividades do controlador; e

II – proteção, em relação ao titular, do exercício regular de seus direitos ou prestação de serviços que o beneficiem, respeitadas as legítimas expectativas dele e os direitos e liberdades fundamentais, nos termos desta Lei.

§ 1.º Quando o tratamento for baseado no legítimo interesse do controlador, somente os dados pessoais estritamente necessários para a finalidade pretendida poderão ser tratados.

§ 2.º O controlador deverá adotar medidas para garantir a transparência do tratamento de dados baseado em seu legítimo interesse.

§ 3.º A autoridade nacional poderá solicitar ao controlador relatório de impacto à proteção de dados pessoais, quando o tratamento tiver como fundamento seu interesse legítimo, observados os segredos comercial e industrial.

SEÇÃO II
Do Tratamento de Dados Pessoais Sensíveis

Art. 11. O tratamento de dados pessoais sensíveis somente poderá ocorrer nas seguintes hipóteses:

I – quando o titular ou seu responsável legal consentir, de forma específica e destacada, para finalidades específicas;

II – sem fornecimento de consentimento do titular, nas hipóteses em que for indispensável para:

a) cumprimento de obrigação legal ou regulatória pelo controlador;

b) tratamento compartilhado de dados necessários à execução, pela administração pública, de políticas públicas previstas em leis ou regulamentos;

c) realização de estudos por órgão de pesquisa, garantida, sempre que possível, a anonimização dos dados pessoais sensíveis;

d) exercício regular de direitos, inclusive em contrato e em processo judicial, administrativo e arbitral, este último nos termos da Lei n. 9.307, de 23 de setembro de 1996 (Lei de Arbitragem);

e) proteção da vida ou da incolumidade física do titular ou de terceiro;

f) tutela da saúde, exclusivamente, em procedimento realizado por profissionais de saúde, serviços de saúde ou autoridade sanitária; ou

•• Alínea f com redação determinada pela Lei n. 13.853, de 8-7-2019.

g) garantia da prevenção à fraude e à segurança do titular, nos processos de identificação e autenticação de cadastro em sistemas eletrônicos, resguardados os direitos mencionados no art. 9.º desta Lei e exceto no caso de prevalecerem direitos e liberdades fundamentais do titular que exijam a proteção dos dados pessoais.

§ 1.º Aplica-se o disposto neste artigo a qualquer tratamento de dados pessoais que revele dados pessoais sensíveis e que possa causar dano ao titular, ressalvado o disposto em legislação específica.

§ 2.º Nos casos de aplicação do disposto nas alíneas *a* e *b* do inciso II do *caput* deste artigo pelos órgãos e pelas entidades públicas, será dada publicidade à referida dispensa de consentimento, nos termos do inciso I do *caput* do art. 23 desta Lei.

§ 3.º A comunicação ou o uso compartilhado de dados pessoais sensíveis entre controladores com objetivo de obter vantagem econômica poderá ser objeto de vedação ou de regulamentação por parte da autoridade nacional, ouvidos os órgãos setoriais do Poder Público, no âmbito de suas competências.

§ 4.º É vedada a comunicação ou o uso compartilhado entre controladores de dados pessoais sensíveis referentes à saúde com objetivo de obter vantagem econômica, exceto nas hipóteses relativas a prestação de serviços de saúde, de assistência farmacêutica e de assistência à saúde, desde que observado o § 5.º deste artigo, incluídos os serviços auxiliares de diagnose e terapia, em benefício dos interesses dos titulares de dados, e para permitir:

•• *Caput* com redação determinada pela Lei n. 13.853, de 8-7-2019.

I – a portabilidade de dados quando solicitada pelo titular; ou

•• Inciso I acrescentado pela Lei n. 13.853, de 8-7-2019.

II – as transações financeiras e administrativas resultantes do uso e da prestação dos serviços de que trata este parágrafo.

•• Inciso II acrescentado pela Lei n. 13.853, de 8-7-2019.

§ 5.º É vedado às operadoras de planos privados de assistência à saúde o tratamento de dados de saúde para a prática de seleção de riscos na contratação de qualquer modalidade, assim como na contratação e exclusão de beneficiários.

•• § 5.º acrescentado pela Lei n. 13.853, de 8-7-2019.

Art. 12. Os dados anonimizados não serão considerados dados pessoais para os fins desta Lei, salvo quando o processo de anonimização ao qual foram submetidos for revertido, utilizando exclusivamente meios próprios, ou quando, com esforços razoáveis, puder ser revertido.

§ 1.º A determinação do que seja razoável deve levar em consideração fatores objetivos, tais como custo e tempo necessários para reverter o processo de anonimização, de acordo com as tecnologias disponíveis, e a utilização exclusiva de meios próprios.

§ 2.º Poderão ser igualmente considerados como dados pessoais, para os fins desta Lei, aqueles utilizados para formação do perfil comportamental de determinada pessoa natural, se identificada.

§ 3.º A autoridade nacional poderá dispor sobre padrões e técnicas utilizados em processos de anonimização e realizar verificações acerca de sua segurança, ouvido o Conselho Nacional de Proteção de Dados Pessoais.

Art. 13. Na realização de estudos em saúde pública, os órgãos de pesquisa poderão ter acesso a bases de dados pessoais, que serão tratados exclusivamente dentro do órgão e estritamente para a finalidade de realização de estudos e pesquisas e mantidos em ambiente controlado e seguro, conforme práticas de segurança previstas em regulamento específico e que incluam, sempre que possível, a anonimização ou pseudonimização dos dados, bem como considerem os devidos padrões éticos relacionados a estudos e pesquisas.

§ 1.º A divulgação dos resultados ou de qualquer excerto do estudo ou da pesquisa de que trata o *caput* deste artigo em nenhuma hipótese poderá revelar dados pessoais.

§ 2.º O órgão de pesquisa será o responsável pela segurança da informação prevista no *caput* deste artigo, não permitida, em circunstância alguma, a transferência dos dados a terceiro.

§ 3.º O acesso aos dados de que trata este artigo será objeto de regulamentação por parte da autoridade nacional e das autoridades da área de saúde e sanitárias, no âmbito de suas competências.

§ 4.º Para os efeitos deste artigo, a pseudonimização é o tratamento por meio do qual um dado perde a possibilidade de associação, direta ou indireta, a um indivíduo, senão pelo uso de informação adicional mantida separadamente pelo controlador em ambiente controlado e seguro.

SEÇÃO III
Do Tratamento de Dados Pessoais de Crianças e de Adolescentes

Art. 14. O tratamento de dados pessoais de crianças e de adolescentes deverá ser realizado em seu melhor interesse, nos termos deste artigo e da legislação pertinente.

• A Lei n. 8.069, de 13-7-1990, instituiu o Estatuto da Criança e do Adolescente e dispõe sobre a proteção integral a eles.

§ 1.º O tratamento de dados pessoais de crianças deverá ser realizado com o consentimento específico e em destaque dado por pelo menos um dos pais ou pelo responsável legal.

§ 2.º No tratamento de dados de que trata o § 1.º deste artigo, os controladores deverão manter pública a informação sobre os tipos de dados coletados, a forma de sua utilização e os procedimentos para o exercício dos direitos a que se refere o art. 18 desta Lei.

§ 3.º Poderão ser coletados dados pessoais de crianças sem o consentimento a que se refere o § 1.º deste artigo quando a coleta for necessária para contatar os pais ou o responsável legal, utilizados uma única vez e sem armazenamento, ou para sua proteção, e em nenhum caso poderão ser repassados a terceiro sem o consentimento de que trata o § 1.º deste artigo.

§ 4.º Os controladores não deverão condicionar a participação dos titulares de que trata o § 1.º deste artigo em jogos, aplicações de in-

ternet ou outras atividades ao fornecimento de informações pessoais além das estritamente necessárias à atividade.

§ 5.º O controlador deve realizar todos os esforços razoáveis para verificar que o consentimento a que se refere o § 1.º deste artigo foi dado pelo responsável pela criança, consideradas as tecnologias disponíveis.

§ 6.º As informações sobre o tratamento de dados referidas neste artigo deverão ser fornecidas de maneira simples, clara e acessível, consideradas as características físico-motoras, perceptivas, sensoriais, intelectuais e mentais do usuário, com uso de recursos audiovisuais quando adequado, de forma a proporcionar a informação necessária aos pais ou ao responsável legal e adequada ao entendimento da criança.

SEÇÃO IV
Do Término do Tratamento de Dados

Art. 15. O término do tratamento de dados pessoais ocorrerá nas seguintes hipóteses:

I - verificação de que a finalidade foi alcançada ou de que os dados deixaram de ser necessários ou pertinentes ao alcance da finalidade específica almejada;

II - fim do período de tratamento;

III - comunicação do titular, inclusive no exercício de seu direito de revogação do consentimento conforme disposto no § 5.º do art. 8.º desta Lei, resguardado o interesse público; ou

IV - determinação da autoridade nacional, quando houver violação ao disposto nesta Lei.

Art. 16. Os dados pessoais serão eliminados após o término de seu tratamento, no âmbito e nos limites técnicos das atividades, autorizada a conservação para as seguintes finalidades:

I - cumprimento de obrigação legal ou regulatória pelo controlador;

II - estudo por órgão de pesquisa, garantida, sempre que possível, a anonimização dos dados pessoais;

III - transferência a terceiro, desde que respeitados os requisitos de tratamento de dados dispostos nesta Lei; ou

IV - uso exclusivo do controlador, vedado seu acesso por terceiro, e desde que anonimizados os dados.

Capítulo III
DOS DIREITOS DO TITULAR

Art. 17. Toda pessoa natural tem assegurada a titularidade de seus dados pessoais e garantidos os direitos fundamentais de liberdade, de intimidade e de privacidade, nos termos desta Lei.
•• *Vide* art. 5.º, X, da CF.

Art. 18. O titular dos dados pessoais tem direito a obter do controlador, em relação aos dados do titular por ele tratados, a qualquer momento e mediante requisição:
• *Vide* art. 14, § 2.º, desta Lei.

I - confirmação da existência de tratamento;

II - acesso aos dados;

III - correção de dados incompletos, inexatos ou desatualizados;

IV - anonimização, bloqueio ou eliminação de dados desnecessários, excessivos ou tratados em desconformidade com o disposto nesta Lei;

V - portabilidade dos dados a outro fornecedor de serviço ou produto, mediante requisição expressa, de acordo com a regulamentação da autoridade nacional, observados os segredos comercial e industrial;
•• Inciso V com redação determinada pela Lei n. 13.853, de 8-7-2019.

VI - eliminação dos dados pessoais tratados com o consentimento do titular, exceto nas hipóteses previstas no art. 16 desta Lei;

VII - informação das entidades públicas e privadas com as quais o controlador realizou uso compartilhado de dados;

VIII - informação sobre a possibilidade de não fornecer consentimento e sobre as consequências da negativa;

IX - revogação do consentimento, nos termos do § 5.º do art. 8.º desta Lei.

§ 1.º O titular dos dados pessoais tem o direito de peticionar em relação aos seus dados contra o controlador perante a autoridade nacional.

§ 2.º O titular pode opor-se a tratamento realizado com fundamento em uma das hipóteses de dispensa de consentimento, em caso de descumprimento ao disposto nesta Lei.

§ 3.º Os direitos previstos neste artigo serão exercidos mediante requerimento expresso do titular ou de representante legalmente constituído, a agente de tratamento.

§ 4.º Em caso de impossibilidade de adoção imediata da providência de que trata o § 3.º deste artigo, o controlador enviará ao titular resposta em que poderá:

I - comunicar que não é agente de tratamento dos dados e indicar, sempre que possível, o agente; ou

II - indicar as razões de fato ou de direito que impedem a adoção imediata da providência.

§ 5.º O requerimento referido no § 3.º deste artigo será atendido sem custos para o titular, nos prazos e nos termos previstos em regulamento.

§ 6.º O responsável deverá informar, de maneira imediata, aos agentes de tratamento com os quais tenha realizado uso compartilhado de dados a correção, a eliminação, a anonimização ou o bloqueio dos dados, para que repitam idêntico procedimento, exceto nos casos em que esta comunicação seja comprovadamente impossível ou implique esforço desproporcional.
•• § 6.º com redação determinada pela Lei n. 13.853, de 8-7-2019.

§ 7.º A portabilidade dos dados pessoais a que se refere o inciso V do *caput* deste artigo não inclui dados que já tenham sido anonimizados pelo controlador.

§ 8.º O direito a que se refere o § 1.º deste artigo também poderá ser exercido perante os organismos de defesa do consumidor.

Art. 19. A confirmação de existência ou o acesso a dados pessoais serão providenciados, mediante requisição do titular:

I - em formato simplificado, imediatamente; ou

II - por meio de declaração clara e completa, que indique a origem dos dados, a inexistência de registro, os critérios utilizados e a finalidade do tratamento, observados os segredos comercial e industrial, fornecida no prazo de até 15 (quinze) dias, contado da data do requerimento do titular.

§ 1.º Os dados pessoais serão armazenados em formato que favoreça o exercício do direito de acesso.

§ 2.º As informações e os dados poderão ser fornecidos, a critério do titular:

I - por meio eletrônico, seguro e idôneo para esse fim; ou

II - sob forma impressa.

§ 3.º Quando o tratamento tiver origem no consentimento do titular ou em contrato, o titular poderá solicitar cópia eletrônica integral de seus dados pessoais, observados os segredos comercial e industrial, nos termos de regulamentação da autoridade nacional, em formato que permita a sua utilização subsequente, inclusive em outras operações de tratamento.

§ 4.º A autoridade nacional poderá dispor de forma diferenciada acerca dos prazos previstos nos incisos I e II do *caput* deste artigo para os setores específicos.

Art. 20. O titular dos dados tem direito a solicitar a revisão de decisões tomadas unicamente com base em tratamento automatizado de dados pessoais que afetem seus interesses, incluídas as decisões destinadas a definir o seu perfil pessoal, profissional, de consumo e de crédito ou os aspectos de sua personalidade.
•• *Caput* com redação determinada pela Lei n. 13.853, de 8-7-2019.

§ 1.º O controlador deverá fornecer, sempre que solicitadas, informações claras e adequadas a respeito dos critérios e dos procedimentos utilizados para a decisão automatizada, observados os segredos comercial e industrial.

§ 2.º Em caso de não oferecimento de informações de que trata o § 1.º deste artigo baseado na observância de segredo comercial e indus-

trial, a autoridade nacional poderá realizar auditoria para verificação de aspectos discriminatórios em tratamento automatizado de dados pessoais.

§ 3.º (*Vetado.*)

•• § 3.º acrescentado pela Lei n. 13.853, de 8-7-2019.

Art. 21. Os dados pessoais referentes ao exercício regular de direitos pelo titular não podem ser utilizados em seu prejuízo.

Art. 22. A defesa dos interesses e dos direitos dos titulares de dados poderá ser exercida em juízo, individual ou coletivamente, na forma do disposto na legislação pertinente, acerca dos instrumentos de tutela individual e coletiva.

Capítulo IV
DO TRATAMENTO DE DADOS PESSOAIS PELO PODER PÚBLICO

SEÇÃO I
Das Regras

Art. 23. O tratamento de dados pessoais pelas pessoas jurídicas de direito público referidas no parágrafo único do art. 1.º da Lei n. 12.527, de 18 de novembro de 2011 (Lei de Acesso à Informação), deverá ser realizado para o atendimento de sua finalidade pública, na persecução do interesse público, com o objetivo de executar as competências legais ou cumprir as atribuições legais do serviço público, desde que:

I – sejam informadas as hipóteses em que, no exercício de suas competências, realizam o tratamento de dados pessoais, fornecendo informações claras e atualizadas sobre a previsão legal, a finalidade, os procedimentos e as práticas utilizadas para a execução dessas atividades, em veículos de fácil acesso, preferencialmente em seus sítios eletrônicos;

II – (*Vetado.*);

III – seja indicado um encarregado quando realizarem operações de tratamento de dados pessoais, nos termos do art. 39 desta Lei; e
•• Inciso III com redação determinada pela Lei n. 13.853, de 8-7-2019.

IV – (*Vetado.*)
•• Inciso IV acrescentado pela Lei n. 13.853, de 8-7-2019.

§ 1.º A autoridade nacional poderá dispor sobre as formas de publicidade das operações de tratamento.

§ 2.º O disposto nesta Lei não dispensa as pessoas jurídicas mencionadas no *caput* deste artigo de instituir as autoridades de que trata a Lei n. 12.527, de 18 de novembro de 2011 (Lei de Acesso à Informação).

§ 3.º Os prazos e procedimentos para exercício dos direitos do titular perante o Poder Público observarão o disposto em legislação específica, em especial as disposições constantes da Lei n. 9.507, de 12 de novembro de 1997 (Lei do *Habeas Data*), da Lei n. 9.784, de 29 de janeiro de 1999 (Lei Geral do Processo Administrativo), e da Lei n. 12.527, de 18 de novembro de 2011 (Lei de Acesso à Informação).

§ 4.º Os serviços notariais e de registro exercidos em caráter privado, por delegação do Poder Público, terão o mesmo tratamento dispensado às pessoas jurídicas referidas no *caput* deste artigo, nos termos desta Lei.

§ 5.º Os órgãos notariais e de registro devem fornecer acesso aos dados por meio eletrônico para a administração pública, tendo em vista as finalidades de que trata o *caput* deste artigo.

Art. 24. As empresas públicas e as sociedades de economia mista que atuam em regime de concorrência, sujeitas ao disposto no art. 173 da Constituição Federal, terão o mesmo tratamento dispensado às pessoas jurídicas de direito privado particulares, nos termos desta Lei.

Parágrafo único. As empresas públicas e as sociedades de economia mista, quando estiverem operacionalizando políticas públicas e no âmbito da execução delas, terão o mesmo tratamento dispensado aos órgãos e às entidades do Poder Público, nos termos deste Capítulo.

Art. 25. Os dados deverão ser mantidos em formato interoperável e estruturado para o uso compartilhado, com vistas à execução de políticas públicas, à prestação de serviços públicos, à descentralização da atividade pública e à disseminação e ao acesso das informações pelo público em geral.

Art. 26. O uso compartilhado de dados pessoais pelo Poder Público deve atender a finalidades específicas de execução de políticas públicas e atribuição legal pelos órgãos e pelas entidades públicas, respeitados os princípios de proteção de dados pessoais elencados no art. 6.º desta Lei.

§ 1.º É vedado ao Poder Público transferir a entidades privadas dados pessoais constantes de bases de dados a que tenha acesso, exceto:

I – em casos de execução descentralizada de atividade pública que exija a transferência, exclusivamente para esse fim específico e determinado, observado o disposto na Lei n. 12.527, de 18 de novembro de 2011 (Lei de Acesso à Informação);

II – (*Vetado.*);

III – nos casos em que os dados forem acessíveis publicamente, observadas as disposições desta Lei;

IV – quando houver previsão legal ou a transferência for respaldada em contratos, convênios ou instrumentos congêneres; ou
•• Inciso IV acrescentado pela Lei n. 13.853, de 8-7-2019.

V – na hipótese de a transferência dos dados objetivar exclusivamente a prevenção de fraudes e irregularidades, ou proteger e resguardar a segurança e a integridade do titular dos dados, desde que vedado o tratamento para outras finalidades.
•• Inciso V acrescentado pela Lei n. 13.853, de 8-7-2019.

§ 2.º Os contratos e convênios de que trata o § 1.º deste artigo deverão ser comunicados à autoridade nacional.

Art. 27. A comunicação ou o uso compartilhado de dados pessoais de pessoa jurídica de direito público a pessoa de direito privado será informado à autoridade nacional e dependerá de consentimento do titular, exceto:

I – nas hipóteses de dispensa de consentimento previstas nesta Lei;

II – nos casos de uso compartilhado de dados, em que será dada publicidade nos termos do inciso I do *caput* do art. 23 desta Lei; ou

III – nas exceções constantes do § 1.º do art. 26 desta Lei.

Parágrafo único. A informação à autoridade nacional de que trata o *caput* deste artigo será objeto de regulamentação.
•• Parágrafo único acrescentado pela Lei n. 13.853, de 8-7-2019.

Art. 28. (*Vetado.*)

Art. 29. A autoridade nacional poderá solicitar, a qualquer momento, aos órgãos e às entidades do poder público a realização de operações de tratamento de dados pessoais, informações específicas sobre o âmbito e a natureza dos dados e outros detalhes do tratamento realizado e poderá emitir parecer técnico complementar para garantir o cumprimento desta Lei.
•• Artigo com redação determinada pela Lei n. 13.853, de 8-7-2019.

Art. 30. A autoridade nacional poderá estabelecer normas complementares para as atividades de comunicação e de uso compartilhado de dados pessoais.

SEÇÃO II
Da Responsabilidade

Art. 31. Quando houver infração a esta Lei em decorrência do tratamento de dados pessoais por órgãos públicos, a autoridade nacional poderá enviar informe com medidas cabíveis para fazer cessar a violação.

Art. 32. A autoridade nacional poderá solicitar a agentes do Poder Público a publicação de relatórios de impacto à proteção de dados pessoais e sugerir a adoção de padrões e de boas práticas para os tratamentos de dados pessoais pelo Poder Público.

Capítulo V
DA TRANSFERÊNCIA INTERNACIONAL DE DADOS

Art. 33. A transferência internacional de dados pessoais somente é permitida nos seguintes casos:

I – para países ou organismos internacionais que proporcionem grau de proteção de dados pessoais adequado ao previsto nesta Lei;

II – quando o controlador oferecer e comprovar garantias de cumprimento

dos princípios, dos direitos do titular e do regime de proteção de dados previstos nesta Lei, na forma de:

a) cláusulas contratuais específicas para determinada transferência;

b) cláusulas-padrão contratuais;

c) normas corporativas globais;

d) selos, certificados e códigos de conduta regularmente emitidos;

III - quando a transferência for necessária para a cooperação jurídica internacional entre órgãos públicos de inteligência, de investigação e de persecução, de acordo com os instrumentos de direito internacional;

IV - quando a transferência for necessária para a proteção da vida ou da incolumidade física do titular ou de terceiro;

V - quando a autoridade nacional autorizar a transferência;

VI - quando a transferência resultar em compromisso assumido em acordo de cooperação internacional;

VII - quando a transferência for necessária para a execução de política pública ou atribuição legal do serviço público, sendo dada publicidade nos termos do inciso I do *caput* do art. 23 desta Lei;

VIII - quando o titular tiver fornecido o seu consentimento específico e em destaque para a transferência, com informação prévia sobre o caráter internacional da operação, distinguindo claramente esta de outras finalidades; ou

IX - quando necessário para atender as hipóteses previstas nos incisos II, V e VI do art. 7.º desta Lei.

Parágrafo único. Para os fins do inciso I deste artigo, as pessoas jurídicas de direito público referidas no parágrafo único do art. 1.º da Lei n. 12.527, de 18 de novembro de 2011 (Lei de Acesso à Informação), no âmbito de suas competências legais, e responsáveis, no âmbito de suas atividades, poderão requerer à autoridade nacional a avaliação do nível de proteção a dados pessoais conferido por país ou organismo internacional.

Art. 34. O nível de proteção de dados do país estrangeiro ou do organismo internacional mencionado no inciso I do *caput* do art. 33 desta Lei será avaliado pela autoridade nacional, que levará em consideração:

I - as normas gerais e setoriais da legislação em vigor no país de destino ou no organismo internacional;

II - a natureza dos dados;

III - a observância dos princípios gerais de proteção de dados pessoais e direitos dos titulares previstos nesta Lei;

IV - a adoção de medidas de segurança previstas em regulamento;

V - a existência de garantias judiciais e institucionais para o respeito aos direitos de proteção de dados pessoais; e

VI - outras circunstâncias específicas relativas à transferência.

Art. 35. A definição do conteúdo de cláusulas-padrão contratuais, bem como a verificação de cláusulas contratuais específicas para uma determinada transferência, normas corporativas globais ou selos, certificados e códigos de conduta, a que se refere o inciso II do *caput* do art. 33 desta Lei, será realizada pela autoridade nacional.

§ 1.º Para a verificação do disposto no *caput* deste artigo, deverão ser considerados os requisitos, as condições e as garantias mínimas para a transferência que observem os direitos, as garantias e os princípios desta Lei.

§ 2.º Na análise de cláusulas contratuais, de documentos ou de normas corporativas globais submetidas à aprovação da autoridade nacional, poderão ser requeridas informações suplementares ou realizadas diligências de verificação quanto às operações de tratamento, quando necessário.

§ 3.º A autoridade nacional poderá designar organismos de certificação para a realização do previsto no *caput* deste artigo, que permanecerão sob sua fiscalização nos termos definidos em regulamento.

§ 4.º Os atos realizados por organismo de certificação poderão ser revistos pela autoridade nacional e, caso em desconformidade com esta Lei, submetidos a revisão ou anulados.

§ 5.º As garantias suficientes de observância dos princípios gerais de proteção e dos direitos do titular referidas no *caput* deste artigo serão também analisadas de acordo com as medidas técnicas e organizacionais adotadas pelo operador, de acordo com o previsto nos §§ 1.º e 2.º do art. 46 desta Lei.

Art. 36. As alterações nas garantias apresentadas como suficientes de observância dos princípios gerais de proteção e dos direitos do titular referidas no inciso II do art. 33 desta Lei deverão ser comunicadas à autoridade nacional.

Capítulo VI
DOS AGENTES DE TRATAMENTO DE DADOS PESSOAIS

SEÇÃO I
Do Controlador e do Operador

Art. 37. O controlador e o operador devem manter registro das operações de tratamento de dados pessoais que realizarem, especialmente quando baseado no legítimo interesse.

Art. 38. A autoridade nacional poderá determinar ao controlador que elabore relatório de impacto à proteção de dados pessoais, inclusive de dados sensíveis, referente a suas operações de tratamento de dados, nos termos de regulamento, observados os segredos comercial e industrial.

Parágrafo único. Observado o disposto no *caput* deste artigo, o relatório deverá conter, no mínimo, a descrição dos tipos de dados coletados, a metodologia utilizada para a coleta e para a garantia da segurança das informações e a análise do controlador com relação a medidas, salvaguardas e mecanismos de mitigação de risco adotados.

Art. 39. O operador deverá realizar o tratamento segundo as instruções fornecidas pelo controlador, que verificará a observância das próprias instruções e das normas sobre a matéria.

Art. 40. A autoridade nacional poderá dispor sobre padrões de interoperabilidade para fins de portabilidade, livre acesso aos dados e segurança, assim como sobre o tempo de guarda dos registros, tendo em vista especialmente a necessidade e a transparência.

SEÇÃO II
Do Encarregado pelo Tratamento de Dados Pessoais

Art. 41. O controlador deverá indicar encarregado pelo tratamento de dados pessoais.

§ 1.º A identidade e as informações de contato do encarregado deverão ser divulgadas publicamente, de forma clara e objetiva, preferencialmente no sítio eletrônico do controlador.

§ 2.º As atividades do encarregado consistem em:

I - aceitar reclamações e comunicações dos titulares, prestar esclarecimentos e adotar providências;

II - receber comunicações da autoridade nacional e adotar providências;

III - orientar os funcionários e os contratados da entidade a respeito das práticas a serem tomadas em relação à proteção de dados pessoais; e

IV - executar as demais atribuições determinadas pelo controlador ou estabelecidas em normas complementares.

§ 3.º A autoridade nacional poderá estabelecer normas complementares sobre a definição e as atribuições do encarregado, inclusive hipóteses de dispensa da necessidade de sua indicação, conforme a natureza e o porte da entidade ou o volume de operações de tratamento de dados.

§ 4.º (*Vetado*).

•• § 4.º acrescentado pela Lei n. 13.853, de 8-7-2019.

SEÇÃO III
Da Responsabilidade e do Ressarcimento de Danos

Art. 42. O controlador ou o operador que, em razão do exercício de atividade de tratamento de dados pessoais, causar a outrem dano

patrimonial, moral, individual ou coletivo, em violação à legislação de proteção de dados pessoais, é obrigado a repará-lo.

§ 1.º A fim de assegurar a efetiva indenização ao titular dos dados:

I – o operador responde solidariamente pelos danos causados pelo tratamento quando descumprir as obrigações da legislação de proteção de dados ou quando não tiver seguido as instruções lícitas do controlador, hipótese em que o operador equipara-se ao controlador, salvo nos casos de exclusão previstos no art. 43 desta Lei;

II – os controladores que estiverem diretamente envolvidos no tratamento do qual decorreram danos ao titular dos dados respondem solidariamente, salvo nos casos de exclusão previstos no art. 43 desta Lei.

§ 2.º O juiz, no processo civil, poderá inverter o ônus da prova a favor do titular dos dados quando, a seu juízo, for verossímil a alegação, houver hipossuficiência para fins de produção de prova ou quando a produção de prova pelo titular resultar-lhe excessivamente onerosa.

§ 3.º As ações de reparação por danos coletivos que tenham por objeto a responsabilização nos termos do *caput* deste artigo podem ser exercidas coletivamente em juízo, observado o disposto na legislação pertinente.

§ 4.º Aquele que reparar o dano ao titular tem direito de regresso contra os demais responsáveis, na medida de sua participação no evento danoso.

Art. 43. Os agentes de tratamento só não serão responsabilizados quando provarem:

I – que não realizaram o tratamento de dados pessoais que lhes é atribuído;

II – que, embora tenham realizado o tratamento de dados pessoais que lhes é atribuído, não houve violação à legislação de proteção de dados; ou

III – que o dano é decorrente de culpa exclusiva do titular dos dados ou de terceiro.

Art. 44. O tratamento de dados pessoais será irregular quando deixar de observar a legislação ou quando não fornecer a segurança que o titular dele pode esperar, consideradas as circunstâncias relevantes, entre as quais:

I – o modo pelo qual é realizado;

II – o resultado e os riscos que razoavelmente dele se esperam;

III – as técnicas de tratamento de dados pessoais disponíveis à época em que foi realizado.

Parágrafo único. Responde pelos danos decorrentes da violação da segurança dos dados o controlador ou o operador que, ao deixar de adotar as medidas de segurança previstas no art. 46 desta Lei, der causa ao dano.

Art. 45. As hipóteses de violação do direito do titular no âmbito das relações de consumo permanecem sujeitas às regras de responsabilidade previstas na legislação pertinente.

Capítulo VII
DA SEGURANÇA E DAS BOAS PRÁTICAS

SEÇÃO I
Da Segurança e do Sigilo de Dados

Art. 46. Os agentes de tratamento devem adotar medidas de segurança, técnicas e administrativas aptas a proteger os dados pessoais de acessos não autorizados e de situações acidentais ou ilícitas de destruição, perda, alteração, comunicação ou qualquer forma de tratamento inadequado ou ilícito.

§ 1.º A autoridade nacional poderá dispor sobre padrões técnicos mínimos para tornar aplicável o disposto no *caput* deste artigo, considerados a natureza das informações tratadas, as características específicas do tratamento e o estado atual da tecnologia, especialmente no caso de dados pessoais sensíveis, assim como os princípios previstos no *caput* do art. 6.º desta Lei.

§ 2.º As medidas de que trata o *caput* deste artigo deverão ser observadas desde a fase de concepção do produto ou do serviço até a sua execução.

Art. 47. Os agentes de tratamento ou qualquer outra pessoa que intervenha em uma das fases do tratamento obriga-se a garantir a segurança da informação prevista nesta Lei em relação aos dados pessoais, mesmo após o seu término.

Art. 48. O controlador deverá comunicar à autoridade nacional e ao titular a ocorrência de incidente de segurança que possa acarretar risco ou dano relevante aos titulares.

§ 1.º A comunicação será feita em prazo razoável, conforme definido pela autoridade nacional, e deverá mencionar, no mínimo:

I – a descrição da natureza dos dados pessoais afetados;

II – as informações sobre os titulares envolvidos;

III – a indicação das medidas técnicas e de segurança utilizadas para a proteção dos dados, observados os segredos comercial e industrial;

IV – os riscos relacionados ao incidente;

V – os motivos da demora, no caso de a comunicação não ter sido imediata; e

VI – as medidas que foram ou que serão adotadas para reverter ou mitigar os efeitos do prejuízo.

§ 2.º A autoridade nacional verificará a gravidade do incidente e poderá, caso necessário para a salvaguarda dos direitos dos titulares, determinar ao controlador a adoção de providências, tais como:

I – ampla divulgação do fato em meios de comunicação; e

II – medidas para reverter ou mitigar os efeitos do incidente.

§ 3.º No juízo de gravidade do incidente, será avaliada eventual comprovação de que foram adotadas medidas técnicas adequadas que tornem os dados pessoais afetados ininteligíveis, no âmbito e nos limites técnicos de seus serviços, para terceiros não autorizados a acessá-los.

Art. 49. Os sistemas utilizados para o tratamento de dados pessoais devem ser estruturados de forma a atender aos requisitos de segurança, aos padrões de boas práticas e de governança e aos princípios gerais previstos nesta Lei e às demais normas regulamentares.

SEÇÃO II
Das Boas Práticas e da Governança

Art. 50. Os controladores e operadores, no âmbito de suas competências, pelo tratamento de dados pessoais, individualmente ou por meio de associações, poderão formular regras de boas práticas e de governança que estabeleçam as condições de organização, o regime de funcionamento, os procedimentos, incluindo reclamações e petições de titulares, as normas de segurança, os padrões técnicos, as obrigações específicas para os diversos envolvidos no tratamento, as ações educativas, os mecanismos internos de supervisão e de mitigação de riscos e outros aspectos relacionados ao tratamento de dados pessoais.

§ 1.º Ao estabelecer regras de boas práticas, o controlador e o operador levarão em consideração, em relação ao tratamento e aos dados, a natureza, o escopo, a finalidade e a probabilidade e a gravidade dos riscos e dos benefícios decorrentes de tratamento de dados do titular.

§ 2.º Na aplicação dos princípios indicados nos incisos VII e VIII do *caput* do art. 6.º desta Lei, o controlador, observados a estrutura, a escala e o volume de suas operações, bem como a sensibilidade dos dados tratados e a probabilidade e a gravidade dos danos para os titulares dos dados, poderá:

I – implementar programa de governança em privacidade que, no mínimo:

a) demonstre o comprometimento do controlador em adotar processos e políticas internas que assegurem o cumprimento, de forma abrangente, de normas e boas práticas relativas à proteção de dados pessoais;

b) seja aplicável a todo o conjunto de dados pessoais que estejam sob seu controle, independentemente do modo como se realizou sua coleta;

c) seja adaptado à estrutura, à escala e ao volume de suas operações, bem como à sensibilidade dos dados tratados;

d) estabeleça políticas e salvaguardas adequadas com base em processo de avaliação sistemática de impactos e riscos à privacidade;

e) tenha o objetivo de estabelecer relação de confiança com o titular, por meio de atuação transparente e que assegure mecanismos de participação do titular;

f) esteja integrado a sua estrutura geral de governança e estabeleça e aplique mecanismos de supervisão internos e externos;

g) conte com planos de resposta a incidentes e remediação; e

h) seja atualizado constantemente com base em informações obtidas a partir de monitoramento contínuo e avaliações periódicas;

II – demonstrar a efetividade de seu programa de governança em privacidade quando apropriado e, em especial, a pedido da autoridade nacional ou de outra entidade responsável por promover o cumprimento de boas práticas ou códigos de conduta, os quais, de forma independente, promovam o cumprimento desta Lei.

§ 3.º As regras de boas práticas e de governança deverão ser publicadas e atualizadas periodicamente e poderão ser reconhecidas e divulgadas pela autoridade nacional.

Art. 51. A autoridade nacional estimulará a adoção de padrões técnicos que facilitem o controle pelos titulares dos seus dados pessoais.

Capítulo VIII
DA FISCALIZAÇÃO

SEÇÃO I
Das Sanções Administrativas

Art. 52. Os agentes de tratamento de dados, em razão das infrações cometidas às normas previstas nesta Lei, ficam sujeitos às seguintes sanções administrativas aplicáveis pela autoridade nacional:

I – advertência, com indicação de prazo para adoção de medidas corretivas;

II – multa simples, de até 2% (dois por cento) do faturamento da pessoa jurídica de direito privado, grupo ou conglomerado no Brasil no seu último exercício, excluídos os tributos, limitada, no total, a R$ 50.000.000,00 (cinquenta milhões de reais) por infração;

III – multa diária, observado o limite total a que se refere o inciso II;

IV – publicização da infração após devidamente apurada e confirmada a sua ocorrência;

V – bloqueio dos dados pessoais a que se refere a infração até a sua regularização;

VI – eliminação dos dados pessoais a que se refere a infração;

VII – (*Vetado.*);

VIII – (*Vetado.*);

IX – (*Vetado.*);

X – suspensão parcial do funcionamento do banco de dados a que se refere a infração pelo período máximo de 6 (seis) meses, prorrogável por igual período, até a regularização da atividade de tratamento pelo controlador;

•• Inciso X acrescentado pela Lei n. 13.853, de 8-7-2019, originalmente vetado, todavia promulgado em 20-12-2019.

XI – suspensão do exercício da atividade de tratamento dos dados pessoais a que se refere a infração pelo período máximo de 6 (seis) meses, prorrogável por igual período;

•• Inciso XI acrescentado pela Lei n. 13.853, de 8-7-2019, originalmente vetado, todavia promulgado em 20-12-2019.

XII – proibição parcial ou total do exercício de atividades relacionadas a tratamento de dados.

•• Inciso XII acrescentado pela Lei n. 13.853, de 8-7-2019, originalmente vetado, todavia promulgado em 20-12-2019.

§ 1.º As sanções serão aplicadas após procedimento administrativo que possibilite a oportunidade da ampla defesa, de forma gradativa, isolada ou cumulativa, de acordo com as peculiaridades do caso concreto e considerados os seguintes parâmetros e critérios:

I – a gravidade e a natureza das infrações e dos direitos pessoais afetados;

II – a boa-fé do infrator;

III – a vantagem auferida ou pretendida pelo infrator;

IV – a condição econômica do infrator;

V – a reincidência;

VI – o grau do dano;

VII – a cooperação do infrator;

VIII – a adoção reiterada e demonstrada de mecanismos e procedimentos internos capazes de minimizar o dano, voltados ao tratamento seguro e adequado de dados, em consonância com o disposto no inciso II do § 2.º do art. 48 desta Lei;

IX – a adoção de política de boas práticas e governança;

X – a pronta adoção de medidas corretivas; e

XI – a proporcionalidade entre a gravidade da falta e a intensidade da sanção.

§ 2.º O disposto neste artigo não substitui a aplicação de sanções administrativas, civis ou penais definidas na Lei n. 8.078, de 11 de setembro de 1990, e em legislação específica.

•• § 2.º com redação determinada pela Lei n. 13.853, de 8-7-2019.

§ 3.º O disposto nos incisos I, IV, V, VI, X, XI e XII do *caput* deste artigo poderá ser aplicado às entidades e aos órgãos públicos, sem prejuízo do disposto na Lei n. 8.112, de 11 de dezembro de 1990, na Lei n. 8.429, de 2 de junho de 1992, e na Lei n. 12.527, de 18 de novembro de 2011.

•• § 3.º com redação determinada pela Lei n. 13.853, de 8-7-2019, originalmente vetado, todavia promulgado em 20-12-2019.

§ 4.º No cálculo do valor da multa de que trata o inciso II do *caput* deste artigo, a autoridade nacional poderá considerar o faturamento total da empresa ou grupo de empresas, quando não dispuser do valor do faturamento no ramo de atividade empresarial em que ocorreu a infração, definido pela autoridade nacional, ou quando o valor for apresentado de forma incompleta ou não for demonstrado de forma inequívoca e idônea.

§ 5.º O produto da arrecadação das multas aplicadas pela ANPD, inscritas ou não em dívida ativa, será destinado ao Fundo de Defesa de Direitos Difusos de que tratam o art. 13 da Lei n. 7.347, de 24 de julho de 1985, e a Lei n. 9.008, de 21 de março de 1995.

•• § 5.º acrescentado pela Lei n. 13.853, de 8-7-2019.

§ 6.º As sanções previstas nos incisos X, XI e XII do *caput* deste artigo serão aplicadas:

•• § 6.º, *caput*, acrescentado pela Lei n. 13.853, de 8-7-2019, originalmente vetado, todavia promulgado em 20-12-2019.

I – somente após já ter sido imposta ao menos 1 (uma) das sanções de que tratam os incisos II, III, IV, V e VI do *caput* deste artigo para o mesmo caso concreto; e

•• Inciso I acrescentado pela Lei n. 13.853, de 8-7-2019, originalmente vetado, todavia promulgado em 20-12-2019.

II – em caso de controladores submetidos a outros órgãos e entidades com competências sancionatórias, ouvidos esses órgãos.

•• Inciso II acrescentado pela Lei n. 13.853, de 8-7-2019, originalmente vetado, todavia promulgado em 20-12-2019.

§ 7.º Os vazamentos individuais ou os acessos não autorizados de que trata o *caput* do art. 46 desta Lei poderão ser objeto de conciliação direta entre controlador e titular e, caso não haja acordo, o controlador estará sujeito à aplicação das penalidades de que trata este artigo.

•• § 7.º acrescentado pela Lei n. 13.853, de 8-7-2019.

Art. 53. A autoridade nacional definirá, por meio de regulamento próprio sobre sanções administrativas a infrações a esta Lei, que deverá ser objeto de consulta pública, as metodologias que orientarão o cálculo do valor-base das sanções de multa.

§ 1.º As metodologias a que se refere o *caput* deste artigo devem ser previamente publicadas, para ciência dos agentes de tratamento, e devem apresentar objetivamente as formas e dosimetrias para o cálculo do valor-base das sanções de multa, que deverão conter fundamentação detalhada de todos os seus elementos, demonstrando a observância dos critérios previstos nesta Lei.

§ 2.º O regulamento de sanções e metodologias correspondentes deve estabelecer as circunstâncias e as condições para a adoção de multa simples ou diária.

Art. 54. O valor da sanção de multa diária aplicável às infrações a esta Lei deve observar a gravidade da falta e a extensão do dano ou prejuízo causado e ser fundamentado pela autoridade nacional.

Parágrafo único. A intimação da sanção de multa diária deverá conter, no mínimo, a descrição da obrigação imposta, o prazo razoável e estipulado pelo órgão para o seu cumprimento e o valor da multa diária a ser aplicada pelo seu descumprimento.

Capítulo IX
DA AUTORIDADE NACIONAL DE PROTEÇÃO DE DADOS (ANPD) E DO CONSELHO NACIONAL DE PROTEÇÃO DE DADOS PESSOAIS E DA PRIVACIDADE

SEÇÃO I
Da Autoridade Nacional de Proteção de Dados (ANPD)

Art. 55. (*Vetado.*)

Art. 55-A. Fica criada a Autoridade Nacional de Proteção de Dados (ANPD), autarquia de natureza especial, dotada de autonomia técnica e decisória, com patrimônio próprio e com sede e foro no Distrito Federal.
•• *Caput* com redação determinada pela Lei n. 14.460, de 25-10-2022.

§§ 1.º a 3.º (*Revogados pela Lei n. 14.460, de 25-10-2022.*)

Art. 55-B. (*Revogado pela Lei n. 14.460, de 25-10-2022.*)

Art. 55-C. A ANPD é composta de:
•• *Caput* acrescentado pela Lei n. 13.853, de 8-7-2019.

I – Conselho Diretor, órgão máximo de direção;
•• Inciso I acrescentado pela Lei n. 13.853, de 8-7-2019.

II – Conselho Nacional de Proteção de Dados Pessoais e da Privacidade;
•• Inciso II acrescentado pela Lei n. 13.853, de 8-7-2019.

III – Corregedoria;
•• Inciso III acrescentado pela Lei n. 13.853, de 8-7-2019.

IV – Ouvidoria;
•• Inciso IV acrescentado pela Lei n. 13.853, de 8-7-2019.

V – (*Revogado pela Lei n. 14.460, de 25-10-2022.*)

V-A – Procuradoria; e
•• Inciso V-A acrescentado pela Lei n. 14.460, de 25-10-2022.

VI – unidades administrativas e unidades especializadas necessárias à aplicação do disposto nesta Lei.
•• Inciso VI acrescentado pela Lei n. 13.853, de 8-7-2019.

Art. 55-D. O Conselho Diretor da ANPD será composto de 5 (cinco) diretores, incluído o Diretor-Presidente.
•• *Caput* acrescentado pela Lei n. 13.853, de 8-7-2019.

§ 1.º Os membros do Conselho Diretor da ANPD serão escolhidos pelo Presidente da República e por ele nomeados, após aprovação pelo Senado Federal, nos termos da alínea *f* do inciso III do art. 52 da Constituição Federal, e ocuparão cargo em comissão do Grupo-Direção e Assessoramento Superiores – DAS, no mínimo, de nível 5.
•• § 1.º acrescentado pela Lei n. 13.853, de 8-7-2019.

§ 2.º Os membros do Conselho Diretor serão escolhidos dentre brasileiros que tenham reputação ilibada, nível superior de educação e elevado conceito no campo de especialidade dos cargos para os quais serão nomeados.
•• § 2.º acrescentado pela Lei n. 13.853, de 8-7-2019.

§ 3.º O mandato dos membros do Conselho Diretor será de 4 (quatro) anos.
•• § 3.º acrescentado pela Lei n. 13.853, de 8-7-2019.

§ 4.º Os mandatos dos primeiros membros do Conselho Diretor nomeados serão de 2 (dois), de 3 (três), de 4 (quatro), de 5 (cinco) e de 6 (seis) anos, conforme estabelecido no ato de nomeação.
•• § 4.º acrescentado pela Lei n. 13.853, de 8-7-2019.

§ 5.º Na hipótese de vacância do cargo no curso do mandato de membro do Conselho Diretor, o prazo remanescente será completado pelo sucessor.
•• § 5.º acrescentado pela Lei n. 13.853, de 8-7-2019.

Art. 55-E. Os membros do Conselho Diretor somente perderão seus cargos em virtude de renúncia, condenação judicial transitada em julgado ou pena de demissão decorrente de processo administrativo disciplinar.
•• *Caput* acrescentado pela Lei n. 13.853, de 8-7-2019.

§ 1.º Nos termos do *caput* deste artigo, cabe ao Ministro de Estado Chefe da Casa Civil da Presidência da República instaurar o processo administrativo disciplinar, que será conduzido por comissão especial constituída por servidores públicos federais estáveis.
•• § 1.º acrescentado pela Lei n. 13.853, de 8-7-2019.

§ 2.º Compete ao Presidente da República determinar o afastamento preventivo, somente quando assim recomendado pela comissão especial de que trata o § 1.º deste artigo, e proferir o julgamento.
•• § 2.º acrescentado pela Lei n. 13.853, de 8-7-2019.

Art. 55-F. Aplica-se aos membros do Conselho Diretor, após o exercício do cargo, o disposto no art. 6.º da Lei n. 12.813, de 16 de maio de 2013.
•• *Caput* acrescentado pela Lei n. 13.853, de 8-7-2019.

Parágrafo único. A infração ao disposto no *caput* deste artigo caracteriza ato de improbidade administrativa.
•• Parágrafo único acrescentado pela Lei n. 13.853, de 8-7-2019.

Art. 55-G. Ato do Presidente da República disporá sobre a estrutura regimental da ANPD.
•• *Caput* acrescentado pela Lei n. 13.853, de 8-7-2019.

§ 1.º Até a data de entrada em vigor de sua estrutura regimental, a ANPD receberá o apoio técnico e administrativo da Casa Civil da Presidência da República para o exercício de suas atividades.
•• § 1.º acrescentado pela Lei n. 13.853, de 8-7-2019.

§ 2.º O Conselho Diretor disporá sobre o regimento interno da ANPD.
•• § 2.º acrescentado pela Lei n. 13.853, de 8-7-2019.

Art. 55-H. Os cargos em comissão e as funções de confiança da ANPD serão remanejados de outros órgãos e entidades do Poder Executivo federal.
•• Artigo acrescentado pela Lei n. 13.853, de 8-7-2019.

Art. 55-I. Os ocupantes dos cargos em comissão e das funções de confiança da ANPD serão indicados pelo Conselho Diretor e nomeados ou designados pelo Diretor-Presidente.
•• Artigo acrescentado pela Lei n. 13.853, de 8-7-2019.

Art. 55-J. Compete à ANPD:
•• *Caput* acrescentado pela Lei n. 13.853, de 8-7-2019.

I – zelar pela proteção dos dados pessoais, nos termos da legislação;
•• Inciso I acrescentado pela Lei n. 13.853, de 8-7-2019.

II – zelar pela observância dos segredos comercial e industrial, observada a proteção de dados pessoais e do sigilo das informações quando protegido por lei ou quando a quebra do sigilo violar os fundamentos do art. 2.º desta Lei;
•• Inciso II acrescentado pela Lei n. 13.853, de 8-7-2019.

III – elaborar diretrizes para a Política Nacional de Proteção de Dados Pessoais e da Privacidade;
•• Inciso III acrescentado pela Lei n. 13.853, de 8-7-2019.

IV – fiscalizar e aplicar sanções em caso de tratamento de dados realizado em descumprimento à legislação, mediante processo administrativo que assegure o contraditório, a ampla defesa e o direito de recurso;
•• Inciso IV acrescentado pela Lei n. 13.853, de 8-7-2019.

V – apreciar petições de titular contra controlador após comprovada pelo titular a apresentação de reclamação ao controlador não solucionada no prazo estabelecido em regulamentação;
•• Inciso V acrescentado pela Lei n. 13.853, de 8-7-2019.

VI – promover na população o conhecimento das normas e das políticas públicas sobre proteção de dados pessoais e das medidas de segurança;
•• Inciso VI acrescentado pela Lei n. 13.853, de 8-7-2019.

VII – promover e elaborar estudos sobre as práticas nacionais e internacionais de proteção de dados pessoais e privacidade;
•• Inciso VII acrescentado pela Lei n. 13.853, de 8-7-2019.

VIII – estimular a adoção de padrões para serviços e produtos que facilitem o exercício de controle dos titulares sobre seus dados pessoais, os quais deverão levar em consideração as especificidades das atividades e o porte dos responsáveis;
•• Inciso VIII acrescentado pela Lei n. 13.853, de 8-7-2019.

IX – promover ações de cooperação com autoridades de proteção de dados pessoais de outros países, de natureza internacional ou transnacional;
•• Inciso IX acrescentado pela Lei n. 13.853, de 8-7-2019.

X – dispor sobre as formas de publicidade das operações de tratamento de dados pessoais, respeitados os segredos comercial e industrial;
•• Inciso X acrescentado pela Lei n. 13.853, de 8-7-2019.

XI – solicitar, a qualquer momento, às entidades do poder público que realizem operações de tratamento de dados pessoais informe específico sobre o âmbito, a natureza dos dados e os demais detalhes do tratamento realizado, com a possibilidade de emitir parecer técnico complementar para garantir o cumprimento desta Lei;
•• Inciso XI acrescentado pela Lei n. 13.853, de 8-7-2019.

XII – elaborar relatórios de gestão anuais acerca de suas atividades;
•• Inciso XII acrescentado pela Lei n. 13.853, de 8-7-2019.

XIII – editar regulamentos e procedimentos sobre proteção de dados pessoais e privacidade, bem como sobre relatórios de impacto à proteção de dados pessoais para os casos em que o tratamento representar alto risco à garantia dos princípios gerais de proteção de dados pessoais previstos nesta Lei;
•• Inciso XIII acrescentado pela Lei n. 13.853, de 8-7-2019.

XIV – ouvir os agentes de tratamento e a sociedade em matérias de interesse relevante e prestar contas sobre suas atividades e planejamento;
•• Inciso XIV acrescentado pela Lei n. 13.853, de 8-7-2019.

XV – arrecadar e aplicar suas receitas e publicar, no relatório de gestão a que se refere o inciso XII do *caput* deste artigo, o detalhamento de suas receitas e despesas;
•• Inciso XV acrescentado pela Lei n. 13.853, de 8-7-2019.

XVI – realizar auditorias, ou determinar sua realização, no âmbito da atividade de fiscalização de que trata o inciso IV e com a devida observância do disposto no inciso II do *caput* deste artigo, sobre o tratamento de dados pessoais efetuado pelos agentes de tratamento, incluído o poder público;
•• Inciso XVI acrescentado pela Lei n. 13.853, de 8-7-2019.

XVII – celebrar, a qualquer momento, compromisso com agentes de tratamento para eliminar irregularidade, incerteza jurídica ou situação contenciosa no âmbito de processos administrativos, de acordo com o previsto no Decreto-lei n. 4.657, de 4 de setembro de 1942;
•• Inciso XVII acrescentado pela Lei n. 13.853, de 8-7-2019.

XVIII – editar normas, orientações e procedimentos simplificados e diferenciados, inclusive quanto aos prazos, para que microempresas e empresas de pequeno porte, bem como iniciativas empresariais de caráter incremental ou disruptivo que se autodeclarem *startups* ou empresas de inovação, possam adequar-se a esta Lei;
•• Inciso XVIII acrescentado pela Lei n. 13.853, de 8-7-2019.

XIX – garantir que o tratamento de dados de idosos seja efetuado de maneira simples, clara, acessível e adequada ao seu entendimento, nos termos desta Lei e da Lei n. 10.741, de 1.º de outubro de 2003 (Estatuto do Idoso);
•• Inciso XIX acrescentado pela Lei n. 13.853, de 8-7-2019.

XX – deliberar, na esfera administrativa, em caráter terminativo, sobre a interpretação desta Lei, as suas competências e os casos omissos;
•• Inciso XX acrescentado pela Lei n. 13.853, de 8-7-2019.

XXI – comunicar às autoridades competentes as infrações penais das quais tiver conhecimento;
•• Inciso XXI acrescentado pela Lei n. 13.853, de 8-7-2019.

XXII – comunicar aos órgãos de controle interno o descumprimento do disposto nesta Lei por órgãos e entidades da administração pública federal;
•• Inciso XXII acrescentado pela Lei n. 13.853, de 8-7-2019.

XXIII – articular-se com as autoridades reguladoras públicas para exercer suas competências em setores específicos de atividades econômicas e governamentais sujeitas à regulação; e
•• Inciso XXIII acrescentado pela Lei n. 13.853, de 8-7-2019.

XXIV – implementar mecanismos simplificados, inclusive por meio eletrônico, para o registro de reclamações sobre o tratamento de dados pessoais em desconformidade com esta Lei.
•• Inciso XXIV acrescentado pela Lei n. 13.853, de 8-7-2019.

§ 1.º Ao impor condicionantes administrativas ao tratamento de dados pessoais por agente de tratamento privado, sejam eles limites, encargos ou sujeições, a ANPD deve observar a exigência de mínima intervenção, assegurados os fundamentos, os princípios e os direitos dos titulares previstos no art. 170 da Constituição Federal e nesta Lei.
•• § 1.º acrescentado pela Lei n. 13.853, de 8-7-2019.

§ 2.º Os regulamentos e as normas editados pela ANPD devem ser precedidos de consulta e audiência públicas, bem como de análises de impacto regulatório.
•• § 2.º acrescentado pela Lei n. 13.853, de 8-7-2019.

§ 3.º A ANPD e os órgãos e entidades públicos responsáveis pela regulação de setores específicos da atividade econômica e governamental devem coordenar suas atividades, nas correspondentes esferas de atuação, com vistas a assegurar o cumprimento de suas atribuições com a maior eficiência e promover o adequado funcionamento dos setores regulados, conforme legislação específica, e o tratamento de dados pessoais, na forma desta Lei.
•• § 3.º acrescentado pela Lei n. 13.853, de 8-7-2019.

§ 4.º A ANPD manterá fórum permanente de comunicação, inclusive por meio de cooperação técnica, com órgãos e entidades da administração pública responsáveis pela regulação de setores específicos da atividade econômica e governamental, a fim de facilitar as competências regulatória, fiscalizatória e punitiva da ANPD.
•• § 4.º acrescentado pela Lei n. 13.853, de 8-7-2019.

§ 5.º No exercício das competências de que trata o *caput* deste artigo, a autoridade competente deverá zelar pela preservação do segredo empresarial e do sigilo das informações, nos termos da lei.
•• § 5.º acrescentado pela Lei n. 13.853, de 8-7-2019.

§ 6.º As reclamações colhidas conforme o disposto no inciso V do *caput* deste artigo poderão ser analisadas de forma agregada, e as eventuais providências delas decorrentes poderão ser adotadas de forma padronizada.
•• § 6.º acrescentado pela Lei n. 13.853, de 8-7-2019.

Art. 55-K. A aplicação das sanções previstas nesta Lei compete exclusivamente à ANPD, e suas competências prevalecerão, no que se refere à proteção de dados pessoais, sobre as competências correlatas de outras entidades ou órgãos da administração pública.
•• *Caput* acrescentado pela Lei n. 13.853, de 8-7-2019.

Parágrafo único. A ANPD articulará sua atuação com outros órgãos e entidades com competências sancionatórias e normativas afetas ao tema de proteção de dados pessoais e será o órgão central de interpretação desta Lei e do estabelecimento de normas e diretrizes para a sua implementação.
•• Parágrafo único acrescentado pela Lei n. 13.853, de 8-7-2019.

Art. 55-L. Constituem receitas da ANPD:
•• *Caput* acrescentado pela Lei n. 13.853, de 8-7-2019.

I – as dotações, consignadas no orçamento geral da União, os créditos especiais, os créditos adicionais, as transferências e os repasses que lhe forem conferidos;

•• Inciso I acrescentado pela Lei n. 13.853, de 8-7-2019.

II – as doações, os legados, as subvenções e outros recursos que lhe forem destinados;
•• Inciso II acrescentado pela Lei n. 13.853, de 8-7-2019.

III – os valores apurados na venda ou aluguel de bens móveis e imóveis de sua propriedade;
•• Inciso III acrescentado pela Lei n. 13.853, de 8-7-2019.

IV – os valores apurados em aplicações no mercado financeiro das receitas previstas neste artigo;
•• Inciso IV acrescentado pela Lei n. 13.853, de 8-7-2019.

V – (Vetado.);
•• Inciso V acrescentado pela Lei n. 13.853, de 8-7-2019.

VI – os recursos provenientes de acordos, convênios ou contratos celebrados com entidades, organismos ou empresas, públicos ou privados, nacionais ou internacionais;
•• Inciso VI acrescentado pela Lei n. 13.853, de 8-7-2019.

VII – o produto da venda de publicações, material técnico, dados e informações, inclusive para fins de licitação pública.
•• Inciso VII acrescentado pela Lei n. 13.853, de 8-7-2019.

Art. 55-M. Constituem o patrimônio da ANPD os bens e os direitos:
•• Caput acrescentado pela Lei n. 14.460, de 25-10-2022.

I – que lhe forem transferidos pelos órgãos da Presidência da República; e
•• Inciso I acrescentado pela Lei n. 14.460, de 25-10-2022.

II – que venha a adquirir ou a incorporar.
•• Inciso II acrescentado pela Lei n. 14.460, de 25-10-2022.

Art. 56. (Vetado.)

Art. 57. (Vetado.)

SEÇÃO II
Do Conselho Nacional de Proteção de Dados Pessoais e da Privacidade

Art. 58. (Vetado.)

Art. 58-A. O Conselho Nacional de Proteção de Dados Pessoais e da Privacidade será composto de 23 (vinte e três) representantes, titulares e suplentes, dos seguintes órgãos:
•• Caput acrescentado pela Lei n. 13.853, de 8-7-2019.

I – 5 (cinco) do Poder Executivo federal;
•• Inciso I acrescentado pela Lei n. 13.853, de 8-7-2019.

II – 1 (um) do Senado Federal;
•• Inciso II acrescentado pela Lei n. 13.853, de 8-7-2019.

III – 1 (um) da Câmara dos Deputados;
•• Inciso III acrescentado pela Lei n. 13.853, de 8-7-2019.

IV – 1 (um) do Conselho Nacional de Justiça;
•• Inciso IV acrescentado pela Lei n. 13.853, de 8-7-2019.

V – 1 (um) do Conselho Nacional do Ministério Público;
•• Inciso V acrescentado pela Lei n. 13.853, de 8-7-2019.

VI – 1 (um) do Comitê Gestor da Internet no Brasil;
•• Inciso VI acrescentado pela Lei n. 13.853, de 8-7-2019.

VII – 3 (três) de entidades da sociedade civil com atuação relacionada a proteção de dados pessoais;
•• Inciso VII acrescentado pela Lei n. 13.853, de 8-7-2019.

VIII – 3 (três) de instituições científicas, tecnológicas e de inovação;
•• Inciso VIII acrescentado pela Lei n. 13.853, de 8-7-2019.

IX – 3 (três) de confederações sindicais representativas das categorias econômicas do setor produtivo;
•• Inciso IX acrescentado pela Lei n. 13.853, de 8-7-2019.

X – 2 (dois) de entidades representativas do setor empresarial relacionado à área de tratamento de dados pessoais; e
•• Inciso X acrescentado pela Lei n. 13.853, de 8-7-2019.

XI – 2 (dois) de entidades representativas do setor laboral.
•• Inciso XI acrescentado pela Lei n. 13.853, de 8-7-2019.

§ 1.º Os representantes serão designados por ato do Presidente da República, permitida a delegação.
•• § 1.º acrescentado pela Lei n. 13.853, de 8-7-2019.

§ 2.º Os representantes de que tratam os incisos I, II, III, IV, V e VI do caput deste artigo e seus suplentes serão indicados pelos titulares dos respectivos órgãos e entidades da administração pública.
•• § 2.º acrescentado pela Lei n. 13.853, de 8-7-2019.

§ 3.º Os representantes de que tratam os incisos VII, VIII, IX, X e XI do caput deste artigo e seus suplentes:
•• § 3.º, caput, acrescentado pela Lei n. 13.853, de 8-7-2019.

I – serão indicados na forma de regulamento;
•• Inciso I acrescentado pela Lei n. 13.853, de 8-7-2019.

II – não poderão ser membros do Comitê Gestor da Internet no Brasil;
•• Inciso II acrescentado pela Lei n. 13.853, de 8-7-2019.

III – terão mandato de 2 (dois) anos, permitida 1 (uma) recondução.
•• Inciso III acrescentado pela Lei n. 13.853, de 8-7-2019.

§ 4.º A participação no Conselho Nacional de Proteção de Dados Pessoais e da Privacidade será considerada prestação de serviço público relevante, não remunerada.
•• § 4.º acrescentado pela Lei n. 13.853, de 8-7-2019.

Art. 58-B. Compete ao Conselho Nacional de Proteção de Dados Pessoais e da Privacidade:
•• Caput acrescentado pela Lei n. 13.853, de 8-7-2019.

I – propor diretrizes estratégicas e fornecer subsídios para a elaboração da Política Nacional de Proteção de Dados Pessoais e da Privacidade e para a atuação da ANPD;
•• Inciso I acrescentado pela Lei n. 13.853, de 8-7-2019.

II – elaborar relatórios anuais de avaliação da execução das ações da Política Nacional de Proteção de Dados Pessoais e da Privacidade;
•• Inciso II acrescentado pela Lei n. 13.853, de 8-7-2019.

III – sugerir ações a serem realizadas pela ANPD;
•• Inciso III acrescentado pela Lei n. 13.853, de 8-7-2019.

IV – elaborar estudos e realizar debates e audiências públicas sobre a proteção de dados pessoais e da privacidade; e
•• Inciso IV acrescentado pela Lei n. 13.853, de 8-7-2019.

V – disseminar o conhecimento sobre a proteção de dados pessoais e da privacidade à população.
•• Inciso V acrescentado pela Lei n. 13.853, de 8-7-2019.

Art. 59. (Vetado.)

Capítulo X
DISPOSIÇÕES FINAIS E TRANSITÓRIAS

Art. 60. A Lei n. 12.965, de 23 de abril de 2014 (Marco Civil da Internet), passa a vigorar com as seguintes alterações:
•• Alterações já processadas no diploma modificado.

Art. 61. A empresa estrangeira será notificada e intimada de todos os atos processuais previstos nesta Lei, independentemente de procuração ou de disposição contratual ou estatutária, na pessoa do agente ou representante ou pessoa responsável por sua filial, agência, sucursal, estabelecimento ou escritório instalado no Brasil.

Art. 62. A autoridade nacional e o Instituto Nacional de Estudos e Pesquisas Educacionais Anísio Teixeira (Inep), no âmbito de suas competências, editarão regulamentos específicos para o acesso a dados tratados pela União para o cumprimento do disposto no § 2.º do art. 9.º da Lei n. 9.394, de 20 de dezembro de 1996 (Lei de Diretrizes e Bases da Educação Nacional), e aos referentes ao Sistema Nacional de Avaliação da Educação Superior (Sinaes), de que trata a Lei n. 10.861, de 14 de abril de 2004.

Art. 63. A autoridade nacional estabelecerá normas sobre a adequação progressiva de bancos de dados constituídos até a data de entrada em vigor desta Lei, consideradas a complexidade das operações de tratamento e a natureza dos dados.

Art. 64. Os direitos e princípios expressos nesta Lei não excluem outros previstos no ordenamento jurídico pátrio relacionados à matéria ou nos tratados internacionais em que a República Federativa do Brasil seja parte.

Art. 65. Esta Lei entra em vigor:

•• *Caput* com redação determinada pela Lei n. 13.853, de 8-7-2019.

I – dia 28 de dezembro de 2018, quanto aos arts. 55-A, 55-B, 55-C, 55-D, 55-E, 55-F, 55-G, 55-H, 55-I, 55-J, 55-K, 55-L, 58-A e 58-B;

•• Inciso I acrescentado pela Lei n. 13.853, de 8-7-2019.

I-A – dia 1.º de agosto de 2021, quanto aos arts. 52, 53 e 54;

•• Inciso I-A acrescentado pela Lei n. 14.010, de 10-6-2020.

II – 24 (vinte e quatro) meses após a data de sua publicação, quanto aos demais artigos.

•• Inciso II acrescentado pela Lei n. 13.853, de 8-7-2019.

Brasília, 14 de agosto de 2018; 197.º da Independência e 130.º da República.

MICHEL TEMER

DECRETO N. 9.499, DE 10 DE SETEMBRO DE 2018 (*)

Promulga o Mecanismo para o Exercício Profissional Temporário, aprovado pela Decisão CMC 25/03, do Conselho Mercado Comum, firmada na XXV Reunião de Cúpula do Mercosul, em Montevidéu, em 15 de dezembro de 2003.

O Presidente da República, no uso da atribuição que lhe confere o art. 84, *caput*, inciso IV, da Constituição, e

Considerando que o Mecanismo para o Exercício Profissional Temporário foi aprovado pela Decisão CMC 25/03, do Conselho Mercado Comum, firmada na XXV Reunião de Cúpula do Mercosul, em Montevidéu, em 15 de dezembro de 2003;

Considerando que o Congresso Nacional aprovou o Mecanismo para o Exercício Profissional Temporário por meio do Decreto Legislativo n.º 347, de 23 de dezembro de 2008; e

Considerando que o Mecanismo para o Exercício Profissional Temporário entrou em vigor para a República Federativa do Brasil, no plano jurídico externo, em 17 de abril de 2013, nos termos do Artigo 40 do Protocolo de Ouro Preto, promulgado pelo Decreto n. 1.901, de 9 de maio de 1996; decreta:

Art. 1.º Fica promulgado o Mecanismo para o Exercício Profissional Temporário, aprovado pela Decisão CMC 25/03, do Conselho Mercado Comum, firmada na XXV Reunião de Cúpula do Mercosul, em Montevidéu, em 15 de dezembro de 2003, anexo a este Decreto.

Art. 2.º São sujeitos à aprovação do Congresso Nacional atos que possam resultar em revisão do Mecanismo para o Exercício Profissional Temporário e ajustes complementares que acarretem encargos ou compromissos gravosos ao patrimônio nacional, nos termos do inciso I do *caput* do art. 49 da Constituição.

Art. 3.º Este Decreto entra em vigor na data de sua publicação.

Brasília, 10 de setembro de 2018; 197.º da Independência e 130.º da República.

MICHEL TEMER

ANEXO
MERCOSUL/CMC/DEC. N.º 25/03
MECANISMO PARA O EXERCÍCIO PROFISSIONAL TEMPORÁRIO

Tendo em vista: O Tratado de Assunção, o Protocolo de Ouro Preto, o Protocolo de Montevidéu sobre Comércio de Serviços e a Resolução N.º 36/00 do Grupo Mercado Comum.

(*) Publicado no *DOU* de 11-9-2018.

Considerando:

Que existe a necessidade de estabelecer normas de caráter quadripartite dentro do contexto e objetivos do MERCOSUL para outorgar licenças temporárias aos prestadores de serviços profissionais nos Estados Partes.

Que o Protocolo de Montevidéu contempla no Artigo XI o compromisso dos Estados Partes de alentar nos seus respectivos territórios as entidades competentes governamentais, assim como as associações e colégios profissionais, a desenvolver normas para o exercício de atividades profissionais para a outorga de licenças e propor recomendações ao GMC sobre reconhecimento mútuo, considerando a educação, experiência, licenças, matrículas ou certificados obtidos no território de outro Estado Parte.

Que as referidas normas devem basear-se em critérios e objetivos transparentes, que assegurem a qualidade do serviço profissional, a proteção ao consumidor, a ordem pública, a segurança e a saúde da população, o respeito pelo meio ambiente e a identidade dos Estados Partes.

Que as disposições e recomendações não devem constituir-se em barreiras ou restrições para a prestação de um serviço profissional temporário.

Que se deve buscar que a harmonização prevista minimize a modificação da legislação vigente nos Estados Partes que contém com regulamento sobre exercício profissional e impulsione o seu estabelecimento nos Estados Partes que não contém com tal normativa.

Que se deve oferecer a cada Estado Parte e aos profissionais os instrumentos adequados ante o descumprimento do mecanismo para o reconhecimento mútuo de matrículas para o exercício profissional temporário por parte de uma entidade responsável pelo registro e fiscalização profissional de outro Estado Parte.

Que se deve buscar obter benefícios preferenciais no exercício profissional para os Estados Partes junto a outros países ou blocos, mantendo os critérios de transparência, imparcialidade e eficiência.

Que um número significativo das entidades profissionais dos Estados Partes se agruparam naturalmente por disciplinas ou grupos de disciplinas e estão realizando reuniões, trocando informações e alcançando consensos sobre os critérios e procedimentos comuns para um exercício profissional na região.

O Conselho Mercado Comum decide:

Art. 1.º Aprovar as "Diretrizes para a Celebração de Acordos Marco de Reconhecimento Recíproco entre Entidades Profissionais e a Elaboração de Disciplinas para a Outorga de Licenças Temporárias", que constam como Anexo I e formam parte da presente Decisão.

Art. 2.º Aprovar as "Funções e Atribuições dos Centros Focais de Informação e Gestão" que constam como Anexo II e formam parte da presente Decisão.

Art. 3.º Aprovar o "Mecanismo de Funcionamento do Sistema" que consta como Anexo III e forma parte da presente Decisão.

Art. 4.º A presente Decisão deverá ser incorporada aos ordenamentos jurídicos nacionais, de acordo aos procedimentos respectivos de cada Estado Parte.

XXV CMC – Montevidéu, 15/XII/03

ANEXO I
DIRETRIZES PARA A CELEBRAÇÃO DE ACORDOS MARCO DE RECONHECIMENTO RECÍPROCO ENTRE ENTIDADES PROFISSIONAIS E ELABORAÇÃO DE DISCIPLINAS PARA A OUTORGA DE LICENÇAS TEMPORÁRIAS

A – DISPOSIÇÕES GERAIS

Art. 1.º A outorga de licenças, matrículas ou certificados para a prestação temporária de serviços profissionais no marco do Protocolo de Montevidéu para o Comércio de Serviços, realizar-se-á por meio dos

organismos profissionais responsáveis pelo controle e a fiscalização do exercício profissional. O sistema funcionará de acordo com o estabelecido ao estabelecido no Anexo III.

Para efeitos deste documento, entende-se como serviços profissionais os prestados por profissionais universitários ou de nível superior, e os profissionais de nível técnico.

Art. 2.º As normas e diretrizes para a outorga de licenças temporárias deverão ser comuns para os Estados Partes. Para a elaboração da normativa comum, conformar-se-á um Grupo de Trabalho para cada profissão ou grupo de profissões.

Art. 3.º Cada Grupo de Trabalho estará conformado pelas entidades responsáveis da fiscalização do exercício de cada profissão ou grupo de profissões, de acordo com a legislação vigente em cada Estado Parte, ou pela organização nacional que as compreenda. Quando não exista fiscalização delegada em uma entidade profissional, ou organização nacional legalmente facultada que as compreenda, o Grupo de Serviços, Seção Nacional de cada Estado Parte designará as entidades profissionais que conformarão o Grupo de Trabalho.

Art. 4.º Os Grupos de Trabalho terão como mandato a elaboração das diretrizes e disciplinas para a outorga de licenças ou matrículas para o exercício profissional temporário e os Acordos Marco de Reconhecimento Recíproco entre Entidades Profissionais, conforme as Diretrizes que figuram no item B deste Anexo.

Art. 5.º As Entidades Profissionais, que desejem constituir um Grupo de Trabalho, solicitarão seu reconhecimento como tais ao Grupo de Serviços do MERCOSUL. Se constituirá um Grupo de Trabalho para cada Profissão ou Profissões afins reconhecendo para tal aos já existentes.

Art. 6.º As propostas elaboradas e que chegarem a consenso nos Grupos de Trabalhos serão postas em consideração do Grupo de Serviços, que avaliará sua consistência em relação ao Protocolo de Montevidéu e com o estabelecido na presente Decisão, a viabilidade de sua aplicação, e as levará a consideração do GMC para sua aprovação.

Art. 7.º Para a implementação do mecanismo, as entidades de cada Estado Parte, responsáveis pela fiscalização do exercício em cada profissão, subscritará os Acordos Marco de Reconhecimento Recíproco, que deverão ser elevados por meio do Grupo de Serviços ao GMC para sua aprovação.

Art. 8.º As Entidades Profissionais que subscritem o Acordo deverão cumprir os seguintes requisitos: *a)* ser legalmente responsáveis da outorga de licenças e matrículas para o exercício profissional e de sua fiscalização em suas respectivas jurisdições; *b)* abarcar todo o território do Estado Parte ou uma parte substantiva do território desse Estado Parte que seja considerada equitativa pelas entidades dos outros Estados Partes.

Art. 9.º Cada Estado Parte disporá de um Centro Focal por profissão ou grupo de profissões, que constitua o centro de informação sobre normativa e regulamentação nacional e de cada uma das jurisdições que o integram, cujas funções e atribuições figuram como Anexo II e fazem parte da presente Decisão.

Art. 10. Os Acordos Marco subscritos se aplicarão em conformidade com o Protocolo de Montevidéu e as normas dos convênios existentes sobre nacionalidade, residência, domicílio, visto de trabalho, migrações. A aplicabilidade dos Acordos Marco subscritos estará sujeita à existência de organismos em cada Estado Parte de registro e fiscalização do exercício das profissões correspondentes a cada Acordo Marco, aos quais a filiação dos profissionais dos respectivos Estados Partes seja obrigatória.

Art. 11. Cada Estado Parte se compromete a implementar os instrumentos necessários para assegurar a plena vigência com alcance nacional dos Acordos Marco subscritos, assim como a harmonização da legislação vigente, para permitir a aplicação dos mesmos.

Art. 12. Cada Acordo Marco colocará em vigência com adesão das entidades de fiscalização do exercício profissional de 2 (dois) dos Estados Partes. Uma vez em vigor, o Acordo somente se aplicará aos Estados Partes cujas entidades de fiscalização do exercício profissional tenham aderido ao Acordo.

Art. 13. A pedido de um Estado Parte o presente mecanismo poderá ser examinado e, de comum acordo, modificado para seu aperfeiçoamento.

B – DIRETRIZES

Para que um profissional matriculado em um Estado Parte do MERCOSUL desenvolva uma atividade profissional em outro Estado Parte, cada Acordo Marco deverá contemplar os aspectos mencionados a continuação:

a) a necessidade de contar com um contrato para desenvolver sua atividade no país receptor;

b) requisitos comuns nos quatro países para sua inscrição no Registro Profissional Temporário da entidade de fiscalização profissional da jurisdição onde vá exercer a profissão;

c) os requisitos em matéria de tradução de documentos para a inscrição;

d) os critérios de equivalências na formação e seus alcances ou competências e experiência mínima requerida, a definir por comissões quadripartites por profissão ou grupo de profissões, podendo efetuar-se testes de aptidão ou exames de habilitação não discriminatórios e estabelecer requerimentos de educação permanente;

e) os procedimentos e prazos de comunicação entre as entidades profissionais de origem e receptora durante a inscrição e a fiscalização da atividade;

f) as causas de negação de inscrição e o procedimento de recurso;

g) as competências, direito e obrigações do profissional em exercício temporário, não podendo ser eleitor nem elegível na entidade de fiscalização local;

h) o reconhecimento expresso do Profissional em relação à jurisdição disciplinar, ética e técnica da entidade fiscalizadora receptora, respeitando a mesma e toda outra legislação local;

i) o compromisso do profissional de restringir sua atividade exclusivamente ao previsto no contrato e compatível com sua formação profissional sendo a violação a esta causa de anulação da inscrição no Registro Temporário;

j) a implementação de um código de ética comum para cada profissão ou grupo de profissões;

k) a aplicação dos procedimentos vigentes na jurisdição local e o compromisso por parte da entidade fiscalizadora respectiva de um trato justo e igualitário entre os profissionais em exercício temporário e os dessa jurisdição;

l) o registro temporário será de até dois anos, prorrogáveis por igual período, vinculado a uma prorrogação de contrato;

m) não impor avaliação sobre conhecimento local não vinculados ao exercício profissional para o registro;

n) os requerimentos para assegurar a responsabilidade civil emergente do exercício profissional;

o) o procedimento para a solução de controvérsias;

p) o estabelecimento de um mecanismo de sanções.

Cada Grupo de Trabalho poderá constituir comissões por profissão, quando seja necessário, a fim de contribuir para a definição dos critérios de equivalências na formação e suas atribuições, alcances ou competências e experiência mínima requerida, as provas de aptidão ou exames de habilitação e os requerimentos de educação permanente.

ANEXO II
FUNÇÕES E ATRIBUIÇÕES DOS CENTROS FOCAIS DE INFORMAÇÃO E GESTÃO

1 – O Centro Focal em cada Estado Parte estará formado pelas entidades que foram signatárias dos Acordos Marco, responsáveis pela fiscalização do exercício profissional em suas jurisdições, que além de centro de informação e gestão estabelecerão seu regulamento e coordenarão as reuniões e suas agendas.

2 – Cada Centro Focal de um Estado Parte realizará, no mínimo, as seguintes atividades:

a) manter atualizada a informação sobre legislações, regulamentações e procedimentos que as entidades desse Estado aderidas ao Acordo Marco tenham entregado;

b) arquivar cópia dos originais de homologação do Acordo Marco efetuada pelo GMC e das Adesões e informará das mesmas, mantendo atualizada a informação respectiva;

c) organizar e manter uma base de dados com informação atualizada na qual conste, entre outros, o movimento de profissionais temporários e as eventuais sanções, sobre a base da informação provida por cada Entidade;

d) manter comunicação com os Centros Focais correspondentes dos outros três Estados Partes;

e) contar com um sítio *web* onde se manterá a informação requerida sobre legislações, regulamentações e procedimentos aplicáveis, assim como toda outra informação que o organismo quadripartite considere conveniente ao objetivo do Centro Focal.

3 – Os custos de criação e funcionamento dos Centros Focais serão patrocinados pelas entidades profissionais integrantes.

ANEXO III
FUNCIONAMENTO DO MECANISMO

A) OPERAÇÃO DO MECANISMO

1. Para prestar serviços profissionais temporários, o profissional devidamente registrado e habilitado em seu país de origem deverá solicitar sua inscrição no Registro Profissional Temporário na entidade fiscalizadora do Exercício Profissional, em cuja jurisdição acredite um contrato de prestação de serviços.

2. A entidade de fiscalização será a responsável em aplicar o mecanismo e inscrever no Registro Temporário os profissionais dos outros Estados Partes que o requeiram e cumpram os requisitos previamente acordados.

3. Toda entidade aderente deverá informar ao Centro Focal, periodicamente, as altas, baixas, sanções e toda novidade na normativa profissional vigente em sua jurisdição.

4. Os Grupos de Trabalho efetuarão um Informe Anual sobre o desenvolvimento da atividade profissional na região e o enviarão ao GMC, por meio do Grupo de Serviços.

5. Os Grupos de Trabalho seguirão efetuando as propostas para o aperfeiçoamento do sistema ao GMC, por meio do Grupo de Serviços.

B) MECANISMO DE ADESÃO A CADA ACORDO MARCO

A incorporação a cada Acordo Marco de entidades de fiscalização do exercício profissional de um Estado Parte será solicitada ao GMC, por meio do Grupo de Serviços. Para isto, deverá apresentar a documentação legal que acredite sua condição de Organismo responsável da Fiscalização do exercício na jurisdição correspondente, contar com a aprovação do Grupo de Trabalho e acompanhar de cópia da legislação, regulamentação e procedimentos aplicados por esta entidade em sua jurisdição para a fiscalização do exercício profissional, como de toda outra normativa relacionada que se aplique ao exercício profissional nessa jurisdição. As Entidades de Fiscalização que aderirem deverão adequar-se à normativa estabelecida para a outorga do registro temporal.

O Grupo de Serviço informará ao GMC sua conformidade com o pedido de Adesão.

C) GESTÃO DE SOLUÇÃO DE CONTROVÉRSIA

O GS avaliará a consistência dos mecanismos de Solução de Controvérsias elaborados pelos Grupos de Trabalho conforme ao Artigo 4.º do item A do Anexo I, com a normativa vigente no MERCOSUL e a viabilidade de sua aplicação. Este mecanismo de Solução de Controvérsias será único para todas as profissões.

DECRETO N. 9.579, DE 22 DE NOVEMBRO DE 2018 (*)

> Consolida atos normativos editados pelo Poder Executivo federal que dispõem sobre a temática do lactente, da criança e do adolescente e do aprendiz, e sobre o Conselho Nacional dos Direitos da Criança e do Adolescente, o Fundo Nacional para a Criança e o Adolescente e os programas federais da criança e do adolescente, e dá outras providências.

O Presidente da República, no uso da atribuição que lhe confere o art. 84, *caput*, inciso IV, da Constituição, e tendo em vista o disposto na Lei Complementar n. 95, de 26 de fevereiro de 1998, e na Lei n. 8.069, de 13 de julho de 1990 – Estatuto da Criança e do Adolescente, decreta:

Título I
DISPOSIÇÕES PRELIMINARES

Art. 1.º Este Decreto consolida os atos normativos editados pelo Poder Executivo federal que dispõem sobre a temática da criança e do adolescente, em observância ao disposto na Lei Complementar n. 95, de 26 de fevereiro de 1998, e no Decreto n. 9.191, de 1.º de novembro de 2017.

§ 1.º Para fins do disposto neste Decreto, considera-se consolidação a reunião de atos normativos pertinentes a determinada matéria em um único diploma legal, com a revogação formal daqueles atos normativos incorporados à consolidação e sem a modificação do alcance nem da interrupção da força normativa dos dispositivos consolidados, nos termos do disposto no art. 13, § 1.º, da Lei Complementar n. 95, de 1998, e no art. 45 do Decreto n. 9.191, de 2017.

§ 2.º A consolidação de atos normativos tem por objetivo eliminar do ordenamento jurídico brasileiro normas de conteúdo idêntico ou divergente, observado o disposto no art. 46 do Decreto n. 9.191, de 2017.

Art. 2.º Para fins do disposto neste Decreto, considera-se criança a pessoa com até doze anos de idade incompletos e adolescente a pessoa entre doze e dezoito anos de idade, em observância ao disposto na Lei n. 8.069, de 13 de julho de 1990 – Estatuto da Criança e do Adolescente.

Parágrafo único. Nas hipóteses previstas em lei, o disposto neste Decreto se aplica, excepcionalmente, às pessoas entre dezoito e vinte e um anos.

Título II
DOS DIREITOS FUNDAMENTAIS DA CRIANÇA E DO ADOLESCENTE

..

Capítulo V
DO DIREITO À PROFISSIONALIZAÇÃO

(*) Publicado no *DOU* de 23-11-2018. A Lei n. 11.692, de 10-6-2008, dispõe sobre o Programa Nacional de Inclusão de Jovens – Projovem.

SEÇÃO I
Das Atividades Voluntárias

Art. 42. Crianças e Adolescentes poderão participar de atividades voluntárias, desde que acompanhados ou expressamente autorizados pelos pais ou responsáveis, observado o disposto na legislação específica de proteção à criança e ao adolescente, conforme o disposto no art. 15 do Decreto n. 9.149, de 28 de agosto de 2017.
• Citado artigo dispõe: "Art. 15. Crianças e adolescentes poderão participar de atividades voluntárias, desde que acompanhados ou expressamente autorizados pelos pais ou responsáveis, observada a legislação específica de proteção à criança e ao adolescente".

SEÇÃO II
Do Aprendiz

Art. 43. Nas relações jurídicas pertinentes à contratação de aprendizes, será observado o disposto neste Capítulo.
• Vide arts. 14 a 16 da Lei n. 12.852, de 5-8-2013 (Estatuto da Juventude).
• A Instrução Normativa n. 146, de 25-7-2018, da SIT, dispõe sobre a fiscalização das condições de trabalho no âmbito do programa de aprendizagem.

Art. 44. Este Capítulo dispõe sobre a aprendizagem profissional para adolescentes e jovens de quatorze a vinte e quatro anos, prevista na Consolidação das Leis do Trabalho, aprovada pelo Decreto-lei n. 5.452, de 1.º de maio de 1943.
•• *Caput* com redação determinada pelo Decreto n. 11.061, de 4-5-2022.

§ 1.º Para fins do disposto neste Capítulo, considera-se:
•• § 1.º, *caput*, acrescentado pelo Decreto n. 11.061, de 4-5-2022.

I – aprendiz – a pessoa que firma contrato de aprendizagem profissional, nos termos do disposto no art. 428 da Consolidação das Leis do Trabalho, aprovada pelo Decreto-lei n. 5.452, de 1943;
•• Inciso I acrescentado pelo Decreto n. 11.061, de 4-5-2022.

II – aprendiz egresso – aprendiz que efetivamente concluiu o curso de aprendizagem profissional e teve seu contrato de aprendizagem profissional extinto no seu termo;
•• Inciso II acrescentado pelo Decreto n. 11.061, de 4-5-2022.

III – entidade qualificada em formação técnico-profissional metódica – entidades com competência atribuída legalmente para realizar aprendizagem profissional ou habilitadas pelo Poder Executivo federal para essa finalidade, nos termos do disposto no art. 430 da Consolidação das Leis do Trabalho, aprovada pelo Decreto-lei n. 5.452, de 1943; e
•• Inciso III acrescentado pelo Decreto n. 11.061, de 4-5-2022.

IV – formação técnico-profissional metódica – atividades teóricas e práticas, que desenvolvem competências profissionais, conhecimentos, habilidades e atitudes, metodicamente organizadas em tarefas de complexidade progressiva para propiciar ao aprendiz qualificação profissional adequada ao mercado de trabalho.
•• Inciso IV acrescentado pelo Decreto n. 11.061, de 4-5-2022.

§ 2.º A idade máxima de até vinte e quatro anos para desempenho de atividade de aprendizagem profissional não se aplica:
•• § 2.º, *caput*, acrescentado pelo Decreto n. 11.061, de 4-5-2022.

I – a pessoas com deficiência, que poderão ser contratadas como aprendizes a partir de quatorze anos de idade; e
•• Inciso I acrescentado pelo Decreto n. 11.061, de 4-5-2022.

II – a aprendizes inscritos em programas de aprendizagem profissional que envolvem o desempenho de atividades vedadas a menores de vinte e um anos de idade, os quais poderão ter até vinte e nove anos de idade.
•• Inciso II acrescentado pelo Decreto n. 11.061, de 4-5-2022.

SEÇÃO III
Do Contrato de Aprendizagem

• A CLT dispõe sobre proteção ao trabalho do menor nos arts. 402 e s.

Art. 45. O contrato de aprendizagem profissional é o contrato de trabalho especial, ajustado por escrito e por prazo determinado, em que:
•• *Caput* com redação determinada pelo Decreto n. 11.061, de 4-5-2022.

I – o empregador se compromete a assegurar ao aprendiz, inscrito em programa de aprendizagem profissional, formação técnico-profissional metódica compatível com o seu desenvolvimento físico, moral e psicológico; e
•• Inciso I acrescentado pelo Decreto n. 11.061, de 4-5-2022.

II – o aprendiz se compromete a executar, com zelo e diligência, as tarefas necessárias à formação a que se refere o inciso I.
•• Inciso II acrescentado pelo Decreto n. 11.061, de 4-5-2022.

§ 1.º O contrato de aprendizagem profissional não poderá ter duração superior a três anos, exceto:
•• § 1.º, *caput*, acrescentado pelo Decreto n. 11.061, de 4-5-2022.

I – quando se tratar de pessoa com deficiência, hipótese em que não há limite máximo de prazo;
•• Inciso I acrescentado pelo Decreto n. 11.061, de 4-5-2022.

II – quando o aprendiz for contratado com idade entre quatorze e quinze anos de idade incompletos, hipótese em que poderá ter seu contrato firmado pelo prazo de até quatro anos; ou
•• Inciso II acrescentado pelo Decreto n. 11.061, de 4-5-2022.

III – quando o aprendiz se enquadrar nas situações previstas nos incisos I a V do *caput* do art. 51-C, hipótese em que poderá ter seu contrato firmado pelo prazo de até quatro anos.
•• Inciso III acrescentado pelo Decreto n. 11.061, de 4-5-2022.

§ 2.º O contrato de aprendizagem profissional poderá ser prorrogado, por meio de aditivo contratual e anotação na Carteira de Trabalho e Previdência Social, respeitado o prazo máximo de quatro anos, na hipótese de continuidade de itinerário formativo, conforme estabelecido em ato do Ministro de Estado do Trabalho e Previdência.
•• § 2.º acrescentado pelo Decreto n. 11.061, de 4-5-2022.

§ 3.º Na hipótese prevista no § 2.º, a continuidade do itinerário formativo poderá ocorrer pelo reconhecimento dos cursos ou de parte de cursos da educação profissional e tecnológica de graduação como atividade teórica de curso de aprendizagem profissional.
•• § 3.º acrescentado pelo Decreto n. 11.061, de 4-5-2022.

§ 4.º Para fins do disposto no § 3.º, considera-se o início do itinerário formativo aquele que tenha ocorrido a partir de curso ou de parte de curso:
•• § 4.º, *caput*, acrescentado pelo Decreto n. 11.061, de 4-5-2022.

I – de educação profissional técnica de nível médio; ou
•• Inciso I acrescentado pelo Decreto n. 11.061, de 4-5-2022.

II – de itinerário da formação técnica e profissional do ensino médio.
•• Inciso II acrescentado pelo Decreto n. 11.061, de 4-5-2022.

§ 5.º Nas hipóteses previstas nos § 2.º a § 4.º, desde que o estabelecimento cumpridor da cota de aprendizagem profissional seja mantido, poderá haver alteração:
•• § 5.º, *caput*, acrescentado pelo Decreto n. 11.061, de 4-5-2022.

I – da entidade qualificada em formação técnico-profissional metódica; e
•• Inciso I acrescentado pelo Decreto n. 11.061, de 4-5-2022.

II – do programa de aprendizagem profissional.
•• Inciso II acrescentado pelo Decreto n. 11.061, de 4-5-2022.

Art. 46. A validade do contrato de aprendizagem profissional pressupõe:
•• *Caput* com redação determinada pelo Decreto n. 11.061, de 4-5-2022.

I – a anotação na Carteira de Trabalho e Previdência Social;
•• Inciso I acrescentado pelo Decreto n. 11.061, de 4-5-2022.

II – a matrícula e a frequência do aprendiz à escola, na hipótese de este não ter concluído o ensino médio; e
•• Inciso II acrescentado pelo Decreto n. 11.061, de 4-5-2022.

II – a inscrição em programa de aprendizagem profissional desenvolvido sob a orientação de entidade qualificada em formação técnico-profissional metódica.
•• Inciso II acrescentado pelo Decreto n. 11.061, de 4-5-2022.
•• Numeração conforme publicação oficial.

Parágrafo único. A comprovação da escolaridade de aprendiz com deficiência psicossocial considerará, sobretudo, as habilidades e as competências relacionadas com a profissionalização.
•• Parágrafo único acrescentado pelo Decreto n. 11.061, de 4-5-2022.

Art. 47. O descumprimento das disposições legais e regulamentares importará a nulidade do contrato de aprendizagem, nos termos do disposto no art. 9.º da CLT, aprovada pelo Decreto-lei n. 5.452, de 1943, situação em que fica estabelecido o vínculo empregatício diretamente com o empregador responsável pelo cumprimento da cota de aprendizagem.

Parágrafo único. O disposto no *caput* não se aplica, quanto ao vínculo, a pessoa jurídica de direito público.

SEÇÃO IV
Da Formação Técnico-Profissional e das Entidades Qualificadas em Formação Técnico-Profissional Metódica

SUBSEÇÃO I
Da formação técnico-profissional

Art. 48. A formação técnico-profissional metódica será realizada por meio de programas de aprendizagem profissional organizados e desenvolvidos sob a orientação e a responsabilidade das entidades a que se refere o art. 50.
•• *Caput* com redação determinada pelo Decreto n. 11.061, de 4-5-2022.

Parágrafo único. (*Revogado pelo Decreto n. 11.061, de 4-5-2022.*)

Art. 49. A formação técnico-profissional do aprendiz obedecerá aos seguintes princípios:

I – garantia de acesso e frequência obrigatória no ensino básico;
•• Inciso I com redação determinada pelo Decreto n. 11.061, de 4-5-2022.

II – horário especial para o exercício das atividades; e

III – qualificação profissional adequada ao mercado de trabalho.
•• Inciso III com redação determinada pelo Decreto n. 11.061, de 4-5-2022.

Parágrafo único. Ao aprendiz com idade inferior a dezoito anos é assegurado o respeito à sua condição peculiar de pessoa em desenvolvimento.

Art. 49-A. O Ministério do Trabalho e Previdência divulgará mapeamento regionalizado e por setor econômico da demanda por formação profissional para auxiliar as entidades qualificadas em formação técnico-profissional metódica a que se refere o art. 50 no desenvolvimento pedagógico dos programas de aprendizagem profissional.
•• Artigo acrescentado pelo Decreto n. 11.061, de 4-5-2022, produzindo efeitos a partir de 1.º-1-2023.

Art. 49-B. Os serviços nacionais de aprendizagem divulgarão os perfis profissionais utilizados para desenvolvimento dos programas de aprendizagem profissional.
•• Artigo acrescentado pelo Decreto n. 11.061, de 4-5-2022.

Art. 49-C. O Ministério do Trabalho e Previdência criará repositório de programas de aprendizagem profissional, por meio da disponibilização voluntária de experiências pedagógicas exitosas, conforme disposto em ato próprio.
•• Artigo acrescentado pelo Decreto n. 11.061, de 4-5-2022, produzindo efeitos a partir de 1.º-1-2023.

SUBSEÇÃO II
Das entidades qualificadas em formação técnico-profissional metódica

Art. 50. Consideram-se entidades qualificadas em formação técnico-profissional metódica:
• *Vide* arts. 48, parágrafo único, 55 e 57 deste Decreto.
• A Portaria n. 723, de 23-4-2012, do MTE, cria o CNAP, destinado ao cadastramento das entidades qualificadas em formação técnico-profissional metódica definidas neste artigo.

I – os serviços nacionais de aprendizagem, assim identificados:

a) Serviço Nacional de Aprendizagem Industrial – Senai;

b) Serviço Nacional de Aprendizagem Comercial – Senac;

c) Serviço Nacional de Aprendizagem Rural – Senar;

d) Serviço Nacional de Aprendizagem do Transporte – Senat; e

e) Serviço Nacional de Aprendizagem do Cooperativismo – Sescoop;

II – as instituições educacionais que oferecem educação profissional e tecnológica;
•• Inciso II com redação determinada pelo Decreto n. 11.061, de 4-5-2022.

III – as entidades sem fins lucrativos que tenham por objetivos a assistência ao adolescente e à educação profissional, registradas no conselho municipal dos direitos da criança e do adolescente; e
•• Inciso III com redação determinada pelo Decreto n. 11.061, de 4-5-2022.

IV – as entidades de prática desportiva das diversas modalidades filiadas ao Sistema Nacional do Desporto e aos sistemas de desporto estaduais, distrital e municipais.
•• Inciso IV acrescentado pelo Decreto n. 11.061, de 4-5-2022.

§ 1.º Para fins deste Decreto, as instituições educacionais que oferecem educação profissional e tecnológica, compreendem:
•• § 1.º, *caput*, com redação determinada pelo Decreto n. 11.061, de 4-5-2022.

I – as instituições da rede pública federal de educação profissional, científica e tecnológica;
•• Inciso I acrescentado pelo Decreto n. 11.061, de 4-5-2022.

II – as instituições de educação profissional e tecnológica públicas dos sistemas de ensino federal, estaduais, distrital e municipais;
•• Inciso II acrescentado pelo Decreto n. 11.061, de 4-5-2022.

III – as instituições de ensino médio das redes públicas de educação que desenvolvam o itinerário de formação técnica e profissional ou o itinerário formativo integrado que contenha unidades curriculares, etapas ou módulos de cursos de educação profissional e tecnológica, nos termos do disposto no inciso V do *caput* e do § 3.º do art. 36 da Lei n. 9.394, de 20 de dezembro de 1996; e
•• Inciso III acrescentado pelo Decreto n. 11.061, de 4-5-2022.

IV – as instituições educacionais privadas que legalmente ofertem:
•• Inciso IV, *caput*, acrescentado pelo Decreto n. 11.061, de 4-5-2022.

a) cursos técnicos de nível médio;
•• Alínea *a* acrescentada pelo Decreto n. 11.061, de 4-5-2022.

b) itinerário da formação técnica e profissional do ensino médio; ou
•• Alínea *b* acrescentada pelo Decreto n. 11.061, de 4-5-2022.

c) cursos de educação profissional tecnológica de graduação.
•• Alínea *c* acrescentada pelo Decreto n. 11.061, de 4-5-2022.

§ 2.º As entidades de que trata o *caput* disporão de estrutura adequada ao desenvolvimento dos programas de aprendizagem profissional, de forma a manter a qualidade do processo de ensino e a acompanhar e avaliar os resultados.
•• § 2.º com redação determinada pelo Decreto n. 11.061, de 4-5-2022.

§ 3.º O Ministro de Estado do Trabalho e Previdência editará, ouvido o Ministério da Educação, normas complementares para dispor sobre a avaliação da competência das entidades a que se referem os incisos III e IV do *caput*.
•• § 3.º com redação determinada pelo Decreto n. 11.061, de 4-5-2022.

§ 4.º Compete ao Ministério do Trabalho e Previdência:
•• § 4.º, *caput*, acrescentado pelo Decreto n. 11.061, de 4-5-2022.

I – instituir e manter cadastro nacional das entidades qualificadas em formação técnico-profissional metódica; e
•• Inciso I acrescentado pelo Decreto n. 11.061, de 4-5-2022.

II – disciplinar a compatibilidade entre o conteúdo e a duração do programa de aprendizagem profissional, com vistas a garantir a qualidade técnico-profissional.
•• Inciso II acrescentado pelo Decreto n. 11.061, de 4-5-2022.

§ 5.º As entidades de que trata o *caput* manterão o cadastro atualizado dos aprendizes matriculados em seus cursos em plataforma eletrônica gerida pelo Ministério do Trabalho e Previdência.
•• § 5.º acrescentado pelo Decreto n. 11.061, de 4-5-2022, produzindo efeitos a partir de 1.º-1-2023.

SEÇÃO V
Da Contratação de Aprendiz

SUBSEÇÃO I
Da obrigatoriedade da contratação de aprendiz

Art. 51. Estabelecimentos de qualquer natureza são obrigados a empregar e matricular nos cursos oferecidos pelos serviços nacionais de aprendizagem o número de aprendizes equivalente a cinco por cento, no mínimo, e quinze por cento, no máximo, dos trabalhadores existentes em cada estabelecimento cujas funções demandem formação profissional.

•• Vide art. 54 deste Decreto.

§ 1.º Para o cálculo da porcentagem a que se refere o *caput*, as frações de unidade serão arredondadas para o número inteiro subsequente, hipótese que permite a admissão de aprendiz.

§ 2.º Para fins do disposto neste Capítulo, considera-se estabelecimento todo complexo de bens organizado para o exercício de atividade econômica ou social do empregador, que se submeta ao regime da CLT, aprovada pelo Decreto-lei n. 5.452, de 1943.

Art. 51-A. A cota de aprendizagem profissional de cada estabelecimento, a que se refere o art. 51, observará a média da quantidade de trabalhadores existentes em cada estabelecimento cujas funções demandem formação profissional em período estabelecido em ato do Ministro de Estado do Trabalho e Previdência.

•• Artigo acrescentado pelo Decreto n. 11.061, de 4-5-2022.

Art. 51-B. O aprendiz contratado por prazo indeterminado pela empresa ao término do seu contrato de aprendizagem profissional continuará a ser contabilizado para fins de cumprimento da cota de aprendizagem profissional enquanto estiver contratado.

•• *Caput* acrescentado pelo Decreto n. 11.061, de 4-5-2022.

Parágrafo único. Para fins da contabilização a que se refere o *caput*:

•• *Caput* acrescentado pelo Decreto n. 11.061, de 4-5-2022.

I – o período máximo a ser considerado será de doze meses; e

•• Inciso I acrescentado pelo Decreto n. 11.061, de 4-5-2022.

II – o aprendiz poderá ser contratado em qualquer estabelecimento da empresa, hipótese em que a cota será contabilizada no estabelecimento cumpridor da cota de aprendizagem profissional.

•• Inciso II acrescentado pelo Decreto n. 11.061, de 4-5-2022.

Art. 51-C. Para fins de cumprimento da cota de aprendizagem profissional, será contabilizada em dobro a contratação de aprendizes, adolescentes ou jovens que se enquadrem nas seguintes hipóteses:

•• *Caput* acrescentado pelo Decreto n. 11.061, de 4-5-2022.

I – sejam egressos do sistema socioeducativo ou estejam em cumprimento de medidas socioeducativas;

•• Inciso I acrescentado pelo Decreto n. 11.061, de 4-5-2022.

II – estejam em cumprimento de pena no sistema prisional;

•• Inciso II acrescentado pelo Decreto n. 11.061, de 4-5-2022.

III – integrem famílias que sejam beneficiárias do Programa Auxílio Brasil, instituído pela Lei n. 14.284, de 29 de dezembro de 2021;

•• Inciso III acrescentado pelo Decreto n. 11.061, de 4-5-2022.

IV – estejam em regime de acolhimento institucional;

•• Inciso IV acrescentado pelo Decreto n. 11.061, de 4-5-2022.

V – sejam protegidos no âmbito do Programa de Proteção a Crianças e Adolescentes Ameaçados de Morte, instituído pelo art. 109 do Decreto n. 9.579, de 22 de novembro de 2018;

•• Inciso V acrescentado pelo Decreto n. 11.061, de 4-5-2022.

VI – sejam egressos do trabalho infantil; ou

•• Inciso VI acrescentado pelo Decreto n. 11.061, de 4-5-2022.

VII – sejam pessoas com deficiência.

•• Inciso VII acrescentado pelo Decreto n. 11.061, de 4-5-2022.

Art. 52. Para a definição das funções que demandem formação profissional, será considerada a Classificação Brasileira de Ocupações do Ministério do Trabalho e Previdência.

•• *Caput* com redação determinada pelo Decreto n. 11.061, de 4-5-2022.

§ 1.º Ficam excluídas da definição de que trata o *caput*:

•• § 1.º, *caput*, com redação determinada pelo Decreto n. 11.061, de 4-5-2022.

I – as funções que demandem, para o seu exercício, habilitação profissional de nível superior, exceto as funções que demandem habilitação profissional de tecnólogo; ou

•• Inciso I acrescentado pelo Decreto n. 11.061, de 4-5-2022.

II – as funções que estejam caracterizadas como cargos de direção, de gerência ou de confiança, nos termos do disposto no inciso II do *caput* e no parágrafo único do art. 62 e no § 2.º do art. 224 da Consolidação das Leis do Trabalho, aprovada pelo Decreto-lei n. 5.452, de 1943.

•• Inciso II acrescentado pelo Decreto n. 11.061, de 4-5-2022.

§ 2.º Deverão ser incluídas na base de cálculo:

•• § 2.º, *caput*, com redação determinada pelo Decreto n. 11.061, de 4-5-2022.

I – as funções que demandem formação profissional, independentemente de serem proibidas para menores de dezoito anos de idade;

•• Inciso I acrescentado pelo Decreto n. 11.061, de 4-5-2022.

II – as funções que demandem, para o seu exercício, habilitação profissional de técnico de nível médio; e

•• Inciso II acrescentado pelo Decreto n. 11.061, de 4-5-2022.

III – as funções que demandem, para o seu exercício, habilitação profissional de tecnólogo.

•• Inciso III acrescentado pelo Decreto n. 11.061, de 4-5-2022.

Art. 53. A contratação de aprendizes deverá atender, prioritariamente, aos adolescentes e aos jovens matriculados na educação básica.

•• *Caput* com redação determinada pelo Decreto n. 11.061, de 4-5-2022.

I a III – (*Revogados pelo Decreto n. 11.061, de 4-5-2022.*)

Parágrafo único. (*Revogado pelo Decreto n. 11.061, de 4-5-2022.*)

Art. 53-A. A contratação de aprendizes menores de dezoito anos de idade é vedada nas hipóteses de:

•• *Caput* acrescentado pelo Decreto n. 11.061, de 4-5-2022.

I – a execução de atividades práticas da aprendizagem profissional ocorrer no interior do estabelecimento e sujeitar os aprendizes à insalubridade ou à periculosidade;

•• Inciso I acrescentado pelo Decreto n. 11.061, de 4-5-2022.

II – a lei exigir licença ou autorização para o desempenho das atividades práticas, vedado para pessoa com idade inferior a dezoito anos;

•• Inciso II acrescentado pelo Decreto n. 11.061, de 4-5-2022.

III – a natureza da atividade prática for incompatível com o desenvolvimento físico, psicológico e moral dos aprendizes;

•• Inciso III acrescentado pelo Decreto n. 11.061, de 4-5-2022.

IV – o exercício de atividades práticas ocorrer no período noturno; e

•• Inciso IV acrescentado pelo Decreto n. 11.061, de 4-5-2022.

V – a realização das atividades práticas forem realizadas em horários e locais que não permitam a frequência à educação básica.

•• Inciso V acrescentado pelo Decreto n. 11.061, de 4-5-2022.

Parágrafo único. Excepcionalmente para as atividades relacionadas ao disposto no inciso I do *caput*, o programa de aprendizagem profissional poderá ser realizado por menores de dezoito anos de idade, desde que:

•• Parágrafo único, *caput*, acrescentado pelo Decreto n. 11.061, de 4-5-2022.

I – os riscos de periculosidade e insalubridade sejam eliminados nos termos do disposto no Decreto n. 6.481, de 12 de junho de 2008; ou

•• Inciso I acrescentado pelo Decreto n. 11.061, de 4-5-2022.

II – as atividades sejam desenvolvidas integralmente em ambiente simulado e que fiquem garantidas plenamente a saúde, a segurança e a moral dos aprendizes.

•• Inciso II acrescentado pelo Decreto n. 11.061, de 4-5-2022.

Art. 53-B. As empresas com mais de um estabelecimento na mesma unidade federativa poderão considerar a soma das cotas de aprendizagem profissional de todos os estabelecimentos em conjunto e eleger um ou mais estabelecimentos específicos para a contratação desses aprendizes sempre que, na mesma unidade federativa, o total do número de aprendizes contratados corresponda, no mínimo, a cento e cinquenta por cento da soma das cotas mínimas de todos os seus estabelecimentos.

•• Artigo acrescentado pelo Decreto n. 11.061, de 4-5-2022.

Art. 54. Ficam excluídos da base de cálculo da cota de aprendizagem profissional:
•• *Caput* com redação determinada pelo Decreto n. 11.061, de 4-5-2022.

I – os aprendizes já contratados;
•• Inciso I acrescentado pelo Decreto n. 11.061, de 4-5-2022.

II – os empregados que executem os serviços prestados sob o regime de trabalho temporário, nos termos do disposto na Lei n. 6.019, de 3 de janeiro de 1974;
•• Inciso II acrescentado pelo Decreto n. 11.061, de 4-5-2022.

III – os empregados sob regime de trabalho intermitente, nos termos do disposto no art. § 3.º do art. 443 da Consolidação das Leis do Trabalho, aprovada pelo Decreto-lei n. 5.452, de 1943; e
•• Inciso III acrescentado pelo Decreto n. 11.061, de 4-5-2022.
•• Inciso III conforme publicação oficial. Entendemos referir-se apenas ao § 3.º do art. 443 da CLT.

IV – os empregados afastados por auxílio ou benefício previdenciário.
•• Inciso IV acrescentado pelo Decreto n. 11.061, de 4-5-2022.

§ 1.º Na hipótese de empresas que prestem serviços especializados para terceiros, independentemente do local onde sejam executados, os empregados serão incluídos exclusivamente na base de cálculo da prestadora.
•• § 1.º acrescentado pelo Decreto n. 11.061, de 4-5-2022.

§ 2.º Os contratos de terceirização de mão de obra preverão as formas de alocação dos aprendizes da empresa contratada nas dependências da empresa contratante, em quantitativos equivalentes aos estabelecidos no art. 429 da Consolidação das Leis do Trabalho, aprovada pelo Decreto-lei n. 5.452, de 1943, observado o disposto neste Decreto.
•• § 2.º acrescentado pelo Decreto n. 11.061, de 4-5-2022.

Art. 54-A. Os aprendizes serão inseridos em programas de aprendizagem profissional em áreas correlatas e em proporções semelhantes às dos demais trabalhadores do estabelecimento cumpridor da cota de aprendizagem profissional, consideradas as permissões de agregação, as margens de tolerância e as exceções estabelecidas em ato do Ministro de Estado do Trabalho e Previdência.
•• *Caput* acrescentado pelo Decreto n. 11.061, de 4-5-2022.

§ 1.º As entidades qualificadas em formação técnico-profissional metódica e os estabelecimentos cumpridores da cota de aprendizagem profissional terão o prazo de quatro anos, contado da data de entrada em vigor do Decreto n. 11.061, de 4 de maio de 2022, para adequarem os programas de aprendizagem profissional ao disposto no *caput*.
•• § 1.º acrescentado pelo Decreto n. 11.061, de 4-5-2022.

§ 2.º Ato do Ministro de Estado do Trabalho e Previdência estabelecerá a forma de aferir o disposto no *caput* e as metas intermediárias para a transição prevista no § 1.º.
•• § 2.º acrescentado pelo Decreto n. 11.061, de 4-5-2022.

Art. 55. Na hipótese de os serviços nacionais de aprendizagem não oferecerem cursos ou vagas suficientes para atender à demanda dos estabelecimentos, esta poderá ser suprida por outras entidades qualificadas em formação técnico-profissional metódica, observado o disposto no art. 50.

Parágrafo único. A insuficiência de cursos ou vagas a que se refere o *caput* será aferida na forma estabelecida em ato do Ministro de Estado do Trabalho e Previdência.
•• Parágrafo único com redação determinada pelo Decreto n. 11.061, de 4-5-2022.

Art. 56. Ficam dispensadas da contratação de aprendizes:

I – as microempresas e as empresas de pequeno porte, nos termos do disposto no inciso III do *caput* do art. 51 da Lei Complementar n. 123, de 14 de dezembro de 2006; e
•• Inciso I com redação determinada pelo Decreto n. 11.061, de 4-5-2022.
• Vide art. 51, III, da Lei Complementar n. 123, de 14-12-2006, que institui o Estatuto Nacional da Microempresa e da Empresa de Pequeno Porte.

II – as entidades sem fins lucrativos que tenham por objetivo a educação profissional, nos termos do disposto no § 1.º-A do art. 429 da Consolidação das Leis do Trabalho, aprovada pelo Decreto-lei n. 5.452, de 1943.
•• Inciso II com redação determinada pelo Decreto n. 11.061, de 4-5-2022.

SUBSEÇÃO II
Das espécies de contratação do aprendiz

Art. 57. A contratação do aprendiz poderá ser efetivada:
•• *Caput* com redação determinada pelo Decreto n. 11.061, de 4-5-2022.

I – de forma direta pelo estabelecimento que fique obrigado ao cumprimento da cota de aprendizagem profissional; e
•• Inciso I acrescentado pelo Decreto n. 11.061, de 4-5-2022.

II – de forma indireta:
•• Inciso II, *caput*, acrescentado pelo Decreto n. 11.061, de 4-5-2022.

a) pelas entidades a que se referem os incisos III e IV do *caput* do art. 50;
•• Alínea *a* acrescentada pelo Decreto n. 11.061, de 4-5-2022.

b) por entidades sem fins lucrativos não abrangidas pelo disposto na alínea *a*, entre outras, de:
•• Alínea *b*, *caput*, acrescentada pelo Decreto n. 11.061, de 4-5-2022.

1. assistência social;
•• Item 1 acrescentado pelo Decreto n. 11.061, de 4-5-2022.

2. cultura;
•• Item 2 acrescentado pelo Decreto n. 11.061, de 4-5-2022.

3. educação;
•• Item 3 acrescentado pelo Decreto n. 11.061, de 4-5-2022.

4. saúde;
•• Item 4 acrescentado pelo Decreto n. 11.061, de 4-5-2022.

5. segurança alimentar e nutricional;
•• Item 5 acrescentado pelo Decreto n. 11.061, de 4-5-2022.

6. proteção do meio ambiente e promoção do desenvolvimento sustentável;
•• Item 6 acrescentado pelo Decreto n. 11.061, de 4-5-2022.

7. ciência e tecnologia;
•• Item 7 acrescentado pelo Decreto n. 11.061, de 4-5-2022.

8. promoção da ética, da cidadania, da democracia e dos direitos humanos;
•• Item 8 acrescentado pelo Decreto n. 11.061, de 4-5-2022.

9. desporto; ou
•• Item 9 acrescentado pelo Decreto n. 11.061, de 4-5-2022.

10. atividades religiosas; ou
•• Item 10 acrescentado pelo Decreto n. 11.061, de 4-5-2022.

c) por microempresas ou empresas de pequeno porte.
•• Alínea *c* acrescentada pelo Decreto n. 11.061, de 4-5-2022.

§§ 1.º e 2.º (*Revogados pelo Decreto n. 11.061, de 4-5-2022.*)

Art. 57-A. Na contratação de que trata o inciso I do *caput* do art. 57, o estabelecimento assumirá a condição de empregador e deverá inscrever o aprendiz em programa de aprendizagem profissional a ser ministrado pelas entidades a que se refere o art. 50.
•• Artigo acrescentado pelo Decreto n. 11.061, de 4-5-2022.

Art. 57-B. Para fins do cumprimento da obrigação prevista no *caput* do art. 51, a contratação de aprendiz de forma indireta que trata o inciso II do *caput* do art. 57 somente será formalizada após ser firmado contrato entre o estabelecimento cumpridor da cota de aprendizagem profissional e essas entidades ou empresas.
•• *Caput* acrescentado pelo Decreto n. 11.061, de 4-5-2022.

§ 1.º As entidades ou empresas de que trata o *caput* assumirão a condição de empregador, com todos os ônus dela decorrentes, e assinarão a Carteira de Trabalho e Previdência Social do aprendiz, na qual anotarão, no espaço destinado às anotações gerais, a informação de que o contrato de trabalho específico decorrerá de contrato firmado com determinado estabelecimento para fins do cumprimento de sua cota de aprendizagem profissional.
•• § 1.º acrescentado pelo Decreto n. 11.061, de 4-5-2022.

§ 2.º Na hipótese prevista na alínea *a* do inciso II do *caput* do art. 57, a entidade também assumirá o desenvolvimento do programa de aprendizagem profissional simultaneamente à obrigação a que se refere o § 1.º.

•• § 2.º acrescentado pelo Decreto n. 11.061, de 4-5-2022.

§ 3.º Na hipótese prevista na alínea *a* do inciso II do *caput* do art. 57, as atividades práticas do contrato de aprendizagem profissional poderão ser executadas nessas entidades ou nos estabelecimentos cumpridores da cota de aprendizagem profissional.

•• § 3.º acrescentado pelo Decreto n. 11.061, de 4-5-2022.

§ 4.º Na hipótese prevista nas alíneas *b* e *c* do inciso II do *caput* do art. 57, as entidades ou empresas deverão inscrever o aprendiz em programa de formação técnico-profissional metódica e proporcionarão ao aprendiz o desenvolvimento das atividades práticas do contrato de aprendizagem profissional.

•• § 4.º acrescentado pelo Decreto n. 11.061, de 4-5-2022.

§ 5.º O contrato de aprendizagem profissional de que trata o *caput* não gerará vínculo empregatício com os estabelecimentos cumpridores da cota de aprendizagem profissional a que se refere o art. 51.

•• § 5.º acrescentado pelo Decreto n. 11.061, de 4-5-2022.

Art. 58. A contratação do aprendiz por empresas públicas e sociedades de economia mista ocorrerá:

•• *Caput* com redação determinada pelo Decreto n. 11.061, de 4-5-2022.

I – de forma direta, nos termos do disposto no inciso I do *caput* do art. 57, hipótese em que será realizado processo seletivo por meio de edital, observado o disposto no art. 57-A; ou

•• Inciso I acrescentado pelo Decreto n. 11.061, de 4-5-2022.

II – de forma indireta, nos termos do disposto no inciso II do *caput* do art. 57, observado o disposto no art. 57-B.

•• Inciso II acrescentado pelo Decreto n. 11.061, de 4-5-2022.

Parágrafo único. A contratação do aprendiz por órgãos e entidades da administração pública direta, autárquica e fundacional observará regulamento específico, hipótese em que não se aplica o disposto neste Capítulo.

SEÇÃO VI
Dos direitos trabalhistas e das obrigações acessórias

SUBSEÇÃO I
Da remuneração

Art. 59. Ao aprendiz, exceto se houver condição mais favorável, será garantido o salário mínimo-hora.

Parágrafo único. Para fins do disposto neste Capítulo, entende-se por condição mais favorável aquela estabelecida no contrato de aprendizagem ou prevista em convenção ou acordo coletivo de trabalho, em que se especifique o salário mais favorável ao aprendiz e o piso regional de que trata a Lei Complementar n. 103, de 14 de julho de 2000.

SUBSEÇÃO II
Da jornada

•• A CLT dispõe sobre jornada de trabalho nos arts. 58 a 65 e sobre jornada do menor nos arts. 411 a 414.

Art. 60. A jornada de trabalho do aprendiz não excederá seis horas diárias.

§ 1.º Para os aprendizes que já tenham concluído o ensino fundamental, a jornada de trabalho poderá ser de até oito horas diárias, desde que nessa carga horária sejam computadas as horas destinadas à aprendizagem teórica.

§ 2.º A jornada semanal do aprendiz inferior a vinte e cinco horas não caracterizará trabalho em regime de tempo parcial, de que trata o art. 58-A da CLT, aprovada pelo Decreto-lei n. 5.452, de 1943.

§ 3.º O limite previsto neste artigo poderá ser de até oito horas diárias para os aprendizes que já tiverem completado o ensino médio.

•• § 3.º acrescentado pelo Decreto n. 11.061, de 4-5-2022.

§ 4.º O tempo de deslocamento do aprendiz entre as entidades a que se refere o art. 50 e o estabelecimento onde se realizará a aprendizagem profissional não será computado na jornada diária.

•• § 4.º acrescentado pelo Decreto n. 11.061, de 4-5-2022.

Art. 61. São vedadas a prorrogação e a compensação de jornada de trabalho.

Art. 62. A jornada de trabalho do aprendiz compreenderá as horas destinadas às atividades teóricas e práticas, simultâneas ou não, e deverá ser estabelecida pelo estabelecimento cumpridor da cota de aprendizagem profissional com a entidade qualificada em formação técnico-profissional metódica, com respeito à carga horária estabelecida no curso de aprendizagem e, se for o caso, ao horário escolar.

•• Artigo com redação determinada pelo Decreto n. 11.061, de 4-5-2022.

Art. 63. Na hipótese de o aprendiz menor de dezoito anos ser empregado em mais de um estabelecimento, as horas da jornada de trabalho em cada um dos estabelecimentos serão totalizadas.

Parágrafo único. Para estabelecer a jornada de trabalho do aprendiz menor de dezoito anos, a entidade qualificada em formação técnico-profissional metódica considerará os direitos assegurados pela Lei n. 8.069, de 1990 – Estatuto da Criança e do Adolescente.

SUBSEÇÃO III
Das atividades teóricas e práticas

Art. 64. As aulas teóricas do programa de aprendizagem deverão ocorrer em ambiente físico adequado ao ensino e com meios didáticos apropriados.

§ 1.º As atividades teóricas poderão ocorrer sob a forma de aulas demonstrativas na entidade qualificada em formação técnico-profissional metódica ou no ambiente de trabalho, hipótese em que será vedada qualquer atividade laboral do aprendiz, ressalvado o manuseio de materiais, ferramentas, instrumentos e assemelhados.

•• § 1.º com redação determinada pelo Decreto n. 11.061, de 4-5-2022.

§ 2.º É vedado ao responsável pelo cumprimento da cota de aprendizagem cometer ao aprendiz atividades diversas daquelas previstas no programa de aprendizagem.

Art. 64-A. A carga horária das atividades teóricas deverá representar:

•• *Caput* acrescentado pelo Decreto n. 11.061, de 4-5-2022.

I – no mínimo, vinte por cento da carga horária total ou, no mínimo, quatrocentas horas, o que for maior; e

•• Inciso I acrescentado pelo Decreto n. 11.061, de 4-5-2022.

II – no máximo, cinquenta por cento da carga horária total do programa de aprendizagem profissional.

•• Inciso II acrescentado pelo Decreto n. 11.061, de 4-5-2022.

Parágrafo único. As atividades teóricas dos programas de aprendizagem profissional relacionadas às ocupações relacionadas no nível um do Quadro Brasileiro de Qualificação do Ministério do Trabalho e Previdência terão a carga horária de, no mínimo, vinte por cento e, no máximo, cinquenta por cento da carga horária total do programa de aprendizagem profissional.

•• Parágrafo único acrescentado pelo Decreto n. 11.061, de 4-5-2022.

Art. 65. O local das atividades práticas do programa de aprendizagem profissional estará previsto no contrato de aprendizagem profissional, e serão admitidos:

•• *Caput* com redação determinada pelo Decreto n. 11.061, de 4-5-2022.

I – o estabelecimento cumpridor da cota de aprendizagem profissional;

•• Inciso I acrescentado pelo Decreto n. 11.061, de 4-5-2022.

II – o estabelecimento que centraliza as atividades práticas, nos termos do disposto no § 3.º;

•• Inciso II acrescentado pelo Decreto n. 11.061, de 4-5-2022.

III – a entidade qualificada em formação técnico-profissional metódica;

•• Inciso III acrescentado pelo Decreto n. 11.061, de 4-5-2022.

IV – as entidades sem fins lucrativos, nos termos do disposto nas alíneas *a* e *b* do inciso II do *caput* do art. 57;

•• Inciso IV acrescentado pelo Decreto n. 11.061, de 4-5-2022.

V – as microempresas e as empresas de pequeno porte, nos termos do disposto na alínea *c* do inciso II do *caput* do art. 57; ou

•• Inciso V acrescentado pelo Decreto n. 11.061, de 4-5-2022.

VI – as entidades concedentes da experiência prática, nos termos do disposto no art. 66.
•• Inciso VI acrescentado pelo Decreto n. 11.061, de 4-5-2022.

§ 1.º Será disponibilizado, pelo estabelecimento cumpridor da cota de aprendizagem profissional, um empregado monitor responsável pela coordenação de exercícios práticos e pelo acompanhamento das atividades do aprendiz, em conformidade com o disposto no programa de aprendizagem profissional.
•• § 1.º com redação determinada pelo Decreto n. 11.061, de 4-5-2022.

§ 2.º A entidade qualificada em formação técnico-profissional metódica responsável pelo programa de aprendizagem profissional fornecerá aos empregadores e ao Ministério do Trabalho e Previdência, quando solicitada, cópia do projeto pedagógico do programa.
•• § 2.º com redação determinada pelo Decreto n. 11.061, de 4-5-2022.

§ 3.º Para fins da experiência prática, de acordo com a organização curricular do programa de aprendizagem profissional, o empregador que mantiver mais de um estabelecimento no mesmo Município ou em Municípios limítrofes poderá centralizar as atividades práticas correspondentes em um de seus estabelecimentos.
•• § 3.º com redação determinada pelo Decreto n. 11.061, de 4-5-2022.

§ 4.º É vedado desenvolver atividade prática em desacordo com as disposições do programa de aprendizagem profissional no estabelecimento.
•• § 4.º com redação determinada pelo Decreto n. 11.061, de 4-5-2022.

Art. 65-A. Os cursos ou as partes dos cursos da educação profissional técnica de nível médio ou do itinerário de formação técnica e profissional do ensino médio gratuitos serão reconhecidos como atividade teórica do contrato de aprendizagem profissional, na hipótese de serem ofertados por instituições de ensino devidamente regularizadas perante o órgão competente do sistema de ensino e inscritas no cadastro nacional de aprendizagem profissional.
•• *Caput* acrescentado pelo Decreto n. 11.061, de 4-5-2022.

Parágrafo único. Os cursos ou as partes dos cursos da educação profissional tecnológica de graduação gratuitos poderão ser reconhecidos como atividade teórica do contrato de aprendizagem profissional na hipótese de continuidade do itinerário formativo previsto nos § 2.º a § 4.º do art. 45.
•• Parágrafo único acrescentado pelo Decreto n. 11.061, de 4-5-2022.

Art. 65-B. Fica autorizado o aproveitamento nos programas de aprendizagem profissional de cursos ou parte de curso da educação profissional e tecnológica, incluídos os cursos de formação inicial e continuada e de qualificação profissional, gratuitos, na hipótese de serem ofertados pelas entidades qualificadas em formação técnico-profissional metódica a que se refere o art. 50 ou ofertados por meio de programas de política públicas de qualificação profissional dos Governos federal, estaduais, distrital ou municipais.
•• *Caput* acrescentado pelo Decreto n. 11.061, de 4-5-2022.

§ 1.º Poderão ser aproveitados os cursos ou a parte dos cursos concluídos até o limite de um ano antes do início do contrato de aprendizagem profissional.
•• § 1.º acrescentado pelo Decreto n. 11.061, de 4-5-2022.

§ 2.º A carga horária dos cursos de educação profissional e tecnológica previstos no *caput* poderá ser aproveitada desde que não extrapole cinquenta por cento da carga horária destinada às atividades teóricas do contrato de aprendizagem profissional.
•• § 2.º acrescentado pelo Decreto n. 11.061, de 4-5-2022.

§ 3.º Os cursos ou a parte dos cursos de educação profissional e tecnológica previstos no *caput* devem possuir compatibilidade com as atividades práticas do contrato de aprendizagem profissional.
•• § 3.º acrescentado pelo Decreto n. 11.061, de 4-5-2022.

§ 4.º Ato do Ministro de Estado do Trabalho e Previdência poderá estabelecer critérios adicionais para o aproveitamento dos cursos previstos no *caput*.
•• § 4.º acrescentado pelo Decreto n. 11.061, de 4-5-2022.

Art. 65-C. Compete ao Ministério do Trabalho e Previdência autorizar a execução de programas de aprendizagem experimentais.
•• *Caput* acrescentado pelo Decreto n. 11.061, de 4-5-2022.

§ 1.º Para fins do disposto neste Decreto, consideram-se programas de aprendizagem profissional experimentais os programas demandados pelo mercado de trabalho que possuam características inovadoras em relação à formação técnico-profissional metódica dos programas de aprendizagem regulares, desde que estejam de acordo com as normas previstas na Consolidação das Leis do Trabalho, aprovada pelo Decreto-lei n. 5.452, de 1943.
•• § 1.º acrescentado pelo Decreto n. 11.061, de 4-5-2022.

§ 2.º A entidade qualificada em formação técnico-profissional metódica deverá encaminhar ao Ministério do Trabalho e Previdência o projeto pedagógico do programa de aprendizagem experimental, acompanhado do plano de avaliação de impacto da metodologia, que deverá considerar os indicadores de empregabilidade.
•• § 2.º acrescentado pelo Decreto n. 11.061, de 4-5-2022.

§ 3.º Para o desenvolvimento dos programas de aprendizagem profissional experimentais, poderão ser firmadas parcerias com outras entidades qualificadas em formação técnico-profissional metódica, com entidades que tenham por objetivo a qualificação profissional ou com entidades que sejam reconhecidas pelo desenvolvimento de competências profissionais em sua área de atuação.
•• § 3.º acrescentado pelo Decreto n. 11.061, de 4-5-2022.

§ 4.º As entidades qualificadas em formação técnico profissional metódica que comprovarem a inserção no mercado de trabalho de, no mínimo, oitenta por cento dos aprendizes concluintes do programa de aprendizagem experimental terão autorização especial concedida anualmente pelo Ministério do Trabalho e Previdência para continuar a ofertar o programa, desde que comprovem a manutenção dos índices de empregabilidade dos aprendizes egressos em percentual superior ao estabelecido neste parágrafo.
•• § 4.º acrescentado pelo Decreto n. 11.061, de 4-5-2022.

§ 5.º Ato do Ministro de Estado do Trabalho e Previdência regulamentará o disposto neste artigo.
•• § 5.º acrescentado pelo Decreto n. 11.061, de 4-5-2022.

Art. 66. O estabelecimento contratante cujas peculiaridades da atividade ou dos locais de trabalho constituam embaraço à realização das atividades práticas poderão, além das hipóteses de contratação de forma indireta previstas no inciso II do *caput* do art. 57, realizá-las nas entidades qualificadas em formação técnico-profissional metódica ou em entidades concedentes da experiência prática do aprendiz.
•• *Caput* com redação determinada pelo Decreto n. 11.061, de 4-5-2022.

§ 1.º Ato do Ministro de Estado do Trabalho e Previdência disporá sobre as hipóteses, as condições, os procedimentos e os setores da economia em que as atividades práticas poderão ser ministradas nas entidades concedentes da experiência prática do aprendiz.
•• § 1.º com redação determinada pelo Decreto n. 11.061, de 4-5-2022.

I e II – (*Revogados pelo Decreto n. 11.061, de 4-5-2022.*)

§ 2.º Para fins do disposto neste Capítulo, consideram-se entidades concedentes da experiência prática do aprendiz:

I – órgãos públicos;

II – organizações da sociedade civil, nos termos do disposto no art. 2.º da Lei n. 13.019, de 31 de julho de 2014; e

III – unidades do sistema nacional de atendimento socioeducativo.

§ 3.º O estabelecimento contratante e a entidade qualificada em formação técnico-profissional metódica por ele contratada firmarão, conjuntamente, parceria com uma das entidades concedentes para a realização das atividades práticas.
•• § 3.º com redação determinada pelo Decreto n. 11.061, de 4-5-2022.

§ 4.º Compete à entidade qualificada em formação técnico-profissional metódica o acompanhamento pedagógico das atividades práticas.
•• § 4.º com redação determinada pelo Decreto n. 11.061, de 4-5-2022.

§ 5.º A seleção dos aprendizes priorizará a inclusão de adolescentes e jovens que se enquadrem nas hipóteses previstas no art. 51-C.
•• § 5.º, *caput*, com redação determinada pelo Decreto n. 11.061, de 4-5-2022.

I a VIII – (*Revogados pelo Decreto n. 11.061, de 4-5-2022.*)

§ 6.º (*Revogado pelo Decreto n. 11.061, de 4-5-2022.*)

SUBSEÇÃO IV
Do Fundo de Garantia do Tempo de Serviço

Art. 67. A alíquota da contribuição ao Fundo de Garantia do Tempo de Serviço corresponderá a dois por cento da remuneração paga ou devida, no mês anterior, ao aprendiz, nos termos do disposto no § 7.º do art. 15 da Lei n. 8.036, de 11 de maio de 1990.
•• *Caput* com redação determinada pelo Decreto n. 11.061, de 4-5-2022.

Parágrafo único. (*Revogado pelo Decreto n. 11.061, de 4-5-2022.*)

SUBSEÇÃO V
Das férias

•• A CLT dispõe sobre férias nos arts. 129 e s.

Art. 68. As férias do aprendiz coincidirão, preferencialmente, com as férias escolares, vedado ao empregador estabelecer período diverso daquele definido no programa de aprendizagem.

SUBSEÇÃO VI
Dos efeitos dos instrumentos coletivos de trabalho

Art. 69. As convenções e os acordos coletivos apenas estenderão suas cláusulas sociais ao aprendiz quando expressamente previsto e desde que não excluam ou reduzam o alcance dos dispositivos tutelares que lhes são aplicáveis.

SUBSEÇÃO VII
Do vale-transporte

Art. 70. É assegurado ao aprendiz o direito ao benefício previsto na Lei n. 7.418, de 16 de dezembro de 1985, que institui o vale-transporte.

SUBSEÇÃO VIII
Das hipóteses de extinção e rescisão de contrato de aprendizagem

Art. 71. O contrato de aprendizagem profissional se extinguirá no seu termo ou na data em que o aprendiz completar a idade máxima prevista em lei, ou ainda, antecipadamente, nas seguintes hipóteses:
•• *Caput* com redação determinada pelo Decreto n. 11.061, de 4-5-2022.

I – desempenho insuficiente ou inadaptação do aprendiz, exceto para pessoa com deficiência contratada como aprendiz, quando desprovido de recursos de acessibilidade, de tecnologias assistivas e de apoio necessário ao desempenho de suas atividades;
•• Inciso I com redação determinada pelo Decreto n. 11.061, de 4-5-2022.

II – justa causa, nos termos do disposto no art. 482 da Consolidação das Leis do Trabalho, aprovada pelo Decreto-lei n. 5.452, de 1943;
•• Inciso II com redação determinada pelo Decreto n. 11.061, de 4-5-2022.

III – ausência injustificada à escola que implique perda do ano letivo, caracterizada por meio de declaração da instituição de ensino;
•• Inciso III com redação determinada pelo Decreto n. 11.061, de 4-5-2022.

IV – a pedido do aprendiz; e
•• Inciso IV com redação determinada pelo Decreto n. 11.061, de 4-5-2022.

V – quando o estabelecimento cumpridor de cota de aprendizagem profissional contratar o aprendiz por meio de contrato por tempo indeterminado.
•• Inciso V com redação determinada pelo Decreto n. 11.061, de 4-5-2022.

§ 1.º Nas hipóteses de extinção ou rescisão do contrato de aprendizagem profissional que resultar em descumprimento da cota mínima de aprendizagem profissional, o empregador deverá contratar novo aprendiz.
•• § 1.º acrescentado pelo Decreto n. 11.061, de 4-5-2022.

§ 2.º A inadaptação do aprendiz ou o desempenho insuficiente em relação às atividades do programa de aprendizagem profissional será caracterizado por meio de laudo de avaliação elaborado pela entidade qualificada em formação técnico-profissional metódica.
•• § 2.º acrescentado pelo Decreto n. 11.061, de 4-5-2022.

Art. 72. (*Revogado pelo Decreto n. 11.061, de 4-5-2022.*)

Art. 73. O disposto nos art. 479 e art. 480 da CLT, aprovada pelo Decreto-lei n. 5.452, de 1943, não se aplica às hipóteses de extinção do contrato a que se refere o art. 71.

SEÇÃO IV
Do Certificado de Qualificação Profissional de Aprendizagem

Art. 74. Aos aprendizes que concluírem os programas de aprendizagem com aproveitamento será concedido pela entidade qualificada em formação técnico-profissional metódica o certificado de qualificação profissional.

Art. 75. O certificado de qualificação profissional a que se refere o art. 74 deverá enunciar o título e o perfil profissional para a ocupação em que o aprendiz tenha sido qualificado.

SEÇÃO V
Do Programa de Reconhecimento de Boas Práticas na Aprendizagem Profissional, do Programa Embaixadores da Aprendizagem Profissional e do Censo da Aprendizagem Profissional

•• Seção acrescentada pelo Decreto n. 11.061, de 4-5-2022.

Art. 75-A. Fica instituído o Programa de Reconhecimento de Boas Práticas na Aprendizagem Profissional com os objetivos de:
•• *Caput* acrescentado pelo Decreto n. 11.061, de 4-5-2022.

I – reconhecer as boas práticas das entidades qualificadas em formação técnico-profissional metódica, observados:
•• Inciso I, *caput*, acrescentado pelo Decreto n. 11.061, de 4-5-2022.

a) os índices de empregabilidade dos aprendizes egressos;
•• Alínea *a* acrescentada pelo Decreto n. 11.061, de 4-5-2022.

b) o atendimento de jovens em situação de vulnerabilidade social; e
•• Alínea *b* acrescentada pelo Decreto n. 11.061, de 4-5-2022.

c) o alinhamento dos programas de aprendizagem profissional à demanda do mercado de trabalho;
•• Alínea *c* acrescentada pelo Decreto n. 11.061, de 4-5-2022.

II – reconhecer as boas práticas dos estabelecimentos cumpridores da cota de aprendizagem profissional, observados:
•• Inciso II, *caput*, acrescentado pelo Decreto n. 11.061, de 4-5-2022.

a) os índices de empregabilidade dos aprendizes egressos; e
•• Alínea *a* acrescentada pelo Decreto n. 11.061, de 4-5-2022.

b) o atendimento de jovens em situação de vulnerabilidade social; e
•• Alínea *b* acrescentada pelo Decreto n. 11.061, de 4-5-2022.

III – reconhecer aprendizes que se destaquem no exercício das atividades teóricas e práticas do programa de aprendizagem profissional.
•• Inciso III acrescentado pelo Decreto n. 11.061, de 4-5-2022.

Parágrafo único. O reconhecimento dos objetivos previstos no *caput* ocorrerá por meio de:
•• Parágrafo único, *caput*, acrescentado pelo Decreto n. 11.061, de 4-5-2022.

I – concessão do Prêmio Parceiros da Aprendizagem Profissional; e
•• Inciso I acrescentado pelo Decreto n. 11.061, de 4-5-2022.

II – divulgação, pelo Ministério do Trabalho e Previdência, da classificação das entidades qualificadas em formação técnico-profissional metódica e dos estabelecimentos cumpridores da cota de aprendizagem profissional.
•• Inciso II acrescentado pelo Decreto n. 11.061, de 4-5-2022.

Art. 75-B. Fica instituído o Censo da Aprendizagem Profissional, que será realizado a cada dois anos, com objetivo de identificar dados relacionados:
•• *Caput* acrescentado pelo Decreto n. 11.061, de 4-5-2022, produzindo efeitos a partir de 1.º-1-2023.

I – aos aprendizes,
•• Inciso I acrescentado pelo Decreto n. 11.061, de 4-5-2022, produzindo efeitos a partir de 1.º-1-2023.

II – aos estabelecimentos cumpridores da cota de aprendizagem; e
•• Inciso II acrescentado pelo Decreto n. 11.061, de 4-5-2022, produzindo efeitos a partir de 1.º-1-2023.

III – às entidades qualificadas em formação técnico-profissional metódica.
•• Inciso III acrescentado pelo Decreto n. 11.061, de 4-5-2022, produzindo efeitos a partir de 1.º-1-2023.

Parágrafo único. O Censo da Aprendizagem Profissional será realizado de forma regionalizada e produzirá dados para avaliação da aprendizagem profissional.
•• Parágrafo único acrescentado pelo Decreto n. 11.061, de 4-5-2022, produzindo efeitos a partir de 1.º-1-2023.

Art. 75-C. Ato do Ministro de Estado do Trabalho e Previdência regulamentará o Programa de Reconhecimento de Boas Práticas na Aprendizagem Profissional e o Censo da Aprendizagem Profissional.
•• Artigo acrescentado pelo Decreto n. 11.061, de 4-5-2022.

Art. 75-D. Ato do Ministro de Estado do Trabalho e Previdência regulamentará o Programa Embaixadores da Aprendizagem Profissional, com a finalidade de ampliar o engajamento da sociedade no aumento de vagas e na boa execução da aprendizagem profissional.
•• *Caput* acrescentado pelo Decreto n. 11.061, de 4-5-2022.

§ 1.º O Ministro de Estado do Trabalho e Previdência poderá designar como embaixadores da aprendizagem cidadãos, nacionais ou estrangeiros, que tenham praticado ações relevantes na aprendizagem profissional.
•• § 1.º acrescentado pelo Decreto n. 11.061, de 4-5-2022.

§ 2.º A designação de que trata o § 1.º poderá ocorrer por unidade federativa ou nacionalmente.
•• § 2.º acrescentado pelo Decreto n. 11.061, de 4-5-2022.

§ 3.º Os embaixadores de que trata o § 1.º são responsáveis por auxiliar o Ministério do Trabalho e Previdência na divulgação e na articulação da aprendizagem profissional no âmbito local.
•• § 3.º acrescentado pelo Decreto n. 11.061, de 4-5-2022.

§ 4.º O exercício da função de que trata o § 1.º é considerado prestação de serviço público relevante, não remunerado.
•• § 4.º acrescentado pelo Decreto n. 11.061, de 4-5-2022.

Título VII
DISPOSIÇÕES FINAIS

Art. 126. Ficam revogados:

V – o Decreto n. 5.598, de 1.º de dezembro de 2005;

Art. 127. Este Decreto entra em vigor na data de sua publicação. Brasília, 22 de novembro de 2018; 197.º da Independência e 130.º da República.

MICHEL TEMER

DECRETO N. 9.978, DE 20 DE AGOSTO DE 2019 (*)

Dispõe sobre o Fundo PIS-PASEP e institui o Conselho Diretor do Fundo PIS-PASEP.

O Presidente da República, no uso das atribuições que lhe confere o art. 84, *caput*, incisos IV e VI, alínea *a* da Constituição, e tendo em vista o disposto na Lei Complementar n. 26, de 11 de setembro de 1975, decreta:

Art. 1.º O Fundo PIS-PASEP, criado pela Lei Complementar n. 26, de 11 de setembro de 1975, sob a denominação de PIS-PASEP, é um fundo contábil de natureza financeira, e é regido pelas disposições do art. 69 da Lei n. 4.728, de 14 de julho de 1965, no que couber.
• O art. 69 da Lei n. 4.728, de 14-7-1965, dispõe: "Os fundos contábeis de natureza financeira, em estabelecimentos oficiais de crédito, para aplicação de doações, dotações ou financiamentos, obtidos de entidades nacionais ou estrangeiras, não incluídos no orçamento, dependem de decreto do Presidente da República. § 1.º Os fundos contábeis consistirão de contas gráficas abertas e serão exclusivamente para os objetos designados pelo decreto do Poder Executivo, admitidas apenas as deduções necessárias ao custeio das operações. § 2.º O decreto executivo de constituição de fundo deverá indicar: I – origem dos recursos que o constituirão; II – objetivo das aplicações explicitando a natureza das operações, o setor de aplicação e demais condições; III – mecanismo geral das operações; IV – a gestão do fundo, podendo atribuí-la ao próprio estabelecimento de crédito no qual será aberta a conta, ou a um administrador ou órgão colegiado; V – a representação ativa e passiva do órgão gestor do fundo".

Art. 2.º O exercício financeiro do Fundo PIS-PASEP corresponde ao período de 1.º de julho de cada ano a 30 de junho do ano subsequente.

Art. 3.º Fica instituído o Conselho Diretor do Fundo PIS-PASEP, órgão colegiado responsável por gerir o Fundo.

Art. 4.º Compete ao Conselho Diretor do Fundo PIS-PASEP:

I – aprovar o plano de contas do Fundo;

II – ao término de cada exercício financeiro:

a) constituir as provisões e as reservas indispensáveis e distribuir excedentes de reserva aos cotistas, se houver;

b) calcular a atualização monetária do saldo credor das contas individuais dos participantes;

c) calcular a incidência de juros sobre o saldo credor atualizado das contas individuais dos participantes; e

d) levantar o montante das despesas de administração, apurar e atribuir aos participantes o resultado líquido adicional das operações realizadas;

III – autorizar, nos períodos estabelecidos, os créditos de que trata o inciso II do *caput* nas contas individuais dos participantes;

IV – aprovar anualmente:

a) o orçamento do Fundo PIS-PASEP e sua reformulação; e

b) o balanço do Fundo PIS-PASEP, com os demonstrativos e o relatório;

V – promover o levantamento de balancetes mensais;

VI – requisitar ao Banco do Brasil S.A., à Caixa Econômica Federal e ao Banco Nacional de Desenvolvimento Econômico e Social as informações sobre as aplicações realizadas, os recursos repassados e outras que julgar necessárias ao exercício da sua gestão;

VII – fornecer informações, dados e documentação e emitir parecer relacionados com o Fundo PIS-PASEP, o PIS e o PASEP, por solicitação do Conselho Monetário Nacional e do Ministro de Estado da Economia;

VIII – autorizar e fixar, nos períodos estabelecidos, o processamento das solicitações de saque e de retirada e seus pagamentos;

IX – editar normas operacionais necessárias à estruturação, à organização e ao funcionamento do Fundo PIS-PASEP e compatíveis com a execução do PIS e do PASEP;

X – aprovar os balancetes mensais, balanços anuais e demais demonstrações contábeis e financeiras do Fundo PIS-PASEP;

XI – consolidar o relatório de gestão anual, com base nos relatórios da Caixa Econômica Federal, do Banco do Brasil S.A. e do Banco Nacional de Desenvolvimento Econômico e Social, e emitir parecer sobre a prestação de contas anual do Fundo PIS-PASEP;

XII – definir as tarifas de remuneração da Caixa Econômica Federal e do Banco do Brasil S.A., na qualidade de administradores do PIS e do PASEP, respectivamente; e

XIII – resolver os casos omissos, inclusive quanto aos pedidos de saques de cotas do Fundo PIS-PASEP.

(*) Publicado no *DOU*, de 21-8-2019.

Art. 5.º O Conselho Diretor do Fundo PIS-PASEP é composto pelos seguintes representantes:

I – cinco do Ministério da Economia, um dos quais representante da Secretaria do Tesouro Nacional da Secretaria Especial de Fazenda, que o coordenará;

II – um dos participantes do PIS; e

III – um dos participantes do PASEP.

§ 1.º Cada membro do Conselho Diretor do Fundo PIS-PASEP terá um suplente, que o substituirá em suas ausências e impedimentos.

§ 2.º Os representantes de que trata o inciso I do *caput* serão indicados pelo Secretário-Executivo do Ministério da Economia, sendo que um titular e seu respectivo suplente serão representantes da Secretaria do Tesouro Nacional da Secretaria Especial de Fazenda, e designados pelo Ministro de Estado da Economia.

§ 3.º Os representantes de que tratam os incisos II e III do *caput* serão indicados pelo Secretário Especial de Previdência e Trabalho do Ministério da Economia e designados pelo Ministro de Estado da Economia.

§ 4.º As indicações de que tratam os § 2.º e § 3.º serão realizadas no prazo de trinta dias, contado da data de publicação deste Decreto.

Art. 6.º O Conselho Diretor do Fundo PIS-PASEP se reunirá em caráter ordinário quatro vezes por ano e em caráter extraordinário sempre que convocado pelo seu Coordenador.

§ 1.º A convocação para as reuniões ordinárias do Conselho Diretor do Fundo PIS-PASEP ocorrerá com antecedência de, no mínimo, dez dias e para as reuniões extraordinárias com antecedência de, no mínimo, cinco dias.

§ 2.º O quórum de reunião do Conselho Diretor do Fundo PIS-PASEP é de quatro membros e o quórum de aprovação é de maioria simples.

§ 3.º Além do voto ordinário, o Coordenador do Conselho Diretor do Fundo PIS-PASEP terá o voto de qualidade em caso de empate.

Art. 7.º O regimento interno do Conselho Diretor do Fundo PIS-PASEP será aprovado em sua reunião inaugural, por, no mínimo, quatro membros.

Art. 8.º A Secretaria-Executiva do Conselho Diretor do Fundo PIS-PASEP será exercida por um Secretário-Executivo, que não tem direito a voto e será indicado e designado pelo Coordenador, por meio de Resolução.

Art. 9.º As reuniões poderão ser realizadas por videoconferência ou por outros meios telemáticos.

Art. 10. A participação no Conselho Diretor do Fundo PIS-PASEP será considerada prestação de serviço público relevante, não remunerada, e o exercício das funções dos seus membros não acarretará quaisquer ônus ou despesas ao Fundo PIS-PASEP.

Art. 11. Cabe à Caixa Econômica Federal, em relação ao PIS, as seguintes atribuições:

I – manter, em nome dos empregados e trabalhadores avulsos, as correspondentes contas individuais de que trata o art. 5.º da Lei Complementar n. 7, de 7 de setembro de 1970, e normas complementares;

II – creditar nas contas individuais, quando autorizada pelo Conselho Diretor do Fundo PIS-PASEP, as parcelas e os benefícios de que trata o inciso II do *caput* do art. 4.º;

III – processar as solicitações de saque e de retirada e efetuar os correspondentes pagamentos, nos períodos estabelecidos, quando autorizados pelo Conselho Diretor do Fundo PIS-PASEP, nos termos do disposto na Lei Complementar n. 26, de 1975, e neste Decreto;

IV – fornecer, nos períodos estabelecidos e sempre que solicitado, ao Conselho Diretor do Fundo PIS-PASEP, as informações, os dados e a documentação relativos aos repasses de recursos, ao cadastro de empregados vinculados ao PIS, às contas individuais de participantes e às solicitações de saque e de retirada e seus correspondentes pagamentos; e

V – cumprir e fazer cumprir as normas operacionais editadas pelo Conselho Diretor do Fundo PIS-PASEP.

Parágrafo único. A Caixa Econômica Federal exercerá as atribuições previstas no *caput* de acordo com as normas, as diretrizes e os critérios estabelecidos pelo Conselho Diretor do Fundo PIS-PASEP e nos termos do disposto na Lei Complementar n. 26, de 1975, e neste Decreto.

Art. 12. Cabe ao Banco do Brasil S.A., em relação ao PASEP, as seguintes atribuições:

I – manter, em nome dos servidores e empregados, as contas individuais a que se refere o art. 5.º da Lei Complementar n. 8, de 3 de dezembro de 1970;

II – creditar nas contas individuais, quando autorizado pelo Conselho Diretor do Fundo PIS-PASEP, as parcelas e os benefícios de que trata o inciso II do *caput* do art. 4.º;

III – processar as solicitações de saque e de retirada e efetuar os correspondentes pagamentos, nos períodos estabelecidos, quando autorizados pelo Conselho Diretor do Fundo PIS-PASEP, nos termos do disposto na Lei Complementar n. 26, de 1975, e neste Decreto;

IV – fornecer, nos períodos estabelecidos e sempre que solicitado, ao gestor do Fundo PIS-PASEP, as informações, os dados e a documentação relativos aos repasses de recursos, ao cadastro de servidores e empregados vinculados ao PASEP, às contas individuais de participantes e às solicitações de saque e de retirada e seus correspondentes pagamentos; e

V – cumprir e fazer cumprir as normas operacionais editadas pelo Conselho Diretor do Fundo PIS-PASEP.

Parágrafo único. O Banco do Brasil S.A. exercerá as atribuições previstas no *caput* de acordo com as normas, as diretrizes e os critérios estabelecidos pelo Conselho Diretor do Fundo PIS-PASEP e nos termos do disposto na Lei Complementar n. 26, de 1975, e neste Decreto.

Art. 13. A Caixa Econômica Federal, o Banco do Brasil S.A. e o Banco Nacional de Desenvolvimento Econômico e Social prestarão ao Conselho Diretor do Fundo PIS-PASEP o apoio e o suporte necessários à administração do Fundo PIS-PASEP, na forma definida pelo Conselho Diretor do Fundo PIS-PASEP.

Art. 14. Fica revogado o Decreto n. 4.751, de 17 de junho de 2003.

Art. 15. Este Decreto entra em vigor na data de sua publicação.

Brasília, 20 de agosto de 2019; 198.º da Independência e 131.º da República.

JAIR MESSIAS BOLSONARO

LEI N. 13.874, DE 20 DE SETEMBRO DE 2019 (*)

Institui a Declaração de Direitos de Liberdade Econômica; estabelece garantias de livre mercado; altera as Leis n. 10.406, de 10 de janeiro de 2002 (Código Civil), 6.404, de 15 de dezembro de 1976, 11.598, de 3 de dezembro de 2007, 12.682, de 9 de julho de 2012, 6.015, de 31 de dezembro de 1973, 10.522, de 19 de julho de 2002, 8.934, de 18 de novembro 1994, o Decreto-lei n. 9.760, de 5 de setembro de 1946 e a Consolidação das Leis do Trabalho, aprovada pelo Decreto-lei n. 5.452, de 1.º de maio de 1943; revoga a Lei Delegada n. 4, de 26 de setembro de 1962, a Lei n. 11.887, de 24 de dezembro de 2008, e dispositivos do Decreto-lei n. 73, de 21 de novembro de 1966; e dá outras providências.

O Presidente da República

Faço saber que o Congresso Nacional decreta e eu sanciono a seguinte Lei:

(*) Publicada no *DOU*, de 20-9-2019 - Edição extra. Regulamentada pelo Decreto n. 10.178, de 18-12-2019.

Capítulo I
DISPOSIÇÕES GERAIS

•• Vide art. 1.º, § 3.º, desta Lei.

Art. 1.º Fica instituída a Declaração de Direitos de Liberdade Econômica, que estabelece normas de proteção à livre-iniciativa e ao livre exercício de atividade econômica e disposições sobre a atuação do Estado como agente normativo e regulador, nos termos do inciso IV do *caput* do art. 1.º, do parágrafo único do art. 170 e do *caput* do art. 174 da Constituição Federal.

§ 1.º O disposto nesta Lei será observado na aplicação e na interpretação do direito civil, empresarial, econômico, urbanístico e do trabalho nas relações jurídicas que se encontrem no seu âmbito de aplicação e na ordenação pública, inclusive sobre exercício das profissões, comércio, juntas comerciais, registros públicos, trânsito, transporte e proteção ao meio ambiente.

§ 2.º Interpretam-se em favor da liberdade econômica, da boa-fé e do respeito aos contratos, aos investimentos e à propriedade todas as normas de ordenação pública sobre atividades econômicas privadas.

§ 3.º O disposto neste Capítulo e nos Capítulos II e III desta Lei não se aplica ao direito tributário e ao direito financeiro, ressalvado o disposto no inciso X do *caput* do art. 3.º desta Lei.

•• § 3.º com redação determinada pela Lei n. 14.195, de 26-8-2021.

§ 4.º O disposto nos arts. 1.º, 2.º, 3.º e 4.º desta Lei constitui norma geral de direito econômico, conforme o disposto no inciso I do *caput* e nos §§ 1.º, 2.º, 3.º e 4.º do art. 24 da Constituição Federal, e será observado para todos os atos públicos de liberação da atividade econômica executados pelos Estados, pelo Distrito Federal e pelos Municípios, nos termos do § 2.º deste artigo.

§ 5.º O disposto no inciso IX do *caput* do art. 3.º desta Lei não se aplica aos Estados, ao Distrito Federal e aos Municípios, exceto se:

I – o ato público de liberação da atividade econômica for derivado ou delegado por legislação ordinária federal; ou

II – o ente federativo ou o órgão responsável pelo ato decidir vincular-se ao disposto no inciso IX do *caput* do art. 3.º desta Lei por meio de instrumento válido e próprio.

§ 6.º Para fins do disposto nesta Lei, consideram-se atos públicos de liberação a licença, a autorização, a concessão, a inscrição, a permissão, o alvará, o cadastro, o credenciamento, o estudo, o plano, o registro e os demais atos exigidos, sob qualquer denominação, por órgão ou entidade da administração pública na aplicação de legislação, como condição para o exercício de atividade econômica, inclusive o início, a continuação e o fim para a instalação, a construção, a operação, a produção, o funcionamento, o uso, o exercício ou a realização, no âmbito público ou privado, de atividade, serviço, estabelecimento, profissão, instalação, operação, produto, equipamento, veículo, edificação e outros.

Art. 2.º São princípios que norteiam o disposto nesta Lei:

I – a liberdade como uma garantia no exercício de atividades econômicas;

II – a boa-fé do particular perante o poder público;

III – a intervenção subsidiária e excepcional do Estado sobre o exercício de atividades econômicas; e

IV – o reconhecimento da vulnerabilidade do particular perante o Estado.

Parágrafo único. Regulamento disporá sobre os critérios de aferição para afastamento do inciso IV do *caput* deste artigo, limitados a questões de má-fé, hipersuficiência ou reincidência.

Capítulo II
DA DECLARAÇÃO DE DIREITOS DE LIBERDADE ECONÔMICA

•• Vide art. 1.º, § 3.º, desta Lei.

Art. 3.º São direitos de toda pessoa, natural ou jurídica, essenciais para o desenvolvimento e o crescimento econômicos do País, observado o disposto no parágrafo único do art. 170 da Constituição Federal:

I – desenvolver atividade econômica de baixo risco, para a qual se valha exclusivamente de propriedade privada própria ou de terceiros consensuais, sem a necessidade de quaisquer atos públicos de liberação da atividade econômica;

II – desenvolver atividade econômica em qualquer horário ou dia da semana, inclusive feriados, sem que para isso esteja sujeita a cobranças ou encargos adicionais, observadas:

a) as normas de proteção ao meio ambiente, incluídas as de repressão à poluição sonora e à perturbação do sossego público;

b) as restrições advindas de contrato, de regulamento condominial ou de outro negócio jurídico, bem como as decorrentes das normas de direito real, incluídas as de direito de vizinhança; e

c) a legislação trabalhista;

III – definir livremente, em mercados não regulados, o preço de produtos e de serviços como consequência de alterações da oferta e da demanda;

IV – receber tratamento isonômico de órgãos e de entidades da administração pública quanto ao exercício de atos de liberação da atividade econômica, hipótese em que o ato de liberação estará vinculado aos mesmos critérios de interpretação adotados em decisões administrativas análogas anteriores, observado o disposto em regulamento;

V – gozar de presunção de boa-fé nos atos praticados no exercício da atividade econômica, para os quais as dúvidas de interpretação do direito civil, empresarial, econômico e urbanístico serão resolvidas de forma a preservar a autonomia privada, exceto se houver expressa disposição legal em contrário;

VI – desenvolver, executar, operar ou comercializar novas modalidades de produtos e de serviços quando as normas infralegais se tornarem desatualizadas por força de desenvolvimento tecnológico consolidado internacionalmente, nos termos estabelecidos em regulamento, que disciplinará os requisitos para aferição da situação concreta, os procedimentos, o momento e as condições dos efeitos;

•• Vide Decreto n. 10.229, de 5-2-2020, que regulamenta o direito de desenvolver, executar, operar ou comercializar produto ou serviço em desacordo com a norma técnica desatualizada, de que trata este inciso.

VII – (*Vetado*).

VIII – ter a garantia de que os negócios jurídicos empresariais paritários serão objeto de livre estipulação das partes pactuantes, de forma a aplicar todas as regras de direito empresarial apenas de maneira subsidiária ao avençado, exceto normas de ordem pública;

IX – ter a garantia de que, nas solicitações de atos públicos de liberação da atividade econômica que se sujeitam ao disposto nesta Lei, apresentados todos os elementos necessários à instrução do processo, o particular será cientificado expressa e imediatamente do prazo máximo estipulado para a análise de seu pedido e de que, transcorrido o prazo fixado, o silêncio da autoridade competente importará aprovação tácita para todos os efeitos, ressalvadas as hipóteses expressamente vedadas em lei;

•• Vide art. 1.º, § 5.º, desta Lei.

X – arquivar qualquer documento por meio de microfilme ou por meio digital, conforme técnica e requisitos estabelecidos em regulamento, hipótese em que se equiparará a documento físico para todos os efeitos legais e para a comprovação de qualquer ato de direito público;

•• Vide art. 1.º, § 3.º, desta Lei.

•• O Decreto n. 10.278, de 18-3-2020, estabelece a técnica e os requisitos para a digitalização de documentos públicos ou privados, para equiparação com documentos originais, de que trata este inciso.

XI – não ser exigida medida ou prestação compensatória ou mitigatória abusiva, em sede de estudos de impacto ou outras liberações de atividade econômica no direito urbanístico, entendida como aquela que:

a) (*Vetada*.)

b) requeira medida que já era planejada para execução antes da solicitação pelo particular, sem que a atividade econômica altere a demanda para execução da referida medida;

c) utilize-se do particular para realizar execuções que compensem impactos

que existiriam independentemente do empreendimento ou da atividade econômica solicitada;

d) requeira a execução ou prestação de qualquer tipo para áreas ou situação além daquelas diretamente impactadas pela atividade econômica; ou

e) mostre-se sem razoabilidade ou desproporcional, inclusive utilizada como meio de coação ou intimidação; e

XII – não ser exigida pela administração pública direta ou indireta certidão sem previsão expressa em lei.

§ 1.º Para fins do disposto no inciso I do *caput* deste artigo:

I – ato do Poder Executivo federal disporá sobre a classificação de atividades de baixo risco a ser observada na ausência de legislação estadual, distrital ou municipal específica;

II – na hipótese de ausência de ato do Poder Executivo federal de que trata o inciso I deste parágrafo, será aplicada resolução do Comitê para Gestão da Rede Nacional para a Simplificação do Registro e da Legalização de Empresas e Negócios (CGSIM), independentemente da aderência do ente federativo à Rede Nacional para a Simplificação do Registro e da Legalização de Empresas e Negócios (Redesim); e

- A Lei n. 11.598, de 3-12-2007, estabelece diretrizes e procedimentos para a simplificação e integração do processo de registro e legalização de empresários e pessoas jurídicas e cria a Redesim – Rede Nacional para a Simplificação do Registro e da Legalização de Empresas e Negócios.
- O Decreto n. 6.884, de 25-6-2009, institui o Comitê para Gestão da Rede Nacional para a Simplificação do Registro e da Legalização de Empresas e Negócios – CGSIM.

III – na hipótese de existência de legislação estadual, distrital ou municipal sobre a classificação de atividades de baixo risco, o ente federativo que editar ou tiver editado norma específica encaminhará notificação ao Ministério da Economia sobre a edição de sua norma.

§ 2.º A fiscalização do exercício do direito de que trata o inciso I do *caput* deste artigo será realizada posteriormente, de ofício ou como consequência de denúncia encaminhada à autoridade competente.

§ 3.º O disposto no inciso III do *caput* deste artigo não se aplica:

I – às situações em que o preço de produtos e de serviços seja utilizado com a finalidade de reduzir o valor do tributo, de postergar a sua arrecadação ou de remeter lucros em forma de custos ao exterior; e

II – à legislação de defesa da concorrência, aos direitos do consumidor e às demais disposições protegidas por lei federal.

§ 4.º (*Revogado pela Lei n. 14.011, de 10-6-2020.*)

§ 5.º O disposto no inciso VIII do *caput* deste artigo não se aplica à empresa pública e à sociedade de economia mista definidas nos arts. 3.º e 4.º da Lei n. 13.303, de 30 de junho de 2016.

§ 6.º O disposto no inciso IX do *caput* deste artigo não se aplica quando:

I – versar sobre questões tributárias de qualquer espécie ou de concessão de registro de marcas;

II – a decisão importar em compromisso financeiro da administração pública; e

III – houver objeção expressa em tratado em vigor no País.

§ 7.º A aprovação tácita prevista no inciso IX do *caput* deste artigo não se aplica quando a titularidade da solicitação for de agente público ou de seu cônjuge, companheiro ou parente em linha reta ou colateral, por consanguinidade ou afinidade, até o 3.º (terceiro) grau, dirigida a autoridade administrativa ou política do próprio órgão ou entidade da administração pública em que desenvolva suas atividades funcionais.

§ 8.º O prazo a que se refere o inciso IX do *caput* deste artigo será definido pelo órgão ou pela entidade da administração pública solicitada, observados os princípios da impessoalidade e da eficiência e os limites máximos estabelecidos em regulamento.

§ 9.º (*Vetado.*)

§ 10. O disposto no inciso XI do *caput* deste artigo não se aplica às situações de acordo resultantes de ilicitude.

§ 11. Para os fins do inciso XII do *caput* deste artigo, é ilegal delimitar prazo de validade de certidão emitida sobre fato imutável, inclusive sobre óbito.

Capítulo III
DAS GARANTIAS DE LIVRE-INICIATIVA

•• *Vide* art. 1.º, § 3.º, desta Lei.

Art. 4.º É dever da administração pública e das demais entidades que se vinculam a esta Lei, no exercício de regulamentação de norma pública pertencente à legislação sobre a qual esta Lei versa, exceto se em estrito cumprimento a previsão explícita em lei, evitar o abuso do poder regulatório de maneira a, indevidamente:

I – criar reserva de mercado ao favorecer, na regulação, grupo econômico, ou profissional, em prejuízo dos demais concorrentes;

II – redigir enunciados que impeçam a entrada de novos competidores nacionais ou estrangeiros no mercado;

III – exigir especificação técnica que não seja necessária para atingir o fim desejado;

IV – redigir enunciados que impeçam ou retardem a inovação e a adoção de novas tecnologias, processos ou modelos de negócios, ressalvadas as situações consideradas em regulamento como de alto risco;

V – aumentar os custos de transação sem demonstração de benefícios;

VI – criar demanda artificial ou compulsória de produto, serviço ou atividade profissional, inclusive de uso de cartórios, registros ou cadastros;

VII – introduzir limites à livre formação de sociedades empresariais ou de atividades econômicas;

VIII – restringir o uso e o exercício da publicidade e propaganda sobre um setor econômico, ressalvadas as hipóteses expressamente vedadas em lei federal; e

IX – exigir, sob o pretexto de inscrição tributária, requerimentos de outra natureza de maneira a mitigar os efeitos do inciso I do *caput* do art. 3.º desta Lei.

Art. 4.º-A. É dever da administração pública e das demais entidades que se sujeitam a esta Lei, na aplicação da ordenação pública sobre atividades econômicas privadas:

•• *Caput* acrescentado pela Lei n. 14.195, de 26-8-2021.

I – dispensar tratamento justo, previsível e isonômico entre os agentes econômicos;

•• Inciso I acrescentado pela Lei n. 14.195, de 26-8-2021.

II – proceder à lavratura de autos de infração ou aplicar sanções com base em termos subjetivos ou abstratos somente quando estes forem propriamente regulamentados por meio de critérios claros, objetivos e previsíveis; e

•• Inciso II acrescentado pela Lei n. 14.195, de 26-8-2021.

III – observar o critério de dupla visita para lavratura de autos de infração decorrentes do exercício de atividade considerada de baixo ou médio risco.

•• Inciso III acrescentado pela Lei n. 14.195, de 26-8-2021.

§ 1.º Os órgãos e as entidades competentes, na forma do inciso II do *caput* deste artigo, editarão atos normativos para definir a aplicação e a incidência de conceitos subjetivos ou abstratos por meio de critérios claros, objetivos e previsíveis, observado que:

•• § 1.º acrescentado pela Lei n. 14.195, de 26-8-2021.

I – nos casos de imprescindibilidade de juízo subjetivo para a aplicação da sanção, o ato normativo determinará o procedimento para sua aferição, de forma a garantir a maior previsibilidade e impessoalidade possível;

•• Inciso I acrescentado pela Lei n. 14.195, de 26-8-2021.

II – a competência da edição dos atos normativos infralegais equivalentes a que se refere este parágrafo poderá ser delegada pelo Poder competente conforme sua autonomia, bem como pelo órgão ou pela entidade responsável pela lavratura do auto de infração.

•• Inciso II acrescentado pela Lei n. 14.195, de 26-8-2021.

§ 2.º Para os fins administrativos, controladores e judiciais, consideram-se plenamente atendidos pela administração pública os requisitos previstos no inciso II do *caput* deste artigo, quando a advocacia pública, no âmbito da União, dos Estados, do Distrito Federal e dos Municípios,

nos limites da respectiva competência, tiver previamente analisado o ato de que trata o § 1.º deste artigo.

•• § 2.º acrescentado pela Lei n. 14.195, de 26-8-2021.

§ 3.º Os órgãos e as entidades deverão editar os atos normativos previstos no § 1.º deste artigo no prazo de 4 (quatro) anos, podendo o Poder Executivo estabelecer prazo inferior em regulamento.

•• § 3.º acrescentado pela Lei n. 14.195, de 26-8-2021.

§ 4.º O disposto no inciso II do *caput* deste artigo aplica-se exclusivamente ao ato de lavratura decorrente de infrações referentes a matérias nas quais a atividade foi considerada de baixo ou médio risco, não se aplicando a órgãos e a entidades da administração pública que não a tenham assim classificado, de forma direta ou indireta, de acordo com os seguintes critérios:

•• § 4.º, *caput*, acrescentado pela Lei n. 14.195, de 26-8- 2021.

I – direta, quando realizada pelo próprio órgão ou entidade da administração pública que procede à lavratura; e

•• Inciso I acrescentado pela Lei n. 14.195, de 26-8-2021.

II – indireta, quando o nível de risco aplicável decorre de norma hierarquicamente superior ou subsidiária, por força de lei, desde que a classificação refira-se explicitamente à matéria sobre a qual se procederá a lavratura.

•• Inciso II acrescentado pela Lei n. 14.195, de 26-8-2021.

Capítulo IV
DA ANÁLISE DE IMPACTO REGULATÓRIO

Art. 5.º As propostas de edição e de alteração de atos normativos de interesse geral de agentes econômicos ou de usuários dos serviços prestados, editadas por órgão ou entidade da administração pública federal, incluídas as autarquias e as fundações públicas, serão precedidas da realização de análise de impacto regulatório, que conterá informações e dados sobre os possíveis efeitos do ato normativo para verificar a razoabilidade do seu impacto econômico.

•• O Decreto n. 10.411, de 30-6-2020, regulamenta a análise de impacto regulatório de que trata este artigo.

Parágrafo único. Regulamento disporá sobre a data de início da exigência de que trata o *caput* deste artigo e sobre o conteúdo, a metodologia da análise de impacto regulatório, os quesitos mínimos a serem objeto de exame, as hipóteses em que será obrigatória sua realização e as hipóteses em que poderá ser dispensada.

Capítulo V
DAS ALTERAÇÕES LEGISLATIVAS E DISPOSIÇÕES FINAIS

Art. 6.º Fica extinto o Fundo Soberano do Brasil (FSB), fundo especial de natureza contábil e financeira, vinculado ao Ministério da Economia, criado pela Lei n. 11.887, de 24 de dezembro de 2008.

Art. 7.º A Lei n. 10.406, de 10 de janeiro de 2002 (Código Civil), passa a vigorar com as seguintes alterações:

•• Alterações já processadas no diploma modificado.

..

Art. 15. A Consolidação das Leis do Trabalho, aprovada pelo Decreto-lei n. 5.452, de 1.º de maio de 1943, passa a vigorar com as seguintes alterações:

•• Alterações já processadas no diploma modificado.

Art. 16. O Sistema de Escrituração Digital das Obrigações Fiscais, Previdenciárias e Trabalhistas (eSocial) será substituído, em nível federal, por sistema simplificado de escrituração digital de obrigações previdenciárias, trabalhistas e fiscais.

Parágrafo único. Aplica-se o disposto no *caput* deste artigo às obrigações acessórias à versão digital gerenciadas pela Receita Federal do Brasil do Livro de Controle de Produção e Estoque da Secretaria Especial da Receita Federal do Brasil (Bloco K).

Art. 17. Ficam resguardados a vigência e a eficácia ou os efeitos dos atos declaratórios do Procurador-Geral da Fazenda Nacional, aprovados pelo Ministro de Estado respectivo e editados até a data de publicação desta Lei, nos termos do inciso II do *caput* do art. 19 da Lei n. 10.522, de 19 de julho de 2002.

Art. 18. A eficácia do disposto no inciso X do *caput* do art. 3.º desta Lei fica condicionada à regulamentação em ato do Poder Executivo federal, observado que:

I – para documentos particulares, qualquer meio de comprovação da autoria, integridade e, se necessário, confidencialidade de documentos em forma eletrônica é válido, desde que escolhido de comum acordo pelas partes ou aceito pela pessoa a quem for oposto o documento; e

II – independentemente de aceitação, o processo de digitalização que empregar o uso da certificação no padrão da Infraestrutura de Chaves Públicas Brasileira (ICP-Brasil) terá garantia de integralidade, autenticidade e confidencialidade para documentos públicos e privados.

Art. 19. Ficam revogados:

I – a Lei Delegada n. 4, de 26 de setembro de 1962;

II – os seguintes dispositivos do Decreto-lei n. 73, de 21 de novembro de 1966:

a) inciso III do *caput* do art. 5.º; e

b) inciso X do *caput* do art. 32;

III – a Lei n. 11.887, de 24 de dezembro de 2008;

IV – (*Vetado.*)

V – os seguintes dispositivos da Consolidação das Leis do Trabalho, aprovada pelo Decreto-lei n. 5.452, de 1.º de maio de 1943:

a) art. 17;

b) art. 20;

c) art. 21;

d) art. 25;

e) art. 26;

f) art. 30;

g) art. 31;

h) art. 32;

i) art. 33;

j) art. 34;

k) inciso II do art. 40;

1) art. 53;

m) art. 54;

n) art. 56;

o) art. 141;

p) parágrafo único do art. 415;

q) art. 417;

r) art. 419;

s) art. 420;

t) art. 421;

u) art. 422; e

v) art. 633;

VI – os seguintes dispositivos da Lei n. 8.934, de 18 de novembro de 1994:

a) parágrafo único do art. 2.º;

b) inciso VIII do *caput* do art. 35;

c) art. 43; e

d) parágrafo único do art. 47;

Art. 20. Esta Lei entra em vigor:

I – (*Vetado.*)

II – na data de sua publicação, para os demais artigos.

Brasília, 20 de setembro de 2019; 198.º da Independência e 131.º da República.

JAIR MESSIAS BOLSONARO

DECRETO N. 10.088, DE 5 DE NOVEMBRO DE 2019 (*)

Consolida atos normativos editados pelo Poder Executivo Federal que dispõem sobre a promulgação de convenções e recomendações da Organização Internacional do Trabalho – OIT ratificadas pela República Federativa do Brasil.

O Presidente da República, no uso da atribuição que lhe confere o art. 84, *caput*, inciso IV, da Constituição, e tendo em vista o disposto na Lei Complementar n. 95, de 26 de fevereiro de 1998, decreta:

Capítulo I
DISPOSIÇÕES PRELIMINARES

Art. 1.º Este Decreto consolida, na forma de seus anexos, os atos normativos editados pelo Poder Executivo federal que dispõem sobre a promulgação de convenções e recomendações da Organização Internacional do Trabalho – OIT ratificadas pela República Federativa do Brasil e em vigor, em observância ao disposto na Lei Complementar n. 95, de 26 de fevereiro de 1998, e no Decreto n. 9.191, de 1.º de novembro de 2017.

Capítulo II
DAS CONVENÇÕES E DAS RECOMENDAÇÕES

Art. 2.º As convenções e recomendações da OIT, aprovadas pelo Congresso Nacional, promulgadas por ato do Poder Executivo federal e consolidadas por este Decreto estão reproduzidas integralmente nos Anexos, em ordem cronológica de promulgação, da seguinte forma:

..

VII – Anexo VII – Convenção n. 98 da OIT, relativa à Aplicação dos Princípios do Direito de Organização e de Negociação Coletiva, adotada em Genebra, a 1.º de julho de 1949, por ocasião da XXXII Sessão da Conferência Internacional do Trabalho (aprovada pelo Decreto Legislativo n. 49, de 27 de agosto de 1952);

..

LXVI – Anexo LXVI – Convenção n. 132 da OIT sobre Férias Anuais Remuneradas (revista em 1970), concluída em Genebra, em 24 de junho de 1970 (aprovada pelo Decreto Legislativo n. 47, de 23 de setembro de 1981);

..

LXVIII – Anexo LXVIII – Convenção n. 182 e a Recomendação n. 190 da OIT sobre a Proibição das Piores Formas de Trabalho Infantil e a Ação Imediata para sua Eliminação, concluídas em Genebra, em 17 de junho de 1999 (aprovadas pelo Decreto Legislativo n. 178, de 14 de dezembro de 1999);

..

Capítulo III
DISPOSIÇÕES FINAIS

Art. 3.º As Convenções anexas a este Decreto serão executadas e cumpridas integralmente em seus termos.

§ 1.º Considera-se, para todos os efeitos, que as Convenções objeto desta consolidação permanecem vigentes, em âmbito interno, desde a data em que a República Federativa do Brasil tenha se obrigado, conforme decretos de promulgação originais, sem modificação do alcance nem interrupção da força normativa dos dispositivos consolidados.

§ 2.º O Governo brasileiro, no momento da ratificação, aceitou as obrigações da Convenção n. 118 da OIT sobre Igualdade de Tratamento dos Nacionais e Não Nacionais em Matéria de Previdência Social, constante do Anexo XXXII, no que diz respeito aos ramos da previdência social previstos nas alíneas *a, b, c, d, e, f* e *g* do item 1 do art. 2.

§ 3.º A Convenção n. 138 da OIT sobre Idade Mínima de Admissão ao Emprego, constante no Anexo LXX a este Decreto, foi promulgada com as seguintes declarações interpretativas:

I – para os efeitos do item 1 do art. 2.º da Convenção, fica estabelecido que a idade mínima para admissão a emprego ou trabalho é de dezesseis anos; e

II – em virtude do permissivo contido nos itens 1 e 3 do art. 5.º, o âmbito de aplicação da Convenção restringe-se inicialmente a minas e pedreiras, a indústrias manufatureiras, a construção, a serviços de eletricidade, de gás e de água, a saneamento, a transporte e armazenamento, a comunicações, a plantações e a outros empreendimentos agrícolas que produzam principalmente para o comércio, excluídas as empresas familiares ou de pequeno porte que trabalhem para o mercado local e que não empreguem regularmente trabalhadores assalariados.

§ 4.º A Convenção n. 151 e a Recomendação n. 159 da OIT sobre as Relações de Trabalho na Administração Pública, constantes do Anexo LXXVI, foram promulgadas com as seguintes declarações interpretativas:

I – a expressão "pessoas empregadas pelas autoridades públicas", constante do item 1 do artigo 1 da Convenção n. 151, abrange tanto os empregados públicos, ingressos na administração pública mediante concurso público, regidos pela Consolidação das Leis do Trabalho – CLT, aprovada pelo Decreto-lei n. 5.452, de 1.º de maio de 1943, quanto os servidores públicos federais, regidos pela Lei n. 8.112, de 11 de dezembro de 1990, e os servidores públicos estaduais e municipais, regidos pela legislação dos respectivos entes federativos; e

II – consideram-se "organizações de trabalhadores" abrangidas pela Convenção apenas as organizações constituídas nos termos do art. 8.º da Constituição.

Art. 4.º São sujeitos à aprovação do Congresso Nacional atos que possam resultar em revisão das Convenções anexas a este Decreto e ajustes complementares que acarretem encargos ou compromissos gravosos ao patrimônio nacional, nos termos do inciso I do *caput* do art. 49 da Constituição.

Art. 5.º Ficam revogados:

..

LXIX – o Decreto n. 3.197, de 5 de outubro de 1999;

..

LXXI – o Decreto n. 3.597, de 12 de setembro de 2000;

..

Art. 6.º Este Decreto entra em vigor em 6 de maio de 2020.

Brasília, 5 de novembro de 2019; 198.º da Independência e 131.º da República.

JAIR MESSIAS BOLSONARO

..

ANEXO VII
CONVENÇÃO N. 98 DA OIT – RELATIVA À APLICAÇÃO DOS PRINCÍPIOS DO DIREITO DE ORGANIZAÇÃO E DE NEGOCIAÇÃO COLETIVA (**)

A Conferência Geral de Organização Internacional do Trabalho,

Convocada em Genebra pelo Conselho de Administração da Repartição Internacional do Trabalho e tendo-se reunido a oito de julho de 1949, em sua Trigésima Segunda Sessão.

Após ter decidido adotar diversas proposições relativas à aplicação dos princípios do direito de organização e de negociação coletiva, questão que constitui o quarto ponto na ordem do dia da sessão.

(*) Publicado no *DOU*, de 6-11-2019. Retificado em 4-12-2019. Edição extra em 13-12-2019.

(**) Aprovada pelo Decreto Legislativo n. 49, de 27-8-1952. Promulgada pelo Decreto n. 33.196, de 29-6-1953. *Vide* art. 8.º da CF e Convenção 87 da OIT.

Após ter decidido que essas proposições tomariam a forma de uma convenção internacional, adota, a primeiro de julho de mil novecentos e quarenta e nove, a convenção seguinte, que será denominada Convenção Relativa ao Direito de Organização e de Negociação Coletiva, 1949:

Artigo 1

1. Os trabalhadores deverão gozar de proteção adequada contra quaisquer atos atentatórios à liberdade sindical em matéria de emprego.

2. Tal proteção deverá, particularmente, aplicar-se a atos destinados a:

a) subordinar o emprego de um trabalhador à condição de não se filiar a um sindicato ou de deixar de fazer parte de um sindicato;

b) dispensar um trabalhador ou prejudicá-lo, por qualquer modo, em virtude de sua filiação a um sindicato ou de sua participação em atividades sindicais, fora as horas de trabalho ou, com o consentimento do empregador, durante as mesmas horas.

Artigo 2

1. As organizações de trabalhadores e de empregadores deverão gozar de proteção adequada contra quaisquer atos de ingerência de umas em outras, quer diretamente, quer por meio de seus agentes ou membros, em sua formação, funcionamento e administração.

2. Serão particularmente identificados a atos de ingerência, nos termos do presente artigo, medidas destinadas a provocar a criação de organizações de trabalhadores dominadas por um empregador ou uma organização de empregadores, ou a manter organizações de trabalhadores por meios financeiros, com o fim de colocar essas organizações sob o controle de um empregador ou de uma organização de empregadores.

Artigo 3

Organismos apropriados às condições nacionais deverão, se necessário, ser estabelecidos para assegurar o respeito do direito de organização definido nos artigos precedentes.

Artigo 4

Deverão ser tomadas, se necessário for, medidas apropriadas às condições nacionais, para fomentar e promover o pleno desenvolvimento e utilização de meios de negociação voluntária entre empregadores ou organizações de empregadores e organizações de trabalhadores, com o objetivo de regular, por meio de convenções coletivas, os termos e condições de emprego.

Artigo 5

1. A medida segundo a qual as garantias previstas pela presente Convenção se aplicarão às forças armadas e à polícia será determinada pela legislação nacional.

2. De acordo com os princípios estabelecidos no parágrafo 8 do art. 19 da Constituição da Organização Internacional de Trabalho, a ratificação desta Convenção, por parte de um membro, não deverá ser considerada como devendo afetar qualquer lei, sentença, costume ou acordo já existentes que concedam aos membros das forças armadas e da polícia garantias previstas pela presente Convenção.

Artigo 6

A presente Convenção não trata da situação dos funcionários públicos ao serviço do Estado e não deverá ser interpretada, de modo algum, em prejuízo dos seus direitos ou de seus estatutos.

Artigo 7

As ratificações formais da presente Convenção serão comunicadas ao Diretor-Geral da Repartição Internacional do Trabalho e por ele registradas.

Artigo 8

1. A presente convenção não obrigará senão aos Membros da Organização Internacional do Trabalho cuja ratificação tenha sido registrada pelo Diretor-Geral.

2. Ele entrará em vigor doze meses depois que as ratificações de dois Membros tiverem sido registradas pelo Diretor-Geral.

3. Em seguida, esta convenção entrará em vigor para cada Membro doze meses depois da data em que sua ratificação tiver sido registrada.

Artigo 9

Fica proibido qualquer desconto dos salários cuja finalidade seja assegurar pagamento direto ou indireto do trabalhador ao empregador, a representante deste ou a qualquer intermediário (tal como um agente encarregado de recrutar a mão de obra), com o fim de obter ou conservar um emprego.

Artigo 10

1. O salário não poderá ser objeto de penhora ou cessão, a não ser segundo as modalidades e nos limites prescritos pela legislação nacional.

Artigo 11

1. Todo Membro que tiver ratificado a presente convenção poderá denunciá-la no fim de um período de dez anos depois da data da entrada em vigor inicial da convenção, por ato comunicado ao Diretor-Geral da Repartição Internacional do Trabalho e por ele registrado. A denúncia não terá efeito senão um ano depois de ter sido registrada.

2. Todo Membro que, tendo ratificado a presente convenção, dentro do prazo de um ano depois da expiração do período de dez anos mencionado no parágrafo precedente, não fizer uso da faculdade de denúncia prevista no presente artigo, será obrigado por novo período de dez anos e, depois disso, poderá denunciar a presente convenção no fim de cada período de dez anos, nas condições previstas no presente artigo.

Artigo 12

1. O Diretor-Geral da Repartição Internacional do Trabalho notificará a todos os membros da Organização Internacional do Trabalho o registro de todas as ratificações que lhe forem comunicadas pelos membros da Organização.

2. Notificando aos membros da Organização o registro da segunda ratificação que lhe for comunicada, o Diretor-Geral chamará a atenção dos membros da Organização para a data na qual a presente Convenção entrará em vigor.

Artigo 13

O Diretor-Geral da Repartição Internacional do Trabalho enviará ao Secretário-Geral das Nações Unidas, para fim de registro, conforme o art. 102 da Carta das Nações Unidas, informações completas a respeito de todas as ratificações, declarações e atos de denúncia que houver registrado de acordo com os artigos precedentes.

Artigo 14

Cada vez que julgar necessário, o Conselho de Administração da Repartição Internacional do Trabalho apresentará à Conferência Geral um relatório sobre a aplicação da presente Convenção e examinará se é necessário inscrever na ordem do dia da Conferência a questão de sua revisão total ou parcial.

Artigo 15

1. No caso de a Conferência adotar nova convenção de revisão total ou parcial da presente convenção, e a menos que a nova convenção disponha diferentemente:

a) a ratificação, por parte de um membro, da nova convenção revista acarretará de pleno direito, não obstante o artigo 11 acima, denúncia imediata da presente Convenção, desde que a nova convenção revista tenha entrado em vigor;

b) a partir da data da entrada em vigor da nova convenção revista, a presente Convenção cessará de estar aberta à ratificação dos membros.

2. A presente convenção ficará, em qualquer caso, em vigor, na forma e no conteúdo, para os Membros que a tiverem ratificado e que não tiverem ratificado a convenção de revisão.

Artigo 16

As versões francesa e inglesa do texto da presente Convenção são igualmente autênticas. O texto que precede é o texto autêntico da Convenção devidamente adotada pela Conferência Geral da Organização Internacio-

nal do Trabalho em sua Trigésima Segunda Sessão realizada em Genebra e declarada encerrada a 2 de julho de 1949.

Em fé do que, apuseram suas assinaturas, a dezoito de agosto de 1949.
O Presidente da Conferência,
Guildhaume Myrddin-Evans
O Diretor-Geral da Repartição Internacional do Trabalho,
David A. Morse

ANEXO LXVI
CONVENÇÃO 132 DA OIT – CONVENÇÃO SOBRE FÉRIAS ANUAIS REMUNERADAS (REVISTA EM 1970)

A Conferência Geral da Organização Internacional do Trabalho,

Convocada em Genebra pela Administração da Repartição Internacional do Trabalho, e tendo-se reunido em sua Quinquagésima Quarta Sessão em 3 de junho de 1970, e

Tendo decidido adotar diversas propostas relativas a férias remuneradas, assunto que constitui o quarto item da agenda da sessão, e

Tendo determinado que estas propostas tomarão a forma de uma Convenção Internacional, adota, em 24 de junho de 1970, a seguinte Convenção que será denominada Convenção sobre Férias Remuneradas (revista), 1970:

Artigo 1

As disposições da presente Convenção, caso não sejam postas em execução por meio de acordos coletivos, sentenças arbitrais ou decisões judiciais, seja por organismos oficiais de fixação de salários, seja por qualquer outra maneira conforme a prática nacional e considerada apropriada, levando-se em conta as condições próprias de cada país, deverão ser aplicadas através de legislação nacional.

Artigo 2

1. A presente Convenção aplicar-se-á a todas as pessoas empregadas, à exceção dos marítimos.

2. Quando necessário, a autoridade competente ou qualquer órgão apropriado de cada país poderá, após consulta às organizações de empregadores e de trabalhadores interessadas, onde existirem, proceder à exclusão do âmbito da Convenção de categorias determinadas de pessoas empregadas, desde que sua aplicação cause problemas particulares de execução ou de natureza constitucional ou legislativa de certa importância.

3. Todo Membro que ratifique a Convenção deverá, no primeiro relatório sobre sua aplicação, o qual ele é obrigado a apresentar em virtude do Artigo 22 da Constituição da Organização Internacional do Trabalho, indicar, com base em motivos expostos, as categorias que tenham sido objeto de exclusão em decorrência do parágrafo 2 deste Artigo, e expor nos relatórios ulteriores o estado de sua legislação e de sua prática quanto às mencionadas categorias, precisando em que medida a Convenção foi executada ou ele se propõe a executar em relação às categorias em questão.

Artigo 3

1. Toda pessoa a quem se aplique a presente Convenção terá direito a férias anuais remuneradas de duração mínima determinada.

2. Todo Membro que ratifique a Convenção deverá especificar a duração das férias em uma declaração apensa à sua ratificação.

3. A duração das férias não deverá em caso algum ser inferior a 3 (três) semanas de trabalho, por 1 (um) ano de serviço.

4. Todo Membro que tiver ratificado a Convenção poderá informar ao Diretor-Geral da Repartição Internacional do Trabalho, por uma declaração ulterior, que ele aumenta a duração do período de férias especificado no momento de sua ratificação.

Artigo 4

1. Toda pessoa que tenha completado, no curso de 1 (um) ano determinado, um período de serviço de duração inferior ao período necessário à obtenção de direito à totalidade das férias prescritas no Artigo terceiro acima terá direito, nesse ano, a férias de duração proporcionalmente reduzidas.

2. Para os fins deste Artigo o termo "ano" significa ano civil ou qualquer outro período de igual duração fixado pela autoridade ou órgão apropriado do país interessado.

Artigo 5

1. Um período mínimo de serviço poderá ser exigido para a obtenção de direito a um período de férias remuneradas anuais.

2. Cabe à autoridade competente e ao órgão apropriado do país interessado fixar a duração mínima de tal período de serviço, que não deverá em caso algum ultrapassar 6 (seis) meses.

3. O modo de calcular o período de serviço para determinar o direito a férias será fixado pela autoridade competente ou pelo órgão apropriado de cada país.

4. Nas condições a serem determinadas pela autoridade competente ou pelo órgão apropriado de cada país, as faltas ao trabalho por motivos independentes da vontade individual da pessoa empregada interessada tais como faltas devidas a doenças, a acidente, ou a licença para gestante, não poderão ser computadas como parte das férias remuneradas anuais mínimas previstas no parágrafo 3 do Artigo 3 da presente Convenção.

Artigo 6

1. Os dias feriados oficiais ou costumeiros, quer se situem ou não dentro do período de férias anuais, não serão computados como parte do período de férias anuais remuneradas previsto no parágrafo 3 do Artigo 3 acima.

2. Em condições a serem determinadas pela autoridade competente ou pelo órgão apropriado de cada país, os períodos de incapacidade para o trabalho resultantes de doença ou de acidentes não poderão ser computados como parte do período mínimo de férias anuais remuneradas previsto no parágrafo 3, do Artigo 3 da presente Convenção.

Artigo 7

1. Qualquer pessoa que entre em gozo de período de férias previsto na presente Convenção deverá receber, em relação ao período global, pelo menos a sua remuneração média ou normal (incluindo-se a quantia equivalente a qualquer parte dessa remuneração em espécie, e que não seja de natureza permanente, ou seja concedida quer o indivíduo esteja em gozo de férias ou não), calculada de acordo com a forma a ser determinada pela autoridade competente ou órgão responsável de cada país.

2. As quantias devidas em decorrência do parágrafo 1 acima deverão ser pagas à pessoa em questão antes do período de férias, salvo estipulação em contrário contida em acordo que vincule a referida pessoa e seu empregador.

Artigo 8

1. O fracionamento do período de férias anuais remuneradas pode ser autorizado pela autoridade competente ou pelo órgão apropriado de cada país.

2. Salvo estipulação em contrário contida em acordo que vincule o empregador e a pessoa empregada em questão, e desde que a duração do serviço desta pessoa lhe dê direito a tal período de férias, uma das frações do referido período deverá corresponder pelo menos a duas semanas de trabalho ininterruptos.

Artigo 9

1. A parte ininterrupta do período de férias anuais remuneradas mencionada no parágrafo 2 do Artigo 8 da presente Convenção deverá ser outorgada e gozada dentro de no máximo 1 (um) ano, e o resto do período de férias anuais remuneradas dentro dos próximos 18 (dezoito) meses, no máximo, a contar do término do ano em que foi adquirido o direito de gozo de férias.

2. Qualquer parte do período de férias anuais que exceder o mínimo previsto poderá ser postergada com o consentimento da pessoa empregada em questão, por um período limitado além daquele fixado no parágrafo 1 deste Artigo.

3. O período mínimo de férias e o limite de tempo referidos no parágrafo 2 deste Artigo serão determinados pela autoridade competente após consulta às organizações de empregadores e trabalhadores interessadas, ou através de negociação coletiva ou por qualquer outro modo conforme à prática nacional, sendo levadas em conta as condições próprias de cada país.

Artigo 10

1. A ocasião em que as férias serão gozadas será determinada pelo empregador, após consulta à pessoa empregada interessada em questão ou seus representantes, a menos que seja fixada por regulamento, acordo coletivo, sentença arbitral ou qualquer outra maneira conforme à prática nacional.

2. Para fixar a ocasião do período de gozo das férias serão levadas em conta as necessidades do trabalho e as possibilidades de repouso e diversão ao alcance da pessoa empregada.

Artigo 11

Toda pessoa empregada que tenha completado o período mínimo de serviço que pode ser exigido de acordo com o parágrafo 1 do Artigo 5 da presente Convenção deverá ter direito em caso de cessação da relação empregatícia, ou a um período de férias remuneradas proporcional à duração do período de serviço pelo qual ela não gozou ainda tais férias, ou a uma indenização compensatória, ou a um crédito de férias equivalente.

Artigo 12

Todo acordo relativo ao abandono do direito ao período mínimo de férias anuais remuneradas previsto no parágrafo 3 do Artigo 3 da presente Convenção ou relativo à renúncia ao gozo das férias mediante indenização ou de qualquer outra forma, será, dependendo das condições nacionais, nulo de pleno direito ou proibido.

Artigo 13

A autoridade competente ou órgão apropriado de cada país poderá adotar regras particulares em relação aos casos em que uma pessoa empregada exerça, durante suas férias, atividades remuneradas incompatíveis com o objetivo dessas férias.

Artigo 14

Medidas efetivas apropriadas aos meios pelos quais se dará efeito às disposições da presente Convenção devem ser tomadas através de uma inspeção adequada ou de qualquer outra forma, a fim de assegurar a boa aplicação e o respeito às regras ou disposições relativas às férias remuneradas.

Artigo 15

1. Todo Membro pode depositar as obrigações da presente Convenção separadamente:

a) em relação às pessoas empregadas em setores econômicos diversos da agricultura;

b) em relação às pessoas empregadas na agricultura.

2. Todo membro precisará, em sua ratificação, se aceitas as obrigações da Convenção em relação às pessoas indicadas na alínea *a* do parágrafo 1 acima ou em relação às pessoas mencionadas na alínea *b* do referido parágrafo, ou em relação a ambas categorias.

3. Todo membro que na ocasião da sua ratificação não tiver aceitado as obrigações da presente Convenção senão em relação às pessoas mencionadas na alínea *a* ou senão em relação às pessoas mencionadas na alínea *b* do parágrafo 1 acima, poderá, ulteriormente, notificar ao Diretor-Geral da Repartição Internacional do Trabalho que aceita as obrigações da Convenção em relação a todas as pessoas a que se aplica a presente Convenção.

Artigo 16

A presente Convenção contém revisão da Convenção sobre Férias Remuneradas, 1936, e a Convenção sobre Férias Remuneradas (Agricultura), 1952, nos seguintes termos:

a) a aceitação das obrigações da presente Convenção em relação às pessoas empregadas nos setores econômicos diversos da agricultura, por um Membro que é parte da Convenção sobre Férias Remuneradas, 1936, acarreta, de pleno direito, a denúncia imediata desta última Convenção;

b) a aceitação das Obrigações da presente Convenção sobre Férias Remuneradas (Agricultura), 1952, acarreta, de pleno direito, a denúncia imediata desta última Convenção;

c) a entrada em vigor da presente Convenção não coloca obstáculo à ratificação da Convenção sobre Férias Remuneradas (Agricultura), 1952.

Artigo 17

As ratificações formais da presente Convenção serão comunicadas ao Diretor-Geral da Repartição Internacional do Trabalho, para fins de registro.

Artigo 18

1. A presente Convenção não vincula senão os Membros da Organização Internacional do Trabalho cuja ratificação tenha sido registrada pelo Diretor-Geral.

2. Ela entrará em vigor 12 (doze) meses após o registro pelo Diretor-Geral, das ratificações de dois Membros.

3. Subsequentemente a presente Convenção entrará em vigor para cada Membro 12 (doze) meses após a data do registro de sua ratificação.

Artigo 19

1. Todo Membro que tiver ratificado a presente Convenção poderá denunciá-la ao término de um período de 10 (dez) anos contados da data da entrada em vigor inicial da Convenção por um ato comunicado ao Diretor-Geral da Repartição Internacional do Trabalho e por ele registrado. A denúncia só terá efeito 1 (um) ano após ter sido registrada.

2. Todo Membro que tenha ratificado a presente Convenção e que, dentro de 1 (um) ano após o término do período de 10 (dez) anos mencionado no parágrafo precedente, não tenha feito uso do seu direito de denúncia previsto por este Artigo, estará vinculado por um novo período de 10 (dez) anos e, subsequentemente, poderá denunciar a presente Convenção ao término de cada período de 10 (dez) anos nas condições previstas neste Artigo.

Artigo 20

1. O Diretor-Geral da Repartição Internacional do Trabalho notificará a todos os Membros da Organização Internacional do Trabalho do registro de todas as ratificações e denúncias que lhe forem comunicadas pelos Membros da Organização.

2. Quando notificar os Membros da Organização sobre o registro da segunda ratificação a ele comunicada, o Diretor-Geral deverá chamar a atenção dos Membros da Organização para a data da entrada em vigor da presente Convenção.

Artigo 21

O Diretor-Geral da Repartição Internacional do Trabalho comunicará ao Secretário-Geral da Organização das Nações Unidas, para fins de registro, de acordo com o Artigo 102 da Carta das Nações Unidas, informações completas sobre todas as ratificações e atos de denúncias registrados por ele de acordo com as disposições dos Artigos precedentes.

Artigo 22

Quando julgar necessário, o Corpo Dirigente da Repartição Internacional do Trabalho apresentará à Conferência Geral um relatório sobre a aplicação da presente Convenção e examinará a conveniência de colocar na agenda da Conferência a questão de sua revisão total ou parcial.

Artigo 23

1. No caso de a Conferência adotar uma nova Convenção que revise a presente Convenção, e a menos que a nova Convenção disponha em contrário:

a) a ratificação por um Membro da nova Convenção contendo a revisão acarreta a denúncia imediata da presente Convenção, não obstante as disposições do Artigo 19 acima, se e quando a nova Convenção entrar em vigor;

b) a partir da data da entrada em vigor da nova Convenção que contém a revisão, será vedada a ratificação da presente Convenção pelos Membros.

2. A presente Convenção, em todo caso, será mantida em vigor, quanto a sua forma e conteúdo em relação aos Membros que a houverem ratificado mas não houverem ratificado a Convenção revisora.

Os textos em francês e em inglês do texto da presente Convenção fazem igualmente fé.

O Texto que precede é o texto autêntico da Convenção devidamente adotada na Conferência Geral da Organização do Trabalho, em sua quinquagésima quarta sessão, realizada em Genebra e declarada encerrada a vinte e cinco de junho de 1970.

Em fé do que apuseram suas assinaturas, no dia vinte e cinco de junho de 1970.

..

ANEXO LXVIII
CONVENÇÃO 182 E A RECOMENDAÇÃO 190 DA OIT RELATIVAS À PROIBIÇÃO DAS PIORES FORMAS DE TRABALHO INFANTIL E A AÇÃO IMEDIATA PARA SUA ELIMINAÇÃO

A Conferência Geral da Organização Internacional do Trabalho:

Convocada em Genebra pelo Conselho de Administração da Repartição Internacional do Trabalho e reunida naquela cidade em 1.º de junho de 1999 em sua octogésima sétima reunião;

Considerando a necessidade de adotar novos instrumentos para a proibição e eliminação das piores formas de trabalho infantil, principal prioridade da ação nacional e internacional, incluídas a cooperação e a assistência internacionais, como complemento da Convenção e Recomendação sobre a idade mínima de admissão ao emprego, 1973, que continuam sendo instrumentos fundamentais sobre o trabalho infantil;

Considerando que a eliminação efetiva das piores formas de trabalho infantil requer uma ação imediata e abrangente que leve em conta a importância da educação básica gratuita e a necessidade de liberar de todas essas formas de trabalho as crianças afetadas e assegurar a sua reabilitação e sua inserção social ao mesmo tempo em que são atendidas as necessidades de suas famílias;

Recordando a Resolução sobre a eliminação do trabalho infantil, adotada pela Conferência Internacional do Trabalho em sua 83.ª reunião, celebrada em 1996;

Reconhecendo que o trabalho infantil é em grande parte causado pela pobreza e que a solução no longo prazo está no crescimento econômico sustentado conducente ao progresso social, em particular à mitigação da pobreza e à educação universal;

Recordando a Convenção sobre Direitos da Criança adotada pela Assembleia Geral das Nações Unidas em 20 de novembro de 1989;

Recordando a Declaração da OIT relativa aos princípios e direitos fundamentais no trabalho e seu seguimento, adotada pela Conferência Internacional do Trabalho em sua 86.ª reunião, celebrada em 1998;

Recordando que algumas das piores formas de trabalho infantil são objeto de outros instrumentos internacionais, em particular a Convenção sobre o trabalho forçado, 1930, e a Convenção suplementar das Nações Unidas sobre a abolição da escravidão, o tráfico de escravos e as instituições e práticas análogas à escravidão, 1956;

Tendo decidido adotar diversas propostas relativas ao trabalho infantil, questão que constitui o quarto ponto da agenda da reunião, e

Tendo determinado que essas propostas tomem a forma de uma convenção internacional.

Adota, com data de dezessete de junho de mil novecentos e noventa e nove, a seguinte Convenção, que poderá ser citada como Convenção sobre as piores formas de trabalho infantil, 1999.

Artigo 1

Todo Membro que ratifique a presente Convenção deverá adotar medidas imediatas e eficazes para assegurar a proibição e eliminação das piores formas de trabalho infantil, em caráter de urgência.

Artigo 2

Para efeitos da presente Convenção, o termo "criança" designa toda pessoa menor de 18 anos.

Artigo 3

Para efeitos da presente Convenção, a expressão "as piores formas de trabalho infantil" abrange:

a) todas as formas de escravidão ou práticas análogas à escravidão, tais como a venda e tráfico de crianças, a servidão por dívidas e a condição de servo, e o trabalho forçado ou obrigatório, inclusive o recrutamento forçado ou obrigatório de crianças para serem utilizadas em conflitos armados;

b) a utilização, o recrutamento ou a oferta de crianças para a prostituição, a produção de pornografia ou atuações pornográficas;

c) a utilização, recrutamento ou a oferta de crianças para a realização de atividades ilícitas, em particular a produção e o tráfico de entorpecentes, tais como definidos nos tratados internacionais pertinentes; e,

d) o trabalho que, por sua natureza ou pelas condições em que é realizado, é suscetível de prejudicar a saúde, a segurança ou a moral das crianças.

•• Alínea *d* regulamentada pelo Decreto n. 6.481, de 12-6-2008.

Artigo 4

•• Artigo 4 regulamentado pelo Decreto n. 6.481, de 12-6-2008.

1. Os tipos de trabalho a que se refere o Artigo 3, *d)*, deverão ser determinados pela legislação nacional ou pela autoridade competente, após consulta às organizações de empregadores e de trabalhadores interessadas e levando em consideração as normas internacionais na matéria, em particular os parágrafos 3 e 4 da Recomendação sobre as piores formas de trabalho infantil, 1999.

2. A autoridade competente, após consulta às organizações de empregado e de trabalhadores interessadas, deverá localizar os tipos de trabalho determinados conforme o parágrafo 1.º deste Artigo.

3. A lista dos tipos de trabalho determinados conforme o parágrafo 1.º deste Artigo deverá ser examinada periodicamente e, caso necessário, revista, em consulta com as organizações de empregadores e de trabalhadores interessadas.

Artigo 5

1. Todo Membro, após consulta às organizações de empregadores e de trabalhadores, deverá estabelecer ou designar mecanismos apropriados para monitorar a aplicação dos dispositivos que colocam em vigor a presente Convenção.

Artigo 6

1. Todo membro deverá elaborar e implementar programas de ação para eliminar, como medida prioritária, as piores formas de trabalho infantil.

2. Esses programas de ação deverão ser elaborados e implementados em consulta com as instituições governamentais competentes e as organizações de empregadores e de trabalhadores, levando em consideração as opiniões de outros grupos interessados, caso apropriado.

Artigo 7

1. Todo Membro deverá adotar todas as medidas necessárias para garantir a aplicação efetiva e o cumprimento dos dispositivos que colocam em vigor a presente Convenção, inclusive o estabelecimento e a aplicação de sanções penais ou outras sanções, conforme o caso.

2. Todo Membro deverá adotar, levando em consideração a importância da educação para a eliminação de trabalho infantil, medidas eficazes e em prazo determinado, com o fim de:

a) impedir a ocupação de crianças nas piores formas de trabalho infantil;

b) prestar a assistência direta necessária e adequada para retirar as crianças das piores formas de trabalho infantil e assegurar sua reabilitação e inserção social;

c) assegurar o acesso ao ensino básico gratuito e, quando for possível e adequado, à formação profissional a todas as crianças que tenham sido retiradas das piores formas de trabalho infantil;

d) identificar as crianças que estejam particularmente expostas a riscos e entrar em contato direto com elas; e,

e) levar em consideração a situação particular das meninas.

3. Todo Membro deverá designar a autoridade competente encarregada da aplicação dos dispositivos que colocam em vigor a presente Convenção.

Artigo 8
Os Membros deverão tomar medidas apropriadas para apoiar-se reciprocamente na aplicação dos dispositivos da presente Convenção por meio de uma cooperação e/ou assistência internacionais intensificadas, as quais venham a incluir o apoio ao desenvolvimento social e econômico, aos programas de erradicação da pobreza e à educação universal.

Artigo 9
As ratificações formais da presente Convenção serão comunicadas, para registro, ao Diretor-Geral da Repartição Internacional do Trabalho.

Artigo 10
1. Esta Convenção obrigará unicamente aqueles Membros da Organização Internacional do Trabalho cujas ratificações tenham sido registradas pelo Diretor-Geral da Repartição Internacional do Trabalho.
2. Entrará em vigor 12 (doze) meses depois da data em que as ratificações de 2 (dois) dos Membros tenham sido registradas pelo Diretor-Geral.
3. A partir desse momento, esta Convenção entrará em vigor, para cada Membro, 12 (doze) meses após a data em que tenha sido registrada sua ratificação.

Artigo 11
1. Todo Membro que tenha ratificado esta Convenção poderá denunciá-la ao expirar um período de dez anos, a partir da data em que tenha entrado em vigor, mediante ata comunicada, para registro, ao Diretor-Geral da Repartição Internacional do Trabalho. A denúncia não surtirá efeito até 1 (um) ano após a data em que tenha sido registrada.
2. Todo Membro que tenha ratificado esta Convenção e que, no prazo de um ano após a expiração do período de dez anos mencionado no parágrafo precedente, não faça uso do direito de denúncia previsto neste Artigo ficará obrigado durante um novo período de dez anos, podendo, sucessivamente, denunciar esta Convenção ao expirar cada período de dez anos, nas condições previstas neste Artigo.

Artigo 12
1. O Diretor-Geral da Repartição Internacional do Trabalho notificará todos os Membros da Organização Internacional do Trabalho do registro de todas as ratificações e atas de denúncia que lhe forem comunicadas pelos Membros da Organização.
2. Ao notificar os Membros da Organização do registro da segunda ratificação que lhe tenha sido comunicada, o Diretor-Geral informará os Membros da Organização sobre a data de entrada em vigor da presente Convenção.

Artigo 13
O Diretor-Geral da Repartição Internacional do Trabalho apresentará ao Secretário-Geral das Nações Unidas, para efeitos de registro e em conformidade com o Artigo 102 da Carta das Nações Unidas, informação completa sobre todas as ratificações e atas de denúncia que tenha registrado de acordo com os Artigos precedentes.

Artigo 14
Sempre que julgar necessário, o Conselho de Administração da Repartição Internacional do Trabalho apresentará à Conferência Geral um relatório sobre a aplicação da Convenção e examinará a conveniência de incluir na agenda da Conferência a questão de sua revisão total ou parcial.

Artigo 15
1. Caso a Conferência adote uma nova Convenção que revise, total ou parcialmente, a presente, e a menos que a nova Convenção contenha dispositivos em contrário:
a) a ratificação, por um Membro, da nova Convenção revisora implicará *ipso jure* a denúncia imediata desta Convenção, não obstante os dispositivos contidos no Artigo 11, desde que a nova Convenção revisora tenha entrado em vigor;

b) a partir da data em que entrar em vigor a nova Convenção revisora, a presente Convenção cessará de estar aberta à ratificação pelos Membros.
2. Esta Convenção continuará em vigor em qualquer hipótese, em sua forma e conteúdo atuais, para os Membros que a tenham ratificado, mas não tenham ratificado a Convenção revisora.

Artigo 16
As versões inglesa e francesa do texto desta Convenção são igualmente autênticas.

RECOMENDAÇÃO 190 – RECOMENDAÇÃO SOBRE A PROIBIÇÃO DAS PIORES FORMAS DE TRABALHO INFANTIL E A AÇÃO IMEDIATA PARA A SUA ELIMINAÇÃO

A Conferência Geral da Organização Internacional do Trabalho:

Convocada em Genebra pelo Conselho de Administração da Repartição Internacional do Trabalho e reunida naquela cidade em 1.º de junho de 1999, em sua octogésima sétima reunião:

Tendo adotado a Convenção sobre as piores formas de trabalho infantil, 1999;

Tendo decidido adotar diversas propostas relativas ao trabalho infantil, questão que constitui o quarto ponto da agenda da reunião, e

Tendo determinado que essas propostas tomem a forma de uma recomendação que complemente a Convenção sobre as piores formas de trabalho infantil, 1999,

Adota, nesta data de dezessete de junho de mil novecentos e noventa e nove, a seguinte Recomendação, que poderá ser citada como a Recomendação sobre as Piores Formas de Trabalho Infantil, 1999.

1. Os dispositivos da presente Recomendação complementam os da Convenção sobre as piores formas de trabalho infantil, 1999 (doravante denominada "a Convenção"), e deveriam ser aplicados em conjunto com os mesmos.

I. Programas de Ação

1. Os programas de ação mencionados no artigo 6 da Convenção deveriam ser elaborados e implementados em caráter de urgência, em consulta com as instituições governamentais competentes e as organizações de empregadores e de trabalhadores, levando em consideração as opiniões das crianças diretamente afetadas pelas piores formas de trabalho infantil, de suas famílias e, caso apropriado, de outros grupos interessados comprometidos com os objetivos da Convenção e da presente Recomendação. Os objetivos de tais programas deveriam ser, entre outros:

a) identificar e denunciar as piores formas de trabalho infantil;

b) impedir a ocupação de crianças nas piores formas de trabalho infantil ou retirá-las dessas formas de trabalho, protegê-las de represálias e garantir sua reabilitação e inserção social através de medidas que atendam a suas necessidades educacionais, físicas e psicológicas;

c) dispensar especial atenção;

i) às crianças mais jovens;

ii) às meninas;

iii) ao problema do trabalho oculto, no qual as meninas estão particularmente expostas a riscos; e,

iv) a outros grupos de crianças que sejam especialmente vulneráveis ou tenham necessidades particulares;

d) identificar as comunidades nas quais as crianças estejam especialmente expostas a riscos, entrar em contato direto e trabalhar com elas, e

e) informar, sensibilizar e mobilizar a opinião públicas e os grupos interessados, inclusive as crianças e suas famílias.

II. Trabalho Perigoso

1. Ao determinar e localizar onde se praticam os tipos de trabalho a que se refere o artigo 3, *d)* da Convenção, deveriam ser levadas em consideração, entre outras coisas:

a) os trabalhos em que a criança ficar exposta a abusos de ordem física, psicológica ou sexual;

b) os trabalhos subterrâneos, debaixo d'água, em alturas perigosas ou em locais confinados;

c) os trabalhos que se realizam com máquinas, equipamentos e ferramentas perigosos, ou que impliquem a manipulação ou transporte manual de cargas pesadas;

d) os trabalhos realizados em um meio insalubre, no qual as crianças estiverem expostas, por exemplo, a substâncias, agentes ou processos perigosos ou a temperaturas, níveis de ruído ou de vibrações prejudiciais à saúde, e

e) os trabalhos que sejam executados em condições especialmente difíceis, como os horários prolongados ou noturnos, ou trabalhos que retenham injustificadamente a criança em locais do empregador.

4. No que concerne os tipos de trabalho a que se faz referência no Artigo 3, *d)* da Convenção e no parágrafo 3 da presente Recomendação, a legislação nacional ou a autoridade competente, após consulta às organizações de empregadores e de trabalhadores interessadas, poderá autorizar o emprego ou trabalho a partir da idade de 16 anos, desde que fiquem plenamente garantidas a saúde, a segurança e a moral dessas crianças e que estas tenham recebido instrução ou formação profissional adequada e específica na área da atividade correspondente.

•• Numeração conforme publicação oficial.

III. Aplicação

5. 1) Deveriam ser compilados e mantidos atualizados dados estatísticos e informações pormenorizadas sobre a natureza e extensão do trabalho infantil, de modo a servir de base para o estabelecimento das prioridades da ação nacional dirigida à eliminação do trabalho infantil, em particular à proibição e à eliminação de suas piores formas, em caráter de urgência.

2) Na medida do possível, essas informações e esses dados estatísticos deveriam incluir dados desagregados por sexo, faixa etária, ocupação, setor de atividade econômica, situação no emprego, frequência escolar e localização geográfica. Deveria ser levada em consideração a importância de um sistema eficaz de registros de nascimentos, que compreenda a expedição de certidões de nascimento.

3) Deveriam ser compilados e mantidos atualizados os dados pertinentes em matéria de violação das normas jurídicas nacionais sobre a proibição e a eliminação das piores formas de trabalho infantil.

6. A compilação e o processamento das informações e dos dados a que se refere o parágrafo 5 anterior deveriam ser realizados com o devido respeito ao direito à privacidade.

7. As informações compiladas conforme o disposto no parágrafo 5 anterior deveriam ser comunicadas periodicamente à Repartição Internacional do Trabalho.

8. Os Membros, após consulta às organizações de empregadores e de trabalhadores, deveriam estabelecer ou designar mecanismos nacionais apropriados para monitorar a aplicação das normas jurídicas nacionais sobre a proibição e a eliminação das piores formas de trabalho infantil.

9. Os Membros deveriam assegurar que as autoridades competentes incumbidas da aplicação das normas jurídicas nacionais sobre a proibição e eliminação das piores formas de trabalho infantil colaborem entre si e coordenem suas atividades.

10. A legislação nacional ou a autoridade competente deveria determinar a quem será atribuída a responsabilidade em caso de descumprimento das normas jurídicas nacionais sobre a proibição e eliminação das piores formas de trabalho infantil.

11. Os Membros deveriam colaborar, na medida em que for compatível com a legislação nacional, com os esforços internacionais tendentes à proibição e eliminação das piores formas de trabalho infantil, em caráter de urgência, mediante:

a) a compilação e o intercâmbio de informações relativas a atos delituosos, incluídos aqueles que envolvam redes internacionais;

b) a investigação e a instauração de inquérito contra aqueles que estiverem envolvidos na venda e tráfico de crianças ou na utilização, recrutamento ou oferta de crianças para a realização de atividades ilícitas, prostituição, produção de pornografia ou atuações pornográficas; e,

c) o registro dos autores de tais delitos.

12. Os Membros deveriam adotar dispositivos com o fim de considerar atos delituosos as piores formas de trabalho infantil que são indicadas a seguir:

a) todas as formas de escravidão ou as práticas análogas à escravidão, como a venda e o tráfico de crianças, a servidão por dívidas e a condição de servo, e o trabalho forçado ou obrigatório, inclusive o recrutamento forçado ou obrigatório de crianças para serem utilizadas em conflitos armados;

b) a utilização, recrutamento ou oferta de crianças para a prostituição, a produção de pornografia ou atuações pornográficas; e,

c) a utilização, recrutamento ou oferta de crianças para a realização de atividades ilícitas, em particular para a produção e tráfico de entorpecentes, tais como definidos nos tratados internacionais pertinentes, ou para a realização de atividades que impliquem o porte ou o uso ilegais de armas de fogo ou outras armas.

13. Os Membros deveriam assegurar que sejam impostas sanções, inclusive de caráter penal, quando proceda, em caso de violação das normas jurídicas nacionais sobre a proibição e a eliminação de qualquer dos tipos de trabalho a que se refere o artigo 3, *d)* da Convenção.

14. Quando apropriado, os Membros também deveriam estabelecer em caráter de urgência outras medidas penais, civis ou administrativas para garantir a aplicação efetiva das normas jurídicas nacionais sobre a proibição e eliminação das piores formas de trabalho infantil, tais como a supervisão especial das empresas que tiverem utilizado as piores formas de trabalho infantil e, nos casos de violação reiterada, a revogação temporária ou permanente das licenças para operar.

15. Dentre outras medidas voltadas para a proibição e eliminação das piores formas de trabalho infantil, poderiam ser incluídas as seguintes:

a) informar, sensibilizar e mobilizar o público em geral e, em particular, os dirigentes políticos nacionais e locais, os parlamentares e as autoridades judiciárias;

b) tornar partícipes e treinar as organizações de empregadores e trabalhadores e as organizações da sociedade civil;

c) dar formação adequada aos funcionários públicos competentes, em particular aos fiscais e aos funcionários encarregados do cumprimento da lei, bem como a outros profissionais pertinentes;

d) permitir a todo Membro que processe em seu território seus nacionais por infringir sua legislação nacional sobre a proibição e eliminação imediata das piores formas de trabalho infantil, ainda que estas infrações tenham sido cometidas fora de seu território;

e) simplificar os procedimentos judiciais e administrativos e assegurar que sejam adequados e rápidos;

f) estimular o desenvolvimento de políticas empresariais que visem à promoção dos fins da Convenção;

g) registrar e difundir as melhores práticas em matéria de eliminação do trabalho infantil;

h) difundir, nos idiomas e dialetos correspondentes, as normas jurídicas ou de outro tipo sobre o trabalho infantil;

i) prever procedimentos especiais para queixas, adotar medidas para proteger da discriminação e de represálias aqueles que denunciem legitimamente toda violação dos dispositivos da Convenção, criar serviços telefônicos de assistência e estabelecer centros de contato ou designar mediadores;

j) adotar medidas apropriadas para melhorar a infraestrutura educativa e a capacitação de professores que atendam às necessidades dos meninos e das meninas, e

k) na medida do possível, levar em conta, nos programas de ação nacionais, a necessidade de:

l) promover o emprego e a capacitação profissional dos pais e adultos das famílias das crianças que trabalham nas condições referidas na Convenção, e

ii) sensibilizar os pais sobre o problema das crianças que trabalham nessas condições.

16. Uma cooperação e/ou assistência internacional maior entre os Membros destinada a proibir e eliminar efetivamente as piores formas de trabalho infantil deveria complementar os esforços nacionais e poderia, segundo proceda, desenvolver-se e implementar-se em consulta com as organizações de empregadores e de trabalhadores. Essa cooperação e/ou assistência internacional deveria incluir:

a) a mobilização de recursos para os programas nacionais ou internacionais;
b) a assistência jurídica mútua;
c) a assistência técnica, inclusive o intercâmbio de informações, e
d) o apoio ao desenvolvimento econômico e social, aos programas de erradicação da pobreza e à educação universal.

DECRETO N. 10.178, DE 18 DE DEZEMBRO DE 2019 (*)

Regulamenta dispositivos da Lei n. 13.874, de 20 de setembro de 2019, para dispor sobre os critérios e os procedimentos para a classificação de risco de atividade econômica e para fixar o prazo para aprovação tácita e altera o Decreto n. 9.094, de 17 de julho de 2017, para incluir elementos na Carta de Serviços ao Usuário.

O Presidente da República, no uso das atribuições que lhe confere o art. 84, *caput*, incisos IV e VI, alínea *a*, da Constituição, e tendo em vista o disposto no art. 3.º, *caput*, incisos I e IX, § 1.º, inciso I, e § 8.º, da Lei n. 13.874, de 20 de setembro de 2019, e no art. 7.º da Lei n. 13.460, de 26 de junho de 2017, decreta:

Capítulo I
DO OBJETO E DO ÂMBITO DE APLICAÇÃO

Art. 1.º Este Decreto dispõe sobre os critérios e os procedimentos a serem observados pelos órgãos e pelas entidades da administração pública federal direta, autárquica e fundacional para a classificação do nível de risco de atividade econômica e para fixar o prazo para aprovação tácita do ato público de liberação.
•• *Vide* Lei n. 13.874, de 20-9-2019 (liberdade econômica).

§ 1.º O disposto neste Decreto aplica-se aos Estados, ao Distrito Federal e aos Municípios nas seguintes condições:
•• § 1.º, *caput*, acrescentado pelo Decreto n. 10.219, de 30-1-2020.

I – o Capítulo II, como norma subsidiária na ausência de legislação estadual, distrital ou municipal específica para definição de risco das atividades econômicas para a aprovação de ato público de liberação; e
•• Inciso I acrescentado pelo Decreto n. 10.219, de 30-1-2020.

II – o Capítulo III, nas seguintes hipóteses:
•• Inciso II acrescentado pelo Decreto n. 10.219, de 30-1-2020.

a) o ato público de liberação da atividade econômica ter sido derivado ou delegado por legislação ordinária federal; ou
•• Alínea *a* acrescentada pelo Decreto n. 10.219, de 30-1-2020.

b) o ente federativo ou o órgão responsável pelo ato decidir vincular-se ao disposto no inciso IX do *caput* do art. 3.º da Lei n. 13.874, de 20 de setembro de 2019, por meio de instrumento válido e próprio.
•• Alínea *b* acrescentada pelo Decreto n. 10.219, de 30-1-2020.

§ 2.º As disposições deste Decreto aplicam-se ao trâmite do processo administrativo dentro de um mesmo órgão ou entidade, ainda que o pleno exercício da atividade econômica requeira ato administrativo adicional ou complementar cuja responsabilidade seja de outro órgão ou entidade da administração pública de qualquer ente federativo.
•• § 2.º acrescentado pelo Decreto n. 10.219, de 30-1-2020.

§ 3.º A aplicação deste Decreto independe de o ato público de liberação de atividade econômica:
•• § 3.º, *caput*, acrescentado pelo Decreto n. 10.219, de 30-1-2020.

I – estar previsto em lei ou em ato normativo infralegal; ou
•• Inciso I acrescentado pelo Decreto n. 10.219, de 30-1-2020.

II – referir-se a:
•• Inciso II, *caput*, acrescentado pelo Decreto n. 10.219, de 30-1-2020.

a) início, continuidade ou finalização de atividade econômica;
•• Alínea *a* acrescentada pelo Decreto n. 10.219, de 30-1-2020.

b) liberação de atividade, de serviço, de estabelecimento, de profissão, de instalação, de operação, de produto, de equipamento, de veículo e de edificação, dentre outros; ou
•• Alínea *b* acrescentada pelo Decreto n. 10.219, de 30-1-2020.

c) atuação de ente público ou privado.
•• Alínea *c* acrescentada pelo Decreto n. 10.219, de 30-1-2020.

Art. 2.º O disposto neste Decreto não se aplica ao ato ou ao procedimento administrativo de natureza fiscalizatória decorrente do exercício de poder de polícia pelo órgão ou pela entidade após o ato público de liberação.

Capítulo II
DOS NÍVEIS DE RISCO DA ATIVIDADE ECONÔMICA E SEUS EFEITOS

Classificação de riscos da atividade econômica
•• *Vide* art. 3.º da Lei n. 13.874, de 20-9-2019.

Art. 3.º O órgão ou a entidade responsável pela decisão administrativa acerca do ato público de liberação classificará o risco da atividade econômica em:

I – nível de risco I – para os casos de risco leve, irrelevante ou inexistente;
II – nível de risco II – para os casos de risco moderado; ou
III – nível de risco III – para os casos de risco alto.

§ 1.º Ato normativo da autoridade máxima do órgão ou da entidade especificará, de modo exaustivo, as hipóteses de classificação na forma do disposto no *caput*.

§ 2.º O órgão ou a entidade poderão enquadrar a atividade econômica em níveis distintos de risco:
•• § 2.º, *caput*, com redação determinada pelo Decreto n. 10.219, de 30-1-2020.

I – em razão da complexidade, da dimensão ou de outras características e se houver possibilidade de aumento do risco envolvido; ou
•• Inciso I acrescentado pelo Decreto n. 10.219, de 30-1-2020.

II – quando a atividade constituir objeto de dois ou mais atos públicos de liberação, hipótese em que o enquadramento do risco da atividade será realizado por ato público de liberação.
•• Inciso II acrescentado pelo Decreto n. 10.219, de 30-1-2020.

Art. 4.º O órgão ou a entidade, para aferir o nível de risco da atividade econômica, considerará, no mínimo:

I – a probabilidade de ocorrência de eventos danosos; e
II – a extensão, a gravidade ou o grau de irreparabilidade do impacto causado à sociedade na hipótese de ocorrência de evento danoso.

Parágrafo único. A classificação do risco será aferida preferencialmente por meio de análise quantitativa e estatística.

Art. 5.º A classificação de risco de que trata o art. 3.º assegurará que:
I – todas as hipóteses de atos públicos de liberação estejam classificadas em, no mínimo, um dos níveis de risco; e
II – pelo menos uma hipótese esteja classificada no nível de risco I.

Parágrafo único. A condição prevista no inciso II do *caput* poderá ser afastada mediante justificativa da autoridade máxima do órgão ou da entidade.

Art. 6.º O ato normativo de que trata o § 1.º do art. 3.º poderá estabelecer critérios para alteração do enquadramento do nível de risco da atividade econômica, mediante a demonstração pelo requerente da existência de instrumentos que, a critério do órgão ou da entidade, reduzam ou anulem o risco inerente à atividade econômica, tais como:

I – declaração própria ou de terceiros como substitutivo de documentos ou de comprovantes;

(*) Publicado no *DOU*, de 19-12-2019.

II – ato ou contrato que preveja instrumentos de responsabilização própria ou de terceiros em relação aos riscos inerentes à atividade econômica;
III – contrato de seguro;
IV – prestação de caução; ou
V – laudos de profissionais privados habilitados acerca do cumprimento dos requisitos técnicos ou legais.

Parágrafo único. Ato normativo da autoridade máxima do órgão ou da entidade disciplinará as hipóteses, as modalidades e o procedimento para a aceitação ou para a prestação das garantias, nos termos do disposto no *caput*.

Art. 7.º O órgão ou a entidade dará publicidade em seu sítio eletrônico às manifestações técnicas que subsidiarem a edição do ato normativo de que trata o § 1.º do art. 3.º.

Efeitos da classificação de risco

Art. 8.º O exercício de atividades econômicas enquadradas no nível de risco I dispensa a solicitação de qualquer ato público de liberação.

Art. 9.º Os órgãos e as entidades adotarão procedimentos administrativos simplificados para as solicitações de atos públicos de liberação de atividades econômicas enquadradas no nível de risco II.

§ 1.º Se estiverem presentes os elementos necessários à instrução do processo, a decisão administrativa acerca do ato público de liberação de que trata o *caput* será proferida no momento da solicitação.

§ 2.º A presença de todos os elementos necessários à instrução do processo, inclusive dos instrumentos de que trata o art. 6.º, poderá ser verificada por meio de mecanismos tecnológicos automatizados.

Capítulo III
DA APROVAÇÃO TÁCITA

Consequências do transcurso do prazo

Art. 10. A autoridade máxima do órgão ou da entidade responsável pelo ato público de liberação fixará o prazo para resposta aos atos requeridos junto à unidade.

§ 1.º Decorrido o prazo previsto no *caput*, a ausência de manifestação conclusiva do órgão ou da entidade acerca do deferimento do ato público de liberação requerido implicará sua aprovação tácita.

§ 2.º A liberação concedida na forma de aprovação tácita não:
I – exime o requerente de cumprir as normas aplicáveis à exploração da atividade econômica que realizar; ou
II – afasta a sujeição à realização das adequações identificadas pelo Poder Público em fiscalizações posteriores.

§ 3.º O disposto no *caput* não se aplica:
I – a ato público de liberação relativo a questões tributárias de qualquer espécie ou de concessão de registro de direitos de propriedade intelectual;
II – quando a decisão importar em compromisso financeiro da administração pública;
•• Inciso II com redação determinada pelo Decreto n. 10.219, de 30-1-2020.
III – quando se tratar de decisão sobre recurso interposto contra decisão denegatória de ato público de liberação;
•• Inciso III com redação determinada pelo Decreto n. 10.219, de 30-1-2020.
IV – aos processos administrativos de licenciamento ambiental, na hipótese de exercício de competência supletiva nos termos do disposto no § 3.º do art. 14 da Lei Complementar n. 140, de 8 de dezembro de 2011; ou
•• Inciso IV acrescentado pelo Decreto n. 10.219, de 30-1-2020.
V – aos demais atos públicos de liberação de atividades com impacto significativo ao meio ambiente, conforme estabelecido pelo órgão ambiental competente no ato normativo a que se refere o *caput*.
•• Inciso V acrescentado pelo Decreto n. 10.219, de 30-1-2020.

§ 4.º O órgão ou a entidade poderá estabelecer prazos diferentes para fases do processo administrativo de liberação da atividade econômica cujo transcurso importará em aprovação tácita, desde que respeitado o prazo total máximo previsto no art. 11.

§ 5.º O ato normativo de que trata o *caput* conterá anexo com a indicação de todos os atos públicos de liberação de competência do órgão ou da entidade não sujeitos a aprovação tácita por decurso de prazo.
•• § 5.º acrescentado pelo Decreto n. 10.219, de 30-1-2020.

Prazos máximos

Art. 11. Para fins do disposto no § 8.º do art. 3.º da Lei n. 13.874, de 2019, o órgão ou a entidade não poderá estabelecer prazo superior a sessenta dias para a decisão administrativa acerca do ato público de liberação.

§ 1.º O ato normativo de que trata o art. 10 poderá estabelecer prazos superiores ao previsto no *caput*, em razão da natureza dos interesses públicos envolvidos e da complexidade da atividade econômica a ser desenvolvida pelo requerente, mediante fundamentação da autoridade máxima do órgão ou da entidade.

§ 2.º O órgão ou a entidade considerará os padrões internacionais para o estabelecimento de prazo nos termos do disposto no § 1.º.

Protocolo e contagem do prazo
•• Rubrica com redação determinada pelo Decreto n. 10.219, de 30-1-2020.

Art. 12. O prazo para decisão administrativa acerca do ato público de liberação para fins de aprovação tácita inicia-se na data da apresentação de todos os elementos necessários à instrução do processo.

§ 1.º O particular será cientificado, expressa e imediatamente, sobre o prazo para a análise de seu requerimento, presumida a boa-fé das informações prestadas.

§ 2.º Os órgãos ou as entidades buscarão adotar mecanismos automatizados para recebimento das solicitações de ato público de liberação.

§ 3.º A redução ou a ampliação do prazo de que trata o art. 10 em ato da autoridade máxima do órgão ou da entidade não modificará o prazo cientificado ao particular para análise do seu requerimento nos termos do disposto no § 1.º.
•• § 3.º acrescentado pelo Decreto n. 10.219, de 30-1-2020.

Suspensão do prazo

Art. 13. O prazo para a decisão administrativa acerca do ato público de liberação para fins de aprovação tácita poderá ser suspenso uma vez, se houver necessidade de complementação da instrução processual.

§ 1.º O requerente será informado, de maneira clara e exaustiva, acerca de todos os documentos e condições necessárias para complementação da instrução processual.

§ 2.º Poderá ser admitida nova suspensão do prazo na hipótese da ocorrência de fato novo durante a instrução do processo.

Efeitos do decurso do prazo

Art. 14. O requerente poderá solicitar documento comprobatório da liberação da atividade econômica a partir do primeiro dia útil subsequente ao término do prazo, nos termos do disposto no art. 10.

§ 1.º O órgão ou a entidade buscará automatizar a emissão do documento comprobatório de liberação da atividade econômica, especialmente nos casos de aprovação tácita.

§ 2.º O documento comprobatório do deferimento do ato público de liberação não conterá elemento que indique a natureza tácita da decisão administrativa.

Do não exercício do direito à aprovação tácita

Art. 15. O requerente poderá renunciar ao direito de aprovação tácita a qualquer momento.

§ 1.º A renúncia ao direito de aprovação tácita não exime o órgão ou a entidade de cumprir os prazos estabelecidos.

§ 2.º Na hipótese de a decisão administrativa acerca do ato público de liberação não ser proferida no prazo estabelecido, o processo administrativo será encaminhado à chefia imediata do servidor responsável pela análise do requerimento, que poderá:

I – proferir de imediato a decisão; ou
II – designar outro servidor para acompanhar o processo.

Capítulo IV
DISPOSIÇÕES FINAIS E TRANSITÓRIAS

Falta de definição do prazo de decisão
Art. 16. Enquanto o órgão ou a entidade não editar o ato normativo a que se refere o art. 10, o prazo para análise do requerimento de liberação da atividade econômica, para fins de aprovação tácita, será de trinta dias, contado da data de apresentação de todos os elementos necessários à instrução do processo.

Alteração do Decreto n. 9.094, de 2017
•• O Decreto n. 9.094, de 17-7-2017, dispõe sobre a simplificação do atendimento prestado aos usuários de serviços públicos.

...

Disposições transitórias
Art. 18. O prazo a que se refere o art. 11 será:
I – de cento e vinte dias, para os requerimentos apresentados até 1.º de fevereiro de 2021; e
II – de noventa dias, para os requerimentos apresentados até 1.º de fevereiro de 2022.
Art. 18-A. A previsão de prazos para análise e deliberação sobre atos públicos de liberação em normativos internos do órgão ou da entidade não dispensa a publicação do ato de que trata o art. 10.
•• Artigo acrescentado pelo Decreto n. 10.219, de 30-1-2020.

Art. 19. Enquanto o órgão ou a entidade não editar o ato normativo de que trata o art. 3.º, a atividade econômica sujeita a ato público de liberação será enquadrada, sucessivamente, em nível de risco definido:
•• *Caput* com redação determinada pelo Decreto n. 10.310, de 2-4-2020.

I – por resolução do Comitê para Gestão da Rede Nacional para a Simplificação do Registro e da Legalização de Empresas e Negócios, independentemente da adesão do ente federativo à Rede Nacional para a Simplificação do Registro e da Legalização de Empresas e Negócios;
II – em ato normativo de classificação de risco, nos termos do disposto neste Decreto, editado por órgão ou entidade dotado de poder regulador estabelecido em lei; ou
III – no nível de risco II.

Art. 20. O disposto no Capítulo III se aplica somente aos requerimentos apresentados após a data de entrada em vigor deste Decreto.

Vigência
Art. 21. Este Decreto entra em vigor em 1.º de setembro de 2020.
•• Artigo com redação determinada pelo Decreto n. 10.310, de 2-4-2020.

Brasília, 18 de dezembro de 2019; 198.º da Independência e 131.º da República.

<div align="right">Jair Messias Bolsonaro</div>

CONSOLIDAÇÃO DOS PROVIMENTOS DA CORREGEDORIA-GERAL DA JUSTIÇA DO TRABALHO (*)

Título I
DISPOSIÇÃO INICIAL

Art. 1.º A Consolidação dos Provimentos da Corregedoria-Geral da Justiça do Trabalho tem por finalidade o disciplinamento sistematizado de regras procedimentais a serem observadas no âmbito da Justiça do Trabalho de 1.º e 2.º graus de jurisdição.

(*) Publicada no *DJE*, de 19-12-2019.

Título II
DISPOSIÇÕES GERAIS

Capítulo I
MAGISTRADOS

SEÇÃO I
Vitaliciamento

Art. 2.º Os tribunais regionais do trabalho regulamentarão o procedimento de vitaliciamento dos juízes do trabalho substitutos, devendo, para tanto, constituir Comissão de Vitaliciamento para os juízes vitaliciandos.

§ 1.º A Comissão de Vitaliciamento será composta por, no mínimo, três desembargadores do trabalho, eleitos pelo Pleno ou Órgão Especial do respectivo tribunal, um dos quais integrante da direção ou do Conselho da Escola Judicial.

§ 2.º O mandato dos membros da Comissão de Vitaliciamento coincidirá com o mandato dos desembargadores integrantes da administração do Tribunal Regional do Trabalho.

Art. 3.º O procedimento de vitaliciamento, sob a condução e responsabilidade do desembargador corregedor regional, será iniciado a partir do exercício na magistratura.

Parágrafo único. A corregedoria regional formará autos de procedimento administrativo individualizado referente a cada juiz.

Art. 4.º Constituem requisitos para o vitaliciamento:
I – a frequência e o aproveitamento no Curso de Formação Inicial, Módulo Nacional, ministrado pela Escola Nacional de Formação e Aperfeiçoamento de Magistrados do Trabalho – ENAMAT;
II – a frequência e o aproveitamento no Curso de Formação Inicial, Módulo Regional, ministrado por Escola Judicial;
III – a permanência, no mínimo, de sessenta dias à disposição da Escola Judicial, com aulas teórico-práticas intercaladas e integradas com prática jurisdicional;
IV – a submissão à carga semestral e anual de horas-aula de atividades de formação inicial nacionalmente definida pela ENAMAT, conjugadas com aulas teóricas e práticas, sob a supervisão da Escola Judicial.

Art. 5.º Compete ao corregedor regional avaliar permanentemente o juiz vitaliciando com relação ao desempenho, à idoneidade moral e à adaptação para o exercício do cargo.

Parágrafo único. A avaliação de desempenho será realizada mediante a análise dos dados colhidos pela secretaria da corregedoria regional, cabendo ao corregedor regional determinar as providências necessárias junto aos diversos setores do tribunal para instrução do expediente.

Art. 6.º O corregedor regional e o diretor da Escola Judicial avaliarão o desempenho do juiz vitaliciando, com fundamento em critérios objetivos de caráter qualitativo e quantitativo do trabalho desenvolvido.

§ 1.º O diretor da Escola Judicial avaliará:
I – o cumprimento dos requisitos constantes do artigo 4.º desta Consolidação;
II – a frequência e/ou o aproveitamento nos demais cursos de que participou o magistrado para aperfeiçoamento profissional;
III – a estrutura lógico-jurídica dos pronunciamentos decisórios emitidos.

§ 2.º O corregedor regional avaliará, como critério qualitativo:
I – a presteza e a segurança no exercício da função jurisdicional;
II – a solução de correições parciais e contra o magistrado;
III – os elogios recebidos e as penalidades sofridas.

§ 3.º O corregedor regional avaliará, como critério quantitativo, com base nos dados estatísticos referentes à produtividade:
I – o número de audiências presididas pelo juiz em cada mês, bem como o daquelas a que não compareceu sem causa justificada;

II – o prazo médio para julgamento de processos depois de encerrada a audiência de instrução;

III – o número de sentenças proferidas em cada mês;

IV – o número de decisões em liquidação de sentença que não sejam meramente homologatórias de cálculo e o número de decisões proferidas em embargos à execução, embargos à arrematação, embargos de terceiro e embargos à adjudicação;

V – o uso efetivo e constante das ferramentas tecnológicas necessárias para a atividade de pesquisa patrimonial disponibilizadas pelo tribunal, pelo CSJT e pelo CNJ.

§ 4.º Os prazos para a prática de atos decisórios estarão suspensos nos períodos em que os magistrados estiverem em atividades presenciais de Formação Inicial, Continuada ou de Formadores a cargo da ENAMAT ou das Escolas Judiciais.

Art. 7.º Completados um ano e seis meses de exercício da magistratura, o corregedor regional e o diretor da Escola Judicial do tribunal regional emitirão pareceres sobre o vitaliciamento, no prazo comum de sessenta dias, submetendo-os à apreciação do Pleno ou do Órgão Especial do tribunal.

Parágrafo único. O corregedor regional e o diretor da Escola Judicial poderão emitir parecer conjunto sobre o vitaliciamento

Art. 8.º O tribunal deliberará sobre o vitaliciamento, antes de o juiz do trabalho substituto completar dois anos de exercício.

Art. 9.º A Comissão de Vitaliciamento poderá solicitar:

I – por iniciativa própria ou a requerimento de qualquer dos desembargadores do Tribunal Regional do Trabalho, informações sobre juiz vitaliciando à Ordem dos Advogados do Brasil, ao Ministério Público e a outros órgãos ou entidades correlatas;

II – a formação, pela Escola Judicial, de quadro de juízes orientadores, composto por magistrados ativos que contem com tempo de judicatura na Região não inferior a cinco anos, e que demonstrem aptidão para a formação e o acompanhamento dos juízes vitaliciandos.

§ 1.º Está impedido de atuar como juiz orientador o magistrado que for cônjuge, companheiro, parente consanguíneo ou afim, em linha reta ou colateral, até o 3.º grau, amigo íntimo ou inimigo do juiz vitaliciando.

§ 2.º Ao juiz orientador, sem prejuízo de outras atribuições que lhe forem delegadas, compete:

I – acompanhar e orientar o juiz vitaliciando;

II – propor à Escola Judicial a realização de atividades formativas para aprimoramento do juiz em processo de vitaliciamento, se identificadas eventuais dificuldades no exercício da judicatura.

Art. 10. O juiz vitaliciando deverá encaminhar à Comissão de Vitaliciamento, trimestralmente, relatório circunstanciado em que descreva o método de trabalho funcional adotado e a unidade judiciária de sua atuação.

Art. 11. A secretaria da corregedoria regional prestará apoio administrativo à Comissão de Vitaliciamento, mantendo, para isso, assentamentos individuais em que serão reunidas as informações relativas aos juízes vitaliciandos.

Art. 12. O afastamento do juiz vitaliciando do efetivo exercício de suas atividades funcionais por mais de noventa dias implicará a prorrogação, por igual período, do processo de vitaliciamento, exceto nos casos de afastamentos em razão de licença-maternidade, licença-adoção e licença-paternidade.

Art. 13. Aos juízes em processo de vitaliciamento será assegurada vista dos relatórios elaborados pela Comissão de Vitaliciamento e das demais informações constantes de seu processo de vitaliciedade, sendo-lhes garantido o prazo de dez dias para manifestação.

Art. 14. Caso o Tribunal Regional do Trabalho não promova a instauração do processo de vitaliciamento antes de encerrado o período de avaliação, o juiz vitaliciando será considerado vitalício, sem prejuízo da abertura e prosseguimento de eventual processo administrativo disciplinar, para apuração de fatos relevantes e graves que lhe hajam sido imputados, preservando-se o direito ao contraditório e à ampla defesa.

Art. 15. Devidamente instruído o processo de vitaliciamento, ele será incluído, para deliberação, na data da primeira sessão subsequente do Pleno ou do Órgão Especial do Tribunal Regional do Trabalho.

Art. 16. A declaração de vitaliciamento do magistrado pelo Pleno ou Órgão Especial do Tribunal Regional do Trabalho possui efeitos imediatos, concomitantes à implementação dos dois anos de exercício no cargo, afastada qualquer graduação entre os juízes que adquirirem essa prerrogativa.

SEÇÃO II
Local de Residência do Juiz

Art. 17. O juiz titular residirá na sede em que se encontra instalada a vara do trabalho, salvo autorização do tribunal.

Art. 18. Os tribunais regionais do trabalho, em casos excepcionais, poderão conceder aos magistrados autorização para fixar residência fora da sede da vara do trabalho, desde que não haja prejuízo à efetiva prestação jurisdicional.

Parágrafo único. As autorizações serão concedidas individualmente, mediante requerimento fundamentado do magistrado.

Art. 19. Os tribunais regionais do trabalho disciplinarão os critérios objetivos de autorização, em caráter excepcional, para que o juiz titular resida fora da sede da respectiva vara (Resolução n. 37/2007 do CNJ), contemplando os seguintes requisitos mínimos:

I – cumprimento dos prazos legais;

II – regularidade no comparecimento à unidade jurisdicional, de forma compatível com o seu movimento processual da vara do trabalho, inclusive para atendimento de partes e advogados e realização audiências.

SEÇÃO III
Impedimentos e Suspeições

Art. 20. Se o juiz de 1.º grau não reconhecer o impedimento ou a suspeição alegada, será aplicado o procedimento previsto no art. 146 do Código de Processo Civil, exceto, quanto a este último, na parte relativa à condenação às custas ao magistrado.

§ 1.º Nas unidades judiciárias que contam com a designação permanente de mais de um magistrado, caso seja reconhecido o impedimento ou a suspeição de um deles, os autos do processo deverão ser encaminhados imediatamente a um dos demais em condições de atuar no feito, para dar-lhe prosseguimento, no prazo máximo de 10 (dez) dias.

§ 2.º Não havendo mais de um magistrado atuando na Unidade por ocasião do reconhecimento do impedimento ou da suspeição, ou na hipótese de todos encontrarem-se inaptos para atuar no feito, será designado qualquer outro magistrado, segundo juízo de conveniência da Administração do tribunal, observados os critérios de impessoalidade, alternância e aleatoriedade na designação, que deverá recair, preferencialmente, sobre aqueles que atuarem na própria sede do Juízo a que pertence o processo, ou em localidade contígua.

Art. 21. Na hipótese de impedimento ou suspeição de desembargador do trabalho, contemporânea ao julgamento do processo, este será mantido em pauta com a convocação de outro desembargador para compor o quórum do julgamento.

SEÇÃO IV
Dever de Comunicação à OAB de Incompatibilidade ou Impedimento ao Exercício da Advocacia

Art. 22. O magistrado que tiver conhecimento de incompatibilidade ou impedimento para o exercício da advocacia, nos termos dos arts. 27 a 30 da Lei n. 8.906/1994, comunicará o fato à Ordem dos Advogados do Brasil — OAB.

Parágrafo único. A comunicação será limitada à descrição dos fatos ensejadores da incompatibilidade ou do impedimento, sendo vedado ao magistrado externar sobre eles juízo de valor.

SEÇÃO V
Participação de Magistrados em Eventos Científicos e Esportivos

Art. 23. Os congressos, seminários, simpósios, encontros científicos, culturais e esportivos e outros eventos similares realizados, promovidos ou apoiados pelos tribunais regionais do trabalho estão subordinados aos princípios de legalidade, impessoalidade, moralidade, publicidade e eficiência, de forma que o conteúdo do evento, sua carga horária, a origem das receitas e o montante das despesas devem ser expostos de forma prévia e transparente.

Art. 24. Os eventos referidos no art. 23, que contem com a participação de magistrados, poderão obter subvenção de entidades privadas com fins lucrativos, desde que explicitado o montante do subsídio e que seja parcial, até o limite de 30% dos gastos totais (Resolução CNJ n. 170/2013).

Parágrafo único. Não será admitido patrocínio ou subvenção oriundo de escritórios de advocacia ou sociedades de advogados, ainda que sem atuação na jurisdição do tribunal correspondente.

Art. 25. Os Tribunais deverão publicar em seu sítio eletrônico base de dados com as informações indicadas no art. 23 a qualquer interessado, consoante as determinações da Resolução CNJ n. 215/2015, inclusive para os fins de aferição de situações de suspeição ou impedimento.

Parágrafo único. A documentação relativa aos eventos promovidos, realizados ou apoiados pelos Tribunais Regionais do Trabalho, ficará à disposição da Corregedoria-Geral da Justiça do Trabalho para o respectivo controle, bem como de qualquer interessado.

Art. 26. A atuação ou participação dos magistrados em eventos aludidos no artigo 23 observará as vedações constitucionais relativamente à magistratura (artigo 95, parágrafo único, da Constituição da República), cabendo ao juiz zelar para que essa participação não comprometa a imparcialidade e a independência para o exercício da jurisdição, além da presteza e da eficiência na atividade jurisdicional.

SEÇÃO VI
Exercício de Atividades Docentes

Art. 27. O exercício da atividade docente pelo magistrado deverá observar as diretrizes da Resolução CNJ n. 34/2007, de modo que haja compatibilidade entre os horários fixados para o expediente forense e para a atividade acadêmica, vedado o desempenho de cargo ou função administrativa ou técnica em estabelecimento de ensino.

Parágrafo único. Nos termos do art. 5.º-A, da Resolução CNJ n. 34/2007, é vedada aos magistrados a prática de atividades de *coaching*, similares e congêneres, destinadas à assessoria individual ou coletiva de pessoas, inclusive na preparação de candidatos a concursos públicos, por não serem consideradas atividades docentes.

Art. 28. É dever do magistrado que exerce atividade docente, inclusive na condição de palestrante, conferencista, presidente de mesa, moderador, debatedor ou membro de comissão organizadora de informar tais atividades ao respectivo tribunal, em registro eletrônico próprio, nos termos dos arts. 3.º, 4.º-A, e seu § 1.º, da Resolução CNJ n. 34/2007.

Capítulo II
CORREGEDOR REGIONAL

SEÇÃO I
Competência e Atribuições

Art. 29. Compete ao corregedor regional:

I – realizar correição ordinária anual presencial nas varas do trabalho e demais unidades judiciárias da região, sem prejuízo de correição extraordinária;

II – realizar correições ordinárias anuais nos Centros Judiciários de Métodos Consensuais de Solução de Conflitos (CEJUSCs) do 1.º grau, nos Núcleos de Pesquisa Patrimonial (NPPs) e nas centrais de execução, destinadas ao cumprimento das disposições da Resolução CSJT n. 138/2014;

III – apurar e controlar a regularidade na utilização das ferramentas eletrônicas de pesquisa patrimonial pelos juízes titulares, auxiliares e substitutos, em especial nas correições ordinárias, cumprindo-lhe adotar, se for o caso, as providências administrativas para orientação dos juízes e coibição de irregularidades detectadas;

IV – promover a apuração de responsabilidade funcional de juízes de vara do trabalho da região, titulares e substitutos, em casos de infração disciplinar, observadas as disposições normativas a respeito;

V – velar pela observância dos prazos para prolação de sentença;

VI – processar, instruir e decidir Correição Parcial, ainda que referida medida seja apresentada diretamente no juízo de origem;

VII – verificar a compatibilidade do exercício da atividade docente do magistrado com seus deveres funcionais.

Art. 30. Os presidentes, vice-presidentes e corregedores dos tribunais regionais do trabalho poderão convocar juízes de 1.º grau em auxílio às atribuições inerentes à Presidência, à Vice-Presidência e à Corregedoria Regional, observadas as disposições da Resolução CNJ n. 72/2009.

Parágrafo único. A Presidência do tribunal poderá convocar um juiz auxiliar para atuação exclusiva na gestão e supervisão dos procedimentos relacionados aos precatórios e requisições de pequeno valor (Resolução CNJ n. 72/2009).

Art. 31. A instauração de procedimento administrativo para verificação de descumprimento do prazo legal para a prolação de sentenças ou decisões interlocutórias pelos juízes de 1.º grau somente ocorrerá após 60 (sessenta) dias corridos, contados do exaurimento dos prazos a que se referem os incisos II e III do art. 226 do Código de Processo Civil, computados em dias úteis.

§ 1.º Os prazos a que se referem os incisos II e III do art. 226 do Código de Processo Civil ficarão suspensos nos casos de:

a) licença para tratamento de saúde do magistrado;

b) licença à gestante, à adotante e à paternidade;

c) os afastamentos previstos no art. 72, incisos I e II, da Lei Orgânica da Magistratura Nacional – LOMAN (casamento, falecimento de cônjuge, ascendente, descendente ou irmão);

d) o recesso forense do art. 62, I, da Lei n. 5.010/1966;

e) as férias dos magistrados; e

f) os dias destinados a compensação, na forma da normatização interna de cada tribunal.

§ 2.º A conversão do processo em diligência implicará a suspensão do prazo, retomando-se a contagem do saldo remanescente após a conclusão do ato.

§ 3.º Estando o processo apto à decisão, não se aplica a suspensão de que trata o parágrafo anterior quando a conversão em diligência para tentativa de conciliação não decorrer de requerimento conjunto das partes, ou em atendimento a norma específica oriunda da Política Nacional de Conciliação.

•• § 3.º com redação determinada pelo Ato n. 14, de 17-9-2021.

§ 4.º O prazo definido no *caput* deste artigo não estará sujeito a interrupção, restando suspenso somente nas hipóteses previstas no presente dispositivo.

•• § 4.º com redação determinada pelo Ato n. 14, de 17-9-2021.

SEÇÃO II
Correições Ordinárias nas Varas do Trabalho

Art. 32. O Corregedor regional deverá realizar correição ordinária anual em cada vara do trabalho do tribunal respectivo, cabendo-lhe examinar:

I – a observância das diretrizes na realização do juízo de admissibilidade dos recursos, conforme previsto nesta Consolidação;

II – a frequência do comparecimento do juiz titular, do juiz auxiliar e do substituto na sede do Juízo;

III – a quantidade de dias da semana em que se realizam audiências;

IV – os principais prazos da vara do trabalho (inicial, instrução e julgamento) e o número de processos aguardando sentença na fase de conhecimento e incidentais à fase de execução;

V – por amostragem, processos na fase de execução, em especial para averiguar o cumprimento das diretrizes desta Consolidação.

SEÇÃO III
Procedimentos Disciplinares

Art. 33. Os tribunais regionais do trabalho comunicarão à Corregedoria-Geral da Justiça do Trabalho as decisões de arquivamento dos procedimentos prévios de apuração, bem como de instauração e julgamento dos processos administrativos disciplinares relativos a seus magistrados de 1.º e 2.º graus, sejam condenatórios ou absolutórios.

§ 1.º Para fins de cumprimento da determinação contida no *caput*, a Presidência ou Corregedoria deverá enviar cópia da decisão, monocrática ou colegiada, no prazo de 15 dias corridos contados de sua prolação, pelo "Malote Digital", independentemente da comunicação a que se referem os arts. 20, § 4.º, e 28 da Resolução CNJ n. 135/2011.

§ 2.º Tratando-se de decisão colegiada, também deverá ser enviada a certidão de julgamento, além do acórdão correspondente.

§ 3.º Havendo interposição de recurso à decisão, a petição de interposição e as razões respectivas deverão igualmente ser encaminhadas à Corregedoria-Geral da Justiça do Trabalho.

Art. 34. As decisões recebidas na forma desta Seção serão autuadas pela Corregedoria-Geral como "Pedido de Providências" no PJe.

§ 1.º O Corregedor-Geral da Justiça do Trabalho poderá determinar ao tribunal de origem a juntada de documentos constantes nos autos originários.

§ 2.º Após o exame das decisões e eventuais documentos juntados, a Corregedoria-Geral da Justiça do Trabalho deliberará, conforme o caso, podendo determinar a instauração de procedimento preliminar de investigação, realizar atos ou diligências tidas por necessárias, urgentes ou adequadas ou, ainda, relatar o caso ao Corregedor Nacional de Justiça para adoção das medidas pertinentes.

Capítulo III
MINISTÉRIO PÚBLICO DO TRABALHO

Art. 35. Os membros do Ministério Público do Trabalho serão cientificados pessoalmente das decisões proferidas pela Justiça do Trabalho nas causas em que o órgão haja atuado como parte ou como fiscal da lei, mediante a remessa eletrônica dos autos, pelo Sistema PJe.

Art. 36. Os processos de competência originária ou recursal dos tribunais regionais do trabalho serão encaminhados ao Ministério Público do Trabalho para eventual emissão de parecer nas seguintes hipóteses:

I – obrigatoriamente, quando for parte pessoa jurídica de direito público, Estado estrangeiro ou organismo internacional;

II – a critério do relator, quando a matéria, por sua relevância, recomendar a prévia manifestação do Ministério Público;

III – por requerimento do Ministério Público do Trabalho, quando reputar presente interesse público que justifique a sua intervenção;

IV – os mandados de segurança, de competência originária ou em grau recursal, as ações civis coletivas, os dissídios coletivos, caso não haja sido emitido parecer na instrução, e os processos em que forem parte indígenas ou respectivas comunidades e organizações.

§ 1.º Os processos nos quais figure como parte pessoa jurídica de direito público, Estado estrangeiro ou organismo internacional serão encaminhados às Procuradorias Regionais do Trabalho imediatamente após os registros de autuação, salvo se houver necessidade de pronta manifestação do desembargador do trabalho relator.

§ 2.º Os processos em tramitação nas unidades de 1.º grau da Justiça do Trabalho serão encaminhados para manifestação do Ministério Público do Trabalho sempre que envolverem interesses de incapazes ou quando determinado pelo magistrado, face à natureza da matéria.

Art. 37. É permitida a presença dos membros do Ministério Público do Trabalho em sessão convertida em conselho pelos Tribunais Regionais do Trabalho.

Art. 38. Será assegurado aos membros do Ministério Público do Trabalho assento à direita da presidência no julgamento de qualquer processo, judicial ou administrativo, em curso perante Tribunais Regionais do Trabalho.

Parágrafo único. Igual prerrogativa será assegurada nas audiências das varas do trabalho a que comparecer o membro do Ministério Público do Trabalho, na condição de parte ou na de fiscal da lei, desde que haja disponibilidade de espaço ou possibilidade de adaptação das unidades judiciárias (Resolução CSJT n. 7/2005).

Capítulo IV
NORMAS PROCEDIMENTAIS CADASTRAIS

SEÇÃO I
Autuação e Demais Registros Processuais

Art. 39. A autuação e a manutenção dos registros dos processos observarão as diretrizes estabelecidas pelo Conselho Superior da Justiça do Trabalho e pelo Comitê Gestor Nacional do Processo Judicial Eletrônico.

Art. 40. Os tribunais regionais do trabalho e as varas do trabalho manterão em suas bases de dados o histórico relativo aos registros das partes e advogados, sendo obrigatório o envio dessas informações ao órgão de destino do processo.

Parágrafo único. A transferência de dados entre os órgãos da Justiça do Trabalho ocorrerá em meio digital, obedecendo aos critérios definidos pela Corregedoria-Geral da Justiça do Trabalho.

SEÇÃO II
Migração para o PJe

Art. 41. Os autos físicos em tramitação nas unidades judiciárias de primeiro grau serão, obrigatoriamente, migrados para a tramitação exclusivamente eletrônica, mediante seu registro no sistema PJe (Processo Judicial Eletrônico) no módulo "Cadastramento da Liquidação, Execução e Conhecimento (CLEC)".

Art. 42. Ao realizar o cadastramento referido no art. 1.º, as unidades judiciárias de primeiro grau deverão:

I – efetuar o lançamento da ocorrência "PJE – Migrado ao Processo Eletrônico" no processo físico;

II – na aba "Assuntos", selecionar aqueles que guardem maior pertinência lógica com os temas em discussão;

III – na aba "Termo de Abertura", constar a informação de que o processo passará a tramitar exclusivamente na forma eletrônica, conforme disciplinado no presente Provimento e na Resolução n. 185/2017 do Conselho Superior da Justiça do Trabalho, devendo a cópia deste termo ser juntada ao processo físico;

IV – Anotar, em destaque, na capa dos autos físicos, a migração para o processamento eletrônico.

Art. 43. Em se tratando de processos físicos em fase de conhecimento, devem ser digitalizadas e anexadas ao processo todas as petições e documentos constantes dos autos originários.

Art. 44. Nos processos em que houver trânsito em julgado de decisão meritória e aqueles em que proferida sentença homologatória dos cálculos de liquidação, a inclusão no CLEC deverá ser acompanhada dos seguintes documentos, facultada a sua substituição por certidão:

I – título executivo judicial (sentença, acórdão ou acordo homologado), ou extrajudicial, ainda que contenham apenas obrigações de fazer ou não fazer;

II – cálculos homologados, se houver;

III – procurações outorgadas aos mandatários;

IV – comprovação de pagamentos e recolhimentos havidos;

V – outros documentos necessários ao prosseguimento do feito, a critério do magistrado.

Art. 45. Os processos em que a execução já se encontra em processamento, serão apenas registrados no CLEC para fins de tramitação eletrônica, permanecendo os autos físicos arquivados em Secretaria, onde permanecerão até a extinção completa do feito.

§ 1.º Não deverão ser cadastrados no CLEC os processos que estejam tramitando na classe ExProv, em execução provisória.

§ 2.º Nas hipóteses do *caput*, se houver obrigação de fazer ou não fazer, deverá ser criado um alerta no processo eletrônico de modo a permitir o acompanhamento de seu cumprimento, que será removido após a efetivação da decisão.

§ 3.º Sobrevindo recurso ou incidente processual referente aos processos legados nas fases de liquidação e execução, o recorrente e o recorrido poderão digitalizar e juntar as peças que, a seu juízo, sejam necessárias ao julgamento em segunda instância.

§ 4.º O relator poderá, a qualquer tempo, requisitar a remessa dos autos físicos ao tribunal para viabilizar o julgamento do recurso.

Art. 46. Os processos físicos nos quais vier a ser requerido o desarquivamento deverão ser registrados no PJe antes da disponibilização dos autos ao interessado, sem necessidade de digitalização de qualquer peça processual.

Art. 47. Os processos que forem migrados para a tramitação eletrônica no PJe preservarão suas numerações originárias, nos termos da Resolução CNJ n. 65/2008.

Art. 48. Após o cadastramento dos processos em fase de conhecimento no CLEC, os autos de processos legados receberão movimento processual de encerramento, prosseguindo-se no feito apenas no PJe.

§ 1.º As partes e seus procuradores serão intimados, após o cadastramento no CLEC, para que, no prazo de trinta dias, manifestem-se sobre o interesse de ter a guarda de algum dos documentos originais juntados aos autos dos processos legados, nos termos do art. 12, § 5.º, da Lei n. 11.419/2006 – hipótese em que serão desentranhados e entregues ao interessado.

§ 2.º Findo o prazo indicado no parágrafo anterior, os autos serão encaminhados à triagem para fins de preservação da memória institucional e subsequente descarte.

Art. 49. No cadastramento de processo oriundo de sistema legado do TRT poderão ser juntados ou transferidos arquivos de documentos existentes no banco de dados local.

Art. 50. O magistrado deverá conceder prazo razoável para que a parte adote as providências necessárias à regular tramitação do feito no PJe, inclusive credenciamento dos advogados no Sistema e habilitação automática nos autos, nos termos do art. 76 do CPC.

SEÇÃO III
Tabelas Processuais Unificadas

Art. 51. O registro de classes, movimentos e assuntos observará as tabelas processuais unificadas aprovadas pelo CNJ e pela CGJT.

Parágrafo único. As tabelas unificadas serão disponibilizadas aos tribunais regionais do trabalho e às varas do trabalho, pela Corregedoria-Geral da Justiça do Trabalho, em sua página na rede mundial de computadores.

Art. 52 É vedada a utilização de classes processuais não aprovadas pelo CNJ e pela CGJT.

Art. 53. Na ausência de classe processual específica na respectiva tabela unificada, o processo será classificado pelo gênero da ação, quando possível, caso em que cópia da petição inicial será imediatamente remetida ao Grupo Gestor Regional das Tabelas Processuais Unificadas, para exame da necessidade de se criar nova classe processual.

Parágrafo único. O Grupo Gestor Regional, na hipótese de emitir parecer favorável, encaminhará ao Grupo Gestor Nacional a proposta de criação da nova classe processual.

Art. 54. Os tribunais regionais do trabalho, por intermédio dos respectivos Grupos Gestores Regionais, poderão propor ao Grupo Gestor Nacional o aperfeiçoamento das Tabelas Processuais Unificadas.

§ 1.º A proposta de aperfeiçoamento a ser enviada ao Grupo Gestor Nacional deverá ser acompanhada de parecer favorável do Grupo Gestor Regional, fundamentando a necessidade da inclusão, exclusão ou alteração de itens das tabelas.

§ 2.º A proposta de alteração da tabela de classes processuais, aprovada pelo Grupo Gestor Nacional da Justiça do Trabalho, será encaminhada ao Comitê Gestor Nacional do CNJ.

SEÇÃO IV
Registro do Nome das Partes e Advogados

Art. 55. No registro do nome de partes e advogados, serão observados os seguintes padrões:

I – o cadastramento de partes no processo deverá ser realizado, prioritariamente, pelo nome ou razão social constante do cadastro de pessoas físicas ou jurídicas perante a Secretaria da Receita Federal do Brasil, mediante alimentação automática, observados os convênios e condições tecnológicas disponíveis, vedado o uso dos tipos itálico e negrito;

II – as abreviaturas de palavras são vedadas, salvo se impossível identificar sua escrita completa ou fizerem parte do nome fantasia ou da razão social do empregador;

III – as seguintes siglas serão adotadas como padrão: S.A., Ltda., S/C, Cia. e ME;

IV – as siglas que não fazem parte da razão social serão grafadas após o nome da empresa, em letras maiúsculas e precedidas de hífen;

V – os registros complementares ao nome da parte serão grafados da seguinte forma, exemplificativamente: José da Silva (Espólio de), União (Extinto INAMPS), Banco do Estado do Rio de Janeiro S.A. – BANERJ (em Liquidação Extrajudicial), José da Silva e Outro;

VI – na grafia do nome de autoridades, não se utilizará pronome de tratamento.

Art. 56. O nome do sócio constará da autuação do processo sempre que requerido pela parte na petição inicial ou quando incluído pelo juiz mediante julgamento de Incidente de Desconsideração da Personalidade Jurídica da sociedade empresarial, em qualquer fase do processo.

SEÇÃO V
Identificação das Partes

Art. 57. O juiz zelará pela precisa identificação das partes no processo, a fim de propiciar o cumprimento das obrigações fiscais e previdenciárias, o levantamento dos depósitos de FGTS, o bloqueio eletrônico de numerário em instituições financeiras e o preenchimento da guia de depósito judicial trabalhista.

Art. 58. Salvo impossibilidade que comprometa o acesso à justiça, o juiz do trabalho determinará às partes a apresentação das seguintes informações:

I – no caso de pessoa natural, o número da CTPS, RG e órgão expedidor, CPF e PIS/PASEP ou NIT (Número de Inscrição do Trabalhador);

II – no caso de pessoa jurídica, o número do CNPJ e do CEI (Cadastro Específico do INSS), bem como cópia do contrato social ou da última alteração feita no contrato original, constando o número do CPF do(s) proprietário(s) e do(s) sócio(s) da empresa demandada.

Parágrafo único. Não sendo possível obter das partes o número do PIS/PASEP ou do NIT, no caso de trabalhador, e o número da matrícula no

Cadastro Específico do INSS — CEI, relativamente ao empregador pessoa física, o juiz determinará à parte que forneça o número da CTPS, a data de seu nascimento e o nome da genitora.

Art. 59. À parte será assegurado prazo para apresentar as informações, sem prejuízo da continuidade da audiência.

SEÇÃO VI
Tramitação Preferencial

Art. 60. Os juízes e desembargadores do Trabalho devem assegurar prioridade no processamento e julgamento dos processos individuais e coletivos, sujeitos à sua competência, tanto na fase de conhecimento quanto no âmbito do cumprimento da decisão, nas seguintes situações:

I – pessoas com idade igual ou superior a 60 (sessenta) anos, ou portadoras de doença grave;

II – empresas em recuperação judicial ou com decretação de falência;

III – sujeitos ao rito sumaríssimo;

IV – acidentes de trabalho;

V – aprendizagem profissional, trabalho escravo e trabalho infantil.

Parágrafo único. Os tribunais regionais do trabalho e as varas do trabalho registrarão no sistema PJe os processos com tramitação preferencial, consignando a justificativa correspondente, nos termos do *caput*.

SEÇÃO VII
Segredo de Justiça

Art. 61. A tramitação do processo em segredo de justiça será feita por decisão fundamentada, e mediante o registro da restrição no sistema PJe.

Parágrafo único. A secretaria da vara ou do tribunal deverá consignar no sistema os usuários que podem ter acesso aos processos nessa condição.

SEÇÃO VIII
Publicação de Listas de Processos Aptos a Julgamento

Art. 62. Os tribunais regionais do trabalho promoverão a publicação das listas de processos aptos a julgamento, na rede mundial de computadores, conforme previsão do art. 12, § 1.º, do CPC.

Art. 63. Os processos aptos a julgamento serão aqueles constantes do Manual do Sistema e-Gestão, versão 1.2.2, observando-se o seguinte:

I – Para os processos do primeiro grau de jurisdição, serão considerados os seguintes itens:

a) 62/90.062 – Processos com instrução processual encerrada aguardando prolação de sentença;

b) 118/90.118 – Embargos de declaração pendentes com o Juiz;

c) 145/90.145 – Impugnações à sentença de liquidação pendentes com o Juiz;

d) 151/90.151 – Embargos à execução pendentes com o Juiz.

II – Para os processos do segundo grau de jurisdição, serão considerados os seguintes itens:

a) 2.159/92.159 – Processos pendentes com o relator – no prazo;

b) 2.160/92.160 – Processos pendentes com o relator – prazo vencido;

c) 92.431 – Processos pendentes com o relator – no prazo – ações originárias e recursos internos;

d) 92.432 – Processos pendentes com o relator – prazo vencido – ações originárias e recursos internos.

Art. 64. As listas dos processos deverão ser atualizadas sempre no dia 10 (dez) de cada mês, com a descrição do respectivo item do Sistema e-Gestão, acrescida da informação do número único do processo, nome do magistrado e data da sua inclusão.

Art. 65. A publicação deverá utilizar o formato HTML (Linguagem de Marcação de Hipertexto) e permitir a pesquisa pelo número único do processo.

SEÇÃO IX
Comunicações Processuais em Meio Eletrônico no Sistema PJe

Art. 66. Nos processos sujeitos à jurisdição dos juízos de 1.º e 2.º graus dos tribunais regionais do trabalho, as comunicações processuais destinadas à notificação, citação e intimação da União, dos Estados, do Distrito Federal, dos Municípios e dos entes da administração indireta, bem como das empresas públicas e privadas, com exceção das microempresas e empresas de pequeno porte (art. 246, §§ 1.º e 2.º, do CPC), serão promovidas nos termos desta Seção, até a efetiva implantação da Plataforma de Comunicações Processuais do Poder Judiciário, prevista na Resolução CNJ n. 234/2016.

Art. 67. Para os fins do disposto no art. 246, V, do CPC e do art. 17, da Resolução CSJT n. 185/2017, o meio eletrônico a ser utilizado é a funcionalidade existente no sistema PJe denominada "Procuradorias", na qual deverão ser cadastradas as pessoas jurídicas interessadas; mediante requerimento formulado à Corregedoria Regional, que será responsável pela gestão dos cadastros;

§ 1.º O requerimento deverá indicar as seguintes informações:

I – Relativamente à pessoa jurídica:

– Nome completo;

– CNPJ;

– Endereço (CEP, número e complemento);

– E-mail;

– Telefone

II – Relativamente ao Advogado:

– Nome;

– CPF;

– E-mail;

– Telefone;

– OAB;

– Endereço (CEP, número e complemento);

– UF de nascimento;

– Naturalidade

§ 2.º O requerimento deverá ser instruído com os documentos comprobatórios da regularidade da pessoa jurídica bem assim da comprovação dos poderes de seu signatário para firmá-lo.

§ 3.º O cadastro das pessoas jurídicas de direito privado será efetivado pela inscrição do respectivo CNPJ, adotando-se denominação única de acordo com o padrão gráfico constante no banco de dados da Receita Federal (nome/razão social).

§ 4.º Validado o cadastramento pela Corregedoria Regional, a solicitação será encaminhada para o administrador local do sistema PJe, para imediato cumprimento.

§ 5.º Realizado o cadastro da Procuradoria, a Corregedoria Regional oficiará à pessoa jurídica de direito privado para comunicar o cadastramento e informará às unidades judiciárias do Tribunal, a fim de que seja dado cumprimento ao art. 66 desta Consolidação.

Art. 68. O(s) advogado(s) indicado(s) pela pessoa jurídica nos termos do § 1.º do artigo anterior atuará(ão) como Procurador (es)-Gestor (es) da respectiva Procuradoria no PJe.

§ 1.º A inativação do cadastro dos procuradores, que pode ser realizada pelo Procurador-Gestor, não extingue a Procuradoria, que permanecerá habilitada para recebimento de comunicações processuais.

§ 2.º Incumbirá à pessoa jurídica de direito privado indicar o novo Procurador-Gestor ou requerer à Corregedoria Regional a extinção de seu cadastro no sistema Procuradorias do PJe.

Art. 69. Os advogados que representam juridicamente as pessoas jurídicas de direito privado com Procuradoria cadastrada no PJe, serão cadastrados no perfil próprio de "procurador", diverso do de "advogado",

para o fim específico de recebimento das comunicações destinadas à pessoa jurídica representada.

§ 1.º Após a notificação inicial via Procuradoria do PJe, o Procurador-Gestor deverá habilitar, no processo, advogado para fins de intimações de atos processuais via DEJT, sob pena de serem realizadas via sistema.

§ 2.º O Procurador-Gestor poderá atribuir o perfil de Gestor a outro(s) procurador(es) cadastrado(s) na respectiva Procuradoria do PJe.

§ 3.º O Procurador-Gestor será o responsável pela inclusão, alteração de dados e exclusão dos demais procuradores, após a criação da respectiva Procuradoria no sistema PJe.

§ 4.º Somente advogados poderão atuar como procuradores, sendo vedada a inclusão de pessoa natural que não possua inscrição na Ordem dos Advogados do Brasil com esse perfil.

§ 5.º Na hipótese de algum dos procuradores deixar de representar a pessoa jurídica de direito privado, competirá ao Procurador-Gestor torná-lo inativo no sistema para que deixe de ter acesso integral aos processos em que litigue a pessoa jurídica representada.

Art. 70. Considerar-se-á realizada a comunicação do ato processual no dia em que qualquer um dos procuradores cadastrados na Procuradoria efetivar a consulta eletrônica ao seu teor, ficando registrado nos autos.

§ 1.º Quando a consulta ocorrer em dia não útil, a comunicação processual será considerada como realizada no primeiro dia útil subsequente.

§ 2.º Não havendo consulta em até 10 (dez) dias corridos contados da data do envio da comunicação, considerar-se-á automaticamente realizada na data do término desse prazo, nos termos do art. 5.º, § 3.º, da Lei n. 11.419/2006, não se aplicando o disposto no art. 219 da Lei n. 13.105/2016 a esse interstício.

Art. 71. Enquanto não houver Procuradoria cadastrada no PJe, as comunicações processuais deverão ser realizadas pelos meios ordinários legalmente previstos.

§ 1.º Nos casos urgentes, em que a comunicação processual realizada na forma desta Seção possa causar prejuízo a quaisquer das partes, ou nos casos em que evidenciada qualquer tentativa de burla ao sistema, o ato processual poderá ser realizado por outro meio que atinja a sua finalidade, conforme determinação do magistrado.

§ 2.º As notificações e intimações realizadas na forma desta Seção serão consideradas pessoais para todos os efeitos legais.

Art. 72. A manifestação de adesão ao sistema Procuradorias implica a aceitação dos termos desta Consolidação.

SEÇÃO X
Notificação de Entes Públicos, Estado Estrangeiro ou Organismo Internacional

Art. 73. As secretarias das varas do trabalho velarão para que, nas ações ajuizadas em desfavor de entes públicos (Decreto-lei n. 779/69), inclusive Estado estrangeiro ou organismo internacional, observe-se lapso temporal para preparação da defesa de, no mínimo, 20 (vinte) dias entre o recebimento da notificação citatória e a realização da audiência.

SEÇÃO XI
Distribuição

Art. 74. Os processos recebidos nos órgãos de 1.º e 2.º graus da Justiça do Trabalho deverão ser distribuídos imediatamente, sendo vedada a suspensão e a limitação da distribuição dos feitos.

Parágrafo único. Nas regiões onde houver Posto Avançado instalado, a distribuição será direcionada, exclusivamente, para as Varas do Trabalho a que vinculado, devendo a identificação dos processos ser feita por meio de atributo próprio no Sistema e-Gestão;

SEÇÃO XII
Remessa de Processos ao CEJUSC

Art. 75. Antes de proceder a remessa dos autos ao CEJUSC, o magistrado que estiver na direção do processo, pelas regras de distribuição, promoverá o registro nos autos, mediante despacho, da determinação ou solicitação de envio e sua expressa anuência.

Art. 76. Realizada(s) a(s) audiência(s) no CEJUSC, os autos devem ser restituídos ao juízo de origem, mediante despacho, devidamente registrado no sistema de acompanhamento processual respectivo.

Parágrafo único. Não havendo acordo, o magistrado que supervisionar audiência(s) de conciliação inicial poderá dar vista da(s) defesa(s) e do(s) documentos(s) à(s) parte(s) reclamante(s), consignando em ata requerimentos gerais das partes e o breve relato do conflito, mantendo-se silente quanto à questão jurídica que envolve a disputa e remeterá os autos à unidade jurisdicional de origem.

Capítulo V
NORMAS PROCEDIMENTAIS DE PROCESSO – CONHECIMENTO

SEÇÃO I
Audiências

Art. 77. Constarão da ata ou termo de audiência:

I – o motivo determinante do adiamento da audiência na vara do trabalho, inclusive daquele requerido de comum acordo pelas partes;

II – o registro da outorga, pela parte, em audiência, de poderes de representação ao advogado que a esteja acompanhando.

SEÇÃO II
Prova Pericial

Art. 78. Aplica-se à prova pericial o disposto no art. 464, § 1.º, incisos I a III, do CPC (art. 769 da CLT).

Art. 79. Caberá ao magistrado, nos feitos de sua competência, escolher, por meio do Sistema PJe, profissional ou órgão regularmente cadastrado e habilitado nos termos da Resolução CSJT n. 247/2019, promovendo sua regular nomeação.

§ 1.º A nomeação a que se refere o *caput* deste artigo será realizada, equitativamente, de forma direta ou mediante sorteio, observada a necessidade do juízo, a impessoalidade, a capacidade técnica do profissional ou do órgão técnico ou científico e a sua participação em trabalhos anteriores.

§ 2.º Os tribunais deverão publicar lista dos peritos/órgãos nomeados em cada unidade jurisdicional, com a identificação dos processos em que ela ocorreu, a data correspondente e o valor fixado de honorários profissionais (art. 9.º, § 5.º, da Resolução CNJ n. 233/2016).

Art. 80. Não poderá ser exigida antecipação ao perito, ao órgão técnico ou científico, ao tradutor ou ao intérprete, em nenhuma hipótese e a título algum, nem mesmo de valores para custear despesas decorrentes do trabalho técnico a ser realizado.

Art. 81. O magistrado poderá substituir o perito, o órgão técnico ou científico, o tradutor ou intérprete, no curso do processo, mediante decisão fundamentada.

Art. 82. Em caso de pagamento com recursos vinculados à gratuidade judiciária, o valor dos honorários periciais, observado o limite máximo de R$ 1.000,00 (um mil reais), será fixado pelo juiz, atendidos:

I - a complexidade da matéria;

II – o nível de especialização e o grau de zelo profissional ou do órgão;

III – o lugar e o tempo exigidos para prestação do serviço;

IV – as peculiaridades regionais.

Parágrafo único. A fixação dos honorários periciais em valor superior ao limite estabelecido pelo tribunal regional, até o limite disposto no *caput* deste artigo, deverá ser devidamente fundamentada e submetida ao Presidente do Tribunal para análise e autorização.

Art. 83. A solicitação de valores vinculados ao custeio da gratuidade da justiça dar-se-á quando ocorrerem, cumulativamente, os seguintes requisitos:

I – concessão do benefício da justiça gratuita;
II – fixação judicial de honorários;
III – sucumbência da parte beneficiária na pretensão objeto da perícia;
IV – trânsito em julgado da decisão que arbitrar os honorários.

Art. 84. A solicitação de pagamento dos valores devidos aos tradutores e intérpretes a serem pagos com recursos vinculados ao custeio da gratuidade da justiça somente poderá ser realizada após atestada a prestação dos serviços pelo juízo processante, de acordo com a Tabela constante do Anexo I da Resolução CSJT n. 247/2019.

Parágrafo único. O juiz poderá ultrapassar em até 3 (três) vezes os valores fixados na tabela constante do Anexo mencionado no *caput*, observados o grau de especialização do tradutor ou intérprete e a complexidade do trabalho, comunicando-se à autoridade indicada em cada Tribunal.

SEÇÃO III
Cartas Precatórias Inquiritórias

Art. 85. Na expedição de Cartas Precatórias para inquirição de testemunhas, é prerrogativa do Juízo deprecante deliberar sobre a necessidade ou não da coleta prévia dos depoimentos pessoais das partes.

§ 1.º A critério do Juízo Deprecante, poderão ser formulados quesitos para utilização na inquirição das testemunhas, os quais deverão integrar a Carta Precatória, sem prejuízo das perguntas formuladas pelo Juízo Deprecado ou pelas partes presentes à audiência.

§ 2.º O Juízo Deprecado não pode se recusar a cumprir a Carta Precatória pela ausência de depoimentos pessoais das partes ou dos quesitos.

SEÇÃO IV
Incidente de Desconsideração da Personalidade Jurídica

Art. 86. Não sendo requerida na petição inicial, a desconsideração da personalidade jurídica prevista no art. 855-A da CLT será processada como incidente processual, tramitando nos próprios autos do Processo Judicial Eletrônico em que foi suscitada, vedada sua autuação como processo autônomo, tanto nas unidades de primeiro como nas de segundo graus da Justiça do Trabalho.

Art. 87. A instauração do incidente suspenderá o processo, sem prejuízo de concessão da tutela de urgência de natureza cautelar de que trata o art. 301 do CPC.

Art. 88. Instaurado o incidente, a parte contrária e os requeridos serão notificados para se manifestar e requerer as provas cabíveis no prazo de 15 (quinze) dias.

Parágrafo único. Havendo necessidade de prova oral, o juiz designará audiência para sua coleta.

Art. 89. Concluída a instrução, o incidente será resolvido por decisão interlocutória, da qual serão as partes e demais requeridos intimados.

Parágrafo único. Da decisão proferida:
I – na fase de cognição, não cabe recurso de imediato, na forma do § 1.º do art. 893 da CLT;
II – na fase de execução, cabe agravo de petição, em 8 (oito) dias, independentemente de garantia do juízo.

Art. 90. Em se tratando de incidente requerido originariamente no tribunal, a competência para sua instauração, para decisão de pedidos de tutela provisória e para a instrução será do relator.

§ 1.º O relator poderá decidir monocraticamente o incidente ou submetê-lo ao colegiado, juntamente com o recurso.

§ 2.º Decidido o incidente monocraticamente pelo relator, da decisão caberá agravo interno, nos termos do Regimento do Tribunal.

Art. 91. Decidido o incidente ou julgado o recurso, os autos retomarão seu curso regular.

SEÇÃO V
Anotação na Carteira de Trabalho e Previdência Social

Art. 92. Na falta de registros obrigatórios na Carteira de Trabalho e Previdência Social do empregado ou nos casos de retificação de dados, o juiz determinará à secretaria da vara do trabalho, na sentença ou no termo de homologação de acordo, que proceda às anotações ausentes.

§ 1.º Na aposição das anotações pela secretaria, não haverá identificação do servidor responsável nem tampouco indicação da existência de determinação judicial a respeito.

§ 2.º Para confirmação da autenticidade do registro, a secretaria expedirá certidão consignando a determinação judicial de anotação da CTPS, a qual será entregue ao trabalhador juntamente com o documento.

Art. 93. Na hipótese de anotação de verba com repercussão no cálculo da contribuição previdenciária, a vara do trabalho comunicará o fato à Secretaria da Receita Federal do Brasil, no prazo de 48 (quarenta e oito) horas.

Parágrafo único. Em caso de anotação decorrente de sentença judicial, a comunicação será feita apenas após o trânsito em julgado da decisão.

SEÇÃO VI
Termos e Certidões

Art. 94. Constarão dos termos e certidões a data e a assinatura do servidor que os tenha firmado.

Art. 95. Constarão da certidão de julgamento em 2.º grau de jurisdição:
I – número do processo;
II – nome das partes e dos advogados que sustentaram oralmente;
III – nome do desembargador do trabalho que presidiu a sessão;
IV – nome do relator e do revisor, se for o caso, e dos desembargadores do trabalho que participaram da sessão;
V – situação do juiz, desde que convocado, apontando-se o dispositivo da Lei Orgânica da Magistratura Nacional que autorizou a convocação;
VI – nome do representante do Ministério Público do Trabalho presente à sessão;
VII – conclusão do julgamento, com a indicação dos votos vencidos, se houver;
VIII – registro da suspensão do julgamento em decorrência de pedido de vista regimental e dos votos já proferidos em sessão;
IX – designação do redator do acórdão, se for o caso;
X – impedimentos e suspeições declarados pelos desembargadores do trabalho;
XI – data da realização da sessão.

SEÇÃO VII
Custas Processuais

Art. 96. As decisões proferidas pela Justiça do Trabalho de 1.º e 2.º graus de jurisdição, nos dissídios individuais, fixará o valor das custas processuais, que serão calculadas, no caso de improcedência da reclamação, sobre o valor dado à causa, e, no caso de procedência sobre o valor arbitrado à condenação, a cargo do reclamante ou do reclamado, dependendo de quem tenha sucumbido na ação.

§ 1.º A isenção quanto ao pagamento de custas não exime o magistrado de fixar na decisão o respectivo valor.

§ 2.º Nos acordos, o rateio das custas processuais será proporcional entre as partes, se de outra forma não for convencionada.

SEÇÃO VIII
Dissídios Coletivos

Art. 97. No dissídio coletivo, constará do acórdão o inteiro teor das cláusulas deferidas, bem como os fundamentos do deferimento ou indeferimento.

Parágrafo único. Modificada a redação da cláusula pelo Tribunal, o novo texto constará do acórdão.

Art. 98. A certidão de julgamento será publicada de imediato, independentemente da redação da ata final dos trabalhos e da lavratura do acórdão.

Art. 99. Do acórdão constará o valor das custas processuais, que serão imputadas às partes vencidas, de forma solidária.

Art. 100. Nos dissídios coletivos de natureza econômica em que for instituída norma ou condição de trabalho em favor da categoria profissional, o pagamento integral das custas processuais caberá à empresa ou ao ente sindical patronal que integrou a relação processual.

Art. 101. Na hipótese de acordo submetido à homologação do tribunal em que conste apenas remissão a normas anteriores, o relator ordenará às partes que explicitem o teor das cláusulas conciliadas.

SEÇÃO IX
Admissibilidade dos Recursos

Art. 102. No exercício do controle de admissibilidade dos recursos ordinários, agravos de petição e recursos adesivos, o juiz deve verificar o preenchimento de todos os pressupostos intrínsecos e extrínsecos dos recursos, antes de seu processamento, cabendo-lhe formular pronunciamento explícito sobre o preenchimento desses requisitos.

§ 1.º Em se tratando de agravo de petição, somente deverá ser processado quando o agravante delimitar, justificadamente, as matérias e os valores impugnados e se o ato impugnado comportar recurso (art. 893, § 1.º, da CLT).

§ 2.º Havendo parte incontroversa na condenação, o processamento do agravo não deverá impedir a tramitação do feito com vistas à liberação imediata dos valores devidos ao exequente ou realização dos atos necessários ao pagamento da dívida.

§ 3.º Garantido integralmente o juízo, não será exigível depósito recursal para a interposição do agravo de petição, salvo elevação do valor do débito em montante que ultrapasse a garantia.

§ 4.º Na hipótese do parágrafo anterior, o agravo de petição deverá ser acompanhado da comprovação da garantia correspondente ao valor do acréscimo, limitado ao valor total da condenação.

§ 5.º Por se tratarem de parcelas acessórias da condenação, o valor fixado a título de honorários advocatícios ou honorários periciais, a cargo do reclamante ou do reclamado, não deverá ser computado para fins de depósito recursal, sendo inexigível seu recolhimento se a condenação a eles se limitar.

SEÇÃO X
Depósito Judicial Trabalhista

Art. 103. O depósito judicial para pagamentos, garantia de execução, encargos processuais, levantamento de valores e depósitos recursais seguirão as diretrizes estabelecidas na Instrução Normativa n. 36 do Tribunal Superior do Trabalho, ou outra que venha a substituí-la.

Art. 104. O alvará deverá ser expedido somente após a autorização judicial para o levantamento do depósito realizado.

§ 1.º O juiz deverá dar ciência ao devedor-executado ou ao seu sucessor da decisão ou despacho que autorizar a liberação total ou parcial do depósito judicial a favor da parte vencedora.

§ 2.º A decisão ou despacho que autorizar o levantamento, total ou parcial, do depósito judicial, deverá também autorizar o recolhimento, pela fonte pagadora, dos valores apurados a título de imposto de renda, de responsabilidade da parte vencedora, a serem deduzidos do seu crédito, destinados ao recolhimento na forma da lei.

§ 3.º O depósito recursal, ainda que tenha sido convertido em depósito judicial, não poderá ser utilizado para quitação de débitos ou despesas do processo, inclusive as de natureza alimentar, antes da quitação integral do crédito do reclamante, a quem deverá ser prioritariamente liberado, até o limite de seu crédito.

SEÇÃO XI
Recurso de Revista

Art. 105. As decisões de admissibilidade do recurso de revista contemplarão a identificação da especificidade ou da inespecificidade dos arestos paradigmas e/ou a vulneração de dispositivo de lei e/ou da Constituição da República, em atenção aos lindes do juízo de prelibação dos recursos, delineados no art. 896, § 1.º, da CLT, tudo de tal modo que elas não se mostrem excessivamente concisas nem excessivamente elásticas.

Art. 106. A intimação das decisões de admissibilidade dos recursos de revista será feita mediante sua publicação no DEJT.

Art. 107. Ao presidente do Tribunal Regional do Trabalho caberá avaliar a conveniência e a oportunidade de implantação de juízo conciliatório em recurso de revista.

Capítulo VI
NORMAS PROCEDIMENTAIS DE PROCESSO – EXECUÇÃO

SEÇÃO I
Normas Gerais

Art. 108. Cabe ao juiz, na fase de execução:

I – ordenar a pronta liberação do depósito recursal, em favor do reclamante, independentemente de requerimento do interessado, após o trânsito em julgado da sentença condenatória, desde que o valor do crédito trabalhista seja inequivocamente superior ao do depósito recursal ou incontroverso, prosseguindo a execução depois pela diferença;

II – promover a realização semanal de audiências de conciliação em processos na fase de execução, independentemente de requerimento das partes, selecionando-se aqueles com maior possibilidade de êxito na composição;

III – determinar a revisão periódica dos processos em execução que se encontrem em arquivo provisório, com a execução suspensa, a fim de renovar providências coercitivas, por meio da utilização dos Sistemas Eletrônicos de pesquisas patrimonial, valendo-se, se for o caso, da aplicação subsidiária dos arts. 772 a 777 do CPC.

Art. 109. Exauridas em vão as referidas medidas coercitivas, impulsionadas pelo magistrado ou requeridas pela parte, a remessa ao arquivo provisório de autos de processo em execução será precedida de lavratura de certidão do diretor de secretaria, da qual constará o insucesso dessas medidas complementares e a inexistência de depósito judicial ou recursal, de cujo teor deverá ser intimado o exequente.

SEÇÃO II
Alienação de Bens

Art. 110. Ao determinar a alienação de bem, deverá o magistrado fazer constar expressamente do edital, além dos requisitos do art. 886 do CPC, a isenção do arrematante com relação aos débitos tributários, cujo fato gerador seja a propriedade, o domínio útil ou a posse de bens e direitos adquiridos judicialmente, através de leilão judicial ou iniciativa particular, estejam ou não inscritos na dívida ativa.

Parágrafo único. Ficarão sub-rogados no bem arrematado os débitos de natureza não tributária que constarem expressamente do edital.

SEÇÃO III
Semana Nacional da Execução Trabalhista

Art. 111. Durante a Semana Nacional da Execução Trabalhista deverão ser realizadas pautas ordinárias de audiência, exclusivamente for-

madas por autos em fase de execução, liquidados e que não foram voluntariamente pagos após a citação do art. 880 da CLT, ficando suspensa a contagem do prazo médio de tramitação dos processos em fase de conhecimento.

Parágrafo único. Infrutífera a conciliação, além das providências coercitivas previstas no art. 76, III, o juiz, caso necessário, expedirá mandado para protesto extrajudicial, em cartório, do título executivo não quitado.

SEÇÃO IV
Normas Procedimentais Referentes à Execução contra Empresas em Recuperação Judicial ou em Falência

Art. 112. Deferida a recuperação judicial ou a falência, caberá ao juiz do trabalho determinar a expedição de Certidão de Habilitação de Crédito para ser submetida à apreciação do administrador judicial.

§ 1.º Terão prosseguimento na Justiça do Trabalho as ações que demandarem quantia ilíquida, até a apuração do respectivo crédito e a expedição de certidão de habilitação do crédito.

§ 2.º Da Certidão de Habilitação de Crédito deverá constar:

I – nome do exequente, data da distribuição da reclamação trabalhista, da sentença condenatória e a de seu trânsito em julgado;

II – a especificação dos títulos e valores integrantes da sanção jurídica, das multas, dos encargos fiscais e sociais (imposto de renda e contribuição previdenciária), dos honorários advocatícios e periciais, se houver, e demais despesas processuais;

III – data da decisão homologatória dos cálculos e do seu trânsito em julgado;

IV – o nome do advogado que o exequente tiver constituído, seu endereço, para eventual intimação, e número de telefone a fim de facilitar possível contato direto pelo administrador judicial.

Art. 113. Expedida a Certidão de Habilitação de Crédito, é desnecessária a remessa dos autos físicos ou eletrônicos ao juízo no qual se processa a Recuperação Judicial ou a Falência.

Art. 114. Os juízes do trabalho manterão os processos em arquivo provisório até o encerramento da Recuperação Judicial ou da falência que ela eventualmente tenha sido convolada (art. 156 e s. da Lei n. 11.101/2005).

Parágrafo único. Os processos suspensos por Recuperação Judicial ou Falência deverão ser sinalizados com marcador correspondente no Sistema PJe.

Art. 115. As disposições desta Seção não se aplicam nos casos em que o magistrado determinar o direcionamento da execução contra sócios ou ex-sócios da executada ou a empresa que integre grupo econômico do qual ela faça parte.

SEÇÃO V
Sobrestamento, Arquivamento Provisório e Arquivamento Definitivo do Processo de Execução

Art. 116. Não sendo localizado o devedor nem encontrados bens penhoráveis, o juiz suspenderá o curso do processo por até 1 (um) ano, período no qual não correrá o prazo de prescrição intercorrente (art. 40 da Lei n. 6.830/80).

Parágrafo único. O processo deverá aguardar o prazo no fluxo próprio do Sistema PJe (Sobrestamento por execução frustrada, Item 106/90.106, do Manual do e-Gestão).

Art. 117. Durante o prazo previsto no art. 11-A da CLT, o processo deverá ser arquivado provisoriamente em fluxo próprio do PJe.

Art. 118. É assegurado ao credor requerer, nos termos do § 3.º do art. 40 da Lei n. 6.830/80, ou ao juiz o determinar de ofício, na conformidade do art. 2.º do CPC, o prosseguimento da execução que se encontre sobrestada ou arquivada provisoriamente, a que se referem os artigos anteriores.

Parágrafo único. Os processos que ainda tramitem na forma física deverão obrigatoriamente ser migrados para o sistema PJe antes do prosseguimento da execução.

Art. 119. O arquivamento definitivo do processo de execução, no âmbito da Justiça do Trabalho, decorre da declaração, por sentença, da extinção da execução, pela verificação de uma das hipóteses contempladas nos incisos II, III, IV e V do art. 924 do CPC, por se achar exaurida a prestação jurisdicional.

Parágrafo único. É vedado o arquivamento com baixa definitiva do processo de execução em qualquer situação não prevista no *caput*, inclusive em processos reunidos em razão de centralização de execuções, processos sobrestados ou arquivados provisoriamente.

Art. 120. É condição para arquivamento definitivo do processo judicial, quando na fase de execução, entre outras providências eventualmente necessárias, a inexistência de contas judiciais com valores disponíveis vinculados ao mesmo processo.

Art. 121. Satisfeitos os créditos dos processos, a disponibilização de qualquer saldo existente em conta judicial ao devedor de créditos trabalhistas deve ser precedida de ampla pesquisa no Setor de Distribuição de Feitos, nos sistemas de gestão de processos judiciais anteriores ao PJe de cada Tribunal Regional do Trabalho e no sistema do Banco Nacional de Débitos Trabalhistas (BNDT), a fim de identificar processos que tramitem em face do mesmo devedor.

§ 1.º Havendo processos ativos pendentes na mesma unidade judiciária, o magistrado poderá remanejar os recursos para quitação das dívidas, após o que procederá ao arquivamento definitivo do processo já quitado, desvinculando-o da conta judicial ativa.

§ 2.º Constatada a existência de processos pendentes em outras unidades judiciárias, os juízos respectivos deverão ser informados, por meio eletrônico, a respeito da existência de numerário disponível, a fim de que adotem as providências necessárias, no prazo de 10 (dez) dias, sem prejuízo de outras medidas estabelecidas em acordos de cooperação existentes entre os tribunais regionais do trabalho e outros órgãos do Poder Judiciário.

§ 3.º Decorrido o prazo previsto no parágrafo anterior, sem qualquer manifestação dos juízos eventualmente interessados, os valores deverão ser disponibilizados ao devedor, com previsão de prazo não inferior a 30 (trinta) dias para saque.

§ 4.º Transcorrido o prazo fixado no parágrafo anterior, sem levantamento do valor pelo devedor, a unidade judiciária deverá se valer dos sistemas de pesquisa disponíveis no Tribunal Regional do Trabalho para identificar o domicílio atual do executado, a existência de conta bancária ativa ou, ainda, de conta ativa do Fundo de Garantia do Tempo de Serviço – FGTS, a fim de proceder ao depósito do numerário.

§ 5.º Caso não se localize o executado nem haja nenhuma das informações anteriores disponíveis para pagamento, o juízo deverá determinar a abertura de conta poupança na Caixa Econômica Federal em nome do executado e encaminhar a informação para a Corregedoria Regional, que deverá publicar no site do Tribunal Regional do Trabalho respectivo edital permanente de informação das contas abertas em nome de executados para que, a qualquer tempo, possam vir a sacar os valores a eles creditados.

§ 6.º Se os valores depositados não forem resgatados no prazo de 10 (dez) anos, contados a partir da primeira publicação do edital referido no parágrafo anterior, a unidade judiciária deverá expedir alvará determinando a conversão em renda em favor da União, por meio do Documento de Arrecadação de Receitas Federais (DARF), sob o código 3981 – produtos de depósitos abandonados.

§ 7.º Em qualquer hipótese tratada neste artigo, para liberação dos valores em contas judiciais, a determinação judicial para saque conterá expressamente a informação de que o pagamento deverá ser efetuado considerando-se o valor atualizado até o dia do efetivo levantamento, bem como a obrigação do banco de proceder ao encerramento da conta judicial.

§ 8.º Aplica-se o mesmo procedimento previsto nos §§ 4.º a 7.º quando os créditos encontrados no processo pertençam ao credor das parcelas trabalhistas, advogados ou peritos judiciais, desde que, devidamente intimados, não procedam ao saque dos valores depositados nas contas judiciais no prazo de 30 (trinta) dias.

§ 9.º Na hipótese de valores devidos a título de custas processuais, contribuições previdenciárias e Imposto de Renda, a vara do trabalho deverá expedir alvará de rateio com a identificação dos respectivos valores, determinando que o banco proceda aos recolhimentos correspondentes no prazo máximo de 10 (dez) dias.

SEÇÃO VI
Certidão de Crédito Trabalhista

Art. 122. Exauridos em vão os meios de coerção do devedor, deverá ser providenciada a atualização dos dados cadastrais das partes tanto quanto a situação do devedor no Banco Nacional de Devedores Trabalhistas, nos termos da Resolução Administrativa n. 1.470/2011 do TST, e, em seguida, expedida Certidão de Crédito Trabalhista.

•• O Ato n. 1, de 21-1-2022, do CGJT, dispõe sobre o Banco Nacional de Devedores Trabalhistas, de que trata este artigo.

Art. 123. A Certidão de Crédito Trabalhista observará o modelo constante do Anexo II e deverá conter:

•• Retificado no *Diário Eletrônico da Justiça do Trabalho*, de 6-3-2020.

I - o nome e o endereço das partes, incluídos eventuais corresponsáveis pelo débito, bem como o número do respectivo processo;

II - o número de inscrição do credor e do devedor no Cadastro de Pessoas Físicas (CPF) e no Cadastro Nacional de Pessoas Jurídicas (CNPJ) da Receita Federal do Brasil;

III - os títulos e os valores integrantes da sanção jurídica, imposta em sentença condenatória transitada em julgado, e os valores dos recolhimentos previdenciários, fiscais, dos honorários, advocatícios e/ou periciais, se houver, das custas e demais despesas processuais;

IV - cópia da decisão exequenda e da decisão homologatória da conta de liquidação, já transitada em julgado, para posterior incidência de juros e atualização monetária.

Art. 124. O credor será comunicado sobre a obrigatoriedade de comparecimento à secretaria da vara do trabalho para, no prazo de 30 (trinta) dias, retirar a Certidão de Crédito Trabalhista e os documentos de seu interesse.

Parágrafo único. A secretaria da vara do trabalho deverá criar arquivo, preferencialmente digital, para manutenção permanente das Certidões de Créditos Trabalhistas originais não entregues aos exequentes e das demais certidões expedidas.

Art. 125. Nos processos eletrônicos fica dispensada a expedição de Certidão de Crédito Trabalhista.

SEÇÃO VII
BACEN JUD – Bloqueio, Desbloqueio e Transferência de Valores

Art. 126. Em execução definitiva por quantia certa, se o executado, regularmente citado, não efetuar o pagamento do débito nem garantir a execução, conforme dispõe o art. 880 da CLT, o juiz deverá, de ofício ou a requerimento da parte, emitir ordem judicial de bloqueio mediante o Sistema BACEN JUD, com precedência sobre outras modalidades de constrição judicial.

Art. 127. Relativamente ao Sistema BACEN JUD, cabe ao juiz do trabalho:

I - abster-se de emitir ordem judicial de bloqueio promovida em face de Estado estrangeiro ou organismo internacional;

II - não encaminhar às instituições financeiras, por intermédio de ofício-papel, solicitação de informações e ordens judiciais de bloqueio, desbloqueio e transferência de valores quando for possível a prática do ato por meio do Sistema BACEN JUD;

III - velar diariamente para que, em caso de bloqueio efetivado, haja pronta emissão de ordem de transferência dos valores para uma conta em banco oficial ou emissão de ordem de desbloqueio;

IV - proceder à correta identificação dos executados quando da expedição das ordens de bloqueio de numerário em contas bancárias mediante o Sistema BACEN JUD, informando o registro do número de inscrição no CPF ou CNPJ, a fim de evitar a indevida constrição de valores de titularidade de pessoas físicas ou jurídicas homônimas.

Art. 128. O acesso do juiz e dos servidores por ele delegados, ao Sistema BACEN JUD ocorrerá por meio de senhas pessoais e intransferíveis, ou por meio de certificado digital, após o cadastramento realizado pelo gerente setorial de segurança da informação do respectivo tribunal, denominado Máster.

Art. 129. O presidente do Tribunal Regional do Trabalho indicará dois Másteres, no mínimo, ao Banco Central do Brasil.

§ 1.º Os Másteres do Sistema manterão atualizados os dados dos juízes cadastrados junto ao Banco Central do Brasil.

§ 2.º O descredenciamento de Máster ou de qualquer usuário do Sistema BACEN JUD será imediatamente comunicado, pelo presidente do Tribunal Regional do Trabalho, ao Banco Central do Brasil.

Art. 130. O juiz, ao receber as respostas das instituições financeiras, emitirá ordem judicial eletrônica de transferência do valor da condenação para conta judicial, em estabelecimento oficial de crédito, ou providenciará o desbloqueio do valor.

Parágrafo único. O termo inicial do prazo para oposição de embargos à execução é a data da intimação da parte, pelo juiz, de que se efetivou bloqueio de numerário em sua conta.

Art. 131. É obrigatória a observância pelos juízes das normas sobre o BACEN JUD estabelecidas no regulamento que integra o convênio firmado entre o Banco Central do Brasil e os tribunais do trabalho.

SEÇÃO VIII
BACEN JUD – Cadastramento e Conta Única

Art. 132. As pessoas físicas e jurídicas poderão requerer, por si ou por seus representantes estatutários, ou por advogado devidamente constituído, mediante exibição de instrumento de procuração, o cadastramento de conta única apta a acolher bloqueios eletrônicos realizados por meio do sistema BACEN JUD.

Art. 133. O requerimento será efetuado por meio do sistema informatizado Bacen Jud Digital – JT, disponibilizado pela Corregedoria-Geral da Justiça do Trabalho na página do Tribunal Superior do Trabalho na Internet, do qual constará declaração expressa de ciência e concordância do requerente com as normas relativas ao cadastramento de contas previstas na presente Consolidação e na Resolução n. 61/2008 do CNJ.

§ 1.º O requerimento de cadastramento de conta única será instruído com:

I - cópia do cartão do CNPJ ou do CPF;

II - comprovante da conta bancária indicada para acolher o bloqueio, expedido pela instituição financeira, contendo, obrigatoriamente:

a) titularidade (nome da empresa e número do CNPJ ou do CPF);

b) nome do banco;

c) código da agência (com quatro dígitos, sem o dígito verificador;

d) número da conta corrente (com o dígito verificador).

III - contrato social do qual constem os dados do representante legal da empresa;

IV - na hipótese de advogado constituído, instrumento de procuração que habilite o subscritor do pedido a atuar, ainda que administrativamente, em nome do requerente;

V - documento de identificação que demonstre a autenticidade da assinatura do subscritor do pedido.

§ 2.º As instituições integrantes do Sistema Financeiro Nacional que solicitarem cadastramento de conta única não estão obrigadas a fornecer o número da conta indicada para o bloqueio, podendo informar apenas o nome do Banco ou o número da agência que cumprirá a ordem.

§ 3.º O envio do requerimento e dos respectivos documentos deverá ser realizado exclusivamente por meio do Sistema Bacen Jud Digital – JT, sendo automaticamente descartados se encaminhados por outra via.

§ 4.º É de responsabilidade do requerente a veracidade das informações prestadas e a autenticidade dos documentos enviados, assim como a preservação dos originais dos documentos, que poderão ser eventualmente solicitados pela Secretaria da Corregedoria-Geral para o esclarecimento de dúvidas.

§ 5.º Incumbe ao requerente o acompanhamento do pedido pelo Sistema Bacen Jud Digital – JT.

§ 6.º Havendo erro no requerimento ou em algum documento enviado passível de solução pelo requerente, ser-lhe-á concedido prazo de 60 dias para que o faça, a contar do primeiro dia útil após a data do registro da pendência no Sistema Bacen Jud Digital – JT.

§ 7.º Ultrapassado o prazo de que trata o parágrafo anterior, o pedido será indeferido, cabendo ao interessado formalizar novo requerimento, anexando a este toda a documentação necessária ao cadastramento.

Art. 134. Tratando-se de grupo econômico, empresa com filiais e situações análogas, faculta-se o cadastramento de uma conta única para mais de uma pessoa jurídica ou natural.

§ 1.º Nessa hipótese, o titular da conta indicada apresentará:

I – cópias dos cartões do CNPJ ou do CPF;

II – declaração de plena concordância com a efetivação de bloqueio de valores decorrente de ordem judicial expedida contra as pessoas por ele relacionadas;

III – declaração dos representantes legais das pessoas jurídicas e das pessoas naturais de plena concordância com o direcionamento das ordens judiciais de bloqueio para a conta especificada;

IV – declaração de instituição financeira de que está ciente e apta a direcionar, para a conta especificada, as ordens judiciais de bloqueio expedidas contra as pessoas arroladas.

§ 2.º No caso de grupo econômico, a empresa titular da conta deverá também apresentar:

I – requerimento explicitando se a conta única indicada, de sua própria titularidade, é extensiva às empresas relacionadas na declaração do banco;

II – documentação que comprove a existência do alegado grupo econômico em relação ao universo das empresas noticiadas na declaração apresentada.

Art. 135. O deferimento do cadastramento de conta única no Sistema BACEN JUD valerá para todos os órgãos da Justiça Comum dos Estados e Distrito Federal, Justiça Federal, Justiça Militar da União e Justiça do Trabalho.

Art. 136. A pessoa física ou jurídica obriga-se a manter na conta indicada numerário suficiente para o cumprimento da ordem judicial.

SEÇÃO IX
BACEN JUD – Descadastramento, Recadastramento e Alteração de Conta Única

Art. 137. Ao constatar que a pessoa física ou jurídica não mantém numerário suficiente na conta única cadastrada no sistema BACEN JUD para o atendimento à ordem judicial de bloqueio, o juiz que preside a execução deverá apresentar Pedido de Providências à Corregedoria-Geral da Justiça do Trabalho.

§ 1.º O juiz indicará os dados do executado que possui conta única cadastrada no Sistema BACEN JUD (nome e CNPJ ou CPF) e anexará cópia do Detalhamento da Ordem Judicial de Bloqueio de Valores que obteve resposta negativa da instituição financeira.

§ 2.º Autuado o Pedido de Providências, será aberto o prazo de 15 (quinze) dias para apresentação de justificativa para a ausência de numerário.

Art. 138. Não cabe Pedido de Providências na hipótese de suposta recusa da instituição financeira em acatar a ordem judicial de transferência do numerário bloqueado.

Art. 139. Na ausência de numerário bastante para atender à ordem judicial de bloqueio, a ordem será direcionada às demais instituições financeiras e a conta única poderá ser descadastrada.

Parágrafo único. Ao responder à intimação para se manifestar no Pedido de Providências apresentado à Corregedoria-Geral da Justiça do Trabalho, nos termos do § 2.º do art. 137 desta Consolidação, a parte interessada apresentará as justificativas que entender cabíveis.

Art. 140. Na hipótese de a solicitação de cadastramento ter sido efetivada por outro tribunal, o Corregedor-Geral comunicará a desabilitação da conta única ao respectivo tribunal.

Art. 141. O executado poderá requerer o recadastramento da conta ou indicar outra para o bloqueio após 6 (seis) meses da data de publicação da decisão de descredenciamento no *Diário Eletrônico da Justiça do Trabalho*.

Art. 142. A reincidência quanto à ausência de fundos para o atendimento das ordens judiciais de bloqueio implicará novo descadastramento, desta vez pelo prazo de 1 (um) ano.

§ 1.º O executado, após o prazo referido no *caput*, poderá postular novo recadastramento.

§ 2.º Em caso de nova reincidência, o descadastramento será definitivo.

Art. 143. A inatividade da instituição financeira mantenedora da conta única cadastrada implicará a desabilitação automática do cadastramento.

Art. 144. Os pedidos de recadastramento, bem como os de alteração da conta cadastrada, serão realizados por meio do Sistema Bacen Jud Digital – JT, instruindo-se a petição com os mesmos documentos exigidos para o cadastramento originário da conta.

Parágrafo único. No caso de pedido de alteração de conta única cadastrada em outro local, o interessado deverá dirigir-se ao órgão onde foi efetuado o cadastro originário.

Art. 145. O cadastramento poderá ser cancelado mediante requerimento do titular da conta única à autoridade que o tenha deferido, a qual determinará seu cancelamento em até 30 (trinta) dias contados a partir da data do respectivo protocolo.

Parágrafo único. O descadastramento de conta única cadastrada pelo Tribunal Superior do Trabalho deverá ser solicitado pelo interessado através do Sistema Bacen Jud Digital – JT, acompanhado dos documentos previstos no art. 133, § 1.º, III, IV e V, desta Consolidação.

Art. 146. Compete à Secretaria da Corregedoria-Geral da Justiça do Trabalho apreciar as solicitações de cadastramento, bem como os pedidos de alteração, recadastramento e descadastramento de conta única dirigidos ao Tribunal Superior do Trabalho, ressalvada competência do Corregedor-Geral da Justiça do Trabalho para a apreciação dos Pedidos de Providências atinentes ao cumprimento do Sistema BACEN JUD.

Art. 147. Constitui ônus da pessoa física ou jurídica titular de conta única cadastrada no Sistema BACEN JUD zelar pela regularidade dos dados cadastrados, requerendo em tempo oportuno as alterações que se fizerem necessárias, de forma a manter a conta apta ao recebimento de ordens judiciais de bloqueios eletrônicos.

SEÇÃO X
Reunião de Execuções

•• Seção X com redação determinada pelo Provimento n. 1, de 19-8-2022.

SUBSEÇÃO I
Procedimento de Reunião de Execuções – PRE

•• Subseção I com redação determinada pelo Provimento n. 1, de 19-8-2022.

Art. 148. O Procedimento de Reunião de Execuções – PRE, destinado às obrigações de pagar e regulado por esta Consolidação no âmbito da Justiça do Trabalho, é constituído pelo:
•• *Caput* com redação determinada pelo Provimento n. 1, de 19-8-2022.

I – Plano Especial de Pagamento Trabalhista – PEPT, cujo objetivo é o pagamento parcelado do débito reunido;
•• Inciso I acrescentado pelo Provimento n. 1, de 19-8-2022.

II – Regime Centralizado de Execução – RCE, instituído pela Lei n. 14.193/2021 (Lei da Sociedade Anônima do Futebol – SAF); e,
•• Inciso II acrescentado pelo Provimento n. 1, de 19-8-2022.

III – Regime Especial de Execução Forçada – REEF, voltado para os atos de execução forçada, inclusive de expropriação do patrimônio dos devedores em prol da coletividade dos credores.
•• Inciso III acrescentado pelo Provimento n. 1, de 19-8-2022.

Art. 148-A. O PRE, em todas as suas modalidades, observará, dentre outros princípios e diretrizes:
•• *Caput* acrescentado pelo Provimento n. 1, de 19-8-2022.

I – a cooperação judiciária;
•• Inciso I acrescentado pelo Provimento n. 1, de 19-8-2022.

II – a essência conciliatória da Justiça do Trabalho como instrumento de pacificação social;
•• Inciso II acrescentado pelo Provimento n. 1, de 19-8-2022.

III – o direito fundamental à razoável duração do processo (art. 5.º, LXXVIII, da Constituição da República) em benefício do credor;
•• Inciso III acrescentado pelo Provimento n. 1, de 19-8-2022.

IV – os princípios da eficiência administrativa (art. 37, *caput*, da Constituição da República), bem como da economia processual;
•• Inciso IV acrescentado pelo Provimento n. 1, de 19-8-2022.

V – o pagamento equânime dos créditos, observadas as particularidades do caso concreto;
•• Inciso V acrescentado pelo Provimento n. 1, de 19-8-2022.

VI – a premência do crédito trabalhista, haja vista seu caráter alimentar;
•• Inciso VI acrescentado pelo Provimento n. 1, de 19-8-2022.

VII – a necessidade da preservação da função social da empresa e das entidades de prática desportiva;
•• Inciso VII acrescentado pelo Provimento n. 1, de 19-8-2022.

VIII – a estrita observância da Lei n. 14.193/2021 em relação às entidades de prática desportiva indicadas no art. 2.º da Lei da Sociedade Anônima do Futebol.
•• Inciso VIII acrescentado pelo Provimento n. 1, de 19-8-2022.

Art. 149. A reunião de processos em fase de execução definitiva, em relação ao(s) mesmo(s) devedor(es), poderá ser processada em órgãos de centralização de execuções (juízos centralizadores de execução), criados conforme organização de cada Tribunal Regional e observados os parâmetros estabelecidos nesta Consolidação.
•• *Caput* com redação determinada pelo Provimento n. 1, de 19-8-2022.

Parágrafo único. Ressalvados os casos de PEPT, RCE e REEF, que obrigatoriamente serão processados perante o juízo centralizador de execução, a previsão do *caput* não prejudica a reunião de processos em fase de execução definitiva em Varas do Trabalho, mediante cooperação judiciária.
•• Parágrafo único acrescentado pelo Provimento n. 1, de 19-8-2022.

Art. 150. São atribuições do juízo centralizador de execução do PRE:
•• *Caput* com redação determinada pelo Provimento n. 1, de 19-8-2022.

I – acompanhar e exarar parecer relativo ao processamento do PRE, mantendo comunicação com os demais órgãos partícipes da gestão do procedimento, conforme definido pela organização administrativa do Tribunal Regional ou pela Lei n. 14.193/2021;
•• Inciso I acrescentado pelo Provimento n. 1, de 19-8-2022.

II – promover, de ofício, a identificação dos grandes devedores e, se for o caso, dos respectivos grupos econômicos, no âmbito do Tribunal Regional, cujas execuções poderão ser reunidas para processamento conjunto através da instauração do REEF, utilizando-se de todas as ferramentas eletrônicas de investigação patrimonial disponíveis por meio de processo piloto indicado pelo juízo centralizador de execução;
•• Inciso II com redação determinada pelo Provimento n. 1, de 19-8-2022.

III – coordenar ações e programas que visem à efetividade da execução.
•• Inciso III com redação determinada pelo Provimento n. 1, de 19-8-2022.

Art. 150-A. No PRE todos os esforços deverão ser envidados no sentido de solver as execuções por pagamento integral ou com o uso das técnicas da mediação e da conciliação, observando-se, em cada modalidade de pagamento, a atenção às preferências legais, conforme disciplinado pelo Tribunal Regional, ressalvada a ordem de preferência para o RCE instituído pela Lei n. 14.193/2021, que deverá observar os termos estabelecidos no art. 17 desta mesma Lei.
•• *Caput* acrescentado pelo Provimento n. 1, de 19-8-2022.

Parágrafo único. Nas hipóteses de PEPT e de REEF, havendo omissão do Tribunal Regional em disciplinar a matéria relativa à ordem de pagamento, e desde que observados os princípios da razoabilidade, equidade e proporcionalidade, o juízo centralizador de execução, após ouvidos os credores, poderá limitar, inverter referida ordem de pagamento dentro da mesma classe, incluir preferências definidas nesta Consolidação ou fixar teto de valores para os credores preferenciais, visando possibilitar o pagamento, ainda que parcial, de um maior número de credores.
•• Parágrafo único acrescentado pelo Provimento n. 1, de 19-8-2022.

SUBSEÇÃO II
Plano Especial de Pagamento Trabalhista – PEPT
•• Subseção II com redação determinada pelo Provimento n. 1, de 19-8-2022.

Art. 151. Para a apreciação preliminar do pedido de instauração do PEPT, o interessado deverá atender os seguintes requisitos:
•• *Caput* com redação determinada pelo Provimento n. 1, de 19-8-2022.

I – especificar o valor total da dívida, instruindo o pedido com a relação de processos em fase de execução definitiva, com valores liquidados, organizados pela data de ajuizamento da ação; a(s) vara(s) de origem; os nomes dos credores e respectivos procuradores; as garantias existentes nesses processos, inclusive ordens de bloqueio e restrições; as fases em que se encontram os processos; os valores e a natureza dos respectivos débitos, devidamente atualizados, consolidando esses relatórios por Tribunal Regional, quando for o caso;
•• Inciso I com redação determinada pelo Provimento n. 1, de 19-8-2022.

II – apresentar o plano de pagamento do débito trabalhista consolidado, incluída a estimativa de juros e de correção monetária até seu integral cumprimento, podendo o pagamento ser fixado em período e montante variáveis, respeitado o prazo máximo de seis anos para a quitação integral da dívida;
•• Inciso II com redação determinada pelo Provimento n. 1, de 19-8-2022.

III – assumir, por declaração de vontade expressa e inequívoca, o compromisso de cumprir regularmente as obrigações trabalhistas dos contratos em curso, inclusive as decorrentes de verbas rescisórias devidas aos empregados dispensados ou que se demitirem;
•• Inciso III com redação determinada pelo Provimento n. 1, de 19-8-2022.

IV – relacionar, documentalmente, as empresas integrantes do grupo econômico, as quais assumem responsabilidade solidária pelo adimplemento das obrigações relativas ao montante global obtido na reunião dos processos em fase de execução definitiva perante o Tribunal Regional, independentemente de, em qualquer fase dos processos, terem figurado no polo passivo;
•• Inciso IV com redação determinada pelo Provimento n. 1, de 19-8-2022.

V – ofertar garantia patrimonial suficiente ao atendimento das condições estabelecidas, a critério de cada Tribunal Regional, podendo recair em carta de fiança bancária ou seguro garantia, bem como em bens próprios ou de terceiros – desde que devidamente autorizados pelos proprietários legais, hipótese em que deverão ser apresentadas provas de ausência de impedimento ou oneração dos bens, cujas alterações na situação jurídica deverão ser comunicadas pelo interessado de imediato, sob pena de can-

celamento do plano e impossibilidade de novo requerimento de parcelamento pelo prazo de 2 (dois) anos;

•• Inciso V com redação determinada pelo Provimento n. 1, de 19-8-2022.

VI – apresentar balanço contábil, devidamente certificado por contador, bem como declaração de imposto de renda, em que se comprove a incapacidade financeira de arcar com a dívida consolidada, com efetivo comprometimento da continuidade da atividade econômica;

•• Inciso VI com redação determinada pelo Provimento n. 1, de 19-8-2022.

VII – apresentar renúncia, condicionada à aprovação do PEPT, de toda e qualquer impugnação, recurso, ação rescisória ou incidente quanto aos processos envolvidos no plano.

•• Inciso VII com redação determinada pelo Provimento n. 1, de 19-8-2022.

Art. 151-A. O PEPT alcançará todos os processos em fase de execução definitiva relacionados no ato de apresentação do requerimento, devendo englobar a dívida total consolidada do devedor naquela data.

•• *Caput* acrescentado pelo Provimento n. 1, de 19-8-2022.

§ 1.º É permitida, mediante requerimento do devedor, a inclusão de processos em fase de execução definitiva que tenham sido iniciados posteriormente ao deferimento do PEPT, desde que sejam atendidos os seguintes requisitos:

•• § 1.º, *caput*, acrescentado pelo Provimento n. 1, de 19-8-2022.

I – o plano original esteja com os pagamentos regulares;

•• Inciso I acrescentado pelo Provimento n. 1, de 19-8-2022.

II – a repactuação da dívida consolidada permita a quitação dos processos incluídos no prazo do deferimento original do PEPT, salvo a exceção prevista no § 2.º;

•• Inciso II acrescentado pelo Provimento n. 1, de 19-8-2022.

III – haja, caso necessário, complemento da garantia, de modo a abranger a dívida consolidada atualizada objeto de repactuação.

•• Inciso III acrescentado pelo Provimento n. 1, de 19-8-2022.

§ 2.º A Corregedoria Regional poderá, mediante requerimento do devedor e ouvido o juízo centralizador de execução, deferir acréscimo de prazo ao originariamente fixado para o plano de pagamento, desde que respeitado o máximo de seis anos estabelecido no art. 151, II, desta Consolidação, bem como haja demonstração pelo devedor da sua incapacidade financeira de arcar com o acréscimo de novos processos em fase de execução definitiva no prazo originariamente assinalado.

•• § 2.º acrescentado pelo Provimento n. 1, de 19-8-2022.

§ 3.º O inadimplemento de quaisquer das condições estabelecidas implicará a revogação do PEPT, a proibição de obter novo plano pelo prazo de dois anos e a instauração de REEF em face do devedor.

•• § 3.º acrescentado pelo Provimento n. 1, de 19-8-2022.

Art. 152. O pedido de instauração do PEPT com o objetivo de parcelamento de débito referente a processos em fase de execução definitiva, em curso no âmbito de um único Tribunal Regional, deverá ser apresentado ao Corregedor Regional respectivo, em classe processual própria.

•• *Caput* com redação determinada pelo Provimento n. 1, de 19-8-2022.

§ 1.º A decisão do Corregedor Regional deverá ser referendada pelo Órgão Especial, se houver, ou pelo Tribunal Pleno, sempre em decisão fundamentada e observados os parâmetros estipulados nesta Seção.

•• § 1.º com redação determinada pelo Provimento n. 1, de 19-8-2022.

§ 2.º Antes da decisão do Corregedor Regional, o juízo centralizador de execução deverá exarar parecer fundamentado quanto ao atendimento dos requisitos exigidos pelo art. 151 desta Consolidação.

•• § 2.º com redação determinada pelo Provimento n. 1, de 19-8-2022.

§ 3.º A decisão do Corregedor Regional, assim como a do Órgão Especial, se houver, ou do Tribunal Pleno, não estarão vinculadas ao referido parecer.

•• § 3.º com redação determinada pelo Provimento n. 1, de 19-8-2022.

Art. 152-A. O pedido de instauração do PEPT com o objetivo de parcelamento do débito referente a processos em fase de execução definitiva, no âmbito de mais de um Tribunal Regional, deverá ser apresentado ao Corregedor do Tribunal Regional com maior número de processos em fase de execução definitiva deste devedor, cabendo-lhe atender, além do exigido no art. 151 desta Consolidação, os seguintes requisitos:

•• *Caput* acrescentado pelo Provimento n. 1, de 19-8-2022.

a) especificar os Tribunais Regionais onde se localizam os processos;

•• Alínea *a* acrescentada pelo Provimento n. 1, de 19-8-2022.

b) apresentar os documentos de que trata o art. 151, I, desta Consolidação em relações individualizadas referentes a cada um dos Tribunais Regionais onde se processem as execuções que se pretende parcelar por meio do PEPT, assim como resumo global da dívida consolidada.

•• Alínea *b* acrescentada pelo Provimento n. 1, de 19-8-2022.

§ 1.º A centralização de execuções, no âmbito de mais de um Tribunal Regional, dependerá de termo de cooperação judiciária firmado entre os Tribunais Regionais que possuam processos em fase de execução definitiva do devedor requerente, devendo observar as diretrizes constantes nesta Consolidação.

•• § 1.º acrescentado pelo Provimento n. 1, de 19-8-2022.

§ 2.º A decisão do Corregedor Regional que aderir à execução reunida em mais de um Tribunal Regional deverá ser referendada pelo respectivo Órgão Especial, se houver, ou pelo Tribunal Pleno.

•• § 2.º acrescentado pelo Provimento n. 1, de 19-8-2022.

§ 3.º O insucesso do PEPT que tramitar no âmbito de mais de um Tribunal Regional acarretará a extinção do termo de cooperação judiciária, devendo os REEFs serem processados regionalmente, a cargo de cada juízo centralizador de execução local, observando-se os processos em fase de execução definitiva da competência de seu Tribunal Regional.

•• § 3.º acrescentado pelo Provimento n. 1, de 19-8-2022.

§ 4.º O termo de cooperação judiciária firmado pelos Tribunais Regionais deverá ser explícito em relação à periodicidade de pagamentos e aos critérios de repasse aos juízos centralizadores de execução dos Tribunais Regionais envolvidos.

•• § 4.º acrescentado pelo Provimento n. 1, de 19-8-2022.

§ 5.º O acréscimo de processos de que trata o § 1.º do art. 151-A desta Consolidação, assim como a alteração de prazos do PEPT que resultar no parcelamento de débito referente a processos em fase de execução definitiva em curso no âmbito de mais de um Tribunal Regional, dependerá da observância dos incisos I a III do dispositivo acima mencionado, além da anuência dos demais Tribunais Regionais aderentes.

•• § 5.º acrescentado pelo Provimento n. 1, de 19-8-2022.

§ 6.º O termo de cooperação judiciária definirá o juízo centralizador de execução do PEPT no âmbito de mais de um Tribunal Regional.

•• § 6.º acrescentado pelo Provimento n. 1, de 19-8-2022.

§ 7.º A recusa do procedimento não impede que o pleito do devedor seja processado nos Tribunais Regionais onde houver a aprovação.

•• § 7.º acrescentado pelo Provimento n. 1, de 19-8-2022.

Art. 152-B. Durante a análise do requerimento do devedor, o juízo centralizador de execução poderá, a qualquer tempo, formular sugestões de alteração, acréscimo ou supressão de cláusulas, exigir a apresentação de novos documentos, determinar diligências, bem como adotar quaisquer outras medidas que contribuam para a elaboração de proposta de plano de pagamento com melhor exequibilidade.

•• Artigo acrescentado pelo Provimento n. 1, de 19-8-2022.

Art. 152-C. Instaurado o procedimento e concluída a proposta do devedor, o Corregedor Regional deverá submeter sua decisão sobre a matéria ao Tribunal Pleno ou Órgão Especial, a quem competirá:

•• *Caput* acrescentado pelo Provimento n. 1, de 19-8-2022.

I – avaliar o atendimento dos requisitos exigidos para a instauração do PEPT;

•• Inciso I acrescentado pelo Provimento n. 1, de 19-8-2022.

II – fixar o prazo de duração, observado o disposto no inciso II do art. 151 e no § 2.º do art. 151-A desta Consolidação, e o valor a ser pago periodicamente, considerando, nos dois casos, o montante da dívida total consolidada, bem como os correspondentes créditos previdenciários e fiscais;

•• Inciso II acrescentado pelo Provimento n. 1, de 19-8-2022.

III – prever a distribuição dos valores arrecadados, observado o disposto nos arts. 148-A, V, e 150-A, *caput*, e parágrafo único, da presente Consolidação;
•• Inciso III acrescentado pelo Provimento n. 1, de 19-8-2022.

IV – acolher o processo judicial que servirá como piloto, indicado pelo juízo centralizador de execução, para a prática dos atos jurisdicionais posteriores à aprovação do PEPT, no qual serão concentrados todos os atos referentes ao cumprimento do plano;
•• Inciso IV acrescentado pelo Provimento n. 1, de 19-8-2022.

V – referendar, ou não, após votação do órgão colegiado competente, a decisão do Corregedor Regional acerca do procedimento de instauração do PEPT.
•• Inciso V acrescentado pelo Provimento n. 1, de 19-8-2022.

Art. 152-D. Sempre que, por circunstâncias imprevistas e não imputáveis ao devedor, o plano inicialmente aprovado se revelar inexequível, o devedor poderá apresentar novo plano, atendidos os requisitos do art. 151 desta Consolidação, o qual deverá vir acompanhado de provas das circunstâncias supervenientes, e será objeto de nova decisão pelo órgão colegiado competente, igualmente segundo critérios de conveniência e oportunidade, observado o disposto no art. 152 desta Consolidação.
•• *Caput* acrescentado pelo Provimento n. 1, de 19-8-2022.

Parágrafo único. Caso o novo plano seja rejeitado ou se revele inviável, seguir-se-á a instauração de REEF em face do devedor.
•• Parágrafo único acrescentado pelo Provimento n. 1, de 19-8-2022.

Art. 152-E. Ficam suspensas as medidas constritivas nos processos em fase de execução definitiva relacionados no requerimento do PEPT a partir da sua aprovação pelo Tribunal Pleno ou Órgão Especial.
•• *Caput* acrescentado pelo Provimento n. 1, de 19-8-2022.

Parágrafo único. A fluência do prazo prescricional intercorrente dos processos em fase de execução definitiva incluídos no PEPT suspende-se durante sua vigência.
•• Parágrafo único acrescentado pelo Provimento n. 1, de 19-8-2022.

Art. 152-F. Os recursos informados no plano apresentado pelo devedor e destinados para o PEPT, ou em caso de REEF, poderão observar as seguintes disposições, se outras não forem estipuladas pelos Tribunais Regionais:
•• *Caput* acrescentado pelo Provimento n. 1, de 19-8-2022.

I – a limitação de 50% do montante mensal repassado pelo devedor para fins de conciliação;
•• Inciso I acrescentado pelo Provimento n. 1, de 19-8-2022.

II – caso seja aplicado deságio de no mínimo 30% do valor da dívida original acrescida de juros e correção monetária, para efeitos de conciliação, o respectivo processo será elegível para pagamento dentro da ordem de preferência estipulada pelo Tribunal Regional;
•• Inciso II acrescentado pelo Provimento n. 1, de 19-8-2022.

III – os valores destinados à conciliação deverão ser ofertados de forma isonômica para os credores;
•• Inciso III acrescentado pelo Provimento n. 1, de 19-8-2022.

IV – os valores destinados à conciliação e não utilizados no mês serão destinados, no mês subsequente, ao pagamento dos demais créditos do PEPT ou REEF não elegíveis na ordem de preferência ou que não sejam objeto de acordo;
•• Inciso IV acrescentado pelo Provimento n. 1, de 19-8-2022.

Parágrafo único. Observado o regramento deste artigo, deverá ser obedecida a ordem de pagamento, iniciando-se pelo processo mais antigo.
•• Parágrafo único acrescentado pelo Provimento n. 1, de 19-8-2022.

Art. 152-G. O PEPT será revisado pelo juízo centralizador de execução a cada 12 (doze) meses, se outro período inferior não houver sido fixado por ocasião do deferimento do plano.
•• Artigo acrescentado pelo Provimento n. 1, de 19-8-2022.

Art. 152-H. O devedor e as empresas integrantes de seu grupo econômico ficam impedidos de requerer novo PEPT pelo prazo de 24 (vinte e quatro) meses após a extinção do PEPT anterior, mesmo que este tenha sido cumprido, parcial ou integralmente, ou convolado em REEF, ressalvados casos excepcionais, a critério do órgão colegiado competente.
•• Artigo acrescentado pelo Provimento n. 1, de 19-8-2022.

SUBSEÇÃO III
Do Regime Centralizado de Execução – RCE
•• Subseção III acrescentada pelo Provimento n. 1, de 19-8-2022.

Art. 153. O RCE disciplinado pela Lei n. 14.193/2021 destina-se única e exclusivamente às entidades de prática desportiva definidas nos incisos I e II do § 1.º do art. 1.º e que tenham dado origem à constituição de Sociedade Anônima de Futebol na forma do art. 2.º, II, da referida lei.
•• *Caput* com redação determinada pelo Provimento n. 1, de 19-8-2022.

§ 1.º A Sociedade Anônima do Futebol que tenha interesse na elaboração e execução de plano para pagamento do passivo trabalhista observará a disciplina de procedimento de reunião de execuções prevista para os demais devedores (PEPT), sendo vedada a utilização das regras previstas nesta Subseção, independentemente de os clubes ou pessoas jurídicas originárias serem beneficiados, ou não, pelo regime de RCE.
•• § 1.º acrescentado pelo Provimento n. 1, de 19-8-2022.

§ 2.º Quando se tratar de entidade de prática desportiva constituída nos termos do art. 2.º, II, da Lei n. 14.193/2021, para efeitos de PRE, deverá ser apresentado o fluxo de caixa e a sua previsão por 3 anos, bem como indicadas as receitas ordinárias e extraordinárias, incluindo todas as formas de ganho de capital.
•• § 2.º acrescentado pelo Provimento n. 1, de 19-8-2022.

§ 3.º O plano de concurso de credores do clube ou pessoa jurídica original, mencionados no *caput* deste artigo e que tenham optado pelo RCE do art. 13, I, da Lei n. 14.193/2021, deverá apresentar, como condição para aprovação, pagamentos mensais, nos termos dos arts. 10, I, e 15, § 2.º, da citada lei, sem prejuízo de outras rendas próprias.
•• § 3.º acrescentado pelo Provimento n. 1, de 19-8-2022.

§ 4.º Nos termos da Lei n. 14.193/2021, não haverá responsabilidade jurídica da SAF em relação às obrigações do clube ou pessoa jurídica original que a tiver constituído, sejam elas anteriores ou posteriores à data da sua constituição, salvo quanto às atividades específicas do seu objeto social, respondendo pelas obrigações a ela transferidas na forma do § 2.º do art. 2.º da aludida lei, hipótese em que os pagamentos observarão o disposto nos arts. 10 e 24 da referida lei.
•• § 4.º acrescentado pelo Provimento n. 1, de 19-8-2022.

Art. 153-A. O RCE é incompatível com o regime de Recuperação Judicial ou Extrajudicial, sendo que, constatado requerimento nesse sentido, anterior ou posterior ao RCE trabalhista, este último não será deferido ou será extinto perante o respectivo Tribunal Regional.
•• Artigo acrescentado pelo Provimento n. 1, de 19-8-2022.

SUBSEÇÃO IV
Regime Especial de Execução Forçada – REEF
•• Subseção III renumerada pelo Provimento n. 1, de 19-8-2022.

Art. 154. O REEF consiste no procedimento unificado de busca, constrição e expropriação, com vistas ao adimplemento da dívida consolidada de devedor com relevante número de processos em fase de execução definitiva, como medida de otimização das diligências executórias, doravante realizadas de forma convergente, mediante a utilização de processo piloto.
•• *Caput* com redação determinada pelo Provimento n. 1, de 19-8-2022.

§ 1.º O REEF poderá originar-se:
•• § 1.º, *caput*, com redação determinada pelo Provimento n. 1, de 19-8-2022.

I – do insucesso do Plano Especial de Pagamento Trabalhista (PEPT);
•• Inciso I com redação determinada pelo Provimento n. 1, de 19-8-2022.

II – do insucesso do RCE previsto na Lei n. 14.193/2021, observado o disposto no artigo 24 desta lei;
•• Inciso II com redação determinada pelo Provimento n. 1, de 19-8-2022.

III – por meio de requisição das unidades judiciárias de 1.º e 2.º graus do Tribunal Regional; e
•• Inciso III com redação determinada pelo Provimento n. 1, de 19-8-2022.

IV – por iniciativa do juízo centralizador de execução do Tribunal Regional.
•• Inciso IV acrescentado pelo Provimento n. 1, de 19-8-2022.

§ 2.º A solicitação pelas unidades judiciárias deverá vir acompanhada de certidão comprobatória da utilização, sem sucesso, das ferramentas básicas de pesquisa patrimonial, nos 3 (três) meses anteriores à requisição, e do protesto do devedor, conforme os arts. 883-A da CLT e 517 do CPC.
•• § 2.º com redação determinada pelo Provimento n. 1, de 19-8-2022.

§ 3.º Poderá o juiz da Vara do Trabalho de origem recusar a habilitação de créditos na execução reunida, caso já existam bens penhorados na data da instauração do REEF, sem prejuízo da solicitação a outra Vara do Trabalho, de processo em fase de execução definitiva em face do mesmo devedor.
•• § 3.º com redação determinada pelo Provimento n. 1, de 19-8-2022.

§ 4.º A instauração do REEF determinada por ato do juízo centralizador de execução importará a suspensão das medidas constritivas em face do devedor, salvo em relação ao processo objeto de recusa na forma do parágrafo anterior.
•• § 4.º com redação determinada pelo Provimento n. 1, de 19-8-2022.

§ 5.º Ocorrendo conciliação ou pagamento, ainda que parcial, em processo em fase de execução definitiva não submetido ao REEF, o juízo deverá comunicar o fato ao juízo centralizador de execução, cabendo igual obrigação às partes.
•• § 5.º com redação determinada pelo Provimento n. 1, de 19-8-2022.

§ 6.º Os Tribunais Regionais desenvolverão solução de tecnologia da informação para cadastramento dos créditos habilitados nos processos do REEF pelas unidades judiciárias originárias, com a discriminação da natureza da dívida e dotado de atualização automática.
•• § 6.º com redação determinada pelo Provimento n. 1, de 19-8-2022.

Art. 155. No curso do REEF, os atos executórios buscando o pagamento da dívida consolidada do executado serão realizados nos autos do processo piloto, ressalvada a hipótese do § 3.º do artigo anterior.
•• Caput com redação determinada pelo Provimento n. 1, de 19-8-2022.

§ 1.º A definição dos autos a serem qualificados como processo piloto caberá ao juízo centralizador de execução do Tribunal Regional.
•• § 1.º com redação determinada pelo Provimento n. 1, de 19-8-2022.

§ 2.º Os juízes que atuam no juízo centralizador de execução resolverão os incidentes e ações incidentais referentes exclusivamente ao processo piloto e apenas quanto aos atos praticados durante o REEF.
•• § 2.º com redação determinada pelo Provimento n. 1, de 19-8-2022.

§ 3.º Localizados bens do executado, será ordenada sua alienação pelo juízo centralizador de execução.
•• § 3.º com redação determinada pelo Provimento n. 1, de 19-8-2022.

§ 4.º O pagamento integral do processo piloto importará na extinção da referida execução, cabendo ao juízo centralizador de execução a adoção das seguintes providências:
•• § 4.º, caput, com redação determinada pelo Provimento n. 1, de 19-8-2022.

I – eleição de novo processo piloto;
•• Inciso I com redação determinada pelo Provimento n. 1, de 19-8-2022.

II – lavratura de certidão circunstanciada dos fatos e atos relevantes praticados nos autos do processo piloto, trasladando-se peças, se necessário, para o novo processo piloto;
•• Inciso II com redação determinada pelo Provimento n. 1, de 19-8-2022.

III – certificação nos autos do processo piloto extinto sobre a necessidade de sua preservação e guarda íntegra até a solução definitiva dos processos em fase de execução definitiva reunidos na forma disciplinada nesta Seção, o que deverá ser observado pela vara de origem.
•• Inciso III com redação determinada pelo Provimento n. 1, de 19-8-2022.

Art. 156. A consolidação da dívida do executado, no caso do REEF, será feita pelo juízo centralizador de execução, que oficiará as Varas do Trabalho para que informem o montante da dívida do executado, nos processos em fase de execução definitiva, no prazo de 30 (trinta) dias.
•• Caput com redação determinada pelo Provimento n. 1, de 19-8-2022.

Parágrafo único. Na prestação de informações pelas Varas do Trabalho deverá ser discriminada a natureza dos créditos, bem como a respectiva atualização e incidência de juros de mora, sendo vedada a inclusão de valores referentes a processos com pendência de homologação de cálculos.
•• Parágrafo único com redação determinada pelo Provimento n. 1, de 19-8-2022.

Art. 157. Os créditos da União Federal, referentes às contribuições previdenciárias e fiscais decorrentes das decisões desta Justiça Especializada, aqueles oriundos de multas administrativas impostas pelos órgãos de fiscalização do trabalho, nos termos do art. 114, VII e VIII, respectivamente, da Constituição da República, assim como as custas processuais, serão pagos após a quitação preferencial dos créditos trabalhistas.
•• Artigo com redação determinada pelo Provimento n. 1, de 19-8-2022.

Art. 158. Expropriados todos os bens e efetuados os pagamentos possíveis, havendo crédito remanescente, as Varas do Trabalho da Região e as Corregedorias das demais Regiões serão oficiadas, comunicando a existência do saldo, aguardando a requisição de valores no prazo de 30 (trinta) dias e devolvendo ao executado o saldo existente após os repasses solicitados.
•• Caput com redação determinada pelo Provimento n. 1, de 19-8-2022.

Parágrafo único. Esgotados os meios executórios, ainda que remanesçam débitos, o REEF será extinto, sendo os autos do processo piloto devolvidos ao juízo de origem para providências cabíveis, comunicando-se as Varas do Trabalho do Tribunal Regional.
•• Parágrafo único com redação determinada pelo Provimento n. 1, de 19-8-2022.

Art. 159. A Corregedoria-Geral da Justiça do Trabalho – CGJT, em parceria com a Escola Nacional de Aperfeiçoamento da Magistratura Trabalhista – ENAMAT, assim como as Corregedorias Regionais e as respectivas Escolas Judiciais dos Tribunais Regionais do Trabalho – EJUD, promoverão cursos de formação, treinamento e atualização para magistrados e servidores da Justiça do Trabalho interessados em integrar os juízos centralizadores de execução, os quais serão escolhidos preferencialmente para o exercício da respectiva função.
•• Artigo com redação determinada pelo Provimento n. 1, de 19-8-2022.

SUBSEÇÃO V
Disposições Transitórias referentes ao PRE

•• Subseção V acrescentada pelo Provimento n. 1, de 19-8-2022.

Art. 160. O juízo centralizador de execução notificará os devedores dos PEPTs vigentes e que ainda se encontrem desarmônicos com a Consolidação de Provimentos da Corregedoria-Geral da Justiça do Trabalho, para a readequação conforme as disposições desta Consolidação no prazo de até 180 (cento e oitenta) dias, e serão submetidos a exame na forma do art. 152, sob pena de presunção de desistência do PRE.
•• Caput com redação determinada pelo Provimento n. 1, de 19-8-2022.

§ 1.º Os planos aprovados com os benefícios do RCE previstos na Lei n. 14.193/2021, para entidade desportiva que não se enquadre na regra do art. 153 desta Consolidação, deverão ser apresentados na forma de pedido de instauração de PEPT, no prazo de 90 dias, sob pena de se presumir o desinteresse no procedimento de reunião de execuções para pagamento parcelado do passivo trabalhista.
•• § 1.º acrescentado pelo Provimento n. 1, de 19-8-2022.

§ 2.º O Ato Trabalhista previsto no art. 50 da Lei n. 13.155/2015 passará a observar a regulamentação implementada por esta Consolidação no que se refere ao PEPT, ressalvados os planos já em vigor, vedada a renovação sem a devida readequação.
•• § 2.º acrescentado pelo Provimento n. 1, de 19-8-2022.

§ 3.º Os planos já aprovados de acordo com a regulamentação anterior em que não seja necessária readequação poderão ser revistos a qualquer tempo, a requerimento do devedor, competindo ao Tribunal Pleno ou Órgão Especial deliberar acerca do acolhimento, ou não, do pleito de revisão.

•• § 3.º acrescentado pelo Provimento n. 1, de 19-8-2022.

§ 4.º Os casos omissos na presente Consolidação, inclusive a disposição do concurso de credores para implementação do RCE previsto no art. 13, I, da Lei n. 14.193/2021, deverão ser objeto de regulamentação em cada Tribunal Regional.

•• § 4.º acrescentado pelo Provimento n. 1, de 19-8-2022.

SEÇÃO XI
Execução Provisória

Art. 161. Até que seja desenvolvido fluxo específico no Sistema PJe em uso na Justiça do Trabalho, a execução provisória tramitará na classe Cumprimento Provisório de Sentença "CumPrSe" (157).

•• Artigo com redação determinada pelo Provimento n. 2, de 28-7-2021.

Art. 162. Havendo trânsito em julgado da decisão exequenda, a Secretaria da Vara do Trabalho anexará, aos autos do processo autuado na classe Cumprimento Provisório de Sentença (CumPrSe) ou nos remanescentes de Execução Provisória em Autos Suplementares (ExProvAS), os arquivos eletrônicos relativos às peças inéditas dos autos principais para o processamento da execução definitiva, retificando-se a autuação para classe processual Cumprimento de Sentença "CumSen" (156) e registrando-se o movimento "50072 – Convertida a execução provisória em definitiva".

•• *Caput* com redação determinada pelo Provimento n. 2, de 28-7-2021.

Parágrafo único. Na hipótese do *caput*, deve haver arquivamento definitivo do processo "principal".

•• Parágrafo único acrescentado pelo Provimento n. 2, de 28-7-2021.

SEÇÃO XII
Contribuições Sociais – Reclamação Trabalhista ajuizada Contra Massa Falida

Art. 163. Nas reclamações trabalhistas ajuizadas contra massa falida, apurados os valores devidos a título de contribuições sociais, será expedida certidão de habilitação de crédito previdenciário, que deverá conter:

I – indicação da vara do trabalho;
II – número do processo;
III – identificação das partes, com a informação dos números do CPF e CNPJ;
IV – valores devidos a título de contribuições sociais, discriminando-se os relativos à cota do empregado e do empregador;
V – data de atualização dos cálculos;
VI – indicação da vara em que tramita o processo alimentar;
VII – número do processo falimentar;
VIII – identificação e endereço do síndico ou administrador judicial.

Art. 164. À certidão de que trata o artigo anterior será anexada cópia dos seguintes documentos:

I – petição inicial;
II – acordo ou sentença e decisão proferida pelo Tribunal Regional do Trabalho ou pelo Tribunal Superior do Trabalho;
III – certidão de trânsito em julgado ou do decurso do prazo para recurso;
IV – cálculos de liquidação da sentença homologados pelo juiz do trabalho;
V – decisão homologatória dos cálculos de liquidação da sentença;
VI – outros que o juiz do trabalho considerar necessários.

Parágrafo único. As cópias serão autenticadas pelas secretarias das varas do trabalho, sem prejuízo do que autoriza o art. 830 da CLT.

Art. 165. A certidão de habilitação de crédito previdenciário e os documentos que a instruem serão enviados, por ofício, ao administrador judicial do processo de falência, dando-se ciência do ato ao representante judicial da União.

SEÇÃO XII
Intervenção nos Estados-Membros e Municípios

Art. 166. Os presidentes dos tribunais regionais do trabalho fundamentarão os pedidos de intervenção dirigidos ao Supremo Tribunal Federal e aos tribunais de justiça dos estados, justificando a necessidade da adoção da medida excepcional.

Parágrafo único. A intervenção deverá ser requerida pelo credor do estado-membro ou do município.

Art. 167. O pedido de intervenção em estado-membro será encaminhado ao Supremo Tribunal Federal por intermédio da Corregedoria-Geral da Justiça do Trabalho, enquanto o requerimento de intervenção em município será remetido diretamente ao tribunal de justiça local pelo presidente do Tribunal Regional do Trabalho.

Art. 168. O pedido de intervenção em estado-membro ou em município será instruído com as seguintes peças:

I – petição do credor, dirigida ao presidente do Tribunal Regional do Trabalho, requerendo o encaminhamento do pedido de intervenção ao Supremo Tribunal Federal ou ao tribunal de justiça local, conforme o caso;
II – impugnação do ente público, quando houver;
III – manifestação do órgão do Ministério Público que atua perante o Tribunal Regional do Trabalho;
IV – decisão fundamentada do presidente do Tribunal Regional do Trabalho admitindo o encaminhamento do pedido de intervenção;
V – ofício requisitório que possibilite a verificação da data de expedição do precatório e o ano de sua inclusão no orçamento.

Capítulo VII
NORMAS PROCEDIMENTAIS ADMINISTRATIVAS

SEÇÃO I
Acesso à Consulta Pública do PJe

Art. 169. Os tribunais regionais do trabalho disponibilizarão em local de destaque, nos respectivos sítios na rede mundial de computadores, acesso à consulta pública do PJe-JT, para verificar a autenticidade de documentos extraídos dos autos digitais, na forma expressa na Resolução n. 185/2017 do CSJT.

SEÇÃO II
Informações Estatísticas Sistema de Gerenciamento de Informações Administrativas e Judiciárias da Justiça do Trabalho – e-Gestão

Art. 170. O Sistema de Gerenciamento de Informações Administrativas e Judiciárias da Justiça do Trabalho – e-Gestão é ferramenta eletrônica de apoio destinada a disponibilizar aos usuários acesso às informações relativas à estrutura administrativa e ao exercício da atividade judiciária dos órgãos do Judiciário do Trabalho de 1.º e 2.º graus.

Art. 171. O controle estatístico-processual do movimento judiciário e da atuação jurisdicional dos 1.º e 2.º graus da Justiça do Trabalho, por seus órgãos e juízes, de interesse da Corregedoria-Geral da Justiça do Trabalho, será realizado mediante as informações disponibilizadas no Sistema e-Gestão.

Art. 172. O Sistema e-Gestão é regido pelos princípios da obrigatoriedade e da presunção da veracidade das informações disponibilizadas.

Parágrafo único. É de responsabilidade dos presidentes dos tribunais regionais do trabalho a fidedignidade das informações estatísticas disponibilizadas no Sistema e-Gestão.

Art. 173. O Sistema e-Gestão será administrado pela Corregedoria-Geral da Justiça do Trabalho, assessorada pelo Comitê Gestor Nacional.

§ 1.º As atribuições e composição do Comitê Gestor Nacional serão instituídas por ato da Corregedoria-Geral da Justiça do Trabalho.

§ 2.º As comunicações com o grupo técnico gte-Gestão deverão ser feitas por meio do *software* Jira, mantido pelo Tribunal Superior do Trabalho.

Art. 174. Os presidentes dos tribunais regionais do trabalho deverão instituir comitês gestores regionais para receberem as orientações do Comitê Gestor Nacional quanto às regras para a coleta e disponibilização das informações, as quais serão repassadas aos respectivos tribunais regionais do trabalho e varas do trabalho da região.

§ 1.º O comitê gestor regional do sistema e-Gestão será coordenado preferencialmente por desembargador e deverá ter composição multidisciplinar, contando com pelo menos um juiz de 1.º grau e por servidores afeitos às áreas de tecnologia da informação, de estatística, de pessoal e de negócio judicial de 1.º e 2.º graus.

§ 2.º O Comitê Regional reunir-se-á mensalmente para, entre outras ações, corrigir eventuais inconsistências nos dados remetidos ao TST, retratadas nos relatórios da pasta denominada "Relatórios de Detalhamento de Erros" do Sistema e-Gestão, e encaminhará ao Comitê Gestor Nacional do Sistema e-Gestão a respectiva ata.

Art. 175. As informações disponibilizadas no Sistema e-Gestão pelos tribunais regionais do trabalho e as varas do trabalho deverão observar os modelos previamente aprovados pelo Ministro Corregedor-Geral da Justiça do Trabalho.

§ 1.º As informações relativas ao Sistema e-Gestão deverão ser disponibilizadas por meio de remessas de dados, conforme descrito nos manuais de orientação de 1.º e 2.º graus, diariamente e mensalmente, até o dia 15 (quinze) do mês seguinte ao da realização das atividades.

§ 2.º Os erros materiais porventura existentes nas informações disponibilizadas mensalmente no Sistema e-Gestão poderão ser corrigidos até 1.º de março do ano subsequente ao ano de referência das informações.

§ 3.º Serão consideradas oficiais as remessas de dados enviadas mensalmente pelos tribunais regionais do trabalho.

§ 4.º A obrigatoriedade de remessa diária não se aplica aos dados

Art. 176. O Manual do Usuário com o detalhamento das funcionalidades do Sistema e-Gestão e os Manuais de Orientações dos 1.º e 2.º graus serão disponibilizados na página de acesso ao sistema.

Art. 177. São usuários do Sistema e-Gestão os magistrados e servidores da Justiça do Trabalho.

§ 1.º O acesso ao sistema será feito pela Internet para usuários credenciados.

§ 2.º A autorização será concedida mediante solicitação de credenciamento à Corregedoria-Geral ou ao Coordenador do Comitê Gestor Regional, conforme o caso.

Art. 178. A Coordenadoria de Estatística e Pesquisa do Tribunal Superior do Trabalho terá a atribuição de elaborar e disponibilizar os relatórios estatísticos oficiais, para fins de inspeção e correição permanentes, conforme modelos previamente estabelecidos pelo Ministro Corregedor-Geral da Justiça do Trabalho. Parágrafo único. O grupo técnico gte-Gestão definirá os relatórios a serem disponibilizados para consulta aos usuários do sistema.

Art. 179. Os presidentes dos tribunais regionais do trabalho, para os efeitos do art. 37 da Lei Complementar n. 35/79 – LOMAN – publicarão, mensalmente, até o dia 20 (vinte) do mês subsequente ao de apuração, os dados estatísticos sobre os trabalhos do tribunal no mês anterior, de acordo com modelo previamente aprovado pelo Ministro Corregedor-Geral da Justiça do Trabalho.

Art. 180. Os tribunais regionais do trabalho divulgarão, em local de destaque de seus respectivos sites na rede mundial de computadores, os relatórios de produção mensal dos órgãos judiciais e magistrados de 1.º e de 2.º graus.

§ 1.º Os relatórios, em formato .pdf, serão extraídos do sistema e-Gestão e disponibilizados mediante links a partir de banner próprio de cada tribunal regional, intitulado "Produção dos Magistrados".

§ 2.º Os relatórios de que trata o parágrafo anterior serão os disponíveis nas subpastas "Transparência" e "Produção" do sistema e-Gestão, sendo:

I – Para o 1.º grau:

a) Varas do trabalho – conhecimento;
b) Varas do trabalho – execução;
c) Juízes – conhecimento;
d) Juízes – execução.

II – Para o 2.º grau:

a) Tribunal;
b) Magistrados.

§ 3.º Os relatórios deverão estar disponíveis, mensalmente, no decorrer do mês subsequente àquele em referência, devendo ser mantidos os anteriores, organizados por ano e mês.

Título III
DISPOSIÇÕES FINAIS E TRANSITÓRIAS

Capítulo I
DISPOSIÇÕES TRANSITÓRIAS

SEÇÃO I
Migração de Processos para o PJe

Art. 181. A migração disciplinada no art. 41 será procedida conforme Plano e Cronograma a ser apresentado à Corregedoria-Geral da Justiça do Trabalho pelos tribunais regionais do trabalho, a ser executado até o fim de dezembro de 2019.

•• O Ato n. 12, de 15-5-2020, do TST, prorroga até 30 de junho de 2020 o prazo estabelecido neste artigo, assegurando-se a outorga do Selo "100% PJe" aos Tribunais Regionais do Trabalho que até essa data promoverem a migração integral de seu acervo para o sistema PJe.

Art. 182. Fica instituído o Selo "100% PJe", a ser outorgado aos tribunais que promoverem a migração integral de seu acervo para o sistema PJe.

§ 1.º O selo será outorgado por ato do Corregedor-Geral da Justiça do Trabalho, após a apuração do cumprimento integral da meta de migração.

§ 2.º A outorga do selo será representada pela atribuição de logomarca eletrônica, que poderá ser exibida nos respectivos sítios eletrônicos dos Tribunais.

Art. 183. A evolução dos Tribunais na migração do acervo de processos legados para o PJe será divulgada no sítio da Corregedoria-Geral da Justiça do Trabalho, com atualização mensal.

Art. 184. A execução provisória de condenações oriundas de autos físicos será processada mediante a migração estabelecida nesta Consolidação, com o uso da classe ExProvAS, com registro do processo principal de referência.

SEÇÃO II
Procedimentos em Autos Físicos Remanescentes

Art. 185. Para que todas as folhas dos autos do processo apresentem a mesma dimensão, os documentos de tamanho irregular serão previamente afixados em folha de papel proporcional aos autos.

Art. 186. As folhas serão numeradas em sequência, vedando-se a prática de repetir o número da folha anterior acrescido de letra do alfabeto.

Art. 187. As folhas em branco de autos do processo serão inutilizadas mediante o registro dos dizeres "EM BRANCO", provendo-se a identificação do serventuário que o tiver lançado.

Art. 188. Sempre que os autos do processo atingirem cerca de 200 (duzentas) folhas, será aberto novo volume.

Parágrafo único. Na abertura do novo volume, não haverá desmembramento de petição nem de atos processuais.

Art. 189. A capa do volume de autos do processo não será numerada, iniciando-se a numeração das folhas do volume recém-aberto a partir da última folha do volume imediatamente anterior.

Art. 190. As fotocópias de acórdãos expedidas pelos serviços competentes dos tribunais regionais do trabalho conterão a indispensável autenticação.

§ 1.º Autenticada a cópia, a fotocópia que se extrair dessa peça também deverá estar autenticada.

§ 2.º As cópias reprográficas, xerográficas e similares de peças processuais poderão ser autenticadas por chancela mecânica, indicativa do órgão emitente, servidor responsável, cargo e data, sendo desnecessária a existência de rubrica nas referidas peças processuais.

Art. 191. O documento em cópia oferecido para prova poderá ser declarado autêntico pelo patrono da parte, sob sua responsabilidade pessoal, na forma do art. 830 da CLT.

Art. 192. Juntamente com o andamento do processo, os tribunais regionais do trabalho disponibilizarão, na Internet, o inteiro teor dos despachos, decisões e sentenças proferidas nos autos e as datas em que foram divulgados na imprensa oficial, nos termos da Resolução CNJ n. 121/2010.

Capítulo II
DISPOSIÇÕES FINAIS

Art. 193. O Corregedor-Geral da Justiça do Trabalho promoverá a revisão periódica e a atualização da presente consolidação, mediante a integração dos provimentos, recomendações e demais atos da Corregedoria-Geral.

Parágrafo único. O processo de atualização e revisão da presente consolidação observará as regras previstas da Lei Complementar n. 95/1998, preservando-se a redação original dos dispositivos alterados.

Art. 194. Esta Consolidação dos Provimentos entrará em vigor na data da sua publicação.

Art. 195. Ficam revogadas as disposições em contrário, em especial os seguintes atos:

I – Provimentos CGJT de n. 03, de 1973; 05, de 1975; 02, de 1984; 01, de 1996; 01, de 1999; 02, de 1999; 05, de 1999; 01, de 2001; 02, de 2001; 03, de 2002; 05 de 2002; 07, de 2002; 01 de 2004; 02, de 2008; 01, de 2009; 01, de 2012; 02, de 2012; 01, de 2013; 01, de 2014; 02, de 2014; 03, de 2014; 01, de 2015; 02, de 2015; 03, de 2015; 01, de 2018; 02, de 2018; 03, de 2018; 04, de 2018; 01, de 2019 e 02 de 2019;

II – Recomendações CGJT de n. 02, de 2014; 01, de 2016; 01 de 2017; e 02 e 05, de 2019;

III – Consolidação dos Provimentos da Corregedoria-Geral da Justiça do Trabalho, de 23 de fevereiro de 2016.

Brasília, 19 de dezembro de 2019.

Lelio Bentes Corrêa

DECRETO N. 10.229, DE 5 DE FEVEREIRO DE 2020 (*)

Regulamenta o direito de desenvolver, executar, operar ou comercializar produto ou serviço em desacordo com a norma técnica desatualizada de que trata o inciso VI do *caput* do art. 3.º da Lei n. 13.874, de 20 de setembro de 2019.

O Presidente da República, no uso da atribuição que lhe confere o art. 84, *caput*, inciso IV, da Constituição, e tendo em vista o disposto no art. 3.º, *caput*, inciso VI, da Lei n. 13.874, de 20 de setembro de 2019, decreta:

Objeto

Art. 1.º Este Decreto regulamenta os requisitos para aferição da situação concreta, os procedimentos, o momento e as condições dos efeitos dos requerimentos para desenvolver, executar, operar ou comercializar novas modalidades de produtos e de serviços quando as normas infralegais se tornarem desatualizadas por força de desenvolvimento tecnológico consolidado internacionalmente.

Âmbito de aplicação

Art. 2.º O disposto neste Decreto se aplica à administração pública direta, autárquica e fundacional da União, dos Estados, do Distrito Federal e dos Municípios, nos termos previstos no § 4.º do art. 1.º da Lei n. 13.874, de 20 de setembro de 2019.

Parágrafo único. O disposto neste Decreto:

I – não poderá ser invocado para questionar normas aprovadas pelo Poder Legislativo ou pelo Chefe do Poder Executivo; e

II – não se caracteriza como ato público de liberação da atividade econômica de que trata a Lei n. 13.874, de 2019.

Direito estabelecido

Art. 3.º É direito de toda pessoa, natural ou jurídica, desenvolver, executar, operar ou comercializar novas modalidades de produtos e de serviços quando as normas infralegais se tornarem desatualizadas por força de desenvolvimento tecnológico consolidado internacionalmente, desde que não restringido em lei e que observe o seguinte:

I – na hipótese de existir norma infralegal vigente que restrinja o exercício integral do direito, o particular poderá fazer uso do procedimento disposto nos art. 4.º ao art. 8.º; e

II – na hipótese de inexistir restrição em ato normativo, a administração pública respeitará o pleno exercício do direito de que trata este artigo.

Parágrafo único. Para os fins do disposto no inciso II do *caput*, em casos de dúvida, interpreta-se a norma em favor do particular de boa-fé, nos termos do disposto no § 2.º do art. 1.º e no inciso V do *caput* do art. 3.º da Lei n. 13.874, de 2019.

Legitimidade ativa

Art. 4.º A legitimidade para requerer a revisão da norma de que trata o inciso I do *caput* do art. 3.º é de qualquer pessoa que explore ou que tenha interesse de explorar atividade econômica afetada pela norma questionada.

Legitimidade passiva

Art. 5.º A legitimidade para receber e processar requerimentos de revisão de normas desatualizadas é do órgão ou da entidade responsável pela edição de norma sobre a matéria.

Instrução do pedido

Art. 6.º O processo de solicitação do exercício do direito de que trata o inciso I do *caput* do art. 3.º será instaurado por meio do encaminhamento de requerimento inicial endereçado ao órgão ou à entidade competente, e conterá:

I – a identificação do requerente;

II – a identificação da norma interna desatualizada e da norma que tem sido utilizada internacionalmente; e

III – a comparação da norma interna com a norma internacional, na qual deverá ser demonstrada análise de conveniência e oportunidade de adoção da norma internacional.

Parágrafo único. Para fins do disposto nos incisos II e III do *caput*, somente serão aceitas como normas utilizadas internacionalmente aquelas oriundas da:

I – Organização Internacional de Normalização – ISO;

II – Comissão Eletrotécnica Internacional – IEC;

III – Comissão do Codex Alimentarius;

IV – União Internacional de Telecomunicações – UIT; e

V – Organização Internacional de Metrologia Legal – OIML.

Prazo para manifestação

Art. 7.º O prazo para manifestação do órgão ou da entidade sobre o pedido de revisão da norma desatualizada é de seis meses.

(*) Publicado no *DOU*, de 6-2-2020.

§ 1.º O prazo de que trata o *caput* ficará suspenso por eventual intimação do órgão ou da entidade para complementação da instrução, vedada a suspensão na hipótese de segundo pedido de complementação.

§ 2.º Até o fim do prazo de que trata o *caput*, o órgão ou a entidade fica obrigado a decidir pelo:

I – não conhecimento do requerimento;

II – indeferimento do requerimento; ou

III – deferimento do requerimento, total ou parcial, com a edição de norma técnica com o conteúdo internacionalmente aceito.

§ 3.º Também se considera deferimento, para os fins do disposto no inciso III do § 2.º, a revogação da norma interna desatualizada.

§ 4.º Nas hipóteses de que trata o inciso III do § 2.º ou o § 3.º, o prazo para publicação do ato é de um mês, contado da data da decisão.

Descumprimento dos prazos

Art. 8.º O requerente poderá optar por cumprir a norma utilizada internacionalmente em detrimento da norma interna apontada como desatualizada se:

I – complementar a instrução do pedido de que trata o art. 7.º com declaração, em instrumento público, de responsabilidade:

a) objetiva e irrestrita por quaisquer danos, perante entes públicos ou particulares, advindos da exploração da atividade econômica; e

b) por quaisquer gastos ou obrigações decorrentes do encerramento da atividade econômica por força de rejeição posterior do pedido de revisão da norma apontada como desatualizada; e

II – o órgão ou a entidade pública não:

a) se manifestar na forma prevista nos § 2.º ao § 4.º do art. 7.º nos prazos estabelecidos; e

b) rejeitar, de modo fundamentado, no prazo de seis meses, contado da data do pedido, a pretensão de afastamento da norma interna apontada como desatualizada.

Parágrafo único. Ressalvado o disposto no *caput*, o descumprimento dos prazos previstos no art. 7.º pelo órgão ou pela entidade não legitima o descumprimento da norma vigente.

Vigência

Art. 9.º Este Decreto entra em vigor em 6 de julho de 2020.

•• Artigo com redação determinada pelo Decreto n. 10.310, de 2-4-2020.

Brasília, 5 de fevereiro de 2020; 199.º da Independência e 132.º da República.

JAIR MESSIAS BOLSONARO

LEI N. 13.979, DE 6 DE FEVEREIRO DE 2020 (*)

Dispõe sobre as medidas para enfrentamento da emergência de saúde pública de importância internacional decorrente do coronavírus responsável pelo surto de 2019.

O Presidente da República

(*) Publicada no *Diário Oficial da União*, de 7-2-2020. Regulamentada pelo Decreto n. 10.288, de 22-3-2020. O STF, nas sessões virtuais de 2-10-2020 a 9-10-2020 (*DOU* de 26-10-2020), julgou procedente a ADPF n. 672, "reconhecendo e assegurando o exercício da competência concorrente dos Estados, Distrito Federal e Municípios (...) para a adoção ou manutenção de medidas restritivas legalmente permitidas durante a pandemia, tais como, a imposição de distanciamento/isolamento social, quarentena, suspensão de atividades de ensino, restrições de comércio, atividades culturais e à circulação de pessoas, entre outras, sem prejuízo da competência geral da União (...) ressaltando-se (...) que a validade formal e material de cada ato normativo específico (...) poderá ser analisada individualmente".

Faço saber que o Congresso Nacional decreta e eu sanciono a seguinte Lei:

Art. 1.º Esta Lei dispõe sobre as medidas que poderão ser adotadas para enfrentamento da emergência de saúde pública de importância internacional decorrente do coronavírus responsável pelo surto de 2019.

§ 1.º As medidas estabelecidas nesta Lei objetivam a proteção da coletividade.

§ 2.º Ato do Ministro de Estado da Saúde disporá sobre a duração da situação de emergência de saúde pública de que trata esta Lei.

§ 3.º O prazo de que trata o § 2.º deste artigo não poderá ser superior ao declarado pela Organização Mundial de Saúde.

Art. 2.º Para fins do disposto nesta Lei, considera-se:

I – isolamento: separação de pessoas doentes ou contaminadas, ou de bagagens, meios de transporte, mercadorias ou encomendas postais afetadas, de outros, de maneira a evitar a contaminação ou a propagação do coronavírus; e

II – quarentena: restrição de atividades ou separação de pessoas suspeitas de contaminação das pessoas que não estejam doentes, ou de bagagens, contêineres, animais, meios de transporte ou mercadorias suspeitos de contaminação, de maneira a evitar a possível contaminação ou a propagação do coronavírus.

Parágrafo único. As definições estabelecidas pelo Artigo 1 do Regulamento Sanitário Internacional, constante do Anexo ao Decreto n. 10.212, de 30 de janeiro de 2020, aplicam-se ao disposto nesta Lei, no que couber.

Art. 3.º Para enfrentamento da emergência de saúde pública de importância internacional de que trata esta Lei, as autoridades poderão adotar, no âmbito de suas competências, entre outras, as seguintes medidas:

•• *Caput* com redação determinada pela Lei n. 14.035, de 11-8-2020.

I – isolamento;

II – quarentena;

III – determinação de realização compulsória de:

a) exames médicos;

b) testes laboratoriais;

c) coleta de amostras clínicas;

d) vacinação e outras medidas profiláticas; ou

•• O STF, nas ADIs 6.586 e 6.587, na sessão virtual de 17-12-2020 (*DOU* de 8-2-2021), julgou parcialmente procedente o pedido da ação, para conferir interpretação conforme à Constituição a esta alínea *d*, nos termos do voto do Relator e da seguinte tese de julgamento: "(I) A vacinação compulsória não significa vacinação forçada, porquanto facultada sempre a recusa do usuário, podendo, contudo, ser implementada por meio de medidas indiretas, as quais compreendem, dentre outras, a restrição ao exercício de certas atividades ou à frequência de determinados lugares, desde que previstas em lei, ou dela decorrentes, e (i) tenham como base evidências científicas e análises estratégicas pertinentes, (ii) venham acompanhadas de ampla informação sobre a eficácia, segurança e contraindicações dos imunizantes, (iii) respeitem a dignidade humana e os direitos fundamentais das pessoas, (iv) atendam aos critérios de razoabilidade e proporcionalidade e (v) sejam as vacinas distribuídas universal e gratuitamente; e (II) tais medidas, com as limitações acima expostas, podem ser implementados tanto pela União como pelos Estados, Distrito Federal e Municípios, respeitadas as respectivas esferas de competência".

e) tratamentos médicos específicos;

III-A – uso obrigatório de máscaras de proteção individual;

•• Inciso III-A acrescentado pela Lei n. 14.019, de 2-7-2020.

IV – estudo ou investigação epidemiológica;

V – exumação, necropsia, cremação e manejo de cadáver;

VI – restrição excepcional e temporária, por rodovias, portos ou aeroportos, de:

•• Inciso VI, *caput*, com redação determinada pela Lei n. 14.035, de 11-8-2020.

a) entrada e saída do País; e

•• Alínea *a* acrescentada pela Lei n. 14.035, de 11-8-2020.

•• A Portaria Interministerial n. 666, de 20-1-2022, da Casa Civil, dispõe sobre restrições, medidas e requisitos excepcionais e temporários para entrada no País de viajantes de procedência internacional, brasileiro ou estrangeiro, em decorrência dos riscos de contaminação e disseminação do coronavírus.

b) locomoção interestadual e intermunicipal;

•• Alínea *b* acrescentada pela Lei n. 14.035, de 11-8-2020.
•• O STF, por maioria, concedeu parcialmente a cautelar na ADI n. 6.343 para "i) suspender parcialmente, sem redução de texto, o disposto no art. 3.º, VI, *b*, e §§ 6.º e 7.º, II, a fim de excluir estados e municípios da necessidade de autorização ou observância ao ente federal; e ii) conferir interpretação conforme aos referidos dispositivos no sentido de que as medidas neles previstas devem ser precedidas de recomendação técnica e fundamentada, devendo ainda ser resguardada a locomoção dos produtos e serviços essenciais definidos por decreto da respectiva autoridade federativa, sempre respeitadas as definições no âmbito da competência constitucional de cada ente federativo", na sessão de 6-5-2020, realizada inteiramente por videoconferência (*DOU* de 3-6-2020).

VII - requisição de bens e serviços de pessoas naturais e jurídicas, hipótese em que será garantido o pagamento posterior de indenização justa; e

VIII - autorização excepcional e temporária para a importação e distribuição de quaisquer materiais, medicamentos, equipamentos e insumos da área de saúde sujeitos à vigilância sanitária sem registro na Anvisa considerados essenciais para auxiliar no combate à pandemia do coronavírus, desde que:
•• Inciso VIII, *caput*, com redação determinada pela Lei n. 14.006, de 28-5-2020.

a) registrados por pelo menos 1 (uma) das seguintes autoridades sanitárias estrangeiras e autorizados à distribuição comercial em seus respectivos países:
•• Alínea *a*, *caput*, com redação determinada pela Lei n. 14.006, de 28-5-2020.

1. Food and Drug Administration (FDA);
•• Item 1 acrescentado pela Lei n. 14.006, de 28-5-2020.

2. European Medicines Agency (EMA);
•• Item 2 acrescentado pela Lei n. 14.006, de 28-5-2020.

3. Pharmaceuticals and Medical Devices Agency (PMDA);
•• Item 3 acrescentado pela Lei n. 14.006, de 28-5-2020.

4. National Medical Products Administration (NMPA);
•• Item 4 acrescentado pela Lei n. 14.006, de 28-5-2020.

b) (*Revogada pela Lei n. 14.006, de 28-5-2020.*)

§ 1.º As medidas previstas neste artigo somente poderão ser determinadas com base em evidências científicas e em análises sobre as informações estratégicas em saúde e deverão ser limitadas no tempo e no espaço ao mínimo indispensável à promoção e à preservação da saúde pública.

§ 2.º Ficam assegurados às pessoas afetadas pelas medidas previstas neste artigo:

I - o direito de serem informadas permanentemente sobre o seu estado de saúde e a assistência à família conforme regulamento;

II - o direito de receberem tratamento gratuito;

III - o pleno respeito à dignidade, aos direitos humanos e às liberdades fundamentais das pessoas, conforme preconiza o Artigo 3 do Regulamento Sanitário Internacional, constante do Anexo ao Decreto n. 10.212, de 30 de janeiro de 2020.

§ 3.º Será considerado falta justificada ao serviço público ou à atividade laboral privada o período de ausência decorrente das medidas previstas neste artigo.

§ 4.º As pessoas deverão sujeitar-se ao cumprimento das medidas previstas neste artigo, e o descumprimento delas acarretará responsabilização, nos termos previstos em lei.

§ 5.º Ato do Ministro de Estado da Saúde:

I - disporá sobre as condições e os prazos aplicáveis às medidas previstas nos incisos I e II do *caput* deste artigo; e

II - (*Revogado pela Lei n. 14.006, de 28-5-2020.*)

§ 6.º Ato conjunto dos Ministros de Estado da Saúde, da Justiça e Segurança Pública e da Infraestrutura disporá sobre as medidas previstas no inciso VI do *caput* deste artigo, observado o disposto no inciso I do § 6.º-B deste artigo.
•• § 6.º com redação determinada pela Lei n. 14.035, de 11-8-2020.
•• O STF, por maioria, concedeu parcialmente a cautelar na ADI n. 6.343 para "i) suspender parcialmente, sem redução de texto, o disposto no art. 3.º, VI, *b*, e §§ 6.º e 7.º, II, a fim de excluir estados e municípios da necessidade de autorização ou observância ao ente federal; e ii) conferir interpretação conforme aos referidos dispositivos no sentido de que as medidas neles previstas devem ser precedidas de recomendação técnica e fundamentada, devendo ainda ser resguardada a locomoção dos produtos e serviços essenciais definidos por decreto da respectiva autoridade federativa, sempre respeitadas as definições no âmbito da competência constitucional de cada ente federativo", na sessão de 6-5-2020, realizada inteiramente por videoconferência (*DOU* de 3-6-2020).

§ 6.º-B. As medidas previstas no inciso VI do *caput* deste artigo deverão ser precedidas de recomendação técnica e fundamentada:
•• § 6.º-B, *caput*, acrescentado pela Lei n. 14.035, de 11-8-2020.
•• Numeração do parágrafo conforme publicação oficial.

I - da Agência Nacional de Vigilância Sanitária (Anvisa), em relação à entrada e saída do País e à locomoção interestadual; ou
•• Inciso I acrescentado pela Lei n. 14.035, de 11-8-2020.

II - do respectivo órgão estadual de vigilância sanitária, em relação locomoção intermunicipal.
•• Inciso II acrescentado pela Lei n. 14.035, de 11-8-2020.

§ 6.º-C. (*Vetado.*)
•• § 6.º-C acrescentado pela Lei n. 14.035, de 11-8-2020.
•• Numeração do parágrafo conforme publicação oficial.

§ 6.º-D. (*Vetado.*)
•• § 6.º-D acrescentado pela Lei n. 14.035, de 11-8-2020.
•• Numeração do parágrafo conforme publicação oficial.

§ 7.º As medidas previstas neste artigo poderão ser adotadas:

I - pelo Ministério da Saúde, exceto a constante do inciso VIII do *caput* deste artigo;
•• Inciso I com redação determinada pela Lei n. 14.006, de 28-5-2020.

II - pelos gestores locais de saúde, desde que autorizados pelo Ministério da Saúde, nas hipóteses dos incisos I, II, III-A, V e VI do *caput* deste artigo;
•• Inciso II com redação determinada pela Lei n. 14.035, de 11-8-2020.
•• O STF, por maioria, concedeu parcialmente a cautelar na ADI n. 6.343 para "i) suspender parcialmente, sem redução de texto, o disposto no art. 3.º, VI, *b*, e §§ 6.º e 7.º, II, a fim de excluir estados e municípios da necessidade de autorização ou observância ao ente federal; e ii) conferir interpretação conforme aos referidos dispositivos no sentido de que as medidas neles previstas devem ser precedidas de recomendação técnica e fundamentada, devendo ainda ser resguardada a locomoção dos produtos e serviços essenciais definidos por decreto da respectiva autoridade federativa, sempre respeitadas as definições no âmbito da competência constitucional de cada ente federativo", na sessão de 6-5-2020, realizada inteiramente por videoconferência (*DOU* de 3-6-2020).

III - pelos gestores locais de saúde, nas hipóteses dos incisos III, IV e VII do *caput* deste artigo;

IV - pela Anvisa, na hipótese do inciso VIII do *caput* deste artigo.
•• Inciso IV acrescentado pela Lei n. 14.006, de 28-5-2020.

§ 7.º-A. A autorização de que trata o inciso VIII do *caput* deste artigo deverá ser concedida pela Anvisa em até 72 (setenta e duas) horas após a submissão do pedido à Agência, dispensada a autorização de qualquer outro órgão da administração pública direta ou indireta para os produtos que especifica, sendo concedida automaticamente caso esgotado o prazo sem manifestação.
•• § 7.º-A acrescentado pela Lei n. 14.006, de 28-5-2020, originariamente vetado, todavia promulgado em 27-8-2020.

§ 7.º-B. O médico que prescrever ou ministrar medicamento cuja importação ou distribuição tenha sido autorizada na forma do inciso VIII do *caput* deste artigo deverá informar ao paciente ou ao seu representante legal que o produto ainda não tem registro na Anvisa e foi liberado por ter sido registrado por autoridade sanitária estrangeira.
•• § 7.º-B acrescentado pela Lei n. 14.006, de 28-5-2020.

§ 7.º-C. Os serviços públicos e atividades essenciais, cujo funcionamento deverá ser resguardado quando adotadas as medidas previstas neste artigo, incluem os relacionados ao atendimento a mulheres em situação de violência doméstica e familiar, nos termos da Lei n. 11.340, de 7 de agosto de 2006, a crianças, a adolescentes, a pessoas idosas e a pessoas com deficiência vítimas de crimes tipificados na Lei n. 8.069, de 13 de julho de 1990 (Estatuto da Criança e do Adolescente), na Lei n. 10.741, de 1.º de outubro de 2003 (Estatuto do Idoso), na Lei n. 13.146, de 6 de julho de 2015 (Estatuto da Pessoa com Deficiência), e no Decreto-lei n. 2.848, de 7 de dezembro de 1940 (Código Penal).
•• § 7.º-C acrescentado pela Lei n. 14.022, de 7-7-2020.

§ 8.º Na ausência da adoção de medidas de que trata o inciso II do § 7.º deste artigo, ou até sua superveniência, prevalecerão as determinações:

•• § 8.º, *caput*, acrescentado pela Lei n. 14.035, de 11-8-2020.

I – do Ministério da Saúde em relação aos incisos I, II, III, IV, V e VII do *caput* deste artigo; e

•• Inciso I acrescentado pela Lei n. 14.035, de 11-8-2020.

II – do ato conjunto de que trata o § 6.º em relação às medidas previstas no inciso VI do *caput* deste artigo.

•• Inciso II acrescentado pela Lei n. 14.035, de 11-8-2020.

§ 9.º A adoção das medidas previstas neste artigo deverá resguardar o abastecimento de produtos e o exercício e o funcionamento de serviços públicos e de atividades essenciais, assim definidos em decreto da respectiva autoridade federativa.

•• § 9.º acrescentado pela Lei n. 14.035, de 11-8-2020.

§ 10. As medidas a que se referem os incisos I, II e VI do *caput*, observado o disposto nos incisos I e II do § 6.º-B deste artigo, quando afetarem a execução de serviços públicos e de atividades essenciais, inclusive os regulados, concedidos ou autorizados, somente poderão ser adotadas em ato específico e desde que haja articulação prévia com o órgão regulador ou o poder concedente ou autorizador.

•• § 10 acrescentado pela Lei n. 14.035, de 11-8-2020.

§ 11. É vedada a restrição à ação de trabalhadores que possa afetar o funcionamento de serviços públicos e de atividades essenciais, definidos conforme previsto no § 9.º deste artigo, e as cargas de qualquer espécie que possam acarretar desabastecimento de gêneros necessários à população.

•• § 11 acrescentado pela Lei n. 14.035, de 11-8-2020.

Art. 3.º-A. É obrigatório manter boca e nariz cobertos por máscara de proteção individual, conforme a legislação sanitária e na forma de regulamentação estabelecida pelo Poder Executivo federal, para circulação em espaços públicos e privados acessíveis ao público, em vias públicas e em transportes públicos coletivos, bem como em:

•• *Caput* acrescentado pela Lei n. 14.019, de 2-7-2020.

I – veículos de transporte remunerado privado individual de passageiros por aplicativo ou por meio de táxis;

•• Inciso I acrescentado pela Lei n. 14.019, de 2-7-2020.

II – ônibus, aeronaves ou embarcações de uso coletivo fretados;

•• Inciso II acrescentado pela Lei n. 14.019, de 2-7-2020.

III – estabelecimentos comerciais e industriais, templos religiosos, estabelecimentos de ensino e demais locais fechados em que haja reunião de pessoas.

•• Inciso III acrescentado pela Lei n. 14.019, de 2-7-2020, originalmente vetado, todavia promulgado em 8-9-2020.

§ 1.º O descumprimento da obrigação prevista no *caput* deste artigo acarretará a imposição de multa definida e regulamentada pelo ente federado competente, devendo ser consideradas como circunstâncias agravantes na gradação da penalidade:

•• § 1.º, *caput*, acrescentado pela Lei n. 14.019, de 2-7-2020, originalmente vetado, todavia promulgado em 8-9-2020.

I – ser o infrator reincidente;

•• Inciso I acrescentado pela Lei n. 14.019, de 2-7-2020, originalmente vetado, todavia promulgado em 8-9-2020.

II – ter a infração ocorrido em ambiente fechado.

•• Inciso II acrescentado pela Lei n. 14.019, de 2-7-2020, originalmente vetado, todavia promulgado em 8-9-2020.

§ 2.º A definição e a regulamentação referidas no § 1.º deste artigo serão efetuadas por decreto ou por ato administrativo do respectivo Poder Executivo, que estabelecerá as autoridades responsáveis pela fiscalização da obrigação prevista no *caput* e pelo recolhimento da multa prevista no § 1.º deste artigo.

•• § 2.º acrescentado pela Lei n. 14.019, de 2-7-2020, originalmente vetado, todavia promulgado em 8-9-2020.

§ 3.º (*Vetado*.)

•• § 3.º acrescentado pela Lei n. 14.019, de 2-7-2020.

§ 4.º (*Vetado*.)

•• § 4.º acrescentado pela Lei n. 14.019, de 2-7-2020.

§ 5.º (*Vetado*.)

•• § 5.º acrescentado pela Lei n. 14.019, de 2-7-2020.

§ 6.º Em nenhuma hipótese será exigível a cobrança da multa pelo descumprimento da obrigação prevista no *caput* deste artigo às populações vulneráveis economicamente.

•• § 6.º acrescentado pela Lei n. 14.019, de 2-7-2020, originalmente vetado, todavia promulgado em 8-9-2020.

§ 7.º A obrigação prevista no *caput* deste artigo será dispensada no caso de pessoas com transtorno do espectro autista, com deficiência intelectual, com deficiências sensoriais ou com quaisquer outras deficiências que as impeçam de fazer o uso adequado de máscara de proteção facial, conforme declaração médica, que poderá ser obtida por meio digital, bem como no caso de crianças com menos de 3 (três) anos de idade.

•• § 7.º acrescentado pela Lei n. 14.019, de 2-7-2020.

§ 8.º As máscaras a que se refere o *caput* deste artigo podem ser artesanais ou industriais.

•• § 8.º acrescentado pela Lei n. 14.019, de 2-7-2020.

Art. 3.º-B. Os estabelecimentos em funcionamento durante a pandemia da Covid-19 são obrigados a fornecer gratuitamente a seus funcionários e colaboradores máscaras de proteção individual, ainda que de fabricação artesanal, sem prejuízo de outros equipamentos de proteção individual estabelecidos pelas normas de segurança e saúde do trabalho.

•• *Caput* acrescentado pela Lei n. 14.019, de 2-7-2020, originalmente vetado, todavia promulgado em 8-9-2020.

§ 1.º O descumprimento da obrigação prevista no *caput* deste artigo acarretará a imposição de multa definida e regulamentada pelos entes federados, observadas na gradação da penalidade:

•• § 1.º, *caput*, acrescentado pela Lei n. 14.019, de 2-7-2020, originalmente vetado, todavia promulgado em 8-9-2020.

I – a reincidência do infrator;

•• Inciso I acrescentado pela Lei n. 14.019, de 2-7-2020, originalmente vetado, todavia promulgado em 8-9-2020.

II – a ocorrência da infração em ambiente fechado, hipótese que será considerada como circunstância agravante;

•• Inciso II acrescentado pela Lei n. 14.019, de 2-7-2020, originalmente vetado, todavia promulgado em 8-9-2020.

III – a capacidade econômica do infrator.

•• Inciso III acrescentado pela Lei n. 14.019, de 2-7-2020, originalmente vetado, todavia promulgado em 8-9-2020.

§ 2.º O disposto no § 1.º deste artigo será regulamentado por decreto ou por ato administrativo do respectivo Poder Executivo, que estabelecerá as autoridades responsáveis pela fiscalização da obrigação prevista no *caput* e pelo recolhimento da multa prevista no § 1.º deste artigo.

•• § 2.º acrescentado pela Lei n. 14.019, de 2-7-2020, originalmente vetado, todavia promulgado em 8-9-2020.

§ 3.º (*Vetado*.)

•• § 3.º acrescentado pela Lei n. 14.019, de 2-7-2020.

§ 4.º (*Vetado*.)

•• § 4.º acrescentado pela Lei n. 14.019, de 2-7-2020.

§ 5.º Os órgãos, entidades e estabelecimentos a que se refere este artigo deverão afixar cartazes informativos sobre a forma de uso correto de máscaras e o número máximo de pessoas permitidas ao mesmo tempo dentro do estabelecimento, nos termos de regulamento.

•• § 5.º acrescentado pela Lei n. 14.019, de 2-7-2020.

•• O STF, por unanimidade, julgou procedentes as ADPFs n. 714, 715 e 718, a fim de que seja restabelecida a vigência deste § 5.º, nas sessões virtuais de 5-2-2021 a 12-2-2021 (*DOU* de 23-2-2021).

§ 6.º (*Vetado*.)

•• § 6.º acrescentado pela Lei n. 14.019, de 2-7-2020.

Art. 3.º-C. As multas previstas no § 1.º do art. 3.º-A e no § 1.º do art. 3.º-B desta Lei somente serão aplicadas na ausência de normas

estaduais ou municipais que estabeleçam multa com hipótese de incidência igual ou semelhante.
•• Artigo acrescentado pela Lei n. 14.019, de 2-7-2020, originalmente vetado, todavia promulgado em 8-9-2020.

Art. 3.º-D. Os valores recolhidos das multas previstas no § 1.º do art. 3.º-A e no § 1.º do art. 3.º-B desta Lei deverão ser utilizados obrigatoriamente em ações e serviços de saúde.
•• *Caput* acrescentado pela Lei n. 14.019, de 2-7-2020, originalmente vetado, todavia promulgado em 8-9-2020.

Parágrafo único. Os valores recolhidos deverão ser informados em portais de transparência ou, na falta destes, em outro meio de publicidade, para fins de prestação de contas.
•• Parágrafo único acrescentado pela Lei n. 14.019, de 2-7-2020, originalmente vetado, todavia promulgado em 8-9-2020.

Art. 3.º-E. É garantido o atendimento preferencial em estabelecimentos de saúde aos profissionais de saúde e aos profissionais da segurança pública, integrantes dos órgãos previstos no art. 144 da Constituição Federal, diagnosticados com a Covid-19, respeitados os protocolos nacionais de atendimento médico.
•• Artigo acrescentado pela Lei n. 14.019, de 2-7-2020.

Art. 3.º-F. É obrigatório o uso de máscaras de proteção individual nos estabelecimentos prisionais e nos estabelecimentos de cumprimento de medidas socioeducativas, observado o disposto no *caput* do art. 3.º-B desta Lei.
•• Artigo acrescentado Lei n. 14.019, de 2-7-2020.
•• O STF, por unanimidade, julgou procedentes as ADPFs n. 714, 715 e 718, a fim de que seja restabelecida a vigência deste § 5.º, nas sessões virtuais de 5-2-2021 a 12-2-2021 (*DOU* de 23-2-2021).

Art. 3.º-G. As concessionárias e empresas de transporte público deverão atuar em colaboração com o poder público na fiscalização do cumprimento das normas de utilização obrigatória de máscaras de proteção individual, podendo inclusive vedar, nos terminais e meios de transporte por elas operados, a entrada de passageiros em desacordo com as normas estabelecidas pelo respectivo poder concedente.
•• *Caput* acrescentado pela Lei n. 14.019, de 2-7-2020.

Parágrafo único. O poder público concedente regulamentará o disposto neste artigo, inclusive em relação ao estabelecimento de multas pelo seu descumprimento.
•• Parágrafo único acrescentado pela Lei n. 14.019, de 2-7-2020.

Art. 3.º-H. Os órgãos e entidades públicos, por si, por suas empresas, concessionárias ou permissionárias ou por qualquer outra forma de empreendimento, bem como o setor privado de bens e serviços, deverão adotar medidas de prevenção à proliferação de doenças, como a assepsia de locais de circulação de pessoas e do interior de veículos de toda natureza usados em serviço e a disponibilização aos usuários de produtos higienizantes e saneantes.
•• *Caput* acrescentado pela Lei n. 14.019, de 2-7-2020.

Parágrafo único. Incorrerá em multa, a ser definida e regulamentada pelo Poder Executivo do ente federado competente, o estabelecimento autorizado a funcionar durante a pandemia da Covid-19 que deixar de disponibilizar álcool em gel a 70% (setenta por cento) em locais próximos a suas entradas, elevadores e escadas rolantes.
•• Parágrafo único acrescentado pela Lei n. 14.019, de 2-7-2020, originalmente vetado, todavia promulgado em 8-9-2020.

Art. 3.º-I. (*Vetado.*)
•• Artigo acrescentado pela Lei n. 14.019, de 2-7-2020.

Art. 3.º-J. Durante a emergência de saúde pública decorrente do coronavírus responsável pelo surto de 2019, o poder público e os empregadores ou contratantes adotarão, imediatamente, medidas para preservar a saúde e a vida de todos os profissionais considerados essenciais ao controle de doenças e à manutenção da ordem pública.
•• *Caput* acrescentado pela Lei n. 14.023, de 8-7-2020.

§ 1.º Para efeitos do disposto no *caput* deste artigo, são considerados profissionais essenciais ao controle de doenças e à manutenção da ordem pública:
•• § 1.º, *caput*, acrescentado pela Lei n. 14.023, de 8-7-2020.

I – médicos;
•• Inciso I acrescentado pela Lei n. 14.023, de 8-7-2020.

II – enfermeiros;
•• Inciso II acrescentado pela Lei n. 14.023, de 8-7-2020.

III – fisioterapeutas, terapeutas ocupacionais, fonoaudiólogos e profissionais envolvidos nos processos de habilitação e reabilitação;
•• Inciso III acrescentado pela Lei n. 14.023, de 8-7-2020.

IV – psicólogos;
•• Inciso IV acrescentado pela Lei n. 14.023, de 8-7-2020.

V – assistentes sociais;
•• Inciso V acrescentado pela Lei n. 14.023, de 8-7-2020.

VI – policiais federais, civis, militares, penais, rodoviários e ferroviários e membros das Forças Armadas;
•• Inciso VI acrescentado pela Lei n. 14.023, de 8-7-2020.

VII – agentes socioeducativos, agentes de segurança de trânsito e agentes de segurança privada;
•• Inciso VII acrescentado pela Lei n. 14.023, de 8-7-2020.

VIII – brigadistas e bombeiros civis e militares;
•• Inciso VIII acrescentado pela Lei n. 14.023, de 8-7-2020.

IX – vigilantes que trabalham em unidades públicas e privadas de saúde;
•• Inciso IX acrescentado pela Lei n. 14.023, de 8-7-2020.

X – assistentes administrativos que atuam no cadastro de pacientes em unidades de saúde;
•• Inciso X acrescentado pela Lei n. 14.023, de 8-7-2020.

XI – agentes de fiscalização;
•• Inciso XI acrescentado pela Lei n. 14.023, de 8-7-2020.

XII – agentes comunitários de saúde;
•• Inciso XII acrescentado pela Lei n. 14.023, de 8-7-2020.

XIII – agentes de combate às endemias;
•• Inciso XIII acrescentado pela Lei n. 14.023, de 8-7-2020.

XIV – técnicos e auxiliares de enfermagem;
•• Inciso XIV acrescentado pela Lei n. 14.023, de 8-7-2020.

XV – técnicos, tecnólogos e auxiliares em radiologia e operadores de aparelhos de tomografia computadorizada e de ressonância nuclear magnética;
•• Inciso XV acrescentado pela Lei n. 14.023, de 8-7-2020.

XVI – maqueiros, maqueiros de ambulância e padioleiros;
•• Inciso XVI acrescentado pela Lei n. 14.023, de 8-7-2020.

XVII – cuidadores e atendentes de pessoas com deficiência, de pessoas idosas ou de pessoas com doenças raras;
•• Inciso XVII acrescentado pela Lei n. 14.023, de 8-7-2020.

XVIII – biólogos, biomédicos e técnicos em análises clínicas;
•• Inciso XVIII acrescentado pela Lei n. 14.023, de 8-7-2020.

XIX – médicos-veterinários;
•• Inciso XIX acrescentado pela Lei n. 14.023, de 8-7-2020.

XX – coveiros, atendentes funerários, motoristas funerários, auxiliares funerários e demais trabalhadores de serviços funerários e de autópsias;
•• Inciso XX acrescentado pela Lei n. 14.023, de 8-7-2020.

XXI – profissionais de limpeza;
•• Inciso XXI acrescentado pela Lei n. 14.023, de 8-7-2020.

XXII – profissionais que trabalham na cadeia de produção de alimentos e bebidas, incluídos os insumos;
•• Inciso XXII acrescentado pela Lei n. 14.023, de 8-7-2020.

XXIII – farmacêuticos, bioquímicos e técnicos em farmácia;
•• Inciso XXIII acrescentado pela Lei n. 14.023, de 8-7-2020.

XXIV – cirurgiões-dentistas, técnicos em saúde bucal e auxiliares em saúde bucal;
•• Inciso XXIV acrescentado pela Lei n. 14.023, de 8-7-2020.

XXV – aeronautas, aeroviários e controladores de voo;
•• Inciso XXV acrescentado pela Lei n. 14.023, de 8-7-2020.

XXVI – motoristas de ambulância;
•• Inciso XXVI acrescentado pela Lei n. 14.023, de 8-7-2020.

XXVII – guardas municipais;

•• Inciso XXVII acrescentado pela Lei n. 14.023, de 8-7-2020.

XXVIII – profissionais dos Centros de Referência de Assistência Social (Cras) e dos Centros de Referência Especializados de Assistência Social (Creas);
•• Inciso XXVIII acrescentado pela Lei n. 14.023, de 8-7-2020.

XXIX – servidores públicos que trabalham na área da saúde, inclusive em funções administrativas;
•• Inciso XXIX acrescentado pela Lei n. 14.023, de 8-7-2020.

XXX – outros profissionais que trabalhem ou sejam convocados a trabalhar nas unidades de saúde durante o período de isolamento social ou que tenham contato com pessoas ou com materiais que ofereçam risco de contaminação pelo novo coronavírus.
•• Inciso XXX acrescentado pela Lei n. 14.023, de 8-7-2020.

§ 2.º O poder público e os empregadores ou contratantes fornecerão, gratuitamente, os equipamentos de proteção individual (EPIs) recomendados pela Anvisa aos profissionais relacionados no § 1.º deste artigo que estiverem em atividade e em contato direto com portadores ou possíveis portadores do novo coronavírus, considerados os protocolos indicados para cada situação.
•• § 2.º acrescentado pela Lei n. 14.023, de 8-7-2020.

§ 3.º Os profissionais essenciais ao controle de doenças e à manutenção da ordem pública que estiverem em contato direto com portadores ou possíveis portadores do novo coronavírus terão prioridade para fazer testes de diagnóstico da Covid-19 e serão tempestivamente tratados e orientados sobre sua condição de saúde e sobre sua aptidão para retornar ao trabalho.
•• § 3.º acrescentado pela Lei n. 14.023, de 8-7-2020.

Art. 4.º É dispensável a licitação para aquisição ou contratação de bens, serviços, inclusive de engenharia, e insumos destinados ao enfrentamento da emergência de saúde pública de importância internacional de que trata esta Lei.
•• Caput com redação determinada pela Lei n. 14.035, de 11-8-2020.

§ 1.º A dispensa de licitação a que se refere o *caput* deste artigo é temporária e aplica-se apenas enquanto perdurar a emergência de saúde pública de importância internacional decorrente do coronavírus.

§ 2.º Todas as aquisições ou contratações realizadas com base nesta Lei serão disponibilizadas, no prazo máximo de 5 (cinco) dias úteis, contado da realização do ato, em site oficial específico na internet, observados, no que couber, os requisitos previstos no § 3.º do art. 8.º da Lei n. 12.527, de 18 de novembro de 2011, com o nome do contratado, o número de sua inscrição na Secretaria da Receita Federal do Brasil, o prazo contratual, o valor e o respectivo processo de aquisição ou contratação, além das seguintes informações:
•• § 2.º, caput, com redação determinada pela Lei n. 14.035, de 11-8-2020.

I – o ato que autoriza a contratação direta ou o extrato decorrente do contrato;
•• Inciso I acrescentado pela Lei n. 14.035, de 11-8-2020.

II – a discriminação do bem adquirido ou do serviço contratado e o local de entrega ou de prestação;
•• Inciso II acrescentado pela Lei n. 14.035, de 11-8-2020.

III – o valor global do contrato, as parcelas do objeto, os montantes pagos e o saldo disponível ou bloqueado, caso exista;
•• Inciso III acrescentado pela Lei n. 14.035, de 11-8-2020.

IV – as informações sobre eventuais aditivos contratuais;
•• Inciso IV acrescentado pela Lei n. 14.035, de 11-8-2020.

V – a quantidade entregue em cada unidade da Federação durante a execução do contrato, nas contratações de bens e serviços.
•• Inciso V acrescentado pela Lei n. 14.035, de 11-8-2020.

VI – as atas de registros de preços das quais a contratação se origine.
•• Inciso VI acrescentado pela Lei n. 14.065, de 30-9-2020.

§ 3.º Na situação excepcional de, comprovadamente, haver uma única fornecedora do bem ou prestadora do serviço, será possível a sua contratação, independentemente da existência de sanção de impedimento ou de suspensão de contratar com o poder público.
•• § 3.º acrescentado pela Lei n. 14.035, de 11-8-2020.

§ 3.º-A. No caso de que trata o § 3.º deste artigo, é obrigatória a prestação de garantia nas modalidades previstas no art. 56 da Lei n. 8.666, de 21 de junho de 1993, que não poderá exceder a 10% (dez por cento) do valor do contrato.
•• § 3.º-A acrescentado pela Lei n. 14.035, de 11-8-2020.

§ 4.º Na hipótese de dispensa de licitação a que se refere o *caput* deste artigo, quando se tratar de compra ou de contratação por mais de um órgão ou entidade, poderá ser utilizado o sistema de registro de preços, previsto no inciso II do *caput* do art. 15 da Lei n. 8.666, de 21 de junho de 1993.
•• § 4.º acrescentado pela Lei n. 14.065, de 30-9-2020.

§ 5.º Nas situações abrangidas pelo § 4.º deste artigo, o ente federativo poderá aplicar o regulamento federal sobre registro de preços se não houver regulamento que lhe seja especificamente aplicável.
•• § 5.º acrescentado pela Lei n. 14.065, de 30-9-2020.

§ 6.º O órgão ou entidade gerenciador da compra estabelecerá prazo entre 2 (dois) e 8 (oito) dias úteis, contado da data de divulgação da intenção de registro de preço, para que outros órgãos e entidades manifestem interesse em participar do sistema de registro de preços realizado nos termos dos §§ 4.º e 5.º deste artigo.
•• § 6.º acrescentado pela Lei n. 14.065, de 30-9-2020.

§ 7.º O disposto nos §§ 2.º e 3.º do art. 4.º-E desta Lei não se aplica a sistema de registro de preços fundamentado nesta Lei.
•• § 7.º acrescentado pela Lei n. 14.065, de 30-9-2020.

§ 8.º Nas contratações celebradas após 30 (trinta) dias da assinatura da ata de registro de preços, a estimativa de preços será refeita, com o intuito de verificar se os preços registrados permanecem compatíveis com os praticados no âmbito dos órgãos e entidades da administração pública, nos termos do inciso VI do § 1.º do art. 4.º-E desta Lei.
•• § 8.º acrescentado pela Lei n. 14.065, de 30-9-2020.

Art. 4.º-A. A aquisição ou contratação de bens e serviços, inclusive de engenharia, a que se refere o *caput* do art. 4.º desta Lei, não se restringe a equipamentos novos, desde que o fornecedor se responsabilize pelas plenas condições de uso e de funcionamento do objeto contratado.
•• Artigo acrescentado pela Lei n. 14.035, de 11-8-2020.

Art. 4.º-B. Nas dispensas de licitação decorrentes do disposto nesta Lei, presumem-se comprovadas as condições de:
•• Caput acrescentado pela Lei n. 14.035, de 11-8-2020.

I – ocorrência de situação de emergência;
•• Inciso I acrescentado pela Lei n. 14.035, de 11-8-2020.

II – necessidade de pronto atendimento da situação de emergência;
•• Inciso II acrescentado pela Lei n. 14.035, de 11-8-2020.

III – existência de risco à segurança de pessoas, de obras, de prestação de serviços, de equipamentos e de outros bens, públicos ou particulares; e
•• Inciso III acrescentado pela Lei n. 14.035, de 11-8-2020.

IV – limitação da contratação à parcela necessária ao atendimento da situação de emergência.
•• Inciso IV acrescentado pela Lei n. 14.035, de 11-8-2020.

Art. 4.º-C. Para a aquisição ou contratação de bens, serviços, inclusive de engenharia, e insumos necessários ao enfrentamento da emergência de saúde pública de que trata esta Lei, não será exigida a elaboração de estudos preliminares quando se tratar de bens e de serviços comuns.
•• Artigo acrescentado pela Lei n. 14.035, de 11-8-2020.

Art. 4.º-D. O gerenciamento de riscos da contratação somente será exigível durante a gestão do contrato.
•• Artigo acrescentado pela Lei n. 14.035, de 11-8-2020.

Art. 4.º-E. Nas aquisições ou contratações de bens, serviços e insumos necessários ao enfrentamento da emergência de saúde pública de importância internacional de que trata esta Lei, será admitida a apresentação de termo de referência simplificado ou de projeto básico simplificado.
•• Caput acrescentado pela Lei n. 14.035, de 11-8-2020.

§ 1.º O termo de referência simplificado ou o projeto básico simplificado referidos no *caput* deste artigo conterá:
•• § 1.º, *caput*, acrescentado pela Lei n. 14.035, de 11-8-2020.

I – declaração do objeto;
•• Inciso I acrescentado pela Lei n. 14.035, de 11-8-2020.

II – fundamentação simplificada da contratação;
•• Inciso II acrescentado pela Lei n. 14.035, de 11-8-2020.

III – descrição resumida da solução apresentada;
•• Inciso III acrescentado pela Lei n. 14.035, de 11-8-2020.

IV – requisitos da contratação;
•• Inciso IV acrescentado pela Lei n. 14.035, de 11-8-2020.

V – critérios de medição e de pagamento;
•• Inciso V acrescentado pela Lei n. 14.035, de 11-8-2020.

VI – estimativa de preços obtida por meio de, no mínimo, 1 (um) dos seguintes parâmetros:
•• Inciso I acrescentado pela Lei n. 14.035, de 11-8-2020.

a) Portal de Compras do Governo Federal;
•• Alínea *a* acrescentada pela Lei n. 14.035, de 11-8-2020.

b) pesquisa publicada em mídia especializada;
•• Alínea *b* acrescentada pela Lei n. 14.035, de 11-8-2020.

c) sites especializados ou de domínio amplo;
•• Alínea *c* acrescentada pela Lei n. 14.035, de 11-8-2020.

d) contratações similares de outros entes públicos; ou
•• Alínea *d* acrescentada pela Lei n. 14.035, de 11-8-2020.

e) pesquisa realizada com os potenciais fornecedores;
•• Alínea *e* acrescentada pela Lei n. 14.035, de 11-8-2020.

VII – adequação orçamentária.
•• Inciso VII acrescentado pela Lei n. 14.035, de 11-8-2020.

§ 2.º Excepcionalmente, mediante justificativa da autoridade competente, será dispensada a estimativa de preços de que trata o inciso VI do § 1.º deste artigo.
•• § 2.º acrescentado pela Lei n. 14.035, de 11-8-2020.

§ 3.º Os preços obtidos a partir da estimativa de que trata o inciso VI do § 1.º deste artigo não impedem a contratação pelo poder público por valores superiores decorrentes de oscilações ocasionadas pela variação de preços, desde que observadas as seguintes condições:
•• § 3.º, *caput*, acrescentado pela Lei n. 14.035, de 11-8-2020.

I – negociação prévia com os demais fornecedores, segundo a ordem de classificação, para obtenção de condições mais vantajosas; e
•• Inciso I acrescentado pela Lei n. 14.035, de 11-8-2020.

II – efetiva fundamentação, nos autos da contratação correspondente, da variação de preços praticados no mercado por motivo superveniente.
•• Inciso II acrescentado pela Lei n. 14.035, de 11-8-2020.

Art. 4.º-F. Na hipótese de haver restrição de fornecedores ou de prestadores de serviço, a autoridade competente, excepcionalmente e mediante justificativa, poderá dispensar a apresentação de documentação relativa à regularidade fiscal ou, ainda, o cumprimento de 1 (um) ou mais requisitos de habilitação, ressalvados a exigência de apresentação de prova de regularidade trabalhista e o cumprimento do disposto no inciso XXXIII do *caput* do art. 7.º da Constituição Federal.
•• Artigo acrescentado pela Lei n. 14.035, de 11-8-2020.

Art. 4.º-G. Nos casos de licitação na modalidade pregão, eletrônico ou presencial, cujo objeto seja a aquisição ou contratação de bens, serviços e insumos necessários ao enfrentamento da emergência de saúde pública de importância internacional de que trata esta Lei, os prazos dos procedimentos licitatórios serão reduzidos pela metade.
•• *Caput* acrescentado pela Lei n. 14.035, de 11-8-2020.

§ 1.º Quando o prazo original de que trata o *caput* deste artigo for número ímpar, este será arredondado para o número inteiro antecedente.
•• § 1.º acrescentado pela Lei n. 14.035, de 11-8-2020.

§ 2.º Os recursos dos procedimentos licitatórios somente terão efeito devolutivo.
•• § 2.º acrescentado pela Lei n. 14.035, de 11-8-2020.

§ 3.º Fica dispensada a realização de audiência pública a que se refere o art. 39 da Lei n. 8.666, de 21 de junho de 1993, para as licitações de que trata o *caput* deste artigo.
•• § 3.º acrescentado pela Lei n. 14.035, de 11-8-2020.

§ 4.º As licitações de que trata o *caput* deste artigo realizadas por meio de sistema de registro de preços serão consideradas compras nacionais e observarão o disposto em regulamento editado pelo Poder Executivo federal, observado o prazo estabelecido no § 6.º do art. 4.º desta Lei.
•• § 4.º acrescentado pela Lei n. 14.065, de 30-9-2020.

Art. 4.º-H. Os contratos regidos por esta Lei terão prazo de duração de até 6 (seis) meses e poderão ser prorrogados por períodos sucessivos, enquanto vigorar o Decreto Legislativo n. 6, de 20 de março de 2020, respeitados os prazos pactuados.
•• Artigo acrescentado pela Lei n. 14.035, de 11-8-2020.

Art. 4.º-I. Para os contratos decorrentes dos procedimentos previstos nesta Lei, a administração pública poderá prever que os contratados fiquem obrigados a aceitar, nas mesmas condições contratuais, acréscimos ou supressões ao objeto contratado de até 50% (cinquenta por cento) do valor inicial atualizado do contrato.
•• Artigo acrescentado pela Lei n. 14.035, de 11-8-2020.

Art. 4.º-J. Os órgãos e entidades da administração pública federal poderão aderir a ata de registro de preços gerenciada por órgão ou entidade estadual, distrital ou municipal em procedimentos realizados nos termos desta Lei, até o limite, por órgão ou entidade, de 50% (cinquenta por cento) dos quantitativos dos itens do instrumento convocatório e registrados na ata de registro de preços para o órgão gerenciador e para os órgãos participantes.
•• *Caput* acrescentado pela Lei n. 14.065, de 30-9-2020.

Parágrafo único. As contratações decorrentes das adesões à ata de registro de preços de que trata o *caput* deste artigo não poderão exceder, na totalidade, ao dobro do quantitativo de cada item registrado na ata de registro de preços para o órgão gerenciador e para os órgãos participantes, independentemente do número de órgãos não participantes que aderirem.
•• Parágrafo único acrescentado pela Lei n. 14.065, de 30-9-2020.

Art. 4.º-K. Os órgãos de controle interno e externo priorizarão a análise e a manifestação quanto à legalidade, à legitimidade e à economicidade das despesas decorrentes dos contratos ou das aquisições realizadas com fundamento nesta Lei.
•• *Caput* acrescentado pela Lei n. 14.065, de 30-9-2020.

Parágrafo único. Os tribunais de contas devem atuar para aumentar a segurança jurídica na aplicação das normas desta Lei, inclusive por meio de respostas a consultas.
•• Parágrafo único acrescentado pela Lei n. 14.065, de 30-9-2020.

Art. 5.º Toda pessoa colaborará com as autoridades sanitárias na comunicação imediata de:

I – possíveis contatos com agentes infecciosos do coronavírus;

II – circulação em áreas consideradas como regiões de contaminação pelo coronavírus.

Art. 5.º-A. Enquanto perdurar o estado de emergência de saúde internacional decorrente do coronavírus responsável pelo surto de 2019:
•• *Caput* acrescentado pela Lei n. 14.022, de 7-7-2020.

I – os prazos processuais, a apreciação de matérias, o atendimento às partes e a concessão de medidas protetivas que tenham relação com atos de violência doméstica e familiar cometidos contra mulheres, crianças, adolescentes, pessoas idosas e pessoas com deficiência serão mantidos, sem suspensão;
•• Inciso I acrescentado pela Lei n. 14.022, de 7-7-2020.

II – o registro da ocorrência de violência doméstica e familiar contra a mulher e de crimes cometidos contra criança, adolescente, pessoa idosa ou pessoa com deficiência poderá ser realizado por meio eletrônico ou por meio de número de telefone de emergência designado para tal fim pelos órgãos de segurança pública;

•• Inciso II acrescentado pela Lei n. 14.022, de 7-7-2020.

Parágrafo único. Os processos de que trata o inciso I do *caput* deste artigo serão considerados de natureza urgente.

•• Parágrafo único acrescentado pela Lei n. 14.022, de 7-7-2020.

Art. 5.º-B. O receituário médico ou odontológico de medicamentos sujeitos a prescrição e de uso contínuo será válido pelo menos enquanto perdurarem as medidas de isolamento para contenção do surto da Covid-19.

•• *Caput* acrescentado pela Lei n. 14.028, de 27-7-2020.

§ 1.º O disposto no *caput* não se aplica ao receituário de medicamentos sujeitos ao controle sanitário especial, que seguirá a regulamentação da Anvisa.

•• § 1.º acrescentado pela Lei n. 14.028, de 27-7-2020.

§ 2.º (*Vetado*.)

•• § 2.º acrescentado pela Lei n. 14.028, de 27-7-2020.

Art. 6.º É obrigatório o compartilhamento entre órgãos e entidades da administração pública federal, estadual, distrital e municipal de dados essenciais à identificação de pessoas infectadas ou com suspeita de infecção pelo coronavírus, com a finalidade exclusiva de evitar a sua propagação.

§ 1.º A obrigação a que se refere o *caput* deste artigo estende-se às pessoas jurídicas de direito privado quando os dados forem solicitados por autoridade sanitária.

§ 2.º O Ministério da Saúde manterá dados públicos e atualizados sobre os casos confirmados, suspeitos e em investigação, relativos à situação de emergência pública sanitária, resguardando o direito ao sigilo das informações pessoais.

Art. 6.º-A. Para a concessão de suprimento de fundos e por item de despesa, e para as aquisições e as contratações a que se refere o *caput* do art. 4.º desta Lei, quando a movimentação for realizada por meio de Cartão de Pagamento do Governo, ficam estabelecidos os seguintes limites:

•• *Caput* acrescentado pela Lei n. 14.035, de 11-8-2020.

I – na execução de serviços de engenharia, o valor estabelecido na alínea *a* do inciso I do *caput* do art. 23 da Lei n. 8.666, de 21 de junho de 1993; e

•• Inciso I acrescentado pela Lei n. 14.035, de 11-8-2020.

II – nas compras em geral e em outros serviços, o valor estabelecido na alínea *a* do inciso II do *caput* do art. 23 da Lei n. 8.666, de 21 de junho de 1993.

•• Inciso II acrescentado pela Lei n. 14.035, de 11-8-2020.

•• Havia aqui os arts. 6.º-B e 6.º-C, acrescentados pela Medida Provisória n. 928, de 23-3-2020, que teve sua vigência encerrada.

•• A Portaria Conjunta n. 589, de 27-11-2020, do IBAMA e do ICMBio, dispõe sobre diretrizes e critérios aplicáveis à fase de conciliação ambiental do processo sancionador ambiental no contexto da perda de vigência desse art.6.º-C e enquanto permanecer a situação de emergência em saúde pública de importância internacional relacionada ao coronavírus.

•• Havia aqui o art. 6.º-D, acrescentado pela Medida Provisória n. 951, de 15-4-2020, que teve sua vigência encerrada.

Art. 7.º O Ministério da Saúde editará os atos necessários à regulamentação e operacionalização do disposto nesta Lei.

Art. 8.º Esta Lei vigorará enquanto estiver vigente o Decreto Legislativo n. 6, de 20 de março de 2020, observado o disposto no art. 4.º-H desta Lei.

•• Artigo com redação determinado pela Lei n. 14.035, de 11-8-2020.

•• O STF, por maioria, referendou a concessão parcial da medida cautelar pleiteada na ADI n. 6.625, nas sessões virtuais de 26-2-2021 a 5-3-2021, para "conferir interpretação conforme à Constituição a este art. 8.º, com a redação dada pela Lei n. 14.035/2020, a fim de excluir de seu âmbito de aplicação as medidas extraordinárias previstas nos arts. 3.º, 3.º-A, 3.º-B, 3.º-C, 3.º-D, 3.º-E, 3.º-F, 3.º-G, 3.º-H e 3.º-J, inclusive dos respectivos parágrafos, incisos e alíneas (*DOU* de 16-3-2021).

Art. 9.º Esta Lei entra em vigor na data de sua publicação.

Brasília, 6 de fevereiro de 2020; 199.º da Independência e 132.º da República.

JAIR MESSIAS BOLSONARO

PORTARIA N. 6.734, DE 9 DE MARÇO DE 2020 (*)

Aprova a nova redação da Norma Regulamentadora n. 07 – Programa de Controle Médico de Saúde Ocupacional – PCMSO. (Processo n. 19966.100069/2020-12)

O Secretário Especial de Previdência e Trabalho do Ministério da Economia, no uso das atribuições que lhe conferem os arts. 155 e 200 da Consolidação das Leis do Trabalho – CLT, aprovada pelo Decreto-lei n. 5.452, de 1.º de maio de 1943, e o inciso V do art. 71 do Anexo I do Decreto n. 9.745, de 08 de abril de 2019, resolve:

Art. 1.º A Norma Regulamentadora n. 07 (NR-07) – Programa de Controle Médico de Saúde Ocupacional – PCMSO passa a vigorar com a redação constante do Anexo desta Portaria.

Parágrafo único. Quando das atualizações dos limites de exposição ocupacional constantes dos Anexos da Norma Regulamentadora n. 15, os Quadros 1 – Indicadores Biológicos de Exposição Excessiva (IBE/EE) e 2 – Indicadores Biológicos de Exposição com Significado Clínico (IBE/SC) do Anexo I da NR-07 deverão ser atualizados.

Art. 2.º Determinar que a Norma Regulamentadora n. 07 e seus Anexos sejam interpretados com a tipificação disposta na tabela abaixo:

Regulamento	Tipificação
NR-07	NR Geral
Anexo I	Tipo 2
Anexo II	Tipo 2
Anexo III	Tipo 2
Anexo IV	Tipo 2
Anexo V	Tipo 2

Art. 3.º Os exames complementares toxicológicos elencados na tabela a seguir, constantes do Anexo I da Norma Regulamentadora n. 07, serão exigidos conforme os prazos e observações abaixo consignados, sendo os prazos contados a partir do início da vigência desta Portaria:

Exame	Prazo (em meses)	Observação
Ácido S-fenilmercaptúrico na urina (S-PMA)	18	O benzeno pode ser monitorado por meio do TTMA. Quando a dosagem do S-PMA estiver disponível, poder-se-á optar pelo uso deste, a critério do médico.
Ácido butoxiacético na urina (BAA)	12	
Cobalto na urina	6	
1,2 ciclohexanol na urina ou Ciclohexanol	12	
Diclometano na urina	12	
N-metil-acetamida na urina	12	
Ácido etóxiacético na urina	12	
Ácido furoico na urina	12	
1,6 hexametilenodiamina na urina	18	
Ácido 2-metóxiacético na urina	12	

(*) Publicada no *Diário Oficial da União*, de 13-3-2020.

Exame	Prazo (em meses)	Observação
MIBK na urina	6	
5-hidroxi-n-metil-2-pirrolidona na urina	18	
Tetrahidrofurano na urina	12	
Orto-cresol na urina	6	Até este indicador estar disponível, a exposição a tolueno deve ser monitorada por meio do ácido hipúrico urinário.
Isômeros 2,4 e 2,6 toluenodiamino na urina	18	
1,2 dihidro-4(n-acetilcisteína) butano na urina	36	
Adutos de N-(2- hidroxietil)valina (HEV) em hemoglobina	36	
Tetracloretileno no ar exalado ou Tetracloretileno no sangue	36	Até estes indicadores estarem disponíveis, a exposição a tetracloroetileno deve ser monitorada por meio do ácido tricloroacético urinário.
Tolueno no sangue ou Tolueno na urina	36	Até estes indicadores estarem disponíveis, a exposição a tolueno deve ser monitorada por meio do ácido hipúrico urinário.

Art. 4.º Na data da entrada em vigor desta Portaria, revogar as Portarias:
I – Portaria MTPS n. 3.720, de 31 de outubro de 1990;
II – Portaria SSST n. 24, de 29 de dezembro de 1994;
III – Portaria SSST n. 08, de 08 de maio de 1996;
IV – Portaria SSST n. 19, de 09 de abril de 1998;
V – Portaria SIT n. 223, de 06 de maio de 2011;
VI – Portaria SIT n. 236, de 10 de junho de 2011;
VII – Portaria MTE n. 1.892, de 09 de dezembro de 2013; e
VIII – Portaria MTb n. 1.031, de 06 de dezembro de 2018.

Art. 5.º Esta Portaria entra em vigor 1 (um) ano após a data de sua publicação.

Bruno Bianco Leal

DECRETO LEGISLATIVO N. 6, DE 20 DE MARÇO DE 2020 (*)

Reconhece, para os fins do art. 65 da Lei Complementar n. 101, de 4 de maio de 2000, a ocorrência do estado de calamidade pública, nos termos da solicitação do Presidente da República encaminhada por meio da Mensagem n. 93, de 18 de março de 2020.

O Congresso Nacional decreta:

Art. 1.º Fica reconhecida, exclusivamente para os fins do art. 65 da Lei Complementar n. 101, de 4 de maio de 2000, notadamente para as dispensas do atingimento dos resultados fiscais previstos no art. 2.º da Lei n. 13.898, de 11 de novembro de 2019, e da limitação de empenho de que trata o art. 9.º da Lei Complementar n. 101, de 4 de maio de 2000, a ocorrência do estado de calamidade pública, com efeitos até 31 de dezembro de 2020, nos termos da solicitação do Presidente da República encaminhada por meio da Mensagem n. 93, de 18 de março de 2020.

• A Lei n. 14.046, de 24-8-2020, dispõe sobre o cancelamento de serviços, de reservas e de eventos dos setores de turismo e cultura em razão do estado de calamidade pública, reconhecido por este Decreto Legislativo.

Art. 2.º Fica constituída Comissão Mista no âmbito do Congresso Nacional, composta por 6 (seis) deputados e 6 (seis) senadores, com igual número de suplentes, com o objetivo de acompanhar a situação fiscal e a execução orçamentária e financeira das medidas relacionadas à emergência de saúde pública de importância internacional relacionada ao coronavírus (Covid-19).

§ 1.º Os trabalhos poderão ser desenvolvidos por meio virtual, nos termos definidos pela Presidência da Comissão.

§ 2.º A Comissão realizará, mensalmente, reunião com o Ministério da Economia, para avaliar a situação fiscal e a execução orçamentária e financeira das medidas relacionadas à emergência de saúde pública de importância internacional relacionada ao coronavírus (Covid-19).

§ 3.º Bimestralmente, a Comissão realizará audiência pública com a presença do Ministro da Economia, para apresentação e avaliação de relatório circunstanciado da situação fiscal e da execução orçamentária e financeira das medidas relacionadas à emergência de saúde pública de importância internacional relacionada ao coronavírus (Covid-19), que deverá ser publicado pelo Poder Executivo antes da referida audiência.

Art. 3.º Este Decreto Legislativo entra em vigor na data de sua publicação.

Senado Federal, em 20 de março de 2020.

Antonio Anastasia

LEI N. 14.010, DE 10 DE JUNHO DE 2020 (**)

Dispõe sobre o Regime Jurídico Emergencial e Transitório das relações jurídicas de Direito Privado (RJET) no período da pandemia do coronavírus (Covid-19).

O Presidente da República

Faço saber que o Congresso Nacional decreta e eu sanciono a seguinte Lei:

Capítulo I
DISPOSIÇÕES GERAIS

Art. 1.º Esta Lei institui normas de caráter transitório e emergencial para a regulação de relações jurídicas de Direito Privado em virtude da pandemia do coronavírus (Covid-19).

Parágrafo único. Para os fins desta Lei, considera-se 20 de março de 2020, data da publicação do Decreto Legislativo n. 6, como termo inicial dos eventos derivados da pandemia do coronavírus (Covid-19).

Art. 2.º A suspensão da aplicação das normas referidas nesta Lei não implica sua revogação ou alteração.

Capítulo II
DA PRESCRIÇÃO E DECADÊNCIA

Art. 3.º Os prazos prescricionais consideram-se impedidos ou suspensos, conforme o caso, a partir da entrada em vigor desta Lei até 30 de outubro de 2020.

§ 1.º Este artigo não se aplica enquanto perdurarem as hipóteses específicas de impedimento, suspensão e interrupção dos prazos prescricionais previstas no ordenamento jurídico nacional.

(*) Publicado no *DOU*, de 20-3-2020 – Edição Extra-C.

(**) Publicada no *DOU*, de 12-6-2020.

§ 2.º Este artigo aplica-se à decadência, conforme ressalva prevista no art. 207 da Lei n. 10.406, de 10 de janeiro de 2002 (Código Civil).

Capítulo III
DAS PESSOAS JURÍDICAS DE DIREITO PRIVADO

Art. 4.º As pessoas jurídicas de direito privado referidas nos incisos I a III do art. 44 do Código Civil deverão observar as restrições à realização de reuniões e assembleias presenciais até 30 de outubro de 2020, durante a vigência desta Lei, observadas as determinações sanitárias das autoridades locais.

•• Artigo originalmente vetado, todavia promulgado em 8-9-2020.

Art. 5.º A assembleia geral, inclusive para os fins do art. 59 do Código Civil, até 30 de outubro de 2020, poderá ser realizada por meios eletrônicos, independentemente de previsão nos atos constitutivos da pessoa jurídica.

Parágrafo único. A manifestação dos participantes poderá ocorrer por qualquer meio eletrônico indicado pelo administrador, que assegure a identificação do participante e a segurança do voto, e produzirá todos os efeitos legais de uma assinatura presencial.

Capítulo IV
DA RESILIÇÃO, RESOLUÇÃO E REVISÃO DOS CONTRATOS

•• Capítulo IV originalmente vetado, todavia promulgado em 8-9-2020.

Art. 6.º As consequências decorrentes da pandemia do coronavírus (Covid-19) nas execuções dos contratos, incluídas as previstas no art. 393 do Código Civil, não terão efeitos jurídicos retroativos.

•• Artigo originalmente vetado, todavia promulgado em 8-9-2020.

Art. 7.º Não se consideram fatos imprevisíveis, para os fins exclusivos dos arts. 317, 478, 479 e 480 do Código Civil, o aumento da inflação, a variação cambial, a desvalorização ou a substituição do padrão monetário.

•• Artigo originalmente vetado, todavia promulgado em 8-9-2020.

§ 1.º As regras sobre revisão contratual previstas na Lei n. 8.078, de 11 de setembro de 1990 (Código de Defesa do Consumidor), e na Lei n. 8.245, de 18 de outubro de 1991, não se sujeitam ao disposto no *caput* deste artigo.

§ 2.º Para os fins desta Lei, as normas de proteção ao consumidor não se aplicam às relações contratuais subordinadas ao Código Civil, incluindo aquelas estabelecidas exclusivamente entre empresas ou empresários.

Capítulo V
DAS RELAÇÕES DE CONSUMO

Art. 8.º Até 30 de outubro de 2020, fica suspensa a aplicação do art. 49 do Código de Defesa do Consumidor na hipótese de entrega domiciliar (*delivery*) de produtos perecíveis ou de consumo imediato e de medicamentos.

Capítulo VI
DAS LOCAÇÕES DE IMÓVEIS URBANOS

Art. 9.º Não se concederá liminar para desocupação de imóvel urbano nas ações de despejo, a que se refere o art. 59, § 1.º, incisos I, II, V, VII, VIII e IX, da Lei n. 8.245, de 18 de outubro de 1991, até 30 de outubro de 2020.

•• Artigo originalmente vetado, todavia promulgado em 8-9-2020.

Capítulo VII
DA USUCAPIÃO

Art. 10. Suspendem-se os prazos de aquisição para a propriedade imobiliária ou mobiliária, nas diversas espécies de usucapião, a partir da entrada em vigor desta Lei até 30 de outubro de 2020.

Capítulo VIII
DOS CONDOMÍNIOS EDILÍCIOS

Art. 11. (*Vetado*.)

Art. 12. A assembleia condominial, inclusive para os fins dos arts. 1.349 e 1.350 do Código Civil, e a respectiva votação poderão ocorrer, em caráter emergencial, até 30 de outubro de 2020, por meios virtuais, caso em que a manifestação de vontade de cada condômino será equiparada, para todos os efeitos jurídicos, à sua assinatura presencial.

Parágrafo único. Não sendo possível a realização de assembleia condominial na forma prevista no *caput*, os mandatos de síndico vencidos a partir de 20 de março de 2020 ficam prorrogados até 30 de outubro de 2020.

Art. 13. É obrigatória, sob pena de destituição do síndico, a prestação de contas regular de seus atos de administração.

Capítulo IX
DO REGIME CONCORRENCIAL

Art. 14. Ficam sem eficácia os incisos XV e XVII do § 3.º do art. 36 e o inciso IV do art. 90 da Lei n. 12.529, de 30 de novembro de 2011, em relação a todos os atos praticados e com vigência de 20 de março de 2020 até 30 de outubro de 2020 ou enquanto durar o estado de calamidade pública reconhecido pelo Decreto Legislativo n. 6, de 20 de março de 2020.

§ 1.º Na apreciação, pelo órgão competente, das demais infrações previstas no art. 36 da Lei n. 12.529, de 30 de novembro de 2011, caso praticadas a partir de 20 de março de 2020, e enquanto durar o estado de calamidade pública reconhecido pelo Decreto Legislativo n. 6, de 20 de março de 2020, deverão ser consideradas as circunstâncias extraordinárias decorrentes da pandemia do coronavírus (Covid-19).

§ 2.º A suspensão da aplicação do inciso IV do art. 90 da Lei n. 12.529, de 30 de novembro de 2011, referida no *caput*, não afasta a possibilidade de análise posterior do ato de concentração ou de apuração de infração à ordem econômica, na forma do art. 36 da Lei n. 12.529, de 2011, dos acordos que não forem necessários ao combate ou à mitigação das consequências decorrentes da pandemia do coronavírus (Covid-19).

Capítulo X
DO DIREITO DE FAMÍLIA E SUCESSÕES

Art. 15. Até 30 de outubro de 2020, a prisão civil por dívida alimentícia, prevista no art. 528, § 3.º e seguintes da Lei n. 13.105, de 16 de março de 2015 (Código de Processo Civil), deverá ser cumprida exclusivamente sob a modalidade domiciliar, sem prejuízo da exigibilidade das respectivas obrigações.

Art. 16. O prazo do art. 611 do Código de Processo Civil para sucessões abertas a partir de 1.º de fevereiro de 2020 terá seu termo inicial dilatado para 30 de outubro de 2020.

Parágrafo único. O prazo de 12 (doze) meses do art. 611 do Código de Processo Civil, para que seja ultimado o processo de inventário e de partilha, caso iniciado antes de 1.º de fevereiro de 2020, ficará suspenso a partir da entrada em vigor desta Lei até 30 de outubro de 2020.

Capítulo XI

(*Vetado*.)

Arts. 17 e 18. (*Vetados*.)

Capítulo XII
DISPOSIÇÕES FINAIS

Art. 19. (*Vetado*.)

..

Art. 21. Esta Lei entra em vigor na data de sua publicação.

Brasília, 10 de junho de 2020; 199.º da Independência e 132.º da República.

JAIR MESSIAS BOLSONARO

LEI N. 14.020, DE 6 DE JULHO DE 2020 (*)

Institui o Programa Emergencial de Manutenção do Emprego e da Renda; dispõe sobre medidas complementares para enfrentamento do estado de calamidade pública reconhecido pelo Decreto Legislativo n. 6, de 20 de março de 2020, e da emergência de saúde pública de importância internacional decorrente do coronavírus, de que trata a Lei n. 13.979, de 6 de fevereiro de 2020; altera as Leis ns. 8.213, de 24 de julho de 1991, 10.101, de 19 de dezembro de 2000, 12.546, de 14 de dezembro de 2011, 10.865, de 30 de abril de 2004, e 8.177, de 1.º de março de 1991; e dá outras providências.

O Presidente da República
Faço saber que o Congresso Nacional decreta e eu sanciono a seguinte Lei:

Capítulo I
DISPOSIÇÕES PRELIMINARES

Art. 1.º Esta Lei institui o Programa Emergencial de Manutenção do Emprego e da Renda e dispõe sobre medidas complementares para enfrentamento do estado de calamidade pública reconhecido pelo Decreto Legislativo n. 6, de 20 de março de 2020, e da emergência de saúde pública de importância internacional decorrente do coronavírus, de que trata a Lei n. 13.979, de 6 de fevereiro de 2020.

Capítulo II
DO PROGRAMA EMERGENCIAL DE MANUTENÇÃO DO EMPREGO E DA RENDA

SEÇÃO I
Da Instituição, dos Objetivos e das Medidas do Programa Emergencial de Manutenção do Emprego e da Renda

Art. 2.º Fica instituído o Programa Emergencial de Manutenção do Emprego e da Renda, com aplicação durante o estado de calamidade pública a que se refere o art. 1.º desta Lei e com os seguintes objetivos:
I - preservar o emprego e a renda;
II - garantir a continuidade das atividades laborais e empresariais; e
III - reduzir o impacto social decorrente das consequências do estado de calamidade pública e da emergência de saúde pública.

Art. 3.º São medidas do Programa Emergencial de Manutenção do Emprego e da Renda:
I - o pagamento do Benefício Emergencial de Preservação do Emprego e da Renda;
II - a redução proporcional de jornada de trabalho e de salário; e
III - a suspensão temporária do contrato de trabalho.

Parágrafo único. O disposto no caput deste artigo não se aplica, no âmbito da União, dos Estados, do Distrito Federal e dos Municípios, aos órgãos da administração pública direta e indireta, às empresas públicas e às sociedades de economia mista, inclusive às suas subsidiárias, e aos organismos internacionais.

Art. 4.º Compete ao Ministério da Economia coordenar, executar, monitorar e avaliar o Programa Emergencial de Manutenção do Emprego e da Renda e editar normas complementares necessárias à sua execução.

(*) Publicada no DOU, de 7-7-2020.

Parágrafo único. O Ministério da Economia divulgará semanalmente, por meio eletrônico, as informações detalhadas sobre os acordos firmados, com o número de empregados e empregadores beneficiados, bem como divulgará o quantitativo de demissões e admissões mensais realizados no País.

SEÇÃO II
Do Benefício Emergencial de Preservação do Emprego e da Renda

Art. 5.º Fica criado o Benefício Emergencial de Preservação do Emprego e da Renda, a ser pago nas seguintes hipóteses:
•• A Lei n. 14.058, de 17-9-2020, estabelece a operacionalização do pagamento do Benefício Emergencial de Preservação do Emprego e da Renda e do benefício emergencial mensal.

I - redução proporcional de jornada de trabalho e de salário; e
II - suspensão temporária do contrato de trabalho.

§ 1.º O Benefício Emergencial de Preservação do Emprego e da Renda será custeado com recursos da União.

§ 2.º O Benefício Emergencial de Preservação do Emprego e da Renda será de prestação mensal e devido a partir da data do início da redução da jornada de trabalho e do salário ou da suspensão temporária do contrato de trabalho, observadas as seguintes disposições:
I - o empregador informará ao Ministério da Economia a redução da jornada de trabalho e do salário ou a suspensão temporária do contrato de trabalho, no prazo de 10 (dez) dias, contado da data da celebração do acordo;
II - a primeira parcela será paga no prazo de 30 (trinta) dias, contado da data da celebração do acordo, desde que a celebração do acordo seja informada no prazo a que se refere o inciso I deste parágrafo; e
III - o Benefício Emergencial de Preservação do Emprego e da Renda será pago exclusivamente enquanto durar a redução da jornada de trabalho e do salário ou a suspensão temporária do contrato de trabalho.

§ 3.º Caso a informação de que trata o inciso I do § 2.º deste artigo não seja prestada no prazo previsto no referido dispositivo:
I - o empregador ficará responsável pelo pagamento da remuneração no valor anterior à redução da jornada de trabalho e do salário ou à suspensão temporária do contrato de trabalho do empregado, inclusive dos respectivos encargos sociais e trabalhistas, até que a informação seja prestada;
II - a data de início do Benefício Emergencial de Preservação do Emprego e da Renda será fixada na data em que a informação tenha sido efetivamente prestada, e o benefício será devido pelo restante do período pactuado; e
III - a primeira parcela, observado o disposto no inciso II deste parágrafo, será paga no prazo de 30 (trinta) dias, contado da data em que a informação tiver sido efetivamente prestada.

§ 4.º Ato do Ministério da Economia disciplinará a forma de:
I - transmissão das informações e das comunicações pelo empregador; e
II - concessão e pagamento do Benefício Emergencial de Preservação do Emprego e da Renda.

§ 5.º O recebimento do Benefício Emergencial de Preservação do Emprego e da Renda não impedirá a concessão e não alterará o valor do seguro-desemprego a que o empregado vier a ter direito, desde que cumpridos os requisitos previstos na Lei n. 7.998, de 11 de janeiro de 1990, no momento de eventual dispensa.

§ 6.º O Benefício Emergencial de Preservação do Emprego e da Renda será operacionalizado e pago pelo Ministério da Economia.

§ 7.º Serão inscritos em dívida ativa da União os créditos constituídos em decorrência de Benefício Emergencial de Preservação do Emprego e da Renda pago indevidamente ou além do devido, hipótese em que se aplicará o disposto na Lei n. 6.830, de 22 de setembro de 1980, para a execução judicial.

Art. 6.º O valor do Benefício Emergencial de Preservação do Emprego e da Renda terá como base de cálculo o valor mensal do seguro-desemprego a que o empregado teria direito, nos termos do art. 5.º da Lei n. 7.998, de 11 de janeiro de 1990, observadas as seguintes disposições:

I – na hipótese de redução de jornada de trabalho e de salário, será calculado aplicando-se sobre a base de cálculo o percentual da redução; e

II – na hipótese de suspensão temporária do contrato de trabalho, terá valor mensal:

a) equivalente a 100% (cem por cento) do valor do seguro-desemprego a que o empregado teria direito, na hipótese prevista no *caput* do art. 8.º desta Lei; ou

b) equivalente a 70% (setenta por cento) do valor do seguro-desemprego a que o empregado teria direito, na hipótese prevista no § 5.º do art. 8.º desta Lei.

§ 1.º O Benefício Emergencial de Preservação do Emprego e da Renda será pago ao empregado independentemente do:

I – cumprimento de qualquer período aquisitivo;

II – tempo de vínculo empregatício; e

III – número de salários recebidos.

§ 2.º O Benefício Emergencial de Preservação do Emprego e da Renda não será devido ao empregado que esteja:

I – ocupando cargo ou emprego público ou cargo em comissão de livre nomeação e exoneração ou seja titular de mandato eletivo; ou

II – em gozo:

a) de benefício de prestação continuada do Regime Geral de Previdência Social ou dos regimes próprios de previdência social, ressalvado o disposto no parágrafo único do art. 124 da Lei n. 8.213, de 24 de julho de 1991;

b) do seguro-desemprego, em qualquer de suas modalidades; e

c) da bolsa de qualificação profissional de que trata o art. 2.º-A da Lei n. 7.998, de 11 de janeiro de 1990.

§ 3.º O empregado com mais de um vínculo formal de emprego poderá receber cumulativamente um Benefício Emergencial de Preservação do Emprego e da Renda para cada vínculo com redução proporcional de jornada de trabalho e de salário ou com suspensão temporária do contrato de trabalho, observado o valor previsto no *caput* do art. 18 e o disposto no § 3.º do art. 18, se houver vínculo na modalidade de contrato intermitente, nos termos do § 3.º do art. 443 da CLT, aprovada pelo Decreto-lei n. 5.452, de 1.º de maio de 1943.

§ 4.º Nos casos em que o cálculo do benefício emergencial resultar em valores decimais, o valor a ser pago deverá ser arredondado para a unidade inteira imediatamente superior.

SEÇÃO III
Da Redução Proporcional de Jornada de Trabalho e de Salário

Art. 7.º Durante o estado de calamidade pública a que se refere o art. 1.º desta Lei, o empregador poderá acordar a redução proporcional de jornada de trabalho e de salário de seus empregados, de forma setorial, departamental, parcial ou na totalidade dos postos de trabalho, por até 90 (noventa) dias, prorrogáveis por prazo determinado em ato do Poder Executivo, observados os seguintes requisitos:

I – preservação do valor do salário-hora de trabalho;

II – pactuação, conforme o disposto nos arts. 11 e 12 desta Lei, por convenção coletiva de trabalho, acordo coletivo de trabalho ou acordo individual escrito entre empregador e empregado; e

III – na hipótese de pactuação por acordo individual escrito, encaminhamento da proposta de acordo ao empregado com antecedência de, no mínimo, 2 (dois) dias corridos, e redução da jornada de trabalho e do salário exclusivamente nos seguintes percentuais:

a) 25% (vinte e cinco por cento);

b) 50% (cinquenta por cento);

c) 70% (setenta por cento).

§ 1.º A jornada de trabalho e o salário pago anteriormente serão restabelecidos no prazo de 2 (dois) dias corridos, contado da:

I – cessação do estado de calamidade pública;

II – data estabelecida como termo de encerramento do período de redução pactuado; ou

III – data de comunicação do empregador que informe ao empregado sua decisão de antecipar o fim do período de redução pactuado.

§ 2.º Durante o período de redução proporcional de jornada de trabalho e de salário, a contribuição de que tratam o art. 20 da Lei n. 8.212, de 24 de julho de 1991, e o art. 28 da Emenda Constitucional n. 103, de 12 de novembro de 2019, poderá ser complementada na forma do art. 20 desta Lei.

§ 3.º Respeitado o limite temporal do estado de calamidade pública a que se refere o art. 1.º desta Lei, o Poder Executivo poderá prorrogar o prazo máximo de redução proporcional de jornada de trabalho e de salário previsto no *caput* deste artigo, na forma do regulamento.

SEÇÃO IV
Da Suspensão Temporária do Contrato de Trabalho

Art. 8.º Durante o estado de calamidade pública a que se refere o art. 1.º desta Lei, o empregador poderá acordar a suspensão temporária do contrato de trabalho de seus empregados, de forma setorial, departamental, parcial ou na totalidade dos postos de trabalho, pelo prazo máximo de 60 (sessenta) dias, fracionável em 2 (dois) períodos de até 30 (trinta) dias, podendo ser prorrogado por prazo determinado em ato do Poder Executivo.

§ 1.º A suspensão temporária do contrato de trabalho será pactuada, conforme o disposto nos arts. 11 e 12 desta Lei, por convenção coletiva de trabalho, acordo coletivo de trabalho ou acordo individual escrito entre empregador e empregado, devendo a proposta de acordo, nesta última hipótese, ser encaminhada ao empregado com antecedência de, no mínimo, 2 (dois) dias corridos.

§ 2.º Durante o período de suspensão temporária do contrato de trabalho, o empregado:

I – fará jus a todos os benefícios concedidos pelo empregador aos seus empregados; e

II – ficará autorizado a contribuir para o Regime Geral de Previdência Social na qualidade de segurado facultativo, na forma do art. 20 desta Lei.

§ 3.º O contrato de trabalho será restabelecido no prazo de 2 (dois) dias corridos, contado da:

I – cessação do estado de calamidade pública;

II – data estabelecida como termo de encerramento do período de suspensão pactuado; ou

III – data de comunicação do empregador que informe ao empregado sua decisão de antecipar o fim do período de suspensão pactuado.

§ 4.º Se, durante o período de suspensão temporária do contrato de trabalho, o empregado mantiver as atividades de trabalho, ainda que parcialmente, por meio de teletrabalho, trabalho remoto ou trabalho a distância, ficará descaracterizada a suspensão temporária do contrato de trabalho, e o empregador estará sujeito:

I – ao pagamento imediato da remuneração e dos encargos sociais e trabalhistas referentes a todo o período;

II – às penalidades previstas na legislação em vigor; e

III – às sanções previstas em convenção coletiva ou acordo coletivo de trabalho.

§ 5.º A empresa que tiver auferido, no ano-calendário de 2019, receita bruta superior a R$ 4.800.000,00 (quatro milhões e oitocentos mil reais) somente poderá suspender o contrato de trabalho de seus empregados mediante o pagamento de ajuda compensatória mensal no valor de 30% (trinta por cento) do valor do salário do empregado, du-

rante o período de suspensão temporária do contrato de trabalho pactuado, observado o disposto neste artigo e no art. 9.º desta Lei.

§ 6.º Respeitado o limite temporal do estado de calamidade pública a que se refere o art. 1.º desta Lei, o Poder Executivo poderá prorrogar o prazo máximo de suspensão temporária do contrato de trabalho previsto no *caput* deste artigo, na forma do regulamento.

SEÇÃO V
Das Disposições Comuns às Medidas do Programa Emergencial de Manutenção do Emprego e da Renda

Art. 9.º O Benefício Emergencial de Preservação do Emprego e da Renda poderá ser acumulado com o pagamento, pelo empregador, de ajuda compensatória mensal, em decorrência da redução proporcional de jornada de trabalho e de salário ou da suspensão temporária de contrato de trabalho de que trata esta Lei.

§ 1.º A ajuda compensatória mensal de que trata o *caput* deste artigo:

I – deverá ter o valor definido em negociação coletiva ou no acordo individual escrito pactuado;

II – terá natureza indenizatória;

III – não integrará a base de cálculo do imposto sobre a renda retido na fonte ou da declaração de ajuste anual do imposto sobre a renda da pessoa física do empregado;

IV – não integrará a base de cálculo da contribuição previdenciária e dos demais tributos incidentes sobre a folha de salários;

V – não integrará a base de cálculo do valor dos depósitos no Fundo de Garantia do Tempo de Serviço (FGTS), instituído pela Lei n. 8.036, de 11 de maio de 1990, e pela Lei Complementar n. 150, de 1.º de junho de 2015; e

VI – poderá ser:

a) considerada despesa operacional dedutível na determinação do lucro real e da base de cálculo da Contribuição Social sobre o Lucro Líquido (CSLL) das pessoas jurídicas tributadas pelo lucro real;

b) (Vetado.);

c) (Vetado.);

d) (Vetado.).

§ 2.º Na hipótese de redução proporcional de jornada de trabalho e de salário, a ajuda compensatória prevista no *caput* deste artigo não integrará o salário devido pelo empregador e observará o disposto no § 1.º deste artigo.

§ 3.º O disposto no inciso VI do § 1.º deste artigo aplica-se às ajudas compensatórias mensais pagas a partir do mês de abril de 2020.

Art. 10. Fica reconhecida a garantia provisória no emprego ao empregado que receber o Benefício Emergencial de Preservação do Emprego e da Renda, previsto no art. 5.º desta Lei, em decorrência da redução da jornada de trabalho e do salário ou da suspensão temporária do contrato de trabalho de que trata esta Lei, nos seguintes termos:

I – durante o período acordado de redução da jornada de trabalho e do salário ou de suspensão temporária do contrato de trabalho;

II – após o restabelecimento da jornada de trabalho e do salário ou do encerramento da suspensão temporária do contrato de trabalho, por período equivalente ao acordado para a redução ou a suspensão; e

III – no caso da empregada gestante, por período equivalente ao acordado para a redução da jornada de trabalho e do salário ou para a suspensão temporária do contrato de trabalho, contado a partir do término do período da garantia estabelecida na alínea *b* do inciso II do *caput* do art. 10 do Ato das Disposições Constitucionais Transitórias.

§ 1.º A dispensa sem justa causa que ocorrer durante o período de garantia provisória no emprego previsto no *caput* deste artigo sujeitará o empregador ao pagamento, além das parcelas rescisórias previstas na legislação em vigor, de indenização no valor de:

I – 50% (cinquenta por cento) do salário a que o empregado teria direito no período de garantia provisória no emprego, na hipótese de redução de jornada de trabalho e de salário igual ou superior a 25% (vinte e cinco por cento) e inferior a 50% (cinquenta por cento);

II – 75% (setenta e cinco por cento) do salário a que o empregado teria direito no período de garantia provisória no emprego, na hipótese de redução de jornada de trabalho e de salário igual ou superior a 50% (cinquenta por cento) e inferior a 70% (setenta por cento); ou

III – 100% (cem por cento) do salário a que o empregado teria direito no período de garantia provisória no emprego, nas hipóteses de redução de jornada de trabalho e de salário em percentual igual ou superior a 70% (setenta por cento) ou de suspensão temporária do contrato de trabalho.

§ 2.º O disposto neste artigo não se aplica às hipóteses de pedido de demissão ou dispensa por justa causa do empregado.

Art. 11. As medidas de redução proporcional de jornada de trabalho e de salário ou de suspensão temporária do contrato de trabalho de que trata esta Lei poderão ser celebradas por meio de negociação coletiva, observado o disposto nos arts. 7.º e 8.º desta Lei e no § 1.º deste artigo.

§ 1.º A convenção coletiva ou o acordo coletivo de trabalho poderão estabelecer redução de jornada de trabalho e de salário em percentuais diversos dos previstos no inciso III do *caput* do art. 7.º desta Lei.

§ 2.º Na hipótese prevista no § 1.º deste artigo, o Benefício Emergencial de Preservação do Emprego e da Renda, de que tratam os arts. 5.º e 6.º desta Lei, será devido nos seguintes termos:

I – sem percepção do Benefício Emergencial de Preservação do Emprego e da Renda para a redução de jornada e de salário inferior a 25% (vinte e cinco por cento);

II – no valor de 25% (vinte e cinco por cento) sobre a base de cálculo prevista no art. 6.º desta Lei para a redução de jornada e de salário igual ou superior a 25% (vinte e cinco por cento) e inferior a 50% (cinquenta por cento);

III – no valor de 50% (cinquenta por cento) sobre a base de cálculo prevista no art. 6.º desta Lei para a redução de jornada e de salário igual ou superior a 50% (cinquenta por cento) e inferior a 70% (setenta por cento); e

IV – no valor de 70% (setenta por cento) sobre a base de cálculo prevista no art. 6.º desta Lei para a redução de jornada e de salário igual ou superior a 70% (setenta por cento).

§ 3.º As convenções coletivas ou os acordos coletivos de trabalho celebrados anteriormente poderão ser renegociados para adequação de seus termos, no prazo de 10 (dez) dias corridos, contado da data de publicação desta Lei.

Art. 12. As medidas de que trata o art. 3.º desta Lei serão implementadas por meio de acordo individual escrito ou de negociação coletiva aos empregados:

I – com salário igual ou inferior a R$ 2.090,00 (dois mil e noventa reais), na hipótese de o empregador ter auferido, no ano-calendário de 2019, receita bruta superior a R$ 4.800.000,00 (quatro milhões e oitocentos mil reais);

II – com salário igual ou inferior a R$ 3.135,00 (três mil, cento e trinta e cinco reais), na hipótese de o empregador ter auferido, no ano-calendário de 2019, receita bruta igual ou inferior a R$ 4.800.000,00 (quatro milhões e oitocentos mil reais); ou

III – portadores de diploma de nível superior e que percebam salário mensal igual ou superior a 2 (duas) vezes o limite máximo dos benefícios do Regime Geral de Previdência Social.

§ 1.º Para os empregados não enquadrados no *caput* deste artigo, as medidas de que trata o art. 3.º desta Lei somente poderão ser estabelecidas por convenção coletiva ou acordo coletivo de trabalho, salvo nas seguintes hipóteses, nas quais se admite a pactuação por acordo individual escrito:

I – redução proporcional de jornada de trabalho e de salário de 25% (vinte e cinco por cento), prevista na alínea *a* do inciso III do *caput* do art. 7.º desta Lei;

II – redução proporcional de jornada de trabalho e de salário ou suspensão temporária do contrato de trabalho quando do acordo não resultar diminuição do valor total recebido mensalmente pelo empregado, incluídos neste valor o Benefício Emergencial de Preservação do Emprego e da Renda, a ajuda compensatória mensal e, em caso de redução da jornada, o salário pago pelo empregador em razão das horas de trabalho.

§ 2.º Para os empregados que se encontrem em gozo do benefício de aposentadoria, a implementação das medidas de redução proporcional de jornada de trabalho e de salário ou suspensão temporária do contrato de trabalho por acordo individual escrito somente será admitida quando, além do enquadramento em alguma das hipóteses de autorização do acordo individual de trabalho previstas no caput ou no § 1.º deste artigo, houver o pagamento, pelo empregador, de ajuda compensatória mensal, observado o disposto no art. 9.º desta Lei e as seguintes condições:

I – o valor da ajuda compensatória mensal a que se refere este parágrafo deverá ser, no mínimo, equivalente ao do benefício que o empregado receberia se não houvesse a vedação prevista na alínea a do inciso II do § 2.º do art. 6.º desta Lei;

II – na hipótese de empresa que se enquadre no § 5.º do art. 8.º desta Lei, o total pago a título de ajuda compensatória mensal deverá ser, no mínimo, igual à soma do valor previsto naquele dispositivo com o valor mínimo previsto no inciso I deste parágrafo.

§ 3.º Os atos necessários à pactuação dos acordos individuais escritos de que trata este artigo poderão ser realizados por quaisquer meios físicos ou eletrônicos eficazes.

§ 4.º Os acordos individuais de redução de jornada de trabalho e de salário ou de suspensão temporária do contrato de trabalho, pactuados nos termos desta Lei, deverão ser comunicados pelos empregadores ao respectivo sindicato da categoria profissional, no prazo de até 10 (dez) dias corridos, contado da data de sua celebração.

§ 5.º Se, após a pactuação de acordo individual na forma deste artigo, houver a celebração de convenção coletiva ou acordo coletivo de trabalho com cláusulas conflitantes com as do acordo individual, deverão ser observadas as seguintes regras:

I – a aplicação das condições estabelecidas no acordo individual em relação ao período anterior ao da negociação coletiva;

II – a partir da entrada em vigor da convenção coletiva ou do acordo coletivo de trabalho, a prevalência das condições estipuladas na negociação coletiva, naquilo em que conflitarem com as condições estipuladas no acordo individual.

§ 6.º Quando as condições do acordo individual forem mais favoráveis ao trabalhador, prevalecerão sobre a negociação coletiva.

Art. 13. A redução proporcional de jornada de trabalho e de salário ou a suspensão temporária do contrato de trabalho, quando adotadas, deverão resguardar o exercício e o funcionamento dos serviços públicos e das atividades essenciais de que tratam a Lei n. 7.783, de 28 de junho de 1989, e a Lei n. 13.979, de 6 de fevereiro de 2020.

Art. 14. As irregularidades constatadas pela Auditoria-Fiscal do Trabalho quanto aos acordos de redução proporcional de jornada de trabalho e de salário ou de suspensão temporária do contrato de trabalho de que trata esta Lei sujeitam os infratores à multa prevista no art. 25 da Lei n. 7.998, de 11 de janeiro de 1990.

Parágrafo único. O processo de fiscalização, de notificação, de autuação e de imposição de multas decorrente desta Lei observará o disposto no Título VII da CLT, aprovada pelo Decreto-lei n. 5.452, de 1.º de maio de 1943, não se aplicando o critério da dupla visita.

Art. 15. O disposto nesta Lei aplica-se aos contratos de trabalho de aprendizagem e aos de jornada parcial.

Art. 16. O tempo máximo de redução proporcional de jornada e de salário e de suspensão temporária do contrato de trabalho, ainda que sucessivos, não poderá ser superior a 90 (noventa) dias, respeitado o prazo máximo de que trata o art. 8.º desta Lei, salvo se, por ato do Poder Executivo, for estabelecida prorrogação do tempo máximo dessas medidas ou dos prazos determinados para cada uma delas.

Parágrafo único. Respeitado o limite temporal do estado de calamidade pública de que trata o art. 1.º desta Lei, o Poder Executivo poderá prorrogar o prazo máximo das medidas previstas no caput deste artigo, na forma do regulamento.

Capítulo III
DISPOSIÇÕES FINAIS

Art. 17. Durante o estado de calamidade pública de que trata o art. 1.º desta Lei:

I – o curso ou o programa de qualificação profissional de que trata o art. 476-A da CLT, aprovada pelo Decreto-lei n. 5.452, de 1.º de maio de 1943, poderá ser oferecido pelo empregador exclusivamente na modalidade não presencial, e terá duração não inferior a 1 (um) mês e não superior a 3 (três) meses;

II – poderão ser utilizados meios eletrônicos para atendimento aos requisitos formais previstos no Título VI da CLT, aprovada pelo Decreto-lei n. 5.452, de 1.º de maio de 1943, inclusive para convocação, deliberação, decisão, formalização e publicidade de convenção coletiva ou acordo coletivo de trabalho;

III – os prazos previstos no Título VI da CLT, aprovada pelo Decreto-lei n. 5.452, de 1.º de maio de 1943, ficarão reduzidos pela metade;

IV – (Vetado.); e

V – a dispensa sem justa causa do empregado pessoa com deficiência será vedada.

Art. 18. O empregado com contrato de trabalho intermitente, nos termos do § 3.º do art. 443 da CLT, aprovada pelo Decreto-lei n. 5.452, de 1.º de maio de 1943, formalizado até a data de publicação da Medida Provisória n. 936, de 1.º de abril de 2020, faz jus ao benefício emergencial mensal no valor de R$ 600,00 (seiscentos reais), pelo período de 3 (três) meses.

•• A Lei n. 14.058, de 17-9-2020, estabelece a operacionalização do pagamento do Benefício Emergencial de Preservação do Emprego e da Renda e do benefício emergencial mensal.

§ 1.º O benefício emergencial mensal de que trata este artigo é devido a partir da data de publicação da Medida Provisória n. 936, de 1.º de abril de 2020, e deve ser pago em até 30 (trinta) dias a contar da referida data.

§ 2.º Aplica-se ao benefício emergencial mensal previsto neste artigo o disposto nos §§ 1.º, 6.º e 7.º do art. 5.º e nos §§ 1.º e 2.º do art. 6.º desta Lei.

§ 3.º A existência de mais de um contrato de trabalho intermitente, nos termos do § 3.º do art. 443 da CLT, aprovada pelo Decreto-lei n. 5.452, de 1.º de maio de 1943, não gera direito à concessão de mais de um benefício emergencial mensal.

§ 4.º Ato do Ministério da Economia disciplinará a concessão e o pagamento do benefício emergencial mensal de que trata este artigo, e o Poder Executivo fica autorizado a prorrogar o período de concessão desse benefício, na forma do regulamento, respeitado o limite temporal do estado de calamidade pública a que se refere o art. 1.º desta Lei.

§ 5.º O benefício emergencial mensal de que trata este artigo não pode ser acumulado com o pagamento de outro auxílio emergencial, devendo ser garantido o direito ao melhor benefício.

§ 6.º Durante o período de recebimento do benefício emergencial mensal de que trata este artigo, o empregado com contrato de trabalho intermitente fica autorizado a contribuir facultativamente para o Regime Geral de Previdência Social, na forma do art. 20 desta Lei.

Art. 19. O disposto no Capítulo VII da Medida Provisória n. 927, de 22 de março de 2020, não autoriza o descumprimento das normas regulamentadoras de segurança e saúde no trabalho pelo empregador, aplicadas as ressalvas ali previstas apenas nas hipóteses excepcionadas.

Art. 20. Ressalvado o disposto na alínea b do inciso II do § 2.º do art. 21 da Lei n. 8.212, de 24 de julho de 1991, as alíquotas das contribuições facultativas de que tratam o § 2.º do art. 7.º, o inciso II do § 2.º do art. 8.º e o § 6.º do art. 18 desta Lei, serão de:

I – 7,5% (sete inteiros e cinco décimos por cento), para valores de até 1 (um) salário mínimo;

II – 9% (nove por cento), para valores acima de 1 (um) salário mínimo até R$ 2.089,60 (dois mil e oitenta e nove reais e sessenta centavos);

III – 12% (doze por cento), para valores de R$ 2.089,61 (dois mil e oitenta e nove reais e sessenta e um centavos) até R$ 3.134,40 (três mil, cento e trinta e quatro reais e quarenta centavos); e

IV – 14% (quatorze por cento), para valores de R$ 3.134,41 (três mil, cento e trinta e quatro reais e quarenta e um centavos) até o limite de R$ 6.101,06 (seis mil, cento e um reais e seis centavos).

§ 1.º As contribuições de que trata o *caput* deste artigo devem ser recolhidas por iniciativa própria do segurado até o dia 15 do mês seguinte ao da competência.

§ 2.º Na hipótese de suspensão temporária do contrato de trabalho, as alíquotas previstas nos incisos I, II, III e IV do *caput* deste artigo serão aplicadas de forma progressiva sobre o valor declarado pelo segurado, observados os limites mínimo e máximo a que se referem os §§ 3.º e 5.º do art. 28 da Lei n. 8.212, de 24 de julho de 1991, incidindo cada alíquota sobre a faixa de valores compreendida nos respectivos limites.

§ 3.º Na hipótese de redução proporcional de jornada de trabalho e de salário e na hipótese de que trata o art. 18 desta Lei, as alíquotas previstas nos incisos I, II, III e IV do *caput* deste artigo serão aplicadas de forma progressiva sobre a faixa de valores compreendida nos respectivos limites, incidindo sobre o somatório da remuneração declarada na forma do inciso IV do *caput* do art. 32 da Lei n. 8.212, de 24 de julho de 1991, e do valor declarado pelo segurado, observados:

I – os limites previstos nos §§ 3.º e 5.º do art. 28 da Lei n. 8.212, de 24 de julho de 1991;

II – a incidência das alíquotas dos incisos I, II, III e IV do *caput* deste artigo primeiramente sobre a remuneração e, em seguida, sobre o valor declarado;

III – o recolhimento apenas das alíquotas incidentes sobre o valor declarado pelo segurado, sem prejuízo da contribuição de que tratam o art. 20 da Lei n. 8.212, de 24 de julho de 1991, e o art. 28 da Emenda Constitucional n. 103, de 12 de novembro de 2019.

§ 4.º Não recebida a informação de que trata o inciso IV do *caput* do art. 32 da Lei n. 8.212, de 24 de julho de 1991, a tempo de ser calculada e paga a contribuição no prazo de que trata o § 1.º deste artigo, será considerado provisoriamente como remuneração, para fins do disposto no § 3.º deste artigo, o valor da remuneração anterior à redução proporcional de jornada de trabalho menos o valor da redução remuneratória pactuada ou, no caso do empregado com contrato de trabalho intermitente, será considerado que não houve remuneração.

§ 5.º Recebida a informação de remuneração de que trata o inciso IV do *caput* do art. 32 da Lei n. 8.212, de 24 de julho de 1991, após recolhimento de contribuição facultativa na forma do § 4.º deste artigo, a contribuição incidente sobre o valor declarado será recalculada, considerados o critério disposto no § 3.º deste artigo e os limites de que tratam os §§ 3.º e 5.º do art. 28 da Lei n. 8.212, de 24 de julho de 1991, e eventual excedente deverá ser devolvido ao segurado atualizado pela variação do Índice Nacional de Preços ao Consumidor (INPC) ou, em caso de insuficiência do valor recolhido para o salário de contribuição reconhecido, o segurado deve ser notificado para complementação facultativa, na forma do regulamento.

§ 6.º Os valores previstos nos incisos I, II, III e IV do *caput* deste artigo serão reajustados, a partir da data de entrada em vigor desta Lei, na mesma data e com o mesmo índice em que se der o reajuste dos benefícios do Regime Geral de Previdência Social, ressalvados aqueles vinculados ao salário mínimo, aos quais se aplica a legislação específica.

§ 7.º Será devolvido ao segurado, no prazo de até 60 (sessenta) dias contado da data de publicação desta Lei, o valor correspondente à diferença entre as contribuições eventualmente recolhidas com fundamento no inciso II do § 2.º do art. 8.º da Medida Provisória n. 936, de 1.º de abril de 2020, e no *caput* ou inciso I do § 2.º do art. 21 da Lei n. 8.212, de 24 de julho de 1991, e as contribuições devidas com fundamento neste artigo, atualizado pela variação do INPC.

Art. 21. Considera-se salário de contribuição, além das parcelas de que tratam os incisos I, II e IV do *caput* do art. 28 da Lei n. 8.212, de 24 de julho de 1991, o valor declarado e objeto de recolhimento pelo segurado na forma do art. 20 desta Lei, observado o limite máximo a que se refere o § 5.º do art. 28 da Lei n. 8.212, de 24 de julho de 1991.

Art. 22. A empregada gestante, inclusive a doméstica, poderá participar do Programa Emergencial de Manutenção do Emprego e da Renda, observadas as condições estabelecidas nesta Lei.

§ 1.º Ocorrido o evento caracterizador do início do benefício de salário-maternidade, nos termos do art. 71 da Lei n. 8.213, de 24 de julho de 1991:

I – o empregador deverá efetuar a imediata comunicação ao Ministério da Economia, nos termos estabelecidos no ato de que trata o § 4.º do art. 5.º desta Lei;

II – a aplicação das medidas de que trata o art. 3.º desta Lei será interrompida; e

III – o salário-maternidade será pago à empregada nos termos do art. 72 da Lei n. 8.213, de 24 de julho de 1991, e à empregada doméstica nos termos do inciso I do *caput* do art. 73 da referida Lei, considerando-se como remuneração integral ou último salário de contribuição os valores a que teriam direito sem a aplicação das medidas previstas nos incisos II e III do *caput* do art. 3.º desta Lei.

§ 2.º Aplica-se o disposto neste artigo ao segurado ou segurada da Previdência Social que adotar ou obtiver guarda judicial para fins de adoção, observado o art. 71-A da Lei n. 8.213, de 24 de julho de 1991, devendo o salário-maternidade ser pago diretamente pela Previdência Social.

Art. 23. Empregador e empregado podem, em comum acordo, optar pelo cancelamento de aviso prévio em curso.

Parágrafo único. Em caso de cancelamento do aviso prévio nos termos deste artigo, as partes podem, na forma desta Lei, adotar as medidas do Programa Emergencial de Manutenção do Emprego e da Renda.

Art. 24. Os acordos de redução proporcional de jornada de trabalho e de salário e de suspensão temporária do contrato de trabalho celebrados entre empregadores e empregados, em negociação coletiva ou individual, com base na Medida Provisória n. 936, de 1.º de abril de 2020, regem-se pelas disposições da referida Medida Provisória.

Parágrafo único. A norma interpretativa expressa no § 5.º do art. 12 desta Lei aplica-se, inclusive, aos acordos firmados na vigência da Medida Provisória n. 936, de 1.º de abril de 2020.

Art. 25. Durante a vigência do estado de calamidade pública a que se refere o art. 1.º desta Lei, será garantida a opção pela repactuação das operações de empréstimos, de financiamentos, de cartões de crédito e de arrendamento mercantil concedidas por instituições financeiras e sociedades de arrendamento mercantil e contraídas com o desconto em folha de pagamento ou na remuneração disponível de que trata a Lei n. 10.820, de 17 de dezembro de 2003, nos termos e condições deste artigo, aos seguintes mutuários:

I – o empregado que sofrer redução proporcional de jornada de trabalho e de salário;

II – o empregado que tiver a suspensão temporária do contrato de trabalho;

III – o empregado que, por meio de laudo médico acompanhado de exame de testagem, comprovar a contaminação pelo novo coronavírus.

§ 1.º Na hipótese de repactuação, será garantido o direito à redução das prestações referidas no art. 1.º da Lei n. 10.820, de 17 de dezem-

bro de 2003, na mesma proporção de sua redução salarial, para os mutuários de que trata o inciso I do *caput* deste artigo.

§ 2.º Será garantido prazo de carência de até 90 (noventa) dias, à escolha do mutuário.

§ 3.º As condições financeiras de juros, encargos remuneratórios e garantias serão mantidas, salvo no caso em que a instituição consignatária entenda pertinente a diminuição de tais juros e demais encargos remuneratórios.

Art. 26. Os empregados que forem dispensados até 31 de dezembro de 2020 e que tenham contratado operações de empréstimos, de financiamentos, de cartões de crédito e de arrendamento mercantil concedidas por instituições financeiras e sociedades de arrendamento mercantil e contraídas com o desconto em folha de pagamento ou na remuneração disponível de que trata a Lei n. 10.820, de 17 de dezembro de 2003, terão direito à novação dessas operações para um contrato de empréstimo pessoal, com o mesmo saldo devedor anterior e as mesmas condições de taxa de juros, encargos remuneratórios e garantias originalmente pactuadas, acrescida de carência de até 120 (cento e vinte) dias.

Arts. 27 e 28. (*Vetados.*)

Art. 29. Não se aplica o disposto no art. 486 da CLT, aprovada pelo Decreto-lei n. 5.452, de 1.º de maio de 1943, na hipótese de paralisação ou suspensão de atividades empresariais determinada por ato de autoridade municipal, estadual ou federal para o enfrentamento do estado de calamidade pública reconhecido pelo Decreto Legislativo n. 6, de 20 de março de 2020, e da emergência de saúde pública de importância internacional decorrente do coronavírus, de que trata a Lei n. 13.979, de 6 de fevereiro de 2020.

Art. 30. (*Vetado.*)

Art. 31. A Lei n. 8.213, de 24 de julho de 1991, passa a vigorar com as seguintes alterações:

•• Alteração já processada no texto do diploma modificado.

...

Arts. 34 a 37. (*Vetados.*)

Art. 38. Revogam-se os incisos I, II e III do *caput* e o parágrafo único do art. 117 da Lei n. 8.213, de 24 de julho de 1991.

Art. 39. Esta Lei entra em vigor na data de sua publicação.

Brasília, 6 de julho de 2020; 199.º da Independência e 132.º da República.

JAIR MESSIAS BOLSONARO

LEI N. 14.043, DE 19 DE AGOSTO DE 2020 (*)

Institui o Programa Emergencial de Suporte a Empregos; altera as Leis n. 9.430, de 27 de dezembro de 1996, e 13.999, de 18 de maio de 2020; e dá outras providências.

O Presidente da República

Faço saber que o Congresso Nacional decreta e eu sanciono a seguinte Lei:

Capítulo I
DISPOSIÇÕES PRELIMINARES

Art. 1.º Fica instituído o Programa Emergencial de Suporte a Empregos, destinado à realização de operações de crédito com os seguintes agentes econômicos, com a finalidade de pagamento de folha salarial de seus empregados ou de verbas trabalhistas, na forma desta Lei:

I – empresários;

II – sociedades simples;

III – sociedades empresárias e sociedades cooperativas, exceto as sociedades de crédito;

IV – organizações da sociedade civil, definidas no inciso I do *caput* do art. 2.º da Lei n. 13.019, de 31 de julho de 2014, e no inciso IV do *caput* do art. 44 da Lei n. 10.406, de 10 de janeiro de 2002 (Código Civil); e

V – empregadores rurais, definidos no art. 3.º da Lei n. 5.889, de 8 de junho de 1973.

Capítulo II
DO PROGRAMA EMERGENCIAL DE SUPORTE A EMPREGOS

Art. 2.º O Programa Emergencial de Suporte a Empregos é destinado aos agentes econômicos a que se refere o art. 1.º desta Lei com receita bruta anual superior a R$ 360.000,00 (trezentos e sessenta mil reais) e igual ou inferior a R$ 50.000.000,00 (cinquenta milhões de reais), calculada com base no exercício de 2019.

§ 1.º As linhas de crédito concedidas no âmbito do Programa:

I – abrangerão até 100% (cem por cento) da folha de pagamento do contratante, pelo período de 4 (quatro) meses, limitadas ao valor equivalente a até 2 (duas) vezes o salário mínimo por empregado; e

II – serão destinadas exclusivamente às finalidades previstas no art. 1.º desta Lei.

§ 2.º Poderão participar do Programa todas as instituições financeiras sujeitas à supervisão do Banco Central do Brasil.

§ 3.º As pessoas a que se refere o art. 1.º desta Lei que contratarem as linhas de crédito no âmbito do Programa assumirão contratualmente as seguintes obrigações:

I – fornecer informações verídicas;

II – não utilizar os recursos para finalidade distinta do pagamento de seus empregados;

III – efetuar o pagamento de seus empregados com os recursos do Programa, por meio de transferência para a conta de depósito, para a conta-salário ou para a conta de pagamento pré-paga de titularidade de cada um deles, mantida em instituição autorizada a funcionar pelo Banco Central do Brasil; e

IV – não rescindir sem justa causa o contrato de trabalho de seus empregados, no período compreendido entre a data da contratação da linha de crédito e o sexagésimo dia após a liberação dos valores referentes à última parcela da linha de crédito pela instituição financeira.

§ 4.º Caso a folha de pagamento seja processada por instituição financeira participante do Programa, o pagamento de que trata o inciso III do § 3.º deste artigo dar-se-á mediante depósito direto feito pela instituição financeira nas contas dos empregados.

§ 5.º A vedação a que se refere o inciso IV do § 3.º deste artigo incidirá na mesma proporção do total da folha de pagamento que, por opção do contratante, tiver sido paga com recursos do Programa.

§ 6.º O não atendimento a qualquer das obrigações de que tratam os §§ 3.º, 4.º e 5.º deste artigo implica o vencimento antecipado da dívida.

Art. 3.º O Programa Emergencial de Suporte a Empregos poderá ser utilizado para financiar a quitação das seguintes verbas trabalhistas devidas pelos contratantes:

I – (*Vetado.*);

II – (*Vetado.*); e

III – verbas rescisórias pagas ou pendentes de adimplemento decorrentes de demissões sem justa causa ocorridas entre a data de publicação da Lei n. 13.979, de 6 de fevereiro de 2020, e a data de publicação desta Lei, incluídos os eventuais débitos relativos ao Fundo de Garantia do Tempo de Serviço (FGTS) correspondentes, para fins de recontratação do empregado demitido.

§ 1.º Os contratantes que optarem pela modalidade de financiamento de que trata este artigo não poderão estar com suas atividades encerradas, com falência decretada ou em estado de insolvência civil.

§ 2.º Não estão sujeitas ao financiamento de que trata este artigo as verbas trabalhistas de natureza exclusivamente indenizatória ou que tenham como fato gerador o trabalho escravo ou infantil.

§§ 3.º a 6.º (*Vetados.*)

(*) Publicada no *DOU*, de 20-8-2020.

§ 7.º A contratação das linhas de crédito previstas neste artigo, observado o disposto no § 6.º deste artigo, constitui confissão de dívida irrevogável e irretratável e implica a renúncia tácita a qualquer impugnação ou recurso em relação ao montante principal devido, às verbas sucumbenciais e às respectivas contribuições previdenciárias decorrentes da condenação ou do acordo homologado.

§§ 8.º e 9.º (*Vetados*.)

§ 10. Os agentes econômicos a que se refere o art. 1.º desta Lei que contratarem o financiamento para os fins de que trata este artigo assumirão contratualmente as seguintes obrigações:

I – fornecer informações atualizadas e verídicas;

II – não utilizar os recursos para finalidade distinta da quitação dos débitos referidos no *caput* deste artigo; e

III – manter, na hipótese prevista no inciso III do *caput* deste artigo, o vínculo empregatício do trabalhador readmitido pelo período de, no mínimo, 60 (sessenta) dias.

§ 11. O não atendimento a qualquer das obrigações de que trata o § 10 deste artigo implica o vencimento antecipado da dívida.

Art. 4.º As instituições financeiras participantes do Programa Emergencial de Suporte a Empregos deverão assegurar que os recursos sejam utilizados exclusivamente para os fins previstos nos arts. 2.º e 3.º desta Lei.

Parágrafo único. A obrigação de que trata o *caput* deste artigo será cumprida pelas instituições financeiras participantes do Programa por meio da inclusão das obrigações de que tratam o § 3.º do art. 2.º e o § 10 do art. 3.º desta Lei no instrumento que formalizar a contratação da operação de crédito.

Art. 5.º Nas operações de crédito contratadas no âmbito do Programa Emergencial de Suporte a Empregos:

I – 15% (quinze por cento) do valor de cada financiamento serão custeados com recursos próprios das instituições financeiras participantes; e

II – 85% (oitenta e cinco por cento) do valor de cada financiamento serão custeados com recursos da União alocados ao Programa.

Parágrafo único. O risco de inadimplemento das operações de crédito e as eventuais perdas financeiras decorrentes serão suportados na mesma proporção da participação estabelecida no *caput* deste artigo.

Art. 6.º As instituições financeiras participantes do Programa Emergencial de Suporte a Empregos poderão formalizar operações de crédito no âmbito do Programa até 31 de outubro de 2020, observados os seguintes requisitos:

I – taxa de juros de 3,75% (três inteiros e setenta e cinco centésimos por cento) ao ano sobre o valor concedido;

II – carência de 6 (seis) meses para início do pagamento, com capitalização de juros durante esse período; e

III – prazo de 36 (trinta e seis) meses para o pagamento, já incluído o prazo de carência de que trata o inciso II do *caput* deste artigo.

Parágrafo único. É vedada às instituições financeiras participantes do Programa a cobrança de tarifas por saques, totais ou parciais, ou pela transferência a outras contas dos valores creditados nas contas dos empregados com recursos do Programa.

Art. 7.º Para fins de concessão de crédito no âmbito do Programa Emergencial de Suporte a Empregos, as instituições financeiras dele participantes observarão políticas próprias de crédito e poderão considerar eventuais restrições em sistemas de proteção ao crédito na data da contratação e registros de inadimplência no sistema de informações de crédito mantido pelo Banco Central do Brasil nos 6 (seis) meses anteriores à contratação, sem prejuízo do disposto na legislação vigente.

§ 1.º Para fins de contratação das operações de crédito no âmbito do Programa, as instituições financeiras privadas e públicas estaduais dele participantes ficam dispensadas de observar as seguintes disposições:

I – § 1.º do art. 362 da CLT, aprovada pelo Decreto-lei n. 5.452, de 1.º de maio de 1943;

II – inciso IV do § 1.º do art. 7.º da Lei n. 4.737, de 15 de julho de 1965;

III – alíneas *b* e *c* do *caput* do art. 27 da Lei n. 8.036, de 11 de maio de 1990;

IV – alínea *a* do inciso I do *caput* do art. 47 da Lei n. 8.212, de 24 de julho de 1991;

V – art. 10 da Lei n. 8.870, de 15 de abril de 1994;

VI – art. 1.º da Lei n. 9.012, de 30 de março de 1995;

VII – art. 20 da Lei n. 9.393, de 19 de dezembro de 1996; e

VIII – art. 6.º da Lei n. 10.522, de 19 de julho de 2002.

§ 2.º Aplica-se às instituições financeiras públicas federais a dispensa prevista no § 1.º deste artigo, observado o disposto na Lei n. 13.898, de 11 de novembro de 2019.

Art. 8.º Na hipótese de inadimplemento do contratante, as instituições financeiras participantes do Programa Emergencial de Suporte a Empregos farão a cobrança da dívida em nome próprio, em conformidade com as suas políticas de crédito, e recolherão os valores recuperados ao Banco Nacional de Desenvolvimento Econômico e Social (BNDES), que os restituirá à União, observados os mesmos critérios de atualização previstos no § 1.º do art. 9.º desta Lei.

§ 1.º Na cobrança do crédito inadimplido, lastreado em recursos públicos, não se admitirá, por parte das instituições financeiras participantes do Programa, a adoção de procedimento para recuperação de crédito menos rigoroso do que aqueles usualmente empregados nas próprias operações de crédito.

§ 2.º As instituições financeiras participantes do Programa arcarão com todas as despesas necessárias para a recuperação dos créditos inadimplidos.

§ 3.º As instituições financeiras participantes do Programa, em conformidade com as suas políticas de crédito, deverão empregar os melhores esforços e adotar os procedimentos necessários à recuperação dos créditos no âmbito do Programa e não poderão interromper ou negligenciar o acompanhamento.

§ 4.º As instituições financeiras participantes do Programa serão responsáveis pela veracidade das informações fornecidas e pela exatidão dos valores a serem reembolsados à União, por intermédio do BNDES.

§ 5.º A repartição dos recursos recuperados observará a proporção de participação estabelecida no art. 5.º desta Lei.

§ 6.º As instituições financeiras participantes do Programa deverão leiloar, após o período de amortização da última parcela passível de vencimento no âmbito do Programa, observados os limites, as condições e os prazos estabelecidos no ato de que trata o § 8.º deste artigo, todos os créditos eventualmente remanescentes a título de recuperação e recolher o saldo final à União por intermédio do BNDES.

§ 7.º Após a realização do último leilão de que trata o § 6.º deste artigo pelas instituições financeiras participantes do Programa, a parcela do crédito lastreado em recursos públicos eventualmente não alienada será considerada extinta de pleno direito.

§ 8.º Ato do Conselho Monetário Nacional estabelecerá mecanismos de controle e de aferição de resultados quanto ao cumprimento do disposto nos §§ 4.º, 5.º, 6.º e 7.º deste artigo e os limites, as condições e os prazos para a realização de leilão dos créditos de que tratam os §§ 6.º e 7.º deste artigo.

Capítulo III
DA TRANSFERÊNCIA DE RECURSOS DA UNIÃO PARA O BANCO NACIONAL DE DESENVOLVIMENTO ECONÔMICO E SOCIAL (BNDES) E DA ATUAÇÃO DO BNDES COMO AGENTE FINANCEIRO DA UNIÃO

Art. 9.º Fica o Poder Executivo autorizado a transferir até R$ 17.000.000.000,00 (dezessete bilhões de reais) da União para o

BNDES, destinados à execução do Programa Emergencial de Suporte a Empregos.

§ 1.º Os recursos transferidos ao BNDES são de titularidade da União e serão remunerados, pro rata die, pela:

I – taxa média referencial do Sistema Especial de Liquidação e de Custódia (Selic), enquanto mantidos nas disponibilidades do BNDES; e

II – taxa de juros de 3,75% (três inteiros e setenta e cinco centésimos por cento) ao ano, enquanto aplicados nas operações de crédito contratadas no âmbito do Programa.

§ 2.º O aporte de que trata o *caput* deste artigo não transferirá a propriedade dos recursos ao BNDES, que permanecerão de titularidade da União, de acordo com instrumento firmado entre as partes.

Art. 10. O BNDES atuará como agente financeiro da União no Programa Emergencial de Suporte a Empregos.

§ 1.º A atuação do BNDES será a título gratuito.

§ 2.º Caberá ao BNDES, na condição de agente financeiro da União:

I – realizar os repasses dos recursos da União às instituições financeiras que protocolarem no BNDES operações de crédito a serem contratadas no âmbito do Programa;

II – receber os reembolsos de recursos das instituições financeiras participantes do Programa decorrentes dos repasses;

III – repassar à União, no prazo de 30 (trinta) dias, contado da data do recebimento, os reembolsos de recursos recebidos; e

IV – prestar as informações solicitadas pela Secretaria do Tesouro Nacional da Secretaria Especial de Fazenda do Ministério da Economia e pelo Banco Central do Brasil.

§ 3.º Ato do BNDES regulamentará os aspectos operacionais referentes ao protocolo das operações de crédito.

§ 4.º Os eventuais recursos aportados ao BNDES pela União e não repassados às instituições financeiras participantes para o Programa até o término do prazo para formalização dos contratos serão devolvidos à União no prazo de 30 (trinta) dias, observado o disposto no inciso I do § 1.º do art. 9.º desta Lei.

§ 5.º A partir de 30 de setembro de 2020, a União poderá demandar a devolução de até 50% (cinquenta por cento) dos recursos não repassados às instituições financeiras, os quais deverão ser devolvidos em até 30 (trinta) dias após a solicitação.

Art. 11. Na hipótese de a operação de crédito protocolada no BNDES atender aos requisitos formais do Programa Emergencial de Suporte a Empregos, não haverá cláusula del credere nem remuneração às instituições financeiras participantes do Programa, e o risco de crédito da parcela das operações de crédito lastreadas em recursos públicos ficará a cargo da União.

Art. 12. O BNDES não se responsabilizará pela solvabilidade das instituições financeiras participantes do Programa Emergencial de Suporte a Empregos nem pela sua atuação na realização das operações de crédito, especialmente quanto ao cumprimento da finalidade dessas operações, dos requisitos exigidos para a sua realização e das condições de recuperação dos créditos lastreados em recursos públicos.

Art. 13. Nas hipóteses de falência, de liquidação extrajudicial ou de intervenção em instituição financeira participante do Programa Emergencial de Suporte a Empregos, a União ficará sub-rogada automaticamente, de pleno direito, na proporção estabelecida no inciso II do *caput* do art. 5.º desta Lei, nos créditos e garantias constituídos em favor da instituição financeira, decorrentes das respectivas operações de crédito lastreadas em recursos públicos realizadas no âmbito do Programa.

Parágrafo único. Caberá ao BNDES informar à União os dados relativos às operações de crédito lastreadas em recursos públicos realizadas no âmbito do Programa, com vistas ao seu encaminhamento ao liquidante, ao interventor ou ao juízo responsável ou, ainda, à cobrança judicial dos valores envolvidos.

Art. 14. As receitas provenientes do retorno dos empréstimos à União, nos termos desta Lei, serão integralmente utilizadas para pagamento da dívida pública de responsabilidade do Tesouro Nacional.

Capítulo IV
DA REGULAÇÃO E DA SUPERVISÃO DAS OPERAÇÕES DE CRÉDITO REALIZADAS NO ÂMBITO DO PROGRAMA EMERGENCIAL DE SUPORTE A EMPREGOS

Art. 15. Compete ao Banco Central do Brasil fiscalizar o cumprimento, pelas instituições financeiras participantes do Programa Emergencial de Suporte a Empregos, das condições estabelecidas para as operações de crédito realizadas no âmbito do Programa.

Art. 16. O Conselho Monetário Nacional e o Banco Central do Brasil, no âmbito de suas competências, poderão regulamentar os aspectos necessários para operacionalizar e para fiscalizar as instituições financeiras participantes do Programa Emergencial de Suporte a Empregos quanto ao disposto nesta Lei, observado o disposto na Lei n. 13.506, de 13 de novembro de 2017.

Parágrafo único. A regulamentação prevista no *caput* deste artigo deverá prever um sistema de garantia mínima e suficiente para as operações, de forma simplificada e sem entraves burocráticos, de modo a facilitar o acesso ao crédito.

Capítulo V
DISPOSIÇÕES FINAIS

Art. 17. (*Vetado.*)

..

Art. 20. A União poderá aumentar sua participação no Fundo Garantidor de Operações (FGO), adicionalmente aos recursos previstos no art. 6.º da Lei n. 13.999, de 18 de maio de 2020, em R$ 12.000.000.000,00 (doze bilhões de reais), para a concessão de garantias no âmbito do Programa Nacional de Apoio às Microempresas e Empresas de Pequeno Porte (Pronampe).

Art. 21. Esta Lei entra em vigor na data de sua publicação.

Brasília, 19 de agosto de 2020; 199.º da Independência e 132.º da República.

JAIR MESSIAS BOLSONARO

LEI N. 14.057, DE 11 DE SETEMBRO DE 2020 (*)

Disciplina o acordo com credores para pagamento com desconto de precatórios federais e o acordo terminativo de litígio contra a Fazenda Pública e dispõe sobre a destinação dos recursos deles oriundos para o combate à Covid-19, durante a vigência do estado de calamidade pública reconhecido pelo Decreto Legislativo n. 6, de 20 de março de 2020; e altera a Lei n. 7.689, de 15 de dezembro de 1988, e a Lei n. 8.212, de 24 de julho de 1991.

O Presidente da República

Faço saber que o Congresso Nacional decreta e eu sanciono a seguinte Lei:

Art. 1.º Esta Lei disciplina, no âmbito da União, de suas autarquias e de suas fundações, acordos diretos para pagamento de precatórios de grande valor, nos termos do § 20 do art. 100 da Constituição Federal, e acordos terminativos de litígios contra a Fazenda Pública, nos termos do art. 1.º da Lei n. 9.469, de 10 de julho de 1997, e do § 12 do art. 19 da Lei n. 10.522, de 19 de julho de 2002.

Art. 2.º As propostas de acordo direto para pagamento de precatório nos termos do § 20 do art. 100 da Constituição Federal serão apresen-

(*) Publicada no *DOU*, de 14-9-2020.

tadas pelo credor ou pela entidade devedora perante o Juízo Auxiliar de Conciliação de Precatórios vinculado ao presidente do tribunal que proferiu a decisão exequenda.

§ 1.º As propostas de que trata o *caput* deste artigo poderão ser apresentadas até a quitação integral do valor do precatório e não suspenderão o pagamento de suas parcelas, nos termos da primeira parte do § 20 do art. 100 da Constituição Federal.

§ 2.º Em nenhuma hipótese a proposta de acordo implicará o afastamento de atualização monetária ou dos juros moratórios previstos no § 12 do art. 100 da Constituição Federal.

§ 3.º Recebida a proposta de acordo direto, o Juízo Auxiliar de Conciliação de Precatórios intimará o credor ou a entidade devedora para aceitar ou recusar a proposta ou apresentar-lhe contraproposta, observado o limite máximo de desconto de 40% (quarenta por cento) do valor do crédito atualizado nos termos legais.

§ 4.º Aceita a proposta de acordo feita nos termos deste artigo, o Juízo Auxiliar de Conciliação de Precatórios homologará o acordo e dará conhecimento dele ao Presidente do Tribunal para que sejam adotadas as medidas cabíveis.

Art. 3.º Os acordos terminativos de litígio de que tratam o art. 1.º da Lei n. 9.469, de 10 de julho de 1997, e o § 12 do art. 19 da Lei n. 10.522, de 19 de julho de 2002, poderão ser propostos pela entidade pública ou pelos titulares do direito creditório e poderão abranger condições diferenciadas de deságio e de parcelamento para o pagamento do crédito deles resultante.

§ 1.º Em nenhuma hipótese as propostas de que trata o *caput* deste artigo veicularão:

I – (*Vetado*.); e

II – parcelamento superior a:

a) 8 (oito) parcelas anuais e sucessivas, se houver título executivo judicial transitado em julgado;

b) 12 (doze) parcelas anuais e sucessivas, se não houver título executivo judicial transitado em julgado.

§ 2.º Recebida a proposta, o juízo competente para o processamento da ação intimará o credor ou a entidade pública, conforme o caso, para aceitar ou recusar a proposta ou apresentar-lhe contraproposta.

§ 3.º Aceito o valor proposto, esse montante será consolidado como principal e parcelado em tantas quantas forem as parcelas avençadas, observado o disposto nos §§ 5.º e 12 do art. 100 da Constituição Federal quanto à atualização monetária e aos juros de mora.

§ 4.º (*Vetado*.)

§ 5.º (*Vetado*.)

Art. 4.º Ato do Poder Executivo regulamentará o disposto nesta Lei, inclusive com relação à competência do Advogado-Geral da União para assinar os acordos firmados, diretamente ou por delegação.

Parágrafo único. A delegação referida no *caput* deste artigo poderá ser subdelegada e prever valores de alçada.

Art. 5.º O disposto no art. 40 da Lei n. 13.140, de 26 de junho de 2015, aplica-se aos servidores e aos agentes públicos, inclusive ocupantes de cargo em comissão, que participarem do processo de composição judicial disciplinado por esta Lei.

Art. 6.º (*Vetado*).

Art. 7.º Os acordos a que se refere esta Lei contemplam também os precatórios oriundos de demanda judicial que tenha tido como objeto a cobrança de repasses referentes à complementação da União aos Estados e aos Municípios por conta do Fundo de Manutenção e Desenvolvimento do Ensino Fundamental e de Valorização do Magistério (Fundef), a que se referia a Lei n. 9.424, de 24 de dezembro de 1996.

Parágrafo único. Os repasses de que trata o *caput* deste artigo deverão obedecer à destinação originária, inclusive para fins de garantir pelo menos 60% (sessenta por cento) do seu montante para os profissionais do magistério ativos, inativos e pensionistas do ente público credor, na forma de abono, sem que haja incorporação à remuneração dos referidos servidores.

•• Parágrafo único originalmente vetado, todavia promulgado em 26-3-2021.

Art. 10. Esta Lei entra em vigor na data de sua publicação.

Brasília, 11 de setembro de 2020; 199.º da Independência e 132.º da República.

JAIR MESSIAS BOLSONARO

LEI N. 14.128, DE 26 DE MARÇO DE 2021 (*)

Dispõe sobre compensação financeira a ser paga pela União aos profissionais e trabalhadores de saúde que, durante o período de emergência de saúde pública de importância nacional decorrente da disseminação do novo coronavírus (SARS-CoV-2), por terem trabalhado no atendimento direto a pacientes acometidos pela Covid-19, ou realizado visitas domiciliares em determinado período de tempo, no caso de agentes comunitários de saúde ou de combate a endemias, tornarem-se permanentemente incapacitados para o trabalho, ou ao seu cônjuge ou companheiro, aos seus dependentes e aos seus herdeiros necessários, em caso de óbito; e altera a Lei n. 605, de 5 de janeiro de 1949.

O Presidente da República

Faço saber que o Congresso Nacional decreta e eu promulgo, nos termos do parágrafo 5.º do art. 66 da Constituição Federal, a seguinte Lei:

Art. 1.º Esta Lei dispõe sobre compensação financeira a ser paga pela União aos profissionais e trabalhadores de saúde que, durante o período de emergência de saúde pública de importância nacional decorrente da disseminação do novo coronavírus (SARS-CoV-2), por terem trabalhado no atendimento direto a pacientes acometidos pela Covid-19, ou realizado visitas domiciliares em determinado período de tempo, no caso de agentes comunitários de saúde ou de combate a endemias, tornarem-se permanentemente incapacitados para o trabalho, ou ao seu cônjuge ou companheiro, aos seus dependentes e aos seus herdeiros necessários, em caso de óbito.

Parágrafo único. Para os fins desta Lei, considera-se:

I – profissional ou trabalhador de saúde:

a) aqueles cujas profissões, de nível superior, são reconhecidas pelo Conselho Nacional de Saúde, além de fisioterapeutas, nutricionistas, assistentes sociais e profissionais que trabalham com testagem nos laboratórios de análises clínicas;

b) aqueles cujas profissões, de nível técnico ou auxiliar, são vinculadas às áreas de saúde, incluindo os profissionais que trabalham com testagem nos laboratórios de análises clínicas;

c) os agentes comunitários de saúde e de combate a endemias;

d) aqueles que, mesmo não exercendo atividades-fim nas áreas de saúde, auxiliam ou prestam serviço de apoio presencialmente nos estabelecimentos de saúde para a consecução daquelas atividades, no desempenho de atribuições em serviços administrativos, de copa, de lavanderia, de limpeza, de segurança e de condução de ambulâncias, entre outros, além dos trabalhadores dos necrotérios e dos coveiros; e

e) aqueles cujas profissões, de nível superior, médio e fundamental, são reconhecidas pelo Conselho Nacional de Assistência Social, que atuam no Sistema Único de Assistência Social;

II – dependentes: aqueles assim definidos pelo art. 16 da Lei n. 8.213, de 24 de julho de 1991;

III – Espin-Covid-19: estado de emergência de saúde pública de importância nacional, declarado pela Portaria do Ministério da Saúde n. 188, de 3

(*) Publicada no *Diário Oficial da União*, de 26-3-2021 – Edição extra.

de fevereiro de 2020, em decorrência da infecção humana pelo novo coronavírus (SARS-CoV-2), que se encerrará com a publicação de ato do Ministro de Estado da Saúde, na forma dos §§ 2.º e 3.º do caput do art. 1.º da Lei n. 13.979, de 6 de fevereiro de 2020.

Art. 2.º A compensação financeira de que trata esta Lei será concedida:

I – ao profissional ou trabalhador de saúde referido no inciso I do parágrafo único do art. 1.º desta Lei que ficar incapacitado permanentemente para o trabalho em decorrência da Covid-19;

II – ao agente comunitário de saúde e de combate a endemias que ficar incapacitado permanentemente para o trabalho em decorrência da Covid-19, por ter realizado visitas domiciliares em razão de suas atribuições durante o Espin-Covid-19;

III – ao cônjuge ou companheiro, aos dependentes e aos herdeiros necessários do profissional ou trabalhador de saúde que, falecido em decorrência da Covid-19, tenha trabalhado no atendimento direto aos pacientes acometidos por essa doença, ou realizado visitas domiciliares em razão de suas atribuições, no caso de agentes comunitários de saúde ou de combate a endemias, durante o Espin-Covid-19.

§ 1.º Presume-se a Covid-19 como causa da incapacidade permanente para o trabalho ou óbito, mesmo que não tenha sido a causa única, principal ou imediata, desde que mantido o nexo temporal entre a data de início da doença e a ocorrência da incapacidade permanente para o trabalho ou óbito, se houver:

I – diagnóstico de Covid-19 comprovado mediante laudos de exames laboratoriais; ou

II – laudo médico que ateste quadro clínico compatível com a Covid-19.

§ 2.º A presença de comorbidades não afasta o direito ao recebimento da compensação financeira de que trata esta Lei.

§ 3.º A concessão da compensação financeira nas hipóteses de que tratam os incisos I e II do caput deste artigo estará sujeita à avaliação de perícia médica realizada por servidores integrantes da carreira de Perito Médico Federal.

§ 4.º A compensação financeira de que trata esta Lei será devida inclusive nas hipóteses de óbito ou incapacidade permanente para o trabalho superveniente à declaração do fim do Espin-Covid-19 ou anterior à data de publicação desta Lei, desde que a infecção pelo novo coronavírus (Sars-CoV-2) tenha ocorrido durante o Espin-Covid-19, na forma do § 1.º do caput deste artigo.

Art. 3.º A compensação financeira de que trata esta Lei será composta de:

I – 1 (uma) única prestação em valor fixo de R$ 50.000,00 (cinquenta mil reais), devida ao profissional ou trabalhador de saúde incapacitado permanentemente para o trabalho ou, em caso de óbito deste, ao seu cônjuge ou companheiro, aos seus dependentes e aos seus herdeiros necessários, sujeita, nesta hipótese, a rateio entre os beneficiários;

II – 1 (uma) única prestação de valor variável devida a cada um dos dependentes menores de 21 (vinte e um) anos, ou 24 (vinte e quatro) anos se cursando curso superior, do profissional ou trabalhador de saúde falecido, cujo valor será calculado mediante a multiplicação da quantia de R$ 10.000,00 (dez mil reais) pelo número de anos inteiros e incompletos que faltarem, para cada um deles, na data do óbito do profissional ou trabalhador de saúde, para atingir a idade de 21 (vinte e um) anos completos, ou 24 (vinte e quatro) anos se cursando curso superior.

§ 1.º A prestação variável de que trata o inciso II do caput deste artigo será devida aos dependentes com deficiência do profissional ou trabalhador de saúde falecido, independentemente da idade, no valor resultante da multiplicação da quantia de R$ 10.000,00 (dez mil reais) pelo número mínimo de 5 (cinco) anos.

§ 2.º No caso de óbito do profissional ou trabalhador de saúde, se houver mais de uma pessoa a ser beneficiada, a compensação financeira de que trata o inciso I do caput deste artigo será destinada, mediante o respectivo rateio em partes iguais, ao cônjuge ou companheiro e a cada um dos dependentes e herdeiros necessários.

§ 3.º A integralidade da compensação financeira, considerada a soma das parcelas devidas, quando for o caso, será dividida, para o fim de pagamento, em 3 (três) parcelas mensais e sucessivas de igual valor.

§ 4.º No caso de óbito do profissional ou trabalhador de saúde, será agregado o valor relativo às despesas de funeral à compensação financeira de que trata o inciso I do caput deste artigo, na forma disposta em regulamento.

Art. 4.º A compensação financeira de que trata esta Lei será concedida após a análise e o deferimento de requerimento com esse objetivo dirigido ao órgão competente, na forma de regulamento.

Art. 5.º A compensação financeira de que trata esta Lei possui natureza indenizatória e não poderá constituir base de cálculo para a incidência de imposto de renda ou de contribuição previdenciária.

Parágrafo único. O recebimento da compensação financeira de que trata esta Lei não prejudica o direito ao recebimento de benefícios previdenciários ou assistenciais previstos em lei.

Art. 6.º A compensação financeira de que trata esta Lei será paga pelo órgão competente para sua administração e concessão com recursos do Tesouro Nacional.

Parágrafo único. O Tesouro Nacional colocará à disposição do órgão a que se refere o caput deste artigo, à conta de dotações próprias consignadas no orçamento da União, os recursos necessários ao pagamento das compensações financeiras de acordo com a programação financeira da União.

Art. 7.º O art. 6.º da Lei n. 605, de 5 de janeiro de 1949, passa a vigorar acrescido dos seguintes §§ 4.º e 5.º:

•• Alteração já processada no diploma modificado.

Art. 8.º Esta Lei entra em vigor na data de sua publicação.

Brasília, 26 de março de 2020; 200.º da Independência e 133.º da República.

JAIR MESSIAS BOLSONARO

LEI N. 14.151, DE 12 DE MAIO DE 2021 (*)

Dispõe sobre o afastamento da empregada gestante das atividades de trabalho presencial durante a emergência de saúde pública de importância nacional decorrente do novo coronavírus.

O Presidente da República

Faço saber que o Congresso Nacional decreta e eu sanciono a seguinte Lei:

Art. 1.º Durante a emergência de saúde pública de importância nacional decorrente do coronavírus SARS-CoV-2, a empregada gestante que ainda não tenha sido totalmente imunizada contra o referido agente infeccioso, de acordo com os critérios definidos pelo Ministério da Saúde e pelo Plano Nacional de Imunizações (PNI), deverá permanecer afastada das atividades de trabalho presencial.

•• Caput com redação determinada pela Lei n. 14.311, de 9-3-2022.

§ 1.º A empregada gestante afastada nos termos do caput deste artigo ficará à disposição do empregador para exercer as atividades em seu domicílio, por meio de teletrabalho, trabalho remoto ou outra forma de trabalho a distância, sem prejuízo de sua remuneração.

•• § 1.º acrescentado pela Lei n. 14.311, de 9-3-2022.

§ 2.º Para o fim de compatibilizar as atividades desenvolvidas pela empregada gestante na forma do § 1.º deste artigo, o empregador poderá, respeitadas as competências para o desempenho do trabalho e as condições pessoais da gestante para o seu exercício, alterar as funções por ela

(*) Publicada no Diário Oficial da União, de 13-5-2021.

exercidas, sem prejuízo de sua remuneração integral e assegurada a retomada da função anteriormente exercida, quando retornar ao trabalho presencial.

•• § 2.º acrescentado pela Lei n. 14.311, de 9-3-2022.

§ 3.º Salvo se o empregador optar por manter o exercício das suas atividades nos termos do § 1.º deste artigo, a empregada gestante deverá retornar à atividade presencial nas seguintes hipóteses:

•• § 3.º, *caput*, acrescentado pela Lei n. 14.311, de 9-3-2022.

I – após o encerramento do estado de emergência de saúde pública de importância nacional decorrente do coronavírus SARS-CoV-2;

•• Inciso I acrescentado pela Lei n. 14.311, de 9-3-2022.

II – após sua vacinação contra o coronavírus SARS-CoV-2, a partir do dia em que o Ministério da Saúde considerar completa a imunização;

•• Inciso II acrescentado pela Lei n. 14.311, de 9-3-2022.

III – mediante o exercício de legítima opção individual pela não vacinação contra o coronavírus SARS-CoV-2 que lhe tiver sido disponibilizada, conforme o calendário divulgado pela autoridade de saúde e mediante o termo de responsabilidade de que trata o § 6.º deste artigo;

•• Inciso III acrescentado pela Lei n. 14.311, de 9-3-2022.

IV – (*Vetado*.)

•• Inciso IV acrescentado pela Lei n. 14.311, de 9-3-2022.

§ 4.º (*Vetado*.)

•• § 4.º acrescentado pela Lei n. 14.311, de 9-3-2022.

§ 5.º (*Vetado*.)

•• § 5.º acrescentado pela Lei n. 14.311, de 9-3-2022.

§ 6.º Na hipótese de que trata o inciso III do § 3.º deste artigo, a empregada gestante deverá assinar termo de responsabilidade e de livre consentimento para exercício do trabalho presencial, comprometendo-se a cumprir todas as medidas preventivas adotadas pelo empregador.

•• § 6.º acrescentado pela Lei n. 14.311, de 9-3-2022.

§ 7.º O exercício da opção a que se refere o inciso III do § 3.º deste artigo é uma expressão do direito fundamental da liberdade de autodeterminação individual, e não poderá ser imposta à gestante que fizer a escolha pela não vacinação qualquer restrição de direitos em razão dela.

•• § 7.º acrescentado pela Lei n. 14.311, de 9-3-2022.

Art. 2.º Esta Lei entra em vigor na data de sua publicação. Brasília, 12 de maio de 2021; 200.º da Independência e 133.º da República.

Jair Messias Bolsonaro

LEI N. 14.193, DE 6 DE AGOSTO DE 2021 (*)

Institui a Sociedade Anônima do Futebol e dispõe sobre normas de constituição, governança, controle e transparência, meios de financiamento da atividade futebolística, tratamento dos passivos das entidades de práticas desportivas e regime tributário específico; e altera as Leis n. 9.615, de 24 de março de 1998, e 10.406, de 10 de janeiro de 2002 (Código Civil).

O Presidente da República

Faço saber que o Congresso Nacional decreta e eu sanciono a seguinte Lei:

Capítulo I
DA SOCIEDADE ANÔNIMA DO FUTEBOL

SEÇÃO I
Disposições Introdutórias

Art. 1.º Constitui Sociedade Anônima do Futebol a companhia cuja atividade principal consiste na prática do futebol, feminino e masculino, em competição profissional, sujeita às regras específicas desta Lei e, subsidiariamente, às disposições da Lei n. 6.404, de 15 de dezembro de 1976, e da Lei n. 9.615, de 24 de março de 1998.

§ 1.º Para os fins desta Lei, considera-se:

I – clube: associação civil, regida pela Lei n. 10.406, de 10 de janeiro de 2002 (Código Civil), dedicada ao fomento e à prática do futebol;

II – pessoa jurídica original: sociedade empresarial dedicada ao fomento e à prática do futebol; e

III – entidade de administração: confederação, federação ou liga, com previsão na Lei n. 9.615, de 24 de março de 1998, que administra, dirige, regulamenta ou organiza competição profissional de futebol.

§ 2.º O objeto social da Sociedade Anônima do Futebol poderá compreender as seguintes atividades:

I – o fomento e o desenvolvimento de atividades relacionadas com a prática do futebol, obrigatoriamente nas suas modalidades feminino e masculino;

II – a formação de atleta profissional de futebol, nas modalidades feminino e masculino, e a obtenção de receitas decorrentes da transação dos seus direitos desportivos;

III – a exploração, sob qualquer forma, dos direitos de propriedade intelectual de sua titularidade ou dos quais seja cessionária, incluídos os cedidos pelo clube ou pessoa jurídica original que a constituiu;

IV – a exploração de direitos de propriedade intelectual de terceiros, relacionados ao futebol;

V – a exploração econômica de ativos, inclusive imobiliários, sobre os quais detenha direitos;

VI – quaisquer outras atividades conexas ao futebol e ao patrimônio da Sociedade Anônima do Futebol, incluída a organização de espetáculos esportivos, sociais ou culturais;

VII – a participação em outra sociedade, como sócio ou acionista, no território nacional, cujo objeto seja uma ou mais das atividades mencionadas nos incisos deste parágrafo, com exceção do inciso II.

§ 3.º A denominação da Sociedade Anônima do Futebol deve conter a expressão "Sociedade Anônima do Futebol" ou a abreviatura "S.A.F.".

§ 4.º Para os efeitos da Lei n. 9.615, de 24 de março de 1998, a Sociedade Anônima do Futebol é uma entidade de prática desportiva.

SEÇÃO II
Da Constituição da Sociedade Anônima do Futebol

Art. 2.º A Sociedade Anônima do Futebol pode ser constituída:

I – pela transformação do clube ou pessoa jurídica original em Sociedade Anônima do Futebol;

II – pela cisão do departamento de futebol do clube ou pessoa jurídica original e transferência do seu patrimônio relacionado à atividade futebol;

III – pela iniciativa de pessoa natural ou jurídica ou de fundo de investimento.

§ 1.º Nas hipóteses dos incisos I e II do *caput* deste artigo:

I – a Sociedade Anônima do Futebol sucede obrigatoriamente o clube ou pessoa jurídica original nas relações com as entidades de administração, bem como nas relações contratuais, de qualquer natureza, com atletas profissionais do futebol; e

II – a Sociedade Anônima do Futebol terá o direito de participar de campeonatos, copas ou torneios em substituição ao clube ou pessoa jurídica original, nas mesmas condições em que se encontravam no momento da sucessão, competindo às entidades de administração a devida substituição sem quaisquer prejuízos de ordem desportiva.

§ 2.º Na hipótese do inciso II do *caput* deste artigo:

I – os direitos e deveres decorrentes de relações, de qualquer natureza, estabelecidos com o clube, pessoa jurídica original e entidades de administração, inclusive direitos de participação em competições profissionais, bem como contratos de trabalho, de uso de imagem ou quaisquer outros

(*) Publicada no *Diário Oficial da União*, de 9-8-2021.

contratos vinculados à atividade do futebol serão obrigatoriamente transferidos à Sociedade Anônima do Futebol;

II – o clube ou pessoa jurídica original e a Sociedade Anônima do Futebol deverão contratar, na data de constituição desta, a utilização e o pagamento de remuneração decorrente da exploração pela Sociedade Anônima do Futebol de direitos de propriedade intelectual de titularidade do clube ou pessoa jurídica original;

III – os bens e direitos serão transferidos à Sociedade Anônima do Futebol em definitivo ou a termo, conforme estabelecido em contrato;

IV – a transferência dos direitos e do patrimônio para a Sociedade Anônima do Futebol independe de autorização ou consentimento de credores ou partes interessadas, inclusive aqueles de natureza pública, salvo se disposto de modo diverso em contrato ou outro negócio jurídico;

V – se as instalações desportivas, como estádio, arena e centro de treinamento, não forem transferidas para a Sociedade Anônima do Futebol, o clube ou pessoa jurídica original e a Sociedade Anônima do Futebol deverão celebrar, na data de constituição desta, contrato no qual se estabelecerão as condições para utilização das instalações;

VI – o clube ou pessoa jurídica original não poderá participar, direta ou indiretamente, de competições profissionais do futebol, sendo a participação prerrogativa da Sociedade Anônima do Futebol por ele constituída; e

VII – a Sociedade Anônima do Futebol emitirá obrigatoriamente ações ordinárias da classe A para subscrição exclusivamente pelo clube ou pessoa jurídica original que a constituiu.

§ 3.º Enquanto as ações ordinárias da classe A corresponderem a pelo menos 10% (dez por cento) do capital social votante ou do capital social total, o voto afirmativo do seu titular no âmbito da assembleia geral será condição necessária para a Sociedade Anônima do Futebol deliberar sobre:

I – alienação, oneração, cessão, conferência, doação ou disposição de qualquer bem imobiliário ou de direito de propriedade intelectual conferido pelo clube ou pessoa jurídica original para formação do capital social;

II – qualquer ato de reorganização societária ou empresarial, como fusão, cisão, incorporação de ações, incorporação de outra sociedade ou trespasse;

III – dissolução, liquidação e extinção; e

IV – participação em competição desportiva sobre a qual dispõe o art. 20 da Lei n. 9.615, de 24 de março de 1998.

§ 4.º Além de outras matérias previstas no estatuto da Sociedade Anônima do Futebol, depende da concordância do titular das ações ordinárias da classe A, independentemente do percentual da participação no capital votante ou social, a deliberação, em qualquer órgão societário, sobre as seguintes matérias:

I – alteração da denominação;

II – modificação dos signos identificativos da equipe de futebol profissional, incluídos símbolo, brasão, marca, alcunha, hino e cores; e

III – mudança da sede para outro Município.

§ 5.º O estatuto da Sociedade Anônima do Futebol constituída por clube ou pessoa jurídica original pode prever outros direitos para o titular das ações ordinárias da classe A.

§ 6.º Depende de aprovação prévia do clube ou pessoa jurídica original, que é titular de ações ordinárias da classe A, qualquer alteração no estatuto da Sociedade Anônima do Futebol para modificar, restringir ou subtrair os direitos conferidos por essa classe de ações, ou para extinguir a ação ordinária da classe A.

Art. 3.º O clube ou pessoa jurídica original poderá integralizar a sua parcela ao capital social na Sociedade Anônima do Futebol por meio da transferência à companhia de seus ativos, tais como, mas não exclusivamente, nome, marca, dísticos, símbolos, propriedades, patrimônio, ativos imobilizados e mobilizados, inclusive registros, licenças, direitos desportivos sobre atletas e sua repercussão econômica.

Parágrafo único. Enquanto o clube ou pessoa jurídica original registrar, em suas demonstrações financeiras, obrigações anteriores à constituição da companhia, será vedada:

I – a transferência ou alienação do seu ativo imobilizado que contenha gravame ou tenha sido dado em garantia, exceto mediante autorização do respectivo credor;

II – o desfazimento da sua participação acionária na integralidade.

SEÇÃO III
Da Governança da Sociedade Anônima do Futebol

Art. 4.º O acionista controlador da Sociedade Anônima do Futebol, individual ou integrante de acordo de controle, não poderá deter participação, direta ou indireta, em outra Sociedade Anônima do Futebol.

Parágrafo único. O acionista que detiver 10% (dez por cento) ou mais do capital votante ou total da Sociedade Anônima do Futebol, sem a controlar, se participar do capital social de outra Sociedade Anônima do Futebol, não terá direito a voz nem a voto nas assembleias gerais, nem poderá participar da administração dessas companhias, diretamente ou por pessoa por ele indicada.

Art. 5.º Na Sociedade Anônima do Futebol, o conselho de administração e o conselho fiscal são órgãos de existência obrigatória e funcionamento permanente.

§ 1.º Não poderá ser integrante do conselho de administração, conselho fiscal ou diretoria da Sociedade Anônima do Futebol:

I – membro de qualquer órgão de administração, deliberação ou fiscalização, bem como de órgão executivo, de outra Sociedade Anônima do Futebol;

II – membro de qualquer órgão de administração, deliberação ou fiscalização, bem como de órgão executivo, de clube ou pessoa jurídica original, salvo daquele que deu origem ou constituiu a Sociedade Anônima do Futebol;

III – membro de órgão de administração, deliberação ou fiscalização, bem como de órgão executivo, de entidade de administração;

IV – atleta profissional de futebol com contrato de trabalho desportivo vigente;

V – treinador de futebol em atividade com contrato celebrado com clube, pessoa jurídica original ou Sociedade Anônima do Futebol; e

VI – árbitro de futebol em atividade.

§ 2.º O estatuto da Sociedade Anônima do Futebol poderá estabelecer outros requisitos necessários à eleição para o conselho de administração.

§ 3.º Não poderá receber nenhuma remuneração o membro do conselho de administração que cumulativamente for associado e integrar qualquer órgão, eletivo ou não, de administração, deliberação ou fiscalização do clube ou pessoa jurídica original enquanto esse for acionista da respectiva Sociedade Anônima do Futebol.

§ 4.º Não poderá ser eleito para o conselho fiscal ou para a diretoria o empregado ou membro de qualquer órgão, eletivo ou não, de administração, deliberação ou fiscalização do clube ou pessoa jurídica original enquanto esse for acionista da respectiva Sociedade Anônima do Futebol.

§ 5.º Os diretores deverão ter dedicação exclusiva à administração da Sociedade Anônima do Futebol, observados, se houver, os critérios estabelecidos no estatuto.

Art. 6.º A pessoa jurídica que detiver participação igual ou superior a 5% (cinco por cento) do capital social da Sociedade Anônima do Futebol deverá informar a esta, assim como à entidade nacional de administração do desporto, o nome, a qualificação, o endereço e os dados de contato da pessoa natural que, direta ou indiretamente, exerça o seu controle ou que seja a beneficiária final, sob pena de suspensão dos direitos políticos e retenção dos dividendos, dos juros sobre o capital próprio ou de outra forma de remuneração declarados, até o cumprimento desse dever.

Parágrafo único. (*Vetado.*)

Art. 7.º A Sociedade Anônima do Futebol que tiver receita bruta anual de até R$ 78.000.000,00 (setenta e oito milhões de reais) poderá

realizar todas as publicações obrigatórias por lei de forma eletrônica, incluídas as convocações, atas e demonstrações financeiras, e deverá mantê-las, no próprio sítio eletrônico, durante o prazo de 10 (dez) anos.

Art. 8.º A Sociedade Anônima do Futebol manterá em seu sítio eletrônico:

I – (*Vetado*);

II – o estatuto social e as atas das assembleias gerais;

III – a composição e a biografia dos membros do conselho de administração, do conselho fiscal e da diretoria; e

IV – o relatório da administração sobre os negócios sociais, incluído o Programa de Desenvolvimento Educacional e Social, e os principais fatos administrativos.

§ 1.º As informações listadas no *caput* deste artigo deverão ser atualizadas mensalmente.

§ 2.º Os administradores da Sociedade Anônima do Futebol respondem pessoalmente pela inobservância do disposto neste artigo.

§ 3.º O clube ou pessoa jurídica original que esteja em recuperação judicial, extrajudicial ou no Regime Centralizado de Execuções, a que se refere esta Lei, deverá manter em seu sítio eletrônico relação ordenada de seus credores, atualizada mensalmente.

§ 4.º Os administradores do clube ou pessoa jurídica original respondem pessoalmente pela inobservância do disposto no § 3.º deste artigo.

SEÇÃO IV
Das Obrigações da Sociedade Anônima do Futebol

Art. 9.º A Sociedade Anônima do Futebol não responde pelas obrigações do clube ou pessoa jurídica original que a constituiu, anteriores ou posteriores à data de sua constituição, exceto quanto às atividades específicas do seu objeto social, e responde pelas obrigações que lhe forem transferidas conforme disposto no § 2.º do art. 2.º desta Lei, cujo pagamento aos credores se limitará à forma estabelecida no art. 10 desta Lei.

Parágrafo único. Com relação à dívida trabalhista, integram o rol dos credores mencionados no *caput* deste artigo os atletas, membros da comissão técnica e funcionários cuja atividade principal seja vinculada diretamente ao departamento de futebol.

Art. 10. O clube ou pessoa jurídica original é responsável pelo pagamento das obrigações anteriores à constituição da Sociedade Anônima do Futebol, por meio de receitas próprias e das seguintes receitas que lhe serão transferidas pela Sociedade Anônima do Futebol, quando constituída exclusivamente:

I – por destinação de 20% (vinte por cento) das receitas correntes mensais auferidas pela Sociedade Anônima do Futebol, conforme plano aprovado pelos credores, nos termos do inciso I do *caput* do art. 13 desta Lei;

II – por destinação de 50% (cinquenta por cento) dos dividendos, dos juros sobre o capital próprio ou de outra remuneração recebida desta, na condição de acionista.

Art. 11. Sem prejuízo das disposições relativas à responsabilidade dos dirigentes previstas no art. 18-B da Lei n. 9.615, de 24 de março de 1998, os administradores da Sociedade Anônima do Futebol respondem pessoal e solidariamente pelas obrigações relativas aos repasses financeiros definidos no art. 10 desta Lei, assim como respondem, pessoal e solidariamente, o presidente do clube ou os sócios administradores da pessoa jurídica original pelo pagamento aos credores dos valores que forem transferidos pela Sociedade Anônima do Futebol, conforme estabelecido nesta Lei.

Art. 12. Enquanto a Sociedade Anônima do Futebol cumprir os pagamentos previstos nesta Seção, é vedada qualquer forma de constrição ao patrimônio ou às receitas, por penhora ou ordem de bloqueio de valores de qualquer natureza ou espécie sobre as suas receitas, com relação às obrigações anteriores à constituição da Sociedade Anônima do Futebol.

SEÇÃO V
Do Modo de Quitação das Obrigações

Art. 13. O clube ou pessoa jurídica original poderá efetuar o pagamento das obrigações diretamente aos seus credores, ou a seu exclusivo critério:

I – pelo concurso de credores, por intermédio do Regime Centralizado de Execuções previsto nesta Lei; ou

II – por meio de recuperação judicial ou extrajudicial, nos termos da Lei n. 11.101, de 9 de fevereiro de 2005.

SUBSEÇÃO I
Do Regime Centralizado de Execuções

Art. 14. O clube ou pessoa jurídica original que optar pela alternativa do inciso I do *caput* do art. 13 desta Lei submeter-se-á ao concurso de credores por meio do Regime Centralizado de Execuções, que consistirá em concentrar no juízo centralizador as execuções, as suas receitas e os valores arrecadados na forma do art. 10 desta Lei, bem como a distribuição desses valores aos credores em concurso e de forma ordenada.

§ 1.º Na hipótese de inexistência de órgão de centralização de execuções no âmbito do Judiciário, o juízo centralizador será aquele que tiver ordenado o pagamento da dívida em primeiro lugar.

§ 2.º O requerimento deverá ser apresentado pelo clube ou pessoa jurídica original e será concedido pelo Presidente do Tribunal Regional do Trabalho, quanto às dívidas trabalhistas, e pelo Presidente do Tribunal de Justiça, quanto às dívidas de natureza civil, observados os requisitos de apresentação do plano de credores, conforme disposto no art. 16 desta Lei.

Art. 15. O Poder Judiciário disciplinará o Regime Centralizado de Execuções, por meio de ato próprio dos seus tribunais, e conferirá o prazo de 6 (seis) anos para pagamento dos credores.

§ 1.º Na ausência da regulamentação prevista no *caput* deste artigo, competirá ao Tribunal Superior respectivo suprir a omissão.

§ 2.º Se o clube ou pessoa jurídica original comprovar a adimplência de ao menos 60% (sessenta por cento) do seu passivo original ao final do prazo previsto no *caput* deste artigo, será permitida a prorrogação do Regime Centralizado de Execuções por mais 4 (quatro) anos, período em que o percentual a que se refere o inciso I do *caput* do art. 10 desta Lei poderá, a pedido do interessado, ser reduzido pelo juízo centralizador das execuções a 15% (quinze por cento) das suas receitas correntes mensais.

Art. 16. Ao clube ou pessoa jurídica original que requerer a centralização das suas execuções será concedido o prazo de até 60 (sessenta) dias para apresentação do seu plano de credores, que deverá conter obrigatoriamente os seguintes documentos:

I – o balanço patrimonial;

II – as demonstrações contábeis relativas aos 3 (três) últimos exercícios sociais;

III – as obrigações consolidadas em execução e a estimativa auditada das suas dívidas ainda em fase de conhecimento;

IV – o fluxo de caixa e a sua projeção de 3 (três) anos; e

V – o termo de compromisso de controle orçamentário.

Parágrafo único. Os clubes e as pessoas jurídicas originais deverão fornecer ao juízo centralizador e publicar em sítio eletrônico próprio as seguintes informações:

I – os documentos exigidos nos incisos III, IV e V do *caput* deste artigo;

II – a ordem da fila de credores com seus respectivos valores individualizados e atualizados; e

III – os pagamentos efetuados no período.

Art. 17. No Regime Centralizado de Execuções, consideram-se credores preferenciais, para ordenação do pagamento:

I – idosos, nos termos da Lei n. 10.741, de 1.º de outubro de 2003 (Estatuto do Idoso);
II – pessoas com doenças graves;
III – pessoas cujos créditos de natureza salarial sejam inferiores a 60 (sessenta) salários-mínimos;
IV – gestantes;
V – pessoas vítimas de acidente de trabalho oriundo da relação de trabalho com o clube ou pessoa jurídica original;
VI – credores com os quais haja acordo que preveja redução da dívida original em pelo menos 30% (trinta por cento).
Parágrafo único. Na hipótese de concorrência entre os créditos, os processos mais antigos terão preferência.
Art. 18. O pagamento das obrigações previstas no art. 10 desta Lei privilegiará os créditos trabalhistas, e cumprirá ao plano de pagamento dos credores, apresentado pelo clube ou pessoa jurídica original, definir a sua destinação.
Parágrafo único. A partir da centralização das execuções, as dívidas de natureza cível e trabalhista serão corrigidas somente pela taxa referencial do Sistema Especial de Liquidação e de Custódia (Selic), ou outra taxa de mercado que vier a substituí-la.
Art. 19. É facultado às partes, por meio de negociação coletiva, estabelecer o plano de pagamento de forma diversa.
Art. 20. Ao credor, titular do crédito, é facultada a conversão, no todo ou em parte, da dívida do clube ou pessoa jurídica original em ações da Sociedade Anônima do Futebol ou em títulos por ela emitidos, desde que previsto em seu estatuto.
Art. 21. Ao credor de dívida trabalhista e ao credor de dívida cível, de qualquer valor, é facultado anuir, a seu critério exclusivo, a deságio sobre o valor do débito.
Art. 22. Ao credor de dívida trabalhista, como titular do crédito, a seu exclusivo critério, é facultada a cessão do crédito a terceiro, que ficará sub-rogado em todos os direitos e em todas as obrigações do credor e ocupará a mesma posição do titular do crédito original na fila de credores, devendo ser dada ciência ao clube ou pessoa jurídica original, bem como ao juízo centralizador da dívida para que promova a anotação.
Art. 23. Enquanto o clube ou pessoa jurídica original cumprir os pagamentos previstos nesta Seção, é vedada qualquer forma de constrição ao patrimônio ou às receitas, por penhora ou ordem de bloqueio de valores de qualquer natureza ou espécie sobre as suas receitas.
Art. 24. Superado o prazo estabelecido no art. 15 desta Lei, a Sociedade Anônima do Futebol responderá, nos limites estabelecidos no art. 9.º desta Lei, subsidiariamente, pelo pagamento das obrigações civis e trabalhistas anteriores à sua constituição, salvo o disposto no art. 19 desta Lei.

SUBSEÇÃO II
Da Recuperação Judicial e Extrajudicial do Clube ou Pessoa Jurídica Original

Art. 25. O clube, ao optar pela alternativa do inciso II do *caput* do art. 13 desta Lei, e por exercer atividade econômica, é admitido como parte legítima para requerer a recuperação judicial ou extrajudicial, submetendo-se à Lei n. 11.101, de 9 de fevereiro de 2005.
Parágrafo único. Os contratos bilaterais, bem como os contratos de atletas profissionais vinculados ao clube ou pessoa jurídica original não se resolvem em razão do pedido de recuperação judicial e extrajudicial e poderão ser transferidos à Sociedade Anônima do Futebol no momento de sua constituição.

Capítulo II
DISPOSIÇÕES ESPECIAIS

SEÇÃO I
Do Financiamento da Sociedade Anônima do Futebol

Art. 26. A Sociedade Anônima do Futebol poderá emitir debêntures, que serão denominadas "debêntures-fut", com as seguintes características:
I – remuneração por taxa de juros não inferior ao rendimento anualizado da caderneta de poupança, permitida a estipulação, cumulativa, de remuneração variável, vinculada ou referenciada às atividades ou ativos da Sociedade Anônima do Futebol;
II – prazo igual ou superior a 2 (dois) anos;
III – vedação à recompra da debênture-fut pela Sociedade Anônima do Futebol ou por parte a ela relacionada e à liquidação antecipada por meio de resgate ou pré-pagamento, salvo na forma a ser regulamentada pela Comissão de Valores Mobiliários;
IV – pagamento periódico de rendimentos;
V – registro das debênture-fut em sistema de registro devidamente autorizado pelo Banco Central do Brasil ou pela Comissão de Valores Mobiliários, nas suas respectivas áreas de competência.
§ 1.º Os recursos captados por meio de debêntures-fut deverão ser alocados no desenvolvimento de atividades ou no pagamento de gastos, despesas ou dívidas relacionados às atividades típicas da Sociedade Anônima do Futebol previstas nesta Lei, bem como em seu estatuto social.
§ 2.º (*Vetado.*)
Art. 27. (*Vetado.*)

SEÇÃO II
Do Programa de Desenvolvimento Educacional e Social (PDE)

Art. 28. A Sociedade Anônima do Futebol deverá instituir Programa de Desenvolvimento Educacional e Social (PDE), para, em convênio com instituição pública de ensino, promover medidas em prol do desenvolvimento da educação, por meio do futebol, e do futebol, por meio da educação.
§ 1.º A Sociedade Anônima do Futebol poderá investir, no âmbito das obrigações do Plano de Desenvolvimento Educacional e Social, mas não exclusivamente:
I – na reforma ou construção de escola pública, bem como na manutenção de quadra ou campo destinado à prática do futebol;
II – na instituição de sistema de transporte dos alunos qualificados à participação no convênio, na hipótese de a quadra ou o campo não se localizar nas dependências da escola;
III – na alimentação dos alunos durante os períodos de recreação futebolística e de treinamento;
IV – na capacitação de ex-jogadores profissionais de futebol, para ministrar e conduzir as atividades no âmbito do convênio;
V – na contratação de profissionais auxiliares, especialmente de preparadores físicos, nutricionistas e psicólogos, para acompanhamento das atividades no âmbito do convênio;
VI – na aquisição de equipamentos, materiais e acessórios necessários à prática esportiva.
§ 2.º Somente se habilitarão a participar do convênio alunos regularmente matriculados na instituição conveniada e que mantenham o nível de assiduidade às aulas regulares e o padrão de aproveitamento definidos no convênio.
§ 3.º O Programa de Desenvolvimento Educacional e Social deverá oferecer, igualmente, oportunidade de participação às alunas matriculadas em escolas públicas, a fim de realizar o direito de meninas terem acesso ao esporte.
Art. 29. Além das obrigações constantes da Lei n. 9.615, de 24 de março de 1998, para as entidades de práticas desportivas formadoras de atletas e das disposições desta Seção, a Sociedade Anônima do

Futebol proporcionará ao atleta em formação que morar em alojamento por ela mantido:

I – instalações físicas certificadas pelos órgãos e autoridades competentes com relação à habitabilidade, à higiene, à salubridade e às medidas de prevenção e combate a incêndio e a desastres;

II – assistência de monitor responsável durante todo o dia;

III – convivência familiar;

IV – participação em atividades culturais e de lazer nos horários livres; e

V – assistência religiosa àqueles que desejarem, de acordo com suas crenças.

Art. 30. É autorizado à Sociedade Anônima do Futebol e ao clube ou pessoa jurídica original captar recursos incentivados em todas as esferas de governo, inclusive os provenientes da Lei n. 11.438, de 29 de dezembro de 2006.

•• Artigo originalmente vetado, todavia promulgado em 6-10-2021 (Edição Extra).

SEÇÃO III
Do Regime de Tributação Específica do Futebol (TEF)

Art. 31. A Sociedade Anônima do Futebol regularmente constituída nos termos desta Lei fica sujeita ao Regime de Tributação Específica do Futebol (TEF).

•• Artigo originalmente vetado, todavia promulgado em 6-10-2021 (Edição Extra).

§ 1.º O regime referido no *caput* deste artigo implica o recolhimento mensal, mediante documento único de arrecadação, dos seguintes impostos e contribuições, a serem apurados seguindo o regime de caixa:

I – Imposto sobre a Renda das Pessoas Jurídicas (IRPJ);

II – Contribuição para os Programas de Integração Social e de Formação do Patrimônio do Servidor Público (Contribuição para o PIS/Pasep);

III – Contribuição Social sobre o Lucro Líquido (CSLL);

IV – Contribuição para o Financiamento da Seguridade Social (Cofins); e

V – contribuições previstas nos incisos I, II e III do *caput* e no § 6.º do art. 22 da Lei n. 8.212, de 24 de julho de 1991.

§ 2.º O recolhimento na forma deste artigo não exclui a incidência dos seguintes impostos ou contribuições, devidos na qualidade de contribuinte ou responsável, em relação aos quais será observada a legislação aplicável às demais pessoas jurídicas:

I – Imposto sobre Operações de Crédito, Câmbio e Seguro, ou Relativas a Títulos ou Valores Mobiliários (IOF);

II – Imposto de Renda relativo aos rendimentos ou ganhos líquidos auferidos em aplicações de renda fixa ou variável;

III – Imposto de Renda relativo aos ganhos de capital auferidos na alienação de bens do ativo imobilizado;

IV – contribuição para o Fundo de Garantia do Tempo de Serviço (FGTS);

V – Imposto de Renda relativo aos pagamentos ou créditos efetuados pela pessoa jurídica a pessoas físicas; e

VI – demais contribuições instituídas pela União, inclusive as contribuições compulsórias dos empregadores sobre a folha de salários, destinadas às entidades privadas de serviço social e de formação profissional vinculadas ao sistema sindical, de que trata o art. 240 da Constituição Federal, e demais entidades de serviço social autônomo.

§ 3.º O pagamento mensal unificado deverá ser feito até o vigésimo dia do mês subsequente àquele em que houver sido recebida a receita.

Art. 32. Nos 5 (cinco) primeiros anos-calendário da constituição da Sociedade Anônima do Futebol ficará ela sujeita ao pagamento mensal e unificado dos tributos referidos no § 1.º do art. 31 desta Lei, à alíquota de 5% (cinco por cento) das receitas mensais recebidas.

•• Artigo originalmente vetado, todavia promulgado em 6-10-2021 (Edição Extra).

§ 1.º Para fins do disposto no *caput* deste artigo, considera-se receita mensal a totalidade das receitas recebidas pela Sociedade Anônima do Futebol, inclusive aquelas referentes a prêmios e programas de sócio-torcedor, excetuadas as relativas à cessão dos direitos desportivos dos atletas.

§ 2.º A partir do início do sexto ano-calendário da constituição da Sociedade Anônima do Futebol, o TEF incidirá à alíquota de 4% (quatro por cento) da receita mensal recebida, compreendidos os tributos referidos no § 1.º do art. 31 desta Lei, inclusive as receitas relativas à cessão dos direitos desportivos dos atletas.

§ 3.º O Ministério da Economia regulamentará a repartição da receita tributária de que trata este artigo, observadas as diretrizes de repartição de receitas tributárias estabelecidas pela Constituição Federal e pela legislação em vigor.

Capítulo III
DISPOSIÇÕES FINAIS

Art. 33. O clube ou pessoa jurídica original com passivos tributários anteriores à constituição da Sociedade Anônima do Futebol não incluídos em programas de refinanciamento do governo federal poderão apresentar proposta de transação nos termos da Lei n. 13.988, de 14 de abril de 2020.

Parágrafo único. Na hipótese do *caput* deste artigo, a União, no juízo de oportunidade e conveniência prévio à celebração da transação, nos termos do § 1.º do art. 1.º da Lei n. 13.988, de 14 de abril de 2020, deverá levar em consideração a transformação do clube ou pessoa jurídica original em Sociedade Anônima do Futebol, priorizando a análise das propostas apresentadas, sem prejuízo do disposto no art. 3.º da Lei n. 13.988, de 14 de abril de 2020.

Art. 34. O § 2.º do art. 27 da Lei n. 9.615, de 24 de março de 1998, passa a vigorar com a seguinte redação:

•• Alteração já processada no texto do diploma modificado.

Art. 35. O art. 971 da Lei n. 10.406, de 10 de janeiro de 2002 (Código Civil), passa a vigorar acrescido do seguinte parágrafo único:

•• Alteração já processada no texto do diploma modificado.

Art. 36. Esta Lei entra em vigor na data de sua publicação.

Brasília, 6 de agosto de 2021; 200.º da Independência e 133.º da República.

JAIR MESSIAS BOLSONARO

PORTARIA N. 422, DE 7 DE OUTUBRO DE 2021 (*)

Aprova a nova redação da Norma Regulamentadora n. 05 – Comissão Interna de Prevenção de Acidentes – CIPA.

O Ministro de Estado do Trabalho e Previdência, no uso das atribuições que lhe conferem os arts. 155, 163 e 200 do Decreto-lei n. 5.452, de 1.º de maio de 1943 – Consolidação das Leis do Trabalho – CLT, e tendo em vista o disposto no art. 48-A, *caput*, inciso VIII, da Lei n. 13.844, de 18 de junho de 2019, resolve:

Art. 1.º A Norma Regulamentadora n. 05 (NR-5) – Comissão Interna de Prevenção de Acidentes – CIPA passa a vigorar com a redação constante do Anexo.

Art. 2.º Determinar, conforme previsto na Portaria SIT n. 787, de 27 de novembro de 2018, que a NR-5 e seu Anexo serão interpretados conforme o disposto na tabela abaixo:

Regulamento	Tipificação
NR-05	NR Geral
Anexo I	Tipo 2

(*) Publicada no *Diário Oficial da União*, de 8-10-2021.

Art. 3.º Os editais de convocação de eleição publicados antes da entrada em vigor desta Portaria seguem o dimensionamento previsto na Portaria vigente da NR-5 à data de sua publicação.

Art. 4.º Na data da entrada em vigor desta, ficam revogados os seguintes dispositivos:

..

II – art. 2.º da Portaria SSST n. 25, de 29 de dezembro de 1994;

..

V – Portaria SSST n. 24, de 27 de maio de 1999;

VI – Portaria SSST n. 25, de 27 de maio de 1999;

..

Art. 5.º Esta Portaria entra em vigor em 3 de janeiro de 2022.

Onyx Dornelles Lorenzoni

ANEXO
NR 5 – COMISSÃO INTERNA DE PREVENÇÃO DE ACIDENTES

•• Alteração já processada na NR 5.

PORTARIA N. 426, DE 7 DE OUTUBRO DE 2021 (*)

Aprova o Anexo I – Vibração e o Anexo III – Calor, da Norma Regulamentadora n. 09 – Avaliação e Controle das Exposições Ocupacionais e Agentes Físicos, Químicos e Biológicos.

O Ministro do Trabalho e Previdência, no uso das atribuições que lhe conferem os art. 155, art. 163 e art. 200 do Decreto-lei n. 5.452, de 1.º de maio de 1943 – Consolidação das Leis do Trabalho – CLT, e tendo em vista o disposto no art. 48-A, *caput*, inciso VIII, da Lei n. 13.844, de 11 de junho de 2019, resolve:

Art. 1.º Aprovar o Anexo I – Vibração e o Anexo III – Calor, da Norma Regulamentadora n. 09 (NR-09) – Avaliação e Controle das Exposições Ocupacionais a Agentes Físicos, Químicos e Biológicos, aprovada pela Portaria SEPRT n. 6.735, de 10 de março de 2020, conforme redação constante dos Anexos I e II desta Portaria, respectivamente.

Parágrafo único. Inserir no Sumário da Portaria SEPRT n. 6.735, de 2020, os seguintes títulos:

I – Anexo I – Vibração

II – Anexo III – Calor

Art. 2.º Determinar que os Anexos I e III da NR 09 serão interpretados conforme o disposto na tabela abaixo:

Regulamento	Tipificação
Anexo I	Tipo 1
Anexo III	Tipo 1

Art. 5.º Na data da entrada em vigor desta Portaria, ficam revogados os seguintes dispositivos:

..

III – Anexo II da NR 09, aprovado pela Portaria MTb n. 1.109, de 21 de setembro de 2016.

Art. 6.º Esta Portaria entra em vigor em 3 de janeiro de 2022.

Onyx Dornelles Lorenzoni

ANEXO I

•• Alteração já processada na NR 9.

ANEXO II

•• Alteração já processada na NR 9.

DECRETO N. 10.854, DE 10 DE NOVEMBRO DE 2021 (**)

Regulamenta disposições relativas à legislação trabalhista e institui o Programa Permanente de Consolidação, Simplificação e Desburocratização de Normas Trabalhistas Infralegais e o Prêmio Nacional Trabalhista, e altera o Decreto n. 9.580, de 22 de novembro de 2018.

O Presidente da República, no uso das atribuições que lhe confere o art. 84, *caput*, incisos IV e VI, alínea *a*, da Constituição, e tendo em vista o disposto na Consolidação das Leis do Trabalho, aprovada pelo Decreto-lei n. 5.452, de 1.º de maio de 1943, decreta:

Título I
DISPOSIÇÕES PRELIMINARES

Art. 1.º Este Decreto regulamenta disposições relativas à legislação trabalhista sobre os seguintes temas:

I – Programa Permanente de Consolidação, Simplificação e Desburocratização de Normas Trabalhistas Infralegais;

II – Prêmio Nacional Trabalhista;

III – Livro de Inspeção do Trabalho Eletrônico – eLIT;

IV – fiscalização das normas de proteção ao trabalho e de segurança e saúde no trabalho;

V – diretrizes para elaboração e revisão das normas regulamentadoras de segurança e saúde no trabalho;

VI – certificado de aprovação do equipamento de proteção individual, nos termos do disposto no art. 167 da Consolidação das Leis do Trabalho, aprovada pelo Decreto-lei n. 5.452, de 1.º de maio de 1943;

VII – registro eletrônico de controle de jornada, nos termos do disposto no art. 74 da Consolidação das Leis do Trabalho, aprovada pelo Decreto-lei n. 5.452, de 1943;

VIII – mediação de conflitos coletivos de trabalho;

IX – empresas prestadoras de serviços a terceiros, nos termos do disposto na Lei n. 6.019, de 3 de janeiro de 1974;

X – trabalho temporário, nos termos do disposto na Lei n. 6.019, de 3 de janeiro de 1974;

XI – gratificação de Natal, nos termos do disposto na Lei n. 4.090, de 13 de julho de 1962, e na Lei n. 4.749, de 12 de agosto de 1965;

XII – relações individuais e coletivas de trabalho rural, nos termos do disposto na Lei n. 5.889, de 8 de junho de 1973;

XIII – vale-transporte, nos termos do disposto na Lei n. 7.418, de 16 de dezembro de 1985;

XIV – Programa Empresa Cidadã, destinado à prorrogação da licença-maternidade e da licença-paternidade, nos termos do disposto na Lei n. 11.770, de 9 de setembro de 2008;

XV – situação de trabalhadores contratados ou transferidos para prestar serviços no exterior, nos termos do disposto no § 2.º do art. 5.º, nos § 1.º a § 4.º do art. 9.º e no art. 12 da Lei n. 7.064, de 6 de dezembro de 1982;

XVI – repouso semanal remunerado e pagamento de salário nos feriados civis e religiosos, nos termos do disposto na Lei n. 605, de 5 de janeiro de 1949;

XVII – Relação Anual de Informações Sociais – RAIS; e

XVIII – Programa de Alimentação do Trabalhador – PAT.

(*) Publicada no *Diário Oficial da União*, de 8-10-2021.

(**) Publicado no *Diário Oficial da União*, de 11-11-2021.

Título II
DISPOSIÇÕES GERAIS

Capítulo I
DO PROGRAMA PERMANENTE DE CONSOLIDAÇÃO, SIMPLIFICAÇÃO E DESBUROCRATIZAÇÃO DE NORMAS TRABALHISTAS INFRALEGAIS

Art. 2.º Fica instituído o Programa Permanente de Consolidação, Simplificação e Desburocratização de Normas Trabalhistas Infralegais no âmbito do Ministério do Trabalho e Previdência.

Art. 3.º O Programa Permanente de Consolidação, Simplificação e Desburocratização de Normas Trabalhistas Infralegais abrangerá iniciativas de revisão, compilação e consolidação de normas trabalhistas infralegais.

Parágrafo único. A revisão da legislação trabalhista infralegal consiste no exame dos atos normativos pertinentes a serem integrados, quanto ao mérito, à oportunidade, à conveniência e à compatibilização da matéria neles tratada com as políticas e as diretrizes do Governo federal e com o marco regulatório vigente.

Art. 4.º A compilação e a consolidação dos atos normativos em vigor vinculados à área trabalhista obedecerão ao disposto no Decreto n. 9.191, de 1.º de novembro de 2017, e no Decreto n. 10.139, de 28 de novembro de 2019.

Art. 5.º São objetivos gerais do Programa Permanente de Consolidação, Simplificação e Desburocratização de Normas Trabalhistas Infralegais:

I - promover a conformidade às normas trabalhistas infralegais e o direito ao trabalho digno;

II - buscar a simplificação e a desburocratização do marco regulatório trabalhista, de modo a observar o respeito aos direitos trabalhistas e a redução dos custos de conformidade das empresas;

III - promover a segurança jurídica;

IV - alcançar marco regulatório trabalhista infralegal harmônico, moderno e dotado de conceitos claros, simples e concisos;

V - aprimorar a interação do Ministério do Trabalho e Previdência com os administrados;

VI - ampliar a transparência do arcabouço normativo aos trabalhadores, aos empregadores, às entidades sindicais e aos operadores do direito por meio do acesso simplificado ao marco regulatório trabalhista infralegal;

VII - promover a integração das políticas de trabalho e de previdência; e

VIII - melhorar o ambiente de negócios, o aumento da competitividade e a eficiência do setor público, para a geração e a manutenção de empregos.

Art. 6.º São objetivos específicos do Programa Permanente de Consolidação, Simplificação e Desburocratização de Normas Trabalhistas Infralegais:

I - triar e catalogar a legislação trabalhista infralegal com matérias conexas ou afins;

II - garantir, por meio da articulação entre as áreas, que o repositório de normas trabalhistas infralegais seja disponibilizado em ambiente único e digital, constantemente atualizado;

III - promover a participação social, inclusive por meio de consultas públicas;

IV - buscar a harmonização das normas trabalhistas e previdenciárias infralegais; e

V - revogar atos normativos exauridos ou tacitamente revogados.

Art. 7.º As normas trabalhistas infralegais analisadas no âmbito do Programa Permanente de Consolidação, Simplificação e Desburocratização de Normas Trabalhistas Infralegais serão organizadas e compiladas em coletâneas, de acordo com os seguintes temas:

I - legislação trabalhista, relações de trabalho e políticas públicas de trabalho;

II - segurança e saúde no trabalho;

III - inspeção do trabalho;

IV - procedimentos de multas e recursos de processos administrativos trabalhistas;

V - convenções e recomendações da Organização Internacional do Trabalho - OIT;

VI - profissões regulamentadas; e

VII - normas administrativas.

Parágrafo único. O Ministério do Trabalho e Previdência poderá incluir outros temas para a organização de normas infralegais relacionados à sua área de atuação.

Art. 8.º Os atos normativos infralegais de natureza trabalhista editados pelo Ministério do Trabalho e Previdência deverão ser incorporados aos atos normativos consolidados ou revistos de acordo com os temas de que trata o art. 7.º.

§ 1.º É vedada a edição de atos normativos autônomos quando houver ato normativo consolidado ou compilado que trate do mesmo tema.

§ 2.º Os atos normativos infralegais de matéria trabalhista a serem editados pelo Ministério do Trabalho e Previdência, incluídos aqueles relativos à inspeção do trabalho, deverão ser redigidos com clareza, precisão e ordem lógica, e apresentarão conceitos técnicos e objetivos, em observância ao disposto no Decreto n. 9.191, de 2017, e no Decreto n. 10.139, de 2019.

§ 3.º Apenas serão admitidos os atos normativos inferiores a decreto editados nos termos do disposto no art. 2.º do Decreto n. 10.139, de 2019.

§ 4.º Quaisquer outros documentos existentes, no âmbito da Secretaria de Trabalho do Ministério do Trabalho e Previdência, que não tenham adotado a denominação prevista no art. 2.º do Decreto n. 10.139, de 2019, tais como manuais, recomendações, ofícios circulares, diretrizes e congêneres, perderão validade a partir da data de publicação deste Decreto.

Art. 9.º O Ministério do Trabalho e Previdência avaliará e monitorará, a cada biênio, os resultados obtidos quanto à aderência aos objetivos específicos do Programa Permanente de Consolidação, Simplificação e Desburocratização de Normas Trabalhistas Infralegais previstos no art. 6.º.

Capítulo II
DO PRÊMIO NACIONAL TRABALHISTA

Art. 10. Fica instituído o Prêmio Nacional Trabalhista, com a finalidade de estimular a pesquisa nas áreas de direito do trabalho, segurança e saúde no trabalho, economia do trabalho, auditoria-fiscal do trabalho, além de temas correlatos a serem estabelecidos pelo Ministério do Trabalho e Previdência.

§ 1.º O regulamento do Prêmio Nacional Trabalhista será editado pelo Ministério do Trabalho e Previdência, do qual deverá constar, no mínimo:

I - os critérios de avaliação;

II - as categorias; e

III - as ações laureadas.

§ 2.º O Ministério do Trabalho e Previdência coordenará a implementação do Prêmio Nacional Trabalhista.

§ 3.º A Secretaria de Trabalho do Ministério do Trabalho e Previdência será responsável pelo apoio técnico e administrativo necessário à implementação do Prêmio Nacional Trabalhista.

§ 4.º As despesas decorrentes da execução do Prêmio Nacional Trabalhista serão custeadas por meio de recursos oriundos de parcerias estabelecidas com entidades públicas ou privadas.

Capítulo III
DO LIVRO DE INSPEÇÃO DO TRABALHO ELETRÔNICO

Art. 11. O Livro de Inspeção do Trabalho, nos termos do disposto no § 1.º do art. 628 da Consolidação das Leis do Trabalho, aprovada pelo Decreto-lei n. 5.452, de 1943, será disponibilizado em meio eletrônico pelo Ministério do Trabalho e Previdência, a todas as empresas que tenham ou não empregados, sem ônus, e será denominado eLIT.

§ 1.º O eLIT aplica-se, também, aos profissionais liberais, às instituições beneficentes, às associações recreativas ou a outras instituições sem fins lucrativos que admitirem trabalhadores como empregados.

§ 2.º As microempresas e as empresas de pequeno porte, nos termos do disposto na Lei Complementar n. 123, de 14 de dezembro de 2006, poderão aderir ao eLIT por meio de cadastro, hipótese em que obedecerão ao disposto neste Capítulo.

Art. 12. O eLIT é instrumento oficial de comunicação entre a empresa e a inspeção do trabalho, em substituição ao Livro impresso.

Parágrafo único. Ato do Ministro de Estado do Trabalho e Previdência estabelecerá a data a partir da qual o uso do eLIT se tornará obrigatório.

Art. 13. São princípios do eLIT:
I – presunção de boa-fé;
II – racionalização e simplificação do cumprimento das obrigações trabalhistas e das obrigações não tributárias impostas pela legislação previdenciária;
III – eliminação de formalidades e exigências desnecessárias ou superpostas;
IV – padronização de procedimentos e transparência; e
V – conformidade com a legislação trabalhista e previdenciária, inclusive quanto às normas de segurança e saúde do trabalhador.

Art. 14. O eLIT destina-se, dentre outros, a:
I – disponibilizar consulta à legislação trabalhista;
II – disponibilizar às empresas ferramentas gratuitas e interativas de avaliação de riscos em matéria de segurança e saúde no trabalho;
III – simplificar os procedimentos de pagamento de multas administrativas e obrigações trabalhistas;
IV – possibilitar a consulta de informações relativas às fiscalizações registradas no eLIT e ao trâmite de processo administrativo trabalhista em que o consulente figure como parte interessada;
V – registrar os atos de fiscalização e o lançamento de seus resultados;
VI – cientificar a empresa quanto à prática de atos administrativos, medidas de fiscalização e avisos em geral;
VII – assinalar prazos para o atendimento de exigências realizadas em procedimentos administrativos ou em medidas de fiscalização;
VIII – viabilizar o envio de documentação eletrônica e em formato digital exigida em razão da instauração de procedimento administrativo ou de medida de fiscalização;
IX – cientificar a empresa quanto a atos praticados e decisões proferidas no contencioso administrativo trabalhista e permitir, em integração com os sistemas de processo eletrônico, a apresentação de defesa e recurso no âmbito desses processos; e
X – viabilizar, sem ônus, o uso de ferramentas destinadas ao cumprimento de obrigações trabalhistas e à emissão de certidões relacionadas à legislação do trabalho.

Art. 15. As comunicações eletrônicas realizadas por meio do eLIT, com prova de recebimento, são consideradas pessoais para todos os efeitos legais.

Capítulo IV
DA FISCALIZAÇÃO DAS NORMAS DE PROTEÇÃO AO TRABALHO E DE SAÚDE E SEGURANÇA NO TRABALHO

Art. 16. Compete exclusivamente aos Auditores-Fiscais do Trabalho do Ministério do Trabalho e Previdência, autoridades trabalhistas no exercício de suas atribuições legais, nos termos do disposto na Lei n. 10.593, de 6 de dezembro de 2002, a fiscalização do cumprimento das normas de proteção ao trabalho e de saúde e segurança no trabalho.

Art. 17. A autoridade nacional, as autoridades máximas regionais e as autoridades regionais em matéria de inspeção do trabalho serão Auditores-Fiscais do Trabalho.

Parágrafo único. Ato do Ministro de Estado do Trabalho e Previdência disporá sobre as autoridades a que se refere o *caput*.

SEÇÃO I
Das Denúncias sobre Irregularidades e dos Pedidos de Fiscalização Trabalhista

Art. 18. A Subsecretaria de Inspeção de Trabalho da Secretaria de Trabalho do Ministério do Trabalho e Previdência receberá denúncias sobre irregularidades trabalhistas e pedidos de fiscalização por meio de canais eletrônicos.

§ 1.º Os canais eletrônicos poderão ser utilizados por:
I – trabalhadores;
II – órgãos e entidades públicas;
III – entidades sindicais;
IV – entidades privadas; e
V – outros interessados.

§ 2.º As denúncias sobre irregularidades trabalhistas e pedidos de fiscalização serão recebidas e tratadas pela inspeção do trabalho, e poderão:
I – ser utilizadas como fonte de informações nas fases de elaboração e execução do planejamento da inspeção do trabalho; e
II – ter prioridade em situações específicas, na forma estabelecida em ato do Ministro de Estado do Trabalho e Previdência, especialmente quando envolverem indícios de:
a) risco grave e iminente à segurança e à saúde de trabalhadores;
b) ausência de pagamento de salário;
c) trabalho infantil; ou
d) trabalho análogo ao de escravo.

§ 3.º As denúncias que envolvam apenas o não pagamento de rubrica específica do salário ou de diferenças rescisórias e aquelas que envolvam o atraso de salários quitados no momento de análise da denúncia não se incluem nas hipóteses previstas na alínea *b* do inciso II do § 2.º.

§ 4.º Compete às chefias em matéria de inspeção do trabalho a designação de Auditor-Fiscal do Trabalho para o atendimento das demandas externas recebidas pelos canais eletrônicos a que se refere o *caput*.

§ 5.º A execução das atividades e dos projetos previstos no planejamento da inspeção do trabalho terão prioridade em relação àquelas provenientes de denúncias, requisições ou pedidos de fiscalização, exceto quanto ao disposto no inciso II do § 2.º e nas determinações judiciais.

§ 6.º Em observância ao disposto no § 3.º do art. 8.º da Lei Complementar n. 75, de 20 de maio de 1993, a chefia em matéria de inspeção do trabalho deverá justificar e comunicar a justificativa quando da falta do atendimento de requisições do Ministério Público.

§ 7.º A Subsecretaria de Inspeção de Trabalho da Secretaria de Trabalho do Ministério do Trabalho e Previdência poderá celebrar termo de entendimento com órgãos interessados com vistas à melhor articulação

entre o planejamento e a execução das ações fiscais e o atendimento a requisições ou pedidos de fiscalização.

§ 8.º Será garantida a confidencialidade da identidade dos usuários dos canais eletrônicos de que trata o *caput,* hipótese em que será vedado a qualquer pessoa que obtiver acesso à referida informação revelar a sua origem ou a fonte da fiscalização, que ficará sujeita a penalidade prevista em legislação específica.

§ 9.º Na impossibilidade de uso ou acesso aos canais eletrônicos de que trata o *caput,* poderão ser admitidos outros meios para recebimento de denúncias sobre irregularidades trabalhistas.

SEÇÃO II
Da Atuação Estratégica e Preventiva da Inspeção do Trabalho

Art. 19. O planejamento da inspeção do trabalho contemplará atuação estratégica por meio de ações especiais setoriais para a prevenção de acidentes de trabalho, de doenças relacionadas ao trabalho e de irregularidades trabalhistas, a partir da análise dos dados de acidentalidade e adoecimento ocupacionais e do mercado de trabalho, na forma estabelecida em ato do Ministro de Estado do Trabalho e Previdência.

§ 1.º A atuação estratégica por meio das ações especiais setoriais incluirá a realização de ações coletivas para prevenção e saneamento das irregularidades.

§ 2.º As ações coletivas para prevenção e saneamento de irregularidades são iniciativas fora do âmbito das ações de fiscalização, que permitem o diálogo setorial e interinstitucional, e a construção coletiva de soluções.

§ 3.º São ações coletivas para prevenção, dentre outras:

I – o estabelecimento de parcerias com entidades representativas de trabalhadores e empregadores;

II – o compartilhamento de diagnóstico setorial sobre os índices de informalidade, acidentalidade e adoecimento ocupacionais;

III – a realização de eventos de orientação às representações das partes interessadas;

IV – a elaboração de cartilhas e manuais;

V – a promoção do diálogo social por meio da realização de encontros periódicos para construção coletiva de soluções para a superação dos problemas identificados;

VI – a realização de visita técnica de instrução, no âmbito das competências previstas no inciso II do *caput* do art. 18 do Regulamento da Inspeção do Trabalho, aprovado pelo Decreto n. 4.552, de 27 de dezembro de 2002, e da Convenção n. 81 da OIT, nos termos do disposto no Decreto n. 10.088, de 5 de novembro de 2019; e

VII – a atuação integrada com outros órgãos da administração pública federal, estadual, distrital e municipal, com vistas ao compartilhamento de informações e à atuação conjunta na construção coletiva de soluções para os problemas concernentes a cada área de atuação.

§ 4.º O monitoramento das ações coletivas para prevenção a que se refere o § 3.º será realizado na forma estabelecida pelo responsável de cada projeto.

§ 5.º A visita técnica de instrução a que se refere o inciso VI do § 3.º consiste em atividade excepcional coletiva relacionada ao objeto do projeto ou da ação especial setorial, agendada previamente pela autoridade nacional ou máxima regional em matéria de inspeção do trabalho.

§ 6.º Não caberá lavratura de auto de infração no âmbito das ações coletivas de prevenção previstas neste artigo.

SEÇÃO III
Da Autuação pela Inspeção do Trabalho

Art. 20. Incumbe exclusivamente à autoridade máxima regional em matéria de inspeção do trabalho a aplicação de multas, na forma prevista no art. 634 da Consolidação das Leis do Trabalho, aprovada pelo Decreto-lei n. 5.452, de 1943, e em ato do Ministro de Estado do Trabalho e Previdência.

§ 1.º A análise de defesa administrativa, sempre que os meios técnicos permitirem, será feita em unidade federativa diferente daquela onde tiver sido lavrado o auto de infração.

§ 2.º O sistema de distribuição aleatória de processos para análise, decisão e aplicação de multas será disciplinado na forma estabelecida em ato do Ministro de Estado do Trabalho e Previdência de que trata o *caput.*

Art. 21. O auto de infração lavrado pelo Auditor-Fiscal do Trabalho deverá indicar expressamente os dispositivos legais e infralegais ou as cláusulas de instrumentos coletivos que houverem sido infringidos.

Parágrafo único. Serão nulos os autos de infração ou as decisões de autoridades que não observarem o disposto neste artigo, independentemente da natureza principal ou acessória da obrigação.

Art. 22. É vedado ao Auditor-Fiscal do Trabalho determinar o cumprimento de exigências que constem apenas de manuais, notas técnicas, ofícios circulares ou atos congêneres.

Art. 23. A não observância ao disposto no art. 22 poderá ensejar a apuração de responsabilidade administrativa do Auditor-Fiscal do Trabalho, nos termos do disposto no art. 121 e no art. 143 da Lei n. 8.112, de 11 de dezembro de 1990.

Capítulo V
DAS DIRETRIZES PARA ELABORAÇÃO E REVISÃO DAS NORMAS REGULAMENTADORAS DE SEGURANÇA E SAÚDE NO TRABALHO

Art. 24. São diretrizes para elaboração e revisão das normas regulamentadoras de segurança e saúde no trabalho, nos termos do disposto no art. 200 da Consolidação das Leis do Trabalho, aprovada pelo Decreto-lei n. 5.452, de 1943, no art. 13 da Lei n. 5.889, de 1973, e no art. 9.º da Lei n. 9.719, de 27 de novembro de 1998:

I – redução dos riscos inerentes ao trabalho, prevenção de acidentes de trabalho e doenças ocupacionais e promoção da segurança e saúde do trabalhador;

II – a dignidade da pessoa humana, o valor social do trabalho, a valorização do trabalho humano, o livre exercício da atividade econômica e a busca do pleno emprego, nos termos do disposto nos incisos III e IV do *caput* do art. 1.º e nos incisos IV e VIII do *caput* do art. 170 da Constituição;

III – o embasamento técnico ou científico, a atualidade das normas com o estágio corrente de desenvolvimento tecnológico e a compatibilidade dos marcos regulatórios brasileiro e internacionais;

IV – a harmonização, a consistência, a praticidade, a coerência e a uniformização das normas;

V – a transparência, a razoabilidade e a proporcionalidade no exercício da competência normativa;

VI – a simplificação e a desburocratização do conteúdo das normas regulamentadoras; e

VII – a intervenção subsidiária e excepcional do Estado sobre o exercício de atividades econômicas, nos termos do disposto no inciso III do *caput* do art. 2.º da Lei n. 13.874, de 2019, incluído o tratamento diferenciado à atividade econômica de baixo risco à saúde e à segurança no ambiente de trabalho.

Parágrafo único. Poderá ser previsto tratamento diferenciado e favorecido para as microempresas e empresas de pequeno porte, nos termos do disposto no inciso IX do *caput* do art. 170 da Constituição, e na Lei Complementar n. 123, de 2006, quando o nível de risco ocupacional assim permitir.

Art. 25. São vedadas as seguintes condutas na elaboração e na revisão de normas regulamentadoras, exceto se em estrito cumprimento a previsão legal:

I – criar reserva de mercado ao favorecer segmento econômico em detrimento de concorrentes;

II – exigir especificação técnica que não seja necessária para atingir o fim pretendido; e

III – redigir enunciados que impeçam ou retardem a inovação e a adoção de novas tecnologias, processos ou modelos de negócios, observado o disposto no inciso I do *caput* do art. 24.

Art. 26. A atuação normativa relacionada à segurança e à saúde no trabalho deverá compreender todas as atividades e situações de trabalho e priorizará as situações de alto risco ocupacional e aquelas com maior propensão a gerar adoecimentos e acidentes de trabalho graves, em especial aqueles que gerem incapacidades permanentes para o trabalho ou que sejam fatais.

Art. 27. As normas regulamentadoras serão redigidas com clareza, precisão e ordem lógica, e apresentarão conceitos técnicos e objetivos, em observância ao disposto no Decreto n. 9.191, de 2017, e no Decreto n. 10.139, de 2019.

Art. 28. A elaboração e a revisão das normas regulamentadoras de segurança e saúde no trabalho incluirão mecanismos de consulta à sociedade em geral e às organizações sindicais mais representativas de trabalhadores e empregadores, seja por meio de procedimentos de audiência e consulta pública, seja por consulta à Comissão Tripartite Paritária Permanente, instituída pelo Decreto n. 9.944, de 30 de julho de 2019.

Art. 29. A Secretaria de Trabalho do Ministério do Trabalho e Previdência poderá solicitar à Fundação Jorge Duprat Figueiredo – Fundacentro, a elaboração de parecer com a indicação de parâmetros técnicos, estudos e pesquisas nacionais e internacionais atualizados sobre a área a ser regulada para instruir o processo de elaboração ou revisão de normas regulamentadoras.

Capítulo VI
DO CERTIFICADO DE APROVAÇÃO DO EQUIPAMENTO DE PROTEÇÃO INDIVIDUAL

Art. 30. O equipamento de proteção individual somente poderá ser comercializado com a obtenção do certificado de aprovação, nos termos do disposto no art. 167 da Consolidação das Leis do Trabalho, aprovada pelo Decreto-lei n. 5.452, de 1943, emitido pela Secretaria de Trabalho do Ministério do Trabalho e Previdência.

§ 1.º Ato do Ministro de Estado do Trabalho e Previdência disporá sobre os procedimentos e os requisitos técnicos para emissão, renovação ou alteração do certificado de aprovação de que trata o *caput*.

§ 2.º O certificado de aprovação de equipamento de proteção individual será emitido por meio de sistema eletrônico simplificado.

§ 3.º As informações prestadas e as documentações e os relatórios apresentados serão de responsabilidade do requerente e serão considerados para fins de emissão do certificado.

§ 4.º Os autores de declarações ou informações falsas ou que apresentarem documentos falsificados ficam sujeitos às penas previstas nos art. 297 a art. 299 do Decreto-lei n. 2.848, de 7 de dezembro de 1940 – Código Penal.

Capítulo VII
DO REGISTRO ELETRÔNICO DE CONTROLE DE JORNADA

Art. 31. O registro eletrônico de controle de jornada, nos termos do disposto no art. 74 da Consolidação das Leis do Trabalho, aprovada pelo Decreto-lei n. 5.452, de 1943, será realizado por meio de sistemas e de equipamentos que atendam aos requisitos técnicos, na forma estabelecida em ato do Ministro de Estado do Trabalho e Previdência, de modo a coibir fraudes, a permitir o desenvolvimento de soluções inovadoras e a garantir a concorrência entre os ofertantes desses sistemas.

§ 1.º Os procedimentos de análise de conformidade dos equipamentos e sistemas de que trata o *caput* considerarão os princípios da temporalidade, da integridade, da autenticidade, da irrefutabilidade, da pessoalidade e da auditabilidade, na forma estabelecida em ato do Ministro de Estado do Trabalho e Previdência.

§ 2.º Os equipamentos e os sistemas de registro eletrônico de jornada, sem prejuízo do disposto no *caput*, registrarão fielmente as marcações efetuadas e atenderão aos seguintes critérios:

I – não permitir:

a) alteração ou eliminação dos dados registrados pelo empregado;

b) restrições de horário às marcações de ponto; e

c) marcações automáticas de ponto, tais como horário predeterminado ou horário contratual;

II – não exigir autorização prévia para marcação de sobrejornada; e

III – permitir:

a) pré-assinalação do período de repouso; e

b) assinalação de ponto por exceção à jornada regular de trabalho.

Art. 32. Para fins de fiscalização, os sistemas de registro eletrônico de jornada de que trata o art. 31 deverão:

I – permitir a identificação de empregador e empregado; e

II – possibilitar a extração do registro fiel das marcações realizadas pelo empregado.

Capítulo VIII
DA MEDIAÇÃO DE CONFLITOS COLETIVOS DE TRABALHO

Art. 33. A mediação de conflitos coletivos de natureza trabalhista, quando exercida no âmbito do Ministério do Trabalho e Previdência, observará o disposto neste Capítulo.

Art. 34. Os trabalhadores, por intermédio de entidades sindicais representantes, e os empregadores, por si ou por intermédio de entidades sindicais representantes, poderão solicitar à Secretaria de Trabalho do Ministério do Trabalho e Previdência a realização de mediação, com vistas à composição de conflito coletivo.

Art. 35. A designação de mediador de que trata o art. 34 será sem ônus para as partes e recairá sobre servidor público em exercício no Ministério do Trabalho e Previdência, inclusive integrantes da carreira de Auditor-Fiscal do Trabalho.

Art. 36. Na hipótese de haver consenso entre as partes, o mediador deverá lavrar a ata de mediação, que tem natureza de título executivo extrajudicial, nos termos do disposto no inciso II, *in fine*, do *caput* do art. 784 da Lei n. 13.105, de 16 de março de 2015 – Código de Processo Civil.

Parágrafo único. Na hipótese de não entendimento entre as partes, o mediador deverá:

I – encerrar o processo administrativo de mediação; e

II – lavrar a ata de mediação.

Art. 37. O Ministério do Trabalho e Previdência disporá sobre ferramentas eletrônicas ou digitais e programas de fomento à composição individual e coletiva em conflitos trabalhistas que visem à redução da judicialização trabalhista.

Art. 38. Ato do Ministro de Estado do Trabalho e Previdência disporá sobre os procedimentos necessários ao cumprimento do disposto neste Capítulo.

Capítulo IX
DAS EMPRESAS PRESTADORAS DE SERVIÇOS A TERCEIROS

Art. 39. Considera-se prestação de serviços a terceiros a transferência feita pela contratante da execução de quaisquer de suas atividades, inclusive de sua atividade principal, à pessoa jurídica de direito privado prestadora de serviços que possua capacidade econômica compatível com a sua execução.

§ 1.º A empresa prestadora de serviços contrata, remunera e dirige o trabalho realizado por seus trabalhadores ou subcontrata outras empresas para realização desses serviços.

§ 2.º Não configura vínculo empregatício a relação trabalhista entre os trabalhadores ou sócios das empresas prestadoras de serviços, independentemente do ramo de suas atividades, e a empresa contratante.

§ 3.º A verificação de vínculo empregatício e de infrações trabalhistas, quando se tratar de trabalhador terceirizado, será realizada contra a empresa prestadora dos serviços e não em relação à empresa contratante, exceto nas hipóteses de infração previstas nos § 7.º e § 8.º e quando for comprovada fraude na contratação da prestadora, situação em que deverá ser indicado o dispositivo da Lei n. 6.019, de 1974, que houver sido infringido.

§ 4.º Na hipótese de configuração de vínculo empregatício com a empresa contratante, o reconhecimento do vínculo deverá ser precedido da caracterização individualizada dos seguintes elementos da relação de emprego:

I – não eventualidade;
II – subordinação jurídica;
III – onerosidade; e
IV – pessoalidade.

§ 5.º A mera identificação do trabalhador na cadeia produtiva da contratante ou o uso de ferramentas de trabalho ou de métodos organizacionais e operacionais estabelecidos pela contratante não implicará a existência de vínculo empregatício.

§ 6.º A caracterização da subordinação jurídica deverá ser demonstrada no caso concreto e incorporará a submissão direta, habitual e reiterada do trabalhador aos poderes diretivo, regulamentar e disciplinar da empresa contratante, dentre outros.

§ 7.º A empresa contratante é subsidiariamente responsável pelas obrigações trabalhistas referentes ao período em que ocorrer a prestação de serviços, e o recolhimento das contribuições previdenciárias observará o disposto no art. 31 da Lei n. 8.212, de 24 de julho de 1991.

§ 8.º A empresa contratante será responsável pelas infrações relacionadas às condições de segurança, higiene e salubridade dos trabalhadores quando o trabalho for realizado nas suas dependências ou em local previamente convencionado em contrato, observado o disposto no § 3.º do art. 5.º-A da Lei n. 6.019, de 1974.

Art. 40. A responsabilidade subsidiária pelas obrigações trabalhistas referentes ao período em que ocorrer a prestação de serviços não implicará qualquer tipo de desconsideração da cadeia produtiva quanto ao vínculo empregatício entre o empregado da empresa prestadora de serviços e a empresa contratante.

Parágrafo único. É vedada a caracterização de grupo econômico pela mera identidade de sócios, hipótese em que será necessária, para a sua configuração, conforme o disposto no § 3.º do art. 2.º da Consolidação das Leis do Trabalho, aprovada pelo Decreto-lei n. 5.452, de 1943, a demonstração:

I – do interesse integrado;
II – da efetiva comunhão de interesses; e
III – da atuação conjunta das empresas que o integrem.

Capítulo X
DO TRABALHO TEMPORÁRIO

Art. 41. Considera-se trabalho temporário, nos termos do disposto na Lei n. 6.019, de 1974, aquele prestado por pessoa natural contratada por empresa de trabalho temporário que a coloca à disposição de empresa tomadora de serviços ou cliente para atender à necessidade de substituição transitória de pessoal permanente ou à demanda complementar de serviços.

Art. 42. O trabalho temporário não se confunde com a prestação de serviços a terceiros de que trata o art. 4.º-A da Lei n. 6.019, de 1974.

Art. 43. Para fins do disposto neste Capítulo, considera-se:

I – empresa de trabalho temporário – pessoa jurídica, devidamente registrada no Ministério do Trabalho e Previdência, responsável pela colocação de trabalhadores temporários à disposição de outras empresas, tomadoras de serviços ou clientes que deles necessite temporariamente;

II – empresa tomadora de serviços ou cliente – pessoa jurídica ou entidade a ela equiparada que, em decorrência de necessidade de substituição transitória de pessoal permanente ou de demanda complementar de serviços, celebre contrato de prestação de serviços de colocação à disposição de trabalhadores temporários com empresa de trabalho temporário;

III – trabalhador temporário – pessoa natural contratada por empresa de trabalho temporário colocada à disposição de empresa tomadora de serviços ou cliente, destinada a atender à necessidade de substituição transitória de pessoal permanente ou à demanda complementar de serviços;

IV – demanda complementar de serviços – demanda proveniente de fatores imprevisíveis ou, quando decorrente de fatores previsíveis, que tenha natureza intermitente, periódica ou sazonal;

V – substituição transitória de pessoal permanente – substituição de trabalhador permanente da empresa tomadora de serviços ou cliente afastado por motivo de suspensão ou interrupção do contrato de trabalho, tais como férias, licenças e outros afastamentos previstos em lei;

VI – contrato individual de trabalho temporário – contrato de trabalho individual escrito celebrado entre o trabalhador e a empresa de trabalho temporário; e

VII – contrato de prestação de serviços de colocação à disposição de trabalhador temporário – contrato escrito celebrado entre empresa de trabalho temporário e empresa tomadora de serviços ou cliente para a prestação de serviços de colocação de trabalhadores temporários de que trata o art. 9.º da Lei n. 6.019, de 1974.

Parágrafo único. Não se considera demanda complementar de serviços as demandas:

I – contínuas ou permanentes; e
II – decorrentes da abertura de filiais.

Art. 44. A empresa de trabalho temporário tem por finalidade a colocação de trabalhadores temporários à disposição de empresa tomadora de serviços ou cliente que deles necessite temporariamente.

Art. 45. O pedido de registro da empresa de trabalho temporário, observadas as normas complementares estabelecidas em ato do Ministro de Estado do Trabalho e Previdência, deverá ser instruído com os seguintes documentos:

I – prova de constituição da pessoa jurídica e registro na junta comercial da localidade em que a empresa tiver sede; e

II – prova de possuir capital social de, no mínimo, R$ 100.000,00 (cem mil reais).

Art. 46. A empresa de trabalho temporário deverá, quando solicitado pelo Ministério do Trabalho e Previdência, fornecer as informações consideradas necessárias para subsidiar a análise do mercado de trabalho.

Parágrafo único. O fornecimento das informações a que se refere o *caput* poderá ser substituído pelo uso do Sistema de Escrituração Digital das Obrigações Fiscais, Previdenciárias e Trabalhistas – eSocial, na

forma estabelecida em ato do Ministro de Estado do Trabalho e Previdência.

Art. 47. O cadastramento dos trabalhadores temporários será feito junto ao Ministério do Trabalho e Previdência.

Art. 48. Compete à empresa de trabalho temporário remunerar e assistir os trabalhadores temporários quanto aos seus direitos assegurados, observado o disposto nos art. 60 a art. 63.

Art. 49. A empresa de trabalho temporário fica obrigada a anotar, em relação ao trabalhador temporário, nas anotações gerais da Carteira de Trabalho e Previdência Social, ou em meio eletrônico que vier a substituí-la, a sua condição de temporário, na forma estabelecida em ato do Ministro de Estado do Trabalho e Previdência.

Art. 50. A empresa de trabalho temporário fica obrigada a apresentar à inspeção do trabalho, quando solicitado, o contrato celebrado com o trabalhador temporário, a comprovação do recolhimento das contribuições previdenciárias e os demais documentos comprobatórios do cumprimento das obrigações estabelecidas neste Capítulo.

Art. 51. A empresa de trabalho temporário fica obrigada a discriminar, separadamente, em nota fiscal, os valores pagos a título de obrigações trabalhistas e fiscais e a taxa de agenciamento de colocação à disposição dos trabalhadores temporários.

Art. 52. É vedado à empresa de trabalho temporário ter ou utilizar, em seus serviços, trabalhador temporário, exceto quando:

I – o trabalhador for contratado por outra empresa de trabalho temporário; e

II – for comprovada a necessidade de substituição transitória de pessoal permanente ou demanda complementar de serviços.

Art. 53. É vedado à empresa de trabalho temporário cobrar do trabalhador qualquer valor, inclusive a título de mediação de mão de obra.

§ 1.º A empresa de trabalho temporário poderá apenas efetuar os descontos previstos em lei.

§ 2.º A infração ao disposto neste artigo acarretará o cancelamento do registro para funcionamento da empresa de trabalho temporário, sem prejuízo das sanções administrativas e penais cabíveis.

Art. 54. A empresa tomadora de serviços ou cliente manterá, em seu estabelecimento, e apresentará à inspeção do trabalho, quando solicitado, o contrato de prestação de serviços de colocação à disposição de trabalhadores temporários celebrado com a empresa de trabalho temporário.

Art. 55. É responsabilidade da empresa tomadora de serviços ou cliente garantir as condições de segurança, higiene e salubridade dos trabalhadores quando o trabalho for realizado em suas dependências ou em local por ela designado.

Art. 56. A empresa tomadora de serviços ou cliente estenderá ao trabalhador temporário, colocado à sua disposição, os mesmos atendimentos médico, ambulatorial e de refeição destinados aos seus empregados existentes em suas dependências ou em local por ela designado.

Art. 57. Não existe vínculo empregatício, independentemente do ramo da empresa tomadora de serviços ou cliente, entre esta e os trabalhadores contratados pelas empresas de trabalho temporário.

Art. 58. A empresa tomadora de serviços ou cliente exercerá o poder técnico, disciplinar e diretivo sobre os trabalhadores temporários colocados à sua disposição.

Art. 59. O contrato de trabalho temporário poderá dispor sobre o desenvolvimento de atividades-meio e atividades-fim a serem executadas na empresa tomadora de serviços ou cliente.

Art. 60. Ao trabalhador temporário serão assegurados os seguintes direitos:

I – remuneração equivalente àquela percebida pelos empregados da mesma categoria da empresa tomadora de serviços ou cliente, calculada à base horária, de modo a garantir, em qualquer hipótese, o salário-mínimo regional;

II – pagamento de férias proporcionais, calculado na base de um doze avos do último salário percebido, por mês trabalhado, nas hipóteses de:

a) dispensa sem justa causa;

b) pedido de demissão; ou

c) término normal do contrato individual de trabalho temporário;

III – Fundo de Garantia do Tempo de Serviço – FGTS, na forma prevista em lei;

IV – benefícios e serviços da Previdência Social;

V – seguro de acidente do trabalho; e

VI – anotação da sua condição de trabalhador temporário em sua Carteira de Trabalho e Previdência Social, em anotações gerais.

Parágrafo único. Para fins do disposto no inciso II do *caput*, será considerada como mês completo a fração igual ou superior a quinze dias.

Art. 61. A jornada de trabalho para os trabalhadores temporários será de, no máximo, oito horas diárias.

§ 1.º A jornada de trabalho poderá ter duração superior a oito horas diárias na hipótese de a empresa tomadora de serviços ou cliente utilizar jornada de trabalho específica.

§ 2.º As horas que excederem à jornada de trabalho serão remuneradas com acréscimo de, no mínimo, cinquenta por cento.

Art. 62. Será assegurado ao trabalhador temporário o acréscimo de, no mínimo, vinte por cento de sua remuneração quando trabalhar no período noturno.

Art. 63. Será assegurado ao trabalhador temporário o descanso semanal remunerado, nos termos do disposto na Lei n. 605, de 1949.

Art. 64. Não se aplica ao trabalhador temporário:

I – o contrato de experiência previsto no parágrafo único do art. 445 da Consolidação das Leis do Trabalho, aprovada pelo Decreto-lei n. 5.452, de 1943; e

II – a indenização prevista no art. 479 da Consolidação das Leis do Trabalho, aprovada pelo Decreto-lei n. 5.452, de 1943.

Art. 65. A empresa de trabalho temporário celebrará contrato individual de trabalho temporário por escrito com o trabalhador colocado à disposição da empresa tomadora ou cliente, do qual constarão expressamente:

I – os direitos conferidos ao trabalhador temporário decorrentes da sua condição; e

II – a indicação da empresa tomadora de serviços ou cliente.

Art. 66. O prazo de duração do contrato individual de trabalho temporário não será superior a cento e oitenta dias corridos, independentemente de a prestação de serviço ocorrer em dias consecutivos ou não.

Parágrafo único. O contrato, comprovada a manutenção das condições que ensejaram a contratação temporária, poderá ser prorrogado apenas uma vez, além do prazo previsto no *caput*, por até noventa dias corridos, independentemente de a prestação de trabalho ocorrer em dias consecutivos ou não.

Art. 67. O trabalhador temporário que cumprir os períodos estabelecidos no art. 66 somente poderá ser colocado à disposição da mesma empresa tomadora de serviços ou cliente em novo contrato temporário após o período de noventa dias, contado da data do término do contrato anterior.

Parágrafo único. A contratação anterior ao prazo previsto no *caput* caracterizará vínculo empregatício entre o trabalhador e a empresa tomadora de serviços ou cliente.

Art. 68. É nula de pleno direito qualquer cláusula proibitiva da contratação do trabalhador temporário pela empresa tomadora de serviço ou cliente.

Art. 69. Constituem justa causa para rescisão do contrato do trabalhador temporário os atos e as circunstâncias de que tratam os art. 482 e art. 483 da Consolidação das Leis do Trabalho, aprovada pelo Decreto-lei n. 5.452, de 1943, que ocorram entre o trabalhador e a empresa de trabalho temporário ou entre o trabalhador e a empresa tomadora de serviços ou cliente.

Art. 70. O contrato individual de trabalho temporário não se confunde com o contrato por prazo determinado previsto no art. 443 da Consolidação das Leis do Trabalho, aprovada pelo Decreto-lei n. 5.452, de 1943, e na Lei n. 9.601, de 21 de janeiro de 1998.

Art. 71. Para a prestação de serviços de colocação de trabalhadores temporários à disposição de outras empresas, é obrigatória a celebração de contrato por escrito entre a empresa de trabalho temporário e a empresa tomadora de serviços ou cliente, do qual constarão expressamente:

I – a qualificação das partes;

II – a justificativa da demanda de trabalho temporário;

III – o prazo estabelecido para a prestação de serviços;

IV – o valor estabelecido para a prestação de serviços; e

V – as disposições sobre a segurança e a saúde do trabalhador, independentemente do local em que seja prestado o serviço.

§ 1.º O valor da prestação de serviços de que trata o inciso IV do *caput* consiste na taxa de agenciamento da prestação de serviço de colocação à disposição de trabalhadores temporários.

§ 2.º A justificativa da demanda de trabalho temporário de que trata o inciso II do *caput* consiste na descrição do fato ensejador da contratação de trabalho temporário.

Art. 72. A descrição da justificativa da demanda de trabalho temporário e a quantidade necessária de trabalhadores serão demonstradas pela empresa de trabalho temporário ou pela empresa tomadora de serviços ou cliente, observado o disposto nos art. 65 e art. 66 e nas normas complementares editadas em ato do Ministro de Estado do Trabalho e Previdência.

Art. 73. Compete à Justiça do Trabalho dirimir os litígios que envolvam a relação de trabalho entre empresa de trabalho temporário, empresa tomadora de serviços ou cliente e trabalhador temporário.

Art. 74. A empresa tomadora de serviços ou cliente responderá subsidiariamente pelas obrigações trabalhistas referentes ao período em que for realizado o trabalho temporário.

Parágrafo único. Na hipótese de falência da empresa de trabalho temporário, a empresa tomadora de serviços ou cliente responderá solidariamente pelas verbas relativas ao período para o qual o trabalhador tiver sido contratado.

Art. 75. A empresa tomadora de serviços ou cliente fica obrigada a comunicar à empresa de trabalho temporário a ocorrência de acidente cuja vítima seja trabalhador temporário colocado à sua disposição, nos termos do disposto no § 2.º do art. 12 da Lei n. 6.019, de 1974.

Capítulo XI
DA GRATIFICAÇÃO DE NATAL

Art. 76. O pagamento da gratificação de Natal, nos termos do disposto na Lei n. 4.090, de 1962, e na Lei n. 4.749, de 1965, será efetuado pelo empregador até o dia vinte de dezembro de cada ano, e terá como base a remuneração devida nesse mês, de acordo com o tempo de serviço do empregado no ano em curso.

§ 1.º A gratificação corresponderá a um doze avos da remuneração devida em dezembro, por mês de serviço, do ano correspondente.

§ 2.º Para fins do disposto no § 1.º, será considerada como mês completo a fração igual ou superior a quinze dias.

Art. 77. A gratificação de Natal para os empregados que recebem salário variável, a qualquer título, será calculada na base de um onze avos da soma dos valores variáveis devidos nos meses trabalhados até novembro de cada ano e será adicionada àquela que corresponder à parte do salário contratual fixo, quando houver.

Parágrafo único. Até o dia dez de janeiro de cada ano, computada a parcela do mês de dezembro, o cálculo da gratificação de Natal será revisto para um doze avos do total devido no ano anterior, de forma a se processar a correção do valor da respectiva gratificação com o pagamento ou a compensação das possíveis diferenças.

Art. 78. O empregador pagará, entre os meses de fevereiro e novembro de cada ano, como adiantamento da gratificação de Natal, em parcela única, metade do salário recebido pelo empregado no mês anterior ao do pagamento.

§ 1.º Para os empregados que recebem salário variável, a qualquer título, o adiantamento da gratificação de Natal será calculado na base da soma dos valores variáveis devidos nos meses trabalhados até o mês anterior ao do pagamento e será adicionada àquela que corresponder à parte do salário contratual fixo, quando houver.

§ 2.º O empregador não fica obrigado a pagar o adiantamento da gratificação de Natal a todos os seus empregados no mesmo mês.

§ 3.º O valor que o empregado houver recebido a título de adiantamento da gratificação de Natal será deduzido do valor da gratificação devida.

§ 4.º Nas hipóteses em que o empregado for admitido no curso do ano ou, durante este, não permanecer à disposição do empregador durante todos os meses, o adiantamento corresponderá à metade de um doze avos da remuneração, por mês de serviço ou fração superior a quinze dias.

Art. 79. O adiantamento da gratificação de Natal será pago por ocasião das férias do empregado, sempre que esse o requerer no mês de janeiro do ano correspondente.

Art. 80. Quando parte da remuneração for paga em utilidades, o valor da quantia efetivamente descontada e correspondente a essas, será computado para fixação da respectiva gratificação.

Art. 81. As faltas legais e as faltas justificadas ao serviço, na forma prevista nos art. 76 e art. 77, não serão deduzidas.

Art. 82. Caso o contrato de trabalho seja extinto, exceto na hipótese de rescisão com justa causa, o empregado receberá a gratificação devida, na forma prevista no art. 76, calculada sobre a remuneração do respectivo mês.

Parágrafo único. Caso a extinção do contrato de trabalho ocorra antes do pagamento de que trata o art. 76, o empregador poderá compensar o adiantamento a que se refere o art. 78 com o valor da gratificação devida na hipótese de rescisão e, se não bastar, com outro crédito de natureza trabalhista que o empregado possua.

Capítulo XII
DAS RELAÇÕES INDIVIDUAIS E COLETIVAS DE TRABALHO RURAL

Art. 83. Este Capítulo disciplina a aplicação das normas reguladoras do trabalho rural, nos termos do disposto na Lei n. 5.889, de 1973.

Art. 84. Para fins do disposto neste Capítulo, considera-se empregador rural a pessoa natural ou jurídica, proprietária ou não, que explore atividade agroeconômica, em caráter permanente ou temporário, diretamente ou por meio de prepostos e com auxílio de empregados.

§ 1.º Equipara-se ao empregador rural:

I – a pessoa natural ou jurídica que, habitualmente, em caráter profissional, e por conta de terceiros, execute serviços de natureza agrária, mediante a utilização do trabalho de outrem; e

II – o consórcio simplificado de produtores rurais de que trata o art. 25-A da Lei n. 8.212, de 1991.

§ 2.º Sempre que uma ou mais empresas, embora cada uma delas tenha personalidade jurídica própria, estiverem sob direção, controle ou administração de outra, ou ainda quando, mesmo guardando cada uma sua autonomia, integrem grupo econômico ou financeiro rural, serão responsáveis solidariamente nas obrigações decorrentes da relação de emprego.

§ 3.º Considera-se como atividade agroeconômica, além da exploração industrial em estabelecimento agrário não compreendido na Consolidação das Leis do Trabalho, aprovada pelo Decreto-lei n. 5.452, de 1943, a exploração do turismo rural ancilar à exploração agroeconômica.

§ 4.º Para fins do disposto no § 3.º, consideram-se como exploração industrial em estabelecimento agrário as atividades que compreendem o primeiro tratamento dos produtos agrários *in natura* sem transformá-los em sua natureza, tais como:

I – o beneficiamento, a primeira modificação e o preparo dos produtos agropecuários e hortigranjeiros e das matérias-primas de origem animal ou vegetal para posterior venda ou industrialização; e

II – o aproveitamento dos subprodutos provenientes das operações de preparo e modificação dos produtos *in natura* de que trata o inciso I.

§ 5.º Para fins do disposto no § 3.º, não se considera indústria rural aquela que, ao operar a primeira modificação do produto agrário, transforme a sua natureza a ponto de perder a condição de matéria-prima.

Art. 85. Para fins do disposto neste Capítulo, empregado rural é toda pessoa natural que, em propriedade rural ou prédio rústico, preste serviços de natureza não eventual a empregador rural, sob a dependência deste e mediante o pagamento de salário.

Art. 86. As relações de trabalho rural serão reguladas pela Lei n. 5.889, de 1973, e, naquilo que não dispuser em contrário, pela Consolidação das Leis do Trabalho, aprovada pelo Decreto-lei n. 5.452, de 1943, e pela legislação especial.

Art. 87. Os contratos de trabalho rural, individuais ou coletivos, estabelecerão, conforme os usos, as praxes e os costumes de cada região, o início e o término normal da jornada de trabalho, cuja duração não poderá exceder a oito horas diárias.

§ 1.º Será obrigatória, em qualquer trabalho contínuo de duração superior a seis horas, a concessão de intervalo mínimo de uma hora para repouso ou alimentação, observados os usos e os costumes da região.

§ 2.º Os intervalos para repouso ou alimentação não serão computados na duração da jornada de trabalho.

Art. 88. Haverá período mínimo de onze horas consecutivas para descanso entre duas jornadas de trabalho.

Art. 89. A duração diária da jornada de trabalho poderá ser acrescida de horas extras, em número não excedente a duas horas, por acordo individual, convenção coletiva ou acordo coletivo de trabalho.

§ 1.º Deverá constar, obrigatoriamente, de acordo individual, convenção coletiva ou acordo coletivo de trabalho a importância da remuneração da hora suplementar que será, no mínimo, cinquenta por cento superior à da hora normal.

§ 2.º Poderá ser dispensado o acréscimo de salário se, por força de acordo ou convenção coletiva de trabalho, o excesso de horas em um dia for compensado pela diminuição correspondente em outro dia, de maneira que não exceda, no período máximo de um ano, à soma das jornadas semanais de trabalho previstas, nem seja ultrapassado o limite máximo de dez horas diárias.

§ 3.º É lícito o regime de compensação de jornada estabelecido por acordo individual, tácito ou escrito, para a compensação no mesmo mês.

Art. 90. A duração da jornada de trabalho poderá, caso ocorra necessidade imperiosa, exceder ao limite legal ou convencionado, seja por motivo de força maior, seja para atender à realização ou à conclusão de serviços inadiáveis ou cuja inexecução possa acarretar prejuízo manifesto.

§ 1.º Nas hipóteses previstas no *caput*, o excesso poderá ser exigido independentemente de convenção coletiva ou acordo coletivo de trabalho.

§ 2.º Nas hipóteses de excesso de horário por motivo de força maior, a remuneração da hora excedente será de, no mínimo, cinquenta por cento superior à hora normal.

§ 3.º Nas demais hipóteses de excesso previstas no *caput*, as horas que excederem à jornada de trabalho serão remuneradas com acréscimo de, no mínimo, cinquenta por cento, e o trabalho não poderá exceder a doze horas, desde que a lei não estabeleça expressamente outro limite.

§ 4.º A duração da jornada de trabalho, sempre que ocorrer interrupção resultante de causas acidentais ou de força maior que determinem a impossibilidade de sua realização, poderá ser prorrogada pelo tempo necessário até o máximo de duas horas, durante o número de dias indispensáveis à recuperação do tempo perdido, desde que não exceda a dez horas diárias, em período não superior a quarenta e cinco dias por ano, sujeita essa recuperação à autorização prévia da autoridade competente.

Art. 91. Nos serviços intermitentes, não serão computados como de exercício efetivo os intervalos entre uma e outra parte da execução da tarefa diária, o que deverá ser expressamente ressalvado nos registros referentes à Carteira de Trabalho e Previdência Social.

Parágrafo único. Considera-se serviço intermitente aquele que, por sua natureza, seja normalmente executado em duas ou mais etapas diárias distintas, desde que haja interrupção da jornada de trabalho de, no mínimo, cinco horas, entre uma e outra parte da execução da tarefa.

Art. 92. O trabalho noturno acarretará acréscimo de vinte e cinco por cento sobre a remuneração normal da hora diurna.

Parágrafo único. Para fins do disposto no *caput*, considera-se trabalho noturno aquele executado entre:

I – as vinte horas de um dia e as quatro horas do dia seguinte, na atividade de pecuária; e

II – as vinte e uma horas de um dia e as cinco horas do dia seguinte, na lavoura.

Art. 93. Fica proibido o trabalho noturno, perigoso ou insalubre a menores de dezoito anos de idade, além daqueles proibidos pela Lei n. 8.069, de 13 de julho de 1990 – Estatuto da Criança e do Adolescente, e pelo Decreto n. 6.481, de 12 de junho de 2008.

Parágrafo único. Fica proibida qualquer espécie de trabalho a menores de dezesseis anos de idade, exceto quanto à contratação de jovem a partir de quatorze anos de idade na condição de aprendiz.

Art. 94. Aplicam-se aos trabalhadores rurais sem vínculo empregatício que prestem serviços a empregadores rurais, dentre outras, as normas referentes:

I – à segurança e à saúde no trabalho;

II – à jornada de trabalho;

III – ao trabalho noturno; e

IV – ao trabalho do menor de idade.

Art. 95. No salário do empregado, além das hipóteses de determinação legal ou decisão judicial, somente poderão ser efetuados os seguintes descontos, calculados sobre o salário-mínimo:

I – até o limite de vinte por cento, pela ocupação da morada;

II – até o limite de vinte e cinco por cento, pelo fornecimento de alimentação; e

III – valores de adiantamentos em dinheiro.

§ 1.º As deduções de que trata o *caput* deverão ser previamente autorizadas pelo empregado, sem o que serão nulas de pleno direito.

§ 2.º Para fins do disposto no inciso I do *caput*, considera-se morada a habitação fornecida pelo empregador, a qual, atendidas as condições

peculiares de cada região, satisfaça os requisitos de salubridade e higiene estabelecidos em normas editadas em ato do Ministro de Estado do Trabalho e Previdência.

§ 3.º O desconto previsto no inciso I do *caput*, sempre que mais de um empregado residir na mesma morada, deverá ser dividido proporcionalmente pelo número total de empregados, vedada, em qualquer hipótese, a moradia coletiva de famílias.

§ 4.º O empregado, rescindido ou extinto o contrato de trabalho, será obrigado a desocupar a morada fornecida pelo empregador no prazo de trinta dias, contado da data do término da relação laboral.

Art. 96. Considera-se safreiro ou safrista o trabalhador que se obriga à prestação de serviços por meio de contrato de safra.

Parágrafo único. Considera-se contrato de safra aquele que tenha a sua duração dependente de variações estacionais das atividades agrárias, assim entendidas as tarefas normalmente executadas no período compreendido entre o preparo do solo para o cultivo e a colheita.

Art. 97. O empregador, expirado normalmente o contrato de safra, deverá pagar ao safreiro, a título de indenização do tempo de serviço, o valor correspondente a um doze avos do salário mensal por mês de serviço.

Parágrafo único. Será considerada como mês completo a fração superior a quatorze dias.

Art. 98. O aviso prévio, nos termos do disposto no Capítulo VI do Título IV da Consolidação das Leis do Trabalho, aprovada pelo Decreto-lei n. 5.452, de 1943, será concedido na proporção de trinta dias aos empregados que contem com até um ano de serviço ao mesmo empregador.

Parágrafo único. Ao aviso prévio de que trata o *caput* serão acrescidos três dias por ano de serviço prestado na mesma empresa, até o máximo de sessenta dias, com o total de até noventa dias.

Art. 99. O empregado rural terá direito a um dia por semana, sem prejuízo do recebimento de seu salário integral, para procurar outro trabalho durante o prazo do aviso prévio na hipótese de a rescisão ter sido formalizada pelo empregador.

Art. 100. A aposentadoria por idade concedida ao empregado rural, na forma prevista na legislação, não acarretará rescisão de contrato de trabalho, nem constituirá justa causa para a sua dispensa.

Art. 101. A plantação subsidiária ou intercalar a cargo do empregado, quando de interesse também do empregador, será objeto de contrato em separado.

§ 1.º Se houver necessidade de contratação de safreiros nas hipóteses previstas no *caput*, os encargos dela decorrentes serão de responsabilidade do empregador.

§ 2.º O resultado anual a que tiver direito o empregado rural, em dinheiro ou em produto *in natura*, não poderá ser computado como parte correspondente ao salário-mínimo na remuneração geral do empregado durante o ano agrícola.

Art. 102. O empregador rural que tiver a seu serviço, nos limites de sua propriedade, mais de cinquenta trabalhadores de qualquer natureza, com família, fica obrigado a possuir e conservar em funcionamento escola primária, inteiramente gratuita, para os menores dependentes, com tantas classes quantos sejam os grupos de quarenta crianças em idade escolar.

Art. 103. A pretensão quanto a créditos resultantes das relações de trabalho prescreverá em cinco anos, até o limite de dois anos após a extinção do contrato de trabalho.

Parágrafo único. O disposto no *caput* não se aplica ao menor de dezoito anos de idade.

Art. 104. Ato do Ministro de Estado do Trabalho e Previdência estabelecerá as normas de segurança e saúde no trabalho a serem observadas nos locais de trabalho rural.

Art. 105. As infrações ao disposto neste Capítulo acarretarão a aplicação da multa prevista no art. 18 da Lei n. 5.889, de 1973.

§ 1.º As infrações ao disposto na Consolidação das Leis do Trabalho, aprovada pelo Decreto-lei n. 5.452, de 1943, e à legislação esparsa cometidas contra o trabalhador rural acarretarão a aplicação das multas nelas previstas.

§ 2.º As penalidades serão aplicadas pela autoridade competente do Ministério do Trabalho e Previdência, observado o disposto no Título VII da Consolidação das Leis do Trabalho, aprovada pelo Decreto-lei n. 5.452, de 1943.

Capítulo XIII
DO VALE-TRANSPORTE

Art. 106. São beneficiários do vale-transporte, nos termos do disposto na Lei n. 7.418, de 1985, os trabalhadores em geral, tais como:

I – os empregados, assim definidos no art. 3.º da Consolidação das Leis do Trabalho, aprovada pelo Decreto-lei n. 5.452, de 1943;

II – os empregados do subempreiteiro, o subempreiteiro e o empreiteiro principal, nos termos do disposto no art. 455 da Consolidação das Leis do Trabalho, aprovada pelo Decreto-lei n. 5.452, de 1943;

III – os trabalhadores temporários, assim definidos no art. 2.º da Lei n. 6.019, de 1974;

IV – os atletas profissionais, de que trata a Lei n. 9.615, de 24 de março de 1998;

V – os empregados domésticos, assim definidos no art. 1.º da Lei Complementar n. 150, de 1.º de junho de 2015; e

VI – os empregados a domicílio, para os deslocamentos indispensáveis à prestação do trabalho e à percepção de salários e os necessários ao desenvolvimento das relações com o empregador.

Art. 107. O vale-transporte constitui benefício que o empregador antecipará ao trabalhador para a utilização efetiva em despesas de deslocamento residência-trabalho e vice-versa.

Parágrafo único. Entende-se como deslocamento a soma dos segmentos componentes da viagem do beneficiário, por um ou mais meios de transporte, entre a sua residência e o local de trabalho.

Art. 108. O vale-transporte é utilizável em todas as formas de transporte público coletivo urbano ou, ainda, intermunicipal e interestadual de caráter urbano, estabelecidas na forma prevista na Lei n. 12.587, de 3 de janeiro de 2012, operado diretamente pelo Poder Público ou por empresa por ele delegada, em linhas regulares e com tarifas estabelecidas pela autoridade competente.

Parágrafo único. O disposto no *caput* não se aplica aos serviços de transporte privado coletivo e transporte público individual.

Art. 109. O empregador que proporcionar, por meios próprios ou contratados, em veículos adequados ao transporte coletivo, o deslocamento residência-trabalho e vice-versa de seus trabalhadores fica desobrigado de fornecer-lhes vale-transporte.

Parágrafo único. Caso o empregador forneça ao trabalhador transporte próprio ou fretado que não cubra integralmente os seus deslocamentos, o vale-transporte deverá ser fornecido para os segmentos da viagem não abrangidos pelo referido transporte.

Art. 110. É vedado ao empregador substituir o vale-transporte por antecipação em dinheiro ou qualquer outra forma de pagamento, exceto quanto ao empregador doméstico, ressalvado o disposto no parágrafo único.

Parágrafo único. Nas hipóteses de indisponibilidade operacional da empresa operadora e de falta ou insuficiência de estoque de vale-transporte necessário ao atendimento da demanda e ao funcionamento do sistema, o beneficiário será ressarcido pelo empregador na folha de pagamento imediata quanto à parcela correspondente, quando tiver efetuado a despesa para o seu deslocamento por conta própria.

Art. 111. Quanto à contribuição do empregador, o vale-transporte:

I – não tem natureza salarial, nem se incorpora à remuneração do beneficiário para quaisquer efeitos;

II – não constitui base de incidência de contribuição previdenciária ou do FGTS;

III – não é considerado para fins de pagamento da gratificação de Natal a que se refere o Capítulo XI; e

IV – não configura rendimento tributável do beneficiário.

Art. 112. O empregado, para exercer o direito de receber o vale-transporte, informará ao empregador, por escrito ou por meio eletrônico:

I – o seu endereço residencial; e

II – os serviços e os meios de transporte mais adequados ao seu deslocamento residência-trabalho e vice-versa.

§ 1.º A informação de que trata o *caput* deverá ser atualizada sempre que ocorrer alteração, sob pena de suspensão do benefício até o cumprimento dessa exigência.

§ 2.º O beneficiário firmará termo de compromisso de utilizar o vale-transporte exclusivamente para o deslocamento efetivo residência-trabalho e vice-versa.

§ 3.º A declaração falsa e o uso indevido do vale-transporte constituem falta grave.

Art. 113. É vedada a acumulação do benefício do vale-transporte com outras vantagens relativas ao transporte do beneficiário, ressalvado o disposto no parágrafo único do art. 109.

Art. 114. O vale-transporte será custeado:

I – pelo beneficiário, na parcela equivalente a seis por cento de seu salário básico ou vencimento, excluídos quaisquer adicionais ou vantagens; e

II – pelo empregador, no que exceder à parcela de que trata o inciso I.

Parágrafo único. O empregador fica autorizado a descontar mensalmente o valor da parcela de que trata o inciso I do *caput* do salário básico ou vencimento do empregado que utilizar o vale-transporte.

Art. 115. O valor da parcela a ser suportada pelo beneficiário será descontado proporcionalmente à quantidade de vale-transporte concedida para o período a que se refere o salário básico ou vencimento e por ocasião de seu pagamento, exceto se houver disposição em contrário em convenção ou acordo coletivo.

Art. 116. O empregado poderá, na hipótese de a despesa com o seu deslocamento ser inferior a seis por cento do salário básico ou vencimento, optar pelo recebimento antecipado do vale-transporte, cujo valor será integralmente descontado por ocasião do pagamento do salário básico ou vencimento.

Art. 117. A base de cálculo para determinação da parcela custeada pelo beneficiário será:

I – o salário básico ou vencimento, excluídos quaisquer adicionais ou vantagens; e

II – o montante percebido no período, nas seguintes hipóteses:

a) quando se tratar de trabalhador remunerado por tarefa ou serviço feito; ou

b) quando se tratar de remuneração constituída exclusivamente de comissões, percentagens, gratificações, gorjetas ou equivalentes.

Art. 118. O poder concedente ou o órgão de gerência com jurisdição sobre os serviços de transporte público coletivo urbano, intermunicipal ou interestadual de caráter urbano, respeitado o disposto na legislação federal, editará normas complementares para operacionalização do sistema do vale-transporte.

Parágrafo único. Os órgãos a que se refere o *caput* ficam responsáveis pelo controle do sistema do vale-transporte.

Art. 119. Fica a empresa operadora do sistema de transporte coletivo público coletivo obrigada a:

I – emitir e comercializar o vale-transporte ao preço da tarifa pública vigente;

II – disponibilizar o vale-transporte aos empregadores; e

III – assumir os custos das obrigações a que se referem os incisos I e II, sem repassá-los para a tarifa pública dos serviços.

§ 1.º A emissão e a comercialização do vale-transporte poderão também ser efetuadas pelo órgão de gerência ou pelo poder concedente, quando este tiver a competência legal para emissão de passes.

§ 2.º Na hipótese prevista no § 1.º, é vedada a emissão e a comercialização de vale-transporte simultaneamente pelo poder concedente e pelo órgão de gerência.

§ 3.º A delegação ou a transferência da atribuição de emitir e comercializar o vale-transporte não afasta a proibição de repassar os custos para a tarifa pública dos serviços.

Art. 120. As empresas operadoras, nas hipóteses de delegação previstas no § 1.º do art. 119 ou de constituição de consórcio, deverão submeter os instrumentos de delegação ao poder concedente ou ao órgão de gerência para que procedam à emissão e à comercialização de vale-transporte.

Art. 121. Nas hipóteses previstas no art. 120, as empresas operadoras responderão solidariamente pela pessoa jurídica delegada ou pelos atos do consórcio em razão de faltas ou falhas no serviço.

Art. 122. O responsável por emitir e comercializar o vale-transporte garantirá a segurança e a eficácia dos meios eletrônicos disponibilizados aos usuários e fornecerá informações para conferência das viagens e dos valores repassados pelo empregador.

Art. 123. A comercialização do vale-transporte ocorrerá em centrais ou postos de venda estrategicamente distribuídos na cidade onde será utilizado.

Parágrafo único. Nas hipóteses em que o sistema local de transporte público for operado por diversas empresas ou por meios diferentes, com ou sem integração, os postos de vendas comercializarão todos os tipos de vale-transporte.

Art. 124. A concessão do benefício obriga o empregador a adquirir vale-transporte em quantidade e tipo de serviço que melhor se adequar ao deslocamento do beneficiário.

Parágrafo único. A aquisição do vale-transporte será feita antecipadamente e à vista, proibidos quaisquer descontos, e limitada à quantidade estritamente necessária ao atendimento dos beneficiários.

Art. 125. O cálculo do valor do vale-transporte considerará o valor da tarifa integral, relativa ao deslocamento do beneficiário, por um ou mais meios de transporte, mesmo que a legislação local preveja descontos de tarifa.

Parágrafo único. Para fins do disposto no *caput*, não são considerados descontos as reduções tarifárias decorrentes de integração de serviços.

Art. 126. A venda do vale-transporte será comprovada por meio de recibo emitido pela vendedora, o qual conterá:

I – o período a que se refere;

II – a quantidade de vale-transporte vendida e de beneficiários a quem se destina; e

III – o nome, o endereço e o número de inscrição da empresa compradora no Cadastro Nacional de Pessoas Jurídicas – CNPJ.

Art. 127. O vale-transporte poderá ser emitido conforme as peculiaridades e as conveniências locais, para utilização por linha, empresa, sistema ou outros aspectos recomendados pela experiência local.

Art. 128. O responsável por emitir e comercializar o vale-transporte poderá adotar a forma que melhor lhe convier à segurança e à facilidade de distribuição.

Parágrafo único. O vale-transporte poderá ser emitido na forma de bilhetes simples ou múltiplos, talões, cartelas, fichas, cartão digital ou quaisquer processos similares, eletrônicos ou digitais.

Art. 129. Quando o vale-transporte for emitido para utilização em sistema determinado de transporte ou para valer entre duas ou mais

operadoras, será de aceitação compulsória, nos termos previstos em acordo previamente firmado.

§ 1.º O responsável por emitir e comercializar o vale-transporte pagará às empresas operadoras os créditos no prazo de vinte e quatro horas, facultado às partes pactuar prazo maior.

§ 2.º O responsável por emitir e comercializar o vale-transporte deverá apresentar, mensalmente, demonstrativos financeiros dessa atividade ao órgão de gerência, que observará o disposto no art. 132.

Art. 130. As empresas operadoras ficam obrigadas a manter permanentemente sistema de registro e controle do número de vale-transporte emitido, comercializado e utilizado, ainda que a atividade seja exercida por delegação ou por meio de consórcio.

Art. 131. O vale-transporte, na hipótese de alteração do valor da tarifa de serviços, poderá:

I – ser utilizado pelo beneficiário, no prazo estabelecido pelo poder concedente; ou

II – ser trocado, sem ônus, pelo empregador, no prazo de trinta dias, contado da data de alteração do valor da tarifa.

Art. 132. O poder concedente ou o órgão de gerência informará mensalmente ao órgão da administração pública federal responsável pela gestão do Sistema Nacional de Informações da Mobilidade Urbana, estatísticas que permitam avaliação em âmbito nacional, em caráter permanente, da utilização do vale-transporte.

Art. 133. As operadoras informarão, mensalmente, nos termos exigidos pelas normas locais, o volume de vale-transporte emitido, comercializado e utilizado, a fim de permitir a avaliação local do sistema, além de outros dados que venham a ser julgados convenientes à consecução desse objetivo.

Art. 134. Nos atos de concessão, permissão ou autorização de emissão e comercialização de vale-transporte, serão previstas sanções às empresas operadoras que emitirem ou comercializarem o vale-transporte diretamente, por meio de delegação ou consórcio, em quantidade insuficiente ao atendimento da demanda.

Art. 135. As sanções de que trata o art. 134 serão estabelecidas em valor proporcional às quantidades solicitadas e não fornecidas, e serão agravadas em caso de reincidência.

Art. 136. O valor efetivamente pago e comprovado pelo empregador, pessoa jurídica, na aquisição de vale-transporte, poderá ser deduzido como despesa operacional, nos termos do disposto no art. 384 do Decreto n. 9.580, de 22 de novembro de 2018.

Capítulo XIV
DO PROGRAMA EMPRESA CIDADÃ

Art. 137. O Programa Empresa Cidadã, instituído pela Lei n. 11.770, de 2008, é destinado a prorrogar:

I – por sessenta dias, a duração da licença-maternidade, prevista no inciso XVIII do *caput* do art. 7.º da Constituição; e

II – por quinze dias, a duração da licença-paternidade, prevista na Lei n. 11.770, de 2008, além dos cinco dias estabelecidos no § 1.º do art. 10 do Ato das Disposições Constitucionais Transitórias.

§ 1.º A prorrogação de que trata o *caput*:

I – será garantida à empregada da pessoa jurídica que aderir ao Programa Empresa Cidadã, desde que a empregada a requeira até o fim do primeiro mês após o parto, e será concedida no dia subsequente à fruição da licença-maternidade de que trata o inciso XVIII do *caput* do art. 7.º da Constituição; e

II – será garantida ao empregado da pessoa jurídica que aderir ao Programa Empresa Cidadã, desde que o empregado a requeira no prazo de dois dias úteis após o parto e comprove a participação em programa ou atividade de orientação sobre paternidade responsável.

§ 2.º O disposto neste artigo aplica-se à empregada ou ao empregado de pessoa jurídica que adotar ou obtiver guarda judicial para fins de adoção de criança.

§ 3.º A prorrogação de que trata este artigo será devida, inclusive, no caso de parto antecipado.

Art. 138. As pessoas jurídicas poderão aderir ao Programa Empresa Cidadã por meio de requerimento dirigido à Secretaria Especial da Receita Federal do Brasil do Ministério da Economia.

Art. 139. A pessoa jurídica participante do Programa Empresa Cidadã observará as regras de dedução de imposto sobre a renda previstas no art. 648 do Decreto n. 9.580, de 2018.

Art. 140. A empregada e o empregado, no período de prorrogação da licença-maternidade, da licença-paternidade e da licença à adotante de que tratam este Capítulo, não poderão exercer qualquer atividade remunerada, exceto na hipótese de contrato de trabalho simultâneo firmado previamente.

•• Redação conforme publicação oficial.

Parágrafo único. O descumprimento do disposto no *caput* ensejará a perda do direito à prorrogação de licença-maternidade, da licença-paternidade e da licença à adotante de que tratam este Capítulo.

•• Redação conforme publicação oficial.

Art. 141. Durante o período de prorrogação da licença-maternidade, da licença-paternidade e da licença à adotante:

I – a empregada terá direito à remuneração integral, nos mesmos moldes devidos no período de percepção do salário-maternidade pago pelo Regime Geral de Previdência Social; e

II – o empregado terá direito à remuneração integral.

Art. 142. A Secretaria Especial da Receita Federal do Brasil do Ministério da Economia e o Instituto Nacional do Seguro Social – INSS poderão editar, no âmbito de suas competências, normas complementares necessárias ao cumprimento do disposto neste Capítulo.

Capítulo XV
DA SITUAÇÃO DE TRABALHADORES CONTRATADOS OU TRANSFERIDOS PARA PRESTAR SERVIÇOS NO EXTERIOR

Art. 143. Este Capítulo regulamenta a situação de trabalhadores contratados ou transferidos para prestar serviços no exterior, nos termos do disposto no § 2.º do art. 5.º, no art. 9.º e no art. 12 da Lei n. 7.064, de 1982.

Art. 144. O empregado contratado no País ou transferido por seus empregadores para prestar serviços no exterior, enquanto estiver a prestar serviços no estrangeiro, poderá converter e remeter para o local de trabalho, no todo ou em parte, os valores correspondentes à remuneração paga em moeda nacional.

Art. 145. As remessas de que trata o art. 144 serão feitas por meio de instituição financeira autorizada a funcionar pelo Banco Central do Brasil que opere em câmbio, por meio de requerimento escrito do empregado ou de seu procurador, instruído com declaração da empresa empregadora, da qual deverão constar:

I – o valor da remuneração paga ao empregado;

II – o local da prestação de serviços no exterior;

III – o número da Carteira de Trabalho e Previdência Social para empregadores não declarantes do eSocial; e

IV – o número de inscrição do empregado no cadastro de contribuintes.

Parágrafo único. As remessas de que trata o *caput* ficarão sujeitas à fiscalização do Banco Central do Brasil.

Art. 146. Os valores pagos pela empresa empregadora a que se refere o art. 144, na liquidação de direitos estabelecidos pela lei do local da prestação de serviços no exterior, poderão ser deduzidos dos depósitos do FGTS em nome do empregado existentes na conta vinculada, nos termos do disposto na Lei n. 8.036, de 11 de maio de 1990.

§ 1.º O levantamento, pela empresa empregadora, dos valores correspondentes à liquidação de direitos, efetuada em conformidade com o

disposto na lei do local da prestação de serviços no exterior, será efetivada à vista do alvará expedido em decorrência da homologação judicial.

§ 2.º A homologação dos valores a serem deduzidos ocorrerá por meio da apresentação, pela empresa empregadora, de cópia autenticada da documentação comprobatória da liquidação dos direitos do empregado no exterior, traduzida por tradutor juramentado.

§ 3.º O juiz, requerida a homologação, determinará à instituição financeira depositária da conta vinculada que informe, no prazo de três dias úteis, contado da data da notificação, o valor existente na conta vinculada do empregado na data do pedido de homologação.

Art. 147. A homologação deverá consignar o valor, em moeda estrangeira, a ser deduzido e o alvará autorizará o levantamento do seu valor correspondente em moeda nacional, junto à instituição financeira depositária, que efetuará a conversão ao câmbio do dia em que efetivar o pagamento.

§ 1.º Na hipótese em que a liquidação de direitos do empregado tiver sido efetuada em moeda que não tenha paridade direta com a moeda nacional, o dólar comercial dos Estados Unidos da América será utilizado como moeda de conversão.

§ 2.º A empresa empregadora deverá apresentar o alvará a que se refere o *caput* no prazo de dois dias úteis, contado da data da sua expedição, sob pena de correrem à sua conta as variações cambiais posteriores à data de expedição do alvará.

Art. 148. Caso o saldo existente na conta vinculada do FGTS em nome do empregado não seja suficiente para a dedução integral dos valores correspondentes aos direitos liquidados pela empresa no exterior, a diferença poderá ser recolhida por meio de nova dedução dessa conta, quando da cessação, no País, do contrato de trabalho, por meio da expedição de novo alvará, independentemente de nova homologação.

Art. 149. A contratação de trabalhador por empresa estrangeira para trabalhar no exterior fica condicionada à autorização do Ministério do Trabalho e Previdência.

Parágrafo único. Ato do Ministro de Estado Ministério do Trabalho e Previdência disporá sobre a concessão da autorização de que trata o *caput*, observado o disposto no art. 150.

Art. 150. A empresa que requerer a autorização a que se refere o art. 149 deverá comprovar:

I – a sua existência jurídica, em conformidade com as leis do país onde estiver sediada;

II – a participação de pessoa jurídica domiciliada no País em, no mínimo, cinco por cento do seu capital social;

III – a existência de procurador legalmente constituído no País, com poderes especiais de representação, inclusive de receber citação; e

IV – a solidariedade da pessoa jurídica a que se refere o inciso II, no cumprimento das obrigações da empresa estrangeira decorrentes da contratação do empregado.

Capítulo XVI
DO REPOUSO SEMANAL REMUNERADO E DO PAGAMENTO DE SALÁRIO NOS FERIADOS CIVIS E RELIGIOSOS

Art. 151. Este Capítulo dispõe sobre o repouso semanal remunerado e o pagamento de salário nos feriados civis e religiosos, nos termos do disposto na Lei n. 605, de 1949.

Art. 152. Todo empregado tem direito a um descanso semanal remunerado de vinte e quatro horas consecutivas, preferencialmente aos domingos e, nos limites das exigências técnicas das empresas, nos feriados civis e religiosos, de acordo com a tradição local.

Art. 153. São feriados e, como tais, obrigam ao repouso remunerado em todo o território nacional, aqueles que a lei determinar.

Parágrafo único. Será também obrigatório o repouso remunerado nos dias de feriados locais, até o máximo de quatro, desde que declarados como tais por lei municipal.

Art. 154. Comprovado o cumprimento das exigências técnicas, nos termos do disposto no art. 1.º da Lei n. 605, de 1949, será admitido o trabalho nos dias de repouso, garantida a remuneração correspondente.

§ 1.º Para fins do disposto neste Capítulo, constituem exigências técnicas aquelas que, em razão do interesse público ou das condições peculiares às atividades da empresa ou ao local onde estas atuem, tornem indispensável a continuidade do trabalho, em todos ou alguns de seus serviços.

§ 2.º Nos serviços que exijam trabalho aos domingos, com exceção dos elencos teatrais e congêneres, será estabelecida escala de revezamento, mensalmente organizada, que constará de quadro sujeito à fiscalização.

§ 3.º Nos serviços em que for permitido o trabalho nos dias de repouso, a remuneração dos empregados que trabalharem nesses dias será paga em dobro, exceto se a empresa determinar outro dia de folga.

§ 4.º Ato do Ministro de Estado do Trabalho e Previdência concederá, em caráter permanente, permissão para o trabalho nos dias de repouso às atividades que se enquadrarem nas exigências técnicas de que trata o *caput*.

Art. 155. Será admitido, excepcionalmente, o trabalho em dia de repouso quando:

I – ocorrer motivo de força maior; ou

II – para atender à realização ou à conclusão de serviços inadiáveis ou cuja inexecução possa acarretar prejuízo manifesto, a empresa obtiver autorização prévia da autoridade competente em matéria de trabalho, com discriminação do período autorizado, o qual, de cada vez, não excederá a sessenta dias.

Art. 156. Nos dias de repouso em que for permitido o trabalho, é vedada às empresas a execução de serviços que não se enquadrem nos motivos determinantes da permissão.

Art. 157. A remuneração do repouso semanal corresponderá:

I – para os que trabalham por dia, semana, quinzena ou mês, à de um dia de trabalho, computadas as horas extras habitualmente prestadas;

II – para os que trabalham por hora, à sua jornada de trabalho, computadas as horas extras habitualmente prestadas;

III – para os que trabalham por tarefa ou peça, ao salário correspondente às tarefas ou peças feitas durante a semana, no horário normal de trabalho, dividido pelos dias de serviço efetivamente prestados ao empregador; e

IV – para os empregados em domicílio, ao quociente da divisão por seis do valor total da sua produção na semana.

§ 1.º Os empregados cujos salários não sofram descontos por motivo de feriados civis ou religiosos são considerados já remunerados nesses mesmos dias de repouso, conquanto tenham direito à remuneração dominical.

§ 2.º Consideram-se já remunerados os dias de repouso semanal do empregado mensalista ou quinzenalista cujo cálculo de salário mensal ou quinzenal ou cujos descontos por falta sejam efetuados com base no número de dias do mês ou de trinta e quinze diárias respectivamente.

Art. 158. O trabalhador que, sem motivo justificado ou em razão de punição disciplinar, não tiver trabalhado durante toda a semana e cumprido integralmente o seu horário de trabalho perderá a remuneração do dia de repouso.

§ 1.º Nas empresas em que vigorar regime de trabalho reduzido, a frequência exigida corresponderá ao número de dias em que houver trabalho.

§ 2.º As ausências decorrentes de férias não prejudicarão a frequência exigida.

§ 3.º Não serão acumuladas a remuneração do repouso semanal e a do feriado civil ou religioso que recaírem no mesmo dia.

§ 4.º Considera-se semana, para fins de pagamento de remuneração, o período de segunda-feira a domingo que antecede o dia determinado como repouso semanal remunerado.

Art. 159. Para fins do disposto no art. 158, consideram-se motivos justificados:

I - os motivos previstos no art. 473 da Consolidação das Leis do Trabalho, aprovada pelo Decreto-lei n. 5.452, de 1943;

II - a ausência justificada do empregado, a critério da administração do estabelecimento, por meio da apresentação de documento por ela fornecido;

III - a paralisação do serviço nos dias em que, por conveniência do empregador, não tenha havido expediente de trabalho;

IV - a falta ao serviço, com fundamento na legislação sobre acidente do trabalho; e

V - a ausência do empregado durante os primeiros quinze dias consecutivos ao de afastamento da atividade por motivo de doença, observado o disposto no art. 60 da Lei n. 8.213, de 24 de julho de 1991.

Parágrafo único. A ausência do empregado por motivo de doença deverá ser comprovada por meio da apresentação de atestado médico, nos termos do disposto na Lei n. 605, de 1949.

Art. 160. As infrações ao disposto neste Capítulo acarretarão a aplicação da multa prevista no art. 12 da Lei n. 605, de 1949.

Art. 161. As autoridades regionais em matéria de inspeção do trabalho são originariamente competentes para a aplicação das multas de que trata este Capítulo.

Art. 162. A fiscalização do cumprimento do disposto neste Capítulo e o processo de autuação de seus infratores observarão o disposto no Título VII da Consolidação das Leis do Trabalho, aprovada pelo Decreto-lei n. 5.452, de 1943.

Capítulo XVII
DA RELAÇÃO ANUAL DE INFORMAÇÕES SOCIAIS

Art. 163. A RAIS conterá elementos destinados a suprir as necessidades de controle, de estatística e de informações das entidades governamentais da área social, e subsidiar o pagamento do abono salarial, nos termos do disposto na Lei n. 7.998, de 11 de janeiro de 1990.

§ 1.º As informações relativas à RAIS serão declaradas:

I - pelas pessoas jurídicas inscritas no CNPJ da Secretaria Especial da Receita Federal do Brasil do Ministério da Economia; e

II – pelas pessoas naturais que tenham mantido empregados contratados no período referente às informações, exceto empregado doméstico.

§ 2.º Ato do Ministro de Estado do Trabalho e Previdência disporá sobre a forma de captação e processamento da RAIS.

Art. 164. A RAIS conterá as informações periodicamente solicitadas pelas instituições vinculadas ao Ministério do Trabalho e Previdência, especialmente em relação:

I - ao cumprimento da legislação relativa ao Programa de Integração Social e para o Programa de Formação do Patrimônio do Servidor Público - PIS/Pasep;

II - às exigências da legislação de nacionalização do trabalho;

III - ao fornecimento de subsídios para controle dos registros relativos ao FGTS;

IV - à viabilização da concessão do pagamento do abono salarial; e

V - à coleta de dados indispensáveis à elaboração dos estudos técnicos, de natureza estatística e atuarial, dos serviços especializados do Ministério do Trabalho e Previdência.

Art. 165. A RAIS identificará:

I - o empregador, pelo número de inscrição:

a) no CNPJ;

b) no Cadastro Nacional de Obras; e

c) no Cadastro de Atividade Econômica da Pessoa Física;

II - a pessoa jurídica de direito público e o órgão público, pelo número de inscrição no CNPJ; e

III - o empregado, pelo número de inscrição no Cadastro de Pessoas Físicas – CPF.

Capítulo XVIII
DO PROGRAMA DE ALIMENTAÇÃO DO TRABALHADOR

Art. 166. Este Capítulo dispõe sobre a regulamentação do PAT, de que trata a Lei n. 6.321, de 14 de abril de 1976.

Art. 167. A gestão compartilhada do PAT caberá ao Ministério do Trabalho e Previdência, à Secretaria Especial da Receita Federal do Brasil do Ministério da Economia e ao Ministério da Saúde.

§ 1.º Compete ao Ministério do Trabalho e Previdência regulamentar a adesão e fiscalizar os aspectos trabalhistas relacionados ao PAT.

§ 2.º Compete à Secretaria Especial da Receita Federal do Brasil do Ministério da Economia regulamentar e fiscalizar os aspectos tributários relacionados ao PAT.

§ 3.º Compete ao Ministério da Saúde e ao Ministério do Trabalho e Previdência regulamentar conjuntamente os aspectos relacionados à promoção da saúde e à segurança alimentar e nutricional do PAT.

§ 4.º Compete ao Ministério do Trabalho e Previdência, à Secretaria Especial da Receita Federal do Brasil do Ministério da Economia e ao Ministério da Saúde, no âmbito de suas competências, editar normas complementares para disciplinar a aplicação do disposto neste Capítulo.

Art. 168. Para usufruir dos correspondentes benefícios fiscais relacionados ao PAT, a pessoa jurídica beneficiária deverá requerer a sua inscrição no Ministério do Trabalho e Previdência.

Art. 169. Para fins de execução do PAT, a pessoa jurídica beneficiária poderá:

I - manter serviço próprio de refeições;

II - distribuir alimentos; ou

III - firmar contrato com entidades de alimentação coletiva.

Art. 170. As entidades de alimentação coletiva a que se refere o inciso III do *caput* do art. 169 serão registradas no PAT nas seguintes categorias:

I - fornecedora de alimentação coletiva:

a) operadora de cozinha industrial e fornecedora de refeições preparadas transportadas;

b) administradora de cozinha da contratante; e

c) fornecedora de cestas de alimento e similares para transporte individual; e

II - facilitadora de aquisição de refeições ou gêneros alimentícios:

a) emissora PAT - facilitadora que exerça a atividade de emissão de moeda eletrônica para atendimento dos pagamentos no âmbito do PAT; ou

b) credenciadora PAT - facilitadora que exerça a atividade de credenciamento para aceitação da moeda eletrônica emitida para atendimento dos pagamentos no âmbito do PAT.

§ 1.º As facilitadoras de aquisição de refeições ou gêneros alimentícios podem emitir ou credenciar a aceitação dos seguintes produtos:

I - instrumentos de pagamento para aquisição de refeições em restaurantes e estabelecimentos similares (refeição convênio); e

II – instrumentos de pagamento para aquisição de gêneros alimentícios em estabelecimentos comerciais (alimentação convênio).

§ 2.º Para o credenciamento de estabelecimentos comerciais, as empresas de que trata a alínea *b* do inciso II do *caput* deverão verificar:

I - a documentação referente ao cumprimento das normas de vigilância sanitária;

II – se o estabelecimento está enquadrado e desenvolve atividade classificada na Classificação Nacional de Atividades Econômicas referente à comercialização de refeição ou de gêneros alimentícios; e

III – a regularidade da inscrição e da situação cadastral de pessoa jurídica.

§ 3.º A não observância ao disposto no § 2.º ensejará a aplicação de penalidades para a empresa credenciadora PAT, na forma estabelecida em ato do Ministro de Estado do Trabalho e Previdência.

Art. 171. A pessoa jurídica beneficiária do PAT poderá abranger todos os trabalhadores de sua empresa e atender prioritariamente aqueles de baixa renda.

Art. 172. A pessoa jurídica beneficiária do PAT observará as regras de dedução de imposto sobre a renda previstas nos art. 383, art. 641 e art. 642 do Decreto n. 9.580, de 2018.

Parágrafo único. O benefício concedido pela empresa beneficiária do PAT deverá possuir o mesmo valor para todos os seus trabalhadores.

Art. 173. As pessoas jurídicas beneficiárias no PAT deverão dispor de programas destinados a promover e monitorar a saúde e a aprimorar a segurança alimentar e nutricional de seus trabalhadores, como direito humano à alimentação adequada, na forma estabelecida em ato conjunto do Ministro de Estado da Saúde e do Ministro de Estado do Trabalho e Previdência.

Art. 174. O serviço de pagamento de alimentação deverá ser operacionalizado por meio de arranjo de pagamento, estabelecido nos termos do disposto no inciso I do *caput* do art. 6.º da Lei n. 12.865, de 9 de outubro de 2013, o qual observará, no mínimo, as seguintes regras:

I – os recursos a serem repassados ao trabalhador pela pessoa jurídica beneficiária para utilização no âmbito do PAT:

a) deverão ser mantidos em conta de pagamentos, de titularidade do trabalhador, na forma de moeda eletrônica, e serão escriturados separadamente de quaisquer outros recursos do trabalhador eventualmente mantidos na mesma instituição de pagamento; e

b) deverão ser utilizados exclusivamente para o pagamento de refeição em restaurantes e estabelecimentos similares ou para a aquisição de gêneros alimentícios em estabelecimentos comerciais, conforme a modalidade do produto, e deverão ser escriturados separadamente;

II – são vedadas as seguintes transações na conta de pagamentos de que trata a alínea *a* do inciso I:

a) saque de recursos; e

b) execução de ordens de transferência do saldo escriturado separadamente para fins de execução do PAT; e

III – o valor do benefício concedido ao trabalhador, na forma de recursos aportados em conta de pagamento de que trata a alínea *a* do inciso I, independentemente de ter havido o desconto de sua participação, poderá ser integralmente utilizado pelo trabalhador após a rescisão do seu contrato com a pessoa jurídica beneficiária do programa.

§ 1.º O arranjo de pagamento de que trata o *caput* poderá ser aberto ou fechado.

•• *Vide* art. 188, I, *a*, deste Decreto.

§ 2.º Caberá à pessoa jurídica beneficiária orientar devidamente os seus trabalhadores sobre a utilização correta dos instrumentos de pagamento referidos no *caput*.

§ 3.º A pessoa jurídica beneficiária será responsável pelas irregularidades a que der causa na execução do PAT na forma prevista neste Capítulo.

Art. 175. As pessoas jurídicas beneficiárias, no âmbito do contrato firmado com fornecedoras de alimentação ou facilitadora de aquisição de refeições ou gêneros alimentícios, não poderão exigir ou receber qualquer tipo de deságio ou imposição de descontos sobre o valor contratado, prazos de repasse que descaracterizem a natureza pré-paga dos valores a serem disponibilizados aos trabalhadores, ou outras verbas e benefícios diretos ou indiretos de qualquer natureza não vinculados diretamente à promoção de saúde e segurança alimentar do trabalhador.

§ 1.º O disposto no *caput* não se aplica aos contratos vigentes até que tenha sido encerrado o contrato ou até que tenha decorrido o prazo de dezoito meses, contado da data de publicação deste Decreto, o que ocorrer primeiro.

§ 2.º O descumprimento da vedação prevista no *caput* implicará no cancelamento da inscrição da pessoa jurídica beneficiária do PAT.

•• *Redação conforme publicação oficial.*

§ 3.º É vedada a prorrogação de contrato em desconformidade com o disposto neste artigo.

Art. 176. As facilitadoras de aquisição de refeições ou gêneros alimentícios são responsáveis, no âmbito de sua atuação, pelo monitoramento do cumprimento das regras do PAT.

Art. 177. As empresas facilitadoras de aquisição de refeições ou gêneros alimentícios organizadas na forma de arranjo de pagamento fechado deverão permitir a interoperabilidade entre si e com arranjos abertos, indistintamente, com o objetivo de compartilhar a rede credenciada de estabelecimentos comerciais.

•• *Vide* art. 188, I, *b*, deste Decreto.

Art. 178. A parcela paga *in natura* pela pessoa jurídica beneficiária, no âmbito do PAT, ou disponibilizada na forma de instrumentos de pagamento, vedado o seu pagamento em dinheiro:

I – não tem natureza salarial;

II – não se incorpora à remuneração para quaisquer efeitos; e

III – não constitui base de incidência do FGTS.

Art. 179. A execução inadequada, o desvio ou o desvirtuamento das finalidades do PAT pelas pessoas jurídicas beneficiárias ou pelas empresas registradas no Ministério do Trabalho e Previdência, sem prejuízo da aplicação de outras penalidades cabíveis pelos órgãos competentes, acarretará:

I – o cancelamento da inscrição da pessoa jurídica ou do registro da empresa fornecedora ou facilitadora de aquisição de refeições ou gêneros alimentícios no PAT, desde a data da primeira irregularidade passível de cancelamento, conforme estabelecido em ato específico; e

II – a perda do incentivo fiscal da pessoa jurídica beneficiária pela Secretaria Especial da Receita Federal do Brasil do Ministério da Economia, em consequência do cancelamento de que trata o inciso I.

Art. 180. O Ministério do Trabalho e Previdência e o Ministério da Economia deverão elaborar periodicamente estudos de avaliação do PAT, com análise dos custos, efetividade, alcance e aceitação dos instrumentos de pagamento.

Art. 181. As denúncias sobre irregularidades na execução do PAT deverão ser efetuadas por meio dos canais de denúncias disponibilizados pelo Ministério do Trabalho e Previdência.

§ 1.º A Subsecretaria de Inspeção de Trabalho da Secretaria de Trabalho do Ministério do Trabalho e Previdência desenvolverá ferramenta informatizada específica para verificar se os estabelecimentos comerciais credenciados no âmbito do PAT estão enquadrados e desenvolvem atividades de comercialização de refeições ou de gêneros alimentícios.

§ 2.º A lista dos estabelecimentos comerciais credenciados pelas credenciadoras PAT, além de outras informações necessárias à fiscalização do trabalho para fins da verificação de que trata o § 1.º, será disponibilizada em meio eletrônico, na forma estabelecida em ato do Ministro de Estado do Trabalho e Previdência.

Art. 182. A portabilidade gratuita do serviço de pagamento de alimentação oferecido pela pessoa jurídica beneficiária do PAT será facultativa, mediante a solicitação expressa do trabalhador.

•• *Vide* art. 188, I, *c*, deste Decreto.

Título III
DISPOSIÇÕES FINAIS

Art. 183. O Ministério do Trabalho e Previdência deverá ser consultado previamente quando da revisão periódica da lista oficial de doenças relacionadas ao trabalho, nos termos do disposto no inciso VII do § 3.º do art. 6.º da Lei n. 8.080, de 19 de setembro de 1990, para manifestação técnica quanto aos aspectos trabalhistas e previdenciários correlatos.

Parágrafo único. A atualização da lista oficial de doenças relacionadas ao trabalho será efetuada com base em critério epidemiológico ou técnico-científico consolidado.

Art. 184. Fica autorizado o armazenamento, em meio eletrônico, óptico ou equivalente, de documentos relativos a deveres e obrigações trabalhistas, incluídos aqueles relativos a normas regulamentadoras de saúde e segurança no trabalho, compostos por dados ou por imagens, nos termos do disposto no art. 2.º-A da Lei n. 12.682, de 9 de julho de 2012, no Decreto n. 10.278, de 18 de março de 2020, no inciso X do *caput* do art. 3.º da Lei n. 13.874, de 2019, e na Lei n. 13.709, de 14 de agosto de 2018.

Art. 185. O Ministério do Trabalho e Previdência definirá os critérios para criação e manutenção de Gerências Regionais do Trabalho e Agências Regionais do Trabalho das Superintendências Regionais do Trabalho, observado o quantitativo de unidades previsto na estrutura organizacional, de modo a considerar:

I – a disponibilidade de recursos financeiros, de pessoal e de estrutura física;

II – a disponibilidade de oferta de serviços da Secretaria de Trabalho do Ministério do Trabalho e Previdência em meio eletrônico;

III – a existência de agências do Sistema Nacional de Emprego – SINE; e

IV – as seguintes características do Município:

a) o tamanho da população;

b) o quantitativo de vínculos empregatícios ativos;

c) o quantitativo de estabelecimentos comerciais;

d) o recebimento de investimentos que possam gerar considerável expansão do mercado de trabalho local;

e) a classificação do Município como polo de região de influência, em conformidade com a classificação estabelecida pelo Instituto Brasileiro de Geografia e Estatística – IBGE;

f) a localização do Município em região de fronteira; e

g) a existência de instrumento de cooperação com órgãos da administração pública municipal, distrital ou estadual para oferta dos serviços da Secretaria de Trabalho do Ministério do Trabalho e Previdência.

§ 1.º Serão considerados os dados da região administrativa ou da área de abrangência, quando se tratar de alocação de Gerência Regional do Trabalho ou Agência Regional do Trabalho nas capitais dos Estados ou no Distrito Federal.

§ 2.º Deverá ser privilegiada, previamente à alocação de novas Gerências e Agências Regionais do Trabalho, a formalização de parcerias com agências do SINE ou com órgãos da administração pública municipal, distrital ou estadual.

§ 3.º Os serviços de emissão de Carteira de Trabalho e Previdência Social e de concessão de seguro-desemprego serão oferecidos prioritariamente em meio eletrônico.

§ 4.º Os serviços de que trata o § 3.º poderão ser oferecidos, excepcionalmente, por meio de unidades descentralizadas do trabalho, quando houver indisponibilidade de cobertura de rede de dados, elevado grau de analfabetismo ou baixa taxa de inclusão digital, na forma estabelecida em ato do Ministro de Estado do Trabalho e Previdência.

..

Art. 187. Ficam revogados:

I – o Decreto n. 27.048, de 12 de agosto de 1949;

II – o Decreto n. 1.881, de 14 de dezembro de 1962;

III – o Decreto n. 57.155, de 3 de novembro de 1965;

IV – o Decreto n. 62.530, de 16 de abril de 1968;

V – o Decreto n. 62.568, de 19 de abril de 1968;

VI – o Decreto n. 63.912, de 26 de dezembro de 1968;

VII – o Decreto n. 65.166, de 16 de setembro de 1969;

VIII – o Decreto n. 66.075, de 15 de janeiro de 1970;

IX – o Decreto n. 73.626, de 12 de fevereiro de 1974;

X – o Decreto n. 76.403, de 8 de outubro de 1975;

XI – o Decreto n. 76.900, de 23 de dezembro de 1975;

XII – o Decreto n. 83.842, de 14 de agosto de 1979;

XIII – o Decreto n. 89.339, de 31 de janeiro de 1984;

XIV – o Decreto n. 94.591, de 10 de julho de 1987;

XV – o Decreto n. 95.247, de 17 de novembro de 1987;

XVI – o Decreto n. 99.378, de 11 de julho de 1990;

XVII – o Decreto n. 5, de 14 de janeiro de 1991;

XVIII – o Decreto de 25 de junho de 1991, que altera o Decreto n. 97.936, de 10 de julho de 1989, que instituiu o Cadastro Nacional do Trabalhador, modificado pelo Decreto n. 99.378, de 11 de julho de 1990;

XIX – o Decreto de 14 de agosto de 1991, que inclui a Indústria Têxtil em geral entre as atividades com funcionamento permanente aos domingos e feriados civis e religiosos;

XX – o Decreto n. 349, de 21 de novembro de 1991;

XXI – o Decreto n. 1.338, de 14 de dezembro de 1994;

XXII – o Decreto n. 1.572, de 28 de julho de 1995;

XXIII – o Decreto n. 2.101, de 23 de dezembro de 1996;

XXIV – o Decreto n. 2.490, de 4 de fevereiro de 1998;

XXV – o art. 9.º do Decreto n. 2.880, de 15 de dezembro de 1998;

XXVI – o Decreto n. 7.052, de 23 de dezembro de 2009;

XXVII – o Decreto n. 7.421, de 31 de dezembro de 2010;

XXVIII – o Decreto n. 7.721, de 16 de abril de 2012;

XXIX – os art. 6.º a art. 10 do Decreto n. 7.943, de 5 de março de 2013;

XXX – o Decreto n. 8.479, de 6 de julho de 2015;

XXXI – o Decreto n. 9.127, de 16 de agosto de 2017;

XXXII – o Decreto n. 9.513, de 27 de setembro de 2018;

XXXIII – o parágrafo único do art. 644 do Decreto n. 9.580, de 2018; e

XXXIV – o Decreto n. 10.060, de 14 de outubro de 2019.

Art. 188. Este Decreto entra em vigor:

I – dezoito meses após a data de sua publicação, quanto:

a) ao § 1.º do art. 174;

b) ao art. 177; e

c) ao art. 182; e

II – trinta dias após a data de sua publicação, quanto aos demais dispositivos.

Brasília, 10 de novembro de 2021; 200.º da Independência e 133.º da República.

JAIR MESSIAS BOLSONARO

LEI N. 14.297, DE 5 DE JANEIRO DE 2022 (*)

Dispõe sobre medidas de proteção asseguradas ao entregador que presta serviço por intermédio de empresa de aplicativo de entrega durante a vigência da emergência em saúde pública decorrente do coronavírus responsável pela covid-19.

O Presidente da República

Faço saber que o Congresso Nacional decreta e eu sanciono a seguinte Lei:

Art. 1.º Esta Lei dispõe sobre medidas de proteção asseguradas ao entregador que presta serviço por intermédio de empresa de aplicativo

(*) Publicada no *Diário Oficial da União*, de 6-1-2022.

de entrega durante a vigência, no território nacional, da emergência de saúde pública decorrente do coronavírus responsável pela covid-19.

Parágrafo único. As medidas previstas nesta Lei devem ser asseguradas até que seja declarado o término da Emergência em Saúde Pública de Importância Nacional (Espin) em decorrência da infecção humana pelo coronavírus Sars-CoV-2.

Art. 2.º Para os fins desta Lei, considera-se:

I – empresa de aplicativo de entrega: empresa que possui como principal atividade a intermediação, por meio de plataforma eletrônica, entre o fornecedor de produtos e serviços de entrega e o seu consumidor;

II – entregador: trabalhador que presta serviço de retirada e entrega de produtos e serviços contratados por meio da plataforma eletrônica de aplicativo de entrega.

Art. 3.º A empresa de aplicativo de entrega deve contratar seguro contra acidentes, sem franquia, em benefício do entregador nela cadastrado, exclusivamente para acidentes ocorridos durante o período de retirada e entrega de produtos e serviços, devendo cobrir, obrigatoriamente, acidentes pessoais, invalidez permanente ou temporária e morte.

Parágrafo único. Na hipótese de o entregador prestar serviços para mais de uma empresa de aplicativo de entrega, a indenização, no caso de acidente, será paga pelo seguro contratado pela empresa para a qual o entregador prestava o serviço no momento do acidente.

Art. 4.º A empresa de aplicativo de entrega deve assegurar ao entregador afastado em razão de infecção pelo coronavírus responsável pela covid-19 assistência financeira pelo período de 15 (quinze) dias, o qual pode ser prorrogado por mais 2 (dois) períodos de 15 (quinze) dias, mediante apresentação do comprovante ou do laudo médico a que se refere o § 2.º deste artigo.

§ 1.º A assistência financeira prevista no *caput* deste artigo deve ser calculada de acordo com a média dos 3 (três) últimos pagamentos mensais recebidos pelo entregador.

§ 2.º A concessão da assistência financeira prevista no *caput* deste artigo está condicionada à apresentação de comprovante de resultado positivo para covid-19 – obtido por meio de exame RT-PCR – ou de laudo médico que ateste condição decorrente da covid-19 que justifique o afastamento.

Art. 5.º A empresa de aplicativo de entrega deve fornecer ao entregador informações sobre os riscos do coronavírus responsável pela covid-19 e os cuidados necessários para se prevenir do contágio e evitar a disseminação da doença.

§ 1.º Caberá à empresa de aplicativo de entrega disponibilizar máscaras e álcool em gel ou outro material higienizante aos entregadores, para proteção pessoal durante as entregas.

§ 2.º O cumprimento do disposto no § 1.º deste artigo pela empresa de aplicativo de entrega poderá ser feito por meio de repasse ou reembolso das despesas efetuadas pelo entregador.

§ 3.º (*Vetado.*)

Art. 6.º A empresa fornecedora do produto ou do serviço deverá:

I – (*Vetado.*);

II – permitir que o entregador utilize as instalações sanitárias de seu estabelecimento; e

III – garantir o acesso do entregador a água potável.

Art. 7.º A empresa de aplicativo de entrega e a empresa fornecedora do produto ou do serviço deverão adotar prioritariamente forma de pagamento por meio da internet.

Parágrafo único. (*Vetado.*)

Art. 8.º Do contrato ou do termo de registro celebrado entre a empresa de aplicativo de entrega e o entregador deverão constar expressamente as hipóteses de bloqueio, de suspensão ou de exclusão da conta do entregador da plataforma eletrônica.

§ 1.º A aplicação da exclusão de conta prevista no *caput* deste artigo será precedida de comunicação prévia, com antecedência mínima de 3 (três) dias úteis, e será acompanhada das razões que a motivaram, que deverão ser devidamente fundamentadas, preservadas a segurança e a privacidade do usuário da plataforma eletrônica.

§ 2.º O prazo previsto no § 1.º deste artigo não se aplica aos casos de ameaça à segurança e à integridade da plataforma eletrônica, dos fornecedores e dos consumidores, em razão de suspeita de prática de infração penal prevista na legislação vigente.

Art. 9.º O descumprimento desta Lei pela empresa de aplicativo de entrega ou pela empresa que utiliza serviços de entrega implica, nos termos definidos em regulamento:

I – a aplicação de advertência; e

II – o pagamento de multa administrativa no valor de R$ 5.000,00 (cinco mil reais) por infração cometida, em caso de reincidência.

Art. 10. Os benefícios e as conceituações previstos nesta Lei não servirão de base para caracterização da natureza jurídica da relação entre os entregadores e as empresas de aplicativo de entrega.

Art. 11. Esta Lei entra em vigor na data de sua publicação.

Brasília, 5 de janeiro de 2022; 201.º da Independência e 134.º da República.

Jair Messias Bolsonaro

LEI N. 14.370, DE 15 DE JUNHO DE 2022 (*)

Institui o Programa Nacional de Prestação de Serviço Civil Voluntário e o Prêmio Portas Abertas.

O Presidente da República

Faço saber que o Congresso Nacional decreta e eu sanciono a seguinte Lei:

Capítulo I
DISPOSIÇÕES GERAIS

Art. 1.º Esta Lei institui o Programa Nacional de Prestação de Serviço Civil Voluntário e o Prêmio Portas Abertas, vinculados ao Ministério do Trabalho e Previdência, com o objetivo de auxiliar na inclusão produtiva de pessoas em situação de vulnerabilidade e de reduzir os impactos sociais e no mercado de trabalho causados pela emergência de saúde pública de importância internacional relacionada ao coronavírus responsável pela covid-19.

Parágrafo único. O Programa a que se refere o *caput* deste artigo terá duração de 24 (vinte e quatro) meses a contar da entrada em vigor desta Lei.

Capítulo II
DO PROGRAMA NACIONAL DE PRESTAÇÃO DE SERVIÇO CIVIL VOLUNTÁRIO

SEÇÃO I
Disposições Preliminares

Art. 2.º O Programa Nacional de Prestação de Serviço Civil Voluntário tem o objetivo de incentivar os Municípios e o Distrito Federal a ofertar atividades de interesse público, sem vínculo empregatício ou profissional de qualquer natureza, para:

I – jovens com idade entre 18 (dezoito) e 29 (vinte e nove) anos;

II – pessoas com idade superior a 50 (cinquenta) anos sem vínculo formal de emprego há mais de 24 (vinte e quatro) meses; e

(*) Publicada no *Diário Oficial da União*, de 15-6-2022 – Edição extra.

III – pessoas com deficiência, nos termos do art. 2.º da Lei n. 13.146, de 6 de julho de 2015 (Estatuto da Pessoa com Deficiência).

§ 1.º Terão prioridade para aderir ao Programa Nacional de Prestação de Serviço Civil Voluntário os trabalhadores que:

I – forem beneficiários dos programas de transferência de renda de que trata a Lei n. 14.284, de 29 de dezembro de 2021, ou de outros que venham a substituí-los; ou

II – pertencerem à família de baixa renda inscrita no Cadastro Único para Programas Sociais do Governo Federal (CadÚnico), de que trata o art. 6.º-F da Lei n. 8.742, de 7 de dezembro de 1993.

§ 2.º Para os fins desta Lei, serão consideradas atividades de interesse público aquelas identificadas pelo Município ou pelo Distrito Federal com a finalidade de cumprir os objetivos do Programa Nacional de Prestação de Serviço Civil Voluntário, desde que a conveniência e a oportunidade da sua escolha sejam fundamentadas pelo gestor municipal ou distrital.

Art. 3.º Não poderão participar do Programa Nacional de Prestação de Serviço Civil Voluntário aqueles que receberem benefício de natureza previdenciária do Regime Geral de Previdência Social ou dos regimes próprios de previdência social.

Parágrafo único. O disposto no *caput* deste artigo não se aplica aos beneficiários de pensão por morte ou auxílio-acidente.

SEÇÃO II
Da Seleção e dos Direitos dos Beneficiários

Art. 4.º O Programa Nacional de Prestação de Serviço Civil Voluntário será ofertado pelo Município ou pelo Distrito Federal por meio de processo seletivo público simplificado.

§ 1.º O processo seletivo público de que trata o *caput* deste artigo terá ampla divulgação, inclusive por meio de publicação no *Diário Oficial* e no sítio eletrônico oficial do ente federativo, dispensará a realização de concurso público e observará os princípios que regem a administração pública, nos termos do art. 37 da Constituição Federal.

§ 2.º Poderá ser selecionado para participação no Programa Nacional de Prestação de Serviço Civil Voluntário apenas 1 (um) beneficiário por núcleo familiar, que será identificado por meio do CadÚnico, de que trata o art. 6.º-F da Lei n. 8.742, de 7 de dezembro de 1993.

§ 3.º A pessoa que já tenha sido beneficiária do Programa Nacional de Prestação de Serviço Civil Voluntário somente poderá ser selecionada na ausência de candidatos aptos que não tenham participado do Programa.

Art. 5.º No período estabelecido no processo seletivo simplificado, o Município ou o Distrito Federal assegurará aos beneficiários do Programa Nacional de Prestação de Serviço Civil Voluntário:

I – o desempenho de atividades de interesse público no âmbito de órgãos e entidades municipais e distritais com carga horária máxima de 22 (vinte e duas) horas semanais, limitada a 8 (oito) horas diárias; e

II – a oferta de cursos de formação inicial e continuada ou de qualificação profissional, com carga horária mínima de 12 (doze) horas para cada 30 (trinta) dias de permanência no Programa.

Parágrafo único. Observado o disposto no inciso II do *caput* deste artigo, os cursos de formação inicial e continuada ou de qualificação profissional poderão ser realizados em dias ou em meses específicos no decorrer da participação no Programa Nacional de Prestação de Serviço Civil Voluntário, sem prejuízo do desempenho das atividades de interesse público definidas pelo Município ou pelo Distrito Federal.

SEÇÃO III
Da Operacionalização do Programa

Art. 6.º O Poder Executivo do Município ou do Distrito Federal disporá sobre:

I – a oferta de vagas de atividades de interesse público;

II – as atividades de interesse público executadas pelos beneficiários, o local onde serão desempenhadas e o período de desempenho em órgão ou entidade municipal ou distrital;

III – a operacionalização administrativa, financeira e orçamentária do Programa Nacional de Prestação de Serviço Civil Voluntário;

IV – o valor do auxílio pecuniário de natureza indenizatória ao beneficiário, a título de bolsa, pelo desempenho das atividades;

V – a forma de pagamento de vale-transporte, previsto na Lei n. 7.418, de 16 de dezembro de 1985, ou o oferecimento de outra forma de transporte gratuito;

VI – a contratação de seguro contra acidentes pessoais em favor dos beneficiários;

VII – a carga horária do curso de formação inicial e continuada ou de qualificação profissional, observado o disposto no inciso II do *caput* do art. 5.º desta Lei; e

VIII – o encaminhamento dos beneficiários para os serviços de intermediação de mão de obra, para incentivar a inclusão ou a reinserção no mercado de trabalho.

§ 1.º Os beneficiários não poderão executar atividades:

I – insalubres;

II – perigosas; ou

III – que configurem substituição de servidores ou de empregados públicos do ente federativo na execução de atividades:

a) privativas de profissões regulamentadas; ou

b) de competência de cargos ou empregos públicos pertencentes ao ente federativo ou à pessoa jurídica a ele vinculada.

§ 2.º A bolsa a que se refere o inciso IV do *caput* deste artigo observará o valor equivalente ao salário-mínimo por hora e corresponderá à soma das horas despendidas em cursos de formação inicial e continuada ou de qualificação profissional e em atividades de interesse público executadas no âmbito do Programa Nacional de Prestação de Serviço Civil Voluntário.

§ 3.º O valor pago a título de vale-transporte não será descontado da bolsa de que trata o inciso IV do *caput* deste artigo.

§ 4.º A eventual concessão de benefícios relacionados à alimentação, entre outros de natureza indenizatória, não descaracteriza a relação jurídica estabelecida entre o ente federativo ofertante e o beneficiário da política pública.

§ 5.º É assegurado ao beneficiário, sempre que a participação no Programa Nacional de Prestação de Serviço Civil Voluntário tenha duração igual ou superior a 1 (um) ano, período de recesso de 30 (trinta) dias, a ser gozado preferencialmente durante as férias escolares.

§ 6.º O recesso de que trata o § 5.º deste artigo deverá contemplar o pagamento da bolsa de que trata o inciso IV do *caput* deste artigo.

§ 7.º Os dias de recesso previstos no § 5.º deste artigo serão concedidos de maneira proporcional quando o serviço social voluntário tiver duração inferior a 1 (um) ano.

Art. 7.º Aplica-se ao beneficiário do Programa Nacional de Prestação de Serviço Civil Voluntário a legislação relacionada à saúde, medicina e segurança no trabalho, observado que a sua implementação é de responsabilidade do Município ou do Distrito Federal.

Art. 8.º Para fins de acompanhamento, os Municípios e o Distrito Federal prestarão informações sobre o Programa Nacional de Prestação de Serviço Civil Voluntário ao Ministério do Trabalho e Previdência, observado o disposto na Lei n. 13.709, de 14 de agosto de 2018 (Lei Geral de Proteção de Dados Pessoais), nos termos do regulamento.

SEÇÃO IV
Da Qualificação para o Trabalho

Art. 9.º O planejamento da qualificação a ser ofertada aos beneficiários do Programa Nacional de Prestação de Serviço Civil Voluntário

considerará as principais atividades econômicas e produtivas do Município ou do Distrito Federal, com vistas a aumentar a empregabilidade e o empreendedorismo dos beneficiários.

§ 1.º Os cursos de formação inicial e continuada ou de qualificação profissional poderão ser ofertados nas seguintes modalidades:

I – presencial;

II – semipresencial; ou

III – a distância.

§ 2.º No caso da oferta de cursos na modalidade semipresencial ou a distância, deverá ser garantido aos beneficiários o acesso aos meios tecnológicos adequados para o acompanhamento das aulas.

Art. 10. A qualificação para o trabalho dos beneficiários do Programa Nacional de Prestação de Serviço Civil Voluntário será realizada pelas seguintes entidades:

I – Serviço Nacional de Aprendizagem dos Industriários (Senai), de que trata o Decreto-lei n. 4.048, de 22 de janeiro de 1942;

II – Serviço Nacional de Aprendizagem Comercial (Senac), de que trata o Decreto-lei n. 8.621, de 10 de janeiro de 1946;

III – Serviço Nacional de Aprendizagem Rural (Senar), de que trata a Lei n. 8.315, de 23 de dezembro de 1991;

IV – Serviço Nacional de Aprendizagem do Transporte (Senat), de que trata a Lei n. 8.706, de 14 de setembro de 1993;

V – Serviço Nacional de Aprendizagem do Cooperativismo (Sescoop), de que trata a Medida Provisória n. 2.168-40, de 24 de agosto de 2001; e

VI – Serviço Brasileiro de Apoio às Micro e Pequenas Empresas (Sebrae), de que trata a Lei n. 8.029, de 12 de abril de 1990.

§ 1.º A indicação dos beneficiários para as vagas dos cursos de formação inicial e continuada ou de qualificação profissional será realizada pelo Poder Executivo do Município ou do Distrito Federal e direcionada às entidades a que se refere o *caput* deste artigo com atuação no seu território, observada a relação entre a qualificação pretendida e a atuação finalística do serviço de aprendizagem escolhido.

§ 2.º Na hipótese de inexistência de unidade das entidades a que se refere o *caput* deste artigo, poderá ser indicado serviço que atue em outro Município do mesmo Estado.

§ 3.º As entidades a que se refere o *caput* deste artigo poderão celebrar acordos e convênios entre si para oferta conjunta de cursos aos beneficiários do Programa Nacional de Prestação de Serviço Civil Voluntário.

§ 4.º Os Municípios e o Distrito Federal poderão ofertar os cursos de formação inicial e continuada ou de qualificação profissional aos beneficiários por meio de instituições de formação técnico-profissional municipais ou distritais ou mediante celebração de convênios e acordos com outras entidades públicas ou com organizações da sociedade civil sem fins lucrativos.

Art. 11. Compete às entidades responsáveis pela qualificação dos beneficiários do Programa Nacional de Prestação de Serviço Civil Voluntário:

I – verificar a frequência e o aproveitamento dos beneficiários; e

II – comunicar ao Município e ao Distrito Federal os casos em que os beneficiários tiverem aproveitamento insuficiente ou frequência inferior à mínima estabelecida.

SEÇÃO V
Do Pagamento das Bolsas

Art. 12. O pagamento da bolsa de que trata o inciso IV do *caput* do art. 6.º desta Lei poderá ser efetuado por meio de conta do tipo poupança social digital, nos termos da Lei n. 14.075, de 22 de outubro de 2020, com as seguintes características:

I – dispensa de apresentação de documentos pelo beneficiário;

II – isenção de cobrança de tarifas de manutenção;

III – direito a, no mínimo, 3 (três) transferências eletrônicas para conta mantida em instituição financeira autorizada a operar pelo Banco Central do Brasil e a 1 (um) saque ao mês, sem custo; e

IV – vedação de emissão de cheque.

§ 1.º É vedado às instituições financeiras, independentemente do tipo de conta utilizada para pagamento da bolsa de que trata o inciso IV do *caput* do art. 6.º desta Lei, efetuar descontos, compensações ou pagamentos de débitos de qualquer natureza, ainda que para recompor saldo negativo ou saldar dívidas preexistentes, que impliquem a redução do valor da bolsa.

§ 2.º Os recursos relativos à bolsa de que trata o inciso IV do *caput* do art. 6.º desta Lei creditados e não movimentados no prazo de 1 (um) ano, contado da data do depósito, retornarão para o ente federativo responsável pelo pagamento.

§ 3.º Os custos operacionais relativos ao pagamento da bolsa de que trata o inciso IV do *caput* do art. 6.º desta Lei serão assumidos pelo Município ou pelo Distrito Federal perante as instituições financeiras operadoras.

Art. 13. Os beneficiários do Programa Nacional de Prestação de Serviço Civil Voluntário poderão receber a bolsa de que trata o inciso IV do *caput* do art. 6.º desta Lei cumulativamente com:

I – benefício financeiro do Programa Auxílio Brasil, de que trata a Lei n. 14.284, de 29 de dezembro de 2021; ou

II – benefício de prestação continuada de que trata o art. 20 da Lei n. 8.742, de 7 de dezembro de 1993, em relação aos beneficiários com deficiência.

§ 1.º O pagamento da bolsa de que trata o *caput* deste artigo não gera, por si só, a interrupção do pagamento dos benefícios previstos na Lei n. 14.284, de 29 de dezembro de 2021, e serão observadas as demais condições de manutenção no Programa Nacional de Prestação de Serviço Civil Voluntário.

§ 2.º Os valores transferidos aos trabalhadores beneficiários do Programa Nacional de Prestação de Serviço Civil Voluntário não serão considerados como renda no âmbito do CadÚnico.

SEÇÃO VI
Das Hipóteses de Desligamento do Programa

Art. 14. O beneficiário será desligado do Programa Nacional de Prestação de Serviço Civil Voluntário nas seguintes hipóteses:

I – admissão em emprego, na forma prevista no art. 3.º da Consolidação das Leis do Trabalho, aprovada pelo Decreto-lei n. 5.452, de 1.º de maio de 1943;

II – posse em cargo público;

III – frequência inferior à mínima estabelecida no ato a que se refere o inciso VII do *caput* do art. 6.º desta Lei; ou

IV – aproveitamento insuficiente.

Parágrafo único. O edital de seleção pública poderá prever outras hipóteses de desligamento do Programa Nacional de Prestação de Serviço Civil Voluntário.

Capítulo III
DO PRÊMIO PORTAS ABERTAS

Art. 15. O Prêmio Portas Abertas tem a finalidade de reconhecer e condecorar os entes federativos que se destacarem na implementação do Programa Nacional de Prestação de Serviço Civil Voluntário.

§ 1.º O regulamento do Prêmio Portas Abertas será editado pelo Ministério do Trabalho e Previdência, do qual constarão, no mínimo:

I – os critérios de avaliação;

II – as categorias; e

III – as ações laureadas.

§ 2.º O Ministério do Trabalho e Previdência coordenará a implementação do Prêmio Portas Abertas.

§ 3.º As despesas decorrentes da execução do Prêmio Portas Abertas serão custeadas por meio de recursos oriundos de parcerias estabelecidas com entidades públicas ou privadas.

Capítulo IV
DISPOSIÇÕES FINAIS

Art. 16. Compete ao Ministério do Trabalho e Previdência coordenar, executar, monitorar, avaliar e editar normas complementares para a execução do disposto nesta Lei.

Art. 17. Esta Lei entra em vigor na data de sua publicação.

Brasília, 15 de junho de 2022; 201.º da Independência e 134.º da República.

JAIR MESSIAS BOLSONARO

PORTARIA MTP N. 567, DE 10 DE MARÇO DE 2022 (*)

Altera a Norma Regulamentadora n. 07 – Programa de Controle Médico de Saúde Ocupacional – PCMSO. (Processo n. 19966.100069/2020-12).

O Ministro de Estado do Trabalho e Previdência, no uso das atribuições que lhe conferem os art. 155, 163 e 200 do Decreto-lei n. 5.452, de 1.º de maio de 1943, e tendo em vista o disposto no art. 48-A, *caput*, inciso VIII, da Lei n. 13.844, de 11 de junho de 2019, resolve:

Art. 1.º Os Anexos da Norma Regulamentadora n. 07 (NR-07) – Programa de Controle Médico de Saúde Ocupacional – PCMSO, aprovada pela Portaria SEPRT/ME n. 6.734, de 9 de março de 2020, publicada no *Diário Oficial da União* de 13 de março de 2020 – Seção 1, passam a vigorar com as alterações constantes do Anexo desta Portaria.

Art. 2.º Esta Portaria entra em vigor em 60 (sessenta) dias após a sua publicação.

Onyx Dornelles Lorenzoni

ANEXO
NORMA REGULAMENTADORA N. 07 – PROGRAMA DE CONTROLE MÉDICO DE SAÚDE OCUPACIONAL – PCMSO

•• Alteração já processada na NR 7.

PORTARIA MTP N. 2.318, DE 3 DE AGOSTO DE 2022 (**)

Aprova a nova redação da Norma Regulamentadora n. 04 – Serviços Especializados em Segurança e Medicina do Trabalho.

O Ministro de Estado do Trabalho e Previdência, no uso das atribuições que lhe conferem os art. 155 e 200 do Decreto-lei n. 5.452, de 1.º de maio de 1943 – Consolidação das Leis do Trabalho – CLT, e tendo em vista o disposto no art. 1.º, *caput*, inciso VIII, Anexo I, do Decreto n. 11.068, de 10 de maio de 2022, resolve:

Art. 1.º A Norma Regulamentadora n. 04 (NR-04) - Serviços Especializados em Segurança e Medicina do Trabalho passa a vigorar com a redação constante do Anexo.

Art. 2.º Determinar, conforme previsto no art. 117 da Portaria MTP n. 672, de 8 de novembro de 2021, que a NR-04 e seus anexos sejam interpretados da seguinte forma:

Regulamento	Tipificação
NR-04	NR Geral
Anexo I	Tipo 1
Anexo II	Tipo 1

Art. 3.º Os graus de risco constantes do Anexo I – Relação da Classificação Nacional de Atividades Econômicas – CNAE (Versão 2.0), com correspondente Grau de Risco – GR, devem ser atualizados a cada cinco anos, com base em indicadores de acidentalidade.

§ 1.º A proposta de indicadores deve ser apreciada pela Comissão Tripartite Paritária Permanente – CTPP.

§ 2.º A proposta de atualização deve indicar o prazo de adequação das organizações, se alterado o seu enquadramento com base na atualização.

§ 3.º A primeira atualização referida no art. 3.º deve ser publicada em até dois anos após a publicação desta Portaria.

Art. 4.º Os Serviços Especializados em Segurança e Medicina do Trabalho – SESMT em funcionamento devem ser redimensionados, nos termos da NR-04, a partir de 2 de janeiro de 2023.

Art. 5.º Os SESMT comuns em funcionamento, conforme disposto no item 4.14.3 da NR-04, com a redação dada pela Portaria SIT n. 17, de 1.º de agosto de 2007, passam a ser denominados SESMT compartilhados, nos termos do item 4.4.5 desta NR.

Art. 6.º Na data da entrada em vigor desta, ficam revogadas as seguintes Portarias:

I – Portaria SSMT n. 33, de 27 de outubro de 1983;
II – Portaria SSMT n. 34, de 11 de dezembro de 1987;
III – Portaria DSST n. 11, de 17 de setembro de 1990;
IV – Portaria SIT n. 17, de 1 de agosto de 2007;
V – Portaria SIT n. 76, de 21 de novembro de 2008;
VI – Portaria SIT n. 128, de 11 de dezembro de 2009;
VII – Portaria MTE n. 590, de 28 de abril de 2014;
VIII – Portaria MTE n. 2.018, de 23 de dezembro de 2014; e
IX – Portaria MTPS n. 510, de 29 de abril de 2016.

Art. 7.º Esta Portaria entra em vigor 90 dias após sua publicação.

José Carlos Oliveira

ANEXO
NR-04 – SERVIÇOS ESPECIALIZADOS EM SEGURANÇA E MEDICINA DO TRABALHO

•• Alteração já processada na NR 4.

LEI N. 14.437, DE 15 DE AGOSTO DE 2022 (***)

Autoriza o Poder Executivo federal a dispor sobre a adoção, por empregados e empregadores, de medidas trabalhistas alternativas e sobre o Programa Emergencial de Manutenção do Emprego e da Renda, para enfrentamento das consequências sociais e econômicas de estado de calamidade pública em âmbito nacional ou em âmbito estadual, distrital ou municipal reconhecido pelo Poder Executivo federal.

Faço saber que o Presidente da República adotou a Medida Provisória n. 1.109, de 2022, que o Congresso Nacional aprovou, e eu, Rodrigo Pacheco, Presidente da Mesa do Congresso Nacional, para os efeitos do disposto no art. 62 da Constituição Federal, com a redação dada pela Emenda Constitucional n. 32, combinado com o art. 12 da Resolução n. 1, de 2002-CN, promulgo a seguinte Lei:

Capítulo I
DISPOSIÇÕES PRELIMINARES

Art. 1.º Esta Lei autoriza o Poder Executivo federal a dispor sobre a adoção, por empregados e empregadores, de medidas trabalhistas alternativas e sobre o Programa Emergencial de Manutenção do Emprego

(*) Publicada no *Diário Oficial da União*, de 1.º-4-2022.
(**) Publicada no *Diário Oficial da União*, de 12-8-2022.
(***) Publicada no *Diário Oficial da União*, de 16-8-2022.

e da Renda, para enfrentamento das consequências sociais e econômicas de estado de calamidade pública em âmbito nacional ou em âmbito estadual, distrital ou municipal reconhecido pelo Poder Executivo federal.

§ 1.º São objetivos desta Lei:

I – preservar o emprego e a renda;

II – garantir a continuidade das atividades laborais, empresariais e das organizações da sociedade civil sem fins lucrativos; e

III – reduzir o impacto social decorrente das consequências de estado de calamidade pública em âmbito nacional ou em âmbito estadual, distrital ou municipal reconhecido pelo Poder Executivo federal.

§ 2.º As medidas previstas no *caput* deste artigo poderão ser adotadas exclusivamente:

I – para trabalhadores em grupos de risco; e

II – para trabalhadores de áreas específicas dos entes federativos atingidos por estado de calamidade pública.

Capítulo II
DAS MEDIDAS TRABALHISTAS ALTERNATIVAS PARA ENFRENTAMENTO DE ESTADO DE CALAMIDADE PÚBLICA

SEÇÃO I
Disposições Gerais

Art. 2.º Poderão ser adotadas, por empregados e empregadores, para a preservação do emprego, a sustentabilidade do mercado de trabalho e o enfrentamento das consequências de estado de calamidade pública em âmbito nacional ou em âmbito estadual, distrital ou municipal reconhecido pelo Poder Executivo federal, as seguintes medidas trabalhistas alternativas:

I – o teletrabalho;

II – a antecipação de férias individuais;

III – a concessão de férias coletivas;

IV – o aproveitamento e a antecipação de feriados;

V – o banco de horas; e

VI – a suspensão da exigibilidade dos recolhimentos do Fundo de Garantia do Tempo de Serviço (FGTS).

§ 1.º A adoção das medidas previstas no *caput* deste artigo observará o disposto em ato do Ministério do Trabalho e Previdência, que estabelecerá, entre outros parâmetros, o prazo em que as medidas trabalhistas alternativas poderão ser adotadas.

§ 2.º O prazo a que se refere o § 1.º deste artigo será de até 90 (noventa) dias, prorrogável enquanto durar o estado de calamidade pública em âmbito nacional ou em âmbito estadual, distrital ou municipal reconhecido pelo Poder Executivo federal.

SEÇÃO II
Do Teletrabalho

Art. 3.º O empregador poderá, a seu critério, durante o prazo previsto no ato do Ministério do Trabalho e Previdência de que trata o art. 2.º desta Lei, alterar o regime de trabalho presencial para teletrabalho ou trabalho remoto, além de determinar o retorno ao regime de trabalho presencial, independentemente da existência de acordos individuais ou coletivos, dispensado o registro prévio da alteração no contrato individual de trabalho.

§ 1.º Para fins do disposto nesta Lei, considera-se teletrabalho ou trabalho remoto a definição constante do art. 75-B da Consolidação das Leis do Trabalho, aprovada pelo Decreto-lei n. 5.452, de 1.º de maio de 1943.

§ 2.º A alteração de que trata o *caput* deste artigo será notificada ao empregado com antecedência de, no mínimo, 48 (quarenta e oito) horas, por escrito ou por meio eletrônico.

§ 3.º As disposições relativas à responsabilidade pela aquisição, pela manutenção ou pelo fornecimento dos equipamentos tecnológicos e da infraestrutura necessária e adequada à prestação de teletrabalho ou de trabalho remoto e as disposições relativas ao reembolso de despesas efetuadas pelo empregado serão previstas em contrato escrito, firmado previamente ou no prazo de 30 (trinta) dias, contado da data da mudança do regime de trabalho.

§ 4.º Na hipótese de o empregado não possuir os equipamentos tecnológicos ou a infraestrutura necessária e adequada à prestação de teletrabalho ou de trabalho remoto:

I – o empregador poderá fornecer os equipamentos em regime de comodato e custear os serviços de infraestrutura, que não caracterizarão verba de natureza salarial; ou

II – o período da jornada normal de trabalho será computado como tempo de trabalho à disposição do empregador, na impossibilidade do oferecimento do regime de comodato de que trata o inciso I deste parágrafo.

§ 5.º O tempo de uso de equipamentos tecnológicos e de infraestrutura necessária, bem como de softwares, de ferramentas digitais ou de aplicações de internet utilizados para o teletrabalho ou o trabalho remoto, fora da jornada de trabalho normal do empregado não constitui tempo à disposição ou regime de prontidão ou de sobreaviso, exceto se houver previsão em acordo individual ou em acordo ou convenção coletiva de trabalho.

§ 6.º Aplica-se ao teletrabalho e ao trabalho remoto de que trata este artigo o disposto no inciso III do *caput* do art. 62 da Consolidação das Leis do Trabalho, aprovada pelo Decreto-lei n. 5.452, de 1.º de maio de 1943.

Art. 4.º Fica permitida a adoção do regime de teletrabalho ou de trabalho remoto para estagiários e aprendizes, nos termos desta Seção.

Art. 5.º O regime de teletrabalho ou de trabalho remoto não se confunde nem se equipara à ocupação de operador de telemarketing ou de teleatendimento.

SEÇÃO III
Da Antecipação de Férias Individuais

Art. 6.º O empregador informará ao empregado, durante o prazo previsto no ato do Ministério do Trabalho e Previdência de que trata o art. 2.º desta Lei, sobre a antecipação de suas férias com antecedência de, no mínimo, 48 (quarenta e oito) horas, por escrito ou por meio eletrônico, com a indicação do período a ser gozado pelo empregado.

§ 1.º As férias antecipadas nos termos do *caput* deste artigo:

I – não poderão ser gozadas em períodos inferiores a 5 (cinco) dias corridos; e

II – poderão ser concedidas por ato do empregador, ainda que o período aquisitivo a que se referem não tenha transcorrido.

§ 2.º O empregado e o empregador poderão, adicionalmente, negociar a antecipação de períodos futuros de férias, por meio de acordo individual escrito.

Art. 7.º O empregador poderá, durante o prazo previsto no ato do Ministério do Trabalho e Previdência de que trata o art. 2.º desta Lei, suspender as férias e as licenças não remuneradas dos profissionais da área de saúde ou daqueles que desempenham funções essenciais, por meio de comunicação formal da decisão ao trabalhador por escrito ou, preferencialmente, por meio eletrônico, com antecedência de 48 (quarenta e oito) horas.

Art. 8.º O adicional de 1/3 (um terço) relativo às férias concedidas durante o prazo previsto no ato do Ministério do Trabalho e Previdência de que trata o art. 2.º desta Lei poderá ser pago após a sua concessão, a critério do empregador, até a data em que é devida a gratificação natalina prevista no art. 1.º da Lei n. 4.749, de 12 de agosto de 1965.

Art. 9.º A conversão de 1/3 (um terço) do período das férias em abono pecuniário dependerá da anuência do empregador, hipótese em que o pagamento poderá ser efetuado até a data de que trata o art. 8.º desta Lei.

Art. 10. O pagamento da remuneração das férias concedidas durante o prazo previsto no ato do Ministério do Trabalho e Previdência de que trata o art. 2.º desta Lei poderá ser efetuado até o quinto dia útil do mês subsequente ao do início do gozo das férias, hipótese em que não se aplica o disposto no art. 145 da Consolidação das Leis do Trabalho, aprovada pelo Decreto-lei n. 5.452, de 1.º de maio de 1943.

Art. 11. Na hipótese de rescisão do contrato de trabalho, os valores das férias, individuais ou coletivas, ainda não adimplidos serão pagos juntamente com as verbas rescisórias devidas.

Parágrafo único. No caso de pedido de demissão, as férias antecipadas gozadas cujo período não tenha sido adquirido serão descontadas das verbas rescisórias devidas ao empregado.

SEÇÃO IV
Da Concessão de Férias Coletivas

Art. 12. O empregador poderá, a seu critério, durante o prazo previsto no ato do Ministério do Trabalho e Previdência de que trata o art. 2.º desta Lei, conceder férias coletivas a todos os empregados ou a setores da empresa e deverá notificar o conjunto de empregados afetados, por escrito ou por meio eletrônico, com antecedência de, no mínimo, 48 (quarenta e oito) horas, hipótese em que não se aplicam o limite máximo de períodos anuais e o limite mínimo de dias corridos previstos na Consolidação das Leis do Trabalho, aprovada pelo Decreto-lei n. 5.452, de 1.º de maio de 1943, permitida a concessão por prazo superior a 30 (trinta) dias.

Art. 13. Aplica-se às férias coletivas o disposto no § 1.º do art. 6.º, nos arts. 8.º, 9.º e 10 e no parágrafo único do art. 11 desta Lei.

Art. 14. Na hipótese de que trata esta Seção, ficam dispensadas a comunicação prévia ao órgão local do Ministério do Trabalho e Previdência e a comunicação aos sindicatos representativos da categoria profissional de que trata o art. 139 da Consolidação das Leis do Trabalho, aprovada pelo Decreto-lei n. 5.452, de 1.º de maio de 1943.

SEÇÃO V
Do Aproveitamento e da Antecipação de Feriados

Art. 15. Os empregadores poderão, durante o prazo previsto no ato do Ministério do Trabalho e Previdência de que trata o art. 2.º desta Lei, antecipar o gozo de feriados federais, estaduais, distritais e municipais, incluídos os religiosos, e deverão notificar, por escrito ou por meio eletrônico, o conjunto de empregados beneficiados, com antecedência de, no mínimo, 48 (quarenta e oito) horas, com a indicação expressa dos feriados aproveitados.

Parágrafo único. Os feriados a que se refere o *caput* deste artigo poderão ser utilizados para compensação do saldo em banco de horas.

SEÇÃO VI
Do Banco de Horas

Art. 16. Ficam autorizadas, durante o prazo previsto no ato do Ministério do Trabalho e Previdência de que trata o art. 2.º desta Lei, a interrupção das atividades pelo empregador e a constituição de regime especial de compensação de jornada, por meio de banco de horas, em favor do empregador ou do empregado, estabelecido por meio de acordo individual ou coletivo escrito, para a compensação no prazo de até 18 (dezoito) meses, contado da data de encerramento do período estabelecido no ato do Ministério do Trabalho e Previdência.

§ 1.º A compensação de tempo para recuperação do período interrompido poderá ser feita por meio da prorrogação de jornada em até 2 (duas) horas, a qual não poderá exceder 10 (dez) horas diárias e poderá ser realizada aos finais de semana, observado o disposto no art. 68 da Consolidação das Leis do Trabalho, aprovada pelo Decreto-lei n. 5.452, de 1.º de maio de 1943.

§ 2.º A compensação do saldo de horas poderá ser determinada pelo empregador independentemente de convenção coletiva ou de acordo individual ou coletivo.

§ 3.º As empresas que desempenham atividades essenciais poderão, durante o prazo previsto no ato do Ministério do Trabalho e Previdência de que trata o art. 2.º desta Lei, constituir regime especial de compensação de jornada por meio de banco de horas independentemente da interrupção de suas atividades.

SEÇÃO VII
Da Suspensão da Exigibilidade dos Recolhimentos do Fundo de Garantia do Tempo de Serviço

Art. 17. O ato do Ministério do Trabalho e Previdência de que trata o art. 2.º desta Lei poderá suspender a exigibilidade dos recolhimentos do FGTS de até 4 (quatro) competências, relativos aos estabelecimentos dos empregadores situados em Municípios alcançados por estado de calamidade pública reconhecido pelo Poder Executivo federal.

Parágrafo único. Os empregadores poderão fazer uso da prerrogativa prevista no *caput* deste artigo independentemente:

I – do número de empregados;

II – do regime de tributação;

III – da natureza jurídica;

IV – do ramo de atividade econômica; e

V – da adesão prévia.

Art. 18. O depósito das competências suspensas poderá ser realizado de forma parcelada, sem a incidência da atualização, da multa e dos encargos previstos no art. 22 da Lei n. 8.036, de 11 de maio de 1990.

§ 1.º Os depósitos referentes às competências suspensas serão realizados em até 6 (seis) parcelas, nos prazos e nas condições estabelecidos no ato do Ministério do Trabalho e Previdência, na data prevista para o recolhimento mensal devido, conforme disposto no *caput* do art. 15 da Lei n. 8.036, de 11 de maio de 1990.

§ 2.º Até que o disposto no art. 17-A da Lei n. 8.036, de 11 de maio de 1990, seja regulamentado e produza efeitos, para usufruir da prerrogativa prevista no *caput* deste artigo, o empregador fica obrigado a declarar as informações na data prevista em ato do Ministério do Trabalho e Previdência, nos termos do inciso IV do *caput* do art. 32 da Lei n. 8.212, de 24 de julho de 1991, observado que:

I – as informações prestadas constituirão declaração e reconhecimento dos créditos delas decorrentes, caracterizarão confissão de débito e constituirão instrumento hábil e suficiente para a cobrança do crédito de FGTS; e

II – os valores não declarados nos termos deste parágrafo não terão sua exigibilidade suspensa e obrigarão o pagamento integral da multa e dos encargos devidos nos termos do art. 22 da Lei n. 8.036, de 11 de maio de 1990, sem possibilidade de realização do parcelamento de que trata o *caput* deste artigo.

§ 3.º Para os depósitos de FGTS realizados nos termos do *caput* deste artigo, a atualização monetária e a capitalização dos juros de que trata o art. 13 da Lei n. 8.036, de 11 de maio de 1990, incidentes sobre os valores devidos na competência originária, correrão à conta do FGTS.

Art. 19. Na hipótese de rescisão do contrato de trabalho que autorize o saque do FGTS, a suspensão prevista no art. 17 desta Lei resolver-se-á em relação ao respectivo empregado, e ficará o empregador obrigado:

I – ao recolhimento dos valores de FGTS cuja exigibilidade tenha sido suspensa nos termos desta Lei, sem incidência da multa e dos encargos devidos na forma do art. 22 da Lei n. 8.036, de 11 de maio de 1990, desde que seja efetuado no prazo legal; e

II – ao depósito dos valores previstos no art. 18 da Lei n. 8.036, de 11 de maio de 1990.

Parágrafo único. Na hipótese prevista no *caput* deste artigo, as eventuais parcelas vincendas terão a sua data de vencimento antecipada para o prazo aplicável ao recolhimento previsto no art. 18 da Lei n. 8.036, de 11 de maio de 1990.

Art. 20. Os valores de FGTS cuja exigibilidade tenha sido suspensa nos termos do art. 17 desta Lei, caso inadimplidos nos prazos fixados na forma desta Lei, estarão sujeitos à multa e aos encargos devidos nos termos do art. 22 da Lei n. 8.036, de 11 de maio de 1990, desde a data originária de vencimento fixada no *caput* do art. 15 da Lei n. 8.036, de 11 de maio de 1990.

Art. 21. Na hipótese de suspensão da exigibilidade de que trata o art. 17 desta Lei, o prazo prescricional dos débitos relativos aos depósitos do FGTS vencidos até a data de publicação do ato do Ministério do Trabalho e Previdência de que trata o art. 2.º desta Lei ficará suspenso por 120 (cento e vinte) dias.

Art. 22. O inadimplemento das parcelas previstas no § 1.º do art. 18 e a não quitação do FGTS nos termos do art. 19 desta Lei ensejarão o bloqueio da emissão do certificado de regularidade do FGTS.

Art. 23. Na hipótese de suspensão da exigibilidade de que trata o art. 17 desta Lei, os prazos dos certificados de regularidade do FGTS emitidos até a data de publicação do ato do Ministério do Trabalho e Previdência de que trata o art. 2.º desta Lei ficarão prorrogados por 90 (noventa) dias.

Capítulo III
DO PROGRAMA EMERGENCIAL DE MANUTENÇÃO DO EMPREGO E DA RENDA EM ESTADO DE CALAMIDADE PÚBLICA

SEÇÃO I
Da Instituição, dos Objetivos e das Medidas do Programa Emergencial de Manutenção do Emprego e da Renda

Art. 24. O Poder Executivo federal poderá instituir o Programa Emergencial de Manutenção do Emprego e da Renda, para o enfrentamento das consequências sociais e econômicas de estado de calamidade pública em âmbito nacional ou em âmbito estadual, distrital ou municipal reconhecido pelo Poder Executivo federal.

§ 1.º A adoção do Programa Emergencial de Manutenção do Emprego e da Renda observará o disposto no regulamento, que estabelecerá a forma e o prazo durante o qual o Programa poderá ser adotado, observadas as disponibilidades financeiras e orçamentárias.

§ 2.º O prazo a que se refere o § 1.º deste artigo será de até 90 (noventa) dias, prorrogável enquanto durar o estado de calamidade pública em âmbito nacional ou em âmbito estadual, distrital ou municipal reconhecido pelo Poder Executivo federal.

Art. 25. São medidas do Programa Emergencial de Manutenção do Emprego e da Renda:

I – o pagamento do Benefício Emergencial de Manutenção do Emprego e da Renda (BEm);

II – a redução proporcional da jornada de trabalho e do salário; e

III – a suspensão temporária do contrato de trabalho.

Parágrafo único. O disposto no *caput* deste artigo não se aplica:

I – no âmbito da União, dos Estados, do Distrito Federal e dos Municípios:

a) aos órgãos da administração pública direta e indireta; e

b) às empresas públicas e às sociedades de economia mista, inclusive às suas subsidiárias; e

II – aos organismos internacionais.

Art. 26. Compete ao Ministério do Trabalho e Previdência coordenar, executar, monitorar e fiscalizar o Programa Emergencial de Manutenção do Emprego e da Renda e editar as normas complementares necessárias à sua execução.

Parágrafo único. O Ministério do Trabalho e Previdência divulgará, por meio eletrônico, informações detalhadas sobre os acordos firmados, com o número de empregados e empregadores beneficiados.

SEÇÃO II
Do Benefício Emergencial de Manutenção do Emprego e da Renda

Art. 27. O BEm será pago nas hipóteses de:

I – redução proporcional da jornada de trabalho e do salário; e

II – suspensão temporária do contrato de trabalho.

§ 1.º O BEm será custeado com recursos da União, mediante disponibilidade orçamentária.

§ 2.º O BEm será de prestação mensal e devido a partir da data do início da redução da jornada de trabalho e do salário ou da suspensão temporária do contrato de trabalho, observadas as seguintes disposições:

I – o empregador informará ao Ministério do Trabalho e Previdência a redução da jornada de trabalho e do salário ou a suspensão temporária do contrato de trabalho, no prazo de 10 (dez) dias, contado da data da celebração do acordo;

II – a primeira parcela será paga no prazo de 30 (trinta) dias, contado da data da celebração do acordo, desde que a celebração do acordo seja informada no prazo a que se refere o inciso I deste parágrafo; e

III – o benefício será pago exclusivamente enquanto durar a redução da jornada de trabalho e do salário ou a suspensão temporária do contrato de trabalho.

§ 3.º Caso a informação de que trata o inciso I do § 2.º deste artigo não seja prestada no prazo previsto no referido inciso:

I – o empregador ficará responsável pelo pagamento da remuneração no valor anterior à redução da jornada de trabalho e do salário ou à suspensão temporária do contrato de trabalho do empregado, inclusive dos respectivos encargos sociais e trabalhistas, até que a informação seja prestada;

II – a data de início do BEm será estabelecida na data em que a informação tenha sido efetivamente prestada, e o benefício será devido pelo restante do período pactuado; e

III – a primeira parcela, observado o disposto no inciso II deste parágrafo, será paga no prazo de 30 (trinta) dias, contado da data em que a informação tiver sido efetivamente prestada.

§ 4.º Ato do Ministério do Trabalho e Previdência disciplinará a forma de:

I – transmissão das informações e das comunicações pelo empregador;

II – concessão e pagamento do BEm; e

III – interposição de recurso contra as decisões proferidas em relação ao BEm.

§ 5.º As notificações e as comunicações referentes ao BEm poderão ser realizadas exclusivamente por meio digital, mediante a ciência do interessado, o cadastramento em sistema próprio e a utilização de certificado digital da Infraestrutura de Chaves Públicas Brasileira (ICP-Brasil) ou o uso de login e senha, conforme estabelecido em ato do Ministério do Trabalho e Previdência.

§ 6.º O devido recebimento do BEm não impedirá a concessão nem alterará o valor do seguro-desemprego a que o empregado vier a ter direito, desde que cumpridos os requisitos previstos na Lei n. 7.998, de 11 de janeiro de 1990, no momento de eventual dispensa.

§ 7.º O BEm será operacionalizado e pago pelo Ministério do Trabalho e Previdência.

Art. 28. O valor do BEm terá como base de cálculo o valor da parcela do seguro-desemprego a que o empregado teria direito, nos termos do art. 5.º da Lei n. 7.998, de 11 de janeiro de 1990, observadas as seguintes disposições:

I – na hipótese de redução da jornada de trabalho e do salário, será calculado com a aplicação do percentual da redução sobre a base de cálculo; e

II - na hipótese de suspensão temporária do contrato de trabalho, terá valor mensal:

a) equivalente a 100% (cem por cento) do valor do seguro-desemprego a que o empregado teria direito, na hipótese prevista no *caput* do art. 30 desta Lei; ou

b) equivalente a 70% (setenta por cento) do valor do seguro-desemprego a que o empregado teria direito, na hipótese prevista no § 6.º do art. 30 desta Lei.

§ 1.º O BEm será pago ao empregado independentemente do:
I - cumprimento de qualquer período aquisitivo;
II - tempo de vínculo empregatício; e
III - número de salários recebidos.

§ 2.º O BEm não será devido ao empregado que:
I - seja ocupante de cargo ou emprego público ou cargo em comissão de livre nomeação e exoneração, ou seja titular de mandato eletivo; ou
II - esteja em gozo:
a) de benefício de prestação continuada do Regime Geral de Previdência Social ou dos regimes próprios de previdência social, ressalvados os benefícios de pensão por morte e de auxílio-acidente;
b) do seguro-desemprego, em quaisquer de suas modalidades; ou
c) da bolsa de qualificação profissional de que trata o art. 2.º-A da Lei n. 7.998, de 11 de janeiro de 1990.

§ 3.º O empregado com mais de um vínculo formal de emprego poderá receber cumulativamente 1 (um) BEm para cada vínculo com redução proporcional da jornada de trabalho e do salário ou com suspensão temporária do contrato de trabalho.

§ 4.º Nos casos em que o cálculo do BEm resultar em valores decimais, o valor a ser pago deverá ser arredondado para a unidade inteira imediatamente superior.

§ 5.º O empregado com contrato de trabalho intermitente a que se refere o § 3.º do art. 443 da Consolidação das Leis do Trabalho, aprovada pelo Decreto-lei n. 5.452, de 1.º de maio de 1943, não faz jus ao BEm.

§ 6.º O BEm do aprendiz:
I - poderá ser acumulado com o benefício de prestação continuada de que trata o art. 20 da Lei n. 8.742, de 7 de dezembro de 1993; e
II - não será computado para fins de cálculo da renda familiar per capita para a concessão ou a manutenção do benefício de prestação continuada de que trata o art. 20 da Lei n. 8.742, de 7 de dezembro de 1993.

§ 7.º Fica suspenso o prazo a que se refere o § 2.º do art. 21-A da Lei n. 8.742, de 7 de dezembro de 1993, durante o recebimento do BEm pelo aprendiz.

SEÇÃO III
Da Redução Proporcional da Jornada de Trabalho e do Salário

Art. 29. O empregador, na forma e no prazo previstos no regulamento de que trata o art. 24 desta Lei, poderá acordar a redução proporcional da jornada de trabalho e do salário de seus empregados, de forma setorial, departamental, parcial ou na totalidade dos postos de trabalho, observados os seguintes requisitos:
I - preservação do valor do salário-hora de trabalho;
II - pactuação, conforme o disposto nos arts. 33 e 34 desta Lei, por convenção coletiva de trabalho, por acordo coletivo de trabalho ou por acordo individual escrito entre empregador e empregado; e
III - na hipótese de pactuação por acordo individual escrito, encaminhamento da proposta de acordo ao empregado com antecedência de, no mínimo, 2 (dois) dias corridos e redução da jornada de trabalho e do salário somente nos seguintes percentuais:
a) 25% (vinte e cinco por cento);
b) 50% (cinquenta por cento); ou
c) 70% (setenta por cento).

Parágrafo único. A jornada de trabalho e o salário pago anteriormente serão restabelecidos no prazo de 2 (dois) dias corridos, contado da:
I - cessação do estado de calamidade pública;
II - data estabelecida como termo de encerramento do período de redução pactuado; ou
III - data de comunicação do empregador que informe ao empregado a sua decisão de antecipar o fim do período de redução pactuado.

SEÇÃO IV
Da Suspensão Temporária do Contrato de Trabalho

Art. 30. O empregador, na forma e no prazo previstos no regulamento de que trata o art. 24 desta Lei, poderá acordar a suspensão temporária do contrato de trabalho de seus empregados, de forma setorial, departamental, parcial ou na totalidade dos postos de trabalho.

§ 1.º A suspensão temporária do contrato de trabalho será pactuada, conforme o disposto nos arts. 33 e 34 desta Lei, por convenção coletiva de trabalho, por acordo coletivo de trabalho ou por acordo individual escrito entre empregador e empregado.

§ 2.º Na hipótese de acordo individual escrito entre empregador e empregado, a proposta deverá ser encaminhada ao empregado com antecedência de, no mínimo, 2 (dois) dias corridos.

§ 3.º O empregado, durante o período de suspensão temporária do contrato de trabalho:
I - fará jus a todos os benefícios concedidos pelo empregador aos seus empregados; e
II - ficará autorizado a recolher para o Regime Geral de Previdência Social na qualidade de segurado facultativo.

§ 4.º O contrato de trabalho será restabelecido no prazo de 2 (dois) dias corridos, contado da:
I - cessação do estado de calamidade pública;
II - data estabelecida como termo de encerramento do período de suspensão pactuado; ou
III - data de comunicação do empregador que informe ao empregado a sua decisão de antecipar o fim do período de suspensão pactuado.

§ 5.º Se durante o período de suspensão temporária do contrato de trabalho o empregado mantiver as atividades de trabalho, ainda que parcialmente, por meio de teletrabalho, trabalho remoto ou trabalho a distância, ficará descaracterizada a suspensão temporária do contrato de trabalho, e o empregador estará sujeito:
I - ao pagamento imediato da remuneração e dos encargos sociais referentes a todo o período;
II - às penalidades previstas na legislação; e
III - às sanções previstas em convenção coletiva ou em acordo coletivo de trabalho.

§ 6.º A empresa que tiver auferido, no ano-calendário anterior ao estado de calamidade pública de que trata o art. 1.º desta Lei, receita bruta superior ao limite máximo previsto no inciso II do *caput* do art. 3.º da Lei Complementar n. 123, de 14 de dezembro de 2006, somente poderá suspender o contrato de trabalho de seus empregados mediante o pagamento de ajuda compensatória mensal no valor de 30% (trinta por cento) do valor do salário do empregado, durante o período de suspensão temporária do contrato de trabalho pactuado, observado o disposto neste artigo e no art. 31 desta Lei.

SEÇÃO V
Das Disposições Comuns às Medidas do Programa Emergencial de Manutenção do Emprego e da Renda

Art. 31. O BEm poderá ser acumulado com o pagamento, pelo empregador, de ajuda compensatória mensal, em decorrência da redução

proporcional da jornada de trabalho e do salário ou da suspensão temporária do contrato de trabalho de que trata esta Lei.

§ 1.º A ajuda compensatória mensal de que trata o *caput* deste artigo:

I – deverá ter o valor definido em negociação coletiva ou no acordo individual escrito pactuado; e

II – não integrará a base de cálculo do valor dos depósitos do FGTS, instituído pela Lei n. 8.036, de 11 de maio de 1990, e de que trata a Lei Complementar n. 150, de 1.º de junho de 2015.

§ 2.º Na hipótese de redução proporcional da jornada de trabalho e do salário, a ajuda compensatória prevista no *caput* não integrará o salário devido pelo empregador e observará o disposto no § 1.º deste artigo.

Art. 32. Fica reconhecida a garantia provisória no emprego ao empregado que receber o BEm em decorrência da redução da jornada de trabalho e do salário ou da suspensão temporária do contrato de trabalho de que trata esta Lei, nos seguintes termos:

I – durante o período acordado de redução da jornada de trabalho e do salário ou de suspensão temporária do contrato de trabalho;

II – após o restabelecimento da jornada de trabalho e do salário ou do encerramento da suspensão temporária do contrato de trabalho, por período equivalente ao acordado para a redução ou a suspensão; e

III – no caso da empregada gestante, por período equivalente ao acordado para a suspensão temporária do contrato de trabalho, contado da data do término do período da garantia estabelecida na alínea *b* do inciso II do *caput* do art. 10 do Ato das Disposições Constitucionais Transitórias.

§ 1.º A dispensa sem justa causa que ocorrer durante o período de garantia provisória no emprego de que trata o *caput* deste artigo sujeitará o empregador ao pagamento, além das parcelas rescisórias previstas na legislação, de indenização no valor de:

I – 50% (cinquenta por cento) do salário a que o empregado teria direito no período de garantia provisória no emprego, na hipótese de redução da jornada de trabalho e do salário igual ou superior a 25% (vinte e cinco por cento) e inferior a 50% (cinquenta por cento);

II – 75% (setenta e cinco por cento) do salário a que o empregado teria direito no período de garantia provisória no emprego, na hipótese de redução da jornada de trabalho e do salário igual ou superior a 50% (cinquenta por cento) e inferior a 70% (setenta por cento); e

III – 100% (cem por cento) do salário a que o empregado teria direito no período de garantia provisória no emprego, nas hipóteses de redução da jornada de trabalho e do salário em percentual igual ou superior a 70% (setenta por cento) ou de suspensão temporária do contrato de trabalho.

§ 2.º Os prazos da garantia provisória no emprego decorrente dos acordos de redução proporcional da jornada de trabalho e do salário ou de suspensão do contrato de trabalho com base em regulamento editado na forma do art. 24 desta Lei ficarão suspensos na hipótese de recebimento do benefício com fundamento em um regulamento posterior, também expedido na forma do art. 24 desta Lei, durante o recebimento do BEm de que trata esse regulamento posterior, e somente retomarão a sua contagem após o encerramento do período da garantia de emprego de que trata o regulamento posterior.

§ 3.º O disposto neste artigo não se aplica às hipóteses de pedido de demissão, de extinção do contrato de trabalho por acordo nos termos do art. 484-A da Consolidação das Leis do Trabalho, aprovada pelo Decreto-lei n. 5.452, de 1.º de maio de 1943, ou de dispensa por justa causa do empregado.

Art. 33. As medidas de redução proporcional da jornada de trabalho e do salário ou de suspensão temporária do contrato de trabalho de que trata esta Lei poderão ser celebradas por meio de negociação coletiva, observado o disposto no § 1.º deste artigo e nos arts. 29 e 30 desta Lei.

§ 1.º A convenção coletiva ou o acordo coletivo de trabalho poderão estabelecer redução da jornada de trabalho e do salário em percentuais diversos daqueles previstos no inciso III do *caput* do art. 29 desta Lei.

§ 2.º Na hipótese prevista no § 1.º deste artigo, o BEm será devido nos seguintes termos:

I – sem percepção do benefício, para a redução da jornada de trabalho e do salário inferior a 25% (vinte e cinco por cento);

II – no valor de 25% (vinte e cinco por cento) sobre a base de cálculo prevista no art. 28 desta Lei, para a redução da jornada de trabalho e do salário igual ou superior a 25% (vinte e cinco por cento) e inferior a 50% (cinquenta por cento);

III – no valor de 50% (cinquenta por cento) sobre a base de cálculo prevista no art. 28 desta Lei, para a redução da jornada de trabalho e do salário igual ou superior a 50% (cinquenta por cento) e inferior a 70% (setenta por cento); e

IV – no valor de 70% (setenta por cento) sobre a base de cálculo prevista no art. 28 desta Lei, para a redução da jornada de trabalho e do salário igual ou superior a 70% (setenta por cento).

§ 3.º As convenções coletivas ou os acordos coletivos de trabalho celebrados anteriormente à publicação do regulamento de que trata o art. 24 desta Lei poderão ser renegociados para adequação de seus termos no prazo de 10 (dez) dias corridos, contado da data de publicação do regulamento.

Art. 34. As medidas de que trata o art. 25 desta Lei serão implementadas por meio de acordo individual escrito ou de negociação coletiva aos empregados:

I – com salário igual ou inferior a metade do limite máximo dos benefícios do Regime Geral de Previdência Social; ou

II – com diploma de nível superior que percebam salário mensal igual ou superior a 2 (duas) vezes o limite máximo dos benefícios do Regime Geral de Previdência Social.

§ 1.º Para os empregados que não se enquadrem no disposto no *caput* deste artigo, as medidas de que trata o art. 25 desta Lei somente poderão ser estabelecidas por convenção coletiva ou por acordo coletivo de trabalho, exceto nas seguintes hipóteses, nas quais se admite a pactuação por acordo individual escrito:

I – redução proporcional da jornada de trabalho e do salário de 25% (vinte e cinco por cento), de que trata a alínea *a* do inciso III do *caput* do art. 29 desta Lei; ou

II – redução proporcional da jornada de trabalho e do salário ou suspensão temporária do contrato de trabalho, quando do acordo não resultar diminuição do valor total recebido mensalmente pelo empregado, incluídos o valor do BEm, a ajuda compensatória mensal e, em caso de redução da jornada de trabalho, o salário pago pelo empregador em razão das horas trabalhadas pelo empregado.

§ 2.º Para os empregados que se encontrem em gozo do benefício de aposentadoria, a implementação das medidas de redução proporcional da jornada de trabalho e do salário ou de suspensão temporária do contrato de trabalho por acordo individual escrito somente será admitida quando, além do enquadramento em alguma das hipóteses de autorização do acordo individual de trabalho previstas no *caput* ou no § 1.º deste artigo, houver o pagamento, pelo empregador, de ajuda compensatória mensal, observados o disposto no art. 31 desta Lei e as seguintes condições:

I – o valor da ajuda compensatória mensal a que se refere este parágrafo deverá ser, no mínimo, equivalente ao valor do BEm que o empregado receberia se não houvesse a vedação prevista na alínea *a* do inciso II do § 2.º do art. 28 desta Lei; e

II – o valor total pago a título de ajuda compensatória mensal deverá ser, no mínimo, igual à soma do valor previsto no § 6.º do art. 30 desta Lei com o valor mínimo previsto no inciso I deste parágrafo, na hipótese de empresa que se enquadre no disposto naquele dispositivo.

§ 3.º Os atos necessários à pactuação dos acordos individuais escritos de que trata este artigo poderão ser realizados por meios físicos ou eletrônicos.

§ 4.º Os acordos individuais de redução da jornada de trabalho e do salário ou de suspensão temporária do contrato de trabalho, pactuados nos termos desta Lei, deverão ser comunicados pelos empregadores ao sindicato da categoria profissional, no prazo de 10 (dez) dias corridos, contado da data de sua celebração.

§ 5.º Se, após a pactuação de acordo individual na forma prevista neste artigo, houver a celebração de convenção coletiva ou de acordo coletivo de trabalho com cláusulas conflitantes com as cláusulas do acordo individual, deverão ser observadas as seguintes regras:

I – a aplicação das condições estabelecidas no acordo individual em relação ao período anterior ao período da negociação coletiva; e

II – a prevalência das condições estipuladas na negociação coletiva, naquilo em que conflitarem com as condições estabelecidas no acordo individual, a partir da data de entrada em vigor da convenção coletiva ou do acordo coletivo de trabalho.

§ 6.º As condições do acordo individual prevalecerão sobre a negociação coletiva se forem mais favoráveis ao trabalhador.

Art. 35. A redução proporcional da jornada de trabalho e do salário ou a suspensão temporária do contrato de trabalho, quando adotada, deverá resguardar o exercício e o funcionamento dos serviços públicos e das atividades essenciais de que trata a Lei n. 7.783, de 28 de junho de 1989.

Art. 36. As irregularidades constatadas pela Auditoria-Fiscal do Trabalho do Ministério do Trabalho e Previdência quanto aos acordos de redução proporcional da jornada de trabalho e do salário ou de suspensão temporária do contrato de trabalho de que trata esta Lei sujeitam os infratores à multa prevista no art. 25 da Lei n. 7.998, de 11 de janeiro de 1990.

Parágrafo único. O processo de fiscalização, de notificação, de autuação e de imposição de multas decorrente das disposições desta Lei observará o disposto no Título VII da Consolidação das Leis do Trabalho, aprovada pelo Decreto-lei n. 5.452, de 1.º de maio de 1943, hipótese em que não se aplica o critério da dupla visita.

Art. 37. O disposto neste Capítulo aplica-se aos contratos de trabalho celebrados até a data de publicação do regulamento de que trata o art. 24 desta Lei.

Parágrafo único. O disposto no *caput* deste artigo aplica-se aos contratos de trabalho de aprendizagem e de jornada parcial.

Art. 38. O trabalhador que receber indevidamente parcela do BEm estará sujeito à compensação automática com eventuais parcelas devidas do referido benefício relativas ao mesmo acordo ou a acordos diversos ou com futuras parcelas de abono salarial de que trata a Lei n. 7.998, de 11 de janeiro de 1990, ou de seguro-desemprego a que tiver direito, na forma prevista no art. 25-A da referida Lei, conforme estabelecido em ato do Ministério do Trabalho e Previdência, garantido ao trabalhador o direito de ciência prévia sobre a referida compensação.

Art. 39. O empregador e o empregado poderão, em comum acordo, optar pelo cancelamento de aviso prévio em curso.

Parágrafo único. Na hipótese de cancelamento do aviso prévio na forma prevista no *caput* deste artigo, as partes poderão adotar as medidas do Programa Emergencial de Manutenção do Emprego e da Renda.

SEÇÃO VI
Da Operacionalização do Pagamento do Benefício Emergencial de Manutenção do Emprego e da Renda

Art. 40. Fica dispensada a licitação para contratação da Caixa Econômica Federal e do Banco do Brasil S.A. para a operacionalização do pagamento do BEm.

Art. 41. O beneficiário poderá receber o BEm na instituição financeira em que possuir conta-poupança ou conta de depósito à vista, exceto conta-salário, desde que autorize o empregador a informar os seus dados bancários quando prestadas as informações de que trata o inciso I do § 2.º do art. 27 desta Lei.

§ 1.º Na hipótese de não validação ou de rejeição do crédito na conta indicada, inclusive pelas instituições financeiras destinatárias das transferências, ou na ausência da indicação de que trata o *caput* deste artigo, a Caixa Econômica Federal e o Banco do Brasil S.A. poderão utilizar outra conta-poupança de titularidade do beneficiário, identificada por meio de processo de levantamento e conferência da coincidência de dados cadastrais para o pagamento do BEm.

§ 2.º Na hipótese de não ser localizada conta-poupança de titularidade do beneficiário na forma prevista no § 1.º deste artigo, a Caixa Econômica Federal e o Banco do Brasil S.A. poderão realizar o pagamento do BEm por meio de conta digital, de abertura automática, em nome do beneficiário, com as seguintes características:

I – dispensa de apresentação de documentos pelo beneficiário;

II – isenção de cobrança de tarifas de manutenção;

III – direito a, no mínimo, 3 (três) transferências eletrônicas de valores e a 1 (um) saque ao mês, sem custos, para conta mantida em instituição autorizada a operar pelo Banco Central do Brasil; e

IV – vedação à emissão de cheque.

§ 3.º É vedado às instituições financeiras, independentemente da modalidade de conta utilizada para pagamento do BEm, efetuar descontos, compensações ou pagamentos de débitos de qualquer natureza, mesmo a pretexto de recompor saldo negativo ou de saldar dívidas preexistentes, que impliquem a redução do valor do benefício.

§ 4.º Os recursos relativos ao BEm creditados nos termos do § 2.º deste artigo e não movimentados no prazo de 1 (um) ano, contado da data do depósito, retornarão para a União.

Art. 42. O Ministério do Trabalho e Previdência editará os atos complementares necessários à execução do disposto nos arts. 40 e 41 desta Lei.

Capítulo IV
DISPOSIÇÕES FINAIS

Art. 43. Durante o prazo previsto no ato do Ministério do Trabalho e Previdência de que trata o art. 2.º desta Lei, o curso ou o programa de qualificação profissional de que trata o art. 476-A da Consolidação das Leis do Trabalho, aprovada pelo Decreto-lei n. 5.452, de 1.º de maio de 1943, poderá ser oferecido pelo empregador exclusivamente na modalidade não presencial e terá duração de, no mínimo, 1 (um) mês e, no máximo, 3 (três) meses.

§ 1.º A suspensão do contrato de trabalho para a realização do curso de qualificação de que trata o *caput* deste artigo poderá ser realizada por acordo individual escrito, quando houver o pagamento pelo empregador de ajuda compensatória mensal em valor equivalente à diferença entre a remuneração do empregado e a bolsa de qualificação.

§ 2.º O pagamento da ajuda compensatória de que trata o § 1.º deste artigo observará o disposto no § 1.º do art. 31 desta Lei.

§ 3.º Se, após a pactuação de acordo individual na forma prevista no § 1.º deste artigo, houver a celebração de convenção coletiva ou de acordo coletivo de trabalho com cláusulas conflitantes com as cláusulas do acordo individual, deverão ser observadas as seguintes regras:

I – a aplicação das condições estabelecidas no acordo individual em relação ao período anterior ao período da negociação coletiva; e

II – a prevalência das condições estipuladas na negociação coletiva, naquilo em que conflitarem com as condições estabelecidas no acordo individual, a partir da data de entrada em vigor da convenção coletiva ou do acordo coletivo de trabalho.

§ 4.º As condições do acordo individual prevalecerão sobre a negociação coletiva se forem mais favoráveis ao trabalhador.

Art. 44. Durante o prazo previsto no regulamento de que trata o art. 2.º desta Lei, fica permitida a utilização de meios eletrônicos para cumprimento dos requisitos formais previstos no Título VI da Consolidação das Leis do Trabalho, aprovada pelo Decreto-lei n. 5.452, de 1.º de maio de 1943, inclusive para convocação, deliberação, decisão, formalização e publicidade de convenção ou de acordo coletivo de trabalho.

Art. 45. Durante o prazo previsto no ato do Ministério do Trabalho e Previdência de que trata o art. 2.º desta Lei, os prazos previstos no Título VI da Consolidação das Leis do Trabalho, aprovada pelo Decreto-lei n. 5.452, de 1.º de maio de 1943, ficam reduzidos pela metade.

Art. 46. O disposto nesta Lei aplica-se também:

I – às relações de trabalho regidas:

a) pela Lei n. 6.019, de 3 de janeiro de 1974; e

b) pela Lei n. 5.889, de 8 de junho de 1973; e

II – no que couber, às relações regidas pela Lei Complementar n. 150, de 1.º de junho de 2015, tais como as disposições referentes ao Programa Emergencial de Manutenção do Emprego e da Renda, à redução de jornada, ao banco de horas e às férias.

Art. 47. Esta Lei entra em vigor na data de sua publicação.

Congresso Nacional, em 15 de agosto de 2022; 201.º da Independência e 134.º da República.

Senador Rodrigo Pacheco
Presidente da Mesa do Congresso Nacional

LEI N. 14.442, DE 2 DE SETEMBRO DE 2022 (*)

Dispõe sobre o pagamento de auxílio-alimentação ao empregado e altera a Lei n. 6.321, de 14 de abril de 1976, e a Consolidação das Leis do Trabalho, aprovada pelo Decreto-lei n. 5.452, de 1.º de maio de 1943.

O Presidente da República

Faço saber que o Congresso Nacional decreta e eu sanciono a seguinte Lei:

Art. 1.º Esta Lei dispõe sobre o pagamento de auxílio-alimentação ao empregado, bem como altera a Lei n. 6.321, de 14 de abril de 1976, e a Consolidação das Leis do Trabalho, aprovada pelo Decreto-lei n. 5.452, de 1.º de maio de 1943.

Art. 2.º As importâncias pagas pelo empregador a título de auxílio-alimentação de que trata o § 2.º do art. 457 da Consolidação das Leis do Trabalho, aprovada pelo Decreto-lei n. 5.452, de 1.º de maio de 1943, deverão ser utilizadas para o pagamento de refeições em restaurantes e estabelecimentos similares ou para a aquisição de gêneros alimentícios em estabelecimentos comerciais.

Art. 3.º O empregador, ao contratar pessoa jurídica para o fornecimento do auxílio-alimentação de que trata o art. 2.º desta Lei, não poderá exigir ou receber:

I – qualquer tipo de deságio ou imposição de descontos sobre o valor contratado;

II – prazos de repasse ou pagamento que descaracterizem a natureza pré-paga dos valores a serem disponibilizados aos empregados; ou

III – outras verbas e benefícios diretos ou indiretos de qualquer natureza não vinculados diretamente à promoção de saúde e segurança alimentar do empregado, no âmbito de contratos firmados com empresas emissoras de instrumentos de pagamento de auxílio-alimentação.

§ 1.º A vedação de que trata o *caput* deste artigo não se aplica aos contratos de fornecimento de auxílio-alimentação vigentes, até seu encerramento ou até que tenha decorrido o prazo de 14 (quatorze) meses, contado da data de publicação desta Lei, o que ocorrer primeiro.

§ 2.º É vedada a prorrogação de contrato de fornecimento de auxílio-alimentação em desconformidade com o disposto no *caput* deste artigo.

Art. 4.º A execução inadequada, o desvio ou o desvirtuamento das finalidades do auxílio-alimentação de que trata o § 2.º do art. 457 da Consolidação das Leis do Trabalho, aprovada pelo Decreto-lei n. 5.452, de 1.º de maio de 1943, pelos empregadores ou pelas empresas emissoras de instrumentos de pagamento de auxílio-alimentação, sem prejuízo da aplicação de outras penalidades cabíveis pelos órgãos competentes, acarretará a aplicação de multa no valor de R$ 5.000,00 (cinco mil reais) a R$ 50.000,00 (cinquenta mil reais), a qual será aplicada em dobro em caso de reincidência ou de embaraço à fiscalização.

§ 1.º Os critérios de cálculo e os parâmetros de gradação da multa prevista no *caput* deste artigo serão estabelecidos em ato do Ministro de Estado do Trabalho e Previdência.

§ 2.º O estabelecimento que comercializa produtos não relacionados à alimentação do empregado e a empresa que o credenciou sujeitam-se à aplicação da multa prevista no *caput* deste artigo.

Art. 5.º A Lei n. 6.321, de 14 de abril de 1976, passa a vigorar com as seguintes alterações:

•• Alterações já processadas no diploma modificado.

Art. 6.º A Consolidação das Leis do Trabalho, aprovada pelo Decreto-lei n. 5.452, de 1.º de maio de 1943, passa a vigorar com as seguintes alterações:

•• Alterações já processadas no diploma modificado.

Art. 7.º (*Vetado.*)

Art. 8.º Esta Lei entra em vigor na data de sua publicação.

Brasília, 2 de setembro de 2022; 201.º da Independência e 134.º da República.

JAIR MESSIAS BOLSONARO

LEI N. 14.457, DE 21 DE SETEMBRO DE 2022 (**)

Institui o Programa Emprega + Mulheres; e altera a Consolidação das Leis do Trabalho, aprovada pelo Decreto-lei n. 5.452, de 1.º de maio de 1943, e as Leis n. 11.770, de 9 de setembro de 2008, 13.999, de 18 de maio de 2020, e 12.513, de 26 de outubro de 2011.

O Presidente da República.

Faço saber que o Congresso Nacional decreta e eu sanciono a seguinte Lei:

Capítulo I
DO PROGRAMA EMPREGA + MULHERES

Art. 1.º Fica instituído o Programa Emprega + Mulheres, destinado à inserção e à manutenção de mulheres no mercado de trabalho por meio da implementação das seguintes medidas:

I – para apoio à parentalidade na primeira infância:

a) pagamento de reembolso-creche; e

b) manutenção ou subvenção de instituições de educação infantil pelos serviços sociais autônomos;

II – para apoio à parentalidade por meio da flexibilização do regime de trabalho:

a) teletrabalho;

(*) Publicada no *Diário Oficial da União*, de 5-9-2022.

(**) Publicada no *Diário Oficial da União*, de 22-9-2022.

b) regime de tempo parcial;

c) regime especial de compensação de jornada de trabalho por meio de banco de horas;

d) jornada de 12 (doze) horas trabalhadas por 36 (trinta e seis) horas ininterruptas de descanso, quando a atividade permitir;

e) antecipação de férias individuais; e

f) horários de entrada e de saída flexíveis;

III – para qualificação de mulheres, em áreas estratégicas para a ascensão profissional:

a) suspensão do contrato de trabalho para fins de qualificação profissional; e

b) estímulo à ocupação das vagas em cursos de qualificação dos serviços nacionais de aprendizagem por mulheres e priorização de mulheres hipossuficientes vítimas de violência doméstica e familiar;

IV – para apoio ao retorno ao trabalho das mulheres após o término da licença-maternidade:

a) suspensão do contrato de trabalho de pais empregados para acompanhamento do desenvolvimento dos filhos; e

b) flexibilização do usufruto da prorrogação da licença-maternidade, conforme prevista na Lei n. 11.770, de 9 de setembro de 2008;

V – reconhecimento de boas práticas na promoção da empregabilidade das mulheres, por meio da instituição do Selo Emprega + Mulher;

VI – prevenção e combate ao assédio sexual e a outras formas de violência no âmbito do trabalho; e

VII – estímulo ao microcrédito para mulheres.

Parágrafo único. Para os efeitos desta Lei, parentalidade é o vínculo socioafetivo maternal, paternal ou qualquer outro que resulte na assunção legal do papel de realizar as atividades parentais, de forma compartilhada entre os responsáveis pelo cuidado e pela educação das crianças e dos adolescentes, nos termos do parágrafo único do art. 22 da Lei n. 8.069, de 13 de julho de 1990 (Estatuto da Criança e do Adolescente).

Capítulo II
DO APOIO À PARENTALIDADE NA PRIMEIRA INFÂNCIA

SEÇÃO I
Do Reembolso-Creche

Art. 2.º Ficam os empregadores autorizados a adotar o benefício de reembolso-creche, de que trata a alínea *s* do § 9.º do art. 28 da Lei n. 8.212, de 24 de julho de 1991, desde que cumpridos os seguintes requisitos:

I – ser o benefício destinado ao pagamento de creche ou de pré-escola de livre escolha da empregada ou do empregado, bem como ao ressarcimento de gastos com outra modalidade de prestação de serviços de mesma natureza, comprovadas as despesas realizadas;

II – ser o benefício concedido à empregada ou ao empregado que possua filhos com até 5 (cinco) anos e 11 (onze) meses de idade, sem prejuízo dos demais preceitos de proteção à maternidade;

III – ser dada ciência pelos empregadores às empregadas e aos empregados da existência do benefício e dos procedimentos necessários à sua utilização; e

IV – ser o benefício oferecido de forma não discriminatória e sem a sua concessão configurar premiação.

Parágrafo único. Ato do Poder Executivo federal disporá sobre os limites de valores para a concessão do reembolso-creche e as modalidades de prestação de serviços aceitas, incluído o pagamento de pessoa física.

Art. 3.º A implementação do reembolso-creche ficará condicionada à formalização de acordo individual, de acordo coletivo ou de convenção coletiva de trabalho.

Parágrafo único. O acordo ou a convenção a que se refere o *caput* deste artigo estabelecerá condições, prazos e valores, sem prejuízo do cumprimento dos demais preceitos de proteção à maternidade.

Art. 4.º Os valores pagos a título de reembolso-creche:

I – não possuem natureza salarial;

II – não se incorporam à remuneração para quaisquer efeitos;

III – não constituem base de incidência de contribuição previdenciária ou do Fundo de Garantia do Tempo de Serviço (FGTS); e

IV – não configuram rendimento tributável da empregada ou do empregado.

Art. 5.º Os estabelecimentos em que trabalharem pelo menos 30 (trinta) mulheres com mais de 16 (dezesseis) anos de idade terão local apropriado onde seja permitido às empregadas guardar sob vigilância e assistência os seus filhos no período da amamentação.

Parágrafo único. Os empregadores que adotarem o benefício do reembolso-creche previsto nos arts. 2.º, 3.º e 4.º desta Lei para todos os empregados e empregadas que possuam filhos com até 5 (cinco) anos e 11 (onze) meses de idade ficam desobrigados da instalação de local apropriado para a guarda e a assistência de filhos de empregadas no período da amamentação, nos termos do *caput* deste artigo.

SEÇÃO II
Da Manutenção ou Subvenção de Instituições de Educação Infantil pelos Serviços Sociais Autônomos

Art. 6.º Os seguintes serviços sociais autônomos poderão, observado o disposto em suas leis de regência e regulamentos, manter instituições de educação infantil destinadas aos dependentes dos empregados e das empregadas vinculados à atividade econômica a eles correspondente:

I – Serviço Social da Indústria (Sesi), de que trata o Decreto-lei n. 9.403, de 25 de junho de 1946;

II – Serviço Social do Comércio (Sesc), de que trata o Decreto-lei n. 9.853, de 13 de setembro de 1946; e

III – Serviço Social do Transporte (Sest), de que trata a Lei n. 8.706, de 14 de setembro de 1993.

Capítulo III
DO APOIO À PARENTALIDADE POR MEIO DA FLEXIBILIZAÇÃO DO REGIME DE TRABALHO

SEÇÃO I
Do Teletrabalho

Art. 7.º Na alocação de vagas para as atividades que possam ser efetuadas por meio de teletrabalho, trabalho remoto ou trabalho a distância, nos termos do Capítulo II-A do Título II da Consolidação das Leis do Trabalho, aprovada pelo Decreto-lei n. 5.452, de 1.º de maio de 1943, os empregadores deverão conferir prioridade:

I – às empregadas e aos empregados com filho, enteado ou criança sob guarda judicial com até 6 (seis) anos de idade; e

II – às empregadas e aos empregados com filho, enteado ou pessoa sob guarda judicial com deficiência, sem limite de idade.

SEÇÃO II
Da Flexibilização do Regime de Trabalho e das Férias

Art. 8.º No âmbito dos poderes diretivo e gerencial dos empregadores, e considerada a vontade expressa dos empregados e das empregadas, haverá priorização na concessão de uma ou mais das seguintes medidas de flexibilização da jornada de trabalho aos empregados e às empregadas que tenham filho, enteado ou pessoa sob sua guarda com até 6 (seis) anos de idade ou com deficiência, com vistas a promover a conciliação entre o trabalho e a parentalidade:

I – regime de tempo parcial, nos termos do art. 58-A da Consolidação das Leis do Trabalho, aprovada pelo Decreto-lei n. 5.452, de 1.º de maio de 1943;

II – regime especial de compensação de jornada de trabalho por meio de banco de horas, nos termos do art. 59 da Consolidação das Leis do Trabalho, aprovada pelo Decreto-lei n. 5.452, de 1.º de maio de 1943;

III – jornada de 12 (doze) horas trabalhadas por 36 (trinta e seis) horas ininterruptas de descanso, nos termos do art. 59-A da Consolidação das Leis do Trabalho, aprovada pelo Decreto-lei n. 5.452, de 1.º de maio de 1943;

IV – antecipação de férias individuais; e

V – horários de entrada e de saída flexíveis.

§ 1.º As medidas de que tratam os incisos I e IV do caput deste artigo somente poderão ser adotadas até o segundo ano:

I – do nascimento do filho ou enteado;

II – da adoção; ou

III – da guarda judicial.

§ 2.º As medidas de que trata este artigo deverão ser formalizadas por meio de acordo individual, de acordo coletivo ou de convenção coletiva de trabalho.

§ 3.º O prazo fixado no § 1.º deste artigo aplica-se inclusive para o empregado ou a empregada que tiver filho, enteado ou pessoa sob guarda judicial com deficiência.

SEÇÃO III
Do Regime Especial de Compensação de Jornada de Trabalho por meio de Banco de Horas

Art. 9.º Na hipótese de rescisão do contrato de trabalho de empregado ou empregada em regime de compensação de jornada por meio de banco de horas, as horas acumuladas ainda não compensadas serão:

I – descontadas das verbas rescisórias devidas ao empregado ou à empregada, na hipótese de banco de horas em favor do empregador, quando a demissão for a pedido e o empregado ou empregada não tiver interesse ou não puder compensar a jornada devida durante o prazo do aviso prévio; ou

II – pagas juntamente com as verbas rescisórias, na hipótese de banco de horas em favor do empregado ou da empregada.

SEÇÃO IV
Da Antecipação de Férias Individuais

Art. 10. A antecipação de férias individuais poderá ser concedida ao empregado ou à empregada que se enquadre nos critérios estabelecidos no § 1.º do art. 8.º desta Lei, ainda que não tenha transcorrido o seu período aquisitivo.

Parágrafo único. As férias antecipadas não poderão ser usufruídas em período inferior a 5 (cinco) dias corridos.

Art. 11. Para as férias concedidas na forma prevista no art. 10 desta Lei, o empregador poderá optar por efetuar o pagamento do adicional de 1/3 (um terço) de férias após a sua concessão, até a data em que for devida a gratificação natalina prevista no art. 1.º da Lei n. 4.749, de 12 de agosto de 1965.

Art. 12. O pagamento da remuneração da antecipação das férias na forma do art. 10 desta Lei poderá ser efetuado até o quinto dia útil do mês subsequente ao início do gozo das férias, hipótese em que não se aplicará o disposto no art. 145 da Consolidação das Leis do Trabalho, aprovada pelo Decreto-lei n. 5.452, de 1.º de maio de 1943.

Art. 13. Na hipótese de rescisão do contrato de trabalho, os valores das férias ainda não usufruídas serão pagos juntamente com as verbas rescisórias devidas.

Parágrafo único. Na hipótese de período aquisitivo não cumprido, as férias antecipadas e usufruídas serão descontadas das verbas rescisórias devidas ao empregado no caso de pedido de demissão.

SEÇÃO V
Dos Horários de Entrada e Saída Flexíveis

Art. 14. Quando a atividade permitir, os horários fixos da jornada de trabalho poderão ser flexibilizados ao empregado ou à empregada que se enquadre nos critérios estabelecidos no caput do art. 8.º desta Lei.

Parágrafo único. A flexibilização de que trata o caput deste artigo ocorrerá em intervalo de horário previamente estabelecido, considerados os limites inicial e final de horário de trabalho diário.

Capítulo IV
DAS MEDIDAS PARA QUALIFICAÇÃO DE MULHERES

SEÇÃO I
Da Suspensão do Contrato de Trabalho para Qualificação Profissional

Art. 15. Mediante requisição formal da empregada interessada, para estimular a qualificação de mulheres e o desenvolvimento de habilidades e de competências em áreas estratégicas ou com menor participação feminina, o empregador poderá suspender o contrato de trabalho para participação em curso ou em programa de qualificação profissional oferecido pelo empregador.

§ 1.º Na hipótese prevista no caput deste artigo, a suspensão do contrato de trabalho será formalizada por meio de acordo individual, de acordo coletivo ou de convenção coletiva de trabalho, nos termos do art. 476-A da Consolidação das Leis do Trabalho, aprovada pelo Decreto-lei n. 5.452, de 1.º de maio de 1943.

§ 2.º O curso ou o programa de qualificação profissional oferecido pelo empregador priorizará áreas que promovam a ascensão profissional da empregada ou áreas com baixa participação feminina, tais como ciência, tecnologia, desenvolvimento e inovação.

§ 3.º Durante o período de suspensão do contrato de trabalho, a empregada fará jus à bolsa de qualificação profissional de que trata o art. 2.º-A da Lei n. 7.998, de 11 de janeiro de 1990.

§ 4.º Além da bolsa de qualificação profissional, durante o período de suspensão do contrato de trabalho, o empregador poderá conceder à empregada ajuda compensatória mensal, sem natureza salarial.

§ 5.º Para fins de pagamento da bolsa de qualificação profissional, o empregador encaminhará ao Ministério do Trabalho e Previdência os dados referentes às empregadas que terão o contrato de trabalho suspenso.

§ 6.º Se ocorrer a dispensa da empregada no transcurso do período de suspensão ou nos 6 (seis) meses subsequentes ao seu retorno ao trabalho, o empregador pagará à empregada, além das parcelas indenizatórias previstas na legislação, multa a ser estabelecida em convenção ou em acordo coletivo, que será de, no mínimo, 100% (cem por cento) sobre o valor da última remuneração mensal anterior à suspensão do contrato de trabalho.

SEÇÃO II
Do Estímulo à Ocupação das Vagas de Gratuidade dos Serviços Sociais Autônomos

Art. 16. As entidades dos serviços nacionais de aprendizagem, observadas suas leis de regência e regulamentos, mediante a celebração de ajustes e de parcerias com a União, poderão implementar medidas que estimulem a matrícula de mulheres em cursos de qualificação, em todos os níveis e áreas de conhecimento.

§ 1.º Se ocorrer a celebração dos termos de ajustes ou de parcerias a que se refere o caput deste artigo, os serviços nacionais de aprendizagem desenvolverão ferramentas de monitoramento e estratégias para a inscrição e a conclusão dos cursos por mulheres, especialmente nas áreas de ciência, de tecnologia, de desenvolvimento e de inovação.

§ 2.º Para fins do disposto no *caput* deste artigo, serão priorizadas as mulheres hipossuficientes vítimas de violência doméstica e familiar com registro de ocorrência policial.

Capítulo V
DO APOIO AO RETORNO AO TRABALHO APÓS O TÉRMINO DA LICENÇA-MATERNIDADE

SEÇÃO I
Da Suspensão do Contrato de Trabalho de Pais Empregados

Art. 17. Mediante requisição formal do empregado interessado, o empregador poderá suspender o contrato de trabalho do empregado com filho cuja mãe tenha encerrado o período da licença-maternidade para:

I - prestar cuidados e estabelecer vínculos com os filhos;

II - acompanhar o desenvolvimento dos filhos; e

III - apoiar o retorno ao trabalho de sua esposa ou companheira.

§ 1.º A suspensão do contrato de trabalho ocorrerá nos termos do art. 476-A da Consolidação das Leis do Trabalho, aprovada pelo Decreto-lei n. 5.452, de 1.º de maio de 1943, para participação em curso ou em programa de qualificação profissional oferecido pelo empregador, formalizada por meio de acordo individual, de acordo coletivo ou de convenção coletiva de trabalho.

§ 2.º A suspensão do contrato de trabalho será efetuada após o término da licença-maternidade da esposa ou companheira do empregado.

§ 3.º O curso ou o programa de qualificação profissional deverá ser oferecido pelo empregador, terá carga horária máxima de 20 (vinte) horas semanais e será realizado exclusivamente na modalidade não presencial, preferencialmente, de forma assíncrona.

§ 4.º A limitação prevista no § 2.º do art. 476-A da Consolidação das Leis do Trabalho, aprovada pelo Decreto-lei n. 5.452, de 1.º de maio de 1943, não se aplica à suspensão do contrato de trabalho de que trata este artigo.

§ 5.º O empregado fará jus à bolsa de qualificação profissional de que trata o art. 2.º-A da Lei n. 7.998, de 11 de janeiro de 1990.

§ 6.º Além da bolsa de qualificação profissional, durante o período de suspensão do contrato de trabalho, o empregador poderá conceder ao empregado ajuda compensatória mensal, sem natureza salarial.

§ 7.º Se ocorrer a dispensa do empregado no transcurso do período de suspensão ou nos 6 (seis) meses subsequentes ao seu retorno ao trabalho, o empregador pagará ao empregado, além das parcelas indenizatórias previstas na legislação em vigor, multa a ser estabelecida em convenção ou em acordo coletivo, que será de, no mínimo, 100% (cem por cento) sobre o valor da última remuneração mensal anterior à suspensão do contrato.

Art. 18. São deveres do empregador:

I - dar ampla divulgação aos seus empregados sobre a possibilidade de apoiar o retorno ao trabalho de suas esposas ou companheiras após o término do período da licença-maternidade;

II - orientar sobre os procedimentos necessários para firmar acordo individual para suspensão do contrato de trabalho com qualificação; e

III - promover ações periódicas de conscientização sobre parentalidade responsiva e igualitária para impulsionar a adoção da medida pelos seus empregados.

Art. 19. Para fins de pagamento da bolsa de qualificação profissional, o empregador encaminhará ao Ministério do Trabalho e Previdência os dados referentes aos empregados que terão o contrato de trabalho suspenso para apoiar o retorno ao trabalho de suas esposas ou companheiras.

SEÇÃO II
Das Alterações no Programa Empresa Cidadã

Art. 20. A Lei n. 11.770, de 9 de setembro de 2008, passa a vigorar com as seguintes alterações:

•• Alterações já processadas no diploma modificado.

Capítulo VI
DAS REGRAS PARA FORMALIZAÇÃO DE ACORDOS INDIVIDUAIS

Art. 21. A opção por acordo individual para formalizar as medidas previstas no art. 3.º, no § 2.º do art. 8.º, no § 1.º do art. 15 e no § 1.º do art. 17 desta Lei somente poderá ser realizada:

•• Artigo originalmente vetado, todavia promulgado em 22-12-2022.

I - nos casos de empresas ou de categorias de trabalhadores para as quais não haja acordo coletivo ou convenção coletiva de trabalho celebrados; ou

II - se houver acordo coletivo ou convenção coletiva de trabalho celebrados, se o acordo individual a ser celebrado contiver medidas mais vantajosas à empregada ou ao empregado que o instrumento coletivo vigente.

Art. 22. Tanto na priorização para vagas em regime de teletrabalho, trabalho remoto ou trabalho a distância quanto na adoção das medidas de flexibilização e de suspensão do contrato de trabalho previstas nos Capítulos III, IV e V desta Lei, deverá sempre ser levada em conta a vontade expressa da empregada ou do empregado beneficiado pelas medidas de apoio ao exercício da parentalidade.

Capítulo VII
DAS MEDIDAS DE PREVENÇÃO E DE COMBATE AO ASSÉDIO SEXUAL E A OUTRAS FORMAS DE VIOLÊNCIA NO ÂMBITO DO TRABALHO

Art. 23. Para a promoção de um ambiente laboral sadio, seguro e que favoreça a inserção e a manutenção de mulheres no mercado de trabalho, as empresas com Comissão Interna de Prevenção de Acidentes e de Assédio (Cipa) deverão adotar as seguintes medidas, além de outras que entenderem necessárias, com vistas à prevenção e ao combate ao assédio sexual e às demais formas de violência no âmbito do trabalho:

I - inclusão de regras de conduta a respeito do assédio sexual e de outras formas de violência nas normas internas da empresa, com ampla divulgação do seu conteúdo aos empregados e às empregadas;

II - fixação de procedimentos para recebimento e acompanhamento de denúncias, para apuração dos fatos e, quando for o caso, para aplicação de sanções administrativas aos responsáveis diretos e indiretos pelos atos de assédio sexual e de violência, garantido o anonimato da pessoa denunciante, sem prejuízo dos procedimentos jurídicos cabíveis;

III - inclusão de temas referentes à prevenção e ao combate ao assédio sexual e a outras formas de violência nas atividades e nas práticas da Cipa; e

IV - realização, no mínimo a cada 12 (doze) meses, de ações de capacitação, de orientação e de sensibilização dos empregados e das empregadas de todos os níveis hierárquicos da empresa sobre temas relacionados à violência, ao assédio, à igualdade e à diversidade no âmbito do trabalho, em formatos acessíveis, apropriados e que apresentem máxima efetividade de tais ações.

§ 1.º O recebimento de denúncias a que se refere o inciso II do *caput* deste artigo não substitui o procedimento penal correspondente, caso a conduta denunciada pela vítima se encaixe na tipificação de assédio sexual contida no art. 216-A do Decreto-lei n. 2.848, de 7 de dezembro de 1940 (Código Penal), ou em outros crimes de violência tipificados na legislação brasileira.

§ 2.º O prazo para adoção das medidas previstas nos incisos I, II, III e IV do *caput* deste artigo é de 180 (cento e oitenta) dias após a entrada em vigor desta Lei.

Capítulo VIII
DO SELO EMPREGA + MULHER

Art. 24. Fica instituído o Selo Emprega + Mulher.

§ 1.º São objetivos do Selo Emprega + Mulher:

I – reconhecer as empresas que se destaquem pela organização, pela manutenção e pelo provimento de creches e pré-escolas para atender às necessidades de suas empregadas e de seus empregados; e

II – reconhecer as boas práticas de empregadores que visem, entre outros objetivos:

a) ao estímulo à contratação, à ocupação de postos de liderança e à ascensão profissional de mulheres, especialmente em áreas com baixa participação feminina, tais como ciência, tecnologia, desenvolvimento e inovação;

b) à divisão igualitária das responsabilidades parentais;

c) à promoção da cultura de igualdade entre mulheres e homens;

d) à oferta de acordos flexíveis de trabalho;

e) à concessão de licenças para mulheres e homens que permitam o cuidado e a criação de vínculos com seus filhos;

f) ao efetivo apoio às empregadas de seu quadro de pessoal e das que prestem serviços no seu estabelecimento em caso de assédio, violência física ou psicológica ou qualquer violação de seus direitos no local de trabalho; e

g) à implementação de programas de contratação de mulheres desempregadas em situação de violência doméstica e familiar e de acolhimento e de proteção às suas empregadas em situação de violência doméstica e familiar.

§ 2.º Para fins do disposto neste artigo, consideram-se violência doméstica e familiar contra a mulher as ações ou as omissões previstas no art. 5.º da Lei n. 11.340, de 7 de agosto de 2006 (Lei Maria da Penha).

Art. 25. As microempresas e as empresas de pequeno porte que receberem o Selo Emprega + Mulher serão beneficiadas com estímulos creditícios adicionais, nos termos dos incisos I e II do § 5.º do art. 3.º da Lei n. 13.999, de 18 de maio de 2020.

Art. 26. As empresas que se habilitarem para o recebimento do Selo Emprega + Mulher deverão prestar contas anualmente quanto ao atendimento dos requisitos previstos nesta Lei.

Art. 27. A pessoa jurídica detentora do Selo Emprega + Mulher poderá utilizá-lo para os fins de divulgação de sua marca, produtos e serviços, vedada a extensão do uso para grupo econômico ou em associação com outras empresas que não detenham o selo.

Art. 28. Ato do Ministro de Estado do Trabalho e Previdência disporá sobre o regulamento completo do Selo Emprega + Mulher.

Capítulo IX
DO ESTÍMULO AO MICROCRÉDITO PARA MULHERES

Art. 29. Nas operações de crédito do Programa de Simplificação do Microcrédito Digital para Empreendedores (SIM Digital), de que trata a Lei n. 14.438, de 24 de agosto de 2022, serão aplicadas condições diferenciadas, exclusivamente quando os beneficiários forem:

I – mulheres que exerçam alguma atividade produtiva ou de prestação de serviços, urbana ou rural, de forma individual ou coletiva, na condição de pessoas naturais;

II – mulheres, na condição de pessoas naturais e de microempreendedoras individuais no âmbito do Programa Nacional de Microcrédito Produtivo Orientado (PNMPO).

§ 1.º A primeira linha de crédito a ser concedida à beneficiária pessoa natural corresponderá ao valor máximo de R$ 2.000,00 (dois mil reais) e, às microempreendedoras individuais, de R$ 5.000,00 (cinco mil reais), considerada a soma de todos os contratos de operação, ativos e inativos, efetuados no âmbito do SIM Digital.

§ 2.º A taxa de juros máxima será correspondente a 85% (oitenta e cinco por cento) da taxa máxima permitida pelo Conselho Monetário Nacional para operações de microcrédito, e o prazo será de até 30 (trinta) meses para o pagamento.

§ 3.º A cobertura da garantia a ser prestada pelos fundos garantidores, observado o disposto na Lei n. 14.438, de 24 de agosto de 2022, será de até 85% (oitenta e cinco por cento) do valor desembolsado em cada operação incluída nas carteiras garantidas, e o limite de cobertura será de 80% (oitenta por cento) do total de desembolsos efetuados nas operações das carteiras, sempre que forem formadas exclusivamente por mulheres, nas condições dos incisos I e II do *caput* deste artigo, observados as atenuantes de risco aplicáveis e o disposto nos regulamentos dos fundos.

Capítulo X
DISPOSIÇÕES FINAIS

Art. 30. Às mulheres empregadas é garantido igual salário em relação aos empregados que exerçam idêntica função prestada ao mesmo empregador, nos termos dos arts. 373-A e 461 da Consolidação das Leis do Trabalho, aprovada pelo Decreto-lei n. 5.452, de 1.º de maio de 1943.

Art. 31. O Sistema Nacional de Emprego (Sine) implementará iniciativas com vistas à melhoria da empregabilidade de mulheres, especialmente daquelas:

I – que tenham filho, enteado ou guarda judicial de crianças de até 5 (cinco) anos de idade;

II – que sejam chefe de família monoparental; ou

III – com deficiência ou com filho com deficiência.

Art. 32. A Consolidação das Leis do Trabalho, aprovada pelo Decreto-lei n. 5.452, de 1.º de maio de 1943, passa a vigorar com as seguintes alterações:

•• Alterações já processadas no diploma modificado.

Art. 33. O art. 3.º da Lei n. 13.999, de 18 de maio de 2020, passa a vigorar acrescido do seguinte § 5.º:

•• Alterações já processadas no diploma modificado.

Art. 34. O *caput* do art. 2.º da Lei n. 12.513, de 26 de outubro de 2011, passa a vigorar acrescido do seguinte inciso V:

•• Alterações já processadas no diploma modificado.

Art. 35. Esta Lei entra em vigor na data de sua publicação.

Brasília, 21 de setembro de 2022; 201.º da Independência e 134.º da República.

JAIR MESSIAS BOLSONARO

Súmulas do Supremo Tribunal Federal (*)

•• As Súmulas aqui constantes (até a de n. 613) foram promulgadas antes da CF de 1988, que mudou a competência do STF.

35. Em caso de acidente do trabalho ou de transporte, a concubina tem direito de ser indenizada pela morte do amásio, se entre eles não havia impedimento para o matrimônio.

37. Não tem direito de se aposentar pelo Tesouro Nacional o servidor que não satisfizer as condições estabelecidas na legislação do Serviço Público Federal, ainda que aposentado pela respectiva instituição previdenciária, com direito, em tese, a duas aposentadorias.

128. É indevida a taxa de assistência médica e hospitalar das Instituições de Previdência Social.

194. É competente o Ministro do Trabalho para a especificação das atividades insalubres.

195. Contrato de trabalho para obra certa, ou de prazo determinado, transforma-se em contrato de prazo indeterminado, quando prorrogado por mais de 4 (quatro) anos.

•• Vide art. 445 da CLT, sobre a duração do contrato de trabalho por prazo determinado.

196. Ainda que exerça atividade rural, o empregado de empresa industrial ou comercial é classificado de acordo com a categoria do empregador.

197. O empregado com representação sindical só pode ser despedido mediante inquérito em que se apure falta grave.

198. As ausências motivadas por acidente do trabalho não são descontáveis do período aquisitivo das férias.

199. O salário das férias do empregado horista corresponde à média do período aquisitivo, não podendo ser inferior ao mínimo.

200. Não é inconstitucional a Lei n. 1.530, de 26 de dezembro de 1951, que manda incluir na indenização por despedida injusta parcela correspondente a férias proporcionais.

201. O vendedor-pracista, remunerado mediante comissão, não tem direito ao repouso semanal remunerado.

202. Na equiparação de salário, em caso de trabalho igual, toma-se em conta o tempo de serviço na função, e não no emprego.

203. Não está sujeita à vacância de 60 (sessenta) dias a vigência de novos níveis de salário mínimo.

204. Tem direito o trabalhador substituto, ou de reserva, ao salário mínimo no dia em que fica à disposição do empregador sem ser aproveitado na função específica; se aproveitado, recebe o salário contratual.

205. Tem direito a salário integral o menor não sujeito à aprendizagem metódica.

207. As gratificações habituais, inclusive a de Natal, consideram-se tacitamente convencionadas, integrando o salário.

209. O salário-produção, como outras modalidades de salário-prêmio, é devido, desde que verificada a condição a que estiver subordinado e não pode ser suprimido, unilateralmente, pelo empregador, quando pago com habitualidade.

212. Tem direito ao adicional de serviço perigoso o empregado de posto de revenda de combustível líquido.

213. É devido o adicional de serviço noturno, ainda que sujeito o empregado a regime de revezamento.

214. A duração legal da hora de serviço noturno (cinquenta e dois minutos e trinta segundos) constitui vantagem suplementar, que não dispensa o salário adicional.

215. Conta-se a favor do empregado readmitido o tempo de serviço anterior, salvo se houver sido despedido por falta grave ou tiver recebido a indenização legal.

217. Tem direito de retornar ao emprego ou ser indenizado em caso de recusa do empregador o aposentado que recupera a capacidade de trabalho dentro de 5 (cinco) anos, a contar da aposentadoria, que se torna definitiva após esse prazo.

219. Para a indenização devida ao empregado que tinha direito a ser readmitido, e não o foi, levam-se em conta as vantagens advindas à sua categoria no período do afastamento.

220. A indenização devida a empregado estável, que não é readmitido, ao cessar sua aposentadoria, deve ser paga em dobro.

221. A transferência de estabelecimento, ou a sua extinção parcial, por motivo que não seja de força maior, não justifica a transferência de empregado estável.

222. O princípio da identidade física do juiz não é aplicável às Juntas de Conciliação e Julgamento, da Justiça do Trabalho.

223. Concedida isenção de custas ao empregado, por elas não responde o sindicato que o representa em juízo.

224. Os juros de mora, nas reclamações trabalhistas, são contados desde a notificação inicial.

225. Não é absoluto o valor probatório das anotações da Carteira Profissional.

227. A concordata do empregador não impede a execução de crédito nem a reclamação de empregado na Justiça do Trabalho.

• Vide Lei n. 11.101, de 9-2-2005, que substitui a concordata pela recuperação judicial e extrajudicial do empresário e da sociedade empresária.

229. A indenização acidentária não exclui a do direito comum, em caso de dolo ou culpa grave do empregador.

230. A prescrição da ação de acidente do trabalho conta-se do exame pericial que comprovar a enfermidade ou verificar a natureza da incapacidade.

232. Em caso de acidente do trabalho são devidas diárias até 12 (doze) meses, as quais não se confundem com a indenização acidentária, nem com o auxílio-enfermidade.

234. São devidos honorários de advogado em ação de acidente do trabalho julgada procedente.

235. É competente para a ação de acidente do trabalho a Justiça Cível comum, inclusive em segunda instância, ainda que seja parte autarquia seguradora.

•• Vide arts. 109, I, e 114, VI, da CF.
•• Vide Súmula Vinculante 22, Súmula 501 do STF e Súmula 15 do STJ.

236. Em ação de acidente do trabalho, a autarquia seguradora não tem isenção de custas.

(*) De acordo com o art. 8.º da Emenda Constitucional n. 45, de 8-12-2004 (Reforma do Judiciário): "As atuais súmulas do STF somente produzirão efeito vinculante após sua confirmação por dois terços de seus integrantes e publicação na imprensa oficial".

238. Em caso de acidente do trabalho, a multa pelo retardamento da liquidação é exigível do segurador sub-rogado, ainda que autarquia.

240. O depósito para recorrer, em ação de acidente do trabalho, é exigível do segurador sub-rogado, ainda que autarquia.

241. A contribuição previdenciária incide sobre o abono incorporado ao salário.

307. É devido o adicional de serviço insalubre, calculado à base do salário mínimo da região, ainda que a remuneração contratual seja superior ao salário mínimo acrescido da taxa de insalubridade.

310. Quando a intimação tiver lugar na sexta-feira, ou a publicação com efeito de intimação for feita nesse dia, o prazo judicial terá início na segunda-feira imediata, salvo se não houver expediente, caso em que começará no primeiro dia útil que se seguir.

311. No típico acidente do trabalho, a existência de ação judicial não exclui a multa pelo retardamento da liquidação.
• *Vide Súmula 238 do STF.*

312. Músico integrante de orquestra da empresa, com atuação permanente e vínculo de subordinação, está sujeito à legislação geral do trabalho, e não à especial dos artistas.

313. Provada a identidade entre o trabalho diurno e o noturno, é devido o adicional, quanto a este, sem a limitação do art. 73, § 3.º, da Consolidação das Leis do Trabalho, independentemente da natureza da atividade do empregador.

314. Na composição do dano por acidente do trabalho, ou de transporte, não é contrário à lei tomar para base da indenização o salário do tempo da perícia ou da sentença.

315. Indispensável o traslado das razões da revista para julgamento, pelo Tribunal Superior do Trabalho, do agravo para sua admissão.

316. A simples adesão à greve não constitui falta grave.

327. O direito trabalhista admite a prescrição intercorrente.
• *Vide Súmula 114 do TST (prescrição intercorrente).*

337. A controvérsia entre o empregador e o segurador não suspende o pagamento devido ao empregado por acidente do trabalho.

338. Não cabe ação rescisória no âmbito da Justiça do Trabalho.

339. Não cabe ao Poder Judiciário, que não tem função legislativa, aumentar vencimentos de servidores públicos sob fundamento de isonomia.
•• *Vide Súmula Vinculante 37.*

341. É presumida a culpa do patrão ou comitente pelo ato culposo do empregado ou preposto.

349. A prescrição atinge somente as prestações de mais de 2 (dois) anos, reclamadas com fundamento em decisão normativa da Justiça do Trabalho, ou em convenção coletiva de trabalho, quando não estiver em causa a própria validade de tais atos.

386. Pela execução de obra musical por artistas remunerados é devido direito autoral, não exigível quando a orquestra for de amadores.

401. Não se conhece do recurso de revista, nem dos embargos de divergência, do processo trabalhista, quando houver jurisprudência firme do Tribunal Superior do Trabalho no mesmo sentido da decisão impugnada, salvo se houver colisão com a jurisprudência do Supremo Tribunal Federal.

402. Vigia noturno tem direito a salário adicional.

403. É de decadência o prazo de 30 (trinta) dias para instauração do inquérito judicial, a contar da suspensão, por falta grave, de empregado estável.

433. É competente o Tribunal Regional do Trabalho para julgar mandado de segurança contra ato de seu presidente em execução de sentença trabalhista.

434. A controvérsia entre seguradores indicados pelo empregador na ação de acidente do trabalho não suspende o pagamento devido ao acidentado.
• *Vide Súmula 337 do STF.*

450. São devidos honorários de advogado sempre que vencedor o beneficiário de Justiça Gratuita.

454. Simples interpretação de cláusulas contratuais não dá lugar a recurso extraordinário.

457. O Tribunal Superior do Trabalho, conhecendo da revista, julgará a causa, aplicando o direito à espécie.

458. O processo da execução trabalhista não exclui a remição pelo executado.

459. No cálculo da indenização por despedida injusta incluem-se os adicionais, ou gratificações que, pela habitualidade, se tenham incorporado ao salário.

460. Para efeito do adicional de insalubridade, a perícia judicial, em reclamação trabalhista, não dispensa o enquadramento da atividade entre as insalubres, que é ato da competência do Ministro do Trabalho e Previdência Social.

461. É duplo, e não triplo, o pagamento do salário nos dias destinados a descanso.

462. No cálculo da indenização por despedida injusta, inclui-se, quando devido, o repouso semanal remunerado.

463. Para efeito de indenização e estabilidade, conta-se o tempo em que o empregado esteve afastado, em serviço militar obrigatório, mesmo anteriormente à Lei n. 4.072, de 1.º de junho de 1962.
•• *Redação conforme publicação oficial. A data correta da Lei n. 4.072 é 16-6-1962.*

464. No cálculo da indenização por acidente do trabalho inclui-se, quando devido, o repouso semanal remunerado.

466. Não é inconstitucional a inclusão de sócios e administradores de sociedades e titulares de firmas individuais como contribuintes obrigatórios da Previdência Social.

478. O provimento em cargo de juízes substitutos do Trabalho deve ser feito, independentemente da lista tríplice, na ordem de classificação dos candidatos.

501. Compete à Justiça Ordinária Estadual o processo e o julgamento, em ambas as instâncias, das causas de acidente do trabalho ainda que promovidas contra a União, suas Autarquias, Empresas Públicas ou Sociedades de Economia Mista.
•• *Vide arts. 109, I, e 114, VI, da CF.*
•• *Vide Súmula Vinculante 22, Súmula 235 do STF e Súmula 15 do STJ.*

505. Salvo quando contrariarem a Constituição, não cabe recurso para o STF de quaisquer decisões da Justiça do Trabalho, inclusive dos presidentes de seus tribunais.

529. Subsiste a responsabilidade do empregador pela indenização decorrente de acidente do trabalho, quando o segurador, por haver entrado em liquidação, ou por outro motivo, não se encontrar em condições financeiras de efetuar, na forma da lei, o pagamento que o seguro obrigatório visava garantir.

531. É inconstitucional o Decreto n. 51.668, de 17 de janeiro de 1963, que estabeleceu salário profissional para trabalhadores de transportes marítimos, fluviais e lacustres.

593. Incide o percentual do Fundo de Garantia do Tempo de Serviço (FGTS) sobre a parcela da remuneração correspondente a horas extraordinárias de trabalho.

612. Ao trabalhador rural não se aplicam, por analogia, os benefícios previstos na Lei n. 6.367, de 19 de outubro de 1976.

613. Os dependentes de trabalhador rural não têm direito à pensão previdenciária, se o óbito ocorreu anteriormente à vigência da Lei Complementar n. 11/71.

(*) 629. A impetração de mandado de segurança coletivo por entidade de classe em favor dos associados independe da autorização destes.
• *Vide art. 5.º, XXI e LXX, b, da CF.*

(*) As Súmulas seguintes foram promulgadas após a CF de 1988.

Súmulas do STF

630. A entidade de classe tem legitimação para o mandado de segurança ainda quando a pretensão veiculada interesse apenas a uma parte da respectiva categoria.

633. É incabível a condenação em verba honorária nos recursos extraordinários interpostos em processo trabalhista, exceto nas hipóteses previstas na Lei n. 5.584/70.

640. É cabível recurso extraordinário contra decisão proferida por juiz de primeiro grau nas causas de alçada, ou por turma recursal de juizado especial cível e criminal.
- Vide art. 2.º, § 4.º, da Lei n. 5.584, de 26-6-1970.
- Vide Súmula 356 do TST.

641. Não se conta em dobro o prazo para recorrer, quando só um dos litisconsortes haja sucumbido.

654. A garantia da irretroatividade da lei, prevista no art. 5.º, XXXVI, da Constituição da República, não é invocável pela entidade estatal que a tenha editado.

655. A exceção prevista no art. 100, *caput*, da Constituição, em favor dos créditos de natureza alimentícia, não dispensa a expedição de precatório, limitando-se a isentá-los da observância da ordem cronológica dos precatórios decorrentes de condenações de outra natureza.

666. A contribuição confederativa de que trata o art. 8.º, IV, da Constituição, só é exigível dos filiados ao sindicato respectivo.

671. Os servidores públicos e os trabalhadores em geral têm direito, no que concerne à URP de abril/maio de 1988, apenas ao valor correspondente a 7/30 de 16,19% sobre os vencimentos e salários pertinentes aos meses de abril e maio de 1988, não cumulativamente, devidamente corrigido até o efetivo pagamento.

675. Os intervalos fixados para descanso e alimentação durante a jornada de seis horas não descaracterizam o sistema de turnos ininterruptos de revezamento para o efeito do art. 7.º, XIV, da Constituição.

676. A garantia da estabilidade provisória prevista no art. 10, II, *a*, do ADCT, também se aplica ao suplente do cargo de direção de comissões internas de prevenção de acidentes (CIPA).

677. Até que lei venha a dispor a respeito, incumbe ao Ministério do Trabalho proceder ao registro das entidades sindicais e zelar pela observância do princípio da unicidade.
- A Portaria n. 326, de 1.º-3-2013, dispõe sobre os pedidos de registro das entidades sindicais de primeiro grau no Ministério do Trabalho e Emprego.

678. São inconstitucionais os incisos I e III do art. 7.º da Lei n. 8.162/91, que afastam, para efeito de anuênio e de licença-prêmio, a contagem do tempo de serviço regido pela CLT dos servidores que passaram a submeter-se ao Regime Jurídico Único.
- A Lei n. 8.162, de 8-1-1991, dispõe sobre a revisão dos vencimentos, salários, proventos e demais retribuições dos servidores civis e a fixação dos soldos dos militares do Poder Executivo, da Administração direta, autárquica e fundacional.

679. A fixação de vencimentos dos servidores públicos não pode ser objeto de convenção coletiva.

680. O direito ao auxílio-alimentação não se estende aos servidores inativos.

681. É inconstitucional a vinculação do reajuste de vencimentos de servidores estaduais ou municipais a índices federais de correção monetária.

682. Não ofende a Constituição a correção monetária no pagamento com atraso dos vencimentos de servidores públicos.

683. O limite de idade para a inscrição em concurso público só se legitima em face do art. 7.º, XXX, da Constituição, quando possa ser justificado pela natureza das atribuições do cargo a ser preenchido.

684. É inconstitucional o veto não motivado à participação de candidato a concurso público.

685. É inconstitucional toda modalidade de provimento que propicie ao servidor investir-se, sem prévia aprovação em concurso público destinado ao seu provimento, em cargo que não integra a carreira na qual anteriormente investido.

686. Só por lei se pode sujeitar a exame psicotécnico a habilitação de candidato a cargo público.

688. É legítima a incidência da contribuição previdenciária sobre o 13.º salário.

726. Para efeito de aposentadoria especial de professores, não se computa o tempo de serviço prestado fora da sala de aula.

732. É constitucional a cobrança da contribuição do salário-educação, seja sob a Carta de 1969, seja sob a Constituição Federal de 1988, e no regime da Lei 9.424/96.

733. Não cabe recurso extraordinário contra decisão proferida no processamento de precatórios.

736. Compete à Justiça do Trabalho julgar as ações que tenham como causa de pedir o descumprimento de normas trabalhistas relativas à segurança, higiene e saúde dos trabalhadores.

Índice Alfabético-Remissivo das Súmulas do STF

- ação rescisória: 338
- acidente do trabalho: 198, 229, 230, 232, 234, 235, 236, 238, 240, 311, 314, 337, 434, 501 e 529
- adicional de insalubridade: 307 e 460
- adicional de periculosidade: 212
- adicional noturno: 213, 214, 313 e 402
- agravo: 288, 315 e 622
- aposentadoria: 217, 220 e 726
- atividade rural: 196
- atividades insalubres: 194
- auxílio-alimentação: 680
- Carteira de Trabalho e Previdência Social – CTPS: 225
- competência; STF: 505
- concordata: 227
- concurso: 683, 684, 685 e 686
- contrato de trabalho: 195
- contribuição confederativa: 666
- contribuição previdenciária: 240, 241 e 688
- correção monetária: 681 e 682
- culpa presumida: 341
- custas: 223
- decadência: 403
- décimo terceiro salário: 688
- demissão de empregado: 197, 200, 459 e 462
- direito autoral: 386
- empregado; classificação: 196
- equiparação salarial: 202
- estabilidade: 463 e 676
- execução trabalhista: 458
- falta grave: 215 e 403
- férias: 198, 199 e 200
- Fundo de Garantia do Tempo de Serviço – FGTS: 593
- gratificações: 207
- greve: 316
- higiene; normas: 736
- honorários advocatícios: 234, 450 e 633
- horista; empregado: 199
- imunidades: 730
- indenização: 35, 200, 215, 220, 229, 314, 459, 462, 463, 464 e 529
- inquérito judicial: 403
- intimação; prazo: 310
- jornada de trabalho: 675
- juízes do trabalho: 478
- juros moratórios: 224
- lei; irretroatividade da: 654
- litisconsórcio; prazo para recorrer: 641
- mandado de segurança: 433, 629 e 630
- menor; trabalho do: 205
- músicos: 312
- prazos: 310 e 641
- precatório: 655 e 733
- prescrição: 327 e 349
- Previdência Social: 466
- princípio da identidade do juiz: 222
- readmissão: 219 e 220
- recuperação judicial e extrajudicial de empresas: 227
- recurso de revista: 401 e 457
- recurso extraordinário: 299, 454, 633, 634, 635, 640 e 733
- remição: 458
- repouso semanal remunerado: 201 e 462
- representação sindical; demissão de empregado: 197
- responsabilidade; ato culposo de empregado ou preposto: 341
- salário: 205, 207, 240, 314, 459, 461, 531 e 671
- salário-educação: 732
- salário mínimo: 203, 204 e 307
- salário-prêmio: 209
- saúde; normas: 736
- segurança; normas de: 736
- servidor público: 37, 339, 671, 678, 679, 680, 681, 682 e 685
- sindicatos: 223, 666 e 677
- STF; competência: 505
- subordinação: 312
- taxas: 128
- tempo de serviço: 215 e 678
- trabalhador rural: 612 e 613
- trabalhador substituto: 204
- transferência: 221
- vendedor: 201

Súmulas Vinculantes (*)

1. Ofende a garantia constitucional do ato jurídico perfeito a decisão que, sem ponderar as circunstâncias do caso concreto, desconsidera a validez e a eficácia de acordo constante de termo de adesão instituído pela Lei Complementar n. 110/2001.
 - Vide art. 5.º, XXXVI, da CF.

2. É inconstitucional a lei ou ato normativo estadual ou distrital que disponha sobre sistemas de consórcios e sorteios, inclusive bingos e loterias.
 - Vide art. 22, XX, da CF.

3. Nos processos perante o Tribunal de Contas da União asseguram-se o contraditório e a ampla defesa quando da decisão puder resultar anulação ou revogação de ato administrativo que beneficie o interessado, excetuada a apreciação da legalidade do ato de concessão inicial de aposentadoria, reforma e pensão.
 - Vide arts. 5.º, LV, e 71, III, da CF.

4. Salvo nos casos previstos na Constituição, o salário mínimo não pode ser usado como indexador de base de cálculo de vantagem de servidor público ou de empregado, nem ser substituído por decisão judicial.
 - Vide art. 7.º, IV, da CF.

5. A falta de defesa técnica por advogado no processo administrativo disciplinar não ofende a Constituição.

6. Não viola a Constituição o estabelecimento de remuneração inferior ao salário mínimo para as praças prestadoras de serviço militar inicial.

7. A norma do § 3.º do art. 192 da Constituição, revogada pela Emenda Constitucional n. 40/2003, que limitava a taxa de juros reais a 12% ao ano, tinha sua aplicação condicionada à edição de lei complementar.

8. São inconstitucionais o parágrafo único do art. 5.º do Decreto-lei n. 1.569/1977 e os arts. 45 e 46 da Lei n. 8.212/1991, que tratam de prescrição e decadência de crédito tributário.

9. O disposto no art. 127 da Lei n. 7.210/1984 (Lei de Execução Penal) foi recebido pela ordem constitucional vigente, e não se lhe aplica o limite temporal previsto no caput do art. 58.

10. Viola a cláusula de reserva de plenário (CF, art. 97) a decisão de órgão fracionário de Tribunal que, embora não declare expressamente a inconstitucionalidade de lei ou ato normativo do poder público, afasta sua incidência, no todo ou em parte.

11. Só é lícito o uso de algemas em casos de resistência e de fundado receio de fuga ou de perigo à integridade física própria ou alheia, por parte do preso ou de terceiros, justificada a excepcionalidade por escrito, sob pena de responsabilidade disciplinar, civil e penal do agente ou da autoridade e de nulidade da prisão ou do ato processual a que se refere, sem prejuízo da responsabilidade civil do Estado.
 - Vide arts. 1.º, III, 5.º, III, X e XLIX, da CF.

12. A cobrança de taxa de matrícula nas universidades públicas viola o disposto no art. 206, IV, da Constituição Federal.

13. A nomeação de cônjuge, companheiro ou parente em linha reta, colateral ou por afinidade, até o terceiro grau, inclusive, da autoridade nomeante ou de servidor da mesma pessoa jurídica investido em cargo de direção, chefia ou assessoramento, para o exercício de cargo em comissão ou de confiança ou, ainda, de função gratificada na administração pública direta e indireta em qualquer dos Poderes da União, dos Estados, do Distrito Federal e dos Municípios, compreendido o ajuste mediante designações recíprocas, viola a Constituição Federal.
 - Vide art. 37, caput, da CF.

14. É direito do defensor, no interesse do representado, ter acesso amplo aos elementos de prova que, já documentados em procedimento investigatório realizado por órgão com competência de polícia judiciária, digam respeito ao exercício do direito de defesa.
 - Vide art. 5.º, LXIII, da CF.

15. O cálculo de gratificações e outras vantagens do servidor público não incide sobre o abono utilizado para se atingir o salário mínimo.
 - Vide art. 7.º, IV, da CF.

16. Os arts. 7.º, IV, e 39, § 3.º (redação da EC n. 19/98), da Constituição, referem-se ao total da remuneração percebida pelo servidor público.

17. Durante o período previsto no § 1.º do art. 100 da Constituição, não incidem juros de mora sobre os precatórios que nele sejam pagos.

18. A dissolução da sociedade ou do vínculo conjugal, no curso do mandato, não afasta a inelegibilidade prevista no § 7.º do art. 14 da Constituição Federal.

19. A taxa cobrada exclusivamente em razão dos serviços públicos de coleta, remoção e tratamento ou destinação de lixo ou resíduos provenientes de imóveis, não viola o art. 145, II, da Constituição Federal.

20. A Gratificação de Desempenho de Atividade Técnico-Administrativa – GDATA, instituída pela Lei n. 10.404/2002, deve ser deferida aos inativos nos valores correspondentes a 37,5 (trinta e sete vírgula cinco) pontos no período de fevereiro a maio de 2002 e, nos termos do art. 5.º, parágrafo único, da Lei n. 10.404/2002, no período de junho de 2002 até a conclusão dos efeitos do último ciclo de avaliação a que se refere o art. 1.º da Medida Provisória n. 198/2004, a partir da qual passa a ser de 60 (sessenta) pontos.

21. É inconstitucional a exigência de depósito ou arrolamento prévios de dinheiro ou bens para admissibilidade de recurso administrativo.
 - Vide art. 5.º, XXXIV, a, e LV, da CF.

22. A Justiça do Trabalho é competente para processar e julgar as ações de indenização por danos morais e patrimoniais decorrentes de acidente de trabalho propostas por empregado contra empregador, inclusive aquelas que ainda não possuíam sentença de mérito em primeiro grau quando da promulgação da Emenda Constitucional n. 45/04.
 - Vide arts. 109, I, e 114, VI, da CF.

23. A Justiça do Trabalho é competente para processar e julgar ação possessória ajuizada em decorrência do exercício do direito de greve pelos trabalhadores da iniciativa privada.
 - Vide art. 114, II, da CF.

(*) As súmulas vinculantes estão previstas no art. 103-A da CF, acrescentado pela Emenda Constitucional n. 45, de 2004 (Reforma do Judiciário), e regulamentado pela Lei n. 11.417, de 19-12-2006.

24. Não se tipifica crime material contra a ordem tributária, previsto no art. 1.º, incisos I a IV, da Lei n. 8.137/90, antes do lançamento definitivo do tributo.

25. É ilícita a prisão civil de depositário infiel, qualquer que seja a modalidade do depósito.
 •• Vide art. 5.º, LXVII, e § 2.º, da CF.

26. Para efeito de progressão de regime no cumprimento de pena por crime hediondo, ou equiparado, o juízo da execução observará a inconstitucionalidade do art. 2.º da Lei n. 8.072, de 25 de julho de 1990, sem prejuízo de avaliar se o condenado preenche, ou não, os requisitos objetivos e subjetivos do benefício, podendo determinar, para tal fim, de modo fundamentado, a realização de exame criminológico.

27. Compete à Justiça estadual julgar causas entre consumidor e concessionária de serviço público de telefonia, quando a ANATEL não seja litisconsorte passiva necessária, assistente, nem opoente.
 • Vide art. 109, I, da CF.

28. É inconstitucional a exigência de depósito prévio como requisito de admissibilidade de ação judicial na qual se pretenda discutir a exigibilidade de crédito tributário.

29. É constitucional a adoção, no cálculo do valor de taxa, de um ou mais elementos da base de cálculo própria de determinado imposto, desde que não haja integral identidade entre uma base e outra.

30. (Até o fechamento desta edição o STF mantinha suspensa a publicação da Súmula Vinculante 30.)

31. É inconstitucional a incidência do Imposto sobre Serviços de Qualquer Natureza – ISS sobre operações de locação de bens móveis.

32. O ICMS não incide sobre alienação de salvados de sinistro pelas seguradoras.

33. Aplicam-se ao servidor público, no que couber, as regras do regime geral da previdência social sobre aposentadoria especial de que trata o art. 40, § 4.º, inciso III da Constituição Federal, até a edição de lei complementar específica.

34. A Gratificação de Desempenho de Atividade de Seguridade Social e do Trabalho – GDASST, instituída pela Lei n. 10.483/2002, deve ser estendida aos inativos no valor correspondente a 60 (sessenta) pontos, desde o advento da Medida Provisória n. 198/2004, convertida na Lei n. 10.971/2004, quando tais inativos façam jus à paridade constitucional (EC n. 20/1998, 41/2003 e 47/2005).

35. A homologação da transação penal prevista no artigo 76 da Lei n. 9.099/1995 não faz coisa julgada material e, descumpridas suas cláusulas, retoma-se a situação anterior, possibilitando-se ao Ministério Público a continuidade da persecução penal mediante oferecimento de denúncia ou requisição de inquérito policial.
 • A Lei n. 9.099, de 26-9-1995, dispõe sobre os Juizados Especiais Cíveis e Criminais e dá outras providências.

36. Compete à Justiça Federal comum processar e julgar civil denunciado pelos crimes de falsificação e de uso de documento falso quando se tratar de falsificação da Caderneta de Inscrição e Registro (CIR) ou de Carteira de Habilitação de Amador (CHA), ainda que expedidas pela Marinha do Brasil.

37. Não cabe ao Poder Judiciário, que não tem função legislativa, aumentar vencimentos de servidores públicos sob o fundamento de isonomia.
 • Vide art. 37, X, da CF.
 • Vide Súmula 339 do STF.

38. É competente o Município para fixar o horário de funcionamento de estabelecimento comercial.

39. Compete privativamente à União legislar sobre vencimentos dos membros das polícias civil e militar e do corpo de bombeiros militar do Distrito Federal.

40. A contribuição confederativa de que trata o art. 8.º, IV, da Constituição Federal, só é exigível dos filiados ao sindicato respectivo.

41. O serviço de iluminação pública não pode ser remunerado mediante taxa.

42. É inconstitucional a vinculação do reajuste de vencimentos de servidores estaduais ou municipais a índices federais de correção monetária.

43. É inconstitucional toda modalidade de provimento que propicie ao servidor investir-se, sem prévia aprovação em concurso público destinado ao seu provimento, em cargo que não integra a carreira na qual anteriormente investido.

44. Só por lei se pode sujeitar a exame psicotécnico a habilitação de candidato a cargo público.

45. A competência constitucional do Tribunal do Júri prevalece sobre o foro por prerrogativa de função estabelecido exclusivamente pela constituição estadual.

46. A definição dos crimes de responsabilidade e o estabelecimento das respectivas normas de processo e julgamento são da competência legislativa privativa da União.

47. Os honorários advocatícios incluídos na condenação ou destacados do montante principal devido ao credor consubstanciam verba de natureza alimentar cuja satisfação ocorrerá com a expedição de precatório ou requisição de pequeno valor, observada ordem especial restrita aos créditos dessa natureza.
 •• Vide art. 100, § 1.º, da CF.
 •• Vide arts. 22, § 4.º, e 23 do EAOAB.

48. Na entrada de mercadoria importada do exterior, é legítima a cobrança do ICMS por ocasião do desembaraço aduaneiro.

49. Ofende o princípio da livre concorrência lei municipal que impede a instalação de estabelecimentos comerciais do mesmo ramo em determinada área.
 •• Vide arts. 170, IV e V, parágrafo único, e 173, § 4.º, da CF.

50. Norma legal que altera o prazo de recolhimento de obrigação tributária não se sujeita ao princípio da anterioridade.
 •• Vide art. 195, § 6.º, da CF.

51. O reajuste de 28,86%, concedido aos servidores militares pelas Leis n. 8.622/1993 e 8.627/1993, estende-se aos servidores civis do poder executivo, observadas as eventuais compensações decorrentes dos reajustes diferenciados concedidos pelos mesmos diplomas legais.

52. Ainda quando alugado a terceiros, permanece imune ao IPTU o imóvel pertencente a qualquer das entidades referidas pelo art. 150, VI, c, da Constituição Federal, desde que o valor dos aluguéis seja aplicado nas atividades para as quais tais entidades foram constituídas.

53. A competência da Justiça do Trabalho prevista no art. 114, VIII, da Constituição Federal alcança a execução de ofício das contribuições previdenciárias relativas ao objeto da condenação constante das sentenças que proferir e acordos por ela homologados.

54. A medida provisória não apreciada pelo Congresso Nacional podia, até a Emenda Constitucional n. 32/2001, ser reeditada dentro do seu prazo de eficácia de trinta dias, mantidos os efeitos de lei desde a primeira edição.
 •• Vide art. 62, § 3.º, da CF.

55. O direito ao auxílio-alimentação não se estende aos servidores inativos.
 • Vide art. 40, § 4.º, da CF.

56. A falta de estabelecimento penal adequado não autoriza a manutenção do condenado em regime prisional mais gravoso, devendo-se observar, nessa hipótese, os parâmetros fixados no RE 641.320/RS.

57. A imunidade tributária constante do art. 150, VI, d, da CF/88 aplica-se à importação e comercialização, no mercado interno, do livro eletrônico (e-book) e dos suportes exclusivamente utilizados para fixá-lo, como os leitores de livros eletrônicos (e-readers), ainda que possuam funcionalidades acessórias.

58. Inexiste direito a crédito presumido de IPI relativamente à entrada de insumos isentos, sujeitos à alíquota zero ou não tributáveis, o que não contraria o princípio da não cumulatividade.

Índice Alfabético-Remissivo das Súmulas Vinculantes

- ação possessória; direito de greve; competência: 23
- acidente de trabalho; ação de indenização; competência: 22
- algemas: 11
- alienação de salvados de sinistro: 32
- aposentadoria especial: 33
- auxílio-alimentação; servidores inativos: 55
- cargo público; habilitação sujeita a exame psicotécnico: 44
- cargo público; investidura de servidor sem aprovação em concurso público destinado ao seu provimento: 43
- causas entre consumidor e concessionária de telefonia; competência: 27
- cláusula de reserva de plenário; violação: 10
- concorrência; instalação de estabelecimentos comerciais: 49
- condenado punido por falta grave; remição da pena: 9
- contribuição confederativa; exigência aos filiados de sindicato: 40
- crédito presumido de IPI; insumos isentos: 58
- crédito tributário: 8 e 28
- crime contra a ordem tributária: 24
- crime de falsificação e de uso de documento falso; competência: 36
- crimes de responsabilidade; definição; competência legislativa privativa: 46
- depositário infiel; prisão civil: 25
- direito de defesa; acesso aos elementos de prova; polícia judiciária: 14
- estabelecimento penal adequado; falta: 56
- Gratificação de Desempenho de Atividade de Seguridade Social e do Trabalho - GDASST; inativos: 34
- Gratificação de Desempenho de Atividade Técnico-Administrativa - GDATA; inativos: 20
- honorários advocatícios: 47
- ICMS; desembaraço aduaneiro: 48
- ICMS; não incidência; alienação de salvados de sinistro: 32
- iluminação pública; taxa: 41
- Imposto sobre a Propriedade Predial e Territorial Urbana - IPTU: 52
- imunidade tributária; livro eletrônico: 57
- inelegibilidade; dissolução da sociedade ou do vínculo conjugal: 18
- IPI; crédito presumido; insumos isentos: 58
- ISS; locação de bens móveis: 31
- juros: 7
- Justiça do Trabalho; competência: 22, 23 e 53
- Lei Complementar n. 110/2001; garantia constitucional do ato jurídico perfeito; ofensa: 1
- livro eletrônico; imunidade tributária: 57
- medidas provisórias: 54
- município; estabelecimento comercial; horário para funcionamento: 38
- nepotismo: 13
- polícia civil e militar e corpo de bombeiros do Distrito Federal; vencimentos; competência: 39
- prazo; recolhimento de obrigação tributária: 50
- precatórios: 17
- processo administrativo; falta de defesa técnica por advogado: 5
- progressão de regime; crimes hediondos: 26
- recurso administrativo; exigências: 21
- salário mínimo: 4, 6 e 15
- servidores estaduais ou municipais; vencimentos vinculados a índices federais: 42
- servidores militares; reajuste; extensão a servidores civis do Poder Executivo: 51
- servidor público; investidura em cargo sem prévia aprovação em concurso; inconstitucionalidade: 43
- servidor público; remuneração: 16, 37 e 42
- sistemas de consórcios e sorteios; inconstitucionalidade de lei estadual ou distrital: 2
- taxa; cálculo do valor: 29
- taxa de lixo: 19
- taxa de matrícula; universidades públicas: 12
- transação penal: 35
- Tribunal de Contas da União; processos; aplicação do contraditório e da ampla defesa: 3
- Tribunal do Júri; competência constitucional: 45
- União; definição dos crimes de responsabilidade; competência legislativa: 46

Súmulas do Superior Tribunal de Justiça

3. Compete ao Tribunal Regional Federal dirimir conflito de competência verificado, na respectiva Região, entre Juiz Federal e Juiz Estadual investido de jurisdição federal.

4. Compete à Justiça Estadual julgar causa decorrente do processo eleitoral sindical.
 - Vide art. 8.º da CF.

10. Instalada a Junta de Conciliação e Julgamento, cessa a competência do juiz de direito em matéria trabalhista, inclusive para a execução das sentenças por ele proferidas.
 - Vide art. 769 da CLT.

14. Arbitrados os honorários advocatícios em percentual sobre o valor da causa, a correção monetária incide a partir do respectivo ajuizamento.

15. Compete à Justiça Estadual processar e julgar os litígios decorrentes de acidente do trabalho.
 - Vide arts. 109, I, e 114, VI, da CF.
 - Vide Súmula Vinculante 22 e Súmulas 235 e 501 do STF.

19. A fixação do horário bancário, para atendimento ao público, é da competência da União.

32. Compete à Justiça Federal processar justificações judiciais destinadas a instruir pedidos perante entidades que nela têm exclusividade de foro, ressalvada a aplicação do art. 15, II, da Lei n. 5.010/66.

33. A incompetência relativa não pode ser declarada de ofício.

41. O Superior Tribunal de Justiça não tem competência para processar e julgar, originariamente, mandado de segurança contra ato de outros tribunais ou dos respectivos órgãos.

44. A definição, em ato regulamentar, de grau mínimo de disacusia, não exclui, por si só, a concessão do benefício previdenciário.

45. No reexame necessário, é defeso, ao Tribunal, agravar a condenação imposta à Fazenda Pública.

46. Na execução por carta, os embargos do devedor serão decididos no juízo deprecante, salvo se versarem unicamente vícios ou defeitos da penhora, avaliação ou alienação dos bens.

55. Tribunal Regional Federal não é competente para julgar recurso de decisão proferida por juiz estadual não investido de jurisdição federal.

57. Compete à Justiça Comum Estadual processar e julgar ação de cumprimento fundada em acordo ou convenção coletiva não homologados pela Justiça do Trabalho.
 - Vide art. 114 da CF.

59. Não há conflito de competência se já existe sentença com trânsito em julgado, proferida por um dos juízos conflitantes.

62. Compete à Justiça Estadual processar e julgar o crime de falsa anotação na Carteira de Trabalho e Previdência Social, atribuído à empresa privada.

77. A Caixa Econômica Federal é parte ilegítima para figurar no polo passivo das ações relativas às contribuições para o fundo PIS/PASEP.
 - Vide Lei Complementar n. 26, de 11-9-1975.

82. Compete à Justiça Federal, excluídas as reclamações trabalhistas, processar e julgar os feitos relativos à movimentação do FGTS.
 - Vide art. 109, I, da CF e Lei n. 8.036, de 11-5-1990.

89. A ação acidentária prescinde do exaurimento da via administrativa.

92. A terceiro de boa-fé não é oponível a alienação fiduciária não anotada no Certificado de Registro do veículo automotor.

97. Compete à Justiça do Trabalho processar e julgar reclamação de servidor público relativamente a vantagens trabalhistas anteriores à instituição do regime jurídico único.
 - Vide arts. 39 e 114 da CF.

98. Embargos de declaração manifestados com notório propósito de prequestionamento não têm caráter protelatório.

99. O Ministério Público tem legitimidade para recorrer no processo em que oficiou como fiscal da lei, ainda que não haja recurso da parte.

105. Na ação de mandado de segurança não se admite condenação em honorários advocatícios.

106. Proposta a ação no prazo fixado para o seu exercício, a demora na citação, por motivos inerentes ao mecanismo da Justiça, não justifica o acolhimento da arguição de prescrição ou decadência.

115. Na instância especial é inexistente recurso interposto por advogado sem procuração nos autos.

121. Na execução fiscal o devedor deverá ser intimado, pessoalmente, do dia e hora da realização do leilão.

125. O pagamento de férias não gozadas por necessidade do serviço não está sujeito à incidência do Imposto de Renda.

134. Embora intimado da penhora em imóvel do casal, o cônjuge do executado pode opor embargos de terceiro para defesa de sua meação.

136. O pagamento de licença-prêmio não gozada por necessidade do serviço não está sujeito ao imposto de renda.

137. Compete à Justiça Comum Estadual processar e julgar ação de servidor público municipal, pleiteando direitos relativos ao vínculo estatutário.

144. Os créditos de natureza alimentícia gozam de preferência, desvinculados os precatórios da ordem cronológica dos créditos de natureza diversa.

149. A prova exclusivamente testemunhal não basta à comprovação da atividade rurícola, para efeito da obtenção de benefício previdenciário.
 - Vide Súmula 577 do STJ.

158. Não se presta a justificar embargos de divergência o dissídio com acórdão de Turma ou Seção que não mais tenha competência para a matéria neles versada.

159. O benefício acidentário, no caso de contribuinte que perceba remuneração variável, deve ser calculado com base na média aritmética dos últimos 12 (doze) meses de contribuição.

161. É da competência da Justiça Estadual autorizar o levantamento dos valores relativos ao PIS/PASEP e FGTS, em decorrência do falecimento do titular da conta.

165. Compete à Justiça Federal processar e julgar crime de falso testemunho no processo trabalhista.

170. Compete ao juízo onde primeiro for intentada a ação envolvendo acumulação de pedidos, trabalhista e estatutário, decidi-la nos limites da sua jurisdição, sem prejuízo do ajuizamento de nova causa, com o pedido remanescente, no juízo próprio.

178. O INSS não goza de isenção do pagamento de custas e emolumentos, nas ações acidentárias e de benefícios propostas na Justiça Estadual.

180. Na lide trabalhista, compete ao Tribunal Regional do Trabalho dirimir conflito de competência verificado, na respectiva região, entre Juiz Estadual e Junta de Conciliação e Julgamento.

201. Os honorários advocatícios não podem ser fixados em salários mínimos.

204. Os juros de mora nas ações relativas a benefícios previdenciários incidem a partir da citação válida.

210. A ação de cobrança das contribuições para o FGTS prescreve em 30 (trinta) anos.

215. A indenização recebida pela adesão a programa de incentivo à demissão voluntária não está sujeita à incidência do imposto de renda.

219. Os créditos decorrentes de serviços prestados à massa falida, inclusive a remuneração do síndico, gozam dos privilégios próprios dos trabalhistas.

222. Compete à Justiça Comum processar e julgar as ações relativas à contribuição sindical prevista no art. 578 da CLT.
- •• Vide art. 114 da CF.
- • A Lei n. 8.984, de 7-2-1995, dispõe que compete à Justiça do Trabalho conciliar e julgar os dissídios que tenham origem no cumprimento de convenções coletivas de trabalho ou acordos coletivos de trabalho, mesmo quando ocorram entre sindicatos ou entre sindicato de trabalhadores e empregador.

225. Compete ao Tribunal Regional do Trabalho apreciar recurso contra sentença proferida por órgão de primeiro grau da Justiça Trabalhista, ainda que para declarar-lhe a nulidade em virtude de incompetência.

226. O Ministério Público tem legitimidade para recorrer na ação de acidente do trabalho, ainda que o segurado esteja assistido por advogado.

236. Não compete ao Superior Tribunal de Justiça dirimir conflitos de competência entre juízos trabalhistas vinculados a Tribunais Regionais do Trabalho diversos.

242. Cabe ação declaratória para reconhecimento de tempo de serviço para fins previdenciários.

249. A Caixa Econômica Federal tem legitimidade passiva para integrar processo em que se discute correção monetária do FGTS.

252. Os saldos de contas do FGTS, pela legislação infraconstitucional, são corrigidos em 42,72% (IPC) quanto às perdas de janeiro de 1989 e 44,80% (IPC) quanto às de abril de 1990, acolhidos pelo STJ os índices de 18,02% (LBC) quanto as perdas de junho de 1987, de 5,38% (BTN) para maio de 1990 e 7,00% (TR) para fevereiro de 1991, de acordo com o entendimento do STF (RE 226.855-7-RS).

272. O trabalhador rural, na condição de segurado especial, sujeito à contribuição obrigatória sobre a produção rural comercializada, somente faz jus à aposentadoria por tempo de serviço, se recolher contribuições facultativas.

278. O termo inicial do prazo prescricional, na ação de indenização, é a data em que o segurado teve ciência inequívoca da incapacidade laboral.

291. A ação de cobrança de parcelas de complementação de aposentadoria pela previdência privada prescreve em cinco anos.
- • Vide Súmula 427 do STJ.

310. O auxílio-creche não integra o salário de contribuição.

336. A mulher que renunciou aos alimentos na separação judicial tem direito a pensão previdenciária por morte do ex-marido, comprovada a necessidade econômica superveniente.

340. A lei aplicável à concessão de pensão previdenciária por morte é aquela vigente na data do óbito do segurado.

349. Compete à Justiça Federal ou aos juízes com competência delegada o julgamento das execuções fiscais de contribuições devidas pelo empregador ao FGTS.

351. A alíquota de contribuição para o Seguro de Acidente do Trabalho (SAT) é aferida pelo grau de risco desenvolvido em cada empresa, individualizada pelo seu CNPJ, ou pelo grau de risco da atividade preponderante quando houver apenas um registro.

352. A obtenção ou a renovação do Certificado de Entidade Beneficente de Assistência Social (Cebas) não exime a entidade do cumprimento dos requisitos legais supervenientes.

353. As disposições do Código Tributário Nacional não se aplicam às contribuições para o FGTS.
- •• Vide Súmula 646 do STJ.

363. Compete à Justiça estadual processar e julgar a ação de cobrança ajuizada por profissional liberal contra cliente.

373. É ilegítima a exigência de depósito prévio para admissibilidade de recurso administrativo.

377. O portador de visão monocular tem direito de concorrer, em concurso público, às vagas reservadas aos deficientes.

378. Reconhecido o desvio de função, o servidor faz jus às diferenças salariais decorrentes.

386. São isentas de imposto de renda as indenizações de férias proporcionais e o respectivo adicional.

390. Nas decisões por maioria, em reexame necessário, não se admitem embargos infringentes.

396. A Confederação Nacional da Agricultura tem legitimidade ativa para a cobrança da contribuição sindical rural.

398. A prescrição da ação para pleitear os juros progressivos sobre os saldos de conta vinculada do FGTS não atinge o fundo de direito, limitando-se às parcelas vencidas.

401. O prazo decadencial da ação rescisória só se inicia quando não for cabível qualquer recurso do último pronunciamento judicial.

413. O farmacêutico pode acumular a responsabilidade técnica por uma farmácia e uma drogaria ou por duas drogarias.

416. É devida a pensão por morte aos dependentes do segurado que, apesar de ter perdido essa qualidade, preencheu os requisitos legais para obtenção de aposentadoria até a data do seu óbito.
- • Vide arts. 15, 26, I, e 102, § 2.º, da Lei n. 8.213, de 24-7-1991.

427. A ação de cobrança de diferenças de valores de complementação de aposentadoria prescreve em cinco anos contados da data do pagamento.
- • Vide Súmula 291 do STJ.

445. As diferenças de correção monetária resultantes de expurgos inflacionários sobre os saldos de FGTS têm como termo inicial a data em que deveriam ter sido creditadas.

456. É incabível a correção monetária dos salários de contribuição considerados no cálculo do salário de benefício de auxílio-doença, aposentadoria por invalidez, pensão ou auxílio-reclusão concedidos antes da vigência da CF/1988.

459. A Taxa Referencial (TR) é o índice aplicável, a título de correção monetária, aos débitos com o FGTS recolhidos pelo empregador mas não repassados ao fundo.

462. Nas ações em que representa o FGTS, a CEF, quando sucumbente, não está isenta de reembolsar as custas antecipadas pela parte vencedora.

463. Incide imposto de renda sobre os valores percebidos a título de indenização por horas extraordinárias trabalhadas, ainda que decorrentes de acordo coletivo.

466. O titular da conta vinculada ao FGTS tem o direito de sacar o saldo respectivo quando declarado nulo seu contrato de trabalho por ausência de prévia aprovação em concurso público.

468. A base de cálculo do PIS, até a edição da MP n. 1.212/1995, era o faturamento ocorrido no sexto mês anterior ao do fato gerador.

480. O juízo da recuperação judicial não é competente para decidir sobre a constrição de bens não abrangidos pelo plano de recuperação da empresa.

481. Faz jus ao benefício da justiça gratuita a pessoa jurídica com ou sem fins lucrativos que demonstrar sua impossibilidade de arcar com os encargos processuais.
•• *Vide* Lei n. 1.060, de 5-2-1950, que estabelece normas para a concessão de assistência judiciária aos necessitados.

482. A falta de ajuizamento da ação principal no prazo do art. 806 do CPC acarreta a perda da eficácia da liminar deferida e a extinção do processo cautelar.
•• A referência é feita ao CPC de 1973. Dispositivo correspondente no CPC de 2015: art. 308.

483. O INSS não está obrigado a efetuar depósito prévio do preparo por gozar das prerrogativas e privilégios da Fazenda Pública.

497. (*Cancelada.*)

498. Não incide imposto de renda sobre a indenização por danos morais.

499. As empresas prestadoras de serviços estão sujeitas às contribuições ao Sesc e Senac, salvo se integradas noutro serviço social.

503. O prazo para ajuizamento de ação monitória em face do emitente de cheque sem força executiva é quinquenal, a contar do dia seguinte à data de emissão estampada na cártula.

504. O prazo para ajuizamento de ação monitória em face do emitente de nota promissória sem força executiva é quinquenal, a contar do dia seguinte ao vencimento do título.

505. A competência para processar e julgar as demandas que têm por objeto obrigações decorrentes dos contratos de planos de previdência privada firmados com a Fundação Rede Ferroviária de Seguridade Social – REFER é da Justiça estadual.

507. A acumulação de auxílio-acidente com aposentadoria pressupõe que a lesão incapacitante e a aposentadoria sejam anteriores a 11/11/1997, observado o critério do art. 23 da Lei n. 8.213/1991 para definição do momento da lesão nos casos de doença profissional ou do trabalho.

514. A CEF é responsável pelo fornecimento dos extratos das contas individualizadas vinculadas ao FGTS dos Trabalhadores participantes do Fundo de Garantia do Tempo de Serviço, inclusive para fins de exibição em juízo, independentemente do período em discussão.

515. A reunião de execuções fiscais contra o mesmo devedor constitui faculdade do Juiz.

516. A contribuição de intervenção no domínio econômico para o Incra (Decreto-Lei n. 1.110/1970), devida por empregadores rurais e urbanos, não foi extinta pelas Leis n. 7.787/1989, 8.212/1991 e 8.213/1991, não podendo ser compensada com a contribuição ao INSS.

517. São devidos honorários advocatícios no cumprimento de sentença, haja ou não impugnação, depois de escoado o prazo para pagamento voluntário, que se inicia após a intimação do advogado da parte executada.

518 Para fins do art. 105, III, *a*, da Constituição Federal, não é cabível recurso especial fundado em alegada violação de enunciado de súmula.

521. A legitimidade para a execução fiscal de multa pendente de pagamento imposta em sentença condenatória é exclusiva da Procuradoria da Fazenda Pública.

524. No tocante à base de cálculo, o ISSQN incide apenas sobre a taxa de agenciamento quando o serviço prestado por sociedade empresária de trabalho temporário for de intermediação, devendo, entretanto, englobar também os valores dos salários e encargos sociais dos trabalhadores por ela contratados nas hipóteses de fornecimento de mão de obra.
• *Vide* Lei n. 6.019, de 3-1-1974, arts. 4.º, 11, 15 e 19.

552. O portador de surdez unilateral não se qualifica como pessoa com deficiência para o fim de disputar as vagas reservadas em concursos públicos.
•• *Vide* Lei n. 7.853, de 24-10-1989.
•• *Vide* Lei n. 13.146, de 6-7-2015 (Estatuto da Pessoa com Deficiência).

556. É indevida a incidência de imposto de renda sobre o valor da complementação de aposentadoria pago por entidade de previdência privada e em relação ao resgate de contribuições recolhidas para referidas entidades patrocinadoras no período de 1.º-1-1989 a 31-12-1995, em razão da isenção concedida pelo art. 6.º, VII, *b*, da Lei n. 7.713/1988, na redação anterior à que lhe foi dada pela Lei n. 9.250/1995.

557. A renda mensal inicial (RMI) alusiva ao benefício de aposentadoria por invalidez precedido de auxílio-doença será apurada na forma do art. 36, § 7.º, do Decreto n. 3.048/1999, observando-se, porém, os critérios previstos no art. 29, § 5.º, da Lei n. 8.213/1991, quando intercalados períodos de afastamento e de atividade laboral.

558. Em ações de execução fiscal, a petição inicial não pode ser indeferida sob o argumento da falta de indicação do CPF e/ou RG ou CNPJ da parte executada.
•• *Vide* art. 6.º da Lei n. 6.830, de 22-9-1980.

559. Em ações de execução fiscal, é desnecessária a instrução da petição inicial com o demonstrativo de cálculo do débito, por tratar-se de requisito não previsto no art. 6.º da Lei n. 6.830/1980.

571. A taxa progressiva de juros não se aplica às contas vinculadas ao FGTS de trabalhadores qualificados como avulsos.

573. Nas ações de indenização decorrente de seguro DPVAT, a ciência inequívoca do caráter permanente da invalidez, para fins de contagem do prazo prescricional, depende de laudo médico, exceto nos casos de invalidez permanente notória ou naqueles em que o conhecimento anterior resulte comprovado na fase de instrução.

576. Ausente requerimento administrativo no INSS, o termo inicial para a implantação da aposentadoria por invalidez concedida judicialmente será a data da citação válida.

577. É possível reconhecer o tempo de serviço rural anterior ao documento mais antigo apresentado, desde que amparado em convincente prova testemunhal colhida sob o contraditório.
•• *Vide* arts. 55, § 3.º, e 106 da Lei n. 8.213, de 24-7-1991.
•• *Vide* Súmula 149 do STJ.

578. Os empregados que laboram no cultivo da cana-de-açúcar para empresa agroindustrial ligada ao setor sucroalcooleiro detêm a qualidade de rurícola, ensejando a isenção do FGTS desde a edição da Lei Complementar n. 11/1971 até a promulgação da Constituição Federal de 1988.
•• *Vide* arts. 2.º e 3.º, § 1.º, da Lei n. 5.889, de 8-6-1973.

579. Não é necessário ratificar o recurso especial interposto na pendência do julgamento dos embargos de declaração, quando inalterado o resultado anterior.
•• *Vide* arts. 218, § 4.º, e 1.024, § 5.º, do CPC.

581. A recuperação judicial do devedor principal não impede o prosseguimento das ações e execuções ajuizadas contra terceiros devedores solidários ou coobrigados em geral, por garantia cambial, real ou fidejussória.
• *Vide* art. 6.º, *caput*, da Lei n. 11.101, de 9-2-2005.

584. As sociedades corretoras de seguros, que não se confundem com as sociedades de valores mobiliários ou com os agentes autônomos de seguro privado, estão fora do rol de entidades constantes do art. 22, § 1.º, da Lei n. 8.212/1991, não se sujeitando à majoração da alíquota da Cofins prevista no art. 18 da Lei n. 10.684/2003.

601. O Ministério Público tem legitimidade ativa para atuar na defesa dos direitos difusos, coletivos e individuais homogêneos dos

consumidores, ainda que decorrentes da prestação de serviços públicos.

627. O contribuinte faz jus à concessão ou à manutenção da isenção do imposto de renda, não se lhe exigindo a demonstração da contemporaneidade dos sintomas da doença nem da recidiva da enfermidade.
- Vide art. 6.º, XIV, da Lei n. 7.713, de 22-12-1988.
- Vide art. 30 da Lei n. 9.250, de 26-12-1985.

642. O direito à indenização por danos morais transmite-se com o falecimento do titular, possuindo os herdeiros da vítima legitimidade ativa para ajuizar ou prosseguir a ação indenizatória.

644. O núcleo de prática jurídica deve apresentar o instrumento de mandato quando constituído pelo réu hipossuficiente, salvo nas hipóteses em que é nomeado pelo juízo.
- • Vide art. 16 da Lei n. 1.060, de 5-2-1950.

646. É irrelevante a natureza da verba trabalhista para fins de incidência da contribuição ao FGTS, visto que apenas as verbas elencadas em lei (art. 28, § 9.º, da Lei n. 8.212/1991), em rol taxativo, estão excluídas da sua base de cálculo, por força do disposto no art. 15, § 6.º, da Lei n. 8.036/1990.
- • Vide art. 15, caput e § 6.º, da Lei n. 8.036, de 11-5-1990.
- • Vide art. 28, § 9.º, da Lei n. 8.212, de 24-7-1991.
- • Vide Súmula 353 do STJ.

Índice Alfabético-Remissivo das Súmulas do STJ

- ação acidentária: 89, 178 e 226
- ação declaratória: 242
- ação de cobrança: 427
- ação de cumprimento: 57
- ação de indenização: 278
- ação monitória: 503 e 504
- ação previdenciária: 111 e 242
- ação rescisória: 175 e 401
- acidente de trabalho: 15, 89, 159, 178 e 226
- alienação fiduciária: 92
- alimentos; renúncia na separação judicial: 336
- aposentadoria: 272, 291, 416, 427, 456, 507, 557, 576 e 577
- atividade rural: 149, 272 e 396
- autarquias federais; créditos; preferência: 497
- autos; procuração no: 115
- auxílio-creche: 310
- benefícios previdenciários: 44, 148, 149 e 204
- Carteira de Trabalho e Previdência Social – CTPS: 62
- Certificado de Entidade Beneficente de Assistência Social – Cebas: 352
- citação: 106
- competência; conflito de: 3, 170 e 236
- competência; da União: 19
- competência; Justiça do Trabalho: 97
- competência; Justiça Estadual: 4,15, 55, 57, 62, 137, 144, 222 e 505
- competência; Justiça Federal: 32, 82 e 165
- competência; TRF: 3, 55
- competência; TRT: 225
- concursos públicos: 377
- concursos públicos; vagas reservadas; surdez unilateral; não se qualifica como deficiente: 552
- conflito de competência: 3, 59, 170, 180 e 236
- contribuição de intervenção no domínio econômico: 516
- contribuição sindical: 222 e 396
- correção monetária: 14, 249, 445, 456 e 459
- crimes: 165
- danos morais; imposto de renda; não incidência: 498
- decadência: 106
- embargos de declaração: 98 e 579
- embargos de divergência: 158
- embargos de terceiro: 134
- execução: 46
- execução fiscal: 121, 180, 515, 521, 558 e 559
- falência: 219
- falso testemunho; crime de: 165
- farmacêuticos; responsabilidade técnica: 413
- férias: 125
- fiança: 81, 332 e 656

- Fundo de Garantia do Tempo de Serviço – FGTS: 82, 161, 210, 249, 252, 349, 353, 398, 445, 459, 462, 466, 514, 571 e 578
- Fundo de Garantia do Tempo de Serviço – FGTS; incidência da contribuição: 646
- honorários: 14, 201 e 517
- horas extraordinárias: 463
- Imposto de Renda – IR: 125, 136, 386, 463, 498 e 556
- incompetência relativa: 33
- INSS; depósito prévio; preparo; não obrigatoriedade: 483
- ISSQN; trabalho temporário; base de cálculo: 524
- instrumento de mandato; núcleo de prática jurídica: 644
- juiz; competência: 10
- juízo da recuperação judicial; competência para decisão: 480
- juros moratórios: 204
- justiça gratuita; pessoa jurídica: 481
- Justiça do Trabalho; competência: 97
- Justiça Estadual; competência: 4,15, 55, 57, 62, 137, 144, 222, 363 e 505
- Justiça Federal; competência: 32 e 165
- licença-prêmio: 136
- mandado de segurança: 41 e 105
- medidas cautelares: 482
- Ministério Público; legitimidade: 99 e 601
- núcleo de prática jurídica; instrumento de mandato: 644
- pensão: 340 e 416
- PIS/PASEP: 77, 161 e 468
- precatório: 144
- prescrição: 106, 210 e 278
- prestadoras de serviço; contribuições ao Sesc e Senac: 499
- previdência privada; imposto de renda: 556
- procuração: 115
- Programa de Incentivo à Demissão Voluntária – PDV: 215
- recuperação judicial: 581
- recurso: 115, 225 e 401
- recurso administrativo: 373
- recurso especial: 418, 518 e 579
- reexame necessário: 45 e 390
- salário de contribuição: 310
- Seguro de Acidente de Trabalho – SAT: 351
- seguro DPVAT: 573
- servidor público: 97, 144 e 378
- sociedades corretoras de seguros: 584
- Taxa Referencial – TR: 459
- trabalhador avulso; FGTS: 571
- Tribunal Regional do Trabalho – TRT; competência: 225
- Tribunal Regional Federal – TFR; competência: 3 e 55
- união estável; septuagenário; regime de bens: 655

Súmulas do Tribunal Superior do Trabalho (*)

1. **Prazo judicial**
 Quando a intimação tiver lugar na sexta-feira, ou a publicação com efeito de intimação for feita nesse dia, o prazo judicial será contado da segunda-feira imediata, inclusive, salvo se não houver expediente, caso em que fluirá no dia útil que se seguir.
 •• Vide art. 775 da CLT.

2. **Gratificação natalina**
 (Cancelada pela Resolução n. 121, de 28-10-2003.)

3. **Gratificação natalina**
 (Cancelada pela Resolução n. 121, de 28-10-2003.)

4. **Custas**
 (Cancelada pela Resolução n. 121, de 28-10-2003.)

5. **Reajustamento salarial**
 (Cancelada pela Resolução n. 121, de 28-10-2003.)

6. **Equiparação salarial. Art. 461 da CLT.** (redação do item VI alterada na sessão do Tribunal Pleno realizada em 9-6-2015).
 I – Para os fins previstos no § 2.º do art. 461 da CLT, só é válido o quadro de pessoal organizado em carreira quando homologado pelo Ministério do Trabalho, excluindo-se, apenas, dessa exigência o quadro de carreira das entidades de direito público da administração direta, autárquica e fundacional aprovado por ato administrativo da autoridade competente. (ex-Súmula 6 – alterada pela Res. n. 104/2000, DJ 20-12-2000).
 II – Para efeito de equiparação de salários em caso de trabalho igual, conta-se o tempo de serviço na função e não no emprego. (ex-Súmula 135 – RA 102/1982, DJ 11-10-1982 e DJ 15-10-1982).
 III – A equiparação salarial só é possível se o empregado e o paradigma exercerem a mesma função, desempenhando as mesmas tarefas, não importando se os cargos têm, ou não, a mesma denominação. (ex-OJ da SBDI-1 n. 328 – DJ 9-12-2003).
 IV – É desnecessário que, ao tempo da reclamação sobre equiparação salarial, reclamante e paradigma estejam a serviço do estabelecimento, desde que o pedido se relacione com situação pretérita. (ex-Súmula 22 – RA 57/1970, DO-GB 27-11-1970).
 V – A cessão de empregados não exclui a equiparação salarial, embora exercida a função em órgão governamental estranho à cedente, se esta responde pelos salários do paradigma e do reclamante. (ex-Súmula 111 – RA 102/1980, DJ 25-9-1980).
 VI – Presentes os pressupostos do art. 461 da CLT, é irrelevante a circunstância de que o desnível salarial tenha origem em decisão judicial que beneficiou o paradigma, exceto:
 a) se decorrente de vantagem pessoal ou de tese jurídica superada pela jurisprudência de Corte Superior;
 b) na hipótese de equiparação salarial em cadeia, suscitada em defesa, se o empregador produzir prova do alegado fato modificativo, impeditivo ou extintivo do direito à equiparação salarial em relação ao paradigma remoto, considerada irrelevante, para esse efeito, a existência de diferença de tempo de serviço na função superior a dois anos entre o reclamante e todos os demais empregados paradigmas componentes da cadeia equiparatória, à exceção do paradigma imediato.
 VII – Desde que atendidos os requisitos do art. 461 da CLT, é possível a equiparação salarial de trabalho intelectual, que pode ser avaliado por sua perfeição técnica, cuja aferição terá critérios objetivos. (ex-OJ da SBDI-1 n. 298 – DJ 11-8-2003).
 VIII – É do empregador o ônus da prova do fato impeditivo, modificativo ou extintivo da equiparação salarial. (ex-Súmula 68 – RA 9/1977, DJ 11-2-1977).
 IX – Na ação de equiparação salarial, a prescrição é parcial e só alcança as diferenças salariais vencidas no período de 5 (cinco) anos que precedeu o ajuizamento. (ex-Súmula 274 – alterada pela Res. n. 121/2003, DJ 21-11-2003).
 X – O conceito de "mesma localidade" de que trata o art. 461 da CLT refere-se, em princípio, ao mesmo município, ou a municípios distintos que, comprovadamente, pertençam à mesma região metropolitana. (ex-OJ da SBDI-1 n. 252 – inserida em 13-3-2002).
 •• Redação determinada pela Resolução n. 198, de 9-6-2015.

7. **Férias**
 A indenização pelo não deferimento das férias no tempo oportuno será calculada com base na remuneração devida ao empregado na época da reclamação ou, se for o caso, na da extinção do contrato.

8. **Juntada de documento**
 A juntada de documentos na fase recursal só se justifica quando provado o justo impedimento para sua oportuna apresentação ou se referir a fato posterior à sentença.

9. **Ausência do reclamante**
 A ausência do reclamante, quando adiada a instrução após contestada a ação em audiência, não importa arquivamento do processo.

10. **Professor. Dispensa sem justa causa. Término do ano letivo ou no curso de férias escolares. Aviso prévio** (redação alterada em sessão do Tribunal Pleno realizada em 14-9-2012)
 O direito aos salários do período de férias escolares assegurado aos professores (art. 322, caput e § 3.º, da CLT) não exclui o direito ao aviso prévio, na hipótese de dispensa sem justa causa ao término do ano letivo ou no curso das férias escolares.
 •• Redação determinada pela Resolução n. 185, de 14-9-2012.

11. **Honorários de advogado**
 (Cancelada pela Resolução n. 121, de 28-10-2003.)

12. **Carteira profissional**
 As anotações apostas pelo empregador na carteira profissional do empregado não geram presunção juris et de jure, mas apenas juris tantum.

13. **Mora**
 O só pagamento dos salários atrasados em audiência não ilide a mora capaz de determinar a rescisão do contrato de trabalho.

14. **Culpa recíproca**
 Reconhecida a culpa recíproca na rescisão do contrato de trabalho (art. 484 da CLT), o empregado tem direito a 50% (cinquenta por

(*) A Resolução n. 129, de 5-4-2005, do TST, alterou a denominação dos verbetes da jurisprudência predominante deste Tribunal de "Enunciado" para "Súmula".

cento) do valor do aviso prévio, do décimo terceiro salário e das férias proporcionais.

•• Redação determinada pela Resolução n. 121, de 28-10-2003.

15. Atestado médico

A justificação da ausência do empregado motivada por doença, para a percepção do salário-enfermidade e da remuneração do repouso semanal, deve observar a ordem preferencial dos atestados médicos estabelecida em lei.

16. Notificação

Presume-se recebida a notificação 48 (quarenta e oito) horas depois de sua postagem. O seu não recebimento ou a entrega após o decurso desse prazo constituem ônus de prova do destinatário.

•• Redação determinada pela Resolução n. 121, de 28-10-2003.

17. Adicional de insalubridade

(Cancelada pela Resolução n. 148, de 26-6-2008.)

18. Compensação

A compensação, na Justiça do Trabalho, está restrita a dívidas de natureza trabalhista.

19. Quadro de carreira

A Justiça do Trabalho é competente para apreciar reclamação de empregado que tenha por objeto direito fundado em quadro de carreira.

20. Resilição contratual

(Cancelada pela Resolução n. 106, de 15-3-2001.)

21. Aposentadoria

(Cancelada pela Resolução n. 30, de 27-4-1994.)

22. Equiparação salarial

(Cancelada pela Resolução n. 129, de 5-4-2005.)

23. Recurso

Não se conhece de recurso de revista ou de embargos, se a decisão recorrida resolver determinado item do pedido por diversos fundamentos e a jurisprudência transcrita não abranger a todos.

24. Serviço extraordinário

Insere-se no cálculo da indenização por antiguidade o salário relativo a serviço extraordinário, desde que habitualmente prestado.

25. Custas processuais. Inversão do ônus da sucumbência. (alterada a Súmula e incorporadas as Orientações Jurisprudenciais n. 104 e 186 da SBDI-1)

I – A parte vencedora na primeira instância, se vencida na segunda, está obrigada, independentemente de intimação, a pagar as custas fixadas na sentença originária, das quais ficara isenta a parte então vencida.

II – No caso de inversão do ônus da sucumbência em segundo grau, sem acréscimo ou atualização do valor das custas e se estas já foram devidamente recolhidas, descabe um novo pagamento pela parte vencida, ao recorrer. Deverá ao final, se sucumbente, reembolsar a quantia. (ex-OJ n. 186 da SBDI-1)

III – Não caracteriza deserção a hipótese em que, acrescido o valor da condenação, não houve fixação ou cálculo do valor devido a título de custas e tampouco intimação da parte para o preparo do recurso, devendo ser as custas pagas ao final. (ex-OJ n. 104 da SBDI-1)

IV – O reembolso das custas à parte vencedora faz-se necessário mesmo na hipótese em que a parte vencida for pessoa isenta do seu pagamento, nos termos do art. 790-A, parágrafo único, da CLT.

•• Redação determinada pela Resolução n. 197, de 12-5-2015.

26. Estabilidade

(Cancelada pela Resolução n. 121, de 28-10-2003.)

27. Comissionista

É devida a remuneração do repouso semanal e dos dias feriados ao empregado comissionista, ainda que pracista.

28. Indenização

No caso de se converter a reintegração em indenização dobrada, o direito aos salários é assegurado até a data da primeira decisão que determinou essa conversão.

•• Redação determinada pela Resolução n. 121, de 28-10-2003.

29. Transferência

Empregado transferido, por ato unilateral do empregador, para local mais distante de sua residência, tem direito a suplemento salarial correspondente ao acréscimo da despesa de transporte.

30. Intimação da sentença

Quando não juntada a ata ao processo em 48 horas, contadas da audiência de julgamento (art. 851, § 2.º, da CLT), o prazo para recurso será contado da data em que a parte receber a intimação da sentença.

31. Aviso prévio

(Cancelada pela Resolução n. 31, de 27-4-1994.)

32. Abandono de emprego

Presume-se o abandono de emprego se o trabalhador não retornar ao serviço no prazo de 30 (trinta) dias após a cessação do benefício previdenciário nem justificar o motivo de não o fazer.

•• Redação determinada pela Resolução n. 121, de 28-10-2003.

33. Mandado de segurança. Decisão judicial transitada em julgado

Não cabe mandado de segurança de decisão judicial transitada em julgado.

34. Gratificação natalina

(Cancelada pela Resolução n. 121, de 28-10-2003.)

35. Depósito recursal. Complementação

(Cancelada pela Resolução n. 121, de 28-10-2003.)

36. Custas

Nas ações plúrimas, as custas incidem sobre o respectivo valor global.

37. Prazo

(Cancelada pela Resolução n. 32, de 27-4-1994.)

38. Recurso

(Cancelada pela Resolução n. 121, de 28-10-2003.)

39. Periculosidade

Os empregados que operam em bomba de gasolina têm direito ao adicional de periculosidade (Lei n. 2.573, de 15-8-1955).

40. Processo administrativo

(Cancelada pela Resolução n. 121, de 28-10-2003.)

41. Quitação

(Cancelada pela Resolução n. 121, de 28-10-2003.)

42. Recurso

(Cancelada pela Resolução n. 121, de 28-10-2003.)

43. Transferência

Presume-se abusiva a transferência de que trata o § 1.º do art. 469 da CLT, sem comprovação da necessidade do serviço.

44. Aviso prévio

A cessação da atividade da empresa, com o pagamento da indenização, simples ou em dobro, não exclui, por si só, o direito do empregado ao aviso prévio.

45. Serviço suplementar

A remuneração do serviço suplementar, habitualmente prestado, integra o cálculo da gratificação natalina prevista na Lei n. 4.090, de 13 de julho de 1962.

46. Acidente de trabalho

As faltas ou ausências decorrentes de acidente do trabalho não são consideradas para os efeitos de duração de férias e cálculo da gratificação natalina.

47. Insalubridade

O trabalho executado em condições insalubres, em caráter intermitente, não afasta, só por essa circunstância, o direito à percepção do respectivo adicional.

48. Compensação

A compensação só poderá ser arguida com a contestação.

49. Inquérito judicial

(*Cancelada pela Resolução n. 121, de 28-10-2003.*)

50. Gratificação natalina

A gratificação natalina, instituída pela Lei n. 4.090, de 13 de julho de 1962, é devida pela empresa cessionária ao servidor público cedido enquanto durar a cessão.

51. Norma regulamentar. Vantagens e opção pelo novo regulamento. Art. 468 da CLT. (incorporada a Orientação Jurisprudencial n. 163 da SDI-1)

I – As cláusulas regulamentares, que revoguem ou alterem vantagens deferidas anteriormente, só atingirão os trabalhadores admitidos após a revogação ou alteração do regulamento. (ex-Súmula 51 – RA 41/1973, *DJ* 14-6-1973)

II – Havendo a coexistência de dois regulamentos da empresa, a opção do empregado por um deles tem efeito jurídico de renúncia às regras do sistema do outro. (ex-OJ 163 – inserida em 26-3-1999)

•• Redação determinada pela Resolução n. 129, de 5-4-2005.

52. Tempo de serviço

O adicional de tempo de serviço (quinquênio) é devido, nas condições estabelecidas no art. 19 da Lei n. 4.345, de 26 de junho de 1964, aos contratados sob o regime da CLT, pela empresa a que se refere a mencionada lei, inclusive para o fim de complementação de aposentadoria.

53. Custas

O prazo para pagamento das custas, no caso de recurso, é contado da intimação do cálculo.

54. Optante

Rescindindo por acordo seu contrato de trabalho, o empregado estável optante tem direito ao mínimo de 60% (sessenta por cento) do total da indenização em dobro, calculada sobre o maior salário percebido no emprego. Se houver recebido menos do que esse total, qualquer que tenha sido a forma de transação, assegura-se-lhe a complementação até aquele limite.

55. Financeiras

As empresas de crédito, financiamento ou investimento, também denominadas financeiras, equiparam-se aos estabelecimentos bancários para os efeitos do art. 224 da CLT.

56. Balconista

(*Cancelada pela Resolução n. 121, de 28-10-2003.*)

57. Trabalhador rural

(*Cancelada pela Resolução n. 3, de 28-4-1993.*)

58. Pessoal de obras

Ao empregado admitido como pessoal de obras, em caráter permanente e não amparado pelo regime estatutário, aplica-se a legislação trabalhista.

59. Vigia

(*Cancelada pela Resolução n. 121, de 28-10-2003.*)

60. Adicional noturno. Integração no salário e prorrogação em horário diurno. (incorporada a Orientação Jurisprudencial n. 6 da SDI-1)

I – O adicional noturno, pago com habitualidade, integra o salário do empregado para todos os efeitos. (ex-Súmula 60 – RA 105/1974, *DJ* 24-10-1974)

II – Cumprida integralmente a jornada no período noturno e prorrogada esta, devido é também o adicional quanto às horas prorrogadas. Exegese do art. 73, § 5.º, da CLT. (ex-OJ 6 – inserida em 25-11-1996)

•• Redação determinada pela Resolução n. 129, de 5-4-2005.

61. Ferroviário

Aos ferroviários que trabalham em estação do interior, assim classificada por autoridade competente, não são devidas horas extras (art. 243 da CLT).

62. Abandono de emprego

O prazo de decadência do direito do empregador de ajuizar inquérito em face do empregado que incorre em abandono de emprego é contado a partir do momento em que o empregado pretendeu seu retorno ao serviço.

63. Fundo de garantia

A contribuição para o Fundo de Garantia do Tempo de Serviço incide sobre a remuneração mensal devida ao empregado, inclusive horas extras e adicionais eventuais.

64. Prescrição

(*Cancelada pela Resolução n. 121, de 28-10-2003.*)

65. Vigia

O direito à hora reduzida de 52 minutos e 30 segundos aplica-se ao vigia noturno.

66. Tempo de serviço

(*Cancelada pela Resolução n. 121, de 28-10-2003.*)

67. Gratificação. Ferroviário

Chefe de trem, regido pelo estatuto dos ferroviários (Decreto n. 35.530, de 19-9-1959), não tem direito à gratificação prevista no respectivo art. 110.

68. Prova

(*Cancelada pela Resolução n. 129, de 5-4-2005.*)

69. Rescisão do contrato

A partir da Lei n. 10.272, de 5 de setembro de 2001, havendo rescisão do contrato de trabalho e sendo revel e confesso quanto à matéria de fato, deve ser o empregador condenado ao pagamento das verbas rescisórias, não quitadas na primeira audiência, com acréscimo de 50% (cinquenta por cento).

•• Redação determinada pela Resolução n. 121, de 28-10-2003.

70. Adicional de periculosidade

O adicional de periculosidade não incide sobre os triênios pagos pela PETROBRAS.

71. Alçada

A alçada é fixada pelo valor dado à causa na data de seu ajuizamento, desde que não impugnado, sendo inalterável no curso do processo.

72. Aposentadoria

O prêmio-aposentadoria instituído por norma regulamentar da empresa não está condicionado ao disposto no § 2.º do art. 14 da Lei n. 8.036, de 11 de maio de 1990.

•• Redação determinada pela Resolução n. 121, de 28-10-2003.

73. Despedida. Justa causa

A ocorrência de justa causa, salvo a de abandono de emprego, no decurso do prazo do aviso prévio dado pelo empregador, retira do empregado qualquer direito às verbas rescisórias de natureza indenizatória.

•• Redação determinada pela Resolução n. 121, de 28-10-2003.

74. Confissão

I – Aplica-se a confissão à parte que, expressamente intimada com aquela cominação, não comparecer à audiência em prosseguimento, na qual deveria depor. (ex-Súmula 74 – RA 69/1978, *DJ* 26-9-1978)

II – A prova pré-constituída nos autos pode ser levada em conta para confronto com a confissão ficta (arts. 442 e 443 do CPC de 2015 – art. 400, I, do CPC de 1973), não implicando cerceamento de defesa o indeferimento de provas posteriores. (ex-OJ 184 da SBDI-1 – inserida em 8-11-2000)

III – A vedação à produção de prova posterior pela parte confessa somente a ela se aplica, não afetando o exercício, pelo magistrado, do poder/dever de conduzir o processo.

•• Redação determinada pela Resolução n. 208, de 19-4-2016.

75. Ferroviário
(*Cancelada pela Resolução n. 121, de 28-10-2003.*)

76. Horas extras
(*Cancelada pela Resolução n. 121, de 28-10-2003.*)

77. Punição
Nula é a punição de empregado se não precedida de inquérito ou sindicância internos a que se obrigou a empresa por norma regulamentar.

78. Gratificação
(*Cancelada pela Resolução n. 121, de 28-10-2003.*)

79. Tempo de serviço
(*Cancelada pela Resolução n. 121, de 28-10-2003.*)

80. Insalubridade
A eliminação da insalubridade mediante fornecimento de aparelhos protetores aprovados pelo órgão competente do Poder Executivo exclui a percepção do respectivo adicional.

81. Férias
Os dias de férias gozados após o período legal de concessão deverão ser remunerados em dobro.

82. Assistência
A intervenção assistencial, simples ou adesiva, só é admissível se demonstrado o interesse jurídico e não o meramente econômico.
•• Redação determinada pela Resolução n. 121, de 28-10-2003.

83. Ação rescisória. Matéria controvertida. (incorporada a Orientação Jurisprudencial n. 77 da SDI-2)
I – Não procede pedido formulado na ação rescisória por violação literal de lei se a decisão rescindenda estiver baseada em texto legal infraconstitucional de interpretação controvertida nos Tribunais. (ex--Súmula 83 – Res. 121/2003, *DJ* 21-11-2003)
II – O marco divisor quanto a ser, ou não, controvertida, nos Tribunais, a interpretação dos dispositivos legais citados na ação rescisória é a data da inclusão, na Orientação Jurisprudencial do TST, da matéria discutida. (ex-OJ 77 – inserida em 13-3-2002)
•• Redação determinada pela Resolução n. 137, de 4-8-2005.

84. Adicional regional
O adicional regional, instituído pela Petrobras, não contraria o art. 7.º, XXXII, da CF/1988.
•• Redação determinada pela Resolução n. 121, de 28-10-2003.

85. Compensação de jornada. (inserido o item VI)
I – A compensação de jornada de trabalho deve ser ajustada por acordo individual escrito, acordo coletivo ou convenção coletiva. (ex-Súmula 85 – primeira parte – alterada pela Res. 121/2003, *DJ* 21-11-2003)
II – O acordo individual para compensação de horas é válido, salvo se houver norma coletiva em sentido contrário. (ex-OJ 182 da SBDI-1– inserida em 8-11-2000)
III – O mero não atendimento das exigências legais para a compensação de jornada, inclusive quando encetada mediante acordo tácito, não implica a repetição do pagamento das horas excedentes à jornada normal diária, se não dilatada a jornada máxima semanal, sendo devido apenas o respectivo adicional. (ex-Súmula 85 – segunda parte – alterada pela Res. 121/2003, *DJ* 21-11-2003)
IV – A prestação de horas extras habituais descaracteriza o acordo de compensação de jornada. Nesta hipótese, as horas que ultrapassarem a jornada semanal normal deverão ser pagas como horas extraordinárias e, quanto àquelas destinadas à compensação, deverá ser pago a mais apenas o adicional por trabalho extraordinário. (ex-OJ 220 da SBDI-1 – inserida em 20-6-2001)
V – As disposições contidas nesta súmula não se aplicam ao regime compensatório na modalidade "banco de horas", que somente pode ser instituído por negociação coletiva.
VI – Não é válido acordo de compensação de jornada em atividade insalubre, ainda que estipulado em norma coletiva, sem a necessária inspeção prévia e permissão da autoridade competente, na forma do art. 60 da CLT.
•• Redação determinada pela Resolução n. 209, de 30-5-2016.

86. Deserção. Massa falida. Empresa em liquidação extrajudicial. (incorporada a Orientação Jurisprudencial n. 31 da SDI-1)
Não ocorre deserção de recurso da massa falida por falta de pagamento de custas ou de depósito do valor da condenação. Esse privilégio, todavia, não se aplica à empresa em liquidação extrajudicial. (primeira parte – ex-Súmula 86 – RA 69/1978, *DJ* de 26-9-1978; segunda parte – ex-OJ 31 – inserida em 14-3-1994)
•• Redação determinada pela Resolução n. 129, de 5-4-2005.

87. Previdência privada
Se o empregado, ou seu beneficiário, já recebeu da instituição previdenciária privada, criada pela empresa, vantagem equivalente, é cabível a dedução de seu valor do benefício a que faz jus por norma regulamentar anterior.

88. Jornada de trabalho. Intervalo entre turnos
(*Cancelada pela Resolução n. 42, de 8-2-1995.*)

89. Falta ao serviço
Se as faltas já são justificadas pela lei, consideram-se como ausências legais e não serão descontadas para o cálculo do período de férias.

90. Horas *in itinere*. Tempo de serviço. (incorporadas as Súmulas 324 e 325 e as Orientações Jurisprudenciais ns. 50 e 236 da SDI-1)
I – O tempo despendido pelo empregado, em condução fornecida pelo empregador, até o local de trabalho de difícil acesso, ou não servido por transporte público regular, e para o seu retorno é computável na jornada de trabalho. (ex-Súmula 90 – RA 80/1978, *DJ* 10-11-1978)
II – A incompatibilidade entre os horários de início e término da jornada do empregado e os do transporte público regular é circunstância que também gera o direito às horas *in itinere*. (ex-OJ 50 – inserida em 1.º-2-1995)
III – A mera insuficiência de transporte público não enseja o pagamento de horas *in itinere*. (ex-Súmula 324 – RA 16/1993, *DJ* 21-12-1993)
IV – Se houver transporte público regular em parte do trajeto percorrido em condução da empresa, as horas *in itinere* remuneradas limitam-se ao trecho não alcançado pelo transporte público. (ex-Súmula 325 – RA 17/1993, *DJ* 21-12-1993)
V – Considerando que as horas *in itinere* são computáveis na jornada de trabalho, o tempo que extrapola a jornada legal é considerado como extraordinário e sobre ele deve incidir o adicional respectivo. (ex-OJ 236 – inserida em 20-6-2001)
•• Redação determinada pela Resolução n. 129, de 5-4-2005.

91. Salário complessivo
Nula é a cláusula contratual que fixa determinada importância ou percentagem para atender englobadamente vários direitos legais ou contratuais do trabalhador.

92. Aposentadoria
O direito à complementação de aposentadoria, criado pela empresa, com requisitos próprios, não se altera pela instituição de benefício previdenciário por órgão oficial.

93. Bancário
Integra a remuneração do bancário a vantagem pecuniária por ele auferida na colocação ou na venda de papéis ou valores mobiliários de empresas pertencentes ao mesmo grupo econômico, se exercida essa atividade no horário e no local de trabalho e com o consentimento, tácito ou expresso, do banco empregador.

94. **Horas extras**

 (Cancelada pela Resolução n. 121, de 28-10-2003.)

95. **Prescrição trintenária. FGTS**

 (Cancelada pela Resolução n. 121, de 28-10-2003.)

96. **Marítimo**

 A permanência do tripulante a bordo do navio, no período de repouso, além da jornada, não importa presunção de que esteja à disposição do empregador ou em regime de prorrogação de horário, circunstâncias que devem resultar provadas, dada a natureza do serviço.

97. **Aposentadoria. Complementação**

 Instituída complementação de aposentadoria por ato da empresa, expressamente dependente de regulamentação, as condições desta devem ser observadas como parte integrante da norma.

 •• Redação determinada pela Resolução Administrativa n. 96, de 1980, *DJU*, de 11-9-1980.

98. **FGTS. Indenização. Equivalência. Compatibilidade.** (incorporada a Orientação Jurisprudencial n. 299 da SDI-1)

 I – A equivalência entre os regimes do Fundo de Garantia do Tempo de Serviço e da estabilidade prevista na CLT é meramente jurídica e não econômica, sendo indevidos valores a título de reposição de diferenças. (ex-Súmula 98 – RA 57/1980, *DJ* 6-6-1980)

 II – A estabilidade contratual ou a derivada de regulamento de empresa são compatíveis com o regime do FGTS. Diversamente ocorre com a estabilidade legal (decenal, art. 492 da CLT), que é renunciada com a opção pelo FGTS. (ex-OJ 299 – *DJ* 11-8-2003)

 •• Redação determinada pela Resolução n. 129, de 5-4-2005.

99. **Ação rescisória. Deserção. Prazo.** (incorporada a Orientação Jurisprudencial n. 117 da SDI-2)

 Havendo recurso ordinário em sede de rescisória, o depósito recursal só é exigível quando for julgado procedente o pedido e imposta condenação em pecúnia, devendo este ser efetuado no prazo recursal, no limite e nos termos da legislação vigente, sob pena de deserção. (ex-Súmula 99 – RA 62/1980, *DJ* 11-6-1980 e alterada pela Res. 110/2002, *DJ* 11-4-2002 e ex-OJ 117 – *DJ* 11-8-2003)

 •• Redação determinada pela Resolução n. 137, de 4-8-2005.

100. **Ação rescisória. Decadência.** (incorporadas as Orientações Jurisprudenciais ns. 13, 16, 79, 102, 104, 122 e 145 da SDI-2)

 I – O prazo de decadência, na ação rescisória, conta-se do dia imediatamente subsequente ao trânsito em julgado da última decisão proferida na causa, seja de mérito ou não. (ex-Súmula 100 – Res. 109/2001, *DJ* 20-4-2001)

 II – Havendo recurso parcial no processo principal, o trânsito em julgado dá-se em momentos e em tribunais diferentes, contando-se o prazo decadencial para a ação rescisória do trânsito em julgado de cada decisão, salvo se o recurso tratar de preliminar ou prejudicial que possa tornar insubsistente a decisão recorrida, hipótese em que flui a decadência a partir do trânsito em julgado da decisão que julgar o recurso parcial. (ex-Súmula 100 – Res. 109/2001, *DJ* 20-4-2001)

 III – Salvo se houver dúvida razoável, a interposição de recurso intempestivo ou a interposição de recurso incabível não protrai o termo inicial do prazo decadencial. (ex-Súmula 100 – Res. 109/2001, *DJ* 20-4-2001)

 IV – O juízo rescindente não está adstrito à certidão de trânsito em julgado juntada com a ação rescisória, podendo formar sua convicção através de outros elementos dos autos quanto à antecipação ou postergação do *dies a quo* do prazo decadencial. (ex-OJ 102 – *DJ* 29-4-2003)

 V – O acordo homologado judicialmente tem força de decisão irrecorrível, na forma do art. 831 da CLT. Assim sendo, o termo conciliatório transita em julgado na data da sua homologação judicial. (ex-OJ 104 – *DJ* 29-4-2003)

 VI – Na hipótese de colusão das partes, o prazo decadencial da ação rescisória somente começa a fluir para o Ministério Público, que não interveio no processo principal, a partir do momento em que tem ciência da fraude. (ex-OJ 122 – *DJ* 11-8-2003)

 VII – Não ofende o princípio do duplo grau de jurisdição a decisão do TST que, após afastar a decadência em sede de recurso ordinário, aprecia desde logo a lide, se a causa versar questão exclusivamente de direito e estiver em condições de imediato julgamento. (ex-OJ 79 – inserida em 13-3-2002)

 VIII – A exceção de incompetência, ainda que oposta no prazo recursal, sem ter sido aviado o recurso próprio, não tem o condão de afastar a consumação da coisa julgada e, assim, postergar o termo inicial do prazo decadencial para a ação rescisória. (ex-OJ 16 – inserida em 20-9-2000)

 IX – Prorroga-se até o primeiro dia útil, imediatamente subsequente, o prazo decadencial para ajuizamento de ação rescisória quando expira em férias forenses, feriados, finais de semana ou em dia em que não houver expediente forense. Aplicação do art. 775 da CLT. (ex-OJ 13 – inserida em 20-9-2000)

 •• *Vide* art. 775 da CLT, que sofreu alteração pela Lei n. 13.467, de 13-7-2017, em vigor 120 dias da sua publicação (*DOU* de 14-7-2017).

 X – Conta-se o prazo decadencial da ação rescisória, após o decurso do prazo legal previsto para a interposição do recurso extraordinário, apenas quando esgotadas todas as vias recursais ordinárias. (ex-OJ 145 – *DJ* 10-11-2004)

 •• Redação determinada pela Resolução n. 137, de 4-8-2005.
 •• *Vide* art. 775 da CLT.

101. **Diárias de viagem. Salário.** (incorporada a Orientação Jurisprudencial n. 292 da SDI-1)

 Integram o salário, pelo seu valor total e para efeitos indenizatórios, as diárias de viagem que excedam a 50% (cinquenta por cento) do salário do empregado, enquanto perdurarem as viagens. (Primeira parte – ex-Súmula 101 – RA 65/1980, *DJ* 18-6-1980; segunda parte – ex-OJ 292 – inserida em 11-8-2003)

 •• Redação determinada pela Resolução n. 129, de 5-4-2005.

102. **Bancário. Cargo de confiança.** (mantida)

 I – A configuração, ou não, do exercício da função de confiança a que se refere o art. 224, § 2.º, da CLT, dependente da prova das reais atribuições do empregado, é insuscetível de exame mediante recurso de revista ou de embargos. (ex-Súmula 204 – alterada pela Res. 121/2003, *DJ* 21-11-2003)

 II – O bancário que exerce a função a que se refere o § 2.º do art. 224 da CLT e recebe gratificação não inferior a um terço de seu salário já tem remuneradas as duas horas extraordinárias excedentes de seis. (ex-Súmula 166 – RA 102/1982, *DJ* 11-10-1982 e *DJ* 15-10-1982)

 III – Ao bancário exercente de cargo de confiança previsto no art. 224, § 2.º, da CLT são devidas as 7.ª e 8.ª horas, como extras, no período em que se verificar o pagamento a menor da gratificação de 1/3. (ex-OJ 288 da SBDI-1 – *DJ* 11-8-2003)

 IV – O bancário sujeito à regra do art. 224, § 2.º, da CLT cumpre jornada de trabalho de 8 (oito) horas, sendo extraordinárias as trabalhadas além da oitava. (ex-Súmula 232 – RA 14/1985, *DJ* 19-9-1985)

 V – O advogado empregado de banco, pelo simples exercício da advocacia, não exerce cargo de confiança, não se enquadrando, portanto, na hipótese do § 2.º do art. 224 da CLT. (ex-OJ 222 da SBDI-1 – inserida em 20-6-2001)

 VI – O caixa bancário, ainda que caixa executivo, não exerce cargo de confiança. Se perceber gratificação igual ou superior a um terço do salário do posto efetivo, essa remunera apenas a maior responsabilidade do cargo e não as duas horas extraordinárias além da sexta. (ex-Súmula 102 – RA 66/1980, *DJ* 18-6-1980 e republicada *DJ* 14-7-1980)

VII – O bancário exercente de função de confiança, que percebe a gratificação não inferior ao terço legal, ainda que norma coletiva contemple percentual superior, não tem direito às sétima e oitava horas como extras, mas tão somente às diferenças de gratificação de função, se postuladas. (ex-OJ 15 da SBDI-1 – inserida em 14-3-1994).

•• Redação mantida pela Resolução n. 174, de 24-5-2011.

103. Tempo de serviço. Licença-prêmio

(Cancelada pela Resolução n. 121, de 28-10-2003.)

104. Férias. Trabalhador rural

(Cancelada pela Resolução n. 121, de 28-10-2003.)

105. Funcionário público. Quinquênios

(Cancelada pela Resolução n. 121, de 28-10-2003.)

106. Aposentadoria. Ferroviário. Competência

(Cancelada pela Resolução n. 157, de 31-8-2009.)

107. Ação rescisória. Prova

(Cancelada pelo Enunciado 299, na redação determinada pela Resolução n. 9, de 1989, DJU de 14-4-1989.)

108. Compensação de horário. Acordo

(Cancelada pela Resolução n. 85, de 13-8-1998.)

109. Gratificação de função

O bancário não enquadrado no § 2.º do art. 224 da CLT, que receba gratificação de função, não pode ter o salário relativo a horas extraordinárias compensado com o valor daquela vantagem.

•• Redação determinada pela Resolução Administrativa n. 97, de 10-9-1980.

110. Jornada de trabalho. Intervalo

No regime de revezamento, as horas trabalhadas em seguida ao repouso semanal de 24 horas, com prejuízo do intervalo mínimo de 11 horas consecutivas para descanso entre jornadas, devem ser remuneradas como extraordinárias, inclusive com o respectivo adicional.

111. Equiparação salarial

(Cancelada pela Resolução n. 129, de 5-4-2005.)

112. Trabalho noturno. Petróleo

O trabalho noturno dos empregados nas atividades de exploração, perfuração, produção e refinação do petróleo, industrialização do xisto, indústria petroquímica e transporte de petróleo e seus derivados, por meio de dutos, é regulado pela Lei n. 5.811, de 11 de outubro de 1972, não se lhe aplicando a hora reduzida de 52 minutos e 30 segundos prevista no art. 73, § 2.º, da CLT.

113. Bancário. Sábado. Dia útil

O sábado do bancário é dia útil não trabalhado, não dia de repouso remunerado. Não cabe a repercussão do pagamento de horas extras habituais em sua remuneração.

114. Prescrição intercorrente

É inaplicável na Justiça do Trabalho a prescrição intercorrente.

• Vide Súmula 327 do STF (prescrição intercorrente).

115. Horas extras. Gratificações semestrais

O valor das horas extras habituais integra a remuneração do trabalhador para o cálculo das gratificações semestrais.

•• Redação determinada pela Resolução n. 121, de 28-10-2003.

116. Funcionário público. Cedido. Reajuste salarial

(Cancelada pela Resolução n. 121, de 28-10-2003.)

117. Bancário. Categoria diferenciada

Não se beneficiam do regime legal relativo aos bancários os empregados de estabelecimento de crédito pertencentes a categorias profissionais diferenciadas.

118. Jornada de trabalho. Horas extras

Os intervalos concedidos pelo empregador na jornada de trabalho, não previstos em lei, representam tempo à disposição da empresa, remunerados como serviço extraordinário, se acrescidos ao final da jornada.

119. Jornada de trabalho

Os empregados de empresas distribuidoras e corretoras de títulos e valores mobiliários não têm direito à jornada especial dos bancários.

120. Equiparação salarial. Decisão judicial

(Cancelada pela Resolução n. 129, de 5-4-2005.)

121. Funcionário público. Gratificação de produtividade

(Cancelada pela Resolução n. 121, de 28-10-2003.)

122. Revelia. Atestado médico. (incorporada a Orientação Jurisprudencial n. 74 da SDI-1)

A reclamada, ausente à audiência em que deveria apresentar defesa, é revel, ainda que presente seu advogado munido de procuração, podendo ser ilidida a revelia mediante a apresentação de atestado médico, que deverá declarar, expressamente, a impossibilidade de locomoção do empregador ou do seu preposto no dia da audiência. (Primeira parte – ex-OJ 74 – inserida em 25-11-1996; segunda parte – ex-Súmula 122, redação dada pela Res. 121/2003, DJ 21-11-2003)

•• Redação determinada pela Resolução n. 129, de 5-4-2005.

123. Competência. Art. 106 da CF

(Cancelada pela Resolução n. 121, de 28-10-2003.)

124. Bancário. Salário-hora. Divisor (alteração em razão do julgamento do processo TST-IRR-849-83.2013.5.03.0138)

I – o divisor aplicável para o cálculo das horas extras do bancário será:

a) 180, para os empregados submetidos à jornada de seis horas prevista no caput do art. 224 da CLT;

b) 220, para os empregados submetidos à jornada de oito horas, nos termos do § 2.º do art. 224 da CLT.

II – Ressalvam-se da aplicação do item anterior as decisões de mérito sobre o tema, qualquer que seja o seu teor, emanadas de Turma do TST ou da SBDI-I, no período de 27-9-2012 até 21-11-2016, conforme a modulação aprovada no precedente obrigatório firmado no Incidente de Recursos de Revista Repetitivos n. TST--IRR-849-83.2013.5.03.0138, DEJT 19-12-2016.

•• Redação determinada pela Resolução n. 219, de 26-6-2017.

125. Contrato de trabalho. Art. 479 da CLT

O art. 479 da CLT aplica-se ao trabalhador optante pelo FGTS admitido mediante contrato por prazo determinado, nos termos do art. 30, § 3.º, do Decreto n. 59.820, de 20 de dezembro de 1966.

126. Recurso. Cabimento

Incabível o recurso de revista ou de embargos (arts. 896 e 894, b, da CLT) para reexame de fatos e provas.

127. Quadro de carreira

Quadro de pessoal organizado em carreira, aprovado pelo órgão competente, excluída a hipótese de equiparação salarial, não obsta reclamação fundada em preterição, enquadramento ou reclassificação.

128. Depósito recursal. (incorporadas as Orientações Jurisprudenciais ns. 139, 189 e 190 da SDI-1)

I – É ônus da parte recorrente efetuar o depósito legal, integralmente, em relação a cada novo recurso interposto, sob pena de deserção. Atingido o valor da condenação, nenhum depósito mais é exigido para qualquer recurso. (ex-Súmula 128, redação dada pela Res 121/2003, DJ 21-11-2003, que incorporou a OJ 139 – inserida em 27-11-1998)

II – Garantido o juízo, na fase executória, a exigência de depósito para recorrer de qualquer decisão viola os incisos II e LV do art. 5.º da CF/1988. Havendo, porém, elevação do valor do débito, exige-se a complementação da garantia do juízo. (ex-OJ 189 – inserida em 8-11-2000)

III – Havendo condenação solidária de duas ou mais empresas, o depósito recursal efetuado por uma delas aproveita as demais,

quando a empresa que efetuou o depósito não pleiteia sua exclusão da lide. (ex-OJ 190 – inserida em 8-11-2000)
- Redação determinada pela Resolução n. 129, de 5-4-2005.

129. Contrato de trabalho. Grupo econômico
A prestação de serviços a mais de uma empresa do mesmo grupo econômico, durante a mesma jornada de trabalho, não caracteriza a coexistência de mais de um contrato de trabalho, salvo ajuste em contrário.

130. Adicional noturno
(Cancelada pela Resolução n. 121, de 28-10-2003.)

131. Salário mínimo. Vigência
(Cancelada pela Resolução n. 121, de 28-10-2003.)

132. Adicional de periculosidade. Integração. (incorporadas as Orientações Jurisprudenciais ns. 174 e 267 da SDI-1)
I – O adicional de periculosidade, pago em caráter permanente, integra o cálculo de indenização e de horas extras. (ex-prejulgado 3). (ex-Súmula 132 – RA 102/1982, DJ 11-10-1982/ DJ 15-10-1982 e ex-OJ 267 – inserida em 27-9-2002)

II – Durante as horas de sobreaviso, o empregado não se encontra em condições de risco, razão pela qual é incabível a integração do adicional de periculosidade sobre as mencionadas horas. (ex-OJ 174 – inserida em 8-11-2000)
- Redação determinada pela Resolução n. 129, de 5-4-2005.

133. Embargos infringentes
(Cancelada pela Resolução n. 121, de 28-10-2003.)

134. Salário. Menor não aprendiz
(Cancelada pela Resolução n. 121, de 28-10-2003.)

135. Salário. Equiparação
(Cancelada pela Resolução n. 129, de 5-4-2005.)

136. Juiz. Identidade física
(Cancelada pela Resolução n. 185, de 14-9-2012.)

137. Adicional de insalubridade
(Cancelada pela Resolução n. 121, de 28-10-2003.)

138. Readmissão
Em caso de readmissão, conta-se a favor do empregado o período de serviço anterior, encerrado com a saída espontânea. Ex-prejulgado n. 9.

139. Adicional de insalubridade. (incorporada a Orientação Jurisprudencial n. 102 da SDI-1)
Enquanto percebido, o adicional de insalubridade integra a remuneração para todos os efeitos legais. (ex-OJ 102 – inserida em 1.º-10-1997)
- Redação determinada pela Resolução n. 129, de 5-4-2005.

140. Vigia
É assegurado ao vigia sujeito ao trabalho noturno o direito ao respectivo adicional. Ex-prejulgado n. 12.

141. Dissídio coletivo
(Cancelada pela Resolução n. 121, de 28-10-2003.)

142. Gestante. Dispensa
(Cancelada pela Resolução n. 121, de 28-10-2003.)

143. Salário profissional
O salário profissional dos médicos e dentistas guarda proporcionalidade com as horas efetivamente trabalhadas, respeitado o mínimo de 50 (cinquenta) horas mensais. Ex-prejulgado n. 15.

144. Ação rescisória
(Cancelada pela Resolução n. 121, de 28-10-2003.)

145. Gratificação de Natal
(Cancelada pela Resolução n. 121, de 28-10-2003.)

146. Trabalho em domingos e feriados, não compensado
O trabalho prestado em domingos e feriados, não compensado, deve ser pago em dobro, sem prejuízo da remuneração relativa ao repouso semanal.
- Redação determinada pela Resolução n. 121, de 28-10-2003.

147. Férias. Indenização
(Cancelada pela Resolução n. 121, de 28-10-2003.)

148. Gratificação natalina
É computável a gratificação de Natal para efeito de cálculo de indenização. Ex-prejulgado n. 20.

149. Tarefeiro. Férias
A remuneração das férias do tarefeiro deve ser calculada com base na média da produção do período aquisitivo, aplicando-se-lhe a tarifa da data da concessão. Ex-prejulgado n. 22.

150. Demissão. Incompetência da Justiça do Trabalho
(Cancelada pela Resolução n. 121, de 28-10-2003.)

151. Férias. Remuneração
(Cancelada pela Resolução n. 121, de 28-10-2003.)

152. Gratificação. Ajuste tácito
O fato de constar do recibo de pagamento de gratificação o caráter de liberalidade não basta, por si só, para excluir a existência de ajuste tácito. Ex-prejulgado n. 25.

153. Prescrição
Não se conhece de prescrição não arguida na instância ordinária. Ex-prejulgado n. 27.

154. Mandado de segurança
(Cancelada pela Resolução n. 121, de 28-10-2003.)

155. Ausência ao serviço
As horas em que o empregado falta ao serviço para comparecimento necessário, como parte, à Justiça do Trabalho não serão descontadas de seus salários. Ex-prejulgado n. 30.

156. Prescrição. Prazo
Da extinção do último contrato começa a fluir o prazo prescricional do direito de ação em que se objetiva a soma de períodos descontínuos de trabalho. Ex-prejulgado n. 31.

157. Gratificação
A gratificação instituída pela Lei n. 4.090, de 13 de julho de 1962, é devida na resilição contratual de iniciativa do empregado. Ex-prejulgado n. 32.

158. Ação rescisória
Da decisão de Tribunal Regional do Trabalho, em ação rescisória, é cabível recurso ordinário para o Tribunal Superior do Trabalho, em face da organização judiciária trabalhista. Ex-prejulgado n. 35.

159. Substituição de caráter não eventual e vacância do cargo. (incorporada a Orientação Jurisprudencial n. 112 da SDI-1)
I – Enquanto perdurar a substituição que não tenha caráter meramente eventual, inclusive nas férias, o empregado substituto fará jus ao salário contratual do substituído. (ex-Súmula 159 – Res. 121/2003, DJ 21-11-2003)

II – Vago o cargo em definitivo, o empregado que passa a ocupá-lo não tem direito a salário igual ao do antecessor. (ex-OJ 112 – inserida em 1.º-10-1997)
- Redação determinada pela Resolução n. 129, de 5-4-2005.

160. Aposentadoria por invalidez
Cancelada a aposentadoria por invalidez, mesmo após cinco anos, o trabalhador terá direito de retornar ao emprego, facultado, porém, ao empregador, indenizá-lo na forma da lei. Ex-prejulgado n. 37.

161. Depósito. Condenação a pagamento em pecúnia
Se não há condenação a pagamento em pecúnia, descabe o depósito de que tratam os §§ 1.º e 2.º do art. 899 da CLT. Ex-prejulgado n. 39.

162. Insalubridade
(Cancelada pela Resolução n. 59, de 20-6-1996.)

163. **Aviso prévio. Contrato de experiência**
Cabe aviso prévio nas rescisões antecipadas dos contratos de experiência, na forma do art. 481 da CLT. Ex-prejulgado n. 42.

164. (*Cancelada pela Resolução n. 210, de 27-6-2016.*)

165. **Depósito. Recurso. Conta vinculada**
(*Cancelada pela Resolução n. 87, de 8-10-1998.*)

166. **Bancário. Cargo de confiança. Jornada de trabalho**
(*Cancelada pela Resolução n. 129, de 5-4-2005.*)

167. **Vogal. Investidura. Recurso**
(*Cancelada pela Resolução n. 121, de 28-10-2003.*)

168. **Prescrição. Prestações periódicas. Contagem**
(*Cancelada pelo Enunciado 294, Resolução n. 4, de 1989, DJU de 14-4-1989.*)

169. **Ação rescisória. Justiça do Trabalho. Depósito prévio**
(*Cancelada pela Resolução n. 121, de 28-10-2003.*)

170. **Sociedade de economia mista. Custas**
Os privilégios e isenções no foro da Justiça do Trabalho não abrangem as sociedades de economia mista, ainda que gozassem desses benefícios anteriormente ao Decreto-lei n. 779, de 21-8-1969. Ex-prejulgado n. 50.

171. **Férias proporcionais. Contrato de trabalho. Extinção**
Salvo na hipótese de dispensa do empregado por justa causa, a extinção do contrato de trabalho sujeita o empregador ao pagamento da remuneração das férias proporcionais, ainda que incompleto o período aquisitivo de 12 (doze) meses (art. 147 da CLT). Ex-prejulgado n. 51.
•• Redação determinada pela Resolução n. 121, de 28-10-2003.

172. **Repouso remunerado. Horas extras. Cálculo**
Computam-se no cálculo do repouso remunerado as horas extras habitualmente prestadas. Ex-prejulgado n. 52.

173. **Salário. Empresa. Cessação de atividades**
Extinto, automaticamente, o vínculo empregatício com a cessação das atividades da empresa, os salários só são devidos até a data da extinção. Ex-prejulgado n. 53.

174. **Previdência. Lei n. 3.841/1960. Aplicação**
(*Cancelada pela Resolução n. 121, de 28-10-2003.*)

175. **Recurso adesivo. Art. 500 do CPC. Inaplicabilidade**
(*Cancelada pela Resolução n. 121, de 28-10-2003.*)

176. **Fundo de garantia. Levantamento do depósito**
(*Cancelada pela Resolução n. 130, de 5-5-2005.*)

177. **Dissídio coletivo. Sindicato. Representação**
(*Cancelada pela Resolução n. 121, de 28-10-2003.*)

178. **Telefonista. Art. 227, e parágrafos, da CLT. Aplicabilidade**
É aplicável à telefonista de mesa de empresa que não explora o serviço de telefonia o disposto no art. 227, e seus parágrafos, da CLT. Ex-prejulgado n. 59.

179. **Inconstitucionalidade. Art. 22 da Lei n. 5.107/1966**
(*Cancelada pela Resolução n. 121, de 28-10-2003.*)

180. **Ação de cumprimento. Substituição processual. Desistência**
(*Cancelada pela Resolução n. 121, de 28-10-2003.*)

181. **Adicional. Tempo de serviço. Reajuste semestral. Lei n. 6.708/1979**
(*Cancelada pela Resolução n. 121, de 28-10-2003.*)

182. **Aviso prévio. Indenização compensatória. Lei n. 6.708, de 30-10-1979**
O tempo do aviso prévio, mesmo indenizado, conta-se para efeito da indenização adicional prevista no art. 9.º da Lei n. 6.708, de 30 de outubro de 1979.

183. **Embargos. Recurso de revista. Despacho denegatório. Agravo de instrumento. Não cabimento**
(*Cancelada pela Resolução n. 121, de 28-10-2003.*)

184. **Embargos declaratórios. Omissão em recurso de revista. Preclusão**
Ocorre preclusão se não forem opostos embargos declaratórios para suprir omissão apontada em recurso de revista ou de embargos.

185. **Embargos sob intervenção do Banco Central. Liquidação extrajudicial. Juros. Correção monetária. Lei n. 6.024/1974**
(*Cancelada pela Resolução n. 121, de 28-10-2003.*)

186. **Licença-prêmio. Conversão em pecúnia. Regulamento da empresa**
A licença-prêmio, na vigência do contrato de trabalho, não pode ser convertida em pecúnia, salvo se expressamente admitida a conversão no regulamento da empresa.
•• Redação determinada pela Resolução n. 121, de 28-10-2003.

187. **Correção monetária. Incidência**
A correção monetária não incide sobre o débito do trabalhador reclamante.

188. **Contrato de trabalho. Experiência. Prorrogação**
O contrato de experiência pode ser prorrogado, respeitado o limite máximo de 90 (noventa) dias.

189. **Greve. Competência da Justiça do Trabalho. Abusividade**
A Justiça do Trabalho é competente para declarar a abusividade, ou não, da greve.
•• Redação determinada pela Resolução n. 121, de 28-10-2003.

190. **Poder normativo do TST. Condições de trabalho. Inconstitucionalidade. Decisões contrárias ao STF**
Ao julgar ou homologar ação coletiva ou acordo nela havido, o Tribunal Superior do Trabalho exerce o poder normativo constitucional, não podendo criar ou homologar condições de trabalho que o Supremo Tribunal Federal julgue iterativamente inconstitucionais.

191. **Adicional de Periculosidade. Incidência. Base de Cálculo** (cancelada a parte final da antiga redação e inseridos os itens II e III)
I – O adicional de periculosidade incide apenas sobre o salário básico e não sobre este acrescido de outros adicionais.
II – O adicional de periculosidade do empregado eletricitário, contratado sob a égide da Lei n. 7.369/1985, deve ser calculado sobre a totalidade das parcelas de natureza salarial. Não é válida norma coletiva mediante a qual se determina a incidência do referido adicional sobre o salário básico.
III – A alteração da base de cálculo do adicional de periculosidade do eletricitário promovida pela Lei n. 12.740/2012 atinge somente contrato de trabalho firmado a partir de sua vigência, de modo que, nesse caso, o cálculo será realizado exclusivamente sobre o salário básico, conforme determina o § 1.º do art. 193 da CLT.
•• Redação determinada pela Resolução n. 214, de 28-11-2016.

192. **Ação rescisória. Competência.** (atualizada em decorrência do CPC de 2015)
I – Se não houver o conhecimento de recurso de revista ou de embargos, a competência para julgar ação que vise a rescindir a decisão de mérito é do Tribunal Regional do Trabalho, ressalvado o disposto no item II.
II – Acórdão rescindendo do Tribunal Superior do Trabalho que não conhece de recurso de embargos ou de revista, analisando arguição de violação de dispositivo de lei material ou decidindo em consonância com súmula de direito material ou com iterativa, notória e atual jurisprudência de direito material da Seção de Dissídios Individuais (Súmula 333), examina o mérito da causa, cabendo ação rescisória da competência do Tribunal Superior do Trabalho. (ex-Súmula 192 – alterada pela Res. 121/2003, *DJ* 21-11-2003)
III – Sob a égide do art. 512 do CPC de 1973, é juridicamente impossível o pedido explícito de desconstituição de sentença quando substituída por acórdão do Tribunal Regional ou superveniente sentença homologatória de acordo que puser fim ao litígio.
IV – Na vigência do CPC de 1973, é manifesta a impossibilidade jurídica do pedido de rescisão de julgado proferido em agravo de ins-

trumento que, limitando-se a aferir o eventual desacerto do juízo negativo de admissibilidade do recurso de revista, não substitui o acórdão regional, na forma do art. 512 do CPC. (ex-OJ 105 da SBDI-2 – DJ 29-4-2003)

V – A decisão proferida pela SBDI, em agravo regimental, calcada na Súmula 333, substitui acórdão de Turma do TST, porque emite juízo de mérito, comportando, em tese, o corte rescisório. (ex-OJ 133 da SBDI-2 – DJ 4-5-2004).

•• Redação determinada pela Resolução n. 212, de 19-9-2016.

193. Correção monetária. Juros. Cálculo. Execução de sentença. Pessoa jurídica de direito público
(Cancelada pela Resolução n. 105, de 7-12-2000.)

194. Ação rescisória. Justiça do Trabalho. Depósito prévio
(Cancelada pela Resolução n. 142, de 27-9-2007.)

195. Embargos. Agravo regimental. Cabimento
(Cancelada pela Resolução n. 121, de 28-10-2003.)

196. Recurso adesivo. Prazo
(Cancelada pela Resolução n. 121, de 28-10-2003.)

197. Prazo
O prazo para recurso da parte que, intimada, não comparecer à audiência em prosseguimento para a prolação da sentença conta-se de sua publicação.

198. Prescrição
(Cancelada pelo Enunciado 294, Resolução n. 4, de 1989, DJU de 14-4-1989.)

199. Bancário. Pré-contratação de horas extras. (incorporadas as Orientações Jurisprudenciais ns. 48 e 63 da SDI-1)

I – A contratação do serviço suplementar, quando da admissão do trabalhador bancário, é nula. Os valores assim ajustados apenas remuneram a jornada normal, sendo devidas as horas extras com o adicional de, no mínimo, 50% (cinquenta por cento), as quais não configuram pré-contratação, se pactuadas após a admissão do bancário. (ex-Súmula 199, Res. 41/1995, DJ 17-2-1995 e ex-OJ 48 – inserida em 25-11-1996)

II – Em se tratando de horas extras pré-contratadas, opera-se a prescrição total se a ação não for ajuizada no prazo de cinco anos, a partir da data em que foram suprimidas. (ex-OJ 63 – inserida em 14-3-1994)

•• Redação determinada pela Resolução n. 129, de 5-4-2005.

200. Juros de mora. Incidência
Os juros de mora incidem sobre a importância da condenação já corrigida monetariamente.

201. Recurso ordinário em mandado de segurança
Da decisão do Tribunal Regional do Trabalho em mandado de segurança cabe recurso ordinário, no prazo de 8 (oito) dias, para o Tribunal Superior do Trabalho, e igual dilação para o recorrido e interessados apresentarem razões de contrariedade.

202. Gratificação por tempo de serviço. Compensação
Existindo, ao mesmo tempo, gratificação por tempo de serviço outorgada pelo empregador e outra da mesma natureza prevista em acordo coletivo, convenção coletiva ou sentença normativa, o empregado tem direito a receber, exclusivamente, a que lhe seja mais benéfica.

203. Gratificação por tempo de serviço. Natureza salarial
A gratificação por tempo de serviço integra o salário para todos os efeitos legais.

204. Bancário. Cargo de confiança. Caracterização
(Cancelada pela Resolução n. 129, de 5-4-2005.)

205. Grupo econômico. Execução. Solidariedade
(Cancelada pela Resolução n. 121, de 28-10-2003.)

206. FGTS. Incidência sobre parcelas prescritas
A prescrição da pretensão relativa às parcelas remuneratórias alcança o respectivo recolhimento da contribuição para o FGTS.

•• Redação determinada pela Resolução n. 121, de 28-10-2003.

207. Conflitos de leis trabalhistas no espaço. Princípio da lex loci executionis
(Cancelada pela Resolução n. 181, de 16-4-2012.)

208. Recurso de revista. Admissibilidade. Interpretação de cláusula de natureza contratual
(Cancelada pela Resolução n. 59, de 20-6-1996.)

209. Cargo em comissão. Reversão
(Cancelada pela Resolução n. 81, de 25-11-1985.)

210. Recurso de revista. Execução de sentença
(Cancelada pela Resolução n. 121, de 28-10-2003.)

211. Juros de mora e correção monetária. Independência do pedido inicial e do título executivo judicial
Os juros de mora e a correção monetária incluem-se na liquidação, ainda que omisso o pedido inicial ou a condenação.

212. Despedimento. Ônus da prova
O ônus de provar o término do contrato de trabalho, quando negados a prestação de serviço e o despedimento, é do empregador, pois o princípio da continuidade da relação de emprego constitui presunção favorável ao empregado.

213. Embargos de declaração. Suspensão do prazo recursal
(Cancelada pela Resolução n. 46, de 6-4-1995.)

214. Decisão interlocutória. Irrecorribilidade
Na Justiça do Trabalho, nos termos do art. 893, § 1.º, da CLT, as decisões interlocutórias não ensejam recurso imediato, salvo nas hipóteses de decisão:

a) de Tribunal Regional do Trabalho contrária à Súmula ou Orientação Jurisprudencial do Tribunal Superior do Trabalho;

b) suscetível de impugnação mediante recurso para o mesmo Tribunal;

c) que acolhe exceção de incompetência territorial, com a remessa dos autos para Tribunal Regional distinto daquele a que se vincula o juízo excepcionado, consoante o disposto no art. 799, § 2.º, da CLT.

•• Redação determinada pela Resolução n. 127, de 3-3-2005.
• Vide art. 1.º, § 1.º, da Instrução Normativa n. 39, de 15-3-2016.

215. Horas extras não contratadas expressamente. Adicional devido
(Cancelada pela Resolução n. 28, de 27-4-1994.)

216. Deserção. Relação de empregados. Autenticação mecânica desnecessária
(Cancelada pela Resolução n. 87, de 8-10-1998.)

217. Depósito recursal. Credenciamento bancário. Prova dispensável
O credenciamento dos bancos para o fim de recebimento do depósito recursal é fato notório, independendo da prova.

218. Recurso de revista. Acórdão proferido em agravo de instrumento
É incabível recurso de revista interposto de acórdão regional prolatado em agravo de instrumento.

219. Honorários advocatícios. Cabimento. (alterada a redação do item I e acrescidos os itens IV a VI na sessão do Tribunal Pleno realizada em 15-3-2016)

I – Na Justiça do Trabalho, a condenação ao pagamento de honorários advocatícios não decorre pura e simplesmente da sucumbência, devendo a parte, concomitantemente: a) estar assistida por sindicato da categoria profissional; b) comprovar a percepção de salário inferior ao dobro do salário mínimo ou encontrar-se em situação econômica que não lhe permita demandar sem prejuízo do próprio sustento ou da respectiva família (art. 14, § 1.º, da Lei n. 5.584/1970) (ex-OJ n. 305 da SBDI-I).

II – É cabível a condenação ao pagamento de honorários advocatícios em ação rescisória no processo trabalhista.

III – São devidos os honorários advocatícios nas causas em que o ente sindical figure como substituto processual e nas lides que não derivem da relação de emprego.

IV – Na ação rescisória e nas lides que não derivem de relação de emprego, a responsabilidade pelo pagamento dos honorários advocatícios da sucumbência submete-se à disciplina do Código de Processo Civil (arts. 85, 86, 87 e 90).

V – Em caso de assistência judiciária sindical ou de substituição processual sindical, excetuados os processos em que a Fazenda Pública for parte, os honorários advocatícios são devidos entre o mínimo de dez e o máximo de vinte por cento sobre o valor da condenação, do proveito econômico obtido ou, não sendo possível mensurá-lo, sobre o valor atualizado da causa (CPC de 2015, art. 85, § 2.º).

VI – Nas causas em que a Fazenda Pública for parte, aplicar-se-ão os percentuais específicos de honorários advocatícios contemplados no Código de Processo Civil.

•• Redação determinada pela Resolução n. 204, de 15-3-2016.
•• Vide art. 6.º da Instrução Normativa n. 41, de 21-6-2018.

220. Honorários advocatícios. Substituição processual

(*Cancelada pela Resolução n. 55, de 11-4-1996.*)

221. Recurso de revista. Violação de lei. Indicação de preceito. (cancelado o item II e conferida nova redação na sessão do Tribunal Pleno realizada em 14-9-2012)

A admissibilidade do recurso de revista por violação tem como pressuposto a indicação expressa do dispositivo de lei ou da Constituição tido como violado.

•• Redação determinada pela Resolução n. 185, de 14-9-2012.

222. Dirigentes de associações profissionais. Estabilidade provisória

(*Cancelada pela Resolução n. 84, de 13-8-1998.*)

223. Prescrição. Opção pelo sistema do Fundo de Garantia do Tempo de Serviço. Termo inicial

(*Cancelada pela Resolução n. 121, de 28-10-2003.*)

224. Competência. Ação de cumprimento. Sindicato. Desconto assistencial

(*Cancelada pela Resolução n. 121, de 28-10-2003.*)

225. Repouso semanal. Cálculo. Gratificações por tempo de serviço e produtividade

As gratificações por tempo de serviço e produtividade, pagas mensalmente, não repercutem no cálculo do repouso semanal remunerado.

226. Bancário. Gratificação por tempo de serviço. Integração no cálculo das horas extras

A gratificação por tempo de serviço integra o cálculo das horas extras.

227. Salário-família. Trabalhador rural

(*Cancelada pela Resolução n. 121, de 28-10-2003.*)

228. Adicional de insalubridade. Base de cálculo. (redação alterada na sessão do Tribunal Pleno em 26-6-2008) – Res. 148/2008, *DJ* 4 e 7-7-2008 – Republicada *DJ* 8, 9 e 10-7-2008. Súmula cuja eficácia está suspensa por decisão liminar do Supremo Tribunal Federal

A partir de 9 de maio de 2008, data da publicação da Súmula Vinculante n. 4 do Supremo Tribunal Federal, o adicional de insalubridade será calculado sobre o salário básico, salvo critério mais vantajoso fixado em instrumento coletivo.

•• Redação determinada pela Resolução n. 185, de 14-9-2012.

229. Sobreaviso. Eletricitários

Por aplicação analógica do art. 244, § 2.º, da CLT, as horas de sobreaviso dos eletricitários são remuneradas à base de 1/3 sobre a totalidade das parcelas de natureza salarial.

•• Redação determinada pela Resolução n. 121, de 28-10-2003.

230. Aviso prévio. Substituição pelo pagamento das horas reduzidas da jornada de trabalho

É ilegal substituir o período que se reduz da jornada de trabalho, no aviso prévio, pelo pagamento das horas correspondentes.

231. Quadro de carreira. Homologação pelo Conselho Nacional de Política Salarial. Eficácia

(*Cancelada pela Resolução n. 121, de 28-10-2003.*)

232. Bancário. Cargo de confiança. Jornada. Horas extras

(*Cancelada pela Resolução n. 129, de 5-4-2005.*)

233. Bancário. Chefe

(*Cancelada pela Resolução n. 121, de 28-10-2003.*)

234. Bancário. Subchefe

(*Cancelada pela Resolução n. 121, de 28-10-2003.*)

235. Distrito Federal e autarquias. Correção automática dos salários. Inaplicabilidade da Lei n. 6.708/1979

(*Cancelada pela Resolução n. 121, de 28-10-2003.*)

236. Honorários periciais. Responsabilidade

(*Cancelada pela Resolução n. 121, de 28-10-2003.*)

237. Bancário. Tesoureiro

(*Cancelada pela Resolução n. 121, de 28-10-2003.*)

238. Bancário. Subgerente

(*Cancelada pela Resolução n. 121, de 28-10-2003.*)

239. Bancário. Empregado de empresa de processamento de dados. (incorporadas as Orientações Jurisprudenciais ns. 64 e 126 da SDI-1)

É bancário o empregado de empresa de processamento de dados que presta serviço a banco integrante do mesmo grupo econômico, exceto quando a empresa de processamento de dados presta serviços a banco e a empresas não bancárias do mesmo grupo econômico ou a terceiros. (Primeira parte – ex-Súmula 239 – Res. 12/1985, *DJ* 9-12-1985; segunda parte – ex-OJs 64 – inserida em 13-9-1994 e 126 – inserida em 20-4-1998)

•• Redação determinada pela Resolução n. 129, de 5-4-2005.

240. Bancário. Gratificação de função e adicional por tempo de serviço

O adicional por tempo de serviço integra o cálculo da gratificação prevista no art. 224, § 2.º, da CLT.

241. Salário-utilidade. Alimentação

O vale para refeição, fornecido por força do contrato de trabalho, tem caráter salarial, integrando a remuneração do empregado, para todos os efeitos legais.

• Vide OJ 413 da SDI-1.

242. Indenização adicional. Valor

A indenização adicional, prevista no art. 9.º da Lei n. 6.708, de 30-10-1979 e no art. 9.º da Lei n. 7.238, de 28-10-1984, corresponde ao salário mensal, no valor devido na data da comunicação do despedimento, integrado pelos adicionais legais ou convencionados, ligados à unidade de tempo mês, não sendo computável a gratificação natalina.

243. Opção pelo regime trabalhista. Supressão das vantagens estatutárias

Exceto na hipótese de previsão contratual ou legal expressa, a opção do funcionário público pelo regime trabalhista implica a renúncia dos direitos inerentes ao regime estatutário.

244. Gestante. Estabilidade provisória. (redação do item III alterada na sessão do Tribunal Pleno realizada em 14-9-2012)

I – O desconhecimento do estado gravídico pelo empregador não afasta o direito ao pagamento da indenização decorrente da estabilidade (art. 10, II, *b* do ADCT).

II – A garantia de emprego à gestante só autoriza a reintegração se esta se der durante o período de estabilidade. Do contrário, a garantia restringe-se aos salários e demais direitos correspondentes ao período de estabilidade.

III – A empregada gestante tem direito à estabilidade provisória prevista no art. 10, inciso II, alínea b, do Ato das Disposições Constitucionais Transitórias, mesmo na hipótese de admissão mediante contrato por tempo determinado.
•• Redação determinada pela Resolução n. 185, de 14-9-2012.

245. Depósito recursal. Prazo
O depósito recursal deve ser feito e comprovado no prazo alusivo ao recurso. A interposição antecipada deste não prejudica a dilação legal.

246. Ação de cumprimento. Trânsito em julgado da sentença normativa
É dispensável o trânsito em julgado da sentença normativa para a propositura da ação de cumprimento.

247. Quebra de caixa. Natureza jurídica
A parcela paga aos bancários sob a denominação "quebra de caixa" possui natureza salarial, integrando o salário do prestador de serviços, para todos os efeitos legais.

248. Adicional de insalubridade. Direito adquirido
A reclassificação ou a descaracterização da insalubridade, por ato da autoridade competente, repercute na satisfação do respectivo adicional, sem ofensa a direito adquirido ou ao princípio da irredutibilidade salarial.

249. Aumento salarial setorizado. Tabela única
(Cancelada pela Resolução n. 121, de 28-10-2003.)

250. Plano de classificação. Parcelas antiguidade e desempenho. Aglutinação ao salário
(Cancelada pela Resolução n. 121, de 28-10-2003.)

251. Participação nos lucros. Natureza salarial
(Cancelada pela Resolução n. 33, de 4-5-1994.)

252. Funcionário público. Cedido. Reajuste salarial
(Cancelada pela Resolução n. 121, de 28-10-2003.)

253. Gratificação semestral. Repercussões
A gratificação semestral não repercute no cálculo das horas extras, das férias e do aviso prévio, ainda que indenizados. Repercute, contudo, pelo seu duodécimo na indenização por antiguidade e na gratificação natalina.
•• Redação determinada pela Resolução n. 121, de 28-10-2003.

254. Salário-família. Termo inicial da obrigação
O termo inicial do direito ao salário-família coincide com a prova da filiação. Se feita em juízo, corresponde à data de ajuizamento do pedido, salvo se comprovado que anteriormente o empregador se recusara a receber a respectiva certidão.

255. Substituição processual. Desistência
(Cancelada pela Resolução n. 121, de 28-10-2003.)

256. Contrato de prestação de serviços. Legalidade
(Cancelada pela Resolução n. 121, de 28-10-2003.)

257. Vigilante
O vigilante, contratado diretamente por banco ou por intermédio de empresas especializadas, não é bancário.

258. Salário-utilidade. Percentuais
Os percentuais fixados em lei relativos ao salário in natura apenas se referem às hipóteses em que o empregado percebe salário mínimo, apurando-se, nas demais, o real valor da utilidade.
•• Redação determinada pela Resolução n. 121, de 28-10-2003.

259. Termo de conciliação. Ação rescisória
Só por ação rescisória é impugnável o termo de conciliação previsto no parágrafo único do art. 831 da CLT.

260. Salário-maternidade. Contrato de experiência
(Cancelada pela Resolução n. 121, de 28-10-2003.)

261. Férias proporcionais. Pedido de demissão. Contrato vigente há menos de um ano
O empregado que se demite antes de completar 12 (doze) meses de serviço tem direito a férias proporcionais.

•• Redação determinada pela Resolução n. 121, de 28-10-2003.

262. Prazo judicial. Notificação ou intimação em sábado. Recesso forense. (redação do item II alterada na sessão do Tribunal Pleno realizada em 19-5-2014)
I – Intimada ou notificada a parte no sábado, o início do prazo se dará no primeiro dia útil imediato e a contagem, no subsequente.
II – O recesso forense e as férias coletivas dos Ministros do Tribunal Superior do Trabalho suspendem os prazos recursais.
•• Redação determinada pela Resolução n. 194, de 19-5-2014.
•• Vide art. 775 da CLT.

263. Petição inicial. Indeferimento. Instrução obrigatória deficiente
Salvo nas hipóteses do art. 330 do CPC de 2015 (art. 295 do CPC de 1973), o indeferimento da petição inicial, por encontrar-se desacompanhada de documento indispensável à propositura da ação ou não preencher outro requisito legal, somente é cabível se, após intimada para suprir a irregularidade em 15 (quinze) dias, mediante indicação precisa do que deve ser corrigido ou completado, a parte não o fizer (art. 321 do CPC de 2015).
•• Redação determinada pela Resolução n. 208, de 19-4-2016.

264. Hora suplementar. Cálculo
A remuneração do serviço suplementar é composta do valor da hora normal, integrado por parcelas de natureza salarial e acrescido do adicional previsto em lei, contrato, acordo, convenção coletiva ou sentença normativa.

265. Adicional noturno. Alteração de turno de trabalho. Possibilidade de supressão
A transferência para o período diurno de trabalho implica a perda do direito ao adicional noturno.

266. Recurso de revista. Admissibilidade. Execução de sentença
A admissibilidade do recurso de revista interposto de acórdão proferido em agravo de petição, na liquidação de sentença ou em processo incidente na execução, inclusive os embargos de terceiro, depende de demonstração inequívoca de violência direta à Constituição Federal.

267. Bancário. Valor do salário-hora. Divisor
(Cancelada pela Resolução n. 121, de 28-10-2003.)

268. Prescrição. Interrupção. Ação trabalhista arquivada
A ação trabalhista, ainda que arquivada, interrompe a prescrição somente em relação aos pedidos idênticos.
•• Redação determinada pela Resolução n. 121, de 28-10-2003.

269. Diretor eleito. Cômputo do período como tempo de serviço
O empregado eleito para ocupar cargo de diretor tem o respectivo contrato de trabalho suspenso, não se computando o tempo de serviço desse período, salvo se permanecer a subordinação jurídica inerente à relação de emprego.

270. Representação processual. Mandato expresso. Ausência de firma reconhecida
(Cancelada pela Resolução n. 49, de 24-8-1995.)

271. Substituição processual. Adicionais de insalubridade e de periculosidade
(Cancelada pela Resolução n. 121, de 28-10-2003.)

272. Agravo de instrumento. Traslado deficiente
(Cancelada pela Resolução n. 121, de 28-10-2003.)

273. Constitucionalidade. Decretos-leis n. 2.012/1983 e 2.045/1983
(Cancelada pela Resolução n. 121, de 28-10-2003.)

274. Prescrição parcial. Equiparação salarial
(Cancelada pela Resolução n. 129, de 5-4-2005.)

275. Prescrição. Desvio de função e reenquadramento. (incorporada a Orientação Jurisprudencial n. 144 da SDI-1)
I – Na ação que objetive corrigir desvio funcional, a prescrição só alcança as diferenças salariais vencidas no período de 5 (cinco) anos

que precedeu o ajuizamento. (ex-Súmula 275 – Res 121/2003, DJ 21-11-2003)

II – Em se tratando de pedido de reenquadramento, a prescrição é total, contada da data do enquadramento do empregado. (ex-OJ 144 – inserida em 27-11-1998)

•• Redação determinada pela Resolução n. 129, de 5-4-2005.

276. Aviso prévio. Renúncia pelo empregado

O direito ao aviso prévio é irrenunciável pelo empregado. O pedido de dispensa de cumprimento não exime o empregador de pagar o respectivo valor, salvo comprovação de haver o prestador dos serviços obtido novo emprego.

277. Convenção coletiva de trabalho ou acordo coletivo de trabalho. Eficácia. Ultratividade. (redação alterada na sessão do Tribunal Pleno realizada em 14-9-2012)

As cláusulas normativas dos acordos coletivos ou convenções coletivas integram os contratos individuais de trabalho e somente poderão ser modificadas ou suprimidas mediante negociação coletiva de trabalho.

•• Redação determinada pela Resolução n. 185, de 14-9-2012.
•• Vide art. 614, § 3.º, da CLT.

278. Embargos de declaração. Omissão no julgado

A natureza da omissão suprida pelo julgamento de embargos declaratórios pode ocasionar efeito modificativo no julgado.

279. Recurso contra sentença normativa. Efeito suspensivo. Cassação

A cassação de efeito suspensivo concedido a recurso interposto de sentença normativa retroage à data do despacho que o deferiu.

280. Convenção coletiva. Sociedade de economia mista. Audiência prévia do órgão oficial competente

(Cancelada pela Resolução n. 2, de 1990, DJU de 10-1-1991.)

281. Piso salarial. Professores

(Cancelada pela Resolução n. 121, de 28-10-2003.)

282. Abono de faltas. Serviço médico da empresa

Ao serviço médico da empresa ou ao mantido por esta última mediante convênio compete abonar os primeiros 15 (quinze) dias de ausência ao trabalho.

283. Recurso adesivo. Pertinência no processo do trabalho. Correlação de matérias

O recurso adesivo é compatível com o processo do trabalho e cabe, no prazo de 8 (oito) dias, nas hipóteses de interposição de recurso ordinário, de agravo de petição, de revista e de embargos, sendo desnecessário que a matéria nele veiculada esteja relacionada com a do recurso interposto pela parte contrária.

284. Correção monetária. Empresas em liquidação. Lei n. 6.024/1974

(Cancelada pela Resolução n. 121, de 28-10-2003.)

285. Recurso de revista. Admissibilidade parcial pelo Juiz-Presidente do Tribunal Regional do Trabalho. Efeito

(Cancelada pela Resolução n. 204, de 15-3-2016.)

286. Sindicato. Substituição processual. Convenção e acordo coletivos

A legitimidade do sindicato para propor ação de cumprimento estende-se também à observância de acordo ou de convenção coletivos.

•• Redação determinada pela Resolução n. 98, de 11-9-2000.

287. Jornada de trabalho. Gerente bancário

A jornada de trabalho do empregado de banco gerente de agência é regida pelo art. 224, § 2.º, da CLT. Quanto ao gerente-geral de agência bancária, presume-se o exercício de encargo de gestão, aplicando-se-lhe o art. 62 da CLT.

•• Redação determinada pela Resolução n. 121, de 28-10-2003.

288. Complementação dos proventos da aposentadoria

I – A complementação dos proventos de aposentadoria, instituída, regulamentada e paga diretamente pelo empregador, sem vínculo com as entidades de previdência privada fechada, é regida pelas normas em vigor na data de admissão do empregado, ressalvadas as alterações que forem mais benéficas (art. 468 da CLT).

II – Na hipótese de coexistência de dois regulamentos de planos de previdência complementar, instituídos pelo empregador ou por entidade de previdência privada, a opção do beneficiário por um deles tem efeito jurídico de renúncia às regras do outro.

III – Após a entrada em vigor das Leis Complementares n. 108 e 109, de 29-5-2001, reger-se-á a complementação dos proventos de aposentadoria pelas normas vigentes na data da implementação dos requisitos para obtenção do benefício, ressalvados o direito adquirido do participante que anteriormente implementara os requisitos para o benefício e o direito acumulado do empregado que até então não preenchera tais requisitos.

IV – O entendimento da primeira parte do item III aplica-se aos processos em curso no Tribunal Superior do Trabalho em que, em 12-4-2016, ainda não haja sido proferida decisão de mérito por suas Turmas e Seções.

•• Redação determinada pela Resolução n. 207, de 12-4-2016.

289. Insalubridade. Adicional. Fornecimento do aparelho de proteção. Efeito

O simples fornecimento do aparelho de proteção pelo empregador não o exime do pagamento do adicional de insalubridade. Cabe-lhe tomar as medidas que conduzam à diminuição ou eliminação da nocividade, entre as quais as relativas ao uso efetivo do equipamento pelo empregado.

290. Gorjetas. Natureza jurídica. Ausência de distinção quanto à forma de recebimento

(Cancelada pela Resolução n. 121, de 28-10-2003.)

291. Horas extras. Habitualidade. Supressão. Indenização. (nova redação em decorrência do julgamento do processo TST-IUJERR 10700-45.2007.5.22.0101)

A supressão total ou parcial, pelo empregador, de serviço suplementar prestado com habitualidade, durante pelo menos 1 (um) ano, assegura ao empregado o direito à indenização correspondente ao valor de 1 (um) mês das horas suprimidas, total ou parcialmente, para cada ano ou fração igual ou superior a seis meses de prestação de serviço acima da jornada normal. O cálculo observará a média das horas suplementares nos últimos 12 (doze) meses anteriores à mudança, multiplicada pelo valor da hora extra do dia da supressão.

•• Redação determinada pela Resolução n. 174, de 24-5-2011.

292. Adicional de insalubridade. Trabalhador rural

(Cancelada pela Resolução n. 121, de 28-10-2003.)

293. Adicional de insalubridade. Causa de pedir. Agente nocivo diverso do apontado na inicial

A verificação mediante perícia de prestação de serviços em condições nocivas, considerado agente insalubre diverso do apontado na inicial, não prejudica o pedido de adicional de insalubridade.

294. Prescrição. Alteração contratual. Trabalhador urbano

Tratando-se de ação que envolva pedido de prestações sucessivas decorrente de alteração do pactuado, a prescrição é total, exceto quando o direito à parcela esteja também assegurado por preceito de lei.

295. Aposentadoria espontânea. Depósito do FGTS. Período anterior à opção

(Cancelada pela Resolução n. 152, de 17-11-2008.)

296. Recurso. Divergência jurisprudencial. Especificidade. (incorporada a Orientação Jurisprudencial n. 37 da SDI-1)

I – A divergência jurisprudencial ensejadora da admissibilidade, do prosseguimento e do conhecimento do recurso há de ser específica, revelando a existência de teses diversas na interpretação de um mesmo dispositivo legal, embora idênticos os fatos que as ensejaram. (ex-Súmula 296 – Res. 6/1989, DJ 14-4-1989)

II – Não ofende o art. 896 da CLT decisão de Turma que, examinando premissas concretas de especificidade da divergência colacionada no apelo revisional, conclui pelo conhecimento ou desconhecimento do recurso. (ex-OJ 37 - inserida em 1.º-2-1995)
•• Redação determinada pela Resolução n. 129, de 5-4-2005.

297. Prequestionamento. Oportunidade. Configuração

1. Diz-se prequestionada a matéria ou questão quando na decisão impugnada haja sido adotada, explicitamente, tese a respeito.

2. Incumbe à parte interessada, desde que a matéria haja sido invocada no recurso principal, opor embargos declaratórios objetivando o pronunciamento sobre o tema, sob pena de preclusão.

3. Considera-se prequestionada a questão jurídica invocada no recurso principal sobre a qual se omite o Tribunal de pronunciar tese, não obstante opostos embargos de declaração.
•• Redação determinada pela Resolução n. 121, de 28-10-2003.
•• Vide OJ 119 da SDI-1.

298. Ação rescisória. Violação a disposição de lei. Pronunciamento explícito. (Redação alterada pelo Tribunal Pleno na sessão realizada em 6-2-2012)

I – A conclusão acerca da ocorrência de violação literal a disposição de lei pressupõe pronunciamento explícito, na sentença rescindenda, sobre a matéria veiculada.

II – O pronunciamento explícito exigido em ação rescisória diz respeito à matéria e ao enfoque específico da tese debatida na ação, e não, necessariamente, ao dispositivo legal tido por violado. Basta que o conteúdo da norma reputada violada haja sido abordado na decisão rescindenda para que se considere preenchido o pressuposto.

III – Para efeito de ação rescisória, considera-se pronunciada explicitamente a matéria tratada na sentença quando, examinando remessa de ofício, o Tribunal simplesmente a confirma.

IV – A sentença meramente homologatória, que silencia sobre os motivos de convencimento do juiz, não se mostra rescindível, por ausência de pronunciamento explícito.

V – Não é absoluta a exigência de pronunciamento explícito na ação rescisória, ainda que esta tenha por fundamento violação de dispositivo de lei. Assim, prescindível o pronunciamento explícito quando o vício nasce no próprio julgamento, como se dá com a sentença *extra, citra* e *ultra petita*.
•• Redação determinada pela Resolução n. 177, de 6-2-2012.

299. Ação rescisória. Decisão rescindenda. Trânsito em julgado. Comprovação. Efeitos. (nova redação do item II em decorrência do CPC de 2015)

I – É indispensável ao processamento da ação rescisória a prova do trânsito em julgado da decisão rescindenda. (ex-Súmula 299 – Res 8/1989, *DJ* 14, 18 e 19-4-1989)

II – Verificando o relator que a parte interessada não juntou à inicial o documento comprobatório, abrirá prazo de 15 (quinze) dias para que o faça (art. 321 do CPC de 2015), sob pena de indeferimento. (ex-Súmula 299 – Res 8/1989, *DJ* 14, 18 e 19-4-1989)

III – A comprovação do trânsito em julgado da decisão rescindenda é pressuposto processual indispensável ao tempo do ajuizamento da ação rescisória. Eventual trânsito em julgado posterior ao ajuizamento da ação rescisória não reabilita a ação proposta, na medida em que o ordenamento jurídico não contempla a ação rescisória preventiva. (ex-OJ 106 da SBDI-2 – *DJ* 29-4-2003)

IV – O pretenso vício de intimação, posterior à decisão que se pretende rescindir, se efetivamente ocorrido, não permite a formação da coisa julgada material. Assim, a ação rescisória deve ser julgada extinta, sem julgamento do mérito, por carência de ação, por inexistir decisão transitada em julgado a ser rescindida. (ex-OJ 96 da SBDI-2 – inserida em 27-9-2002).
•• Redação determinada pela Resolução n. 211, de 22-8-2016.

300. Competência da Justiça do Trabalho. Cadastramento no PIS

Compete à Justiça do Trabalho processar e julgar ações ajuizadas por empregados em face de empregadores relativas ao cadastramento no Programa de Integração Social (PIS).

301. Auxiliar de laboratório. Ausência de diploma. Efeitos

O fato de o empregado não possuir diploma de profissionalização de auxiliar de laboratório não afasta a observância das normas da Lei n. 3.999, de 15 de dezembro de 1961, uma vez comprovada a prestação de serviços na atividade.

302. Processo administrativo

(*Cancelada pela Resolução n. 121, de 28-10-2003.*)

303. Fazenda Pública. Reexame necessário. (nova redação em decorrência do CPC de 2015)

I – Em dissídio individual, está sujeita ao reexame necessário, mesmo na vigência da Constituição Federal de 1988, decisão contrária à Fazenda Pública, salvo quando a condenação não ultrapassar o valor correspondente a:

a) 1.000 (mil) salários mínimos para a União e as respectivas autarquias e fundações de direito público;

b) 500 (quinhentos) salários mínimos para os Estados, o Distrito Federal, as respectivas autarquias e fundações de direito público e os Municípios que constituam capitais dos Estados;

c) 100 (cem) salários mínimos para todos os demais Municípios e respectivas autarquias e fundações de direito público.

II – Também não se sujeita ao duplo grau de jurisdição a decisão fundada em:

a) súmula ou orientação jurisprudencial do Tribunal Superior do Trabalho;

b) acórdão proferido pelo Supremo Tribunal Federal ou pelo Tribunal Superior do Trabalho em julgamento de recursos repetitivos;

c) entendimento firmado em incidente de resolução de demandas repetitivas ou de assunção de competência;

d) entendimento coincidente com orientação vinculante firmada no âmbito administrativo do próprio ente público, consolidada em manifestação, parecer ou súmula administrativa.

III – Em ação rescisória, a decisão proferida pelo Tribunal Regional do Trabalho está sujeita ao duplo grau de jurisdição obrigatório quando desfavorável ao ente público, exceto nas hipóteses dos incisos anteriores. (ex-OJ 71 da SBDI-1 – inserida em 3-6-1996)

IV – Em mandado de segurança, somente cabe reexame necessário se, na relação processual, figurar pessoa jurídica de direito público como parte prejudicada pela concessão da ordem. Tal situação não ocorre na hipótese de figurar no feito como impetrante e terceiro interessado pessoa de direito privado, ressalvada a hipótese de matéria administrativa. (ex-OJs 72 e 73 da SBDI-1 – inseridas, respectivamente, em 25-11-1996 e 3-6-1996).
•• Redação determinada pela Resolução n. 211, de 22-8-2016.
•• Vide art. 496 do CPC.

304. Correção monetária. Empresas em liquidação. Art. 46 do ADCT/CF

Os débitos trabalhistas das entidades submetidas aos regimes de intervenção ou liquidação extrajudicial estão sujeitos a correção monetária desde o respectivo vencimento até seu efetivo pagamento, sem interrupção ou suspensão, não incidindo, entretanto, sobre tais débitos, juros de mora.

305. Fundo de Garantia do Tempo de Serviço. Incidência sobre o aviso prévio

O pagamento relativo ao período de aviso prévio, trabalhado ou não, está sujeito à contribuição para o FGTS.

306. Indenização adicional. Pagamento devido com fundamento nos arts. 9.º da Lei n. 6.708/1979 e 9.º da Lei n. 7.238/1984

(*Cancelada pela Resolução n. 121, de 28-10-2003.*)

307. Juros. Irretroatividade do Decreto-lei n. 2.322, de 26-2-1987

A fórmula de cálculo de juros prevista no Decreto-lei n. 2.322, de 26 de fevereiro de 1987 somente é aplicável a partir de 27 de fevereiro de 1987. Quanto ao período anterior, deve-se observar a legislação então vigente.

308. Prescrição quinquenal (incorporada a Orientação Jurisprudencial n. 204 da SDI-1)

I. Respeitado o biênio subsequente à cessação contratual, a prescrição da ação trabalhista concerne às pretensões imediatamente anteriores a cinco anos, contados da data do ajuizamento da reclamação e, não, às anteriores ao quinquênio da data da extinção do contrato. (ex-OJ 204 – inserida em 8-11-2000)

II. A norma constitucional que ampliou o prazo de prescrição da ação trabalhista para 5 (cinco) anos é de aplicação imediata e não atinge pretensões já alcançadas pela prescrição bienal quando da promulgação da CF/1988. (ex-Súmula 308 – Res. 6/1992, *DJ* 5-11-1992)

•• Redação determinada pela Resolução n. 129, de 5-4-2005.

309. Vigia portuário. Terminal privativo. Não obrigatoriedade de requisição

Tratando-se de terminais privativos destinados à navegação de cabotagem ou de longo curso, não é obrigatória a requisição de vigia portuário indicado por sindicato.

310. Substituição processual. Sindicato

(*Cancelada pela Resolução n. 119, de 25-9-2003.*)

311. Benefício previdenciário a dependente de ex-empregado. Correção monetária. Legislação aplicável

O cálculo da correção monetária incidente sobre débitos relativos a benefícios previdenciários devidos a dependentes de ex-empregado pelo empregador, ou por entidade de previdência privada a ele vinculada, será o previsto na Lei n. 6.899, de 8-4-1981.

312. Constitucionalidade. Alínea *b* do art. 896 da CLT

É constitucional a alínea *b* do art. 896 da CLT, com a redação dada pela Lei n. 7.701, de 21 de dezembro de 1988.

313. Complementação de aposentadoria. Proporcionalidade. Banespa

A complementação de aposentadoria prevista no art. 106 e seus parágrafos, do Regulamento de Pessoal editado em 1965, só é integral para os empregados que tenham 30 (trinta) ou mais anos de serviços prestados exclusivamente ao Banco.

314. Indenização adicional. Verbas rescisórias. Salário corrigido

Se ocorrer a rescisão contratual no período de 30 (trinta) dias que antecede à data-base, observado o Enunciado n. 182 do TST, o pagamento das verbas rescisórias com o salário já corrigido não afasta o direito à indenização adicional prevista nas Leis n. 6.708, de 30 de outubro de 1979 e 7.238, de 28 de outubro de 1984.

315. IPC de março/1990. Lei n. 8.030, de 12-4-1990 (Plano Collor). Inexistência de direito adquirido

A partir da vigência da Medida Provisória n. 154, de 15 de março de 1990, convertida na Lei n. 8.030, de 12 de abril de 1990, não se aplica o IPC de março de 1990, de 84,32% (oitenta e quatro vírgula trinta e dois por cento), para a correção dos salários, porque o direito ainda não se havia incorporado ao patrimônio jurídico dos trabalhadores, inexistindo ofensa ao inciso XXXVI do art. 5.º da CF/1988.

316. IPC de junho/1987. Decreto-lei n. 2.335/1987 (Plano Bresser). Existência de direito adquirido

(*Cancelada pela Resolução n. 37, de 16-11-1994.*)

317. URP de fevereiro/1989. Lei n. 7.730/1989 (Plano Verão). Existência de direito adquirido

(*Cancelada pela Resolução n. 37, de 16-11-1994.*)

318. Diárias. Base de cálculo para sua integração no salário

Tratando-se de empregado mensalista, a integração das diárias no salário deve ser feita tomando-se por base o salário mensal por ele percebido e não o valor do dia de salário, somente sendo devida a referida integração quando o valor das diárias, no mês, for superior à metade do salário mensal.

319. Reajustes salariais ("gatilhos"). Aplicação aos servidores públicos contratados sob a égide da legislação trabalhista

Aplicam-se aos servidores públicos, contratados sob o regime da CLT, os reajustes decorrentes da correção automática dos salários pelo mecanismo denominado "gatilho", de que tratam os Decretos-leis n. 2.284, de 10 de março de 1986 e 2.302, de 21 de novembro de 1986.

320. Horas *in itinere*. Obrigatoriedade de cômputo na jornada de trabalho

O fato de o empregador cobrar, parcialmente ou não, importância pelo transporte fornecido, para local de difícil acesso ou não servido por transporte regular, não afasta o direito à percepção das horas *in itinere*.

321. Decisão administrativa. Recurso

(*Cancelada pela Resolução n. 135, de 30-6-2005.*)

322. Diferenças salariais. Planos econômicos. Limite

Os reajustes salariais decorrentes dos chamados "gatilhos" e URPs, previstos legalmente como antecipação, são devidos tão somente até a data-base de cada categoria.

323. URP de abril e maio de 1988. Decreto-lei n. 2.425/1988

(*Cancelada pela Resolução n. 38, de 16-11-1994.*)

324. Horas *in itinere*. Enunciado n. 90. Insuficiência de transporte público

(*Cancelada pela Resolução n. 129, de 5-4-2005.*)

325. Horas *in itinere*. Enunciado n. 90. Remuneração em relação a trecho não servido por transporte público

(*Cancelada pela Resolução n. 129, de 5-4-2005.*)

326. Complementação de aposentadoria. Prescrição total. (nova redação)

A pretensão à complementação de aposentadoria jamais recebida prescreve em 2 (dois) anos contados da cessação do contrato de trabalho.

•• Redação determinada pela Resolução n. 174, de 24-5-2011.

327. Complementação de aposentadoria. Diferenças. Prescrição parcial. (nova redação)

A pretensão a diferenças de complementação de aposentadoria sujeita-se à prescrição parcial e quinquenal, salvo se o pretenso direito decorrer de verbas não recebidas no curso da relação de emprego e já alcançadas pela prescrição, à época da propositura da ação.

•• Redação determinada pela Resolução n. 174, de 24-5-2011.

328. Férias. Terço constitucional

O pagamento das férias, integrais ou proporcionais, gozadas ou não, na vigência da CF/1988, sujeita-se ao acréscimo do terço previsto no respectivo art. 7.º, XVII.

329. Honorários advocatícios. Art. 133 da CF/1988

Mesmo após a promulgação da CF/1988, permanece válido o entendimento consubstanciado no Enunciado n. 219 do Tribunal Superior do Trabalho.

•• Vide art. 6.º da Instrução Normativa n. 41, de 21-6-2018.

330. Quitação. Validade

A quitação passada pelo empregado, com assistência de entidade sindical de sua categoria, ao empregador, com observância dos requisitos exigidos nos parágrafos do art. 477 da CLT, tem eficácia liberatória em relação às parcelas expressamente consignadas no recibo, salvo se oposta ressalva expressa e especificada ao valor dado à parcela ou parcelas impugnadas.

I – A quitação não abrange parcelas não consignadas no recibo de quitação e, consequentemente, seus reflexos em outras parcelas, ainda que essas constem desse recibo.

II – Quanto a direitos que deveriam ter sido satisfeitos durante a vigência do contrato de trabalho, a quitação é válida em relação ao período expressamente consignado no recibo de quitação.

•• Redação determinada pela Resolução n. 108, de 5-4-2001.

331. Contrato de prestação de serviços. Legalidade. (nova redação do item IV e inseridos os itens V e VI à redação)

I – A contratação de trabalhadores por empresa interposta é ilegal, formando-se o vínculo diretamente com o tomador dos serviços, salvo no caso de trabalho temporário (Lei n. 6.019, de 3-1-1974).

II – A contratação irregular de trabalhador, mediante empresa interposta, não gera vínculo de emprego com os órgãos da Administração Pública direta, indireta ou fundacional (art. 37, II, da CF/1988).

III – Não forma vínculo de emprego com o tomador a contratação de serviços de vigilância (Lei n. 7.102, de 20-6-1983) e de conservação e limpeza, bem como a de serviços especializados ligados à atividade-meio do tomador, desde que inexistente a pessoalidade e a subordinação direta.

IV – O inadimplemento das obrigações trabalhistas, por parte do empregador, implica a responsabilidade subsidiária do tomador dos serviços quanto àquelas obrigações, desde que haja participado da relação processual e conste também do título executivo judicial.

V – Os entes integrantes da Administração Pública direta e indireta respondem subsidiariamente, nas mesmas condições do item IV, caso evidenciada a sua conduta culposa no cumprimento das obrigações da Lei n. 8.666, de 21-6-1993, especialmente na fiscalização do cumprimento das obrigações contratuais e legais da prestadora de serviço como empregadora. A aludida responsabilidade não decorre de mero inadimplemento das obrigações trabalhistas assumidas pela empresa regularmente contratada.

VI – A responsabilidade subsidiária do tomador de serviços abrange todas as verbas decorrentes da condenação referentes ao período da prestação laboral.

•• Redação determinada pela Resolução n. 174, de 24-5-2011.
•• O STF julgou procedente a ADPF n. 324, de 30-8-2018 (*DOU* de 10-9-2018), assentando a "licitude da terceirização de atividade-fim ou meio", e esclarecendo que "a decisão deste julgamento não afeta os processos em relação aos quais tenha havido coisa julgada".

332. Complementação de aposentadoria. Petrobras. Manual de pessoal. Norma programática

As normas relativas à complementação de aposentadoria, inseridas no Manual de Pessoal da Petrobras, têm caráter meramente programático, delas não resultando direito à referida complementação.

333. Recursos de revista. Conhecimento

Não ensejam recurso de revista decisões superadas por iterativa, notória e atual jurisprudência do Tribunal Superior do Trabalho.

•• Redação determinada pela Resolução n. 155, de 18-2-2009.

334. Competência. Ação de cumprimento. Sindicato. Desconto assistencial

(*Cancelada pela Resolução n. 59, de 20-6-1996.*)

335. Embargos para a Seção Especializada em Dissídios Individuais contra decisão em agravo de instrumento oposto a despacho denegatório de recurso de revista

(*Cancelada pela Resolução n. 121, de 28-10-2003.*)

336. Constitucionalidade. § 2.º do art. 9.º do Decreto-lei n. 1.971, de 30-11-1982

É constitucional o § 2.º do art. 9.º do Decreto-lei n. 1.971, de 30-11-1982, com a redação dada pelo Decreto-lei n. 2.100, de 28 de dezembro de 1983.

337. Comprovação de divergência jurisprudencial. Recursos de revista e de embargos. (incluído o item V)

I – Para comprovação da divergência justificadora do recurso, é necessário que o recorrente:

a) Junte certidão ou cópia autenticada do acórdão paradigma ou cite a fonte oficial ou o repositório autorizado em que foi publicado; e

b) Transcreva, nas razões recursais, as ementas e/ou trechos dos acórdãos trazidos à configuração do dissídio, demonstrando o conflito de teses que justifique o conhecimento do recurso, ainda que os acórdãos já se encontrem nos autos ou venham a ser juntados com o recurso. (ex-Súmula 337 – alterada pela Res. 121/2003, *DJ* 21-11-2003)

II – A concessão de registro de publicação como repositório autorizado de jurisprudência do TST torna válidas todas as suas edições anteriores. (ex-OJ 317 da SBDI-I – *DJ* 11-8-2003)

III – A mera indicação da data de publicação, em fonte oficial, de aresto paradigma é inválida para comprovação de divergência jurisprudencial, nos termos do item I, "a", desta súmula, quando a parte pretende demonstrar o conflito de teses mediante a transcrição de trechos que integram a fundamentação do acórdão divergente, uma vez que só se publicam o dispositivo e a ementa dos acórdãos.

IV – É válida para a comprovação da divergência jurisprudencial justificadora do recurso a indicação de aresto extraído de repositório oficial na internet, desde que o recorrente:

a) transcreva o trecho divergente;

b) aponte o sítio de onde foi extraído; e

c) decline o número do processo, o órgão prolator do acórdão e a data da respectiva publicação no Diário Eletrônico da Justiça do Trabalho.

V – A existência do código de autenticidade na cópia, em formato *pdf*, do inteiro teor do aresto paradigma, juntada aos autos, torna-a equivalente ao documento original e também supre a ausência de indicação da fonte oficial de publicação.

•• Redação determinada pela Resolução n. 220, de 18-9-2017.

338. Jornada de trabalho. Registro. Ônus da prova. (incorporadas as Orientações Jurisprudenciais ns. 234 e 306 da SDI-1)

I – É ônus do empregador que conta com mais de 10 (dez) empregados o registro da jornada de trabalho na forma do art. 74, § 2.º, da CLT. A não apresentação injustificada dos controles de frequência gera presunção relativa de veracidade da jornada de trabalho, a qual pode ser elidida por prova em contrário. (ex-Súmula 338 – Res. 121, *DJ* 21-11-2003)

II – A presunção de veracidade da jornada de trabalho, ainda que prevista em instrumento normativo, pode ser elidida por prova em contrário. (ex-OJ 234 – inserida em 20-6-2001)

III – Os cartões de ponto que demonstram horários de entrada e saída uniformes são inválidos como meio de prova, invertendo-se o ônus da prova, relativo às horas extras, que passa a ser do empregador, prevalecendo a jornada da inicial se dele não se desincumbir. (ex-OJ 306 – *DJ* 11-8-2003)

•• Redação determinada pela Resolução n. 129, de 5-4-2005.

339. CIPA. Suplente. Garantia de emprego. CF/1988. (incorporadas as Orientações Jurisprudenciais ns. 25 e 329 da SDI-1)

I – O suplente da CIPA goza da garantia de emprego prevista no art. 10, II, *a*, do ADCT a partir da promulgação da Constituição Federal de 1988. (ex-Súmula 339 – Res. 39/1994, *DJ* 20-12-1994 e ex-OJ 25 – inserida em 29-3-1996)

II – A estabilidade provisória do cipeiro não constitui vantagem pessoal, mas garantia para as atividades dos membros da CIPA, que somente tem razão de ser quando em atividade a empresa. Extinto o estabelecimento, não se verifica a despedida arbitrária, sendo impossível a reintegração e indevida a indenização do período estabilitário. (ex-OJ 329 – *DJ* 9-12-2003)

•• Redação determinada pela Resolução n. 129, de 5-4-2005.

340. Comissionista. Horas extras

O empregado, sujeito a controle de horário, remunerado à base de comissões, tem direito ao adicional de, no mínimo, 50% (cinquenta por cento) pelo trabalho em horas extras, calculado sobre o valor-hora das comissões recebidas no mês, considerando-se como divisor o número de horas efetivamente trabalhadas.

•• Redação determinada pela Resolução n. 121, de 28-10-2003.
• *Vide* OJ 397 da SDI-1.

341. Honorários do assistente técnico
A indicação do perito assistente é faculdade da parte, a qual deve responder pelos respectivos honorários, ainda que vencedora no objeto da perícia.

342. Descontos salariais. Art. 462 da CLT
Descontos salariais efetuados pelo empregador, com a autorização prévia e por escrito do empregado, para ser integrado em planos de assistência odontológica, médico-hospitalar, de seguro, de previdência privada, ou de entidade cooperativa, cultural ou recreativo-associativa de seus trabalhadores, em seu benefício e de seus dependentes, não afrontam o disposto no art. 462 da CLT, salvo se ficar demonstrada a existência de coação ou de outro defeito que vicie o ato jurídico.

343. Bancário. Hora de salário
(Cancelada pela Resolução n. 185, de 14-9-2012.)

344. Salário-família. Trabalhador rural
O salário-família é devido aos trabalhadores rurais somente após a vigência da Lei n. 8.213, de 24 de julho de 1991.

345. BANDEPE. Regulamento Interno de Pessoal não confere estabilidade aos empregados
O Regulamento Interno de Pessoal (RIP) do Banco do Estado de Pernambuco – BANDEPE, na parte que trata de seu regime disciplinar, não confere estabilidade aos seus empregados.

346. Digitador. Intervalos intrajornada. Aplicação analógica do art. 72 da CLT
Os digitadores, por aplicação analógica do art. 72 da CLT, equiparam-se aos trabalhadores nos serviços de mecanografia (datilografia, escrituração ou cálculo), razão pela qual têm direito a intervalos de descanso de 10 (dez) minutos a cada 90 (noventa) de trabalho consecutivo.

347. Horas extras habituais. Apuração. Média física
O cálculo do valor das horas extras habituais, para efeito de reflexos em verbas trabalhistas, observará o número de horas efetivamente prestadas e a ele aplica-se o valor do salário-hora da época do pagamento daquelas verbas.

348. Aviso prévio. Concessão na fluência da garantia de emprego. Invalidade
É inválida a concessão do aviso prévio na fluência da garantia de emprego, ante a incompatibilidade dos dois institutos.

349. Acordo de compensação de horário em atividade insalubre, celebrado por acordo coletivo. Validade.
(Cancelada pela Resolução n. 174, de 24-5-2011.)

350. Prescrição. Termo inicial. Ação de cumprimento. Sentença normativa
O prazo de prescrição com relação à ação de cumprimento de decisão normativa flui apenas da data de seu trânsito em julgado.

351. Professor. Repouso semanal remunerado. Art. 7.º, § 2.º, da Lei n. 605, de 5 de janeiro de 1949, e art. 320 da CLT
O professor que recebe salário mensal à base de hora-aula tem direito ao acréscimo de 1/6 a título de repouso semanal remunerado, considerando-se para esse fim o mês de quatro semanas e meia.

352. Custas. Prazo para comprovação
(Cancelada pela Resolução n. 114, de 21-11-2002.)

353. Embargos. Agravo. Cabimento
Não cabem embargos para a Seção de Dissídios Individuais de decisão de Turma proferida em agravo, salvo: a) da decisão que não conhece de agravo de instrumento ou de agravo pela ausência de pressupostos extrínsecos; b) da decisão que nega provimento a agravo contra decisão monocrática do Relator, em que se proclamou a ausência de pressupostos extrínsecos de agravo de instrumento; c) para revisão dos pressupostos extrínsecos de admissibilidade do recurso de revista, cuja ausência haja sido declarada originariamente pela Turma no julgamento do agravo; d) para impugnar o conhecimento de agravo de instrumento; e) para impugnar a imposição de multas previstas nos arts. 1.021, § 4.º, do CPC de 2015 ou 1.026, § 2.º, do CPC de 2015 (art. 538, parágrafo único, do CPC de 1973, ou art. 557, § 2.º, do CPC de 1973); f) contra decisão de Turma proferida em agravo em recurso de revista, nos termos do art. 894, II, da CLT.

•• Redação determinada pela Resolução n. 208, de 19-4-2016.

354. Gorjetas. Natureza jurídica. Repercussões
As gorjetas, cobradas pelo empregador na nota de serviço ou oferecidas espontaneamente pelos clientes, integram a remuneração do empregado, não servindo de base de cálculo para as parcelas de aviso prévio, adicional noturno, horas extras e repouso semanal remunerado.

355. CONAB. Estabilidade. Aviso DIREH n. 2, de 12 de dezembro de 1984
O aviso DIREH n. 2, de 12 de dezembro de 1984, que concedia estabilidade aos empregados da CONAB, não tem eficácia, porque não aprovado pelo Ministério ao qual a empresa se subordina.

356. Alçada recursal. Vinculação ao salário mínimo
O art. 2.º, § 4.º, da Lei n. 5.584, de 26 de junho de 1970, foi recepcionado pela CF/1988, sendo lícita a fixação do valor da alçada com base no salário mínimo.

357. Testemunha. Ação contra a mesma reclamada. Suspeição
Não torna suspeita a testemunha o simples fato de estar litigando ou de ter litigado contra o mesmo empregador.

358. Radiologista. Salário profissional. Lei n. 7.394, de 29 de outubro de 1985
O salário profissional dos técnicos em radiologia é igual a 2 (dois) salários mínimos e não a 4 (quatro).

359. Substituição processual. Ação de cumprimento. Art. 872, parágrafo único, da CLT. Federação. Legitimidade
(Cancelada pela Resolução n. 121, de 28-10-2003.)

360. Turnos ininterruptos de revezamento. Intervalos intrajornada e semanal
A interrupção do trabalho destinada a repouso e alimentação, dentro de cada turno, ou o intervalo para repouso semanal, não descaracteriza o turno de revezamento com jornada de 6 (seis) horas previsto no art. 7.º, XIV, da CF/1988.

361. Adicional de periculosidade. Eletricitários. Exposição intermitente
O trabalho exercido em condições perigosas, embora de forma intermitente, dá direito ao empregado a receber o adicional de periculosidade de forma integral, porque a Lei n. 7.369, de 20 de setembro de 1985, não estabeleceu nenhuma proporcionalidade em relação ao seu pagamento.

362. FGTS. Prescrição. (redação alterada na sessão do Tribunal Pleno realizada em 9-6-2015)
I – Para os casos em que a ciência da lesão ocorreu a partir de 13-11-2014, é quinquenal a prescrição do direito de reclamar contra o não recolhimento de contribuição para o FGTS, observado o prazo de dois anos após o término do contrato;

II – Para os casos em que o prazo prescricional já estava em curso em 13-11-2014, aplica-se o prazo prescricional que se consumar primeiro: trinta anos, contados do termo inicial, ou cinco anos, a partir de 13-11-2014 (STF-ARE-709212/DF).

•• Redação determinada pela Resolução n. 198, de 9-6-2015.

363. Contrato nulo. Efeitos
A contratação de servidor público, após a CF/1988, sem prévia aprovação em concurso público, encontra óbice no respectivo art. 37, II e § 2.º, somente lhe conferindo direito ao pagamento da contraprestação pactuada, em relação ao número de horas trabalhadas,

respeitado o valor da hora do salário mínimo, e dos valores referentes aos depósitos do FGTS.

- Redação determinada pela Resolução n. 121, de 28-10-2003.

364. Adicional de periculosidade. Exposição eventual, permanente e intermitente. (inserido o item II)

I - Tem direito ao adicional de periculosidade o empregado exposto permanentemente ou que, de forma intermitente, sujeita-se a condições de risco. Indevido, apenas, quando o contato dá-se de forma eventual, assim considerado o fortuito, ou o que, sendo habitual, dá-se por tempo extremamente reduzido. (ex-OJs da SBDI -1 n. 5 - inserida em 14-3-1994 - e 280 - *DJ* 11-8-2003).

II - Não é válida a cláusula de acordo ou convenção coletiva de trabalho fixando o adicional de periculosidade em percentual inferior ao estabelecido em lei e proporcional ao tempo de exposição ao risco, pois tal parcela constitui medida de higiene, saúde e segurança do trabalho, garantida por norma de ordem pública (arts. 7.º, XXII e XXIII, da CF e 193, §1.º, da CLT).

- Redação determinada pela Resolução n. 209, de 30-5-2016.

365. Alçada. Ação rescisória e mandado de segurança. (conversão das Orientações Jurisprudenciais n. 8 e 10 da SDI-1)

Não se aplica a alçada em ação rescisória e em mandado de segurança. (ex-OJs 8 e 10, ambas inseridas em 1.º-2-1995)

366. Cartão de ponto. Registro. Horas extras. Minutos que antecedem e sucedem a jornada de trabalho.

Não serão descontadas nem computadas como jornada extraordinária as variações de horário do registro de ponto não excedentes de cinco minutos, observado o limite máximo de dez minutos diários. Se ultrapassado esse limite, será considerada como extra a totalidade do tempo que exceder a jornada normal, pois configurado tempo à disposição do empregador, não importando as atividades desenvolvidas pelo empregado ao longo do tempo residual (troca de uniforme, lanche, higiene pessoal, etc.).

- Redação determinada pela Resolução n. 197, de 12-5-2015.

367. Utilidades *in natura*. Habitação. Energia elétrica. Veículo. Cigarro. Não integração ao salário. (conversão das Orientações Jurisprudenciais n. 24, 131 e 246 da SDI-1)

I - A habitação, a energia elétrica e veículo fornecidos pelo empregador ao empregado, quando indispensáveis para a realização do trabalho, não têm natureza salarial, ainda que, no caso de veículo, seja ele utilizado pelo empregado também em atividades particulares. (ex-OJs 131 – inserida em 20-4-1998 e ratificada pelo Tribunal Pleno em 7-12-2000 e 246 – inserida em 20-6-2001)

II - O cigarro não se considera salário utilidade em face de sua nocividade à saúde. (ex-OJ 24 – inserida em 29-3-1996)

368. Descontos previdenciários. Imposto de renda. Competência. Responsabilidade pelo recolhimento. Forma de cálculo. Fato gerador. (aglutinada a parte final da orientação jurisprudencial n. 363 da SBDI-I à redação do item II e incluídos os itens IV, V e VI em sessão do tribunal pleno realizada em 26-6-2017)

I - A Justiça do Trabalho é competente para determinar o recolhimento das contribuições fiscais. A competência da Justiça do Trabalho, quanto à execução das contribuições previdenciárias, limita-se às sentenças condenatórias em pecúnia que proferir e aos valores, objeto de acordo homologado, que integrem o salário de contribuição. (ex-OJ n. 141 da SBDI-1 – inserida em 27.11.1998)

II - É do empregador a responsabilidade pelo recolhimento das contribuições previdenciárias e fiscais, resultantes de crédito do empregado oriundo de condenação judicial. A culpa do empregador pelo inadimplemento das verbas remuneratórias, contudo, não exime a responsabilidade do empregado pelos pagamentos do imposto de renda devido e da contribuição previdenciária que recaia sobre sua quota-parte. (ex-OJ n. 363 da SBDI-1, parte final)

III - Os descontos previdenciários relativos à contribuição do empregado, no caso de ações trabalhistas, devem ser calculados mês a mês, de conformidade com o art. 276, § 4.º, do Decreto n. 3.048/1999 que regulamentou a Lei n. 8.212/1991, aplicando-se as alíquotas previstas no art. 198, observado o limite máximo do salário de contribuição (ex-OJs n. 32 e 228 da SBDI-1 – inseridas, respectivamente, em 14-3-1994 e 20-6-2001)

IV - Considera-se fato gerador das contribuições previdenciárias decorrentes de créditos trabalhistas reconhecidos ou homologados em juízo, para os serviços prestados até 4-3-2009, inclusive, o efetivo pagamento das verbas, configurando-se a mora a partir do dia dois do mês seguinte ao da liquidação (art. 276, *caput*, do Decreto n. 3.048/1999). Eficácia não retroativa da alteração legislativa promovida pela Medida Provisória n. 449/2008, posteriormente convertida na Lei n. 11.941/2009, que deu nova redação ao art. 43 da Lei n. 8.212/91.

V - Para o labor realizado a partir de 5-3-2009, considera-se fato gerador das contribuições previdenciárias decorrentes de créditos trabalhistas reconhecidos ou homologados em juízo a data da efetiva prestação dos serviços. Sobre as contribuições previdenciárias não recolhidas a partir da prestação dos serviços incidem juros de mora e, uma vez apurados os créditos previdenciários, aplica-se multa a partir do exaurimento do prazo de citação para pagamento, se descumprida a obrigação, observado o limite legal de 20% (art. 61, § 2.º, da Lei n. 9.460/96).

VI - O imposto de renda decorrente de crédito do empregado recebido acumuladamente deve ser calculado sobre o montante dos rendimentos pagos, mediante a utilização de tabela progressiva resultante da multiplicação da quantidade de meses a que se referem os rendimentos pelos valores constantes da tabela progressiva mensal correspondente ao mês do recebimento ou crédito, nos termos do art. 12-A da Lei n. 7.713, de 22-12-1988, com a redação conferida pela Lei n. 13.149/2015, observado o procedimento previsto nas Instruções Normativas da Receita Federal do Brasil.

- Redação determinada pela Resolução n. 219, de 26-6-2017.

369. Dirigente sindical. Estabilidade provisória. (redação do item I alterada na sessão do Tribunal Pleno realizada em 14-9-2012)

I - É assegurada a estabilidade provisória ao empregado dirigente sindical, ainda que a comunicação do registro da candidatura ou da eleição e da posse seja realizada fora do prazo previsto no art. 543, § 5.º, da CLT, desde que a ciência ao empregador, por qualquer meio, ocorra na vigência do contrato de trabalho.

II - O art. 522 da CLT foi recepcionado pela Constituição Federal de 1988. Fica limitada, assim, a estabilidade a que alude o art. 543, § 3.º, da CLT a sete dirigentes sindicais e igual número de suplentes.

III - O empregado de categoria diferenciada eleito dirigente sindical só goza de estabilidade se exercer na empresa atividade pertinente à categoria profissional do sindicato para o qual foi eleito dirigente.

IV - Havendo extinção da atividade empresarial no âmbito da base territorial do sindicato, não há razão para subsistir a estabilidade.

V - O registro da candidatura do empregado a cargo de dirigente sindical durante o período de aviso prévio, ainda que indenizado, não lhe assegura a estabilidade, visto que inaplicável a regra do § 3.º do art. 543 da Consolidação das Leis do Trabalho.

- Redação determinada pela Resolução n. 185, de 14-9-2012.

370. Médico e engenheiro. Jornada de trabalho. Leis ns. 3.999/1961 e 4.950/1966. (conversão das Orientações Jurisprudenciais n. 39 e 53 da SDI-1)

Tendo em vista que as Leis n. 3.999/1961 e 4.950/1966 não estipulam a jornada reduzida, mas apenas estabelecem o salário mínimo da categoria para uma jornada de 4 horas para os médicos e de 6 horas para os engenheiros, não há que se falar em horas extras, salvo as excedentes à oitava, desde que seja respeitado o salário

mínimo/horário das categorias. (ex-OJs 39 e 53 – inseridas respectivamente em 7-11-1994 e 29-4-1994)

371. Aviso prévio indenizado. Efeitos. Superveniência de auxílio-doença no curso deste. (conversão das Orientações Jurisprudenciais n. 40 e 135 da SDI-1)

A projeção do contrato de trabalho para o futuro, pela concessão do aviso prévio indenizado, tem efeitos limitados às vantagens econômicas obtidas no período de pré-aviso, ou seja, salários, reflexos e verbas rescisórias. No caso de concessão de auxílio-doença no curso do aviso prévio, todavia, só se concretizam os efeitos da dispensa depois de expirado o benefício previdenciário. (ex-OJs 40 e 135 – inseridas respectivamente em 28-11-1995 e 27-11-1998)

372. Gratificação de função. Supressão ou redução. Limites. (conversão das Orientações Jurisprudenciais n. 45 e 303 da SDI-1)

I – Percebida a gratificação de função por dez ou mais anos pelo empregado, se o empregador, sem justo motivo, revertê-lo a seu cargo efetivo, não poderá retirar-lhe a gratificação tendo em vista o princípio da estabilidade financeira. (ex-OJ 45 – inserida em 25-11-1996)

II – Mantido o empregado no exercício da função comissionada, não pode o empregador reduzir o valor da gratificação. (ex-OJ 303 – *DJ* 11-8-2003)

373. Gratificação semestral. Congelamento. Prescrição parcial. (conversão da Orientação Jurisprudencial n. 46 da SDI-1)

Tratando-se de pedido de diferença de gratificação semestral que teve seu valor congelado, a prescrição aplicável é a parcial. (ex-OJ 46 – inserida em 29-3-1996)

374. Norma coletiva. Categoria diferenciada. Abrangência. (conversão da Orientação Jurisprudencial n. 55 da SDI-1)

Empregado integrante de categoria profissional diferenciada não tem o direito de haver de seu empregador vantagens previstas em instrumento coletivo no qual a empresa não foi representada por órgão de classe de sua categoria. (ex-OJ 55 – inserida em 25-11-1996)

375. Reajustes salariais previstos em norma coletiva. Prevalência da legislação de política salarial. (conversão da Orientação Jurisprudencial n. 69 da SDI-1 e da Orientação Jurisprudencial n. 40 da SDI-2)

Os reajustes salariais previstos em norma coletiva de trabalho não prevalecem frente à legislação superveniente de política salarial. (ex-OJs 69 da SDI-1 – inserida em 14-3-1994 e 40 da SDI-2 – inserida em 20-9-2000)

376. Horas extras. Limitação. Art. 59 da CLT. Reflexos. (conversão das Orientações Jurisprudenciais n. 89 e 117 da SDI-1)

I – A limitação legal da jornada suplementar a duas horas diárias não exime o empregador de pagar todas as horas trabalhadas. (ex-OJ 117 – inserida em 20-11-1997)

II – O valor das horas extras habitualmente prestadas integra o cálculo dos haveres trabalhistas, independentemente da limitação prevista no *caput* do art. 59 da CLT. (ex-OJ 89 – inserida em 28-4-1997)

377. Preposto. Exigência da condição de empregado

Exceto quanto à reclamação de empregado doméstico, ou contra micro ou pequeno empresário, o preposto deve ser necessariamente empregado do reclamado. Inteligência do art. 843, § 1.º, da CLT e do art. 54 da Lei Complementar n. 123, de 14 de dezembro de 2006. (ex-OJ 99 – inserida em 30-5-1997)

•• Redação determinada pela Resolução n. 146, de 24-4-2008.

378. Estabilidade provisória. Acidente de trabalho. Art. 118 da Lei n. 8.213/91. (inserido o item III)

I – É constitucional o art. 118 da Lei n. 8.213/1991 que assegura o direito à estabilidade provisória por período de 12 meses após a cessação do auxílio-doença ao empregado acidentado. (ex-OJ n. 105 da SBDI-1 – inserida em 1.º-10-1997)

II – São pressupostos para a concessão da estabilidade o afastamento superior a 15 dias e a consequente percepção do auxílio-doença acidentário, salvo se constatada, após a despedida, doença profissional que guarde relação de causalidade com a execução do contrato de emprego. (primeira parte – ex-OJ n. 230 da SBDI-1 – inserida em 20-6-2001)

III – O empregado submetido a contrato de trabalho por tempo determinado goza da garantia provisória de emprego, decorrente de acidente de trabalho, prevista no art. 118 da Lei n. 8.213/91.

•• Redação determinada pela Resolução n. 185, de 14-9-2012.

379. Dirigente sindical. Despedida. Falta grave. Inquérito judicial. Necessidade. (conversão da Orientação Jurisprudencial n. 114 da SDI-1)

O dirigente sindical somente poderá ser dispensado por falta grave mediante a apuração em inquérito judicial, inteligência dos arts. 494 e 543, § 3.º, da CLT. (ex-OJ 114 – inserida em 20-11-1997)

380. Aviso prévio. Início da contagem. Art. 132 do Código Civil de 2002. (conversão da Orientação Jurisprudencial n. 122 da SDI-1)

Aplica-se a regra prevista no *caput* do art. 132 do Código Civil de 2002 à contagem do prazo do aviso prévio, excluindo-se o dia do começo e incluindo o do vencimento. (ex-OJ 122 – inserida em 20-4-1998)

381. Correção monetária. Salário. Art. 459 da CLT. (conversão da Orientação Jurisprudencial n. 124 da SDI-1)

O pagamento dos salários até o 5.º dia útil do mês subsequente ao vencido não está sujeito à correção monetária. Se essa data limite for ultrapassada, incidirá o índice da correção monetária do mês subsequente ao da prestação dos serviços, a partir do dia 1.º. (ex-OJ 124 – inserida em 20-4-1998)

382. Mudança de regime celetista para estatutário. Extinção do contrato. Prescrição bienal. (conversão da Orientação Jurisprudencial n. 128 da SDI-1)

A transferência do regime jurídico de celetista para estatutário implica extinção do contrato de trabalho, fluindo o prazo da prescrição bienal a partir da mudança de regime. (ex-OJ 128 – inserida em 20-4-1998)

383. Recurso. Mandato. Irregularidade de representação. CPC de 2015, arts. 104 e 76, § 2.º. (nova redação em decorrência do CPC de 2015)

I – É inadmissível recurso firmado por advogado sem procuração juntada aos autos até o momento da sua interposição, salvo mandato tácito. Em caráter excepcional (art. 104 do CPC de 2015), admite-se que o advogado, independentemente de intimação, exiba a procuração no prazo de 5 (cinco) dias após a interposição do recurso, prorrogável por igual período mediante despacho do juiz. Caso não a exiba, considera-se ineficaz o ato praticado e não se conhece do recurso.

II – Verificada a irregularidade de representação da parte em fase recursal, em procuração ou substabelecimento já constante dos autos, o relator ou o órgão competente para julgamento do recurso designará prazo de 5 (cinco) dias para que seja sanado o vício. Descumprida a determinação, o relator não conhecerá do recurso, se a providência couber ao recorrente, ou determinará o desentranhamento das contrarrazões, se a providência couber ao recorrido (art. 76, § 2.º, do CPC de 2015).

•• Redação determinada pela Resolução n. 210, de 27-6-2016.
• Vide OJ 151 da SDI-2.

384. Multa convencional. Cobrança. (conversão das Orientações Jurisprudenciais n. 150 e 239 da SDI-1)

I – O descumprimento de qualquer cláusula constante de instrumentos normativos diversos não submete o empregado a ajuizar várias ações, pleiteando em cada uma o pagamento da multa referente ao descumprimento de obrigações previstas nas cláusulas respectivas. (ex-OJ 150 – inserida em 27-11-1998)

II - É aplicável multa prevista em instrumento normativo (sentença normativa, convenção ou acordo coletivo) em caso de descumprimento de obrigação prevista em lei, mesmo que a norma coletiva seja mera repetição de texto legal. (ex-OJ 239 - inserida em 20-6-2001)

385. Feriado local ou forense. Ausência de Expediente. Prazo recursal. Prorrogação. Comprovação. Necessidade. (alterada em decorrência do CPC de 2015)

I - Incumbe à parte o ônus de provar, quando da interposição do recurso, a existência de feriado local que autorize a prorrogação do prazo recursal (art. 1.003, § 6.º, do CPC de 2015). No caso de o recorrente alegar a existência de feriado local e não o comprovar no momento da interposição do recurso, cumpre ao relator conceder o prazo de 5 (cinco) dias para que seja sanado o vício (art. 932, parágrafo único, do CPC de 2015), sob pena de não conhecimento se da comprovação depender a tempestividade recursal.

II - Na hipótese de feriado forense, incumbirá à autoridade que proferir a decisão de admissibilidade certificar o expediente nos autos.

III - Admite-se a reconsideração da análise da tempestividade do recurso, mediante prova documental superveniente, em agravo de instrumento, agravo interno, agravo regimental, ou embargos de declaração, desde que, em momento anterior, não tenha havido a concessão de prazo para a comprovação da ausência de expediente forense.

•• Redação determinada pela Resolução n. 220, de 18-9-2017.

386. Policial militar. Reconhecimento de vínculo empregatício com empresa privada. (conversão da Orientação Jurisprudencial n. 167 da SDI-1)

Preenchidos os requisitos do art. 3.º da CLT, é legítimo o reconhecimento de relação de emprego entre policial militar e empresa privada, independentemente do eventual cabimento de penalidade disciplinar prevista no Estatuto do Policial Militar. (ex-OJ 167 - inserida em 26-3-1999)

387. Recurso. Fac-símile. Lei n. 9.800/1999

I - A Lei n. 9.800, de 26-5-1999, é aplicável somente a recursos interpostos após o início de sua vigência (ex-OJ 194 da SBDI-1 - inserida em 8-11-2000).

II - A contagem do quinquídio para apresentação dos originais de recurso interposto por intermédio de fac-símile começa a fluir do dia subsequente ao término do prazo recursal, nos termos do art. 2.º da Lei n. 9.800, de 26-5-1999, e não do dia seguinte à interposição do recurso, se esta se deu antes do termo final do prazo. (ex-OJ 337 da SBDI-1 - primeira parte - *DJ* 4-5-2004).

III - Não se tratando a juntada dos originais de ato que dependa de notificação, pois a parte, ao interpor o recurso, já tem ciência de seu ônus processual, não se aplica a regra do art. 224 do CPC de 2015 (art. 184 do CPC de 1973) quanto ao *dies a quo*, podendo coincidir com sábado, domingo ou feriado. (ex-OJ 337 da SBDI-1 - *in fine* - *DJ* 4-5-2004)

IV - A autorização para utilização do fac-símile, constante do art. 1.º da Lei n. 9.800, de 26-5-1999, somente alcança as hipóteses em que o documento é dirigido diretamente ao órgão jurisdicional, não se aplicando à transmissão ocorrida entre particulares.

•• Redação determinada pela Resolução n. 208, de 19-4-2016.
•• *Vide* art. 775 da CLT.

388. Massa falida. Arts. 467 e 477 da CLT. Inaplicabilidade (conversão das Orientações Jurisprudenciais n. 201 e 314 da SDI-1)

A Massa Falida não se sujeita à penalidade do art. 467 e nem à multa do § 8.º do art. 477, ambos da CLT. (ex-OJs 201 - *DJ* 11-8-2003 e 314 - *DJ* 8-11-2000)

389. Seguro-desemprego. Competência da Justiça do Trabalho. Direito à indenização por não liberação de guias. (conversão das Orientações Jurisprudenciais n. 210 e 211 da SDI-1)

I - Inscreve-se na competência material da Justiça do Trabalho a lide entre empregado e empregador tendo por objeto indenização pelo não fornecimento das guias do seguro-desemprego. (ex-OJ 210 - inserida em 8-11-2000)

II - O não fornecimento pelo empregador da guia necessária para o recebimento do seguro-desemprego dá origem ao direito à indenização. (ex-OJ 211 - inserida em 8-11-2000)

390. Estabilidade. Art. 41 da CF/1988. Celetista. Administração direta, autárquica ou fundacional. Aplicabilidade. Empregado de empresa pública e sociedade de economia mista. Inaplicável. (conversão das Orientações Jurisprudenciais n. 229 e 265 da SDI-1 e da Orientação Jurisprudencial n. 22 da SDI-2)

I - O servidor público celetista da administração direta, autárquica ou fundacional é beneficiário da estabilidade prevista no art. 41 da CF/1988. (ex-OJ 265 da SDI-1 - inserida em 27-9-2002 e ex-OJ 22 da SDI-2 - inserida em 20-9-2000)

II - Ao empregado de empresa pública ou de sociedade de economia mista, ainda que admitido mediante aprovação em concurso público, não é garantida a estabilidade prevista no art. 41 da CF/1988. (ex-OJ 229 - inserida em 20-6-2001)

391. Petroleiros. Lei n. 5.811/1972. Turno ininterrupto de revezamento. Horas extras e alteração da jornada para horário fixo. (conversão das Orientações Jurisprudenciais n. 240 e 333 da SDI-1)

I - A Lei n. 5.811/72 foi recepcionada pela CF/88 no que se refere à duração da jornada de trabalho em regime de revezamento dos petroleiros. (ex-OJ 240 - inserida em 20-6-2001)

II - A previsão contida no art. 10 da Lei n. 5.811/1972, possibilitando a mudança do regime de revezamento para horário fixo, constitui alteração lícita, não violando os arts. 468 da CLT e 7.º, VI, da CF/1988. (ex-OJ 333 - *DJ* 9-12-2003)

392. Dano moral e material. Relação de trabalho. Competência da Justiça do Trabalho.

Nos termos do art. 114, inc. VI, da Constituição da República, a Justiça do Trabalho é competente para processar e julgar ações de indenização por dano moral e material, decorrentes da relação de trabalho, inclusive as oriundas de acidente de trabalho e doenças a ele equiparadas, ainda que propostas pelos dependentes ou sucessores do trabalhador falecido.

•• Redação determinada pela Resolução n. 200, de 27-10-2015.

393. Recurso ordinário. Efeito devolutivo em profundidade. Art. 1.013, § 1.º, do CPC de 2015. Art. 515, § 1.º, do CPC de 1973

I - O efeito devolutivo em profundidade do recurso ordinário, que se extrai do § 1.º do art. 1.013 do CPC de 2015 (art. 515, §1.º, do CPC de 1973), transfere ao Tribunal a apreciação dos fundamentos da inicial ou da defesa, não examinados pela sentença, ainda que não renovados em contrarrazões, desde que relativos ao capítulo impugnado.

II - Se o processo estiver em condições, o tribunal, ao julgar o recurso ordinário, deverá decidir desde logo o mérito da causa, nos termos do § 3.º do art. 1.013 do CPC de 2015, inclusive quando constatar a omissão da sentença no exame de um dos pedidos.

•• Redação determinada pela Resolução n. 208, de 19-4-2016.

394. Fato superveniente. Art. 493 do CPC de 2015. Art. 462 do CPC de 1973

O art. 493 do CPC de 2015 (art. 462 do CPC de 1973), que admite a invocação de fato constitutivo, modificativo ou extintivo do direito, superveniente à propositura da ação, é aplicável de ofício aos processos em curso em qualquer instância trabalhista. Cumpre ao juiz ou tribunal ouvir as partes sobre o fato novo antes de decidir.

•• Redação determinada pela Resolução n. 208, de 19-4-2016.

395. Mandato e substabelecimento. Condições de validade. (nova redação dos itens I e II e acrescido o item V em decorrência do CPC de 2015)

I - Válido é o instrumento de mandato com prazo determinado que contém cláusula estabelecendo a prevalência dos poderes para

atuar até o final da demanda (§ 4.º do art. 105 do CPC de 2015). (ex-OJ 312 da SBDI-1 – *DJ* 11-8-2003)

II – Se há previsão, no instrumento de mandato, de prazo para sua juntada, o mandato só tem validade se anexado ao processo o respectivo instrumento no aludido prazo. (ex-OJ 313 da SBDI-1 – *DJ* 11-8-2003)

III – São válidos os atos praticados pelo substabelecido, ainda que não haja, no mandato, poderes expressos para substabelecer (art. 667, e parágrafos, do Código Civil de 2002). (ex-OJ 108 da SBDI-1 – inserida em 1.º-10-1997)

IV – Configura-se a irregularidade de representação se o substabelecimento é anterior à outorga passada ao substabelecente. (ex-OJ 330 da SBDI-1 – *DJ* 9-12-2003)

V – Verificada a irregularidade de representação nas hipóteses dos itens II e IV, deve o juiz suspender o processo e designar prazo razoável para que seja sanado o vício, ainda que em instância recursal (art. 76 do CPC de 2015).

•• Redação determinada pela Resolução n. 211, de 22-8-2016.

396. Estabilidade provisória. Pedido de reintegração. Concessão do salário relativo ao período de estabilidade já exaurido. Inexistência de julgamento *extra petita*. (conversão das Orientações Jurisprudenciais n. 106 e 116 da SDI-1)

I – Exaurido o período de estabilidade, são devidos ao empregado apenas os salários do período compreendido entre a data da despedida e o final do período de estabilidade, não lhe sendo assegurada a reintegração no emprego. (ex-OJ 116 – inserida em 20-11-1997)

II – Não há nulidade por julgamento *extra petita* da decisão que deferir salário quando o pedido for de reintegração, dados os termos do art. 496 da CLT. (ex-OJ 106 – inserida em 1.º-10-1997)

397. Ação rescisória. Art. 966, IV, do CPC de 2015. Art. 485, IV, do CPC de 1973. Ação de cumprimento. Ofensa à coisa julgada emanada de sentença normativa modificada em grau de recurso. Inviabilidade. Cabimento de mandado de segurança

Não procede ação rescisória calcada em ofensa à coisa julgada perpetrada por decisão proferida em ação de cumprimento, em face de a sentença normativa, na qual se louvava, ter sido modificada em grau de recurso, porque em dissídio coletivo somente se consubstancia coisa julgada formal. Assim, os meios processuais aptos a atacarem a execução da cláusula reformada são a exceção de pré-executividade e o mandado de segurança, no caso de descumprimento do art. 514 do CPC de 2015 (art. 572 do CPC de 1973). (ex-OJ 116 da SBDI-2 – *DJ* 11-8-2003)

•• Redação determinada pela Resolução n. 208, de 19-4-2016.

398. Ação rescisória. Ausência de defesa. Inaplicáveis os efeitos da revelia. (alterada em decorrência do CPC de 2015)

Na ação rescisória, o que se ataca é a decisão, ato oficial do Estado, acobertado pelo manto da coisa julgada. Assim, e considerando que a coisa julgada envolve questão de ordem pública, a revelia não produz confissão na ação rescisória. (ex-OJ n. 126 da SBDI-2 – *DJ* 9-12-2003)

•• Redação determinada pela Resolução n. 219, de 26-6-2017.

399. Ação rescisória. Cabimento. Sentença de mérito. Decisão homologatória de adjudicação, de arrematação e de cálculos. (conversão das Orientações Jurisprudenciais n. 44, 45 e 85, primeira parte, da SDI-2)

I – É incabível ação rescisória para impugnar decisão homologatória de adjudicação ou arrematação. (ex-OJs 44 e 45 – ambas inseridas em 20-9-2000)

II – A decisão homologatória de cálculos apenas comporta rescisão quando enfrentar as questões envolvidas na elaboração da conta de liquidação, quer solvendo a controvérsia das partes quer explicitando, de ofício, os motivos pelos quais acolheu os cálculos oferecidos por uma das partes ou pelo setor de cálculos, e não contestados pela outra. (ex-OJ 85, primeira parte – inserida em 13-3-2002 e alterada em 26-11-2002).

400. Ação rescisória de ação rescisória. Violação manifesta de norma jurídica. Indicação da mesma norma jurídica apontada na rescisória primitiva (mesmo dispositivo de lei sob o CPC de 1973)

Em se tratando de rescisória de rescisória, o vício apontado deve nascer na decisão rescindenda, não se admitindo a rediscussão do acerto do julgamento da rescisória anterior. Assim, não procede rescisória calcada no inciso V do art. 966 do CPC de 2015 (art. 485, V, do CPC de 1973) para discussão, por má aplicação da mesma norma jurídica, tida por violada na rescisória anterior, bem como para arguição de questões inerentes à ação rescisória primitiva. (ex-OJ 95 da SBDI-2 – inserida em 27-9-2002 e alterada *DJ* 16-4-2004)

•• Redação determinada pela Resolução n. 208, de 19-4-2016.

401. Ação rescisória. Descontos legais. Fase de execução. Sentença exequenda omissa. Inexistência de ofensa à coisa julgada. (conversão da Orientação Jurisprudencial n. 81 da SDI-2)

Os descontos previdenciários e fiscais devem ser efetuados pelo juízo executório, ainda que a sentença exequenda tenha sido omissa sobre a questão, dado o caráter de ordem pública ostentado pela norma que os disciplina. A ofensa à coisa julgada somente poderá ser caracterizada na hipótese de o título exequendo, expressamente, afastar a dedução dos valores a título de imposto de renda e de contribuição previdenciária. (ex-OJ 81 – inserida em 13-3-2002)

402. Ação rescisória. Prova nova. Dissídio coletivo. Sentença normativa. (nova redação em decorrência do CPC de 2015)

I – Sob a vigência do CPC de 2015 (art. 966, inciso VII), para efeito de ação rescisória, considera-se prova nova a cronologicamente velha, já existente ao tempo do trânsito em julgado da decisão rescindenda, mas ignorada pelo interessado ou de impossível utilização, à época, no processo.

II – Não é prova nova apta a viabilizar a desconstituição de julgado:

a) sentença normativa proferida ou transitada em julgado posteriormente à sentença rescindenda;

b) sentença normativa preexistente à sentença rescindenda, mas não exibida no processo principal, em virtude de negligência da parte, quando podia e deveria louvar-se de documento já existente e não ignorado quando emitida a decisão rescindenda. (ex-OJ n. 20 da SBDI-2 – inserida em 20-9-2000).

•• Redação determinada pela Resolução n. 217, de 17-4-2017.

403. Ação rescisória. Dolo da parte vencedora em detrimento da vencida. Art. 485, III, do CPC. (conversão das Orientações Jurisprudenciais n. 111 e 125 da SDI-2)

I – Não caracteriza dolo processual, previsto no art. 485, III, do CPC, o simples fato de a parte vencedora haver silenciado a respeito de fatos contrários a ela, porque o procedimento, por si só, não constitui ardil do qual resulte cerceamento de defesa e, em consequência, desvie o juiz de uma sentença não condizente com a verdade. (ex-OJ 125 – *DJ* 9-12-2003)

II – Se a decisão rescindenda é homologatória de acordo, não há parte vencedora ou vencida, razão pela qual não é possível a sua desconstituição calcada no inciso III do art. 485 do CPC (dolo da parte vencedora em detrimento da vencida), pois constitui fundamento de rescindibilidade que supõe solução jurisdicional para a lide. (ex-OJ 111 – *DJ* 29-4-2003)

404. Ação rescisória. Fundamento para invalidar confissão. Confissão ficta. Inadequação do enquadramento no art. 485, VIII, do CPC de 1973.

O art. 485, VIII, do CPC de 1973, ao tratar do fundamento para invalidar a confissão como hipótese de rescindibilidade da decisão judicial, referia-se à confissão real, fruto de erro, dolo ou coação, e não à confissão ficta resultante de revelia.

•• Redação determinada pela Resolução n. 209, de 30-5-2016.

405. Ação rescisória. Tutela provisória
Em face do que dispõem a MP 1.984-22/2000 e o art. 969 do CPC de 2015, é cabível o pedido de tutela provisória formulado na petição inicial de ação rescisória ou na fase recursal, visando a suspender a execução da decisão rescindenda.
•• Redação determinada pela Resolução n. 208, de 19-4-2016.

406. Ação rescisória. Litisconsórcio. Necessário no polo passivo e facultativo no ativo. Inexistente quanto aos substituídos pelo sindicato. (conversão das Orientações Jurisprudenciais n. 82 e 110 da SDI-2)
I – O litisconsórcio, na ação rescisória, é necessário em relação ao polo passivo da demanda, porque supõe uma comunidade de direitos ou de obrigações que não admite solução díspar para os litisconsortes, em face da indivisibilidade do objeto. Já em relação ao polo ativo, o litisconsórcio é facultativo, uma vez que a aglutinação de autores se faz por conveniência e não, pela necessidade decorrente da natureza do litígio, pois não se pode condicionar o exercício do direito individual de um dos litigantes no processo originário à anuência dos demais para retomar a lide. (ex-OJ 82 – inserida em 13-3-2002)
II – O Sindicato, substituto processual e autor da reclamação trabalhista, em cujos autos fora proferida a decisão rescindenda, possui legitimidade para figurar como réu na ação rescisória, sendo descabida a exigência de citação de todos os empregados substituídos, porquanto inexistente litisconsórcio passivo necessário. (ex-OJ 110 – DJ 29-4-2003)

407. Ação rescisória. Ministério Público. Legitimidade *ad causam* prevista no art. 967, III, *a*, *b* e *c* do CPC de 2015. Art. 487, III, *a* e *b*, do CPC de 1973. Hipóteses meramente exemplificativas
A legitimidade *ad causam* do Ministério Público para propor ação rescisória, ainda que não tenha sido parte no processo que deu origem à decisão rescindenda, não está limitada às alíneas *a*, *b* e *c* do inciso III do art. 967 do CPC de 2015 (art. 487, III, *a* e *b*, do CPC de 1973), uma vez que traduzem hipóteses meramente exemplificativas. (ex-OJ 83 da SBDI-2 – inserida em 13-3-2002)
•• Redação determinada pela Resolução n. 208, de 19-4-2016.

408. Ação rescisória. Petição inicial. Causa de pedir. Ausência de capitulação ou capitulação errônea no art. 966 do CPC de 2015. Art. 485 do CPC de 1973. Princípio *iura novit curia*
Não padece de inépcia a petição inicial de ação rescisória apenas porque omite a subsunção do fundamento de rescindibilidade no art. 966 do CPC de 2015 (art. 485 do CPC de 1973) ou o capitula erroneamente em um de seus incisos. Contanto que não se afaste dos fatos e fundamentos invocados como causa de pedir, ao Tribunal é lícito emprestar-lhes a adequada qualificação jurídica (*iura novit curia*). No entanto, fundando-se a ação rescisória no art. 966, inciso V, do CPC de 2015 (art. 485, inciso V, do CPC de 1973), é indispensável expressa indicação, na petição inicial da ação rescisória, da norma jurídica manifestamente violada (dispositivo legal violado sob o CPC de 1973), por se tratar de causa de pedir da rescisória, não se aplicando, no caso, o princípio *iura novit curia*. (ex-OJs 32 e 33 da SBDI-2 – inseridas em 20-9-2000)
•• Redação determinada pela Resolução n. 208, de 19-4-2016.

409. Ação rescisória. Prazo prescricional. Total ou parcial. Violação do art. 7.º, XXIX, da CF/88. Matéria infraconstitucional. (conversão da Orientação Jurisprudencial n. 119 da SDI-2)
Não procede ação rescisória calcada em violação do art. 7.º, XXIX, da CF/88 quando a questão envolve discussão sobre a espécie de prazo prescricional aplicável aos créditos trabalhistas, se total ou parcial, porque a matéria tem índole infraconstitucional, construída, na Justiça do Trabalho, no plano jurisprudencial. (ex-OJ 119 – DJ 11-8-2003)

410. Ação rescisória. Reexame de fatos e provas. Inviabilidade. (conversão da Orientação Jurisprudencial n. 109 da SDI-2)
A ação rescisória calcada em violação de lei não admite reexame de fatos e provas do processo que originou a decisão rescindenda. (ex-OJ 109 – DJ 29-4-2003)

411. Ação rescisória. Sentença de mérito. Decisão de Tribunal Regional do Trabalho em agravo regimental confirmando decisão monocrática do relator que, aplicando a Súmula 83 do TST, indeferiu a petição inicial da ação rescisória. Cabimento. (conversão da Orientação Jurisprudencial n. 43 da SDI-2)
Se a decisão recorrida, em agravo regimental, aprecia a matéria na fundamentação, sob o enfoque das Súmulas 83 do TST e 343 do STF, constitui sentença de mérito, ainda que haja resultado no indeferimento da petição inicial e na extinção do processo sem julgamento do mérito. Sujeita-se, assim, à reforma pelo TST, a decisão do Tribunal que, invocando controvérsia na interpretação da lei, indefere a petição inicial de ação rescisória. (ex-OJ 43 – inserida em 20-9-2000)

412. Ação rescisória. Regência pelo CPC de 1973. Sentença de mérito. Questão processual. (nova redação em decorrência do CPC de 2015)
Sob a égide do CPC de 1973, pode uma questão processual ser objeto de rescisão desde que consista em pressuposto de validade de uma sentença de mérito. (ex-OJ n. 46 da SBDI-2 – inserida em 20-9-2000)
•• Redação determinada pela Resolução n. 217, de 17-4-2017.

413. Ação rescisória. Sentença de mérito. Violação do art. 896, *a*, da CLT. (nova redação em decorrência do CPC de 2015)
É incabível ação rescisória, por violação do art. 896, *a*, da CLT, contra decisão transitada em julgado sob a égide do CPC de 1973 que não conhece de recurso de revista, com base em divergência jurisprudencial, pois não se cuidava de sentença de mérito (art. 485 do CPC de 1973). (ex-OJ 47 da SBDI-2 – inserida em 20-9-2000).
•• Redação determinada pela Resolução n. 209, de 30-5-2016.

414. Mandado de segurança. Tutela provisória concedida antes ou na sentença. (nova redação em decorrência do CPC de 2015)
I – A tutela provisória concedida na sentença não comporta impugnação pela via do mandado de segurança, por ser impugnável mediante recurso ordinário. É admissível a obtenção de efeito suspensivo ao recurso ordinário mediante requerimento dirigido ao tribunal, ao relator ou ao presidente ou ao vice-presidente do tribunal recorrido, por aplicação subsidiária ao processo do trabalho do artigo 1.029, § 5.º, do CPC de 2015.
II – No caso de a tutela provisória haver sido concedida ou indeferida antes da sentença, cabe mandado de segurança, em face da inexistência de recurso próprio.
III – A superveniência da sentença, nos autos originários, faz perder o objeto do mandado de segurança que impugnava a concessão ou o indeferimento da tutela provisória.
•• Redação determinada pela Resolução n. 217, de 17-4-2017.

415. Mandado de segurança. Petição inicial. Art. 321 do CPC de 2015. Art. 284 do CPC de 1973. Inaplicabilidade
Exigindo o mandado de segurança prova documental pré-constituída, inaplicável o art. 321 do CPC de 2015 (art. 284 do CPC de 1973) quando verificada, na petição inicial do *mandamus*, a ausência de documento indispensável ou de sua autenticação. (ex-OJ 52 da SBDI-2 – inserida em 20-9-2000)
•• Redação determinada pela Resolução n. 208, de 19-4-2016.

416. Mandado de segurança. Execução. Lei n. 8.432/92. Art. 897, § 1.º, da CLT. Cabimento. (conversão da Orientação Jurisprudencial n. 55 da SDI-2)
Devendo o agravo de petição delimitar justificadamente a matéria e os valores objeto de discordância, não fere direito líquido e certo o prosseguimento da execução quanto aos tópicos e valores não especificados no agravo. (ex-OJ 55 – inserida em 20-9-2000)

417. Mandado de segurança. Penhora em dinheiro. (alterado o item I, atualizado o item II e cancelado o item III, modulando-se os efeitos da presente redação de forma a atingir unicamente as penhoras em dinheiro em execução provisória efetivadas a partir de 18-3-2016, data de vigência do CPC de 2015)

I – Não fere direito líquido e certo do impetrante o ato judicial que determina penhora em dinheiro do executado para garantir crédito exequendo, pois é prioritária e obedece à gradação prevista no art. 835 do CPC de 2015 (art. 655 do CPC de 1973).

II – Havendo discordância do credor, em execução definitiva, não tem o executado direito líquido e certo a que os valores penhorados em dinheiro fiquem depositados no próprio banco, ainda que atenda aos requisitos do art. 840, I, do CPC de 2015 (art. 666, I, do CPC de 1973). (ex-OJ 61 da SBDI-2 – inserida em 20-9-2000).

•• Redação determinada pela Resolução n. 212, de 19-9-2016.

418. Mandado de segurança visando à homologação de acordo. (nova redação em decorrência do CPC de 2015)

A homologação de acordo constitui faculdade do juiz, inexistindo direito líquido e certo tutelável pela via do mandado de segurança.

•• Redação determinada pela Resolução n. 217, de 17-4-2017.

419. Competência. Embargos de terceiro. Execução por carta precatória. Juízo deprecado. (alterada em decorrência do CPC de 2015)

Na execução por carta precatória, os embargos de terceiro serão oferecidos no juízo deprecado, salvo se indicado pelo juízo deprecante o bem constrito ou se já devolvida a carta (art. 676, parágrafo único, do CPC de 2015).

•• Redação determinada pela Resolução n. 212, de 19-9-2016.

420. Competência funcional. Conflito negativo. TRT e Vara do Trabalho de idêntica região. Não configuração. (conversão da Orientação Jurisprudencial n. 115 da SDI-2)

Não se configura conflito de competência entre Tribunal Regional do Trabalho e Vara do Trabalho a ele vinculada. (ex-OJ 115 – DJ 11-8-2003)

421. Embargos de declaração. Cabimento. Decisão monocrática do relator calcada no art. 932 do CPC de 2015. Art. 557 do CPC de 1973

I – Cabem embargos de declaração da decisão monocrática do relator prevista no art. 932 do CPC de 2015 (art. 557 do CPC de 1973), se a parte pretende tão somente juízo integrativo retificador da decisão e, não, modificação do julgado.

II – Se a parte postular a revisão no mérito da decisão monocrática, cumpre ao relator converter os embargos de declaração em agravo, em face dos princípios da fungibilidade e celeridade processual, submetendo-o ao pronunciamento do Colegiado, após a intimação do recorrente para, no prazo de 5 (cinco) dias, complementar as razões recursais, de modo a ajustá-las às exigências do art. 1.021, § 1.º, do CPC de 2015.

•• Redação determinada pela Resolução n. 208, de 19-4-2016.

422. Recurso. Fundamento ausente ou deficiente. Não conhecimento. (redação alterada, com inserção dos itens I, II e III)

I – Não se conhece de recurso para o Tribunal Superior do Trabalho se as razões do recorrente não impugnam os fundamentos da decisão recorrida, nos termos em que proferida.

II – O entendimento referido no item anterior não se aplica em relação à motivação secundária e impertinente, consubstanciada em despacho de admissibilidade de recurso ou em decisão monocrática.

III – Inaplicável a exigência do item I relativamente ao recurso ordinário da competência de Tribunal Regional do Trabalho, exceto em caso de recurso cuja motivação é inteiramente dissociada dos fundamentos da sentença.

•• Redação determinada pela Resolução n. 199, de 9-6-2015.

423. Turno ininterrupto de revezamento. Fixação de jornada de trabalho mediante negociação coletiva. Validade. (conversão da Orientação Jurisprudencial n. 169 da SBDI-1)

Estabelecida jornada superior a seis horas e limitada a oito horas por meio de regular negociação coletiva, os empregados submetidos a turnos ininterruptos de revezamento não têm direito ao pagamento da 7.ª e 8.ª hora como extras.

424. Recurso administrativo. Pressuposto de admissibilidade. Depósito prévio da multa administrativa. Não recepção pela Constituição Federal do § 1.º do art. 636 da CLT.

O § 1.º do art. 636 da CLT, que estabelece a exigência de prova do depósito prévio do valor da multa cominada em razão de autuação administrativa como pressuposto de admissibilidade de recurso administrativo, não foi recepcionado pela Constituição Federal de 1988, ante a sua incompatibilidade com o inciso LV do art. 5.º.

425. *Jus postulandi* na Justiça do Trabalho. Alcance.

O *jus postulandi* das partes, estabelecido no art. 791 da CLT, limita-se às Varas do Trabalho e aos Tribunais Regionais do Trabalho, não alcançando a ação rescisória, a ação cautelar, o mandado de segurança e os recursos de competência do Tribunal Superior do Trabalho.

426. Depósito recursal. Utilização da guia GFIP. Obrigatoriedade.

Nos dissídios individuais o depósito recursal será efetivado mediante a utilização da Guia de Recolhimento do FGTS e Informações à Previdência Social – GFIP, nos termos dos §§ 4.º e 5.º do art. 899 da CLT, admitido o depósito judicial, realizado na sede do juízo e à disposição deste, na hipótese de relação de trabalho não submetida ao regime do FGTS.

•• *Vide* art. 899 da CLT, que sofreu alteração pela Lei n. 13.467, de 13-7-2017, em vigor 120 dias da sua publicação (*DOU* de 14-7-2017).

427. Intimação. Pluralidade de advogados. Publicação em nome de advogado diverso daquele expressamente indicado. Nulidade.

Havendo pedido expresso de que as intimações e publicações sejam realizadas exclusivamente em nome de determinado advogado, a comunicação em nome de outro profissional constituído nos autos é nula, salvo se constatada a inexistência de prejuízo.

428. Sobreaviso. Aplicação analógica do art. 244, § 2.º, da CLT. (redação alterada na sessão do Tribunal Pleno realizada em 14-9-2012)

I – O uso de instrumentos telemáticos ou informatizados fornecidos pela empresa ao empregado, por si só, não caracteriza o regime de sobreaviso.

II – Considera-se em sobreaviso o empregado que, à distância e submetido a controle patronal por instrumentos telemáticos ou informatizados, permanecer em regime de plantão ou equivalente, aguardando a qualquer momento o chamado para o serviço durante o período de descanso.

•• Redação determinada pela Resolução n. 185, de 14-9-2012.

429. Tempo à disposição do empregador. Art. 4.º da CLT. Período de deslocamento entre a portaria e o local de trabalho.

Considera-se à disposição do empregador, na forma do art. 4.º da CLT, o tempo necessário ao deslocamento do trabalhador entre a portaria da empresa e o local de trabalho, desde que supere o limite de 10 (dez) minutos diários.

430. Administração Pública Indireta. Contratação. Ausência de concurso público. Nulidade. Ulterior privatização. Convalidação. Insubsistência do vício.

Convalidam-se os efeitos do contrato de trabalho que, considerado nulo por ausência de concurso público, quando celebrado originalmente com ente da Administração Pública Indireta, continua a existir após a sua privatização.

431. Salário-hora. Empregado sujeito ao regime geral de trabalho (art. 58, *caput*, da CLT). 40 horas semanais. Cálculo. Aplicação do divisor 200. (redação alterada na sessão do Tribunal Pleno realizada em 14-9-2012)

Para os empregados a que alude o art. 58, *caput*, da CLT, quando sujeitos a 40 horas semanais de trabalho, aplica-se o divisor 200 (duzentos) para o cálculo do valor do salário-hora.

•• Redação determinada pela Resolução n. 185, de 14-9-2012.

432. Contribuição sindical rural. Ação de cobrança. Penalidade por atraso no recolhimento. Inaplicabilidade do art. 600 da CLT. Incidência do art. 2.º da Lei n. 8.022/1990.

O recolhimento a destempo da contribuição sindical rural não acarreta a aplicação da multa progressiva prevista no art. 600 da CLT, em decorrência da sua revogação tácita pela Lei n. 8.022, de 12 de abril de 1990.

433. Embargos. Admissibilidade. Processo em fase de execução. Acórdão de turma publicado na vigência da Lei n. 11.496, de 26-6-2007. Divergência de interpretação de dispositivo constitucional.

A admissibilidade do recurso de embargos contra acórdão de Turma em recurso de revista em fase de execução, publicado na vigência da Lei n. 11.496, de 26-6-2007, condiciona-se à demonstração de divergência jurisprudencial entre Turmas ou destas e a Seção Especializada em Dissídios Individuais do Tribunal Superior do Trabalho em relação à interpretação de dispositivo constitucional.

434. (*Cancelada pela Resolução n. 198, de 9-6-2015.*)

435. Decisão monocrática. Relator. Art. 932 do CPC de 2015. Art. 557 do CPC de 1973. Aplicação subsidiária ao processo do trabalho.

Aplica-se subsidiariamente ao processo do trabalho o art. 932 do CPC de 2015 (art. 557 do CPC de 1973).

•• Redação determinada pela Resolução n. 208, de 19-4-2016.

436. Representação processual. Procurador da União, Estados, Municípios e Distrito Federal, suas autarquias e fundações públicas. Juntada de instrumento de mandato. (conversão da Orientação Jurisprudencial n. 52 da SBDI-I e inserção do item II à redação)

I – A União, Estados, Municípios e Distrito Federal, suas autarquias e fundações públicas, quando representadas em juízo, ativa e passivamente, por seus procuradores, estão dispensadas da juntada de instrumento de mandato e de comprovação do ato de nomeação.

II – Para os efeitos do item anterior, é essencial que o signatário ao menos declare-se exercente do cargo de procurador, não bastando a indicação do número de inscrição na Ordem dos Advogados do Brasil.

437. Intervalo intrajornada para repouso e alimentação. Aplicação do art. 71 da CLT. (conversão das Orientações Jurisprudenciais n. 307, 342, 354, 380 e 381 da SBDI-1)

I – Após a edição da Lei n. 8.923/94, a não concessão ou a concessão parcial do intervalo intrajornada mínimo, para repouso e alimentação, a empregados urbanos e rurais, implica o pagamento total do período correspondente, e não apenas daquele suprimido, com acréscimo de, no mínimo, 50% sobre o valor da remuneração da hora normal de trabalho (art. 71 da CLT), sem prejuízo do cômputo da efetiva jornada de labor para efeito de remuneração.

II – É inválida cláusula de acordo ou convenção coletiva de trabalho contemplando a supressão ou redução do intervalo intrajornada porque este constitui medida de higiene, saúde e segurança do trabalho, garantido por norma de ordem pública (art. 71 da CLT e art. 7.º, XXII, da CF/1988), infenso à negociação coletiva.

III – Possui natureza salarial a parcela prevista no art. 71, § 4.º, da CLT, com redação introduzida pela Lei n. 8.923, de 27 de julho de 1994, quando não concedido ou reduzido pelo empregador o intervalo mínimo intrajornada para repouso e alimentação, repercutindo, assim, no cálculo de outras parcelas salariais.

IV – Ultrapassada habitualmente a jornada de seis horas de trabalho, é devido o gozo do intervalo intrajornada mínimo de uma hora, obrigando o empregador a remunerar o período para descanso e alimentação não usufruído como extra, acrescido do respectivo adicional, na forma prevista no art. 71, *caput* e § 4.º, da CLT.

438. Intervalo para recuperação térmica do empregado. Ambiente artificialmente frio. Horas extras. Art. 253 da CLT. Aplicação analógica.

O empregado submetido a trabalho contínuo em ambiente artificialmente frio, nos termos do parágrafo único do art. 253 da CLT, ainda que não labore em câmara frigorífica, tem direito ao intervalo intrajornada previsto no *caput* do art. 253 da CLT.

439. Danos morais. Juros de mora e atualização monetária. Termo inicial.

Nas condenações por dano moral, a atualização monetária é devida a partir da data da decisão de arbitramento ou de alteração do valor. Os juros incidem desde o ajuizamento da ação, nos termos do art. 883 da CLT.

440. Auxílio-doença acidentário. Aposentadoria por invalidez. Suspensão do contrato de trabalho. Reconhecimento do direito à manutenção de plano de saúde ou de assistência médica.

Assegura-se o direito à manutenção de plano de saúde ou de assistência médica oferecido pela empresa ao empregado, não obstante suspenso o contrato de trabalho em virtude de auxílio-doença acidentário ou de aposentadoria por invalidez.

441. Aviso prévio. Proporcionalidade.

O direito ao aviso prévio proporcional ao tempo de serviço somente é assegurado nas rescisões de contrato de trabalho ocorridas a partir da publicação da Lei n. 12.506, em 13 de outubro de 2011.

442. Procedimento sumaríssimo. Recurso de revista fundamentado em contrariedade a orientação jurisprudencial. Inadmissibilidade. Art. 896, § 6.º, da CLT, acrescentado pela Lei n. 9.957, de 12-1-2000 (conversão da Orientação Jurisprudencial n. 352 da SBDI-1)

Nas causas sujeitas ao procedimento sumaríssimo, a admissibilidade de recurso de revista está limitada à demonstração de violação direta a dispositivo da Constituição Federal ou contrariedade a Súmula do Tribunal Superior do Trabalho, não se admitindo o recurso por contrariedade a Orientação Jurisprudencial deste Tribunal (Livro II, Título II, Capítulo III, do RITST), ante a ausência de previsão no art. 896, § 6.º, da CLT.

•• Com a nova redação dada pela Lei n. 13.015, de 21-7-2014, ao art. 896 da CLT, a remissão correta passa a ser para o § 9.º desse dispositivo.

443. Dispensa discriminatória. Presunção. Empregado portador de doença grave. Estigma ou preconceito. Direito à reintegração.

Presume-se discriminatória a despedida de empregado portador do vírus HIV ou de outra doença grave que suscite estigma ou preconceito. Inválido o ato, o empregado tem direito à reintegração no emprego.

444. Jornada de trabalho. Norma coletiva. Lei. Escala de 12 por 36. Validade.

É válida, em caráter excepcional, a jornada de doze horas de trabalho por trinta e seis de descanso, prevista em lei ou ajustada exclusivamente mediante acordo coletivo de trabalho ou convenção coletiva de trabalho, assegurada a remuneração em dobro dos feriados trabalhados. O empregado não tem direito ao pagamento de adicional referente ao labor prestado na décima primeira e décima segunda horas.

445. Inadimplemento de verbas trabalhistas. Frutos. Posse de má-fé. Art. 1.216 do Código Civil. Inaplicabilidade ao Direito do Trabalho.

A indenização por frutos percebidos pela posse de má-fé, prevista no art. 1.216 do Código Civil, por tratar-se de regra afeta a direitos reais, mostra-se incompatível com o Direito do Trabalho, não sendo devida no caso de inadimplemento de verbas trabalhistas.

446. Maquinista ferroviário. Intervalo intrajornada. Supressão parcial ou total. Horas extras devidas. Compatibilidade entre os arts. 71, § 4.º, e 238, § 5.º, da CLT.

A garantia ao intervalo intrajornada, prevista no art. 71 da CLT, por constituir-se em medida de higiene, saúde e segurança do empregado, é aplicável também ao ferroviário maquinista integrante da categoria "c" (equipagem de trem em geral), não havendo incompatibilidade entre as regras inscritas nos arts. 71, § 4.º, e 238, § 5.º, da CLT.

447. Adicional de periculosidade. Permanência a bordo durante o abastecimento da aeronave. Indevido.

Os tripulantes e demais empregados em serviços auxiliares de transporte aéreo que, no momento do abastecimento da aeronave, permanecem a bordo não têm direito ao adicional de periculosida-

de a que aludem o art. 193 da CLT e o Anexo 2, item 1, "c", da NR 16 do MTE.

448. Atividade insalubre. Caracterização. Previsão na Norma Regulamentadora n. 15 da Portaria do Ministério do Trabalho n. 3.214/78. Instalações sanitárias. (conversão da Orientação Jurisprudencial n. 4 da SBDI-1 com nova redação do item II)

I – Não basta a constatação da insalubridade por meio de laudo pericial para que o empregado tenha direito ao respectivo adicional, sendo necessária a classificação da atividade insalubre na relação oficial elaborada pelo Ministério do Trabalho.

II – A higienização de instalações sanitárias de uso público ou coletivo de grande circulação, e a respectiva coleta de lixo, por não se equiparar à limpeza em residências e escritórios, enseja o pagamento de adicional de insalubridade em grau máximo, incidindo o disposto no Anexo 14 da NR-15 da Portaria do MTE n. 3.214/78 quanto à coleta e industrialização de lixo urbano.

449. Minutos que antecedem e sucedem a jornada de trabalho. Lei n. 10.243, de 19-6-2001. Norma coletiva. Flexibilização. Impossibilidade. (conversão da Orientação Jurisprudencial n. 372 da SBDI-1)

A partir da vigência da Lei n. 10.243, de 19-6-2001, que acrescentou o § 1.º ao art. 58 da CLT, não mais prevalece cláusula prevista em convenção ou acordo coletivo que elastece o limite de 5 minutos que antecedem e sucedem a jornada de trabalho para fins de apuração das horas extras.

450. Férias. Gozo na época própria. Pagamento fora do prazo. Dobra devida. Arts. 137 e 145 da CLT. (conversão da Orientação Jurisprudencial n. 386 da SBDI-1)

É devido o pagamento em dobro da remuneração de férias, incluído o terço constitucional, com base no art. 137 da CLT, quando, ainda que gozadas na época própria, o empregador tenha descumprido o prazo previsto no art. 145 do mesmo diploma legal.

•• O STF, por maioria, julgou procedente a ADPF n. 501, para: (a) declarar a inconstitucionalidade da Súmula 450 do TST; e (b) invalidar decisões judiciais não transitadas em julgado que, amparadas no texto sumular, tenham aplicado a sanção de pagamento em dobro com base no art. 137 da CLT, nas sessões virtuais de 1.º-7-2022 a 5-8-2022 (*DOU* de 15-8-2022).

451. Participação nos lucros e resultados. Rescisão contratual anterior à data da distribuição dos lucros. Pagamento proporcional aos meses trabalhados. Princípio da isonomia. (conversão da Orientação Jurisprudencial n. 390 da SBDI-1)

Fere o princípio da isonomia instituir vantagem mediante acordo coletivo ou norma regulamentar que condiciona a percepção da parcela participação nos lucros e resultados ao fato de estar o contrato de trabalho em vigor na data prevista para a distribuição dos lucros. Assim, inclusive na rescisão contratual antecipada, é devido o pagamento da parcela de forma proporcional aos meses trabalhados, pois o ex-empregado concorreu para os resultados positivos da empresa.

452. Diferenças salariais. Plano de cargos e salários. Descumprimento. Critérios de promoção não observados. Prescrição parcial. (conversão da Orientação Jurisprudencial n. 404 da SBDI-1)

Tratando-se de pedido de pagamento de diferenças salariais decorrentes da inobservância dos critérios de promoção estabelecidos em Plano de Cargos e Salários criado pela empresa, a prescrição aplicável é a parcial, pois a lesão é sucessiva e se renova mês a mês.

453. Adicional de periculosidade. Pagamento espontâneo. Caracterização de fato incontroverso. Desnecessária a perícia de que trata o art. 195 da CLT. (conversão da Orientação Jurisprudencial n. 406 da SBDI-1)

O pagamento de adicional de periculosidade efetuado por mera liberalidade da empresa, ainda que de forma proporcional ao tempo de exposição ao risco ou em percentual inferior ao máximo legalmente previsto, dispensa a realização da prova técnica exigida pelo art. 195 da CLT, pois torna incontroversa a existência do trabalho em condições perigosas.

454. Competência da Justiça do Trabalho. Execução de ofício. Contribuição social referente ao seguro de acidente de trabalho (SAT). Arts. 114, VIII, e 195, I, "a", da Constituição da República. (conversão da Orientação Jurisprudencial n. 414 da SBDI-1)

Compete à Justiça do Trabalho a execução, de ofício, da contribuição referente ao Seguro de Acidente de Trabalho (SAT), que tem natureza de contribuição para a seguridade social (arts. 114, VIII, e 195, I, "a", da CF), pois se destina ao financiamento de benefícios relativos à incapacidade do empregado decorrente de infortúnio no trabalho (arts. 11 e 22 da Lei n. 8.212/1991).

455. Equiparação salarial. Sociedade de economia mista. Art. 37, XIII, da CF/1988. Possibilidade. (conversão da Orientação Jurisprudencial n. 353 da SBDI-1 com nova redação)

À sociedade de economia mista não se aplica a vedação à equiparação prevista no art. 37, XIII, da CF/1988, pois, ao admitir empregados sob o regime da CLT, equipara-se a empregador privado, conforme disposto no art. 173, § 1.º, II, da CF/1988.

456. Representação. Pessoa jurídica. Procuração. Invalidade. Identificação do outorgante e de seu representante. (inseridos os itens II e III em decorrência do CPC de 2015)

I – É inválido o instrumento de mandato firmado em nome de pessoa jurídica que não contenha, pelo menos, o nome do outorgante e do signatário da procuração, pois estes dados constituem elementos que os individualizam.

II – Verificada a irregularidade de representação da parte na instância originária, o juiz designará prazo de 5 (cinco) dias para que seja sanado o vício. Descumprida a determinação, extinguirá o processo, sem resolução de mérito, se a providência couber ao reclamante, ou considerará revel o reclamado, se a providência lhe couber (art. 76, § 1.º, do CPC de 2015).

III – Caso a irregularidade de representação da parte seja constatada em fase recursal, o relator designará prazo de 5 (cinco) dias para que seja sanado o vício. Descumprida a determinação, o relator não conhecerá do recurso, se a providência couber ao recorrente, ou determinará o desentranhamento das contrarrazões, se a providência couber ao recorrido (art. 76, § 2.º, do CPC de 2015).

•• Redação determinada pela Resolução n. 211, de 22-8-2016.

457. Honorários periciais. Beneficiário da Justiça gratuita. Responsabilidade da União pelo pagamento. Resolução n. 66/2010 do CSJT. Observância. (conversão da Orientação Jurisprudencial n. 387 da SBDI-1 com nova redação)

A União é responsável pelo pagamento dos honorários de perito quando a parte sucumbente no objeto da perícia for beneficiária da assistência judiciária gratuita, observado o procedimento disposto nos arts. 1.º, 2.º e 5.º da Resolução n. 66/2010 do Conselho Superior da Justiça do Trabalho – CSJT.

•• Vide art. 790-B da CLT.

458. Embargos. Procedimento sumaríssimo. Conhecimento. Recurso interposto após vigência da Lei n. 11.496, de 22-6-2007, que conferiu nova redação ao art. 894, da CLT. (conversão da Orientação Jurisprudencial n. 405 da SBDI-1 com nova redação)

Em causas sujeitas ao procedimento sumaríssimo, em que pese a limitação imposta no art. 896, § 6.º, da CLT à interposição de recurso de revista, admitem-se os embargos interpostos na vigência da Lei n. 11.496, de 22-6-2007, que conferiu nova redação ao art. 894 da CLT, quando demonstrada a divergência jurisprudencial entre Turmas do TST, fundada em interpretações diversas acerca da aplicação de mesmo dispositivo constitucional ou de matéria sumulada.

•• Com a nova redação dada pela Lei n. 13.015, de 21-7-2014, ao art. 896 da CLT, a remissão correta passa a ser para o § 9.º desse dispositivo.

459. Recurso de revista. Nulidade por negativa de prestação jurisdicional. (atualizada em decorrência do CPC de 2015)

O conhecimento do recurso de revista, quanto à preliminar de nulidade, por negativa de prestação jurisdicional, supõe indicação de violação do art. 832 da CLT, do art. 489 do CPC de 2015 (art. 458 do CPC de 1973) ou do art. 93, IX, da CF/1988.

•• Redação determinada pela Resolução n. 219, de 26-6-2017.

460. Vale-transporte. Ônus da prova.

É do empregador o ônus de comprovar que o empregado não satisfaz os requisitos indispensáveis para a concessão do vale-transporte ou não pretenda fazer uso do benefício.

461. FGTS. Diferenças. Recolhimento. Ônus da prova.

É do empregador o ônus da prova em relação à regularidade dos depósitos do FGTS, pois o pagamento é fato extintivo do direito do autor (art. 373, II, do CPC de 2015).

462. Multa do art. 477, § 8.º, da CLT. Incidência. Reconhecimento judicial da relação de emprego.

A circunstância de a relação de emprego ter sido reconhecida apenas em juízo não tem o condão de afastar a incidência da multa prevista no art. 477, § 8.º, da CLT. A referida multa não será devida apenas quando, comprovadamente, o empregado der causa à mora no pagamento das verbas rescisórias.

463. Assistência judiciária gratuita. Comprovação. (conversão da Orientação Jurisprudencial n. 304 da SBDI-I, com alterações decorrentes do CPC de 2015)

I – A partir de 26-6-2017, para a concessão da assistência judiciária gratuita à pessoa natural, basta a declaração de hipossuficiência econômica firmada pela parte ou por seu advogado, desde que munido de procuração com poderes específicos para esse fim (art. 105 do CPC de 2015);

II – No caso de pessoa jurídica, não basta a mera declaração: é necessária a demonstração cabal de impossibilidade de a parte arcar com as despesas do processo.

Índice Alfabético-Remissivo das Súmulas do TST

- abandono de emprego: 32, 62 e 73
- ação coletiva: 190
- ação de cumprimento: 246, 286, 350 e 397
- ação rescisória: 83, 99, 100, 158, 192, 259, 298, 299, 303, 365, 397, 398, 399, 400, 401, 402, 403, 404, 405, 406, 407, 408, 409, 410, 411, 412 e 413
- acidente do trabalho: 46, 378 e 454
- acordo coletivo: 449 e 451
- adicional de insalubridade: 47, 80, 139, 228, 248, 289, 293, 448 e 453
- adicional de periculosidade: 39, 70, 132, 191, 361, 364 e 447
- adicional noturno: 60, 65, 112, 140, 265 e 354
- adicional por tempo de serviço: 240
- adicional regional: 84
- Administração Pública indireta; concurso público; ausência: 430
- agravo: 218, 266, 353 e 411
- alçada: 71, 356 e 365
- aposentadoria: 52, 72, 92, 97, 160, 288, 313, 326, 327 e 332
- assistência: 82
- assistência judiciária: 457
- assistência judiciária gratuita: 463
- atestado médico: 15 e 122
- ausência do reclamante: 9
- auxiliar de laboratório: 301
- auxílio-doença: 371, 378 e 440
- aviso prévio: 14, 44, 73, 163, 182, 230, 253, 276, 348, 371, 380 e 441
- bancários: 93, 102, 109, 113, 117, 119, 124, 199, 226, 239, 240 e 247
- BANDEPE: 345
- BANESPA: 313
- benefícios previdenciários: 32 e 311
- cargo de confiança: 102
- cargos; vacância: 159
- carreira; quadro de: 6, 19 e 127
- carta precatória: 419
- cartão de ponto: 338 e 366
- Carteira de Trabalho e Previdência Social – CTPS: 12 e 368
- categoria profissional diferenciada: 117, 369 e 374
- Comissão Interna de Prevenção de Acidentes – CIPA: 339
- comissionista: 27 e 340
- compensação: 18, 48, 85 e 202
- competência funcional: 420
- confissão: 74 e 404
- constitucionalidade: 190, 312, 336 e 378
- contrato de trabalho: 13, 14, 54, 69, 125, 129, 188, 212, 241, 269, 330, 331, 371, 382 e 451
- contribuição sindical rural; ação de cobrança: 432
- contribuição social; acidente de trabalho: 454
- correção monetária: 187, 211, 304, 311 e 381
- culpa recíproca: 14
- custas: 25, 36, 53 e 170
- dano moral: 392 e 439
- decadência; prazo de: 62 e 100
- decisão interlocutória: 214
- dentistas: 143
- depósito: 161 e 424
- depósito recursal: 128, 217, 245 e 426
- descontos: 342, 368 e 401
- deserção: 25, 86 e 99
- deslocamento: 429
- diárias de viagem: 101
- diferenças salariais: 452
- digitador: 346
- diplomas: 301
- diretor; cargo de: 269
- dissídio coletivo: 397 e 402
- divergência jurisprudencial: 296, 337 e 413
- dívidas trabalhistas: 18
- documentos: 8
- domingos; trabalho em: 146 e 387
- duplo grau de jurisdição: 303
- efeito devolutivo: 393
- efeito suspensivo: 279
- embargos: 23, 126, 184, 192, 221, 266, 278, 335, 337, 353, 419, 421 e 433
- empresas; cessação de atividades: 173
- engenheiros: 370
- equiparação salarial: 6, 127
- estabelecimentos bancários: 55
- estabilidade: 244, 339, 345, 355, 369, 378, 390 e 396
- experiência; contrato de: 163, 188 e 244
- falência: 86 e 388
- faltas: 46, 89, 155 e 282
- fato superveniente: 394
- feriados: 27, 146 e 385
- férias: 7, 10, 14, 46, 81, 89, 149, 171, 253, 261, 262, 328 e 450
- ferroviários: 61 e 67
- financeiras: 55
- Fundo de Garantia do Tempo de Serviço – FGTS: 63, 98, 125, 206, 305, 362, 363 e 461
- gestante: 244
- gorjetas: 354
- gratificação natalina: 14, 45, 46, 50, 148, 157 e 253
- gratificações: 109, 115, 152, 157, 202, 203, 225, 226, 240, 253, 372 e 373

Índice Alfabético-Remissivo das Súmulas do TST

- honorários: 219, 329, 341 e 457
- hora reduzida: 65 e 112
- hora suplementar: 264
- horas de sobreaviso: 132 e 229
- horas extras: 61, 63, 85, 102, 109, 110, 113, 115, 118, 132, 166, 172, 199, 226, 253, 291, 338, 340, 347, 354, 366, 370, 376, 391, 423 e 449
- horas *in itinere*: 90 e 320
- indenização: 7, 24, 28, 44, 54, 98, 132, 182, 242, 314, 389 e 392
- Índice de Preços ao Consumidor – IPC: 315
- intervalo intrajornada: 437, 438 e 446
- intimação: 1, 25, 30, 53, 262, 299 e 427
- isonomia: 451
- jornada de trabalho: 85, 90, 110, 118, 119, 129, 230, 213, 287, 320, 338, 366, 370, 391, 423 e 444
- juros: 200, 211, 304 e 307
- justa causa: 10, 73, 171 e 244
- Justiça do Trabalho; competência: 18, 155, 189, 214, 219, 300, 368, 392 e 425
- justiça gratuita: 457
- licença-prêmio: 186
- litisconsórcio: 406
- lucros; participação nos: 451
- mandado de segurança: 33, 201, 303, 365, 397, 414, 415, 416, 417, 418 e 425
- mandato: 383 e 395
- médicos: 143 e 370
- mora: 13
- multas: 353, 384, 388 e 424
- norma coletiva: 449
- notificação: 16, 262 e 387
- obras; pessoal de: 58
- ônus da prova: 16, 99, 212 e 338
- penhora: 417 e 419
- perícias: 457 e 458
- petição inicial: 263, 405, 408, 411 e 415
- PETROBRAS: 70, 84 e 332
- PIS: 300
- policiais militares: 386
- prazo judicial: 1, 197 e 262
- prazo recursal: 385
- prepostos: 122 e 377
- prequestionamento: 297 e 298
- prescrição: 114, 153, 156, 206, 268, 274, 275, 294, 308, 326, 327, 350, 362, 373, 383, 409 e 452
- prestação de serviços: 129, 293, 301 e 331
- previdência privada: 87
- procedimento sumaríssimo: 442 e 458
- professores: 10, 351
- punição de empregado: 77
- quadro de carreira: 19 e 127
- quebra de caixa: 247
- quitação: 330
- radiologistas: 358
- readmissão: 138
- reajustes salariais: 375
- reclamante; ausência: 9
- recurso adesivo: 283
- recurso administrativo: 424
- recurso de revista: 23, 126, 192, 218, 221, 266, 333, 337, 442 e 459
- recurso ordinário: 158, 201 e 393
- recursos; disposições gerais: 30, 53, 128, 197, 279, 296, 387, 422 e 435
- reexame: 126 e 410
- regime jurídico; alteração: 382
- regulamentos: 51
- relação de emprego; reconhecimento judicial: 462
- repouso semanal remunerado: 15, 27, 110, 113, 146, 172, 225, 351, 354 e 360
- representação processual: 436
- rescisão do contrato de trabalho: 13, 14, 69, 314 e 443
- revelia: 122, 398 e 404
- salário-família: 254 e 344
- salário-hora: 431
- salário mínimo: 219, 258, 303, 356, 358, 363 e 370
- salário-utilidade: 241, 258 e 367
- salários; pagamento de: 10, 13, 28, 91, 101, 143, 155, 173, 303, 315, 318, 319, 322, 371, 381, 396, 431 e 452
- seguro-desemprego: 389
- sentença de mérito: 100, 192, 399, 411, 412 e 413
- sentença normativa: 202, 246, 264, 277, 279, 350, 384
- serviço extraordinário: 24 e 118
- serviço suplementar: 45, 199, 264 e 291
- servidor público: 50, 319, 363 e 390
- sindicatos: 219, 286, 309, 369, 379 e 406
- sobreaviso: 428
- sociedade de economia mista: 170 e 280
- substabelecimento: 395
- sucumbência: 25
- tarefeiro: 149
- telefonistas: 178
- termo de conciliação: 259
- testemunha: 357
- trabalho noturno: 60, 65, 112 e 140
- transferência de empregado: 29 e 43
- tripulantes de navios: 96
- tutela provisória: 405 e 414
- turnos ininterruptos; revezamento: 360, 391 e 423
- vale-refeição: 241
- vale-transporte: 460
- valor da causa: 71
- verbas rescisórias: 69, 73, 314 e 371
- verbas trabalhistas; má-fé: 445
- vigias: 65, 140, 257 e 309
- vínculo empregatício: 173, 331 e 386

Súmulas dos Juizados Especiais Federais

1. A conversão dos benefícios previdenciários em URV, em março/94, obedece às disposições do art. 20, incisos I e II da Lei n. 8.880/94 (MP n. 434/94).
 - A Lei n. 8.880, de 27-5-1994, dispõe sobre o Programa de Estabilização Econômica e o Sistema Monetário Nacional, institui a URV e dá outras providências.

2. Os benefícios previdenciários, em maio de 1996, deverão ser reajustados na forma da Medida Provisória n. 1.415, de 29 de abril de 1996, convertida na Lei n. 9.711, de 20 de novembro de 1998.
 - A Lei n. 9.711, de 20-11-1998, dispõe sobre a recuperação de haveres do Tesouro Nacional e do INSS, a utilização de títulos da dívida pública, de responsabilidade do Tesouro Nacional, na quitação de débitos com o INSS.

4. Não há direito adquirido, na condição de dependente, pessoa designada, quando o falecimento do segurado deu-se após o advento da Lei n. 9.032/95.
 - A Lei n. 9.032, de 28-4-1995, dispunha sobre o valor do salário mínimo.

5. A prestação de serviço rural por menor de 12 a 14 anos, até o advento da Lei n. 8.213, de 24 de julho de 1991, devidamente comprovada, pode ser reconhecida para fins previdenciários.

6. A certidão de casamento ou outro documento idôneo que evidencie a condição de trabalhador rural do cônjuge constitui início razoável de prova material da atividade rurícola.

8. Os benefícios de prestação continuada, no regime geral da Previdência Social, não serão reajustados com base no IGP-DI nos anos de 1997, 1999, 2000 e 2001.

9. O uso de Equipamento de Proteção Individual (EPI), ainda que elimine a insalubridade, no caso de exposição a ruído, não descaracteriza o tempo de serviço especial prestado.

10. O tempo de serviço rural anterior à vigência da Lei n. 8.213/91 pode ser utilizado para fins de contagem recíproca, assim entendida aquela que soma tempo de atividade privada, rural ou urbana, ao de serviço público estatutário, desde que sejam recolhidas as respectivas contribuições previdenciárias.

12. Os juros moratórios são devidos pelo gestor do FGTS e incidem a partir da citação nas ações em que se reclamam diferenças de correção monetária, tenha havido ou não levantamento do saldo, parcial ou integralmente.

14. Para a concessão de aposentadoria rural por idade, não se exige que o início de prova material, corresponda a todo o período equivalente à carência do benefício.

18. Para fins previdenciários, o cômputo do tempo de serviço prestado como aluno-aprendiz exige a comprovação de que, durante o período de aprendizado, houve simultaneamente: (i) retribuição consubstanciada em prestação pecuniária ou em auxílios materiais; (ii) à conta do Orçamento; (iii) a título de contraprestação por labor; (iv) na execução de bens e serviços destinados a terceiros.
 - • Redação determinada pela Turma Nacional de Uniformização na sessão de 14-2-2020.

19. Para o cálculo da renda mensal inicial do benefício previdenciário, deve ser considerada, na atualização dos salários de contribuição anteriores a março de 1994, a variação integral do IRSM de fevereiro de 1994, na ordem de 39,67% (art. 21, § 1.º, da Lei n. 8.880/94).

20. A Lei n. 8.112, de 11 de dezembro de 1990, não modificou a situação do servidor celetista anteriormente aposentado pela Previdência Social Urbana.
 - A Lei n. 8.112, de 11-12-1990, dispõe sobre o regime jurídico dos servidores públicos civis da União, das autarquias e das fundações públicas federais.

21. Não há direito adquirido a reajuste de benefícios previdenciários com base na variação do IPC (Índice de Preço ao Consumidor), de janeiro de 1989 (42,72%) e abril de 1990 (44,80%).

22. Se a prova pericial realizada em juízo dá conta de que a incapacidade já existia na data do requerimento administrativo, esta é o termo inicial do benefício assistencial.

23. As substituições de cargos ou funções de direção ou chefia ou de cargo de natureza especial ocorridas a partir da vigência da Medida Provisória n. 1.522, de 11 de outubro de 1996, e até o advento da Lei n. 9.527, de 10 de dezembro de 1997, quando iguais ou inferiores a trinta dias, não geram direito à remuneração correspondente ao cargo ou função substituída.

24. O tempo de serviço do segurado trabalhador rural anterior ao advento da Lei n. 8.213/91, sem o recolhimento de contribuições previdenciárias, pode ser considerado para a concessão de benefício previdenciário do Regime Geral de Previdência Social (RGPS), exceto para efeito de carência, conforme a regra do art. 55, § 2.º, da Lei n. 8.213/91.

25. A revisão dos valores dos benefícios previdenciários, prevista no art. 58 do ADCT, deve ser feita com base no número de salários mínimos apurado na data da concessão, e não no mês de recolhimento da última contribuição.

26. A atividade de vigilante enquadra-se como especial, equiparando-se à de guarda, elencada no item 2.5.7. do Anexo III do Decreto n. 53.831/64.
 - O Decreto n. 53.831, de 25-3-1964, dispunha sobre a aposentadoria especial instituída pela Lei n. 3.807, de 26-8-1960 (Lei Orgânica da Previdência Social).

27. A ausência de registro em órgão do Ministério do Trabalho não impede a comprovação do desemprego por outros meios admitidos em Direito.

28. Encontra-se prescrita a pretensão de ressarcimento de perdas sofridas na atualização monetária da conta do Plano de Integração Social – PIS, em virtude de expurgos ocorridos por ocasião dos Planos Econômicos Verão e Collor I.

29. Para os efeitos do art. 20, § 2.º, da Lei n. 8.742, de 1993, incapacidade para a vida independente não é só aquela que impede as atividades mais elementares da pessoa, mas também a impossibilidade de prover ao próprio sustento.
 - O § 2.º citado dispõe: "Para efeito de concessão deste benefício, a pessoa portadora de deficiência é aquela incapacitada para a vida independente e para o trabalho".

30. Tratando-se de demanda previdenciária, o fato de o imóvel ser superior ao módulo rural não afasta, por si só, a qualificação de seu proprietário como segurado especial, desde que comprovada, nos autos, a sua exploração em regime de economia familiar.

31. A anotação na CTPS decorrente de sentença trabalhista homologatória constitui início de prova material para fins previdenciários.

33. Quando o segurado houver preenchido os requisitos legais para concessão da aposentadoria por tempo de serviço na data do requerimento administrativo, esta data será o termo inicial da concessão do benefício.
34. Para fins de comprovação do tempo de labor rural, o início de prova material deve ser contemporâneo à época dos fatos a provar.
36. Não há vedação legal à cumulação da pensão por morte de trabalhador rural com o benefício da aposentadoria por invalidez, por apresentarem pressupostos fáticos e fatos geradores distintos.
37. A pensão por morte, devida ao filho até os 21 anos de idade, não se prorroga pela pendência do curso universitário.
38. Aplica-se subsidiariamente a Tabela de Cálculos de Santa Catarina aos pedidos de revisão de RMI – OTN/ORTN, na atualização dos salários de contribuição.
40. Nenhuma diferença é devida a título de correção monetária dos depósitos do FGTS, relativos ao mês de fevereiro de 1989.
41. A circunstância de um dos integrantes do núcleo familiar desempenhar atividade urbana não implica, por si só, a descaracterização do trabalhador rural como segurado especial, condição que deve ser analisada no caso concreto.
44. Para efeito de aposentadoria urbana por idade, a tabela progressiva de carência prevista no art. 142 da Lei n. 8.213/91 deve ser aplicada em função do ano em que o segurado completa a idade mínima para concessão do benefício, ainda que o período de carência só seja preenchido posteriormente.
45. Incide correção monetária sobre o salário-maternidade desde a época do parto, independentemente da data do requerimento administrativo.
46. O exercício de atividade urbana intercalada não impede a concessão de benefício previdenciário de trabalhador rural, condição que deve ser analisada no caso concreto.
47. Uma vez reconhecida a incapacidade parcial para o trabalho, o juiz deve analisar as condições pessoais e sociais do segurado para a concessão de aposentadoria por invalidez.
48. Para fins de concessão do benefício assistencial de prestação continuada, o conceito de pessoa com deficiência, que não se confunde necessariamente com situação de incapacidade laborativa, exige a configuração de impedimento de longo prazo com duração mínima de 2 (dois) anos, a ser aferido no caso concreto, desde o início do impedimento até a data prevista para a sua cessação.
 •• Redação determinada pela Turma Nacional de Uniformização, na sessão de 25-4-2019.
49. Para reconhecimento de condição especial de trabalho antes de 29/4/1995, a exposição a agentes nocivos à saúde ou à integridade física não precisa ocorrer de forma permanente.
50. É possível a conversão do tempo de serviço especial em comum do trabalho prestado em qualquer período.
51. (Cancelada.)
52. Para fins de concessão de pensão por morte, é incabível a regularização do recolhimento de contribuições de segurado contribuinte individual posteriormente a seu óbito, exceto quando as contribuições devam ser arrecadadas por empresa tomadora de serviços.
53. Não há direito a auxílio-doença ou a aposentadoria por invalidez quando a incapacidade para o trabalho é preexistente ao reingresso do segurado no Regime Geral de Previdência Social.
54. Para a concessão de aposentadoria por idade de trabalhador rural, o tempo de exercício de atividade equivalente à carência deve ser aferido no período imediatamente anterior ao requerimento administrativo ou à data do implemento da idade mínima.
55. A conversão do tempo de atividade especial em comum deve ocorrer com aplicação do fator multiplicativo em vigor na data da concessão da aposentadoria.
56. O prazo de trinta anos para prescrição da pretensão à cobrança de juros progressivos sobre saldo de conta vinculada ao FGTS tem início na data em que deixou de ser feito o crédito e incide sobre cada prestação mensal.
57. O auxílio-doença e a aposentadoria por invalidez não precedida de auxílio-doença, quando concedidos na vigência da Lei n. 9.876/1999, devem ter o salário de benefício apurado com base na média aritmética simples dos maiores salários de contribuição correspondentes a 80% do período contributivo, independentemente da data de filiação do segurado ou do número de contribuições mensais no período contributivo.
60. (Cancelada pela Turma Nacional de Uniformização, na sessão de 16-3-2016.)
62. O segurado contribuinte individual pode obter reconhecimento de atividade especial para fins previdenciários, desde que consiga comprovar exposição a agentes nocivos à saúde ou à integridade física.
63. A comprovação de união estável para efeito de concessão de pensão por morte prescinde de início de prova material.
65. Os benefícios de auxílio-doença, auxílio-acidente e aposentadoria por invalidez concedidos no período de 28/3/2005 a 20/7/2005 devem ser calculados nos termos da Lei n. 8.213/1991, em sua redação anterior à vigência da Medida Provisória n. 242/2005.
66. O servidor público ex-celetista que trabalhava sob condições especiais antes de migrar para o regime estatutário tem direito adquirido à conversão do tempo de atividade especial em tempo comum com o devido acréscimo legal, para efeito de contagem recíproca no regime previdenciário próprio dos servidores públicos.
67. O auxílio-alimentação recebido em pecúnia por segurado filiado ao Regime Geral da Previdência Social integra o salário de contribuição e sujeita-se à incidência de contribuição previdenciária.
68. O laudo pericial não contemporâneo ao período trabalhado é apto à comprovação da atividade especial do segurado.
69. O tempo de serviço prestado em empresa pública ou em sociedade de economia mista por servidor público federal somente pode ser contado para efeitos de aposentadoria e disponibilidade.
70. A atividade de tratorista pode ser equiparada à de motorista de caminhão para fins de reconhecimento de atividade especial mediante enquadramento por categoria profissional.
71. O mero contato do pedreiro com o cimento não caracteriza condição especial de trabalho para fins previdenciários.
72. É possível o recebimento de benefício por incapacidade durante período em que houve exercício de atividade remunerada quando comprovado que o segurado estava incapaz para as atividades habituais na época em que trabalhou.
73. O tempo de gozo do auxílio-doença ou de aposentadoria por invalidez não decorrentes de acidente de trabalho só pode ser computado como tempo de contribuição ou para fins de carência quando intercalado entre os períodos nos quais houve recolhimento de contribuições para a previdência social.
74. O prazo de prescrição fica suspenso pela formulação de requerimento administrativo e volta a correr pelo saldo remanescente após a ciência da decisão administrativa final.
75. A CTPS em relação à qual não se aponta defeito formal que lhe comprometa a fidedignidade goza de presunção relativa de veracidade, formando prova suficiente de tempo de serviço para fins previdenciários, ainda que a anotação de vínculo de emprego não conste no CNIS.
76. A averbação de tempo de serviço rural não contributivo não permite majorar o coeficiente de cálculo da renda mensal inicial de aposentadoria por idade previsto no art. 50 da Lei n. 8.213/91.
77. O julgador não é obrigado a analisar as condições pessoais e sociais quando não reconhecer a incapacidade do requerente para a sua atividade habitual.

78. Comprovado que o requerente de benefício é portador do vírus HIV, cabe ao julgador verificar as condições pessoais, sociais, econômicas e culturais, de forma a analisar a incapacidade em sentido amplo, em face da elevada estigmatização social da doença.
79. Nas ações em que se postula benefício assistencial, é necessária a comprovação das condições socioeconômicas do autor por laudo de assistente social, por auto de constatação lavrado por oficial de justiça ou, sendo inviabilizados os referidos meios, por prova testemunhal.
80. Nos pedidos de benefício de prestação continuada (LOAS), tendo em vista o advento da Lei n. 12.470/11, para adequada valoração dos fatores ambientais, sociais, econômicos e pessoais que impactam na participação da pessoa com deficiência na sociedade, é necessária a realização de avaliação social por assistente social ou outras providências aptas a revelar a efetiva condição vivida no meio social pelo requerente.
 - •• Vide Lei n. 8.212, de 24-7-1991.
81. A impugnação de ato de indeferimento, cessação ou cancelamento de benefício previdenciário não se submete a qualquer prazo extintivo, seja em relação à revisão desses atos, seja em relação ao fundo de direito.
 - •• Redação determinada pela Turma Nacional de Uniformização na sessão de 9-12-2020.
83. A partir da entrada em vigor da Lei n. 8.870/94, o décimo terceiro salário não integra o salário de contribuição para fins de cálculo do salário de benefício.
84. Comprovada a situação de desemprego por mais de 3 anos, o trabalhador tem direito ao saque dos valores depositados em sua conta individual do PIS
85. É possível a conversão de tempo comum em especial de período(s) anterior(es) ao advento da Lei n. 9.032/95 (que alterou a redação do § 3.º do art. 57 da Lei n. 8.213/91), desde que todas as condições legais para a concessão do benefício pleiteado tenham sido atendidas antes da publicação da referida lei, independentemente da data de entrada do requerimento (DER).
86. Não cabe incidente de uniformização que tenha como objeto principal questão controvertida de natureza constitucional que ainda não tenha sido definida pelo Supremo Tribunal Federal em sua jurisprudência dominante.
87. A eficácia do EPI não obsta o reconhecimento de atividade especial exercida antes de 03/12/1998, data de início da vigência da MP n. 1.729/98, convertida na Lei n. 9.732/98.

Índice Alfabético-Remissivo das Súmulas dos JEFs

- antecipação de tutela; irrepetição de valores: 51
- aposentadoria especial; conversão da comum em: 85
- aposentadoria por idade; trabalhador rural: 54
- aposentadoria por invalidez: 65
- aposentadoria por invalidez; incapacidade parcial para o trabalho: 47
- aprendiz; contagem do tempo de serviço: 18
- atividade especial; comprovação: 68 e 87
- atividade tratorista; equiparação a motorista: 70
- atividade urbana intercalada; exercício; concessão de benefício previdenciário de trabalhador rural: 46
- auxílio-acidente: 65
- auxílio-alimentação: 67
- auxílio-doença: 57, 65 e 73
- averbação de tempo de serviço: 76
- benefício assistencial; incapacidade; concessão: 48
- benefício assistencial; prova: 11, 22 e 79
- benefício de prestação continuada: 3 e 80
- benefícios; indeferimento e cessação: 81
- benefícios previdenciários: 1, 2, 4, 8, 18, 19, 21, 25, 31, 33, 48, 53, 54, 78 e 83
- condição especial de trabalho: 49, 66 e 71
- CTPS: 75
- cumulação de benefícios: 36
- desemprego; comprovação: 27
- desemprego por mais de 3 anos; saque do PIS: 84
- EPI, reconhecimento de atividade especial: 87
- exposição a agentes nocivos à saúde ou à integridade física: 49 e 62
- falecimento; segurado; dependente: 4
- FGTS: 12, 40 e 56
- incapacidade; atividades habituais: 72
- incapacidade do requerente; não obrigatoriedade de reconhecimento do julgador para reconhecimento: 77
- incapacidade para a vida independente; benefício: 29 e 48
- incapacidade parcial para o trabalho; reconhecimento; concessão de aposentadoria por invalidez: 47
- pensão por morte: 37, 52 e 63
- PIS: 84
- prescrição: 74
- serviço rural; reconhecimento para fins previdenciários: 5, 6, 10, 14, 24, 30, 34 e 41
- servidor celetista: 20
- substituição de cargo ou função de direção ou chefia ou de cargo de natureza especial; remuneração: 23
- Tabela de Cálculos de Santa Catarina; aplicação: 38
- tempo de serviço; em empresas públicas ou sociedades de economia mista; aposentadoria: 69
- tempo de serviço especial; conversão para tempo comum: 50 e 55
- tempo de serviço especial; exposição a ruído: 9
- trabalhador rural; aposentadoria por idade: 54
- união estável; concessão de pensão por morte; comprovação: 63
- vigilante; atividade especial: 26

Orientações Jurisprudenciais do Tribunal Pleno do TST

1. **Precatório. Crédito trabalhista. Pequeno valor. Emenda Constitucional n. 37/02.**

 Há dispensa da expedição de precatório, na forma do art. 100, § 3.º, da CF/88, quando a execução contra a Fazenda Pública não exceder os valores definidos, provisoriamente, pela Emenda Constitucional n. 37/02, como obrigações de pequeno valor, inexistindo ilegalidade, sob esse prisma, na determinação de sequestro da quantia devida pelo ente público.

2. **Precatório. Revisão de cálculos. Limites da competência do presidente do TRT.**

 O pedido de revisão, em fase de precatório, previsto no art. 1.º-E da Lei n. 9.494/97, apenas poderá ser acolhido desde que: *a)* o requerente aponte e especifique claramente quais são as incorreções existentes nos cálculos, discriminando o montante que seria correto, pois do contrário a incorreção torna-se abstrata; *b)* o defeito nos cálculos esteja ligado à incorreção material ou à utilização de critério em descompasso com a lei ou com o título executivo judicial; e *c)* o critério legal aplicável ao débito não tenha sido objeto de debate na fase de conhecimento, nem na fase de execução.

3. **Precatório. Sequestro. Emenda Constitucional 30/00. Preterição. ADIn 1.662-8. Art. 100, § 2.º, da CF/88.**

 O sequestro de verbas públicas para satisfação de precatórios trabalhistas só é admitido na hipótese de preterição do direito de precedência do credor, a ela não se equiparando as situações de não inclusão da despesa no orçamento ou de não pagamento do precatório até o final do exercício, quando incluído no orçamento.

4. **Mandado de segurança. Decisão de TRT. Incompetência originária do Tribunal Superior do Trabalho.**

 Ao Tribunal Superior do Trabalho não compete apreciar, originariamente, mandado de segurança impetrado em face de decisão do TRT.

5. **Recurso ordinário. Cabimento.** (conversão da Orientação Jurisprudencial n. 70 da SDI-1)

 Não cabe recurso ordinário contra decisão em agravo regimental interposto em reclamação correicional ou em pedido de providência. (ex-OJ 70 – inserida em 13-9-1994)

6. **Precatório. Execução. Limitação da condenação imposta pelo título judicial exequendo à data do advento da Lei n. 8.112, de 11-12-1990.**

 Em sede de precatório, não configura ofensa à coisa julgada a limitação dos efeitos pecuniários da sentença condenatória ao período anterior ao advento da Lei n. 8.112, de 11 de dezembro de 1990, em que o exequente submetia-se à legislação trabalhista, salvo disposição expressa em contrário na decisão exequenda.

7. **Juros de mora. Condenação da Fazenda Pública.** (nova redação)

 I – Nas condenações impostas à Fazenda Pública, incidem juros de mora segundo os seguintes critérios:

 a) 1% (um por cento) ao mês, até agosto de 2001, nos termos do § 1.º do art. 39 da Lei n. 8.177, de 1.º de março de 1991;

 b) 0,5% (meio por cento) ao mês, de setembro de 2001 a junho de 2009, conforme determina o art. 1.º-F da Lei n. 9.494, de 10 de setembro de 1997, introduzido pela Medida Provisória n. 2.180-35, de 24 de agosto de 2001.

 II – A partir de 30 de junho de 2009, atualizam-se os débitos trabalhistas da Fazenda Pública, mediante a incidência dos índices oficiais de remuneração básica e juros aplicados à caderneta de poupança, por força do art. 5.º da Lei n. 11.960, de 29 de junho de 2009.

 III – A adequação do montante da condenação deve observar essa limitação legal, ainda que em sede de precatório.

 •• Redação determinada pela Resolução n. 175, de 24-5-2011.

8. **Precatório. Matéria administrativa. Remessa necessária. Não cabimento.**

 Em sede de precatório, por se tratar de decisão de natureza administrativa, não se aplica o disposto no art. 1.º, V, do Decreto-lei n. 779, de 21 de agosto de 1969, em que se determina a remessa necessária em caso de decisão judicial desfavorável a ente público.

9. **Precatório. Pequeno valor. Individualização do crédito apurado. Reclamação trabalhista plúrima. Execução direta contra a Fazenda Pública. Possibilidade.**

 Tratando-se de reclamações trabalhistas plúrimas, a aferição do que vem a ser obrigação de pequeno valor, para efeito de dispensa de formação de precatório e aplicação do disposto no § 3.º do art. 100 da CF/88, deve ser realizada considerando-se os créditos de cada reclamante.

10. **Precatório. Processamento e pagamento. Natureza administrativa. Mandado de segurança. Cabimento.**

 É cabível mandado de segurança contra atos praticados pela Presidência dos Tribunais Regionais em precatório em razão de sua natureza administrativa, não se aplicando o disposto no inciso II do art. 5.º da Lei n. 1.533, de 31 de dezembro de 1951.

11. **Recurso em matéria administrativa. Prazo. Órgão Colegiado. Oito dias. Art. 6.º da Lei n. 5.584, de 26 de junho de 1970.**

 Se não houver norma específica quanto ao prazo para interposição de recurso em matéria administrativa de decisão emanada de órgão Colegiado do Tribunal Regional do Trabalho, aplica-se, por analogia, a regra geral dos prazos adotados na Justiça do Trabalho, ou seja, oito dias, conforme estabelecido no art. 6.º da Lei n. 5.584, de 26 de junho de 1970. O prazo de dez dias a que alude o art. 59 da Lei n. 9.784, de 29 de janeiro de 1999, aplica-se somente à interposição de recursos de decisões prolatadas monocraticamente.

12. **Precatório. Procedimento de natureza administrativa. Incompetência funcional do presidente do TRT para declarar a inexigibilidade do título exequendo.**

 O Presidente do TRT, em sede de precatório, não tem competência funcional para declarar a inexigibilidade do título judicial exequendo, com fundamento no art. 884, § 5.º, da CLT, ante a natureza meramente administrativa do procedimento.

13. **Precatório. Quebra da ordem de precedência. Não demonstração da posição do exequente na ordem cronológica. Sequestro indevido.**

 É indevido o sequestro de verbas públicas quando o exequente/requerente não se encontra em primeiro lugar na lista de ordem cronológica para pagamento de precatórios ou quando não demonstrada essa condição.

Índice Alfabético-Remissivo das Orientações Jurisprudenciais do Tribunal Pleno do TST

- mandado de segurança: 4 e 10
- precatório; execução: 6
- precatório; juros de mora: 7
- precatório; ordem: 13
- precatório; pequeno valor: 1 e 9
- precatório; procedimento de natureza administrativa: 8, 10 e 12
- precatório; revisão de cálculos: 2
- precatório; sequestro: 3 e 13
- recurso em matéria administrativa; prazo: 11
- recurso ordinário: 5
- TRT; presidente; competência: 2 e 12
- TST; competência: 4

Orientações Jurisprudenciais da Seção de Dissídios Individuais 1 (SDI-1) do TST

1. (*Convertida na Orientação Jurisprudencial n. 110 da SDI-2 do TST.*)
2. (*Cancelada pela Resolução n. 148, de 26-6-2008.*)
3. (*Convertida na Orientação Jurisprudencial Transitória n. 33 da SDI-1 do TST.*)
4. (*Cancelada pela Resolução n. 194, de 19-5-2014, em decorrência de sua conversão na Súmula 448 do TST.*)
5. (*Convertida na Súmula 364 do TST.*)
6. (*Cancelada em decorrência da redação conferida à Súmula 60 do TST.*)
7. **Advogado. Atuação fora da seção da OAB onde o advogado está inscrito. Ausência de comunicação. (Lei n. 4.215/63, § 2.º, art. 56.) Infração disciplinar. Não importa nulidade.** Inserida em 29 de março de 1996 (inserido dispositivo)
 A despeito da norma então prevista no art. 56, § 2.º, da Lei n. 4.215/63, a falta de comunicação do advogado à OAB para o exercício profissional em seção diversa daquela na qual tem inscrição não importa nulidade dos atos praticados, constituindo apenas infração disciplinar, que cabe àquela instituição analisar.
 •• Redação determinada pela Resolução n. 129, de 5-4-2005.
8. (*Convertida na Súmula 365 do TST.*)
9. (*Cancelada em decorrência da redação conferida à Súmula 303 do TST.*)
10. (*Convertida na Súmula 365 do TST.*)
11. (*Convertida na Súmula 356 do TST.*)
12. **Anistia. Emenda Constitucional n. 26/85. Efeitos financeiros da promulgação.** Inserida em 3 de junho de 1996 (nova redação)
 Os efeitos financeiros decorrentes da anistia concedida pela Emenda Constitucional n. 26/85 contam-se desde a data da sua promulgação.
 •• Redação determinada pela Resolução n. 129, de 5-4-2005.
13. **APPA. Decreto-lei n. 779, de 21 de agosto de 1969. Depósito recursal e custas. Não isenção.**
 A Administração dos Portos de Paranaguá e Antonina – APPA, vinculada à Administração Pública indireta, não é isenta do recolhimento do depósito recursal e do pagamento das custas processuais por não ser beneficiária dos privilégios previstos no Decreto-lei n. 779, de 21 de agosto de 1969, ante o fato de explorar atividade econômica com fins lucrativos, o que descaracteriza sua natureza jurídica, igualando-a às empresas privadas.
 •• Republicada no Diário Eletrônico da Justiça do Trabalho de 16-11-2010.
14. **Aviso prévio cumprido em casa. Verbas rescisórias. Prazo para pagamento. (Art. 477, § 6.º, *b*, da CLT.)** Inserida em 25 de novembro de 1996 (título alterado e inserido dispositivo)
 Em caso de aviso prévio cumprido em casa, o prazo para pagamento das verbas rescisórias é até o décimo dia da notificação de despedida.
 •• Redação determinada pela Resolução n. 129, de 5-4-2005.
 •• Vide art. 477, § 6.º, da CLT, que sofreu alteração pela Lei n. 13.467, de 13-7-2017, em vigor 120 dias da sua publicação (*DOU* de 14-7-2017).
15. (*Cancelada em decorrência da redação conferida à Súmula 102 do TST.*)
16. **Banco do Brasil. ACP. Adicional de caráter pessoal. Indevido.** Inserida em 13 de fevereiro de 1995 (inserido dispositivo)
 A isonomia de vencimentos entre servidores do Banco Central do Brasil e do Banco do Brasil, decorrente de sentença normativa, alcançou apenas os vencimentos e vantagens de caráter permanente. Dado o caráter personalíssimo do Adicional de Caráter Pessoal – ACP e não integrando a remuneração dos funcionários do Banco do Brasil, não foi ele contemplado na decisão normativa para efeitos de equiparação à tabela de vencimentos do Banco Central do Brasil.
 •• Redação determinada pela Resolução n. 129, de 5-4-2005.
17. **Banco do Brasil. AP e ADI.**
 Os adicionais AP, ADI ou AFR, somados ou considerados isoladamente, sendo equivalentes a 1/3 do salário do cargo efetivo (art. 224, § 2.º, da CLT), excluem o empregado ocupante de cargo de confiança do Banco do Brasil da jornada de 6 (seis) horas.
18. **Complementação de aposentadoria. Banco do Brasil.** (redação do item I alterada em decorrência do julgamento dos processos TST-IUJ E-ED-RR-301900-52.2005.5.09.0661 e ERR 119900-56.1999.5.04.0751)
 I – O valor das horas extras integra a remuneração do empregado para o cálculo da complementação de aposentadoria, desde que sobre ele incida a contribuição à Caixa de Previdência dos Funcionários do Banco do Brasil – PREVI, observado o respectivo regulamento no tocante à integração.
 II – Os adicionais AP e ADI não integram o cálculo para a apuração do teto da complementação de aposentadoria. (ex-OJ 21 da SDI-1 – inserida em 13-2-1995)
 III – No cálculo da complementação de aposentadoria deve-se observar a média trienal. (ex-OJs 19 e 289 ambas da SDI-1 – inseridas respectivamente em 5-6-1995 e 11-8-2003)
 IV – A complementação de aposentadoria proporcional aos anos de serviço prestados exclusivamente ao Banco do Brasil somente se verifica a partir da Circular Funci n. 436/63. (ex-OJ 20 da SDI-1 – inserida em 13-2-1995)
 V – O telex DIREC do Banco do Brasil n. 5003/1987 não assegura a complementação de aposentadoria integral, porque não aprovado pelo órgão competente ao qual a instituição se subordina. (ex-OJ 136 da SDI-1 – inserida em 27-11-1998)
 •• Redação determinada pela Resolução n. 175, de 24-5-2011.
19. (*Cancelada em decorrência da redação conferida à Orientação Jurisprudencial n. 18 da SDI-1 do TST.*)
20. (*Cancelada em decorrência da redação conferida à Orientação Jurisprudencial n. 18 da SDI-1 do TST.*)
21. (*Cancelada em decorrência da redação conferida à Orientação Jurisprudencial n. 18 da SDI-1 do TST.*)
22. (*Convertida na Orientação Jurisprudencial Transitória n. 34 da SDI-1 do TST.*)
23. (*Convertida na Súmula 366 do TST.*)
24. (*Convertida na Súmula 367 do TST.*)
25. (*Cancelada em decorrência da redação conferida à Súmula 339 do TST.*)
26. **Competência da Justiça do Trabalho. Complementação de pensão requerida por viúva de ex-empregado.** Inserida em 1.º de fevereiro de 1995 (inserido dispositivo)

A Justiça do Trabalho é competente para apreciar pedido de complementação de pensão postulada por viúva de ex-empregado, por se tratar de pedido que deriva do contrato de trabalho.
•• Redação determinada pela Resolução n. 129, de 5-4-2005.

27. (*Convertida na Súmula 355 do TST.*)

28. **Correção monetária sobre as diferenças salariais. Universidades federais. Devida. Lei n. 7.596/87.** Inserida em 14 de março de 1994 (nova redação)

Incide correção monetária sobre as diferenças salariais dos servidores das universidades federais, decorrentes da aplicação retroativa dos efeitos financeiros assegurados pela Lei n. 7.596/87, pois a correção monetária tem como escopo único minimizar a desvalorização da moeda em decorrência da corrosão inflacionária.
•• Redação determinada pela Resolução n. 129, de 5-4-2005.

29. (*Convertida na Orientação Jurisprudencial n. 148 da SDI-2 do TST.*)

30. (*Convertida na Súmula 352 do TST.*)
 • A Súmula 352 do TST encontra-se revogada pela Resolução n. 114, de 21-11-2002.

31. (*Cancelada em decorrência da redação conferida à Súmula 86 do TST.*)

32. (*Convertida na Súmula 368 do TST.*)

33. **Deserção. Custas. Carimbo do banco. Validade.**

O carimbo do banco recebedor na guia de comprovação do recolhimento das custas supre a ausência de autenticação mecânica.

34. (*Convertida na Súmula 369 do TST.*)

35. (*Convertida na Súmula 369 do TST.*)

36. **Instrumento normativo. Cópia não autenticada. Documento comum às partes. Validade.** Inserida em 25 de novembro de 1996 (título alterado e inserido dispositivo)

O instrumento normativo em cópia não autenticada possui valor probante, desde que não haja impugnação ao seu conteúdo, eis que se trata de documento comum às partes.
•• Redação determinada pela Resolução n. 129, de 5-4-2005.

37. (*Cancelada em decorrência da redação conferida à Súmula 296 do TST.*)

38. **Empregado que exerce atividade rural. Empresa de reflorestamento. Prescrição própria do rurícola. (Lei n. 5.889, de 8-6-1973, art. 10, e Decreto n. 73.626, de 12-2-1974, art. 2.º, § 4.º.)**

O empregado que trabalha em empresa de reflorestamento, cuja atividade está diretamente ligada ao manuseio da terra e de matéria-prima, é rurícola e não industriário, nos termos do Decreto n. 73.626, de 12 de fevereiro de 1974, art. 2.º, § 4.º, pouco importando que o fruto de seu trabalho seja destinado à indústria. Assim, aplica-se a prescrição própria dos rurícolas aos direitos desses empregados.
•• Republicada no *Diário Eletrônico da Justiça do Trabalho* de 16-11-2010.

39. (*Convertida na Súmula 370 do TST.*)

40. (*Convertida na Súmula 371 do TST.*)

41. **Estabilidade. Instrumento normativo. Vigência. Eficácia.**

Preenchidos todos os pressupostos para a aquisição de estabilidade decorrente de acidente ou doença profissional, ainda durante a vigência do instrumento normativo, goza o empregado de estabilidade mesmo após o término da vigência deste.

42. **FGTS. Multa de 40%.** Inserida em 25 de novembro de 1996 (nova redação em decorrência da incorporação das Orientações Jurisprudenciais n. 107 e 254 da SDI-1)

I – É devida a multa do FGTS sobre os saques corrigidos monetariamente ocorridos na vigência do contrato de trabalho. Art. 18, § 1.º, da Lei n. 8.036/90 e art. 9.º, § 1.º, do Decreto n. 99.684/90. (ex-OJ 107 da SDI-1 – inserida em 1.º-10-1997)

II – O cálculo da multa de 40% do FGTS deverá ser feito com base no saldo da conta vinculada na data do efetivo pagamento das verbas rescisórias, desconsiderada a projeção do aviso prévio indenizado, por ausência de previsão legal. (ex-OJ 254 da SDI-1 – inserida em 13-3-2002)

•• Redação determinada pela Resolução n. 129, de 5-4-2005.

43. **Conversão de salários de Cruzeiros para Cruzados. Decreto-lei n. 2.284/1986.** Inserida em 7 de novembro de 1994 (nova redação)

A conversão de salários de cruzeiros para cruzados, nos termos do Decreto-lei n. 2.284/1986, não afronta direito adquirido dos empregados.
•• Redação determinada pela Resolução n. 129, de 5-4-2005.

44. **Gestante. Salário-maternidade.**

É devido o salário-maternidade, de 120 (cento e vinte) dias, desde a promulgação da CF/88, ficando a cargo do empregador o pagamento do período acrescido pela Carta.

45. (*Convertida na Súmula 372 do TST.*)

46. (*Convertida na Súmula 373 do TST.*)

47. **Hora extra. Adicional de insalubridade. Base de cálculo.**

A base de cálculo da hora extra é o resultado da soma do salário contratual mais o adicional de insalubridade.
•• Redação determinada pela Resolução n. 148, de 26-6-2008.

48. (*Cancelada em decorrência da redação conferida à Súmula 199 do TST.*)

49. (*Cancelada pela Resolução n. 175, de 24-5-2011, em decorrência da sua conversão na Súmula 428 do TST.*)

50. (*Cancelada em decorrência da redação conferida à Súmula 90 do TST.*)

51. **Legislação eleitoral. Empresas públicas e sociedades de economia mista.**

Aos empregados das empresas públicas e das sociedades de economia mista regidos pela CLT aplicam-se as vedações dispostas no art. 15 da Lei n. 7.773, de 8 de junho de 1989.
•• Republicada no *Diário Eletrônico da Justiça do Trabalho* de 16-11-2010.

52. (*Convertida na Súmula 436 do TST.*)

53. (*Convertida na Súmula 370 do TST.*)

54. **Multa. Cláusula penal. Valor superior ao principal.** Inserida em 30 de maio de 1994 (título alterado, inserido dispositivo e atualizada a legislação)

O valor da multa estipulada em cláusula penal, ainda que diária, não poderá ser superior à obrigação principal corrigida, em virtude da aplicação do art. 412 do Código Civil de 2002 (art. 920 do Código Civil de 1916).
•• Redação determinada pela Resolução n. 129, de 5-4-2005.

55. (*Convertida na Súmula 374 do TST.*)

56. **Nossa Caixa Nosso Banco (Caixa Econômica do Estado de São Paulo). Regulamento. Gratificação especial e/ou anuênios.**

Direito reconhecido apenas àqueles empregados que tinham 25 (vinte e cinco) anos de efetivo exercício prestados exclusivamente à Caixa.

57. **PCCS. Devido o reajuste do adiantamento. Lei n. 7.686/88, art. 1.º.** Inserida em 14 de março de 1994 (inserido dispositivo)

É devido o reajuste da parcela denominada "adiantamento do PCCS", conforme a redação do art. 1.º da Lei n. 7.686/88.
•• Redação determinada pela Resolução n. 129, de 5-4-2005.

58. **Plano Bresser. IPC jun./1987. Inexistência de direito adquirido.** Inserida em 10 de março de 1995 (inserido dispositivo)

Inexiste direito adquirido ao IPC de junho de 1987 (Plano Bresser), em face da edição do Decreto-lei n. 2.335/1987.
•• Redação determinada pela Resolução n. 129, de 5-4-2005.

59. **Plano Verão. URP de fevereiro de 1989. Inexistência de direito adquirido.** Inserida em 13 de fevereiro de 1995 (inserido dispositivo)

Inexiste direito adquirido à URP de fevereiro de 1989 (Plano Verão), em face da edição da Lei n. 7.730/89.
•• Redação determinada pela Resolução n. 129, de 5-4-2005.

60. **Portuários. Hora noturna. Horas extras. (Lei n. 4.860/1965, arts. 4.º e 7.º, § 5.º.)** Inserida em 28 de novembro de 1995 (nova re-

dação em decorrência da incorporação da Orientação Jurisprudencial n. 61 da SDI-1)

I – A hora noturna no regime de trabalho no porto, compreendida entre dezenove horas e sete horas do dia seguinte, é de sessenta minutos.

II – Para o cálculo das horas extras prestadas pelos trabalhadores portuários, observar-se-á somente o salário básico percebido, excluídos os adicionais de risco e produtividade. (ex-OJ 61 da SDI-1 – inserida em 14-3-1994)

•• Redação determinada pela Resolução n. 129, de 5-4-2005.

61. (*Cancelada em decorrência da redação conferida à Orientação Jurisprudencial n. 60 da SDI-1 do TST.*)

62. **Prequestionamento. Pressuposto de admissibilidade em apelo de natureza extraordinária. Necessidade, ainda que se trate de incompetência absoluta.**

É necessário o prequestionamento como pressuposto de admissibilidade em recurso de natureza extraordinária, ainda que se trate de incompetência absoluta.

•• Republicada no *Diário Eletrônico da Justiça do Trabalho* de 16-11-2010.

63. (*Cancelada em decorrência da redação conferida à Súmula 199 do TST.*)

64. (*Cancelada em decorrência da redação conferida à Súmula 239 do TST.*)

65. **Professor adjunto. Ingresso no cargo de professor titular. Exigência de concurso público não afastada pela Constituição Federal de 1988 (CF/1988, arts. 37, II, e 206, V).** Inserida em 30 de maio de 1994 (inserido dispositivo)

O acesso de professor adjunto ao cargo de professor titular só pode ser efetivado por meio de concurso público, conforme dispõem os arts. 37, inciso II, e 206, inciso V, da CF/88.

•• Redação determinada pela Resolução n. 129, de 5-4-2005.

66. (*Convertida na Súmula 351 do TST.*)
67. (*Convertida na Súmula 358 do TST.*)
68. (*Convertida na Orientação Jurisprudencial Transitória n. 35 da SDI-1 do TST.*)
69. (*Convertida na Súmula 375 do TST.*)
70. (*Convertida na Orientação Jurisprudencial n. 5 do Tribunal Pleno do TST.*)
71. (*Cancelada em decorrência da redação conferida à Súmula 303 do TST.*)
72. (*Cancelada em decorrência da redação conferida à Súmula 303 do TST.*)
73. (*Cancelada em decorrência da redação conferida à Súmula 303 do TST.*)
74. (*Cancelada em decorrência da nova redação conferida à Súmula 122 do TST.*)

75. **Substabelecimento sem o reconhecimento de firma do substabelecente. Inválido (anterior à Lei n. 8.952/94).** Inserida em 1.º de fevereiro de 1995 (inserido dispositivo)

Não produz efeitos jurídicos recurso subscrito por advogado com poderes conferidos em substabelecimento em que não consta o reconhecimento de firma do outorgante. Entendimento aplicável antes do advento da Lei n. 8.952/94.

•• Redação determinada pela Resolução n. 129, de 5-4-2005.

76. **Substituição dos avanços trienais por quinquênios. Alteração do contrato de trabalho. Prescrição total. CEEE.** Inserida em 14 de março de 1994 (inserido dispositivo)

A alteração contratual consubstanciada na substituição dos avanços trienais por quinquênios decorre de ato único do empregador, momento em que começa a fluir o prazo fatal de prescrição.

•• Redação determinada pela Resolução n. 129, de 5-4-2005.

77. (*Convertida na Súmula 357 do TST.*)
78. (*Convertida na Súmula 360 do TST.*)

79. **URPs de abril e maio de 1988. Decreto-lei n. 2.425/88** (alterada em decorrência do julgamento do processo TST-RXOFRO-AR-573062/1999 pelo Tribunal Pleno – certidão de julgamento publicada no *DJ* de 14-6-2005)

Existência de direito apenas ao reajuste de 7/30 de 16,19%, a ser calculado sobre o salário de março e incidente sobre o salário dos meses de abril e maio, não cumulativamente, corrigidos desde a época própria até a data do efetivo pagamento.

80. (*Convertida na Orientação Jurisprudencial n. 110 da SDI-2 do TST.*)
81. (*Convertida na Súmula 394 do TST.*)

82. **Aviso prévio. Baixa na CTPS.**

A data de saída a ser anotada na CTPS deve corresponder à do término do prazo do aviso prévio, ainda que indenizado.

83. **Aviso prévio. Indenizado. Prescrição**

A prescrição começa a fluir no final da data do término do aviso prévio. Art. 487, § 1.º, CLT.

84. (*Cancelada em decorrência da redação conferida à Súmula 441 do TST.*)
85. (*Convertida na Súmula 363 do TST.*)
86. (*Convertida na Súmula 369 do TST.*)

87. **Entidade pública. Exploração de atividade eminentemente econômica. Execução. Art. 883 da CLT.**

É direta a execução contra a APPA e MINASCAIXA (§ 1.º do art. 173, da CF/88).

•• Redação determinada pela Comissão de Jurisprudência e de Precedentes Normativos, do TST, em 6-4-2004.

88. (*Cancelada em decorrência da redação conferida à Súmula 244 do TST.*)
89. (*Convertida na Súmula 376 do TST.*)
90. (*Cancelada em decorrência da redação conferida ao art. 897 da CLT pela Lei n. 9.756/98.*)

91. **Anistia. Art. 8.º, § 1.º, ADCT. Efeitos financeiros. ECT.**

Em 19 de maio de 1997, a SDI-Plena decidiu, pelo voto prevalente do Exmo. Sr. Presidente, que os efeitos financeiros da readmissão do empregado anistiado serão contados a partir do momento em que este manifestou o desejo de retornar ao trabalho e, na ausência de prova, da data do ajuizamento da ação.

92. **Desmembramento de Municípios. Responsabilidade trabalhista.**

Em caso de criação de novo município, por desmembramento, cada uma das novas entidades responsabiliza-se pelos direitos trabalhistas do empregado no período em que figurarem como real empregador.

93. (*Cancelada em decorrência da redação conferida à Súmula 146 do TST pela Resolução n. 121/03.*)
94. (*Cancelada em decorrência da nova redação conferida à Súmula 221 do TST.*)

95. **Embargos para SDI. Divergência oriunda da mesma Turma do TST. Inservível.**

Em 19 de maio de 1997, a SDI-Plena, por maioria, decidiu que acórdãos oriundos da mesma Turma, embora divergentes, não fundamentam divergência jurisprudencial de que trata a alínea *b*, do artigo 894 da Consolidação das Leis do Trabalho para embargos à Seção Especializada em Dissídios Individuais, Subseção I.

96. (*Cancelada em decorrência da nova redação conferida à Súmula 159 do TST pela Resolução n. 121/03.*)

97. **Horas extras. Adicional noturno. Base de cálculo.**

O adicional noturno integra a base de cálculo das horas extras prestadas no período noturno.

98. (*Convertida na Orientação Jurisprudencial Transitória n. 36 da SDI-1 do TST.*)

Orientações Jurisprudenciais da SDI-1 (TST)

99. (*Convertida na Súmula 377 do TST.*)
100. **Salário. Reajuste. Entes públicos.** Inserida em 30 de maio de 1997 (título alterado e inserido dispositivo)

 Os reajustes salariais previstos em legislação federal devem ser observados pelos Estados-membros, suas Autarquias e Fundações Públicas nas relações contratuais trabalhistas que mantiverem com seus empregados.
 - Redação determinada pela Resolução n. 129, de 5-4-2005.

101. (*Cancelada em decorrência da redação conferida à Súmula n. 28 do TST pela Resolução n. 121/03.*)
102. (*Cancelada em decorrência da redação conferida à Súmula 139 do TST.*)
103. **Adicional de insalubridade. Repouso semanal e feriados.** Inserida em 1.º de outubro de 1997 (nova redação)

 O adicional de insalubridade já remunera os dias de repouso semanal e feriados.
 - Redação determinada pela Resolução n. 129, de 5-4-2005.

104. (*Cancelada em decorrência da nova redação conferida à Súmula 25 do TST.*)
105. (*Convertida na Súmula 378 do TST.*)
106. (*Convertida na Súmula 396 do TST.*)
107. (*Cancelada em decorrência da redação conferida à Orientação Jurisprudencial n. 42 da SDI-1 do TST.*)
108. (*Convertida na Súmula 395 do TST.*)
109. (*Convertida na Orientação Jurisprudencial Transitória n. 37 da SDI-1 do TST.*)
110. (*Cancelada pela Resolução n. 212, de 19-9-2016, do TST.*)
111. **Recurso de revista. Divergência jurisprudencial. Aresto oriundo do mesmo Tribunal Regional. Lei n. 9.756/1998. Inservível ao conhecimento.** (nova redação)

 Não é servível ao conhecimento de recurso de revista aresto oriundo de mesmo Tribunal Regional do Trabalho, salvo se o recurso houver sido interposto anteriormente à vigência da Lei n. 9.756/1998.
 - Redação determinada pela Resolução n. 129, de 5-4-2005.

112. (*Cancelada em decorrência da redação conferida à Súmula 159 do TST.*)
113. **Adicional de transferência. Cargo de confiança ou previsão contratual de transferência. Devido. Desde que a transferência seja provisória.**

 O fato de o empregado exercer cargo de confiança ou a existência de previsão de transferência no contrato de trabalho não exclui o direito ao adicional. O pressuposto legal apto a legitimar a percepção do mencionado adicional é a transferência provisória.

114. (*Convertida na Súmula 379 do TST.*)
115. (*Convertida na Súmula 459 do TST.*)
116. (*Convertida na Súmula 396 do TST.*)
117. (*Convertida na Súmula 376 do TST.*)
118. **Prequestionamento. Tese explícita. Inteligência da Súmula 297.**

 Havendo tese explícita sobre a matéria, na decisão recorrida, desnecessário contenha nela referência expressa do dispositivo legal para ter-se como prequestionado este.

119. **Prequestionamento inexigível. Violação nascida na própria decisão recorrida. Súmula 297 do TST. Inaplicável.**

 É inexigível o prequestionamento quando a violação indicada houver nascido na própria decisão recorrida. Inaplicável a Súmula 297 do TST.
 - Republicada no *Diário Eletrônico da Justiça do Trabalho* de 16-11-2010.

120. **Recurso. Assinatura da petição ou das razões recursais. Art. 932, parágrafo único, do CPC de 2015.** (alterada em decorrência do CPC de 2015)

 I – Verificada a total ausência de assinatura no recurso, o juiz ou o relator concederá prazo de 5 (cinco) dias para que seja sanado o vício. Descumprida a determinação, o recurso será reputado inadmissível (art. 932, parágrafo único, do CPC de 2015).
 II – É válido o recurso assinado, ao menos, na petição de apresentação ou nas razões recursais.
 - Redação determinada pela Resolução n. 212, de 19-9-2016.

121. **Substituição processual. Diferença do adicional de insalubridade. Legitimidade.** Inserida em 20 de novembro de 1997 (nova redação)

 O sindicato tem legitimidade para atuar na qualidade de substituto processual para pleitear diferença de adicional de insalubridade.
 - Redação determinada pela Resolução n. 129, de 5-4-2005.

122. (*Convertida na Súmula 380 do TST.*)
123. **Bancários. Ajuda alimentação.**

 A ajuda alimentação prevista em norma coletiva em decorrência de prestação de horas extras tem natureza indenizatória e, por isso, não integra o salário do empregado bancário. Em 10 de fevereiro de 1998, a SDI-Plena, por maioria, decidiu que ajuda alimentação paga ao bancário, em decorrência de prestação de horas extras por prorrogação de jornada, tem natureza indenizatória e, portanto, não integrativa ao salário.

124. (*Convertida na Súmula 381 do TST.*)
125. **Desvio de função. Quadro de carreira.**

 O simples desvio funcional do empregado não gera direito a novo enquadramento, mas apenas às diferenças salariais respectivas, mesmo que o desvio de função haja iniciado antes da vigência da CF/1988.
 - Redação determinada pelo TST em 13-3-2002.

126. (*Cancelada em decorrência da redação conferida à Súmula 239 do TST.*)
127. **Hora noturna reduzida. Subsistência após a CF/88.**

 O art. 73, § 1.º, da CLT, que prevê a redução da hora noturna, não foi revogado pelo inciso IX do art. 7.º da CF/88.

128. (*Convertida na Súmula 382 do TST.*)
129. **Prescrição. Complementação da pensão e auxílio-funeral.**

 A prescrição extintiva para pleitear judicialmente o pagamento da complementação de pensão e do auxílio-funeral é de 2 (dois) anos, contados a partir do óbito do empregado.

130. **Prescrição. Ministério Público. Arguição. *Custos legis*. Ilegitimidade.** (atualizada em decorrência do CPC de 2015)

 Ao exarar o parecer na remessa de ofício, na qualidade de *custos legis*, o Ministério Público não tem legitimidade para arguir a prescrição em favor de entidade de direito público, em matéria de direito patrimonial.
 - Redação determinada pela Resolução n. 209, de 30-5-2016.

131. (*Convertida na Súmula 367 do TST.*)
132. **Agravo regimental. Peças essenciais nos autos principais.**

 Inexistindo lei que exija a tramitação do AG em autos apartados, tampouco previsão no Regimento Interno do Regional, não pode o Agravante ver-se apenado por não haver colacionado cópia de peças dos autos principais, quando o AG deveria fazer parte dele.

133. **Ajuda alimentação. PAT. Lei n. 6.321/76. Não integração ao salário.**

 A ajuda alimentação fornecida por empresa participante do programa de alimentação ao trabalhador, instituído pela Lei n. 6.321/1976, não tem caráter salarial. Portanto, não integra o salário para nenhum efeito legal.

134. **Autenticação. Pessoa jurídica de direito público. Dispensada. Medida Provisória n. 1.360, de 12 de março de 1996.**

 São válidos os documentos apresentados, por pessoa jurídica de direito público, em fotocópia não autenticada, posteriormente à edição da Medida Provisória n. 1.360/1996 e suas reedições.

•• A Medida Provisória n. 1.360, de 12-3-1996, foi convertida na Lei n. 10.522, de 19-7-2002.

135. (*Convertida na Súmula 371 do TST.*)

136. (*Cancelada em decorrência da redação conferida à Orientação Jurisprudencial n. 18 da SDI-1 do TST.*)

137. (*Convertida na Orientação Jurisprudencial Transitória n. 38 da SDI-1 do TST.*)

138. Competência residual. Regime jurídico único. Limitação da execução. Inserida em 27 de novembro de 1998 (nova redação em decorrência da incorporação da Orientação Jurisprudencial n. 249 da SDI-1)

Compete à Justiça do Trabalho julgar pedidos de direitos e vantagens previstos na legislação trabalhista referente a período anterior à Lei n. 8.112/90, mesmo que a ação tenha sido ajuizada após a edição da referida lei. A superveniência de regime estatutário em substituição ao celetista, mesmo após a sentença, limita a execução ao período celetista. (1.ª parte – ex-OJ 138 da SDI-1 – inserida em 27-11-1998; 2.ª parte – ex-OJ 249 – inserida em 13-3-2002)

•• Redação determinada pela Resolução n. 129, de 5-4-2005.

139. (*Cancelada em decorrência da nova redação conferida à Súmula 128 do TST.*)

140. Depósito recursal e custas processuais. Recolhimento insuficiente. Deserção (nova redação em decorrência do CPC de 2015)

Em caso de recolhimento insuficiente das custas processuais ou do depósito recursal, somente haverá deserção do recurso se, concedido o prazo de 5 (cinco) dias previsto no § 2.º do art. 1.007 do CPC de 2015, o recorrente não complementar e comprovar o valor devido.

•• Redação determinada pela Resolução n. 217, de 17-4-2017.

141. (*Convertida na Súmula 368 do TST.*)

142. Embargos de Declaração. Efeito Modificativo. Vista Prévia à Parte Contrária (cancelado o item II em decorrência do CPC de 2015)

É passível de nulidade decisão que acolhe embargos de declaração com efeito modificativo sem que seja concedida oportunidade de manifestação prévia à parte contrária.

•• Redação determinada pela Resolução n. 214, de 28-11-2016.

143. Empresa em liquidação extrajudicial. Execução. Créditos trabalhistas. Lei n. 6.024/74.

A execução trabalhista deve prosseguir diretamente na Justiça do Trabalho mesmo após a decretação da liquidação extrajudicial. Lei n. 6.830/80, arts. 5.º e 29, aplicados supletivamente (CLT, art. 889 e CF/88, art. 114).

144. (*Cancelada em decorrência da redação conferida à Súmula 275 do TST.*)

145. (*Convertida na Súmula 369 do TST.*)

146. (*Convertida na Orientação Jurisprudencial Transitória n. 39 da SDI-1 do TST.*)

147. Lei estadual, norma coletiva ou norma regulamentar. Conhecimento indevido do recurso de revista por divergência jurisprudencial (alínea *b* do art. 896 da CLT). Inserida em 27 de novembro de 1998 (nova redação em decorrência da incorporação da Orientação Jurisprudencial n. 309 da SDI-1)

I – É inadmissível o recurso de revista fundado tão somente em divergência jurisprudencial, se a parte não comprovar que a lei estadual, a norma coletiva ou o regulamento da empresa extrapolam o âmbito do TRT prolator da decisão recorrida. (ex-OJ 309 da SDI-1 – inserida em 11-8-2003)

II – É imprescindível a arguição de afronta ao art. 896 da CLT para o conhecimento de embargos interpostos em face de acórdão de Turma que conhece indevidamente de recurso de revista, por divergência jurisprudencial, quanto a tema regulado por lei estadual, norma coletiva ou norma regulamentar de âmbito restrito ao TRT prolator da decisão.

•• Redação determinada pela Resolução n. 129, de 5-4-2005.

148. Lei n. 8.880/1994, art. 31. Constitucionalidade. Inserida em 27 de novembro de 1998 (nova redação)

É constitucional o art. 31 da Lei n. 8.880/1994, que prevê a indenização por demissão sem justa causa.

•• Redação determinada pela Resolução n. 129, de 5-4-2005.

149. (*Convertida na Súmula 383 do TST.*)

150. (*Convertida na Súmula 384 do TST.*)

151. Prequestionamento. Decisão regional que adota a sentença. Ausência de prequestionamento.

Decisão regional que simplesmente adota os fundamentos da decisão de primeiro grau não preenche a exigência do prequestionamento, tal como previsto na Súmula 297.

152. Revelia. Pessoa jurídica de direito público. Aplicável (art. 844 da CLT.) Inserida em 27 de novembro de 1998 (inserido dispositivo)

Pessoa jurídica de direito público sujeita-se à revelia prevista no art. 844 da CLT.

•• Redação determinada pela Resolução n. 129, de 5-4-2005.

153. (*Convertida na Orientação Jurisprudencial Transitória n. 57 da SDI-1 do TST.*)

154. (*Cancelada pela Resolução n. 158, de 13-10-2009.*)

155. (*Convertida na Orientação Jurisprudencial Transitória n. 40 da SDI-1 do TST.*)

156. (*Cancelada pela Resolução n. 175, de 24-5-2011, em decorrência da nova redação da Súmula 327 do TST.*)

157. (*Convertida na Orientação Jurisprudencial Transitória n. 41 da SDI-1 do TST.*)

158. Custas. Comprovação de recolhimento. DARF eletrônico. Validade.

O denominado DARF Eletrônico é válido para comprovar o recolhimento de custas por entidades da administração pública federal, emitido conforme a IN-SRF n. 162, de 4 de novembro de 1988.

•• Instrução Normativa revogada pela IN-SRF n. 181, de 25-7-2002.

159. Data de pagamento. Salários. Alteração.

Diante da inexistência de previsão expressa em contrato ou em instrumento normativo, a alteração de data de pagamento pelo empregador não viola o art. 468, desde que observado o parágrafo único, do art. 459, ambos da CLT.

160. Descontos salariais. Autorização no ato da admissão. Validade.

É inválida a presunção de vício de consentimento resultante do fato de ter o empregado anuído expressamente com descontos salariais na oportunidade da admissão. É de se exigir demonstração concreta do vício de vontade.

161. (*Convertida na Súmula 385 do TST.*)

162. Multa. Art. 477 da CLT. Contagem do prazo. Aplicável o art. 132 do Código Civil de 2002. Inserida em 26 de março de 1999 (atualizada a legislação e inserido dispositivo)

A contagem do prazo para quitação das verbas decorrentes da rescisão contratual prevista no art. 477 da CLT exclui necessariamente o dia da notificação da demissão e inclui o dia do vencimento, em obediência ao disposto no art. 132 do Código Civil de 2002 (art. 125 do Código Civil de 1916).

•• Redação determinada pela Resolução n. 129, de 5-4-2005.

163. (*Cancelada em decorrência da redação conferida à Súmula 51 do TST.*)

164. Oficial de justiça *ad hoc*. Inexistência de vínculo empregatício. Inserida em 26 de março de 1999 (inserido dispositivo)

Não se caracteriza o vínculo empregatício na nomeação para o exercício das funções de oficial de justiça *ad hoc*, ainda que feita de forma reiterada, pois exaure-se a cada cumprimento de mandado.

•• Redação determinada pela Resolução n. 129, de 5-4-2005.

165. Perícia. Engenheiro ou médico. Adicional de insalubridade e periculosidade. Válido. Art. 195, da CLT.

O art. 195 da CLT não faz qualquer distinção entre o médico e o engenheiro para efeito de caracterização e classificação da insalubridade e periculosidade, bastando para a elaboração do laudo seja o profissional devidamente qualificado.

166. (*Convertida na Orientação Jurisprudencial Transitória n. 42 da SDI-1 do TST.*)
167. (*Convertida na Súmula 386 do TST.*)
168. (*Convertida na Orientação Jurisprudencial Transitória n. 43 da SDI-1 do TST.*)
169. (*Convertida na Súmula 423 do TST.*)
170. (*Cancelada em decorrência da redação conferida à Orientação Jurisprudencial n. 4 da SDI-1 do TST.*)
171. **Adicional de insalubridade. Óleos minerais. Sentido do termo manipulação.**
 Para efeito de concessão de adicional de insalubridade não há distinção entre fabricação e manuseio de óleos minerais – Portaria n. 3.214 do Ministério do Trabalho, NR 15, Anexo XIII.
172. **Adicional de insalubridade ou periculosidade. Condenação. Inserção em folha de pagamento.**
 Condenada ao pagamento do adicional de insalubridade ou periculosidade, a empresa deverá inserir, mês a mês e enquanto o trabalho for executado sob essas condições, o valor correspondente em folha de pagamento.
173. **Adicional de insalubridade. Atividade a céu aberto. Exposição ao sol e ao calor.** (redação alterada na sessão do Tribunal Pleno realizada em 14-9-2012)
 I – Ausente previsão legal, indevido o adicional de insalubridade ao trabalhador em atividade a céu aberto, por sujeição à radiação solar (art. 195 da CLT e Anexo 7 da NR 15 da Portaria n. 3.214/78 do MTE).
 II – Tem direito ao adicional de insalubridade o trabalhador que exerce atividade exposto ao calor acima dos limites de tolerância, inclusive em ambiente externo com carga solar, nas condições previstas no Anexo 3 da NR 15 da Portaria n. 3.214/78 do MTE.
 •• Redação determinada pela Resolução n. 186, de 14-9-2012.
174. (*Cancelada em decorrência da redação conferida à Súmula 132 do TST.*)
175. **Comissões. Alteração ou supressão. Prescrição total.** Inserida em 8 de novembro de 2000 (nova redação em decorrência da incorporação da Orientação Jurisprudencial n. 248 da SBDI-1)
 A supressão das comissões, ou a alteração quanto à forma ou ao percentual, em prejuízo do empregado, é suscetível de operar a prescrição total da ação, nos termos da Súmula 294 do TST, em virtude de cuidar-se de parcela não assegurada por preceito de lei.
 •• Redação determinada pela Comissão de Jurisprudência e de Precedentes Normativos, do TST, em 18-11-2005.
176. (*Convertida na Orientação Jurisprudencial Transitória n. 44 da SDI-1 do TST.*)
177. (*Cancelada pelo Tribunal Pleno do TST, na sessão extraordinária de 25-10-2006.*)
178. **Bancário. Intervalo de 15 minutos. Não computável na jornada de trabalho.** Inserida em 8 de novembro de 2000 (inserido dispositivo)
 Não se computa, na jornada do bancário sujeito a seis horas diárias de trabalho, o intervalo de quinze minutos para lanche ou descanso.
 •• Redação determinada pela Resolução n. 129, de 5-4-2005.
179. (*Convertida na Orientação Jurisprudencial Transitória 77 da SDI-1 do TST.*)
180. (*Convertida na Orientação Jurisprudencial Transitória n. 45 da SDI-1 do TST.*)
181. **Comissões. Correção monetária. Cálculo.**
 O valor das comissões deve ser corrigido monetariamente para em seguida obter-se a média para efeito de cálculo de férias, 13.º salário e verbas rescisórias.
182. (*Cancelada em decorrência da redação conferida à Súmula 85 do TST.*)
183. (*Convertida na Orientação Jurisprudencial Transitória n. 46 da SDI-1 do TST.*)
184. (*Cancelada em decorrência da redação conferida à Súmula 74 do TST.*)
185. **Contrato de trabalho com a Associação de Pais e Mestres – APM. Inexistência de responsabilidade solidária ou subsidiária do Estado.** Inserida em 8 de novembro de 2000 (inserido dispositivo)
 O Estado-Membro não é responsável subsidiária ou solidariamente com a Associação de Pais e Mestres pelos encargos trabalhistas dos empregados contratados por esta última, que deverão ser suportados integral e exclusivamente pelo real empregador.
 •• Redação determinada pela Resolução n. 129, de 5-4-2005.
186. (*Cancelada em decorrência da nova redação conferida à Súmula 25 do TST.*)
187. (*Convertida na Orientação Jurisprudencial Transitória n. 47 da SDI-1 do TST.*)
188. **Decisão normativa que defere direitos. Falta de interesse de agir para ação individual.**
 Falta de interesse de agir para a ação individual, singular ou plúrima, quando o direito já foi reconhecido através de decisão normativa, cabendo, no caso, ação de cumprimento.
189. (*Cancelada em decorrência da nova redação conferida à Súmula 128 do TST.*)
190. (*Cancelada em decorrência da redação conferida à Súmula 128 do TST.*)
191. **Contrato de empreitada. Dono da obra de construção civil. Responsabilidade.** (nova redação)
 Diante da inexistência de previsão legal específica, o contrato de empreitada de construção civil entre o dono da obra e o empreiteiro não enseja responsabilidade solidária ou subsidiária nas obrigações trabalhistas contraídas pelo empreiteiro, salvo sendo o dono da obra uma empresa construtora ou incorporadora.
 •• Redação determinada pela Resolução n. 175, de 24-5-2011.
192. **Embargos declaratórios. Prazo em dobro. Pessoa jurídica de direito público. Decreto-lei n. 779/69.**
 É em dobro o prazo para a interposição de embargos declaratórios por Pessoa Jurídica de Direito Público.
193. (*Cancelada em decorrência da redação conferida à Súmula 6 do TST pela Resolução n. 104/00.*)
194. (*Convertida na Súmula 387 do TST.*)
195. **Férias indenizadas. FGTS. Não incidência.** Inserida em 8 de novembro de 2000 (inserido dispositivo)
 Não incide a contribuição para o FGTS sobre as férias indenizadas.
 •• Redação determinada pela Resolução n. 129, de 5-4-2005.
196. (*Cancelada em decorrência da redação conferida à Súmula 244 do TST.*)
197. (*Cancelada em decorrência da redação conferida à Súmula 253 do TST pela Resolução n. 121/03.*)
198. **Honorários periciais. Atualização monetária.**
 Diferentemente da correção aplicada aos débitos trabalhistas, que têm caráter alimentar, a atualização monetária dos honorários periciais é fixada pelo art. 1.º da Lei n. 6.899/81, aplicável a débitos resultantes de decisões judiciais.
199. **Jogo do bicho. Contrato de trabalho. Nulidade. Objeto ilícito. Arts. 82 e 145 do Código Civil.**
 É nulo o contrato de trabalho celebrado para o desempenho de atividade inerente à prática do jogo do bicho, ante a ilicitude de seu objeto, o que subtrai o requisito de validade para a formação do ato jurídico.
 •• Republicada no *Diário Eletrônico da Justiça do Trabalho* de 16-11-2010.

200. **Mandato tácito. Substabelecimento inválido.** Inserida em 8 de novembro de 2000 (inserido dispositivo)
 É inválido o substabelecimento de advogado investido de mandato tácito.
 •• Redação determinada pela Resolução n. 129, de 5-4-2005.
201. (*Convertida na Súmula 388 do TST.*)
202. (*Convertida na Orientação Jurisprudencial Transitória n. 48 da SDI-1 do TST.*)
203. (*Convertida na Orientação Jurisprudencial Transitória n. 54 da SDI-1 do TST.*)
204. (*Cancelada em decorrência da redação conferida à Súmula 308 do TST.*)
205. (*Cancelada pela Turma Nacional de Uniformização, na terceira sessão ordinária de 27-3-2009.*)
206. **Professor. Horas extras. Adicional de 50%.**
 Excedida a jornada máxima (art. 318 da CLT), as horas excedentes devem ser remuneradas com o adicional de, no mínimo, 50% (art. 7.º, XVI, CF/88).
207. **Programa de incentivo à demissão voluntária. Indenização. Imposto de renda. Não incidência.** Inserida em 8 de novembro de 2000
 A indenização paga em virtude de adesão a programa de incentivo à demissão voluntária não está sujeita à incidência do imposto de renda.
 •• Redação determinada pela Resolução n. 129, de 5-4-2005.
208. **Radiologista. Gratificação de raios X. Redução. Lei n. 7.923/89.**
 A alteração da gratificação por trabalho com raios X, de quarenta para dez por cento, na forma da Lei n. 7.923/89, não causou prejuízo ao trabalhador porque passou a incidir sobre o salário incorporado com todas as demais vantagens.
209. (*Cancelada em decorrência da redação conferida à Súmula 262 do TST.*)
210. (*Convertida na Súmula 389 do TST.*)
211. (*Convertida na Súmula 389 do TST.*)
212. (*Convertida na Orientação Jurisprudencial Transitória n. 54 da SDI-1 do TST.*)
213. **Telex. Operadores. Art. 227 da CLT. Inaplicável.**
 O operador de telex de empresa, cuja atividade econômica não se identifica com qualquer uma das previstas no art. 227 da CLT, não se beneficia de jornada reduzida.
214. (*Convertida na Orientação Jurisprudencial Transitória n. 58 da SDI-1 do TST.*)
215. (*Cancelada pela Resolução n. 175, de 24-5-2011.*)
216. **Vale-transporte. Servidor público celetista. Lei n. 7.418/85. Devido.** Inserida em 8 de novembro de 2000 (inserido dispositivo)
 Aos servidores públicos celetistas é devido o vale-transporte, instituído pela Lei n. 7.418/85, de 16 de dezembro de 1985.
 •• Redação determinada pela Resolução n. 129, de 5-4-2005.
217. **Agravo de instrumento. Traslado. Lei n. 9.756/98. Guia de custas e de depósito recursal.**
 Para a formação do Agravo de Instrumento, não é necessária a juntada de comprovantes de recolhimento de custas e de depósito recursal relativamente ao Recurso Ordinário, desde que não seja objeto de controvérsia no Recurso de Revista a validade daqueles recolhimentos.
218. (*Cancelada em decorrência da sua incorporação à Orientação Jurisprudencial n. 241 da SDI-1 e posterior conversão na Orientação Jurisprudencial Transitória n. 55 da SDI-1 do TST.*)
219. **Recurso de revista ou de embargos fundamentado em Orientação Jurisprudencial do TST.**
 É válida, para efeito de conhecimento do recurso de revista ou de embargos, a invocação de Orientação Jurisprudencial do Tribunal Superior do Trabalho, desde que, das razões recursais, conste o seu número ou conteúdo.
220. (*Cancelada em decorrência da redação conferida à Súmula 85 do TST.*)
221. (*Convertida na Orientação Jurisprudencial Transitória n. 56 da SDI-1 do TST.*)
222. (*Cancelada em decorrência da redação conferida à Súmula 102 do TST.*)
223. (*Cancelada em decorrência da redação conferida à Súmula 85 do TST.*)
224. **Complementação de aposentadoria. Reajuste. Lei n. 9.069, de 29 de junho de 1995.**
 I – A partir da vigência da Medida Provisória n. 542, de 30 de junho de 1994, convalidada pela Lei n. 9.069, de 29 de junho de 1995, o critério de reajuste da complementação de aposentadoria passou a ser anual e não semestral, aplicando-se o princípio *rebus sic stantibus* diante da nova ordem econômica.
 II – A alteração da periodicidade do reajuste da complementação de aposentadoria – de semestral para anual –, não afeta o direito ao resíduo inflacionário apurado nos meses de abril, maio e junho de 1994, que deverá incidir sobre a correção realizada no mês de julho de 1995.
 •• Redação determinada pela Comissão de Jurisprudência e de Precedentes Normativos, do TST, em 14-9-2010.
225. **Contrato de concessão de serviço público. Responsabilidade trabalhista.** Inserida em 20 de junho de 2001 e alterada pelo Tribunal Pleno, em 18 de abril de 2002 – MA 10.999/02 (nova redação)
 Celebrado contrato de concessão de serviço público em que uma empresa (primeira concessionária) outorga a outra (segunda concessionária), no todo ou em parte, mediante arrendamento ou qualquer outra forma contratual, a título transitório, bens de sua propriedade:
 I – em caso de rescisão do contrato de trabalho após a entrada em vigor da concessão, a segunda concessionária, na condição de sucessora, responde pelos direitos decorrentes do contrato de trabalho, sem prejuízo da responsabilidade subsidiária da primeira concessionária pelos débitos trabalhistas contraídos até a concessão;
 II – no tocante ao contrato de trabalho extinto antes da vigência da concessão, a responsabilidade pelos direitos dos trabalhadores será exclusivamente da antecessora.
 •• Redação determinada pela Resolução n. 129, de 5-4-2005.
226. **Crédito trabalhista. Cédula de Crédito Rural. Cédula de Crédito Industrial. Penhorabilidade.** Inserida em 20 de junho de 2001 (título alterado)
 Diferentemente da cédula de crédito industrial garantida por alienação fiduciária, na cédula rural pignoratícia ou hipotecária o bem permanece sob o domínio do devedor (executado), não constituindo óbice à penhora na esfera trabalhista. (Decreto-lei n. 167/67, art. 69; CLT, arts. 10 e 30 e Lei n. 6.830/80).
 •• Redação determinada pela Resolução n. 129, de 5-4-2005.
227. (*Cancelada pela Comissão de Jurisprudência e de Precedentes Normativos, do TST, em 18-11-2005.*)
228. (*Convertida na Súmula 368 do TST.*)
229. (*Convertida na Súmula 390 do TST.*)
230. (*Convertida na Súmula 378 do TST.*)
231. (*Convertida na Orientação Jurisprudencial Transitória n. 50 da SDI-1 do TST.*)
232. **FGTS. Incidência. Empregado transferido para o exterior. Remuneração.**
 O FGTS incide sobre todas as parcelas de natureza salarial pagas ao empregado em virtude de prestação de serviços no exterior.
233. **Horas extras. Comprovação de parte do período alegado.** Inserida em 20 de junho de 2001 (nova redação)

A decisão que defere horas extras com base em prova oral ou documental não ficará limitada ao tempo por ela abrangido, desde que o julgador fique convencido de que o procedimento questionado superou aquele período.
•• Redação determinada pela Resolução n. 129, de 5-4-2005.

234. (*Cancelada em decorrência da redação conferida à Súmula 338 do TST.*)

235. **Horas extras. Salário por produção.** (redação alterada na sessão do Tribunal Pleno realizada em 16-4-2012)

O empregado que recebe salário por produção e trabalha em sobrejornada tem direito à percepção apenas do adicional de horas extras, exceto no caso do empregado cortador de cana, a quem é devido o pagamento das horas extras e do adicional respectivo.
•• Redação determinada pela Resolução n. 182, de 16-4-2012.

236. (*Cancelada em decorrência da redação conferida à Súmula 90 do TST.*)

237. **Ministério Público do Trabalho. Legitimidade para recorrer. Sociedade de economia mista. Empresa pública.** (incorporada a Orientação Jurisprudencial 338 da SBDI-I)

I – O Ministério Público do Trabalho não tem legitimidade para recorrer na defesa de interesse patrimonial privado, ainda que de empresas públicas e sociedades de economia mista.

II – Há legitimidade do Ministério Público do Trabalho para recorrer de decisão que declara a existência de vínculo empregatício com sociedade de economia mista ou empresa pública, após a Constituição Federal de 1988, sem a prévia aprovação em concurso público, pois é matéria de ordem pública.
•• Redação determinada pela Resolução n. 210, de 27-6-2016.

238. **Multa. Art. 477 da CLT. Pessoa jurídica de direito público. Aplicável.** Inserida em 20 de junho de 2001 (inserido dispositivo)

Submete-se à multa do art. 477 da CLT a pessoa jurídica de direito público que não observa o prazo para pagamento das verbas rescisórias, pois nivela-se a qualquer particular, em direitos e obrigações, despojando-se do *jus imperii* ao celebrar um contrato de emprego.
•• Redação determinada pela Resolução n. 129, de 5-4-2005.

239. (*Convertida na Súmula 384 do TST.*)

240. (*Convertida na Súmula 391 do TST.*)

241. (*Convertida na Orientação Jurisprudencial Transitória n. 55 da SDI-1 do TST.*)

242. **Prescrição total. Horas extras. Adicional. Incorporação.**

Embora haja previsão legal para o direito à hora extra, inexiste previsão para a incorporação ao salário do respectivo adicional, razão pela qual deve incidir a prescrição total.

243. **Prescrição total. Planos econômicos.**

Aplicável a prescrição total sobre o direito de reclamar diferenças salariais resultantes de planos econômicos.

244. **Professor. Redução da carga horária. Possibilidade.**

A redução da carga horária do professor, em virtude da diminuição do número de alunos, não constitui alteração contratual, uma vez que não implica redução do valor da hora-aula.

245. **Revelia. Atraso. Audiência.**

Inexiste previsão legal tolerando atraso no horário de comparecimento da parte à audiência.

246. (*Convertida na Súmula 367 do TST.*)

247. **Servidor Público. Celetista concursado. Despedida imotivada. Empresa Pública ou Sociedade de Economia Mista. Possibilidade.**

I – A despedida de empregados de empresa pública e de sociedade de economia mista, mesmo admitidos por concurso público, independe de ato motivado para sua validade.

II – A validade do ato de despedida do empregado da Empresa Brasileira de Correios e Telégrafos (ECT) está condicionada à motivação, por gozar a empresa do mesmo tratamento destinado à Fazenda Pública em relação à imunidade tributária e à execução por precatório, além das prerrogativas de foro, prazos e custas processuais.
•• Redação determinada pela Resolução n. 143, de 8-11-2007.

248. (*Cancelada em decorrência da redação conferida à Orientação Jurisprudencial n. 175 da SDI-1 do TST.*)

249. (*Cancelada em decorrência da redação conferida à Orientação Jurisprudencial n. 138 da SDI-1 do TST.*)

250. (*Convertida na Orientação Jurisprudencial Transitória n. 51 da SDI-1 do TST.*)

251. **Descontos. Frentista. Cheques sem fundos.**

É lícito o desconto salarial referente à devolução de cheques sem fundos, quando o frentista não observar as recomendações previstas em instrumento coletivo.

252. (*Cancelada em decorrência da redação conferida à Súmula 6 do TST.*)

253. **Estabilidade provisória. Cooperativa. Lei n. 5.764/71. Conselho fiscal. Suplente. Não assegurada.**

O art. 55 da Lei n. 5.764/71 assegura a garantia de emprego apenas aos empregados eleitos diretores de Cooperativas, não abrangendo os membros suplentes.

254. (*Cancelada em decorrência da redação conferida à Orientação Jurisprudencial n. 42 da SDI-1 do TST.*)

255. **Mandato. Contrato social. Desnecessária a juntada**

O art. 75, inciso VIII, do CPC de 2015 (art. 12, VI, do CPC de 1973) não determina a exibição dos estatutos da empresa em juízo como condição de validade do instrumento de mandato outorgado ao seu procurador, salvo se houver impugnação da parte contrária.
•• Redação determinada pela Resolução n. 208, de 19-4-2016.

256. **Prequestionamento. Configuração. Tese explícita. Súmula 297.**

Para fins do requisito do prequestionamento de que trata a Súmula 297, há necessidade de que haja, no acórdão, de maneira clara, elementos que levem à conclusão de que o Regional adotou uma tese contrária à lei ou à súmula.

257. **Recurso de revista. Fundamentação. Violação de lei. Vocábulo violação. Desnecessidade** (alterada em decorrência do inciso II do art. 894 da CLT, incluído pela Lei n. 11.496/2007).

A invocação expressa no recurso de revista dos preceitos legais ou constitucionais tidos como violados não significa exigir da parte a utilização das expressões "contrariar", "ferir", "violar", etc.
•• Redação determinada pela Resolução n. 182, de 16-4-2012.

258. (*Convertida na Súmula 364 do TST.*)

259. **Adicional noturno. Base de cálculo. Adicional de periculosidade. Integração.**

O adicional de periculosidade deve compor a base de cálculo do adicional noturno, já que também neste horário o trabalhador permanece sob as condições de risco.

260. **Agravo de instrumento. Recurso de revista. Procedimento sumaríssimo. Lei n. 9.957/2000. Processos em curso.**

I – É inaplicável o rito sumaríssimo aos processos iniciados antes da vigência da Lei n. 9.957/2000.

II – No caso de o despacho denegatório de recurso de revista invocar, em processo iniciado antes da Lei n. 9.957/2000, o § 6.º do art. 896 da CLT (rito sumaríssimo), como óbice ao trânsito do apelo calcado em divergência jurisprudencial ou violação de dispositivo infraconstitucional, o Tribunal superará o obstáculo, apreciando o recurso sob esses fundamentos.
•• A Lei n. 13.467, de 13-7-2017, em vigor 120 dias da sua publicação (*DOU* de 14-7-2017), revoga o § 6.º do art. 896 da CLT.

261. **Bancos. Sucessão trabalhista.**

As obrigações trabalhistas, inclusive as contraídas à época em que os empregados trabalhavam para o banco sucedido, são de responsabilidade do sucessor, uma vez que a este foram transferidos os

ativos, as agências, os direitos e deveres contratuais, caracterizando típica sucessão trabalhista.

262. **Coisa julgada. Planos econômicos. Limitação à data-base na fase de execução.**

Não ofende a coisa julgada a limitação à data-base da categoria, na fase executória, da condenação ao pagamento de diferenças salariais decorrentes de planos econômicos, quando a decisão exequenda silenciar sobre a limitação, uma vez que a limitação decorre de norma cogente. Apenas quando a sentença exequenda houver expressamente afastado a limitação à data-base é que poderá ocorrer ofensa à coisa julgada.

263. (*Cancelada pela Comissão de Jurisprudência e de Precedentes Normativos, do TST, em 10-9-2004*)

264. **Depósito recursal. PIS/PASEP. Ausência de indicação na guia de depósito recursal. Validade.**

Não é essencial para a validade da comprovação do depósito recursal a indicação do número do PIS/PASEP na guia respectiva.

265. (*Convertida na Súmula 390 do TST.*)

266. (*Convertida na Súmula 369 do TST.*)

267. (*Cancelada em decorrência da redação conferida à Súmula 132 do TST.*)

268. **Indenização adicional. Leis n. 6.708/79 e 7.238/84. Aviso prévio. Projeção. Estabilidade provisória.**

Somente após o término do período estabilitário é que se inicia a contagem do prazo do aviso prévio para efeito das indenizações previstas nos arts. 9.º da Lei n. 6.708/79 e 9.º da Lei n. 7.238/84.

269. **Justiça gratuita. Requerimento de isenção de despesas processuais. Momento oportuno.** (inserido item II em decorrência do CPC de 2015)

I – O benefício da justiça gratuita pode ser requerido em qualquer tempo ou grau de jurisdição, desde que, na fase recursal, seja o requerimento formulado no prazo alusivo ao recurso;

II – Indeferido o requerimento de justiça gratuita formulado na fase recursal, cumpre ao relator fixar prazo para que o recorrente efetue o preparo (art. 99, § 7.º, do CPC de 2015).

•• Redação determinada pela Resolução n. 219, de 26-6-2017.

270. **Programa de Incentivo à Demissão Voluntária. Transação extrajudicial. Parcelas oriundas do extinto contrato de trabalho. Efeitos.**

A transação extrajudicial que importa rescisão do contrato de trabalho ante a adesão do empregado a plano de demissão voluntária implica quitação exclusivamente das parcelas e valores constantes do recibo.

271. **Rurícola. Prescrição. Contrato de emprego extinto. Emenda Constitucional n. 28/2000. Inaplicabilidade.** Inserida em 27 de setembro de 2002 (alterada)

O prazo prescricional da pretensão do rurícola, cujo contrato de emprego já se extinguira ao sobrevir a Emenda Constitucional n. 28, de 26 de maio de 2000, tenha sido ou não ajuizada a ação trabalhista, prossegue regido pela lei vigente ao tempo da extinção do contrato de emprego.

•• Redação determinada pela Comissão de Jurisprudência e de Precedentes Normativos, do TST, em 18-11-2005.

272. **Salário mínimo. Servidor. Salário-base inferior. Diferenças. Indevidas.**

A verificação do respeito ao direito ao salário mínimo não se apura pelo confronto isolado do salário-base com o mínimo legal, mas deste com a soma de todas as parcelas de natureza salarial recebidas pelo empregado diretamente do empregador.

273. (*Cancelada pela Resolução n. 175, de 24-5-2011.*)

274. **Turno ininterrupto de revezamento. Ferroviário. Horas extras. Devidas.**

O ferroviário submetido a escalas variadas, com alternância de turnos, faz jus à jornada especial prevista no art. 7.º, XIV, da CF/88.

275. **Turno ininterrupto de revezamento. Horista. Horas extras e adicional. Devidos.**

Inexistindo instrumento coletivo fixando jornada diversa, o empregado horista submetido a turno ininterrupto de revezamento faz jus ao pagamento das horas extraordinárias laboradas além da 6.ª, bem como ao respectivo adicional.

276. **Ação declaratória. Complementação de aposentadoria.**

É incabível ação declaratória visando a declarar direito à complementação de aposentadoria, se ainda não atendidos os requisitos necessários à aquisição do direito, seja por via regulamentar, ou por acordo coletivo.

277. **Ação de cumprimento fundada em decisão normativa que sofreu posterior reforma, quando já transitada em julgado a sentença condenatória. Coisa julgada. Não configuração.**

A coisa julgada produzida na ação de cumprimento é atípica, pois dependente de condição resolutiva, ou seja, da não modificação da decisão normativa por eventual recurso. Assim, modificada a sentença normativa pelo TST, com a consequente extinção do processo, sem julgamento do mérito, deve-se extinguir a execução em andamento, uma vez que a norma sobre a qual se apoiava o título exequendo deixou de existir no mundo jurídico.

278. **Adicional de insalubridade. Perícia. Local de trabalho desativado.**

A realização de perícia é obrigatória para a verificação de insalubridade. Quando não for possível sua realização como em caso de fechamento da empresa, poderá o julgador utilizar-se de outros meios de prova.

279. (*Cancelada pela Resolução n. 214, de 28-11-2016.*)

280. (*Convertida na Súmula 364 do TST.*)

281. (*Convertida na Orientação Jurisprudencial Transitória n. 52 da SDI-1 do TST.*)

282. **Agravo de instrumento. Juízo de admissibilidade *ad quem*.**

No julgamento de Agravo de Instrumento ao afastar o óbice apontado pelo TRT para o processamento do recurso de revista, pode o juízo *ad quem* prosseguir no exame dos demais pressupostos extrínsecos e intrínsecos do recurso de revista, mesmo que não apreciados pelo TRT.

283. **Agravo de instrumento. Peças essenciais. Traslado realizado pelo agravado. Validade.**

É válido o traslado de peças essenciais efetuado pelo agravado, pois sua regular formação incumbe às partes e não somente ao agravante.

284. (*Cancelada pela Resolução n. 217, de 17-4-2017.*)

285. (*Cancelada pela Resolução n. 217, de 17-4-2017.*)

286. **Agravo de Instrumento. Traslado. Mandato Tácito. Ata de Audiência. Configuração.**

I – A juntada da ata de audiência, em que consignada a presença do advogado, desde que não estivesse atuando com mandato expresso, torna dispensável a procuração deste, porque demonstrada a existência de mandato tácito.

II – Configurada a existência de mandato tácito fica suprida a irregularidade detectada no mandato expresso.

•• Redação determinada pela Resolução n. 167, de 26-4-2010.

287. (*Cancelada pela Resolução n. 219, de 26-6-2017.*)

288. (*Cancelada em decorrência da redação conferida à Súmula 102 do TST.*)

289. (*Cancelada em decorrência da redação conferida à Orientação Jurisprudencial n. 18 da SDI-1 do TST.*)

290. (*Cancelada pela Comissão de Jurisprudência e de Precedentes Normativos do TST em 30-6-2005.*)

291. (*Convertida na Orientação Jurisprudencial Transitória n. 53 da SDI-1 do TST.*)

292. (*Cancelada em decorrência da redação conferida à Súmula 101 do TST.*)

293. (*Cancelada em decorrência da sua conversão na letra f da Súmula 353 do TST.*)

294. (*Cancelada pela Resolução n. 194, de 19-5-2014, em decorrência de sua conversão na Orientação Jurisprudencial Transitória n. 78 da SDI-1 do TST.*)

295. (*Cancelada pela Resolução n. 194, de 19-5-2014, em decorrência de sua conversão na Orientação Jurisprudencial Transitória n. 79 da SDI-1 do TST.*)

296. Equiparação salarial. Atendente e auxiliar de enfermagem. Impossibilidade.

Sendo regulamentada a profissão de auxiliar de enfermagem, cujo exercício pressupõe habilitação técnica, realizada pelo Conselho Regional de Enfermagem, impossível a equiparação salarial do simples atendente com o auxiliar de enfermagem.

297. Equiparação salarial. Servidor público da administração direta, autárquica e fundacional. Art. 37, XIII, da CF/1988.

O art. 37, XIII, da CF/1988 veda a equiparação de qualquer natureza para o efeito de remuneração do pessoal do serviço público, sendo juridicamente impossível a aplicação da norma infraconstitucional prevista no art. 461 da CLT quando se pleiteia equiparação salarial entre servidores públicos, independentemente de terem sido contratados pela CLT.

298. (*Cancelada em decorrência da redação conferida à Súmula 6 do TST.*)

299. (*Cancelada em decorrência da redação conferida à Súmula 98 do TST.*)

300. Execução trabalhista. Correção monetária. Juros. Lei n. 8.177/91, art. 39, e Lei n. 10.192/01, art. 15. *DJ* **11 de agosto de 2003** (nova redação)

Não viola norma constitucional (art. 5.º, II e XXXVI) a determinação de aplicação da TRD como fator de correção monetária dos débitos trabalhistas, cumulada com juros de mora previstos no art. 39 da Lei n. 8.177/91 e convalidado pelo art. 15 da Lei n. 10.192/01.

•• Redação determinada pela Resolução n. 129, de 5-4-2005.

301. (*Cancelada pela Resolução n. 175, de 24-5-2011.*)

302. FGTS. Índice de correção. Débitos trabalhistas.

Os créditos referentes ao FGTS, decorrentes de condenação judicial, serão corrigidos pelos mesmos índices aplicáveis aos débitos trabalhistas.

303. (*Convertida na Súmula 372 do TST.*)

304. (*Cancelada pela Resolução n. 219, de 26-6-2017.*)

305. (*Cancelada em decorrência da nova redação conferida à Súmula 219 do TST.*)

306. (*Cancelada em decorrência da redação conferida à Súmula 338 do TST.*)

307. (*Convertida na Súmula 437 do TST.*)

308. Jornada de trabalho. Alteração. Retorno à jornada inicialmente contratada. Servidor público.

O retorno do servidor público (administração direta, autárquica e fundacional) à jornada inicialmente contratada não se insere nas vedações do art. 468 da CLT, sendo a sua jornada definida em lei e no contrato de trabalho firmado entre as partes.

309. (*Cancelada em decorrência da redação conferida à Orientação Jurisprudencial n. 147 da SDI-1 do TST.*)

310. Litisconsortes. Procuradores distintos. Prazo em dobro. Art. 229, caput e §§ 1.º e 2.º, do CPC de 2015. Art. 191 do CPC de 1973. Inaplicável ao processo do trabalho.

Inaplicável ao processo do trabalho a norma contida no art. 229, caput e §§ 1.º e 2.º, do CPC de 2015 (art. 191 do CPC de 1973), em razão de incompatibilidade com a celeridade que lhe é inerente.

•• Redação determinada pela Resolução n. 208, de 19-4-2016.

311. (*Convertida na Súmula 383 do TST.*)

312. (*Convertida na Súmula 395 do TST.*)

313. (*Convertida na Súmula 395 do TST.*)

314. (*Convertida na Súmula 388 do TST.*)

315. (*Cancelada pela Resolução n. 200, de 27-10-2015.*)

316. Portuários. Adicional de risco. Lei n. 4.860/1965.

O adicional de risco dos portuários, previsto no art. 14 da Lei n. 4.860/1965, deve ser proporcional ao tempo efetivo no serviço considerado sob risco e apenas àqueles que prestam serviços na área portuária.

317. (*Cancelada em decorrência da redação conferida à Súmula 337 do TST.*)

318. Autarquia. Fundação pública. Legitimidade para recorrer. Representação processual. (incluído o item II e alterada em decorrência do CPC de 2015)

I – Os Estados e os Municípios não têm legitimidade para recorrer em nome das autarquias e das fundações públicas.

II – Os procuradores estaduais e municipais podem representar as respectivas autarquias e fundações públicas em juízo somente se designados pela lei da respectiva unidade da federação (art. 75, IV, do CPC de 2015) ou se investidos de instrumento de mandato válido.

•• Redação determinada pela Resolução n. 220, de 18-9-2017.

319. Representação regular. Estagiário. Habilitação posterior.

Válidos são os atos praticados por estagiário se, entre o substabelecimento e a interposição do recurso, sobreveio a habilitação, do então estagiário, para atuar como advogado.

320. (*Cancelada pela Comissão de Jurisprudência e de Precedentes Normativos, do TST, em 10-9-2004.*)

321. Vínculo empregatício com a administração pública. Período anterior à CF/1988. *DJ* **11 de agosto de 2003** (nova redação)

Salvo os casos de trabalho temporário e de serviço de vigilância, previstos nas Leis n. 6.019, de 3 de janeiro de 1974, e 7.102, de 20-6-1983, é ilegal a contratação de trabalhadores por empresa interposta, formando-se o vínculo empregatício diretamente com o tomador dos serviços, inclusive ente público, em relação ao período anterior à vigência da CF/88.

•• Redação determinada pela Resolução n. 129, de 5-4-2005.

322. Acordo coletivo de trabalho. Cláusula de termo aditivo prorrogando o acordo para prazo indeterminado. Inválida.

Nos termos do art. 614, § 3.º, da CLT, é de 2 anos o prazo máximo de vigência dos acordos e das convenções coletivas. Assim sendo, é inválida, naquilo que ultrapassa o prazo total de 2 anos, a cláusula de termo aditivo que prorroga a vigência do instrumento coletivo originário por prazo indeterminado.

323. Acordo de compensação de jornada. "Semana espanhola". Validade.

É válido o sistema de compensação de horário quando a jornada adotada é a denominada "semana espanhola", que alterna a prestação de 48 horas em uma semana e 40 horas em outra, não violando os arts. 59, § 2.º, da CLT e 7.º, XIII, da CF/1988 o seu ajuste mediante acordo ou convenção coletiva de trabalho.

324. Adicional de periculosidade. Sistema elétrico de potência. Decreto n. 93.412/1986, art. 2.º, § 1.º.

É assegurado o adicional de periculosidade apenas aos empregados que trabalham em sistema elétrico de potência em condições de risco, ou que o façam com equipamentos e instalações elétricas similares, que ofereçam risco equivalente, ainda que em unidade consumidora de energia elétrica.

325. Aumento salarial concedido pela empresa. Compensação no ano seguinte em antecipação sem a participação do sindicato profissional. Impossibilidade.

O aumento real, concedido pela empresa a todos os seus empregados, somente pode ser reduzido mediante a participação efetiva do sindicato profissional no ajuste, nos termos do art. 7.º, VI, da CF/1988.

Orientações Jurisprudenciais da SDI-1 (TST)

326. (*Convertida na Súmula 366 do TST.*)
327. (*Convertida na Súmula 392 do TST.*)
328. (*Cancelada em decorrência da redação conferida à Súmula 6 do TST.*)
329. (*Cancelada em decorrência da redação conferida à Súmula 339 do TST.*)
330. (*Convertida na Súmula 395 do TST.*)
331. (*Cancelada pela Resolução n. 210, de 27-6-2016.*)
332. **Motorista. Horas extras. Atividade externa. Controle de jornada por tacógrafo. Resolução n. 816/1986 do CONTRAN.**

 O tacógrafo, por si só, sem a existência de outros elementos, não serve para controlar a jornada de trabalho de empregado que exerce atividade externa.
333. (*Convertida na Súmula 391 do TST.*)
334. **Remessa *ex officio*. Recurso de revista. Inexistência de recurso ordinário voluntário de ente público. Incabível.**

 Incabível recurso de revista de ente público que não interpôs recurso ordinário voluntário da decisão de primeira instância, ressalvada a hipótese de ter sido agravada, na segunda instância, a condenação imposta.
335. **Contrato nulo. Administração pública. Efeitos. Conhecimento do recurso por violação do art. 37, II e § 2.º, da CF/88.**

 A nulidade da contratação sem concurso público, após a CF/88, bem como a limitação de seus efeitos, somente poderá ser declarada por ofensa ao art. 37, II, se invocado concomitantemente o seu § 2.º, todos da CF/88.
336. **Embargos interpostos anteriormente à vigência da Lei n. 11.496/2007. Recurso não conhecido com base em orientação jurisprudencial. Desnecessário o exame das violações de lei e da Constituição Federal alegadas no recurso de revista.** (Redação alterada pelo Tribunal Pleno na sessão realizada em 6-2-2012).

 Estando a decisão recorrida em conformidade com orientação jurisprudencial, desnecessário o exame das divergências e das violações de lei e da Constituição alegadas em embargos interpostos antes da vigência da Lei n. 11.496/2007, salvo nas hipóteses em que a orientação jurisprudencial não fizer qualquer citação do dispositivo constitucional.

 •• Redação determinada pela Resolução n. 178, de 6-2-2012.
337. (*Convertida na Súmula 387 do TST.*)
338. (*Cancelada pela Resolução n. 210, de 27-6-2016.*)
339. **Teto remuneratório. Empresa pública e sociedade de economia mista. Art. 37, XI, da CF/1988 (anterior à Emenda Constitucional n. 19/1998).** *DJ 4 de maio de 2004* (nova redação)

 As empresas públicas e as sociedades de economia mista estão submetidas à observância do teto remuneratório previsto no inciso XI do art. 37 da CF/1988, sendo aplicável, inclusive, ao período anterior à alteração introduzida pela Emenda Constitucional n. 19/1998.

 •• Redação determinada pela Resolução n. 129, de 5-4-2005.
340. (*Convertida na Súmula 393 do TST.*)
341. **FGTS. Multa de 40%. Diferenças decorrentes dos expurgos inflacionários. Responsabilidade pelo pagamento.**

 É de responsabilidade do empregador o pagamento da diferença da multa de 40% sobre os depósitos do FGTS, decorrente da atualização monetária em face dos expurgos inflacionários.
342. (*Convertida na Súmula 437 do TST.*)
343. **Penhora. Sucessão. Art. 100 da CF/88. Execução.**

 É válida a penhora em bens de pessoa jurídica de direito privado, realizada anteriormente à sucessão pela União ou por Estado-membro, não podendo a execução prosseguir mediante precatório. A decisão que a mantém não viola o art. 100 da CF/88.
344. **FGTS. Multa de 40%. Diferenças decorrentes dos expurgos inflacionários. Prescrição. Termo inicial.** (mantida)

 O termo inicial do prazo prescricional para o empregado pleitear em juízo diferenças da multa do FGTS, decorrentes dos expurgos inflacionários, deu-se com a vigência da Lei Complementar n. 110, em 30 de junho de 2001, salvo comprovado trânsito em julgado de decisão proferida em ação proposta anteriormente na Justiça Federal, que reconheça o direito à atualização do saldo da conta vinculada.

 •• Redação mantida pela Resolução n. 175, de 24-5-2011.
345. **Adicional de periculosidade. Radiação ionizante ou substância radioativa. Devido.**

 A exposição do empregado à radiação ionizante ou à substância radioativa enseja a percepção do adicional de periculosidade, pois a regulamentação ministerial (Portarias do Ministério do Trabalho n. 3.393, de 17-12-1987, e 518, de 7-4-2003), ao reputar perigosa a atividade, reveste-se de plena eficácia, porquanto expedida por força de delegação legislativa contida no art. 200, *caput*, e inciso VI, da CLT. No período de 12-12-2002 a 6-4-2003, enquanto vigeu a Portaria n. 496 do Ministério do Trabalho, o empregado faz jus ao adicional de insalubridade.
346. **Abono previsto em norma coletiva. Natureza indenizatória. Concessão apenas aos empregados em atividade. Extensão aos inativos. Impossibilidade.**

 A decisão que estende aos inativos a concessão de abono de natureza jurídica indenizatória, previsto em norma coletiva apenas para os empregados em atividade, a ser pago de uma única vez, e confere natureza salarial à parcela, afronta o art. 7.º, XXVI, da CF/88.
347. **Adicional de periculosidade. Sistema elétrico de potência. Lei n. 7.369, de 20-9-1985. Regulamentada pelo Decreto n. 93.412, de 14-10-1986. Extensão do direito aos cabistas, instaladores e reparadores de linhas e aparelhos em empresa de telefonia.**

 É devido o adicional de periculosidade aos empregados cabistas, instaladores e reparadores de linhas e aparelhos de empresas de telefonia, desde que, no exercício de suas funções, fiquem expostos a condições de risco equivalente ao do trabalho exercido em contato com sistema elétrico de potência.
348. **Honorários advocatícios. Base de cálculo. Valor líquido. Lei n. 1.060, de 5-2-1950.**

 Os honorários advocatícios, arbitrados nos termos do art. 11, § 1.º, da Lei n. 1.060, de 5-2-1950, devem incidir sobre o valor líquido da condenação, apurado na fase de liquidação de sentença, sem a dedução dos descontos fiscais e previdenciários.
349. **Mandato. Juntada de nova procuração. Ausência de ressalva. Efeitos.**

 A juntada de nova procuração aos autos, sem ressalva de poderes conferidos ao antigo patrono, implica revogação tácita do mandato anterior.
350. **Ministério Público do Trabalho. Nulidade do contrato de trabalho não suscitada pelo ente público no momento da defesa. Arguição em parecer. Possibilidade.**

 O Ministério Público do Trabalho pode arguir, em parecer, na primeira vez que tenha de se manifestar no processo, a nulidade do contrato de trabalho em favor de ente público, ainda que a parte não a tenha suscitado, a qual será apreciada, sendo vedada, no entanto, qualquer dilação probatória.

 •• Redação determinada pela Resolução n. 162, de 16-11-2009.
351. (*Cancelada pela Resolução n. 163, de 16-11-2009.*)
352. (*Convertida na Súmula 442 do TST.*)
353. (*Cancelada pela Resolução n. 194, de 19-5-2014, em decorrência de sua conversão na Súmula 455 do TST.*)
354. (*Convertida na Súmula 437 do TST.*)
355. **Intervalo interjornadas. Inobservância. Horas extras. Período pago como sobrejornada. Art. 66 da CLT. Aplicação analógica do § 4.º do art. 71 da CLT.**

O desrespeito ao intervalo mínimo interjornadas previsto no art. 66 da CLT acarreta, por analogia, os mesmos efeitos previstos no § 4.º do art. 71 da CLT e na Súmula n. 110 do TST, devendo-se pagar a integralidade das horas que foram subtraídas do intervalo, acrescidas do respectivo adicional.

356. Programa de Incentivo à Demissão Voluntária (PDV). Créditos trabalhistas reconhecidos em juízo. Compensação. Impossibilidade.

Os créditos tipicamente trabalhistas reconhecidos em juízo não são suscetíveis de compensação com a indenização paga em decorrência de adesão do trabalhador a Programa de Incentivo à Demissão Voluntária (PDV).

357. (*Convertida na Súmula 434 do TST.*)

358. Salário mínimo e piso salarial proporcional à jornada reduzida. Empregado. Servidor público.

I – Havendo contratação para cumprimento de jornada reduzida, inferior à previsão constitucional de oito horas diárias ou quarenta e quatro semanais, é lícito o pagamento do piso salarial ou do salário mínimo proporcional ao tempo trabalhado.

II – Na Administração Pública direta, autárquica e fundacional não é válida remuneração de empregado público inferior ao salário mínimo, ainda que cumpra jornada de trabalho reduzida.

•• Redação determinada pela Resolução n. 202, de 16-2-2016.

359. Substituição processual. Sindicato. Legitimidade. Prescrição. Interrupção.

A ação movida por sindicato, na qualidade de substituto processual, interrompe a prescrição, ainda que tenha sido considerado parte ilegítima *ad causam*.

360. Turno ininterrupto de revezamento. Dois turnos. Horário diurno e noturno. Caracterização.

Faz jus à jornada especial prevista no art. 7.º, XIV, da CF/1988 o trabalhador que exerce suas atividades em sistema de alternância de turnos, ainda que em dois turnos de trabalho, que compreendam, no todo ou em parte, o horário diurno e o noturno, pois submetido à alternância de horário prejudicial à saúde, sendo irrelevante que a atividade da empresa se desenvolva de forma ininterrupta.

361. Aposentadoria espontânea. Unicidade do contrato de trabalho. Multa de 40% do FGTS sobre todo o período.

A aposentadoria espontânea não é causa de extinção do contrato de trabalho se o empregado permanece prestando serviços ao empregador após a jubilação. Assim, por ocasião da sua dispensa imotivada, o empregado tem direito à multa de 40% do FGTS sobre a totalidade dos depósitos efetuados no curso do pacto laboral.

362. Contrato nulo. Efeitos. FGTS. Medida Provisória n. 2.164-41, de 24 de agosto de 2001, e art. 19-A da Lei n. 8.036, de 11 de maio de 1990. Irretroatividade.

Não afronta o princípio da irretroatividade da lei a aplicação do art. 19-A da Lei n. 8.036, de 11-5-1990, aos contratos declarados nulos celebrados antes da vigência da Medida Provisória n. 2.164-41, de 24 de agosto de 2001.

363. (*Cancelada pela Resolução n. 219, de 26-6-2017.*)

364. Estabilidade. Art. 19 do ADCT. Servidor público de fundação regido pela CLT.

Fundação instituída por lei e que recebe dotação ou subvenção do Poder Público para realizar atividades de interesse do Estado, ainda que tenha personalidade jurídica de direito privado, ostenta natureza de fundação pública. Assim, seus servidores regidos pela CLT são beneficiários da estabilidade excepcional prevista no art. 19 do ADCT.

365. Estabilidade provisória. Membro de Conselho Fiscal de sindicato. Inexistência.

Membro de Conselho Fiscal de sindicato não tem direito à estabilidade prevista nos arts. 543, § 3.º, da CLT e 8.º, VIII, da CF/1988, porquanto não representa ou atua na defesa de direitos da categoria respectiva, tendo sua competência limitada à fiscalização da gestão financeira do sindicato (art. 522, § 2.º, da CLT).

366. Estagiário. Desvirtuamento do contrato de estágio. Reconhecimento do vínculo empregatício com a Administração Pública direta ou indireta. Período posterior à Constituição Federal de 1988. Impossibilidade.

Ainda que desvirtuada a finalidade do contrato de estágio celebrado na vigência da Constituição Federal de 1988, é inviável o reconhecimento do vínculo empregatício com ente da Administração Pública direta ou indireta, por força do art. 37, II, da CF/1988, bem como o deferimento de indenização pecuniária, exceto em relação às parcelas previstas na Súmula n. 363 do TST, se requeridas.

367. Aviso prévio de 60 dias. Elasticimento por norma coletiva. Projeção. Reflexos nas parcelas trabalhistas.

O prazo de aviso prévio de 60 dias, concedido por meio de norma coletiva que silencia sobre alcance de seus efeitos jurídicos, computa-se integralmente como tempo de serviço, nos termos do § 1.º do art. 487 da CLT, repercutindo nas verbas rescisórias.

•• *Vide* Lei n. 12.506, de 11-10-2011, que dispõe sobre aviso prévio.

368. Descontos previdenciários. Acordo homologado em juízo. Inexistência de vínculo empregatício. Parcelas indenizatórias. Ausência de discriminação. Incidência sobre o valor total.

É devida a incidência das contribuições para a Previdência Social sobre o valor total do acordo homologado em juízo, independentemente do reconhecimento de vínculo de emprego, desde que não haja discriminação das parcelas sujeitas à incidência da contribuição previdenciária, conforme parágrafo único do art. 43 da Lei n. 8.212, de 24 de julho de 1991, e do art. 195, I, *a*, da CF/1988.

369. Estabilidade provisória. Delegado sindical. Inaplicável.

O delegado sindical não é beneficiário da estabilidade provisória prevista no art. 8.º, VIII, da CF/1988, a qual é dirigida, exclusivamente, àqueles que exerçam ou ocupem cargos de direção nos sindicatos, submetidos a processo eletivo.

370. FGTS. Multa de 40%. Diferenças dos expurgos inflacionários. Prescrição. Interrupção decorrente de protestos judiciais.

O ajuizamento de protesto judicial dentro do biênio posterior à Lei Complementar n. 110, de 29 de junho de 2001, interrompe a prescrição, sendo irrelevante o transcurso de mais de dois anos da propositura de outra medida acautelatória, com o mesmo objetivo, ocorrida antes da vigência da referida lei, pois ainda não iniciado o prazo prescricional, conforme disposto na Orientação Jurisprudencial n. 344 da SBDI-1.

371. Irregularidade de representação. Substabelecimento não datado. Inaplicabilidade do art. 654, § 1.º, do Código Civil.

Não caracteriza a irregularidade de representação a ausência da data da outorga de poderes, pois, no mandato judicial, ao contrário do mandato civil, não é condição de validade do negócio jurídico. Assim, a data a ser considerada é aquela em que o instrumento for juntado aos autos, conforme preceitua o art. 409, IV, do CPC de 2015 (art. 370, IV, do CPC de 1973). Inaplicável o art. 654, § 1.º, do Código Civil.

•• Redação determinada pela Resolução n. 208, de 19-4-2016.

372. (*Cancelada pela Resolução n. 194, de 19-5-2014, em decorrência de sua conversão na Súmula 449 do TST.*)

373. (*Cancelada pela Resolução n. 194, de 19-5-2014, em decorrência de sua conversão na Súmula 456 do TST.*)

374. Agravo de Instrumento. Representação processual. Regularidade. Procuração ou substabelecimento com cláusula limitativa de poderes ao âmbito do Tribunal Regional do Trabalho.

É regular a representação processual do subscritor do agravo de instrumento ou do recurso de revista que detém mandato com poderes de representação limitados ao âmbito do Tribunal Regional do

Trabalho, pois, embora a apreciação desse recurso seja realizada pelo Tribunal Superior do Trabalho, a sua interposição é ato praticado perante o Tribunal Regional do Trabalho, circunstância que legitima a atuação do advogado no feito.

375. **Auxílio-doença. Aposentadoria por invalidez. Suspensão do contrato de trabalho. Prescrição. Contagem.**

 A suspensão do contrato de trabalho, em virtude da percepção do auxílio-doença ou da aposentadoria por invalidez, não impede a fluência da prescrição quinquenal, ressalvada a hipótese de absoluta impossibilidade de acesso ao Judiciário.

376. **Contribuição previdenciária. Acordo homologado em juízo após o trânsito em julgado da sentença condenatória. Incidência sobre o valor homologado.**

 É devida a contribuição previdenciária sobre o valor do acordo celebrado e homologado após o trânsito em julgado de decisão judicial, respeitada a proporcionalidade de valores entre as parcelas de natureza salarial e indenizatória deferidas na decisão condenatória e as parcelas objeto do acordo.

377. (*Cancelada pela Resolução n. 204, de 15-3-2016.*)

378. **Embargos. Interposição contra decisão monocrática. Não cabimento.**

 Não encontra amparo no art. 894 da CLT, quer na redação anterior quer na redação posterior à Lei n. 11.496, de 22-6-2007, recurso de embargos interposto à decisão monocrática exarada nos moldes do art. 932 do CPC de 2015 (art. 557 do CPC de 1973), pois o comando legal restringe seu cabimento à pretensão de reforma de decisão colegiada proferida por Turma do Tribunal Superior do Trabalho.

 •• Redação determinada pela Resolução n. 208, de 19-4-2016.

379. **Empregado de cooperativa de crédito. Bancário. Equiparação. Impossibilidade.**

 Os empregados de cooperativas de crédito não se equiparam a bancário, para efeito de aplicação do art. 224 da CLT, em razão da inexistência de expressa previsão legal, considerando, ainda, as diferenças estruturais e operacionais entre as instituições financeiras e as cooperativas de crédito. Inteligência das Leis n. 4.595, de 31-12-1964, e 5.764, de 16-12-1971.

 •• Retificada no *DEJT* de 29-3-2017.

380. (*Convertida na Súmula 437 do TST.*)
381. (*Convertida na Súmula 437 do TST.*)
382. **Juros de mora. Art. 1.º-F da Lei n. 9.494, de 10 de setembro de 1997. Inaplicabilidade à Fazenda Pública quando condenada subsidiariamente.**

 A Fazenda Pública, quando condenada subsidiariamente pelas obrigações trabalhistas devidas pela empregadora principal, não se beneficia da limitação dos juros, prevista no art. 1.º-F da Lei n. 9.494, de 10 de setembro de 1997.

383. **Terceirização. Empregados da empresa prestadora de serviços e da tomadora. Isonomia. Art. 12, *a*, da Lei n. 6.019, de 3 de janeiro de 1974.** (mantida)

 A contratação irregular de trabalhador, mediante empresa interposta, não gera vínculo de emprego com ente da Administração Pública, não afastando, contudo, pelo princípio da isonomia, o direito dos empregados terceirizados às mesmas verbas trabalhistas legais e normativas asseguradas àqueles contratados pelo tomador dos serviços, desde que presente a igualdade de funções. Aplicação analógica do art. 12, *a*, da Lei n. 6.019, de 3 de janeiro de 1974.

 •• Redação mantida pela Resolução n. 175, de 24-5-2011.

384. (*Cancelada pela Resolução n. 186, de 14-9-2012.*)
385. **Adicional de periculosidade. Devido. Armazenamento de líquido inflamável no prédio. Construção vertical.**

 É devido o pagamento do adicional de periculosidade ao empregado que desenvolve suas atividades em edifício (construção vertical), seja em pavimento igual ou distinto daquele onde estão instalados tanques para armazenamento de líquido inflamável, em quantidade acima do limite legal, considerando-se como área de risco toda a área interna da construção vertical.

386. (*Cancelada pela Resolução n. 194, de 19-5-2014, em decorrência de sua conversão na Súmula 450 do TST.*)

387. (*Cancelada pela Resolução n. 194, de 19-5-2014, em decorrência de sua conversão na Súmula 457 do TST.*)

388. **Jornada 12x36. Jornada mista que compreenda a totalidade do período noturno. Adicional noturno. Devido.**

 O empregado submetido à jornada de 12 horas de trabalho por 36 de descanso, que compreenda a totalidade do período noturno, tem direito ao adicional noturno, relativo às horas trabalhadas após as 5 horas da manhã.

389. **Multa prevista no art. 1.021, §§ 4.º e 5.º, do CPC de 2015. Art. 557, § 2.º, do CPC de 1973. Recolhimento. Pressuposto recursal. Beneficiário da justiça gratuita e Fazenda Pública. Pagamento ao final.** (nova redação em decorrência do CPC de 2015)

 Constitui ônus da parte recorrente, sob pena de deserção, depositar previamente a multa aplicada com fundamento nos §§ 4.º e 5.º, do art. 1.021, do CPC de 2015 (§ 2.º do art. 557 do CPC de 1973), à exceção da Fazenda Pública e do beneficiário de justiça gratuita, que farão o pagamento ao final.

 •• Redação determinada pela Resolução n. 209, de 30-5-2016.

390. (*Cancelada pela Resolução n. 194, de 19-5-2014, em decorrência de sua conversão na Súmula 451 do TST.*)

391. **Portuários. Submissão prévia de demanda a comissão paritária. Lei n. 8.630, de 25 de fevereiro de 1993. Inexigibilidade.**

 A submissão prévia de demanda a comissão paritária, constituída nos termos do art. 23 da Lei n. 8.630, de 25 de fevereiro de 1993 (Lei dos Portos), não é pressuposto de constituição e desenvolvimento válido e regular do processo, ante a ausência de previsão em lei.

392. **Prescrição. Interrupção. Ajuizamento de protesto judicial. Marco inicial.** (atualizada em decorrência do CPC de 2015) (republicada em razão de erro material)

 O protesto judicial é medida aplicável no processo do trabalho, por força do art. 769 da CLT e do art. 15 do CPC de 2015. O ajuizamento da ação, por si só, interrompe o prazo prescricional, em razão da inaplicabilidade do § 2.º do art. 240 do CPC de 2015 (§ 2.º do art. 219 do CPC de 1973), incompatível com o disposto no art. 841 da CLT.

 •• Republicada pela Resolução n. 209, de 30-5-2016, em razão de erro material.

393. **Professor. Jornada de trabalho especial. Art. 318 da CLT. Salário mínimo. Proporcionalidade.**

 A contraprestação mensal devida ao professor, que trabalha no limite máximo da jornada prevista no art. 318 da CLT, é de um salário mínimo integral, não se cogitando do pagamento proporcional em relação a jornada prevista no art. 7.º, XIII, da Constituição Federal.

394. **Repouso semanal remunerado – RSR. Integração das horas extras. Não repercussão no cálculo das férias, do décimo terceiro salário, do aviso prévio e dos depósitos do FGTS.**

 A majoração do valor do repouso semanal remunerado, em razão da integração das horas extras habitualmente prestadas, não repercute no cálculo das férias, da gratificação natalina, do aviso prévio e do FGTS, sob pena de caracterização de *bis in idem*.

395. **Turno ininterrupto de revezamento. Hora noturna reduzida. Incidência.**

 O trabalho em regime de turnos ininterruptos de revezamento não retira o direito à hora noturna reduzida, não havendo incompatibilidade entre as disposições contidas nos arts. 73, § 1.º, da CLT e 7.º, XIV, da Constituição Federal.

396. **Turnos ininterruptos de revezamento. Alteração da jornada de 8 para 6 horas diárias. Empregado horista. Aplicação do divisor 180.**

 Para o cálculo do salário hora do empregado horista, submetido a turnos ininterruptos de revezamento, considerando a alteração da

jornada de 8 para 6 horas diárias, aplica-se o divisor 180, em observância ao disposto no art. 7.º, VI, da Constituição Federal, que assegura a irredutibilidade salarial.

397. Comissionista misto. Horas extras. Base de cálculo. Aplicação da Súmula n. 340 do TST.

O empregado que recebe remuneração mista, ou seja, uma parte fixa e outra variável, tem direito a horas extras pelo trabalho em sobrejornada. Em relação à parte fixa, são devidas as horas simples acrescidas do adicional de horas extras. Em relação à parte variável, é devido somente o adicional de horas extras, aplicando-se à hipótese o disposto na Súmula n. 340 do TST.

398. Contribuição previdenciária. Acordo homologado em juízo sem reconhecimento de vínculo de emprego. Contribuinte individual. Recolhimento da alíquota de 20% a cargo do tomador e 11% a cargo do prestador de serviços.

Nos acordos homologados em juízo em que não haja o reconhecimento de vínculo empregatício, é devido o recolhimento da contribuição previdenciária, mediante a alíquota de 20% a cargo do tomador de serviços e de 11% por parte do prestador de serviços, na qualidade de contribuinte individual, sobre o valor total do acordo, respeitado o teto de contribuição. Inteligência do § 4.º do art. 30 e do inciso III do art. 22, todos da Lei n. 8.212, de 24 de julho de 1991.

399. Estabilidade provisória. Ação trabalhista ajuizada após o término do período de garantia no emprego. Abuso do exercício do direito de ação. Não configuração. Indenização devida.

O ajuizamento de ação trabalhista após decorrido o período de garantia de emprego não configura abuso do exercício do direito de ação, pois este está submetido apenas ao prazo prescricional inscrito no art. 7.º, XXIX, da CF/1988, sendo devida a indenização desde a dispensa até a data do término do período estabilitário.

400. Imposto de renda. Base de cálculo. Juros de mora. Não integração. Art. 404 do Código Civil brasileiro.

Os juros de mora decorrentes do inadimplemento de obrigação de pagamento em dinheiro não integram a base de cálculo do imposto de renda, independentemente da natureza jurídica da obrigação inadimplida, ante o cunho indenizatório conferido pelo art. 404 do Código Civil de 2002 aos juros de mora.

401. Prescrição. Marco inicial. Ação condenatória. Trânsito em julgado da ação declaratória com mesma causa de pedir remota ajuizada antes da extinção do contrato de trabalho.

O marco inicial da contagem do prazo prescricional para o ajuizamento de ação condenatória, quando advém a dispensa do empregado no curso de ação declaratória que possua a mesma causa de pedir remota, é o trânsito em julgado da decisão proferida na ação declaratória e não a data da extinção do contrato de trabalho.

402. Adicional de risco. Portuário. Terminal privativo. Arts. 14 e 19 da Lei n. 4.860, de 26 de novembro de 1965. Indevido. (mantida)

O adicional de risco previsto no art. 14 da Lei n. 4.860, de 26 de novembro de 1965, aplica-se somente aos portuários que trabalham em portos organizados, não podendo ser conferido aos que operam terminal privativo.

- Redação mantida pela Resolução n. 175, de 24-5-2011.
- O art. 14 da Lei n. 4.860, de 26-11-1965, que dispõe sobre o regime de trabalho nos portos organizados, estabelece: "Art. 14. A fim de remunerar os riscos relativos à insalubridade, periculosidade e outros porventura existentes, fica instituído o 'adicional de riscos' de 40% (quarenta por cento) que incidirá sobre o valor do salário-hora ordinário do período diurno e substituirá todos aqueles que, com sentido ou caráter idêntico, vinham sendo pagos. § 1.º Este adicional somente será devido enquanto não forem removidas ou eliminadas as causas de risco. § 2.º Este adicional somente será devido durante o tempo efetivo no serviço considerado sob risco. § 3.º As Administrações dos Portos, no prazo de 60 (sessenta) dias, discriminarão, ouvida a autoridade competente, os serviços considerados sob risco. § 4.º Nenhum outro adicional será devido além do previsto neste artigo. § 5.º Só será devido uma única vez, na execução da mesma tarefa, o adicional previsto neste artigo, mesmo quando ocorra, simultaneamente, mais de uma causa de risco".

403. Advogado empregado. Contratação anterior a Lei n. 8.906, de 4 de julho de 1994. Jornada de trabalho mantida com o advento da lei. Dedicação exclusiva. Caracterização.

O advogado empregado contratado para jornada de 40 horas semanais, antes da edição da Lei n. 8.906, de 4 de julho de 1994, está sujeito ao regime de dedicação exclusiva disposto no art. 20 da referida lei, pelo que não tem direito à jornada de 20 horas semanais ou 4 diárias.

404. (*Cancelada pela Resolução n. 194, de 19-5-2014, em decorrência de sua conversão na Súmula 452 do TST.*)

405. (*Cancelada pela Resolução n. 194, de 19-5-2014, em decorrência de sua conversão na Súmula 458 do TST.*)

406. (*Cancelada pela Resolução n. 194, de 19-5-2014, em decorrência de sua conversão na Súmula 453 do TST.*)

407. Jornalista. Empresa não Jornalística. Jornada de Trabalho Reduzida. Arts. 302 e 303 da CLT.

O jornalista que exerce funções típicas de sua profissão, independentemente do ramo de atividade do empregador, tem direito à jornada reduzida prevista no art. 303 da CLT.

408. Juros de Mora. Empresa em Liquidação Extrajudicial. Sucessão Trabalhista.

É devida a incidência de juros de mora em relação aos débitos trabalhistas de empresa em liquidação extrajudicial sucedida nos moldes dos arts. 10 e 448 da CLT. O sucessor responde pela obrigação do sucedido, não se beneficiando de qualquer privilégio a este destinado.

- Vide art. 448-A da CLT.

409. Multa por litigância de má-fé. Recolhimento. Pressuposto recursal. Inexigibilidade. (nova redação em decorrência do CPC de 2015)

O recolhimento do valor da multa imposta como sanção por litigância de má-fé (art. 81 do CPC de 2015 – art. 18 do CPC de 1973) não é pressuposto objetivo para interposição dos recursos de natureza trabalhista.

- Redação determinada pela Resolução n. 209, de 30-5-2016.

410. Repouso Semanal Remunerado. Concessão após o sétimo dia consecutivo de trabalho. Art. 7.º, XV, da CF. Violação.

Viola o art. 7.º, XV, da CF a concessão de repouso semanal remunerado após o sétimo dia consecutivo de trabalho, importando no seu pagamento em dobro.

411. Sucessão Trabalhista. Aquisição de Empresa Pertencente a Grupo Econômico. Responsabilidade Solidária do Sucessor por Débitos Trabalhistas de Empresa não Adquirida. Inexistência.

O sucessor não responde solidariamente por débitos trabalhistas de empresa não adquirida, integrante do mesmo grupo econômico da empresa sucedida, quando, à época, a empresa devedora direta era solvente ou idônea economicamente, ressalvada a hipótese de má-fé ou fraude na sucessão.

412. Agravo interno ou agravo regimental. Interposição em face de decisão colegiada. Não cabimento. Erro grosseiro. Inaplicabilidade do princípio da fungibilidade recursal. (nova redação em decorrência do CPC de 2015)

É incabível agravo interno (art. 1.021 do CPC de 2015, art. 557, § 1.º, do CPC de 1973) ou agravo regimental (art. 235 do RITST) contra decisão proferida por órgão colegiado. Tais recursos destinam-se, exclusivamente, a impugnar decisão monocrática nas hipóteses previstas. Inaplicável, no caso, o princípio da fungibilidade ante a configuração de erro grosseiro.

- Redação determinada pela Resolução n. 209, de 30-5-2016.

413. Auxílio-alimentação. Alteração da natureza jurídica. Norma coletiva ou adesão ao PAT.

A pactuação em norma coletiva conferindo caráter indenizatório à verba "auxílio-alimentação" ou a adesão posterior do empregador ao

Programa de Alimentação do Trabalhador – PAT – não altera a natureza salarial da parcela, instituída anteriormente, para aqueles empregados que, habitualmente, já percebiam o benefício, a teor das Súmulas n. 51, I, e 241 do TST.

414. (*Cancelada pela Resolução n. 194, de 19-5-2014, em decorrência de sua conversão na Súmula 454 do TST.*)

415. Horas extras. Reconhecimento em juízo. Critério de dedução/abatimento dos valores comprovadamente pagos no curso do contrato de trabalho.

A dedução das horas extras comprovadamente pagas daquelas reconhecidas em juízo não pode ser limitada ao mês de apuração, devendo ser integral e aferida pelo total das horas extraordinárias quitadas durante o período imprescrito do contrato de trabalho.

- *Vide arts. 59 da CLT e 7.º, XVI, da Constituição Federal.*

416. Imunidade de jurisdição. Organização ou organismo internacional.

As organizações ou organismos internacionais gozam de imunidade absoluta de jurisdição quando amparados por norma internacional incorporada ao ordenamento jurídico brasileiro, não se lhes aplicando a regra do Direito Consuetudinário relativa à natureza dos atos praticados. Excepcionalmente, prevalecerá a jurisdição brasileira na hipótese de renúncia expressa à cláusula de imunidade jurisdicional.

417. Prescrição. Rurícola. Emenda Constitucional n. 28, de 26-5-2000. Contrato de trabalho em curso.

Não há prescrição total ou parcial da pretensão do trabalhador rural que reclama direitos relativos a contrato de trabalho que se encontrava em curso à época da promulgação da Emenda Constitucional n. 28, de 26-5-2000, desde que ajuizada a demanda no prazo de cinco anos de sua publicação, observada a prescrição bienal.

- *Vide arts. 505 da CLT e 10 da Lei n. 5.889, de 8-6-1973.*

418. Equiparação salarial. Plano de cargos e salários. Aprovação por instrumento coletivo. Ausência de alternância de critérios de promoção por antiguidade e merecimento.

Não constitui óbice à equiparação salarial a existência de plano de cargos e salários que, referendado por norma coletiva, prevê critério de promoção apenas por merecimento ou antiguidade, não atendendo, portanto, o requisito de alternância dos critérios, previsto no art. 461, § 2.º, da CLT.

419. (*Cancelada pela Resolução n. 200, de 27-10-2015.*)

420. Turnos ininterruptos de revezamento. Elastecimento da jornada de trabalho. Norma coletiva com eficácia retroativa. Invalidade.

É inválido o instrumento normativo que, regularizando situações pretéritas, estabelece jornada de oito horas para o trabalho em turnos ininterruptos de revezamento.

421. Honorários advocatícios. Ação de indenização por danos morais e materiais decorrentes de acidente de trabalho ou de doença profissional. Ajuizamento perante a justiça comum antes da promulgação da Emenda Constitucional n. 45/2004. Posterior remessa dos autos à justiça do trabalho. Art. 85 do CPC de 2015. Art. 20 do CPC de 1973. Incidência.

A condenação em honorários advocatícios nos autos de ação de indenização por danos morais e materiais decorrentes de acidente de trabalho ou de doença profissional, remetida à Justiça do Trabalho após ajuizamento na Justiça comum, antes da vigência da Emenda Constitucional n. 45/2004, decorre da mera sucumbência, nos termos do art. 85 do CPC de 2015 (art. 20 do CPC de 1973), não se sujeitando aos requisitos da Lei n. 5.584/1970.

•• Redação determinada pela Resolução n. 208, de 19-4-2016.

Índice Alfabético-Remissivo das Orientações Jurisprudenciais da SDI-1 do TST

- abonos: 180, 231 e 346
- ação declaratória: 276 e 401
- ação de cumprimento: 188 e 277
- acórdão: 357
- acordo coletivo: 239, 258, 275, 276, 322 e 323
- adicional de insalubridade: 47, 103, 121, 165, 171, 172, 173, 278 e 345
- adicional de periculosidade: 165, 172, 259, 279, 324, 345, 347 e 385
- adicional de risco: 60, 316 e 402
- adicional de transferência: 113
- adicional noturno: 97, 259 e 388
- advogados: 7, 75, 110, 200, 286, 318, 319, 374 e 403
- agravo: 110, 132, 217, 260, 282, 283, 286, 374 e 412
- anistia: 12 e 91
- aposentadoria: 18, 224, 276, 361 e 375
- Associação de Pais e Mestres – APM: 185
- atividade rural: 38, 271 e 381
- autarquias: 52, 100 e 318
- autenticação: 33 e 134
- auxiliar de enfermagem: 296
- auxílio-alimentação: 413
- auxílio-doença: 375
- auxílio-funeral: 129
- aviso prévio: 14, 42, 82, 83, 268, 367 e 394
- bancários: 123 e 178
- Banco do Brasil: 16, 17 e 18
- cargo de confiança: 17, 45 e 113
- Carteira de Trabalho e Previdência Social – CTPS: 82
- cédula de crédito industrial: 226
- cheques: 251
- cláusula penal: 54
- coisa julgada: 262 e 277
- comissionista misto: 397
- comissões: 175 e 181
- competência residual: 138
- concessão: 225
- concursos públicos: 65, 247 e 335
- contrato de trabalho: 76, 113, 185, 199, 225, 270, 308, 335, 350, 361, 362, 375, 401 e 417
- contrato social: 255
- contribuição previdenciária: 376 e 398
- conversão de salários; nova moeda: 43
- cooperativas: 244, 253 e 379
- correção monetária: 28, 181, 198 e 300
- créditos trabalhistas: 143, 226 e 356
- custas: 13, 33, 140, 158, 217 e 247
- DARF eletrônico: 158
- décimo terceiro salário: 181, 187 e 394
- decisão normativa: 16, 188 e 277
- demissão do empregado: 148, 162, 207, 270 e 356
- depósito recursal: 13, 140, 217 e 264
- descontos: 160, 251 e 368
- deserção: 33 e 140
- despacho denegatório: 90 e 260
- diferenças salariais: 28, 125 e 262
- direito adquirido: 43, 58 e 59
- embargos: 94, 95, 142, 147, 192, 219, 257, 295, 336, 378 e 405
- empregados de empresas públicas e sociedades de economia mista: 51
- empreitada: 191
- engenheiros: 165
- entidade pública: 87
- equiparação salarial: 296, 297 e 418
- estabilidade: 41, 253, 268, 364, 365, 369 e 399
- estagiários: 319 e 366
- execução: 87, 138, 143, 247, 262, 277 e 300
- expurgos inflacionários: 344
- feriados: 103
- férias: 181, 195 e 394
- ferroviários: 274
- frentistas: 251
- função; desvio de: 125
- Fundo de Garantia do Tempo de Serviço – FGTS: 42, 195, 232, 302, 341, 344, 361, 362, 370 e 394
- gestante: 44
- gratificações: 56 e 208
- honorários: 198, 348 e 421
- hora extra: 18, 47, 60, 97, 123, 206, 233, 235, 242, 274, 275, 332, 394, 397 e 415
- hora noturna: 60, 127 e 395
- imposto de renda: 207 e 400
- imunidade de jurisdição: 416
- Índice de Preços ao Consumidor – IPC: 58
- inflação: 344
- instrumento normativo: 36 e 41
- intervalos: 178 e 355
- isonomia: 383
- jogo do bicho: 199
- jornada de trabalho: 17, 178, 179, 206, 213, 275, 308, 323, 331, 332, 358, 360, 380, 388, 393, 396, 403 e 407
- jornalistas; jornada de trabalho: 407
- juros de mora: 7, 300, 382, 400 e 408
- Justiça do Trabalho; competência: 26, 143, 210 e 263

- justiça gratuita: 269 e 331
- legislação eleitoral: 51
- liquidação extrajudicial: 143 e 408
- litigância de má-fé: 409
- litisconsórcio: 310
- mandato: 110, 200, 255, 331, 349, 371 e 374
- médicos: 165
- Ministério Público do Trabalho: 237 e 350
- mora: 7
- motoristas: 315 e 332
- multas: 54, 162, 238, 389 e 409
- municípios: 52, 92 e 318
- norma coletiva: 123, 147, 342, 346 e 367
- obra; dono da: 191
- oficial de justiça *ad hoc*: 164
- penhora: 226 e 343
- pensão: 26 e 129
- perícias: 165 e 278
- PIS/PASEP: 264
- Plano de Carreiras, Cargos e Salários – PCCS: 57
- planos econômicos: 58, 59, 243, 262
- portuários; trabalhadores: 60, 316, 391 e 402
- prequestionamento: 62, 118, 119, 151 e 256
- prescrição: 38, 76, 83, 128, 129, 130, 175, 242, 243, 271, 344, 359, 370, 375, 384, 392, 399, 401, 404 e 417
- prestadores de serviço: 383
- procedimento sumaríssimo: 260 e 352
- procuração: 110, 286 e 349
- professores: 65, 206, 244 e 393
- Programa de Incentivo à Demissão Voluntária – PDV: 207, 270 e 356
- quadro de carreira: 125
- radiologista: 208
- razões recursais: 120
- reajustes: 79, 100 e 224
- recurso de revista: 111, 147, 219, 257, 260, 282 e 334
- recurso; interposição: 409
- recurso ordinário: 217
- repouso semanal remunerado: 394 e 410
- responsabilidade solidária: 185, 191 e 411
- revelia: 152 e 245
- salário-maternidade: 44
- salário mínimo: 272, 358 e 393
- salários: 159 e 325
- semana espanhola: 323
- servidor público: 16, 28, 216, 247, 272, 297, 308 e 364
- sindicatos: 121, 325, 359, 365 e 369
- substabelecimento: 75, 200, 319, 371 e 374
- substância radioativa: 345
- substituição processual: 121 e 359
- sucessão trabalhista: 261, 408 e 411
- telex; operadores de: 213
- terceirização: 383
- teto remuneratório: 339
- trabalhador rural; contrato de trabalho; prescrição: 417
- turnos ininterruptos: 274, 275, 360, 395, 396 e 420
- vale-alimentação: 123 e 133
- vale-transporte: 216
- verbas rescisórias: 14, 181, 238 e 367
- vínculo empregatício: 164, 321, 366, 368 e 398

Orientações Jurisprudenciais Transitórias da Seção de Dissídios Individuais 1 (SDI-1) do TST

1. **FGTS. Multa de 40%. Complementação. Indevida.** Inserida em 2 de outubro de 1997 (título alterado e inserido dispositivo)

 A rescisão contratual operada antes da vigência da Constituição Federal de 1988, com o pagamento da multa sobre os depósitos do FGTS no percentual de 10%, é ato jurídico perfeito, não se admitindo retroatividade. Assim, indevido o deferimento da complementação, a título de diferenças de multa do FGTS, do percentual de 30%, referente ao período do primeiro contrato rescindido e pago de acordo com a norma vigente à época (Lei n. 5.107/66, art. 6.º).
 - Redação determinada pela Resolução n. 129, de 5-4-2005.

2. **CSN. Licença remunerada.** Inserida em 2 de outubro de 1997

 É devido o valor das horas extras até então habitualmente prestadas.

3. **Súmula 337. Inaplicabilidade.** Inserida em 2 de outubro de 1997 (título alterado e inserido dispositivo)

 A Súmula 337 do TST é inaplicável a recurso de revista interposto anteriormente à sua vigência.
 - Redação determinada pela Resolução n. 129, de 5-4-2005.

4. (*Cancelada pela Resolução n. 175, de 24-5-2011.*)

5. **Servita. Bonificação de assiduidade e produtividade paga semanalmente. Repercussão no repouso semanal remunerado.** Inserida em 2 de outubro de 1997 (título alterado e inserido dispositivo)

 O valor das bonificações de assiduidade e produtividade, pago semanalmente e em caráter permanente pela empresa Servita, visando incentivar o melhor rendimento dos empregados, possui natureza salarial, repercutindo no cálculo do repouso semanal remunerado.
 - Redação determinada pela Resolução n. 129, de 5-4-2005.

6. **Adicional de produtividade. Decisão normativa. Vigência. Limitação.** Inserida em 19 de outubro de 2000

 O adicional de produtividade previsto na decisão normativa, proferida nos autos do Dissídio Coletivo n. DC-TST 6/1979, tem sua eficácia limitada à vigência do respectivo instrumento normativo.

7. **Banrisul. Complementação de aposentadoria. ADI e cheque-rancho. Não integração.** Inserida em 19 de outubro de 2000 (nova redação em decorrência da incorporação da Orientação Jurisprudencial Transitória n. 8 da SDI-1)

 As parcelas ADI e cheque-rancho não integram a complementação de aposentadoria dos empregados do Banrisul. (ex-OJ Transitória n. 8 da SDI-1 – inserida em 19-10-2000)
 - Redação determinada pela Resolução n. 129, de 5-4-2005.

8. (*Cancelada em decorrência da sua incorporação à Orientação Jurisprudencial Transitória n. 7 da SDI-1 do TST.*)

9. **BNCC. Garantia de emprego. Não assegurada.** Inserida em 19 de outubro de 2000

 O Regulamento do BNCC não garante a estabilidade ao empregado nos moldes daquela prevista na CLT, mas apenas a garantia no emprego, ou seja, a garantia contra a despedida imotivada.

10. **BNCC. Juros. Súmula 304 do TST. Inaplicável.** Inserida em 19 de outubro de 2000

 A extinção do BNCC não foi decretada pelo Banco Central mas por deliberação de seus acionistas. Portanto, inaplicável a Súmula 304 do TST e, em seus débitos trabalhistas, devem incidir os juros de mora.

11. **Complementação de aposentadoria. CEAGESP.** Inserida em 19 de outubro de 2000

 Para o empregado se beneficiar da aposentadoria integral, prevista no § 1.º do art. 16 do Regulamento Geral n. 1/1963, da CEAGESP, o empregado deverá contar com 30 anos ou mais de efetivo serviço à CEAGESP.

12. **CSN. Adicional de insalubridade e de periculosidade. Salário complessivo. Prevalência do acordo coletivo.** Inserida em 19 de outubro de 2000 (inserido dispositivo)

 O pagamento do adicional de insalubridade e periculosidade embutido no salário contratual dos empregados da CSN não caracteriza a complessividade salarial, uma vez que essa forma de pagamento decorre de acordo coletivo há muitos anos em vigor.
 - Redação determinada pela Resolução n. 129, de 5-4-2005.

13. **CSN. Licença remunerada. Aviso prévio. Concomitância. Possibilidade.** Inserida em 19 de outubro de 2000

 Devido às circunstâncias especialíssimas ocorridas na CSN (Próspera), considera-se válida a concessão de aviso prévio durante o período da licença remunerada.

14. **Defensoria pública. Opção pela carreira.** Inserida em 19 de outubro de 2000

 Servidor investido na função de defensor público até a data em que foi instalada a Assembleia Nacional Constituinte tem direito à opção pela carreira, independentemente de realização de concurso público (celetista ou estatutário), bastando que a opção tenha sido feita até a data *supra*.

15. **ENERGIPE. Participação nos lucros. Incorporação anterior à CF/1988. Natureza salarial.** Inserida em 19 de outubro de 2000

 A parcela de participação nos lucros, incorporada ao salário do empregado anteriormente à CF/88, possui natureza salarial e gera reflexos em todas as verbas salariais.

16. **Agravo de instrumento interposto na vigência da Lei n. 9.756/98 e anteriormente à edição da Instrução Normativa n. 16/99 do TST. Traslado de peças. Obrigatoriedade.** Inserida em 13 de fevereiro de 2001

 Não há como dizer que a exigência de traslado de peças necessárias ao julgamento de ambos os recursos (o agravo e o recurso principal) somente se tornou obrigatória após a edição da Instrução Normativa n. 16/99, pois trata-se apenas de meio destinado à interpretação acerca das novas exigências que se tornaram efetivas a partir da vigência da Lei n. 9.756/98.

17. **Agravo de instrumento interposto na vigência da Lei n. 9.756/98. Embargos declaratórios.** Inserida em 13 de fevereiro de 2001

 Para comprovar a tempestividade do recurso de revista, basta a juntada da certidão de publicação do acórdão dos embargos declaratórios opostos perante o Regional, se conhecidos.

18. **Agravo de instrumento interposto na vigência da Lei n. 9.756/98. Peça indispensável. Certidão de publicação do acórdão regional. Necessária a juntada, salvo se nos autos houver elementos que atestem a tempestividade da revista.** Inserida em 13 de fevereiro de 2001

A certidão de publicação do acórdão regional é peça essencial para a regularidade do traslado do agravo de instrumento, porque imprescindível para aferir a tempestividade do recurso de revista e para viabilizar, quando provido, seu imediato julgamento, salvo se nos autos houver elementos que atestem a tempestividade da revista.

19. **Agravo de instrumento. Interposto na vigência da Lei n. 9.756/98. Peças dispensáveis à compreensão da controvérsia. Desnecessária a juntada.** Inserida em 13 de fevereiro de 2001

Mesmo na vigência da Lei n. 9.756/98, a ausência de peças desnecessárias à compreensão da controvérsia, ainda que relacionadas no inciso I do § 5.º do art. 897 da CLT, não implica o não conhecimento do agravo.

20. **Agravo de instrumento. Ministério Público. Pressupostos extrínsecos.** Inserida em 13 de fevereiro de 2001

Para aferição da tempestividade do AI interposto pelo Ministério Público, desnecessário o traslado da certidão de publicação do despacho agravado, bastando a juntada da cópia da intimação pessoal na qual conste a respectiva data de recebimento (Lei Complementar n. 75/93, art. 84, IV).

21. **Agravo de instrumento. Traslado. Certidão. Instrução Normativa n. 6/96 do TST.** Inserida em 13 de fevereiro de 2001

Certidão do Regional afirmando que o AI está formado de acordo com IN 6/96 do TST não confere autenticidade às peças.

22. (*Convertida na Orientação Jurisprudencial n. 287 da SDI-1 do TST.*)

23. **Autenticação. Documento único. Cópia. Verso e anverso.** Inserida em 13 de fevereiro de 2001

Inexistindo impugnação da parte contrária, bem como o disposto no art. 795 da CLT, é válida a autenticação aposta em uma face da folha que contenha documento que continua no verso, por constituir documento único.

24. **Abono. Complementação de aposentadoria. Reajuste. CVRD (Valia).** *DJ* 9 de dezembro de 2003

A Resolução n. 7/89 da CVRD, que instituiu o benefício "abono aposentadoria" (art. 6.º), determina que o reajuste seja feito na mesma época e com o mesmo índice aplicado pelo INSS ou observada a variação do IGP ou da OTN, aplicando-se o maior deles.

25. **Banco Meridional. Complementação de aposentadoria. Reajustes. Extensão.** *DJ* 9 de dezembro de 2003

Os reajustes salariais concedidos sobre quaisquer parcelas aos empregados ativos devem ser estendidos aos inativos, com exclusão apenas das parcelas ressalvadas expressamente no Regulamento do Banco.

26. **Banerj. Plano Bresser. Acordo coletivo de trabalho de 91. Não é norma programática.** *DJ* 9 de dezembro de 2003

É de eficácia plena e imediata o *caput* da cláusula 5.ª do Acordo Coletivo de Trabalho de 1991/1992 celebrado pelo Banerj contemplando o pagamento de diferenças salariais do Plano Bresser, sendo devido o percentual de 26,06% nos meses de janeiro a agosto de 1992, inclusive.

27. **Banrisul. Gratificação Jubileu. Prescrição.** *DJ* 9 de dezembro de 2003

A Gratificação Jubileu, instituída pela Resolução n. 1.761/1967, que foi alterada, reduzindo-se o seu valor, pela Resolução n. 1.885/70, era devida a todo empregado que completasse 25, 30, 35 e 40 anos de serviço no Banco. Era vantagem a ser paga de uma única vez, na data da aposentadoria, fluindo desta data o prazo prescricional, sendo inaplicável a Súmula 294 do TST, que é restrito aos casos em que se postulam prestações sucessivas.

28. **CDHU. Sucessão trabalhista.** *DJ* 9 de dezembro de 2003

Considerando a moldura fática delineada pelo Regional, conduz-se à ilação de que a CDHU foi a sucessora da CONESP, uma vez que ocupou os imóveis e assumiu os contratos anteriores, dando sequência às obras com o mesmo pessoal.

29. **CEEE. Equiparação salarial. Quadro de carreira. Reestruturação em 1991. Válido.** *DJ* 9 de dezembro de 2003

O quadro de carreira implantado na CEEE em 1977 foi homologado pelo Ministério do Trabalho. A reestruturação procedida em 1991, mesmo não homologada, é válida.

30. **Cisão parcial de empresa. Responsabilidade solidária. PROFORTE.** *DJ* 9 de dezembro de 2003

É solidária a responsabilidade entre a empresa cindida subsistente e aquelas que absorverem parte do seu patrimônio, quando constatada fraude na cisão parcial.

31. **Planos Bresser e Verão. Acordo coletivo autorizando a quitação através da concessão de folgas remuneradas. Conversão em pecúnia após a extinção do contrato de trabalho. Inviabilidade.** *DJ* 9 de dezembro de 2003

Acordo coletivo celebrado entre as partes autorizando a quitação dos valores devidos a título de Planos Bresser e Verão em folgas remuneradas é válido. Incabível a conversão do valor correspondente às folgas remuneradas em pecúnia quando extinto o contrato de trabalho pelo advento de aposentadoria voluntária.

32. **Complementação de aposentadoria. Banco do Brasil. Sucumbência. Inversão.** *DJ* 10 de novembro de 2004

Imposta condenação originária em diferenças de complementação de aposentadoria, por ocasião do julgamento de recurso de revista, imperativo o exame no acórdão, sob pena de negativa de prestação jurisdicional, de postulação aduzida em contestação e/ou em contrarrazões visando à limitação da condenação à média trienal e ao teto, matéria insuscetível de prequestionamento.

33. **Adicional de insalubridade. Base de cálculo, na vigência do Decreto-lei n. 2.351/1987: piso nacional de salários.** (conversão da Orientação Jurisprudencial n. 3 da SDI-1)

Na vigência do Decreto-lei n. 2.351/1987, o piso nacional de salários é a base de cálculo para o adicional de insalubridade. (ex-OJ 3 da SDI-1 – inserida em 14-3-1994)

34. **BRDE. Entidade autárquica de natureza bancária. Lei n. 4.595/1964, art. 17. Res. Bacen 469/1970, art. 8.º. CLT, art. 224, § 2.º. CF, art. 173, § 1.º.** (conversão da Orientação Jurisprudencial n. 22 da SDI-1)

O Banco Regional de Desenvolvimento do Extremo Sul – BRDE é uma entidade autárquica de natureza bancária, e, como tal, submete-se ao art. 173, § 1.º, da Constituição Federal de 1988. Desta forma, sendo a natureza das atividades por ele exercidas similares às de qualquer instituição financeira, seus empregados são bancários, regendo-se pelas normas especiais a eles referentes, inclusive o art. 224 da CLT. (ex-OJ 22 da SDI-1 – inserida em 14-3-1994)

35. **Reajustes salariais. Bimestrais e quadrimestrais (Lei n. 8.222/1991). Simultaneidade inviável.** (conversão da Orientação Jurisprudencial n. 68 da SDI-1)

Nova antecipação bimestral, na mesma época do reajuste quadrimestral, constitui verdadeiro *bis in idem*, pois o bimestre anterior, que servia como base de cálculo, já teve o INPC considerado para fim do reajuste quadrimestral. (ex-OJ 68 da SDI-1 – inserida em 28-11-1995)

36. **Hora *in itinere*. Tempo gasto entre a portaria da empresa e o local do serviço. Devida. Açominas.** (mantida)

Configura-se como hora *in itinere* o tempo gasto pelo obreiro para alcançar seu local de trabalho a partir da portaria da Açominas. (ex-OJ 98 da SDI-1 – inserida em 30-5-1997)

•• Redação mantida pela Resolução n. 175, de 24-5-2011.

37. **Minascaixa. Legitimidade passiva *ad causam* enquanto não concluído o procedimento de liquidação extrajudicial.** (conversão da Orientação Jurisprudencial n. 109 da SDI-1)

A Minascaixa tem legitimidade passiva *ad causam* para figurar nas demandas contra ela ajuizadas enquanto não tiver concluído o pro-

cesso de liquidação extrajudicial ao qual se encontra submetida. (ex-OJ 109 da SDI-1 – inserida em 1.º-10-1997)

38. **Banco Meridional. Circular 34.046/1989. Dispensa sem justa causa.** (conversão da Orientação Jurisprudencial n. 137 da SDI-1)

 A inobservância dos procedimentos disciplinados na Circular 34.046/1989 do Banco Meridional, norma de caráter eminentemente procedimental, não é causa para a nulidade da dispensa sem justa causa. (ex-OJ 137 da SDI-1 – inserida em 27-11-1998)

39. **FGTS. Opção retroativa. Concordância do empregador. Necessidade.** (conversão da Orientação Jurisprudencial n. 146 da SDI-1)

 A concordância do empregador é indispensável para que o empregado possa optar retroativamente pelo sistema do Fundo de Garantia por Tempo de Serviço. (ex-OJ 146 da SDI-1 – inserida em 27-11-1998)

40. **Banrisul. Complementação de aposentadoria.** (conversão da Orientação Jurisprudencial n. 155 da SDI-1)

 A Resolução n. 1.600/1964, vigente à época da admissão do empregado, incorporou-se ao contrato de trabalho, pelo que sua alteração não poderá prejudicar o direito adquirido, mesmo em virtude da edição da Lei n. 6.435/1977. Incidência das Súmulas 51 e 288. (ex-OJ 155 da SDI-1 – inserida em 26-3-1999)

41. **Complementação de aposentadoria. Fundação Clemente de Faria. Banco Real.** (conversão da Orientação Jurisprudencial n. 157 da SDI-1)

 É válida a cláusula do Estatuto da Fundação Clemente de Faria que condicionou o direito à complementação de aposentadoria à existência de recursos financeiros, e também previa a suspensão, temporária ou definitiva, da referida complementação. (ex-OJ 157 da SDI-1 – inserida em 26-3-1999)

42. **Petrobras. Pensão por morte do empregado assegurada no Manual de Pessoal. Estabilidade decenal. Opção pelo regime do FGTS** (inserido item II à redação)

 I – Tendo o empregado adquirido a estabilidade decenal, antes de optar pelo regime do FGTS, não há como negar-se o direito à pensão, eis que preenchido o requisito exigido pelo Manual de Pessoal. (ex-OJ n. 166 da SDI-1 – inserida em 26-3-1999)

 II – O benefício previsto no Manual de Pessoal da Petrobras, referente ao pagamento de pensão e auxílio-funeral aos dependentes do empregado que vier a falecer no curso do contrato de trabalho, não se estende à hipótese em que sobrevém o óbito do trabalhador quando já extinto o contrato de trabalho.

 •• Redação determinada pela Resolução n. 182, de 16-4-2012.

43. **SUDS. Gratificação. Convênio da União com Estado. Natureza salarial enquanto paga.** (conversão da Orientação Jurisprudencial n. 168 da SDI-1)

 A parcela denominada "Complementação SUDS" paga aos servidores em virtude de convênio entre o Estado e a União Federal tem natureza salarial, enquanto paga, pelo que repercute nos demais créditos trabalhistas do empregado. (ex-OJ 168 da SDI-1 – inserida em 26-3-1999)

44. **Anistia. Lei n. 6.683/79. Tempo de afastamento. Não computável para efeito de indenização e adicional por tempo de serviço, licença-prêmio e promoção.** (conversão da Orientação Jurisprudencial n. 176 da SDI-1)

 O tempo de afastamento do anistiado pela Lei n. 6.683/79 não é computável para efeito do pagamento de indenização por tempo de serviço, licença-prêmio e promoção. (ex-OJ 176 da SDI-1 – inserida em 8-11-2000)

45. **Comissionista puro. Abono. Lei n. 8.178/1991. Não incorporação.** (conversão da Orientação Jurisprudencial n. 180 da SDI-1)

 É indevida a incorporação do abono instituído pela Lei n. 8.178/1991 aos empregados comissionistas. (ex-OJ 180 da SDI-1 – inserida em 8-11-2000)

46. **Complementação de aposentadoria. Banco Itaú.** (conversão da Orientação Jurisprudencial n. 183 da SDI-1)

 O empregado do Banco Itaú admitido na vigência da Circular BB-05/1966, que passou para a inatividade posteriormente à vigência da RP-40/1974, está sujeito ao implemento da condição "idade mínima de 55 anos". (ex-OJ 183 da SDI-1 – inserida em 8-11-2000)

47. **Décimo terceiro salário. Dedução da 1.ª parcela. URV. Lei n. 8.880/1994.** (conversão da Orientação Jurisprudencial n. 187 da SDI-1)

 Ainda que o adiantamento do 13.º salário tenha ocorrido anteriormente à edição da Lei n. 8.880/1994, as deduções deverão ser realizadas considerando o valor da antecipação, em URV, na data do efetivo pagamento, não podendo a 2.ª parcela ser inferior à metade do 13.º salário, em URV. (ex-OJ 187 da SDI-1 – inserida em 8-11-2000)

48. **Petromisa. Sucessão. Petrobras. Legitimidade.** (conversão da Orientação Jurisprudencial n. 202 da SDI-1)

 Em virtude da decisão tomada em assembleia, a Petrobras é a real sucessora da Petromisa, considerando que recebeu todos os bens móveis e imóveis da extinta Petromisa. (ex-OJ 202 da SDI-1 – inserida em 8-11-2000)

49. **Serpro. Norma regulamentar. Reajustes salariais. Superveniência de sentença normativa. Prevalência.** (conversão da Orientação Jurisprudencial n. 212 da SDI-1)

 Durante a vigência do instrumento normativo, é lícita ao empregador a obediência à norma coletiva (DC 8.948/1990) que alterou as diferenças interníveis previstas no Regulamento de Recursos Humanos. (ex-OJ 212 da SDI-1 – inserida em 8-11-2000)

50. **Férias. Abono instituído por instrumento normativo e terço constitucional. Simultaneidade inviável.** (conversão da Orientação Jurisprudencial n. 231 da SDI-1)

 O abono de férias decorrente de instrumento normativo e o abono de 1/3 (um terço) previsto no art. 7.º, XVII, da CF/1988 têm idêntica natureza jurídica, destinação e finalidade, constituindo-se *bis in idem* seu pagamento simultâneo, sendo legítimo o direito do empregador de obter compensação de valores porventura pagos. (ex-OJ 231 da SDI-1 – inserida em 20-6-2001)

51. **Complementação de aposentadoria. Caixa Econômica Federal. Auxílio-alimentação. Supressão. Súmulas 51 e 288.** (conversão da Orientação Jurisprudencial n. 250 da SDI-1)

 A determinação de supressão do pagamento de auxílio-alimentação aos aposentados e pensionistas da Caixa Econômica Federal, oriunda do Ministério da Fazenda, não atinge aqueles ex-empregados que já percebiam o benefício. (ex-OJ 250 da SDI-1 – inserida em 13-3-2002)

52. **Agravo de instrumento. Acórdão do TRT não assinado. Interposto anteriormente à Instrução Normativa n. 16/1999.** (conversão da Orientação Jurisprudencial n. 281 da SDI-1)

 Nos agravos de instrumento interpostos anteriormente à edição da Instrução Normativa n. 16/1999, a ausência de assinatura na cópia não a torna inválida, desde que conste o carimbo aposto pelo servidor certificando que confere com o original. (ex-OJ 281 da SDI-1 – inserida em 11-8-2003)

53. **Custas. Embargos de terceiro. Interpostos anteriormente à Lei n. 10.537/2002. Inexigência de recolhimento para a interposição de agravo de petição.** (conversão da Orientação Jurisprudencial n. 291 da SDI-1)

 Tratando-se de embargos de terceiro, incidentes em execução, ajuizados anteriormente à Lei n. 10.537/2002, incabível a exigência do recolhimento de custas para a interposição de agravo de petição por falta de previsão legal. (ex-OJ 291 da SDI-1 – inserida em 11-8-2003)

54. **Plano econômico (Collor). Execução. Correção monetária. Índice de 84,32%. Lei n. 7.738/89. Aplicável.** (conversão da Orientação Jurisprudencial n. 203 da SDI-1)

Aplica-se o índice de 84,32%, relativo ao IPC de março de 1990, para a correção monetária do débito trabalhista, por ocasião da execução, nos termos da Lei n. 7.738/89. (ex-OJ 203 da SDI-1 – inserida em 8-11-2000)

55. Plano Collor. Servidores celetistas do GDF. Legislação federal. Prevalência. (conversão da Orientação Jurisprudencial n. 218 da SDI-1 e incorporada a Orientação Jurisprudencial n. 241 da SDI-1)

Inexiste direito adquirido às diferenças salariais de 84,32% do IPC de março de 1990 aos servidores celetistas da Administração Direta, Fundações e Autarquias do Distrito Federal. (ex-OJs 218 e 241 da SDI-1 – inseridas respectivamente em 2-4-2001 e 20-6-2001)

56. Anistia. Lei n. 8.878/94. Efeitos financeiros devidos a partir do efetivo retorno à atividade. (conversão da Orientação Jurisprudencial n. 221 da SDI-1)

Os efeitos financeiros da anistia concedida pela Lei n. 8.878/94 somente serão devidos a partir do efetivo retorno à atividade, vedada a remuneração em caráter retroativo. (ex-OJ 221 da SDI-1 – inserida em 20-6-2001)

57. Adicional de insalubridade. Deficiência de iluminamento. Limitação. (conversão da Orientação Jurisprudencial n. 153 da SDI-1)

Somente após 26 de fevereiro de 1991 foram, efetivamente, retiradas do mundo jurídico as normas ensejadoras do direito ao adicional de insalubridade por iluminamento insuficiente no local da prestação de serviço, como previsto na Portaria n. 3.751/1990 do Ministério do Trabalho. (ex-OJ 153 da SDI-1 – inserida em 26-3-1999)

58. URP's de junho e julho de 1988. Suspensão do pagamento. Data-base em maio. Decreto-lei n. 2.425/1988. Inexistência de violação a direito adquirido. (conversão da Orientação Jurisprudencial n. 214 da SDI-1)

O Decreto-lei n. 2.425, de 7 de abril de 1988, não ofendeu o direito adquirido dos empregados com data-base em maio, pelo que não fazem jus às URPs de junho e julho de 1988. (ex-OJ 214 da SDI-1 – inserida em 8-11-2000)

59. Interbras. Sucessão. Responsabilidade.

A Petrobras não pode ser responsabilizada solidária ou subsidiariamente pelas obrigações trabalhistas da extinta Interbras, da qual a União é a real sucessora, nos termos do art. 20 da Lei n. 8.029, de 12-4-1990 (atual art. 23 em face da renumeração dada pela Lei n. 8.154, de 28-12-1990).

60. Adicional por tempo de serviço. Base de cálculo. Salário-base. Art. 129 da Constituição do Estado de São Paulo. (republicada em decorrência de erro material)

O adicional por tempo de serviço – quinquênio –, previsto no art. 129 da Constituição do Estado de São Paulo, tem como base de cálculo o vencimento básico do servidor público estadual, ante o disposto no art. 11 da Lei Complementar do Estado de São Paulo n. 712, de 12-4-1993.

•• Republicada no *Diário Eletrônico da Justiça do Trabalho* de 11-4-2011.

61. Auxílio cesta-alimentação previsto em norma coletiva. CEF. Cláusula que estabelece natureza indenizatória à parcela. Extensão aos aposentados e pensionistas. Impossibilidade.

Havendo previsão em cláusula de norma coletiva de trabalho de pagamento mensal de auxílio cesta-alimentação somente a empregados em atividade, dando-lhe caráter indenizatório, é indevida a extensão desse benefício aos aposentados e pensionistas. Exegese do art. 7.º, XXVI, da Constituição Federal.

62. PETROBRAS. Complementação de aposentadoria. Avanço de nível. Concessão de parcela por acordo coletivo apenas para os empregados da ativa. Extensão para os inativos. Art. 41 do Regulamento do Plano de Benefícios da Petros.

Ante a natureza de aumento geral de salários, estende-se à complementação de aposentadoria dos ex-empregados da Petrobras benefício concedido indistintamente a todos os empregados da ativa e estabelecido em norma coletiva, prevendo a concessão de aumento de nível salarial – "avanço de nível" –, a fim de preservar a paridade entre ativos e inativos assegurada no art. 41 do Regulamento do Plano de Benefícios da Fundação Petrobras de Seguridade Social – Petros.

63. PETROBRAS. Complementação de aposentadoria. Integralidade. Condição. Idade mínima. Lei n. 6.435, de 15-7-1977.

Os empregados admitidos na vigência do Decreto n. 81.240, de 20-1-1978, que regulamentou a Lei n. 6.435, de 15-7-1977, ainda que anteriormente à alteração do Regulamento do Plano de Benefícios da Petros, sujeitam-se à condição "idade mínima de 55 anos" para percepção dos proventos integrais de complementação de aposentadoria.

64. PETROBRAS. Parcelas gratificação contingente e participação nos resultados deferidas por norma coletiva a empregados da ativa. Natureza jurídica não salarial. Não integração na complementação de aposentadoria.

As parcelas gratificação contingente e participação nos resultados, concedidas por força de acordo coletivo a empregados da Petrobras em atividade, pagas de uma única vez, não integram a complementação de aposentadoria.

65. Representação judicial da União. Assistente jurídico. Apresentação do ato de designação.

A ausência de juntada aos autos de documento que comprove a designação do assistente jurídico como representante judicial da União (art. 69 da Lei Complementar n. 73, de 10-2-1993) importa irregularidade de representação.

66. SPTRANS. Responsabilidade subsidiária. Não configuração. Contrato de concessão de serviço público. Transporte coletivo.

A atividade da São Paulo Transportes S/A – SPTrans de gerenciamento e fiscalização dos serviços prestados pelas concessionárias de transporte público, atividade descentralizada da Administração Pública, não se confunde com a terceirização de mão de obra, não se configurando a responsabilidade subsidiária.

67. TELEMAR. Privatização. Plano de incentivo à rescisão contratual (PIRC). Previsão de pagamento da indenização com redutor de 30%. Aplicação limitada ao período da reestruturação.

Não é devida a indenização com redutor de 30%, prevista no Plano de Incentivo à Rescisão Contratual da Telemar, ao empregado que, embora atenda ao requisito estabelecido de não haver aderido ao PIRC, foi despedido em data muito posterior ao processo de reestruturação da empresa, e cuja dispensa não teve relação com o plano.

68. Banco do Estado de São Paulo S.A. – Banespa. Convenção coletiva. Reajuste salarial. Superveniência de acordo em dissídio coletivo. Prevalência.

O acordo homologado no Dissídio Coletivo n. TST – DC – 810.905/2001.3, que estabeleceu a garantia de emprego aos empregados em atividade do Banco do Estado de São Paulo S.A. – Banespa e que, portanto, não se aplica aos empregados aposentados, prevalece sobre a fixação do reajuste salarial previsto na convenção coletiva firmada entre a Federação Nacional dos Bancos – Fenaban e os sindicatos dos bancários, ante a consideração do conjunto das cláusulas constantes do acordo e em respeito às disposições dos arts. 5.º, XXXVI, e 7.º, XXVI, da CF/1988.

69. Banco do Brasil. Complementação de aposentadoria. Alteração do Plano de Cargos de Comissionados. Extensão aos inativos.

As alterações na estrutura do Plano de Cargos Comissionados do Banco do Brasil, introduzidas pelas Cartas-Circulares DIREC/FUNCI 96/0904 e 96/0957, dentre as quais a substituição do Abono de Função e Representação (AFR) pelo Adicional de Função (AF) e pelo Adicional Temporário de Revitalização (ATR), não autorizam o pagamento de diferenças de complementação de aposentadoria aos

Orientações Jurisprudenciais Transitórias da SDI-1 (TST)

inativos por só abrangerem os empregados em atividade, bem como em razão de o Plano de Incentivo à Aposentadoria da época do jubilamento não conter previsão de aplicação de eventual alteração na estrutura dos cargos comissionados àqueles que se aposentassem.

70. **Caixa Econômica Federal. Bancário. Plano de Cargos em Comissão. Opção pela jornada de oito horas. Ineficácia. Exercício de funções meramente técnicas. Não caracterização de exercício de função de confiança.**

 Ausente a fidúcia especial a que alude o art. 224, § 2.º, da CLT, é ineficaz a adesão do empregado à jornada de oito horas constante do Plano de Cargos em Comissão da Caixa Econômica Federal, o que importa no retorno à jornada de seis horas, sendo devidas como extras a sétima e a oitava horas laboradas. A diferença de gratificação de função recebida em face da adesão ineficaz poderá ser compensada com as horas extraordinárias prestadas.

71. **Empresa Brasileira de Correios e Telégrafos – ECT. Plano de cargos e salários. Progressão horizontal por antiguidade. Necessidade de deliberação da diretoria para comprovar o efetivo cumprimento dos requisitos do PCCS. Condição puramente potestativa para a concessão da promoção. Invalidade.**

 A deliberação da diretoria da Empresa Brasileira de Correios e Telégrafos – ECT, prevista no Plano de Carreira, Cargos e Salários como requisito necessário para a concessão de progressão por antiguidade, por se tratar de condição puramente potestativa, não constitui óbice ao deferimento da progressão horizontal por antiguidade aos empregados, quando preenchidas as demais condições dispostas no aludido plano.

72. **Petrobras. Domingos e feriados trabalhados. Regime de turnos ininterruptos de revezamento. Pagamento em dobro concedido por liberalidade do empregador. Incorporação ao contrato de trabalho. Supressão unilateral. Acordo coletivo posterior que valida a supressão. Retroação da norma coletiva. Impossibilidade.**

 O pagamento em dobro, concedido por liberalidade da empresa, dos domingos e feriados trabalhados de forma habitual pelo empregado da Petrobras submetido ao regime de turnos ininterruptos de revezamento não pode ser suprimido unilateralmente, pois é vantagem incorporada ao contrato de trabalho, nos termos do art. 468 da CLT. Assim, o acordo coletivo, posteriormente firmado, somente opera efeitos a partir da data de sua entrada em vigor, sendo incabível a utilização da norma coletiva para regular situação pretérita.

73. **Volkswagen do Brasil Ltda. Participação nos lucros e resultados. Pagamento mensal em decorrência de norma coletiva. Natureza indenizatória.**

 A despeito da vedação de pagamento em periodicidade inferior a um semestre civil ou mais de duas vezes no ano cível, disposta no art. 3.º, § 2.º, da Lei n. 10.101, de 19 de dezembro de 2000, o parcelamento em prestações mensais da participação nos lucros e resultados de janeiro de 1999 a abril de 2000, fixado no acordo coletivo celebrado entre o Sindicato dos Metalúrgicos do ABC e a Volkswagen do Brasil Ltda., não retira a natureza indenizatória da referida verba (art. 7.º, XI, da CF), devendo prevalecer a diretriz constitucional que prestigia a autonomia privada coletiva (art. 7.º, XXVI, da CF).

74. **Hospital de Clínicas de Porto Alegre. Custas processuais. Recolhimento. Isenção. Art. 15 da Lei n. 5.604, de 2 de setembro de 1970.**

 A isenção tributária concedida pelo art. 15 da Lei n. 5.604, de 2 de setembro de 1970, ao Hospital de Clínicas de Porto Alegre compreende as custas processuais, por serem estas espécie do gênero tributo.

75. **Parcela "sexta parte". Art. 129 da Constituição do Estado de São Paulo. Extensão aos empregados de sociedade de economia mista e empresa pública. Indevida.**

 A parcela denominada "sexta parte", instituída pelo art. 129 da Constituição do Estado de São Paulo, é devida apenas aos servidores estaduais, celetistas e estatutários da Administração Pública direta, das fundações e das autarquias, conforme disposição contida no art. 124 da Constituição Estadual, não se estendendo aos empregados de sociedade de economia mista e de empresa pública, integrantes da Administração Pública indireta, submetidas ao regime jurídico próprio das empresas privadas, nos termos do art. 173, § 1.º, II, da Constituição Federal.

76. **Complementação de aposentadoria. Integralidade. Empregado do Estado de São Paulo admitido antes da Lei Estadual n. 200, de 13 de maio de 1974. Implementação do requisito relativo aos 30 anos de serviço efetivo. Incidência da Súmula 288 do TST.**

 É assegurado o direito à percepção de complementação de aposentadoria integral ao ex-empregado do Estado de São Paulo que, admitido anteriormente ao advento da Lei Estadual n. 200, de 13 de maio de 1974, implementou 30 anos de serviço efetivo, ante a extensão das regras de complementação de aposentadoria previstas na Lei Estadual n. 1.386, de 19 de dezembro de 1951. Incidência da Súmula 288 do TST.

77. **BNDES. Arts. 224 a 226 da CLT. Aplicável a seus empregados.** (conversão da Orientação Jurisprudencial n. 179 da SBDI-1)

 Até o advento da Lei n. 10.556, de 13 de novembro de 2002, era aplicável aos empregados do BNDES a jornada de trabalho dos bancários prevista nos arts. 224 a 226 da CLT.

78. **Embargos à SDI contra decisão em recurso de revista não conhecido quanto aos pressupostos intrínsecos. Recurso interposto antes da vigência da Lei n. 11.496, de 22-6-2007, que conferiu nova redação ao art. 894 da CLT. Necessária a indicação expressa de ofensa ao art. 896 da CLT.** (conversão da Orientação Jurisprudencial n. 294 da SBDI-1 com nova redação)

 Para a admissibilidade e conhecimento de embargos, interpostos antes da vigência da Lei n. 11.496/2007, contra decisão mediante a qual não foi conhecido o recurso de revista pela análise dos pressupostos intrínsecos, necessário que a parte embargante aponte expressamente a violação ao art. 896 da CLT.

79. **Embargos. Recurso interposto antes da vigência da Lei n. 11.496, de 22-6-2007, que conferiu nova redação ao art. 894 da CLT. Revista não conhecida por má aplicação de súmula ou de orientação jurisprudencial. Exame do mérito pela SDI.** (conversão da Orientação Jurisprudencial n. 295 da SBDI-1 com nova redação)

 A SDI, ao conhecer dos embargos, interpostos antes da vigência da Lei n. 11.496/2007, por violação do art. 896 – por má aplicação de súmula ou de orientação jurisprudencial pela Turma –, julgará desde logo o mérito, caso conclua que a revista mereça conhecimento e que a matéria de fundo se encontra pacificada neste Tribunal.

Índice Alfabético-Remissivo das Orientações Jurisprudenciais Transitórias da SDI-1 do TST

- abonos: 24 e 50
- acordos coletivos: 12, 26, 31, 62 e 68
- adicional de insalubridade: 4, 12, 33 e 57
- adicional de periculosidade: 12
- adicional de produtividade: 6
- adicional de tempo de serviço: 44 e 60
- agravo de instrumento: 16, 17, 18, 19, 20, 21 e 52
- agravo de petição: 53
- anistia: 44 e 56
- aposentadoria: 7, 11, 24, 25, 32, 40, 41, 46, 51, 61, 62, 64, 69 e 76
- assiduidade; bonificação: 5
- autarquias: 34
- autenticação: 23
- auxílio-alimentação: 51 e 61
- aviso prévio: 13
- bancários: 34, 70 e 77
- Banco do Brasil: 69
- BNDES: 77
- Caixa Econômica Federal – CEF: 70
- cargos comissionados: 69 e 70
- cargos e salários; plano de: 71
- cisão de empresas: 30
- comissionista: 45
- contrato de trabalho: 72
- correção monetária: 54
- custas: 53 e 74
- décimo terceiro salário: 47
- decisão normativa: 6
- Defensoria Pública: 14
- dissídio coletivo: 68
- embargos declaratórios: 17, 78 e 79
- embargos de terceiros: 53
- equiparação salarial: 29
- estabilidade: 9
- feriados: 72
- férias: 50
- folgas remuneradas: 31
- Fundo de Garantia do Tempo de Serviço – FGTS: 1, 39 e 42
- gratificação: 43
- horas extras: 2
- horas *in itinere*: 36
- isenção tributária; custas processuais: 74
- jornada de trabalho: 70 e 77
- juros: 20
- justa causa: 38
- legitimidade passiva: 37
- licença-prêmio: 44
- licença remunerada: 2 e 13
- liquidação extrajudicial: 37
- lucros; participação nos: 15
- parcela "sexta parte": 75
- participação nos lucros: 73
- pensão: 42 e 61
- PETROBRAS: 42, 48, 59, 62, 63, 64 e 72
- Plano de Carreira, Cargos e Salários – PCCS: 71
- planos econômicos: 26, 31, 54 e 55
- prescrição: 27
- quadro de carreira: 29
- reajustes: 24, 25, 35, 49 e 68
- recurso de revista: 3, 17 e 78
- repouso semanal remunerado: 5
- representação judicial: 65
- rescisão contratual: 1 e 67
- responsabilidade solidária: 30 e 59
- responsabilidade subsidiária: 66
- servidor público: 14, 60 e 75
- sucessão trabalhista: 28
- sucumbência: 32
- transporte coletivo: 66
- turnos ininterruptos de revezamento: 72
- verbas salariais: 15

Índice Alfabético-Remissivo das Orientações Jurisprudenciais Transitórias da SDI-1, do TST

- abonos, 2, 4 e 90
- acordos coletivos, 12, 20, 31, 62 e 68
- adicional de insalubridade, 1, 17, 37 e 57
- adicional de periculosidade, 12
- adicional por acumulação, 4
- adicional de tempo de serviço, 64 e 66
- adiantamento de estruturação, 26, 47, 18, 19, 20, 41 e 92
- adiantamento de pedágio, 53
- anistiados, 59
- aposentadoria, 7, 11, 24, 25, 33, 46, 47, 50, 51, 61, 62, 84, 78 e 76
- assiduidade, bonificação, 5
- autônomos, 4
- auxílio-alimentação, 51, 61 e 91
- auxílio-creche, 11
- bancários, 34, 75 e 77
- Banco do Brasil, 89
- BNDES, 77
- Caixa Econômica Federal, CEF, 70
- cargos comissionados, 64 e 80
- cargos em extinção, plano de, 41
- cesta de alimentação, 80
- comissionista, 85
- contrato de trabalho, 79
- conselho monetário, 84
- custas, 53 e 74
- décimo terceiro salário, 40
- decisão normativa, 5
- Defensoria Pública, 14
- dissídio coletivo, 68
- embargos declaratórios, 17, 78 e 79
- embargos de terceiros, 60
- equiparação salarial, 29
- estabilidade, 9
- ferroviários, 12 e 3
- férias, 6 e 32
- juízes remuneratórias, 81
- Fundo de Garantia de Tempo de Serviço, FGTS, 1, 39 e 49
- gratificação, 87
- horas extras, 2
- horas in itinere, 3
- ilegitimidade passiva, 8
- jornada de trabalho, 10 e 11
- juízes, 20
- justa causa, 16
- licença prêmio, 81
- licença remunerada, 2 e 14
- liquidação extrajudicial, 82
- locação, participação nos, 13
- poder Judiciário, 15
- participação nos lucros, 15
- petições, 42 e 44
- penhora, 12, 19, 38, 42, 51, 67 e 72
- Plano de Carreira, Cargos e Salários, PCCS, 71
- planos econômicos, 23, 35, 50 e 36
- preaviso, 23
- prazos de graça, 29
- reajustes, 24, 26, 35, 48 e 65
- reajustes de revisão, 3, 17 e 78
- repousos semanais remunerados, 5
- reparação civil, judicial, 28
- rescisão contratual, 1 e 67
- responsabilidade solidária, 30 e 29
- responsabilidade subsidiária, 60
- servidor público, 14, 50 e 75
- suspensão urbanismo, 28
- sucumbência, 32
- transporte coletivo, 65
- turnos ininterruptos de revezamento, 72
- verbas salariais, 15

Orientações Jurisprudenciais da Seção de Dissídios Individuais 2 (SDI-2) do TST

1. (*Convertida na Súmula 405 do TST.*)
2. **Ação rescisória. Adicional de insalubridade. Base de cálculo. Salário mínimo. Cabível.**
 Viola o art. 192 da CLT decisão que acolhe pedido de adicional de insalubridade com base na remuneração do empregado.
3. (*Convertida na Súmula 405 do TST.*)
4. **Ação rescisória. Banco do Brasil. Adicional de caráter pessoal. ACP.**
 Procede, por ofensa ao art. 5.º, inciso XXXVI, da CF/88, o pedido de rescisão de julgado que acolheu adicional de caráter pessoal em favor de empregado do Banco do Brasil S.A.
5. **Ação rescisória. Banco do Brasil. AP e ADI. Horas extras. Súmula 83 do TST. Aplicável.**
 Não se acolhe pedido de rescisão de julgado que deferiu a empregado do Banco do Brasil S.A. horas extras após a sexta, não obstante o pagamento dos adicionais AP e ADI, ou AFR quando a decisão rescindenda for anterior à Orientação Jurisprudencial n. 17, da Seção de Dissídios Individuais do TST (7-11-1994). Incidência das Súmulas 83 do TST e 343 do STF.
6. **Ação rescisória. Cipeiro suplente. Estabilidade. ADCT da CF/88, art. 10, II, *a*. Súmula 83 do TST.** Inserida em 20 de setembro de 2000 (nova redação)
 Rescinde-se o julgado que nega estabilidade a membro suplente de CIPA, representante de empregado, por ofensa ao art. 10, II, *a*, do ADCT da CF/88, ainda que se cuide de decisão anterior à Súmula 339 do TST. Incidência da Súmula 83 do TST.
 •• Redação determinada pela Resolução n. 137, de 4-8-2005.
7. **Ação rescisória. Competência. Criação de Tribunal Regional do Trabalho. Na omissão da lei, é fixada pelo art. 678, I, *c*, item 2, da CLT.** Inserida em 20 de setembro de 2000 (nova redação)
 A Lei n. 7.872/89 que criou o Tribunal Regional do Trabalho da 17.ª Região não fixou a sua competência para apreciar as ações rescisórias de decisões oriundas da 1.ª Região, o que decorreu do art. 678, I, *c*, item 2, da CLT.
 •• Redação determinada pela Resolução n. 137, de 4-8-2005.
8. **Ação rescisória. Complementação de aposentadoria. Banespa. Súmula 83 do TST.** Inserida em 20 de setembro de 2000 (nova redação)
 Não se rescinde julgado que acolheu pedido de complementação de aposentadoria integral em favor de empregado do Banespa, antes da Súmula 313 do TST, em virtude da notória controvérsia jurisprudencial então reinante. Incidência da Súmula 83 do TST.
 •• Redação determinada pela Resolução n. 137, de 4-8-2005.
9. **Ação rescisória. CONAB. Aviso DIREH n. 2/1984. Súmula 83 do TST. Aplicável.**
 Não se rescinde julgado que reconheceu garantia de emprego com base no Aviso DIREH n. 2/1984 da CONAB, antes da Súmula 355 do TST, em virtude da notória controvérsia jurisprudencial então reinante. Incidência da Súmula 83 do TST.
10. **Ação rescisória. Contrato nulo. Administração pública. Efeitos. Art. 37, II e § 2.º, da CF/88.**
 Somente por ofensa ao art. 37, II e § 2.º, da CF/88, procede o pedido de rescisão de julgado para considerar nula a contratação, sem concurso público, de servidor, após a CF/88.
11. **Ação rescisória. Correção monetária. Lei n. 7.596/87. Universidades federais. Implantação tardia do plano de classificação de cargos. Violação de Lei. Súmula 83 do TST. Aplicável.**
 Não se rescinde julgado que acolhe pedido de correção monetária decorrente da implantação tardia do plano de classificação de cargos de universidade federal previsto na Lei n. 7.596/87, à época em que era controvertida tal matéria na jurisprudência. Incidência da Súmula 83 do TST.
12. **Ação rescisória. Decadência. Consumação antes ou depois da edição da Medida Provisória n. 1.577/97. Ampliação do prazo.**
 I – A vigência da Medida Provisória n. 1.577/97 e de suas reedições implicou o elastecimento do prazo decadencial para o ajuizamento da ação rescisória a favor dos entes de direito público, autarquias e fundações públicas. Se o biênio decadencial do art. 495 do CPC de 1973 findou após a entrada em vigor da referida medida provisória e até sua suspensão pelo STF em sede liminar de ação direta de inconstitucionalidade (ADIn 1.753-2), tem-se como aplicável o prazo decadencial elastecido à rescisória. (ex-OJ 17 da SDI-2 – inserida em 20-9-2000)
 II – A regra ampliativa do prazo decadencial para a propositura de ação rescisória em favor de pessoa jurídica de direito público não se aplica se, ao tempo em que sobreveio a Medida Provisória n. 1.577/97, já se exaurira o biênio do art. 495 do CPC de 1973. Preservação do direito adquirido da parte à decadência já consumada sob a égide da lei velha. (ex-OJ 2 da SDI-2 – inserida em 20-9-2000)
 •• Redação determinada pela Resolução n. 208, de 19-4-2016.
13. (*Cancelada em decorrência da redação conferida à Súmula 100 do TST.*)
14. (*Cancelada em decorrência da redação conferida à Súmula 100 do TST.*)
15. (*Cancelada em decorrência da redação conferida à Súmula 100 do TST.*)
16. (*Cancelada em decorrência da redação conferida à Súmula 100 do TST.*)
17. (*Cancelada em decorrência da sua incorporação à Orientação Jurisprudencial n. 12 da SDI-2 do TST.*)
18. **Ação rescisória. Decadência. União. Lei Complementar n. 73/93, art. 67. Lei n. 8.682/93, art. 6.º.**
 O art. 67 da Lei Complementar n. 73/93 interrompeu todos os prazos, inclusive o de decadência, em favor da União no período compreendido entre 14 de fevereiro de 1993 e 14 de agosto de 1993.
19. **Ação rescisória. Desligamento incentivado. Imposto de renda. Abono pecuniário. Violação de Lei. Súmula 83 do TST. Aplicável.**
 Havendo notória controvérsia jurisprudencial acerca da incidência de imposto de renda sobre parcela paga pelo empregador (*abono pecuniário*) a título de *desligamento incentivado*, improcede pedido de rescisão do julgado. Incidência da Súmula 83 do TST.
20. (*Convertida na Súmula 402 do TST.*)
21. **Ação rescisória. Duplo grau de jurisdição. Trânsito em julgado. Inobservância. Decreto-lei n. 779/69, art. 1.º, V. Incabível.** Inserida em 20 de setembro de 2000 (nova redação)

É incabível ação rescisória para a desconstituição de sentença não transitada em julgado porque ainda não submetida ao necessário duplo grau de jurisdição, na forma do Decreto-lei n. 779/69. Determina-se que se oficie ao Presidente do TRT para que proceda à avocatória do processo principal para o reexame da sentença rescindenda.

•• Redação determinada pela Resolução n. 137, de 4-8-2005.

22. (*Convertida na Súmula 390 do TST.*)

23. **Ação rescisória. Estabilidade. Período pré-eleitoral. Violação de Lei. Súmula 83 do TST. Aplicável.**

Não procede pedido de rescisão de sentença de mérito que assegura ou nega estabilidade pré-eleitoral, quando a decisão rescindenda for anterior à Orientação Jurisprudencial n. 51, da Seção de Dissídios Individuais do TST (25-11-1996). Incidência da Súmula 83 do TST.

24. **Ação rescisória. Estabilidade provisória. Reintegração em período posterior. Direito limitado aos salários e consectários do período da estabilidade.**

Rescinde-se o julgado que reconhece estabilidade provisória e determina a reintegração de empregado, quando já exaurido o respectivo período de estabilidade. Em juízo rescisório, restringe-se a condenação quanto aos salários e consectários até o termo final da estabilidade.

25. **Ação rescisória. Regência pelo CPC de 1973. Expressão "lei" do art. 485, V, do CPC de 1973. Não inclusão do ACT, CCT, portaria, regulamento, súmula e orientação jurisprudencial de tribunal.** (atualizada em decorrência do CPC de 2015)

Não procede pedido de rescisão fundado no art. 485, V, do CPC de 1973 quando se aponta contrariedade à norma de convenção coletiva de trabalho, acordo coletivo de trabalho, portaria do Poder Executivo, regulamento de empresa e súmula ou orientação jurisprudencial de tribunal. (ex-OJ 25 da SDI-2, inserida em 20-9-2000 e ex-OJ 118 da SDI-2, *DJ* 11-8-2003).

•• Redação determinada pela Resolução n. 212, de 19-9-2016.

26. **Ação rescisória. Gratificação de nível superior. SUFRAMA.**

A extensão da gratificação instituída pela SUFRAMA aos servidores celetistas exercentes de atividade de nível superior não ofende as disposições contidas nos arts. 37, XIII, e 39, § 1.º, da CF/88.

27. (*Cancelada em decorrência da redação conferida à Súmula 219 do TST.*)

28. (*Cancelada pela Resolução TST n. 149, de 17-11-2008.*)

29. (*Cancelada em decorrência da redação conferida à Súmula 83 do TST.*)

30. **Ação rescisória. Multa. Art. 920 do Código Civil de 1916 (art. 412 do Código Civil de 2002).** Inserida em 20 de setembro de 2000 (nova redação em decorrência da incorporação da Orientação Jurisprudencial n. 31 da SDI-2)

Não se acolhe, por violação do art. 920 do Código Civil de 1916 (art. 412 do Código Civil de 2002), pedido de rescisão de julgado que:

a) em processo de conhecimento, impôs condenação ao pagamento de multa, quando a decisão rescindenda for anterior à Orientação Jurisprudencial n. 54 da Subseção I Especializada em Dissídios Individuais do TST (30-5-1994), incidindo o óbice da Súmula 83 do TST; (ex-OJ 30 da SDI-2 – inserida em 20-9-2000)

b) em execução, rejeita-se limitação da condenação ao pagamento de multa, por inexistência de violação literal. (ex-OJ 31 da SDI-2 – inserida em 20-9-2000)

•• Redação determinada pela Resolução n. 137, de 4-8-2005.

31. (*Cancelada em decorrência da sua incorporação à Orientação Jurisprudencial n. 30 da SDI-2 do TST.*)

32. (*Convertida na Súmula 408 do TST.*)

33. (*Convertida na Súmula 408 do TST.*)

34. **Ação rescisória. Planos econômicos.**

I – O acolhimento de pedido em ação rescisória de plano econômico, fundada no art. 485, inciso V, do CPC de 1973 pressupõe, necessariamente, expressa invocação na petição inicial de afronta ao art. 5.º, inciso XXXVI, da Constituição Federal de 1988. A indicação de ofensa literal a preceito de lei ordinária atrai a incidência da Súmula 83 do TST e Súmula 343 do STF.

II – Se a decisão rescindenda é posterior à Súmula 315 do TST (Res. 07, *DJ* 22-9-1993), inaplicável a Súmula 83 do TST.

•• Redação determinada pela Resolução n. 208, de 19-4-2016.

35. **Ação rescisória. Planos econômicos. Coisa julgada. Limitação à data-base na fase de execução.**

Não ofende a coisa julgada a limitação à data-base da categoria, na fase executória, da condenação ao pagamento de diferenças salariais decorrentes de planos econômicos, quando a decisão exequenda silenciar sobre a limitação, uma vez que a limitação decorre de norma cogente. Apenas quando a sentença exequenda houver expressamente afastado a limitação à data-base é que poderá ocorrer ofensa à coisa julgada.

36. (*Cancelada em decorrência da redação conferida à Súmula 298 do TST.*)

37. (*Cancelada em decorrência da redação conferida à Súmula 83 do TST.*)

38. **Ação rescisória. Professor-adjunto. Ingresso no cargo de professor-titular. Exigência de concurso público (Lei n. 7.596/87, Decreto n. 94.664/87 e art. 206, V, CF/88).**

A assunção do professor-adjunto ao cargo de professor-titular de universidade pública, sem prévia aprovação em concurso público, viola o art. 206, V, da Constituição Federal. Procedência do pedido de rescisão do julgado.

39. **Ação rescisória. Reajustes bimestrais e quadrimestrais. Lei n. 8.222/91. Súmula 83 do TST. Aplicável.**

Havendo controvérsia jurisprudencial à época, não se rescinde decisão que aprecia a possibilidade de cumulação das antecipações bimestrais e reajustes quadrimestrais de salário previstos na Lei n. 8.222/91. Incidência da Súmula 83 do TST.

40. (*Convertida na Súmula 375 do TST.*)

41. **Ação rescisória. Sentença *citra petita*. Cabimento.**

Revelando-se a sentença *citra petita*, o vício processual vulnera os arts. 141 e 492 do CPC de 2015 (arts. 128 e 460 do CPC de 1973), tornando-a passível de desconstituição, ainda que não interpostos embargos de declaração.

•• Redação determinada pela Resolução n. 208, de 19-4-2016.

42. (*Cancelada em decorrência da redação conferida à Súmula 192 do TST.*)

43. (*Convertida na Súmula 411 do TST.*)

44. (*Convertida na Súmula 399 do TST.*)

45. (*Convertida na Súmula 399 do TST.*)

46. (*Convertida na Súmula 412 do TST.*)

47. (*Convertida na Súmula 413 do TST.*)

48. (*Cancelada em decorrência da redação conferida à Sumula 192 do TST.*)

49. (*Cancelada em decorrência da conversão da tese mais abrangente da Orientação Jurisprudencial n. 116 na Súmula 397 do TST.*)

50. (*Convertida na Súmula 414 do TST.*)

51. (*Convertida na Súmula 414 do TST.*)

52. (*Convertida na Súmula 415 do TST.*)

53. **Mandado de segurança. Cooperativa em liquidação extrajudicial. Lei n. 5.764/71, art. 76. Inaplicável. Não suspende a execução.**

A liquidação extrajudicial de sociedade cooperativa não suspende a execução dos créditos trabalhistas existentes contra ela.

54. **Mandado de segurança. Embargos de terceiro. Cumulação. Penhora. Incabível.**

Ajuizados embargos de terceiro (art. 674 do CPC de 2015 – art. 1.046 do CPC de 1973) para pleitear a desconstituição da penhora, é incabível mandado de segurança com a mesma finalidade.

•• Redação determinada pela Resolução n. 208, de 19-4-2016.

55. (*Convertida na Súmula 416 do TST.*)
56. **Mandado de segurança. Execução. Pendência de recurso extraordinário.**

 Não há direito líquido e certo à execução definitiva na pendência de recurso extraordinário, ou de agravo de instrumento visando a destrancá-lo.

57. **Mandado de segurança. INSS. Tempo de serviço. Averbação e/ou reconhecimento.**

 Conceder-se-á mandado de segurança para impugnar ato que determina ao INSS o reconhecimento e/ou averbação de tempo de serviço.

58. (*Convertida na Súmula 414 do TST.*)
59. **Mandado de segurança. Penhora. Carta de fiança bancária. Seguro garantia judicial.** (nova redação em decorrência do CPC de 2015)

 A carta de fiança bancária e o seguro garantia judicial, desde que em valor não inferior ao do débito em execução, acrescido de trinta por cento, equivalem a dinheiro para efeito da gradação dos bens penhoráveis, estabelecida no art. 835 do CPC de 2015 (art. 655 do CPC de 1973).

 •• Redação determinada pela Resolução n. 209, de 30-5-2016.

60. (*Convertida na Súmula 417 do TST.*)
61. (*Convertida na Súmula 417 do TST.*)
62. (*Convertida na Súmula 417 do TST.*)
63. **Mandado de segurança. Reintegração. Ação cautelar.**

 Comporta a impetração de mandado de segurança o deferimento de reintegração no emprego em ação cautelar.

64. **Mandado de segurança. Reintegração liminarmente concedida.**

 Não fere direito líquido e certo a concessão de tutela antecipada para reintegração de empregado protegido por estabilidade provisória decorrente de lei ou norma coletiva.

65. **Mandado de segurança. Reintegração liminarmente concedida. Dirigente sindical.**

 Ressalvada a hipótese do art. 494 da CLT, não fere direito líquido e certo a determinação liminar de reintegração no emprego de dirigente sindical, em face da previsão do inciso X do art. 659 da CLT.

66. **Mandado de segurança. Sentença homologatória de adjudicação. Incabível.** (atualizado o item I e incluído o item II em decorrência do CPC de 2015)

 I – Sob a égide do CPC de 1973 é incabível o mandado de segurança contra sentença homologatória de adjudicação, uma vez que existe meio próprio para impugnar o ato judicial, consistente nos embargos à adjudicação (CPC de 1973, art. 746).

 II – Na vigência do CPC de 2015 também não cabe mandado de segurança, pois o ato judicial pode ser impugnado por simples petição, na forma do artigo 877, *caput*, do CPC de 2015.

 •• Redação determinada pela Resolução n. 212, de 19-9-2016.

67. **Mandado de segurança. Transferência. Art. 659, IX, da CLT.**

 Não fere direito líquido e certo a concessão de liminar obstativa de transferência de empregado, em face da previsão do inciso IX do art. 659 da CLT.

68. **Antecipação de tutela. Competência. Inserida em 20 de setembro de 2000 (nova redação)**

 Nos Tribunais, compete ao relator decidir sobre o pedido de antecipação de tutela, submetendo sua decisão ao Colegiado respectivo, independentemente de pauta, na sessão imediatamente subsequente.

 •• Redação determinada pela Resolução n. 137, de 4-8-2005.

69. **Fungibilidade recursal. Indeferimento liminar de ação rescisória ou mandado de segurança. Recurso para o TST. Recebimento como agravo regimental e devolução dos autos ao TRT.**

 Recurso ordinário interposto contra despacho monocrático indeferitório da petição inicial de ação rescisória ou de mandado de segurança pode, pelo princípio de fungibilidade recursal, ser recebido como agravo regimental. Hipótese de não conhecimento do recurso pelo TST e devolução dos autos ao TRT, para que aprecie o apelo como agravo regimental.

70. **Ação rescisória. Regência pelo CPC de 1973. Manifesto e inescusável equívoco no direcionamento. Inépcia da inicial. Extinção do processo** (atualizada em decorrência do CPC de 2015)

 Sob a égide do CPC de 1973, o manifesto equívoco da parte em ajuizar ação rescisória no TST para desconstituir julgado proferido pelo TRT, ou vice-versa, implica a extinção do processo sem julgamento do mérito por inépcia da inicial.

 •• Redação determinada pela Resolução n. 220, de 18-9-2017.

71. **Ação rescisória. Salário profissional. Fixação. Múltiplo de salário mínimo. Art. 7.º, IV, da CF/88.**

 A estipulação do salário profissional em múltiplos do salário mínimo não afronta o art. 7.º, IV, da Constituição Federal de 1988, só incorrendo em vulneração do referido preceito constitucional a fixação de correção automática do salário pelo reajuste do salário mínimo.

 •• Redação determinada pela Comissão de Jurisprudência e de Precedentes Normativos em 16-11-2004.

72. (*Cancelada em decorrência da redação conferida à Súmula 298 do TST.*)
73. (*Convertida na Súmula 435 do TST.*)
74. (*Convertida na Súmula 421 do TST.*)
75. (*Cancelada em decorrência da redação conferida à Súmula 298 do TST.*)
76. **Ação rescisória. Ação cautelar proposta sob a vigência do CPC de 1973. Suspensão da execução. Juntada de documento indispensável. Possibilidade de êxito na rescisão do julgado** (atualizada em decorrência do CPC de 2015)

 É indispensável a instrução da ação cautelar proposta sob a vigência do CPC de 1973 com as provas documentais necessárias à aferição da plausibilidade de êxito na rescisão do julgado. Assim sendo, devem vir junto com a inicial da cautelar as cópias da petição inicial da ação rescisória principal, da decisão rescindenda, da certidão do trânsito em julgado da decisão rescindenda e informação do andamento atualizado da execução.

 •• Redação determinada pela Resolução n. 220, de 18-9-2017.

77. (*Cancelada em decorrência da redação conferida à Súmula 83 do TST.*)
78. **Ação rescisória. Cumulação sucessiva de pedidos. Rescisão da sentença e do acórdão. Ação única. Art. 326 do CPC de 2015. Art. 289 do CPC de 1973.**

 É admissível o ajuizamento de uma única ação rescisória contendo mais de um pedido, em ordem sucessiva, de rescisão da sentença e do acórdão. Sendo inviável a tutela jurisdicional de um deles, o julgador está obrigado a apreciar os demais, sob pena de negativa de prestação jurisdicional.

 •• Redação determinada pela Resolução n. 208, de 19-4-2016.

79. (*Cancelada em decorrência da redação conferida à Súmula 100 do TST.*)
80. **Ação rescisória. Decadência. *Dies a quo*. Recurso deserto. Súmula 100 do TST.**

 O não conhecimento do recurso por deserção não antecipa o *dies a quo* do prazo decadencial para o ajuizamento da ação rescisória, atraindo, na contagem do prazo, a aplicação da Súmula 100 do TST.

81. (*Convertida na Súmula 401 do TST.*)
82. (*Convertida na Súmula 406 do TST.*)
83. (*Convertida na Súmula 407 do TST.*)
84. **Ação rescisória. Ausência da decisão rescindenda e/ou da certidão de seu trânsito em julgado devidamente autenticadas. Concessão**

de prazo para complementação da documentação. (alterada em decorrência do CPC de 2015)

São peças essenciais para o julgamento da ação rescisória a decisão rescindenda e/ou a certidão do seu trânsito em julgado, devidamente autenticadas, à exceção de cópias reprográficas apresentadas por pessoa jurídica de direito público, a teor do art. 24 da Lei n. 10.522/2002, ou declaradas autênticas pelo advogado na forma do art. 830 da CLT com a redação dada pela Lei n. 11.925/2009. Em fase recursal, verificada a ausência de qualquer delas, cumpre ao Relator do recurso ordinário conceder o prazo de 5 (cinco) dias ao recorrente para que seja complementada a documentação exigível, nos termos do art. 932, parágrafo único, do CPC de 2015.

•• Redação determinada pela Resolução n. 220, de 18-9-2017.

85. (*Cancelada – 1.ª parte convertida na Súmula 399 e parte final incorporada à redação da Súmula 298 do TST.*)

86. (*Convertida na Súmula 414 do TST.*)

87. (*Cancelada pela Resolução n. 137, de 4-8-2005.*)

88. **Mandado de segurança. Valor da causa. Custas processuais. Cabimento.**

Incabível a impetração de mandado de segurança contra ato judicial que, de ofício, arbitrou novo valor à causa, acarretando a majoração das custas processuais, uma vez que cabia à parte, após recolher as custas, calculadas com base no valor dado à causa na inicial, interpor recurso ordinário e, posteriormente, agravo de instrumento no caso de o recurso ser considerado deserto.

89. *Habeas corpus*. **Depositário. Termo de depósito não assinado pelo paciente. Necessidade de aceitação do encargo. Impossibilidade de prisão civil.**

A investidura no encargo de depositário depende da aceitação do nomeado que deve assinar termo de compromisso no auto de penhora, sem o que, é inadmissível a restrição de seu direito de liberdade.

90. (*Convertida na Súmula 422 do TST.*)

91. **Mandado de segurança. Autenticação de cópias pelas Secretarias dos Tribunais Regionais do Trabalho. Requerimento indeferido. Art. 789, § 9.º, da CLT.**

Não sendo a parte beneficiária da assistência judiciária gratuita, inexiste direito líquido e certo à autenticação, pelas Secretarias dos Tribunais, de peças extraídas do processo principal, para formação do agravo de instrumento.

92. **Mandado de segurança. Existência de recurso próprio.**

Não cabe mandado de segurança contra decisão judicial passível de reforma mediante recurso próprio, ainda que com efeito diferido.

93. **Penhora sobre parte da renda de estabelecimento comercial. Possibilidade.** (alterada em decorrência do CPC de 2015)

Nos termos do art. 866 do CPC de 2015, é admissível a penhora sobre a renda mensal ou faturamento de empresa, limitada a percentual, que não comprometa o desenvolvimento regular de suas atividades, desde que não haja outros bens penhoráveis ou, havendo outros bens, eles sejam de difícil alienação ou insuficientes para satisfazer o crédito executado

•• Redação determinada pela Resolução n. 220, de 18-9-2017.

94. **Ação rescisória. Colusão. Fraude à lei. Reclamatória simulada extinta.**

A decisão ou acordo judicial subjacente à reclamação trabalhista, cuja tramitação deixa nítida a simulação do litígio para fraudar a lei e prejudicar terceiros, enseja ação rescisória, com lastro em colusão. No juízo rescisório, o processo simulado deve ser extinto.

95. (*Convertida na Súmula 400 do TST.*)

96. (*Cancelada em decorrência da redação conferida à Súmula 299 do TST.*)

97. **Ação rescisória. Violação do art. 5.º, II, LIV e LV, da Constituição Federal. Princípios da legalidade, do devido processo legal, do contraditório e da ampla defesa.** Inserida em 27 de setembro de 2002 e alterada em 25 de abril de 2003 – *DJ* 9 de maio de 2003 (nova redação)

Os princípios da legalidade, do devido processo legal, do contraditório e da ampla defesa não servem de fundamento para a desconstituição de decisão judicial transitada em julgado, quando se apresentam sob a forma de pedido genérico e desfundamentado, acompanhando dispositivos legais que tratam especificamente da matéria debatida, estes sim, passíveis de fundamentarem a análise do pleito rescisório.

•• Redação determinada pela Resolução n. 137, de 4-8-2005.

98. **Mandado de segurança. Cabível para atacar exigência de depósito prévio de honorários periciais.** Inserida em 27 de setembro de 2002 (nova redação)

É ilegal a exigência de depósito prévio para custeio dos honorários periciais, dada a incompatibilidade com o processo do trabalho, sendo cabível o mandado de segurança visando à realização da perícia, independentemente do depósito.

•• Redação determinada pela Resolução n. 137, de 4-8-2005.

99. **Mandado de segurança. Esgotamento de todas as vias processuais disponíveis. Trânsito em julgado formal. Descabimento.**

Esgotadas as vias recursais existentes, não cabe mandado de segurança.

100. **Recurso ordinário para o TST. Decisão de TRT proferida em agravo regimental contra liminar em ação cautelar ou em mandado de segurança. Incabível.**

Não cabe recurso ordinário para o TST de decisão proferida pelo Tribunal Regional do Trabalho em agravo regimental interposto contra despacho que concede ou não liminar em ação cautelar ou em mandado de segurança, uma vez que o processo ainda pende de decisão definitiva do Tribunal *a quo*.

101. **Ação rescisória. Inciso IV do art. 966 do CPC de 2015. Art. 485, IV, do CPC de 1973. Ofensa à coisa julgada. Necessidade de fixação de tese na decisão rescindenda.**

Para viabilizar a desconstituição do julgado pela causa de rescindibilidade do inciso IV do art. 966 do CPC de 2015 (inciso IV do art. 485 do CPC de 1973), é necessário que a decisão rescindenda tenha enfrentado as questões ventiladas na ação rescisória, sob pena de inviabilizar o cotejo com o título executivo judicial tido por desrespeitado, de modo a se poder concluir pela ofensa à coisa julgada.

•• Redação determinada pela Resolução n. 208, de 19-4-2016.

102. (*Cancelada em decorrência da redação conferida à Súmula 100 do TST.*)

103. **Ação rescisória. Contradição entre fundamentação e parte dispositiva do julgado. Cabimento. Erro de fato.**

É cabível a rescisória para corrigir contradição entre a parte dispositiva do acórdão rescindendo e a sua fundamentação, por erro de fato na retratação do que foi decidido.

104. (*Cancelada em decorrência da redação conferida à Súmula 100 do TST.*)

105. (*Cancelada em decorrência da redação conferida à Súmula 192 do TST.*)

106. (*Cancelada em decorrência da redação conferida à Súmula 299 do TST.*)

107. **Ação rescisória. Decisão rescindenda de mérito. Sentença declaratória de extinção de execução. Satisfação da obrigação.**

Embora não haja atividade cognitiva, a decisão que declara extinta a execução, nos termos do art. 924, incisos I a IV c/c art. 925 do CPC de 2015 (art. 794 c/c art. 795 do CPC de 1973), extingue a relação processual e a obrigacional, sendo passível de corte rescisório.

•• Redação determinada pela Resolução n. 208, de 19-4-2016.

108. (*Convertida na Súmula 404 do TST.*)

109. (*Convertida na Súmula 410 do TST.*)
110. (*Convertida na Súmula 406 do TST.*)
111. (*Convertida na Súmula 403 do TST.*)
112. **Ação rescisória. Violação de lei. Decisão rescindenda por duplo fundamento. Impugnação parcial.**

 Para que a violação da lei dê causa à rescisão de decisão de mérito alicerçada em duplo fundamento, é necessário que o Autor da ação rescisória invoque causas de rescindibilidade que, em tese, possam infirmar a motivação dúplice da decisão rescindenda.
113. (*Cancelada pela Resolução n. 220, de 18-9-2017.*)
114. (*Convertida na Súmula 419 do TST.*)
115. (*Convertida na Súmula 420 do TST.*)
116. (*Convertida na Súmula 397 do TST.*)
117. (*Cancelada em decorrência da redação conferida à Súmula 99 do TST.*)
118. (*Cancelada em decorrência da sua incorporação à Orientação Jurisprudencial n. 25 da SDI-2 do TST.*)
119. (*Convertida na Súmula 409 do TST.*)
120. (*Convertida na Súmula 418 do TST.*)
121. (*Convertida na Súmula 405 do TST.*)
122. (*Cancelada em decorrência da redação conferida à Súmula 100 do TST.*)
123. **Ação rescisória. Interpretação do sentido e alcance do título executivo. Inexistência de ofensa à coisa julgada.** *DJ* 11 de agosto de 2003 (título alterado)

 O acolhimento da ação rescisória calcada em ofensa à coisa julgada supõe dissonância patente entre as decisões exequenda e rescindenda, o que não se verifica quando se faz necessária a interpretação do título executivo judicial para se concluir pela lesão à coisa julgada.
 •• Redação determinada pela Resolução n. 137, de 4-8-2005.
124. **Ação rescisória. Art. 966, inciso II, do CPC de 2015. Art. 485, inciso II, do CPC de 1973. Arguição de incompetência absoluta. Prequestionamento inexigível.**

 Na hipótese em que a ação rescisória tem como causa de rescindibilidade o inciso II do art. 966 do CPC de 2015 (inciso II do art. 485 do CPC de 1973), a arguição de incompetência absoluta prescinde de prequestionamento.
 •• Redação determinada pela Resolução n. 208, de 19-4-2016.
125. (*Convertida na Súmula 403 do TST.*)
126. (*Convertida na Súmula 398 do TST.*)
127. **Mandado de segurança. Decadência. Contagem. Efetivo ato coator.**

 Na contagem do prazo decadencial para ajuizamento de mandado de segurança, o efetivo ato coator é o primeiro em que se firmou a tese hostilizada e não aquele que a ratificou.
128. **Ação rescisória. Concurso público anulado posteriormente. Aplicação da Súmula 363 do TST.**

 O certame público posteriormente anulado equivale à contratação realizada sem a observância da exigência contida no art. 37, II, da Constituição Federal de 1988. Assim sendo, aplicam-se à hipótese os efeitos previstos na Súmula 363 do TST.
129. **Ação anulatória. Competência originária.**

 Em se tratando de ação anulatória, a competência originária se dá no mesmo juízo em que praticado o ato supostamente eivado de vício.
130. **Ação Civil Pública. Competência. Local do dano. Lei n. 7.347/1985, art. 2.º. Código de Defesa do Consumidor, art. 93** (redação alterada na sessão do Tribunal Pleno realizada em 14-9-2012)

 I – A competência para a Ação Civil Pública fixa-se pela extensão do dano.

 II – Em caso de dano de abrangência regional, que atinja cidades sujeitas à jurisdição de mais de uma Vara do Trabalho, a competência será de qualquer das Varas das localidades atingidas, ainda que vinculadas a Tribunais Regionais do Trabalho distintos.

 III – Em caso de dano de abrangência suprarregional ou nacional, há competência concorrente para a Ação Civil Pública das Varas do Trabalho das sedes dos Tribunais Regionais do Trabalho.

 IV – Estará prevento o juízo a que a primeira ação houver sido distribuída.
 •• Redação determinada pela Resolução n. 186, de 14-9-2012.
131. **Ação rescisória. Ação cautelar para suspender execução da decisão rescindenda. Pendência de trânsito em julgado da ação rescisória principal. Efeitos.**

 A ação cautelar não perde o objeto enquanto ainda estiver pendente o trânsito em julgado da ação rescisória principal, devendo o pedido cautelar ser julgado procedente, mantendo-se os efeitos da liminar eventualmente deferida, no caso de procedência do pedido rescisório ou, por outro lado, improcedente, se o pedido da ação rescisória principal tiver sido julgado improcedente.
132. **Ação rescisória. Acordo homologado. Alcance. Ofensa à coisa julgada.**

 Acordo celebrado – homologado judicialmente – em que o empregado dá plena e ampla quitação, sem qualquer ressalva, alcança não só o objeto da inicial, como também todas as demais parcelas referentes ao extinto contrato de trabalho, violando a coisa julgada, a propositura de nova reclamação trabalhista.
133. (*Cancelada em decorrência da redação conferida à Súmula 192 do TST.*)
134. **Ação rescisória. Decisão que declara preclusa a oportunidade de impugnação da sentença de liquidação. Produção de coisa julgada formal. Irrescindibilidade.** (alterada em decorrência do CPC de 2015)

 A decisão proferida em embargos à execução ou em agravo de petição que apenas declara preclusa a oportunidade de impugnação da sentença de liquidação não é rescindível, em virtude de produzir tão somente coisa julgada formal.
 •• Redação determinada pela Resolução n. 220, de 18-9-2017.
135. **Ação rescisória. Violação do art. 37, *caput*, da CF/88. Necessidade de prequestionamento.**

 A ação rescisória calcada em violação do art. 37, *caput*, da Constituição Federal, por desrespeito ao princípio da legalidade administrativa exige que ao menos o princípio constitucional tenha sido prequestionado na decisão.
136. **Ação rescisória. Erro de fato. Caracterização.**

 A caracterização do erro de fato como causa de rescindibilidade de decisão judicial transitada em julgado supõe a afirmação categórica e indiscutida de um fato, na decisão rescindenda, que não corresponde à realidade dos autos. O fato afirmado pelo julgador, que pode ensejar ação rescisória calcada no inciso VIII do art. 966 do CPC de 2015 (inciso IX do art. 485 do CPC de 1973), é apenas aquele que se coloca como premissa fática indiscutida de um silogismo argumentativo, não aquele que se apresenta ao final desse mesmo silogismo, como conclusão decorrente das premissas que especificaram as provas oferecidas, para se concluir pela existência do fato. Esta última hipótese é afastada pelo § 1.º do art. 966 do CPC de 2015 (§ 2.º do art. 485 do CPC de 1973), ao exigir que não tenha havido controvérsia sobre o fato e pronunciamento judicial esmiuçando as provas.
 •• Redação determinada pela Resolução n. 208, de 19-4-2016.
137. **Mandado de segurança. Dirigente sindical. Art. 494 da CLT. Aplicável.**

 Constitui direito líquido e certo do empregador a suspensão do empregado, ainda que detentor de estabilidade sindical, até a decisão final do inquérito em que se apure a falta grave a ele imputada, na forma do art. 494, *caput* e parágrafo único, da CLT.
138. (*Cancelada pelo Tribunal Pleno, em sessão extraordinária, realizada no dia 4-5-2006.*)
139. (*Convertida na Súmula 414 do TST.*)

140. **Mandado de segurança contra liminar, concedida ou denegada em outra segurança. Incabível. (Art. 8.º da Lei n. 1.533/51).**

Não cabe mandado de segurança para impugnar despacho que acolheu ou indeferiu liminar em outro mandado de segurança.

141. (*Convertida na Súmula 418 do TST.*)

142. **Mandado de segurança. Reintegração liminarmente concedida.**

Inexiste direito líquido e certo a ser oposto contra ato de Juiz que, antecipando a tutela jurisdicional, determina a reintegração do empregado até a decisão final do processo, quando demonstrada a razoabilidade do direito subjetivo material, como nos casos de anistiado pela Lei n. 8.878/94, aposentado, integrante de comissão de fábrica, dirigente sindical, portador de doença profissional, portador de vírus HIV ou detentor de estabilidade provisória prevista em norma coletiva.

143. *Habeas corpus*. **Penhora sobre coisa futura e incerta. Prisão. Depositário infiel.**

Não se caracteriza a condição de depositário infiel quando a penhora recair sobre coisa futura e incerta, circunstância que, por si só, inviabiliza a materialização do depósito no momento da constituição do paciente em depositário, autorizando-se a concessão de *habeas corpus* diante da prisão ou ameaça de prisão que sofra.

•• Redação determinada pela Resolução n. 151, de 17-11-2008.

144. **Mandado de segurança. Proibição de prática de atos futuros. Sentença genérica. Evento futuro. Incabível.**

O mandado de segurança não se presta à obtenção de uma sentença genérica, aplicável a eventos futuros, cuja ocorrência é incerta.

•• Redação determinada pela Resolução n. 137, de 4-8-2005.

145. (*Cancelada em decorrência da redação conferida à Súmula 100 do TST.*)

146. **Ação rescisória. Início do prazo para apresentação da contestação. Art. 774 da CLT.**

A contestação apresentada em ação rescisória obedece à regra relativa à contagem de prazo constante do art. 774 da CLT, sendo inaplicável o art. 231 do CPC de 2015 (art. 241 do CPC de 1973).

•• Redação determinada pela Resolução n. 208, de 19-4-2016.

147. (*Cancelada pela Resolução n. 142, de 27-9-2007.*)

148. **Custas. Mandado de segurança. Recurso ordinário. Exigência do pagamento.** (conversão da Orientação Jurisprudencial n. 29 da SDI-1)

É responsabilidade da parte, para interpor recurso ordinário em mandado de segurança, a comprovação do recolhimento das custas processuais no prazo recursal, sob pena de deserção.

149. **Conflito de competência. Incompetência territorial. Hipótese do art. 651, § 3.º, da CLT. Impossibilidade de declaração de ofício de incompetência relativa.**

Não cabe declaração de ofício de incompetência territorial no caso do uso, pelo trabalhador, da faculdade prevista no art. 651, § 3.º, da CLT. Nessa hipótese, resolve-se o conflito pelo reconhecimento da competência do juízo do local onde a ação foi proposta.

150. **Ação rescisória. Regência pelo CPC de 1973. Decisão rescindenda que extingue o processo sem resolução de mérito por acolhimento de coisa julgada. Conteúdo meramente processual. Impossibilidade jurídica do pedido.** (atualizada em decorrência do CPC de 2015)

Reputa-se juridicamente impossível o pedido de corte rescisório de decisão que, reconhecendo a existência de coisa julgada, nos termos do art. 267, V, do CPC de 1973, extingue o processo sem resolução de mérito, o que, ante o seu conteúdo meramente processual, a torna insuscetível de produzir a coisa julgada material.

•• Redação determinada pela Resolução n. 212, de 19-9-2016.

151. **Ação rescisória e mandado de segurança. Procuração. Poderes específicos para ajuizamento de reclamação trabalhista. Irregularidade de representação processual. Fase recursal. Vício processual sanável.** (nova redação em decorrência do CPC de 2015)

A procuração outorgada com poderes específicos para ajuizamento de reclamação trabalhista não autoriza a propositura de ação rescisória e mandado de segurança. Constatado, todavia, o defeito de representação processual na fase recursal, cumpre ao relator ou ao tribunal conceder prazo de 5 (cinco) dias para a regularização, nos termos da Súmula n. 383, item II, do TST.

•• Redação determinada pela Resolução n. 211, de 22-8-2016.

152. **Ação rescisória e mandado de segurança. Recurso de revista de acórdão regional que julga ação rescisória ou mandado de segurança. Princípio da fungibilidade. Inaplicabilidade. Erro grosseiro na interposição do recurso.**

A interposição de recurso de revista de decisão definitiva de Tribunal Regional do Trabalho em ação rescisória ou em mandado de segurança, com fundamento em violação legal e divergência jurisprudencial e remissão expressa ao art. 896 da CLT, configura erro grosseiro, insuscetível de autorizar o seu recebimento como recurso ordinário, em face do disposto no art. 895, *b*, da CLT.

153. **Mandado de segurança. Execução. Ordem de penhora sobre valores existentes em conta salário. Art. 649, IV, do CPC de 1973. Ilegalidade** (atualizada em decorrência do CPC de 2015)

Ofende direito líquido e certo decisão que determina o bloqueio de numerário existente em conta salário, para satisfação de crédito trabalhista, ainda que seja limitado a determinado percentual dos valores recebidos ou a valor revertido para fundo de aplicação ou poupança, visto que o art. 649, IV, do CPC de 1973 contém norma imperativa que não admite interpretação ampliativa, sendo a exceção prevista no art. 649, § 2.º, do CPC de 1973 espécie e não gênero de crédito de natureza alimentícia, não englobando o crédito trabalhista.

•• Redação determinada pela Resolução n. 220, de 18-9-2017.
•• *Vide* art. 833 do CPC.

154. **Ação rescisória. Acordo prévio ao ajuizamento da reclamação. Quitação geral. Lide simulada. Possibilidade de rescisão da sentença homologatória de acordo apenas se verificada a existência de vício de consentimento.**

A sentença homologatória de acordo prévio ao ajuizamento de reclamação trabalhista, no qual foi conferida quitação geral do extinto contrato, sujeita-se ao corte rescisório tão somente se verificada a existência de fraude ou vício de consentimento.

155. (*Cancelada pela Resolução n. 206, de 12-4-2016.*)

156. *Habeas corpus* **originário no TST. Substitutivo de recurso ordinário em** *habeas corpus*. **Cabimento contra decisão definitiva proferida por Tribunal Regional do Trabalho.**

É cabível ajuizamento de *habeas corpus* originário no Tribunal Superior do Trabalho, em substituição de recurso ordinário em *habeas corpus*, de decisão definitiva proferida por Tribunal Regional do Trabalho, uma vez que o órgão colegiado passa a ser a autoridade coatora no momento em que examina o mérito do *habeas corpus* impetrado no âmbito da Corte local.

157. **Ação rescisória. Decisões proferidas em fases distintas de uma mesma ação. Coisa julgada. Não configuração.**

A ofensa à coisa julgada de que trata o inciso IV do art. 966 do CPC de 2015 (inciso IV do art. 485 do CPC de 1973) refere-se apenas a relações processuais distintas. A invocação de desrespeito à coisa julgada formada no processo de conhecimento, na correspondente fase de execução, somente é possível com base na violação do art. 5.º, XXXVI, da Constituição da República.

•• Redação determinada pela Resolução n. 208, de 19-4-2016.

158. **Ação rescisória. Declaração de nulidade de decisão homologatória de acordo em razão de colusão (art. 485, III, do CPC). Multa por litigância de má-fé. Impossibilidade.**

A declaração de nulidade de decisão homologatória de acordo, em razão da colusão entre as partes (art. 485, III, do CPC), é sanção suficiente em relação ao procedimento adotado, não havendo que ser aplicada a multa por litigância de má-fé.

Índice Alfabético-Remissivo das Orientações Jurisprudenciais da SDI-2 do TST

- abono pecuniário: 19
- ação anulatória: 129
- ação cautelar: 63, 76, 100, 113 e 131
- ação civil pública: 130
- ação rescisória: 2, 4, 5, 6, 7, 8, 9, 10, 11, 12, 18, 19, 21, 23, 24, 25, 26, 30, 34, 35, 38, 39, 41, 69, 70, 71, 76, 78, 80, 84, 94, 97, 101, 103, 107, 112, 123, 124, 128, 131, 132, 134, 135, 136, 146, 150, 151, 152, 154, 157 e 158
- acordo coletivo: 25
- adicional de insalubridade: 2
- agravo de instrumento: 56, 88 e 91
- agravo regimental: 69 e 100
- ampla defesa; princípio da: 97
- aposentadoria: 7
- assistência judiciária gratuita: 91
- autos; devolução de: 69 e 136
- Banco do Brasil: 4 e 5
- cargos; classificação: 11
- coisa julgada: 35, 101, 123, 132, 134, 150 e 157
- Comissão Interna de Prevenção de Acidentes – CIPA: 6
- competência: 68, 129, 130 e 149
- concurso público: 10, 38 e 128
- contestação: 146
- contraditório; princípio do: 97
- contrato de trabalho: 132
- cooperativas: 53
- correção monetária: 11
- custas: 88 e 148
- decadência: 12, 18, 80 e 127
- depósitos: 89, 98 e 143
- deserção: 80, 148
- devido processo legal: 97
- duplo grau de jurisdição: 21
- eleições: 23
- embargos declaratórios: 41
- embargos de terceiros: 54
- erro: 103, 136 e 152
- estabilidade: 6, 23, 24, 64, 137 e 142
- execução: 30, 35, 53, 56, 76, 107, 131 e 153
- extinção do processo: 70 e 84
- falta: 137
- fiança: 59
- *habeas corpus*: 89, 143 e 156
- honorários: 98
- horas extras: 5
- imposto de renda: 19
- Instituto Nacional do Serviço Social – INSS: 57
- legalidade; princípio da: 97 e 135
- liminares; medidas: 12, 64, 65, 67, 69, 100, 131, 140 e 142
- liquidação extrajudicial: 53
- litigância de má-fé: 158
- mandado de segurança: 53, 54, 56, 57, 59, 63, 64, 65, 66, 67, 69, 88, 91, 92, 93, 98, 99, 100, 113, 127, 137, 140, 142, 143, 148, 151, 152 e 153
- penhora: 54, 59, 93, 143 e 153
- petição inicial: 34, 69, 70, 76, 84 e 88
- planos econômicos: 34 e 35
- preclusão: 134
- prequestionamento: 124 e 135
- professores: 38
- recurso extraordinário: 56
- recurso ordinário: 69, 84, 88, 100, 113, 148, 152 e 156
- reintegração no emprego: 24, 63, 64, 65 e 142
- salário mínimo: 2 e 71
- salário profissional: 71
- sentenças: 41, 66, 78, 107, 134, 144 e 154
- servidor público: 10 e 26
- simulação de litígio: 94
- sindicatos: 65, 137 e 142
- título executivo judicial: 101 e 123
- Tribunal Regional do Trabalho: 7, 91, 152 e 156
- tutela antecipada: 64 e 68
- valor da causa: 88

Orientações Jurisprudenciais da Seção de Dissídios Coletivos (SDC) do TST

1. (*Cancelada pela Comissão de Jurisprudência e de Precedentes Normativos, do TST, em 29-4-2004.*)

2. **Acordo homologado. Extensão a partes não subscreventes. Inviabilidade.**
 É inviável aplicar condições constantes de acordo homologado nos autos de dissídio coletivo, extensivamente, às partes que não o subscreveram, exceto se observado o procedimento previsto no art. 868 e seguintes, da CLT.

3. **Arresto. Apreensão. Depósito. Pretensões insuscetíveis de dedução em sede coletiva.**
 São incompatíveis com a natureza e finalidade do dissídio coletivo as pretensões de provimento judicial de arresto, apreensão ou depósito.

4. (*Cancelada pela Comissão de Jurisprudência e de Precedentes Normativos, do TST, em 26-9-2006.*)

5. **Dissídio coletivo. Pessoa jurídica de direito público. Possibilidade jurídica. Cláusula de natureza social** (redação alterada na sessão do Tribunal Pleno realizada em 14-9-2012)
 Em face de pessoa jurídica de direito público que mantenha empregados, cabe dissídio coletivo exclusivamente para apreciação de cláusulas de natureza social. Inteligência da Convenção n. 151 da Organização Internacional do Trabalho, ratificada pelo Decreto Legislativo n. 206/2010.
 •• Redação determinada pela Resolução n. 186, de 14-9-2012.

6. (*Cancelada pela Seção de Dissídios Coletivos, do TST, em 10-8-2000.*)

7. **Dissídio coletivo. Natureza jurídica. Interpretação de norma de caráter genérico. Inviabilidade.**
 Não se presta o dissídio coletivo de natureza jurídica à interpretação de normas de caráter genérico, a teor do disposto no art. 313, II, do RITST.

8. **Dissídio coletivo. Pauta reivindicatória não registrada em ata. Causa de extinção.**
 A ata da assembleia de trabalhadores que legitima a atuação da entidade sindical respectiva em favor de seus interesses deve registrar, obrigatoriamente, a pauta reivindicatória, produto da vontade expressa da categoria.

9. **Enquadramento sindical. Incompetência material da justiça do trabalho.**
 O dissídio coletivo não é meio próprio para o sindicato vir a obter o reconhecimento de que a categoria que representa é diferenciada, pois esta matéria – enquadramento sindical – envolve a interpretação de norma genérica, notadamente do art. 577 da CLT.

10. **Greve abusiva não gera efeitos.**
 É incompatível com a declaração de abusividade de movimento grevista o estabelecimento de quaisquer vantagens ou garantias a seus partícipes, que assumiram os riscos inerentes à utilização do instrumento de pressão máximo.

11. **Greve. Imprescindibilidade de tentativa direta e pacífica da solução do conflito. Etapa negocial prévia.**
 É abusiva a greve levada a efeito sem que as partes hajam tentado, direta e pacificamente, solucionar o conflito que lhe constitui o objeto.

12. (*Cancelada pela Resolução n. 166, de 26-4-2010.*)

13. (*Cancelada pela Comissão de Jurisprudência e de Precedentes Normativos, do TST, em 9-10-2003.*)

14. (*Cancelada pela Comissão de Jurisprudência e de Precedentes Normativos, do TST, em 13-11-2003.*)

15. **Sindicato. Legitimidade *ad processum*. Imprescindibilidade do registro no Ministério do Trabalho.**
 A comprovação da legitimidade *ad processum* da entidade sindical se faz por seu registro no órgão competente do Ministério do Trabalho, mesmo após a promulgação da Constituição Federal de 1988.

16. **Taxa de homologação de rescisão contratual. Ilegalidade.**
 É contrária ao espírito da lei (art. 477, § 7.º, da CLT) e da função precípua do sindicato a cláusula coletiva que estabelece taxa para homologação de rescisão contratual, a ser paga pela empresa a favor do sindicato profissional.
 •• A Lei n. 13.467, de 13-7-2017, em vigor 120 dias da sua publicação (*DOU* de 14-7-2017), revoga o § 7.º do art. 477 da CLT.

17. **Contribuições para entidades sindicais. Inconstitucionalidade de sua extensão a não associados.**
 As cláusulas coletivas que estabeleçam contribuição em favor de entidade sindical, a qualquer título, obrigando trabalhadores não sindicalizados, são ofensivas ao direito de livre associação e sindicalização, constitucionalmente assegurado, e, portanto, nulas, sendo passíveis de devolução, por via própria, os respectivos valores eventualmente descontados.

18. **Descontos autorizados no salário pelo trabalhador. Limitação máxima de 70% (setenta por cento) do salário-base.**
 Os descontos efetuados com base em cláusula de acordo firmado entre as partes não podem ser superiores a 70% (setenta por cento) do salário-base percebido pelo empregado, pois deve-se assegurar um mínimo de salário em espécie ao trabalhador.

19. **Dissídio coletivo contra empresa. Legitimação da entidade sindical. Autorização dos trabalhadores diretamente envolvidos no conflito.**
 A legitimidade da entidade sindical para a instauração da instância contra determinada empresa está condicionada à prévia autorização dos trabalhadores da suscitada diretamente envolvidos no conflito.
 •• Republicada no *Diário Eletrônico da Justiça do Trabalho* de 16-11-2010.

20. **Empregados sindicalizados. Admissão preferencial. Condição violadora do art. 8.º, V, da CF/88.**
 Viola o art. 8.º, V, da CF/1988 cláusula de instrumento normativo que estabelece a preferência, na contratação de mão de obra, do trabalhador sindicalizado sobre os demais.
 •• Republicada no *Diário Eletrônico da Justiça do Trabalho* de 16-11-2010.

21. (*Cancelada pela Comissão de Jurisprudência e de Precedentes Normativos, do TST, em 13-11-2003.*)

22. **Legitimidade *ad causam* do sindicato. Correspondência entre as atividades exercidas pelos setores profissional e econômico envolvidos no conflito. Necessidade.**
 É necessária a correspondência entre as atividades exercidas pelos setores profissional e econômico, a fim de legitimar os envolvidos no conflito a ser solucionado pela via do dissídio coletivo.

•• Republicada no *Diário Eletrônico da Justiça do Trabalho* de 16-11-2010.

23. **Legitimidade *ad causam*. Sindicato representativo de segmento profissional ou patronal. Impossibilidade.**

 A representação sindical abrange toda a categoria, não comportando separação fundada na maior ou menor dimensão de cada ramo ou empresa.

24. (*Cancelada pela Comissão de Jurisprudência e de Precedentes Normativos, do TST, em 31-3-2004.*)

25. **Salário normativo. Contrato de experiência. Limitação. Tempo de serviço. Possibilidade.**

 Não fere o princípio da isonomia salarial (art. 7.º, XXX, da CF/88) a previsão de salário normativo tendo em vista o fator tempo de serviço.

26. **Salário normativo. Menor empregado. Art. 7.º, XXX, da CF/88. Violação.**

 Os empregados menores não podem ser discriminados em cláusula que fixa salário mínimo profissional para a categoria.

27. **Custas. Ausência de intimação. Deserção. Caracterização.**

 A deserção se impõe mesmo não tendo havido intimação, pois incumbe à parte, na defesa do próprio interesse, obter os cálculos necessários para efetivar o preparo.

28. **Edital de convocação da AGT. Publicação. Base territorial. Validade.**

 O edital de convocação para a AGT deve ser publicado em jornal que circule em cada um dos municípios componentes da base territorial.

29. **Edital de convocação e ata da assembleia geral. Requisitos essenciais para instauração de dissídio coletivo.**

 O edital de convocação da categoria e a respectiva ata da AGT constituem peças essenciais à instauração do processo de dissídio coletivo.

30. **Estabilidade da gestante. Renúncia ou transação de direitos constitucionais. Impossibilidade.**

 Nos termos do art. 10, II, *a*, do ADCT, a proteção à maternidade foi erigida à hierarquia constitucional, pois retirou do âmbito do direito potestativo do empregador a possibilidade de despedir arbitrariamente a empregada em estado gravídico. Portanto, a teor do artigo 9.º da CLT, torna-se nula de pleno direito a cláusula que estabelece a possibilidade de renúncia ou transação, pela gestante, das garantias referentes à manutenção do emprego e salário.

•• Republicada no *Diário Eletrônico da Justiça do Trabalho* de 19-9-2011.

31. **Estabilidade do acidentado. Acordo homologado. Prevalência. Impossibilidade. Violação do art. 118, Lei n. 8.213/91.**

 Não é possível a prevalência de acordo sobre legislação vigente, quando ele é menos benéfico do que a própria lei, porquanto o caráter imperativo dessa última restringe o campo de atuação da vontade das partes.

32. **Reivindicações da categoria. Fundamentação das cláusulas. Necessidade. Aplicação do PN 37 do TST.**

 É pressuposto indispensável à constituição válida e regular da ação coletiva a apresentação em forma clausulada e fundamentada das reivindicações da categoria, conforme orientação do item VI, e, da IN 4/93.

33. (*Cancelada pela Resolução n. 137, de 4-8-2005.*)

34. **Acordo extrajudicial. Homologação. Justiça do Trabalho. Prescindibilidade.**

 É desnecessária a homologação, por tribunal trabalhista, do acordo extrajudicialmente celebrado, sendo suficiente, para que surta efeitos, sua formalização perante o Ministério do Trabalho (art. 614 da CLT e art. 7.º, inciso XXVI, da Constituição Federal).

35. **Edital de convocação da AGT. Disposição estatutária específica. Prazo mínimo entre a publicação e a realização da assembleia. Observância obrigatória.**

 Se os estatutos da entidade sindical contam com norma específica que estabeleça prazo mínimo entre a data de publicação do edital convocatório e a realização da assembleia correspondente, então a validade desta última depende da observância desse interregno.

36. **Empregados de empresa de processamento de dados. Reconhecimento como categoria diferenciada. Impossibilidade.**

 É por lei e não por decisão judicial, que as categorias diferenciadas são reconhecidas como tais. De outra parte, no que tange aos profissionais da informática, o trabalho que desempenham sofre alterações, de acordo com a atividade econômica exercida pelo empregador.

37. (*Cancelada pela Comissão de Jurisprudência e de Precedentes Normativos, do TST, em 26-9-2006.*)

38. **Greve. Serviços essenciais. Garantia das necessidades inadiáveis da população usuária. Fator determinante da qualificação jurídica do movimento.**

 É abusiva a greve que se realiza em setores que a lei define como sendo essenciais à comunidade, se não é assegurado o atendimento básico das necessidades inadiáveis dos usuários do serviço, na forma prevista na Lei n. 7.783/89.

Índice Alfabético-Remissivo das Orientações Jurisprudenciais da SDC do TST

- ação coletiva; requisitos: 32
- acidentado; estabilidade: 31
- acordo extrajudicial: 34
- acordo homologado; extensão: 2
- apreensão: 3
- arresto: 3
- Assembleia Geral de Trabalhadores; edital de convocação: 28, 29 e 35
- ata; assembleia de trabalhadores: 8
- categoria diferenciada; profissionais da informática: 36
- contribuições para entidades sindicais: 17
- custas: 27
- depósito: 3
- deserção: 27
- dissídio coletivo; interpretação de normas; inviabilidade: 7 e 9
- estabilidade: 30 e 31
- gestante; estabilidade: 30
- greve: 10, 11 e 38
- menor: 26
- pauta reivindicatória: 8
- pessoa jurídica de direito público: 5
- salário; descontos: 18
- salário normativo: 25 e 26
- serviços essenciais; greve: 38
- sindicatos: 9, 15, 16, 17, 19, 20, 22 e 23
- taxa de homologação de rescisão contratual; ilegalidade: 16

Precedentes Normativos em Dissídios Coletivos do TST

1. (Cancelado pela Resolução n. 86, de 8-10-1998.)
2. (Cancelado pela Resolução n. 86, de 8-10-1998.)
3. (Cancelado pela Resolução n. 81, de 13-8-1998.)
4. (Cancelado pela Resolução n. 81, de 13-8-1998.)
5. **Anotações de Comissões**
 O empregador é obrigado a anotar, na CTPS, o percentual das comissões a que faz jus o empregado.
6. **Garantia de salário no período de amamentação**
 É garantido às mulheres, no período de amamentação, o recebimento do salário, sem prestação de serviços, quando o empregador não cumprir as determinações dos §§ 1.º e 2.º do art. 389 da CLT.
7. (Cancelado pela Resolução n. 81, de 13-8-1998.)
8. **Atestados de afastamento e salários**
 O empregador é obrigado a fornecer atestados de afastamento e salários ao empregado demitido.
9. (Cancelado pela Resolução n. 86, de 8-10-1998.)
10. **Banco do Brasil como parte em dissídio coletivo no TRT**
 Os Tribunais Regionais do Trabalho são incompetentes para processar e julgar Dissídios Coletivos em que sejam partes o Banco do Brasil S.A. e entidades sindicais dos bancários.
 •• Redação determinada pela Resolução n. 86, de 8-10-1998.
11. (Cancelado pela Resolução n. 86, de 8-10-1998.)
12. (Cancelado pela Resolução n. 81, de 13-8-1998.)
13. (Cancelado pela Resolução n. 86, de 8-10-1998.)
14. **Desconto no salário**
 Proíbe-se o desconto no salário do empregado dos valores de cheques não compensados ou sem fundos, salvo se não cumprir as resoluções da empresa.
15. **Comissão sobre cobrança**
 Se não obrigado por contrato a efetuar cobranças, o vendedor receberá comissões por esse serviço, respeitadas as taxas em vigor para os demais cobradores.
16. (Cancelado pela Resolução n. 86, de 8-10-1998.)
17. (Cancelado pela Resolução n. 86, de 8-10-1998.)
18. (Cancelado pela Resolução n. 86, de 8-10-1998.)
19. (Cancelado pela Resolução n. 81, de 13-8-1998.)
20. **Empregado rural. Contrato escrito**
 Sendo celebrado contrato por tarefa, parceria ou meação, por escrito, obriga-se o empregador a fornecer uma via deste ao empregado, devidamente datada e assinada pelas partes.
21. (Cancelado pela Resolução n. 86, de 8-10-1998.)
22. **Creche**
 Determina-se a instalação de local destinado à guarda de crianças em idade de amamentação, quando existentes na empresa mais de 30 (trinta) mulheres maiores de 16 (dezesseis) anos, facultado o convênio com creches.
23. (Cancelado pela Resolução n. 86, de 8-10-1998.)
24. **Dispensa do aviso prévio**
 O empregado despedido fica dispensado do cumprimento do aviso prévio quando comprovar a obtenção de novo emprego, desonerando a empresa do pagamento dos dias não trabalhados.
25. (Cancelado pela Resolução n. 81, de 13-8-1998.)
26. (Cancelado pela Resolução n. 86, de 8-10-1998.)
27. (Cancelado pela Resolução n. 86, de 8-10-1998.)
28. (Cancelado pela Resolução n. 81, de 13-8-1998.)
29. **Greve. Competência dos Tribunais para declará-la abusiva**
 Compete aos Tribunais do Trabalho decidir sobre o abuso do direito de greve.
30. (Cancelado pela Resolução n. 81, de 13-8-1998.)
31. **Professor (janelas)**
 Os tempos vagos (janelas) em que o professor ficar à disposição do curso serão remunerados como aula, no limite de 1 (uma) hora diária por unidade.
32. **Jornada do estudante**
 Proíbe-se a prorrogação da jornada de trabalho do empregado estudante, ressalvadas as hipóteses dos arts. 59 e 61 da CLT.
33. (Cancelado pela Resolução n. 81, de 13-8-1998.)
34. **Empregado rural. Moradia**
 Ao empregado que residir no local de trabalho fica assegurada a moradia em condições de habitabilidade, conforme exigências da autoridade local.
35. (Cancelado pela Resolução n. 81, de 13-8-1998.)
36. (Cancelado pela Resolução n. 81, de 13-8-1998.)
37. **Dissídio coletivo. Fundamentação de cláusulas. Necessidade**
 Nos processos de dissídio coletivo só serão julgadas as cláusulas fundamentadas na representação, em caso de ação originária, ou no recurso.
38. (Cancelado pela Resolução n. 86, de 8-10-1998.)
39. (Cancelado pela Resolução n. 86, de 8-10-1998.)
40. (Cancelado pela Resolução n. 81, de 13-8-1998.)
41. **Relação nominal de empregados**
 As empresas encaminharão à entidade profissional cópia das guias de contribuição sindical e assistencial, com a relação nominal dos respectivos salários, no prazo máximo de 30 (trinta) dias após o desconto.
42. **Seguro obrigatório**
 Institui-se a obrigação do seguro, por acidente ou morte, para empregados que transportem valores ou exerçam as atividades de vigia ou vigilante.
43. (Cancelado pela Resolução n. 81, de 13-8-1998.)
44. (Cancelado pela Resolução n. 86, de 8-10-1998.)
45. (Cancelado pela Resolução n. 81, de 13-8-1998.)
46. (Cancelado pela Resolução n. 81, de 13-8-1998.)
47. **Dispensa de empregado**
 O empregado despedido será informado, por escrito, dos motivos da dispensa.
48. (Cancelado pela Resolução n. 125, de 2-9-2004.)

49. (*Cancelado pela Resolução n. 81, de 13-8-1998.*)
50. **Empregado rural. Defensivos agrícolas**

 O empregador rural é obrigado a possuir o receituário agronômico de defensivos agrícolas e a observar as medidas de prevenção nele contidas.
51. (*Cancelado pela Resolução n. 81, de 13-8-1998.*)
52. **Recebimento do PIS**

 Garante-se ao empregado o recebimento do salário do dia em que tiver de se afastar para recebimento do PIS.
53. **Empregado rural. Rescisão do contrato de trabalho do chefe de família**

 A rescisão do contrato de trabalho rural, sem justa causa, do chefe da unidade familiar é extensiva à esposa, às filhas solteiras e aos filhos até 20 (vinte) anos de idade, que exerçam atividades na propriedade, mediante opção destes.
54. (*Cancelado pela Resolução n. 86, de 8-10-1998.*)
55. **Jornalista. Contrato de trabalho**

 O empregador é obrigado a mencionar no contrato de trabalho o órgão de imprensa no qual o jornalista vai trabalhar.
56. **Constitucionalidade**

 São constitucionais os Decretos-leis n. 2.012/83, 2.024/83 e 2.045/83.
57. (*Cancelado pela Resolução n. 81, de 13-8-1998.*)
58. **Salário. Pagamento ao analfabeto**

 O pagamento de salário ao empregado analfabeto deverá ser efetuado na presença de 2 (duas) testemunhas.
59. **Empregado rural. Aferição das balanças**

 O instrumento de peso e medida, utilizado pelos empregadores para aferição das tarefas no regime de produção, deverá ser conferido pelo INPM.
60. **Empregado rural. Latão de café**

 O latão de café terá capacidade de 60 litros e será padronizado de acordo com as normas do INPM.
61. **Cobrança de títulos**

 Salvo disposição contratual, é vedado ao empregador responsabilizar o empregado pelo inadimplemento do cliente, até mesmo quanto a títulos.
62. **Empregado rural. Conservação das casas**

 Os empregadores são responsáveis pelos reparos nas residências que cedam aos empregados rurais, desde que os danos não decorram de culpa destes.
63. **Empregado rural. Ficha de controle da produção**

 Quando da colheita, o café será entregue na lavoura ou no monte, fornecendo-se ao trabalhador uma ficha com o valor da respectiva produção.
64. **Empregado rural. Horário e local de condução**

 Fornecendo o empregador condução para o trabalho, informará ele aos empregados, previamente, os locais e horários do transporte.
65. **Empregado rural. Pagamento de salário**

 O pagamento do salário será efetuado em moeda corrente e no horário de serviço, para isso permitido o seu prolongamento até duas horas após o término da jornada de trabalho.
66. **Garrafas "bicadas"**

 Constituem ônus do empregador aceitar a devolução de garrafas *bicadas* e o extravio de engradados, salvo se não cumpridas as disposições contratuais pelo empregado.
67. **Remuneração por produção**

 Quando o serviço for contratado por produção, a remuneração não poderá ser inferior à diária correspondente ao salário normativo.
68. **Empregado rural. Faltas ao serviço. Compras**

 Autoriza-se o chefe de família, se empregado rural, a faltar ao serviço um dia por mês ou meio dia por quinzena, para efetuar compras, sem remuneração ou mediante compensação de horário, mas sem prejuízo do repouso remunerado, desde que não tenha falta injustificada durante o mês.
69. **Empregado rural. Pagamento de dia não trabalhado**

 O empregado rural fará jus ao salário do dia, quando comparecer ao local de prestação de serviço ou ponto de embarque, se fornecida condução pelo empregador, e não puder trabalhar em consequência de chuva ou de outro motivo alheio à sua vontade.
70. **Licença para estudante**

 Concede-se licença não remunerada nos dias de prova ao empregado estudante, desde que avisado o patrão com 72 (setenta e duas) horas de antecedência e mediante comprovação.
71. **Empregado rural. Transporte. Condições de segurança**

 Quando fornecidos pelo empregador, os veículos destinados a transportar trabalhadores rurais deverão satisfazer as condições de segurança e comodidade, sendo proibido o carregamento de ferramentas soltas junto às pessoas conduzidas.
72. **Multa. Atraso no pagamento de salário**

 Estabelece-se multa de 10% (dez por cento) sobre o saldo salarial, na hipótese de atraso no pagamento de salário até 20 (vinte) dias, e de 5% (cinco por cento) por dia no período subsequente.
73. **Multa. Obrigação de fazer**

 Impõe-se multa, por descumprimento das obrigações de fazer, no valor equivalente a 10% (dez por cento) do salário básico, em favor do empregado prejudicado.
74. (*Cancelado pela Resolução n. 82, de 13-8-1998.*)
75. (*Cancelado pela Resolução n. 81, de 13-8-1998.*)
76. (*Cancelado pela Resolução n. 81, de 13-8-1998.*)
77. **Empregado transferido. Garantia de emprego**

 Assegura-se ao empregado transferido, na forma do art. 469 da CLT, a garantia de emprego por 1 (um) ano após a data da transferência.
78. **Professor. Redução salarial não configurada**

 Não configura redução salarial ilegal a diminuição de carga horária motivada por inevitável supressão de aulas eventuais ou de turmas.
79. **Trabalhador temporário. Descanso semanal**

 Concede-se ao trabalhador temporário o acréscimo de 1/6 ao seu salário diário, correspondente ao descanso semanal remunerado, por aplicação analógica do art. 3.º da Lei n. 605/49.
80. **Serviço militar. Garantia de emprego ao alistando**

 Garante-se o emprego do alistando, desde a data da incorporação no serviço militar até 30 dias após a baixa.
81. **Atestados médicos e odontológicos**

 Assegura-se eficácia aos atestados médicos e odontológicos fornecidos por profissionais do sindicato dos trabalhadores, para o fim de abono de faltas ao serviço, desde que existente convênio do sindicato com a Previdência Social, salvo se o empregador possuir serviço próprio ou conveniado.
82. **Dissídio coletivo. Garantia de salários e consectários**

 Defere-se a garantia de salários e consectários ao empregado despedido sem justa causa, desde a data do julgamento do dissídio coletivo até 90 dias após a publicação do acórdão, limitado o período total a 120 dias.
83. **Dirigentes sindicais. Frequência livre**

 Assegura-se a frequência livre dos dirigentes sindicais para participarem de assembleias e reuniões sindicais devidamente convocadas e comprovadas, sem ônus para o empregador.

 •• Redação determinada pela Resolução n. 123, de 24-6-2004.
84. **Seguro de vida. Assalto**

Precedentes Normativos em Dissídios Coletivos (TST)

Institui-se a obrigação do seguro de vida, em favor do empregado e seus dependentes previdenciários, para garantir a indenização nos casos de morte ou invalidez permanente, decorrentes de assalto, consumado ou não, desde que o empregado se encontre no exercício das suas funções.

85. Garantia de emprego. Aposentadoria voluntária
Defere-se a garantia de emprego, durante os 12 (doze) meses que antecedem a data em que o empregado adquire direito à aposentadoria voluntária, desde que trabalhe na empresa há pelo menos 5 (cinco) anos. Adquirido o direito, extingue-se a garantia.

86. Representantes dos trabalhadores. Estabilidade no emprego
Nas empresas com mais de 200 (duzentos) empregados é assegurada a eleição direta de um representante, com as garantias do art. 543, e seus parágrafos, da CLT.

87. Trabalhos em domingos e feriados. Pagamento dos salários
É devida a remuneração em dobro do trabalho em domingos e feriados não compensados, sem prejuízo do pagamento do repouso remunerado, desde que, para este, não seja estabelecido outro dia pelo empregador.

88. (*Cancelado pela Resolução n. 81, de 13-8-1998.*)

89. Reembolso de despesas
Defere-se o reembolso das despesas de alimentação e pernoite a motorista e ajudante, quando executarem tarefas a mais de 100 (cem) km da empresa.

90. (*Cancelado pela Resolução n. 81, de 13-8-1998.*)

91. Acesso de dirigente sindical à empresa
Assegura-se o acesso dos dirigentes sindicais às empresas, nos intervalos destinados a alimentação e descanso, para desempenho de suas funções, vedada a divulgação de matéria político-partidária ou ofensiva.

92. Garantia de repouso remunerado. Ingresso com atraso
Assegura-se o repouso remunerado ao empregado que chegar atrasado, quando permitido seu ingresso pelo empregador, compensado o atraso no final da jornada de trabalho ou da semana.

93. Comprovante de pagamento
O pagamento do salário será feito mediante recibo, fornecendo-se cópia ao empregado, com a identificação da empresa, e do qual constarão a remuneração, com a discriminação das parcelas, a quantia líquida paga, os dias trabalhados ou o total da produção, as horas extras e os descontos efetuados, inclusive para a Previdência Social, e o valor correspondente ao FGTS.

94. (*Cancelado pela Resolução n. 81, de 13-8-1998.*)

95. Abono de falta para levar filho ao médico
Assegura-se o direito à ausência remunerada de 1 (um) dia por semestre ao empregado, para levar ao médico filho menor ou dependente previdenciário de até 6 (seis) anos de idade, mediante comprovação no prazo de 48 (quarenta e oito) horas.

96. (*Cancelado pela Resolução n. 81, de 13-8-1998.*)

97. Proibição de estorno de comissões
Ressalvada a hipótese prevista no art. 7.º da Lei n. 3.207/57, fica vedado às empresas o desconto ou estorno das comissões do empregado, incidentes sobre mercadorias devolvidas pelo cliente, após a efetivação de venda.

98. Retenção da CTPS. Indenização
Será devida ao empregado a indenização correspondente a 1 (um) dia de salário, por dia de atraso, pela retenção de sua carteira profissional após o prazo de 48 (quarenta e oito) horas.

99. (*Cancelado pela Resolução n. 81, de 13-8-1998.*)

100. Férias. Início do prazo de gozo
O início das férias, coletivas ou individuais, não poderá coincidir com sábado, domingo, feriado ou dia de compensação de repouso semanal.

101. (*Cancelado pela Resolução n. 81, de 13-8-1998.*)

102. Assistência jurídica aos vigias
A empresa prestará assistência jurídica a seu empregado que, no exercício da função de vigia, praticar ato que o leve a responder a ação penal.

103. Gratificação de caixa
Concede-se ao empregado que exercer permanentemente a função de caixa a gratificação de 10% (dez por cento) sobre seu salário, excluídos do cálculo adicionais, acréscimos e vantagens pessoais.

104. Quadro de avisos
Defere-se a afixação, na empresa, de quadro de avisos do sindicato, para comunicados de interesse dos empregados, vedados os de conteúdo político-partidário ou ofensivo.

105. Anotação na carteira profissional
As empresas ficam obrigadas a anotar na carteira de trabalho a função efetivamente exercida pelo empregado, observada a Classificação Brasileira de Ocupações (CBO).

106. Empregado rural. Atividade insalubre. Fornecimento de leite
Os empregadores que se dedicarem à pecuária leiteira fornecerão, diariamente, 1 (um) litro de leite aos trabalhadores que exerçam atividades insalubres.

107. Empregado rural. Caixa de medicamentos
Nos locais de trabalho no campo serão mantidos pelo empregador medicamentos e materiais de primeiros socorros.

108. Empregado rural. Abrigo no local de trabalho
Os empregadores rurais ficam obrigados a construir abrigos rústicos, nos locais de trabalho, para proteção de seus empregados.

109. Desconto-moradia
Autoriza-se o desconto da moradia fornecida ao empregado somente quando o imóvel tiver o habite-se concedido pela autoridade competente.

110. Empregado rural. Ferramentas. Fornecimento pelo empregador
Serão fornecidas gratuitamente, pelo empregador, as ferramentas necessárias à execução do trabalho.

111. Relação de empregados
Obriga-se a empresa a remeter ao sindicato profissional, uma vez por ano, a relação dos empregados pertencentes à categoria.

112. Jornalista. Seguro de vida
Institui-se a obrigação do seguro de vida em favor de jornalista designado para prestar serviço em área de risco.

113. Transporte de acidentados, doentes e parturientes
Obriga-se o empregador a transportar o empregado, com urgência, para local apropriado, em caso de acidente, mal súbito ou parto, desde que ocorram no horário de trabalho ou em consequência deste.

114. (*Cancelado pela Resolução n. 81, de 13-8-1998.*)

115. Uniformes
Determina-se o fornecimento gratuito de uniformes, desde que exigido seu uso pelo empregador.

116. Férias. Cancelamento ou adiantamento
Comunicado ao empregado o período do gozo de férias individuais ou coletivas, o empregador somente poderá cancelar ou modificar o início previsto se ocorrer necessidade imperiosa e, ainda assim, mediante o ressarcimento, ao empregado, dos prejuízos financeiros por este comprovados.

117. Pagamento do salário com cheque
Se o pagamento do salário for feito em cheque, a empresa dará ao trabalhador o tempo necessário para descontá-lo, no mesmo dia.

118. Quebra de material
Não se permite o desconto salarial por quebra de material, salvo nas hipóteses de dolo ou recusa de apresentação dos objetos danificados,

ou ainda, havendo previsão contratual, de culpa comprovada do empregado.

119. Contribuições sindicais – inobservância de preceitos constitucionais

A Constituição da República, em seus arts. 5.º, XX e 8.º, V, assegura o direito de livre associação e sindicalização. É ofensiva a essa modalidade de liberdade cláusula constante de acordo, convenção coletiva ou sentença normativa estabelecendo contribuição em favor de entidade sindical a título de taxa para custeio do sistema confederativo, assistencial, revigoramento ou fortalecimento sindical e outras da mesma espécie, obrigando trabalhadores não sindicalizados. Sendo nulas as estipulações que inobservem tal restrição, tornam-se passíveis de devolução os valores irregularmente descontados.

•• Redação determinada pela Resolução n. 82/1998 (DJU de 20-8-1998).
•• Vide art. 545 da CLT.

120. Sentença normativa. Duração. Possibilidade e limites.

A sentença normativa vigora, desde seu termo inicial até que sentença normativa, convenção coletiva de trabalho ou acordo coletivo de trabalho superveniente produza sua revogação, expressa ou tácita, respeitado, porém, o prazo máximo legal de quatro anos de vigência.

Índice Alfabético-Remissivo dos Precedentes Normativos em Dissídios Coletivos do TST

- abono de falta: 95
- amamentação; garantia de salário: 6
- analfabeto; recebimento do salário: 58
- aposentadoria voluntária; garantia de emprego: 85
- assistência jurídica: 102
- atraso: 92
- atestados; fornecimento ao empregado demitido: 8
- atestados médicos e odontológicos: 81
- atividade insalubre: 106
- aviso prévio; dispensa: 24
- Banco do Brasil: dissídios coletivos: 10
- Carteira de Trabalho; anotações: 5 e 105
- Carteira de Trabalho; retenção: 98
- cliente; inadimplemento; responsabilidade: 61
- comissões: 5 e 97
- contribuição sindical e assistencial: 41 e 119
- creche: 22
- descanso semanal: 79
- desconto-moradia: 109
- descontos; proibição: 14
- dispensa do empregado: 47
- dissídio coletivo: 37 e 82
- empregado; responsabilidade: 61
- empregado rural: 20, 34, 50, 53, 59, 60, 62, 63, 64, 65, 68, 69, 71, 106, 107, 108 e 110
- empregado transferido; garantia de emprego: 77
- estudante: 32 e 70
- falta; abono: 95
- férias: 100 e 116
- gratificação: 103
- greve: 29
- jornalista: 55 e 112
- mulheres; amamentação; garantia de salário: 6
- multa: 72 e 73
- PIS; recebimento: 52
- produção; remuneração: 67
- professor: 31 e 78
- quadro de avisos: 104
- reembolso de despesas: 89
- relação de empregados: 111
- repouso remunerado: 92
- representante dos trabalhadores; estabilidade: 86
- salário: 6, 14, 52, 58, 65, 67, 72, 78, 82, 87, 117 e 118
- seguro de vida: 84
- seguro obrigatório; acidente ou morte: 42
- sentença normativa: 120
- serviço militar; garantia de emprego: 80
- sindicato; dirigentes: 83 e 91
- trabalhador temporário: 79
- trabalho em domingos e feriados: 87
- transporte; acidentados, doentes e parturientes: 113
- transporte; empregado rural; condições de segurança: 71
- TRT; competência: 10 e 29
- uniformes: 115
- vendedor; comissão sobre cobrança: 15
- vigia: 42 e 102

Índice Alfabético-Remissivo Geral (*)

ABANDONO DE EMPREGO
- contagem do prazo para o empregador ajuizar o inquérito: Súmula 62/TST .. 869
- justa causa; ausência injustificada 30 dias após fim do benefício; presunção: Súmula 32/TST 868
- justa causa para rescisão contratual: art. 482, *i* 190
- se o empregado não retornar ao trabalho no prazo de trinta dias após a cessação do benefício previdenciário: Súmula 32/TST .. 868

ABERTURA NOS PISOS
- arts. 172 e 173 ... 155

ABONO
- comissionista puro; não incorporação: OJ Transitória 45 da SDI-1 ... 925
- de falta para levar filho ao médico: PN 95 945
- de faltas; serviço médico da empresa: Súmula 282/TST 878
- incorporado ao salário; previdência social: Súmula 241/STF 852
- natureza indenizatória; concessão apenas aos empregados em atividade: OJ 346 da SDI-1 .. 915

ABONO DE FÉRIAS
- vide ABONO PECUNIÁRIO

ABONO PECUNIÁRIO
- conversão de férias em abono: art. 143 151
- de férias; não integra a remuneração do empregado para efeito da legislação trabalhista e previdenciária: art. 144 152
- de férias; prazo para requerer: art. 143, § 1.º 152
- desligamento incentivado; imposto de renda; ação rescisória: OJ 19 da SDI-2 .. 931
- férias coletivas: art. 143, § 2.º 152
- percentual relativo às férias: art. 143 151
- prazo de pagamento: art. 145 .. 152
- quitação: art. 145, parágrafo único 152
- venda de férias: arts. 143 e 144 151

ABONO SALARIAL
- Lei n. 7.998, de 11-1-1990 ... 504

ABORTO
- ausência da empregada no serviço; não será considerada falta: art. 131, II .. 150
- comprovação por atestado médico oficial; repouso remunerado e retorno à função: art. 395 .. 175
- não criminoso; repouso remunerado: art. 395 175

ABREUGRAFIA
- exame médico do empregado: art. 168, § 1.º, parte final 155
- renovação: art. 168, § 3.º, parte final 155

AÇÃO
- contra a mesma reclamada; testemunha; suspeição: Súmula 357/TST .. 882

AÇÃO ACIDENTÁRIA
- Justiça Estadual; custas e emolumentos: Súmula 178/STJ .. 861
- via administrativa; exaurimento: Súmula 89/STJ 861

AÇÃO ANULATÓRIA
- competência originária; mesmo juízo em que praticado ato supostamente viciado: OJ 129 da SDI-2 935

AÇÃO CAUTELAR
- agravo regimental; decisão não comporta RO; pendente decisão definitiva do Tribunal: OJ 100 da SDI-2 934

AÇÃO CIVIL PÚBLICA
- competência territorial: OJ 130 da SDI-2 935
- disposições: Lei n. 7.347, de 24-7-1985 491

AÇÃO DECLARATÓRIA
- para reconhecimento de tempo de serviço para fins previdenciários: Súmula 242/STJ .. 862

AÇÃO DE COBRANÇA
- contribuições para o FGTS; prescrição: Súmula 210/STJ 862

AÇÃO DE CUMPRIMENTO
- coisa julgada; atípica; dependente de condição resolutiva: OJ 277 da SDI-1 ... 913
- legitimidade sindical; extensão à observância de acordo ou convenção coletivos: Súmula 286/TST 878
- prescrição; sentença normativa; termo inicial; trânsito em julgado: Súmula 350/TST .. 882
- propositura; dispensável trânsito em julgado; sentença normativa: Súmula 246/TST ... 877

AÇÃO EXECUTIVA
- cobrança judicial de contribuição sindical: art. 606 207
- julgamento: art. 678 .. 222
- multas administrativas: art. 642 215

AÇÃO REGRESSIVA
- de empreiteiro principal contra subempreiteiro e retenção de importâncias a este devidas: art. 455, parágrafo único 183

AÇÃO RESCISÓRIA
- ação de cumprimento; inviabilidade: Súmula 397/TST 886
- ação rescisória de: Súmula 400/TST 886
- acordo homologado; alcance: OJ 132 da SDI-2 935
- acordo judicial; ampla quitação sem ressalva; nova RT ofende coisa julgada: OJ 132 da SDI-2 935
- acordo judicial; colusão das partes; reclamação simulada; procedência: OJ 94 da SDI-2 ... 934
- acordo judicial; nulidade por colusão das partes; inaplicável multa por litigância de má-fé: OJ 158 da SDI-2 936

(*) Quando não indicado o diploma legal, os dispositivos são da CLT.

- acordo judicial; sentença irrecorrível; trânsito em julgado na data da homologação: Súmula 100, V/TST...... 871
- acordo prévio; quitação geral: OJ 154 da SDI-2 936
- adicional de caráter pessoal; empregado BB; ofensa ao art. 5.º, XXXVI, da CF: OJ 4 da SDI-2............................... 931
- adicional de insalubridade; remuneração como base de cálculo; ofensa ao art. 192 da CLT: OJ 2 da SDI-2........... 931
- adjudicação ou arrematação; decisão homologatória; descabimento: Súmula 399, I/TST................................... 886
- administração pública; contratação sem concurso; posterior Constituição Federal de 1988; ofensa ao art. 37, II, § 2.º: OJ 10 da SDI-2 .. 931
- administração pública; elasticimento do prazo decadencial: OJ 12, I, da SDI-2 .. 931
- administração pública; inaplicável regra ampliativa: OJ 12, II, da SDI-2 ... 931
- administração pública; remessa necessária; ausência de trânsito em julgado; improcedência: OJ 21da SDI-2 931
- alçada; não aplicável: Súmula 365/TST......................... 883
- antecipação de tutela; liminar: Súmula 405/TST............. 887
- antecipações e reajustes de salário; controvérsia jurisprudencial à época; improcedência: OJ 39 da SDI-2 932
- ausência de defesa; inaplicáveis os efeitos da revelia: Súmula 398/TST ... 886
- ausência de defesa; coisa julgada; questão de ordem pública; não produz confissão: Súmula 398/TST....................... 886
- ausência de documento; prazo de 15 dias, sob pena de indeferimento: Súmula 299, II/TST............................. 879
- cabimento: art. 836, caput.. 243
- cabimento; decisão da SDI em regimental; substituição de acórdão de Turma/TST: Súmula 192, V/TST................. 875
- cabimento; sentença de mérito; decisão homologatória de adjudicação, de arrematação e de cálculos: Súmula 399/TST... 886
- capitulação errônea; fatos e fundamentos adequados; inexistência de inépcia; iuria novit curia: Súmula 408/TST....... 887
- cautelar para suspender execução da decisão rescindenda: OJ 131 da SDI-2 ... 935
- cautelar para suspender execução; juntada de documentos: OJ 76 da SDI-2 ... 933
- cipeiro suplente; ofensa ao art. 10, II, a, do ADCT 103 da CF/88; incidência da Súmula 83/TST: OJ 6 da SDI-2 931
- coisa julgada; não configuração: OJ 157 da SDI-2 936
- coisa julgada formal; vício na intimação da sentença; não formação; descabimento: Súmula 299, IV/TST.............. 879
- colusão; fraude à lei; reclamatória simulada extinta: OJ 94 da SDI-2 ... 934
- competência; TRT 17.ª Região; decisões do TRT 1.ª Região; art. 678, I, c, item 2 da CLT: OJ 7 da SDI-2 931
- competência originária; não conhecimento de recurso de revista ou embargos; exame de mérito: Súmula 192, II/TST... 874
- competência originária; não conhecimento de recurso de revista ou Embargos; pressupostos recursais; TRT: Súmula 192, I/TST.. 874
- complementação de aposentadoria; empregado Banespa; anterior Súmula 313/TST; improcedência: OJ 8 da SDI-2 931
- concurso público anulado posteriormente: OJ 128 da SDI-2 935
- confissão; apenas real, fruto de erro, dolo ou coação; nunca ficta – revelia: Súmula 404/TST 886
- contagem do prazo da decadência: Súmula 100/TST.......... 871
- contestação; prazo; contagem; art. 774 da CLT: OJ 146 da SDI-2 .. 936
- contradição entre fundamentação e parte dispositivo do julgado: OJ 103 da SDI-2 ... 934
- correção monetária; plano de carreira; época; matéria controvertida; improcedência: OJ 11 da SDI-2 931
- cumulação sucessiva de pedidos: OJ 78 da SDI-2............. 933
- decadência; colusão das partes; prazo MP; ciência da fraude: Súmula 100, VI/TST.. 871
- decadência; contagem; dia subsequente ao trânsito da última decisão: Súmula 100, I/TST...................................... 871
- decadência; contagem; recurso parcial; trânsito em julgado de cada decisão: Súmula 100, II/TST 871
- decadência; interrupção; período 14.02 a 14 08.93: OJ 18 da SDI-2 ... 931
- decadência; juízo rescindente não adstrito à certidão de trânsito em julgado: Súmula 100, IV/TST..................... 871
- decadência; não conhecimento de recurso não antecipa o início do prazo: OJ 80 da SDI-2 933
- decadência; recurso intempestivo ou incabível; não protrai termo inicial: Súmula 100, III/TST............................. 871
- decadência; termo final; prorrogação até o 1.º dia útil: Súmula 100, IX/TST.. 871
- decadência; termo inicial; após decurso prazo para Rex: Súmula 100, X/TST ... 871
- decisão condenatória; recurso; depósito recursal: Súmula 99/TST.. 871
- declaração de nulidade de decisão homologatória: OJ 158 da SDI-2 ... 936
- depósito prévio: art. 836, caput.................................. 243
- depósito recursal, se procedente o pedido e condenação em pecúnia; prazo legal: Súmula 99/TST.......................... 871
- descontos fiscais; omissão; sentença; ordem pública; não ofensa à coisa julgada: Súmula 401/TST...................... 886
- descontos previdenciários; omissão; sentença; ordem pública; não ofensa à coisa julgada: Súmula 401/TST................ 886
- desligamento incentivado; incidência de imposto de renda; controvérsia; improcedência: OJ 19 da SDI-2 931
- diferenças salariais; limitação à data-base da categoria; improcedência: OJ 35 da SDI-2 932
- discussão sobre prazo prescricional; parcial ou total; entendimento jurisprudencial; descabimento: Súmula 409/TST... 887
- dolo processual; não caracterização: Súmula 403/TST 886
- duplo fundamento; violação de lei infirma motivação dúplice da decisão rescindenda: OJ 112 da SDI-2 935
- endereçamento; equívoco; inépcia da inicial; extinção sem julgamento de mérito: OJ 70 da SDI-2 933
- erro de fato; caracterização: OJ 136 da SDI-2................. 935
- erro de fato; contradição entre parte dispositiva e fundamentação; cabimento: OJ 103 da SDI-2 934
- erro grosseiro na interposição do recurso: OJ 152 da SDI-2. 936
- estabilidade; pré-eleitoral; decisão anterior à OJ 51 da SDI-1; improcedência: OJ 23 da SDI-2 932
- estabilidade; reintegração quando já exaurido período; provimento: OJ 24 da SDI-2 ... 932
- exceção de incompetência; sem recurso próprio; coisa julgada; inalterável prazo decadencial: Súmula 100, VIII/TST............ 871
- extinção da execução; art. 924, I a IV, c/c art. 925 do CPC; cabimento: OJ 107 da SDI-2 934

- fase de execução; sentença exequenda omissa: Súmula 401/ TST .. 886
- fixação de tese na decisão rescindenda; necessidade: OJ 101 da SDI-2 .. 934
- fundamentada no art. 485, V, do CPC: OJ 25 da SDI-2 932
- garantia de emprego; CONAB; anterior Súmula 355/TST; improvimento: OJ 9 da SDI-2 ... 931
- gratificação SUFRAMA; servidores celetistas; atividade nível superior; improcedência: OJ 26 da SDI-2 932
- homologação de cálculos; somente quando enfrenta questões e explicita motivos de acolhimento: Súmula 399, II/TST 886
- horas extras; empregado BB; recebimento AP e ADI; anterior OJ 17 da SDI-1: OJ 5 da SDI-2 ... 931
- impossibilidade jurídica; pedido de desconstituição da sentença; não substituição do acórdão: Súmula 192, IV/TST 874
- impossibilidade jurídica; pedido de desconstituição de sentença substituída por acórdão ou acordo: Súmula 192, III/TST 874
- impossibilidade jurídica do pedido; conteúdo meramente processual: OJ 150 da SDI-2 ... 936
- incompetência absoluta; prequestionamento inexigível: OJ 124 da SDI-2 ... 935
- inépcia da inicial: OJ 70 da SDI-2 ... 933
- inépcia da inicial; não cabimento: Súmula 408/TST 887
- inexistência de ofensa à coisa julgada: OJ 123 da SDI-2 935
- litisconsórcio: Súmula 406/TST ... 887
- matéria infraconstitucional; prazo prescricional: Súmula 409/TST .. 887
- Ministério Público do Trabalho; legitimidade ativa; art. 487, III, *a* e *b*; hipóteses exemplificativas: Súmula 407/TST 887
- multa; pagamento de: OJ 30 da SDI-2 932
- multa; art. 920 do CC; conhecimento – decisão anterior à OJ 54 da SDI-1; improcedência: OJ 30, *a*, da SDI-2 932
- multa; art. 920 do CC; execução – limitação ao seu pagamento; improcedência: OJ 30, *b*, da SDI-2 932
- não cabe no âmbito da Justiça do Trabalho: Súmula 338/STF 852
- não capitulação; art. 966 do CPC; fatos e fundamentos adequados; inexistência; inépcia; *iuria novit curia*: Súmula 408/TST ... 887
- não conhecimento de recurso de revista; divergência jurisprudencial; não decisão de mérito; descabimento: Súmula 413/TST .. 887
- ofensa à coisa julgada; decisão em ação de cumprimento; coisa julgada formal; descabimento: Súmula 397/TST 886
- ofensa à coisa julgada; decisão sem resolução do mérito; impossibilidade jurídica: OJ 150 da SDI-2 936
- ofensa à coisa julgada; dissonância patente entre decisão rescindenda e exequenda: OJ 123 da SDI-2 935
- ofensa à coisa julgada; mesmas questões tratadas na decisão rescindenda: OJ 101 da SDI-2 ... 934
- ofensa à coisa julgada; processos distintos; não fases distintas de mesma ação: OJ 157 da SDI-2 ... 936
- peças essenciais; decisão rescindenda e/ou a certidão do trânsito em julgado: OJ 84 da SDI-2 933
- pedido em ordem sucessiva; rescisão da sentença e do acórdão; admissibilidade: OJ 78 da SDI-2 933
- petição inicial; ausência da decisão rescindenda: OJ 84 da SDI-2 ... 933
- petição inicial indeferida: Súmula 411/TST 887
- por violação literal de lei; interpretação controvertida de texto legal: Súmula 83/TST .. 870
- prazo decadencial: Súmula 401/STJ 862
- prazo decadencial a favor de entes de direito público: OJ 12 da SDI-2 ... 931
- prazo de sua admissibilidade: art. 836 243
- preclusão declarada: OJ 134 da SDI-2 935
- prequestionamento; dispensável quando vício nasce no ato do julgamento: Súmula 298, V/TST 879
- prequestionamento; inexistente na sentença meramente homologatória: Súmula 298, IV/TST 879
- prequestionamento; pronunciamento explícito sobre matéria veiculada: Súmula 298, I/TST ... 879
- prequestionamento; válido quando Tribunal examina e confirma remessa de ofício: Súmula 298, III/TST 879
- princípio da legalidade, do devido processo legal, do contraditório e da ampla defesa: OJ 97 da SDI-2 934
- professor; promoção de adjunto a titular sem concurso; ofensa ao art. 206, V, da CF: OJ 38 da SDI-2 932
- pronunciamento explícito; matéria e enfoque da tese debatida, conteúdo, não o dispositivo legal: Súmula 298, II/TST 879
- prova do trânsito em julgado da sentença do acórdão rescindendo: Súmula 299/TST .. 879
- prova nova; dissídio coletivo; sentença normativa: Súmula 402/TST .. 886
- questão processual; passível de rescisão se pressuposto de validade de sentença de mérito: Súmula 412/TST 887
- reajustes previstos na Lei n. 8.222/91: OJ 39 da SDI-2 932
- recurso ordinário: Súmula 158/TST 873
- reexame de fatos e provas; inviabilidade: Súmula 410/TST . 887
- representação processual; poderes específicos para ajuizamento de reclamação trabalhista; vício insanável: OJ 151 da SDI-2 ... 936
- salário profissional; múltiplos do mínimo; não ofensa do art. 7.º, IV, da CF; improcedência: OJ 71 da SDI-2 933
- sentença *citra petita*; cabimento: OJ 41 da SDI-2 932
- sentença declaratória de extinção de execução: OJ 107 da SDI-2 .. 934
- sentença de liquidação; coisa julgada meramente formal; descabimento: OJ 134 da SDI-2 .. 935
- sentença de mérito; decisão que confirma indeferimento de rescisória aplicando Súmula 83/TST: Súmula 411/TST 887
- sentença homologatória; silêncio sobre motivos de convencimento do juiz; descabimento: Súmula 298, IV/TST 879
- sentença de mérito; questão processual: Súmula 412/TST.. 887
- sentença de mérito; violação do art. 896, *a*, da CLT: Súmula 413/TST ... 887
- sentença não transitada em julgado: OJ 21 da SDI-2 931
- substituição processual; legitimidade do sindicato para figurar como réu: Súmula 406, II/TST ... 887
- Súmula 83 do/TST; decisão posterior à Súmula 315/TST; descabimento: OJ 34, II, da SDI-2 .. 932
- teoria da causa madura; afastamento da decadência; julgamento imediato da lide; cabimento: Súmula 100, VII/TST 871
- termo de conciliação; único meio de impugnação: Súmula 259/TST .. 877
- trânsito em julgado da sentença; ao tempo do ajuizamento; inexistente rescisória preventiva: Súmula 299, III/TST 879
- vício processual insanável; procuração outorgada para outros fins: OJ 151 da SDI-2 ... 936
- violação de lei: OJ 112 da SDI-2 .. 935

- violação de lei: art. 37, *caput*, da CF/88; necessário prequestionamento do princípio: OJ 135 da SDI-2 935
- violação de lei: decisão baseada em texto de interpretação controvertida; improcedência: Súmula 83, I/TST................. 870
- violação de lei: inadmissível reexame de fatos e provas do processo originou decisão: Súmula 410/TST....................... 887
- violação de lei: indispensável indicação expressa do dispositivo legal violado: Súmula 408/TST 887
- violação de lei: marco divisor; data da inclusão como OJ: Súmula 83, II/TST ... 870
- violação de lei: necessário pronunciamento explícito sobre matéria veiculada: Súmula 298, I/TST.............................. 879
- violação de lei: ofensa à norma coletiva, súmula ou OJ; improcedência: OJ 25 da SDI-2 .. 932
- violação de lei: planos econômicos; afronta ao art. 5.º, XXXVI, da CF; procedência: OJ 34, I, da SDI-2............................ 932
- violação de lei: princípios genéricos não servem de fundamento; improcedência: OJ 97 da SDI-2 934
- violação de prequestionamento: Súmula 298/TST............. 879
- violação do princípio da legalidade administrativa: OJ 135 da SDI-2 .. 935

AÇÃO TRABALHISTA
- aplicação imediata; norma constitucional que ampliou a prescrição da: Súmula 308/TST.. 880
- *jus postulandi*: art. 791, *caput*.. 236

ACIDENTE DO TRABALHO
- anotações na Carteira de Trabalho e Previdência Social: art. 40, III... 141
- ausência no serviço por motivo de acidente do trabalho; não será considerada falta para efeito de férias: art. 131, III...... 150
- ausências do empregado motivadas por acidente do trabalho: Súmula 198/STF.. 851
- autarquia seguradora; não terá isenção de custas: Súmula 236/STF .. 851
- benefício; contribuinte com remuneração variável; cálculo: Súmula 159/STJ.. 861
- choque elétrico sofrido por empregado que trabalhe em serviços de eletricidade ou instalações elétricas; os demais empregados deverão estar familiarizados com o atendimento respectivo: art. 181 .. 156
- comissão interna de prevenção de acidentes e de assédio (CIPA): NR 5 .. 453
- competência: art. 643, § 2.º ... 215
- competência: Súmula 15/STJ.. 861
- competência: Súmulas 235 e 501/STF 851, 852
- cômputo na contagem do tempo de serviço do período em que o empregado estiver afastado do trabalho, para efeito de indenização e de estabilidade: art. 4.º, § 1.º 136
- contribuição social referente ao seguro de acidente de trabalho; competência: Súmula 454/TST... 890
- depósito para recorrer; exigência ao segurador sub-rogado: Súmula 240/STF... 852
- diárias devidas: Súmula 232/STF 851
- direito da concubina: Súmula 35/STF 851
- estabilidade provisória; 12 meses após fim do benefício; art. 118 da Lei n. 8.213/91; constitucionalidade: Súmula 378, I/TST ... 884
- estabilidade provisória; contrato por prazo determinado; reconhecimento: Súmula 378, III/TST 884
- estabilidade provisória; pressupostos; afastamento superior a 15 dias e auxílio-doença: Súmula 378, II/TST 884
- faltas ou ausências dele decorrentes; efeitos quanto à duração das férias e o cálculo da gratificação de Natal: Súmula 46/TST.. 868
- indenização; cálculo, conforme anotação na Carteira de Trabalho e Previdência Social: art. 40, III............................ 141
- indenização: Súmula 464/STF ... 852
- liquidação do segurador; subsistência da responsabilidade do empregador quanto à indenização decorrente de acidente do trabalho: Súmula 529/STF... 852
- Ministério Público; competência: Súmula 226/STJ 862
- multa pelo retardamento da liquidação: Súmulas 238 e 311/STF.. 852
- prevenção; comissão interna em cada empresa – CIPA: arts. 163 a 165 .. 154
- processo e julgamento de litígios; competência: Súmula 15/STJ.. 861
- recebimento de prestações de acidente do trabalho ou de auxílio-doença por mais de seis meses; efeitos quanto às férias: art. 133, IV .. 150
- repouso semanal remunerado; inclusão: Súmula 464/STF .. 852

ACIDENTE FERROVIÁRIO
- elevação da duração do trabalho do empregado: art. 240 ... 164

AÇÕES PLÚRIMAS
- incidência das custas sobre o respectivo valor global: Súmula 36/TST... 868

ACORDO(S)
- acréscimo de horas suplementares à duração normal do trabalho: art. 59 .. 142
- coletivo de trabalho: arts. 611 a 625................................... 207
- coletivo de trabalho; prorrogação para prazo indeterminado: OJ 322 da SDI-1 ... 914
- coletivo ou convenção coletiva; objeto ilícito: art. 611-B...... 208
- coletivo ou convenção coletiva; prevalência sobre a lei: art. 611-A ... 208
- coletivo; Planos Bresser e Verão; quitação através da concessão de folgas remuneradas: OJ Transitória 31 da SDI-1 924
- cumprimento; prazos e condições estabelecidos: art. 835... 243
- dissídios coletivos: arts. 863 e 864 249
- dissídios individuais; lavratura do termo: art. 846, §§ 1.º e 2.º .. 246
- eficácia; termo de adesão; ato jurídico perfeito: Súmula Vinculante 1 .. 857
- extrajudicial; homologação pela Justiça do Trabalho; inexigibilidade: OJ 34 da SDC .. 940
- jornada de trabalho; atividade insalubre; validade; exigências: Súmula 349/TST .. 882
- não cumpridos; execução: art. 876 250
- não homologados pela Justiça do Trabalho; competência; ação de cumprimento fundada em convenções e: Súmula 57/STJ .. 861
- seguir-se-á instrução de processo, se não houver acordo: art. 848 ... 246

ACORDO COLETIVO
- aderência das cláusulas ao CT; modificação ou supressão apenas por negociação coletiva: Súmula 277/TST 878
- cláusulas essenciais: art. 613... 210
- cláusulas secundárias: art. 621.. 211
- competência da JT: art. 625 ... 211
- conflito com o acordo coletivo: art. 620 211
- conflito com o contrato de trabalho: arts. 619 e 622 211

- conflito com política governamental: art. 623 211
- cópia não autenticada; valor probante: OJ 36 da SDI-1 906
- definição: art. 611, § 1.º .. 208
- depósito: art. 614, *caput* ... 210
- duração máxima: art. 614, § 3.º 210
- estabilidade do acidentado; cláusula menos benéfica que a legislação vigente; impossibilidade: OJ 31 da SDC 940
- homologação judicial; desnecessária; formalização perante MTE: OJ 34 da SDC ... 940
- iniciativa dos empregados: art. 617 210
- início da vigência: art. 614, § 1.º 210
- prorrogação ou revisão: art. 615 210
- publicidade: art. 614, § 2.º .. 210
- quórum de deliberação: art. 612 209
- recusa à negociação: art. 616 210
- representação: art. 611, § 2.º 208
- vigência; cláusula de prorrogação por prazo indeterminado; invalidade: OJ 322 da SDI-1 ... 914

ACORDO EXTRAJUDICIAL
- quitação; eficácia liberatória; somente parcelas consignadas; recibo: Súmula 330, I/TST ... 880
- quitação; somente período expressamente consignado; recibo: Súmula 330, II/TST ... 880

ACORDO JUDICIAL
- contribuições previdenciárias; ausência de discriminação das verbas; incidência sobre valor total: OJ 368 da SDI-1 916
- contribuições previdenciárias; ausência de vínculo; alíquotas de contribuinte individual: OJ 398 da SDI-1 918
- contribuições previdenciárias; trânsito em julgado; proporcionalidade de valores; natureza das verbas: OJ 376 da SDI-1. 917
- homologação; faculdade do juiz; inexistente direito líquido e certo; descabimento: Súmula 418/TST 888

ACORDOS OU TRANSAÇÕES
- acordo terminativo de litígio contra a Fazenda Pública; Covid-19: Lei n. 14.057, de 11-9-2020 812
- pagamento com desconto de precatórios federais; Covid-19: Lei n. 14.057, de 11-9-2020 .. 812

AÇOUGUES
- serviços prestados em tais estabelecimentos; equiparação a serviços públicos: art. 910 ... 262

ADIANTAMENTO DE SALÁRIO
- descontos: art. 462 ... 186

ADICIONAL(AIS)
- comissionado; horas extras; percentual: Súmula 340/TST ... 881
- cômputo no salário-base de cálculo da remuneração de férias: art. 142, § 5.º ... 151
- de insalubridade; cessação: art. 194 158
- de insalubridade; fornecimento do aparelho de proteção; efeito: Súmula 289/TST .. 878
- de insalubridade; opção do empregado: art. 193, § 2.º 158
- de insalubridade ou periculosidade; condenação; inserção na folha de pagamento: OJ 172 da SDI-1 910
- de insalubridade; percentuais: art. 192 158
- de periculosidade; cálculo de indenização: Súmula 132/TST ... 873
- de periculosidade; cessação: art. 194 158
- de periculosidade; eletricitário; exposição intermitente: Súmula 361/TST ... 882
- de periculosidade; percentual: art. 193, § 1.º 158
- de transferência; cargo de confiança: OJ 113 da SDI-1 908
- média a ser computada no momento das férias: art. 142, § 6.º .. 151
- noturno: art. 73 .. 146
- por trabalho extraordinário, noturno, insalubre ou perigoso; cômputo no salário que servirá de base ao cálculo da remuneração das férias: art. 142, § 5.º 151
- trabalho noturno da mulher: art. 381, § 1.º 173

ADICIONAL DE INSALUBRIDADE
- *vide*, também, ADICIONAL(AIS)
- agente diverso; verificação em perícia; não prejudica pedido judicial: Súmula 293/TST .. 878
- base de cálculo: Súmula 228/TST 876
- base de cálculo; piso nacional de salários: OJ Transitória 33 da SDI-1 .. 924
- base de cálculo; salário básico, salvo critério mais vantajoso (SUSPENSA EFICÁCIA): Súmula 228/TST 876
- cálculo à base do salário mínimo da região: Súmula 307/STF ... 852
- cálculo com base na remuneração do empregado: OJ 2 da SDI-2 .. 931
- calor; acima dos limites de tolerância; inclusive carga solar; devido: OJ 173, II, da SDI-1 ... 910
- causa de pedir, agente nocivo diverso do apontado na inicial: Súmula 293/TST ... 878
- deficiência de iluminamento: OJ Transitória 57 da SDI-1 926
- descabimento; limpeza em residências e escritórios/coleta de lixo: Súmula 448/TST ... 890
- descanso semanal; adicional já remunera os dias de DSR: OJ 103 da SDI-1 .. 908
- EPI; eliminação do agente lesivo exclui a percepção: Súmula 80/TST .. 870
- EPI; simples fornecimento não exime pagamento; Súmula 289/TST ... 878
- feito por médico ou engenheiro; validade: OJ 165 da SDI-1. 909
- folha de pagamento; inserção mês a mês; obrigação da empresa condenada: OJ 172 da SDI-1 910
- graduação: art. 192 ... 158
- hora extra: OJ 47 da SDI-1 ... 906
- integra a remuneração para o cálculo da indenização: Súmula 139/TST ... 873
- legitimidade do sindicato para pleitear: OJ 121 da SDI-1 908
- lixo urbano: Súmula 448/TST 890
- óleos minerais: OJ 171 da SDI-1 910
- pagamento; não basta constatação por laudo pericial: Súmula 448/TST ... 890
- para o trabalho executado, intermitentemente, em condições insalubres: Súmula 47/TST ... 869
- perícia judicial; enquadramento da atividade entre as insalubres: Súmula 460/STF ... 852
- perícia; local de trabalho desativado: OJ 278 da SDI-1 913
- radiação solar; atividade a céu aberto; ausente previsão legal; indevido: OJ 173, I, da SDI-1 910
- raios solares; indevido: OJ 173 da SDI-1 910
- reclassificação de atividade; repercussão no direito; redução salarial inexistente: Súmula 248/TST 877
- remuneração; integração para todos efeitos legais, enquanto recebido: Súmula 139/TST ... 873

- repouso semanal e feriados: OJ 103 da SDI-1 908
- risco intermitente; não afasta o direito: Súmula 47/TST 869

ADICIONAL DE PERICULOSIDADE
- *vide*, também, ADICIONAL(AIS)
- base de cálculo: art. 193, § 1.º ... 158
- base de cálculo; salário básico, sem adicionais: Súmula 19/TST.. 868
- bomba de gasolina; operadores tem direito: Súmula 39/TST.. 868
- edifício vertical; armazenamento de inflamável; risco de toda área interna: OJ 385 da SDI-1 .. 917
- eletricidade; sistema elétrico de potência; condições de risco; cabimento: OJ 324 da SDI-1 .. 914
- eletricitários; base de cálculo; totalidade das parcelas de natureza salarial: Súmula 191/TST 874
- eletricitários; exposição intermitente; valor integral: Súmula 361/TST... 882
- empregado de posto de revenda de combustível líquido: Súmula 212/STF.. 851
- empregados cabistas, instaladores e reparadores de linhas e aparelhos de empresas de telefonia: OJ 347 da SDI-1 915
- exposição eventual, permanente e intermitente: Súmula 364/TST.. 883
- feito por médico ou engenheiro; validade: OJ 165 da SDI-1. 909
- incidência: Súmula 191/TST... 874
- líquido inflamável: OJ 385 da SDI-1 917
- não incide sobre os triênios pagos pela PETROBRAS: Súmula 70/TST... 869
- opção de recebimento: art. 193, § 2.º 158
- pagamento de mera liberalidade; dispensável prova técnica; incontrovérsia; condição perigosa: Súmula 453/TST............ 890
- Permanente; base de cálculo de indenização e horas extras: Súmula 132, I/TST... 873
- Petrobras; não incidência sobre os triênios: Súmula 70/TST 869
- radiação ionizante: OJ 345 da SDI-1................................... 915
- radiação ionizante; regulamentação ministerial; delegação legislativa; cabimento: OJ 345 da SDI-1 915
- sistema elétrico de potência: OJ 324 da SDI-1.................... 914
- sobreaviso; ausência de condições de risco; incabível: Súmula 132, II/TST... 873
- valor: art. 193, § 1.º ... 158

ADICIONAL DE PRODUTIVIDADE
- previsto em decisão normativa; limitação: OJ Transitória 6 da SDI-1... 923

ADICIONAL DE RISCO
- portuário; proporcional ao tempo efetivo: OJ 316 da SDI-1 . 914
- portuário; terminal privativo: OJ 402 da SDI-1.................... 918

ADICIONAL DE TEMPO DE SERVIÇO
- base de cálculo: OJ Transitória 60 da SDI-1 926
- base de cálculo; Constituição do Estado de São Paulo: OJ Transitória 60 da SDI-1... 926
- nos termos do art. 19 da Lei n. 4.345, de 1964: Súmula 52/TST.. 869

ADICIONAL DE TRANSFERÊNCIA
- cargo de confiança; devido; transferência provisória: OJ 113 da SDI-1.. 908
- transferência provisória: art. 469, § 3.º 187

ADICIONAL NOTURNO
- adicional de periculosidade; base de cálculo: OJ 259 da SDI-1.. 912
- alteração de período; transferência para o diurno; perda do direito: Súmula 265/TST... 877
- caso de transferência de período: Súmula 265/TST 877
- empregado sob regime de revezamento: Súmula 213/STF... 851
- habitualidade; integração ao salário para todos os efeitos; Súmula 60, I/TST.. 869
- horas extras; integra base de cálculo do trabalho extra noturno: OJ 97 da SDI-1.. 907
- pago com habitualidade; integra o salário: Súmula 60/TST . 869
- prorrogação da jornada; cumprimento integral em período noturno; devido: Súmula 60, II/TST.................................... 869
- será devido se comprovada a identidade entre o trabalho diurno e o noturno: Súmula 313/STF.................................. 852
- vigia; devido no trabalho noturno: Súmula 140/TST 873

ADICIONAL REGIONAL
- instituído pela PETROBRAS; não contraria o art. 7.º, XXXII, da Constituição: Súmula 84/TST .. 870

ADJUDICAÇÃO
- decisão homologatória; incabível ação rescisória: Súmula 399, I/TST... 886

ADMINISTRAÇÃO DE SINDICATO
- art. 528.. 197
- prerrogativas do empregado eleito para o exercício de cargo da administração sindical: art. 543................................... 199

ADMINISTRAÇÃO PÚBLICA
- contratação sem concurso; após CF; horas trabalhadas e depósitos do FGTS: Súmula 363/TST.................................. 882
- contratação sem concurso público; nulidade: OJ 335 da SDI-1.. 915
- contrato nulo: OJ 10 da SDI-2 ... 931
- contrato nulo; limitação de efeitos; invocação art. 37, II e § 2.º da CF: OJ 335 da SDI-1 .. 915
- estágio; desvirtuamento; impossibilidade de vínculo: Súmula 363/TST: OJ 366 da SDI-1 .. 916
- indireta; contratação; ausência de concurso público: Súmula 430/TST.. 888
- penhora; anterior à sucessão; dispensado precatório: OJ 343 da SDI-1 ... 915
- privatização; contrato originariamente nulo por ausência de concurso; convalidação: Súmula 430/TST........................... 888
- recurso de revista; ausente RO voluntário anterior; descabimento: OJ 334 da SDI-1... 915
- revelia; possibilidade: OJ 152 da SDI-1 909
- terceirização ilícita; empresa interposta; não gera vínculo; art. 37, II, da CF de 1988: Súmula 331, II/TST........................... 881
- terceirização ilícita; igualdade de funções; ausência de vínculo; isonomia de direitos: OJ 383 da SDI-1............................ 917
- terceirização ilícita; vínculo empregatício; período anterior a CF de 1988: OJ 321 da SDI-1 ... 914
- terceirização ilícita; responsabilidade subsidiária; culpa: Súmula 331, V/TST.. 881
- vínculo empregatício com a; período anterior à CF/88: OJ 321 da SDI-1 .. 914

ADMISSÃO DE EMPREGADO
- anotação falsa a respeito na Carteira de Trabalho e Previdência Social: art. 49, V... 141

- data de admissão na empresa; anotação obrigatória e prazo respectivo: art. 29 ... 139
- empregador que infringir as anotações respectivas; multa: arts. 29-A e 29-B ... 139
- exame médico obrigatório: art. 168 155
- exigências proibidas: Lei n. 9.029, de 13-4-1995 569
- recusa da empresa a fazer as anotações respectivas: art. 36 140
- renovação de exame médico: art. 168, § 3.º 155

ADMISSÃO DO TRABALHADOR
- Lei n. 6.868, de 3-12-1980 .. 486

ADOLESCENTE
- consolidação de atos normativos sobre: Decreto n. 9.579, de 22-11-2018 ... 755
- proteção ao trabalho; Estatuto: Lei n. 8.069, de 13-7-1990 ... 520

ADVOGADO(S)
- assistência nos dissídios coletivos: art. 791, § 2.º 237
- atuação fora da seção OAB; infração disciplinar; não importa nulidade dos atos: OJ 7 da SDI-1 905
- banco; não configuração do cargo de confiança: Súmula 102, V/TST ... 871
- carga dos autos: arts. 778 e 901, parágrafo único 234, 261
- com poderes para o foro em geral; constituição: art. 791, § 3.º ... 237
- consulta dos autos: art. 779 ... 234
- empregado: arts. 18 e s. da Lei n. 8.906, de 4-7-1994 565
- jornada de trabalho; empregado antes da Lei n. 8.906, de 4-7-1994; dedicação exclusiva: OJ 403 da SDI-1 918
- mandato *apud acta*: art. 791, § 3.º 237
- procedimentos relativos à entrega de autos para estagiários e: Resolução Administrativa n. 940, de 30-6-2003 621
- representação de empregado ou empregador em dissídios individuais: art. 791, § 1.º .. 237
- vista dos autos: art. 778 ... 234

AFASTAMENTO DO EMPREGADO
- contrato por prazo determinado, período do afastamento; não será computado: art. 472, § 2.º 187
- prestação de serviço militar: art. 472 187
- segurança nacional: art. 472, § 3.º 187
- volta ao trabalho; vantagens asseguradas: art. 471 187

AGENTES AUTÔNOMOS
- base de pagamento da contribuição sindical: art. 584 205
- contribuição sindical; montante: art. 580, II 204
- contribuição sindical; quando e onde deverá ser recolhida: art. 586 e §§ .. 205

AGENTES DE INSPEÇÃO DO TRABALHO
- interdição ou embargo de estabelecimento; requerimento: art. 161, § 2.º ... 154
- lavratura de auto de infração, sob pena de responsabilidade administrativa: art. 628 .. 212

AGENTES FÍSICOS, QUÍMICOS E BIOLÓGICOS
- avaliação e controle das exposições ocupacionais aos: NR 9 ... 475

AGRAVO
- art. 893, IV .. 254
- cabimento: art. 897 ... 259
- de instrumento; cabimento: art. 897, *b* 259
- de petição; cabimento: art. 897, *a* 259
- fungibilidade; decisão de órgão colegiado; descabimento; erro grosseiro: OJ 412 da SDI-1 918

- inominado ou regimental; não cabimento: OJ 412 da SDI-1 ... 918
- interposição em caso de denegação de recurso de revista; prazo: art. 896, § 12 ... 257
- prazo: art. 897, § 1.º .. 259
- regimental; peças essenciais: OJ 132 da SDI-1 908

AGRAVO DE INSTRUMENTO
- acórdão regional proferido em; recurso de revista; inadmissibilidade: Súmula 218/TST .. 875
- acórdão do TRT não assinado: OJ Transitória 52 da SDI-1 925
- admissibilidade; óbice pelo TRT; afastado; exame imediato dos demais pressupostos: OJ 282 da SDI-1 913
- admissibilidade parcial de recurso de revista; cabimento: Instrução Normativa n. 40, de 15-3-2016 704
- cabimento: art. 897, *b*, e §§ 2.º e 4.º 259
- embargos declaratórios: OJ Transitória 17 da SDI-1 923
- contraminuta: art. 897, § 8.º ... 259
- depósito recursal: art. 899, § 7.º 261
- formação do instrumento: art. 897, § 5.º 259
- formação do instrumento; desnecessária juntada de comprovante de custas e recursal RO: OJ 217 da SDI-1 911
- formação do instrumento: irregularidade no mandato expresso; suprimento: OJ 286, II, da SDI-1 913
- formação do instrumento; mandato tácito; juntada da ata de audiência: OJ 286, I, da SDI-1 913
- formação do instrumento; uso de peças essenciais juntadas pelo agravado; validade: OJ 283 da SDI-1 913
- interposto pelo Ministério Público; pressupostos extrínsecos: OJ Transitória 20 da SDI-1 ... 924
- juízo de admissibilidade *ad quem*: OJ 282 da SDI-1 913
- mandato tácito: OJ 286 da SDI-1 913
- não recebimento AP: art. 897, § 2.º 259
- órgão julgador: art. 897, § 4.º 259
- peça indispensável; certidão de publicação do acórdão regional: OJ Transitória 18 da SDI-1 923
- peças dispensáveis: OJ Transitória 19 da SDI-1 924
- peças essenciais: OJ 283 da SDI-1 913
- provimento: art. 897, § 7.º .. 259
- representação processual: OJ 374 da SDI-1 916
- traslado: OJ 217 da SDI-1 .. 911
- traslado; certidão: OJ Transitória 21 da SDI-1 924
- traslado de peças; obrigatoriedade: OJ Transitória 16 da SDI-1 ... 923
- uniformização; procedimento: Instrução Normativa n. 16, de 26-8-1999 ... 597

AGRAVO DE PETIÇÃO
- admissibilidade do recurso de revista contra acórdão proferido em: Súmula 266/TST ... 877
- cabimento: art. 897, *a*, e §§ 1.º e 3.º 259
- contribuições previdenciárias: art. 897, § 8.º 259
- delimitação da matéria e valores: art. 897, § 1.º 259
- órgão julgador: art. 897, § 3.º 259

AGRAVO REGIMENTAL
- autos apartados; inexistência de lei que exija: OJ 132 da SDI-1 ... 908

ÁGUA POTÁVEL
- fornecimento aos empregados; disposições a respeito; competência: art. 200, VII .. 159

Índice Alfabético-Remissivo Geral

AJUDA ALIMENTAÇÃO
- salário; não integração; inexistência de caráter salarial: OJ 133 da SDI-1 .. 908

AJUDAS DE CUSTO
- não se incluem na renumeração: art. 457, § 2.º 183

ALÇADA
- ação rescisória; não aplicável: Súmula 365/TST 883
- fixação: Súmula 71/TST ... 869
- não aplicabilidade; ação rescisória e mandado de segurança: Súmula 365/TST .. 883
- recursal; vinculação ao salário mínimo: Súmula 356/TST ... 882
- valor; vinculação salário mínimo; art. 2.º, § 4.º, da Lei n. 5.584/70; constitucionalidade: Súmula 356/TST 882

ALIENAÇÃO FIDUCIÁRIA
- terceiro de boa-fé: Súmula 92/STJ 861

ALIMENTAÇÃO DO TRABALHADOR
- ajuda; não integração ao salário: OJ 133 da SDI-1 908
- horários obrigatórios: art. 230, § 2.º 161
- imposto de renda; dedução pelas pessoas jurídicas: Lei n. 6.321, de 14-4-1976 ... 438
- inclusão no salário: arts. 81 e 458 148, 184
- integração à remuneração do empregado: Súmula 241/TST .. 876
- reembolso de despesas com: PN 89 945

ALIMENTOS
- créditos de natureza alimentícia; preferência: Súmula 144/STJ .. 861

ALISTAMENTO ELEITORAL DO EMPREGADO
- falta ao serviço por este motivo, sem prejuízo do salário: arts. 131, I, e 473, V 150, 187

ALTERAÇÃO DO CONTRATO DE TRABALHO
- arts. 468 a 470 ... 186
- comissões; alteração ou supressão; prescrição total: OJ 175 da SDI-1 .. 910
- gratificações: OJ 76 da SDI-1 907
- mútuo consentimento: art. 468 186
- transferência de empregado; despesas; responsabilidade do empregador: art. 470 ... 187
- transferência de empregado em caso de extinção do estabelecimento: art. 469, § 2.º 187
- transferência de empregado que exerça cargo de confiança: art. 469, § 1.º ... 186
- transferência de empregado sem anuência deste: art. 469.. 186

ALTERAÇÃO NA ESTRUTURA JURÍDICA DA EMPRESA
- não afetará os direitos adquiridos por seus empregados: art. 10 .. 138

AMAMENTAÇÃO
- – do próprio filho; períodos de descanso: art. 396 175

ANALFABETO
- recibo de salário mediante impressão digital: art. 464 186
- rescisão contratual; pagamento em dinheiro: art. 477, § 4.º 189

ANALOGIA
- utilização nas decisões das autoridades administrativas e da Justiça do Trabalho, em caso de falta de disposições legais ou contratuais: art. 8.º 137

ANISTIA
- concedida pela EC n. 26/85; efeitos: OJ 12 da SDI-1 905
- concedida pela Lei n. 6.683/79; efeitos: OJ Transitória 44 da SDI-1 .. 925
- concedida pela Lei n. 8.878/94; efeitos: OJ Transitória 56 da SDI-1 .. 926
- readmissão de empregado; efeito financeiro: OJ 91 da SDI-1 .. 907

ANOTAÇÕES NA CARTEIRA DE TRABALHO E PREVIDÊNCIA SOCIAL
- crime de falsidade: arts. 49 e 50 141
- falta ou recusa; reclamação: arts. 36 a 39 140
- não comporta impugnação pela via do mandado de segurança: Súmula 414/TST ... 887
- presunção *juris tantum*: Súmula 12/TST 867
- valor: art. 40 ... 140
- valor probatório: Súmula 225/STF 851

ANTECIPAÇÃO DA TUTELA
- competência; valores: OJ 68 da SDI-2 933
- tribunal; decisão do relator; submissão ao colegiado, sessão subsequente: OJ 68 da SDI-2 .. 933

ANTIGUIDADE
- cálculo da indenização; inserção de salário relativo a serviço extraordinário: Súmula 24/TST 868

APLICAÇÃO DA LEI
- art. 8.º .. 138

APOSENTADO
- que recupera a capacidade de trabalho dentro de cinco anos; direito de retornar ao emprego: Súmula 217/STF 851

APOSENTADORIA
- ação de cobrança, complementação: Súmula 291/STJ 862
- ação de cobrança, diferença de valores: Súmula 427/STJ .. 862
- bancário; complementação: Súmula 313/TST 880
- complementação; ação declaratória: OJ 276 da SDI-1 913
- complementação antes da Súmula 313 do TST: OJ 8 da SDI-2 .. 931
- complementação; Banco do Brasil: OJ Transitória 69 da SDI-1 .. 926
- complementação; Banco do Brasil; sucumbência; inversão: OJ Transitória 32 da SDI-1 ... 924
- complementação; Banco Itaú: OJ Transitória 46 da SDI-1 .. 925
- complementação: Banco Meridional: OJ Transitória 25 da SDI-1 .. 924
- complementação; Banco Real; Fundação Clemente de Faria: OJ Transitória 41 da SDI-1 .. 925
- complementação: Banrisul: OJs Transitórias 7 e 40 da SDI-1 ... 923, 925
- complementação de aposentadoria; CEF: OJ Transitória 51 da SDI-1 .. 925
- complementação; CEAGESP: OJ Transitória 11 da SDI-1 923
- complementação; CVRD: OJ Transitória 24 da SDI-1 924
- complementação; diferenças; prescrição: Súmula 327/TST 880
- complementação dos proventos: Súmula 288/TST 878
- complementação; integralidade: OJ Transitória 76 da SDI-1 927
- complementação; Petrobras; avanço de nível: OJ Transitória 62 da SDI-1 ... 926
- complementação; Petrobras; integralidade; condição: OJ Transitória 63 da SDI-1 ... 926
- complementação; Petrobras; parcelas que não integram: OJ Transitória 64 da SDI-1 ... 926
- complementação por ato da empresa: Súmula 97/TST 871
- complementação; reajuste: OJ 224 da SDI-1 911

- de servidor público; requisitos; direito, em tese, a duas aposentadorias: Súmula 37/STF ... 851
- direito à complementação; não se altera pela instituição de benefício previdenciário por órgão oficial: Súmula 92/TST... 870
- espontânea; unicidade do contrato de trabalho: OJ 361 da SDI-1 .. 916
- extinção do contrato de trabalho; espontânea; inocorrência; multa de 40% no caso de desligamento: OJ 361 da SDI-1 .. 916
- norma regulamentar; não condicionado ao disposto no § 2.º do art. 14 da Lei n. 8.036, de 13-7-1990: Súmula 72/TST . 869
- normas relativas à complementação; Manual de Pessoal da Petrobras; caráter programático: Súmula 332/TST.............. 881
- pedido de complementação; diferença; prescrição parcial: Súmula 327/TST .. 880
- pedido de complementação; prescrição total: Súmula 326/TST.. 880
- por invalidez; ausência de requerimento administrativo no INSS; termo inicial: Súmula 576/STJ 863
- por invalidez; cálculo: Súmula 65/JEF 896
- por invalidez; cancelamento; retorno ao emprego ou indenização: Súmula 160/TST .. 873
- por invalidez; concedida judicialmente; termo inicial: Súmula 576/STJ .. 863
- por invalidez; empregado sindicalizado; vantagens: art. 540, § 2.º ... 199
- processo perante o Tribunal de Contas da União: Súmula Vinculante 3... 857
- retorno ao emprego: Súmula 217/STF 851
- trabalhador rural: Súmula 272/STJ 862
- voluntária; garantia de emprego: PN 85 945

APPA
- custas processuais; não isenção; exploração de atividade econômica: OJ 13 da SDI-1 ... 905
- depósito recursal; não isenção; exploração de atividade econômica: OJ 13 da SDI-1 ... 905

APRENDIZAGEM
- arts. 424 a 433.. 178
- consolidação de atos normativos sobre: Decreto n. 9.579, de 22-11-2018 .. 755
- contratação: art. 431... 179
- contrato especial: art. 428.. 178
- dever dos pais: art. 424 .. 178
- duração do trabalho: art. 432... 179
- extinção do CT: art. 433 .. 179
- frequência às aulas: art. 427.. 174
- número de aprendizes: art. 429.. 179
- segurança e medicina do trabalho: art. 425........................ 174
- serviços nacionais: art. 430... 179

APRENDIZES
- contagem do tempo de serviço: Súmula 18/JEF.................. 895
- contratação: art. 431... 179
- contrato de aprendizagem: art. 428..................................... 178
- contrato de aprendizagem; extinção: art. 433..................... 179
- duração do trabalho: art. 432... 179
- número obrigatório nos estabelecimentos industriais: arts. 429 e 430.. 179

APRESENTAÇÃO PARA SERVIÇO MILITAR
- cômputo do tempo de trabalho anterior, para efeito de aquisição do direito a férias: art. 132.. 150

ARMADOR(ES)
- concessão de férias a embarcadiços; pedido escrito: art. 150, § 3.º .. 152
- concessão de férias a tripulantes: arts. 148 a 153............... 152

ARMAZÉM
- da própria empresa; sua utilização pelo empregado não poderá ser obrigatória: art. 462, § 2.º 186
- de gêneros alimentícios; serviços prestados por tais estabelecimentos; equiparação a serviços públicos: art. 910 262

ARMAZENAGEM DE MATERIAIS
- condições de segurança e higiene; normas a respeito; competência: art. 182, II.. 156

ARQUIVAMENTO
- de reclamação, caso o reclamante não compareça à audiência de julgamento: art. 844 ... 245

ARREMATAÇÃO
- anúncio mediante edital: art. 888 e § 1.º............................. 253
- arrematante; garantia do lance: art. 888, § 2.º 254
- decisão homologatória; incabível rescisória: Súmula 399, I/TST.. 886
- falta de licitante; adjudicação não requerida pelo exequente; venda dos bens por leiloeiros: art. 888, § 3.º 254
- prazo para o arrematante pagar o preço da arrematação; perda do sinal de 20% se não o fizer: art. 888, § 4.º 254
- quando será efetuada: art. 888 .. 253

ARTISTA
- menor artista; autorização judicial para o exercício da profissão em circos, teatros de revista, cinemas, boates e estabelecimentos análogos: art. 406... 177

ASSÉDIO SEXUAL
- Decreto-lei n. 2.848, de 7-12-1940 415

ASSEMBLEIA GERAL DE TRABALHADORES – AGT
- edital de convocação e ata; requisitos essenciais para instauração de dissídio coletivo: OJ 29 da SDC 940
- edital de convocação; observação obrigatória: OJ 35 da SDC 940
- edital de convocação; publicação em jornal de circulação de cada município da base territorial: OJ 28 da SDC............. 940
- edital de convocação; prazo; disposição estatutária específica: OJ 35 da SDC ... 940
- edital de convocação; validade: OJ 28 da SDC................... 940

ASSINATURA A ROGO
- em Carteira de Trabalho e Previdência Social: art. 17, § 2.º 139

ASSISTÊNCIA JUDICIÁRIA
- gratuita; comprovação: Súmula 463/TST............................ 891
- Lei n. 1.060, de 5-2-1950.. 421
- prestação por sindicatos: art. 514, b 195

ASSISTÊNCIA JUDICIÁRIA GRATUITA
- Lei n. 1.060, de 5-2-1950.. 421
- Lei n. 5.584, de 26-6-1970.. 428

ASSOCIAÇÃO EM SINDICATO
- arts. 511 a 514.. 194
- categoria profissional diferenciada; conceito: art. 511, § 3.º 194
- licitude: art. 511 .. 194
- prerrogativas dos sindicatos: art. 513 194

ASSOCIAÇÕES RECREATIVAS
- equiparação ao empregador para efeitos exclusivos da relação de emprego: art. 2.º, § 1.º ... 135

ATA
- dos trâmites de instrução e julgamento da reclamação: art. 851 e §§ .. 247

ATESTADO
- de afastamento e salários: PN 8 943

ATESTADO DE BOA CONDUTA
- apresentação: Lei n. 6.868, de 3-12-1980 486

ATESTADO DE BONS ANTECEDENTES
- apresentação obrigatória (art. 380, *a*, da CLT) e substituição por declaração do interessado: Lei n. 6.868, de 3-12-1980 ... 486

ATESTADO DE ESTERILIZAÇÃO
- proibição de exigência para efeito admissional no trabalho: Lei n. 9.029, de 13-4-1995 ... 569

ATESTADO DE GRAVIDEZ
- proibição de exigência para efeito admissional no trabalho: Lei n. 9.029, de 13-4-1995 ... 569

ATESTADO MÉDICO
- em caso de aborto não criminoso; repouso remunerado da mulher e retorno à função anterior: art. 395 175
- e odontológico: PN 81 ... 944
- justificação da falta; ordem preferencial estabelecida em lei: Súmula 15/TST ... 868
- rompimento do contrato por mulher grávida; admissibilidade, se apresentado: art. 394 ... 175

ATIVIDADE ECONÔMICA
- critérios e procedimentos para a classificação de risco: Decreto n. 10.178, de 18-12-2019 ... 775
- exploração de atividade em desacordo com a norma técnica desatualizada: Decreto n. 10.229, de 5-2-2020 795

ATIVIDADES E OPERAÇÕES INSALUBRES
- renovação de exame médico: art. 168, § 3.º 155

ATIVIDADES ESPECIAIS
- comprovação; laudo pericial: Súmula 68/JEF 896

ATIVIDADES INDUSTRIAIS E COMERCIAIS
- caracterização: art. 352, § 1.º 171

ATIVIDADES INSALUBRES
- especificação; competência: Súmula 194/STF 851
- horas extras: art. 60 ... 144

ATIVIDADES INSALUBRES OU PERIGOSAS
- arts. 189 a 197 .. 157
- afastamento da empregada durante a gestação e a lactação: art. 394-A ... 175
- arguição em juízo; designação de perícia: art. 195, §§ 2.º e 3.º .. 158
- caracterização: arts. 189 e 193 157
- efeitos pecuniários; contagem: art. 196 158
- explosivos: art. 193, I .. 158
- inflamáveis: art. 193, I ... 158
- insalubridade; eliminação por neutralização: art. 191 ... 157
- normas a respeito emitidas pelo Ministério do Trabalho: art. 190 ... 157
- trabalho em motocicleta: art. 193, § 4.º 158
- segurança pessoal ou patrimonial: art. 193, II 158

ATLETA PROFISSIONAL
- contrato de trabalho: Lei n. 9.615, de 24-3-1998 572

ATO DE IMPROBIDADE
- do empregado; justa causa para rescisão contratual: art. 482, *a* ... 190

ATO LESIVO DA HONRA E DA BOA FAMA
- praticado por empregado; justa causa para rescisão contratual: art. 482, *j* e *k* ... 190
- praticado por empregador; rescisão contratual e pedido de indenização pelo empregado: art. 483, *e* 190

ATOS ADMINISTRATIVOS
- anulação ou revogação; Tribunal de Contas da União: Súmula Vinculante 3 .. 857
- informação à fiscalização: art. 627-A 212

ATOS ATENTATÓRIOS À SEGURANÇA NACIONAL
- praticados por empregado; justa causa para dispensa: art. 482, parágrafo único .. 190

ATOS E TERMOS PROCESSUAIS
- arts. 770 a 782 .. 233
- firma a rogo: art. 772 ... 233
- horário: art. 770 .. 233
- prazos; contagem: art. 774 233
- publicidade: art. 770 .. 233

ATOS PROCESSUAIS
- carga dos autos: art. 778 .. 234
- certidões: art. 781 ... 234
- consulta dos autos: art. 779 234
- desentranhamento de documentos: art. 780 234
- forma: arts. 771 a 773 .. 233
- horário: art. 770, *caput* ... 233
- isenções: art. 782 .. 234
- nulidades: arts. 794 a 798 .. 238
- penhora: art. 770, parágrafo único 233

AUDIÊNCIA(S)
- arts. 813 a 817 .. 241
- atraso do juiz: art. 815, parágrafo único 241
- ausência da empresa; revelia; ainda que presente o advogado: Súmula 122/TST .. 872
- ausência do reclamante; não arquivamento quando adiada após contestação: Súmula 9/TST 867
- de conciliação, em dissídios coletivos: arts. 860 a 864 ... 249
- de julgamento: arts. 843 a 852 245
- de julgamento; não comparecimento do reclamado e do reclamante; efeitos: art. 844 245
- de julgamento; quem deverá estar presente: art. 843 e §§ .. 245
- de julgamento; resumo em ata: art. 851 e §§ 247
- dias e horários: art. 813, *caput* 241
- doença do reclamante: art. 843, § 2.º 245
- local: art. 813 .. 241
- poder de polícia do juiz: art. 816 241
- pregão: art. 815, *caput* .. 241
- preposição: art. 843, § 1.º .. 245
- presença pessoal obrigatória: art. 843, *caput* 245
- razões finais; prazo: art. 850 246
- registros em livro próprio: art. 817 e parágrafo único ... 241
- será contínua; ressalva: art. 849 246

AUDIÊNCIA DE JULGAMENTO
- arts. 843 e 852 ... 245, 247
- acordo entre as partes: art. 847 246
- ata: art. 851 .. 246
- conciliação proposta pelo juiz: art. 846 246

- inquérito para apuração de falta grave: arts. 853 a 855 248
- instrução do processo, caso não haja acordo: art. 848 246
- interrogatório dos litigantes: art. 848 246
- não comparecimento do reclamado; revelia e confissão quanto à matéria de fato: art. 844 245
- não comparecimento do reclamante; arquivamento da reclamação: art. 844 ... 245
- notificação da decisão aos litigantes: art. 852 247
- presença do reclamante e do reclamado: art. 843 245
- razões finais, ao término da instrução: art. 850 246
- reclamado; tempo para aduzir a defesa: art. 847 246
- será contínua: art. 849 ... 246
- testemunhas; acompanharão reclamante e reclamado: art. 845 .. 246

AUDIÊNCIA TRABALHISTA
- interrupção por força maior: art. 849 246
- não comparecimento das partes: art. 844 245
- oitiva de testemunha e perito: art. 848 e § 2.º 246
- preposição; empregado do reclamado, salvo doméstico, ME e EP: Súmula 377/TST ... 884

AUDITOR FISCAL DO TRABALHO
- orientação para ações; precedentes administrativos: Ato Declaratório n. 4, de 21-2-2002 609

AUMENTO SALARIAL
- ou reajuste; cláusula que implique elevação de tarifas ou preços sujeitos à fixação por autoridade pública ou repartição governamental; de que dependerá sua vigência: art. 624 211

AUSÊNCIA
- do empregado; justificação pela empresa; falta ao serviço não caracterizada: art. 131, IV 150
- do reclamante; adiamento da instrução após contestada a ação em audiência: Súmula 9/TST 867

AUTARQUIA(S)
- paraestatais; servidores; inaplicabilidade da Consolidação das Leis do Trabalho; ressalva: art. 7.º, caput, d 137
- representação irregular: OJ 318 da SDI-1 914
- seguradora; não terá isenção de custas, em caso de acidente do trabalho: Súmula 236/STF 851

AUTARQUIA SEGURADORA
- não terá isenção de custas, em caso de acidente do trabalho: Súmula 236/STF ... 851

AUTENTICAÇÃO
- documento único; cópia: OJ Transitória 23 da SDI-1 924
- pelo próprio advogado: art. 830 242
- pessoa jurídica de direito público: OJ 134 da SDI-1 908

AUTOCOMPOSIÇÃO E MEDIAÇÃO
- Lei n. 13.140, de 26-6-2015 .. 688

AUTO DE INFRAÇÃO
- lavratura em duplicata; entrega de uma via ao infrator: art. 629 e §§ ... 213
- lavratura pelo agente da inspeção; responsabilidade administrativa: art. 628 .. 212
- registro: art. 629, § 4.º ... 213

AUTORIDADES ADMINISTRATIVAS
- critérios de decisão, na falta de disposições legais ou contratuais: art. 8.º ... 137

AUTORIDADES POLICIAIS
- assistência a agentes de inspeção do trabalho: art. 630, § 8.º .. 213

AUTORIZAÇÃO PARA DESCONTOS
- de prestações em folha de pagamento; empréstimos, financiamentos e operações de arrendamento mercantil: Lei n. 10.820, de 17-12-2003 ... 625
- de prestações em folha de pagamento; empréstimos, financiamentos e operações de arrendamento mercantil; regulamento: Decreto n. 4.840, de 17-9-2003 622

AUTOS PROCESSUAIS
- formação: art. 777 ... 234
- responsabilidade a eles referente: art. 777 234
- retirada: art. 778 ... 234
- vista: art. 778 ... 234

AUTUAÇÃO
- multas administrativas: arts. 626 a 634 212

AUXILIAR DE LABORATÓRIO
- ausência de diploma; efeitos: Súmula 301/TST 879

AUXÍLIO-ACIDENTE
- cálculo: Súmula 65/JEF .. 896

AUXÍLIO-ALIMENTAÇÃO
- alteração da natureza jurídica; adesão ao PAT: OJ 413 da SDI-1 ... 918
- aos servidores inativos: Súmula 680/STF 853
- disposições: Lei n. 14.442, de 2-9-2022 846
- incidência de contribuição previdenciária: Súmula 67/JEF .. 896
- natureza indenizatória: OJ Transitória 61 da SDI-1 926
- natureza indenizatória; norma coletiva; descabimento; contratados antes da alteração: OJ 413 da SDI-1 918

AUXÍLIO-DOENÇA
- acidentário; aposentadoria por invalidez; manutenção do plano de saúde: Súmula 440/TST 889
- aposentadoria por invalidez: OJ 375 da SDI-1 917
- cálculo: Súmula 65/JEF .. 896
- incapacidade que propicie sua concessão; anuência do empregado; não será considerada falta ao serviço para efeito de férias: art. 131, III ... 150
- recebimento de prestações por mais de seis meses; efeitos quanto às férias: art. 133, IV ... 150

AUXÍLIO-ENFERMIDADE
- ou seguro-doença; licença não remunerada: art. 476 188

AUXÍLIO-MATERNIDADE
- art. 393 ... 175

AUXÍLIO-TRANSPORTE
- instituição: Medida Provisória n. 2.165-36, de 23-8-2001 .. 607

AVALIAÇÃO DE BENS PENHORADOS
- prazo: art. 721, § 3.º ... 228

AVISO PRÉVIO
- vide Lei n. 12.506, de 11-10-2011 669
- arts. 487 a 491 .. 191
- baixa na CTPS: OJ 82 da SDI-1 907
- cabimento na despedida indireta: art. 487, § 4.º 191
- cessação da atividade da empresa; pagamento da indenização não exclui o direito: Súmula 44/TST 868
- concessão de auxílio-doença; efeitos da dispensa só concretizados após fim do benefício: Súmula 371/TST 884

- concessão inválida; fluência da garantia de emprego; incompatibilidade: Súmula 348/TST .. 882
- confirmação da gravidez durante o prazo do art. 391-A 174
- contagem do prazo; exclusão do dia do começo e inclusão do vencimento: Súmula 380/TST ... 884
- contrato de experiência; rescisão antecipada; cabimento: Súmula 163/TST .. 874
- contribuição para o FGTS: Súmula 305/TST 879
- cumprido em casa; verbas rescisórias: OJ 14 da SDI-1 905
- dispensa: PN 24 .. 943
- em casa; pagamento das rescisórias até o décimo dia: OJ 14 da SDI-1 ... 905
- empregado; prática de falta considerada justa causa para a rescisão; perda de direito: art. 491 ... 192
- empregador; prática de ato que justifique a rescisão imediata do contrato; sanção cabível: art. 490 .. 190
- falta de aviso prévio por parte do empregado: art. 487, § 2.º .. 191
- falta de aviso prévio por parte do empregador: art. 487, § 1.º .. 191
- FGTS; incidência, trabalhado ou não: Súmula 305/TST 879
- gratificação semestral; repercussão: Súmula 253/TST 877
- horas extras; art. 487, § 5.º ... 191
- indenização adicional; cômputo do tempo de aviso, mesmo que indenizado: Súmula 182/TST ... 874
- indenizado; efeitos; vantagens econômicas; salário, reflexo e rescisórias: Súmula 371/TST .. 884
- indenizado; prescrição: OJ 83 da SDI-1 907
- início da contagem: Súmula 380/TST ... 884
- justa causa: arts. 490 e 491 ... 191
- não concessão: art. 487, §§ 1.º e 2.º .. 191
- norma coletiva; cômputo integral do período majorado como tempo de serviço: OJ 367 da SDI-1 ... 916
- período que se reduz da jornada de trabalho; substituição pelo pagamento das horas correspondentes; ilegalidade: Súmula 230/TST .. 876
- prazo; elasticimento por norma coletiva: OJ 367 da SDI-1 . 902 prazos: art. 487 .. 191
- proporcional ao tempo de serviço; aplicável rescisões ocorridas a partir de 13-10-2011; publicação da Lei n. 12.506: Súmula 441/TST .. 889
- proporcionalidade: Súmula 441/TST ... 889
- reconsideração; aceitação; efeitos: art. 489, parágrafo único ... 191
- redução da jornada; ilegal substituição pelo pagamento das horas: Súmula 230/TST .. 876
- redução da jornada de trabalho permutada: art. 488, parágrafo único ... 191
- redução da jornada em duas horas, sem prejuízo do salário integral: art. 488 ... 191
- regulamentação: Lei n. 12.506, de 11-10-2011 669
- remuneração: art. 487, §§ 3.º, 5.º e 6.º 191
- renúncia; impossibilidade; dispensa de cumprimento não exime pagamento: Súmula 276/TST .. 878
- renúncia pelo empregado: Súmula 276/TST 878
- rescisões antecipadas dos contratos de experiência: Súmula 163/TST .. 874
- salário pago na base de tarefa; cálculo do aviso prévio: art. 487, § 3.º ... 191
- superveniência de auxílio-doença no curso do: Súmula 371/TST .. 884
- tempo indenizado; contagem para efeito de indenização adicional: Súmula 182/TST .. 874

BANCÁRIOS
- advogado empregado; não configuração de cargo de confiança: Súmula 102, V/TST .. 871
- arts. 224 a 226 .. 160
- ajuda alimentação: OJ 123 da SDI-1 ... 908
- caixa; não cargo de confiança; gratificação pela maior responsabilidade: Súmula 102, VI/TST ... 871
- cálculo do salário-hora: Súmula 124/TST 872
- cargo de confiança; gratificação inferior a 1/3 do salário; devidas horas extras: Súmula 102, III/TST 871
- cargo de confiança; indevidas horas extras; diferenças: Súmula 102, VII/TST ... 872
- cargo de confiança; prova das reais atribuições do empregado; insuscetível Recurso de Revista ou Embargos: Súmula 102, I/TST ... 871
- contínuos; regime especial: art. 226 .. 161
- cooperativa de crédito; equiparação salarial; impossibilidade; diferenças estruturais: OJ 379 da SDI-1 917
- corretora de títulos; indevida jornada especial: Súmula 119/TST ... 872
- corretora de valores mobiliários: indevida jornada especial: Súmula 119/TST .. 872
- divisor de horas extras; sábado: Súmula 124, I e II/TST 872
- duração normal do trabalho: art. 224 .. 160
- empregado de empresa de processamento de dados: Súmula 239/TST .. 876
- empregados do BNDES; legislação aplicável: OJ Transitória 77 da SDI-1 .. 927
- empregados do BRDE: OJ Transitória 34 da SDI-1 924
- equipamentos: art. 226, caput .. 161
- estabelecimento de crédito; categoria diferenciada; inaplicável o regime legal dos bancários: Súmula 117/TST 872
- estabilidade; aquisição de tal direito: art. 919 262
- financeiras; equiparação para efeitos do art. 224 da CLT: Súmula 55/TST .. 869
- gerente; jornada de trabalho: Súmula 287/TST 878
- gerente de agência; jornada de trabalho; art. 224, § 2.º, da CLT: Súmula 287/TST .. 878
- gerente-geral; jornada de trabalho; art. 62 da CLT: Súmula 287/TST .. 878
- gratificação: art. 224, § 2.º .. 160
- gratificação de função; impossibilidade de compensação com horas extras: Súmula 109/TST ... 872
- gratificação de função e adicional por tempo de serviço: Súmula 240/TST .. 876
- gratificação por tempo de serviço; integração no cálculo das horas extras: Súmula 226/TST ... 876
- horas extras: art. 225 ... 160
- horas extras; admissão; pré-contratação; nulidade: Súmula 199, I/TST .. 875
- horas extras; gratificação não inferior a 1/3 salário; indevidas: Súmula 102, II/TST ... 871
- horas extras; pré-contratadas; prescrição quinquenal e total: Súmula 199, II/TST ... 875
- integração em sua remuneração da vantagem pecuniária auferida na colocação ou venda de papéis: Súmula 93/TST 870

- intervalo: art. 224, § 1.º .. 160
- intervalo não computável na jornada: OJ 178 da SDI-1 910
- jornada de trabalho; cargo de confiança; 8 horas: Súmula 102, IV/TST.. 871
- porteiros; regime especial: art. 226 161
- prescrição quinquenal; horas extras pré-contratadas; total; contagem da supressão: Súmula 199, II/TST 875
- processamento de dados; bancos integrantes do mesmo grupo econômico; equiparação: Súmula 239/TST......................... 876
- prorrogação da duração do trabalho: art. 225.................... 160
- quebra de caixa; integração de salário: Súmula 247/TST 877
- remuneração; integração da venda ou valores mobiliários de empresa do mesmo grupo: Súmula 93/TST.......................... 870
- responsabilidade; sucessão trabalhista; banco sucessor: OJ 261 da SDI-1.. 912
- sábado; dia útil não trabalhado, não DSR: Súmula 113/TST.. 872
- serviço suplementar: Súmula 199/TST 875
- sucessão trabalhista; responsabilidade do banco sucessor: OJ 261 da SDI-1 ... 912

BANCO CENTRAL DO BRASIL
- isonomia de vencimento entre seus funcionários e os do Banco do Brasil: OJ 16 da SDI-1 .. 905

BANCO DE HORAS
- art. 59, §§ 2.º, 3.º, 5.º e 6.º ... 143
- instituição; somente por negociação coletiva: Súmula 85, V/TST... 870

BANCO DO BRASIL
- ACP; caráter personalíssimo; não integra remuneração: OJ 16 da SDI-1 ... 905
- adicionais: OJ 16 e 17 da SDI-1 .. 905
- adicional de caráter pessoal: OJ 4 da SDI-2...................... 931
- AP/ADI; excluem da jornada de 6 horas cargo de confiança: OJ 17 da SDI-1 .. 905
- complementação de aposentadoria: OJ 18 da SDI-1 905
- complementação de aposentadoria: OJ Transitória 69 da SDI-1.. 926
- complementação de aposentadoria; anos de serviços prestados exclusivamente: OJ 18, IV, da SDI-1 905
- complementação de aposentadoria; AP/ADI não integram o cálculo: OJ 18, II, da SDI-1 ... 905
- complementação de aposentadoria; integração das horas extras na remuneração: OJ 18, I, da SDI-1 905
- complementação de aposentadoria; média trienal no cálculo: OJ 18, III, da SDI-1 .. 905
- complementação de aposentadoria; sucumbência; inversão: OJ Transitória 32 da SDI-1 ... 924
- horas extras; pagamento; ação rescisória: OJ 5 da SDI-2..... 931
- parte em dissídio coletivo: PN 10 943

BANCO DO ESTADO DE PERNAMBUCO – BANDEPE
- regulamento interno; regime disciplinar; empregados; estabilidade: Súmula 345/TST... 882

BANCO DO ESTADO DE SÃO PAULO – BANESPA
- convenção coletiva; reajuste salarial: OJ Transitória 68 da SDI-1.. 926

BANCO DO ESTADO DO RIO DE JANEIRO – BANERJ
- acordo coletivo; Plano Bresser: OJ Transitória 26 da SDI-1 .. 924

BANCO DO ESTADO DO RIO GRANDE DO SUL – BANRISUL
- complementação da aposentadoria: OJs Transitórias 7 e 40 da SDI-1 ... 923, 925
- gratificação jubileu: OJ Transitória 27 da SDI-1.................. 924

BANCO NACIONAL DE CRÉDITO COOPERATIVO – BNCC
- garantia de emprego: OJ Transitória 9 da SDI-1 923
- Súmula 304 do TST; inaplicabilidade: OJ Transitória 10 da SDI-1 ... 923

BANCOS
- equiparação de sua atividade a serviço público: art. 910.... 262
- sucessão trabalhista: OJ 261 da SDI-1 912

BEBEDOUROS
- instalação obrigatória pela empresa: art. 389, II................. 174

BEBIDAS ALCOÓLICAS E DROGAS NOCIVAS
- proibição do pagamento de empregado na forma de tais produtos: art. 458, *caput*, parte final 184

BENEFICIÁRIOS
- complementação dos proventos da aposentadoria: Súmula 288/TST ... 878
- vale-transporte; regulamento: arts. 106 a 136 do Decreto n. 10.854, de 10-11-2021 ... 829

BENEFÍCIOS DA PREVIDÊNCIA SOCIAL
- concessão; incapacidade: Súmula 48/JEF 896
- cumulação de benefícios: Súmula 36/JEF.......................... 896
- juros de mora; incidência: Súmula 204/STJ 862
- para dependente de ex-empregado; correção monetária incidente sobre débitos relativos a: Súmula 311/TST 880

BENS IMÓVEIS
- alienação, locação ou aquisição por entidades sindicais; requisitos: art. 549, § 1.º... 200
- de entidades sindicais; alienação; autorização: art. 549, § 2.º 200

BERÇÁRIO
- em locais destinados à guarda dos filhos das operárias: art. 400 .. 176

BOLSAS DE ESTUDO
- aplicação da contribuição sindical: art. 592, II, *o* 206

BOMBA DE GASOLINA
- adicional de periculosidade: Súmula 39/TST 868

BONIFICAÇÃO DE ASSIDUIDADE E PRODUTIVIDADE
- natureza salarial; Servita: OJ Transitória 5 da SDI-1 923

BRASILEIROS
- proporcionalidade quanto a estrangeiros nas empresas: arts. 352 a 358 ... 171

CAIXA BANCÁRIO
- não exerce cargo de confiança; gratificação: Súmula 102/TST 871

CAIXA ECONÔMICA FEDERAL
- auxílio cesta-alimentação: OJ Transitória 61 da SDI-1......... 926
- bancário; plano de cargo em comissão: OJ Transitória 70 da SDI-1 ... 927
- complementação de aposentadoria: OJ Transitória 51 da SDI-1 ... 925
- custas; isenção de reembolso quando sucumbente: Súmula 462/STJ... 862
- legitimidade passiva; correção monetária do FGTS: Súmula 249/STJ... 862
- parte ilegítima; ações relativas às contribuições para o fundo PIS/PASEP: Súmula 77/STJ.. 861

CALAMIDADE PÚBLICA
- medidas trabalhistas complementares para enfrentamento do estado de: Lei n. 14.020, de 6-7-2020................ 805
- medidas trabalhistas para enfrentamento do estado de: Lei n. 14.437, de 15-8-2022................ 839
- reconhecimento do estado de: Decreto Legislativo n. 6, de 20-3-2020................ 803

CÁLCULO DE INDENIZAÇÃO
- adicional de periculosidade: Súmula 132/TST................ 873

CALDEIRAS, FORNOS E RECIPIENTES SOB PRESSÃO
- arts. 187 e 188................ 156
- inspeções de segurança: art. 188................ 157
- normas suplementares; competência a respeito: art. 187, parágrafo único................ 156
- projetos; aprovação: art. 188, § 3.º................ 157
- prontuário de caldeiras; especificação: art. 188,§ 1.º................ 157
- registro de segurança: art. 188, § 2.º................ 157
- válvulas e outros dispositivos de segurança: art. 187................ 156

CARÊNCIA
- relativa à aquisição do direito a férias: art. 130................ 149

CARGA DOS AUTOS
- Resolução Administrativa n. 940, de 30-6-2003................ 621

CARGO DE CONFIANÇA
- dispensa sem justa causa de empregado com mais de dez anos de serviço na mesma empresa; indenização proporcional: art. 499, § 2.º................ 192
- estabilidade: art. 499................ 192
- reversão do empregado a cargo efetivo: arts. 468,§ 1.º, e 499, § 1.º................ 186, 192
- transferência do empregado: art. 469, § 2.º................ 187

CARGO EM COMISSÃO
- contagem de tempo e volta ao cargo anterior: art. 450................ 182
- nomeação de cônjuge, companheiro ou parente: Súmula Vinculante 13................ 857

CARTA DE SENTENÇA
- execução provisória: art. 896, § 2.º................ 257

CARTA PRECATÓRIA
- competência para julgamento de Embargos de Terceiros; juízo deprecante; salvo se vício penhora, avaliação ou alienação: Súmula 419/TST................ 888
- Oficial de Justiça desidioso: art. 721, § 2.º................ 228

CARTÃO-PONTO
- controle de horários: art. 74, § 2.º................ 146

CARTEIRA DE IDENTIDADE FISCAL
- exibição obrigatória: art. 630................ 213

CARTEIRA DE TRABALHO E PREVIDÊNCIA SOCIAL
- anotação; presunção *juris tantum*: Súmula 12/TST................ 867
- anotação da concessão de férias: art. 135, § 1.º................ 150
- anotação da função: PN 105................ 945
- anotação da interrupção da prestação de serviços: art. 133, § 1.º................ 150
- anotação falsa na; crime; competência para julgá-lo: Súmula 62/STJ................ 861
- anotações: arts. 29 e 40................ 139, 140
- anotações; falta ou recusa a efetuá-las; reclamações: arts. 36 a 39................ 140
- baixa; data de saída; término do aviso, ainda que indenizado: OJ 82 da SDI-1................ 907
- conteúdo: art. 16................ 139
- emissão; competência: art. 14................ 139
- extravio: art. 52................ 141
- falsidade; caracterização de tal crime: arts. 49 e 50................ 141
- impressão digital: art. 17, § 2.º................ 139
- inutilização: art. 52................ 141
- modelos: art. 13, § 2.º................ 139
- multas: arts. 51 a 56................ 141
- obrigatoriedade: art. 13................ 139
- prova: art. 40................ 140
- providências que deve tomar o interessado em obtê-la: arts. 15 e 16................ 139
- retenção; indenização: PN 98................ 945
- tipo igual ou semelhante; venda proibida sob pena de multa: art. 51................ 141

CARTÓRIO DOS JUÍZOS DE DIREITO
- atribuições e obrigações: art. 716................ 227
- distribuição das reclamações: art. 716, parágrafo único................ 227
- escrivães; competência: art. 717................ 227
- funcionários; atribuições e obrigações: art. 717, segunda parte................ 227

CASAMENTO DE EMPREGADO
- faltas sem prejuízo do salário: art. 473, II................ 187

CATEGORIA PROFISSIONAL
- diferenciada: art. 511, § 3.º................ 194

CELETISTAS
- legislação eleitoral; aplicabilidade: OJ 51 da SDI-1................ 906

CENTRAIS SINDICAIS
- – Lei n. 11.648, de 31-3-2008................ 646

CERTIDÃO NEGATIVA DE DÉBITOS TRABALHISTAS
- instituição: art. 642-A................ 215

CERTIDÕES
- de processos em curso ou arquivados: art. 781................ 234
- de processos que correrem em segredo de justiça: art. 781, parágrafo único................ 234

CESSAÇÃO DA ATIVIDADE DA EMPRESA
- direito a aviso prévio: Súmula 44/TST................ 868
- empregados estáveis; indenização: art. 498................ 192
- por morte do empregador; indenização dos empregados: art. 485................ 191

CESSAÇÃO DO CONTRATO DE TRABALHO
- efeitos: arts. 146 a 149................ 152

CHAMAMENTO À AUTORIA
- de pessoa de direito público responsável pela paralisação do trabalho: art. 486, § 1.º, parte final................ 191

CHEFE DE TREM
- regido pelo Estatuto dos Ferroviários; não tem direito à gratificação do art. 110: Súmula 67/TST................ 869

CHEFES DE SECRETARIA
- lavratura de certidões: art. 781................ 234

CHEQUE VISADO
- pagamento de empregado; ressalva quanto ao analfabeto: art. 477, § 4.º................ 189

CHUVEIROS
- disposições a respeito; competência do Ministério do Trabalho: art. 200, VII .. 159

CIPA (COMISSÃO INTERNA DE PREVENÇÃO DE ACIDENTES E DE ASSÉDIO)
- *vide*, também, ÓRGÃOS DE SEGURANÇA E DE MEDICINA DO TRABALHO NAS EMPRESAS
- composição: art. 164 .. 154
- constituição: art. 163 .. 154
- estabilidade provisória: art. 165 154
- estabilidade provisória; não vantagem pessoal; extinção da empresa, perda da garantia: Súmula 339, II/TST 881
- garantia do suplente: Súmula 339/TST 881
- suplente; estabilidade provisória; art. 10, II, *a*, do ADCT da CF/88: Súmula 339, I/TST 881

CITAÇÃO POR EDITAL
- de executado não localizado: art. 880, § 3.º 252

CLASSIFICAÇÃO DE EMPREGADO
- de acordo com a categoria do empregador: Súmula 196/STF .. 851

CLÁUSULA DE RESERVA DE PLENÁRIO
- violação: Súmula Vinculante 10 857

CLÁUSULA PENAL
- multa; nunca superior à obrigação principal corrigida: OJ 54 da SDI-1 .. 906

CLT
- aplicação imediata; preceitos: art. 912 262
- início da vigência: art. 911 262
- não aplicação: art. 7.º .. 137
- prescrição anterior: art. 916 262
- recursos interpostos antes da vigência: art. 915 262

COBRANÇA JUDICIAL
- contribuições e multas devidas ao FGTS: Lei n. 8.844, de 20-1-1994 .. 565
- de contribuição sindical; ação executiva: art. 606 207

CÓDIGO DE PROCESSO CIVIL
- aplicação; processo do trabalho: Instrução Normativa n. 39, de 15-3-2016 .. 702
- fonte subsidiária da CLT: art. 769 233
- Lei n. 13.105, de 16-3-2015 271

CÓDIGO PENAL
- Decreto-lei n. 2.848, de 7-12-1940 415

COISA JULGADA
- ação de cumprimento; meramente formal; atacável por exceção de pré-executividade e mandado de segurança: Súmula 397/TST .. 886
- ação de cumprimento fundada em decisão normativa que sofreu posterior reforma: OJ 277 da SDI-1 913
- planos econômicos; limitação à data-base na fase de execução: OJ 262 da SDI-1 .. 913

COMBUSTÍVEIS, INFLAMÁVEIS E EXPLOSIVOS
- art. 200, II .. 159

COMISSÃO DE CONCILIAÇÃO PRÉVIA
- composição: art. 625-B 211
- conciliação; título executivo extrajudicial: art. 625-E, parágrafo único .. 212
- conciliador: art. 625-B, § 2.º 211
- constituição: art. 625-A 211
- demandas a serem submetidas: art. 625-D 211
- execução do título executivo; competência: art. 877-A 251
- membros da; garantia de emprego: art. 625-B, § 1.º 211
- Núcleos Intersindicais de Conciliação Trabalhista: art. 625-H .. 212
- prazo para conciliação: art. 625-F 212
- prazo prescricional: art. 625-G 212
- sindicato; constituição e funcionamento: art. 625-C 211

COMISSIONISTA
- cálculo da indenização: art. 478, § 4.º 189
- horas extras; devido somente adicional, divisor de horas efetivamente trabalhadas: Súmula 340/TST 881
- horas extras: parte fixa – hora mais adicional; parte variável somente adicional: OJ 397 da SDI-1 918
- Lei n. 8.716, de 11-10-1993 565
- remuneração do repouso semanal e de dias feriados, ainda que pracista: Súmula 27/TST 868

COMISSÕES
- *vide*, também, COMISSIONISTA
- anotações na CTPS: PN 5 943
- cobranças: PN 15 .. 943
- correção monetária; necessidade para obter-se a média para reflexos: OJ 181 da SDI-1 910
- de representação dos empregados: arts. 510-A a 510-D 193
- estorno; proibição: PN 97 945
- integrarão o salário: art. 457, § 1.º 183
- pagamento; período em que será feito: art. 459, parte final 185
- pagamento; quando será exigível: art. 466 e §§ 186

COMISSÕES DE CONCILIAÇÃO PRÉVIA
- composição: art. 625-B, *caput* 211
- constituição: arts. 625-A e 625-B 211
- convocação de membro: art. 625-B, § 2.º 211
- estabilidade provisória: art. 625-B, § 1.º 211
- núcleos intersindicais: art. 625-H 212
- prazo para tentativa de conciliação: art. 625-F 212
- submissão: art. 625-D 211
- suspensão do prazo prescricional: art. 625-B 211
- termo de conciliação: art. 625-E 212

COMPANHIA SIDERÚRGICA NACIONAL – CSN
- adicional de insalubridade e de periculosidade: OJ Transitória 12 da SDI-1 .. 923
- horas extras habituais; devidas em licença remunerada: OJ Transitória 2 da SDI-1 .. 923
- licença remunerada; aviso prévio; concomitância: OJ Transitória 13 da SDI-1 .. 923

COMPARECIMENTO A JUÍZO
- pelo empregado; falta ao serviço pelo tempo que se fizer necessário; sem prejuízo do salário: art. 473, VIII 187

COMPENSAÇÃO
- acha-se restrita a dívidas de natureza trabalhista: Súmula 18/TST .. 868
- arguição; somente com contestação: Súmula 48/TST 869
- de excesso de horas de trabalho; dispensa de acréscimo de salário: art. 59, § 2.º .. 143
- dívidas; restrita às de natureza trabalhista: Súmula 18/TST ... 868
- matéria de defesa: art. 767 233
- no pagamento, em caso de rescisão contratual: art. 477, § 5.º .. 189

- somente poderá ser arguida com a contestação: Súmula 48/TST .. 869

COMPENSAÇÃO DE JORNADA
- semana espanhola; acordo ou convenção coletiva; validade: OJ 323 da SDI-1 .. 914

COMPETÊNCIA
- ação de cumprimento fundada em acordo ou convenção coletiva não homologados pela Justiça do Trabalho: Súmula 57/STJ ... 861
- ação de cumprimento; sindicato; desconto assistencial: Súmula 224/TST .. 876
- acumulação de pedidos; trabalhista e estatutário: Súmula 170/STJ ... 861
- cessação; execução de sentença por juiz de direito: Súmula 10/STJ ... 861
- complementação de pensão; Justiça do Trabalho; pedido deriva do contrato de trabalho: OJ 26 da SDI-1 905
- conflitos entre juízos trabalhistas pertencentes a Tribunais diversos; ausência de competência do STJ: Súmula 236/STJ ... 862
- contribuição social referente ao seguro de acidente de trabalho: Súmula 454/TST .. 890
- da Justiça Federal; processo e julgamento dos feitos relativos a movimentação do FGTS: Súmula 82/STJ 861
- dano moral; competência da Justiça do Trabalho: Súmula 392/TST .. 885
- da Procuradoria-Geral da Justiça do Trabalho: art. 746 230
- da secretaria dos Tribunais Regionais do Trabalho: art. 719 ... 228
- das Juntas de Conciliação e Julgamento: arts. 650, parágrafo único, e 651 a 653 .. 216
- do cartório dos Juízos de Direito: art. 716 227
- dos Tribunais Regionais do Trabalho ou suas turmas: art. 680 ... 222
- dos Tribunais Regionais do Trabalho quando divididos em turmas: art. 678 ... 222
- dos Tribunais Regionais do Trabalho quando não divididos em turmas: art. 679 ... 222
- escrivães dos juízos de direito: art. 717 227
- fiscalização, apuração e cobrança judicial das contribuições e multas devidas ao FGTS: Lei n. 8.844, de 20-1-1994 565
- funcional; conflito negativo: Súmula 420/TST 888
- horário bancário; fixação: Súmula 19/STJ 861
- Justiça Estadual; PIS/PASEP e FGTS; levantamento de valores; falecimento de titular da conta: Súmula 161/STJ 861
- Justiça Federal; crime de falso testemunho em processo trabalhista: Súmula 165/STJ ... 861
- Justiça Federal; justificações judiciais: Súmula 32/STJ 861
- litígios decorrentes de acidente do trabalho; processo e julgamento: Súmula 15/STJ ... 861
- processo e julgamento; reclamação de servidor público; vantagens trabalhistas anteriores à instituição do regime jurídico único: Súmula 97/STJ ... 861
- processo eleitoral sindical; julgamento: Súmula 4/STJ 861
- recurso contra sentença proferida por órgão de primeiro grau da justiça trabalhista; Tribunal Regional do Trabalho: Súmula 225/STJ ... 862
- regime jurídico único; JT; período anterior à edição da lei; execução limitada: OJ 138 da SDI-1 909
- Tribunal Regional Federal; conflito de: Súmula 3/STJ 861

COMPLEMENTAÇÃO DE APOSENTADORIA
- ação declaratória; descabimento enquanto não atendidos requisitos: OJ 276 da SDI-1 .. 913
- benefício previdenciário; órgão oficial; não ilide o direito: Súmula 92/TST ... 870
- integralidade; empregados com 30 ou mais anos de serviço no Banespa: Súmula 313/TST ... 880
- manual da Petrobras; normas de caráter meramente programático; inexistência de direito: Súmula 332/TST 881
- normas aplicáveis; em vigor na data da admissão; alterações mais favoráveis: Súmula 288/TST 878
- norma regulamentar; condições de parte integrante do benefício: Súmula 97/TST ... 871
- prescrição; parcial e quinquenal; diferenças salariais: Súmula 327/TST ... 880
- prescrição; total; jamais recebida; 2 anos da extinção do contrato de trabalho: Súmula 326/TST 880
- reajuste; alteração da periodicidade; mantido direito resíduo inflacionário: OJ 224, II, da SDI-1 .. 911
- reajuste; anual; não mais semestral; princípio rebus sic stantibus: OJ 224, I, da SDI-1 ... 911

CÔMPUTO DE TEMPO DE SERVIÇO
- do período de serviço militar e de afastamento por motivo de acidente do trabalho: art. 4.º, § 1.º 136

CONAB
- estabilidade; aviso DIREH 2; ausência de eficácia: Súmula 355/TST ... 882

CONCEITOS LEGAIS
- de atividade preponderante: art. 581, § 2.º 204
- de atividades ou operações insalubres: art. 189 157
- de atividades ou operações perigosas: art. 193 158
- de aviso prévio: art. 487 ... 191
- de cargo de direção ou representação sindical: art. 543, § 4.º ... 199
- de categoria profissional diferenciada: art. 511, § 3.º 194
- de contrato de trabalho por prazo indeterminado: art. 452 .. 182
- de contrato individual de trabalho: art. 442 180
- de convenção coletiva de trabalho: art. 611 207
- de empregado: art. 3.º .. 135
- de empregador: art. 2.º, § 1.º ... 135
- de empregados domésticos: art. 7.º, a 137
- de empresas jornalísticas: art. 302, § 2.º 166
- de estabilidade: art. 492 ... 192
- de extranumerário: art. 244, § 1.º 164
- de falta grave: art. 493 ... 192
- de força maior: art. 501 .. 192
- de gorjeta: art. 457, § 3.º ... 183
- de grande estadia: art. 150, § 2.º 152
- de jornalista: art. 302, § 1.º ... 166
- de licença não remunerada: art. 543, § 2.º 199
- de menor: art. 402 .. 176
- de período de serviço efetivo: art. 4.º 136
- de prontidão (empregado em ferrovia): art. 244, § 3.º 165
- de regime de economia familiar: art. 13, § 1.º, I 139
- de remuneração: art. 457 ... 183
- de salário mínimo: art. 76 .. 147
- de serviço ferroviário: art. 236 .. 163
- de sobreaviso (a empregado efetivo): art. 244, § 2.º 165

Índice Alfabético-Remissivo Geral

- de tempo de serviço efetivo: art. 492, parágrafo único 192
- de trabalhadores rurais: art. 7.º, b.. 137
- de trabalho de igual valor: art. 461, § 1.º..................................... 185
- de trabalho noturno: art. 73, § 2.º 146

CONCENTRAÇÃO DE EMPRESAS
- vide EMPRESA(S)

CONCESSÃO DE SERVIÇO PÚBLICO
- responsabilidade; rescisão do contrato de trabalho antes da concessão; exclusiva da antecessora: OJ 225, II, da SDI-1 .. 911
- responsabilidade; rescisão do contrato de trabalho após a concessão; subsidiária até a concessão: OJ 225, I, da SDI-1 . 911

CONCILIAÇÃO
- vide, também, COMISSÃO DE CONCILIAÇÃO PRÉVIA
- ataque por rescisória: Súmula 259/TST 877
- audiência de: arts. 860 a 867 ... 249
- princípio: art. 764 ... 232
- proposta pelo juiz na audiência de julgamento: art. 846 e §§ ... 246
- termo de: art. 831, parágrafo único 242

CONCORDATA
- do empregador; execução do crédito e reclamação trabalhista: Súmula 227/STF .. 851
- férias; crédito privilegiado: art. 144 152
- subsistência dos direitos oriundos da existência do contrato de trabalho: art. 499 e §§ ... 192

CONCUBINA
- acidente do trabalho ou de transporte, indenização pela morte do amásio: Súmula 35/STF .. 851

CONCURSO DE CREDORES
- férias; crédito privilegiado: art. 144 152

CONCURSO(S)
- habilitação; exame psicotécnico: Súmula 686/STF 853
- limite de idade; atribuições do cargo: Súmula 683/STF...... 853
- vagas reservadas a deficientes; portador de visão monocular: Súmula 377/STJ ... 862
- veto não motivado à participação: Súmula 684/STF 853

CONDIÇÃO DE TRABALHADOR
- não haverá distinções a ela relativas: art. 3.º, parágrafo único .. 136

CONDUÇÃO FORNECIDA PELO EMPREGADOR
- tempo despendido pelo empregado para chegar ao local de trabalho; cômputo na jornada de trabalho: Súmula 90/TST. 870

CONFEDERAÇÃO
- administração: art. 538 .. 198
- constituição: art. 535 ... 198
- denominação: art. 562 ... 202

CONFISSÃO
- aplicação de tal pena à parte que não comparecer à audiência: Súmula 74/TST .. 869
- audiência; ausência da parte intimada para depor: Súmula 74, I/TST... 869
- ficta; confronto com a prova pré-constituída nos autos: Súmula 74, II/TST... 869

CONFLITO DE COMPETÊNCIA
- entre Juiz Estadual e Junta de Conciliação e Julgamento: Súmula 180/STJ .. 862
- incompetência territorial: OJ 149 da SDI-2 936

- sentença com trânsito em julgado: Súmula 59/STJ 861
- TRT e Vara do Trabalho; idêntica região; não configuração: Súmula 420/TST ... 888

CONFLITOS DE JURISDIÇÃO
- arts. 803 a 811... 240
- competência funcional: art. 808 .. 240
- condições; manutenção nos limites fixados pelo Ministério do Trabalho: art. 178 ... 156
- entidades entre as quais poderão ocorrer: art. 803........... 240
- formas: art. 804.. 240
- legitimidade para suscitar: art. 805 240
- órgãos envolvidos: art. 803.. 240
- por quem poderão ser suscitados: art. 805 240
- procedimentos: arts. 809 e 810 .. 240
- prova inicial: art. 807 ... 240
- vedação: art. 806.. 240

CONFORTO TÉRMICO
- adequação: arts. 176 a 178 .. 156

CONSOLIDAÇÃO DAS LEIS DO TRABALHO
- aprovação: Decreto-lei n. 5.452, de 1.º-5-1943 135
- casos em que não se aplicam seus dispositivos: art. 7.º..... 137
- normas que estatui: art. 1.º ... 135

CONTAGEM DE TEMPO DE SERVIÇO
- anuênio e licença-prêmio; Regime Jurídico Único: Súmula 678/STF ... 853

CONTA SALÁRIO
- bloqueio de numerário; ofende direito líquido e certo: OJ 153 da SDI-2 ... 936

CONTÍNUOS
- de bancos e casas bancárias; regime especial de horas de trabalho: art. 226... 161

CONTRADITA
- suspensão: art. 829 ... 242

CONTRARRAZÕES
- recursos: art. 900... 261

CONTRATO (S)
- por prazo determinado: Decreto n. 10.854, de 10-11-2021 820

CONTRATO COLETIVO DE TRABALHO
- vide CONVENÇÕES COLETIVAS DE TRABALHO

CONTRATO DE EXPERIÊNCIA
- aviso prévio: Súmula 163/TST ... 874
- indenização: art. 478, § 1.º .. 189
- prazo: art. 445, parágrafo único .. 181
- prorrogação: Súmula 188/TST ... 874

CONTRATO DE PRESTAÇÃO DE SERVIÇOS
- legalidade; revisão da Súmula 256/TST: Súmula 331/TST .. 881

CONTRATO DE TRABALHO
- art. 479; prazo determinado; empregado optante; FGTS: Súmula 125/TST .. 872
- agrícola: art. 506.. 193
- alteração: art. 468 ... 186
- alteração; data de pagamento de salário; possibilidade; até 5.º dia útil: OJ 159 da SDI-1.. 909
- alteração da propriedade da empresa: art. 448 181
- aposentadoria por invalidez: art. 475................................. 188

- aposentadoria por invalidez; fluência da prescrição quinquenal; acesso ao Judiciário: OJ 375 da SDI-1 917
- auxílio-doença: art. 476 ... 188
- auxílio-doença; fluência da prescrição quinquenal; acesso ao Judiciário: OJ 375 da SDI-1 ... 917
- aprendizagem: art. 428 ... 178
- aviso prévio: arts. 487 a 491 .. 191
- condição essencial: art. 447 .. 181
- culpa recíproca: art. 484 ... 190
- comprovação: art. 456, *caput* .. 183
- cooperativa: art. 442, parágrafo único 180
- curso de qualificação profissional: art. 476-A 188
- definição: art. 442, *caput* .. 180
- encerramento da empresa: art. 485 .. 191
- estabilidade decenal: arts. 492 a 500 192
- experiência; prorrogação até limite máximo de 90 dias: Súmula 188/TST ... 874
- experiência prévia: art. 442-A ... 180
- *factum principis*: art. 486 ... 191
- faltas justificadas: art. 473 .. 187
- falência ou dissolução da empresa: art. 449 181
- força maior: arts. 501 a 504 .. 192
- formas: art. 443, *caput* ... 180
- grupo econômico; prestação de serviços a diferentes empresas durante a mesma jornada; unicidade: Súmula 129/TST 873
- jogo do bicho; nulidade; ilicitude do objeto: OJ 199 da SDI-1 ... 910
- justa causa: art. 482 .. 190
- liberdade contratual: art. 444 .. 181
- motivo relevante para afastamento: art. 472, §§ 3.º a 5.º 187
- morte do empregador: art. 485 ... 191
- nulidade; celebração anterior a MP 2.164/2001; retroatividade: OJ 362 da SDI-1 ... 916
- nulidade; entes públicos; limitação de efeitos; art. 37, II e § 2.º, da CF/88: OJ 335 da SDI-1 .. 915
- paralisação da atividade da empresa: art. 486 191
- penalidades: art. 510 ... 193
- prorrogações: art. 471 ... 187
- prazo determinado: art. 472, § 2.º .. 187
- prazo determinado: arts. 443, §§ 1.º e 2.º, 445 e 451 181, 182
- prazo determinado; empregado optante do FGTS; art. 479: Súmula 125/TST .. 872
- prazo indeterminado: art. 452 ... 182
- rescisão: arts. 477 a 481 ... 188
- rescisão indireta: art. 483 ... 190
- retorno do afastamento: art. 471 .. 187
- serviço militar: art. 472, *caput* e § 1.º 187
- substituição: art. 450 ... 182
- suspensão máxima: art. 474 ... 188
- tempo de serviço: art. 453, *caput* ... 182
- transferência do empregado: arts. 469 e 470 186
- tempo de afastamento: art. 472, § 2.º 187

CONTRATO DE TRABALHO PARA OBRA CERTA OU DE PRAZO DETERMINADO
- despedimento sem justa causa; indenização: art. 479 e parágrafo único .. 189
- rompimento do contrato pelo empregado: art. 480 e §§ 190
- transformação em contrato de prazo indeterminado: Súmula 195/STF ... 851

CONTRATO INDIVIDUAL DO TRABALHO
- arts. 442 a 510 ... 180
- alteração: arts. 468 a 470 .. 186
- Associação de Pais e Mestres; responsabilidade do empregador: OJ 185 da SDI-1 .. 910
- atleta profissional: Lei n. 9.615, de 24-3-1998 572
- aviso prévio: arts. 487 a 491 ... 191
- aviso prévio; prazos: art. 487 .. 191
- cessação; efeitos: arts. 146 a 148 .. 152
- cláusula compromissória de arbitragem; possibilidade: art. 507-A .. 193
- conceito: art. 442 ... 180
- contratação de autônomo: art. 442-B 180
- disposições especiais: arts. 505 a 510 193
- empregados em consultórios ou escritórios de profissionais liberais; não se aplicarão as disposições pertinentes à estabilidade: art. 507 .. 193
- estabilidade: arts. 492 a 500 ... 192
- extinção por acordo entre empregado e empregador: art. 484-A .. 190
- força maior: arts. 501 a 504 .. 192
- intermitente: arts. 443, § 3.º, e 452-A 181, 182
- interpretação de cláusulas: Súmula 454/STF 852
- jogo do bicho; nulidade: OJ 199 da SDI-1 910
- mudanças na propriedade ou estrutura jurídica da empresa: art. 448 .. 181
- nulidade não suscitada pela parte: OJ 350 da SDI-1 915
- prestação de serviços a mais de uma empresa do mesmo grupo econômico: Súmula 129/TST 873
- remuneração: arts. 457 a 467 ... 183
- rescisão: arts. 477 a 486 ... 188
- sentença normativa, convenção ou acordo coletivo; vigência; repercussão no: Súmula 277/TST 878
- suspensão e interrupção: arts. 471 a 476-A 187
- suspenso; diretor; cômputo do período como tempo de serviço: Súmula 269/TST .. 877
- trabalhadores rurais; dispositivos aplicáveis: art. 505 193

CONTRATO NULO
- efeitos: OJ 362 da SDI-1 ... 916
- servidor público contratado após a Constituição de 1988 sem aprovação em concurso público; efeitos: Súmula 363/TST .. 882

CONTRATO POR PRAZO DETERMINADO
- Decreto n. 10.854, de 10-11-2021 .. 820
- Lei n. 9.601, de 21-1-1998 .. 571
- indenização: arts. 479 a 481 ... 189

CONTRATO POR PRAZO INDETERMINADO
- rescisão e indenização: arts. 477 e §§ e 478 e §§ 188

CONTRATO SOCIAL
- juntada; desnecessária; salvo impugnação: OJ 255 da SDI-1 ... 912

CONTRIBUIÇÃO ASSOCIATIVA
- desconto: art. 545 .. 200
- trabalhadores não sindicalizados; cobrança; inconstitucionalidade; passível de devolução: OJ 17 da SDC 939

CONTRIBUIÇÃO PREVIDENCIÁRIA
- acordo homologado em juízo; valor: OJ 368 da SDI-1 916
- acordo homologado em juízo; não reconhecimento do vínculo empregatício: OJ 398 da SDI-1 .. 918

- acordo homologado em juízo; trânsito em julgado: OJ 376 da SDI-1 .. 917
- competência para determinar o recolhimento; responsabilidade pelo pagamento; forma de cálculo: Súmula 368/TST 883
- descontos na execução; matéria de ordem pública, salvo comando sentencial em contrário: Súmula 401/TST............ 886
- incidência sobre o abono incorporado ao salário: Súmula 241/STF .. 852
- para fins de concessão de pensão por morte: Súmula 52/JEF .. 896

CONTRIBUIÇÃO SINDICAL
- arts. 578 a 610.. 204
- aplicação: arts. 592 a 594... 206
- aplicação e objetivos: art. 592.. 206
- aplicação do dinheiro: arts. 592 e 610206, 207
- autônomos: art. 584.. 205
- banco arrecadador: arts. 586 e 588 205
- cobrança judicial: art. 606.. 207
- concorrências públicas: art. 607.................................... 207
- definição: art. 579... 204
- desconto em folha de pagamento: art. 582.................... 204
- disposições gerais: arts. 602 a 610................................ 207
- divisão da arrecadação: arts. 589 a 591 205
- dos empregadores; quando será efetuada: art. 587 205
- esclarecimentos: arts. 603 e 604................................... 207
- fixação e recolhimento: arts. 578 a 591......................... 204
- isenções: art. 609... 207
- licença para funcionamento: art. 608 207
- para custeio do sistema confederativo: Súmula 666/STF 853
- penalidades: arts. 598 a 600.. 206
- por quem será devida: art. 579...................................... 204
- preceitos constitucionais; inobservância: PN 119 946
- profissionais liberais: art. 584.. 205
- publicidade da arrecadação: art. 605 207
- recolhimento: arts. 583 e 587 .. 205
- recolhimento anual: art. 580 .. 204
- rural; atraso no recolhimento; penalidade: Súmula 432/TST .. 888
- rural; Confederação Nacional da Agricultura; legitimidade: Súmula 396/STJ .. 862
- salário pago em utilidades: art. 582, § 2.º 205
- trabalhadores avulsos: art. 586, § 3.º 205
- valor: arts. 580 e 581 ... 204

CONTRIBUIÇÃO SINDICAL RURAL
- atraso no recolhimento; não aplicação da multa progressiva do art. 600 da CLT; revogação tácita: Súmula 432/TST 888

CONTRIBUIÇÃO SOCIAL
- devida pelo empregador em caso de despedida do empregado sem justa causa: Lei Complementar n. 110, de 29-6-2001, e Decreto n. 3.914, de 11-9-2001605, 608

CONTRIBUIÇÕES FISCAIS
- cálculo; mês a mês; montante tributável; art. 12-A da Lei n. 7.713/88: Súmula 368, II/TST....................................... 883
- competência; Justiça do Trabalho: Súmula 368, I/TST 883
- descontos na execução; matéria de ordem pública, salvo comando sentencial em contrário: Súmula 401/TST....... 886

CONVENÇÃO 132 DA OIT
- Decreto n. 10.088, de 5-11-1999 768

CONVENÇÃO INTERNACIONAL
- sobre os Direitos das Pessoas com Deficiência: Decreto n. 6.949, de 25-8-2009... 652

CONVENÇÕES COLETIVAS DE TRABALHO
- arts. 611 a 625.. 207
- ação de cumprimento fundada em acordo não homologado pela Justiça do Trabalho; competência: Súmula 57/STJ 861
- aderência das cláusulas ao CT; modificação ou supressão apenas por negociação coletiva: Súmula 277/TST 878
- cláusula de preferência; contratação de sindicalizados; ofensa ao art. 8.º, V, CF/88: OJ 20 da SDC 939
- cláusulas essenciais: art. 613... 210
- cláusulas secundárias: art. 621 211
- competência da JT: art. 625 .. 211
- competência para julgar dissídios decorrentes de: Lei n. 8.984, de 7-2-1995 .. 569
- conceito: art. 611.. 207
- conflito com política governamental: art. 623 211
- conflito com o acordo coletivo: art. 620 211
- conflito com o contrato de trabalho: arts. 619 e 622 211
- cópia não autenticada; valor probante: OJ 36 da SDI-1 906
- convenção e acordo; controvérsias resultantes da sua aplicação; competência da Justiça do Trabalho: art. 625.................... 211
- convenções e acordos coletivos de trabalho; celebração por sindicatos: art. 612 .. 209
- convenções e acordos coletivos de trabalho; objeto ilícito: art. 611-B... 208
- convenções e acordos coletivos de trabalho; prevalência sobre a lei: art. 611-A... 208
- convenções e acordos; conteúdo: art. 613 210
- definição: art. 611, caput .. 207
- depósito: art. 614, caput ... 210
- duração máxima: art. 614, § 3.º 210
- estabilidade da gestante; cláusula de renúncia ou transação; impossibilidade: OJ 30 da SDC...................................... 940
- início da vigência: art. 614, § 1.º 210
- prorrogação ou revisão: art. 615.................................... 210
- publicidade: art. 614, § 2.º... 210
- quórum de deliberação: art. 612 209
- reajuste salarial; superveniência de acordo em dissídio coletivo: OJ Transitória 68 da SDI-1 .. 926
- recusa à negociação: art. 616 210
- representação: art. 611, § 2.º.. 208
- sindicato: Súmula 286/TST .. 878

CONVÊNIO MÉDICO
- abono de faltas: Súmula 282/TST 878

COOPERATIVA
- de trabalho; organização e funcionamento: Lei n. 12.690, de 19-7-2012... 669
- empregado de; crédito bancário: OJ 379 da SDI-1 917
- estabilidade; empregados eleitos diretores; não os suplentes: OJ 253 da SDI-1 .. 912

CORONAVÍRUS (COVID-19)
- medidas para enfrentamento do: Lei n. 13.979, de 6-2-2020 ... 796
- medidas trabalhistas complementares para enfrentamento do: Lei n. 14.020, de 6-7-2020.. 805
- medidas trabalhistas para gestantes: Lei n. 14.151, de 12-5-2021 ... 814

- programa emergencial de suporte a empregos (Covid-19): Lei n. 14.043, de 19-8-2020 .. 810
- reconhecimento do estado de calamidade pública: Decreto Legislativo n. 6, de 20-3-2020 ... 803
- Regime Jurídico Emergencial e Transitório das Relações Jurídicas de Direito Privado no período da pandemia do: Lei n. 14.010, de 10-6-2020 ... 803

CORREÇÃO MONETÁRIA
- ausência de pedido; inclusão obrigatória na liquidação: Súmula 211/TST ... 875
- benefício previdenciário; dependente de ex-empregado; legislação aplicável: Súmula 311/TST 880
- danos morais; termo inicial; decisão de arbitramento ou alteração do valor: Súmula 439/TST 889
- débito de trabalhador reclamante, não incidência: Súmula 187/TST ... 874
- diferenças salariais; servidores das unidades federais; Lei n. 7.596/87: OJ 28 da SDI-1 .. 906
- FGTS; aplicação da TR: Súmula 459/STJ 862
- FGTS; legitimidade passiva da Caixa Econômica Federal: Súmula 249/STJ .. 862
- FGTS; mesmos índices aplicáveis aos débitos trabalhistas: OJ 302 da SDI-1 ... 914
- honorários periciais; art. 1.º da Lei n. 6.899/81: OJ 198 da SDI-1 ... 910
- independência do pedido inicial e do título executivo judicial: Súmula 211/TST .. 875
- não incidência sobre débito do trabalhador reclamante: Súmula 187/TST ... 874
- liquidação extrajudicial; desde o vencimento até o efetivo pagamento: Súmula 304/TST ... 879
- Plano Collor: OJ Transitória 54 da SDI-1 925
- salário; apenas após 5.º dia útil; índice do 1.º do mês subsequente prestação: Súmula 381/TST 884
- salários de contribuição; antes da vigência da CF/1988: Súmula 456/STJ .. 862
- sobre diferenças salariais nas universidades federais: OJ 28 da SDI-1 ... 906
- TRD; cumulada com juros; constitucionalidade: OJ 300 da SDI-1 ... 914
- universidade federal; plano de classificação de cargos: OJ 11 da SDI-2 ... 931

CORREGEDOR
- do Tribunal Superior do Trabalho; competência: art. 709 226

CORREGEDORIA-GERAL DA JUSTIÇA DO TRABALHO
- Consolidação dos Provimentos ... 777

CORRETORES DE TÍTULOS E VALORES MOBILIÁRIOS
- jornada de trabalho de seus empregados: Súmula 119/TST ... 872

COSTUMES
- decisão pelo juiz quanto aos: art. 8.º 137

CRECHE
- auxílio-creche; não integra o salário de contribuição: Súmula 310/STJ ... 862
- instalação; obrigatoriedade: PN 22 .. 943

CRÉDITO TRABALHISTA
- cédula de crédito rural e industrial; penhorabilidade: OJ 226 da SDI-1 ... 911

CRIANÇA
- direitos fundamentais; consolidação: Decreto n. 9.579, de 22-11-2018 .. 755
- proteção ao trabalho; Estatuto da: Lei n. 8.069, de 13-7-1990 .. 520

CRIME CONTRA A ORGANIZAÇÃO DO TRABALHO
- Código Penal; dispositivos: Decreto-lei n. 2.848, de 7-12-1940 .. 415
- remessa à autoridade competente: art. 907 262

CRIMES
- Código Penal; dispositivos: Decreto-lei n. 2.848, de 7-12-1940 .. 415
- contra a Administração Pública: Decreto-lei n. 2.848, de 7-12-1940 ... 415
- contra as pessoas idosas: Lei n. 10.741, de 1.º-10-2003 .. 624
- de preconceito de raça ou de cor: Lei n. 7.716, de 5-1-1989 .. 498
- falso testemunho; processo trabalhista; Justiça Federal; competência: Súmula 165/STJ ... 861
- trabalho escravo: Decreto-lei n. 2.848, de 7-12-1940, art. 149 ... 409

CULPA PRESUMIDA
- do patrão ou comitente, por ato culposo do empregado ou preposto: Súmula 341/STF .. 852
- reconhecimento; efeitos quanto ao empregado: Súmula 14/TST .. 867

CULPA RECÍPROCA
- redução da indenização: art. 484 ... 190
- verbas rescisórias; 50% do aviso prévio, do 13.º salário e das férias proporcionais: Súmula 14/TST 867

CURSOS DE FORMAÇÃO
- mão de obra: art. 390-B .. 174

CUSTAS
- ações plúrimas; valor global: Súmula 36/TST 868
- APPA; não isenção; exploração de atividade econômica: OJ 13 da SDI-1 ... 905
- cálculo progressivo nos dissídios individuais ou coletivos: art. 789 ... 235
- comprovação de recolhimento: OJ 158 da SDI-1 909
- DARF; eletrônico; validade de comprovação de entes públicos federais: OJ 158 da SDI-1 ... 909
- deserção; ausência de intimação; caracterização: OJ 27 da SDC .. 940
- deserção; carimbo do banco supre ausência de autenticação mecânica: OJ 33 da SDI-1 ... 906
- deserção recursal; recolhimento insuficiente; ocorrência: OJ 140 da SDI-1 .. 909
- deserção recursal; não caracterização; acréscimo de condenação: Súmula 25/TST .. 868
- embargos de terceiro; inexigência de recolhimento para a interposição de agravo de petição: OJ Transitória 53 da SDI-1 .. 925
- forma de pagamento: art. 790 ... 236
- inexistência de deserção quando não calculadas: Súmula 25/TST ... 868
- inversão da condenação; descabimento de novo recolhimento: Súmula 25/TST .. 868
- isenção: art. 790-A ... 236

Índice Alfabético-Remissivo Geral

- nas ações plúrimas; incidência sobre o respectivo valor global: Súmula 36/TST 868
- pagamento pela parte vencida na segunda instância: Súmula 25/TST 868
- prazo para pagamento em caso de recurso; contagem: Súmula 53/TST 869
- preparo recursal; contagem do prazo de recolhimento: Súmula 53/TST 869
- processo de conhecimento: art. 789 235
- processo de execução: art. 789-A 235
- processuais; isenção; espécie do gênero tributo: OJ Transitória 74 da SDI-1 927
- recurso ordinário em mandado de segurança; comprovação das: OJ 148 da SDI-2 936
- reembolso; isenção da CEF: Súmula 462/STJ 862
- responsabilidade solidária das partes vencidas: art. 790 236
- sociedade de economia mista; não isenção: Súmula 170/TST 874
- sucumbência; inversão do ônus: Súmula 25/TST 868

CUSTAS E EMOLUMENTOS
- benefício da justiça gratuita: art. 790, § 3.º 236
- cálculo nos dissídios individuais ou coletivos; processo de conhecimento; incidência: art. 789 235
- execução por não pagamento: art. 790, § 2.º 236
- fixação de montante: art. 789, § 2.º 235
- formas de pagamento; instruções: art. 790 236
- isentos do pagamento: art. 790-A 236
- nas ações plúrimas; incidência sobre o respectivo valor global: Súmula 36/TST 868
- não isentos do pagamento: art. 790, § 1.º 236
- pagamento; acordo; divisão: art. 789, § 3.º 235
- pagamento dos honorários periciais; responsabilidade: art. 790-B 236
- pagamento pela parte vencida na segunda instância: Súmula 25/TST 868
- pagamento; prazo: art. 789, § 1.º 235
- prazo para pagamento em caso de recurso; contagem: Súmula 53/TST 869
- processo de execução; responsabilidade do executado; tabela: art. 789-A 235
- responsabilidade solidária das partes vencidas: art. 789, § 4.º 235
- responsabilidade solidária; empregado e sindicato; pagamentos devidos: art. 790, § 1.º 236
- valores fixados que serão suportados pelo requerente; tabela: art. 789-B 236

DADOS PESSOAIS
- tratamento e proteção por pessoa natural ou jurídica de direito público ou privado: Lei n. 13.709, de 14-8-2018 741

DANO CAUSADO POR EMPREGADO
- desconto no salário: art. 462, § 1.º 186

DANO EXTRAPATRIMONIAL
- arts. 223-A a 223-G 159
- bens inerentes à pessoa física: art. 223-C 159
- bens inerentes à pessoa jurídica: art. 223-D 159
- conceito: art. 223-B 159
- reparação: arts. 223-F e 223-G 159
- responsabilidade: art. 223-E 159

DANO MORAL
- correção monetária; termo inicial; decisão de arbitramento ou alteração do valor: Súmula 439/TST 889
- indenização; decorrente de relação de trabalho; competência de Justiça do Trabalho: Súmula 392/TST 885
- juros de mora e atualização monetária; termo inicial; ajuizamento da reclamação trabalhista: Súmula 439/TST 889

DANO PROCESSUAL
- responsabilidade: arts. 793-A a 793-D 238

DÉBITOS SALARIAIS
- efeitos do: Decreto-lei n. 368, de 19-12-1968 427

DÉBITOS TRABALHISTAS
- certidão negativa de: art. 642-A 215
- entidades submetidas aos regimes de intervenção ou liquidação extrajudicial; correção monetária: Súmula 304/TST 879
- juros de mora: Lei n. 8.177, de 1.º-3-1991 529

DECADÊNCIA
- contagem do prazo na ação rescisória: Súmula 100/TST 871
- demora na citação; não justifica o acolhimento da arguição de: Súmula 106/STJ 861
- inquérito; falta grave; abandono de emprego; prazo da pretensão de retorno do empregado: Súmula 62/TST 869
- prazo para instauração de inquérito judicial, por falta grave de empregado estável: Súmula 403/STF 852
- União; prazo: OJ 18 da SDI-2 931

DECISÃO DE MÉRITO
- rescisão, competência: Súmula 192/TST 874

DECISÃO NORMATIVA
- interesse de agir; ação individual; inexistência; hipótese para ação de cumprimento: OJ 188 da SDI-1 910

DECISÕES INTERLOCUTÓRIAS
- apreciação; quando caberá: art. 893, § 1.º 254
- irrecorribilidade: Súmula 214/TST 875
- irrecorribilidade; salvo decisão do TRT contrária à Súmula e OJ /TST: Súmula 214, a/TST 875
- irrecorribilidade; salvo decisão impugnável de recurso para o mesmo Tribunal: Súmula 214, b/TST 875
- irrecorribilidade; salvo incompetência territorial com remessa para outro TRT: Súmula 214, c/TST 875

DECRETO N. 51.668, DE 17-1-1963
- inconstitucionalidade: Súmula 531/STF 852

DECRETO-LEI N. 779/69
- depósito recursal e custas; não isenção: OJ 13 da SDI-1 905

DECRETO-LEI N. 1.971/82
- art. 9.º, § 2.º; constitucionalidade: Súmula 336/TST 881

DECRETO-LEI N. 2.322/87
- fórmula de cálculo de juros: Súmula 307/TST 880

DECRETO-LEI N. 2.425/88
- URP: OJ 79 da SDI-1 907

DEDUÇÃO DO VALOR DE BENEFÍCIO
- se o empregado ou seu beneficiário já recebeu de instituição previdenciária privada vantagem equivalente: Súmula 87/TST 870

DEFENSOR PÚBLICO
- servidor investido na função até a data em que foi instalada a Assembleia Nacional Constituinte: OJ Transitória 14 da SDI-1 923

DEFICIÊNCIA
- Lei n. 7.853, de 24-10-1989 .. 500
- Decreto n. 3.298, de 20-12-1999 .. 597
- Convenção Internacional sobre os Direitos das Pessoas com Deficiência: Decreto n. 6.949, de 25-8-2009 652
- de trabalhador readaptado; não servirá de paradigma para fins de equiparação salarial: art. 461, § 4.º 185
- Estatuto da Pessoa com Deficiência: Lei n. 13.146, de 6-7-2015 .. 692
- trabalhador portador de: Lei n. 7.853, de 24-10-1989 500
- trabalhador portador de; regulamento: Decreto n. 3.298, de 20-12-1999 .. 597
- vagas reservadas em concurso público; portador de visão monocular: Súmula 377/STJ ... 862
- vagas reservadas em concursos públicos; portador de surdez unilateral: Súmula 552/STJ .. 863

DELEGACIA REGIONAL DO TRABALHO
- aprovação prévia de projetos de construção e respectivas instalações: art. 161, § 2.º ... 154

DELEGADOS SINDICAIS
- designação: art. 523 ... 196

DEMANDA TRABALHISTA
- arquivada; prescrição; interrupção: Súmula 268/TST 877

DEMISSÃO
- pedido; férias proporcionais: Súmula 261/TST 877
- pedido formulado por empregado estável; requisito de validade: art. 500 ... 192
- sem justa causa; Lei n. 8.880/94; constitucionalidade: OJ 148 da SDI-1 .. 909

DEMISSÃO VOLUNTÁRIA
- compensação; créditos tipicamente trabalhistas; impossibilidade: OJ 356 da SDI-1 ... 916
- imposto de renda; indenização; não incidência: Súmula 215/STJ e OJ 207 da SDI-I ..862, 911
- plano de: art. 477-B ... 189
- transação extrajudicial; quitação das parcelas e valores constantes do recibo: OJ 270 da SDI-1 913

DENTISTAS
- salário; proporcionalidade; mínimo de horas mensais: Súmula 143/TST ... 873

DEPENDENTES
- falecimento; segurado: Súmula 4/JEF 895

DEPÓSITO DO VALOR DA CONDENAÇÃO
- complementação: Súmula 128/TST 872
- pelo empregador, sob pena de deserção: Súmula 99/TST ... 871

DEPÓSITO PARA RECURSO
- credenciamento bancário; prova dispensável: Súmula 217/TST ... 875
- exigência ao segurador sub-rogado: Súmula 240/STF 852
- PIS/PASEP; ausência de indicação na guia do: OJ 264 da SDI-1 ... 913
- prazo: Súmula 245/TST .. 877

DEPÓSITO PRÉVIO
- descabimento, se não houver condenação em pecúnia: Súmula 161/TST ... 873
- ilegitimidade; exigência para admissibilidade de recurso administrativo: Súmula 373/STJ ... 862
- pelo INSS; desobrigação; Súmula 483/STJ 863

DEPÓSITO RECURSAL
- APPA; não isenção; exploração de atividade econômica: OJ 13 da SDI-1 ... 905
- comprovação; prazo alusivo ao recurso, independente da data de interposição: Súmula 245/TST .. 877
- credenciamento de bancos; para recebimento; fato notório: Súmula 217/TST .. 875
- deserção; recolhimento insuficiente; ocorrência: OJ 140 da SDI-1 ... 909
- garantia do juízo recursal: Instrução Normativa n. 3, de 5-3-1993 .. 557
- guia GFIP (FGTS e INSS); obrigatoriedade, salvo relação de trabalho não submetida ao FGTS: Súmula 426/TST 888
- número do PIS/PASEP; dispensabilidade: OJ 264 da SDI-1 . 913
- recursos e agravos: art. 899 ... 260
- sentença declaratória; desnecessário: Súmula 161/TST 873
- sociedade de economia mista; não isenção: Súmula 170/TST .. 874
- validade; não essencial indicação do número do PIS/PASEP: OJ 264 da SDI-1 .. 913

DESCANSO
- vide PERÍODOS DE DESCANSO

DESCANSO SEMANAL
- período: art. 67 .. 145
- trabalho; não compensação; remuneração em dobro, sem prejuízo do DSR: Súmula 146/TST 873
- trabalho em domingos: art. 67 ... 145

DESCANSO SEMANAL REMUNERADO
- Lei n. 605, de 5-1-1949 ... 419

DESCONSIDERAÇÃO DA PERSONALIDADE JURÍDICA
- incidente: art. 855-A .. 248

DESCONTOS EM FOLHA DE PAGAMENTO
- autorização; pagamento de empréstimos, financiamentos e operações de arrendamento mercantil: Lei n. 10.820, de 17-12-2003 ... 625
- autorização; pagamento de empréstimos, financiamentos e operações de arrendamento mercantil; regulamento: Decreto n. 4.840, de 17-9-2003 .. 622

DESCONTOS NOS SALÁRIOS
- adiantamentos: art. 462 ... 186
- autorização na admissão: OJ 160 da SDI-1 909
- dano causado por empregado: art. 462, § 1.º 186
- em salário mínimo, a título de compensação; inadmissibilidade: art. 78, parágrafo único ... 148
- falta de aviso prévio pelo empregado: art. 487, §§ 2.º e 3.º 191
- fornecimento de mercadorias: art. 462, § 2.º 186
- frentista; cheques sem fundos: OJ 251 da SDI-1 912
- validade: Súmula 342/TST .. 882

DESERÇÃO
- ação rescisória; decisão condenatória; recurso; obrigatoriedade do depósito recursal sob pena de: Súmula 99/TST 871
- custas: OJ 33 da SDI-1 ... 906
- recolhimento insuficiente das custas: OJ 140 da SDI-1 909

DESMEMBRAMENTO
- municípios; cada nova entidade; responsabilidade do período correspondente: OJ 92 da SDI-1 .. 907

DESOBEDIÊNCIA
- autorização do funcionamento de estabelecimento, após interdição ou embargo: art. 161, § 4.º 154

DESPEDIDA DE EMPREGADO COM REPRESENTAÇÃO SINDICAL
- inquérito no qual se apure falta grave: Súmula 197/STF 851

DESPEDIDA INDIRETA
- cabimento de aviso prévio: art. 487, § 4.º 191

DESPEDIDA SEM JUSTA CAUSA
- contribuição social devida pelo empregador: Lei Complementar n. 110, de 29-6-2001 605
- indenização: Súmulas 459 e 462/STF 852
- remuneração de férias: art. 147 152

DESPEDIMENTO
- ônus da prova: Súmula 212/TST 875

DESPESAS
- processuais; justiça gratuita a pessoas jurídicas: Súmula 481/STJ 863
- transferência do empregado; responsabilidade do empregador: art. 470 187

DESPORTO
- atleta profissional; contrato de trabalho: Lei n. 9.615, de 24-3-1998 572

DESVIO FUNCIONAL
- direito à diferença salarial; servidor público: Súmula 378/STJ 862
- prescrição parcial: Súmula 275/TST 877
- quadro de carreira; não novo enquadramento; apenas diferenças salariais: OJ 125 da SDI-1 908
- base de cálculo para sua integração ao salário: Súmula 318/TST 880
- em caso de acidente do trabalho: Súmula 232/STF 851
- salário; excedentes de 50%; integração do valor total; período de viagens: Súmula 101/TST 871

DIÁRIAS PARA VIAGEM
- não integram a remuneração: art. 457, § 2.º 183
- que excedam a 50% do salário; integração a este: Súmula 101/TST 871

DIARISTA
- cálculo do salário-hora normal: art. 65 145
- indenização: art. 478, § 2.º 189

DIGITADORES
- intervalo intrajornada; analogia do art. 72 da CLT; 10 minutos a cada 90 de trabalho consecutivo: Súmula 346/TST 882

DINHEIRO
- na homologação da rescisão contratual: art. 477, § 4.º 189

DIPLOMA
- de benemerência a empregadores que se distinguirem pela organização e manutenção de creches e instituições de proteção aos menores em idade pré-escolar: art. 399 176
- de químicos, expedidos por institutos estrangeiros; revalidação: art. 325, § 4.º 168

DIREITO COMUM
- fonte subsidiária do direito do trabalho: art. 8.º, § 1.º 137

DIREITOS ADQUIRIDOS
- por empregado, em caso de alteração da estrutura jurídica da empresa: art. 10 138

- sucessão empresarial: arts. 10 e 448 138, 181

DIREITOS SOCIAIS
- previsão constitucional: art. 6.º 137

DIRETORES
- eleitos; contrato de trabalho suspenso; cômputo do período como tempo de serviço: Súmula 269/TST 877
- estabilidade: art. 499 192

DIRIGENTE SINDICAL
- acesso à empresa: PN 91 945
- categoria diferenciada; estabilidade provisória apenas na categoria para qual foi eleito: Súmula 369, III/TST 883
- estabilidade provisória: Súmula 369/TST 883
- estabilidade provisória: art. 543, § 3.º 199
- estabilidade provisória; assegurada ainda que a comunicação da candidatura fora do prazo: Súmula 369, I/TST 883
- estabilidade provisória; encerramento da atividade empresarial na base; insubsistência: Súmula 369, IV/TST 883
- estabilidade provisória; limitada a 7 efetivos e igual número de suplentes: Súmula 369, II/TST 883
- estabilidade provisória; registro da candidatura durante aviso prévio; não reconhecimento: Súmula 369, V/TST 883
- falta grave; dispensa: Súmula 379/TST 884
- frequência livre em assembleias e reuniões sindicais: PN 83 944
- inquérito; falta grave; apuração judicial obrigatória para dispensa: Súmula 379/TST 884
- prerrogativas: art. 543 199

DISACUSIA
- concessão de benefício previdenciário: Súmula 44/STJ 861

DISCRIMINAÇÃO
- proibições: art. 373-A 173

DISPENSA SEM JUSTA CAUSA
- vide RESCISÃO DO CONTRATO DE TRABALHO
- individual, plúrima ou coletiva; equiparação: art. 477-A 189

DISPOSIÇÕES ESPECIAIS SOBRE DURAÇÃO E CONDIÇÕES DE TRABALHO
- arts. 224 a 351 160

DISPOSIÇÕES FINAIS E TRANSITÓRIAS
- arts. 911 a 922 262

DISPOSIÇÕES LEGAIS QUE NÃO TENHAM APLICAÇÃO EM TODO O TERRITÓRIO NACIONAL
- art. 1.º, parágrafo único 135

DISSÍDIOS COLETIVOS
- arts. 856 a 875 248
- acordo homologado; extensão aos que não subscreveram; impossibilidade: OJ 2 da SDC 939
- ação revisional: arts. 873 a 875 250
- ações cautelares; arresto, apreensão e depósito; incompatíveis com os: OJ 3 da SDC 939
- audiência conciliatória: arts. 860 a 863 249
- categoria diferenciada: informática; reconhecimento legal, não judicial; impossibilidade: OJ 36 da SDC 940
- conciliação e julgamento: arts. 860 a 867 249
- contra empresa; trabalhadores diretamente envolvidos no conflito: OJ 19 da SDC 939
- contra pessoa jurídica de direito público: OJ 5 da SDC 939
- cumprimento das decisões: art. 872 250
- diligências: art. 864 249

- elementos essenciais: arts. 858 e 859 249
- enquadramento sindical; via imprópria; impossibilidade: OJ 9 da SDC.. 939
- extensão das decisões: arts. 868 a 871 249
- fundamentação de cláusulas; necessidade: PN 37............. 943
- garantia de salário e consectários: PN 82 944
- greve abusiva; impossibilidade de conferir garantia aos partícipes: OJ 10 da SDC.. 939
- instauração de instância: arts. 856 a 859............................ 248
- instauração de instância mediante representação escrita ao presidente do tribunal: art. 856 ... 248
- interpretação de norma de caráter genérico: OJ 7 da SDC ... 939
- legitimidade ativa: arts. 856 e 857...................................... 248
- legitimidade sindical; correspondência entre atividade de setores profissional e econômico: OJ 22 da SDC 939
- legitimidade sindical; empresa determinada; autorização dos trabalhadores envolvidos: OJ 19 da SDC 939
- legitimidade sindical; necessário registro da pauta reivindicatória na ata da assembleia: OJ 8 da SDC 939
- legitimidade recursal: art. 898.. 260
- Lei n. 4.725, de 13-7-1965.. 425
- litígio fora da sede do tribunal: art. 866 249
- natureza jurídica; interpretação de norma de caráter genérico; descabimento: OJ 7 da SDC ... 939
- normas para o processo dos: Lei n. 4.725, de 13-7-1965... 425
- notificação da decisão: art. 867, *caput*................................ 249
- pauta reivindicatória não registrada em ata: OJ 8 da SDC ... 939
- peças essenciais; edital de convocação e ata da assembleia geral: OJ 29 da SDC ... 940
- perturbação da ordem: art. 865.. 249
- preparo recursal: custas; deserção mesmo sem intimação; interesse da parte: OJ 27 da SDC 940
- poder normativo/TST; impossibilidade de condições inconstitucionais perante o STF: Súmula 190/TST....................... 874
- que tenham por motivo novas condições de trabalho e nos quais figure apenas uma parte dos empregados da empresa; extensão da decisão aos demais empregados: arts. 868 e 869 ... 249
- revisão: arts. 873 a 875.. 250
- reivindicações; apresentação em forma clausulada e fundamentada; IN 4/93: OJ 32 da SDC .. 940
- sentença normativa; termo inicial de sua vigência: art. 867, parágrafo único ... 249
- servidores públicos; apreciação exclusiva de cláusulas de natureza social: OJ 5 da SDC... 939

DISSÍDIOS INDIVIDUAIS
- arts. 837 a 855... 243
- apresentação da reclamação; onde e por quem será efetuada: arts. 837 a 839... 243
- audiência de julgamento: arts. 843 a 852 245
- distribuição da reclamação: art. 838 244
- forma da reclamação e da notificação: arts. 837 a 842 243
- inquérito para apuração de falta grave: arts. 853 a 855...... 248
- procedimento sumaríssimo: arts. 852-A a 852-I................. 247
- reclamação escrita ou verbal: art. 840 244
- recurso de revista ou embargos; não conhecimento; revisão da Súmula 42/TST: Súmula 333/TST................................. 881

DISSOLUÇÃO DE EMPRESA
- subsistência dos direitos oriundos da existência de contrato de trabalho: art. 449... 181

DISTRIBUIÇÃO DAS RECLAMAÇÕES
- entre as Juntas de Conciliação e Julgamento ou juízes de direito do Cível: art. 783... 234
- procedimentos: arts. 783 a 785 ... 234
- reclamação verbal: art. 786.. 234
- registro em livro próprio: art. 784....................................... 234
- remessa dos autos: art. 788... 235

DISTRIBUIDOR(ES)
- arts. 713 a 715... 227
- competência: art. 714 .. 227
- designação: art. 715 .. 227
- localidades em que existirá: art. 713 227

DOAÇÃO VOLUNTÁRIA DE SANGUE
- pelo empregado; falta ao serviço; não prejudicará o salário: art. 473, IV.. 187

DOCUMENTO
- autenticação; entidade pública; dispensabilidade após MP 1.360/96: OJ 134 da SDI-1... 908
- instrumento normativo; cópia não autenticada: OJ 36 da SDI-1 .. 906

DOENÇAS PROFISSIONAIS
- notificação obrigatória a respeito: art. 169......................... 155

DOLO DO EMPREGADO
- dano superveniente; desconto no salário: art. 462, § 1.º 186

DOMÉSTICO
- *vide* EMPREGADO DOMÉSTICO

DOMICÍLIO ELETRÔNICO TRABALHISTA
- institui: art. 628-A.. 213

DONO DA OBRA
- responsabilidade; solidária ou subsidiária; inexistência; contrato de empreitada: OJ 191 da SDI-1.......................... 910

DURAÇÃO DO TRABALHO
- arts. 57 a 75... 141
- advogado empregado; contratação antes da Lei n. 8.906/94; inexistência de jornada reduzida: OJ 403 da SDI-1 918
- atividades externas; não inclusão no capítulo referente à duração do trabalho: art. 62, I ... 144
- atividades insalubres: art. 60... 144
- bancários: arts. 224 a 226.. 160
- bancários; gerente de agência: art. 224, § 2.º, da CLT; gerente-geral: art. 62 da CLT: Súmula 287/TST 878
- banco de horas; somente instituído por negociação coletiva: Súmula 85, V/TST.. 870
- cabineiros, nas estações de tráfego intenso: art. 245 165
- compensação; acordo individual escrito, acordo coletivo ou convenção coletiva: Súmula 85, I/TST............................... 870
- compensação; acordo individual válido; salvo norma coletiva em contrário: Súmula 85, II /TST 870
- compensação; não atendimento das exigências; não repetição do pagamento; adicional: Súmula 85, III/TST..................... 870
- controle de horários: art. 74, § 2.º 146
- duração normal de trabalho; acréscimo de horas suplementares: art. 59 ... 142

Índice Alfabético-Remissivo Geral

- empregados em minas no subsolo: arts. 293 e 295 e parágrafo único .. 166
- empregados nos serviços de telefonia, de telegrafia submarina e subfluvial, de radiotelegrafia e radiotelefonia: arts. 227 e 229 .. 161
- exceções: art. 57 ... 141
- gerentes; não inclusão no capítulo referente à duração do trabalho: art. 62, II .. 144
- horas extras habituais; descaracterizada compensação: Súmula 85, IV/TST ... 870
- intervalos convencionais; tempo à disposição da empresa; passíveis horas extras: Súmula 118/TST 872
- jornada 12 x 36; totalidade do período noturno; adicional de horas além das 5 da manhã: OJ 388 da SDI-1 917
- jornada de trabalho: arts. 58 a 65 141
- jornalista; jornada reduzida; art. 303 da CLT: OJ 407 da SDI-1 .. 918
- jornalistas: arts. 303, 304 e parágrafo único 166
- operadores cinematográficos: arts. 234 e 235 161
- operadores telegrafistas nas estações de tráfego intenso: art. 246 ... 165
- penalidades: art. 75 ... 147
- períodos de descanso: arts. 66 a 72 145
- petroleiros; Lei n. 5.811/72; recepcionada pela CF/88: Súmula 391, I/TST ... 885
- portaria de banco: art. 226, parágrafo único 161
- professores; jornada prevista no art. 318 da CLT; salário mínimo integral: OJ 393 da SDI-1 917
- professores; período de exame: art. 322, § 1.º 168
- prontidão; serviço ferroviário: art. 244, § 3.º 165
- quadro de horário: art. 74 ... 146
- radiotelegrafia: arts. 227 a 231 161
- serviço ferroviário: arts. 239 e 240 164
- telefonia: arts. 227 a 230 ... 161
- telefonista de mesa; jornada reduzida; ainda que não empresa de telefonia: Súmula 178/TST ... 874
- telegrafia submarina: arts. 227 a 230 161
- trabalho noturno: art. 73 ... 146
- tripulante: art. 248 .. 165

ECT
- dispensa; motivada; mesmo tratamento da Fazenda Pública: OJ 247, II, da SDI-1 .. 912

EDIFICAÇÕES
- arts. 170 a 174 ... 155
- coberturas; requisitos: art. 174 155
- corredores; requisitos: art. 174 155
- escadas; requisitos: art. 174 .. 155
- medidas mínimas dos locais de trabalho: art. 171 155
- paredes; requisitos: art. 174 ... 155
- passarelas; requisitos: art. 174 .. 155
- pisos; aberturas; proteção contra quedas: art. 173 155
- pisos; requisitos: arts. 172 a 174 155
- rampas de acesso; requisitos: art. 174 155
- requisitos técnicos: art. 170 .. 155
- segurança: arts. 170 a 173 ... 155

EFEITO SUSPENSIVO
- cassação; recurso contra sentença normativa: Súmula 279/TST ... 878

EFEITOS DA CESSAÇÃO DO CONTRATO DE TRABALHO
- arts. 146 a 148 ... 152

ELETRICITÁRIOS
- sobreaviso; horas remuneradas; 1/3 da totalidade das parcelas salariais: Súmula 229/TST ... 876

EMBARCADIÇOS
- férias; pedido feito por escrito: art. 150, § 3.º 152

EMBARGO DE OBRA
- em caso de grave e iminente risco de vida para o trabalhador: art. 161 .. 154
- requerimento; competência: art. 161, § 2.º 154
- salários; recebimento normal: art. 161, § 6.º 154

EMBARGOS
- admissibilidade; decisão recorrida conforme OJ; desnecessário exame de divergências: OJ 336 da SDI-1 915
- admissibilidade; execução; interpretação constitucional; divergência de Turmas do TST ou com a SDI: Súmula 433/TST .. 889
- admissibilidade; jurisprudência que abrange todos os fundamentos do pedido recorrido: Súmula 23/TST 868
- admissibilidade; RR não conhecido; jurisprudência; julgamento imediato: OJ Transitória 79 da SDI-1 927
- admissibilidade; RR não conhecido; pressupostos; violação ao art. 896 da CLT: OJ Transitória 78 da SDI-1 927
- art. 893, I ... 254
- à execução; impugnação pelo exequente: art. 884, *caput*, parte final .. 252
- cabimento: art. 894 ... 255
- cabimento da decisão; agravo que não conhece RR por pressupostos extrínsecos: Súmula 353, *c*/TST 882
- cabimento da decisão; agravo de decisão do relator sobre multa dos arts. 1.021, § 4.º, ou 1.026, § 2.º, do CPC: Súmula 353/TST .. 882
- cabimento da decisão; conhecimento indevido de recurso de revista; afronta ao art. 896 da CLT: OJ 147, II, da SDI-1 909
- cabimento da decisão; não conhece AI ou agravo por pressupostos extrínsecos: Súmula 353, *a*/TST 882
- cabimento da decisão; nega agravo de decisão do relator que não conhece AI por pressupostos: Súmula 353, *b*/TST 882
- cabimento da decisão; que impõe multas previstas dos arts. 1.021, § 4.º, ou 1.026, § 2.º, do CPC: Súmula 353, *e*/TST .. 882
- cabimento da decisão; que não conhece AI: Súmula 353, *d*/TST .. 882
- conhecimento; invocação de OJ; número ou conteúdo: OJ 219 da SDI-1 ... 911
- decisão monocrática; cabimento: OJ 378 da SDI-1 917
- descabimento: Súmula 353/TST 882
- divergência; acórdãos da mesma Turma; inservível: OJ 93 da SDI-1 .. 907
- divergência jurisprudencial; comprovação: certidão; citação na fonte; transcrição de ementas ou trechos: Súmula 337, I/TST .. 881
- divergência jurisprudencial; registro como repositório oficial valida edições anteriores: Súmula 337, II/TST 881
- divergência jurisprudencial; mera indicação da data de publicação e fonte; insuficiência: Súmula 337, III/TST 881
- divergência jurisprudencial; texto na internet: Súmula 337, IV/TST ... 881

- inadmissibilidade; interpretação razoável de preceito de lei: Súmula 221/TST .. 876
- inadmissibilidade para reexame de fatos e provas: Súmula 126/TST .. 872
- julgamento; presença de todos os membros da Junta de Conciliação e Julgamento: art. 649, § 1.º 216
- para a SDI: OJ 95 da SDI-1 ... 907
- para a SDI contra decisão em recurso de revista: OJ Transitória 78 da SDI-1 ... 927
- prequestionamento; tese explícita; contrária à lei ou à súmula: OJ 256 da SDI-1 ... 912
- procedimento sumaríssimo; RR não conhecido; divergência entre Turmas do TST: Súmula 458/TST 890
- recurso não conhecido com base em orientação jurisprudencial: OJ 336 da SDI-1 ... 915
- repetitivos à SDI-1: Instrução Normativa n. 38, de 10-11-2015 ... 700
- violação do art. 896 da CLT: OJ Transitória 79 daSDI-1........ 927

EMBARGOS À EXECUÇÃO
- impugnação: art. 884, § 3.º ... 253
- julgamento conjunto: art. 884, § 4.º 253
- matéria de defesa: art. 884, § 1.º 253
- oitiva de testemunhas: art. 884, § 2.º 253
- prazo: art. 884, caput ... 252
- prazo: art. 884, § 3.º ... 253
- sentença: arts. 885 e 886 ... 253

EMBARGOS DECLARATÓRIOS
- cabimento e prazo: art. 897-A, caput 259
- caráter protelatório: Súmula 98/STJ 861
- contra decisão monocrática do relator; cabimento: Súmula 421/TST ... 888
- decisão monocrática do relator; fulcrada no art. 932 do CPC; conteúdo definitivo; cabimento: Súmula 421, I/TST 888
- embargos; omissão; oposição obrigatória, sob pena de preclusão: Súmula 184/TST ... 874
- efeito modificativo; acórdão; ausência de contraditório; nulidade da decisão: OJ 142 da SDI-1 ... 909
- efeito modificativo; decisão com fulcro art. 932 do CPC; conversão em agravo para Colegiado: Súmula 421, II/TST ... 888
- efeito modificativo; dependente da natureza da omissão suprida: Súmula 278/TST ... 878
- efeito modificativo; sentença; ausência de contraditório: OJ 142 da SDI-1 ... 909
- efeito modificativo: OJ 142 da SDI-1 909
- e procedimento sumaríssimo: art. 897-A 259
- omissão no julgado; pessoa jurídica de direito público: Súmula 278/TST ... 878
- prazo em dobro: OJ 192 da SDI-1 910
- preclusão por não oposição de: Súmula 184/TST 874
- procedimento sumaríssimo; recursos: Súmula 458/TST....... 890
- recurso de revista; omissão; oposição obrigatória, sob pena de preclusão: Súmula 184/TST ... 874
- recurso especial interposto na pendência de julgamento dos: Súmula 579/STJ ... 863

EMBARGOS DE DIVERGÊNCIA
- dissídio com acórdão de turma ou seção sem competência; descabimento: Súmula 158/STJ ... 861

EMBARGOS DE TERCEIRO
- admissibilidade do recurso de revista: Súmula 266/TST...... 877
- competência; carta precatória: Súmula 419/TST 888
- cumulação com mandado de segurança; incabível: OJ 54 da SDI-2 ... 932
- penhora em imóvel do casal; defesa da meação; cônjuge executado: Súmula 134/STJ ... 861

EMBARGOS DO DEVEDOR
- execução por carta; decisão: Súmula 46/STJ 861

EMBARGOS INFRINGENTES
- não admissibilidade; decisões por maioria em reexame necessário: Súmula 390/STJ ... 862

EMBRIAGUEZ
- habitual ou em serviço; justa causa para despedimento: art. 482, f ... 190

vide, também, CUSTAS E EMOLUMENTOS
- forma de pagamento: art. 790, caput 236
- valores: art. 789-B ... 236

EMPREGADO(S)
- anistiado; readmissão: OJ 91 da SDI-1 907
- anotação da concessão de férias na Carteira de Trabalho e Previdência Social: art. 135, § 1.º 150
- ausência ao serviço; casos em que não será considerada falta ao serviço; ressalva: art. 131, VI............................. 150
- ausência ao trabalho; quando não será considerada falta ao serviço: art. 131 ... 150
- ausência de função determinada: art. 456, parágrafo único 183
- categoria diferenciada; reconhecimento legal: OJ 36 da SDC ... 940
- conceito: art. 3.º ... 135
- de empresa de processamento de dados; bancário: Súmula 239/TST ... 876
- dependência e salário: art. 3.º 135
- desconto-moradia: PN 109 ... 945
- direitos e obrigações; propriedade industrial; invenção e modelo de utilidade realizado por: Lei n. 9.279, de 14-5-1996 569
- dispensa: PN 47 ... 943
- domésticos; conceito: art. 7.º, a 137
- domésticos; inaplicabilidade da Consolidação das Leis do Trabalho: art. 7.º, caput ... 137
- em consultório ou escritório; profissionais liberais: art. 507. 193
- estável; extinção da empresa: art. 502, I 192
- estável optante; rescisão contratual mediante acordo; direitos advenientes: Súmula 54/TST ... 869
- estável; pedido de demissão: art. 500 192
- falta de aviso prévio por parte do empregado; efeitos: art. 487, § 2.º ... 191
- férias: arts. 129 a 153 ... 149
- férias; proporção: art. 130 ... 149
- garrafas "bicadas"; ônus do empregador de aceitar sua devolução: PN 66 ... 944
- não registrado: art. 47 ... 141
- nos serviços de telefonia, de telegrafia submarina e subfluvial, de radiotelegrafia e radiotelefonia: arts. 227 a 231............. 161
- notificação da concessão de férias; requisitos e assinatura: art. 135 ... 150
- paralisação dos serviços por mais de 30 dias, com percepção de salário; efeitos quanto às férias: art. 133, III 150

- percepção de salários por mais de 30 dias durante o período de licença; efeito quanto ao direito a férias: art. 133, II....... 150
- pessoa física: art. 3.º 135
- prestação de serviços mediante salário: art. 3.º 135
- que chegar atrasado; garantia de repouso remunerado: PN 92 945
- que exerce atividade rural; prescrição: OJ 38 da SDI-1 906
- relação de; remessa ao sindicato profissional: PN 111........ 945
- relação nominal de: PN 41 943
- renúncia pelo: Súmula 276/TST 878
- representação do: arts. 510-A a 510-D............ 193
- requisito; livro ou fichas; anotação da concessão de férias: art. 135, § 2.º 150
- rescisão do contrato e pedido de indenização: art. 483....... 190
- responsabilidade pelo inadimplemento de cliente: PN 61.... 944
- serviços de natureza não eventual: art. 3.º 135
- sindicalizado; admissão preferencial: OJ 20 da SDC........... 939
- sindicalizado; direito de preferência; casos: art. 544 199
- temporário; descanso semanal: PN 79........... 944
- transferido; garantia de emprego: PN 77............ 944
- transporte de valores; seguro obrigatório: PN 42 943
- uniformes; fornecimento: PN 115 945

EMPREGADO DOMÉSTICO
- Lei Complementar n. 150, de 1.º-6-2015.......... 684

EMPREGADO ESTÁVEL OPTANTE
- vide, também, EMPREGADO(S)
- rescisão contratual mediante acordo; direitos advenientes: Súmula 54/TST 869

EMPREGADO ESTRANGEIRO
- admissão: art. 359........... 171

EMPREGADO PÚBLICO
- Lei n. 9.962, de 22-2-2000............ 601

EMPREGADOR(ES)
- cessação da atividade da empresa por morte do empregador; indenização dos empregados cabível no caso: art. 485 191
- conceito: art. 2.º............ 135
- contribuição social devida em caso de despedida de empregado sem justa causa: Lei Complementar n. 110, de 29-6-2001 . 605
- equiparados: art. 2.º, § 1.º............. 135
- falta à audiência; revelia e impossibilidade de comparecimento: Súmula 122/TST 872
- falta de aviso prévio por parte do empregador; efeitos: art. 487 191
- grupo econômico: art. 2.º, § 2.º 135
- pessoas equiparadas ao empregador: art. 2.º, § 1.º 135
- que deixar de cumprir decisão passada em julgado sobre readmissão ou reintegração de empregado; penalidade: art. 729 229
- risco da atividade: art. 2.º, caput 135

EMPREGADO RURAL
- abrigo no local de trabalho: PN 108 945
- atividade insalubre; fornecimento de leite: PN 106 945
- caixa de medicamentos: PN 107............ 945
- conservação de casa cedida a; responsabilidade: PN 62 944
- contrato escrito: PN 20........... 943
- defensivos agrícolas: PN 50............... 944
- faltas ao serviço; compras: PN 68 944
- ferramentas; fornecimento pelo empregador: PN 110......... 945
- ficha de controle da produção: PN 63................ 944
- horário e local de condução: PN 64..................... 944
- latão de café; capacidade: PN 60................. 944
- moradia: PN 34................. 943
- pagamento de dia não trabalhado: PN 69................... 944
- pagamento de salário: PN 65 944
- regime de produção; aferição das balanças: PN 59.......... 944
- rescisão do contrato de trabalho do chefe de família: PN 53 . 944
- transporte; condições de segurança: PN 71 944

EMPREGO
- espécie; não haverá distinções relativas a esta: art. 3.º, parágrafo único 136
- garantia com base no Aviso DIREH n. 2/84 da CONAB: OJ 9 da SDI-2 931

EMPREITADA
- dono da obra; não enseja responsabilidade solidária ou subsidiária: OJ 191 da SDI-1............. 910
- salário: art. 78 148

EMPREITEIRO
- principal; direito de reclamação dos empregados contra este: art. 455, parágrafo único 183

EMPRESA(S)
- alteração na estrutura jurídica: art. 10 138
- cisão, responsabilidade solidária; PROFORTE: OJ Transitória 30 da SDI-1 924
- indenização: art. 485 191
- individual ou coletiva considerada empregador: art. 2.º 135
- principal; responsabilidade solidária, para os efeitos da relação de emprego, com cada uma das empresas subordinadas: art. 2.º, § 2.º, parte final 135
- pública; exploração de atividade econômica: OJ 87 da SDI-1 907
- pública; teto remuneratório: OJ 339 da SDI-1 915
- subordinadas ou autônomas; responsabilidade solidária para efeitos da relação de emprego quanto à empresa principal: art. 2.º, § 2.º 135
- teto remuneratório; aplicável: OJ 339 da SDI-1 915

EMPRESA DE APLICATIVO
- medidas de proteção ao entregador de: Lei n. 14.297, de 5-1-2022............. 835

EMPRESAS DE TRANSPORTES E COMUNICAÇÕES
- serviços prestados por tais estabelecimentos; equiparação a serviços públicos: art. 910 262

EMPRESAS DISTRIBUIDORAS DE TÍTULOS E VALORES MOBILIÁRIOS
- jornada de trabalho de seus empregados: Súmula 119/TST 872

EMPRÉSTIMO CONSIGNADO
- autorização para desconto em folha de pagamento: Lei n. 10.820, de 17-12-2003 625
- autorização para desconto em folha de pagamento; regulamento: Decreto n. 4.840, de 17-9-2003............. 622

ENGENHEIRO
- horas extras; excedentes à 8.ª; ausência jornada reduzida, apenas salário Profissional: Súmula 370/TST............. 883

ENQUADRAMENTO SINDICAL
- arts. 570 a 577............. 202
- dissídio coletivo; incompetência: OJ 9 da SDC 939

EPI
- fornecimento: art. 166............. 155

- venda: art. 167 ... 155

EQUIDADE
- procedimento sumaríssimo: art. 852-A, *caput* 247
- salário: art. 766 .. 232
- utilização nas decisões das autoridades administrativas e da Justiça do Trabalho, em caso de falta de disposições legais ou contratuais: art. 8.º ... 137

EQUIPAMENTO(S)
- de proteção individual: arts. 166 e 167 155
- de proteção individual: NR 6 ... 457
- de proteção individual; certificado de aprovação do Ministério do Trabalho; requisito para venda ou utilização do equipamento de proteção: art. 167 ... 155
- de proteção individual; fornecimento obrigatório e gratuito pela empresa: art. 166 ... 155
- de proteção individual; perfeito estado de conservação: art. 166 .. 155
- fornecidos aos empregados, não serão considerados como salário: art. 458, § 2.º, I .. 184

EQUIPAMENTO DE PROTEÇÃO INDIVIDUAL (EPI)
- NR 6 .. 457

EQUIPARAÇÃO SALARIAL
- atendente e auxiliar de enfermagem: OJ 296 da SDI-1 914
- ausência de critérios de promoção por antiguidade e merecimento: OJ 418 da SDI-1 ... 919
- bancários; cooperativa de crédito; impossibilidade; diferenças estruturais: OJ 379 da SDI-1 ... 917
- cessão de empregados; cedente responde pelos salários; possibilidade: Súmula 6, V/TST 867
- desnível salarial; decisão beneficiou paradigma; irrelevante; exceção: Súmula 6, VI/TST ... 867
- em caso de trabalho igual; tempo de serviço na função: Súmula 202/STF ... 851
- enfermagem; atendente e auxiliar; impossibilidade: OJ 296 da SDI-1 ... 914
- identidade de função e trabalho de igual valor: art. 461 185
- identidade; empregado e paradigma; mesma função e tarefas: Súmula 6, III/TST ... 867
- localidade; mesmo município ou região metropolitana: Súmula 6, X/TST .. 867
- ônus da prova; empregador; fatos impeditivos, modificativos ou extintivos: Súmula 6, VIII/TST 867
- paradigma remoto; proibição: art. 461, § 5.º 185
- plano de carreira; inservível promoção apenas por merecimento; possibilidade: OJ 418 da SDI-1 919
- prescrição; parcial; nos 5 anos precedentes ao ajuizamento da Reclamação Trabalhista: Súmula 6, IX/TST 867
- quadro de carreira; aprovado pelo Ministério do Trabalho e Emprego; descabimento: Súmula 127/TST 872
- quadro de carreira, CEEE: OJ Transitória 29 da SDI-1 924
- quadro de carreira; homologação pelo Ministério do Trabalho e Emprego para validade: Súmula 6, I/TST 867
- reclamação trabalhista; desnecessário reclamante e paradigma estarem a serviço: Súmula 6, IV/TST 867
- servidor da administração direta, autárquica e fundacional: OJ 297 da SDI-1 ... 914
- servidor público; impossibilidade jurídica; ainda que celetista: OJ 297 da SDI-1 ... 914
- sociedade de economia mista; ausência da vedação prevista no art. 37, XIII, da CF: Súmula 455/TST 890
- tempo de serviço; contagem na função, não no emprego: Súmula 6, II/TST .. 867
- trabalho intelectual; avaliação perfeição técnica; critérios objetivos; possibilidade: Súmula 6, VII/TST 867

ESCADAS
- condições de segurança e higiene: art. 174 155

ESCALA DE REVEZAMENTO
- em trabalho da mulher realizado aos domingos: art. 386 173
- nos serviços que exijam trabalho aos domingos: art. 67, parágrafo único .. 145

ESCALA DE SERVIÇO DE BANCÁRIOS
- art. 226, parágrafo único ... 161

ESCOLAS MATERNAIS
- manutenção ou subvenção pelo SESI, SESC ou LBA: art. 397 .. 175

ESCRIVÃES
- dos juízos de direito; atribuições: art. 717 227

ESTABELECIMENTOS PARTICULARES DE ENSINO
- remuneração condigna e pontual dos professores: art. 323, parágrafo único .. 168

ESTABILIDADE
- *vide*, também, EMPREGADO(S)
- art. 41 da CF; empresa pública e sociedade de economia mista; direito inexistente: Súmula 390, II/TST 885
- art. 41 da CF; servidor celetista; administração direta, autarquias e fundações; direito: Súmula 390, I/TST 885
- arts. 492 a 500 ... 192
- abuso de direito; ação após término do período; prazo prescricional; inocorrência: OJ 399 da SDI-1 918
- cargos de diretoria, gerência ou outros de confiança imediata do empregador; não haverá estabilidade: art. 499 192
- cômputo na contagem do tempo de serviço, para efeito de indenização e de estabilidade, dos períodos em que o empregado estiver afastado do trabalho prestando serviço militar e por motivo de acidente do trabalho: art. 4.º, § 1.º ... 136
- cooperativa; empregados eleitos diretores; não os suplentes: OJ 253 da SDI-1 ... 912
- delegado sindical; inexistência de processo eletivo; impossibilidade: OJ 369 da SDI-1 ... 916
- despedida verificada com a finalidade de obstar a aquisição de estabilidade: art. 499, § 3.º 192
- do acidentado; prevalência de acordo; inadmissibilidade: OJ 31 da SDC ... 940
- empregado com mais de 10 anos de serviço na mesma empresa: art. 492 ... 192
- empregados da CONAB: Súmula 355/TST 882
- falta grave; configuração: art. 493 192
- fechamento de estabelecimento, filial ou agência; direito a indenização: art. 498 .. 192
- indenização em dobro, em caso de extinção da empresa, sem ocorrência de força maior: art. 497 192
- instrumento normativo; vigência: OJ 41 da SDI-1 906
- membro do conselho fiscal; inexistência de defesada categoria; impossibilidade: OJ 365 da SDI-1 916
- membro suplente de CIPA: OJ 6 da SDI-2 931
- pedido de demissão de empregado estável; requisito para sua validade: art. 500 ... 192

- período eleitoral; vedada dispensa; empresa pública e sociedade de economia mista: OJ 51 da SDI-1 906
- período pré-eleitoral: OJ 23 da SDI-2............................... 932
- provisória; ação trabalhista ajuizada após o término do período de garantia no emprego: OJ 399 da SDI-1 918
- provisória; acidente do trabalho: Súmula 378/TST 884
- provisória; aviso prévio: OJ 268 da SDI-1 913
- provisória; conselho fiscal de sindicato: OJ 365 da SDI-1 916
- provisória; cooperativa: OJ 253 da SDI-1 912
- provisória; delegado sindical; inaplicabilidade: OJ 369 da SDI-1 .. 916
- provisória; dirigente sindical: Súmula 369/TST 883
- provisória; pedido de reintegração; concessão do salário relativo ao período de estabilidade já exaurido: Súmula 396/TST .. 886
- provisória; reintegração em período posterior: OJ 24 da SDI-2 .. 932
- provisória; suplente de cargo de direção da CIPA: Súmula 676/STF .. 853
- readmissão de empregado e pagamento de salários correspondentes ao período da suspensão, em caso de inexistência de falta grave: art. 495 ... 192
- regulamento interno do pessoal do Banco do Estado de Pernambuco – BANDEPE: Súmula 345/TST 882
- reintegração desaconselhável, em razão do grau de incompatibilidade entre empregador e empregado: art. 496 192
- representantes dos trabalhadores: PN 86 945
- servidor público celetista: Súmula 390/TST 885
- servidor público de fundação: OJ 364 da SDI-1 916
- suspensão do empregado acusado de falta grave; inquérito: art. 494 ... 192

ESTABILIDADE DA GESTANTE
- aviso prévio: art. 391-A ... 174
- extensão: Súmula 244/TST.. 876
- habilitação posterior; representação regular: OJ 319 da SDI-1 .. 914

ESTABILIDADE DECENAL
- indenização: arts. 477, *caput*, e 478 188
- preceitos: arts. 492 a 500... 192
- rescisão contratual; acordo; mínimo de 60% do total da indenização em dobro: Súmula 54/TST............................... 869

ESTABILIDADE PROVISÓRIA
- acidente de trabalho; 12 meses após fim do benefício; constitucionalidade: Súmula 378, I/TST 884
- acidente de trabalho; contrato por prazo determinado; reconhecimento: Súmula 378, III/TST.. 884
- acidente de trabalho; pressupostos: afastamento superior 15 dias e auxílio-doença: Súmula 378, II/TST 884
- aviso prévio; incompatibilidade de institutos; inválida concessão concomitante: Súmula 348/TST.. 882
- CIPA; não vantagem pessoal; extinção da empresa, perda da garantia: Súmula 339, II/TST... 881
- dirigente sindical; assegurada ainda que comunicação da candidatura fora prazo: Súmula 369, I/TST 883
- dirigente sindical; encerramento da atividade empresarial na base; insubsistência: Súmula 369, IV/TST.......................... 883
- dirigente sindical; limitada a 7 efetivos e igual número de suplentes: Súmula 369, II/TST... 883
- dirigente sindical; limitada à categoria diferenciada para qual foi eleito: Súmula 369, III/TST... 883
- dirigente sindical; registro de candidatura durante aviso prévio; não reconhecimento: Súmula 369, V/ TST........................... 883
- dirigentes sindicais: art. 543, § 3.º 199
- dispensa discriminatória; portador do vírus HIV ou doença grave; presunção; direito à reintegração: Súmula 443/TST .. 889
- gestante; aviso prévio: art. 391-A...................................... 174
- gestante; contrato por prazo determinado; cabimento: Súmula 244, III/TST.. 877
- gestante; desconhecimento da gravidez pelo empregador não afasta indenização: Súmula 244, I/TST.............................. 876
- pedido de reintegração; deferimento de salários; fungibilidade; art. 496 da CLT: Súmula 396, II/TST..................................... 886
- reintegração; descabimento; apenas salários da data de despedida e final da estabilidade: Súmula 396, I/TST......... 886
- reintegração; gestante; apenas durante período da estabilidade: Súmula 244, II/TST ... 876
- suplente da CIPA; art. 10, II, *a*, ADCT; cabimento: Súmula 339, I/TST .. 881

ESTADO DE CALAMIDADE PÚBLICA
- medidas trabalhistas complementares para enfrentamento do: Lei n. 14.020, de 6-7-2020.. 805
- reconhecimento: Decreto Legislativo n. 6, de 20-3-2020..... 803

ESTÁGIOS
- administração pública; desvirtuamento; impossibilidade de vínculo; Súmula 363 do TST: OJ 366 da SDI-1 916
- de estudantes: Lei n. 11.788, de 25-9-2008 648
- desvirtuamento do contrato: OJ 366 da SDI-1.................... 916
- Lei n. 11.788, de 25-9-2008 ... 648

ESTATUTO DA CRIANÇA E DO ADOLESCENTE
- proteção ao trabalho: Lei n. 8.069, de 13-7-1990 520

ESTATUTO DA IGUALDADE RACIAL
- disposições: Lei n. 12.288, de 20-7-2010........................... 664

ESTATUTO DA MICROEMPRESA E DA EMPRESA DE PEQUENO PORTE
- disposições: Lei Complementar n. 123, de 14-12-2006....... 634

ESTATUTO DA ORDEM DOS ADVOGADOS DO BRASIL
- dispositivos: Lei n. 8.906, de 4-7-1994............................... 565

ESTATUTO DA PESSOA IDOSA
- Lei n. 10.741, de 1.º-10-2003 ... 624

ESTUDANTES
- estágio: Lei n. 11.788, de 25-9-2008................................. 648

EXAME MÉDICO DO EMPREGADO
- atividades insalubres: art. 200, VI 159
- despesas por conta do empregador: art. 168..................... 155
- obrigatoriedade: art. 168.. 155

EXCEÇÃO
- defesa: art. 800 ... 239
- forma de oposição: art. 799, *caput*, § 1.º......................... 239
- instrução e julgamento: art. 802 240
- recursos: art. 799, § 2.º ... 239
- suspensão do feito: art. 799, *caput* 239
- suspensão do juiz: art. 801 ... 240

EXCEÇÕES
- de incompetência e de suspeição: arts. 799 a 802............. 239

EXECUÇÃO
- avaliação dos bens: art. 887 ... 253
- citação por edital: art. 880, § 3.º 252

- citação por oficiais de justiça: art. 880, § 2.º 252
- competência para a execução das decisões: art. 877 250
- competência funcional: arts. 877 e 877-A 250
- contribuições previdenciárias: art. 876, parágrafo único 250
- correção monetária: OJ 300 da SDI-1 914
- disposições preliminares: arts. 876 a 879 250
- do julgado; não será prejudicada pela interposição de recurso junto ao Supremo Tribunal Federal: art. 893, § 2.º 254
- embargos à execução: art. 884 .. 252
- ex officio: art. 878, caput .. 251
- fazenda pública; pequeno valor; dispensa de precatório; licitude de sequestro: OJ 1 do TP .. 901
- impugnação dos embargos: art. 884 252
- impulso oficial: art. 878, caput .. 251
- julgamento e trâmites finais: arts. 885 a 889-A 253
- liquidação de sentença: art. 879 .. 251
- liquidação extrajudicial; prosseguimento na Justiça do Trabalho: OJ 143 da SDI-1 .. 909
- mandado de citação; conteúdo: art. 880, § 1.º 252
- mandado e penhora: arts. 880 a 883 252
- nomeação de bens: art. 882 ... 252
- pagamento do débito: art. 881 ... 252
- penhora; sucessão: OJ 343 da SDI-1 915
- penhora de bens: art. 883 ... 252
- por carta precatória; embargos de terceiro; competência: Súmula 419/TST .. 888
- por prestações sucessivas: arts. 890 a 892 254
- precatório; limitação período anterior da Lei n. 8.112, de 11-12-1990; não ofende coisa julgada: OJ 6 do TP 901
- promoção pelas partes: art. 878 .. 251
- recuperação judicial do devedor principal: Súmula 581/STJ ... 863
- recurso de revista: art. 896, § 2.º 257
- sentença exequenda ilíquida; liquidação: art. 879 251
- títulos executivos: art. 876, caput 250

EXECUÇÃO DA SENTENÇA
- cessação de competência do juiz de direito: Súmula 10/STJ .. 861

EXECUÇÃO DE DÍVIDA ATIVA
- Lei n. 6.830, de 22-9-1980 ... 482

EXECUÇÃO FISCAL
- aplicação subsidiária no processo do trabalho: Lei n. 6.830, de 22-9-1980 ... 482
- contra o mesmo devedor: Súmula 515/STJ 863
- leilão; intimação do devedor: Súmula 121/STJ 861

EXECUÇÃO PROVISÓRIA
- até a penhora: art. 899, caput .. 254

EXECUÇÃO TRABALHISTA
- adjudicação: art. 888, § 3.º .. 254
- arrematação: art. 888, §§ 1.º e 2.º 253
- bancos arrecadadores: art. 889-A, caput 254
- fontes subsidiárias: art. 889 ... 254
- hasta pública: art. 888, caput ... 253
- informações sobre pagamentos: art. 889-A, § 2.º 254
- parcelamento de débitos fiscais: art. 889-A, § 1.º 254
- perda do sinal: art. 888, § 4.º .. 253

EXECUTADO
- garantia da execução: art. 882 .. 252
- penhora de bens: art. 883 .. 252
- procurado por 48 horas e não localizado; citação por edital: art. 880, § 3.º ... 252
- remição no processo trabalhista: Súmula 458/STF 852

EXPLOSIVOS
- contato permanente com explosivos; caracterização de atividades ou operações perigosas: art. 193 158
- normas técnicas: art. 200, parágrafo único 159

EXTINÇÃO DO CONTRATO
- encerramento da empresa; salários devidos somente até a data da extinção: Súmula 173/TST 874
- mudança de regime celetista para estatutário; contagem da prescrição bienal: Súmula 382/TST 884
- pedido de demissão: art. 500 ... 192

EXTINÇÃO DO VÍNCULO EMPREGATÍCIO
- cessação das atividades da empresa; situação dos salários: Súmula 173/TST .. 874

EXTRANUMERÁRIOS
- inaplicabilidade da Consolidação das Leis do Trabalho: art. 7.º, caput, e c, parte final .. 137

FACTUM PRINCIPIS
- indenização: art. 486 ... 191

FADIGA
- peso máximo: art. 198 ... 158
- postura: art. 199, caput ... 158
- prevenção: arts. 198 e 199 ... 158
- trabalho em pé: art. 199, parágrafo único 158

FALÊNCIA
- da empresa; subsistência dos direitos oriundos da existência de contrato de trabalho: art. 449 181
- e recuperação de empresas; lei de; dispositivos: Lei n. 11.101, de 9-2-2005 .. 628
- massa falida; não sujeição à multa dos arts. 467 e 477, § 8.º, CLT: Súmula 388/TST ... 885

FALSIDADE
- na emissão, substituição ou anotação de Carteira de Trabalho e Previdência Social: art. 49 ... 141

FALTA AO SERVIÇO
- abono; médico da empresa ou convênio; primeiros 15 dias de ausência: Súmula 282/TST .. 878
- casos em que a ausência do empregado não será considerada falta ao serviço: art. 131 ... 150
- desconto no período de férias; inadmissibilidade: art. 130, § 1.º ... 150

FALTA GRAVE
- de empregado estável: art. 493 ... 192
- de empregado; rescisão contratual: art. 481 190
- no decurso do prazo do aviso prévio: Súmula 73/TST 869

FALTAS DO EMPREGADO
- justificadas pela lei; não serão descontadas: Súmula 89/TST ... 870

FALTAS JUSTIFICADAS
- desconto; comparecimento à JT; impossibilidade: Súmula 155/TST .. 873
- empregado: art. 473 ... 187
- professor: art. 320, § 3.º .. 168

Índice Alfabético-Remissivo Geral

FAMÍLIA
- cujos membros trabalharem no mesmo estabelecimento; concessão de férias a todos; requisitos: art. 136, § 1.º 151

FARMÁCIAS
- acúmulo de responsabilidade do farmacêutico: Súmula 413/STJ................ 862
- serviços prestados por tais estabelecimentos; equiparação a serviços públicos: art. 910 262

FATO SUPERVENIENTE
- art. 493 do CPC; constitutivo, modificativo ou extintivo do direito; cabimento: Súmula 394/TST................ 885

FAZENDA PÚBLICA
- ação rescisória; remessa necessária; sujeição se desfavorável ao ente público: Súmula 303, II/TST................ 879
- agravo; condenação imposta à: Súmula 45/STJ 861
- duplo grau de jurisdição; decisão contrária à: Súmula 303/TST 879
- juros de mora; condenação subsidiária; inexistência de limitação: OJ 382 da SDI-1................ 917
- juros de mora; limitação; critérios: OJ 7 do TP 901
- mandado de segurança; remessa necessária; sujeição se ente público prejudicado: Súmula 303, III/TST................ 879
- pequeno valor; dispensa de precatório: OJ 1 do TP................ 901

FEDERAÇÕES
- arts. 533 a 539................ 198
- administração: art. 538................ 198
- associações sindicais de grau superior: art. 533 198
- constituição por Estados: art. 534, § 2.º 198
- denominação: art. 562................ 202

FERIADOS
- vide, também, NOTA DOS ORGANIZADORES
- dia não compensado; pagamento em dobro sem prejuízo do DSR: Súmula 146/TST................ 873
- empregado comissionista; remuneração: Súmula 27/TST 868
- forense; certificação do expediente; incumbência da autoridade julgadora: Súmula 385, II/TST................ 885
- forense; prova documental superveniente; admissibilidade; pedido de reconsideração; AR, AI ou ED: Súmula 385, III/TST................ 885
- local; ônus da prova; prorrogação do prazo recursal; recorrente: Súmula 385, I/TST................ 885
- pagamento de salários nos dias: Lei n. 605, de 5-1-1949, e arts. 151 a 162 do Decreto n. 10.854, de 10-11-2021 419, 820
- penhora: art. 770, parágrafo único................ 233
- períodos de descanso: art. 385, parágrafo único................ 173
- prazos: arts. 775 e 775-A................ 234
- proibição do trabalho; ressalva: art. 70................ 145
- serviços de telefonia, telegrafia submarina ou fluvial, radiotelegrafia e radiotelefonia; trabalho nos dias: arts. 227, § 2.º, 229, § 2.º, e 249, § 1.º 161, 165

FÉRIAS
- abono instituído por instrumento normativo e terço constitucional; simultaneidade inviável: OJ Transitória 50 da SDI-1 .. 925
- anuais: arts. 129 a 153................ 149
- anuais remuneradas Convenção n. 132 da OIT: Decreto n. 10.088, de 5-11-2019................ 768
- ausência do empregado; não será considerada falta ao serviço; justificada: art. 131................ 150
- cancelamento ou adiantamento: PN 116 945
- carência para sua concessão: art. 130 149
- casos em que o empregado não terá o direito respectivo, no curso do período aquisitivo: art. 133................ 150
- coletivas: arts. 139 e 140................ 151
- coletivas; comunicação a ser feita pelo empregador ao órgão local do Ministério do Trabalho e aos sindicatos; requisitos: art. 139, §§ 2.º e 3.º 151
- coletivas; concessão a todos os empregados ou a setores determinados: art. 139................ 151
- coletivas; concessão; situação dos empregados contratados há menos de 12 meses; proporcionais: art. 140 151
- coletivas; períodos anuais: art. 139, § 1.º 151
- cômputo do período respectivo como tempo de serviço: art. 130, § 2.º 150
- comunicação: art. 135 150
- concessão à família que trabalha no mesmo estabelecimento: art. 136, § 1.º 151
- concessão e época: arts. 134 a 138................ 150
- concessão posterior ao prazo legal; pagamento em dobro: art. 137 151
- concessão; prescrição do direito de reclamá-la: art. 149..... 152
- de tripulante transferido para o serviço de outro armador; cômputo de tempo de serviço: art. 150 152
- dias gozados após o período legal de concessão; remuneração em dobro: Súmula 81/TST................ 870
- direito a férias e duração destas: arts. 129 a 133................ 149
- época de sua concessão: art. 136................ 151
- escolares, referentes a menores de 18 anos; direito de uni-las às férias trabalhistas: art. 136, § 2.º 151
- faltas; acidente do trabalho; não alteram duração: Súmula 46/TST................ 868
- faltas do empregado; não serão descontadas no período de férias: art. 130, § 1.º 150
- forma de concessão: art. 134................ 150
- gozo em época própria; pagamento fora do prazo: Súmula 450/TST 890
- gratificação semestral; repercussão: Súmula 253/TST 877
- indenização pelo seu não deferimento no tempo oportuno; cálculo: Súmula 7/TST 867
- indenizadas; FGTS: OJ 195 da SDI-1................ 910
- início do decurso de novo período aquisitivo: art. 133, § 2.º 150
- início do prazo de gozo: PN 100 945
- integrais ou proporcionais; terço constitucional: Súmula 328/TST................ 880
- marítimo: arts. 150 a 152................ 152
- multas: art. 153 153
- pagamento da remuneração respectiva; quando deverá ser realizado: art. 145................ 152
- prestação de serviços pelo empregado em férias a outro empregador: art. 138 151
- proporcionais: arts. 146 e 147................ 152
- proporcionais; extinção do contrato de trabalho com mais de um ano: Súmula 171/TST................ 874
- proporcionais; inclusão na indenização por despedida injusta: Súmula 200/STF................ 851
- proporcionais; isenção do imposto de renda: Súmula 386/STJ................ 862

- proporcionais; pedido de demissão: Súmula 261/TST 877
- reclamação pedindo sua fixação por sentença; quando ocorrerá: art. 137, § 1.º 151
- remuneração: art. 142 151
- remuneração; não será prejudicada durante as férias: art. 129 149
- remuneração; natureza: art. 148 152
- serviço militar: art. 132 150
- tripulante; remuneração no período de férias; acréscimo: art. 152 153
- venda: arts. 143 e 144 151

FÉRIAS ESCOLARES
- pagamento dos salários dos professores: Súmula 10/TST ... 867

FERROVIÁRIOS
- gratificação; chefe de trem; inexistência de direito: Súmula 67/TST 869
- oriundos das empresas Sorocabana, São Paulo, Minas e Araraquarense; ação por estes movida; incompetência da Justiça do Trabalho: Súmula 75/TST 870
- que trabalham em "estação do interior"; não terão direito a horas extras: Súmula 61/TST 869
- turno ininterrupto de revezamento: OJ 274 da SDI-1 913

FICHAS DE REGISTRO DE EMPREGADOS
- art. 41 141
- conteúdo: art. 41, parágrafo único 141

FINANCEIRAS
- equiparação aos bancos: Súmula 55/TST 869

FISCALIZAÇÃO, AUTUAÇÃO E IMPOSIÇÃO DE MULTAS
- arts. 626 a 634 212
- penalidades: NR 28 481

FISCALIZAÇÃO DO TRABALHO
- agente de inspeção: art. 630 213
- aplicação de multa: art. 634 214
- auto de infração: art. 629 213
- defesa do autuado: arts. 632 e 633 214
- denúncia: art. 631 213
- diligência: art. 628 212
- domicílio eletrônico trabalhista: art. 628-A 213
- inscrição e cobrança de multas: arts. 641 e 642 214
- preceitos: arts. 626 a 642 212
- procedimentos administrativos: art. 627-A 212
- recursos: arts. 635 a 639 214

FOLHA CORRIDA
- apresentação: Lei n. 6.868, de 3-12-1980 486

FOLHA DE PAGAMENTO
- autorização para desconto de prestações em: Lei n. 10.820, de 17-12-2003 625
- autorização para desconto de prestações em; regulamento: Decreto n. 4.840, de 17-9-2003 622
- art. 8.º, § 1.º 137
- execução trabalhista: art. 889 254

FORÇA MAIOR
- arts. 501 a 504 192
- conceito: art. 501 192
- extinção da empresa; indenização: art. 502 192
- falsa alegação; consequências; reintegração: art. 504 193
- redução de salários: art. 503 192

FRAUDE
- quanto à aplicação dos preceitos da CLT: art. 9.º 138

FUNCIONÁRIOS PÚBLICOS
- inaplicabilidade da Consolidação das Leis do Trabalho: art. 7.º, *caput*, c 137
- opção pelo regime trabalhista; supressão das vantagens estatutárias: Súmula 243/TST 876

FUNDO DE AMPARO AO TRABALHADOR – FAT
- instituição: Lei n. 7.998, de 11-1-1990 504

FUNDO DE GARANTIA DO TEMPO DE SERVIÇO – FGTS
- acordo instituído pela Lei Complementar n. 110/01: Súmula Vinculante 1 857
- art. 479 da CLT; aplicação ao trabalhador optante: Súmula 125/TST 872
- aposentadoria espontânea; depósito do FGTS, período anterior à opção: Súmula 295/TST 878
- aposentadoria espontânea; multa de 40%; cabimento no caso de desligamento: OJ 361 da SDI-1 916
- complementos de atualização monetária de saldos de contas vinculadas: Lei Complementar n. 110, de 29-6-2001 605
- condições especiais para crédito em contas vinculadas: Lei n. 10.555, de 13-11-2002 620
- contribuição social sobre o total dos depósitos, devida pelo empregador em caso de despedida do empregado sem justa causa: Lei Complementar n. 110, de 29-6-2001, e Decreto n. 3.914, de 11-9-2001 605, 608
- correção monetária; diferenças: Súmula 445/STJ 862
- correção monetária; legitimidade passiva da Caixa Econômica Federal: Súmula 249/STJ 862
- débitos trabalhistas; índice de correção monetária: OJ 302 da SDI-1 914
- dependentes ou sucessores; pagamento: Lei n. 6.858, de 24-11-1980 485
- dependentes ou sucessores; pagamento; regulamento: Decreto n. 85.845, de 26-3-1981 486
- disposições sobre o: Lei n. 8.036, de 11-5-1990 508
- empregado doméstico: Lei Complementar n. 150, de 1.º-6-2015, art. 21 686
- empregado transferido para o exterior: OJ 232 da SDI-1 911
- equivalência entre este regime e o da estabilidade; efeitos: Súmula 98/TST 871
- estabilidade decenal; equivalência jurídica, não econômica; indevida reposição de diferenças: Súmula 98, I/TST 871
- estabilidade não legal; contratual ou regulamentar; compatibilidade: Súmula 98, II/TST 871
- extinção do contrato de trabalho; prazo prescricional; reclamação de não recolhimento do: Súmula 362/TST 882
- extratos das contas individualizadas: Súmula 514/STJ 863
- férias indenizadas; não incidência: OJ 195 da SDI-1 910
- fiscalização, apuração e cobrança judicial das contribuições e multas devidas ao: Lei n. 8.844, de 20-1-1994 565
- Fundo de Investimento do: arts. 5.º e 20 da Lei n. 8.036, de 11-5-1990 508
- incidência do percentual respectivo sobre a parcela da remuneração correspondente a horas extraordinárias de trabalho: Súmula 593/STF 852
- incidência sobre a remuneração mensal devida ao empregado, incluídos horas extras e adicionais eventuais: Súmula 63/TST 869

- juros progressivos sobre os saldos de conta vinculada do; prescrição da ação: Súmula 398/STJ 862
- Justiça Federal; competência; processo e julgamento dos feitos relativos à movimentação do: Súmula 82/STJ 861
- multa: OJ 42 da SDI-1 906
- multa; cálculo baseado no saldo do dia de pagamento das rescisórias: OJ 42, II, da SDI-1 906
- multa; incidência sobre saques corrigidos monetariamente: OJ 42, I, da SDI-1 906
- multa; pagamento de diferenças decorrentes de inflação: OJ 341 da SDI-1 915
- multa; pagamento; prescrição; termo inicial: OJ 344 da SDI-1 .. 915
- multa; prescrição: OJ 370 da SDI-1 916
- multa; rescisão contratual anterior à Constituição Federal de 1988: OJ Transitória 1 da SDI-1 923
- opção retroativa; concordância do empregador: OJ Transitória 39 da SDI-1 925
- pagamento relativo ao período de aviso prévio; contribuição para o: Súmula 305/TST 879
- prescrição bienal; alcance: Súmula 206/TST 875
- regulamento: Decreto n. 99.684, de 8-11-1990 521
- regularidade dos depósitos; ônus da prova: Súmula 461/TST 891
- saldo de conta; correção: Súmula 252/STJ 862
- saldo; saque quando nulo o contrato de trabalho: Súmula 466/STJ ... 862
- trabalhador avulso: Súmula 571/STJ 863
- trabalhador doméstico: Lei Complementar n. 150, de 1.º-6-2015 684

FUNGIBILIDADE
- estabilidade provisória; deferimento de salários; pedido de reintegração; possibilidade: Súmula 396, II/TST 886

FUTEBOL
- disposições: Lei n. 9.615, de 24-3-1998 572

GERENTES
- bancários; jornada de trabalho: Súmula 287/TST 878
- estabilidade: art. 499 192
- exclusão do capítulo referente à duração do trabalho: art. 62, II 144

GESTANTE
- contrato por prazo determinado; direito a estabilidade provisória: Súmula 244, III/TST 877
- estabilidade provisória; aviso prévio: art. 391-A 174
- garantia de emprego; extensão: Súmula 244/TST 876
- indenização pela estabilidade; desconhecimento da gravidez pelo empregador não afasta pagamento: Súmula 244, I/TST 876
- reintegração; apenas durante período de estabilidade: Súmula 244, II/TST 876
- renúncia ou transação de direitos constitucionais; impossibilidade; art. 10, II, a, do ADCT; garantia de estabilidade: OJ 30 da SDC 940
- salário-maternidade; 120 dias a partir da promulgação da CF: OJ 44 da SDI-1 906

GORJETAS
- conceito: art. 457, § 3.º 183
- disposições; efeitos trabalhistas: Súmula 354/TST 882
- inclusão na remuneração: art. 457 183
- remuneração; não base de cálculo do aviso prévio, adicional noturno, hora extra e descanso semanal remunerado: Súmula 354/TST 882

GRATIFICAÇÃO(ÕES)
- bancário: art. 224, § 2.º 160
- de caixa: PN 103 945
- escolha pelo empregado: Súmula 202/TST 875
- especial dos empregados da Caixa Econômica do Estado de São Paulo: OJ 56 da SDI-1 906
- habituais; integram o salário: Súmula 207/STF 851
- instituída pela Suframa: OJ 26 da SDI-2 932
- integram o salário: art. 457, § 1.º 183
- radiologista; ausência de prejuízo: OJ 208 da SDI-1 911
- SUDS; paga aos servidores; natureza salarial: OJ Transitória 43 da SDI-1 925

GRATIFICAÇÃO AJUSTADA
- ajuste tácito; liberalidade no recibo; irrelevância; configuração: Súmula 152/TST 873

GRATIFICAÇÃO DE FUNÇÃO
- cálculo; integração do adicional por tempo de serviço: Súmula 240/TST 876
- manutenção da função; impossibilidade de redução do valor: Súmula 372, II/TST 884
- percebida por 10 ou mais anos; princípio da estabilidade financeira; impossibilidade de supressão: Súmula 372, I/TST 884
- supressão ou redução; limites: Súmula 372/TST 884

GRATIFICAÇÃO DE NATAL
- cômputo no cálculo da indenização: Súmula 148/TST 873
- de servidor público cedido, enquanto durar a cessão: Súmula 50/TST 869
- exclusão do cálculo do valor da indenização adicional prevista na Lei n. 6.708/79: Súmula 242/TST 876
- Lei n. 4.090, de 13-7-1962 424
- Lei n. 4.749, de 12-8-1965 425
- remuneração do serviço suplementar, habitualmente prestado: Súmula 45/TST 868
- resilição contratual de iniciativa do empregado: Súmula 157/TST 873

GRATIFICAÇÃO DE PRODUTIVIDADE
- cálculo do repouso semanal remunerado: Súmula 225/TST 876

GRATIFICAÇÃO POR TEMPO DE SERVIÇO
- bancário; integração no cálculo das horas extras: Súmula 226/TST 876
- bancário; integra gratificação art. 224, § 2.º, CLT: Súmula 240/TST 876
- cálculo do repouso semanal remunerado: Súmula 225/TST 876
- gratificação normativa; coexistência; opção pela mais benéfica: Súmula 202/TST 875
- integração de salário: Súmula 203/TST 875

GRATIFICAÇÃO SEMESTRAL
- congelamento; prescrição parcial: Súmula 373/TST 884
- horas extras habituais; integram a base de cálculo: Súmula 115/TST 872
- não repercute nos cálculos das horas extras, férias e aviso prévio: Súmula 253/TST 877
- repercussão; pelo duodécimo na indenização por antiguidade e 13.º salário: Súmula 253/TST 877

GRAVIDEZ
- atividade insalubre; afastamento durante a: art. 394-A 175
- proibição do trabalho da mulher: art. 392 174

GREVE
- *vide*, também, *LOCK-OUT* E GREVE
- abusiva; efeitos: OJ 10 da SDC 939
- abusiva; etapa negocial prévia: OJ 11 da SDC 939
- abusiva; violação da garantia das necessidades inadiáveis da população: OJ 38 da SDC 940
- adesão; não constitui falta grave: Súmula 316/STF 852
- competência dos tribunais para declará-la abusiva: PN 29 .. 943
- declaração de legalidade ou ilegalidade: Súmula 189/TST.. 874
- Lei n. 7.783, de 28-6-1989 .. 499
- nos dissídios coletivos: OJ 10 e 11 da SDC 939

GRUPO ECONÔMICO
- não caracteriza: art. 2.º, § 3.º 135
- responsabilidade solidária, para os efeitos da relação de emprego, de cada uma das empresas que o integrarem: art. 2.º, § 2.º ... 135
- sucessão trabalhista; empresa solvente não adquirida; inexistência de responsabilidade: OJ 411 da SDI-1 918

GRUPO INDUSTRIAL
- responsabilidade solidária, para os efeitos da relação de emprego, de cada uma das empresas que o integrarem: art. 2.º, § 2.º ... 135

HABEAS CORPUS
- depositário: OJ 89 da SDI-2 934
- originário no TST: OJ 156 da SDI-2 936
- penhora sobre coisa futura; prisão; depositário infiel: OJ 143 da SDI-2 ... 936

HABITAÇÃO
- inclusão no salário: art. 458 184

HABITUALIDADE
- empregado: art. 3.º, *caput* 135

HIGIENE NOS LOCAIS DE TRABALHO
- art. 200, VII ... 159

HOLDING
- *vide* EMPRESA(S)

HOMOLOGAÇÃO
- da rescisão contratual; pagamento em dinheiro, depósito bancário ou cheque visado: art. 477, § 4.º 189

HOMOLOGAÇÃO DE ACORDO
- crédito da União: art. 832, § 6.º 243
- cumprimento: art. 835 ... 243
- dispensa de manifestação da União: art. 832, § 7.º 243
- extrajudicial; processo de jurisdição voluntária: arts. 855-B a 855-E ... 248
- intimação da União: art. 832, § 4.º 243
- mandado de segurança visando à: Súmula 418/TST 888
- natureza das verbas: art. 832, § 3.º 243
- recurso da União: art. 832, § 5.º 243

HONORÁRIOS DE ADVOGADO
- ação rescisória; cabimento: Súmula 219, II/TST 876
- base de cálculo: OJ 348 da SDI-1 915
- consubstanciam verba de natureza alimentar: Súmula Vinculante 47 ... 858
- correção monetária; incidência: Súmula 14/STJ 861
- de sucumbência; cabimento, ainda quando o advogado atue em causa própria: art. 791-A 237
- em ação de acidente do trabalho julgada procedente: Súmula 234/STF ... 851
- fixação em salários mínimos; impossibilidade: Súmula 201/STJ .. 862
- percentual; hipóteses de cabimento: Súmula 219/TST 875
- relação não empregatícia; cabimento: Súmula 219, III/TST 876
- requisitos: Súmula 219/TST 875
- requisitos; assistência sindicato; salário inferior ao dobro do mínimo: Súmula 219, I/TST 875
- serão devidos no cumprimento da sentença: Súmula 517/STJ .. 863
- serão devidos, sempre que vencedor o beneficiário de justiça gratuita: Súmula 450/STF ... 852
- substituição processual; sindicato; cabimento: Súmula 219, III/TST ... 876
- validade da Súmula 219/TST, mesmo após promulgação da CF/88: Súmula 329/TST ... 880

HONORÁRIOS PERICIAIS
- atualização monetária: OJ 198 da SDI-1 910
- justiça gratuita: Súmula 457/TST 890
- responsabilidade: Súmula 341/TST 882
- responsabilidade pelo pagamento: art. 790-B 236

HORA DO TRABALHO NOTURNO
- cômputo como de 52 minutos e 30 segundos: art. 73, § 1.º 146
- duração legal; vantagem suplementar; salário adicional: Súmula 214/STF .. 851
- reduzida: OJ 127 da SDI-1 .. 908
- turno de revezamento; redução cabível; ausência de incompatibilidade: OJ 395 da SDI-1 917

HORÁRIO BANCÁRIO
- atendimento ao público; fixação: Súmula 19/STJ 861

HORÁRIO DE TRABALHO
- registro; inversão do ônus da prova: Súmula 338/TST 881

HORAS EXTRAS
- arts. 59 a 62 .. 142
- 13.º salário; habitualmente prestadas integram base de cálculo: Súmula 45/TST ... 868
- adicional: art. 59, § 1.º ... 143
- adicional de periculosidade; permanente; composição da base de cálculo: Súmula 132, I/TST 873
- adicional noturno: OJ 97 da SDI-1 907
- atividade externa: art. 62, I 144
- atividades insalubres: art. 60 144
- aviso prévio indenizado; integração das habituais: art. 487, § 5.º .. 191
- bancário: art. 225 .. 160
- bancário; cálculo; integração da gratificação por tempo de serviço: Súmula 226/TST ... 876
- bancário; cargo de confiança; além da 8.ª hora: Súmula 102, IV/TST ... 871
- bancário; cargo de confiança; gratificação inferior a 1/3 do salário; devidas: Súmula 102, III/TST 871
- bancário; gratificação não inferior a 1/3 do salário; indevidas: Súmula 102, II/TST ... 871
- bancário: Súmula 199/TST .. 875
- banco de horas: art. 59, §§ 2.º e 3.º 143

- base de cálculo; acréscimo do adicional de insalubridade: OJ 47 da SDI-1 .. 906
- base de cálculo; hora normal, integradas parcelas de natureza salarial e adicionais: Súmula 264/TST................................ 877
- comissionista: Súmula 340/TST ... 881
- comissionista misto: OJ 397 da SDI-1 918
- comprovação: OJ 233 da SDI-1 ... 911
- cômputo no cálculo do repouso remunerado: Súmula 172/TST... 874
- convenção coletiva; minutos que antecedem ou sucedem jornada; impossibilidade: Súmula 449/TST........................ 890
- divisor; salário-hora; módulo semanal de 40 horas; divisor 200: Súmula 431/TST... 888
- dos operadores cinematográficos: arts. 234, parágrafo único, e 235, *caput* .. 161
- em caso de necessidade imperiosa: art. 61 144
- empregados que não fazem jus às; cargo de confiança: art. 62 ... 144
- força maior: art. 61, *caput*... 144
- gerente: art. 62, II .. 144
- gratificação por tempo de serviço; integração para todos os efeitos legais: Súmula 203/TST... 875
- gratificação semestral; habituais integram a base de cálculo: Súmula 115/TST... 872
- gratificação semestral não repercute nas: Súmula 253/TST. 877
- habituais; cálculo; disposições: Súmula 347/TST................ 882
- habituais; devidas em licença remunerada; CSN: OJ Transitória 2 da SDI-1 ... 923
- incorporação; prescrição: OJ 242 da SDI-1 912
- intervalo interjornada; supressão; natureza salarial; integralidade das horas mais adicional: OJ 355 da SDI-1 915
- limitação legal; não exime o empregador de pagar todas as horas trabalhadas: Súmula 376, I/TST.............................. 884
- limitação; reflexos: Súmula 376/TST................................... 884
- limite: art. 59, *caput*... 142
- minutos que antecedem e sucedem a jornada de trabalho: Súmula 366/TST... 883
- motorista: OJ 332 da SDI-1 .. 915
- no caso do menor: art. 413, II .. 177
- permanência na empresa por escolha própria do empregado; não configura: art. 4.º, § 2.º ... 136
- professores: OJ 206 da SDI-1 .. 911
- reconhecimento em juízo: OJ 415 da SDI-1......................... 919
- regime 12 x 36 horas; previsão legal ou negociação coletiva; feriados trabalhados em dobro: Súmula 444/TST............... 889
- rescisão do contrato; pagamento das: art. 59, § 3.º 143
- salário por produção: OJ 235 da SDI-1 912
- serviço ferroviário: art. 241... 164
- serviços inadiáveis: art. 61, *caput*, §§ 1.º e 2.º 144
- supressão: Súmula 291/TST... 878
- turno de revezamento; divisor 180: OJ 396 da SDI-1........... 917
- variações de horário no registro de ponto; não configuram: art. 58, § 1.º .. 142

HORAS *IN ITINERE*
- difícil acesso; não servido transporte público; computável na jornada de trabalho: Súmula 90, I/TST.............................. 870
- incompatibilidade de horários; jornada e transporte público; devidas: Súmula 90, II/TST... 870
- jornada de trabalho: art. 58, § 2.º...................................... 142
- jornada de trabalho; computáveis; tempo que extrapola duração normal é extra: Súmula 90, V/TST...................... 870
- obrigatoriedade; cômputo; jornada de trabalho: Súmula 320/TST.. 880
- tempo gasto entre a portaria e o local do serviço; Açominas: OJ Transitória 36 da SDI-1 .. 924
- transporte público regular; ausência em parte do trajeto; remuneração limitada ao trecho: Súmula 90, IV/TST 870
- transporte público regular; insuficiência; indevido o pagamento: Súmula 90, III/TST ... 870

HORISTA
- cálculo de indenização: art. 478, § 3.º............................... 189
- salário das férias: Súmula 199/STF..................................... 851
- turno ininterrupto de revezamento: OJ 275 da SDI-1 913

HOSPITAIS
- serviços prestados por tais estabelecimentos; equiparação a serviços públicos: art. 910 .. 262

ICMS
- desembaraço aduaneiro: Súmula Vinculante 48................. 858
- não incidência; alienação de salvados de sinistro: Súmula Vinculante 32... 858

IDOSO
- Estatuto da Pessoa Idosa: Lei n. 10.741, de 1.º-10-2003 .. 624

IGUALDADE RACIAL
- Estatuto da: Lei n. 12.288, de 20-7-2010 664
- preconceito de raça ou de cor; crime: Lei n. 7.716, de 5-1-1989 ... 498

ILUMINAÇÃO
- adequação à natureza da atividade: art. 175 155
- distribuição uniforme: art. 175, § 1.º 156
- natural ou artificial: art. 175.. 155
- níveis mínimos: art. 175, § 2.º.. 156

IMPEDIMENTO
- quanto à aplicação dos preceitos da CLT: art. 9.º 138

IMPOSTO DE RENDA
- base de cálculo; juros de mora; não integração: OJ 400 da SDI-1.. 918
- demissão voluntária; não incidência: OJ 207 da SDI-1........ 911
- desconto; alimentação do trabalhador: Lei n. 6.321, de 14-4-1976 ... 438
- dos trabalhadores: Lei n. 7.713, de 22-12-1988 497
- horas extraordinárias; isenção: Súmula 463/STJ 862
- incidência sobre os rendimentos pagos: Lei n. 8.541, de 23-12-1992.. 557
- incidência sobre os rendimentos pagos; decisões da Justiça do Trabalho: Lei n. 10.833, de 29-12-2003 628
- isenção; férias proporcionais e respectivo adicional: Súmula 386/STJ .. 862
- programa de incentivo à demissão voluntária; indenização; incidência: Súmula 215/STJ.. 862

IMPUGNAÇÃO DE EMBARGOS
- julgamento conjunto: art. 884, § 4.º.................................. 253
- prazo: art. 884 .. 252
- sentença: arts. 885 e 886.. 253

INCAPACIDADE
- laboral; termo inicial do prazo prescricional na ação de indenização: Súmula 278/STJ.. 862

- que propiciar concessão de auxílio-doença pela Previdência Social; ausência no serviço do empregado por este motivo; não será considerada falta ao serviço para efeito de concessão de férias; ressalva: art. 131, III .. 150

INCOMPETÊNCIA
- relativa; declaração: Súmula 33/STJ 861

INCONTINÊNCIA DE CONDUTA OU MAU PROCEDIMENTO
- de empregado; justa causa para rescisão contratual: art. 482, b .. 190

INDENIZAÇÃO
- acidentária; não exclui a de direito comum; dolo ou culpa grave do empregador: Súmula 229/STF 851
- adesão a programa de incentivo à demissão voluntária; imposto de renda; incidência: Súmula 215/STJ 862
- composição do dano por acidente do trabalho; salário ao tempo da perícia ou da sentença como base: Súmula 314/STF ... 852
- contagem de tempo de serviço para efeito de indenização e de estabilidade; cômputo dos períodos de serviço militar e de afastamento por motivo de acidente do trabalho: art. 4.º, § 1.º .. 136
- de empregado estável; pagamento em dobro; quando ocorrerá: Súmula 220/STF .. 851
- devida ao empregado, em caso de contrato por prazo indeterminado: arts. 477 e 478 .. 188
- dos empregados, em caso de cessação da atividade da empresa: art. 485 ... 191
- por acidente do trabalho; inclusão do repouso semanal remunerado: Súmula 464/STF ... 852
- por danos morais; não incidência: Súmula 498/STJ 863
- por despedida injusta; inclusão de adicionais ou gratificações: Súmulas 459 e 462/STF ... 852

INDENIZAÇÃO ADICIONAL
- aviso prévio; cômputo do tempo, mesmo que indenizado: Súmula 182/TST .. 874
- período estabilitário; término para contagem do aviso prévio: OJ 268 da SDI-1 ... 913
- prevista na Lei n. 6.708/79; valor: Súmula 242/TST 876
- rescisão contratual; 30 dias antes da data-base; salário já corrigido; cabimento: Súmula 314/TST 880
- valor; salário na data da comunicação dispensa mais adicionais: Súmula 242/TST .. 876

INDENIZAÇÃO COMPENSATÓRIA
- tempo de aviso prévio; contagem para efeito de: Súmula 182/TST .. 874

INDENIZAÇÃO DOBRADA
- reintegração convertida; salários devidos até a data da primeira decisão que determinou a conversão: Súmula 28/TST 868

INDENIZAÇÃO POR ANTIGUIDADE
- base de cálculo; inclusão das horas extras habitualmente prestadas: Súmula 24/TST .. 868

INFLAMÁVEIS
- contato permanente com inflamáveis; caracterização de atividade perigosa: art. 193 ... 158

INFORMÁTICA
- subordinação: art. 6.º, parágrafo único 137

INFORMATIZAÇÃO DO PROCESSO JUDICIAL
- disposições: Lei n. 11.419, de 19-12-2006 639

- regulamento; âmbito da Justiça do Trabalho: Instrução Normativa n. 30, de 13-9-2007 ... 643
- regulamento: âmbito do TST: Ato n. 342, de 27-7-2010 667

INQUÉRITO
- ou sindicância; requisito para a validade de punição imposta a empregado: Súmula 77/TST ... 870

INQUÉRITO ADMINISTRATIVO
- suspensão preventiva para responder a inquérito administrativo; ausência do empregado; quando não será considerada falta ao serviço: art. 131, V ... 150

INQUÉRITO PARA APURAÇÃO DE FALTA GRAVE
- – arts. 853 a 855 ... 248
- abandono de emprego; prazo decadencial; pretensão de retorno do empregado: Súmula 62/TST 869
- dirigente sindical: Súmula 379/TST 884
- dirigentes sindicais: art. 543, § 3.º 199
- empregado garantido com estabilidade: art. 853 248
- prazo para o empregado apresentar a reclamação: art. 853 ... 248
- prévio reconhecimento da estabilidade do empregado; efeitos: art. 855 .. 248
- procedência da acusação; despedida do empregado: art. 494 ... 192

INSALUBRIDADE
- adicional: art. 192 .. 158
- adicional; fornecimento do aparelho de proteção; efeito: Súmula 289/TST ... 878
- adicional; integração na base de cálculo das horas extras: OJ 47 da SDI-1 ... 906
- adicional; não basta constatação por laudo pericial: Súmula 448/TST .. 890
- arguição em juízo; perícia: art. 195, § 2.º 158
- atividades: art. 189 ... 157
- avisos: art. 197, parágrafo único .. 158
- caracterização das atividades: arts. 189 a 193 157
- caracterização e classificação: art. 195 158
- cessação do adicional: art. 194 ... 158
- efeitos pecuniários; a partir de quando serão devidos: art. 196 ... 158
- eliminação ou neutralização: art. 191 157
- eliminação pelo fornecimento de aparelhos protetores; exclusão da percepção do adicional: Súmula 80/TST 870
- intermitência; não afasta direito ao adicional: Súmula 47/TST ... 869
- jornada de trabalho; atividade insalubre; exigências; validade: Súmula 349/TST ... 882
- medidas especiais de proteção: art. 200 158
- não configuração; limpeza de residências e escritórios/coleta de lixo: Súmula 448/TST .. 890
- perícia; engenheiro ou médico; inexistência de distinção: OJ 165 da SDI-1 ... 909
- perícia extrajudicial: art. 195, § 1.º 158
- quadro de atividades: art. 190 ... 157
- reclassificação ou descaracterização; repercussão: Súmula 248/TST .. 877
- Súmula 460/STF .. 852
- transporte: art. 197, caput .. 158

INSPEÇÃO
- de estabelecimento industrial, em matéria de segurança e higiene do trabalho: art. 162 e parágrafo único 154

Índice Alfabético-Remissivo Geral

- do trabalho; programa de desenvolvimento federal: Lei n. 7.855, de 24-10-1989 .. 503

INSPEÇÃO PRÉVIA
- procedimentos: arts. 160 e 161 .. 153

INSTALAÇÕES ELÉTRICAS
- arts. 179 a 181 .. 156
- disposições legais a respeito; atribuições do Ministério do Trabalho: art. 179 .. 156
- métodos de socorro em caso de choques elétricos; conhecimento a respeito pelos empregados no setor elétrico: art. 181 ... 156

INSTALAÇÕES SANITÁRIAS
- separação de sexos: art. 200, VII 159

INSTAURAÇÃO DE INSTÂNCIA
- em dissídio coletivo: art. 856 .. 248

INSTITUIÇÕES DE BENEFICÊNCIA
- equiparação ao empregador para os efeitos exclusivos da relação de emprego: art. 2.º, § 1.º 135

INSTITUIÇÕES FILANTRÓPICAS
- vide ENTIDADE FILANTRÓPICA e INSTITUIÇÕES DE BENEFICÊNCIA

INSTITUIÇÕES SEM FINS LUCRATIVOS
- equiparação ao empregador para os efeitos exclusivos da relação de emprego: art. 2.º, § 1.º 135

INSTRUÇÕES MINISTERIAIS
- instrução dos responsáveis no cumprimento das leis de proteção ao trabalho; utilização do critério da dupla visita pela fiscalização: art. 627 .. 212

INSTRUMENTO NORMATIVO
- cópia não autenticada; valor probante: OJ 36 da SDI-1 906
- estabilidade; pressupostos preenchidos durante a vigência; subsistência: OJ 41 da SDI-1 .. 906

INTEGRAÇÃO
- formas: art. 8.º, caput ... 137

INTERDIÇÃO DE ESTABELECIMENTO
- em virtude de grave e iminente risco para o trabalhador: art. 161 ... 154
- levantamento; requisito: art. 161, § 5.º 154
- requerimento; competência: art. 161, § 2.º 154
- salário; recebimento normal: art. 161, § 6.º 154

INTERESSADOS
- não distinção: art. 63 .. 144

INTERNET
- tratamento de dados pessoais por pessoa natural ou jurídica de direito público ou privado: Lei n. 13.709, de 14-8-2018 741

INTERPRETAÇÃO DE CLÁUSULAS CONTRATUAIS
- não dá lugar a recurso extraordinário: Súmula 454/STF 852

INTERRUPÇÃO DA PRESTAÇÃO DE SERVIÇOS
- anotação na Carteira de Trabalho e Previdência Social: art. 133, § 1.º .. 150

INTERVALO
- convencionais; tempo à disposição da empresa; passíveis horas extras: Súmula 118/TST 872
- digitadores; para descanso: Súmula 346/TST 882
- intrajornada; repouso e alimentação: Súmula 437/TST 889
- mecanografia: art. 72 .. 146
- não previsto em lei; serviço extraordinário: Súmula 118/TST ... 872

- para recuperação térmica do empregado: Súmula 438/TST. 889
- trabalho contínuo; superior a seis horas: art. 71 145
- turnos ininterruptos de revezamento: Súmula 360/TST 882

INTERVALO ESPECIAL
- amamentação: art. 396 .. 175
- ambiente artificialmente frio; analogia ao art. 253, parágrafo único, CLT; recuperação térmica; devido: Súmula 438/TST .. 889

INTERVALO INTERJORNADA
- bancário: art. 224, § 1.º ... 160
- digitador; analogia ao art. 72 da CLT; 10 minutos a cada 90 de trabalho consecutivo: Súmula 346/TST 882
- duração do trabalho: art. 71, § 2.º 145

INTERVALO INTRAJORNADA
- jornada reduzida; mínimo de 1 hora quando ultrapassada habitualmente jornada de 6 horas: Súmula 437, IV/TST 889
- período mínimo: arts. 66 e 71, caput e § 1.º 145
- redução: art. 71, § 3.º .. 145
- redução; medida de saúde e segurança; impassível negociação coletiva: Súmula 437, II/TST ... 889
- supressão: art. 71, § 4.º .. 146
- supressão; natureza salarial; integralidade das horas suprimidas mais adicional: OJ 355 da SDI-1 .. 915
- supressão; natureza salarial da parcela compensatória; reflexos econômicos: Súmula 437, III/TST 889
- supressão total ou parcial; pagamento total do período; acréscimo 50%; cômputo da efetiva jornada; hora extra: Súmula 437, I/TST .. 889
- turno de revezamento; trabalho imediatamente após descanso semanal remunerado; supressão; horas extras: Súmula 110/TST ... 872

INTERVENÇÃO ASSISTENCIAL
- simples ou adesiva; requisito de sua admissibilidade: Súmula 82/TST ... 870

INTIMAÇÃO
- execução fiscal; leilão; devedor: Súmula 121/STJ 861
- feita na sexta-feira; contagem de prazo judicial: Súmula 310/STF e Súmula 1/TST ... 852, 867
- judicial; pluralidade de advogados; pedido para determinado advogado; comunicação de outro nula: Súmula 427/TST 888

ISENÇÕES DE CUSTAS AO EMPREGADO
- concessão; efeitos quanto ao sindicato: Súmula 223/STF ... 851

ISENÇÕES FISCAIS
- do recolhimento da contribuição sindical: art. 609 207

ISONOMIA
- aumento de vencimentos para servidores públicos, sob tal fundamento, pelo Poder Judiciário; inadmissibilidade: Súmula 339/STF ... 852

JARDINS DE INFÂNCIA
- manutenção ou subvenção pelo SESI, SESC e LBA: art. 397 ... 175

JOGOS DE AZAR
- prática constante pelo empregado; justa causa para rescisão contratual: art. 482, l .. 190

JOGO DO BICHO
- contrato de trabalho; nulidade; ilicitude do objeto: OJ 199 da SDI-1 ... 910

JORNADA DE TRABALHO
- arts. 58 a 65 .. 141

- acordo de compensação de: OJ 323 da SDI-1 914
- ajustada mediante acordo ou convenção coletiva: Súmula 444/TST .. 889
- alteração: OJ 308 da SDI-1 .. 914
- cartões-ponto invariáveis; invalidade; inversão do ônus da prova: Súmula 338, III/TST .. 881
- compensação; não atendimento das exigências legais: art. 59-B .. 143
- cômputo do tempo despendido pelo empregado para chegar ao local de trabalho: Súmula 90/TST 870
- de 12 horas seguidas por 36 horas ininterruptas de descanso: art. 59-A ... 143
- deslocamento interno; da portaria ao local de trabalho; tempo à disposição acima 10 minutos: Súmula 429/TST 888
- do estudante: PN 32 ... 943
- fixação de; turno ininterrupto de revezamento: Súmula 423/TST .. 888
- gerente bancário: Súmula 287/TST 878
- horas extras: art. 59, *caput* .. 142
- horas *in itinere*; cômputo na: art. 58, § 2.º 142
- horas *in itinere*; obrigatoriedade de seu cômputo na: Súmula 320/TST .. 880
- intervalo intrajornada; não observância: OJ 355 da SDI-1 ... 915
- intervalos: Súmula 118/TST ... 872
- intervalos; turnos ininterruptos de revezamento: Súmula 675/STF .. 853
- limitação: art. 58, *caput* ... 142
- médico e engenheiro: Súmula 370/TST 883
- minutos que antecedem e sucedem a jornada de trabalho: Súmula 449/TST .. 890
- mista; adicional noturno: OJ 388 da SDI-1 917
- ônus da prova; mais 10 empregados; empregador; cartões-ponto; presunção relativa: Súmula 338, I/TST 881
- petroleiros; alteração lícita; regime 12x36 para horário fixo; previsão legal: Súmula 391, II/TST 885
- presunção de veracidade; instrumento normativo; possibilidade de elisão por prova em contrário: Súmula 338, II/TST 881
- redução: Lei n. 4.923, de 23-12-1965 426
- regime de tempo parcial: art. 58-A 142
- turnos ininterruptos de revezamento; fixação: Súmula 423/TST .. 888
- turnos ininterruptos de revezamento; intervalos intrajornada e semanal: Súmula 360/TST ... 882
- variações de horário; art. 58, § 1.º 142
- variações de horário; não consideradas até 5 minutos; limite de 10 minutos diários: Súmula 366/TST 883

JORNALISTAS PROFISSIONAIS
- arts. 302 a 316 .. 166
- Chefia: art. 306, *caput* ... 167
- conceito: art. 302, § 1.º ... 166
- contrato de trabalho: PN 55 ... 944
- descanso obrigatório; ressalva: art. 307 167
- descanso semanal: art. 307 ... 167
- duração do trabalho: arts. 303 a 306 166
- empresas jornalísticas; conceito: art. 302, § 2.º 166
- horas extras: arts. 304 e 305 ... 167
- intervalo mínimo de repouso: art. 308 167
- jornada de trabalho; reduzida: OJ 407 da SDI-1 918
- seguro de vida: PN 112 .. 945
- serviço efetivo: art. 309 .. 167
- serviços externos: art. 306, parágrafo único 167

JOVEM
- proteção ao trabalho do: Lei n. 12.852, de 5-8-2013 678

JUIZADOS ESPECIAIS FEDERAIS
- súmulas dos ... 895

JUÍZES
- cessação da competência: Súmula 10/STJ 861
- de direito: arts. 668 e 669 .. 219
- de direito; competência trabalhista nas localidades não compreendidas na jurisdição das Juntas de Conciliação e Julgamento: art. 668 ... 219
- representantes classistas: arts. 684 a 689 223
- representantes classistas; aplicação do art. 663: art. 688 ... 223
- representantes classistas; designação; competência: art. 684 ... 223
- representantes classistas; escolha; critérios: art. 685 223
- representantes classistas; gratificação por sessão: art. 689 ... 223
- representantes classistas; retenção de processos; desconto na gratificação mensal: art. 689, parágrafo único 223
- substitutos do trabalho; provimento em cargo; ordem de classificação dos candidatos: Súmula 478/STF 852

JUÍZES CLASSISTAS
- arts. 660 a 667 ... 218
- assinatura da ata da audiência de instrução e julgamento: art. 851, § 2.º .. 247
- designação; competência: arts. 660 e 682, II 218, 222
- duração de sua investidura: art. 663 219
- escolha: art. 662 ... 219
- nas Juntas de Conciliação e Julgamento; número: art. 647, *b* .. 216
- perda do cargo em razão de faltas a reuniões ou sessões consecutivas: art. 727 ... 228
- prazo para contestar sua investidura: art. 662, § 3.º 219
- prerrogativas: art. 667 ... 219
- recusa do exercício de tal função; penas: art. 726 228
- requerimento para interrogatório dos litigantes: art. 848 ... 246
- requisitos para o exercício da função: art. 661 219
- suplentes de vogais; número: art. 647, parágrafo único 216

JULGADO
- execução; não será prejudicada em caso de interposição de recurso junto ao Supremo Tribunal Federal: art. 893, § 2.º .. 254

JULGAMENTO
- audiência: arts. 843 a 852 ... 245
- e trâmites finais da execução: arts. 885 a 889-A 253

JUNTADA DE DOCUMENTOS
- na fase recursal: Súmula 8/TST ... 867

JUNTAS DE CONCILIAÇÃO E JULGAMENTO
- arts. 647 a 667 ... 216
- classistas temporários: arts. 660 a 667 218
- composição e funcionamento: arts. 647 a 649 216
- jurisdição e competência: arts. 650 a 653 216
- presidentes: arts. 656 a 659 .. 218

JURISDIÇÃO
- imunidade; organização ou organismo internacional: OJ 416 da SDI-1 .. 919

JURISDIÇÃO VOLUNTÁRIA
- homologação de acordo extrajudicial: arts. 855-B a 855-E .. 248

Índice Alfabético-Remissivo Geral

JURISPRUDÊNCIA
- incidente de uniformização: Instrução Normativa n. 37, de 2-3-2015 .. 682
- utilização nas decisões das autoridades administrativas e da Justiça do Trabalho, em caso de falta de disposições legais ou contratuais: art. 8.º .. 137

JUROS DE MORA
- danos morais; termo inicial; ajuizamento da reclamação trabalhista: Súmula 439/TST .. 889
- empresa em liquidação extrajudicial: OJ 408 da SDI-1 918
- Fazenda Pública; inaplicabilidade: OJ 382 da SDI-1 917
- Fazenda Pública; limitação; critérios: OJ 7 do TP 901
- imposto de renda; não integrante da base de cálculo: OJ 400 da SDI-1 .. 918
- incidência sobre a condenação: Súmula 200/TST 875
- independência do pedido inicial e do título executivo judicial: Súmula 211/TST .. 875
- irretroatividade; Decreto-lei n. 2.322, de 26-2-1987, aplicável a partir de 27-2-1987: Súmula 307/TST .. 880
- liquidação extrajudicial; não incidência: Súmula 304/TST ... 879
- nas reclamações trabalhistas; contagem: Súmula 224/STF 851
- termo inicial: art. 883 .. 252

JUS POSTULANDI
- ação trabalhista: art. 791, *caput* .. 236
- limitado a Varas e Tribunais Regionais do Trabalho; não alcança ação rescisória, cautelar, mandado de segurança e recursos para o TST: Súmula 425/TST .. 888

JUSTA CAUSA PARA DESPEDIMENTO
- abandono de emprego: art. 482, *i* .. 190
- abandono de emprego; ausência injustificada 30 dias após fim do benefício; presunção: Súmula 32/TST .. 868
- atos atentatórios contra a segurança nacional: art. 482, parágrafo único .. 190
- aviso prévio; retira direito às verbas rescisórias indenizatórias: Súmula 73/TST .. 869
- condenação criminal: art. 482, *d* .. 190
- desídia: art. 482, *e* .. 190
- embriaguez no serviço: art. 482, *f* .. 190
- hipóteses: art. 482 .. 190
- improbidade: art. 482, *a* .. 190
- incontinência de conduta ou mau procedimento: art. 482, *b* 190
- indenização; constitucionalidade art. 31 da Lei n. 8.880, de 27-5-1994: OJ 148 da SDI-1 .. 909
- indisciplina e insubordinação: art. 482, *h* .. 190
- lesão da honra contra qualquer pessoa em serviço: art. 482, *j* .. 190
- negociação habitual: art. 482, *c* .. 190
- ofensa física praticada em serviço: art. 482, *k* .. 190
- pelo empregador: art. 482 e parágrafo único .. 190
- perda do direito à remuneração relativa ao período incompleto de férias: art. 146, parágrafo único .. 152
- prática de jogos de azar: art. 482, *l* .. 190
- violação de segredo da empresa: art. 482, *g* .. 190

JUSTIÇA COMUM ESTADUAL
- ação de cumprimento fundada em acordo ou convenção coletiva não homologados pela Justiça do Trabalho; competência: Súmula 57/STJ .. 861

JUSTIÇA DO TRABALHO
- arts. 643 a 735 .. 215
- competência; ações relativas à segurança, higiene e saúde dos trabalhadores: Súmula 736/STF .. 853
- competência; cadastramento no PIS: Súmula 300/TST 879
- competência; contribuições previdenciárias; condenações em pecúnia proferidas: Súmula 368, I/TST .. 883
- competência; declaração de abusividade da greve: Súmula 189/TST .. 874
- competência; pedido de complementação de pensão: OJ 26 da SDI-1 .. 905
- competência; período anterior ao regime jurídico único; execução limitada: OJ 138 da SDI-1 .. 909
- competência; quadro de carreira: Súmula 19/TST 868
- competência; recolhimento de contribuições fiscais: Súmula 368, I/TST .. 883
- critérios de decisão, na falta de disposições legais ou contratuais: art. 8.º .. 137
- dano moral; indenização decorrente de relação de trabalho; competência: Súmula 392/TST .. 885
- dissídios oriundos das relações entre empregadores e empregados regulados na legislação social; competência a respeito: art. 643 .. 215
- funcionamento: art. 646 .. 216
- gratuita; requerimento: OJ 269 da SDI-1 .. 913
- juízes de direito: arts. 668 e 669 .. 219
- Juntas de Conciliação e Julgamento: arts. 647 a 667 216
- *jus postulandi*; alcance: Súmula 425/TST .. 888
- Lei n. 8.984, de 7-2-1995 .. 569
- *lock-out* e greve: art. 722 .. 228
- organização internacional; imunidade absoluta de jurisdição: OJ 416 da SDI-1 .. 919
- órgãos: art. 644 .. 215
- órgãos; coordenação, regime de mútua colaboração: art. 646 .. 216
- penalidades contra os membros da Justiça do Trabalho: arts. 726 a 728 .. 228
- penalidades diversas: arts. 729 a 733 .. 229
- reclamação de servidor público; competência: Súmula 97/STJ .. 861
- seguro de acidente do trabalho (SAT); competência: Súmula 454/TST .. 890
- seguro-desemprego; indenização pelo não fornecimento da; competência: Súmula 389, I/TST .. 885
- serviço: art. 645 .. 216
- serviço relevante e obrigatório: art. 645 .. 216
- serviços auxiliares: arts. 710 a 721 .. 227
- tribunais do trabalho; especialização de turmas dos: Lei n. 7.701, de 21-12-1988 .. 496
- Tribunais Regionais do Trabalho: arts. 670 a 689 220
- Tribunal Superior do Trabalho: arts. 690 a 709 223

JUSTIÇA ESTADUAL
- PIS/PASEP e FGTS; levantamento dos valores; falecimento do titular da conta; competência: Súmula 161/STJ .. 861

JUSTIÇA FEDERAL
- competência; crime de falso testemunho em processo trabalhista: Súmula 165/STJ .. 861
- processo e julgamento dos feitos relativos à movimentação do FGTS; competência: Súmula 82/STJ .. 861

JUSTIÇA GRATUITA
- concessão: Súmula 463/TST .. 891
- requerimento; qualquer tempo ou grau de jurisdição: OJ 269 da SDI-1 .. 913
- requisitos: art. 790, § 3.º .. 236

LAVATÓRIOS
- disposições a respeito; competência: art. 200, VII 159

LEGIÃO BRASILEIRA DE ASSISTÊNCIA
- manutenção ou subvenção de escolas maternais e jardins de infância: art. 397 .. 175

LEGÍTIMA DEFESA
- exercício de tal direito pelo empregado: art. 482, k 190
- exercício de tal direito pelo empregador: art. 482, j 190

LEI
- 7.686/88; adiantamento do PCCS: OJ 57 da SDI-1 906
- irretroatividade da; quando não é invocável: Súmula 654/STF .. 853

LEI DA PANDEMIA
- Regime Jurídico Emergencial e Transitório das Relações Jurídicas de Direito Privado (RJET): Lei n. 14.010, de 10-6-2020 803

LEI DE FALÊNCIAS E RECUPERAÇÃO DE EMPRESAS
- dispositivos: Lei n. 11.101, de 9-2-2005 628

LEI DE RESPONSABILIDADE FISCAL DO ESPORTE
- princípios e práticas de responsabilidade fiscal: Lei n. 13.155, de 4-8-2015 .. 695

LEI DO RJET (COVID-19)
- Regime Jurídico Emergencial e Transitório das Relações Jurídicas de Direito Privado: Lei n. 14.010, de 10-6-2020 803

LEI ESPECIAL
- preceitos concernentes ao regime de seguro social: art. 12 ... 139

LEI NACIONAL DA QUARENTENA
- coronavírus: Lei n. 13.979, de 6-2-2020 796

LEI ORGÂNICA DO MINISTÉRIO PÚBLICO
- Lei Complementar n. 75, de 20-5-1993 559

LIBERDADE ECONÔMICA
- atividade econômica; classificação de risco: Decreto n. 10.178, de 18-12-2019 .. 775
- atividade econômica; exploração de atividade em desacordo com a norma técnica desatualizada: Decreto n. 10.229, de 5-2-2020 .. 795
- declaração de direitos de: Lei n. 13.874, de 20-9-2019 764

LICENÇA
- não conversão em pecúnia: Súmula 186/TST 874
- para estudante: PN 70 .. 944
- percepção de salários por mais de 30 dias durante o período de licença; efeito quanto ao direito a férias: art. 133, II 150

LICENÇA-MATERNIDADE
- período: arts. 392 e 393 .. 174
- prorrogação da: Lei n. 11.770, de 9-9-2008 647

LICENÇA-PATERNIDADE
- prorrogação da: Lei n. 11.770, de 9-9-2008 647

LICENÇA-PRÊMIO
- conversão em pecúnia: Súmula 186/TST 874

LIQUIDAÇÃO DE SENTENÇA
- admissibilidade do recurso de revista: Súmula 266/TST 877
- apresentação de cálculos: art. 879, § 1.º-B 251
- atualização do crédito no INSS: art. 879, § 4.º 251
- cálculos complexos: art. 879, § 6.º 251
- contribuições previdenciárias: art. 879, § 1.º-A 251
- dispensa de manifestação da União: art. 879, § 5.º 251
- impugnação de cálculo: art. 879, § 2.º 251
- imutabilidade: art. 879, § 1.º ... 251
- intimação da União: art. 879, § 3.º 251
- modalidades: art. 879 .. 251

LIQUIDAÇÃO DE SENTENÇA EXEQUENDA ILÍQUIDA
- art. 879 .. 251

LIQUIDAÇÃO EXTRAJUDICIAL
- correção monetária: desde o vencimento até o efetivo pagamento: Súmula 304/TST .. 879
- créditos trabalhistas: OJ 143 da SDI-1 909
- juros de mora; cabimento; sucessão; responsabilidade do sucessor: OJ 408 da SDI-1 .. 918
- juros de mora; não incidência: Súmula 304/TST 879
- legitimidade passiva ad causam; Minascaixa: OJ Transitória 37 da SDI-1 .. 924

LITIGÂNCIA DE MÁ-FÉ
- multa; não pressuposto recursal; inaplicabilidade do art. 35 do CPC: OJ 409 da SDI-1 .. 918
- responsabilidade: arts. 793-A a 793-D 238

LITISCONSÓRCIO
- prazos; procuradores distintos; inaplicabilidade de prazo em dobro: OJ 310 da SDI-1 .. 914

LIVRE-INICIATIVA
- atividade econômica; classificação de risco: Decreto n. 10.178, de 18-12-2019 .. 775
- atividade econômica; exploração de atividade em desacordo com a norma técnica desatualizada: Decreto n. 10.229, de 5-2-2020 .. 795
- garantias: Lei n. 13.874, de 20-9-2019 764

LIVRE MERCADO
- atividade econômica; classificação de risco: Decreto n. 10.178, de 18-12-2019 .. 775
- atividade econômica; exploração de atividade em desacordo com a norma técnica desatualizada: Decreto n. 10.229, de 5-2-2020 .. 795
- garantias: Lei n. 13.874, de 20-9-2019 764

LIVRE NEGOCIAÇÃO
- dos salários: Lei n. 10.192, de 14-2-2001 604

LIVRO DE REGISTRO DE EMPREGADOS
- arts. 41 a 48 .. 141
- instruções: art. 41, parte final .. 141

LIVRO INSPEÇÃO DO TRABALHO
- eletrônico: arts. 11 a 15 do Decreto n. 10.854, de 10-11-2021 .. 820
- obrigatoriedade: art. 628, § 1.º .. 212

LOCAL DE TRABALHO
- caracterização da relação de emprego; não dependerá de local de trabalho: art. 6.º .. 137

LOCK-OUT E GREVE
- penalidades: art. 722 .. 228

LUCROS
- e resultados; pagamento mensal: OJ Transitória 73 da SDI-1 .. 927

- participação dos empregados nos lucros das empresas: Lei n. 10.101, de 19-12-2000 .. 602

MÃE SOCIAL
- regulamentação: Lei n. 7.644, de 18-12-1987 494

MÁ-FÉ
- de agente da inspeção; comprovação; pena de suspensão: art. 628, § 3.º .. 212

MAGISTRATURA DO TRABALHO
- classistas temporários: arts. 660 a 667 218
- competência privativa dos presidentes das Juntas de Conciliação e Julgamento: art. 659 .. 218
- deveres dos presidentes das Juntas de Conciliação e Julgamento: art. 658 ... 218

MANDADO DE CITAÇÃO
- conteúdo: art. 880, § 1.º ... 252
- do executado; expedição: art. 880 251

MANDADO DE INJUNÇÃO
- individual e coletivo: Lei n. 13.300, de 23-6-2016 704

MANDADO DE SEGURANÇA
- ação cautelar; efeito suspensivo ao recurso ordinário em: OJ 113 da SDI-2 .. 935
- adjudicação; existência de meio próprio para impugnação; descabimento: OJ 66 da SDI-2 ... 933
- agravo de petição; delimitação de matéria e valores; execução definitiva restante; cabimento: Súmula 416/TST 887
- agravo regimental; inadmissibilidade de Recurso Ordinário; pendência de decisão definitiva do tribunal: OJ 100 da SDI-2 ... 934
- alçada; não cabimento: Súmula 365/TST 883
- art. 321 do CPC; aplicabilidade: Súmula 415/TST 887
- autenticação de cópias pelas secretarias dos TRTs: OJ 91 da SDI-2 ... 934
- cabimento; em precatórios; natureza administrativa do ato: OJ 10 do TP ... 901
- competência dos Tribunais Regionais: art. 678, I, b, 3 222
- contra ato de presidente do Tribunal Regional do Trabalho; competência para julgá-lo: Súmula 433/STF..................... 852
- contra decisão judicial transitada em julgado; descabimento: Súmula 33/TST ... 868
- contra liminar concedida ou denegada em outra segurança; incabível: OJ 140 da SDI-2 ... 936
- cooperativa em liquidação extrajudicial; não suspende a execução: OJ 53 da SDI-2 ... 932
- decadência; contagem; efetivo ato coator: OJ 127 da SDI-2 935
- decisão de TRT; incompetência originária do TST: OJ 4 do TP 901
- decisão do TRT; RO para o TST; prazo de 8 dias: Súmula 201/TST .. 875
- decisão judicial; existência de recurso próprio; descabimento: OJ 92 da SDI-2 .. 934
- depósito prévio de honorários periciais; cabimento: OJ 98 da SDI-2 ... 934
- dirigente sindical; suspensão: OJ 137 da SDI-2 935
- eventos futuros; sentença genérica; ocorrência incerta; descabimento: OJ 144 da SDI-2 .. 936
- execução: Súmula 416/TST ... 887
- execução definitiva; pendência de Recurso Extraordinário ou Agravo de Instrução para destrancá-lo; descabimento: OJ 56 da SDI-2 ... 933
- existência de recurso próprio: OJ 92 da SDI-2 934
- homologação de acordo; faculdade do juiz; inexistente direito líquido e certo: Súmula 418/TST 888
- honorários advocatícios: Súmula 105/STJ 861
- honorários periciais; exigência de depósito prévio; ilegalidade; cabimento: OJ 98 da SDI-2 ... 934
- impetrado por entidade de classe; independe de autorização: Súmula 629/STF ... 852
- impetrado por entidade de classe; legitimação: Súmula 630/STF .. 853
- individual e coletivo: Lei n. 12.016, de 7-8-2009 650
- INSS; tempo de serviço: OJ 57 da SDI-2 933
- liminar; concessão antes da sentença; inexistência de recurso; cabimento: Súmula 414, II/TST .. 887
- liminar; outro mandado de segurança; descabimento: OJ 140 da SDI-2 ... 936
- liquidação extrajudicial; cooperativa; não suspensão da execução: OJ 53 da SDI-2 .. 932
- pendência de recurso extraordinário: OJ 56 da SDI-2 933
- penhora; carta de fiança bancária: OJ 59 da SDI-2 933
- penhora; carta de fiança; equivalência com dinheiro; cabimento: OJ 59 da SDI-2 ... 933
- penhora; conta salário; limitação determinado percentual; descabimento: OJ 153 da SDI-2 936
- penhora; desconstituição; descabimento: OJ 54 da SDI-2 ... 932
- penhora; renda mensal ou faturamento; percentual limitado; descabimento: OJ 93 da SDI-2 ... 934
- penhora em dinheiro: Súmula 417/TST 887
- penhora sobre faturamento de empresa: OJ 93 da SDI-2 934
- prazo decadencial; contagem; ato que firmou a tese hostilizada, não o que ratificou: OJ 127 da SDI-2 935
- preparo recursal; recolhimento de custas; pena de deserção: OJ 148 da SDI-2 .. 936
- prova documental pré-constituída; ausência de documento ou autenticação; art. 321 do CPC; inaplicabilidade: Súmula 415/TST .. 887
- recurso ordinário e prazo; decisão de Tribunal Regional: Súmula 201/TST ... 875
- reintegração; cautelar: OJ 63 da SDI-2 933
- reintegração liminarmente concedida: OJ 142 da SDI-2 936
- reintegração liminarmente concedida a empregado com estabilidade provisória: OJ 64 da SDI-2 933
- reintegração liminarmente concedida; dirigente sindical: OJ 65 da SDI-2 .. 933
- sentença genérica; incabível: OJ 144 da SDI-2 936
- sentença homologatória de adjudicação; incabível: OJ 66 da SDI-2 ... 933
- Superior Tribunal de Justiça; processo e julgamento; incompetência: Súmula 41/STJ .. 861
- tempo de serviço; averbação ou reconhecimento pelo INSS; cabimento: OJ 57 da SDI-2 .. 933
- transferência de empregado: OJ 67 da SDI-2 933
- trânsito em julgado formal; descabimento: OJ 99 da SDI-2 . 934
- tutela provisória; concessão antes da sentença; inexistência de recurso: Súmula 414, II/TST 887
- tutela provisória; concessão na sentença; descabimento; efeito suspensivo: Súmula 414, I/TST 887
- tutela provisória; concessão na sentença; combatível por recurso ordinário; descabimento: Súmula 414, I/TST......... 887

- tutela provisória impugnada; superveniência de sentença; perda do objeto: Súmula 414, III/TST 887
- valor da causa; custas; cabimento: OJ 88 da SDI-2 934

MANDATO
- administração pública; direta, autárquica ou fundacional; dispensa procuração ou ato nomeação: Súmula 436, I/TST ... 889
- administração pública; signatário deve se declarar procurador; não basta indicação do número da OAB: Súmula 436, II/TST ... 889
- agravo de instrumento; formação do instrumento: OJ 286 da SDI-1 ... 913
- *apud acta*: art. 791, § 3.º ... 237
- atos de substabelecido; validade, ainda que ausentes poderes expressos para substabelecer: Súmula 395, III/TST 886
- ausência de data; irregularidade descaracterizada: OJ 371 da SDI-1 ... 916
- autarquias; ilegitimidade processual de Estados e Municípios: OJ 318 da SDI-1 ... 914
- cláusula limitativa; poderes no âmbito do TRT; possibilidade de Recurso de Revista e Agravo de Instrumento: OJ 374 da SDI-1 ... 916
- com prazo determinado; cláusula de prevalência de poderes até final da demanda; validade: Súmula 395, I/TST 885
- condições de validade: Súmula 395/TST 885
- contrato social; desnecessária juntada: OJ 255 da SDI-1 912
- de membros eleitos da CIPA; duração: art. 164, § 3.º 154
- estagiário; validade dos atos anteriores se sobreveio habilitação: OJ 374 da SDI-1 .. 916
- irregularidade de representação; substabelecimento não datado: OJ 371 da SDI-1 .. 916
- juntada de nova procuração: OJ 349 da SDI-1 915
- juntada tardia; fase recursal; inexistência de ato urgente; inadmissibilidade: Súmula 383, I/TST 884
- oferecimento tardio de procuração ou regularização da representação processual; inadmissível na fase recursal: Súmula 383/TST ... 884
- pessoa jurídica; ausência do nome do outorgante e do signatário; invalidade: OJ 374 da SDI-1 916
- substabelecimento; anterior à outorga passada ao substabelecente; irregularidade: Súmula 395, IV/TST 886
- tácito; substabelecimento inválido: OJ 200 da SDI-1 911
- termo para juntada; validade somente se anexado ao processo dentro do prazo: Súmula 395, II/TST 886

MÃO DE OBRA
- e pessoa jurídica; trabalho da mulher: art. 390-E 174
- programas de incentivo e aperfeiçoamento; obrigatoriedade: art. 390-C .. 174

MÁQUINAS E EQUIPAMENTOS
- arts. 184 a 186 ... 156
- dispositivos de partida e de parada: art. 184 156
- normas adicionais sobre proteção e medidas de segurança: art. 186 .. 156
- reparos, limpeza e ajustes; execução com as máquinas paradas; ressalva: art. 185 ... 156

MARCO REGULATÓRIO TRABALHISTA INFRALEGAL
- Decreto n. 10.854, de 10-11-2021 820

MARÍTIMOS
- férias; anotação: art. 151 ... 153
- repouso; permanência a bordo; inexistência de presunção sobrejornada: Súmula 96/TST 871

MASSA FALIDA
- arts. 467 e 477 da CLT; inaplicabilidade: Súmula 388/TST .. 885
- créditos decorrentes de serviços prestados; privilégios: Súmula 219/STJ ... 862
- deserção de recurso: Súmula 86/TST 870

MATERIAIS NOCIVOS À SAÚDE
- rótulo contendo sua composição: art. 197 158

MATERNIDADE
- aborto não criminoso: art. 395 175
- assistência: art. 397 ... 175
- ausência da empregada no período respectivo; não será considerada falta ao serviço: art. 131, II 150
- consultas médicas: art. 392, § 4.º, I 175
- creches: art. 399 .. 176
- guarda judicial/adoção: art. 392-A 175
- intervalos especiais: art. 396 175
- local de amamentação: art. 400 176
- rompimento do contrato de trabalho: art. 394 175
- transferência de função: art. 392, § 4.º, I 175

MEDIAÇÃO E AUTOCOMPOSIÇÃO
- – Lei n. 13.140, de 26-6-2015 688

MEDICINA DO TRABALHO
- *vide* SEGURANÇA E MEDICINA DO TRABALHO

MÉDICOS
- horas extras; excedentes à 8.ª; ausência de jornada reduzida; apenas salário profissional: Súmula 370/TST 883
- salário; proporcionalidade; mínimo de horas mensais: Súmula 143/TST ... 873

MEDIDAS CONTRA O DESEMPREGO
- Lei n. 4.923, de 23-12-1965 ... 426

MEDIDAS PREVENTIVAS DE MEDICINA DO TRABALHO
- arts. 168 e 169 ... 155
- exame médico do empregado; obrigatoriedade e responsabilidade do empregador: art. 168 155
- primeiros socorros; material obrigatório: art. 168, § 4.º 155

MEDIDAS TRABALHISTAS
- afastamento da empregada gestante das atividades de trabalho presencial: Lei n. 14.151, de 12-5-2021 814
- enfrentamento do estado de calamidade pública: Leis n. 14.020, de 6-7-2020 e 14.437, de 15-8-2022 805, 839

MENOR(ES)
- *vide*, também, PROTEÇÃO DO TRABALHO DO MENOR
- aprendiz: art. 403 ... 176
- aprendiz; contrato: art. 428 ... 178
- aprendiz; duração do trabalho: art. 432 179
- aprendiz; extinção do contrato de trabalho: art. 433 179
- aprendizagem metódica; salário: Súmula 205/STF 851
- de 18 anos; férias: art. 136, § 2.º 151
- Estatuto da Criança e do Adolescente: Lei n. 8.069, de 13-7-1990 ... 520
- mãe social: Lei n. 7.644, de 18-12-1987 494
- substituição processual: art. 793 238

MENSALISTA
- cálculo do salário-hora normal: art. 64 144

MERCOSUL
- exercício profissional temporário no âmbito do: Decreto n. 9.499, de 10-9-2018 .. 753

MERECIMENTO
- utilização de tal critério nas promoções: art. 461, § 3.º 185

MICROEMPRESA(S)
- e empresas de pequeno porte; disposições: Lei Complementar n. 123, de 14-12-2006 .. 634

MINAS DE SUBSOLO
- acontecimentos de risco: art. 299 166
- adicional de horas extras: art. 296 166
- alimentação: art. 297 .. 166
- deslocamento: art. 294 ... 166
- duração de trabalho: art. 293 ... 166
- horas extras: art. 295, *caput* .. 166
- idade: art. 301 .. 166
- intervalos especiais: art. 298 .. 166
- pausas: art. 298 .. 166
- redução de jornada: art. 295, parágrafo único 166
- serviço efetivo: arts. 294 e 298 166
- transferência de empregado: art. 300 166

MINISTÉRIO PÚBLICO
- *custos legis*; sem legitimidade para arguir prescrição: OJ 130 da SDI-1 .. 908
- legitimidade: Súmulas 99 e 601/STJ 861, 863
- manifestação; nulidade em favor do ente público; cabimento: OJ 350 da SDI-1 .. 915

MINISTÉRIO PÚBLICO DO TRABALHO
- arts. 736 a 754 .. 229
- acidente do trabalho; competência: Súmula 226/STJ 862
- ação rescisória; legitimidade ativa; art. 967, III, *a*, *b* e *c*; hipóteses exemplificativas: Súmula 407/TST 887
- disposições gerais: arts. 736, 737 e 739 229, 230
- ilegitimidade para recorrer: OJ 237 da SDI-1 912
- legitimidade; processo; fiscal da lei: Súmula 99/STJ 861
- Lei Complementar n. 75, de 20-5-1993: arts. 83 a 115 ... 561
- Procuradoria da Justiça do Trabalho: arts. 740 a 762 230

MOEDA CORRENTE DO PAÍS
- pagamento em espécie do salário: art. 463 186

MORA
- contumaz: Decreto-lei n. 368, de 19-12-1968 427
- pagamento de salários atrasados em audiência: Súmula 13/TST ... 867

MORTE DO EMPREGADOR
- indenização: art. 485 .. 191

MOTOCICLETA
- trabalho em; atividade perigosa: art. 193, § 4.º 158

MOTORISTA PROFISSIONAL
- atividade rural; rurícola: OJ 315 da SDI-1 914
- condições especiais de trabalho; previsão: art. 235-H 163
- deveres do: art. 235-B ... 162
- direitos do: Lei n. 13.103, de 2-3-2015, art. 2.º 680
- intervalo intrajornada: art. 235-D 163
- jornada de trabalho: art. 235-C 162
- jornada especial: art. 235-F .. 163
- horas extras; tacógrafo insuficiente para controlar atividade externa: OJ 332 da SDI-1 .. 915
- locais para repouso ou espera; condições sanitárias: Lei n. 13.103, de 2-3-2015, art. 9.º ... 681
- períodos de descanso: arts. 235-D e 235-E 163
- regulamento: Decreto n. 8.433, de 16-4-2015 683
- remuneração vinculada à distância percorrida; proibição: art. 235-G ... 163

MOVIMENTAÇÃO, ARMAZENAGEM E MANUSEIO DE MATERIAIS
- segurança do trabalho: arts. 182 a 186 156

MUDO
- que não saiba escrever; depoimento por meio de intérprete: art. 819, § 1.º .. 241

MULHER
- *vide* PROTEÇÃO DO TRABALHO DA MULHER e TRABALHO DA MULHER

MULTA(S)
- às infrações referentes à medicina do trabalho: art. 201 ... 159
- às infrações referentes à segurança do trabalho: art. 201 ... 159
- atualização das administrativas: Lei n. 7.855, de 24-10-1989 ... 503
- cobrança; executivo-fiscal: art. 908 262
- contagem do prazo: OJ 162 da SDI-1 909
- convencional; cobrança: Súmula 384/TST 884
- entes públicos; incidência: OJ 238 da SDI-1 912
- extravio ou inutilização da Carteira de Trabalho e Previdência Social: art. 52 ... 141
- litigância de má-fé; recolhimento: OJ 409 da SDI-1 918
- normativa; diferentes instrumentos: desnecessidade de ajuizamento de várias ações para cobrança: Súmula 384, I/TST ... 884
- normativa; mera repetição de texto legal; cabimento na hipótese de descumprimento da obrigação legal: Súmula 384, II/TST ... 885
- obrigação de fazer: PN 73 .. 944
- pela não concessão de férias ao empregado na época própria; remessa da decisão judicial que a determina ao órgão local do Ministério do Trabalho, para seu cumprimento: art. 137, § 3.º ... 151
- pelo retardamento da liquidação; acidente do trabalho; ação judicial: Súmula 311/STF ... 852
- pelo retardamento da liquidação, em caso de acidente do trabalho; exigência ao segurador sub-rogado: Súmula 238/STF ... 852
- pessoa jurídica de direito público: OJ 238 da SDI-1 912
- prazo; contagem; exclusão do dia da notificação; inclusão do dia do vencimento: OJ 162 da SDI-1 909
- recolhimento; pressuposto recursal: OJ 389 da SDI-1 917
- relativa ao capítulo das férias anuais: art. 153 153
- valor estipulado em cláusula penal: OJ 54 da SDI-1 906

MUNICÍPIOS
- desmembramento: OJ 92 da SDI-1 907

MÚSICOS
- direito autoral; execução de obra musical remunerada: Súmula 386/STF .. 852
- integrante de orquestra da empresa; subordinação à legislação geral do trabalho: Súmula 312/STF 852

MÚTUO CONSENTIMENTO
- na alteração de contrato individual de trabalho: art. 468 ... 186

NACIONALIZAÇÃO DO TRABALHO
- arts. 352 a 371 .. 171

- disposições especiais sobre a nacionalização da marinha mercante: arts. 368 a 371 172
- disposições gerais: arts. 365 a 367 172
- estrangeiro; carteira de identidade anotada; apresentação obrigatória: art. 359 171
- estrangeiros; proporcionalidade nas empresas: art. 354 171
- penalidades: arts. 363 e 364 172
- proporcionalidade de empregados brasileiros: arts. 352 a 358 171
- relações anuais de empregados: arts. 359 a 362 171

NASCIMENTO DE FILHO
- falta ao serviço sem prejuízo do salário: art. 473, III 187

NAVEGAÇÃO
- de cabotagem ou de longo curso; vigia portuário indicado por sindicato: Súmula 309/TST 880

NEGOCIAÇÃO COLETIVA
- aplicação dos princípios do direito de organização e negociação coletiva: Convenção n. 132 da OIT: Decreto n. 10.088, de 5-11-2019 768
- mediação: arts. 33 a 38 do Decreto n. 10.854, de 10-11-2021 820

NEGOCIAÇÃO HABITUAL
- por conta própria ou alheia, pelo empregado; justa causa para rescisão contratual: art. 482, c 190

NORMA COLETIVA
- abrangência; categoria diferenciada: Súmula 374/TST 884
- reajustes salariais previstos em; prevalência da legislação de política salarial: Súmula 375/TST 884

NORMA REGULAMENTAR
- alteração; trabalhadores admitidos posteriormente: Súmula 51, I/TST 869
- coexistência; opção do empregado importa renúncia: Súmula 51, II/TST 869

NORMAS ESPECIAIS DE TUTELA DO TRABALHO
- arts. 224 a 441 160

NORMAS GERAIS DE TUTELA DO TRABALHO
- arts. 13 a 223 139

NOSSA CAIXA
- gratificação especial/anuênios; 25 anos de efetivo exercício exclusivo: OJ 56 da SDI-1 906

NOTIFICAÇÃO
- de concessão de férias; assinatura pelo empregado: art. 135 150
- de concessão de férias; requisitos: art. 135 150
- de decisão judicial, aos litigantes: art. 852 247
- do reclamado: art. 841 245
- do reclamante: art. 841, § 2.º 245
- do recorrido: art. 900 261
- por edital, em caso de recurso de decisão que impuser multa por infração das leis e disposições reguladoras do trabalho: art. 636, §§ 2.º e 3.º 214
- prova de seu recebimento: Súmula 16/TST 868

NULIDADE
- atos processuais: arts. 794 a 798 238
- de atos praticados com a finalidade de desvirtuar, impedir ou fraudar a aplicação dos preceitos contidos na Consolidação das Leis do Trabalho: art. 9.º 138

NULIDADE DE CLÁUSULA CONTRATUAL
- que fixa determinada importância ou percentagem para atender englobadamente vários direitos legais ou contratuais do trabalhador: Súmula 91/TST 870

OFICIAIS DE JUSTIÇA
- *ad hoc*: OJ 164 da SDI-1 909
- atribuições: art. 721 228
- falta ou impedimento: art. 721, § 5.º 228
- oficiais de justiça avaliadores; atribuições: art. 721 228
- prazo para avaliação: art. 721, § 3.º 228

ONEROSIDADE
- empregado: art. 3.º, *caput* 135

ÔNUS DA PROVA
- cartões-ponto invariáveis; invalidade; inversão: Súmula 338, III/TST 881
- existência de feriado local; prorrogação do prazo recursal; recorrente: Súmula 385, I/TST 885
- fato constitutivo do direito: art. 373, I, do CPC 303
- fatos impeditivos, extintivos ou modificativos: art. 373, II, do CPC 303
- jornada de trabalho; mais 10 empregados; empregador; cartões-ponto; presunção relativa: Súmula 338, I/TST 881
- parte que alegar: art. 818 241
- recolhimento do FGTS; diferenças: Súmula 461/TST 891
- vale-transporte; requisitos indispensáveis: Súmula 460/TST ... 891

OPERAÇÕES PERIGOSAS
- considerações: NR 16 481

OPERADORES
- cinematográficos: arts. 234 e 235 161
- cinematográficos; duração normal do trabalho: art. 234 161
- de radiotelefonia; duração do trabalho: art. 227 161
- de radiotelegrafia; duração do trabalho; ressalva quanto aos operadores embarcados em navios ou aeronaves: art. 227 .. 161
- de telefonia; duração do trabalho: art. 227 161
- de telegrafia submarina ou subfluvial; duração do trabalho: art. 227 161
- de telex: OJ 213 da SDI-1 911

ORDEM DOS PROCESSOS
- regimento interno: art. 909 262

ORGANIZAÇÃO SINDICAL
- arts. 511 a 610 194
- administração do sindicato: arts. 522 a 528 196
- associações sindicais de grau superior: arts. 533 a 539 198
- contribuição sindical: arts. 578 a 610 203
- direitos dos exercentes de atividades ou profissões e dos sindicalizados: arts. 540 a 547 198
- disposições gerais: arts. 511 a 569 194
- eleições sindicais: arts. 529 e 531 197
- enquadramento sindical: arts. 570 a 574 e 577 202, 203
- gestão financeira do sindicato e fiscalização: arts. 548 a 552 200
- instituição sindical: arts. 511 a 569 194

ÓRGÃOS DE SEGURANÇA E DE MEDICINA DO TRABALHO NAS EMPRESAS
- arts. 162 a 165 154
- Comissão Interna de Prevenção de Acidentes (CIPA); composição: art. 164 154

- Comissão Interna de Prevenção de Acidentes (CIPA); constituição obrigatória: art. 163 .. 154
- Comissão Interna de Prevenção de Acidentes (CIPA); designação de seu presidente e de seu vice-presidente: art. 164, § 5.º 154
- Comissão Interna de Prevenção de Acidentes (CIPA); despedida arbitrária: art. 165 ... 154
- Comissão Interna de Prevenção de Acidentes (CIPA); regulamentação: art. 163, parágrafo único 154
- obrigatoriedade dos serviços especializados em segurança e medicina do trabalho: art. 162 ... 154

PAGAMENTO
- de importância reclamada; como será feito: art. 881 252
- de salário; não deve ser estipulado por período superior a um mês; ressalva: art. 459 .. 185
- de salário; prazo: art. 459, § 1.º 185
- de salário; quando e como será feito: art. 465 186
- de salário; recibo: art. 464 ... 186

PARALISAÇÃO DO TRABALHO
- motivada por ato de autoridade; pagamento de indenização: art. 486 ... 191

PARALISAÇÃO DOS SERVIÇOS
- por mais de 30 dias, com percepção do salário; efeitos quanto às férias: art. 133, III ... 150

PARCELA "SEXTA PARTE"
- Constituição do Estado de São Paulo; extensão: OJ Transitória 75 da SDI-1 ... 927

PARENTES
- incompatibilidade quanto ao trabalho na mesma Junta de Conciliação e Julgamento: art. 648 216

PARTICIPAÇÃO NOS LUCROS
- das empresas por empregados: Lei n. 10.101, de 19-12-2000 ... 602
- interessados: art. 63 ... 144
- natureza salarial; ENERGIPE: OJ Transitória 15 da SDI-1 923
- rescisão contratual anterior: Súmula 451/TST 890

PENALIDADES
- aplicação ex officio ou a requerimento: arts. 903 e 904, caput .. 261
- contra membros da Justiça do Trabalho: arts. 726 a 728..... 228
- norma regulamentar; nulidade sem inquérito ou sindicância previstos: Súmula 77/TST ... 870
- procedimento administrativo: art. 905 261
- recurso: art. 906 .. 261

PENHORA
- cédula rural; inexistência de óbice; título sob domínio do devedor: OJ 226 da SDI-1 ... 911
- de bens do executado: art. 883 252
- domingo ou feriado: art. 770, parágrafo único 233
- embargos de terceiro; defesa da meação; cônjuge executado: Súmula 134/STJ ... 861

PENSÃO PREVIDENCIÁRIA
- concessão; não cabimento de regularização: Súmula 48/JEF .. 896
- dependentes de trabalhador rural; óbito ocorrido antes da Lei Complementar n. 11/71: Súmula 613/STF 852
- devida; dependentes que perderam essa qualidade: Súmula 416/STJ ... 862
- lei aplicável; vigente na data do óbito: Súmula 340/STJ 862

PEQUENAS CAUSAS NA JUSTIÇA DO TRABALHO
- vide PROCEDIMENTO SUMARÍSSIMO

PERCENTAGENS
- cessação das relações de trabalho; não prejudicará sua percepção: art. 466, § 2.º .. 186
- pagamento; quando será exigível: art. 466 186

PEREMPÇÃO
- reclamação verbal: art. 786, parágrafo único 234

PERICULOSIDADE
- vide, também, ADICIONAL(AIS) e ADICIONAL DE PERICULOSIDADE
- adicional; percentual: art. 193, § 1.º 158
- arguição em juízo; perícia: art. 195, § 2.º 158
- atividades: art. 193, caput .. 158
- avisos: art. 197, parágrafo único 158
- caracterização e classificação: art. 195 158
- cessação do adicional: art. 194 158
- efeitos pecuniários; a partir de quando serão devidos: art. 196 .. 158
- medidas especiais de proteção: art. 200 158
- perícia: OJ 165 da SDI-1 .. 909
- perícia extrajudicial: art. 195, § 1.º 158
- trabalho em motocicleta: art. 193, § 4.º 158
- transporte: art. 197, caput ... 158

PERÍCIA
- cálculos complexos: art. 879, § 6.º 251
- insalubridade/periculosidade; engenheiro ou médico; inexistência de distinção: OJ 165 da SDI-1 909

PERÍODO AQUISITIVO DE FÉRIAS
- contagem após retorno ao serviço: art. 133, § 2.º 150

PERÍODO DE AFASTAMENTO DO EMPREGADO
- vantagens advindas à categoria respectiva em tal período; indenização: Súmula 219/STF ... 851

PERÍODO DE FÉRIAS
- cômputo como tempo de serviço: art. 130, § 2.º 150

PERÍODO DE SERVIÇO EFETIVO
- caracterização: art. 4.º ... 136

PERÍODOS DE DESCANSO
- arts. 66 a 72 e 382 a 386 145, 173
- da mulher; mínimo legal para refeição e repouso: art. 382.. 173
- descanso semanal da mulher: art. 385 173
- feriados; proibição do trabalho; ressalva: art. 70 145
- pagamento de salário: Súmula 461/STF 852
- período mínimo de descanso entre duas jornadas de trabalho: art. 66 .. 145
- trabalho dominical; permissão prévia da autoridade competente: art. 68 .. 145

PERITO
- honorários; quem responde: Súmula 341/TST 882

PESSOA FÍSICA
- empregado como: art. 3.º ... 135

PESSOA IDOSA
- Estatuto da: Lei n. 10.741, de 1.º-10-2003 624

PESSOA JURÍDICA
- de direito público ou privado; proteção de dados pessoais: Lei n. 13.709, de 14-8-2018 .. 741

PESSOAL DE OBRAS
- aplicação da legislação trabalhista: Súmula 58/TST............ 869

PESSOALIDADE
- empregado: art. 3.º, *caput* .. 135

PETIÇÃO INICIAL
- indeferimento; falta de documento: Súmula 263/TST.......... 877

PETROBRAS
- adicional de periculosidade; não incide sobre ostriênios pagos pela entidade: Súmula 70/TST 869
- adicional regional; não contraria o art. 165, XVII, da Constituição: Súmula 84/TST... 870
- complementação de aposentadoria; avanço de nível: OJ Transitória 62 da SDI-1 ... 926
- complementação de aposentadoria; integralidade; condição: OJ Transitória 63 da SDI-1 ... 926
- complementação de aposentadoria; parcelas que não integram: OJ Transitória 64 da SDI-1 ... 926
- estabilidade decenal; pensão por morte: OJ Transitória 42 da SDI-1 .. 925
- Interbras; sucessão; responsabilidade: OJ Transitória 59 da SDI-1 .. 926
- normas relativas à complementação de aposentadoria; Manual de Pessoal; caráter programático: Súmula 332/TST........ 881
- Petromisa; sucessão; legitimidade: OJ Transitória 48 da SDI-1 .. 925

PETROLEIROS
- alteração da jornada; regime 12x36 para horário fixo; previsão legal; licitude: Súmula 391, II/TST 885
- duração do trabalho; Lei n. 5.811/72; recepcionada pela CF/88: Súmula 391, I/TST ... 885

PETRÓLEO
- trabalho em atividade petroleira: Lei n. 5.811, de 11-10-1972 ... 431

PIS
- desemprego por mais de 3 anos; direito a saque do PIS: Súmula 84/JEF ... 896

PIS/PASEP
- Lei Complementar n. 7, de 7-9-1970 429
- Lei Complementar n. 8, de 3-12-1970 430
- Lei Complementar n. 26, de 11-9-1975 436

PISO SALARIAL
- instituição: Lei Complementar n. 103, de 14-7-2000 502
- proporcionalidade; jornada inferior à previsão constitucional; empregado e servidor público: OJ 358 da SDI-1 916

PISOS DOS LOCAIS DE TRABALHO
- requisitos: arts. 172 a 174 ... 155

PLANO DE DEMISSÃO VOLUNTÁRIA
- art. 477-B .. 189

PLANOS DE CARREIRA
- cargos e salários; Empresa Brasileira de Correios e Telégrafos – ECT: OJ Transitória 71 da SDI-1 927
- diferenças salariais: Súmula 452/TST 890
- equiparação salarial; inservível promoção apenas por merecimento; possibilidade: OJ 418 da SDI-1 919

PLANOS ECONÔMICOS
- ação rescisória: OJ 34 da SDI-2 932
- ação rescisória; coisa julgada: OJ 35 da SDI-2 932
- coisa julgada: OJ 262 da SDI-1 913
- direito: URP abril e maio de 1988; reajuste: OJ 79 da SDI-1 ... 907
- direito de reclamar diferenças salariais decorrentes dos; prescrição: OJ 243 da SDI-1 .. 912
- Plano Bresser: OJ 58 da SDI-1 906
- Plano Verão: OJ 59 da SDI-1 ... 906
- reajustes salariais; diferenças; *gatilhos* e URPs; limite: Súmula 322/TST ... 880

PLANOS DE SAÚDE
- aposentadoria por invalidez/auxílio-doença acidentário; assegurado com direito à manutenção, não obstante suspensão do contrato de trabalho: Súmula 440/TST 889

PODER NORMATIVO
- TST; impossibilidade de condições inconstitucionais perante STF: Súmula 190/TST .. 874

POLICIAL MILITAR
- reconhecimento de vínculo empregatício com empresa privada: Súmula 386/TST ... 885

POLÍTICA NACIONAL DE SALÁRIOS
- Lei n. 8.542, de 23-12-1992 ... 557
- reajustes salariais normativos; impedimento de prevalecer frente à legislação superveniente: Súmula 375/TST 884

PORTUÁRIOS
- adicional de risco: OJ 316 da SDI-1 914
- apenas portos organizados e terminais não privados: OJ 402 da SDI-1 ... 918
- atividades desempenhadas pelos operadores: Lei n. 12.815, de 5-6-2013 ... 673
- hora noturna e horas extras: OJ 60 da SDI-1 906
- submissão prévia; comissão paritária: OJ 391 da SDI-1 917

PRACISTA
- remuneração do repouso semanal e de dias feriados: Súmula 27/TST ... 868

PRÁTICAS DISCRIMINATÓRIAS
- Lei n. 9.029, de 13-4-1995 ... 569

PRAZO(S)
- abono de faltas; serviço médico; convênio: Súmula 282/TST ... 878
- ação de cumprimento de decisão normativa; prescrição: Súmula 350/TST ... 882
- ação rescisória; depósito recursal; sob pena de deserção: Súmula 99/TST ... 871
- alegações orais finais das partes em audiência: art. 850 246
- apresentação, pelo perito, de laudo de avaliação: art. 888.. 253
- atraso do juiz no comparecimento à audiência: art. 815...... 241
- audiência de embargos à execução: art. 884 252
- audiência de julgamento das exceções não suspensivas: art. 802 ... 240
- cumprimento dos atos pelos oficiais: art. 721, § 2.º 228
- de avaliação, por oficial de justiça: art. 721, § 3.º 228
- designação de audiência de dissídios coletivos: art. 860 249
- devolução de notificação postal: art. 774, parágrafo único .. 234
- em dobro no caso de litisconsórcio; inadmissibilidade: OJ 310 da SDI-1 ... 914
- exceção de incompetência territorial: art. 800 239
- intimação; contagem: Súmula 1/TST 867
- juntada da ata de audiência aos autos: art. 851 247

Índice Alfabético-Remissivo Geral

- pagamento das custas na interposição de recurso pelo vencido: art. 789, § 4.º .. 235
- pagamento ou garantia da execução de sentença: art. 880 . 251
- para contestar a investidura de vogal de Junta de Conciliação e Julgamento: art. 662, § 3.º 219
- para interposição de agravo: art. 897, § 1.º 259
- para interposição de agravo, em caso de denegação de recurso de revista: art. 896, § 12 .. 257
- para interposição de recurso de decisão que impuser multa por infração das leis e disposições reguladoras do trabalho: art. 636 .. 214
- para o empregado comparecer ao estabelecimento, após a baixa no serviço militar, para efeito de cômputo de tempo de serviço: art. 132, parte final... 150
- para o empregador comunicar a órgão local do Ministério do Trabalho e a sindicatos a concessão de férias coletivas: art. 139, §§ 2.º e 3.º ... 151
- para o exequente impugnar embargo: art. 884 252
- para pagamento das custas nos processos de rescisão do contrato de trabalho dos estáveis: art. 789, § 4.º 235
- para recorrer a órgão competente em matéria de segurança e medicina do trabalho: art. 161, § 3.º 154
- para recorrer; sucumbência de um só dos litisconsortes: Súmula 641/STF... 853
- para recurso; início: Súmula 197/TST 875
- postulação de processo de rescisão do contrato de trabalho do estável: art. 853 .. 248
- prescrição da ação: art. 11... 138
- propositura de ação rescisória: art. 836............................ 243
- recursal; feriado local; ausência de expediente forense; prorrogação; comprovação; necessidade: Súmula 385/TST . 885
- recurso adesivo; processo do trabalho: Súmula 283/TST..... 878
- recursos: arts. 894, 895 e 897, § 1.º 255, 259
- recursos; contagem da intimação da sentença; quando não juntada ata em 48 horas: Súmula 30/TST....................... 868
- redução a termo, pelo autor, da postulação: art. 786, parágrafo único ... 234
- remessa de cópia da petição inicial ao reclamado: art. 841 245
- sábado; intimação ou notificação: Súmula 262/TST............ 877

PRAZO PRESCRICIONAL DO DIREITO DE AÇÃO
- termo inicial: Súmula 156/TST....................................... 873

PRAZOS PROCESSUAIS
- contagem: art. 775.. 234
- extemporaneidade; interposição recursal antes de publicado o acórdão: OJ 357 da SDI-1.. 916
- litisconsórcio; procuradores distintos; inaplicabilidade de prazo em dobro: OJ 310 da SDI-1.................................... 914
- termo inicial: art. 774... 233

PRECATÓRIOS
- créditos de natureza alimentícia: Súmula 655/STF............. 853
- execução: OJ 6 do TP... 901
- de pequeno valor: OJ 1 do TP.. 901
- juros de mora: OJ 7 do TP... 901
- mandado de segurança; cabimento: OJ 10 do TP............. 901
- natureza administrativa; incompetência do Presidente do TRT: OJ 12 do TP.. 901
- ordem de precedência da; quebra: OJ 13 do TP............... 901
- pequeno valor; individualização do crédito apurado: OJ 9 do TP... 901
- recurso extraordinário; não cabimento: Súmula 733/STF..... 853
- remessa necessária; não cabimento: OJ 8 do TP 901
- revisão de cálculos: OJ 2 do TP...................................... 901
- sequestro de verbas públicas: OJ 3 do TP....................... 901

PRECEDENTES ADMINISTRATIVOS
- Ato Declaratório n. 4, de 21-2-2002................................ 609
- Secretaria de Inspeção do Trabalho: n. 1 a 103................ 610

PRECLUSÃO
- impugnação do cálculo: art. 879, § 2.º 251
- ocorrência: Súmula 184/TST ... 874

PRECONCEITO
- de raça ou de cor; crime: Lei n. 7.716, de 5-1-1989......... 498

PRÊMIO NACIONAL TRABALHISTA
- institui: art. 10 do Decreto n. 10.854, de 10-11-2021 820

PREPARO RECURSAL
- ação rescisória; se procedente pedido e condenação em pecúnia; prazo legal: Súmula 99/TST............................... 871
- depósito recursal; ausência de condenação em pecúnia; desnecessário: Súmula 161/TST..................................... 873
- depósito recursal; comprovação; prazo alusivo ao recurso: Súmula 245/TST.. 877
- depósito recursal; condenação solidária; efetuado por uma aproveita as demais; exceção: Súmula 128, III/TST.......... 872
- depósito recursal; fase de execução; garantia do juízo; inexigível: Súmula 128, III/TST.. 872
- depósito recursal; ônus recorrente a cada novo recurso; até valor da condenação: Súmula 128, I/TST........................ 872
- liquidação extrajudicial; falta pagamento de custas ou depósito recursal; deserção: Súmula 86/TST 870
- massa falida; falta de pagamento de custas ou depósito recursal; inocorrência deserção: Súmula 86/TST 870

PREPOSTO
- exigência da condição de empregado: Súmula 377/TST...... 884
- falta à audiência; revelia e impossibilidade de comparecimento: Súmula 122/TST.. 872
- substituição do empregador na audiência de julgamento: art. 843, § 1.º ... 245

PREQUESTIONAMENTO
- ação rescisória; violência à lei: Súmula 298/TST................ 879
- configuração: OJ 256 da SDI-1....................................... 912
- exigência: OJ 151 da SDI-1 .. 909
- inexigível: OJ 119 da SDI-1 .. 908
- oportunidade, configuração: Súmula 297/TST................... 879
- pressuposto de recorribilidade: OJ 62 da SDI-1 907
- tese explícita: OJ 118 da SDI-1 908

PRESCRIÇÃO
- ação de cobrança das contribuições para o FGTS: Súmula 210/STJ.. 862
- ação trabalhista; norma constitucional: Súmula 308/TST.... 880
- adicional de horas extras; total; inexistente previsão legal para incorporação ao salário: OJ 242 da SDI-1......................... 912
- alteração contratual, trabalhador urbano: Súmula 294/TST.. 878
- aviso prévio; fluência a partir do término do prazo: OJ 83 da SDI-1.. 907
- comissões; total; supressão ou alteração de forma ou percentual: OJ 175 da SDI-1.. 910
- complementação da pensão e auxílio-funeral: OJ 129 da SDI-1.. 908

- contra menores: art. 440 ... 180
- contrato de trabalho rural: OJ 417 da SDI-1 919
- da ação de acidente do trabalho; contagem de prazo: Súmula 230/STF .. 851
- de ação para reaver diferença de salário mínimo: art. 119 .. 149
- demanda trabalhista; interrupção: Súmula 268/TST 877
- demora na citação; não justifica o acolhimento de arguição de: Súmula 106/STJ ... 861
- de prestações de mais de dois anos: Súmula 349/STF 852
- do direito de pleitear a reparação de qualquer ato infringente de dispositivo da Consolidação das Leis do Trabalho: art. 11 .. 138
- extinção do contrato de trabalho; não recolhimento do FGTS; reclamação; prazo: Súmula 362/TST 882
- férias: art. 149 ... 152
- FGTS; prescrição das parcelas remuneratórias alcança o reflexo do FGTS: Súmula 206/TST .. 875
- gratificação semestral; diferenças pelo valor congelado; parcial: Súmula 373/TST .. 884
- início: art. 916 ... 262
- intercorrente: art. 11-A .. 139
- intercorrente; admissão no direito do trabalho: Súmula 327/STF e Súmula 114/TST .. 852, 872
- interrupção; protesto judicial: OJ 392 da SDI-1 917
- marco inicial; ação condenatória: OJ 401 da SDI-1 918
- Ministério Público; legitimidade para arguir: OJ 130 da SDI-1 .. 908
- não arguida na instância ordinária: Súmula 153/TST 873
- parcial; desvio de função: Súmula 275/TST 877
- parcial; pedido de diferença de complementação de aposentadoria: Súmula 327/TST ... 880
- plano de carreira; diferenças salariais; parcial; lesão se renova mês a mês: Súmula 452/TST .. 890
- planos econômicos; total; diferenças salariais: OJ 243 da SDI-1 .. 912
- prazo; ação de cumprimento de decisão normativa: Súmula 350/TST ... 882
- prazo; soma de períodos descontínuos; termo inicial; extinção do último contrato de trabalho: Súmula 156/TST 873
- protesto judicial; dentro do biênio; interrupção do prazo: OJ 370 da SDI-1 .. 916
- quinquenal; aposentadoria por invalidez e auxílio-doença; fluência do prazo: OJ 375 da SDI-1 917
- rurícola; lei vigente ao tempo da extinção do contrato de trabalho: OJ 271 da SDI-1 ... 913
- servidor público; regime celetista para estatutário; bienal a partir da mudança: Súmula 382/TST 884
- soma de períodos descontínuos; termo inicial do prazo; extinção do último contrato de trabalho: Súmula 156/TST... 873
- substituição processual; interrupção; ainda que parte ilegítima *ad causam*: OJ 359 da SDI-1 .. 916
- suspensão do prazo: art. 625-G .. 212
- termo inicial na ação de indenização; data da ciência da incapacidade laboral: Súmula 278/STJ 862
- total; pedido de complementação de aposentadoria oriunda de norma regulamentar e jamais paga ao ex-empregado: Súmula 326/TST .. 880

PRESIDENTE DA REPÚBLICA
- alteração do número de regiões do País referentes à jurisdição dos Tribunais Regionais do Trabalho: art. 676 222

PRESIDENTE DO TRIBUNAL SUPERIOR DO TRABALHO
- atribuições: art. 707 .. 226
- secretário e auxiliares: art. 707, parágrafo único 226

PRESIDENTES DOS TRIBUNAIS REGIONAIS DO TRABALHO
- competência privativa: art. 682 .. 222
- posse: art. 681 .. 222

PRESTAÇÃO DE SERVIÇOS
- a mais de uma empresa do mesmo grupo econômico; contrato de trabalho: Súmula 129/TST .. 873
- terceirização: OJ 383 da SDI-1 ... 917

PRESTAÇÕES *IN NATURA*
- inclusão no salário: art. 458 ... 184
- valores a elas atribuídos: art. 458, § 1.º 184

PRESUNÇÃO
- jornada de trabalho; instrumento normativo; possibilidade de elisão por prova em contrário: Súmula 338, II/TST 881
- notificação postal: art. 774 ... 233

PREVENÇÃO DA FADIGA
- arts. 198 e 199 .. 158
- colocação obrigatória de assentos que assegurem a postura correta do trabalhador: art. 199 158
- peso máximo que o empregado deverá transportar: art. 198 158

PREVIDÊNCIA PRIVADA
- desconto; vantagem recebida do benefício; norma regulamentar anterior: Súmula 87/TST ... 870

PREVIDÊNCIA SOCIAL
- competência: art. 643, § 1.º ... 215
- contribuintes: Súmula 466/STF .. 852
- descontos previdenciários e fiscais: Súmula 368/TST 883
- inclusão de sócios e administradores de sociedades e titulares de firmas individuais como contribuintes: Súmula 466/STF. 852
- pensão; mulher que renunciou aos alimentos; direito: Súmula 336/STJ ... 862
- planos de benefícios: Lei n. 8.213, de 24-7-1991 539
- regulamento: Decreto n. 3.048, de 6-5-1999 582

PRIMEIROS SOCORROS
- equipamento; obrigatoriedade: art. 168, § 4.º 155

PRINCÍPIO DE IDENTIDADE FÍSICA DO JUIZ
- inaplicabilidade às Juntas de Conciliação e Julgamento: Súmula 222/STF .. 851

PRIVATIZAÇÃO
- Telemar; plano de incentivo à rescisão contratual: OJ Transitória 67 da SDI-1 .. 926

PROCEDIMENTO SUMARÍSSIMO
- ampla liberdade de direção: art. 765 232
- arquivamento; hipóteses: art. 852-B, § 1.º 247
- ata de audiência; registros: art. 852-F 247
- atos processuais: arts. 770 a 773, 778 a 782 233, 234
- citação; vedações: art. 852-B, II 247
- compensação: art. 767 ... 233
- conciliação: art. 764 ... 232
- conciliação: art. 852-E .. 247
- dissídios coletivos: arts. 856 a 875 248
- equidade: art. 766 .. 232
- embargos: Súmula 458/TST ... 890
- embargos de declaração: art. 897-A 259

- exclusão do: art. 852-A, parágrafo único 247
- execução: arts. 876 a 892 .. 250
- fontes subsidiárias: art. 769 .. 233
- inaplicabilidade: OJ 260 da SDI-1 912
- incidentes e exceções; decisões de plano: art. 852-G 247
- inquérito de falta grave: arts. 853 a 855 248
- irrecorribilidade das decisões interlocutórias: art. 893, § 1.º .. 254
- instrução e julgamento; audiência única: art. 852-C 247
- intimação da sentença: art. 852-I, § 3.º 248
- mudanças de endereço; comunicação ao juízo: art. 852-B, § 2.º .. 247
- pedido: art. 852-B, I ... 247
- prazo de apreciação da reclamação: art. 852-B, III 247
- preferência: art. 768 .. 233
- produção de provas: arts. 852-D e 852-H 247
- prova técnica: art. 852-H, § 4.º .. 247
- recurso de revista: art. 896, § 9.º 257
- recurso de revista; admissibilidade limitada; violação da CF ou Súmula do TST: Súmula 442/TST 889
- recurso de revista; inadmissibilidade: OJ 352 da SDI-1 915
- recurso ordinário: art. 895, § 1.º 255
- sentença; elementos: art. 852-I .. 248
- testemunhas; intimação: art. 852-H, § 3.º 247
- testemunhas; número máximo: art. 852-H, § 2.º 247
- valores de alçada: art. 852-A .. 247

PROCESSO DE MULTAS ADMINISTRATIVAS
- arts. 626 a 642 ... 212
- cobrança judicial das multas impostas pelas autoridades administrativas do trabalho; normas a seguir: art. 642 215
- conversão do depósito em pagamento, se o recurso não for provido: art. 639 ... 214
- depósito, inscrição e cobrança: arts. 639 e 642 214
- fiscalização, autuação e imposição de multas: arts. 626 a 634 .. 212
- livro "Inspeção do Trabalho"; obrigatoriedade: art. 628, § 1.º .. 212
- multa; redução, se o infrator renunciar ao recurso: art. 636, § 6.º .. 214
- prazo para interposição de recursos: art. 636 214
- proteção ao trabalho; normas; fiscalização do cumprimento destas; competência: art. 626 ... 212
- recursos: arts. 635 a 638 ... 214

PROCESSO DO TRABALHO
- alçada recursal; vinculação ao salário mínimo: Súmula 356/TST .. 882
- ampliação da competência da Justiça do Trabalho; Emenda Constitucional n. 45/2004: Instrução Normativa n. 27, de 16-2-2005 ... 634
- aplicação das normas processuais previstas na CLT; reforma trabalhista; Instrução Normativa n. 41, de 21-6-2018 740
- art. 493 do CPC; aplicação de ofício aos processos em curso em qualquer instância trabalhista: Súmula 394/TST 885
- audiência de conciliação; presidente do TST: Instrução Normativa n. 24, de 2-10-2003 ... 625
- Código de Processo Civil; aplicação ao: Instrução Normativa n. 39, de 15-3-2016 .. 702
- convenções coletivas de trabalho; competência para conciliar e julgar dissídios: Lei n. 8.984, de 7-2-1995 569
- Decreto-lei n. 779, de 21-8-1969 428
- depósito recursal: Instrução Normativa n. 3, de 5-3-1993 ... 557
- especialização de Turmas dos Tribunais do Trabalho; processos coletivos: Lei n. 7.701, de 21-12-1988 496
- execução; aplicação subsidiária: Lei n. 6.830, de 22-9-1980 .. 482
- Lei n. 5.584, de 26-6-1970 ... 428
- procedimentos relativos à entrega de autos para advogados ou estagiários: Resolução Administrativa n. 940, de 30-6-2003 .. 621
- recurso adesivo; correlação de matérias: Súmula 283/TST.. 878

PROCESSO ELEITORAL SINDICAL
- julgamento; competência: Súmula 4/STJ 861

PROCESSO JUDICIÁRIO DO TRABALHO
- arts. 763 a 910 ... 232
- atos, termos e prazos processuais: arts. 770 a 782 233
- audiências: arts. 813 a 817 ... 241
- conflitos de jurisdição: arts. 803 a 812 240
- custas: arts. 789 a 790-B ... 235
- decisão e eficácia respectiva: arts. 831 a 836 242
- disposições preliminares: arts. 763 a 769 232
- distribuição: arts. 783 a 788 ... 234
- partes e procuradores: arts. 791 a 793 236
- processo em geral: arts. 770 a 836 233
- provas: arts. 818 a 830 ... 241

PROCURAÇÃO
- instância especial; recurso interposto por advogado sem: Súmula 115/STJ ... 861
- inválida; irregularidade de representação; pessoa jurídica: Súmula 456/TST .. 890

PROCURADOR
- constituição de; foro em geral: art. 791, § 3.º 237

PROCURADOR-GERAL DA JUSTIÇA DO TRABALHO
- atribuições: art. 748 ... 230

PROCURADORIA DA JUSTIÇA DO TRABALHO
- atribuições do procurador-geral: art. 748 230
- atribuições dos procuradores: art. 749 231
- atribuições dos procuradores regionais: arts. 750 e 751 ... 231
- competência: art. 746 ... 230
- competência das Procuradorias Regionais: art. 747 230
- organização: arts. 740 a 745 ... 230
- secretaria da Procuradoria-Geral: arts. 752 a 754 231

PROCURADORIA-GERAL DA JUSTIÇA DO TRABALHO
- atribuições dos procuradores com exercício na Procuradoria-Geral: art. 749 .. 231
- secretaria; atribuições: art. 753 .. 231

PROCURADORIAS REGIONAIS
- competência: art. 747 ... 230

PROFESSORES
- arts. 317 a 324 ... 167
- adjuntos; acesso ao cargo de titulares: OJ 65 da SDI-1 907
- adjuntos; ingresso no cargo de titular: OJ 38 da SDI-2 932
- aposentadoria especial: Súmula 726/STF 853
- dispensa durante férias escolares não exclui direito ao aviso prévio: Súmula 10/TST .. 867

- estabelecimento particular de ensino que não remunere condignamente seus professores; funcionamento proibido: art. 323 .. 168
- estabelecimentos particulares; requisitos para o magistério: art. 317 .. 167
- férias escolares; remuneração não exclui direito ao aviso prévio: Súmula 10/TST .. 867
- horas extras; excedida jornada máxima; remuneração com adicional; OJ 206 da SDI-1 .. 911
- janelas: PN 31 ... 943
- jornada de trabalho especial: OJ 393 da SDI-1 917
- limite de aulas diárias: art. 318 168
- pagamento dos professores; pontualidade obrigatória: art. 323, parte final ... 168
- pagamento mensal: art. 320, § 1.º 168
- redução da carga horária: OJ 244 da SDI-1 912
- redução salarial não configurada: PN 78 944
- registro no Ministério do Trabalho: art. 317 167
- remuneração condigna; fixação de critérios: art. 323, parágrafo único ... 168
- remuneração no período de exames e no de férias: art. 322 .. 168
- repouso semanal remunerado; acréscimo; disposições: Súmula 351/TST ... 882

PROFISSIONAIS LIBERAIS
- contribuição sindical: art. 584 205
- equiparação ao empregador, para os efeitos exclusivos da relação de emprego: art. 2.º, § 1.º 135

PROGRAMA DE ALIMENTAÇÃO DO TRABALHADOR
- regulamento: arts. 166 a 182 do Decreto n. 10.854, de 10-11-2021 .. 820

PROGRAMA DE CONTROLE MÉDICO DE SAÚDE OCUPACIONAL – PCMSO
- NR 7 .. 461

PROGRAMA DE CULTURA DO TRABALHADOR
- Lei n. 12.761, de 27-12-2012 671
- regulamento: Decreto n. 8.084, de 26-8-2013 678

PROGRAMA DE DESENVOLVIMENTO DO SISTEMA FEDERAL DE INSPEÇÃO DO TRABALHO
- instituição: Lei n. 7.855, de 24-10-1989 503

PROGRAMA DE INCENTIVO À DEMISSÃO VOLUNTÁRIA – PDV
- compensação; créditos tipicamente trabalhistas; impossibilidade: OJ 356 da SDI-1 .. 916

PROGRAMA DE INTEGRAÇÃO SOCIAL (PIS) E PROGRAMA DE FORMAÇÃO DO PATRIMÔNIO DO SERVIDOR PÚBLICO (PASEP)
- base de cálculo; faturamento: Súmula 468/STJ 862
- cadastramento: Súmula 300/TST 879
- Caixa Econômica Federal; ações relativas às contribuições para o fundo: Súmula 77/STJ 861
- Decreto n. 9.978, de 20-8-2019 763
- Lei Complementar n. 7, de 7-9-1970 429
- Lei Complementar n. 8, de 3-12-1970 430
- Lei Complementar n. 26, de 11-9-1975 436
- recebimento: PN 52 ... 944

PROGRAMA DE PREVENÇÃO DE RISCOS AMBIENTAIS – PPRA
- NR 9 .. 475

PROGRAMA EMERGENCIAL DE MANUTENÇÃO DO EMPREGO E DA RENDA
- instituição; Covid-19: Lei n. 14.043, de 19-8-2020 810
- instituição: Lei n. 14.020, de 6-7-2020 805

PROGRAMA EMPREGA + MULHERES
- institui: Lei n. 14.457, de 21-9-2022 846

PROGRAMA EMPRESA CIDADÃ
- criação: Lei n. 11.770, de 9-9-2008 647
- regulamento; disposições: arts. 137 a 142 do Decreto n. 10.854, de 10-11-2021 ... 820

PROGRAMA NACIONAL DE PRESTAÇÃO DE SERVIÇO CIVIL VOLUNTÁRIO
- instituição: Lei n. 14.370, de 15-6-2022 836

PROGRAMAS ESPECIAIS
- aperfeiçoamento da mão de obra: art. 390-C 174

PROGRAMA PERMANENTE DE CONSOLIDAÇÃO, SIMPLIFICAÇÃO E DESBUROCRATIZAÇÃO DE NORMAS TRABALHISTAS INFRALEGAIS
- institui: arts. 2.º a 9.º do Decreto n. 10.854, de 10-11-2021 .. 821

PRONTIDÃO
- remuneração: art. 244, § 3.º 165

PROPRIEDADE INDUSTRIAL
- direitos e obrigações; empregado ou prestador de serviços: Lei n. 9.279, de 14-5-1996 569

PROTEÇÃO DE DADOS PESSOAIS
- por pessoa natural ou jurídica de direito público ou privado: Lei n. 13.709, de 14-8-2018 741

PROTEÇÃO DO TRABALHO DA MULHER
- arts. 372 a 401-B .. 173
- descanso semanal: art. 385 173
- duração e condições do trabalho: arts. 372 a 378 173
- e empresas; convênios para o incentivo ao trabalho da mulher: art. 390-E .. 174
- intervalo entre duas jornadas de trabalho: art. 382 173
- métodos e locais de trabalho: arts. 388 a 390-E 174
- penalidades: arts. 401 a 401-B 176
- período para refeição e repouso não inferior a uma hora; ressalva: art. 383 .. 173
- períodos de descanso: arts. 382 e 383 173
- proteção à maternidade: arts. 391 a 400 174
- revezamento no trabalho dominical: art. 386 173
- salário do período noturno; será superior ao do período diurno: art. 381 .. 173
- trabalho noturno: art. 381 ... 173
- vagas em cursos de formação de mão de obra: art. 390-B .. 174
- vedações ao trabalho da mulher: art. 373-A 173

PROTEÇÃO AO TRABALHO DO JOVEM
- Lei n. 12.852, de 5-8-2013 678

PROTEÇÃO DO TRABALHO DO MENOR
vide, também, MENOR(ES)
- arts. 402 a 441 ... 176
- aprendizagem: arts. 424 a 433 178
- deveres dos responsáveis legais dos menores e dos empregadores: arts. 424 a 433 .. 178
- disposições finais: arts. 439 a 441 180
- disposições gerais: arts. 402 a 410 176
- duração do trabalho: arts. 411 a 414 177
- Estatuto da Criança e do Adolescente: Lei n. 8.069, de 13-7-1990 ... 520

PROVA TESTEMUNHAL
- comprovação de atividade rurícola; benefício previdenciário: Súmula 149/STJ .. 861

Índice Alfabético-Remissivo Geral

PROVAS
- a quem cabe provar: art. 818 .. 241
- arguição dos peritos compromissados e dos técnicos: art. 827 ... 242
- confissão; produção posterior; vedação somente à parte: Súmula 74, III/TST .. 869
- depoimento das partes e testemunhas que não falem a língua nacional: art. 819 .. 241
- depoimento de mudo que não saiba escrever: art. 819, §§ 1.º e 2.º ... 241
- depoimento de surdo-mudo: art. 819, §§ 1.º e 2.º 241
- depoimento resumido das testemunhas: art. 828, parágrafo único ... 242
- depoimento sigiloso: art. 824 .. 242
- documento oferecido para prova; aceitação: art. 830 242
- documentos; entidade pública; dispensabilidade de autenticação de documentos após MP 1.360/96: OJ 134 da SDI-1 .. 908
- documentos; horas extras; inexistência de limitação ao período comprovado: OJ 233 da SDI-1 ... 911
- emprestada; adicional de insalubridade; local desativado; perícia obrigatória: OJ 278 da SDI-1 913
- indicação de testemunhas: art. 821 242
- inquirição: art. 820 .. 242
- inversão do ônus: Súmula 338/TST .. 881
- ônus; despedimento: Súmula 212/TST 875
- periciais; benefício assistencial: Súmula 22/JEF 895
- presunção; portador do vírus HIV ou doença grave; dispensa discriminatória: Súmula 443/TST .. 889
- reinquirição: art. 820 .. 242
- testemunha funcionário civil ou militar; requisição: art. 823 .. 242
- testemunha parente: art. 829 .. 242
- testemunha; qualificação: art. 828 ... 242
- testemunhas; comparecimento à audiência independentemente de notificação ou intimação: art. 825 242
- testemunhas; desconto nas faltas ao serviço: art. 822 242
- testemunhas; não comparecimento: art. 825, parágrafo único ... 242
- testemunhas; suspeição; ter ou estar litigando contra mesmo empregador; inexistência: Súmula 357/TST 882

QUADRO DE AVISOS
- afixação: PN 104 .. 945

QUADRO DE CARREIRA
- desvio de função: OJ 125 da SDI-1 908
- reclamação fundada em preterição, enquadramento ou reclassificação: Súmula 127/TST ... 872
- reclamação que tenha por objeto direito fundado em quadro de carreira; competência: Súmula 19/TST 868
- formalidades: art. 74 .. 146

QUADRO DE PESSOAL
- validade: Súmula 6/TST ... 867

QUEBRA DE CAIXA
- paga a bancários; integração de salário: Súmula 247/TST .. 877

QUÍMICOS
- arts. 325 a 350 .. 168
- admissão obrigatória: art. 335 .. 169
- Carteira de Trabalho e Previdência Social; características: art. 329 .. 169
- Carteira de Trabalho e Previdência Social; obrigatoriedade para o exercício da profissão: art. 330 169
- Carteira de Trabalho e Previdência Social; requisição; documentos necessários: art. 326, § 1.º .. 168
- Carteira de Trabalho e Previdência Social; valor de identidade: art. 330 .. 169
- estrangeiros; limite: art. 349 .. 170
- penalidades: art. 351 ... 171
- profissão; atividades que compreenderá: art. 334 169
- suspensão de suas funções: art. 346 170

QUITAÇÃO
- âmbito de validade: art. 477, § 2.º .. 189
- anual de obrigações trabalhistas: art. 507-B 193
- de contribuição sindical; documento essencial; casos: arts. 607 e 608 ... 207
- do recebimento de indenização por menor; requisito: art. 439 ... 180
- remuneração de férias; indicação do início e termo: art. 145, parágrafo único ... 152
- validade restrita às parcelas especificadas: art. 477, § 2.º . 189
- validade; revisão da Súmula 41/TST; assistência de entidade sindical: Súmula 330/TST .. 880

RADIAÇÕES IONIZANTES
- normas técnicas: art. 200, parágrafo único 159

RADIOLOGISTA
- gratificação; raios X; ausência de prejuízo: OJ 208 da SDI-1 .. 911
- salário profissional; 2 salários mínimos e não 4: Súmula 358/TST .. 882

RADIOTELEFONIA
- *vide*, também, OPERADORES
- duração do trabalho: arts. 227 a 230 161

RADIOTELEGRAFIA
- *vide*, também, OPERADORES
- duração do trabalho: arts. 227 a 230 161

RAZÕES FINAIS
- art. 850 .. 246

READMISSÃO DE EMPREGADO
- contagem do período de serviço anterior encerrado com a saída espontânea: Súmula 138/TST 873
- contagem do tempo de serviço anterior; ressalva: Súmula 215/STF .. 851
- empregador que deixar de efetuá-la; penalidades: art. 729 . 229
- prazo referente ao direito a férias: art. 133, I 150

REAJUSTAMENTO SALARIAL
- aplicação relativa aos servidores públicos contratados sob a égide da legislação trabalhista; *gatilhos*: Súmula 319/TST .. 880
- bimestral e quadrimestral; simultaneidade inviável: OJ Transitória 35 da SDI-1 .. 924
- data-base; Decreto-lei n. 2.425/1998: OJ Transitória 58 da SDI-1 .. 926
- planos econômicos; antecipação; devidos somente até a data-base de categoria: Súmula 322/TST 880

RECIBO
- de quitação; conteúdo: art. 477, § 2.º 189
- do pagamento de gratificação; ajuste tácito: Súmula 152/TST .. 873
- quitação; eficácia liberatória somente das parcelas consignadas: Súmula 330, I/TST .. 880

- quitação; somente período expressamente consignado: Súmula 330, II/TST .. 880

RECLAMAÇÃO(ÕES)
- acumulação num só processo; quando poderá ocorrer: art. 842 .. 245
- apresentação; onde e por quem será feita: arts. 837 e 839 ... 243
- escrita; conteúdo: art. 840, § 1.º .. 244
- escrita ou verbal: art. 840 .. 244
- notificação do reclamado: art. 841 .. 245
- plúrima; dispensa precatório; pequeno valor; créditos de cada reclamante: OJ 9 do TP .. 901
- plúrimas; representação dos empregados pelo sindicato: art. 843 .. 245
- verbal; redução a termo: art. 840, § 2.º 245

RECLAMADO
- prazo para aduzir a defesa na audiência de julgamento: art. 847 .. 246

RECLAMANTE
- não comparecimento à audiência de julgamento; efeitos: art. 844 .. 245

RECLAMATÓRIA
- vide RECLAMAÇÃO(ÕES)

RECLAMAÇÃO TRABALHISTA
- agrupamento: art. 842 .. 245
- dispensa de distribuição: art. 837 ... 243
- distribuição: art. 838 .. 244
- documentos: art. 787 ... 235
- elementos essenciais: art. 840, § 1.º 244
- forma: art. 840, caput .. 244
- legitimidade ativa: art. 839 .. 244
- litisconsórcio ativo: art. 842 .. 245
- notificação do reclamante: art. 841, § 2.º 245
- notificação inicial do reclamado: art. 841, caput 245
- notificação por edital: art. 841, § 1.º 245
- sentença: art. 831, caput ... 242
- termo de conciliação: art. 831, parágrafo único 242
- verbal: arts. 786 e 840, § 2.º .. 234, 245

RECONSIDERAÇÃO
- referente ao aviso prévio: art. 489 ... 191

RECURSO(S)
- arts. 893 a 902 .. 254
- art. 932 do CPC; decisão monocrática do relator; aplicação no processo do trabalho: Súmula 435/TST 889
- administrativo; prazo: OJ 11 do TP .. 901
- administrativo; pressuposto de admissibilidade: Súmula 424/TST .. 888
- agravo: art. 893, IV ... 254
- agravo de instrumento: art. 897, b ... 259
- agravo de petição: art. 897, a ... 259
- cabimento; art. 893, caput ... 254
- contagem de prazo, no caso da não juntada da ata ao processo em 48 horas contadas da audiência de julgamento: Súmula 30/TST ... 868
- contrarrazões: art. 900 ... 261
- contra sentença normativa; efeito suspensivo; cassação: Súmula 279/TST .. 878
- de Revista repetitivos; SDI-1: Instrução Normativa 38, de 10-11-2015 ... 700
- decisões interlocutórias: Súmula 214/TST 875
- decisões interlocutórias; apreciação: art. 893, § 1.º 254
- de decisão que imputer multa por infração das leis e disposições reguladoras do trabalho: art. 635 214
- depósito; prazo: Súmula 245/TST .. 877
- depósito recursal: art. 899, §§ 1.º a 11 260
- depósito recursal: Instrução Normativa n. 3, de 5-3-1993 ... 557
- de revista: arts. 893, III, e 896 254, 256
- divergência jurisprudencial, especificidade: Súmula 296/TST .. 878
- efeito: art. 899, caput ... 260
- efeito devolutivo em profundidade; art. 1.013, § 1.º, do CPC, recurso ordinário: Súmula 393/TST .. 885
- embargos: art. 894 ... 255
- embargos, no Tribunal Superior do Trabalho, para o Pleno; prazo: art. 894 .. 255
- embargos de declaração: art. 897-A, caput 259
- embargos de declaração; decisão monocrática do relator art. 932 do CPC; cabimento: Súmula 421, I/TST 888
- em matéria de segurança e medicina do trabalho; efeito suspensivo: art. 161, § 3.º, parte final 154
- especial; interposto na pendência do julgamento dos embargos de declaração: Súmula 579/STJ .. 863
- especificação: art. 893 ... 254
- execução provisória: art. 899, caput .. 260
- extraordinário; cabimento nas causas de alçada: Súmula 640/STF ... 853
- extraordinário; incabível a condenação em verba honorária: Súmula 633/STF .. 853
- extraordinário; prequestionamento: OJ 62 da SDI-1 907
- fundamentação; violação legal: OJ 257 da SDI-1 912
- fungibilidade; agravo contra decisão de colegiado; descabimento; erro grosseiro: OJ 412 da SDI-1 918
- fungibilidade; ED decisão fulcro no art. 932 do CPC; conversão em agravo para Colegiado: Súmula 421, II/TST 888
- fungibilidade; RO contra despacho monocrático em AR ou MS: OJ 69 da SDI-2 .. 933
- inadmissibilidade para reexame de fatos e provas: Súmula 126/TST .. 872
- incidentes do processo; resolução pelo próprio Juízo ou Tribunal: art. 893, § 1.º ... 254
- inexistência; sem assinatura; válido se assinada apresentação ou razões: OJ 120 da SDI-1 .. 908
- interposição junto ao Supremo Tribunal Federal; situação da execução do julgado: art. 893, § 2.º .. 254
- interposição mediante simples petição: art. 899 260
- interposição fac-símile; somente aplicável após vigência da Lei n. 9.800/99; irretroatividade: Súmula 387, I/TST 885
- interposição fac-símile; 5 dias para originais; contagem do seguinte à interposição de recurso: Súmula 387, II/TST 885
- interposição fac-símile; prazo para originais; início pode recair em sábado, domingo ou feriado: Súmula 387, III/TST 885
- interposição fac-símile; documento tem de ser dirigido diretamente ao órgão jurisdicional: Súmula 387, IV/TST 885
- irrecorribilidade de decisões interlocutórias: art. 893, § 1.º .. 254
- juntada de documentos; provar impedimento anterior ou fato novo: Súmula 8/TST ... 867

- juntada tardia procuração; inexistência de ato urgente; inadmissibilidade: Súmula 383, I/TST 884
- *jus postulandi*; não alcança ação rescisória, cautelar, MS e recursos para o TST: Súmula 425/TST 888
- legitimidade: art. 898 .. 260
- manifestamente inadmissível, improcedente, prejudicado ou em confronto com súmula ou jurisprudência dominante: Súmula 435/TST ... 889
- matéria administrativa; analogia; prazo de oito dias: OJ 11 do TP ... 901
- não conhecimento; ausência do requisito de admissibilidade: Súmula 422/TST ... 888
- ordinário: art. 893, II ... 254
- ordinário; cabimento: OJ 5 do TP .. 901
- ordinário, de decisão do Tribunal Regional do Trabalho em ação rescisória: Súmula 158/TST .. 873
- ordinário, de decisão proferida em agravo regimental; liminar em cautelar ou mandado de segurança: OJ 100 da SDI-2 ... 934
- ordinário; efeito devolutivo em profundidade: Súmula 393/TST ... 885
- ordinário; procedimento sumaríssimo; cabimento: art. 895, § 1.º ... 255
- pendência de recurso no STF: art. 893, § 2.º 254
- prequestionamento; inexigível quando violação da própria decisão recorrida: OJ 119 da SDI-1 908
- prequestionamento; tese explícita; contrária à lei ou à súmula: OJ 256 da SDI-1 .. 912
- prequestionamento; tese explícita; desnecessária referência expressa a dispositivo legal: OJ 118 da SDI-1 908
- preparo; multa do art. 557, § 2.º, do CPC; obrigatoriedade; pena de deserção: OJ 389 da SDI-1 917
- preparo; multa por litigância de má-fé; desnecessário: OJ 409 da SDI-1 ... 918
- regularização da representação; art. 13 do CPC; fase recursal; inadmissibilidade: Súmula 383, II/TST 884
- repetitivos: art. 896-C ... 258
- representação; ausência de procuração; não conhecimento; salvo mandato tácito: Súmula 164/TST 874
- recursos de revista: art. 896 .. 256
- sem assinatura: OJ 120 da SDI-1 908
- substabelecimento: OJ 75 da SDI-1 907
- terminologia; desnecessária a utilização de expressões: OJ 257 da SDI-1 .. 912
- vinculação ao salário mínimo: Súmula 356/TST 882

RECURSO ADESIVO
- compatibilidade com o processo do trabalho: Súmula 283/TST ... 878
- processo do trabalho; recurso ordinário, revista, agravo de petição e embargos: Súmula 283/TST 878

RECURSO ADMINISTRATIVO
- depósito prévio de multa; pressuposto de admissibilidade; art. 636, §1.º, da CLT; inconstitucionalidade: Súmula 424/TST ... 888

RECURSO DE REVISTA
- art. 896, *b*, da CLT; redação dada pela Lei n. 7.701/88; constitucionalidade: Súmula 312/TST 880
- administração pública; ausente RO voluntário anterior; descabimento: OJ 334 da SDI-1 ... 915
- admissibilidade; divergência jurisprudencial específica; teses diversas, idênticos fatos: Súmula 296, I/TST 878
- admissibilidade; exame de premissas concretas de especificidade da divergência; possibilidade: Súmula 296, II/TST .. 879
- admissibilidade; indicação expressa do dispositivo de lei ou CF violado: Súmula 221/TST ... 876
- admissibilidade; jurisprudência tem que abranger todos os fundamentos do pedido recorrido: Súmula 23/TST 868
- admissibilidade; não impugnação dos fundamentos da decisão; descabimento: Súmula 422/TST ... 888
- admissibilidade parcial; agravo de instrumento; cabimento: Instrução Normativa n. 40, de 15-3-2016 704
- agravo de instrumento; descabimento: Súmula 218/TST 875
- aplicação das normas do CPC relativas a recursos extraordinário e especial repetitivos: art. 896-B ... 258
- cabimento e prazo: art. 896 .. 256
- caso de não cabimento e exceção: art. 896, § 2.º 257
- comprovação de divergência: Súmula 337/TST 881
- conhecimento; invocação de OJ; número ou conteúdo: OJ 219 da SDI-1 .. 911
- conhecimento; nulidade da prestação jurisdicional; indicação obrigatória de dispositivo: Súmula 459/TST 890
- constitucionalidade da alínea *b* do art. 896: Súmula 312/TST .. 880
- contra acórdão proferido em agravo de petição; admissibilidade: Súmula 266/TST .. 877
- declaração de efeito: art. 896, § 1.º 257
- denegação de seguimento; interposição de agravo: art. 896, § 12 ... 257
- divergência: art. 896, § 7.º .. 257
- divergência; aresto oriundo do mesmo TRT; inservível: OJ 111 da SDI-1 .. 908
- divergência jurisprudencial; comprovação; certidão; citação fonte; transcrição de ementas ou trechos: Súmula 337, I/TST .. 881
- divergência jurisprudencial; mera indicação de data da publicação e fonte; insuficiência: Súmula 337, III/TST 881
- divergência jurisprudencial; normas não extrapolam o âmbito do TRT; inadmissibilidade: OJ 147, I, da SDI-1 909
- divergência jurisprudencial; registro como repositório oficial valida edições anteriores: Súmula 337, II/TST 881
- divergência jurisprudencial; texto internet; trecho; sítio; número do processo, órgão e data DEJT: Súmula 337, IV/TST 881
- embargos; não conhecimento; revisão da Súmula 42/TST: Súmula 333/TST ... 881
- execução: art. 896, § 2.º ... 257
- execução; demonstração inequívoca de violência direta à CF: Súmula 266/TST ... 877
- fundamentação em violação de lei: OJ 257 da SDI-1 912
- fundamentado em orientação jurisprudencial: OJ 219 da SDI-1 .. 911
- fungibilidade; decisão do TRT em AR ou MS; erro grosseiro; inadmissibilidade: OJ 152 da SDI-2 936
- inadmissibilidade; acórdão regional proferido em agravo de instrumento: Súmula 218/TST ... 875
- inadmissibilidade; decisões superadas iterativa, notória e atual jurisprudência TST (OJs): Súmula 333/TST 881
- inadmissibilidade; interpretação razoável de preceito de lei: Súmula 221/TST ... 876

- inadmissibilidade; reexame de fatos e provas: Súmula 126/TST .. 872
- incidente de julgamento; repetitivos; SDI-1: Instrução Normativa n. 38, de 10-11-2015 700
- multiplicidade; idêntica questão de direito: art. 896-C 258
- não conhecido; má aplicação de súmula ou de orientação judicial: OJ Transitória 79 da SDI-1 927
- nulidade por negativa de prestação jurisdicional: Súmula 459/TST .. 890
- petição de; requisitos: Instrução Normativa n. 23, de 5-8-2003 ... 621
- prequestionamento; necessidade; ainda que incompetência absoluta: OJ 62 da SDI-1 907
- prequestionamento; tese explícita; contrária à lei ou à súmula: OJ 256 da SDI-1 .. 912
- procedimento sumaríssimo; cabimento: art. 896, § 9.º 257
- procedimento sumaríssimo; admissibilidade limitada; violação da CF ou Súmula do TST, não OJ: Súmula 442/TST 889
- transcendência: art. 896-A .. 257
- procedimento sumaríssimo; inaplicável aos processos anteriores a Lei n. 9.957/00: OJ 260, I, da SDI-1 912
- procedimento sumaríssimo; despacho denegatório; agravo de instrumento: OJ 260, II, da SDI-1 912
- prescrição; não arguida na instância ordinária; inadmissibilidade: Súmula 153/TST .. 873
- remessa *ex officio*: OJ 334 da SDI-1 915
- Súmula 337 do TST; inaplicabilidade: OJ Transitória 3 da SDI-1 .. 923
- tema regulado por lei estadual: OJ 147 da SDI-1 909
- terminologia; desnecessária a utilização de expressões: OJ 257 da SDI-1 ... 912

RECURSO ORDINÁRIO
- ação rescisória; não impugnação dos fundamentos da decisão; descabimento: Súmula 422/TST 888
- agravo regimental; incabível: OJ 100 da SDI-2 934
- cabimento e prazo: art. 895 ... 255
- efeito devolutivo em profundidade; reapreciação dos fundamentos inicial ou defesa, ainda que não renovados: Súmula 393/TST .. 885
- efeito devolutivo em profundidade; inalcançável pedido não apreciado na sentença; salvo art. 515, § 3.º, do CPC: Súmula 393/TST .. 885
- mandado de segurança; não impugnação dos fundamentos da decisão; descabimento: Súmula 422/TST 888
- prazo: intimado; não comparece à audiência; contagem da publicação da sentença: Súmula 197/TST 875

REDUÇÃO GERAL DOS SALÁRIOS
- em caso de força maior ou prejuízos comprovados: art. 503 192

REFLEXOS ECONÔMICOS
- repouso semanal; valor majorado pelas horas extras; descabimento: OJ 394 da SDI-1 .. 917

REFLORESTAMENTO
- atividade rural; empregado é rurícola; prescrição própria: OJ 38 da SDI-1 ... 906

REFORMA TRABALHISTA
- aplicação das normas processuais previstas na CLT; Instrução Normativa n. 41, de 21-6-2018 740

REGIME DE COMPENSAÇÃO DE HORÁRIO SEMANAL
- não atendimento das exigências legais para a adoção de tal regime: Súmula 85/TST 870

REGIME DE REVEZAMENTO
- horas trabalhadas em seguida ao repouso semanal de 24 horas, com prejuízo do intervalo de 11 horas consecutivas para descanso entre jornadas; remuneração como extraordinárias: Súmula 110/TST .. 872

REGIME DE TEMPO PARCIAL
- art. 58-A .. 142
- horas extras: art. 59, § 4.º .. 143
- horas suplementares à duração do trabalho semanal normal: art. 58-A, §§ 3.º a 5.º 142

REGIME JURÍDICO EMERGENCIAL E TRANSITÓRIO DAS RELAÇÕES JURÍDICAS DE DIREITO PRIVADO (RJET)
- instituição: Lei n. 14.010, de 10-6-2020 803

REGIME JURÍDICO ÚNICO
- competência: OJ 138 da SDI-1 ... 909

REGIMENTO INTERNO
- do TST ... 705

REGIÕES
- divisão do território nacional, para efeito de jurisdição dos Tribunais Regionais do Trabalho: arts. 670 e 674 219, 221
- divisão do território nacional, para efeito de jurisdição dos Tribunais Regionais do Trabalho; alteração pelo Presidente da República: art. 676 .. 222

REGISTRO DE EMPREGADOS
- dispensa de atestados de boa conduta, de bons antecedentes e de folha corrida: Lei n. 6.868, de 3-12-1980 486
- livros: arts. 41 a 48 ... 141

REGISTRO ELETRÔNICO DE CONTROLE DE JORNADA
- disposições: arts. 31 e 32 do Decreto n. 10.854, de 10-11-2021 .. 824

REGULAMENTO(S)
- alteração ou revogação de vantagens: Súmula 51/TST 869
- instrução dos responsáveis no cumprimento das leis de proteção ao trabalho; utilização do critério de dupla visita pela fiscalização: art. 627-A ... 212

REINTEGRAÇÃO
- conversão em indenização dobrada; efeitos quanto ao direito aos salários: Súmula 28/TST 868
- de empregado estável, em caso de falsa alegação de motivo de força maior: art. 504 ... 193
- dispensa discriminatória; portador do vírus HIV ou doença grave; presunção: Súmula 443/TST 889
- empregado integrante da CIPA: art. 165, parágrafo único 155
- empregador que deixar de efetuá-la; penalidades: art. 729 229
- exaurido o período estabilitário; apenas os salários entre a data da despedida e o final da estabilidade; descabimento: Súmula 396, I/TST ... 886
- indenização compensatória: arts. 496 e 497 192
- indenização dobrada; salários devidos até a data da primeira decisão que determinou a conversão: Súmula 28/TST 868
- da categoria; fundamentação das cláusulas da ação coletiva: OJ 32 da SDC ... 940

RELAÇÃO ANUAL DE INFORMAÇÕES SOCIAIS – RAIS
- arts. 163 a 165 do Decreto n. 10.854, de 10-11-2021 833

Índice Alfabético-Remissivo Geral

RELAÇÃO DE EMPREGO
- caracterização independente do local de trabalho: art. 6.º .. 137
- empregado eleito para ocupar cargo de diretor; cômputo do período como tempo de serviço: Súmula 269/TST 877
- instituições equiparadas ao empregador para efeito exclusivo de relação de emprego: art. 2.º, § 1.º 135
- reconhecimento judicial: Súmula 462/TST 891

RELAÇÕES INDIVIDUAIS E COLETIVAS DE TRABALHO
- normas previstas na Consolidação das Leis do Trabalho: art. 1.º ... 135

REMESSA NECESSÁRIA
- Fazenda Pública; sujeição, salvo; inferior 60 mínimos; súmula STF, TST ou OJ: Súmula 303, I/TST 879
- precatório; matéria administrativa; inaplicável: OJ 8 do TP ... 901

REMIÇÃO
- pelo executado, no processo trabalhista: Súmula 458/STF.. 852

REMUNERAÇÃO
- arts. 457 a 467 .. 183
- de férias; prescrição do direito de reclamar seu pagamento; contagem: art. 149 .. 152
- definição: art. 457, *caput* .. 183
- e abono de férias: arts. 142 a 145 151
- em dobro, dos dias de férias gozadas após o período legal de concessão: Súmula 81/TST 870
- gorjetas; anotação na carteira de trabalho: art. 457, §§ 6.º, III, e 8.º .. 184
- gorjetas entregues diretamente ao empregado: art. 457, § 7.º 184
- gorjetas; extinção; quando incorpora ao salário: art. 457, § 9.º 184
- gorjetas; incluem-se na remuneração: art. 457 183
- gorjetas; lançamento: art. 457, § 6.º 184
- gorjetas não pagas; multa aplicada ao empregador: art. 457, § 11 .. 184
- gorjetas; não base de cálculo para aviso prévio, adicional noturno, hora extra, DSR: Súmula 354/TST 882
- gorjetas; rateio entre trabalhadores: art. 457, §§ 4.º e 5.º .. 183
- percepção, durante as férias, da remuneração devida na data da concessão destas: art. 142 ... 151
- salário; importâncias que não o integram: art. 457, § 2.º ... 183
- salário; importâncias que o integram: art. 457, § 1.º 183
- salário pago por hora, com jornadas variáveis: art. 142, § 1.º .. 151
- salário pago por tarefa: art. 142, § 2.º 151
- serviço contratado por produção: PN 67 944
- serviço suplementar: Súmula 264/TST 877

REPOUSO DOMINICAL DA MULHER
- escala de revezamento quinzenal que o favoreça: art. 386 .. 173

REPOUSO SEMANAL
- cálculo; gratificações de produtividade e por tempo de serviço: Súmula 225/TST ... 876
- cálculo; não repercussão da gratificação por tempo ou produtividade: Súmula 225/TST ... 876
- comissionista; remuneração devida, ainda que pracista: Súmula 27/TST .. 868
- arts. 151 a 162 do Decreto n. 10.854, de 10-11-2021 820
- direito dos empregados não compreendidos no capítulo referente à duração do trabalho: art. 67 145
- dobra; cabimento; concessão após 7.º dia consecutivo: OJ 410 da SDI-1 .. 918
- horas extras; habituais; cômputo no cálculo: Súmula 172/TST .. 874
- horas extras; valor majorado; ausência de reflexos econômicos: OJ 394 da SDI-1 .. 917
- Lei n. 605, de 5-1-1949 .. 419
- professor; salário mensal; hora-aula; 4,5 semanas; 1/6 valor: Súmula 351/TST .. 882
- remunerado; após sétimo dia de trabalho: OJ 410 da SDI-1 918
- remunerado; integração de horas extras: OJ 394 da SDI-1 .. 917
- turnos ininterruptos de revezamento; intervalos intrajornada e semanal: Súmula 360/TST ... 882
- vendedor-pracista: Súmula 201/STF 851

REPRESENTAÇÃO
- dos empregados: arts. 510-A a 510-D 193
- em dissídio coletivo; conteúdo: arts. 858 e 859 249
- judicial da União, dos Estados, Municípios, Distrito Federal e suas autarquias e fundações públicas: Súmula 436/TST..... 889
- judicial da União; irregularidade: OJ Transitória 65 da SDI-1 926
- *vide* MANDATO: OJ 318 da SDI-1 914

REPRESENTANTE LEGAL
- de associação sindical; comunicação de infrações que verificar: art. 631 e parágrafo único ... 213

RESCISÃO DO CONTRATO DE TRABALHO
- arts. 477 a 486 .. 188
- abandono de emprego; justa causa para rescisão contratual: art. 482, *i* .. 190
- ato de improbidade do empregado; justa causa para rescisão contratual: art. 482, *a* ... 190
- ato de indisciplina ou de insubordinação; justa causa para rescisão contratual: art. 482, *h* 190
- atos atentatórios contra a segurança nacional praticados por empregado: art. 482, parágrafo único 190
- compensação no pagamento da indenização; limite: art. 477, § 5.º .. 189
- desídia do empregado; justa causa para rescisão contratual: art. 482, *e* .. 190
- dispensa discriminatória por doença grave; reintegração: Súmula 443/TST .. 889
- dispensa sem justa causa; Banco Meridional: OJ Transitória 38 da SDI-1 .. 925
- embriaguez habitual ou em serviço por parte do empregado; justa causa para rescisão contratual: art. 482, *f* 190
- em período que antecede à data-base; direito à indenização adicional prevista nas Leis n. 6.708/79 e 7.238/84: Súmula 314/TST .. 880
- estabilidade decenal: arts. 477 e 478 188
- incontinência de conduta ou mau procedimento do empregado; justa causa para rescisão contratual: art. 482, *b* 190
- indenização ao empregado; quando caberá: art. 477 188
- indenização de empregados que trabalhem por tarefa ou serviço feito; cálculo: art. 478, § 5.º 189
- indenização devida pela rescisão de contrato por prazo indeterminado: art. 478 ... 189
- jogos de azar; prática pelo empregado; justa causa para rescisão do contrato: art. 482, *l* 190
- justa causa para rescisão do contrato pelo empregador: art. 482 .. 190
- multa rescisória: art. 477, §§ 6.º e 8.º 189

- pagamento da indenização ao empregado; quando será efetuado: art. 477, § 4.º .. 189
- pelo empregado: art. 483 ... 190
- prazo determinado: arts. 479 a 481 189
- quitação passada pelo empregado, com assistência de entidade sindical; validade; revisão da Súmula 41/TST: Súmula 330/TST .. 880
- recibo de quitação; conteúdo: art. 477, § 2.º 189
- revelia: pagamento de rescisórias com acréscimo de 50%; multa do art. 467 da CLT: Súmula 69/TST 869
- sem justa causa; contribuição social devida pelo empregador: Lei Complementar n. 110, de 29-6-2001, e Decreto n. 3.914, de 11-9-2001 .. 605, 608
- taxa de homologação: OJ 16 da SDC 939
- violação de segredo de empresa pelo empregado; justa causa para rescisão contratual: art. 482, g 190

RESCISÃO INDIRETA
- hipóteses: art. 483 ... 190
- mora salarial; pagamento em audiência não ilide a mora; possibilidade: Súmula 13/TST 867

RESÍDUOS INDUSTRIAIS
- tratamento; disposições a respeito; competência: art. 200, VII ... 159

RESPONSABILIDADE
- APM; Estado-Membro; inexistência; obrigação do real empregador: OJ 185 da SDI-1 ... 910
- concessão de serviço público; rescisão CT após a concessão; subsidiária até a concessão: OJ 225, I, da SDI-1 911
- concessão de serviço público; rescisão CT antes da concessão; exclusiva da antecessora: OJ 225, II, da SDI-1 911
- desmembramento; cada novo município; período correspondente de trabalho: OJ 92 da SDI-1 907
- dono da obra; solidária ou subsidiária; inexistência; contrato de empreitada: OJ 191 da SDI-1 910
- sucessão trabalhista; grupo econômico; empresa solvente não adquirida; inexistência: OJ 411 da SDI-1 918

RESPONSABILIDADE SOLIDÁRIA
- custas: art. 790 ... 236
- da empresa principal e de cada uma de suas subordinadas, para os efeitos da relação de emprego: art. 2.º, § 2.º 135
- do dono da obra no contrato de empreitada: OJ 191 da SDI-1 .. 910
- grupo econômico: art. 2.º, § 2.º 135
- SPTRANS; não configuração: OJ Transitória 66 da SDI-1 926

RESPONSABILIDADE SUBSIDIÁRIA
- abrangência; todas as verbas da condenação referentes ao período de labor: Súmula 331, VI/TST 881
- subempreitada: art. 455 .. 183
- terceirização; tomador; parte processo e constante título; mero inadimplemento: Súmula 331, IV/TST 881
- terceirização; administração pública; necessária culpa na fiscalização: Súmula 331, V/TST 881

REVELIA
- administração pública; possibilidade: OJ 152 da SDI-1 909
- atraso em audiência; inexistente previsão legal de tolerância: OJ 245 da SDI-1 ... 912
- audiência; ausência da empresa; ainda que presente o advogado: Súmula 122/TST .. 872
- do empregador ou preposto; impossibilidade de locomoção; atestado médico: Súmula 122/TST 872
- do empregador, quanto à matéria de fato, em caso de rescisão contratual: Súmula 69/TST .. 869
- multa; art. 467; aplicável; confissão quanto à matéria de fato: Súmula 69/TST .. 869
- notificação de decisão judicial; como será feita em caso de revelia: art. 852 ... 247
- pessoa jurídica de direito público: OJ 152 da SDI-1 909

REVISTA
- vide, também, RECURSO DE REVISTA
- conhecimento pelo Tribunal Superior do Trabalho; julgamento da causa, aplicando o direito à espécie: Súmula 457/STF 852
- íntima de funcionárias em locais de trabalho; proibição: Lei n. 13.271, de 15-4-2016 ... 704
- não conhecimento, quando houver jurisprudência no mesmo sentido da decisão impugnada: Súmula 401/STF 852
- ou embargos; não conhecimento: Súmula 23/TST 868

REVISTA ÍNTIMA
- proibição: Lei n. 13.271, de 15-4-2016 704

RURÍCOLA
- benefício previdenciário; prova testemunhal para comprovação da atividade: Súmula 149/STJ 861
- cultivo da cana-de-açúcar; qualidade de rurícola; isenção de FGTS: Súmula 578/STJ ... 863
- motorista; atividade preponderantemente rural: OJ 315 da SDI-1 .. 914
- prescrição; lei vigente ao tempo da extinção do CT: OJ 271 da SDI-1 .. 913
- prescrição quinquenal; período anterior a EC 28/00; inexistência; observada a bienal: OJ 417 da SDI-1 919
- tempo de serviço; comprovação: Súmula 577/STJ 863

SÁBADO
- intimação ou notificação: Súmula 262/TST 877

SALÁRIO(S)
- ajuda-alimentação; inexistência de caráter salarial: OJ 133 da SDI-1 .. 908
- atraso no pagamento; multa: PN 72 944
- aumento real; concessão pela empresa; participação do sindicato para redução: OJ 325 da SDI-1 914
- composição: art. 457 ... 183
- comprovante de pagamento: PN 93 945
- controvérsia sobre a parte da importância devida em caso de rescisão contratual: art. 467 .. 186
- conversão de moeda; não afronta direito adquirido dos empregados: OJ 43 da SDI-1 ... 906
- correção; inaplicabilidade; Lei n. 8.030, de 12-4-1990: Súmula 315/TST ... 880
- correção monetária; apenas após 5.º dia útil; índice do dia 1.º do mês subsequente à prestação: Súmula 381/TST 884
- data de pagamento; alteração: OJ 159 da SDI-1 909
- 13.º salário; contribuição previdenciária: Súmula 688/STF 853
- 13.º salário; dedução da 1.ª parcela; URV: OJ Transitória 47 da SDI-1 .. 925
- de contribuição; correção monetária: Súmula 456/STJ 862
- definição: art. 457, caput .. 183
- descontos; devolução de cheque; previsão de instrumento coletivo; licitude: OJ 251 da SDI-1 912

- descontos autorizados; limitação máxima de 70% do salário-base: OJ 18 da SDC .. 939
- descontos autorizados pelo trabalhador; limite: OJ 18 da SDC ... 939
- descontos; proibição: PN 14 ... 943
- descontos; quebra de material: PN 118 945
- descontos permitidos: art. 462, *caput*, § 1.º 186
- descontos voluntários; autorização prévia e por escrito do empregado; validade: Súmula 342/TST 882
- descontos voluntários; inválida presunção de vício de consentimento: OJ 160 da SDI-1 .. 909
- dia de pagamento: art. 465 .. 186
- dias destinados a descanso; pagamento duplo: Súmula 461/STF ... 852
- diferenças; plano de cargos: Súmula 452/TST 890
- empregado mensalista; base de cálculo para integração das diárias ao salário: Súmula 318/TST 880
- empreitada: art. 78 ... 148
- entes públicos; reajuste: OJ 100 da SDI-1 908
- equiparação salarial: art. 461 .. 185
- falta de estipulação: art. 460 .. 185
- falta justificada; comparecimento à JT; vedado desconto: Súmula 155/TST ... 873
- fixação do salário profissional em múltiplos do salário mínimo: OJ 71 da SDI-2 .. 933
- forma de pagamento: arts. 463 e 464 186
- garantia no período de amamentação: PN 6 943
- gratificação por tempo de serviço; integração para todos os efeitos legais: Súmula 203/TST ... 875
- igualdade para todo trabalho de igual valor, sem distinção de sexo: art. 5.º .. 137
- importâncias que não o integram: art. 457, § 2.º 183
- importâncias que o integram: art. 457, § 1.º 183
- interdição de estabelecimento; recebimento normal: art. 161, § 6.º ... 154
- isonomia: art. 5.º .. 137
- liberdade de disposição: art. 462, § 4.º 186
- livre negociação: Lei n. 10.192, de 14-2-2001 604
- normativo; contrato de experiência; admissibilidade: OJ 25 da SDC ... 940
- normativo; menor empregado; violação do art. 7.º, XXX, da CF/88: OJ 26 da SDC ... 940
- pagamento; alteração de data não viola art. 468 da CLT; até 5.º dia útil: OJ 159 da SDI-1 ... 909
- pagamento ao analfabeto: PN 58 944
- pagamento de comissões: art. 466 186
- pagamento com cheque: PN 117 945
- pago por hora, com jornadas variáveis; cálculo da remuneração de férias: art. 142, § 1.º .. 151
- pago por percentagem, comissão ou viagem; cálculo da remuneração de férias: art. 142, § 3.º 151
- pago por tarefa; cálculo da remuneração de férias: art. 142, § 2.º .. 151
- parcela paga em utilidades; cômputo de acordo com a anotação na Carteira de Trabalho e Previdência Social: art. 142, § 4.º .. 151
- periodicidade: art. 459, *caput* .. 185
- quebra de caixa; integração para todos os efeitos legais: Súmula 247/TST ... 877
- reajuste legal; celetistas dos Estados-membros, autarquias e fundações públicas: OJ 100 da SDI-1 908
- política nacional de: Lei n. 8.542, de 23-12-1992 557
- profissional dos técnicos em radiologia: Súmula 358/TST ... 882
- redução e restabelecimento: art. 503, parágrafo único 193
- servidores públicos contratados; reajustes (*gatilhos*); aplicação: Súmula 319/TST ... 880
- sistema de armazéns: art. 462, §§ 2.º e 3.º 186
- substituição: art. 450 ... 182
- tarefa: art. 78 .. 148
- tempo para pagamento: art. 459, § 1.º 185
- trabalho em domingos e feriados; pagamento dos: PN 87 ... 945
- *truck system*: art. 462, §§ 2.º a 4.º 186
- utilidade *in natura*: art. 458 .. 184
- utilidades *in natura*; não integração ao salário: Súmula 367/TST ... 883

SALÁRIO COMPLESSIVO
- nulidade; fixação de importância para atender englobadamente vários direitos: Súmula 91/TST ... 870

SALÁRIO-EDUCAÇÃO
- alteração da legislação: Lei n. 9.766, de 18-12-1998 581
- cobrança; constitucionalidade: Súmula 732/STF 853
- disposições sobre o: Decreto-lei n. 1.422, de 23-10-1975 437
- fundo de manutenção e desenvolvimento do ensino fundamental e de valorização do magistério: Lei n. 9.424, de 24-12-1996 .. 570
- regulamentação do Decreto-lei n. 1.422, de 1975: Decreto n. 87.043, de 22-3-1982 ... 487
- regulamento: Decreto n. 6.003, de 28-12-2006 641

SALÁRIO EM MOEDA ESTRANGEIRA
- Decreto-lei n. 691, de 18-7-1969 427

SALÁRIO-ENFERMIDADE
- justificação da ausência do empregado, por motivo de doença; ordem preferencial para sua percepção: Súmula 15/TST 868

SALÁRIO-FAMÍLIA
- Lei n. 4.266, de 3-10-1963 .. 424
- termo inicial da obrigação; prova: Súmula 254/TST 877
- trabalhadores rurais: Súmula 344/TST 882

SALÁRIO-HORA
- cálculo: arts. 64 e 65 ... 144
- diarista: art. 65 ... 145
- do bancário; cálculo: Súmula 124/TST 872
- empregado sujeito ao regime geral de trabalho: Súmula 431/TST ... 888
- mensalista: art. 64 ... 144

SALÁRIO IN NATURA
- cigarro; nocividade à saúde; sem natureza salarial: Súmula 367, II/TST ... 883
- energia elétrica indispensável para trabalho; sem natureza salarial: Súmula 367, I/TST .. 883
- habitação; indispensável para trabalho; sem natureza salarial: Súmula 367, I/TST .. 883
- Súmula 258/TST ... 877
- utilidade sem natureza salarial; cigarro; nocividade à saúde: Súmula 367, II/TST .. 883
- utilidades sem natureza salarial; habitação; energia, veículos indispensáveis para trabalho: Súmula 367, I/TST 883

- veículo indispensável ao trabalho; sem natureza salarial; mesmo com uso pessoal: Súmula 367, I/TST 883

SALÁRIO-MATERNIDADE
- percepção; observação de requisitos: art. 131, II 150
- período acrescido pela CF/88; pagamento: OJ 44 da SDI-1 ... 906

SALÁRIO MÍNIMO
- arts. 76 a 126 .. 147
- alçada recursal; vinculação ao: Súmula 356/TST 882
- complementado; direito de reclamação do empregado: art. 118 .. 149
- conceito: art. 76 .. 147
- fiscalização, instruções; competência do Ministério do Trabalho: art. 126 ... 149
- fixação: art. 116 .. 148
- fórmula: art. 81 ... 148
- garantia do: Lei n. 8.716, de 11-10-1993 565
- indexador de base de cálculo de vantagem de servidor; vedação: Súmula Vinculante 4 857
- jornada reduzida: OJ 358 da SDI-1 916
- multa, em caso de infringência de dispositivo concernente ao salário mínimo: art. 120 149
- nulidade de contrato ou convenção que estipular remuneração inferior ao salário mínimo: art. 117 149
- pagamento *in natura* de uma ou mais parcelas; determinação do salário em dinheiro, em tal caso: art. 82 148
- pago em dinheiro; limite mínimo: art. 82, parágrafo único ... 148
- parcela correspondente à alimentação; valor mínimo: art. 81, § 1.º ... 148
- prescrição da ação para reaver a diferença: art. 119 149
- proporcionalidade; jornada inferior à previsão constitucional: OJ 358 da SDI-1 .. 916
- reajuste: Lei n. 12.382, de 25-2-2011 668
- servidor público; confronto com a soma de todas as parcelas salariais: OJ 272 da SDI-1 913
- servidor público; gratificações e outras vantagens; não incidência: Súmula Vinculante 15 857
- trabalhador em domicílio: art. 83 148
- vigência de novos níveis: Súmula 203/STF 851

SALÁRIO NORMATIVO
- proporcional ao tempo de serviço; não fere princípio da isonomia; possibilidade: OJ 25 da SDC 940
- trabalhador menor; cláusula que discrimina; impossibilidade: OJ 26 da SDC ... 940

SALÁRIO-PRODUÇÃO
- requisito para ser devido: Súmula 209/STF 851

SALÁRIO PROFISSIONAL
- médico; proporcional às horas efetivamente trabalhadas; mínimo 50 horas: Súmula 143/TST 873
- dentista; proporcional às horas efetivamente trabalhadas; mínimo 50 horas: Súmula 143/TST 873

SALÁRIO UTILIDADE
- vale para refeição; fornecido por força do CT; natureza salarial; integração: Súmula 241/TST 876
- percentuais legais: Súmula 258/TST 877

SAÚDE OCUPACIONAL
- Norma regulamentadora 7; aprovação: Portaria n. 6.734, de 9-3-2020 .. 802

SECRETARIA DAS JUNTAS DE CONCILIAÇÃO E JULGAMENTO
- competência: art. 711 ... 227
- competência dos chefes de secretaria: art. 712 227

SECRETARIA DE INSPEÇÃO DO TRABALHO
- precedentes administrativos: Ato Declaratório n. 4, de 21-2-2002 ... 609

SECRETARIAS DOS TRIBUNAIS REGIONAIS DO TRABALHO
- competência: art. 719 ... 228
- secretário; gratificação de função: art. 718 227

SEGURADOR(ES)
- controvérsia com o empregador; situação do empregado: Súmula 337/STF ... 852
- liquidação; responsabilidade do empregador por indenização decorrente de acidente do trabalho: Súmula 529/STF 852

SEGURANÇA DO TRABALHO
- segurança: art. 174 ... 155

SEGURANÇA E MEDICINA DO TRABALHO
- ações; competência da Justiça do Trabalho: Súmula 736/STF .. 853
- arts. 154 a 223 .. 153
- Campanha Nacional de Prevenção de Acidentes do Trabalho; competência a respeito: art. 155, II, parte final 153
- delegação de atribuições a respeito a quem poderá ser feita: art. 159 ... 153
- Delegacias Regionais do Trabalho; competência: art. 156 153
- desobediência: art. 161, § 4.º 154
- empregados; incumbências a respeito: art. 158 153
- empresas: art. 162 .. 154
- empresas; incumbências a respeito: art. 157 153
- fiscalização: art. 159 .. 153
- GRT: art. 156 .. 153
- inspeção prévia do estabelecimento: art. 160 153
- interdição de estabelecimento e embargo de obra: art. 161 .. 152
- interdição de estabelecimento; levantamento: art. 161, § 5.º ... 152
- normas a respeito da aplicação do capítulo respectivo; competência: art. 155 .. 153
- normas paralelas às da Consolidação das Leis do Trabalho; obrigatoriedade de seu cumprimento: art. 154 153
- multas: art. 201 ... 159
- órgão de âmbito nacional: art. 155 153
- recursos de decisões proferidas por delegados regionais do trabalho; competência para conhecê-los em última instância: art. 155, III ... 153
- recusa do empregado à observância das instruções expedidas pelo empregador e ao uso de equipamentos de proteção: art. 158, parágrafo único .. 153

SEGURANÇA NACIONAL
- atos atentatórios contra a segurança nacional praticados por empregado; justa causa para dispensa: art. 482, parágrafo único .. 190

SEGURIDADE SOCIAL
- organização da; Plano de Custeio: Lei n. 8.212, de 24-7-1991 .. 529

SEGURO
- de vida; assalto: PN 84 ... 944
- DPVAT; ação de indenização; invalidez: Súmula 573/STJ 863
- sociedades corretoras de seguros: Súmula 584/STJ 863

SEGURO-DESEMPREGO
- empregado doméstico: Lei Complementar n. 150, de 1.º-6-2015, arts. 26 a 30 ... 686
- indenização compensatória; não fornecimento de guia; competência da Justiça do Trabalho: Súmula 389, I/TST 885
- indenização compensatória; não fornecimento de guia para recebimento; origem ao direito: Súmula 389, II/TST 885
- Lei n. 7.998, de 11-1-1990 .. 504
- trabalhador doméstico: Lei Complementar n. 150, de 1.º-6-2015, arts. 26 a 30 .. 686

SEGURO-DOENÇA
- ou auxílio-enfermidade; licença não remunerada: art. 476 .. 188

SEGURO SOCIAL
- lei especial: art. 12 .. 139

SEMANA ESPANHOLA
- acordo de compensação de jornada: OJ 323 da SDI-1 914

SENTENÇA
- cumprimento: art. 832, § 1.º ... 243
- custas processuais: art. 832, § 2.º .. 243
- elementos: art. 832, *caput* .. 242
- erros de escrita ou de cálculo: art. 833 243
- execução; cessação de competência do juiz de direito: Súmula 10/STJ ... 861
- normativa; cassação de efeito suspensivo; recurso interposto contra: Súmula 279/TST ... 878
- normativa; vigência; repercussão nos contratos de trabalho: Súmula 277/TST ... 878
- que fixar época de gozo de férias já vencidas; pena pecuniária diária a ser paga pelo empregador: art. 137, § 2.º 151
- publicação: art. 834 ... 243
- reclamação pleiteando a fixação da época de gozo das férias: art. 137, § 1.º .. 151

SENTENÇA NORMATIVA
- ação de cumprimento; propositura: Súmula 246/TST 877
- ação revisional: arts. 873 a 875 ... 250
- cumprimento da decisão: art. 872 250
- efeito suspensivo no recurso; cassação faz retroagir à data do despacho que o deferiu: Súmula 279/TST 878
- extensão: arts. 868 a 871 .. 249
- extensão aos inativos; abono em norma coletiva para ativos; ilegalidade: OJ 346 da SDI-1 .. 915
- planos econômicos; limitação à data-base; não ofensa à coisa julgada: OJ 262 da SDI-1 .. 913
- superveniência de; norma regulamentar; prevalência: OJ Transitória 49 da SDI-1 ... 925
- vigência: art. 867, parágrafo único 249

SEPARAÇÃO DE SEXOS
- nos locais de trabalho; disposições a respeito; competência: art. 200, VII ... 159

SEQUESTRO
- licitude da fazenda pública; pequeno valor; dispensa de precatório: OJ 1 do TP ... 901
- precatório; inválido quando exequente não é o primeiro da lista: OJ 13 do TP ... 901
- preterição; precatório; impossibilidade da não inclusão no orçamento: OJ 3 do TP .. 901

SERVIÇO EFETIVO
- duração do trabalho: art. 4.º, *caput* 136
- período respectivo; caracterização; ressalva: art. 4.º 136

SERVIÇO FEITO
- indenização; cálculo: art. 478, § 5.º 189

SERVIÇO FERROVIÁRIO
- arts. 236 a 247 ... 163
- categorias: art. 237 .. 164
- categorias do pessoal: art. 237 .. 164
- conceito: art. 236 ... 163
- definição: art. 236 .. 163
- duração do trabalho: arts. 239, 240, 245, 246 e 248 164, 165
- extranumerário; conceito: art. 244, § 1.º 164
- horas extras: art. 241 ... 164
- intervalo: art. 243 ... 164
- prontidão: art. 244, §§ 3.º e 4.º ... 165
- serviço efetivo: art. 238 ... 164
- sobreaviso; conceito: art. 244, § 2.º 165
- trabalho efetivo; cômputo do tempo em que o empregado estiver à disposição da estrada: art. 238 164
- variações de horários: art. 242 .. 164

SERVIÇOS DE UTILIDADE PÚBLICA
- equiparação: art. 910 ... 262

SERVIÇOS ESPECIALIZADOS EM ENGENHARIA DE SEGURANÇA E EM MEDICINA DO TRABALHO – SESMT
- NR 4 .. 440

SERVIÇOS FRIGORÍFICOS
- definição: art. 253 .. 165
- intervalos especiais: art. 253, *caput* 165
- pausas: art. 253, *caput* ... 165

SERVIÇO MÉDICO
- da empresa; abono de faltas: Súmula 282/TST 878

SERVIÇO MILITAR
- cômputo do período respectivo na contagem do tempo de serviço: art. 4.º, § 1.º .. 136
- contagem para efeito de indenização e estabilidade: Súmula 463/STF ... 852
- garantia de emprego ao alistando: PN 80 944
- prestação pelo empregado; situação deste perante a empresa: art. 472 ... 187
- tempo anterior à apresentação do empregado; cômputo no período aquisitivo; requisito: art. 132 150

SERVIÇO PÚBLICO
- contrato de concessão de; responsabilidade trabalhista: OJ 225 da SDI-1 ... 911
- ECT; dispensa motivada; mesmo tratamento da Fazenda Pública: OJ 247, II, da SDI-1 ... 912
- estabilidade; art. 41 da CF/88; celetista; adm. direta, autarquias e fundações; direito: Súmula 390, I/TST 885
- dispensa imotivada; possibilidade; EP e SEM; mesmo concursados: OJ 247, I, da SDI-1 .. 912
- jornada de trabalho; retorno ao inicialmente contratado; possibilidade: OJ 308 da SDI-1 ... 914
- prescrição; regime celetista para estatutário; bienal a partir da mudança: Súmula 382/TST ... 884
- reajustes salariais; *gatilhos*; extensíveis aos celetistas: Súmula 319/TST ... 880

- regime jurídico; opção de regime trabalhista implica renúncia do estatutário: Súmula 243/TST .. 876
- remuneração; limitação; Decreto-lei n. 1.971/82; constitucionalidade: Súmula 336/TST .. 881
- vale-transporte; celetista; devido: OJ 216 da SDI-1 911

SERVIÇO SUPLEMENTAR
- remuneração: Súmula 264/TST .. 877

SERVIÇO VOLUNTÁRIO
- Lei n. 9.608, de 18-2-1998... 572

SERVIÇOS AUXILIARES DA JUSTIÇA DO TRABALHO
- arts. 710 a 721.. 227
- cartório dos Juízos de Direito: arts. 716 e 717 227
- distribuidores: arts. 713 a 715 .. 227
- oficiais de justiça: art. 721 .. 228
- secretaria das Juntas de Conciliação e Julgamento: arts. 710 a 712 ... 227
- secretarias dos Tribunais Regionais do Trabalho: arts. 718 a 720 .. 227

SERVIÇOS FRIGORÍFICOS
- art. 253 ... 165

SERVIÇOS NO EXTERIOR
- situação de trabalhadores: arts. 143 a 150 do Decreto n. 10.854, de 10-11-2021 ... 831

SERVIDOR PÚBLICO
- auxílio-transporte; instituição: Medida Provisória n. 2.165-36, de 23-8-2001... 607
- celetista concursado; despedida imotivada: OJ 247 da SDI-1 .. 912
- celetista; Plano Collor; diferenças salariais: OJ Transitória 55 da SDI-1 ... 926
- condições especiais de trabalho: Súmula 66/JEF............... 896
- contratado após a Constituição de 1988 sem aprovação em concurso público; contrato nulo; efeitos: Súmula 363/TST .. 882
- desvio de função; diferenças salariais: Súmula 378/STJ 862
- e trabalhadores em geral; URP; meses de abril e maio de 1988: Súmula 671/STF ... 853
- investidura sem prévia aprovação: Súmula 685/STF........... 853
- processo e julgamento; competência; Justiça do Trabalho; vantagens trabalhistas anteriores ao regime jurídico único: Súmula 97/STJ .. 861
- reajustes salariais (gatilhos); aplicação: Súmula 319/TST.... 880
- remuneração percebida; total: Súmula Vinculante 16 857
- salário mínimo: OJ 272 da SDI-1 913
- salário mínimo: Súmula Vinculante 15 857
- vencimentos; correção monetária; pagamento com atraso: Súmula 682/STF ... 853
- vencimentos; objeto de convenção coletiva: Súmula 679/STF ... 853
- vencimentos; vinculação do reajuste; correção monetária: Súmula 681/STF ... 853

SERVIDORES DE AUTARQUIAS PARAESTATAIS
- inaplicabilidade da Consolidação das Leis do Trabalho; ressalva: art. 7.º, caput e d .. 137

SEXOS
- não haverá distinção de sexo para todo trabalho de igual valor: art. 5.º .. 137
- separação, nas instalações sanitárias: art. 200, VII 159

SINALIZAÇÃO DE PERIGO
- emprego de cores nos locais de trabalho: art. 200, VIII....... 159

SINDICÂNCIA
- nulidade de punição aplicada ao empregado, se não houver inquérito ou sindicância: Súmula 77/TST........................... 870

SINDICATO(S)
- ação de cumprimento; convenção coletiva: Súmula 286/TST .. 878
- administração: arts. 522 a 528 .. 196
- associações sindicais de grau superior: arts. 533 a 539 198
- base territorial: art. 517 .. 195
- categoria econômica: art. 511, § 1.º.................................. 194
- categoria profissional: art. 511, § 2.º 194
- categoria profissional diferenciada: art. 511, § 3.º 194
- crimes: art. 552 .. 201
- contribuição confederativa: Súmula 666/STF..................... 853
- contribuições autorizadas; desconto na folha de pagamento: art. 545 .. 200
- contribuições de não associados: OJ 17 da SDC................ 939
- contribuições sindicais: arts. 578 a 593 197
- definição: art. 511, caput ... 194
- denominação: art. 561 .. 202
- deveres: art. 514 .. 195
- direito de sindicalização: Convenção OIT n. 87 421
- direitos dos exercentes de atividades ou profissões e dos sindicalizados: arts. 540 a 547 .. 198
- eleições sindicais: arts. 529 a 532 197
- empregado sindicalizado; casos de preferência, havendo igualdade de condições: art. 544 199
- enquadramento sindical: arts. 570 a 577 202
- escrituração contábil: art. 551 .. 201
- federação: art. 534 ... 198
- gestão financeira: arts. 548 a 552 200
- homologação de rescisão; cobrança de taxa; ilegalidade: OJ 16 da SDC .. 939
- legitimidade; representação abrange toda categoria: OJ 23 da SDC .. 940
- legitimidade ad causam: OJ 22 da SDC 939
- legitimidade ad processum: OJ 15 da SDC........................ 939
- legitimidade de parte; correspondência entre as atividades exercidas pelos envolvidos no conflito: OJ 22 da SDC......... 939
- legitimidade de parte; representação de categoria; abrangência; total: OJ 23 da SDC.. 940
- legitimidade processual; necessário registro de órgão competente MTE: OJ 15 da SDC .. 939
- liberdade sindical: Convenção OIT n. 87 421
- patrimônio: arts. 548 a 560 .. 200
- penalidades: arts. 553 a 557 .. 201
- prerrogativas: art. 513 .. 194
- reconhecimento e investidura sindical: arts. 515 a 521....... 195
- reconhecimento formal dos: Lei n. 11.648, de 31-3-2008 .. 646
- registro; incumbência do Ministério do Trabalho: Súmula 677/STF ... 853
- representação para instauração de instância; requisito: art. 859 .. 249
- substituição processual: OJ 359 da SDI-1.......................... 916

SISTEMA NACIONAL DE EMPREGO – SINE
- disposições: Lei n. 13.667, de 17-5-2018.......................... 738

SOBREAVISO
- configuração; regime de plantão; aguardando chamado durante período de descanso: Súmula 428, II/TST 888
- configuração; à distância; controle patronal; telemática ou informática; plantão: Súmula 428, II/TST 888
- eletricitários; horas remuneradas em 1/3 da totalidade das parcelas salariais: Súmula 229/TST 876
- hora de; uso de BIP: Súmula 428/TST 888
- remuneração: art. 244, § 2.º ... 165
- telemática ou informática: uso de instrumentos da empresa não caracteriza, por si só, o regime: Súmula 428, I/TST 888

SOCIEDADE ANÔNIMA DO FUTEBOL
- instituição: Lei n. 14.193, de 6-8-2021 815

SOCIEDADES DE ECONOMIA MISTA
- custas processuais; não isenção: Súmula 170/TST 874
- depósito recursal; não isenção: Súmula 170/TST 874
- privilégios e isenções trabalhistas: Súmula 170/TST 874
- teto remuneratório; aplicável: OJ 339 da SDI-1 915

SÓCIO RETIRANTE
- responsabilidade subsidiária: art. 10-A 138

SOCORROS MÉDICOS
- prestação pela empresa: art. 168, § 4.º 155

SUBEMPREITADA
- responsabilidade contratual do subempreiteiro: art. 455 e parágrafo único ... 183

SUBORDINAÇÃO
- telemática: art. 6.º, parágrafo único 137

SUBSOLO
- trabalho no subsolo; alimentação adequada: art. 297 166

SUBSTABELECIMENTO
- condições de validade: Súmula 395/TST 885
- inválido; mandato tácito: OJ 200 da SDI-1 911
- reconhecimento de firma: indispensabilidade antes da Lei n. 8.952/94: OJ 75 da SDI-1 .. 907

SUBSTITUIÇÃO DE EMPREGADO
- não eventual; salário do substituído: Súmula 159, I/TST 873
- salário do substituto: Súmula 159/TST 873
- vacância; inexistência de direito de salário igual ao antecessor: Súmula 159, I/TST ... 873

SUBSTITUIÇÃO PROCESSUAL
- legitimidade; sindicato; diferença de adicional de insalubridade: OJ 121 da SDI-1 ... 908
- menor: art. 793 .. 238
- prescrição; interrupção; ainda que parte ilegítima *ad causam*: OJ 359 da SDI-1 ... 916

SUCESSÃO DE EMPRESAS
- direito dos trabalhadores: art. 10 138
- liquidação extrajudicial; juros de mora; responsabilidade do sucessor: OJ 408 da SDI-1 ... 918
- responsabilidade; grupo econômico; empresa solvente não adquirida; inexistência: OJ 411 da SDI-1 918

SUCESSÃO EMPRESARIAL
- art. 448-A ... 181

SUCESSÃO TRABALHISTA
- CDHU: OJ Transitória 28 da SDI-1 924
- empresa de grupo econômico; responsabilidade solidária do sucessor: OJ 411 da SDI-1 ... 918

SÚMULA
- não pode restringir direito nem criar obrigações: art. 8.º, § 2.º .. 138

SÚMULAS VINCULANTES
- acidente de trabalho; ações de indenização por danos morais e patrimoniais; competência: 22 857
- ação possessória; direito de greve: competência: 23 857
- algemas: 11 ... 857
- alienação de salvados de sinistro: 32 858
- aposentadoria especial: 33 ... 858
- cargo público; habilitação sujeita a exame psicotécnico: 44 858
- cargo público; investidura de servidor sem aprovação em concurso público destinado ao seu provimento: 43 858
- causas entre consumidor e concessionária de telefonia; competência: 27 ... 858
- cláusula de reserva de plenário; violação: 10 857
- condenado punido por falta grave; remição da pena: 9 857
- contribuição confederativa; exigência aos filiados de sindicato: 40 ... 858
- crédito tributário; exigibilidade; depósito prévio: 28 858
- crédito tributário; inconstitucionalidade: 8 857
- crime contra a ordem tributária: 24 858
- crime de falsificação e uso de documento falso; competência: 36 ... 858
- crimes de responsabilidade; definição, normas e competência: 46 ... 858
- depositário infiel; prisão civil: 25 858
- direito de defesa; acesso aos elementos de prova; polícia judiciária: 14 ... 857
- estabelecimento penal adequado; falta: 56 858
- Gratificação de Desempenho de Atividade de Seguridade Social e do Trabalho – GDASST; inativos: 34 858
- Gratificação de Desempenho de Atividade Técnico-Administrativa – GDATA; inativos: 20 .. 857
- honorários advocatícios: 47 .. 858
- ICMS; desembaraço aduaneiro: 48 858
- ICMS; não incidência; alienação de salvados de sinistro: 32 .. 858
- iluminação pública; taxa: 41 ... 858
- Imposto sobre a Propriedade Predial e Territorial Urbana – IPTU: 52 .. 858
- Imposto sobre Serviços de Qualquer Natureza – ISS; locação de bens móveis: 31 .. 858
- inelegibilidade; dissolução da sociedade ou do vínculo conjugal: 18 .. 857
- Justiça do Trabalho; competência: 22, 23 e 53 857, 858
- Lei Complementar n. 110/2001; garantia constitucional do ato jurídico perfeito; ofensa: 1 857
- município; estabelecimento comercial; horário para funcionamento: 38 .. 858
- nepotismo: 13 .. 857
- polícia civil e militar e corpo de bombeiros do Distrito Federal; vencimentos; competência: 39 858
- prazo; recolhimento de obrigação tributária: 50 858
- precatórios: 17 ... 857
- processo administrativo; falta de defesa técnica por advogado: 5 .. 857
- progressão de regime; crimes hediondos: 26 858
- salário mínimo; praças prestadoras de serviço militar inicial: 6 .. 857

- salário mínimo; proibição do uso como indexador: 4 857
- salário mínimo; servidor público: 15 857
- servidor público; remuneração: 16, 37 e 42 857, 858
- servidor público; investidura em cargo sem prévia aprovação em concurso; inconstitucionalidade: 43 858
- servidores militares; reajuste; extensão a servidores civis do poder executivo: 51 .. 858
- sistemas de consórcios e sorteios; inconstitucionalidade de lei estadual ou distrital: 2 .. 857
- recurso administrativo; exigências: 21 857
- taxa; cálculo do valor: 29 .. 858
- taxa de juros: 7 ... 857
- taxa de lixo: 19 .. 857
- taxa de matrícula; universidades públicas: 12 857
- transação penal: 35 ... 858
- Tribunal de Contas da União; processos; aplicação do contraditório e da ampla defesa: 3 857
- Tribunal do Júri; competência constitucional: 45 858

SUPERIOR TRIBUNAL DE JUSTIÇA
- competência; ausência para julgar conflitos de competência entre juízos trabalhistas pertencentes a Tribunais diversos: Súmula 236/STJ .. 862
- processo e julgamento; mandado de segurança contra ato de outros tribunais; incompetência: Súmula 41/STJ 861

SUPLEMENTO SALARIAL
- correspondente ao acréscimo da despesa de transporte: Súmula 29/TST ... 868

SUPREMO TRIBUNAL FEDERAL
- recurso de decisões da Justiça do Trabalho; quando caberá: Súmula 505/STF .. 852

SUSPEIÇÃO
- exceção de suspeição: arts. 799, 801 e 802 239, 240
- testemunha; ação contra a mesma reclamada: Súmula 357/TST .. 882

SUSPENSÃO
- de empregado acusado de falta grave: art. 494 192
- para responder a inquérito administrativo; ausência do empregado em tal caso: art. 131, V 150

SUSPENSÃO E INTERRUPÇÃO DO CONTRATO DE TRABALHO
- arts. 471 a 476-A .. 187
- aposentadoria por invalidez do empregado; suspensão de seu contrato de trabalho: art. 475 188
- curso de qualificação profissional: art. 476-A 188
- diretor eleito; não cômputo de tempo de serviço; salvo permanência da subordinação: Súmula 269/TST 877
- encargo público: art. 472 .. 187
- faltas do empregado sem prejuízo do salário; casos: art. 473 .. 187
- penalidade disciplinar: art. 474 188
- retorno do empregado: art. 471 187
- seguro-doença ou auxílio-enfermidade; caracterização de licença não remunerada: art. 476 188
- serviço militar; prestação pelo empregado; situação deste: art. 472 ... 187
- suspensão do empregado por mais de 30 dias consecutivos; rescisão injusta do contrato de trabalho: art. 474 188
- vantagens atribuídas à categoria funcional do empregado, concedidas durante a sua ausência, serão a ele asseguradas: art. 471 ... 187

TAREFA
- salário pago por tarefa; cálculo da remuneração de férias: art. 142, § 2.º .. 151
- salário: art. 78 .. 148

TAREFEIRO
- férias; remuneração; média da produção por período aquisitivo; tarifa; concessão: Súmula 149/TST 873
- indenização; cálculo: art. 478, § 5.º 189
- remuneração de suas férias: Súmula 149/TST 873

TAXA DE ASSISTÊNCIA MÉDICA E HOSPITALAR
- das instituições de Previdência Social; não será devida: Súmula 128/STF ... 851

TAXA REFERENCIAL – TR
- débitos do FGTS; correção monetária: Súmula 459/STJ 862

TÉCNICOS ESTRANGEIROS
- não aplicação, aos contratos de técnicos estrangeiros, de disposições trabalhistas: Decreto-lei n. 691, de 18-7-1969 ... 427

TELEFONIA
- *vide*, também, OPERADORES
- duração do trabalho: arts. 227 a 230 161

TELEFONISTA
- de mesa de empresa; aplicação do disposto no art. 227 e §§ da Consolidação das Leis do Trabalho: Súmula 178/TST ... 874

TELEGRAFIA SUBMARINA
- duração do trabalho: arts. 227 a 230 161

TELEMÁTICA
- subordinação: art. 6.º, parágrafo único 137

TELETRABALHO
- arts. 75-A a 75-F .. 147
- conceito: art. 75-B ... 147
- infraestrutura necessária; responsabilidade: art. 75-D ... 147

TELEX
- jornada reduzida; inexistência: OJ 213 da SDI-1 911

TEMPO DE SERVIÇO
- cômputo do período de férias como tempo de serviço: art. 130, § 2.º .. 150
- cômputo dos períodos de serviço militar e de acidente do trabalho: art. 4.º, § 1.º .. 136
- contrato de trabalho suspenso; diretor: Súmula 269/TST 877
- para fins previdenciários; ação declaratória para reconhecimento: Súmula 242/STJ .. 862
- serviço militar obrigatório: Súmula 463/STF 852

TERCEIRIZAÇÃO
- administração pública; empresa interposta; não gera vínculo; art. 37, II, da CF/88: Súmula 331, II/TST 881
- administração pública; igualdade de funções; ausência de vínculo; isonomia de direitos: OJ 383 da SDI-1 917
- empresa interposta; ilegalidade; vínculo direto com tomador, salvo temporário: Súmula 331, I/TST 881
- ilícita; empresa interposta; vínculo direto com tomador: Súmula 331, I/TST ... 881
- direta: Súmula 331, III/TST .. 881
- responsabilidade subsidiária; tomador; parte do processo e constante do título; mero inadimplemento: Súmula 331, IV/TST .. 881
- serviços especializados; atividade-meio, sem pessoalidade e subordinação direta; licitude: Súmula 331, III/TST 881

Índice Alfabético-Remissivo Geral

TERMOS PROCESSUAIS
- arts. 770 a 782 .. 233
- assinaturas a rogo: art. 772 233
- escritos a tinta, datilografados ou a carimbo: art. 771 233

TESTEMUNHAS
- ação contra a mesma reclamada; suspeição: Súmula 357/TST ... 882
- comparecimento à audiência independentemente de notificação ou intimação: art. 825 242
- desconto por faltas ao serviço, ocasionadas pelo comparecimento para depor; inadmissibilidade: art. 822 242
- não comparecimento à audiência; efeitos: art. 825, parágrafo único .. 242
- número máximo: art. 821 242
- parente, amigo íntimo ou inimigo de qualquer das partes; valor de seu depoimento: art. 829 242
- qualificação anterior à prestação de compromisso: art. 828 ... 242
- que não falem a língua nacional; nomeação de intérprete: art. 819 .. 241
- reinquirição: art. 820 .. 242

TÍTULO JUDICIAL
- inexigível por inconstitucionalidade: art. 884, § 5.º 253

TOMADOR DE SERVIÇOS
- contrato de prestação de serviços; legalidade; revisão da Súmula 256/TST: Súmula 331/TST 881

TRABALHADOR DOMÉSTICO
- Lei Complementar n. 150, de 1.º-6-2015 684

TRABALHADOR SUBSTITUÍDO OU DE RESERVA
- direito ao salário mínimo: Súmula 204/STF 851

TRABALHADORES RURAIS
- vide, também, EMPREGADO RURAL
- aposentadoria por idade: Súmula 54/JEF 896
- aposentadoria por invalidez; incapacidade parcial para o trabalho: Súmula 47/JEF 896
- art. 505 .. 193
- benefícios da Lei n. 6.367/76; inaplicabilidade: Súmula 612/STF .. 852
- conceito: art. 7.º, b ... 137
- contrato de trabalho; prescrição: OJ 417 da SDI-1 919
- cultivo da cana-de-açúcar; FGTS: Súmula 578/STJ 863
- arts. 83 a 105 do Decreto n. 10.854, de 10-11-2021 827
- dependentes; pensão previdenciária; óbito ocorrido antes da Lei Complementar n. 11/71: Súmula 613/STF 852
- empregados; Política Nacional dos: Decreto n. 7.943, de 5-3-2013 ... 673
- inaplicabilidade da Consolidação das Leis do Trabalho: art. 7.º, caput ... 137
- Lei n. 5.889, de 8-6-1973 432
- salário-família: Súmula 344/TST 882
- segurado especial; aposentadoria por tempo de serviço: Súmula 272/STJ ... 862
- segurado especial; descaracterização: Súmula 41/JEF 896
- serviço rural; reconhecimento para fins previdenciários: Súmulas 5, 6, 10, 14, 24, 30, 34 e 41/JEF 895, 896
- tempo de serviço; reconhecimento: Súmula 577/STJ 863

TRABALHO A DISTÂNCIA
- telemática: art. 6.º, parágrafo único 137
- não distinção: art. 6.º, caput 137

TRABALHO EM DOMICÍLIO
- não distinção: art. 6.º, caput 137

TRABALHO AVULSO
- atividades de movimentação de mercadorias em geral: Lei n. 12.023, de 27-8-2009 663
- FGTS: Súmula 571/STJ 863
- Lei n. 12.023, de 27-8-2009 663

TRABALHO DA MULHER
- descanso semanal: art. 385 173
- duração: arts. 372 a 378 173
- força muscular: art. 390 174
- intervalo interjornada: arts. 382 e 383 173
- maternidade: arts. 391 a 400 174
- preceitos: art. 372 ... 173
- proteção: arts. 373-A, 377, 389 e 390-E 173, 174
- trabalho aos sábados: art. 386 173
- trabalho noturno: art. 381 173

TRABALHO DE IGUAL VALOR
- conceito: art. 461, § 1.º 185

TRABALHO DO APRENDIZ
- regulamentação: Decreto n. 9.579, de 22-11-2018 755

TRABALHO DO MENOR
- aprendizagem: arts. 424 a 433 178
- assistência na rescisão: art. 439 180
- autorização especial: art. 406 177
- definição: art. 402 ... 176
- duração do trabalho: arts. 411 e 414 177
- extinção do CT: art. 408 177
- horas extras: art. 413 ... 177
- intervalo interjornada: art. 412 177
- local do repouso: art. 409 177
- mudança de função: arts. 407 e 426 177, 178
- penalidades: arts. 434 a 438 180
- prescrição: art. 440 ... 180
- proibições: arts. 403 a 405 176
- quitação: art. 439 .. 180
- recibo de salários: art. 439 180

TRABALHO EM DOMINGOS
- permissão: arts. 68 e 69 145

TRABALHO ESCRAVO
- art. 149 do Decreto-lei n. 2.848, de 7-12-1940 415

TRABALHO EXTRAORDINÁRIO
- adicionais; cômputo no salário que servirá de base ao cálculo da remuneração das férias: art. 142, § 5.º 151

TRABALHO INFANTIL
- Convenção OIT n. 182: Decreto n. 10.088, de 5-11-2019 ... 768

TRABALHO INSALUBRE
- adicionais; cômputo no salário que servirá de base ao cálculo da remuneração das férias: art. 142, § 5.º 151

TRABALHO INTELECTUAL, TÉCNICO E MANUAL
- não haverá distinções entre estas três espécies de trabalho: art. 3.º, parágrafo único, parte final 136

TRABALHO INTERMITENTE
- art. 443, caput e § 3.º ... 180
- contrato: art. 452-A ... 182

TRABALHO MANUAL
- não distinção: art. 3.º, parágrafo único 136

TRABALHO MARÍTIMO
- compensação de jornada: art. 250, *caput* 165
- horas extras: art. 249, §§ 1.º e 2.º 165
- horas extras: art. 250, parágrafo único 165
- livro de registro: art. 251 .. 165
- reclamação: art. 252 .. 165
- serviço efetivo: art. 249, *caput* 165

TRABALHO NOTURNO
- adicional: art. 73, *caput* .. 146
- adicionais; cômputo no salário-base do cálculo da remuneração das férias: art. 142, § 5.º 151
- da mulher; adicional: art. 381, § 1.º 173
- delimitações: art. 73, § 2.º 146
- habitual: art. 73, § 3.º .. 146
- horários mistos: art. 73, § 4.º 146
- hora reduzida: art. 73, § 1.º 146
- hora reduzida; aplicável ao vigia: Súmula 65/TST 869
- período: art. 73, § 2.º ... 146
- petróleo: Lei n. 5.811/72; inaplicável hora reduzida: Súmula 112/TST .. 872
- prorrogações: art. 73, § 5.º 146
- remuneração superior à do diurno; ressalva: art. 73 ... 146

TRABALHO PERIGOSO
- adicionais; cômputo no salário que servirá de base ao cálculo da remuneração das férias: art. 142, § 5.º 151

TRABALHO PORTUÁRIO
- atividades desempenhadas pelos operadores portuários: Lei n. 12.815, de 5-6-2013 673

TRABALHO RURAL
- cultivo da cana-de-açúcar; qualidade de rurícola; isenção de FGTS: Súmula 578/STJ 863
- Lei n. 5.889, de 8-6-1973 ... 432
- arts. 83 a 105 do Decreto n. 10.854, de 10-11-2021 ... 827
- Política Nacional para os Trabalhadores Rurais Empregados: Decreto n. 7.943, de 5-3-2013 673
- salário-família; devido somente após vigência da Lei n. 8.213/91: Súmula 344/TST 882
- tempo de serviço; comprovação: Súmula 577/STJ 863

TRABALHO TEMPORÁRIO
- contrato de prestação de serviços; legalidade; revisão da Súmula 256/TST: Súmula 331/TST 881
- Lei n. 6.019, de 3-1-1974 ... 434
- no âmbito do Mercosul; mecanismo para o exercício profissional temporário: Decreto n. 9.499, de 10-9-2018 ... 753
- regulamento: arts. 41 a 75 do Decreto n. 10.854, de 10-11-2021 ... 825

TRÁFICO DE PESSOAS
- art. 149-A do Decreto-lei n. 2.848, de 7-12-1940 415

TRANSAÇÃO
- acordo terminativo de litígio contra a Fazenda Pública; covid-19: Lei n. 14.057, de 11-9-2020 812
- pagamento com desconto de precatórios federais; covid-19: Lei n. 14.057, de 11-9-2020 812

TRANSCENDÊNCIA
- recurso de revista: art. 896-A 257

TRANSFERÊNCIA
- abusividade; ausência de comprovação de necessidade do serviço; presunção: Súmula 43/TST 868
- suplemento salarial; local mais distante da residência; despesas de transporte: Súmula 29/TST 868

TRANSFERÊNCIA DE EMPREGADO
- arts. 469 e 470 ... 186
- considerada abusiva: Súmula 43/TST 868
- por ato unilateral do empregador, para local mais distante de sua residência; suplemento salarial: Súmula 29/TST 868

TRANSFERÊNCIA DE ESTABELECIMENTO
- transferência de empregado estável em tal caso: Súmula 221/STF .. 851

TRANSFERÊNCIA PARA O EXTERIOR
- Lei n. 7.064, de 6-12-1982 489

TRÂNSITO EM JULGADO
- prazo para protesto, inscrição do nome do executado em órgãos de proteção ao crédito ou no Banco Nacional de Devedores Trabalhistas (BNDT): art. 883-A 252

TRANSPORTADORAS
- *vide* EMPRESAS DE TRANSPORTES E COMUNICAÇÕES

TRANSPORTE
- de acidentados, doentes e parturientes: PN 113 945
- equiparação a serviços públicos: art. 910 262

TRANSPORTE DE VALORES
- sistema de segurança; exercício da profissão: Lei n. 7.102, de 20-6-1983 .. 490

TRANSPORTES MARÍTIMOS, FLUVIAIS E LACUSTRES
- salário profissional; inconstitucionalidade: Súmula 531/STF 852

TRASLADO
- das razões da revista; julgamento; agravo: Súmula 315/STF 852

TRIBUNAIS DO TRABALHO
- especialização de turmas dos: Lei n. 7.701, de 21-12-1988 496

TRIBUNAIS REGIONAIS DO TRABALHO
- arts. 670 a 689 ... 219
- competência administrativa: art. 680 222
- competência funcional: art. 678 222
- competência, quando divididos em Turmas: art. 678 222
- competência territorial: art. 677 222
- composição: art. 670 .. 219
- composição e funcionamento: arts. 670 a 673 219
- conflito de competência; juízos trabalhistas de Tribunais diversos; ausência de competência do STJ: Súmula 236/STJ ... 862
- criação; competência: OJ 7 da SDI-2 931
- decisões; voto da maioria dos juízes presentes; ressalva: art. 672, § 2.º ... 221
- deliberação: arts. 672 e 673 221
- determinação da competência: art. 677 222
- incompatibilidades: art. 671 221
- jurisdição: art. 674 .. 221
- juízes representantes classistas dos Tribunais Regionais do Trabalho: arts. 684 a 689 223
- jurisdição e competência: arts. 674 a 680 221
- presidentes: arts. 681 a 683 222
- recurso contra sentença proferida por órgão de primeiro grau da justiça trabalhista; competência: Súmula 225/STJ 862

- regiões; números de juízes para os Tribunais de cada uma destas: art. 670 219
- secretaria: arts. 718 a 720 227
- sistema de e-Remessa; regulamento: Ato Conjunto n. 10, de 28-6-2010 664
- território nacional; divisão em regiões para efeito de jurisdição: art. 674 221

TRIBUNAL REGIONAL FEDERAL
- conflito de competência: Súmula 3/STJ 861
- recurso de decisão proferida por juiz estadual; incompetência: Súmula 55/STJ 861

TRIBUNAL SUPERIOR DO TRABALHO
- arts. 690 a 709 223
- Lei n. 7.701, de 21-12-1988 496
- atribuições do Corregedor: art. 709 226
- atribuições do Presidente: art. 707 226
- atribuições do Vice-presidente: art. 708 226
- competência do Tribunal Pleno: art. 702 225
- composição e funcionamento: arts. 693 a 701 224
- condições de trabalho; homologação: Súmula 190/TST 874
- corregedor; atribuições: art. 709 226
- criação e homologação de condições de trabalho: Súmula 190/TST 874
- instância superior da Justiça do Trabalho: art. 690 223
- investidura: art. 694 224
- ordem dos processos; regulamentação em regimento interno: art. 909 262
- orientação jurisprudencial; inserção de tema: Instrução Normativa n. 19, de 27-4-2000 602
- precedente jurisprudencial; inserção na orientação do TST: Súmula 236/STJ 862
- presidente; atribuições: art. 707 226
- renúncia: art. 696 224
- Regimento Interno 705
- sede: art. 690 223
- sessões públicas: art. 701 225
- sistema de e-Remessa; regulamento: Ato Conjunto n. 10, de 28-6-2010 664
- Tribunal Pleno: art. 702 225
- vice-presidente; atribuições: art. 708 226

TRIPULANTE(S)
- apresentação ao armador, ao término das férias: art. 150, § 4.º 152
- gozo de férias; remuneração; acréscimo: art. 152 153
- transferência para o serviço de outro armador; cômputo do tempo de serviço prestado anteriormente, para efeito de férias: art. 150 152

TURNO(S)
- ininterrupto de revezamento: OJ 360 da SDI-1 916
- ininterruptos de revezamento; alteração da jornada: OJ 396 da SDI-1 917
- ininterruptos de revezamento: elastecimento da jornada: OJ 420 da SDI-1 919
- ininterruptos de revezamento; hora noturna: OJ 395 da SDI-1 917
- ininterruptos de revezamento; pagamento em dobro: OJ Transitória 72 da SDI-1 927

TURNO DE REVEZAMENTO
- DSR; interrupção não descaracteriza jornada especial de 6 horas: Súmula 360/TST 882
- hora noturna reduzida; cabimento; ausência de incompatibilidade: OJ 395 da SDI-1 917
- horas extras; divisor 180: OJ 396 da SDI-1 917
- horista: inexistência de instrumento coletivo; horas extras além da 6.ª: OJ 275 da SDI-1 913
- ferroviário; alternância de turnos; jornada especial: OJ 274 da SDI-1 913
- intervalo intrajornada; interrupção não descaracteriza jornada especial de 6 horas: Súmula 360/TST 882
- jornada de trabalho: elasticida negociação coletiva; indevidas a 7.ª e 8.ª horas como extras: Súmula 423/TST 888
- jornada especial; alternância de turnos; diurno e noturno; cabimento: OJ 360 da SDI-1 916

UNIÃO ESTÁVEL
- comprovação; concessão de pensão por morte: Súmula 63/JEF 896

UNIFORME
- definição pelo empregador: art. 456-A 183

USOS E COSTUMES
- utilização como critério de decisão de autoridades administrativas e da Justiça do Trabalho, em caso de falta de disposições legais ou contratuais: art. 8.º 137

UTILIDADES
- in natura; não integração ao salário: Súmula 367/TST 883
- parcela do salário paga em utilidades; cômputo de acordo com a anotação na Carteira de Trabalho e Previdência Social: art. 142, § 4.º 151

VALE-CULTURA
- vide, também, PROGRAMA DE CULTURA DO TRABALHADOR
- Lei n. 12.761, de 27-12-2012 671
- Decreto n. 8.084, de 26-8-2013 678

VALE-REFEIÇÃO
- caráter salarial: Súmula 241/TST 876

VALE-TRANSPORTE
- concessão; requisitos indispensáveis; ônus de comprovar: Súmula 460/TST 891
- arts. 106 a 137 do Decreto n. 10.854, de 10-11-2021 820
- Lei n. 7.418, de 16-12-1985 494
- servidor celetista: OJ 216 da SDI-1 911

VALIDADE
- quitação passada pelo empregado, com assistência de entidade sindical; revisão da Súmula 41/TST: Súmula 330/TST 880
- Súmula 219/TST; honorário advocatício: Súmula 329/TST .. 880

VARAS DO TRABALHO
- atribuições do juiz: art. 659 218
- competência administrativa: art. 653 217
- competência material: art. 652 216
- competência territorial: art. 651 216
- composição: art. 647 216
- deveres do juiz: art. 658 218
- distribuidor: arts. 713 a 715 227
- incompatibilidades: art. 648 216
- investidura do juiz: art. 654 217

- jurisdição: art. 650 .. 216
- juízes de direito: arts. 668, 669, 716 e 717 219, 227
- oficial de justiça: art. 721 ... 227
- secretaria: arts. 710 a 712 .. 227

VENDEDORES, VIAJANTES OU PRACISTAS
- Lei n. 3.207, de 18-7-1957 423

VENTILAÇÃO
- artificial: art. 176, parágrafo único 156
- natural: art. 176, caput ... 156

VERBAS RESCISÓRIAS
- multa pelo não pagamento em audiência: art. 467 186
- aviso prévio em casa; pagamento até o 10.º dia: OJ 14 da SDI-1 ... 905

VESTIMENTA
- definição do empregador: art. 456-A 183
- uso obrigatório: art. 177 .. 156

VESTUÁRIO
- inclusão no salário; ressalva: art. 458, § 2.º 184
- padrão; definição pelo empregador: art. 456-A 183

VICE-PRESIDENTE
- do Tribunal Superior do Trabalho; atribuições: art. 708 ... 226
- hora reduzida; aplicável ao trabalho noturno: Súmula 65/TST ... 869
- trabalho noturno; devido adicional noturno: Súmula 140/TST ... 873

VIGIAS
- adicional noturno: Súmula 140/TST 873
- assistência jurídica aos: PN 102 945
- direito à hora reduzida: Súmula 65/TST 869
- direito a salário adicional: Súmula 402/STF 852

VIGIA PORTUÁRIO
- terminal privativo; não obrigatoriedade de indicação por sindicato: Súmula 309/TST .. 880

VIGILANTE
- atividade especial: Súmula 26/JEF 895
- não bancário; contratado diretamente ou por empresa especializada: Súmula 257/TST .. 877
- quando não é bancário: Súmula 257/TST 877
- sistema de segurança; exercício da profissão: Lei n. 7.102, de 20-6-1983 ... 490

VÍNCULO EMPREGATÍCIO
- administração pública; terceirização ilícita; período anterior à CF/88: OJ 321 da SDI-1 .. 914
- policial militar; empresa privada; possibilidade; independência de punição disciplinar: Súmula 386/TST 885
- oficial de justiça: função ad hoc; não caracterização: OJ 164 da SDI-1 ... 909

VIOLAÇÃO DE SEGREDO DA EMPRESA
- pelo empregado; justa causa para rescisão contratual: art. 482, g ... 190

VISTAS DOS AUTOS
- em matéria recursal: art. 901 261
- em secretaria: art. 901, caput 261
- fora de secretaria: art. 901, parágrafo único 261

VOTO
- de desempate, de presidente de Junta de Conciliação e Julgamento: art. 649 ... 216
- eleições sindicais; requisitos e obrigatoriedade: art. 529 e parágrafo único ... 197